Schriftenreihe
der Historischen Kommission bei der
Bayerischen Akademie der Wissenschaften

Band 85

HISTORISCHE
KOMMISSION
BEI DER BAYERISCHEN
AKADEMIE DER
WISSENSCHAFTEN

MÜNCHEN

Michael Puchta

Mediatisierung »mit Haut und Haar, Leib und Leben«

Die Unterwerfung der Reichsritter durch Ansbach-Bayreuth (1792–1798)

Vandenhoeck & Ruprecht

Die Schriftenreihe wird herausgegeben
vom Sekretär der Historischen Kommission:
Helmut Neuhaus

Bibliografische Information der Deutschen Nationalbibliothek

Die Deutsche Nationalbibliothek verzeichnet diese Publikation in der Deutschen Nationalbibliografie; detaillierte bibliografische Daten sind im Internet über http://dnb.d-nb.de abrufbar.

ISBN 978-3-525-36078-1
ISBN 978-3-647-36078-2 (E-Book)

Gedruckt mit Unterstützung der Franz Schnabel Stiftung.

Druck und Bindung: ⊕ Hubert & Co, Göttingen

Gedruckt auf alterungsbeständigem Papier.

Inhalt

Vorwort

Die vorliegende Untersuchung ist die gestraffte und aktualisierte Fassung einer Studie, die im Oktober 2009 vom Historischen Seminar – Abt. Frühe Neuzeit der Fakultät für Geschichts- und Kunstwissenschaften der Ludwig-Maximilians-Universität München als Dissertation angenommen wurde.

Wie jeder junge Wissenschaftler, habe auch ich mein Lehrgeld entrichtet: Der ursprüngliche Plan sah eine Gesamtgeschichte der Mediatisierung der rechtsrheinischen Reichsritterschaft von 1792 bis 1806 vor. Im Verlauf der Vorarbeiten wurde jedoch immer deutlicher, dass das Vorhaben größer war als der Raum zwischen zwei Buchdeckeln. Daher erfolgte eine Konzentration der Untersuchung auf die Mediatisierungspolitik Preußens an den Grenzen Ansbach-Bayreuths und damit jenen Teil des Gesamtgeschehens, dessen wissenschaftliche Aufarbeitung das größere Forschungsdesiderat darstellte. Sollte die vorliegende Studie auf positive Resonanz stoßen, ist ihre Fortsetzung bis zum Umbruchsjahr 1806 denkbar. Das Material hierzu wurde in dreijährigen Archivstudien bereits gesammelt und teilweise ausgewertet.

Es ist nicht nur akademischer Usus, sondern für mich auch ein persönliches Vergnügen, all jenen Dank zu sagen, ohne deren *consilium et auxilium* die vorliegende Arbeit nicht zu einem guten Abschluss gediehen wäre.

Mein ganz besonderer Dank gilt meiner Doktormutter Frau Prof. Dr. Sigrid Jahns, die auf dem Umweg über *Bauernkrieg* und *Montgelas'sche Adelspolitik* mein Interesse für die Geschichte der Frühen Neuzeit und insbesondere für das »politische System« des Alten Reiches weckte. Mit großem Engagement führte mich Frau Prof. Dr. Jahns in diese völlig fremde Welt ein und ermöglichte es mir, meinen wissenschaftlichen Weg durch das »Rechtsgestrüpp« der Reichsverfassung zu finden – eine Entdeckungsreise, deren Ergebnisse der Leser nun in Händen hält. Trotz Emeritierung, eigener Forschungsprojekte und personeller Engpässe am Historischen Seminar übernahmen meine Doktormutter und Herr Prof. Dr. Eckhart Helmuth dankenswerterweise die arbeitsintensive Begutachtung meiner Arbeit.

Neben Frau Prof. Dr. Jahns waren es vor allem meine akademischen Lehrer Herr Prof. Dr. Wolfgang Giese und Herr Prof. Dr. Michael Mackensen, deren Vorlesungen und Seminare mein Studium bereichert und meine Begeisterung zur Geschichte stets wachgehalten haben sowie meine Arbeitsweise bis heute prägen. Ihnen sei an dieser Stelle besonders gedankt.

Ohne den »Unrath der Archive« – wie es für den Archivar wenig schmeichelhaft in einer reichsritterschaftlichen Flugschrift heißt[1] – wäre die vorliegende Arbeit nicht möglich gewesen. Die dafür erforderliche *Peregrinatio archivica* war zwar keine reichsadlige Kavallierstour, aber nicht minder bereichernd für mich. Gerne erinnere ich mich der Mitarbeiterinnen und Mitarbeiter all jener wissenschaftlichen Einrichtungen, die mich auf vielfältige und stets zuvorkommende Weise während meiner mehrjährigen Archivreisen unterstützt haben: Frau Dr. Gigl, Herr Dr. Bachmann und Herr Frauenreuther (alle München), Herr Dr. Rechter (Nürnberg), Herr Dr. Rupprecht (Bamberg), Herr Prof. Dr. Menk (Marburg), Herr Prof. Dr. Battenberg und Herr Dr. Rack (beide Darmstadt), Frau Dr. Bader und Herr Schneider (beide Ludwigsburg), Frau Elstner (Berlin) sowie viele weitere Kolleginnen und Kollegen der besuchten Archive in Wien, Paris, Berlin, München, Stuttgart, Ludwigsburg, Karlsruhe, Nürnberg, Bamberg, Darmstadt und Marburg. Stets kompetente und freundliche Unterstützung gewährten mir auch die Mitarbeiterinnen und Mitarbeiter der Bayerischen Staatsbibliothek sowie der Universitätsbibliothek der Ludwig-Maximilians-Universität München, der Bibliothèque nationale de France, der Universitätsbibliothek Bayreuth sowie der Staats- und Landesbibliotheken in Berlin, Stuttgart, Dresden, Bamberg und Regensburg.

Mein besonderer Dank gebührt der Friedrich-Naumann-Stiftung für die Freiheit, deren umfassende ideelle und materielle Unterstützung meines Promotionsvorhabens eine große Hilfe war.

Danksagen will ich auch den Mitgliedern sowie den Mitarbeiterinnen und Mitarbeitern der Historischen Kommission bei der Bayerischen Akademie der Wissenschaften für die vielfältige Unterstützung meines Druckvorhabens. Der Franz-Schnabel-Stiftung bin ich für einen namhaften Druckkostenzuschuss zu Dank verpflichtet. Dass meine Arbeit in der Schriftenreihe der Historischen Kommission erscheinen darf, ist für mich eine besondere Ehre.

Meine Kurskolleginnen und -kollegen von der Bayerischen Archivschule haben es nie an humorvoller und freundlicher Motivation fehlen lassen, um die (nächtlichen) Fortschritte der vorliegenden Arbeit zu befördern.

Abschließend möchte ich denjenigen Menschen aus tiefstem Herzen danken, ohne deren vielfältige Unterstützung die vorliegende Arbeit nicht geschrieben worden wäre und denen sie in Dankbarkeit und Liebe gewidmet ist: Meinen Eltern Gisela und Dr. Hans Puchta, meinem Bruder Ulrich und seiner Frau Gabriela sowie meiner Großmutter Helga Hahn.

Gauting, im Oktober 2011 Michael Puchta

1 Die Beleuchtung aus Bayern mit widerlegenden Anmerkungen, aus der Geschichte und den Rechten der Deutschen. Mit 34 Beylagen, o.O. 1804, S. 149.

»Mir fällt hieby die Geschichte des Bauren John ein. Dieser besaß die besten Aecker im Dorfe. Gerade zwischen denen des AmtManns und denen des Schultheissen lagen sie mitten inne. Mit einmal vertauschte er diese gegen Wald-Aecker, die nun 1/5^tel weniger trugen. Das ganze Dorf erstaunte über diese Handlung des sonst sehr klugen Johns. End(lich) kam die Gemeinde um Jahrstag zusammen, u. da frugen ihn dann einige Gerichts-Leute, warum er doch diesen sonderbaren Tausch getroffen habe? Wenn mich da – fing John indem er sein kurzes Pfeifgen aus dem Mund nahm – an: diese junge[n] Pursche[n] frügen, würde ichs passieren lassen, aber daß ihr Väter auch nicht wißt, daß wann auch nur der Schatte[n] eines mächtigen Nachbarn auf ein Gut fällt, solches schon 1/3 weniger trägt, muß mich sehr wundern. Und hierauf rauchte er sein Pfeifgen wieder ruhig fort u. rückte seinen Krug Bier näher gegen sich hin«[1].

1 Votum consultativum des Konsulenten des Kantons Kocher zum Ritterprotokoll, Esslingen, 11. April 1796, StA Ludwigsburg, B 575 IV, Bü 352.

I. Abgrenzung des Themas, Schwerpunktsetzung und Forschungsstand

1. Die Unterwerfung der Reichsritterschaft durch Preußen im Kontext des Reichsendes von 1806 – ein Desiderat der Forschung

»Das unmittelbare Corpus equestre machet ein Glieder [sic] von der mächtigen und starcken teutschen Kette aus. verlieret solche nur ein Glied, so ist die Kette gesprengt und gehet aus einander«[1]. Mit dieser Prophezeiung über die drastischen Folgen der Unterwerfung oder sog. Mediatisierung der den fränkischen Markgrafentümern Ansbach und (Kulmbach)-Bayreuth benachbarten Reichsritter unter das Zepter des preußischen Königs stand der Ritterhauptmann des Ritterorts Kocher keineswegs allein[2]. Denselben Dominoeffekt fürchtete 1792 auch der damalige Reichshofrat und Reichsritter Franz Paul Christoph von Seckendorff (1750 – 1823), wenn Berlins Übergriffen auf die Reichsritterschaft kein Einhalt geboten würde: »Last man uns (ich kann es nicht glauben) [...] ohngehindert fallen, so fallen wir unserer würdig, und reisen etwas später die an uns gränzende[n] Reichsstände mit nieder, die denn wieder größere nach sich ziehen müßen«[3].

Derartige Untergangsszenarien finden sich seit 1792 in großer Zahl in den Quellen. Schließlich war nicht nur in den reichsritterschaftlichen Führungsspitzen die Überzeugung weit verbreitet, dass die Unterwerfung reichsritterschaftlichen Territoriums durch Berlin der unwiderrufliche Auftakt zur Vernichtung der politischen Existenz der verbliebenen reichsritterschaftlichen Herrschaften und der meisten anderen Reichsglieder sowie der Beginn der

1 Votum des Ritterhauptmanns Graf von Adelmann, Ellwangen, 16. Juni 1797, zum Promemoria des Kocherschen Konsulenten Weinland mit Voten des Ortsvorstandes, Esslingen, 5. Juni 1797, StA Ludwigsburg, B 575 II, Bü 300.

2 Wenn in der vorliegenden Arbeit immer wieder verkürzend von Ansbach-Bayreuth gesprochen wird, ist dies dadurch gerechtfertigt, dass beide Fürstentümer seit 1769 in Personalunion verbunden waren. Durch eine solche Wortwahl soll dagegen nicht die Tatsache relativiert werden, dass der dynastischen Verklammerung der fränkischen Markgrafentümer bis zu den Reformen von 1795/97 keine administrative Verschmelzung der in vielerlei Hinsicht sehr unterschiedlichen Fürstentümer entsprach, die über die Ebene eines zentralen Ministeriums wesentlich hinausgereicht hätte (*Störkel*, Christian Friedrich Carl Alexander, S. 90 ff., 110 f. *Hartung*, Hardenberg, S. 66 ff.).

3 Abschrift des Schreibens von Franz Paul Christoph von Seckendorff an den Altmühler Ritterhauptmann Ernst Ludwig Sebastian Freiherr von Crailsheim, Weingartsgereuth, 1. Juni 1792, StA Marburg, 109, Nr. 311, Bd. 1, Dok. 58. – Speziell zum Hintergrund und den Lebensdaten von Franz Paul Christoph von Seckendorff siehe Kapitel V.4.1.

Auflösung des Reichsverbandes sein werde[4]. Zu einem ganz ähnlichen Urteil kam im Februar 1797 ein sog. Schluss der Fränkischen Kreisversammlung gegen die preußische Arrondierungspolitik, in dem die Reichsritterschaft explizit eingeschlossen wurde: »Stehet dem mächtigern Theil frey, über seine Ansprüche an Mindermächtige sein eigener Richter zu seyn [...] und mit überlegener Gewalt der Waffen nach Willkühr die Benachbarten von ihrem uralten Besitz zu verdrängen, und solchen sich ohne weiters zuzueignen; so höret von selbst aller gesetzliche Zustand in dem Deutschen Vaterlande auf, so werden alle staatsgesellschaftliche[n] Bande mit einem Mahl aufgelößt, so wird die ganze Reichsverfassung nicht bloß erschüttert, sondern von Grund aus zerstört«[5]. Doch nicht nur die Reichsritterschaft oder der Fränkische Kreis, auch die Reichshofkanzlei und die Staatskanzlei in Wien sowie mancher Kurfürst sahen in den Mediatisierungen Berlins eine existentielle Gefahr für die Reichsverfassung[6]. Der für die deutsche Expedition der Reichshofkanzlei

4 Siehe beispielsweise: Schreiben des Ortsvorstandes Neckar-Schwarzwald an den Ortsvorstand Donau, Tübingen, 22. Januar 1796, HStA Stuttgart, B 579, Bü 24; Protokoll der Kocherschen Ritterkanzlei mit Voten, Esslingen, 11. April 1796, StA Ludwigsburg, B 575 IV, Bü 352; Votum des Grafen von Degenfeld-Schonburg zum Protokoll der Kocherschen Ritterkanzlei mit Voten, Esslingen, 18. Juli 1798, ebd.; Schreiben des Ortsvorstandes Mittelrhein an den Ortsvorstand Rhön-Werra, Burg Friedberg, 20. März 1797, StA Marburg, 109, Nr. 311, Bd. 9; Schreiben des Ortsvorstandes Rhön-Werra an den Kurfürsten von Mainz, Schweinfurt, 13. Mai 1797, ebd.; Schreiben des Ortsvorstandes Rhön-Werra an das kurfürstliche Ministerium in Hannover, Schweinfurt, 13. März 1797, StA Marburg, 109, Nr. 311, Bd. 10; Abschrift des Schreibens des Ortsvorstandes Rhön-Werra an das kurfürstliche Ministerium in Dresden, Schweinfurt, 23. März 1797, ebd.; Schreiben des Ortsvorstandes Steigerwald an den Ortsvorstand Rhön-Werra, Erlangen, 9. Mai 1796, StA Marburg, 109, Nr. 321; Abschrift des Schreibens von Karl Friedrich Reinhard von Gemmingen an Reichsgraf Goertz, Heilbronn, 9. Mai 1792, StA Marburg, 109, Nr. 311, Bd. 1, Dok. 43; »Allerunterthänigste kurze Geschichtserzählung, die Irrungen mit den von Seiner königlichen Majestät in Preußen im Monat Jenner 1792 angetrettenen, und in Besitz genommenen fränckischen Fürstenthümern, Brandenburg-Anspach, und Bayreuth betreffend«, Bamberg, 29. Januar 1793, StA Marburg, 109, Nr. 311, Bd. 2, Dok. 104; Abschrift des Schreibens des Ortsvorstandes Steigerwald an den Ortsvorstand Gebürg, Erlangen, 27. Dezember 1793, StA Marburg, 109, Nr. 311, Bd. 3, Dok. 151; Schreiben des Ortsvorstandes Gebürg an den Ortsvorstand Rhön-Werra, Bamberg, 8. Februar 1794, ebd., Dok. 156; Abschrift des Nachschreibens des Ortsvorstandes Odenwald an den Ortsvorstand Gebürg, Heimbronn, 9. Mai, ebd., Dok. 157; Abschrift des Schreibens des Ortsvorstandes Steigerwald an den Ortsvorstand Gebürg, Erlangen, 3. Februar 1794, ebd., Dok. 158; Denkschrift des Steigerwalder Ritterhauptmanns Friedrich Karl Freiherr von Seckendorff, Weingartsgereuth, 3. November 1795, StA Marburg, 109, Nr. 311, Bd. 5, zu Dok. 323.

5 Schluß des Fränkischen Reichskreises [Folio-Ausgabe], fortl. (Zitat ebd., S. 9).

6 Schreiben von Kaiser Franz II. an den Kurfürsten von Mainz, Wien, 7. September 1796, HHStA Wien, MEA, Militaria, Nr. 127. Schreiben des Kurfürsten von Köln an den Kurfürsten von Mainz, Leipzig, 1. Oktober 1796, ebd. Schreiben des Kurfürsten von der Pfalz an den Kurfürsten von Mainz, München, 5. November 1796, ebd. Abschrift des Schreibens des Kurfürsten von der Pfalz an den Kaiser, München, 26. Oktober 1796, ebd. Abschrift des Schreibens des Kurfürsten von Köln an den Kaiser, Mergentheim, 18. November 1796, ebd. Note des Leiters der Staatskanzlei Freiherr von Thugut an den Reichshofvizekanzler Fürst von Colloredo-Mansfeld vom 12. September 1796, HHStA Wien, SK, Notenwechsel mit der Reichshofkanzlei, Noten an die Reichshofkanzlei, Nr. 10. Note des Reichshofvizekanzlers Fürst von Colloredo-Mansfeld an den Leiter

in Wien zuständige Reichsreferendar Frank machte 1796 nicht etwa in den Eroberungsabsichten des Pariser Direktoriums, sondern in der gewaltsamen Arrondierungspolitik Berlins in Franken die größte Gefahr für die bestehende Verfassungsordnung des Reichsverbandes aus: Indem die norddeutsche Großmacht geltende Rechtsprinzipien missachte, würde »die politische Existenz aller Mindermächtigen Stände und der übrigen Reichsunmittelbaren erschüttert, und die teutsche Konstitution aufgelößt«[7]. Der im Sonderauftrag Wiens in Hannover weilende kaiserliche Minister Graf von Westphalen wurde nicht minder deutlich als er dem kurbraunschweigischen Minister Kielmannsegge im November 1796, mitten in den Wirren der Revolutionskriege, von der Gefahr zu überzeugen versuchte, die der Reichsverfassung gerade auch durch die preußische Mediatisierung reichsritterschaftlicher Gebiete drohen würde: Er betonte, dass das Berliner »Benehmen nicht allein das Eigentum eines Jeden der Willkühr eines Mächtigeren Preis gebe, das Wesen und die Form der Verfassung hefftiger als alle feindliche[n] Angriffe von Aussen erschüttere, und [...] solche Losreisungen und Vernichtungen des den Mindermächtigen schüzzenden gesezzlichen Gleichgewichtes, auch endlich den izt sich noch mächtig dünkenden Stand treffen, und ihm gleiches Schikksal bereiten würde[n]«[8].

Natürlich ließe sich eine derartige Untergangsprophetie als weiteres Beispiel für die immer wieder und insbesondere im ausgehenden 18. und beginnenden 19. Jahrhundert kumulierenden Befürchtungen über den drohenden Zerfall des Reichsverbandes und seiner Verfassungsordnung abtun, die allein durch ihr Eintreten im Jahre 1806, also einen »retrospektiven Determinismus«, Bedeutung erhielten. Es würde sich mithin um nicht mehr als eine in Krisenzeiten regelmäßig bemühte, aber seit dem Dreißigjährigen Krieg »topisch geworden[e]« Ankündigung des Reichsendes handeln[9]. Jedoch besteht kein Anlass die eingangs zitierten Äußerungen über die Folgen der preußischen Arrondierungspolitik auf Kosten reichsritterschaftlicher Gebiete als unmotivierte Hirngespinste abzuqualifizieren, die allein aus der Perspektive einer teleologischen Geschichtsbetrachtung von Bedeutung gewesen wären. Vielmehr sind die Warnungen vor einer drohenden Zerstörung der

der Staatskanzlei Freiherr von Thugut, Wien, 29. August 1796, HHStA Wien, SK, Notenwechsel mit der Reichshofkanzlei, Noten von der Reichshofkanzlei, Nr. 27. Note des Reichshofvizekanzlers Fürst von Colloredo-Mansfeld an den Leiter der Staatskanzlei Freiherr von Thugut, Wien, 28. August 1796, ebd. Weisung des Reichshofvizekanzlers Fürst von Colloredo-Mansfeld an den Grafen von Seilern, Wien, 24. September 1796, HHStA Wien, RK, Weisungen nach München, Fasz.-Nr. 11. Weisung des Reichshofvizekanzlers Fürst von Colloredo-Mansfeld an den Grafen von Seilern, Wien, 5. November 1796, ebd.

7 Schreiben des Reichsreferendars Frank an den Minister und Freiherrn [von Albini], Wien, 20. September 1796, HHStA Wien, MEA, Militaria, Nr. 127.

8 Abschrift des Berichts des Grafen von Westphalen an den Reichshofvizekanzler, Hildesheim, 22. Oktober 1796, HHStA Wien, MEA, Reichstagsakten, Nr. 719.

9 *Burgdorf*, Weltbild (2009), S. 98 f., 222 (Zitate ebd.). *Mader*, Priester, S. 23 ff., 116. *Loose*, Verfall, S. 144 – 155, hier: S. 144 ff.

Reichsverfassung im Gefolge der in der vorliegenden Arbeit zu betrachtenden Unterwerfung reichsritterschaftlicher Territorien durch Berlin als zeitgenössische Quellenzeugnisse ernst zu nehmen. Diese Einschätzung bedeutet auch, dass die hier zur Debatte stehenden Befürchtungen mit den Thesen jüngerer Historiker, wie sie beispielsweise von Wolfgang Burgdorf in seiner viel beachteten Arbeit über das Ende des Alten Reiches formuliert wurden, in bemerkenswertem Widerspruch stehen: Danach wäre nämlich der Untergang des Alten Reiches im August 1806 selbst nach der Verfassungsumwälzung des Reichsdeputationshauptschlusses von 1803 und sogar noch nach der österreichischen Niederlage bei Austerlitz Ende 1805 »keineswegs zwangsläufig« gewesen[10].

Zwar will die vorliegende Arbeit ausdrücklich nicht der Rückkehr zu einseitigen, längst überwundenen teleologischen Deutungen des Reichsendes das Wort reden[11]. Aber sie will umgekehrt die Hauptthese Burgdorfs und anderer namhafter Historiker in einem wesentlichen Punkt revidieren: Das Alte Reich wurde nicht in der Blüte seiner politischen Existenz »von interessierten, eigensüchtigen Kräften dahingemeuchelt«[12]. Vielmehr war die Reichsverfassung und damit das Fundament seiner politischen Existenz bereits vor den Umwälzungen von 1802/03 in einem Ausmaß untergraben worden, dass die innere Erosion des Reichsverbandes als Schutz- und Rechtsgemeinschaft kaum noch zu beherrschen, geschweige denn zu stoppen gewesen wäre. Unter den politischen Beben, die schon vor 1802/06 die Reichsverfassung in ihren Grundfesten erschütterten und damit den Untergang des Alten Reiches zwar nicht determinierten, aber maßgeblich beschleunigten und vorantrieben, spielte die Unterwerfung kreisständischer und insbesondere reichsritterschaftlicher Gebiete an den Grenzen der fränkischen Markgrafentümer Ansbach und Bayreuth durch Berlin in den Jahren 1792/93 bis 1798 eine entscheidende Rolle. Anders ausgedrückt, setzte nicht erst 1802/03 in der Regensburger Reichsdeputation und in den ihr vorausgehenden Friedensschlüssen, sondern 1792/93 in Ansbach-Bayreuth die Demontage des Reichsverbandes als Rechts- und Friedensordnung durch seine mächtigen Mitglieder in großem Stil ein. Schließlich war – wie sich der sog. Ortsvorstand

10 *Burgdorf*, Weltbild (2009), S. 4, 81, 99, 335 (Zitat ebd., S. 4). Entsprechend auch die Äußerungen von Wolfgang Burgdorf an anderer Stelle: *Ders.*, Finis Imperii, S. 19 f. – Auch *Gabriele Haug-Moritz* bilanzierte 2004/05, dass die »Entwicklung, an deren Ende [...] die Auflösung des Reiches und der Reichsritterschaft als Korporation stand, nicht unbedingt zwangsläufig, aber doch folgerichtig war« (*Dies.*, Organisation, S. 10). Diesen Standpunkt vertrat zur gleichen Zeit auch *Eric-Oliver Mader* (Priester, S. 116 ff. (Zitat ebd., S. 116 f.)), der hervorhob, es könne »nicht davon ausgegangen werden, dass im Jahr 1806 nur noch der ›Schlussakt‹ in jenem ›Drama‹ vollzogen werden musste, dem vorherige Ereignisse bereits eine unausweichliche Richtung aufgedrückt hätten«. – Das Buch von Wolfang Burgdorf ist 2006 in erster Auflage erschienen (*Burgdorf*, Weltbild (2006)), der bereits 2008 eine weitere folgte (*Burgdorf*, Weltbild (2009)).

11 *Schindling*, Scheitern, S. 303, 311 ff. Vgl. auch die vielfach berechtigte Kritik bei *Burgdorf* (Weltbild (2009), S. 98 f.) und *Mader* (Priester, S. 27 ff.).

12 *Schnettger*, Ende.

des Ritterkantons Steigerwald 1795 ausdrückte – die Reichsritterschaft mit dem »Reichs-System [...] unzertrennlich verwebt«[13]. Gerade weil das sog. Corpus equestre in jeder Hinsicht zu den »mindermächtige[n] Reichsglieder [n]« gehörte, war seine politische Existenz mit der Wirksamkeit der Schutzmechanismen der Reichsverfassung untrennbar verknüpft. Dadurch kam der Reichsritterschaft zum einen die Funktion eines »Seismographen« zu, der jede Erschütterung der Rechts- und Verfassungsordnung des Alten Reiches widerspiegelte[14]. Zum anderen bedeutete die rechtliche Verwurzelung der Reichsritterschaft im Verband des Alten Reichs nach den Worten Johann Jakob Mosers: «Wer [...] das Reichs-Ritterschafftliche Corpus an und für sich, directe oder per indirectum, angreiffet, der tastet die Reichs-Grund-Geseze an«[15]. Das Corpus equestre konnte also nicht folgenlos aus der Verfassungsstruktur des Reichsverbandes herausgebrochen werden. Wie beim Prinzip der kommunizierenden Röhren musste die Mediatisierung eines großen Teils der Reichsritterschaft durch Preußen in den Jahren 1792/93 bis 1798 Auswirkungen auf das politische und rechtliche Handeln der Territorien und Staaten außerhalb und vor allem innerhalb des Reichsverbandes haben. Indem Berlin eigenmächtig, ohne eine mehrheitlich anerkannte reichsgesetzliche Grundlage und in einem seit den Herrschaftsäkularisationen des Konfessionellen Zeitalters ungekannten Ausmaß vielfach angefeindete, aber dennoch in den Reichsgrundgesetzen anerkannte Reichsglieder unter seine Herrschaft zwang, erschütterte es die Reichsverfassung in ihren Grundfesten. Zu einem Zeitpunkt, in dem die politische und militärische Krise des Alten Reichs seinen Höhepunkt erreichte und die mühsam austarierten Gewichte seiner inneren Ordnung aus dem Lot gerieten, legten die Mediatisierungen Berlins die Machtlosigkeit der Schutzmechanismen der Reichsverfassung gegenüber einer Arrondierungs- und Machtpolitik bloß, die sich nicht nur auf geschickte Federn zur ihrer Verteidigung stützen konnte, sondern auch auf eine Schutzwehr aus vermeintlich unbezwingbaren Regimentern. Gerade in einer Situation, als die Rechtsordnung und das politische System des Reichsverbandes unter dem doppelten Druck des revolutionären Frankreichs von außen und des Machtstrebens der armierten Reichsstände im Inneren an den Grenzen ihrer Belastbarkeit angelangten und zu zerbersten drohten, schuf die

13 Schreiben des Ortsvorstandes Steigerwald an den Ortsvorstand Rhön-Werra, Erlangen, 28. Dezember 1795, StA Marburg, 109, Nr. 311, Bd. 4, Dok. 310.

14 Abschrift des Schreibens der Freiherrn von Künsberg an den preußischen König, Erlangen und Ermreuth, 17. September 1797, StA Marburg, 109, Nr. 322 (Zitat ebd.). *Press*, Reichsritterschaften, S. 682. *Ders.*, Reichsritterschaft im Reich, S. 219, 231 (Zitat ebd., S. 219). *Ders.*, Kurmainz, S. 269 f. *Haug-Moritz*, Organisation, S. 9. – Der Vergleich der Reichsritterschaft mit einem Seismografen stammt genuin nicht von Volker Press, sondern wurde in ähnlicher Form bereits von *Heinrich Müller* (Kampf, S. 9 f.) entwickelt. – Vgl. auch die mit der Reichsritterschaft vergleichbare Rolle des Reichskammergerichts als »Spiegelbild der Reichsverfassung« und ihrer Erschütterungen bei *Jahns*, Das Reichskammergericht I, S. 55 ff., 168, 317 f., 335, 602 f., 674 f. (Zitat ebd., S. 55).

15 *Moser*, Von denen Teutschen Reichs-Ständen, S. 1379 ff. (Zitat ebd., S. 1380).

norddeutsche Großmacht einen folgenreichen Präzedenzfall: Der Erfolg der preußischen Mediatisierungspolitik musste auf die mittleren und größeren Territorien wie eine Einladung wirken, sich bei nächster Gelegenheit ebenfalls auf Kosten ihrer kleineren Nachbarn zu arrondieren und damit der Implosion des Reichsverbandes gewollt oder ungewollt den Weg zu bereiten. Unter diesem Blickwinkel könnte das Reichsende von 1806 auf die – freilich einseitig zugespitzte – Formel gebracht werden: Am Anfang stand nicht Napoleon, sondern Hardenberg als preußischer Statthalter in Ansbach-Bayreuth[16].

In deutlichem Kontrast zu diesen Thesen steht der Befund von Rudolf Endres, einem der besten Kenner der preußischen Politik in Franken[17]: Danach sei »die Herrschaft Preußens in Franken [...] – abgesehen von den innerpolitischen Auswirkungen – doch nur noch eine Episode bis zur großen ›Flurbereinigung‹ (Bosl) unter Napoleon« gewesen[18]. Aus diesem Blickwinkel und angesichts der rheinbündischen und preußischen Reformen der folgenden Jahrzehnte erschien der breiten Mehrheit der Forschung seit Heinrich Berghaus (1850) und Karl Theodor Heigel (1911) die Frage nach den Folgen der gewaltsamen Arrondierung Ansbach-Bayreuths für die verfassungs- und politikgeschichtliche Entwicklung bis 1806/1815 als irrelevant[19]. Allein Hanns Hubert Hofmann deutete 1962 einen Zusammenhang zwischen der Unterwerfung der Ansbach-Bayreuth benachbarten Reichsritterschaft einerseits und dem Zusammenbruch des Alten Reiches andererseits an, den Karl Otmar Freiherr von Aretin sogar explizit benannte, jedoch sein Urteil auf ein Missverständnis in den Quellen gründete[20]. Sonst interessierte die jüngere For-

16 Vgl. *Nipperdey*, Geschichte, S. 11 u. *Schulze*, Editorial, S. 563.

17 *Demel*, Hardenberg, S. 51.

18 *Endres*, Erbabreden, S. 87 (Zitat ebd.). Ähnlich: *Hermann*, Hardenberg, S. 108.

19 *Heinrich Berghaus* (Deütschland II, S. 279 f.) resümierte zu den Folgen der preußischen Mediatisierung der Ansbach-Bayreuth benachbarten Reichsritterschaft: »Diese [...] Maßregeln eines mächtigen Königs und Reichsstandes waren für den deütschen Reichsadel um so gefährlicher, als sie allen auf dessen Gerechtsame stets eifersüchtigen Ständen einen mächtigen Reiz geben mußten, dem neüen Beispiel ihres Mitstandes gleichfalls zu folgen. Aus diesem unerwarteten und unerhörten Beispiele mußte endlich der Untergang der, durch so viele Anfechtungen aufrecht erhaltenen Verfassung nothwendig hervorgehen, und die französische Revolution, der preßburger Friede, 1805, und das pariser Schriftstück der Rheinbündler, 1806, führten denselben vielleicht um ein halbes Jahrhundert nur früher herbei«. Berghaus übernahm damit fast wortgetreu ein Resümee das Dr. Neff 1808 publiziert hatte (*Neff*, Reichsritterschaft, S. 172 f.). – *Karl Theodor Heigel* (Geschichte II, S. 213) stellte für den preußischen Versuch, die Reichsstadt Nürnberg zu mediatisieren, fest: »Die Episode ist von symptomatischer Bedeutung, sie kündigt die kommenden großen staatsrechtlichen Umwälzungen an«. – *Rudolf Endres* (Adel, S. 18) konstatierte sowohl mit Blick auf die Mediatisierung von Reichsrittern durch Berlin als auch auf die Unterwerfung der verbliebenen Rittergenossen ab 1802/03 durch andere weltliche Reichsfürsten: »Doch wurde dies [...] auch als Zeichen für den bevorstehenden Untergang des Reiches angesehen«. Diese Erkenntnis der Zeitgenossen führte jedoch zu keiner analogen Interpretation der damaligen Vorgänge durch Endres selbst.

20 *Hanns Hubert Hofmann* (Herrschaft, S. 187, 208 (Zitat ebd., S. 208)) analysierte die Unterwerfung der reichsritterschaftlichen Gebiete durch Preußen u. a. mit den Worten: »Dieser Erfolg wies in die Zukunft, beschwor zugleich aber die Schatten des Zusammenbruchs aller

schung allein die Frage nach den Vor- und Nachteilen der wirtschaftlichen, militärischen, rechtlichen und administrativen Reformen Preußens in Ansbach-Bayreuth[21].

Umso wichtiger erscheint es, mit einer aus den Quellen in- und ausländischer Archive geschöpften Arbeit eine rechts- und ereignisgeschichtliche Sonde in die Jahre 1792 bis 1798 zu legen, um die realen Geschehnisse während der Mediatisierung der Ansbach-Bayreuth benachbarten Reichsritterschaft erstmals zu rekonstruieren. Die in der vorliegenden Studie eingangs intendierte Neubewertung der damaligen Ereignisse im Kontext der Erforschung des Reichsendes von 1806 kann nämlich nur dann durch die Geschichtswissenschaft kritisch beleuchtet und gewinnbringend diskutiert werden, wenn die realen Ereignisse sowie die Motivationen, Widerstände und Kompromisse der damals Handelnden aufgearbeitet und innerhalb ihrer politik-, sozial- und verfassungsgeschichtlichen Rahmenbedingungen offengelegt werden. Der Forschungsstand zu den preußischen Mediatisierungen ist nämlich höchst defizitär.

2. Literaturbericht und Quellenlage

Eine wesentliche Ursache für die bis heute rudimentären Kenntnisse von der preußischen Arrondierungspolitik an den Grenzen Ansbach-Bayreuths im Allgemeinen und gegenüber der Reichsritterschaft im Besonderen liegt in der lange Zeit schwierigen Quellenlage begründet. Zwischen der Versetzung des für Ansbach-Bayreuth zuständigen Provinzialministers nach Berlin 1798 und den letzten bayerischen Aktenextraditionen an die Spree im Jahr 1868 sowie nach 1936 wurden fast alle einschlägigen Archivalien des sog. fränkischen Landesministeriums und seiner Vorgängerbehörde in die preußische Hauptstadt überführt. Dort erlitten sie zusammen mit der Überlieferung des königlichen Kabinettsministerium dasselbe Schicksal wie der Großteil der Altbestände des Geheimen Staatsarchivs in Berlin-Dahlem: Sie wurden im

noch mühsam gewahrten staatlichen Ordnungen und ihres tragenden Überbaus, des Reiches herauf«. *Karl Otmar Freiherr von Aretin* (Das Alte Reich III, S. 452 (Zitat ebd.). *Ders.*, Heiliges Römisches Reich I, S. 337) konstatierte bei der Darstellung der Reaktionen Wiens sowie der Kurhöfe in Dresden und Hannover auf die preußischen Mediatisierungen: »Die Auslieferung der Kleinen an die Großenhatte [sic] begonnen und damit die Auflösung des Reiches«. – Zum Missverständnis der einschlägigen Quellen durch Aretin siehe Kapitel VII.2 Anm. 463.

21 *Endres*, preußische Ära, S. 187 ff. *Ders.*, Ära Hardenberg, S. 193 f. *Ders.*, Reformmodell, S. 46 f. – Die Vor- und Nachteile des innenpolitischen Reformwerks und Regierungshandelns in Ansbach-Bayreuth unter der Herrschaft Berlins wurden schon von Zeitgenossen im ausgehenden 18. Jahrhunderts thematisiert (Von der Wiedervereinigung der Brandenburgischen Fürstenthümer (Staatsarchiv), S. 19 f. bzw. Von der Wiedervereinigung der Brandenburgischen Fürstenthümer (Teutsche Staatskanzley), S. 190. [*Mehmel*], Briefe, S. 26 f., 72 ff. [*H. C. Meyer*], Briefe, S. 22, 59 ff., 103. Vertraute Briefe über das Fürstenthum Bayreuth, S. 16, 63 ff., 75 ff., 123 ff., 142 ff. Siehe ferner: *Thürauf*, Meinung, S. 57, 84 u. *Tschirch*, Geschichte I, S. 218 ff.).

Zweiten Weltkrieg im Gebiet der späteren SBZ ausgelagert und infolge der deutschen Teilung im Zentralen Staatsarchiv der DDR in Merseburg zusammengeführt. Die wissenschaftliche Auswertung dieser Archivalien war vor dem Hintergrund des Kalten Krieges bis zur deutschen Wiedervereinigung, der auch diejenige der preußischen zentralbehördlichen Überlieferung in Berlin-Dahlem folgte, für die westdeutsche Forschung zwar nicht unmöglich, aber doch erschwert[22]. Die ostdeutsche Historiografie wiederum hatte bis 1990 andere Prioritäten als die Erforschung der Unterwerfung einer adligen Korporation durch eine monarchische Regierung im ausgehenden »Zeitalter des Feudalismus«[23].

Es überrascht daher nicht, dass die bis heute detailliertesten und auf einer mehr oder minder intensiven Quellenarbeit beruhenden Arbeiten zur Mediatisierung der Ansbach-Bayreuth benachbarten Rittergüter aus der Zeit vor den beiden Weltkriegen stammen: Hier ist als Erstes Karl Süssheim zu erwähnen, der 1902 die Okkupationen und Mediatisierungen Berlins in Franken und Ausläufern Schwabens ins Zentrum einer umfangreichen wissenschaftlichen Untersuchung über »Preussens Politik in Ansbach-Bayreuth« stellte[24]. Zwei Jahre nach Karl Süssheim legte Fritz Hartung seine überwiegend aus den Quellen der Berliner Archive schöpfende Dissertation über »Hardenberg und die preußische Verwaltung in Ansbach-Bayreuth« vor[25]. In dieser sowohl innenpolitisch als auch biografisch ausgerichteten Studie ging Hartung in einem Kapitel auch auf die sog. »Herstellung der staatlichen Souveränität in den Fürstentümern« ein und damit auf die Mediatisierung der Reichsritterschaft in der Reichweite Ansbach-Bayreuths[26].

Nach Süssheim und Hartung war Heinrich Müller der Letzte, der die Quellen des Geheimen Staatsarchivs in Berlin-Dahlem in nennenswertem Umfang heranziehen konnte. In seiner Studie von 1910 über die Mediatisierung der gesamten Reichsritterschaft am Ende des Alten Reiches findet sich

22 *Ahlgrimm*, Rückführung, Sp. 251 ff. *Schaper*, Anmerkungen zur Überlieferung, S. 381. *Stamm-Kuhlmann*, König, S. 779. *Stetten*, Rechtsstellung, S. 109 Anm. 1. *Rechter*, Weg, S. 50 Anm. 35. *Braning/Bliß/ Petermann*, Übersicht, S. 11. *Dohrmann* u. a., Archive, S. 69 f. – Das seit 1733 institutionell verselbständigte preußische Kabinettsministerium war nicht nur für das Lehenswesen und die Angelegenheiten des königlichen Hauses zuständig, sondern auch für Justiz, Krieg, Innen- sowie Außenpolitik einschließlich der Landeshoheitsangelegenheiten und der Reichspolitik. Damit waren all jene Geschäftsbereiche im Kabinettsministerium gebündelt, die von vier der fünf klassischen Ministerien, wie sie sich im 18. und frühen 19. Jahrhundert europaweit herausbilden sollten, wahrgenommen wurden. Eine Besonderheit des Berliner Kabinettsministerium war zudem seine Besetzung mit mehreren Kabinettsministern, die – ähnlich wie in den alten Ratskollegien – formal gleichberechtigt waren (*Stamm-Kuhlmann*, ebd., S. 116. *Bringmann*, Preußen, S. 96, 255 f., 316). – Die Auskunft über das Schicksal der nach 1936 in das Geheime Staatsarchiv in Berlin verbrachten »Registratur Hardenberg« verdanke ich dem Leiter des Staatsarchivs Bamberg, Herrn Dr. Stefan Nöth.

23 *Asch*, Stellung, S. 3.

24 *Süssheim*, Politik, S. 57–288 (Zitat ebd., Titelblatt).

25 *Hartung*, Hardenberg, S. III f. (Zitat ebd., Titelblatt).

26 Ebd., S. 28–51 (Zitat ebd., S. 28).

auch ein Kapitel über »die preussischen Okkupationen in Ansbach-Bayreuth«[27]. Allerdings krankt seine Darstellung wie die von Süssheim und Hartung daran, dass er für das eigentliche Geschehen nur die preußische, aber praktisch keine reichsritterschaftliche Überlieferung heranzog[28]. Dies – zusammen mit einer teils zu oberflächlichen Auswertung der eingesehenen Quellen – führte dazu, dass die rudimentäre Darstellung von Müller weder den Motiven der handelnden Akteure noch den realhistorischen Abläufen und ihren tieferen Ursachen gerecht werden konnte[29].

Zudem standen die Interpretationen aller drei bisher genannten Arbeiten noch ganz im Bann der kleindeutsch-borussischen Geschichtsschreibung, wie sie von Heinrich von Treitschke (1834–1896) besonders eindrucksvoll verkörpert wurde und deren national-, einheits- sowie machtstaatsorientierte Wertungen und teleologischen Geschichtsbilder noch weit über 1945 hinaus wirkungsmächtig blieben. In Zeiten, in denen Treitschkes Diktum von dem verwerflichen »Unfug der Kleinstaaterei« fast schon als historiografischer Gemeinplatz galt[30], erschien die Reichsritterschaft als besonders abschreckendes Beispiel für die »Zersplitterung der staatlichen Kräfte unseres Volkes«. Sie gehörte in dieser Sicht zu den »gotischen Verziehrungen« des selbst als untragbar bewerteten Alten Reiches oder war sogar »an dem ganzen gotischen Reichsbau der Stein, den die Bauleute verworfen hatten«. Die Mediatisierung dieses »widerhaarige[n]« und »kriegsentwöhnten Geschlecht[s]«, dem mehrheitlich eine »stolze, feste, deutsche Art« zu fehlen und »keine höhere moralische oder politische Tendenz« innezuwohnen schien, wurde als unvermeidlicher Vorgang und »Gewinn für die deutsche Nation bewertet«. Schließlich hätten die »abgestorbenen Territorien« der Reichsritter nicht nur »den gesunden Blutumlauf des großen Ganzen erheblich« behindert. Sie schienen auch der vermeintlich vorherbestimmten und mit den sog. Einigungskriegen verbundenen Entwicklung zum Zweiten Kaiserreich im Wege zu stehen[31]. Daher konnte Heinrich Müller die Mediatisierungen der an den Grenzen Ansbach-Bayreuths begüterten Reichsritter nicht nur als Segen für die betroffenen Adligen verklären, sondern auch von einer zu sühnenden »Schuld der Reichsritterschaft am deutschen Volke« sprechen[32].

Von solchen geschichtsideologischen Wertungen findet sich in den Ar-

27 *H. Müller*, Kampf, S. 54 ff. (Zitat ebd., S. 54).

28 Ebd., S. 61 Anm. 18 ff.

29 Vgl. *H. Müller*, Kampf, S. 59 ff. mit den Kapiteln V.1 bis VII.2.

30 *P. C. Hartmann/Schuller*, Vorwort, S. 9. *P. C. Hartmann*, Das Heilige Römische Reich, ein föderalistisches Staatsgebilde, S. 11. *Neuhaus*, Reich (EDG), S. 57 f. *Wendehorst/Westphal*, Reich, S. 5. *Liebmann*, Rezeptionsgeschichte, S. 8 ff. *Iggers*, Treitschke, S. 174 f., 183 ff. *Wolgast*, Sicht, S. 169 ff. *Treitschke*, Geschichte I, S. 132 (Zitat ebd.).

31 *Eberlein*, Bayerns Anteil, S. 7, 198 (Zitate ebd.). *H. Müller*, Kampf, S. 14, 22 ff., 38, 46 ff., 83, 91 ff., 168 (Zitate ebd., S. 14, 30 f., 38). *Thudichum*, Reichskammergericht, S. 221 (Zitat ebd.). *Hartung*, Hardenberg, S. 25 ff.

32 *H. Müller*, Kampf, S. 69 f., 200 (Zitat ebd., S. 200).

beiten von Hanns Hubert Hofmann keine Spur mehr: »Das preußische Intermezzo als Sondertypus einer Zwischenepoche« war für ihn Gegenstand eines eigenen Kapitels in seiner Habilitationsschrift über »Adlige Herrschaft und souveräne[n] Staat« (1962) sowie von weiteren Beiträgen in den Jahren 1953 bis 1967. Dabei kam der Unterwerfung der Ansbach-Bayreuth benachbarten Reichsritter zentrale Bedeutung zu[33]. Dennoch lassen sich die Wertungen und Tatsachenbeschreibungen der höchst verdienstvollen Arbeiten Hofmanns nur begrenzt mit den realhistorischen Ereignissen der Jahre 1792 bis 1798 in Einklang bringen[34]. Hofmann konnte seine Forschungen zu den preußischen Mediatisierungen in Franken und den Ausläufern Schwabens nämlich nur auf die marginalen Überlieferungsreste der preußischen Verwaltung stützen, die in den bayerischen Staatsarchiven Bamberg und Nürnberg zurückgeblieben waren. Sowohl die Kantonsarchive der Reichsritterschaft als die entscheidende Hauptüberlieferung des fränkischen Landesministeriums in Merseburg (DDR) und damit die beiden wichtigsten Quellengruppen zu den Okkupationen und Mediatisierungen Berlins fanden in den Studien von Hofmann keine Berücksichtigung. Dies konnte, wie gesagt, nicht ohne Folgen für die Ergebnisse seiner Forschungen bleiben[35]. Ähnliches muss für die Arbeiten von Rudolf Endres konstatiert werden, der sich in den Jahren 1984 bis 2001 vor allem in Gestalt eines wiederholt überarbeiteten Aufsatzes mit der »preußischen Ära in Franken« befasst hat. Dabei geht Endres zwar stets auch auf die Mediatisierungspolitik gegenüber den Ansbach-Bayreuth benachbarten Reichsrittern und Kreisständen ein. Allerdings konnte er sich dabei nur auf drei Akten aus den Staatsarchiven Nürnberg und Bamberg stützen, die vergleichsweise isolierte Einzelaspekte des Gesamtgeschehens behandeln[36].

Über die genannten Arbeiten hinaus haben noch einige pressegeschichtliche Untersuchungen zur publizistischen Auseinandersetzung um die preußischen Mediatisierungen interessante Details zutage gefördert[37]. Dagegen

33 *H. H. Hofmann*, preußische Ära (1967), S. 245 ff., inbes. 248 ff. *Ders.*, Staat des Deutschmeisters, S. 330 ff. *Ders.*, Herrschaft, S. 163–209, inbes. 167 ff. (Zitate, ebd., Titelblatt u. S. V). *Ders.*, preußische Ära (1960/61), S. 225 ff., inbes. 230 ff. *Ders.*, Gunzenhausen-Weißenburg, S. 185 ff., inbes. 190. *Ders.*, Freibauern, S. 196, 294. *Ders.*, Franken, S. 4 f., 42 f. *Ders.*, Nürnberg-Fürth, S. 195 ff., inbes. 197. *Ders.*, Neustadt-Windsheim, S. 147 ff. *Guttenberg/Ders.*, Stadtsteinach, S. 107 f.

34 Vgl. *H. H. Hofmann*, Herrschaft, S. 163 ff. mit den Kapiteln V.1 bis VII.2.

35 *H. H. Hofmann*, Herrschaft, S. 167 Anm. 21 ff.

36 *Endres*, preußische Ära, S. 173 ff. *Ders.*, Ära Hardenberg, S. 181 ff., 195 ff. *Ders.*, Reformmodell, S. 33 ff. Vgl. zudem die fast wörtlich aus den besagten Aufsätzen übernommenen Ausführungen in *Rudolf Endres*, Zum neuen Staat, S. 53 ff. sowie in *Ders.*, Staat und Gesellschaft, S. 773 ff. Siehe ferner Endres' Ausführungen über die Mediatisierungen Berlins in: *Endres*, Reformpolitik, S. 292 f., 298. – Zur inhaltlichen und chronologischen Diskrepanz bei der Darstellung der Ereignisse in der vorliegenden Arbeit und den Untersuchungen von Endres vgl. dessen Aufsätze mit den Kapiteln V.1 bis VII.2.

37 *Hofmeister-Hunger*, Pressepolitik, S. 29–145: fortl. *Dies.*, Revindikationen, S. 253 ff. *Tschirch*, Geschichte I, S. 198 ff. *Thürauf*, Meinung, S. 86 ff.

befasste sich die ältere und jüngere fränkische Landes- sowie die preußische Staats- und Politikgeschichte jenseits der genannten Beispiele nur in sehr begrenztem Umfang mit der gewaltsamen Arrondierung Ansbach-Bayreuths zwischen 1792/93 und 1798[38]. Gleiches muss von der allgemeinen deutschen

38 Aus landesgeschichtlicher Perspektive hatten sich zuerst Holle 1861 sowie Julius und Christian Meyer 1890 bzw. 1891/1904 an die Mediatisierungen und Arrondierungen Berlins in den Jahren 1792/93 bis 1798 herangetastet (*Holle*, Streitigkeiten, S. 58 ff. *J. Meyer*, Erinnerungen, S. 4 f., 238. *C. Meyer*, Zeiten, S. 468 f. *Ders.*, Hardenberg, S. 13 ff. *Ders.*, Preussens innere Politik, S. 19 ff.). – Nur knappe Wiederholungen bereits bekannter Gemeinplätze bieten die kurzen Abschnitte zur Okkupation und Mediatisierung der Ansbach-Bayreuth benachbarten Reichsglieder in den jüngeren landesgeschichtlichen Arbeiten von Franz-Ludwig Knemeyer, Günther Schuhmann und Gerd Zimmermann (*Schuhmann*, Markgrafen (1980), S. 586 f. *Ders.*, Markgraf Alexander, S. 17. *Knemeyer*, Regierungs- und Verwaltungsreformen, S. 182 ff. *G. Zimmermann*, Staatlichkeit, S. 29 f., 48 f., 61, 72 ff.). Auch Georg Seiderers kurzer Abriß bringt nicht viel Neues zu den Mediatisierungen Berlins (*Seiderer*, Formen, S. 459 ff.). – Die unter den neueren landesgeschichtlich orientierten Arbeiten hervorzuhebende Studie von Thomas Hubertus Link widmet zwar der preußischen Arrondierungspolitik mehrere Seiten, konzentriert sich dabei jedoch allein auf das Schicksal des Kreisstandes Würzburg in den Jahren 1796/98 (*Link*, Reichspolitik, S. 116 ff., 261 ff.). – Die Forschungen von Karl Hayo von Stockmayer, Walter Demel, Robert Schuh und Hermann Seis widmeten sich aus der Perspektive der Landesgeschichte allein bestimmten rechts- und ereignisgeschichtlichen Einzelaspekten ohne dabei das Schicksal der Reichsritterschaft mit mehr als wenigen Worten zu würdigen (*Schuh*, Zugriff, S. 299 ff. *Demel*, Hardenberg, S. 52 ff. *Stockmayer*, Fehde, fortl. *Seis*, Bürgertreue, S. 3, 11 ff.). Vor allem zur Mediatisierung einiger Orte des schwäbischen Kantons Kocher durch Preußen hat Thomas Schulz 1987/88 bis dato unbekannte Details zusammengetragen (*T. Schulz*, Mediatisierung (1988), S. 326 ff. *Ders.*, Mediatisierung (1987), S. 158). – Bereits Mansos 1835 in zweiter Auflage erschienene Darstellung zur preußischen Geschichte der Jahre 1763 bis 1797 streifte die Annexionen an den Grenzen Ansbach-Bayreuths kurz (*Manso*, Geschichte I, S. 371 ff.). Karl Adolf Menzels Abhandlung über die preußische Politik von 1786 bis 1806 widmete den Okkupationen und Mediatisierungen Berlins auf der Grundlage zeitgenössischer Druckschriften und veröffentlichter Lebenserinnerungen sogar mehrere Seiten (*K. A. Menzel*, Zwanzig Jahre, S. 339 ff.). Martin Philippsons Arbeit über die preußische Geschichte des späten 18. und frühen 19. Jahrhunderts handelte die preußischen Arrondierungen in Franken dagegen nur in wenigen Sätzen ab (*Philippson*, Geschichte I, S. 409. *Ders.*, ebd. II, S. 229 f.). Dagegen erwähnte Reinhold Koser, der sich mehr als ein halbes Jahrhundert nach Menzel ebenfalls mit der Außenpolitik Berlins zwischen 1786 und 1806 befasste, Ansbach-Bayreuth nur en passant und ging auf die dortigen Mediatisierungen mit keinem Wort ein (*Koser*, Politik, S. 216, 233, 247 ff., 254 f., 264). – Hans-Joachim Schoeps preußische Staatsgeschichte wusste zu den Ereignissen in Ansbach-Bayreuths im ausgehenden 18. Jahrhundert nur den Anfall der neuen fränkischen Provinzen an König Friedrich Wilhelm II. sowie eine nicht näher spezifizierte »mustergültige Verwaltung« durch Berlins Statthalter vor Ort zu vermelden (*Schoeps*, Preußen, S. 94 f., 355, 364 (Zitat ebd., S. 94)). Willy Real interessierte sich in seiner Studie zur preußischen Außenpolitik zwischen 1786 und 1795 für die Geschichte Ansbach-Bayreuths nur dann, wenn die beiden Markgrafentümer ein potentielles Tauschobjekt in den Verhandlungen der beiden deutschen Großmächte waren (*Real*, Postdam, S. 46 f., 56 f.). Wilhelm Bringmanns monumentale Studie von 2001 zur preußischen Politik unter Friedrich Wilhelm II. streift zwar immer wieder die Geschichte Ansbach-Bayreuths, widmet aber den dortigen Mediatisierungen und Annexionen nur wenige Sätze (*Bringmann*, Preußen, S. 82 f., 276, 307 f., 313, 320 ff., 330, 355, 364, 377 ff., 450 ff., 527 f., 539, 573, 594 ff., 611, 680.). Die preußische Geschichte Christopher Clarks geht zwar kurz auf die gewaltsame Arrondierung Ansbach-Bayreuths ein, gibt dabei aber nur den älteren Forschungsstand wider (*Clark*, Preußen, S. 328).

Politik- und Verfassungsgeschichte gesagt werden: Während die älteren Überblicksdarstellungen von Menzel (1848 und 1855), Häusser (1855), Sybel (1899) und Heigel (1899/1911) zum Alten Reich im ausgehenden 18. Jahrhundert wenigstens auf der Basis gedruckter Streitschriften und Erinnerungen die Mediatisierungen Berlins an den Grenzen Ansbach-Bayreuths miteinbezogen, streifen die neueren Werke wie zum Beispiel diejenigen von Möller (1989), Duchhardt (1991), Härter (1992), Sheehan (1994), Schmidt (1999) Neuhaus (2003), Hartmann (2005), Gotthard (2. Aufl. 2005), Stollberg-Rilinger (3. Aufl. 2007) und Fehrenbach (5. Aufl. 2008) sie nur mit wenigen Worten oder ignorieren sie sogar ganz. Allein Karl Otmar von Aretin (1997) und Walter Demel (2005) gehen mit wenigen Sätzen etwas ins Detail[39].

Zwar wurde anlässlich der 200-jährigen Wiederkehr der Auflösung des Heiligen Römischen Reiches Deutscher Nation im Jahr 1806 »das Alte Reich in Szene gesetzt wie nie zuvor«[40]. Aber die reichhaltige Jubiläumsliteratur sowie die Fachpublikationen früherer Jahre zum Ende des Alten Reichs erwähnen – mit Ausnahme eines kurzen Exkurses innerhalb eines umfassenderen Beitrages von Thomas Stamm-Kuhlmann – die Mediatisierung zahlreicher reichsritterschaftlicher Herrschaften durch Preußen am Vorabend des Reichsuntergangs mit keinem Wort. Allein die abschließende Unterwerfung der bis 1802/03 noch reichsunmittelbar gebliebenen Reichsritter findet in seltenen Ausnahmefällen Erwähnung[41]. Schuld hieran trug das heute domi-

39 *Neuere Überblicksdarstellungen: Fehrenbach*, Régime, S. 78. *Stollberg-Rilinger*, Das Heilige Römische Reich, S. 110 ff. *Naumann*, Geschichte, S. 219 ff. *Demel*, Reich, S. 341. *P. C. Hartmann*, Reich (2005), S. 158 ff. Gotthard, Reich, S. 152 ff. *Neuhaus*, Reich (EDG), S. 54 f. *G. Schmidt*, Geschichte, S. 319 ff. *Nipperdey*, Geschichte, S. 11 ff. *Aretin*, Das Alte Reich III, S. 413, 451 f. *Siemann*, Staatenbund, S. 22 f., 111, 302. *Sheehan*, Ausklang, S. 190 ff. *Härter*, Reichstag, fortl. *Duchhardt*, Verfassungsgeschichte, S. 245 f. *Möller*, Fürstenstaat, S. 613 f. *Treue*, Geschichte, S. 82 ff., 113 ff. *Uhlhorn*, Territoiren, S. 502. – Vgl. auch die einschlägigen Ausführungen in dem Frühwerk *Aretins* (Heiliges Römisches Reich I, S. 289 ff., 320, 337, 457 f.). – *Ältere Überblicksdarstellungen: Heigel*, Geschichte I, S. 415. *Ders.*, ebd. II, S. 213 ff., 468. *Sybel*, Geschichte VII, S. 139 f. *Häusser*, Geschichte II, S. 73 f., 144. *K. A. Menzel*, Geschichte VI, S. 315, 352 ff. *Ders.*, Geschichte XII/2, S. 132, 209 ff. – Von den älteren Standardwerken übergeht bezeichnenderweise Heinrich von Treitschke die preußischen Mediatisierungen an den Grenzen Ansbach-Bayreuths stillschweigend (*Treitschke*, Geschichte I, S. 104 ff., inbes. 112, 143 ff.).

40 *Roll/Schnettger*, Einleitung, S. 2.

41 *Neuere Darstellungen zum Reichsende: Burgdorf*, Weltbild (2009), fortl., speziell zum Ende der Reichsritterschaft: S. 93, 99 ff., 123, 296. *Ders.*, Finis Imperii, S. 13 ff. *Ders.*, Vahlkampfsche Schweigen, S. 172 ff. *Ders.*, Wendepunkt, S. 17 ff., speziell zum Ende der Reichsritterschaft: S. 21. *Ders.*, Untergang, S. 564 ff. *G. Schmidt*, Deutschland 1806, S. 101 ff. *Ders.*, Deutschland um 1800, S. 156 ff. *Leonhard*, Interesse, S. 151 ff. *Kreutzmann*, Adel, hier speziell zum Ende der Reichsritterschaft: S. 310. *A. Schmidt*, Überleben, S. 349 ff. *Riotte*, Großbritannien, S. 33 ff. *Ders.*, Geschichtsbilder, S. 99 ff. *Kusber*, Russland, S. 55 ff., speziell zum Ende der Reichsritterschaft: S. 62. *Ders.*, Wahrnehmungen, S. 123 ff. *Stamm-Kuhlmann*, »Für dessen Constitution ich keine drei Kreuzer mehr gebe«, hier speziell zu den Mediatisierungen durch Preußen: S. 74 ff. *Jandausch*, Mecklenburg, S. 86 ff. *Bregnsbo*, Einverleibung, S. 116 ff. *Graßmann*, »Vom reichsfreyen Bürger zum vogelfreyen Republikaner«, hier: S. 126 ff. *Alvermann*, »Eine schöne Stunde hat dem Vaterlande geschlagen«, S. 206 ff. *Önnerfors*, Ende, S. 238 ff. *Hahn*, Reich,

nierende Forschungsparadigma, das erst in den Jahren 1802/03 – sowie ihrer vertraglichen Vorgeschichte – jene »Säkularisations- und Mediatisierungsschübe« verortet, die zusammen mit den Koalitions- und napoleonischen Kriegen den Zerfall des Reichsverbandes bestimmten und beschleunigten[42].

Keines größeren Interesses erfreuten sich die Okkupationen immediater Rittergüter zwischen 1792/93 und 1798 durch die norddeutsche Großmacht in der Biografik der wichtigsten preußischen Akteure. Zwar gibt es über Karl August Freiherr von Hardenberg (1750 – 1822), der als preußischer Statthalter in Ansbach-Bayreuth die Mediatisierung der angrenzenden reichsritterschaftlichen Gebiete maßgeblich vorantrieb, eine Fülle von biografischen Studien[43]. Diese würdigen zwar wiederholt dessen Rolle als Dirigierender Minister in den fränkischen Provinzen Preußens in eigenen Kapiteln und handeln dabei nicht nur die innenpolitischen Maßnahmen Hardenbergs ab, sondern auch die zeitgleichen Mediatisierungen Berlins. Aber die sich konkret auf die Unterwerfung der Reichsritterschaft beziehenden Passagen bleiben – abgesehen von Carl Ludwig Klose (1851) – auf wenige Allgemeinplätze und Sätze beschränkt[44].

S. 331. *Loose*, Verfall, S. 144 ff. *B. Braun*, Reich, S. 7 ff. *Höbelt*, Wiener Sicht, S. 31 ff. *Schnettger*, »Abschied von Germania«, S. 41 ff. *Zwierlein*, Imperium, S. 61 ff., speziell zum Ende der Reichsritterschaft: S. 68 ff. *Roll*, Ende, S. 139 ff. *Kraus*, Ende, fortl. *Le Rider*, Konzepte, S. 66 ff., speziell zum Ende der Reichsritterschaft: S. 69 ff. *Mraz*, Ende, S. 78 ff. *Paul*, Integration, S. 343 ff., speziell zum Ende der Reichsritterschaft: S. 352. *Schindling*, Scheitern, S. 303 ff., speziell zum Ende der Reichsritterschaft: S. 315. *Mader*, Das Vahlkampf'sche Schweigen, S. 574 ff. *Ders.*, Priester, S. 17 ff., 116 ff., speziell zum Ende der Reichsritterschaft: S. 124 ff. *Schulze*, Editorial, S. 563. *Mazohl-Wallnig*, Zeitenwende, S. 235 ff. *Wüst*, Ende, S. 73 ff., speziell zum Ende der Reichsritterschaft: S. 76. *Neuhaus*, Ende, S. 185 ff. *Press*, Ende, S. 34 ff. *Ders.*, Untergang, S. 81 ff. *Walter*, Zusammenbruch, fortl., speziell zum Ende der Reichsritterschaft: S. 21, 41 mit Anhang, S. 133. – *Wolfgang Burgdorf* (Weltbild (2009), S. 64) erwähnt zumindest noch beiläufig den gescheiterten Versuch Preußens, Nürnberg zu mediatisieren – ein Vorgang, der sich zeitgleich mit der in Frage stehenden Unterwerfung reichsritterschaftlicher Gebiete vollzog. *Marko Kreutzmann* (Adel, S. 310) spricht nur davon, dass »die kleineren Reichsfürsten, die Reichsgrafen und die Reichsritter im Zuge der seit 1795 im Gange befindlichen Reichsauflösung ihre Reichsunmittelbarkeit verloren«. – *Ältere Darstellungen zum Reichsende: Rößler*, Kampf, fortl., speziell zum Ende der Reichsritterschaft: S. 74 f., 80, 178, 202, 225 f. *Srbik*, Schicksalsstunde, fortl., speziell zum Ende der Reichsritterschaft: S. 14, 50 f. *Ders.*, Kaisertum, fortl., speziell zum Ende der Reichsritterschaft: S. 15, 62 f.

42 *Burgdorf*, Weltbild (2009), fortl., inbes. S. 1 ff. (Zitat ebd., S. 1). *Roll*, Ende, S. 139 f. *B. Braun*, Reich, S. 20 ff.

43 Speziell zur Person Hardenbergs und seiner Rolle bei der Unterwerfung der Ansbach-Bayreuth benachbarten reichsritterschaftlichen Herrschaften siehe Kapitel IV.5.1, V.1 bis VII.2 u. VIII.2.1.

44 *Hermann*, Hardenberg, S. 94 ff. u. 140 ff., speziell zu den Mediatisierungen: S. 109, 140 ff., 153. *Haller*, Hardenberg, S. 28 ff., speziell zu den Mediatisierungen: S. 34 ff., 48 ff., 68 ff. *Thielen*, Hardenberg, S. 55 ff., 82 ff. u. 158 ff., speziell zu den Mediatisierungen: S. 63, 88 ff., 97 ff., 158 f. *Haussherr/Bußmann*, Hardenberg, hier speziell zu den Mediatisierungen: S. 659. *Haussherr*, Hardenberg I, S. 117 ff. u. 189 ff., speziell zu den Mediatisierungen: S. 132 ff. u. 197 ff. *Sybel*, Hardenberg, hier speziell zu den Mediatisierungen: S. 573 ff. *Ranke*, Denkwürdigkeiten I, S. 101 ff., 172 f. u. 355 ff., speziell zu den Mediatisierungen: S. 172 f., 359 ff. u. 382 ff. *Klose*, Leben, S. 58 ff. u. 96 ff., speziell zu den Mediatisierungen: S. 70 ff. u. S. 104 ff. – Kennzeichnend

Ähnlich verhält es sich mit den Lebensbeschreibungen der während der Mediatisierungen regierenden preußischen Könige, die mit der allgemeinen Staats- und Politikgeschichte Preußens vielfach verschmelzen. Die panegyrisch-borusssische, populär- und streng-wissenschaftliche Biografik zu König Friedrich Wilhelm II. von Preußen (geb. 1744, reg. 1786 – 1797), unter dessen Regierung sich die Unterwerfung der Ansbach-Bayreuth benachbarten Reichsritter unter die preußische Landeshoheit fast ausschließlich vollzog, bringt bis heute den Entwicklungen in den fränkische Provinzen Berlins nur sehr wenig Interesse entgegen. Die dortigen Mediatisierungen werden gänzlich übergangen oder in wenigen Sätzen abgehandelt, wobei dann die beinahe gelungene Unterwerfung der Reichsstadt Nürnberg im Zentrum steht[45]. In den Biografien über König Friedrich Wilhelm III. von Preußen (geb. 1770, reg. 1797 – 1840), in dessen Regierungszeit ohnehin nur noch der Schlussakkord der gewaltsamen Arrondierung Ansbach-Bayreuths auf Kosten der benachbarten reichsritterschaftlichen Herrschaften fiel, wird die Geschichte Ansbach-Bayreuths auf die Rolle eines Kriegsgrundes gegen Napoleon im Jahr 1805 reduziert. Die dortigen Mediatisierungen Berlins finden jedoch mit keinem Wort Erwähnung[46].

Nicht viel besser verhält es sich mit der Adelsforschung im Allgemeinen und der historiografischen Betrachtung der Reichsritterschaft im Besonderen: Der moderne Begründer der Letzteren, Karl Heinrich Roth von Schre-

für etliche Darstellungen der Hardenberg-Biografik sind die von einer völligen Unkenntnis der reichsritterschaftlichen Rechtsstellung zeugenden Ausführungen zu den Reibungspunkten Ansbach-Bayreuths mit dem Corpus equestre: z.B. *Haller*, ebd., S. 42 oder *Hermann*, ebd., S. 108.

45 *Meier*, Friedrich Wilhelm II., konkret zu Ansbach-Bayreuth: S. 191, 198, 251, 287 f. *Barclay*, Friedrich Wilhelm II., S. 179 ff. (ohne Erwähnung von Ansbach-Bayreuth). *W. Neugebauer*, Hohenzollern II, S. 55 ff., konkret zu Ansbach-Bayreuth unter Friedrich Wilhelm II. in einem gesonderten Abschnitt: S. 92. *Ohff*, Könige, S. 147 ff., konkret zu Ansbach-Bayreuth: S. 161. *Oster*, Preußen, S. 178 ff., konkret zu Ansbach-Bayreuth: S. 189. *Gerd Heinrich*, Geschichte, S. 255 ff., konkret zu Ansbach-Bayreuth: S. 259. *Haussherr*, Friedrich Wilhelm II., konkret zu Ansbach-Bayreuth: S. 559. *Hintze*, Hohenzollern, S. 405 ff., konkret zu Ansbach-Bayreuth: S. 416, 422 f. *B. Rogge*, Buch, S. 173 ff., konkret zu Ansbach-Bayreuth: S. 188, 199 f. *Stillfried-Alcantara*, Hohenzollern, S. 267 ff., konkret zu Ansbach-Bayreuth: S. 273. *J. v. Hartmann*, Friedrich Wilhelm II., konkret zu Ansbach-Bayreuth: S. 689 ff., 698. – Speziell zur Lebens- und Regierungszeit von König Friedrich Wilhelm II. von Preußen siehe *Haussherr*, ebd., S. 558 f.

46 *Stamm-Kuhlmann*, Friedrich Wilhelm III., S. 197 ff. (ohne Erwähnung von Ansbach-Bayreuth). *Ders.*, König, konkret zu Ansbach-Bayreuth: S. 115 f., 197, 202, 213 f. *W. Neugebauer*, Hohenzollern II, S. 70 ff. u. 96 ff., konkret zu Ansbach-Bayreuth: S. 77. *Oster*, Preußen, S. 212 ff., konkret zu Ansbach-Bayreuth: S. 217, 233. *Gerd Heinrich*, Geschichte, S. 274 ff., konkret zu Ansbach-Bayreuth: S. 279 f. *Haussherr*, Friedrich Wilhelm III., konkret zu Ansbach-Bayreuth: S. 561. *Hintze*, Hohenzollern, S. 423 ff., konkret zu Ansbach-Bayreuth: S. 430, 463. *B. Rogge*, Buch, S. 207 ff., konkret zu Ansbach-Bayreuth: S. 222 f. *Stillfried-Alcantara*, Hohenzollern, S. 279 ff., konkret zu Ansbach-Bayreuth: S. 286. *J. v. Hartmann*, Friedrich Wilhelm III., konkret zu Ansbach-Bayreuth: S. 704 f. *Ohff*, Könige, S. 179 ff., konkret zu Ansbach-Bayreuth: S. 189, 195. – Speziell zur Lebens- und Regierungszeit von König Friedrich Wilhelm III. von Preußen siehe *Haussherr*, ebd., S. 560.

ckenstein, erwähnt die Unterwerfung der Ansbach-Bayreuth benachbarten Reichsritter in seinem zweibändigen Monumentalwerk von 1859/71 mit keinem Wort[47]. Während die bereits angesprochenen Verdikte der kleindeutsch-borussischen Historiografie dem Interesse am mittelalterlichen Rittertum keinen Abbruch tun konnten, stieß die Erforschung des frühneuzeitlichen Adels und damit auch der Reichsritterschaft bis weit nach dem Ende des 2. Weltkriegs nur auf geringes Interesse. Dieser Trend dürfte noch zusätzlich durch den Umstand verstärkt worden sein, dass die ältere, sehr stark mit modernen staatsrechtlichen Vorstellungen operierende Historiografie die reichsritterschaftliche Korporation sowie deren Stellung im Alten Reich als »politische[m] System« nur schwer fassen konnte. Schließlich stellte das 1806 kollabierte Alte Reich ein mit vormodernen Elementen und informellen Spielregeln durchsetztes, nur in einzelnen Teilbereichen staatlich verdichtetes Beziehungs- und Rechtsgeflecht dar, das sich vielfach formalen, mit modernen Inhalten aufgeladenen Kategorisierungen entzieht. Erst in den 1970er und insbesondere den 1980er Jahren trat hier ein Umschwung in der Forschung ein, der nicht zuletzt mit dem Namen Volker Press verbunden ist[48]. Doch dessen zahlreiche Studien zur Reichsritterschaft erwähnen die Mediatisierung der Reichsritterschaft am Ende des Alten Reichs im Allgemeinen und durch Preußen im Besonderen nur in Ausnahmefällen, ohne näher auf die damaligen Ereignisse einzugehen[49]. Von den jüngeren Abrissen zur politischen Geschichte der Reichsritterschaft aus der Feder von Berthold Sutter (1999) und Gabriele Haug-Moritz (2005) behandelt nur Ersterer bei der Schilderung des Untergangs der reichsritterschaftlichen Korporation die Mediatisierungen Preußens in wenigen Sätzen[50]. Zwar erschienen seit den 1950ern, insbesondere aber ab den frühen 1970er Jahren auch eine ganze Reihe von Einzelstudien zur Verfassung und Geschichte einzelner Organisationseinheiten der reichsrit-

47 *Roth von Schreckenstein*, Geschichte I, fortl. *Ders.*, ebd. II, fortl., inbes. aber S. 477 ff. – Allein die Regelung der Rechtsverhältnisse der an den Grenzen Brandenburg-Bayreuths längst unterworfenen Reichsritter findet beiläufig bei *Roth von Schreckenstein* (Geschichte II, S. 508) Erwähnung.

48 *Lorenz/Andermann*, Vorwort, S. 7. *Gersmann*, Adel, Sp. 42 ff. *Neumaier*, Odenwald, S. 3 f. *Godsey Jr.*, Nobles, S. 5, 74. *Schilling*, Das Alte Reich, S. 281 ff. *Ders.*, Mythos, S. 702 ff. *Neuhaus*, Reich (EDG), S. 77 ff. *Press*, Das römisch-deutsche Reich, S. 22 ff. (Zitat ebd., S. 23 f.). *T. Schulz*, Kanton, S. 17 f. *Moraw/Press*, Probleme, S. 100 ff.

49 *Press*, Ritterschaft am Neckar, S. 262 f. *Ders.*, Kurmainz, S. 279. *Ders.*, Kaiser und Reichsritterschaft, S. 175 f., 190 ff. *Ders.*, Reichsritterschaft (1995), S. 813. *Ders.*, Landesherrschaft, S. 112. *Ders.*, Reichsritterschaft (HRG), Sp. 746. *Ders.*, Reichsritterschaften, S. 682 f., 689 (teilweise unzutreffend). – Einen Rückschlag für die Erforschung der reichsritterschaftlichen Korporation markierte der frühe Tod von Volker Press, weshalb sein angekündigtes Buch »Reichsritterschaft und Reich« nie erschien (*Press*, Kaiser Karl, S. 5 Anm*, 46 Anm. 73 (Zitat ebd., S. 5 Anm. *)).

50 *Haug-Moritz*, Organisation, S. 20 f. *Sutter*, Kaisertreue, S. 299 f. – Entsprechend verortete *Haug-Moritz* (ebd., S. 20) den Beginn der territorialpolitischen Umwälzungen in Mitteleuropa und damit auch im Reichverband erst im Frühling 1803 in Form des Reichsdeputationshauptschlusses.

terschaftlichen Korporation, der sog. Kantone[51]. Aber auch diese blenden mehrheitlich die Mediatisierung der Reichsritterschaft in den letzten eineinhalb Dekaden des Alten Reiches ganz aus oder beschränken sich auf vage Andeutungen zu den fraglichen Ereignissen[52]. Dabei wird wiederum die Unterwerfung der Ansbach-Bayreuth benachbarten Reichsritter durch Preußen nur in wenigen Werken kurz gestreift, wobei fast ausschließlich die ältere Literatur (falsch) wiedergegeben wird[53].

Angesichts dieses höchst unbefriedigenden Forschungsstandes konnten nur die einleitenden, zum Verständnis des eigentlichen Untersuchungsgegenstandes erforderlichen Kapitel über die reichs- und territorialstaatsrechtlichen Grundlagen, die Organisation und politisch-rechtliche Verfasstheit des Corpus equestre sowie über die den Mediatisierungen von 1792/93 bis 1798 vorausgehenden allgemeinen politischen Entwicklungen aus der Literatur und gedruckten Quellen geschöpft werden. Die Darstellung der preußischen Arrondierungspolitik gegenüber der Reichsritterschaft an den Grenzen Ansbach-Bayreuths musste aus den ungedruckten Akten erarbeitet werden. Dabei waren der als am wahrscheinlichsten anzusehende Ablauf der Geschehnisse sowie die Motivationen der Beteiligten nur in Kärrnerarbeit aus dem einzelblattweisen Abgleich der Überlieferung der konfligierenden Parteien zu rekonstruieren. Eine allein auf der Überlieferung einer Konfliktpartei aufbauende Untersuchung hätte nämlich aufgrund der unterschiedlichen Standpunkte und Wissensstände zu massiven Fehleinschätzungen führen müssen.

Da die Reichsritterschaft kein gemeinsames Archiv unterhielt, sondern für jede ihrer selbstständigen Organisationseinheiten in Form der sog. Kantone und teilweise auch der Bezirke ein eigenes, ist ihre Überlieferung auf zahlreiche Staatsarchive in mehreren Bundesländern verstreut[54]. Unter diesen ist für die Mediatisierung Preußens diejenige des Ritterorts Rhön-Werra bei weitem die umfangreichste und aussagekräftigste. Sie liegt seit 1922 im hessischen Staatsarchiv Marburg[55]. Üblicherweise wechselte die Leitung des fränkischen Ritterkreises, das sog. Spezialdirektorium, alle zwei bis drei Jahre von einem Mitkanton zum nächsten. Allein die Dynamik der politischen Ereignisse führte dazu, dass Rhön-Werra vom Juli 1794 bis zum April 1800, also

51 *Neumaier*, Odenwald. *Sörgel*, Ritterkanton. *T. Schulz*, Kanton. *H. Körner*, Kanton. *Stetten*, Rechtsstellung. *Mauchenheim*, Ritterschaft I-II. *Hellstern*, Ritterkanton. *Svoboda*, Verfassung. *Ruch*, Verfassung.

52 *T. Schulz*, Kanton, S. 18, 256. *Hellstern*, Ritterkanton, S. 7 ff. *Ruch*, Verfassung, S. 66, 78 ff., 97 f. *Mauchenheim*, Ritterschaft I, S. 187 f., 231 ff., 414 f., 455. *Sörgel*, Ritterkanton, S. 86 ff. *Neumaier*, Odenwald, S. 3 ff. *Stetten*, Rechtsstellung, S. 106 ff. *Svoboda*, Verfassung, S. 281 f. *H. Körner*, Kanton, S. 106 ff.

53 *Sörgel*, Ritterkanton, S. 86 ff. *Mauchenheim*, Ritterschaft I, S. 187 f., 231 ff. *Stetten*, Rechtsstellung, S. 53, 35 ff., 107 ff.

54 *Kerner*, Staats-Genossenschaftsrecht, S. 316 ff., 323 ff.

55 *Philippi*, Bestand 109, S. VII, 126 f.

fast sechs Jahre, der fränkischen Reichsritterschaft vorstand[56]. In diese Zeit fielen die meisten Eingriffe der Ansbacher und Bayreuther Behörden in die reichsritterschaftliche Rechtsstellung, die endgültige Durchsetzung der preußischen Landeshoheitsansprüche sowie die Versuche der Reichsritterschaft, ihre Reichsunmittelbarkeit gegenüber Berlin zu behaupten[57]. Zudem verblieben beim Wechsel des Spezialdirektoriums im Jahre 1800 die meisten Direktorialakten und Schriftstücke zu den preußischen Mediatisierungen in der Registratur Rhön-Werras zurück[58]. Darüber hinaus erlaubte das sehr gut erhaltene Kantonsarchiv Rhön-Werras uns, auch das Geschehen in den anderen fränkischen Ritterkantonen mitzuverfolgen. Die Ortsvorstände der einzelnen reichsritterschaftlichen Kantone bedienten sich nämlich jenseits persönlicher Zusammenkünfte der sog. »ritterschaftliche[n] Correspondenz«, um sich miteinander abzustimmen und Neuigkeiten auszutauschen. Dieses Verfahren wurde zwar in ähnlicher Form auch auf der Ebene der gesamten reichsritterschaftlichen Korporation angewandt, schwerpunktmäßig diente es jedoch der schriftlichen Kommunikation der Kantone oder Ritterorte eines Ritterkreises. Dabei liefen die Briefe eines Kantons nicht direkt an die Mitkantone aus, sondern an das jeweilige Spezialdirektorium des Ritterkreises, in unserem Falle Rhön-Werra, wo sie kopiert und mit einem Begleitschreiben versehen an die einzelnen Ritterorte »zu Ergänzung der Akten« weitergeleitet wurden[59]. Dieses Verfahren führte dazu, dass die für alle Mitkantone eines Ritterkreises bestimmten Schriftstücke bei jedem von ihnen abgelegt und im Idealfall archiviert wurden[60]. Dort wo sich dennoch Überlieferungslücken bei Rhön-Werra fanden – was insbesondere für die Übergriffe Berlins auf schwäbische Rittergüter sowie das Verhalten der nichtfränkischen Ritterkreise der Fall war – konnten diese mit Hilfe der heute in Stuttgart, Karlsruhe, Ludwigsburg und Darmstadt liegenden, reichsritterschaftlichen Kantons- und Bezirksarchive geschlossen werden. Reichsritterschaftliche Familienarchive und Nachlässe konnten aus arbeitsökonomischen Gründen nur ausnahmsweise dort herangezogen werden, wo ihre Nutzung wesentliche neue Erkenntnisse gegenüber der kantonalen Überlieferung ver-

56 StA Marburg, 109, Nr. 855, Bd. 3: fortl. für die Jahre 1794 bis 1800.

57 Siehe Kapitel VI.1 bis VIII.2.2.

58 Verzeichnis des Ortssekretärs von Rhön-Werra Joh. Gottfr. Hofmann, über diejenigen Direktorialpapiere, welche dem Direktorialkanton Steigerwald übergeben wurden, Nürnberg, 17. April 1800, StA Marburg, 109, Nr. 855, Bd. 3.

59 Siehe zum Beispiel: StA Marburg, 109, Nr. 311, Bd. 5, Dok. 363-Dok. 367, Dok. 371, Dok. 375, Dok. 378 – 379, Dok. 381 – 384. Schreiben des Ortsvorstandes Rhön-Werra an die Ortsvorstände Odenwald, Gebürg, Steigerwald, Altmühl und Baunach, Schweinfurt, 8. März 1796, ebd., Dok. 367 (Zitat ebd.). *Kerner*, Staats-Genossenschaftsrecht, S. 143 ff., 150 f. (Zitat ebd., S. 143). – Zu unterscheiden sind von diesem Abstimmungs- und Informationssystem die ebenfalls oft schriftlich ablaufenden Beratungen innerhalb der Ortsvorstände der einzelnen Kantone (*Kerner*, ebd., S. 125 f., 312 ff.). – Speziell zu den angesprochenen Organisationseinheiten und Institutionen der reichsritterschaftlichen Korporation und ihren Aufgaben siehe Kapitel II.2.1.

60 Vgl. *H. Müller*, Kampf, S. 11.

sprach. Dies war vor allem bei den im Staatsarchiv Ludwigsburg verwahrten Gesandtschaftsakten des Odenwalder Ritterhauptmanns der Fall. Die Politik Preußens wurde anhand der Akten der fränkischen Ministerialbehörden und des preußischen Kabinettsministeriums im Geheimen Staatsarchiv P.K. in Berlin-Dahlem sowie mittels der Überlieferung nachgeordneter Ansbacher und Bayreuther Behörden in den Staatsarchiven Nürnberg und Bamberg nachvollzogen. Die Rolle Wiens als Schutzmacht der Reichsritterschaft machte einen Besuch des dortigen Haus-, Hof- und Staatsarchivs notwendig, wo nicht nur die Überlieferung der Reichshofkanzlei sowie der österreichischen Hof- und Staatskanzlei, sondern auch das dort ebenfalls verwahrte Archiv des Kurfürsten von Mainz als Reichserzkanzler eingesehen wurden. Da das Schicksal der Reichsritterschaft 1796/98 erstmals in das Blickfeld des Direktoriums in Paris rückte, wurden die einschlägigen Unterlagen in den Archives du Ministère des Affaires Etrangères sowie im Centre Historique des Archives Nationales an der Seine herangezogen. Nur bei Bedarf wurde zudem auf die einschlägige Überlieferung reichsständischer Nachbarn Ansbach-Bayreuths zurückgegriffen, wobei in erster Linie Akten Kurpfalzbayerns aus dem Bayerischen Hauptstaatsarchiv und des Hochstifts Bamberg im Staatsarchiv Bamberg Verwendung fanden. Eine hilfreiche Ergänzung waren zudem einige Abschriften preußischer Instruktionen, die sich in der Handschriftenabteilung der Bayerischen Staatsbibliothek fanden.

Die Druckschriften und Zeitungen zum publizistischen Diskurs über die Mediatisierung der Reichsritter durch Berlin entstammen teilweise den genannten Archiven, meist jedoch den verschiedenen Staats- und Landesbibliotheken in Bayern, Sachsen, Berlin und Baden-Württemberg.

3. Unterwerfung, »Revindikation« und »Mediatisierung« – Grenzen und Verständnis des Untersuchungsgegenstands

3.1 »Mediatisierung« als Forschungskonzept

Wie bereits angedeutet, beschäftigt sich die vorliegende Studie mit einem staatsrechtlichen und machtpolitischen Vorgang, der sich unter dem nicht unproblematischen Begriff der »Mediatisierung« subsumieren lässt. Dieser Terminus technicus wird damit für den zeitlichen und inhaltlichen Rahmen der Untersuchung konstitutiv und grenzt das hier interessierende Geschehen von gleichzeitigen, ebenfalls durch Okkupation und Entprivilegierung bestimmten Phänomenen ab. Umso wichtiger ist es, die Bedeutung des Schlagwortes »Mediatisierung« zu klären. Ebenso wie unter den Zeitgenossen des untergehenden Alten Reiches bestehen nämlich auch in der modernen Geschichtsschreibung zwei Denkschulen, die sich in ihrem Verständnis des

Begriffes »Mediatisierung« unterscheiden. Die eine hat den Schwerpunkt auf die Eingliederung der bereits unterworfenen Reichsglieder in die Staaten ihrer neuen Landesherren und späteren Souveräne gelegt – ein terminologisches Verständnis, das durch verschiedene Quellen des 19. Jahrhunderts seine Berechtigung erhält[61]. Demgegenüber versteht die vorliegende Arbeit im Sinne von Dietmar Willoweit unter »Mediatisierung« die Unterwerfung eines reichsunmittelbaren, also Kaiser und Reich direkt untergeordneten Reichsgliedes unter die als Landeshoheit bezeichnete Herrschaft eines anderen Reichsgliedes bzw. -standes[62]. Diese Definition entspricht nicht nur der Verwendung des Begriffs in zahlreichen Quellen, sondern stimmt auch mit der Mehrheitsmeinung der Historiker überein[63]. Nicht durchgesetzt hat sich die Differenzierung des Mediatisierungsbegriffs, die Theodor Schieder und Alfred Kube in Anlehnung an die von Ernst Rudolf Huber entwickelte Trennung in Herrschafts- und Vermögenssäkularisation verfochten. Diese unterschieden zwischen einer die staatsrechtlichen Gerechtsame betreffenden »Herrschaftsmediatisierung« sowie einer das (private) Eigentum erfassenden »Vermögensmediatisierung«[64]. Da im Falle der Reichsritterschaft beide Mediatisierungsprozesse miteinander verschmolzen, erwies sich eine derartige Binnendifferenzierung für die vorliegende Arbeit als nicht zweckmäßig[65]. Ebenfalls aufgrund der Aufgabenstellung irrelevant ist die jüngst von Peter Blickle und Andreas Schmauder propagierte Einschränkung des Mediatisie-

61 *Olschewski*, Mediatisierung, S. 12. – Zur Anwendung des angesprochenen Verständnisses des Terminus der »Mediatisierung« in der Historiografie siehe beispielsweise: *Danner*, Studien, fortl., aber anders: S. 95. *Fleck*, Mediatisierung, S. 61 ff. *Münzing*, Mediatisierung, S. 2, 16 ff.

62 *Willoweit*, Mediatisierung, Sp. 412. *Olschewski*, Mediatisierung, S. 12. – Im Sinne der nochmaligen Differenzierung des Willoweit'schen Mediatisierungsbegriffs durch *Ulrich Hufeld* (Mediatisierung, Sp. 219) handelte es sich bei der Unterwerfung der Ansbach-Bayreuth benachbarten Reichsritter um eine »existenzerhaltende M[ediatisierung]«, da die bisher reichsunmittelbaren Adligen – sofern sie über eigene Güter verfügten – als reichsmittelbare Mediatgewalten bestehen blieben (siehe Kapitel VII.1).

63 Speziell zur besagten Verwendung des Mediatisierungsbegriffs in den Quellen siehe beispielsweise: Die Beleuchtung aus Bayern, S. 107; Bericht der Landesdirektion in Schwaben an den König, Ulm, 27. August 1807, BayHStA, MF, Generalfiskalat, vorl. Nr. A 651, Prod. 1; Schreiben des Lizenziats Welsch an den bayerischen König, Neuburg, 25. Mai 1807, BayHStA, MF, Generalfiskalat, vorl. Nr. A 652, Prod. 27; Schreiben der Grafen Emanuel und Joseph Fugger an die Lehen- und Hoheitssektion, Zinneberg und Glatz, 1. Februar 1814, BayHStA, MA, Lehen- und Hoheitssektion, vorl. Nr. A 513; Bericht der Lehen- und Hoheitssektion an das Finanzministerium, München, 16. Oktober 1809, BayHStA, MA, Lehen- und Hoheitssektion, vorl. Nr. A 562. – Zum angesprochenen Verständnis des Terminus der »Mediatisierung« in der Historiografie siehe beispielsweise: *Schenk*, Hohenlohe, fortl., inbes. S. 11 f.; *Blickle/Schmauder*, Vorwort, S. 7; *Gläser*, Mediatisierung, fortl., inbes. S. 17 f. u. 48; *Stetten*, Rechtsstellung, S. 106 ff.; *T. Schulz*, Mediatisierung (1988), S. 323 ff.; *Ders.*, Mediatisierung (1987), S. 157 ff., inbes. 157; *Endres*, Oberschwäbischer Adel, S. 34 ff.; *Quarthal*, Mediatisierung, S. 351; *O. H. Becker*, Fürstentümer, S. 137 ff., 151; *Gotthard*, Reich, S. 158.

64 *Schieder/Kube*, Säkularisation, S. 1 ff. (Zitate ebd., S. 5 f.). *Huber*, Verfassungsgeschichte I, S. 52.

65 Siehe vor allem Kapitel VII.1.

rungsbegriffes auf den Adel[66]. Der nur selten in der Forschung verwendete Terminus technicus der »Mediatisation« als Alternative zu dem der »Mediatisierung« findet ebenfalls in dieser Untersuchung keine Verwendung[67].

Von dem für die vorliegende Arbeit verwendeten Mediatisierungsbegriff streng zu trennen sind jene Vorgänge der Jahre 1789 bis 1791/93, die am Vorabend der preußischen Okkupationen in Franken und Ausläufern Schwabens zur Zerschlagung der sog. unterelsässischen Ritterschaft führten[68]: Zwar firmierte diese auf der politischen Bühne des Alten Reichs immer noch als »freyohnmittelbare Ritterschaft im untern Elsaß« oder als eines der »der unmittelbaren Reichsritterschaft [...] zugehörigen ritterschaftlichen Korporum«. Auch waren zahlreiche reichsritterschaftliche Familien zugleich Mitglieder der niederelsässischen Ritterschaft und umgekehrt[69]. Aber im De-

66 *Blickle/Schmauder*, Vorwort, S. 8.

67 Zur Verwendung des Begriffs »Mediatisation« siehe beispielsweise: *H. Schmid*, Säkularisation, S. 149 ff., inbes. S. 149.

68 In der Nacht des 4. auf den 5. August 1789 beschloß die französische Nationalversammlung die Aufhebung sämtlicher Exemtionen und Vorzüge, die der Adel als Grund- und Gerichtsherr sowie als erster Stand im Staate bisher genossen hatte. Zwar wurden nicht alle Beschlüsse der sog. Opfernacht der Privilegierten sofort umgesetzt. Aber diese standen zusammen mit den Folgedekreten vom 6. bis 11. August am Beginn einer Gesetzgebung, die das Feudalsystem und die bisherigen Vorzüge des Adels in Frankreich beseitigte. Einen vorläufigen Endpunkt markierte hierbei das Dekret vom 17. Juli 1793, das die verbliebenen grundherrlichen Rechte entschädigungslos aufhob (Vorlegung der Beschwerden, welche die Reichsritterschaft durch die französische Revolution, und den hieraus entstandenen Krieg erlitten, [Ehingen, 2. Oktober 1795], S. 3 f., HStA Stuttgart, B 572 Au, Bü 1143. *Sybel*, Geschichte I, S. 87 f. *Pelzer*, Adel, S. 274, 282 f. *Stetten*, Rechtsstellung, S. 106. *Grimme*, Herren, S. 256 ff. *Remling*, Rheinpfalz I, S. 2). – Zwar wurden nach dem derzeitigen Forschungsstand die Güter der niederelsässischen Reichsritterschaft von der sog. Grande Peur, also den Bauernaufständen des Sommers 1789, nicht direkt betroffen, da im Gegensatz zum Oberelsaß im Unterelsaß die Städte im Zentrum der Unruhen standen (*Pelzer*, ebd., S. 276 ff. Vorlegung der Beschwerden, welche die Reichsritterschaft durch die französische Revolution, und den hieraus entstandenen Krieg erlitten, [Ehingen, 2. Oktober 1795], S. 3, ebd.). Aber alle anderen tiefgreifenden politischen, sozialen und rechtlichen Umwälzungen erfassten auch die unterelsässische Ritterschaft in vollem Maße, deren Direktorium und Korporation aufgehoben wurden und deren verbliebene staatsrechtliche Bande zum Alten Reich bereits am 30. Juli 1791 durch die Nationalversammlung durchtrennt wurden (Promemoria des Bezirks Ortenau an den Ortsvorstand Donau und die einzelnen Ritterkreise, o.O., [ca. Mai 1790], HStA Stuttgart, B 579, Bü 141. Abschrift des Schreibens des Bezirksvorstands Ortenau an den Ortsvorstand Donau, Kehl, 24. Mai 1792, ebd. Abschrift des Bittschreibens des Direktoriums von Ortenau an den Kaiser, o.O., [ca. Mai 1793], ebd.).

69 Promemoria des Bezirks Ortenau an den Ortsvorstand Donau und die einzelnen Ritterkreise, o.O., [ca. Mai 1790], HStA Stuttgart, B 579, Bü 141 (Zitat ebd.). Abschrift des Bittschreibens des Direktoriums von Ortenau an den Kaiser, o.O., [ca. Mai 1793], ebd. Abschrift: »Extrait de l'Etat general des Emigrés du District de Strasbourg« vom 13. Januar 1793/an 2, ebd. Abschrift: Arrêté du Departement des Bas Rhin (Procès Verbal N.26534) vom 22. April 1793/an 2, ebd. Schreiben des Direktoriums Ortenau an den Ortsvorstand Donau, Offenburg, 26. Juni 1795, HStA Stuttgart, B 572 Au, Bü 1143. Verzeichnis der Ortenauer Rilterglieder, die von den französischen Emigrationsgesetzen betroffen waren, [ca. August 1795], ebd. Von den Beschwerden des Adels im obern Elsaß (Teutsche Staatskanzley), S. 289 ff. Komitial-Begebenheiten des Jahrs 1790 (Teutsche Staatskanzley), S. 20 f. Ueber die Beschwerden der in Frankreich begüterten teut-

zember 1680 hatte sich die einstige »Noblesse immédiate de la basse Alsace« dem Zepter des Ludwigs XIV. von Frankreich gebeugt, dessen Gericht ihre Besitzungen und Lehen mit dem Arrêt vom 9. August des gleichen Jahres der französischen Souveränität unterworfen hatte. Seitdem bildeten die unterelsässischen Ritter einen privilegierten, aber de facto dem souveränen Königreich Frankreich unterworfenen Stand. Zwar verweigerten die kaiserlichen Unterhändler im Ryswiker Frieden von 1697 eine explizite Anerkennung der sog. französischen Reunionen, weshalb die niederelsässische Ritterschaft noch in den 1790er Jahren wiederholt am Regensburger Reichstag um Schutz angesichts ihrer Bedrohung durch die Beschlüsse der französischen Nationalversammlung nachsuchen konnte[70]. Aber dies änderte nichts daran, dass die Ritterschaft des unteren Elsass zur Zeit des Bastillesturms seit mehr als einhundert Jahren nicht mehr dem Verband des Alten Reichs angehörte und Teil seiner Verfassung war. Wo letztere de facto nicht mehr galt, konnte es auch keine Reichsunmittelbarkeit und -mittelbarkeit, keine Landeshoheit und kein Landsassiat im Sinne des Reichs- und Territorialstaatsrechts mehr geben und damit auch keine Mediatisierungen.

Ähnliches trifft auch auf die Unterwerfung eines erheblichen Teiles der reichsunmittelbaren Reichsritterschaft durch die französischen Revolutionsarmeen zu. Den Auftakt bildete die Annexion einiger reichsritterschaftlicher Besitzungen in Elsass und Lothringen, in denen Unruhen ausgebrochen waren und damit Paris einen Vorwand zum Eingreifen lieferten: Im Februar und März 1793 beschloss der Nationalkonvent den Anschluss verschiedener reichsritterschaftlicher Enklaven im Elsass und in Lothringen an Frankreich, nachdem er im sog. »Befreiungsdekret« vom 19. November des Vorjahres den Nachbarvölkern Frankreichs die Hilfe der Republik sowie die Abschaffung des Adels und aller seiner Vorrechte verheißen hatte[71]. Die Erfolge der französischen Waffen im Koalitions- und Reichskrieg besiegelten schließlich auch das

schen Reichsstände (Teutsche Staatskanzley), S. 286. Ueber die Beschwerden des Reichs (Teutsche Staatskanzley (1797)), S. 136 ff. (Zitat ebd., S. 136).

70 Promemoria des Bezirks Ortenau an den Ortsvorstand Donau und die einzelnen Ritterkreise, o.O., [ca. Mai 1790], HStA Stuttgart, B 579, Bü 141. Vorlegung der Beschwerden, welche die Reichsritterschaft durch die französische Revolution, und den hieraus entstandenen Krieg erlitten, [Ehingen, 2. Oktober 1795], S. 1 f., 7, HStA Stuttgart, B 572 Au, Bü 1143. Gemeinschaftliche Beschwerden der Kur Kölln des Hoch und Teutschmeisterthums (Teutsche Staatskanzley), S. 270 ff. Ueber die Beschwerden des Reichs (Teutsche Staatskanzley (1797)), S. 155 (Zitat ebd., S. 147). Ueber die Beschwerden der in Frankreich begüterten teutschen Reichsstände (Teutsche Staatskanzley), S. 281 ff. Komitial-Begebenheiten des Jahrs 1790 (Teutsche Staatskanzley), S. 19 ff. *Pelzer*, Adel, S. 47 ff.

71 *Remling*, Rheinpfalz I, S. 160 f., 198 f. *Grimme*, Herren, S. 267 ff. *Fehrenbach*, Unruhen, S. 34 (Zitat ebd.). – Wie das Beispiel des Freiherrlich Stein-Kallenfelsischen Aßweiler zeigt, waren von diesen Annexionen auch reichsritterschaftliche Enklaven betroffen, über die Frankreich nicht schon zuvor eine faktische Oberhoheit ausübte. Die in der gleichen staatsrechtlichen Stellung befindliche Enklave Lixingen der Freiherrn von Kerpen wurde erst am 1. Oktober 1795 offiziell mit der französischen Republik vereinigt (*Grimme*, ebd., S. 244 ff., 269).

Schicksal der beiden transrhenanischen Kantone Ober- und Niederrhein, die mit den französischen Okkupationen auf dem linken Rheinufer zwischen 1792 und 1794 dem Corpus equestre verloren gingen. Dadurch schrumpfte der rheinische Ritterkreis auf die überwiegend auf der rechten Rheinseite gelegenen Besitzungen des Kantons Mittelrhein zusammen[72]. Von Anfang an hatte Paris damit begonnen, im Sinne des Dekrets vom 19. November die bisherigen Herrschafts- und Rechtsverhältnisse der besetzten Gebiete jenseits des Rheins zu zerschlagen sowie jenen der französischen Republik anzugleichen. Dieser Prozess erreichte in der kurzlebigen Mainzer Republik und den Wahlen zu einem rheinischen Nationalkonvent einen ersten Höhepunkt[73]. Als Kaiser und Reich im Frieden von Lunéville am 9. Februar 1801 die Rheingrenze verbindlich anerkennen mussten[74], waren die transrhenanischen Herrschaften des Corpus equestre längst in den Verwaltungsaufbau sowie das Gesellschafts- und Rechtssystem Frankreichs eingegliedert worden: Die alten grund- und lehensherrlichen Abhängigkeiten und adligen Vorrechte bestanden nicht mehr. Viele »Rittergenossen« waren vorübergehend auf die östliche Rheinseite geflohen, einige sollten sogar dauerhaft emigrieren. Zur politischen und wirtschaftlichen Stärkung der rechtsrheinischen Reichsritterschaft konnten

72 Abschrift des Schreibens des Ortsvorstandes Mittelrhein an den reichsritterschaftlichen Agenten Fichtl zu Wien, Burg Friedberg, 13. Februar 1793, StA Ludwigsburg, B 575 III, Bü 902. Abschrift des Subsidienvertrags zwischen Wien und dem rheinischen Ritterkreis, Liebenburg bei Hildesheim, 26. Juli 1795, StA Marburg, 109, Nr. 520. *Sheehan*, Ausklang, S. 202 f. *Aretin*, Das Alte Reich III, S. 400 ff., 410 f. *Biro*, German Policy I, S. 93, 180, 231, 284 f. Vgl. auch Abschrift des Bittschreibens sämtlicher Offizialen der Kantone Ober- und Niederrhein an den Kaiser, Aschaffenburg, 25. September 1801, GLA Karlsruhe, 123, Fasz. 335 u. Abschrift des Schreibens des kaiserlichen Ministers Freiherr von Buol-Schauenstein an den Ortsvorstand Donau, München, 29. März 1802, ebd. – Zu den linksrheinischen Besitzungen des Kantons Mittelrhein siehe *Spindler/Diepolder* (Hg.), Geschichtsatlas, S. 30 f. – Mit dem Verlust der beiden transrhenanischen Kantone fiel die Aufgabe, das Personal der Mainzer und Koblenzer Ritterkanzleien zu versorgen, den rechtsrheinischen Ritterorten zu. Aber erst nach jahrelangen Verzögerungen und wiederholten kaiserlichen Interventionen konnten der schwäbische und fränkische Ritterkreis zur Versorgung des noch lebenden Kanzleipersonals der Kantone Ober- und Niederrhein bewogen werden: Zu diesem Zweck entrichteten die fünf Kantone Schwabens Anfang 1802 eine einmalige Zahlung von 4000 fl., bevor sich die drei Ritterkreise 1805 auf eine Pensionierung der Bediensteten der Mainzer und Koblenzer Ritterkanzleien mit 2/3 ihres früheren Gehalts einigen konnten (Schreiben des Ortsvorstandes Donau an das Direktorium zu Radolfzell, Ehingen, 15. Dezember 1801, GLA Karlsruhe, 123, Fasz. 335. Abschrift des Bittschreibens sämtlicher Offizialen der Kantone Ober- und Niederrhein an den Kaiser, Aschaffenburg, 25. September 1801, ebd. Schreiben des Ortsvorstandes Donau an das Direktorium zu Radolfzell, Ehingen, 31. März 1802, ebd. Abschrift des Schreibens des kaiserlichen Ministers Freiherr von Buol-Schauenstein an den Ortsvorstand Donau, München, 29. März 1802, ebd. Schreiben des Ortsvorstandes Donau an das Direktorium zu Radolfzell, Ehingen, 13. März 1805, ebd. Abschrift des 2. Nachschreibens des Ortsvorstandes Baunach an den Ortsvorstand Donau, Nürnberg, 30. Januar 1805, ebd.).

73 *Remling*, Rheinpfalz I, S. 90 ff., 182 f., 201 ff. *Aretin*, Das Alte Reich III, S. 400 ff. *Grimme*, Herren, S. 279 f. *Biro*, German Policy I, S. 101 ff. *Grab*, Eroberung, S. 9, 17 ff., 26 ff.

74 *Aretin*, Das Alte Reich III, S. 489 ff. Der Frieden von Lunéville vom 9. Februar 1801, in: *Hufeld* (Hg.), Reichsdeputationshauptschluß, Nr. 9, S. 57–64, hier: S. 60.

diese reichsadligen Flüchtlinge kaum beitragen. Sie wurden wie die exilierten Mitglieder der unterelsässischen Ritterschaft und die in Lothringen begüterten Rittergenossen auf die französischen Emigrationslisten gesetzt, was die staatliche Zwangsverwaltung, den sog. Sequester, im schlimmsten Fall die förmliche Enteignung und öffentliche Veräußerung ihres verbliebenen Besitzes auf dem linken Rheinufer nach sich zog. Jedoch wurden für Letzteres erst ab 1802/04 und damit nach dem hier interessierenden Zeitraum die Rechtsgrundlagen für eine breitere Anwendung geschaffen[75].

Obwohl sich diese Vorgänge über viele Jahre parallel zu den preußischen Okkupationen in Franken vollzogen und das Ende zahlreicher immediater reichsritterschaftlicher Herrschaften bedeuteten, handelte es sich entgegen der Auffassung von Theodor Schieder und Alfred Kube nicht um »Mediatisierungen« im eigentlichen Sinne[76]. Schließlich trat Frankreich in den eroberten Reichsgebieten nicht die Herrschaft in der Rolle eines Reichsgliedes an und unterwarf als solches die dortige Reichsritterschaft seiner Landshoheit. Stattdessen annektierte Paris als auswärtige Macht kraft des Eroberungsrechtes die links des Rheins gelegenen Gebiete und verleibte sie der französischen Republik als souveränen Staat ein. Damit verlor auch die Reichsverfassung in den transrhenanischen Territorien de facto ihre Gültigkeit, und damit lange bevor die Eroberungen Frankreichs in Lunéville nachträglich sanktioniert wurden. Wo es keine Reichsverfassung mehr gab, fiel auch die reichsrechtliche Differenzierung in reichsunmittelbar und -mittelbar fort, was eine »Mediatisierung« im strengen rechtlichen Wortsinne unmöglich machte.

75 Schreiben des Pfarrverwalters Hagspiel an den Pfarrer Strauch zu Abenheim, West- und Osthofen, Herresheim, 31. Dezember 1797, StA Darmstadt, O1 A, Nr. 73/15, Dok. 159. Schreiben des Ortsvorstandes Oberrhein an den Reichshofvizekanzler Fürst von Colloredo-Mansfeld, o.O., 26. April 1793, StA Darmstadt, F2, Nr. 7/3. Schreiben des Ortsvorstandes Neckar-Schwarzwald an den Ortsvorstand Donau, Tübingen, 11. Februar 1793, HStA Stuttgart, B 579, Bü 141. Abschrift des Bittschreibens des Direktoriums von Ortenau an den Kaiser, o.O., [ca. Mai 1793], ebd. Verzeichnis der Ortenauer Rittterglieder, die von den französischen Emigrationsgesetzen betroffen waren, [ca. August 1795], HStA Stuttgart, B 572 Au, Bü 1143. Vorlegung der Beschwerden, welche die Reichsritterschaft durch die französische Revolution, und den hieraus entstandenen Krieg erlitten, [Ehingen, 2. Oktober 1795], S. 4 f., ebd. *Grimme*, Herren, S. 265, 274, 285 ff. *Kerner*, Staats-Genossenschaftsrecht, S. 153 (Zitat ebd.). Siehe zu den angesprochenen linksrheinischen Entwicklungen im Allgemeinen auch *Remling*, Rheinpfalz II, S. 308–439, inbes. aber 308 ff., 317 f., 334 ff., 362 ff., 385 ff., 432 ff., *Eid*, Reichsgräfin, S. 307 ff., 315 ff., *Biro*, German Policy I, S. 287 f., 300 ff., 441 ff., *Grab*, Eroberung, S. 43 ff., 86 ff., *Schieder/Kube*, Säkularisation, S. 13 ff. u. *Dipper*, Adel S. 94 ff. – Der Begriff des Rittergenossen als Synonym für Reichsritter ist der zeitgenösssichen staatsrechtlichen Publizistik entnommen und erklärt sich aus dem korporativen Charakter des Corpus equestre (*Kerner*, ebd., S. 153 f.).

76 *Schieder/Kube*, Säkularisation, S. 7 ff.

3.2 Exkurs: »Revindikation« oder »Mediatisierung« – Zur Problematik eines Forschungsbegriffs

Es gehört heute zum historiografischen Konsens, die Mediatisierung reichsständischer und reichsritterschaftlicher Gebiete in Franken und Ausläufern Schwabens durch Preußen in den Jahren 1792/93 bis 1798 als sog. »Revindikationen« zu bezeichnen[77]. Dies ist auf den ersten Blick auch nicht zu beanstanden, schließlich hat die Mediävistik den gleichen Begriff in ähnlich fester Weise mit der Wiedergewinnung entfremdeten Reichsgutes unter König Rudolfs I. aus dem Hause Habsburg verbunden[78]. Trotzdem wird in der vorliegenden Studie der inhaltlich sowie zeitlich weniger determinierte und den Quellen entnommene Begriff der »Mediatisierung« gegenüber demjenigen der Revindikation der Vorzug gegeben[79]. Die Ersetzung eines etablierten Terminus technicus kann jedoch nicht unreflektiert erfolgen: Im Gegensatz zu »Vindikation« oder »Vindicirung« – nach Zedlers Universallexikon »in der gewöhnlichsten Bedeutung [...] eine Sache als sein Eigenthum ansprechen«, also die Geltendmachung eines Herausgabeanspruchs – handelt es sich bei dem deutschen Terminus der »Revindikation« nur im weitesten Sinne um einen

77 *G. Friedrich*, Nürnberg, S. 63 ff. *Seiderer*, Formen, S. 19 ff., 455 ff., 538, 543. *Hermann*, Hardenberg, S. 159. *Hundt*, Hardenbergs deutsche Verfassungspolitik, S. 169. *Demel*, Hardenberg, S. 51, 57. *Endres*, Reformmodell, S. 37 ff. *Ders.*, Zum neuen Staat, S. 54 ff. *Ders.*, Reformpolitik, S. 293, 298. *Ders.*, Staat und Gesellschaft, S. 774 f. *Ders.*, Ära Hardenberg, S. 184 ff. *Ders.*, preußische Ära, S. 178 ff., 188. *Hofmeister-Hunger*, Pressepolitik, S. 33 ff., 60 ff., 71 f., 80 ff., 108 ff., 117 ff., 139 f. *Dies.*, Revindikationen, S. 253 ff. *Thomas Stamm-Kuhlmann* (Hg.), Hardenberg, S. 316 Anm. 178. *Ders.*, »Für dessen Constitution ich keine drei Kreuzer mehr gebe«, S. 76 f. *T. Schulz*, Mediatisierung (1988), S. 327 f. *Aretin*, Das Alte Reich III, S. 413, 451. *Ders.*, Heiliges Römisches Reich I, S. 289 ff. *Press*, Franken, S. 344. *Schuhmann*, Markgraf Alexander, S. 17. *Ders.*, Markgrafen (1980), S. 587. *Schuh*, Zugriff, S. 299 ff. *Hanke*, Bürger, S. 125. *Hanisch*, Fürbitte, S. 77. *Haller*, Hardenberg, S. 49, 68 ff. *Stetten*, Rechtsstellung, S. 107 ff. Riedenauer, Reichsverfassung, S. 152, 504, 518, 526 f., 546, 553, 560. *Ders.*, Gesandter, S. 346. *Thielen*, Hardenberg, S. 90 ff., 97. *Liermann*, Aufseß, S. 389. *Haussherr*, Hardenberg I, S. 135 f., 200 ff., 208 ff. *H. H. Hofmann*, Herrschaft, S. 19 ff., 121, 167, 178, 199, 211, 253 f., 294, 420. *Ders.*, preußische Ära (1960/61), S. 236, 242. *Braubach*, Max Franz, S. 365. *Tschirch*, Geschichte I, S. 205, 220 f. *Eberlein*, Bayerns Anteil, S. 54. *Thürauf*, Meinung, S. 68 Anm. 1, 87. *H. Müller*, Kampf, S. 62 ff. *Hartung*, Hardenberg, S. 10, 31 f., 39 f., 50 f., 113, 117 f., 142, 219, 270. *Süssheim*, Politik, S. 55 fortl. *J. Meyer*, Erinnerungen, S. 238. *Ranke*, Denkwürdigkeiten I, S. 382. *Scheel*, Jakobiner, S. 232 ff., 484. – Adolf Eberlein hat 1922 sogar versucht für die pfalz-bayerische Mediatisierungspolitik gegenüber dem Corpus equestre ab 1802/03 den Begriff der »bayerische[n] ›Revindikation‹« zu prägen (*Eberlein*, Bayerns Anteil, S. 46. (Zitat ebd.). Vgl. hierzu auch: *H. H. Hofmann*, Herrschaft, S. 246).

78 *Erkens*, Rudolf I., Sp. 1072 f. Vgl. auch den Querverweis zu Revindikationen im Lexikon des Mittelalters, Bd. 7, München-Zürich 1995, Sp. 773.

79 Zur Verwendung des Terminus *Mediatisierung* für die preußische Arrondierungspolitik der Jahre 1792/93 bis 1796/98 siehe: Entwurf einer Einleitung für Klübers reichsritterschaftliches Staatsrecht, [nach 1818], GLA Karlsruhe, N Klüber, Fasz. 351.

quellennahen Begriff[80]: Allein in der französisch geführten diplomatischen Korrespondenz findet sich – und dies auch nur extrem selten – die Formulierung von »les droits révendiqués par la Prusse« oder den vom preußischen König beanspruchten Gebieten, »dont la possession m'a eté revendiqueé«[81]. Von sog. »Revindikationen« ist weder in der zeitgenössischen Überlieferung der reichsritterschaftlichen Kantonsarchive noch im Schriftgut der preußischen Behörden, der kaiserlichen Stellen bzw. der Reichsorgane jemals die Rede[82]. Auch Heinrich Berghaus, J. C. F. Manso, Karl Ludwig Klose und Karl Adolf Menzel, die ihre Werke in der ersten Hälfte oder um die Mitte des 19. Jahrhunderts verfassten und am Beginn der wissenschaftlichen Aufarbeitung der Okkupationspolitik der fränkischen Markgrafentümer unter Hardenberg standen, war der Terminus der »Revindikation« noch fremd[83]. Erstmals fassen lässt sich die Formulierung im 1877 erschienen ersten Band der großen Hardenbergbiografie von Leopold von Ranke[84]. Jedoch blieb Ranke vorerst ohne Nachahmer: Selbst sein Schüler Heinrich von Sybel übernahm den Terminus weder in seine Hardenbergdarstellung noch in sein monumentales Hauptwerk, die Revolutionsgeschichte[85]. Auch bei dem in der Forschung gern zitierten Friedrich Engels, der in seiner 1887/1888 entstandenen Abhandlung »Die Rolle der Gewalt in der Geschichte« die Mediatisierungspolitik Preußens gegenüber seinen Fränkischen Nachbarn im Allgemeinen und Nürnberg im Besonderen zur Illustration seiner Thesen anführte, findet sich die Bezeichnung der »Revindikationen« nicht[86]. Erst als der Terminus der »Revindika-

80 *Zedler* (Hg.), Universal-Lexicon XXXXVIII, Sp. 1582 (Zitat ebd.). – Vgl. beispielsweise die Verwendung von »vindiciren« (Bericht Hardenbergs an den König/das Kabinettsministerium, Ansbach, 7. September 1792, GStA PK Berlin, I. HA, Rep. 44 B, Nr. 1a), »Vindicirung« (Hauptbericht Hardenbergs an den König/das Kabinettsministerium, Ansbach, 24. Februar 1792, GStA PK Berlin, II. HA, Abt. 36, I, Nr. 5, fol. 1–16 u. fol. 23–24, hier: fol. 14 u. Rechenschaftsbericht Hardenbergs über »Preussens innere Politik in Ansbach und Bayreuth in den Jahren 1792–1797«, Berlin, 10. Juni 1797, in: *C. Meyer*, Politik, S. 35–210, hier: S. 195) sowie »Landeshoheits Vindication« (Protokoll des Kriegs- und Domänenrates Karl Heinrich Lang, Ansbach, 28. Oktober 1802, GStA PK Berlin, II. HA, Abt. 36, I, Nr. 316, fol. 126–129, hier: fol. 127) und »Vindication« (Rechenschaftsbericht Hardenbergs über »Preussens innere Politik in Ansbach und Bayreuth in den Jahren 1792–1797«, Berlin, 10. Juni 1797, ebd., S. 35–210, hier: S. 74).

81 Anonymer pfalz-bayerischer Gesandtschaftsbericht P, Berlin, 2. Juni 1798, HHStA Wien, SK, Friedensakten, Nr. 93 (Zitat ebd.). 52. Reskript von Finkenstein, Alvensleben und Haugwitz an die preußischen Gesandten in Rastatt, Goertz, Dohm und Jacobi-[Kloest], Berlin, 30. Juni 1798, GStA PK Berlin, I. HA, Rep. 67 B, Nr. 123, fol. 81–82, hier: fol. 81 (Zitat ebd.).

82 Vgl. die im Quellenverzeichnis im Kapitel XI.1.1 genannten Akten.

83 *K. A. Menzel*, Geschichte XII/2, S. 132, 209 ff. *Ders.*, Geschichte VI, S. 315, 352 ff. *Klose*, Leben, S. 71 ff., 104 ff. *Manso*, Geschichte I, S. 371 ff. *Berghaus*, Deütschland II, S. 279 f. *Häusser*, Geschichte II, S. 73 f., 144.

84 *Ranke*, Denkwürdigkeiten I, S. 360, 382.

85 *Sybel*, Hardenberg, S. 573 ff. *Ders.*, Geschichte VII, S. 139 f.

86 *Engels*, Rolle der Gewalt, S. 443, 443 Anm. * (Zitat ebd., S. 405.). Vgl. *H. H. Hofmann*, Herrschaft, S. 19, *Ders.*, preußische Ära (1967), S. 249, *Endres*, preußische Ära, S. 181 Anm. 75 u. *Ders.*, Ära Hardenberg, S. 198 Anm. 50.

tionen« 1890 durch Julius Meyer wieder aufgegriffen wurde und vor allem durchgehend in der Dissertation von Karl Süssheim von 1902 Verwendung fand, trat die neue Bezeichnung ihren Siegeszug in der Historiografie an[87].

Noch weit mehr als die relative Quellenferne des Begriffs spricht die Art seiner Verwendung in der jüngeren Historiografie gegen eine Beibehaltung des Terminus der »Revindikation« zur Bezeichnung der Mediatisierungspolitik Berlins während der »preußischen Ära Frankens«[88]. Die Bezeichnung »Revindikation« wurde nämlich von der Forschung der letzten Jahrzehnte als zeitgenössisch aufgefasst[89] und war aus diesem Missverständnis heraus selbst Gegenstand unterschiedlicher Fehlinterpretationen: Während die eine Seite die »an die berüchtigten Reunionen Ludwigs XIV. erinnernde Weise« der Wortwahl hervorhob und damit indirekt eine bewusste Demonstration preußischer Verachtung für die Reichsverfassung postulierte, betonte die andere Seite die legitimierende Absicht, die hinter der Verwendung des Begriffs der »Revindikation« gestanden habe: In diesem Sinne wurde von einem »reichsrechtlichen Terminus« gesprochen oder von einer Wortwahl, die angedeutet hätte, »dass Hardenberg teilweise altes Recht wieder herzustellen glaubte«. Außerdem schien die Formulierung der »Revindikationen« in Zusammenhang mit einer »propagandistische[n] Taktik der Sprachregelung« zu stehen[90]. Dass keine dieser Deutungen aufgrund der besagten Quellenferne des Begriffs der »Revindikation« zutreffen kann, versteht sich von selbst.

87 *Süssheim*, Politik, S. 55 fortl. *J. Meyer*, Erinnerungen, S. 238. – Fritz Hartung, der noch selbst die Berliner Archivbestände konsultierte und dessen Dissertation nur vier Jahre nach der von Süssheim erschien, scheint sich noch bewusst gewesen zu sein, dass der Terminus »Revindikation« nicht den Quellen entstammte. Das erstaunliche daran ist, dass Hartung dennoch den Begriff durchgehend verwandte, obwohl er ihn aufgrund seines angeblich reichsrechtlichen Charakters eigentlich ablehnte (*Hartung*, Hardenberg, S. 10, 31 f., 39 f., 50 f., 113, 117 f., 142, 219, 270).

88 Zitat aus *H. H. Hofmann*, Herrschaft, S. 4.

89 Besonders deutlich bei: *Haller*, Hardenberg, S. 48; *Demel*, Hardenberg, S. 53; *Aretin*, Das Alte Reich III, S. 413; *Haussherr*, Hardenberg I, S. 200; *H. H. Hofmann*, Herrschaft, S. 199, 207, 253 f.; *Hofmeister-Hunger*, Revindikationen, S. 259; *Stamm-Kuhlmann*, »Für dessen Constitution ich keine drei Kreuzer mehr gebe«, S. 76 f.; *Rechter/Jakob*, Übergang, S. 264; *G. Zimmermann*, Staatlichkeit, S. 74.

90 *Aretin*, Das Alte Reich III, S. 413 (Zitat ebd.). *Ders.*, Heiliges Römisches Reich I, S. 289 f. *Haussherr*, ebd., S. 200 (Zitat ebd.). *Demel*, Hardenberg, S. 53. *H. H. Hofmann*, Herrschaft, S. 199, 207, 253 f. (Zitat ebd., S. 207). *Endres*, Ära Hardenberg, S. 185. *Ders.*, Reformmodell, S. 38. *H. Müller*, Kampf, S. 64. *Hofmeister-Hunger*, Revindikationen, S. 259. *Dies.*, Pressepolitik, S. 92. *Stamm-Kuhlmann*, »Für dessen Constitution ich keine drei Kreuzer mehr gebe«, S. 77 (Zitat ebd.). *Rechter/Jakob*, Übergang, S. 264. *Schuh*, Zugriff, S. 299 Anm. 5. – Singulär, da wahrscheinlich durch einen Druckfehler bedingt, ist die vermeintliche Verwendung des Begriffs der Revindikationen unter Hardenberg für »historisch höchst fragwürdige Rechtsdeduktionen« und nicht für den Vorgang der Mediatisierung bei *Walter Demel* (Reformstaat, S. 31; Zitat ebd.) bzw. *Stamm-Kuhlmann* (Hg.) (Hardenberg, hier: Einleitung, S. 33). – Die am Begriff »revindizieren« verdeutlichten Interpretationen von *W. Demel* (Hardenberg, S. 53) für Hardenbergs Rechtsverständnis sind nach wie vor zutreffend. Schließlich kann auch das zeitgenössische Verb »vindizieren« bereits als *wieder*herstellen bzw. -geltendmachen übersetzt werden.

II. Die Reichsritterschaft in der Verfassung des Alten Reiches

»Die unmittelbare Reichsritterschaft in Schwaben, Franken und am Rheinstrom gehört ohne Zweifel zu den zahlreichen, ungleichen und ungleichartigen Theilen, welche in staatsgesellschaftlicher Vereinigung unter einem Oberhaupte, den deutschen Staatskörper ausmachen«[1]. Diese Charakterisierung stammt nicht aus einem gängigen Lehrbuch des späten 18. oder beginnenden 19. Jahrhunderts, in dem die reichsrechtliche Verfasstheit des Heiligen Römischen Reichs Deutscher Nation und seiner Glieder für den angehenden Studiosus des Ius publicum aufbereitet wurde. Das fragliche Zitat ist vielmehr einem der wichtigsten reichsritterschaftlichen Traktate gegen die preußische Mediatisierungspolitik der Jahre 1792/93 bis 1796/98 in Franken und Ausläufern Schwabens entnommen[2]. Die Unterwerfung der Ansbach-Bayreuth benachbarten Reichsritter war nämlich von der Frage der reichsrechtlichen Stellung des sog. Corpus equestre und seiner Glieder ebenso wenig zu trennen wie von der historischen Genese der reichsritterschaftlichen Korporation. Schließlich stand die »unmittelbare freye Reichsritterschaft in Schwaben, Franken und am Rheine« nicht neben der historisch gewachsenen Reichsverfassung, sondern war in diese auf vielfältige Weise eingebunden. Daher lassen sich weder die Hintergründe und der Verlauf der Mediatisierungspolitik Berlins auf Kosten der Ansbach-Bayreuth benachbarten Reichsritter noch der darüber geführte publizistische Diskurs adäquat nachvollziehen, ohne sich zuvor einige Grundtatsachen über die Entstehung des »Consortium Equestre« sowie die einschlägigen Anschauungen des Reichs- und Territorialstaatsrechts zu vergegenwärtigen[3].

1. Ursprünge und Entstehung des Consortium equestre

»Menschen waren vor den Burgen und Bürgern vorhanden: Es gab einen Adel, bevor es Reichsritter geben konnte, die aus jenem erwachsen sind. Der Ursprung des Adels ist also die lautere Quelle, woraus die Genesis der Reichs-

1 Zitat aus Neue Vertheidigung I, S. 7.

2 Zur Schrift »Neue Vertheidigung I« siehe Kapitel VIII.3.1.

3 *Kerner*, Staats-Landrecht, S. 3 (Zitat ebd.). Schreiben des Ortsvorstandes Steigerwald an den Ortsvorstand Rhön-Werra, Erlangen, 15. Dezember 1798, StA Marburg, 109, Nr. 313 (Zitat ebd.).

ritterschaft geschöpft werden muß«[4]. Unabhängig von seinem recht schlichten historischen Gehalt verdeutlicht allein der Umstand, dass diese Sentenz zur Widerlegung der preußischen Landeshoheitsansprüche zu Papier gebracht wurde, dass der realen und imaginierten Vergangenheit der Reichsritterschaft nicht nur eine legitimierende, sondern auch eine streng rechtliche Bedeutung im Ius publicum des Alten Reichs zukam[5]. Um die staatsrechtlichen Diskurse nachvollziehen zu können, in denen um die Reichsunmittelbarkeit der von den preußischen Landeshoheitsansprüchen betroffenen Rittergüter gerungen wurde, soll ein kurzer Überblick über die Entstehung der Reichsritterschaft und ihrer Korporation gegeben werden[6].

Was ihre Genese anbelangte, wurzelte die frühneuzeitliche Reichsritterschaft im sog. Niederadel oder Ritterstand des Spätmittelalters[7]. Dieser rekrutierte sich überwiegend aus der Ministerialität – einer Schicht gehobener Dienstmannen, die für König, Reichskirche und Große Aufgaben in der Verwaltung, am Hof und im Kriegswesen wahrnahmen und spätestens im 14. Jahrhundert ihre ursprüngliche Unfreiheit abgeschüttelt hatten. Mit ihnen verschmolzen die letzten überlebenden Edelfreien, also altadlige Geschlechter, denen der Aufstieg zur Fürstenwürde nicht gelungen war, sowie gelegentlich auch Aufsteiger aus der dörflichen Ehrbarkeit oder dem land- und reichsstädtischen Patriziat und Bürgertum[8]. Der solchermaßen entstandene Niederadel wurde in den folgenden Jahrhunderten meist in die benachbarten fürstlichen Herrschaften eingegliedert, wo er einen Teil der Landstände bilden sollte. Dagegen widersetze sich die Ritterschaft in den territorial und politisch zersplitterten Gebieten Frankens, Schwabens, des Unterelsass sowie am Ober-

4 Neue Vetheidigung I, S. 8.

5 Siehe Kapitel VIII.2.2 u. VIII.3.2.

6 Zu den folgenden Ausführungen über die historische Genese der Reichsritterschaft und ihrer Korporation siehe auch: *Stollberg-Rilinger*, Das Heilige Römische Reich, S. 34 f.; *Carl*, Einungen, S. 102 ff.; *Ders.*, Weg, S. 29 ff., 65 f.; *Ders.*, Genossenschaft, S. 407 ff.; *B. Fink*, Aufsteiger, S. 32; *Schraut*, Haus, S. 34; *Schaupp*, Landstände, S. 76 ff.; *Neuhaus*, Reich (EDG), S. 36 f.; *Layer/Lengger*, Reichsritterschaft, S. 387 ff.; *Press*, Ritterschaft am Neckar, S. 236 ff.; *Ders.*, Ritterschaft im Kraichgau, S. 37 ff.; *Endres*, Staat und Gesellschaft, S. 740 f.; *Poh*, Reichsritterschaft, S. 3 f.; *K. Schulz*, Ministerialität, Sp. 637 ff.; *Sörgel*, Ritterkanton, S. 11 ff., 60, 72; *Duchhardt*, Verfassungsgeschichte, S. 29 f., 44, 52 ff., 80 f., 102 ff., 132 f.; *Ders.*, Reichsritterschaft, S. 316 ff.; *Erler*, Ministeriale, Sp. 577 f.; *G. Zimmermann*, Grundlagen, S. 22 f., 33 ff.; *Bader*, Südwesten, S. 160 ff.; *Ders.*, Reichsadel, S. 249 ff.; *H. Körner*, Kanton, S. 53 ff., 66; *Hellstern*, Ritterkanton, S. 3 ff., 11 ff., 66 ff.; *Svoboda*, Verfassung, S. 255 ff.; *Kullen*, Einfluß, S. 9 ff.; *Conrad*, Rechtsgeschichte, S. 202; *H. H. Hofmann*, Adel, S. 103, 108 ff., 121 ff.; *Ders.*, Herrschaft, S. 98; *Volkert*, Staatsrecht, S. 61 f.; *Pfeiffer*, Studien, S. 174 ff.; *Ruch*, Verfassung, S. 1, 11 ff., 50 ff.; *May*, Ritterschaft, S. 6 ff.; *Knapp*, Adel, S. 144 f., 155 f.; *Meister*, Nassau, S. 7 ff.; *Schnepp*, Reichsritterschaft, S. 171 ff.; *H. Müller*, Kampf, S. 13 ff., 42 f.; *Süssheim*, Politik, S. 14 ff.; *Berghaus*, Deütschland II, S. 272 ff.; *Neff*, Reichsritterschaft, S. 162 ff.; *Kerner*, Staats-Genossenschaftsrecht, S. 3 ff., 31 ff., 222 f.

7 *Ulrichs*, Lehnhof, S. 23 f. *Andermann*, Reichsritterschaft, Sp. 636.

8 *Eberlein*, Bayerns Anteil, S. 10 f., 18. *Ulrichs*, Lehnhof, S. 61 ff. *Fellner*, Ritterschaft, S. 33 ff. *Stetten*, Rechtsstellung, S. 6 f. *Fleck*, Mediatisierung, S. 2 ff. *Andermann*, Reichsritterschaft, Sp. 636. *Press*, Reichsritterschaft (1995), S. 775 f. *Sprandel*, Ritterschaft, S. 118 ff. *Winkler*, Markgraf (2000), S. 3 ff.

und Mittelrhein vielfach erfolgreich den fürstlichen Territorialisierungsversuchen, indem sie ihre hergebrachte Reichsunmittelbarkeit behauptete oder – was in Franken meist der Fall war – sich der sich entwickelnden Landesherrschaft überhaupt erst entzog[9]. Dabei blieb die historische Situation lange Zeit offen, d. h. sowohl eine Eingliederung der Ritterschaft in den sich verdichtenden frühmodernen Staat als auch deren Ausbruch aus den fürstlichen Territorialherrschaften war grundsätzlich denkbar: Daher konnte noch Kaiser Maximilian I. die Schaukelpolitik des Ritteradels zwischen den Fürsten einerseits sowie dem König andererseits beklagen. Der Offenheit dieses Prozesses von säkularer Dauer war es geschuldet, dass später dem Consortium equestre angehörende reichsritterschaftliche Geschlechter noch bis ins späte 16. Jahrhundert auf den Landtagen der benachbarten Fürsten erschienen[10]. Diese Ambivalenz der geschichtlichen Entwicklung sollte in den Auseinandersetzungen um die Rechtmäßigkeit der preußischen Mediatisierungspolitik eine zentrale Rolle spielen[11].

Während die Bezeichnung »Reichsritterschaft« spätestens seit dem 14. Jahrhundert Verwendung fand, ist die Entstehung der reichsritterschaftlichen Organisation im Sinne des frühneuzeitlichen Corpus oder Consortium

9 *Eberbach*, Reichsritterschaft, S. 9 ff. *Stetten*, Rechtsstellung, S. 3 ff. *Ulrichs*, Lehnhof, S. 25 f. – Der Ausbruch des Ritteradels aus den fürstlichen Territorien bzw. die Behauptung seiner Reichsunmittelbarkeit gegen die zunehmende staatliche »Verdichtung« in den angesprochenen Gegenden West- und Süddeutschlands wurde durch mehrere Faktoren begünstigt: Nach dem Tod Konradins 1268 ging die Herzogsgewalt in Schwaben und dem Elsass unter. Allein im Oberelsass konnten die Habsburger das Machtvakuum füllen und die 1496 als reichsunmittelbar auftretenden Ritter ihrer Landesherrschaft unterwerfen. In Schwaben und dem Unteren Elsass fehlte dafür seit 1268 eine hinreichend potente Territorialgewalt. Ähnlich verhielt es sich in Franken, wo die Bischöfe von Würzburg zwar weiterhin den Herzogstitel führten, aber genausowenig wie ihre zollerschen und Bamberger Konkurrenten zur regionalen Vormacht aufsteigen konnten. Vor allem in der Wetterau fand der Niederadel in zahlreichen Reichs- und ganerblichen Burgen Rückhalt. Zudem dürfte am Mittel- und Oberrhein der verzögerte Territorialisierungsprozess der Kurpfalz die Verteidigung der ritterschaftlichen Reichsunmittelbarkeit begünstigt haben. Die Wittelsbacher Pfalzgrafen setzten nämlich mit dem Aufbau einer sog. »adligen Vorlandzone« (Gerhard Immler) – genau wie Kurfürsten von Mainz – lange Zeit auf »eine eher informelle Herrschaft« durch Lehens- und Klientelbindungen anstelle einer unmittelbaren Herschaftsintensivierung (*Eberbach*, ebd., S. 9 ff., 34, 49 ff. *Overmann*, Reichsritterschaft, S. 573 f., 579, 585. *Press*, Kaiser Karl, S. 10 f. (Zitat ebd., S. 11). *Stetten*, Rechtsstellung, S. 3 ff., 14. *Fouquet*, Stadt, S. 81 ff. Speziell zur Theorie der sog. Verdichtung Moraws siehe beispielsweise *Haug-Moritz*, Organisation, S. 10 f.).

10 *Press*, Kaiser Karl, S. 9 f., S. 16 ff., 69. *Ders.*, Landesherrschaft, S. 97. *Ders.*, Angriff, S. 337 ff. *Eberlein*, Bayerns Anteil, S. 19 ff. *Fellner*, Ritterschaft, S. 295 ff. *Teuner*, Ritterschaft, S. 18. – Einen – um hundert Jahre verspäteten – Ausnahmefall stellte ein Teil der Ritter des zum fränkischen Kanton Rhön-Werra gehörenden Buchischen Quartiers dar: Ihre Reichsunmittelbarkeit erkannte das Fürststift Fulda erst durch einen Rezess im Jahre 1656/59 an. Eine noch spätere Anerkennung ihres Anschlusses an die Reichsritterschaft erreichten die Adligen Kurtriers 1729 (*Moser*, Neueste Geschichte I, S. 225 f. *Teuner*, ebd., S. 191 ff., 213 f. *Hanna*, Ministerialität, S. 781. *Press*, Kaiser und Reichsritterschaft, S. 177. *Gensicke*, Adel, S. 142. *H. Körner*, Kanton, S. 84 ff.).

11 Siehe Kapitel V.2, VIII.2.2 u. VIII.3.2.

equestre deutlich jüngeren Ursprungs[12]. Vorbereitet wurde sie durch die Ritterbünde und Adelsgesellschaften des 14. und 15. Jahrhunderts, freiwillige Einungen mit unterschiedlichsten Zielsetzungen, die vor allem ein Phänomen des süd- und westdeutschen Raumes blieben[13]. Ihre reichsrechtliche Grundlage erhielten diese Adelsgesellschaften bereits durch das Privileg Kaiser Sigismunds vom 13. September 1422, das die Ritterschaft für ihre bisherigen Dienste belohnen und für die Interessen der Reichspolitik des Luxemburgers gewinnen sollte[14]. Der erfolgreiche Widerstand der südwestdeutschen Ritter gegen die Heranziehung zum erstmals 1495 beschlossenen Gemeinen Pfennig sowie die dem Ritteradel angesonnenen Beiträge zu den Türkenhilfen der Jahre 1528/29 und 1532 bestätigten nicht nur deren immediate Stellung, sondern führten zu einer vorübergehenden Intensivierung genossenschaftlicher Organisationsstrukturen[15]. Volker Press hat dagegen 1542 als »das Geburtsjahr der neuzeitlichen Reichsritterschaft« hervorgehoben – eine Zäsur, die zwar heute Communis opinio der Forschung ist und jüngst von Helmut Neumaier bekräftigt wurde, aber nicht unproblematisch erscheint[16]. Auf jeden Fall fanden sich 1542 die von den politischen, militärtechnischen und sozialen

12 *Overmann*, Reichsritterschaft, S. 574.

13 *Moser*, Von denen Teutschen Reichs-Ständen, S. 1253 f., 1305. *Press*, Reichsritterschaften, S. 681. *Ders.*, Reichsritterschaft (1995), S. 776 ff. *Gerlich*, Ritterbünde, Sp. 1070 ff. *Ranft*, Ritterbünde, Sp. 876 f. – Zu diesen bündischen Elementen gehörten auch die vor allem in der Wetterau gelegenen ganerbschaftlichen Schlösser und Burgen. Daneben spielten Reichsburgen für die Ausbildung korporativer Strukturen der Ritterschaft eine gewisse Rolle. Diese massierten sich ebenfalls in der Wetterau, beruhten aber nicht auf einem genuin freiwilligen Zusammenschluss, sondern der Verleihung königlicher Burglehen an den ritterbürtigen Adel. Unter den Reichsburgen ist in der Frühen Neuzeit das bis 1806 mit dem späteren Corpus equestre eng verbundene Friedberg am bedeutensten gewesen (*Eberbach*, Reichsritterschaft, S. 49 ff. *Rack*, Burg, S. 23 ff., 59 f., 283 ff.).

14 *Moser*, Von denen Teutschen Reichs-Ständen, S. 1253. *Roth von Schreckenstein*, Geschichte I, S. 612. *Fellner*, Ritterschaft, S. 83 f. *Fleck*, Mediatisierung, S. 9 f. *Wefers*, System, S. 108 f. *Hoensch*, Kaiser, S. 306 f. Diplom König Sigismunds, Nürnberg, 13. September 1422, in: *Burgermeister* (Hg.), Codex Diplomaticus Equestris, Nr. 6, S. 30–31, hier: S. 30 f.

15 *Moser*, Von denen Teutschen Reichs-Ständen, S. 1306. *Roth von Schreckenstein*, Geschichte II, S. 144 ff., 288. *Sutter*, Kaisertreue, S. 265 f. *Press*, Reichsritterschaft (1995), S. 784, 790, 811. *Stetten*, Rechtsstellung, S. 18 ff. *Ulrichs*, Lehnhof, S. 175 ff., 189 ff. *Fellner*, Ritterschaft, S. 107 ff.

16 *Press*, Kaiser Karl, S. 49 (Zitat ebd.). *Neumaier*, Odenwald, S. 9, 34 ff., 234 ff. – Abgesehen davon, dass historiografische Zäsuren die Gefahr bergen, historische Kontinuitäten zu verdecken, sollten aus einem weiteren Grund die Ereignisse von 1542 nicht überbewertet werden: Unter verschiedenen Reichspublizisten, die sich im ausgehenden 18. Jahrhundert eingehend mit der Ausbildung der reichsritterschaftlichen Korporation und ihrer Stellung im Verfassungsgefüge beschäftigten und dabei auch das Verständnis der Rittergenossen von der eigenen Vergangenheit wiedergaben, sah keiner im Jahr 1542 eine Zäsur: Vielmehr war der damalige ritterschaftliche Steuerbeitrag für sie nicht mehr und nicht weniger als eine wichtige Etappe auf dem Weg zur Organisation der frühneuzeitlichen Reichsritterschaft (Neue Vertheidigung I, S. 28 ff, v. a. S. 52 ff. Vgl. auch *Moser*, Von denen Teutschen Reichs-Ständen, S. 1305 ff.). Zudem war nach *Overmann* (Reichsritterschaft, S. 596 f., 611 ff.) für die Entstehung korporativer Strukturen der Reichsritterschaft im Unteren Elsass das Jahr 1547 entscheidender, obwohl auch sie bereits 1542 zur Türkenhilfe beigetragen hatte.

Entwicklungen ins Abseits gedrängten Reichsritter zu einer formal freiwilligen Beteiligung am Gemeinen Pfenning bereit. Zur Bewilligung und Einhebung dieser sowie der 1544 und 1545 folgenden Reichssteuern, für die Beratungen im Vorfeld des Schmalkaldischen Krieges sowie für die Verhandlungen über die Bundespläne Karls V. zwischen 1547 und 1553 mussten die Ritter neue korporative Strukturen aufbauen und dauerhaft aufrechterhalten. König Ferdinand I. verband zudem die Frage der Reichsunmittelbarkeit des einzelnen Ritters untrennbar mit dessen Zugehörigkeit zur ritterschaftlichen Korporation und der Beteiligung an dem über diese zu entrichtenden Gemeinen Pfennig[17]. Ferner scheiterte 1542 der letzte Vorstoß, den Ritteradel in die Reichskreise einzugliedern, während gleichzeitig die Steuerleistung der Reichsritter mit der Behandlung ihrer Beschwerden durch den König verknüpft wurde[18].

1577 vereinigten sich die am Rhein, in Schwaben und in Franken entstandenen Ritterkreise zur reichsritterschaftlichen Gesamtkorporation, der sich 1651 auch ihre Standesgenossen im Unteren Elsass als eigener Bezirk anschlossen[19]. Einen vorläufigen Abschluss erfuhr die Ausbildung der Reichsritterschaft und ihrer genossenschaftlichen Organisation mit den ersten Ritterordnungen für die drei Ritterkreise Schwaben (1560/61), Franken (1590/91) und Rheinstrom (1652/62) sowie den Bezirk im Unteren Elsass (1651/52)[20].

2. Organisation sowie rechtliche und reichspolitische Stellung der Reichsritterschaft

»The domains of the Imperial knights were but sorry remnants of a bygone age, and too often the scene of such tyrannies that the Emperor had to enter and imprison and depose the rulers«[21].

Eine solche Fundamentalkritik an einem zunehmend anachronistischen und archaischen Glied des Reichsverbandes macht einen Überblick über den organisatorischen Aufbau sowie die Stellung der Reichsritterschaft in der Rechtsordnung und im Verfassungsgefüge des Alten Reiches keineswegs ob-

17 *Press*, Kaiser Karl, S. 8 f., 22 ff., 40 ff. *Ders.*, Reichsritterschaften, S. 681 ff. *Ders.*, Kaiser und Reichsritterschaft, S. 168 f. *T. Schulz*, Kanton, S. 25 ff. *Endres*, Adel (EDG), S. 9 ff., 60. Differenzierter für die Entwicklung im Unteren Elsass: *Overmann*, Reichsritterschaft, S. 596 f., 611 ff. – Nicht zu halten ist die Behauptung von *Endres* (ebd., S. 68), wonach die Ritterschaft 1542 den Gemeinen Pfennig verweigert hätte.

18 *T. Schulz*, Kanton, S. 27 f., 33 ff. *Press*, Kaiser Karl, S. 46 ff.

19 *Moser*, Neueste Geschichte I, S. 104 ff. *Eberlein*, Bayerns Anteil, S. 13. *Overmann*, Reichsritterschaft, S. 571. *Stetten*, Rechtsstellung, S. 27.

20 *Moser*, Von denen Teutschen Reichs-Ständen, S. 1313 f. *Ders.*, Neueste Geschichte I, S. 118 ff., 204, 285 f. *Stetten*, Rechtsstellung, S. 26 f. *Press*, Reichsritterschaft (HRG), Sp. 743.

21 *Biro*, German Policy I, S. 33.

solet[22]. Vielmehr ist die Kenntnis des reichsritterschaftlichen »Staatskörpers«, wie es in der Diktion des ausgehenden 18. Jahrhunderts hieß, für den Zweck der vorliegenden Studie zwingend erforderlich[23]. Die organisatorische und rechtliche Verfasstheit der reichsritterschaftlichen Korporation unterschied sich nämlich derart grundlegend von den Ratsverfassungen der Reichsstädte und von den Verhältnissen in den Reichsfürstentümern, dass ohne gewisse Kenntnisse von dem sog. »Reichsritterschaftlichen Staatsrecht« weder der konkrete Verlauf der Mediatisierung der Ansbach-Bayreuth benachbarten Reichsritter noch die dabei handlungsleitenden Motive nachzuvollziehen sind[24]. Nicht umsonst verwiesen schon Zeitgenossen darauf, dass die Aufrechterhaltung der reichsunmittelbaren Existenz des Corpus equestre mit

22 Die Charakterisierung der Reichsritterschaft als Anachronismus der Reichsverfassung am Ende des Alten Reiches sowie als »archaischer Personenverband« oder »Petrefakt älterer Verfassungszustände« kann bis heute als Communis opinio in der Historiografie gelten (vgl. beispielsweise *Fehrenbach*, Régime, S. 78; *Haug-Moritz*, Organisation, S. 16 f.; *Neumaier*, Odenwald, S. 3, 217, 233; *Endres*, Friedensziele, S. 566; *Demel*, Struktur, S. 302; *Press*, Reichsritterschaft im Reich, S. 205 ff., 231; *Ders.*, Reichsritterschaft (HRG), Sp. 746; *Ders.*, Kaiser Karl, S. 67; *Duchhardt*, Reichsritterschaft, S. 316, 337 (Zitat ebd., S. 316); *Mauchenheim*, Ritterschaft I, S. 474; *Vierhaus*, Eigentumsrecht, S. 232 f.; *Pfeiffer*, Studien, S. 279 (Zitat ebd.)). Allerdings versucht die Strukturgeschichte seit geraumer Zeit von Begrifflichkeiten wie modern und veraltet – in der Tradition der Modernisierungstheorien aus der Zeit nach dem Zweiten Weltkrieg – zu abstrahieren (vgl. *Fehrenbach*, Régime, S. 141 ff.). – Zu den folgenden Ausführungen über die Organisation sowie die rechtliche und politische Stellung der Reichsritterschaft im Verfassungsgefüge des Alten Reichs siehe auch: *Ernst*, Adel, S. 8; *Fehrenbach*, Régime, S. 78; *M. Neugebauer*, Kreise, S. 87; *Stollberg-Rilinger*, Das Heilige Römische Reich, S. 35; *Schraut*, Selbstbehauptung, S. 255 ff.; *Dies.*, Haus, S. 34 f.; *Hanna*, Ministerialität, S. 779 ff.; *Neuhaus*, Reich (EDG), S. 21, 36 f.; *Endres*, Staat und Gesellschaft, S. 741 ff.; *Aretin*, Das Alte Reich I, S. 99 ff.; *Andermann*, Ritterkantone, Sp. 877 f.; *Press*, Reichsritterschaft (1995), S. 795 ff.; *Ders.*, Kaiser und Reichsritterschaft, S. 170 ff., 189 f.; *Ders.*, Reichsritterschaften, S. 681 ff.; *Poh*, Reichsritterschaft, S. 3 ff.; *Duchhardt*, Verfassungsgeschichte, S. 103 ff., 208, 254; *Ders.*, Reichsritterschaft, S. 316 ff., 332 ff.; *Erler*, Reichssteuern, Sp. 774 f.; *Bieberstein*, Adelsherrschaft, S. 40 f.; *T. Schulz*, Mediatisierung (1988), S. 323 ff.; *G. Zimmermann*, Staatlichkeit, S. 53 f., 60 f.; *Ders.*, Grundlagen, S. 35; *Kollmer*, Reichsritterschaft, S. 1, 8 ff.; *O. H. Becker*, Fürstentümer, S. 139 ff.; *Vierhaus*, Eigentumsrecht, S. 235 ff.; *Heller*, Peuplierungspolitik, S. 159 f.; *Danner*, Reichsritterschaft (1969), S. 13, 19 ff., 35, 41 ff.; *Rauser*, Reichsfreiherrschaft, S. 11 ff., 32 ff.; *Svoboda*, Verfassung, S. 265 ff.; *Volkert*, Staatsrecht, S. 60 ff.; *H. H. Hofmann*, Unterfranken, S. 33 ff.; *Bader*, Reichsadel, S. 252 ff., 261 f.; *Waechter*, Jahre, S. 244 ff.; *Stammler*, Zeiten, S. 463 f., 472; *Meister*, Nassau, S. 8 f., 16 ff.; *Knapp*, Adel, S. 156 f., 163 ff.; *Eberlein*, Bayerns Anteil, S. 13 ff., 21 f., 30 ff., 80 f.; *Schnepp*, Reichsritterschaft, S. 157 f., 216; *Weicker*, Haltung Kursachsens, S. 10 ff.; *Süssheim*, Politik, S. 18 ff.; *Overmann*, Reichsritterschaft, S. 577 ff.; *Berghaus*, Deütschland II, S. 226 ff., 274 ff. *K. A. Menzel*, Geschichte XII/2, S. 385 ff.; *Neff*, Reichsritterschaft, S. 175 ff.

23 Schreiben des Ortsvorstandes Steigerwald an den Ortsvorstand Rhön-Werra, Erlangen, 16. März 1797, StA Marburg, 109, Nr. 311, Bd. 10.

24 Siehe Kapitel IV.3, V.4.1, VI.2, VII.2 u. a. *Kerner*, Staats-Landrecht, S. 3 (Zitat ebd.). – Speziell zum Charakter des sog. reichsritterschaftlichen Staatsrechts nach einem der bekanntesten einschlägigen Reichspublizisten: *Kerner*, ebd., S. 3 ff.

dessen genossenschaftlicher Organisation und der Rolle der Reichsritterschaft im Rahmen der Reichsverfassung untrennbar verbunden wären[25].

2.1 Die Organisation des Corpus equestre

Wenn eine Abhandlung aus dem Jahre 1795 nicht ohne Hintergedanken von den Reichsrittern als von »über 1500 in ihren Staaten souveraine[n] Regenten« sprach, so verdeutlicht diese Zahl zumindest die Vielgestaltigkeit des Gegenstandes der vorliegenden Untersuchung[26]. Die Forschung geht – in Anlehnung an eine allerdings parteiische Flugschrift aus der Zeit des Wiener Kongresses – von etwa 350 reichsritterschaftlichen Familien im Jahre 1789, also vor der französischen Annexion des linken Rheinufers, aus. Dies kann jedoch nur als ungefährer Näherungswert verstanden werden. William D. Godsey Jr. schätzt die Anzahl der über reichsunmittelbare, dem Corpus equestre immatrikulierte Besitzungen verfügenden reichsritterschaftlichen Geschlechter für das späte 18. Jahrhundert sogar auf 430. Mit den über keine zur Rittertruhe steuernden Güter oder Untertanen verfügenden Reichsadligen wären es sogar mindestens 500 reichsritterschaftliche Familien gewesen[27]. Oft

25 »In der kräftigen Vereinigung zu einem gemeinschaftlichen Zwecke; nur in dem mächtigen Schutze ihres und des Reichs Oberhaupts hat die Reichsritterschaft ihre Selbsterhaltung gefunden, und in den gefährlichsten Zeiten, wenn Haabsucht und Uebermacht sich zu ihrem Untergange verbanden, mannbar behauptet« (Neue Vertheidigung I, S. 8).

26 [*Riem*], Ueber die politische Lage, und das Staats-Interesse Preußens, S. 68.

27 *Gaisberg-Schöckingen*, Reichsritterschaft, S. 452 f. *H. Müller*, Kampf, S. 16, 203. *Kullen*, Einfluß, S. 9. *Godsey Jr.*, Nobles, S. 8, 255. *Waechter*, Jahre, S. 245. *Sutter*, Kaisertreue, S. 284 f. *Weiss*, Reichsritterschaft, S. 290. *Roth von Schreckenstein*, Geschichte I, S. 1 Anm. 1. *Ders.*, Geschichte II, S. 592. *Schraut*, Arbeit, S. 202. *Dies.*, Haus, S. 34, 331. – Der Odenwalder Ritterhauptmann gab im Frühjahr 1798, also nach dem weitgehenden Ende der Mediatisierungen Preußens, den Umfang der Besitzungen des schwäbischen Ritterkreises sowie der fränkischen Kantone Steigerwald, Odenwald, Gebürg, Rhön-Werra und Baunach einschließlich der durch Kauf, Heimfall usw. in reichsständische Hände gekommenen, aber weiterhin dem Corpus equestre immatrikulierten Herrschaften mit 1587 Rittergütern und 246.365 Untertanen an. Hinzu wäre eine Bevölkerung von 3357 Seelen auf den dem Kanton Mittelrhein inkorporierten Besitzungen gekommen. Allerdings war der Odenwalder Ritterhauptmann bei diesen Angaben daran interessiert, die Bedeutung des Consortium equestre besonders hervorzuheben, weshalb sie kritisch zu hinterfragen sind (Abschrift des Memoires des Odenwalder Ritterhauptmanns an Graf Cobenzl, [Rastatt, März 1798], HHStA Wien, SK, Friedensakten, Nr. 92). – Bis zu einer quantitativen Untersuchung über die Anzahl der am Ende des Alten Reiches dem Corpus equestre als Realisten und Personalisten immatrikulierten Reichsritter bietet die bisherige Forschungsliteratur mit zahlreichen Aufstellungen und Matrikelabschriften für bestimmte Kantone und geografische Räume einen gewissen Ersatz: *T. Schulz*, Kanton, S. 257 ff.; *Hellstern*, Ritterkanton, S. 200 ff.; *Sörgel*, Ritterkanton, S. 46 ff.; *Godsey Jr.*, ebd., S. 256 ff.; Catalog sämtlicher Mitglieder des Kantonbezirks Högaw vom Jahre 1752, in: *Ruch*, Verfassung, Anhang, Nr. 8, S. 77–82, hier: S. 77 ff.; *Roth von Schreckenstein*, Geschichte II, S. 592 ff.; *Teuner*, Ritterschaft, S. 234 ff.; *Stetten*, Rechtsstellung, S. 33 ff.; *Winkelmann-Holzapfel*, Besitzungen, S. 172 ff.; *Poh*, Reichsritterschaft, S. 18 ff.; *W. Wagner*, Rhein-Main-Gebiet, S. 122 ff.; *Riedenauer*, Kontinuität, S. 121 ff.

übersehen wird, dass dem Corpus equestre beispielsweise mit Oberstenfeld (Kanton Kocher) und Edelstetten (Kanton Donau) eigene Damenstifter inkorporiert waren[28].

Die Zahl der zum Beginn der Französischen Revolution dem Consortium equestre inkorporierten Rittergüter wird gewöhnlich auf über 1000 bis 1730 geschätzt - Zahlen, die jedoch mit Vorsicht zu verwenden sind. Auf den reichsritterschaftlichen Besitzungen sollen über 200.000 oder sogar mehr als 400.000 Untertanen bzw. rund ein bis zwei Prozent der Bevölkerung des Alten Reichs gelebt haben[29].

Gegliedert war das Corpus oder Consortium equestre zu Beginn der preußischen Mediatisierungen in die drei Ritterkreise Schwaben, Franken und am Rheinstrom. Diese setzten sich jeweils aus mehreren genossenschaftlich strukturierten Organisationen zusammen. Letztere wurden Viertel, Ritterorte oder seit Mitte des 17. Jahrhunderts auch Kantone genannt[30]. Die Viertel des hier besonders interessierenden fränkischen Ritterkreises waren Rhön-Werra, an der Altmühl, Steigerwald, Gebürg, Baunach und Odenwald, während die

28 *Layer/Lengger*, Reichsritterschaft, S. 394, 405. *T. Schulz*, Kanton, S. 256.

29 *P. C. Hartmann*, Kulturgeschichte, S. 34, 51 f. *Gaisberg-Schöckingen*, Reichsritterschaft, S. 452. *H. Müller*, Kampf, S. 16, 203. *Godsey Jr., Nobles*, S. 8. *Roth von Schreckenstein*, Geschichte II, S. 1 Anm. 1. *Sutter*, Kaisertreue, S. 284. *Stetten*, Rechtsstellung, S. 29. *Mangold*, Reichsritterschaft, S. 4. *Berghaus*, Deütschland II, S. 268. *Stammler*, Zeiten, S. 464 f. *Berner*, Aufhebung, S. 207. *Stingl*, Gleichberechtigung, S. 251. *Waechter*, Jahre, S. 245. *Dipper*, Reichsritterschaft, S. 56. *Scheel*, Jakobiner, S. 3 ff., 87. Vgl. auch *Schraut*, Haus, S. 34 u. *Knapp*, Reichsritterschaft, S. 157. - *Roth von Schreckenstein* (ebd., S. 1 Anm. 1) und *Gaisberg-Schöckingen* (ebd., S. 452) gingen in Anlehnung an eine parteiische Druckschrift von 1814 von mehr als 100 Quadratmeilen als Gesamtgröße aller reichsritterschaftlichen Herrschaften aus, während *H. Müller* (ebd., S. 16), *Stammler* (ebd., S. 464 f.) und *Berner* (ebd., S. 207) das doppelte veranschlagten. *Weicker* (Haltung, S. 18) bezifferte - allem Anschein nach für die Zeit nach dem Lunéviller Frieden von 1801 - die Gesamtfläche der reichsritterschaftlichen Besitzungen auf 175 Quadratmeilen. Auf jeden Fall übertrieben ist die von *Waechter* (Jahre, S. 245) aufgebrachte und von *Sutter* (Kaisertreue, S. 284 Anm. 85) wiederlegte Flächenzahl von 130.000 km^2. Stattdessen geht Letzterer (*Sutter*, ebd., S. 284) von einem Gesamtumfang der reichsritterschaftlichen Besitzungen um das Jahr 1790 von 5.000 km^2 aus. - Für den schwäbischen Ritterkreis veranschlagte *H. Müller* (ebd., S. 16 Anm. 6) ohne Quellenangabe 668 Rittergüter mit 70 Quadratmeilen und 160.000 Einwohnern, für Franken 702 Rittergüter mit 80 Quadratmeilen und 200.000 Untertanen sowie für die immediaten Besitzungen der Reichsritterschaft im rheinischen Ritterkreis eine Bevölkerung von 90.000 Seelen. Die französische Annexion des linken Rheinufers soll die Reichsadligen im rheinischen Ritterkreis 150 Dörfer und 23.000 Untertanen gekostet haben (*H. Müller*, ebd., S. 96). Nach einer zeitgenössischen Druckschrift sollen die Reichsritter um 1804, also nach dem Verlust des linken Rheinufers und den preußischen Mediatisierungen noch über 137 Quadratmeilen mit 414.000 Einwohnern geherrscht haben (*H. Müller*, ebd., S. 190 Anm. 37). - Zum Vergleich seien auch noch die Verhältnisse der nicht mehr zum Corpus equestre zu rechnenden Ritter im Unteren Elsass genannt: Diese sollen zur Zeit der Französischen Revolution über eine kleine Stadt und rund 90 Ortschaften mit etwa 50.000 Einwohnern geboten haben (*H. Müller*, ebd., S. 43).

30 *Kerner*, Staats-Genossenschaftsrecht, S. 75, 87. *Ders.*, Staats-Landrecht, S. 4. *Moser*, Von denen Teutschen Reichs-Ständen, S. 1304, 1310. *Press*, Reichsritterschaft (HRG), Sp. 744. *Stetten*, Rechtsstellung, S. 29 f.

rheinische Reichsritterschaft sich in die Ritterorte Ober-, Mittel- und Niederrhein gliederte. Der schwäbische Ritterkreis setzte sich aus dem für unsere Fragestellung besonders wichtigen Kanton Kocher sowie den Vierteln Donau, Kraichgau, Hegau-Allgäu-Bodensee und Neckar-Schwarzwald zusammen, dem der mit einer eigenen Ordnung versehenen Bezirk Ortenau nur hinsichtlich der Verteilung der finanziellen Lasten angeschlossen war[31]. Die Ritterorte waren nämlich vielfach in kleinere Einheiten, die sog. Quartiere oder Bezirke unterteilt, deren Funktion zwischen derjenigen reiner Steuerdistrikte und weitgehend autonomer Verwaltungseinheiten mit eigenen Organen schwanken konnte[32]. Dennoch blieb der Kanton der »Grundverband« der Reichsritterschaft schlechthin, der all jene Aufgaben wahrnahm, für die der politische Einfluss und vor allem das ökonomische Potenzial des einzelnen Rittergenossen nicht ausreichte. Daher spielte sich das genossenschaftliche Leben in erster Linie auf der Ebene der Kantone ab, die zugleich als unmittelbare Interessenvertretung ihrer Mitglieder fungierten[33]. Dazu stand an der Spitze jeden Ritterorts ein Kantons- oder Ortsdirektorium. Dieses auch als Orts- oder Viertelvorstand bezeichnete Gremium setzte sich aus einem Ritterhauptmann oder übergeordneten Direktor sowie mehreren Ritterräten oder Ritterdirektoren zusammen. Hinzu kamen meist noch einige sog. Ausschüsser, die beratende und unterstützende Aufgaben wahrnahmen[34]. Zwar hatten die mit »sessio et votum decisivum« ausgestatteten einzelnen Rittergenossen des Kantons auf den Viertelstagen, Orts- und Plenarkonventen ein Mitspracherecht in wichtigen, die Genossenschaft und ihre Rechte berührenden Angelegenheiten[35]. Aber die täglichen Entscheidungen wurden von den Kantonsdirektorien getroffen, die meist auf Lebenszeit von den stimmberechtigten, sog. ordentlichen Mitgliedern des Ritterorts gewählt wurden. Die Ortsvorstände nahmen eine Fülle administrativer und jurisdiktioneller

31 *Kerner*, Staats-Genossenschaftsrecht, S. 75 ff. *Moser*, Von denen Teutschen Reichs-Ständen, S. 1310 f. *Hellstern*, Ritterkanton, S. V Anm. 5. *Press*, Reichsritterschaft (HRG), Sp. 744. *Stetten*, Rechtsstellung, S. 29 f.

32 *Kerner*, Staats-Genossenschaftsrecht, S. 75 ff., 90, 363. *Moser*, Von denen Teutschen Reichs-Ständen, S. 1310 f. *H. Müller*, Kampf, S. 17 f. *Press*, Ritterschaft am Neckar, S. 250. – Neben Ortenau (Kanton Neckar-Schwarzwald) waren die Bezirke Hegau und Allgäu-Bodensee (Kanton Hegau-Allgäu-Bodensee) sowie das Buchische Quartier (Kanton Rhön-Werra) selbstverwaltete Organisationseinheiten (*Kerner*, ebd., S. 75 f., 363).

33 *Kerner*, Staats-Genossenschaftsrecht, S. 87, 303 f., 440 ff. *Pfeiffer*, Studien, S. 173, 192 f. *Bader*, Südwesten, S. 169 f. (Zitat ebd.).

34 *Kerner*, Staats-Genossenschaftsrecht, S. 88 f., 95 ff., 106 ff. *Moser*, Von denen Teutschen Reichs-Ständen, S. 1315 ff.

35 *Kerner*, Staats-Genossenschaftsrecht, S. 195 ff., 207, 350. *Moser*, Von denen Teutschen Reichs-Ständen, S. 1323 f. *T. Schulz*, Kanton, S. 166 f., 172. *Stetten*, Rechtsstellung, S. 81 (Zitat ebd.). – Konterkariert wurden die umfangreichen Kompetenzen der Ortskonvente durch die zeitweise geringe Teilnahme und ein weitgehendes Desinteresse von zahlreichen der stimmberechtigten Rittergenossen an Angelegenheiten, die sie selbst nicht unmittelbar berührten (*Kerner*, ebd., S. 206. *T. Schulz*, ebd., S. 167 f. *Mauchenheim*, Ritterschaft I, S. 129 ff. *Press*, Landesherrschaft, S. 106. *Ders.*, Reichsritterschaft (HRG), Sp. 744).

Funktionen wahr, hielten den Kontakt zu den übrigen Kantonen aufrecht und vertraten ihren Ritterort sowie bei Bedarf auch einzelne Mitglieder in Verhandlungen nach außen[36]. Unterstützt wurden die Ortsvorstände von einigen gelehrten Räten, den Syndici und Konsulenten, die zusammen mit subalternem Personal für jeden Ort eine eigene Ritterkanzlei bildeten[37]. Diese war das eigentliche juristische und administrative Rückgrat des Kantons, weshalb ihr in den Auseinandersetzungen um die preußischen Mediatisierungen eine zentrale Rolle zufallen sollte[38].

An der Spitze der reichsritterschaftlichen Gesamtkorporation stand das Generaldirektorium, dessen Kompetenzen jedoch nur sehr begrenzt waren. Zudem wurde es in Personalunion von einem der drei Kreis- oder Spezialdirektorien wahrgenommen, die die Interessen der einzelnen Ritterkreise vertraten. Auch die Spezialdirektorien waren keine eigenständigen Institutionen, sondern wurden von jeweils einem Ortsvorstand des Ritterkreises in Personalunion ausgefüllt. Während in Franken und am Rheinstrom das Kreisdirektorium unter den einzelnen Ortsvorständen in unregelmäßigen Abständen zirkulierte, stand es in Schwaben dauerhaft beim Viertel Donau[39]. Zur Behandlung von Angelegenheiten, die mehrere Kantone oder Ritterkreise betrafen, dienten eigene, durch Vertreter der Ortsvorstände beschickte Zusammenkünfte: Auf der Ebene der Gesamtkorporation waren dies die General-Korrespondenztage und in den einzelnen Ritterkreisen die Kreiskonvente, die

36 *Kerner*, Staats-Genossenschaftsrecht, S. 88 ff., 116 f., 123 ff., 282 f., 374 fortl. *Ders.*, Staats-Landrecht, S. 114 ff., 142 ff., 189 ff., 198 f., 276. *Ders.*, Staats-Reichs-Recht, S. 73 f. *Moser*, Von denen Teutschen Reichs-Ständen, S. 1271, 1317 f. *T. Schulz*, Kanton, S. 191. *Mauchenheim*, Ritterschaft I, S. 145 ff., 259 ff. – Das aktive und unmittelbar ausgeübte Stimmrecht kam im Regelfall nur den ordentlichen männlichen Reichsrittern, den sog. Realisten, zu. Diese mussten ein reichsunmittelbares Rittergut besitzen, dessen Wert nach dem Heilbronner Rezeptionsstatut von 1750 bei neu in die Genossenschaft aufzunehmenden Mitgliedern mindestens 6000 Reichstaler betragen sollte. Das für die Wahlkonvente zur Bestimmung neuer Ortsvorstände wichtige passive Stimmrecht war allein denjenigen Realisten vorbehalten, die mindestens acht adelige Ahnen nachweisen konnten. Die nur in persona immatrikulierten Reichsritter, die als sog. Personalisten nicht über ein zur Rittertruhe kollektables Rittergut verfügten, waren von den Abstimmungen auf den Ortskonventen ausgeschlossen. Gleiches galt für die sog. Güterbesitzer. Diese waren nicht Teil der reichsritterschaftlichen Genossenschaft, sondern hatten lediglich ein der Rittermatrikel inkorporiertes Rittergut erworben. Modifiziert wurden die geschilderten Grundsätze am Ende des 18. Jahrhunderts durch zahlreiche kantonale und ritterkreisspezifische Ausnahmen und Sonderregelungen (*Kerner*, Staats-Genossenschaftsrecht, S. 101 ff., 109 ff., 162 ff., 174 ff., 190 ff., 203 ff. *Moser*, Von denen Teutschen Reichs-Ständen, S. 1258 ff. *Stetten*, Rechtsstellung, S. 82 ff. *T. Schulz*, ebd., S. 169 ff., 189, 195, 248 ff.).

37 *Kerner*, Staats-Genossenschaftsrecht, S. 302 ff., 323 ff. *Moser*, Von denen Teutschen Reichs-Ständen, S. 1320 f.

38 Siehe Kapitel V.4.1 u. VIII.3.1.

39 *Kerner*, Staats-Genossenschaftsrecht, S. 128 ff., 139 ff. *Moser*, Von denen Teutschen Reichs-Ständen, S. 1314 f. *Press*, Reichsritterschaft (HRG), Sp. 744. *T. Schulz*, Kanton, S. 61, 66. *Stetten*, Rechtsstellung, S. 46 f.

auch als Drei-Ortstag (Rheinstrom) bzw. Fünf- (Schwaben) und Sechs-Ortstag (Franken) bezeichnet wurden[40].

2.2 Die rechtliche und reichspolitische Stellung der Reichsritterschaft

Nicht minder komplex als die korporativen Strukturen der zur Reichsritterschaft gehörenden Reichsadligen war ihre Stellung im politischen und rechtlichen Gefüge des Alten Reichs[41]. Bestimmt wurde die reichsritterschaftliche Rechtsstellung in erster Linie durch das »Kleinod« der Reichsunmittelbarkeit, also die direkte Unterstellung unter Kaiser und Reich. Diese erstreckte sich sowohl auf das in der Rittermatrikel eines Kantons verzeichnete Gut als auch auf die Person des in das Corpus equestre rezipierten Reichsritters[42]. Trotz zeitweiser Versuche, die Reichs- und Kreisstandschaft zu erlangen, verfügte das Corpus equestre nicht über Sitz und Stimme auf der

40 *Kerner*, Staats-Genossenschaftsrecht, S. 134 ff., 147 ff., 350. *Moser*, Von denen Teutschen Reichs-Ständen, S. 1322 f. *T. Schulz*, Kanton, S. 59, 65. *Press*, Reichsritterschaft (HRG), Sp. 744. – Die Generalkorrespondenztage waren seit dem 17. Jahrhundert weitgehend durch schriftliche Abstimmungen und Beratungen ersetzt worden (*Kerner*, ebd., S. 150 f. *Press*, ebd., Sp. 744).

41 Streng genommen gehörte die Reichsritterschaft innerhalb der unmittelbar Kaiser und Reich unterworfenen Fürsten, Grafen, Ritter usw. nach rechts- und sozialgeschichtlichen Kriterien dem niederen Reichsadel an. Von diesem machte sie wiederum nur einen Teil, wenn auch den bedeutensten aus (*Riedenauer*, Reichsadel, S. 174 ff. *Conrad*, Rechtsgeschichte, S. 213. *Aretin*, Heiliges Römisches Reich I, S. 77. Vgl. auch *Sikora*, Adel, S. 15 f., 49, 136). Ungeachtet des rechtlichen Unterschieds zwischen dem vom Kaiser und von den Reichsvikaren verliehenen Briefadel einerseits und der Rezeption in die Reichsritterschaft andererseits (vgl. *Jahns*, Reichskammergericht I, S. 589 f.) werden in den Quellen *Reichsadel* und *Reichsritter* oft synonym gebraucht (z. B. Schreiben des Ortsvorstandes Steigerwald an den Ortsvorstand Rhön-Werra, Erlangen, 15. Dezember 1798, StA Marburg, 109, Nr. 313; Gedrucktes Nachschreiben des Ortsvorstandes Oberrhein an die Mitglieder und Güterbesitzer des Kantons, Mainz, 21. Februar 1794, StA Darmstadt, F2, Nr. 17/7; Klageschrift von Rhön-Werra gegen Preußen zu den Beilagen 1 bis 87 zum Reichshofratsprozess, StA Marburg, 109, Nr. 312, Bd. 1; Schreiben des Ortsvorstandes Baunach an den Ortsvorstand Rhön-Werra, Nürnberg, 11. April 1798, StA Marburg, 109, Nr. 311, Bd. 10. Vgl. auch: Die Reichs-Unmittelbarkeit der Herrschaften Hinsingen, HStA Stuttgart, B 579, Bü 141, S.36). Auch die Mehrheit der einschlägigen Forschung verwendet den Terminus des *Reichsadels* alternativ zum Begriff der *Reichsritterschaft* (z. B. *Hellstern*, Ritterkanton, S. V, *Press*, Kaiser und Reichsritterschaft, S. 179, *Seiderer*, Formen, S. 463, *Winkler*, Markgraf (2000), S. 3 oder *Aretin*, Das Alte Reich II, S. 395). Daher erscheint es ebenso legitim wie hilfreich dies in der vorliegenden Arbeit gelegentlich ebenfalls zu praktizieren.

42 *Kerner*, Staats-Reichs-Recht, S. 19, 25 ff. (Zitat ebd., S. 29). *Moser*, Von denen Teutschen Reichs-Ständen, S. 1258, 1277 f. *Sutter*, Kaisertreue, S. 292. *Press*, Angriff, S. 331. – Unzutreffend ist die Behauptung, die Reichsunmittelbarkeit hätte sich nicht auf die Person des einzelnen Reichsritters, sondern nur auf die reichsadlige Korporation erstreckt (vgl. *Rechter*, Weg, S. 45). – Allein der Umstand, dass die Reichsritterschaft nicht nur über ihre Mitglieder Personalmatrikeln führte, sondern auch Güter- bzw. Realmatrikeln über die ihr inkorporierten Besitzungen, zeigt, dass das Corpus equestre nicht nur ein »Personenverband« war, wie Endres postulierte (*Kerner*, Staats-Genossenschaftsrecht, S. 224 ff. *Ders.*, Staats-Reichs-Recht, S. 24 ff. *Endres*, Staat und Gesellschaft, S. 749. (Zitat ebd.)).

Regensburger Reichsversammlung oder den Konventen der einzelnen Reichskreise[43]. Es galt daher nicht als »status«, sondern nur als »membra imperii« – eine verfassungsrechtliche Stellung, die keineswegs singulär war[44].

Erwin Riedenauer hat von einer »korporative[n] Landeshoheit der Reichsritterschaft« gesprochen[45]. Doch dieser Forschungsbegriff vermag die reichsrechtliche Realität nicht in ihrer gesamten Differenziertheit abzubilden[46]: Tatsächlich standen die landesherrlichen Gerechtsame und Regalien, derer sich die Reichsritterschaft zu erfreuen hatte, teils dem Kaiser, teils der reichsritterschaftlichen Korporation und teils dem einzelnen Rittergenossen zu. Ihre davon zu trennende Exekution oblag entweder dem einzelnen Reichsritter als autonomen Herrschaftsträger, oder die Spezialdirektorien der Ritterkreise sowie die kantonalen Ortsvorstände übten die Regalien und Vorrechte allein oder durch das einzelne Mitglied der Korporation aus[47]. Allein die letztinstanzliche Gerichtsbarkeit wurde vom Kaiser und den obersten Reichsgerichten ausgeübt, da die Reichsritterschaft keine Privilegia de non evocando bzw. non appellando besaß[48]. Angesichts dieser Gemengelage obrigkeitlicher Rechte war die genaue Bezeichnung der von der Reichsritterschaft ausgeübten öffentlichen Gewalt in der zeitgenössischen Reichspublizistik genauso umstritten wie unter späteren Historikern. Daher wurde die Summe der vom Corpus equestre und seinen Mitgliedern ausgeübten eigenen und an sie delegierten fremden Gerechtsame vielfach nur als Landesherrlichkeit bezeichnet. Aber diese kam der Landeshoheit im Sinne des reichsständischen Ius territorii et superioritatis des Westfälischen Friedens (IPO

43 *Kerner*, Staats-Reichs-Recht, S. 50 ff. *Moser*, Von denen Teutschen Reichs-Ständen, S. 11, 1384 ff. *Pfeiffer*, Studien, S. 220 ff. *Stetten*, Rechtsstellung, S. 28, 48.

44 12. Bericht des reichsritterschaftlichen Generalablegaten Freiherr von Gemmingen an den Ortsvorstand Donau, Rastatt, 30. Januar 1798, HStA Stuttgart, B 572 Au, Bü 1146 (Zitat ebd.). *Pfeiffer*, Studien, S. 185 (Zitat ebd.). – Zur historisch gewachsenen Vielfalt der Reichsverfassung gehörten nicht nur weitere Reichsunmittelbare, die weder am Reichs- noch am Kreistag mit Sitz und Stimme vertreten waren. Auch gab es Kreisstände, die keine Reichsstandschaft hatten oder Reichsunmittelbare, die aus finanziellen, rechtlichen oder politischen Gründen selbst ihre Reichsstandschaft ruhen ließen (*Moser*, Von denen Teutschen Reichs-Ständen, S. 5 ff. 1475 ff., 1500 ff. *Gerlich*, Reichsstände, Sp. 763).

45 *Press*, Landesherrschaft, S. 93. – Auch *B. Fink* (Aufsteiger, S. 32) hat von den »korporativen Hoheitsrechte[n]« der Reichsritterschaft gesprochen.

46 Dass das Corpus equestre eine korporative Landeshoheit nur auf Rittergütern ausgeübt habe, die ihm als Korporation »unterstellt« gewesen seien, wie Volker Press den Forschungsstand resümiert, ist unzutreffend. In die richtige Richtung geht dagegen sein Ansatz, der das Nebeneinander genossenschaftlicher und individueller landesherrlicher Rechte – bei einem deutlichen Übergewicht Letzterer – postuliert (*Press*, Landesherrschaft, S. 93, 98, 106 ff. (Zitat ebd., S. 98)).

47 *Kerner*, Staats-Genossenschaftsrecht, S. 371 ff., 397 ff. *Ders.*, Staats-Reichs-Recht, S. 172 f. *Moser*, Von denen Teutschen Reichs-Ständen, S. 1280 ff. Neue Vertheidigung II, S. 113 f. *Zedler* (Hg.), Universal-Lexicon II, Sp. 1241. Vgl. auch die teils vereinfachte Darstellung bei *T. Schulz*, Kanton, S. 55 f. u. *H. H. Hofmann*, Herrschaft, S. 99 ff., 111.

48 Neue Vertheidigung II, S. 116.

Art.V § 30) zumindest sehr nahe[49]. Das markanteste Kennzeichen der reichsritterschaftlichen Territorialgewalt war die Erbhuldigung der Untertanen gegenüber ihrer reichsadligen Herrschaft vor Ort[50]. Zu deren wichtigsten landesherrlichen Rechten gehörte ferner die Vogteilichkeit, d. h. die freiwillige und streitige Zivil- sowie die niedere und mittlere Strafgerichtsbarkeit des einzelnen reichsritterschaftlichen Landesherrn[51]. Vor allem im schwäbischen Ritterkreis erhoben sich auf den Rittergütern die Galgen zum Zeichen der hohen Gerichtsbarkeit mit dem Blutbann, die der reichsadligen Ortsherrschaft zustanden[52]. Rechtlich nicht minder bedeutend war das Reformationsrecht (Ius reformandi), das der reichsritterschaftlichen Korporation kraft Art.V § 28 des Osnabrücker Friedensinstruments zukam[53]. Des Weiteren übten die Rittergenossen Gebot und Verbot aus, d. h., sie konnten im Rahmen der Reichsgesetze die öffentliche Ordnung ihrer Besitzungen und das Leben ihrer Untertanen autonom durch Verordnungen und sog. »Privatgesetze« regeln[54]. Zudem kamen den einzelnen Reichsrittern als Landesherrn oder als Stifter eines Benefiziums vielfach die Ehrenrechte und Privilegien des Patronatsherren (Ius patronatus) über die katholischen und lutherischen Kirchen

49 *Kerner*, Staats-Landrecht, S. 59 ff. *Moser*, Von denen Teutschen Reichs-Ständen, S. 1278 ff. *T. Schulz*, Kanton, S. 55. *H. H. Hofmann*, Herrschaft, S. 96 ff. *Stetten*, Rechtsstellung, S. 47 ff. *Conrad*, Rechtsgeschichte, S. 203 f., 232. *Pfeiffer*, Studien, S. 183 f., 192 ff. *Willoweit*, Rechtsgrundlagen, S. 309 ff. *Fleck*, Mediatisierung, S. 15 ff., 46 ff. *Sutter*, Kaisertreue, S. 272, 299.

50 *Kerner*, Staats-Landrecht, S. 65 ff., 151 f. *H. H. Hofmann*, Herrschaft, S. 100 ff. Protokoll über die Huldigung der Untertanen der freiherrlichen Herrschaft von und zu Bodmann, 13. Juli 1763, in: *Danner*, Reichsritterschaft (1969), Anhang, S. 96–97, hier: S. 96 f. Huldigungseid der Untertanen zu Duchtlingen, (1749), in: ebd., S. 97. *Stetten*, Rechtsstellung, S. 52.

51 *Moser*, Von denen Teutschen Reichs-Ständen, S. 1284 f. *Stetten*, Rechtsstellung, S. 61 f. *Pfeiffer*, Studien, S. 195.

52 *Kerner*, Staats-Landrecht, S. 264 ff. *Moser*, Von denen Teutschen Reichs-Ständen, S. 1285 f. *H. H. Hofmann*, Herrschaft, S. 43 f., 101. *Stetten*, Rechtsstellung, S. 2, 55 f.

53 *Kerner*, Staats-Landrecht, S. 61 ff. *Moser*, Von denen Teutschen Reichs-Ständen, S. 1280 f. *Conrad*, Rechtsgeschichte, S. 203. *Stetten*, Rechtsstellung, S. 51 ff. – Wenn im Rückblick des ausgehenden 18. Jahrhunderts manch ritterschaftsnaher Publizist (*Kerner*, Staats-Landrecht, S. 61 ff.) den Rittergenossen das Ius reformandi bereits vor dem Westfälischen Frieden zuschreiben wollte, hatte er damit nicht ganz unrecht: Tatsächlich wurde der Reichsritterschaft mit § 26 des Augsburger Religionsfriedens von 1555 das Recht der freien Bekenntniswahl gewährt. Ihr faktisch ausgeübtes Recht, auch den Glauben ihrer Untertanen zu bestimmen, blieb jedoch rechtlich umstritten. Daher konnte sich auch die moderne Forschung nicht darauf einigen, ob die Reichsritter bereits seit 1555 ein mehr oder weniger uneingeschränktes Ius reformandi besaßen oder doch nur die persönliche Religionsfreiheit (*Stetten*, Rechtsstellung, S. 25. *Ulrichs*, Lehnhof, S. 24. *Endres*, Markgraftümer, S. 231. *Ders.*, Ritterschaftlicher Adel, S. 256 f. *Ders.*, Adel (EDG), S. 12, 65 *Ders.*, Friedensziele, S. 566, 572 f. *Neuhaus*, Konfessionalisierung, S. 346. *Kießling*, Schwaben (2002), S. 383 f. *B. Fink*, Aufsteiger, S. 33. *Teuner*, Ritterschaft, S. 32. *Press*, Landesherrschaft, S. 101 f. *Neumaier*, Odenwald, S. 4. *Sutter*, Kaisertreue, S. 271. *Kießling*, Reichsritterschaft, S. 148).

54 *Kerner*, Staats-Landrecht, S. 235 ff. (Zitat ebd., S. 235). *Moser*, Von denen Teutschen Reichs-Ständen, S. 1284. *H. H. Hofmann*, Herrschaft, S. 51.

ihrer Herrschaft zu[55]. Auf den vielfach evangelischen Rittergütern in Franken und Schwaben sowie in den Kantonen Ober- und Mittelrhein konnte die reichsritterschaftliche Landesherrschaft unter bestimmten Bedingungen sogar die Stellung des Summus episcopus über ihre evangelischen Untertanen einnehmen[56]. Das vor allem im 17. Jahrhundert vom Corpus equestre aktiv ausgeübte Bündnisrecht war ein weiterer Bestandteil der reichsritterschaftlichen Landesherrschaft[57]. Es sollte angesichts der Bedrohung der reichsadligen Unmittelbarkeit durch Preußen in den Jahren 1792/93 bis 1798 erneut große Bedeutung gewinnen[58]. Ferner übten die einzelnen organisatorischen Gliederungen der reichsritterschaftlichen Korporation in gradueller Abstufung eine weitgehende Militärhoheit samt den damit verbundenen Befugnissen (Ius armorum, sequelae et quartirii) aus[59]. Rechtlich und historisch eng damit verbunden war das Recht der reichsritterschaftlichen Organisation, mittels der Kantone zur Bestreitung der korporativen Aufgaben und Verpflichtungen die sog. Schatzungs- oder Rittersteuer zu erheben (Ius collectandi)[60]. Diese wurde weitestgehend von den reichsritterschaftlichen Untertanen allein aufgebracht und bei säumiger Zahlung auf der Grundlage des reichsritterschaftlichen Ius executorii eingetrieben, wofür im Notfall auf kaiserliche Truppen zurückgegriffen werden konnte. Auf ihren Besitzungen übernahmen oft die einzelnen reichsritterschaftlichen Herrschaften die Einziehung der Rittersteuer (Ius subcollectandi) für die Rittertruhe des Kantons[61]. Zu dem »Drüberschlag«, den mancher Reichsritter dabei für sich einbehalten mochte, kamen weitere Einkünfte und Reichnisse sowie verschiedene Frohn- und Dienstleistungen, die den reichsadligen Herrschaften in ihrer Funktion als Landes-, Zehnt-, Grund-, Lehens-, Gerichts- oder Leibherren zustanden[62].

Da die Reichsritterschaft kein Kreis- und Reichsstand war, leistete sie weder

55 *Riedenauer*, Reichsadel, S. 190 f. *Ruch*, Verfassung, S. 32. *Endres*, Adel (EDG), S. 16 f. *Ders.*, Friedensziele, S. 566.

56 *Kerner*, Staats-Landrecht, S. 120 f., 288 ff. *Ders.*, Staats-Genossenschaftsrecht, S. 83. *T. Schulz*, Kanton, S. 55. *H. H. Hofmann*, Herrschaft, S. 103. *Stetten*, Rechtsstellung, S. 90 ff. *Andermann*, Ritterschaft, S. 96 ff.

57 *Kerner*, Staats-Genossenschaftsrecht, S. 294 f., 454 ff. *Moser*, Von denen Teutschen Reichs-Ständen, S. 1408 f. Vgl. auch die Definition des Ius foederis als Teil der Landeshoheit bei *Conrad*, Rechtsgeschichte, S. 232, 238.

58 Siehe Kapitel VI.2 u. VII.2.

59 *Kerner*, Staats-Genossenschaftsrecht, S. 293 ff. *Moser*, Von denen Teutschen Reichs-Ständen, S. 1288. – Zu den kaum ausgeübten Militärrechten des einzelnen Reichsritters siehe: *Kerner*, Staats-Landrecht, S. 187 ff.

60 *Kerner*, Staats-Genossenschaftsrecht, S. 292 f., 329 ff., 349 ff., 359 ff. *Ders.*, Staats-Landrecht, S. 225. *Moser*, Von denen Teutschen Reichs-Ständen, S. 1287, 1333 ff. *Stetten*, Rechtsstellung, S. 54, 70 ff. *Hellstern*, Ritterkanton, S. 143 f., 156.

61 *Kerner*, Staats-Genossenschaftsrecht, S. 285 ff., 350 ff. *T. Schulz*, Kanton, S. 224 f. *Stetten*, Rechtsstellung, S. 72.

62 *Kerner*, Staats-Landrecht, S. 154 ff. S. 202 ff. *Ders.*, Staats-Genossenschaftsrecht, S. 351 (Zitat ebd.). *T. Schulz*, Kanton, S. 55 f. *Mauchenheim*, Ritterschaft I, S. 54 ff. *Ruch*, Verfassung, S. 41 f. *Stetten*, Rechtsstellung, S. 77 f.

einen Beitrag zu den vom Reichstag bewilligten Matrikularbeiträgen in Form der Römermonate noch zu den Kreiskontingenten für das Reichsheer oder den Kammerzielern für den Unterhalt des Reichskammergerichts[63]. Dennoch trug das Corpus equestre nicht unerheblich zu den Lasten des Reichs – oder besser denen des Reichsoberhaupts bei. Mit Letzterem war die Reichsritterschaft nämlich in besonderem Maße verbunden. Schließlich kannte das sog. reichsritterschaftliche Staatsrecht angesichts der reichsunmittelbaren Stellung des Corpus equestre »keinen andern Oberherrn [...] als Gott und den Kaiser«. Letzterem, als dem »unmittelbare[n] und alleinige[n] Oberherr[n] der Reichsritterschaft«, musste jeder Rittergenosse eidlich die Treue geloben[64]. Doch nicht nur durch solche aus dem Charakter des Alten Reichs als eines auf dem mittelalterlichen Lehenswesen errichteten Personen- und Herrschaftsverbandes fließende Verpflichtungen war die Reichsritterschaft an den habsburgischen Kaiser in Wien gebunden. Hinzu kamen die im Reichs- und Territorialstaatsrecht nicht vorgesehenen informellen Bindekräfte, deren Wirkungen für die politische Realität des Reichsverbandes kaum zu unterschätzen sind[65]. Zwar konnte das Consortium equestre nicht als Mehrheitsbeschaffer auf den Reichs- und Kreistagen dienen, und im Zeitalter stehender Heere war auch das Interesse Wiens an »den Leibern und dem Blut der Reichsritter« in der Schlacht nur sehr begrenzt[66]. Aber dessen ungeachtet gehörte die Reichsritterschaft wie die geistlichen Fürstentümer, die Reichsstädte und die meisten »mindermächtigen« Reichsglieder zur kaiserlichen Klientel. Schließlich verhinderte die »bloße reichsunmittelbare Existenz« des Corpus equestre die Arrondierung der benachbarten Fürstentümer sowie die Entwicklung des Reichsverbandes in seiner 1648 gefundenen Form hin zu einem reinen Staatenbund. Zudem konnte Wien über das Corpus equestre selbst dort politischen Einfluss geltend machen, wo das Haus Österreich nicht selbst in ausreichendem Maße territorial verwurzelt war: Indem die Reichsritterschaft zahlreiche Domkapitel und Bischofsstühle weitgehend monopolisierte, konnten ihre Mitglieder aus stiftsfähigen Geschlechtern die Kreis- und Reichspolitik nicht unerheblich mitgestalten. Das Consortium equestre war damit für die Hofburg eines derjenigen Instrumente, mit welchen sie die machtpolitische Balance im Reich und seiner Verfassung aufrechterhalten konnte[67]. Hinzu kam ein finanzieller Vorteil, der dem Kaisertum durch seine

63 *Kerner*, Staats-Reichs-Recht, S. 21 ff., 96 ff., 107 ff., 116 ff. *Ders.*, Staats-Landrecht, S. 189. *T. Schulz*, Kanton, S. 143 ff. *Sutter*, Kaisertreue, S. 275 f.

64 *Kerner*, Staats-Genossenschaftsrecht, S. 166 ff. (Zitat ebd., S. 103 f.). *Ders.*, Staats-Reichs-Recht, S. 132 f. *Moser*, Von denen Teutschen Reichs-Ständen, S. 1329 f. Neue Vertheidigung I, S. 6 (Zitat ebd.).

65 *Stollberg-Rilinger*, Reich als Lehnssystem, S. 55 ff. *Schilling*, Mythos, S. 706. *Neuhaus*, Reich (EDG), S. 15, 77 f.

66 *Kerner*, Staats-Genossenschaftsrecht, S. 119 (Zitat ebd.). *T. Schulz*, Kanton, S. 53, 73, 161. *Stetten*, Rechtsstellung, S. 24, 103.

67 *Hellstern*, Ritterkanton, S. 64 f. (Zitat ebd., S. 64). *Stetten*, Rechtsstellung, S. 103 f. *Dipper*,

reichsritterschaftliche Klientel zuwuchs und dessen Bedeutung kaum zu unterschätzen ist: Die Ritterkreise entrichteten nämlich das sog. Subsidium charitativum bzw. charitatis, das in der Publizistik des ausgehenden 18. Jahrhunderts als »Liebessteuer« oder »Liebessubsidien« übersetzt wurde. Formal handelte es sich nämlich dabei um eine auf »Verehrung und Liebe für seinen Kaiser« gegründete freiwillige Abgabe und keine Pflicht des Corpus equestre. Faktisch konnte sich die Reichsritterschaft jedoch den Wünschen Wiens nach Charitativsubsidien kaum entziehen, die dem Kaiser insgesamt wesentlich bereitwilliger als die Römermonate des Reichstags gewährt wurden. Zudem flossen die überwiegend, aber nicht mehr ausschließlich in Kriegszeiten bewilligten Subsidia charitativa unmittelbar und zur freien Disposition in die kaiserliche Kasse[68]. Wie gewaltig die Summen waren, um die es dabei ging, wird noch zu zeigen sein[69]. Zusammen mit dem kaiserlichen Recht der Werbung auf reichsritterschaftlichem Gebiet – zu dem in Notsituationen eigene, vom Corpus equestre aufgestellte Truppen kamen – trugen die Charitativsubsidien wesentlich dazu bei, dass Wien an der fortwährenden politischen Existenz der Reichsritterschaft interessiert blieb[70]. Das habsbur-

Reichsritterschaft, S. 56 f. *Sutter*, Kaisertreue, S. 284 ff., 291. *T. Schulz*, Kanton, S. 17 f., 68, 79. *Haug-Moritz*, Organisation, S. 15 ff. *Pfeiffer*, Studien, S. 176. – Speziell zur reichsritterschaftlich dominierten Adelskirche des deutschen Südwestens siehe Kapitel VI.2.

68 *Kerner*, Staats-Reichs-Recht, S. 115 f., 151 ff. *Moser*, Von denen Teutschen Reichs-Ständen, S. 1353 ff. Neue Vertheidigung I, S. 52 f. (Zitate ebd., S. 52 f. u. 68). Ebd. II, S. 115. *Stetten*, Rechtsstellung, S. 24, 68 f. *Press*, Reichsritterschaft im Reich, S. 219 f. *Sutter*, Kaisertreue, S. 276 ff. – Unzutreffend ist die Behauptung von *Heinrich Müller* (Kampf, S. 21, aber anders auf S. 48), der die Charitative als »am Ende des Reiches überhaupt aus der Uebung gekommen« bezeichnet. Dagegen hatte schon *Johann Jacob Moser* (Von denen Teutschen Reichs-Ständen, S. 1350) die Charitativsubsidien als »die stärckeste Revenue, welche der Kayser von dem ganzen Teutschen Reich ziehet« hervorgehoben. Auch *Johann Georg Kerner* (Staats-Reichs-Recht, S. 161) teilte diese Einschätzung. Allerdings erschwerten – trotz zeitweiser Bemühungen um eine Katastrierung der dem Corpus equestre inkorporierten Besitzungen – die Mängel der Personal- und inbesondere der Realmatrikeln eine vollständige Erfassung und eine realistische Einschätzung der immediaten Rittergüter für die Besteuerung. Dagegen sollten reichsritterschaftliche Versuche, die vom Kaiser geforderten Charitativsubsidien herunterzuhandeln oder gänzlich zu verweigern, in ihrer über den situativen Anlass hinausreichenden Bedeutung nicht überbewertet werden (Promemoria des Kocherschen Konsulenten Weinland an den Ortsvorstand von Kocher, Esslingen, 18. Mai 1797, StA Ludwigsburg, B 575 IV, Bü 351. *Kerner*, Staats-Genossenschaftsrecht, S. 224 ff. *Ders.*, Staats-Reichs-Recht, S. 160. *T. Schulz*, Kanton, S. 70 ff. *Stetten*, Rechtsstellung, S. 68 f. *Hellstern*, Ritterkanton, S. 64. *Weiss*, Reichsritterschaft, S. 306. *Mauchenheim*, Ritterschaft I, S. 402 ff., 389 ff., 438. *Pfeiffer*, Studien, S. 270. Vgl. auch *Press*, Reichsritterschaft im Reich, S. 220 ff.). – Zu den Charitativsubsidien kamen die Donative, die die Reichsritterschaft vor allem anlässlich der Wahl eines neuen Kaisers, unter Umständen aber auch bei besonderen Familienereignissen im Kaiserhaus nach Wien entrichtete (*Kerner*, Staats-Reichs-Recht, S. 159 f. *Haas*, Skizze über die dermalige Lage des deutschen Reichs, S. 136. *Walter*, Zusammenbruch, S. 11. *Mauchenheim*, Ritterschaft I, S. 442, 452).

69 Siehe Kapitel III.2.1.

70 *Kerner*, Staats-Genossenschaftsrecht, S. 293 ff., 360 ff. *Ders.*, Staats-Reichs-Recht, S. 3, 30, 131 ff., 161 f. *Moser*, Von denen Teutschen Reichs-Ständen, S. 1358. *Mauchenheim*, Ritterschaft I, S. 437 ff. *Pfeiffer*, Studien, S. 192. *Sutter*, Kaisertreue, S. 277 ff.

gische Kaisertum war damit der einzige bedeutende Machtfaktor im Reichsverband, der nicht nur fähig, sondern auch willens war, die Reichsritterschaft ungeachtet aller vorübergehenden Spannungen über zweieinhalb Jahrhunderte zu schützen und ihre Reichsunmittelbarkeit zu verteidigen. Dazu nutzte das Reichsoberhaupt seinen Einfluss auf die höchsten Reichsgerichte sowie bei den Verhandlungen über Wahlkapitulationen und Friedensschlüsse ebenso wie die Möglichkeit, durch die Erteilung und Konfirmation von Ritterordnungen und vor allem zahlreicher kaiserlicher Privilegien die Rechtsstellung des Corpus equestre abzusichern[71]. Der ehemalige reichsritterschaftliche Konsulent Johann Georg Kerner brachte die Interessensgemeinschaft zwischen der Reichsritterschaft und ihrem kaiserlichen Oberhaupt treffend auf den Punkt[72]: Er hob hervor, dass »den Charitativsubsidien die Ritterschaft die Aufrechterhaltung ihrer Verfassung gröstentheils zu danken hat, selbige gleichsam das Band sind, durch welches sie an dem Kaiser festgehalten wird, und sich desselben allerhöchsten vorzüglichen Schutzes versichert«[73]. Dieses Klientelverhältnis der Reichsritterschaft gegenüber Wien ist stets im Blick zu behalten, um zu verstehen, warum der Kaiserhof über viele Jahre hinweg versuchte, die Unmittelbarkeit der Ansbach-Bayreuth benachbarten Reichsritter gegen die preußischen Mediatisierungsbestrebungen zu verteidigen[74]. Nicht minder bedeutend als derartige politische Abhängigkeiten und Interessenlagen erwies sich in den zwischen Berlin und dem Corpus equestre geführten Auseinandersetzungen der Jahre 1792/93 bis 1798 die spezifische rechtliche Verfasstheit des sog. Territorium inclausum. Daher ist dieses reichs- und territorialstaatsrechtliche Phänomen als Nächstes in den Blick zu nehmen.

3. Die reichsrechtliche Verfasstheit des Territorium inclausum

Im Juni 1797 berichtete einer der wichtigsten Protagonisten der preußischen Mediatisierungspolitik gegenüber Reichsritterschaft nach Berlin: »Die Grenzstreitigkeiten würden von keiner sonderlichen Bedeutung seyn und

71 *Kerner*, Staats-Reichs-Recht, fortl., inbes. S. 62 ff., 75 ff. *Moser*, Von denen Teutschen Reichs-Ständen, S. 1269 f., 1358 ff., 1380 ff. *T. Schulz*, Kanton, S. 68 f., 76 ff., 97. *Haug-Moritz*, Organisation, S. 13 ff. *Mauchenheim*, Ritterschaft I, S. 437, 443 f. *Pfeiffer*, Studien, S. 228 ff., 278 f. *Sutter*, Kaisertreue, S. 267 ff., 278 ff., 294 f.

72 Zur Vergangenheit Kerners als ehemaliger reichsritterschaftlicher Konsulent siehe: *H. H. Hofmann*, Herrschaft, S. 99.

73 *Kerner*, Staats-Genossenschaftsrecht, S. 360. – An anderer Stelle konstatierte *Kerner* (Staats-Reichs-Recht, S. 133): »Die Charitativ-Subsidien, welche die Reichs-Ritterschaft an den Kaiser bezahlt, sind gleichsam die Säule, auf welcher die ganze ritterschaftliche Verfassung ruhet. Durch dieselbe [!] versichert sich die Ritterschaft, deren Verfassung sonsten so gar wenig zu der Verfassung des Teutschen Reichs paßt, des allerhöchsten kaiserlichen Schuzes«.

74 Siehe Kapitel VI.2 u. VII.2.

leicht beizulegen stehen, wenn nicht durch das vom Kaiserlichen Hofe begünstigte ritterschaftliche System, dem auch die geistlichen Staaten, ganz gegen ihr wahres Interesse, eigensinnig anhängen, [...] eine ganz eigene Theorie wäre geschaffen worden, nach welcher gar keine eigentlichen Landesgrenzen existieren, sondern ein jeder Reichsunmittelbarer auf seinen in bunter Vermischung durcheinander liegenden Grundbesitzungen die volle Landesherrlichkeit auszuüben befugt seyn soll. Diesem System zu Folge, bey dem einzelne Rechte, als z.B. Wildbann, Zoll, Fraisch- oder Criminal-Gerichtsbarkeit nur für staatsrechtliche Servituten gelten, die wesentlichen Zweige der Landeshoheit aber vielen zerstreuten Gutsherren gehörten, deren oft mehrere in einem Dorfe sich finden, wurden auch die fränkischen Fürstenthümer [des Hauses Brandenburg] behandelt«[75]. Gut hundert Jahre früher hatte der Fürstbischof von Bamberg dem Markgrafen von Brandenburg-Kulmbach-Bayreuth beschieden: »Hier zu Land (i.e. in Franken) sind keine geschlossene Territoria; die Landsässery ist auch, wie in Sachsen, Bayern und andern Orten, ganz unbekannt, und nimmermehr practicable oder zu behaupten, daß der freyen Reichs-Ständ und Ritterschaften Leut und Unterthanen, die in eines andern District begriffen, eben dahin vogtbar und Landsässig consequenter mit dergleichen oneribus anzusehen seyn sollten«[76].

Diese Zitate veranschaulichen, dass weder die Motive hinter den Mediatisierungen Berlins noch der Ablauf der Unterwerfung der Ansbach-Bayreuth benachbarten Reichsritter adäquat zu verstehen sind, ohne sich mit der Territorialverfassung derjenigen Regionen des Alten Reichs vertraut zu machen, in welchen die reichsritterschaftlichen Kantone lagen[77]. Nicht umsonst wurden diese Gegenden im ausgehenden 18. Jahrhundert als »das Reich oder die

75 Rechenschaftsbericht Hardenbergs (wie Kap. I, Anm. 80), in: *C. Meyer*, Politik, S. 35–210, hier: S. 42. – Hardenbergs Rechenschaftsbericht vom 10. Juni 1797 wurde erstmals vollständig ediert bei: *C. Meyer*, Hardenberg, S. 25–151.

76 Aktenmäßige Nachricht von dem neuerlichen thätlichen Verfahren der Königlich Preußischen Regierungen ... gegen die Reichsstadt Nürnberg, BayHStA, K. schw., Nr. 14477, fol. 144–191, hier: S. 43. bzw. fol. 167. *Burgermeister*, Cod. dipl. equestr., Part III, S. 705 seq., zit. nach: Aktenmäßige Nachricht von dem neuerlichen thätlichen Verfahren der Königlich Preußischen Regierungen ... gegen die Reichsstadt Nürnberg, ebd., fol. 144–191, hier: S. 43 f. bzw. fol. 167 (Zitat ebd.).

77 Zu den folgenden Ausführungen über das Reichs- und Territorialstaatsrecht bzw. die reichsrechtliche Beschaffenheit des Territorium non clausum siehe auch: *Burgdorf*, Weltbild (2009), S. 13 f., 20 ff.; *Stollberg-Rilinger*, Das Heilige Römische Reich, S. 116 f.; *Gläser*, Mediatisierung, S. 28 ff.; *Willoweit*, Reich, S. 81 ff.; *Härter*, Recht, S. 87 ff.; *Schaupp*, Landstände, S. 6 f.; *Endres*, Reformmodell, S. 33 f.; *Ders.*, Zum neuen Staat, S. 53; *Ders.*, Staat und Gesellschaft, S. 702 ff.; *Ders.*, Adel (EDG), S. 122 ff.; *Sutter*, Kaisertreue, S. 298 f.; *Schuh*, Herrschaftsgemenge, S. 137 ff.; *Hofmeister-Hunger*, Pressepolitik, S. 32 ff.; *G. Zimmermann*, Staatlichkeit, S. 11 ff.; *Ders.*, Grundlagen, S. 29 ff.; *H. H. Hofmann*, preußische Ära (1967), S. 246 ff.; *Ders.*, preußische Ära (1960/61), S. 226 ff.; *Ders.*, Freibauern, S. 195 f., 218 f., 257, 293; *Ders.*, Mittel- und Oberfranken, S. 1 ff.; *Ders.*, Neustadt-Windsheim, S. 21 ff., 30 ff.; *Pfeiffer*, Studien, S. 178 ff.; *Guttenberg/H. H. Hofmann*, Stadtsteinach, S. 33 ff.; *Stockmayer*, Fehde, S. 10 ff.; *Herding*, Oberämter, S. 106 ff.; *Ders.*, Landesbeschreibung, S. 27 ff.; *Brandt*, Staat, S. 418, 428 f.

Reichslande«, ihre Bewohner in Wien als »Reicher« bezeichnet[78]. Hier, in Franken, Schwaben sowie den Gebieten am Ober- und Mittelrhein (Wetterau und Rheinland), unterschieden sich die lehensrechtlichen sowie die reichs- und territorialstaatsrechtlichen Verhältnisse nämlich diametral von der Verfasstheit der anderen nordalpinen Reichsteile: Während sich in den meisten Regionen des Reichsverbands seit dem späten Mittelalter und im Verlauf der Frühen Neuzeit fürstliche Flächenstaaten ausbildeten, in denen die obrigkeitlichen Rechte weitgehend in einer Hand monopolisiert wurden, waren die Rechtsverhältnisse in Schwaben, Franken sowie den Gebieten an Ober- und Mittelrhein durch einen im späten 15. bzw. der ersten Hälfte des 16. Jahrhunderts »steckengebliebenen« Territorialisierungsprozess gekennzeichnet. Hier gelang es bis ins ausgehende 18. Jahrhundert keinem der größeren weltlichen und geistlichen Reichsstände, unter Ausnutzung der ihm über fremdes Gebiet zustehenden obrigkeitlichen Rechte die benachbarten, Reichsunmittelbarkeit beanspruchenden Herrschaftsträger seiner Territorialgewalt bzw. Landeshoheit oder -herrlichkeit zu unterwerfen[79]. Entsprechend sprach die jüngere Forschung bei der Beschreibung der staatsrechtlichen Verhältnisse des deutschen Südwestens von »mittelalterliche[n] Zustände[n]« und postulierte im Rückgriff auf Mediävisten wie Otto Brunner das Fortleben »des mittelalterlichen Personenverbandsstaates«[80].

Den derartig charakterisierten, komplexen Herrschaftsverhältnissen trugen das Reichskammergericht sowie die gelehrte Jurisprudenz bzw. die Reichspublizistik durch die Ausbildung des sog. Reichs- und Territorialstaatsrechts Rechnung, das die beiden obersten Reichsgerichte ihren Entscheidungen vielfach zu Grunde legten[81]. Zwar wurde vieles davon in der zweiten Hälfte des 18. Jahrhunderts durch stärker aufklärerisch-naturrechtlich bzw. positivistisch argumentierende Generationen von Rechtsgelehrten in Zweifel gezogen und abgelehnt[82]. Aber trotzdem dominierten in den publizistischen und reichsrechtlichen Auseinandersetzungen um die Mediatisierung der Reichsritterschaft durch Preußen noch immer die im Folgenden zu

78 [*Rebmann*], Der wahre Gesichtspunkt, S. 21 (Zitat ebd.). Die Memoiren des Karl Heinrich von Lang. Faksimile I, S. 124 (Zitat ebd.). *Haussherr* (Hg.), Memoiren, S. 69. *H. H. Hofmann*, Herrschaft, S. 138. *Hartung*, Hardenberg, S. 12. – Ein Teil der Forschung nutzt die einzige wissenschaftliche Edition von Langs Memoiren durch Hans Haussherr. Andere Historiker geben angesichts der Lücken und weiterer problematischer Aspekte dieser Edition dem Faksimile der Ausgabe von 1842 den Vorzug. Daher werden in der vorliegenden Arbeit die Fundstellen stets für beide Publikationen angegeben.

79 *Willoweit*, Rechtsgrundlagen, S. 78, 288. *H. H. Hofmann*, Herrschaft, S. 6 ff., 64 ff. (Zitat ebd., S. 68 f.). *Hartung*, Hardenberg, S. 4.

80 *Haller*, Hardenberg, S. 33 f. (Zitat ebd.). *Thielen*, Hardenberg, S. 59 f. (Zitat ebd., S. 60). *Hofmeister-Hunger*, Revindikationen, S. 253. *Schuhmann*, Markgrafen (1980), S. 321, 586. *H. H. Hofmann*, Herrschaft, S. 3 ff., 47, 86, 94.

81 *Willoweit*, Rechtsgrundlagen, S. 7 ff., 121 ff. *H. H. Hofmann*, Herrschaft, S. 80 Anm. 165, 103 f.

82 *Willoweit*, Rechtsgrundlagen, S. 294, 348 ff.

skizzierenden, älteren reichs- und territorialstaatsrechtlichen Anschauungen[83].

In Letzteren wurde die reichsrechtliche Einteilung des Reichsgebiets seit dem 17. Jahrhundert durch die Lehre von geschlossenen und ungeschlossenen Territorien differenziert: Die weitgehend zu Flächenstaaten entwickelten großen Fürstentümer, wie zum Beispiel Sachsen, Bayern, Österreich, Braunschweig oder Brandenburg, galten als sog. Territoria clausa. In diesen geschlossenen Territorien waren immediate Ritter überhaupt nicht bzw. in einer zu vernachlässigenden Anzahl inklaviert. Entsprechend hatte für viele Reichspublizisten hier sinngemäß der Grundsatz zu gelten »quidquid est in territorio, praesumitur esse de territorio«. Eine Exemtion von der fürstlichen Landeshoheit aufgrund einzelner in dessen Gebiet ausgeübter obrigkeitlicher Gerechtsame musste folglich im Territorium clausum stets nachgewiesen werden. Eine genau umgekehrte Beweislast galt für Franken einschließlich der angrenzenden Randgebiete Südthüringens sowie für Schwaben, das Rheinland und die Wetterau, welche als Territorium non clausum, inclausum oder mixtum bezeichnet wurden. Angesichts der real vorhandenen territorialen Zersplitterung dieser Räume war hier von der Vermutung der Reichsunmittelbarkeit der einzelnen Herrschaften auszugehen im Sinne des Grundsatzes »in – Sed non de Territorio«. Folglich hatte der Fürst, der aufgrund einzelner obrigkeitlicher Rechte die Landeshoheit über die immediaten Besitzungen seiner Nachbarn beanspruchte, die Rechtsgültigkeit seiner Prätention stets nachzuweisen[84].

Doch was waren die »herrschaftsbegründenden Rechte« im Territorium inclausum? Bei der Beantwortung dieser Frage spielten in der Alltagspraxis die realen Machtverhältnisse zwangsläufig eine Rolle, ohne jedoch eine Rückkoppelung landesherrlicher Ansprüche an konkrete Rechtstitel obsolet zu machen[85]. Zahlreiche Rechtsgelehrte des 16. Jahrhunderts hatten in Anlehnung an hoch- und spätmittelalterliche Rechtsvorstellungen noch die Hoch- bzw. Blutgerichtsbarkeit als herausragendes Kennzeichen der Territorialgewalt über ein reichsunmittelbares Herrschaftsgebiet angesehen. Diese schon damals umstrittene Annahme widersprach jedoch den realen territorialpolitischen Verhältnissen des Territorium non clausum: Es sei daran erinnert, dass außerhalb des schwäbischen Ritterkreises die Ausübung der Blutsgerichtsbarkeit durch die Rittergenossen keineswegs als Normalfall angesehen werden konnte. Außerdem war in Franken die Jurisdiktionsgewalt des Hochgerichts, die sog. Cent oder Fraisch, nicht mit weiterreichenden Kompetenzen verbunden. Stattdessen galt – wenn die durch das lokale Herkommen

83 Siehe Kapitel VIII.2.2 u. inbes. VIII.3.2.

84 *Kerner*, Staats-Reichs-Recht, S. 31 ff. *Willoweit*, Rechtsgrundlagen, S. 280 ff., 336 (Zitat ebd., S. 288 f.). *H. H. Hofmann*, Herrschaft, S. 6 ff., 54 f., 75 ff. *Hartung*, Hardenberg, S. 4 f. Abschrift des Schreibens des Fürstbischofs von Bamberg an den Markgrafen von Brandenburg-Kulmbach, Würzburg, 29. April 1611, StA Marburg, 109, Nr. 311, Bd. 1, Dok. 77 (Zitat ebd.).

85 *H. H. Hofmann*, Herrschaft, S. 80. *Fried*, Landeshoheits- und Grenzverhältnisse, S. 68.

gegebenen Differenzierungen einmal außer Acht bleiben – die hochgerichtliche Kompetenz im fränkischen Reichs- und Ritterkreis auf diejenigen Vergehen beschränkt, die in der Halsgerichtsordnung Karls V. von 1532, der Constitutio Criminalis Carolina, mit der Todesstrafe bedroht wurden. Unter diesen Verbrechen spielten im reichsrechtlichen und politischen Diskurs wiederum die sog. Vier Hohen Rügen eine herausgehobene Rolle. Sie umfassten Mord, Raub, Brandstiftung und Notzucht. Alle über die Ahndung dieser wenigen Kapitalverbrechen hinausgehenden Herrschaftsrechte des reichsständischen Centherren über die in seinem Hochgerichtsbezirk liegenden immediaten Rittergüter hatten kaiserliche Privilegien des 17. Jahrhunderts ausdrücklich untersagt. Wie die Ableitung der Landesherrschaft aus der Cent wurde auch das zweite in der Reichspublizistik des 16. Jahrhunderts zur Begründung einer reichsunmittelbaren Territorialgewalt entwickelte Lehrgebäude, das lehensrechtliche Modell der sog. Regalientheorie, den realen Verhältnissen der später als Territoria inclausa bezeichneten Regionen im Allgemeinen und der Reichsritterschaft im Besonderen kaum gerecht[86].

Die unübersehbare Kluft zwischen einem die historischen Entwicklungen nachträglich sanktionierenden und erklärenden Reichsrecht einerseits und den realen Gegebenheiten des Territorium inclausum andererseits versuchte der reichsrechtliche Diskurs des 17. und 18. Jahrhunderts zu schließen. Das Ergebnis war jedoch alles andere als die »Ausbildung eines monolithischen, widerspruchsfreien Systems«. Allein schon die dem historischen Charakter des Reichsrechts immanente und von Johann Jacob Moser (1701 – 1785), dem schreibgewaltigen »Vater der [Reichs-]Publizisten«, nochmals herausgehobene Bewertung des lokalen Herkommens als eigenem Rechtstitel bei der Bestimmung von Landeshoheit und Landsassiat musste dem entgegenstehen. Die logische Konsequenz wäre, für jedes immediate Rittergut ein eigenes Territorialstaatsrecht zu rekonstruieren. Dennoch lässt sich konstatieren, dass im reichsrechtlichen Diskurs neben dem Herkommen (Observanz), und damit dem ruhigen oder auch nur längerfristig behaupteten Besitz, die möglichst umfassende Akkumulation bestimmter Freiheiten und obrigkeit-

86 *Kerner*, Staats-Landrecht, S. 262 f. *Moser*, Von denen Teutschen Reichs-Ständen, S. 1287. *Willoweit*, Rechtsgrundlagen, S. 18 ff., 78 f., 199 ff., 349 (Zitat ebd., S. 185 f.). Hauptbericht Hardenbergs (wie Kap. I, Anm. 80), GStA PK Berlin, II. HA, Abt. 36, I, Nr. 5, fol. 1 – 16 u. fol. 23 – 24, hier: fol. 5. *H. H. Hofmann*, Herrschaft, S. 48 f., 57. *Stetten*, Rechtsstellung, S. 56 ff. *Schuhmann*, Markgrafen (1980), S. 325. – Die politischen »Reichs-Händel« von Goldast, die den reichsritterschaftlichen Rechtsvorstellungen des (fränkischen) Territorium non clausum weitestgehend entsprachen, differenzierten für die Hoch- bzw. Erzstifter Würzburg und Mainz noch zwischen der hohen Fraisch bzw. Halsgerichtsbarkeit einerseits und der mit dem Anspruch auf umfangreichere Kompetenzen verbundenen hohen Cent andererseits (Schreiben des Ortsvorstandes Rhön-Werra an den Ortsvorstand Gebürg, o.O., 19. Mai 1792, StA Marburg, 109, Nr. 311, Bd. 1, Dok. 39). Diese Unterscheidung wurde in die vorliegende Arbeit nicht mit einbezogen, da sie keinerlei fassbare Konsequenzen für den Verlauf der Mediatisierung der Ansbach-Bayreuth benachbarten Reichsritterschaft sowie der dabei ventilierten rechtlichen Argumentationen hatte und auch der modernen Forschung praktisch unbekannt ist.

licher Rechte in einer Hand als Beweis einer eigenständigen Landeshoheit bzw. -herrlichkeit im Territorium inclausum gelten konnten. Unter diesen Gerechtsamen und Rechtstiteln, die in der Reichspublizistik und reichsgerichtlichen Rechtsprechung des 17. und 18. Jahrhunderts keineswegs durchgehend, aber doch vielfach als Zeichen für eine selbstständige landesherrliche Gewalt angesehen wurden, kam der nachgewiesenen Reichsunmittelbarkeit sowie den grundherrlichen Rechten eine besondere Bedeutung zu. Aus Letzteren leitete sich wiederum das Besteuerungsrecht ab, welches bereits der älteren Reichspublizistik als »signum superioritatis« galt. Noch wichtiger war – zumindest in Franken – die sog. Vogteilichkeit, d. h. die vollständige, also auch freiwillige Zivil- sowie die niedere und mittlere Strafgerichtsbarkeit. Unter diesen jurisdiktionellen Befugnissen waren die am Übergang zur Cent angelagerten Befugnisse der (mittleren) Frevelgerichtsbarkeit als sog. höhere oder Obervogtei für die Geltendmachung landesherrlicher Ansprüche das eigentlich konstitutive Element. Daneben kam einem Ausfluss der Vogteilichkeit und Grundherrschaft, nämlich dem für die Gesetzgebung und Landesverwaltung existentiellen Gebot und Verbot, eine nicht zu vernachlässigende Bedeutung zu. Ebenfalls zu erwähnen sind die Militärrechte sowie die mit der Landesherrlichkeit bzw. -hoheit untrennbar verbundene Landes- oder Erbhuldigung der Untertanen. Allerdings spielte der Besitz dieser letztgenannten Befugnisse bei der Behauptung einer selbstständigen Territorialgewalt eine weniger zentrale Rolle, konnte aber gerade in der Kumulation landesherrliche Ansprüche unterstützen. Dies galt auch für andere Gerechtsame wie zum Beispiel die Geleit-, Münz-, Forst- und Zollrechte. Dagegen hatte die Ausübung von Schutz und Schirm – abgesehen von der Variante der Kirchenvogtei – in der reichsrechtlichen Theorie und Praxis des Territorium non clausum keine nennenswerte Bedeutung für die Entscheidung zwischen Landsassiat und Landeshoheit bzw. -herrlichkeit. Die Hochgerichtsbarkeit hatte, wie bereits angedeutet, seit dem 17. Jahrhundert viel von ihrer ursprünglichen Bedeutung eingebüßt. Jedoch galt sie einem Teil der Reichspublizisten weiterhin als der Vogteilichkeit übergeordneter Rechtstitel, wenn sie mit weiteren Rechten in einer Hand vereint war[87].

Einen gerade für die Reichsritterschaft wichtigen Sonderfall bildeten die

87 »Actenmässige kurze Darstellung derjenigen reichsgesezwidrigen Gewaltthätigkeiten, welche die unmittelbare Reichsritterschaft in Franken seit der Abtretung der beiden fränkischen Fürstenthümer Bayreuth und Ansbach an S.[ein]e könig.[liche] Majestät von Preussen hat erfahren müssen«, [ca. Februar 1796], StA Marburg, 109, Nr. 311, Bd. 5, zu Dok. 333. Reskript Hardenbergs an verschiedene preußische Gesandschaften und Vertreter, Ansbach, 1. Juli 1796, GStA PK Berlin, II. HA, Abt. 36, I, Nr. 6, fol. 88–92, hier: fol. 88 f. Schreiben des Ortsvorstandes Kocher an Hardenberg wegen des Ritterguts Rech(en)berg, Esslingen, 8. April/31. Juli 1797, StA Ludwigsburg, B 575 IV, Bü 351. *Häberlin*, Handbuch I, S. 20 ff. (Zitat ebd., S. 20). *Willoweit*, Rechtsgrundlagen, S. 8 f., 78 ff., 174–246: fortl., 272 ff., 349 ff. (Zitate ebd., S. 93 u. S. 350). Immer noch empfehlenswert, wenn auch in Teilen zu schematisch: *H. H. Hofmann*, Herrschaft, S. 7 ff., 48 ff., 77 ff. u. *Hartung*, Hardenberg, S. 4 ff.

lehensrechtlichen Beziehungen. Schließlich bestand die Mehrzahl der reichsritterschaftlichen Güter aus fürstlichen Lehen[88]. Zwar vertrat die Mehrheit der Reichspublizisten im 17. und 18. Jahrhundert für das Territorium inclausum weiterhin die ältere reichsrechtliche Lehrmeinung, wonach aus der Vassalität keine Untertänigkeit im Sinne des Landsassiats folgen könne, da der Lehensträger allein »in causis vere feodalis« der Gerichtsbarkeit des Lehenshofes unterworfen sei. Für sie galt also der Rechtsgrundsatz »Lehnmann kein Unterthan«. Aber für das geschlossene Territorium hatte sich seit dem Westfälischen Frieden eine entgegengesetzte Anschauung herausgebildet und in der Reichspublizistik mehrheitlich durchgesetzt: Im geschlossenen Territorium galt der Vasall mit seinen lehenbaren Gütern als landsässig, wenn er seinen Wohnsitz im Gebiet seines Lehensherrn genommen hatte oder dort sein Lehen, als sog. Feudum in curtem, lag. Entsprechend angreifbar war die Reichsunmittelbarkeit derjenigen reichsritterschaftlichen und -ständischen Lehensträger, welche im Grenzbereich zwischen den Territoria clausa und inclausa lagen. Gleiches galt auch für manches dem Corpus equestre immatrikulierte Rittergut im Norden Frankens: Die territorialstaatsrechtlichen Folgerungen, die dem stark auf älteren Rechtsvorstellungen aufbauenden, wenn auch nicht ganz singulären sächsischen Lehensrecht beigelegt wurden, gingen noch einen Schritt weiter als die Feudistik in anderen Territoria clausa. Sie sprachen den sächsischen Kurfürsten und Herzögen auch über ihre außerhalb des geschlossenen Territoriums wohnenden Vasallen und die jenseits ihrer Landesgrenzen gelegenen Lehen (Feuda extra curtem) die volle Landeshoheit zu[89].

Schließlich bleibt noch die Frage zu klären, wie im Territorium inclausum diejenigen obrigkeitlichen Gerechtsame reichsrechtlich bewertet wurden, die ein Reichsglied über fremde reichsunmittelbare Besitzungen und Untertanen ausübte, ohne dadurch eine eigene Landeshoheit bzw. -herrlichkeit begründen zu können: Solche obrigkeitlichen Befugnisse galten in der reichsrechtlichen Publizistik nur als staatsrechtliche Dienstbarkeiten, sog. Servituten (Servitutes iuris publici), aus welchen kein Landeshoheitsanspruch abgeleitet werden konnte: Diese Iura in territorio alieno, wie sie die ältere Reichspublizistik bezeichnet hatte, galten damit nicht als über-, sondern nur als neben- oder nachgeordnete »gradus imperii«, als nicht mehr »Wie der Nebel auf eines andern Herrn Wald oder Weiher«[90].

88 *Kerner*, Staats-Reichs-Recht, S. 245. *Willoweit*, Rechtsgrundlagen, S. 321 ff.

89 Abschrift des Schreibens der Gebrüder Freiherr von Crailsheim an das Oberamt Hoheneck, Rügland, 10. Oktober 1795, StA Marburg, 109, Nr. 311, Bd. 3, Dok. 266 (Zitat ebd.). *Häberlin*, Handbuch I, S. 210, 216 f. (Zitat ebd., S. 217). *Kerner*, Staats-Reichs-Recht, S. 249 f., 270. Klageschrift von Rhön-Werra gegen Preußen zu den Beilagen 1 bis 37 zum Reichshofratsprozess, StA Marburg, 109, Nr. 322. *Willoweit*, Rechtsgrundlagen, S. 100 ff., S. 249 ff.

90 *Willoweit*, Rechtsgrundlagen, S. 278 ff., 361. *H. H. Hofmann*, Herrschaft, S. 50 f., 56, 78. Privilegienbestätigung Kaiser Karls V. für Nürnberg von 1547, StA Nürnberg 152 b n. 113 ff., zit. nach: *H. H. Hofmann*, ebd., S. 50 f. *Goldasts* politische Reichs-Händel, S. 991, zit. nach:

Trotz dieser durch Theorie und Praxis des Ius publicum vorgenommenen Herabstufung fremder obrigkeitlicher Kompetenzen gegenüber der Territorialgewalt des eigentlichen Landesherrn waren vielerorts im Territorium inclausum die Herrschafts- und Untertanenbeziehungen durch sog. »Vermischungen« geprägt. Zwar gab es auch in den Territoria clausa reichsunmittelbare Enklaven anderer Reichsglieder. Aber in der Wetterau, dem Rheinland, Franken und in noch extremeren Formen in Schwaben waren Untertanen und Besitzungen verschiedener Landesherrn in einem einzigartigen Ausmaße miteinander durchsetzt. Dabei verliefen die Landeshoheitsgrenzen keineswegs immer entlang geschlossener Bezirke, sondern teilten vielfach einzelne Dörfer und Weiler unter mehrere reichsunmittelbare Landesherrn auf[91]. Letztere konnten die ihrer Landesherrlichkeit bzw. -hoheit unterworfenen einzelnen Besitzungen und Untertanen als sog. Kondominat separat verwalten lassen, wenn eine räumliche Abteilung der einzelnen Herrschaftsanteile bestand. Wo dies nicht der Fall war, und die den verschiedenen Landesherrn im selben »mehrherrigen Ort« zustehenden Besitzungen und Hintersassen nicht genau benannt werden konnten, blieb nur der Ausweg, die Territorialgewalt als sog. Ganerbenschaft gemeinsam wahrzunehmen. Dafür mussten prozentuale Anteile der beteiligten Landesherren an der Herrschaft festgelegt werden[92]: Beispielsweise wurde die gemeinsame Herrschaft der Reichsgrafen von Limpurg über das Städtchen Gaildorf am Kocherfluss zu einem Viertel von der Linie Wurmbrand, zu einem weiteren Viertel von der Linie Solms-Assenheim und zur Hälfte von der Linie Pückler ausgeübt. Nach diesem Proporz entschieden die drei Dynastien über die Belange Gaildorfs und bestellten die Stadtbeamten[93]. Noch atomisierter waren dagegen die Herrschaftsverhältnisse im schwäbischen Thalheim: Hier schwankte der Anteil der verschiedenen reichsritterschaftlichen und -ständischen Ganerben zwischen $^{4}/_{6}$ und $^{1}/_{108}$[94].

Es versteht sich von selbst, dass diese »Vielherrigkeit« des Territorium inclausum alle Bestrebungen der größeren Reichsstände, ihre Territorien zur Erleichterung der Verwaltung und Steigerung staatlicher Macht zu arrondieren, vor kaum zu überwindende Hindernisse stellte. Insbesondere die reichsritterschaftlichen Besitzungen mit ihrer weiten Streulage mussten dabei

Schreiben des Ortsvorstandes Rhön-Werra an den Ortsvorstand Gebürg, o.O., 19. Mai 1792, StA Marburg, 109, Nr. 311, Bd. 1, Dok. 39.

91 *H. H. Hofmann*, Herrschaft, S. 101, 123. *Hartung*, Hardenberg, S. 5 f. »Versuch eines ohngefähren Abrisses der inneren und äusseren Verfassung der Brandenburgischen Länder in Franken« von Hardenberg, Ansbach, Berlin, 10. Januar 1792, GStA PK Berlin, I. HA, Rep. 94, IV, Ac, Nr. 2, S. 1 – 149, hier: S. 50 (Zitat ebd.). Vgl. auch beispielsweise den Bericht Hardenbergs an den König/das Kabinettsministerium, Ansbach, 7. September 1792, GStA PK Berlin, I. HA, Rep. 44 B, Nr. 1a.

92 *J. Hartmann* (Hg.), Zeiten, Sp. 204 ff. *Kullen*, Einfluß, S. 20 f.

93 *Prescher*, Geschichte I, S. 68. *Ders.*, ebd. II, S. 143, 164 f.

94 *Kullen*, Einfluß, S. 21.

von ihren mächtigeren Nachbarn als »Pfahl im Fleische«, als »Status in Statu« des eigenen Herrschaftsgebietes empfunden werden[95].

Darüber hinaus bleibt festzuhalten, dass die von der Reichspublizistik und den beiden obersten Reichsgerichten im 17. und 18. Jahrhundert verfochtene Lehre des Reichsrechtes im Allgemeinen und des Territorium non clausum im Besonderen sowohl für die Reichsritterschaft als auch für mediatisierungsbereite Fürsten Chancen und Risiken bot: Der Grund hierfür lag vor allem im besonderen Charakter des Ius publicum, das nicht nur ein historisches Recht war, sondern auch ein Recht dessen, was man für historisch hielt. Dieser Umstand hatte nicht nur zur Folge, dass die sog. Reichshistorie an den Universitäten von Juristen gelehrt wurde. Aufgrund der historischen Fundierung des Ius publicum wurde auch das Herkommen zum zentralen Rechtstitel erhoben. Dies wiederum machte es der Jurisprudenz bis zum Ende des Alten Reichs vielfach unmöglich, durch Kodifikationen überlebte oder den territorialpolitischen Realitäten widersprechende ältere Rechtssätze und -titel auszusondern. Zudem blieb dem Staatsrecht, wie es die Mehrheit der Reichspublizisten sowie die obersten Reichsgerichte in Wetzlar und Wien verfochten, nichts anderes übrig, als die historisch gewachsenen Territorial- und Rechtsverhältnisse durch künstlich geschaffene Lehrgebäude nachträglich zu erklären und zu sanktionieren. Die Folge war ein durch zahlreiche historische, politische und inhaltliche Schwachstellen, Unklarheiten und Widersprüche gekennzeichnetes Reichs- und Territorialstaatsrecht, da sich die sedimentartigen Überlagerungen unterschiedlichster Rechtstitel und -vorstellungen nicht in ein einheitliches und in sich geschlossenes System pressen ließen. Dieser spezifische Charakter des Ius publicum ermöglichte es jeder Seite in der realen oder imaginierten Vergangenheit sowie in der durch das Herkommen und die Reichsgrundgesetze – also die kaiserlichen Wahlkapitulationen, Reichs- und Deputationsschlüsse, Friedensverträge etc. – gebildeten Reichsverfassung, Belege für den eigenen Anspruch zu finden. Einerseits befand sich das Konstrukt des Territorium inclausum als ein auf die vorherrschenden Territorialverhältnisse deskriptiv reagierendes und diese anerkennendes Prinzip in weitgehendem Einklang mit Rechtsprechung der obersten Reichsgerichte, bei der der gegenwärtige Besitz (possessorium) sowie das Herkommen eine zentrale Rolle spielten. Die stabilisierende Funktion dieser Lehre für die reichsunmittelbare Stellung der Reichsritterschaft kann daher kaum überschätzt werden. Andererseits bot das Ius publicum auch den im Dienst der Fürsten schreibenden Publizisten eine Fülle von Ansatzpunkten, um die Landeshoheits- und sonstigen Rechtsansprüche ihrer Herren auf immediate Rittergüter zu legitimieren[96]. Wie stark die relative Unbestimmtheit

95 Siehe Kapitel IV.3. *Press*, Angriff, S. 331 (Zitat ebd.). Was wird aus der unmittelbaren freien Reichs-Ritterschaft in Schwaben, Franken und am rechten RheinUfer werden, S. 203 f. (Zitat ebd.).

96 *Willoweit*, Rechtsgrundlagen, S. 3, 8 f., 87 f., 131 ff., 159 ff., 185–262: fortl., 272 ff., 286 ff.,

und grundsätzliche Offenheit für unterschiedliche Rechtsstandpunkte das Ius publicum und damit auch die Reichsverfassung prägten, mit der wiederum die politische Existenz der Reichsritterschaft untrennbar verwoben war, brachte keiner besser auf den Punkt als der Großmeister der französischen Außenpolitik, Charles Maurice de Talleyrand-Périgord. Im Spätsommer 1797 erläuterte er der Gesandtschaft der Republik auf dem Rastatter Friedenskongress: »La Constitution germanique et comme L'Evangile, on y trouve, ce qu'on y cherche«[97]. Ganz ähnlich äußerte sich im Juli 1796 die Fränkische Kreisversammlung gegenüber Berlin in einem Protestschreiben gegen die preußische Mediatisierungspolitik in Franken: »In der Art, wie sich die einzelnen Deutschen Staaten zu ihrer nunmehrigen Verfassung nach und nach gebildet haben, ist es äußerst leicht, Ansprüche wechselseitig aufzufinden, die sich alsdann eben so leicht mit Grundsätzen aus den erst in spätern Zeiten entstandenen Theorien coloriren lassen«[98].

Wenn die kleindeutsch-borussische Geschichtsschreibung beklagte, dass »im heiligen römischen Reiche, wo sich Gesetz und Recht wie eine ewige Krankheit forterbten, [...] jeder Neuerer als Umstürzler« angesehen wurde,

314 ff., 330 ff., 349 ff. *Häberlin*, Handbuch I, S. 12, 24, 172 ff., 187 ff. *H. H. Hofmann*, Herrschaft, S. 11 Anm. 56. *Westphal*, Stabilisierung, S. 249. *Fischer*, Haeberlin, S. 5 f., 13 f. *Press*, Landesherrschaft, S. 96. *Burgdorf*, Weltbild (2009), S. 21 f., 321 ff. Schreiben des Ortsvorstandes Rhön-Werra an den Ortsvorstand Gebürg, o.O., 6. April 1793, StA Marburg, 109, Nr. 311, Bd. 2, Dok. 117. – Den historischen, nicht allein auf die Rechtsverhältnisse des Territorium inclausum beschränkten Charakter des Reichs- und Territorialstaatsrechts verdeutlicht anschaulich eine im Sommer 1799 beim Reichshofrat eingereichte reichsritterschaftliche Klageschrift: In ihr wurden als Beweise für die Rechtmäßigkeit der von Berlin angefochtenen Zollprivilegien der Rittergenossen angebliche Äußerungen Karls des Großen vor rund 900 Jahren präsentiert (Klageschrift von Rhön-Werra gegen Preußen zu den Beilagen A bis H zum Reichshofratsprozess, StA Marburg, 109, Nr. 319. Schreiben des Ortsvorstandes Rhön-Werra an den Direktorialagenten von Alt in Wien, Schweinfurt, 6. August 1799, ebd. Bericht des Direktorialagenten von Alt an den Ortsvorstand Rhön-Werra, Wien, 17. August 1799, ebd. Relation des Reichshofrats mit Votum und Conclusum zum Fall »Reichsritterschaft in Franken Orts Rhön-Werra, als derzeit fränkisches Spezialdirektorium contra den König in Preußen, als Markgrafen zu Ansbach und Bayreuth, dessen verordnete Landesdikasterien et cons., die Verweigerung der von jeher genossenen privilegienmäßigen Zollfreiheit betr.«, HHStA Wien, RHR, Relationes, Nr. 148).

97 Abschrift der 59. Weisung des Außenministers Talleyrand an die französischen Bevollmächtigten auf dem Rastatter Kongress, Paris, 13. fructidor an 6, HHStA Wien, SK, Friedensakten, Nr. 93.

98 1. Nachschreiben der Fränkischen Kreisversammlung an den preußischen König, [Nürnberg, 4. Juli 1796], in: Schluß des Fränkischen Reichskreises [Folio-Ausgabe], S. 18–19, hier: S. 19 (Zitat ebd.). Ähnlich auch: Schreiben der Fränkischen Kreisversammlung an den Kaiser, Nürnberg, 20. Juli 1796, in: ebd., S. 25–32, hier: S. 30 f. – Die politischen Folgen, die nicht zuletzt aus der staatsrechtlichen Offenheit der Reichsverfassung für konkurierrende Interessen und Ansprüche erwuchsen, kritisierte 1797 die »Deutsche Reich- und Staats-Zeitung« (Nr. 32, 21. April 1797, Sp. 511 Anm. *) mit den Worten: »Dass unsere deutschen Reichsstände so oft, und so viel, und so gern von Konstitution und konstitutionsmässigem Betragen reden! Unsere Konstitution gleicht einer Buhlerin, die mit allen buhlt, dabei aber einem jeden die Reinheit ihrer Sitten betheuert«.

erfasste sie zwar den historischen Charakter des Reichsrechts nur in Ansätzen, berührte aber dennoch einen wahren Kern[99]: Das ohne Gewalt nicht zu entwirrende Rechtsgestrüpp des Ius publicum hatte zur Folge, dass gerade im Territorium non clausum der fast permanente Rechtsstreit der Normalzustand war. Hier war das Diktum der Forschung vom »gelobten Land für den gelehrten Juristen« durchaus berechtigt[100]: Beispielsweise konnte sich der Konsulent des Kraichgauer Ritterhauptmanns Karl Christoph von Helmstatt († 1795) im schwäbischen Neckarbischofsheim mit dem zuständigen pfälzischen Centgrafenamt leidenschaftlich über die Frage streiten, wo ein Untertan wiederzubeleben und schließlich zu bestatten sei, der in einer im pfälzischen Centdistrikt gelegenen, jedoch zum reichsunmittelbaren Rittergut gehörigen Lehmgrube verunglückt war[101]. Solche Streitigkeiten waren für die Beteiligten jedoch alles andere als die vielfach »grotesk anmutende Rechthaberei der überall miteinander in Fehde liegenden großen und kleinen Repräsentanten des auf alte Rechte pochenden deutschen Adels«[102]. Schließlich konnte durch die reichsrechtliche Bewertung des Herkommens auch aus der kleinsten Nachgiebigkeit ein die bisherigen Territorial- und Rechtsverhältnisse infrage stellender Rechtstitel erwachsen[103]. Dieser Tatbestand sowie die geschilderte, prinzipielle Offenheit des Ius publicum für sich widersprechende Rechtsansprüche sollte den Historiker davor warnen, bei einer der Mediatisierung der Reichsritterschaft gewidmeten Untersuchung die reichsrechtliche Dimension der Ereignisse gering zu schätzen oder sie einseitig wie einst Heinrich Müller zu betrachten und abzuqualifizieren: »Selbst zugegeben, dass die preußischen Grundsätze keine Revindikation der Landeshoheit im Sinne des Reichsrechts bedeuteten, sondern die Durchsetzung der Souveränität des Staates im Sinne der französischen Revolution nach Sieyès' klassischem Wort: Sind die Rechte des Adels durch Usurpation entstanden, so können sie auch jetzt wieder durch Gewalt beseitigt werden – so sprach für ein solches Vorgehen doch auch wieder ein guter, alter deutscher Spruch, den das Reichsrecht jener Tage vergessen hatte: Tausend Jahre Unrecht machen noch nicht eine Stunde Recht!«[104]. Wie ahistorisch derartige Urteile sind, soll abschließend am Bei-

99 *H. Müller*, Kampf, S. 168.

100 *Willoweit*, Rechtsgrundlagen, S. 2, 185, 308, 353. *H. H. Hofmann*, Herrschaft, S. 68 ff., 104 ff. *Hartung*, Hardenberg, S. 7. *Liermann*, Die rechtsgelehrten Beamten, S. 259 (Zitat ebd.). *Ders.*, Rechtsgeschichte, S. 199.

101 *J. Hartmann* (Hg.), Zeiten, Sp. 202 ff.

102 *Willoweit*, Rechtsgrundlagen, S. 185.

103 *H. H. Hofmann*, Herrschaft, S. 57 f. Schreiben des Ortsvorstandes Rhön-Werra an den Ortsvorstand Gebürg, o.O., 6. April 1793, StA Marburg, 109, Nr. 311, Bd. 2, Dok. 117.

104 *H. Müller*, Kampf, S. 64. – Es ist bezeichnend für die Geringschätzung reichsrechtlicher Probleme durch die ältere Forschung, dass Müllers »alter deutscher Spruch« allem Anschein nach der Abhandlung eines ehemaligen Reichsritters aus den Jahren 1818/19 entnommen wurde. In ihr verurteilte der Autor nachdrücklich ein den hergebrachten Besitzstand ignorierendes Rechtsverständnis, wie es etliche Generationen später gerade Heinrich Müller an den Tag legen sollte ([*Rotenhan*], Freimüthig-patriotische Beobachtungen und Bemerkungen, S. 210 u.

spiel der Reichsstadt Nürnberg verdeutlicht werden. Im Sommer des Jahres 1796, am Vorabend der Mediatisierung der Ansbach-Bayreuth benachbarten Reichsritter, wurden Teile des Umlandes der fränkischen Handelsmetropole durch preußische Truppen besetzt[105]. Vor diesem Hintergrund rieten die juristisch sicher nicht unbedarften Mitglieder der Regierung von Hessen-Kassel ihrem Fürsten, mit eigenen politischen Schritten abzuwarten, bis eine reichsgerichtliche Klärung erfolgt sei. Schließlich könnten »beyde Theile sich auf erhaltene günstige Urtheile« der obersten Reichsgerichte stützen[106].

[*Ders.*], Patriotische Wünsche, S. 220). – Ähnlich ahistorisch wie die zitierte Passage fiel eine weitere Bewertung der reichsrechtlichen Dimension der preußischen Mediatisierungen durch *Heinrich Müller* (ebd., S. 71) aus: »Mochten die Staatsrechtler des 18. Jahrhunderts durch das Labyrinth der Reichsverfassung hindurchfinden, der preußischen Regierung kam es nicht zu, ›über juristische Zwirnsfäden zu stolpern‹, wie es Bismark einmal in einem ähnlichen Falle ausgedrückt hat«.

105 Siehe Kapitel VII.1.

106 Bericht der Hessen-Kasseler Regierung, Kassel, 26. Juli 1796, StA Marburg, 4e, Nr. 2970.

III. Die preußischen Mediatisierungen in ihrem historischen, rechtlichen, ökonomischen und sozialen Kontext

Eine konsequente Kontextualisierung der zu untersuchenden Ereignisse und Prozesse gehört für den quellenkritisch arbeitenden Historiker zu den selbstverständlich gewordenen Arbeitsmethoden seiner Disziplin. Dennoch stellt eine solche kontextualistische Verfahrensweise einen Neuansatz in der Erforschung des politischen Endes des Consortium equestre im Allgemeinen und der preußischen Mediatisierungen zwischen 1792/93 und 1798 im Besonderen dar. Bisher beschränkte sich nämlich die einschlägige Historiografie auf bestenfalls kursorisch zu nennende Überblicke zu den im Folgenden zu betrachtenden Entwicklungen und Ereignissen. Dies war zweifellos unter arbeitsökonomischen Gesichtspunkten verständlich, musste jedoch zwangsläufig auf Kosten der historischen Erkenntnis für den eigentlichen Untersuchungsgegenstand gehen[1]. Schließlich fand die Unterwerfung der Reichsritter durch Berlin nicht unter klinischen Bedingungen, in einem historischen Vakuum statt, unbeeinflusst von den allgemeinen politischen, sozio-ökonomischen und rechtlichen Umwälzungen der letzten Jahre oder säkularen Entwicklungen. Daraus folgt wiederum, dass der Verlauf der preußischen Mediatisierungen einschließlich der Motivationen der damals Handelnden nur dann mit der gebotenen Tiefenschärfe zu verstehen sind, wenn man sich zuvor den historischen, sozialen, ökonomischen und rechtlichen Hintergrund vergewärtigt, vor dem sie stattfanden.

1. Die Wegbereiter der preußischen Mediatisierungen

Im Sommer des Jahres 1796, als der Druck Preußens auf die seinen fränkischen Provinzen benachbarten Reichsritter übermächtig zu werden drohte, beschied ein königlicher Regierungsrat, der mit der Mediatisierungspolitik Berlins an leitender Stelle betraut war, den Sekretär des Kantons Steigerwald: »Der König von Preußen […] nimmt in dieser Angelegenheit das Verfahren des Hauses Oesterreich zum Muster, welches seine Burgauischen Insassen

1 Am detaillierstesten hat bis heute *Heinrich Müller* (Kampf, S. 22 – 53: fortl.) Vorgeschichte und Begleitumstände der Mediatisierung der Reichsritterschaft ausgeleuchtet.

nicht um ein Haar besser behandelt«[2]. Um die selbe Zeit ermahnte das fränkische Spezialdirektorium den Ortsvorstand des von Preußen stark bedrängten Kantons Altmühl an seine Pflichten mit dem Verweis, dass »die Reichsritterschaft schon mehrmal das Loos der Mindermächtigen – gewaltthätige Zunötigungen und Unterjochungsversuche, erfahren, aber immer mittelst des Pantzers ihrer gerechte[n] Sache und Standhaftigkeit obgesiegt, und zulezt allezeit in dem Vertrauen bei dem ganzen Publikum um so mehr gewonnen habe, je heftiger die gewaltsamen Mittel und Drohungen waren, die ihre Gegner gegen sie gebrauchten«[3]. Beide Zitate verdeutlichen, dass der bisherige Usus der Forschung, die preußischen Mediatisierungen weitgehend isoliert zu betrachten, dem Denken und den Handlungsspielräumen der damaligen Akteure nicht gerecht werden kann. Diese lebten nämlich nicht in einer abgeschlossenen Zeitkapsel, sondern bedienten sich teils aus Zweckoptimismus, teils aus Überzeugung, zum Teil bewusst und zum Teil unbewusst älterer Verhaltens- und Argumentationsmuster. Sowohl das Corpus equestre und seine politischen Verbündeten als auch Berlin nutzten ihr Wissen über ältere Auseinandersetzungen um die reichsritterschaftlichen Vorrechte und die Unmittelbarkeit der Rittergenossen für den Konfliktfall der Gegenwart. Schließlich musste der historische Charakter des Ius publicum dem Denken und Handeln in geschichtlichen Bezügen bei den juristisch gebildeten Spitzenbeamten in den preußischen und reichsritterschaftlichen Kollegien und Kanzleien Vorschub leisten[4].

Vor diesem Hintergrund diente führenden Repräsentanten der Reichsritterschaft in den Jahren 1792/93 bis 1798 die Erinnerung an einen mehr als zweihundertjährigen Kampf zur Verteidigung der reichsritterschaftlichen Unmittelbarkeit und Freiheiten gegen die Arrondierungsgelüste mächtiger Reichsstände nicht nur dazu, den Durchhaltewillen der eigenen Seite zu stärken. Aus der Vergangenheit gewannen die Reichsritter genauso wie Preußen auch diejenigen Argumente, mit denen die streitenden Parteien ihre unterschiedlichen Rechtsansprüche legitimierten[5]. Zudem konnten die Reichsritterschaft und Berlin ihre Konfliktführung am Vorbild älterer Auseinandersetzungen zwischen mediatisierungswilligen Fürsten und dem Consortium equestre orientieren[6]. Schließlich stellte die Geschichte des über zweihundert Jahre lang immer wieder aufflammenden Kampfes um die

2 Abschrift der Nebenrelation des Steigerwalder Ortssekretärs Georg Wilhelm Heinrich Pfeiffer an den Ortsvorstand Steigerwald, Erlangen, 30. Juli 1796, StA Marburg, 109, Nr. 311, Bd. 8.

3 Schreiben des Ortsvorstandes Rhön-Werra an den Ortsvorstand Altmühl, Schweinfurt, 21. November 1796, StA Marburg, 109, Nr. 311, Bd. 8. – Speziell zu den Ereignissen des Sommers 1796 siehe Kapitel VII.1.

4 Siehe Kapitel II.3.

5 Siehe Kapitel VIII.2.2 u. VIII.3.2.

6 Vgl. insbesondere die Kapitel V.4.2 bis VII.2 sowie VIII.2.1 u. VIII.3.1 mit den folgenden Erläuterungen über die Führung älterer Konflikte zwischen dem Corpus equestre und verschiedenen Reichsständen.

reichsritterschaftliche Rechtsstellung einen reichen Erfahrungsschatz darüber bereit, welche rechtlichen, militärischen und diplomatischen Wege in der Vergangenheit von Erfolg gekrönt waren und welche in die politische Niederlage geführt hatten[7]. Eben diese älteren Konflikte um die Freiheiten und Vorrechte des Consortium equestre und seiner Mitglieder sind nun in den Blick zu nehmen.

Einen ersten aufsehenerregenden Höhepunkt der fürstlichen Arrondierungspolitik auf Kosten der jungen reichsritterschaftlichen Korporation markierte die Regierung Pfalzgraf Johann Casimirs als Administrator der Kurpfalz. Seit etwa 1585 trieb dieser die Territorialisierung des Kurfürstentums voran, indem er die Lehensherrschaft Heidelbergs über die kurpfälzischen Vasallen aus den Kantonen Odenwald, Kraichgau und Oberrhein zur Landesherrschaft auszubauen suchte. Der Tod Johann Casimirs 1592 verhinderte jedoch, dass seine mit den Mitteln des Dienst- und Lehensherrn sowie gelegentlichen gewaltsamen Übergriffen verfolgte Politik zum Erfolg führte[8]. Über die konkrete Vorbildfunktion der Mediatisierungsversuche Johann Casimirs für Hardenberg und seine Mitarbeiter lässt sich, ungeachtet mancher Parallelen im praktischen Vorgehen gegen die Reichsritterschaft, nur spekulieren[9].

Kein Zweifel besteht dagegen an dem argumentativen Rückgriff der Berliner Publizistik auf die gegen die Reichsritterschaft gerichteten fürstlichen Unionen des 16. und 17. Jahrhunderts, um die preußischen Mediatisierungen der Gegenwart rechtfertigen zu können[10]: Nicht nur die sich herausbildende reichsritterschaftliche Korporation konnte auf dem Einungs- und Bündniswesen des Spätmittelalters aufbauen, sondern auch all jene Reichsfürsten, die ihre landesherrlichen Rechte und territorialpolitischen Ziele durch eine reichsunmittelbare Ritterschaft bedroht sehen mussten. Vor diesem Hintergrund kam es vielleicht schon 1507, sicher jedoch in den frühen 1560ern sowie erneut 1616 und 1630 zu förmlichen Bündnissen geistlicher und weltlicher Reichsfürsten, an denen wiederholt die beiden fränkischen Markgrafentümer beteiligt waren. Ein Teil dieser Einungen zielte darauf ab, die Ausdehnung und Festigung der reichsritterschaftlichen Korporation zu verhindern oder die Ritter sogar zurück unter die reichsständische Herrschaft zu zwingen. Andere Fürstenunionen jener Zeit wandten sich speziell gegen die ritterschaftlicherseits behauptete Reichsunmittelbarkeit der von den Reichsfürsten zu Lehen rührenden Rittergüter und wollten dem kantonalen Kollektationsanspruch

7 Zu den folgenden Ausführungen über die Auseinandersetzungen zwischen der Reichsritterschaft und verschiedenen Reichsständen siehe auch: *Schaupp*, Landstände, S. 83; *Eberlein*, Bayerns Anteil, S. 15 ff., 24, 37; *H. Müller*, Kampf, S. 36 f., 56 f.

8 *Press*, Landesherrschaft, S. 95. *Ders.*, Kaiser und Reichsritterschaft, S. 177 f. *Ders.*, Ritterschaft im Kraichgau, S. 38, 60 ff. *Sutter*, Kaisertreue, S. 294.

9 Siehe Kapitel VI.1 u. VII.1.

10 Siehe Kapitel VIII.2.2.

auf denjenigen reichsritterschaftlichen Besitzungen entgegentreten, die als Lehen an die Fürsten heimgefallen oder von diesen angekauft worden waren[11].

Einen kaum zu unterschätzenden Präzedenzfall für die preußische Arrondierungspolitik in den Jahren 1792/93 bis 1798 musste der Fall der vogtländischen Ritterschaft darstellen[12]. Obwohl die Ritterschaft des fränkischen Vogt- und Regnitzlandes um Hof und Wunsiedel in dem fälschlicherweise als »Plassenburger Vertrag« bezeichneten Privileg von 1515 den Söhnen Markgraf Friedrichs des Älteren bereits erhebliche jurisdiktionelle Zugeständnisse abgetrotzt hatte, konnten dessen Nachfahren einhundert Jahre später den endgültigen Ausbruch der Adligen aus dem Territorium verhindern: Im »Submissions-Agnitions-Rezess« vom 9. Oktober 1615 schob Markgraf Christian von Brandenburg-Kulmbach-Bayreuth (1603–1655) den Bestrebungen der vogtländischen Ritter, sich an den Kanton Gebürg anzuschließen, endgültig einen Riegel vor, indem diese ihr Landsassiat förmlich anerkannten[13]. 1663 konnte der Adel um Bayreuth, Kulmbach und Neustadt an der Aisch im sog. »Assoziations-Rezess« endgültig der Herrschaft Kulmbach unterworfen sowie demjenigen um Hof und Wunsiedel als »assoziierte vogtländische Ritterschaft« angegliedert und rechtlich gleichgestellt werden[14]. Für die Anerkennung ihres Landsassiats wurden die vogtländischen Ritter und die assoziierten Adligen reich entschädigt: Die Übereinkunft von 1615 und eine Reihe weiterer Rezesse und Gnadenverleihung des 17. und 18. Jahrhunderts privilegierte die unter die Bayreuther Herrschaft Zurückgekehrten in exzeptioneller Art und Weise[15]: Den Rittern in ihrer Eigenschaft als ursprünglich

11 *Moser*, Von denen Teutschen Reichs-Ständen, S. 1412 f. *Ders.*, Neueste Geschichte I, S. 30 ff., 39, 73 ff. *Ders.*, ebd. II, S. 109 f. *T. Schulz*, Kanton, S. 116, 121 f. – Ein Sonderfall ist die angebliche Fürstenunion von 1507, bei der es um ein Einschreiten verschiedener Fürsten gegen ritterschaftliche Austrägalinstanzen ging, die die Jurisdiktionsrechte der kaiserlichen Landgerichte bzw. des Markgrafen Friedrich von Brandenburg-Ansbach und -Kulmbach sowie der Fürstbischöfe von Bamberg und Würzburg beeinträchtigten. Der einschlägige Protokollauszug hierzu wurde erst durch die preußische Publizistik zur Rechtfertigung der Mediatisierungen Berlins im Jahre 1796 bekannt gemacht und bis heute von der Forschung ignoriert (Oeffentliche Erklärung wegen der Brandenburgischen Insassen, S. 9 i. Verb. mit Urkunden-Buch, S. 612 ff. Neue Vertheidigung II, S. 39 ff.).

12 Vgl. die dezidierte rechtliche Gleichstellung der ehemaligen Mitglieder des Corpus equestre und Voitlandicum ab 1796/1801 unter Kapitel VII.1.

13 *Moser*, Neueste Geschichte I, S. 3. *May*, Ritterschaft, S. 9 ff., 53 (Zitate ebd., S. 9 u. 11). *Endres*, Ritterschaft, S. 56 ff. (Zitat ebd., S.59). *Ders.*, Staat und Gesellschaft, S. 748 f. *H. H. Hofmann*, Herrschaft, S. 108. *Winkler*, Markgraf (2000), S. 17 ff. *Holle*, Streitigkeiten, S. 56. Gutachten der Bayreuther Regierung, Bayreuth, 15. Mai 1792, in: *Holle*, ebd., Beilagen, Nr. 1, S. 62–76, hier: S. 63 ff. Bericht Hardenbergs an den preußischen König, Bayreuth [...] August 1792, in: *Holle*, ebd., Beilagen, Nr. 3, S. 80–95, hier: S. 81 f.

14 *May*, Ritterschaft, S. 24 ff., 31 (Zitate ebd., S. 25). *H. H. Hofmann*, Herrschaft, S. 108 f. *Endres*, Ritterschaft S. 61. *Ders.*, Staat und Gesellschaft, S. 749.

15 »Versuch eines ohngefähren Abrisses...« (wie Kap. II, Anm. 91), GStA PK Berlin, I. HA, Rep. 94, IV, Ac, Nr. 2, S. 1–149, hier: S. 62 ff., 73. *May*, Ritterschaft, S. 11 ff., 43 f. *H. H. Hofmann*, Herrschaft, S. 104 ff. *Endres*, Ritterschaft S. 60 ff. *Ders.*, Staat und Gesellschaft, S. 749 f. *Ders.*,

rein adligen Güterbesitzern wurde die Bildung einer der reichsritterschaftlichen kantonalen Organisation nachempfundenen Korporation, des in drei Bezirke gegliederten »Corpus Voitlandicum«, gestattet[16]. Zu den »iura Voigtlandica« gehörte zum einen die gesamte Zivil- sowie die niedere und mittlere Strafgerichtsbarkeit, die die Ritter auf den von ihnen getragenen Lehen und über ihre Grundholden ausübten. In einigen Fällen kam sogar noch die hohe bzw. die Kriminalgerichtsbarkeit hinzu. Die Bayreuther Behörden und Gerichte mussten im Falle einer in ihre Kompetenz fallenden Gesetzesübertretung um die Auslieferung des verdächtigen ritterschaftlichen Hintersassen ausdrücklich ersuchen[17]. Umgekehrt konnte sich ein Teil der vogtländischen Ritterschaft der Schriftsässigkeit und des Privilegium fori vor den obersten Landeskollegien erfreuen, war also dem Zugriff der markgräflichen Unter- und Mittelbehörden weitgehend entzogen. Die übrigen Ritter hatten ihren erstinstanzlichen Gerichtsstand vor den Bayreuther Landeshauptmannschaften[18]. Auch, wenn der Anspruch der vogtländischen Ritterschaft auf eine beratende Funktion in der Landesgesetzgebung im Laufe der Zeit verblasste, wurden ihr noch im späten 18. Jahrhundert alle markgräflichen Verordnungen zur Kenntnisnahme eigens zugesendet[19]. Neben solchen Ehrenvorzügen waren auch verschiedene Vorrechte im Sinne des umfassenden frühneuzeitlichen »Polizey«-Begriffs den vogtländischen und assoziierten Rittern in ihren geschlossenen Ortschaften vorbehalten: Dazu zählten die Befugnisse der Markt- und Feuerpolizey, der einträgliche Kirchweihschutz oder das Recht,

Adel (EDG), S. 17. *Holle*, Streitigkeiten, S. 56 f. Bericht Hardenbergs an den preußischen König, Bayreuth [...] August 1792, in: *Holle*, ebd., Beilagen, Nr. 3, S. 80 – 95, hier: S. 82 ff.

16 »Versuch eines ohngefähren Abrisses...« (wie Kap. II, Anm. 91), GStA PK Berlin, I. HA, Rep. 94, IV, Ac, Nr. 2, S. 1 – 149, hier: S. 65. *Endres*, Ritterschaft S. 62, 69 f. *Ders.*, Staat und Gesellschaft, S. 749 f. *May*, Ritterschaft, S. 11, 16, 30 f., 39 ff. *H. H. Hofmann*, Herrschaft, S. 104 ff. *Holle*, Streitigkeiten, S. 57. StA Bamberg Rep. C 75/4, Kollektaneen Thoma, zit. nach: *May*, ebd., S. 6.

17 »Versuch eines ohngefähren Abrisses...« (wie Kap. II, Anm. 91), GStA PK Berlin, I. HA, Rep. 94, IV, Ac, Nr. 2, S. 1 – 149, hier: S. 64, 83 (Zitat ebd., S. 65). *May*, Ritterschaft, S. 53 ff., 79 ff., 89 f., 104 ff. *H. H. Hofmann*, Herrschaft, S. 108 f. *Endres*, Ritterschaft S. 63 ff. *Ders.*, Staat und Gesellschaft, S. 749. *Holle*, Streitigkeiten, S. 57. Gutachten der Bayreuther Regierung, Bayreuth, 15. Mai 1792, in: *Holle*, ebd., Beilagen, Nr. 1, S. 62 – 76, hier: S. 66 f. Bericht Hardenbergs an den preußischen König, Bayreuth [...] August 1792, in: *Holle*, ebd., Beilagen, Nr. 3, S. 80 – 95, hier: S. 89. *M. Hofmann*, Außenbehörden, 4 (1938), S. 59, 66.

18 »Versuch eines ohngefähren Abrisses...« (wie Kap. II, Anm. 91), GStA PK Berlin, I. HA, Rep. 94, IV, Ac, Nr. 2, S. 1 – 149, hier: S. 65. *May*, Ritterschaft, S. 56 f., 84, 89, 94 ff., 106 ff. *H. H. Hofmann*, Herrschaft, S. 109. *Endres*, Ritterschaft S. 64 f. Gutachten der Bayreuther Regierung, Bayreuth, 15. Mai 1792, in: Holle, Streitigkeiten, Beilagen, Nr. 1, S. 62 – 76, hier: S. 67. – In Lehenssachen diente noch bis 1797 ein eigenes Ritterlehensgericht in Bayreuth als Gerichtsstand für die vogtländische Ritterschaft (»Versuch eines ohngefähren Abrisses...« (wie Kap. II, Anm. 91), ebd., S. 1 – 149, hier: S. 93 f. *May*, ebd., S. 45 f., 70, 114).

19 »Versuch eines ohngefähren Abrisses...« (wie Kap. II, Anm. 91), GStA PK Berlin, I. HA, Rep. 94, IV, Ac, Nr. 2, S. 1 – 149, hier: S. 70. Gutachten der Bayreuther Regierung, Bayreuth, 15. Mai 1792, in: Holle, Streitigkeiten, Beilagen, Nr. 1, S. 62 – 76, hier: S. 69. Bericht Hardenbergs an den preußischen König, Bayreuth [...] August 1792, in: *Holle*, ebd., Beilagen, Nr. 3, S. 80 – 95, hier: S. 89.

bestimmte Handwerker sowie Personen ohne ausreichenden Grund und Boden, die sog. Tropfhäusler und kleinen Anbauern, zur Bewirtschaftung auf den ritterschaftlichen Lehen anzusiedeln. Auch das Privileg des Bierbrauens für den Eigenverbrauch gehörte in diesen Bereich[20]. Gegen die Entrichtung von Konkurrenzgeldern zu den allgemeinen Landessteuern, der sog. Jahrgelder, und außerordentlicher dons graduits wurden die Mitglieder des Corpus Voitlandicum - sowie vielfach auch ihre Hintersassen - von allen sonstigen landesherrlichen Abgaben und Steuern befreit. Dazu gehörte nicht nur die Ausnahme der Ritter vom Zwang, das sog. Stempelpapier für öffentliche Ausfertigungen und Schreiben an die markgräflichen Behörden zu verwenden. Die Adligen genossen beispielsweise auch die Befreiung von der sog. Mahlakzise - einer Form der Kopfsteuer - sowie für ihre eigenen Bedürfnisse von sämtlichen Zöllen und Mauten, von der Nachsteuer beim Abzug aus dem Bayreuther Territorium oder von den verschiedenen indirekten Steuern, die u. a. auf Wein, Bier und Salz erhoben wurden[21]. Ebenfalls ein geldwerter Vorteil war das Recht der vogtländischen Ritter, ein Drittel ihrer meist von den zollerschen Markgrafen rührenden Lehen zu verpfänden[22]. Über ihre Grundholden übten die Ritter, nicht die markgräflichen Ämter, das Subkollektationsrecht aus[23]. Im Bereich des Militärwesens genossen die Herrenhäuser und Schlösser der vogtländischen Ritter Einquartierungsfreiheit, solange es sich nicht um akute Landesnot handelte. Ihre Hintersassen waren vom Dienst in den markgräflichen Regimentern befreit und hatten nur in engen Grenzen zur Verpflegung und Einquartierung in- und ausländischer Kontingente sowie der Kreis- und Reichstruppen beizutragen[24]. Zwar fehlte dem

20 »Versuch eines ohngefähren Abrisses...« (wie Kap. II, Anm. 91), GStA PK Berlin, I. HA, Rep. 94, IV, Ac, Nr. 2, S. 1-149, hier: S. 64 ff. Gutachten der Bayreuther Regierung, Bayreuth, 15. Mai 1792, in: *Holle*, Streitigkeiten, Beilagen, Nr. 1, S. 62-76, hier: S. 68 f., 75. Bericht Hardenbergs an den preußischen König, Bayreuth [...] August 1792, in: *Holle*, ebd., Beilagen, Nr. 3, S. 80-95, hier: S. 86 ff. *May*, Ritterschaft, S. 54 ff., 82 ff., 91, 100, 115. *Endres*, Ritterschaft S. 64 f. *Ders.*, Staat und Gesellschaft, S. 749. Speziell zum Umfang des frühneuzeitlichen »Polizey«-Begriffs siehe beispielsweise: *Härter*, Recht, S. 89.

21 »Versuch eines ohngefähren Abrisses...« (wie Kap. II, Anm. 91), GStA PK Berlin, I. HA, Rep. 94, IV, Ac, Nr. 2, S. 1-149, hier: S. 63 ff., 130 ff. *May*, Ritterschaft, S. 48 ff., 87 ff., 102 f., 110 ff. *H. H. Hofmann*, Herrschaft, S. 109. *Hartung*, Hardenberg, S. 9, 184 f., 194. *Endres*, Ritterschaft, S. 67 f. *Ders.*, Staat und Gesellschaft, S. 749 f. *Holle*, Streitigkeiten, S. 57. Gutachten der Bayreuther Regierung, Bayreuth, 15. Mai 1792, in: *Holle*, ebd., Beilagen, Nr. 1, S. 62-76, hier: S. 69 ff. Bericht Hardenbergs an den preußischen König, Bayreuth [...] August 1792, in: *Holle*, ebd., Beilagen, Nr. 3, S. 80-95, hier: S. 85 ff.

22 »Versuch eines ohngefähren Abrisses...« (wie Kap. II, Anm. 91), GStA PK Berlin, I. HA, Rep. 94, IV, Ac, Nr. 2, S. 1-149, hier: S. 64, 145. *May*, Ritterschaft, S. 3, 46, 88 ff., 110 ff. Gutachten der Bayreuther Regierung, Bayreuth, 15. Mai 1792, in: *Holle*, Streitigkeiten, Beilagen, Nr. 1, S. 62-76, hier: S. 67 f., 74 f. Bericht Hardenbergs an den preußischen König, Bayreuth [...] August 1792, in: *Holle*, ebd., Beilagen, Nr. 3, S. 80-95, hier: S. 88.

23 »Versuch eines ohngefähren Abrisses...« (wie Kap. II, Anm. 91), GStA PK Berlin, I. HA, Rep. 94, IV, Ac, Nr. 2, S. 1-149, hier: S. 63 f. *May*, Ritterschaft, S. 50. *H. H. Hofmann*, Herrschaft, S. 108. *Endres*, Ritterschaft S. 71.

24 »Versuch eines ohngefähren Abrisses...« (wie Kap. II, Anm. 91), GStA PK Berlin, I. HA, Rep. 94,

vogtländischen Adel der Glanz der Reichsunmittelbarkeit und einer eigenen Landesherrschaft, aber darüber hinaus kamen seine Privilegien und Freiheiten den Vorrechten vieler Reichsritter schon recht nahe. Für Fritz Hartung war das Landsassiat der vogtländischen Ritterschaft »fast illusorisch, mehr [...] Last des Markgrafen als der Ritterschaft« und für Hanns Georg May »das Optimum, was jemand in der Markgrafschaft Bayreuth an Rechten überhaupt haben konnte«. Daher war das Corpus Voitlandicum auch weit mehr als eine landesherrliche »Gegenorganisation« zur reichsritterschaftlichen Korporation, deren Bedeutung nicht über die Schwelle des 17. Jahrhunderts hinausgereicht hätte[25]. Vielmehr war das Korpus der vogtländischen Ritter bis zu seiner offiziellen Aufhebung im Jahre 1801 der lebende Beweis dafür, dass über die engen Grenzen des Hofadels hinaus auch im Territorium inclausum das Landsassiat der inklavierten Ritterschaft historisch möglich war und blieb[26]. Das Landsassiat des Corpus Voitlandicum musste später den preußischen Protagonisten der Mediatisierung der Ansbach-Bayreuth benachbarten Reichsritter als rechtmäßiger Normal- und geschichtlicher Urzustand erscheinen, sodass alle gegenwärtigen Abweichungen von diesem nur als Usurpationen erklärt werden konnten[27]. Zudem sollte die privilegierte Rechtsstellung des vogtländischen Adels Berlin als Lockmittel dienen, um all jenen Reichsrittern die Unterwerfung zu erleichtern, auf die sich die königlichen Landeshoheitsansprüche erstreckten[28].

Der Westfälische Friedenskongress (1644/45–48/49) sicherte der Reichsritterschaft nicht nur das Ius reformandi als wichtigen Bestandteil der Landeshoheit, sondern legte im selben Atemzug das Feuer an das Dach der reichsritterschaftlichen Korporation: Den Hintergrund bildeten die Verhandlungen um die konkrete Ausgestaltung des reichsritterschaftlichen Reformationsrechtes, den späteren Art. V. § 28 des Osnabrücker Friedensinstrumentes. Hierfür unterbreiteten die im Corpus Evangelicorum organisierten protestantischen Reichsstände bereits im Juni und Juli 1646 einen der reichsritterschaftlichen Rechtsstellung höchst gefährlichen Vorschlag, der in ihrem Entwurf vom 3. bzw. 18. August 1646 gipfelte. Danach sollte der Reichsritterschaft das Ius reformandi überall dort zustehen, wo sie »respectu

IV, Ac, Nr. 2, S. 1–149, hier: S. 64 f., 112. Gutachten der Bayreuther Regierung, Bayreuth, 15. Mai 1792, in: *Holle*, Streitigkeiten, Beilagen, Nr. 1, S. 62–76, hier: S. 68 ff. Bericht Hardenbergs an den preußischen König, Bayreuth [...] August 1792, in: *Holle*, ebd., Beilagen, Nr. 3, S. 80–95, hier: S. 90 f. *May*, Ritterschaft, S. 59 ff., 87, 107. *H. H. Hofmann*, Herrschaft, S. 109. *Hartung*, Hardenberg, S. 9. *Endres*, Ritterschaft, S. 66. *Ders.*, Staat und Gesellschaft, S. 750.

25 *H. H. Hofmann*, Herrschaft, S. 108 f. *Hartung*, Hardenberg, S. 9 (Zitat ebd.). *May*, Ritterschaft, S. 6, 31 f. (Zitat ebd., S. 31). *Endres*, Ritterschaft, S. 59 (Zitat ebd.). *Ders.*, Staat und Gesellschaft, S. 748 ff. *M. Hofmann*, Außenbehörden, 4 (1938), S. 59.

26 Speziell zur Aufhebung der vogtländischen Ritterschaft siehe Kapitel VII.1. – Diese Bedeutung des Corpus Voitlandicum ist bisher von der Forschung nicht erkannt worden.

27 Zur preußischen Theorie, die Reichsritterschaft habe ihre Unmittelbarkeit usurpiert, siehe Kapitel V.2, VII.1 u. VIII.2.2.

28 Siehe Kapitel VII.1.

certorum bonorum keinem Stand als Landsassen unterworffen« sei[29]. Mit dieser Formulierung in dem bis zum Reichsdeputationshauptschluss von 1803 wichtigsten Reichsgrundgesetz wäre das Landsassiat einzelner Mitglieder des Corpus equestre als Tatsache, wenn nicht gar als Regelfall anerkannt worden. Der – sofern überhaupt mögliche – Beweis der Unmittelbarkeit in langwierigen Prozessen vor den obersten Reichsgerichten wäre allein dem jeweiligen Reichsritter oblegen. Mit der Aufnahme solcher Grundsätze in das IPO wäre der reichsritterschaftlichen Reichsunmittelbarkeit die Totenglocke geläutet und jedem Reichsfürsten ein Freibrief ausgestellt worden, sein Territorium durch die Mediatisierung benachbarter Rittergüter zu arrondieren[30]. Da Schweden den evangelischen Vorstoß gegen die Reichsritterschaft selbst aufgriff und das Corpus Catholicorum zu keinen zusätzlichen Konzessionen an das Consortium equestre bereit war, lag es allein an Wien, das Blatt noch einmal zu wenden. Tatsächlich intervenierte der Kaiser im April 1647 zum Schutze seiner reichsritterschaftlichen Klientel und verhinderte die wörtliche Übernahme der evangelischen bzw. schwedischen Entwürfe in das Friedensinstrument. Die neue, in Art. V. § 28 des IPO übernommene Fassung vom 14. März 1648 lautete nun: »Libera et immediata imperii noblilitas omniaque et singula eius membra una cum subditis et bonis suis feudalibus et allodialibus, nisi forte in quibusdam locis ratione bonorum et respectu territorii vel domicilii aliis statibus reperiantur subiecti [...]«[31]. Galt schon für den Westfälischen Frieden im Allgemeinen, dass ihn »ein jeder seiner Convenienz gemäs auslegt«, konnte es bei der Interpretation des Art. V § 28 des IPO kaum anders sein[32]: Es handelte sich um einen jener für die Reichsgrundgesetze nicht untypischen Formelkompromisse, die unerlässlich waren, um überhaupt zu einer Einigung zu gelangen, indem er jeder Seite eine ihren Interessen entgegenkommende Deutung ermöglichte[33]: Aus der Sicht der reichsritterschaftlichen Parteigänger war die reichsritterschaftliche Unmittelbarkeit als Regelfall verankert worden, während ihre Gegner seitdem eine genau konträre Interpretation aus dem Friedensartikel herauslasen[34]. Auch der

29 *Meiern*, Acta Pacis Westphalicae Publica III, S. 334 (Zitat ebd.). *Kerner*, Staats-Reichs-Recht, S. 12. *Moser*, Von denen Teutschen Reichs-Ständen, S. 1444 f. *Ders.*, Neueste Geschichte I, S. 144, 161 ff., 240 f. – Zum Ius reformandi sowie zur Organisation und Dauer des Westfälischen Friedenskongresses siehe beispielsweise die kurzen Überblicke von *Conrad*, Rechtsgeschichte, S. 203 u. *Schindling*, Frieden, Sp. 1302 f.

30 *Kerner*, Staats-Reichs-Recht, S. 13 ff. *Moser*, Neueste Geschichte I, S. 164 f.

31 *Kerner*, Staats-Reichs-Recht, S. 16 ff. *Moser*, Neueste Geschichte I, S. 167 f., 184 ff. *Ders.*, Von denen Teutschen Reichs-Ständen, S. 1145 ff. *Konrad Müller* (Hg.), Instrumenta Pacis Westphalicae, S. 34 (Zitat ebd.).

32 [*Riem*], Ueber die politische Lage, und das Staats-Interesse Preußens, S. 108 f.

33 Vgl. *Gotthard*, Kaiser, S. 81.

34 *Kerner*, Staats-Reichs-Recht, S. 11 f., 19 f., 39 f., 217, 250. *Moser*, Von denen Teutschen Reichs-Ständen, S. 1146 ff., 1277 f. *Eberlein*, Bayerns Anteil, S. 42 ff. *Hellstern*, Ritterkanton, S. 39. – Vgl. auch das beide gegensätzliche Interpretationen ablehnende Urteil von *Moser* (Neueste Geschichte I, S. 242 f.).

preußische Statthalter in Ansbach-Bayreuth sollte Art. V § 28 ganz im Sinne der reichsständischen Landeshoheit interpretieren und diese Deutung auch durch die königliche Publizistik vertreten lassen, um die Mediatisierung der benachbarten Reichsritter zu legitimieren[35].

Doch nicht nur die Westfälischen Friedensverhandlungen sollten für spätere Auseinandersetzungen zwischen den Reichsrittern und ihren fürstlichen Nachbarn wichtig werden: In die Zukunft wies auch der Rekurs von Brandenburg-Kulmbach-Bayreuth an den Reichstag im Jahre 1680. Dabei wandte sich der Markgraf gegen die angeblich parteiische Verfahrensweise der Reichsgerichte und insbesondere des Reichshofrates zugunsten der Reichsritterschaft und bekräftigte zugleich seine Landeshoheit über die einst zur Herrschaft Plassenburg gehörigen und nunmehr dem Corpus equestre immatrikulierten Adeligen. Ein Erfolg im Sinne eines positiven Reichsgutachtens war diesem Vorstoß jedoch nicht beschieden. Stattdessen überwies der Reichstag die Angelegenheit unter Wahrung aller wechselseitigen Ansprüche unterm 13. November 1680 an den Kaiser zur gerichtlichen Entscheidung[36].

Im November 1690 hatten die schwäbischen Kreisstände beschlossen, gegenüber ihren reichsritterschaftlichen Vasallen nicht nur auf der Leistung der Lehensdienste zu bestehen, sondern die benachbarten Rittergenossen auch zur Zahlung von finanziellen Beiträgen heranzuziehen, wenn diese sich nicht an den Reichskriegslasten dort beteiligen sollten, wohin sie »ratione Territorii gehörig wäre[n]«. Kein Jahr später vereinigten sich die schwäbischen Kreisstände mit dem Fränkischen Reichskreis in einem Unionsrezess vom Mai/Juni 1691. Darin wurden gemeinsame Schritte bei Kaiser und Reichstag vereinbart, um eine Heranziehung der Reichsritterschaft zu den allgemeinen Reichs- und Kreislasten zu erreichen. Zwar blieb der Rezess damit hinter den weiterreichenden Instruktionen der schwäbischen Unterhändler zurück. Aber dennoch wurden gemäß dieser Vereinbarung die unierten Reichskreise in der Folge bei den beiden obersten Reichsgerichten sowie beim Reichstag in Regensburg mit ihren Beschwerden und Einsprüchen gegen die reichsritterschaftlichen Vorrechte sowie die Begünstigung des Corpus equestre durch Wien vorstellig[37]. Obwohl sie de facto folgenlos blieb, war die kreisständische Union von 1691

35 Siehe Kapitel V.2 u. VIII.2.2.

36 *Moser*, Neueste Geschichte I, S. 354 f.

37 *Moser*, Neueste Geschichte I, S. 460 f., 474 ff., 487, 495 ff., 503 ff., 551 ff., 563 (Zitat ebd., S. 460 f.). *Ders.*, Von denen Teutschen Reichs-Ständen, S. 1414. *T. Schulz*, Kanton, S. 118. – Die Leistung der Lehensdienste in Gestalt einer Ablösesumme für die zu stellenden Ritterlehenspferde versuchte der württembergische Administrator Herzog Friedrich Karl 1691 durch Zwangsmaßnahmen auch realiter zu erzwingen (*T. Schulz*, ebd., S. 118. *Roth von Schreckenstein*, Geschichte II, S. 453 f.). Dagegen blieb der Beschluss des Kurkollegiums von 1689 anlässlich der Wahl Kaiser Josephs I. ohne Folgen, beim neuen Reichsoberhaupt dafür einzutreten, die Rechte der Reichsstände an den ihnen heimfallenden Lehen nicht zu schmälern. Dahinter stand das Bestreben von Kurpfalz, die konsolidierten reichsritterschaftlichen Lehen vom Ius collectandi zur Rittertruhe zu eximieren. (*Moser*, Neueste Geschichte I, S. 440 ff. *Ders.*, Von denen Teutschen Reichs-Ständen, S. 1464. *T. Schulz*, ebd., S. 118).

geeignet, ein gutes Jahrhundert später von der preußischen Publizistik zur Rechtfertigung der Mediatisierungen Berlins instrumentalisiert zu werden[38].

Die in den letzten Dekaden gewachsenen Spannungen um die reichsritterschaftliche Rechtsstellung entluden sich schlagartig 1702/03: Württemberg, Castell und Ellwangen ergriffen – unterstützt durch den Fränkischen und Schwäbischen Reichskreis – den Rekurs an den Reichstag, nachdem der Reichshofrat in ihren Streitigkeiten mit einzelnen Kantonen über die Besteuerungs- und Auslösungsrechte bei den in reichsständische Hand gekommenen Rittergütern zugunsten der Reichsritterschaft entschieden hatte. Im Zentrum der Rekurse stand daher die Rechtmäßigkeit der reichsritterschaftlichen Privilegien in Gestalt der Rückkauf-, der Militär- und insbesondere der Kollektationsrechte, die das Corpus equestre für diejenigen Rittergüter beanspruchte, die an die Reichsstände heimfielen oder auf andere Art und Weise alieniert wurden. Daneben ging es aber auch um die angebliche Parteilichkeit des Reichshofrates zugunsten der Reichsritterschaft. Die Beschwerden der rekurrierenden Höfe trafen in Regensburg auf die Unterstützung der Mehrzahl der Reichsstände, unter ihnen auch Preußen, Brandenburg-Kulmbach-Bayreuth und -Ansbach. Auf diesem Wege kamen zwei Reichsgutachten vom 4. Juni 1704 zustande, die den Kaiser um die Abstellung der von Ellwangen, Castell und Württemberg erhobenen Beschwerden ersuchten sowie darum, künftige Beeinträchtigungen der reichsständischen Gerechtsame zu unterbinden. Damit wurde faktisch eine Beschneidung der reichsritterschaftlichen Privilegien vom Kaiser gefordert[39]. Zwar versagte das Reichsoberhaupt diesen Reichsgutachten die erforderliche Ratifikation[40]. Aber Berlin konnte rund achtzig Jahre später die damaligen Ereignisse als angebliche Verteidigung reichsständischer Rechte gegen die als unrechtmäßig empfundenen Privilegien und Anmaßungen der Reichsritterschaft ausschlachten[41]. Dasselbe galt für die im Februar 1713 zwischen Württemberg, Kurpfalz, Würzburg, Hessen-Darmstadt sowie Brandenburg-Ansbach und -Kulmbach-Bayreuth geschlossene Union. Diese hatte sich die Beseitigung zentraler reichsritterschaftlicher Privilegien und Gerechtsame auf die Fahnen geschrieben, wurde jedoch 1719 vom Kaiser als reichsverfassungswidrig kassiert[42]. Ähnlich erfolglos verliefen die Vorstöße zahlreicher Reichsstände anlässlich der Verhandlungen über die Wahlkapitulationen Kaiser Karls VII. 1741 und Franz' I. 1745 mit dem Ziel, die reichsritterschaftlichen Vorrechte und Freiheiten zu beschneiden. Gerade bei

38 Siehe Kapitel VIII.2.2.

39 *Moser*, Neueste Geschichte I, S. 563 ff. *Ders.*, Von denen Teutschen Reichs-Ständen, S. 1414 ff. *Kerner*, Staats-Reichs-Recht, S. 86 ff. *Neff*, Reichsritterschaft, S. 171. *T. Schulz*, Kanton, S. 118 ff., 154 ff.

40 *Kerner*, Staats-Reichs-Recht, S. 89. *Moser*, Von denen Teutschen Reichs-Ständen, S. 1418. *Ders.*, Neueste Geschichte I, S. 615 ff. *Ders.*, ebd. II, S. 139 f., 315 ff. *T. Schulz*, Kanton, S. 121.

41 Siehe Kapitel VIII.2.2.

42 *Moser*, Neueste Geschichte II, S. 108 ff., 173 f. *Ders.*, Von denen Teutschen Reichs-Ständen, S. 1422 f. *T. Schulz*, Kanton, S. 122 ff.

den Unterhandlungen von 1741 trat Preußen als scharfer Gegner der reichsritterschaftlichen Militär- und Steuerrechte auf heimgefallenen Ritterlehensgütern sowie verschiedener durch das Corpus equestre und seine Mitglieder in Anspruch genommener Exemtionen hervor[43]. 1746/47 brachte Kurpfalz seinen vor dem Reichshofrat ausgetragenen Streit mit der fränkischen Reichsritterschaft sogar an den Reichstag. Konkret ging es um die Alienation der von Heidelberg als eigenes kurpfälzisches Lehen angekauften, aber zum Kanton Odenwald kollektablen Herrschaft Zwingenberg sowie um die darauf haftenden, reichsritterschaftlichen Steuerrechte. Doch obwohl eine große Zahl der Reichsstände, ganz im Sinne des Reichsschlusses von 1704, Kurpfalz bei dem Kampf gegen die vermeintliche Beeinträchtigung reichsständischer Rechte beisprang, verzichtete Heidelberg, seinen Rekurs weiter voran und damit die Auseinandersetzung mit Wien bis zum Äußersten zu treiben[44]. Dennoch konnte erst 1751 der Streit um Zwingenberg durch einen Vergleich weitgehend beigelegt werden[45].

War es bisher vielfach nur um die Beseitigung reichsadliger Vorrechte gegangen, die der staatlichen Verdichtung der einzelnen Territorien sowie dem Ausbau der fürstlichen Landesherrschaft im Wege standen, ging es in den Jahren 1749 bis 1753 um nichts weniger als die politische Existenz des Corpus equestre. Vor dem Hintergrund seiner andauernden reichsgerichtlichen Auseinandersetzungen mit der Reichsritterschaft um das Steuerrecht auf den alienierten Rittergütern ergriff zur Jahreswende 1749/50 Württemberg abermals den Rekurs an den Reichstag. Diesem schlossen sich 1750/51 nicht nur Sachsen-Meiningen sondern auch Brandenburg-Kulmbach-Bayreuth an. Dabei verlangten die rekurrierenden Reichsstände ein »Normativ[um] Imperii generalis«, um das Verhältnis zwischen Reichsfürsten und unmittelbarer Ritterschaft reichsgesetzlich zu regeln. Mit dieser Forderung wurde die reichsritterschaftliche Reichsunmittelbarkeit zur Disposition gestellt, um den Weg zur Mediatisierung der gesamten Reichsritterschaft zu bahnen. Doch im Gegensatz zur Kurlinie des Hauses Brandenburg weigerte sich die Mehrheit der Reichsstände, einen solchen Umsturz der Reichsverfassung mitzutragen. Stattdessen lehnte der Regensburger Reichstag im Reichsgutachten vom 23. Juli 1753, das der Kaiser modifiziert unterm 4. August des gleichen Jahres ratifizierte, das beantragte Reichsnormativ ab und erkannte damit indirekt die reichsrechtliche Gültigkeit der dem Consortium equestre verliehenen Privilegien an. Zugleich verwies die Regensburger Reichsversammlung die Streitigkeiten zwischen Reichsständen und -rittern dorthin, wohin sie nach den Reichsgrundgesetzen schon zuvor gehört hatten: zur prozessualen Klärung an

43 *Moser*, Neueste Geschichte II, S. 311 ff., 325 ff., 345 ff., 389 f. *Ders.*, Von denen Teutschen Reichs-Ständen, S. 1424 ff. *Aretin*, Das Alte Reich III, S. 53 f. Teilweise unzutreffend: *T. Schulz*, Kanton, S. 125 u. *H. Müller*, Kampf, S. 36 f.

44 *Moser*, Neueste Geschichte II, S. 88, 392 ff. *Press*, Angriff, S. 335 f.

45 *Moser*, Neueste Geschichte II, S. 449 f., 461 f. *Press*, Angriff, S. 336.

die obersten Reichsgerichte oder auf den gütlichen Ausweg von Vergleichsverhandlungen zwischen den Streitparteien[46].

Sowohl die Reichsritterschaft als auch Preußen zogen aus den Ereignissen der Jahre 1749/53 ihre Lehren, die in der Auseinandersetzung um die Mediatisierung der den fränkischen Markgrafentümern benachbarten Rittergenossen ab 1792/93 wirksam werden sollten. Dazu gehörte nicht zuletzt der anfängliche Versuch einer gütlichen Beilegung der bestehenden Landeshoheitsstreitigkeiten auf dem Vergleichswege[47]. Die Reichstagsrekurse von 1749/53 wurden von einer gewaltigen Anzahl an Traktaten und Flugschriften beider Seiten begleitet[48]. Diese stellten nicht nur für künftige Auseinandersetzungen zwischen Reichsständen und dem Corpus equestre einen geradezu unerschöpflichen Fundus an Rechtssätzen und Argumentationsstrukturen bereit. Sie wirkten darüber hinaus für einen Teil der reichsritterschaftlichen Publizistik gegen die preußische Mediatisierungspolitik an den Grenzen Ansbach-Bayreuths geradezu stilbildend[49]. Auch die Tatsache, dass die Reichsritterschaft 1795/96 die Möglichkeit erwog, die Übergriffe Berlins über einen neuen Reichstagsrekurs vor die Regensburger Reichsversammlung zu bringen, dürfte mit den Erfahrungen der Jahre 1749/53 zusammenhängen[50]. Umgekehrt beschritt Berlin diesen Weg bezeichnenderweise nicht in den Jahren, als es die Arrondierung der Grenzen seiner fränkischen Markgrafentümer auf Kosten des Corpus equestre betrieb[51]. Erst im Januar und erneut im März 1804, in einer völlig gewandelten verfassungs- und machtpolitischen Situation, forderte Berlin in Regensburg eine Entscheidung des Reichstages über die politische Zukunft der Reichsritterschaft. Zuvor hatte der pfalz-bayerische Schützling Preußens mit seiner aggressiven Außen- sowie seiner Mediatisierungspolitik auf Kosten der fränkischen Reichsritterschaft beinahe einen österreichischen Einmarsch provoziert, und damit Europa an den Rand eines neuen Koalitionskriegs getrieben[52].

46 *Moser*, Neueste Geschichte II, S. 435 ff., 442 ff., 455, 466 f., 474 ff., 575 f. (Zitat ebd., S. 508). *Ders.*, Von denen Teutschen Reichs-Ständen, S. 1428 ff. *Kerner*, Staats-Reichs-Recht, S. 91 f. *Neff*, Reichsritterschaft, S. 171 f. *T. Schulz*, Kanton, S. 125 ff. *Haug-Moritz*, Organisation, S. 16 ff. *Aretin*, Das Alte Reich III, S. 55 ff. *Willoweit*, Rechtsgrundlagen, S. 331 ff. *Press*, Kaiser und Reichsritterschaft, S. 186. *Ders.*, Angriff, S. 329, 337 ff. Vielfach unzutreffend: *Gaisberg-Schöckingen*, Reichsritterschaft, S. 454 f. – Das Reichsgutachten von 1753 relativierte damit auch die Bedeutung des ohnehin nicht rechtskräftig gewordenen von 1704 (*Kerner*, ebd., S. 91 f. *T. Schulz*, Kanton, S. 121 i. Verb. mit S. 128).

47 Siehe Kapitel V.4.1.

48 *Moser*, Von denen Teutschen Reichs-Ständen, S. 1374 ff. *Ders.*, Neueste Geschichte II, S. 438 ff., 462 ff., 472 f. *T. Schulz*, Kanton, S. 126. *Press*, Landesherrschaft, S. 111. *Ders.*, Angriff, S. 338 ff. *Willoweit*, Rechtsgrundlagen, S. 331 f.

49 Siehe Kapitel VIII.2.2 bis VIII.3.2.

50 Siehe Kapitel VI.2.

51 Siehe Kapitel V.4.2, VI.1 u. VII.1.

52 *Eberlein*, Bayerns Anteil, S. 85 ff., 99 ff., 210 Anm. 154. *H. Müller*, Kampf, S. 165 ff. – Speziell zur pfalz-bayerischen Mediatisierungspolitik siehe Kapitel IX.1. – Mit einer Mediatisierung der Reichsritterschaft über einen Reichstagsbeschluss hätte Berlin sich vor künftigen Ansprüchen

Ähnlich folgenreich wie die Reichstagsrekurse von 1749/53 war für die Unterwerfung der Ansbach-Bayreuth benachbarten Reichsritter durch Preußen nur noch die Hausmachtpolitik Habsburgs in Vorderösterreich sowie an den Grenzen Böhmens. Bekanntlich wurden in Wien spätestens seit der Mitte des 18. Jahrhunderts die Interessen des Kaisertums zunehmend von denjenigen Österreichs als europäischer Großmacht überlagert[53]. Die Folgen dieses Wandels bekamen die Freiherrn von Zedtwitz als gemeinsame Besitzer von Asch, einer reichsunmittelbaren protestantischen Herrschaft ohne Reichs- und Kreisstandschaft, schon bald zu spüren. Dieses Lehen der böhmischen Krone war nämlich im Grenzbereich zwischen dem fränkischen Markgrafentum Brandenburg-Kulmbach-Bayreuth, Kursachsen und den Ländern der Corona Bohemica gelegen[54]. Seit 1735/36 beanspruchte Prag die Landeshoheit über Asch als angeblichen Bestandteil des zur Böhmischen Krone gehörenden Egerischen Kreises[55]. Nach dem Frieden von Hubertusburg erhob der königlich böhmische Fiskal im Januar 1764 Anklage gegen die die Ansprüche Prags zurückweisenden Freiherrn von Zedtwitz wegen Felonie, also des Bruches der vasallitischen Lehens- und Treuepflichten. Bereits zuvor, 1763, hatten die böhmischen Behörden damit begonnen, der Herrschaft Asch einschlägige Verordnungen sowie die peinliche Gerichtsordnung der österreichischen Erblande aufzuzwingen. Dabei scheute Prag auch nicht vor Zwangsmaßnahmen wie der militärischen Exekution und einer mehrjährigen Besetzung des Territoriums der Freiherrn von Zedtwitz zurück[56]. Die Interventionen des Corpus Evangelicorum wurden von Wien ebenso zurückgewiesen wie es eine Zuständigkeit der ordentlichen und damit der obersten Reichsgerichte ablehnte[57]. Im November 1774 unterwarfen sich die meisten Freiherrn von Zedtwitz der böhmischen Landeshoheit und erhielten dafür in den sog. Temperamentspunkten vom 10. März 1775 den Status besonders privilegierter Landsassen zugestanden[58].

und Prozessen wegen seiner eigenen Okkupationen an den Grenzen Ansbach-Bayreuths sichern und vielleicht sogar sein Vorgehen gegen das Corpus equestre in den Jahren 1792/93 bis 1798 nachträglich legitimieren können (vgl. *H. Müller*, ebd., S. 167).

53 *Kraus*, Ende, S. 20 f. *Mazohl-Wallnig*, Zeitenwende, S. 164, 181, 210 ff. *Press*, Ende, S. 34 ff. *Sutter*, Kaisertreue, S. 259.

54 *Moser*, Von denen Teutschen Reichs-Ständen, S. 1506 f. [*Ders.*], Respectuose und gründliche Beantwortung, S. 4 ff., 57 ff., 69 ff., 115 f. [*Ders.?*], Die ältere Geschichte des Gerichtes Asch, S. 3, 20. *Alberti*, Beiträge II, S. 93, 99 ff. *Ders.*, ebd. III, S. 12 ff., 37 ff., 55 f.

55 *Moser*, Von denen Teutschen Reichs-Ständen, S. 1507. Ausführlich- und gründlicher Unterricht, S. 3 ff., 69 ff. *Alberti*, Beiträge III, S. 39 ff., 55.

56 *Moser*, Von denen Teutschen Reichs-Ständen, S. 1507. [*Ders.*], Respectuose und gründliche Beantwortung, S. 45. Pro Memoria der Freiherrn von Zedtwitz an das Corpus Evangelicorum, Regensburg, 14. September 1768, fortl. Ferneres Pro Memoria der Freiherrn von Zedtwitz an das Corpus Evangelicorum, Elster, 3. November 1768, S. 1 ff. *Alberti*, Beiträge III, S. 58 ff., 90 ff.

57 Ferneres Intercessions-Schreiben An Ihro Maj. die Kayserin und Königin zu Ungarn und Böhmen, S. 3 ff. *Moser*, Von denen Teutschen Reichs-Ständen, S. 1507. *Alberti*, Beiträge III, S. 59.

58 *Alberti*, Beiträge III, S. 60 ff.

Zwar waren weder die Herrschaft Asch noch die Freiherren von Zedtwitz dem Corpus equestre immatrikuliert[59]. Aber im Dreißigjährigen Krieg hatte die fränkische Reichsritterschaft Letztere als vermeintliche Rittergenossen namhaft gemacht und sich angeblich von 1608 bis ins 18. Jahrhundert wiederholt um eine engere Anbindung der Freiherren von Zedtwitz an das Consortium equestre bemüht. Dabei hatte der Ortsvorstand Gebürg noch 1748 in einem später gedruckten Schreiben argumentiert, dass die Freiherrn von Zedtwitz vormals zu den Ortskonventen zugelassen worden seien und Asch einst zur Rittertruhe des Kantons kollektabel gewesen sei[60]. Vor diesem Hintergrund fiel es Berlins Publizistik nicht schwer, wenige Jahrzehnte später die preußischen Mediatisierungen reichsritterschaftlicher Gebiete an den Grenzen Ansbach-Bayreuths mit dem Präzedenzfall Asch zu rechtfertigen und dabei ganz ähnliche Argumente wie einst Wien ins Feld zu führen[61].

Doch nicht nur an den Grenzen Böhmens, auch in Schwaben erlegten sich die habsburgischen Behörden immer weniger Zurückhaltung auf, wenn es darum ging, die Interessen der österreichischen Hausmacht einseitig und auf Kosten der benachbarten schwäbischen Rittergüter durchzusetzen[62]. Dabei konnte der reichsritterschaftliche Adel innerhalb der Grenzen der Landvogtei Schwaben ungeachtet aller Auseinandersetzungen seine Reichsunmittelbar-

59 [*Moser*], Respectuose und gründliche Beantwortung, S. 61 ff., 76 ff.

60 [*Moser*], Respectuose und gründliche Beantwortung, S. 60, 99 ff., 108. Schreiben des Ortsvorstandes Gebürg an die Freiherrn von Zedtwitz, Bamberg, 30. März 1748, in: [*Moser*], ebd., Beilagen, Nr. 5, S. 3–4, hier: S. 3 f. Ausführlich- und gründlicher Unterricht, S. 94 ff. Weitere Ausführung Des Im Jahr 1767. herausgekommenen ausführlichen und gründlichen Unterrichtes, S. 302 ff., 318 f. Schreiben von Hans Adam und Hans Berthold von Zedtwitz an die Räte und Kommissäre des Egerschen Kreises, Neidberg, 18. November 1615, ebd., Beilagen, Nr. F, S. 24–31, hier: S. 28 f. Extrakte aus den Gebürgischen Ortsmatrikeln und anderen beglaubigten Urkunden, die die Familie von Zedwitz betreffen, ebd., Beilagen, Nr. N 5, S. 204–211, hier: S. 204 ff. – Auch Kursachsen und Brandenburg-Kulmbach hatten in den religiösen Auseinandersetzungen der ersten Hälfte des 17. Jahrhunderts wiederholt gegenüber Wien damit argumentiert, dass die Freiherrn von Zedtwitz die Vorrechte der fränkischen Reichsritterschaft genießen würden. Vor allem aber hatten Letztere 1710 selbst die uralte Zugehörigkeit ihrer Besitzungen zum Kanton Gebürg behauptet sowie ihre Freiheiten und Gerechtsame wiederholt mit einer Verbindung und rechtlichen Gleichstellung mit der fränkischen Reichsritterschaft begründet – auch wenn sie deren im 16. Jahrhundert entstandener Organisation nicht beigetreten wären. Ihre weitgehende Kirchenhoheit leiteten die Freiherrn von Zedtwitz beispielsweise aus dem schon vorgestellten Art. V § 28 des IPO ab, in dem das reichsritterschaftliche Reformationsrecht behandelt wurde ([*Moser*], Respectuose und gründliche Beantwortung, S. 69 ff., 96 ff. Ausführlich- und gründlicher Unterricht, S. 88 f., 94 f., 112 ff. Weitere Ausführung Des Im Jahr 1767. herausgekommenen ausführlichen und gründlichen Unterrichtes, S. 131, 137 f., 286 f., 294 ff., 311, 317 f. *Alberti*, Beiträge II, S. 69, 93).

61 Siehe Kapitel VIII.2.2.

62 Zu den sich im späten 18. Jahrhundert ereignenden Eingriffen in reichsritterschaftliche Rechte und Freiheiten durch die verschiedenen vorderösterreichischen Behörden im Allgemeinen sowie die Landgrafschaft Nellenburg im Besonderen siehe auch: Abschrift der Instruktion für den Ablegaten des Kantons Hegau-Allgäu-Bodensee Freiherr von Hornstein-Biningen, Worblingen, 14. August 1790, GLA Karlsruhe, 123, Fasz. 1033, HStA Stuttgart, B 579, Bü 514: fortl. u. HStA Stuttgart, B 579, Bü 515: fortl.

keit noch einigermaßen behaupten. War es hier in der Vergangenheit nur zu zeitweise offen betriebenen Mediatisierungsversuchen Wiens gekommen, bildete die ebenfalls in habsburgischer Hand befindlichen Landgrafschaft Nellenburg einen beständigen Krisenherd. Im Nellenburger Regalien- und Landgerichtsbezirk lagen nämlich zahlreiche immediate Rittergüter des Bezirks Hegau. Zwar war im ausgehenden 15. und im 16. Jahrhundert immer wieder der Versuch unternommen worden, reichsritterschaftliche und österreichische Befugnisse und Gerechtsame gegeneinander abzugrenzen. Aber dennoch rissen die Auseinandersetzungen um Steuer-, Zoll-, Militär-, Kirchen-, Geleit-, Jagd- und Forstrechte sowie insbesondere um Jurisdiktions- und Polizeygerechtsame bzw. das Recht zu Gebot und Verbot nicht ab. Vielmehr verdichteten sich im Verlauf des 18. Jahrhunderts die Eingriffe des in Stockach residierenden Oberamtes und Landgerichts Nellenburg in zentrale reichsritterschaftliche Gerechtsame und Freiheiten derart, dass die reichsunmittelbare Stellung der Rittergüter zunehmend ausgehöhlt wurde und sie – wie es Franz Werner Ruch formulierte – faktisch zu »Patrimonialbesitzungen unter österreichischer Oberhoheit« herabsanken[63].

Noch dramatischer als in der Landgrafschaft Nellenburg vollzog sich die österreichische Herrschaftsintensivierung in der nahen Markgrafschaft Burgau. Hier unterstanden nicht mehr als vier sog. Kameralherrschaften, Anteile an verschiedenen Kondominatsorten sowie die sog. Dominien der vollen habsburgischen Landeshoheit. Über alle anderen im Regalien- bzw. Hochgerichtsbezirk der Markgrafschaft inklavierten Herrschaften verschiedener Reichsstände und Reichsritter des Kantons Donau, den sog. Insassen, hatte Wien nur einzelne landesherrliche Rechte hergebracht. Zwar waren im 16. und 17. Jahrhundert mit den sog. »Interimsmitteln« und dem sog. »Eventualrezess« Kompromisse in der Ausübung obrigkeitlicher Gerechtsame gefunden sowie verschiedene Vergleiche über einzelne Streitfragen geschlossen worden. Aber all diese Übereinkommen konnten den seit Jahrhunderten schwelenden »Insassenstreit« um die Rechtsstellung und damit die Frage von Reichsunmittelbarkeit oder Landsassiat der in die Markgrafschaft eingeschlossenen Besitzungen von außerhalb Burgaus immediaten Reichsgliedern nicht beilegen[64]. Vielmehr traten die Auseinandersetzungen 1780 in eine neue Phase,

63 *Moser*, Neueste Geschichte II, S. 198 ff., 208, 241 f., 251 ff., 267 f. *Kerner*, Staats-Reichs-Recht, S. 68 ff. *Danner*, Reichsritterschaft (1969), S. 14, 27 ff., 92. *Ders.*, Studien, S. 97 f., 105. *Ruch*, Verfassung, S. 7 f., 70 ff., 98 (Zitat ebd., S. 98). *Roth von Schreckenstein*, Geschichte II, S. 471 ff. *Ruch*, ebd., Anhang, Nr. Iva-IVe, S. 6–71, hier: fortl. *Endres*, Oberschwäbischer Adel, S. 31 ff.

64 *Sartori*, Staats-Geschichte, S. 159 ff., 184 ff., 233 ff., 295 ff., 443 ff. Chrismar, Nothwendige Beleuchtung, S. 23 ff., 91 ff. Promemoria an des Kaiserlichen Herrn Ministers Freyherrn von Lehrbach Excellenz, S. 3 ff. *Moser*, Rechtliches Gutachten, S. 5 f., 27 ff., 134 ff. Augenblicklich erweisliche, und unmöglich standhaft zu widerlegende, Gründe, S. 3 ff. Weyl. des Durchleuchtigisten Fürsten und Herrn, Herrn Ferdinand Carl …, S. 3 ff. *Wüst*, »IUS SUPERIORITATIS TERRITORIALIS«, S. 209 ff. *Ders.*, »partielle Landeshoheit«, S. 69 ff., 81 ff. *Fried*, Markgrafschaft, S. 135 (Zitat ebd.). *Layer/Wüst*, Besitzungen, S. 348 ff. *Layer/Lengger*, Reichsritterschaft, S. 391 ff.

nachdem die österreichischen Behörden bereits seit der Mitte der 1760er Jahre ihre Bemühungen intensiviert hatten, den Landeshoheitsanspruch Habsburgs gegenüber den sog. Burgauischen Insassen zur Geltung zu bringen. Zwar erklärte sich Maria Theresia am 1. September 1780 bereit, die österreichischen Landeshoheitsansprüche über die reichsunmittelbaren Insassen der Markgrafschaft einem Schiedsgericht zu unterwerfen. Jedoch wies die Königin am 2. Oktober 1780 ihre vorderösterreichischen Behörden an, bis zu dessen Spruch die österreichische Landeshoheit in all denjenigen Fällen provisorisch auszuüben, die nicht vertraglich eindeutig geregelt seien. Darunter waren vor allem die 1653 verlängerten »Interimsmittel« zu verstehen, wobei die umstrittene, von Wien offiziell verneinte Frage zweitrangig war, ob diese generell für aufgehoben anzusehen seien oder nicht: Zwar wurden in den »Interimsmitteln« verschiedene, insbesondere gerichtliche Rechte geregelt, aber beispielsweise die Militär- und Kirchenhoheit, viele Aufgaben der Polizey sowie die Begriffe Landesherrlichkeit bzw. -hoheit und Reichsunmittelbarkeit nicht einmal erwähnt[65]. Auch nach dem keine zwei Monate später eingetretenen Tod Maria Theresias hielt Wien an dem von der einschlägigen Forschung bisher unbeachteten »Provisorium« von 1780 fest. Da auch der Spruch des Schiedsgerichts nicht erfolgte, blieb es bis zur Abtretung der Markgrafschaft Burgau an das neue Königreich Bayern im Dezember 1806 bestehen[66]. Auf diese Weise wurden die betroffenen reichsritterschaftlichen Herrschaften de facto in wesentlichen Bereichen aus ihrer Reichsunmittelbarkeit und Landesherrlichkeit verdrängt[67]. Mit seinem streckenweise von offener Gewaltanwendung überschatteten Vorgehen bei der Durchsetzung der habsburgischen Herrschaftsansprüche in der Landgrafschaft Nellenburg und insbesondere in der Herrschaft Asch sowie in der Markgrafschaft Burgau hatte Wien sein Ansehen als Garant der Reichsverfassung nachhaltig beschädigt und der Auflösung der tradierten Rechtsordnung Vorschub geleistet. Als Berlin daran ging, die seinen fränkischen Provinzen benachbarten Reichsritter zu unterwerfen, konnte es sein einseitiges Vorgehen unter Missachtung der Reichs-

65 Promemoria an des Kaiserlichen Herrn Ministers Freyherrn von Lehrbach Excellenz, S. 3 ff., 11 f. *Sartori*, Staats-Geschichte, S. 310 ff., 418 ff. *Chrismar*, Nothwendige Beleuchtung, S. 106 ff. Weyl. des Durchleuchtigisten Fürsten und Herrn, Herrn Ferdinand Carl …, S. 3 ff. Augenblicklich erweisliche, und unmöglich standhaft zu widerlegende, Gründe, S. 14 f. *Moser*, Rechtliches Gutachten, S. 3, 44 f.

66 Abschrift des Schreibens Kaiser Josephs II. an Kurfürst Clemens Wenzeslaus als Fürstbischof von Augsburg, Wien, 28. Januar 1782, HStA Stuttgart, B 572 Au, Bü 1218 III. *Sartori*, Staats-Geschichte, S. 435 ff. *Chrismar*, Nothwendige Beleuchtung, S. 110 ff. Promemoria an des Kaiserlichen Herrn Ministers Freyherrn von Lehrbach Excellenz, S. 11 (Zitat ebd.). Vgl. auch *Montgelas* (Hg.), Denkwürdigkeiten, S. 74 f. u. *Wüst*, »partielle Landeshoheit«, S. 79 f.

67 Promemoria an des Kaiserlichen Herrn Ministers Freyherrn von Lehrbach Excellenz, S. 12. *Moser*, Rechtliches Gutachten, S. 45. Augenblicklich erweisliche, und unmöglich standhaft zu widerlegende, Gründe, S. 15. *Chrismar*, Nothwendige Beleuchtung, S. 110.

justiz ausgerechnet mit der analogen Politik seines Erzfeindes, nämlich Österreichs, rechtfertigen[68].

Zusammenfassend lässt sich konstatieren, dass 1792/93, als Preußen zur Unterwerfung der Ansbach-Bayreuth benachbarten Reichsritter ansetzte, sowohl die Reichsadligen als auch die königlichen Beamten auf ein Reservoir von Vorgehensweisen und Argumentationsmustern zurückgreifen konnten, die in einer mehr als zweihundertjährigen Auseinandersetzung um die reichsritterschaftliche Rechtsstellung erprobt und verfeinert worden waren.

2. Die Auswirkungen von Revolution und Reichskrieg auf die reichsritterschaftliche Unmittelbarkeit: 1789 – 1797/99

»Wenn aber je der Fall eintritt, wo gut[er], und behufiger Rath theüer ist, so ist es ganz gewis der gegenwärtige, wo Deütschland, ja ganz Europa sich in einer gefährlichen Chrisi, und in einem grundverderblichen Krieg verwikelt befindet, dessen Ausgang eben so ungewis ist, als dessen Fortsezung in Ansehung der Mittel weniger Ruksicht auf besondere Lagen, und Verhältnisse erlaubet, und so manches Opfer zur Rettung des ganzen, und so manche Schonung zur Nothwendigkeit machet, daß sich sehr zweifeln lasset, ob so lang dieser Krieg fortdauret, sich überhaupts etwas werde ausrichten lassen, mithin die HauptAbsicht dermalen nur dahin zu richten seyn möchte, seine Rechten [!] aufrecht zu erhalten, und die ohnwiderstehlich-grössere Gewalt nicht selbst zu reizen«. Dieser Rat des Generaldirektoriums aller drei Ritterkreise an das fränkische Spezialdirektorium wurde im Frühherbst 1794 anlässlich der preußischen Übergriffe auf das Corpus equestre zu Papier gebracht[69]. In ihm spiegelte sich die Erkenntnis, dass die Bedrohung der reichsritterschaftlichen Unmittelbarkeit durch Berlin aufs Engste mit denjenigen Umwälzungen zusammenhing, die im letzten Jahrzehnt des 18. Jahr-

68 Siehe Kapitel VIII.2.2. – Angesichts der rücksichtslosen Durchsetzung der habsburgischen Hausinteressen in den letzten Jahrzehnten des Alten Reichs nahm sich die Politik des Fürstbischofs von Speyer, der zwischen 1784 und 1789 an den Reichstag rekurrierte, geradezu harmlos aus. Dabei führte er Beschwerde über reichsgerichtliche Verfügungen zugunsten des reichsritterschaftlichen Abzugsrechts. Es ging mithin nicht um die politische Existenz des Corpus equestre an sich, sondern allein um die Frage, ob die mobile Hinterlassenschaft derjenigen Rittergenossen, die im Hochstift mittelbaren Besitz hatten bzw. im fürstbischöflichen Dienst gestanden waren, der Nachsteuer zu unterwerfen sei. Der Umstand, dass die Speyrer Beschwerden in Regensburg allem Anschein nach nicht einmal zur Verhandlung gediehen, war theoretisch dazu geeignet, in Berlin den Reichstagsrekurs als denkbaren Weg zur Beschneidung der reichsritterschaftlichen Vorrechte erneut in Misskredit zu bringen (Komitial-Begebenheiten des Jahrs 1789 (Teutsche Staatskanzley), S. 189 f. *Stammler*, Zeiten, S. 470 ff.).

69 Schreiben des Ortsvorstandes Donau an den Ortsvorstand Rhön-Werra, Ehingen, 3. September 1794, StA Marburg, 109, Nr. 311, Bd. 3, Dok. 191.

hunderts das Alte Reich und große Teile des Kontinents erschütterten[70]. Die Französische Revolution und die aus ihr erwachsenden kriegerischen Verwicklungen hatten nämlich dramatische Folgen für die Reichsritterschaft. Diese wirkten wie ein Katalysator auf die Unterwerfung der rechtsrheinischen Reichsritterschaft im Allgemeinen und die preußischen Mediatisierungen reichsritterschaftlicher Herrschaften im Besonderen. Dabei interessieren die mehrheitlich außerhalb unseres Untersuchungsgebiets zu beobachtenden Veränderungen organisatorischer Natur wenig. Diese drückten sich in der dauerhaften Verlegung von Ritterkanzleien an sichere Orte[71] ebenso aus, wie in der Flüchtung ihrer Archive und Registraturen[72] sowie im kriegsbedingten Ausbleiben einiger reichsritterschaftlicher Konvente[73]. Vielmehr geht es um die massive Erschütterung des sozio-ökonomischen und insbesondere des reichsrechtlichen Fundaments der reichsritterschaftlichen Unmittelbarkeit durch die politischen sowie die militärischen Ereignisse seit 1789/90. Gerade

70 Zu den folgenden Ausführungen über die Auswirkungen der Französischen Revolution und des Reichskriegs auf das Corpus equestre sowie dessen wirtschaftliche Lage siehe auch: *Andermann*, Landwirtschaft, S. 61, 66 ff.; *Demel*, Struktur, S. 300 f.; *Press*, Ritterschaft am Neckar, S. 253 ff.; *Ders.*, Kaiser und Reichsritterschaft, S. 190 ff.; *Fehrenbach*, Adel, S. 170 ff.; *Dipper*, Adel, S. 94 f.; *Ders.*, Reichsritterschaft, S. 55 ff.; *T. Schulz*, Mediatisierung (1988), S. 326 ff.; *Mauchenheim*, Ritterschaft I, S. 300 ff., 339; *Bader*, Reichsadel, S. 252 ff.; *Roth von Schreckenstein*, Geschichte II, S. 479.

71 *H. Müller*, Kampf, S. 50 f.

72 Beispielsweise waren die drei rheinischen Kantone gezwungen, ihre Archive und Registraturen vor den vorrückenden französischen Truppen in Sicherheit zu bringen, was zusammen mit den unsicheren und teils unterbrochenen Postverbindungen sowie der Flucht der Ortsvorstände zur zeitweisen Einstellung der inner- und interkantonalen Korrespondenz führte und wichtige Entscheidungsprozesse blockierte (Abschrift des Schreibens des Ortsvorstandes Mittelrhein an den Ortsvorstand Niederrhein, Burg Friedberg, 19. Dezember 1792, StA Ludwigsburg, B 575 III, Bü 902. Abschrift des Schreibens des Ortsvorstandes Mittelrhein an den Ortsvorstand Niederrhein, Burg Friedberg, 15. Februar 1793, ebd. Abschrift des Schreibens des Ortsvorstandes Mittelrhein an den reichsritterschaftlichen Agenten Fichtl zu Wien, Burg Friedberg, 13. Februar 1793, ebd. Schreiben des Ortsvorstandes Mittelrhein an den Reichshofvizekanzler Fürst von Colloredo-Mansfeld, Burg Friedberg, 16. März 1793, ebd. Schreiben des Ortsvorstandes Oberrhein an den Reichshofvizekanzler Fürst von Colloredo-Mansfeld, o.O., 26. April 1793, StA Darmstadt, F2, Nr. 7/3). In Schwaben evakuierte zum Beispiel der Bezirk Allgäu-Bodensee seit Ende Juli 1796 sein Archiv und schaffte es von Lindau über den Bodensee nach Rohrschach in der Schweiz, nachdem die Revolutionstruppen den Rhein bei Kehl überschritten hatten, um anschließend Schwaben zu besetzen. Erst im August 1797 kehrten die Dokumente in die Wangener Ritterkanzlei zurück (HStA Stuttgart, B 574 Au, Bü 728: fortl.).

73 Zum Beispiel verhinderten die Kriegswirren 1792 und 1796 die Abhaltung der angesetzten Orts- und Ritterratskonvente des Kantons Mittelrhein sowie im Herbst 1796 den Wahlkonvent des Orts Rhön-Werra (Schreiben des Ortsvorstandes Mittelrhein an die Nassau-Usinger Regierung zu Wiesbaden, Burg Friedberg, 29. Oktober 1796, StA Darmstadt, F1, Nr. 32/2. Schreiben des Ortsvorstandes Mittelrhein an die Ritteräte des Kantons, Burg Friedberg, 19. April 1793, StA Darmstadt, F1, Nr. 189/7. Gedrucktes Schreiben des Ortsvorstandes Mittelrhein an den Reichsgrafen Johann Friedrich Karl von Ostheim, Burg Friedberg, 22. August 1792, StA Darmstadt, O1 A, Nr. 9/32. Zirkularschreiben des Konsulenten Johann Heinrich Pollich und des Syndicus Joh. Christ. Gott. Stoer an den Ortsvorstand Rhön-Werra mit dessen Voten, Schweinfurt, 30. September 1796, StA Marburg, 109, Nr. 521).

die angedeutete, die Verfassungswirklichkeit des Alten Reiches und seiner Schutzmechanismen betreffende Dimension des Koalitions- und Reichskrieges hat eine auf das Schicksal der mittleren und großen Territorien des Reichsverbandes fokussierte Forschung bis heute nicht angemessen gewürdigt.

Die politische Situation des Alten Reichs und Kontinentaleuropas, in der seit 1792/93 die reichsunmittelbare Stellung eines großen Teils der Reichsritterschaft durch Preußen zerschlagen wurde, hatte nur noch wenig gemein mit derjenigen von 1750/53 – also den Jahren, in denen der letzte große Anlauf zur Unterwerfung des Corpus equestre erfolgt war: Im Ringen um das sog. Normativum Imperii generalis zur reichsgesetzlichen Bestimmung des Verhältnisses zwischen Reichsfürsten und unmittelbarer Ritterschaft konnte sich das Consortium equestre umso leichter auf Wien stützen, als Berlin damals zu den Antipoden der ritterschaftlichen Unmittelbarkeit gehörte[74]. Auf diese Weise konnte die Reichsritterschaft von der Rivalität der beiden deutschen Großmächte profitieren, die seit 1740 zu einer festen Konstante in der Reichspolitik geworden war. Im Frühjahr 1790 standen sich ein weiteres Mal die Heere Preußens und Österreichs an der Grenze Böhmens feindlich gegenüber. Doch zum erwarteten Kriegsausbruch kam es nicht. Stattdessen legten die beiden Großmächte ihre machtpolitischen Differenzen in Belgien und Ostmitteleuropa friedlich in der Konvention von Reichenbach vom 27. Juli 1790 bei. Damit wurde in völliger Abkehr von der seit Friedrich II. und Maria Theresia gepflogenen Politik eine Annäherung zwischen Wien und Berlin eingeleitet, die die weiter bestehende Rivalität der beiden Höfe für mehrere Jahre überlagerte. Den Höhepunkt des neuen Einvernehmens zwischen Preußen und Österreich markierte der förmliche Bündnisvertrag vom 7. Februar 1792. Sein Abschluss stand bereits unter dem Eindruck der wachsenden Spannungen zum revolutionären Frankreich. Diese entluden sich, als am 20. April 1792 die Girondisten in der Pariser Nationalversammlung die Kriegserklärung gegen den künftigen Kaiser Franz II. als König von Ungarn und Böhmen durchsetzten. Der folgende Feldzug Österreichs und Preußens gegen Frankreich sollte in erster Linie die territorialen Expansionsgelüste der beiden deutschen Großmächte befriedigen. Der Schutz des Reichsverbandes und seiner durch die Beschlüsse der Pariser Nationalversammlung geschädigten Glieder spielte dagegen bestenfalls eine sekundäre Rolle[75]. Kein Jahr nach dem Ausbruch des Konfliktes erfüllte sich die Befürchtung vieler Reichsstände, »daß zwey Mächte des Reichs aus eigener

74 Siehe Kapitel IV.4.1.

75 Ueber die Beschwerden des Reichs (Teutsche Staatskanzley (1798)), S. 89 f., 197, 224 ff., 237 ff. *Aretin*, Das Alte Reich III, S. 371 ff., 395 f. *Sheehan*, Ausklang, S. 199 ff. *Biro*, German Policy I, S. 38 f., 44 f., 54 ff., 165 f. – Siehe hierzu auch die trotz ihres nationalistisch-großdeutschen Grundtons aufgrund ihrer Detailfülle noch immer hilfreichen Ausführungen in der Revolutionsgeschichte *Heinrich von Sybels* (Geschichte I, S. 197 ff. 227 ff., 348 ff., 370 ff. Geschichte II, S. 171 ff.).

Willkühr und Gutfinden einen Privatkrieg zu einem allgemeinen Reichskrieg umschaffen wollen«[76]: Mit der faktischen Erklärung des Reichskriegs am 22. März 1793 wurde das Alte Reich endgültig in den französischen Krieg hineingezogen, der nicht nur das Gesicht Europas veränderte, sondern auch der Mediatisierung zahlreicher reichsritterschaftlicher Herrschaften durch Preußen Vorschub leistete[77].

2.1 Die Schwächung des wirtschaftlichen Fundaments der ritterschaftlichen Landesherrlichkeit und die sozialen Folgen der Ideen von 1789

Eine nicht unerhebliche Gefährdung der reichsritterschaftlichen Unmittelbarkeit stellte die massive Schwächung ihrer ökonomischen und die potentielle Bedrohung ihrer sozialen Basis dar, die durch die politischen Umwälzungen in Frankreich seit 1789 und den folgenden Revolutionskrieg ab 1792 verursacht wurden, und die als Nächstes eingehender zu betrachten ist.

Auch noch am Vorabend der Französischen Revolution gab es recht erfolgreich wirtschaftende reichsritterschaftliche Herrschaften sowie Rittergenossen, die versuchten, durch die Vergabe von zinspflichtigen Krediten, die Errichtung kleiner Manufakturen oder die Anlage von Bergwerken zusätzliche Erwerbsquellen außerhalb der Landwirtschaft zu erschließen. Manches reichsritterschaftliche Geschlecht wie beispielsweise das Gesamthaus der von Riedesel, die Thüngen oder Schlitz gen. Goertz herrschten über Territorien, die sich an Größe und Untertanenzahl mit mancher Reichsgrafschaft oder Reichsstadt messen konnten. Der aus allen drei Ritterkreisen stammende und jüngst von William D. Godsey Jr. untersuchte Stiftsadel in Kurmainz konnte sich beim Ausbruch der Koalitionskriege sogar mehrheitlich eines ansehnlichen Wohlstandes erfreuen. Auch für drei ökonomisch und politisch besonders potente Geschlechter des Bezirks Hegau im Kanton Hegau-Allgäu-Bodensee hat Wilfried Danner einen zunehmenden Reichtum für die Zeit zwischen der zweiten Hälfte des 17. und dem ausgehenden 18. Jahrhundert konstatiert, sodass einige reichsritterschaftliche Familien »nicht selten als Finanziers auftreten konnten«. Sehr viel bescheidener sahen dagegen die wirtschaftlichen Verhältnisse vieler anderer reichsritterschaftlicher Geschlechter aus. Nicht nur für die rheinischen Kantone muss von »einer größeren Anzahl von relativ armen Familien« gesprochen werden. Ähnlich prekäre Vermögensverhältnisse sind von Gert Kollmer auch für die Mitglieder einiger Kantone Schwabens festgestellt worden, wo – genau wie in Franken – ein erheblicher Teil der Reichsritter protestantisch, und damit von den lukrativsten Versorgungsstellen der Reichskirche abgeschnitten war: Hier lebte

76 Auszug aus dem 39. Bericht der pfalz-bayerischen Kreisgesandtschaft zu Nürnberg an Kurfürst Karl Theodor, Nürnberg, 31. Mai 1792, BayHStA, K. schw. 14478, fol. 5–6, hier: fol. 5 f.

77 *Aretin*, Das Alte Reich III, S. 398 f. *Biro*, German Policy I, S. 92.

ein erheblicher Teil der reichsritterschaftlichen Realisten in beschränkten oder geradezu »katastrophale[n]« ökonomischen Verhältnissen. Eine wichtige Rolle spielten dabei die Unkosten einer standesgemäßen Lebensführung, die vielfach die Einnahmen aus Grundherrschaft und Eigenwirtschaft überstiegen. Hinzu kamen wirtschaftliche Unkenntnis und Fehler, die Verhaftung in traditionellen Verhaltensmustern, hohe Ausgaben zur Ausbildung und für die Kavalierstouren der reichsritterschaftlichen Söhne, die Aufwendungen für Mitgift, Morgengabe, Apanagen und die sog. Widerlegung des Heiratsgutes durch den Bräutigam, die erheblichen Aufnahmegebühren der adligen Damenstifter für die reichsritterschaftlichen Töchter, die ökonomischen Folgen der Erbteilungen, strukturelle Probleme der Rittergüter, das Phänomen der sog. Verschwender innerhalb der ritterschaftlichen Familien sowie finanzielle Einbußen durch Missernten und Viehseuchen. Überschuldung, Zwangsverwaltung durch die Kantone und Konkurs waren vielfach die unvermeidliche Folge[78].

Insbesondere für die zahlreichen am Rande des finanziellen Ruins wirtschaftenden Rittergenossen konnte jede weitere pekuniäre Belastung fatale Folgen für die Behauptung ihrer Reichsunmittelbarkeit haben: Schließlich wurden die Rittergüter noch empfindlicher gegen wirtschaftlichen Druck und Boykottmaßnahmen ihres preußischen Nachbarn, dem damit eine effektive Waffe im Kampf gegen die ritterschaftliche Rechtsstellung in die Hand gegeben wurde. Vor allem aber musste die ökonomische Überbeanspruchung zahlreicher Rittergüter die Bereitschaft ihrer Besitzer erhöhen, ihre Reichsunmittelbarkeit aufzugeben, wenn das Landsassiat die Aussicht auf eine wirtschaftliche Entlastung oder die Bewahrung vor dem endgültigen Ruin eröffnete. Umgekehrt konnte der drohende Verlust eines Teils der ohnehin schon begrenzten reichsritterschaftlichen Einnahmequellen infolge einer

78 Abschrift des Promemorias des Hegauer Ritterrats Joseph Freiherr von Hornstein-Biningen an alle Kantone, o.O., [ca. Juni 1792], StA Ludwigsburg, B 575 III, Bü 901. *Godsey Jr.*, Nobles, S. 17 ff. *Ders.*, Adel, S. 23 ff. (Zitat ebd., S. 29). *Endres*, Grundlagen, S. 217 ff., 229 ff., 237. *Weiss*, Reichsritterschaft, S. 294 ff., 308. *Kollmer*, Reichsritterschaft, S. 41–321: fortl. (Zitat ebd., S. 226). *Ders.*, Lage, S. 286 ff. *H. H. Hofmann*, Herrschaft, S. 134 ff. *Kullen*, Einfluß, S. 115 ff. *Hanna*, Ministerialität, S. 785. *Heller*, Peuplierungspolitik, S. 207 ff. *H. Müller*, Kampf, S. 22 ff., 143. *Danner*, Reichsritterschaft (1969), S. 13 f., 43 ff., 75 f. (Zitat ebd., S. 64). *Ders.*, Studien, S. 95, 128. – Nach Kollmer sollten die wirtschaftlichen Einbußen der reichsritterschaftlichen Haushalte durch die Münzverschlechterung während des Siebenjährigen Krieges nicht überbewertet werden. Zwar schlug die Minderung des realen Münzwertes direkt auf den Wert der in Geld fixierten Abgaben der Leib- und Grundholden sowie vergleichbare Einnahmen durch, hatte finanzielle Einbußen bei Umtauschgeschäften zur Folge und führte schließlich zu sog. Münzverrufungen und -reformen, die wiederum das allgemeine Preisniveau nach oben trieben. Aber die überproportional positive Entwickung der Agrarpreise in der zweiten Hälfte des 18. Jahrhunderts vermochte diese negativen Folgen der Geldpolitik mehr oder weniger zu kompensieren (*Kollmer*, Reichsritterschaft, S. 158 ff. *Ders.*, Lage, S. 292 f.). – Als Beispiel für die vermögende Minderheit der reichsritterschaftlichen Korporation können die Freiherrn von Aufseß dienen, die noch in der ersten Hälfte des 18. Jahrhunderts 60.000 fl. für den Markgrafen von Bayreuth verleihen konnten (*Endres*, Erbabreden, S. 71).

Mediatisierung manchen Rittergenossen zu hartnäckigerem Widerstand gegen die norddeutsche Großmacht motivieren. Während vor allem die beiden zuletzt genannten Aspekte eine nicht unerhebliche Rolle in der letzten Phase der Unterwerfung der Ansbach-Bayreuth benachbarten Reichsritter spielen sollten[79], nutzte Berlin – wie noch zu zeigen sein wird – die Verschuldung reichsritterschaftlicher Herrschaften bei reichsständischen Untertanen nicht zu seinen Gunsten aus: Hier hätte sich theoretisch eine Möglichkeit für Preußen zum Eingreifen geboten, die in »eine faktische Mediatisierung« münden konnte[80]. Für die Rittertruhen der Kantone bedeuteten die enormen ökonomischen Lasten des Reichskrieges, dass eine Sperrung der Rittersteuer durch Berlin sie noch weit empfindlicher und härter treffen musste als dies ohnehin der Fall gewesen wäre, was wiederum den Handlungsspielraum der Ritterorte zur Verteidigung der politischen Existenz ihrer Mitglieder zusätzlich beschränken konnte[81].

Derartige Folgen waren allerdings in den ersten Jahren, die auf dem Pariser Bastillesturm folgten, für die seit 1792 von der preußischen Expansionspolitik erfassten Kantone noch keineswegs absehbar: Die Dekrete, mit denen die französische Nationalversammlung zwischen dem 4./5. August 1789 und dem 17. Juli 1793 die unterelsässische Ritterschaft samt den adligen Privilegien und grundherrlichen Gerechtsamen entschädigungslos aufhob, bedeuteten zwar auch für manches mitbetroffene reichsritterschaftliche Geschlecht einen empfindlichen Schlag. Aber im Gegensatz zum rechtsrheinischen Bezirk Ortenau, in dem mehr als die Hälfte seiner Mitgliedsfamilien den Löwenanteil ihres Vermögens einbüßten, waren die seit 1792 von Berlin bedrohten Kantone von der revolutionären Gesetzgebung für das untere Elsass nicht betroffen[82].

79 Siehe Kapitel VII.1 u. VII.2.

80 Vgl. *Godsey Jr.*, Adel, S. 26. – Auch *Godseys* Meinung (ebd., S. 26), dass der wirtschaftliche Ruin der einzelnen Reichsritter eine Gefahr für die politische Existenz des Corpus equestre bedeutet habe, da sich die an die Kantonskassen abgeführten Rittersteuern vermindert hätten, ist zu relativieren: Im Gegensatz zu den rheinischen Kantonen trugen im fränkischen und schwäbischen Ritterkreis die Rittergenossen – sofern sie über eigene Untertanen herrschten – im Regelfall gar nicht selbst zur Schatzungssteuer für die Rittertruhe bei (*Kerner*, Staats-Genossenschaftsrecht, S. 175 f., 334 ff.).

81 Siehe Kapitel VII.1.

82 Promemoria des Bezirks Ortenau an den Ortsvorstand Donau und die einzelnen Ritterkreise, o.O., [ca. Mai 1790], HStA Stuttgart, B 579, Bü 141. Abschrift des Bittschreibens des Direktoriums von Ortenau an den Kaiser, o.O., [ca. Mai 1793], ebd. Schreiben des Direktoriums Ortenau an den Ortsvorstand Donau, Offenburg, 26. Juni 1795, HStA Stuttgart, B 572 Au, Bü 1143. Verzeichnis der durch die Beschlüsse der französischen Nationalversammlung geschädigten reichsritterschaftlichen Mitglieder, o.O., August 1795, HStA Stuttgart, A 164, Bü 48. – Speziell zum Ablauf der Zerschlagung der unterelsässischen Ritterschaft siehe Kapitel I.3.1. – Die im Bezirk Ortenau immatrikulierten Familien, die als Teil der unterelsässischen Ritterschaft durch die Französische Revolution in Mitleidenschaft gezogen wurden, waren u. a. die Geschlechter von Berkheim, Waldner von Freundstein, von Oberkirch, von Mullenheim, Gayling von Altheim, Eckbrecht von Dürckheim, von Zorn, von Schauenburg, von Serpes Moerbourg, Rathsamhausen zu Ehenweyer, von Rathsamhausen [andere Linie], Böcklin von Böcklinsau, von

Ähnlich verhielt es sich in Lothringen: Zwar gingen auch hier dem Corpus equestre durch die Dekrete der Pariser Nationalversammlung mit den »droits seigneuriaux et féodaux« wichtige Einkünfte sowie obrigkeitliche Rechte in denjenigen Herrschaften verloren, die im Besitz einzelner immediater Rittergeschlechter waren und zugleich der Oberherrschaft der französischen Krone unterstanden[83]. Aber unter den derart Geschädigten taucht nur ein einziges Mitglied des von den preußischen Mediatisierungen in Mitleidenschaft gezogenen Kantons Kocher auf. Es handelte sich um Johann Nicolaus Stephan Freiherr von Bock, der den Wert der ihm in Frankreich durch Konfiskation und staatliche Zwangsverwaltung entzogenen Einkünfte, Güter, Besitztümer und Erbansprüche auf 678.500 Livres bezifferte[84]. Auch die Annexionen Frankreichs auf dem linken Rheinufer 1792/94 hatten vorerst keine direkten Auswirkungen auf die wirtschaftliche und damit die politische

Türkheim, Bodeck von Ellgau, Albertini von Ichtrazheim, von Berstett und Wurmser von Vendenheim (Verzeichnis der durch die Beschlüsse der französischen Nationalversammlung geschädigten reichsritterschaftlichen Mitglieder, o.O., August 1795, HStA Stuttgart, A 164, Bü 48. Nachschreiben des Ortsvorstandes Donau an den Ortsvorstand Neckar-Schwarzwald, Ehingen, 9. November 1793, HStA Stuttgart, B 579, Bü 141. Abschrift: »Extrait de l'Etat general des Emigrés du District de Strasbourg« vom 13. Januar 1793/an 2, ebd. Abschrift: Arrête du Departement des Bas Rhin (Procès Verbal N.26534) vom 22. April 1793/an 2, ebd. Verzeichnis der Ortenauer Rcouterglieder, die von den französischen Emigrationsgesetzen betroffen waren, [ca. August 1795], HStA Stuttgart, B 572 Au, Bü 1143. Speziell zu Türkheim auch: Der Fränkische Merkur, Nr. 41, 10. Oktober 1797, Sp. 700 f.). – *Heinrich Müller* (Kampf, S. 44, S. 44 Anm. 10) spricht davon, dass 15 von insgesamt 29 Familien des Bezirks Ortenau der niederelsässischen Ritterschaft angehört hätten, bleibt aber einen Beleg schuldig. Zudem ist bei Müller unklar, ob die Andlau aus dem Bezirk Hegau sowie die Schmidtburg und Helmstatt aus dem Kanton Kraichgau im Niederelsass oder in Lothringen begütert gewesen sein sollen.

83 Schreiben des Ortsvorstandes Neckar-Schwarzwald an den Ortsvorstand Donau, Tübingen, 21. Oktober 1791, HStA Stuttgart, B 579, Bü 141. Abschrift des Schreibens des Ortsvorstandes Niederrhein an den Ortsvorstand Mittelrhein, Koblenz, 7. Juni 1791, ebd. Verzeichnis der durch die Dekrete der französischen Nationalversammlung konfiszierten oder unter den sog. Sequester gestellten Besitzungen der Grafen Vogt von Hunoldstein, o.O., [ca. 1795], ebd. Verzeichnis der durch die Beschlüsse der französischen Nationalversammlung geschädigten reichsritterschaftlichen Mitglieder, o.O., August 1795, HStA Stuttgart, A 164, Bü 48. Verzeichnis der Ortenauer Ritterglieder, die von den französischen Emigrationsgesetzen betroffen waren, [ca. August 1795], HStA Stuttgart, B 572 Au, Bü 1143. Ueber die Beschwerden der in Frankreich begüterten teutschen Reichsstände (Teutsche Staatskanzley), S. 292 ff. *Grimme*, Herren, S. 249 ff. *Duvergier*, Collection complète des lois, decrèts ... du conseil d'Etat, Bd. 1, S. 440, zit. nach: *Grimme*, ebd., S. 258.

84 Verzeichnis der durch die Beschlüsse der französischen Nationalversammlung geschädigten reichsritterschaftlichen Mitglieder, o.O., August 1795, HStA Stuttgart, A 164, Bü 48. Abschrift des Schreibens des Ortsvorstandes Donau an den Ortsvorstand Mittelrhein, Ehingen, 29. Juli 1793, HStA Stuttgart, B 579, Bü 141. Abschrift des Schreibens des Ortsvorstandes Kocher an den Ortsvorstand Donau, Heilbronn, 25. Juli 1793, ebd. Abschrift des Schreibens von Johann Nicolaus Stephan Freiherr von Bock an den Ortsvorstand Kocher, Mannheim, 27. April 1793, ebd. Abschrift des Promemorias von Johann Nicolaus Stephan Freiherr von Bock an den Kaiser, Mannheim, 23. Juni 1793, mit einem Verzeichnis der finanziellen Einbußen des Freiherrn von Bock in Frankreich, ebd.

Überlebensfähigkeit der mit Preußen um ihre Reichsunmittelbarkeit ringenden schwäbischen und fränkischen Reichsritter[85].

Ganz anders verhielt es sich jedoch mit dem eigentlichen Kriegsgeschehen, das die ökonomischen Grundlagen der reichsritterschaftlichen Rechtsstellung auch dort zum Wanken brachte, wo Berlin seine Landeshoheitsansprüche durchzusetzen trachtete. Seit 1792 wurden nämlich nicht nur die linksrheinischen Reichsgebiete, sondern auch die cisrhenanischen Kantone und reichsständischen Territorien regelmäßig »von Franzosen überschwemmt«, und damit zum Aufmarsch- und Kampfgebiet der konfligierenden Parteien[86]. Wenn der vergleichsweise isoliert liegende Bezirk Allgäu-Bodensee bereits im Dezember 1796 klagte, er sei durch die Kriegsereignisse »ganz ruinirt«[87], dann konnte es um die von Preußen bedrohten Ritterorte im Herzen Frankens nicht viel besser stehen. Zwar garantierte der Kaiser als Gegenleistung für die reichsritterschaftlichen Charitativsubsidien der Reichsritterschaft immer wieder eine weitgehende Befreiung ihrer Güter und Untertanen von den allgemeinen Kriegslasten[88]. Aber in der fast permanenten Kriegssituation seit

85 Speziell zu den linksrheinischen Annexionen der französischen Republik auf Kosten der Reichsritterschaft siehe Kapitel I.3.1.

86 Abschrift des Schreibens des Ortsvorstandes Mittelrhein an den Ortsvorstand Niederrhein, Burg Friedberg, 19. Dezember 1792, StA Ludwigsburg, B 575 III, Bü 902 (Zitat ebd.). Schreiben des Ortsvorstandes Oberrhein an den Reichshofvizekanzler Fürst von Colloredo-Mansfeld, o.O., 26. April 1793, StA Darmstadt, F2, Nr. 7/3.

87 Schreiben des Konsulenten des Bezirks Allgäu-Bodensee Lebetgern an den Konsulenten Klotz, Wangen, 5. Dezember 1796, HStA Stuttgart, B 574 Au, Bü 727.

88 Abschrift des Subsidienvertrags zwischen Wien und dem fränkischen Ritterkreis, Frankfurt/M. – Bamberg – Bonfeld, 7.–10. Oktober 1793, StA Marburg, 109, Nr. 520. Übersicht über die inhaltlichen Unterschiede zwischen dem rheinischen und dem fränkischen Subsidienverträgen vom 7.–10. bzw. 8. Oktober 1793, ebd. Abschrift des Subsidienvertrags zwischen Wien und dem schwäbischen Ritterkreis, Ulm, 25. Oktober 1794, ebd. Abschrift des Subsidienvertrags zwischen Wien und dem schwäbischen Ritterkreis, Ulm, 5. Juli 1796, ebd. Abschrift des Subsidienvertrags zwischen Wien und dem rheinischen Ritterkreis, Liebenburg bei Hildesheim, 26. Juli 1795, ebd. Exemtionspatent Kaiser Franz' II. für den fränkischen Ritterkreis, Wien, 20. April 1797, StA Marburg, 109, Nr. 471. Abschrift des Subsidienvertrags zwischen Wien und dem schwäbischen Ritterkreis, Ulm, 18. Mai 1793, StA Ludwigsburg, B 575 III, Bü 902. Abschrift der kaiserlichen Reversalien für den schwäbischen Ritterkreis, o.O., [ca. Mai/Juni 1793], ebd. Abschrift des kaiserlichen Exemtionspatents für den schwäbischen Ritterkreis, o.O., [ca. Mai/Juni 1793], ebd. Abschrift der kaiserlichen Reversalien für den fränkischen Ritterkreis, Wien, 26. Oktober 1793, StA Ludwigsburg, B 575 III, Bü 903. Abschrift des Exemtionspatents Kaiser Franz' II. für den fränkischen Ritterkreis, Wien, 27. Oktober 1793, ebd. Abschrift des Exemtionspatents Kaiser Franz' II. für den rheinischen Ritterkreis, Wien, 27. Oktober 1793, ebd. Abschrift der kaiserlichen Reversalien für den rheinischen Ritterkreis, Wien, 26. Oktober 1793, ebd. Abschrift der kaiserlichen Reversalien für den schwäbischen Ritterkreis, Wien, 22. November 1794, ebd. Abschrift der kaiserlichen Reversalien für den rheinischen Ritterkreis, Wien, 24. August 1795, StA Ludwigsburg, B 575 III, Bü 904. Abschrift des Exemtionspatents Kaiser Franz' II. für den rheinischen Ritterkreis, Wien, 26. August 1795, ebd. Abschrift der kaiserlichen Reversalien für den schwäbischen Ritterkreis, Wien, 30. Juli 1796, StA Ludwigsburg, B 575 III, Bü 905. Abschrift des kaiserlichen Exemtionspatents für den schwäbischen Ritterkreis, Wien,

1792/93 waren solche Zusicherungen oft nicht das Papier wert, auf dem sie standen. Sowohl Freund als auch Feind erlegten den reichsritterschaftlichen Herrschaften gewaltige Kontributionen und Requisitionen an Pferden, Vieh, Naturalien, kriegswichtigem Material sowie Hand- und Spanndiensten auf, die an die wirtschaftliche Substanz der immediaten Rittergüter gingen und damit auch die Einnahmen der Kantone schmälerten. Hinzu kamen die unvermeidlichen Einquartierungen durch Reichs- und Revolutionstruppen sowie immer wieder Brandschatzungen und Plünderungen durch die französischen Heere[89]. Ein besonders eindrucksvolles Beispiel für die mannigfachen Lasten des Reichskrieges, die zur wirtschaftlichen Auszehrung des Corpus equestre beitrugen, ist der Philippsburger Festungsbau im Jahre 1794. Die Neubefestigung dieser »Vormauer des deutschen Reichs« mussten alle drei Ritterkreise durch die Übernahme von Fuhrleistungen sowie die Stellung von Maurern und Zimmerleuten aus den ritterschaftlichen Orten oder ersatzweisen Geldzahlungen unterstützen[90]. Wirtschaftlich noch verheerender als die bisher geschilderten Kriegslasten konnten die Folgen sein, wenn ein reichsritterschaftliches Gut das Unglück hatte, in der Nähe wichtiger Heerstraßen oder in einem umkämpften Frontabschnitt zu liegen: Das Freiherrlich von Bibrasche Adelsdorf in Franken kam dabei noch recht glimpflich davon, als im Sommer 1796 Kirche und herrschaftliches Schloss durch österreichischen Artilleriebeschuss in Mitleidenschaft gezogen wurden[91]. Weit weniger

1. August 1796, ebd. Abschrift des Subsidienvertrags zwischen Wien und dem fränkischen Ritterkreis, Frankfurt/M., 5. April 1797, ebd.

89 Signatur der Ritterkanzlei Allgäu-Bodensee an verschiedene reichsritterschaftliche Gemeinden, Wangen, 10. November 1796, HStA Stuttgart, B 574 Au, Bü 727. Abschrift des Subsidienvertrags zwischen Wien und dem schwäbischen Ritterkreis, Ulm, 25. Oktober 1794, StA Marburg, 109, Nr. 520. Abschrift des Subsidienvertrags zwischen Wien und dem schwäbischen Ritterkreis, Ulm, 5. Juli 1796, ebd. Schreiben des Ortsvorstandes Oberrhein an den Reichshofvizekanzler Fürst von Colloredo-Mansfeld, o.O., 26. April 1793, StA Darmstadt, F2, Nr. 7/3. Auszug aus den Abstimmungen der Kantone Gebürg, Steigerwald, Baunach, Odenwald und Altmühl über ein neues Charitativsubsidium, [1794], StA Marburg, 109, Nr. 471. Schreiben des Ritterhauptmanns von Steigerwald Reichsgraf von Egloffstein an den Ritterhauptmann von Rhön-Werra Freiherr von und zu der Tann, Erlangen, 22. Februar 1797, ebd. Schreiben des Ritterhauptmanns von Steigerwald Reichsgraf von Egloffstein an den Ritterhauptmann von Rhön-Werra Freiherr von und zu der Tann, Erlangen, 10. März 1797, ebd. Schreiben des Ortsvorstandes Mittelrhein an den Ortsvorstand Niederrhein, Burg Friedberg, 24. Dezember 1792 [sic], StA Ludwigsburg, B 575 III, Bü 902. Abschrift des Promemorias an den Reichsgrafen von Lehrbach von der Gesandtschaft des schwäbischen Ritterkreises für die Charitativsubsidienverhandlungen, Ulm, 21. Oktober 1794, StA Ludwigsburg, B 575 III, Bü 903. Entwurf eines Promemorias an den Grafen von Königsegg von der Gesandtschaft des schwäbischen Ritterkreises für die Charitativsubsidienverhandlungen, Ulm, [ca. Juli] 1796, StA Ludwigsburg, B 575 III, Bü 904. *Kollmer*, Reichsritterschaft, S. 176 f., 249 ff. *Bibra*, Beiträge III/1, S. 96 f. *H. Müller*, Kampf, S. 46 ff., 87. *Danner*, Studien, S. 112 f.

90 StA Darmstadt, F1, Nr. 32/1: fortl. Protokoll über die bei dem Generalfeldmarschall Leutnant Reichsgeneralkreiskommissär Freiherr von Lilien am 16. Juli 1794 abgehaltene Konferenz, ebd. (Zitat ebd.).

91 *Bibra*, Beiträge III/1, S. 95.

Glück hatten diejenigen reichsritterschaftlichen Orte, die von den Revolutionstruppen niedergebrannt wurden oder in denen es gar zu Massakern an der Zivilbevölkerung kam. Zwar handelte es sich dabei eher um Einzelfälle als die Regel. Aber dort, wo sich derartige Exzesse in relativer Nähe zu den preußischen Grenzen ereigneten, konnten sie nicht nur hinsichtlich ihrer wirtschaftlichen Folgen der Mediatisierungspolitik Berlins in die Hände spielen[92].

Die Akten über die unterschiedlichen Kriegsfolgen machen einen erheblichen Teil der Überlieferung der reichsritterschaftlichen Kantons- und Bezirksarchive aus den letzten eineinhalb Dezennien des Alten Reiches aus und lassen die Einschätzung Kollmers äußerst fraglich erscheinen, nach der »neben dem Dreißigjährigen Krieg [...] die Kriege Ludwigs XIV. wohl die größte [sic] Kriegsschäden für die ritterschaftliche Wirtschaft bis zum Ende des alten Reiches hervorgerufen haben«[93]. Doch nicht nur die bisher angesprochenen Auswirkungen des Reichs- und Koalitionskrieges – die auch viele Reichsstände in ähnlicher Form zu erdulden hatten[94] – brachten die reichsritterschaftlichen Kassen und Untertanen an den Rande des Ruins. Hinzu kamen noch erhebliche Zusatzbelastungen, die aus der Sonderstellung des Corpus equestre im System der Reichsverfassung erwuchsen. Zu ihnen gehörten in erster Linie die Subsidia charitativa, die die Reichsritterschaft im Verlauf des Reichskrieges an den Kaiserhof entrichtete.

Im Herbst 1793 erklärten sich die drei Ritterkreise zur Zahlung von Charitativsubsidien in der Höhe von 345.500 rheinischen Gulden bereit[95]. Im Oktober und November 1794 bzw. im Juli 1795 einigten sich die reichsritterschaftlichen und kaiserlichen Unterhändler auf eine erneute »freywillige RitterHülfe« von 345.500 fl.[96]. Weitere Charitativsubsidien im Umfang von

92 Siehe Kapitel VII.1.

93 *Kollmer*, Reichsritterschaft, S. 170 ff. (Zitat ebd., S. 170). *Ders.*, Lage, S. 294.

94 Vgl. beispielsweise: *Remling*, Rheinpfalz I, S. 80–90 u. S. 436–572: fortl.; *Ders.*, ebd. II, S. 18–129 u. S. 151–333: fortl.

95 Der fränkische Ritterkreis hatte 150.000 fl., der schwäbische 170.000 fl. und der Kanton Mittelrhein mit der Reichsburg Friedberg 25.500 fl. aufzubringen (Abschrift des Subsidienvertrags zwischen Wien und dem fränkischen Ritterkreis, Frankfurt/M. – Bamberg – Bonfeld, 7.–10. Oktober 1793, StA Marburg, 109, Nr. 520. Übersicht über die inhaltlichen Unterschiede zwischen dem rheinischen und dem fränkischen Subsidienverträgen vom 7.–10. bzw. 8. Oktober 1793, ebd. Abschrift der allgemeinen Repartition des vom fränkischen Ritterkreis 1793 bewilligten Charitativsubsidiums, Bamberg, 12. Oktober 1793, StA Marburg, 109, Nr. 471. Abschrift des Subsidienvertrags zwischen Wien und dem schwäbischen Ritterkreis, Ulm, 18. Mai 1793, StA Ludwigsburg, B 575 III, Bü 902).

96 Abschrift des Subsidienvertrags zwischen Wien und dem rheinischen Ritterkreis, Liebenburg bei Hildesheim, 26. Juli 1795, StA Marburg, 109, Nr. 520. – Der schwäbische Ritterkreis sicherte wieder 170.000 fl. zu, der rheinische 25.500 fl. und der fränkische 150.000 fl. (Abschrift des Subsidienvertrags zwischen Wien und dem schwäbischen Ritterkreis, Ulm, 25. Oktober 1794, StA Marburg, 109, Nr. 520. Abschrift des Subsidienvertrags zwischen Wien und dem rheinischen Ritterkreis, Liebenburg bei Hildesheim, 26. Juli 1795, ebd. Protokoll der Kocherschen Ritterkanzlei mit Voten, Esslingen, 20. Februar 1795, StA Ludwigsburg, B 575 III, Bü 903.

320.000 fl. bewilligten der fränkische und schwäbische Ritterkreis dem Kaiserhof im Sommer 1796 und Frühjahr 1797[97]. Kurz zuvor, im Spätjahr 1795, hatte der schwäbische Ritterkreis, anstelle einer Rekrutenstellung, in die kaiserliche Kammer nicht weniger als 66.000 fl. abgeliefert, die allein beim Kanton Kocher »ein groses Loch in unsere Kasse« rissen[98]. Der fränkische Ritterkreis dürfte nicht wesentlich günstiger davon gekommen sein. Er hatte sich bereits im Juli 1795 zur Bereitstellung von 500 Mann für die kaiserliche Armee verpflichtet, wozu eine eigene Steuer ausgeschrieben werden musste[99].

Zwar versuchten die Vertreter der Ritterkreise die Summe der vom Kaiserhof verlangten Charitativsubsidien bei der Aushandlung der entsprechenden Verträge möglichst zu begrenzen, und einzelne Bezirke und Kantone baten in den Jahren 1793 bzw. 1794 sogar um eine gänzliche Befreiung von ihren Beiträgen[100]. Auch ist es zutreffend, dass Teile des schwäbischen Rit-

»Entwurf« (Abschrift) des Subsidienvertrags zwischen Wien und dem fränkischen Ritterkreis, Mainz, 19. November 1794, ebd.).

97 Der schwäbische Ritterkreis hatte 200.000 fl. beizusteuern und der fränkische 120.000 fl. (Abschrift des Subsidienvertrags zwischen Wien und dem schwäbischen Ritterkreis, Ulm, 5. Juli 1796, StA Marburg, 109, Nr. 520. Abschrift des Subsidienvertrags zwischen Wien und dem fränkischen Ritterkreis, Frankfurt/M., 5. April 1797, StA Ludwigsburg, B 575 III, Bü 905).

98 Abschrift des Subsidienvertrags zwischen Wien und dem schwäbischen Ritterkreis, Ulm, 5. Juli 1796, StA Marburg, 109, Nr. 520. Protokoll der Kocherschen Ritterkanzlei mit Voten, Esslingen, 23. März 1796, StA Ludwigsburg, B 575 III, Bü 904. Abschrift des Bittschreibens des Ortsvorstandes Donau an den Kaiser, Ehingen, 7. April 1796, ebd. Reichsritterschaftliche Note über das vom schwäbischen Ritterkreis geforderte Charitativsubsidium, [ca. April/Juli 1796], ebd. Votum des Kocherschen Ritterhauptmanns Graf Adelmann von Adelmannsfelden, Esslingen, 28. März 1796 im Protokoll der Kocherschen Ritterkanzlei, Esslingen, 23. März 1796, ebd. (Zitat ebd.).

99 Abschrift des Schreibens der Reichsgräflich Schönbornischen Regierungskanzlei an den Ortsvorstand Gebürg, Wiesentheid, 28. Dezember 1795, StA Marburg, 109, Nr. 311, Bd. 4, Beilage 3 zu Dok. 322. Abschrift des Protokolls des Freiherrlich von Künsbergischen Amts zu Schmeilsdorf, Schmeilsdorf, 13. Oktober 1795, ebd., Beilage 13 zu Dok. 322. Supplik des Kantons Altmühl an den Reichshofrat, o.O., [ca. Oktober 1795], StA Ludwigsburg, B 575 IV, Bü 352.

100 Bericht des oberrheinischen Ritterrats Freiherr von Gagern über die Subsidienverhandlungen, Weilburg, 10. Oktober 1794, StA Darmstadt, F2, Nr. 8/1. Abschrift des Protokolls über die Verhandlungen der Vertreter des rheinischen Ritterkreises mit dem Grafen von Westphalen, Bonn – Koblenz, 2.–5. Oktober 1794, ebd. Beilage 3: Abschrift der Note der Unterhändler des rheinischen Ritterkreises an den Grafen von Westphalen, Bonn, 3. Oktober 1794, ebd. Schreiben des Ortsvorstandes Oberrhein an den Reichshofvizekanzler Fürst von Colloredo-Mansfeld, o.O., 26. April 1793, StA Darmstadt, F2, Nr. 7/3. Promemoria zur Ergänzung der Instruktion des Grafen von Lehrbach, o.O., 22. Juli 1793, ebd. Abschrift des Berichts der Gesandtschaft des schwäbischen Ritterkreises für die Charitativsubsidienverhandlungen, Hürbel, 29. Mai 1793 und Stuttgart, 1. Juni 1793, StA Ludwigsburg, B 575 III, Bü 902. Abschrift des Promemorias an den Reichsgrafen von Lehrbach von der Gesandtschaft des schwäbischen Ritterkreises für die Charitativsubsidienverhandlungen, Ulm, 21. Oktober 1794, StA Ludwigsburg, B 575 III, Bü 903. Abschrift des Schreibens des Reichsgrafen von Lehrbach an die gesamte schwäbische Reichsritterschaft, München, 2. Dezember 1794, ebd. Abschrift der Instruktion für die reichsritterschaftliche Gesandtschaft des schwäbischen Ritterkreises für die Charitativverhandlungen, Ehingen, 14. Oktober 1794, ebd. Abschrift des Bittschreibens des

terkreises sowie der Kanton Altmühl sich außer Standes sahen, ihren Anteil am dritten, 1796/97 bewilligten Charitativsubsidium aufzubringen, nachdem Schwaben wenig später durch den Krieg verheert und ein erheblicher Teil der fränkischen Rittergüter von Berlin okkupiert worden war. Daher standen im November 1799 vom schwäbischen Ritterkreis noch gut 54.500 fl. der zugesagten 200.000 fl. aus, während der Kanton Altmühl knapp 15.790 fl. schuldig bleiben musste[101]. Aber insgesamt lässt sich konstatieren, dass der von Heinrich Müller gegenüber dem Corpus equestre als Ganzem erhobene Vorwurf des fehlenden Engagements im Reichs- und Koalitionskrieg an den Fakten weitgehend vorbei geht[102]. Für die Kantone in Franken und Schwaben, die von den Mediatisierungen Preußens betroffen waren, gilt dies in besonderem Maße[103]. Die Reichsritterschaft hatte zuletzt vor einer Generation, in den sechziger Jahren des 18. Jahrhunderts, Charitative an die kaiserliche Kasse entrichtet. Jede einzelne der zwischen 1793 und 1796 von den Ritterkreisen Schwaben und Franken gewährten Summen, überstieg in der Höhe die jedes anderen Subsidiums, das das Corpus equestre zwischen 1699 und 1761/63 aufgebracht hatte[104]. Der Ortsvorstand Odenwald kam bereits im Mai 1796 zu

Ortsvorstandes Donau an den Kaiser, Ehingen, 7. April 1796, StA Ludwigsburg, B 575 III, Bü 904.

101 Konzept eines Bittschreibens der fünf schwäbischen Kantone an den Kaiser, [ca. Dezember 1796], StA Ludwigsburg, B 575 III, Bü 904. StA Ludwigsburg, B 575 III, Bü 905: fortl. Verzeichnis der vom Kanton Altmühl während des letzten französischen Kriegs bestrittenen Charitativsubsidien, StA Marburg, 109, Nr. 313.

102 *H. Müller*, Kampf, S. 49 f., 92 f. (Zitat ebd., S. 93). – Müllers Interpretation ist umso unverständlicher, als er selbst die von der Reichsritterschaft im Krieg gegen Frankreich getragenen Lasten recht detailliert aufschlüsselt (*H. Müller*, ebd., S. 45 ff., 87 ff.). – Auch die Reichsstände entrichteten die von ihnen bewilligten Römermonate in der Regel nie vollständig (Auszug aus dem Schreiben des Ortsvorstandes Odenwald an den Ortsvorstand Rhön-Werra, Kochendorf, 26. Mai 1796, StA Marburg, 109, Nr. 471).

103 Im schwäbischen Ritterkreis, dessen Kantone aufgrund der kriegerischen Ereignissse seit dem Sommer 1796 in Schwierigkeiten gerieten, das dritte Charitativsubsidium zu entrichten, ragte das Viertel Kocher durch eine insgesamt hohe Zahlungsmoral hervor. Dabei war dieser von der preußischen Mediatisierungspolitik betroffene Ritterort keineswegs glimpflich davongekommen: Kein Jahr nachdem Schwaben zum Kriegsschauplatz geworden war, sollen sich die Schäden Kochers und seiner Mitglieder durch kaiserliche Requisitionen sowie französische Kontributionen und Plünderungen auf über 420.000 fl. summiert haben (Konzept eines Bittschreibens der fünf schwäbischen Kantone an den Kaiser, [ca. Dezember 1796], StA Ludwigsburg, B 575 III, Bü 904. StA Ludwigsburg, B 575 III, Bü 905: fortl.). Ein ähnliches Bild sollte sich auch noch später bieten: Vor dem Hintergrund der französischen Siege und der Tatsache, dass ihre Rittertruhen gegenüber Wien Gegenforderungen von über 160.800 fl. erhoben, zeigten die Kantone des schwäbischen Ritterkreises wenig Bereitschaft, ein viertes, im April 1800 bewilligtes Charitativsubsidium zu entrichten. Von den zugesagten 200.000 fl. zahlte bis Ende 1804 allein das Viertel Kocher, das 19.400 fl. in die kaiserlichen Kassen entrichtete (HHStA Wien, RK, Reichsakten in specie, Fasz.-Nr. 41: fortl. für November bis Dezember 1804. Beilage F: Abschrift des Protokolls der Kocherschen Ritterkanzlei mit Auszug der Direktorialvoten, Esslingen, 22. April 1800, ebd.).

104 Verzeichnis der von den drei Ritterkreisen sowie der Reichsburg Friedberg zwischen 1699 und 1763 bezahlten Chritativsubsidien, StA Darmstadt, F2, Nr. 7/3. Abschrift des Berichts der

der Feststellung, dass, gemessen am territorialen Umfang, der fränkische Ritterkreis schon mehr als das Fünffache für den Reichskrieg gegen Frankreich beigesteuert habe als die Kreisstände Frankens[105]. Das Generaldirektorium in Ehingen sprach im September 1797 sogar von einem »Schaden von mehreren Tonnen Golds«, den der Einfall Moreaus in Schwaben im Vorjahre den dortigen Kantonen verursacht hätte. Gleichzeitig wurde der Wert der innerhalb des letzten Jahres dem schwäbischen Ritterkreis für die kaiserliche Armee auferlegten Requisitionen auf etwa zwei Millionen fl. veranschlagt[106]. Im Frühjahr 1798 bezifferte das Corpus equestre die von ihm bisher für Kaiser und Reich im Krieg gegen Frankreich erbrachten Leistungen in Form von Charitativsiubsidien, Fourage, Vorspann und Quatierstellung auf über 5,7 Millionen fl.[107]. Die unvollständige Entrichtung des Charitativs von 1796/97 durch die schwäbische und fränkische Reichsritterschaft erklärt sich bei

Gesandtschaft des schwäbischen Ritterkreises für die Charitativsubsidienverhandlungen, Hürbel, 29. Mai 1793 und Stuttgart, 1. Juni 1793, StA Ludwigsburg, B 575 III, Bü 902. Beilage J: Auszug aus dem Votum des Ritterhauptmanns von Kocher Freiherr von Racknitz, Heilbronn, 23. September 1792, HHStA Wien, RK, Reichsakten in specie, Fasz.-Nr. 41. Beilage K: Auszug aus dem Direktorialvotum des Ritterrats Graf Adelmann von Adelmannsfelden, Hohenstadt, 25. September 1792, ebd.

105 Auszug aus dem Schreiben des Ortsvorstandes Odenwald an den Ortsvorstand Rhön-Werra, Kochendorf, 26. Mai 1796, StA Marburg, 109, Nr. 471. – Die Berechnung Odenwalds ist trotz ihrer Einseitigkeit kaum zu hoch gegriffen: U. a. setzte sie 100 reichsständische Römermonate – im Fränkischen Reichskreis zu je 4000 fl. – in Beziehung zu einem ritterschaftlichen Charitativsubsidium in Höhe von 150.000 fl. (Auszug aus dem Schreiben des Ortsvorstandes Odenwald an den Ortsvorstand Rhön-Werra, Kochendorf, 26. Mai 1796, ebd.). Wie dargelegt wurde, entrichtete der fränkische Ritterkreis bis Frühling 1796 zwei derartige Subsidien. Der Reichstag in Regensburg bewilligte im gleichen Zeitraum jedoch nur 180 Römermonate für den Reichskrieg (*Aretin*, Das Alte Reich III, S. 398, 417).

106 Abschrift des Schreibens des Ortsvorstandes Donau an den Grafen von Fugger-Dietenheim, Ehingen, 10. September 1797, StA Ludwigsburg, B 575 III, Bü 905 (Zitat ebd.). Verzeichnis der vom Kanton Donau seit September 1796 für die kaiserliche Armee erbrachten und noch zu erbringenden Aufwendungen, Ulm, 23. August 1797, ebd. Verzeichnis der vom Bezirk Hegau seit Oktober 1796 für die kaiserliche Armee erbrachten und noch zu erbringenden Aufwendungen, Radolfzell, 31. August 1797, ebd. Verzeichnis der vom Bezirk Allgäu-Bodensee zwischen dem 1. September 1796 und Ende Juli 1797 für die kaiserliche Armee erbrachten Aufwendungen, Ulm, 26. August 1797, ebd. Verzeichnis der vom Kanton Neckar-Schwarzwald ohne Ortenau seit September 1796 für die kaiserliche Armee größtenteils erbrachten und noch zu erbringenden Aufwendungen, o.O., [ca. August 1797], ebd. Verzeichnis der vom Bezirk Ortenau zwischen dem 18. September und dem Jahresende 1796 für die kaiserliche Armee erbrachten und noch zu erbringenden Aufwendungen, o.O., [ca. August 1797], ebd. Verzeichnis der vom Kanton Kraichgau seit Anfang Oktober 1796 für die kaiserliche Armee erbrachten und noch zu erbringenden Aufwendungen, Ulm, 21. August 1797, ebd. Protokoll der Kocherschen Ritterkanzlei mit Voten, Esslingen, 22. September 1797, ebd. Abschrift des Bittschreibens des Ortsvorstandes Donau an den Kaiser, Ehingen, 7. September 1797, ebd.

107 33. Bericht des reichsritterschaftlichen Generalablegaten Freiherr von Gemmingen an den Ortsvorstand Donau, Rastatt, 16./17. Mai 1798, HStA Stuttgart, B 572 Au, Bü 1146. Abschrift des Memoires des Odenwalder Ritterhauptmanns an Graf Cobenzl, [Rastatt, März 1798], HHStA Wien, SK, Friedensakten, Nr. 92.

solchen die finanzielle und politische Existenz der Rittergenossen gefährdenden Summen von selbst.

Doch warum engagierte sich die Reichsritterschaft in einem derart großen Ausmaß im Reichskrieg und gefährdete damit die wirtschaftlichen Grundlagen ihrer Reichsunmittelbarkeit? Eine monokausale, allein auf rechtliche Verpflichtungen und faktische Zwänge abzielende Antwort erscheint unbefriedigend. Vielmehr wirkte ein ganzes Bündel an Motiven zusammen: Zum einen gab es Rittergenossen, die durchaus den österreichischen Erklärungen Glauben schenkten und den Krieg gegen Frankreich als Krieg zur Verteidigung der Grenzen sowie Gerechtsame des Alten Reichs und seiner einzelnen Glieder betrachteten. Diese Reichsritter sahen es als ihre patriotische Pflicht an, zum Sieg aktiv beizutragen[108]. Dabei war der Übergang vom sog. Reichspatriotismus zu »frühnationalen« Strömungen durchaus fließend[109]. Außerdem erschien einem Teil der Reichsritter der Kampf gegen das revolutionäre Frankreich als notwendiger Feldzug für die rechtmäßige Herrschafts- und Gesellschaftsordnung sowie »gegen Irreligion, Immoralitaet, Unsicherheit des durch gehenden Eigenthums, Verwirrung gesunder Begriffen [sic], gänzliche Untergrabung des Glüks einer gesezmässigen Unterwürfigkeit, Tollkühnheit und Empörungsgeist«. In weiten Kreisen der reichsritterschaftlichen Genossenschaft herrschte nämlich das Gefühl vor, dass die französischen Revolutionsarmeen vor allem einen Krieg gegen den Adel führen würden. Für die Reichsritterschaft ging es damit auch um die Verteidigung ihrer Herrschaftsrechte und ihres Besitzstands[110]. Diese Einschätzung war in den ersten

108 Abschrift des Schreibens des Reichsgrafen von Schlick an den Ortsvorstand Mittelrhein, Mainz, 11. Juni 1792, StA Ludwigsburg, B 575 III, Bü 901. Abschrift des Promemorias des Hegauer Ritterrats Joseph Freiherr von Hornstein-Biningen an alle Kantone, o.O., [ca. Juni 1792], ebd. Abschrift des Schreibens des kaiserlichen Ministers Graf von Lehrbach an die gesamte schwäbische Reichsritterschaft, München, 16. Juli 1792, ebd. Abschrift des Schreibens des Reichshofvizekanzlers Fürst von Colloredo-Mansfeld an den Donauer Ritterhauptmann Johann Anton Freiherr von Freyberg und Eisenberg, Wien, 1. September 1792, ebd. Abschrift des Requisitionsschreibens Kaiser Franz' II. an die Ortsvorstände der schwäbischen Reichsritterschaft, Wien, August 1792, ebd. Abschrift des Schreibens Kaiser Franz' II. an die schwäbischen Ortsvorstände, Wien, 10. Februar 1793, StA Ludwigsburg, B 575 III, Bü 902. Abschrift des Schreibens des Ortsvorstandes Niederrhein an den Ortsvorstand Mittelrhein, Koblenz, 5. Februar 1793, ebd. Abschrift des Requisitionsschreibens Kaiser Franz' II. an die Ortsvorstände der schwäbischen Reichsritterschaft, Tournai, 25. Mai 1794, StA Ludwigsburg, B 575 III, Bü 903. Abschrift des Requisitionsschreibens Kaiser Franz' II. an die Ortsvorstände der rheinischen Reichsritterschaft, Tournai, 25. Mai 1794, ebd.

109 Vortrag der Ritterkanzlei Oberrhein an den Ortsvorstand Oberrhein, 29. Dezember [1792], StA Darmstadt, F2, Nr. 7/3. Abschrift des Votums des oberrheinischen Ritterrats von Wallbrunn, Darmstadt, 24. Dezember 1792, ebd. Schreiben des Ortsvorstandes Oberrhein an den Ortsvorstand Mittelrhein, o.O., 31. Dezember 1792, ebd.

110 Abschrift des Promemorias des Hegauer Ritterrats Joseph Freiherr von Hornstein-Biningen an alle Kantone, o.O., [ca. Juni 1792], StA Ludwigsburg, B 575 III, Bü 901 (Zitat ebd.). Beilage 3: Abschrift der Note der Unterhändler des rheinischen Ritterkreises an den Grafen von Westphalen, Bonn, 3. Oktober 1794, StA Darmstadt, F2, Nr. 8/1. Schreiben des Ortsvorstandes

Jahren der militärischen Auseinandersetzung mit Paris nicht ganz unbegründet und wurde von der Hofburg gezielt instrumentalisiert, um die reichsritterschaftlichen Subsidienzahlungen in die Höhe zu treiben: Im Winter 1792/93 betonte beispielsweise der Kaiser gegenüber dem schwäbischen Ritterkreis, »daß es bei der iezig gefährlichen Crisis vorzüglich um die Erhaltung des Adels, und dessen Prärogativen zu thun ist«. Drei Jahre später ließ Franz II. den fränkischen Ritterkreis wissen, dass »vorzüglich euer eigenes Wohl oder Wehe« sowie »euere Freyheit und politische Existenz« auf dem Spiel stünden[111]. Zudem war das Corpus equestre peinlich darauf bedacht, durch sein Verhalten im Reichskrieg seinen reichsständischen Nachbarn keinen Vorwand zu Kritik oder Eingriffen in die reichsritterschaftliche Rechtsstellung und Freiheiten zu liefern, also »besonders mächtigern Gegnern auch nicht die entfernteste Veranlassung zu geben, um der freien Reichs Ritterschaft minder patriotische Gesinnungen beimessen zu können«[112]. Der wichtigste Grund für das massive reichsritterschaftliche Engagement in den Kriegen gegen Frankreich dürfte jedoch in der Abhängigkeit der ritterschaftlichen Genossenschaft vom Schutz des Kaisers gelegen haben. Gerade in Zeiten äußerer – und bald auch innerer – Bedrohungen konnte es sich die Reichsritterschaft nicht leisten, die kaiserliche Gunst zu verlieren. Der Ortsvorstand des transrhenanischen, und damit von den Revolutionstruppen besonders bedrohten Kantons Niederrhein brachte diesen Sachverhalt am 16. Oktober 1792, am Tag als die französische Armee die Reichsfestung Mainz eroberte, auf den Punkt: »Nie hat wohl die Ritterschaft, und besonders der

Oberrhein an den Ortsvorstand Mittelrhein, Mainz, 23. August 1794, StA Darmstadt, F1, Nr. 32/1.

111 Abschrift des Schreibens Kaiser Franz' II. an die schwäbischen Ortsvorstände, Wien, 10. Februar 1793, StA Ludwigsburg, B 575 III, Bü 902 (Zitat ebd.). Abschrift des Promemorias des Reichsgrafen von Lehrbach an die Gesandtschaft des schwäbischen Ritterkreises für die Charitativsubsidienverhandlungen, Ulm, 17. Mai 1793, ebd. Beilage 2: Abschrift der Note des Grafen von Westphalen an die Vertreter des rheinischen Ritterkreises, Bonn, 2. Oktober 1794, StA Darmstadt, F2, Nr. 8/1. Abschrift des Requisitionsschreibens Kaiser Franz' II. an die fränkische Reichsritterschaft, Wien, 27. Februar 1796, StA Marburg, 109, Nr. 471 (Zitate ebd.). Schreiben des Reichsgrafen von Schlick an den Ritterhauptmann von Rhön-Werra Freiherr von und zu der Tann, Frankfurt/M., 10. März 1796, ebd. Schreiben des Reichsgrafen von Schlick an den Ritterhauptmann von Rhön-Werra Freiherr von und zu der Tann, Frankfurt/M., 14. Februar 1797, ebd. Abschrift des Requisitionsschreibens Kaiser Franz' II. an die Ortsvorstände der schwäbischen Reichsritterschaft, Wien, 27. Februar 1796, StA Ludwigsburg, B 575 III, Bü 904.

112 Bericht des ritterschaftlichen Syndicus Karl von Hinckeldey, Burg Friedberg, 3. März 1794, StA Darmstadt, F1, Nr. 31/4 (Zitat ebd.). Abschrift des Schreibens des Hegauer Ritterrats Joseph Freiherr von Hornstein-Biningen an das Direktorium des Bezirks Hegau, Wien, 9. Juni 1792, StA Ludwigsburg, B 575 III, Bü 901. Abschrift des Extrakts aus dem Vortrag des Hegauer Ritterrats Joseph Freiherr von Hornstein-Biningen für den österreichischen Staatskanzler Fürst von Kaunitz, ebd. Schreiben des Ortsvorstandes Oberrhein an den Ortsvorstand Mittelrhein, Mainz, 23. August 1794, StA Darmstadt, F1, Nr. 32/1. Protokoll der Kocherschen Ritterkanzlei mit Voten, o.O., 3. Februar 1794, StA Ludwigsburg, B 575 III, Bü 903.

Rheinische Kreiß den kaiserlichen allerhöchsten Schutz mehr, als iezt von nöthen gehabt, in wessen Hinsicht es dahero auch die Nothwendigkeit erforderet, selben durch eine ohnverzögerte Bewilligung des angesonnenen Subsidii zu verdienen, und sich desselben zu versicheren«. Die zeitgenössische Bezeichnung der Charitativsubsidien als »Schutztribut« war beredter Ausdruck der materiellen Seite einer Klientelbeziehung, in der der Kaiserhof dem Corpus equestre seine politische Existenz garantierte[113]. Wien versäumte denn auch keine Gelegenheit, um die Kantone an diesen Sachverhalt zu erinnern[114].

113 Abschrift der Instruktion für die reichsritterschaftliche Gesandtschaft des schwäbischen Ritterkreises zur Kaiserwahl und -krönung, Ehingen, 22. Juni 1792, StA Ludwigsburg, B 575 III, Bü 901. Abschrift des Schreibens des Ortsvorstandes Niederrhein an den Ortsvorstand Mittelrhein, Koblenz, 16. Oktober 1792, StA Ludwigsburg, B 575 III, Bü 902 (Zitat ebd.). Abschrift des Schreibens des Ortsvorstandes Mittelrhein an den Ortsvorstand Niederrhein, Burg Friedberg, 19. Dezember 1792, ebd. Abschrift des Schreibens des Ortsvorstandes Niederrhein an den Ortsvorstand Mittelrhein, Koblenz, 24. Januar 1793 [sic], ebd. Abschrift des Schreibens des Ortsvorstandes Niederrhein an den Ortsvorstand Mittelrhein, Koblenz, 15. Dezember 1792 [sic], ebd. Abschrift des Schreibens des Ortsvorstandes Niederrhein an den Ortsvorstand Mittelrhein, Koblenz, 5. Februar 1793, ebd. Schreiben des Ortsvorstandes Oberrhein an den Ortsvorstand Mittelrhein, Mainz, 23. August 1794, StA Darmstadt, F1, Nr. 32/1. Abschrift des Schreibens der Ortsvorstände der fränkischen Kantone an den Kaiser, Schweinfurt, 1. Oktober 1794, StA Ludwigsburg, B 575 III, Bü 903. Note des Kocherschen Ritterhauptmanns Graf Adelmann von Adelmannsfelden zum Konzept des Schreibens an Donau vom 4. Mai 1796, Hohenstadt, 13. Mai 1796, StA Ludwigsburg, B 575 III, Bü 904. Protokoll der Kocherschen Ritterkanzlei mit Voten, Esslingen, 19. Juli 1797, StA Ludwigsburg, B 575 III, Bü 905. Schreiben des Ortsvorstandes Donau an den Ortsvorstand Kocher, Ehingen, 2. Juli 1797, ebd. Abschrift des Schreibens des Ortsvorstandes Donau an den Grafen von Fugger-Dietenheim, Ehingen, 2. Juli 1797, ebd. Abschrift des Bittschreibens des Ortsvorstandes Donau an den Kaiser, Ehingen, 19. März 1797, ebd. Protokoll der Kocherschen Ritterkanzlei, Esslingen, 29. Mai 1798, ebd. 1. Nachschreiben des Ritterhauptmanns von Kocher Graf Adelmann von Adelmannsfelden an den österreichischen Hof- und Staatskanzler, Augsburg, 23. Dezember 1804, HHStA Wien, RK, Reichsakten in specie, Fasz.-Nr. 41 (Zitat ebd.).

114 Abschrift des Schreibens des Reichsgrafen von Schlick an den Ortsvorstand Mittelrhein, Mainz, 11. Juni 1792, StA Ludwigsburg, B 575 III, Bü 901. Abschrift des Requisitionsschreibens Kaiser Franz' II. an die Ortsvorstände der schwäbischen Reichsritterschaft, Wien, August 1792, ebd. Abschrift des Schreibens Kaiser Franz' II. an die schwäbischen Ortsvorstände, Wien, 10. Februar 1793, StA Ludwigsburg, B 575 III, Bü 902. Abschrift des Berichts der Gesandtschaft des schwäbischen Ritterkreises für die Charitativsubsidienverhandlungen, Hürbel, 29. Mai 1793 und Stuttgart, 1. Juni 1793, ebd. Abschrift des Promemorias des Reichsgrafen von Lehrbach an die Gesandtschaft des schwäbischen Ritterkreises für die Charitativsubsidienverhandlungen, Ulm, 17. Mai 1793, ebd. Abschrift des Subsidienvertrags zwischen Wien und dem schwäbischen Ritterkreis, Ulm, 18. Mai 1793, ebd. Abschrift der kaiserlichen Reversalien für den schwäbischen Ritterkreis, o.O., [ca. Mai/Juni 1793], ebd. Abschrift des Berichts des Reichshofrats- und fränkischen Direktorialagenten der Reichsritterschaft Herr von Alt an den Ortsvorstand Gebürg, Wien, 12. März 1793, StA Marburg, 109, Nr. 311, Bd. 2, Dok. 107. Abschrift des Subsidienvertrags zwischen Wien und dem schwäbischen Ritterkreis, Ulm, 25. Oktober 1794, StA Marburg, 109, Nr. 520. Abschrift des Subsidienvertrags zwischen Wien und dem schwäbischen Ritterkreis, Ulm, 5. Juli 1796, ebd. Beilage 2: Abschrift der Note des Grafen von Westphalen an die Vertreter des rheinischen Ritterkreises, Bonn, 2. Oktober 1794, StA Darmstadt, F2, Nr. 8/1. Beilage 4: Abschrift der Note des Grafen von Westphalen an die Vertreter des rheinischen Ritterkreises, Bonn, 3. Oktober 1794, ebd. Abschrift des Requisiti-

Im Gegensatz zu den wirtschaftlichen Auswirkungen lassen sich die sozialen Folgen der Französischen Revolution und der aus ihr erwachsenden militärischen Verwicklungen für die Landesherrlichkeit und Reichsunmittelbarkeit der rechtsrheinischen Reichsritterschaft weitaus schwerer abschätzen. Dennoch ist dieser Punkt von nicht unerheblicher Bedeutung für die vorliegende Untersuchung. Schließlich stellte das Gedankengut der Französischen Revolution die bestehenden Herrschaftsverhältnisse grundsätzlich infrage. Damit wurde zugleich die Loyalität der reichsritterschaftlichen Untertanen gegenüber ihren Landesherrn just zu dem Zeitpunkt untergraben, als die Rittergenossen angesichts der preußischen Mediatisierungsmaßnahmen besonders auf das Wohlverhalten ihrer Hintersassen angewiesen waren. Schließlich wurde die Auseinandersetzung um die reichsritterschaftliche Rechtsstellung in erster Linie auf dem Rücken der reichsadligen Untertanen geführt[115]. Doch wirkte das Vorbild und Gedankengut der Französische Revolution überhaupt auf die immediaten Rittergüter zurück und wenn ja, in welchem Ausmaß?

Unter dem Eindruck der Nachrichten aus Frankreich sprang seit Sommer 1789 der revolutionäre Funke auf das Reichsgebiet über und führte im Zusammenspiel mit bereits bestehenden konfessionellen, sozialen, ökonomischen, rechtlichen und politischen Konflikten in den folgenden Jahren zu mannigfachen Volksunruhen und Aufständen. Diese vielfach mit Plünderungen, Übergriffen auf landesherrliche Beamte sowie der Verweigerung von Steuern, Abgaben und Frondiensten einhergehenden Revolten erfassten sowohl Städte als auch ländliche Gebiete und wurden vor allem auf dem linken Rheinufer durch die siegreichen Revolutionsarmeen sowie politische Agitatoren aktiv gefördert. Betroffen waren zahlreiche reichsständische Territorien quer durch Deutschland, von Baden und der vorderösterreichischen Ortenau bis Kursachsen und Schlesien. Zu den dortigen Geschehnissen hat die For-

onsschreibens Kaiser Franz' II. an die fränkische Reichsritterschaft, Wien, 27. Februar 1796, StA Marburg, 109, Nr. 471. Schreiben des Reichsgrafen von Schlick an den Ritterhauptmann von Rhön-Werra Freiherr von und zu der Tann, Frankfurt/M., 14. Februar 1797, ebd. Abschrift des Requisitionsschreibens Kaiser Franz' II. an die Ortsvorstände der schwäbischen Reichsritterschaft, Tournai, 25. Mai 1794, StA Ludwigsburg, B 575 III, Bü 903. Abschrift des Requisitionsschreibens Kaiser Franz' II. an die Ortsvorstände der rheinischen Reichsritterschaft, Tournai, 25. Mai 1794, ebd. Abschrift des Schreibens des Reichsgrafen von Lehrbach an die gesamte schwäbische Reichsritterschaft, München, 2. Dezember 1794, ebd. Abschrift der kaiserlichen Reversalien für den schwäbischen Ritterkreis, Wien, 22. November 1794, ebd. Abschrift des Requisitionsschreibens Kaiser Franz' II. an die Ortsvorstände der schwäbischen Reichsritterschaft, Wien, 27. Februar 1796, StA Ludwigsburg, B 575 III, Bü 904. Abschrift der kaiserlichen Reversalien für den rheinischen Ritterkreis, Wien, 24. August 1795, ebd. Abschrift der kaiserlichen Reversalien für den schwäbischen Ritterkreis, Wien, 30. Juli 1796, StA Ludwigsburg, B 575 III, Bü 905. Abschrift des Schreibens des Grafen von Fugger-Dietenheim an den Ortsvorstand Donau, Augsburg, 2. Juli 1797, ebd. Abschrift des Schreibens des Grafen von Fugger-Dietenheim an den Ortsvorstand Donau, Stuttgart, 15. September 1797, ebd.

115 Siehe Kapitel V.4.2, VI.1 u. VII.1.

schung eine Reihe von Detailstudien vorgelegt[116]. Allerdings fehlen vergleichbare Untersuchungen für die immediaten Rittergüter rechts des Rheins fast vollständig, und die allgemein gehaltenen reichsritterschaftlichen Klagen über die »vielfach erprobte deutsche Verrätherei«, die »Unterthans Empörung, als dermalen ansteckende Pest« oder »die unselige Anhänglichkeit teutscher Untertanen an die züghelloße Freyheit[s-]Meinungen« helfen hier nicht viel weiter[117]. Die einzige wissenschaftliche Einzelfallstudie hat Rita Sailer im Rahmen einer umfassenderen Arbeit für die zum Kanton Kraichgau steuernde Gemeinde Menzingen der gleichnamigen Freiherrn vorgelegt: Hier kam es im Spätwinter und Frühjahr 1793 zu tumultuarischen Szenen und offener Gehorsamsverweigerung gegenüber den Befehlen der reichsritterschaftlichen Herrschaft durch die Untertanen. Zur Leistung ihrer Frondienste wollten sich die Menzinger Bauern lange Zeit ebenfalls nicht mehr verstehen. 1799 sollte die Gemeinde zudem ihren Beitrag zu einer dem Ritterkanton Kraichgau auferlegten Kontribution verweigern[118]. Bei den Menzinger Unruhen spielten verschiedene Faktoren zusammen: Eine seit dem frühen 16. Jahrhundert immer wieder aufflackernde Auseinandersetzung um die Folgen der zunehmenden herrschaftlichen Durchdringung des öffentlichen Raumes, in deren Folge sich die Gemeinde mit Belastungen, die dem alten Herkommen fremd waren, sowie der Beschränkung ihrer bisherigen Befugnisse und Nutzungsrechte konfrontiert sah[119]. Hinzu kam der autokratische Regierungsstil des Christian Ernst Freiherrn von Menzingen, der nicht einmal vor Betrug und der Misshandlung seiner Hintersassen zurückgeschreckt sein soll[120]. Schließlich wurde die Eskalation des Konfliktes durch den ortsfremden Advokaten der Gemeinde geschürt, der dabei nicht zuletzt seinen eigenen

116 *Berding* (Hg.), Unruhen, fortl. *Aretin*, Das Alte Reich III, S. 355 ff., 400 ff. *Remling*, Rheinpfalz I, S. 2 ff., 86 ff., 131 ff., 527 ff. *Weis*, Révoltes, S. 348 ff. *Ders.*, Durchbruch, S. 174, 201. *Grab*, Strömungen, S. 32 ff., 113, 152 ff. *Ernstberger*, Nürnberg, S. 411 f., 447 ff., 461 ff. *Bihl*, Herrschaft, S. 294. *Härter*, Reichstag, S. 291 ff., 303 ff., 330 ff. *Fehrenbach*, Régime, S. 69 f., 197 f. [*Belli di Pino*], Historische und politische Denkwürdigkeiten II, S. 251.

117 Abschrift des Schreibens des Ortsvorstandes Mittelrhein an den Ortsvorstand Niederrhein, Burg Friedberg, 19. Dezember 1792, StA Ludwigsburg, B 575 III, Bü 902 (Zitat ebd.). Vortrag der Ritterkanzlei Oberrhein an den Ortsvorstand Oberrhein, 29. Dezember [1792], StA Darmstadt, F2, Nr. 7/3 (Zitat ebd.). Abschrift des Schreibens des Kocherschen Ritterhauptmanns Graf Adelmann an den Ortsvorstand Kocher, Esslingen, 21. Oktober 1795, HStA Stuttgart, B 579, Bü 227 (Zitat ebd.). – Ebenfalls als Indiz für revolutionäre Tendenzen ungeeignet ist der Aufenthalt eines gewissen Georg Dietrich Hermann in dem zum Kanton Kraichgau kollektablen Ort Gemmingen. Hermann wurde in Wien aufgrund seines Verhaltens »in die Klasse der Verrückten, vielleicht aber auch der gefährlichen SchwindelKöpfe«, also der Revolutionäre eingeordnet (Weisung des Reichshofvizekanzlers Fürst von Colloredo-Mansfeld an den Gesandten Graf von Lehrbach, Wien, 15. Juni 1793, HHStA Wien, RK, Weisungen nach München, Fasz.-Nr. 11).

118 *Sailer*, Untertanenprozesse, S. 70, 89 ff., 119 f., 126 f.

119 Ebd., S. 72 ff., 101 ff.

120 Ebd., S. 102 ff., 112 ff., 122 f.

wirtschaftlichen Vorteil im Blick hatte[121]. Revolutionäres Gedankengut, das aus der Sicht der reichsritterschaftlichen Herrschaft ursächlich für die Ereignisse der Jahre 1792/93 war, spielte nur in den Forderungen des besagten Gemeindeadvokaten eine erkennbare Rolle[122].

Weit weniger bekannt ist über den Einfluss der Ideen der Französischen Revolution auf die Untertanen der Freiherrn von Bodmann im Bezirk Hegau des Kantons Hegau-Allgäu-Bodensee: In Liggeringen verweigerte 1796 die Gemeinde manchen Anordnungen ihrer vor den französischen Truppen nach Bregenz geflohenen Herrschaft den Gehorsam, während im Dorf Bodmann die zeitgleiche republikanische Agitation auf keinen fruchtbaren Boden fiel[123].

Nicht sehr viel klarer sieht man im Fall des zum Kanton Odenwald steuerbaren Dorfes Bödigheim der Freiherren von Rüdt, der durch zeitgenössischer Pressemeldungen dokumentiert wurde. Hier kam es über die Auslegung eines zwischen der Ortsherrschaft und den Untertanen im Jahre 1765 geschlossenen Vergleiches über Waldrechte im Frühjahr 1798 zu Unruhen und der offenen Gehorsamsverweigerung der reichsritterschaftlichen Hintersassen. Hierauf stellte ein dreihundert Mann starkes Exekutionskommando aus Kurmainzer Truppen auf Geheiß des Reichshofrats die alte Ordnung in Bödigheim wieder her. Hinweise auf einen direkten Zusammenhang mit der Französischen Revolution fehlen jedoch[124].

Unsere Frage nach den Auswirkungen der revolutionären Ereignisse auf das Verhältnis der reichsritterschaftlichen Untertanen rechts des Rheins zu ihren angestammten Herrschaften können weder die Fälle Menzingen, Bodmann-Liggeringen noch Bödigheim in quantitativ ausreichendem Maße beantworten. Daher müssen die ebenfalls nur rudimentär erforschten Verhältnisse auf den transrhenanischen Rittergütern zum Vergleich herangezogen werden: Hierfür sind zuerst die von Ludwig Eid abgehandelten Unruhen im linksrheinischen Territorium der Reichsgrafen von der Leyen seit 1789 in den Blick zu nehmen, wo die Ereignisse ähnliche Züge wie in vielen reichsständischen Gebieten trugen. Der Kern des Leyenschen Herrschaftsgebiets, und damit die Zentren des Untertanenprotestes bestanden jedoch aus Besitzungen, die dem Kanton Niederrhein inkorporiert waren[125]. Seit den Forschungen von Franz Xaver Remling ist zudem bekannt, dass sich den revolutionären Unruhen im Zweibrücker Oberamt Bergzabern 1792/93 neben kurpfälzischen Orten eine

121 Ebd., S. 93, 99, 109 f.

122 Ebd., S. 70, 99 ff., 111 ff.

123 *Danner*, Reichsritterschaft (1969), S. 13 ff. *Ders.*, Studien, S. 108 f.

124 Der Fränkische Merkur, Nr. 32, 7. August 1798, Sp. 1013 ff. Ebd., Nr. 36, 4. September 1798, Sp. 1140 ff. Ebd., Nr. 37, 11. September 1798, Sp. 1175 ff. – Vgl. auch die nur den bloßen Tatbestand des Aufruhrs und die eingetreten Exekution bezeugenden Passagen bei *Sailer* (Untertanenprozesse, S. 130 ff.).

125 *Eid*, Reichsgräfin, S. 80, 129 f., 244 ff., 260 ff., 316. – Speziell zur Geografie des Leyenschen Territoriums vgl. auch die Karten bei *Eid* (ebd., S. 312 u. im Anhang).

Reihe reichsritterschaftlicher Dörfer der Freiherren von Dalberg und Gemmingen sowie der Reichsgrafen von Degenfeld anschlossen[126].

Auch die fast zeitgleichen Vorgänge in Bermersheim in der Nähe Alzeys lassen zumindest die Übernahme revolutionärer Verhaltensweisen erkennen: Nachdem es schon zuvor zu Protesten gegen die Zahlung der Rittersteuern und der herrschaftlichen Gefälle gekommen war, nutzte ein Teil der Untertanen die französische Besetzung der Gegend aus, um mit der Hilfe republikanischer Kommissare und Soldaten den Schultheiß zu entmachten, den Nationaleid zu schwören und einen Gemeinderat zu wählen. Zudem steckten die Aufständischen die Kokarde an und halfen im Nachbarort einen Freiheitsbaum zu errichten. Ferner kam es zu wiederholten Gewaltexzessen, in deren Verlauf der katholische Schulmeister von herbeigerufenen Revolutionssoldaten erschossen wurde. Erst die vorrückende preußische Armee und eine Exekution des Ritterorts Oberrhein konnten die alte Ordnung wieder einigermaßen herstellen[127].

Die Erklärung des kurpfälzischen Gesandten auf dem Oberrheinischen Kreistag im Herbst 1789, dass sein Landesherr bereits Maßnahmen getroffen habe, um im Falle revolutionärer Unruhen in den benachbarten reichsritterschaftlichen Gebieten schnell intervenieren zu können, wirft ebenfalls ein Schlaglicht auf das Unruhepotenzial in den zum Corpus equestre gehörenden Herrschaften[128]. Ganz ähnlich sollte in den Reichstagsberatungen des Sommers 1791 über ein Reichsgesetz zur Verschärfung der politischen Zensur mit den angeblich besonders aufrührerisch gesinnten Untertanen der reichsritterschaftlichen Gebiete argumentiert werden[129].

126 *Remling*, Rheinpfalz I, S. 143 ff., v. a. aber S. 161 Anm. 202, 184 ff., 198 f. *Schunk*, Forstunruhen, S. 51. Schreiben des französischen Generalleutnants Franz Wimpfen an den Amtmann der degenfeldischen Herrschaft in Altdorf, Landau, 19. November 1792, in: *Remling*, Rheinpfalz II, Urkundenbuch, Nr. 20, S. 462. – Hervorzuheben ist, dass im Freiherrlich von Gemmingenschen Ingenheim die Unruhen noch einige Wochen vor der endgültigen Eskalation der Ereignisse in Bergzabern ausbrachen (*Remling*, Rheinpfalz I, S. 143 ff., 184). – Die Ergebnisse der Forschungen Remlings finden ihre weitgehende Bestätigung in einem Schreiben des Kantons Oberrhein an den Reichshofvizekanzler, das revolutionäre Unruhen in den zu Oberrhein kollektablen Orten Altdorf, Niedersaulheim, Gommersheim und Effingen bezeugt (Schreiben des Ortsvorstandes Oberrhein an den Reichshofvizekanzler Fürst von Colloredo-Mansfeld, o.O., 26. April 1793, StA Darmstadt, F2, Nr. 7/3). *H. Müller* (Kampf, S. 46) und *Grimme* (Herren, S. 248, 269 f.) verweisen ferner auf das Dorf Aßweiler der Freiinnen von Stein-Kallenfels, das sich unter dem Schutze der französischen Waffen der Republik anschloss und bis dahin dem Kanton Niederrhein inkorporiert war. – Auch im elsässischen Busenberg, das zwar unter französischer Oberhoheit stand, aber im Besitz des reichsritterschaftlichen Geschlechtes der Freiherrn von Dürckheim war, gab es 1789 Unruhen. Diese richteten sich jedoch nicht primär gegen die Ortsherrschaft (*Remling*, Rheinpfalz I, S. 3 f.).

127 Relation des Reichshofrats mit Votum und Conclusum zum Fall »Reichsritterschaft am Oberhein, in specie das in dem Orte Bermersheim andauernde französische Freiheitssystem«, HHStA Wien, RHR, Relationes, Nr. 153.

128 Protokoll der 6. Session des Oberrheinischen Kreistages, Frankfurt/M., 28. Oktober 1789, StA Marburg, 4e, Nr. 3373.

129 *Härter*, Reichstag, S. 316.

Etwas mehr Erkenntniswert als derartige Behauptungen versprechen die tabellarischen Beschreibungen der wehrpflichtigen Bevölkerung im Kanton Oberrhein, die Anfang 1794 im Rahmen einer allgemeinen Volksbewaffnung in den Vorderen Reichskreisen unter Beteiligung der Reichsritterschaft angefertigt wurden. In diesen Übersichten wurde nämlich stets vermerkt, ob der ritterschaftliche Untertan »ein Anhaenger der Französischen Constitution« sei. Allerdings haben sich nur die Unterlagen für sechs ritterschaftliche Orte erhalten, und die Zuverlässigkeit ihrer Angaben erscheint vielfach fraglich. Nur in einem der sechs Dörfer soll es überhaupt Verfechter revolutionärer Ideen gegeben haben, und dabei handelte es sich ausgerechnet um das im Besitz des Klosters Eibingen befindliche und bereits angesprochene Bermersheim. Hier wurde die Anzahl der »Jakobiner« immerhin mit einem Drittel der wehrfähigen Einwohnerschaft angegeben[130]. Dabei ist freilich zu beachten, dass die Grenzen zwischen vermeintlichen »Jakobinern« und sonstigen unzufriedenen Untertanen für die Obrigkeiten fließend waren[131]. Umgekehrt konnte auch in dreien der besagten Orte die Bevölkerung gegen ihre drohende Heranziehung zum allgemeinen Aufgebot protestieren, obwohl in ihnen keine militärtauglichen Anhänger revolutionärer Ideen registriert wurden[132].

Die vorangegangenen Betrachtungen haben gezeigt, dass im Zeitalter der Revolutions- und Koalitionskriege ein erhebliches Konfliktpotential in reichsritterschaftlichen Herrschaften bestand, das sich wiederholt in Untertanenunruhen entlud. Ein Einfluss des Gedankenguts der Französischen Revolution ließ sich dabei jedoch nur in Ausnahmefällen, insbesondere auf dem linken Rheinufer und damit außerhalb des für die vorliegende Arbeit besonders interessierenden Handlungsraumes sicher nachweisen. Nicht die neuen Ideen der »Liberté, Fraternité et Egalité«, sondern die sozialen, wirtschaftlichen und rechtlichen Verhältnisse auf den einzelnen immediaten Rittergütern hatten das Potential, um vor dem Hintergrund der preußischen Mediatisierungen die reichsritterschaftliche Unmittelbarkeit von innen heraus zu gefährden[133].

130 StA Darmstadt, F2, Nr. 17/7: fortl. für Januar bis März 1794.

131 *Klaus Müller*, Bürgerproteste, S. 96.

132 Schreiben des Freiherrn von und zu Dalberg an den Ortsvorstand Oberrhein, Mainz, 13. März 1794, StA Darmstadt, F2, Nr. 17/7. Beschreibung der wehrfähigen Einwohner von Gabsheim, Gabsheim, 1. März 1794, ebd. Beschreibung der wehrfähigen Einwohner von Heßloch, Heßloch, 28. Februar 1794, ebd. Beschreibung der wehrfähigen Einwohner von Vendersheim, Vendersheim, 4. März 1794, ebd. Auszug aus dem Amtsprotokoll, Köngernheim, 18. März 1794, ebd. Beschreibung der wehrfähigen Einwohner von Köngernheim, Köngernheim, 18. März 1794, ebd.

133 Siehe Kapitel VI.1 u. VII.1.

2.2 Die Untergrabung der reichsritterschaftlichen Rechtsstellung

»Unter dem Geräusche der Waffen schweigen die Geseze, sagt das Sprichwort«[134]. Dass diese auch noch am Ende des 18. Jahrhunderts bekannte, antike Weisheit nichts von ihrem Wahrheitsgehalt eingebüßt hatte, musste die Reichsritterschaft nach dem Ausbruch der Reichs- und Koalitionskriegs sehr bald erfahren.

Bereits im Juni 1792 berichtete ein reichsritterschaftlicher Sondergesandter aus Wien, es sei »der ernstliche Antrag aufgeworfen worden, daß man schon damalen die Ritterschaft zum ernstlichsten Mitleiden um so mehr ziehen solle, als selbe ohnehin für das Reich nichts thue, und bey all- wichtigen Anläßen sich aus der Schlinge zu ziehen wisse«. Zwar hatten derartige Vorstöße am Kaiserhof keinerlei Erfolg[135]. Aber dessen ungeachtet versuchten zahlreiche Reichsfürsten seit 1792/93 die immensen Belastungen ihrer Territorien durch den Reichs- und Koalitionskrieg zu mindern, indem sie einen Teil der Kriegssteuern, Requisitionen und Kontributionen kurzerhand auf benachbarte oder lehenbare reichsritterschaftliche Herrschaften abwälzten. Zwar war ein solches Verhalten keineswegs neu[136]. Aber dennoch bedeutete es eine massive Missachtung der überkommenen Reichskriegsverfassung, in der die gemeinsame Heranziehung von reichsritterschaftlichem und reichsständischem Gebiet zu den Verteidigungslasten ein immer seltener gewordener Ausnahmefall war[137]. Vor allem aber stellte die eigenmächtige Abwälzung der eigenen Kriegslasten auf die immediaten Rittergüter deren Reichsunmittelbarkeit sowie die reichsritterschaftlichen Militär- und Steuerrechte, also fundamentale Rechts- und Verfassungsprinzipien infrage[138].

Zwar nahmen die Reichsjustiz und der Wiener Kaiserhof die reichsritterschaftlichen Gerechtsame immer wieder gegen die Eingriffe der unter den Kriegslasten leidenden reichsständischen Territorien in Schutz. Dabei schreckte der Reichshofrat nicht einmal vor Verfügungen gegen die ersten Stände des Reichs zurück, wie das Beispiel Kurmainz zeigt[139]. Durch solche

134 15. Bericht des reichsritterschaftlichen Agenten am Reichstag, 21. April 1796, StA Marburg, 4e, Nr. 1870.

135 Abschrift des Schreibens des Hegauer Ritterrats Joseph Freiherr von Hornstein-Biningen an das Direktorium des Bezirks Hegau, Wien, 9. Juni 1792, StA Ludwigsburg, B 575 III, Bü 901.

136 Abschrift des Subsidienvertrags zwischen Wien und dem fränkischen Ritterkreis, Frankfurt/M. – Bamberg – Bonfeld, 7.–10. Oktober 1793, StA Marburg, 109, Nr. 520.

137 *Moser*, Von denen Teutschen Reichs-Ständen, S. 1400 ff. *Kerner*, Staats-Reichs-Recht, S. 108 f., 115 ff. *Ders.*, Staats-Landrecht, S. 189.

138 Siehe Kapitel II.2.2.

139 Siehe beispielsweise: Beilage 2: Abschrift der Note des Grafen von Westphalen an die Vertreter des rheinischen Ritterkreises, Bonn, 2. Oktober 1794, StA Darmstadt, F2, Nr. 8/1; Beilage 3: Abschrift der Note der Unterhändler des rheinischen Ritterkreises an den Grafen von Westphalen, Bonn, 3. Oktober 1794, ebd.; Druck des Mandatum sine clausula des Reichshofrats auf die Klage des Kantons Kocher gegen Württemberg, Wien, 23. August 1799, HStA Stuttgart, B

reichsgerichtlichen Mandate wurde der Herausbildung eines dem Corpus equestre nachteiligen Herkommens reichsrechtlich ein Riegel vorgeschoben[140]. Aber dies verhinderte andererseits nicht, dass Eingriffe der Reichsfürsten in die reichsritterschaftlichen Militär- und Steuerrechte, und damit in das Fundament der reichsadligen Landesherrlichkeit und Unmittelbarkeit zunehmend zur Regel wurden. Die immense Härte und Dauer der kriegerischen Auseinandersetzung mit Frankreich leistete damit in den reichsständischen Regierungskollegien einer politischen Kultur Vorschub, in der die verfassungsmäßigen Grundlagen der reichsritterschaftlichen Unmittelbarkeit nicht nur in der Theorie in Zweifel gezogen, sondern auch in der Praxis kurzerhand ignoriert wurden.

Angesichts dieser Entwicklung war der Schritt hin zur gänzlichen Mediatisierung der Reichsritterschaft durch Preußen vergleichsweise kurz. Viele der Eingriffe Berlins in die reichsritterschaftliche Reichsunmittelbarkeit und Landesherrlichkeit dienten auch zur Befriedigung allgemeiner militärischer Notwendigkeiten und Bedürfnisse angesichts der aktuellen Kriegssituation, wenn auch nicht nur[141]. Daher fand das konkrete Vorgehen Preußens gegen die Rechtsstellung des Corpus equestre vielfach eine Entsprechung in ganz ähnlichen Maßnahmen anderer Reichsstände. Solange ein erheblicher Teil der Reichsfürsten die Reichsritterschaft fast wie Freiwild behandelte und deren Gerechtsame vielerorts aushöhlte, war der Schaden für das Ansehen Berlins

579, Bü 1757; Druck des kaiserlichen Gebotsbriefs an Herzog Friedrich II. von Württemberg, Wien, 26. August 1799, ebd.; Gedrucktes Zirkularschreiben des Direktoriums von Neckar-Schwarzwald und Ortenau an seine Mitglieder und Güterbersitzer, Tübingen, 12. Dezember 1800, ebd.; Beglaubigter Abdruck der Sententia paritoria im Reichshofratsprozess von Neckar-Schwazwald und Ortenau gegen Württemberg, Wien, 27. Oktober 1800, ebd.; Schreiben des kaiserlichen Gesandten beim Schwäbischen Kreis Graf von Fugger-Dietenheim an den Ortsvorstand Donau, Dietenheim, 4. Juli 1799, GLA Karlsruhe, 123, Fasz. 334; Schreiben des Ortsvorstandes Donau an das Direktorium zu Radolfzell, Ehingen, 18. Januar 1800, ebd.; Abschrift des kaiserlichen Gebotsbriefs an die Ellwanger Regierung und deren nachgeordnetes Amt Westhausen, Wien, 2. Juli 1798, StA Ludwigsburg, B 575 IV, Bü 314; Entwurf eines Promemorias an den Grafen von Königsegg von der Gesandtschaft des schwäbischen Ritterkreises für die Charitativsubsidienverhandlungen, Ulm, [ca. Juli] 1796, StA Ludwigsburg, B 575 III, Bü 904.

140 Zur rechtswahrenden Funktion reichsgerichtlicher Urteile und Verfügungen vgl. beispielsweise: Schreiben des Ortsvorstandes Steigerwald an den Ortsvorstand Rhön-Werra, Erlangen, 31. Oktober 1794, StA Marburg, 109, Nr. 311, Bd. 3, Dok. 223; Abschrift des Schreibens des Ortsvorstandes Donau an die schwäbischen Mitkantone und den rheinischen Ritterkreis, Ehingen, 3. Dezember 1795, StA Marburg, 109, Nr. 311, Bd. 4, zu Dok. 304; nicht ausgefertigter Entwurf des Schreibens des Ortsvorstandes Rhön-Werra an den Reichsgrafen Schlick, Schweinfurt, [ca. Februar] 1796, ebd., Dok. 319; Denkschrift des Steigerwalder Ritterhauptmanns Friedrich Karl Freiherr von Seckendorff, Weingartsgereuth, 3. November 1795, StA Marburg, 109, Nr. 311, Bd. 5, zu Dok. 323; Schreiben des Ortsvorstandes Rhön-Werra an den Reichshofvizekanzler Fürst von Colloredo-Mansfeld, Schweinfurt, 4. Februar 1796, ebd., Dok. 333 u. Schreiben des Ortsvorstandes Donau an das Direktorium zu Radolfzell, Ehingen, 27. Juli 1799, GLA Karlsruhe, 123, Fasz. 334.

141 Siehe Kapitel V.4.2 u. VI.1.

im Reich kalkulierbar, den eine harte Gangart Preußens gegenüber seinen reichsritterschaftlichen Nachbarn hervorrufen konnte. Es wird noch zu zeigen sein, dass die Sorge um den Ruf des Königs als Garant der Reichsverfassung eine erhebliche Rolle in der Politik des Berliner Kabinettsministeriums spielte[142]. Angesichts der weitverbreiteten Missachtung der reichsritterschaftlichen Privilegien und Freiheiten im Reichskrieg war von vielen reichsfürstlichen Höfen keine Kritik am Vorgehen ihres preußischen Mitstandes zu erwarten. Dies galt zumindest bis zum Sommer 1796, als Berlins Plan, die seinen fränkischen Provinzen benachbarten Rittergenossen vollständig zu mediatisieren, unübersehbar wurde. Die von der Forschung bisher missachtete, kriegsbedingte Auflösung der reichsrechtlichen Ordnung schuf also eine reichspolitische Situation, die es Berlin erleichterte, alle Hemmungen fallen zu lassen und gegen einen Großteil der Reichsritterschaft gewaltsam vorzugehen. Daher ist es für die vorliegende Untersuchung von zentraler Bedeutung, einen kursorischen Überblick über das Ausmaß zu gewinnen, in welchem die Reichsstände die reichsritterschaftliche Rechtsstellung im Verlauf der Kriegswirren seit 1792/93 untergruben.

Im Frühjahr 1795 war Preußen im Sonderfrieden von Basel aus der antifranzösischen Koalition ausgeschert und hatte mit der Errichtung der norddeutschen Neutralitätszone Süddeutschland weitgehend seinem Schicksal überlassen, das nun zum Hauptschlachtfeld nördlich der Alpen zwischen Wien und Paris wurde. Angesichts der zunehmenden Überlegenheit der französischen Waffen, der wachsenden Friedenssehnsucht im Reich sowie der Verheerungen durch Freund und Feind griffen die schwäbischen Kreisstände zur Selbsthilfe: Am 17. Juli 1796 unterzeichneten die Vertreter Württembergs im Hauptquartier der französischen Rhein- und Moselarmee eine separate Waffenstillstandskonvention. Diesem Beispiel folgten bis zum Monatsende auch Baden sowie der Schwäbische Reichskreis. In allen drei Verträgen wurden hohe Kontributionen an Geld, Naturalien und kriegswichtigem Material festgesetzt, die die schwäbischen Reichsstände an die Armee des französischen Generals Moreaus abzuliefern hatten[143]. Was lag in dieser Situation näher, als die Kantone Schwabens zu diesen Lasten mit heranzuziehen? Zwar war der schwäbische Ritterkreis auf sein Ansuchen in die Waffenstillstandskonvention des Schwäbischen Reichskreises vom 27. Juli 1796 aufgenommen worden. Die reichsrechtlich relevante Streitfrage entspann sich daher auch nicht darum ob, sondern wie viel die Rittergenossen zur geforderten Kontribution beitragen sollten. Die Reichsritterschaft Schwabens stellte sich auf den Boden des Reichsherkommens und wollte daher nicht mehr als ein Sieben-

142 Siehe Kapitel V.1 u. V.3.

143 Note des reichsritterschaftlichen Kassierers Moz, Diesenhofen, 29. August 1796, GLA Karlsruhe, 123, Fasz. 334. Abschrift der Waffenstillstandskonvention zwischen Württemberg und Frankreich, Baden, 17. Juli 1796, HStA Stuttgart, A 12, Bü 98. *Aretin*, Das Alte Reich III, S. 417 ff., 438 ff. *Sybel*, Geschichte VII, S. 110 ff.

undzwanzigstel der Summe entrichten, die der Schwäbische Reichskreis aufzubringen hatte. Der Ulmer Kreiskonvent erlegte jedoch ohne Rücksprache mit den ritterschaftlichen Ortsvorständen und ohne Rücksicht auf deren Rechtsstandpunkt den schwäbischen Kantonen kurzerhand ein Fünftel der gesamten Kontribution auf. Angesichts der drohenden Exekution durch reichsständisches und französisches Militär blieb dem schwäbischen Ritterkreis nichts anderes übrig, als diesen reichsrechtlich höchst gefährlichen Präzedenzfall für ihre Unmittelbarkeit und Steuerhoheit hinzunehmen[144].

Auch Baden verlangte von einer Reihe benachbarter reichsritterschaftlicher Herrschaften, zur Kontribution beizutragen, die die Markgrafschaft aufgrund ihrer mit Moreau separat abgeschlossenen Waffenstillstandskonvention vom 25. Juli 1796 zu entrichten hatte. Betroffen waren ein Teil der reichsritterschaftlichen Vasallen des badischen Lehenshofes sowie immediate Rittergüter, über die Karlsruhe obrigkeitliche Rechte als staatsrechtliche Servituten ausübte. Wenn Markgraf Karl Friedrich schließlich die Forderung nach Beiträgen dieser reichsritterschaftlichen Gebiete fallen ließ, so zeigte er sich umso kompromissloser bei der ebenfalls verlangten Heranziehung derjenigen Rittergüter, die in den Besitz Badens gelangt waren, aber weiterhin der reichsritterschaftlichen Steuer- und Militärhoheit unterworfen blieben. In beiden Fällen bildete die Grundlage des markgräflichen Anspruches ein »Vertheidigungs- und Schirmrecht« Badens über solche »Dependenzen des Landes«. Eine derartige Befugnis bestand zwar insbesondere für die in

144 Note des reichsritterschaftlichen Kassierers Moz, Diesenhofen, 29. August 1796, GLA Karlsruhe, 123, Fasz. 334. Abschrift der Instruktion für die reichsritterschaftliche Deputation für ihre Unterhandlungen mit dem Schwäbischen Reichskreis in der Kontributionsfrage, Ulm, 16. September 1796, Dikt. Ulm, 17. September 1796, ebd. Abschrift der Repartition des reichsritterschaftlichen Kontributionsanteils, Ulm, 12. September 1796, ebd. Unterakt »Acta Die in dem von dem hochlöb[lichen] schwäbis[che]n Reichskreis mit der Neufranken Republik abgeschlossenen Waffenstillstand bewirkte – und in sich haltende Einschlüßung des schwäbis[che]n Reichsadels betr[ef]f[end]«, HStA Stuttgart, B 574 Au, Bü 727: fortl. Gedrucktes Zirkularschreiben des Direktoriums von Neckar-Schwarzwald und Ortenau an seine Mitglieder und Güterbersitzer, Tübingen, 4. August 1796, HStA Stuttgart, B 579, Bü 1755. – Auch nach dem Zurückdrängen der Revolutionstruppen aus Schwaben wurde der Anspruch des schwäbischen Ritterkreises, gemäß eines 1695 begründeten Herkommens nur ein Siebenundzwanzigstel der Lasten des Schwäbischen Reichskreises zu tragen, missachtet: Sowohl bei den folgenden Requisitionen zum Unterhalt der kaiserlichen Armee als bei der Vorbereitung eines projektierten Landsturmes im Oktober 1797 wurden die schwäbischen Kantone durch den Schwäbischen Reichskreis und das kaiserliche Generalkommando höher veranschlagt (Votum von Hegau-Allgäu-Bodensee zu Beratungspunkt drei auf dem schwäbischen Fünf-Ortstag, [ca. Dezember 1797], GLA Karlsruhe, 123, Fasz. 334. Rezess des schwäbischen Fünf-Ortstag zu Beratungspunkt drei, Ulm, 16. Dezember 1797, ebd. Promemoria des Odenwalder Ritterhauptmanns Karl Friedrich Reinhard von Gemmingen an den kaiserlichen Gesandten Graf Lehrbach, Rastatt, 21. Dezember 1797, ebd. Konzept des Beschwerdeschreibens des Ortsvorstandes Donau an den Kaiser, o.O., [ca. Mai 1798], ebd. Abschrift des Bittschreibens des Ortsvorstandes Donau an den Kaiser, Ehingen, 7. September 1797, StA Ludwigsburg, B 575 III, Bü 905. Abschrift des Schreibens des Ortsvorstandes Donau an den Reichshofratsagenten Stubenrauch, Ehingen, 14. September 1797, ebd.).

reichsständischen Besitz übergegangenen, sog. alienierten, ritterschaftlichen Besitzungen realiter, war aber reichsrechtlich höchst fragwürdig. Mit seinem Vorgehen stellte Karlsruhe noch deutlicher als der Schwäbische Kreiskonvent die reichsritterschaftliche Rechtsstellung infrage. Darüber vermochten auch nicht die Versicherungen Markgraf Karl Friedrichs hinwegzutäuschen, dass er die Reichsunmittelbarkeit sowie das Ius collectandi der Reichsritterschaft ungeachtet seiner Forderungen anerkenne[145].

Doch nicht nur Baden und der Schwäbische Reichskreis, sondern auch Württemberg war bestrebt, die aus dem Reichskrieg erwachsenden Lasten auf Kosten der benachbarten Reichsritterschaft zu mindern: Schließlich hatte Herzog Ludwig Eugen bereits 1794 anlässlich der allgemeinen Volksbewaffnung erklärt, dass er den 1769 mit den Kantonen Kocher und Neckar-Schwarzwald abgeschlossenen Vergleich über die Besteuerungs- und Militärrechte auf den an Stuttgart alienierten Rittergütern als rechtlich unverbindlich erachte[146]. Es war also wenig erstaunlich, dass Stuttgart beschloss, auch die in seinem Besitz befindlichen, jedoch den schwäbischen Kantonen immatrikulierten Rittergütern zur württembergischen Kontribution heranzuziehen. Darüber hinaus erstreckte Stuttgart ungebetenerweise, »aus lehenherrlicher Fürsorge« die Gültigkeit der separaten Waffenstillstandskonvention vom 17. Juli 1796 auch auf seine reichsritterschaftlichen Vasallen, da deren Lehen »als Eigenthum des Herzogl. Hauses unter die Zugehörden der Herzogl. Lande zu rechnen sind«. Bei einer solchen Sichtweise, die die Reichsunmittelbarkeit der den Ritterorten immatrikulierten Lehen reichsständischer Lehenshöfe schlicht ignorierte, konnte es kaum überraschen, dass Stuttgart von seinen reichsritterschaftlichen Vasallen ebenfalls Beiträge zur württembergischen Kontribution einforderte[147].

145 Abschrift der Instruktion für die reichsritterschaftliche Deputation für ihre Unterhandlungen mit dem Schwäbischen Reichskreis in der Kontributionsfrage, Ulm, 16. September 1796, Dikt. Ulm, 17. September 1796, GLA Karlsruhe, 123, Fasz. 334. Schreiben des Ortsvorstandes von Hegau-Allgäu-Bodensee an den Ortsvorstand Donau, Radolfzell, 22. Mai 1797, ebd. (Zitat ebd.). Schreiben des Bezirksvorstandes Allgäu-Bodensee an das Direktorium zu Radolfzell, Wangen, 4. März 1797, ebd. Abschrift des Schreibens der badischen Regierung an den Ortsvorstand Donau, Karlsruhe, 13. Februar 1797, ebd. Abschrift des Schreibens des Ortsvorstandes Donau an den Markgrafen von Baden, Ehingen, 8. Januar 1797, ebd. (Zitat ebd.). Promemoria des Odenwalder Ritterhauptmanns Karl Friedrich Reinhard von Gemmingen an den kaiserlichen Gesandten Graf Lehrbach, Rastatt, 21. Dezember 1797, ebd.

146 Gedrucktes Reskript von Ludwig Eugen an die württembergischen Ober- und Staabsbeamten der zu den Kantonen Kocher und Neckar-Schwarzwald steuernden Orte, Stuttgart, 5. August 1794, HStA Stuttgart, L 6, Bü 583. – Ludwig Eugen hatte sich als erbberchtigter Verwandter bereits 1780 vorbehalten, seine familienrechtlich erforderliche Zustimmung, den sog. agnatischen Konsens, zu dem Vergleich von 1769 zu verweigern (Gedrucktes Reskript von Ludwig Eugen an die württembergischen Ober- und Staabsbeamten der zu den Kantonen Kocher und Neckar-Schwarzwald steuernden Orte, Stuttgart, 5. August 1794, ebd.).

147 Gedruckte Signatur des württembergischen Lehenshofes an die herzoglichen Vasallen, Stuttgart, 22. Juli 1796, HStA Stuttgart, B 579, Bü 1755 (Zitat ebd.). Signatur des württembergischen Lehenshofes an die herzoglichen Vasallen vom 9. August 1796, ebd. (Zitat ebd.). Reskript von

Weder der Rückzug Moreaus aus Schwaben im Herbst 1796 und das Vordringen der österreichischen Armee[148], noch der wenig später erfolgte Tod Herzog Friedrich Eugens konnten verhindern, dass die Streitigkeiten zwischen Württemberg und dem Corpus equestre um die Besteuerung der an das Herzogtum alienierten Rittergüter andauerten: Letztere sollten seit dem Spätjahr 1796 nicht nur den Anteil Stuttgarts an den wiederholten Requisitionen der kaiserlichen und Reichsarmee mittragen, sondern auch zu den Lieferungen für das 1799 in Schwaben eingedrungene Heer Jourdans beisteuern. Mit der Durchsetzung dieser Forderungen auf verschiedenen, dem Corpus equestre kollektablen Besitzungen legte das Herzogtum erneut die Axt an zentrale Gerechtsame der reichsritterschaftlichen Korporation. Zur Begründung des württembergischen Vorgehens diente nicht zuletzt die reichsrechtlich fragwürdige und im Widerspruch zum Herkommen stehende Behauptung, dass bei der Bestreitung der Truppenverpflegung nicht die reichsritterschaftlichen Militär- und Steuerrechte auf den alienierten Rittergütern ausschlaggebend seien. Stattdessen sei allein die dem Herzogtum zustehende orts- und landesherrliche Polizeygewalt entscheidend. Folgerichtig untersagte Württemberg auch Beiträge von seinen reichsritterschaftlichen Besitzungen zu den Naturallieferungen, Hand- und Spanndiensten, die die schwäbischen Kantone für die kaiserlichen und französischen Armeen zu bestreiten hatten. Aus demselben Anlass verweigerten die herzoglichen Behörden von verschiedenen Rittergütern, die sich im Besitz Württembergs befanden, aber zu den Kantonen Kocher und Neckar-Schwarzwald steuerten, die Entrichtung des von den Ortsvorständen erhöhten Betrags der ritterschaftlichen Schatzungssteuer. In einem Fall sperrte Württemberg auf etliche Jahre sogar die gesamte Rittersteuer. Als Anfang März 1798 Württemberg eine provisorische Kriegssteuer auf Barvermögen, Handelswaren sowie die Besoldungen der Gemeindebeamten ausschrieb, sollten hierzu nicht nur diejenigen immediaten Rittergüter beitragen, die sich im Besitz des Herzogtums befanden. Die besagte Kriegssteuer wurde auch von reichsritterschaftlichen

Herzog Friedrich Eugen an verschiedene württembergische Ämter, Stuttgart, 11. August 1796, ebd. Abschrift der Instruktion für die reichsritterschaftliche Deputation für ihre Unterhandlungen mit dem Schwäbischen Reichskreis in der Kontributionsfrage, Ulm, 16. September 1796, Dikt. Ulm, 17. September 1796, GLA Karlsruhe, 123, Fasz. 334. Votum von Hegau-Allgäu-Bodensee zu Beratungspunkt fünf auf dem schwäbischen Fünf-Ortstag, [ca. Dezember 1797], ebd. Auszug aus dem Rezess der schwäbischen Ortskonsulenten, Ulm, 28. August 1797, ebd. Promemoria des Odenwalder Ritterhauptmanns Karl Friedrich Reinhard von Gemmingen an den kaiserlichen Gesandten Graf Lehrbach, Rastatt, 21. Dezember 1797, ebd. Klageschrift zu den Beilagen 1 bis 76 von Neckar-Schwarzwald und Ortenau zum Reichshofratsprozess gegen Württemberg, übergeben am 1. August 1799, HStA Stuttgart, B 579, Bü 1757. Relation des Reichshofrats zum Fall »Reichsritterschaft in Schwaben Orts am Neckar contra den Herrn Herzog zu Württemberg, dessen Regierung, Lehnhof und Beamte pto. turbatae possessione juris collectandi et iurium inde dependentium«, HHStA Wien, RHR, Relationes, Nr. 148.

148 Zu den angesprochenen militärischen Entwicklungen im Herbst 1796 siehe *Aretin*, Das Alte Reich III, S. 454 f. u. *Sybel*, Geschichte VII, S. 199 ff.

Gütern eingefordert und teils auch eingetrieben, die sich zwar in der Hand von Rittergenossen befanden, deren Reichsunmittelbarkeit Stuttgart aber nicht anerkannte[149].

Nicht viel besser war die Lage für die reichsritterschaftlichen Gerechtsame weiter rheinabwärts. Auch hier wurde die Reichsunmittelbarkeit der Rittergenossen unter den Zwängen des Kriegs missachtet und infrage gestellt: Nassau-Usingen zog die in seinem Besitz befindlichen, jedoch zur Reichsritterschaft steuerbaren Güter zu verschiedenen französischen Requisitionen sowie jener Kontribution von 600.000 Livres heran, die General Joubert im September 1795 dem eroberten Land zwischen Main und Lahn auferlegt hatte. Weniger Erfolg hatte die Wiesbadener Regierung mit ihrer Forderung nach einem Beitrag von denjenigen Besitzungen des Kantons Mittelrhein, die sich noch immer in reichsritterschaftlicher Hand befanden, aber im Territorium des Fürstentums inklaviert waren. 1797 verlor Nassau-Usingen die Geduld, wies das reichsritterschaftliche »principium eine[s] territorii in territorio« zurück und ließ zumindest einen Teil der besagten Enklaven durch Exekutionskommandos zu einer erneuten französischen Kontribution heranziehen[150].

Gegenüber derartigen Vorfällen nahm sich der Konflikt zwischen Hessen-Darmstadt und den Freiherren von Riedesel eher bescheiden aus: Seit 1796 stritten beide Seiten in verschiedenen Zeitungen um die Landeshoheit über das an den Grenzen der Lauterbacher Cent gelegene halbe Dorf Rudlos sowie den Hof Saßen. Dieser lokale Konflikt sollte im Kriegsjahr 1799, also bereits nach dem hier besonders interessierenden Zeitraum, durch die geplante Aufstellung landgräflicher Neutralitätspfähle mit der Beschriftung »Hessen Darmstädtisches Territorium« auf dem umstrittenen Gebiet zusätzlich angeheizt werden[151]. Reichsrechtlich nicht minder problematisch als diese Vor-

149 GLA Karlsruhe, 123, Fasz. 334: fortl. für August 1797 bis August 1800. Druck des Mandatum sine clausula des Reichshofrats auf die Klage des Kantons Kocher gegen Württemberg, Wien, 23. August 1799, HStA Stuttgart, B 579, Bü 1757. Druck des kaiserlichen Gebotsbriefs an Herzog Friedrich II. von Württemberg, Wien, 26. August 1799, ebd. Klageschrift zu den Beilagen 1 bis 76 von Neckar-Schwarzwald und Ortenau zum Reichshofratsprozess gegen Württemberg, übergeben am 1. August 1799, ebd. Klageschrift zu den Beilagen 77 bis 91 von Neckar-Schwarzwald und Ortenau zum Reichshofratsprozess gegen Württemberg, [ca. November/Dezember 1799], ebd. Gedrucktes Zirkularschreiben des Direktoriums von Neckar-Schwarzwald und Ortenau an seine Mitglieder und Güterbersitzer, Tübingen, 12. Dezember 1800, ebd. Gedrucktes Reskript von Herzog Friedrich II. an die württembergischen Ober- und Stabsbeamten, Stuttgart, 19. Juni 1799, HStA Stuttgart, B 579, Bü 1756. Konzept der Klageschrift von Kocher zum Reichshofratsprozess gegen Württemberg, [1799], ebd.

150 Schreiben der Nassau-Usinger Regierung zu Wiesbaden an den Ortsvorstand Mittelrhein, Wiesbaden, 5. September 1797, StA Darmstadt, F1, Nr. 32/3 (Zitat ebd.). StA Darmstadt, F1, Nr. 32/2: fortl.

151 StA Darmstadt, E 12, Nr. 255/13, fol. 2–14 u. fol. 21–56, hier: fortl. Bericht des Hessen-Darmstädter Amtmanns Müller zu Alsfeld [an die Gießener Regierung], Alsfeld, 18. Oktober 1799, ebd., fol. 9 u. 12, hier: fol. 9 (Zitat ebd.). StA Darmstadt, E 12, Nr. 271/10, fol. 1–67 u. fol. 144–182: fortl. – Speziell zur Zugehörigkeit der Freiherren von Riedesel zum Kanton Rhön-Werra siehe *Godsey Jr.*, Nobles, S. 262.

gänge waren die jahrelangen Versuche der landgräflichen Behörden, den Anspruch Hessen-Darmstadts auf eine weitgehende Militärhoheit über die drei Riedeselschen Gerichte durch einschlägige Verfügungen sowie die Einberufung freiherrlicher Hintersassen zum landgräflichen Heer durchzusetzen[152].

In eine ganz andere Richtung gingen die Vorstöße der pfalz-bayerischen Regierung unter den Kurfürsten Karl Theodor und Max IV. Joseph, die zwar in die Zeit nach den preußischen Mediatisierungen fallen, aber das Bild eines sich seit Jahren entwickelnden Klimas der Rechtlosigkeit für die Reichsritterschaft vervollständigen: Im Verlauf des Jahres 1799 verlangte München von einer Reihe seiner reichsritterschaftlichen Vasallen im Kanton Donau zur Erstellung eines Lehenskatasters nicht nur Beschreibungen ihrer Lehensstücke, sondern für die Landesverteidigung auch sog. »RitterlehenspferdSourrogatgelder«. Dabei handelte es sich um einen Geldbetrag, der als Ersatz für die im frühen 17. Jahrhundert noch geleisteten, inzwischen aber militärisch unsinnig gewordenen persönlichen Kriegsdienste der berittenen Lehensträger dienen sollte. Die Höhe der Zahlung richtete sich dabei nach der Anzahl der zu stellenden Ritterlehenspferde und wurde 1799 von München auf 160 fl. festgesetzt, was eine Verdoppelung im Vergleich zur ersten Hälfte des 18. Jahrhunderts bedeutete. Bereits die bayerischen Kurfürsten Max Emanuel und Karl Albrecht hatten nämlich 1702 und 1741 derartige Ritterlehenspferdegelder erhoben[153]. Aber dennoch waren solche Forderungen gerade gegenüber reichsritterschaftlichen Vasallen reichsrechtlich höchst umstritten. Das Corpus equestre lehnte die sog. Ritterlehenspferdsurrogate und vergleichbare, aus dem Lehensverhältnis erwachsende Verpflichtungen rundheraus ab: Aufgrund der reichsritterschaftlichen Reichsunmittelbarkeit und ihren Folgen stehe gerade im Reichskrieg der Lehensverband als rein privatrechtliches Verhältnis hinter den staatsrechtlichen Verbindlichkeiten gegenüber Kaiser und Reich zurück und werde von Letzteren überlagert[154]. Umgekehrt war es

152 Schreiben des Hessen-Darmstädter Kriegskollegiums an die Regierung zu Gießen, Darmstadt, 21. Oktober 1796, StA Darmstadt, E 12, Nr. 257/5. Reskript des Hessen-Darmstädter Geheimen Rats an die Gießener Regierung, Darmstadt, 14. Juli 1800, ebd. Abschrift des Reskripts von Landgraf Ludwig X., Darmstadt, 14. Juli 1800, ebd. Bericht der Hessen-Darmstädter Regierung zu Gießen an den Geheimen Rat, Gießen, 18. Dezember 1800, ebd. Schreiben der Freiherren von Riedesel zu Eisenbach an den Landgrafen von Hessen-Darmstadt, Lauerbach, 3. Februar 1801, ebd.

153 HStA Stuttgart, B 573, Bü 225: fortl. Reskript des pfalz-bayerischen Obersten Lehenshofs an Freiherr von Speth zu Schelzburg, München, 13. September 1799, ebd. (Zitat ebd.).

154 Ergänzung zum Kanzleigutachten der Ritterkanzlei von Donau, o.O., 25. Februar 1799, HStA Stuttgart, B 573, Bü 225. Schreiben des Johann Nepomuk Freiherr Speth von Schelzburg auf Granheim und des Johann Nepomuk Freiherr Speth von und zu Zerfalten auf Untermarchtal an Kurfürst Max IV. Joseph von Pfalz-Bayern, Granheim und Untermarchtal, 1. März 1799, ebd. Promemoria der Ortsvorstände von Kocher und Neckar-Schwarzwald an den kaiserlichen Gesandten beim Schwäbischen Kreis Graf von Fugger-Dietenheim, Tübingen und Esslingen, 30. Mai 1798, GLA Karlsruhe, 123, Fasz. 334.

die Doppelfunktion von Franz II. als Reichsoberhaupt und Chef des Hauses Habsburgs, die es dem Corpus equestre nahezu unmöglich machte, effektiv gegen die reichsrechtlich nicht minder bedenkliche Heranziehung der schwäbischen Vasallen Österreichs zu den Kriegslasten aufzubegehren[155]. Ähnliches galt für die gewaltigen Magazinfuhren, zu denen der Kanton Neckar-Schwarzwald durch das österreichische Landeskommissariat Freiburg gezwungen wurde, und alle sonstigen, hier nicht in extenso darstellbaren Beispiele, in denen sich die schwäbische Reichsritterschaft durch österreichische Stellen bei der Verteilung der allgemeinen Kriegslasten übervorteilt fühlte[156].

Nicht nur weltliche Reichsfürsten versetzten der reichsritterschaftlichen Rechtsstellung seit 1792/93 heftige Schläge. Auch geistliche Wahlstaaten ignorierten in den Nöten des Reichskriegs die Reichsunmittelbarkeit und landesherrlichen Gerechtsame der Rittergenossen. Dennoch hielten sich die Fürstbischöfe und -äbte insgesamt mehr zurück als die weltlichen Reichsstände - schließlich waren die geistlichen Territorien nicht minder auf das Funktionieren der Reichsverfassung angewiesen als das Corpus equestre[157]. Zwar ergingen Anfang 1794 Aufforderungen Kurtriers an die Kantone Nieder- und Mittelrhein, mit ihren im Erzstift inklavierten Gebieten zur Verpflegung der preußischen Rheinarmee beizutragen sowie sich an der kurfürstlichen Miliz zu beteiligen. Aber die fürstbischöfliche Regierung stellte dabei nicht grundsätzlich die Rechtsstellung der Reichsritterschaft infrage oder setzte seine Wünsche gar mit Gewalt durch[158].

Letzteres galt auch für das Vorgehen des Bamberger Amts Burgebrach gegen Untertanen des Otto Philipp Freiherrn von Münster, die zum Kanton Steigerwald steuerten: In Fortführung eines 1791 ausgebrochenen Konflikts versuchte die hochstiftische Verwaltung noch 1793 und 1795, die reichsritterschaftlichen Hintersassen durch die Eintreibung von Rekrutierungskosten, Drohungen und Verfügungen seiner Militär- und Steuerhoheit zu unterwerfen. Die fürstbischöfliche Regierung hieß allem Anschein nach diese Vorgänge gut, ließ aber zumindest das Amt Burgebrach jahrelang gewähren[159]. Zeitweise

155 Abschrift des Promemorias an den Reichsgrafen von Lehrbach von der Gesandtschaft des schwäbischen Ritterkreises für die Charitativsubsidienverhandlungen, Ulm, 21. Oktober 1794, StA Ludwigsburg, B 575 III, Bü 903.

156 Entwurf eines Promemorias an den Grafen von Königsegg von der Gesandtschaft des schwäbischen Ritterkreises für die Charitativsubsidienverhandlungen, Ulm, [ca. Juli] 1796, StA Ludwigsburg, B 575 III, Bü 904. Abschrift des Bittschreibens des Ortsvorstandes Donau an den Kaiser, Ehingen, 19. März 1797, StA Ludwigsburg, B 575 III, Bü 905.

157 Zur Abhängigkeit der politischen Existenz der geistlichen Reichsfürsten von den Schutzmechanismen der Reichsverfassung siehe beispielsweise: *Riedenauer*, Reichsverfassung, S. 157 f., 171, 526.

158 Beilage 7: Abschrift des Promemorias der Vertreter des rheinischen Ritterkreises an den Grafen von Westphalen, Koblenz, 4. Oktober 1794, StA Darmstadt, F2, Nr. 8/1. StA Darmstadt, F1, Nr. 31/4: fortl.

159 Schreiben des Ortsvorstandes Rhön-Werra an den Ortsvorstand Steigerwald, Schweinfurt,

zu eskalieren drohten um den Winter 1796/97 die Auseinandersetzungen des Hochstifts mit verschiedenen Reichsrittern, deren Besitzungen in der Nähe des Fürstbistums lagen oder die Zehnten und Gülten aus dem Bamberger Territorium bezogen, und nun zu den allgemeinen Kriegslasten des Stifts beitragen sollten[160].

Reichsrechtlich bedenklich war auch das Verfahren des Hochstifts Würzburg. Dieses verweigerte nämlich seit 1796/97 die Heranziehung zahlreicher Ortschaften zu den von der Reichsritterschaft zu tragenden Kriegslasten, die an das Fürstbistum alieniert, jedoch weiterhin verschiedenen fränkischen Kantonen immatrikuliert waren. Stattdessen wurde ein Teil der besagten Rittergüter, insbesondere aber die zu Odenwald kollektable Herrschaft Niederstetten, zu den vom Hochstift aufzubringenden Naturallieferungen, Quartierlasten und sogar zur Ergänzung des Würzburger Kreiskontingents herangezogen. Darüber hinaus gestand das Hochstift den Kantonen über die betroffenen Güter nur noch ein eingeschränktes Schatzungsrecht zu[161]. Staatsrechtlich noch weit prekärer war jedoch ein anderer Vorfall, der die »Iura quaesita« des Corpus equestre massiv infrage stellte: Im Sommer 1796 musste das Fürststift Würzburg, wie auch das Hochstift Bamberg, im Einvernehmen mit den benachbarten reichsritterschaftlichen Kantonen und Herrschaften zu denjenigen Kontributionen und Requisitionen beitragen, die die nach Franken vorgedrungene französische Maas- und Sambre-Armee einforderte. Der reichsrechtlich problematische Punkt aus Sicht des Corpus equestre war dabei folgender: Im Herbst 1796, nach dem Rückzug des Revolutionsheeres, wollte sich Würzburg einen Teil der von ihm bereits gezahlten Gelder von den benachbarten reichsritterschaftlichen Herrschaften zurückerstatten lassen[162].

Was die geistlichen Reichsfürsten anbelangte, stand im Zentrum der

12. März 1795, StA Marburg, 109, Nr. 619. Schreiben des Ortsvorstandes Steigerwald an den Ortsvorstand Rhön-Werra, Erlangen, 3. März 1795, ebd. Schreiben des Ortsvorstandes Steigerwald an den Ortsvorstand Rhön-Werra, Erlangen, 11. Juni 1795, ebd.

160 Der Fränkische Merkur, Nr. 2, 10. Januar 1797, Sp. 23 ff. Ebd., Nr. 29, 18. Juli 1797, Sp. 501 ff. – Die Ende 1797 ergangene Aufforderung des Bamberger Amts Herzogenaurach an das Freiherrlich von Rumerskirchische und zum Kanton Altmühl kollektable Rittergut Weisendorf bei Erlangen, sich am allgemeinen Landsturm zu beteiligen, beruhte dagegen nur auf einem Missverständnis (Schreiben des Ortsvorstandes Rhön-Werra an den Freiherrlich von Rumerskirchischen Amtsadministrator Sponsel zu Weisendorf, Schweinfurt, 7. Dezember 1797, StA Marburg, 109, Nr. 621. Schreiben des Freiherrlich von Rumerskirchischen Amtsadministrators Sponsel an den Ortsvorstand Rhön-Werra, Weisendorf, 1. Dezember 1797, ebd. Abschrift des Schreibens des Amtes Herzogenaurach vom 25. November 1797, ebd.).

161 Relation des Reichshofrats mit Votum und Conclusum zum Fall »Reichsritterschaft in Franken Orts Odenwald contra den Herrn Fürstbischof von Würzburg, dessen nachgesetzte Regierung und das Amt Niederstetten, pto. iuris collectandi in der Herrschaft Niederstetten«, HHStA Wien, RHR, Relationes, Nr. 148. Relation des Reichshofrats mit Votum zum Fall »Reichsritterschaft in Franken Orts Rhön-Werra contra den Herrn Fürstbischof von Würzburg, pto. turbata possess. et quasi iuris exigendi contributiones militares«, ebd.

162 Schreiben des Ortsvorstandes Steigerwald an den Ortsvorstand Mittelrhein, Nürnberg, 30. Juni 1800, StA Marburg, 109, Nr. 751. StA Marburg, 109, Nr. 521: fortl.

reichsritterschaftlichen Beschwerden ausgerechnet das Erzstift Mainz, dessen Kurfürst als Reichserzkanzler zu den ersten Ständen des Reichs gehörte. Den Anlass bildete die Aufforderung der fürstbischöflichen Regierung vom Juni 1794 an die im Hochstift inklavierten Reichsritter und Güterbesitzer bzw. die im kurfürstlichen Lehensverband oder Diensten stehenden Rittergenossen, eine Kriegssteuer zu entrichten. Zu diesem Zweck sollten auch Beschreibungen der in erster Linie zu den Kantonen Ober- und Mittelrhein steuernden reichsritterschaftlichen Enklaven eingereicht werden. Um seinen Wünschen mehr Nachdruck zu verleihen, drohte Kurmainz auch noch gleich mit einer zwangsweisen Veranschlagung und Heranziehung zu dieser vorgeblich freiwilligen Abgabe. Nach diesem Versuch griff die kurfürstliche Regierung zu einem probater erscheinenden Mittel und verlangte im August 1794 sowie erneut im Juli 1795 von ihren reichsritterschaftlichen Vasallen als Ersatz für die sonst fälligen persönlichen Lehensdienste Geldbeträge zur Bestreitung der Kriegskosten[163]. Am Beispiel der Kurpfalz wurde bereits gezeigt, dass sich Mainz mit einem solchen Ansinnen reichs- und lehensrechtlich auf schwankenden Grund begab. Dies hinderte das Erzstift jedoch nicht daran, von verschiedenen Rittergenossen über Jahre hinweg Beiträge zu den französischen und kaiserlichen Kontributionen und Requisitionen einzufordern und wiederholt mit Gewalt einzutreiben. Betroffen war nicht nur die Freiherrlich von Greiffenklauische Konkursmasse, sondern beispielsweise auch der Reichsgraf von Bassenheim oder der Freiherr Karl vom Stein, dessen Besitzungen in der Nähe der Mainzer Ämter Oberlahnstein und Lorch bzw. Rüdesheim lagen. Anlässlich der Mainzer Eingriffe beklagte der Kanton Mittelrhein vor dem Reichshofrat die weit verbreitete Missachtung der reichsritterschaftlichen Gerechtsame in einem offiziell für die Aufrechterhaltung der Reichsverfassung geführten Krieg, wobei die Rittergenossen »unter dem Geräusch der Waffen, wohl härter als die Unterthanen der sie drückenden Stände behandelt wurden«[164].

Zu den solchermaßen die reichsritterschaftlichen Gerechtsame missachtenden Reichsständen gehörte auch das Stift Ellwangen, dessen Behörden jahrelang mit dem bei Kocher immatrikulierten Heinrich Wilhelm Freiherrn von Wöllwarth um die Verteilung von Vorspann- und Quartierlasten stritten[165]. Diesem Konflikt ähnelte die Auseinandersetzung zwischen dem Kanton

163 StA Darmstadt, F2, Nr. 17/11: fortl. Bericht des oberrheinischen Ritterrats Freiherr von Gagern über die Subsidienverhandlungen, Weilburg, 10. Oktober 1794, StA Darmstadt, F2, Nr. 8/1. Beilage 7: Abschrift des Promemorias der Vertreter des rheinischen Ritterkreises an den Grafen von Westphalen, Koblenz, 4. Oktober 1794, ebd. StA Marburg, 109, Nr. 1116 (Faszikel I): fortl.

164 StA Marburg, 109, Nr. 751: fortl. StA Darmstadt, F1, Nr. 33/1: fortl. Abschrift der Klageschrift von Mittelrhein zum Reichshofratsprozess gegen Württemberg, [1800], StA Marburg, 109, Nr. 751 (Zitat ebd.).

165 Protokoll der Ritterkanzlei von Kocher, Ellwangen, 23. Mai 1796, StA Ludwigsburg, B 575 IV, Bü 314. Schreiben von Heinrich Wilhelm Freiherr von Wöllwarth an den Ortsvorstand Kocher,

Rhön-Werra und Fulda: Um den Jahreswechsel 1796/97 zog die Fürstabtei die seiner Herrschaft unterstehenden, aber weiterhin zur Schweinfurter Rittertruhe kollektablen Untertanen zu Sannerz und Weiperz zu den Fuldaer Naturallieferungen in die kaiserlichen Magazine am Rhein heran. Zudem belastete die Fürstabtei unter Missachtung des im Ius publicum zentralen Herkommens die beiden Ortschaften überproportional bei der Verteilung der Quartierlasten[166].

Am Ende unserer Tour d'Horizon bleibt festzuhalten: Indem zahlreiche Reichsstände über etliche Jahre und in einem ganz erheblichen Ausmaß ihre eigenen Kriegslasten auf Kosten reichsritterschaftlicher Güter zu mindern suchten, und dabei reichsgerichtlich anerkannte Freiheiten und Privilegien des Corpus equestre kurzerhand umstießen, schufen sie ein Klima zunehmender Rechtlosigkeit. Vor diesem Hintergrund musste es Preußen umso leichter fallen, die den fränkischen Markgrafentümern Ansbach-Bayreuth benachbarten Reichsritter unter das Zepter Berlins zu zwingen. Der Ortsvorstand des Kantons Neckar-Schwarzwald brachte diese Zusammenhänge in seiner Stellungnahme zu den Mediatisierungsversuchen der norddeutschen Großmacht im April 1794 treffend auf den Punkt: Er konstatierte, dass, »wie fast in allen Kriegen, also auch bey dem gegenwärtigen traurigen, sich manches erlaubt, auch unter dem Schein der Kriegsraison, des Dranges der Umständen [sic], der Nothwendigkeit und sonst gerechtfertiget werden will, was bey ruhigern und friedlichern Zeiten, als eine unleidentliche Gewalt angesehen und vielleicht auch nach der Verfaßung Reichsoberstrichterlich abgestellet werden würde«[167].

Fachsenfeld, 6. November 1796, ebd. Abschrift des kaiserlichen Gebotsbriefs an die Ellwanger Regierung und deren nachgeordnetes Amt Westhausen, Wien, 2. Juli 1798, ebd.

166 StA Marburg, 109, Nr. 5119: fortl.

167 Schreiben des Ortsvorstandes Neckar-Schwarzwald an den Ortsvorstand Donau, Tübingen, 24. April 1794, HStA Stuttgart, B 579, Bü 24.

IV. Die Grundlagen und Voraussetzungen der preußischen Mediatisierungen

Nachdem der allgemeine soziale, wirtschaftliche und reichsrechtliche Kontext untersucht wurde, in dem sich die preußischen Mediatisierungen vollzogen, soll nun der Blick auf die konkreten Voraussetzungen der Expansionspolitik Berlins in Franken und den Ausläufern Schwabens gerichtet werden.

1. Der Anfall Ansbach-Bayreuths an die zollersche Kurlinie

»Die wichtigste Begebenheit unserer Tage ist, daß der Herr Marggraf von Brandenburg Anspach und Baireut aus eigenem Antrieb die Regierung beider Fürstenthümer nieder geleget hat, um den Rest Seiner schön durchlebten Tage in philosophischer Stille zuzubringen, und Sich ganz der Glükseligkeit des häuslichen Lebens zu widmen«. Diese an den Hof zu Hessen-Kassel gerichtete Einschätzung spiegelt die herausragende Bedeutung wider, die einer der umfassendsten territorialen Umwälzungen im Alten Reich des ausgehenden 18. Jahrhunderts aus der Sicht der Zeitgenossen zukam[1]. Gemeint war der Anfall der brandenburgischen Markgrafentümer Ansbach und Bayreuth an die Kurlinie in Berlin[2]. Dieser war zwar nicht Ursache, aber zwingende Voraussetzung für die Mediatisierung eines erheblichen Teils der fränkischen

1 Bericht an den Kurfürsten von Hessen-Kassel, Regensburg, 18. Februar 1792, StA Marburg, 4e, Nr. 1856, fol. 48–52, hier: fol. 48.

2 Zu den folgenden Ausführungen über die Entwicklung der Herrschaft der (Hohen)-Zollern bis zur Jahreswende 1791/92 in Ansbach und Kulmbach-Bayreuth siehe auch: *Schreiner*, Geschichte, S. 76 ff., 124 ff.; *Demel*, Reich, S. 124, 271 ff., 281; *Hermann*, Hardenberg, S. 95 ff.; *Rechter*, Weg, S. 41 ff.; *Endres*, Staat und Gesellschaft, S. 758, 771 ff.; *Aretin*, Das Alte Reich III, S. 203, 390; *Hofmeister-Hunger*, Pressepolitik, S. 29 f.; *Tiggesbäumker*, Craven, S. 2 ff.; *Thierauf*, Beitrag, S. 253 ff.; *Seyboth*, Hohenzollern, S. 9 f., 26 f.; *Press*, Franken, S. 341 ff.; *Schuhmann*, Markgraf Alexander, S. 2 ff., 14 ff.; *Tröger*, Archive, S. 207 f.; *G. Zimmermann*, Staatlichkeit, S. 19, 26 ff., 72; *Haller*, Markgraf, S. 5, 18 ff.; *Keunecke*, Markgraf, S. 39 ff., 60 ff.; *Stählin*, Universitätsbibliothek, S. 10 ff.; *Wolfschmidt*, Markgraf, S. 7 ff., 33; *Thielen*, Hardenberg, S. 55 ff.; *Riedenauer*, Gesandter, S. 282 ff.; *H. H. Hofmann*, Herrschaft, S. 75 f., 136, 163 f.; *Stamm*, Rebmann, S. 17 ff., 26; *Stockmayer*, Fehde, S. 33 ff.; *Brandt*, Staat, S. 417 ff., 424 f., 437; *Hartung*, Hardenberg, S. 13, 26 f.; *C. Meyer*, Politik, S. 5 ff.; *Ders.*, Markgraf, S. 456 f., 471 ff.; *Ders.*, Am Hofe, S. 414 ff.; *Ders.*, Hardenberg, S. 3 ff.; *Heigel*, Geschichte I, S. 413 ff.; *J. Meyer*, Erinnerungen, S. 1 ff., 177 ff., 190 ff., 212 ff.; *Ders.*, Beiträge, S. 173 f., 180 ff., 213 ff.; *Klose*, Leben, S. 58 ff.; *W. H. Puchta*, Erinnerungen, S. 128; *Manso*, Geschichte I, S. 217 ff.; Beschreibung der Reise und des Einzuges Sr. Majestät, S. 9 ff.

Reichsritterschaft in den Jahren 1792/93 bis 1798 und soll daher kurz beleuchtet werden.

Durch die Belehnung des schwäbischen Grafen Friedrich III. mit dem Burggrafentum Nürnberg um 1192 hatten die Zollern nach Franken ausgegriffen. Dort gelang es ihnen durch eine geschickte Erwerbspolitik, bis ins ausgehende 14. Jahrhundert eine umfangreiche territoriale Machtbasis um die künftigen Residenzstädte Ansbach einerseits und Kulmbach bzw. Bayreuth andererseits aufzubauen[3]. 1363 wurden die zollerschen Burggrafen durch das Privileg Kaiser Karls IV. vom 17. März in den Reichsfürstenstand erhoben[4]. In der Frühen Neuzeit wechselten sich Phasen einer getrennten Regierung der beiden Fürstentümer Brandenburg-Ansbach und Brandenburg-Kulmbach-Bayreuth mit Phasen ab, in denen beide Herrschaftskomplexe in Personalunion vereint werden konnten[5]. Nachdem die Zollern 1417 mit der Mark Brandenburg belehnt worden waren, wurden die fränkischen Besitzungen der Dynastie in Abgrenzung zu den neu erworbenen Landen auch als Markgraf(en)tümer bezeichnet. Durch das Aussterben der älteren fränkischen Linie der (Hohen)-Zollern im Jahre 1603 sanken Brandenburg-Ansbach und -Kulmbach-Bayreuth faktisch zu Sekundogenituren der Kurlinie in Berlin herab – auch wenn die beiden Markgrafentümer politisch weiterhin recht selbstständig agierten. Der folgerichtige Versuch des preußischen Königshauses zu Beginn des 18. Jahrhunderts, nach Ansbach und vor allem Bayreuth auszugreifen, scheiterte zwar[6]. Aber dafür gelang es in einem geheimen Hausvertrag, dem sog. Pactum Fridericianum von 1752, eine Erbfolgeordnung zu verankern, welche den dauerhaften Anfall der beiden Markgrafentümer an Berlin nach dem Aussterben der fränkischen Nebenlinien im Mannesstamm vorsah. Seit 1769 garantierte Russland die Sukzessionsrechte Berlins in den brandenburgischen Fürstentümern in Franken. Im Frieden von Teschen (Art. 9) erkannte 1779 nach langem Widerstand auch Österreich die preußischen Ansprüche auf Ansbach und Bayreuth für den Erbfall an[7].

3 *W. Neugebauer*, Hohenzollern I, S. 15 ff., 125 f. *Schuhmann*, Markgrafen (1980), S. 3 ff., 321 ff. *Süssheim*, Politik, S. 8 f. *Endres*, preußische Ära, S. 169 ff. *Ders.*, Reformmodell, S. 31 f. *Rechter/Jakob*, Übergang, S. 261 f. *Keunecke*, Hardenberg, S. 145 ff.

4 *W. Neugebauer*, Hohenzollern I, S. 27. *Schuhmann*, Markgrafen (1980), S. 8.

5 *W. Neugebauer*, Hohenzollern I, S. 30. *Schuhmann*, Markgrafen (1980), S. 321. *Süssheim*, Politik, S. 28.

6 Der Fränkische Merkur, Nr. 27, 3. Juli 1798, Sp. 835 f. Von der Wiedervereinigung der Brandenburgischen Fürstenthümer (Staatsarchiv), S. 1 ff., 9 ff. *Goess*, Statistik, S. 224 f. *W. Neugebauer*, Hohenzollern I, S. 35, 124 f. *Ders.*, ebd. II, S. 84 ff. *Endres*, Ära Hardenberg, S. 177 f. *Ders.*, Erbabreden, S. 45 ff.

7 Abschrift des Pactum Fridericianum, Berlin – Ansbach – Bayreuth, 24. Juni sowie 11. und 14. Juli 1752, GStA PK Berlin, I. HA, Rep. 94, IV, Ac, Nr. 5. Der Fränkische Merkur, Nr. 27, 3. Juli 1798, Sp. 837. Von der Wiedervereinigung der Brandenburgischen Fürstenthümer (Staatsarchiv), S. 15 f. *Goess*, Statistik, S. 226 f. *W. Neugebauer*, Hohenzollern II, S. 85 f. *Ranke*, Denkwürdigkeiten I, S. 112 f. *Endres*, Ära Hardenberg, S. 178 f. *Ders.*, Erbabreden, S. 78, 83 ff. *Süssheim*, Politik, S. 31 f. *Schulze* (Hg.), Hausgesetzte, S. 600 ff. – Zur Behandlung des künftigen Anfalls

Seit 1757 herrschte in Brandenburg-Ansbach Markgraf (Christian Friedrich) Karl Alexander (1736 - 1806), ein Neffe König Friedrich II. von Preußen. Als 1769 der jüngere Zweig Brandenburg-Bayreuth ausstarb, vereinigte Karl Alexander als letzter männlicher Vertreter der fränkischen Nebenlinie des Hauses Zollern beide Markgrafentümer in Personalunion[8]. Doch der insgesamt unbestreitbare Erfolg der intensiven Reformtätigkeit in den ersten Jahrzehnten der Regierung Karl Alexanders[9] konnte nicht verhindern, dass der Markgraf angesichts zunehmender innenpolitischer Probleme und Querelen des Regierens überdrüssig wurde. Hinzu kam die Kinderlosigkeit Karl Alexanders, sein Wunsch, den Lebensabend mit seiner Mätresse, Lady Elizabeth Craven (1750 - 1828), im Ausland zu verbringen, sowie die übersteigerte Angst, dass der Funken der Französischen Revolution auf Franken überspringen könnte. Schließlich befürchtete der Markgraf einen Umsturz der Reichsverfassung nach dem Beispiel der Polnischen Teilungen[10]. Auch wenn die Bedeutung dieser Faktoren im Einzelnen für die Entscheidungsfindung Karl Alexanders nicht geklärt werden kann, in der Summe boten sie für ihn ausreichende Gründe, um seine eigene Abdankung zu betreiben[11]: Am 16. Januar 1791 vereinbarte Karl Alexander in einem geheimen Vertrag mit König Friedrich Wilhelm II. von Preußen den vorzeitigen Anfall der Markgrafentümer Ansbach und Bayreuth an die Kurlinie in Berlin. Jedoch verhinderten außenpolitische Rücksichten, die sich aus der preußischen Großmachtpolitik ergaben, die für den 1. Juni 1791 vorgesehene Abdankung Karl Alexanders. Stattdessen vereinbarte das sog. Pactum additionale vom 31. Mai 1791, dass Karl Alexander, der Anfang Juni für immer seine Länder verließ, vorerst weiter offizieller Regent der fränkischen Markgrafentümer bleiben sollte, während die Verwaltung in Ansbach-Bayreuth ihre Befehle künftig aus Berlin erhielt[12]. Wenig später, unterm 25. Juli 1791, gab Wien in einer Ge-

Ansbach-Bayreuths im Teschner Frieden und den ihm vorausgehenden Verhandlungen zwischen Wien und Berlin im Jahr 1778/79 siehe auch: [*Belli di Pino*], Historische und politische Denkwürdigkeiten I, S. 60 - 104: fortl.

8 *Broadley/Melville* (Hg.), Lady Craven I, S. 108 f., 114. Der Fränkische Merkur, Nr. 27, 3. Juli 1798, Sp. 836. *W. Neugebauer*, Hohenzollern II, S. 88 ff.

9 Karl Friedrich Reinhard Freiherr von Gemmingen, Beiträge zu der Lebensgeschichte des letzten Regenten der Brandenburgischen Markgraftümer in Franken. Seinem Andenken gewidmet im Jahre 1820, in: *Schuhmann* (Hg.), Ausklang, S. 111 - 125, hier: S. 114 ff., 124 f. *Schuhmann*, Markgrafen (1980), S. 253 ff. *Seiderer*, Formen, S. 21 f., 443 ff. *Endres*, Reformpolitik, S. 281 ff.

10 *Broadley/Melville* (Hg.), Lady Craven I, S. 114, 120. *Dies.* (Hg.), ebd. II, S. 35 ff. Karl Friedrich Reinhard Freiherr von Gemmingen, Beiträge zu der Lebensgeschichte des letzten Regenten der Brandenburgischen Markgraftümer in Franken. Seinem Andenken gewidmet im Jahre 1820, in: *Schuhmann* (Hg.), Ausklang, S. 111 - 125, hier: S. 120 f. *Haussherr*, Hardenberg I, S. 117 ff. *W. Neugebauer*, Hohenzollern II, S. 91. *Waldenfels*, Craven, S. 46 ff. *Störkel*, Christian Friedrich Carl Alexander, S. 220 ff., 233 ff.

11 *Haller*, Hardenberg, S. 33.

12 *Weltrich*, Erinnerungen ... aus den Preussischen Regierungs-Jahren, S. 1 f. *Stamm-Kuhlmann* (Hg.), Hardenberg, S. 217. Vollmacht von Markgraf Karl Alexander von Ansbach-Bayreuth für

heimklausel des Vorvertrages zur künftigen preußisch-österreichischen Defensivallianz sein prinzipielles Plazet zu einem Anfall Ansbach-Bayreuths an Berlin während der Lebenszeit Karl Alexanders[13]. Aber erst Anfang 1792 konnte Preußen auch offen von seinen neuen fränkischen Provinzen Besitz ergreifen: Am 27. und 28. Januar wurden Militär und Beamtenschaft in der Stadt Bayreuth auf Friedrich Wilhelm II. vereidigt, am 31. Januar bzw. 2. Februar folgten Ansbach sowie Erlangen. Fast zeitgleich vollzog sich die Bekanntmachung des Regierungswechsels bei den auswärtigen Höfen sowie die Legitimierung des preußischen Reichstagsgesandten zur Führung der Stimmen Ansbach-Bayreuths im Reichsfürstenrat[14].

2. Die territorialpolitische und -rechtliche Ausgangssituation

Wenige Wochen nach dem offiziellen Anfall der Markgrafentümer Ansbach und Bayreuth an die zollersche Kurlinie berichtete der dort eingesetzte Statthalter des preußischen Königs nach Berlin über die Folgen der territorial- und reichsrechtlichen Verhältnisse zwischen den neuen fränkischen Provinzen und ihren Nachbarn: »Die unendlichen Vermischung des Lands, wo fast in jedem Ort, aus[s]er den geschlossenen Städten, fremde Angehörige und zwar oft von mehrerley Her[r]schaft sizen, fremde Güther liegen, und also meistens auch fremde Gerechtsame wenigstens prätendirt werden, veranlaßte beständige Irrungen, die ins zahllose gingen«[15]. Diese Territorialverhältnisse waren zum einen der Urgrund, warum Preußen seine neuen Provinzen in Franken auf Kosten seiner reichsunmittelbaren Nachbarn in den Jahren 1792/93 bis

Karl August Frhr. von Hardenberg, Ostende, 9. Juni 1791, in: *Krause* (Hg.), Sammlung, Nr. 40, S. 36–39, hier: S. 39. *Ranke*, Denkwürdigkeiten I, S. 115 ff. *Süssheim*, Politik, S. 37 ff.

13 *Bringmann*, Preußen, S. 324 f.

14 Bericht Hardenbergs an den preuß. König/das Kabinettsministerium, Bayreuth, 29. Januar 1792, GStA PK Berlin, I. HA, Rep. 44 B, Nr. 1, fol. 92. Bericht von F. L. von Wülcknitz an den Kurfürsten von Hessen-Kassel, Regensburg, 1. März 1792, StA Marburg, 4e, Nr. 1857. 4. Bericht der pfalz-bayerischen Kreisgesandtschaft zu Nürnberg an Kurfürst Karl Theodor, Nürnberg, 31. Januar 1792, BayHStA, K. schw., Nr. 14476, fol. 39–40, hier: fol. 39. Vertraute Briefe über das Fürstenthum Bayreuth, S. 61 f. *Stamm-Kuhlmann* (Hg.), Hardenberg, S. 229. Schreiben von Hardenberg an Julius Heinrich von Soden, Bayreuth, 27. Januar 1792, in: *C. Soden* (Hg.), Briefe, Nr. 4, S. 8–9, hier: S. 9. *Süssheim*, Politik, S. 47 ff. Teils unzutreffend bei *Endres*, Ära Hardenberg, S. 179. – Für die Besitzergreifung Ansbach-Bayreuths war Berlins neuer Statthalter in den fränkischen Markgrafentümern unter dem Datum des 15. Januar 1792 instruiert und bevollmächtigt worden (Reskript von Finkenstein, Schulenburg und Alvensleben an Hardenberg, Berlin, 15. Januar 1791 [gemeint: 1792], GStA PK Berlin, I. HA, Rep. 44 B, Nr. 1, fol. 49–50, hier: fol. 49 f. Vollmacht von Finkenstein, Schulenburg und Alvensleben für Hardenberg, Berlin, 15. Januar 1791 [gemeint: 1792], ebd., fol. 51).

15 Hauptbericht Hardenbergs (wie Kap. I, Anm. 80), GStA PK Berlin, II. HA, Abt. 36, I, Nr. 5, fol. 1–16 u. fol. 23–24, hier: fol. 11 f.

1798 arrondierte[16]. Zum anderen beeinflussten die durch die Territorialverfassung gesetzten politischen und reichsrechtlichen Rahmenbedingungen den konkreten Ablauf der Mediatisierungen durch Berlin wesentlich[17]. Daher erscheint ein kurzer Überblick über die territorialpolitische und -rechtliche Ausgangslage, die Berlin 1792 in Ansbach-Bayreuth vorfand, ebenso hilfreich wie notwendig[18].

Nicht berücksichtigt wird dabei die Reichsgrafschaft Sayn-Altenkirchen im Westerwald, die zwar nicht zu den beiden Markgrafentümern gehörte, aber seit 1741 mit Ansbach in Personalunion verbunden war: Diese im Westfälisch-Niederrheinischen Reichskreis gelegene Herrschaft hatte keinen Anteil an den preußischen Arrondierungen, da sie bereits seit 1783 gemeinsam mit Kurbraunschweig verwaltet wurde, an welches sie nach dem Tode Karl Alexanders vollständig fallen sollte[19].

Die Besitzungen der Fürstentümer Ansbach und Bayreuth, welche zusammen auch als Burggrafentum Nürnberg bezeichnet wurden, lagen hauptsächlich im Osten des Fränkischen Reichskreises. Sie berührten aber im Bereich von Dinkelsbühl und Schwäbisch Hall mit dem an der Jagst gelegenen Amt Crailsheim sowie den 1746/48 von Brandenburg-Ansbach erworbenen Limpurgischen Gebieten in der Gegend von Obersontheim auch die Grenzen des Schwäbischen Reichskreises[20]. Somit unterlagen die brandenburgischen Fürstentümer in Franken der spezifischen Territorialverfassung des Territorium non clausum, wie sie bereits ausführlich abgehandelt wurde[21]. Da keine genaue und umfassende Aufnahme der fränkischen Markgrafentümer um die Jahreswende 1791/1792 bestand, sind über ihren damaligen Umfang nur

16 Siehe Kapitel IV.3.

17 Siehe Kapitel V.1 bis VII.2.

18 Zu den folgenden Ausführungen über die territorialrechtlichen und -politischen Verhältnisse siehe auch: *Stamm-Kuhlmann*, »Für dessen Constitution ich keine drei Kreuzer mehr gebe«, S. 74 f.; *Schaupp*, Landstände, S. 5 ff.; *Hermann*, Hardenberg, S. 101, 109; *W. Neugebauer*, Hohenzollern II, S. 92; *Störkel*, Christian Friedrich Carl Alexander, S. 2 f.; *Schuhmann*, Markgraf Alexander, S. 8; *G. Zimmermann*, Staatlichkeit, S. 19, 48 f.; *Haller*, Markgraf, S. 22 f.; *Wolfschmidt*, Markgraf, S. 5; *Mauchenheim*, Ritterschaft I, S. 231, 408; *Heller*, Peuplierungspolitik, S. 158 f.; *Thielen*, Hardenberg, S. 59 f.; *Liermann*, Die rechtsgelehrten Beamten, S. 259; *H. H. Hofmann*, preußische Ära (1960/61), S. 226 ff.; *H. Müller*, Kampf, S. 55 f.; *K. A. Menzel*, Geschichte VI, S. 352 f.; *Ders.*, Geschichte XII/2, S. 209 f.

19 »Versuch eines ohngefähren Abrisses…« (wie Kap. II, Anm. 91), GStA PK Berlin, I. HA, Rep. 94, IV, Ac, Nr. 2, S. 1–149, hier: S. 147 f. Rechenschaftsbericht Hardenbergs (wie Kap. I, Anm. 80), in: *C. Meyer*, Politik, S. 35–210, hier: S. 74. *Schuhmann*, Markgrafen (1992), S. 265 ff., S. 279. Teils ungenau und daher im Vergleich zu den Quellen missverständlich: *Schuhmann*, Markgrafen (1980), S. 328 f. – Tatsächlich sollte der vorgesehene gänzliche Anfall an Kurbraunschweig jedoch nicht erfolgen. Sayn-Altenkirchen ging stattdessen 1802/03 an Nassau-Usingen über (*Schuhmann*, Markgrafen (1980), S. 329. *Ders.*, Markgrafen (1992), S. 279).

20 »Versuch eines ohngefähren Abrisses…« (wie Kap. II, Anm. 91), GStA PK Berlin, I. HA, Rep. 94, IV, Ac, Nr. 2, S. 1–149, hier: S. 1 ff. *Prescher*, Geschichte I, S. 1 ff. *Ders.*, ebd. II, S. 43 ff. (Zitat ebd., S. 43). Rechenschaftsbericht Hardenbergs (wie Kap. I, Anm. 80), in: *C. Meyer*, Politik, S. 35–210, hier: S. 38 ff. *Spindler/Diepolder* (Hg.), Geschichtsatlas, S. 30 f., 98 f.

21 Siehe Kapitel II.3.

Näherungswerte in den Quellen zu finden[22]. Demnach umfasste Ansbach 54 Quadratmeilen (ca. 2973 km^2), während es Bayreuth nach einer wahrscheinlich etwas zu hoch gegriffenen Angabe sogar auf 65 Quadratmeilen (ca. 3579 km^2) gebracht haben soll. Wenn gleichzeitig die Nord-Süd-Ausdehnung der beiden Markgrafentümer mit etwa 30 deutschen Meilen (ca. 222,6 km), ihre größte Erstreckung von West nach Ost mit neun deutschen Meilen (ca. 66,8 km) angegeben wurde, widerspricht dies nur scheinbar der oben genannten Gesamtfläche von 119 Quadratmeilen (ca. 6552 km^2). Die Fürstentümer Ansbach und Bayreuth bildeten nämlich keine kompakte Masse, sondern wurden durch die benachbarten reichsritterschaftlichen und -ständischen Gebiete durchschnitten und regelrecht zerstückelt. Dies verdeutlicht eine Kartierung, durchgeführt auf der Basis der für die Landeshoheit im Territorium inclausum vielfach zentralen Vogteilichkeit bzw. ihrer Ausübung über den genossenschaftlichen Gemeindebesitz in Form der sog. Dorfherrschaft sowie anderer einschlägiger landesherrlicher Rechte. Auf dieser kartografischen Grundlage lassen sich neben zahlreichen größeren und kleineren Gebietssplittern in fremdem Territorium zwei größere Ländermassen erkennen, aus denen die preußischen Besitzungen in Franken zu Beginn des Jahres 1792 bestanden: Der eine dieser beiden Territorialkomplexe umfasste den Hauptteil des Markgrafentums Bayreuth und grenzte im Nordosten an den vogtländischen Anteil des Kurfürstentums Sachsen, das sog. sächsische Vogtland, sowie die Herrschaft Asch und den Egerschen Kreis des Königreichs Böhmen. Im Süden lag die Fränkische Alb, weshalb dieser Teil der zollerschen Besitzungen auch als Bayreuther Oberland oder obergebürgisches Fürstentum bezeichnet wurde. Im alltäglichen Sprachgebrauch hatte sich jedoch der Name »obergebürgische[s] Fürstenthum« bzw. des »Burggrafthum [s] oberhalb Gebürgs« für die Gesamtmasse der Bayreuther Herrschaften, also auch die südlich der fränkischen Alb gelegenen Anteile eingebürgert – eine Sichtweise, die auch in der vorliegenden Arbeit Verwendung findet. Ein massiver Block aus reichsständischen Ämtern sowie immediaten Rittergütern durchschnitt nordöstlich von Kulmbach das Bayreuther Oberland auf zwei Drittel seiner Breite.

Die zweite große zollersche Gebietsmasse in Franken war vom Bayreuther Oberland durch einen starken Riegel aus reichsständischen und -ritterschaftlichen Gebieten getrennt. Sie bestand zum einen aus dem sich südwestlich an die fränkische Alb anschließenden Bayreuther Unterland. Letzteres gruppierte sich um die Zentren Neustadt an der Aisch und Erlangen, war aber dabei von Enklaven und Gebietsstreifen benachbarter Reichsstände und Rittergenossen völlig durchsetzt und in Nord-Süd-Richtung im Verhältnis von 3 zu 1 geteilt. Dass überhaupt ein reibungsloser Verkehr innerhalb des Bay-

22 »Versuch eines ohngefähren Abrisses…« (wie Kap. II, Anm. 91), GStA PK Berlin, I. HA, Rep. 94, IV, Ac, Nr. 2, S. 1–149, hier: S. 2 f. Rechenschaftsbericht Hardenbergs (wie Kap. I, Anm. 80), in: *C. Meyer*, Politik, S. 35–210, hier: S. 39.

reuther Unterlandes möglich blieb, war der anderen Hälfte dieses zweiten zollerschen Territorialkomplexes in Franken zu verdanken, nämlich dem Markgrafentum Ansbach. Dieses grenzte vornehmlich im Norden an das Bayreuther Unterland an, und wurde durch zahlreiche fremde Enklaven der Reichsritterschaft sowie der geistlichen und weltlichen Reichsstände noch weit mehr durchlöchert, als dies im territorial deutlich geschlosseneren Bayreuther Oberland der Fall war. Der Gesamtkomplex aus Bayreuther Unterland und Markgrafentum Ansbach wurde entsprechend seiner Lage auch als »Untergebürgisches Fürstenthum« bezeichnet. Jedoch waren diese Gebiete auch unter Karl Alexander weder verfassungsrechtlich noch in nennenswertem Maße administrativ vereinigt gewesen. Entsprechend identifizierte der allgemeine Sprachgebrauch mit dem untergebürgischen Fürstentum vielfach nur die Herrschaften des Markgrafentums Brandenburg-Ansbach – eine Praxis, die in der vorliegenden Arbeit übernommen wurde[23].

Insgesamt lässt sich bei einer Rekonstruktion des ausgefransten Grenz-

23 »Versuch eines ohngefähren Abrisses...« (wie Kap. II, Anm. 91), GStA PK Berlin, I. HA, Rep. 94, IV, Ac, Nr. 2, S. 1–149, hier: S. 1 ff., 69 ff., 107. Rechenschaftsbericht Hardenbergs (wie Kap. I, Anm. 80), in: *C. Meyer*, Politik, S. 35–210, hier: S. 38 ff. (Zitate ebd., S. 39). *W. H. Puchta*, Erinnerungen, S. 164. Vertraute Briefe über das Fürstenthum Bayreuth, S. 7 ff. [Rezension], Statistisch-geographische Beschreibung der Fürstenthümer Anspach und Bayreuth, S. 543, 549. *Goess*, Statistik, S. 1 f. *Spindler/Diepolder* (Hg.), Geschichtsatlas, S. 30 f. *C. Meyer* (Hg.), Karte des Fränkischen Kreises. Karte der Reichskreise von Homans Erben (ca. 1741), in: *M. Neugebauer*, Kreise. – Den Berechnungen der vorliegenden Arbeit wurde die deutsche Meile mit 7420,4 Metern zugrunde gelegt (dtv-Lexikon XII, S. 23). – Die Angaben der Forschungsliteratur zum Gesamtumfang der beiden fränkischen Markgrafentümer um die Jahreswende 1791/92, die oft als ungefähr gleich groß eingeschätzt werden, bewegen sich zwischen »etwa 160 Geviertmeilen« und 5500 Quadratkilometern einerseits sowie rund 160 Quadratmeilen und 7160 Quadratkilometern andererseits. Nach Endres soll allein Brandenburg-Ansbach am Ende des Alten Reiches 689 Quadratmeilen umfasst haben. Ursache für die große Schwankungsbreite der Flächenangaben sind nicht zuletzt falsche Berechnungsgrundlagen (*Bringmann*, Preußen, S. 323. *Schuhmann*, Markgrafen 1980, S. 321. *Seiderer*, Formen, S. 18 f. *Süssheim*, Politik, S. 33, 33 Anm. 1. *Brandt*, Staat, S. 428. *Klose*, Leben, S. 62 (Zitat ebd.). *Manso*, Geschichte I, S. 219. *Stillfried-Alcantara*, Hohenzollern, S. 273. *J v. Hartmann*, Friedrich Wilhelm II., S. 691 f. *B. Rogge*, Buch, S. 188, 200. *Leitschuh*, Erthal, S. 179. *K. A. Menzel*, Zwanzig Jahre, S. 136. *Schulze* (Hg.), Hausgesetze, S. 602. *Heigel*, Geschichte I, S. 414 Anm. 6. *Schoeps*, Preußen, S. 364. *Endres*, Staat und Gesellschaft, S. 760. *Thürauf*, Meinung, S. 14 Anm. 1). – Zwar bezieht auch ein Teil der zeitgenössischen Quellen zum Umfang der zollerschen Fürstentümer in Franken bereits die Gewinne durch die preußischen Mediatisierungen nach 1791/92 in seine Berechnungen mit ein. Aber dennoch bieten die Zahlenwerke von der Wende des 18. zum 19. Jahrhundert oftmals realistischere Angaben als die spätere Historiografie. Konkret gehen die Quellen für Ansbach und Bayreuth von einer jeweiligen Größe zwischen $57\frac{1}{4}$ und 71 bzw. 72 Quadratmeilen aus. Der Gesamtumfang beider Markgrafentümer soll zwischen 115 und 140 Quadratmeilen gelegen haben (Rechenschaftsbericht Hardenbergs (wie Kap. I, Anm. 80), ebd., S. 35–210, hier: S. 39, 198. *Weltrich*, Erinnerungen ... aus den Preussischen Regierungs-Jahren, S. 7. *Ders.*, Erinnerungen ... aus den Jahren der französischen Occupation, S. 2. *Thürauf*, ebd., S. 14 Anm. 1. Vertraute Briefe über das Fürstenthum Bayreuth, S. 6. *Goess*, ebd., S. 4. Vgl. auch: Denkschrift Hardenbergs »über das Finanz- und Rechnungswesen in den fränkischen Fürstentümern«, Berlin, [24.] März 1799, in: *Haussherr*, Hardenberg I, Anhang, S. 240–255, hier: S. 251).

verlaufs der fränkischen Markgrafentümer und ihrer größeren Exklaven folgendes Resümee ziehen: Nicht nur zahlreiche geistliche und weltliche Reichsstände stießen direkt an Ansbach-Bayreuth an, sondern auch ein großer Teil der Rittergüter des Kantons Gebürg sowie reichsritterschaftliche Herrschaften der Viertel Steiger- und Odenwald. Dabei ist die teilweise dem Ritterort Gebürg inkorporierte und auf mehreren Seiten vom Bayreuther Oberland umschlossene Herrschaft Thurnau der Reichsgrafen von Giech besonders hervorzuheben. Dieser zu den größeren reichsritterschaftlichen Gebieten zählenden Herrschaft und ihren Besitzern sollte nämlich im Prozess der Mediatisierung eine Sonderrolle zufallen. Während der Kanton Kocher nur im äußersten Süden und Südwesten der Fürstentümer Ansbach und Bayreuth an die neuen fränkischen Provinzen Friedrich Wilhelms II. grenzte, war die Lage des Viertels Altmühls weit exponierter: Die diesem Ritterort inkorporierten Güter waren fast ausnahmslos direkt den zollerschen Besitzungen benachbart, und dabei vielfach in den Markgrafentümern vollständig inklaviert[24].

Nicht minder wichtig als die Lage einzelner Rittergüter war in Auseinandersetzungen des Corpus equestre mit mächtigen Reichsständen der Aufenthaltsort der Ritterkanzleien. Diese Nervenzentren der reichsritterschaftlichen Organisation waren als zentrale Koordinationsstellen sowie Aufbewahrungsort der für die Beweisführung in Landeshoheitsstreitigkeiten unerlässlichen Registraturen und Archive für das Consortium equestre unentbehrlich[25]. Zwar waren die Kanzleien der Kantone Kocher (Esslingen), Rhön-Werra (Schweinfurt), Gebürg (Bamberg) und Odenwald (Kochendorf) dem potenziellen Zugriff Preußens ebenso entzogen wie die des Buchischen Bezirks (Tann bei Fulda). Aber das Ritterhaus des Viertels Steigerwald stand in Erlangen, und damit in einer der sechs landständischen Hauptstädte des Bayreuther Fürstentums[26]. Kaum sicherer war die Lage der Ritterkanzlei des Kantons Altmühl, die sich im Wurster von Creutzbergischen Wilhermsdorf befand: Diese an der Zenn gelegene Ortschaft wurde nämlich vom Ansbacher Gebiet umschlossen[27]. Dass selbst die Reichsstadt Nürnberg nicht völlig sicher

24 »Versuch eines ohngefähren Abrisses…« (wie Kap. II, Anm. 91), GStA PK Berlin, I. HA, Rep. 94, IV, Ac, Nr. 2, S. 1–149, hier: S. 3 ff. *Spindler/Diepolder* (Hg.), Geschichtsatlas, S. 30 f. – Zur umstrittenen Rechtsstellung der teils zur fränkischen Kreiskasse und teils zur Rittertruhe steuernden Güter der Reichsgrafen von Giech siehe: *H. H. Hofmann*, Herrschaft, S. 107.

25 *Zedler*, Universal-Lexicon II, Sp. 1241. *Enders*, Archivverwaltungslehre, S. 16. *Papritz*, Archivwissenschaft I, S. 54 f. *Franz*, Einführung, S. 1, 10 f. *Brenneke*, Archivkunde, S. 45 ff. Vgl. *Schuhmann*, Markgrafen (1980), S. 355 f.

26 »Versuch eines ohngefähren Abrisses…« (wie Kap. II, Anm. 91), GStA PK Berlin, I. HA, Rep. 94, IV, Ac, Nr. 2, S. 1–149, hier: S. 70 f. *Kerner*, Staats-Genossenschaftsrecht, S. 327. *Moser*, Von denen Teutschen Reichs-Ständen, S. 1321. Zur Kenntnis der Reichsstadt Schweinfurt in Franken, S. 522.

27 *Kerner*, Staats-Genossenschaftsrecht, S. 327. Plan zum Formationsprojekt des Freiherrlich Wurster von Creutzbergischen Herrschaftsgerichts Wilhermsdorf, [ca. 1812/13], BayHStA,

war, in welcher das Viertel Baunach seine Verwaltung untergebracht hatte, sollte erst die Zukunft zeigen[28].

Die bisher skizzierten Territorialverhältnisse an den Grenzen der beiden fränkischen Markgrafentümer mögen dem modernen Betrachter bereits verwickelt genug erscheinen. Jedoch gestaltete sich die Realität noch komplizierter, wie auch der oberste preußische Beamte der beiden Markgrafentümer im Januar 1792 nach Berlin berichtete: »Wenn man auf der Carte des Landes, ohnerachtet der darauf bemerckten besonderen fremden Landes Districte, das übrige für geschlossenes Territorium halten wollte, würde man sehr irren. Freylich behauptet man solches [von Seiten des Hauses Brandenburg], allein die Wirckungen der Landesherrl. Macht, können sich in vielen der vermischten oder ganz mit fremden Unterthanen besezten Oerter [sic] nicht äußern. Oft findet man in eben demselben Dorfe, daß Brandenburg z. B. die Fraisch oder peinliche Gerichtsbarkeit [...], ein andrer die Gemeinds- oder Dorfherrschaft, wovon Polizey=Anstalten und andre Verordnungen abhängen, ein dritter die niedere Voigteylichkeit oder Gerichtsbarkeit, ein vierter wieder die geistlichen Gerechtsame und so weiter ausübt«[29].

Diese sich jeder kartografischen Darstellbarkeit entziehenden, sedimentartigen Überlagerungen obrigkeitlicher Rechte wurden bereits unter den Schlagworten Vermischungen und Vielherrigkeit vorgestellt[30]. Ihr gewaltiges Ausmaß lässt nicht nur die Tatsache erahnen, dass zu Beginn des Jahres 1792 im untergebürgischen Fürstentum sowie im Bayreuther Unterland nur eine Minderheit der zollerschen Ortschaften geschlossen war, und damit allein der Landeshoheit des preußischen Königs unterstand. Noch deutlicher werden die territorialpolitischen Realitäten durch die Ergebnisse einer Bevölkerungszählung in den beiden fränkischen Markgrafentümern aus dem Jahr 1787: Sie ergab für das Fürstentum Ansbach 132.123 und für das Fürstentum Bayreuth 137.919 »unmittelbare Unterthanen«, also der markgräflich brandenburgischen Landeshoheit unterworfene Einwohner. Die Zahl der in den Kerngebieten der beiden fränkischen Markgrafentümer inklavierten »fremdherrischen Unterthanen« wurde für dasselbe Jahr auf 85.000 geschätzt: Diese Hintersassen unterstanden der Landesherrlichkeit bzw. -hoheit der benachbarten Reichsritter und -stände, obwohl das Haus Brandenburg über sie in erheblichem Ausmaß – wenn nicht gar durchgehend – einzelne obrigkeitliche Befugnisse ausübte. Die gleiche Größenordnung nahm die Bevöl-

MInn KuPl, Nr. 242. – Zu den Besitzern von Wilhermsdorf im 18. Jahrhundert siehe: *H. H. Hofmann*, Herrschaft, S. 140. *Ders.*, Neustadt-Windsheim, S. 31.

28 *Kerner*, Staats-Genossenschaftsrecht, S. 327. – Speziell zur zeitweisen Okkupation Nürnbergs durch Berlin siehe Kapitel VII.1. Anm. 169.

29 »Versuch eines ohngefähren Abrisses...« (wie Kap. II, Anm. 91), GStA PK Berlin, I. HA, Rep. 94, IV, Ac, Nr. 2, S. 1–149, hier: S. 60.

30 *H. H. Hofmann*, preußische Ära (1967), S. 247. *Ders.*, Atlas, S. 409 f. Siehe ferner Kapitel II.3.

kerungszählung auch für diejenigen Ansbacher und Bayreuther Untertanen an, die ihrerseits in fremden Territorien inklaviert waren[31].

Es ist in der Forschung allgemein üblich geworden, bei Ansbach-Bayreuth anstelle der anderen Landesherrn unterstehenden, fremdherrischen Untertanen von sog. »mittelbaren Untertanen« zu sprechen[32]. Eine solche Be-

31 »Versuch eines ohngefähren Abrisses...« (wie Kap. II, Anm. 91), GStA PK Berlin, I. HA, Rep. 94, IV, Ac, Nr. 2, S. 1–149, hier: S. 7 f., 60 ff., 69, 112, 137 ff. (Zitate ebd., S. 8 u. 62). Rechenschaftsbericht Hardenbergs (wie Kap. I, Anm. 80), in: *C. Meyer*, Politik, S. 35–210, hier: S. 42 ff. – Weitere Quellenzeugnisse nennen für das späte 18. Jahrhundert, vor dem Beginn der preußischen Mediatisierungen für das untergebürgische Fürstentum eine Gesamtbevölkerungszahl aus markgräflichen und fremden Untertanen von 177.830 bis 230.00 sowie für Brandenburg-Bayreuth von 171.900 bis 200.000. Manche Quellen gehen mehr ins Detail und berechnen für Brandenburg-Ansbach unter Karl Alexander zwischen 124.445 und 143.670 markgräfliche sowie rund 50.000 bis 76.515 sog. fremdherrische Untertanen. Eine der preußischen Verwaltung nahe stehende Quelle gab 1798, aber im Rückblick auf die Zeit vor den Mediatisierungen, für Brandenburg-Ansbach eine Bevölkerung von 30.215 Familien an, von denen jedoch 12.303 $\frac{1}{4}$ Familien aus sog. fremdherrischen Untertanen bestanden hätten. Im obergebürgischen Fürstentum sollen um das Jahr 1792 mindestens 159.890 unmittelbare zollersche Untertanen gelebt haben (*Goess*, Statistik, S. 9 f. *W. H. Puchta*, Erinnerungen, S. 164. *Weltrich*, Erinnerungen ... aus den Preussischen Regierungs-Jahren, S. 7. *Kretschmann*, [Rezension], Vertraute Briefe, S. 397. [*H. C. Meyer*], Briefe, S. 16. *Thürauf*, Meinung, S. 14 Anm. 1. Vertraute Briefe über das Fürstenthum Bayreuth, S. 6. [Rezension], Statistisch-geographische Beschreibung der Fürstenthümer Anspach und Bayreuth, S. 544. Karl Friedrich Reinhard Freiherr von Gemmingen, Beiträge zu der Lebensgeschichte des letzten Regenten der Brandenburgischen Markgraftümer in Franken. Seinem Andenken gewidmet im Jahre 1820, in: *Schuhmann* (Hg.), Ausklang, S. 111–125, hier: S. 113. Der Fränkische Merkur, Nr. 45, 6. November 1798, Sp. 1400. Vgl. auch *Goess*, ebd., S. 11 ff., *Weltrich*, ebd., S. 104 u. *Ders.*, Erinnerungen ... aus den Jahren der französischen Occupation, S. 96). – Die in der älteren Forschung weit verbreitete Behauptung, Berlin habe 1791/92 mit Ansbach-Bayreuth zwischen 385.000 und mehr als 500.000 Untertanen erworben, ist angesichts der damaligen staatsrechtlichen Verhältnisse nicht haltbar (*Klose*, Leben, S. 62. *J. v. Hartmann*, Friedrich Wilhelm II., S. 691 f. *Manso*, Geschichte I, S. 219. *Heigel*, Geschichte I, S. 414, 414 Anm. 6. *B. Rogge*, Buch, S. 188, 200. *Leitschuh*, Erthal, S. 179. *Philippson*, Geschichte I, S. 406 f. *K. A. Menzel*, Zwanzig Jahre, S. 136. *Schulze* (Hg.), Hausgesetze, S. 602). Dagegen kommen die Annahmen *Süssheims* (Politik, S. 33 Anm. 2) den für 1787 zitierten Bevölkerungszahlen sehr nahe: Anhand der Anzahl der Feuerstellen und der Sterbezahlen errechnete er für das Jahr 1792 136.968 preußische und 81.532 fremdherrische Untertanen für das Markgrafentum Ansbach sowie 140.251 königliche und 66.749 anderen Reichsgliedern unterworfene Untertanen für das Fürstentum Bayreuth.

32 Zur angesprochenen Verwendung des Terminus der »mittelbaren Untertanen« in der Forschung siehe: *Haussherr*, Hardenberg I, S. 134, 198 f., 210; *Haller*, Hardenberg, S. 50; *Schuhmann*, Markgrafen (1980), S. 321 ff.; *Endres*, Reformpolitik, S. 279 f.; *Ders.*, Ära Hardenberg, S. 181 f.; *Ders.*, preußische Ära, S. 174 f.; *Ders.*, Reformmodell, S. 33 ff.; *Ders.*, Staat und Gesellschaft, S. 760; *H. H. Hofmann*, Herrschaft, S. 185; *Hartung*, Hardenberg, S. 10, 35 f., 41, 113, 163 ff., 184 f., 198, 216, 223; *Hofmeister-Hunger*, Revindikationen, S. 254; *Dies.*, Pressepolitik, S. 39 ff., 49 ff., 84 f., 93; *Süssheim*, Politik, S. 33 Anm. 1; *Brandt*, Staat, S. 428. Differenzierter die Formulierungen bei *Seiderer*, Formen, S. 19 und bei *Haussherr*, ebd., S. 139. –Terminologisch grundsätzlich korrekt, jedoch aufgrund der geschaffenen Fakten für das Jahr 1797 nicht mehr zutreffend, sind die Ausführungen bei *Walter Demel* (Staatsabsolutismus, S. 286). *Klose* (Leben, S. 62) und *B. Rogge* (Buch, S. 188, 200) stehen beispielhaft für eine Gruppe von älteren Historikern, die zwar den Begriff der mittel- und unmittelbaren Untertanen nicht verwendeten, aber die Zahl ersterer stillschweigend in die Einwohnerzahl Ansbach-Bayreuths um 1791/92 mit-

griffswahl erscheint zwar als legitim und reichsrechtlich korrekt, wenn es darum geht, diejenigen Personengruppen zu beschreiben, die in sog. Mediatstädten oder -bezirken privilegierter, aber landsässiger Herrschaftsträger (»Mediatgewalten«) lebten, deren gesonderter Gerichtsbarkeit und Verwaltung sie in Teilbereichen unterworfen waren, weshalb sie nur mittelbar dem reichsständischen Landesherrn unterstanden[33]. Auch als Bezeichnung der Kaiser und Reich nicht direkt unterstehenden Untertanen der einzelnen Reichsglieder ist der Terminus der »mittelbaren« Untertanen nicht anzuzweifeln. Dagegen erscheint seine in den Quellen belegte Anwendung auf die fremdherrischen Hintersassen immediater Herrschaftsträger, über die das Haus Brandenburg im Wesentlichen nur einzelne staatsrechtliche Servituten hergebracht hatte, problematisch: Zwar findet sich die Begrifflichkeit der »mittelbaren Untertanen« mit Bezug auf die fränkischen Markgrafentümer in einigen Fällen auch in Akten, die nicht markgräflich brandenburgischer bzw. preußischer Provenienz sind[34]. Aber insgesamt scheint die besagte Formulierung weit weniger reichs- bzw. territorialstaatsrechtlichen Charakter zu haben, als propagandistischen Absichten zu dienen und das Spiegelbild einer Minderheitsmeinung in der Reichspublizistik zu sein[35]. Indem die Historio-

einbezogen. Nicht weniger problematisch ist ein Mittelweg, den *Wolfgang Neugebauer* (Hohenzollern II, S. 92) mit der Differenzierung in Einwohner und unmittelbare Untertanen versucht.

33 *Klüber*, Einleitung zu einem neuen Lehrbegriff, S. 142 f. *Keller*, Mediatstadt, Sp. 221. Vgl. beispielsweise auch *H. H. Hofmann*, Herrschaft, S. 190 ff., 205 ff. (Zitat ebd., S. 205).

34 Hier bezeichnenderweise in der Korrespondenz Pfalz-Bayerns, als eines klassischen Territorium clausum ohne eine nenneswerte Anzahl fremdherrischer Untertanen: Promemoria des pfalz-bayerischen Kreisgesandten zu Nürnberg, Freiherr von Tautphoeus, an die Regierung zu Amberg, Nürnberg, 5. Juni 1796, BayHStA, K. schw., Nr. 14507, Dok. 4 u. Schreiben von Schuster an den pfalz-bayerischen Kreisgesandten zu Nürnberg, Freiherr von Tautphoeus, [o.O.], 5.6.1796, ebd., Dok. 5.

35 Noch im Januar 1792, also vor dem Beginn der Mediatisierungsmaßnahmen Berlins, verwendete der königliche Statthalter in Ansbach-Bayreuth in seinem Rechenschaftsbericht nur ein einziges Mal den Terminus »Mediat Unterthanen« und ansonsten durchgehend die bisher übliche Formulierung der fremdherrischen Untertanen (»Versuch eines ohngefähren Abrisses...« (wie Kap. II, Anm. 91), GStA PK Berlin, I. HA, Rep. 94, IV, Ac, Nr. 2, S. 1 – 149, hier: S. 7 f. 60 ff., 69, 112 (Zitat ebd., S. 61). Karl Friedrich Reinhard Freiherr von Gemmingen, Beiträge zu der Lebensgeschichte des letzten Regenten der Brandenburgischen Markgraftümer in Franken. Seinem Andenken gewidmet im Jahre 1820, in: *Schuhmann* (Hg.), Ausklang, S. 111 – 125, hier: S. 113). Dagegen sprach 1797 Berlins oberster Beamter in den fränkischen Provinzen in seinem zentralen Rechenschaftsbericht fast durchgängig von mittelbaren Untertanen. Gleichzeitig vermied er die Bezeichnung fremdherrische Untertanen ganz und umschrieb sie in den vorkommenden wenigen Ausnahmefällen beispielsweise als »Gutsleute des Adels und der Benachbarten« oder »Insassen« (Rechenschaftsbericht Hardenbergs (wie Kap. I, Anm. 80), in: *C. Meyer*, Politik, S. 35 – 210, hier: S. 44 ff., 94, 118, 164, 172, 177 ff. (Zitate, ebd., S. 45 u. 46). Vgl. auch Denkschrift Hardenbergs »über das Finanz- und Rechnungswesen in den fränkischen Fürstentümern«, Berlin, [24.] März 1799, in: *Haussherr*, Hardenberg I, Anhang, S. 240 – 255, hier: S. 250 u. Instruktion Hardenbergs für die untergebürgische Kriegs- und Domänenkammer wegen künftiger Behandlung ihrer Ressorts, Ansbach, 24. Juni 1796, StA Nürnberg, Mfr (Ab-

grafie die Bezeichnung »mittelbare Untertanen« unreflektiert übernimmt, verweist sie ungewollt auf die hinter den Mediatisierungen Preußens stehenden Rechtsauffassungen.

Es wurde bereits ausgeführt, dass ein bestimmtes, durch Inhalt und Anzahl mehr oder weniger klar definierbares Konglomerat an obrigkeitlichen Gerechtsamen erforderlich war, um im Territorium inclausum eine selbstständige Landesherrlichkeit bzw. -hoheit begründen zu können. Diejenigen Herrschaftsrechte, die Reichsritter und -stände über fremdes reichsunmittelbares Gebiet ausübten, ohne darauf eine eigene Territorialgewalt gründen zu können, galten dagegen als reine staatsrechtliche Servituten[36]. Die wichtigste durch Ansbach-Bayreuth ausgeübte staatsrechtliche Dienstbarkeit war die Fraisch bzw. fraischliche Gerichtsbarkeit, die sich zwar nicht über alle, jedoch über große Teile der benachbarten reichsritterschaftlichen und -ständischen Gebiete erstreckte. Dabei bestand zwischen den markgräflichen Behörden und ihren reichsunmittelbaren Nachbarn keineswegs immer Kon-

gabe 1900), KdI, Nr. 3897). – Dass es sich bei dem Begriff der »Mediatuntertanen« – zumindest in Anwendung auf die Hintersassen bisher unmittelbarer Reichsglieder – um eine bisher nicht übliche Terminologie handelte, bezeugen auch *Weltrich* (Erinnerungen … aus den Preussischen Regierungs-Jahren, S. 29) sowie verschiedene reichsritterschaftliche Quellen (Klageschrift von Rhön-Werra gegen Preußen zu den Beilagen 1 bis 87 zum Reichshofratsprozess, StA Marburg, 109, Nr. 312, Bd. 1. Abschrift des Reskripts des Kommissars von Ausin an die Freiherrlich von Künsbergischen Untertanen zu Ermreuth, Erlangen, 3. März 1798, StA Marburg, 109, Nr. 322 i. Verb. mit Abschrift des Schreibens des Freiherrn von Künsberg an den Landeshauptmann von Ausin, Ermreuth, 4. März 1798, ebd.). – Auch der Baunacher Konsulent Dr. Friedrich Christian Schmidt (siehe Kapitel VIII.3.1), der mit den Rechtsverhältnissen des Territorium mixtum bestens vertraut war, betonte, dass vor 1792 die übliche Bezeichnung fremder Landeseinwohner die der fremden oder fremdherrischen Untertanen gewesen sei (*F. C. Schmidt*, Beyträge I, S. 122 Anm. 60). – Vgl. auch die Verwendung des Terminus der »Fremdherrischen Ortschaften« und Untertanen durch reichsritterschaftliche Kanzleien und Ämter für die meist der zollerschen Cent, nicht aber der Landeshoheit Ansbach-Bayreuths unterworfenen Siedlungen und ihre Bewohner (Zirkularschreiben des Ortsvorstandes Gebürg an den Ortsvorstand Rhön-Werra, Bamberg, 2. März 1792, StA Marburg, 109, Nr. 311, Bd. 1, Dok. 4. Gedrucktes Zirkularschreiben des Ortsvorstandes Gebürg an die Mitglieder des Kantons Gebürg bzw. deren geschäftsführende Beamte, Bamberg, 2. März 1792, ebd., Dok. 6 (Zitat ebd.). Abschrift des Berichts des Geheimen Rats und Konsulenten des Kantons Baunach Fabricius an den Ortsvorstand Gebürg, Nürnberg, den 8. September 1792, ebd., Dok. 79. 1. Nachschreiben des Ortsvorstandes Baunach an den Ortsvorstand Rhön-Werra, o.O., 10. November 1794, StA Marburg, 109, Nr. 311, Bd. 3, Dok. 213. 1. Nachschreiben des Ortsvorstandes Steigerwald an den Ortsvorstand Rhön-Werra, Erlangen, 10. Januar 1795, ebd., Dok. 246. Auszug aus dem Reichsgräflich Schönbornischen Amtprotokoll, Weiher, 7. Dezember 1795, StA Marburg, 109, Nr. 311, Bd. 4, Beilage 1 zu Dok. 322. Abschrift des Schreibens des Freiherrlich von Egloffsteinischen Amtmanns Günther zu Plankenfels an den Bayreuther Prozessrat und Stadtvogt Johann Christian Behen, Plankenfels, 30. März 1795, ebd., Beilage 22 zu Dok. 322. Schreiben des Ortsvorstandes Rhön-Werra an den Reichshofvizekanzler Fürst von Colloredo-Mansfeld, Schweinfurt, 4. Februar 1796, StA Marburg, 109, Nr. 311, Bd. 5, Dok. 333. Schreiben des Ortsvorstandes Rhön-Werra an den Reichshofrats- und fränkischen Direktorialagenten der Reichsritterschaft, Herr von Alt, Schweinfurt, 30. Januar 1797, StA Marburg, 109, Nr. 312, Bd. 1).

36 Siehe Kapitel II.3.

sens in der Frage, wieweit die Ausdehnung der zollerschen Hochgerichtsbarkeit und damit die sog. Fraischgrenzen reichten. Auch der Inhalt der von den fränkischen Markgrafen ausgeübten Fraisch war – wie die meisten sich überlagernden obrigkeitlichen Rechte im Territorium mixtum – umstritten. Die in den Grenzen des sog. Fraischbezirks der fränkischen Markgrafentümer gesessenen reichsunmittelbaren Herrschaftsträger verstanden die zollersche Hochgerichtsbarkeit über ihre Herrschaften als reine Cent, welche in Franken im Regelfall auf die todeswürdigen Vergehen der Constitutio Criminalis Carolina und insbesondere die Vier Hohen Rügen beschränkt war. Dagegen versuchten die fränkischen Zollern wiederholt, die Kompetenz ihrer Hochgerichtsbarkeit auch auf Teile der von den auswärtigen Vogteiherren beanspruchten Frevelgerichtsbarkeit zu erstrecken. Schließlich lebte in Ansbach sowie Bayreuth bzw. Kulmbach die Erinnerung fort an ein einst weit umfassender gewesenes Ausmaß der aus der Fraisch fließenden Befugnisse über die benachbarten reichsritterschaftlichen und -ständischen Gebiete und Untertanen. Diese umfangreichen Herrschaftsrechte seien dem Hause Brandenburg in der Vergangenheit nur auf unrechtmäßige Art und Weise entzogen worden. Daher bildete die durch die fränkischen Markgrafen ausgeübte Fraisch auch seit jeher das wichtigste Argument für die zollerschen Landeshoheitsansprüche auf die Besitzungen benachbarter Reichsglieder und zugleich das probateste Mittel zu ihrer Durchsetzung[37]. Eine derartige Ableitung der

37 »Versuch eines ohngefähren Abrisses…« (wie Kap. II, Anm. 91), GStA PK Berlin, I. HA, Rep. 94, IV, Ac, Nr. 2, S. 1–149, hier: S. 60. Hauptbericht Hardenbergs (wie Kap. I, Anm. 80), GStA PK Berlin, II. HA, Abt. 36, I, Nr. 5, fol. 1–16 u. fol. 23–24, hier: fol. 2 ff., 14 f. »Actenmässige kurze Darstellung derjenigen reichsgesezwidrigen Gewaltthätigkeiten, welche die unmittelbare Reichsritterschaft in Franken seit der Abtretung der beiden fränkischen Fürstenthümer Bayreuth und Ansbach an S.[ein]e könig.[liche] Majestät von Preussen hat erfahren müssen«, [ca. Februar 1796], StA Marburg, 109, Nr. 311, Bd. 5, zu Dok. 333. Rechenschaftsbericht Hardenbergs (wie Kap. I, Anm. 80), in: *C. Meyer*, Politik, S. 35–210, hier: S. 42, 54. *H. H. Hofmann*, Herrschaft, S. 44 ff., 57 ff., 77 ff., 172. *Herding*, Oberämter, S. 107 ff. *Schuh*, Herrschaftsgemenge, S. 141. Abschrift eines Verzeichnisses jener pfalz-bayerischer Ortschaften, in denen Territorial- und Hoheitsbeeinträchtigungen durch Brandenburg geschehen sind, [ca. März/April 1792], BayHStA, K. schw., Nr. 14511, fol. 206–210, hier: fol. 208. – Die im 18. Jahrhundert wiederholt zu beobachtende und selbst für Reichsritter nachweisbare lehensweise Vergabe der Cent durch die fränkischen Markgrafen sollte vor dem geschilderten Hintergrund nicht als »ein Zeichen für die innere Entwertung der Cent als herrschaftsbildendes Element« interpretiert werden. Vielmehr ist hier neben dem Aspekt der Kostenersparnis vor allem an besondere Belohnungen für herausragende Verdienste für das Haus Brandenburg bzw. seine Vertreter zu denken (Abschrift des Schreibens der Freiherrn von Seckendorff zu Obernzenn an den preußischen König, Obernzenn, 28. Januar 1794, GStA PK Berlin, I. HA, Rep. 44 B, Nr. 1a. *H. H. Hofmann*, ebd., S. 43 ff., 54 ff. (Zitat ebd., S. 58). Reskript Hardenbergs an verschiedene preußische Gesandschaften und Vertreter, Ansbach, 1. Juli 1796, GStA PK Berlin, II. HA, Abt. 36, I, Nr. 6, fol. 88–92, hier: fol. 88). – Allerdings hatten die fränkischen Markgrafen aus dem Hause Brandenburg ihre auf der Fraisch aufgebauten Ansprüche dadurch selbst erschüttert, indem sie in der Vergangenheit teilweise auch die Vogteilichkeit oder die Dorfs- und Gemeindeherrschaft als Fundament ihrer Landeshoheitsansprüche gewählt hatten, wenn dies mehr Erfolg versprach

Landeshoheit aus der Fraisch ohne Verbindung mit weiteren zentralen Gerechtsamen wie der Steuerhoheit oder Vogteilichkeit widersprach jedoch im Territorium non clausum der üblichen Rechtsprechung an den höchsten Reichsgerichten wie auch der Mehrheitsmeinung in der Reichspublizistik[38].

Auch die anderen, von Ansbach-Bayreuth über angrenzende immediate Herrschaften ausgeübten staatsrechtlichen Servituten reichten einzeln und in der Summe nicht aus, um auf dem Rechtswege eine zollersche Landeshoheit darauf begründen zu können: Dazu gehörte die Gerichtsbarkeit des kaiserlichen Landgerichts des Burggrafentums Nürnberg, mit dem König Rudolf I. 1273 die fränkischen Zollern belehnt hatte. Dieses fungierte als Berufungsinstanz, Forum privilegiatum des Adels sowie zivilrechtlich als Gerichtshof über Erb und Eigen. Dass der angebliche, gescheiterte Versuch Markgraf Albrecht Achilles (1414/1440 – 1486), über das Landgericht seinen Einfluss- und Herrschaftsbereich auszudehnen, von der jüngeren Forschung eher als historiografischer Mythos denn als geschichtliches Faktum betrachtet wird, sei hier nur beiläufig erwähnt. Entscheidend für die vorliegende Studie ist, dass im ausgehenden 18. Jahrhundert, eine derartige Instrumentalisierung des kaiserlichen Landgerichts erst recht nicht möglich war: Infolge der Errichtung der beiden höchsten Reichsgerichte war nämlich das kaiserliche Landgericht zu einer der Appellation nach Wetzlar oder Wien vorgeschalteten Zwischeninstanz herabgesunken, von der zudem zahlreiche benachbarte Reichsglieder durch kaiserliche Privilegien eximiert wurden. Daher kam es am Ende des 18. Jahrhunderts nur noch selten vor, dass fränkische Justizstellen außerhalb Ansbach-Bayreuths Rechtsstreitigkeiten an das kaiserliche Landgericht des Burggrafentums Nürnberg verwiesen, und die hier konkret interessierende Reichsritterschaft nahm es überhaupt nicht mehr in Anspruch[39].

Als ähnlich unzureichend zur erfolgreichen Behauptung zollerscher Landeshoheitsansprüche hatten sich bisher die Geleit- und Zollrechte erwiesen, die die Regenten von Ansbach-Bayreuth seit Jahrhunderten auf verschiedenen Land- und Fernstraßen ausübten und die sich selbst auf Verkehrswege im Gebiet anderer Reichsglieder erstreckten. Gleiches galt für die staatsrechtliche

(Votum von Johann Ernst Georg Friedrich Bomhard, o.O., März 1792, GStA PK Berlin, II. HA, Abt. 36, I, Nr. 3, fol. 24 – 30, hier: fol. 29 f. *Hartung*, Hardenberg, S. 5. *Hoffmann*, ebd., S. 172.).

38 Siehe Kapitel II.3.

39 »Versuch eines ohngefähren Abrisses…« (wie Kap. II, Anm. 91), GStA PK Berlin, I. HA, Rep. 94, IV, Ac, Nr. 2, S. 1 – 149, hier: S. 91 f., 106, 136 f. Hauptbericht Hardenbergs (wie Kap. I, Anm. 80), GStA PK Berlin, II. HA, Abt. 36, I, Nr. 5, fol. 1 – 16 u. fol. 23 – 24, hier: fol. 1 f., 7. Rechenschaftsbericht Hardenbergs (wie Kap. I, Anm. 80), in: *C. Meyer*, Politik, S. 35 – 210, hier: S. 81 f. *Schuhmann*, Markgrafen (1980), S. 4, 41 ff., 325, 338 ff. *Hartung*, Hardenberg, S. 12, 99. *Weiß*, Hohenzollern, S. 41 ff. *Hintze*, Hohenzollern, S. 94 f. *Andrian-Werburg*, Markgraf, S. 56 ff. *Schubert*, Albrecht Achilles, S. 131 ff., 144 ff. – Die Appellationssumme für das kaiserliche Landgericht des Burggrafentums Nürnberg in seiner Funktion als Vorinstanz der obersten Reichsgerichte betrug zu Beginn des Jahres 1792 800 rheinische Goldgulden, wobei der reale Gegenwert in gültiger Währung umstritten war (»Versuch eines ohngefähren Abrisses…« (wie Kap. II, Anm. 91), ebd., S. 1 – 149, hier: S. 92, 136 f.).

Servitut des Wildbanns, die den fränkischen Markgrafentümern auf immediaten Herrschaften der benachbarten Reichsstände und -ritter zustand[40]. Dabei handelte es sich um die Jagdhoheit, zu der auch die auf das Schwarz- und Rotwild zielende hohe Jagd zählte, und deren Stellenwert nicht zuletzt vor dem Hintergrund der standesgemäßen adligen Lebensführung gesehen werden muss[41]. Weit unbedeutender als die bisher genannten Gerechtsame waren schließlich die einzelnen kirchenrechtlichen Befugnisse, die die Markgrafen auf Besitzungen ihrer Nachbarn hergebracht hatten: Zwar waren auch reichsritterschaftliche Besitzungen hiervon betroffen, aber die bedeutendsten dieser Iura ecclesiastica bzw. episcopalia erstreckten sich meist auf außerhalb des fränkischen Reichs- und Ritterkreises gelegene Pfarreien und Kirchen[42].

Nicht unter die sog. Servitutes iuris publici fielen die lehensrechtlichen Beziehungen. Ihre Bedeutung illustriert die Tatsache, dass ein Großteil der Ansbach-Bayreuth benachbarten Reichsritter Lehen der fränkischen Markgrafen trug. Für die betroffenen Rittergenossen bedeutete ihre Stellung als markgräflich brandenburgische Vasallen dabei ein doppeltes Risiko. Zum einen bestand die Gefahr, dass die Lehensherrschaft zur Landeshoheit umgedeutet werden konnte. Eine derartige Annahme widersprach zwar der reichsrechtlichen Mehrheitsmeinung, wie sie für das Territorium inclausum vertreten wurde und nach der galt: »Unterthanen Pflicht und Lehen Pflicht sind zwei von einander himmelweit unterschiedene Dinge«. Aber sie lag in den Tendenzen der Zeit und war in der Vergangenheit bereits wiederholt vertreten worden[43]. Zudem war im Allgemeinen das an jedem reichsfürstlichen Lehenshof aufgrund des Herkommens unterschiedliche Lehensrecht meist ebenso wenig kodifiziert wie das Verhältnis der reichsritterschaftlichen Vasallen zu ihren reichsständischen Lehensherrn im Besonderen – ein Zustand,

40 »Versuch eines ohngefähren Abrisses...« (wie Kap. II, Anm. 91), GStA PK Berlin, I. HA, Rep. 94, IV, Ac, Nr. 2, S. 1–149, hier: S. 148 f. Hauptbericht Hardenbergs (wie Kap. I, Anm. 80), GStA PK Berlin, II. HA, Abt. 36, I, Nr. 5, fol. 1–16 u. fol. 23–24, hier: fol. 2 f. 1. Votum des Regierungsrats Johann Ferdinand Albert, o.O., 16. März 1793, GStA PK Berlin, II. HA, Abt. 36, I, Nr. 176, fol. 91–94, hier: fol. 93. Rechenschaftsbericht Hardenbergs (wie Kap. I, Anm. 80), in: *C. Meyer*, Politik, S. 35–210, hier: S. 42, 73 f. *Prescher*, Geschichte II, S. 44 ff. *Kretschmann*, [Rezension], Vertraute Briefe, S. 398. *H. H. Hofmann*, Herrschaft, S. 76 ff. *Schuhmann*, Markgrafen (1980), S. 57, 323. *Endres*, Verzeichnis, S. 108 ff.

41 *H. H. Hofmann*, Herrschaft, S. 62, 80. *Laubenberger*, Wildbann, Sp. 1418.

42 »Versuch eines ohngefähren Abrisses...« (wie Kap. II, Anm. 91), GStA PK Berlin, I. HA, Rep. 94, IV, Ac, Nr. 2, S. 1–149, hier: S. 149. 1. Votum des Regierungsrats Johann Ferdinand Albert, o.O., 16. März 1793, GStA PK Berlin, II. HA, Abt. 36, I, Nr. 176, fol. 91–94, hier: fol. 93. Rechenschaftsbericht Hardenbergs (wie Kap. I, Anm. 80), in: *C. Meyer*, Politik, S. 35–210, hier: S. 104.

43 »Versuch eines ohngefähren Abrisses...« (wie Kap. II, Anm. 91), GStA PK Berlin, I. HA, Rep. 94, IV, Ac, Nr. 2, S. 1–149, hier: S. 61 f., 145. Rechenschaftsbericht Hardenbergs (wie Kap. I, Anm. 80), in: *C. Meyer*, Politik, S. 35–210, hier: S. 53, 62 f. Vertraute Briefe über das Fürstenthum Bayreuth, S. 35. *H. H. Hofmann*, Herrschaft, S. 103. *Kerner*, Staats-Reichs-Recht, S. 270 (Zitat ebd.). – Speziell zu den lehensrechtlichen Anschauungen im Territorium non clausum siehe Kapitel II.3.

der einseitige Interpretationen zugunsten landesherrlicher Ansprüche über Lehensträger aus dem Consortium equestre zusätzlich erleichterte[44].

Die zweite potenzielle Bedrohung, die der reichsritterschaftlichen Rechtsstellung aus der Bindung an die Lehenshöfe zu Ansbach und Bayreuth erwuchs, fußte auf den Sanktionsmöglichkeiten, die das Lehensrecht gegen untreue Vasallen bereitstellte: Der in solchen Fällen übliche Felonieprozess mit all seinen Konsequenzen stellte nach wie vor ein nicht zu unterschätzendes Druckmittel in Auseinandersetzungen zwischen fürstlichen Lehensherren und reichsritterschaftlichen Vasallen dar[45]. Daran hatte auch eine auf die Aushöhlung der lehensherrlichen Kompetenzen der Reichsfürsten bedachte kaiserliche Politik, insbesondere unter Karl VI., nichts Wesentliches zu ändern vermocht[46].

3. Die Motive der preußischen Mediatisierungspolitik

»Die Monarchen, als Stellvertreter des höchsten Regenten, gehen nur vor ihm, als ihrem gemeinschaftlichen Oberlehensherrn zur Verantwortung. Hier entscheidet nun die Angustität oder Laxität des Gewissens alleine und alles. Ein jeder Monarch muß wissen, was er zu thun hat, und was er nach seinem Gewissen für das Beste seiner Staaten zuträglich (convenabel) hält«. Diese 1795 gedruckten Ausführungen sollten zwar den Basler Sonderfrieden des monarchischen Preußens mit dem revolutionären Frankreich verteidigen, und nicht die fast zeitgleiche Mediatisierung eines großen Teils der Reichsritterschaft durch Berlin rechtfertigen. Aber das hier begründete »Recht der Convenienz« – also das Handeln nach der sog. Staatsraison als einer rational dem eigenen machtstaatlichen Vorteil verpflichteten Politik – war zweifellos eine wichtige, wenn auch keineswegs die einzige Triebfeder, die hinter der Unterwerfung der Ansbach-Bayreuth benachbarten Rittergüter stand[47]. Mit

44 *Kerner*, Staats-Reichs-Recht, S. 250 f.

45 »Versuch eines ohngefähren Abrisses...« (wie Kap. II, Anm. 91), GStA PK Berlin, I. HA, Rep. 94, IV, Ac, Nr. 2, S. 1–149, hier: S. 88 ff. – Als Beispiel für die Wirksamkeit der Anklage wegen Felonie und der dabei möglichen Zwangsmittel siehe: *Winkler*, Markgraf (1998), S. 263, 272.

46 *Kerner*, Staats-Reichs-Recht, S. 255 ff. *Moser*, Von denen Teutschen Reichs-Ständen, S. 1449, 1457 ff. *Ders.*, Neueste Geschichte II, S. 146 ff., 171 ff., 210 f. *Press*, Angriff, S. 332.

47 [*Riem*], Ueber die politische Lage, und das Staats-Interesse Preußens, S. 103 ff. (Zitate ebd., S. 106 f.). *Tschirch*, Geschichte I, S. 204. *H. H. Hofmann*, Herrschaft, S. 4, 168, 208, 254. *Hammerstein*, Reich, S. 23. – Die dem Konvenienzprinzip in der politischen Theorie beigelegte Ausrichtung an der Wohlfahrt aller Staaten bedeutete keine Einschränkung für die preußische Staatsraison zugunsten der reichsritterschaftlichen Unmittelbarkeit: Preußen beanspruchte nämlich – wie auch die anderen europäischen Großmächte – im Einzelfall die Interpretationshoheit über den Grundsatz der »convenance« und damit die Entscheidung zwischen Legitimität und Vernunft einerseits sowie Unrecht und Usurpation andererseits (*Kunisch*, Friedrich, S. 113). Dies spiegelte sich in der ausschließlich negativen Bedeutung, die dem Konvenienz-

dem Recht des Stärkeren oder der menschlichen Wolfsnatur im Sinne eines Thomas Hobbes hatte eine solche Politik in der Tradition eines Niccolò Machiavelli nur in zweiter Linie etwas zu tun. Vielmehr stand hinter der Mediatisierungspolitik Berlins vor allem die fehlende Bereitschaft eines zur europäischen Großmacht aufgestiegenen Reichsstandes, sich weiter den Spielregeln der Reichsverfassung zu unterwerfen und die damit verbundene Beschränkung des eigenen politischen Handlungsspielraumes und Entwicklungspotenzials länger hinzunehmen[48]. Seit den machtpolitischen Umwälzungen der Jahre 1740/63 unterlag nämlich auch Preußen dem Zwang der Staatsraison, seinen neu erworbenen Platz im Kreise der europäischen Großmächte durch fortgesetztes Streben nach territorialer Vergrößerung und Machterweiterung zu behaupten und zu dokumentieren[49]. Dies musste in besonderem Maße für König Friedrich Wilhelm II. gelten, der nach den jüngsten Forschungen Bringmanns seit 1789/90 die Außenpolitik Berlins weitgehend allein gestaltete: Der preußische Monarch war nämlich – angesichts seines fortgeschrittenen Alters und seines sich binnen weniger Jahre nach der Thronbesteigung verschlechternden Gesundheitszustandes – bestrebt, die vorhandene Zeit zu nutzen, um aus dem Schatten seines Onkels und Vorgängers durch den Gewinn neuer Territorien herauszutreten[50].

Während diese in der europäischen Mächtekonkurrenz und der Persönlichkeit Friedrich Wilhelms II. angelegten Ursachen die Entscheidung zugunsten der Mediatisierung der Ansbach-Bayreuth benachbarten Reichsritter sicher erleichterten, lassen sich die individuellen Beweggründe des preußischen Statthalters vor Ort für sein gewaltsames Vorgehen gegen das Corpus equestre weit schwerer fassen. Stamm-Kuhlmann hat jüngst die Arrondierungspolitik des Dirigierenden Ministers in den fränkischen Provinzen mit dessen »Revolutionsfurcht« erklärt sowie seinem Bestreben, gegenüber der

begriff im publizistischen Diskurs um die preußischen Mediatisierungen beigelegt wurde (siehe Kapitel VIII.2.2 u. VIII.3.2).

48 Vgl. *Walter*, Zusammenbruch, S. 28 f., *Mazohl-Wallnig*, Zeitenwende, S. 71, 265, *Riedenauer*, Reichsverfassung, S. 125, 180 ff., *Stollberg-Rilinger*, Das Heilige Römische Reich, S. 99 f. u. *Härter*, Reichstag, S. 441.

49 Vgl. *Mazohl-Wallnig*, Zeitenwende, S. 211 ff. u. *Bringmann*, Preußen, S. 262, 275 f., 575.

50 *Bringmann*, Preußen, S. 97, 262, 274 ff., 284, 289 ff., 297 f., 307 ff., 331 ff., 342 f., 352 ff., 372, 377 ff., 452 ff., 523 f., 580 ff., 679 f., 697. – Der österreichische Gesandte im preußischen Hauptquartier Graf Lehrbach, der auch über andere in Wien ungeliebte Persönlichkeiten, wie den Prinzen Max von Zweibrücken, keine besonders vorteilhaften Charakteristiken verfasste, berichtete über Friedrich Wilhelm II. im Herbst 1793 an den Reichshofvizekanzler: »Der König ist nicht ganz der loyale und rechtschaffene Mann, für den man ihn hält – Er ist ein wahrer Preüße – haßt das Haus Österreich – geht in alles Unerlaubte und Machiavellistische in der Politik ein, besonders wenn es für Preüßen fürträglich ist« (25. Bericht des Grafen von Lehrbach an den Reichshofvizekanzler Fürst von Colloredo-Mansfeld, Edenkoben, 26. August 1793, HHStA Wien, RK, Berichte aus Berlin, Fasz.-Nr. 17a, fol. 28–33, hier: fol. 30 f. 73. Bericht des Grafen von Lehrbach an den Reichshofvizekanzler Fürst von Colloredo-Mansfeld, Neustadt, 5. Oktober 1793, ebd., fol. 188–189, hier: fol. 188 f. (Zitat ebd., fol. 188 f.)).

expansionslustigen französischen Republik zum Widerstand fähige Territorialeinheiten zu schaffen. Aber diese Deutung erscheint doch zu gewagt. Schließlich stützt sie sich nur auf wenige Indizien, die derartig weitreichende Schlussfolgerung keineswegs zwingend erscheinen lassen[51].

Zwar herrschte über das Ausmaß der Angleichung der Verwaltungsorganisation in Ansbach-Bayreuth an die des preußischen Mutterlandes anfangs keine Klarheit in Berlin[52]. Aber mittel- und langfristig musste es Preußen darum gehen, die administrativen, wirtschaftlichen und militärischen Strukturen der neu gewonnenen fränkischen Provinzen soweit irgend möglich den Verhältnissen des altpreußischen Kernterritoriums anzupassen. Nur auf diese Weise konnte der Erwerb Ansbach-Bayreuths das politische Gewicht und militärische Machtpotenzial der gesamten Monarchie stärken. Der erstrebten Vereinheitlichung zugunsten eines homogenen, zentralisierten und effektiv verwaltbaren Gesamtstaates stand jedoch die vorgestellte territoriale Zersplitterung der fränkischen Markgrafentümer im Wege. Gerade die reichsritterschaftlichen Enklaven mussten Berlins Statthalter vor Ort als »Staat im Staate« erscheinen. Die Überschneidungen obrigkeitlicher Rechte machten die Einführung einheitlicher Verwaltungsstrukturen und einer an die Verhältnisse der übrigen königlichen Staaten angepassten Justizverfassung und Gerichtsorganisation unmöglich. Die zahlreichen unkontrollierbaren Zollgrenzen sowie die Tätigkeit der in den benachbarten zollerschen Städten nicht eingezünfteten Handwerker und Künstler aus den reichsritterschaftlichen Territorien verhinderten jeden Ansatz zu einer zielgerichteten – physiokratischen oder merkantilistischen – Wirtschaftspolitik. Ein an der Mediatisierungspolitik Berlins federführend beteiligter Bayreuther Regierungsrat hat daher rückblickend von einer »gänzliche[n] Anarchie« gesprochen, in der der König nicht mehr »als ein großer Gutsherr« gewesen sei. In diesem Zustand wäre jede geordnete Regierungstätigkeit unmöglich und der Staat in seiner Existenz bedroht gewesen. Tatsächlich war auch die Einführung des preußischen Kantonssystems als Grundlage der preußischen Heeresverfassung nicht möglich, wenn die Aushebungsbezirke durch exemte Enklaven fremder Herrschaftsträger zerstückelt wurden oder sich die neuen königlichen Untertanen dem ungeliebten Militärsystem jederzeit durch die Flucht über eine der nahen Grenzen entziehen konnten. Als Folge drohte eine Entvölkerung sowie eine Wertminderung der landesherrlichen Domänen in Ansbach-Bayreuth gegenüber den immediaten Rittergütern[53].

51 *Stamm-Kuhlmann*, »Für dessen Constitution ich keine drei Kreuzer mehr gebe«, S. 79.

52 *Haussherr*, Hardenberg I, S. 55, 126 ff.

53 Bericht Hardenbergs an das Kabinettsministerium, Ansbach, 3. Dezember 1796, GStA PK Berlin, II. HA, Abt. 36, I, Nr. 6, fol. 187–193, hier: fol. 188. Denkschrift Hardenbergs »über das Finanz- und Rechnungswesen in den fränkischen Fürstentümern«, Berlin, [24.] März 1799, in: *Haussherr*, Hardenberg I, Anhang, S. 240–255, hier: S. 251. *W. H. Puchta*, Erinnerungen, S. 128, 158 ff. Rechenschaftsbericht Hardenbergs (wie Kap. I, Anm. 80), in: *C. Meyer*, Politik, S. 35–210, hier: S. 43, 54, 168 f. (Zitate ebd., S. 54, 209). *Meier*, Friedrich Wilhelm II. S. 191, 198, 251.

Zudem waren die reichsritterschaftlichen Gebiete ein permanenter Störfaktor, wenn es um die effektive Umsetzung von Maßnahmen Ansbach-Bayreuths im Bereich der sog. Polizey, also der guten Ordnung im weitesten Sinne ging[54]. Zwar gab es beispielsweise beim Straßenbau, bei Getreidesperren oder der Seuchenbekämpfung durchaus Ansätze zu einer gedeihlichen Zusammenarbeit zwischen den Reichskreisen und der Reichsritterschaft. Aber erhebliche Defizite blieben bestehen[55]: Dazu zählte auch ein Hauptanliegen der frühneuzeitlichen Polizey. Dabei ging es konkret um die Abwehr und Verfolgung sozialer Randgruppen, die im Mittelalter und in der Frühen Neuzeit von vorneherein als unehrenhaft galten und unter dem Verdacht krimineller Umtriebe standen. Die reichsritterschaftlichen Dörfer galten nämlich vielfach als Hort und Zufluchtstätte von Verbrechern, Vaganten sowie der durch den Ausschluss von fast allen Erwerbszweigen entstandenen sog. Schurer- oder

Kretschmann, Dienstjahre (1808), S. 13 ff., 34 ff. (Zitate ebd., S. 13, 15). Auszug aus einem königlichen Reskript an Hardenberg vom 27. Oktober 1793, in: *Kretschmann*, Dienstjahre (1808), S. 141 - 144, hier: S. 144. Vorschlag Kretschmanns zum Vortrag an einem obergebürgischen Landtag, 1796, in: *Kretschmann*, Fortsetzung (1809), S. 3 - 30, hier: S. 4 f. *Haller*, Hardenberg, S. 35, 41 f. *Haussherr*, Hardenberg I, S. 132 ff., 198 f. *Schaper*, Anmerkungen zur Überlieferung, S. 387 ff. *Gaisberg-Schöckingen*, Reichsritterschaft, S. 453. *G. Zimmermann*, Staatlichkeit, S. 29. *H. Müller*, Kampf, S. 37, 55 ff., 71. *H. H. Hofmann*, Herrschaft, S. 89, 94, 164 ff., 187 f. *Ders.*, preußische Ära (1960/61), S. 226, 231, 239. *Ders.*, preußische Ära (1967), S. 248, 255. *Hartung*, Hardenberg, S. 10 ff., 34 ff., 50 f., 95 ff., 118, 162 f., 215 ff. *Süssheim*, Politik, S. 26 f., 34. *Schuhmann*, Markgraf Alexander, S. 17. *Mauchenheim*, Ritterschaft I, S. 407 f., 423. *Knemeyer*, Regierungs- und Verwaltungsreformen, S. 185. *Endres*, preußische Ära, S. 173 ff., 181. *Ders.*, Ära Hardenberg, S. 182, 187. *Ders.*, Reformmodell, S. 33 ff. *Ders.*, Reformpolitik, S. 293, 298. *Hofmeister-Hunger*, Pressepolitik, S. 36 ff., 45 ff. *T. Schulz*, Kanton, S. 107. *Ders.*, Mediatisierung (1988), S. 325 ff. *Ders.*, Mediatisierung (1987), S. 157 f. *Weltrich*, Erinnerungen ... aus den Preussischen Regierungs-Jahren, S. 6. Vgl. auch *Haug-Moritz*, Organisation, S. 17, *Thielen*, Hardenberg, S. 92 ff., *Hanna*, Ministerialität, S. 785 u. *Press*, Angriff, S. 337. - Siehe auch die vergleichbaren Verhältnisse in anderen Gegenden mit reichsritterschaftlichen Enklaven bei: Was wird aus der unmittelbaren freien Reichs-Ritterschaft in Schwaben, Franken und am rechten RheinUfer werden, S. 210 u. [*Gönner*], Staatsrechtliche Verhältnisse der adeligen Gutsbesitzer, S. 23 f.

54 Abschrift des Reskripts Hardenbergs an die Bayreuther Kriegs- und Domänenkammer, Basel, 17. November 1795, GStA PK Berlin, II. HA, Abt. 36, IV, Nr. 123. Rechenschaftsbericht Hardenbergs (wie Kap. I, Anm. 80), in: *C. Meyer*, Politik, S. 35 - 210, hier: S. 43, 54. Bericht des Bayreuther Differenzdepartements, Bayreuth, 26. November 1795, in: *Kretschmann*, Dienstjahre (1808), S. 150 - 166, hier: S. 161 ff. *Weltrich*, Erinnerungen ... aus den Preussischen Regierungs-Jahren, S. 6. *Tschirch*, Geschichte I, S. 223. *H. Müller*, Kampf, S. 37, 55 f. Vgl. *Eberlein*, Bayerns Anteil, S. 56 f., *Hanna*, Ministerialität, S. 785, *Hofmeister-Hunger*, Pressepolitik, S. 34 f. u. Haas, Skizze über die dermalige Lage des deutschen Reichs, S. 138.

55 *Kerner*, Staats-Reichs-Recht, S. 109 f. *Hellstern*, Ritterkanton, S. 176 ff. *Moser*, Geschichte I, S. 143, 450, 497. *Ders.*, Geschichte II, S. 24, 435, 676. *Mauchenheim*, Ritterschaft I, S. 418 ff. *Endres*, Reichskreis, S. 9, 24 ff., 36. *Wüst*, Ende, S. 80 ff. - *Winfried Dotzauer* (Reichskreise (1989), S. 206 (Zitat ebd.). *Ders.*, Reichskreise (1998), S. 142) hat die immediaten Rittergüter nicht ohne Berechtigung als »kreispolizeiliches Vakuum« charakterisiert. Dass dessen Intensität schwankte, zeigte *Rudolf Endres* (ebd., S. 36), indem er für das letzte Drittel des 18. Jahrhunderts eine Verbesserung der Zusammenarbeit des Fränkischen Reichskreises mit der benachbarten Reichsritterschaft im Polizey-Wesen ausmachte.

»Betteljuden«. Tatsächlich war die Rechtspflege in etlichen reichsritterschaftlichen Herrschaften nicht immer auf der Höhe der Zeit. Zudem versuchten zahlreiche Rittergenossen nach dem Vorbild der großen Fürstentümer durch das merkantilistische Instrument der Peuplierungspolitik ihre Einkünfte zu steigern. Diese Ansiedlungspolitik wurde gerade im 18. Jahrhundert wiederholt exzessiv und unkontrolliert betrieben. Dabei erteilten die reichsritterschaftlichen Ortsherren einerseits großzügig Heiratskonsense und ließen aus wirtschaftlichen Motiven Toleranz in Glaubensfragen walten. Andererseits achteten sie nur wenig auf Leumund, Vermögen und Qualifikation der neuen Untertanen oder die fehlenden Erwerbsquellen in ihren schnell überbevölkerten Zwergterritorien. Das Resultat war die Konzentration eines breiten, weitgehend landlosen Proletariats in etlichen reichsritterschaftlichen Dörfern. Diesem blieb jenseits des Vieh- und Weinhandels vielfach nichts anderes übrig, als sich mit Hausieren, Betteln, Schinderarbeiten und anderen unehrlichen oder gar kriminellen Tätigkeiten über Wasser zu halten[56]. Der heute im Landkreis Bamberg gelegene Ort Sassanfahrt des Reichsritters und preußischen Kreisgesandten in Nürnberg, des Reichsgrafen (Friedrich) Julius (Heinrich) von Soden ist für die Auswüchse der reichsritterschaftlichen Peuplierungspolitik ein besonders eindrucksvolles Beispiel[57].

Georg Seiderer hat jüngst die preußischen Mediatisierungen in Franken als eine »Form der Politisierung der Aufklärung« abgehandelt[58]. Auch Hanns Hubert Hofmann hat einen ursächlichen Zusammenhang zwischen dem Gedankengut der Aufklärung und der Unterwerfung der Ansbach-Bayreuth benachbarten Reichsritter postuliert[59]. Tatsächlich lassen sich bei zahlreichen

56 *Kerner*, Staats-Reichs-Recht, S. 109. *Weltrich*, Erinnerungen ... aus den Preussischen Regierungs-Jahren, S. 6. *Heller*, Peuplierungspolitik, 167 fortl. *Kullen*, Reichsritterschaft, S. 221, 235 ff. *Ders.*, Einfluß, S. 69 ff., 106 ff. *Sauer*, Juden, S. 382 ff. *T. Schulz*, Kanton, S. 148. *H. Müller*, Kampf, S. 28 f. *H. H. Hofmann*, Herrschaft, S. 132 ff. *Sörgel*, Ritterkanton, S. 69. *Mauchenheim*, Ritterschaft I, S. 56 ff. *A. O. Weber*, Dorfentwicklung, S. 310. *Heinritz/Heller/Wirth*, Auswirkungen, S. 52 ff. *Endres*, Armenproblem, S. 1015 ff. *Scheel*, Jakobiner, S. 87. Vgl. auch Ammerer, »... dem müssigen Vaganten Leben zugethann«, S. 173. Siehe ferner die parteiischen Ausführungen in: Historische und Staatsrechtliche Betrachtungen, S. 58 f.; Was wird aus der unmittelbaren freien Reichs-Ritterschaft in Schwaben, Franken und am rechten RheinUfer werden, S. 216 f. u. Geschichtliche und politische Betrachtungen über den jetzigen Zustand der fränkischen Ritterschaft, S. 6 f. (Zitat ebd., S. 6).

57 Sassanfahrt wurde zwischen 1784 und 1808 von 5 auf 94 Häuser vergrößert. Dabei handelte es sich vielfach um sog. Tropfhäuser, einfach gebaute ebenerdige Häuser, zu denen meist nicht einnmal genug Grund gehörte, um ein Krautbeet zu bestellen oder Kleinvieh zu halten. Zudem wurde in Sassanfahrt eine Reihe von teilweise hoch spezialisierten Handwerkern angesiedelt, denen in der ländlich-agrarischen Umgebung zwangsläufig Aufträge und Abnehmer fehlen mussten (*Heller*, Peuplierungspolitik, S. 172, 177 ff., 187 f., 198 ff. *H. H. Hofmann*, Herrschaft, S. 132. *Heinritz/Heller/Wirth*, Auswirkungen, S. 58. *Hanke*, Bürger, S. 158 ff. *Schäfer*, Tropfhaus, S. 93).

58 *Seiderer*, Formen, S. 432, 459 ff., 543 (Zitat ebd., S. 432).

59 *H. H. Hofmann*, Herrschaft, S. 177, 187 f., 526. *Ders.*, preußische Ära (1960/61), S. 234, 239 f. *Ders.*, preußische Ära (1967), S. 256 ff.

preußischen Beamten, die die Arrondierung der fränkischen Markgrafentümer auf Kosten der reichsritterschaftlichen Herrschaften vorantrieben, spezifische Rechtsvorstellungen und etatistische Anschauungen feststellen, die von aufgeklärtem Gedankengut unterfüttert waren[60]. Für einige dieser Ober- und Spitzenbeamten waren die inklavierten Reichsritter geradezu verpflichtet, ihren Anteil an den militärischen und finanziellen Lasten der fränkischen Markgrafentümer zu übernehmen und deren »gemeinnützigsten Landesanstalten« nicht im Wege zu stehen[61]. Schließlich könne nur durch die Überwindung der aus dem »Nachmittelalter des fränkischen 18. Jahrhunderts« erwachsenden Nachteile der Grundstein für künftigen Wohlstand, das Gedeihen des Staates und das Glück seiner Bewohner gelegt werden[62]. Zwar mögen derartige Vorstellungen über das gemeine Beste den preußischen Beamten ihr Vorgehen gegen die Ansbach-Bayreuth benachbarten reichsritterschaftlichen Herrschaften persönlich erleichtert haben. Aber ursächlich war die heterogene Bewegung der Aufklärung für die Mediatisierungen Berlins im Gegensatz zu dem dargestellten und dem noch zu schildernden Reform- und Veränderungsdruck sowie den diversen politischen, militärischen und ökonomischen Zwängen sicher nicht.

Ein sehr reales Motiv für die preußische Arrondierungspolitik gegenüber dem Corpus equestre war den Wechselfällen der politischen Großwetterlage geschuldet: Als sich seit dem Jahresbeginn 1793 die Beziehungen zwischen Wien und Berlin massiv abkühlten und es zu einem Wiederaufleben des Dualismus der beiden deutschen Großmächte kam, musste die Mediatisierung der Ansbach-Bayreuth benachbarten reichsritterschaftlichen Herrschaften zusätzlichen Reiz für Berlin gewinnen[63]. Auf diese Weise konnte Preußen mit der reichsritterschaftlichen Klientel Wiens auch die politische Stellung des Kaisers im Reich schwächen und die Hofburg um diejenigen finanziellen und militärischen Vorteile bringen, die diese in Form von Charitativen und Rekrutenwerbungen bisher aus den Ansbach-Bayreuth benachbarten Rittergütern gezogen hatte[64].

Neben diesen sehr konkreten Motiven, die hinter der Mediatisierungspolitik Berlins standen, gab es noch ein ganzes Bündel an weiteren Konflikten zwischen den fränkischen Markgrafentümern einerseits und dem Corpus equestre andererseits. Diese dürften zwar allein für die Unterwerfung der Ansbach-Bayreuth benachbarten Rittergüter kaum ausschlaggebend gewesen sein. Aber in der Summe mussten sie die Bereitschaft Preußens erhöhen,

60 Siehe Kapitel IV.5.1 u. IV.5.2.

61 *Kretschmann*, Dienstjahre (1808), S. 13 (Zitat ebd.). Bericht des Präsidenten der Bayreuther Kriegs- und Domänenkammer von Schuckmann an Hardenberg, Bayreuth, 12. November 1795, in: *Kretschmann*, ebd., S. 146–150, hier: S. 148.

62 *H. H. Hofmann*, Herrschaft, S. 177, 188, 526 (Zitat ebd., S. 187). *Ders.*, preußische Ära (1960/61), S. 234, 239 f. *Ders.*, preußische Ära (1967), S. 256 ff. *Hartung*, Hardenberg, S. 39 f., 111 ff.

63 Siehe Kapitel VI.1 u. VI.2.

64 Siehe hierzu Kapitel II.2.2 sowie *H. Müller*, Kampf, S. 55 f.

gewaltsam gegen die Reichsritterschaft vorzugehen. Ein solcher Reibungspunkt zwischen dem Consortium equestre und Berlin erwuchs aus den zahlreichen zollerschen Lehen reichsritterschaftlicher Vasallen: Wie viele andere Reichsstände mit reichsritterschaftlichen Lehensträgern musste auch Preußen eine umfassendere Vorstellung von den Pflichten eines Vasallen und den Rechten eines Lehensherren haben, als dies bei den Reichsrittern selbst der Fall war. Zu den Bereichen in der Feudistik, wo seit jeher reichsfürstliche und -ritterschaftliche Rechtspositionen unversöhnlich nebeneinanderstanden, gehörte nicht nur die Frage der Lehensdienste in Kriegszeiten oder der Jurisdiktionsgewalt der Lehenshöfe über ihre Vasallen. Auch die Ableitung landesherrlicher Ansprüche aus der reichsständischen Lehenshoheit über die reichsritterschaftlichen Vasallen muss hier erwähnt werden[65]. Allerdings galt Letzteres, wie wiederholt ausgeführt wurde, bei der Mehrheit der Reichspublizisten und vor den obersten Reichsgerichten als unvereinbar mit dem Herkommen und der Rechtstheorie des sog. Territorium inclausum[66].

Ein weiterer Hauptstreitpunkt zwischen Ansbach-Bayreuth und dem Consortium equestre wurzelte in einem jener staatsrechtlichen Kuriosa, wie sie für die Reichsverfassung nicht ungewöhnlich waren: Den Stein des Anstoßes bildete dabei die faktische »Teilung der landesherrlichen Rechte« auf denjenigen dem Corpus equestre inkorporierten Gütern, die durch Kauf, Tausch oder Lehensheimfall in die Hände der fränkischen Markgrafen gefallen waren. Auf solchen alienierten Rittergütern beanspruchte die Reichsritterschaft weiterhin das Ius collectandi als Realsteuerrecht sowie eine weitgehende Militärhoheit[67]. Dies bedeutete, dass die fränkischen Markgrafen und damit ab 1792 auch der preußische König geradezu wie »ein steuerbarer Unterthan des Ritterorts« die Schatzungssteuer an die Rittertruhen der Kantone abführen mussten und auf diese Weise eventuelle Vorhaben der Reichsritterschaft gegen die zollerschen Interessen mitfinanzieren sollten, ohne selbst auf den Ortskonventen ein Mitspracherecht zu haben[68]. An dem reichsritterschaftlichen Besteuerungsrecht auf den an Ansbach-Bayreuth alienierten Rittergütern hatten sich schon in der Vergangenheit die meisten Auseinandersetzungen zwischen den zollerschen Markgrafen und der ritterschaftlichen Korporation entzündet. Zusätzlich angeheizt wurde der Konflikt

65 *Kerner*, Staats-Reichs-Recht, S. 245 ff., 262 ff. *Moser*, Von denen Teutschen Reichs-Ständen, S. 1429 ff., 1448 ff., 1457 ff. *T. Schulz*, Kanton, S. 46 f., 107 ff., 118, 126. *H. H. Hofmann*, Herrschaft, S. 54. *Press*, Angriff, S. 332.

66 Siehe Kapitel II.3.

67 *Kerner*, Staats-Genossenschaftsrecht, S. 190, 332 f., 342 ff. *Ders.*, Staats-Landrecht, S. 226. *Moser*, Von denen Teutschen Reichs-Ständen, S. 1293 f. *T. Schulz*, Kanton, S. 114 f. *Ders.*, Mediatisierung (1988), S. 324, 333 ff. (Zitat ebd., S. 335). *H. H. Hofmann*, Herrschaft, S. 101. *Hellstern*, Ritterkanton, S. 128 f., 148, 155 f. *Mauchenheim*, Ritterschaft I, S. 411. *Winkler*, Markgraf (2000), S. 30.

68 Gutachten von Johann Michael Georg, Bayreuth, 6. April 1792, GStA PK Berlin, II. HA, Abt. 36, I, Nr. 152, fol. 41–50, hier: fol. 43. (Zitat ebd.). *Kerner*, Staats-Genossenschaftsrecht, S. 190 f. *Hellstern*, Ritterkanton, S. 143. Unzutreffend dargestellt dagegen bei *Süssheim*, Politik, S. 35.

durch den Lehenscharakter der meisten an Ansbach-Bayreuth gefallenen reichsritterschaftlichen Besitzungen. Den im Laufe der Zeit zugunsten der Reichsritterschaft ergangenen Reichshofratsmandaten ließ sich die zollersche Rechtsanschauung entgegenstellen, nach der ein Vasall auf sein Lehen keine über den Heimfall, die sog. Konsolidierung, hinaus andauernden Verbindlichkeiten nehmen dürfe. Vor diesem Hintergrund hatte sich vor allem Bayreuth mit großer Hartnäckigkeit geweigert, die Rittersteuern von seinen heimgefallenen Lehen zu entrichten[69]. Zusätzliche Brisanz mussten die Auseinandersetzungen um das Ius collectandi auf den alienierten Rittergütern dadurch gewinnen, dass die solchermaßen eingehobenen Rittersteuern zu einem nicht geringen Anteil in die Kassen Wiens flossen. Selbst angesichts des seit Reichenbach begründeten, vorübergehenden Einvernehmens der beiden deutschen Großmächte konnte Berlin kein Interesse daran haben, seinen machtpolitischen Antipoden aus den Erträgen seiner fränkischen Besitzungen indirekt zu alimentieren. Umgekehrt war die Hofburg stets auf die Wahrung des »fund[us] collectabil[is]« für die Charitativsubsidien bedacht. Diesem Zweck sollte nicht zuletzt das reichsritterschaftliche Einstandsrecht, ein kombiniertes Vorkaufs- und dreijähriges Auslosungsrecht (Ius retractus) zugunsten der Rittergenossen, dienen. Diese Regelung konnte für das Haus Brandenburg für die von Ansbach und Bayreuth angekauften oder von ihm zu Lehen rührenden Rittergüter kaum hinnehmbar sein[70]. In welchen Größenordnungen sich der Streit um die landesherrlichen Gerechtsame auf den Rittergütern bewegte, die sich im Besitz der fränkischen Markgrafentümer befanden, verdeutlicht eine Untersuchung von Richard Winkler: Allein im Bayreuther Umland befanden sich von 30 der Reichsritterschaft im Jahre 1580 inkorporierten Gütern um 1791 nur noch fünf in der Hand des Corpus equestre, während der Rest im Besitz des obergebürgischen Fürstentums und seiner landsässigen vogtländischen Ritterschaft war[71]. Im Streit um die rit-

69 Gutachten von Johann Gottlieb Wagner, Ansbach, 6. April 1792, GStA PK Berlin, II. HA, Abt. 36, I, Nr. 152, fol. 30–40, hier: fol. 36. Gutachten von Johann Michael Georg, Bayreuth, 6. April 1792, ebd., fol. 41–50, hier: fol. 41 ff. »Versuch eines ohngefähren Abrisses…« (wie Kap. II, Anm. 91), GStA PK Berlin, I. HA, Rep. 94, IV, Ac, Nr. 2, S. 1–149, hier: S. 62 f. – Vgl. die ganz ähnliche Argumentation der Reichsstände nach *Kerner*, Staats-Genossenschaftsrecht, S. 344.

70 *Kerner*, Staats-Genossenschaftsrecht, S. 251 ff., 261 ff., 364 (Zitat ebd., S. 333). *Ders.*, Staats-Reichs-Recht, S. 161 f. *Moser*, Von denen Teutschen Reichs-Ständen, S. 1297 ff. *Sutter*, Kaisertreue, S. 278 f. *Stetten*, Rechtsstellung, S. 73 f. *T. Schulz*, Kanton, S. 122 ff., 229 ff.

71 *Winkler*, Markgraf (2000), S. 11 u. S. 42 ff. – Der Grund für die auch in anderen Kantonen sehr hohe Anzahl an sog. alienierten, in reichsfürstlichen Besitz übergegangenen, Rittergütern ist nicht nur im Lehensheimfall zu suchen, sondern vielfach auch in der aus wirtschaftlicher Not erforderlich gewordenen Veräußerung der zur Rittertruhe kollektablen Besitzungen. Dabei zeigten die Reichsritter aus finanziellen Günden wiederholt nicht ihren Güterverkauf bei der reichsritterschaftlichen Korportion an und verhinderten damit eine Wahrnehmung des reichsritterschaftlichen Vorkaufsrechts. Auch fand sich vielfach kein finanzkräftiger Rittergenosse, der das Einstandsrecht hätte wahrnehmen können. Zudem wurde die Anerkennung des Retraktrechts von den neuen reichsständischen Güterbesitzern vielfach verweigert (*Kerner*, Staats-Genossenschaftsrecht, S. 162, 238, 250 Anm. p, 266, 276. *Moser*, Von denen Teutschen

terschaftlichen Militär- und Steuerrechte auf den Rittergütern, die an die fränkischen Markgrafentümer alieniert waren, ging es also um einen erheblichen Teil der gesamten Besitzungen des fränkischen Ritterkreises. Letzterer konnte auf seine Ansprüche nicht verzichten, wenn er damit nicht einer »Mediatisierung auf kaltem Wege« für die betroffenen Güter zustimmen wollte[72].

Auch die Rezeption bisher landsässiger Untertanen in das Corpus equestre sowie die von der Reichsritterschaft für ihre Mitglieder und das Personal der Ritterkanzleien auf reichsständischem Gebiet in Anspruch genommenen Exemtionen von der Jurisdiktion, der Nachsteuer, den Zöllen und weiteren Abgaben mussten Berlin ein Dorn im Auge sein. Auf diesem Wege drohte das Corpus equestre die zollersche Landeshoheit in den Markgrafentümern zu unterminieren. Gleiches galt für das Betreten von zollerschem Gebiet durch fremde Exekutionskommandos, um Forderungen gegenüber den zur Rittertruhe steuernden Untertanen durchzusetzen[73].

Ein anderer Konfliktherd zwischen der Reichsritterschaft einerseits und dem Hause Brandenburg andererseits resultierte aus der territorialen Verfasstheit des obergebürgischen Fürstentums: Das Corpus equestre sowie der Kaiser hatten die Trennung der vogtländischen Ritterschaft vom Kanton Gebürg und ihre Unterwerfung unter die Bayreuther Landeshoheit im 17. Jahrhundert nicht anerkannt. Der deswegen beim Reichshofrat schwebende Prozess wurde zwar bis zum Ende des Alten Reichs nicht entschieden. Schließlich war eine derart tief in die bestehenden Territorialverhältnisse eingreifende

Reichs-Ständen, S. 1255 ff. *T. Schulz*, Kanton, S. 114 ff., 233 ff. *Ders.*, Mediatisierung (1988), S. 325. *Kollmer*, Reichsritterschaft, S. 39, 294 ff. *H. Müller*, Kampf, S. 19 ff.). Wie umfangreich die Zahl der in den reichsständischen Besitz übergegangenen Rittergüter war, hat die Forschung für einzelne Kantone bereits herausgearbeitet: *Hellstern*, Ritterkanton, S. 173 f., 219 ff.; *Neumaier*, Odenwald, S. 140 ff.; *Stetten*, Rechtsstellung, S. 75; *Rechter*, Weg, S. 45; *Press*, Ritterschaft am Neckar, S. 252; *T. Schulz*, Mediatisierung (1988), S. 325.

72 *T. Schulz*, Kanton, S. 114 (Zitat ebd.). *Willoweit*, Rechtsgrundlagen, S. 321.

73 *Kerner*, Staats-Reichs-Recht, S. 197 ff., 224 ff. *Ders.*, Staats-Genossenschaftsrecht, S. 173, 288, 388 f. *Moser*, Von denen Teutschen Reichs-Ständen, S. 1269 f., 1327, 1425 ff., 1455, 1465 f. *Neff*, Reichsritterschaft, S. 180 f. *Roth*, Von dem Grundsatze, S. 6 ff. *T. Schulz*, Kanton, S. 45, 123 ff., 252. *Eberlein*, Bayerns Anteil, S. 33 f. *Mauchenheim*, Ritterschaft I, S. 233 ff., 423. – Zwar rückte die umstrittene Zuständigkeit des in zollerscher Hand befindlichen kaiserlichen Landgerichts des Burggrafentums Nürnberg noch einmal kurz in den Fokus Berlins und seines Statthalters in Ansbach-Bayreuth (siehe Kapitel V.3). Aber angesichts der geringen Wertschätzung, die Letzterer dem Landgericht entgegenbrachte, dürfte dieses keinen wesentlichen Streitpunkt mehr zwischen der Reichsritterschaft und den fränkischen Markgrafentümern gebildet haben. In der Vergangenheit hatte jedoch dessen Kompetenz durchaus Anlass zu Konflikten gegeben: Die Zuständigkeit des kaiserlichen Landgerichts, als ein dem Reichshofrat und Reichskammergericht vorgeschaltetes niederes Reichsgericht, erstreckte sich nämlich offiziell über die Territorialgrenzen Ansbach-Bayreuths hinaus und damit über etliche immediate Rittergüter und deren Besitzer (*Kerner*, Staats-Reichs-Recht, S. 67 ff. »Versuch eines ohngefähren Abrisses…« (wie Kap. II, Anm. 91), GStA PK Berlin, I. HA, Rep. 94, IV, Ac, Nr. 2, S. 1–149, hier: S. 91 f., 106, 136 f.).

Rechtssache im Rahmen der Reichsverfassung kaum justiziabel. Aber gerade diese reichsrechtliche Offenheit des Konfliktes trug dazu bei, dass sich auch bei anderen Differenzen zwischen dem obergebürgischen Fürstentum und der fränkischen Reichsritterschaft die Fronten im ausgehenden 18. Jahrhundert verhärteten. Dahinter stand nicht nur die Befürchtung des preußischen Statthalters in den fränkischen Markgrafentümern, die Reichsritterschaft könnte bei der von ihm beabsichtigten Beschneidung der Iura voitlandica die reichsgerichtliche Auseinandersetzung mit dem obergebürgischen Fürstentum wieder anfachen. Es bestand auch die Gefahr, durch Nachgiebigkeiten gegenüber dem Consortium equestre in anderen Bereichen, beim Corpus Voitlandicum Renitenz oder gar erneute Bestrebungen zu einem Anschluss an die Reichsritterschaft zu wecken. Ein derartiges Szenario musste umso realistischer erscheinen, solange die Huldigung der vogtländischen Ritterschaft für Friedrich Wilhelm II. nicht erfolgte und die Fragen der landesherrlichen Bestätigung der umfassenden Privilegien der Adelskorporation einerseits und der Abstellung ihrer Beschwerden andererseits nicht abschließend geklärt waren[74]. Aber die Huldigung vor dem preußischen Monarchen sollte nicht eher als im Jahr 1798 erfolgen, und die vogtländischen Ritter mussten erst in einer neuen Korporation aufgehen, bevor ihnen 1801 eine Reihe von Vorrechten auf dem Wege königlicher Gnade endgültig zuerkannt wurde[75]. Just im Frühjahr 1792 ersuchte der Ritterhauptmann der assoziierten vogtländischen Ritterschaft Friedrich Freiherr von Vietinghoff gen. Scheel für seine sechs Söhne um Aufnahme in den Kanton Gebürg und erbot sich, das immediate Rittergut Truppach zu erwerben und dadurch vor dem Heimfall an Bayreuth zu retten[76]. Der Fall stand symptomatisch für das fortgesetzte Streben ein-

74 Gutachten von Johann Gottlieb Wagner, Ansbach, 6. April 1792, GStA PK Berlin, II. HA, Abt. 36, I, Nr. 152, fol. 30–40, hier: fol. 39. Gutachten von Johann Michael Georg, Bayreuth, 6. April 1792, ebd., fol. 41–50, hier: fol. 45 f. »Versuch eines ohngefähren Abrisses…« (wie Kap. II, Anm. 91), GStA PK Berlin, I. HA, Rep. 94, IV, Ac, Nr. 2, S. 1–149, hier: S. 64. Entwurf der königlichen Instruktion für das fränkische Landesministerium, Berlin, [März/April 1796], GStA PK Berlin, II. HA, Abt. 36, I, Nr. 6, fol. 5–67, hier: fol. 15 ff. Bericht Hardenbergs an das Kabinettsministerium, Ansbach, 3. Dezember 1796, GStA PK Berlin, II. HA, Abt. 36, I, Nr. 6, fol. 187–193, hier: fol. 187. *Moser*, Neueste Geschichte II, S. 75 f., 219 f., 256 f. Auszug aus einem königlichen Reskript an Hardenberg vom 27. Oktober 1793, in: *Kretschmann*, Dienstjahre (1808), S. 141–144, hier: S. 144. *May*, Ritterschaft, S. 64 f. *Hartung*, Hardenberg, S. 44. *H. Müller*, Kampf, S. 56 ff. *Holle*, Streitigkeiten, S. 58. Gutachten der Bayreuther Regierung, Bayreuth, 15. Mai 1792, in: *Holle*, ebd., Beilagen, Nr. 1, S. 62–76, hier: S. 62 ff., 71 ff. Bericht der Bayreuther Regierung, Bayreuth, 25. Mai 1792, in: *Holle*, ebd., Beilagen, Nr. 2, S. 76–80, hier: S. 79 f. Bericht Hardenbergs an den preußischen König, Bayreuth […] August 1792, in: *Holle*, ebd., Beilagen, Nr. 3, S. 80–95, hier: S. 80 ff., 91 ff. Neue Vertheidigung I, S. 77 Anm. 166. Die Beleuchtung aus Bayern, S. 81 f. *Endres*, Ritterschaft S. 71.

75 Entwurf der königlichen Instruktion für das fränkische Landesministerium, Berlin, [März/April 1796], GStA PK Berlin, II. HA, Abt. 36, I, Nr. 6, fol. 5–67, hier: fol. 15 ff. *May*, Ritterschaft, S. 67 ff. *Hartung*, Hardenberg, S. 44 ff.

76 Abschrift des Schreibens von Friedrich Freiherr von Vietinghoff gen. Scheel an den Ortsvorstand Gebürg, Creusen bei Bayreuth, 3. März 1792, GLA Karlsruhe, 123, Fasz. 1022. Abschrift

zelner vogtländischer Geschlechter nach Reichsunmittelbarkeit und musste in Berlin – sofern es beizeiten davon erfuhr – die Alarmglocken schrillen lassen[77].

Zu solchen handfesten Konflikten, die den Unmut Berlins gegenüber dem Corpus equestre wach halten mussten, kamen eher diffuse Vorwürfe gegen die Reichsritterschaft. Diese wurden seit etlichen Jahrzehnten von verschiedenen Reichsständen und ihren Publizisten erhoben. Es ist angesichts der Rolle Preußens bei den Versuchen der Jahre 1702/04, 1741 und 1749/53, die Reichsritterschaft in ihren Gerechtsamen zu beschränken oder gar zu mediatisieren, nicht unwahrscheinlich, dass Berlin derartige Anschuldigungen auch noch um 1792 teilte. Aus der Sicht ihrer reichsständischen Kritiker leistete die Reichsritterschaft keinen ausreichenden Beitrag zu den militärischen und finanziellen Lasten des Reichsverbandes, würde aber dessen Vorteile sehr wohl in Anspruch nehmen. Die an den Kaiser entrichteten Charitativsubsidien seien nichts anderes als ein »Kaufschilling«, mit dem sich das Corpus equestre nicht nur des kaiserlichen Schutzes versichern würde, sondern auch die als empörend empfundenen, ritterschaftlichen Privilegien erschlichen hätte. Die der Reichsritterschaft erteilten kaiserlichen Diplome erschienen den reichsständischen Juristen und Publizisten zudem als verfassungswidrig, da sie nachträglich auf Kosten bereits bestehender, reichsständischer Gerechtsame erteilt oder ausgedehnt worden seien. Zudem wären die Reichsstände bei der Vergabe der Privilegien zugunsten der Reichsritterschaft nicht gehört worden[78]. Auch war es nicht nur für den Statthalter Berlins in

des Schreibens des Ortsvorstandes Mittelrhein an den Ortsvorstand Donau, Burg Friedberg, 5. Juni 1793, ebd. – Speziell zum Lehenscharakter und den Besitzverhältnissen des Ritterguts Truppach siehe *Winkler*, Markgraf (2000), S. 42, 48.

77 Spätestens seit 1797 wusste Berlin von der beabsichtigten Erwerbung Truppachs durch Vietinghoff (*K. H. Lang*, Staatsrechtliche Entwicklung des Landsassiats, S. 9).

78 *Kerner*, Staats-Reichs-Recht, S. 77 ff., 93 ff., 100 f., 107 f., 115, 121 ff., 146 ff., 199 f., 217 ff., 227 (Zitat ebd., S. 151). *Ders.*, Staats-Genossenschaftsrecht, S. 297 f., 344. *Ders.*, Staats-Landrecht, S. 8. *Moser*, Von denen Teutschen Reichs-Ständen, S. 1400 ff., 1411 ff., 1424 ff., 1469 f. *Gaisberg-Schöckingen*, Reichsritterschaft, S. 454 f. *T. Schulz*, Kanton, S. 77, 117 ff., 144 ff. *Mauchenheim*, Ritterschaft I, S. 409 f. – *Volker Press* (Kaiser und Reichsritterschaft, S. 172) irrt, wenn er konstatiert: »Andererseits schoben die Ritter mit ihren Charitativsubsidien jeglicher Kritik der Reichsstände an ihrer Besteuerungsfreiheit einen Riegel vor«. Dies belegen beispielsweise die einschlägigen Ausführungen von *Kerner* (Staats-Reichs-Recht, S. 115), der als Stadtschreiber in Ludwigsburg gegenüber der Reichsritterschaft in seinem Reichs-Staats-Recht (fortl.) vielfach reichsständische Positionen im Allgemeinen und die herzoglich-württembergischen Rechtsanschauungen im Besonderen vertrat. – Speziell zur Rolle Berlins bei den reichsständischen Vorstößen des 18. Jahrhunderts gegen die Reichsritterschaft siehe Kapitel III.1. – Die weitgehende Monopolisierung der Pfründen der Reichskirche durch Familien des Corpus equestre in vielen der geistlichen Territorien Süd- und Westdeutschlands war dagegen kein besonderer Reibungspunkt zwischen Berlin und der Reichsritterschaft: Da die zollersche Kurlinie seit 1613 calvinistisch und der allergrößte Teil ihrer Länder lutherisch war, schieden die königlichen Prinzen und der preußische Adel weitgehend als Konkurrenten der katholischen Geschlechter des Consortium equestre um die Versorgungstellen der Reichskirche aus. Für viele katholische Landesfürsten war dagegen die Verteilung der Pfründen der Adelskirche ein wichtiger Punkt in ihren Beschwerden über die Reichsritterschaft. Allerdings war eine Konkurrenzsituation zwi-

Ansbach-Bayreuth eine ausgemachte Sache, dass die obersten Reichsgerichte und insbesondere der Reichshofrat parteiisch zugunsten der Reichsritterschaft urteilen würden[79]. All diese Anschuldigungen waren insofern berechtigt, als die Charitativsubsidien tatsächlich als Rückversicherung für die politische Existenz der Reichsritterschaft dienten, da sie das Interesse Wiens an ihrer Erhaltung wesentlich mitbegründeten. Auch wurde bereits gezeigt, dass das Corpus equestre weder zur Kreisarmatur noch zu den vom Reichstag bewilligten Römermonaten oder den zum Unterhalt des Reichskammergerichts dienenden Kammerzielern herangezogen wurde[80]. Letzteres musste nicht nur als Missbrauch empfunden werden, da etliche Assessoren des Wetzlarer obersten Reichsgerichts bereits vor ihrem Amtsantritt Mitglieder des Corpus equestre waren oder danach in die Reichsritterschaft rezipiert wurden. Zudem klagten die Rittergenossen keineswegs primär vor dem Reichshofrat, sondern riefen spätestens seit der Mitte des 17. Jahrhunderts vielfach auch das Reichskammergericht an[81]. Johann Georg Kerner schätzte

schen preußischem und reichsritterschaftlichem Adel bei der Besetzung einflussreicher Stellungen in Hof, Verwaltung und Militär der geistlichen Wahlstaaten theoretisch möglich, da hier auch Protestanten zum Zuge kamen. Das gleiche galt für die der Confessio Augustana offenstehenden Balleien des Deutschen Ordens in Sachsen und Thüringen sowie die Kommenden des Johanniterordens – selbst wenn sie in Preußen lagen: Der Zugang zu den Pfründen dieser Institutionen war den evangelischen Reichsrittern nämlich bei entsprechenden politischen Verbindungen nicht völlig versperrt (*Kerner*, Staats-Reichs-Recht, S. 183 ff., 193 ff. *Rechter*, Reichsritter, S. 217 ff., 230. *Dipper*, Reichsritterschaft, S. 56 ff. *Godsey Jr.*, Adel, S. 24 f. *Riedenauer*, Reichsadel, S. 193 f. *H. H. Hofmann*, Herrschaft, S. 126 ff., 139, 165).

79 Hauptbericht Hardenbergs (wie Kap. I, Anm. 80), GStA PK Berlin, II. HA, Abt. 36, I, Nr. 5, fol. 1–16 u. fol. 23–24, hier: fol. 23. *Kerner*, Staats-Genossenschaftsrecht, S. 159 f. Bericht des Präsidenten der Bayreuther Kriegs- und Domänenkammer von Schuckmann an Hardenberg, Bayreuth, 12. November 1795, in: *Kretschmann*, Dienstjahre (1808), S. 146–150, hier: S. 149. Bericht des Bayreuther Differenzdepartements, Bayreuth, 26. November 1795, in: *Kretschmann*, ebd., S. 150–166, hier: S. 154. Vorschlag Kretschmanns zum Vortrag an einem obergebürgischen Landtag, 1796, in: *Kretschmann*, Fortsetzung (1809), S. 3–30, hier: S. 4 f. – Vgl. zum Vorwurf der reichsgerichtlichen Parteinahme zugunsten des Corpus equestre für die vorangegangenen Jahrzehnte vor allem *Moser*, Von denen Teutschen Reichs-Ständen, S. 1415 ff., 1424 f., 1431, 1449, 1470, *Kerner*, Staats-Reichs-Recht, S. 76 ff., 87 ff., 96 ff., 218 ff., *T. Schulz*, Kanton, S. 119 ff. u. *Duchhardt*, Reichsritterschaft, S. 328 ff.

80 Siehe Kapitel II.2.2.

81 *Kerner*, Staats-Reichs-Recht, S. 94 ff. *Ders.*, Staats-Genossenschaftsrecht, S. 159 ff. *Duchhardt*, Reichsritterschaft, S. 320 ff., 331 f. – Der führende Exponent der preußischen Mediatisierungspolitik gegenüber der Reichsritterschaft war wahrscheinlich über seinen akademischen Lehrer sowie aus eigener Anschauung mit den Auseinandersetzungen um die Reichskammergerichtsvisitation (1764/67–1776) vertraut. In diesen spielten Forderungen eine gewichtige Rolle, die darauf abzielten, die personalen Verflechtungen zwischen den Assessoren und vor allem den Präsidenten dieses höchsten Reichsgerichtes einerseits und den Ämtern des Ritterrats und -hauptmanns in den reichsritterschaftlichen Kantonen andererseits zurückzudrängen sowie das Corpus equestre zu den Kammerzielern heranzuziehen (Speziell zur angesprochenen reichsritterschaftlichen Komponente bei der Reichskammergerichtsvisitation: StA Ludwigsburg, B 575 IV, Bü 127: fortl. Siehe ferner *Moser*, Neueste Geschichte II, S. 682 f., 735 f., *Ranke*, Denkwürdigkeiten I, S. 31 ff., *Haussherr*, Hardenberg I, S. 41, 55, *Duchhardt*, ebd., S. 332 f.,

1789, dass ein Drittel der Sitzungen der Senate des obersten Reichsgerichts in Wetzlar sich mit Streitfällen des Corpus equestre beschäftigte[82]. Auch war es kein Geheimnis, dass die Wiener Reichshofkanzlei 1703 dem kaiserlichen Hofkriegsrat eröffnet hatte, dass gegen die Zahlung entsprechender Charitativsubsidien in die kaiserlichen Kassen die Reichsritterschaft sich im Reichskrieg von allen militärischen Lasten, also Einquartierungen, Vorspann, Kontributionen etc. freikaufen dürfe. Zwar hatte seitdem die Hofburg die käufliche Eximierung des Corpus equestre von den Verteidigungslasten wiederholt bekräftigt[83]. Aber andererseits zeigte seit 1793 der Krieg gegen Frankreich immer mehr, dass ein solches Privileg kaum das Papier wert war, auf dem es stand. Zudem erreichten die von der Reichsritterschaft aufgebrachten Charitative gerade im unmittelbaren zeitlichen Umfeld der preußischen Mediatisierungen gewaltige Summen, und der fränkische Ritterkreis warb 1795 sogar 500 Rekruten für die kaiserliche und Reichsarmee an[84]. Dass auch die angebliche Parteilichkeit der Reichsgerichte zugunsten des Corpus equestre realhistorisch keineswegs so eindeutig war, wie es die preußische Seite empfand, wird noch zu zeigen sein[85]. Jedoch ist kaum anzunehmen, dass derartigen Gegenargumenten zugunsten der reichsritterschaftlichen Vorrechte und Freiheiten unter den die Mediatisierungen Berlins vorantreibenden Spitzenbeamten nennenswertes Gewicht beigemessen wurde.

Zusammenfassend muss ein erhebliches Konfliktpotential zwischen der Reichsritterschaft einerseits und den neuen Regenten Ansbach-Bayreuths andererseits konstatiert werden. Vor allem die durch die Staatsraison diktierte Vereinheitlichung und Reformierung der administrativen und militärischen Strukturen in den fränkischen Markgrafentümern erforderte ein weitgehend geschlossenes Territorium. Dies bedeutete jedoch noch nicht, dass aus preußischer Sicht dorthin allein der gewaltsame Weg einer Okkupation benachbarten Territoriums und der Mediatisierung unmittelbarer Rittergüter führen musste[86].

Aretin, Das Alte Reich III, S. 135 ff., *Burgdorf*, Peregrinatio academica, S. 26 u. *Pfeiffer*, Studien, S. 269 f.).

82 *Kerner*, Staats-Reichs-Recht, S. 100.

83 *Moser*, Von denen Teutschen Reichs-Ständen, S. 1404 f. *Kerner*, Staats-Reichs-Recht, S. 123 ff.

84 Siehe Kapitel III.2.1.

85 Siehe Kapitel VIII.2.2.

86 Siehe Kapitel V.4.1.

4. Die Politischen Beziehungen zwischen der Reichsritterschaft und dem Haus Brandenburg im Vorfeld der Mediatisierungen

Bereits Ende Oktober 1782 hatte der badische Minister und Reichsritter Wilhelm Freiherr von Edelsheim an Herzog Karl August von Sachsen-Weimar geschrieben: »Durch den Ansbachischen Anfall wird die Freiheit Deutschlands ohnglaublich geschwächet«[87]. Diese im Rückblick besonders auf die Reichsritterschaft zutreffende Prognose hat ihre Entsprechung in der modernen Historiografie gefunden. Diese betont durchgehend die von Anfang an gegebene Zwangsläufigkeit und Unvermeidlichkeit der Mediatisierung der Ansbach-Bayreuth benachbarten Reichsritter durch die norddeutsche Großmacht in den Jahren 1792/93 bis 1798[88]. Jedoch ist diese Interpretation ungeachtet der eingangs zitierten Prophezeiung des Freiherrn von Edelsheim teleologisch motiviert. Die mit dem Regierungswechsel vom Januar/Februar 1792 einsetzenden Eingriffe in die Reichsunmittelbarkeit und die landesherrlichen Rechte zahlreicher fränkischer Rittergenossen waren nämlich weder von reichsritterschaftlicher Seite zwingend zu erwarten noch im Voraus von Berlin geplant worden. Dies zeigt ein Blick auf die Beziehungen der fränkischen und der preußischen Linie des Hauses Zollern zur Reichsritterschaft im Vorfeld des Anfalls der fränkischen Markgrafentümer an Berlin[89].

87 Schreiben Edelsheims an Herzog Karl August von Sachsen-Weimar vom 24. Oktober 1782, in: Badische Historische Commission (Hg.), Politische Correspondenz I, Nr. 4, S. 35–36, hier: S. 35 (Zitat ebd.).

88 *Stamm-Kuhlmann*, »Für dessen Constitution ich keine drei Kreuzer mehr gebe«, S. 74. *Ders.* (Hg.), Hardenberg, hier: Einleitung, S. 33. *Hermann*, Hardenberg, S. 109, 143 f. *Endres*, Reformmodell, S. 33 ff. *Ders.*, Zum neuen Staat, S. 53. *Ders.*, Staat und Gesellschaft, S. 773. *Ders.*, Ära Hardenberg, S. 181 ff. *Ders.*, preußische Ära S. 173 ff. *Ders.*, Erbabreden, S. 44. *Hofmeister-Hunger*, Pressepolitik, S. 36 f. *Sörgel*, Ritterkanton, S. 86. *Haller*, Hardenberg, S. 35 ff. *Schuhmann*, Markgrafen (1980), S. 586. *Thielen*, Hardenberg, S. 88. *Riedenauer*, Gesandter, S. 306. *Haussherr*, Hardenberg I, S. 132 ff. *H. H. Hofmann*, Herrschaft, S. 168 ff. *Ders.*, preußische Ära (1960/61), S. 230 f. *Stockmayer*, Fehde, S. 32 f. *Tschirch*, Geschichte I, S. 200 ff. *H. Müller*, Kampf, S. 59. *Süssheim*, Politik, S. 58, 157. – Differenzierter: *T. Schulz*, Mediatisierung (1988), S. 327; *Ders.*, Mediatisierung (1987), S. 158; *G. Zimmermann*, Staatlichkeit, S. 29 f.; *Stetten*, Rechtsstellung, S. 108; *H. H. Hofmann*, preußische Ära (1967), S. 248; *Hartung*, Hardenberg, S. 29.

89 Zu den folgenden Ausführungen über die Beziehungen der (Hohen)-Zollern zur Reichsritterschaft siehe auch: *Rechter*, Weg, S. 45; *H. H. Hofmann*, Neustadt-Windsheim, S. 25 ff., 38; *Süssheim*, Politik, S. 14 ff.; *Holle*, Streitigkeiten, S. 56 f.; Unzutreffend dagegen die skizzenhafte Darstellung bei *Brandt*, Staat, S. 430 f.

4.1 Die Rolle des Corpus equestre in der Politik Preußens bis 1790/92

Bereits der erste preußische König, Friedrich I., hatte bei den Beratungen über die Reichstagsrekurse der Jahre 1702/04 Stellung gegen die reichsritterschaftlichen Privilegien sowie die zugunsten des Corpus equestre ergangenen Mandate des Reichshofrats bezogen[90]. Aber eine dezidiert reichsritterschaftsfeindliche Politik Berlins kann daraus angesichts der damals bestehenden, breiten reichsständischen Front gegen die unmittelbare Ritterschaft nicht abgeleitet werden[91].

Von König Friedrich Wilhelm I. von Preußen ist zwar überliefert, dass er Markgraf Georg Friedrich Karl von Brandenburg-Bayreuth (1726–1735) zur Beilegung von dessen Streitigkeiten mit dem Adel empfohlen haben soll: »Machen Sie es wie ich! Wenn mir ein solcher Schurke viel Händel macht, so zahle ich meinem Scharfrichter 10 Thaler und der Prozeß ist geschlichtet«[92]. Aber jenseits dieser anekdotenhaft wirkenden Begebenheit war die Reichsritterschaft für den sog. Soldatenkönig noch kein Problem ersten Ranges. Allein die Reichsunmittelbarkeit des reichsritterschaftlichen, »ursprünglich landsäßigen seit einiger Zeit aber sich immediat gerirenden Adels« in der Nachbarschaft des obergebürgischen Fürstentums wollte er nicht anerkennen, als er den Bayreuther Markgrafen Christian Friedrich von sämtlichen Zugeständnissen gegenüber dem Kanton Gebürg abriet. Hinter der Haltung des Königs stand die Befürchtung, dass das künftige Erbe seines Hauses nach dem Erlöschen der fränkischen Seitenlinie geschmälert werden könnte[93]. Auch Friedrich II. von Preußen teilte derartige Bedenken[94]. Hinzu kam seit der preußischen Eroberung Schlesiens der Dualismus zwischen den beiden deutschen Großmächten, der sicher nicht die Bereitschaft Berlins steigerte, die reichsritterschaftliche Klientel des Kaisers zu schonen. Bereits 1746 und 1747 geriet Preußen als Garant des Verkaufs der dem Kanton Odenwald inkorporierten Herrschaft Zwingenberg an Kurpfalz mit dem Corpus equestre über das reichsritterschaftliche Ius collectandi in einen schweren Konflikt. Doch dies war nicht mehr als ein Vorgeschmack auf das noch Kommende: Bei den Reichstagsrekursen von 1749/53 sowie in den Beratungen über die Wahlkapitulation Kaiser Karls VII. 1741 gehörte König Friedrich II. von Preußen zu

90 *Kerner*, Staats-Reichs-Recht, S. 87 f. *Moser*, Neueste Geschichte I, S. 571 ff., 587, 597 ff.

91 Siehe Kapitel III.1.

92 *C. Meyer*, Friedrich Wilhelm I., S. 447 f. (Zitat ebd., S. 448).

93 Abschrift des Schreibens von König Friedrich Wilhelm I. von Preußen an Markgraf Friedrich Christian von Brandenburg-Kulmbach-Bayreuth, Berlin, 20. März 1740, GStA PK Berlin, II. HA, Abt. 36, I, Nr. 152, fol. 16–25, hier: fol. 16 ff. (Zitat ebd., fol. 16).

94 Abschrift des Schreibens von König Friedrich II. von Preußen an Markgraf Friedrich Christian von Kulmbach-Bayreuth, Berlin, 10. bzw. 16. Juni 1740, GStA PK Berlin, II. HA, Abt. 36, I, Nr. 152, fol. 26–27, hier: fol. 26 f.

den schärfsten Gegnern der reichsritterschaftlichen Rechtsstellung[95]. Was die Forschung bisher jedoch nicht erkannte, war die Tatsache, dass Friedrich Wilhelm II. noch kurz vor dem Anfall Ansbach-Bayreuths an die Kurlinie in Berlin mit der reichsritterschaftsfeindlichen Politik seines Onkels und Vorgängers gebrochen hatte: Bei den Verhandlungen über die Wahlkapitulation des künftigen Kaisers Leopold II. von August bis Oktober 1790 verzichtete Preußen im Gegensatz zu Ansbach-Bayreuth und manch anderem Reichsstand auf neue Vorstöße zur Beschneidung der reichsritterschaftlichen Rechtspositionen. Stattdessen versicherte der Wahlbotschafter Berlins den in Frankfurt versammelten Abgeordneten aller drei Ritterkreise des königlichen Wohlwollens[96]. Bei der betont reichsritterschaftsfreundlichen Politik in der ersten Phase der Regierung Friedrichs Wilhelms II. könnte theoretisch die durch die Konvention von Reichenbach eingeleitete Annäherung Berlins an Österreich, der traditionellen Schutzmacht des Corpus equestre, eine gewisse Rolle gespielt haben[97]. Nach den Quellen war jedoch ein anderer Grund ausschlaggebend, der sich aus den Bedürfnissen des preußischen Militärstaates erklärt. Trotz der durch das Kantonssystem gesicherten Zwangsrekrutierung der ländlichen Bevölkerung für die königlichen Regimenter kam die im Wesentlichen noch von Friedrich Wilhelm I. geformte Heeresverfassung nie ohne Geworbene aus. Diese machten 1776 etwa die Hälfte der gesamten Truppenstärke aus. Die vom Militärzwang ausgenommenen Regionen, Städte, Berufs- und sonstigen Personengruppen im Inland konnten jedoch eine derart große Anzahl an freiwilligen Rekruten nicht bereitstellen. Daher kam – ungeachtet der Erhöhung des Inländeranteils in der Armee unter dem Nachfolger Friedrichs II. – der von der einschlägigen Forschung lange vernachlässigten Werbung in fremden Territorien eine kaum zu überschätzende Bedeutung zu[98]. Indem die Regierung Friedrich Wilhelms II. um 1790 gegenüber der

95 *Moser*, Neueste Geschichte II, S. 88, 392 ff., 443 f., 465, 478 ff., 513. *Ders.*, Von denen Teutschen Reichs-Ständen, S. 1427. *T. Schulz*, Kanton, S. 127 Anm. 135. *Aretin*, Das Alte Reich III, S. 54 ff. – Speziell zu den Auseinandersetzungen um Zwingenberg, den Reichstagsrekursen von 1749/53 sowie den Beratungen über die Wahlkapitulation Karls VII. siehe Kapitel III.1.

96 Protokoll der reichsritterschaftlichen Gesandtschaft zur Kaiserwahl und -krönung, Frankfurt/M., 9. August bis 15. Oktober 1790, StA Marburg, 109, Nr. 909. »Geschichte und Actenmaeßige Darstellung des rechtlichen Verhaeltnisses derienigen Brandenburgischen Vasallen und Insassen welche sich zur Fraenkischen Ritterschaft bekennen« von Theodor Konrad Kretschmann, Bayreuth, [ca. Dezember] 1793, GStA PK Berlin, I. HA, Rep. 94, IV, Ac, Nr. 9a.

97 *Aretin*, Das Alte Reich III, S. 371 ff. – Gegen eine solche Deutung spricht zudem die Feststellung *Aretins* (Das Alte Reich III, S. 369 (Zitat ebd.). Heiliges Römisches Reich I, S. 237), Preußen habe als »Gegenkaiser« bei den Wahlverhandlungen von 1790 sogar die Rechte der Reichsritterschaft gegen Österreich verteidigt. Leider bleibt Aretin einen Beleg für seinen Befund schuldig und in einschlägigen reichsritterschaftlichen Quellen ist von einer ritterschaftsfeindlichen Politik Wiens bei den Wahlverhandlungen von 1790 nicht die Rede, sondern vielmehr vom Gegenteil (Abschrift des Promemorias des Hegauer Ritterrats Joseph Freiherr von Hornstein-Biningen an alle Kantone, o.O., [ca. Juni 1792], StA Ludwigsburg, B 575 III, Bü 901).

98 *Wilson*, Militarization, fortl. *Oestreich*, Friedrich Wilhelm, S. 72 ff. *Büsch*, Militärsystem (1962),

Reichsritterschaft eine ausgesprochen wohlwollende Politik verfolgte, erhoffte sie sich im Gegenzug eine verstärkte Öffnung der reichsritterschaftlichen Territorien für die königliche Truppenwerbung zu erreichen[99]. Dieser Umstand erklärt auch, warum im auswärtigen Departement in Berlin, dem sog. Kabinettsministerium, beim Anfall Ansbach-Bayreuths keine konkret fassbaren Pläne existierten, die beiden fränkischen Markgrafentümer auf Kosten der benachbarten immediaten Rittergüter zu arrondieren. Als es dennoch dazu kam, zeigte sich auch mancher Ortsvorstand der fränkische Kantone überrascht. Schließlich hatte sich der 1785 von König Friedrich II. von Preußen initiierte Fürstenbund offiziell die Bewahrung der Reichsverfassung auf die Fahnen geschrieben, mit der wiederum die politische Existenz des Consortium equestre so eng verknüpft war. Die diplomatische Intervention Friedrich Wilhelms II. gegen Hessen-Kassel im Jahre 1787, nachdem dieses den Lippischen Anteil der Reichsgrafschaft Schaumburg okkupiert hatte, und vor allem das gemeinsame Vorgehen beider deutschen Großmächte gegen die Französische Revolution förderten in reichsritterschaftlichen Kreisen die Neigung, im preußischen König einen Garanten für den Erhalt der Reichsverfassung, und damit ihrer eigenen Rechtsstellung zu sehen[100].

S. 1–74: fortl. bzw. die fast identische Fassung: *Büsch*, Militärsystem (1981), S. 1–74: fortl. *Bringmann*, Preußen, S. 74, 153 ff., 391. *Ranke*, Geschichte, S. 498.

99 Protokoll der reichsritterschaftlichen Gesandtschaft zur Kaiserwahl und -krönung, Frankfurt [/M.], 9. August bis 15. Oktober 1790, StA Marburg, 109, Nr. 909. Von Alvensleben unterzeichnete Bemerkung, Berlin, 3. Februar 1793, am Rand des Schreibens von König Friedrich Wilhelm II. von Preußen an den Ortsvorstand Mittelrhein, Berlin, 18. Februar 1793 [nachträglich eingefügte Datierung], GStA PK Berlin, I. HA, Rep. 8, Nr. 156a.

100 Schreiben des Ortsvorstandes Rhön-Werra an den Ortsvorstand Gebürg, Schweinfurt, 16. März 1792, StA Marburg, 109, Nr. 311, Bd. 1, Dok. 10. Abschrift des Schreibens des Ortsvorstandes Baunach an den Ortsvorstand Gebürg, Nürnberg, 30. März 1792, ebd., Dok. 27. Abschrift des Schreibens des Ortsvorstandes Odenwald an den Ortsvorstand Gebürg, Kochendorf, 31. März 1792, ebd., Dok. 28. Abschrift des Schreibens von Karl Friedrich Reinhard von Gemmingen an Reichsgraf Goertz, Heilbronn, 9. Mai 1792, ebd., Dok. 43. Abschrift des Schreibens des Ortsvorstandes Steigerwald an den Ortsvorstand Gebürg, Erlangen, 27. Dezember 1793, StA Marburg, 109, Nr. 311, Bd. 3, Dok. 151. Schreiben des Ortsvorstandes Mittelrhein an König Friedrich Wilhelm II. von Preußen, Burg Friedberg, 9. Januar 1793, GStA PK Berlin, I. HA, Rep. 8, Nr. 156a. *K. A. Menzel*, Geschichte VI, S. 147 ff., 197 f. – Die Verschlechterung der Beziehungen zwischen Berlin und dem Corpus equestre durch die aus (reichs)-adliger Sicht bedrohliche und reichsverfassungswidrige preußische Politik bei der Reichsexekution gegen Lüttich (1789–1791) sowie durch die Entlassung einer Reihe reichsritterschaftlicher Staatsdiener durch den Markgrafen von Ansbach-Bayreuth 1787/90 scheint nicht sehr nachhaltig gewesen zu sein (vgl. *Ranke*, Denkwürdigkeiten I, S. 107 ff. sowie *Aretin*, Das Alte Reich III, S. 355 ff., 373 ff.).

4.2 Die Politik Ansbachs und Bayreuths gegenüber der Reichsritterschaft

Eine ähnliche Entwicklung wie die Politik der Berliner Kurlinie gegenüber dem Consortium equestre hatten die Beziehungen der fränkischen Zollern zur Reichsritterschaft genommen, die als Nächstes kurz zu betrachten sind.

Seitdem sich eine organisierte Reichsritterschaft im 16. Jahrhundert in Franken herausgebildet hatte, sah sich diese mit den Bestrebungen der fränkischen Markgrafen konfrontiert, die Rittergenossen mit ihren hinderlichen Enklaven unter ihre Territorialgewalt zu zwingen. Die Folge war ein immer wieder aufflackernder Kleinkrieg, indem sowohl das Corpus equestre als auch das ober- und untergebürgische Fürstentum versuchten, ihre Besitzstände zu festigen und auf Kosten der Gegenseite auszubauen[101]. Dabei war Brandenburg-Kulmbach-Bayreuth mit der dauerhaften Eingliederung der vogtländischen Ritter in sein Territorium im 17. Jahrhundert ein entscheidender Schlag gegen den benachbarten Kanton Gebürg geglückt[102]. Allerdings blieb die Unterwerfung derart vieler Rittergüter mit einem Streich eine bis 1796/98 nicht mehr wiederkehrende Ausnahme. Auf langfristige Sicht ähnlich erfolgreich war jedoch der sukzessive Aufkauf und die Einbehaltung der als Lehen heimgefallenen Rittergüter durch das ober- und untergebürgische Fürstentum[103]. Hier saßen die Markgrafen dank des Lehensrechtes und ihrer weit größeren materiellen Ressourcen gegenüber dem Consortium equestre am längeren Hebel. Zwar konnte die Reichsritterschaft immer wieder reichsgerichtliche Mandate gegen die Fürstentümer Ansbach und Bayreuth erreichen[104]. Aber angesichts der starken Machtstellung des Hauses Brandenburg in Franken und der dynastischen Verbindung mit Berlin war die Exekution nur schwer realisierbar, wenn sich die Markgrafen nicht freiwillig den reichsgerichtlichen Verfügungen beugten[105]. Jedoch waren nicht nur die

101 »Allerunterthänigste kurze Geschichtserzählung, die Irrungen mit den von Seiner königlichen Majestät in Preußen im Monat Jenner 1792 angetrettenen, und in Besitz genommenen fränckischen Fürstenthümern, Brandenburg-Anspach, und Bayreuth betreffend«, Bamberg, 29. Januar 1793, StA Marburg, 109, Nr. 311, Bd. 2, Dok. 104. Gutachten von Georg Wilhelm Wipprecht, Bayreuth, 24. Februar 1792, GStA PK Berlin, II. HA, Abt. 36, I, Nr. 152, fol. 8–15, hier: fol. 8 ff. »Actenmässige kurze Darstellung derjenigen reichsgesezwidrigen Gewaltthätigkeiten, welche die unmittelbare Reichsritterschaft in Franken seit der Abtretung der beiden fränkischen Fürstenthümer Bayreuth und Ansbach an S.[ein]e könig̲.[liche] Majestät von Preussen hat erfahren müssen«, [ca. Februar 1796], StA Marburg, 109, Nr. 311, Bd. 5, zu Dok. 333. *Winkler*, Markgraf (1998), S. 264 f. *Ders.*, Markgraf (2000), S. 3, 17 ff., 42 ff.

102 Siehe Kapitel III.1.

103 Siehe Kapitel IV.3.

104 »Allerunterthänigste kurze Geschichtserzählung, die Irrungen mit den von Seiner königlichen Majestät in Preußen im Monat Jenner 1792 angetrettenen, und in Besitz genommenen fränckischen Fürstenthümern, Brandenburg-Anspach, und Bayreuth betreffend«, Bamberg, 29. Januar 1793, StA Marburg, 109, Nr. 311, Bd. 2, Dok. 104. *Moser*, Neueste Geschichte II, S. 591 f., 598.

105 Gutachten von Georg Wilhelm Wipprecht, Bayreuth, 24. Februar 1792, GStA PK Berlin, II. HA,

Markgrafen, sondern auch die Reichsritterschaft bereit, in ihrem Dauerkonflikt die Grenzen dessen zu überschreiten, was die Reichsjustiz als rechtmäßig erachtete. Dies zeigte überdeutlich der Fall der in die Reichsritterschaft rezipierten Freiherrn von Tanner, die zu Beginn des 18. Jahrhunderts versuchten, nicht nur sich, sondern auch ihre Besitzungen mit reichsritterschaftlicher Hilfe der Bayreuther Landeshoheit zu entziehen[106].

Nachdem sich die fränkischen Markgrafen vielleicht schon im 16., sicher aber im 17. Jahrhundert an verschiedenen Fürstenunionen gegen die Reichsritter beteiligt hatten, fanden sich Brandenburg-Ansbach und -Kulmbach-Bayreuth auch in den Reihen jener Reichsstände wieder, die die auf die reichsritterschaftlichen Vorrechte zielenden Rekurse von 1702/04 sowie das 1719 von Wien kassierte reichsfürstliche Bündnis gegen das Corpus equestre unterstützten[107].

Eine partielle Entspannung der Lage trat im untergebürgischen Fürstentum ein, als sich dort die Regenten in den zwanziger Jahren des 18. Jahrhunderts bereitfanden, wenigstens die Streitpunkte mit dem weitgehend in Brandenburg-Ansbach inklavierten Kanton Altmühl vertraglich beizulegen. In der Jurisdiktionsdeklaration vom 21. Mai 1722 gestand Markgraf Wilhelm Friedrich (geb. 1685, reg. 1703–1723) dem Viertel in bestimmten reichsritterschaftlichen Orten eine eingeschränkte Centeinfallsfreiheit zu, d. h., die unter die fraischliche Gerichtsbarkeit fallenden Täter durften hier meist nur noch durch die reichsritterschaftlichen Beamten verhaftet werden. Zudem kam die Deklaration von 1722 den reichsritterschaftlichen Ansprüchen bei der Verfolgung der weniger schwerwiegenden Frevel sowie der Ausübung verschiedener Polizeybefugnisse entgegen – Aufgaben, die bisher sowohl der markgräflich brandenburgische Centherr als auch die ritterschaftlichen Dorf- und Vogteiherrn für sich beansprucht hatten. Gleichzeitig wurde das reichsritterschaftliche Privileg über bestimmte Befreiungen von den reichsständischen Zöllen weitestgehend anerkannt[108]. Unter der Vormundschaftsregierung der Markgräfin Christiane Charlotte (geb. 1694, reg. 1723–1729) wurden in einer erläuternden Resolution vom 29. April 1729 die sich aus der Jurisdiktionsdeklaration von 1722 ergebenden strittigen Punkte in nicht unerheblichem

Abt. 36, I, Nr. 152, fol. 8–15, hier: fol. 11. Abschrift des Schreibens von König Friedrich Wilhelm I. von Preußen an Markgraf Friedrich Christian von Brandenburg-Kulmbach-Bayreuth, Berlin, 20. März 1740, ebd., fol. 16–25, hier: 20 f.

106 *Winkler*, Markgraf (1998), S. 267 ff. *Ders.*, Markgraf (2000), S. 37 ff. »Actenmässige kurze Darstellung derjenigen reichsgesezwidrigen Gewaltthätigkeiten, welche die unmittelbare Reichsritterschaft in Franken seit der Abtretung der beiden fränkischen Fürstenthümer Bayreuth und Ansbach an S.[ein]e königl.[liche] Majestät von Preussen hat erfahren müssen«, [ca. Februar 1796], StA Marburg, 109, Nr. 311, Bd. 5, zu Dok. 333.

107 Siehe Kapitel III.1.

108 Jurisdiktionsdeklaration des Markgrafen Wilhelm Friedrich von Brandenburg-Ansbach für den Kanton Altmühl, Bruckberg, 21. Mai 1722, GStA PK Berlin, II. HA, Abt. 36, I, Nr. 5, fol. 47–54, hier: fol. 48 ff. Ungenauer die Darstellung bei *H. H. Hofmann*, Herrschaft, S. 105 f. – Zur Definition der Centeinfallsfreiheit siehe: *H. H. Hofmann*, ebd., S. 58.

Maße im Sinne der reichsritterschaftlichen Wünsche und Beschwerden geregelt[109]. Im Dezember des gleichen Jahres dehnte der neue Markgraf Karl Wilhelm Friedrich von Brandenburg-Ansbach (geb. 1712, reg. 1729–1757) die Gültigkeit der Erklärung von 1722 auch auf die ein funktionierendes Gericht unterhaltenden, sog. Güterbesitzer aus, also die dem Corpus equestre nicht immatrikulierten Besitzer reichsritterschaftlicher Herrschaften[110]. Doch nicht nur im Bereich der frühneuzeitlichen Polizey und der vogteilichen bzw. fraischlichen Gerichtsbarkeit zeigte sich Ansbach in jenen Jahren kompromissbereit. Am 23. April 1725 unterzeichnete Markgräfin Christiane Charlotte einen Vergleich mit dem Kanton Altmühl über das Ius collectandi auf den an Brandenburg-Ansbach gefallenen Rittergütern. In dieser Übereinkunft gab das untergebürgische Fürstentum einem Teil der reichsritterschaftlichen Steueransprüche nach[111].

Die von 1722 bis 1743 dauernden Verhandlungen über die bestehenden Steuer- und Jurisdiktionsstreitigkeiten zwischen Brandenburg-Bayreuth und dem Kanton Gebürg scheiterten dagegen am Widerstand Berlins[112]. Hier blieb es bei der bereits dargelegten konsequenten Weigerung des obergebürgischen Fürstentums, die Rittersteuer von den in seinen Besitz gekommenen Rittergütern zu entrichten. So wichtig die Willenserklärungen und Übereinkünfte von 1722, 1725 und 1729 auch für die Bewertung der rechtlichen Verhältnisse in der Zeit der Mediatisierungen werden sollten, ein Ende des »Dauerkonfliktes« zwischen den fränkischen Zollern oder auch nur der Ansbacher Seitenlinie des Hauses Brandenburg einerseits und der Reichsritterschaft ande-

109 Erläuternde Resolution der Markgräfin Christiane Charlotte von Brandenburg-Ansbach für den Kanton Altmühl, Ansbach, 29. April 1729, GStA PK Berlin, II. HA, Abt. 36, I, Nr. 5, fol. 63–70, hier: fol. 64 ff. – Speziell zur Datierung der Lebens- und Regentschaftszeit von Markgraf Wilhelm Friedrich und der Markgräfin Christiane Charlotte siehe *Schuhmann*, Markgrafen (1980), S. 184 ff. u. 209 ff.

110 Reskript von Markgraf Karl Wilhelm Friedrich von Brandenburg-Ansbach an seine Ämter, Ansbach, 30. August 1730 mit Dekret von Markgraf Karl Wilhelm Friedrich von Brandenburg-Ansbach an das fürstliche Hofratskollegium, Ansbach, 15. Dezember 1729, GStA PK Berlin, II. HA, Abt. 36, I, Nr. 5, fol. 61–62, hier: fol. 62. – Speziell zur Datierung der Lebens- und Regierungszeit des Markgrafen Karl Wilhelm Friedrich siehe *Schuhmann*, Markgrafen (1980), S. 209, 217.

111 Kollektationsrezess zwischen Brandenburg-Ansbach und dem Kanton Altmühl, Ansbach, 23. April 1725, GStA PK Berlin, II. HA, Abt. 36, I, Nr. 5, fol. 55–60, hier: fol. 56 ff. *Kerner*, Staats-Genossenschaftsrecht, S. 239 f. Siehe auch *H. H. Hofmann*, Herrschaft, S. 106. – Ein erster parallel zur Jurisdiktionsdeklaration abgeschlossener Kollektationsrezess zwischen Ansbach und dem Kanton Altmühl von 1722 war ein Jahr später noch an der fehlenden kaiserlichen Genehmigung, angeblich wegen der zu großen reichsritterschaftlichen Zugeständnisse, gescheitert. Der Vergleich von 1725 über das Ius collectandi wurde dagegen 1727 vom Kaiser bestätigt und nach abermaligen Streitigkeiten 1728 erneuert und erläutert (Neue Vertheidigung I, S. 105 f. *Moser*, Neueste Geschichte II, S. 182 f., 201 f., 211 f.).

112 Gutachten von Georg Wilhelm Wipprecht, Bayreuth, 24. Februar 1792, GStA PK Berlin, II. HA, Abt. 36, I, Nr. 152, fol. 8–15, hier: fol. 11. *Winkler*, Markgraf (1998), S. 269 Anm. 29. *Ders.*, Markgraf (2000), S. 32.

rerseits konnten sie nicht bewirken[113]. Der württembergische Rekurs der Jahre 1749/53 sah Kulmbach-Bayreuth sogar auf der Seite der ritterschaftsfeindlichen Reichsstände[114]. Soweit wollte Brandenburg-Ansbach jedoch nicht gehen, das sich 1753 bei den Reichstagsberatungen über ein Reichsnormativ in den reichsritterschaftlichen Streitigkeiten, unter Verweis auf seine eigenen, positiven Erfahrungen, für Vergleichsverhandlungen mit dem Corpus equestre aussprach[115].

Eine massive Eskalation der Auseinandersetzungen des Consortium equestre mit den fränkischen Markgrafentümern brachte die Regierung Karl Alexanders: Dabei standen die Differenzen zwischen Brandenburg-Ansbach und dem Kanton Altmühl im Zentrum. In den Streitigkeiten ging es zwar auch um Militärrechte, vornehmlich aber um Fragen der Jurisdiktion sowie der Polizey und damit auch um die Verbindlichkeit der Deklaration von 1722 und der erläuternden Resolution von 1729. Nach fast dreizehnjährigem Rechtsstreit vor dem Reichshofrat – sowie angesichts der im Raum stehenden Exekution der gegen Brandenburg-Ansbach erfolgten Verfügungen dieses obersten Reichsgerichts durch Bamberg und Sachsen-Meiningen – lenkte Karl Alexander Ende Mai 1789 ein und beugte sich den Richtersprüchen aus Wien[116]. Knapp zwei Wochen zuvor waren die Ansbacher Ober- und Unterämter bereits von der markgräflichen Regierung angewiesen worden, sich künftig streng an den Inhalt der Jurisdiktionsdeklaration von 1722 und die erläuternde Resolution von 1729 zu halten sowie das umstrittene Salpetergraben auf reichsritterschaftlichem Gebiet einzustellen[117]. In einem Edikt vom

113 2. Votum des Regierungsrats Johann Ferdinand Albert, o.O., 15. März 1793, GStA PK Berlin, II. HA, Abt. 36, I, Nr. 176, fol. 95–111, hier: fol. 102 ff. *Winkler*, Markgraf (1998), S. 276 (Zitat ebd.). *Ders.*, Markgraf (2000), S. 35 ff. 42 ff.

114 »Actenmässige kurze Darstellung derjenigen reichsgesezwidrigen Gewaltthätigkeiten, welche die unmittelbare Reichsritterschaft in Franken seit der Abtretung der beiden fränkischen Fürstenthümer Bayreuth und Ansbach an S.[ein]e könig.[liche] Majestät von Preussen hat erfahren müssen«, [ca. Februar 1796], StA Marburg, 109, Nr. 311, Bd. 5, zu Dok. 333. *Moser*, Neueste Geschichte II, S. 442 ff., 465, 478 ff. i. Verb. m. 482, 499 ff., 513 ff.

115 *Moser*, Neueste Geschichte II, S. 488.

116 Abschrift des Promemorias des Ritterhauptmanns Freiherr von Crailsheim an Hardenberg, Rügland, 17. Februar 1792, StA Marburg, 109, Nr. 311, Bd. 1, Dok. 18. 2. Votum des Regierungsrats Johann Ferdinand Albert, o.O., 15. März 1793, GStA PK Berlin, II. HA, Abt. 36, I, Nr. 176, fol. 95–111, hier: fol. 102 ff. Mandatum S. C. des Reichshofrats gegen den Markgrafen von Brandenburg-Ansbach, Salzburg den 31. Juli 1777, in: Actenmäsige Geschichts-Erzählung von der ohnmittelbaren Reichs-Ritterschaft, Beilagen, Nr. 1, S. 1–5, hier: S. 1 ff. Sententia Paritoria, Wien, 7. September 1779, in: ebd., Nr. 2, S. 5–6, hier: S. 5 f. Paritionsanzeige des Markgrafen von Brandenburg-Ansbach mit Beilagen, o.O., übergeben am 26. Mai 1789, in: ebd., Nr. 3, S. 6–14 hier: S. 6 ff.

117 Reskript des 1. Senats der Ansbacher Regierung an die markgräflichen Ämter, Ansbach, 14. Mai 1789, in: Actenmäsige Geschichts-Erzählung von der ohnmittelbaren Reichs-Ritterschaft, Beilagen, Lit. N zu Nr. 3, S. 12–13, hier: S. 13. Reskript des 1. Senats der Ansbacher Regierung an das Kastenamt Schwobach [sic], Ansbach, 14. Mai 1789, in: ebd., Lit. O zu Nr. 3, S. 13–14, hier: S. 13. Reskript des 1. Senats der Ansbacher Regierung an die markgräflichen Ämter, Ansbach, 14. Mai 1789, in: ebd., Lit. P zu Nr. 3, S. 14–15, hier: S. 14.

29. Juli 1789 verfügte Karl Alexander nochmals, dass die Ansbacher Untergerichte sich ungerechtfertigter Eingriffe in fremde Gerechtsame zu enthalten hätten[118]. Den Hintergrund dieser Verordnungen bildete nicht zuletzt die Erkenntnis, dass ein Teil der mit dem Viertel Altmühl bestehenden Streitigkeiten durch nachgeordnete Beamte des untergebürgischen Fürstentums vom Zaun gebrochen worden war[119]. Schließlich wandte sich Karl Alexander im September 1789 mit einem Schreiben direkt an alle fränkischen Ortsvorstände: Darin bedauerte er die seit Jahrhunderten anhaltenden, zahlreichen Streitigkeiten mit den reichsunmittelbaren Nachbarn, welche vielfach weder im Interesse des Landes noch der Untertanen geführt worden seien. Zugleich ersuchte der Markgraf die Rittergenossen, nach seinem Beispiel auch ihre Beamten anzuweisen, von widerrechtlichen Anmaßungen abzusehen. Ferner gab Karl Alexander den Wunsch zu erkennen, die mit der Reichsritterschaft bestehenden Differenzen einvernehmlich beizulegen[120]. Sein Biograf Arno Störkel hat in diesem Vorstoß des zur Abdankung bereiten Karl Alexanders allein den Versuch gesehen, »seinem Nachfolger ein wohl bestelltes Haus zu hinterlassen«[121]. Jedoch hatte der Markgraf sieben Jahre zuvor schon den ersten Schritt in Richtung einer weniger konfrontativen Politik gegenüber der Reichsritterschaft getan, als mit dem Viertel Altmühl ein Vertrag über das kantonale Besteuerungsrecht auf dem an Bayreuth alienierten Rittergut Birnbaum geschlossen wurde. Zwar verweigerte Wien die kaiserliche Bestä-

118 Reskript von Markgraf Karl Alexander an seine Landesbehörden und Gerichtsstellen, Ansbach, 29. Juli 1789, StA Marburg, 109, Nr. 321. Vgl. auch Abschrift des Schreibens des Markgrafen Karl Alexander an die Ortsvorstände von Odenwald, Baunach, Gebürg, Rhön-Werra, Steigerwald und Altmühl, Ansbach, 19. September 1789, ebd. u. Abschrift des Schreibens des Ortsvorstandes Odenwald an Markgraf Karl Alexander, Kochendorf, 10. Oktober 1789, ebd.

119 Abschrift des Schreibens des Markgrafen Karl Alexander an die Ortsvorstände von Odenwald, Baunach, Gebürg, Rhön-Werra, Steigerwald und Altmühl, Ansbach, 19. September 1789, StA Marburg, 109, Nr. 321. Paritionsanzeige des Markgrafen von Brandenburg-Ansbach, o.O., übergeben am 26. Mai 1789, in: Actenmäsige Geschichts-Erzählung von der ohnmittelbaren Reichs-Ritterschaft, Beilagen, Nr. 3, S. 6–12, hier: S. 11.

120 Abschrift des Schreibens des Markgrafen Karl Alexander an die Ortsvorstände von Odenwald, Baunach, Gebürg, Rhön-Werra, Steigerwald und Altmühl, Ansbach, 19. September 1789, StA Marburg, 109, Nr. 321. »Actenmässige kurze Darstellung derjenigen reichsgesezwidrigen Gewaltthätigkeiten, welche die unmittelbare Reichsritterschaft in Franken seit der Abtretung der beiden fränkischen Fürstenthümer Bayreuth und Ansbach an S.[ein]e königl.[liche] Majestät von Preussen hat erfahren müssen«, [ca. Februar 1796], StA Marburg, 109, Nr. 311, Bd. 5, zu Dok. 333. – Ein analoges Schreiben erließ Karl Alexander an die Reichsstadt Nürnberg und die anderen benachbarten Reichsstände, um hier die bestehenden Auseinandersetzungen ebenfalls zu beenden (»Actenmässige kurze Darstellung derjenigen reichsgesezwidrigen Gewaltthätigkeiten, welche die unmittelbare Reichsritterschaft in Franken seit der Abtretung der beiden fränkischen Fürstenthümer Bayreuth und Ansbach an S.[ein]e königl.[liche] Majestät von Preussen hat erfahren müssen«, [ca. Februar 1796], ebd., zu Dok. 333. *Schuhmann*, Markgrafen (1980), S. 255). – *Thieraufs* These (Beitrag, S. 253), wonach die ständigen Auseinandersetzungen mit den Ansbach-Bayreuth benachbarten Territorien zu Karl Alexanders Abdankung mit beigetragen hätten, muss also zumindest stark relativiert werden.

121 *Störkel*, Christian Friedrich Carl Alexander, S. 237.

tigung dieses Vergleichs[122]. Aber die Birnbaumer Angelegenheit hatte ein Sechs-Ortstag des fränkischen Ritterkreises zum Anlass genommen, sich für umfassende Vergleichsverhandlungen auszusprechen mit dem Ziel, sämtliche mit Ansbach-Bayreuth bestehenden Streitigkeiten vertraglich beizulegen[123]. Die Abdankung des Markgrafen machte jedoch weitere Verhandlungen bald obsolet.

Trotzdem bleibt festzuhalten, dass nach Jahrhunderten fast ununterbrochener Konfrontation die fränkische Nebenlinie der Zollern 1789, also fast zeitgleich mit dem Kurhaus in Berlin, eine der Reichsritterschaft entgegenkommende Politik eingeschlagen hatte[124]. Eine gewaltsame Unterwerfung der Ansbach-Bayreuth benachbarten Rittergenossen, wie sie 1792/93 bis 1798 ins Werk gesetzt wurde, war daher aus reichsritterschaftlicher Sicht zur Zeit des Regierungsantrittes Friedrich Wilhelms II. in Franken keineswegs zu erwarten und musste das Corpus equestre buchstäblich kalt erwischen.

5. Die Träger der Mediatisierungspolitik

Angesichts der ersten preußischen Eingriffe in die Rechtsstellung des Corpus equestre schrieb Ende Februar 1792 ein reichsritterschaftlicher Beamter an seinen Ortsvorstand: »Alle diese Drangsale rühren nur von den beiden Regierungen und den garstigen Beamten her, diese können absolute keinen Nachbarn leiden, sondern glauben, es erfordere ihre Pflicht, die Nachbarn zu

122 Gutachten von Georg Wilhelm Wipprecht, Bayreuth, 24. Februar 1792, GStA PK Berlin, II. HA, Abt. 36, I, Nr. 152, fol. 8–15, hier: fol. 12. Gutachten von Johann Michael Georg, Bayreuth, 6. April 1792, ebd., fol. 41–50, hier: fol. 42. »Geschichte und Actenmaeßige Darstellung des rechtlichen Verhaeltnisses derienigen Brandenburgischen Vasallen und Insassen welche sich zur Fraenkischen Ritterschaft bekennen« von Theodor Konrad Kretschmann, Bayreuth, [ca. Dezember] 1793, GStA PK Berlin, I. HA, Rep. 94, IV, Ac, Nr. 9a.

123 Abschrift des Schreibens des Ortsvorstandes Odenwald an den Ortsvorstand Altmühl, o.O., 5. März 1792, StA Marburg, 109, Nr. 311, Bd. 1, Dok. 19.

124 Der eingangs erwähnte Vorstoß Ansbach-Bayreuths zur Beschneidung der reichsritterschaftlichen Rechtsstellung anlässlich der Verhandlungen über die Wahlkapitulation des künftigen Kaisers Leopold II. im Jahr 1790 sollte in seiner Bedeutung nicht überbewertet werden. Schließlich handelte es sich nur um einen – auf die Initiative des Bayreuther Regierungsrats Georg Wilhelm Wipprecht zurückgehenden – Vorschlag des markgräflichen Kabinetts an Berlin, auf eine eigene Stelle in der neuen kaiserlichen Wahlkapitulation gegen die angebliche Bevorzugung der reichsritterschaftlichen Angelegenheiten durch den Reichshofrat hinzuwirken. Zudem wurden die Ereignisse im Kontext des damaligen Wahlkonvents von Seiten der fränkischen Ortsvorstände nicht als grundsätzliche Abkehr Karl Alexanders von seinem 1789 eingeschlagenen Kurs empfunden, wie die offizielle reichsritterschaftliche Publizistik gegen die preußischen Mediatisierungen nahelegt (»Geschichte und Actenmaeßige Darstellung des rechtlichen Verhaeltnisses derienigen Brandenburgischen Vasallen und Insassen welche sich zur Fraenkischen Ritterschaft bekennen« von Theodor Konrad Kretschmann, Bayreuth, [ca. Dezember] 1793, GStA PK Berlin, I. HA, Rep. 94, IV, Ac, Nr. 9a. Siehe ferner Kapitel VIII.3.2).

scheren«[125]. In der Tat war es nicht das übergeordnete Kabinettsministerium an der Spree, das nach dem Anfall Ansbach-Bayreuths an Berlin die Initiative zur Arrondierung der beiden Markgrafentümer auf Kosten der benachbarten reichsständischen und -ritterschaftlichen Gebiete ergriff. Vielmehr handelte es sich um eine überschaubare Gruppe von Ober- und Spitzenbeamten der neuen fränkischen Provinzen, die die preußische Mediatisierungspolitik von ihrem Beginn an trugen und immer wieder vorantrieben[126]. Sie sind daher besonders in den Blick zu nehmen.

5.1 Der Dirigierende Minister Karl August Freiherr von Hardenberg

Die personellen Voraussetzungen dafür, dass die ritterschaftsfeindlichen Vorstellungen verschiedener höhergestellter Staatsdiener ab 1792 in konkrete Politik umgesetzt wurden, waren bereits einige Jahre zuvor gelegt worden: Der Einfluss, den Lady Craven, die englische Mätresse Karl Alexanders, auf den Markgrafen ausübte, hatte an der Spitze der Regierung zur Bildung einer Opposition gegen die unerwünschte »Ultramontaine« geführt - wie die Favoritin von ihren Feinden bezeichnet wurde. Bereits im Herbst 1787 hatte der Konflikt um die markgräfliche Mätresse zur Entlassung des Ansbacher Kammerpräsidenten und Ministers Christoph Albrecht von Seckendorff geführt. Im Verlauf der ersten Jahreshälfte 1790 gelang es zudem Lady Craven, ihre verbliebenen Gegner durch eine Intrige zu stürzen. Dabei verloren u. a. der faktische Regent des Markgrafentums Bayreuth, nämlich der Kammerpräsident, Geheime Rat und Wirkliche Dirigierende Minister Friedrich Karl von Seckendorff, der Geheime Rat und Wirkliche Minister Karl Friedrich Reinhard Freiherr von Gemmingen-(Guttenberg-Bonfeld) sowie der Geheime Regierungsrat im 1. Senat der Ansbacher Regierung und Präsident des markgräflichen Konsistoriums Friedrich Ludwig Philipp Eustachius von Wöllwarth ihre Stellungen[127]. Auch der Bruder des Letzteren, Karl Ludwig

125 Bericht des Konsulenten J. C. Schmid an den Ortsvorstand Rhön-Werra, Schweinfurt, 24. Februar 1792, StA Marburg, 109, Nr. 311, Bd. 1, Dok. 1.

126 Zu den folgenden Ausführungen über den Ministersturz von 1787/1790, Hardenberg und die sog. fränkische Schule siehe auch: *H.-M. Körner/Jahn*, Enzyklopädie II, S. 1132; *Keunecke*, Markgraf, S. 53 ff.; *Endres*, Zum neuen Staat, S. 53 ff.; *Tiggesbäumker*, Craven, S. 6 ff.; *Schuhmann*, Markgraf Alexander, S. 13 ff.; *Bigler*, Lang, Sp. 876; *Sicken*, Lang, S. 542 f.; *Mosch*, Lang, S. 120 ff.; *Haller*, Markgraf, S. 50 ff.; *H. H. Hofmann*, Lang, S. 201 ff.; *Ders.*, Neustadt-Windsheim, S. 147; *Stamm*, Rebmann, S. 20 ff., 30 ff.; *Stockmayer*, Fehde, S. 32 ff.; *Waldenfels*, Craven, S. 49 f.; *C. Meyer*, Politik, S. 8 ff., 20; *Ders.*, Hardenberg, S. 5 f., 13; *J. Meyer*, Erinnerungen, S. 212 ff., 224 f., 235, 244; *Ders.*, Beiträge, S. 208 ff.; *Muncker*, Lang, S. 606 ff.; *Sybel*, Hardenberg, S. 572 ff., 580 f., 588 f.

127 Parteiisch die Darstellung der Lady Craven: *Broadley/Melville* (Hg.), Lady Craven II, S. 17 ff., 35 ff. (Zitat ebd., S. 25). Denkschrift Hardenbergs »über das Finanz- und Rechnungswesen in den fränkischen Fürstentümern«, Berlin, [24.] März 1799, in: *Haussherr*, Hardenberg I, Anhang, S. 240 - 255, hier: S. 241. Onolzbach- und Culmbachischer Genealogischer Calender und

Georg von Wöllwarth, ebenfalls Mitglied im 1. Regierungssenat des untergebürgischen Fürstentums sowie Präsident des Saynischen Administrationsratskollegiums, verließ hierauf den markgräflichen Dienst[128].

Alle fünf Entlassenen entstammten altadligen und besonders angesehenen reichsritterschaftlichen Familien: Das schon im 13. Jahrhundert fassbare Geschlecht der von Gemmingen war in allen drei Ritterkreisen, insbesondere jedoch im schwäbisch-fränkischen Raum reich begütert[129]. Karl Friedrich Reinhard von Gemmingen (1739–1822) stand seit 1785 als Ritterhauptmann dem Kanton Odenwald vor und führte als solcher bis Anfang 1791 das fränkische Spezialdirektorium sowie von 1790 bis 1791 das Generaldirektorium aller drei Ritterkreise[130]. Als Reformer und Diplomat sollte er zu einem der vehementesten Verfechter der reichsritterschaftlichen Unmittelbarkeit in den letzten eineinhalb Jahrzehnten des Alten Reichs werden[131]. Um die Mitte der

Adresse-Buch (1789), S. 58 ff. [*H. C. Meyer*], Briefe, S. 44, 55 ff. Vertraute Briefe über das Fürstenthum Bayreuth, S. 51 ff. *Kretschmann*, [Rezension], Vertraute Briefe, S. 401 ff. Karl Friedrich Reinhard Freiherr von Gemmingen/Johann Georg Zenker, Kurzer Lebenslauf, in: *Schuhmann* (Hg.), Ausklang, S. 126–136, hier: S. 128 ff. *Ranke*, Denkwürdigkeiten I, S. 103 ff. *Riedenauer*, Gesandter, S. 295 ff. *Störkel*, Christian Friedrich Carl Alexander, S. 99, 114 f., 224 ff., 237 ff. – In einer zeitgenössischen preußenfreundlichen Druckschrift wurde interessanterweise Lady Craven als Ursache des Ministersturzes nicht einmal erwähnt. Stattdessen wurde der Verdacht geäußert, das Ausscheiden der Minister im Jahre 1790 könnte mit den Plänen Karl Alexanders zusammengehangen haben abzudanken. Dahinter stand der Gedanke, dass mit Friedrich Karl von Seckendorff gezielt ein Gegner der Abtretung Ansbach-Bayreuths an Berlin ausgeschaltet worden wäre – eine These, die nicht jeden überzeugte ([*Mehmel*], Briefe, S. 24 f. Vertraute Briefe über das Fürstenthum Bayreuth, S. 53 f.).

128 Onolzbach- und Culmbachischer Genealogischer Calender und Adresse-Buch (1789), S. 60. *Ranke*, Denkwürdigkeiten I, S. 107. [*H. C. Meyer*], Briefe, S. 44. *Störkel*, Christian Friedrich Carl Alexander, S. 240.

129 *Schuhmann* (Hg.), Ausklang, [Einleitung], S. 104–110, hier: S. 105 f. *Jahns*, Das Reichskammergericht II/1, S. 477, 649 f. *Dies.*, ebd. II/2, S. 1367, 1376. *T. Schulz*, Kanton, S. 262. *Hellstern*, Ritterkanton, S. 204. *Sörgel*, Ritterkanton, S. 51. *Stetten*, Rechtsstellung, S. 32 ff., 41. *Fleck*, Mediatisierung, S. 22 ff. *W. Wagner*, Rhein-Main-Gebiet, S. 133 f.

130 Schreiben des Ortsvorstandes Odenwald an den Ortsvorstand Rhön-Werra, Kochendorf, 7. Februar 1791, StA Marburg, 109, Nr. 855, Bd. 3. Schreiben des Ortsvorstandes Gebürg an den Ortsvorstand Rhön-Werra, Bamberg, 9. Juli 1794, StA Marburg, 109, Nr. 828. StA Bamberg, G 11/I, Nr. 73: fortl. Schreiben des Ortsvorstandes Odenwald an den Ortsvorstand Gebürg, Kochendorf, 7. Februar 1791, StA Bamberg, G 11/I, Nr. 74. Karl Friedrich Reinhard Freiherr von Gemmingen/Johann Georg Zenker, Kurzer Lebenslauf, in: *Schuhmann* (Hg.), Ausklang, S. 126–136, hier: S. 130 f. *Jahns*, Reichskammergericht II/2, S. 1374 ff. *Schuhmann*, Gemmingen (1964), S. 179.

131 Die zentrale Reformschrift Gemmingens lag noch nicht lange zurück, sondern war gerade in der hier besonders interessierenden Zeit, nämlich um 1791 entstanden (»Bemerkungen und Vorschläge für das Beste der freien Reichs Ritterschaft aller drei Craise« von Karl Friedrich Reinhard von Gemmingen, Januar 1791, StA Marburg, 109, Nr. 79. Vgl. hierzu auch: »Unverfängliche Beurtheilungen und Vorschläge für das Beste der freyen R[eich]s-Ritterschaft aller drey Craise […]« des Kantons Rhön-Werra, Schweinfurt, 1792, StA Marburg, 109, Nr. 78). – Gemmingens Reformvorschläge werden von der Forschung meist nur erwähnt und sind inhaltlich erst in Ansätzen aufgearbeitet worden (*Press*, Reichsritterschaften, S. 682 f. *Kollmer*, Reichsritterschaft, S. 303. *Pfeiffer*, Studien, S. 279 f. *Dipper*, Reichsritterschaft, S. 56). – Georg

neunziger Jahre waren mit August Freiherr von Gemmingen sowie mit Ludwig Freiherr von Gemmingen zu Bonfeld zwei weitere Angehörige der Familie im Direktorium des Viertels Kraichgau vertreten[132]. Friedrich Karl von Seckendorff-Aberdar (1736 – 1796) bekleidete im Kanton Steigerwald das Amt des Ritterhauptmanns. Sein ebenfalls gestürzter Bruder Christoph Albrecht (1748 – 1834/36) war von 1790 bis 1806 Ritterhauptmann des Kantons Baunach sowie zeitweiliger Ritterhauptmannsverweser des Viertels Gebürg. Als solcher gehörte er zu den entschiedensten Verteidigern der reichsritterschaftlichen Unmittelbarkeit in den Jahren der abschließenden Mediatisierung der rechtsrheinischen Reichsritterschaft. Beide Seckendorffs entstammten einem seit dem 13. Jahrhundert belegten Geschlecht, dessen verschiedene Haupt- und Nebenlinien über umfangreiche Besitzungen in Franken im Allgemeinen und an den Grenzen Ansbach-Bayreuths im Besonderen herrschten[133]. Die Brüder von Wöllwarth waren eng mit Karl Friedrich Reinhard von Gemmingen verwandt[134]. Ihr Geschlecht war im Kanton Kocher, aber

Schmidt behandelt zwar Reformvorschläge von Karl Friedrich Reinhard von Gemmingen, weist diese aber irrtümlich dessen Verwandten, Otto Heinrich von Gemmingen, zu (*G. Schmidt*, Adel, S. 88 ff.). – Speziell zu Gemmingens Rolle als Vertreter der reichsritterschaftlichen Interessen auf dem Rastatter Kongress (1797 – 1799) und im Umfeld der Beratungen der Regensburger Reichsdeputation (1802/03) siehe Kapitel VII.2 u. IX.1.

132 Abschrift des Subsidienvertrags zwischen Wien und dem schwäbischen Ritterkreis, Ulm, 25. Oktober 1794, StA Marburg, 109, Nr. 520. Schreiben des Ortsvorstandes Kraichgau an den Ortsvorstand Donau, Heilbronn, 18. August 1795, HStA Stuttgart, B 572 Au, Bü 1143.

133 *Schuhmann*, Markgrafen (1980), S. 544. *H. H. Hofmann*, Herrschaft, S. 43 ff., 123 ff., 179 ff. *Störkel*, Christian Friedrich Carl Alexander, S. 113 f., 240. *Jahns*, Reichskammergericht II/1, S. 477. *Obser*, Seckendorff, S. 292 f. *Rechter*, Seckendorff, S. 275 ff. *Riedenauer*, Gesandter, S. 290. *Burgdorf*, Weltbild (2009), S. 75 ff. *Mauchenheim*, Ritterschaft I, S. 177 ff. *Eberlein*, Bayerns Anteil, S. 81, 151 f. *Sörgel*, Ritterkanton, S. 51, 56. Denkschrift des Steigerwalder Ritterhauptmanns Friedrich Karl Freiherr von Seckendorff, Weingartsgereuth, 3. November 1795, StA Marburg, 109, Nr. 311, Bd. 5, zu Dok. 323. Steigerwalder Ortsvorsteher 1648 – 1806, in: *Mauchenheim*, Ritterschaft II, Anhang, G.V. – Mit Friedrich Christoph stellte das Geschlecht der Seckendorff bis 1795 auch noch einen Ritterrat im Ortsvorstand des Kantons Steigerwald (Steigerwalder Ortsvorsteher 1648 – 1806, in: *Mauchenheim*, ebd. II, Anhang, G.V.). – Friedrich Karl von Seckendorff war nicht wie *Störkel* (ebd., S. 240) behauptet Ritterhauptmann des Kantons Gebürg, sondern des Viertels Steigerwald (Denkschrift des Steigerwalder Ritterhauptmanns Friedrich Karl Freiherr von Seckendorff, Weingartsgereuth, 3. November 1795, ebd. *Mauchenheim*, Ritterschaft I, S. 180. Marburger Liste steigerwaldischer Ritterhauptleute, in: *Ders.*, ebd. II, Anhang, G.II. Steigerwalder Ortsvorsteher 1648 – 1806, in: *Ders.*, ebd. II, Anhang, G.V). – Christoph Albrecht – auch als Albrecht Christoph firmierend – von Seckendorff-Aberdar sollte nicht mit seinem entfernten Verwandten und Nachfolger als württembergischer Reichstagsgesandter, Johann Karl Christoph bzw. Christoph Johann Karl (1747 – 1814) verwechselt werden (*Burgdorf*, ebd., S. 77, 100 Anm. 9. *Rechter*, ebd., S. 253 f., 275 f. *Härter*, Reichstag, S. 604 f., 666 Anm. 19. *Jahns*, Reichskammergericht II/1, S. 477 f.). – *Rechter* (ebd., S. 275) datiert quellengestützt, aber im Gegensatz zu *Burgdorf* (ebd., S. 75 Anm. 210), *Aretin* (Ompteda, S. 535), *Härter* (ebd., S. 666 Anm. 19) und *Obser* (ebd., S. 293) den Tod von Christoph Albrecht von Seckendorff auf das Jahr 1836 und nicht auf 1834.

134 Karl Friedrich Reinhard Freiherr von Gemmingen/Johann Georg Zenker, Kurzer Lebenslauf,

auch in Franken, in relativer Nähe der fränkischen Markgrafentümer, begütert[135]. Die Familie der Freiherrn von Wöllwarth sollte auch in der Endphase der reichsritterschaftlichen Unmittelbarkeit eine bedeutende Rolle spielen: In der Person des besagten Karl Ludwig Georg stellte es im Ortsvorstand des Kantons einen Ritterrat, der seit 1803 die reichsritterschaftlichen Interessen am Wiener Kaiserhof und später im Hauptquartier Napoleons vertrat[136].

Es ist sicher nicht übertrieben zu konstatieren, dass mit der Entlassung von Gemmingen, der beiden von Seckendorff und der Brüder von Wöllwarth ein wesentliches Hindernis für die Umsetzung jeder gegen die reichsritterschaftliche Rechtsstellung gerichteten Politik beseitigt wurde. Zudem hatte die eskalierende Vertrauenskrise zwischen Karl Alexander und seinen führenden Staatsdienern diesen bereits Anfang 1790 veranlasst, seinen Vetter in Berlin um einige zuverlässige Beamte zu bitten[137]. Auf diese Weise fand 1790 auch Karl August Freiherr von Hardenberg (1750–1822) seinen Weg in die fränkischen Markgrafentümer, der spätere preußische Außenminister, Staatskanzler und Initiator des nach ihm sowie dem Freiherrn vom Stein benannten Reformwerks. 1791 führte der zum preußischen Staats- und Kriegsminister ernannte Hardenberg als »Ministre dirigeant p[our] Ansbach et Bareith« die Regierung für den bereits im Ausland weilenden Karl Alexander »cum libera facultate et potestate agendi«. Auch nach dem Anfall der beiden Markgrafentümer an Berlin nahm Hardenberg die Funktion des Dirigierenden Ministers für die neuen fränkischen Provinzen wahr. Bereits Anfang 1792 in den Rang eines Kabinettsministers erhoben, gelang es ihm, nach dem Vorbild des schlesischen Provinzialministers im November 1794 und Juni 1795 die direkte Unterstellung unter dem König durchzusetzen[138]. Die Forschung hat daher die

in: *Schuhmann* (Hg.), Ausklang, S. 126–136, hier: S. 130 f. *Schuhmann* (Hg.), Ausklang, [Einleitung], S. 104–110, hier: S. 108 f.

135 *T. Schulz*, Kanton, S. 274. Votum des Kocherschen Ritterrats Karl von Wöllwarth, Stuttgart, 16. März 1797, zum Protokoll der Kocherschen Ritterkanzlei mit Voten, Esslingen, 16. Februar 1797, StA Ludwigsburg, B 575 II, Bü 373. – Speziell zur geografischen Nähe des Kantons Kocher zu den fränkischen Markgrafentümern siehe Kapitel IV.2.

136 Protokoll der Kocherschen Ritterkanzlei mit Voten, Esslingen, 23. März 1796, StA Ludwigsburg, B 575 III, Bü 903. *H. Müller*, Kampf, S. 160 ff., 195 f. *Bächle*, Adelsgeschlecht, S. 137.

137 *Stamm-Kuhlmann* (Hg.), Hardenberg, S. 119. *Haussherr*, Hardenberg I, S. 118. *Broadley/Melville* (Hg.), Lady Craven II, S. 29. *Störkel*, Christian Friedrich Carl Alexander, S. 239.

138 Bericht der pfalz-bayerischen Kreisgesandtschaft zu Nürnberg an Kurfürst Karl Theodor, o.O., 18. Juni 1791, BayHStA, K. schw., Nr. 14476, fol. 1. Bericht der pfalz-bayerischen Kreisgesandtschaft zu Nürnberg an Kurfürst Karl Theodor, Nürnberg, 29. Juni 1791, ebd., fol. 3–4, hier: fol. 3. Bericht der pfalz-bayerischen Kreisgesandtschaft zu Nürnberg an Kurfürst Karl Theodor, o.O., 17. Juli 1791, ebd., fol. 9–10, hier: fol. 9. Vollmacht von Markgraf Karl Alexander von Ansbach-Bayreuth für Karl August Frhr. von Hardenberg, Ostende, 9. Juni 1791, in: *Krause* (Hg.), Sammlung, Nr. 40, S. 36–39, hier: S. 36 ff. (Zitat ebd., S. 37) sowie in BayHStA, K. schw. 14476, fol. 11–12, hier: fol. 11. *Stamm-Kuhlmann* (Hg.), Hardenberg, S. 119 ff., 199 ff., 217 (Zitat ebd., S. 123). Denkschrift Hardenbergs »über das Finanz- und Rechnungswesen in den fränkischen Fürstentümern«, Berlin, [24.] März 1799, in: *Haussherr*, Hardenberg I, Anhang, S. 240–255, hier: S. 241 ff. *K. H. Lang*, Annalen, S. 3. *Weltrich*, Erinnerungen … aus

Statthalterschaft Hardenbergs auch mit einer »vizeköniglichen Stellung« verglichen[139].

Seiner Machtfülle entsprach auch die Rolle, die der Dirigierende Minister bei der Mediatisierung der Ansbach-Bayreuth benachbarten Reichsritter spielte. Zwar hatte noch Karl Ludwig Klose keinen Beweis dafür zu entdecken vermocht, »daß Hardenberg bei dieser ganzen Angelegenheit nicht blos der Vollstrecker des königlichen Willens gewesen sei«[140]. Ähnlich hatte Karl Adolf Menzel in einem dem Dirigierenden Minister untergeordneten und »in beschränkten Ansichten befangenen Regierungsbeamten« die treibende Kraft hinter den preußischen Eingriffen in die Reichsunmittelbarkeit der an die Markgrafentümer angrenzenden Reichsglieder gesehen[141]. Jedoch zeigen die Akten im Gegensatz zu solchen auf den Nachruhm Hardenbergs bedachten Interpretationen unzweideutig, dass Berlins Statthalter in Ansbach-Bayreuth der eigentliche Motor der Mediatisierungspolitik der Jahre 1792/93 bis 1798 war, auch wenn er immer wieder Vorschläge und Argumentationsmuster seiner Mitarbeiter übernommen haben dürfte[142].

Der Dirigierende Minister war durch die Aufklärung sowie Ideen aus der Frühzeit der Französischen Revolution beeinflusst[143]. Seine Kritik an adligen Privilegien und Verhaltensweisen hat hier ihre Wurzel. Gleiches gilt für die Hardenbergs Lebenslauf durchziehende, auf die Einschränkung aristokratischer Vorrechte abzielende Politik sowie die Missachtung vermeintlicher Interessen seiner Standesgenossen[144]. Es wäre jedoch völlig verfehlt, hieraus eine prinzipiell adelsfeindliche Einstellung Hardenbergs ableiten zu wollen oder

den Preussischen Regierungs-Jahren, S. 2 ff. *Haussherr*, Hardenberg I, S. 118 ff., 189 ff. *Hartung*, Hardenberg, S. 53 ff., 64, 79 f. *Haussherr/Bußmann*, Hardenberg, S. 658 ff. – Die mehr oder weniger formale Oberleitung des Berliner Kabinettsministeriums für die Beziehungen zum Fränkischen Reichskreis sowie in den Landeshoheitsstreitigkeiten Ansbach-Bayreuths blieb jedoch auch nach 1795 gewahrt, soweit diese ausländische Staaten berührten (*Hartung*, Hardenberg, S. 79).

139 *Haussherr*, Hardenberg I, S. 141, 191. *Ders.*, ebd. III, S. 16. *Thielen*, Hardenberg, S. 63, 78 (Zitat ebd., S. 63). *Haller*, Hardenberg, S. 46. *Endres*, Ära Hardenberg, S. 180 ff. *Ders.*, preußische Ära, S. 173 ff., 181. *Ders.*, Reformmodell, S. 32 ff., 40 f. *H. H. Hofmann*, Herrschaft, S. 168. *Ders.*, preußische Ära (1960/61), S. 230 f. *Ders.*, preußische Ära (1967), S. 248. *Hartung*, Hardenberg, S. 80. *Hofmeister-Hunger*, Pressepolitik, S. 31. *W. Neugebauer*, Hohenzollern II, S. 92. *Seiderer*, Formen, S. 312. *Tschirch*, Geschichte I, S. 199. *Meier*, Friedrich Wilhelm II., S. 191. *Knemeyer*, Regierungs- und Verwaltungsreformen, S. 183 f. *Treitschke*, Geschichte I, S. 145. *Clark*, Preußen, S. 328. – *Hermann* (Hardenberg, S. 100) hält die Bezeichnung »Vizekönig von Franken« für einen quellennahen Terminus. Tatsächlich gibt es derartige, allerdings ironisch gemeinte, Andeutungen in der zeitgenössischen Publizistik, die Hermann jedoch nicht angibt ([*Riem*], Ueber Preußens Politik, S. 10 ff.).

140 *Klose*, Leben, S. 118 f. (Zitat ebd., S. 119).

141 *K. A. Menzel*, Geschichte XII/2, S. 132, 212. *Ders.*, Geschichte VI, S. 315, 353 f. (Zitat ebd., S. 315). Noch weniger pointiert: *Ders.*, Zwanzig Jahre, S. 342.

142 Siehe Kapitel V.1 bis VII.1.

143 *Weis*, Hardenberg, S. 198. Vgl. auch *Stamm-Kuhlmann* (Hg.), Hardenberg, S. 91.

144 *Ranke* (Hg.), Memoiren, S. 5 f. *Haussherr*, Hardenberg I, S. 148 f. *Thielen*, Hardenberg, S. 38, 68, 88 ff., 206–368: fortl.

damit die Härte seines Vorgehens gegen die Reichsritterschaft zu erklären. Schließlich stand er selbst als Familienoberhaupt an der Spitze der reich begüterten, landständischen Hauptlinie eines altadligen Geschlechts im Kurfürstentum Braunschweig-(Hannover)[145]. Zwar legte Hardenberg in seinen Memoiren besonderen Wert darauf, dass seine Familie »nach historischen Gründen zum hohen Adel Deutschlands« gehöre und nicht aus der Ministerialität stamme, aus welcher nach zeitgenössischen Ansichten ein erheblicher Teil der Reichsritterschaft hervorgegangen war[146]. Aber aus dieser erst 1807/08 niedergeschriebenen Bemerkung lassen sich unmöglich Schlüsse auf sein persönliches Verhältnis zum Corpus equestre in den Jahren 1792 bis 1798 ziehen[147]. Zudem war Hardenbergs Geschlecht mit den Freiherrn von Gemmingen verwandt, die zu den bedeutendsten Familien im fränkischen und schwäbischen Ritterkreis gehörten[148]. Die Tochter Hardenbergs, Lucie, wurde sogar 1796, auf dem Höhepunkt der väterlichen Mediatisierungspolitik, mit Graf Karl Theodor Friedrich zu Pappenheim (1771–1853) getraut und heiratete damit in eine alte reichsritterschaftliche Familie ein, deren schwäbische Hauptbesitzungen zum Kanton Kocher steuerten[149]. Wenn Hardenberg als Dirigierender Minister das Corpus equestre mit allen ihm zur Verfügung stehenden Mitteln bekämpfte, so handelte er in allererster Linie im Interesse der Staatsraison. Diese gebot die Eingliederung der an den Grenzen Ansbach-Bayreuths gelegenen, unmittelbaren Adelsherrschaften, um nach dem Vorbild des preußischen Mutterlandes und unter möglichster Berücksichtigung zeitgemäßer Neuerungen ein vereinheitlichtes und effizient verwaltbares Staatsgebilde zu schaffen. Letzteres erschien wiederum mit Blick auf die militärischen, finanziellen und geostrategischen Interessen der norddeutschen Großmacht sowie zur Förderung der Wohlfahrt der Untertanen unverzichtbar[150].

145 *Haussherr* (Hg.), Memoiren, S. 132 ff. Die Memoiren des Karl Heinrich von Lang. Faksimile I, S. 252 ff., 266 ff. *Ranke* (Hg.), Memoiren, S. 6 ff. *Ders.*, Denkwürdigkeiten I, S. 3 ff. *Thielen*, Hardenberg, S. 16 f., 35, 42. Testament des Feldmarschalls Christian Ludwig von Hardenberg, Hardenberg, 15. Mai 1776, in: *Thielen*, ebd., Neuhardenberger Nachlaß des Staatskanzlers, II. Dokumente aus dem Nachlaß, Nr. 7, S. 436–437, hier: S. 436 f. Erbteilungsrezeß zwischen Karl August von Hardenberg und seinen Geschwistern, Hardenberg, 4. Januar 1782, in: *Thielen*, ebd., Neuhardenberger Nachlaß des Staatskanzlers, II. Dokumente aus dem Nachlaß, Nr. 8, S. 438–439, hier: S. 438 f. *H. H. Hofmann*, Herrschaft, S. 204. *Hartung*, Hardenberg, S. 46. *Lesemann*, Jahre, S. 12.

146 *Ranke* (Hg.), Memoiren, S. 6 ff. (Zitat ebd., S. 6). – Zu den zeitgenössischen Vorstellungen über die Herkunft des Corpus equestre siehe: *Moser*, Von denen Teutschen Reichs-Ständen, S. 1250 ff.

147 *Ranke* (Hg.), Memoiren, S. V ff. *Thielen*, Hardenberg, S. 221 f.

148 *Obser* (Hg.), Aufzeichnungen, S. 158 Anm. 1.

149 *C. Meyer* (Hg.), Personen und Zustände, S. 235. *Stamm-Kuhlmann* (Hg.), Hardenberg, S. 128 Anm. 306. *Schaper*, Anmerkungen zur Überlieferung, S. 384 f. *H. H. Hofmann*, Herrschaft, S. 123. – Speziell zur Mitgliedschaft der in den Kantonen Kocher und Oberrhein immatrikulierten Reichsgrafen von Pappenheim im Corpus equestre siehe *Godsey Jr.*, Nobles, S. 261.

150 *Haussherr*, Hardenberg I, S. 131 ff., 189 ff., 212 ff. *H. H. Hofmann*, Herrschaft, S. 164 ff. *Har-*

Beim Erreichen dieses Ziels kam dem Dirigierenden Minister seine Ausbildung zweifellos zugute: Als Studiosus juris in Leipzig und vor allem in Göttingen hatte er zwischen 1766 und 1770 ausreichende Gelegenheit, um sich grundlegende Kenntnisse der Feudistik, des Ius publicum sowie der mit diesem so eng verquickten Historie und Diplomatik zu verschaffen. Besonderes Interesse brachte der spätere Minister dabei den Vorträgen des an der Leine dozierenden Johann Stephan Pütter (1725-1807) entgegen, »eines Mannes, der in der Culturgeschichte des teutschen Staatsrechts Epoche macht«. Zwar wies dieser vielleicht wirkungsmächtigste Staatsrechtler seiner Zeit dem sog. fürstlichen Privatrecht gegenüber dem Reichsstaatsrecht nur eine untergeordnete Rolle zu und ging von einem ursächlichen Zusammenhang zwischen der Vitalität von Reichsinstitutionen, wie sie die obersten Reichsgerichte darstellten, und der Überlebensfähigkeit des Reichsverbandes als Ganzem aus[151]. Aber all dies schloss nicht aus, dass Hardenberg als Statthalter in Ansbach-Bayreuth die bei Pütter erworbenen Kenntnisse gegen die Intentionen seines akademischen Lehrers einsetzen konnte[152]. Das gleiche Phänomen ließ sich wenige Jahre später bei Dr. Georg Friedrich von Zentner (1752-1835), einem anderen Göttinger Studiosus juris, beobachten. Auch dieser dürfte bei Pütter gehört haben, wirkte aber dennoch in führender Rolle im pfalz-bayerischen Staatsdienst an der Unterwerfung eines großen Teiles der schwäbischen und fränkischen Reichsritterschaft ab 1802/3 mit[153]. Auch der bedeutende Staatsrechtler Nicolaus Thaddäus Gönner (1764-1827) war ein Schüler Pütters und verteidigte dennoch 1803 die pfalz-bayerischen Landeshoheitsansprüche gegenüber einem großen Teil der fränkischen Reichsritterschaft publizistisch[154]. Damit gehörte Hardenberg einer Schicht an, deren Charakterisierung als »Generation Pütter« oder »pütterische Funktionselite« nicht befriedigen kann: Zwar bestimmten die von Pütter geschulten Reichs-

tung, Hardenberg, S. 34 ff., 114 ff., 161 ff., 186 ff., 215 ff. Vgl. auch Von der Wiedervereinigung der Brandenburgischen Fürstenthümer (Staatsarchiv), S. 20.

151 Schreiben von Prof. C. G. Heyne an C. F. Weiße, [Göttingen], [Frühjahr 1768], in: *Thielen*, Hardenberg, Neuhardenberger Nachlaß des Staatskanzlers, II. Dokumente aus dem Nachlaß, Nr. 2, S. 432-433, hier: S. 432 f. *Häberlin*, Handbuch I, Vorrede, hier: [S. IV f.], 33 f. (Zitat ebd., Vorrede, hier: [S. V]). *Stamm-Kuhlmann* (Hg.), Hardenberg, S. 98 ff. *Ranke*, Denkwürdigkeiten I, S. 13 ff. *Thielen*, Hardenberg, S. 20 ff. *Haussherr*, Hardenberg I, S. 34 ff. *Mohnhaupt*, Pütter, S. 504 f. *Otto*, Pütter, S. 1 f. *Mader*, Priester, S. 84 f. *Jahns*, Reichskammergericht I, S. 317 f., 506 ff., 531. *Dies.*, Personalverfassung, S. 62. – Schon aufgrund seines Studiums ist es absurd anzunehmen, dass es für Hardenberg »von Hause aus völlig fremd« gewesen sei, »daß es sogenannte ›territoria inclausa‹ gab« (*Stetten*, Rechtsstellung, S. 108).

152 *Demel*, Hardenberg, S. 52.

153 *Dobmann*, Zentner, S. 1 ff., 43. *Eberlein*, Bayerns Anteil, S. 38 f., 60, 71 f., 86 ff., 98 ff. *H. Müller*, Kampf, S. 164. *H. H. Hofmann*, Herrschaft, S. 232 f. *Eisenhart*, Zentner, S. 67 ff. *Schärl*, Zusammensetzung, Nr. 75, S. 118 – Zu den konkreten Ereignissen bei der Unterwerfung der Pfalz-Bayern benachbarten schwäbischen und fränkischen Rittergüter siehe Kapitel IX.1.

154 [*Gönner*], Staatsrechtliche Verhältnisse der adeligen Gutsbesitzer, fortl. *H. H. Hofmann*, Herrschaft, S. 92. *Eberlein*, Bayerns Anteil, S. 41 ff., 90. *Schaffner*, Gönner, S. 518 f. *E. Ullmann*, Gönner, S. 367.

juristen die Geschicke des Alten Reichs und seiner Territorien um die Wende vom 18. zum 19. Jahrhundert maßgeblich mit[155]. Aber dies geschah keineswegs durchgehend im Sinne eines die Reichsverfassungsordnung bejahenden »›konservative[n]‹ Reichsbewußtsein[s]«[156]. Vielmehr handelten die an der Georgia Augusta im Ius publicum ausgebildeten Juristen – wie das Beispiel Hardenbergs und anderer Schüler Pütters zeigt – wiederholt in einer Art und Weise, die die staatsrechtlichen Anschauungen ihres Göttinger Lehrers regelrecht pervertierte. Wenn Hardenberg 1786 selbst einräumte, dass es um seine juristischen Studienkenntnisse nicht zum Besten bestellt sei[157], sollte dies nicht überbewertet werden. Schließlich dürfte er die wesentlichen Grundlagen des Reichs- und Territorialstaatsrechts sowie der Feudistik kaum verdrängt haben[158]. Ähnliches kann auch für sein außerhalb der Studierstube erworbenes Wissen gelten. 1772/73 unternahm Hardenberg nämlich eine weit ausgedehnte Kavalierstour im Stile einer »reichsrechtlichen Peregrinatio academica«. Seine wochenlangen Aufenthalte in Regensburg und Wetzlar boten ihm Gelegenheit, sein Wissen über Reichsverfassung und Reichsrecht in Theorie und Praxis zu vertiefen – Kenntnisse, die sowohl für als auch gegen die bestehende Rechts- und Verfassungsordnung nutzbar werden konnten[159].

Ebenfalls zugute kam Berlins Statthalter bei der Mediatisierung der Ansbach-Bayreuth benachbarten Rittergenossen sein flexibles Verhältnis zur verfassungspolitischen Ordnung des Alten Reichs: Die Entwicklung in Franken ab 1792/93 zeigte, dass Hardenberg bereit war, die territorialpolitischen Verhältnisse in einer Art und Weise zu interpretieren und eigenmächtig umzugestalten, die sowohl der Mehrheitsmeinung in der Reichspublizistik zuwiderlief als auch den durch die obersten Reichsorgane gesetzten Normen Hohn sprach[160]. Vor diesem Hintergrund wundert es wenig, wenn es in einem

155 *Jahns*, Reichskammergericht I, S. 506 ff. *Burgdorf*, Weltbild (2009), S. 12 ff. (Zitate ebd., S. 13, 15). *Mader*, Priester, S. 83 f.

156 *Jahns*, Reichskammergericht I, S. 511.

157 *Klose*, Leben, S. 50 f. *Süssheim*, Politik, S. 157.

158 Beispielsweise las Hardenberg – wie aus einem Privatschreiben hervorgeht – persönlich den Entwurf zum ersten Teil des sog. reichsritterschaftlichen Staatsrechts des Erlanger Professors Klüber, um die Unparteilichkeit der Darstellung zu überprüfen (Schreiben Hardenbergs an Klüber, Ansbach, 23. März 1794, GLA Karlsruhe, N Klüber, Fasz. 123). – Hardenbergs Behauptung in einer Denkschrift an den Herzog von Braunschweig vom 8. Mai 1786, »Ich habe in juristischen Materien nur sehr superfizielle Kenntnisse, die mir von meinen Universitäts-Jahren und von dem einen Jahre, da ich in Königl. Justiz-Canzlei in Hanover [sic] gesessen, übrig geblieben«, könnte ohnehin mehr Hardenbergs Karriereplanung als seine tatsächlichen Kenntnisse der Rechtswissenschaft widerspiegeln (*Klose*, Leben, S. 50 ff. (Zitat ebd., S. 50 f.)).

159 *Obser* (Hg.), Aufzeichnungen, S. 145 ff. *Stamm-Kuhlmann* (Hg.), Hardenberg, S. 110 ff. *Burgdorf*, Weltbild (2009), S. 27 (Zitat ebd.). *Ders.*, Reichskonstitution, S. 27 f. *Ders.*, Peregrinatio academica, S. 24 ff., 33 ff., 46 ff. *Ranke*, Denkwürdigkeiten I, S. 21 ff. *Thielen*, Hardenberg, S. 25 ff. *Haussherr*, Hardenberg I, S. 50 ff. *Stamm-Kuhlmann*, »Für dessen Constitution ich keine drei Kreuzer mehr gebe«, S. 77. Vgl. auch *Mader*, Priester, S. 92 u. *Jahns*, Reichskammergericht I, S. 525 ff., 534.

160 Siehe Kapitel V.1 bis VII.2 u. VIII.2.2.

Gesandtschaftsbericht nach Karlsruhe vom Mai 1795 hieß: Hardenberg sei »in keinem guten Geruch von Heiligkeit bei dem k. k. Hofe, da er sehr violent seie, wie er es in Anspach bewiesen, und keine Anhänglichkeit an die Reichsverfassung hege, sondern sie über den Haufen zu werfen sich bestrebe«[161]. Auch die faktische Bedrohung des Reichsverbands und seiner verfassungsrechtlichen Ordnung durch den von Hardenberg ausgehandelten Basler Sonderfrieden mit Frankreich vom April bzw. Mai 1795 ist nicht zu leugnen[162]. Hinzu kommt eine eigene Äußerung Hardenbergs, die die Forschung im Sinne einer prinzipiellen Ablehnung der Reichsverfassung in ihrer tradierten Form interpretierte[163]: Im November 1792 schrieb der Dirigierende Minister an den preußischen Kreisgesandten in Nürnberg über das Alte Reich, dass er »für dessen Constitution [...] keine 3 Kr. mehr gebe«. Allerdings ist zu bedenken, dass diese Aussage auch als Einschätzung der militärischen Lage im Koalitionskrieg gegen Frankreich gelesen werden kann und nicht zwangsläufig als persönliche Meinung Hardenbergs über die verfassungspolitische Ordnung zu verstehen ist[164]. Etwas weniger zweideutig ist Hardenbergs Äußerung vom April 1798, wonach eine Revolution in Deutschland drohe, wenn die geistlichen Wahlstaaten sowie die kraftlos gewordene Reichsverfassung aufrechterhalten würden[165]. Für eine mit der Reichsverfassung nur schwer zu vereinbarende Säkularisation geistlicher Territorien hatte sich Hardenberg sogar schon 1794 und 1797 ausgesprochen[166]. Auch seine Reichsreformpläne aus den letzten Jahren des Reichsverbands hatten mit den bis dato noch bewahrten Strukturen der Reichsverfassung nur noch sehr wenig Ähnlichkeit und sahen die Mediatisierung der verbliebenen reichsritterschaftlichen Territorien vor[167].

Festzuhalten bleibt, dass der Dirigierende Minister in den Jahren 1792 bis 1798 kein prinzipieller Feind der Reichsverfassung gewesen sein muss, jedoch unter der steten Voraussetzung, dass Letztere nicht den Interessen der nord-

161 Bericht des badischen Gesandten Ludwig von Wöllwarth an Markgraf Karl Friedrich von Baden vom 5. Mai 1795, in: Badische Historische Commission (Hg.), Politische Correspondenz II, Nr. 372, S. 319.

162 *Haussherr*, Hardenberg I, S. 162 ff. *Aretin*, Das Alte Reich III, S. 438 ff. *Hundt*, Hardenbergs deutsche Verfassungspolitik, S. 169.

163 Vgl. *Haussherr*, Hardenberg I, S. 147, *Hundt*, Hardenbergs deutsche Verfassungspolitik, S. 169, *Endres*, Ära Hardenberg, S. 182, *Ders.*, preußische Ära, S. 175, *Ders.*, Reformmodell, S. 34, *Hofmeister-Hunger*, Pressepolitik, S. 89 sowie *Hartung*, Hardenberg, S. 28 f.

164 Schreiben von Hardenberg an Julius Heinrich von Soden, Ansbach, 2. November 1792, in: *C. Soden* (Hg.), Briefe, Nr. 45, S. 26.

165 *Haussherr*, Hardenberg I, S. 222 f.

166 *Stamm-Kuhlmann*, »Für dessen Constitution ich keine drei Kreuzer mehr gebe«, S. 80.

167 *Härter*, Reichstag, S. 602 f. *Stamm-Kuhlmann*, »Für dessen Constitution ich keine drei Kreuzer mehr gebe«, S. 80 f. *Hundt*, Hardenbergs deutsche Verfassungspolitik, S. 173 ff. Hardenbergs Entwurf zu einer neuen Verfassung des deutschen Reichs, Berlin, 5. Februar 1806, in: *Ranke* (Hg.), Actenstücke, S. 295 ff.

deutschen Großmacht im Wege stand[168]. In dieses ambivalente Bild fügt sich auch Hardenbergs Verhältnis zum Ius publicum im Allgemeinen ein: Im fraglichen Zeitraum erscheint der Dirigierende Minister – wie Walter Demel betont hat – als Verfechter einer von Zweckoptimismus und einem gewissen Maß an Skrupellosigkeit nicht ganz freien, reichsrechtlichen Minderheitenposition[169]. Schließlich konnte Hardenberg allein auf diesem Wege seine durch die Staatsraison motivierte Arrondierungspolitik in Franken legitimieren.

5.2 Die »fränkische Schule«

»Alles geht durch seine Hände[,] alles leitet er, von allem läßt er sich unterrichten, mündlich oder schriftlich. Nichts entgeht seiner Aufmerksamkeit«. Diese Charakteristik Hardenbergs aus einer zeitgenössischen panegyrischen Darstellung könnte dazu verleiten, die Mediatisierung der Ansbach-Bayreuth benachbarten Reichsritter allein der Tatkraft des Dirigierenden Ministers zuzuschreiben[170]. Aber auch dieser hätte die territoriale Arrondierung der beiden fränkischen Markgrafentümer auf Kosten ihrer reichsunmittelbaren Nachbarn unmöglich erzwingen können, ohne sich dabei auf eine Reihe zuverlässiger und gleichgesinnter Oberbeamter zu stützen. Zwar bestand Berlins Statthalter, der von der Historiografie auch als »aufgeklärte[r] Despot« bezeichnet wurde, darauf[171]: »Als Minister will ich nichts, als ganz allein meine eigenen Gedanken in Worten ausgedrückt, meine Gedanken als Verhaltungsregeln mitgetheilt und meine Gedanken ohne allen Zusatz, ächt und rein vollzogen wissen«. Aber gleichzeitig räumte Hardenberg ein, dass es Bereiche gab, »wo ich einen guten Kopf wie einen Arzt zu Rathe ziehe«[172]. Auch für die Vorbereitung seiner Entscheidungen und die Ausarbeitung von Details war der Dirigierende Minister auf vertraute Räte angewiesen[173]. Dies galt umso mehr, als Hardenberg vom Februar bis Juni 1794 sowie von Juli bis Dezember 1795 nicht in den fränkischen Markgrafentümern weilte, weil er durch diplomatische Aufträge seines Königs gebunden war. Hinzu kamen immer

168 Siehe hierzu Hardenbergs politische Vorstellungen für einen Reichs- und preußischen Sonderfrieden mit Frankreich, die sich vielfach mit den Vorgaben aus Berlin für die Verhandlungsführung in Basel im Jahr 1795 nicht deckten (Bericht über die Person Hardenbergs, [ca. 1799], CHAN Paris, AF III, Nr. 296. *Haussherr*, Hardenberg I, S. 151 ff.). Vgl. auch Hardenbergs Plan vom Januar 1794 für eine radikale und reichsrechtlich fragwürdige Umgestaltung, nicht jedoch zur vollständigen Zertrümmerung der Reichsverfassung bei *Ranke*, Denkwürdigkeiten I, S. 160 ff.

169 *Demel*, Hardenberg, S. 52 ff.

170 [*Mehmel*], Briefe, S. 101 ff. (Zitat ebd., S. 109).

171 *H. H. Hofmann*, Herrschaft, S. 176 f., 209. *Endres*, preußische Ära, S. 186. *Ders.*, Ära Hardenberg, S. 191 (Zitat ebd.). *Ders.*, Reformmodell, S. 45.

172 Die Memoiren des Karl Heinrich von Lang. Faksimile II, S. 54 (Zitate ebd.). *Haussherr* (Hg.), Memoiren, S. 208 f.

173 *Hartung*, Hardenberg, S. 68 f., 81. *Thielen*, Hardenberg, S. 83 ff.

wieder Dienstreisen nach Berlin, die zur Abwesenheit des Dirigierenden Ministers am eigentlichen Ort des Geschehens führten[174].

Die Räte, die die innen- und außenpolitischen Vorgaben Hardenbergs im Detail ausarbeiteten und durchführten, werden von der Forschung in Anlehnung an eine Formulierung aus dem Jahre 1811 als sog. »fränkische Schule« bzw. »fränkische Beamtenschule« bezeichnet. Ihre Mitglieder rekrutierten sich aus den norddeutschen Provinzen der preußischen Monarchie und anderen Landfremden ebenso wie aus den Markgrafentümern Ansbach und insbesondere Bayreuth. Dabei handelte es sich sowohl um Beamte, die aus der Zeit Karl Alexanders übernommen worden waren, als auch um neu angestellte Staatsdiener. Dennoch waren die meisten Mitglieder der »fränkischen Schule« verhältnismäßig jung. Zudem verband sie ihre mehrheitlich bürgerliche Herkunft sowie die Unterwerfung unter das Leistungsprinzip. Mit Hardenberg teilten sie nicht nur das Gedankengut der Aufklärung und das Streben nach einem starken, reformorientierten preußischen Staat: Ein erheblicher Teil von ihnen vertrat trotz des Studiums des Ius publicum extreme reichsrechtliche Minderheitenpositionen oder lehnte die Reichsverfassung prinzipiell ab. Im Laufe der »Ära Hardenberg« besetzte die »fränkische Schule« zunehmend die obersten Verwaltungsränge in Ansbach-Bayreuth und stellte zugleich die wichtigsten Träger der Mediatisierungspolitik des Dirigierenden Ministers[175].

Zu den bedeutendsten Protagonisten der preußischen Arrondierungspolitik gehörte der aus dem Ansbacher Bürgertum stammende Dr. Conrad Siegmund Karl Haenlein (1760–1819), dessen Erhebung in den Adelsstand erst 1803 erfolgen sollte[176]. Auch er war zweifellos ein Anhänger der Ideen der Aufklärung[177]. Schließlich hatte er in den Jahren 1779 bis 1783 neben der Jurisprudenz und Geschichte u. a. auch Philosophie an den Universitäten in Erlangen und Tübingen studiert. Noch bevor 1785 seine rechtswissenschaftliche Dissertation im Druck erschien, war Haenlein nach dem Vorbild seines

174 *Hartung*, Hardenberg, S. 36 ff., 70, 78 f., 92, 133 ff.

175 *W. H. Puchta*, Erinnerungen, S. 159 f. *H. H. Hofmann*, Herrschaft, S. 176 f., 187 f., 209, 271, 526 (Zitat ebd., S. 273). *Ders.*, preußische Ära (1960/61), S. 233 f., 239 ff. *Ders.*, preußische Ära (1967), S. 258. *Seiderer*, Formen, S. 451 ff., 462 f. *Süssheim*, Politik, S. 89 ff. (Zitat ebd., S. 94 f.). *Hofmeister-Hunger*, Revindikationen, S. 255. *Dies.*, Pressepolitik, S. 37, 47, 87 Anm. 34., 127, 402. *Endres*, preußische Ära, S. 186 f. *Ders.*, Ära Hardenberg, S. 191 f. *Ders.*, Reformmodell, S. 45 f. *Klose*, Leben, S. 73 f., 98. f. *H. Müller*, Kampf, S. 61. *Liermann*, Die rechtsgelehrten Beamten, S. 256, 268. Durch von der Marwitz unterzeichnetes Schreiben an Hardenberg, Berlin, 11. Februar 1811, in: *Klose*, Leben, S. 300–311, hier: S. 304 (Zitat ebd.). Vgl. auch *Gollwitzer*, Altenstein, S. 216. – Der Begriff der »Ära Hardenberg« ist keine völlige Neuschöpfung der Forschung, da bereits *W. H. Puchta* (ebd., S. 160) von der »Hardenbergischen Zeit« sprach. – Endres Behauptung, *H. H. Hofmann* (Herrschaft, S. 176 f.) habe die »fränkische Schule« auch als »fränkische Clique« bezeichnet ist unzutreffend (z. B. *Endres*, Ära Hardenberg, S. 192, 199 Anm. 71 (Zitat ebd., S. 192)).

176 *K. H. Lang*, Annalen, S. 37. *Vocke*, Geburts- und Todten-Almanach I, S. 200. *Hamberger/Meusel*, Teutschland III, S. 32. *Seiderer*, Formen, S. 462. – Nach *Georg Christoph Hamberger* und *Johann Georg Meusel* (Teutschland XI, S. 311) wurde Haenlein bereits 1802 nobilitiert.

177 *Hartung*, Hardenberg, S. 267.

Vaters in Ansbach in die Dienste Markgraf Karl Alexanders getreten. Er begann seine Laufbahn 1783 als Assessor im Administrationskollegium für die Grafschaft Sayn-Altenkirchen. Im folgenden Jahr stieg Haenlein zum Sayn-Altenkirchner Administrations- sowie 1786 zum Hof- und Regierungsrat im 1. Senat der Regierung des untergebürgischen Fürstentums auf[178]. Im April 1793 ernannte ihn der Dirigierende Minister zum Ansbacher Geheimen Hof- und Regierungsrat. Zugleich wurde Haenlein von seinen Aufgaben im 1. Senat der Ansbacher Regierung dispensiert. Dadurch sollte er in die Lage versetzt werden, sich ganz auf seine Aufgaben im damals neu errichteten provisorischen Departement Hardenbergs als oberster Zentralbehörde der fränkischen Provinzen zu konzentrieren. Hier übernahm Haenlein das Referat für die Grafschaft Sayn-Altenkirchen sowie für die Landeshoheits- und Lehensangelegenheiten des untergebürgischen Fürstentums[179]. Im Juni 1795 erhielt er – im Zusammenhang mit der im folgenden Monat verfügten Umstrukturierung der Verwaltung – die Stellung eines Geheimen und Vortragenden Rats für die Justizangelegenheiten beim neu geschaffenen Geheimen Landesministerium der fränkischen Provinzen. Letzterem unterstand bis Juni 1796, nach dem Bericht eines informierten Zeitgenossen für die Mediatisierungspolitik Hardenbergs, ein eigenes »Differenz-Departement«[180]. Im Sommer 1797 wurde Haenlein bei der Neuorganisation der Ansbach-Bayreuther Behörden zum Vizepräsidenten der untergebürgischen Regierung befördert[181]. Im Zuge der erneuten Umstrukturierung der Administration 1798/99 übernahm Haenlein das Vizepräsidium im neu gebildeten 2. Senat der Kriegs- und Domänenkammer zu Ansbach, der sich u. a. mit den Lehens- und Landeshoheitsangelegenheiten beider fränkischer Provinzen zu befassen hatte[182].

In den Jahren 1792 bis 1796 lief ein Großteil der Gutachten, Vorschläge, Korrespondenzen und Reskripte zur preußischen Mediatisierungspolitik über

178 *Vocke*, Geburts- und Todten-Almanach I, S. 200 f. *Hamberger/Meusel*, Teutschland III, S. 32. *Seiderer*, Formen, S. 462. Onolzbach- und Culmbachischer Genealogischer Calender und Adresse-Buch (1789), S. 60 f., 218.

179 Reskript Hardenbergs an das Regierungsvizepräsidium des 1. Senats der Regierung zu Ansbach, Ansbach, 6. April 1793, GStA PK Berlin, II. HA, Abt. 36, VI, Nr. 4. *K. H. Lang*, Annalen, S. 7. *Vocke*, Geburts- und Todten-Almanach I, S. 201. *Hartung*, Hardenberg, S. 67 ff.

180 Bestallungspatent Hardenbergs für Haenlein, Berlin, 20. Juni 1795, GStA PK Berlin, II. HA, Abt. 36, VI, Nr. 4. *K. H. Lang*, Annalen, S. 11, 16 (Zitat ebd., S. 11). *Weltrich*, Erinnerungen ... aus den Preussischen Regierungs-Jahren, S. 19. *Vocke*, Geburts- und Todten-Almanach I, S. 201. *Hamberger/Meusel*, Teutschland III, S. 32. *Rehm*, Adress-Buch, S. 295 f. *Hartung*, Hardenberg, S. 80 f. – Haenlein war weiterhin Rat im Saynischen Administrations(rats)kollegium sowie nach dem Staatskalender für das Jahr 1796 Mitglied der dritten Gerichtsinstanz für Ansbach-Bayreuth, dem Oberrevisionskollegium (*Rehm*, ebd., S. 297 f., 439). – Zum behördengeschichtlichen Problem des in der Forschung noch unbekannten sog. Differenz-Departements vgl. auch *Fikenscher*, Fürstenthum X, S. 121.

181 *H. H. Hofmann*, Herrschaft, S. 176.

182 *K. H. Lang*, Annalen, S. 26. *Weltrich*, Erinnerungen ... aus den Preussischen Regierungs-Jahren, S. 47 ff. *Haussherr* (Hg.), Memoiren, S. 185 f. Die Memoiren des Karl Heinrich von Lang. Faksimile II, S. 3 f. *Hartung*, Hardenberg, S. 141 f.

Haenleins Schreibtisch[183]. Damit fungierte er als rechte Hand Hardenbergs bei der Arrondierung Ansbach-Bayreuths auf Kosten der benachbarten Reichsstände und -ritter. Zudem war Haenlein auch publizistisch tätig, um auf diesem Wege die Mediatisierungen Hardenbergs zu legitimieren[184]. Als Zweiter Subdelegierter Preußens in der Regensburger Reichsdeputation von 1802/03 sowie als königlicher Gesandter bei der Fränkischen Kreisversammlung in den Jahren 1801 bis 1806 sollte Haenlein bei den Auseinandersetzungen über die Mediatisierung der verbliebenen Reichsritter noch eine Rolle spielen[185].

Während Haenlein bis heute keinen Biografen gefunden hat, ist der Forschungsstand zu Karl Heinrich Lang (1764 – 1835) vergleichsweise gut: Grund hierfür ist nicht zuletzt der satirisch zugespitzte Charakter seiner Memoiren, die jedoch nach Untersuchungen Adalbert von Raumers und anderer im Wesentlichen auf historischen Tatsachen beruhen[186]. In der gefürsteten Grafschaft Öttingen-Wallerstein geboren, und damit aus dem an Ansbach anstoßenden Nordosten des Schwäbischen Reichskreises stammend, war auch der Pastorensohn Lang bürgerlicher Herkunft[187]. Seine Erhebung in den eingeschränkt erblichen Ritterstand durch den bayerischen König sollte erst Anfang 1813 erfolgen[188].

Bereits in jungen Jahren wurde Lang im von wöllwarthschen Haus in Hohenaltheim als Gesellschafter des künftigen Stammhalters des Geschlechts mit reichsritterschaftlichem Selbstverständnis und adliger Lebensführung konfrontiert. Im Rückblick berichtete er über die ihn abstoßenden Erfahrungen mit dem sog. »hochadeligen Großsohn«, den er als »schwächliches dummes Püppchen« in Errinnerung behielt: »Der junge Baron sprach am liebsten mit

183 Die diesbezügliche Feststellung *Süssheims* (Politik, S. 90) kann auf der Grundlage der für die vorliegende Studie vorgenommenen Berliner Aktenstudien nochmals bestätigt werden.

184 Siehe Kapitel VIII.2.1. bis VIII.2.2.

185 *K. H. Lang*, Annalen, S. 32. *Winter/Santifaller/Wohlgemuth-Kotasek* (Hg.), Repertorium III, S. 324 ff. – Zu den angesprochenen Mediatisierungsvorgängen siehe Kapitel IX.1.

186 *A. v. Raumer*, Ritter, S. 73 – 212: fortl., 249 f. *Haussherr* (Hg.), Memoiren, S. XX f. *Bayer*, Lang, S. 347 f. *G. Lang*, Vergnügen, S. 307, 326 ff.

187 Die Memoiren des Karl Heinrich von Lang. Faksimile I, S. 1. *Haussherr* (Hg.), Memoiren, S. V ff., 3. *Hamberger/Meusel*, Teutschland IV, S. 342.

188 Antwortschreiben des Reichsheroldenamts an Karl Heinrich Lang, München, 26. Januar 1813, BayHStA, Adelsmatrikel, Nr. Ri L 2. – Die Forschung (z. B. *A. v. Raumer*, Ritter, S. 155; *Bayer*, Lang, S. 340; *Haussherr* (Hg.), Memoiren, S. V f.; *Ernst*, Adel, S. 614) übersieht durchgehend, dass die Erhebung Langs zum Ritter des Zivilverdienstordens der bayerischen Krone 1808 keine automatische Nobilitierung bedeutete. Diese erfolgte erst aufgrund des königlichen Edikts vom 23. Dezember 1812. In dessen Folge ließ sich Lang zu Beginn des Jahres 1813 als sog. Transmissionsadel in die Ritterklasse der 1808/12 geschaffenen Adelsmatrikel des Königreichs Bayern aufnehmen (Schreiben Langs an König Maximilian I. von Bayern, o.O., [ca. Januar 1813], BayHStA, Adelsmatrikel, Nr. Ri L 2. Antwortschreiben des Reichsheroldenamts an Karl Heinrich Lang, München, 26. Januar 1813, ebd. Königlich-Baierisches Rbl. 1808, Sp. 1042 u. Ebd., 1813, Sp. 5 ff. Die Memoiren des Karl Heinrich von Lang. Faksimile II, S. 88, 175 f., 187 f. *Haussherr* (Hg.), ebd., S. 223 f., 243, 249 f. Vgl. auch die allgemeinen Passagen zur bayerischen Adelspolitik bei *Gerald Müller*, Reichsheroldenamt, S. 551, 568 ff. u. *Ernst*, ebd., S. 235, 244 ff.).

mir von seinem Reich Fachsenfeld, von den Schirmhaltern seines Stammbaumes, vom Antheil, den das Haus Wöllwarth am Mond hätte, davon es wenigstens ein hohles Stück im Wappen führte, und dann von des Schulmeisters Bärbelchen«[189]. Die hier zutage tretende und auch später immer wieder fassbare adelskritische Einstellung Langs[190] hat ihm zweifellos seine führende Beteiligung an den preußischen Mediatisierungen der Jahre 1792/93 bis 1798 erleichtert. Langs Skepsis gegenüber der Aristokratie dürfte nicht zuletzt in der Rezeption der großen geistesgeschichtlichen Strömungen seiner Zeit wurzeln: Bereits seit seiner Jugend beschäftigte sich Lang mit dem aufklärerischen Schrifttum des 18. Jahrhunderts[191]. Zeitweise dem radikal-aufklärerischen Illuminatenorden nahestehend, bemühte sich Lang am Vorabend des Bastillesturms als Schriftsteller selbst darum, breiteren Volksschichten die Gedanken von Voltaire, Rousseau und der ihnen verwandten Geistesgrößen nahe zu bringen[192]. Auch scheint Lang wie viele deutsche Gebildete seiner Zeit mit dem Gedankengut sympathisiert zu haben, dem die Französische Revolution in ihren Anfängen huldigte[193].

1782 bis 1785 studierte Lang im nürnbergischen Altdorf das Ius publicum und beschäftigte sich auch mit der für die Beweisführung in Landeshoheitsstreitigkeiten unverzichtbaren Historie und Diplomatik[194]. Als Akzessist, später Protokollist und Sekretär bei der Öttingen-Spielberger Regierung (1785 – 1788) sowie während eines zeitweisen Aufenthaltes in Wien und als Hof- und Kabinettssekretär des Fürsten Kraft Ernst von Öttingen-Wallerstein (1790/91 – 1792) konnte Lang nicht nur sein reichs- und lehensrechtliches Wissen in der Praxis vertiefen, sondern auch seine Kenntnisse der Geschichte

189 Die Memoiren des Karl Heinrich von Lang. Faksimile I, S. 23 ff. (Zitate ebd., S. 27 f.). *Haussherr* (Hg.), Memoiren, S. 15 ff. – Zur Identifikation des jungen Freiherrn von Wöllwarth siehe *Bächle*, Adelsgeschlecht, S. 61. – Die Erfahrungen im von wöllwarthschen Hause hielten Lang jedoch nicht davon ab, sich 1785 und 1788 beim Ritterhauptmann des Kantons Altmühl, Freiherr von Crailsheim zu Rügland, um eine Anstellung zu bewerben. Bereits Langs Onkel war Konsulent dieses Ritterorts gewesen, weshalb sich Crailsheim auch noch später für den Neffen des ehemaligen ritterschaftlichen Beamten verwandte (Die Memoiren des Karl Heinrich von Lang. Faksimile I, S. 86 f., 114, 122. *Haussherr* (Hg.), ebd., S. 49 f., 68). Es zeugt von Langs Staats- und Adelsverständnis, dass er sich von diesen Bindungen nicht abhalten ließ, an der fast vollständigen Unterwerfung des Kantons Altmühl durch Preußen mitzuwirken (siehe Kapitel VII.1 i. Verb. mit VIII.2.1).

190 Vgl. beispielsweise: Die Memoiren des Karl Heinrich von Lang. Faksimile I, S. 78, 266 ff., Ebd., Faksimile II, S. 174 ff. bzw. *Haussherr* (Hg.), Memoiren, S. 45, 139 ff., 243 ff. Siehe auch: *A. v. Raumer*, Ritter, S. 11 und vor allem *Bayer*, Lang, S. 331 ff.

191 Die Memoiren des Karl Heinrich von Lang. Faksimile I, S. 39 ff., 47, 84 f., 99 f., 155. *Haussherr* (Hg.), Memoiren, S. VII, 23 ff., 37, 48, 56 ff., 84. *G. Lang*, Vergnügen, S. 307 ff.

192 Die Memoiren des Karl Heinrich von Lang. Faksimile I, S. 96 ff. *Haussherr* (Hg.), Memoiren, S. 55 f. *A. v. Raumer*, Ritter, S. 32 ff.

193 Die Memoiren des Karl Heinrich von Lang. Faksimile I, S. 228 f., 246 ff. *Haussherr* (Hg.), Memoiren, S. XIII f., 124 ff.

194 Die Memoiren des Karl Heinrich von Lang. Faksimile I, S. 70 ff., 82 ff. *Haussherr* (Hg.), Memoiren, S. VIII ff., 40 ff., 48 f. *A. v. Raumer*, Ritter, S. 22 ff. Zur Bedeutung der Diplomatik für das Reichsrecht vgl. auch *Haussherr*, Hardenberg I, S. 42.

und Urkundenlehre ausbauen[195]. Ein erneuter Studienaufenthalt an der Georgia Augusta in Göttingen in den Jahren 1792 und 1793 bot Lang die Gelegenheit, seine historisch-diplomatische und reichsrechtliche Bildung u. a. bei Pütter, Gatterer sowie Schlözer zu vervollkommnen und sich intensiv mit der Feudistik auseinanderzusetzen[196]. Trotz seiner Ausbildung im Ius publicum war Lang alles andere als ein Bewunderer der für ihn »eiskalt erstarrten und kindisch gewordenen alten deutschen Reichsverfassung«. Dies wird nirgends so deutlich wie in seiner Beschreibung der Kaiserkrönung Leopolds II. im Jahre 1790[197]. In der Forschung wird gerne zur Charakterisierung von Langs staatsrechtlichen Anschauungen eine seiner im preußischen Dienst notierten Marginalien angeführt: »Die Landeshoheit geht von keinem vernünftigen Prinzip aus, aber sie geht auf eines hin«[198]. Es ist also wenig verwunderlich, dass sich Lang 1793 beim Dirigierenden Minister der fränkischen Provinzen ausgerechnet mit einer Abhandlung über die Landeshoheitsstreitigkeiten zwischen Brandenburg-Ansbach und Öttingen sowie einer lehensrechtlichen Untersuchung empfahl[199]. Seine Qualifikation stand daher außer Frage, als Lang nach einer Übergangszeit als Familienhistoriograf und -archivar im Hause Hardenberg im November 1795 vom Dirigierenden Minister als »geheimer Archivar zu Baireuth und Plassenburg« in den königlichen Dienst übernommen wurde. Seitdem leitete er als Erster Archivar das bei Kulmbach gelegene Hauptarchiv des Obergebürgischen Fürstentums sowie dessen Nebenstelle[200]. 1797/98 als Legationssekretär in der preußischen Ge-

195 Die Memoiren des Karl Heinrich von Lang. Faksimile I, S. 88 ff., 101 ff., 119 ff., 195 ff., 215 ff., 230 f. *Haussherr* (Hg.), Memoiren, S. VIII ff., 50 ff., 58 ff., 105 ff., 117 ff. *A. v. Raumer*, Ritter, S. 26, 47 f., 55 ff., 92 f., 100 ff., 249. *Hamberger/Meusel*, Teutschland IV, S. 342.

196 Die Memoiren des Karl Heinrich von Lang. Faksimile I, S. 230, 236 ff., 249 f. *Haussherr* (Hg.), Memoiren, S. XII, 125 ff. *A. v. Raumer*, Ritter, S. 59 f., 249. *H. H. Hofmann*, Herrschaft, S. 176. – *Gatterer* (1727 – 1799) war nicht nur Historiker, wie *Haussherr* (Memoiren, S. XII) in der Edition der Memoiren Langs betont, sondern auch ein führender Vertreter der Diplomatik (*Haussherr*, Hardenberg I, S. 42. *Dohna*, Gatterer, S. 90. *Burgdorf*, Weltbild (2009), S. 301 Anm. 225. *Nicklas*, Gatterer, S. 79 ff.).

197 Die Memoiren des Karl Heinrich von Lang. Faksimile I, S. 206 ff. (Zitat ebd., S. 212). *Haussherr* (Hg.), Memoiren, S. XII f., 112 ff.

198 *H. H. Hofmann*, Herrschaft, S. 69. *H. Müller*, Kampf, S. 71. StA Nürnberg, 270 I, Nr. 3974, zit. nach: *H. H. Hofmann*, ebd.

199 Die Memoiren des Karl Heinrich von Lang. Faksimile I, S. 249 ff. *Haussherr* (Hg.), Memoiren, S. XV, 130 ff.

200 Die Memoiren des Karl Heinrich von Lang. Faksimile I, S. 253 ff., 275 ff. (Zitat ebd., S. 275). *Haussherr* (Hg.), Memoiren, S. 133, 144 ff. *Hamberger/Meusel*, Teutschland IV, S. 342. Der Fränkische Merkur, Nr. 9, 1. März 1796, Sp. 144. Ebd., Nr. 16, 19. April 1796, Sp. 278. Abweichend durch eine auf das Plassenburger Hauptarchiv beschränkten Titulatur: *Rehm*, Adress-Buch, S. 298. – Auf der Plassenburg über Kulmbach befand sich das Hauptarchiv des obergebürgischen Fürstentums, während das Nebenarchiv in Bayreuth vor allem aus der Registratur des Geheimen Rats bis 1792 bestand (»Versuch eines ohngefähren Abrisses…« (wie Kap. II, Anm. 91), GStA PK Berlin, I. HA, Rep. 94, IV, Ac, Nr. 2, S. 1 – 149, hier: S. 98). – Nach dem archivhistorischen Forschungsstand (*Leesch*, Archivare I, S. 26. *Ders.*, ebd. II, S. 355) sowie seinen eigenen Memoiren (Die Memoiren des Karl Heinrich von Lang. Faksimile II, S. 69.

sandtschaft auf dem Rastatter Kongress tätig, erhielt Lang bereits im Oktober 1798 seine Ernennung zum Kriegs- und Domänenrat im 2. Senat der Kammer zu Ansbach, die jedoch erst mit dem Ressortreglement vom 10. Dezember 1798 geschaffen werden musste. Hier wurde er u. a. mit der Leitung der Archive auf der Plassenburg und zu Ansbach sowie den Landeshoheitsstreitigkeiten der beiden fränkischen Markgrafentümer mit reichsritterschaftlichen und -ständischen Nachbarn betraut[201]. Sowohl bei der rechtlich-historischen Begründung der Landeshoheitsansprüche Berlins gegen die Ansbach-Bayreuth benachbarten Reichsritter als auch bei deren publizistischer Verteidigung spielte Lang eine herausragende Rolle[202].

Eine ebenso schillernde wie komplizierte Persönlichkeit im Dienste der preußischen Arrondierungspolitik war Theodor Konrad Kretschmann (1762–1820)[203]. Er ist heute vor allem durch seine ebenso konflikt- wie vielfach erfolgreiche Tätigkeit als Dirigierender Minister im Dienste des Herzogtums Sachsen-Coburg-(Saalfeld) in den Jahren 1801 bis 1808 bekannt[204].

Wie viele seiner Mitstreiter unter den Oberbeamten der fränkischen Provinzen war der in Bayreuth geborene Sohn eines markgräflichen Justizrates und Regierungsregistrators bürgerlicher Herkunft. Seine Erhebung in den sog. untitulierten Adelsstand durch Friedrich Wilhelm III. von Preußen sollte erst 1801 erfolgen[205].

Von 1780 bis 1782 vertiefte Kretschmann sich an der Universität Erlangen in das Studium des Ius publicum und der dafür erforderlichen Hilfswissenschaften. Anschließend wirkte er als Kommissionssekretär sowie Hof- und Regierungsadvokat in den Diensten des Fürstentums Schwarzburg-Rudolstadt und vor allem des Herzogtums Sachsen-Coburg-Saalfeld[206]. 1789/90 gab

Haussherr (Hg.), ebd., S. 216 f.) blieb Lang bis zum März 1806 Geheimer Archivar auf der Plassenburg und nicht nur bis 1797 wie *A. v. Raumer* (Ritter, S. 249) annimmt.

201 *Haussherr*, Hardenberg (Hg.), XV, S. 155 ff., 182 ff. *Weltrich*, Erinnerungen … aus den Preussischen Regierungs-Jahren, S. 49 f. *Hartung*, Hardenberg, S. 141 f.

202 Siehe Kapitel VII.2 u. VIII.2.1 bis VIII.2.2.

203 Die Memoiren des Karl Heinrich von Lang. Faksimile I, S. 283 f. *Haussherr* (Hg.), Memoiren, S. 148. *Hamberger/Meusel*, Teutschland IV, S. 268. *Eisenhart*, Kretschmann, S. 132 ff. *Hartung*, Hardenberg, S. 110 f., 143. *Andrian-Werburg*, Kretschmann, (1982), S. 12. *Ders.*, Kretschmann (1978), S. 192 ff., 212. *Süssheim*, Politik, S. 91 f. *Haussherr*, Hardenberg I, S. 197. *Hartung*, Hardenberg, S. 110 f., 142 f.

204 *Kretschmann*, Dienstjahre (1808), S. 68 ff. *Ders.*, Fortsetzung (1809), S. 55 fortl. *Ders.*, Vorbericht. *Ders.*, Dienstjahre in Coburg, fortl. *Weltrich*, Erinnerungen … aus den Preussischen Regierungs-Jahren, S. 66. *Hartung*, Hardenberg, S. 143. *Eisenhart*, Kretschmann, S. 135 ff. *Andrian-Werburg*, Kretschmann (1982), S. 12 f. *Ders.*, Kretschmann (1978), S. 192, 197 ff. *Hambrecht*, Kretschmann, S. 145.

205 *Hamberger/Meusel*, Teutschland IV, S. 268. *Eisenhart*, Kretschmann, S. 132 ff. *Andrian-Werburg*, Kretschmann (1982), S. 12. *Ders.*, Kretschmann (1978), S. 192, 197. *Süssheim*, Politik, S. 91. *Hofmeister-Hunger*, Revindikationen, S. 255. *Weltrich*, Erinnerungen … aus den Preussischen Regierungs-Jahren, S. 66.

206 *Hamberger/Meusel*, Teutschland IV, S. 268. *Eisenhart*, Kretschmann, S. 132. *Andrian-Werburg*,

er die »Staatswissenschaftliche Zeitung« heraus, die sich an die Regierungen sowie das Bildungsbürgertum wandte. In diesem publizistischen Organ setzte sich Kretschmann kritisch und aus aufklärerischer Perspektive mit innenpolitischen Verhältnissen, Gesetzen sowie Verordnungen im Bereich der sog. Polizey auseinander. Es war daher wenig verwunderlich, dass Kretschmann in den Verdacht geriet, ein Anhänger der Französischen Revolution zu sein, was ihm die Untersuchung einer Hofkommission eintrug und ihn veranlasste, den sachsen-coburgischen Dienst zu quittieren. Nach seiner juristischen Promotion an der Hohen Carlsschule in Stuttgart im Jahre 1791 begann er noch im selben Jahr in Jena als Privatdozent seine Lehrtätigkeit im Ius publicum[207].

Kretschmanns wissenschaftliches Oeuvre am Beginn der 1790er Jahre ist nicht ohne Bedeutung, wenn man seine Stellungnahmen und Deduktionen im Kontext der Arrondierungspolitik Hardenbergs adäquat einordnen will. Dies gilt besonders für sein 1793 erschienenes und dem Dirigierenden Minister gewidmetes Lehrbuch des deutschen Staatsrechts. Dieses sollte nämlich nicht nur das Studium der Jurisprudenz an der Universität erleichtern, sondern auch Kretschmanns neuem Dienstherren in Ansbach-Bayreuth bzw. Berlin als Probearbeit dienen »ob ich dereinst meine Stelle, die vorzüglich den staatsrechtlichen Angelegenheiten gewidmet ist, mit Vortheil für das Königliche Haus bekleiten [sic] würde«. In seinen Veröffentlichungen zu Beginn der neunziger Jahre zeigt sich Kretschmann zum einen in der Tradition derjenigen Reichspublizisten der zweiten Hälfte 18. des Jahrhunderts, die unter dem Eindruck der Aufklärung mit den tradierten Systematiken und Fragestellungen des Ius publicum brachen und – nicht zuletzt durch die rationalistisch-empirisch und positivistisch ausgerichteten Lehren Pütters – dominierenden Einfluss gewannen: Charakteristisches Kennzeichen dieser reichsrechtlichen Strömung war zum einen die Betonung des staatlichen Charakters der einzelnen Reichsglieder sowie der ihnen anklebenden obrigkeitlichen Kompetenzen. Zum anderen war für diese aufklärerischen Reichspublizisten das allgemeine Wohl das alleinige Kriterium, wenn es um die Legitimation und Zuordnung der verschiedenen landesherrlichen Rechte ging. Letztere dienten auch in Kretschmanns Denken als sog. »bürgerliche Oberherrschaft« dem

Kretschmann (1982), S. 12. *Ders.*, Kretschmann (1978), S. 192 f. *Hofmeister-Hunger*, Revindikationen, S. 255 f.

207 *Kretschmann*, Dienstjahre (1808), S. 69 f. *Ders.*, Fortsetzung (1809), S. 37 ff. *Hamberger/Meusel*, Teutschland IV, S. 268. Die Memoiren des Karl Heinrich von Lang. Faksimile I, S. 283. *Haussherr* (Hg.), Memoiren, S. 148. *Eisenhart*, Kretschmann, S. 132. *Andrian-Werburg*, Kretschmann (1982), S. 12. *Ders.*, Kretschmann (1978), S. 193. *Hofmeister-Hunger*, Revindikationen, S. 256. – Unter Kretschmanns reichsritterschaftsnahen Gegnern glaubte man zu wissen, dass dieser wegen seiner massiven Verfehlungen als Advokat in Rudolstadt gemäß einem Gutachten der Leipziger Juristenfakultät zur Festungshaft verurteilt worden sei (Schreiben von Joh. Andreas Schober an [den Ortskonsulenten von Rhön-Werra, Pollich ?], Erlangen, 4. Dezember 1796, StA Marburg, 109, Nr. 312, Bd. 3. Schreiben des Ludwig von Bibra an seinen Vater Georg August von Bibra, Rudolstadt, 13. April 1797, ebd.).

vernunftgemäß handelnden Staat allein dazu, die Territorialuntertanen zur »höchste[n] sittliche[n] Vollkommenheit« und damit zur »Glükseeligkeit« zu führen – ein Ziel, dessen Erreichen auch Zwangsmittel sowie die Einschränkung der individuellen Selbstständigkeit rechtfertigte. 1808 und 1810 sollte Kretschmann die von ihm während seiner Laufbahn in die Praxis umgesetzten etatistischen Vorstellungen auf die Formel bringen, dass »der Staat eine Zwangs-Anstalt seyn müsse«, der die Individualität des Einzelnen der Förderung der Kultur der »Gattung der Menschheit«, und damit der Allgemeinheit zu unterwerfen habe. Nur so könne der Staat bestehen, seinen Reichtum sowie seine Macht mehren, und sich »erst eine Nation im eigentlichen Sinne – das Volk« – entwickeln. Damit vertrat Kretschmann eine an Kant und Rousseau angelehnte Interpretation des Gedankenguts der Aufklärung. Dies war der Boden, auf dem auch die Mediatisierung der Reichsritterschaft legitimiert werden konnte, so sehr dies auch dem Rechtsverständnis der Mehrheit der Reichspublizisten sowie der Normsetzung durch die beiden obersten Reichsgerichte widersprechen musste: Indem Kretschmann einerseits die sittliche Vervollkommnung der Untertanen zum alleinigen »Endzweck« des Staates erhob, und andererseits die dazu notwenige staatliche Durchdringung allein auf der Ebene der einzelnen Stände und Reichsglieder, nicht aber bei den Kreis- und Reichsinstitutionen ansiedelte, war es nur noch ein kurzer Schritt, um die reichsunmittelbare Existenz der Reichsritterschaft infrage zu stellen. Letztere musste bei Bedarf den zum sittlichen Wohl der Untertanen erforderlichen Maßnahmen der angrenzenden Reichsstände im Bereich der sog. Polizey, des Militär- und Steuerwesens etc. geopfert werden. Kretschmann hat diese Konsequenz in seinem Lehrbuch trotz aller Abgrenzungen vom staatsrechtlichen Verständnis Pütters und anderer Reichspublizisten zwar nicht explizit ausgesprochen. Aber er ließ keinen Zweifel daran, dass jeder »Grundstein des Staatsrechts« allein an den Kriterien der Vernunft und Sittlichkeit zu messen wäre[208]. Was speziell den ersten Stand, und damit auch die Reichsritterschaft anbelangte, legte Kretschmann in seinen Memoiren von 1808 Wert darauf, kein Gegner eines auf Verdienst gegründeten Adels zu sein. Aber er verurteilte dessen Exemtion von den Landeslasten auf Kosten von

208 *Kretschmann*, Versuch, fortl., inbes. aber S. III ff., 1 ff., 53, 60 ff., 73, 78 ff., 136 ff., 154 ff., 186 f. (Zitate ebd., S. V, XIII f., 1, 53). *Ders.*, Einleitung, S. 4 ff. (Zitate ebd., S. 4 f.). *Ders.*, Dienstjahre (1810), S. 3 f. *Willoweit*, Rechtsgrundlagen, S. 353 ff. *Hofmeister-Hunger*, Revindikationen, S. 256 ff. *Dies.*, Pressepolitik, S. 89 f. *Eisenhart*, Kretschmann, S. 133. *Andrian-Werburg*, Kretschmann (1978), S. 193. *Hartung*, Hardenberg, S. 111. *Süssheim*, Politik, S. 91. – Entsprechend verwies Kretschmann die der Vernunft widersprechende »Lehensanarchie« weitgehend in den Bereich des Privatrechts (*Kretschmann*, Versuch, S. XIII f.). Damit ignorierte er die Tatsache, dass die aus der Vassalität und dem Lehensband fließenden Bindungen und Abhängigkeiten bis 1806 die Beziehungen der Reichsglieder untereinander und zum Reichsoberhaupt nicht unerheblich mitbestimmten (vgl. z. B. *Schilling*, Mythos, S. 706. *Neuhaus*, Reich (EDG), S. 15 f.).

Bauern und Bürgern sowie den adligen Anspruch auf einen Vorrang im Staatsdienst ohne Rücksicht auf das Leistungsprinzip[209].

Die reichsständischen und -ritterschaftlichen Besitzungen, die Ansbach-Bayreuth umgaben und durchlöcherten, konnten folglich in Kretschmanns Gedankenwelt wenig Rücksicht erwarten. Es war daher nicht verwunderlich, dass sich Kretschmann für den preußischen Dienst dadurch empfahl, dass er in die Landeshoheitsstreitigkeiten zwischen Brandenburg-Bayreuths und verschiedenen sächsischen Linien eingriff. Gegenstand der Auseinandersetzung war das Rittergut Kaulsdorf bei Saalfeld, das Kretschmann von seinem Vater geerbt hatte und 1794/95 an Berlin verkaufte. Damit Preußen über diese Besitzung auch die zwischen Bayreuth und Sachsen-Coburg strittige Landeshoheit ausüben konnte, lieferte Kretschmann bereits 1792 eine urkundengestützte Abhandlung zur juristischen Begründung der landesherrlichen Ansprüche Berlins und versuchte zudem vor Ort entsprechende Fakten zu schaffen. Sein Engagement kostete ihn zwar seine Professur in Jena, öffnete Kretschmann aber zugleich den Weg in die Dienste König Friedrich Wilhelms II. Noch 1792 wurde Kretschmann provisorisch bei der Regierung des obergebürgischen Fürstentums angestellt und im März 1793 zum Wirklichen Regierungsrat in Bayreuth ernannt, wo er schon im folgenden Monat das Referat für die Landeshoheitsstreitigkeiten mit den reichsunmittelbaren Nachbarn übernahm[210]. Ende 1795 wechselte er in die Kriegs- und Domänenkammer des obergebürgischen Fürstentums und wurde im Frühjahr des Folgejahres als Geheimer Regierungs- sowie Vortragender Rat in das Hardenberg unterstellte Geheime Landesministerium der fränkischen Provinzen berufen. Hier wurde ihm um die gleiche Zeit die Aufgabe eines Vortragenden Rates in Hoheitsfragen sowie spätestens 1797 das für Personal- und Organisationsangelegenheiten zuständige Generaldepartement übertragen[211]. Im Zuge der Umstruk-

209 *Kretschmann*, Dienstjahre (1808), S. 53 ff. *Ders.*, Dienstjahre (1810), S. 3 f.

210 Bericht Hardenbergs an König Friedrich Wilhelm II., Frankfurt/M., 3. August 1794, GStA PK Berlin, I. HA, Rep. 96, Nr. 254 A, Vol. I, fol. 86. Verzeichnis über die im obergebürgischen Fürstentum seit dem 1. Juni 1790 gemachten Akquisitionen, Bayreuth, 4. März 1797, GStA PK Berlin, II. HA, Abt. 36, III, Nr. 23. *Kretschmann*, Dienstjahre (1808), S. 11. *Hamberger/Meusel*, Teutschland IV, S. 268. *Weltrich*, Erinnerungen ... aus den Preussischen Regierungs-Jahren, S. 12 ff. Die Memoiren des Karl Heinrich von Lang. Faksimile I, S. 283 f. *Haussherr* (Hg.), Memoiren, S. 148. *Eisenhart*, Kretschmann, S. 133. *Hartung*, Hardenberg, S. 73. *Andrian-Werburg*, Kretschmann (1978), S. 192 ff. *Süssheim*, Politik, S. 92 ff. *Hofmeister-Hunger*, Revindikationen, S. 255. *H. Müller*, Kampf, S. 62. Rechenschaftsbericht Hardenbergs (wie Kap. I, Anm. 80), in: *C. Meyer*, Politik, S. 35–210, hier: S. 204 f.

211 *Kretschmann*, Dienstjahre (1808), S. 19, 25, 55. *Hamberger/Meusel*, Teutschland IV, S. 268. *K. H. Lang*, Annalen, S. 16. *Weltrich*, Erinnerungen ... aus den Preussischen Regierungs-Jahren, S. 20, 33. *Rehm*, Adress-Buch, S. 295 f. Der Fränkische Merkur, Nr. 24, 14. Juni 1796, Sp. 422. *Hartung*, Hardenberg, S. 81. *Andrian-Werburg*, Kretschmann (1982), S. 12. *Ders.*, Kretschmann (1978), S. 194 f. Teils unzutreffend bei *Eisenhart*, Kretschmann, S. 133 f. – Der Staatskalender für das Jahr 1796 nennt Kretschmann auch als Mitglied der dritten gerichtlichen Instanz der fränkischen Markgrafentümer, des Oberrevisionskollegiums (*Rehm*, ebd., S. 297 f.).

turierung der Verwaltung in den Jahren 1798/99 wurde Kretschmann auf den Posten eines Zweiten Direktors der Bayreuther Kriegs- und Domänenkammer versetzt[212]. Von den verschiedenen Ämtern, die er seit 1792/93 in den fränkischen Markgrafentümern bekleidete, wirkte Kretschmann maßgeblich an der publizistischen Begründung und praktischen Durchführung der Unterwerfung der Ansbach-Bayreuth benachbarten Reichsritter mit[213].

Neben dem Dreigespann Haenlein-Lang-Kretschmann gab es eine Reihe weiterer Oberbeamter, die weniger exponierte Aufgaben in der preußischen Arrondierungspolitik wahrnahmen, aber ebenfalls durch Gutachten sowie die Exekution der Befehle des Dirigierenden Ministers den Boden für die Mediatisierung der Ansbach-Bayreuth benachbarten reichsritterschaftlichen Herrschaften mitbereiteten.

Unter diesen ist Johann Gottlieb Wagner (1748 – 1796) zu nennen, der bereits zu Zeiten Markgraf Karl Alexanders Regierungsrat sowie Assessor am Hofgericht in Bayreuth gewesen war. In dem 1793 errichteten provisorischen Departement Hardenbergs wurde Wagner u. a. mit dem Referat für die Landeshoheits- und Lehensangelegenheiten des obergebürgischen Fürstentums betraut. 1795 wurde er zum Ersten Direktor des 1. Senats der dortigen Regierung befördert[214].

Bedeutung für die Mediatisierungspolitik des Dirigierenden Ministers erlangte auch Karl Friedrich Wilhelm Freiherr von Völderndorff und Waradein (1758 – 1832). Im bayreuthischen Wunsiedel als Offizierssohn geboren, hatte er von 1776 bis 1779 in Erlangen und Jena Jurisprudenz studiert. 1780 begann er seine Laufbahn im markgräflichen Dienst und stieg bereits im folgenden Jahr zum Regierungsrat und Hofgerichtsassessor in Bayreuth auf. 1782 wurde Völderndorff zusätzlich mit der Würde eines Kammerherrn ausgezeichnet. Neben einer Reihe ihm 1790 zusätzlich übertragener innerer Angelegenheiten umfasste Völderndorffs Tätigkeitsfeld auch die Landeshoheitsdifferenzen Brandenburg-Bayreuths mit verschiedenen benachbarten Reichsständen. Von seinen soliden reichsrechtlichen Kenntnissen zeugt nicht zuletzt der Umstand, dass er, wenn auch vergeblich, es dreimal versuchen konnte, eine Präsentation für das Reichskammergericht in Wetzlar zu erhalten[215]. Auch das Gedankengut

212 *K. H. Lang*, Annalen, S. 24 ff. *Weltrich*, Erinnerungen ... aus den Preussischen Regierungs-Jahren, S. 47 ff. *Kretschmann*, Dienstjahre (1808), S. 64. *Ders.*, Dienstjahre (1810), S. 11. *Hartung*, Hardenberg, S. 141 ff. *Eisenhart*, Kretschmann, S. 134. *Andrian-Werburg* (1978), S. 195. – Kretschmanns Ernennung zum zweiten Kammerdirektor in Bayreuth 1798/99 fällt bereits in die Zeit nach dem Abschluss der eigentlichen Mediatisierungen (*Weltrich*, ebd., S. 47 ff., *Hartung*, ebd., S. 143).

213 Siehe Kapitel VII.1 u. VIII.2.1 bis VIII.2.2.

214 Bittschreiben Wagners an Hardenberg, Ansbach, 5. April 1793, GStA PK Berlin, II. HA, Abt. 36, VI, Nr. 4. Reskript Hardenbergs an die Kammer zu Bayreuth, Ansbach, 8. April 1793, ebd. Der Fränkische Merkur, Nr. 10, 1795, Sp. 388. *Weltrich*, Erinnerungen ... aus den Preussischen Regierungs-Jahren, S. 20, 33 f. Onolzbach- und Culmbachischer Genealogischer Calender und Adresse-Buch (1789), S. 141 f., 147. *Hartung*, Hardenberg, S. 67 ff. *Süssheim*, Politik, S. 90.

215 *Fikenscher*, Fürstenthum X, S. 4 ff. *Hamberger/Meusel*, Teutschland VIII, S. 225. *Weltrich*, Er-

der Aufklärung war Völderndorff alles andere als fremd. Daher unterwarf er sich trotz seiner adligen Abkunft strikt dem Leistungsprinzip[216]. Diesen Wesenszug gibt auch das Charakterbild Völderndorffs wieder, das Lang in seinen Memoiren überliefert: Ein »Mann, der sich mit einem eisernen Sinn über alle kleinere[n] Convenienzen des Lebens hinwegsetzte, ein Enthusiast des besten Willens, und ins Hetzen, Treiben und Arbeiten gleichsam romantisch verliebt«[217].

Unter Hardenberg wurde Völderndorff mit dem Referat über die Landeshoheitsstreitigkeiten mit dem Hochstift Bamberg betraut[218] – ein Konfliktfeld, das auch Rückwirkungen auf die Ansbach-Bayreuth benachbarten Reichsritter entfalten sollte[219]. Zudem wirkte er zeitweise mit Kretschmann bei der publizistischen Rechtfertigung der Mediatisierungspolitik Hardenbergs zusammen[220]. 1795 stieg er zum Präsidenten des neu geschaffenen 1. Senats der Bayreuther Regierung auf, übernahm im folgenden Jahr zusätzlich das Präsidium des 2. Senats und war vorübergehend in gleicher Position Amtsverweser im untergebürgischen Fürstentum sowie interimistischer Direktor des kaiserlichen Landgerichts des Burggrafentums Nürnberg. An Letzterem bekleidete Völderndorff seit 1797 auch noch das Amt des Landrichters[221].

Aus einer verarmten Bauernfamilie aus dem Fichtelgebirge im obergebürgischen Fürstentum stammte Johann Michael Georg (1740–1796)[222]. In Erlangen, Leipzig und Jena hatte er mehrere Jahre Theologie und vor allem Mathematik studiert sowie erste Einblicke in die Jurisprudenz gewonnen[223]. Nachdem er sowohl den Magistergrad erworben als auch seine Dissertation verteidigt hatte, las Georg als Privatdozent über Mathematik und Philosophie in Erlangen und wurde für diese Fächer bereits 1768 auf eine Professur am

innerungen … aus den Preussischen Regierungs-Jahren, S. 20. Onolzbach- und Culmbachischer Genealogischer Calender und Adresse-Buch (1789), S. 86, 141, 147. *Hofmeister-Hunger*, Pressepolitik, S. 87.

216 *Weltrich*, Erinnerungen … aus den Preussischen Regierungs-Jahren, S. 44. *Fikenscher*, Fürstenthum X, S. 8.

217 Die Memoiren des Karl Heinrich von Lang. Faksimile I, S. 280 (Zitat ebd.). *Haussherr* (Hg.), Memoiren, S. 146. – Eine ganz ähnliche Charakteristik überliefert *W. H. Puchta* (Erinnerungen, S. 137), der Völderndorff als einen »durch Kenntnisse, Geschäftsgewandtheit und kräftiges Handeln ausgezeichneten« Beamten in Erinnerung behielt.

218 *Süssheim*, Politik, S. 94.

219 Siehe Kapitel V.4.1, VI.2 u. VII.2.

220 Siehe Kapitel VIII.2.1 bis VIII.2.2.

221 *Hamberger/Meusel*, Teutschland VIII, S. 225. *Fikenscher*, Gelehrtes Fürstenthum X, S. 10 ff. *K. H. Lang*, Annalen, S. 23. *Weltrich*, Erinnerungen … aus den Preussischen Regierungs-Jahren, S. 17 ff., 34. Die Memoiren des Karl Heinrich von Lang. Faksimile I, S. 280. *Haussherr* (Hg.), Memoiren, S. 146. Der Fränkische Merkur, Nr. 10, 1795, Sp. 388. *Hartung*, Hardenberg, S. 78, 101. *Rehm*, Adress-Buch, S. 357.

222 *Georg*, Monument, [hier: »Die Lebensbeschreibung«], S. 3 ff. *Hamberger/Meusel*, Teutschland II, S. 526 f. *Weltrich*, Erinnerungen … aus den Preussischen Regierungs-Jahren, S. 33 f.

223 *Georg*, Monument, [hier: »Die Lebensbeschreibung«], S. 46 ff.

Gymnasium in Bayreuth berufen[224]. Hier vervollständigte Georg im Selbststudium seine Kenntnisse der Jurisprudenz. Letztere bildeten die Voraussetzung, um 1771 das Amt eines Regierungsadvokaten übernehmen zu können sowie um 1774 zum Hofgerichtsprokurator und 1781 zum Beisitzer am Hofgericht in Bayreuth aufzusteigen[225].

Zwei Jahre später wurde Georg als Wirklicher Regierungsrat in die Regierung des obergebürgischen Fürstentums berufen[226]. Dort war er für die Landeshoheitsstreitigkeiten mit den an Bayreuth angrenzenden reichsunmittelbaren Herrschaften zuständig und unermüdlich tätig. Sein Sohn schätzte den Umfang der von seinem Vater in zehn Jahren über diese Materie verfassten Arbeiten auf »mehr als sechzig Folianten«. Dabei griff Georg auch auf die zur Beweisführung in Landeshoheitsstreitigkeiten unverzichtbaren archivalischen Quellen zurück[227]. Besonderes Augenmerk richtete er in seinen Arbeiten auf die Auseinandersetzungen mit der sog. »fränkischen Ritterschaft«, wie die unmittelbar gebliebenen Rittergenossen an den Grenzen Bayreuths abwertend und in Abgrenzung zum landsässigen Corpus Voitlandicum bezeichnet wurden. Zwar betonte Georgs Sohn posthum, dass sein Vater allein Eingriffe der Reichsritter in die Rechte Brandenburg-Bayreuths abstellen wollte, »aber nie auf eine Auflösung und Zertrümmerung ihrer Verfassung« abzielte. Eine derartige Einschätzung relativiert sich jedoch angesichts des Umstandes, dass Georg bei der Beurteilung der reichsritterschaftlichen Rechtsstellung nicht nur das Ius publicum als Maßstab anlegte. Vielmehr spielte ein von aufklärerischen Einflüssen zeugender, tief verwurzelter Adelshass in den Gutachten Georgs eine zentrale Rolle. Die Vorrechte und Freiheiten des ersten Standes hielt er »der Geschichte nach, für erschlichen, für erschmeichelt, oder die aus den ältern Zeiten für ertrozt« und beurteilte von diesem Gesichtspunkt aus die mit der Reichsritterschaft bestehenden Landeshoheitsstreitigkeiten[228]. Ein reichsritterschaftlicher Publizist hatte mithin nicht ganz Unrecht, wenn er

224 Ebd., S. 65 ff. *Hamberger/Meusel*, Teutschland II, S. 526 f.

225 *Georg*, Monument, [hier: »Die Lebensbeschreibung«], S. 75 ff., 84 f. *Hamberger/Meusel*, Teutschland II, S. 526 f. Onolzbach- und Culmbachischer Genealogischer Calender und Adresse-Buch (1789), S. 147.

226 *Georg*, Monument, [hier: »Die Lebensbeschreibung«], S. 84 f. *Hamberger/Meusel*, Teutschland II, S. 526 f. Onolzbach- und Culmbachischer Genealogischer Calender und Adresse-Buch (1789), S. 141.

227 *Georg*, Monument, [hier: »Die Lebensbeschreibung«], S. 85 ff., 106 ff. (Zitat ebd., S. 85). – Allein eine ungedruckte siebenbändige Untersuchung Georgs über die Landeshoheitsstreitigkeiten Bayreuths mit der sog. »fränkischen Ritterschaft« umfaßte fast 8.600 Seiten, zu denen zahlreiche weitere und ebenfalls äußerst umfangreiche Abhandlungen über die Differenzen mit dem Corpus equestre kamen (*Georg*, ebd., [hier: »Die Lebensbeschreibung«], S. 106 ff.).

228 *Georg*, Monument, [hier: »Die Lebensbeschreibung«], S. 86 f., 106 ff. (Zitate ebd., S. 86 f.). – Speziell zur Beeinflussung Georgs durch die Aufklärung siehe Ders., ebd., [hier: »Vorbereitung«], S. 6, 46 ff.

posthum Georg mit den Worten charakterisierte: »Ein standhafter Widersacher und erklärter Feind der Reichsritterschaft«[229].

Georgs Qualifikationen und langjährige Erfahrungen in den Landeshoheitsstreitigkeiten Brandenburg-Bayreuths mit seinen reichsunmittelbaren Nachbarn blieben Hardenberg nicht verborgen. Aufgrund seiner lehensrechtlichen Kenntnisse wurde Georg noch im Jahre 1792 zum Verweser der Lehenspropstei des obergebürgischen Fürstentums bestellt[230]. Zudem nahm er als Regierungsrat weiterhin das Referat für die reichsritterschaftlichen Angelegenheiten wahr[231]. Schließlich berief der Dirigierende Minister ihn 1795 zum Direktor des 2. Senats der Bayreuther Regierung[232].

Ebenfalls nichtadliger Abstammung war Georg Wilhelm Wipprecht (1725–1792), im bayreuthischen Wunsiedel geborener Sohn eines Sekretärs. 1743 bis 1746 studierte Wipprecht in Halle und Erlangen die Jurisprudenz. Dabei kam er auch mit der »Wolfische[n] Philosophie« in Berührung, und damit einer im deutschen Raum besonders einflussreichen Strömung der Aufklärung. In Bayreuth begann er 1746 als Regierungsadvokat seine Laufbahn im markgräflichen Dienst. 1750 zeitweise im Gesandtschaftswesen in Regensburg, Wien und Preßburg eingesetzt, ernannte ihn Markgraf Friedrich von Brandenburg-Bayreuth noch im gleichen Jahr zum Differenzregistrator. 1752 wurde Wipprecht mit dem Amt eines Archivsekretärs und 1754 als Kommissionsrat mit den Aufgaben eines Zweiten Archivars in Bayreuth betraut. Nicht zuletzt seine Geschicktheit in Prozessen vor den beiden höchsten Reichsgerichten ermöglichten ihm, 1758 zum Prozessrat sowie drei Jahre später zum Wirklichen Regierungsrat in Bayreuth aufzusteigen. Seine umfangreichen reichs- und lehensrechtlichen Kenntnisse empfahlen ihn für das Amt des Lehenspropstes, das ihm 1763 übertragen wurde. 1783 ernannte ihn Markgraf Karl Alexander auch noch zum Geheimen Regierungsrat[233]. Wipprecht galt als exzellenter Kenner der fränkischen Geschichte – Wissen, das er auch für staatsrechtliche Aufgaben und Fragen einzusetzen wusste[234].

Hardenberg konnte von Wipprechts Fähigkeiten in den Landeshoheits-

229 Neue Vertheidigung II, S. 24 f. (Zitat ebd., S. 24).

230 *Georg*, Monument, [hier: »Die Lebensbeschreibung«], S. 96.

231 *Süssheim*, Politik, S. 88. – Speziell zur Tätigkeit Georgs unter Hardenberg siehe Kapitel V.4.1, V.4.3 u. VII.1.

232 *Georg*, Monument, [hier: »Die Lebensbeschreibung«], S. 96. *Weltrich*, Erinnerungen … aus den Preussischen Regierungs-Jahren, S. 20 f. Der Fränkische Merkur, Nr. 21, 1795, Sp. 388.

233 *Fikenscher*, Fürstenthum X, S. 122 ff. (Zitat ebd., S. 122 f.). *Weltrich*, Erinnerungen … aus den Preussischen Regierungs-Jahren, S. 8 f. Onolzbach- und Culmbachischer Genealogischer Calender und Adresse-Buch (1789), S. 141, 154. – Wipprechts Nachlass beinhaltete eine 128 Folianten umfassende Sammlung über das Lehens- und Staatsrecht im obergebürgischen Fürstentum (*Liermann*, Die rechtsgelehrten Beamten, S. 290).

234 *K. H. Lang*, Neuere Geschichte I, S. V Anm. *.

streitigkeiten mit der Reichsritterschaft jedoch nur vorübergehend profitieren[235]. Letzterer verstarb nämlich bereits am 15. Oktober 1792[236].

Einen gewissen Ersatz bot dem Dirigierenden Minister der einzige Sohn des Verstorbenen, der in Bayreuth geborenen Georg Friedrich Wipprecht (1758–1809). Dieser hatte mehrere Jahre in Erlangen, Leipzig sowie Göttingen Geschichte, Philosophie und vor allem Rechtswissenschaft studiert. Seine u. a. bei Pütter erworbenen Kenntnisse im Ius publicum vertiefte der jüngere Wipprecht in praktischer Anschauung in Wetzlar und Wien, den Sitzen der beiden höchsten Reichsgerichte, sowie am Tagungsort des Reichtages in Regensburg. Nach Bayreuth zurückgekehrt, stieg er 1782 vom Assessor zum Wirklichen Regierungsrat bei der Regierung des obergebürgischen Fürstentums auf[237]. Dass Georg Friedrich Wipprecht zugleich als Anhänger der Aufklärung zu sehen ist, hat Georg Seiderer jüngst gezeigt[238].

Unter Hardenberg war der jüngere Wipprecht nicht zuletzt an der publizistischen Verteidigung der gegen die Reichsritterschaft gerichteten Mediatisierungspolitik Berlins in Franken beteiligt[239]. 1795 wurde er zum Wirklichen Geheimen Kriegs- und Domänenrat in der Bayreuther Kriegs- und Domänenkammer ernannt und übernahm im Juli 1796, nach dem Tod Georgs, das Amt des Direktors des 2. Senats der Bayreuther Regierung. 1798/99 wechselte Wipprecht, als Direktor des neu gebildeten und auch für die Landeshoheitsstreitigkeiten zuständigen 2. Senats der Ansbacher Kriegs- und Domänenkammer von Bayreuth ins untergebürgische Fürstentum. Neben seinen Aufgaben in diesem »Hoheits-Senat« wurde Wipprecht, dessen Sorgfalt und Scharfsinn Lang lobend hervorhob, zusätzlich das Amt des Lehenspropstes an den Lehenshöfen von Ansbach und Bayreuth übertragen[240].

Besondere Erwähnung verdient auch Johann Friedrich Ferdinand Ganz (1741–1795), ein aus Hessen-Hanau stammender Predigersohn[241]. Er hatte drei Jahre in Tübingen Jurisprudenz studiert und anschließend in Frankfurt am Main seine Kenntnisse in der Praxis vertieft. 1764 war er in die Dienste Preußens getreten und 1779 zum Legationssekretär sowie 1787 zum Wirkli-

235 *Süssheim*, Politik, S. 88. – Speziell zur Tätigkeit von Georg Wilhelm Wipprecht unter Hardenberg siehe Kapitel V.4.1.

236 *Fikenscher*, Fürstenthum X, S. 125 f. *Weltrich*, Erinnerungen … aus den Preussischen Regierungs-Jahren, S. 8 f.

237 *Fikenscher*, Fürstenthum X, S. 118 ff. *Hamberger/Meusel*, Teutschland XVI, S. 248. Die Memoiren des Karl Heinrich von Lang. Faksimile I, S. 283. *Haussherr* (Hg.), Memoiren, S. 148. Onolzbach- und Culmbachischer Genealogischer Calender und Adresse-Buch (1789), S. 141.

238 *Seiderer*, Formen, S. 457 f.

239 Siehe Kapitel VIII.2.1 bis VIII.2.2.

240 *Fikenscher*, Fürstenthum X, S. 120 f. *Weltrich*, Erinnerungen … aus den Preussischen Regierungs-Jahren, S. 20, 33 f., 50. *K. H. Lang*, Annalen, S. 26 f. *Hamberger/Meusel*, Teutschland VIII, S. 561 (Zitat ebd.). Dies., ebd. XVI, S. 248. Die Memoiren des Karl Heinrich von Lang. Faksimile I, S. 283. Ebd., Faksimile II, S. 4. *Haussherr* (Hg.), Memoiren, S. 148, 185. *Rehm*, Adress-Buch, S. 361.

241 *Vocke*, Geburts- und Todten-Almanach I, S. 115. *Seiderer*, Formen, S. 552.

chen Legationsrat bei der königlichen Gesandtschaft in Regensburg bestallt worden. Hier verfasste er auch die sog. »Comitial-Nebenstunden«, deren satirischer Charakter alles andere als Respekt vor der Reichsverfassung bezeugte[242].

Gegen Ende des Jahres 1792 wurde der fähige Publizist auf Hardenbergs Wunsch auf einige Zeit aus Regensburg für den Dienst in Ansbach beurlaubt[243]. Im März bzw. April 1793 wurde Ganz zum Geheimen Hof- und Regierungsrat in der Ansbacher Regierung ernannt, hatte aber vordringlich im provisorischen Departement Hardenbergs zu arbeiten[244]. Hier war Ganz für den Schriftverkehr mit den reichsunmittelbaren Nachbarn sowie die Reichs- und Kreissachen zuständig[245]. Außerdem trat er bei der publizistischen Begründung der Arrondierungspolitik des Dirigierenden Ministers hervor[246].

Wie viele seiner Mitstreiter in der »fränkischen Schule« scheint auch Kaspar Friedrich von Schuckmann (1755–1834) ein Anhänger aufklärerischen Gedankenguts gewesen zu sein. Er war der Spross eines Adelsgeschlechts aus Mecklenburg-Schwerin und hatte in Halle Rechts- und Staatswissenschaften studiert. Erst 1795 wechselte er aus dem preußischen Justizdienst in die fränkischen Provinzen: Anfang März dieses Jahres hatte Hardenberg ihn zum Präsidenten der Kriegs- und Domänenkammer in Bayreuth ernannt. Im April 1796 wurde Schuckmann zusätzlich die gleiche Amtsstellung in Ansbach übertragen[247]. Von diesen Positionen aus unterstützte er die Mediatisierung der Ansbach-Bayreuth benachbarten Reichsritter tatkräftig[248]. Nach Lang übernahm Schuckmann im Zuge der Verwaltungsreform um die Jahreswende 1798/99 zusätzlich das Präsidium über den neu eingerichteten 2. Kammersenat zu Ansbach, der für die Landeshoheitsangelegenheiten beider Mark-

242 *Vocke*, Geburts- und Todten-Almanach I, S. 115 f. Die Memoiren des Karl Heinrich von Lang. Faksimile I, S. 262. *Haussherr* (Hg.), Memoiren, S. 137. *K. H. Lang*, Annalen, S. 7. – Aus Regensburg berichtete Ganz nicht nur nach Berlin, sondern auch an den Landgrafen von Hessen-Kassel (*Burgdorf*, Weltbild (2009), S. 66 f.).

243 Bericht Hardenbergs an das Kabinettsministerium, Ansbach, 9. November 1792, GStA PK Berlin, II. HA, Abt. 36, VI, Nr. 4. Königliches Reskript an den preußischen Reichstagsgesandten Grafen von Goertz, Berlin, 10. November 1792, ebd.

244 Bestallungspatent Hardenbergs für Ganz, Frankfurt/M., 19. März 1793, GStA PK Berlin, II. HA, Abt. 36, VI, Nr. 4. *Vocke*, Geburts- und Todten-Almanach I, S. 116. *K. H. Lang*, Annalen, S. 7. *Hartung*, Hardenberg, S. 67.

245 *Hartung*, Hardenberg, S. 68 f.

246 Siehe Kapitel VIII.2.1 bis VIII.2.2.

247 *K. H. Lang*, Annalen, S. 15 f. *Weltrich*, Erinnerungen … aus den Preussischen Regierungs-Jahren, S. 19. Die Memoiren des Karl Heinrich von Lang. Faksimile I, S. 280. *Haussherr* (Hg.), Memoiren, S. 146. *Rehm*, Adress-Buch, S. 309 f., 364. Der Fränkische Merkur, Nr. 21, 1795, Sp. 387. *Wippermann*, Schuckmann, S. 647 ff. *Hartung*, Hardenberg, S. 76 ff. – Im September 1798 wurde Schuckmann zu seinen anderen Aufgaben in Ansbach und Bayreuth auch noch das Amt eines Geheimen Oberfinanz-, Kriegs- und Domänenrats in Berlin übertragen (*Hartung*, ebd., S. 77. *Wippermann*, ebd., S. 648).

248 Siehe Kapitel VI.1 bis VI.2 u. VII.1.

grafentümer zuständig war[249]. Nach dem Ende der »preußischen Ära« in Franken sollte Schuckmann 1814 in Berlin zum Minister des Inneren aufsteigen[250].

Weniger bekannt als Schuckmann ist heute Johann Georg Kracker. Er war der Sohn eines Metzgermeisters aus Neustadt an der Aisch, entstammte also dem gehobenen Bürgertum des Bayreuther Unterlandes[251]. Unter Markgraf Karl Alexander Geheimer Registrator und Archivrat, wurde Kracker im März 1793 zum Kriegs- und Domänenrat bei der Kriegs- und Domänenkammer zu Bayreuth ernannt. Vorrangig hatte Kracker jedoch in dem damals für Hardenberg geschaffenen provisorischen Departement das Referat für die Militärsachen wahrzunehmen[252]. Im Juni 1795 rückte Kracker als Vortragender Rat ins neu geschaffene Geheime Landesministerium der fränkischen Provinzen auf, wo er das Militärdepartement führte[253]. Krackers langjährige Beschäftigung mit dem Militärwesen der beiden fränkischen Provinzen bedeutete auch, dass er an erster Stelle involviert sein musste, als es darum ging, die an Ansbach-Bayreuth angrenzenden Rittergüter der preußischen Militärhoheit zu unterwerfen[254]. 1798/99, nach dem Abschluss der eigentlichen Arrondierungen, sollte er Zweiter Direktor der Ansbacher Kriegs- und Domänenkammer werden[255].

Schließlich ist noch Georg Karl Sigmund Strebel (1738 – 1813) aus Ansbach zu erwähnen. Er hatte von 1757 bis 1760 Jurisprudenz in Altdorf und Frankfurt an der Oder studiert, war 1762 als Hofratsassessor in die Dienste Markgraf Karl Alexanders getreten und wurde drei Jahre später zum Hof-, Regierungs- und Justizrat ernannt[256]. Dass Strebel die Landeshoheitsstreitigkeiten Brandenburg-Ansbachs mit den angrenzenden reichsunmittelbaren Herrschaften alles andere als fremd waren, bezeugt sein Plan zu einer Beschreibung der Oberämter des untergebürgischen Fürstentums aus dem Jahre 1778: In diesem kam den lehensrechtlichen Verhältnissen sowie den »Strit-

249 *K. H. Lang*, Annalen, S. 26. Die Memoiren des Karl Heinrich von Lang. Faksimile II, S. 4. *Haussherr* (Hg.), Memoiren, S. 185.

250 *Wippermann*, Schuckmann, S. 649. *H. H. Hofmann*, Herrschaft, S. 4 (Zitat ebd.).

251 *Haller*, Hardenberg, S. 56. – Kracker dürfte heute vor allem durch seine Tätigkeit als Direktor der noch von Markgraf Karl Alexander gegründeten Hofbank in Ansbach bzw. Fürth ab 1796 bekannt sein (*Rehm*, Adress-Buch, S. 298. *Haller*, ebd., S. 51 ff.).

252 Bestallungspatent Hardenbergs für Kracker, Frankfurt/M., 19. März 1793, GStA PK Berlin, II. HA, Abt. 36, VI, Nr. 4. Onolzbach- und Culmbachischer Genealogischer Calender und Adresse-Buch (1789), S. 59. *K. H. Lang*, Annalen, S. 7. *Weltrich*, Erinnerungen … aus den Preussischen Regierungs-Jahren, S. 19. *Hartung*, Hardenberg, S. 67 ff.

253 Bestallungspatent Hardenbergs für Kracker, Berlin, 21. Juni 1795, GStA PK Berlin, II. HA, Abt. 36, VI, Nr. 4. *K. H. Lang*, Annalen, S. 11. *Rehm*, Adress-Buch, S. 295 f. *Hartung*, Hardenberg, S. 80.

254 Siehe Kapitel VI.1 u. VII.1.

255 *Weltrich*, Erinnerungen … aus den Preussischen Regierungs-Jahren, S. 47 ff.

256 *Vocke*, Geburts- und Todten-Almanach II, S. 280 f. *Hamberger/Meusel*, Teutschland VII, S. 694. *Leesch*, Archivare II, S. 598 f. – Ebenfalls seit 1765 füllte Strebel bereits das Amt des Archivsekretärs am Geheimen Archiv in Ansbach aus (*Tröger*, Archive, S. 153).

tigkeiten mit Benachbarten« zentrale Bedeutung zu[257]. Strebels Befähigung dürfte mithin außer Frage gestanden haben, als er im April 1786 zum Wirklichen Geheimen und Leitenden Archivar im untergebürgischen Fürstentum ernannt wurde[258]. Schließlich war das Hochfürstliche Geheime Archiv zu Ansbach mit seinen Akten, Amtsbüchern und Urkunden ein »unersetzliches Arsenal zur Verteidigung der landesherrlichen Gerechtsame«[259]. Daher konnte Strebel zusammen mit Karl Heinrich Lang die Materialien zur Begründung der preußischen Landeshoheitsansprüche auf die den fränkischen Markgrafentümern benachbarten Rittergüter bereitstellen. Publizistisch jedoch wurde Strebel für die Mediatisierungspolitik Hardenbergs nicht selbst tätig[260].

Darin unterschied sich Strebel deutlich von Georg Friedrich Daniel Goess (1768-1851), der als einer der »fruchtbarsten Vertreter der spätaufklärerischen Publizistik« im untergebürgischen Fürstentum sowie als bedeutender Propagandist der preußischen Politik in den fränkischen Markgrafentümern in die Geschichte eingehen sollte. Als Sohn des Superintendenten zu Dietenhofen im Bayreuther Unterland entstammte auch Goess bürgerlichen Verhältnissen und hatte sich an den Universitäten in Erlangen sowie Jena vor allem philosophisch-theologischen Studien gewidmet. Nach seiner Promotion 1793 lehrte der Kantianer und Anhänger des republikanischen Ideenguts der Französischen Revolution als Privatdozent die »Weltweisheit« an der Erlanger Universität, bevor er 1794 Gymnasialprofessor für Geschichte und Philosophie am renommierten Carolo-Alexandrinum in Ansbach wurde. Dort sollte er 1800 die Aufsicht über die Schlossbibliothek übernehmen[261].

Mit den vorgestellten Oberbeamten der »fränkischen Schule« wurde der-

257 *Seiderer*, Formen, S. 286 f. »Plan zu einer Ober-Amts-Beschreibung« von Strebel, 1778, in: StA Nürnberg Rep. 120 II, Nr. 70, zit. nach: *Seiderer*, ebd., S. 287. – Bereits einer der Vorgänger Strebels als Leiter des Ansbacher Archivs, sein Vater Johann Sigmund (1700-1764), hatte in seiner Funktion als Prinzenerzieher 1751 eine Beschreibung des untergebürgischen Fürstentums begonnen. In dieser war er auf die territorial- und reichsstaatsrechtlichen Verhältnisse und Ansprüche ebenso eingegangen, wie auf die zollerschen Besitztitel in Gestalt einer auf archivalischer Basis rekonstruierten Erwerbsgeschichte (*Vocke*, Geburts- und Todten-Almanach II, S. 280 f. *Schuhmann*, Markgrafen (1980), S. 355 f. *Leesch*, Archivare I, S. 90 f. *Ders.*, ebd. II, S. 598 f. *Seiderer*, ebd., S. 285 ff. *A. Schmid*, Strebel, S. 96 ff. *Fickenscher*, Strebel, S. 243 f.).

258 *Vocke*, Geburts- und Todten-Almanach II, S. 280 f. *Hamberger/Meusel*, Teutschland VII, S. 694. Onolzbach- und Culmbachischer Genealogischer Calender und Adresse-Buch (1789), S. 60. *Rehm*, Adress-Buch, S. 298. *Leesch*, Archivare I, S. 90 f. *Ders.*, ebd. II, S. 599. – Strebel schied 1806, mit dem Anfall des untergebürgischen Fürstentums an das Königreich Bayern, aus dem preußischen Dienst aus, nachdem er drei Jahre zuvor bereits die Leitung des Geheimen Archivs zu Ansbach abgegeben hatte (*Leesch*, Archivare I, S. 90 f. *Ders.*, ebd. II, S. 599).

259 *Schuhmann*, Markgrafen (1980), S. 355.

260 Siehe Kapitel VIII.2.1.

261 *Vocke*, Geburts- und Todten-Almanach II, S. 362 ff. (Zitat ebd., S. 363.). *Hamberger/Meusel*, Teutschland II, S. 602 f. *K. H. Lang*, Annalen, S. 10. *Seiderer*, Formen, S. 78, 226, 270, 292 ff., 312, 320 ff., 412, 452 ff., 463 ff., 542 (Zitat ebd., S. 78). *Hofmeister-Hunger*, Pressepolitik, S. 113 ff. *Thürauf*, Meinung, S. 69. *Schuhmann*, Markgrafen (1980), S. 564 f. *R. Müller*, Goess, Sp. 476.

jenige Personenkreis skizziert, auf den sich Hardenberg bei der Durchführung seiner Mediatisierungspolitik primär stützte. Mit deren konkretem Ablauf hat sich die vorliegende Studie im Folgenden auseinanderzusetzen. Dabei wird sich der Bogen vom Ausbruch des Konflikts zwischen Berlin und der Reichsritterschaft sowie dem Ringen um einen gütlichen Ausgleich[262] über die zunehmende Eskalation der Auseinandersetzung[263] bis hin zur endgültigen Unterwerfung der Ansbach-Bayreuth benachbarten Rittergüter[264] spannen und den Zeitraum zwischen den Jahren 1792 und 1798 abdecken.

262 Siehe Kapitel V.1 bis V.4.3.
263 Siehe Kapitel VI.1 bis VI.2.
264 Siehe Kapitel VII.1 bis VII.2.

V. Zwischen Kompromiss und Konfrontation: Februar 1792 bis März/Juni 1793

1. Der offene Ausbruch des Konflikts

Am 24. Februar 1792 schrieb der Konsulent des Kantons Rhön-Werra an seinen Ortsvorstand: »Der Preußische Adler fängt schon an, gewaltig [...] um sich zu greifen«[1]. Was war geschehen[2]?

Am 15. Januar 1792 war Hardenberg vom Berliner Kabinettsministerium im Namen des preußischen Königs angewiesen worden, »Unsern nunmehrigen Unterthanen in Franken« den Regierungswechsel durch die Publizierung des vorgeblich vom 2. Dezember 1791 stammenden Abdankungspatents Karl Alexanders sowie des auf den 5. Januar des Folgejahres datierten Regierungsantrittspatents Friedrich Wilhelms II. bekannt zu machen[3]. Nicht geklärt war die Frage, ob unter den derart zu benachrichtigenden neuen Untertanen auch solche zu verstehen seien, die von den fränkischen Markgrafen traditionell als Landsassen beansprucht wurden, jedoch faktisch der Landesherrlichkeit bzw. -hoheit anderer Reichsglieder unterstanden. Dieses Problem wurde schon bald virulent, als ein königliches Grenzoberamt in Ansbach um Auskunft bat, ob die Regierungsantrittspatente Friedrich Wilhelms II. auch auf dem von Berlin beanspruchten, außerhalb der Stadtmauern gelegenen

1 Bericht des Konsulenten J. C. Schmid an den Ortsvorstand Rhön-Werra, Schweinfurt, 24. Februar 1792, StA Marburg, 109, Nr. 311, Bd. 1, Dok. 1.

2 Zu den folgenden Ausführungen über den zollerschen Patentanschlag siehe auch: *Stamm-Kuhlmann*, »Für dessen Constitution ich keine drei Kreuzer mehr gebe«, S. 74; *Demel*, Reich, S. 341; *Seis*, Bürgertreue, S. 15; *Sörgel*, Ritterkanton, S. 86; *Schuh*, Zugriff, S. 304 f.; *H. H. Hofmann*, preußische Ära (1967), S. 248; *Ders.*, Staat des Deutschmeisters, S. 333; *Ders.*, Herrschaft, S. 168 f.; *Ders.*, Neustadt-Windsheim, S. 147; *Guttenberg/Ders.*, Stadtsteinach, S. 107; *H. Müller*, Kampf, S. 60; *Heigel*, Geschichte I, S. 415; *K. A. Menzel*, Geschichte VI, S. 353; *Ders.*, Zwanzig Jahre, S. 340 f.; *Ders.*, Geschichte XII/2, S. 210; *Manso*, Geschichte I, S. 372.

3 Reskript von Finkenstein, Schulenburg und Alvensleben an Hardenberg, Berlin, 15. Januar 1791 [gemeint: 1792], GStA PK Berlin, I. HA, Rep. 44 B, Nr. 1, fol. 49 – 50, hier: fol. 49 f. (Zitat ebd.). – Abdankungspatent von Markgraf Karl Alexander von Ansbach-Bayreuth, Bordeaux, 2. Dezember 1791, in: *Krause* (Hg.), Sammlung, Nr. 75, S. 114 – 115, hier: S. 115 sowie in: Von der Wiedervereinigung der Brandenburgischen Fürstenthümer (Teutsche Staatskanzley), S. 199 – 201, hier: S. 199 ff. bzw. Von der Wiedervereinigung der Brandenburgischen Fürstenthümer (Staatsarchiv), S. 27 – 29, hier: S. 27 ff. [hier angebl. vom 22. Dezember 1791]. Antrittspatent von König Friedrich Wilhelm II. von Preußen, Berlin, 5. Januar 1792, in: *Krause* (Hg.), ebd., Nr. 1, S. 123 – 124, hier: S. 124 sowie in: Von der Wiedervereinigung der Brandenburgischen Fürstenthümer (Teutsche Staatskanzley), S. 201 – 205, hier: S. 203 ff. bzw. Von der Wiedervereinigung der Brandenburgischen Fürstenthümer (Staatsarchiv), S. 29 – 32, hier: S. 30 ff. – Zur künstlichen Datierung der beiden Patente siehe *Süssheim*, Politik, S. 44.

Gebiet der Reichsstadt Nürnberg anzuschlagen seien. Zwar lehnten Anfang Februar 1792 die im 1. Senat der Ansbacher Regierung für die Landeshoheitsstreitigkeiten mit Nürnberg zuständigen »Differentiarien« ein derartiges Ansinnen mit Verweis auf die einschlägige Rechtsprechung des Reichshofrats ab. Jedoch wurden sie von ihren Kollegen sowie dem zusätzlich eingeschalteten und mit der Wahrung der zollerschen Ansprüche gegenüber der fränkischen Reichsstadt betrauten Burggräflichen Ratskollegium überstimmt[4]. Hierauf ordnete Hardenberg am 9. Februar 1792 an, die Regierungsantrittspatente nicht nur auf dem fraglichen Nürnberger Territorium anzuschlagen, sondern auch in allen anderen angrenzenden Gebieten, auf die Ansbach-Bayreuth Landeshoheitsansprüche geltend machte[5]. Gleichzeitig informierte Hardenberg das Kabinettsministerium von seiner Entscheidung. Dabei betonte er die Notwendigkeit, den Augenblick zu nutzen und den Patentanschlag auf Herrschaften anderer Reichsglieder auszudehnen: »Der Zeitpunkt, die von allen Nachbarn so sehr angefochtene[n] hiesige[n] Gerechtsame des königl[.] Kurhauses geltend zu machen ist entweder gegenwärtig vorhanden, oder er wird nie wiederkommen«[6].

Trotzdem erbat sich am 11. Februar der 1. Senat der Ansbacher Regierung – mit Verweis auf das Einlenken des Markgrafen Karl Alexander in einer älteren Auseinandersetzung mit dem Kanton Altmühl im Jahre 1774 – von Hardenberg nochmals Weisung, ob der Patentanschlag auch auf diejenigen Dörfer des Ritterorts ausgedehnt werden sollte, wo die reichsritterschaftliche Landesherrlichkeit und Unmittelbarkeit von Preußen bestritten wurde[7]. Dabei muss

4 Gemeinschaftlicher Bericht des 1. Senats der Ansbacher Regierung und des Burggräflichen Ratskollegiums, Ansbach, 6. Februar 1792, GStA PK Berlin, II. HA, Abt. 36, I, Nr. 112 (Zitat ebd.). Bericht Hardenbergs an den preuß. König/das Kabinettsministerium, Ansbach, 9. Februar 1792, ebd.

5 Reskript Hardenbergs an den 1. Senat der Ansbacher Regierung und das Burggräfliche Ratskollegium, Ansbach, 9. Februar 1792, GStA PK Berlin, II. HA, Abt. 36, I, Nr. 112. – Gegenüber dem pfalz-bayerischen Kreisgesandten Freiherr von Gravenreuth betonte Hardenberg ausdrücklich die Notwendigkeit, durch den Patentanschlag die landesherrlichen Ansprüche der Markgrafen gegen benachbarte Reichsglieder aufrechtzuerhalten, »damit man Stillschweigen in diesem entscheidenden Augenblick nichts [sic] für Begebung annehme« (Verbalnote Hardenbergs an den pfalz-bayerischen Gesandten am Fränkischen Kreis, Freiherr von Gravenreuth, Ansbach, 12. März 1792, BayHStA, K. schw. 14511, fol. 145–146, hier: fol. 145 (Zitat ebd.). 16. Bericht des pfalz-bayerischen Kreisgesandten zu Nürnberg, Freiherr von Gravenreuth, an Kurfürst Karl Theodor, Nürnberg, 15. März 1792, ebd. fol. 152–155, hier: fol. 152 f.) – Am 9. Februar 1792 erfolgten durch das Bayreuther Oberamt Baiersdorf bereits die ersten Patentanschläge auf dem Gebiet der Reichsstadt Nürnberg, während aufgrund der geschilderten Bedenken und Stellungnahmen die Ansbacher Behörden erst seit dem 13. Februar folgten (Aktenmäßige Nachricht von dem neuerlichen thätlichen Verfahren der Königlich Preußischen Regierungen … gegen die Reichsstadt Nürnberg, BayHStA, K. schw., Nr. 14477, fol. 144–191, hier: S. 1 ff. bzw. fol. 146 ff.).

6 Bericht Hardenbergs an den preuß. König/das Kabinettsministerium, Ansbach, 9. Februar 1792, GStA PK Berlin, II. HA, Abt. 36, I, Nr. 112.

7 Bericht des 1. Senats der Ansbacher Regierung, Ansbach, 11. Februar 1792, GStA PK Berlin, II. HA, Abt. 36, I, Nr. 112.

berücksichtigt werden, dass es sich bei den Gütern des Viertels Altmühl nicht um vereinzelte, sondern um einen zentralen Teil der von Ansbach-Bayreuth beanspruchten reichsritterschaftlichen Gebiete handelte[8]. Entsprechend deutlich bekräftigte Hardenberg in einem Reskript vom 14. Februar, dass in allen mit der Reichsritterschaft umstrittenen Orten die königlichen Patente anzuschlagen seien[9]. Am 18. Februar 1792 verließ ein Botenreiter mit einem am Vortag ausgefertigten Kabinettsreskript Berlin. In diesem wurde Hardenberg im Namen des Königs ausdrücklich autorisiert, in denjenigen Gebieten, auf die Preußen Landeshoheitsansprüche erhob, die Regierungsantrittspatente anzuschlagen. Auf Protestschreiben der betroffenen Reichsstände und -ritter sollte Hardenberg mit schriftlichen Verwahrungen reagieren. Bei darüber hinausreichenden Gegenmaßnahmen erwartete Berlin von seinem Statthalter in Franken einen kaum zu realisierenden Spagat: Einerseits solle Hardenberg etwaigen Tätlichkeiten der Gegenseite energisch entgegentreten, andererseits wünschte der König aber, »daß dabey möglichster Glimpf und alle Mäßigung beobachtet werde, indem wir von unserm Regierungsantritt gern alle heftige[n] Auftritte entfernen«[10].

Von einem vorher geplanten, eigenmächtigen und nicht »im Sinne des Ministeriums« in Berlin durchgeführten Schritt Hardenbergs zur Wahrung der königlichen Ansprüche auf benachbartes Gebiet mittels des Patentanschlags wird man im Gegensatz zur bisherigen Forschung nicht mehr sprechen können[11]. Schließlich konnte sich der Minister durch die Kabinettsreskripte vom 15. Januar und insbesondere vom 17. Februar gedeckt halten, und Berlin ließ ihn auch bis Anfang März gewähren[12]. Ebenso wenig hatten die – von Karl Süssheim in kryptischen Worten angesprochenen – Änderungswünsche Hardenbergs für das Regierungsantrittspatent vom 5. Januar 1792, damit dieses nicht »jedem seine Rechte verbürgte«, einen konkreten Bezug auf die von Berlin beanspruchten Territorien anderer Reichsglieder[13].

8 Siehe Kapitel VII.1.

9 Reskript Hardenbergs an den 1. Senat der Ansbacher Regierung, Ansbach, 14. Februar 1792, GStA PK Berlin, II. HA, Abt. 36, I, Nr. 112.

10 Reskript von Finkenstein, Schulenburg und Alvensleben an Hardenberg, Berlin, 17. Februar 1792, GStA PK Berlin, I. HA, Rep. 44 B, Nr. 1a.

11 *Süssheim*, Politik, S. 58 ff. (Zitat ebd., S. 59 f.).

12 Reskript [wegen der Grundsätze hinsichtlich der Nachbarn u. unmittelbaren sog. Insassen] von Finkenstein, Schulenburg und Alvensleben an Hardenberg, Berlin, 1. März 1792, GStA PK Berlin, II. HA, Abt. 36, I, Nr. 5, fol. 25–26, hier: fol. 25 f. Bericht Hardenbergs an den König/das Kabinettsministerium [über die Glückwunschschreiben zum Regierungsantritt], Ansbach, 9. März 1792, ebd., fol. 27–29, hier: fol. 27. Reskript von Finkenstein, Schulenburg und Alvensleben an Hardenberg, Berlin, 15. Januar 1791 [gemeint: 1792], GStA PK Berlin, I. HA, Rep. 44 B, Nr. 1, fol. 49–50, hier: fol. 49 f. Reskript von Finkenstein, Schulenburg und Alvensleben an Hardenberg, Berlin, 17. Februar 1792, GStA PK Berlin, I. HA, Rep. 44 B, Nr. 1a.

13 Schreiben Hardenbergs an das Kabinettsministerium, Berlin, 5. Dezember [gemeint: Januar] 1792, GStA PK Berlin, I. HA, Rep. 44 B, Nr. 1, fol. 24. *Süssheim*, Politik, S. 44 (Zitat ebd.). – Auch die Behauptung *Süssheims* (ebd., S. 44), das Kabinettsministerium habe Hardenbergs Änderungswünschen für das Patent vom 5. Januar 1792 keine Rechnung getragen, ist unzutreffend

Dessen ungeachtet stellte der Anschlag der zollerschen Patente auf den reichsritterschaftlichen Besitzungen eine bewusste Demonstration und reichsrechtliche Verwahrung der preußischen Landeshoheitsansprüche dar[14] sowie einen massiven Eingriff in die reichsunmittelbare Stellung des Corpus equestre und seiner Mitglieder. Das Recht zur Verkündung öffentlicher Bekanntmachungen durch einen Anschlag an eigens dafür vorgesehenen Tafeln, aber auch an Gasthäusern, Kirchen, Rathäusern usw. war für die Ausübung von Herrschaft in der Frühen Neuzeit unverzichtbar[15]. Entsprechend galt das sog. Ius affigendi literas patentes als Ausfluss der Landesherrlichkeit bzw. -hoheit, auch wenn ein mehr oder weniger strittiges Herkommen mancherorts Abweichungen begründen mochte[16]. Dem Kanton Altmühl war die selbstständige Ausübung des Ius affigendi sogar ausdrücklich in der erwähnten Jurisdiktionsdeklaration von 1722 (§ 18) und der erläuternden Resolution von 1729 (§ 18) für geschlossene reichsritterschaftliche Ortschaften ebenso zugestanden worden wie für diejenigen sog. vermischten Gemeinden, in denen die Dorfherrschaft gänzlich in reichsritterschaftlicher Hand lag[17]. Bei Letz-

(vgl. Schreiben Hardenbergs an das Kabinettsministerium, Berlin, 5. Dezember [gemeint: Januar] 1792, ebd., fol. 24 mit Antrittspatent von König Friedrich Wilhelm II. von Preußen, Berlin, 5. Januar 1792, in: *Krause* (Hg.), Sammlung., Nr. 1, S. 123–124, hier: S. 124).

14 Denkschrift »Ueber das Aufsehen im Reiche, wegen der bey Gelegenheit des Anschlagens der Patente den RegierungsAntritt betref[fend] hier und da vorgefallenen Gewaltthätigkeiten«, Ansbach, 6. März 1792, GStA PK Berlin, II. HA, Abt. 36, I, Nr. 5, fol. 74–75, hier: fol. 74 f. Bericht Hardenbergs an den König/das Kabinettsministerium [wegen der Grundsätze in den Landeshoheitsstreitigkeiten mit benachbarten Reichsgliedern], Ansbach, 9. März 1792, fol. 27–29, hier: fol. 27. *Kretschmann*, Dienstjahre (1808), S. 12 f. Vgl. auch Bericht Hardenbergs an den König/das Kabinettsministerium, Bayreuth, 9. August 1792, GStA PK Berlin, I. HA, Rep. 44 B, Nr. 1a.

15 Vgl. Reskript Hardenbergs an den 1. Senat der Ansbacher Regierung und das Burggräfliche Ratskollegium, Ansbach, 9. Februar 1792, GStA PK Berlin, II. HA, Abt. 36, I, Nr. 112.

16 Abschrift des Promemorias des Ritterhauptmanns Freiherr von Crailsheim an Hardenberg, Rügland, 17. Februar 1792, StA Marburg, 109, Nr. 311, Bd. 1, Dok. 18. Vgl. hierzu das Beispiel Nürnbergs in: Gemeinschaftlicher Bericht des 1. Senats der Ansbacher Regierung und des Burggräflichen Ratskollegiums, Ansbach, 6. Februar 1792, GStA PK Berlin, II. HA, Abt. 36, I, Nr. 112 u. Bericht des Lehensinspektors Johann Martin Grüner, Nürnberg, 11. Februar 1792, ebd. – Nach der Behauptung einer reichsritterschaftlichen Beschwerdeschrift war der zollersche Patentanschlag bei keinem der betroffenen Rittergüter dem Herkommen gemäß (»Allerunterthänigste kurze Geschichtserzählung, die Irrungen mit den von Seiner königlichen Majestät in Preußen im Monat Jenner 1792 angetrettenen, und in Besitz genommenen fränckischen Fürstenthümern, Brandenburg-Anspach, und Bayreuth betreffend«, Bamberg, 29. Januar 1793, StA Marburg, 109, Nr. 311, Bd. 2, Dok. 104.).

17 Abschrift des Promemorias des Ritterhauptmanns Freiherr von Crailsheim an Hardenberg, Rügland, 17. Februar 1792, StA Marburg, 109, Nr. 311, Bd. 1, Dok. 18. Jurisdiktionsdeklaration des Markgrafen Wilhelm Friedrich von Brandenburg-Ansbach für den Kanton Altmühl, Bruckberg, 21. Mai 1722, GStA PK Berlin, II. HA, Abt. 36, I, Nr. 5, fol. 47–54, hier: fol. 53. Erläuternde Resolution der Markgräfin Christiane Charlotte von Brandenburg-Ansbach für den Kanton Altmühl, Ansbach, 29. April 1729, ebd., fol. 63–70, hier: fol. 68. – Wurde in ungeschlossenen Orten die Dorfherrschaft von einem zum Kanton Altmühl gehörenden Rittergenossen und Brandenburg-Ansbach gemeinsam ausgeübt, dann sah die erläuternde Resolution

terer handelte es sich um eine Spielart der Vogteilichkeit, in deren Besitz sich die Rittergenossen in mehrheitlich reichsritterschaftlichen Weilern und Dörfern meist befunden haben dürften[18].

Doch nicht nur die Form des öffentlichen Anschlags selbst, sondern auch der Inhalt des königlichen Antrittspatents war mit der reichsrechtlichen Stellung der Rittergenossen unvereinbar: In dieser eigentlich für preußische Untertanen entworfenen Bekanntmachung war von Friedrich Wilhelm II. als »einigen und rechtmässigen Landesfürsten und Landesherrn« die Rede, dem »vollkommene[r] Gehorsam und eine unverbrüchliche Treue« zu beweisen seien. Damit nicht genug, wurde eine künftige Erbhuldigung angekündigt, die für die Reichsritter gleichbedeutend mit der Anerkennung ihres Landsassiats gewesen wäre[19].

Entsprechend war die Reaktion des Altmühler Ritterhauptmanns Ernst Ludwig Sebastian Freiherr von Crailsheim, als er von dem bevorstehenden Anschlag der zollerschen Patente auf reichsritterschaftlichem Besitz erfuhr: Er reiste noch am 17. Februar 1792 nach Ansbach und erwirkte dort eine Audienz bei Hardenberg. In dieser versuchte der Ritterhauptmann den Dirigierenden Minister von seinem Vorhaben abzubringen und überreichte zu diesem Zweck ein eigens angefertigtes Promemoria[20]. Darin wurde die zu-

von 1729 (ebd., fol. 68) vor einem reichsritterschaftlichen Patentanschlag eine vorherige Kommunikation mit den markgräflichen Behörden vor.

18 *H. H. Hofmann*, Herrschaft, S. 52 f.

19 Zirkularschreiben des Ortsvorstandes Gebürg an den Ortsvorstand Rhön-Werra, Bamberg, 2. März 1792, StA Marburg, 109, Nr. 311, Bd. 1, Dok. 4. Abschrift des Schreibens des Ortsvorstandes Odenwald an den Ortsvorstand Gebürg, Kochendorf, 17. März 1792, ebd., Dok. 24. Abschrift des königlichen Antrittspatents mit Unterstreichung der für die Reichsritterschaft präjudizierlichen Stellen, Berlin, 5. Januar 1792, ebd., Beilage 1 zu Dok. 4. Antrittspatent von König Friedrich Wilhelm II. von Preußen, Berlin, 5. Januar 1792, in: *Krause*, Sammlung (Hg.), ebd., Nr. 1, S. 123–124, hier: S. 123 f. (Zitate ebd.). – Nicht nachvollziehbar ist die Aussage von *Haussherr* (Hardenberg I, S. 134) über den Anschlag der preußischen Besitzergreifungspatente: »Damit brauchten sich die Reichsritter nicht getroffen zu fühlen, weil sie die Landeshoheit [Berlins] anerkannten«. Ebenfalls an den historischen Realitäten vorbei geht Stettens Interpretation des Patentanschlags als »rein formale Vorkehrung«. Eben so wenig fundiert ist seine Behauptung, gleichzeitig zum Patentanschlag wäre »die Anerkennung der Landeshoheit gefordert« worden (*Stetten*, Rechtsstellung, S. 108. (Zitate ebd.). Ähnlich: *T. Schulz*, Mediatisierung (1988), S. 327). – Die Forschung hat immer wieder ihr Interesse der Frage zugewandt, warum Hardenberg damals nicht die angekündigte Huldigung in den von Preußen beanspruchten Gebieten anderer Reichsglieder wirklich durchführen ließ. Sicher spielte der Wunsch, die »schönen Feiern« des Regierungswechsels nicht zu stören, keine primäre Rolle. Vielmehr dürfte es darum gegangen sein, prinzipiell neue und aufsehenerregende Konflikte mit den benachbarten Territorien vorerst zu vermeiden. Zudem wollte der Dirigierende Minister wahrscheinlich »sich nicht von vornherein auf einen zu engen Kreis der Betroffenen« festlegen (*Süssheim*, Politik, S. 108. *Haussherr*, ebd., S. 134 (Zitat ebd.). *Thielen*, Hardenberg, S. 63 (Zitat ebd.). *Hartung*, Hardenberg, S. 33. *Hofmeister-Hunger*, Pressepolitik, S. 39).

20 Bericht des Konsulenten J. C. Schmid an den Ortsvorstand Rhön-Werra, Schweinfurt, 24. Februar 1792, StA Marburg, 109, Nr. 311, Bd. 1, Dok. 1. Bericht von Christian Philipp Schmidt, Wilhermsdorf, 29. Februar 1792, ebd., Dok. 3. Abschrift des Zirkularschreibens des Ritter-

gunsten des Corpus equestre sprechende Rechtslage ausgeführt und zugleich darum ersucht, den Patentanschlag im Kanton Altmühl aufzuschieben, um dem Ritterort die Gelegenheit zu geben, eine Darstellung der durch einen solchen Eingriff bedrohten reichsritterschaftlichen Gerechtsame zu verfassen[21]. Der Dirigierende Minister wies jedoch ein derartiges Ansinnen zurück und berief sich dabei auf konkrete königliche Befehle, womit er nur die bereits angesprochene Handlungsvollmacht für die Besitzergreifung der beiden Markgrafentümer meinen konnte[22].

Als Crailsheim von seiner erfolglosen Mission zurückkehrte, fand er auf seinem Rittergut Rügland bereits die zollerschen Patente angeheftet[23]. Dieses Schicksal teilten bald auch zahlreiche weitere reichsritterschaftliche Besitzungen in den Kantonen Gebürg, Odenwald, Steigerwald, Kocher und vor allem Altmühl, während die in größerer Distanz zu den Grenzen Ansbach-Bayreuths liegenden Viertel Rhön-Werra und Baunach verschont blieben[24]. Besonderes Aufsehen unter den Rittergenossen erregte dabei, dass der Patentanschlag nicht auf Rittergüter beschränkt blieb, die im Fraischbezirk der fränkischen Markgrafentümer lagen: Gerade im Viertel Altmühl wurde auf einigen reichsritterschaftlichen Herrschaften, über die die Rittergenossen

hauptmanns Freiherr von Crailsheim an die Mitglieder und Güterbesitzer des Kantons Altmühl, o.O., 21. Februar 1792, ebd., Dok. 21.

21 Abschrift des Promemorias des Ritterhauptmanns Freiherr von Crailsheim an Hardenberg, Rügland, 17. Februar 1792, StA Marburg, 109, Nr. 311, Bd. 1, Dok. 18.

22 Bericht von Christian Philipp Schmidt, Wilhermsdorf, 29. Februar 1792, StA Marburg, 109, Nr. 311, Bd. 1, Dok. 3.

23 Bericht von Christian Philipp Schmidt, Wilhermsdorf, 29. Februar 1792, ebd., Dok. 3.

24 Abschrift des Schreibens des Ortsvorstandes Altmühl an den Ortsvorstand Gebürg, o.O., 5. März 1792, StA Marburg, 109, Nr. 311, Bd. 1, Dok. 8. Abschrift des Schreibens des Ortsvorstandes Gebürg an den Ortsvorstand Altmühl, o.O., 7. März 1792, ebd., Dok. 9. Schreiben des Ortsvorstandes Rhön-Werra an den Ortsvorstand Gebürg, Schweinfurt, 16. März 1792, ebd., Dok. 10. Abschrift des Schreibens des Ortsvorstandes Baunach an den Ortsvorstand Gebürg, Nürnberg, 15. März 1792, ebd., Dok. 12. Abschrift des Schreibens des Ortsvorstandes Odenwald an den Ortsvorstand Gebürg, Kochendorf, 17. März 1792, ebd., Dok. 24. »Allerunterthänigste kurze Geschichtserzählung, die Irrungen mit den von Seiner königlichen Majestät in Preußen im Monat Jenner 1792 angetrettenen, und in Besitz genommenen fränckischen Fürstenthümern, Brandenburg-Anspach, und Bayreuth betreffend«, Bamberg, 29. Januar 1793, StA Marburg, 109, Nr. 311, Bd. 2, Dok. 104. Schreiben des Amtmanns Johann Wolfgang Gottlieb Wiedmann an den Ortsvorstand Kocher, Deufstetten, 20. Dezember 1793, StA Ludwigsburg, B 575 II, Bü 58. Protokoll der Kocherschen Ritterkanzlei mit Voten, Esslingen, 19. November 1792, StA Ludwigsburg, B 575 II, Bü 300. Schreiben des Freiherrn Senfft von Soulbourg an den Ortsvorstand Kocher, Stuttgart, 15. Oktober 1792, ebd. Abschrift des Schreibens des Freiherrlich von Senfftischen Amtmanns Christoph Paul Göz an den Rat und Kastner Kranz sowie den Hauptmann und Stadtvogt Busch zu Crailsheim, Neidenfels, 10. März 1792, ebd. Schreiben des Ortsvorstandes Kocher an den Ortsvorstand Gebürg, o.O., mundiert am 8. Januar 1793, ebd. Protokoll der Kocherschen Ritterkanzlei mit Voten, Esslingen, 27. März 1793, ebd. Schreiben des Ortsvorstandes Gebürg an den Ortsvorstand Kocher, Bamberg, 5. März 1793, ebd.

selbst das Ius centenae bzw. die Cent, ausübten, das markgräfliche Abdankungs- und das königliche Antrittspatent angeheftet[25].

Während Pfalz-Bayern, Nürnberg, Dinkelsbühl, Bamberg, Würzburg, Eichstätt, der Deutsche Orden sowie Württemberg die auf Teilen ihrer Herrschaftsgebiete angehefteten zollerschen Patente kurzerhand abnehmen ließen[26], sahen die Ortsvorstände des fränkischen Ritterkreises von derartigen Anweisungen ab. Angesichts der realen Machtverhältnisse hielt nicht nur die Spitze des Kantons Altmühl einen solchen Schritt für unzumutbar gegenüber den einzelnen Reichsrittern, »da Wir Sie gegen Gewaltthaten, die man sich schon gegen benachbarte fürstl(ich)e Häuser erlaubt hat, nicht zu schützen vermögen, sondern blos auf die Protection Unsers allerhöchsten Reichsoberhaupts verweisen müßen«[27].

Folglich wagten auch nur wenige Reichsritter im Rahmen der zur Verteidigung des eigenen Besitzstandes im Reichsrecht vorgesehenen Gegenwehr, der sog. Realcontradiktion (vis realis contradictionis), die fremden Verlautbarungen abzunehmen[28]. Im Umkreis des Dirigierenden Ministers waren sogar nur fünf reichsritterschaftliche Herrschaften bekannt, auf denen die

25 Gedrucktes Zirkularschreiben des Ortsvorstandes Gebürg an die Mitglieder des Kantons Gebürg bzw. deren geschäftsführende Beamte, Bamberg, 2. März 1792, StA Marburg, 109, Nr. 311, Bd. 1, Dok. 6. Abschrift des Schreibens des Ortsvorstandes Altmühl an den Ortsvorstand Gebürg, o.O., 5. März 1792, ebd., Dok. 8. Abschrift des Schreibens des Ortsvorstandes Gebürg an den Ortsvorstand Altmühl, o.O., 7. März 1792, ebd., Dok. 9.

26 1. u. 2. Nachschrift zum Bericht Hardenbergs an den König/das Kabinettsministerium, Ansbach, 24. Februar 1792, GStA PK Berlin, II. HA, Abt. 36, I, Nr. 5, fol. 16–17 u. fol. 17–22, hier: fol. 16 f. u. fol. 18. Bericht Hardenbergs an den König/das Kabinettsministerium, Ansbach, 2. März 1792, GStA PK Berlin, I. HA, Rep. 44 B, Nr. 1a. Bericht Hardenbergs an den König/das Kabinettsministerium, Ansbach, 7. September 1792, ebd. Bericht Hardenbergs an den König/das Kabinettsministerium,, Ansbach, 8. März 1792, ebd. Bericht Hardenbergs an den König/das Kabinettsministerium, Ansbach, 21. März 1792, ebd. Bericht Hardenbergs an den König/das Kabinettsministerium, Ansbach, 25. Februar 1792, ebd. Abschrift des Berichts der oberpfälzischen Regierung zu Amberg an Kurfürst Karl Theodor, Amberg, 24. Februar 1792, BayHStA, K. schw. 14511, fol. 118. Abschrift des Reskripts von Kurfürst Karl Theodor an die oberpfälzische Regierung zu Amberg, ebd., fol. 136–137, hier: fol. 136 f. Note Hardenbergs an die pfalzbayerische Kreisgesandtschaft zu Nürnberg, Ansbach, ebd., fol. 177–178, hier: fol. 177 f. 9. Bericht der pfalz-bayerischen Kreisgesandtschaft zu Nürnberg an Kurfürst Karl Theodor, Nürnberg, 18. Februar 1792, BayHStA, K. schw. 14476, fol. 58–59, hier: fol. 58.

27 Abschrift des Schreibens des Ortsvorstandes Altmühl an den Ortsvorstand Gebürg, o.O., 5. März 1792, StA Marburg, 109, Nr. 311, Bd. 1, Dok. 8 (Zitat ebd.). Abschrift des Schreibens des Ortsvorstandes Baunach an den Ortsvorstand Gebürg, Nürnberg, 15. März 1792, ebd., Dok. 12. Abschrift des Schreibens des Ortsvorstandes Odenwald an den Ortsvorstand Altmühl, o.O., 5. März 1792, ebd., Dok. 19. Abschrift des Schreibens des Ortsvorstandes Odenwald an den Ortsvorstand Gebürg, Kochendorf, 17. März 1792, ebd., Dok. 24.

28 Abschrift des Schreibens des Ortsvorstandes Altmühl an den Ortsvorstand Gebürg, o.O., 5. März 1792, StA Marburg, 109, Nr. 311, Bd. 1, Dok. 8. – Das Kabinettsministerium untersagte Hardenberg unterm 2. März, abgenommene Patente wieder anschlagen zu lassen, wobei der reale Erfolg dieser Weisung fraglich erscheint (Reskript von Finkenstein, Schulenburg und Alvensleben an Hardenberg, Berlin, 1. März 1792, GStA PK Berlin, II. HA, Abt. 36, I, Nr. 5, fol. 76).

Patente abgerissen oder die zum Patentanschlag aufgerichteten Säulen ausgegraben worden waren[29]. Derartige ritterschaftliche Erfolge konnten jedoch nicht von langer Dauer sein, da Hardenberg in solchen Fällen die Wiederanheftung der Patente unter militärischer Bedeckung durchführen ließ[30]. Letzteres stellte eine zusätzliche Verletzung der Unmittelbarkeit der reichsritterschaftlichen Güter dar, weil der Ein- und Durchmarsch von Soldaten durch fremdes, immediates Gebiet nur nach vorhergehender Requisition beim jeweiligen Landesherrn oder auf einer entsprechenden vertraglichen Grundlage erfolgen durfte[31]. Besonders hart traf es den ehemaligen württembergischen Leutnant von Arnim, der das im obergebürgischen Fürstentum liegende und dem Kanton Gebürg inkorporierte Rittergut Seidwitz besaß: Er wurde wegen der Abnahme des hier angeschlagenen zollerschen Patents kurzerhand verhaftet. Jedoch kam von Arnim mit der ihm auferlegten Zahlung der entstandenen Exekutions- bzw. Arrestkosten allem Anschein nach noch einmal mit einem blauen Auge davon. Dazu dürfte die Tatsache wesentlich beigetragen haben, dass der vormalige Leutnant die zollersche Landeshoheit über Seidwitz feierlich anerkannte[32].

Angesichts solcher Umstände blieb den Reichsrittern und ihren Ortsvorständen meist nichts anderes übrig, als sich »mit der Feder pro posse zu wehren«, d. h. durch Protestschreiben an die preußischen Behörden ihre durch den Patentanschlag beeinträchtigten Rechte zu verwahren und damit

29 1. Nachschrift zum Bericht Hardenbergs an den König/das Kabinettsministerium, Ansbach, 24. Februar 1792, GStA PK Berlin, II. HA, Abt. 36, I, Nr. 5, fol. 16 – 17, hier: fol. 16 f. Bericht Hardenbergs an den König/das Kabinettsministerium, Ansbach, 2. März 1792, GStA PK Berlin, I. HA, Rep. 44 B, Nr. 1a. – Die Entfernung der Patente fand demnach auf den von Frankensteinischen Herrschaften Ullstadt und Langenfeld, dem Rittergut Obernzenn der Freiherrn von Seckendorff sowie auf den Besitzungen Rügland (von Crailsheim) und Seidwitz (von Arnim) statt. Die Patentabnahme auf Rügland geschah sogar ohne Einverständnis des Ritterhauptmanns von Crailsheim (Bericht Hardenbergs an den König/das Kabinettsministerium, Ansbach, 2. März 1792, ebd.).

30 1. Nachschrift zum Bericht Hardenbergs an den König/das Kabinettsministerium, Ansbach, 24. Februar 1792, GStA PK Berlin, II. HA, Abt. 36, I, Nr. 5, fol. 16 – 17, hier: fol. 16 f. Abschrift des Schreibens von Theresius und Friedrich Christoph Karl Freiherr von Seckendorff zu Obernzenn an Hardenberg, Obernzenn, 26. März 1792, GStA PK Berlin, I. HA, Rep. 44 B, Nr. 1a. Abschrift des Schreibens des Ortsvorstands Altmühl an den Ortsvorstand Gebürg, o.O., 5. April 1792, StA Marburg, 109, Nr. 311, Bd. 1, Dok. 33.

31 Vgl. Abdruck eines Allerhöchst Kaiserlichen Requisitionsschreibens an den Ritter Canton Odenwald, fortl., *F. C. Schmidt*, Beyträge I, S. 31 f. u. Actenmäsige Geschichts-Erzählung von der ohnmittelbaren Reichs-Ritterschaft, S. 60. – Auch der Erstanschlag der zollerschen Patente, zumindest sofern die königlichen Kommissarien dabei durch Militär oder Milizen begleitet wurden, stellte eine solche Verletzung der Reichsunmittelbarkeit der reichsritterschaftlichen Besitzungen dar (*F. C. Schmidt*, ebd., S. 31 f.).

32 Bericht Hardenbergs an den König/das Kabinettsministerium, Ansbach, 2. März 1792, GStA PK Berlin, I. HA, Rep. 44 B, Nr. 1a. Erlanger Real-Zeitung, Nr. 24, Freitag, 23. März 1792, hier: S. 206, ebd. Gutachten von Johann Gottlieb Wagner, Ansbach, 6. April 1792, GStA PK Berlin, II. HA, Abt. 36, I, Nr. 152, fol. 30 – 40, hier: fol. 38 f. Mannheimer Zeitung, Nr. 37, Montag, 26. März 1792, hier: S. 153 f., GStA PK Berlin, II. HA, Abt. 36, I, Nr. 228, fol. 189.

ein sog. Präjudiz zu verhindern[33]. Aus Letzterem konnte auf dem Wege des Herkommens gerade in Franken besonders leicht ein neuer und der Reichsritterschaft nachteiliger Rechtstitel erwachsen[34].

Dennoch zog sich der Anschlag der königlichen Bekanntmachungen durch die Wiederanheftung abgerissener Patente bis in die zweite Märzhälfte hin[35]. Zudem sollte dies nicht die einzige gegen die Gerechtsame und Freiheiten der Ansbach-Bayreuth benachbarten reichsritterschaftlichen Herrschaften gerichtete Maßnahme bleiben. Bevor diese weiteren Eingriffe in die Rechtsstellung der Rittergenossen näher in den Blick genommen werden, sind zuerst die dafür ursächlichen internen Entwicklungen in den fränkischen Markgrafentümern und Berlin zu verfolgen[36].

33 Bericht Hardenbergs an den König/das Kabinettsministerium, Ansbach, 2. März 1792, GStA PK Berlin, I. HA, Rep. 44 B, Nr. 1a. Bericht von Christian Philipp Schmidt, Wilhermsdorf, 29. Februar 1792, StA Marburg, 109, Nr. 311, Bd. 1, Dok. 3 (Zitat ebd.). Abschrift des Schreibens des Ortsvorstandes Altmühl an den Ortsvorstand Gebürg, o.O., 5. März 1792, ebd., Dok. 8. Abschrift des Zirkularschreibens des Ritterhauptmanns Freiherr von Crailsheim an die Mitglieder und Güterbesitzer des Kantons Altmühl, o.O., 21. Februar 1792, ebd., Dok. 21. Abschrift des Schreibens des Ortsvorstandes Odenwald an den Ortsvorstand Gebürg, Kochendorf, 17. März 1792, ebd., Dok. 24. Schreiben des Ortsvorstandes Gebürg an den Ortsvorstand Rhön-Werra, Bamberg, 12. April 1792, ebd., Dok. 29. Vgl. auch den das Reichsherkommen einschränkenden Widerspruch bei *Häberlin*, Handbuch, S. 195.

34 Schreiben des Ortsvorstandes Rhön-Werra an den Ortsvorstand Gebürg, o.O., 6. April 1793, StA Marburg, 109, Nr. 311, Bd. 2, Dok. 117. Protokoll der Kocherschen Ritterkanzlei mit Voten, Esslingen, 19. November 1792, StA Ludwigsburg, B 575 II, Bü 300. Abschrift des Schreibens des Freiherrlich von Senfftischen Amtmanns Christoph Paul Göz an den Rat und Kastner Kranz sowie den Hauptmann und Stadtvogt Busch zu Crailsheim, Neidenfels, 10. März 1792, ebd. Abschrift des Schreibens des Rats und Kastners Ludwig Johann Heinrich Kranz sowie des Hauptmanns und Stadtvogts Friedrich Ferdinand Busch zu Crailsheim an den Freiherrlich von Senfftischen Amtmann Christoph Paul Göz, Crailsheim, 17. März 1792, ebd. Schreiben des Ortsvorstandes Kocher an den Freiherrn Senfft von Soulbourg, o.O., mundiert am 3. Dezember 1797, ebd. Vgl. *H. H. Hofmann*, Herrschaft, S. 57 f., 68. – *Stockmayers* Interpretation (Fehde, S. 35), dass bei ausbleibendem Widerstand oder Protest gegen einen fremden Patentanschlag »die Huldigung als geleistet angesehen« worden sei, geht zu weit. Die zeitliche Dimension bei der Herausbildung eines neuen Herkommens wird in dieser Deutung nämlich unterschlagen.

35 Abschrift des Schreibens von Theresius und Friedrich Christoph Karl Freiherrn von Seckendorff zu Obernzenn an Hardenberg, Obernzenn, 26. März 1792, GStA PK Berlin, I. HA, Rep. 44 B, Nr. 1a.

36 Zu den folgenden Ausführungen über die Politik Berlins bzw. Hardenbergs in der ersten Jahreshälfte 1792 siehe auch: *H. H. Hofmann*, Neustadt-Windsheim, S. 147 f.

2. Das »Grundsatzprogramm« der Arrondierungspolitik: Der Hauptbericht vom 24. Februar 1792

Am 18. Februar 1792 war es in Weiltingen, einer nahe der Reichsstadt Dinkelsbühl gelegenen württembergischen Exklave im Markgrafentum Ansbach, über den Anschlag des königlichen Patents zur bewaffneten Auseinandersetzung zwischen den aufgebotenen herzoglichen Bauern und preußischem Militär gekommen. Diese »Algarade à Wailtingen« forderte nicht nur etliche Verwundete auf beiden Seiten, sondern verursachte zusammen mit der in der Folge von Hardenberg angeordneten Strafexpedition gegen das Städtchen eine schwere Krise in den Beziehungen Berlins zum Stuttgarter Hof[37].

Hierauf verfasste Hardenberg am 24. Februar 1792 für das Kabinettsministerium einen detaillierten, durch drei Nachschriften ergänzten Bericht über die Beziehungen Ansbach-Bayreuths zu den angrenzenden reichsständischen und -ritterschaftlichen Herrschaften. Dabei ging es dem Dirigierenden Minister keineswegs nur darum, mit Blick auf den Weiltinger Zwischenfall sein bisheriges Vorgehen zu rechtfertigen. Daneben war Hardenberg bestrebt, dem Kabinettsministerium seine Auffassungen darüber nahe zu bringen, »was für Grundsäze jezt aufzustellen, was für Maasregeln zu nehmen, und was für ein System überhaupt festzusezen seyn möchte, um die wohltätige Würkung Ew[.] K. M. glorreicher Regierung der hiesigen Lande in der Folge weniger durch unruhige Nachbarn gestört zu sehen, weniger von so streittigen Verhältnissen abhängig, und desto ungehinderter ihren großen Gang fortschreitend zu machen«[38].

Hardenbergs Hauptbericht muss als das von der Forschung postulierte,

37 2. Nachschrift zum Bericht Hardenbergs an den König/das Kabinettsministerium, Ansbach, 24. Februar 1792, GStA PK Berlin, II. HA, Abt. 36, I, Nr. 5, fol. 17–22, hier: fol. 16 ff. Bericht Hardenbergs an den König/das Kabinettsministerium, Ansbach, 25. Februar 1792, GStA PK Berlin, I. HA, Rep. 44 B, Nr. 1a. Abschrift des Berichts der württembergischen Regierung an den Herzog von Württemberg, Stuttgart, 24. Februar 1792, ebd. Bericht Hardenbergs an den König/das Kabinettsministerium, Ansbach, 28. Februar 1792, ebd. Franz. Bericht von Finkenstein, Schulenburg und Alvensleben an den preußischen König, Berlin, 1. März 1792, ebd. Bericht Hardenbergs an den König/das Kabinettsministerium, Ansbach, 2. März 1792, ebd. Bericht Hardenbergs an den König/das Kabinettsministerium, Ansbach, 4. April 1792, ebd. Reskript von Schulenburg und Alvensleben an Hardenberg, Berlin, 17. Juni 1792, ebd. *Süssheim*, Politik, S. 60 f. *Stamm-Kuhlmann* (Hg.), Hardenberg, S. 126, 230 (Zitat ebd., S. 230). *Stockmayer*, Fehde, S. 7, 35 ff. – Weiltingen war seit 1778 auch die Residenz von Prinz Ludwig Eugen, dem Bruder des württembergischen Herzogs Karl Eugen (2. Nachschrift zum Bericht Hardenbergs an den König/das Kabinettsministerium, Ansbach, 24. Februar 1792, ebd., fol. 17–22, hier: fol. 17. *Stockmayer*, ebd., S. 31).

38 Hauptbericht mit 1. u. 2. Nachschrift von Hardenberg an den König/das Kabinettsministerium, Ansbach, 24. Februar 1792, GStA PK Berlin, II. HA, Abt. 36, I, Nr. 5, fol. 1–24, hier: fortl. (Zitat ebd., fol. 1). – Die nach Berlin gesandte und mit Marginalien versehene Ausfertigung des Hauptberichts vom 24. Februar 1792 und eine der dazugehörigen Nachschriften liegen in: GStA PK Berlin, I. HA, Rep. 44 B, Nr. 1a.

aber bisher nahezu unbekannte »klare politische Konzept«, als das *Grundsatzprogramm* seiner Arrondierungspolitik schlechthin angesehen werden[39]. Die hier geäußerten Gedanken sind nicht nur konstitutiv für das Verständnis von Hardenbergs außenpolitischen Konzeptionen hinsichtlich der Ansbach-Bayreuth benachbarten Reichsritter bis um die Jahresmitte 1793. Auch das seiner gesamten Expansionspolitik zugrunde liegende Rechtsverständnis tritt selten so klar zutage wie hier[40]. Daher erscheint eine nähere Betrachtung des Hauptberichts vom 24. Februar unumgänglich.

Entsprechend dem historischen Charakter des Reichsrechts verortete der Dirigierende Minister die Grundlage für sämtliche Landeshoheitsansprüche Preußens gegen die angrenzenden reichsritterschaftlichen Gebiete im späten Mittelalter, nämlich im Jahre 1273. Zu diesem Zeitpunkt belehnte – wie ausgeführt wurde – Rudolf von Habsburg das künftige Haus Brandenburg mit dem (kaiserlichen) Landgericht des Burggrafentums Nürnberg. Zwar gestand der Schüler Pütters historisch korrekt ein: »Der Name der Landeshoheit war damals noch gar nicht bekannt, und das heutige Territorialsystem musste noch eine lange Reihe von Entwicklungen durchlaufen, bis es zu seiner gegenwärtigen Ausbildung gelangte«. Aber diese Erkenntnis hinderte Hardenberg nicht daran, bis zur Mitte des 16. Jahrhunderts eine faktische Landesherrlichkeit der Burggrafen aus dem Hause Zollern über die meisten benachbarten Grafen und Edlen zu konstatieren. Schließlich seien den Zollern durch die Rudolfinische Belehnung und kaiserliche Privilegien über die Herrschaften des angrenzenden Adels neben der besonders wichtigen fraischlichen Gerichtsbarkeit auch der Blut- und Wildbann sowie das Zoll- und Geleitrecht verliehen worden. Die Summe dieser hohen Regalien »machte damals den Begrif der höchsten Gewalt aus«, wie Hardenberg es formulierte, und damit eine faktische Landesherrlichkeit der zollerschen Burggrafen. Als vermeintlicher Beweis für das Landsassiat des angrenzenden Adels diente vor allem dessen Erscheinen auf den burg- bzw. markgräflichen Landtagen und die damit verbundene Bewilligung von Landessteuern und Beiträgen zu den von den zollerschen Burggrafen zu leistenden Türkenhilfen[41].

Wie es trotz dieses Zustandes zur Herausbildung einer unmittelbaren Reichsritterschaft im Umfeld Ansbach-Bayreuths kommen konnte, wusste Hardenberg ebenfalls zu erklären. Um die Mitte des 16. Jahrhunderts hätte nämlich der besagte Ritteradel, dessen Güter im Gegensatz zur Person manches Ritters nicht reichsunmittelbar gewesen seien, damit begonnen, sich mit seinen Besitzungen von seinen markgräflichen Landesherrn »loszureis[s]en«.

39 *Endres*, Ära Hardenberg, S. 182. *Ders.*, preußische Ära, S. 175. *Ders.*, Reformmodell, S. 34 (Zitat ebd.). *Ders.*, Zum neuen Staat, S. 53. *Riedenauer*, Gesandter, S. 355, 363 Anm. 353. – Allein *Süssheim* (Politik, S. 59 ff.) verwendete bisher den Hauptbericht Hardenbergs vom 24. Februar 1792, verkannte aber seine zentrale Bedeutung vollkommen.

40 Siehe Kapitel V.4.1, VII.1 u. VIII.2.2.

41 Hauptbericht Hardenbergs (wie Kap. I, Anm. 80), GStA PK Berlin, II. HA, Abt. 36, I, Nr. 5, fol. 1–16 u. fol. 23–24, hier: fol. 1 ff. (Zitate ebd. fol. 2).

Begünstigt wurden die Bestrebungen der Reichsritter aus Hardenbergs Sicht dadurch, dass das Ausmaß der zollerschen Fraisch in Prozessen vor dem Reichskammergericht infrage gestellt wurde, sowie durch die Wirren des Dreißigjährigen Kriegs und die geschickte reichsritterschaftliche Verhandlungsführung auf dem Westfälischen Friedenskongress. Das IPO habe die Reichsritter den Reichsständen fast gleich gestellt, und in der Folge habe man auch die den fränkischen Markgrafen über ihre Nachbarn zustehende Jurisdiktion, die »fraischliche Obrigkeit«, meist auf die Vier Hohen Rügen, also bestimmte todeswürdige Vergehen, beschränkt. Zudem sei der für Hardenberg widerrechtliche Grundsatz, dass aus der Fraisch generell keine Landeshoheit fließen könne, aufgestellt und vom Reichshofrat anerkannt worden. Dabei sei im Falle der fränkischen Markgrafen die Verbindung der fraischlichen Gerichtsbarkeit mit anderen hohen Regalien genauso wenig berücksichtigt worden, wie der daraus folgende, bisherige landesherrliche Besitzstand. Neben diesen sich aus dem Umbau der Reichsverfassung im Jahre 1648 ergebenden Faktoren glaubte Hardenberg, weitere Ursachen zu kennen, die den Ausbruch der Reichsritter aus dem markgräflichen Territorium begünstigt hätten: In den nachbarlichen Vergleichen um die stets angefochtenen obrigkeitlichen Rechte der Markgrafen hätte das Haus Brandenburg immer wieder auf einen Teil seiner Gerechtsame verzichten müssen. Zudem hätte das Reichsoberhaupt nicht nur im Allgemeinen durch die Vergabe von Privilegien zahlreiche angrenzende Herrschaftsträger vom Gerichtszwang des kaiserlichen Landgerichtes des Burggrafentums Nürnberg eximiert. Was die Reichsritterschaft im Besonderen anbelangte, seien die reichsständischen Rechte durch maßlose Privilegien zugunsten des Corpus equestre, insbesondere der fränkischen Rittergenossen, immer weiter eingeschränkt worden. Die Tatsache, dass die meisten Staatsmänner der Reichsstände aus der Reichsritterschaft stammten, habe das »ritterschaftl. System« ebenso begünstigt, wie die politisch motivierte Rechtsprechung des vom Kaiser gelenkten Reichshofrats. Letzterer habe den Mandatsprozess auf neue Gebiete ausgedehnt und schließlich den Grundsatz angenommen, dass jedem »ReichsMitglied«, welches auf einem Gut neben der Erbhuldigung und Steuer irgendeine Form der Gerichtsbarkeit – und sei es auch nur die Vogteilichkeit – hergebracht habe, auch die Landeshoheit mit den entsprechenden obrigkeitlichen Rechten zustehe[42].

Aus moderner geschichtswissenschaftlicher Sicht erscheint Hardenbergs Darstellung der spätmittelalterlichen und vor allem der frühneuzeitlichen Territorialentwicklung der brandenburgischen Fürstentümer in Franken vielfach einseitig und fragwürdig: Der historische Prozess, an dessen Ende die Herausbildung einer vom Kaiser anerkannten, organisierten reichsunmittelbaren Ritterschaft im 16. Jahrhundert stand, war im Gegensatz zum Verfas-

42 Hauptbericht Hardenbergs (wie Kap. I, Anm. 80), GStA PK Berlin, II. HA, Abt. 36, I, Nr. 5, fol. 1–16 u. fol. 23–24, hier: fol. 3 ff. (Zitate ebd. fol. 3 u. 7 f.).

sungszustand des ausgehenden 18. Jahrhunderts nicht petrifiziert und damit weder alternativlos noch unumkehrbar gewesen. Dessen ungeachtet übertrug Hardenberg das Landeshoheitsverständnis seiner eigenen Zeit, wenn auch mit einer angepassten Begrifflichkeit, auf das Spätmittelalter bzw. die beginnende Frühe Neuzeit. Zwar erkennt die Forschung bereits im 15. Jahrhundert einen sich entwickelnden frühmodernen Staat, der im 16. Jahrhundert eine neue Qualität an innerer Verdichtung sowie landesfürstlicher Herrschaftsintensivierung erreichte. Aber die von Hardenberg vorgenommene Gleichsetzung der fränkischen Markgrafentümer jener Zeit mit dem Territorium clausum des späten 18. Jahrhunderts ging an der historischen Realität ebenso vorbei, wie die Behauptung, dass die fränkischen Zollern in den Jahrhunderten »vor dem Westphäl. Frieden alle diejenigen hohen Gerechtsame und Regalien besessen habe[n], welche den damaligen Begrif der Landeshoheit ausmachten«[43]. Zwar war es verständlich, dass spätestens seit 1796 nicht nur zahlreiche Reichsritter, sondern auch der Reichshofvizekanzler in Wien die Meinung teilten, sie hätten es mit einer Regierung zu tun, »die keine andren Gesetze, als die Macht Ihres Herrn kennet«[44]. Aber derartige Kritik aus der Warte der betroffenen Zeitgenossen sowie des modernen Historikers darf nicht dazu verleiten, Hardenberg, wie meist geschehen, von vorneherein als »Rechtsbrecher« oder Revolutionär zu verdammen oder seinen vermeintlichen »Scheinargumenten« jeden reichsrechtlichen Wert abzusprechen[45]. Schließ-

43 Hauptbericht Hardenbergs (wie Kap. I, Anm. 80), GStA PK Berlin, II. HA, Abt. 36, I, Nr. 5, fol. 1–16 u. fol. 23–24, hier: fol. 2 ff. (Zitat ebd., fol. 6).

44 Schreiben des Ritterrats Freiherr von Berlichingen an den Ortsvorstand Kocher, Heilbronn, 22. Januar 1797, StA Ludwigsburg, B 575 IV, Bü 353 (Zitat ebd.). Votum des Ritterrats Freiherr von Berlichingen, Ellwangen, 19. April 1797, zum Promemoria des Kocherschen Konsulenten Weinland an den Ortsvorstand Kocher, Esslingen, 9. April 1797, StA Ludwigsburg, B 575 IV, Bü 351. Abschrift des Schreibens des Ortsvorstandes Kocher an den Ortsvorstand Donau, Esslingen, 10. Mai 1797, HStA Stuttgart, B 579, Bü 226. Note des Reichshofvizekanzlers Fürst von Colloredo-Mansfeld an den Leiter der Staatskanzlei Freiherr von Thugut, Wien, 29. August 1796, HHStA Wien, SK, Notenwechsel mit der Reichshofkanzlei, Noten von der Reichshofkanzlei, Nr. 27. – Speziell zu den Ereignissen ab 1796 siehe Kapitel VII.1 u. VII.2.

45 *Demel*, Hardenberg, S. 53 ff. (Zitat ebd., S. 60). *Süssheim*, Politik, S. 57 f. *W. Neugebauer*, Hohenzollern II, S. 92. *Haussherr*, Hardenberg I, S. 200. *Klose*, Leben, S. 117 f. *Schreiner*, Geschichte, S. 126 f. *Eberlein*, Bayerns Anteil, S. 29 f. *Seiderer*, Formen, S. 459 ff. *Stetten*, Rechtsstellung, S. 110. *H. H. Hofmann*, Herrschaft, S. 172 ff., 187, 207 ff., 523 f. *Ders.*, Freibauern, S. 196, 294. *Ders.*, preußische Ära (1960/61), S. 235 ff. *Ders.*, preußische Ära (1967), S. 245 ff. *Ders.*, Neustadt-Windsheim, S. 148. *Ders.*, Staat des Deutschmeisters, S. 333. *Hartung*, Hardenberg, S. 38 ff., 283. *Schuhmann*, Markgrafen (1980), S. 586. *Ders.*, Markgraf Alexander, S. 17. *K. A. Menzel*, Zwanzig Jahre, S. 339. *Seis*, Bürgertreue, S. 11 ff. (Zitat ebd., S. 11). *G. Zimmermann*, Staatlichkeit, S. 29 f. *Waechter*, Jahre, S. 250. *T. Schulz*, Mediatisierung (1988), S. 327. *Schuh*, Herrschaftsgemenge, S. 137 f., 168 f. *Endres*, Zum neuen Staat, S. 53 f. *Ders.*, preußische Ära, S. 175 ff. *Ders.*, Ära Hardenberg, S. 182 ff. *Ders.*, Reformmodell, S. 33 ff. *Ders.*, Reformpolitik, S. 292, 298. *Ders.*, Staat und Gesellschaft, S. 773 ff., 781. *Hundt*, Hardenbergs deutsche Verfassungspolitik, S. 169. *Weis*, Ansbach, S. 47 f. – Bei Hardenbergs wichtigem Mitarbeiter Kretschmann hat *Hofmeister-Hunger* (Pressepolitik, S. 88) von »soliden, wenn auch [...] sehr querdenkerisch eingesetzten Reichsrechtskenntnissen« gesprochen.

lich war das Ius publicum nicht nur ein historisches Recht, sondern auch ein Recht dessen, was man für historisch hielt. Dieser Charakter des Reichsrechts ermöglichte es jeder Seite, in der durch Herkommen, Reichsschlüsse, Friedensverträge etc. gebildeten Reichsverfassung Belege für den eigenen Anspruch zu finden[46]. Zwar entsprachen das Geschichts- und das daraus resultierende Rechtsverständnis des Dirigierenden Ministers nicht der Mehrheitsmeinung der Reichspublizisten oder der üblichen Rechtsprechung der beiden obersten Reichsgerichte. Aber singulär waren Hardenbergs Theorien keineswegs. Wie noch zu zeigen sein wird, gab es unter zahlreichen Staatsmännern und im fürstlichen Sold schreibenden Publizisten des Ancien Régime ein Gedankengebäude, für das Walter Demel den treffenden Begriff der »Usurpationsthese« geprägt hat. Dabei wurde – genau wie in Hardenbergs Hauptbericht vom 24. Februar 1792 – durch die Gleichsetzung des Landeshoheitsverständnisses des ausgehenden 18. Jahrhunderts mit obrigkeitlichen Rechten des Spätmittelalters oder der beginnenden Frühen Neuzeit ein reichsrechtlicher »Idealzustand« konstruiert. Unter diesem Blickwinkel ließen sich alle Abweichungen der Territorial- und Rechtsverhältnisse der Gegenwart von denjenigen der imaginierten Vergangenheit nur als rechtswidrige Usurpationen erklären[47].

Bemerkenswert ist ferner, dass der Dirigierende Minister in seinem programmatischen Bericht vom 24. Februar keinen Unterschied mehr zwischen den an Ansbach angrenzenden Reichsrittern einerseits und ihren Bayreuth benachbarten Standesgenossen andererseits machte. Noch eineinhalb Monate vorher hatte Hardenberg starke Zweifel angemeldet, ob das Haus Brandenburg über die an den Grenzen Ansbachs gelegenen immediaten Rittergüter je eine Landesherrlichkeit ausgeübt habe[48]. Anstelle derartiger Unsicherheiten präsentierte Hardenberg in seinem Hauptbericht nun eine ganze Reihe von Argumenten, warum Preußen seine ihm vermeintlich zustehenden und nur aus der Übung gekommenen Landeshoheitsrechte über die an beide Markgrafentümer angrenzenden reichsritterschaftlichen Besitzungen wieder zur Geltung bringen dürfe[49]: Dabei war der bereits angesprochene Vorwurf, dass die der Reichsritterschaft erteilten Privilegien gegen die in der kaiserlichen Wahlkapitulation geschützten Rechte der Reichsstände verstießen, ebenso wenig neu wie die Behauptung, der Reichshofrat hätte stets aus politischen Gesichtspunkten und nicht aus rechtlichen geurteilt[50]. Der Reichshofrat war in

46 Siehe Kapitel II.3.

47 *Demel*, Hardenberg, S. 53 ff. (Zitate ebd., S. 53). *Stamm-Kuhlmann*, »Für dessen Constitution ich keine drei Kreuzer mehr gebe«, S. 76 f.

48 »Versuch eines ohngefähren Abrisses…« (wie Kap. II, Anm. 91), GStA PK Berlin, I. HA, Rep. 94, IV, Ac, Nr. 2, S. 1–149, hier: S. 61 f., 69.

49 Hauptbericht Hardenbergs (wie Kap. I, Anm. 80), GStA PK Berlin, II. HA, Abt. 36, I, Nr. 5, fol. 1–16 u. fol. 23–24, hier: fol. 12 f.

50 Hauptbericht Hardenbergs (wie Kap. I, Anm. 80), GStA PK Berlin, II. HA, Abt. 36, I, Nr. 5, fol. 1–16 u. fol. 23–24, hier: fol. 5 ff. – Auch das Verhalten des Reichskammergerichts in einer Aus-

der Tat aufgrund seiner Mehrfachfunktion als oberstes Reichsgericht, Reichslehenshof sowie Ratskollegium in Fällen, in denen kaiserliche bzw. habsburgische Interessen berührt waren, keineswegs politisch unabhängig – auch, wenn seine Mitglieder in der zweiten Hälfte des 18. Jahrhunderts recht selbstständig agierten[51]. Besonderen Wert legte Hardenberg bei der Rechtfertigung der fortwährenden Gültigkeit der preußischen Landeshoheitsansprüche auch auf die Feststellung, dass die landesherrlichen Befugnisse der Reichsstände gegenüber der usurpierten Unmittelbarkeit der Reichsritterschaft in Art. V § 28 des IPO gewahrt seien[52]. Es wurde bereits ausgeführt, dass die besagte Klausel genauso gut im gegenteiligen, ritterschaftsfreundlichen Sinne interpretiert werden konnte und auch wurde[53]. Ebenfalls reichsrechtlich relevant war Hardenbergs Argument, dass das Gesamthaus Brandenburg stets am Grundsatz, dass aus den ihm zustehenden hohen Regalien und insbesondere der Fraisch eine Landeshoheit über die benachbarten Gebiete folge, durch Worte und Taten festgehalten hätte[54]. Zwar war das Herkommen gerade im fränkischen Territorium non clausum ein vollwertiger Rechtstitel[55]. Aber dennoch räumte Hardenberg in seinem Hauptbericht ein, dass die Folgerung einer umfassenden Landeshoheit aus der Fraisch und weiteren obrigkeitlichen Rechten weit mehr politisch als rechtlich motiviert war: »Pflichtwidrig würde es seyn, selbst dann wenn hier und da Zweifel sich aufdringen, von diesen so lange behaupteten Principiis abzugehen«[56]. Zugleich gestand Hardenberg damit ein, dass wenn nicht im Generellen, so doch in Teilen seine »Usurpationsthese« auf reichsrechtlich schwachen Beinen stand und dass er auf diesem Wege nicht alle Landeshoheitsansprüche Ansbach-Bayreuths auf benachbartes reichsunmittelbares Gebiet begründen konnte. Entsprechendes Gewicht legte Berlins Statthalter in seinem programmatischen Hauptbericht auf die angebliche Untragbarkeit der gegenwärtigen Lage in Franken, um unter den Gesichtspunkten des Ansehens und der Würde Preußens sowie aus dem Blickwinkel der modernen Kameralistik die Geltendmachung von Landeshoheitsansprüchen auf benachbarte Gebiete zu legitimieren: Dabei spielte zum einen die erforderliche Beendigung der als Schikanen und Demütigungen

einandersetzung Ansbachs mit Öttingen im Jahre 1788 sah Hardenberg als widerrechtlich an (Ebd., hier: fol. 11). – Zu den traditionellen Vorwürfen der Rechtswidrigkeit der reichsritterschaftlichen Privilegien und der Parteilichkeit der Reichsjustiz zugunsten des Corpus equestre siehe Kapitel IV.3.

51 *Häberlin*, Handbuch I, S. 442. *Aretin*, Das Alte Reich I, S. 87 ff. *Ders.*, ebd. III, S. 130. *Gschließer*, Reichshofrat, S. 14 ff., 41 ff. Siehe hierzu auch detaillierter Kapitel VIII.2.2.

52 Hauptbericht Hardenbergs (wie Kap. I, Anm. 80), GStA PK Berlin, II. HA, Abt. 36, I, Nr. 5, fol. 1 – 16 u. fol. 23 – 24, hier: fol. 5.

53 Siehe Kapitel III.1.

54 Hauptbericht Hardenbergs (wie Kap. I, Anm. 80), GStA PK Berlin, II. HA, Abt. 36, I, Nr. 5, fol. 1 – 16 u. fol. 23 – 24, hier: fol. 14 f.

55 Siehe Kapitel II.3.

56 Hauptbericht Hardenbergs (wie Kap. I, Anm. 80), GStA PK Berlin, II. HA, Abt. 36, I, Nr. 5, fol. 1 – 16 u. fol. 23 – 24, hier: fol. 14 f. (Zitat ebd., fol. 15).

der bisherigen markgräflichen Untertanen und Behörden empfundenen Rechts- und Landeshoheitsstreitigkeiten mit den benachbarten Territorien eine wichtige Rolle. Zum anderen betonte Hardenberg, dass ohne territoriale Arrondierung alle Maßnahmen im Bereich der sog. Polizey Stückwerk bleiben mussten oder gänzlich nutzlos seien. Konkret dachte Hardenberg dabei an Getreidesperren, Armenanstalten sowie die Förderung von Handel und Gewerbe[57]. In diesem Punkt war die Argumentation des Dirigierenden Ministers alles andere als unberechtigt. Nicht erst die historische Forschung hat herausgearbeitet, dass die Überlagerung obrigkeitlicher Rechte und die territoriale Zersplitterung im Territorium non clausum sich gerade im Bereich des Wirtschaftslebens zwar nicht generell, aber doch vielfach als entwicklungshemmend erwiesen sowie einer staatlichen Förderung von Handel und Gewerbe enge Grenzen setzten[58]. Selbst mancher der preußischen Politik keineswegs zugeneigte Zeitgenosse Hardenbergs räumte ein, dass die sich überlappenden Gerechtsame verschiedener Herrschaftsträger nicht nur zu beständigen Auseinandersetzungen auf dem Rücken der Untertanen führten. Auch würden »die beßten gemeinschaftlich zu bewirkenden Anstalten scheitern an einem ängstlichen Mißtrauen, das durch die Furcht möglicher Vergebung der Rechte veranlaßt« sei[59].

Nachdem Hardenberg ausführlich dargelegt hatte, dass das Haus Brandenburg einst die Landeshoheit über zahlreiche der angrenzenden reichsunmittelbaren Herrschaften inklusive der reichsritterschaftlichen Güter besessen hatte und diese Befugnis aus politischen sowie rechtlichen Gründen wieder geltend gemacht werden könne und müsse, kam der Dirigierende Minister auf die Konsequenzen seiner Feststellungen zu sprechen: Er forderte nichts weniger, »als Vindicirung und Geltendmachung der Ew[.] K. M. im ganzen Umfang der hiesigen Lande, troz aller Vermischung, [...] zustehenen, blos durch den Dru[c]k der Zeiten einigermassen erloschenen Landeshoheit, als Durchsezung des Grundsazes eines so viel [wie] möglich geschlossenen Territoriums und Regaliendistrikts, innerhalb welchem wenigstens die Ausübung aller derjenigen Rechte ungehindert bleibe, welche sich auf allgemeine Oberlandespolicey, auf Anlegung von Fabriken und zu deren Aufnahme erforderliche Geseze, auf generelle Beförderung der Gewerbe und andere gemeinnützige LandesAnstalten beziehen«[60].

Um dieses die fränkische Territorialverfassung umstürzende Ziel einer weitgehenden Mediatisierung der angrenzenden reichsständischen und -ritterschaftlichen Herrschaften zu erreichen, hatte Hardenberg, wie er darlegte,

57 Hauptbericht Hardenbergs (wie Kap. I, Anm. 80), GStA PK Berlin, II. HA, Abt. 36, I, Nr. 5, fol. 1–16 u. fol. 23–24, hier: fol. 1, 8 ff.

58 *Haller*, Hardenberg, S. 35. *H. H. Hofmann*, Herrschaft, S. 89, 94. *Ders.*, preußische Ära (1967), S. 248. *Demel*, Reich, S. 212. Siehe auch Kapitel IV.3.

59 *G. M. Weber*, Einführung, S. 45 f. (Zitat ebd., S. 46).

60 Hauptbericht Hardenbergs (wie Kap. I, Anm. 80), GStA PK Berlin, II. HA, Abt. 36, I, Nr. 5, fol. 1–16 u. fol. 23–24, hier: fol. 14.

bereits die Untersuchung der mit den Nachbarn in der Vergangenheit abgeschlossenen Verträge über die Ausübung obrigkeitlicher Rechte angeordnet, um die Möglichkeit und Vorteile einer Aufhebung dieser Übereinkünfte zu überprüfen[61]. Daneben erschien dem Dirigierenden Minister festes Auftreten gegenüber den angrenzenden Reichsrittern und Reichsfürsten unumgänglich. Zu deren Abschreckung und Einschüchterung beantragte Hardenberg denn auch eine deutliche Erhöhung der preußischen Truppenstärke in Ansbach-Bayreuth[62]. Nachdem mit dem Patentanschlag die Grenzen der bisherigen zollerschen Landeshoheitsansprüche markiert worden seien, wünschte Hardenberg zu deren Durchsetzung mehrgleisig vorzugehen. Zum einen beabsichtigte er die schrittweise Purifikation, also die Arrondierung der fränkischen Markgrafentümer durch Verträge mit den Nachbarn, und damit auf dem Wege gütlicher Vergleiche zu bewerkstelligen. Daneben hielt er aber auch »Acquisitionen« für unvermeidbar[63]. Unter Letzteren scheint der Dirigierende Minister jedoch noch nicht gewaltsame Okkupationen verstanden zu haben, auch wenn er den Einsatz von Militär zur Unterstützung seiner Maßnahmen gegen benachbartes Gebiet durchaus befürwortete. Vielmehr dachte Hardenberg hier an den Erwerb von zum Verkauf stehenden Rittergütern und deren anschließende »Consolidation mit den Fürstenthümern« Ansbach und Bayreuth – d. h., die erworbenen reichsritterschaftlichen Besitzungen sollten wahrscheinlich dem Besteuerungsrecht sowie der weitgehenden Militärhoheit des Corpus equestre dauerhaft entzogen werden[64]. Dass eine derartige »schleichende Mediatisierung« mittel- und langfristig erheblich zur Arrondierung reichsständischer Gebiete auf Kosten der Reichsritterschaft beitragen konnte, wurde bereits ausgeführt[65]. Tatsächlich kaufte die preußische Krone

61 Ebd., hier: fol. 7 f.

62 Ebd., hier: fol. 15 f. – Konkret forderte Hardenberg zu dem bereits vorhandenen Jägerbataillon und dem von Halle nach Franken detachierten Bataillon von Renouard eine Truppenverstärkung von mehreren tausend Mann, nach Möglichkeit sogar jeweils ein ganzes Infanterie- und Kavallerieregiment (Hauptbericht Hardenbergs (wie Kap. I, Anm. 80), ebd., fol. 1 – 16 u. fol. 23 – 24, hier: fol. 15 f.). – Bereits Anfang Januar 1792 hatte der Dirigierende Minister eine Aufstockung der in Ansbach-Bayreuth liegenden Trupppen beantragt, um der Politik gegenüber den benachbarten Reichsgliedern den erforderlichen Nachdruck zu verleihen (»Versuch eines ohngefähren Abrisses…« (wie Kap. II, Anm. 91), GStA PK Berlin, I. HA, Rep. 94, IV, Ac, Nr. 2, S. 1 – 149, hier: S. 143). *Süssheims* (Politik, S. 61) Behauptung, Hardenberg habe erst in Reaktion auf den Weiltinger Zwischenfall um eine Truppenvermehrung für Ansbach-Bayreuth gebeten, ist also unzutreffend.

63 Hauptbericht Hardenbergs (wie Kap. I, Anm. 80), GStA PK Berlin, II. HA, Abt. 36, I, Nr. 5, fol. 1 – 16 u. fol. 23 – 24, hier: fol. 15 f., 23 (Zitat ebd., fol. 23).

64 »Versuch eines ohngefähren Abrisses…« (wie Kap. II, Anm. 91), GStA PK Berlin, I. HA, Rep. 94, IV, Ac, Nr. 2, S. 1 – 149, hier: S. 62 f., 141 f. (Zitat ebd., S. 142). Vgl. auch: Rechenschaftsbericht Hardenbergs (wie Kap. I, Anm. 80), in: *C. Meyer*, Politik, S. 35 – 210, hier: S. 204 f. u. *Hartung*, Hardenberg, S. 197 f. – Anfang Januar 1792 hatte Hardenberg die Rittergüter Adelmannsfelden, Wilhermsdorf und Amlissagen als geeignete Kaufobjekte benannt (»Versuch eines ohngefähren Abrisses…« (wie Kap. II, Anm. 91), ebd., S. 1 – 149, hier: S. 142).

65 Siehe Kapitel IV.3.

bis 1796 eine ganze Reihe Güter und Gerechtsame an, die Mitgliedern der Reichsritterschaft oder anderen Herrschaftsträgern gehörten[66]. Eine umfassende Arrondierung der fränkischen Markgrafentümer war auf diesem Wege jedoch kurzfristig nicht zu erreichen.

3. Angriff oder Rückzug? – Das Ringen Hardenbergs mit dem Kabinettsministerium um die Mediatisierungspolitik

So bedeutend die Gedanken des Hauptberichts vom 24. Februar auch für die Mediatisierungspolitik der norddeutschen Vormacht werden sollten, so hart musste Hardenberg kämpfen, um seinen Plänen in Berlin Gehör zu verschaffen[67].

Anstelle der Erlaubnis, sein ausgearbeitetes Programm zur territorialen Arrondierung Ansbach-Bayreuths umzusetzen, erreichten Hardenberg zwei auf den 1. März 1792 datierte königliche Reskripte, in denen das unter dem Eindruck des Weiltinger Zwischenfalls stehende Kabinettsministerium mit der Politik des Dirigierenden Ministers gegenüber den benachbarten Reichsgliedern hart ins Gericht ging: Zwar müsse Hardenberg die Superioritas territorialis Preußens dort, wo sie im realen Besitz des Königs sei, verteidigen und auch die Behauptung, dass aus der Fraisch eine reale Landeshoheit fließe, solle aufrechterhalten werden. Aber – und hier widersprachen

66 Rechenschaftsbericht Hardenbergs (wie Kap. I, Anm. 80), in: *C. Meyer*, Politik, S. 35–210, hier: S. 204 f. *Hartung*, Hardenberg, S. 197 f. – Beispielsweise verkauften Carolina Isabella Freiin von Schönfeld und ihr Bruder Wilhelm Friedrich Ernst Freiherr von Schönfeld, ein königlich preußischer Leutnant, ihre Gefälle und vereinzelten Untertanen sowie Lehensleute bzw. Grundholden zu Klein-Eyerlohe (2 Wegstunden von Ansbach), Kühndorf (1 Wegstunde von Ansbach) und »Meuchheim« (3 Wegstunden von Ansbach) an die königlich-preußische Kammer zu Ansbach für 6000 fl. rhein. sowie 55 fl. rhein. Leihkauf. Der Kaufvertrag wurde am 1. Oktober 1794 abgeschlossen und preußischerseits am 18. März 1795 ratifiziert (StA Marburg, 109, Nr. 1232: fortl.). – Kaum mehr zur Arrondierung der Territorialgrenzen Ansbach-Bayreuths geeignet, da erst 1797 vollzogen, war der Verkauf des zum Kanton Altmühl kollektablen Ritterguts Herrn-Neuses durch den Reichsgrafen Ernst Maria von Limpurg-Styrum an die Bayreuther Kriegs- und Domänenkammer (Schreiben des Ortsvorstandes Steigerwald an den Ortsvorstand Rhön-Werra, Erlangen, 28. November 1797, StA Marburg, 109, Nr. 311, Bd. 10. Auszug aus der Bayreuther Zeitung, Nr. 24, 30. Oktober 1797, ebd.). – Die vor allem seit den ausgehenden 1790er Jahren fassbaren Bemühungen Hardenbergs, Rittergüter für den Aufbau eines privaten Landbesitzes in Franken zu erwerben, können nicht mehr als Teil einer gezielten Arrondierungspolitik gelten. Die vom Dirigierenden Minister dabei ins Auge gefassten Besitzungen waren – wie das Beispiel Neidenfels zeigt – zwar teilweise dem Corpus equestre immatrikuliert, verloren aber um die gleiche Zeit, als Hardenberg ihren Kauf erwog, ihre Unmittelbarkeit durch die gewaltsamen Mediatisierungen Berlins (*Schaper*, Anmerkungen zur Überlieferung, S. 383 f.).

67 Zu den folgenden Ausführungen über Hardenbergs Auseinandersetzung mit dem Kabinettsministerium siehe auch: *Haussherr*, Hardenberg I, S. 134 f.

sich nicht zum ersten Mal die Anweisungen aus Berlin – eine allgemeine Durchsetzung dieses Anspruchs durch »Übermacht und Gewalt« zur Erzwingung eines Flächenstaats komme gar nicht infrage. Ebenso habe Hardenberg von einer Geltendmachung der einstigen, über die derzeitigen Grenzen Ansbach-Bayreuths hinausreichenden Befugnisse des kaiserlichen Landgerichts des Burggrafentums Nürnberg abzustehen: »Unsere höchste WillensMeynung ist keineswegs, daß in den beyden Fürstenthümern überhaupt und in der Allgemeinheit die Begriffe, die Grundsätze und die Folgen eines geschlossenen Gebiets angenommen und behauptet werden«. Stattdessen wolle der König Freundschaft, Ehrfurcht, Vertrauen und Ansehen bei seinen fränkischen Nachbarn durch »Standhaftigkeit und Mässigung« gewinnen. Folglich sei eine Verstärkung der in den fränkischen Provinzen stehenden Truppen unnötig, die Hardenberg bei Streitigkeiten mit den benachbarten Herrschaften ohnehin nur dann einsetzen dürfe, wenn die Gegenseite als Erste zu gewaltsamen Mitteln greife.

Die durch den Dirigierenden Minister vorgeschlagene Ausdehnung der Landeshoheit der fränkischen Markgrafentümer auf die angrenzenden reichsunmittelbaren Gebiete erklärte Berlin in seinen Reskripten für unvereinbar mit der Territorialverfassung Frankens, dem derzeitigen Besitzstand sowie den bestehenden Verträgen und den Erkenntnissen der Reichsgerichte. Hardenbergs Arrondierungspolitik sei folglich »ohne Erschütterung des ganzen Fränkischen Creises« nicht zu realisieren. Zudem stünde der etwaige territoriale Zugewinn in keinem Verhältnis zu dem Schaden, den die übergeordneten Interessen der preußischen Großmacht- und Reichspolitik bei einer gewaltsamen Ausdehnung Ansbach-Bayreuths erleiden müssten: Berlin würde nicht nur in Streitigkeiten und zahlreiche reichsgerichtliche Prozesse mit all ihren Folgen verwickelt werden, sondern auch die guten Beziehungen mit Wien aufs Spiel setzen und das Vertrauen der Reichsglieder verlieren. Was die Reichsritterschaft im Besonderen betraf, so teilte zwar das Kabinettsministerium Hardenbergs Sichtweise, dass diese mit Hilfe von Kaiser und obersten Reichsgerichten die rechtmäßigen Befugnisse der reichsständischen Landes- und Lehensherrn untergraben hätte. Aber nicht zuletzt der – schon näher betrachtete – Reichsschluss vom 23. Juli 1753 habe gezeigt, »wie wenig in der Allgemeinheit gegen sie auszurichten stehet«. Daher solle der Dirigierende Minister einerseits in Einzelfällen die traditionell von den Reichsständen beanspruchten landesherrlichen Befugnisse durchsetzen und den derzeitigen Besitzstand gegen die Reichsritterschaft verteidigen, aber andererseits Prozessen vor den obersten Reichsgerichten aus dem Weg gehen und mit den einzelnen Kantonen günstige – zumindest aber noch hinnehmbare – Vergleiche schließen[68]. Dass eine Durchsetzung von bisher nicht ausgeübten

68 Reskript [wegen des Weiltinger Zwischenfalls] von König Friedrich Wilhelm II., Finkenstein, Schulenburg und Alvensleben an Hardenberg, Berlin, 1. März 1792, GStA PK Berlin, II. HA, Abt. 36, I, Nr. 228, fol. 109 – 110, hier: fol. 109 f. Reskript [wegen der Grundsätze hinsichtlich der

landesherrlichen Ansprüchen fast zwangsläufig zu Klagen der Rittergenossen und Kantone in Wien oder Wetzlar führen würde, wollte Berlin nicht sehen[69]. Hinter den Bedenken des Kabinettsministeriums stand das Bestreben, die durch das preußisch-österreichische Einverständnis im Reich geschürten Ängste »über VergröserungsAbsichten« der beiden Mächte nicht noch zu befeuern sowie die Sorge um das Ansehen Berlins, das durch das Desaster der Lütticher Exekution massiv gelitten hatte[70].

Die mancher Interpretation und Missverständnissen Raum gebenden Weisungen aus Berlin spiegelten wahrscheinlich unterschiedliche Standpunkte, vielleicht auch eine gewisse Unsicherheit des Königs und der drei beteiligten Kabinettsminister wieder. Trotz aller Widersprüche war jedoch klargestellt, dass Berlin eine umfassende Vergrößerung seiner fränkischen Provinzen ebenso wenig für ratsam hielt, wie es die von Hardenberg in seinem programmatischen Hauptbericht vom 24. Februar 1792 geforderten militärischen Drohgebärden gegen die benachbarten Reichsritter - zumindest in größerem Stil - gestatten wollte.

Zwar soll die Rolle außenpolitischer Einflüsse keineswegs abgestritten werden. Aber nach Lage der Akten war es nicht die zunehmende Festigkeit des preußisch-österreichischen Bündnisses, wie Süssheim und Haussherr behaupteten[71], sondern primär Hardenberg, der einen Meinungsumschwung an der Spree herbeiführen sollte. Ein Gutachten aus dem Umfeld des Dirigierenden Ministers fasste die in Berlin zu vertretende politische Linie in den fränkischen Landeshoheitsstreitigkeiten mit dem prägnanten Satz zusammen: »Es kam blos darauf an, im Anfang die Zähne zu zeigen; jezt kommt es

Nachbarn u. unmittelbaren sog. Insassen] von Finkenstein, Schulenburg und Alvensleben an Hardenberg, Berlin, 1. März 1792, GStA PK Berlin, II. HA, Abt. 36, I, Nr. 5, fol. 25-26, hier: fol. 25 f. (Zitate ebd.). - Ebenfalls unterm 1. März 1792 wies das Kabinettsministerium den königlichen Gesandten in Wien an, angesichts des Weiltinger Vorfalls zu erklären, dass Friedrich Wilhelm II. gegen keinen Nachbarn seine Ansprüche mit Gewalt durchsetzen wolle, sondern »einen jeden ruhig und unbeeinträchtiget bey allem lassen werden, was er rechtmäßig besizet« (Reskript von Finkenstein, Schulenburg und Alvensleben an den preußischen Gesandten Jacobi-Kloest zu Wien, Berlin, 1. März 1792, GStA PK Berlin, I. HA, Rep. 44 B, Nr. 1a (Zitat ebd.). Bericht des preußischen Gesandten in Wien, Jacobi-Kloest, an den König/das Kabinettsministerium, Wien, 10. März 1792, ebd.).

69 Bericht Hardenbergs an den König/das Kabinettsministerium [über die Glückwunschschreiben zum Regierungsantritt], Ansbach, 9. März 1792, GStA PK Berlin, II. HA, Abt. 36, I, Nr. 5, fol. 27-29, hier: fol. 29. - Speziell zum Reichsschluss vom 23. Juli 1753 und seiner Vorgeschichte siehe Kapitel III.1.

70 Franz. Bericht von Finkenstein, Schulenburg und Alvensleben an den preußischen König, Berlin, 1. März 1792, GStA PK Berlin, I. HA, Rep. 44 B, Nr. 1a. Denkschrift »Ueber das Aufsehen im Reiche…« (wie Kap. V, Anm. 14), GStA PK Berlin, II. HA, Abt. 36, I, Nr. 5, fol. 74-75, hier: fol. 74 (Zitat ebd.).

71 *Süssheim*, Politik, S. 65. *Haussherr*, Hardenberg I, S. 135.

darauf an, den Mittelweg zu suchen«. Den Kampf um den besagten Mittelweg nahm Hardenberg umgehend auf[72].

In zwei ausführlichen Berichten verteidigte der Dirigierende Minister sein gewaltsames Vorgehen im württembergischen Weiltingen und stellte vor allem dem Kabinettsministerium die faktische Unmöglichkeit sowie die verheerenden Folgen vor, die der Verzicht auf eine umfassende Geltendmachung der preußischen Landeshoheitsansprüche auf benachbartes Territorium hätte: Berlin würde Grundsätze aufgeben, an denen das Haus Brandenburg jahrhundertelang stets festgehalten habe. Zudem würden die benachbarten Reichsritter und -stände durch eine solche Nachgiebigkeit zu neuen Eingriffen in die königlichen Gerechtsame ermuntert. Ferner sei eine energische Verwahrung der preußischen Landeshoheitsansprüche erforderlich, um die Begründung eines Berlin ungünstigen Rechtstitels kraft Herkommens zu verhindern und um die reichsritterschaftlichen bzw. -ständischen Nachbarn überhaupt erst zu Vergleichen zu bewegen. Ausdrücklich betonte Hardenberg, »daß bey Ergreifung allzugelinder Maasregeln die Lage der hiesigen reciproquen nachbarlichen Angelegenheiten schlimmer werden dürfte, als sie je unter den vorigen Regierungen gewesen ist«. Außerdem hätten in der Vergangenheit nicht nur die (Hohen)-Zollern die These des Territorium clausum zugunsten der beiden fränkischen Markgrafentümer verfochten, sondern auch Württemberg für seinen kleinteiligen schwäbischen Besitz und Österreich in der Markgrafschaft Burgau. Da alle Landeshoheitsansprüche Ansbach-Bayreuths auf benachbartes Gebiet umstritten und reichsgerichtlich verworfen seien, blieben nur zwei Optionen: Entweder der völlige Verzicht auf Arrondierung oder der Entschluss, notfalls auch mit Gewalt den eigenen Rechtsanspruch (petitorium) aufrechtzuerhalten und sich nach Möglichkeit in den Besitz (possessorium) der strittigen landesherrlichen Befugnisse zu setzen. Gerade Letzteres sei nötig, da in reichsgerichtlichen Verfahren in Territorialstreitigkeiten der neuere Besitz stets berücksichtigt werde[73].

All diese Argumente verfehlten nicht ihre Wirkung in Berlin: Eine Weisung des Kabinettsministeriums vom 17. März 1792 billigte nicht nur die von Hardenberg in der Weiltinger Angelegenheit getroffenen Maßnahmen, sondern kündigte zugleich ein »General-Rescript« zu den Landeshoheitstreitigkeiten mit den Ansbach-Bayreuth benachbarten Reichsgliedern an[74]. Die

72 Denkschrift »Ueber das Aufsehen im Reiche…« (wie Kap. V, Anm. 14), GStA PK Berlin, II. HA, Abt. 36, I, Nr. 5, fol. 74–75, hier: fol. 74 f. (Zitat ebd., fol. 75).

73 Bericht Hardenbergs an den König/das Kabinettsministerium [wegen dem Weiltinger Vorfall], Ansbach, 9. März 1792, GStA PK Berlin, I. HA, Rep. 44 B, Nr. 1a. Bericht Hardenbergs an den König/das Kabinettsministerium [wegen der Grundsätze in den Landeshoheitsstreitigkeiten mit benachbarten Reichsgliedern], Ansbach, 9. März 1792, GStA PK Berlin, II. HA, Abt. 36, I, Nr. 5, fol. 27–29, hier: fol. 27 ff. (Zitat ebd., fol. 28).

74 Reskript von Finkenstein, Schulenburg und Alvensleben an Hardenberg, Berlin, 17. März 1792, GStA PK Berlin, I. HA, Rep. 44 B, Nr. 1a (Zitat ebd.). Vgl. auch Reskript von Finkenstein, Schulenburg und Alvensleben an Hardenberg, Berlin, 21. März 1792, GStA PK Berlin, II. HA,

derart angekündigte Weisung datierte auf den 19. März und wurde in ihren wesentlichen Inhalten am 19. April 1792 nochmals bekräftigt: In diesen beiden Reskripten an Hardenberg revidierte das Kabinettsministerium seinen bisherigen Standpunkt[75]. Der Kurswechsel war derart einschneidend, dass die für das Äußere zuständigen Minister den Anfang März abgekanzelten Kurs ihres eigenwilligen Kollegen in Franken eineinhalb Monate später als vorbildliche Befolgung der von ihnen gegebenen Weisungen interpretieren konnten: »Ihr habt den Geist der Euch ertheilten Anweisungen, in Ansehung der gegen unsere dortigen Nachbarn zu befolgenden Grundsätze, vollkommen eingenommen«[76].

Der wichtigste Punkt in den Reskripten vom 19. März und 19. April war, dass man sich an der Spree das noch Anfang März verworfene Ziel eines geschlossenen Territoriums für die fränkischen Provinzen zu eigen machte. Wenn sowohl Hardenberg selbst als das für ihn am 19. April 1792 ausgefertigte königliche Reskript betonten, dass die fränkischen Markgrafentümer zwar abzurunden, aber nicht wesentlich in ihrer Fläche zu vergrößern seien, so war dies nicht viel mehr als eine leere Phrase: Schließlich ordnete das Kabinettsministerium in seinen Weisungen vom 19. März und 19. April an, zu diesem Zweck auch begründete alte Ansprüche und den »gerechte[n], obwohl ältere [n], bestrittene[n] und beeinträchtigte[n] Besitz zu behaupten«. Konkret genannt wurde nicht nur die – noch Anfang März von Berlin als Hebel gegenüber den Nachbarterritorien zurückgewiesene, und dafür auch kaum geeignete – Gerichtsbarkeit des kaiserlichen Landgerichts des Burggrafentums Nürnberg im ganzen Umfang der zollerschen Ansprüche. Hardenberg sollte ferner den Grundsatz, dass aus der Fraisch die Landeshoheit fließe, aufrecht erhalten. Dieses Zugeständnis war nichts weniger als ein Freibrief für den

Abt. 36, I, Nr. 228, fol. 188. – Zuvor hatte ein von Hardenberg unterm 2. März 1792, also noch vor Erhalt der Kabinettsreskripte vom 1. des Monats, abgefasster Bericht das Kabinettsministerium bereits etwas milder gestimmt. Der Dirigierende Minister hatte darin zwar eine vorübergehende Verschärfung seiner Maßnahmen gegen den württembergischen Ort eingestanden, aber sein Verfahren nicht ohne Wirkung mit der andernfalls bedrohten »militärischen Ehre« Preußens verteidigt. Vor allem aber konnte Hardenberg bereits den vollständigen Abzug der königlichen Truppen aus Weiltingen sowie ein Einvernehmen mit Prinz Ludwig Eugen von Württemberg bei den Bemühungen um eine Deeskalation der Lage melden (Bericht Hardenbergs an den König/das Kabinettsministerium, Ansbach, 2. März 1792, GStA PK Berlin, I. HA, Rep. 44 B, Nr. 1a (Zitat ebd.). Reskript von Finkenstein, Schulenburg und Alvensleben an Hardenberg, Berlin, 9. März 1792, ebd.).

75 Die von *Süssheim* (Politik, S. 65 ff.) anhand der Anordnung, auch alte Ansprüche geltend zu machen, konstatierte Radikalisierung der Haltung des Kabinettsministeriums in seiner Weisung vom 19. April im Vergleich zum Reskript vom 19. März 1792 entspricht nicht dem Inhalt der beiden Dokumente (Reskript von Finkenstein, Schulenburg und Alvensleben an Hardenberg, Berlin, 19. März 1792, GStA PK Berlin, I. HA, Rep. 44 B, Nr. 1a. Reskript von Finkenstein, Schulenburg und Alvensleben an Hardenberg, Berlin, 19. April 1792, ebd.).

76 Reskript von Finkenstein, Schulenburg und Alvensleben an Hardenberg, Berlin, 19. April 1792, GStA PK Berlin, I. HA, Rep. 44 B, Nr. 1a (Zitat ebd.). Vgl. zum Verständnis des Kontextes: Bericht Hardenbergs an den König/das Kabinettsministerium, Ansbach, 4. April 1792, ebd.

Dirigierenden Minister, die in seinem Hauptbericht vom 24. Februar dargelegten Landeshoheitsansprüche Berlins auf benachbartes reichsritterschaftliches und -ständisches Gebiet in ihrer ganzen Ausdehnung zu vertreten. Zwar betonte das Kabinettsministerium nach wie vor, dass Hardenberg mit Rücksicht auf das Ansehen des preußischen Königs beim Kaiser und im Reich mit Gerechtigkeit, in den von der Reichsverfassung vorgegebenen Bahnen sowie – gerade auch gegenüber der Reichsritterschaft – »mit großmüthiger Nachsicht« vorgehen solle. Auch habe er auf die Geltendmachung weitgehend nutzloser Gerechtsame zu verzichten[77]. Aber gleichzeitig erhielt Hardenberg freie Hand, militärische Mittel nicht nur, wie bisher, bei gewaltsamen Gegenmaßnahmen der benachbarten Reichsglieder einzusetzen. Auch wenn bei der Abnahme der zollerschen Patente auf den Ansbach-Bayreuth benachbarten Territorien die Würde des Königs bzw. seiner Staatsdiener verletzt würde, sollte Hardenberg die Wiederanheftung unter dem Schutz der preußischen Bajonette vollziehen lassen[78]. Zwar hatte der Dirigierende Minister Letzteres – wie gezeigt wurde – schon zuvor praktiziert[79]. Aber es musste klar sein, dass damit ein Verfahren von Berlin legitimiert wurde, das als Präzedenzfall für künftige Anlässe dienen konnte, in denen das Ansehen des Königs und seiner Behörden aus der Sicht des Dirigierenden Ministers auf dem Spiel stand.

Die in Hardenbergs Hauptbericht vom 24. Februar niedergelegte Strategie hatte neben militärischen Drohgebärden und dem Aufkauf von Rittergütern gütliche Vergleiche zur territorialen Flurbereinigung gefordert. Über die Zweckmäßigkeit solcher einvernehmlichen Verträge mit den Ansbach-Bayreuth benachbarten Reichsgliedern hatte zwischen Hardenberg und Berlin stets Konsens bestanden. Um in dieser Richtung besser voranzukommen, gab Berlin am 19. April dem Antrag seines fränkischen Statthalters statt, beim

77 Reskript von Finkenstein, Schulenburg und Alvensleben an Hardenberg, Berlin, 19. März 1792, GStA PK Berlin, I. HA, Rep. 44 B, Nr. 1a (Zitat ebd.). Reskript von Finkenstein, Schulenburg und Alvensleben an Hardenberg, Berlin, 19. April 1792, ebd. (Zitat ebd.). Bericht Hardenbergs an den König/das Kabinettsministerium, Ansbach, 4. April 1792, ebd. Denkschrift über das Kabinettsreskript vom 19. März 1792, GStA PK Berlin, II. HA, Abt. 36, I, Nr. 5, fol. 77–80, hier: fol. 77 ff. – Speziell zu den begrenzten Möglichkeiten, das kaiserliche Landgericht des Burggrafentums Nürnberg gegen die reichsunmittelbaren Nachbarn Ansbach-Bayreuths zu instrumentalisieren, siehe Kapitel IV.2.

78 Reskript von Finkenstein, Schulenburg und Alvensleben an Hardenberg, Berlin, 19. März 1792, GStA PK Berlin, I. HA, Rep. 44 B, Nr. 1a. – Ein Kabinettsreskript vom 2. März 1792, das zwei Tage später per Estafette Berlin verließ, hatte Hardenberg noch untersagt, die von den benachbarten Reichsgliedern abgenommenen zollerschen Patente erneut unter militärischer Bedeckung anzuschlagen. Der Dirigierende Minister habe sich stattdessen mit schriftlichen Protestschreiben zu begnügen und könne eine heimliche Entfernung der Patente sogar ignorieren (Reskript von Finkenstein, Schulenburg und Alvensleben an den preußischen Gesandten Jacobi-Kloest zu Wien, Berlin, 2. März 1792, GStA PK Berlin, I. HA, Rep. 44 B, Nr. 1a. Vgl. 1. Nachschrift zum Bericht Hardenbergs an den König/das Kabinettsministerium, Ansbach, 24. Februar 1792, ebd.).

79 Siehe Kapitel V.1.

Wiener Hof zu intervenieren, damit dieser seinen Einfluss auf die Ansbach-Bayreuth benachbarten Reichsfürsten und insbesondere die Reichsritterschaft nutze, um Letztere zu gütlichen Vergleichen mit Preußen zu bewegen. Da der König »auf eitle jura honorifica« weit weniger Wert legte als auf finanziell einträgliche Rechte, wurde Hardenbergs Vorschlag in Berlin gerne angenommen, in künftigen Vergleichen die bei den benachbarten Herrschaften begehrte fraischliche Gerichtsbarkeit gegen angemessene Äquivalente ganz oder in Teilen abzutreten[80]. Dies bedeutete nichts anderes, als dass Berlin selbst das wichtigste Fundament seiner Landeshoheitsansprüche dort aufgeben wollte, wo auf gütlichem Wege eine Bereinigung der territorialen und rechtlichen Vermischungen möglich war.

4. Zwischen Eskalation und gütlicher Einigung

Die weitgehend auf dem programmatischen Hauptbericht vom 24. Februar 1792 basierenden, in den beiden Reskripten vom 19. März und 19. April desselben Jahres niedergelegten und durch Hardenbergs den jeweiligen Verhältnissen vor Ort anzupassenden Weisungen des Kabinettsministeriums bildeten ein Jahr lang das feste Fundament für die Politik des Dirigierenden Ministers gegenüber den reichsritterschaftlichen und -ständischen Nachbarn der beiden fränkischen Markgrafentümer. Zum einen musste Berlins Statthalter die zollerschen Landeshoheitsansprüche auf benachbartes Gebiet aufrechterhalten und vermeintlich begründete, aber in Vergessenheit geratene Gerechtsame erneut zur Geltung bringen – Vorgaben, zu deren Umsetzung militärische Mittel nur in einzelnen Ausnahmefällen angewandt werden durften. Zum anderen sollte Hardenberg durch gütliche Vergleiche mit den benachbarten Reichsunmittelbaren die territoriale Arrondierung Ansbach-Bayreuths möglichst vorantreiben. Es handelte sich mithin um eine zweigleisige Strategie. Wie sich der Dirigierende Minister zwischen dem März/April 1792 und dem Sommer 1793 dieser doppelten Aufgabenstellung annahm und dabei zwei grundsätzlich konträre Zielvorgaben zu vereinigen suchte, soll in den folgenden Abschnitten untersucht werden.

80 Reskript von Finkenstein, Schulenburg und Alvensleben an Hardenberg, Berlin, 19. März 1792, GStA PK Berlin, I. HA, Rep. 44 B, Nr. 1a (Zitat ebd.). Reskript von Finkenstein, Schulenburg und Alvensleben an Hardenberg, Berlin, 19. April 1792, ebd. Bericht Hardenbergs an den König/das Kabinettsministerium, Ansbach, 4. April 1792, ebd. Reskript von Finkenstein, Schulenburg und Alvensleben an den preußischen Gesandten Jacobi-Kloest zu Wien, Berlin, 19. April, ebd. Denkschrift »Ueber das Aufsehen im Reiche…« (wie Kap. V, Anm. 14), GStA PK Berlin, II. HA, Abt. 36, I, Nr. 5, fol. 74–75, hier: fol. 75. Denkschrift über das Kabinettsreskript vom 19. März 1792, ebd., fol. 77–80, hier: fol. 79.

4.1 Die Vergleichsverhandlungen mit der Reichsritterschaft

Anders als es der sich in Andeutungen erschöpfende Forschungsstand darstellt, spielte der Versuch, die mit der Reichsritterschaft bestehenden Landeshoheitsstreitigkeiten durch einvernehmliche Verträge beizulegen, eine zentrale, wenn nicht gar dominierende Rolle für die politische Konzeption und das Handeln Hardenbergs in den ersten eineinhalb Jahren nach dem offiziellen Anfall Ansbach-Bayreuths an die preußische Krone. Eine Abqualifizierung dieser Vergleichsverhandlungen als »sauersüße Unverbindlichkeiten« erscheint daher trotz ihres letztendlichen Scheiterns unangemessen[81]. Gleiches gilt für das von der Historiografie vermittelte Bild, nach dem der Dirigierende Minister in den Landeshoheitsstreitigkeiten Berlins mit seinen fränkischen Nachbarn von Anfang an eine einseitige Lösung im Sinne der Okkupationen in den Jahren 1796/98 angestrebt hätte. Eine solche Vorstellung fügt sich zwar ideal in das zum Leitmotiv der neueren Hardenbergforschung erhobene Diktum vom »Freie[n] Gebrauch der Kräfte« ein, hat mit der Realität aber nur sehr wenig zu tun[82].

81 Zum marginalen Forschungsstand zu den Vergleichsverhandlungen der Jahre 1792/93 im Allgemeinen siehe: *Seis*, Bürgertreue, S. 14; *Hofmeister-Hunger*, Pressepolitik, S. 39 f., 85 f.; *Dies.*, Revindikationen, S. 255; *Schuh*, Zugriff, S. 305; *Hanke*, Bürger, S. 124 ff.; *Thielen*, Hardenberg, S. 90; *H. H. Hofmann*, preußische Ära (1967), S. 248 f.; *Ders.*, Staat des Deutschmeisters, S. 330 ff.; *Ders.*, Herrschaft, S. 170 (Zitat ebd.); *Ders.*, Die preußische Ära (1960/61), S. 232; *Ders.*, Gunzenhausen-Weißenburg, S. 185 ff.; *Ders.*, Nürnberg-Fürth, S. 195 f.; *Ders.*, Neustadt-Windsheim, S. 148; *Rumpel*, Streit, S. 370; *Stockmayer*, Fehde, S. 44 f., 50 ff., 64 ff.; *Hartung*, Hardenberg, S. 33 ff.; *Süssheim*, Politik, S. 64 ff., 85 ff., 125 ff., 175, 240 f.; *K. A. Menzel*, Geschichte VI, S. 356 f.; *Ders.*, Zwanzig Jahre, S. 344 f.; *Ders.*, Geschichte XII/2, S. 217 f.; *Klose*, Leben, S. 75; vgl. auch *Demel*, Struktur, S. 298. – In der die Bedeutung der Vergleichsverhandlungen negierenden Tradition steht auch die Behauptung, dass allein Hohenlohe-Ingelfingen zu einer territorialen Entflechtung mit den fränkischen Markgrafentümern auf dem Vertragswege bereit gewesen sei (*Hofmeister-Hunger*, Pressepolitik, S. 40, 40 Anm. 38). Genauso unzutreffend ist die Meinung *Hankes* (ebd., S. 124), der einen zentralen Schritt in Hardenbergs Bemühungen um Vergleiche – allerdings nicht gegenüber der Reichsritterschaft sondern gegenüber dem Hochstift Würzburg – »nur als taktisches Hinhaltemanöver« deutete. Ebenfalls abzulehnen ist die Interpretation der von Johann Michael Georg über die Streitigkeiten mit der Reichsritterschaft angefertigten Deduktionen und Schriften als »beachtliche Vorarbeiten zu territorialen Vergleichsverhandlungen« durch *Hofmeister-Hunger* (Pressepolitik, S. 37, 37 Anm. 31 (Zitat ebd., S. 37). Revindikationen, S. 255, 263 Anm. 14).

82 Zum angesprochenen Forschungsstand siehe: *Hermann*, Hardenberg, S. 109; *Haussherr*, Hardenberg I, S. 132 ff.; *Süssheim*, Politik, v. a. S. 57 f., 64 f., 78 f., 157 ff.; *Haller*, Hardenberg, S. 35 ff., 43; *Seiderer*, Formen, S. 22; *Endres*, Ära Hardenberg, S. 181 ff.; *Ders.*, preußische Ära, S. 173 ff.; *Ders.*, Reformmodell, S. 33 ff.; *Ders.*, Erbabreden, S. 44; *Ders.*, Zum neuen Staat, S. 53; *Ders.*, Staat und Gesellschaft, S. 773; *H. H. Hofmann*, Herrschaft, S. 168 ff.; *Ders.*, preußische Ära (1960/61), S. 230 f.; *Hofmeister-Hunger*, Pressepolitik, S. 39 f.; *Tschirch*, Geschichte I, S. 200 ff.; *Schreiner*, Geschichte, S. 126; *H. Müller*, Kampf, S. 59; *Sörgel*, Ritterkanton, S. 86; *Hartung*, Hardenberg, S. 29; *Stockmayer*, Fehde, S. 32 ff.; *Philippson*, Geschichte I, S. 409; *Stetten*, Rechtsstellung, S. 108; *Stamm-Kuhlmann*, »Für dessen Constitution ich keine drei Kreuzer mehr gebe«, S. 74; *Ders.*, (Hg.), »Freier Gebrauch der Kräfte« (Zitat ebd., Titelblatt);

Hatten noch 1740 die Könige Friedrich Wilhelm I. und Friedrich II. von Preußen eine gütliche Übereinkunft des Markgrafentums Bayreuth mit dem Kanton Gebürg über die Besteuerung, Jurisdiktion und den Lehensheimfall immediater Rittergüter rigoros abgelehnt, so ließ sich eine solche Obstruktionspolitik angesichts des Ergebnisses der Reichstagsrekurse von Württemberg, Sachsen-Meiningen und Brandenburg-Bayreuth in den Jahren 1749 bis 1753 nicht mehr dauerhaft durchhalten[83]. Schließlich hatten das Reichsgutachten vom 23. Juli und der Reichsschluss vom 4. August 1753 den mit der Reichsritterschaft im Streit liegenden Reichsständen nur zwei Alternativen gelassen: entweder den Prozess vor den höchsten Reichsgerichten mit all seinen Folgen oder eben den Weg gütlicher Übereinkunft[84]. Markgraf Karl Alexander hatte – wie ausgeführt wurde – bereits 1782 einen ersten Vergleich über das Kollektationsrecht auf dem alienierten Rittergut Birnbaum geschlossen. Zudem hatte Ansbach-Bayreuth 1789 nach langjährigen Konflikten einen radikalen Kurswechsel in seiner Politik gegenüber der benachbarten Reichsritterschaft vorgenommen und dabei das markgräfliche Interesse bekundet, die mit dem Corpus equestre bestehenden Streitigkeiten im Einvernehmen beizulegen[85]. 1790 empfahl auch das preußische Kabinettsministerium dem Ansbacher Hof, seine noch virulenten Auseinandersetzungen mit dem Consortium equestre durch einvernehmliche Verträge mit den betroffenen Kantonen beizulegen[86]. Im gleichen Jahr einigten sich die Vertreter aller drei Ritterkreise auf dem Heilbronner Generalkorrespondenztag darauf, die mit den verschiedenen Reichsständen bestehenden Jurisdiktionsstreitigkeiten »zu Vermeidung aller unangenehmen nur Aufsehen erregenden Weiterungen und Collissionen [...] durch [...] Vergleiche gütlich beyzulegen«[87].

Am 16. Februar 1792 hatte sich der württembergische Reichstagsgesandte, Rittergenosse und 1787 gestürzte markgräfliche Minister Christoph Albrecht

Thielen, Hardenberg, S. 88; *Heigel*, Geschichte II, S. 231; *G. Zimmermann*, Staatlichkeit, S. 29 f.; *T. Schulz*, Mediatisierung (1988), S. 327 u. *Ders.*, Mediatisierung (1987), S. 158. – Das Zitat über den »freien Gebrauch der Kräfte« stammt ursprünglich aus der Rigaer Denkschrift Hardenbergs von 1807 (*Thomas Stamm-Kuhlmann*, »Man vertraue doch der Administration!«, S. 625 f.). Vgl. auch die Verwendung der analogen Diktion über »die Entfesselung der Kräfte« zur Charakterisierung von Hardenbergs Innen- und Wirtschaftspolitik in Ansbach-Bayreuth bei *Thomas Stamm-Kuhlmann* (»Man vertraue doch der Administration!«, S. 622 ff. (Zitat ebd., S. 622)).

83 Abschrift des Schreibens von König Friedrich Wilhelm I. von Preußen an Markgraf Friedrich Christian von Brandenburg-Kulmbach-Bayreuth, Berlin, 20. März 1740, GStA PK Berlin, II. HA, Abt. 36, I, Nr. 152, fol. 16–25, hier: fol. 16 ff. Abschrift des Schreibens von König Friedrich II. von Preußen an Markgraf Friedrich Christian von Kulmbach-Bayreuth, Berlin, 10. bzw. 16. Juni 1740, ebd., fol. 26–27, hier: fol. 26 f. Gutachten von Georg Wilhelm Wipprecht, Bayreuth, 24. Februar 1792, ebd., fol. 8–15, hier: fol. 11 f.

84 Siehe Kapitel III.1.

85 Siehe Kapitel IV.4.2.

86 Gutachten von Georg Wilhelm Wipprecht, Bayreuth, 24. Februar 1792, GStA PK Berlin, II. HA, Abt. 36, I, Nr. 152, fol. 8–15, hier: fol. 8.

87 Rezess des Heilbronner Generalkorrespondenztags, Heilbronn, 10. Juli 1790, HStA Stuttgart, B 572 Au, Bü 822 III.

Freiherr von Seckendorff im Namen des fränkischen Ritterkreises schriftlich an den königlichen Kabinettsminister Graf Schulenburg in Berlin gewandt. Dabei gab er den Wunsch der Reichsritterschaft zu erkennen, die mit Ansbach-Bayreuth bestehenden Differenzen nach gerechten Prinzipien beizulegen. Zu diesem Zweck sollten die Streitgegenstände durch eine reichsritterschaftliche Gesandtschaft König Friedrich Wilhelm II. bei einem künftigen Besuch in seinen neuen fränkischen Provinzen dargelegt werden[88]. In seinem Antwortschreiben vom 3. März 1792 sah Schulenburg keinen Hinderungsgrund, Seckendorff nicht die Bereitschaft Berlins zu versichern, alle nachbarliche Rücksicht auf legitime reichsritterschaftliche Gerechtsame und begründete Beschwerden zu nehmen sowie die erbetene reichsadelige Gesandtschaft an den König bei einem zukünftigen Aufenthalt in Ansbach-Bayreuth zu genehmigen[89]. Auch in seinen Weisungen an den Dirigierenden Minister hob das Kabinettsministerium seit Anfang März 1792 die Notwendigkeit gütlicher Vergleiche mit der Reichsritterschaft hervor[90]. Trotz aller anderen, vorangegangenen Meinungsverschiedenheiten rannte Berlin mit diesem Ansinnen bei Hardenberg offene Türen ein: Für ein derartiges Vorgehen hatte sich der Dirigierende Minister bereits im Januar 1792 beim König und dem Kabinettsministerium starkgemacht, wenn er auch damals eine umfassende Übereinkunft mit der Reichsritterschaft über das Ius collectandi auf den an das Haus Brandenburg alienierten Rittergütern weitgehend ablehnte[91]. In Hardenbergs programmatischem Hauptbericht vom 24. Februar 1792 spielten einvernehmliche Verträge mit den benachbarten Reichsgliedern eine wichtige Rolle[92].

Weiter vorangetrieben wurde die Frage gütlicher Vergleiche durch die reichsritterschaftliche Seite: Das fränkische Spezialdirektorium beim Kanton Gebürg hatte sich im Namen des eigenen Ritterorts sowie des gesamten Ritterkreises in zwei Glückwunschschreiben vom 1. März 1792 an Friedrich Wilhelm II. gewandt und dem Monarchen zum Regierungsantritt in den beiden fränkischen Markgrafentümern gratuliert. Dieser Schritt war den obligatorischen diplomatischen Formen geschuldet, wurde aber vom fränkischen Spezialdirektorium zum willkommenen Anlass genommen, um die Abstellung der zollerschen Eingriffe in die reichsritterschaftlichen Gerecht-

88 Nachschreiben des württembergischen Reichstagsgesandten Christoph Albrecht Freiherr von Seckendorff an Graf Schulenburg, Regensburg, 16. Februar 1792, GStA PK Berlin, I. HA, Rep. 44 B, Nr. 1, fol. 135–136, hier: fol. 135 f. – Zu Seckendorffs Amt und seiner Verwandtschaft mit dem ehemaligen Bayreuther Minister siehe: Schreiben des württembergischen Reichstagsgesandten Christoph Albrecht Freiherr von Seckendorff an Graf Schulenburg, Regensburg, 16. Februar 1792, ebd., fol. 138–140, hier: 138 ff. u. Kapitel IV.5.1.

89 Schreiben von Schulenburg an den württembergischen Reichstagsgesandten Freiherr von Seckendorff, Berlin, 3. März 1792, GStA PK Berlin, I. HA, Rep. 44 B, Nr. 1, fol. 165.

90 Siehe Kapitel V.3.

91 »Versuch eines ohngefähren Abrisses...« (wie Kap. II, Anm. 91), GStA PK Berlin, I. HA, Rep. 94, IV, Ac, Nr. 2, S. 1–149, hier: S. 62 f., 142.

92 Siehe Kapitel V.2.

same zu erbitten sowie beim König »günstigere Gesinnungen zu erregen«. Zudem berief sich der Ortsvorstand des Kantons Gebürg in dem Gratulationsschreiben, das er als Vertreter des eigenen Ritterorts verfasste, ausdrücklich auf das Versprechen Markgraf Karl Alexanders von 1789 und bat den preußischen König um die dauerhafte Beilegung der zwischen dem Viertel und Brandenburg-Bayreuth bestehenden Differenzen. Dies war nichts Geringeres als das offene Angebot des Kantons zu umfangreichen Vergleichsverhandlungen, und damit eine Möglichkeit zur territorialen Arrondierung Brandenburg-Bayreuths, die sich der Dirigierende Minister nicht entgehen lassen wollte[93].

Der von Hardenberg mit der Prüfung der Angelegenheit beauftragte Lehenspropst Georg Wilhelm Wipprecht riet in einem geheimen Gutachten trotz aller Vorbehalte zur Erneuerung der Vergleichsverhandlungen mit dem Kanton Gebürg, da angesichts der reichsrechtlichen und politischen Realitäten die Auseinandersetzungen mit dem Ritterort um Kollektations- und Jurisdiktionsbefugnisse sowie sonstige obrigkeitliche Rechte nicht anders beizulegen seien[94]. Noch bevor diese Stellungnahme den Dirigierenden Minister erreichte, hatte sich Hardenberg unter dem 3. März 1792 mit einem Dankschreiben für die reichsritterschaftlichen Glückwünsche vom Beginn des Monats an den Ortsvorstand Gebürg als fränkisches Spezialdirektorium gewandt. Darin erklärte Hardenberg seine Bereitschaft, »zu Beilegung Ihrer noch fürdauernden rechtlichen Angelegenheiten das meinige beyzutragen«[95]. Damit hatte der Dirigierende Minister auf das Angebot eines einzelnen Kantons mit einem Vergleichsangebot für den gesamten fränkischen Ritterkreis geantwortet.

Der positive Eindruck, den eine derartige Zusicherung bei der Reichsritterschaft machen konnte, musste durch die Reskripte des Kabinettsministeriums vom 1. März 1792 noch gesteigert werden: Die darin enthaltene Zurechtweisung des Dirigierenden Ministers durch Berlin blieb nämlich kein Geheimnis, sondern fand im Laufe der ersten Märzwochen durch eine undichte Stelle seinen Weg zu den Ortsvorständen der fränkischen Kantone[96].

93 Bericht Hardenbergs an den König/das Kabinettsministerium [über die Glückwunschschreiben zum Regierungsantritt], Ansbach, 9. März 1792, GStA PK Berlin, I. HA, Rep. 44 B, Nr. 1, fol. 185–186, hier: fol. 185 f. Schreiben des Ortsvorstandes Gebürg an den preußischen König Friedrich Wilhelm II., Bamberg, 1. März 1792, ebd., fol. 214–216, hier: fol. 215 f. Schreiben des Ortsvorstandes Rhön-Werra an den Ortsvorstand Gebürg, Schweinfurt, 16. März 1792, StA Marburg, 109, Nr. 311, Bd. 1, Dok. 10 (Zitat ebd.).

94 Schreiben von Georg Wilhelm Wipprecht an Hardenberg, Bayreuth, 5. März 1792, GStA PK Berlin, II. HA, Abt. 36, I, Nr. 152, fol. 7. Gutachten von Georg Wilhelm Wipprecht, Bayreuth, 24. Februar 1792, ebd., fol. 8–15, hier: fol. 8 ff.

95 Schreiben des Ortsvorstands Gebürg an den Ortsvorstand Rhön-Werra, Bamberg, 21. März 1792, StA Marburg, 109, Nr. 311, Bd. 1, Dok. 13. Abschrift des Schreibens von Hardenberg an den Ortsvorstand Gebürg, Ansbach, 3. März 1792, ebd., Dok. 14 (Zitat ebd.).

96 Abschrift des Schreibens des Ortsvorstandes Baunach an den Ortsvorstand Gebürg, Nürnberg, 15. März 1792, StA Marburg, 109, Nr. 311, Bd. 1, Dok. 12. Abschrift des Schreibens des Orts-

Zudem wurde dem Direktorium von Steigerwald durch informelle Kanäle zugetragen, dass nicht zuletzt nach eigenen Äußerungen Hardenbergs Friedrich Wilhelm II. bzw. sein Kabinettsministerium zu umfassenden Vergleichsverhandlungen fest entschlossen seien[97].

Noch größeres Aufsehen als derartige Nachrichten sollte ein Schritt erregen, den der Dirigierende Minister zwei Wochen nach seinem Vergleichsangebot an die fränkische Reichsritterschaft unternahm[98]: In einem auf den 17. März 1792 datierten Reskript an die Ansbacher und Bayreuther Regierung sowie das Burggräfliche Ratskollegium ordnete Hardenberg eine Untersuchung der mit den benachbarten Reichsgliedern bestehenden Streitigkeiten an. Bei dieser sollte »die strengste und gewissenhafteste Unpartheylichkeit« an den Tag gelegt werden. Vor allem stellte das Reskript heraus, dass es nicht die Absicht Berlins sei, aus politischen Gründen sein Territorium auf Kosten seiner Nachbarn zu vergrößern und zu diesem Zweck auf die dem König zur Verfügung stehenden Machtmittel oder in Vergessenheit geratene Rechtstitel zurückzugreifen: »Wir sind keineswegs gesonnen veraltete Ansprüche aufzusuchen, und darauf ein System von Vergrösserung zu bauen, noch weniger durch Unsere Gewalt und Ansehen Mindermächtige zu Aufopferungen zu nöthigen, welche Ihnen schwer fallen und auf welche Wir kein gegründetes Recht haben«. Dieser Zusicherung widersprach auch nicht der Vorbehalt, dass der preußische König keine nachweisbaren Gerechtsame und begründeten Ansprüche aufgeben wolle: Deren Behauptung sollte nämlich allein in den von der Reichsverfassung vorgesehenen Bahnen erfolgen. Zudem war eine salvatorische Verwahrung der eigenen Rechtsansprüche im Ius publicum alles andere als unüblich, und der alte Streitpunkt, ob aus der zollerschen Fraisch die Landeshoheit fließe, wurde bei all dem nicht direkt erwähnt[99]: Schließlich

vorstandes Odenwald an den Ortsvorstand Gebürg, Kochendorf, 31. März 1792, ebd., Dok. 28. – Das Schreiben Baunachs mit den Nachrichten über die Kabinettsreskripte vom 1. März 1792 wurde vom fränkischen Spezialdirektorium an alle anderen fränkischen Mitkantone in Abschrift weitergeleitet (Schreiben des Ortsvorstandes Gebürg an den Ortsvorstand Rhön-Werra, Bamberg, 19. März 1792, StA Marburg, 109, Nr. 311, Bd. 1, Dok. 11).

97 Abschrift des Schreibens des Ortsvorstandes Steigerwald an den Ortsvorstand Gebürg, Erlangen, 10. März 1792, StA Marburg, 109, Nr. 311, Bd. 1, Dok. 25. Abschrift des Nachschreibens des Ortsvorstandes Steigerwald an den Ortsvorstand Gebürg, Erlangen, 10. März 1792, ebd., Dok. 26.

98 Das im folgenden anzusprechende Reskript ist gedruckt beispielsweise in der Verordnungssammlung des Referendars bei den Kriegs- und Domänenkammern zu Ansbach und Bayreuth, Christian Sigismund Krause, nachzulesen (Reskript von Hardenberg an die Regierungen von Bayreuth und Ansbach sowie das Burggräfliche Ratskollegium, Ansbach, 17. März 1792, in: *Krause* (Hg.), Sammlung, Nr. 34, S. 214–216).

99 Abschrift des Reskripts von Hardenberg an die Regierungen von Bayreuth und Ansbach sowie das Burggräfliche Ratskollegium, Ansbach, 17. März 1792, GStA PK Berlin, I. HA, Rep. 44 B, Nr. 1a. – Aus realpolitischer Perspektive war es dennoch mehr als verständlich, wenn sich der pfalz-bayerische Kreisgesandte zu Nürnberg, Freiherr von Gravenreuth, nicht nur an der fehlenden Mißbilligung der bisherigen preußischen Übergriffe im Reskript vom 17. März stieß, sondern auch an dem Vorbehalt der königlichen Rechte. Gravenreuth vermutete daher in der

musste Hardenberg, als er das Reskript unterzeichnete, gemäß den Weisungen Berlins vom 1. März noch von einem weitgehenden Verzicht auf die Durchsetzung der preußischen Landeshoheitsansprüche ausgehen, da die gegenteiligen Kabinettsreskripte vom 17. und insbesondere vom 19. März 1792 noch nicht in Ansbach-Bayreuth eingetroffen sein konnten[100]. Vor diesem Hintergrund war der Dirigierende Minister besonders darum bemüht, den diplomatischen Flurschaden, den der preußische Patentanschlag angerichtet hatte, zu begrenzen. Zu diesem Zweck ließ er sein Reskript vom 17. März inoffiziell durch den preußischen Gesandten am Fränkischen Kreistag zu Nürnberg verbreiten[101]. Wenig später erlaubte Hardenberg dem dortigen königlichen Vertreter sogar, das besagte Reskript anonym in mehrere Zeitungen einzurücken[102]. Die derart bekannt gemachten und auf einen Sinneswandel der preußischen Seite nach dem Gewaltakt des Patentanschlags hinweisenden Verheißungen mochten zwar die vergleichsbereiten Kreise innerhalb der fränkischen Reichsritterschaft stärken[103]. Allerdings mussten zugleich neue Zweifel in den Kantonen aufkommen, ob mit der norddeutschen Großmacht eine gütliche Einigung überhaupt möglich sei: Wenige Tage

Anweisung an die Ansbacher und Bayreuther Regierungen sowie das Burggräfliche Ratskollegium den Plan, »daß man eine Pille zu versilbern sucht, deren Verschluckung den Fränkischen Kreisständen täglich saurer werden muß« (25. Bericht der pfalz-bayerischen Kreisgesandtschaft zu Nürnberg an Kurfürst Karl Theodor, Nürnberg, 7. April 1792, BayHStA, K. schw. 14476, fol. 88).

100 Siehe Kapitel V.3.

101 Bericht Hardenbergs an den König/das Kabinettsministerium, Ansbach, 2. April 1792, GStA PK Berlin, II. HA, Abt. 36, I, Nr. 5, fol. 32–38, hier: fol. 35. Abschrift des Reskripts von Hardenberg an den preußischen Kreisgesandten Freiherr von Soden, Ansbach, 17. März 1792, GStA PK Berlin, I. HA, Rep. 44 B, Nr. 1a. Bericht Hardenbergs an den König/das Kabinettsministerium, Ansbach, 4. April 1792, ebd. Schreiben von Hardenberg an Julius Heinrich von Soden, o.O., undatiert [nach dem 17. März 1792], in: *C. Soden* (Hg.), Briefe, Nr. 13, S. 12–13, hier: S. 12 f. – Die entsprechende Anweisung an den preußischen Vertreter beim Fränkischen Kreistag in Nürnberg fand noch im gleichen Jahr den Weg in »Schlözer's Stats-Anzeigen« (Vier ActenStücke, Vorfälle bei der preußischen Besitznehmung von den Markgraftümern Ansbach und Baireut, S. 285 ff. bzw. Auszug aus Schlözers Staats-Anzeigen, XVII. Band, 67. Heft, S. 285–289, StA Marburg, 109, Nr. 311, Bd. 3, Dok. 152). Etwa 10 Jahre später – und damit ohne aktuellen politischen Bezug – wurde die Weisung Hardenbergs an die preußische Kreisgesandtschaft in Nürnberg noch einmal in der schon erwähnten Verordnungssammlung von Krause nachgedruckt (Reskripts von Hardenberg an den preußischen Kreisgesandten Freiherr von Soden, Ansbach, 17. März 1792, in: *Krause* (Hg.), Sammlung, Nr. 33, S. 212–214).

102 Schreiben von Hardenberg an Julius Heinrich von Soden, o.O., undatiert [nach dem 17. März 1792], in: *C. Soden* (Hg.), Briefe, Nr. 13, S. 12–13, hier: S. 12.

103 Vgl. zum Eindruck der Zeitungsveröffentlichung des Reskripts in den Reihen der Reichsritterschaft die Andeutung in dem Nachschreiben des Ortsvorstandes Gebürg an den Ortsvorstand Rhön-Werra, Bamberg, 12. April 1792, StA Marburg, 109, Nr. 311, Bd. 1, Dok. 32. – Auch in »Schlözer's Stats-Anzeigen« erschien noch 1792 das besagte Reskript an die Regierungen zu Ansbach und Bayreuth sowie das Burggräfliche Ratskollegium (Vier ActenStücke, Vorfälle bei der preußischen Besitznehmung von den Markgraftümern Ansbach und Baireut, S. 287 ff. bzw. Auszug aus Schlözers Sta(a)ts-Anzeigen, XVII. Band, 67. Heft, S. 285–289, StA Marburg, 109, Nr. 311, Bd. 3, Dok. 152.).

nachdem der Dirigierende Minister sein Reskript vom 17. März an die preußische Gesandtschaft nach Nürnberg geschickt und damit auch offiziell den geordneten Rückzug angetreten hatte, änderten sich durch die Reskripte des Kabinettsministeriums vom 17. sowie 19. März 1792 die Rahmenbedingungen vollständig[104]. Wie bereits gezeigt wurde, vollzog Berlin in diesen Weisungen auf Hardenbergs Betreiben eine Kehrtwende und befürwortete nun das Ziel umfassender territorialer Arrondierungen seiner fränkischen Provinzen[105]. Daher war es dem Dirigierenden Minister möglich, den Inhalt seines eigenen Reskriptes vom 17. März zu relativieren, indem er in die »Erlanger Real-« sowie in die »Bayreuther Zeitung« Artikel einrücken ließ, in denen behauptet wurde, dass aus der von Ansbach-Bayreuth über fremdes, reichsunmittelbares Territorium ausgeübten Fraisch die Landeshoheit folge[106]. Diesen markgräflichen Anspruch in seiner angeblichen verfassungsrechtlichen Fundierung im Mittelalter ließ Hardenberg zusätzlich durch Ganz in einer anonymen Flugschrift über den »Weiltinger Vorfall« verbreiten, die in der Reichsritterschaft besonderen Unmut hervorrief. Schließlich war eine Gleichsetzung von fraischlicher Gerichtsbarkeit und Landeshoheit unvereinbar mit der reichsunmittelbaren Existenz eines Großteils der Ansbach-Bayreuth benachbarten Rittergüter[107]. Hinzu kam die Wiederanheftung der von einigen Rittergenossen auf ihren Besitzungen abgenommenen preußischen Patente[108]. Die Verwirrung innerhalb der Reichsritterschaft über die wahren Absichten Berlins musste schließlich ihren Gipfel erreichen angesichts der widersprüchlichen Verlautbarungen der preußischen Gesandten in Wien und am Reichstag zu

104 Das besagte Reskript Hardenbergs vom 17. März 1792 für die Ansbacher und Bayreuther Regierung sowie das Burggräfliche Ratskollegium wurde dem preußischen Kreisgesandten in Nürnberg als Beilage zu einer ebenfalls auf den 17. März datierten Weisung übersand (Abschrift des Reskripts von Hardenberg an den preußischen Kreisgesandten Freiherr von Soden, Ansbach, 17. März 1792, GStA PK Berlin, I. HA, Rep. 44 B, Nr. 1a).

105 Siehe Kapitel V.3.

106 Bericht Hardenbergs an den König/das Kabinettsministerium, Ansbach, 2. April 1792, GStA PK Berlin, II. HA, Abt. 36, I, Nr. 5, fol. 32–38, hier: fol. 35. Erlanger Real-Zeitung, Nr. 24, Freitag, 23. März 1792, hier: S. 205, GStA PK Berlin, I. HA, Rep. 44 B, Nr. 1a. Bericht Hardenbergs an den König/das Kabinettsministerium, Ansbach, 4. April 1792, ebd. Vgl. zum Verständis dieser Zeitungsartikel den Inhalt des einschlägigen Schreibens von Hardenberg an Julius Heinrich von Soden (o.O., undatiert [nach dem 17. März 1792], in: *C. Soden* (Hg.), Briefe, Nr. 13, S. 12–13, hier: S. 12) mit dem Wortlaut der Abschrift des vorangehenden und die zollerschen Landeshoheitsansprüche aufgrund der Fraisch ausführenden Reskripts von Hardenberg an den preußischen Kreisgesandten Freiherr von Soden (Ansbach, 17. März 1792, GStA PK Berlin, I. HA, Rep. 44 B, Nr. 1a).

107 Bericht Hardenbergs an den König/das Kabinettsministerium, Ansbach, 4. April 1792, GStA PK Berlin, I. HA, Rep. 44 B, Nr. 1a. Bericht Hardenbergs an den König/das Kabinettsministerium [wegen dem Weiltinger Vorfall], Ansbach, 9. März 1792, ebd. (Zitat ebd.). Bericht Hardenbergs an den König/das Kabinettsministerium, Ansbach, 2. April 1792, GStA PK Berlin, II. HA, Abt. 36, I, Nr. 5, fol. 32–38, hier: fol. 35. Schreiben des Ortsvorstandes Rhön-Werra an den Ortsvorstand Gebürg, o.O., 20. April 1792, StA Marburg, 109, Nr. 311, Bd. 1, Dok. 34.

108 Abschrift des Schreibens des Ortsvorstands Altmühl an den Ortsvorstand Gebürg, o.O., 5. April 1792, StA Marburg, 109, Nr. 311, Bd. 1, Dok. 33.

Regensburg: Letztere hatte das Kabinettsministerium am 1. März angewiesen, mit Blick auf den Weiltinger Zwischenfall bei passender Gelegenheit zu erklären, dass Friedrich Wilhelm II. seine Macht nicht zur gewaltsamen Expansion gebrauchen wolle und stattdessen »gerne einen jeden ruhig und unbeeinträchtiget bey dem lassen werden, was er rechtmäßig besitzet«[109]. Diese beruhigenden Äußerungen fanden durch eine Erklärung weiteste Verbreitung, die Anfang April in mehreren Zeitungen erschien und dem sog. »Orakel von Regensburg«, dem preußischen Reichstagsgesandten Johann Eustach Reichsgraf von Schlitz gen. von Goertz (1737–1821), zugeschrieben wurde. Weit mehr als die Frage des wirklichen Urhebers dieser Verlautbarung beunruhigte der Inhalt dieser vorgeblichen Bekanntmachung den Dirigierenden Minister sowie das Kabinettsministerium, dessen politischer Kurs sich inzwischen durch die Reskripte vom 17. und 19. März 1792 demjenigen Hardenbergs angenähert hatte: Schließlich konnten derartige Zeitungsmeldungen zumindest bei den reichsständischen Nachbarn Ansbach-Bayreuths den Willen zur Gegenwehr gegen die Landeshoheitsansprüche Berlins stärken und zugleich das preußische Ziel gefährden, die fränkischen Markgrafentümer auf dem Vergleichswege zu arrondieren. Daher ließ Goertz nur wenige Wochen später seine angebliche Erklärung, die auch von einer Missbilligung des Patentanschlags durch den König berichtete, in zahlreichen öffentlichen Blättern dementieren[110].

109 Reskripte von Finkenstein, Schulenburg und Alvensleben an die Gesandten Jacobi-Kloest in Wien sowie Goertz in Regensburg, Berlin, 1. März 1792, GStA PK Berlin, I. HA, Rep. 44 B, Nr. 1a (Zitat ebd.). Nachschreiben des Ortsvorstandes Gebürg an den Ortsvorstand Rhön-Werra, Bamberg, 12. April 1792, StA Marburg, 109, Nr. 311, Bd. 1, Dok. 32.

110 Bericht Hardenbergs an den König/das Kabinettsministerium, Ansbach, 4. April 1792, GStA PK Berlin, I. HA, Rep. 44 B, Nr. 1a. Reskript von Finkenstein, Schulenburg und Alvensleben an Hardenberg, Berlin, 19. April 1792, ebd. Reskript von Finkenstein, Schulenburg und Alvensleben an Reichsgraf Goertz, Berlin, 19. April 1792, ebd. Bericht Hardenbergs an den König/das Kabinettsministerium, Ansbach, 21. April 1792, ebd. Reskript von Finkenstein, Schulenburg und Alvensleben an Hardenberg, Berlin, 24. April 1792, ebd. 5. Nachschreiben zum 28. Bericht von Reichsgraf Goertz an den König/das Kabinettsministerium, Regensburg, 30. April 1792, ebd. Schreiben des Ortsvorstandes Rhön-Werra an den Ortsvorstand Gebürg, Schweinfurt, 27. April 1792, StA Marburg, 109, Nr. 311, Bd. 1, Dok. 36. Schreiben von Hardenberg an Julius Heinrich von Soden, Bayreuth, 19. April 1792, in: *C. Soden* (Hg.), Briefe, Nr. 18, S. 14. *Bailleu*, Goertz, S. 395 (Zitat ebd.). *Leithold*, Goertz, S. 32. – Mangels Akteneinsicht hält *Hofmeister-Hunger* (Pressepolitik, S. 82, 82 Anm. 11) die Missbilligung des Patentanschlags durch den preußischen König in der Goertz wahrscheinlich untergeschobenen Erklärung irrtümlich für den Inhalt von Reskripten, die Hardenberg erlassen und bewusst veröffentlicht habe. – Die Behauptung von *Süssheim* (Politik, S. 66), das Kabinettsministerium habe gegenüber Goertz bzw. in Regensburg mit einem Reskript vom 21. März 1792 den Inhalt der dem Komitialgesandten am 1. desselben Monats aufgetragenen Erklärung widerrufen ist missverständlich, da hierdurch ein offizielles Dementi impliziert wird. Stattdessen schärfte das Kabinettsministerium Goertz mit seiner Entschließung vom 21. März nur die Geheimhaltung der dem Gesandten zuvor mitgeteilten beiden Reskripte an Hardenberg vom 1. März 1792 ein, deren Inhalt zum neuen Kurs der Berliner Kabinettsminister nicht mehr passte (Reskript von Finkenstein, Schulenburg und Alvensleben an den Reichstagsgesandten Goertz in Regensburg,

So widersprüchlich die Signale der preußischen Seite waren, so tief war die fränkische Reichsritterschaft selbst in der Frage einer gütlichen Einigung mit ihrem übermächtigen Nachbarn gespalten: Das Angebot Hardenbergs, auf diesem Wege die Auseinandersetzungen mit den fränkischen Markgrafentümern zu beenden, stand im Raum seit der Antwort des Dirigierenden Ministers vom 3. März auf die reichsritterschaftlichen Glückwunschschreiben zum Regierungsantritt Friedrich Wilhelms II. in seinen neuen Provinzen. Am 15. März ergriff das Direktorium des Kantons Altmühl mit Rückendeckung des Ortsvorstands von Odenwald die Initiative und stellte beim fränkischen Spezialdirektorium den Antrag, sämtliche Differenzen der fränkischen Ritterorte mit den beiden Markgrafentümern durch einen Vergleich beizulegen. Allerdings dürfe eine derartige vertragliche Einigung weder die reichsunmittelbare Stellung der Rittergenossen beeinträchtigen noch deren »sonstigen Verhältnisse[n]«, und damit ihren Verpflichtungen gegenüber dem Kaiser Abbruch tun[111]. Ausschlaggebend für die vergleichsbereite Haltung der Ortsvorstände von Odenwald und Altmühl, der sich auch das Direktorium von Steigerwald anschloss[112], war nicht zuletzt der Schock des preußischen Patentanschlags. Dieser wurde in den meisten Ritterkanzleien als Beweis gedeutet, dass Berlin den Plan verfolge »einen förmlichen Landsaßiat mit Gewalt durchzusetzen, eine Menge reichsadelicher Mitglieder sammt ihren Gütern von dem Corpore abzureißen, und dießes am Ende so zu schwächen, daß auch der übrige theil gar nicht mehr bestehen kann«[113]. Während das fränkische Spezialdirektorium in den schwerfälligen und langatmigen interkantonalen Beratschlagungen über die Vergleichsangelegenheit eine eigene Stellungnah-

Berlin, 1. März 1792, GStA PK Berlin, I. HA, Rep. 44 B, Nr. 1a. Reskript von Finkenstein, Schulenburg und Alvensleben an den Reichstagsgesandten Goertz in Regensburg, Berlin, 21. März 1792, ebd.). – Speziell zur Person von Goertz siehe: *Hamberger/Meusel*, Teutschland II, S. 601 f.; *Bailleu*, ebd., S. 393 ff; *Stribrny*, Görtz, S. 538 f.; *Stüssi*, Görtz, Sp. 469 f.; [*Belli di Pino*], Historische und politische Denkwürdigkeiten I, S. V ff., 1.

111 Abschrift des Schreibens des Ortsvorstands Altmühl an den Ortsvorstand Gebürg, o.O., 15. März 1792, StA Marburg, 109, Nr. 311, Bd. 1, Dok. 17 (Zitat ebd.). Abschrift des Schreibens des Ortsvorstandes Odenwald an den Ortsvorstand Altmühl, o.O., 5. März 1792, ebd., Dok. 19. Abschrift des Schreibens des Ortsvorstandes Odenwald an den Ortsvorstand Gebürg, Kochendorf, 17. März 1792, ebd., Dok. 24. Abschrift des Schreibens des Ortsvorstandes Odenwald an den Ortsvorstand Gebürg, Kochendorf, 31. März 1792, ebd., Dok. 28.

112 Abschrift des Schreibens des Ortsvorstandes Steigerwald an den Ortsvorstand Gebürg, Erlangen, 10. März 1792, StA Marburg, 109, Nr. 311, Bd. 1, Dok. 25.

113 Abschrift des Schreibens des Ortsvorstandes Altmühl an den Ortsvorstand Gebürg, o.O., 1. März 1792, StA Marburg, 109, Nr. 311, Bd. 1, Dok. 8. Schreiben des Ortsvorstands Gebürg an den Ortsvorstand Rhön-Werra, Bamberg, 21. März 1792, ebd., Dok. 13. Abschrift des Schreibens des Ortsvorstandes Odenwald an den Ortsvorstand Altmühl, o.O., 5. März 1792, ebd., Dok. 19. Abschrift des Schreibens des Ortsvorstandes Odenwald an den Ortsvorstand Gebürg, Kochendorf, 17. März 1792, ebd., Dok. 24 (Zitat ebd.). Abschrift des Schreibens des Ortsvorstandes Odenwald an den Ortsvorstand Gebürg, Kochendorf, 21. Dezember 1793, StA Marburg, 109, Nr. 311, Bd. 3, Dok. 143.

me ebenso konsequent vermied wie der Ortsvorstand des Kantons Baunach[114], liefen aus Schweinfurt ablehnende Antworten ein: Darin erklärte das Direktorium von Rhön-Werra Verhandlungen über die Beilegung der mit Ansbach-Bayreuth bestehenden Differenzen für untunlich angesichts der reichspolitischen Lage nach der am 1. März 1792 eingetretenen Vakanz des Kaiserthrones sowie ohne vorherige, unmittelbare Fühlungnahme mit dem preußischen König und seinem Kabinettsministerium in Berlin. Darüber hinaus erhob der Ortsvorstand des Kantons den Verzicht des Hauses Brandenburg auf dessen auf der Fraisch basierende traditionelle Landeshoheitsansprüche und damit die Anerkennung des widerrechtlichen Charakters des Patentanschlags zur Conditio sine qua non für eine Einigung mit der norddeutschen Großmacht. Verhandlungen über die anderen mit den fränkischen Markgrafentümern bestehenden Streitpunkte lehnte das Direktorium von Rhön-Werra als unnötig für das eigene Viertel strikt ab. Zudem verwahrte man sich in der Schweinfurter Ortskanzlei auch noch vorsorglich gegen eine finanzielle Beteiligung an denjenigen Kosten, die aus einem Eintreten des gesamten fränkischen Ritterkreises für die durch Preußen bedrängten Rittergüter und Kantone entstehen könnten[115].

Es ist sicher kein Zufall, dass sich damit ausgerechnet einer der beiden Ritterorte am kompromisslosesten zeigte, die aufgrund ihrer Lage nicht vom preußischen Patentanschlag betroffen waren und sich daher in Sicherheit wiegen konnten[116]. Im Falle eines umfassenden Vergleichs des fränkischen Ritterkreises mit Ansbach-Bayreuth hätte dagegen auch Rhön-Werra Opfer bringen müssen. Mit der stets beschworenen Solidarität aller Kantone des Ritterkreises gegen die gemeinsame preußische Bedrohung hatte diese auf den alleinigen Vorteil des eigenen Ritterorts berechnete Politik des Ortsvorstandes von Rhön-Werra nichts mehr zu tun[117].

114 Schreiben des Ortsvorstandes Gebürg an den Ortsvorstand Rhön-Werra, Bamberg, 24. März 1792, StA Marburg, 109, Nr. 311, Bd. 1, Dok. 16. Schreiben des Ortsvorstandes Gebürg an den Ortsvorstand Rhön-Werra, Bamberg, 12. April 1792, ebd., Dok. 29. »Kurzer Auszug des wesentlichen Inhalts der in Sache die Affigirung der königl. Preußischen Patente betreffend, von löbl. Fränkischen Cantonen eingekommenen Meynungen und Vorschläge«, Bamberg, 10. April 1792, ebd., Dok. 30. Abschrift des Schreibens von Karl Friedrich Reinhard von Gemmingen an Reichsgraf Goertz, Heilbronn, 9. Mai 1792, ebd., Dok. 43.

115 Schreiben des Ortsvorstandes Rhön-Werra an den Ortsvorstand Gebürg, o.O., 12. April 1792, StA Marburg, 109, Nr. 311, Bd. 1, Dok. 22. Schreiben des Ortsvorstandes Rhön-Werra an den Ortsvorstand Gebürg, Schweinfurt, 27. April 1792, ebd., Dok. 36.

116 Siehe Kapitel V.1. Vgl. zudem: Abschrift des Schreibens des Ortsvorstandes Odenwald an den Ortsvorstand Gebürg, Kochendorf, 31. März 1792, StA Marburg, 109, Nr. 311, Bd. 1, Dok. 28.

117 Bericht von Christian Philipp Schmidt, Wilhermsdorf, 29. Februar 1792, StA Marburg, 109, Nr. 311, Bd. 1, Dok. 3. Abschrift des Schreibens des Ortsvorstandes Altmühl an den Ortsvorstand Gebürg, o.O., 1. März 1792, ebd., Dok. 8. Abschrift des Schreibens des Ortsvorstandes Gebürg an den Ortsvorstand Altmühl, o.O., 7. März 1792, ebd., Dok. 9. Schreiben des Ortsvorstandes Gebürg an den Ortsvorstand Rhön-Werra, Bamberg, 24. März 1792, ebd., Dok. 16. Abschrift des Schreibens des Ortsvorstands Altmühl an den Ortsvorstand Gebürg, o.O., 15. März 1792, ebd., Dok. 17. Abschrift des Schreibens des Ortsvorstandes Odenwald an den

Während die fränkischen Ritterorte noch um einen gemeinsamen Kurs in der Vergleichsfrage rangen[118], konnte Hardenberg Anfang April einen neuen Erfolg nach Berlin melden: Der Ritterhauptmann des Kantons Odenwald, Karl Friedrich Reinhard Freiherr von Gemmingen-(Guttenberg-Bonfeld), habe ihm versichert, dass dem Beispiel des vergleichsbereiten Ritterorts Gebürg bald auch die anderen fränkischen Kantone nachfolgen würden[119]. Bei diesem ohne Einverständnis der übrigen fränkischen Ortsvorstände unternommenen Vorstoß Gemmingens dürfte dessen besonderes Vertrauensverhältnis zum Dirigierenden Minister eine entscheidende Rolle gespielt haben[120]: Obwohl Hardenberg der direkte Nutznießer von Gemmingens Rücktritt anlässlich des Ansbach-Bayreuther Ministersturzes von 1790 war und gegen dessen Aussöhnung mit Markgraf Karl Alexander heimlich intrigiert zu haben scheint, blieb der Odenwalder Ritterhauptmann seinem Nachfolger und entfernten Verwandten in enger Freundschaft verbunden[121].

Zwar sprachen sich die Bayreuther Regierungsräte Johann Michael Georg und Johann Gottlieb Wagner in zwei Gutachten vom 6. April aus politischen,

Ortsvorstand Altmühl, o.O., 5. März 1792, ebd., Dok. 19. Abschrift des Schreibens des Ortsvorstandes Odenwald an den Ortsvorstand Gebürg, Kochendorf, 17. März 1792, ebd., Dok. 24. Abschrift des Schreibens des Ortsvorstandes Odenwald an den Ortsvorstand Gebürg, Kochendorf, 31. März 1792, ebd., Dok. 28. Abschrift des Schreibens des Ortsvorstandes Odenwald an den Ortsvorstand Gebürg, Kochendorf, 21. Dezember 1793, StA Marburg, 109, Nr. 311, Bd. 3, Dok. 143.

118 Schreiben des Ortsvorstandes Gebürg an den Ortsvorstand Rhön-Werra, Bamberg, 12. April 1792, StA Marburg, 109, Nr. 311, Bd. 1, Dok. 29. »Kurzer Auszug des wesentlichen Inhalts der in Sache die Affigirung der königۥ Preußischen Patente betreffend, von löbl. Fränkischen Cantonen eingekommenen Meynungen und Vorschläge«, Bamberg, 10. April 1792, ebd., Dok. 30.

119 Bericht Hardenbergs an den König/das Kabinettsministerium, Ansbach, 4. April 1792, GStA PK Berlin, I. HA, Rep. 44 B, Nr. 1a.

120 Daneben mag Gemmingen bei seinem eigenmächtigen Schritt auch von der Überzeugung getragen worden sein, dass das politische Überleben des Corpus equestre eine Verminderung der Reibungspunkte zwischen den Reichsrittern und den angrenzenden Reichsfürsten zwingend erforderlich mache (vgl. Kapitel IV.3).

121 Nachschreiben des Ortsvorstandes Gebürg an den Ortsvorstand Rhön-Werra, Bamberg, 12. Juli 1792, StA Marburg, 109, Nr. 311, Bd. 1, Dok. 62. Vertrauliches Schreiben von Karl Friedrich Reinhard von Gemmingen an Hardenberg, Bonfeld, 6. Juni 1792, GStA PK Berlin, II. HA, Abt. 36, I, Nr. 176, fol. 78 - 79, hier: fol. 78 f. Vgl. auch Bericht Hardenbergs an den König/das Kabinettsministerium, Ansbach, 4. April 1792, GStA PK Berlin, I. HA, Rep. 44 B, Nr. 1a und Schreiben von Friedrich Karl Freiherr von Seckendorff an den Ritterrat und Ritterhauptmannschaftsverweser von Rhön-Werra Freiherr von Bobenhausen, Mainz, 21. Mai 1792, StA Marburg, 109, Nr. 311, Bd. 1, Dok. 40. – Das noch gegen Ende des Jahres 1794 fassbare freundschaftliche und vertraute Verhältnis zwischen Hardenberg und Gemmingen tritt besonders eindeutig in einer Reihe von Schreiben aus dem Nachlass des Dirigierenden Ministers hervor (Schreiben von Karl Friedrich Reinhard von Gemmingen an Hardenberg, Bonfeld, 12. Oktober 1794, GStA PK Berlin, VI. HA, Nl Hardenberg, D, Nr. 2, fol. 1 - 2, hier: fol. 1 f. Schreiben Hardenbergs an Karl Friedrich Reinhard von Gemmingen, Frankfurt[/M.], 18. Oktober 1794, ebd., fol. 3 - 4, hier: fol. 3 f. Schreiben von Karl Friedrich Reinhard von Gemmingen an Hardenberg, Heilbronn, 22. Oktober 1794, ebd., fol. 5 - 6, hier: fol. 5 f.).

finanziellen und rechtlichen Erwägungen gegen einen gütlichen Vergleich mit dem Kanton Gebürg aus und stellten dabei indirekt auch vertragliche Einigungen mit der fränkischen Reichsritterschaft im Allgemeinen infrage[122]. Aber derartige Bedenken konnten Hardenberg nicht beeindrucken, der zusammen mit dem Kabinettsministerium in Berlin unbeirrt an dem Ziel festhielt, die angestrebte territoriale Arrondierung weitestgehend auf gütlichem Wege zu erreichen: Zu diesem Zweck ließ der Dirigierende Minister um die Aprilmitte 1792 den fränkischen Kreisständen, die Berlin immer feindseliger gegenüberstanden, durch eine auf den 13. des Monats datierte Erklärung die fortdauernde Bereitschaft des Königs zu gerechten und billigen Vergleichsverhandlungen zusichern[123].

Fast zeitgleich wies das Kabinettsministerium am 14. April den königlichen Komitialgesandten Reichsgraf Goertz in Regensburg an, den Vertretern Österreichs sowie der Ansbach-Bayreuth benachbarten Reichsglieder den Wunsch Berlins nach einer vertraglichen Beilegung »aller bisher bestandenen Grenz- und Fraischlichen Irrungen« anzuzeigen[124]. Da das Corpus equestre am Reichstag keine offizielle Gesandtschaft unterhielt, wandte sich Goertz, der selbst einem alten reichsritterschaftlichen Geschlecht entstammte, kurzerhand an den »gutgesinnten« Karl Friedrich Reinhard Freiherr von Gemmingen, mit dem er bereits bei der Kaiserwahl des Jahres 1790 zusammengearbeitet hatte[125]: In einem auf den 30. April 1792 datierten Schreiben wiederholte

122 Gutachten von Johann Gottlieb Wagner, Ansbach, 6. April 1792, GStA PK Berlin, II. HA, Abt. 36, I, Nr. 152, fol. 30–40, hier: fol. 30 ff. Gutachten von Johann Michael Georg, Bayreuth, 6. April 1792, ebd., fol. 41–50, hier: fol. 41 ff.

123 Reskript von Finkenstein, Schulenburg und Alvensleben an Hardenberg, Berlin, 19. April 1792, GStA PK Berlin, I. HA, Rep. 44 B, Nr. 1a. Reskript von [Finkenstein, Schulenburg und Alvensleben] an den preußischen Gesandten in Wien, Freiherr von Jacobi-Kloest, Berlin, 19. April 1792, ebd. Bericht Hardenbergs an den König/das Kabinettsministerium, Bayreuth, 21. April 1792, ebd. Erklärung Hardenbergs an die fränkischen Kreisgesandten und die am Kreistag zu Nürnberg akkreditierten auswärtigen Minister und Geschäftsträger, Ansbach, 13. April 1792, ebd. Reskript von Finkenstein, Schulenburg und Alvensleben an Hardenberg, Berlin, 24. April 1792, ebd. Abschrift des Promemorias des preußischen Kreisgesandten Julius Heinrich von Soden an die Gesandten am Nürnberger Kreistag, mitgeteilt, Nürnberg, 21. April 1792, diktiert, 2. Juni 1792 inkl. der Beilage: Erklärung [Hardenbergs] an die fränkischen Kreisgesandten und die am Kreistag zu Nürnberg akkreditierten auswärtigen Minister und Geschäftsträger, [Ansbach, 13. April 1792], StA Marburg, 109, Nr. 311, Bd. 1, Dok. 70.

124 2. Nachschreiben zum 28. Bericht von Reichsgraf Goertz an den König/das Kabinettsministerium, Regensburg, 30. April 1792, GStA PK Berlin, I. HA, Rep. 44 B, Nr. 1a. – Bereits Anfang April hatte Hardenberg dem Kabinettsministerium vorgeschlagen, Wien zu bitten, sich bei den Ansbach-Bayreuth benachbarten Reichsgliedern für Vergleichsverhandlungen mit Berlin zu verwenden (Bericht Hardenbergs an den König/das Kabinettsministerium, Ansbach, 2. April 1792, GStA PK Berlin, II. HA, Abt. 36, I, Nr. 5, fol. 32–38, hier: fol. 36). – Die Erklärung Hardenbergs vom 13. April 1792 soll auch dem preußischen Komitialgesandten am Reichstag bekannt gemacht worden sein, der sie dort verbreitete (Abschrift des Schreibens von Kaiser Franz II. an die Kurfürsten, Wien, 7. September 1796, mit Marginalien Hardenbergs, GStA PK Berlin, II. HA, Abt. 36, I, Nr. 6).

125 Protokoll der reichsritterschaftlichen Gesandtschaft zur Kaiserwahl und -krönung, Frankfurt

Goertz gegenüber dem Odenwalder Ritterhauptmann ein weiteres Mal das Versprechen, dass Friedrich Wilhelm II. zwar nicht auf die Verteidigung bzw. die Durchsetzung gegründeter Gerechtsame und Forderungen auf den in der Reichsverfassung vorgesehenen Wegen verzichten werde, aber keineswegs eine Vergrößerung der fränkischen Markgrafentümer im Sinn habe oder an die Geltendmachung unberechtigter Ansprüche denke. Vielmehr sei er beauftragt, die fränkische Reichsritterschaft im Namen des Königs »zur billigen Ausgleichung der Irrungen« aufzufordern und zu diesem Zwecke an Hardenberg zu verweisen[126].

Die fränkische Reichsritterschaft geriet durch das Schreiben von Goertz in verstärkten Zugzwang. Schließlich konnte Berlin jederzeit das Interesse an einer gütlichen Einigung verlieren und verstärkt zu neuen Eingriffen in die reichsritterschaftliche Rechtsstellung übergehen. Vor allem die in dem Besitzergreifungspatent des preußischen Königs vom 5. Januar 1792 angekündigte Erbhuldigung und damit ein Rechtsakt, der die Reichsunmittelbarkeit der von den zollerschen Landeshoheitsansprüchen betroffenen Rittergenossen beenden musste, lag wie ein drohender Schatten über den meisten fränkischen Kantonen[127]. Ferner war bei der fortdauernden Vakanz des Kaiserthrones eine Klage gegen die norddeutsche Großmacht vor dem Reichshofrat unmöglich und anderweitige Hilfe aus Wien erschien angesichts des preußisch-österreichischen Bündnisses zumindest fraglich[128]. Schließlich galt es auf die Rolle Berlins bei den anstehenden Verhandlungen über die neue kai-

[/M.], 9. August bis 15. Oktober 1790, StA Marburg, 109, Nr. 909. 2. Nachschreiben zum 28. Bericht von Reichsgraf Goertz an den König/das Kabinettsministerium, Regensburg, 30. April 1792, GStA PK Berlin, I. HA, Rep. 44 B, Nr. 1a (Zitat ebd.). 2. Nachschreiben zum 37. Bericht von Reichsgraf Goertz an den König/das Kabinettsministerium, Regensburg, 17. Mai 1792, ebd. – Zur reichsritterschaftlichen Herkunft des Hauses Goertz siehe beispielsweise: Abschrift des Schreibens des Reichsgrafen Goertz an Karl Friedrich Reinhard von Gemmingen, Regensburg, 30. April 1792, StA Marburg, 109, Nr. 311, Bd. 1, Dok. 42 u. Abschrift des Schreibens von Karl Friedrich Reinhard von Gemmingen an Reichsgraf Goertz, Heilbronn, 9. Mai 1792, StA Marburg, ebd., Dok. 43. – 1797 beteuerte Hardenberg, dass Goertz das Schreiben an Gemmingen ohne konkreten Befehl und ohne seine Beteiligung, nur aufgrund der Kenntnis der damals im Allgemeinen verfolgten politischen Linie Berlins verfasst habe (Marginalien Hardenbergs auf der Abschrift des Schreibens von Kaiser Franz II. an die Kurfürsten, Wien, 7. September 1796, GStA PK Berlin, II. HA, Abt. 36, I, Nr. 6, ebd.).

126 Abschrift des Schreibens des Reichsgrafen Goertz an Karl Friedrich Reinhard von Gemmingen, Regensburg, 30. April 1792, StA Marburg, 109, Nr. 311, Bd. 1, Dok. 42.

127 Schreiben des Ortsvorstandes Gebürg an den Ortsvorstand Rhön-Werra, Bamberg, 23. Mai 1792, StA Marburg, 109, Nr. 311, Bd. 1, Dok. 44. Schreiben des Ortsvorstandes Gebürg an den Ortsvorstand Rhön-Werra, Bamberg, 2. Juni 1792, ebd., Dok. 47.

128 Bericht von Christian Philipp Schmidt, Wilhermsdorf, 29. Februar 1792, StA Marburg, 109, Nr. 311, Bd. 1, Dok. 3. Schreiben des Ortsvorstandes Rhön-Werra an den Ortsvorstand Gebürg, o.O., 12. April 1792, ebd., Dok. 22. Abschrift des Schreibens des Ortsvorstandes Odenwald an den Ortsvorstand Gebürg, Kochendorf, 17. März 1792, ebd., Dok. 24. Schreiben des Ritterhauptmanns des Kantons Gebürg, Johann Franz Freiherr Schenk von Stauffenberg, an den Ritterhauptmannschaftsverweser von Rhön-Werra, Freiherr von Bobenhausen, Frankfurt/M., 21. Juni 1792, ebd., Dok. 54.

serliche Wahlkapitulation Rücksicht zu nehmen, damit deren Inhalt keine dem Corpus equestre nachteiligen Änderungen erfuhr[129].

Die Reichsritterschaft hatte also allen Grund, auf das von Goertz übermittelte erneute Vergleichsangebot zügig zu reagieren. Bereits Gemmingen versicherte dem preußischen Komitialgesandten in seiner Antwort auf dessen Schreiben vom 30. April umgehend der Bereitschaft aller fränkischen Kantone, die bestehenden Streitigkeiten auf dem Vergleichswege beizulegen, soweit dies mit der politischen Existenz der Reichsritterschaft und deren Beziehungen zum Kaiser vereinbar wäre. Daneben bat Gemmingen darum, bis zu einer derartigen Einigung den bestehenden Status quo aufrechtzuerhalten[130]. Auch das umgehend informierte fränkische Spezialdirektorium blieb nicht untätig: Zwar hatte Rhön-Werra die Beilegung aller bestehenden Differenzen mit Ansbach-Bayreuth auf vertraglichem Wege zurückgewiesen, und auch mehr als zwei Monate nach dem entsprechenden Antrag Altmühls vom 15. März hatten immer noch nicht alle Kantone ihr Votum über die Einleitung von Vergleichsverhandlungen mit Preußen abgegeben. Aber dies hinderte das bei Gebürg stehende fränkische Spezialdirektorium nicht daran, auf der Basis der bisher eingegangenen Äußerungen der einzelnen Ortsvorstände ein Schreiben an Friedrich Wilhelm II. zu verfassen[131]. In diesem auf den 2. Juni 1792 datierten Dokument wurde der preußische König – unter Verweis auf die für die Reichsritterschaft sprechenden Rechtsgründe – nicht nur um die Einstellung der von seinen Behörden in Ansbach-Bayreuth vorgenommenen und noch drohenden Eingriffe in die reichsritterschaftliche Rechte gebeten, sowie um die Widerherstellung des Status quo ante des Regierungsantritts Friedrich Wilhelms II. in Ansbach-Bayreuth. Zugleich erklärte das fränkische Spezialdirektorium dem Monarchen die Bereitschaft des fränkischen Ritterkreises zu Vergleichsverhandlungen über alle zwischen Preußen und den Kantonen bestehenden alten und neuen Differenzen. Hierfür brauche Berlin nur noch Zeitpunkt und Ort festzusetzen sowie dem Reichsrecht verpflichtete, unparteiische Vertreter zu ernennen. Allerdings erreichte das Schreiben des reichsritterschaftlichen Spezialdirektoriums vom 2. Juni in dieser Form nie den König. Gemmingen selbst schlug nämlich dem Dirigierenden Minister unter der Hand eine Abänderung der reichsritterschaftlichen Bittschrift vor,

129 Vgl. Schreiben des Ortsvorstandes Gebürg an den Ortsvorstand Rhön-Werra, Bamberg, 12. April 1792, StA Marburg, 109, Nr. 311, Bd. 1, Dok. 29 u. Vortragspunkte des Ortsvorstandes Gebürg zur schriftlichen Abstimmung durch die Kantone des fränkischen Ritterkreises, Bamberg, 12. April 1792, ebd., Dok. 31.

130 Abschrift des Schreibens von Karl Friedrich Reinhard von Gemmingen an Reichsgraf Goertz, Heilbronn, 9. Mai 1792, StA Marburg, 109, Nr. 311, Bd. 1, Dok. 43.

131 Schreiben von Karl Friedrich Reinhard von Gemmingen an den Ortsvorstand Rhön-Werra, Heilbronn, 9. Mai 1792, StA Marburg, 109, Nr. 311, Bd. 1, Dok. 41. Schreiben des Ortsvorstandes Gebürg an den Ortsvorstand Rhön-Werra, Bamberg, 23. Mai 1792, ebd., Dok. 44. Schreiben des Ortsvorstandes Gebürg an den Ortsvorstand Rhön-Werra, Bamberg, 2. Juni 1792, ebd., Dok. 47.

da er fürchtete, dass der drastische Ton, der an einigen Stellen der Eingabe angeschlagen wurde, sich negativ auf die Erfüllung der reichsritterschaftlichen Wünsche auswirken könnte. Hardenberg ergriff die sich bietende Gelegenheit sogleich und veranlasste über den Odenwalder Ritterhauptmann eine grundsätzliche Umarbeitung des Schriftstückes in seinem Sinne. Dieser fielen alle gegen die Regierungen von Ansbach-Bayreuth und damit indirekt auch gegen Hardenberg erhobenen Vorwürfe zum Opfer, während gleichzeitig die nachgeordneten Ämter der fränkischen Markgrafentümer als die eigentlichen Schuldigen an den gegenwärtigen Streitigkeiten präsentiert wurden. Zwar konnte in anderen Passagen des Bittschreibens, die auf Hardenbergs Wunsch eine Abänderung erfuhren, der rechtliche Gehalt der Aussagen zugunsten der reichsritterschaftlichen Unmittelbarkeit weitgehend gewahrt werden. Aber dafür fiel ausgerechnet die Bedingung fort, dass die von Berlin als Verhandlungsführer zu bestellenden Personen sich am Ius publicum einschließlich des Herkommens zu orientieren hätten[132]. Der Ortsvorstand von Rhön-Werra, der schon zuvor von »allen eckelhaften Schmeicheleien« gegenüber dem preußischen König nichts hatte wissen wollen, kam mit seinem scharfen Protest gegen das Ergebnis der Umarbeitung des Bittschreibens zu spät, um an dieser Nacht- und Nebelaktion noch etwas ändern zu können[133].

Als ähnlich erfolglos erwiesen sich alle Bemühungen des fränkischen Rit-

132 Abschrift der 1. Fassung des Schreibens des Ortsvorstandes Gebürg an König Friedrich Wilhelm II. von Preußen, Bamberg, 2. Juni 1792, StA Marburg, 109, Nr. 311, Bd. 1, Dok. 48. Nachschreiben des Ortsvorstandes Gebürg an den Ortsvorstand Rhön-Werra, Bamberg, 12. Juli 1792 ebd., Dok. 62. Abschrift des Schreibens des Ortsvorstandes Gebürg an Karl Friedrich Reinhard von Gemmingen, Bamberg, 10. Juli 1792, ebd., Dok. 63. Abschrift der 2. Fassung des Schreiben des Ortsvorstandes Gebürg an König Friedrich Wilhelm II. von Preußen, Bamberg, 2. Juni 1792, ebd., Dok. 64. Schreiben des Ortsvorstandes von Rhön-Werra an den Ortsvorstand Gebürg, o.O., 19. Juli 1792, ebd., Dok. 65. Abschrift des Schreibens von Karl Friedrich Reinhard von Gemmingen an den Ortsvorstand Gebürg, Ansbach, 11. Juli 1792, ebd., Dok. 67. Vertrauliches Schreiben von Karl Friedrich Reinhard von Gemmingen an Hardenberg, Bonfeld, 6. Juni 1792, GStA PK Berlin, II. HA, Abt. 36, I, Nr. 176, fol. 78–79, hier: fol. 78 f. Auszug aus einem Schreiben Hardenbergs an Karl Friedrich Reinhard von Gemmingen, Bayreuth, 1. Juli 1792, ebd., fol. 80. Bericht Hardenbergs an den König/das Kabinettsministerium, Bayreuth, 12. Juni 1792, ebd., fol. 81–82, hier: fol. 81 f. – Hardenberg wollte ursprünglich die erste Fassung des reichsritterschaftlichen Bittschreibens vom 2. Juni 1792 als Abschrift nach Berlin einsenden, um »die ritterschaftlichen Anmassungen in ihrer wahren plumpen Gestalt und auffallenden Einkleidung« dem König und seinem Kabinettsministerium zu veranschaulichen. Der als Begleitschreiben entworfene Bericht wurde aber vom Dirigierenden Minister nicht abgeschickt. Vielleicht wollte Hardenberg nicht, dass an der Spree die in der Überarbeitung getilgten Forderungen und Vorwürfe der ersten Fassung des Schreibens vom 2. Juni 1792 in vollem Umfang bekannt würden (Bericht Hardenbergs an den König/das Kabinettsministerium, Bayreuth, 12. Juni 1792, ebd., fol. 81–82, hier: fol. 81 f. (Zitat ebd., fol. 82)).

133 Schreiben des Ortsvorstandes von Rhön-Werra an Karl Friedrich Reinhard von Gemmingen, o.O., 13. Juni 1792, StA Marburg, 109, Nr. 311, Bd. 1, Dok. 52 (Zitat ebd.). Schreiben des Ortsvorstandes von Rhön-Werra an den Ortsvorstand Gebürg, o.O., 19. Juli 1792, ebd., Dok. 65.

terkreises, Friedrich Wilhelm II. persönlich für die Vergleichsverhandlungen sowie die Wiederherstellung und die Einhaltung des Status quo ante zu interessieren: Das besagte Schreiben der Reichsritterschaft vom 2. Juni 1792 wurde nämlich nie beantwortet[134]. Auch der Versuch Gemmingens als Abgesandter der Reichsritterschaft Frankens, den preußischen König Mitte Juli bei dessen kurzem Aufenthalt in Ansbach zu mehr Aktivität in der Vergleichsangelegenheit zu bewegen, musste scheitern[135]: Schließlich hatte Friedrich Wilhelm II. ganz andere Sorgen, befand er sich doch damals auf dem Wege nach Mainz, um sich mit dem neu gewählten Kaiser Franz II. zu treffen sowie das Oberkommando über seine Truppen am Rhein direkt auszuüben[136]. Erschwerend kam der Umstand hinzu, dass Gemmingen aufgrund seiner langjährigen Tätigkeit im Dienste Markgraf Karl Alexanders eine jährliche Pension

134 Schreiben des Ortsvorstandes Gebürg an den Ortsvorstand Rhön-Werra, Bamberg, 5. November 1792, StA Marburg, 109, Nr. 311, Bd. 1, Dok. 69. Sog. Alleruntertänigste kurze Geschichtserzählung, die Irrungen mit den von Seiner königlichen Majestät in Preußen im Monat Jenner 1792 angetrettenen, und in Besitz genommenen fränkischen Fürstenthümern, Brandenburg-Ansbach, und Bayreuth betreffend, Bamberg, 15. Februar 1793, StA Ludwigsburg, B 575 IV, Bü 352. Nachschreiben des Ortsvorstandes Gebürg an den Ortsvorstand Rhön-Werra, Bamberg, 9. Juli 1794, StA Marburg, 109, Nr. 311, Bd. 3, Dok. 187. »Actenmässige kurze Darstellung derjenigen reichsgesezwidrigen Gewaltthätigkeiten, welche die unmittelbare Reichsritterschaft in Franken seit der Abtretung der beiden fränkischen Fürstenthümer Bayreuth und Ansbach an S.[ein]e königl.[liche] Majestät von Preussen hat erfahren müssen«, [ca. Februar 1796], StA Marburg, 109, Nr. 311, Bd. 5, zu Dok. 333.

135 Schreiben von Friedrich Karl Freiherr von Seckendorff an den Ritterrat und Ritterhauptmannschaftsverweser von Rhön-Werra, Freiherr von Bobenhausen, Mainz, 21. Mai 1792, StA Marburg, 109, Nr. 311, Bd. 1, Dok. 40. Schreiben des Ortsvorstandes Gebürg an den Ortsvorstand Rhön-Werra, Bamberg, 23. Mai 1792, ebd., Dok. 44. Abschrift des Schreibens des Ortsvorstandes Odenwald an den Ortsvorstand Gebürg, Kochendorf, 9. Mai 1792, ebd., Dok. 45. Schreiben des Ortsvorstandes Gebürg an den Ortsvorstand Rhön-Werra, Bamberg, 2. Juni 1792, ebd. Dok. 50. Schreiben des Ortsvorstandes von Rhön-Werra an Karl Friedrich Reinhard von Gemmingen, o.O., 12. Juni 1792, ebd., Dok. 51. Schreiben des Ortsvorstandes von Rhön-Werra an Karl Friedrich Reinhard von Gemmingen, o.O., 13. Juni 1792, ebd., Dok. 52. Abschrift des Schreibens des Ortsvorstandes Altmühl an den Ortsvorstand Gebürg, o.O., 11. Juni 1792, ebd., Dok. 57. »Allerunterthänigste kurze Geschichtserzählung, die Irrungen mit den von Seiner königlichen Majestät in Preußen im Monat Jenner 1792 angetrettenen, und in Besitz genommenen fränckischen Fürstenthümern, Brandenburg-Anspach, und Bayreuth betreffend«, Bamberg, 29. Januar 1793, StA Marburg, 109, Nr. 311, Bd. 2, Dok. 104. Beschreibung der Reise und des Einzuges Sr. Majestät, S. 16 f. – In keiner Weise nachzuvollziehen ist Süssheims Interpretation des Berichtes einer zeitgenössischen Flugschrift (Beschreibung der Reise und des Einzuges Sr. Majestät, S. 27), nach dem der hohe Adel den König im Ansbacher Schloß erwartet habe: Über dieses selbstverständliche Zeremoniell urteilte Süssheim – wobei er implizit die Reichsritterschaft einschloß -, dass Hardenberg damit die Absicht verfolgte »den Adel gelegentlich der Anwesenheit des Königs an sein Abhängigkeitsverhältnis zu erinnern« (*Süssheim*, Politik, S. 108, 108 Anm. 2. (Zitat ebd., S. 108 Anm. 2)).

136 Schreiben des Ortsvorstandes von Rhön-Werra an Karl Friedrich Reinhard von Gemmingen, o.O., 12. Juni 1792, StA Marburg, 109, Nr. 311, Bd. 1, Dok. 51. Schreiben des Ortsvorstandes von Rhön-Werra an Karl Friedrich Reinhard von Gemmingen, o.O., 13. Juni 1792, ebd., Dok. 52. Beschreibung der Reise und des Einzuges Sr. Majestät, S. 16 f., 46 f., 50 Anm. *.

von nicht weniger als 4000 fl. aus den königlichen Kassen bezog. Ein Konsulent der Schweinfurter Ritterkanzlei mochte daher nicht unrecht haben, wenn er gegenüber seinem Ortsvorstand erklärte, dass ihm »ganz und gar nicht in den Kopf« gehe, dass die wirtschaftlichen Interessen des Odenwalder Ritterhauptmanns mit der Vertretung der reichsritterschaftlichen Interessen gegenüber dem König vereinbar seien[137].

Während die geschilderten reichsritterschaftlichen Bemühungen um die Jahresmitte 1792 scheiterten, bei Friedrich Wilhelms II. Rückhalt in der Frage der Vergleichsverhandlungen zu gewinnen, trat die innere Spaltung des fränkischen Ritterkreises über die gegen Berlin einzuschlagende Politik immer stärker hervor: Als Wortführer der einen Seite muss der Odenwalder Ritterhauptmann von Gemmingen bezeichnet werden, der ein geradezu unverbrüchliches Vertrauen auf die wohlwollenden Absichten Hardenbergs sowie der preußischen Politik an den Tag legte und sich dabei im Einklang mit den meisten Ortsvorständen wähnen konnte, die zumindest den Versuch einer gütlichen Einigung mit Preußen wagen wollten[138]. Als Exponent der Gegner gütlicher Vergleichsverhandlungen mit Berlin trat Franz Paul Christoph von Seckendorff (1750 - 1823), Mitglied des Kantons Altmühl und Vetter des 1790 gestürzten Bayreuther Ministers und Steigerwalder Ritterhauptmanns, »als Diabolus der Reichsritterschaft« wortgewaltig hervor. Er gab in einem geheimen Gutachten all jenen eine Stimme, die ein umfangreicheres Abkommen mit der preußischen Monarchie von vorneherein für untunlich und gefährlich hielten: »Wir gehen aber zu Grund, schreiet alles, wann wir keinen Vergleich machen; Leider, antworte ich nur, und leider, in beiden Fällen! Nur von frü-

137 Zirkularschreiben des Konsulenten J. C. Schmid an den Ortsvorstand Rhön-Werra mit dessen Voten, Schweinfurt, 28. Juni 1792, StA Marburg, 109, Nr. 311, Bd. 1, Dok. 53. – Nachdem Gemmingen bereits 1754 den Titel eines Hofjunkers erhalten hatte, diente er mit fester Besoldung von 1761 bis 1790 Markgraf Karl Alexander, davon 20 Jahre im Ministerrang (Karl Friedrich Reinhard Freiherr von Gemmingen/Johann Georg Zenker, Kurzer Lebenslauf, in: *Schuhmann* (Hg.), Ausklang, S. 126 – 136, hier: S. 127 ff.).

138 Schreiben des Ortsvorstandes Gebürg an den Ortsvorstand Rhön-Werra, Bamberg, 23. Mai 1792, StA Marburg, 109, Nr. 311, Bd. 1, Dok. 44. Schreiben des Ortsvorstandes Gebürg an den Ortsvorstand Rhön-Werra, Bamberg, 2. Juni 1792, ebd., Dok. 47. Schreiben von Karl Friedrich Reinhard von Gemmingen an Hardenberg, Heilbronn, 16. [?] Mai 1792, GStA PK Berlin, II. HA, Abt. 36, I, Nr. 176, fol. 57. Schreiben von Karl Friedrich Reinhard von Gemmingen an Hardenberg, Bonfeld, 6. Juni 1792, ebd., fol. 77. Vertrauliches Schreiben von Karl Friedrich Reinhard von Gemmingen an Hardenberg, Bonfeld, 6. Juni 1792, ebd., fol. 78 – 79, hier: fol. 78 f. Vgl. auch: Abschrift des Schreibens von Franz Paul Christoph von Seckendorff an den Altmühler Ritterhauptmann Ernst Ludwig Sebastian Freiherr von Crailsheim, Weingartsgereuth, 1. Juni 1792, StA Marburg, 109, Nr. 311, Bd. 1, Dok. 58. – Die offizielle Haltung der verschiedenen Ortsvorstände in der Vergleichsangelegenheit darf natürlich nicht mit der persönlichen Meinung einzelner Ritterhauptleute gleichgesetzt werden, von denen nach einer parteiischen Quelle mindestens vier gegen umfassende Verhandlungen zur vertraglichen Beilegung der mit Berlin bestehenden Differenzen gewesen sein sollen (Abschrift des Schreibens von Franz Paul Christoph von Seckendorff an den Altmühler Ritterhauptmann Ernst Ludwig Sebastian Freiherr von Crailsheim, Weingartsgereuth, 1. Juni 1792, ebd., Dok. 58).

hern oder spätern handelt sichs. Wenn ich sterbe, sey es mit durchborter Brust, nicht durch eine Pleßur im Rücken«[139]. Das Gewicht, das den Worten Seckendorffs zukommen musste, sollte nicht unterschätzt werden: Er war nämlich nicht nur der Spross eines der bedeutendsten fränkischen Rittergeschlechter. Vor allem bekleidete Franz Paul Christoph von Seckendorff nach einer Zeit als Regierungsrat im Herzogtum Sachsen-Weimar - auch dank der Fürsprache des Odenwalder Ritterhauptmanns - seit 1785 das Amt eines Reichshofrats, also eines urteilenden Beisitzers im obersten Reichsgericht in Wien[140]. Im Oktober 1796 sollte Seckendorff angesichts der preußischen Mediatisierungen die Frage der inneren Erneuerung der reichsritterschaftlichen Korporation durch Reformen wieder auf die Tagesordnung bringen[141].

Mit seiner ablehnenden Haltung gegenüber den im Raum stehenden Vergleichsverhandlungen mit Preußen stand Seckendorff nicht allein. Besonders kompromisslos gebärdete sich weiterhin der Ortsvorstand von Rhön-Werra: Dieser schob seine Verschuldung sowie finanzielle Forderungen aus der Zeit des Siebenjährigen Krieges vor, um sich nicht an den Kosten einer geplanten reichsritterschaftlichen Gesandtschaft nach Berlin beteiligen zu müssen. Der Hauptgrund für diese keineswegs neue Obstruktionspolitik Rhön-Werras dürfte weniger in den mangelnden Erfolgsaussichten als dem Zweck der diplomatischen Mission an die Spree zu suchen sein: Diese sollte nämlich nicht nur dazu dienen, gegen das bisherige Vorgehen der Ansbach-Bayreuther Behörden zu protestieren, was Rhön-Werra seit Monaten gefordert hatte. Auf diesem Wege sollten auch die Vergleichsverhandlungen erleichtert werden. Letztere lehnte das Direktorium von Rhön-Werra zwar nicht im Allgemeinen, aber weiterhin für den eigenen Kanton strikt ab[142]. Die Abwesenheit des Kö-

139 Zirkularschreiben des Konsulenten J. C. Schmid an den Ortsvorstand Rhön-Werra mit dessen Voten, Schweinfurt, 28. Juni 1792, StA Marburg, 109, Nr. 311, Bd. 1, Dok. 53. Schreiben des Ortsvorstandes Gebürg an den Ortsvorstand Rhön-Werra, Bamberg, 26. Juni 1792, ebd., Dok. 55. Abschrift des Schreibens des Ortsvorstandes Altmühl an den Ortsvorstand Gebürg, o.O., 11. Juni 1792, ebd., Dok. 57. Abschrift des Schreibens von Franz Paul Christoph von Seckendorff an den Altmühler Ritterhauptmann Ernst Ludwig Sebastian Freiherr von Crailsheim, Weingartsgereuth, 1. Juni 1792, ebd., Dok. 58 (Zitate ebd.). Schreiben von Franz Paul Christoph von Seckendorff an den Ortsvorstand Rhön-Werra, Wien, 23. Oktober 1796, StA Marburg, 109, Nr. 311, Bd. 7. – Auch im Kanton Steigerwald war Franz Paul Christoph von Seckendorff Mitglied (*Mauchenheim*, Ritterschaft I, S. 453). Zudem hatte er 1777 das adlige Fräuleinstift des Kantons Gebürg mitbegründet (*Rechter*, Seckendorff, S. 281). – Speziell zu den Lebensdaten von Franz Paul Christoph von Seckendorff siehe: *Rechter*, ebd., S. 279.

140 Abschrift des Schreibens des Ortsvorstandes Altmühl an den Ortsvorstand Gebürg, o.O., 11. Juni 1792, StA Marburg, 109, Nr. 311, Bd. 1, Dok. 57. *Gschließer*, Reichshofrat, S. 498.

141 Schreiben von Franz Paul Christoph von Seckendorff an den Ortsvorstand Rhön-Werra, Wien, 23. Oktober 1796, StA Marburg, 109, Nr. 311, Bd. 7. Schreiben des Ortsvorstandes Baunach an den Ortsvorstand Rhön-Werra, Nürnberg, 30. Dezember 1796, StA Marburg, 109, Nr. 322.

142 Schreiben des Ortsvorstandes Rhön-Werra an den Ortsvorstand Gebürg, Schweinfurt, 16. März 1792, StA Marburg, 109, Nr. 311, Bd. 1, Dok. 10. Schreiben des Ortsvorstandes Rhön-Werra an den Ortsvorstand Gebürg, o.O., 12. April 1792, ebd., Dok. 22. Schreiben des Ortsvorstandes Rhön-Werra an den Ortsvorstand Gebürg, Schweinfurt, 27. April 1792, ebd.,

nigs von seiner Hauptstadt, die Tatsache, dass Gemmingen bereits in Ansbach Friedrich Wilhelm II. seine Aufwartung im Namen des fränkischen Ritterkreises machte, sowie der von Goertz geäußerte Wunsch, die Vergleichsverhandlungen in den fränkischen Markgrafentümern zu führen, ließen das Projekt einer Gesandtschaft nach Berlin nicht mehr zur Ausführung kommen[143].

Der einzige greifbare Erfolg aller reichsritterschaftlichen Bemühungen um die Jahresmitte 1792 war, dass Hardenberg nun auch offiziell von der Bereitschaft des fränkischen Ritterkreises zu einem gütlichen Vergleich unterrichtet war[144]. Damit waren das Kabinettsministerium und vor allem der Dirigierende Minister wieder am Zug. Dies galt umso mehr, als Berlin in der Vergleichsfrage keine spürbare Rückendeckung seines österreichischen Bundesgenossen erfuhr. Die Hofburg war nämlich auf Hardenbergs Vorschlag vom Kabinettsministerium bereits in der zweiten Aprilhälfte 1792 ersucht worden, ihren Einfluss auf ihre reichsritterschaftliche Klientel sowie eine Reihe fränkischer Reichsstände zu nutzen, um diese zu gütlichen Verträgen mit Preußen zur Beilegung der bestehenden Streitigkeiten zu bewegen. Zwar sicherte Wien seine Unterstützung für ein derartiges Vorhaben zu, worauf der österreichische Staatskanzler Fürst Kaunitz Mitte Mai 1792 die königlich ungarischen bzw. kurböhmischen Gesandtschaften in Regensburg, München und Mainz bzw. Nürnberg entsprechend instruierte. Aber konkrete Auswirkungen dieser Maßnahmen auf die Vergleichverhandlungen mit der Reichsritterschaft, die in

Dok. 36. Schreiben des Ortsvorstandes von Rhön-Werra an Karl Friedrich Reinhard von Gemmingen, o.O., 2. Juni 1792, ebd., Dok. 46. Zirkularschreiben des Konsulenten J. C. Schmid an den Ortsvorstand Rhön-Werra mit dessen Voten, Schweinfurt, 28. Juni 1792, ebd., Dok. 53. Schreiben des Ritterhauptmanns des Kantons Gebürg, Johann Franz Freiherr Schenk von Stauffenberg, an den Ritterhauptmannschaftsverweser von Rhön-Werra, Freiherr von Bobenhausen, Frankfurt/M., 21. Juni 1792, ebd., Dok. 54. Abschrift des Schreibens von Franz Paul Christoph von Seckendorff an den Altmühler Ritterhauptmann Ernst Ludwig Sebastian Freiherr von Crailsheim, Weingartsgereuth, 1. Juni 1792, ebd., Dok. 58. Schreiben des Ritterhauptmannschaftsverweser von Rhön-Werra, Freiherr von Bobenhausen, an den Ritterhauptmann des Kantons Gebürg, Johann Franz Freiherr Schenk von Stauffenberg, Schweinfurt, 3. Juli 1792, ebd., Dok. 59. [Nach]-Schreiben des Ritterhauptmannschaftsverweser von Rhön-Werra, Freiherr von Bobenhausen, an den Ritterhauptmann des Kantons Gebürg, Johann Franz Freiherr Schenk von Stauffenberg, o.O., 3. Juli 1792, ebd., Dok. 60. Schreiben des Ortsvorstandes Rhön-Werra an den Ortsvorstand Gebürg, Schweinfurt, 6. Juli 1792, ebd., Dok. 61.

143 Zirkularschreiben des Konsulenten J. C. Schmid an den Ortsvorstand Rhön-Werra mit dessen Voten, Schweinfurt, 28. Juni 1792, StA Marburg, 109, Nr. 311, Bd. 1, Dok. 53. Schreiben des Ritterhauptmannschaftsverweser von Rhön-Werra, Freiherr von Bobenhausen, an den Ritterhauptmann des Kantons Gebürg, Johann Franz Freiherr Schenk von Stauffenberg, Schweinfurt, 3. Juli 1792, ebd., Dok. 59. Schreiben des Ortsvorstandes Rhön-Werra an den Ortsvorstand Gebürg, Schweinfurt, 6. Juli 1792, ebd., Dok. 61.

144 Schreiben des Ortsvorstandes Gebürg an den Ortsvorstand Rhön-Werra, Bamberg, 2. Juni 1792, StA Marburg, 109, Nr. 311, Bd. 1, Dok. 47. Abschrift des Schreibens des Ortsvorstandes Gebürg an Hardenberg, Bamberg, 2. Juni 1792, ebd., Dok. 49.

den Anweisungen des österreichischen Staatskanzlers nicht explizit erwähnt wurde, lassen sich nicht feststellen[145].

Der zurückhaltenden Haltung der Hofburg entsprach ein auf die diplomatischen Initiativen der Monate Juni und Juli 1792 folgender Stillstand in den Verhandlungen Preußens mit der Reichsritterschaft[146]. Ein wichtiger Grund hierfür dürfte in der großen Politik zu suchen sein. Wilhelm Bringmann hat trotz des unterschwellig fortbestehenden Misstrauens zwischen Wien und Berlin die Zeit zwischen April und Juni/Juli 1792 als »Honeymoon des preußisch-österreichischen Bundes« bezeichnet. In jene Monate fiel nicht nur die französische Kriegserklärung an Österreich, die den Bündnisfall und damit den Kriegseintritt Berlins auf Seiten Wiens nach sich zog, sondern auch die Wahl des neuen Kaisers aus dem Hause Habsburg mit der kurbrandenburgischen Stimme. Vor allem aber fanden im Frühjahr und Sommer 1792 österreichisch-preußische Tausch- und Entschädigungsunterhandlungen statt, die sich das Ziel einer territorialen Arrondierung und Vergrößerung der beiden deutschen Großmächte gesteckt hatten. Dabei stand etwa einen Monat, bis Mitte August 1792, auch eine Abtretung der fränkischen Markgrafentümer an Wien zur Disposition[147]. Kurz nachdem Friedrich Wilhelm II. die Zession Ansbach-Bayreuths abgelehnt hatte, kam es zu erneuten Eingriffen der beiden Markgrafentümer in die Gerechtsame angrenzender reichsritterschaftlicher und -ständischer Herrschaften, die eine aktive Fortführung der Vorverhandlungen mit dem Corpus equestre über einen Vergleich erneut in den Hintergrund treten ließen[148].

Zudem wuchsen allem Anschein nach in Hardenberg selbst die Zweifel, ob eine umfassende vertragliche Beilegung der mit der fränkischen Reichsritterschaft bestehenden Differenzen und die dabei angestrebte territoriale Arrondierung des ober- und untergebürgischen Fürstentums überhaupt möglich sei. Schließlich unterschied sich das Consortium equestre in seinen Besitzverhältnissen und insbesondere durch seine kooperative Verfassung fundamental von allen anderen Reichsständen, mit denen der Dirigierende Minister über einvernehmliche Vergleiche verhandelte. Vor diesem Hintergrund gestand Hardenberg bereits Anfang September 1792 offen ein: »Wir sehen wohl

145 GStA PK Berlin, I. HA, Rep. 44 B, Nr. 1a: fortl. für April bis Juli 1792.

146 Vgl. GStA PK Berlin, I. HA, Rep. 44 B, Nr. 1a: fortl.; StA Marburg, 109, Nr. 311, Bd. 1: fortl.; GStA PK Berlin, II. HA, Abt. 36, I, Nr. 176: fortl.; GStA PK Berlin, II. HA, Abt. 36, I, Nr. 5: fortl.

147 *Süssheim*, Politik, S. 68 ff. *Aretin*, Das Alte Reich III, S. 390 ff. *Sybel*, Geschichte II, S. 206 ff. *J. Meyer*, Beiträge, S. 24. *Bringmann*, Preußen, S. 355 ff., 374 ff., 450 ff. (Zitat ebd., S. 360). *Real*, Postdam, S. 39 ff.

148 Schreiben des Ortsvorstandes Gebürg an den Ortsvorstand Rhön-Werra, Bamberg, 2. Oktober 1792, StA Marburg, 109, Nr. 311, Bd. 1, Dok. 78. Abschrift des Berichts des Geheimen Rats und Konsulenten des Kantons Baunach, Fabricius, an den Ortsvorstand Gebürg, Nürnberg, den 8. September 1792, ebd., Dok. 79. Abschrift des Zirkularschreibens des Ortsvorstandes Altmühl an die Mitglieder und Güterbesitzer des Kantons Altmühl, o.O., 21. August 1792, ebd., Dok. 80. Abschrift des Schreibens des Ortsvorstandes Gebürg an den Geheimen Rat und Konsulenten des Kantons Baunach, Fabricius, o.O., 2. Oktober 1792, ebd., Dok. 81.

ein, daß eine völlige Purification mit der fränki(schen) Ritterschaft nicht möglich ist, daß solche nur theilweise geschehen könne, und daß überhaupt zu Vorbeügung künftiger Streitigkeiten ein anderer VergleichsPlan als mit Unsern übrigen nachbarn eingeschlagen werde müsse«. Konkret schwebte dem Dirigierenden Minister eine generelle Anerkennung der persönlichen Reichsunmittelbarkeit der Rittergenossen durch Berlin vor, denen er auch »einige einzelne Regalien« zugestehen wollte. Dafür sollten die Ansbach-Bayreuth benachbarten Reichsritter »Unsere Landeshoheit in größeren Landesanstalten« auf ihren Besitzungen anerkennen, wobei Hardenberg besonders an den Bereich der sog. Polizey dachte[149]. Gleiche Überlegungen hatte Hardenberg schon im Frühjahr 1792 angestellt, aber noch nicht nach außen getragen[150].

Es lässt sich nicht mit Sicherheit klären, ob Berlins Statthalter in den fränkischen Provinzen bei diesen Entwürfen an das Corpus Voitlandicum dachte, dessen Mitglieder zwar nicht persönlich reichsunmittelbar waren, aber auf ihren landsässigen Gütern eine Reihe obrigkeitlicher Rechte unter der Oberaufsicht der königlichen Behörden ausübten[151]. Der weitere Verlauf der Verhandlungen mit der Reichsritterschaft legt jedoch den Verdacht nahe, dass es Hardenberg eher um eine reine Delegation bestimmter landesherrlicher Rechte über die im übrigen weiterhin immediaten Besitzungen der Rittergenossen nach dem Vorbild der im Territorium non clausum weitverbreiteten staatsrechtlichen Dienstbarkeiten ging[152]. Unabhängig davon, wie Hardenbergs Notfall- und Ersatzplan für die Vergleichsverhandlungen im Detail konzipiert war, die Hoffnung auf eine partielle territoriale Grenzbereinigung zwischen Ansbach-Bayreuth und den benachbarten reichsritterschaftlichen Herrschaften hatte der Dirigierende Minister trotz aller Skepsis noch nicht aufgegeben: Dies bezeugen nicht nur die damals von ihm für künftige Verhandlungen mit der Reichsritterschaft in Auftrag gegebenen tabellarischen Aufstellungen über die Rechts- und Besitzverhältnisse der im untergebürgischen Fürstentum inklavierten Rittergüter – eine Aufgabe, mit der die Ansbacher Behörden über ein halbes Jahr beschäftigt waren[153].

149 Reskript Hardenbergs an den 1. Senat der Ansbacher Regierung, Ansbach, 3. September 1792, GStA PK Berlin, II. HA, Abt. 36, I, Nr. 176, fol. 88–89, hier: fol. 88 f.

150 Denkschrift über das Kabinettsreskript vom 19. März 1792, GStA PK Berlin, II. HA, Abt. 36, I, Nr. 5, fol. 77–80, hier: fol. 78.

151 Siehe Kapitel III.1.

152 Vgl. Abschrift des Berichts des Ritterhauptmanns des Kantons Steigerwald, Friedrich Karl von Seckendorff, an den Ortsvorstand Gebürg, Weingartsgereuth, 23. Februar 1793, StA Marburg, 109, Nr. 311, Bd. 2, Dok. 115.

153 Reskript Hardenbergs an den 1. Senat der Ansbacher Regierung, Ansbach, 3. September 1792, GStA PK Berlin, II. HA, Abt. 36, I, Nr. 176, fol. 88–89, hier: fol. 89. Bericht des 1. Senats der Ansbacher Regierung, Ansbach, 30. März 1793, ebd., fol. 90. 1. Votum des Regierungsrats Johann Ferdinand Albert, o.O., 16. März 1793, ebd., fol. 91–94, hier: fol. 91. Reskript Hardenbergs an den 1. Senat der Ansbacher Regierung sowie die Bayreuther Regierung, Ansbach, 14. Februar 1793, GStA PK Berlin, II. HA, Abt. 36, I, Nr. 3, fol. 74. – Am 2. August 1792 hatte

Es dauerte bis Ende November 1792, bis die bisherigen Vorverhandlungen zwischen den fränkischen Kantonen einerseits und dem Dirigierenden Minister andererseits wieder aufgenommen wurden. Den konkreten Anlass hierzu bot eine sog. Präliminarkonvention, die der preußische Gesandte am Fränkischen Kreistag sowie der Bevollmächtigte des Hochstifts Bamberg am 24. Oktober 1792 in Nürnberg unterzeichnet hatten. In dieser Übereinkunft gestand Hardenberg dem Fürstbistum Bamberg die Aufrechterhaltung des Status quo ante beim Regierungsantritt Friedrich Wilhelms II. in den fränkischen Markgrafentümern bis zum Abschluss gütlicher Vergleichsverhandlungen zu, deren offizieller Beginn genau drei Monate später erfolgen sollte. Für die fränkische Reichsritterschaft war die Präliminarkonvention in doppelter Weise von Bedeutung: Zum einen bestand die Gefahr, dass das Corpus equestre von zukünftigen Vergleichsverhandlungen Berlins mit den Ansbach-Bayreuth benachbarten Reichsständen ausgeschlossen würde. Derartige Befürchtungen wurden nicht zuletzt durch den Umstand genährt, dass Preußen zwar den anderen fränkischen Kreisständen vergleichbare Abkommen in Aussicht stellte, die vom Fürstbischof von Bamberg und Würzburg geforderte Aufnahme des fränkischen Ritterkreises in die Präliminarkonvention vom 24. Oktober jedoch ablehnte. Zum anderen boten mit diesem Abkommen der Dirigierende Minister und sein Hof erstmals eine vertragliche Garantie des bisherigen Besitzstandes sowie umfassender Vergleichsverhandlungen[154].

Hardenberg schon einmal eine Aufstellung über die zur Reichsritterschaft gehörigen und im Fürstentum Ansbach inklavierten Rittergüter in Auftrag gegeben (Bericht des 1. Senats der Ansbacher Regierung, Ansbach, 15. August 1792, GStA PK Berlin, II. HA, Abt. 36, I, Nr. 5, fol. 80a-80d, hier: fol. 80a ff.). – Auch für Bayreuth ordnete Hardenberg eine analoge Untersuchung an. Deren endgültige Fertigstellung bis Ende März 1793 mahnte der Dirigierende Minister mit Reskript vom 14. Februar 1793, also unmittelbar bevor der Konflikt mit der Reichsritterschaft endgültig eskalierte, bei der obergebürgischen Regierung an (Reskript Hardenbergs an den 1. Senat der Ansbacher Regierung sowie die Bayreuther Regierung, Ansbach, 14. Februar 1793, GStA PK Berlin, II. HA, Abt. 36, I, Nr. 3, fol. 74. Gutachten der Bayreuther Regierung, Bayreuth, 25. Februar 1793, GStA PK Berlin, II. HA, Abt. 36, I, Nr. 176; Zur Eskalation des Konfliktes zwischen Corpus equestre und Ansbach-Bayreuth siehe StA Marburg, 109, Nr. 311, Bd. 2: fortl. sowie Kapitel VI.1).

154 Schreiben des Ortsvorstandes Gebürg an den Ortsvorstand Rhön-Werra, Bamberg, 5. November 1792, StA Marburg, 109, Nr. 311, Bd. 1, Dok. 69. Abschrift des Promemorias des preußischen Kreisgesandten Julius Heinrich von Soden an die Gesandten am Nürnberger Kreistag, mitgeteilt, Nürnberg, 21. April 1792, diktiert, 2. Juni 1792 inkl. der Beilage: Erklärung [Hardenbergs] an die fränkischen Kreisgesandten und die am Kreistag zu Nürnberg akkreditierten auswärtigen Minister und Geschäftsträger, [Ansbach, 13. April 1792], ebd., Dok. 70. Abschrift des Promemorias des preußischen Kreisgesandten Julius Heinrich von Soden an die Gesandten am Nürnberger Kreistag, übergeben, [Nürnberg], 23. Oktober 1792, ebd., Dok. 73. Abschrift der Präliminarkonvention zwischen Bamberg und Preußen bzw. Ansbach-Bayreuth, Nürnberg, 24. Oktober 1792, ebd., Dok. 74. Auszug aus dem fränkischen Kreisprotokoll der 162. Sitzung, [Nürnberg], 27. Oktober 1792, ebd., Dok. 86. Abschrift des Protokolls über die am 24. September 1792 zwischen mehreren fränkischen Kreisgesandten im Bamberger Direktorialquartier abgehaltene Konferenz, ebd., Dok. 88. Abschrift des Protokolls über die am 9. Oktober 1792 zwischen den fränkischen Kreisgesandten abgehaltene Konferenz, ebd.,

In dieser Situation war es nur konsequent, wenn die fränkischen Ortsvorstände alle ihnen zur Verfügung stehenden Mittel mobilisierten, um die nachträgliche Aufnahme ihres Ritterkreises in die Konvention vom 24. Oktober zu erreichen[155]. Diesem Ziel diente eine diplomatische Mission des gebürgischen Ortskonsulenten Wittmann vom 28./29. November bis 2./3. Dezember 1792 nach Nürnberg, durch die auch die Vergleichsangelegenheit neue Impulse erhielt: Der preußische Kreistagsgesandte stellte Wittman nämlich als Basis und Voraussetzung für die anzugehenden Unterhandlungen eine eigene Präliminarkonvention für die fränkische Reichsritterschaft in Aussicht, deren Zweck und Inhalte ganz den Intentionen Hardenbergs entsprach: Die besagte Übereinkunft sollte keineswegs derart allgemein wie der mit dem Hochstift Bamberg abgeschlossene Vertrag vom 24. Oktober 1792 gehalten sein. Vielmehr sollte die Prämilinarkonvention zwischen Preußen und dem fränkischen Ritterkreis zentrale Verhandlungsgegenstände vorab klären, um im Falle des Scheiterns der eigentlichen Vergleichskonferenzen als verbindlicher Ersatz für einen detaillierteren Rezess dienen zu können. Was den Inhalt des abzuschließenden Vorvertrages anbelangte, so hielt der königliche Kreistagsgesandte nicht nur die Anerkennung des Status quo ante des Regierungsantritts Friedrich Wilhelms II. in Ansbach-Bayreuth für denkbar, sondern auch die ausdrückliche Garantie der Reichsunmittelbarkeit der reichsritterschaftlichen Güter. Als Gegenleistung sollte die Reichsritterschaft verschiedene obrigkeitliche Gerechtsame über ihre Besitzungen an das ober- und untergebürgische Fürstentum abtreten – eine Idee, die Hardenberg zumindest in ähnlicher Form bereits im September formuliert hatte und die sich an die im Territorium inclausum allgegenwärtige Rechtskonstruktion der staatsrechtlichen Servituten anlehnte. Als Beispiele für die der preußischen Krone zu überlassenden Befugnisse nannte der königliche Kreisgesandte die

Dok. 89. – Die Behauptung *Süssheims* (Politik, S. 113), dass die Präliminarkonvention am 24. Oktober 1792 auch von einem eigenen Vertreter des Hochstifts Würzburg unterzeichnet worden sei, ist unzutreffend. Dies zeigt ein Vergleich mit dem Original (Präliminarkonvention, Nürnberg, 24. Oktober 1792, GStA PK Berlin, II. HA, Abt. 36, I, Nr. 270, fol. 29–30, hier: fol. 30). Der Umstand, dass die Geltung der Präliminarkonvention danach auch auf Würzburg erstreckt wurde, ist dazu kein Widerspruch (Vgl. auch den evtl. falsch datierten Beleg bei *Link*, Reichspolitik, S. 263).

155 Schreiben des Ortsvorstandes Gebürg an den Ortsvorstand Rhön-Werra, Bamberg, 5. November 1792, StA Marburg, 109, Nr. 311, Bd. 1, Dok. 69. Nachschreiben des Ortsvorstandes Gebürg an den Ortsvorstand Rhön-Werra, Bamberg, 5. November 1792, ebd., Dok. 75. Abschrift des Schreibens des Ortsvorstandes Gebürg an den Fürstbischof von Bamberg und Würzburg, Bamberg, 5. November 1792, ebd., Dok. 76. Schreiben des Ortsvorstandes Gebürg an den Ortsvorstand Rhön-Werra, Bamberg, 15. Dezember 1792, ebd., Dok. 84. Schreiben des Ortsvorstandes Gebürg an den Ortsvorstand Rhön-Werra, Bamberg, 5. November 1792, StA Marburg, 109, Nr. 311, Bd. 2, Dok. 93. Schreiben des Ortsvorstandes Rhön-Werra an den Ortsvorstand Gebürg, Schweinfurt, 12. Januar 1793, ebd., Dok. 99. 1. Nachschreiben des Ortsvorstandes Gebürg an den Ortsvorstand Rhön-Werra, Bamberg, 26. Januar 1793, ebd., Dok. 101.

Unterwerfung der inklavierten Rittergüter unter die von Ansbach-Bayreuth verhängten Getreidesperren und Streifen gegen Bettler, Vaganten etc. sowie die Heranziehung der im königlichen Territorium eingeschlossenen reichsritterschaftlichen Herrschaften zu den preußischen Verteidigungsanstalten im Falle eines feindlichen Angriffs auf die fränkischen Markgrafentümer[156].

An diese Entwürfe wurde angeknüpft, als der 1790 gestürzte Erste Minister Karl Alexanders und Ritterhauptmann des Kantons Steigerwald, Friedrich Karl von Seckendorff, im Januar 1793 Bayreuth besuchte und dabei Gelegenheit zu Unterredungen mit Hardenberg sowie dem »Reichsritterschaftlichen Differentiarius« in der obergebürgischen Regierung Johann Michael Georg erhielt. Zwar wich der Dirigierende Minister einer definitiven Antwort auf die Forderung des Steigerwalder Ritterhauptmanns aus, vor dem Beginn eigentlicher Vergleichsverhandlungen den Status quo ante beim Regierungsantritt Friedrich Wilhelms II. in Ansbach-Bayreuth zu garantieren. Aber dafür betonte Hardenberg den fortdauernden Wunsch des preußischen Königs, »alle nachbarlichen Irrungen [...] ins Reine zu bringen«, und erklärte sich persönlich zu Präliminarverhandlungen mit Seckendorff und dem Odenwalder Ritterhauptmann Gemmingen bereit, um die Grundlagen für die eigentlichen Beratungen über einen Rezess festzusetzen. Zugleich umriss der Dirigierende Minister die Forderungen, die reichsritterschaftlicherseits in einem Vergleich zu erfüllen seien. Dabei spielte, wie schon bei den Nürnberger Verhandlungen Wittmanns, der Gedanke einer territorialen Arrondierung Ansbach-Bayreuths keine zentrale Rolle mehr. Stattdessen sollten die an die fränkischen Markgrafentümer angrenzenden Reichsritter auf ihren Besitzungen und unbeschadet ihrer Landesherrlichkeit Berlin nach dem Vorbild der Servitutes iuris publici diejenigen obrigkeitlichen Befugnisse einräumen, die »auf den monarchischen insbesondere den Militairstaat Bezug« hatten. Konkret ging es Hardenberg beispielsweise um das sog. Enrollement der reichsritterschaftlichen Untertanen, also ihre Musterung sowie Registrierung für die preußische Armee, und damit um eine Maßnahme, der zwangsläufig auch die wirkliche Aushebung für die königlichen Regimenter folgen musste. Allerdings zeigte sich der Dirigierende Minister durchaus bereit, den Rittergenossen und Güterbesitzern die Durchführung dieses Geschäfts in einer Art und Weise zu überlassen, dass diese anstelle der Berlin aus ihren Untertanen zu stellenden Soldaten eine gleiche Anzahl an Rekruten aus dem nichtpreußischen Ausland auf eigene Kosten anwerben konnten. Des Weiteren forderte Hardenberg insbesondere für Kriegszeiten die Heranziehung der Rittergüter zu Lieferungen von Getreide, Fourage sowie sonstigen Versorgungsgütern an

156 Schreiben des Ortsvorstandes Gebürg an den Ortsvorstand Rhön-Werra, Bamberg, 5. November 1792, StA Marburg, 109, Nr. 311, Bd. 1, Dok. 69. Schreiben des Ortsvorstandes Gebürg an den Ortsvorstand Rhön-Werra, Bamberg, 15. Dezember 1792, ebd., Dok. 84. Abschrift des Gesandtschaftsberichts des Ortskonsulenten von Gebürg, Wittmann, Bamberg, 7. Dezember 1792, ebd., Dok. 85. Schreiben des Ortsvorstandes Rhön-Werra an den Ortsvorstand Gebürg, Schweinfurt, 4. Januar 1793, ebd., Dok. 90.

die königliche Armee. Darüber hinaus sollten sich die reichsritterschaftlichen Herrschaften den von Ansbach-Bayreuth erlassenen Verordnungen im Bereich der sog. Polizey unterwerfen. Für die Einräumung dieser und vergleichbarer staatsrechtlicher Dienstbarkeiten bot Hardenberg großzügiges Entgegenkommen für eine dauerhafte und klare Regelung der stets umstrittenen Zuständigkeiten im Jurisdiktionsbereich an, wozu er sich sogar die Abtretung der zollerschen Fraisch an die verschiedenen Rittergüter vorstellen konnte. Mit der Hochgerichtsbarkeit hätte Berlin zugleich den wichtigsten Rechtstitel aufgegeben, auf dem seit Jahrhunderten die markgräflichen Landeshoheitsansprüche über die Ansbach-Bayreuth benachbarten ritterschaftlichen Gebiete ruhten[157].

Was das reichsritterschaftliche Steuerrecht auf den an Ansbach und Bayreuth alienierten Rittergütern anging, bestand die preußische Seite zwar auf Regelungen, die u. a. den schon angesprochenen Birnbaumer Vergleich aus der Spätzeit Karl Alexanders zum Vorbild nahmen und den Interessen Berlins entgegen kamen. Aber dass sich Ansbach und insbesondere Bayreuth über-

157 Abschrift des Berichts des Ritterhauptmanns des Kantons Steigerwald, Friedrich Karl von Seckendorff, an den Ortsvorstand Gebürg, Weingartsgereuth, 23. Februar 1793, StA Marburg, 109, Nr. 311, Bd. 2, Dok. 115 (Zitat ebd.). »Resultate« der Unterredung zwischen Hardenberg und dem Ritterhauptmann des Kantons Steigerwald, Friedrich Karl von Seckendorff, Weingartsgereuth, 21. Februar 1793, ebd., Dok. 116 (Zitate ebd.). Schreiben des Ortsvorstandes Steigerwald an den Ortsvorstand Rhön-Werra, Erlangen, 9. Mai 1796, StA Marburg, 109, Nr. 321. – Schon im April 1792 hatte Hardenberg dem Kabinettsministerium sogar die zollersche Fraisch als Kompensationsobjekt in den Vergleichsverhandlungen mit den benachbarten Reichsgliedern vorgeschlagen, wenn diese dafür eine Arrondierung Ansbach-Bayreuths und die »Beförderung allgemein nützlicher Polizeyanstalten« ermöglichen würden. Dabei hob der Dirigierende Minister u. a. hervor, dass die Fraisch Berlin nur geringe Einnahmen brächte und dergleichen »jura honorifica« von den benachbarten Reichsgliedern besonders geschätzt würden. Hierauf gestattete das Kabinettsministerium dem Dirigierenden Minister zur Arrondierung der fränkischen Markgrafentümer wirklich unbedeutende Gerechtsame zu veräußern (Bericht Hardenbergs an den König/das Kabinettsministerium, Ansbach, 2. April 1792, GStA PK Berlin, II. HA, Abt. 36, I, Nr. 5, fol. 32–38, hier: fol. 37 (Zitate ebd.). Reskript von Finkenstein, Schulenburg und Alvensleben an Hardenberg, Berlin, 19. April 1792, ebd., fol. 71–72, hier: fol. 71). – Eine Mitte März 1793 abgelegte Stellungnahme eines Ansbacher Regierungsrats, die aber aufgrund der damaligen Eskalation der Lage in Franken keine nennenswerte Bedeutung mehr erlangte, hielt gemäß einer Weisung Hardenbergs von Anfang September 1792 an einer partiellen territorialen Bereinigung der sog. Vermischungen mit der Reichsritterschaft fest. Zudem bezog sie in die für eine teilweise oder gänzliche Abtretung an die benachbarten Rittergenossen in Frage kommenden königlichen Gerechtsame nicht nur die Fraisch mit ein, sondern auch bestimmte staatskirchenrechtliche Befugnisse sowie das niedere und hohe Jagdregal. Allerdings sollten diese obrigkeitlichen Rechte nicht einfach den Reichsrittern überlassen, sondern diesen als Lehen übertragen werden (Reskript Hardenbergs an den 1. Senat der Ansbacher Regierung, Ansbach, 3. September 1792, GStA PK Berlin, II. HA, Abt. 36, I, Nr. 176, fol. 88–89, hier: fol. 88 f. 1. Votum des Regierungsrats Johann Ferdinand Albert, o.O., 16. März 1793, ebd., fol. 91–94, hier: fol. 91 ff.). Eine solche lehensweise Vergabe von Gerechtsamen durch die fränkischen Markgrafen – selbst an benachbarte Reichsritter – läßt sich gerade für die Fraisch im 18. Jahrhundert wiederholt nachweisen (*H. H. Hofmann*, Herrschaft, S. 43, 54 ff.).

haupt zu Zugeständnissen in diesem Punkt bereit zeigten, sollte nicht unterschätzt werden. Seckendorff glaubte sich nach seiner Unterredung mit Georg sogar zu der Hoffnung berechtigt, dass Preußen im Rahmen einer vertraglichen Regelung der Kollektationsstreitigkeiten einer Allodifikation der reichsritterschaftlichen Lehen zustimmen könnte. Damit war die finanzielle Ablösung der vasallitischen Pflichten der zahlreichen Reichsritter gemeint, die ihre Besitzungen teilweise oder ganz von den Markgrafen von Ansbach-Bayreuth zu Lehen trugen[158].

Es dauerte mehrere Wochen, bis Seckendorff endlich das fränkische Spezialdirektorium von seinen in Bayreuth geführten Gesprächen in Kenntnis setzte und den Antrag stellte, eine Konferenz der Ritterhauptleute der fränkischen Kantone einzuberufen, um über das neue Verhandlungsangebot des Dirigierenden Ministers zu beraten[159]. Wenn der Ortsvorstand Steigerwalds noch Jahre später in dem Angebot Hardenbergs nichts anderes sah als die Forderung, die reichsritterschaftliche Reichsunmittelbarkeit für das nutzlose und »lästige Recht« der Fraisch zu opfern, dann mag diese Einschätzung ein Grund für das Zögern Seckendorffs gewesen sein[160]. Damit wurde jedoch, gewollt oder ungewollt, die Tür zu einer gütlichen Einigung zwischen Preußen

158 Abschrift des Berichts des Ritterhauptmanns des Kantons Steigerwald, Friedrich Karl von Seckendorff, an den Ortsvorstand Gebürg, Weingartsgereuth, 23. Februar 1793, StA Marburg, 109, Nr. 311, Bd. 2, Dok. 115. – Die Allodifizierung der Lehensgüter war im preußischen Mutterland bereits im frühen 18. Jahrhundert durchgeführt worden (*Sikora*, Adel, S. 27).

159 Schreiben des Ortsvorstandes Gebürg an den Ortsvorstand Rhön-Werra, Bamberg, 23. März 1793, StA Marburg, 109, Nr. 311, Bd. 2, Dok. 114. Abschrift des Berichts des Ritterhauptmanns des Kantons Steigerwald, Friedrich Karl von Seckendorff, an den Ortsvorstand Gebürg, Weingartsgereuth, 23. Februar 1793, ebd., Dok. 115. – Die unterm 18. Januar 1793 vorgenommene Notiz »Dîner – les Seckendorff p.« in den autobiografischen Aufzeichnungen Hardenbergs (*Stamm-Kuhlmann* (Hg.), Hardenberg, S. 244) erlaubt eine genauere Tagesdatierung der Unterredung zwischen dem Dirigierenden Minister und dem Steigerwalder Ritterhauptmann über die Vergleichsangelegenheit, als dies aufgrund der verwendeten interkantonalen Korrespondenz möglich ist. Der Herausgeber der skizzenhaften Tagebücher Hardenbergs (*Stamm-Kuhlmann* (Hg.), ebd., S. 1083) bezieht diesen in seiner Mischung von Singular und Plural grammatikalisch unklaren Eintrag allein und ohne erkennbare Evidenz auf Adolf Franz Graf von Seckendorff († 1818), was aufgrund des Aktenbefundes (Abschrift des Berichts des Ritterhauptmanns des Kantons Steigerwald, Friedrich Karl von Seckendorff, an den Ortsvorstand Gebürg, Weingartsgereuth, 23. Februar 1793, ebd., Dok. 115) mehr als fraglich erscheint.

160 Schreiben des Ortsvorstandes Steigerwald an den Ortsvorstand Rhön-Werra, Erlangen, 9. Mai 1796, StA Marburg, 109, Nr. 321. – Gerade weil das Direktorium des Kantons Steigerwald in den folgenden Jahren immer wieder die damals von Hardenberg formulierten Vergleichsbedingungen als unannehmbar bezeichnete, kann nicht völlig ausgeschlossen werden, dass der Steigerwalder Ritterhauptmann nicht ohne Hintergedanken die fränkischen Ortsvorstände verzögert über seine Unterredung mit dem Dirigierenden Minister informierte (Schreiben des Ortsvorstandes Steigerwald an den Ortsvorstand Rhön-Werra, Erlangen, 31. Oktober 1794, StA Marburg, 109, Nr. 311, Bd. 3, Dok. 223. Schreiben des Ortsvorstandes Steigerwald an den Ortsvorstand Rhön-Werra, Erlangen, 16. Dezember 1795, StA Marburg, 109, Nr. 311, Bd. 5, Dok. 323. Schreiben des Ortsvorstandes Steigerwald an den Ortsvorstand Rhön-Werra, Erlangen, 9. Mai 1796, StA Marburg, 109, Nr. 321).

und dem fränkischen Ritterkreis endgültig zugeschlagen, da seit Februar und März 1793 die angespannte Lage zwischen dem Corpus equestre und Ansbach-Bayreuth endgültig eskalierte und eine Fortführung der bisherigen Unterhandlungen unmöglich machte: Auf der einen Seite kam es durch die königlichen Behörden der fränkischen Markgrafentümer zu den massivsten Eingriffen in die Gerechtsame und Unmittelbarkeit der benachbarten Reichsritter und Kantone seit dem Patentanschlag vor einem Jahr. Auf der anderen Seite suchte das bedrängte Consortium equestre in Wien Schutz und fand dabei in einer gewandelten politischen Situation auch den Rückhalt der kaiserlichen Reichshofkanzlei[161].

Keine Bedeutung mehr erlangen konnte in dieser Situation ein Gutachten des 1. Ansbacher Regierungssenats von Ende März 1793, das sich mit den Vergleichsverhandlungen mit der Reichsritterschaft auseinandersetzte. Darin wurden nicht nur Grenzbereinigungen mit den benachbarten Rittergenossen befürwortet, sondern auch zu der Frage Stellung genommen, wie die reichsritterschaftliche Anerkennung landesherrlicher Rechte des preußischen Königs über die angrenzenden Rittergüter »wenigstens in Ausübung größerer Landes-Anstalten, als in OberPoliceygegenstanden und zur Würksamkeit allgemeiner Landes-Verordnungen, auch gemeinnüzlicher Anstalten« zu erreichen sei[162]. Ebenso wenig wie dieses Gutachten konnte das noch im Frühling 1793 erfolgende Angebot der Hofburg an Friedrich Wilhelm II., die Reichsritter an den Verhandlungstisch mit Berlin zu zwingen, das Vergleichsprojekt wiederbeleben. Schließlich band der Kaiser ein derartiges Entgegenkommen gegenüber seinem Bundesgenossen an die schon zuvor für Hardenberg nicht akzeptable Wiederherstellung des Status quo ante des preußischen Regierungsantritts in Ansbach-Bayreuth nach dem Vorbild der mit dem Hochstift Bamberg abgeschlossenen Präliminarkonvention vom 24. Oktober 1792. Dass Wien selbst nicht mehr recht an ein Nachgeben Preußens glaubte, zeigte die im selben Atemzug ausgestoßene Androhung reichsgerichtlicher Maßnahmen gegen Preußen, falls der König nicht ein-

161 StA Marburg, 109, Nr. 311, Bd. 2: fortl. Alleruntertänigste kurze Geschichtserzählung… (wie Kap. V, Anm. 134), StA Ludwigsburg, B 575 IV, Bü 352. – Die Eskalation in den Beziehungen zwischen der Reichsritterschaft und Preußen erklärt auch den Umstand, dass das immer noch bei Gebürg stehende fränkische Spezialdirektorium keinerlei Eile mehr empfand, die anderen Kantone des ihm anvertrauten Ritterkreises von den Verhandlungen Seckendorffs durch ein obligatorisches Zirkularschreiben zu unterrichten: Letzteres datierte vom 23. März 1793, was fast ein Monat nach dem Eingang der Nachricht Seckendorffs war, und blieb allem Anschein nach so lange in der Bamberger Ritterkanzlei liegen, dass Rhön-Werra sein Exemplar erst einen weiteren Monat später, am 23. April 1793, in Händen hielt (Schreiben des Ortsvorstandes Gebürg an den Ortsvorstand Rhön-Werra, Bamberg, 23. März 1793, StA Marburg, 109, Nr. 311, Bd. 2, Dok. 114).

162 Bericht des 1. Senats der Ansbacher Regierung, Ansbach, 30. März 1793, GStA PK Berlin, II. HA, Abt. 36, I, Nr. 176, fol. 90. 1. Votum des Regierungsrats Johann Ferdinand Albert, o.O., 16. März 1793, ebd., fol. 91–94, hier: fol. 91 ff. 2. Votum des Regierungsrats Johann Ferdinand Albert, o.O., 15. März 1793, ebd., fol. 95–111, hier: fol. 96 (Zitat ebd.).

lenken würde[163]. Zur Stellungnahme aufgefordert, legte Hardenberg dem Kabinettsministerium in einem ausführlichen Gutachten Mitte Juni 1793 dar, dass die Wiederherstellung des Status quo ante für die Reichsritterschaft »in Complexu« nicht infrage komme. Durch einen solchen Schritt würde nämlich dem Corpus equestre ein reichsrechtlicher Besitz zugestanden sowie den königlichen Gerechtsamen und Einkünften massiv geschadet. Zudem beträfen die mit der Reichsritterschaft bestehenden Streitigkeiten nur einzelne Rittergüter und ihre Besitzer, weshalb der fränkische Ritterkreis oder ganze Kantone gar nicht betroffen sein könnten. Folglich wären Vergleiche allein mit einzelnen Rittergenossen möglich, deren benachbarte Güter als ursprünglich landsässig zu betrachten seien[164]. Diesen Standpunkt machte sich Berlin zu eigen, das dem Reichshofvizekanzler noch kurz vorher seinen Willen zur gütlichen Beilegung der mit dem Corpus equestre bestehenden Streitigkeiten versichert hatte. Anfang Juli instruierte es den preußischen Minister im königlichen Hauptquartier, den Marquis de Lucchesini, wie er sich zu äußern hätte, falls der dortige kaiserliche Vertreter auf eine definitive Antwort dränge: Demnach sollte Lucchesini mit Verweis auf das Reichsgutachten vom 23./26. Juli 1753 sowie das zugehörige kaiserliche Ratifikationsdekret vom 4./8. August des gleichen Jahres explizit erklären, dass angesichts »der großen Mannigfaltigkeit und Verschiedenheit der Reichsritterschaftlichen Güter und der Streitigkeiten die daraus entspringen« ein Vergleich mit dem gesamten fränkischen Ritterkreis oder den verschiedenen Kantonen für Friedrich Wilhelm II. unmöglich sei. Gleiches gelte auch für eine Wiederherstellung des geforderten Status quo ante. Der Umstand, dass der König gleichzeitig seine Bereitschaft beteuern ließ, mit einzelnen Reichsrittern Verträge zur Beilegung der bestehenden Differenzen zu schließen, war primär den diplomatischen Formen geschuldet und erlangte angesichts der politischen Situation keine reale Bedeutung mehr[165].

163 Abschrift des Berichts des Reichshofrats- und fränkischen Direktorialagenten der Reichsritterschaft, Herr von Alt, an den Ortsvorstand Gebürg, Wien, 23. März 1793, StA Marburg, 109, Nr. 311, Bd. 2, Dok. 121. Abschrift des Berichts des Reichshofrats- und fränkischen Direktorialagenten der Reichsritterschaft, Herr von Alt, an den Ortsvorstand Gebürg, Wien, 4. Mai 1793, ebd., Dok. 127.

164 Reskript von Alvensleben und Haugwitz an Hardenberg, Berlin, 29. April 1793, GStA PK Berlin, I. HA, Rep. 44 B, Nr. 1a. Franz. Reskript von Alvensleben und Haugwitz an den Marquis de Lucchesini bei der königlichen Rheinarmee, Berlin, 29. April 1793, ebd. Bericht Hardenbergs an den König/das Kabinettsministerium, Bayreuth, 16. Juni 1793, ebd. (Zitat ebd.).

165 Franz. Reskript von Alvensleben und Haugwitz an den Marquis de Lucchesini bei der königlichen Rheinarmee, Berlin, 29. April 1793, GStA PK Berlin, I. HA, Rep. 44 B, Nr. 1a. Promemoria von Finkenstein, Alvensleben und Haugwitz, Berlin, 29. April 1793, ebd. Reskript von Alvensleben und Haugwitz an Hardenberg, Berlin, 9. Juli 1793, ebd. Franz. Reskript von Alvensleben und Haugwitz an den Marquis de Lucchesini bei der königlichen Rheinarmee, Berlin, 9. Juli 1793, ebd. Zusammenfassung der Konferenz des Kabinettsministeriums vom 8. Juli 1793, ebd. Von Alvensleben unterzeichnetes Promemoria für die Antwort des Ministers Marquis de Lucchesini an den kaiserlichen Vertreter im königlichen Hauptquartier, Fürst Reuß, Berlin, 9. Juli 1793, ebd. (Zitat ebd.). – Angesichts der geschilderten Umstände erscheint

Was waren die tiefer liegenden Ursachen, die die Vergleichsverhandlungen zwischen Preußen und dem fränkischen Ritterkreis trotz einjähriger Bemühungen letztlich scheitern ließen? Auf eine solche Frage kann es keine monokausale Antwort geben. Sicher falsch ist die Jahrzehnte später geäußerte Behauptung eines nachgeordneten Ansbacher Justizbeamten, dass vor allem das Interesse der beteiligten Herrschaften an den – bei Fortbestehen der territorialen Vermischungen häufiger zu erhebenden – Abzugssteuern eine einvernehmliche Grenzbereinigung verhindert hätte[166]. Der Urgrund, warum es zu keinem gütlichen Ausgleich Ansbach-Bayreuths mit seinen reichsritterschaftlichen Nachbarn kommen konnte, war vielmehr, dass das Berliner Kabinettsministerium, Hardenberg und etliche seiner führenden Mitarbeiter in einer anderen Welt lebten als das Gros der Rittergenossen, was ihre Auffassungen von Staatlichkeit sowie ihr Verständnis des Reichs- und Territorialstaatsrechts betraf: Dadurch konnten beide Seiten unmöglich eine gemeinsame Basis für einen Ausgleich finden, selbst wenn sie jeweils an die Grenzen dessen gegangen wären, was ihnen zumutbar erschien. Der Ortsvorstand Steigerwald brachte dieses Problem auf den Punkt, als er im Herbst 1794 räsonierte: »Denn nun einmal ist aus der Erfahrung [...] nur gar zu gut bekannt, daß das König(liche) Ministerium sobald von Beylegung der Streitigkeiten zwischen den Brandenburgischen Fürstenthümern in Franken und der ReichsRitterschaft die Rede seyn soll, Bedingnisse vorausstelle, welche nur

es zweifelhaft, ob Hardenberg im Gegensatz zum Berliner Kabinettsministerium noch Anfang September 1793 mit den Gedanken eines umfassenderen Vergleiches mit der Reichsritterschaft spielte – wenn auch zu schlechteren Bedingungen, als sie zuvor vom 1. Ansbacher Regierungssenat befürwortet worden waren (Reskript Hardenbergs an den Bayreuther Regierungsrat Johann Michael Georg, Bayreuth, 7. September 1793, GStA PK Berlin, II. HA, Abt. 36, I, Nr. 152, fol. 182. Bericht des 1. Senats der Ansbacher Regierung, Ansbach, 30. März 1793, GStA PK Berlin, II. HA, Abt. 36, I, Nr. 176, fol. 90. 1. Votum des Regierungsrats Johann Ferdinand Albert, o.O., 16. März 1793, ebd., fol. 91–94, hier: fol. 91 ff.). – Ein anschauliches Beispiel für die preußische Behandlung von Vergleichen mit einzelnen Rittergenossen bietet der Fall der Freiherren von Seckendorff-Obernzenn: Auf eine direkt in Berlin überreichte Beschwerde des Geschlechts hin erklärte sich zwar Friedrich Wilhelm II. im Frühjahr 1794 unter Berufung auf das Reichsgutachten vom 23./26. Juli 1753 erneut zu Rezessen mit einzelnen Rittergenossen prinzipiell bereit. Auch nahm das Kabinettsministerium dies zum Anlass, um Hardenberg noch einmal zu ermahnen, die mit dem Corpus equestre bestehenden Differenzen durch Vergleiche mit einzelnen Reichsrittern beizulegen. Aber zu konkreten Ergebnissen gediehen all diese Bemühungen um eine einvernehmliche Beilegung der bestehenden Landeshoheitsstreitigkeiten bis zur Mediatisierung 1796/98 nicht (Franz. Schreiben der Freiin von Seckendorff an den Grafen Haugwitz, Berlin, 4. März 1794, GStA PK Berlin, I. HA, Rep. 44 B, Nr. 1a. Abschrift des Schreibens der Freiherrn von Seckendorff zu Obernzenn an den preußischen König, Obernzenn, 28. Januar 1794, ebd. Bericht von Finkenstein, Alvensleben und Haugwitz an den preußischen König, Berlin, 10. März 1794, ebd. Franz. Schreiben des Grafen Haugwitz an die Freiin von Seckendorff, Berlin, 10. März 1794, ebd. Reskript von Finkenstein, Alvensleben und Haugwitz an Hardenberg, Berlin, 10. März 1794. Kabinettsschreiben Friedrich Wilhelms II. an die Freiherrn von Seckendorff zu Obernzenn, Berlin, 10. März 1794, ebd.).

166 *W. H. Puchta*, Erinnerungen, S. 163. Speziell zum beruflichen Werdegang Puchtas im preußischen Staatsdienst siehe: *W. H. Puchta*, ebd., S. 127, 132 ff., 156, 171 ff., 241 ff.

in einem Monarchischen Staate zwischen Landesherrn und Insasen anwendbar sind«[167]. Diese unüberbrückbare Kluft in den staatsrechtlichen und politischen Anschauungen erklärt zum Teil auch das fast naiv anmutende Vertrauen Gemmingens auf die wohlmeinenden Absichten Hardenbergs, während andere Rittergenossen sich davon überzeugt zeigten, dass der Dirigierende Minister »nicht gut RRitterschaftlich gesinnt« sei. Nicht nur unter reichsadligen Zeitgenossen Hardenbergs, sondern auch in der Forschung wurde der Verdacht geäußert, dass die bisher weitestgehend unbekannten Vergleichspläne des Dirigierenden Ministers und Berlins als rein taktisches Manöver zu deuten seien, ohne wirkliche Bereitschaft zu einer einvernehmlichen Einigung[168]. Eine derartige Interpretation ist zwar aus der Perspektive der Reichsritter ebenso verständlich wie aus der durch die Ereignisse der Jahre 1796 bis 1798 geprägten teleologischen Sichtweise der Historiografie. Aber sie geht an den Realitäten vorbei. Davon zeugt nicht zuletzt der bereits erwähnte gewaltige Aufwand, den die königlichen Behörden der fränkischen Markgrafentümer auf Hardenbergs Befehl allein deshalb zu betreiben hatten, um statistisches Material für Vergleichsverhandlungen mit der Reichsritterschaft bereitzustellen[169]. Zudem äußerte Hardenberg noch im Spätjahr 1792 die

167 Schreiben des Ortsvorstandes Steigerwald an den Ortsvorstand Rhön-Werra, Erlangen, 31. Oktober 1794, StA Marburg, 109, Nr. 311, Bd. 3, Dok. 223 (Zitat ebd.). Schreiben des Ortsvorstandes Steigerwald an den Ortsvorstand Rhön-Werra, Erlangen, 16. Dezember 1795, StA Marburg, 109, Nr. 311, Bd. 5, Dok. 323. Vgl. Gutachten von Johann Gottlieb Wagner, Ansbach, 6. April 1792, GStA PK Berlin, II. HA, Abt. 36, I, Nr. 152, fol. 30–40, hier: fol. 30 ff. u. Gutachten von Johann Michael Georg, Bayreuth, 6. April 1792, ebd., fol. 41–50, hier: fol. 42 ff.

168 Schreiben des Ortsvorstandes Rhön-Werra an den Ortsvorstand Gebürg, o.O., 20. April 1792, StA Marburg, 109, Nr. 311, Bd. 1, Dok. 34 (Zitat ebd.). Schreiben des Ortsvorstandes Rhön-Werra an den Ortsvorstand Gebürg, Schweinfurt, 27. April 1792, ebd., Dok. 36. Schreiben des Ortsvorstandes Gebürg an den Ortsvorstand Rhön-Werra, Bamberg, 23. Mai 1792, ebd., Dok. 44. Abschrift des Schreibens des Ortsvorstandes Altmühl an den Ortsvorstand Gebürg, o.O., 11. Juni 1792, ebd., Dok. 57. Abschrift des Schreibens von Franz Paul Christoph von Seckendorff an den Altmühler Ritterhauptmann Ernst Ludwig Sebastian Freiherr von Crailsheim, Weingartsgereuth, 1. Juni 1792, ebd., Dok. 58. Schreiben des Ortsvorstandes von Rhön-Werra an den Ortsvorstand Gebürg, o.O., 19. Juli 1792, ebd., Dok. 65. Abschrift des Zirkularschreibens des Ortsvorstandes Altmühl an die Mitglieder und Güterbesitzer des Kantons Altmühl, o.O., 21. August 1792, ebd., Dok. 80. Schreiben des Ortsvorstandes Rhön-Werra an den Ortsvorstand Gebürg, Schweinfurt, 12. Januar 1793, StA Marburg, 109, Nr. 311, Bd. 2, Dok. 99. – Süssheim bestreitet jede Bereitschaft Hardenbergs zu einer gütlichen Einigung mit der Reichsritterschaft und muss daher dessen Vergleichspläne als »Blendwerk« gegenüber dem Kabinettsministerium deuten (*Süssheim*, Politik, S. 64, 85 ff. (Zitat ebd., S. 64)). Zu den angeblich rein taktischen Intentionen der Hardenbergischen Vergleichsunterhandlungen siehe auch Hofmeister-Hungers allein auf die Ansbach-Bayreuth benachbarten Reichsstände sich beziehende Aussage nach der »viele Stände nicht mit Unrecht fürchten mußten, von Preußen über eben diesen Konferenztisch gezogen zu werden, wenn sie sich einmal auf Verhandlungen einließen« (*Hofmeister-Hunger*, Pressepolitik, S. 85 f.).

169 Reskript Hardenbergs an den 1. Senat der Ansbacher Regierung, Ansbach, 3. September 1792, GStA PK Berlin, II. HA, Abt. 36, I, Nr. 176, fol. 88–89, hier: fol. 89. Gutachten der Bayreuther Regierung, Bayreuth, 25. Februar 1793, ebd. Bericht des 1. Senats der Ansbacher Regierung, Ansbach, 30. März 1793, ebd., fol. 90. 1. Votum des Regierungsrats Johann Ferdinand Albert,

Absicht, »die Vergleichsunterhandlungen mit der Reichsritterschaft noch in diesem Winter vornehmen, und, wo möglich, auf eine annehmliche Art beendigen zu ko[e]nnen«[170].

Während ein fehlendes Interesse Hardenbergs an einem gütlichen Ausgleich mit der Reichsritterschaft als Grund für das Scheitern der Vergleichsverhandlungen ausscheidet, spielten die territorialen Verhältnisse Frankens sowie die spezifische Verfasstheit der reichsritterschaftlichen Korporation eine umso größere Rolle: Es wäre nämlich faktisch unmöglich gewesen, die angestrebte territoriale bzw. obrigkeitsrechtliche Arrondierung auf vertraglicher Basis in der Praxis umzusetzen. Dies galt zum einen für die lange von Hardenberg favorisierten »Purificationen«, also den gegenseitigen Austausch von Gebieten, Untertanen, Einkünften und einzelnen Herrschaftsrechten zwischen Ansbach-Bayreuth und der fränkischen Reichsritterschaft zur möglichst umfassenden Beseitigung fremder Enklaven: Eine derartige Arrondierung hätte nämlich das Problem lösen müssen, dass zwar für die in Ansbach-Bayreuth inklavierten Besitzungen und Untertanen der Kantone Steigerwald, Gebürg und Odenwald, nicht aber für die weitestgehend im untergebürgischen Fürstentum gelegenen Güter des Viertels Altmühl ausreichende oder zumindest als geeignet angesehene zollersche Austauschsobjekte vorhanden waren[171]. Vor allem aber mochte die von Hardenberg angestrebte territoriale Entflechtung theoretisch gangbar sein in einem monarchisch oder aristokratisch organisierten Staat, in dem nur der Wille eines Einzelnen oder einer überschaubaren Gruppe über die Abtretung von Untertanen, Dörfern und Landstrichen entscheiden konnte. Aber der fränkische Ritterkreis mit seinen sechs Kantonen war primär eine Genossenschaft adliger Güterbesitzer, über deren Herrschaften und Gerechtsame weder das fränkische Spezial- oder das reichsritterschaftliche Generaldirektorium, noch die einzelnen Ortsvorstände frei disponieren konnten[172]. Selbst wenn die reichsritterschaftlichen Realisten einer gemeinsamen Vertretung in Austauschverhandlungen mit

o.O., 16. März 1793, ebd., fol. 91–94, hier: fol. 91. Reskript Hardenbergs an den 1. Senat der Ansbacher Regierung sowie die Bayreuther Regierung, Ansbach, 14. Februar 1793, GStA PK Berlin, II. HA, Abt. 36, I, Nr. 3, fol. 74. Siehe auch besonders das aus dem Vergleichsprojekt erwachsene, aber erst Anfang 1794 in seiner endgültigen Form fertiggestellte, umfassende Tabellenwerk über die sog. Vermischungen zwischen dem Corpus equestre und Brandenburg-Bayreuth: »Tabelle über Die sämmtlichen in Königlich Preußischen Obergebürgischen Fürstenthum befindlichen Fränckischen Ritter-Gütter-Besitzungen«, Bayreuth, 2. Januar 1794, GStA PK Berlin, II. HA, Abt. 36, I, Nr. 176, fol. 191–220, hier: fol. 192 ff.

170 Schreiben von Johann Ludwig Klüber an den Steigerwalder Konsulenten Dr. Sommer, o.O., 15. November 1792, GLA Karlsruhe, N Klüber, Fasz. 123.

171 Abschrift des Berichts des Ritterhauptmanns des Kantons Steigerwald, Friedrich Karl von Seckendorff, an den Ortsvorstand Gebürg, Weingartsgereuth, 23. Februar 1793, StA Marburg, 109, Nr. 311, Bd. 2, Dok. 115. Reskript Hardenbergs an den 1. Senat der Ansbacher Regierung, Ansbach, 3. September 1792, GStA PK Berlin, II. HA, Abt. 36, I, Nr. 176, fol. 88–89, hier: fol. 89 (Zitat ebd.).

172 Siehe Kapitel II.2.1 u. II.2.2.

Preußen zugestimmt hätten, musste eine vertragliche Einigung schon an der Vielzahl der ritterschaftlicherseits beteiligten Interessen Schiffbruch erleiden. Der schon vorgestellte Reichshofrat Franz Paul Christoph von Seckendorff brachte dieses Problem anschaulich auf den Punkt: »Wer berechnet jeden einzelnen Mitglieds Nutzen oder Schaden bei der Abgabe oder Annahme dieses oder jenes einzelnen Unterthanen oder ganzen Orts. Auf dem Gut, das man mir abnimmt, ist ein gutes Hauß, sind gute und brauchbare Gebäude [...]. Auf dem, was ich bekomme, ist ein[e] schlechtes [!] niedergesunkene oekonomie – Wer kalkuliret beides gegeneinander zu meiner Zufriedenheit, meinen Kräften, meiner Liebhaberey gemäs? Hier in diesem mir gebauten selbst meublirten und bequem eingerichteten Hauß will ich sterben, und mich zu meinen Vätern begraben lassen, sagt dieser oder jener – Nein antwortet eine Stimme, gerade dies Dorf brauchen wir zum arrondissement«[173].

Die notwendige Zustimmung der einzelnen Rittergutsbesitzer setzte nicht nur der territorialen Arrondierung der fränkischen Markgrafentümer auf dem Vergleichsweg enge Grenzen. Ähnliches galt auch für die von preußischer Seite als Ersatz zunehmend favorisierte, mit unterschiedlich umfangreichen Gegenleistungen Berlins verknüpfte Abtretung zentraler obrigkeitlicher Gerechtsame der Ansbach-Bayreuth benachbarten Reichsritter über ihre Besitzungen als staatsrechtliche Servituten an die zollersche Kurlinie. Hier waren nämlich für die betroffenen Rittergenossen und Kantone nicht nur erhebliche finanzielle Risiken zu befürchten, da aus der Überlassung der Militärhoheit an die preußische Krone auch die Pflicht zur Rekrutenstellung folgen musste. Darüber hinaus bestand die sehr reale Gefahr einer langfristigen Aushöhlung der Reichsunmittelbarkeit der fraglichen reichsritterschaftlichen Besitzungen durch die Ausübung der Preußen zu überlassenden obrigkeitlichen Gerechtsame[174].

Selbst wenn – was keineswegs zu erwarten war – die fränkische Reichsritterschaft in einen größeren territorialen Austausch oder in die besagte Abtretung landesherrlicher Rechte an die fränkischen Markgrafentümer eingewilligt hätte, musste ein derartiges Vergleichsprojekt fast zwangsläufig scheitern: Dem Kaiser stand nämlich als alleinigem Oberhaupt des Consortium equestre ein durch den Reichshofrat ausgeübtes Bestätigungsrecht derartiger Rezesse zu. Dass Wien sein Plazet zu einem der zur Disposition stehenden Vertragsprojekte gegeben hätte, kann mit an Sicherheit grenzender Wahrscheinlichkeit ausgeschlossen werden. Schließlich musste die Hofburg als Folge eines Vergleichs zwischen dem Hause Brandenburg und dem fränkischen Ritterkreis eine empfindliche Minderung des reichsritterschaftlichen

173 Abschrift des Schreibens von Franz Paul Christoph von Seckendorff an den Altmühler Ritterhauptmann Ernst Ludwig Sebastian Freiherr von Crailsheim, Weingartsgereuth, 1. Juni 1792, StA Marburg, 109, Nr. 311, Bd. 1, Dok. 58.

174 Abschrift des Berichts des Ritterhauptmanns des Kantons Steigerwald, Friedrich Karl von Seckendorff, an den Ortsvorstand Gebürg, Weingartsgereuth, 23. Februar 1793, StA Marburg, 109, Nr. 311, Bd. 2, Dok. 115.

fundus collectabilis für die Rittersteuern und damit auch der in die kaiserlichen Schatzkammer fließenden Charitativsubsidien fürchten. Dies galt selbst für den Fall, dass die fränkischen Kantone als die schwächere Vertragspartei von Berlin vollwertigen finanziellen Ersatz für alle von ihren Mitgliedern an Ansbach-Bayreuth abgetretenen Gebiete und Einkünfte erhalten hätten: Bisher konnte nämlich Wien allen reichsritterschaftlichen Wünschen nach einer Reduzierung der Subsidia charitativa aufgrund des Verlustes des kantonalen Kollektationsrechts auf den an Bayreuth alienierten Rittergütern mit dem Versprechen begegnen, dass die von dort ausstehenden Rittersteuern noch nicht endgültig verloren seien. Eine solche Argumentation war natürlich nicht mehr möglich, sobald der Streit um das Ius collectandi zwischen der fränkischen Reichsritterschaft und dem obergebürgischen Fürstentum unter mehr oder weniger großen Verzichtleistungen der betroffenen Kantone vertraglich beigelegt würde. Neben den finanziellen Aspekten hätte auch Hardenbergs Anspruch auf die Militärhoheit über die Ansbach-Bayreuth benachbarten Rittergüter die Bestätigung eines Vergleiches durch die Hofburg unmöglich gemacht: Die Abtretung des Ius armorum, sequelae et quartirii über einen nennenswerten Teil des fränkischen Ritterkreises musste dessen Fähigkeit schwächen, Wien, wie zuletzt im Jahre 1765, Rekruten zu stellen. Darüber hinaus hätte die preußische Militärhoheit auf den betroffenen reichsritterschaftlichen Besitzungen das Werberecht der Hofburg ausgehebelt, das nicht nur eine reichsritterschaftliche Prärogative, sondern auch ein kaiserliches Reservatrecht war. Schließlich darf auch nicht der reichspolitische Aspekt aus den Augen gelassen werden, wenn über das Scheitern der Vergleichsverhandlungen Hardenbergs mit dem Corpus equestre vor dem Hintergrund des kaiserlichen Bestätigungsrechts für eine derartige Übereinkunft gesprochen wird. Jede Entspannung zwischen dem Consortium equestre einerseits und Preußen andererseits und erst recht die Unterwerfung zahlreicher reichsritterschaftlicher Herrschaften unter die Vorgaben Berlins im Bereich der sog. Polizey und des Militärwesens waren eine potenzielle Bedrohung des dominierenden Einflusses Wiens auf seine reichsritterschaftliche Klientel[175]. Letz-

175 Abschrift des Schreibens von Franz Paul Christoph von Seckendorff an den Altmühler Ritterhauptmann Ernst Ludwig Sebastian Freiherr von Crailsheim, Weingartsgereuth, 1. Juni 1792, StA Marburg, 109, Nr. 311, Bd. 1, Dok. 58. Abschrift des Schreibens des Ortsvorstandes Gebürg an den Reichshofrats- und fränkischen Direktorialagenten der Reichsritterschaft, Herr von Alt, Bamberg, 23. März 1793, StA Marburg, 109, Nr. 311, Bd. 2, Dok. 112. Abschrift des Berichts des Ritterhauptmanns des Kantons Steigerwald, Friedrich Karl von Seckendorff, an den Ortsvorstand Gebürg, Weingartsgereuth, 23. Februar 1793, ebd., Dok. 115. »Resultate« der Unterredung zwischen Hardenberg und dem Ritterhauptmann des Kantons Steigerwald, Friedrich Karl von Seckendorff, Weingartsgereuth, 21. Februar 1793, ebd., Dok. 116. Abschrift des Schreibens des Ortsvorstandes Gebürg an den Reichshofrats- und fränkischen Direktorialagenten der Reichsritterschaft, Herr von Alt, Bamberg, 22. April 1793, ebd., Dok. 124. Gutachten von Georg Wilhelm Wipprecht, Bayreuth, 24. Februar 1792, GStA PK Berlin, II. HA, Abt. 36, I, Nr. 152, fol. 8–15, hier: fol. 12. Gutachten von Johann Gottlieb Wagner, Ansbach, 6. April 1792, ebd., fol. 30–40, hier: fol. 38. Gutachten von Johann Michael Georg, Bayreuth,

tere verschaffte der Hofburg nicht nur die schon genannten militärischen und finanziellen Vorteile, sondern durch die personalen Verquickungen zwischen der Reichsritterschaft und der Reichskirche vielfach auch reale politische Unterstützung auf den Kreistagen sowie in der Regensburger Reichsversammlung[176]. Auch darf nicht außer Acht gelassen werden, dass Wien die territoriale Zerstückelung des ober- und untergebürgischen Fürstentums durch die reichsritterschaftlichen Enklaven und die damit einhergehende Beschränkung des ökonomischen und militärischen Machpotentials der fränkischen Markgrafentümer nicht ungern sah[177]. Dies galt umso mehr, als die glücklose Kriegsführung der beiden deutschen Großmächte gegen das revolutionäre Frankreich sowie die zwischen St. Petersburg und Berlin im Januar 1793 vertraglich vereinbarte Zweite Polnische Teilung zu einem Wiederaufleben des Dualismus zwischen Österreich und Preußen führten[178]. Eine 1795 erschienene Abhandlung brachte rückblickend das Verhältnis zwischen den verbündeten Höfen in Wien und Berlin in der Zeit des gemeinsamen Koalitionskriegs gegen Frankreich auf die für die gesamte Reichspolitik zutreffende Formel: »Oestreich konnte […] nicht Preußens Vergrößerung; Preußen nicht jene von Oestreich etc. beabsichten«[179].

Neben dem unterschiedlichen Staats- und Rechtsverständnis der Beteiligten, den sich aus den Territorialverhältnissen Frankens und der kooperativen Verfassung der Reichsritterschaft sowie dem Genehmigungsrecht ihres kaiserlichen Schutzherren ergebenden Hindernissen könnte auch der Fortgang der Verhandlungen Hardenbergs mit verschiedenen, den fränkischen Mark-

6. April 1792, ebd., fol. 41 – 50, hier: fol. 41 ff. Schreiben des Ortsvorstandes Steigerwald an den Ortsvorstand Rhön-Werra, Erlangen, 9. Mai 1796, StA Marburg, 109, Nr. 321. – Finanzielle Risiken beinhaltete für den Kaiser auch die Überlassung der Militärhoheit an Ansbach-Bayreuth über die in Frage kommenden Rittergüter. In diesem Falle wäre eine Mehrbelastung der jeweiligen reichsritterschaftlichen Untertanen durch den Dienst in der preußischen Armee oder die alternativ zur Disposition stehende Geldzahlung zur Anwerbung auswärtiger Rekruten die Folge gewesen. Um die Loyalität sowie die Wirtschaftskraft ihrer Hintersassen nicht zu gefährden, hätten die betroffenen Rittergenossen daher entweder auf einen Teil ihrer Gefälle und Abgaben verzichten müssen oder – was keineswegs unwahrscheinlich war – den Steuerfuß und damit auch die Höhe der nach Wien fließenden Charitativsubsidien reduzieren müssen (Abschrift des Schreibens des Ortsvorstandes Gebürg an den Reichshofrats- und fränkischen Direktorialagenten der Reichsritterschaft, Herr von Alt, Bamberg, 23. März 1793, ebd., Dok. 112. Abschrift des Nachschreibens des Ortsvorstandes Gebürg an den Reichshofrats- und fränkischen Direktorialagenten der Reichsritterschaft, Herr von Alt, Bamberg, 23. März 1793, ebd., Dok. 113. Abschrift des Berichts des Ritterhauptmanns des Kantons Steigerwald, Friedrich Karl von Seckendorff, an den Ortsvorstand Gebürg, Weingartsgereuth, 23. Februar 1793, ebd., Dok. 115).

176 Siehe Kapitel II.2.2.

177 Gutachten von Johann Michael Georg, Bayreuth, 6. April 1792, GStA PK Berlin, II. HA, Abt. 36, I, Nr. 152, fol. 41 – 50, hier: fol. 42.

178 *Aretin*, Das Alte Reich III, S. 394, 400, 407 f. *Sheehan*, Ausklang, S. 202 ff. *Sybel*, Geschichte, II, S. 309 ff., 338 ff. *Ders.*, ebd. III, S. 34 ff., 197 f. *Biro*, German Policy I, S. 77 ff., 158 f., 265.

179 [*Riem*], Ueber die politische Lage, und das Staats-Interesse Preußens, S. 46 f., 56 f. (Zitat ebd., S. 56).

grafentümern benachbarten Reichsständen zum Scheitern der Vergleichsgespräche zwischen dem Dirigierenden Minister und dem fränkischen Ritterkreis beigetragen haben: Während sich die Vorverhandlungen mit den meisten Reichsständen über eine gütliche Beilegung der mit Ansbach-Bayreuth bestehenden Differenzen schnell zerschlugen oder sich monate- und jahrelang ohne nennenswerte Fortschritte dahinschleppten, schien gerade mit dem Fürsten von Öttingen-Spielberg, der Reichsstadt Nürnberg sowie dem Hochstift Bamberg eine Einigung über eine territoriale Arrondierung der wechselseitigen Grenzen in greifbarer Nähe. Als sich jedoch im Herbst bzw. Winter 1792 und Frühling 1793 die Vergleichsgespräche mit den beiden letztgenannten Reichsständen vorerst zerschlugen, könnte auch Hardenbergs Interesse an einem Ausgleich mit der fränkischen Reichsritterschaft geschwunden sein[180]. Da die sog. territorialen Vermischungen und die daraus entspringenden Streitigkeiten des ober- und untergebürgischen Fürstentums mit Bamberg und Nürnberg zu den umfangreichsten überhaupt gehörten, musste Hardenbergs gesamtes Projekt einer umfassenden territorialen Arrondierung der fränkischen Markgrafentümer auf dem Vergleichsweg Stückwerk bleiben[181]. Unter diesen Umständen fiel auch die Tatsache weit weniger ins Gewicht, ob zwischen Berlin und dem fränkischen Ritterkreis bzw. seinen Mitgliedern noch ein Rezess zustande kommen würde oder nicht. Die in verschiedenen Ritterkanzleien im Verlauf des Jahres 1793 noch fortbestehende Bereitschaft zu einer Beilegung des Konfliktes mit Berlin auf dem Wege

180 BayHStA, K. schw. 14511, fol. 143 – 496 und 570 – 573: fortl. Bericht Hardenbergs an den König/das Kabinettsministerium, Ansbach, 2. April 1792, GStA PK Berlin, II. HA, Abt. 36, I, Nr. 5, fol. 32 – 38, hier: fol. 35 f. Reskript Hardenbergs an die preußische Gesandtschaft am Fränkischen Kreis, Bayreuth, 26. Oktober 1793, ebd., fol. 83. 443. Bericht der preußischen Kreisgesandten zu Nürnberg, Reichsgraf von Soden und Schmid, an Hardenberg, Nürnberg, 19. März 1794, ebd., fol. 106a. Reskript Hardenbergs an die preußische Kreisgesandtschaft zu Nürnberg, Ansbach, 31. Juni 1794, ebd., fol. 106b-106c, hier: fol. 106b. Bericht der preußischen Kreisgesandten zu Nürnberg, Reichsgraf von Soden und Schmid, an Hardenberg, Nürnberg, 10. Juli 1794, ebd., fol. 106d-106e, hier: 106d f. Bericht Hardenbergs an den König/das Kabinettsministerium, Ansbach, 17. Juli 1794, ebd., fol. 106i-106 l, hier: fol. 106i f. Reskript von Alvensleben und Haugwitz an Hardenberg, Berlin, 29. Juli 1794, ebd., fol. 106 m. Reskript Hardenbergs an die preußische Kreisgesandtschaft zu Nürnberg, Frankfurt/M., 13. August 1794, ebd., fol. 106n-106o, hier: 106n f. GStA PK Berlin, II. HA, Abt. 36, I, Nr. 149: fortl. GStA PK Berlin, I. HA, Rep. 44 B, Nr. 1a: fortl. »So betitelte Privat Idée« verschiedener fränkischer Kreisgesandter, Farrenbach, 12. Juni 1792, StA Marburg, 109, Nr. 311, Bd. 1, Dok. 72. Abschrift der Präliminarkonvention zwischen Bamberg und Preußen bzw. Ansbach-Bayreuth, Nürnberg, 24. Oktober 1792, ebd., Dok. 74. Deutsche Staats- und Ministerial-Zeitung, Nr. 71, 2. September 1796, Sp. 1133 ff. Nürnbergs Lage. Ungewöhnliche Vorschläge darüber, S. 69 ff.

181 Zur territorialpolitischen Lage siehe *Spindler/Diepolder* (Hg.), Geschichtsatlas, S. 30 f. – Noch im Frühjahr 1794 versuchte die preußischen Gesandtschaft am Fränkischen Kreistag die Vergleichsverhandlungen mit Nürnberg wiederzubeleben. Dies zeigt, welche Bedeutung Hardenberg einer gütlichen Übereinkunft mit der Reichsstadt zumaß (443. Bericht der preußischen Kreisgesandten zu Nürnberg, Reichsgraf von Soden und Schmid, an Hardenberg, Nürnberg, 19. März 1794, GStA PK Berlin, II. HA, Abt. 36, I, Nr. 5, fol. 106a).

von Vergleichsverhandlungen war angesichts der geschilderten Faktoren nicht mehr von Bedeutung[182].

Während eine Vielzahl von Gründen zusammenwirkte und die Pläne eines umfassenden vertraglichen Ausgleichs zwischen Ansbach-Bayreuth und der fränkischen Reichsritterschaft als Ganzes zum Scheitern brachte, stand nach wie vor die Möglichkeit territorialer und rechtlicher Purifizierungen mit einzelnen Rittergenossen im Raum. Dabei ging es in den folgenden Jahren vor allem um den Freiherrlich von Berlichingischen Anteil an Rech(en)berg, einem zum Kanton Kocher kollektablen und damit am Rande der preußischen Interessensphäre gelegenen Rittergut. Dass sich Berlin hier in ernsthafte Verhandlungen einließ, dürfte nicht zuletzt mit den besonders gut dokumentierten Grundlagen der Reichsunmittelbarkeit dieser reichsritterschaftlichen Herrschaft zusammengehangen haben. Zudem hatten die über Rech(en)berg geführten Vergleichsverhandlungen ihren Ursprung noch in der Zeit vor dem Anfall der fränkischen Markgrafentümer an Preußen. Konkret zielten die Unterhandlungen auf die Abtretung einiger reichsritterschaftlicher Untertanen gegen die zollersche hohe Jagd und Fraisch über Teile von Rech(en)berg ab. Doch dieser »beynahe zum Abschluß gediehen gewesene Austausch« sollte nicht mehr Realität werden[183]. Anstelle sich mit einzelnen Untertanen zu begnügen, ergriff Berlin 1796/97 von einem erheblichen Anteil der reichsritterschaftlichen Herrschaft Besitz[184].

4.2 Eingriffe in die reichsunmittelbare und landesherrliche Stellung der Reichsritter

Im April 1792 riet der obergebürgische Regierungsrat Johann Michael Georg in einem Gutachten Hardenberg zum künftigen Umgang mit den Bayreuth benachbarten und auf ihrer Reichsunmittelbarkeit und Landesherrlichkeit

182 Nachschreiben von Koser, Heilbronn, 16. Januar 1794, StA Ludwigsburg, B 575 II, Bü 58. Protokoll der Kocherschen Ritterkanzlei mit Votum, Heilbronn, 18. Juli 1793 ff., StA Ludwigsburg, B 575 II, Bü 300. Schreiben des Ortsvorstandes Gebürg an den Orstvorstand Kocher, Bamberg, 6. Mai 1793, ebd.

183 GStA PK Berlin, II. HA, Abt. 36, I, Nr. 154: fortl. Protokoll der Kocherschen Ritterkanzlei mit Voten, Esslingen, 7. August 1797, StA Ludwigsburg, B 575 IV, Bü 353. Schreiben [des Ritterrats Freiherr von Berlichingen] an Kretschmann, 3. August 1796, StA Ludwigsburg, B 575 II, Bü 373. Abschrift des Schreibens [des Ritterrats Freiherr von Berlichingen] an Hardenberg, Ansbach, 6. November 1796, ebd. Schreiben [des Ritterrats Freiherr von Berlichingen] an Hardenberg, o.O., expediert am 9. Januar 1797, ebd. Schreiben [des Ritterrats Freiherr von Berlichingen] an Kretschmann, o.O., expediert am 9. Januar 1797, ebd. Abschrift der von Berlichingischen Deduktion über die Reichsunmittelbarkeit Rech(en)bergs, Ansbach, 8. August 1796, ebd. (Zitat ebd.). Protokoll der Kocherschen Ritterkanzlei mit Voten, Esslingen, 17. Januar 179[7], ebd. Schreiben des Ritterrats Freiherr von Berlichingen an den Ortsvorstand Kocher, Ansbach, 12. Oktober 1796, ebd. Schreiben des Ritterrats Freiherr von Berlichingen an den Ortsvorstand Kocher, Heilbronn, 22. Januar 1797, ebd.

184 Siehe Kapitel VII.1.

beharrenden Reichsrittern: »Wer einen Feind tödtet[,] handelt weniger unrecht, als der[,] welcher [einen der] sich ime friedlich betragen hat[,] umbringt. Je stärcker der Angrif desto mehr Festungswercke, und desto mehr Vertheidigung. Wer mit glühenden Kugeln schießet kann sich nicht beschweren[,] wenn der Angegriffene sich mit dergleichen vertheidigt«[185]. Diese drastische Empfehlung Georgs widersprach keineswegs grundsätzlich den Intentionen des Dirigierenden Ministers, auch wenn dieser dem Gutachten des Bayreuther Regierungsrats als Ganzem nicht folgen mochte[186]. Entsprechend sahen sich die Ansbach-Bayreuth benachbarten reichsritterschaftlichen Herrschaften auch nach dem Patentanschlag vom Februar und März 1792 einer Flut von Eingriffen in ihre reichsunmittelbare Stellung sowie ihre obrigkeitlichen Befugnisse durch die Behörden der fränkischen Markgrafentümer ausgesetzt[187]. Dabei handelte es sich zum einen um Maßnahmen, die aufgrund ihres Umfangs und ihres aufsehenerregenden Charakters nicht ohne Kenntnis und ausdrückliche Billigung des Dirigierenden Ministers erfolgt sein können[188]. Daneben gab es eine Vielzahl von lokalen Auseinandersetzungen zwischen königlichen und reichsritterschaftlichen Beamten, wie sie im Territorium inclausum an der Tagesordnung waren[189]. Die Bedeutung Letzterer lag denn auch vor allem in der faktischen Rückendeckung, die die betroffenen preußischen Ämter durch die Regierungen in Ansbach und Bayreuth sowie Hardenbergs Ministerium erhielten[190].

185 Gutachten von Johann Michael Georg, Bayreuth, 6. April 1792, GStA PK Berlin, II. HA, Abt. 36, I, Nr. 152, fol. 41 – 50, hier: fol. 46.

186 Siehe Kapitel V.2.

187 Zu den folgenden Ausführungen über die Eingriffe in reichsritterschaftliche Gerechtsame siehe auch: *Stamm-Kuhlmann*, »Für dessen Constitution ich keine drei Kreuzer mehr gebe«, S. 75; *Endres*, Reformmodell, S. 35; *Ders.*, Zum neuen Staat, S. 54; *Ders.*, Ära Hardenberg, S. 183; *Ders.*, preußische Ära, S. 175 f.; *Haussherr*, Hardenberg I, S. 139 f.; *H. Müller*, Kampf, S. 60 f.

188 In diesem Zusammenhang ist auf ein sehr spezielles und aufgrund der Quellenlage kaum zu lösendes Forschungsproblem hinzuweisen: *Karl Heinrich Lang* (Annalen, S. 4 f.) berichtet, dass »bereits am 4[.] April [1792] der erste Angriff auf die Befreyung der Edelleute wegen des Mehl-Impostes gewagt« wurde. *Süssheim* (Politik, S. 85 f.) hat diese Nachricht ohne Begründung auf die Reichsritterschaft bezogen. Es wäre aber auch denkbar, dass sich der besagte Vorstoß gegen die vogtländische Ritterschaft richtete, die mit ihren Hintersassen von der sog. Mahlakzise, einer faktischen Kopfsteuer im Fürstentum Bayreuth, befreit war (Entwurf der königlichen Instruktion für das fränkische Landesministerium, Berlin, [März/April 1796], GStA PK Berlin, II. HA, Abt. 36, I, Nr. 6, fol. 5 – 67, hier: fol. 21 f. »Versuch eines ohngefähren Abrisses…« (wie Kap. II, Anm. 91), GStA PK Berlin, I. HA, Rep. 94, IV, Ac, Nr. 2, S. 1 – 149, hier: S. 63 f., 130. Hartung, Hardenberg, S. 185). Gegen diese Vermutung spricht allerdings wieder, dass Lang diese Nachricht in seinen Annalen für Ansbach bringt. Vgl. für spätere Jahre den für die vorliegende Studie nicht eingesehenen, sich aber auf die vogtländische Ritterschaft beziehenden, einschlägigen Akt GStA PK Berlin, II. HA, Abt. 36, III, Nr. 1.

189 Siehe Kapitel II.3.

190 Diese Rückendeckung lässt sich vor allem an der Behandlung der zahlreichen reichsritterschaftlichen Protestschreiben durch die ober- und untergebürgische Regierung sowie Hardenbergs Ministerium ablesen, in denen über Eingriffe preußischer Ämter in reichsadlige

Welchen Zweck verfolgte Hardenberg mit einer derart konfrontativen Politik gegenüber einem erheblichen Teil des fränkischen Ritterkreises? Wie ausgeführt wurde, hatte das Kabinettsministerium in Berlin, mit den Reskripten vom 19. März und 19. April 1792 den Dirigierenden Minister an eine zweigleisige Strategie in den Landeshoheitsstreitigkeiten mit denjenigen Rittergütern gebunden, die an den Grenzen der fränkischen Markgrafentümer lagen. Dazu gehörte neben den zuvor behandelten Vergleichsverhandlungen die Durchsetzung begründeter, aber nicht mehr ausgeübter obrigkeitlicher Rechte des Hauses Brandenburg sowie die Aufrechterhaltung derjenigen Landeshoheitsansprüche, die von den Zollern traditionell über die an den Grenzen Ansbach-Bayreuths gelegenen reichsritterschaftlichen Gebiete behauptet wurden[191]. Dem zweiten Teil dieser Doppelstrategie dienten die preußischen Eingriffe in die Reichsunmittelbarkeit und landesherrlichen Gerechtsame der Reichsritter: Die wirkungsvollste Möglichkeit, im Territorium non clausum obrigkeitliche Befugnisse aufrechtzuerhalten oder neu durchzusetzen, war nämlich, sie in der Praxis auszuüben und damit dem fremden reichsrechtlichen Anspruch (petitorium) einen faktischen Besitz (possessorium) entgegenzustellen. Der Grundsatz der Observanz bzw. des Herkommens eröffnete zudem die Aussicht, dass aus einem solchen possessorium mittel- und langfristig sogar ein reichsgerichtlich anerkannter Besitz werden konnte[192].

Neben diesem reichsrechtlichen Aspekt spielte bei den preußischen Eingriffen in die Rechtsstellung der Ansbach-Bayreuth benachbarten Rittergüter der 1792 ausgebrochene Koalitionskrieg mit Frankreich eine gewisse Rolle. Je länger die Beteiligung Berlins an der militärischen Auseinandersetzung im Westen dauerte und je mehr sich die Fehlschläge der verbündeten österreichisch-preußischen Truppen häuften, desto stärker mussten auch die neuen königlichen Provinzen in Franken zu den personellen und wirtschaftlichen Opfern der Gesamtmonarchie beitragen[193]. Der Gedanke, in dieser Situation auch die in der Nähe Ansbach-Bayreuths gelegenen reichsritterschaftlichen Herrschaften zu den militärischen Lasten der norddeutschen Großmacht heranzuziehen, war naheliegend und keineswegs singulär[194].

Gerechtsame und Freiheiten Beschwerde geführt wurde (Abschrift des Schreibens von Franz Paul Christoph von Seckendorff an den Altmühler Ritterhauptmann Ernst Ludwig Sebastian Freiherr von Crailsheim, Weingartsgereuth, 1. Juni 1792, StA Marburg, 109, Nr. 311, Bd. 1, Dok. 58).

191 Siehe Kapitel V.3.

192 Siehe Kapitel II.3 u. V.1.

193 *Hartung*, Hardenberg, S. 34. – Speziell zu dem für Berlin ungünstigen Verlauf des Koalitionskrieges im Jahre 1792 sowie zu den finanziellen und personellen Belastungen, die sich aus der aus der Kriegsteilnahme für Preußen damals ergaben siehe *Aretin*, Das Alte Reich III, S. 394 ff., 407 ff., *Sheehan*, Ausklang, S. 201 f., *Biro*, German Policy I, S. 77 ff., 93, 313 u. *Bringmann*, Preußen, S. 428 ff., 439 ff., 490 ff.

194 Siehe Kapitel III.2.2.

Schließlich boten die preußischen Eingriffe in reichsritterschaftliche Gerechtsame und Freiheiten dem Dirigierenden Minister die Möglichkeit, den Druck auf die betroffenen Rittergenossen und Kantone sukzessive zu erhöhen, um sie auf diese Weise zu einem möglichst vorteilhaften Vergleich oder gar zur Unterwerfung unter die königliche Landeshoheit zu zwingen. Es war wieder der Bayreuther Regierungsrat Georg, der diesen Aspekt besonders anschaulich formulierte: Wenn die auf ihrer Reichsunmittelbarkeit bestehenden Reichsritter ein landesherrliches Recht Berlins über sich nicht anerkennen würden, »und es ist kein anderes Mittel vorhanden, sie zur Erkenntniß zu bringen, sind ihnen zwey andere Rechte, die eben so unbestritten sind, als das angegriffene so lange zu nehmen, bis sie bonam fidem anerkennen«[195]. Auf diese Politik, die Reichsritterschaft durch Eingriffe in ihre Gerechtsame und Unmittelbarkeit zu Zugeständnissen zu zwingen, wirkte ein Umstand zurück, der zwar nicht handlungsleitend war, aber doch erwähnt werden muss: Die ursprünglichen Pläne Hardenbergs, die territoriale Arrondierung der fränkischen Markgrafentümer durch den Ankauf günstig gelegener reichsritterschaftlicher Güter voranzutreiben, erlangten trotz einiger Erfolge weder in den Jahren 1792/93 noch später eine nennenswerte Bedeutung[196].

Das erste auf den zollerschen Patentanschlag vom Februar/März 1792 folgende Jahr sah bereits eine Vielzahl an Intensität zunehmender Maßnahmen der Ansbacher und Bayreuther Behörden, die in unterschiedlichem Ausmaß obrigkeitliche Befugnisse und Freiheiten der einzelnen Rittergenossen, ihrer Kantone sowie des fränkischen Ritterkreises verletzten. Ihnen ist unser Augenmerk als Nächstes zuzuwenden.

Den Anlass zu einem ersten massiven Eingriff in die reichsritterschaftliche Rechtsstellung nach dem Patentanschlag bildete der am 1. März 1792 eingetretene Tod Kaiser Leopolds II. Letzterer veranlasste die reichsritterschaftlichen Ortsvorstände, für die Kirchen ihrer Mitglieder das sog. Trauergeläut sowie Gedächtnispredigten für das verstorbene Reichsoberhaupt anzuordnen. Hierauf liefen bei verschiedenen reichsritterschaftlichen Herrschaften Schreiben Bayreuther und Ansbacher Ämter ein, in denen gegen das Trauerläuten mit dem Argument protestiert wurde, »weil in den König(lichen) Staaten weder ein Trauer-Geläut, noch eine sonstige Trau[e]r-Anordnung in einem dergleichen Fall statt finde«. Die Feierlichkeiten für einen auf Seiten der kaiserlichen Truppen in der Schlacht bei Mons im Herbst 1792 gefallenen

195 Gutachten von Johann Michael Georg, Bayreuth, 6. April 1792, GStA PK Berlin, II. HA, Abt. 36, I, Nr. 152, fol. 41 – 50, hier: fol. 46 f. (Zitat ebd., fol. 47). Denkschrift über das Kabinettsreskript vom 19. März 1792, GStA PK Berlin, II. HA, Abt. 36, I, Nr. 5, fol. 77 – 80, hier: fol. 78. Vgl. auch: Bericht Hardenbergs an den König/das Kabinettsministerium [wegen der Grundsätze in den Landeshoheitsstreitigkeiten mit benachbarten Reichsgliedern], Ansbach, 9. März 1792, GStA PK Berlin, II. HA, Abt. 36, I, Nr. 5, fol. 27 – 29, hier: fol. 27.

196 »Versuch eines ohngefähren Abrisses…« (wie Kap. II, Anm. 91), GStA PK Berlin, I. HA, Rep. 94, IV, Ac, Nr. 2, S. 1 – 149, hier: S. 141 f. – Speziell zum käuflichen Erwerb fremder Güter und Gerechtsame durch Ansbach-Bayreuth siehe Kapitel V.2.

Freiherrn von Crailsheim sollten der preußischen Seite einen willkommenen Anlass bieten, ihren schriftlichen Protest etliche Monate später zu wiederholen[197]. Tatsächlich fielen seit der Annahme der preußischen Königswürde 1701 Kaiser und Reich als Gegenstand der kirchlichen Fürbitte selbst in den innerhalb des Reichsverbandes gelegenen Provinzen Berlins fort. Diese Praxis wurde auch auf Ansbach und Bayreuth ausgedehnt, nachdem diese an die zollersche Kurlinie gefallen waren[198]. Mit ihren Einsprüchen gegen die reichsritterschaftlichen Traueranstalten sprachen die preußischen Behörden den betroffenen Reichsrittern nicht nur das Ius patronatus als ein aus dem Mittelalter überkommenes Vorrecht für die Stifter geistlicher Benefizien ab. Sie stellten vor allem den landesherrlichen Charakter reichsritterschaftlicher Herrschaft infrage: Das Ius patronatus wurde nämlich in der frühen Neuzeit nicht nur von den Nachfahren des Kirchenstifters in Anspruch genommen, sondern galt – kirchenrechtlich als unechtes Patronat bezeichnet – auch als Ausfluss der Landeshoheit. Gleiches traf auf das Summepiskopat der reichsritterschaftlichen Ortsherrschaft über ihre evangelischen Landeskinder zu. Das Recht, die Landestrauer anzuordnen, wurde in der Reichspublizistik explizit als landesherrliches Regal definiert. Indem die königlichen Behörden das gerade in den reichsritterschaftlichen Herrschaften intensiv gepflegte Kirchengebet für den Kaiser für rechtswidrig erklärten, negierten sie zudem eine immediate kaiserliche Oberherrschaft und damit den reichsunmittelbaren Charakter der betroffenen Rittergüter. Bei all dem ging es nicht nur um die reichsrechtlich wichtige Frage nach der tatsächlichen Ausübung bestimmter Herrschafts- und Unmittelbarkeitsrechte, sondern auch um deren Wirkung

197 Abschrift des Schreibens der Freiherrn von Seckendorff zu Obernzenn an den preußischen König, Obernzenn, 28. Januar 1794, GStA PK Berlin, I. HA, Rep. 44 B, Nr. 1a. Alleruntertänigste kurze Geschichtserzählung… (wie Kap. V, Anm. 134), StA Ludwigsburg, B 575 IV, Bü 352 (Zitat ebd.). – Dass diese Maßnahmen der königlichen Behörden primär auf die Untergrabung der reichsritterschaftlichen Rechtsstellung abzielten, verdeutlicht der Umstand, dass ein vergleichbares Verfahren auf das von Preußen beanspruchte Gebiet der Reichsstadt Nürnberg angewendet wurde: Hier verlangten die preußischen Behörden unter Strafandrohung die Missachtung des aufgrund des Todes Leopolds II. verhängten Verbotes öffentlicher Musik. Auch das Trauergeläut wurde in verschiedenen Kirchen auf Nürnberger Territorium durch Ansbacher und Bayreuther Beamte untersagt (25. Bericht der pfalz-bayerischen Kreisgesandtschaft zu Nürnberg an Kurfürst Karl Theodor, Nürnberg, 7. April 1792, BayHStA, K. schw. 14476, fol. 88. Aktenmäßige Nachricht von dem neuerlichen thätlichen Verfahren der Königlich Preußischen Regierungen … gegen die Reichsstadt Nürnberg, BayHStA, K. schw., Nr. 14477, fol. 144–191, hier: S. 9 f. bzw. fol. 150). – Bei dem gefallenen Freiherrn von Crailsheim handelte es sich um Friedrich Albrecht Julius, den Sohn des Ritterhauptmanns des Kantons Altmühl (vgl. *Crailsheim*, Reichsfreiherrn II, S. 329 f. Actenmäsige Geschichts-Erzählung von der ohnmittelbaren Reichs-Ritterschaft, S. 81).

198 *Hanisch*, Fürbitte, S. 72 f. Gebet für den König von Preußen und sein Heer während des 1. Koalitionskrieges, 1793, ansbachisch, in: *Hanisch*, ebd., Anhang, Nr. 38, S. 149. Gebetsanordnung anläßlich des Friedensschlusses Preußens mit dem revolutionären Frankreich zu Basel im Anschluss an die »Proclamation wegen des Friedens« (1795), in: *Hanisch*, ebd., Anhang, Nr. 39, S. 150. *Burgdorf*, Weltbild (2009), S. 213. Anders: *Burgdorf*, Finis Imperii, S. 18.

auf die Herrschaftsunterworfenen: Gerade das Kirchengebet in Form der Fürbitte für Kaiser, Reich und Landesherrn bot als ein fast alle Untertanen erfassendes »religiös-rituelle[s] Integrationsmittel von Herrschaft« die Möglichkeit, die Zugehörigkeit aller reichsritterschaftlichen Besitzungen und Hintersassen zu einer größeren, besonderen Gemeinschaft bewusst zu halten. Zugleich stützte das kirchliche Gebet die Legitimität des Reichsritters als kaiser- und gottgewollte Obrigkeit. Allein durch ihre aktive Teilnahme am Gebet für das Reichsoberhaupt und ihren reichsritterschaftlichen Landesherrn erkannten die reichsadligen Hintersassen diese immer wieder aufs Neue an. Schließlich konnten die Reichsritter durch die Traueranstalten für Leopold II. neben ihrer besonderen Bindung an den Kaiser auch ihre landesherrliche Herrschaft und immediate Stellung nach dem Beispiel anderer Reichsstände besonders sinnfällig demonstrieren[199]. Letzteres war gerade im Territorium non clausum mit seinen sedimentartigen Überlagerungen verschiedenster obrigkeitlicher Befugnisse weit mehr als barocke Selbstdarstellung: Fürst Kraft Ernst von Öttingen-Wallerstein soll seinen wegen des Unterlassens des Glockenläutens in Ungnade gefallenen Hof- und Kabinettssekretär Karl Heinrich Lang beschieden haben: »Nichts sei gleichgültig, was dem Unterthan

199 Auszug aus dem Schreiben des Freiherrn von Türkheim an den Konsulenten des Bezirks Ortenau Sahler, Altdorf, 12. März 1792, GLA Karlsruhe, 127, Fasz.193. Protokollbeilage des Bezirks Ortenau [1790], ebd. Schreiben des reichsritterschaftlichen Sekretärs Stoll an den Bezirksvorstand Ortenau, o.O., [ca. März 1790], ebd. Protokoll, Altdorf, 8. März 1790, ebd. Gedrucktes Mandat des Straßburger Weihbischofs und Generalvikars Johannes Jacobus, Straßburg, 11. März 1790, ebd. *Häberlin*, Handbuch I, S. 219. Weitere Ausführung Des Im Jahr 1767. herausgekommenen ausführlichen und gründlichen Unterrichtes, S. 198 ff. Ausführlich- und gründlicher Unterricht, S. 116. [*Moser*], Respectuose und gründliche Beantwortung, S. 48 ff. *Burgdorf*, Weltbild (2009), S. 212 ff. *Mauchenheim*, Ritterschaft I, S. 452 f. *Hanisch*, Fürbitte, S. 44 ff., 67 ff., 74 ff., 118 ff. (Zitat ebd., S. 44). Dankfest und Gebetsanordnung der Ritterschaft Frankens anläßlich der Befreiung Wiens von den Türken, 1683, in: *Hanisch*, ebd., Anhang, Nr. 34, S. 146–147, hier: S. 146 f. Fürbitte für die jungen Herren Grafen, welche zu Kriegsdiensten sich befinden, Pappenheim, 2. Juli 1792, in: *Hanisch*, ebd., Anhang, Nr. 37, S. 148–149, hier: S. 148. *Kalb*, Patronat, Sp. 1481 ff. Vgl. auch die weniger akzentuierten Ausführungen hierzu bei *Landau*, Patronat, S. 106 ff. – In ihren verschiedenen geistlichen Rechten, die sie als Landesherrn ausübten, waren weltliche Reichsfürsten und Reichsritter staatsrechtlich gleichgestellt (*Kerner*, Staats-Landrecht, S. 120 f., 281). – Die Fürbitte für Kaiser und Reich wurde bis 1806 natürlich nicht nur in den Kirchen, sondern auch in den Synagogen gebetet (*Burgdorf*, Schweigen, S. 181 ff.). – Die Bedeutung der Trauerfeierlichkeiten im Rahmen einer eindrucksvollen Repräsentation reichsritterschaftlicher Herrschaft wird besonders deutlich in der 1766 beschlossenen Trauerordnung des Kantons Oberrhein, die der überhandnehmenden Verschwendung bei den Traueranstalten der reichsadligen Geschlechter entgegenwirken sollte (Trauer-Ordnung für den gesambten ohnmittelbaren Freyen Reichs-Adel am Obern Rhein-Strohm wie Solche durch den allgemeinen Ritter-Convents-Schluß vom 21ten August 1766. einhellig beliebet und vestgesetzet worden, Mainz [1766], S. 3 ff., StA Darmstadt, O1 A, Nr. 9/13). – Die neuere Forschung hat den sozialen bzw. ständischen Repräsentationsgedanken der Memorialkultur jüngst am Beispiel frühneuzeitlicher Grablegen und -denkmäler eindrucksvoll herausgearbeitet: *Hengerer*, Einleitung, S. 5 ff., 15; *Kohn*, Repräsentationsbedürfnis, S. 19 ff., v.a. aber S. 33 ff.; *Sikora*, Adel, S. 130. – Speziell zur Datierung der Schlacht bei Mons auf den Herbst 1792 siehe: *Sybel*, Geschichte III, S. 34 f.

durch äußerliche Zeichen die Hoheit seines Herrn anschaulich machen könne«[200].

Jenseits dieser Aspekte wurde in den besagten preußischen Protestschreiben auch ganz unverhohlen die Reichsunmittelbarkeit der betroffenen reichsritterschaftlichen Besitzungen bestritten, indem deren Zugehörigkeit zu den fränkischen Markgrafentümern behauptet wurde[201].

Während es in Nürnberg über dem hier ebenfalls ausgesprochenen preußischen Verbot des Trauergeläuts anlässlich des Todes Kaiser Leopolds II. zu Tätlichkeiten kam[202], gab es auf die reichsadligen Protestschreiben zur Verwahrung der reichsritterschaftlichen Freiheiten und Rechte keine nennenswerte Reaktion der königlichen Behörden[203]. Dauerhafte Ruhe war dem fränkischen Ritterkreis dennoch nicht beschieden, der sich zwischen dem Frühjahr 1792 und dem Winter 1792/93 mit zahlreichen weiteren Eingriffen in verschiedene landesherrliche Rechte auf den in der Nähe der fränkischen Markgrafentümer gelegenen immediaten Rittergütern konfrontiert sah: Von Bayreuth nach Ansbach detachierte königliche Truppen nahmen auf dem Marsch unter Verletzung der weitgehenden reichsadligen Militärhoheit in reichsritterschaftlichen Herrschaften Quartier und zogen die dortigen Untertanen zu Strohlieferungen heran[204]. Dass die Präsenz fremder Truppen im Territorium eines reichsunmittelbaren Landesherrn ohne vertragliche Grundlage oder vorherige Requisition als rechtswidrig gelten musste, wurde bereits ausgeführt[205]. Der Umstand, dass das Ius armorum, sequelae et quartirii als Ausfluss des kantonalen Besteuerungsrechtes galt, machte – reichsrechtlich betrachtet – das Vorgehen der preußischen Offiziere zudem zu einer potenziellen Bedrohung für das finanzielle Rückgrat der reichsritterschaftlichen Korporation[206].

Eine völlige Missachtung der Landesherrlichkeit der Rittergenossen über ihre Untertanen und ein Eingriff in ihr Recht, Gebote und Verordnungen zu erlassen, stellten diejenigen Fälle dar, in denen königliche Behörden Verord-

200 Die Memoiren des Karl Heinrich von Lang. Faksimile I, S. 226 f. (Zitat ebd., S. 227). *Haussherr* (Hg.), Memoiren, S. 123 f.

201 Klageschrift von Rhön-Werra gegen Preußen zu den Beilagen 1 bis 87 zum Reichshofratsprozess, StA Marburg, 109, Nr. 312, Bd. 1.

202 Auf dem strittigen Gebiet der Reichsstadt wurde dem preußischen Verbot nicht nur durch Protestschreiben, sondern auch durch die Verhaftung einiger Messner und ihrer Gehilfen in den Gotteshäusern Nachdruck verliehen (Aktenmäßige Nachricht von dem neuerlichen thätlichen Verfahren der Königlich Preußischen Regierungen ... gegen die Reichsstadt Nürnberg, BayHStA, K. schw., Nr. 14477, fol. 144–191, hier: S. 10 ff. bzw. fol. 150 f.).

203 Alleruntertänigste kurze Geschichtserzählung... (wie Kap. V, Anm. 134), StA Ludwigsburg, B 575 IV, Bü 352. Klageschrift von Rhön-Werra gegen Preußen zu den Beilagen 1 bis 87 zum Reichshofratsprozess, StA Marburg, 109, Nr. 312, Bd. 1.

204 Alleruntertänigste kurze Geschichtserzählung... (wie Kap. V, Anm. 134), StA Ludwigsburg, B 575 IV, Bü 352.

205 Siehe Kapitel V.1.

206 Siehe Kapitel II.2.2.

nungen für die fränkischen Markgrafentümer im Bereich der sog. Polizey kurzerhand auf benachbarte reichsritterschaftliche Besitzungen ausdehnten: Hintersassen der Rittergenossen wurden auf diese Weise angewiesen, ihr Salz als eines der wichtigsten Nahrungsmittel überhaupt nur in den königlichen Provinzen in Franken und nicht in anderen Territorien zu erstehen und sich damit dem preußischen Salzregal zu unterwerfen. Auf diese Weise konnte Preußen das politisch und reichsrechtlich Vorteilhafte mit dem finanziell Einträglichen verbinden: In Ansbach-Bayreuth wurde zwar selbst kein weißes Gold gefördert, aber die königlichen Kassen verdienten durch Konzessionierungen, Monopole und Zölle am Verkauf von salzburgischem bzw. bayerischem und hallischem Salz kräftig mit[207]. Ebenfalls zur Ausdehnung landesherrlicher Polizey-Verordnungen für Ansbach-Bayreuth auf vereinzelte immediate Rittergüter gehörte das Verbot des Getreideaufkaufs in den fränkischen Markgrafentümern zu Spekulationszwecken oder der Ausfuhr in bestimmte Territorien. Dadurch sollte ein zu starker Druck auf die zeitweise staatlich festgesetzten Brotpreise oder gar eine Hungerkrise in Ansbach-Bayreuth verhindert werden. Dieser Akt königlicher Behörden bedrohte die reichsunmittelbare Stellung der betroffenen Rittergenossen nicht nur, weil er ihr Recht auf Gebot und Verbot über ihre Untertanen infrage stellte, sondern auch weil die erwähnte preußische Verordnung auf ihren Rittergütern angeschlagen wurde[208]: Im Zusammenhang mit dem Patentanschlag vom Februar/März 1792 wurde bereits dargelegt, dass das öffentliche Verkündigungsrecht

207 Alleruntertänigste kurze Geschichtserzählung… (wie Kap. V, Anm. 134), StA Ludwigsburg, B 575 IV, Bü 352. Speziell zur berührten Organisation des Salzhandels in Ansbach-Bayreuth siehe *Hartung*, Hardenberg, S. 198 f.

208 Alleruntertänigste kurze Geschichtserzählung… (wie Kap. V, Anm. 134), StA Ludwigsburg, B 575 IV, Bü 352. – Speziell zu den angesprochenen Aspekten des Getreidehandels in den fränkischen Markgrafentümern siehe: *Hartung*, Hardenberg, S. 235, 240 ff.; *Seiderer*, Formen, S. 328 f.; Auszug aus dem Protokoll der markgräflichen Regierung und Polizeideputation, o.O., 20. Januar 1791, in: *Krause* (Hg.), Sammlung, Nr. 9, S. 9–11, hier: S. 9 f.; Verordnung der markgräflichen Regierung, Bayreuth, 12. Februar 1792, in: *Krause* (Hg.), ebd., Nr. 15, S. 17; Verordnung der markgräflichen Regierung und Polizeideputation, Bayreuth, 17. März 1791, in: *Krause* (Hg.), ebd., Nr. 24, S. 25; Auszug aus dem Protokoll der markgräflichen Polizeideputation, o.O., 12. Mai 1791, in: *Krause* (Hg.), ebd., Nr. 39, S. 35–36, hier: S. 35 f. sowie Auszug aus dem Protokoll der königlichen Polizeideputation, o.O., 8. März 1792, in: *Krause* (Hg.), ebd., Nr. 30, S. 203–207, hier: S. 203 f. – Die Verordnungssammlung des Referendars bei den Kriegs- und Domänenkammern in Ansbach und Bayreuth, Christian Sigismund Krause, kennt für den fraglichen Zeitraum zwei einschlägige Verfügungen zum Getreidehandel auf die die ungenaue Beschreibung der Reichsritterschaft in einer ihrer Beschwerdeschriften passt: Zum einen handelt es sich um eine bereits Anfang 1791 erlassene und verschiedene Vorschriften seit 1788 erneuernde Verordnung, die folglich erst 1792 auf verschiedene Rittergüter ausgedehnt worden wäre. Zum anderen käme eine Verordnung vom März 1792 in Betracht, die möglicherweise erst Monate später ihre Anwendung auf reichsritterschaftlichen Besitz fand. (Alleruntertänigste kurze Geschichtserzählung… (wie Kap. V, Anm. 134), ebd. Verordnung der markgräflichen Regierung, Bayreuth, 12. Februar 1792, in: *Krause* (Hg.), ebd., Nr. 15, S. 17. Auszug aus dem Protokoll der königlichen Polizeideputation, o.O., 8. März 1792, in: *Krause* (Hg.), ebd., Nr. 30, S. 203–207, hier: S. 203 f.).

von Mandaten, Edikten und sonstigen Verlautbarungen, das Ius affigendi literas patentes, als Ausfluss der Landesherrlichkeit bzw. -hoheit galt[209].

Das 18. Jahrhundert war nicht nur das Jahrhundert, in dem Aufklärung und höfischer Barock ihre größte Blüte entfalteten, es war auch das Jahrhundert, in dem die sog. Statistik im Sinne einer mehr oder weniger detailliert beschreibenden »›Staats-‹ oder ›Staatenkunde‹« endgültig zum Durchbruch gelangte: Je mehr Aufgaben der frühneuzeitliche Staat an sich zog und je mehr er unter den Auspizien des sog. aufgeklärten Absolutismus das Leben seiner Untertanen bis in den Privatbereich zu regeln versuchte, desto dringender bedurfte er für sein Verwaltungshandeln zuverlässiger Angaben über die politisch-administrativen, rechtlichen, historischen und zunehmend auch über die demografischen, ökonomischen, geografisch-topografischen sowie gesellschaftlichen Rahmenbedingungen und Gegebenheiten seines Territoriums[210]. Hatte die statistische Landeskunde in den meisten großen Territorien des Fränkischen Reichskreises in der zweiten Hälfte des 18. Jahrhunderts deutliche Fortschritte gemacht und im Druck auch öffentlich zugängliche Informationsquellen geschaffen[211], herrschte über die Beschaffenheit der von Ansbach-Bayreuth beanspruchten reichsadligen Güter außerhalb reichsritterschaftlicher Ämter und Kanzleien weitestgehende Unkenntnis[212]. Diese Behandlung der inneren Verhältnisse der Rittergüter als »Arkanbereich« und streng gehütetes »Herrschaftswissen« weniger Rittergenossen und Beamter musste der preußischen Verwaltung umso mehr ein Dorn im Auge sein, als sie selbst bemüht war, den statistischen Wissensstand über die 1791/92 angefallenen Markgrafentümer stetig auszubauen[213]. Nicht umsonst galten Kretschmann statistische Erkenntnisse als »Schlüßel zur Staatswirthschaft«[214]. Für Hardenberg waren statistische Angaben wichtige Hilfsmittel zur Planung innerer Reformen[215]. Vor diesem Hintergrund forderten königliche Ämter von den Untertanen in verschiedenen reichsritterschaftlichen Ortschaften unter der Androhung von Strafmaßnahmen genaue Angaben über ihren Besitz an

209 Siehe Kapitel V.1.

210 [Rezension], Statistisch-geographische Beschreibung der Fürstenthümer Anspach und Bayreuth, S. 541 f. Der Fränkische Merkur, Nr. 38, 18. September 1798, Sp. 1192 ff. *Seiderer*, Formen, S. 270 ff. (Zitat ebd., S. 270 Anm. 1).

211 *Seiderer*, Formen, S. 270 ff., 281 ff., 330 ff. [*H. C. Meyer*], Briefe, S. 13. *Goess*, Statistik, fortl.

212 [*H. C. Meyer*], Briefe, S. 16.

213 *Weltrich*, Erinnerungen … aus den Preussischen Regierungs-Jahren, S. 6 f. *Seiderer*, Formen, S. 300, 311 ff., 333 (Zitate ebd., S. 311, 313).

214 Von Kretschmann abgezeichnete Instruktion Hardenbergs für die untergebürgische Kriegs- und Domänenkammer wegen künftiger Behandlung ihrer Ressorts, Ansbach, 24. Juni 1796, StA Nürnberg, Mfr (Abgabe 1900), KdI, Nr. 3897 (Zitat ebd.). *Hartung*, Hardenberg, S. 113.

215 *Endres*, Reformpolitik, S. 294. Speziell zu Hardenbergs Bemühungen um die statistische Erfassung der fränkischen Markgrafentümer siehe auch die Andeutungen bei *Thielen* (Hardenberg, S. 93) und *Haussherr* (Hardenberg I, S. 138 f.). – Am 7. März und 7. September 1792 wurde für das obergebürgische Fürstentum die jährliche Aufstellung sog. historischer und statistischer Tabellen verfügt (*Weltrich*, Erinnerungen … aus den Preussischen Regierungs-Jahren, S. 6 f.).

Grund und Vieh, das Gesinde, angebaute Feldfrüchte, sowie ihre »Bedürfnüsse« im Sinne der Dinge des täglichen Bedarfs[216]. Damit drohten die preußischen Beamten nicht nur mit der Ausübung judikativer Kompetenzen, die den Rittergenossen in der Regel als Inhaber der Vogteilichkeit allein zustanden, sondern beanspruchten in einem weiteren Fall das Recht, reichsritterschaftlichen Hintersassen Gebote und Verbote zu erteilen[217].

Reichsrechtlich weit bedrohlicher als die bisher geschilderten Maßnahmen war ein anderer Angriff, den die Ämter der fränkischen Markgrafentümer in der zweiten Augusthälfte 1792 auf die reichsunmittelbare Stellung benachbarter reichsritterschaftlicher Herrschaften begannen: Auf einer Reihe von immediaten Gütern, die dem Kanton Altmühl inkorporiert waren und in dem von den Zollern beanspruchten Fraischbezirk lagen, begannen Ansbacher Beamte damit, die Häuser der reichsritterschaftlichen Untertanen durch aufgemalte Zahlen zu nummerieren[218]. Diese Maßnahme diente in den überschaubaren reichsadligen Dörfern keineswegs dazu, dem Ortsfremden die Orientierung zu erleichtern. Vielmehr erwuchs die in verschiedenen Gegenden des Alten Reichs am Ende des 18. und zu Beginn des 19. Jahrhunderts zu beobachtende Häusernummerierung aus den Bedürfnissen einer auf Effizienzsteigerung abzielenden Verwaltung. Letztere strebte eine systematische Erfassung der Untertanen zur Verteilung steigender finanzieller und militärischer Lasten an[219]. Konkret dürfte es 1792 den königlichen Behörden nach dem Beispiel der 1797 von Preußen auf den okkupierten Gebieten seiner fränkischen Nachbarn durchgeführten Häusernummerierung nicht zuletzt um die Vorbereitung der sog. Enrollierung gegangen sein, also der Regis-

216 Alleruntertänigste kurze Geschichtserzählung... (wie Kap. V, Anm. 134), StA Ludwigsburg, B 575 IV, Bü 352 (Zitat ebd.). Vgl. auch: Abschrift des Protokolls des Freiherrlich von Aufseßischen Amts zu Kainach, Kainach, 19. Dezember 1792, StA Marburg, 109, Nr. 311, Bd. 4, Beilage 19 zu Dok. 322 u. Abschrift des Schreibens des von Egloffsteinischen Amtmanns Günther an den Bayreuther Amtmann Schlupper zu Schreez, o.O., 15. Februar 1793, ebd., Beilage 22 zu Dok. 322.

217 Siehe Kapitel II.2.2. – Nicht nur die Aufforderung zur Angabe der gewünschten Informationen griff in das reichsritterschaftliche Recht auf Gebot und Verbot ein. Es wurde auch indirekt durch die Tatsache tangiert, dass derartige statistische Erhebungen die Grundlage für Maßnahmen im Bereich der sog. Polizey bildeten (vgl. *Seiderer*, Formen, S. 280 ff., S. 312 ff.).

218 Abschrift des Schreibens der Freiherrn von Seckendorff zu Obernzenn an den preußischen König, Obernzenn, 28. Januar 1794, GStA PK Berlin, I. HA, Rep. 44 B, Nr. 1a. Schreiben des Ortsvorstandes Gebürg an den Ortsvorstand Rhön-Werra, Bamberg, 2. Oktober 1792, StA Marburg, 109, Nr. 311, Bd. 1, Dok. 78. Abschrift des Berichts des Geheimen Rats und Konsulenten des Kantons Baunach, Fabricius, an den Ortsvorstand Gebürg, Nürnberg, den 8. September 1792, ebd., Dok. 79. Abschrift des Zirkularschreibens des Ortsvorstandes Altmühl an die Mitglieder und Güterbesitzer des Kantons Altmühl, o.O., 21. August 1792, ebd., Dok. 80. Abschrift des Schreibens des Ortsvorstandes Gebürg an den Geheimen Rat und Konsulenten des Kantons Baunach, Fabricius, o.O., 2. Oktober 1792, ebd., Dok. 81. Alleruntertänigste kurze Geschichtserzählung... (wie Kap. V, Anm. 134), StA Ludwigsburg, B 575 IV, Bü 352.

219 *Blumenreiter*, Vom »Weißen Pferd«, S. 12 ff.

trierung für das königliche Heer[220]. Daneben wäre hypothetisch an eine geplante Heranziehung der betroffenen reichsritterschaftlichen Dörfer zu Einquartierungen und Kriegssteuern zu denken – gerade vor dem Hintergrund der damals erwarteten neuen Märsche preußischer Truppen durch Franken[221].

Unabhängig von der Intention, die der Häusernummerierung zugrunde lag, beanspruchte Brandenburg-Ansbach damit nicht nur Gebot und Verbot bzw. die sog. Polizey in den entsprechenden reichsritterschaftlichen Herrschaften und damit Befugnisse, die von den Rittergenossen als den Inhabern der Vogteilichkeit ausgeübt wurden. Darüber hinaus stellte dieser neuerliche preußische Eingriff auch eine potenzielle Bedrohung der weitgehenden Militärhoheit des Corpus equestre und seiner Mitglieder dar sowie des kantonalen Besteuerungsrechtes[222]. Entsprechend begnügte sich die Reichsritterschaft nicht mit den obligatorischen Protestschreiben zur Verwahrung der eigenen Rechte, sondern der Ortsvorstand des Kantons Altmühl ordnete umgehend die Tilgung der Hausnummern an[223].

Hatte der Dirigierende Minister auf die Abnahme der zollerschen Antritts- und Abdankungspatente noch mit der Wiederanheftung unter militärischer Bedeckung reagiert, ließ dieses Mal die Regierung des untergebürgischen Fürstentums die reichsritterschaftlichen Gegenmaßnahmen fast wider-

220 Schreiben des Nürnberger Senators Karl Jakob Wilhelm Scheuerl von Defersdorf und zu Schwarzenbruck an das fränkische Landesministerium, o.O., praes. am 28. April 1797, GStA PK Berlin, II. HA, Abt. 36, I, Nr. 173. Schreiben des fränkischen Landesministeriums an den Nürnberger Senator Karl Jakob Wilhelm Scheuerl von Defersdorf und zu Schwarzenbruck, Ansbach, 30. Mai 1797, ebd. Siehe auch *Süssheim*, Politik, S. 109. Vgl. auch: Entwurf zum Kantonsreglement für Ansbach-Bayreuth, [1796], GStA PK Berlin, II. HA, Abt. 36, IV, Nr. 22, fol. 50–76, hier: fol. 51.

221 Zu den bevorstehenden preußischen Truppendurchzügen siehe: Schreiben des Ortsvorstandes Gebürg an den Ortsvorstand Rhön-Werra, Bamberg, 2. Oktober 1792, StA Marburg, 109, Nr. 311, Bd. 1, Dok. 78; Abschrift des Berichts des Geheimen Rats und Konsulenten des Kantons Baunach, Fabricius, an den Ortsvorstand Gebürg, Nürnberg, den 8. September 1792, ebd., Dok. 79 sowie Abschrift des Schreibens des Ortsvorstandes Gebürg an den Geheimen Rat und Konsulenten des Kantons Baunach, Fabricius, o.O., 2. Oktober 1792, ebd., Dok. 81. – Vgl. auch *Haller* (Hardenberg, S. 41 f.), die in der Häusernummerierung u. a. die Vorbereitung für »eine einheitlichen Besteuerung« erblickt. Speziell zur Rolle der Häusernummerierung bei Kriegssteuern und Einquartierungen siehe *Blumenreiter*, Vom »Weißen Pferd«, S. 18 f. – In einem reichsritterschaftlichen Bericht ist der allerdings nicht überzubewertende Hinweis zu finden, dass in den von der Häusernummerierung ebenfalls betroffenen Nürnberger Ortschaften nicht nur reine Wohnhäuser mit Zahlen versehen worden seien, sondern auch »andere Gebäude« (Abschrift des Berichts des Geheimen Rats und Konsulenten des Kantons Baunach, Fabricius, an den Ortsvorstand Gebürg, Nürnberg, den 8. September 1792, ebd., Dok. 79). Hieraus eine über das Enrollement hinausgehende Absicht hinter der preußischen Häusernummerierung abzuleiten, ist jedoch angesichts des im Allgemeinen unzureichenden Forschungsstandes zu diesem verwaltungsgeschichtlichen Phänomen nicht möglich.

222 Siehe Kapitel II.2.2.

223 Abschrift des Zirkularschreibens des Ortsvorstandes Altmühl an die Mitglieder und Güterbesitzer des Kantons Altmühl, o.O., 21. August 1792, StA Marburg, 109, Nr. 311, Bd. 1, Dok. 80.

standslos geschehen. Die Ansbacher Behörden stellten sogar die Häusernummerierung binnen Kurzem gänzlich ein[224].

Der Grund für diesen Sinneswandel preußischerseits lag jedoch nicht im plötzlich zu Ansbach und Bayreuth erwachten Respekt vor der reichsritterschaftlichen Sicht der Rechtslage im fränkischen Territorium non clausum. Vielmehr war nach Süssheim der politische Druck der Fränkischen Kreisversammlung ausschlaggebend für die Einstellung der Häusernummerierung durch die königlichen Behörden[225]. Von dieser Maßnahme waren nämlich verschiedene Reichsstände ebenfalls in Mitleidenschaft gezogen worden, und noch zeigte sich Hardenberg an einer einvernehmlichen Beilegung der Differenzen mit den benachbarten Reichsfürsten, -grafen und -städten interessiert[226].

Zwar hatte Preußen in der Frage der Häusernummerierung zurückgesteckt, aber erfreuen konnte sich der fränkische Ritterkreis an diesem Erfolg nicht allzu lange. Vielmehr brachte der Frühling des Jahres 1793 in den Beziehungen zwischen dem Consortium equestre und Ansbach-Bayreuth eine massive Eskalation, die zusammen mit dem Scheitern der Vergleichsverhandlungen Hardenbergs mit dem fränkischen Ritterkreis einen neuen Abschnitt in der Politik Ansbach-Bayreuths gegenüber seinen reichsritterschaftlichen Nachbarn markieren sollte. Bevor diese Ereignisse näher in den Blick genommen werden, sind noch diejenigen Widerstände gegen die preußische Arrondierungspolitik zu untersuchen, die der Dirigierende Minister in den Reihen der königlichen Beamten in den fränkischen Markgrafentümern überwinden musste.

224 Schreiben des Ortsvorstandes Gebürg an den Ortsvorstand Rhön-Werra, Bamberg, 2. Oktober 1792, StA Marburg, 109, Nr. 311, Bd. 1, Dok. 78. Abschrift des Berichts des Geheimen Rats und Konsulenten des Kantons Baunach, Fabricius, an den Ortsvorstand Gebürg, Nürnberg, den 8. September 1792, ebd., Dok. 79. Abschrift des Schreibens des Ortsvorstandes Gebürg an den Geheimen Rat und Konsulenten des Kantons Baunach, Fabricius, o.O., 2. Oktober 1792, ebd., Dok. 81. – Als einzige Gegenmaßnahme einiger Ansbacher Ämter bezeugt eine parteiische reichsritterschaftliche Abhandlung Protestschreiben und die folgenlos bleibende Forderung nach der Auslieferung der mit der Tilgung der Hausnummern Beauftragten (Actenmäsige Geschichts-Erzählung von der ohnmittelbaren Reichs-Ritterschaft, S. 29 f.).

225 *Süssheim*, Politik, S. 109. Vgl. hierzu auch den Auszug aus dem Berichts der pfalz-bayerischen Kreisgesandtschaft zu Nürnberg an Kurfürst Karl Theodor, Nürnberg, 28. September 1792, BayHStA, K. schw. 14477, fol. 194–195, hier: fol. 194 f.

226 Abschrift des Berichts des Geheimen Rats und Konsulenten des Kantons Baunach, Fabricius, an den Ortsvorstand Gebürg, Nürnberg, den 8. September 1792, StA Marburg, 109, Nr. 311, Bd. 1, Dok. 79. Abschrift des Protokolls über die am 24. September 1792 zwischen mehreren fränkischen Kreisgesandten im Bamberger Direktorialquartier abgehaltene Konferenz, ebd., Dok. 88.

4.3 Zwischen Rittereid, Reichspatriotismus und Dienstpflicht – Der Widerstand königlicher Oberbeamter gegen die Mediatisierungspolitik

Wenige Wochen vor der faktischen Besitzergreifung der beiden fränkischen Markgrafentümer durch die zollersche Kurlinie berichtete Hardenberg über die in der Verwaltung Ansbach-Bayreuths vorherrschenden Zustände nach Berlin: »Die vielen Reichsritterschaftlichen Mitglieder können dem Dienst nicht anders als nachtheilig seyn. Sind sie gleich noch so rechtschaffen und geschikt, so kann man es doch nicht anders erwarten, ihnen auch kaum verdenken als daß sie dem – unseren Grundsätzen ganz entgegen stehenden Esprit de Corps folgen«[227].

Dass dieses Urteil des Dirigierenden Ministers alles andere als unbegründet war, sollte sich sehr schnell herausstellen, als Hardenberg begann, gegen die den fränkischen Markgrafentümern benachbarten Rittergüter vorzugehen[228]. Hinter diesem von Süssheim mit einer Mischung aus persönlicher Empörung, Unverständnis und Sarkasmus kommentierten Verhalten reichsadliger Oberbeamter[229] stand ein Phänomen, das Gert Kollmer als »doppelte Loyalität« reichsritterschaftlicher Fürstendiener zu fassen versuchte. Letztere waren nämlich einerseits durch ihre Amtspflichten an einen reichsständischen Dienstherren gebunden, hatten aber andererseits dem Kaiser als »alleinig ohngemittelt-zeitliches Oberhaupt« sowie der reichsritterschaftlichen Organisation Treue und Gehorsam geschworen[230]. Diese zweifache eidliche Verpflichtung führte mit schöner Regelmäßigkeit zu einem kaum aufzulösenden Interessenkonflikt, sobald es zur Konfrontation des Corpus equestre mit einem Reichsstand kam, in dessen Diensten auch Reichsritter standen[231]. Vor diesem Hintergrund soll sich der in Ungnade gefallene Bayreuther Hofrat Frühauf 1728 mit den Worten verteidigt haben: »Da nehmlich zu den ansehnlichsten fürstl. Hof und Regierungschargen nicht lauter solche Objekte

227 »Versuch eines ohngefähren Abrisses...« (wie Kap. II, Anm. 91), GStA PK Berlin, I. HA, Rep. 94, IV, Ac, Nr. 2, S. 1–149, hier: S. 101.

228 Zu den folgenden Ausführungen über die Reichsritterschaft im Fürstendienst sowie den Lebenswegen von Schmid und Soden siehe auch: *Rechter*, Weg, S. 44 f.; *Demel*, Struktur, S. 296 ff.; *Liermann*, Die rechtsgelehrten Beamten, S. 266 ff., 287; *Stamm*, Rebmann, S. 14 ff., 27; *Roth von Schreckenstein*, Geschichte II, S. 410 ff., 466 ff.; *Klose*, Leben, S. 98.

229 Vgl. *Süssheim*, Politik, S. 80 ff.

230 Gedruckte Eidesformel für die Mitglieder des Kantons Rhön-Werra, beglaubigt durch dessen Ritterkanzlei, Murrstatt, 18. Mai 1746, StA Marburg, 109, Nr. 139 (Zitat ebd.). *Häberlin*, Handbuch I, S. 214 f. *Kerner*, Staats-Genossenschaftsrecht, S. 166 ff. *Ders.*, Staats-Reichs-Recht, S. 132 f. *Moser*, Von denen Teutschen Reichs-Ständen, S. 1329 f. *Kollmer*, Reichsritterschaft, S. 110 f. (Zitat ebd.). *Mauchenheim*, Ritterschaft I, S. 72 ff.

231 Der Adel in Wirtemberg, S. 423, 423 Anm. *. *Kerner*, Staats-Genossenschaftsrecht, S. 111, 159 f. *Kollmer*, Reichsritterschaft, S. 111 f. *H. Müller*, Kampf, S. 33. *Hartung*, Hardenberg, S. 25. Vgl. beispielsweise auch: *Winkler*, Markgraf (1998), S. 266 ff.; *Ders.*, Markgraf (2000), S. 37 ff.; *Sutter*, Kaisertreue, S. 292 f.

gelangt, die nach dem Exempel ihrer Vorfahren, sich vor eine Ehre geschätzt, Landsassen und Unterthanen ihres Fürsten zu heißen, noch sothane des fürstl. Hauses Territorialhoheiten pro aris et focis zu adstruiren, sondern vielmehr theils der widrigen Meinung nach und nach beygepflichtet, und dergestallt favorisirt, daß dadurch andre Räthe, den man die Defensionem jurium principis anbefohlen, intimidirt, ermüdet und sonst gewonnen, auch wohl gar unter andern Prätexten gedruckt und verfolgt worden. Welches den Effect nach sich gezogen, daß mancher Bedenken getragen, durch seinen blutsauern Schweiß und Fleiß nur Ungunst zu verdienen, deswegen sonderlich ritterschaftliche Differenzen, viele Arbeit liegen geblieben und alles aus der ordentlichen Connexion gekommen«[232].

Die gelegentlich festzustellenden Versuche auf Seiten der Reichsfürsten sowie des Consortium equestre, solchen Interessenskollisionen durch einschränkende Verbote für die Tätigkeit reichsritterschaftlicher Fürstendiener vorzubeugen, war nur wenig Erfolg beschieden[233]. Ein genereller Ausschluss

232 [Rezension], 1) Deutsche Staatskanzley, S. 442 f.

233 Beim Kanton Hegau-Allgäu-Bodensee hielt man es für notwendig, in Direktorial- und Ortsrezessen aus den Jahren 1701, 1708, 1743 und 1766 immer wieder den hergebrachten Grundsatz zu bekräftigen, dass der Ritterhauptmann des Viertels »keine anderwärthige Hof- und Herrndienste ausser denen beybehaltenden Titulis« bekleiden dürfe (Extrakt vom 28. September 1767 zu Punkt Acht des Direktorialrezesses des Kantons Hegau-Allgäu-Bodensee, Überlingen, 23. September 1766, HStA Stuttgart, B 574 Au, Bü 715. Extrakt vom 12. Dezember 1766 zu Punkt Drei aus dem Plenarelektionsrezess des Kantons Hegau-Allgäu-Bodensee, Überlingen, 4. Dezember 1766, ebd. (Zitat ebd.)). Dieses Inkompatibilitätsgebot wurde seit 1708 auch auf die Ritterräte des Ortsvorstandes von Hegau-Allgäu-Bodensee erstreckt (*Danner*, Reichsritterschaft (1969), S. 45). – Kerner bezeugt für das Jahr 1650 einen nicht mehr in strenger Anwendung befindlichen Beschluss des schwäbischen Ritterkreises, nach dem kein Rittergenosse in fremden Diensten in den Ortsvorstand gewählt werden dürfe. Noch 1763 wurde in einem kaiserlichen Dispens einem in Eichstätter Dienste getretenen Ausschuss und Ritterrat des Bezirks Hegau auferlegt, sich zwischen seiner Amtsätigkeit für das Hochstift und das Corpus equestre binnen Jahresfrist zu entscheiden (*Kerner*, Staats-Genossenschaftsrecht, S. 111 ff.). Im Kanton Kocher ließ sich die Regelung von 1650 von Anfang an nicht durchsetzen. Eben so wenig Erfolg war einer Verfügung des dortigen Ortsvorstandes von 1736 beschieden, die die Unvereinbarkeit des ritterschaftlichen Direktorialamtes mit fremden Fürstendiensten festsetzte (*T. Schulz*, Kanton, S. 195). – Eine besonders rigorose Bestimmung enthielt ein zwischen dem Corpus equestre und Kurtrier 1729 unterzeichneter Vergleich, der jedoch nicht verhinderte, dass der letzte Ritterhauptmann des Kantons Niederrhein, Freiherr von Kerpen, im Dienste des Erzstiftes stand (Schreiben des oberrheinischen Ritterhauptmanns von Kerpen, [wahrsch. vom Februar 1794], StA Darmstadt, F1, Nr. 31/4). – Im traditionellen Rittereid des Kantons Rhön-Werra musste der Rittergenosse ausdrücklich geloben, sich gegen den Kaiser und die reichsritterschaftliche Rechtsstellung »um keiner Herrn-Dienst/Gnad/Gunst und Gewinnst/oder anders wegen/mich gebrauchen zu lassen« (Gedruckte Eidesformel für die Mitglieder des Kantons Rhön-Werra, beglaubigt durch dessen Ritterkanzlei, Murrstatt, 18. Mai 1746, StA Marburg, 109, Nr. 139). – Markgraf Georg Wilhelm von Brandenburg-Bayreuth verbot seinen reichsritterschaftlichen Beamten die Teilnahme an den Beratungen der Regierungskollegien über Angelegenheiten mit Bezug zum Corpus equestre. Sein Nachfolger Markgraf Georg Friedrich Karl empfahl in seinem Testament von 1735 künftig keine Reichsritter mehr in den Zentralbehörden anzustellen – ein Vorschlag, der jedoch nicht realisiert

der Rittergenossen von höheren Staatsämtern in den Territorien des deutschen Südwestens war für beide Seiten kaum gangbar: Zum einen waren viele Reichsritter auf den Fürstendienst angewiesen, um begehrte Titel und Ehrungen zu erlangen, um Beziehungsnetze zu knüpfen sowie um den vom Haupterbe ausgeschlossenen Söhnen eine standesgemäße Betätigung und nach Möglichkeit auch ein gesichertes Auskommen zu verschaffen. Dabei wurde selbst der Umstand in Kauf genommen, dass die Reichsritter nicht immer durch fürstliche Gnade reich entlohnt wurden, sondern oftmals wegen unzureichender oder ausbleibender Besoldung finanziell zuschießen mussten[234]. Zum anderen wollten zahlreiche Reichsstände in den sog. Vorderen Reichskreisen nicht auf die jenseits universitärer Bildung liegenden Fähigkeiten und den Glanz verzichten, den die Reichsritter aufgrund ihrer Herkunft sowie ihrer Erziehung zum »vollkommenen Hofmann« in die fürstlichen Residenzen brachten. Diese Vorteile wogen umso mehr, als die im Gesandtschaftswesen sowie im höheren Verwaltungsdienst tätigen Rittergenossen genau wie ihre bürgerlichen Ratskollegen in der Regel ein Studium zu absolvieren hatten[235]. Vor dem Anfall an Berlin galten daher im untergebürgischen Fürstentum die adligen Rechtskandidaten geradezu als »geborne Räthe für die Landescollegien«[236]. Brandenburg-Ansbach war auch dasjenige der beiden Markgrafentümer, das in besonderem Maße an reichsritterschaftlichen Hof- und Verwaltungsbeamten sowie Offizieren interessiert sein musste. Schließlich verfügte das untergebürgische Fürstentum jenseits des aus landfremden Vasallen und den nobilitierten Beamten gebildeten Kreises des sog.

wurde (*Winkler*, Markgraf (1998), S. 277. *Ders.*, Markgraf (2000), S. 41 f.). – In der Reichsritterschaft gab es in der zweiten Hälfte des 18. Jahrhunderts Bestrebungen, reichsständische Beamte nur mit Genehmigung ihres Landes- bzw. Dienstherrn in das Corpus equestre zu rezipieren (*Kerner*, ebd., S. 161. *Riedenauer*, Kontinuität, S. 108 Anm. 90).

234 *Endres*, Grundlagen, S. 218 ff., 229 ff. *Bader*, Lage, S. 540 ff. *Danner*, Reichsritterschaft (1969), S. 43 ff., 69 f. *Kollmer*, Reichsritterschaft, S. 99 ff., 194 ff. *Ders.*, Lage, S. 290 f. *H. H. Hofmann*, Herrschaft, S. 138 f., 146. *Sutter*, Kaisertreue, S. 292 f. *Riedenauer*, Reichsadel, S. 192 f. Vgl. auch *Sikora*, Adel, S. 52 ff., 102 u. *Rößler*, Kampf, S. 60. – Ein adelskritischer Schriftsteller schätzte das Einkommen, das 250 Adlige aus verschiedenen Hof- und Staatsämtern im Herzogtum Württemberg zogen, auf mindestens 180.000 fl. jährlich (Der Adel in Wirtemberg, S. 417).

235 *Kerner*, Staats-Genossenschaftsrecht, S. 112. Der Adel in Wirtemberg, S. 415, 420. *Riedenauer*, Reichsadel, S. 178 ff., 193 f. *Winkler*, Markgraf (2000), S. 41 f. *Endres*, Grundlagen, S. 227 f. *Bader*, Lage, S. 541 ff. *Kollmer*, Reichsritterschaft, S. 5 f., 99 ff., 194. *H. H. Hofmann*, Herrschaft, S. 125 f., 139, 146. *Hanke*, Bürger, S. 28 f. *Danner*, Reichsritterschaft (1969), S. 71 ff. (Zitat ebd., S. 71). *Hanna*, Ministerialität, S. 750 ff., 774, 784 f. Vgl. auch *Sikora*, Adel, S. 52 ff., 102 ff., *Giese*, Adelsstudium, Sp. 73 ff. u. *Asch*, Europäischer Adel, S. 137 f., 218 ff. – Auf die Erlangung eines akademischen Grades für den Fürstendienst waren die Reichsritter während ihrer Universitätsstudien aufgrund ihrer Herkunft weit weniger angewiesen als ihre bürgerlichen Konkurrenten (*Kollmer*, ebd., S. 194. *Danner*, ebd., S. 73. Vgl. auch *Sikora*, ebd., S. 111). – *Kollmer* (Lage, S. 290) stellte angesichts der zahllosen Konflikte zwischen Corpus equestre und Reichsständen die bisher nicht verifizierte These auf, dass die Reichsfürsten die Reichsritter gezielt in ihre Dienste aufnahmen, um sie ihrem Einfluss unterwerfen zu können.

236 *W. H. Puchta*, Erinnerungen, S. 109 ff. (Zitat ebd., S. 111).

Hofadels über keinen eigenen landsässigen Adel. Daher waren es nicht zuletzt reichsritterschaftliche Geschlechter wie die Seckendorff, Wolfskehl, Gemmingen, Falkenhausen, Pöllnitz, Reitzenstein, Eyb oder Crailsheim, deren Mitglieder im markgräflichen Dienst maßgeblichen Einfluss auf die Geschicke Ansbachs genommen hatten[237]. Ob unter Karl Alexander wirklich von einem zunehmend persönlichen Regiment des Ansbacher Markgrafen aus dem Kabinett gesprochen werden sollte, ist bis heute umstritten. Auf jeden Fall konnte seine Regierungsführung den Einfluss der reichsritterschaftlichen Spitzenbeamten bestenfalls begrenzen, aber nicht beseitigen. Vielmehr bildeten im untergebürgischen Fürstentum einzelne einflussreiche reichsritterschaftliche Minister weiterhin Gravitationszentren neben dem Monarchen. Dies war zwar auch im obergebürgischen Fürstentum der Fall, dessen Verwaltung Karl Alexander mehr als zwanzig Jahre Friedrich Karl von Seckendorff, einem Reichsritter, als faktischen Premierminister überließ. Aber im territorial viel geschlosseneren Brandenburg-Bayreuth hatte dies allem Anschein nach weit weniger Folgen auf das Amtsverständnis der Oberbeamten als im besonders zersplitterten Brandenburg-Ansbach[238]. Der Widerstand gegen Hardenbergs Mediatisierungspolitik formierte sich nämlich vor allem auf der oberen Verwaltungsebene des untergebürgischen Fürstentums.

Jedoch wäre die Annahme verfehlt, dass allein Räte reichsritterschaftlicher Herkunft in Opposition zum Vorgehen des Dirigierenden Ministers gestanden hätten. Vielmehr fanden sich auch bürgerliche Oberbeamte zur Zusammenarbeit mit der fränkischen Reichsritterschaft gegen die Arrondierungspolitik Hardenbergs bereit. Die Forschung hat dieses Faktum nur in Ansätzen erkannt und mit dem Argument erklärt, dass sich die bürgerlichen Referenten einfach den ritterschaftsfreundlichen »Tendenzen anschlossen«, die ihre dem Corpus equestre entstammenden Kollegen vertraten[239]. Eine derartige Deutung, die den nichtadligen Regierungsräten das Vermögen zu einer selbstständigen Willensbildung abspricht, ist jedoch wenig überzeugend. Zwar mögen im Einzelfall auch die persönlichen Verbindungen bürgerlicher Räte zu einzelnen Rittergenossen sowie finanzielle Interessen eine Rolle gespielt haben. Daneben muss jedoch vor allem ein spezifischer Reichspatriotismus in

237 »Versuch eines ohngefähren Abrisses...« (wie Kap. II, Anm. 91), GStA PK Berlin, I. HA, Rep. 94, IV, Ac, Nr. 2, S. 1–149, hier: S. 61. *H. H. Hofmann*, Herrschaft, S. 108, 125, 142. *Kretschmann*, [Rezension], Vertraute Briefe, S. 402. *Schuhmann*, Markgrafen (1980), S. 159, 214 ff., 254 ff., 534, 541 ff. *H. Müller*, Kampf, S. 57. *Störkel*, Christian Friedrich Carl Alexander, S. 5, 111 ff. *Mauchenheim*, Ritterschaft I, S. 185 ff., 424 f. *Brandt*, Staat, S. 430 f. *Crailsheim*, Reichsfreiherrn I, S. 60 ff. – Die Anzahl der nobilitierten Staatsdiener außerhalb des Militärstandes war in den größeren fränkischen Territorien nach *H. H. Hofmann* (ebd., S. 142) äußerst gering.

238 *W. Neugebauer*, Hohenzollern II, S. 89. *Störkel*, Christian Friedrich Carl Alexander, S. 88 ff., 99, 106 ff., 136 f.

239 *Süssheim*, Politik, S. 83. – Hofmeister-Hunger postuliert dagegen ohne jeden Beleg einen »entsprechenden Druck« der reichsritterschaftlichen Räte auf ihre bürgerlichen Kollegen, damit diese in ihrem Sinne abstimmten (*Hofmeister-Hunger*, Pressepolitik, S. 36).

Rechnung gestellt werden: Dieser drückte sich auch im Festhalten an der im Alten Reich über Jahrhunderte gewachsenen Rechtsordnung aus, wie sie von der Mehrheit der Reichspublizisten und den obersten Reichsgerichten vertreten wurde und den bürgerlichen Räten in ihrem Studium der Jurisprudenz beigebracht worden war[240].

Ein derart beschaffener Reichspatriotismus könnte zu einem gewissen Grad auch den bereits angesprochenen Umstand erklären, dass der Widerstand bürgerlicher Räte gegen die Mediatisierungspolitik des Dirigierenden Ministers wiederholt in den Zentralbehörden des untergebürgischen Fürstentums festzustellen ist, während es im obergebürgischen Fürstentum bestenfalls schwache Indizien für ein solches Verhalten königlicher Beamter gibt. In den Ratskollegien Brandenburg-Bayreuths konnte sich nämlich ein von Respekt gegenüber der Reichsjustiz und reichsrechtlichen Mehrheitsmeinungen geprägtes Amtsverständnis weit schwerer verwurzeln als im untergebürgischen Fürstentum: Zwar führte auch Brandenburg-Ansbach bis in die Spätjahre der Regierung Karl Alexanders massive Auseinandersetzungen mit den benachbarten Rittergütern um zentrale obrigkeitliche Gerechtsame, jedoch wurden dabei die reichsritterschaftlichen Rechte und Freiheiten weit weniger umfassend und konsequent bestritten, wie dies der Fall in Brandenburg-Bayreuth war[241]. Die im Gegensatz zum untergebürgischen Fürstentum vollständige Verweigerung des kantonalen Kollektationsrechts auf den an Bayreuth als Lehen heimgefallenen Rittergütern ist hierfür ein besonders anschauliches Beispiel[242]. Doch wie äußerte sich der Widerstand reichsrit-

240 Allein Hofmann hat bisher die reichsrechtliche Motivation hervorgehoben – wenn er auch die einschlägigen Akten nicht kannte. Daneben betonte er aber als mindestens ebenso gewichtig die »adlige Herkunft« als Ursache für die Renitenz innerhalb der Ansbacher Regierung gegen Hardenbergs Mediatisierungspläne, da er noch von einem mehrheitlich reichsritterschaftlichen Gremium ausging. Daneben wies Hofmann der »Gewissensfrage« eine zentrale Rolle zu – vielleicht eine Reaktion auf die Erfahrungen seiner Generation in NS-Diktatur und Weltkrieg (*H. H. Hofmann*, Herrschaft, S. 168 f. (Zitate ebd., S. 168 u. 169 Anm. 32)).

241 2. Votum des Regierungsrats Johann Ferdinand Albert, o.O., 15. März 1793, GStA PK Berlin, II. HA, Abt. 36, I, Nr. 176, fol. 95 – 111, hier: fol. 96 f. Gutachten von Johann Gottlieb Wagner, Ansbach, 6. April 1792, GStA PK Berlin, II. HA, Abt. 36, I, Nr. 152, fol. 30 – 40, hier: fol. 36 f. Schreiben des Ortsvorstandes Rhön-Werra an den Ortsvorstand Gebürg, o.O., 6. April 1793, StA Marburg, 109, Nr. 311, Bd. 2, Dok. 118. – Diesen in den genannten Quellen klar bezeugten Unterschied zwischen Ansbach und Bayreuth hat auch die Forschung immer wieder betont: *H. H. Hofmann*, Herrschaft, S. 79, 118 f., 169; *Ders.*, Die preußische Ära (1960/61), S. 231 u. *Süssheim*, Politik, S. 22 f., 82 f. – Der von *Endres* (Ära Hardenberg, S. 182; Reformmodell, S. 34.) angeblich entdeckte Widerstand reichsritterschaftlicher Räte in Bayreuth gegen Hardenbergs Mediatisierungspolitik muss mangels Beleg in höchstem Maße in Zweifel gezogen werden. Siehe stattdessen das Lob der – teils reichsritterschaftlichen – Räte in der Bayreuther Regierung angesichts »der Rechtschaffenheit, dem Diensteifer und den Kenntnissen eines von Künßberg, eines von Waldenfelß, eines von Dobenek und Falkensteins u.s.w.« durch einen propreußischen Publizisten im Jahr 1794 ([*H. C. Meyer*], Briefe, S. 73 ff. (Zitat ebd., S. 73)).

242 »Versuch eines ohngefähren Abrisses…« (wie Kap. II, Anm. 91), GStA PK Berlin, I. HA, Rep. 94, IV, Ac, Nr. 2, S. 1 – 149, hier: S. 62 f. Gutachten von Georg Wilhelm Wipprecht, Bay-

terschaftlicher und bürgerlicher Oberbeamter der fränkischen Markgrafentümer gegen die Arrondierungspläne Hardenbergs im konkreten Einzelfall?

Der häufigste und nur anhand der reichsritterschaftlichen Überlieferung nachweisbare Fall war die Versorgung des Corpus equestre mit Informationen. Zwar ließ der Wahrheitsgehalt solcher »von zuverläßiger Hand« und »aus sicherer Quelle« stammender Nachrichten gelegentlich zu wünschen übrig. Aber insgesamt erhielten verschiedene Ortsvorstände aus den Zentralbehörden der fränkischen Markgrafentümer immer wieder wichtige und meist zutreffende Aufschlüsse über die Absichten und Pläne Hardenbergs und des Berliner Kabinettsministeriums. Selbst der Inhalt von vertraulichen Regierungsvoten und Reskripten des Dirigierenden Ministers blieb den Ritterkanzleien nicht immer verborgen. Es sollte bis weit ins Jahr 1793 dauern, bis Hardenberg die undichten Stellen in den Zentralbehörden des ober- und untergebürgischen Fürstentums zumindest einigermaßen geschlossen hatte[243]. Die vertrauliche Weitergabe von Regierungsinterna konnte relativ

reuth, 24. Februar 1792, GStA PK Berlin, II. HA, Abt. 36, I, Nr. 152, fol. 8 – 15, hier: fol. 13 f. Gutachten von Johann Michael Georg, Bayreuth, 6. April 1792, ebd., fol. 41 – 50, hier: fol. 41 ff.

243 Abschrift des Schreibens des Ortsvorstandes Baunach an den Ortsvorstand Gebürg, Nürnberg, 15. März 1792, StA Marburg, 109, Nr. 311, Bd. 1, Dok. 12 (Zitat ebd.). Abschrift des Schreibens des Ortsvorstandes Steigerwald an den Ortsvorstand Gebürg, Erlangen, 10. März 1792, ebd., Dok. 25. Abschrift des Nachschreibens des Ortsvorstandes Steigerwald an den Ortsvorstand Gebürg, Erlangen, 10. März 1792, ebd., Dok. 26. Abschrift des Schreibens des Ortsvorstandes Odenwald an den Ortsvorstand Gebürg, Kochendorf, 31. März 1792, ebd., Dok. 28. Schreiben des Ortsvorstandes Rhön-Werra an den Ortsvorstand Gebürg, o.O., 20. April 1792, ebd., Dok. 34. Schreiben des Ortsvorstandes Gebürg an den Ortsvorstand Rhön-Werra, Bamberg, 12. Mai 1792, ebd., Dok. 38. Schreiben des Ortsvorstandes von Rhön-Werra an den Ortsvorstand Gebürg, o.O., 19. Juli 1792, ebd., Dok. 65. Abschrift des Schreibens des Ortsvorstandes Altmühl an den Ortsvorstand Gebürg, o.O., 23. November 1793, StA Marburg, 109, Nr. 311, Bd. 2, Dok. 136 (Zitat ebd.). Nachschreiben des Ortsvorstandes Gebürg an den Ortsvorstand Rhön-Werra, Bamberg, 15. Februar 1794, StA Marburg, 109, Nr. 311, Bd. 3, Dok. 167. Siehe auch die nicht in die Ausfertigung übernommenen Passagen im Entwurf des Schreibens des Ortsvorstandes Rhön-Werra an den Ortsvorstand Gebürg, Schweinfurt, 27. April 1792, StA Marburg, 109, Nr. 311, Bd. 1, Dok. 36. Möglicherweise nur mißverständlich formuliert sind die einschlägigen Stellen im Bericht von Christian Philipp Schmidt, Wilhermsdorf, 29. Februar 1792, StA Marburg, 109, Nr. 311, Bd. 1, Dok. 3 und in der Abschrift des Zirkularschreibens des Ortsvorstandes Altmühl an die Mitglieder und Güterbesitzer des Kantons Altmühl, o.O., 21. August 1792, ebd., Dok. 80. Vgl. auch: Schreiben des Ortsvorstandes Steigerwald an den Ortsvorstand Rhön-Werra, Erlangen, 28. Dezember 1795, StA Marburg, 109, Nr. 311, Bd. 4, Dok. 310 u. Abschrift des Schreibens des Freiherrn von Künsberg zu Schmeilsdorf an den Ortsvorstand Gebürg, Schmeilsdorf, 19. Oktober 1795, ebd., Beilage 13 zu Dok. 322. – Als sehr späte Beispiele für undichte Stellen auf höherer Ebene, von denen die Reichsritter profitieren konnten siehe: Schreiben des Ortsvorstandes Rhön-Werra an die Ortsvorstände Odenwald, Gebürg, Steigerwald und Baunach, Schweinfurt, 6. Dezember 1796, StA Marburg, 109, Nr. 311, Bd. 8; 1. Nachschreiben des Ortsvorstandes Steigerwald an den Ortsvorstand Rhön-Werra, Erlangen, 15. April 1797, StA Marburg, 109, Nr. 311, Bd. 9; Nachschreiben des Ortsvorstandes Rhön-Werra an die Ortsvorstände Odenwald, Gebürg, Steigerwald und Baunach, o.O., 22. März 1797, StA Marburg, 109, Nr. 311, Bd. 10; Schreiben des Ortsvorstandes Rhön-Werra an die Fürstbischöflichen Regierungen zu Bamberg und Würzburg, Schweinfurt, 22. März

leicht vor den Blicken des Dirigierenden Ministers verborgen werden. Dagegen bedeutete es eine offene Konfrontation mit Hardenberg, als sich Teile der Ansbacher Oberbeamtenschaft weigerten, seine Rechtsauffassungen in ihren Gutachten und Stellungnahmen zu vertreten, und dadurch die verfolgte Arrondierungspolitik mitzutragen.

Einen ersten Testfall hierfür bildete die Anfang Februar 1792 virulent werdende Frage, ob die Abdankungspatente Markgraf Karl Alexanders sowie die Regierungsantrittspatente König Friedrich Wilhelms II. auch auf den traditionell von den Zollern beanspruchten Teilen des Nürnberger Territoriums angeschlagen werden sollten. Mit dem Gutachten in dieser Angelegenheit beauftragt waren der 1. Senat der Ansbacher Regierung, der u. a. für Landeshoheits- und Lehensangelegenheiten verantwortlich zeichnete, sowie das Burggräfliche Ratskollegium, das speziell für die Auseinandersetzungen mit der größten fränkischen Reichsstadt eingerichtet worden war[244]. Unter den Mitgliedern des 1. Regierungssenats, die über die Ausdehnung des Patentanschlags gutachten sollten, bildeten die bürgerlichen Räte eine knappe Mehrheit, wobei von den beteiligten Adligen nicht alle reichsritterschaftlicher Herkunft waren[245]. Das Burggräfliche Ratskollegium wurde sogar aus-

1797, ebd.; Abschrift des Schreibens der Freiherrn von Künsberg an den preußischen König, Erlangen und Ermreuth, 13. März 1798, StA Marburg, 109, Nr. 322 sowie weniger eindeutig in der Abschrift des Schreibens der Freiherrn von Künsberg an die Kriegs- und Domänenkammer Bayreuth, Erlangen und Ermreuth, 29. März 1799, ebd. und in der Abschrift des Schreibens der Freiherrn von Künsberg an den Ortsvorstand Gebürg, Erlangen und Ermreuth, 10. April 1799, ebd.

244 Gemeinschaftlicher Bericht des 1. Senats der Ansbacher Regierung und des Burggräflichen Ratskollegiums, Ansbach, 6. Februar 1792, GStA PK Berlin, II. HA, Abt. 36, I, Nr. 112. Bericht Hardenbergs an den preuß. König/das Kabinettsministerium, Ansbach, 9. Februar 1792, ebd. – Speziell zu den Zuständigkeitsbereichen des 1. Senats der Ansbacher Regierung siehe: *Süssheim*, Politik, S. 81.

245 Der 1. Senat der Ansbacher Regierung war vertreten durch seinen Präsidenten Friedrich Heinrich Freiherr von Wechmar sowie die Räte Karl Friedrich Wilhelm Philipp Freiherr von Falkenhausen, Friedrich Karl Alexander Freiherr Schilling von Canstatt, Christian Friedrich Freiherr von Knebel, Sigmund Gottfried Karl Schegk, Johann Ferdinand Albert, Johann Ernst Georg Friedrich Bomhard sowie Conrad Siegmund Carl oder Christoph Ferdinand Haenlein (Gemeinschaftlicher Bericht des 1. Senats der Ansbacher Regierung und des Burggräflichen Ratskollegiums, Ansbach, 6. Februar 1792, GStA PK Berlin, II. HA, Abt. 36, I, Nr. 112. Vgl. Onolzbach- und Culmbachischer Genealogischer Calender und Adresse-Buch (1789), S. 60 f.). – Nicht über die für 1791/92 fehlenden Hof- und Adresskalender, sondern über ein Glückwunschschreiben der Ansbacher Regierung vom Februar 1792 sowie ein Gutachten des 1. Senats dieser Behörde vom April desselben Jahres sind als weitere Teilnehmer an den Beratungen dem 1. Regierungssenat mit sehr großer Wahrscheinlichkeit zuzuweisen: [Karl Friedrich Ernst] Freiherr Schenk [von Geyern] und [Karl Friedrich] Rose (Gemeinschaftlicher Bericht des 1. Senats der Ansbacher Regierung und des Burggräflichen Ratskollegiums, Ansbach, 6. Februar 1792, ebd. Vgl. Glückwunschschreiben des 1. und 2. Senats der Ansbacher Regierung an den preußischen König Friedrich Wilhelm II., Ansbach, 2. Februar 1792, GStA PK Berlin, I. HA, Rep. 44 B, Nr. 1, fol. 187 u. Bericht des 1. Senats der Ansbacher Regierung, Ansbach, 16. April 1792, GStA PK Berlin, II. HA, Abt. 36, I, Nr. 3, fol. 16–18, hier: fol. 17.

schließlich durch bürgerliche Räte vertreten[246]. Leider haben sich die einzelnen Voten in den einschlägigen Akten nicht erhalten, weshalb Süssheims Behauptung, in der Beratung »trat ihm [Hardenberg] [...] der Adel sofort feindlich entgegen«, eine keineswegs abwegige, aber unbewiesene Hypothese ist[247]. Die einzigen Personen, die mit an Sicherheit grenzender Wahrscheinlichkeit sowie unter Verweis auf die bisherige Rechtsprechung des Reichshofrats gegen die Ausdehnung des Patentanschlages auf Nürnberger Gebiet stimmten, und damit eine Minderheitenposition in den Beratungen vertraten, waren zwei bürgerliche Mitglieder des 1. Ansbacher Regierungssenats: Johann Friedrich Bauder und Johann Ferdinand Albert[248]. Es wurde bereits ausge-

Speziell zur postulierten Identifizierung von Rose und von Schenk vgl. Onolzbach- und Culmbachischer Genealogischer Calender und Adresse-Buch (1789), S. 68, 89 sowie *Rehm*, Adress-Buch, S. 307). – Reichsritterschaftlicher Herkunft waren die Freiherrn von Falkenhausen, Schenk [von Geyern], Schilling von Canstatt und von Knebel (*Godsey Jr.*, Nobles, S. 258 ff.).

246 Es handelte sich um die Räte Johann Peter Uz, Johann Karl Alexander Cramer, Johann Wilhelm Donner, Johann Christian Schnizlein und Johann Wilhelm Weiß (Gemeinschaftlicher Bericht des 1. Senats der Ansbacher Regierung und des Burggräflichen Ratskollegiums, Ansbach, 6. Februar 1792, GStA PK Berlin, II. HA, Abt. 36, I, Nr. 112. Vgl. Onolzbach- und Culmbachischer Genealogischer Calender und Adresse-Buch (1789), S. 72). – Nicht über die für 1791/92 fehlenden Hof- und Adresskalender, sondern per Ausschlussverfahren über ein Glückwunschschreiben der Ansbacher Regierung vom Februar 1792 sowie ein Gutachten des 1. Senats dieser Behörde vom April desselben Jahres ist als weiterer Teilnehmer an den Beratungen des Burggräflichen Ratskollegiums mit großer Wahrscheinlichkeit nachzuweisen: [Johann Georg] Zenker (Gemeinschaftlicher Bericht des 1. Senats der Ansbacher Regierung und des Burggräflichen Ratskollegiums, Ansbach, 6. Februar 1792, ebd. Vgl. Glückwunschschreiben des 1. und 2. Senats der Ansbacher Regierung an den preußischen König Friedrich Wilhelm II., Ansbach, 2. Februar 1792, GStA PK Berlin, I. HA, Rep. 44 B, Nr. 1, fol. 187 u. Bericht des 1. Senats der Ansbacher Regierung, Ansbach, 16. April 1792, GStA PK Berlin, II. HA, Abt. 36, I, Nr. 3, fol. 16–18, hier: fol. 18. Speziell zur postulierten Identifizierung von Zenker siehe *Rehm*, Adress-Buch, S. 307).

247 *Süssheim*, Politik, S. 83.

248 Für das postulierte Stimmverhalten Bauders und Alberts spricht die Tatsache, dass einerseits die zwei sog. »Differentiarien« für Nürnberg im 1. Ansbacher Regierungssenat gegen die Ausdehnung des Patentanschlages stimmten, andererseits Bauder und Albert angesichts ihrer alleinigen Funktion als Referenten in den zahllosen Berichten des 1. Regierungssenats zu Ansbach über die Streitigkeiten mit der fränkischen Reichsstadt eben diese in keinem Hof- und Adresskalender extra genannten Differentiarien gewesen sein dürften (Gemeinschaftlicher Bericht des 1. Senats der Ansbacher Regierung und des Burggräflichen Ratskollegiums, Ansbach, 6. Februar 1792, GStA PK Berlin, II. HA, Abt. 36, I, Nr. 112. Bericht des 1. Senats der Ansbacher Regierung, Ansbach, 11. Februar 1792, ebd. Bericht des 1. Senats der Ansbacher Regierung, Ansbach, 15. Februar 1792, ebd. Bericht des 1. Senats der Ansbacher Regierung, Ansbach, 17. Februar 1792, ebd. Bericht des 1. Senats der Ansbacher Regierung, Ansbach, 18. Februar 1792, ebd. Bericht des 1. Senats der Ansbacher Regierung, Ansbach, 21. Februar 1792, ebd. Bericht des 1. Senats der Ansbacher Regierung, Ansbach, 24. Februar 1792, ebd. Bericht des 1. Senats der Ansbacher Regierung, Ansbach, 27. Februar 1792, ebd. Bericht des 1. Senats der Ansbacher Regierung, Ansbach, 7. März 1792, ebd. Bericht des 1. Senats der Ansbacher Regierung, Ansbach, 3. Juli 1792, ebd. Bericht des 1. Senats der Ansbacher Regierung, Ansbach, 11. Juni 1792, ebd.). – Wenn es sich bei den beiden für Nürnberg zuständigen

führt, dass Männer wie Bauder und Albert keine reichsritterschaftlichen Marionetten zum Schutz des – bei einer Ausdehnung des Patentanschlags auf fremdes Gebiet – ebenfalls bedrohten Corpus equestre waren, wie Süssheim glaubt[249]. Vielmehr dürften sie sich für die Aufrechterhaltung der bestehenden Rechts- und Verfassungsordnung aus eigener Überzeugung eingesetzt haben. Zu dieser gehörte natürlich auch die Unmittelbarkeit der Reichsritterschaft, weshalb der Vorgang bei allen offen bleibenden Fragen Beachtung verdient.

Wie bereits gezeigt wurde, hatten die vorgebrachten reichsrechtlichen Bedenken keinen Einfluss auf die Entscheidungsfindung Hardenbergs, der bald anordnete, den Patentanschlag auf die Ansbach-Bayreuth benachbarten Rittergüter auszudehnen. Dies wiederum veranlasste den Altmühler Ritterhauptmann Ernst Ludwig Sebastian Freiherr von Crailsheim den Dirigierenden Minister aufzusuchen, um ihn von seinem Vorhaben abzubringen. Zur Unterstützung seiner Argumente überreichte Crailsheim Hardenberg auch eine Denkschrift, in der die für die Reichsritterschaft sprechenden Rechtsgründe dargelegt wurden[250]. Unterzeichnet war dieses bemerkenswerte Dokument allein vom Altmühler Ritterhauptmann, verfasst hatte es jedoch der »Herr Rath Schmid zu Anspach«[251].

Hinter Letzterem verbarg sich kein geringerer als Ludwig Friedrich Christoph Schmid (1736–1798) – ein Mann, den seine Intimfeindin als ebenso verschlagen, wie »clever in business, and laborious« beschrieb. Schmid hatte unter Markgraf Karl Alexander als Geheimer Kabinettssekretär im Range eines Wirklichen Hof- und Regierungsrats viele Jahre eine Vertrauens- und Schlüsselstellung innegehabt. In dieser Position spielte er eine führende Rolle in der Opposition gegen Lady Craven – ein Umstand, der ihm beim Ansbach-Bayreuther Ministersturz 1790 auf spektakuläre Art sein Amt kostete[252]. Nach

»Differentiarien« wirklich um Bauder und Albert handelte, dann hätten im 1. Ansbacher Regierungssenat nicht einmal alle Adligen gegen die Ausdehnung des Patentanschlags gestimmt, was Süssheims holzschnittartige Vorstellungen weiter relativieren würde. Im 1. Senat der Regierung sprach sich nämlich die Mehrzahl der beteiligten Räte für die Ausdehnung des Patentanschlags aus (vgl. hierzu: Gemeinschaftlicher Bericht des 1. Senats der Ansbacher Regierung und des Burggräflichen Ratskollegiums, Ansbach, 6. Februar 1792, ebd.).

249 *Süssheim*, Politik, S. 83.

250 Siehe Kapitel V.1.

251 Bericht von Christian Philipp Schmidt, Wilhermsdorf, 29. Februar 1792, StA Marburg, 109, Nr. 311, Bd. 1, Dok. 3 (Zitat ebd.). Abschrift des Promemorias des Ritterhauptmanns Freiherr von Crailsheim an Hardenberg, Rügland, 17. Februar 1792, ebd., Dok. 18.

252 Vertraute Briefe über das Fürstenthum Bayreuth, S. 52. *Broadley/Melville* (Hg.), Lady Craven II, S. 23 ff. (Zitat ebd., S. 24). Onolzbach- und Culmbachischer Genealogischer Calender und Adresse-Buch (1789), S. 59. *K. H. Lang*, Annalen, S. 7, 25. *Ranke*, Denkwürdigkeiten I, S. 104 ff. *Riedenauer*, Gesandter, S. 290, 300. *Störkel*, Christian Friedrich Carl Alexander, S. 108, 139 Anm. 21, 239 f. – Schmid wird in den zu dieser Zeit jährlich erscheinenden Hof- und Staatskalendern von Ansbach-Bayreuth erstmals 1784 als Kabinettssekretär Karl Alexanders geführt (Onolzbach- und Culmbachischer Genealogischer Calender und Adresse-Buch (1784), S. 53). – Lady Craven charakterisierte in ihren parteiischen Memoiren (*Broadley/Melville* (Hg.), ebd., S. 24) Schmid »as a tiger-cat, grinning only to scratch«.

der Abdankung Karl Alexanders begann für Schmid unter Hardenberg eine zweite Karriere: Im Frühjahr 1793 wurde Schmid zum Geheimen Hof- und Regierungsrat im provisorischen Departement des Dirigierenden Ministers ernannt, wo er für die sog. Polizey zuständig war[253]. Im folgenden Jahr übertrug Hardenberg Schmid den Posten des Zweiten preußischen »Direktorialgesandten« am Fränkischen Kreistag[254]. 1795 erhielt der ehemalige Kabinettssekretär seine Bestallung zum Kriegs- und Domänen-, wenige Monate später auch zum Geheimen Oberfinanzrat und wurde zudem mit dem Amt eines Vortragenden Rats im neu geschaffenen Geheimen Landesministerium für die fränkischen Provinzen betraut[255]. 1796 stieg Schmid zum ersten Kreisdirektorialgesandten in Nürnberg sowie zum Mitglied der Direktion der »Königlich Preußische[n] Banco in Franken« mit Hauptsitz in Fürth auf[256].

Schmids nachweisbare Zusammenarbeit mit der durch Hardenbergs Maßnahmen bedrängten Reichsritterschaft fällt ins Jahr 1792, also jenem Zeitraum, in dem er zumindest kein bedeutendes Amt in Ansbach innehatte. Ob dabei finanzielle Interessen eine Rolle spielten, ist alles andere als sicher. Schließlich hatte Schmid seine Besoldung unter dem Titel einer Pension auch nach seiner Entfernung aus dem Dienst Karl Alexanders weiterbezogen[257]. Eine solche Lösung war auch bei der Entlassung von außerordentlichen Vertrauenspersonen, wie es die Kabinettssekretäre der Frühen Neuzeit sein mussten, fast zwingend erforderlich, wenn der in Ungnade Gefallene nicht in Haft genommen werden sollte[258]. Reichsrechtliche Bedenken können für Schmid als handlungsleitend zwar nicht ausgeschlossen werden, vertragen sich jedoch nur schwer mit seiner späteren Mitarbeit bei Hardenbergs Me-

253 Bestallungspatent Hardenbergs für Schmid, Frankfurt/M., 19. März 1793, GStA PK Berlin, II. HA, Abt. 36, VI, Nr. 4. *K. H. Lang*, Annalen, S. 7. *Hartung*, Hardenberg, S. 67 ff.

254 17. Bericht der pfalz-bayerischen Kreisgesandtschaft zu Nürnberg an Kurfürst Karl Theodor, Nürnberg, 29. November 1792, BayHStA, K. schw. 14477, fol. 216. *Winter/Santifaller/Wohlgemuth-Kotasek* (Hg.), Repertorium III, S. 324. *Hartung*, Hardenberg, S. 70.

255 Bestallungspatent Hardenbergs für Schmid, Berlin, 20. Juni 1795, GStA PK Berlin, II. HA, Abt. 36, VI, Nr. 4. Bestallungspatent Hardenbergs für Schmid, Berlin, 25. November 1795, ebd. *K. H. Lang*, Annalen, S. 11, 19. *Weltrich*, Erinnerungen ... aus den Preussischen Regierungs-Jahren, S. 19. *Rehm*, Adress-Buch, S. 295. –Hartung betont, dass Schmids Ernennung zum Ersten Vortragenden Rat im Landesministerium im November 1795 keine zusätzlichen Kompetenzen mit sich gebracht habe (Bestallungspatent Hardenbergs für Schmid, Berlin, 25. November 1795, ebd. *Hartung*, Hardenberg, S. 80). Der Staatskalender für das Jahr 1796 verzeichnet Schmid auch als Mitglied des Oberrevisionskollegiums und damit der dritten gerichtlichen Instanz der fränkischen Markgrafentümer (*Rehm*, ebd., S. 297 f.).

256 *Rehm*, Adress-Buch, S. 298, 349. *Winter/Santifaller/Wohlgemuth-Kotasek* (Hg.), Repertorium III, S. 324. *Haller*, Hardenberg, S. 52 ff. (Zitat ebd., S. 52). *Hartung*, Hardenberg, S. 252. *K. H. Lang*, Annalen, S. 19. – Schmid war schon einmal, nämlich unter Markgraf Karl Alexander, Mitglied der Bankdirektion gewesen (Onolzbach- und Culmbachischer Genealogischer Calender und Adresse-Buch (1789), S. 138. *Haller*, ebd., S. 55).

257 Nachschreiben zum Bericht Hardenbergs an den König, Frankfurt/M., 22. August 1794, GStA PK Berlin, II. HA, Abt. 36, I, Nr. 391, fol. 27–32, hier: fol. 27. *Ranke*, Denkwürdigkeiten I, S. 106. *Störkel*, Christian Friedrich Carl Alexander, S. 240. *J. Meyer*, Erinnerungen, S. 216 f.

258 *Störkel*, Christian Friedrich Carl Alexander, S. 108.

diatisierungspolitik[259]. Am ehesten ist daher mit Blick auf die Rolle des ehemaligen Kabinettssekretärs beim Ansbach-Bayreuther Ministersturz an einen persönlich motivierten Freundschaftsdienst zu denken.

Ganz klar reichsrechtliche Beweggründe standen dagegen hinter dem fortgesetzten Widerstand aus den Reihen des 1. Senats der Ansbacher Regierung gegen Hardenbergs Arrondierungspläne: Bei aller Staatsraison, die das Handeln des Dirigierenden Ministers leiten mochte, war die Frage der rechtlichen Begründung seiner Mediatisierungspolitik alles andere als sekundär. Dabei spielten propagandistische Absichten ebenso eine Rolle wie das einer Minderheitenposition entsprechende und bereits angesprochene Verständnis Hardenbergs vom Ius publicum[260]. Vor diesem Hintergrund war es von zentraler Bedeutung, inwieweit diejenigen Verträge als bindend angesehen werden konnten, die die Markgrafen von Ansbach und Bayreuth im Laufe der Jahrhunderte abgeschlossen hatten: Zum einen hatten in diesen Abkommen Regenten aus dem Hause Brandenburg die Ausübung bestimmter obrigkeitlicher Gerechtsame durch einen Teil der an die fränkischen Markgrafentümer angrenzenden Reichsritter bestätigt. Zum anderen war auf diesem Wege auch die Reichsunmittelbarkeit der beteiligten Rittergenossen durch die Markgrafen von Ansbach und Bayreuth indirekt anerkannt worden. Ein auf Gegenseitigkeit beruhender, sog. nachbarlicher Vertrag eines immediaten Reichsgliedes als Landesherr mit landsässigen Untertanen war nämlich staatsrechtlich unmöglich[261].

259 Siehe Kapitel VII.1.

260 Siehe Kapitel V.2.

261 2. Votum des Regierungsrats Johann Ferdinand Albert, o.O., 15. März 1793, GStA PK Berlin, II. HA, Abt. 36, I, Nr. 176, fol. 95–111, hier: fol. 101 ff. Jurisdiktionsdeklaration des Markgrafen Wilhelm Friedrich von Brandenburg-Ansbach für den Kanton Altmühl, Bruckberg, 21. Mai 1722, GStA PK Berlin, II. HA, Abt. 36, I, Nr. 5, fol. 47–54, hier: fol. 48 ff. Kollektationsrezess zwischen Brandenburg-Ansbach und dem Kanton Altmühl, Ansbach, 23. April 1725, ebd., fol. 55–60, hier: fol. 57 ff. Erläuternde Resolution der Markgräfin Christiane Charlotte von Brandenburg-Ansbach für den Kanton Altmühl, Ansbach, 29. April 1729, ebd., fol. 63–70, hier: fol. 64 ff. – In Bayreuth gab es zwar keine derart umfassenden Willenserklärungen und Übereinkommen, wie sie zwischen Brandenburg-Ansbach und dem Kanton Altmühl bestanden. Jedoch hatten die Markgrafen des obergebürgischen Fürstentums mit einzelnen Reichsrittern Rezesse geschlossen. (Gutachten von Johann Michael Georg, Bayreuth, 5. März 1792, GStA PK Berlin II. HA, Abt. 36, I, Nr. 3, fol. 4–14, hier: fol. 8). – Die bereits vorgestellte Jurisdiktionsdeklaration vom 21. Mai 1722 sowie die erläuternde Resolution hierzu vom 29. April 1729 waren der Form nach einseitige Gnadenerweise der Ansbacher Markgrafen an den Kanton Altmühl, die allerdings von reichsritterschaftlicher Seite akzeptiert und in ihrem Inhalt beeinflusst worden waren. Dagegen konnte kein Zweifel daran bestehen, dass der Kollektationsrezess zwischen dem untergebürgischen Fürstentum und dem genannten Ritterort aus dem Jahre 1725 ein auf Gegenseitigkeit beruhender Vertrag war (2. Votum des Regierungsrats Johann Ferdinand Albert, o.O., 15. März 1793, GStA PK Berlin, II. HA, Abt. 36, I, Nr. 176, fol. 95–111, hier: fol. 100 f., 109. Jurisdiktionsdeklaration des Markgrafen Wilhelm Friedrich von Brandenburg-Ansbach für den Kanton Altmühl, Bruckberg, 21. Mai 1722, GStA PK Berlin, II. HA, Abt. 36, I, Nr. 5, fol. 47–54, hier: fol. 48. Kollektationsrezess zwischen Brandenburg-Ansbach und dem Kanton Altmühl, Ansbach, 23. April 1725, ebd., fol. 55–60,

Bereits am 1. November 1791 hatte Hardenberg die Regierung des obergebürgischen Fürstentums beauftragt, die Gültigkeit derartiger Übereinkommen zu überprüfen[262]. Anfang Februar 1792, als die Bekanntgabe des Anfalls der beiden Markgrafentümer unmittelbar bevorstand, intensivierte Hardenberg seine Bemühungen: Er wies sowohl die Bayreuther Regierung als auch den 1. Senat jener zu Ansbach an, der Frage nachzugehen, ob der preußische König an die verschiedenen, von seinen Regierungsvorgängern in Franken eingegangenen Verträge mit den benachbarten Reichsunmittelbaren rechtlich gebunden sei. Gleichzeitig machte Hardenberg bereits klar, welches Ergebnis er wünschte, indem er ausführte, dass »nach staatsrechtlichen Grundsäze[n]« eine generelle Anerkennung der bestehenden Abkommen undenkbar sei[263]. Diesen Vorstellungen entsprach ganz ein erstes von Johann Michael Georg ausgearbeitetes Gutachten von Anfang März 1792, dem auch die anderen Regierungsräte des obergebürgischen Fürstentums beitraten: Es schlug aus dynastischen Erwägungen heraus 1486, also das Todesjahr des Kurfürsten und Markgrafen Albrecht Achilles, als »Normal Jahr« für den territorialen Bestand des Burggrafentums Nürnberg vor. Angesichts des in den brandenburgischen Hausverträgen festgeschriebenen Veräußerungsverbots sei jede seitdem von den fränkischen (Hohen)-Zollern vorgenommene, dauerhafte Abtretung »null und nichtig und kan vindiciret werden«. Folglich seien prinzipiell alle seit 1486 abgeschlossenen Verträge anfechtbar, wenn in ihnen ohne Zustimmung der Kurlinie in Berlin sowie ohne angemessenes Äquivalent dauerhafte Zessionen auf Kosten der ober- und untergebürgischen Fürstentümer verankert worden wären. Von dieser Regel ausnehmen wollte Georg allein Tauschverträge bzw. Abkommen zur Grenzberichtigung sowie Belehnungen[264].

Im Vergleich zu ihren Bayreuther Kollegen ließen sich die Mitglieder des 1. Senats der Ansbacher Regierung ungeachtet allen Drängens von Hardenberg betont Zeit mit einer ersten Stellungnahme über die Verbindlichkeit der be-

hier: fol. 56 ff. Erläuternde Resolution der Markgräfin Christiane Charlotte von Brandenburg-Ansbach für den Kanton Altmühl, Ansbach, 29. April 1729, ebd., fol. 63 – 70, hier: fol. 64, 69). – Speziell zur staatsrechtlichen Unmöglichkeit eines auf Gegenseitigkeit beruhenden, sog. nachbarlichen Vertrages zwischen einem Reichsglied in seiner Funktion als Landesherr einerseits und landsässigen Untertanen andererseits siehe: [*Gönner*], Staatsrechtliche Verhältnisse der adeligen Gutsbesitzer, S. 55.

262 Bericht der Bayreuther Regierung, Bayreuth, 26. März 1793, GStA PK Berlin, II. HA, Abt. 36, I, Nr. 3, fol. 75 – 77, hier: fol. 75.

263 Reskript Hardenbergs an die Bayreuther Regierung sowie den 1. Senats der Ansbacher Regierung, Ansbach, 6. Februar 1792, GStA PK Berlin, II. HA, Abt. 36, I, Nr. 3, fol. 1 – 2, hier: fol. 1. (Zitat ebd.). Vgl. auch: »Versuch eines ohngefähren Abrisses…« (wie Kap. II, Anm. 91), GStA PK Berlin, I. HA, Rep. 94, IV, Ac, Nr. 2, S. 1 – 149, hier: S. 142 f.

264 Bericht der Bayreuther Regierung, Bayreuth, 5. März 1792, GStA PK Berlin, II. HA, Abt. 36, I, Nr. 3, fol. 3. Gutachten von Johann Michael Georg, Bayreuth, 5. März 1792, ebd., fol. 4 – 14, hier: fol. 4 ff. (Zitat ebd., fol. 4). Bericht Hardenbergs an den preuß. König/das Kabinettsministerium, Bayreuth, 22. August 1792, ebd., fol. 62 – 71, hier: fol. 62 ff. (Zitat ebd., fol. 68).

stehenden Rezesse und Abkommen der fränkischen Markgrafentümer mit ihren immediaten Nachbarn: Erst in der letzten Aprilwoche des Jahres 1792 erreichte Hardenberg ihre ausführliche Stellungnahme[265]. Von den neun hieran beteiligten Regierungsräten waren vier adliger Geburt, die wiederum alle dem Corpus equestre entstammten[266]. Mindestens sieben Mitglieder des 1. Ansbacher Regierungssenats verwarfen die unzweideutigen Wünsche Hardenbergs in Bausch und Bogen. Entsprechend hielt der Abschlussbericht des Gremiums als Stimmenmehrheit fest, dass »ein RegierungsNachfolger allerdings an die von seinen Vorfahren qua dominis territorii auf eine gedachtermaßen zu Recht beständige Weiße eingegangenen Verträge gebunden seye«. Gleichzeitig wurden die Hindernisse herausgestellt, die »einer mit der Fraisch verbundenen geschloßenen TerritorialObrigkeit« im Wege stünden. Bei der Begründung dieses Urteils spielten Rücksichten auf das Ansehen und die Gesinnungen des preußischen Königs eine untergeordnete Rolle. Gleiches galt für die sich aus der praktischen Umsetzung von Hardenbergs Wunsch ergebenden Schwierigkeiten. Zwar wurden die territorialrechtlichen und politischen Realitäten, manifestiert in dem »etwas isolirten Verhältnis des – an der Spitze derer Preusischen Adler Flügel liegenden Fürstenthums Unterhalb Gebürgs«, wiederholt angeschnitten. Aber vor allem nahmen die Ansbacher Regierungsräte in ihren einzelnen Stellungnahmen ausführlichen Bezug auf das Natur- und Völkerrecht (Ius gentium), das bisherige Herkommen innerhalb des Hauses Brandenburg, die Praxis der obersten Reichsgerichte sowie die Lehre herausragender Repräsentanten des Reichs- und sog. fürstlichen Privatrechts, die zugleich die Mehrheitsmeinung in der einschlägigen juristischen Publizistik vertraten[267]. Diese umfassende juristische Tiefe fehlte dem

265 Reskript Hardenbergs an den 1. Senat der Ansbacher Regierung, Ansbach, 19. März 1792, GStA PK Berlin, II. HA, Abt. 36, I, Nr. 3, fol. 15. Bericht des 1. Senats der Ansbacher Regierung, Ansbach, 16. April 1792, ebd., fol. 16–18, hier: fol. 16.

266 Die neun an der Stellungnahme des 1. Senats der Ansbacher Regierung beteiligten Räte waren Karl Friedrich Wilhelm Philipp Freiherr von Falkenhausen, Friedrich Karl Alexander Freiherr Schilling von Canstatt, Wilhelm Karl Ludwig Freiherr Eichler von Auritz, [Karl Friedrich Ernst] Schenk [von Geyern], Sigmund Gottfried Karl Schegk, Johann Ferdinand Albert, [Karl Friedrich] Rose, Johann Friedrich Bauder und Johann Ernst Georg Friedrich Bomhard (Bericht des 1. Senats der Ansbacher Regierung, Ansbach, 16. April 1792, GStA PK Berlin, II. HA, Abt. 36, I, Nr. 3, fol. 16–18, hier: fol. 18. Vgl. Onolzbach- und Culmbachischer Genealogischer Calender und Adresse-Buch (1789), S. 60 f.). – Zur reichsritterschaftlichen Abstammung der vier an dem Gutachten beteiligten adligen Mitglieder des 1. Regierungssenats siehe *Godsey Jr.*, Nobles, S. 257 ff.

267 Bericht des 1. Senats der Ansbacher Regierung, Ansbach, 16. April 1792, GStA PK Berlin, II. HA, Abt. 36, I, Nr. 3, fol. 16–18, hier: fol. 16 ff. (Zitat ebd., fol. 16 f.). Zugeh. Voten zum Bericht, ebd., fol. 19–61: fortl. Votum von Johann Friedrich Bauder, o.O., 5. Februar 1792, ebd., fol. 19–23, hier: fol. 22. (Zitat ebd.). Votum von Johann Ernst Georg Friedrich Bomhard, o.O., März 1792, ebd., fol. 24–30, hier: fol. 28 (Zitat ebd.). – Das Votum von Karl Friedrich Wilhelm Philipp Freiherr von Falkenhausen liegt den Akten nicht bei. Einen Sonderfall stellt die Abstimmung von Sigmund Gottfried Karl Schegk dar: Sein Votum sprach sich zwar, wenn auch mit gewissen Ausnahmen, gegen eine allgemeine Aufhebung der Verträge aus. Aber dabei ließ

Bayreuther Gutachten Georgs und ermöglichte zugleich einzelnen bürgerlichen Regierungsräten in Ansbach, gegen die einseitige Aufhebung der bestehenden Verträge zu stimmen, selbst wenn sie bei allen offensichtlichen Hindernissen das Ziel eines geschlossenen Territoriums befürworteten oder ihm zumindest nicht abgeneigt waren[268]. Entsprechend redete der 1. Regierungssenat gütlichen Vergleichsverhandlungen mit den angrenzenden Herrschaften das Wort, um auf diesem Wege ungünstige bzw. möglicherweise den brandenburgischen Hausgesetzen widersprechende Abkommen sowie alle sonstigen Streitigkeiten mit den benachbarten Reichsgliedern einvernehmlich aus der Welt zu schaffen[269].

Hardenberg, dem selbst das Gutachten Georgs in einzelnen Punkten zu nachgiebig war, vermochte der geschilderten Stellungnahme der Ansbacher Räte nur wenig Sympathie entgegenzubringen[270] – was der Dirigierende Minister den 1. Regierungssenat des untergebürgischen Fürstentums auch deutlich spüren ließ: Letzterer wurde zusammen mit der Bayreuther Regierung durch ein Reskript Hardenbergs von Mitte November 1792 auf eine modifizierte Form der Vorschläge des Regierungsrates Georg verpflichtet, um im Sinne Hardenbergs die Verbindlichkeit der einzelnen Verträge bewerten zu

er sich bestenfalls am Rande durch politische, ideele oder rechtliche Motive leiten, wie es bei mindestens sieben seiner Kollegen der Fall war. Vielmehr begründete Schegk seine Abstimmung allein mit dem großen Arbeitsaufwand, der mit dem Entschluss zu einer generellen Aufhebung der bestehenden Abkommen verbunden sei (Votum von Sigmund Gottfried Karl Schegk, Ansbach, 19. April 1792, ebd., fol. 60 – 61, hier: fol. 60 f.). Dieses Argument von Schegk war allerdings nicht unbegründet, schließlich beriet und verfasste der 1. Regierungssenat zu Ansbach nach eigener Aussage »jährlich in die 12000. Resolutiones« (Bericht des 1. Senats der Ansbacher Regierung, Ansbach, 15. August 1792, GStA PK Berlin, II. HA, Abt. 36, I, Nr. 5, fol. 80a-80d, hier: fol. 80d).

268 Zu diesen bürgerlichen Regierungsräten dürften Bomhard und vor allem [Karl Friedrich] Rose gehört haben (Votum von Johann Ernst Georg Friedrich Bomhard, o.O., März 1792, GStA PK Berlin, II. HA, Abt. 36, I, Nr. 3, fol. 24 – 30, hier: fol. 28 ff. Votum von [Karl Friedrich] Rose, Ansbach, 9. April 1792, ebd., fol. 31 – 37, hier: fol. 37). – Auch Schegk favorisierte die Idee des geschlossenen Territoriums. Aber sein Abstimmungsverhalten wurde – wie bereits ausgeführt – von rein pragmatischen Gründen geleitet. Entsprechend spiegelte Schegks extrem kurzgehaltenes Votum nur sehr oberflächliche rechtliche Reflexionen wider (Votum von Sigmund Gottfried Karl Schegk, Ansbach, 19. April 1792, ebd., fol. 60 – 61, hier: fol. 60 f.). Vgl. den einseitigen Charakter und das juristisch seichte Niveau des Gutachtens von Johann Michael Georg, Bayreuth, 5. März 1792, ebd., fol. 4 – 14, hier: fol. 4 ff.

269 Bericht des 1. Senats der Ansbacher Regierung, Ansbach, 16. April 1792, GStA PK Berlin, II. HA, Abt. 36, I, Nr. 3, fol. 16 – 18, hier: fol. 17 f. Votum von Johann Ernst Georg Friedrich Bomhard, o.O., März 1792, ebd., fol. 24 – 30, hier: fol. 29 f. Votum von [Karl Friedrich] Rose, Ansbach, 9. April 1792, ebd., fol. 31 – 37, hier: fol. 36 f. Votum von Friedrich Karl Alexander Freiherr Schilling von Canstatt, Ansbach, 12. April 1792, ebd., fol. 38 – 41, hier: fol. 40 f. Votum von Johann Ferdinand Albert, o.O., 13. April 1792, ebd., fol. 42 – 45, hier: fol. 45. Votum von [Karl Friedrich Ernst] Schenk [von Geyern], Ansbach, 16. April 1792, ebd., fol. 49 – 59, hier: fol. 56 ff. Votum von Sigmund Gottfried Karl Schegk, Ansbach, 19. April 1792, ebd., fol. 60 – 61, hier: fol. 61.

270 Bericht Hardenbergs an den preuß. König/das Kabinettsministerium, Bayreuth, 22. August 1792, GStA PK Berlin, II. HA, Abt. 36, I, Nr. 3, fol. 62 – 71, hier: fol. 63 ff.

können, die zwischen den fränkischen Markgrafentümern und ihren reichsunmittelbaren Nachbarn bestanden[271].

Noch bevor diese faktische Zurückweisung der Rechtsauffassungen des 1. Ansbacher Regierungssenats entworfen und ausgefertigt wurde, demonstrierten die untergebürgischen Regierungsräte Hardenberg noch deutlicher, dass sie sich bei der Wahrung der Interessen ihres Dienstherren mehrheitlich an das Ius publicum gebunden fühlten: Zur Stellungnahme über die Rechtsverbindlichkeit des zwischen Brandenburg-Ansbach und dem Kanton Altmühl 1725 abgeschlossenen Kollektationsvergleichs aufgefordert, gutachtete der 1. Regierungssenat zu Ansbach mit dem bürgerlichen Johann Friedrich Bauder als vortragenden Referenten erneut im Sinne des Reichsrechts: Zwar sei die Übereinkunft mit dem Ritterort nicht gerade vorteilhaft für das Haus Brandenburg, aber es sei kein Rechtsgrund vorhanden, dem Vertrag die weitere Anerkennung zu versagen. Nicht nur die bei einer Aufhebung des Rezesses erforderliche Restitution des wechselseitigen Besitzstandes, wie er vor der Übereinkunft bestanden habe, erschien den mehrheitlich nicht zur Reichsritterschaft gehörenden Regierungsräten kaum realisierbar. Zudem könne eine willkürliche Aufkündigung der von rechtmäßigen Regierungsvorgängern geschlossenen Abkommen durch ihre Nachfolger vor keinem Reichsgericht Bestand haben, »wenn nicht das Heil(ige) Römische Reich ganz zu Trümmern gehen solle«[272]. Dass diese Stellungnahme nicht nur bei Haenlein auf Ablehnung stoßen musste, der weder das reichsritterschaftliche Ius collectandi auf den alienierten Rittergütern noch die Reichsunmittelbarkeit der Ansbach-Bayreuth benachbarten Reichsritter anerkennen wollte, liegt auf der Hand[273].

Noch deutlicher wurde der 1. Ansbacher Regierungssenat rund zwei Monate später: Den konkreten Anlass bildete ein von Hardenberg am 2. August 1792 vom 1. Regierungssenat eingefordertes Gutachten über die an den Grenzen Ansbachs bestehenden Landeshoheitsverhältnisse sowie die Mög-

271 Reskript Hardenbergs an den 1. Senat der Ansbacher Regierung sowie die Bayreuther Regierung, Ansbach, 17. November 1792, GStA PK Berlin, II. HA, Abt. 36, I, Nr. 3, fol. 73–76, hier: fol. 73 ff.

272 Bericht des 1. Senats der Ansbacher Regierung, Ansbach, 21. Juni 1792, GStA PK Berlin, II. HA, Abt. 36, I, Nr. 160, fol. 1–2, hier: fol. 1 f. – Die acht an der Stellungnahme des 1. Senats der Ansbacher Regierung beteiligten Räte waren Karl Friedrich Wilhelm Philipp Freiherr von Falkenhausen, Friedrich Karl Alexander Freiherr Schilling von Canstatt, Wilhelm Karl Ludwig Freiherr Eichler von Auritz, Sigmund Gottfried Karl Schegk, Johann Ferdinand Albert, [Karl Friedrich] Rose, Christian Friedrich Freiherr von Knebel und Johann Friedrich Bauder (Bericht des 1. Senats der Ansbacher Regierung, Ansbach, 21. Juni 1792, ebd., fol. 1–2, hier: fol. 2. Vgl. Onolzbach- und Culmbachischer Genealogischer Calender und Adresse-Buch (1789), S. 60 f.; Speziell zur postulierten Identifizierung von Rose siehe *Rehm*, Adress-Buch, S. 307). – Reichsritterschaftlicher Herkunft waren die Freiherrn von Falkenhausen, Schilling von Canstatt und von Knebel (*Godsey Jr.*, Nobles, S. 258 ff.).

273 Stellungnahme Haenleins zum Gutachten des 1. Ansbacher Senats, Bayreuth, 7. Juli 1792, GStA PK Berlin, II. HA, Abt. 36, I, Nr. 160, fol. 6.

lichkeiten, bisher nicht ausgeübte königliche Ansprüche auf benachbartes Gebiet zur Geltung zu bringen. Die an der Beratung teilnehmenden acht Räte hatten alle schon an den zuvor geschilderten Stellungnahmen des Gremiums mitgewirkt und nutzten die Gelegenheit zu einer Generalabrechnung mit Hardenbergs Arrondierungsplänen. Ihr durch Stimmenmehrheit beschlossener vorläufiger Bericht von Mitte August 1792 setzte dem Dirigierenden Minister auseinander, dass das in seinen Fragen deutlich werdende Landeshoheitsverständnis auf die Verhältnisse im fränkischen Territorium non clausum nicht anwendbar sei: Dabei betonten die Regierungsräte in deutlicher Abgrenzung zum traditionellen zollerschen Verständnis der Fraisch, dass obrigkeitliche Gerechtsame ohne den gleichzeitigen Besitz der Vogteilichkeit »noch lange das nicht involviren, was unter der vor nicht gar vielen Jahren, sogar dem Namen nach unbekannt gewesenen Landes-Hoheit in ihrer Ausdehnung verstanden wird«. Entsprechend der historisch gewachsenen Struktur der Herrschafts- und Rechtsverhältnisse zwischen Ansbach und seinen 42 immediaten Nachbarn könne das untergebürgische Fürstentum »kaum einen halbstündigen Strich Landes aufweisen«, über die nicht seit Jahrhunderten fremde Herrschaften die landesherrlichen Rechte ausüben würden. Die von Hardenberg gewünschte detaillierte Untersuchung der Landeshoheitsverhältnisse sei kaum durchführbar, was nicht nur mit dem enormen Arbeitsaufwand zu tun habe, sondern auch – und dieser Punkt verdient besondere Beachtung – mit Rechtsvorstellungen innerhalb der nachgeordneten Behörden, die mit denen des Dirigierenden Ministers nicht vereinbar seien: Daher müsse den »meist nur mit dem Fränkischen jure publico bekannten Aemtern, sogar noch vor allem die ihnen so fremde Idee eines förmlichen Landes-Hoheits-Rechts und dessen Bestand Theile und Wirkungen beygebracht – und auseinandergesezt« werden[274].

Fast dieselben acht Mitglieder des 1. Ansbacher Regierungssenats, die mit derart drastischen Worten Hardenbergs Arrondierungspläne verwarfen[275],

274 Bericht des 1. Senats der Ansbacher Regierung, Ansbach, 16. August 1792, GStA PK Berlin, II. HA, Abt. 36, I, Nr. 5, fol. 80a-80d, hier: fol. 80a ff. – Die acht an der Stellungnahme des 1. Senats der Ansbacher Regierung beteiligten Räte waren Karl Friedrich Wilhelm Philipp Freiherr von Falkenhausen, Wilhelm Karl Ludwig Freiherr Eichler von Auritz, [Karl Friedrich Ernst] Schenk [von Geyern], Sigmund Gottfried Karl Schegk, Johann Ferdinand Albert, [Karl Friedrich] Rose, Johann Friedrich Bauder und Johann Ernst Georg Friedrich Bomhard. Friedrich Karl Alexander Freiherr Schilling von Canstatt war abwesend, weshalb Bauder ihn als Referenten vertrat (Bericht des 1. Senats der Ansbacher Regierung, Ansbach, 16. August 1792, ebd., fol. 80a-80d, hier: fol. 80a ff. Vgl. Onolzbach- und Culmbachischer Genealogischer Calender und Adresse-Buch (1789), S. 60 f.).

275 Es handelte sich um Karl Friedrich Wilhelm Philipp Freiherr von Falkenhausen, Friedrich Karl Alexander Freiherr Schilling von Canstatt, Wilhelm Karl Ludwig Freiherr Eichler von Auritz, [Karl Friedrich Ernst] Schenk [von Geyern], Sigmund Gottfried Karl Schegk, Johann Ferdinand Albert, Johann Friedrich Bauder und Johann Ernst Georg Friedrich Bomhard (Bericht des 1. Senats der Ansbacher Regierung, Ansbach, 30. März 1793, GStA PK Berlin, II. HA, Abt. 36, I, Nr. 176, fol. 90. Vgl. Onolzbach- und Culmbachischer Genealogischer Calender und Adresse-Buch (1789), S. 60 f.).

bekräftigen speziell hinsichtlich der Reichsritterschaft im März 1793 erneut ihren Rechtsstandpunkt: Das Kollegium hatte über verschiedene Sachverhalte zu gutachten, zu denen auch die Frage der Verbindlichkeit der zwischen dem untergebürgischen Fürstentum und der Reichsritterschaft bestehenden Verträge gehörte. Zugleich sollte der Regierungssenat »der eingeseßenen Reichs-Ritterschaft wahres Verhältniß gegen das hiesige Untergebürg(ische) Fürstenthum« darlegen. Das Ergebnis bildeten zwei Voten des Regierungsrates Johann Ferdinand Albert, dem der 1. Senat beitrat und von denen für unsere Fragestellung allein das Letztere interessant ist. Darin verwarf Albert in einem historisch-rechtlichen Exkurs über die Herausbildung des Corpus equestre in Franken nicht nur die zollerschen Landeshoheitsansprüche auf die benachbarten Rittergüter. Zugleich betonte der Regierungsrat, dass es im eigenen Interesse Preußens liege, die Willenserklärungen und Übereinkommen zwischen Brandenburg-Ansbach und dem Kanton Altmühl von 1722, 1725 und 1729 auch weiter aufrechtzuerhalten. In seiner Stellungnahme zeigte sich Albert keineswegs als Freund der Reichsritterschaft, erkannte jedoch »das zur Reichs- und dieser fränk(ischen) Landes-Verfaßung fast untrennbar verbundene System der immediaten Ritterschaft« als grundsätzlich rechtmäßig an[276]. Angesichts solcher Auffassungen verwundert es wenig, dass der Dirigierende Minister dem Bayreuther Regierungsrat Georg einige Monate später die besagten Stellungnahmen Alberts und seiner Kollegen mit der Bemerkung zusandte, dass »man mit den von der k. Regierung 1. Sen(ats) zu Ansbach aufgestellten Grundsätzen unmögl(ich) einverstanden seyn kan«[277].

Spätestens seit dem vorläufigen Augustgutachten musste Hardenberg klar sein, dass er sich bei seiner Arrondierungspolitik auf Teile der Oberbeamten und insbesondere den 1. Regierungssenat zu Ansbach nicht verlassen konnte. Welche Maßnahmen ergriff der Dirigierende Minister, um zu verhindern, dass die Umsetzung seiner Pläne durch den Widerstand aus den Reihen der kö-

276 Bericht des 1. Senats der Ansbacher Regierung, Ansbach, 30. März 1793, GStA PK Berlin, II. HA, Abt. 36, I, Nr. 176, fol. 90. 2. Votum des Regierungsrats Johann Ferdinand Albert, o.O., 15. März 1793, ebd., fol. 95–111, hier: fol. 96 ff. (Zitate ebd., fol. 96 u. 110). – Zu dem angesprochenen Rezess und den Willenserklärungen der Jahre 1722, 1725 und 1729 siehe Kapitel IV.4.2. – Das 1. Votum Alberts – ursprünglich war die Nummerierung genau umgekehrt – beschäftigte sich vor allem mit Fragen der praktischen Durchführung eines Vergleiches mit der Reichsritterschaft (1. Votum des Regierungsrats Johann Ferdinand Albert, o.O., 16. März 1793, ebd., fol. 91–94, hier: fol. 91 ff.). – *Süssheim* (Politik, S. 85), der den Bericht des 1. Regierungssenats mit den beiden Voten Alberts um ein Jahr zu früh auf 1792 datiert, gibt den Entstehungszusammenhang, den Inhalt und die Bedeutung dieser Dokumente in einer Weise wieder, die im völligen Gegensatz zum Wortlaut der Originale steht. Sein extrem rudimentäres Wissen über die damaligen Vergleichsverhandlungen mag hierzu beigetragen haben. Die unzutreffende Darstellung Süssheims wurde von *H. H. Hofmann* (Herrschaft, S. 169 f.) weiter verbreitet.

277 Reskript Hardenbergs an den Bayreuther Regierungsrat Johann Michael Georg, Bayreuth, 7. September 1793, GStA PK Berlin, II. HA, Abt. 36, I, Nr. 152, fol. 182.

niglichen Verwaltung der fränkischen Provinzen gehemmt oder gar konterkariert wurde?

Nach der auch von Hofmeister-Hunger übernommenen Meinung Süssheims habe der Dirigierende Minister zuerst »immer wieder auf dem Wege der Güte« versucht, die seiner Arrondierungspolitik widersprechenden reichsritterschaftlichen Oberbeamten des 1. Ansbacher Regierungssenats auf seine Seite zu ziehen[278]. Diese These fußt jedoch allein auf einer Flugschrift, nach der Mitte Juli 1792, beim Besuch des preußischen Königs in Ansbach, drei Rittergenossen zu Wirklichen Geheimen Räten mit dem Ehrenprädikat Exzellenz ernannt sowie mit dem zollerschen Roten Adlerorden »geschmückt« wurden[279]. Ein Beweis für den behaupteten Versuch Hardenbergs, die Mitglieder des 1. Regierungssenats des untergebürgischen Fürstentums für seine Politik zu gewinnen ist dies jedoch nicht[280].

278 *Süssheim*, Politik., S. 87 (Zitat ebd.). *Hofmeister-Hunger*, Pressepolitik, S. 37 Anm. 29.

279 Beschreibung der Reise und des Einzuges Sr. Majestät, S. 23 ff., 33 (Zitat ebd., S. 33). Zur Basis von Süssheims These vgl. *Süssheim*, Politik, S. 87 Anm. 1. – Die drei derart Ausgezeichneten waren nach der Flugschrift der (fast) blinde Oberjägermeister und -forstmeister von Ansbach-Bayreuth und Kommandant des ehemaligen markgräflichen Feldjägerkorps Franz Georg Freiherr Schilling von Canstatt, der Oberhofmarschall, ehemalige Vizekanzler des Roten Adlerordens und Ritter des kurpfälzischen Löwenordens Karl Wilhelm Friedrich Freiherr Eichler von Auritz sowie der Oberkammerherr, Amtshauptmann zu Erlangen und Oberamtmann zu Baiersdorf Ludwig Karl Freiherr von Pöllnitz auf Frankenberg (Beschreibung der Reise und des Einzuges Sr. Majestät, S. 33). Zur reichsritterschaftlichen Abstammung dieser drei Adligen siehe *Godsey Jr.*, Nobles, S. 257 ff. – Keine Beachtung schenkt Süssheim erstaunlicherweise der in der Flugschrift ebenfalls nachzulesenden Ernennung des Regierungsrats Christian Dietrich Freiherr von und zu Egloffstein zum königlichen Kammerherrn (Beschreibung der Reise und des Einzuges Sr. Majestät, S. 33 f.).

280 Von den drei Reichsrittern waren nämlich nicht – wie von der Forschung behauptet – zwei, sondern kein einziger Mitglied des 1. Senats der Ansbacher Regierung (vgl. zur Zusammensetzung des 1. Ansbacher Regierungssenats im Sommer 1792: Bericht des 1. Senats der Ansbacher Regierung, Ansbach, 30. März 1793, GStA PK Berlin, II. HA, Abt. 36, I, Nr. 176, fol. 90, Bericht des 1. Senats der Ansbacher Regierung, Ansbach, 16. August 1792, ebd., fol. 80a-80d, hier: fol. 80a ff. sowie Onolzbach- und Culmbachischer Genealogischer Calender und Adresse-Buch (1789), S. 60 f.). Auch darüber hinaus ist der ganze Vorfall wenig geeignet, um ein besonders entgegenkommendes Verhalten des Dirigierenden Ministers gegenüber dem Corpus equestre oder den im königlichen Dienst stehenden Reichsrittern im Allgemeinen zu illustrieren. Schließlich führten die drei ausgezeichneten Rittergenossen bereits vor dem Anfall Ansbach-Bayreuths an Berlin den Titel Exzellenz und firmierten schon unter Karl Alexander zumindest als Geheime Räte. Der 1777 in Ansbach-Bayreuth erneuerte und reformierte sowie im Juni 1792 zum zweiten Ritterorden der preußischen Monarchie erklärte Rote Adlerorden war zwar eine herausragende Auszeichnung. Jedoch können mindestens zwei, höchstwahrscheinlich sogar alle drei Reichsritter diesen nicht im Juli 1792 von Friedrich Wilhelm II. erhalten haben, wie Süssheim in Anlehnung an die berührte Flugschrift behauptet: Sie waren nämlich bereits unter Karl Alexander in den Roten Adlerorden aufgenommen worden und wurden entsprechend im Hof- und Staatskalender unter den von diesem und nicht durch Friedrich Wilhelm II. ernannten Ordensrittern geführt. Es dürfte sich mithin um nicht mehr als die faktisch kaum zu umgehende Bestätigung der alten Ordensritter durch Friedrich Wilhelm II. gehandelt haben. Damit waren die angeblichen Ehrungen – wenn sie wirklich in der geschilderten Form stattgefunden haben – zwar keineswegs unbedeutend, aber für

Wenn es also mit der postulierten wohlwollenden Politik Hardenbergs gegenüber den widerstrebenden reichsritterschaftlichen Oberbeamten nicht weit her war, wie reagierte der Dirigierende Minister dann auf die seinen Vorstellungen derart widersprechenden Gutachten eines Teils seiner Regierungsräte? Die Antwort findet sich in einem Reskript Hardenbergs an den 1. Regierungssenat in Ansbach vom 7. September 1793: Darin konstatierte der Dirigierende Minister nicht zuletzt mit Blick auf die Stellungnahme der Behörde von Ende März 1793, dass die Teilnahme der reichsadligen Mitglieder des Regierungssenats an den Beratungen über die Auseinandersetzungen mit dem Corpus equestre »für den rechtschaffenden Mann immer peinliche Collision der Pflichten veranlassen muß«. Daher sei es künftig den reichsritterschaftlichen Mitgliedern des Kollegiums untersagt, an Sitzungen teilzunehmen, in denen über die reichsadligen Angelegenheiten beraten würde. Auch die in letzteren auszufertigenden Schriftstücke sollten nicht mehr den Rittergenossen im Regierungssenat bekannt gemacht werden. Daher hatten die derart einschlägigen Dokumente zukünftig »in einer besondern Büchse blos bey den zur Reichsritterschaft nicht gehörigen Mit-Gliedern« der Behörde zu zirkulieren[281]. Derartige Maßnahmen mögen von manchem Rittergenossen als ehrabschneidend empfunden worden sein[282]. Aber der Ausschluss ritterschaftlicher Räte von Beratungen, die das Corpus equestre betrafen, war alles andere als neu, wie bereits ausgeführt wurde: In Bayreuth bestand ein vergleichbares Verbot schon seit den Zeiten des Markgrafen Georg Wilhelm[283].

Hanns Hubert Hofmann hat in seiner verdienstvollen Habilitationsschrift über die aus der Zeit Karl Alexanders stammenden reichsritterschaftlichen Oberbeamten die Behauptung aufgestellt, dass ein Teil in Reaktion auf das Reskript vom 7. September 1793 den königlichen Dienst quittiert hätte, »etliche [..] höchst ehrenvoll« entlassen worden seien, während »die meisten [...]

reichsunmittelbar geborene hohe Beamte keineswegs so herausragend, wie die Forschung glaubte (Onolzbach- und Culmbachischer Genealogischer Calender und Adresse-Buch (1789), S. 55. *Rehm*, Adress-Buch, S. 290 ff. *Süssheim*, Politik, S. 87. Vgl. Handbuch über den Königlich Preussischen Hof und Staat, S. 21. Speziell zum Roten Adlerorden siehe: »Versuch eines ohngefähren Abrisses...« (wie Kap. II, Anm. 91), GStA PK Berlin, I. HA, Rep. 94, IV, Ac, Nr. 2, S. 1–149, hier: S. 120 f.; Beschreibung der Reise und des Einzuges Sr. Majestät, S. 33, S. 34 Anm. *; Patent von König Friedrich Wilhelm II. von Preußen, Berlin, 12. Juni 1792, in: *Krause* (Hg.), Sammlung, Nr. 59, S. 276–278, hier: S. 276 ff.; *Rehm*, ebd., S. 289 u. *Schuhmann*, Markgrafen (1980), S. 414 ff.).

281 Reskript Hardenbergs an den 1. Senat der Ansbacher Regierung sowie die Bayreuther Regierung, Bayreuth, 7. September 1793, GStA PK Berlin, II. HA, Abt. 36, I, Nr. 152, fol. 182–183, hier: fol. 182 f. (Zitate ebd., fol. 183).

282 Hofmann charakterisiert das Reskript vom 7. September 1793 mit den Schlagworten »Affront« und »Gewalt« (*H. H. Hofmann*, Herrschaft, S. 170, 176).

283 Reskript Hardenbergs an den 1. Senat der Ansbacher Regierung sowie die Bayreuther Regierung, Bayreuth, 7. September 1793, GStA PK Berlin, II. HA, Abt. 36, I, Nr. 152, fol. 182–183, hier: fol. 183. *Winkler*, Markgraf (1998), S. 277. *Ders.*, Markgraf (2000), S. 41.

nur noch nominell in der Regierung« verblieben wären. Diese als unbestrittenes Faktum präsentierte Feststellung wurde von der neueren Historiografie in der Gestalt von Wolfgang von Stetten, Georg Seiderer sowie insbesondere Andrea Hofmeister-Hunger und Rudolf Endres rezipiert und modifiziert fortgeschrieben. Dadurch entstand das Bild eines gegen unliebsame reichsritterschaftliche Räte konsequent durchgreifenden Dirigierenden Ministers, wobei in erster Linie an die opponierenden Mitglieder des 1. Ansbacher Senats gedacht wurde[284]. Jedoch blieb dabei gänzlich unbeachtet, dass Hofmann jeden Beweis für seine Theorie schuldig blieb[285].

Es soll hier nicht bestritten werden, dass Hardenberg vielen bürgerlichen Räten als zuverlässigen und fähigen Fachleuten in seiner »fränkischen Schule« den Aufstieg zu führenden Positionen in der Verwaltung Ansbach-Bayreuths ermöglichte – was übrigens im Ancien Régime keineswegs ungewöhnlich war[286]. Auch versteht es sich von selbst, dass für die zahlreichen reichsritterschaftlichen Mitglieder des Hofstaates Karl Alexanders nach dessen Abdankung vielfach keine Verwendung mehr bestand[287]. Aber das auf Hofmann zurückgehende und vor allem auf den 1. Ansbacher Regierungssenat gemünzte Bild eines umfassenden Personalaustausches reichsritterschaftlicher Staatsdiener ist unzutreffend[288]: An den einschlägigen Gutachten dieses Kol-

284 *H. H. Hofmann*, Herrschaft, S. 176 (Zitate ebd.). *Hofmeister-Hunger*, Pressepolitik, S. 70. *Endres*, Ära Hardenberg, S. 191. *Ders.*, preußische Ära, S. 186. *Ders.*, Reformmodell, S. 45. *Ders.*, Zum neuen Staat, S. 57. *Ders.*, Reformpolitik, S. 298. *Ders.*, Staat und Gesellschaft, S. 781. *Seiderer*, Formen, S. 451. *Stetten*, Rechtsstellung, S. 109. Noch etwas anders: *H. H. Hofmann*, Die preußische Ära (1960/61), S. 231 f. – Endres ergänzte Hofmanns Theorie noch durch das Ausscheiden von Reichsrittern durch Tod und aus gesundheitlichen Gründen, wodurch ein unauffälliger »Generationenwechsel« vollzogen worden sei. Zudem verlegte Endres die angebliche freiwillig nachgesuchte Dienstentlassung der »meisten Mitglieder vom Adel in der markgräflichen Oberbeamtenschaft« auf die Zeit »nach dem rüden Vorgehen gegen die eingesessene Ritterschaft«, also wahrscheinlich frühestens in das Jahr 1796 (*Endres*, Ära Hardenberg, S. 191. *Ders.*, preußische Ära, S. 186. *Ders.*, Reformmodell, S. 45 (Zitate ebd.). *Ders.*, Zum neuen Staat, S. 57). – Eine positive Ausnahme ist in diesem Zusammenhang Hofmeister-Hunger, die ohne ihre These belegen zu können, konstatierte, dass in der Ansbacher Verwaltung, »ein radikaler Personalaustausch aus Gründen der Kontinuitätswahrung und der spezifischen lokalen Sachkenntnis nicht geboten schien« (*Hofmeister-Hunger*, Pressepolitik, S. 36). Damit stellte sie sich in die Tradition von *Hans Haussherr* (Hardenberg I, S. 136), der ebenfalls ohne Quellennachweis behauptet hatte: Hardenberg zeigte »gegen die alten markgräflichen Beamten eine sehr milde Hand und nahm zu Anfang lieber eine stille Opposition hin, als gleich mit Absetzungen vorzugehen«. Völlig gegenstandslos ist die Behauptung von *Elfi M. Haller* (Markgraf, S. 59), Hardenberg hätte sogar die von Karl Alexander entlassenen, also meist reichsritterschaftlichen Regierungsbeamten wieder eingesetzt, »soweit sie nicht sich anderen Aufgaben zugewendet haben, wie Gemmingen«. Eine derartige Wiederanstellung traf – wie ausgeführt wurde – nur auf Ludwig Friedrich Christoph Schmid zu.

285 Vgl. *H. H. Hofmann*, Herrschaft, S. 176.

286 Siehe Kapitel IV.5.2.

287 »Versuch eines ohngefähren Abrisses…« (wie Kap. II, Anm. 91), GStA PK Berlin, I. HA, Rep. 94, IV, Ac, Nr. 2, S. 1–149, hier: S. 82 f., 118 f. Onolzbach- und Culmbachischer Genealogischer Calender und Adresse-Buch (1789), S. 82 ff.

288 Die Aufhebung der bisherigen Trennung von gelehrter und adliger Bank in den Kollegien unter

legiums vom April, Juni und August 1792 sowie März 1793 waren nur fünf Rittergenossen beteiligt[289], die nach dem Ausscheiden der beiden Brüder von Wöllwarth 1790 praktisch die einzigen reichsritterschaftlichen Mitglieder des Gremiums waren[290]. Nach dem Staatskalender Ansbach-Bayreuths für das Jahr 1796 war einer dieser fünf Rittergenossen, Friedrich Karl Alexander Freiherr Schilling von Canstatt, ungeachtet seiner gegen die Arrondierungspolitik Hardenbergs gerichteten Äußerungen nicht nur weiterhin Mitglied des 1. Ansbacher Regierungssenats, sondern auch noch zu dessen Erstem Direktor aufgestiegen[291]. Zu diesem Zeitpunkt befanden sich von den anderen vier der fraglichen fünf Reichsritter ebenfalls noch drei im königlichen Dienst: Sie waren nur vom ersten in den zweiten Senat der Ansbacher Regierung versetzt worden, in dem mit Karl Friedrich Wilhelm Philipp Freiherr von Falken-

Hardenberg ändert an diesem Befund ebenso wenig wie die Einführung strenger Prüfungen für neu eintretende adlige Räte (Vertraute Briefe über das Fürstenthum Bayreuth, S. 78. *Kretschmann*, [Rezension], Vertraute Briefe, S. 406). – Schon die vertragliche Verpflichtung Berlins, dass die markgräflichen Beamten auch bei einer Ruhestandsversetzung keine finanziellen Einbußen erleiden dürften, gebot eine Quieszierung nur im unvermeidlichen Einzelfall anzuwenden, um die königlichen Kassen nicht zu sehr zu belasten (*Hartung*, Hardenberg, S. 71 f.).

289 Es handelte sich um Karl Friedrich Wilhelm Philipp Freiherr von Falkenhausen, Wilhelm Karl Ludwig Freiherr Eichler von Auritz, [Karl Friedrich Ernst] Schenk [von Geyern], Christian Friedrich Freiherr von Knebel und Karl Alexander Freiherr Schilling von Canstatt (Bericht des 1. Senats der Ansbacher Regierung, Ansbach, 16. April 1792, GStA PK Berlin, II. HA, Abt. 36, I, Nr. 3, fol. 16–18, hier: fol. 18. Bericht des 1. Senats der Ansbacher Regierung, Ansbach, 16. August 1792, GStA PK Berlin, II. HA, Abt. 36, I, Nr. 5, fol. 80a-80d, hier: fol. 80a ff. Bericht des 1. Senats der Ansbacher Regierung, Ansbach, 30. März 1793, GStA PK Berlin, II. HA, Abt. 36, I, Nr. 176, fol. 90. Bericht des 1. Senats der Ansbacher Regierung, Ansbach, 21. Juni 1792, GStA PK Berlin, II. HA, Abt. 36, I, Nr. 160, fol. 1–2, hier: fol. 2).

290 Vgl. Glückwunschschreiben des 1. und 2. Senats der Ansbacher Regierung an den preußischen König Friedrich Wilhelm II., Ansbach, 2. Februar 1792, GStA PK Berlin, I. HA, Rep. 44 B, Nr. 1, fol. 187 u. Onolzbach- und Culmbachischer Genealogischer Calender und Adresse-Buch (1789), S. 60 f., 68. – Weder dem 1. noch dem 2. Ansbacher Regierungssenat klar zuweisen ließ sich der ebenfalls zum Corpus equestre gehörende von Roeder, der in einem Glückwunschschreiben beider Kollegien von Anfang Februar 1792 bezeugt ist (Glückwunschschreiben des 1. und 2. Senats der Ansbacher Regierung an den preußischen König Friedrich Wilhelm II., Ansbach, 2. Februar 1792, ebd., fol. 187. Speziell zur reichsritterschaftlichen Abstammung der von Roeder siehe *Godsey Jr.*, Nobles, S. 262).

291 *Rehm*, Adress-Buch, S. 303. Zum Abstimmungsverhalten des Freiherrn Schilling von Cannstatt siehe vor allem: Votum von Friedrich Karl Alexander Freiherr Schilling von Canstatt, Ansbach, 12. April 1792, GStA PK Berlin, II. HA, Abt. 36, I, Nr. 3, fol. 38–41, hier: fol. 38 ff. – Zudem bekleidete Friedrich Karl Alexander Freiherr Schilling von Canstatt nach dem Staatskalender des Jahres 1796 im drittinstanzlichen Appelationsgericht der fränkischen Markgrafentümer, dem Oberrevisionskollegium, das Assessorat (*Rehm*, ebd., S. 297 f.). – Da – soweit in Erfahrung gebracht werden konnte – der Staatskalender von 1796 für Ansbach-Bayreuth der erste seit dem Jahr 1789 war und weil Schilling von Canstatt, genau wie drei weitere der angesprochenen Reichsritter, inzwischen andere Ämter als zuvor bekleidete, ist die bei Hof- und Staatskalendern immer wieder zu beobachtende Fortschreibung längst überholter Dienstverhältnisse äußerst unwahrscheinlich.

hausen einer von ihnen sogar das Präsidium übernommen hatte[292]. Zwar war dieses Gremium aufgrund der ihm zugewiesenen Aufgaben weit weniger in die Mediatisierungspolitik Hardenbergs involviert als der 1. Regierungssenat, weshalb an eine trotz des Reskripts vom 7. September 1793 notwendig gewordene gezielte Entfernung der Reichsritter aus einem besonders sensiblen Bereich gedacht werden könnte. Aber völlig belanglos war der 2. Regierungssenat zu Ansbach für die Interessen des Corpus equestre noch lange nicht[293]. Auch der in den Kabinettsakten Friedrich Wilhelms II. dokumentierte Fall unseres fünften Reichsritters, Christian Friedrich Freiherr von Knebel, vermag Hofmanns Theorie nicht zu stützen. Knebel war zwar Mitglied des 1. Ansbacher Regierungssenats und wurde im Juli 1794 vorübergehend von den laufenden Geschäften entbunden und Anfang 1795 auf Antrag Hardenbergs entlassen[294]. Aber an den entscheidenden Gutachten des Kollegiums vom April und August 1792 sowie vom März 1793 war Knebel gar nicht beteiligt[295]. Allein die Stellungnahmen des 1. Regierungssenats vom Februar und Juni 1792 wurden von ihm mitunterzeichnet, ohne dass – wie bei den meisten anderen reichsritterschaftlichen Räten – mit letzter Sicherheit festgestellt werden könnte, ob sein individuelles Votum stets dem der Mehrheit des Kollegiums entsprach bzw. ob er wirklich entgegen den Intentionen Hardenbergs abstimmte[296]. Auch darüber hinaus ist es äußerst fraglich, ob der Grund für Knebels erzwungene Demission im Streit über die reichsritterschaftliche Rechtsstellung zu suchen ist. Nach den Quellen veranlassten nämlich Ar-

292 *Rehm*, Adress-Buch, S. 307. – Karl Friedrich Wilhelm Philipp Freiherr von Falkenhausen wurde im Staatskalender von 1796 zugleich als Präsident des Saynischen Administrationsratskollegiums geführt (*Rehm*, ebd., S. 439).

293 Der 2. Ansbacher Regierungssenat war u. a. für streitige Lehensangelegenheiten zuständig (*Rehm*, Adress-Buch, S. 307). Es wurde bereits dargelegt, dass ein erheblicher Teil der reichsritterschaftlichen Güter an den Grenzen Ansbach-Bayreuths zollersche Lehen waren (siehe Kapitel IV.2). – Noch 1797 konnte der Ortskonsulent des Kantons Altmühl berichten, dass seine langjährigen Freunde in den Ansbacher Kollegien sich über seine Behandlung durch Hardenberg empört hätten (Schreiben des Altmühler Ortskonsulenten J. L. Hußen an den Ortskonsulenten von Rhön-Werra, Pollich, Wilhermsdorf, 13. März 1797, StA Marburg, 109, Nr. 312, Bd. 3).

294 Bericht Hardenbergs an König Friedrich Wilhelm II. inkl. königlichem Signat, Frankfurt/M., 13. Januar 1795, GStA PK Berlin, I. HA, Rep. 96, Nr. 254 A, Vol. I, fol. 98. Entwurf eines von Hardenberg unterzeichneten Entlassungsdekrets für Knebel, Berlin, [ohne Datum], ebd., fol. 99. Onolzbach- und Culmbachischer Genealogischer Calender und Adresse-Buch (1789), S. 61.

295 Bericht des 1. Senats der Ansbacher Regierung, Ansbach, 16. April 1792, GStA PK Berlin, II. HA, Abt. 36, I, Nr. 3, fol. 16 – 18, hier: fol. 18. Bericht des 1. Senats der Ansbacher Regierung, Ansbach, 16. August 1792, GStA PK Berlin, II. HA, Abt. 36, I, Nr. 5, fol. 80a-80d, hier: fol. 80a ff. Bericht des 1. Senats der Ansbacher Regierung, Ansbach, 30. März 1793, GStA PK Berlin, II. HA, Abt. 36, I, Nr. 176, fol. 90.

296 Bericht des 1. Senats der Ansbacher Regierung, Ansbach, 21. Juni 1792, GStA PK Berlin, II. HA, Abt. 36, I, Nr. 160, fol. 1 – 2, hier: fol. 2. Gemeinschaftlicher Bericht des 1. Senats der Ansbacher Regierung und des Burggräflichen Ratskollegiums, Ansbach, 6. Februar 1792, GStA PK Berlin, II. HA, Abt. 36, I, Nr. 112).

beitsverweigerung und Beleidigung seines Vorgesetzten den König, Knebel »anderen zum exempel« zu entlassen[297].

Die von Endres zur Stützung der von Hofmann übernommenen Theorie angeführten Passagen in den Erinnerungen des ehemaligen preußischen Beamten Weltrich beziehen sich auf zwei Adlige im 2. Regierungssenat zu Bayreuth, die 1796 und 1797 ihre Entlassung erhielten. Ein gegen Hardenbergs Mediatisierungspolitik gerichtetes Verhalten ist bei beiden nicht nachweisbar[298]. Damit bleibt nur ein einziger Fall, bei dem die Entlassung eines reichsritterschaftlichen Oberbeamten aus dem königlichen Dienst vor dem Hintergrund der preußischen Mediatisierungspläne erfolgte: Es handelte sich um (Friedrich) Julius (Heinrich) Reichsgraf von Soden (1754 – 1831), der vor allem als Literat und Nationalökonom in die Geschichte eingehen sollte[299]. Der aus Ansbach gebürtige Sohn eines markgräflichen Majors und Hofjunkers war schnell im markgräflichen Dienst aufgestiegen und vertrat die Interessen Karl Alexanders seit 1781 als zweiter und ab 1785/87 alleiniger Kreistagsgesandter in Nürnberg. Ab 1792 versah er sein Amt beim Kreiskonvent im Namen des preußischen Königs[300]. Nachdem Hardenberg bereits im September 1792 die Entlassung Sodens vergeblich in Berlin betrieben hatte, gelang es dem Dirigierenden Minister durch eine Intrige, im April 1796 die Dimission des ungeliebten Kreistagsgesandten durchzusetzen[301]. Was stand hinter dem Sturz

297 Bericht Hardenbergs an König Friedrich Wilhelm II. inkl. königlichem Signat, Frankfurt/M., 13. Januar 1795, GStA PK Berlin, I. HA, Rep. 96, Nr. 254 A, Vol. I, fol. 98 (Zitat ebd., königliches Signat). Entwurf eines von Hardenberg unterzeichneten Entlassungsdekrets für Knebel, Berlin, [ohne Datum], ebd., fol. 99.

298 *Weltrich*, Erinnerungen … aus den Preussischen Regierungs-Jahren, S. 34, 42. *Endres*, Ära Hardenberg, S. 191, S. 199 Anm. 69. *Ders.*, preußische Ära, S. 186, 186 Anm. 104. *Ders.*, Reformmodell, S. 45, 45 Anm. 97. – Es handelte sich um den Präsidenten des 2. Bayreuter Regierungssenats Friedrich Wilhelm Freiherr von Künsberg und den Regierungsrat Heinrich Joseph von Falkenstein (*Weltrich*, ebd., S. 34. *Rehm*, Adress-Buch, S. 361. Vgl. *Godsey Jr.*, Nobles, S. 260). Künsberg soll nach *Hartung* (Hardenberg, S. 78) schon zuvor gesundheitlich schwer angeschlagen gewesen sein, weshalb der Grund für seine Entlassung vor allem in seinem körperlichen Zustand zu suchen sein dürfte.

299 *Hamberger/Meusel*, Teutschland VII, S. 528 ff. *Vocke*, Geburts- und Todten-Almanach II, S. 352 ff. *Groß*, Soden, S. 532 ff. *H.-M. Körner/Jahn*, Enzyklopädie III, S. 1847. *R. Müller*, Soden, Sp. 201 f. – Soden, dessen Vorfahren väterlicherseits dem landsässigen Adel Norddeutschlands entstammten, wurde 1790 während des pfalz-bayerischen Reichsvikariats in den Reichsgrafenstand erhoben, was jedoch ein reiner Brief- und Titularadel war (*Hamberger/Meusel*, ebd., S. 528. *Hanke*, Bürger, S. 30 f., 86. *Groß*, ebd., S. 532 f.).

300 *Hamberger/Meusel*, Teutschland VII, S. 528. Onolzbach- und Culmbachischer Genealogischer Calender und Adresse-Buch (1789), S. 135. *Süssheim*, Politik, S. 102 f. *Hanke*, Bürger, S. 30 f., 44, 59 ff., 120. *Groß*, Soden, S. 532. *Hachtmann*, Soden, S. 7 ff.

301 Reskript von Finkenstein, Alvensleben und Haugwitz an Hardenberg, Berlin, 7. April 1796, GStA PK Berlin, II. HA, Abt. 36, I, Nr. 391, fol. 86 – 87, hier: fol. 86. Reskript von Finkenstein, Alvensleben und Haugwitz an Hardenberg, Berlin, 26. April 1796, ebd., fol. 91. Bericht des geheimen französischen Agenten Gleichen an Rewbell, Mitglied des Direktoriums in Paris, o.O., 28. Juni 1796, AMAE Paris, CP, Allemagne - Petites Principautés, Nr. 74, fol. 25 – 26, hier : fol. 26. *Hamberger/Meusel*, Teutschland VII, S. 528. *Süssheim*, Politik, S. 104 f., 168 f. *Hanke*,

Sodens am Vorabend der endgültigen Durchsetzung der preußischen Landeshoheitsansprüche gegen die Ansbach-Bayreuth benachbarten Reichsglieder? Allem Anschein nach zweifelte der Dirigierende Minister an der Zuverlässigkeit des Kreistagsgesandten, obwohl sich dieser lange bemüht hatte, seine Meinungen den Plänen Hardenbergs anzupassen[302]. Es gibt Hinweise, dass Soden die Rechtmäßigkeit von Hardenbergs Kreis- und Arrondierungspolitik zunehmend in Zweifel zog, schließlich war er mit dem Ius publicum hinreichend vertraut: Zwischen 1771 und 1774 hatte Soden Jurisprudenz in Erlangen, Jena und Altdorf studiert. Hinzu kamen seine langjährige Tätigkeit im 1. Senat der Ansbacher Regierung sowie seine Erfahrungen als Kreistagsgesandter in Nürnberg[303]. Sodens reichsrechtliche Bedenken könnten durch seinen Reichspatriotismus im Sinne einer Befürwortung der Reichsverfassung sowie seine – zum Teil unbewiesenen – privaten Freundschaften zu führenden Gesandten anderer Kreisstände noch verstärkt worden sein[304]. Vor allem aber war Soden von den Mediatisierungsplänen Hardenbergs selbst unmittelbar betroffen: Bereits 1783 hatte sich Soden um die Aufnahme in das Corpus equestre beworben, worauf er im Winter 1790/91 in den Kanton Steigerwald rezipiert wurde und dabei versicherte: »Daß nichts meine treue Anhänglichkeit an die Konstitution des teutschen Reichs überhaupt, und des damit so innig verwebten Systems der unmittelbaren freien Reichsritterschaft insbesondere zu erschüttern vermögend seyn wird«[305].

Bürger, S. 131. *Riedenauer*, Reichsverfassung, S. 136, 163. *Ders.*, Gesandter, S. 330 f. – Eine erste Intrige Hardenbergs gegen Soden um den März 1794 sollte vielleicht dessen freiwilligen Rücktritt provozieren (*Hanke*, ebd., S. 127). – Ein französischer Agent erklärte den Sturz Sodens damit, dass dieser »zu aufgeclaert war« und wie sein Nachfolger »Zu hell und ehrlich für Pr.[eußen] denct« (Bericht des geheimen französischen Agenten Gleichen an Rewbell, Mitglied des Direktoriums in Paris, o.O., 28. Juni 1796, ebd., fol. 25–26, hier : fol. 26.). – Bereits im Spätsommer 1794 suchte der Kreisgesandte selbst, allerdings vergeblich, um seine Entlassung in Berlin nach. Zur näheren Begründung führte er neben gesundheitlichen Problemen explizit die zunehmenden Spannungen mit den fränkischen Kreisständen aufgrund der preußischen Politik an. Zudem dürfte ein grundsätzlicher Vertrauensverlust zwischen Soden und Hardenberg eine nicht unerhebliche Rolle beim Entlassungsgesuch des Kreisgesandten gespielt haben – ein Konflikt, der den Dirigierenden Minister das Gesuch Sodens befürworten ließ (Abschrift des Schreibens von Julius von Soden an den preußischen König, Nürnberg, 27. September 1794, GStA PK Berlin, II. HA, Abt. 36, I, Nr. 391, fol. 14–19, hier: fol. 14 ff., insbes. 15 f. Bericht Hardenbergs an den König, Frankfurt/M., 22. August 1794, ebd., fol. 23–26, hier: fol. 23 ff. Reskript von Finkenstein, Alvensleben und Haugwitz an Hardenberg, Berlin, 22. September 1794, ebd., fol. 36. *Hanke*, ebd., S. 126 ff. *Süssheim*, ebd., S. 167. *Hachtmann*, Soden, S. 17).

302 *Süssheim*, Politik, S. 104. *Hanke*, Bürger, S. 121 ff., 131.

303 *Hamberger/Meusel*, Teutschland VII, S. 528 ff. *Hanke*, Bürger, S. 44 ff., 58 ff., 121, 127. *Groß*, Soden, S. 532 f. *Hachtmann*, Soden, 9 f. *Riedenauer*, Reichsverfassung, S. 163. *Ders.*, Gesandter, S. 330 ff.

304 *F. J. H. Soden*, Franzosen, S. 117 ff., v. a. aber S. 247 f. *Burgdorf*, Reichskonstitution, S. 315 f. *Süssheim*, Politik, S. 103 f. *Hanke*, Bürger, S. 63 f., 85, 96 ff., 122 ff. *Riedenauer*, Reichsverfassung, S. 136 ff., 565. *Ders.*, Gesandter, S. 330 ff.

305 Abschrift des Schreibens von Soden an den Kanton Altmühl, o.O., 21. Mai 1783, StA Marburg,

Zwar unterstützte Soden mehr als ein Jahrzehnt später als Parteigänger Montgelas' die Mediatisierung der Pfalz-Bayern benachbarten Reichsritter[306]. Aber in seiner Zeit als königlicher Kreistagsgesandter galt Soden, ungeachtet seiner Funktion als Vertreter der offiziellen preußischen Politik, sowohl Hardenberg als den Direktoren der Kantone als Mann mit »allen günstigen Gesinnungen für die Reichsritterschaft«[307]. Zudem war Sodens bei Odenwald immatrikuliertes Rittergut Neidenfels, das unmittelbar an das Ansbacher Kastenamt Crailsheim grenzte, seit 1792 selbst von den Eingriffen der preußischen Behörden in die reichsritterschaftlichen Gerechtsame betroffen[308].

Insgesamt bleibt festzuhalten, dass von dem vermeintlich umfassenden Personalaustausch unliebsamer reichsritterschaftlicher Staatsdiener bis ins Jahr 1796 nicht die Rede sein kann. Ob sich dies mit den Verwaltungsreformen ab Sommer 1797 wesentlich änderte, sei dahingestellt – die Bedeutung wäre

109, Nr. 164. Abschrift des Rezeptionsdiploms des Kantons Steigerwald für Reichsgraf Julius Heinrich von Soden, Erlangen, 31. Dezember 1791, ebd. Abschrift des Reverses mit dem Rittereid von Reichsgraf Julius Heinrich von Soden, Nürnberg, 13. Februar 1792, ebd. Abschrift des Schreibens von Reichsgraf Julius Heinrich von Soden an den Kanton Steigerwald, Erlangen, 16. Februar 1792, ebd. (Zitat ebd.). – Die Rezeption Sodens fand ihren formalen Abschluss erst im Oktober 1794, was jedoch an seiner faktischen Mitgliedschaft im Consortium equestre seit der Jahreswende 1791/92 nichts änderte (*Hanke*, Bürger, S. 84).

306 Siehe Kapitel IX.1.

307 Schreiben des Ortsvorstandes Gebürg an den Ortsvorstand Rhön-Werra, Bamberg, 5. November 1792, StA Marburg, 109, Nr. 311, Bd. 1, Dok. 69. Schreiben des Ortsvorstandes Rhön-Werra an den Ortsvorstand Gebürg, Schweinfurt, 12. Januar 1793, StA Marburg, 109, Nr. 311, Bd. 2, Dok. 99 (Zitat ebd.). Bericht Hardenbergs an den König, Frankfurt/M., 22. August 1794, GStA PK Berlin, II. HA, Abt. 36, I, Nr. 391, fol. 23–26, hier: fol. 26. – 1794 konstatierte der Dirigierende Minister, dass in den fränkischen Landeshoheitsstreitigkeiten Sodens »Grundsätze denjenigen, welche das Haus Brandenburg behauptet ganz entgegen sind und nach seinen ReichsRitterschaft.(lichen) Verhältnissen seyn müssen« (Bericht Hardenbergs an den König, Frankfurt/M., 22. August 1794, ebd., fol. 23–26, hier: fol. 26).

308 Abschrift des Schreibens des Ortsvorstandes Odenwald an den Ortsvorstand Gebürg, Kochendorf, 17. März 1792, StA Marburg, 109, Nr. 311, Bd. 1, Dok. 24. Abschrift des Gesandtschaftsberichts des Ortskonsulenten von Gebürg, Wittmann, Bamberg, 7. Dezember 1792, ebd., Dok. 85. Nachschreiben des Ortvorstandes Rhön-Werra an die Ortsvorstände Gebürg, Steigerwald, Altmühl und Baunach, o.O., 2. Dezember 1794 mit Nachschreiben des Ortvorstandes Rhön-Werra an den Ortsvorstand Odenwald, o.O., 1. Dezember 1794, StA Marburg, 109, Nr. 311, Bd. 3, Dok. 225. Schreiben des Ortsvorstandes Odenwald an den Ortsvorstand Rhön-Werra, Kochendorf, 16. September 1794, ebd., Dok. 226. Schreiben von Julius [Heinrich] Reichsgraf von Soden an den Ortsvorstand Odenwald, Nürnberg, 27. Oktober 1794, ebd., Dok. 227. Abschrift des Berichts des von Sodenschen Amtes Neidenfels, o.O., 24. Oktober 1794, ebd. Dok. 228. Abschrift des Entwurfs eines Schreibens des von Sodenschen Amtes Neidenfels an das königliche Kastenamt Crailsheim, o.O., [ca. Oktober] 1794, ebd., Dok. 229. Protokollauszug des von Sodenschen Amtes Neidenfels, Neidenfels, 18. Oktober 1794, ebd., Dok. 230. Protokollauszug des von Sodenschen Amtes Neidenfels, Neidenfels, 22. Oktober 1794, ebd., Dok. 231. Entschließung von Julius [Heinrich] Reichsgraf von Soden an das von Sodenschen Amt Neidenfels, Nürnberg, 27. Oktober 1794, ebd. Dok. 232. 1. Nachschreiben des Ortsvorstandes Odenwald an den Ortsvorstand Rhön-Werra, Kochendorf, 31. Dezember 1794, ebd., Dok. 240. – Zur geografischen Lage von Neidenfels siehe auch *Spindler/Diepolder* (Hg.), Geschichtsatlas, S. 30 f.

dann, angesichts der inzwischen weitgehend erfolgten Unterwerfung der Ansbach-Bayreuth benachbarten Rittergenossen, nur noch zweitrangig[309]. Ein analoges Bild wie bei den angesprochenen Reichsrittern ergibt sich übrigens, wenn der Karriere derjenigen bürgerlichen Räte des 1. Regierungssenats in Ansbach nachgegangen wird, die an den gegen die Mediatisierungspolitik Hardenbergs gerichteten Gutachten wesentlich mitwirkten, jedoch in Hofmanns These keinerlei Beachtung fanden[310]: Auch von ihnen befand sich 1796 die Mehrheit noch im königlichen Dienst – wiederholt sogar in für die Mediatisierungspolitik des Dirigierenden Ministers wichtigen Stellungen[311]. Zudem hatte Hardenberg im Mai 1792 Johann Ernst Georg Friedrich Bomhard und Johann Friedrich Bauder ausdrücklich gegen Entlassungs- bzw. Versetzungsforderungen von Seiten des Fürsten von Öttingen-Spielberg in Schutz genommen, obwohl gerade Bauder wiederholt gegen die Arrondierungspläne seines Vorgesetzten opponiert haben dürfte[312].

Zusammenfassend kann konstatiert werden, dass widerständiges Verhalten gegen die Mediatisierungspolitik des Dirigierenden Ministers unter der königlichen Oberbeamtenschaft, insbesondere jedoch im 1. Regierungssenat zu

309 Zur im Mai 1797 verfügten Umstrukturierung der preußischen Verwaltung in Ansbach-Bayreuth auf der Ebene der Kriegs- und Domänenkammern sowie der Regierungen und den damit verbunden Aufstieg von Mitgliedern der »fränkischen Schule« siehe: *Weltrich*, Erinnerungen … aus den Preussischen Regierungs-Jahren, S. 37, 42; *K. H. Lang*, Annalen, S. 21; *Hartung*, Hardenberg, S. 104 ff. u. *H. H. Hofmann*, Herrschaft, S. 176. Zu den noch weit tiefgreifenderen administrativen Umgestaltungen der Jahre 1798/99 und ihren Auswirkungen auf die Besetzung der obersten Behörden der fränkischen Markgrafentümer siehe: *Weltrich*, ebd., S. 47 ff.; *K. H. Lang*, ebd., S. 24 ff.; *Hartung*, ebd., S. 141 ff.

310 Es wurde gezeigt, dass die Regierungsräte Johann Ferdinand Albert, [Karl Friedrich] Rose, Johann Friedrich Bauder und Johann Ernst Georg Friedrich Bomhard vor allem aus rechtlichen Beweggründen gegen Hardenbergs Mediatisierungspolitik gutachteten, während bei ihrem Kollegen Sigmund Gottfried Karl Schegk wesentlich pragmatischere Gründe den Ausschlag für seine Ablehnung der Pläne des Dirigierenden Ministers gaben.

311 Johann Friedrich Bauder war – ähnlich seinen reichsritterschaftlichen Kollegen – nur vom 1. in den 2. Regierungssenat zu Ansbach versetzt worden. Dies war aufgrund der schon angesprochenen Zuständigkeit des Gremiums in streitigen Lehenssachen eine nicht unbedeutende Stellung (*Rehm*, Adress-Buch, S. 306 f.). Johann Ferdinand Albert, dessen wiederholte Voten gegen Hardenbergs Mediatisierungspolitik ausführlich behandelt wurden, war nach dem Staatskalender des Jahres 1796 sogar zum Direktor der 2. Ansbacher Regierungssenats und zum Lehenspropst aufgestiegen (*Rehm*, ebd., S. 307). Johann Ernst Georg Friedrich Bomhard erscheint 1796 als Rat in der Ansbacher Kriegs- und Domänenkammer (*Rehm*, ebd., S. 310). Dagegen ist 1796 ausgerechnet Sigmund Gottfried Karl Schegk nicht mehr in der zentralen Verwaltung der fränkischen Markgrafentümer nachweisbar. Es sei dahingestellt, ob der Grund hierfür in seinen vielleicht zu begrenzten juristischen Fähigkeiten begründet lag oder anderer Natur war (vgl. Votum von Sigmund Gottfried Karl Schegk, Ansbach, 19. April 1792, GStA PK Berlin, II. HA, Abt. 36, I, Nr. 3, fol. 60 – 61, hier: fol. 60 f.). – Auch [Karl Friedrich] Rose scheint 1796 nicht mehr in den Oberbehörden Ansbach-Bayreuths gearbeitet zu haben.

312 Bericht Hardenbergs an den König/das Kabinettsministerium, Ansbach, 14. Mai 1792, GStA PK Berlin, I. HA, Rep. 44 B, Nr. 1a. Gemeinschaftlicher Bericht des 1. Senats der Ansbacher Regierung und des Burggräflichen Ratskollegiums, Ansbach, 6. Februar 1792, GStA PK Berlin, II. HA, Abt. 36, I, Nr. 112.

Ansbach, ein erstaunliches und über den bisherigen Wissensstand hinausreichendes Ausmaß erreichte. Entgegen der Meinung der Forschung waren bei den einschlägigen Abstimmungen dieses Kollegiums die Rittergenossen gegenüber den bürgerlichen Regierungsräten stets in der Minderheit[313]. Entsprechende Bedeutung kam daher den bisher völlig unterschätzten reichsrechtlichen Bedenken gegen Hardenbergs Arrondierungspläne zu. Letztere ermöglichten es auch den nichtadligen Räten, den Plänen des Dirigierenden Ministers ihre Zustimmung zu verweigern, selbst wenn sie die Schaffung eines Territorium clausum grundsätzlich befürworteten. Als historiografischer Mythos konnte schließlich der vermeintliche Austausch der nicht im Sinne Hardenbergs gutachtenden reichsritterschaftlichen Oberbeamten entlarvt werden. Dennoch gingen gerade die bürgerlichen Räte des 1. Ansbacher Regierungssenats mit ihren Abstimmungen ein erhebliches Risiko ein, da sie mit ihrer Karriere auch ihre wirtschaftliche Existenz aufs Spiel setzten: Einerseits konnte selbst beim Bezug eines festen Ratsgehalts aus der königlichen Kasse nicht ausgeschlossen werden, dass »vielleicht auch hier – und dar mit Nahrungs-Sorgen zu kämpfen habender [sic] Collegial MitGliedere« vorhanden waren[314]. Andererseits kam bei aller Kritik der Schutz des Staatsdieners vor bedingungsloser oder willkürlicher Entlassung, der sog. Dimission, im Ancien Régime nie über wohlmeinende Ansätze hinaus. Der auf Lebenszeit alimentierte und nur unter bestimmten Voraussetzungen aus dem Dienst entfernbare Berufsbeamte sollte erst mit den rheinbündischen Reformen auf breiter Front seinen Einzug in die deutschen Amtsstuben halten[315].

313 Zu dieser irrtümlichen Annahme der Forschung siehe: *H. H. Hofmann*, Herrschaft, S. 168 f.; *Endres*, Ära Hardenberg, S. 182; *Ders.*, preußische Ära, S. 175; *Ders.*, Reformmodell, S. 34. Allgemeiner formuliert, aber mit der gleichen Intention: *Hofmeister-Hunger*, Pressepolitik, S. 36 f. – Nicht nur bei den behandelten Abtimmungen, sondern auch insgesamt hatten nach den Hof- und Staatskalendern der Jahre 1789 und 1796 im 1. Ansbacher Regierungssenat weder die Rittergenossen allein noch die landsässigen und reichsunmittelbaren Adligen zusammen ein zahlenmäßiges Übergewicht gegenüber ihren bürgerlichen Kollegen (Onolzbach- und Culmbachischer Genealogischer Calender und Adresse-Buch (1789), S. 60 f. *Rehm*, Adress-Buch, S. 303).

314 Bericht des 1. Senats der Ansbacher Regierung, Ansbach, 16. August 1792, GStA PK Berlin, II. HA, Abt. 36, I, Nr. 5, fol. 80a-80d, hier: fol. 80d.

315 *Bischoff*, Ueber die Endigung der Staatsdienste, S. 397, 405 ff. Wirtembergica, S. 181. *Wirth*, Jurist, S. 19 ff. *Wunder*, Entstehung des modernen Staates, S. 112 ff. *Ders.*, Geschichte, S. 29 ff. *Ders.*, Privilegierung, S. 44 ff., 115 ff., 123 ff., 139 ff., 214 ff., 230 f. *Ders.*, Reform, S. 184 f. – Vgl. als exemplarisches Beispiel für willkürliche Dienstentlassungen den Fall des ehemaligen Ansbacher und dann württembergischen Ministers Karl Ludwig Georg Freiherr von Wöllwarth: Geschichte der Entfernung des Herzoglich-Wirtembergischen Ministers v. Wöllwarth, S. 481 Anm. *, 491 ff.

VI. Die Zuspitzung des Konflikts: Winter 1792/93 bis Frühjahr 1796

1. Die Intensivierung der preußischen Mediatisierungspolitik

Bereits anlässlich des Anschlags der zollerschen Patente im Februar und März 1792 konstatierte der Ortsvorstand des Kantons Odenwald: »Es läßt sich nach einem Vorgang dieser Art wohl schwer verkennen, daß es könig(lich) preu-ß(ische)r Seits auf nichts minders, als auf die gewaltsame Durchsetzung des Grundsatzes, quod est in territorio, id etiam est de territorio angesehen sey«[1]. Diese Befürchtung schien sich seit dem Winter 1792/93 endgültig zu bewahrheiten: Einerseits scheiterten – wie ausgeführt wurde – im Februar und März 1793 definitiv alle vorangegangenen Versuche, die Streitigkeiten zwischen dem fränkischen Ritterkreis und Ansbach-Bayreuth durch umfangreiche Vergleichsverhandlungen beizulegen[2]. Andererseits sahen sich die den fränkischen Markgrafentümern benachbarten Rittergenossen zwischen dem Winter 1792/93 und dem Frühjahr 1796 mit einer Flut von Eingriffen in ihre Reichsunmittelbarkeit und landesherrlichen Rechte durch die königlichen Behörden konfrontiert, die alles bisher Dagewesene weit in den Schatten stellten[3]. Den Anlass bildeten zum einen Reformen und innenpolitische Maßnahmen in den fränkischen Markgrafentümern, die zur besseren Wirksamkeit kurzerhand auf die Ansbach-Bayreuth benachbarten Rittergüter ausgedehnt wurden. Bei den bestehenden Überschneidungen obrigkeitlicher Gerechtsame erschien es nämlich Männern wie Schuckmann als unmöglich, »Mißbräuche abzuschaffen, ohne behauptete Ansprüche zu verletzen«[4]. Vor

1 Abschrift des Schreibens des Ortsvorstandes Odenwald an den Ortsvorstand Altmühl, o.O., 5. März 1792, StA Marburg, 109, Nr. 311, Bd. 1, Dok. 19.

2 Siehe Kapitel V.4.1.

3 Zu den folgenden Ausführungen über die Eingriffe in reichsritterschaftliche Gerechtsame und ihre Folgen, die Auswirkungen der Jagdleidenschaft Markgraf Karl Alexanders sowie die sog. »Wildbretabtragsgelder« siehe auch: *Stamm-Kuhlmann*, »Für dessen Constitution ich keine drei Kreuzer mehr gebe«, S. 75; *Endres*, Reformmodell, S. 35; *Ders.*, Zum neuen Staat, S. 54; *Ders.*, Staat und Gesellschaft, S. 773; *Ders.*, Ära Hardenberg, S. 183; *Ders.*, preußische Ära, S. 175 f.; *Hofmeister-Hunger*, Pressepolitik, S. 56; *Hanke*, Bürger, S. 127 f.; *Schuhmann*, Markgrafen (1980), S. 253, 258, 498 f.; *Stetten*, Rechtsstellung, S. 108; *Haussherr*, Hardenberg I, S. 140 f.; *H. H. Hofmann*, Herrschaft, S. 170; *Ders.*, Die preußische Ära (1960/61), S. 232; *Ders.*, Neustadt-Windsheim, S. 148; *Kaisenberg*, Leben, S. 25 f.; *H. Müller*, Kampf, S. 60 f.; *C. Meyer*, Politik, S. 17 f.; *Ders.*, Hardenberg, S. 11 f.; *Philippson*, Geschichte II, S. 231.

4 Bericht des Präsidenten der Bayreuther Kriegs- und Domänenkammer von Schuckmann an Hardenberg, Bayreuth, 12. November 1795, in: *Kretschmann*, Dienstjahre (1808), S. 146–150,

allem aber ging es Berlin und dem provisorischen Departement Hardenbergs bzw. dem fränkischen Landesministerium darum, bis zur endgültigen Durchsetzung der preußischen Landeshoheit über die benachbarten Rittergüter die traditionellen Rechts- und Herrschaftsansprüche Ansbach-Bayreuths gegenüber den Rittergenossen zu verwahren. Dazu hätten reichsrechtlich zwar auch bloße Protestschreiben gereicht – ein Weg, den, wie gezeigt wurde, die Reichsritterschaft gegenüber Ansbach-Bayreuth unzählige Male beschritt. Aber diese Möglichkeit hatten sich die königlichen Behörden selbst versperrt, indem sie die Landeshoheitsansprüche Berlins – reichsrechtlich ein sog. petitorium – zum realen Besitz (possessorium) umdeuteten. Dieser war in reichsgerichtlichen Auseinandersetzungen zwar für Preußen vorteilhafter, bedeutete aber auch, dass die betroffenen Reichsritter als angebliche »Insassen« der fränkischen Markgrafentümer bereits königliche Untertanen sein mussten, gegen die Preußen seine Herrschaft nicht ohne »Verwahrlosung landesherrlicher Rechte« mit bloßen Schreiben verteidigen konnte, sondern nur mit Besitzhandlungen[5].

Ein Ergebnis dieser Politik war, dass die königlichen Behörden mit ihren zahllosen Übergriffen seit dem Winter 1792/93 die betroffenen Rittergenossen in Teilbereichen aus ihrer Stellung als immediate Landesherrn verdrängten und Berlin in den nun wirklich realen Besitz (possessorium) einschlägiger Gerechtsame auf benachbartem reichsritterschaftlichen Gebiet setzten[6]. Dabei handelte es sich vor allem um obrigkeitliche Befugnisse der sog. Oberpolizey und Militärhoheit – Gerechtsame, deren Erwerb Hardenberg schon im ersten Jahr der preußischen Herrschaft in Ansbach-Bayreuth auf dem Vergleichswege angestrebt hatte, ohne dabei zu einem Ergebnis zu gelangen[7].

Ob der Dirigierende Minister bereits beabsichtigte, die Ansbach-Bayreuth benachbarten Reichsritter zu zermürben und damit über kurz oder lang von sich aus zur Unterwerfung zu zwingen, muss aufgrund der Quellenlage dahingestellt bleiben. In reichsritterschaftlichen Kreisen bestand schon relativ früh die Befürchtung, dass angesichts der zahlreichen Eingriffe der königlichen Behörden in die reichsritterschaftliche Rechtsstellung Rittergenossen,

hier: S. 147 f. (Zitat ebd.). Bericht des Bayreuther Differenzdepartements, Bayreuth, 26. November 1795, in: *Kretschmann*, ebd., S. 150–166, hier: S. 162 f.

5 Bericht der Bayreuther Kriegs- und Domänenkammer, Bayreuth, 26. November 1795, GStA PK Berlin, II. HA, Abt. 36, IV, Nr. 123. Reskript Hardenbergs an den Präsidenten der Bayreuther Kriegs- und Domänenkammer von Schuckmann, Basel, 16. November 1795, in: *Kretschmann*, Dienstjahre (1808), S. 144–146, hier: S. 145. Bericht des Bayreuther Differenzdepartements, Bayreuth, 26. November 1795, in: *Kretschmann*, ebd., S. 150–166, hier: S. 151 ff. (Zitate ebd., S. 154). – Speziell zu den reichsrechlichen Theorien des possessorium und petitorium siehe Kapitel V.3 u. V.4.2.

6 Zur Behauptung und Durchsetzung landesherrlicher Rechte durch faktische Ausübung siehe Kapitel V.3 u. V.4.2.

7 Siehe Kapitel V.4.1.

»um sich nur einige Ruhe zu verschaffen, zu der Trennung von dem Verband gegen Uns« sich bewegen lassen könnten[8].

Ferner dürfte die finanzielle und militärische Belastung, der sich die preußische Monarchie durch ihre Teilnahme am Ersten Koalitionskrieg gegen Frankreich bis 1795 ausgesetzt sah, als Katalysator in der Mediatisierungspolitik Hardenbergs gewirkt haben: Durch die zwangsweise Heranziehung der benachbarten Rittergenossen bzw. ihrer Untertanen konnten die immensen ökonomischen und personellen Opfer der norddeutschen Großmacht und ihrer fränkischen Provinzen auf mehr Schultern verteilt und damit erträglicher gemacht werden.

Ein weiterer Faktor, der die Eskalation in den Beziehungen zwischen fränkischer Reichsritterschaft und Ansbach-Bayreuth seit dem Winter 1792/93 angeheizt haben dürfte, lag in der Veränderung der reichspolitischen Lage begründet: Das seit Reichenbach bestehende Einvernehmen der beiden deutschen Großmächte zeigte nämlich zunehmend Risse. Dazu trugen die ausbleibenden Erfolge der auf territoriale Expansion sinnenden Verbündeten im gemeinsamen Krieg gegen das revolutionäre Frankreich nicht unwesentlich bei. Vor allem aber einigten sich am 23. Januar 1793 der Zarenhof und Berlin auf eine Zweite Teilung Polens, wobei Österreich von der Beute ausgeschlossen wurde. Die zwangsläufige Folge dieser Ereignisse konnte nur das Wiederaufleben des seit 1738/40 bestehenden preußisch-österreichischen Dualismus sein, der seit der Konvention von Reichenbach im Jahre 1790 vorübergehend in den Hintergrund getreten war. Seit 1794 wäre ein erneuter Krieg zwischen den beiden deutschen Vormächten keineswegs überraschend gewesen: Auf der einen Seite räumte die preußische Armee im Oktober 1794 eigenmächtig nahezu das gesamte linke Rheinufer, und im Frühjahr 1795 ließ Berlin im Basler Sonderfrieden seinen kaiserlichen Alliierten endgültig im Stich. Umgekehrt blieb eine österreichische Unterstützung Preußens zur Niederschlagung des 1794 ausgebrochenen polnischen Aufstandes aus. Stattdessen kam es zu einer Annäherung zwischen Franz II. und Katharina II., die im geheimen Vertrag vom 3. Januar 1795 zu einem Interessensausgleich in Polen auf Kosten Preußens fanden. Einen weiteren Reibungspunkt zwischen den Höfen Wien und Berlin bildeten die fortbestehenden Absichten Österreichs auf den Erwerb Kurbayerns. Die geschilderte Zuspitzung der reichspolitischen und internationalen Lage schlug seit Frühling 1793 voll durch auf die Auseinandersetzung um die Rechtsstellung der reichsritterschaftlichen Klientel des Kaisers an den Grenzen der fränkischen Provinzen Berlins. Zwar waren die wachsenden Spannungen zwischen den deutschen Großmächten nicht in erster Linie ursächlich für die massiven Eingriffe Preußens in die Gerechtsame eines großen Teils der fränkischen Reichsritterschaft zwischen

8 Abschrift des Schreibens des Ortsvorstandes Gebürg an den Reichshofrats- und fränkischen Direktorialagenten der Reichsritterschaft, Herr von Alt, Bamberg, 23. März 1793, StA Marburg, 109, Nr. 311, Bd. 2, Dok. 112.

dem Winter 1792/93 und dem Frühjahr 1796. Aber sie gossen zusätzliches Öl ins Feuer und bedeuteten, dass der Dirigierende Minister weitaus weniger Rücksicht als bisher auf die Interessen der Hofburg bei seiner Arrondierungspolitik nehmen musste[9].

Wie bei den vereinzelten Maßnahmen der königlichen Behörden gegen die an den Grenzen Ansbach-Bayreuths liegenden Rittergüter im Frühjahr und Sommer bzw. Herbst 1792 ist auch bei den preußischen Übergriffen der folgenden Jahre zu konstatieren, dass nicht alle Vorfälle auf direkte Anweisungen Hardenbergs zurückgeführt werden können. Vielmehr wurden sie in Einzelfällen durch den Dirigierenden Minister wegen des darüber entstandenen »Aufsehen[s]« sogar missbilligt[10]. Gerade die zahlreichen lokal begrenzten Auseinandersetzungen zwischen Reichsritterschaft und Vertretern Ansbach-Bayreuths, die sich auch ohne preußische Arrondierungsabsichten aus dem Rechtsgestrüpp des Territorium inclausum ergeben mussten, dürften vielfach ohne ausdrücklichen Befehl des provisorischen Departements Hardenbergs oder des fränkischen Landesministeriums geführt worden sein. Aber auch sie verdienen Beachtung, da die königlichen Amtleute und Oberbeamten in diesen Konflikten sich im Einklang mit den Zielen des Dirigierenden Ministers und seiner engsten Mitarbeiter wähnen konnten[11]. Bei den groß angelegten Übergriffen der königlichen Behörden konnte ohnehin kaum ein Zweifel darüber bestehen, dass diesen direkte Weisungen Hardenbergs zugrunde liegen mussten. Schließlich galt auch in solchen Fällen die Grundregel: »Gleichförmige Entwürfe ins Ganze [...] pflegen doch wohl immer Befehle der Regierung zum Grund zu haben«[12].

9 *Aretin*, Das Alte Reich III, S. 371 ff., 406 ff., 430 ff., 451, 457 ff. *Hartung*, Hardenberg, S. 34 f. *Sheehan*, Ausklang, S. 199 ff. *Biro*, German Policy I, S. 38 f., 74 ff., 158 f., 165 f., 180, 236 ff., 264 ff., 286 f., 312 f., 444 f., 453 f., 461. *Bringmann*, Preußen, S. 355 ff., 377 ff., 428 ff., 446 ff., 476 ff., 516, 543 ff., 593 ff., 609 f., 625 ff., 641 ff. – Speziell zur Datierung des grundlegenden österreichisch-preußischen Bruches auf die Jahre 1738/40 siehe *Mazohl-Wallnig*, Zeitenwende, S. 195 ff. u. *W. Neugebauer*, Hohenzollern I, S. 223.

10 Schreiben des Ortsvorstandes Neckar-Schwarzwald an den Ortsvorstand Donau, Tübingen, 30. April 1796, HStA Stuttgart, B 579, Bü 24. Reskript Hardenbergs an den Präsidenten der Bayreuther Kriegs- und Domänenkammer von Schuckmann, Basel, 16. November 1795, in: *Kretschmann*, Dienstjahre (1808), S. 144 – 146, hier: S. 145 (Zitat ebd.). Bericht des Bayreuther Differenzdepartements, Bayreuth, 26. November 1795, in: *Kretschmann*, ebd., S. 150 – 166, hier: S. 150 ff., 165. Siehe auch *Süssheim*, Politik, S. 155 f. – Beispielhaft sei auf einen nur von Kracker abgezeichneten Entwurf einer Weisung über die Heranziehung der reichsritterschaftlichen »fremdherr.(ischen) Eingesessenen« zu Fuhren für die königliche Armee vom 6. März 1794 verwiesen. Dieser wurde vom Dirigierende Minister kassiert, der stattdessen wenige Tage später verfügte, dass »für izt nur blos die diesseitgen unstreittigen Unterthanen bey den zu leistenden Fuhren [...] als concurrenz[-]pflichtig anzunehmen« seien (Entwurf eines Reskripts an die Kammer und Landschaft zu Ansbach, Frankfurt/M., 6. März 1794, GStA PK Berlin, II. HA, Abt. 36, IV, Nr. 118 (Zitat ebd.). Reskript Hardenbergs an die Kammer und Landschaft zu Ansbach, Frankfurt/M., 11. März 1794, ebd. (Zitat ebd.)).

11 Siehe Kapitel II.3 u. V.4.2.

12 Gewaltsame Ankündigung (Teutsche Staatskanzley), S. 316 f.

Doch wie sahen die Eingriffe der Ansbach-Bayreuther Behörden in die Reichsunmittelbarkeit sowie die Landesherrlichkeit der benachbarten Reichsritter seit dem Winter 1792/93 konkret aus, und welche Folgen hatten sie?

Am Anfang des zu behandelnden Zeitabschnitts[13] stand die massive Heranziehung reichsritterschaftlicher Untertanen zu verschiedenen Dienstleistungen für die königliche Armee, die dadurch einen Teil der Lasten des preußischen Militärsystems im Allgemeinen und des Koalitionskrieges im Besonderen mitzutragen hatten: An verschiedene reichsadlige Hintersassen im Kanton Gebürg erging beispielsweise die Aufforderung, sich an den Schanzarbeiten zur Verstärkung der Bayreuther Landesfestung Kulmbach zu beteiligen. Diejenigen ritterschaftlichen Untertanen, die diesem Gebot nicht Folge leisteten, wurden durch preußisches Militär zur geforderten Fron geführt. Andernorts zogen königliche Behörden reichsritterschaftliche Hintersassen im Viertel Gebürg zu Fouragelieferungen, Getreidefuhren und sonstigen Spanndiensten heran. Auf Renitenz reagierte die preußische Seite mit Zwangsmaßnahmen sowie der Verhängung von Geldstrafen[14].

13 Ein Teil der im folgenden zu schildernde Vorfälle ließ sich aufgrund der in den besuchten Archiven vorhandenen Akten nur indirekt – jedoch ziemlich sicher – auf den Winter 1792/93 und das anbrechende Frühjahr 1793 datieren. Dies betrifft die Heranziehung reichsritterschaftlicher Untertanen zum Festungsbau in Kulmbach sowie zu Lieferungen und Fuhren für die preußische Armee. Unsicherer ist die Datierung der Ausdehnung des Edikts zur Verfolgung preußischer Deserteure auf reichsritterschaftliche Untertanen: Hier kann eine über einige Wochen hinausgehende zeitliche Abweichung von den bereits genannten Vorfällen nicht völlig ausgeschlossen werden (vgl. Beilage E: Nachträge zu der dem Kaiser vorgelegten Geschichtserzählung vom 15. Februar 1793, StA Marburg, 109, Nr. 311, Bd. 2 in Verbindung mit dem Schreiben des Ortsvorstandes Gebürg an den Ortsvorstand Rhön-Werra, Bamberg, 26. März 1793, ebd., Dok. 111. Abschrift des Schreibens des Ortsvorstandes Gebürg an den Reichshofrats- und fränkischen Direktorialagenten der Reichsritterschaft, Herr von Alt, Bamberg, 23. März 1793, ebd., Dok. 112. Abschrift der Note des Reichshofrats- und fränkischen Direktorialagenten der Reichsritterschaft, Herr von Alt, an die Reichshofkanzlei, Wien, 30. März 1793, StA Marburg, 109, Nr. 311, Bd. 3, Dok. 146. »Actenmässige kurze Darstellung derjenigen reichsgesezwidrigen Gewaltthätigkeiten, welche die unmittelbare Reichsritterschaft in Franken seit der Abtretung der beiden fränkischen Fürstenthümer Bayreuth und Ansbach an S.[ein]e könig.[liche] Majestät von Preussen hat erfahren müssen«, [ca. Februar 1796], StA Marburg, 109, Nr. 311, Bd. 5, zu Dok. 333. Abschrift des Promemorias der Vertreter des fränkischen Ritterkreises an den Reichsgrafen von Schlick, Würzburg, 17. Juni 1793, StA Ludwigsburg, B 575 IV, Bü 352).

14 Beilage E: Nachträge zu der dem Kaiser vorgelegten Geschichtserzählung vom 15. Februar 1793, StA Marburg, 109, Nr. 311, Bd. 2. Abschrift des Schreibens des Ortsvorstandes Gebürg an den Reichshofrats- und fränkischen Direktorialagenten der Reichsritterschaft, Herr von Alt, Bamberg, 23. März 1793, ebd., Dok. 112. »Actenmässige kurze Darstellung derjenigen reichsgesezwidrigen Gewaltthätigkeiten, welche die unmittelbare Reichsritterschaft in Franken seit der Abtretung der beiden fränkischen Fürstenthümer Bayreuth und Ansbach an S.[ein]e könig.[liche] Majestät von Preussen hat erfahren müssen«, [ca. Februar 1796], StA Marburg, 109, Nr. 311, Bd. 5, zu Dok. 333. Abschrift des Promemorias der Vertreter des fränkischen Ritterkreises an den Reichsgrafen von Schlick, Würzburg, 17. Juni 1793, StA Ludwigsburg, B 575 IV, Bü 352.

Stellten diese Maßnahmen bereits eine Missachtung der weitgehenden reichsritterschaftlichen Militärhoheit sowie im Falle der verhängten Straf- und Zwangsmaßnahmen Eingriffe in die Vogteilichkeit und Polizeybefugnisse der betroffenen Rittergenossen dar, kam bald auch noch die erneute Verletzung des reichsadligen Ius affigendi literas patentes hinzu: Durch Behörden des obergebürgischen Fürstentums wurde nämlich reichsritterschaftlichen Untertanen »eine Verordnung wegen Aufhalt- und Verfolgung der deserteurs« bekannt gemacht und deren Beachtung anbefohlen[15]. Dieses mehrteilige Reglement von 1788 war Anfang August 1792 vom preußischen Mutterland auf die fränkischen Markgrafentümer mit leichten Modifikationen übertragen worden und musste vierteljährlich von den Kanzeln der Kirchen verlesen werden. Sein Inhalt »zu dem die Treibjagd, wie es scheint, die Grundidee gab«, wie es später Karl Heinrich Lang ironisch formulierte, regelte detailliert das Aufspüren, die Verfolgung sowie das Ergreifen der aus der königlichen Armee desertierenden Soldaten und Rekruten durch die Bevölkerung[16]. Die Ausdehnung eines solchen Reglements auf reichsritterschaftliche Hintersassen bedeutete neben dem schon berührten Aspekt auch, dass sich Preußen das Recht zusprach, den betroffenen reichsadligen Untertanen Gebote und Verbote zu erteilen. Damit nicht genug, enthielt die Verordnung auch ausführliche Passagen über die Bestrafung derjenigen, die sich nicht an der Verfolgung eines Deserteurs beteiligen oder einen Fahnenflüchtigen gar unterstützen würden. Folglich waren in diesem Punkt auch noch die reichsritterschaftlichen Jurisdiktionsbefugnisse angegriffen[17].

Angesichts der lokalen Begrenztheit all dieser Eingriffe mussten davon die obersten Landesbehörden der fränkischen Markgrafentümer sowie der Dirigierende Minister nicht zwingend Kenntnis gehabt haben. Eine solche Feststellung lässt sich jedoch kaum für den als Nächstes zu schildernden Vorgang treffen, der in seinen Dimensionen und damit seiner reichsrechtlichen Relevanz nur noch mit dem Patentanschlag vom Februar und März 1792 zu ver-

15 Beilage E: Nachträge zu der dem Kaiser vorgelegten Geschichtserzählung vom 15. Februar 1793, StA Marburg, 109, Nr. 311, Bd. 2 (Zitat ebd.). »Actenmässige kurze Darstellung derjenigen reichsgesezwidrigen Gewaltthätigkeiten, welche die unmittelbare Reichsritterschaft in Franken seit der Abtretung der beiden fränkischen Fürstenthümer Bayreuth und Ansbach an S.[ein]e könig.[liche] Majestät von Preussen hat erfahren müssen«, [ca. Februar 1796], StA Marburg, 109, Nr. 311, Bd. 5, zu Dok. 333. Abschrift des Promemorias der Vertreter des fränkischen Ritterkreises an den Reichsgrafen von Schlick, Würzburg, 17. Juni 1793, StA Ludwigsburg, B 575 IV, Bü 352.

16 Abschrift des königlichen Edikts, Bayreuth, 4. August 1792, StA Ludwigsburg, B 575 II, Bü 300 bzw. Edikt Hardenbergs, Bayreuth, 3. August 1792, in: *Krause* (Hg.), Sammlung, Nr. 67, S. 287–301, hier: S. 287 ff. *K. H. Lang*, Annalen, S. 8 (Zitat ebd.). – Nach den nicht zwingend zuverlässigen Angaben von *K. H. Lang* (Annalen, S. 8) wurde das »Deserteur-Verfolgungsedikt« im untergebürgischen Fürstentum erst im Juni 1793 publiziert.

17 Abschrift des königlichen Edikts, Bayreuth, 4. August 1792, StA Ludwigsburg, B 575 II, Bü 300 bzw. Edikt Hardenbergs, Bayreuth, 3. August 1792, in: *Krause* (Hg.), Sammlung, Nr. 67, S. 287–301, hier: S. 294 ff.

gleichen ist. Mit dem Übergang der fränkischen Markgrafentümer an die zollersche Kurlinie stellte sich auch die Frage nach der Einführung des von den Bauern gefürchteten preußischen Kantonssystems in Ansbach-Bayreuth[18]. Bereits um die Jahresmitte 1792 bestand zwischen dem Dirigierenden Minister und dem Kabinettsministerium in Berlin grundsätzliche Einigkeit darüber, dass auch die den fränkischen Provinzen benachbarten reichsritterschaftlichen Hintersassen für das preußische Heer gemustert und erfasst werden sollten. Allein über die Frage, ob diesem sog. Enrollement auch die reale Aushebung der neuen Rekruten folgen sollte, bestand noch Uneinigkeit[19].

Anfang März 1793 begannen die Behörden des obergebürgischen Fürstentums in einer Reihe reichsritterschaftlicher Dörfer die männlichen Untertanen und ihre Söhne, die das 15. Lebensjahr erreicht hatten, unter Drohungen in Bayreuther Amtsorte vorzuladen. Dort hatten die reichsadligen Hintersassen nicht nur über ihre Vermögensverhältnisse, ihr Alter und ihren Beruf Auskunft zu geben. Diejenigen von ihnen, die zum Militärdienst geeignet erschienen, wurden anschließend durch eine königliche Zivil- und Militärkommission gemustert und enrolliert, also als künftige Rekruten für die preußische Armee vermerkt. Wo sich die reichsritterschaftlichen Hintersassen weigerten, den preußischen Vorladungen nachzukommen, wurden sie unter Verletzung der Reichsunmittelbarkeit der Rittergüter durch königliches Militär oder Gerichtspersonal abgeholt und vorgeführt. Besonders zu spüren bekam diese Maßnahmen der Kanton Gebürg mit seinen Mitgliedern, die mehrere hundert betroffene Untertanen verzeichneten. Allerdings dehnten die königlichen Behörden die Musterung nur in Ansätzen vom Bayreuther Ober- auf das Unterland aus. Daher war neben dem massiv in Mitleidenschaft gezogenen Viertel Gebürg nur noch der Kanton Steigerwald, und dieser auch nur in einem einzigen Falle vom »preußischen Enrollement« betroffen[20].

18 »Versuch eines ohngefähren Abrisses...« (wie Kap. II, Anm. 91), GStA PK Berlin, I. HA, Rep. 94, IV, Ac, Nr. 2, S. 1–149, hier: S. 49 f., 112 ff.

19 *Hartung*, Hardenberg, S. 34.

20 Beilage E: Nachträge zu der dem Kaiser vorgelegten Geschichtserzählung vom 15. Februar 1793, StA Marburg, 109, Nr. 311, Bd. 2. Schreiben des Ortsvorstandes Gebürg an den Ortsvorstand Rhön-Werra, Bamberg, 20. März 1793, ebd., Dok. 106. Abschrift des Berichts des Reichshofrats- und fränkischen Direktorialagenten der Reichsritterschaft, Herr von Alt, an den Ortsvorstand Gebürg, Wien, 12. März 1793, ebd., Dok. 107. Schreiben des Ortsvorstandes Gebürg an den Ortsvorstand Rhön-Werra, Bamberg, 26. März 1793, ebd., Dok. 111. Abschrift des Schreibens des Ortsvorstandes Gebürg an den Reichshofrats- und fränkischen Direktorialagenten der Reichsritterschaft, Herr von Alt, Bamberg, 23. März 1793, ebd., Dok. 112. Schreiben des Ortsvorstandes Gebürg an den Ortsvorstand Rhön-Werra, Bamberg, 6. Mai 1793, ebd., Dok. 123. Abschrift des Schreibens des Ortsvorstandes Gebürg an den Reichshofrats- und fränkischen Direktorialagenten der Reichsritterschaft, Herr von Alt, Bamberg, 22. April 1793, ebd., Dok. 124. Abschrift des Schreibens des Ortsvorstandes Steigerwald an den Ortsvorstand Gebürg, Erlangen, 27. Dezember 1793, StA Marburg, 109, Nr. 311, Bd. 3, Dok. 151. Abschrift des Schreibens der von Egloffsteinischen Gemeinherrschaft an den Ortsvorstand Gebürg, Kunreuth, 10. Dezember 1795, StA Marburg, 109, Nr. 311, Bd. 4, Beilage 22 zu Dok. 322. Abschrift

Der ganze Vorgang stellte nicht nur eine Missachtung der Reichsunmittelbarkeit reichsritterschaftlichen Gebiets dar sowie der den Rittergenossen zustehenden Jurisdiktionsbefugnisse und des Rechts, Gebote sowie Verbote auszusprechen. Es handelte sich vor allem um den mit Abstand massivsten Eingriff in das weitgehende Ius armorum, sequelae et quartirii, den der fränkische Ritterkreis in den nächsten Jahren zu beklagen hatte. Dabei ging die Brisanz des Vorfalles weit über den Tatbestand der Beeinträchtigung landesherrlicher Befugnisse im Bereich der Militärhoheit hinaus. Letztere galt nämlich als untrennbarer Annex und Ausfluss des kantonalen Besteuerungsrechts, weshalb durch die preußische Rekrutenmusterung reichsritterschaftlicher Hintersassen indirekt auch das finanzielle Rückgrat des Corpus equestre infrage gestellt und bedroht war[21]. Im Zeitalter der Französischen Revolution noch bedrohlicher mochte eine andere Folge der Bayreuther Maßnahmen sein, nämlich die Untergrabung der Loyalität der reichsritterschaftlichen Untertanen zu ihrer angestammten Herrschaft: Die unmittelbare Vergleichsmöglichkeit der eigenen Lage mit derjenigen anderer Dorfgenossen in Orten mit mehreren Grund-, Gerichts- oder Landesherren, manche willkürliche oder auf Steigerung der Einkünfte und eine allgemeine Herrschaftsintensivierung bedachte Obrigkeit, das Konfliktpotenzial von Herrschaftswechseln, die meist sehr begrenzten ökonomischen Entwicklungsmöglichkeiten und Erwerbsquellen auf den Rittergütern sowie die nicht minder limitierten realen Machtmittel des einzelnen Reichsritters schufen auch ohne äußere Einflüsse vielfach ein explosives Gemisch. Daher kam es immer wieder zu Unruhen und Auseinandersetzungen der reichsritterschaftlichen Hintersassen mit ihren reichsadligen Landesherrn um Abgaben, Fronleistungen sowie um sonstige Rechte und Ansprüche[22]. Die erhaltenen

des Promemorias der Vertreter des fränkischen Ritterkreises an den Reichsgrafen von Schlick, Würzburg, 17. Juni 1793, StA Ludwigsburg, B 575 IV, Bü 352. Schreiben des Ortsvorstandes Gebürg an den Ortsvorstand Kocher, Bamberg, 5. März 1793, StA Ludwigsburg, B 575 II, Bü 58. – Anders als zu erwarten wäre, betraf die geschilderte Maßnahme in erster Linie nicht die erwähnten zahlreichen Besitzungen, die dem Kanton Gebürg immatrikuliert waren und über die dieser weiterhin Besteuerungs- sowie Militärrechte beanspruchte, obwohl sie sich inzwischen im Besitz des obergebürgischen Fürstentums befanden. Stattdessen wurde die Musterung für das preußische Heer vor allem auf Rittergüter erstreckt, die noch in reichsritterschaftlicher Hand waren (Beilage E: Nachträge zu der dem Kaiser vorgelegten Geschichtserzählung vom 15. Februar 1793, StA Marburg, 109, Nr. 311, Bd. 2. Schreiben des Ortsvorstandes Gebürg an den Ortsvorstand Rhön-Werra, Bamberg, 26. März 1793, ebd., Dok. 111. Abschrift des Schreibens des Ortsvorstandes Gebürg an den Reichshofrats- und fränkischen Direktorialagenten der Reichsritterschaft, Herr von Alt, Bamberg, 23. März 1793, ebd., Dok. 112. Schreiben des Ortsvorstandes Gebürg an den Ortsvorstand Rhön-Werra, Bamberg, 6. Mai 1793, ebd., Dok. 123. Abschrift des Schreibens des Ortsvorstandes Gebürg an den Reichshofrats- und fränkischen Direktorialagenten der Reichsritterschaft, Herr von Alt, Bamberg, 22. April 1793, ebd., Dok. 124. Beilage D: Verzeichnis der von der Musterung der Untertanen betroffenen reichsritterschaftlichen Geschlechter des Kantons Gebürg, Bamberg, 8. Juni 1793, ebd.).

21 Siehe Kapitel II.2.2.

22 Abschrift des Promemorias der Vertreter des fränkischen Ritterkreises an den Reichsgrafen von

Akten über sog. Untertanenprozesse vor dem Reichskammergericht legen darüber beredtes Zeugnis ab[23]. Zudem konnten dort, wo in seltenen Ausnahmefällen revolutionäres Gedankengut von reichsritterschaftlichen Hintersassen rechts des Rheins rezipiert wurde, bereits bestehende Konflikte noch leichter eskalieren[24]. Sowohl mit als auch ohne derartige externe Einflüsse mussten offene Renitenz und Unruhen unter den Untertanen in den reichsritterschaftlichen Herrschaften als weit brisanter erscheinen, als vergleichbare Ereignisse in den reichsständischen Nachbarterritorien. Im Gegensatz zu Letzteren waren die Entfernungen zum Herrensitz nämlich meist kurz[25]. Vor allem aber hatte der einzelne Reichsritter – von wenigen Ausnahmen abgesehen – kein reguläres Militär, um den Gehorsam sowie die geforderten Leistungen seiner Untertanen zu erzwingen[26]. Die stets fragile landesherrliche Autorität des Reichsritters gegenüber seinen Hintersassen leitete sich daher nicht zuletzt von seiner Zugehörigkeit zum kantonalen Verband und seinem immediaten Verhältnis zum fernen Kaiser ab[27] sowie aus den direkten Folgen dieser Bindungen für die reichsadligen Untertanen. Vor diesem Hintergrund schilderte der Ortsvorstand Gebürg dem reichsritterschaftlichen Direktorialagenten beim Reichshofrat in Wien die gefährlichen Folgen der Musterung reichsadliger Hintersassen für das preußische Heer: »Was bei den reichsritterschaftlichen Unterthanen die Anhänglichkeit bisher hauptsächlich noch begründet, und erhalten hat, und was sie zu Entrichtung ihrer Steuern noch immer bereitwillig gemacht hat, war vorzüglichst der Trost, den sie darin fanden, daß sie, und ihre Söhne von den reichsständischen Conscriptionen, und von den willkürlichen Aushebungen befreiet waren; Wird ihnen dieser Trost benommen, und sehen sie, daß sie gegen ihre Steuer-Reichungen keinen Schutz haben, so wird ihre Anhänglichkeit aufhören, und die Steuer-Zuflüsse werden aus dem ganz natürlichen Grund versiegen, weil sie der Wohlthat des Schutzes verlustiget werden«[28].

Schlick, Würzburg, 17. Juni 1793, StA Ludwigsburg, B 575 IV, Bü 352. *Press*, Reichsritterschaft (1995), S. 797 f., 807. *Ders.*, Kaiser und Reichsritterschaft, S. 164, 189. *Danner*, Reichsritterschaft (1969), S. 30 ff. Klageschrift der Weiterdinger Untertanen An [sic] das wohllöbliche kaiserliche königliche Oberamt in Stockach, Weiterdingen, 27. August 1789, in: *Danner*, ebd., Anhang, S. 93–96, hier: S. 93 ff. *Kramer*, »In den Schranken der Gebühr zu erhalten«, S. 563 ff.

23 *Sailer*, Untertanenprozesse, S. 19 ff.

24 Siehe Kapitel III.2.1.

25 *Kullen*, Reichsritterschaft, S. 227. *Ders.*, Einfluß, S. 53 ff. *Riedenauer*, Reichsadel, S. 192. *Heller*, Peuplierungspolitik, S. 187.

26 *Kerner*, Staats-Landrecht, S. 187 ff.

27 *Press*, Landesherrschaft, S. 108 ff.

28 Abschrift des Schreibens des Ortsvorstandes Gebürg an den Reichshofrats- und fränkischen Direktorialagenten der Reichsritterschaft, Herr von Alt, Bamberg, 23. März 1793, StA Marburg, 109, Nr. 311, Bd. 2, Dok. 112 (Zitat ebd.). Abschrift des Nachschreibens des Ortsvorstandes Gebürg an den Reichshofrats- und fränkischen Direktorialagenten der Reichsritterschaft, Herr von Alt, Bamberg, 23. März 1793, ebd., Dok. 113. Vgl. für das Jahresende 1793 die Abschrift des Schreibens des Ortsvorstandes Gebürg an den Reichshofrats- und fränkischen Direktorial-

Angesichts solcher Befürchtungen dürfte die Einstellung der zwangsweisen Musterungen reichsritterschaftlicher Untertanen durch die Bayreuther Behörden um die Jahresmitte 1793 in den Ritterkanzleien mit Erleichterung aufgenommen worden sein[29]. Doch schon im November desselben Jahres erschien die gebannt geglaubte Gefahr bedrohlicher als je zuvor: Im Bayreuther Unterland und in Ansbach nahmen die königlichen Ämter das Musterungsgeschäft wieder auf, indem sie damit begannen, reichsadlige Untertanen aus den Kantonen Altmühl, Steigerwald und Odenwald vor die königliche Konskriptionskommission zu laden und notfalls mit Waffengewalt vorzuführen. Bisweilen blieben nicht einmal reichsritterschaftliche Untertanen bzw. Schutzverwandte verschont, die direkt auf den Schlössern und Sitzen ihrer Herrschaften lebten. Ein Menetekel für die künftige Entwicklung war, dass selbst die wehrtaugliche Bevölkerung des Wurster von Creutzbergischen Wilhermsdorf, in dem sich die Kanzlei des Viertels an der Altmühl befand, vor die preußische Konskriptionskommission zitiert wurde[30]. Schließlich wurden

agenten der Reichsritterschaft, Herr von Alt, Bamberg, 9. Dezember 1793, ebd., Dok. 138, die Abschrift des Schreibens des Ortsvorstandes Steigerwald an den Ortsvorstand Gebürg, Erlangen, 27. Dezember 1793, StA Marburg, 109, Nr. 311, Bd. 3, Dok. 151 sowie die Beilage 1: Reichsritterschaftliche Amtsprotokolle, Deufstetten, 14. Dezember 1793, StA Ludwigsburg, B 575 II, Bü 58.

29 Schreiben des Ortsvorstandes Gebürg an den Ortsvorstand Rhön-Werra, Bamberg, 9. Dezember 1793, StA Marburg, 109, Nr. 311, Bd. 2, Dok. 135. Abschrift des Schreibens des Ortsvorstandes Gebürg an den Reichshofrats- und fränkischen Direktorialagenten der Reichsritterschaft, Herr von Alt, Bamberg, 9. Dezember 1793, ebd., Dok. 138. Beilage D: Verzeichnis der von der Musterung der Untertanen betroffenen reichsritterschaftlichen Geschlechter des Kantons Gebürg, Bamberg, 8. Juni 1793, ebd. – Für den Odenwalder Ritterhauptmann war die Enrollierung der reichsritterschaftlichen Hintersassen nichts weniger als eine essentielle Bedrohung der reichsunmittelbaren Existenz der Rittergenossen (Privatschreiben Gemmingens an den preußischen Reichstagsgesandten Reichsgraf von Goertz, Bonfeld, 25. Juni 1793, GStA PK Berlin, VI. HA, Nl Schlitz v. Goertz, Nr. 25).

30 Abschrift des Schreibens des Ortsvorstandes Altmühl an den Ortsvorstand Gebürg, o.O., 23. November 1793, StA Marburg, 109, Nr. 311, Bd. 2, Dok. 136. Abschrift des Nachschreibens des Ortsvorstandes Altmühl an den Ortsvorstand Gebürg, o.O., 26. November 1793, ebd., Dok. 137. Abschrift des Schreibens des Ortsvorstandes Gebürg an den Reichshofrats- und fränkischen Direktorialagenten der Reichsritterschaft, Herr von Alt, Bamberg, 9. Dezember 1793, ebd., Dok. 138. Abschrift des Schreibens des Ortsvorstandes Steigerwald an den Ortsvorstand Gebürg, Erlangen, 30. Dezember 1793, StA Marburg, 109, Nr. 311, Bd. 3, Dok. 142. Abschrift des Schreibens des Ortsvorstandes Odenwald an den Ortsvorstand Gebürg, Kochendorf, 21. Dezember 1793, ebd., Dok. 143. Abschrift des Schreibens des Ortsvorstandes Steigerwald an den Ortsvorstand Gebürg, Erlangen, 27. Dezember 1793, ebd., Dok. 151. Abschrift des Schreibens des Ortsvorstandes Gebürg an den kaiserlichen Minister von Schlick zu Nürnberg, Bamberg, 15. Februar 1794, ebd., Dok. 166. Schreiben des Amtmanns Johann Wolfgang Gottlieb Wiedmann an den Ortsvorstand Kocher, Deufstetten, 20. Dezember 1793, StA Ludwigsburg, B 575 II, Bü 58. – Auch die statistischen und für die Erstellung der Musterungsrolle erforderlichen Befragungen der reichsritterschaftlichen Untertanen wurden wieder aufgenommen (Beilage 97: Abschrift des Berichts des Freiherrlich von Frankensteinischen Amts zu Ullstadt an den Ortsvorstand Steigerwald, o.O., 11. Dezember 1793, StA Marburg, 109, Nr. 312, Bd. 2, Dok. 154. Schreiben des Amtmanns Johann Wolfgang Gottlieb Wiedmann an den

im Dezember 1793 auch die Untertanen von einer Reihe im schwäbischen Kanton Kocher liegender Orte statistisch erfasst, jedoch nicht zur Musterung vorgeladen[31]. Bald machte das Gerücht die Runde, Preußen werde im Februar 1794 mit der Aushebung der enrollierten reichsritterschaftlichen Hintersassen für die königliche Armee beginnen[32]. Zusätzlich verschärft wurde die Krise für die Reichsritterschaft durch vereinzelte Eingriffe Bayreuther Behörden in das landesherrliche Gebots- und Verbotsrecht respektive die Polizeybefugnisse der Rittergenossen sowie die reichsritterschaftlichen Militär- und Verkündigungsrechte: Die königlich preußische Landeshauptmannschaft in Neustadt an der Aisch lud Händler, Hausierer sowie Kaufleute aus zwei Freiherrlich von Frankensteinischen und dem Kanton Steigerwald kollektablen Orten vor – ein Vorgehen, dass aus reichsadliger Sicht die Unterwerfung reichsritterschaftlicher Untertanen unter »die Königlichen Commerzial Geseze« bezwecken sollte. Zudem schlugen die königlichen Behörden an die Haustüre eines Freiherrlich von Egloffsteinischen Untertanen im Viertel Gebürg ein Patent an. In dieser auf königliche Untertanen zugeschnittenen Bekanntmachung wurden all diejenigen Söhne, die sich als Gesellen auf Wanderschaft befanden oder aus anderen Gründen seit mehreren Jahren oder auch nur unerlaubt von Zuhause abwesend waren, bei ausbleibender Rückmeldung als Deserteure mit der Konfiskation ihres Vermögens bedroht[33]. Zu Odenwald steuerbare

Ortsvorstand Kocher, Deufstetten, 20. Dezember 1793, StA Ludwigsburg, B 575 II, Bü 58). – Vier gemusterten Untertanen der Freiherrn von Forster zu Burghausen kündigte das königliche Amt Markt Bergel bereits an, dass sie in Kürze wirklich als Soldaten ausgehoben würden (Abschrift des Schreibens des Ortsvorstandes Altmühl an den Ortsvorstand Gebürg, o.O., 23. November 1793, ebd., Dok. 136).

31 Votum Kochers zum 4. Beratungspunkt auf dem schwäbischen Fünf-Ortstag, o.O., [ca. Januar 1795], StA Ludwigsburg, B 575 IV, Bü 352. Schreiben des Amtmanns Johann Wolfgang Gottlieb Wiedmann an den Ortsvorstand Kocher, Deufstetten, 20. Dezember 1793, StA Ludwigsburg, B 575 II, Bü 58. Beilage 1: Reichsritterschaftliche Amtsprotokolle, Deufstetten, 11. u. 14. Dezember 1793, ebd. Protokoll der Kocherschen Ritterkanzlei mit Voten, Esslingen, 8. Januar 1794, ebd. Protokoll der Kocherschen Ritterkanzlei mit Votum, Esslingen, 8. Mai 1794 ff., StA Ludwigsburg, B 575 II, Bü 300. Schreiben des Freiherrn Senfft von Soulbourg an den Ortsvorstand Kocher, Stuttgart, 14. Februar 1794, ebd.

32 Abschrift des Schreibens des Ortsvorstandes Steigerwald an den Ortsvorstand Gebürg, Erlangen, 27. Dezember 1793, StA Marburg, 109, Nr. 311, Bd. 3, Dok. 151. Abschrift des Schreibens des Ortsvorstandes Altmühl an den Ortsvorstand Gebürg, o.O., 22. Januar 1794, ebd., Dok. 159.

33 Beilage 97: Abschrift des Berichts des Freiherrlich von Frankensteinischen Amts zu Ullstadt an den Ortsvorstand Steigerwald, o.O., 11. Dezember 1793, StA Marburg, 109, Nr. 312, Bd. 2, Dok. 154. Abschrift des Nachschreibens des Ortsvorstandes Steigerwald an den Ortsvorstand Gebürg, o.O., 27. Dezember 1793, StA Marburg, 109, Nr. 311, Bd. 3, Dok. 153 (Zitat ebd.). Abschrift des Patents der Bayreuther Konskriptionskommission, Bayreuth, 3. November 1793, ebd., Dok. 165. Schreiben des Ortsvorstandes Gebürg an den kaiserlichen Minister von Schlick zu Nürnberg, Bamberg, 15. Februar 1794, ebd., Dok. 166. Abschrift des Schreibens des Ortsvorstandes Gebürg an den Reichshofrats- und fränkischen Direktorialagenten der Reichsritterschaft, Herr von Alt, Bamberg, 22. Februar 1794, ebd., Dok. 172. Vgl. »Versuch eines ohngefähren Abrisses…« (wie Kap. II, Anm. 91), GStA PK Berlin, I. HA, Rep. 94, IV, Ac, Nr. 2, S. 1–149, hier: S. 114.

reichsritterschaftliche Hintersassen, die mit preußischen Untertanen in sog. vermischten Orten lebten, hatten im Winter 1793/94 die längerfristige Einquartierung preußischer Kavallerie zu erdulden[34].

Während insbesondere Bayreuth die Schlinge immer enger zu ziehen schien, und die von den preußischen Übergriffen betroffenen Kantone bereits einen »gänzlichen Umsturz des Reichsritterschaftlichen Wesens in den Bayreuth(ischen) und Anspachi(schen) Gegenden« befürchteten[35], brachen auch innerhalb des fränkischen Ritterkreises alte Gräben erneut auf. Den Anlass hierzu gab der Kanton Rhön-Werra, der sich aufgrund seiner geografischen Lage in Sicherheit wähnte und daher in seiner bisherigen Obstruktionspolitik beharrte, dass »wir nur in so ferne an den preussischen Zudringlichkeiten Antheil zu nehmen gedenken, als damit kein Kostenbeytrag verbunden ist«[36]. Alle Beschwerden über die Enrollierung und Musterungen reichsritterschaftlicher Untertanen verpufften bei Hardenberg wirkungslos, der von Berlin angewiesen war, sich nicht »an die etwann einkommenden Protestationen zu kehren, und darauf zu antworten«[37]. Zudem lief im Dezember 1793 in der Erlanger Ritterkanzlei die Nachricht ein, dass unter dem Eindruck der preußischen Maßnahmen die reichsritterschaftlichen Untertanen in einigen Dörfern drohten, ihren Herrschaften die Entrichtung der Rittersteuern und damit den Gehorsam zu verweigern[38].

34 Protokoll der Kocherschen Ritterkanzlei mit Voten, o.O., 3. Februar 1794, StA Ludwigsburg, B 575 III, Bü 903. Schreiben des Ortsvorstandes Donau an den Ortsvorstand Kocher, Ehingen, 18. Januar 1794, ebd. Abschrift des Schreibens des Ortsvorstandes Odenwald an den Ortsvorstand Gebürg, Kochendorf, 1. November 1793, ebd. Abschrift des Berichts des Konsulenten und Amtmanns Wiebel zu Hengstfeld an den Kanton Odenwald, Hengstfeld, 26. Oktober 1793, ebd.

35 Abschrift des Schreibens des Ortsvorstandes Altmühl an den Ortsvorstand Gebürg, o.O., 23. November 1793, StA Marburg, 109, Nr. 311, Bd. 2, Dok. 136 (Zitat ebd.). Abschrift des Schreibens des Ortsvorstandes Gebürg an den Reichshofrats- und fränkischen Direktorialagenten der Reichsritterschaft, Herr von Alt, Bamberg, 9. Dezember 1793, ebd., Dok. 138. Abschrift des Schreibens des Ortsvorstandes Odenwald an den Ortsvorstand Gebürg, Kochendorf, 21. Dezember 1793, StA Marburg, 109, Nr. 311, Bd. 3, Dok. 143. Abschrift des Schreibens des Ortsvorstandes Steigerwald an den Ortsvorstand Gebürg, Erlangen, 27. Dezember 1793, ebd., Dok. 151.

36 Schreiben des Ortsvorstandes Rhön-Werra an den Ortsvorstand Gebürg, Schweinfurt, 18. Dezember 1793, StA Marburg, 109, Nr. 311, Bd. 2, Dok. 139. Schreiben des Ortsvorstandes Rhön-Werra an den Ortsvorstand Gebürg, Schweinfurt, 16. Januar 1794, StA Marburg, 109, Nr. 311, Bd. 3, Dok. 155. Schreiben des Ortsvorstandes Gebürg an den Ortsvorstand Rhön-Werra, Bamberg, 8. Februar 1794, ebd., Dok. 156. Abschrift des Schreibens des Ortsvorstandes Steigerwald an den Ortsvorstand Gebürg, Erlangen, 3. Februar 1794, ebd., Dok. 158. Abschrift des Schreibens des Ortsvorstandes Altmühl an den Ortsvorstand Gebürg, o.O., 22. Januar 1794, ebd., Dok. 159. Schreiben des Ortsvorstandes Rhön-Werra an den Ortsvorstand Gebürg, Schweinfurt, 15. Februar 1794, ebd., Dok. 161 (Zitat ebd.).

37 Auszug aus einem königlichen Reskript an Hardenberg vom 27. Oktober 1793, in: *Kretschmann*, Dienstjahre (1808), S. 141–144, hier: S. 141.

38 Abschrift des Schreibens des Ortsvorstandes Steigerwald an den Ortsvorstand Gebürg, Erlangen, 27. Dezember 1793, StA Marburg, 109, Nr. 311, Bd. 3, Dok. 151. Abschrift des Nachschreibens des Ortsvorstandes Steigerwald an den Ortsvorstand Gebürg, o.O., 27. Dezember

In dieser für die fränkische Reichsritterschaft kritischen Situation erreichten die Spannungen zwischen dem Corpus equestre und Preußen zu Beginn des Jahres 1794 den Siedepunkt. Dabei schien sich nicht nur der Weiltinger Vorfall des Jahres 1792 auf reichsritterschaftlichem Boden zu wiederholen. Manch einer fürchtete gar ein Fanal, das zur offenen militärischen Konfrontation zwischen der norddeutschen Großmacht einerseits und den Untertanen ihrer fränkischen Mitstände anderseits führen könnte[39]. Letztere hatten sich nämlich vielfach ebenfalls der Vorladung ihrer Untertanen vor die königliche Konskriptionskommission zu erwehren und führten in der Nürnberger Kreisversammlung heftige Klagen über »dieses alle gesezliche[n] Schranken umstürzende Benehmen« der preußischen Behörden[40]. Zum entscheidenden Schauplatz wurde der dem Kanton Gebürg kollektable, bedeutende Markt und Jurisdiktionsbezirk Heroldsberg, ein Reichslehen nordwestlich von Nürnberg, und außerhalb der zollerschen Fraischgrenzen gelegen. Besitzer dieser Kondominatsherrschaft war die Rabensteiner Linie des Geschlechts von Geuder[41]. Diese gehörten zu den sog. Nürnberger Eigenherren, mit jurisdiktionellen Befugnissen begabten Grundbesitzern, die ihre Wurzeln im Patriziat der Reichsstadt hatten und – wie im vorliegenden Fall –

1793, ebd., Dok. 153. Beilage 97: Abschrift des Berichts des Freiherrlich von Frankensteinischen Amts zu Ullstadt an den Ortsvorstand Steigerwald, o.O., 11. Dezember 1793, StA Marburg, 109, Nr. 312, Bd. 2, Dok. 154.

39 Abschrift des Schreibens des Ortsvorstandes Gebürg an den kaiserlichen Minister von Schlick zu Nürnberg, Bamberg, 15. Februar 1794, StA Marburg, 109, Nr. 311, Bd. 3, Dok. 166. Vgl. hierzu auch die im Grundsatz ähnliche Einschätzung in der Schweinfurter Ritterkanzlei über die Lage in Franken im Nachschreiben des Ortsvorstandes Rhön-Werra an den Ortsvorstand Gebürg, o.O., 21. Februar 1794, ebd., Dok. 169.

40 Schreiben des Ortsvorstandes Gebürg an den Ortsvorstand Rhön-Werra, Bamberg, 6. Mai 1793, StA Marburg, 109, Nr. 311, Bd. 2, Dok. 123. Abschrift des Berichts des Reichshofrats- und fränkischen Direktorialagenten der Reichsritterschaft, Herr von Alt, an den Ortsvorstand Gebürg, Wien, 28. Dezember 1794, StA Marburg, 109, Nr. 311, Bd. 3, Dok. 149. Abschrift des Schreibens des Ortsvorstandes Gebürg an den kaiserlichen Minister von Schlick zu Nürnberg, Bamberg, 15. Februar 1794, ebd., Dok. 166. BayHStA, K. schw., Nr. 14510, fol. 1 – 5, 18 – 22, 31 – 40, 56, 59 – 63, 65, 70 – 74 u. 78 – 81, hier: fortl. 1. Bericht der pfalz-bayerischen Kreistagsgesandtschaft zu Nürnberg an Kurfürst Karl Theodor, Nürnberg, 3. Januar 1794, ebd., fol. 18 (Zitat ebd.). – Die Fränkische Kreisversammlung machte sich auch die bei ihr vorgebrachten Beschwerden über die preußischen Musterungen zu eigen und unterstützte sie in zahlreichen Noten gegenüber der preußischen Kreisgesandtschaft (BayHStA, K. schw., Nr. 14510, fol. 41 – 47, 49 – 53, 66 – 68 u. 76 – 77, hier: fortl.).

41 Schreiben des Ortsvorstandes Gebürg an den Ortsvorstand Rhön-Werra, Bamberg, 15. Februar 1794, StA Marburg, 109, Nr. 311, Bd. 3, Dok. 162. Abschrift des Berichts des von Geuderischen Amts Heroldsberg an den Ortsvorstand Gebürg, Markt Heroldsberg, 24. Januar 1794, ebd., Dok. 163. – Speziell zur geografischen Lage von Heroldsberg siehe *Spindler/Diepolder* (Hg.), Geschichtsatlas, S. 30 f. – Die Freiherrn von Geuder übten kraft kaiserlicher Belehnung neben der Vogteilichkeit auch das Halsgericht mit dem Blutbann über ihre reichslehenbare Herrschaft aus. Diese bildete zugleich einen eigenen Fraischbezirk (Actenstücke die … bestrittene Unmittelbarkeit der reichslehenbaren Hofmark Heroldsberg I, S. 4 ff., 73 ff., 103 f.). – Speziell zur Rechtsstellung von Heroldsberg siehe auch: *Brunel-Geuder*, Heroldsberg, S. 11 ff., 27.

meist in bestimmten Zweigen in die Reichsritterschaft rezipiert worden waren[42]. Daher wurden die Freiherrn von Geuder gleich doppelt von der preußischen Mediatisierungspolitik betroffen. Entsprechend unnachgiebig reagierten sie, als das Bayreuther Richteramt Baiersdorf ihre Untertanen und Schutzverwandten zu Heroldsberg vor die königliche Konskriptionskommission befahl: Der königliche Amtsknecht, der die Aufforderung überbrachte, wurde vorübergehend in Arrest genommen und anschließend über die Landesgrenze geschafft. Zugleich versetzten die Freiherren von Geuder Markt Heroldsberg in Alarmszustand und bewaffneten ihre Untertanen »mit Flinten, Heu- und Mistgabeln, dann tüchtigen Brügeln«: Ende Januar 1794 standen sich ein aus der Bevölkerung der Umgebung formiertes preußisches Exekutionskommando und die von Geudersche Miliz – etwa 750 Mann auf beiden Seiten – bewaffnet gegenüber. In letzter Minute verhinderte Hardenberg ein Blutvergießen, indem er den Rückzug des preußischen Aufgebots anordnete[43]. Noch im Februar 1794 stellten die königlichen Behörden auf Befehl Berlins das Musterungsgeschäft auf reichsritterschaftlichem und fremdem kreisständischen Gebiet vollständig ein[44]. Damit war der bisher schwerste Angriff Preußens auf die reichsritterschaftliche Unmittelbarkeit seit dem Regierungswechsel von 1792 abgewehrt. Doch was veranlasste Berlin und den Dirigierenden Minister zum Einlenken? Die reichsritterschaftlichen Beschwerden spielten dabei sicher die geringste Rolle[45]. Neben Hardenbergs

42 *H. H. Hofmann*, Herrschaft, S. 109 f. *Ders.*, Nobiles, S. 141 ff. *Godsey Jr.*, Nobles, S. 258. *Roth von Schreckenstein*, Geschichte II, S. 565. – Dass der Verlust des Nürnberger Bürgerrechts für die Rezeption in die Reichsritterschaft oder zumindest für die Übernahme eines Amtes im kantonalen Ortsvorstand zwingend erforderlich gewesen wäre (vgl. *H. H. Hofmann*, Nobiles, S. 141 f. u. *Endres*, Adel (EDG), S. 73), kann zumindest für das späte 18. Jahrhundert nicht behauptet werden. Dies zeigt das Beispiel des im Direktorium Gebürg vertretenen Nürnberger Senators Christoph Karl Joseph Ludwig Freiherr von Geuder (siehe Kapitel VII.2). Auch kann nicht das gesamte Geschlecht von Geuder auf ihr Nürnberger Bürgerrecht verzichtet haben, wie *Hofmann* (Herrschaft, S. 110) konstatiert. Vielmehr traf dies in erster Linie nur auf die Rabensteiner als eine der beiden im 17. Jahrhundert entstandenen Hauptlinien des Geschlechts zu (*Brunel-Geuder*, Heroldsberg, S. 25 ff.).

43 Abschrift des Berichts des von Geuderischen Amts Heroldsberg an den Ortsvorstand Gebürg, Markt Heroldsberg, 24. Januar 1794, StA Marburg, 109, Nr. 311, Bd. 3, Dok. 163 (Zitat ebd.). »Actenmässige kurze Darstellung derjenigen reichsgesezwidrigen Gewaltthätigkeiten, welche die unmittelbare Reichsritterschaft in Franken seit der Abtretung der beiden fränkischen Fürstenthümer Bayreuth und Ansbach an S.[ein]e königl.[liche] Majestät von Preussen hat erfahren müssen«, [ca. Februar 1796], StA Marburg, 109, Nr. 311, Bd. 5, zu Dok. 333. Bericht des pfalz-bayerischen Gesandten am Fränkischen Kreistag, Freiherr von Gravenreuth, an Kurfürst Karl Theodor, Nürnberg, 26. Januar 1794, BayHStA, K. schw., Nr. 14510, fol. 54.

44 Nachschreiben des Ortsvorstandes Gebürg an den Ortsvorstand Rhön-Werra, Bamberg, 15. Februar 1794, StA Marburg, 109, Nr. 311, Bd. 3, Dok. 167.

45 Schreiben des Ortsvorstandes Gebürg an den Ortsvorstand Rhön-Werra, Bamberg, 15. Februar 1794, StA Marburg, 109, Nr. 311, Bd. 3, Dok. 162. Abschrift des Berichts des von Geuderischen Amts Heroldsberg an den Ortsvorstand Gebürg, Markt Heroldsberg, 24. Januar 1794, ebd., Dok. 163. Abschrift des Berichtsauszugs des von Geuderischen Amts Heroldsberg an den Ortsvorstand Gebürg, Markt Heroldsberg, 6. Februar 1794, ebd., Dok. 164.

unguten Erfahrungen beim Weiltinger Vorfall scheint es vor allem Wien gewesen zu sein, dessen diplomatischer Druck den norddeutschen Verbündeten und gleichzeitigen Rivalen Österreichs zum Rückzug bewog[46].

Doch dieser scheinbare Erfolg sollte sich binnen Kurzem als Pyrrhussieg erweisen: Mochte Preußen auch bei der Musterung reichsritterschaftlicher Untertanen vorerst zurückweichen. In anderen Bereichen schienen für viele Reichsritter die Regierungen der beiden fränkischen Markgrafentümer »den Grundsatz als eine Regel fixirt zu haben, daß die Unternehmungen gegen die freie Ritterschaft keiner Grenzlinie bedürfen«[47]. In der Tat wurden die Ritterkanzleien das gesamte Jahr 1794 hindurch in Atem gehalten durch zahlreiche Eingriffe der Ansbacher und Bayreuther Behörden in die Reichsunmittelbarkeit, die landesherrlichen Gebots- und Verbotsrechte im Bereich der Polizey sowie die Militär- und Besteuerungsrechte der reichsritterschaftlichen Korporation und ihrer Mitglieder: Eine öffentlich bekannt gemachte Verordnung der Regierung des obergebürgischen Fürstentums setzte die Reichsritterschaft faktisch dem Corpus Voitlandicum gleich. Wie ihre landsässigen Standesgenossen sollten künftig auch die immediaten Reichsadligen für die Errichtung von Gebäuden auf ihren Gütern die Erlaubnis der preußischen Behörden einholen und Gebühren an die königliche Kasse entrichten. Diese Verordnung versuchten Bayreuther Ämter in mehreren reichsritterschaftlichen Herrschaften der Ritterorte Gebürg, Odenwald und Altmühl auch realiter durchzusetzen. Dabei schreckten die preußischen Behörden selbst vor der gewaltsamen Vorführung reichsritterschaftlicher Untertanen nicht zurück[48]. Andernorts gingen königliche Beamte gegen reichsadlige Handwerker

46 Nachschreiben des Ortsvorstandes Gebürg an den Ortsvorstand Rhön-Werra, Bamberg, 15. Februar 1794, StA Marburg, 109, Nr. 311, Bd. 3, Dok. 167. Nachschreiben des Ortsvorstandes Rhön-Werra an den Ortsvorstand Gebürg, o.O., 21. Februar 1794, ebd., Dok. 169. Abschrift des Schreibens des Steigerwalder Ritterhauptmanns Freiherr von Seckendorff an den Gebürger Ritterhauptmann Johann Franz Freiherr Schenk von Stauffenberg, Unterleinleitter, 16. Juni 1794, ebd., Dok. 224.

47 Abschrift des Schreibens des Kammerherrn von Künsberg zu Schmeilsdorf an den Ortsvorstand Gebürg, Schmeilsdorf, 15. März 1794, StA Marburg, 109, Nr. 311, Bd. 3, Dok. 194 (Zitat ebd.). Beilage 4: Promemoria des fränkischen Ritterkreises an den kaiserlichen Minister und Reichsgrafen von Schlick, Mainz, 4. November 1794, ebd.

48 Schreiben des Ortsvorstandes Rhön-Werra an die Ortsvorstände Odenwald, Altmühl, Baunach und Steigerwald, Schweinfurt, 4. Oktober 1794, StA Marburg, 109, Nr. 311, Bd. 3, Dok. 192. Schreiben des Ortsvorstandes Gebürg an den Ortsvorstand Rhön-Werra, Bamberg, 27. September 1794, ebd., Dok. 193. Abschrift des Schreibens des Kammerherrn von Künsberg zu Schmeilsdorf an den Ortsvorstand Gebürg, Schmeilsdorf, 15. Märtz 1794, ebd., Dok. 194. Abschrift einer Verordnung der Bayreuther Regierung an die Amtshauptmannschaft Kulmbach, Bayreuth, 6. Februar 1794, ebd., Beilage A zu Dok. 194. Abschrift des Schreibens des königlichen Kastenamts zu Kulmbach an den Viertelmeister Rehm zu Meydorf, Kulmbach, 17. Februar 1794, ebd., Beilage B zu Dok. 194. Abschrift des Schreibens der Amtshauptmannschaft zu Kulmbach an die Freiherren von Künsberg zu Dann und Schmeilsdorf, Kulmbach, 4. März 1794, ebd., Beilage C zu Dok. 194. Abschrift des Schreibens des Freiherren von Künsberg zu Schmeilsdorf an die Bayreuther Regierung, Schmeilsdorf, 15. März 1794, ebd., Beilage D zu Dok. 194. Abschrift des Schreibens des Freiherren von Künsberg zu Schmeilsdorf an die Amtshaupt-

vor, die als Meister im reichsritterschaftlichen Gebiet des Viertels Gebürg eingezünftet waren: Den Betroffenen wurden nicht nur Gebühren und Geldstrafen abgenommen. Die besagten Handwerksmeister mussten zudem Hausdurchsuchungen und Arrest ebenso über sich ergehen lassen, wie die Beschlagnahme von Werkzeug sowie das öffentlich bekannt gemachte Berufsverbot als angebliche Pfuscher. Auf den unvermeidlichen Protest des zuständigen ritterschaftlichen Amts reagierte die verantwortliche Bayreuther Behörde, indem sie der reichsritterschaftlichen Herrschaft die Reichsunmittelbarkeit sowie die Vogteilichkeit und das daraus fließende, durch kaiserliches Privileg abgesicherte Zunftrecht kurzerhand absprach[49]. Im Kanton Steigerwald wurden im August 1794 die Freiherrn von Crailsheim zu Fröhestockheim und Rödelsee mangels eines von der Ansbacher Kammer ausgestellten Zollpasses zur Zollzahlung gezwungen. Die Bedrohung für die den Reichsrittern kraft kaiserlicher Privilegien zustehende Zollfreiheit für Baumaterial sowie Verbrauchsgüter zum Eigenbedarf lag dabei nicht einmal so sehr in dem um die gleiche Zeit formulierten Anspruch der königlichen Behörden, dass sich künftig alle Reichsritter für den zollfreien Transport durch das Ansbacher Territorium preußischer, und keiner eigenen Zollpässe zu bedienen hätten. Rechtlich weitaus gefährlicher war eine Erklärung der Ansbacher Regierung, die diese ein halbes Jahr später auf die bei ihr eingereichte Beschwerde der Freiherrn von Crailsheim erteilte und nach der die königlichen Kammerpässe allein als Gnadenakt bewilligt würden[50]. Doch keineswegs immer trafen die Eingriffe in reichsritterschaftliche Vorrechte und Freiheiten derart unmittelbar die reichsadligen Landesherren: Königliche Stellen ver-

mannschaft Kulmbach, Schmeilsdorf, 17. März 1794, ebd., Beilage E zu Dok. 194. Beilage 4: Promemoria des fränkischen Ritterkreises an den kaiserlichen Minister und Reichsgrafen von Schlick, Mainz, 4. November 1794, ebd. Nachschreiben des Ortsvorstandes Steigerwald an den Ortsvorstand Rhön-Werra, Erlangen, 31. Oktober 1794, ebd., Dok. 236. 1. Nachschreiben des Ortsvorstandes Odenwald an den Ortsvorstand Rhön-Werra, Kochendorf, 31. Dezember 1794, ebd., Dok. 240.

49 Schreiben des Ortsvorstandes Rhön-Werra an die Ortsvorstände Odenwald, Altmühl, Baunach und Steigerwald, Schweinfurt, 4. Oktober 1794, StA Marburg, 109, Nr. 311, Bd. 3, Dok. 192. Schreiben des Ortsvorstandes Gebürg an den Ortsvorstand Rhön-Werra, Bamberg, 27. September 1794, ebd., Dok. 193. Abschrift des Berichts des von Geuderischen Amts Heroldsberg an den Kanton Gebürg, o.O., 26. Juli 1794, ebd., Dok. 195. Abschrift des Protestschreibens des von Geuderischen Beamten Magnus Döhlemann an den königlichen Kriegskommissar Joh. Leon. Heinrichmaier zu Baiersdorf, Heroldsberg, 10. Januar 1794, ebd., Dok. 196. Abschrift des Schreibens des königlichen Kriegskommissars Joh. Leon. Heinrichmaier an den von Geuderischen Beamten Magnus Döhlemann zu Heroldsberg, Baiersdorf, 23. Januar 1794, ebd., Dok. 197. Abschrift einer Bekanntmachung des königlichen Richteramts zu Baiersdorf, Baiersdorf, 17. Juli 1794, ebd., Dok. 198. Beilage 4: Promemoria des fränkischen Ritterkreises an den kaiserlichen Minister und Reichsgrafen von Schlick, Mainz, 4. November 1794, ebd.

50 Entwurfsschreiben des Ortsvorstandes Rhön-Werra an das königliche Landesdirektorium zu Ansbach, Schweinfurt, 7. März 1796, StA Marburg, 109, Nr. 321. Klageschrift von Rhön-Werra gegen Preußen zu den Beilagen A bis H zum Reichshofratsprozess, StA Marburg, 109, Nr. 319. StA Marburg, 109, Nr. 695, hier: Produkt Nr. 9–20.

suchten auch, verschiedene zu den Kantonen Steigerwald, Gebürg und Odenwald kollektable Untertanen einer Kriegssteuer respektive den sog. Servis- und Fouragegeldern zu unterwerfen – einer dauerhaften und dem Unterhalt des preußischen Heeres dienenden Abgabe in der Höhe von sechs Prozent der zu leistenden Gewerbe- oder Grundsteuer. Zu diesem Zweck nahmen preußische Amtleute wiederholt die Güter reichsadliger Untertanen zur Taxierung in Augenschein und luden ritterschaftliche Untertanen vor, verzichteten aber auf den Versuch, die preußischen Steuerforderungen gewaltsam zu exekutieren. Dagegen trieben königliche Beamte die verlangte Gebühr für das unerwünschte Schlotfegen durch einen preußischen Kaminkehrer durch Pfändung ein. Zudem versuchte die Bayreuther Seite, reichsritterschaftliche Hintersassen im Viertel Gebürg zu Getreidefuhren ins königliche Magazin in Kulmbach zu zwingen[51].

Das königlich preußische Landesdirektorium in Bayreuth ließ in den Zeitungen ein auf den 3. Juni des Vorjahres, 1793, datiertes Patent veröffentlichen, in dem unter der Androhung des Lehenseinzugs allen reichsritterschaftlichen Vasallen des obergebürgischen Fürstentums genaue Beschreibungen ihrer vom Hause Brandenburg rührenden Lehen ebenso abgefordert wurden wie ältere Lehensbriefe und -konzessionen zur Überprüfung ihrer Rechtmäßigkeit. Den zu Steigerwald gehörenden Freiherrn von Seckendorff zu Markt Sugenheim, Unternzenn und Egenhausen ging die gleiche Aufforderung von den Lehenshöfen zu Ansbach und Bayreuth zu, die für den König »als Landes-Successoris ex pacto et providentia majorum« ein Bestätigungsrecht für alle diejenigen reichsritterschaftlichen Gerechtsame reklamierten, die angeblich erst in jüngerer Zeit erlangt worden waren. Zwar zog diese Maßnahme vorerst keine Weiterungen nach sich. Aber sie bedeutete dennoch einen Bruch mit dem Herkommen, war lehensrechtlich zumindest umstritten und stellte angesichts der großen Zahl der zollerschen Lehen reichsritterschaftlicher Vasallen eine massive Bedrohung des reichsadligen Besitzstandes in Franken dar[52]. Die Untertanen auf zwei Rittergütern des Kantons Odenwald, die als

51 StA Marburg, 109, Nr. 311, Bd. 3, Dok. 192–193, Dok. 199–202, 226–232, Dok. 236–237, Dok. 240 u. Dok. 244. Beilage 4: Promemoria des fränkischen Ritterkreises an den kaiserlichen Minister und Reichsgrafen von Schlick, Mainz, 4. November 1794, ebd. Abschrift des Protokolls des Freiherrlich von Aufseßischen Amts zu Kainach, Kainach, 23. Mai 1794, StA Marburg, 109, Nr. 311, Bd. 4, Beilage 19 zu Dok. 322. Beilage 96: Abschrift des Schreibens des Grafen von Schönborn zu Wiesentheid an den Ortsvorstand Steigerwald, Wiesentheid, 16. Juli 1794 inkl. der Abschrift des Auszugs aus dem Gräflich Schönbornischen Amtsprotokoll, Pommersfelden, 26. Mai 1794, Marburg, 109, Nr. 312, Bd. 2, Dok. 237. – Zum Zweck der Servis- und Fouragegelder siehe *Weltrich*, Erinnerungen ... aus den Preussischen Regierungs-Jahren, S. 13 u. *Hartung*, Hardenberg, S. 165 ff. – Dem Vorschlag Hardenbergs, die fremden reichsständischen und -ritterschaftlichen Untertanen zwangsweise zu den Servis- und Fouragegeldern heranzuziehen, hatte das preußische Oberkriegskollegium bereits Ende Mai 1792 zugestimmt (*Hartung*, ebd., S. 166, 166 Anm. 4).

52 Beilage 4: Abschrift des Promemorias der Unterhändler des fränkischen Ritterkreises an den Reichsgrafen von Schlick, Mainz, 19. November 1794, StA Marburg, 109, Nr. 311, Bd. 3. Ab-

erledigte Lehen dem untergebürgischen Fürstentum heimgefallen waren, durften nach dem Willen der Ansbacher Regierung künftig nur noch die ordentlichen, aber nicht mehr die hergebrachten außerordentlichen Rittersteuern an die Rittertruhe abführen[53]. Als der Reichsgraf von Giech Anfang September 1794 mit seinen preußischen Lehen neu belehnt wurde, weigerte sich der königliche Lehenshof, ihm auch die »hohe und fraischliche Obrigkeit« im Gebiet von Thurnau und Peesen zu übertragen. Diese Gerechtsame waren in dem bereits erwähnten Vertrag von 1699 von den Zollern an die von Giech als ein in männlicher Line erbliches Reichsafterlehen verkauft worden und bildeten die entscheidende Rechtsgrundlage für den mit landesherrlichen Kompetenzen ausgestatteten »Hoheitsbezirk« des reichsgräflichen Geschlechts[54].

Damit nicht genug, verwüstete Anfang September 1794 eine preußische Husareneskadron aus Neustadt an der Aisch bei einem Manöver die Felder mehrerer Rittergüter des Freiherrn von Frankenstein im Kanton Steigerwald[55].

All diese Eingriffe in die bisherige Rechtsstellung der Reichsritterschaft waren in ihrer Ausdehnung begrenzt und betrafen wiederholt reichsritterschaftliche Untertanen in sog. vermischten Ortschaften[56]. Unter diesem Blickwinkel erinnern die skizzierten Vorfälle an den im Territorium inclau-

schrift des Schreibens des Ortsvorstandes Steigerwald an den Ortsvorstand Gebürg, Erlangen, 23. April, 1794, StA Ludwigsburg, B 575 IV, Bü 352. Gedrucktes Zirkularschreiben des Ortsvorstandes Steigerwald an seine Mitglieder und Güterbersitzer, Erlangen, 23. April, 1794, ebd. (Zitat ebd.). Gedrucktes Reskript Hardenbergs an die Bayreuther Vasallen, Bayreuth, 3. Juni 1793, ebd.

53 Nachschreiben des Ortsvorstandes Odenwald an den Ortsvorstand Rhön-Werra, Kochendorf, 24. Oktober 1794, StA Marburg, 109, Nr. 311, Bd. 3, Dok. 207. Beilage 4: Promemoria des fränkischen Ritterkreises an den kaiserlichen Minister und Reichsgrafen von Schlick, Mainz, 4. November 1794, ebd.

54 *K. H. Lang*, Historisch diplomatische Nachricht von denen in der Königlich Preußischen Amtshauptmannschaft Kulmbach befindlichen anmaßlich Fränkischen Reichs-Rittergütern, S. 485 ff. (Zitat ebd., S. 488). Vgl. auch: Abschrift des Vertrags zwischen Markgraf Christian Ernst von Brandenburg-Bayreuth und dem Reichsgrafen Karl Gottfried von Giech, Bayreuth, 26. Mai 1699, GStA PK Berlin, I. HA, Rep. 94, IV, Ac, Nr. 7 bzw. Abdruck des Hauptrezess vom 26. Mai 1699, in: Entwicklung der Brandenburgischen Landeshoheit über Thurnau, S. 437 ff.

55 Nachschreiben des Ortsvorstandes Steigerwald an den Ortsvorstand Rhön-Werra, Erlangen, 31. Oktober 1794, StA Marburg, 109, Nr. 311, Bd. 3, Dok. 236. Abschrift des Schreibens des Ortsvorstandes Steigerwald an den Freiherrn von Frankenstein zu Ullstadt, Erlangen, 27. September 1794, ebd., zu Dok. 238. Beilage 98: Abschrift des Schreibens des Freiherrlich von Frankensteinischen Amtmanns zu Ullstadt, A. Kretschmann, an den Ortsvorstand Steigerwald, o.O., 16. September 1794, StA Marburg, 109, Nr. 312, Bd. 2, Dok. 238.

56 Abschrift des Schreibens des königlichen Kriegskommissars Heinrichmaier an den von Geuderischen Beamten Magnus Döhlemann zu Heroldsberg, o.O., 23. Januar 1794, StA Marburg, 109, Nr. 311, Bd. 3, Dok. 197. Abschrift zweier Protokollauszüge der Gräflich von Schönbornschen Verwaltung, Weiher, 25. Juli 1794, ebd., Dok. 201. Schreiben von Julius [Heinrich] Reichsgraf von Soden an den Ortsvorstand Odenwald, Nürnberg, 27. Oktober 1794, ebd., Dok. 227. Abschrift des Berichts des von Sodenschen Amtes Neidenfels, o.O., 24. Oktober 1794, ebd. Dok. 228.

sum üblichen Kleinkrieg der einzelnen Herrschaftsträger um die Abgrenzung ihrer obrigkeitlichen Gerechtsame[57]. Dennoch verdienen in ihrer Massierung selbst solche eher unscheinbaren Auseinandersetzungen Beachtung. In ihnen spiegelte sich nämlich nicht nur der immer härtere Zugriff der preußischen Behörden auf reichsritterschaftliches Gebiet und reichsadlige Untertanen wieder. Sie standen auch für die wachsende Diskrepanz zwischen dem theoretischen Anspruch der Reichsverfassung auf Schutz der »Mindermächtigen« einerseits und einer die traditionellen Lehren des Ius publicum zunehmend ignorierenden Verfassungswirklichkeit andererseits[58].

Von ganz anderen Dimensionen und reichsrechtlich weitaus präjudizierlicher als die zuletzt geschilderten Eingriffe in die landesherrlichen Rechte des Corpus equestre und seiner Mitglieder war eine andere Maßnahme der Ansbacher und Bayreuther Regierungen: Dabei handelte es sich um den Versuch, die kantonale Steuerhoheit im großen Stil zu untergraben, wozu eine dringend notwendige Reform innerhalb der fränkischen Markgrafentümer den Anlass bot. Mancher Regent des späten 18. Jahrhunderts wie zum Beispiel der Bamberger Fürstbischof Franz Ludwig von Erthal (1779 – 1795) oder Herzog Karl II. August von Zweibrücken (1775 – 1795) zeigte sich gegenüber aufklärerischem Gedankengut offen und setzte daher seiner Jagdleidenschaft zum Wohle seines Territoriums Grenzen[59]. Ganz anders waren die Verhältnisse unter Markgraf Karl Alexander, für dessen Zeitvertreib eine überproportionale Menge an Wild in Ansbach und Bayreuth gehegt wurde. Wildfraß in Wald und Feld, die erheblichen Unkosten für die Einzäunung der Äcker sowie die Unterhaltung von Wildhütern und sonstigem Jagdpersonal brachten nicht nur manchen Untertanen um »die Früchte seines sauren Schweisses«, sondern schmälerten auch massiv die landesherrlichen Einnahmen[60]. Daher genehmigte 1792 König Friedrich Wilhelm II. nach dem Anfall der fränkischen Markgrafentümer an die zollersche Kurlinie die vollständige Ausrottung des schwarzen und hohen roten Wildes, also der Hirsche und Wildschweine.

57 Siehe Kapitel II.3.

58 »Allerunterthänigste kurze Geschichtserzählung, die Irrungen mit den von Seiner königlichen Majestät in Preußen im Monat Jenner 1792 angetrettenen, und in Besitz genommenen fränckischen Fürstenthümern, Brandenburg-Anspach, und Bayreuth betreffend«, Bamberg, 29. Januar 1793, StA Marburg, 109, Nr. 311, Bd. 2, Dok. 104.

59 Vortrag von Völderndorff über die zwischen dem Haus Brandenburg und dem Fürstbistum Bamberg bevorstehenden Vergleichs-Traktate, Bayreuth, 9.–12. Dezember 1792, GStA PK Berlin, II. HA, Abt. 36, I, Nr. 270. *Hartung*, Hardenberg, S. 230. *Süssheim*, Politik, S. 135. *Weis*, Montgelas I (1988), S. 170. *Schunk*, Forstunruhen, S. 48. *Störkel*, Christian Friedrich Carl Alexander, S. 165 ff.

60 »Versuch eines ohngefähren Abrisses…« (wie Kap. II, Anm. 91), GStA PK Berlin, I. HA, Rep. 94, IV, Ac, Nr. 2, S. 1 – 149, hier: S. 19 ff. (Zitat ebd., S. 22). Der Fränkische Merkur, Nr. 33, [12. November] 1794, Sp. 604. Ebd., Nr. 47, 1795, Sp. 809. Ebd., Nr. 7, 16. Februar 1796, Sp. 101 f. Rechenschaftsbericht Hardenbergs (wie Kap. I, Anm. 80), in: *C. Meyer*, Politik, S. 35 – 210, hier: S. 115 ff., 134 f. *Weltrich*, Erinnerungen … aus den Preussischen Regierungs-Jahren, S. 14. *Hartung*, Hardenberg, S. 228 f. *Seiderer*, Formen, S. 306. *Störkel*, Christian Friedrich Carl Alexander, S. 164 ff.

Ausgenommen blieben allein die Rehe, deren Bestand jedoch wie der der Hasen durch Abschuss dezimiert wurde. Um die zurückgehenden »ansehnliche[n]« Einnahmen aus der Jagd sowie die Kosten für die nun überzählige Jagddienerschaft auszugleichen, führte Hardenberg die sog. »Wildbretabtrags- bzw. -entschädigungsgelder« ein. Diese im Volksmund auch als »Hirschensteuer« bezeichnete Abgabe wurde nach ersten Ansätzen im Jahre 1792 im größeren Stil ab 1794 alljährlich und orientiert am bisherigen Wildschaden von den Gütern der königlichen Untertanen erhoben[61]. Doch auch die anderen Reichsgliedern unterstehenden Gemeinden sollten nach dem Willen des Dirigierenden Ministers zu den »Wildbretabtragsgeldern« beitragen, sofern sie im Wildbann der fränkischen Markgrafentümer gelegen waren. Ein solcher Anspruch auf »ein Steuer-Recht in fremden Territorien« war jedoch unvereinbar mit der Steuerhoheit, wie sie die Kantone hergebracht hatten. Dessen ungeachtet erging von den Ansbacher und Bayreuther Behörden etwa seit Herbst 1794 an zahlreiche reichsritterschaftliche Hintersassen und Gemeinden in den Kantonen Gebürg, Steigerwald und vor allem Altmühl die Aufforderung, die »Wildbretsabtragsgelder« zu entrichten sowie einen Anteil des geschossenen Wildes käuflich zu erwerben[62]. Doch weder die betroffenen Kantone noch alle der ebenfalls von den preußischen Ansprüchen berührten fränkischen Kreisstände waren gewillt nachzugeben. Daher wurden die königlichen Behörden im Juni 1795 angewiesen, gegenüber den reichsständi-

61 »Versuch eines ohngefähren Abrisses…« (wie Kap. II, Anm. 91), GStA PK Berlin, I. HA, Rep. 94, IV, Ac, Nr. 2, S. 1–149, hier: S. 21 ff. (Zitat ebd., S. 21 f.). Abschrift des Reskripts aus dem Ministerium Hardenbergs an den geheimen Kriegsrat Vogel zu Bayreuth, Ansbach, 22. März 1792, GStA PK Berlin, II. HA, Abt. 36, III, Nr. 80. Der Fränkische Merkur, Nr. 33, [12. November] 1794, Sp. 604. *K. H. Lang*, Annalen, S. 15 (Zitat ebd.). *Weltrich*, Erinnerungen … aus den Preussischen Regierungs-Jahren, S. 14. *Goess*, Statistik, S. 83. Denkschrift Hardenbergs über die Administration der fränkischen Fürstentümer, Berlin, 10. Januar 1792, in: *Haussherr*, Hardenberg I, Anhang, S. 225–240, hier: S. 237 f. Rechenschaftsbericht Hardenbergs (wie Kap. I, Anm. 80), in: *C. Meyer*, Politik, S. 35–210, hier: S. 135. – Anfang 1792 bezifferte Hardenberg die Einnahmen aus der Jagd auf etwa 18.000 fl. (»Versuch eines ohngefähren Abrisses…« (wie Kap. II, Anm. 91), ebd., S. 1–149, hier: S. 21 f.). – 1798 galt das hohe Wild in Bayreuth als weitgehend ausgerottet (Der Fränkische Merkur, Nr. 37, 11. September 1798, Sp. 1171).

62 7. Nachschreiben des Ortsvorstandes Odenwald an den Ortsvorstand Rhön-Werra, Kochendorf, 24. Oktober 1794, StA Marburg, 109, Nr. 311, Bd. 3, Dok. 205. 1. Nachschreiben des Ortsvorstandes Baunach an den Ortsvorstand Rhön-Werra, o.O., 10. November 1794, ebd., Dok. 213. 1. Nachschreiben des Ortsvorstandes Gebürg an den Ortsvorstand Rhön-Werra, Bamberg, 13. November 1794, ebd., Dok. 215. Nachschreiben des Ortsvorstandes Steigerwald an den Ortsvorstand Rhön-Werra, Erlangen, 31. Oktober 1794, ebd., Dok. 236. 1. Nachschreiben des Ortsvorstandes Odenwald an den Ortsvorstand Rhön-Werra, o.O., 31. Dezember 1794, ebd., Dok. 240. 59. Bericht der pfalz-bayerischen Kreisgesandtschaft, abgezeichnet vom Regierungssekretär von Bayard, an Kurfürst Karl Theodor, Nürnberg, 13. Juni 1795, BayHStA, K. schw., Nr. 14507, fol. 6 (Zitat ebd.). Abschrift des Promemorias der preußischen Kreisgesandten Soden und Schmidt an die Fränkische Kreisversammlung, Nürnberg, 28. Mai 1795, ebd., fol. 13–16, hier: fol. 13 ff. Klageschrift von Rhön-Werra gegen Preußen zu den Beilagen 1 bis 87 zum Reichshofratsprozess, StA Marburg, 109, Nr. 312, Bd. 1. Der Fränkische Merkur, Nr. 7, 16. Februar 1796, Sp. 101 ff.

schen und reichsritterschaftlichen Untertanen die Zahlung der »Wildbretabtragsgelder« sowie des Gegenwerts des nicht abgenommenen, erlegten Wilds durch Exekution bzw. die Pfändung von Vieh sowie die Verhaftung von Mitgliedern ihrer Gemeinden beim Aufenthalt im Ansbacher oder Bayreuther Territorium durchzusetzen. Ein königliches Reskript vom August 1795 schärfte der Ansbacher Wildbretskommission nochmals ein, besonders »gegen die Ritterschaftlichen ohne Schonung mit ZwangsMitteln« vorzugehen[63]. Tatsächlich kam es in der Folge auf Altmühler Rittergütern zur Beschlagnahme bzw. der Zwangspfändung von Ochsen sowie der vorübergehenden Verhaftung reichsritterschaftlicher Hintersassen selbst auf reichsadligem Gebiet. Zudem sollen reichsritterschaftliche Untertanen nicht nur willkürlich zu den »Wildbretabtragsgeldern« veranschlagt, sondern auch zum Kauf des geschossenen Wildes gezwungen worden sein[64].

Die Verschärfung des Konflikts um die »Wildbretabtragsgelder« war jedoch nur die Spitze des Eisberges. Der Ortsvorstand von Rhön-Werra beschrieb die seit Sommer 1795 eskalierende Lage in Franken durchaus treffend mit den Worten, dass die Bayreuther Behörden »sich in den Besiz aller zu ihrer vorhabenden Landesausründung gemächlich gelegener auswärtiger Gebietstheile und Gerechtsame auf die eigenmächtigste Weise und mit bewaffneter Hand hineinschwingen, und solchergestalt gradezu so handeln, als ob die Reichsverfassung schon zu Grabe getragen, und der unglückliche Zeitpunct öffentlicher Befehdungen von neuem eingetreten wäre«[65].

Zum Symbol für die neue Härte, mit der von nun an um die reichsritter-

63 Bericht des Mitglieds der königlich preußischen Wildpretskommission Vogel, Bayreuth, 17. Februar 1796, GStA PK Berlin, II. HA, Abt. 36, III, Nr. 80 (Zitat ebd.). Abschrift eines im Kurialstil erlassenen Reskripts des Mitglieds der königlich preußischen Wildpretskommission, Vogel, an das königliche Richteramt Baiersdorf, inkl. einer angehängten Liste über die ausstehenden Wildbretabtragsgelder, Bayreuth, 15. Februar 1796, ebd. Klageschrift von Rhön-Werra gegen Preußen zu den Beilagen 1 bis 87 zum Reichshofratsprozess, StA Marburg, 109, Nr. 312, Bd. 1. Der Fränkische Merkur, Nr. 7, 16. Februar 1796, Sp. 102 f. – Ende Mai 1795 hatte die preußische Kreistagsgesandtschaft in Nürnberg bereits öffentlich erklärt, dass der König in den die Zahlung verweigernden, aber im zollerschen Wildbann eingesessenen Gemeinden für die Ausrottung des hohen Wilds die »billigen Entschädigungs Beyträge mit Ernst eintreibenden lassen werden« (Abschrift des Promemorias der preußischen Kreisgesandten Soden und Schmidt an die Fränkische Kreisversammlung, Nürnberg, 28. Mai 1795, BayHStA, K. schw., Nr. 14507, fol. 13–16, hier: fol. 14 f. (Zitat ebd., fol. 15)).

64 Bericht des Mitglieds der königlich preußischen Wildpretskommission, Vogel, Bayreuth, 17. Februar 1796, GStA PK Berlin, II. HA, Abt. 36, III, Nr. 80. Klageschrift von Rhön-Werra gegen Preußen zu den Beilagen 1 bis 87 zum Reichshofratsprozess, StA Marburg, 109, Nr. 312, Bd. 1. Vgl. die den zeitlichen Ablauf der Geschehnisse wahrscheinlich nicht ganz genau darstellende, parteiische Druckschrift: Actenmäsige Geschichts-Erzählung von der ohnmittelbaren Reichs-Ritterschaft, S. 35.

65 Nicht ausgefertigter Entwurf des Schreibens des Ortsvorstandes Rhön-Werra an den Reichsgrafen Schlick, Schweinfurt, [ca. Februar] 1796, StA Marburg, 109, Nr. 311, Bd. 4, Dok. 319 (Zitat ebd.). Fast wortgleich auch im Schreiben des Ortsvorstandes Rhön-Werra an den Reichshofvizekanzler Fürst von Colloredo-Mansfeld, Schweinfurt, 4. Februar 1796, StA Marburg, 109, Nr. 311, Bd. 5, Dok. 333.

schaftliche Unmittelbarkeit gerungen wurde, gerieten die Erklärungen des in Markt Ipsheim residierenden Bayreuther Oberamts Hoheneck. Diese waren zwar kein Einzellfall, markierten aber in ihrer Massivität und provozierenden Deutlichkeit den Höhepunkt einer in amtlichen Verlautbarungen vorweggenommenen verbalen Mediatisierung der dem obergebürgischen Fürstentum benachbarten Reichsritter[66]. Hohenecks wiederholt unter militärischer Bedeckung auf reichsadligem Gebiet angeschlagene Anordnungen vom Oktober 1795 negierten nämlich die immediate Rechtsstellung der betroffenen reichsritterschaftlichen Herrschaften nicht nur faktisch, sondern auch expressis verbis. Daher konnte der Ortsvorstand Odenwald urteilen, es handele sich hierbei um »den gewaltsamsten und folgenvollsten Schritt der je während derer mit der Bareuthischen Regierung sich entsponnenen Irrungen erschienen ist«[67]. In den Verfügungen Hohenecks wurden nicht nur sämtliche Rittergenossen im obergebürgischen Fürstentum und insbesondere »in der ganzen Ausdehnung des Oberamts als wahre König(liche) territorial-Unterthanen«, »getreue Staatsmitbürger« und »blose Landsaßen« angesprochen. Auch die rechtmäßige Existenz einer immediaten Reichsritterschaft an seinen Grenzen und jenen des gesamten obergebürgischen Fürstentums bestritt Hoheneck, das nur noch von »sogenannten fränkischen Ritterkantons« sprach[68]. Die Spitze dieser verbalen Eskalation bildete die wiederholte Be-

66 Vgl. beispielsweise: Alleruntertänigste kurze Geschichtserzählung… (wie Kap. V, Anm. 134), StA Ludwigsburg, B 575 IV, Bü 352; StA Marburg, 109, Nr. 311, Bd. 3, Dok. 197, zu Dok. 199, zu Dok. 238 u. Dok. 240; StA Marburg, 109, Nr. 311, Bd. 4, Dok. 322 sowie die Beilagen 1, 6, 7, 22 u. 24 zu Dok. 322.

67 Schreiben des Ortsvorstandes Odenwald an den Ortsvorstand Rhön-Werra, Kochendorf, 11. Oktober 1795, StA Marburg, 109, Nr. 311, Bd. 3, Dok. 260a (Zitat ebd.). Schreiben des Ortsvorstandes Gebürg an den Ortsvorstand Rhön-Werra, Bamberg, 30. Januar 1796, StA Marburg, 109, Nr. 311, Bd. 4, Dok. 322. Denkschrift des Steigerwalder Ritterhauptmanns Friedrich Karl Freiherr von Seckendorff, Weingartsgereuth, 3. November 1795, StA Marburg, 109, Nr. 311, Bd. 5, zu Dok. 323. Abschrift des Schreibens des Steigerwalder Ritterhauptmanns Friedrich Karl Freiherr von Seckendorff an Hardenberg, Weingartsgereuth, 12. Dezember 1795, ebd., zu Dok. 326. Abschrift der Freiherrlich von Seckendorffischen Amtsprotokolle, Markt Sugenheim, 10. u. 15. Oktober 1795, ebd., zu Dok. 326. Vgl. auch die reinen Befürchtungen eines bevorstehenden Patentanschlags in: Abschrift des Schreibens des Freiherren von Haller zu Nürnberg an den Ortsvorstand Altmühl, o.O., 10. Oktober 1795, StA Marburg, 109, Nr. 311, Bd. 3, Dok. 268, Abschrift des Schreibens des Kantons Altmühl an den Freiherrn von Haller, o.O., 14. Oktober 1795, ebd., Dok. 269, Abschrift des Dekrets des Kantons Altmühl an den Freiherrlich von Forsterischen Beamten, o.O., 14. Oktober 1795, ebd., Dok. 271 u. Abschrift des Dekrets des Kantons Altmühl an das Freiherrlich von Seckendorffische Amt zu Unternzenn, o.O., 16. Oktober 1795, ebd., Dok. 273.

68 StA Marburg, 109, Nr. 311, Bd. 3, Dok. 260c-260 f, Dok. 263–265 u. Dok 272. 3. Nachschreiben des Ortsvorstandes Odenwald an den Ortsvorstand Rhön-Werra, Kochendorf, 12. November 1795, StA Marburg, 109, Nr. 311, Bd. 4, Dok. 291. Abschrift des Erlasses des Oberamts Hoheneck an die Freiherrlich von Seckendorffische Amtsverwaltung in Duzenthal, Markt Ipsheim, 1. Oktober 1795, StA Marburg, 109, Nr. 311, Bd. 5, zu Dok. 326 (Zitat ebd.). Abschrift des Erlasses des Oberamtes Hoheneck an den Freiherrlich von Seckendorffischen Amtsverwalter Killinger zu Markt Sugenheim, Markt Ipsheim, 21. Oktober 1795, ebd., zu Dok. 326. »Acten-

hauptung des Bayreuther Oberamts, dass reichsritterschaftliche Untertanen dem preußischen König »mit Haut und Haar, Leib und Leben« unterworfen seien[69]. Mit dieser Alteration wurde an eine jahrhundertealte Rechtssprache angeknüpft. Dabei sollte das Strafen an Haut und Haar als minderschwere Körperstrafe, den Anspruch Berlins auf die niedere Jurisdiktion zum Ausdruck bringen, während die Ahndung an Leib und Leben auf die peinliche bzw. die Blutgerichtsbarkeit verwies[70]. Allerdings handelte es sich bei der von Hoheneck gewählten Paarformel um eine Wortwahl, die im ausgehenden 18. Jahrhundert in erster Linie nicht in ihrer rechtsgeschichtlichen Bedeutung, sondern vor allem als empörender Rückfall in Zeiten der Unfreiheit verstanden werden musste[71]. Dass die Ankündigungen Hohenecks keine leeren Worte waren, bekam das Corpus equestre mehr als deutlich zu spüren. Seit dem Spätsommer 1795 intensivierten vor allem die Bayreuther Behörden ihre Bemühungen, unter völliger Missachtung reichsrechtlicher Grundprinzipien zahlreiche Rittergenossen in den Kantonen Steigerwald, Gebürg, Altmühl und Odenwald aus dem Besitz der Landesherrlichkeit und Unmittelbarkeit zu verdrängen – eine Entwicklung, die im folgenden Herbst und Winter ihren dramatischen Höhepunkt erreichte[72].

mässige kurze Darstellung derjenigen reichsgesezwidrigen Gewaltthätigkeiten, welche die unmittelbare Reichsritterschaft in Franken seit der Abtretung der beiden fränkischen Fürstenthümer Bayreuth und Ansbach an S.[ein]e könig.[liche] Majestät von Preussen hat erfahren müssen«, [ca. Februar 1796], ebd., zu Dok. 333. Schreiben des Ortsvorstandes Rhön-Werra an Hardenberg, Schweinfurt, 15. Februar 1796, ebd., zu Dok. 340 (Zitate ebd.). StA Marburg, 109, Nr. 312, Bd. 1, Beilagen 20–21 u. 24–26. Zu Beilage 99: Dekret des Oberamts Hoheneck an den Freiherrlich von Frankensteinischen Amtmann zu Ullstadt, A. Kretschmann, Markt Ipsheim, 21. Oktober 1795, StA Marburg, 109, Nr. 312, Bd. 2, zu Dok. 308. Zu Beilage 99: Dekret des Oberamts Hoheneck an den Freiherrlich von Frankensteinischen Amtmann zu Ullstadt, A. Kretschmann, Markt Ipsheim, 30. Oktober 1795, ebd., zu Dok. 308. Abschrift des Schreibens des Oberamts Hoheneck an die Freiherrn Haller von Hallerstein, Ipsheim, 8. Oktober 1795, HHStA Wien, MEA, Reichstagsakten, Nr. 719.

69 3. Nachschreiben des Ortsvorstandes Odenwald an den Ortsvorstand Rhön-Werra, Kochendorf, 12. November 1795, StA Marburg, 109, Nr. 311, Bd. 4, Dok. 291. Abschrift des Erlasses des Oberamtes Hoheneck an die Freiherrlich von Forsterische gemeinsame Amtsverwaltung zu Nürnberg, Markt Ipsheim, 29. Oktober 1795, ebd. (Zitat ebd.). StA Marburg, 109, Nr. 311, Bd. 5, zu Dok. 326, zu Dok. 333 u. zu Dok. 340. StA Marburg, 109, Nr. 312, Bd. 1, Beilagen 20–21 u. 23. Zu Beilage 99: Dekret des Oberamts Hoheneck an den Freiherrlich von Frankensteinischen Amtmann zu Ullstadt, A. Kretschmann, Markt Ipsheim, 21. Oktober 1795, StA Marburg, 109, Nr. 312, Bd. 2, zu Dok. 308. Zu Beilage 99: Abschrift des Schreibens des Freiherrlich von Frankensteinischen Amtmanns zu Ullstadt, A. Kretschmann, an das Amt Hoheneck, 29. Oktober 1795, ebd., zu Dok. 308. Zu Beilage 99: Dekret des Oberamts Hoheneck an den Freiherrlich von Frankensteinischen Amtmann zu Ullstadt, A. Kretschmann, Markt Ipsheim, 30. Oktober 1795, ebd., zu Dok. 308.

70 Fortsetzung von der gewaltsamen Ankündigung (Teutsche Staatskanzley), S. 237 Anm. a. Vgl. *Sagstetter*, Hoch- und Niedergerichtsbarkeit, S. 6 f., 47.

71 Siehe Kapitel VIII.3.2.

72 StA Marburg, 109, Nr. 311, Bd. 3, Dok. 260a, Dok. 261c u. Dok. 262. StA Marburg, 109, Nr. 311, Bd. 4, Dok. 291, zu Dok. 308 u. Dok. 322. StA Marburg, 109, Nr. 311, Bd. 5, Dok. 326, zu

Durch die »Wildbretabtragsgelder« waren die Ansbach-Bayreuth benachbarten immediaten Rittergüter teilweise der preußischen Steuerhoheit unterworfen worden. Im Justizwesen schien sich eine nicht minder gefährliche Entwicklung für die reichsritterschaftliche Unmittelbarkeit anzubahnen: Unter Berufung auf ein landesherrliches Reskript vom 22. September 1795 befahl das Bayreuther Oberamt Hoheneck Anfang Oktober den angrenzenden Rittergenossen in den Vierteln Odenwald, Steigerwald und Altmühl, ihre Gerichtsbarkeit dem Instanzenzug und der Justizorganisation der preußischen Monarchie weitgehend einzugliedern. Zu diesem Zwecke wurden bei Geld- und Leibesstrafen Berufungen in Zivilsachen an die Kantone sowie die einzelnen Rittergenossen als Gerichtsinhaber grundsätzlich untersagt. Die reichsritterschaftlichen Untertanen hatten künftig nur noch an das königliche Oberamt zu appellieren. Unter der Androhung »unfähige Subjecte« durch staatlich examiniertes Personal zu ersetzen, sollten die reichsritterschaftlichen Justizstellen mit geprüften und von der Gerichtsherrschaft unabhängigen Richtern besetzt werden. Zudem erlegte das Oberamt Hoheneck den betroffenen Rittergenossen die Übernahme der preußischen Aktenführung sowie zur Einarbeitung die Anschaffung der königlichen Gerichtsordnung und des Allgemeinen Landrechtes auf. Ferner kündigte die königliche Behörde eine Untersuchung über die Rechtmäßigkeit der reichsritterschaftlichen Jurisdiktionsbefugnisse an[73]. Der Nachweis Letzterer bot dem Oberamt

Dok. 333, Dok. 337 u. Dok. 340. Abschrift des Schreibens der Gebrüder C. und S. Freiherr von Crailsheim zu Fröhestockheim und Rödelsee an den Ortsvorstand Steigerwald, Mainbernheim, 15. August 1796, StA Marburg, 109, Nr. 311, Bd. 7. Abschrift des Schreibens der Gebrüder C. und S. Freiherr von Crailsheim zu Fröhestockheim und Rödelsee an Hardenberg, o.O., 30. Juni 1796, ebd. Abschrift des Freiherrlich von Crailsheimischen Amtsprotokolls, Fröhestockheim, 4. Juni 1796, ebd. – Es waren auch sog. Güterbesitzer, also der Reichsritterschaft nicht in persona immatrikulierte Inhaber immediater Rittergüter, von den Bayreuther Übergriffen betroffen, wodurch die obrigkeitlichen Befugnisse des Corpus equestre über die besagten Besitzungen in Mitleidenschaft gezogen wurden (Abschrift des Protokolls des Freiherrlich von Künsbergischen Amts zu Schmeilsdorf, Schmeilsdorf, 13. Oktober 1795, StA Marburg, 109, Nr. 311, Bd. 4, Beilage 13 zu Dok. 322. Abschrift des Schreibens des Obristen Heinrich Philipp Aichinger von Aichstamm an den Ortsvorstand Gebürg, o.O., 29. November 1795, ebd., Beilage 15 zu Dok. 322).

73 StA Marburg, 109, Nr. 311, Bd. 3, Dok. 260c-260 f., Dok. 263, Dok. 265–267, Dok. 270 u. Dok. 272. StA Marburg, 109, Nr. 311, Bd. 5, zu Dok. 323, zu Dok. 326 u. zu Dok. 333. »Actenmässige kurze Darstellung derjenigen reichsgesezwidrigen Gewaltthätigkeiten, welche die unmittelbare Reichsritterschaft in Franken seit der Abtretung der beiden fränkischen Fürstenthümer Bayreuth und Ansbach an S.[ein]e könig.[liche] Majestät von Preussen hat erfahren müssen«, Schweinfurt, [ca. Februar 1796], ebd., zu Dok. 333 (Zitat ebd.). StA Marburg, 109, Nr. 312, Bd. 1, Beilagen 25–28. Zu Beilage 99: Abschrift des Berichts des Freiherrlich von Frankensteinischen Amtmanns zu Ullstadt, A. Kretschmann, an den Ortsvorstand Steigerwald, o.O., 8. Oktober 1795, StA Marburg, 109, Nr. 312, Bd. 2, zu Dok. 308. Zu Beilage 99: Abschrift des Patents des Oberamts Hoheneck, Markt Ipsheim, 1. Oktober 1795, ebd., zu Dok. 308. – In gedruckter Form sind die Verfügungen Hohenecks fast wortgleich nachzulesen als Dekret des Oberamts Hoheneck an das Freiherrlich von Crailsheimische Amt Rügland, Markt Ipsheim, 1. Oktober 1795, in: Actenmäsige Geschichts-Erzählung von der ohnmittelbaren Reichs-Rit-

Hoheneck auch den willkommenen Vorwand, um gegen die Freiherren von Forster vorzugehen, nachdem diese gegen die anbefohlene Eingliederung in die preußische Justizorganisation protestiert hatten. Ende Oktober dekretierte die Bayreuther Behörde, dass den Freiherren von Forster in dem Weiler Hausen im Wald nur noch die Ausübung der »Jurisdictio colonarum« gestattet sei, also einer stark eingeschränkten Niedergerichtsbarkeit, bis sie die Rechtmäßigkeit ihrer Jurisdiktionsbefugnisse erwiesen hätten. Im selben Atemzug erklärte Hoheneck die zum Ungehorsam gegen seine bisherigen Anordnungen aufrufenden Befehle des zuständigen Kantons zu einem Akt der Rebellion[74]. In einem fast zeitgleichen Erlass an die Freiherrlich von Frankensteinische Amtsverwaltung dehnte das Bayreuther Oberamt seine Verfügungen nochmals aus, indem es dekretierte, dass überhaupt »keinem Nobili mehr als eine blose Jurisdictio colonaria zugestanden« werde[75]. Nicht viel besser erging es den Gebrüdern Freiherr von Aufseß auf Freienfels, nachdem einer von ihnen gegen die Eingriffe königlicher Amtsstellen in seine Gerechtsame protestiert hatte. Die Bayreuther Regierung erklärte ihre Gerichtsbarkeit über ihre Hintersassen zu Mengersdorf und Obernsees für unrechtmäßig und drohte mit einer Untersuchung wegen »Verhezung« preußischer Untertanen[76]. Dieses Verfahren stellte keineswegs einen Einzelfall dar. Das Oberamt Hoheneck versuchte auch die Freiherrn von Crailsheim zu Rügland und von Seckendorff zu Obernzenn mit der Androhung eines Verfahrens durch den königlichen Fiskal einzuschüchtern. Den Freiherrn von Crailsheim wurde dabei zugleich die Möglichkeit der Beschlagnahme ihrer grundherrlichen Einnahmen, und damit der Entzug ihrer wirtschaftlichen Existenzgrundlage vor Augen geführt. Ferner kündigte Hoheneck verschie-

terschaft, Beilagen, Nr. 12, S. 39–40, hier: S. 39 f. u. als Schreiben des Oberamts Hoheneck an die Freiherren von Crailsheim zu Rügland, Markt Ipsheim, 4. Oktober 1795, in: ebd., Nr. 13, S. 41–42, hier: S. 41 f.

74 Abschrift des Dekrets des Kantons Altmühl an den Freiherrlich von Forsterischen Beamten, o.O., 14. Oktober 1795, StA Marburg, 109, Nr. 311, Bd. 3, Dok. 271. 3. Nachschreiben des Ortsvorstandes Odenwald an den Ortsvorstand Rhön-Werra, Kochendorf, 12. November 1795, StA Marburg, 109, Nr. 311, Bd. 4, Dok. 291 (Zitat ebd.). Abschrift des Erlasses des Oberamtes Hoheneck an die Freiherrlich von Forsterische gemeinsame Amtsverwaltung zu Nürnberg, Markt Ipsheim, 29. Oktober 1795, ebd. – Speziell zum Verständnis der Kompetenzen der jurisdictio colonarum bzw. colonaria siehe *H. H. Hofmann*, Herrschaft, S. 61, 196 f.

75 Zu Beilage 99: Dekret des Oberamts Hoheneck an den Freiherrlich von Frankensteinischen Amtmann zu Ullstadt, A. Kretschmann, Markt Ipsheim, 30. Oktober 1795, StA Marburg, 109, Nr. 312, Bd. 2, zu Dok. 308 (Zitat ebd.). »Actenmässige kurze Darstellung derjenigen reichsgesezwidrigen Gewaltthätigkeiten, welche die unmittelbare Reichsritterschaft in Franken seit der Abtretung der beiden fränkischen Fürstenthümer Bayreuth und Ansbach an S.[ein]e könig.[liche] Majestät von Preussen hat erfahren müssen«, [ca. Februar 1796], StA Marburg, 109, Nr. 311, Bd. 5, zu Dok. 333.

76 Abschrift des Schreibens der Gebrüder Freiherr von Aufseß an den Ortsvorstand Steigerwald, Freienfels u. Weiher, 10. Dezember 1795, StA Marburg, 109, Nr. 311, Bd. 4, Beilage 19 zu Dok. 322. Erlass der Bayreuther Regierung an den Freiherrn von Aufseß zu Freienfels, Bayreuth, 19. November 1795, ebd., Beilage 19 zu Dok. 322 (Zitat ebd.).

denen reichsritterschaftlichen Amtleuten eine Kriminaluntersuchung wegen ihres unbotmäßigen Verhaltens an[77].

Gegenüber solchen Eingriffen nahm sich der Umstand fast harmlos aus, dass das Oberamt Hoheneck vom Freiherrlich von Seckendorff-Gutendischen Amt zu Obernzenn, als wäre es eine nachgeordnete königliche Behörde, die Gerichtsakten in einem Schuldprozess zwischen einem preußischen und einem reichsritterschaftlichen Untertanen abforderte[78].

Auch andernorts missachteten Bayreuther Ämter die reichsadligen Jurisdiktionsbefugnisse, indem sie reichsritterschaftliche Untertanen und Amtleute vorübergehend in Arrest nahmen und nicht nur mit den unterschiedlichsten Gebühren, sondern auch diversen Geldstrafen belegten. Letztere trieben die königlichen Beamten notfalls auch durch die sog. Exekution oder die zwangsweise Verpfändung von Vieh ein, während sporadisch das reichsritterschaftliche Ius executorii bestritten wurde. Im Bereich des Polizeywesens war die eigenmächtige Vornahme der Feuerschau in reichsritterschaftlichen Orten ein beliebtes Mittel der königlichen Amtsstellen. Zudem wurde reichsritterschaftlichen Untertanen durch die Bayreuther Behörden befohlen, die preußische Feuerordnung ebenso zu befolgen wie die über das obergebürgische Fürstentum verhängten Ausfuhrsperren: Die betroffenen reichsritterschaftlichen Hintersassen durften ihr Heu, Stroh, Vieh, Kartoffeln, Getreide und sonstige Hülsenfrüchte nur noch nach dem Erwerb preußischer Erlaubnisscheine in Territorien jenseits der Grenzen des obergebürgischen Fürstentums ausführen, um sie auf dem Markt zu verkaufen oder als Zehntgefälle an ihre Herrschaft abzuliefern. Ein besonders drastisches Beispiel boten dabei die Zoll- und sog. Polizeyanstalten verschiedener Bayreuther Ämter: Sie behandelten das im königlichen Gebiet inklavierte Wurster von Creutzbergische Wilhermsdorf als Ausland und versuchten unter Missachtung eines bestehenden Vertrags von 1728 die Versorgung des Ortes und der darin befindlichen Kanzlei des Kantons Altmühl kurzzeitig ganz zu unterbinden. Auch erneuerte das Amt Hoheneck gegenüber verschiedenen benachbarten reichsritterschaftlichen Herrschaften das Verbot, Gebäude ohne

77 Beilage 20: Abschrift einer Rezipisse des Oberamts Hoheneck an die Freiherrn von Seckendorff zu Obernzenn, Markt Ipsheim, 6. November 1795, StA Marburg, 109, Nr. 312, Bd. 1. Beilage 21: Abschrift des Dekrets des Oberamts Hoheneck an den Freiherrlich von Seckendorffischen Beamten zu Unternzenn, Markt Ipsheim, 8. Dezember 1795, ebd. Beilage 23: Abschrift des Dekrets des Oberamts Hoheneck an die Freiherrn von Crailsheim zu Rügland, Markt Ipsheim, 9. Januar 1796, ebd. – Eine ähnliche Drohung erging an den Freiherrlich von Seckendorffischen Verwalter zu Markt Sugenheim, wobei das Oberamt Hoheneck zugleich die Rechtmäßigkeit der von Seckendorffischen Jurisdiktionsbefugnisse in Zweifel zog (Abschrift des Erlasses des Oberamtes Hoheneck an den Freiherrlich von Seckendorffischen Amtsverwalter Killinger zu Markt Sugenheim, Markt Ipsheim, 21. Oktober 1795, StA Marburg, 109, Nr. 311, Bd. 5, zu Dok. 326).

78 Klageschrift von Rhön-Werra gegen Preußen zu den Beilagen 1 bis 87 zum Reichshofratsprozess, StA Marburg, 109, Nr. 312, Bd. 1. Beilage 14: Abschrift des Dekrets des Oberamts Ipsheim an das Freiherrlich Seckendorff-Gutendische Amt zu Obernzenn, Markt Ipsheim, 4. November 1795, ebd.

königliche Erlaubnis zu errichten und drohte im Falle der Zuwiderhandlung mit deren Zerstörung. Ebenfalls gegen die reichsritterschaftlichen Polizeybefugnisse und damit das Recht auf Gebot und Verbot gerichtet waren vereinzelte Versuche, reichsritterschaftliche Wirte zur Beachtung der Bayreuther Höchstpreise beim Bierausschank zu zwingen sowie die Heranziehung reichsadliger Hintersassen zum Straßenbau im obergebürgischen Fürstentum. In Ermezdorf ließ der Bayreuther Amtsschultheiß von Markt Bergel den Branntweinkessel eines Freiherrlich von Seckendorff-Gutendischen Untertanen herausreißen, nachdem Letzterer die Konzession seiner reichsadligen Landesherrschaft nicht unmittelbar vorweisen konnte. Ferner wurde reichsritterschaftlichen Untertanen auf dem Freiherrlich von Seckendorffischen Rittergut Rockenbach durch eine königliche Behörde befohlen, sich die preußischen gestempelten Kalender zuzulegen. Dazu passte, dass mehrere Bescheinigungen des Freiherrlich von Seckendorffischen Amts in Obernzenn zur Ein- und Ausfuhr von Korn sowie Ochsen durch das Oberamt Hoheneck mit der Begründung für ungültig erklärt wurden, dass sie auf reichsritterschaftlichem und nicht auf preußischem Stempelpapier ausgestellt seien. Auch mussten die ritterschaftlichen Hintersassen für eine Gesamtstatistik der preußischen Monarchie Angaben zu ihrer wirtschaftlichen Situation, ihrem Besitz, dem Familienstand, ihren Abgaben und Steuern sowie den Besitzungen ihrer Obrigkeit machen. Die reichsritterschaftlichen Polizeyrechte wurden dabei entweder ignoriert oder kurzerhand bestritten. Wo die reichsritterschaftlichen Hintersassen den vielfachen Vorladungen vor die Bayreuther Ämter nicht Folge leisteten, wurden sie nach bewährtem Muster durch Militärkommandos vorgeführt. Auch das reichsritterschaftliche Ius collectandi geriet ins Visier der königlichen Amtleute. Diese untersagten vielfach die Entrichtung der Rittersteuer sowie der sog. Schutzgelder an die reichsritterschaftliche Obrigkeit bzw. die Kantone und befahlen wiederholt, derartige Abgaben künftig an die preußischen Kassen abzuführen. Einerseits hatten die königlichen Beamten keinerlei Bedenken, verschiedene reichsritterschaftliche Gewerbetreibende einer neu eingeführten Handwerkssteuer zu unterwerfen oder den Freiherren von Künsberg die Erhebung der Nachsteuer und weiterer Gebühren anlässlich eines Grundstücksverkaufs streitig zu machen. Andererseits verboten die preußischen Ämter im obergebürgischen Fürstentum unter der »Strafe doppelter Bezahlung« oder des Zuchthauses die Entrichtung der außerordentlichen »Rekrutensteuer« durch die reichsritterschaftlichen Gemeinden[79]. Dabei handelte es sich um eine Umlage, mit der die Aufstellung

79 StA Marburg, 109, Nr. 311, Bd. 3, Dok. 264, Dok. 266 u. Dok. 271. StA Marburg, 109, Nr. 311, Bd. 4, Dok. 291, zu Dok. 308, Dok. 322 u. Beilagen 1–24 zu Dok. 322. Abschrift des Schreibens der Landeshauptmannschaft Kulmbach an den Freiherren von Redwitz zu Unterlangenstadt, Kulmbach, 26. November 1795, ebd., Beilage 7 zu Dok. 322 (Zitat ebd.). Abschrift des Protokolls des Freiherrlich von Geuderischen Amts Heroldsberg, Markt Heroldsberg, 30. Dezember 1795, ebd., Beilage 11 zu Dok. 322 (Zitat ebd.). StA Marburg, 109, Nr. 311, Bd. 5, Dok. 326–340: fortl. Supplik des Kantons Altmühl an den Reichshofrat, o.O., [ca. Oktober 1795], StA Ludwigsburg, B

von 500 Mann für die kaiserliche Armee finanziert wurde, wozu sich der fränkische Ritterkreis im Sommer 1795 vertraglich verpflichtet hatte[80]. Einem Regierungsbefehl gehorchend, schreckten die königlichen Stellen nicht einmal davor zurück, aus dem gleichen Anlass von den Rittergenossen angeworbene Rekruten oder zur Musterung und Aushebung bestimmte ritterschaftliche Untertanen teils auf reichsritterschaftlichem, teils auf Bayreuther Gebiet aufzugreifen, zu arrestieren, über die preußischen Landesgrenzen zu schaffen oder in die königliche Armee zu pressen. Dabei wurden gelegentlich die reichsritterschaftlichen Militärrechte für den König reklamiert und folgerichtig den Amtsstellen der Rittergenossen und jenen der nicht dem Corpus equestre in persona immatrikulierten sog. Güterbesitzer unter Haftandrohung verboten, die Rekrutierung von »sonst Jemand aus dem Baireuthischen Territorio zum Soldatendienst« für den Kaiser zu unterstützen[81]. Dass die

575 IV, Bü 352. StA Marburg, 109, Nr. 312, Bd. 1, Beilagen mit Unterbeilagen 17–35: fortl. StA Marburg, 109, Nr. 312, Bd. 2, zu Dok. 308, Unterbeilagen zu Beilage 99: fortl. Notariatsinstrument mit Verhörprotokoll des kaiserlichen Notars Franz Ignatz Messinger zu Pottenstein, Gössweinstein, 12. u. 26. April 1796, StA Marburg, 109, Nr. 311, Bd. 7. Auszug aus einem Bericht des Freiherrlich von Seckendorffischen Amts Markt Sugenheim an seine Herrschaft vom 1. August 1796, ebd. Patent des königlichen Vogteiamts zu Markt Benkersheim, Markt Benkersheim, 1. Mai 1796, ebd. Abschrift des Schreibens des Freiherrlich von Seckendorffischen Amts zu Markt Sugenheim an das königliche Justizamt zu Markt Benkersheim, Markt Sugenheim, 7. Mai 1796, ebd. Abschrift des Schreibens des Oberamts Hoheneck an die Freiherrn Haller von Hallerstein, Ipsheim, 8. Oktober 1795, HHStA Wien, MEA, Reichstagsakten, Nr. 719. Abschrift der Amtsprotokolle, Wilhermsdorf, 3.–4., 10., 12. u. 16. November 1795, StA Marburg, 109, Nr. 313. – Das Verbot der reichsritterschaftlichen Rekrutensteuer wird in der gesamten Forschungsliteratur fälschlicherweise auf das Jahr 1794 datiert (*H. Müller*, Kampf, S. 60. *Hartung*, Hardenberg, S. 35. *Süssheim*, Politik, S. 142. *Hofmeister-Hunger*, Pressepolitik, S. 40 Anm. 40. Vgl. auch *Scheel*, Jakobiner, S. 136). Dieser Irrtum geht auf *Karl Süssheim* (ebd. S. 142) zurück, der die von der Nürnberger Kreisversammlung beschlossene Volksbewaffnung im Jahre 1794, an welcher sich die fränkischen Ritterorte beteiligten, mit der reichsritterschaftlichen Rekrutenstellung des Folgejahres gleichsetzte (gedrucktes Schreiben des Ortsvorstandes Odenwald an den Ortsvorstand Oberrhein, Kochendorf, 9. Februar 1794, StA Darmstadt, F2, Nr. 17/7. Gedruckte Abschrift des Schreibens der Fränkischen Kreisversammlung an den Kanton Odenwald, Nürnberg, 18. Januar 1794, ebd. Gedruckter fränkischer Kreisschluss, Nürnberg, 18. Januar 1794, ebd. Gedrucktes Nachschreiben des Ortsvorstandes Oberrhein an die Mitglieder und Güterbesitzer des Kantons, Mainz, 21. Februar 1794, ebd.). – Die statistischen Erhebungen begründete das Bayreuther Differenzdepartement in einem internen Bericht mit der Notwendigkeit, eine Grundlage für die Verteilung der finanziellen und militärischen Lasten des Staates zu gewinnen (Bericht des Bayreuther Differenzdepartements, Bayreuth, 26. November 1795, in: *Kretschmann*, Dienstjahre (1808), S. 150–166, hier: S. 161).

80 Abschrift des Schreibens der Reichsgräflich Schönbornischen Regierungskanzlei an den Ortsvorstand Gebürg, Wiesentheid, 28. Dezember 1795, StA Marburg, 109, Nr. 311, Bd. 4, Beilage 3 zu Dok. 322. Abschrift des Protokolls des Freiherrlich von Künsbergischen Amts zu Schmeilsdorf, Schmeilsdorf, 13. Oktober 1795, ebd., Beilage 13 zu Dok. 322. Supplik des Kantons Altmühl an den Reichshofrat, o.O., [ca. Oktober 1795], StA Ludwigsburg, B 575 IV, Bü 352.

81 StA Marburg, 109, Nr. 311, Bd. 4, Beilagen 12–15 u. 21 zu Dok. 322. Abschrift des Protokolls des Freiherrlich von Künsbergischen Amts zu Schmeilsdorf, Schmeilsdorf, 13. Oktober 1795, ebd., Beilage 13 zu Dok. 322 (Zitat ebd.). StA Marburg, 109, Nr. 311, Bd. 5, zu Dok. 333, zu Dok. 337, Beilagen 1–2 u. 4 zu Dok. 337 sowie Beilage 1 zu Dok. 339. Supplik des Kantons Altmühl an den

königlichen Behörden eine ganz andere Vorstellung vom territorialen Umfang des obergebürgischen Fürstentums hatten als die Reichsritterschaft, wurde bereits ausgeführt[82]. Doch blieb das preußische Vorgehen gegen die reichsritterschaftliche Rekrutenstellung keineswegs die einzige Missachtung der weitgehenden Militärhoheit des Corpus equestre und seiner Mitglieder. Zahlreiche reichsritterschaftliche Gemeinden mussten durch Quartierstellung sowie mit der Lieferung von Fourage, Getreide, Korn und Holz zur Verpflegung und Unterbringung der preußischen Truppen beitragen, wobei sie vielfach massive wirtschaftliche Einbußen erlitten[83]. Den Untertanen der Freiherrn von Seckendorff in den Gemeinden Sundheim und Weimarsheim untersagte das Oberamt Hoheneck, sich an der von ihrer Herrschaft aufgestellten Miliz zu beteiligen[84].

Die zahllosen preußischen Verbote und Befehle beließen manchem Rittergenossen nur noch die grundherrlichen Abgaben und überschritten wiederholt die Grenze zur Aufwieglung der reichsritterschaftlichen Untertanen gegen ihre angestammte Herrschaft. Dabei nutzten die preußischen Behörden geschickt den Umstand aus, dass der Konflikt um die Unmittelbarkeit der benachbarten Rittergüter vor allem auf dem Rücken der reichsritterschaftlichen Untertanen ausgetragen wurde[85]. Dass deren Landesherrn sie weder vor

Reichshofrat, o.O., [ca. Oktober 1795], StA Ludwigsburg, B 575 IV, Bü 352. – Berlin selbst hatte unterm 26. Juni 1795 angeordnet, alle auf den inklavierten reichsritterschaftlichen Besitzungen ausgehobenen Rekruten des Corpus equestre zu verhaften (Bericht des Bayreuther Differenzdepartements, Bayreuth, 26. November 1795, in: *Kretschmann*, Dienstjahre (1808), S. 150 – 166, hier: S. 153).

82 Siehe Kapitel IV.2 u. V.2.

83 StA Marburg, 109, Nr. 311, Bd. 4, Beilagen 1, 4, 6 u. 10 zu Dok. 322, Beilagen 9 – 10 zu Dok. 337, zu Dok. 337, Dok. 339, zu Dok. 339 sowie Beilagen 1 – 3 zu Dok. 339. Beilage 23: Abschrift des Dekrets des Oberamts Hoheneck an die Freiherrn von Crailsheim zu Rügland, Markt Ipsheim, 9. Januar 1796, StA Marburg, 109, Nr. 312, Bd. 1. Zu Beilage 35: Abschrift des Extrakts des Schreibens der Freiherrn von Wurster zu Wilhermsdorf an den Ortsvorstand Altmühl, o.O., 23 November 1795, ebd. Zu Beilage 99: Abschrift des Berichts des kaiserlichen Notars Joh. Adam Glaubrecht an den Ortsvorstand Steigerwald, Ullstadt, 9. November 1795, StA Marburg, 109, Nr. 312, Bd. 2, zu Dok. 308. Abschrift des Schreibens der Gebrüder C. und S. Freiherr von Crailsheim zu Fröhestockheim und Rödelsee an Hardenberg, o.O., 30. Juni 1796, StA Marburg, 109, Nr. 311, Bd. 7. Abschrift des Freiherrlich von Crailsheimischen Amtsprotokolls, Fröhestockheim, 4. Juni 1796, ebd. Reskript an die Ansbacher Kriegs- und Domänenkammer, Ansbach, 31. Oktober 1795, GStA PK Berlin, II. HA, Abt. 36, IV, Nr. 123. Bericht der Bayreuther Kriegs- und Domänenkammer, Bayreuth, 26. November 1795, ebd. Vgl. auch: Bericht der Ansbacher Kriegs- und Domänenkammer, Ansbach, 7. März 1796, ebd.

84 Klageschrift von Rhön-Werra gegen Preußen zu den Beilagen 1 bis 87 zum Reichshofratsprozess, StA Marburg, 109, Nr. 312, Bd. 1. Beilage 24: Abschrift des Amtsprotokolls des Oberamts Hoheneck, Markt Ipsheim, 8. Dezember 1795, ebd.

85 Nichts illustriert die verzweifelte Lage, in die viele reichsritterschaftliche Untertanen durch die Übergriffe der preußischen Behörden gerieten besser, als die Klage des alten Freiherrlich von Seckendorffischen Hintersassen Thomas Kachelrieß, »daß er als ein geringer dürftiger Mann es unmöglich lange aushalten könne, wenn der Amstboth Leßner öfter zu ihm kommen, und allemal für Insinuation einer anmaßlichen Signatur – 12. Kr. fr.[änkisch] als worinnen dermalen

den Übergriffen des obergebürgischen Fürstentums noch den Folgen des Reichskrieges schützen konnten, spielte nämlich den königlichen Beamten zusätzlich in die Hände: Beispielsweise erklärte der Bayreuther Amtmann zu Streitberg zwei reichsritterschaftlichen Untertanen in Störnhof, sie seien ihrer Obrigkeit »auch keine Ritter-Steuer schuldig, indem diese nicht mehr der Kaiser, sondern der König von Preusen [sic] erhielte; und so würden sie mächtigeren Schutz finden, als bei ihrer Herrschaft«. Einigen Freiherrlich Schenk von Stauffenbergischen Hintersassen aus demselben Dorf, die sich weigerten, die preußischen Anordnungen umgehend zu befolgen, beschieden Vertreter derselben Behörde sogar, »es werde nicht lange mehr anstehen, so wird auch euere Herrschaft nicht viel mehr zu befehlen haben« und »ihr seyd ausser der jährlichen Zinnß eueren [sic] Herrn nichts mehr schuldig; denn er kann euch auch nicht helfen«[86]. Preußische Stellen sollen sogar reichsritterschaftliche Untertanen der Freiherren von Aufseß und von Seckendorff zur vollständigen Missachtung der Anordnungen ihrer angestammten Herrschaft aufgerufen haben – zumindest, wenn sich diese gegen die königlichen Ämter richteten[87]. In diesem Zusammenhang gehören auch die verschiedenen, an reichsritterschaftliche Hintersassen ergangenen preußischen Befehle, bis zur Restitution der von den reichsadligen Untertanen an die königlichen Ämter bezahlten Strafgelder oder der von ihnen schon entrichteten Rekrutensteuer durch ihre angestammte ritterschaftliche Herrschaft, künftig keinerlei Gefälle oder Steuern an eben diese zu entrichten. Für den Fall, dass die reichsritterschaftlichen Landesherrn ihre Untertanen mit exekutorischen Maßnahmen zur Zahlung zwingen würden, erhielten Freiherrlich von Seckendorffische

sein ganzer GeldVorrath und wöchentlicher Verdienst bestanden sey, fordern sollte«. Dass Kachelrieß kein Einzelfall war, zeigt ein Bericht der Freiherrn Wurster von Creutzberg (Abschrift des Freiherrlich von Seckendorffischen Amtsprotokolls, Markt Sugenheim, 24. Oktober 1795, StA Marburg, 109, Nr. 311, Bd. 5, zu Dok. 326 (Zitat ebd.). Zu Beilage 35: Abschrift des Extrakts des Schreibens der Freiherrn von Wurster zu Wilhermsdorf an den Ortsvorstand Altmühl, o.O., 23 November 1795, StA Marburg, 109, Nr. 312, Bd. 1).

86 Abschrift des Schreibens des Gebürgischen Ritterhauptmanns Freiherr Schenk von Staufenberg an den Ortsvorstand Gebürg, o.O., 30. Januar 1796, StA Marburg, 109, Nr. 311, Bd. 4, Beilage 6 zu Dok. 322. Auszug aus dem Reichsgräflich Schönbornischen Amtprotokoll, Weiher, 8. Dezember 1795, ebd., Beilage 4 zu Dok. 322. Abschrift der Protokolle des Freiherrlich Schenk von Staufenbergischen Amts Burggrub, Burggrub, 19. u. 21. November (Zitate ebd.) sowie 6. Dezember 1795, ebd., Beilage 6 zu Dok. 322. Abschrift des Freiherrlich von Seckendorffischen Amtsprotokolls, Weingartsgereuth, 19. Oktober 1795, StA Marburg, 109, Nr. 311, Bd. 5, Beilage 4 zu Dok. 337.

87 Abschrift des Schreibens des Freiherrlich von Aufseßischen Amtmanns Knab zu Aufseß an den Ortsvorstand Gebürg, Aufseß, 14. Dezember 1795, StA Marburg, 109, Nr. 311, Bd. 4, Beilage 20 zu Dok. 322. Abschrift des Nachschreibens des Ritterhauptmanns des Kantons Steigerwald, Friedrich Karl Freiherr von Seckendorff, an Hardenberg, Weingartsgereuth, 12. Dezember 1795, StA Marburg, 109, Nr. 311, Bd. 5, zu Dok. 337. Abschrift des Freiherrlich von Seckendorffischen Amtsprotokolls, Weingartsgereuth, 21. November 1795, ebd., Beilage 9 zu Dok. 337. Beilage 25: Abschrift des Amtsprotokolls des Oberamts Hoheneck, Markt Ipsheim, 8. Dezember 1795, StA Marburg, 109, Nr. 312, Bd. 1.

Hintersassen sogar den tatkräftigen Schutz der königlichen Behörden zugesichert[88]. Ebenfalls auf die Untergrabung der landesherrlichen Autorität der reichsritterschaftlichen Obrigkeit zielte die Erklärung des Oberamts Hoheneck, dass den Freiherrn von Seckendorff nicht mehr als die »blose Lehnherrschaft« im Sinne der bäuerlichen Grundleihe zustünde[89]. Die von den preußischen Behörden betriebene Aufwiegelung und Bedrückung der reichsritterschaftlichen Untertanen blieb nicht ohne Wirkung auf deren Loyalität gegenüber ihren angestammten Landesherren, führte stellenweise zur offenen Gehorsamsverweigerung und wurde daher reichsritterschaftlicherseits als ernsthafte Bedrohung der eigenen Herrschaft empfunden[90].

Wie unsicher das von Berlin zusätzlich erschütterte Fundament ohnehin schon war, auf dem die landesherrliche Autorität der Reichsritter gegenüber ihren Untertanen aufruhte, zeigte einer der spektakulärsten Eingriffe Berlins in die Reichsunmittelbarkeit der Rittergenossen. Bekanntlich hatte Hardenberg in Basel einen Separatfrieden Preußens mit der französischen Republik ausgehandelt, der am 5. April 1795 unterzeichnet wurde. Eine geheime Zusatzkonvention vom 17. Mai 1795 sah zudem die Errichtung einer norddeutschen Neutralitätszone vor, deren Demarkationslinie im Südwesten Franken sowie Ausläufer Schwabens umschloss[91]. Zur Deckung der vereinbarten Neutralitätslinie rückten Mitte Oktober 1795 auch in einige zum Kanton Kocher steuernde Orte preußische Husaren mit Erlaubnis des Herzogs von Württemberg als schwäbischen Kreisobersten, jedoch ohne Rücksprache mit dem reichsritterschaftlichen Ortsvorstand als sog. Sauvegarde ein[92]. Von einer Zustimmung des Kaisers zu diesem Schritt, der die Neutralitätslinie ohnehin nicht anerkannte und dessen Militärrechte in Form des durch die Kantone ausgeübten Ius quartirii dabei empfindlich missachtet wurden, konnte keine

88 Klageschrift von Rhön-Werra gegen Preußen zu den Beilagen 1 bis 87 zum Reichshofratsprozess, StA Marburg, 109, Nr. 312, Bd. 1. Beilage 24: Abschrift des Amtsprotokolls des Oberamts Hoheneck, Markt Ipsheim, 8. Dezember 1795, ebd.

89 Klageschrift von Rhön-Werra gegen Preußen zu den Beilagen 1 bis 87 zum Reichshofratsprozess, StA Marburg, 109, Nr. 312, Bd. 1.

90 StA Marburg, 109, Nr. 311, Bd. 3, Dok. 261a, Dok. 262, Dok. 270. Abschrift des Schreibens der Freiherren von Redwitz auf Unterlangenstadt an den Ortsvorstand Gebürg, o.O., 12. Dezember 1795, StA Marburg, 109, Nr. 311, Bd. 4, Beilage 7 zu Dok. 322. StA Marburg, 109, Nr. 311, Bd. 5, zu Dok. 327, zu Dok. 337, Dok. 339, zu Dok. 339, Beilage 2 zu Dok. 339 sowie Dok. 342.

91 *Seis*, Bürgertreue, S. 4 ff. *Aretin*, Das Alte Reich III, S. 438 f. Frieden von Basel vom 5. April 1795 mit dem Zusatzvertrag vom 17. Mai 1795, in: *Hufeld* (Hg.), Reichsdeputationshauptschluß, Nr. 2, S. 37–39, hier: S. 38 f.

92 Abschrift des Schreibens des Ortsvorstandes Kocher an den Ortsvorstand Donau, Esslingen, 23. Oktober 1795, HStA Stuttgart, B 579, Bü 227. Abschrift des Schreibens des Kocherschen Ritterhauptmanns Graf Adelmann an den Ortsvorstand Kocher, Esslingen, 21. Oktober 1795, ebd. Votum des Ritterrats Graf Degenfeld-Schonburg, Eibach, 22. Oktober 1795, zum Protokoll der Kocherschen Ritterkanzlei mit Voten, Stuttgart, 20. Oktober 1795, StA Ludwigsburg, B 575 III, Bü 233. Schreiben des Ortsvorstandes Kocher an den Sekretär Gerber, Esslingen, 21. Oktober 1795, ebd.

Rede sein[93]. Vor diesem Hintergrund führte das Einrücken der preußischen Soldaten in Hochstadt, einer in der Konvention über die Demarkationslinie ausdrücklich genannten und dem kocherschen Ritterhauptmann Reichsgraf von Adelmann gehörenden Herrschaft, zu offenem Aufruhr. Hinter dieser »Pariser Scene« dürfte in erster Linie ein prekäres Gemisch aus konfessionellen, sozialen und ökonomischen Ursachen gestanden haben. Aber auch die Absicht, die Reservatrechte des Reichsoberhaupts – wenn auch nicht zuletzt im eigenen Interesse – zu verteidigen, mag im Spiel gewesen sein. Einflüsse revolutionären Ideengutes waren dagegen bestenfalls von peripherer Bedeutung[94]. Auf jeden Fall entlud sich ein erhebliches Konfliktpotenzial unter den

93 Abschrift des Schreibens des Kocherschen Ritterhauptmanns Graf Adelmann an den Ortsvorstand Donau, Esslingen, 30. Oktober 1795, HStA Stuttgart, B 579, Bü 227. Abschrift des Schreibens des Kocherschen Ritterhauptmanns Graf Adelmann an den Ortsvorstand Kocher, Esslingen, 21. Oktober 1795, ebd.

94 Abschrift des Schreibens des Ortsvorstandes Kocher an den Ortsvorstand Donau, Esslingen, 23. Oktober 1795, HStA Stuttgart, B 579, Bü 227. Abschrift des Schreibens des Kocherschen Ritterhauptmanns Graf Adelmann an den Ortsvorstand Kocher, Esslingen, 21. Oktober 1795, ebd. (Zitat ebd.). Abschrift des Schreibens von Philipp Graf von Adelmann an seinen Vater, den Ritterhauptmann Graf von Adelmann, Ellwangen, 29. Oktober 1795, StA Ludwigsburg, B 575 III, Bü 233. – Speziell zur Nichtanerkennung der Neutralitätslinie durch Wien und ihren Verlauf siehe auch: Karte – »Ligne de démarcation et de neutralisation arrêté entre la Republique Française et Sa Majesté le roi de Prusse à Bale le 28 Floréal An 3 de la Rep: Française (17 May 1795.)«, CHAN Paris, AF III, Nr. 76 ; *Hundt*, Hardenbergs deutsche Verfassungspolitik, S. 172; *Biro*, German Policy II, S. 602; *Süssheim*, Politik, S. 153 u. Frieden von Basel vom 5. April 1795 mit dem Zusatzvertrag vom 17. Mai 1795, in: *Hufeld* (Hg.), Reichsdeputationshauptschluß, Nr. 2, S. 37 – 39, hier: S. 39. – Neben dem alkoholisierten Zustand vieler Aufrührer wusste Graf Adelmann von der steten Furcht seiner Untertanen zu berichten, »sie müßten Preusisch und lutherisch werden«. Auch der Kochersche Ritterrat Graf Degenfeld-Schonburg machte nicht zuletzt »Religionsfanatißmus« als Ursache der Unruhen in Hochstadt aus. Als Rädelsführer der Revolte bezeichnete Adelmann die »sogenannten Kleinhäußler und Handwercksleüthe, die meistens theils [sic] von mir leben«, also bei einer Mediatisierung der Herrschaft auch entsprechend viel zu verlieren hatten. Einer der Aufwiegler war sogar schon einmal wegen Empörung gegen seine Landesherrschaft vorübergehend in Ketten gelegt worden. Für Einflüsse revolutionären Ideenguts könnten die zeitgleichen, regierungsfeindlichen und revolutionären Umtriebe in der Bevölkerung der benachbarten Fürstpropstei Ellwangen sprechen. Jedoch konnte der Konsulent des Kantons Kocher bei seiner in der Herrschaft Hochstadt vorgenommenen Untersuchung keine revolutionären Strömungen bemerken (Abschrift des Schreibens des Kocherschen Ritterhauptmanns Graf Adelmann an den Ortsvorstand Donau, Esslingen, 30. Oktober 1795, HStA Stuttgart, B 579, Bü 227. Abschrift des Schreibens des Kocherschen Ritterhauptmanns Graf Adelmann an den Ortsvorstand Kocher, Esslingen, 21. Oktober 1795, ebd. (Zitate ebd.) Votum des Ritterrats Graf Degenfeld-Schonburg, Eibach, 22. Oktober 1795, zum Protokoll der Kocherschen Ritterkanzlei mit Voten, Stuttgart, 20. Oktober 1795, StA Ludwigsburg, B 575 III, Bü 233 (Zitat ebd.). Abschrift des Schreibens von Philipp Graf von Adelmann an seinen Vater, den Ritterhauptmann Graf von Adelmann, Ellwangen, 29. Oktober 1795, ebd. Diarium des Kocherschen Konsulenten Feuerbach vom 28. November bis 2. Dezember 1795, ebd. Schreiben des Kocherschen Ritterhauptmanns Graf Adelmann an den Ortsvorstand Kocher, Hohenstadt, 26. November 1795, ebd. Abschrift des Dekrets des Ellwanger Hofrats, Ellwangen, 23. Oktober 1795, ebd. Vgl. auch die allgemeinen Ausführungen Biros zu den schwäbischen Anhängern und Sympathisanten der Französischen Revolution im Jahr 1796: *Biro*, German Policy I, S. 583 ff.).

Hochstadter Untertanen. Diese widersetzten sich nicht nur offen den Befehlen ihrer »erbgehuldigten« reichsritterschaftlichen Landesherrschaft, indem sie sich beispielsweise weigerten, die in die Amtsstadt eingerückten preußischen Husaren mit Kost, Logie und Fouragierung aufzunehmen. Es wäre zudem beinahe zu tätlichen Übergriffen auf die königlichen Soldaten sowie den reichsritterschaftlichen Landesherrn und seine Beamten gekommen[95]. Auch in den folgenden Wochen kam es noch zu Akten des Ungehorsams und beinahe einer erneuten, gewaltsamen Eskalation, bis die öffentliche Ordnung durch württembergische Exekutionstruppen wieder weitgehend hergestellt wurde[96].

Zwar hatte Berlin die Unruhen, die seine rechtswidrige Besetzung Hochstadts auslöste, sicher nicht beabsichtigt. Aber sie zeigten doch bereits, wel-

95 Abschrift des Schreibens des Ortsvorstandes Kocher an den Ortsvorstand Donau, Esslingen, 23. Oktober 1795, HStA Stuttgart, B 579, Bü 227. Abschrift des Schreibens des Kocherschen Ritterhauptmanns Graf Adelmann an den Ortsvorstand Donau, Esslingen, 30. Oktober 1795, ebd. Abschrift des Schreibens des Kocherschen Ritterhauptmanns Graf Adelmann an den Ortsvorstand Kocher, Esslingen, 21. Oktober 1795, ebd. Protokoll der Kocherschen Ritterkanzlei mit Voten, Stuttgart, 20. Oktober 1795, StA Ludwigsburg, B 575 III, Bü 233.

96 Abschrift des Schreibens des Kocherschen Ritterhauptmanns Graf Adelmann an den Ortsvorstand Kocher, Esslingen, 27. Oktober 1795, HStA Stuttgart, B 579, Bü 227. Schreiben des Kocherschen Ritterhauptmanns Graf Adelmann an den Herzog von Württemberg, o.O., [ca. Oktober 1795], StA Ludwigsburg, B 575 III, Bü 233. Diarium des Kocherschen Konsulenten Feuerbach vom 28. November bis 2. Dezember 1795, ebd. Protokoll der Kocherschen Ritterkanzlei mit Voten, Stuttgart, 27. November 1795, ebd. Schreiben des Kocherschen Ritterhauptmanns Graf Adelmann an den Ortsvorstand Kocher, Hohenstadt, 26. November 1795, ebd. Abschrift des Schreibens des württembergischen Staatsministers Freiherr von Wöllwarth an den Kocherschen Ritterhauptmann Graf Adelmann, Stuttgart, 25. November 1795, ebd. Abschrift des Schreibens des württembergischen Generalmajors von Georgii an den Kocherschen Ritterhauptmanns Graf Adelmann, Stuttgart, 25. November 1795, ebd. Schreiben des Kocherschen Ritterhauptmanns Graf Adelmann an den württembergischen Generalmajor von Georgii, Hohenstadt, 24. November 1795, ebd. Schreiben des Kocherschen Ritterhauptmanns Graf Adelmann an den Ortsvorstand Kocher, Hohenstadt, 28. November 1795, ebd. Schreiben des Kocherschen Ritterhauptmanns Graf Adelmann an den württembergischen Staatsminister Freiherr von Wöllwarth, Hohenstadt, 26. November 1795, ebd. Resolution des Grafen von Adelmann an die Gemeinde Hohenstadt, Hohenstadt, 28. November 1795, ebd. Schreiben des Kocherschen Ritterhauptmanns Graf Adelmann an den Ortsvorstand Kocher, Schwäbisch Gemünd, 24. Dezember 1795, ebd. Schreiben des württembergischen Generalmajors von Georgii an den Kocherschen Ritterhauptmann Graf Adelmann, Stuttgart, 5. Dezember 1795, ebd. – Die Auseinandersetzungen zwischen dem Reichsgrafen von Adelmann und seinen Untertanen dauerten jedoch noch etliche Jahre lang fort, dehnten sich auf klassische Konfliktfelder zwischen der Grund- und Landesherrschaft einerseits sowie den Hintersassen andererseits aus und beschäftigten schließlich auch den Reichshofrat. An der Perpetuierung des Konflikts trug der alte Reichsgraf von Adelmann keine geringe Schuld. Dieser hatte in seinem Vergeltungsdrang an einem gütlichen Ausgleich mit seinen Hintersassen kein Interesse, stellte seine Landeskinder immer wieder mit den französischen Revolutionären auf eine Stufe und äußerte schon einmal über einen seiner unbotmäßigen Untertanen »wan ich nur dürfte; so liesse ich gleich einen solchen rebellen aufhängen« (StA Ludwigsburg, B 575 III, Bü 233: fortl. Nachschreiben des Kocherschen Ritterhauptmanns Graf Adelmann an den Kocherschen Konsulenten Feuerbach, [Ellwangen, 4. Februar 1796], ebd. (Zitat ebd.)).

ches Gefahrenpotenzial die Erschütterung der landesherrlichen Autorität der Rittergenossen sowie die Missachtung der reichsritterschaftlichen Freiheiten durch die Machtpolitik Preußens barg. Hardenberg selbst sollte schon bald erkennen, auf welch schmalem Grad er sich dabei bewegte[97]. Doch zuvor soll der Frage nachgegangen werden, welche Mittel und Wege die Reichsritter anwandten und beschritten, um den Übergriffen der königlichen Behörden Einhalt zu gebieten, die wie eine Sturmflut ihre Reichsunmittelbarkeit zwischen dem Winter 1792/93 und dem Frühjahr 1796 zu verschlingen drohten.

2. Mit Kaiser, Reichsgericht und Kreistag: Reichsritterschaftlicher Widerstand gegen Hardenbergs Arrondierungspolitik

»Nun den Kopf in die Höhe, die Waffen in der Hand, und nie, selbst in Zusammensinken, nicht kleinmüthig. Friederich der Einzige war bei Roßbach, Gustav Adolph nach 2 verlohrnen Schlachten gegen die Rußen, in keiner günstigern Lage, als wir. Beide siegten, weil sie frei zu sterben wusten. Aufwärts, nicht mit gesenkten Haupt, bekämpft man Gefahren, mit vereinigten und gut benutzten Kräften«. Mit diesen pathetischen Worten rief der damalige Reichshofrat und im Kanton Altmühl immatrikulierte Reichsritter Franz Paul Christoph Freiherr von Seckendorff im Juni 1792 seine Standesgenossen zum Widerstand gegen die Arrondierungsbestrebungen Ansbach-Bayreuths auf[98]. Dabei waren sich alle Ortsvorstände des fränkischen Ritterkreises von Anfang an im Klaren, dass sie ohne Hilfe der Reichsorgane und insbesondere des Wiener Hofes keine Chance hatten, in der anhebenden Auseinandersetzung mit Preußen ihre Reichsunmittelbarkeit zu bewahren[99]. Dennoch vertrat selbst das Direktorium von Rhön-Werra, das seine Mitkantone über Jahre finanziell im Stich ließ, die Auffassung: »Man muß allso [sic] zeigen, daß man sich so schlechterdings nicht in den Sack stecken laße«[100].

97 Siehe Kapitel VII.1.

98 Abschrift des Schreibens des Ortsvorstandes Altmühl an den Ortsvorstand Gebürg, o.O., 11. Juni 1792, StA Marburg, 109, Nr. 311, Bd. 1, Dok. 57. Abschrift des Schreibens von Franz Paul Christoph von Seckendorff an den Altmühler Ritterhauptmann Ernst Ludwig Sebastian Freiherr von Crailsheim, Weingartsgereuth, 1. Juni 1792, ebd., Dok. 58 (Zitat ebd.).

99 Vgl. beispielsweise: Abschrift des Schreibens des Ortsvorstandes Altmühl an den Ortsvorstand Gebürg, o.O., 5. März 1792, StA Marburg, 109, Nr. 311, Bd. 1, Dok. 8; Schreiben des Ortsvorstandes Rhön-Werra an den Ortsvorstand Gebürg, Schweinfurt, 16. März 1792, ebd., Dok. 10; Abschrift des Schreibens des Ortsvorstandes Baunach an den Ortsvorstand Gebürg, Nürnberg, 15. März 1792, ebd., Dok. 12; Abschrift des Schreibens des Ortsvorstandes Odenwald an den Ortsvorstand Gebürg, Kochendorf, 17. März 1792, ebd., Dok. 24.

100 Schreiben des Ortsvorstandes Rhön-Werra an den Ortsvorstand Gebürg, o.O., 1. März 1794, StA Marburg, 109, Nr. 311, Bd. 3, Dok. 173. – Zur jahrelangen finanziellen Obstruktionspolitik Rhön-Werras bei der Verteidigung der reichsritterschaftlichen Rechtsstellung gegen Preußen siehe Kapitel V.4.1 u. VII.2.

Tatsächlich setzte die Reichsritterschaft den Übergriffen der preußischen Behörden in den fränkischen Markgrafentümern seit Frühling 1792 einen jahrelangen und zähen Widerstand entgegen[101]. Dabei wirkten die Erschütterungen der Reichsverfassung sowie die machtpolitischen Umwälzungen in Europa und dem Alten Reich im letzten Jahrzehnt des 18. Jahrhunderts wie ein Katalysator auf das Ringen um die reichsritterschaftliche Unmittelbarkeit an den Grenzen Ansbach-Bayreuths.

Der 1738/40 begründete Dualismus der beiden deutschen Großmächte hatte sich auf das politische System des Reichsverbandes durchaus ambivalent ausgewirkt: Einerseits erschütterten die Auseinandersetzungen zwischen Berlin und Wien massiv die innere Struktur des Reiches und verschoben die Machtverhältnisse zuungunsten der Hofburg. Andererseits stellte der Dauerkonflikt zwischen den beiden deutschen Großmächten bis 1790 auch eine Rückversicherung für die politische Existenz der sog. »mindermächtigen« Reichsglieder dar: Solange sich Preußen und Österreich feindselig gegenüberstanden, war keiner der beiden Rivalen gewillt, eine kompensationslose Vergrößerung seines Konkurrenten auf Kosten der kleineren Membra imperii zu tolerieren. Auf diese Weise trug der Dualismus zwischen Wien und Berlin auch zur vorübergehenden Konservierung der territorialen Vielfalt im Alten Reich und zur Prolongierung der reichsritterschaftlichen Unmittelbarkeit bei[102].

Die mit der Reichenbacher Konvention 1790 eingeleitete Annäherung zwischen Wien und Berlin hatte folglich nicht nur Auswirkungen auf das europäische Mächtesystem. Durch das neue preußisch-österreichische Einverständnis waren auch die mühsam austarierten Gleichgewichte innerhalb der Reichsverfassung zuungunsten der kleineren Reichsstände und -glieder verschoben worden. Das am 7. Februar 1792 abgeschlossene Militärbündnis zwischen Wien und Berlin sowie die Kriegserklärung Frankreichs an den König von Böhmen und Ungarn in der zweiten Aprilhälfte 1792 verschlechterte die politische Ausgangslage der Reichsritterschaft in ihrer Auseinandersetzung mit der norddeutschen Großmacht zusätzlich[103].

Zwar war Wien schon im Vorfeld über Pläne einer Abtretung Ansbach-Bayreuths an Berlin noch zu Lebzeiten Karl Alexanders unterrichtet, und die umfassende Vollmacht für die Statthalterschaft Hardenbergs vom 9. Juni 1791 hatte der Reichshofvizekanzler bereits als eine verdeckte Regierungsüber-

101 Zu den folgenden Ausführungen über den reichsritterschaftlichen Widerstand gegen die Übergriffe Preußens siehe auch die vielfach unzutreffenden Angaben bei: *H. H. Hofmann*, Herrschaft, S. 170; *Ders.*, preußische Ära (1960/61), S. 232; *Stetten*, Rechtsstellung, S. 108 f.; *Endres*, preußische Ära, S. 176; *Ders.*, Ära Hardenberg, S. 183; *Ders.*, Staat und Gesellschaft, S. 773 u. *Ders.*, Reformmodell, S. 35.

102 *Aretin*, Das Alte Reich III, S. 50 ff., 184 ff., 371.

103 *Aretin*, Das Alte Reich III, S. 371 ff. *Sybel*, Geschichte I, S. 189 ff., 236 ff., 350 f., 372 ff. *Ders.*, ebd. II, S. 169 f. *Biro*, German Policy I, S. 38 f., 54 ff.

nahme durch den preußischen König betrachtet[104]. Im Vorvertrag zur österreichisch-preußischen Defensivallianz vom 25. Juli 1791 hatte Wien zudem seine grundsätzliche Einwilligung zu einem vorzeitigen Übergang des ober- und untergebürgischen Fürstentums an Berlin gegeben[105]. Aber dennoch wurde die Hofburg – wie die Akten der Wiener Reichshofkanzlei zeigen – von der Anfang 1792 auch de jure vollzogenen preußischen Besitznahme der fränkischen Markgrafentümer völlig überrascht[106]. Dieser Umstand mag dazu beigetragen haben, dass Wien tatenlos zusah, als Hardenberg im Februar und März 1792 die zollerschen Abdankungs- und Antrittspatente auf den Ansbach-Bayreuth benachbarten Rittergütern anschlagen ließ[107]. Daneben konnte die Hofburg angesichts des heraufziehenden Krieges mit dem revolutionären Frankreich kein Interesse daran haben, sein am 7. Februar 1792 mit Berlin abgeschlossenes Militärbündnis durch eine Auseinandersetzung um die Gerechtsame der kaiserlichen Klientel in Franken zu gefährden[108]. In der Wilhermsdorfer Ritterkanzlei weckte das völlig passive Verhalten Österreichs bereits die schlimmsten Befürchtungen: »Man ist gleichsam mitten im Schooß eines übermächtigen Nachbarn eingeschloßen, und scheint bei der zwischen den Höffen zu Wien und Berlin vorgegangenen Metamorphose der Discretion des Letztern überlaßen zu seyn«[109]. Doch nicht nur das Bündnis zwischen Wien und Berlin machte es der Reichsritterschaft anfangs schwer, Unterstützung gegen die Eingriffe Ansbach-Bayreuths in ihre Unmittelbarkeit und landesherrlichen Gerechtsame zu finden: Am 1. März 1792 war überraschend Kaiser Leopold II. gestorben. Sein zweiundzwanzigjähriger Sohn und Nachfolger in den österreichischen Erblanden wurde als Franz II. erst am 5. Juli 1792 zum neuen Kaiser gewählt und neun Tage später in Frankfurt am Main gekrönt[110]. Während des mehr als zweimonatigen Interregnums stellte nicht nur der Reichshofrat, das eine der beiden obersten Reichsgerichte, seine Tätigkeit ein. Zudem musste das Corpus equestre – wie bereits erwähnt – besonders vorsichtig gegenüber dem preußischen König als Inhaber der bran-

104 *Riedenauer*, Gesandter, S. 300 ff.

105 *Bringmann*, Preußen, S. 324 f.

106 Weisung des Reichshofvizekanzlers Fürst von Colloredo-Mansfeld an den Gesandten Fürst von Reuß, Wien, 18. Februar 1792, HHStA Wien, RK, Weisungen nach Berlin, Fasz.-Nr. 6, fol. 560–561, hier: fol. 560. Bericht des Wiener Gesandten, Fürst von Reuß, an den Reichshofvizekanzler Fürst von Colloredo-Mansfeld, Berlin, 29. Februar 1792, HHStA Wien, RK, Berichte aus Berlin, Fasz.-Nr. 16c, fol. 17–18, hier: fol. 17. – Dem Wiener Gesandten in Berlin wurde der Regierungsantritt Friedrich Wilhelms II. in Ansbach-Bayreuth nur zwei Tage vor der Versendung der offiziellen Notifikation und erst nach der Abreise Hardenbergs zur Besitzergreifung bekannt gemacht (Bericht des Wiener Gesandten, Fürst von Reuß, an den Reichshofvizekanzler Fürst von Colloredo-Mansfeld, Berlin, 29. Februar 1792, ebd., fol. 17–18, hier: fol. 17).

107 Siehe Kapitel V.1.

108 *Bringmann*, Preußen, S. 325, 352 ff. *Sybel*, Geschichte II, S. 18 ff., 59 ff., 75 ff., 171 ff., 179 ff.

109 Bericht von Christian Philipp Schmidt, Wilhermsdorf, 29. Februar 1792, StA Marburg, 109, Nr. 311, Bd. 1, Dok. 3.

110 *Sybel*, Geschichte II, S. 185, 217.

denburgischen Kurstimme taktieren, solange nicht die Bestätigung der bisherigen reichsritterschaftlichen Rechtsstellung durch die neue kaiserliche Wahlkapitulation unter Dach und Fach war. Doch auch in anderer Hinsicht hatte der Ortsvorstand Baunach Grund genug, von einer »durch das inzwischen abermals eingetrettene Zwischenreich sich sehr vermehrten Crise« zu sprechen: Durch das Interregnum des Jahres 1792 stand die fränkische Reichsritterschaft gerade in dem Moment, in dem sich der Konflikt mit der preußischen Verwaltung in Ansbach-Bayreuth erstmals massiv zuspitzte, ohne ihren kaiserlichen Schutzherrn da. Zwar tauchte vereinzelt der Vorschlag auf, sich mit den Beschwerden gegen Ansbach-Bayreuth noch vor der Kaiserwahl an den neuen König von Ungarn und Böhmen oder die Reichshof- und die österreichische Staatskanzlei in Wien zu wenden. Aber die Mehrheit der fränkischen Ortsvorstände hielt von derartigen Vorschlägen wenig, solange das Interregnum andauerte[111]. Das Corpus equestre war eben im System der Reichsverfassung vor allem eine kaiserliche, und keine spezifisch »habsburgische Klientel«[112].

Dies erklärt auch, warum es in der Angelegenheit der preußischen Übergriffe vor der Wahl Kaiser Franz' II. zu keiner Fühlungnahme der fränkischen Reichsritterschaft mit Wien kam. Allein der bereits mehrfach erwähnte Reichshofrat von Seckendorff wurde durch den Ortsvorstand Altmühl hinzugezogen, der allerdings bei dem besagten Kanton immatrikuliert und damit selbst in die Streitigkeiten mit Ansbach-Bayreuth verstrickt war[113]. Seckendorff, der gegenüber den preußischen Vergleichsangeboten eine kompromisslose Linie vertrat[114], plädierte dafür, die Anwesenheit der kurfürstlichen Gesandten und des Wiener Hofes beim kaiserlichen Wahlkonvent in Frankfurt auszunutzen, um den »Schwanengesang« über die preußischen Übergriffe auf die reichsritterschaftliche Rechtsstellung anzustimmen. Vor allem die lang-

111 Schreiben des Ortsvorstandes Rhön-Werra an den Ortsvorstand Gebürg, Schweinfurt, 16. März 1792, StA Marburg, 109, Nr. 311, Bd. 1, Dok. 10. Abschrift des Schreibens des Ortsvorstandes Baunach an den Ortsvorstand Gebürg, Nürnberg, 15. März 1792, ebd., Dok. 12 (Zitat ebd.). Schreiben des Ortsvorstandes Rhön-Werra an den Ortsvorstand Gebürg, o.O., 12. April 1792, ebd., Dok. 22. Schreiben des Ortsvorstandes Gebürg an den Ortsvorstand Rhön-Werra, Bamberg, 12. April 1792, ebd., Dok. 29. Vortragspunkte des Ortsvorstandes Gebürg zur schriftlichen Abstimmung durch die Kantone des fränkischen Ritterkreises, Bamberg, 12. April 1792, ebd., Dok. 31. Schreiben des Ortsvorstandes Rhön-Werra an den Ortsvorstand Gebürg, Schweinfurt, 27. April 1792, ebd., Dok. 36. Schreiben des Ritterhauptmanns des Kantons Gebürg, Johann Franz Freiherr Schenk von Stauffenberg, an den Ritterhauptmannschaftsverweser von Rhön-Werra, Freiherr von Bobenhausen, Frankfurt/M., 21. Juni 1792, ebd., Dok. 54. Abschrift des Schreibens von Franz Paul Christoph von Seckendorff an den Altmühler Ritterhauptmann Ernst Ludwig Sebastian Freiherr von Crailsheim, Weingartsgereuth, 1. Juni 1792, ebd., Dok. 58.

112 *Sutter*, Kaisertreue, S. 284 f. (Zitat ebd., S. 284). *Press*, Untergang, S. 84 f.

113 Schreiben des Ortsvorstandes Gebürg an den Ortsvorstand Rhön-Werra, Bamberg, 26. Juni 1792, StA Marburg, 109, Nr. 311, Bd. 1, Dok. 55. Abschrift des Schreibens des Ortsvorstandes Altmühl an den Ortsvorstand Gebürg, o.O., 11. Juni 1792, ebd., Dok. 57.

114 Siehe Kapitel V.4.1.

atmigen und schwerfälligen Abstimmungsprozesse zwischen den einzelnen Kantonen, also die strukturelle Unfähigkeit der reichsritterschaftlichen Organisation, schnelle Entscheidungen zu treffen, verhinderten, dass der Plan des Reichshofrats zur Ausführung gelangte[115]. Damit ließ der fränkische Ritterkreis eine nicht mehr wiederkehrende Gelegenheit tatenlos verstreichen.

Bereits anlässlich des zollerschen Patentanschlags auf den reichsritterschaftlichen Besitzungen Anfang 1792 war zwischen den kantonalen Ortsvorständen der Gedanke diskutiert worden, sich politisch an die fränkischen Kreisstände anzuschließen. Schließlich stand zu erwarten, dass die vielfach ebenfalls von Hardenbergs Arrondierungspolitik »mitbetroffenen Reichsstände sich nicht so geschwind werden Feßeln anlegen laßen, ohne die äußersten Kräfte dagegen gesezt zu haben«[116]. Verwundern konnte ein solcher Plan einer Zusammenarbeit zwischen Reichsfürsten, -grafen und -städten einerseits und Reichsrittern andererseits nicht. Schließlich stand sie ganz in der Tradition des Einungs- und Bündewesens, das die Geschichte des Alten Reichs vom Hoch- und Spätmittelalter bis zu seinem Zusammenbruch im frühen 19. Jahrhundert durchzog, und in dem die Aufrechterhaltung des Landfriedens sowie der Schutz der einzelnen Bundesglieder seit jeher ein zentrale Rolle spielte[117]. Dass es im hier interessierenden Fall nicht zur Unterzeichnung eines förmlichen Bundesbriefs oder gar zur Ausbildung gemeinsamer Institutionen kommen sollte, ist durch die Dynamik der Ereignisse erklärbar und den rein situativen Anlass der Kooperation zwischen den fränkischen Kreisständen und Kantonen[118].

Die Initiative zu einer tatsächlichen Zusammenarbeit mit der Mehrheit der Fränkischen Kreisversammlung gegen die gemeinsame Bedrohung durch Preußen ging nicht von der fränkischen Reichsritterschaft aus. Vielmehr er-

115 Schreiben des Ortsvorstandes Gebürg an den Ortsvorstand Rhön-Werra, Bamberg, 26. Juni 1792, StA Marburg, 109, Nr. 311, Bd. 1, Dok. 55. Abschrift des Schreibens des Ortsvorstandes Altmühl an den Ortsvorstand Gebürg, o.O., 11. Juni 1792, ebd., Dok. 57. Abschrift des Schreibens von Franz Paul Christoph von Seckendorff an den Altmühler Ritterhauptmann Ernst Ludwig Sebastian Freiherr von Crailsheim, Weingartsgereuth, 1. Juni 1792, ebd., Dok. 58 (Zitat ebd.). Protokoll der reichsritterschaftlichen Gesandtschaft zur Kaiserwahl und -krönung, unterzeichnet durch die Ritterhauptleute und Freiherren Schütz von Holtzhausen, von Freyberg und Schenk von Stauffenberg, Frankfurt/M., 28. Juni bis 19. Juli 1792, StA Marburg, 109, Nr. 910. Abschrift der Instruktion für die reichsritterschaftliche Gesandtschaft des schwäbischen Ritterkreises zur Kaiserwahl und -krönung, Ehingen, 22. Juni 1792, StA Ludwigsburg, B 575 III, Bü 901. – Grundsätzliches zum Ablauf der schriftlichen Abstimmungsprozesse auf der Ebene der Kantone, Ritterkreise sowie der Gesamtkorporation bei *Kerner*, Staats-Genossenschaftsrecht, S. 125 f., 143 ff., 150 f., 312 ff.

116 Schreiben des Ortsvorstandes Rhön-Werra an den Ortsvorstand Gebürg, Schweinfurt, 16. März 1792, StA Marburg, 109, Nr. 311, Bd. 1, Dok. 10 (Zitat ebd.). Abschrift des Schreibens des Ortsvorstandes Odenwald an den Ortsvorstand Gebürg, Kochendorf, 31. März 1792, ebd., Dok. 28. Vortragspunkte des Ortsvorstandes Gebürg zur schriftlichen Abstimmung durch die Kantone des fränkischen Ritterkreises, Bamberg, 12. April 1792, ebd., Dok. 31.

117 *Carl*, Einungen, S. 101 ff.

118 Vgl. Kapitel VI.1, VII.1 bis VII.2.

griff die fürstbischöfliche Regierung in Bamberg die Initiative[119] und legte damit den Grundstein für ein politisches Bündnis, das mehrere Jahre Bestand hatte. Erst die Geschehnisse des Jahres 1798 bereiteten dieser Allianz ein faktisches Ende.

Die Reichsritterschaft konnte angesichts ihrer begrenzten Ressourcen und der Auswirkungen des österreichisch-preußischen Bündnisses die politische Unterstützung durch die Mehrheit der Nürnberger Kreisversammlung zweifellos gut gebrauchen. Dabei kam dem Corpus equestre der Umstand zupass, dass die Reichskirche im Südwesten des Alten Reichs eine reichsritterschaftliche Adelskirche war: Im unmittelbaren Umfeld der fränkischen Markgrafentümer verfügten die Rittergenossen nicht nur im Deutschen Orden über beträchtlichen Einfluss, dessen Ballei Franken 1789 dem Hoch- und Deutschmeistertum Mergentheim inkorporiert worden war. Zudem befanden sich die Domkapitel von Bamberg und Würzburg fest in reichsritterschaftlicher Hand[120]. Mit Franz Ludwig von Erthal (1730–1795) als Fürstbischof vereinte seit 1779 ein Reichsritter beide Hochstifte in einer Hand, der zugleich der jüngere Bruder des Mainzer Kurfürsten und Reichserzkanzlers Friedrich Karl Joseph von Erthal war[121]. Noch 1796 sollte Hardenberg die Ursache für die mangelnde Kompromissbereitschaft der beiden Mainbistümer in den Landeshoheitstreitigkeiten mit Berlin nicht in der preußischen Politik suchen, sondern dafür den »Ritterschaft(liche)[n] Geist und das Ritterschaft(liche) Interesse« der aus reichsritterschaftlichen Familien stam-

119 Schreiben des Ortsvorstandes Gebürg an den Ortsvorstand Rhön-Werra, Bamberg, 5. November 1792, StA Marburg, 109, Nr. 311, Bd. 1, Dok. 69. Abschrift des Schreibens des Ortsvorstandes Gebürg an den Fürstbischof von Bamberg und Würzburg, Bamberg, 5. November 1792, ebd., Dok. 76. – Dabei hätte die Reichsritterschaft beispielsweise zum Fürstbischof von Bamberg über dessen engen Vertrauten und Obermarschall besonders leichten Zugang gehabt. Bei diesem handelte es sich nämlich um niemand anderen als Johann Franz Freiherr Schenk von Stauffenberg, der als Ritterhauptmann dem Kanton Gebürg vorstand. Auch der einflussreiche Bamberger Kämmerer und Hofrat Graf von Rotenhan gehörte dem Corpus equestre an (Rezess des Heilbronner Generalkorrespondenztags, Heilbronn, 10. Juli 1790, HStA Stuttgart, B 572 Au, Bü 822 III. *Schlick*, Gesandter, S. 278 ff.).

120 *Kerner*, Staats-Reichs-Recht, S. 193 ff. *Dipper*, Reichsritterschaft, S. 56 f. *Sutter*, Kaisertreue, S. 286 ff. *Kundert*, Reichsritterschaft und Reichskirche, S. 304 ff. *Ders.*, Reichskirche und Adel, S. 326 ff. *H. H. Hofmann*, Herrschaft, S. 126 ff. *Ders.*, Staat des Deutschmeisters, S. 317 ff. *Diemer*, Reichsritterschaft, S. 515 ff. *Schraut*, Unterschiede, S. 550 ff. *Dies.*, Haus, S. 24 ff., 40 ff., 334 ff. *Sikora*, Adel, S. 62 f. *Schindling*, Scheitern, S. 306 f.

121 *Wegele*, Erthal, S. 310 f. *Godsey Jr.*, Nobles, S. 258. *Renner*, Erthal, S. 286, 292 f. *Riedenauer*, Gesandter, S. 276 f. *Leitschuh*, Erthal, S. 2 ff. – Der Fürstbischof von Bamberg und Würzburg hatte noch um 1790, angesichts des sich abzeichnenden Anfalls Ansbach-Bayreuths an die Berliner Kurlinie, vergeblich versucht, diesen in Wien zu hintertreiben. Zudem dürfte sich Erthal über die Säkularisationspläne Preußens im Klaren gewesen sein, was seine Zuneigung zur norddeutschen Großmacht sicher nicht beförderte: Aufgrund einer Kette diplomatischer Indiskretionen und Ungeschicklichkeiten konnten sich nämlich die fränkischen Hochstifter seit Anfang 1794 überzeugt halten, dass Hardenberg ihre Säkularisation betreibe – sofern sie zu diesem Schluss nicht schon zuvor gekommen waren (*Leitschuh*, ebd., S. 178 f., 184. *Süssheim*, Politik, S. 222 ff.).

menden Fürstbischöfe verantwortlich machen[122]. Besondere Verflechtungen bestanden auch zwischen der Reichsstadt Nürnberg und dem fränkischen Ritterkreis[123]. Dass auch ein Teil der fränkischen Kreisgesandten dem Corpus equestre angehörte, kann vor diesem Hintergrund wenig überraschen[124].

Jenseits der überwiegend personalen Verbindungen zwischen den kleineren weltlichen und vor allem den geistlichen Territorien des Fränkischen Reichskreises einerseits sowie dem Consortium equestre andererseits darf auch das machtpolitische Moment nicht übersehen werden. Schließlich war

122 Bericht Hardenbergs an das Kabinettsministerium, Ansbach, 3. Dezember 1796, GStA PK Berlin, II. HA, Abt. 36, I, Nr. 6, fol. 187–193, hier: fol. 190.

123 Aufgrund einer Sonderregelung war die fränkische Reichsstadt für seine dem Corpus equestre immatrikulierten Rittergüter Kornburg und Kalbenstein durch einen Patrizier auf den Ortskonventen des Kantons Altmühl mit Sitz und Stimme vertreten. Zudem profitierte das nahezu bankrotte Nürnberg – ähnlich wie Schweinfurt – wirtschaftlich von der Ritterkanzlei sowie den Konventen der Viertel in seinen Mauern. Ferner hatte eine Reihe der grundbesitzenden Patrizierfamilien, der sog. Nürnberger Eigenherren, reichsritterschaftlichen Besitz erworben und war – meist in bestimmten Linien – in das Corpus equestre rezipiert worden. Auch die ursprünglich aus der Lausitz stammenden Eichler von Auritz, die zwar nicht zum Nürnberger Patriziat, aber zur grundbesitzenden Kaufmannschaft der Reichsstadt gehörten, waren zu Beginn des 18. Jahrhunderts dem Corpus equestre immatrikuliert worden. Bereits seit dem 17. Jahrhundert wurde (erneut) das Konnubium zwischen den Nürnberger Patriziern und den reichsritterschaftlichen Geschlechtern Frankens gepflegt. Vor diesem Hintergrund war es nur konsequent, wenn für die Patrizier der Reichsstadt im ausgehenden 18. Jahrhundert ausgerechnet das sozialständische Auftreten der Reichsritter ein Vorbild darstellte, dem es nachzueifern galt (*Kerner*, Staats-Genossenschaftsrecht, S. 207, 323 ff. *Hirschmann*, Gartenfest, S. 229 f. *Ders.*, Beiträge, S. 271 f. *H. H. Hofmann*, Herrschaft, S. 102, 109 f. *Ders.*, Nobiles, S. 141 ff. *Riedenauer*, Gesandter, S. 274, 346 ff. *Mauchenheim*, Ritterschaft I, S. 413 ff. Vgl. auch *Svoboda*, Verfassung, S. 271 f.).

124 Zwar dürfte diese Verbindung bei dem Reichsgrafen Friedrich Julius Heinrich von Soden, der seit dem Jahreswechsel 1791/92 als Realist im Kanton Steigerwald immatrikuliert war, nur eine geringe Rolle gespielt haben, da er als Stimmführer für Brandenburg-Ansbach und -Bayreuth an die Weisungen Hardenbergs und Berlins gebunden blieb. Aber dafür konnte der Zusammenarbeit zwischen der fränkischen Reichsritterschaft und der Nürnberger Kreisversammlung der Umstand nur förderlich sein, dass sich Ende 1791 das Rezeptionsverfahren des Ersten Bamberger Direktorialgesandten Joseph Philipp von Oberkamp als Besitzer des immediaten Rittergutes Weißenbrunn in das Viertel Baunach seinem Abschluss näherte (Abschrift des Rezeptionsdiploms des Kantons Steigerwald für Reichsgraf Julius Heinrich von Soden, Erlangen, 31. Dezember 1791, StA Marburg, 109, Nr. 164. Abschrift des Reverses mit dem Rittereid von Reichsgraf Julius Heinrich von Soden, Nürnberg, 13. Februar 1792, ebd. Abschrift des Schreibens von Reichsgraf Julius Heinrich von Soden an den Kanton Steigerwald, Erlangen, 16. Februar 1792, ebd. StA Marburg, 109, Nr. 311, Bd. 1, Dok. 69 u. Dok. 85. Schreiben des Ortsvorstandes Rhön-Werra an den Ortsvorstand Gebürg, Schweinfurt, 12. Januar 1793, StA Marburg, 109, Nr. 311, Bd. 2, Dok. 99. Abschrift des Schreibens der Brüder Joseph Philipp und Karl Anton von Oberkamp an den Ortsvorstand Baunach, praes. am 11. April 1781, StA Marburg, 109, Nr. 157. Abschrift des Rezeptionsdiploms des Kantons Baunach für die Brüder Joseph Philipp und Karl Anton von Oberkamp, unterzeichnet vom Ritterhauptmann Freiherr von Seckendorff, Nürnberg, 2. November 1791, ebd.). – Trotz dieses Befundes ist die Behauptung von *Hofmeister-Hunger* (Pressepolitik, S. 38), die Reichsritterschaft habe aufgrund der »Abstimmungsmodalitäten« die Nürnberger Kreisversammlung dominiert unverständlich und aufgrund der fehlenden Kreisstandschaft des Corpus equestre nicht nachvollziehbar.

im Laufe der Jahrhunderte das Verhältnis zwischen der Reichsritterschaft und ihren reichsständischen Nachbarn alles andere als konfliktfrei gewesen[125]. Beide Seiten wurden jedoch gleichermaßen von der Arrondierungspolitik Hardenbergs bedroht, die in der allgemeinen Krisensituation des Koalitions- und Reichskrieges auf einen Umsturz der Reichsverfassung hinauszulaufen schien[126]. Dies zu verhindern, musste jedoch das Ziel der geistlichen Wahlstaaten und kleineren weltlichen Reichsstände Frankens ebenso sein wie das der Reichsritterschaft. Sie alle waren nämlich zur Aufrechterhaltung ihrer politischen Existenz auf die Schutzmechanismen der Reichsverfassung angewiesen[127]. Eng mit diesem verfassungsrechtlichen Aspekt hing ein weiteres Motiv zusammen, das einer politischen Kooperation der Glieder des Fränkischen Reichs- und Ritterkreises Vorschub leistete. Während in den nördlichen und östlichen Regionen des Alten Reichs die Kreisverfassung ein weitgehendes Schattendasein fristete, verhielt es sich in den sog. Vorderen Reichskreisen, insbesondere in Franken und Schwaben, genau umgekehrt. Hier leistete die Kleinräumigkeit und territoriale Zersplitterung der einzelnen Herrschaftsgebiete der institutionellen Vertiefung und Ausdifferenzierung der Kreisverfassung Vorschub[128]. Die Vitalität Letzterer kam nicht nur den Bedürfnissen der sog. »mindermächtigen« Kreisstände entgegen[129]. Sie spielte zugleich einer Gruppierung im Nürnberger Kreiskonvent in die Hände, die den Fränkischen Reichskreis stärken und sogar zu einer eigenen politischen

125 *Hirschmann*, Gartenfest, S. 229 f. *Kundert*, Reichsritterschaft und Reichskirche, S. 303 f. *Eberlein*, Bayerns Anteil, S. 24 ff. Siehe ferner Kapitel III.1.

126 Abschrift des Schreibens von Franz Paul Christoph von Seckendorff an den Altmühler Ritterhauptmann Ernst Ludwig Sebastian Freiherr von Crailsheim, Weingartsgereuth, 1. Juni 1792, StA Marburg, 109, Nr. 311, Bd. 1, Dok. 58. Vgl. auch: Bericht Hardenbergs an den König/das Kabinettsministerium, Ansbach, 27. Mai 1792, GStA PK Berlin, I. HA, Rep. 44 B, Nr. 1a.

127 Die Abhängigkeit der sog. »Mindermächtigen« vom Funktionieren der Reichsverfassung hat Volker Press immer wieder betont: *Press*, Kurmainz, S. 269 f. oder *Ders.*, Reichsritterschaft im Reich, S. 219. Vgl. auch *Riedenauer*, Gesandter, S. 277.

128 »Versuch eines ohngefähren Abrisses...« (wie Kap. II, Anm. 91), GStA PK Berlin, I. HA, Rep. 94, IV, Ac, Nr. 2, S. 1–149, hier: S. 137 f. Rechenschaftsbericht Hardenbergs (wie Kap. I, Anm. 80), in: *C. Meyer*, Politik, S. 35–210, hier: S. 64 f. *Dotzauer*, Reichskreise (1989), S. 338 ff., 351. *Ders.*, Reichskreise (1998), S. 579 ff., 593. *Schühmann*, Kreiskonvent, S. 234. *Hartung*, Hardenberg, S. 10 ff. – Diese durch den Krieg gegen Frankreich und die preußische Arrondierungspolitik nochmals verstärkte Entwicklung fand in Franken einen besonders sinnfälligen Ausdruck: Reichsrechtlich betrachtet tagte seit 1790 die Fränkische Kreisversammlung zu Nürnberg in »Permanenz«, d. h. der Kreiskonvent löste sich nicht mit einem förmlichen Kreisschluss auf. Stattdessen wurden seine Sitzungen nur zwischenzeitlich unterbrochen oder »prorogiert«, wie der zeitgenössische Terminus lautete. Eine solche Vertagung bedeute einen qualitativen Unterschied zu früheren Zeiten, in denen eine alljährliche Session mit einer maximalen Dauer von sechs Wochen als normal galt (Rechenschaftsbericht Hardenbergs (wie Kap. I, Anm. 80), in: *C. Meyer*, ebd., S. 35–210, hier: S. 65, 70 f. (Zitat ebd.). *Dotzauer*, ebd. (1989), S. 45, 351. *Ders.*, ebd. (1998), S. 79, 593. *Schühmann*, ebd., S. 248, 256. *Hartung*, ebd., S. 12, 30).

129 »Versuch eines ohngefähren Abrisses...« (wie Kap. II, Anm. 91), GStA PK Berlin, I. HA, Rep. 94, IV, Ac, Nr. 2, S. 1–149, hier: S. 138.

Kraft im Reichsverband ausbauen wollte. Der Spiritus Rector dieses Plans war Friedrich Adolph von Zwanziger (1745 - 1800), der als Kreisgesandter verschiedener kleinerer Fürsten- und Grafenhäuser dominierenden Einfluß in der Kreisversammlung ausübte[130]. Zwanzigers Ziele stießen bei Hardenberg auf massive Ablehnung, der schon im Januar 1792 die Vorzüge einer »Zerrüttung der Kreisverfassung« für Preußen betonte[131]. Entsprechend konsequent verfolgte der Dirigierende Minister im Laufe seiner Statthalterschaft das doppelte Ziel, einerseits die fränkischen Markgrafentümer weitgehend aus dem Kreisverband sowie den damit einhergehenden Verpflichtungen herauszulösen und andererseits den preußischen Einfluss in der Nürnberger Kreisversammlung zu verstärken[132]. Der durch Hardenberg vom Zaun ge-

130 Beilage 2: Denkschrift von Helmreich über die politische Bedeutung Zwanzigers, [Sommer 1796], AMAE Paris, CP, Allemagne - Petites Principautés, Nr. 74, fol. 44 - 45, hier: fol. 44. Rechenschaftsbericht Hardenbergs (wie Kap. I, Anm. 80), in: *C. Meyer*, Politik, S. 35 - 210, hier: S. 65, 70 f. *Riedenauer*, Gesandter, S. 319 ff., 344. *Ders.*, Reichsverfassung, S. 124 ff., 134 ff., 145 ff., 152 ff., 168 f., 176 f., 182, 501 ff., 510, 532 ff., 556 ff., 567 ff. *Süssheim*, Politik, S. 99 f. *Ranke*, Denkwürdigkeiten I, S. 130 f., 360. *Scheel*, Jakobiner, S. 230 ff. - Zwanziger, den Hardenberg als »Dictator der ganzen Kreisversammlung« verwünschte, während andere ihn als deren »Seele und Haupttriebfeder« würdigten, führte von den 27 Stimmen auf der Fränkischen Kreisversammlung allein sieben. Zu diesen gesellten sich vielfach noch die Voten des schwarzenbergischen Kanzleidirektors Philipp Franz Joseph Ritter von Rhode, gen. Rhodius, der fünf - später nur noch vier - neufürstliche und gräfliche Höfe vertrat. Berlin verfügte dagegen in Nürnberg nur über zwei Stimmen für Ansbach und Bayreuth auf der Fürstenbank sowie über eine Dreiviertelstimme auf der Grafenbank wegen seiner Limpurgischen Besitzungen - insgesamt zwei bzw. drei volle Stimmen nach dem damals üblichen Abstimmungsprozedere. Die Aufteilung der Stimme für Limpurg-Gaildorf auf der Grafenbank führte nämlich dazu, dass die Zollern drei Jahre lang die ganze Stimme in der Kreisversammlung führten, um das Stimmrecht anschließend dem Herzog von Württemberg für ein Jahr zu überlassen. Diesem stand nämlich ein Viertel der Limpurg-Gaildorfer Stimme zu. Zudem zählte eine Stimme der Grafen- oder Städtebank genausoviel wie eine der Fürstenbank (Nachschreiben zum Bericht Hardenbergs an den König, Frankfurt/M., 22. August 1794, GStA PK Berlin, II. HA, Abt. 36, I, Nr. 391, fol. 27 - 32, hier: fol. 29. »Versuch eines ohngefähren Abrisses...« (wie Kap. II, Anm. 91), GStA PK Berlin, I. HA, Rep. 94, IV, Ac, Nr. 2, S. 1 - 149, hier: S. 139 f. Zirkularschreiben von Friedrich Freiherr von und zu der Tann, Ritterhauptmann des Kantons Rhön-Werra, an den Ortsvorstand des Kantons mit dessen Voten, Schweinfurt, 18. August 1796, StA Marburg, 109, Nr. 521 (Zitat ebd.). Rechenschaftsbericht Hardenbergs (wie Kap. I, Anm. 80), in: *C. Meyer*, ebd., S. 35 - 210, hier: S. 65, 70 (Zitat ebd., S. 65). *Riedenauer*, Gesandter, S. 319 ff. *Ders.*, Reichsverfassung, S. 126, 135 ff. *Süssheim*, ebd., S. 99 f. *Scheel*, ebd., S. 230). - Ungewiss muss bleiben, ob eine von *Riedenauer* (Reichsverfassung, S. 158 ff.) Hardenberg zugeschriebene Intrige, um Zwanziger zwischen Mai und August 1792 zu stürzen, Letzteren wirklich davon abhalten sollte, die Fränkische Kreisversammlung zugunsten der durch die preußische Arrondierungspolitik bedrängten Kreisstände sowie der Reichsritterschaft zu mobilisieren.

131 »Versuch eines ohngefähren Abrisses...« (wie Kap. II, Anm. 91), GStA PK Berlin, I. HA, Rep. 94, IV, Ac, Nr. 2, S. 1 - 149, hier: S. 140. *Riedenauer*, Reichsverfassung, S. 153. Rechenschaftsbericht Hardenbergs (wie Kap. I, Anm. 80), in: *C. Meyer*, Politik, S. 35 - 210, hier: S. 70 f.

132 Reskript von Finkenstein und Alvensleben an Hardenberg, Berlin, 14. Juni 1794, GStA PK Berlin, II. HA, Abt. 36, I, Nr. 373. BayHStA, K. schw. 14477, fol. 196 - 204: fortl. Beilage 3: Denkschrift von Helmreich über die politische Bedeutung des Fränkischen Reichskreises,

brochene Konflikt um die Ausgestaltung der fränkischen Kreisverfassung musste zwangsläufig mit der Frage der Reichsritterschaft verschmelzen – gehörte doch die Aufrechterhaltung der öffentlichen Sicherheit und verfassungsmäßigen Ordnung zu den ureigenen Aufgaben der Reichskreise: Eben dieser »Zweck des kreisgesellschaftlichen Verbands« erforderte wiederum aus der Sicht verschiedener fränkischer Kreisstände, den im Kreisgebiet eingeschlossenen, jedoch nicht dazu gehörenden fränkischen Ritterkreis vor eigenmächtigen Übergriffen Preußens in Schutz zu nehmen[133].

Darüber hinaus sollte nicht vergessen werden, dass neben Brandenburg-Ansbach und -Bayreuth auch zahlreiche weitere fränkische Kreisstände ihre Territorien durch immediate Rittergüter arrondiert hatten, die durch Tausch, Kauf oder den Lehensheimfall in ihren Besitz gelangt waren und zum Teil bereits von den preußischen Übergriffen in Mitleidenschaft gezogen wurden. Zudem zählten verschiedene reichsständische Lehenshöfe Frankens Reichsritter zu ihren Vasallen und beanspruchten über deren Besitzungen das lehensherrliche Obereigentum. All diese Rechts- und Besitzverhältnisse waren in dem Moment infrage gestellt, in dem Hardenberg begann, gegen die Güter der fränkischen Rittergenossen die königlichen Landeshoheitsansprüche geltend zu machen – ein Umstand, auf den die Reichsritterschaft stets hinzuweisen pflegte. Zudem konnte nach dem Vorspiel des zollerschen Patent-

[Sommer 1796], AMAE Paris, CP, Allemagne - Petites Principautés, Nr. 74, fol. 48. Rechenschaftsbericht Hardenbergs (wie Kap. I, Anm. 80), in: *C. Meyer*, Politik, S. 35–210, hier: S. 66 ff. *Hartung*, Hardenberg, S. 29 ff. *Riedenauer*, Reichsverfassung, S. 152 f. *Ranke*, Denkwürdigkeiten I, S. 131 f. *Demel*, Reich, S. 287. *Süssheim*, Politik, S. 101, 106 ff., 122 f., 144 ff. – Die faktische Abberufung der die Stimmen für Ansbach-Bayreuth führenden preußischen Kreisgesandtschaft, die am 15. August 1796, und damit auf dem Höhepunkt der Mediatisierungspolitik Berlins, die Nürnberger Versammlung ohne förmliche Verabschiedung verließ, sollte den vorläufigen Endpunkt dieser Politik markieren (*H. H. Hofmann*, Herrschaft, S. 178. *Ders.*, preußische Ära (1960/61), S. 237. *Süssheim*, Politik, S. 188 f. Speziell zu den Ereignissen des Sommers 1796 siehe Kapitel VII.1).

133 Abschrift des Gegenpromemorias der fränkischen Kreisstände an den preußischen Kreisgesandten, Reichsgraf von Soden, Nürnberg, 1. Juni 1792, Dikt. [Nürnberg], 2. Juni 1792, StA Marburg, 109, Nr. 311, Bd. 1, Dok. 71 (Zitat ebd.). Abschrift des Schreibens des Ortsvorstandes Gebürg an den Fürstbischof von Bamberg und Würzburg, Bamberg, 5. November 1792, ebd., Dok. 76. Auszug aus dem fränkischen Kreisprotokoll der 162. Sitzung, [Nürnberg], 27. Oktober 1792, ebd., Dok. 86. Der Fränkische Merkur, Nr. 37, 11. September 1798, Sp. 1152 ff. – Aufbauend auf einer bis weit ins Spätmittelalter zurückzuverfolgenden Diskussion über überterritoriale Landfriedensbezirke war die Exekution des Landfriedens bereits auf den Reichstagen von 1512 und 1521 teilweise an das Kreiswesens delegiert worden. Endgültig wurde die Landfriedenswahrung den Reichskreisen mit den Reichsabschieden von 1555 und 1559 übertragen – ein verfassungsrechtlicher Zustand, den das Osnabrücker Friedensinstrument von 1648 und der Jüngste Reichsabschied von 1654 ausdrücklich bestätigten (*Schühmann*, Kreiskonvent, S. 234. *Dotzauer*, Reichskreise (1989), S. 8 ff., 22 ff., 33 f. *Ders.*, Reichskreise (1998), S. 24 ff., 46, 52 f., 59 f., 67 ff., 464). Nicht zuletzt Zwanziger war aus Anlass der Truppenwerbungen französischer Emmigranten noch im Februar 1792 für die Aufrechterhaltung des Landfriedens als Kernaufgabe des Fränkischen Reichskreises eingetreten (*Riedenauer*, Gesandter, S. 344 f.).

anschlags keiner der sog. »mindermächtigen« Reichsstände Frankens ein Interesse daran haben, seine reichsritterschaftliche Nachbarschaft mit derjenigen der expansiven norddeutschen Großmacht zu vertauschen[134]. Schließlich dürfte den meisten fränkischen Kreisständen nur zu bewusst gewesen sein, dass eine Mediatisierung der ihnen benachbarten reichsritterschaftlichen Herrschaften mittelfristig auch ihre eigene politische Existenz infrage stellte[135].

Der Dirigierende Minister war es denn auch, der unfreiwillig den ersten Anlass zum Schulterschluss der fränkischen Kantone mit ihren reichsständischen Nachbarn gab: Wie berichtet, versuchte Hardenberg im ersten Jahr der preußischen Herrschaft in den fränkischen Markgrafentümern die bestehenden Landeshoheitsstreitigkeiten, die territoriale Zersplitterung und die Überschneidungen obrigkeitlicher Gerechtsame mit den reichsritterschaftlichen und -ständischen Nachbarn Ansbach-Bayreuths auf dem Wege einvernehmlicher Vergleiche beizulegen[136]. Gegenüber dem Hochstift Bamberg, dem er eine Teilhabe am fränkischen Kreisdirektorium abringen wollte, zeigte sich der Dirigierende Minister besonders entgegenkommend. Auf diese Weise kam es am 24. Oktober 1792 zur Unterzeichnung der bereits berührten Präliminarkonvention zwischen den Vertretern des Hochstifts und Preußens[137].

134 Abschrift des Schreibens des Ortsvorstandes Gebürg an den Fürstbischof von Bamberg und Würzburg, Bamberg, 5. November 1792, StA Marburg, 109, Nr. 311, Bd. 1, Dok. 76. Abschrift des Gesandtschaftsberichts des Ortskonsulenten von Gebürg, Wittmann, Bamberg, 7. Dezember 1792, ebd., Dok. 85. Auszug aus dem fränkischen Kreisprotokoll der 162. Sitzung, [Nürnberg], 27. Oktober 1792, ebd., Dok. 86. Abschrift des Berichts des Kreisgesandten Friedrich Adolph von Zwanziger an den Fürsten von Hohenlohe-Ingelfingen, Nürnberg, 6. Dezember 1792, StA Marburg, 109, Nr. 311, Bd. 2, Dok. 96. Bericht von Caspar Joseph Steinlein an den Bamberger Fürstbischof, Nürnberg, 20. September 1792, Prod.-Nr. 19, StA Bamberg, Hochstift Bamberg, Geheime Kanzlei, Nr. 876. – Inwieweit die reichsritterschaftlichen Beiträge zu den Lasten des Reichskrieges ein Interesse der fränkischen Kreisstände an der Erhaltung des Corpus equestre begründeten ist schwer abzuschätzen. Es wurde bereits ausgeführt, dass die gewaltigen Aufwendungen der Reichsritterschaft in der Auseinandersetzung mit der französischen Republik von Seiten der Reichsfürsten nicht zwingend als Entlastung und Minderung der eigenen Kriegslasten wahrgenommen werden mussten (Schreiben des Ortsvorstandes Neckar-Schwarzwald an den Ortsvorstand Donau, Tübingen, 22. Januar 1796, HStA Stuttgart, B 579, Bü 24. V.a. siehe Kapitel III.2.1 u. IV.3).

135 Schreiben des Ortsvorstandes Neckar-Schwarzwald an den Ortsvorstand Donau, Tübingen, 22. Januar 1796, HStA Stuttgart, B 579, Bü 24.

136 Siehe Kapitel V.4.1.

137 »Versuch eines ohngefähren Abrisses...« (wie Kap. II, Anm. 91), GStA PK Berlin, I. HA, Rep. 94, IV, Ac, Nr. 2, S. 1–149, hier: S. 140. BayHStA, K. schw. 14476, fol. 70, 72 u. 106–110: fortl. Abschrift des fränkischen Kreisprotokoll der 123. Sitzung, [Nürnberg], 2. Mai 1792, GStA PK Berlin, I. HA, Rep. 44 B, Nr. 1a. Rechenschaftsbericht Hardenbergs (wie Kap. I, Anm. 80), in: *C. Meyer*, Politik, S. 35–210, hier: S. 69 f. Von den neuesten Irrungen über das Krais-Direktorium (Teutsche Staatskanzley), S. 268, 275 ff. *Süssheim*, Politik, S. 105 ff. – Der Streit zwischen Bamberg und Berlin um das fränkische Kreisdirektorium wurde erst im Februar/April des Jahres 1795 durch einen Vergleich beigelegt (BayHStA, K. schw., Nr. 14477, fol. 222–225, 229–239 u. 241–248: fortl.). – Aufgabe des fränkischen Kreisdirektoriums war u. a. die Leitung der Sitzungen der Kreisversammlung, was die Festsetzung der Tagungsordnung, den

Dieser Vertrag garantierte Bamberg den territorialen und rechtlichen Status quo, wie er vor dem Anfall der fränkischen Markgrafentümer an Berlin bestanden hatte – ein Zugeständnis, zu dem Hardenberg gegenüber der Reichsritterschaft nicht bereit war[138]. Mit diesem Etappensieg sollte sich Franz Ludwig von Erthal jedoch nicht zufriedengeben, obwohl Hardenberg ihm sogar die Ausdehnung der Konvention auf Würzburg zugestand[139]: Nur drei Tage nach der Unterzeichnung der Konvention, am 27. Oktober 1792, stellte der Bamberger Direktorialgesandte in der Fränkischen Kreisversammlung den Antrag, »daß in dieße Praeliminar-Convention die – dem fränkischen Kreiße angehörige [sic] Reichsritterschaft, die so, wie alle Bambergische[n], und Wirzburgische[n] Vasallen hierauf die gerechten Ansprüche hätten [sic], mitaufgenommen, und dießer Antrag allgemeinen Kreißes wegen vereinigt, und bei allerhöchst gedachter Seiner Majestät [von Preußen], und Ihro Gesandtschaft kräftigst unterstüzt werden möchte«. In der folgenden Abstimmung erklärte die überwältigende Mehrheit der Kreisgesandten ihre Zustimmung zu diesem »in Recht, und Billigkeit gegründete[n]« Antrag[140]. Das Ergebnis war mithin ein vollgültiger Kreisschluss[141].

Vortrag der sog. Propositionen, die Ermittlung der Abstimmungsergebnisse sowie die Abfassung der Entwürfe für die Kreisabschiede einschloß (*Dotzauer*, Reichskreise (1989), S. 134. *Ders.*, Reichskreise (1998), S. 83. *Endres*, Reichskreis, S. 11).

138 Siehe Kapitel V.4.1.

139 Bericht Hardenbergs an den König/das Kabinettsministerium, Ansbach, 27. November 1792, GStA PK Berlin, I. HA, Rep. 44 B, Nr. 1a. Abschrift des Reskripts Hardenberg an die preußische Kreisgesandtschaft in Nürnberg, Ansbach, 27. November 1792, ebd. Alleruntertänigste kurze Geschichtserzählung... (wie Kap. V, Anm. 134), StA Ludwigsburg, B 575 IV, Bü 352. Abschrift des Gesandtschaftsberichts des Ortskonsulenten von Gebürg, Wittmann, Bamberg, 7. Dezember 1792, StA Marburg, 109, Nr. 311, Bd. 1, Dok. 85. – Die diplomatischen Vertreter Bambergs hatten bereits einen Monat vor der Unterzeichnung der Präliminarkonvention mit Ansbach-Bayreuth in Separatverhandlungen sowie auf einer inoffiziellen Zusammenkunft zahlreicher Kreisgesandter von Soden verlangt, in die projektierte Übereinkunft neben den anderen fränkischen Kreisständen auch die Reichsritterschaft mitaufzunehmen (Abschrift des Protokolls über die am 24. September 1792 zwischen mehreren fränkischen Kreisgesandten im Bamberger Direktorialquartier abgehaltene Konferenz, StA Marburg, 109, Nr. 311, Bd. 1, Dok. 88. StA Bamberg, Hochstift Bamberg, Geheime Kanzlei, Nr. 876, Prod.-Nr. 19, ad Prod.-Nr. 19 u. Prod.-Nr. 21–23).

140 Weisung des Fürstbischofs von Bamberg an die Bamberger Kreisdirektorialgesandtschaft, Würzburg, 20. Oktober 1792, ad Prod.-Nr. 31, StA Bamberg, Hochstift Bamberg, Geheime Kanzlei, Nr. 876. Auszug aus dem fränkischen Kreisprotokoll der 162. Sitzung, [Nürnberg], 27. Oktober 1792, StA Marburg, 109, Nr. 311, Bd. 1, Dok. 86 (Zitate ebd.). Abschrift des Berichts des Kreisgesandten Friedrich Adolph von Zwanziger an den Fürsten von Hohenlohe-Ingelfingen, Nürnberg, 6. Dezember 1792, StA Marburg, 109, Nr. 311, Bd. 2, Dok. 96. – Neben dem Stimmvertreter des Fürstbistums Würzburg, der infolge der Personalunion der beiden Mainbistümer meist die gleichen Instruktionen wie der Bamberger Direktorialgesandte erhielt, erklärten sich auch Eichstätt, der Deutsche Orden, Schwarzenberg, Löwenstein-Wertheim, Hohenlohe-Waldenburg, Castell, Wertheim, Erbach, Limpurg-Speckfeld, Seinsheim, Reichelsberg, Schönborn auf Wiesentheid sowie die Reichsstädte Nürnberg, Rothenburg, Windsheim, Schweinfurt und Weißenburg zur Unterstützung der Bamberger Forderung bereit. Wegen angeblich fehlender Instruktionen enthielt sich der Stimmvertreter von Henneberg-

Kaum war das beim Kanton Gebürg stehende fränkische Spezialdirektorium von dem Vorstoß Erthals unterrichtet, entfaltete es eine rege diplomatische Tätigkeit, um die nachträgliche Aufnahme des fränkischen Ritterkreises in die Präliminarkonvention vom 24. Oktober 1792 und ihre begrenzten Garantien zu erreichen[142]. Diesem Zweck diente zum einen die bereits angesprochene Sendung des gebürgischen Ortskonsulenten Wittmann nach Nürnberg vom 28./29. November bis 2./3. Dezember 1792[143]. Zum anderen ließen die reichsritterschaftlichen Kantone ihre Verbindungen spielen und warben von November 1792 bis Januar 1793 bei verschiedenen fränkischen Reichsfürsten um politische Schützenhilfe. Tatsächlich versicherten der Kurfürst von Köln, der zugleich das Amt des Hoch- und Deutschmeisters bekleidete, sowie der Fürst von Hohenlohe-Ingelfingen und der Reichsgraf von Schönborn-Wiesentheid der Reichsritterschaft ihre Unterstützung und wiesen zugleich ihre Kreisgesandten in Nürnberg entsprechend an[144]. Ein direkter Erfolg stellte

Schleusingen, -Römhild und -Schmalkalden – ein Verhalten, das Zwanziger als üblich für diesen Kreisgesandten bezeichnete. Die Stimmführer von Rieneck und Limpurg-Gaildorf wurden im Kreisprotokoll ohne autorisierte Vertreter als abwesend geführt (Auszug aus dem fränkischen Kreisprotokoll der 162. Sitzung, [Nürnberg], 27. Oktober 1792, ebd., Dok. 86. Abschrift des Berichts des Kreisgesandten Friedrich Adolph von Zwanziger an den Fürsten von Hohenlohe-Ingelfingen, Nürnberg, 6. Dezember 1792, ebd., Dok. 96. Speziell zur üblichen Instruierung des Würzburger Stimmführers siehe: *Riedenauer*, Gesandter, S. 321).

141 Abschrift des Gesandtschaftsberichts des Ortskonsulenten von Gebürg, Wittmann, Bamberg, 7. Dezember 1792, StA Marburg, 109, Nr. 311, Bd. 1, Dok. 85. – Bei der vorangehenden Abstimmung gaben die Vertreter des Hoch- und Deutschmeisters sowie Schwarzenbergs ausdrücklich zu Protokoll, dass eine Garantie des reichsritterschaftlichen Status quo im ureigensten Interesse ihrer Herren liege, da diese selbst immediate Rittergüter in ihrem Besitz hätten. Dagegen hob Zwanziger in seinen Voten den Aspekt hervor, dass die öffentliche Ruhe und Ordnung durch einen Einschluss der Reichsritterschaft in die Präliminarkonvention befestigt würde (Auszug aus dem fränkischen Kreisprotokoll der 162. Sitzung, [Nürnberg], 27. Oktober 1792, StA Marburg, 109, Nr. 311, Bd. 1, Dok. 86).

142 Schreiben des Ortsvorstandes Gebürg an den Ortsvorstand Rhön-Werra, Bamberg, 5. November 1792, StA Marburg, 109, Nr. 311, Bd. 1, Dok. 69.

143 Schreiben des Ortsvorstandes Gebürg an den Ortsvorstand Rhön-Werra, Bamberg, 15. Dezember 1792, StA Marburg, 109, Nr. 311, Bd. 1, Dok. 84. Abschrift des Gesandtschaftsberichts des Ortskonsulenten von Gebürg, Wittmann, Bamberg, 7. Dezember 1792, ebd., Dok. 85 (Zitat ebd.). – Diese Mission war insofern ein Erfolg, als Wittmann von der Bamberger Direktorialgesandtschaft auch für die Zukunft versichert wurde, für die Aufnahme der fränkischen Reichsritterschaft in die Präliminarkonvention einzutreten. Zudem erhielt Wittmann von zahlreichen anderen Kreisgesandtschaften ihre Unterstützung des reichsritterschaftlichen Anliegens signalisiert, obwohl viele von ihnen noch in der besagten Konferenz vom 24. September 1792 »eben nicht nöthig [!] zu seyn dafür hielten, auf der Bedingung, daß die Reichsritterschaft mit eingeschloßen werde, allzusehr zu bestehen« (Abschrift des Gesandtschaftsberichts des Ortskonsulenten von Gebürg, Wittmann, Bamberg, 7. Dezember 1792, StA Marburg, 109, Nr. 311, Bd. 1, Dok. 85 (Zitat ebd.). Abschrift des Protokolls über die am 24. September 1792 zwischen mehreren fränkischen Kreisgesandten im Bamberger Direktorialquartier abgehaltene Konferenz, ebd., Dok. 88).

144 StA Marburg, 109, Nr. 311, Bd. 1, Dok. 69 u. Dok. 75–76. StA Marburg, 109, Nr. 311, Bd. 2, Dok. 93, Dok. 95 u. Dok. 98–102.

sich für die fränkische Reichsritterschaft jedoch nicht ein. Abgesehen von Bamberg und Würzburg, konnten schließlich ihre reichsfürstlichen Fürsprecher nicht einmal die Aufnahme ihrer eigenen Herrschaften in die Präliminarkonvention vom 24. Oktober 1792 gegenüber Preußen durchsetzen[145].

In dieser Situation war es für die Reichsritterschaft umso bedeutender, dass sie seit Jahresbeginn 1793 verstärkten Rückhalt beim Wiener Kaiserhof fand. Im Gegensatz zum Frühjahr und Sommer 1792 hatte sich nämlich die politische Großwetterlage entscheidend gewandelt und verlieh nun den reichsritterschaftlichen Beschwerden in doppelter Hinsicht Gewicht. Zum einen hatte – wie bereits gezeigt wurde – der preußisch-österreichische Feldzug gegen das revolutionäre Frankreich im Kanonendonner von Valmy am 20. September 1792 eine unerwartete Wende genommen. Zwar setzten die Truppen der deutschen Großmächte just in den ersten Monaten des Jahres 1793 dazu an, die Revolutionsarmeen vom linken Rheinufer sowie aus Belgien zu vertreiben. Aber die vorübergehende Möglichkeit zum Vorstoß auf Paris wurde von den Koalitionsmächten nicht ergriffen. Führte schon der unbefriedigende Kriegsverlauf zu gegenseitigen Schuldzuweisungen und wachsenden Spannungen zwischen Wien und Berlin, so vergiftete die territoriale Frage das Klima zwischen den Verbündeten vollständig: Seit dem Tod Kaiser Leopolds II. waren sich Potsdam und die Hofburg darin einig gewesen, ihre Staaten für das französische Abenteuer territorial zu entschädigen. Inzwischen waren aber die erhofften leichten Eroberungen auf Kosten Frankreichs in weite Ferne gerückt. Zudem hatte Preußen im Sommer 1792 ein weiteres Mal den alten Plan Wiens zu Fall gebracht, Belgien gegen Kurbayern auszutauschen, und damit eine Arrondierung des habsburgischen Machtbereiches verhindert. Als sich am 23. Januar 1793 die Höfe in Berlin und St. Petersburg vertraglich auf die Zweite Teilung Polens verständigten und gleichzeitig Österreich von der Beute ausschlossen, war in Wien das Maß endgültig voll. Das Schicksal Polens wurde für die nächsten Jahre zum zentralen Reibungspunkt und heizte den erneut zwischen den deutschen Großmächten aufflammenden Dualismus immer weiter an[146]. Vor diesem Hintergrund war es nur zu verständlich, dass Wien keinen Grund mehr sah, seinen preußischen Bundesgenossen auf Kosten des kaiserlichen Einflusses in Franken zu schonen und ihn bei seiner Expansionspolitik im Herzen des Alten Reichs freie Hand zu lassen. Auch der zweite Umstand, der den Beschwerden des fränkischen Ritterkreises seit dem Winter 1792/93 zunehmendes Gewicht in der Hofburg verlieh, hing aufs Engste mit dem Koalitions- und Reichskrieg zusammen: Nicht nur Preußen,

145 Alleruntertänigste kurze Geschichtserzählung... (wie Kap. V, Anm. 134), StA Ludwigsburg, B 575 IV, Bü 352.

146 *Aretin*, Das Alte Reich III, S. 187 ff., 306 ff., 390 ff., 407 ff., 430 ff. *Sheehan*, Ausklang, S. 200 ff. *Sybel*, Geschichte, II, S. 180 ff., 193 f., 209 ff., 309 ff., 338 ff. *Ders.*, ebd. III, S. 34 ff., 175 ff., 197 f., 246 ff. *Biro*, German Policy I, S. 74 ff., 130 ff., 145, 158 f., 176 ff., 244 ff., 264 ff., 312. *Bringmann*, Preußen, S. 355 ff., 377 ff., 428 ff., 450 ff., 476 ff., 593 ff., 609 f. *Süssheim*, Politik, S. 114 ff.

auch Österreich beugte sich zunehmend unter den gewaltigen finanziellen Kosten des Konflikts[147]. Daher hatte sich der Gesandte Wiens am Oberrheinischen und Fränkischen Reichskreis, Reichsgraf von Schlick, bereits Mitte Juni 1792 an das reichsritterschaftliche Generaldirektorium gewandt und das Corpus equestre zu einem freiwilligen Beitrag im Krieg Österreichs gegen Frankreich aufgefordert. Die mit den bisherigen Gepflogenheiten brechende Art des Antrags verhinderte jedoch nähere Verhandlungen über das Gesuch der Hofburg[148]. Bewegung kam erst in die Sache, als im Herbst 1792 der neu gewählte Kaiser Franz II. mit der Forderung nach Charitativsubsidien an die Reichsritterschaft herantrat[149]. Zwar konnte sich das Corpus equestre nicht prinzipiell der Leistung der Subsidia charitativa entziehen[150]. Aber was deren Höhe und die Zahlungsmodalitäten anbelangte, verfügten die reichsritterschaftlichen Vertreter über einen gewissen Verhandlungsspielraum. Dieser schlug sich auch in vertraglich festgehaltenen Gegenleistungen des Kaiserhofes für die geforderten Charitativsubsidien nieder – ein Umstand, den der Kanton Mittelrhein einmal auf den Punkt brachte: »Dergleichen Allerhöchst Kaiserliche ansinnen sind immer als die gelegenheit angesehen worden, wo die Erledigung ein, – und anderer Reichs-Ritterschaft(licher) Desiderien verlangt wurden«[151]. Dieses do-ut-des-Verhältnis zwischen zwei sehr ungleichen Partnern gehörte zu jenen informellen Mechanismen der Reichsverfassung, die bis heute nur ansatzweise erforscht, aber in ihrer faktischen Bedeutung und Schutzwirkung für das Corpus equestre kaum zu überschätzen sind.

Vor diesem Hintergrund ergriffen auch die Vertreter des fränkischen Rit-

147 Abschrift des Schreibens des Reichsgrafen von Schlick an den Ortsvorstand Mittelrhein, Mainz, 11. Juni 1792, StA Ludwigsburg, B 575 III, Bü 901. Abschrift des Promemorias des Hegauer Ritterrats Joseph Freiherr von Hornstein-Biningen an alle Kantone, o.O., [ca. Juni 1792], ebd. – Speziell zu den finanziellen Folgen, die sich für die preußische Monarchie aus der Teilnahme am Koalitionskrieg ergaben, siehe: *Aretin*, Das Alte Reich III, S. 412 ff.; *Biro*, German Policy I, S. 313 u. *Bringmann*, Preußen, S. 490 ff.

148 Abschrift des Schreibens des Reichsgrafen von Schlick an den Ortsvorstand Mittelrhein, Mainz, 11. Juni 1792, StA Ludwigsburg, B 575 III, Bü 901. Schreiben des Ortsvorstandes Donau an den Ortsvorstand Kocher, Ehingen, 11. Juli 1792, ebd. Abschrift des Berichts des Donauer Ritterhauptmanns Johann Anton Freiherr von Freyberg und Eisenberg an den Ortsvorstand Donau, Frankfurt/M., 30. Juni 1792, ebd.

149 Abschrift des Schreibens des Reichshofvizekanzlers Fürst von Colloredo-Mansfeld an den Donauer Ritterhauptmann Johann Anton Freiherr von Freyberg und Eisenberg, Wien, 1. September 1792, StA Ludwigsburg, B 575 III, Bü 901. Abschrift des Requisitionsschreibens Kaiser Franz II.' an die Ortsvorstände der schwäbischen Reichsritterschaft, Wien, August 1792, ebd. Abschrift des Subsidienvertrags zwischen Wien und dem fränkischen Ritterkreis, Frankfurt/M. – Bamberg – Bonfeld, 7.–10. Oktober 1793, StA Marburg, 109, Nr. 520. Schreiben des Ortsvorstandes Oberrhein an den Reichshofvizekanzler Fürst von Colloredo-Mansfeld, o.O., 26. April 1793, StA Darmstadt, F2, Nr. 7/3.

150 Siehe Kapitel II.2.2.

151 Abschrift des Schreibens des Ortsvorstandes Mittelrhein an den Ortsvorstand Niederrhein, Burg Friedberg, 19. Dezember 1792, StA Ludwigsburg, B 575 III, Bü 902.

terkreises die Gelegenheit, Wien anlässlich der Verhandlungen über ein Charitativsubsidium nachdrücklich die Eingriffe Preußens in die reichsritterschaftlichen Rechte vor Augen zu führen. Zu diesem Zweck wurde dem Kaiserhof im März 1793 eine umfangreiche Abhandlung über die »Irrungen« mit Berlin seit dem Regierungsantritt Friedrich Wilhelms II. in Ansbach-Bayreuth überreicht. Diese in der gebürgischen Ritterkanzlei entstandene Schrift verfehlte die erhoffte Wirkung nicht. In Wien nahm sich umgehend die Reichshofkanzlei, die für die kaiserliche Reichspolitik verantwortlich zeichnete, der Angelegenheit an[152]. Ihr Leiter, der Reichshofvizekanzler Fürst von Colloredo-Mansfeld, war selbst vor wenigen Jahren in das Consortium equestre rezipiert worden[153] und nahm just zur Zeit der damaligen Subsidienverhandlungen wiederholt die Reichsverfassung vor Berlin und der allein auf den Vorteil der österreichischen Hausmacht berechneten Politik der Wiener Staatskanzlei in Schutz[154]. Bereits Mitte März 1793 hielt der Reichshofvizekanzler über das reichsritterschaftliche Hilfsgesuch Vortrag beim Kaiser, der beschloss, zugunsten der Reichsritterschaft politisch zu intervenieren. Hierauf wurde dem königlich preußischen Residenten in Wien eröffnet, dass Franz II. die Einstellung sämtlicher Übergriffe auf die Reichsritterschaft verlange sowie die Garantie des Status quo ante beim Regierungsantritt Friedrich Wilhelms II. in Ansbach-Bayreuth[155]. Darüber hinaus mobilisierte

152 Alleruntertänigste kurze Geschichtserzählung... (wie Kap. V, Anm. 134), StA Ludwigsburg, B 575 IV, Bü 352 (Zitat ebd.). StA Marburg, 109, Nr. 311, Bd. 2, Dok. 105, Dok. 107–108 u. Dok. 110. Schreiben des Ortsvorstandes Rhön-Werra an den Ortsvorstand Gebürg, Schweinfurt, 4. Oktober 1794, StA Marburg, 109, Nr. 311, Bd. 3, Dok. 203. Schreiben des Ortsvorstandes Gebürg an den Ortsvorstand Donau, Bamberg, 22. Juni 1793, StA Ludwigsburg, B 575 III, Bü 902. Abschrift des Promemorias der Vertreter des fränkischen Ritterkreises an den Reichsgrafen von Schlick, Würzburg, 17. Juni 1793, StA Ludwigsburg, B 575 IV, Bü 352. Abschrift des Schreibens des Ortsvorstandes Gebürg an den Ortsvorstand Donau, Bamberg, 1. März 1793, ebd. Abschrift der Erklärung des fränkischen Ritterkreises an den Kaiser in der Charitativsubsidiensache, Bamberg, 15. Februar 1793, ebd. Schreiben des Ortsvorstandes Gebürg an den Ortsvorstand Kocher, Bamberg, 5. März 1793, StA Ludwigsburg, B 575 II, Bü 300.

153 Schreiben des Ortsvorstandes Odenwald an den Ortsvorstand Rhön-Werra, Kochendorf, 30. April 1790, StA Marburg, 109, Nr. 291. – Gerade der Ortsvorstand Odenwald hatte die Rezeption Colloredo-Mansfelds nachdrücklich gefördert, um »sich die Gunst eines der ersten Ministre in Teutschland und dessen der ReichsRitterschaft in so manchen Fällen nothwendige Unterstüzung zu erwerben« (Schreiben des Ortsvorstandes Odenwald an den Ortsvorstand Rhön-Werra, Kochendorf, 1. Mai 1789, StA Marburg, 109, Nr. 291 (Zitat ebd.). Schreiben des Ortsvorstandes Odenwald an den Ortsvorstand Rhön-Werra, Kochendorf, 2. Juni 1789, ebd.). Das soll natürlich nicht heißen, dass Colloredo-Mansfeld bei seinem Eintreten für die bedrängte Reichsritterschaft primär von seiner Zugehörigkeit zum Corpus equestre geleitet worden wäre.

154 *Aretin*, Das Alte Reich III, S. 398, 408 f.

155 Schreiben des Ortsvorstandes Gebürg an den Ortsvorstand Rhön-Werra, Bamberg, 22. März 1793, StA Marburg, 109, Nr. 311, Bd. 2, Dok. 109. Abschrift des Berichts des Reichshofrats- und fränkischen Direktorialagenten der Reichsritterschaft, Herr von Alt, an den Ortsvorstand Gebürg, Wien, 16. März 1793, ebd., Dok. 110.

der Reichshofvizekanzler Ende März die kaiserliche Diplomatie im Reich: Wiens Vertreter im preußischen Hauptquartier bei der Rheinarmee erhielt wiederholt den Auftrag, Friedrich Wilhelm II. »alle die unangenehmen Folgen, welche aus der bisherigen verfassungswidrigen und gewaltthätigen Verfahrungs-Art gegen die unmächtige Reichs-Ritterschaft, in Rücksicht auf Höchstihren eigenen Ruhm notwendig entstehen müssen, mit offenherziger Freymüthigkeit, und mit aller möglichen Wärme zu Gemüthe zu führen«. Zugleich wurde dem König das Angebot unterbreitet, die Reichsritterschaft zu einvernehmlichen Vergleichsverhandlungen über die mit Ansbach-Bayreuth bestehenden Differenzen zu bewegen, sobald Berlin den Status quo ante in Franken wiederhergestellt habe. Sollte Friedrich Wilhelm II. hierzu nicht bereit sein, sähe sich der Kaiser allerdings gezwungen, auf eventuelle reichsritterschaftliche Klagen hin »das Amt des Obristen Reichsrichters eintreten zu lassen, und nach Ihren aufhabenden in der Wahlkapitulation beschworenen Pflichten strake Gerechtigkeit zu verwalten«. Entsprechend hatten sich die kaiserlichen Minister und Bevollmächtigten am Reichs- und Fränkischen Kreistag sowie im preußischen Hauptquartier gegenüber Hardenberg, den Berliner Kabinettsministern sowie dem königlichen Komitialgesandten Reichsgraf von Goertz zu erklären[156]. Als sich die reichsritterschaftlichen Klagen über die Musterung und Enrollierung ihrer Untertanen sowie weitere Eingriffe der preußischen Behörden häuften und der Reichshofratsagent des fränkischen Spezialdirektoriums wiederholt in Wien die Beeinträchtigung der kaiserlichen Rechte durch das Vorgehen Berlins herausstellte, wurde Colloredo-Mansfeld erneut tätig. Im April und Juni 1793 wies der Reichshofvizekanzler die kaiserlichen Minister im Reich an, die Forderungen der Hofburg sowie die Drohung mit einem reichsgerichtlichen Verfahren zu wiederholen. Der Erfolg der diplomatischen Bemühungen Wiens war gemischt. Zwar ver-

156 Weisung des Reichshofvizekanzlers Fürst von Colloredo-Mansfeld an den Gesandten Fürst von Reuß, Wien, 26. März 1793, HHStA Wien, RK, Weisungen nach Berlin, Fasz.-Nr. 6, fol. 586 (Zitat ebd.). Abschrift des Berichts des Reichshofrats- und fränkischen Direktorialagenten der Reichsritterschaft, Herr von Alt, an den Ortsvorstand Gebürg, Wien, 23. März 1793, StA Marburg, 109, Nr. 311, Bd. 2, Dok. 121 (Zitat ebd.). Abschrift des Berichts des Reichshofrats- und fränkischen Direktorialagenten der Reichsritterschaft, Herr von Alt, an den Ortsvorstand Gebürg, Wien, 9. Oktober 1793, ebd., Dok. 133. Abschrift des Schreibens des Ortsvorstandes Gebürg an den Ortsvorstand Mittelrhein, Bamberg, 22. Februar 1794, StA Marburg, 109, Nr. 311, Bd. 3, Dok. 171. Schreiben des Marquis de Lucchesini an die Kabinettsminster, Hauptquartier in Guntersblum, 22. April 1793, GStA PK Berlin, I. HA, Rep. 44 B, Nr. 1a. Abschrift der Note des kaiserlichen Gesandten, Fürst von Reuß, an den Marquis de Lucchesini, Hauptquartier in Guntersblum, 16. April 1793, ebd. Abschrift der Nachschrift zur Note des Wiener Gesandten, Fürst von Reuß, an den Marquis de Lucchesini, Hauptquartier in Guntersblum, 16. April 1793, ebd. Abschrift des Berichts des Reichsgrafen Goertz an Hardenberg, Regensburg, 9. April 1793, ebd. Abschrift des Schreibens des kaiserlichen Gesandten und Reichsgrafen von Schlick an Hardenberg, Frankfurt[/M.], 14. April 1793, ebd. Vgl. auch: Weisung des Reichshofvizekanzlers Fürst von Colloredo-Mansfeld an den Gesandten Fürst von Reuß, Wien, 25. Juni 1793, HHStA Wien, RK, Weisungen nach Berlin, Fasz.-Nr. 6, fol. 602–603, hier: fol. 602 f.

sprach die preußische Seite eine Untersuchung der ganzen Angelegenheit und betonte ihren fortgesetzten Willen, die Streitigkeiten mit der Reichsritterschaft auf dem Vergleichswege beizulegen. Auch wurde die Musterung sowie die Enrollierung der ritterschaftlichen Hintersassen tatsächlich unterbrochen. Aber in eine andere Richtung wies die im Namen des Kabinettsministeriums abgegebene Erklärung des preußischen Ministers Marquis de Lucchesini, wonach Berlin wünsche, dass die Reichsritterschaft »in allen ihren rechtmäßigen Freyheiten u[nd] Gerechtsamen erhalten werde«[157]. Hinter dieser sphinxischen Antwort steckte nicht zuletzt der Versuch des von der kaiserlichen Intervention überraschten Kabinettsministeriums, Zeit zu gewinnen und die preußischen Landeshoheitsansprüche zu verwahren[158]. Schon Anfang Juli wurde aus dem Vorbehalt der Rechtmäßigkeit der reichsritterschaftlichen Unmittelbarkeit und Landesherrlichkeit eine Zurückweisung der Intervention Wiens, wie die Instruktion für eine definitive Antwort an den kaiserlichen Vertreter im preußischen Hauptquartier der Rheinarmee zeigt. Diesem war unter Berufung auf das Reichsgutachten vom 23./26. Juli 1753 und das kaiserliche Ratifikationsdekret vom 4./8. August des gleichen Jahres zu eröffnen, dass weder die geforderte Wiederherstellung des Status quo ante infrage komme, noch ein Vergleich mit dem gesamten fränkischen Ritterkreis[159]. Auch Hardenberg erklärte sich in ähnlichem Sinne[160].

Dennoch setzte Wien nicht nur seine diplomatischen Bemühungen fort,

157 Bericht des Wiener Gesandten, Fürst von Reuß, an den Reichshofvizekanzler Fürst von Colloredo-Mansfeld, Bischofsheim, 1. Juni 1793, HHStA Wien, RK, Berichte aus Berlin, Fasz.-Nr. 16c, fol. 188–189, hier: fol. 188 f. (Zitat ebd.). Bericht des Wiener Gesandten, Fürst von Reuß, an den Reichshofvizekanzler Fürst von Colloredo-Mansfeld, Guntersblum, 17. April 1793, ebd., fol. 196–197, hier: fol. 196. Weisung des Reichshofvizekanzlers Fürst von Colloredo-Mansfeld an den Gesandten Fürst von Reuß, Wien, 25. Juni 1793, HHStA Wien, RK, Weisungen nach Berlin, Fasz.-Nr. 6, fol. 602–603, hier: fol. 603. StA Marburg, 109, Nr. 311, Bd. 2, Dok. 106–107, Dok. 111–113, Dok. 123–127 u. Dok. 138. StA Marburg, 109, Nr. 311, Bd. 3, Dok. 144–147. Franz. Reskript von Alvensleben und Haugwitz an den Marquis de Lucchesini bei der königlichen Rheinarmee, Berlin, 29. April 1793, GStA PK Berlin, I. HA, Rep. 44 B, Nr. 1a. Promemoria von Finkenstein, Alvensleben und Haugwitz, Berlin, 29. April 1793, ebd. Auszug aus dem Bericht des Reichshofrats- und fränkischen Direktorialagenten der Reichsritterschaft, Herr von Alt, an den Ortsvorstand Gebürg, Wien, 30. März 1793, StA Ludwigsburg, B 575 II, Bü 58.

158 Reskript von Alvensleben und Haugwitz an Hardenberg, Berlin, 29. April 1793, GStA PK Berlin, I. HA, Rep. 44 B, Nr. 1a.

159 Reskript von Alvensleben und Haugwitz an Hardenberg, Berlin, 9. Juli 1793, GStA PK Berlin, I. HA, Rep. 44 B, Nr. 1a. Franz. Reskript von Alvensleben und Haugwitz an den Marquis de Lucchesini bei der königlichen Rheinarmee, Berlin, 9. Juli 1793, GStA PK Berlin, I. HA, Rep. 44 B, Nr. 1a. Zusammenfassung der Konferenz des Kabinettsministeriums vom 8. Juli 1793, ebd. Von Alvensleben unterzeichnetes Promemoria für die Antwort des Ministers Marquis de Lucchesini an den kaiserlichen Vertreter im königlichen Hauptquartier, Fürst Reuß, Berlin, 9. Juli 1793, ebd.

160 Weisung des Reichshofvizekanzlers Fürst von Colloredo-Mansfeld an den Gesandten Graf von Lehrbach, Wien, 7. September 1793, HHStA Wien, RK, Weisungen nach München, Fasz.-Nr. 11.

sondern hatte auch weiterhin für die Klagen des fränkischen Ritterkreises ein offenes Ohr. Schließlich sicherte die Hofburg diesem im Subsidienvertrag vom Oktober 1793 seine fortwährende Vermittlung und für den Notfall auch eine »der Lage der Sache und den Rechten gemäße oberstrichterliche Hülfe« in der Auseinandersetzung mit Ansbach-Bayreuth zu[161]. Die fränkischen Ortsvorstände nutzen dies und schalteten angesichts neuer Übergriffe des Hauses Brandenburg Ende 1793 den schon vorgestellten Reichsritter und damaligen Reichshofrat von Seckendorff sowie den Direktorialgesandten von Alt erneut ein, um Colloredo-Mansfeld zur Fortsetzung seines Engagements für die Genossenschaft zu veranlassen. Aber nach der Anfang Juni dekretierten Absage Berlins waren alle Bemühungen der Reichshofkanzlei von vornherein zum Scheitern verurteilt, die zwischen Spätsommer 1793 und Frühjahr 1794 wiederholt versuchte, auf dem Verhandlungswege Friedrich Wilhelm II. doch noch umzustimmen[162]. Allein die Anfang 1794 erfolgte Einstellung der im November des Vorjahres erneut begonnenen Musterung und Enrollierung reichsritterschaftlicher Untertanen durch die Behörden der fränkischen Markgrafentümer konnte als Erfolg der Wiener Diplomatie gelten[163]. Die verlangte Wiederherstellung des Status quo ante in Franken und die Unterlassung aller weiteren Übergriffe auf das Corpus equestre war jedoch nicht zu erreichen. Auch ein in reichsritterschaftlichen Kreisen kolportiertes Ultimatum der Reichshofkanzlei blieb wirkungslos, das Berlin nochmals nachdrücklich mit reichsgerichtlichen Maßnahmen gedroht haben soll[164].

161 Abschrift des Schreibens des Ortsvorstandes Gebürg an den Ortsvorstand Mittelrhein, Bamberg, 22. Februar 1794, StA Marburg, 109, Nr. 311, Bd. 3, Dok. 171. Abschrift des Subsidienvertrags zwischen Wien und dem fränkischen Ritterkreis, Frankfurt/M. – Bamberg – Bonfeld, 7.–10. Oktober 1793, StA Marburg, 109, Nr. 520 (Zitat ebd.). Nachschreiben von Koser, Heilbronn, 16. Januar 1794, StA Ludwigsburg, B 575 II, Bü 58. Weisung des Reichshofvizekanzlers Fürst von Colloredo-Mansfeld an den Gesandten Graf von Lehrbach, Wien, 4. August 1793, HHStA Wien, RK, Weisungen nach München, Fasz.-Nr. 11. Weisung des Reichshofvizekanzlers Fürst von Colloredo-Mansfeld an den Gesandten Graf von Lehrbach, Wien, 7. September 1793, ebd. Weisung des Reichshofvizekanzlers Fürst von Colloredo-Mansfeld an den Gesandten Graf von Lehrbach, Wien, 19. November 1793, ebd. 39. Bericht des Grafen von Lehrbach an den Reichshofvizekanzler Fürst von Colloredo-Mansfeld, Edenkoben, 4. September 1793, HHStA Wien, RK, Berichte aus Berlin, Fasz.-Nr. 17a, fol. 28 – 33, hier: fol. 30 f. 58. Bericht des Grafen von Lehrbach an den Reichshofvizekanzler Fürst von Colloredo-Mansfeld, Edenkoben, 19. September 1793, ebd., fol. 124.

162 StA Marburg, 109, Nr. 311, Bd. 2, Dok. 129 – 130, Dok. 137 – 138 u. Dok. 140. StA Marburg, 109, Nr. 311, Bd. 3, Dok. 144, Dok. 148 – 150 u. Dok. 174 – 176. Schreiben des Marquis de Lucchesini an die Kabinettsminster, Winghofen, 31. August 1793, GStA PK Berlin, I. HA, Rep. 44 B, Nr. 1a. Zusammenfassung der Konferenz des Kabinettsministeriums vom 5. September 1793, ebd. Franz. Reskript von Alvensleben und Haugwitz an den Marquis de Lucchesini bei der königlichen Rheinarmee, Berlin, 10. September 1793, ebd.

163 StA Marburg, 109, Nr. 311, Bd. 2, Dok. 135 – 138. StA Marburg, 109, Nr. 311, Bd. 3, Dok. 142 – 143, Dok. 167, Dok. 169, Dok. 171 u. Dok. 224.

164 StA Marburg, 109, Nr. 311, Bd. 2, Dok. 129 – 130, Dok. 133, Dok. 135 u. Dok. 138. Vgl. hierzu auch die Nachricht über den Stand der Verhandlungen Wiens mit Berlin in der Frage der Reichsritterschaft in der Abschrift des Berichts des Reichshofrats- und fränkischen Direkto-

In der Realität blieb der kaiserliche Reichshofrat nämlich weitgehend untätig: Eine Ausnahme bildete der Fall des aus einer reichsritterschaftlicher Familie stammenden Generals Freiherr von Reitzenstein: Noch im Oktober 1793 hatte dieser mit seiner Klage gegen die Musterung und Enrollierung seiner Untertanen durch die Bayreuther Behörden wegen mangelhafter Beweisführung Schiffbruch erlitten. Nun erreichte er in derselben Angelegenheit im Februar 1794 ein Mandatum sine clausula des Reichshofrats für die immediaten, jedoch nicht zur Rittertruhe steuernden, ehemals von Sparneckischen Reichslehen[165].

Wenn die Drohungen Wiens mit dem Reichshofrat vorerst leere Worte blieben, dann dürfte der Grund hierfür vor allem in einem erneuten Umschlag des Kriegsglücks zu suchen sein[166]: Nach den Anfangserfolgen der Koalitionstruppen im Frühjahr und Sommer 1793 hatten die französischen Revolutionsarmeen wieder die Oberhand gewonnen, waren erneut bis an den Rhein vorgedrungen und eroberten schließlich die österreichischen Niederlande[167]. Der Ortsvorstand von Rhön-Werrra kommentierte die politischen Folgen der französischen Siege für die von Hardenberg bedrängten Reichsritter mit den treffenden Worten, dass »der kai[serlich]e Hof den Preußischen gar zu nothwendig braucht, u[nd] folg[lich] leztern vermuthlich nicht sehr in die Eisen gehen wird«[168].

Unter diesen Umständen konnte es der fränkischen Reichsritterschaft nur

rialagenten der Reichsritterschaft, Herr von Alt, an den Ortsvorstand Gebürg, Wien, 28. Dezember 1793, StA Marburg, 109, Nr. 311, Bd. 3, Dok. 149. Siehe ebenfalls: Promemoria des Kraichgauer Konsulenten Johann Dietrich Lang, Ulm, 22. Oktober 1794, ebd., Dok. 234.

165 Reichshofrats-Protokollauszüge, 21. und 22. Oktober 1793, StA Marburg, 109, Nr. 311, Bd. 2, Dok. 92. Schreiben des Ortsvorstandes Gebürg an den Ortsvorstand Rhön-Werra, Bamberg, 18. März 1794, StA Marburg, 109, Nr. 311, Bd. 3, Dok. 174. Abschrift des Berichts des Reichshofrats- und fränkischen Direktorialagenten der Reichsritterschaft, Herr von Alt, an den Ortsvorstand Gebürg, Wien, 1. März 1794, ebd., Dok. 175. Abschrift des Reichshofrats-Conclusum, 20./21. Februar 1794, ebd., zu Dok. 175. »Actenmässige kurze Darstellung derjenigen reichsgesezwidrigen Gewaltthätigkeiten, welche die unmittelbare Reichsritterschaft in Franken seit der Abtretung der beiden fränkischen Fürstenthümer Bayreuth und Ansbach an S.[ein]e königl.[liche] Majestät von Preussen hat erfahren müssen«, [ca. Februar 1796], StA Marburg, 109, Nr. 311, Bd. 5, zu Dok. 333. – Zur reichsritterschaftlichen Abstammung des Generals Freiherr von Reitzenstein siehe *Godsey Jr.*, Nobles, S. 262.

166 Gestrichene Passagen im Entwurf des Schreibens des Ortsvorstandes Rhön-Werra an den Ortsvorstand Gebürg, o.O., 29. Oktober 1793, StA Marburg, 109, Nr. 311, Bd. 2, Dok. 134. Vgl. auch: Schreiben des Ortsvorstandes Rhön-Werra an den Ortsvorstand Gebürg, Schweinfurt, 18. Dezember 1793, ebd., Dok. 139, Schreiben des Ortsvorstandes Donau an den Ortsvorstand Rhön-Werra, Ehingen, 3. September 1794, StA Marburg, 109, Nr. 311, Bd. 3, Dok. 191, Nachschreiben des Ortsvorstandes Odenwald an den Ortsvorstand Rhön-Werra, o.O., 3. Oktober 1794, ebd., Dok. 204 und Schreiben des Ortsvorstandes Steigerwald an den Ortsvorstand Rhön-Werra, Erlangen, 31. Oktober 1794, ebd., Dok. 223.

167 *Sybel*, Geschichte II, S. 203. *Sheehan*, Ausklang, S. 203. *Biro*, German, Policy I, S. 130 ff., 145, 176 ff., 236 ff.

168 Gestrichene Passagen im Entwurf des Schreibens des Ortsvorstandes Rhön-Werra an den Ortsvorstand Gebürg, o.O., 29. Oktober 1793, StA Marburg, 109, Nr. 311, Bd. 2, Dok. 134.

willkommen sein, dass sich im Frühjahr und Sommer 1794 der schwäbische und rheinische Ritterkreis mit den durch Preußen unter Druck gesetzten Rittergenossen solidarisierten und die Übergriffe Ansbach-Bayreuths zu einer gemeinsamen Angelegenheit der gesamten ritterschaftlichen Kooperation machten[169]. Eine erste Bewährungsprobe für die Zusammenarbeit der drei Ritterkreise gegen die preußische Arrondierungspolitik ließ nicht lange auf sich warten: Im Herbst 1794 begannen die Verhandlungen zwischen den kaiserlichen Bevollmächtigten und dem Corpus equestre über ein weiteres Charitativsubsidium. Tatsächlich ergriffen alle drei Ritterkreise die Gelegenheit, der Hofburg die zunehmende Bedrängnis der fränkischen Reichsritterschaft durch verschiedene Denkschriften und Hilfsgesuche vor Augen zu führen und um Abhilfe zu bitten[170]. Die hierauf im Oktober 1794 mit dem schwäbischen und fränkischen Ritterkreis sowie im Juli 1795 mit dem rheinischen Ritterkreis bzw. dem Kanton Mittelrhein und der Reichsburg Friedberg abgeschlossenen Subsidienverträge legten dem Kaiser abermals eine

169 StA Marburg, 109, Nr. 311, Bd. 3, Dok. 180, Dok. 184–186 u. Dok. 190–191. Schreiben des Ortsvorstandes Neckar-Schwarzwald an den Ortsvorstand Donau, Tübingen, 24. April 1794, HStA Stuttgart, B 579, Bü 24. Schreiben des Ortsvorstandes Neckar-Schwarzwald an den Ortsvorstand Donau, Tübingen, 23. Juni 1794, ebd. – Im schwäbischen Ritterkreis wurden die preußischen Übergriffe auf einem Fünf-Ortstag in Ulm im April 1794 zwar durch das bei Mittelrhein stehende Generaldirektorium bekannt gemacht, kamen aber nicht mehr zur Beratung (Schreiben des Ortsvorstandes Neckar-Schwarzwald an den Ortsvorstand Donau, Tübingen, 24. April 1794, ebd. Schreiben des Ortsvorstandes Neckar-Schwarzwald an den Ortsvorstand Donau, Tübingen, 23. Juni 1794, ebd. Rezess des schwäbischen Fünf-Ortstags zu Beratungspunkt drei, Ulm, 5. April 1794, HStA Stuttgart, B 572 Au, Bü 822 III).

170 StA Marburg, 109, Nr. 311, Bd. 3, Dok. 191–193, Dok. 204, Dok. 206–212, Dok. 217–218, Dok. 225 u. Dok. 234. Beilage 4: Abschrift des Promemorias der Unterhändler des fränkischen Ritterkreises an den Reichsgrafen von Schlick, Mainz, 19. November 1794, ebd. Bericht des oberrheinischen Ritterrats Freiherr von Gagern über die Subsidienverhandlungen, Weilburg, 10. Oktober 1794, StA Darmstadt, F2, Nr. 8/1. Abschrift des Protokolls über die Verhandlungen der Vertreter des rheinischen Ritterkreises mit dem Grafen von Westphalen, Bonn – Koblenz, 2.–5. Oktober 1794, ebd. Beilage 6: Abschrift des Promemorias der Vertreter des rheinischen Ritterkreises an den Grafen von Westphalen, Koblenz, 4. Oktober 1794, ebd. Auszug aus den Abstimmungen der Kantone Gebürg, Steigerwald, Baunach, Odenwald und Altmühl über ein neues Charitativsubsidium, [1794], StA Marburg, 109, Nr. 471. Abschrift des Promemorias an den Reichsgrafen von Lehrbach von der Gesandtschaft des schwäbischen Ritterkreises für die Charitativsubsidienverhandlungen, Ulm, 21. Oktober 1794, StA Ludwigsburg, B 575 III, Bü 903. Abschrift des Schreibens des Ortsvorstandes Mittelrhein an den Ortsvorstand Donau, Burg Friedberg, 15. Oktober 1794, ebd. Abschrift der Instruktion für die reichsritterschaftliche Gesandtschaft des schwäbischen Ritterkreises für die Charitativverhandlungen, Ehingen, 14. Oktober 1794, ebd. Abschrift des Tagebuchs der reichsritterschaftlichen Gesandtschaft des schwäbischen Ritterkreises für die Charitativverhandlungen, Ulm, 17. bis 27. Oktober 1794, ebd. Abschrift des Schreibens der Ortsvorstände der fränkischen Kantone an den Kaiser, Schweinfurt, 1. Oktober 1794, ebd. Schreiben des Ortsvorstandes Donau an den Ortsvorstand Kocher, Ehingen, 3. September 1794, StA Ludwigsburg, B 575 IV, Bü 352. Votum des Ortsvorstandes Neckar-Schwarzwald zum 4. Beratungspunkt [der schwäbischen Kantone], o.O., [ca. Herbst 1794], HStA Stuttgart, B 579, Bü 24.

erneute Vermittlung in den ritterschaftlichen Beschwerden gegen Ansbach-Bayreuth ans Herz[171].

Die in der Esslinger Ritterkanzlei gehegte Hoffnung, auf dem Wege der Verhandlungen über die Charitativsubsidien eine Abstellung der preußischen Eingriffe in die Gerechtsame der fränkischen Reichsritterschaft zu erreichen, erfüllte sich jedoch nicht[172]. Stattdessen kam es seit dem Spätsommer 1795 zu einer erneuten Eskalation in Franken, als die Bayreuther Behörden mit allen Mitteln versuchten, die Landesherrlichkeit und Reichsunmittelbarkeit zahlreicher benachbarter Rittergenossen zu unterminieren[173].

Da auch Gebiete verschiedener fränkischer Kreisstände und insbesondere des Hochstifts Bamberg von den erneuten Übergriffen der preußischen Beamten in Mitleidenschaft gezogen wurden, lag es nahe, die politische Allianz des fränkischen Ritterkreises mit der Mehrheit der Nürnberger Kreisversammlung gegen die gemeinsame Bedrohung wiederzubeleben[174]. Nach den Ereignissen des Jahres 1792/93 war es nämlich um das Zweckbündnis zwischen den Reichsrittern und Kreisständen Frankens still geworden[175]. Dies änderte sich erst im Mai 1795 tiefgreifend, als der Steigerwalder Ritterhauptmann Friedrich Karl Freiherr von Seckendorff dem neu gewählten Fürstbischof in Würzburg seine Aufwartung machte, der hierauf seine Unterstützung für die Wiederherstellung des Status quo ante zugunsten des

171 Abschrift des Subsidienvertrags zwischen Wien und dem schwäbischen Ritterkreis, Ulm, 25. Oktober 1794, StA Marburg, 109, Nr. 520. Abschrift des Subsidienvertrags zwischen Wien und dem rheinischen Ritterkreis, Liebenburg bei Hildesheim, 26. Juli 1795, ebd.

172 Protokoll der Kocherschen Ritterkanzlei mit Voten, Esslingen, 20. Februar 1795, StA Ludwigsburg, B 575 III, Bü 903.

173 Siehe Kapitel VI.1.

174 StA Marburg, 109, Nr. 311, Bd. 4, Dok. 292 – 293, zu Dok. 295, Dok. 300 sowie Beilagen 4 – 6, 10 u. 22 zu Dok. 322. Schreiben des Ortsvorstandes Rhön-Werra an den Reichshofvizekanzler Fürst von Colloredo-Mansfeld, Schweinfurt, 4. Februar 1796, StA Marburg, 109, Nr. 311, Bd. 5, Dok. 333.

175 Nur Anfang Januar 1794 war eine Note der Fränkischen Kreisversammlung an die königliche Kreisgesandtschaft in Nürnberg zur Diktatur gekommen, in der Klage über die preußischen Übergriffe auf reichsritterschaftliche Besitzungen und Centrechte, die vom Hochstift Würzburg zu Lehen gingen, geführt wurde. Zudem trat im Spätjahr 1794 das reichsritterschaftlich-kreisständische Bündnis noch einmal hervor, als einige Kreisgesandte den Zweiten preußischen Kreisdirektorialgesandten in Nürnberg beschieden: »Die Stände hätten sich vereinigt, mit Beyziehung der vorliegenden Creise und besonders der ReichsRitterschaft alles erdenkliche anzustrengen, [um] dem Könige den Besiz der Fränk. Fürstentümer so zu erschweren und wiederwärtig zu machen, daß man […] entweder solche wieder von der Monarchie getrennt einem eignen Regenten übergeben – oder sie zu vertauschen getrieben werden moechte«. Mehr als eine große Überraschung und erhebliche Nervosität hatte diese Drohung bei Hardenberg jedoch nicht bewirkt (GStA PK Berlin, II. HA, Abt. 36, I, Nr. 5, fol. 123 – 126: fortl. Bericht des preußischen Kreistagsgesandten Schmid zu Nürnberg, Ansbach, 28. November 1794, GStA PK Berlin, II. HA, Abt. 36, I, Nr. 5, fol. 123 (Zitat ebd.). Note der Fränkischen Kreisversammlung an die preußische Kreisgesandtschaft, [Nürnberg], 28. Dezember 1793, Dikt. Nürnberg, 3. Januar 1794, StA Bamberg, Fränkischer Kreis, Kreisdirektorialgesandtschaft, Nr. 332. Vgl. auch *Kretschmann*, Dienstjahre (1808), S. 14).

Corpus equestre zusicherte. Im Winter 1795/96 – angesichts der immer bedrohlicheren »Preußisch Brandenburg(ischen) Bedrückungen« und nach Monaten gewohnt schwerfälliger interkantonaler Beratungen – verständigten sich die fränkischen Kantone auch mit dem Hochstift Bamberg definitiv auf eine Kooperation gegen die gemeinsame Bedrohung: Zu diesem Zweck tauschten sich beide Seiten über geeignete Maßnahmen gegen die Mediatisierungspolitik Berlins aus[176]. Die abermalige Annäherung von Hardenbergs reichsständischen und -ritterschaftlichen Gegnern in Franken wurde im Januar 1796 auch in der Nürnberger Kreisversammlung unübersehbar[177]. Die erneuerte Allianz zwischen dem fränkischen Ritterkreis einerseits und den Hochstiftern Bamberg und Würzburg andererseits dürfte den Reichsrittern neue Zuversicht eingeflößt haben. Die Massivität der preußischen Übergriffe seit dem Spätsommer 1795 ließ nämlich immer mehr Rittergenossen an der Möglichkeit, ihre Reichsunmittelbarkeit aufrechtzuerhalten, zweifeln. Damit stieg gleichzeitig die Gefahr, dass sich einzelne Mitglieder der Kooperation »aus Angst am Ende alles zu verlieren«, der preußischen Landeshoheit un-

176 StA Marburg, 109, Nr. 311, Bd. 3, Dok. 250–253 u. Dok. 255–259. Schreiben des Ortsvorstandes Steigerwald an den Ortsvorstand Rhön-Werra, Erlangen, 30. September 1795, ebd., Dok. 259 (Zitat ebd.). StA Marburg, 109, Nr. 311, Bd. 4, Dok. 290, Dok. 292–293, Dok. 295–297, Dok. 300, Dok. 306–307, Dok. 310–311, Dok. 313 u. Dok. 318–319. StA Marburg, 109, Nr. 311, Bd. 5, Dok. 348–350 u. Dok. 385. – Zwar hatten bereits Anfang März 1794 und erneut im Januar 1795 Konferenzen der Ritterhauptleute Frankens in Schweinfurt beschlossen, mit den fränkischen Kreisständen gegen die gemeinsame Bedrohung zusammenzuarbeiten und zu diesem Zweck mit verschiedenen weltlichen und geistlichen Reichsfürsten in Verhandlungen zu treten. Aber die schwere Erkrankung und der Tod des Fürstbischofs von Würzburg und Bamberg, dem als bewährtem Verbündeten des Corpus equestre und fränkischem Kreisdirektor hierbei eine Schlüsselrolle zufallen musste, verhinderten eine konsequente Umsetzung des reichsritterschaftlichen Vorhabens. Letzteres hatte die Wiener Reichshofkanzlei im Jahresverlauf 1794 nicht nur im Grundsatz genehmigt, sondern auch als Teil seiner »Rettungs-Plane« für die fränkische Reichsritterschaft forciert (StA Marburg, 109, Nr. 311, Bd. 3, Dok. 204, Dok. 222–224, Dok. 242, Dok. 245 u. Dok. 251. Schreiben des Ortsvorstandes Steigerwald an den Ortsvorstand Rhön-Werra, Erlangen, 10. Januar 1795, ebd., Dok. 245 (Zitat ebd.). Abschrift des Freiherrlich von Seckendorffischen Amtsprotokolls, Weingartsgereuth, 25. November 1795, StA Marburg, 109, Nr. 311, Bd. 5, Beilage 10 zu Dok. 337. Speziell zur eingeschränkten Regierungsfähigkeit des Fürstbischofs Franz Ludwig von Erthal und seinem Tod am 14. Februar 1795 aufgrund eines Unterleibgeschwürs siehe: *Keil, morbus feralis*, S. 325, 330 ff. u. 12. Bericht des pfalz-bayerischen Gesandten am Fränkischen Kreistag, Freiherr von Gravenreuth, an Kurfürst Karl Theodor, Nürnberg, 17. Februar 1795, BayHStA, K. schw., Nr. 14477, fol. 218).

177 Damals wurde im Nürnberger Kreiskonvent ein Gesuch des Kantons Altmühl bekannt gemacht, in dem anlässlich der preußischen Verletzung des Freiherrlich von Seckendorffischen Gebiets zu Obernzenn der Reichskreis zur Verteidigung der »allgemeinen Ruhe« aufgerufen wurde (Bericht des preußischen Kreistagsgesandten Reichsgraf von Soden zu Nürnberg, Nürnberg, 31. Januar 1796, GStA PK Berlin, II. HA, Abt. 36, I, Nr. 6, fol. 1 (Zitat ebd.). Schreiben des Ortsvorstandes Altmühl an die Nürnberger Kreisversammlung, o.O., 15. Dezember 1795, StA Bamberg, Fränkischer Kreis, Kreisdirektorialgesandtschaft, Nr. 332).

terwerfen könnten – ein Schritt, mit dem der Freiherr von Forster bei weiterhin ausbleibender Hilfe unverhohlen drohte[178].

Der Schulterschluss mit Bamberg und Würzburg blieb jedoch nicht der einzige Schritt, den der fränkische Ritterkreis angesichts der ausufernden Eingriffe des obergebürgischen Fürstentums in die Gerechtsame seiner Kantone und Mitglieder unternahm: Der Steigerwalder Ritterhauptmann Friedrich Karl Freiherr von Seckendorff entwarf im November 1795 einen ausgefeilten und im März 1796 nochmals überarbeiteten Plan, welche Maßnahmen die fränkische Reichsritterschaft zur Verteidigung ihrer Reichsunmittelbarkeit ergreifen sollte. Unter den teils wieder verworfenen, teils beibehaltenen Vorschlägen Seckendorffs fanden sich u. a. der Gedanke, reichsritterschaftliche Abgesandte nach Wien und Berlin zu entsenden, Klagen vor dem Reichshofrat zeitlich aufeinander abzustimmen und damit politisch umso wirkungsvoller zu machen sowie als allerletzten Ausweg einen Reichstagsrekurs anzustreben[179]. Letzterer stellte einen im ausgehenden 18. Jahrhundert zunehmend beschrittenen, aber verfassungsrechtlich umstrittenen Weg dar: Dabei wurde die Regensburger Reichsversammlung um eine reichsgesetzliche Regelung oder um die Entscheidung eines die Reichsverfassung berührenden Rechtsstreits als eine den obersten Reichsgerichten übergeordnete Appellationsinstanz ersucht. Der Erfolg eines Reichstagsrekurses war jedoch kaum vorauszuberechnen, da diese mehrheitlich nie zur abschließenden Beratung und Beschlussfassung gediehen[180]. Dass ein solcher Schritt dennoch von Seckendorff ins Gespräch gebracht wurde, zeigte, dass dieser bereit war, zum Schutz des Corpus equestre alle Instrumentarien zu nutzen, die die Reichsverfassung den »mindermächtigen« Reichsgliedern zur Verfügung stellte. Dabei stand er nicht allein. Auch die österreichische Hof- und Staatskanzlei sowie der Reichshofvizekanzler konnten sich im Frühjahr 1796 unter rein reichsrechtlichen Gesichtspunkten und als Ultima Ratio einen Rekurs der

178 Abschrift des Schreibens des Altmühler Ritterhauptmanns Ernst Ludwig Sebastian Freiherr von Crailsheim an den Reichsgrafen von Schlick, o.O., 20. Oktober 1795, StA Marburg, 109, Nr. 311, Bd. 3, Dok. 262 (Zitat ebd.). StA Marburg, 109, Nr. 311, Bd. 4, Dok. 291, [zu Dok. 291], Dok. 311 u. Dok. 318. Abschrift des Schreibens des Ortsvorstandes Altmühl an die Ortsvorstände Odenwald, Gebürg, Steigerwald und Baunach, o.O., 21. Januar 1796, StA Marburg, 109, Nr. 311, Bd. 5, zu Dok. 327. Schreiben des Ortsvorstandes Odenwald an den Ortsvorstand Rhön-Werra, Kochendorf, 30. Januar 1796, ebd., Dok. 342.

179 Schreiben des Ortsvorstandes Gebürg an den Ortsvorstand Rhön-Werra, Bamberg, 28. Dezember 1795, StA Marburg, 109, Nr. 311, Bd. 4, Dok. 314. Schreiben des Ortsvorstandes Steigerwald an den Ortsvorstand Rhön-Werra, Erlangen, 16. Dezember 1795, StA Marburg, 109, Nr. 311, Bd. 5, Dok. 323. Schreiben des Steigerwalder Ritterhauptmanns Friedrich Karl Freiherr von Seckendorff an den Ritterhauptmann von Rhön-Werra, Freiherr von und zu der Tann, Weingartsgereuth, 19. März 1796, ebd., zu Dok. 323. Denkschrift des Steigerwalder Ritterhauptmanns Friedrich Karl Freiherr von Seckendorff, Weingartsgereuth, 3. November 1795, ebd., zu Dok. 323. Nachtrag zur Denkschrift des Steigerwalder Ritterhauptmanns Friedrich Karl Freiherr von Seckendorff, Weingartsgereuth, 4. März 1796, ebd., zu Dok. 323.

180 Neue Vertheidigung I, S. 98 f. Komitial-Begebenheiten des Jahrs 1789 (Teutsche Staatskanzley), S. 189 f. *Härter*, Reichstag, S. 48. *Aretin*, Das Alte Reich III, S. 52 f.

Reichsritterschaft zusammen mit dem Fürstbischof von Bamberg und weiteren interessierten Kreisständen »an das gesamte Reich« vorstellen[181]. Dass dieser Weg dann wenig später nicht gegangen wurde, dürfte nicht zuletzt mit der Handlungsunfähigkeit der Reichsversammlung zu jenem Zeitpunkt zu erklären sein, als das Ringen um die reichsritterschaftliche Unmittelbarkeit an den Grenzen Ansbach-Bayreuths seinen Höhepunkt erreichte[182]. Zudem lag eine mit dem Reichstagsrekurs unvermeidbare Brüskierung Berlins durch Wien zum Wohle einiger »mindermächtiger« Reichsglieder nicht im Interesse der österreichischen Hausmachtpolitik[183]. Aber auch die reichs- und verfassungspolitischen Umwälzungen der Folgejahre machten eine Revision des von Berlin geschaffenen Status quo über Regensburg zunehmend unmöglich[184]. Vor allem aber musste angesichts des unterschiedlichen Ausgangs der Reichstagsrekurse von 1702/04 und 1749/53 in den Streitigkeiten mit der Reichsritterschaft deutlich geworden sein, dass eine Einschaltung der Reichsversammlung ein zweischneidiges Schwert war, das mehr schaden als nützen konnte[185].

Jenseits solcher theoretischer Gedankenspiele wie dem eines Reichstagsrekurses hielten einzelne Ortsvorstände und Rittergenossen wiederholt mit der Reichshofkanzlei, dem Reichshofrat Freiherrn von Seckendorff sowie dem kaiserlichen Kreisgesandten in Nürnberg Rücksprache, um das weitere Vorgehen abzustimmen und – wie es ein Ritterhauptmann pathetisch formulierte – »den mächtigen Schuz Ihres allerhöchsten Oberhaupts [...] noch am Rande ihres Grabes zu reclamiren«[186].

Der aufgrund seiner Lage besonders bedrängte Kanton Altmühl ging noch einen entscheidenden Schritt weiter und erhob im Herbst 1795 gleich zweimal Klage vor dem Reichshofrat. Den Anlass bildete die Verhaftung eines Freiherrlich von Leonrodtschen und eines Freiherrlich von Falkenhausischen Amtmanns sowie die zeitweise Arrestierung eines für das kaiserliche Heer

181 Vortrag des Leiters der Staatskanzlei Freiherr von Thugut für den Kaiser, Wien, 1. April 1796, HHStA Wien, SK, Vorträge, Nr. 156. – Bis zum Winter 1796 hatte sich bereits die Meinung in Wien zuungunsten eines Reichstagsrekurses gewandelt (Abschrift der Weisung des Reichshofvizekanzlers Fürst von Colloredo-Mansfeld an den kaiserlichen Gesandten Reichsgraf von Schlick, Wien, 25. November 1796, HHStA Wien, MEA, Militaria, Nr. 127).

182 Siehe Kapitel VII.1 bis VII.2.

183 Vortrag des Leiters der Staatskanzlei Freiherr von Thugut für den Kaiser, Wien, 1. April 1796, HHStA Wien, SK, Vorträge, Nr. 156.

184 Siehe Kapitel IX.1.

185 Siehe Kapitel III.1.

186 Vortrag des Leiters der Staatskanzlei Freiherr von Thugut für den Kaiser, Wien, 1. April 1796, HHStA Wien, SK, Vorträge, Nr. 156. StA Marburg, 109, Nr. 311, Bd. 3, Dok. 262 u. Dok. 268–269. Abschrift des Schreibens des Altmühler Ritterhauptmanns Ernst Ludwig Sebastian Freiherr von Crailsheim an den Reichsgrafen von Schlick, o.O., 20. Oktober 1795, ebd., Dok. 262 (Zitat ebd.). StA Marburg, 109, Nr. 311, Bd. 4, Dok. 293 u. Dok. 320. StA Marburg, 109, Nr. 311, Bd. 5, zu Dok. 323, Dok. 327, zu Dok. 327, Dok. 331, Dok. 333 u. Dok. 345–346.

angeworbenen reichsritterschaftlichen Rekruten[187]. Mit Altmühl klagte erstmals ein ganzer Kanton gegen die preußische Mediatisierungspolitik, wodurch der Konflikt zwischen Berlin und dem fränkischen Ritterkreis eine neue Dimension bekam. Obwohl die Reichshofkanzlei derartigen Klagen von Seiten der reichsritterschaftlichen Korporation zum gegenwärtigen Zeitpunkt aus taktischen Gründen missbilligte[188], handelte der Reichshofrat schnell und entschlossen: Am 30. Oktober und 26. November 1795 ergingen Mandata sine clausula gegen die verantwortlichen Bayreuther Amtsstellen[189]. Im Dezember 1795 erkannte der Reichshofrat zudem in dem noch immer schwelenden Rechtsstreit über die Musterung und Enrollierung der Freiherrlich von Reitzensteinischen Untertanen auf den ehemals von Sparneckischen Reichslehen auf die Exekution gegen den preußischen König als Markgrafen von Bayreuth. Mit ihrer Umsetzung wurden Bamberg und Sachsen-Gotha beauftragt, wenn Berlin sich nicht binnen zweier Monaten den Verfügungen des obersten Reichsgerichts unterwerfe[190]. Am 11. Januar 1796 gab das Reichskammergericht zu Wetzlar dem Mandatsgesuch statt, das die bei Steigerwald immatri-

187 Abschrift des Schreibens des Altmühler Ritterhauptmanns Ernst Ludwig Sebastian Freiherr von Crailsheim an den Reichsgrafen von Schlick, o.O., 20. Oktober 1795, StA Marburg, 109, Nr. 311, Bd. 3, Dok. 262. StA Marburg, 109, Nr. 311, Bd. 5, zu Dok. 333 u. zu Dok. 340. Supplik des Kantons Altmühl an den Reichshofrat, o.O., [ca. Oktober 1795], StA Ludwigsburg, B 575 IV, Bü 352. Relation des Reichshofrats mit Votum und Conclusum zum Fall »Reichsritterschaft in Franken Orts an der Altmühl contra die Regierung zu Bayreuth u. das Amt Dietenhofen – mandati, die gewaltsame Hinwegnahme eines zum kaiserlichen und Reichsdienste angeworbenen Recruten u. gefängliche Hinwegführung eines reichsritterschaftlichen Beamten betr.«, HHStA Wien, RHR, Relationes, Nr. 147. Relation des Reichshofrats mit Votum und Conclusa zum Fall »Reichsritterschaft in Franken Orts an der Altmühl contra die Regierung zu Bayreuth – mandati, die zu Trautskirchen unternommene Vergewaltigung u. gefängliche Wegführung des v. Falkenhausischen Beamten betr.«, ebd.

188 Wien fürchtete u. a., dass sich Berlin zu noch härteren Maßnahmen veranlasst sehen würde sowie dazu, andere Reichsstände für seine Mediatisierungspolitik zu mobilisieren, wenn die Reichsritter von Korporations wegen Klagen anstrengen sollten (Schreiben des Ortsvorstandes Rhön-Werra an die Ortsvorstände Steigerwald, Altmühl und Baunach, Schweinfurt, 25. November 1795, StA Marburg, 109, Nr. 311, Bd. 4, Dok. 293).

189 »Actenmässige kurze Darstellung derjenigen reichsgesezwidrigen Gewaltthätigkeiten, welche die unmittelbare Reichsritterschaft in Franken seit der Abtretung der beiden fränkischen Fürstenthümer Bayreuth und Ansbach an S.[ein]e könig.[liche] Majestät von Preussen hat erfahren müssen«, [ca. Februar 1796], StA Marburg, 109, Nr. 311, Bd. 5, zu Dok. 333. Schreiben des Ortsvorstandes Rhön-Werra an Hardenberg, Schweinfurt, 15. Februar 1796, ebd., zu Dok. 340. Relation des Reichshofrats mit Votum und Conclusum zum Fall »Reichsritterschaft in Franken Orts an der Altmühl contra die Regierung zu Bayreuth u. das Amt Dietenhofen – mandati, die gewaltsame Hinwegnahme eines zum kaiserlichen und Reichsdienste angeworbenen Recruten u. gefängliche Hinwegführung eines reichsritterschaftlichen Beamten betr.«, HHStA Wien, RHR, Relationes, Nr. 147. Relation des Reichshofrats mit Votum und Conclusa zum Fall »Reichsritterschaft in Franken Orts an der Altmühl contra die Regierung zu Bayreuth – mandati, die zu Trautskirchen unternommene Vergewaltigung u. gefängliche Wegführung des v. Falkenhausischen Beamten betr.«, ebd.

190 Das einschlägige Conclusum des Reichshofrats vom 11. Dezember 1795 ist abgedruckt in: Etwas über die Reitzensteinischen Reichsafterlehen im Fürstenthum Bayreuth, S. 99.

kulierten Freiherrn von Frankenstein zu Ullstadt wegen verschiedener Eingriffe Bayreuths in ihre landesherrlichen Rechte angestrebt hatten[191].

Dass derartige reichsgerichtliche Verfügungen leichter zu erhalten als durchzusetzen waren, musste nicht nur der Freiherr von Reitzenstein erfahren: Die faktische Unmöglichkeit, den vom Reichshofrat erkannten Exekutionsauftrag gewaltsam gegen den Willen Berlins durchzuführen, das zum Einlenken nicht bereit war, sowie die Eskalation der Lage in Franken seit dem Sommer 1796 ließen den reichsgerichtlichen Triumph des Reichsritters schnell zur Makulatur werden[192]. Keine besseren Erfahrungen musste der Kanton an der Altmühl machen: Als im November 1795 ein kaiserlicher Notar aus Wilhermsdorf im reichsritterschaftlichen Auftrag das am 30. Oktober ergangene Mandat des Reichshofrats bei der Bayreuther Regierung überreichen wollte, wurde er weder bei Völderndorff noch bei Schuckmann vorgelassen. Stattdessen fertigte ihn ein königlicher Expeditionsrat mit den Worten ab, »wie man hier (in Bayreuth) von Kaiserlichen Mandatis nichts wisse, auch dergleichen nicht annehme«, der Notar habe sich vielmehr »augenblicklich fortzupacken« und »solle es ja nicht auf Gewalt ankommen lassen«[193]. Der Reichshofrat, der solche »zu Schulden gebrachten Excesse [...] unmög(lich) ungeahndet lassen« wollte, erließ in dieser sowie der ihr zugrunde liegenden Streitsache gegen die Bayreuther Regierung zwischen März 1796 und Oktober 1797 nicht weniger als sechs weitere reichsgerichtliche Verfügungen, die bis zur Bestellung der Reichsexekution reichten, ohne preußischerseits die gewünschte Unterwerfung unter seine Sprüche, die sog. Parition, zu erreichen[194].

191 Schreiben des Ortsvorstandes Steigerwald an den Ortsvorstand Rhön-Werra, Erlangen, 30. Januar 1796, StA Marburg, 109, Nr. 311, Bd. 5, Dok. 336. Abschrift des Mandatum des Reichskammergerichts im Rechtsstreit der Freiherrn von Frankenstein zu Ullstadt mit Bayreuth, Wien, 11. Januar 1796, ebd.

192 Etwas über die Reitzensteinischen Reichsafterlehen, S. 35. – Speziell zur Unmöglichkeit einer Exekution gegen Berlin und der Eskalation der politischen Situation ab Sommer 1796 siehe Kapitel VII.1 bis VII.2.

193 Relation des Reichshofrats mit Votum und Conclusum zum Fall »Reichsritterschaft in Franken Orts an der Altmühl contra die Regierung zu Bayreuth u. das Amt Dietenhofen – mandati, die gewaltsame Hinwegnahme eines zum kaiserlichen und Reichsdienste angeworbenen Recruten u. gefängliche Hinwegführung eines reichsritterschaftlichen Beamten betr.«, HHStA Wien, RHR, Relationes, Nr. 147. Notariatsinstrument vom November 1795 über die vorgehabte Insinuation des kaiserlichen Mandats, in: Actenmäsige Geschichts-Erzählung von der ohnmittelbaren Reichs-Ritterschaft, Beilagen, Nr. 7, S. 21 – 33, hier: S. 21 ff. (Zitate ebd., S. 30 f.). – Die kaisertreue »Deutsche Staats- und Ministerial-Zeitung« (Nr. 66, 16. August 1796, Sp. 1050 Anm. *) verurteilte die Behandlung des Notars als »Theaterfarce«.

194 Relation des Reichshofrats mit Votum und Conclusum zum Fall »Reichsritterschaft in Franken Orts an der Altmühl contra die Regierung zu Bayreuth u. das Amt Dietenhofen – mandati, die gewaltsame Hinwegnahme eines zum kaiserlichen und Reichsdienste angeworbenen Recruten u. gefängliche Hinwegführung eines reichsritterschaftlichen Beamten betr.«, HHStA Wien, RHR, Relationes, Nr. 147. Votum in der Relation des Reichshofrats zum Fall »Reichsritterschaft in Franken Orts an der Altmühl contra die Regierung zu Bayreuth u. das Amt Dietenhofen – mandati, die gewaltsame Hinwegnahme eines zum kaiserlichen und Reichsdienste angeworbenen Recruten u. gefängliche Hinwegführung eines reichsritterschaftlichen Beamten betr.«,

Nicht viel weniger Conclusa musste das oberste Reichsgericht in Wien bis zum Juli 1797 in der zweiten von Altmühl angestrengten Klage gegen die Bayreuther Regierung fällen[195].

Neben den reichsgerichtlichen Verfahren räumte das Ius publicum den Reichsrittern einen zweiten Weg ein, um sich im wirklichen Besitz (possessorium) ihrer Rechte und Freiheiten zu erhalten: Die legitime Selbstverteidigung, die sog. vis realis contradictionis. Als äußerste Form dieser Realkontradiktion kann der gewaltsame Widerstand gegen feindliche Übergriffe angesehen werden, der jedoch angesichts der militärischen Übermacht Berlins und der blutigen Zusammenstöße anlässlich des Patentanschlags vom Jahresbeginn 1792 für jeden Reichsritter ein unkalkulierbares, extremes Risiko darstellte[196]. Entsprechend selten stellten sich reichsritterschaftliche Herrschaften durch ein Aufgebot ihrer Untertanen den königlichen Beamten und ihrer Exekutionskommandos in den Weg. Der spektakulärste Fall war das Aufgebot mehrerer hundert Untertanen der Freiherrn von Geuder im Januar 1794 gegen ein starkes preußisches Militärkommando, um die drohende Musterung und Enrollierung der reichsritterschaftlichen Hintersassen für die Armee Friedrich Wilhelms II. zu verhindern. Es wurde bereits ausgeführt, dass damals nur durch ein Zurückweichen Hardenbergs ein Blutbad verhindert werden konnte[197]. Die Freiherrn von Geuder hatten hoch gespielt und gewonnen. Ein ähnliches Schauspiel wie in Heroldsberg wiederholte sich – wenn auch in kleinerem Rahmen – keine zwei Jahre später im Zenngrund. In den Morgenstunden des 7. Dezembers 1795 rückte ein preußisches Militärkommando ins Freiherrlich von Seckendorffische Sundheim, Weimersheim sowie Obern- und Unternzenn ein. Ziel des nächtlichen Überfalls war es, etliche reichsritterschaftliche Untertanen vor das königliche Oberamt Hoheneck zu führen, nachdem diese die bisherigen Vorladungen der Bayreuther Behörde

ebd. (Zitat ebd.). – Noch Mitte November 1795 hatten Berlin und Hardenberg die Bayreuther Kriegs- und Domänenkammer wegen der Übergriffe auf die Reichsritterschaft zwar gemaßregelt und sie angewiesen, die preußischen Landeshoheitsansprüche gegenüber den Rittergenossen noch nicht durchzusetzten, sondern allein die königlichen Rechtsansprüche zu verwahren. Aber hinter diesem Befehl stand nach Kretschmanns Erinnerungen vor allem die Befürchtung, dass die damals mit Frankreich in Basel geführten Verhandlungen über einen Separatfrieden zwischen Paris und Berlin durch das große Aufsehen Schaden nehmen könnten, das die Auseinandersetzungen mit der Reichsritterschaft hervorriefen. Daher ließ sich Berlin noch Ende Dezember 1795 durch die Kriegs- und Domänenkammer in Bayreuth umstimmen und erklärte ein entschlossenes Vorgehen »ohne auf reichsgerichtliche Verfügungen im mindesten zu achten« für den einzig geeigneten Weg (*Kretschmann*, Dienstjahre (1808), S. 20 f., S. 145, 147 ff., 150 ff. u. 167 (Zitat ebd.)).

195 Relation des Reichshofrats mit Votum und Conclusa zum Fall »Reichsritterschaft in Franken Orts an der Altmühl contra die Regierung zu Bayreuth – mandati, die zu Trautskirchen unternommene Vergewaltigung u. gefängliche Wegführung des v. Falkenhausischen Beamten betr.«, HHStA Wien, RHR, Relationes, Nr. 147.

196 Siehe Kapitel V.1.

197 Siehe Kapitel VI.1.

ignoriert hatten. Doch die Ortsherrschaft hatte bereits Vorkehrungen getroffen: Mit den Kirchenglocken wurde Sturm geläutet, um die Seckendorffer Untertanen aus dem Schlaf und zu Hilfe zu holen. Ein in Obernzenn bereitstehender kaiserlicher Notar protestierte im Namen der reichsritterschaftlichen Herrschaft und wies die Eindringlinge aus dem Ort. Da das preußische Kommando nicht willens oder ermächtigt war, militärische Gewalt anzuwenden, reichte dieses energische Auftreten der Seckendorffer Hintersassen im Zenngrund nicht nur aus, um die königliche Landmiliz zum Rückzug zu nötigen. Es konnten sogar zwei bereits abgeführte reichsritterschaftliche Untertanen befreit werden, bevor sie über die Obernzenner Fraischgrenze gebracht werden konnten[198]. Die Freiherrn von Seckendorff zu Obern- und Unternzenn sollten sich jedoch nicht lange ihres Erfolges erfreuen können. Denn wenig später wurde in Berlin das Ende ihrer Reichsunmittelbarkeit besiegelt[199].

198 Schreiben des Ortsvorstandes Altmühl an die Nürnberger Kreisversammlung, o.O., 15. Dezember 1795, StA Bamberg, Fränkischer Kreis, Kreisdirektorialgesandtschaft, Nr. 332. Notariatsinstrument, Obernzenn, 7. Dezember 1795, ebd. Siehe zu den Ereignissen in Obern- und Unternzenn auch die folgenden beglaubigten Beilagen eines parteiischen reichsritterschaftlichen Traktats: Freiherrlich von Seckendorffisches Amtsprotokoll, Unternzenn 7. Dezember 1795, in: Actenmäsige Geschichts-Erzählung von der ohnmittelbaren Reichs-Ritterschaft, Beilagen, Nr. 64, S. 149 – 151, hier: S. 149 ff. Freiherrlich von Seckendorffisches Amtsprotokoll, Obernzenn 8. Dezember 1795, in: ebd., Nr. 65, S. 151 – 153, hier: S. 151 f. Freiherrlich von Seckendorffisches Amtsprotokoll, Obernzenn 8. Dezember 1795, in: ebd., Nr. 66, S. 153.

199 Siehe Kapitel VII.1.

VII. Die Durchsetzung der preußischen Landeshoheitsansprüche: 1796 – 1798

»Und fehlet nunmehro nichts mehr, als daß die Unterthanen und Lehensstücke fremder Herrschaften, aus [dem] äusserst wichtigen Grund, weil sie im königlichen Territorio liegen oder doch wenigstens vielleicht anstossen, auch gar zu den königlichen Aemtern genommen werden, um den ganzen Streit auf einmal ein Ende zu machen«. Diese im Dezember 1795 formulierte Befürchtung eines reichsritterschaftlichen Amtmanns[1] sollte sich binnen weniger Monate bewahrheiten, als Hardenberg zum »Generalangriff« auf die Reichsunmittelbarkeit der Ansbach-Bayreuth benachbarten Rittergenossen ansetzte[2]. Wie es dazu kam und wie sich die endgültige Unterwerfung der den fränkischen Markgrafentümern benachbarten immediaten Rittergüter vollzog, soll im Folgenden untersucht werden.

1. Die Berliner Ministerialkonferenzen und die endgültige Unterwerfung der Ansbach-Bayreuth benachbarten Reichsritter

Wann genau bei Hardenberg der Entschluss fiel, die preußischen Arrondierungspläne unter Missachtung der Reichsverfassung mit Gewalt und auf einen Schlag durchzusetzen, ist schwer zu sagen[3]: Schließlich kann manches, was in

1 Abschrift des Schreibens des Freiherrlich von Aufseßischen Amtmanns Knab zu Aufseß an den Ortsvorstand Gebürg, Aufseß, 14. Dezember 1795, StA Marburg, 109, Nr. 311, Bd. 4, Beilage 20 zu Dok. 322.

2 *Riedenauer*, Gesandter, S. 331. Zu den konkreten Ereignissen der Jahre 1796 bis 1798 siehe Kapitel VII.1.

3 Zu den folgenden Ausführungen über die Mediatisierungen durch Preußen seit dem Sommer 1796 siehe auch: *Rechter/Jakob*, Übergang, S. 264, 269; *G. Friedrich*, Nürnberg, S. 64 f.; *Keunecke*, Hardenberg, S. 155; *W. Neugebauer*, Hohenzollern II, S. 92; *Hermann*, Hardenberg, S. 140 ff., 153; *Aretin*, Das Alte Reich III, S. 451; *Weis*, Ansbach, S. 48; *Schuh*, Herrschaftsgemenge, S. 168 ff.; *Press*, Reichsritterschaft (1995), S. 813; *Ders.*, Kaiser und Reichsritterschaft, S. 191; *Endres*, Ritterschaft S. 71 f.; *Brunel-Geuder*, Heroldsberg, S. 13; *T. Schulz*, Mediatisierung (1988), S. 327 f.; *Ders.*, Mediatisierung (1987), S. 158; *Hofmeister-Hunger*, Revindikationen, S. 258; *Haller*, Hardenberg, S. 48 ff., 68 ff.; *Schwemmer*, Territorium, S. 99; *H. H. Hofmann*, Freibauern, S. 196, 294; *Ders.*, Nürnberg-Fürth, S. 195 ff.; *May*, Ritterschaft, S. 65 ff.; *Stockmayer*, Fehde, S. 66; *Waechter*, Jahre, S. 249 f.; *Tschirch*, Geschichte I, S. 205 f.; *Hintze*, Hohenzollern, S. 422 f.; *C. Meyer*, Politik, S. 20 ff.; *Ders.*, Zeiten, S. 466 ff.; *Ders.*, Hardenberg, S. 13 ff.; *Sybel*, Geschichte VII, S. 139 f.; *Ders.*, Hardenberg, S. 575; *B. Rogge*, Buch, S. 200; *J. Meyer*, Erinnerungen, S. 4 f., 238; *Philippson*, Geschichte II, S. 229; *Häusser*, Geschichte II, S. 73; *K. A. Menzel*, Geschichte VI,

der Retrospektive als Vorbereitung eines solchen Schrittes erscheint, auch mit den angesprochenen Vergleichsverhandlungen des Dirigierenden Ministers mit den Ansbach-Bayreuth benachbarten Reichsgliedern zusammenhängen[4]. Klarer treten die Mediatisierungsabsichten der preußischen Seite gegenüber der Reichsritterschaft in einem Reskript hervor, das Berlin nach Kretschmanns Memoiren am 27. Oktober 1793 an Hardenberg erließ: In diesem billigte der König nicht nur die Musterung und Enrollierung reichsritterschaftlicher Untertanen durch Ansbach und Bayreuth, sondern bekräftigte auch die königlichen Landeshoheitsansprüche über die fraglichen Güter des Corpus equestre. Sowohl ältere reichsgerichtliche Erkenntnisse zugunsten der Reichsritterschaft als auch die Bestimmungen des Reichsgutachtens vom 23. Juli 1753 erklärte Berlin als rechtlich unverbindlich für Preußen, das den in

S. 354 ff.; *Ders.*, Zwanzig Jahre, S. 343 ff., 366 f.; *Ders.*, Geschichte XII/2, S. 213 ff., 228 ff.; *Manso*, Geschichte I, S. 372 ff.; *Heigel*, Geschichte II, S. 213 ff.; *Ranke*, Denkwürdigkeiten I, S. 359 ff.

4 Dies gilt beispielsweise für einen Auftrag, den Kretschmann unmittelbar nach seiner Anstellung, Mitte April 1793, erhielt und dessen schnelles Bekanntwerden ihm den Hass zahlreicher Betroffener zugezogen haben soll: Der Bayreuther Regierungsrat wurde angewiesen, ein dem Kabinettsministerium vorzulegendes »Staatsrecht für die königlichen Fürstenthümer in Franken« mit besonderer »Heraussetzung der diesseitigen Gründe in Differenz-Fächern« auszuarbeiten. Zwar mündeten Kretschmanns Arbeiten daran in den Nachweis der Berechtigung der preußischen Landeshoheitsansprüche über benachbarte reichsritterschaftliche und -ständische Gebiete. Aber dies schließt nicht aus, dass die Kretschmann aufgegebene Untersuchung den Vergleichsverhandlungen Hardenbergs mit den Ansbach-Bayreuth benachbarten Reichsgliedern dienen sollte. Im Februar 1793 forderte die Bayreuther Regierung Abschriften aller von Brandenburg-Bayreuth-Kulmbach seit dem Geraischen Vertrag »in Ansehung der Rittergüter« geschlossenen Verträge zur Überprüfung und Berichterstattung an. Ob diese Anweisung noch mit Blick auf die Vergleichsverhandlungen mit der Reichsritterschaft erfolgte oder von Anfang an zur Vorbereitung der Mediatisierung dienen sollte, lässt sich aus den Akten nicht mehr rekonstruieren. Ähnlich verhält es sich mit einem Befehl Hardenbergs vom Oktober 1793: In diesem stellte der Dirigierende Minister zwei Ansbacher Regierungsräte von ihren ordentlichen Amtsgeschäften frei, um mithilfe der Akten, Urkunden und Amtsbücher aus dem königlichen Archiv und der sog. Differenzregistratur möglichst schnell Übersichten über die verschiedenen preußischen »LandeshoheitsRechte« auf den Besitzungen der benachbarten Reichsritter und -stände zu erstellen. Dabei sollten die beiden Räte ihre Untersuchungen sogar auf die Zeit vor dem Westfälischen Frieden ausdehnen. Zudem ermahnte der Dirigierende Minister die Bayreuther Regierung im Dezember 1793, die noch fehlenden und jüngst von ihm angeforderten Tabellen über die benachbarten reichsritterschaftlichen Besitzungen und Untertanen einzusenden (Abschrift des Reskripts Hardenbergs an den Regierungsrat Kretschmann, Ansbach, 11. April 1793, StA Bamberg, GHAP, Nr. 2187. *Kretschmann*, Dienstjahre (1808), S. 11 ff. (Zitat ebd., S. 11 f.). GStA PK Berlin, II. HA, Abt. 36, I, Nr. 5, fol. 81 – 82, 84 – 88 und 130: fortl. Reskript Hardenbergs an die Ansbacher Regierungsräte Zenker und Bomhard, Bayreuth, 26. Oktober 1793, ebd., fol. 81 – 82, hier: fol. 81 f. (Zitat ebd.). Reskript der Bayreuther Regierung an das Geheime Archiv Bayreuth, Bayreuth, 21. Februar 1793, StA Bamberg, GAB, Nr. 53/5 (Zitat ebd.). Bericht des Geheimen Archivs Bayreuth an die Bayreuther Regierung, Bayreuth, 8. März 1793, ebd. »Geschichte und Actenmaeßige Darstellung des rechtlichen Verhaeltnisses derienigen Brandenburgischen Vasallen und Insassen welche sich zur Fraenkischen Ritterschaft bekennen« von Theodor Konrad Kretschmann, Bayreuth, [ca. Dezember] 1793, GStA PK Berlin, I. HA, Rep. 94, IV, Ac, Nr. 9a (Zitat ebd.)). – Zu den angesprochenen Vergleichsverhandlungen siehe Kapitel V.4.1.

den fränkischen Markgrafentümern inklavierten reichsritterschaftlichen Herrschaften keine Militär- und Steuerrechte zugestehen wollte[5].

Der Entschluss zur einseitigen Durchsetzung der preußischen Landeshoheitsansprüche gegenüber den Ansbach-Bayreuth benachbarten Rittergütern dürfte also spätestens im Herbst 1793, und damit nach dem Scheitern der Vergleichsverhandlungen mit dem Corpus equestre und anderen wichtigen Reichsständen gefallen sein. Zu diesem Befund passt, dass Hardenbergs im Frühjahr 1794 eine Ausarbeitung Haenleins über die königlichen Landeshoheitsansprüche prüfen ließ[6]. Ein weiterer unzweideutiger Beweis für eine härtere Gangart Hardenbergs bei der Arrondierung Ansbach-Bayreuths ist für Mitte Juli 1794 überliefert. Damals beantragte der Dirigierende Minister gemeinsame Beratungen mit dem König und seinem Kabinettsministerium über die politische Zweckmäßigkeit einer einseitigen Durchsetzung der preußischen Landeshoheitsansprüche gegen die den fränkischen Provinzen benachbarten Herrschaften[7]. Dieses Ziel verfolgte Hardenberg zwischen dem

5 Auszug aus einem königlichen Reskript an Hardenberg vom 27. Oktober 1793, in: *Kretschmann*, Dienstjahre (1808), S. 141 - 144, hier: S. 141 ff.

6 Reskript Hardenbergs an Johann Michael Georg, Frankfurt/M., 12. Oktober 1794, GStA PK Berlin, II. HA, Abt. 36, I, Nr. 5, fol. 115. Schreiben von Johann Michael Georg an Hardenberg, Bayreuth, 2. November 1794, ebd., fol. 116 - 117, hier: fol. 116. Schreiben von Johann Michael Georg an Hardenberg, Bayreuth, 4. Dezember 1794, ebd., fol. 118. Schreiben von Johann Michael Georg an Hardenberg, Bayreuth, 9. Dezember 1794, ebd., fol. 119 - 122, hier: fol. 119 ff. - Speziell zum Scheitern der besagten Vergleichsverhandlungen siehe Kapitel V.4.1.

7 Bericht Hardenbergs an den König/das Kabinettsministerium, Ansbach, 17. Juli 1794, GStA PK Berlin, II. HA, Abt. 36, I, Nr. 5, fol. 106i-106 l, hier: fol. 106k f. - Im Sommer 1794 verwarf Hardenberg zudem einen Vorschlag der königlichen Kreistagsgesandtschaft zu Nürnberg, den stockenden Vergleichsverhandlungen mit den Ansbach-Bayreuth benachbarten Herrschaften durch eine öffentliche Erklärung neuen Schwung zu geben (GStA PK Berlin, II. HA, Abt. 36, I, Nr. 5, fol. 106a-106d u. fol. 106i-106o: fortl.). - Die im Juli und September 1794 von Hardenberg genehmigte Benützung des Plassenburger Archivs durch Kretschmann diente ausdrücklich nicht nur der Bearbeitung verschiedener »Differenzien« mit einer Reihe reichsständischer Nachbarn, sondern auch »der anbefohlenen Prüfung der von den RegierungsVorfahren mit diesen Nachbarn geschlossenen Verträge« auf ihre Verbindlichkeit für Berlin. Letzteres musste wiederum geklärt werden, um den nachgeordneten preußischen Ämtern in den Landeshoheitsstreitigkeiten Instruktionen für ihr Verhalten erteilen zu können (Reskript Hardenbergs an das Archiv zu Plassenburg, Ansbach, 2. Juli 1794, StA Bamberg, GHAP, Nr. 1874. Reskript Hardenbergs an das Archiv zu Plassenburg, Frankfurt/M., 15. September 1794, ebd., Abschrift des Berichts der Bayreuther Regierung an Hardenberg, Bayreuth, 10. September 1794, ebd. (Zitate ebd.)). Über die mit der Reichsritterschaft geschlossenen Verträge musste das Plassenburger Archiv im Spätjahr 1795 ein Verzeichnis für das Differenzdepartement erstellen - eine Maßnahme, die bereits auf die Durchsetzung der preußischen Landeshoheitsansprüche abgestellt gewesen sein dürfte (Reskript der Bayreuther Regierung an das Archiv zu Plassenburg, Bayreuth, 6. Oktober 1795, StA Bamberg, GHAP, Nr. 2791. Bericht des Archivs zu Plassenburg an das Differenzdepartement beim 1. Bayreuther Regierungssenat, Kulmbach, 17. November 1795, ebd. Verzeichnis über die zwischen Brandenburg-Bayreuth und den benachbarten Rittergütern geschlossenen Verträge und erteilten Konzessionen, ebd.). - Speziell zu Kretschmanns Archivbenützung um die preußischen Landeshoheitsansprüche zu rechtfertigen sowie zu den unterstützenden Arbeiten Langs und Strebels siehe auch: *Tröger*, Archive, S. 211 f., 230 f. u. Kapitel VIII.2.1.

Spätherbst 1794 und dem Sommer 1795 kontinuierlich weiter[8]. Vor diesem Hintergrund sind auch die damals vollzogenen Veränderungen in den Aufgabenbereichen der königlichen Behörden in Franken zu sehen: »Die Bearbeitung aller nachbarlichen Differenzsachen«, nicht jedoch die rein formalen Ausfertigungen in den Landeshoheitssachen wurde den Regierungen von Ansbach und Bayreuth entzogen und eigens abgeordneten Räten übertragen. In einem zweiten Schritt sollten gemäß einem königlichen Publikandum vom 3. Juli 1795 die Auseinandersetzungen mit den Ansbach-Bayreuth benachbarten Reichsgliedern unmittelbar dem »DifferenzDepartement« beim fränkischen Landesministerium Hardenbergs zugeordnet werden und dadurch ab dem 1. Januar 1796 der direkten Oberaufsicht des Berliner Kabinettsministeriums unterstehen[9].

Trotz aller geschilderten Vorbereitungen und Planungen sollte es noch bis zum Frühjahr 1796 dauern, bis in Berlin die entscheidenden Konferenzen über die einseitige Durchsetzung der preußischen Landeshoheitsansprüche stattfinden konnten[10]. Der Hauptgrund für diese jahrelange Verzögerung war vor allem dem diplomatischen Einsatz Hardenbergs in der Außenpolitik der preußischen Monarchie geschuldet, um über die Unterhaltung der königlichen Rheinarmee sowie über einen Frieden mit Frankreich zu verhandeln. Diese Aufgaben gestatteten dem Dirigierenden Minister vom Frühjahr 1794 bis in den Dezember 1795 nur vorübergehende und mit anderen Aufgaben ausgefüllte Aufenthalte in den fränkischen Markgrafentümern und in Berlin[11].

8 Bericht Hardenbergs an das Kabinettsministerium, Berlin, 4. Juli 1795, GStA PK Berlin, I. HA, Rep. 44 B, Nr. 1a. Reskript Hardenbergs an Johann Michael Georg, Frankfurt/M., 12. Oktober 1794, GStA PK Berlin, II. HA, Abt. 36, I, Nr. 5, fol. 115. Bericht Hardenbergs an den König/das Kabinettsministerium, Ansbach, 17. Juli 1794, ebd., fol. 125–126, hier: fol. 126. Bericht Hardenbergs an den König/das Kabinettsministerium, Berlin, 1. März 1795, ebd., fol. 128. Reskript von Alvensleben an Hardenberg, Berlin, 15. Juli 1795, ebd., fol. 129.

9 Bericht Hardenbergs an das Kabinettsministerium, Berlin, 4. Juli 1795, GStA PK Berlin, I. HA, Rep. 44 B, Nr. 1a (Zitat ebd.). 66. Bericht der pfalz-bayerischen Kreisgesandtschaft, abgezeichnet vom Regierungssekretär von Bayard, an Kurfürst Karl Theodor, Nürnberg, 1. August 1795, BayHStA, K. schw., Nr. 14477, fol. 261. Bayreuther Zeitung, Beilage zur Nr. 87, 21. Juli 1795, ebd., fol. 264–267, hier: fol. 264. *K. H. Lang*, Annalen, S. 11 (Zitat ebd.).

10 *Stamm-Kuhlmann* (Hg.), Hardenberg, S. 317 ff.

11 Reskript Hardenbergs an die preußische Kreisgesandtschaft zu Nürnberg, Frankfurt/M., 13. August 1794, GStA PK Berlin, II. HA, Abt. 36, I, Nr. 5, fol. 106n-106o, hier: fol. 106n. Bericht Hardenbergs an den König/das Kabinettsministerium, Berlin, 1. März 1795, ebd., fol. 128. Reskript von Alvensleben an Hardenberg, Berlin, 15. Juli 1795, ebd., fol. 129. Bericht Hardenbergs an das Kabinettsministerium, Berlin, 4. Juli 1795, GStA PK Berlin, I. HA, Rep. 44 B, Nr. 1a. Denkschrift Hardenbergs »über das Finanz- und Rechnungswesen in den fränkischen Fürstentümern«, Berlin, [24.] März 1799, in: *Haussherr*, Hardenberg I, Anhang, S. 240–255, hier: S. 249 f. *Kretschmann*, Dienstjahre (1808), S. 20. Reskript Hardenbergs an den Präsidenten der Bayreuther Kriegs- und Domänenkammer von Schuckmann, Basel, 16. November 1795, in: *Kretschmann*, ebd., S. 144–146, hier: S. 145. *Stamm-Kuhlmann* (Hg.), Hardenberg, S. 260 ff. *Haussherr*, Hardenberg I, S. 145 ff. *Thielen*, Hardenberg, S. 67 ff. *Süssheim*, Politik, S. 162 ff. *Hartung*, Hardenberg, S. 70. – Die Zügel der Verwaltung in Ansbach-Bayreuth und damit auch die grundsätzliche Verantwortung für die Mediatisierungspolitik behielt Hardenberg auch in

Die fast kontinuierliche Abwesenheit des Dirigierenden Ministers aus Franken hinderte ihn jedoch nicht daran, die Vorbereitungen für eine einseitige Lösung der Landeshoheitsstreitigkeiten an den Grenzen Ansbach-Bayreuths voranzutreiben. Zu diesem Zweck ließ Hardenberg seine Räte ein »Landeshoheits-System« erarbeiten, das »man in Ansehung ieder einzelnen Gerechtsame gegen die Nachbarn nicht allein aufstellen, sondern alsdann auch unnachgiebig behaupten und durchsetzen will«[12].

Die entscheidenden Beiträge hierzu lieferten die Räte Conrad Siegmund Karl Haenlein und vor allem Theodor Konrad Kretschmann, der sich auf Vorarbeiten früherer markgräflicher Räte stützen konnte. Von Letzterem hat sich eine Reihe von umfangreichen Studien im Geheimen Staatsarchiv PK Berlin-Dahlem erhalten. Davon sind hier vier Untersuchungen aus den Jahren 1793 und 1795 relevant, in denen sich Kretschmann mit zwei Rechtskomplexen auseinandersetzte, die mit der reichsritterschaftlichen Unmittelbarkeit aufs Engste zusammenhingen[13].

Bereits 1793 legte Kretschmann eine historisch-staatsrechtliche Abhandlung über die Frage vor, inwieweit diejenigen Handlungen und Verträge für Friedrich Wilhelm II. bindend seien, die seine Regierungsvorgänger im ober- und untergebürgischen Fürstentum getätigt und mit ihren reichsunmittelbaren Nachbarn geschlossen hatten[14]. Es wurde bereits gezeigt, dass sich

den langen Monaten seiner Abwesenheit soweit wie möglich in der Hand und delegierte die Oberleitung der Geschäfte nicht an einen Stellvertreter (*Hartung*, ebd., S. 70 f.).

12 Bericht Hardenbergs an den König/das Kabinettsministerium, Ansbach, 17. Juli 1794, GStA PK Berlin, II. HA, Abt. 36, I, Nr. 5, fol. 106i-106 l, hier: fol. 106k (Zitate ebd.). Reskript Hardenbergs an die preußische Kreisgesandtschaft zu Nürnberg, Frankfurt/M., 13. August 1794, ebd., fol. 106n-106o, hier: fol. 106n. Reskript Hardenbergs an den Präsidenten der Bayreuther Kriegs- und Domänenkammer von Schuckmann, Basel, 16. November 1795, in: *Kretschmann*, Dienstjahre (1808), S. 144 - 146, hier: S. 145.

13 Schreiben von Theodor Konrad Kretschmann an Hardenberg, Bayreuth, 8. September 1795, GStA PK Berlin, II. HA, Abt. 36, I, Nr. 5. Reskripte Hardenbergs an das Geheime Archiv zu Ansbach, das Archiv auf der Plassenburg, den Lehenshof zu Bayreuth sowie an Theodor Konrad Kretschmann, Basel, 19. September 1795, ebd. Reskript Hardenbergs an Johann Michael Georg, Frankfurt/M., 12. Oktober 1794, ebd., fol. 115. »Entwicklung eines Landeshoheitssystems in Beziehung auf das Fürstenthum Bayreuth« von Theodor Konrad Kretschmann, o.O., 1795, GStA PK Berlin, I. HA, Rep. 94, IV, Ac, Nr. 4. »Rechtliche Entwicklung der Frage In wiefern S[eine]r Majestaet der Koenig von Preußen an die Handlungen der ehemaligen Marggrafen und Burggrafen zu Nürnberg fraenkischer Linie gebunden sind« von Theodor Konrad Kretschmann, Bayreuth, 1793, GStA PK Berlin, I. HA, Rep. 94, IV, Ac, Nr. 5. »Rechtliche Prüfung des mit dem Graeflichen Hause Giech zu Thurnau in [sic] Jahre 1699 über einen Landeshoheits[-]District geschloßenen Vertrags« von Theodor Konrad Kretschmann, o.O., 1793, GStA PK Berlin, I. HA, Rep. 94, IV, Ac, Nr. 7. »Geschichte und Actenmaeßige Darstellung des rechtlichen Verhaeltnisses derienigen Brandenburgischen Vasallen und Insassen welche sich zur Fraenkischen Ritterschaft bekennen« von Theodor Konrad Kretschmann, Bayreuth, [ca. Dezember] 1793, GStA PK Berlin, I. HA, Rep. 94, IV, Ac, Nr. 9a. *Kretschmann*, Dienstjahre (1808), S. 15 ff.

14 »Rechtliche Entwicklung der Frage In wiefern S[eine]r Majestaet der Koenig von Preußen an die Handlungen der ehemaligen Marggrafen und Burggrafen zu Nürnberg fraenkischer Linie ge-

Hardenberg diesem Rechtsproblem erstmals im Winter 1791/92 zugewandt hatte und darüber mit dem ganz andere Vorstellungen hegenden 1. Regierungssenat zu Ansbach zusammengestoßen war[15]. In diesem Zusammenhang entstand auch die besagte Abhandlung Kretschmanns, die auf dem einschlägigen Gutachten des Bayreuther Rats Georg vom März 1792 aufbauen konnte. Ähnlich wie dieser postulierte Kretschmann aufgrund der brandenburgischen Hausverträge und Erbverbrüderungen ein bei fehlendem Konsens aller Agnaten nahezu absolutes Veräußerungsverbot für die Gebiete und Gerechtsame des ober- und untergebürgischen Fürstentums seit dem Stichjahr 1437. Damals seien nämlich durch das Testament Kurfürst Friedrichs I. von Brandenburg sowie die sog. Dispositio Achillea von 1473 die zollerschen Besitzungen in Franken zu einem immer wieder erneuerten Fideikommiss zusammengefasst worden, also einem spezifisch adligen Rechtsinstitut, das die Unteilbarkeit und Unveräußerlichkeit des Familienbesitzes sicherstellte. Folglich seien alle einseitig vorgenommenen Entfremdungen aus der Fideikommissmasse rechtswidrig und dürften von den Nachkommen des Fideikommissinhabers widerrufen werden. Eine finanzielle Entschädigung des zu Enteignenden käme dabei nur in besonderen Ausnahmefällen in Betracht. Mit einer solchen Argumentation konnte die Ungültigkeit all derjenigen Verträge begründet werden, die die fränkischen Markgrafen mit den angrenzenden Kantonen und Rittergenossen über das Ius collectandi und verschiedene andere landesherrliche Gerechtsame abgeschlossen hatten. Gleiches galt auch für die Belehnung reichsritterschaftlicher Vasallen mit heimgefallenen Lehen des Hauses Zollern, dessen Hausverträge und Erbverbrüderungen hierbei nur für die Jahre 1437/1486 bis 1598/1614 Ausnahmen zuließen[16].

Nachdem Hardenberg die geschilderten Grundsätze im Februar 1794 ausdrücklich gebilligt hatte, übertrug sie Kretschmann im folgenden Jahr auf einen konkreten Fall: Da das in den brandenburgischen Hausverträgen vorgeschriebene weitgehende Veräußerungsverbot ebenso missachtet worden sei

bunden sind« von Theodor Konrad Kretschmann, Bayreuth, 1793, GStA PK Berlin, I. HA, Rep. 94, IV, Ac, Nr. 5.

15 Siehe Kapitel V.4.3.

16 »Rechtliche Entwicklung der Frage In wiefern S[eine]r Majestaet der Koenig von Preußen an die Handlungen der ehemaligen Marggrafen und Burggrafen zu Nürnberg fraenkischer Linie gebunden sind« von Theodor Konrad Kretschmann, Bayreuth, 1793, GStA PK Berlin, I. HA, Rep. 94, IV, Ac, Nr. 5. – Speziell zum besagten Gutachten Georgs siehe Kapitel V.4.3. – Zu den angesprochenen Rechtseigenschaften des Fideikommisses siehe: *Eckert*, Fideikommiss, Sp. 987 f.; *Sikora*, Adel, S. 121; *Ebert*, Familienfideikommiss, Sp. 1503. – Die einzigen Ausnahmen, bei denen Kretschmann – zumindest für bestimmte Zeiten – die Veräußerung fideikommissarisch gebundener Besitzungen für zulässig erklärte, galten für den letzten Überlebenden der Dynastie und für Fälle, in denen »das Wohl des Staats« oder des Herrscherhauses eine derartige Entfremdung zwingend erfordere (»Rechtliche Entwicklung der Frage In wiefern S[eine]r Majestaet der Koenig von Preußen an die Handlungen der ehemaligen Marggrafen und Burggrafen zu Nürnberg fraenkischer Linie gebunden sind« von Theodor Konrad Kretschmann, Bayreuth, 1793, ebd.).

wie die erforderliche Zustimmung der Berliner Kurlinie, erklärte Kretschmann in einem Gutachten einen 1699 abgeschlossenen und vom Kaiser ein knappes Jahr später bestätigten Vertrag für nichtig. In diesem hatte Bayreuth gegen eine größere Geldzahlung dem Reichsgrafen von Giech zentrale landesherrliche Gerechtsame innerhalb eines festen Bezirks als Mannlehen überlassen. Dieser umschloss das gesamte Rittergut Peesen sowie Teile der Güter Thurnau und Oberwenzau. Zwar betraf der Vertrag nur von Giechische Herrschaften, die inzwischen nicht mehr zur Rittertruhe steuerten. Aber dennoch musste eine Annullierung des Rezesses von 1699 indirekt auch reichsritterschaftliche Interessen tangieren. Die Reichsgrafen von Giech waren nämlich sowohl für ihre Person als auch für ihre außerhalb des »HoheitsBezirk [s]« liegenden immediaten Besitzungen beim Kanton Gebürg immatrikuliert[17].

Der zweite Rechtskomplex, mit dem sich Kretschmann 1793 und 1795 wiederholt auseinandersetzte, beinhaltete die Überprüfung der Unmittelbarkeit derjenigen Rittergüter, die an Ansbach und vor allem Bayreuth angrenzten oder zu den fränkischen Markgrafentümern in staats- und lehensrechtlichen Beziehungen standen. Dabei verwarf Kretschmann die Theorie des Territorium inclausum für Franken. Er glaubte nämlich anhand alter Urkunden und Akten nachweisen zu können, dass die meisten der infrage kommenden reichsritterschaftlichen Herrschaften einst mediate Bestandteile der geschlossenen Territorien verschiedener Dynasten und Grafen gewesen seien, die später im Burggrafentum Nürnberg aufgegangen seien. Zu solchen mittelbaren »Pertinenzen« hätten insbesondere diejenigen Rittergüter gehört, die von Ansbach-Bayreuth zu Lehen gingen und zugleich innerhalb des zollerschen Fraischbezirks lagen sowie innerhalb der Territorial- bzw. Distriktgrenzen der einzelnen Bestandteile des Burggrafentums. Die Reichsunmittelbarkeit solcher ritterschaftlichen Besitzungen erschien folglich als eine platte Usurpation, die durch widerrechtliche kaiserliche Privilegien und reichshofrätliche Mandate begünstigt worden sei. Auf diese Weise kam Kretschmann zu dem Ergebnis, »daß sich der vermeintliche Staat fraenkischer Ritterschaft beynahe ganz reduciren ließe«. Die rechtmäßige Existenz einer unmittelbaren Reichsritterschaft im Allgemeinen stellte Kretschmann damit

17 »Rechtliche Prüfung des mit dem Graeflichen Hause Giech zu Thurnau in [sic] Jahre 1699 über einen Landeshoheits[-]District geschloßenen Vertrags« von Theodor Konrad Kretschmann, o.O., 1793, GStA PK Berlin, I. HA, Rep. 94, IV, Ac, Nr. 7 (Zitat ebd.). Gutachten von Johann Michael Georg, Bayreuth, 12. März 1792, ebd. Abschrift des Vertrags zwischen Markgraf Christian Ernst von Brandenburg-Bayreuth und dem Reichsgrafen Karl Gottfried von Giech, Bayreuth, 26. Mai 1699, ebd. – Zur Immatrikulation der Reichsgrafen von Giech beim Kanton Gebürg siehe *Godsey Jr.*, Nobles, S. 258. Vgl. ferner *H. H. Hofmann* (Herrschaft, S. 107), der die besondere Rechtsstellung der Reichsgrafen von Giech beschreibt, aber dabei den besagten Vertrag auf das Jahr 1695 datiert. Speziell zum fraglichen Hauptrezess vom 26. Mai 1699 siehe auch dessen Abdruck in: Entwicklung der Brandenburgischen Landeshoheit über Thurnau, S. 437 ff.

jedoch nicht infrage. Zum Beweis seiner Thesen legte der Bayreuther Regierungsrat in bester Tradition des Ius publicum eine quellengesättigte, von Tacitus bis ins 18. Jahrhundert reichende, historisch-rechtliche Analyse über die Genese des Adels und der Reichsverfassung vor[18].

Mochten die Deduktionen Kretschmanns juristisch auch noch so scharfsinnig sein, ihre Anwendung in der Praxis stand noch aus. Nachdem Hardenberg in Basel die letzten Unterhandlungen mit Frankreich beendet hatte, traf er am Abend des 21. Dezember 1795 wieder in Ansbach ein[19]. Bereits am folgenden Tag erreichte von Bayreuth kommend eine Gruppe königlicher Beamter – u. a. Schuckmann, Georg und Kretschmann – die untergebürgische Residenzstadt[20]. Vier Tage später, am 26. Dezember, hielt Hardenberg eine Konferenz ab, an der Schmid, Kracker, Haenlein, Kretschmann, Schuckmann sowie einige weitere Räte und Oberbeamte teilnahmen: Darin wurde beschlossen, die preußischen Landeshoheitsansprüche auf die Gebiete benachbarter Reichsglieder mit einem Schlage durchzusetzen[21].

Die außen- und reichspolitische Situation für einen solchen Coup war ausgesprochen günstig. Durch den Sonderfrieden von Basel und die Errich-

18 »Entwicklung eines Landeshoheitssystems in Beziehung auf das Fürstenthum Bayreuth« von Theodor Konrad Kretschmann, o.O., 1795, GStA PK Berlin, I. HA, Rep. 94, IV, Ac, Nr. 4, S. 7–75: fortl. sowie S. 107 f., 118 ff., 130 ff. (Zitat ebd., S. 47). »Rechtliche Entwicklung der Frage In wiefern S[eine]r Majestaet der Koenig von Preußen an die Handlungen der ehemaligen Marggrafen und Burggrafen zu Nürnberg fraenkischer Linie gebunden sind« von Theodor Konrad Kretschmann, Bayreuth, 1793, GStA PK Berlin, I. HA, Rep. 94, IV, Ac, Nr. 5 (Zitat ebd.). »Geschichte und Actenmaeßige Darstellung des rechtlichen Verhaeltnisses derienigen Brandenburgischen Vasallen und Insassen welche sich zur Fraenkischen Ritterschaft bekennen« von Theodor Konrad Kretschmann, Bayreuth, [ca. Dezember] 1793, GStA PK Berlin, I. HA, Rep. 94, IV, Ac, Nr. 9a.

19 *Stamm-Kuhlmann* (Hg.), Hardenberg, S. 306 ff.

20 Ebd., S. 313. – Mit dem Generalinspekteur der preußischen Truppen in Franken, dem Fürsten von Hohenlohe-Ingelfingen, traf Hardenberg am 24. Dezember 1795 zusammen (Ebd.).

21 *Hartung*, Hardenberg, S. 36, S. 36 Anm. 2. *Haussherr*, Hardenberg I, S. 199. – Ferner nahmen an der Konferenz der Vizepräsident des königlichen Kammergerichts, von Kircheisen, der Bruder des Dirigierenden Ministers, der Bayreuther Kammerdirektor von Hardenberg, sowie der (vormalige) Kammergerichtsrat von Grolmann, der Kammerassessor Ludwig Friedrich Viktor Hans von Bülow und Johann Ernst Koch teil (*Hartung*, ebd., S. 36. Vgl. *Stamm-Kuhlmann* (Hg.), Hardenberg, S. 313, 313 Anm. 158 u. *Teichmann*, Grolmann, S. 713). Letzterer, von Karl Heinrich Lang als »vorsichtig und schlau« charakterisiert, war Hardenberg als Sekretär nach Ansbach-Bayreuth gefolgt und wurde 1793 zum Kriegsrat in Ansbach ernannt, hatte aber wie schon zuvor in erster Linie im provisorischen Departement des Dirigierenden Ministers zu arbeiten. Im Sommer 1795 wurde Koch zum Vortragenden Rat im Landesministerium der fränkischen Markgrafentümer ernannt (Reskript Hardenbergs an den Ansbacher Vizekammerpräsidenten, Ansbach, 12. April 1793, GStA PK Berlin, II. HA, Abt. 36, VI, Nr. 4. Königliches Bestallungspatent für Koch, Berlin, 22. Juni 1795, ebd. *K. H. Lang*, Annalen, S. 3 ff. (Zitat ebd., S. 7). [*Mehmel*], Briefe, S. 127). – Leider ließ sich der Akt mit dem Protokoll der Konferenz vom 26. Dezember 1795, den bisher allein Hartung benutzt hatte, im Geheimen Staatsarchiv PK Berlin-Dahlem trotz intensiver Suche nicht auffinden. Es ist unklar, ob er nur umsigniert bzw. infolge der Beständeverlagerung aus dem ehemaligen Zentralarchiv in Merseburg nicht auffindbar war oder dauerhaft verloren ist.

tung der norddeutschen Neutralitätszone hatte Preußen den Rücken frei und war vor allem weit weniger als zuvor auf die Kooperation mit Wien sowie den anderen Reichsständen angewiesen. Die Präsenz der im Herbst 1795 in die fränkischen Markgrafentümer zurückgezogenen Teile der preußischen Rheinarmee unter dem Erbprinzen von Hohenlohe-Ingelfingen ermöglichten es dem Dirigierenden Minister, aus einer Position der Stärke zu handeln und selbst größeren Widerstand gewaltsam zu brechen. Dieser Gesichtspunkt war zwar gegenüber den allermeisten Rittergenossen von untergeordneter Bedeutung, sollte aber mit Blick auf die reichsständischen Nachbarterritorien Bedeutung gewinnen. Neben diesen exogenen Faktoren sprachen auch innenpolitische Überlegungen zur Jahreswende 1795/96 für eine gewaltsame, einseitige Arrondierung der fränkischen Provinzen. Ohne ein halbwegs geschlossenes Territorium ließ sich weder die preußische Militärverfassung in Gestalt des Kantonssystems auf Ansbach-Bayreuth ausdehnen, noch die begonnene Verwaltungsreform sowie die Gerichtsorganisation auf der untersten Ebene sinnvoll abschließen[22].

Der Kabinettsminister Alvensleben hatte Hardenberg im Sommer 1795 zugesichert, nach dem Abschluss der Basler Verhandlungen die gewünschten Konferenzen über die Durchsetzung der preußischen Landeshoheitsansprüche in Franken abzuhalten[23]. Also verließ Hardenberg am 30. Dezember Ansbach und begab sich auf ausgedehnten Umwegen nach Berlin, wo er am Abend des 8. Januar 1796 eintraf[24]. Anfang Februar 1796 berief der Dirigie-

22 Bericht von Schegk, Kracker und Vogel, Ansbach, 25. Januar 1796, GStA PK Berlin, II. HA, Abt. 36, IV, Nr. 22, fol. 7–11, hier: fol. 8 ff. Protokoll der Zivil- und Militärkommission zur Vorbereitung einer die Kantonsverfassung substituierenden Einrichtung, Ansbach, 7.–14. Januar 1796, ebd., fol. 13–31, hier: fol. 26 f. Bericht Hardenbergs an das Kabinettsministerium, Berlin, 4. Juli 1795, GStA PK Berlin, I. HA, Rep. 44 B, Nr. 1a. *W. H. Puchta*, Erinnerungen, S. 158 ff. *Hartung*, Hardenberg, S. 35 ff., 95 f. *Goess*, Statistik, S. 175 ff., 243, 254. *Haussherr*, Hardenberg I, S. 135 ff., 185, 199. *Hofmeister-Hunger*, Pressepolitik, S. 40, 90. *Biro*, German Policy I, S. 398 f. Vgl. auch Schreiben von Theodor Konrad Kretschmann an Hardenberg, Bayreuth, 8. September 1795, GStA PK Berlin, II. HA, Abt. 36, I, Nr. 5 u. Denkschrift Hardenbergs »über das Finanz- und Rechnungswesen in den fränkischen Fürstentümern«, Berlin, [24.] März 1799, in: *Haussherr*, Hardenberg I, Anhang, S. 240–255, hier: S. 251. Siehe ferner *Süssheim*, Politik, S. 153. – Zum späteren Fürsten von Hohenlohe-Ingelfingen siehe auch: *Meerheimb*, Hohenlohe, S. 685 u. *Richter*, Hohenlohe-Ingelfingen, S. 490. – Speziell zu militärischen Gegenmaßnahmen und Machtdemonstrationen des Hochstifts Bamberg angesichts der preußischen Mediatisierungen ab 1796 siehe: Bericht Hardenbergs an das Kabinettsministerium, Ansbach, 3. Dezember 1796, GStA PK Berlin, II. HA, Abt. 36, I, Nr. 6, fol. 187–193, hier: fol. 190.

23 Reskript von Alvensleben an Hardenberg, Berlin, 15. Juli 1795, GStA PK Berlin, II. HA, Abt. 36, I, Nr. 5, fol. 129.

24 *Stamm-Kuhlmann* (Hg.), Hardenberg, S. 314. – Das Kabinettsministerium forderte den Dirigierenden Minister bereits in einem auf den 29. Dezember 1795 datierten Reskript zur konsequenten Durchsetzung der preußischen Landeshoheitsansprüche gegen die Reichsritterschaft auf – ein Befehl, der Hardenberg unmöglich vor seiner Abreise aus Ansbach erreicht haben kann (Entwurf der königlichen Instruktion für das fränkische Landesministerium, Berlin, [März/April 1796], GStA PK Berlin, II. HA, Abt. 36, I, Nr. 6, fol. 5–67, hier: fol. 66. *Hartung*, Hardenberg, S. 36).

rende Minister Haenlein, Kracker, Kretschmann sowie Konrad Ludwig Klüber (1762 - 1837) nach Berlin. Letzterer war einer der führenden Reichspublizisten um die Wende vom 18. zum 19. Jahrhundert, lehrte seit 1785/86 in Erlangen das Lehens- und Reichsrecht und galt als Kapazität auf dem Gebiet des sog. »reichsritterschaftlichen Staatsrecht[s]«[25].

Den Auftakt zu den Berliner Beratungen bildete am 13. Februar 1796 eine Konferenz Hardenbergs mit dem königlichen Generaladjutanten von Zastrow sowie mit dem Erbprinzen von Hohenlohe-Ingelfingen, dem Generalinspekteur der in Ansbach-Bayreuth garnisonierten Truppen. Gegenstand der Sit-

25 Autobiografische Notiz Klübers über seine Beschäftigung mit dem reichsritterschaftlichen Staatsrecht, o.O., [nach 1806], GLA Karlsruhe, N Klüber, Fasz. 351 (Zitat ebd.). Entwurf einer Einleitung für Klübers reichsritterschaftliches Staatsrecht, [nach 1818], ebd. Reskript Hardenbergs an Klüber, Berlin, 4. Februar 1796, GLA Karlsruhe, N Klüber, Fasz. 229. Privatschreiben Hardenbergs an Klüber, Berlin, 4. Februar 1796, ebd. *Kretschmann*, Dienstjahre (1808), S. 21 f. *Hamberger/Meusel*, Teutschland IV, S. 147 f. *Stamm-Kuhlmann* (Hg.), Hardenberg, S. 316. *Eisenhart*, Klüber, S. 235 ff. *Mager*, Klüber, S. 133 f. Vgl. auch: »Collegium juris germanici. Ueber meine Einleitung zu einem Lehrbegriff des teutschen Staatsrechtes. Erlangen 1803«, GLA Karlsruhe, N Klüber, Fasz. 277. – Klüber war als Sohn eines reichsritterschaftlichen Sekretärs und Archivars des Buchischen Quartiers von kleinauf mit den Realitäten der reichsadligen Existenz vertraut. In Erlangen las Klüber, der über engste Verbindungen zu Konsulenten und Mitgliedern des Corpus equestre verfügte, seit 1787 über das sog. reichsritterschaftliche Staatsrecht. Bereits 1793 veröffentlichte Klüber eine rund 150 Seiten starke Beschreibung der Genese und staatsrechtlichen Stellung der Reichsritterschaft. Dieses Werk sollte jedoch nur ein Ausblick auf ein umfassendes reichsritterschaftliches Staatsrecht in drei Bänden sein, das Klüber von 1792 bis 1794 verfasste, aber aufgrund der Okkupationen Hardenbergs und seiner Stellung in preußischen Diensten nicht drucken konnte (Entwurf eines Schreibens von Klüber an Hardenberg, o.O., 1793, GLA Karlsruhe, N Klüber, Fasz. 351. Autobiografische Notiz Klübers über seine Beschäftigung mit dem reichsritterschaftlichen Staatsrecht, o.O., [nach 1806], ebd. Entwurf einer Einleitung für Klübers reichsritterschaftliches Staatsrecht, [nach 1818], ebd. Dreibändiges Manuskript »Staatsrecht der (vormaligen) unmittelbaren Reichsritterschaft, in Schwaben, in Franken und am Rhein. Lehrbegriff« von Johann Ludwig Klüber, GLA Karlsruhe, N Klüber, Fasz. 343, hier: inbes. Bd. 1, fol. 7. GLA Karlsruhe, N Klüber, Fasz. 123: fortl. *Klüber*, Isagoge. *Mager*, ebd., S. 133 f. *Eisenhart*, ebd., S. 235. *Hamberger/Meusel*, ebd., S. 148). – Im Zusammenhang mit den reichsritterschaftlichen Reformplänen von 1790/91, in Göttingen einen eigenen Professor zum Unterricht der jungen Kavaliere im sog. reichsritterschaftlichen Staatsrecht und anderen die Rittergenossen betreffenden Materien zu besolden, wurde Klüber durch die Reichsritterschaft ein solcher Lehrstuhl in Erlangen angeboten. Das Unternehmen scheiterte letztlich, weil Hardenberg den Plan unterlief, indem er Klüber seinerseits befahl, das Ius equestris mit Berücksichtigung aller gegenteiligen Rechtsmeinungen zu lehren (Schreiben von Klüber an Hardenberg, Erlangen, 21. November 1791, GLA Karlsruhe, N Klüber, Fasz. 123. Reskript Hardenbergs an Klüber, Ansbach, 17. Februar 1792, ebd. Schreiben des [Steigerwalder Konsulenten] Johann Heinrich Sommer an Klüber, Erlangen, 24. Februar 1792, ebd. Schreiben Hardenbergs an Klüber, Frankfurt/M., 18. März 1793, ebd. Autobiografische Notiz Klübers über seine Beschäftigung mit dem reichsritterschaftlichen Staatsrecht, o.O., [nach 1806], GLA Karlsruhe, N Klüber, Fasz. 351. GLA Karlsruhe, 123, Fasz. 1222, GLA Karlsruhe, 125, Fasz. 3545 u. StA Ludwigsburg, B 575 III, Bü 705: fortl. für August 1790 bis Dezember 1791). – Haenlein, Kracker und Kretschmann trafen am 28. Februar 1796 in Berlin ein, Klüber einen Tag später (Tagebuch Klübers über seine Reise nach Berlin vom 20. Februar bis 26. März 1796, GLA Karlsruhe, N Klüber, Fasz. 229. Autobiografische Notiz Klübers über seinen Aufenthalt in Berlin, Erlangen, April 1796, ebd. *Stamm-Kuhlmann* (Hg.), ebd., S. 317).

zung, denen weitere am 17. und 18. März folgten, war die Einführung des preußischen Kantonssystems in den fränkischen Markgrafentümern. Hierauf wurde das neue Kantonsreglement für Ansbach-Bayreuth am 21. März vom König genehmigt, um unterm 20. Juni bzw. 1. Juli publiziert zu werden. Für dieses sog. »Kantonsgesetzbuch« war – wie bereits ausgeführt – ein weitgehend geschlossenes Territorium eine Conditio sine qua non, weshalb bereits sein von Zastrow, Hardenberg und Hohenlohe-Ingelfingen redigierter Entwurf von der Einbeziehung der bisher immediaten Rittergüter in die preußische Militärverfassung ausging. Daher bedeutete der Beschluss, das altpreußische Rekrutierungssystem auf Ansbach-Bayreuth zu übertragen, zugleich eine Vorentscheidung zugunsten der Mediatisierung der angrenzenden reichsritterschaftlichen Herrschaften in Franken[26].

Mit dieser hatten sich vorbereitend diejenigen Beratungen zu beschäftigen, die Hardenberg nur mit seinen vier an die Spree berufenen Mitarbeitern abhielt und für die der Nachlass Klübers eine ebenso wertvolle wie bisher ungenutzte Quelle ist. Am 2. März 1796 fand die »1ère Conférence weg[en] d[er] Nachbarl[ichen] Verhältnisse« im Berliner Palais des Ansbacher Markgrafen statt. Dieser folgten allein bis zum 21. März, nach dem unserer wichtigster Kronzeuge abreiste, fünfzehn weitere Sitzungen[27]. Während dieser Beratungen kam es zum Eklat, als Klüber, der stets großen Wert darauf legte, dass er Staatsrechtler und kein Schriftsteller sei, »der ausschliessend die Behauptungen seiner Partei zu vertheidigen hat«, gegen die von Haenlein unterstützten Mediatisierungspläne Kretschmanns aufbegehrte. »Überzeugt, daß Wahrheit auch dann noch Wahrheit bleiben muß, wenn sie von Vielen verkannt wird«, geißelte der Erlanger Professor in seinen mündlichen Voten sowie einem nicht mehr übergebenen Gutachten den geplanten Schritt. Dieser erschien ihm als unvereinbar mit den bisher von Preußen gegebenen Versicherungen, der Ehre, dem Ansehen und der Gerechtigkeit des Königs sowie als

26 Konferenzprotokoll, Berlin, 17. u. 18. März 1796, GStA PK Berlin, II. HA, Abt. 36, IV, Nr. 22, fol. 78–86, hier: fol. 78 ff. Bericht Hardenbergs an den König, Berlin, 20. März 1796, ebd., fol. 87–88, hier: fol. 87 f. Bericht Hardenbergs an das Oberkriegskollegium, Berlin, 22. (?) März 1796, ebd., fol. 125. Original des vom König vollzogenen Kantonsreglemts für Ansbach-Bayreuth, Berlin, 21. März 1796, ebd., fol. 90–114, hier: fol. 114 bzw. Abschrift des Kantonsreglements für Ansbach-Bayreuth, Berlin, 21. März 1796, StA Ludwigsburg, B 575 II, Bü 300. *Stamm-Kuhlmann* (Hg.), Hardenberg, S. 316 ff. *Goess*, Statistik, S. 176 (Zitat ebd.). *Süssheim*, Politik, S. 165. *Hartung*, Hardenberg, S. 36 f. – Ein Bericht Hardenbergs an den König vom 20. März 1796 betonte den zwingenden Zusammenhang zwischen der Durchsetzung der preußischen Landeshoheitsansprüche und der Einführung des Kantonssystems (*Hartung*, ebd., S. 37, 37 Anm. 1).

27 Tagebuch Klübers über seine Reise nach Berlin vom 20. Februar bis 26. März 1796, GLA Karlsruhe, N Klüber, Fasz. 229. Autobiografische Notiz Klübers über seinen Aufenthalt in Berlin, Erlangen, April 1796, ebd. *Stamm-Kuhlmann* (Hg.), Hardenberg, S. 317 (Zitat ebd.). – Am 2. März musste Klüber eine eidesstattliche Erklärung unterzeichnen und besiegeln, dass er Geheimhaltung über den Inhalt der Konferenzen wahren werde und seine Gutachten »nach [...] besten Wissen und Gewissen« erstatten werde (Eidesstattliche Erklärung Klübers, Berlin, 2. März 1796, GStA PK Berlin, II. HA, Abt. 36, I, Nr. 6, fol. 2).

reichspolitisch gefährlich und schlicht rechtswidrig. Zugleich brach Klüber noch einmal eine Lanze für eine gütliche Einigung mit den Ansbach-Bayreuth benachbarten Reichsgliedern durch Vergleichsverhandlungen[28]. Diesen hatte Berlin jedoch bereits Ende Dezember 1795 gegenüber Hardenberg als »verwerfliche Mittel und Wege« eine Absage erteilt[29].

Es war daher nicht erstaunlich, dass Klüber den einmal ins Rollen ge-

28 Entwürfe zu einem von Klüber zu erstattenden Gutachten, [Berlin], [März 1796], GLA Karlsruhe, N Klüber, Fasz. 229 (Zitat ebd.). Autobiografische Notiz Klübers über seinen Aufenthalt in Berlin, Erlangen, April 1796, ebd. Autobiografische Notiz Klübers über seine Beschäftigung mit dem reichsritterschaftlichen Staatsrecht, o.O., [nach 1806], GLA Karlsruhe, N Klüber, Fasz. 351. Entwurf einer Einleitung für Klübers reichsritterschaftliches Staatsrecht, [nach 1818], ebd. Manuskript »Staatsrecht der (vormaligen) unmittelbaren Reichsritterschaft, in Schwaben, in Franken und am Rhein. Lehrbegriff«, Bd. 1.1 von Johann Ludwig Klüber, GLA Karlsruhe, N Klüber, Fasz. 343, fol. 4 f. (Zitat ebd.). – Zwar gehörte Klüber zu den späten Vertretern des Ius publicum, deren Denken von der Aufklärung stark beeinflusst wurde und die die Realitäten der Reichsverfassung mehr beschrieben, statt sie deduktiv erklärend in ein theoretisches System zu pressen. Aber im Gegensatz zu Kretschmann stand er fest auf dem Boden der Reichsverfassung im Sinne der Mehrheitsmeinung der Reichspublizistik und der reichsgerichtlichen Rechtsprechung. Dies zeigen die Passagen in Klübers staatsrechtlichem Lehrbuch zum Reichsherkommen als eine der fundamentalen Grundlagen des Ius publicum, zur Definition der reichsritterschaftlichen Gebiete als »teutsche Partikulär-Staaten« neben den Reichsständen sowie seine Auffassung, dass der Besitz einzelner Hoheitsrechte wie zum Beispiel der Fraisch allein keine Landeshoheit über fremdes Territorium begründen könne. Daher machten weniger gemeinsame Rechtsvorstellungen als die lebenslange Freundschaft mit dem Dirigierenden Minister Klüber zum »Vertrauensmann Hardenbergs in reichsrechtlichen Fragen« und erklären seine Hinzuziehung zu den Berliner Beratungen. Schließlich hatte Klüber bereits im Dezember 1795 ein Schreiben an Hardenberg aufgesetzt, aber nicht abgeschickt. Darin prangerte der Erlanger Professor die Eingriffe der Bayreuther Behörden, vor allem des Oberamts Hoheneck, in die Gerechtsame der Reichsritterschaft und benachbarter Reichsstände als rechtswidrig und schädlich an. Auch noch mehr als zwanzig Jahre nach den Berliner Konferenzen von 1796 sprach Klüber von dem damaligen Bayreuther Kriegsrat als »Kretschmann, unrühmlichen Andenkens«. Die ohne Quellenbelege erfolgte Apostrophierung Klübers als bedeutenden »Revindikationsmitarbeiter« durch Hofmeister-Hunger wird der Rolle des Erlanger Professors bei den Berliner Verhandlungen im Frühjahr 1796 nicht gerecht. Ähnlich ist die aus Kretschmanns Erinnerungen stammende und von Eisenhart übernommene Behauptung, dass bei den Berliner Konferenzen im Frühjahr 1796 »sich Klüber alsbald mit der Rechtlichkeit der aufgestellten Grundsätze […] einverstanden erklärte«, anhand des Nachlasses des Erlanger Professors in keiner Weise nachvollziehbar (Entwürfe einer Einleitung für Klübers reichsritterschaftliches Staatsrecht, [nach 1806 u. nach 1818], GLA Karlsruhe, N Klüber, Fasz. 351. Autobiografische Notiz Klübers über seine Gespräche mit Hardenberg am 16. und 17. Juli 1795 in Ansbach, GLA Karlsruhe, N Klüber, Fasz. 229. Schreiben von Konrad Ludwig Klüber an Hardenberg, o.O., 11. Dezember 1795, ebd. Autobiografische Notiz Klübers über seine Treffen mit Hardenberg am 25. und 29. Dezember 1795 in Ansbach, ebd. Plan Klübers vom 10. Dezember 1795 über seine berufliche Zukunft, ebd. Autobiografische Notiz Klübers über seinen Aufenthalt in Berlin, Erlangen, April 1796, ebd. *Eisenhart*, Klüber, S. 237 ff. *Ders.*, Kretschmann, S. 133 (Zitate ebd.). *Mager*, Klüber, S. 133 f. *Willoweit*, Rechtsgrundlagen, S. 353 ff. *Klüber*, Einleitung zu einem neuen Lehrbegriff, S. 58 ff., 86 f., 121 f., 153 f. (Zitat ebd., S. 86). *Hofmeister-Hunger*, Pressepolitik, S. 90 f., S. 112 Anm. 147 (Zitat ebd., S. 112 Anm. 147)).

29 Königliches Reskript an Hardenberg vom 29. Dezember 1795, in: *Kretschmann*, Dienstjahre (1808), S. 166–167, hier: S. 167.

brachten Stein nicht mehr aufhalten konnte. Unterm 26. März erstattete Hardenberg dem Kabinettsministerium Bericht und schlug vor, die beanspruchten Gebiete ungeachtet aller reichsrechtlichen Verbote mit einem Schlage zu besetzten, zugleich aber auch Vergleichsverhandlungen anzubieten sowie die königlichen Landeshoheitsansprüche dem Kaiser darzulegen und öffentlich zu vertreten. Hierauf berief das Kabinettsministerium für den Abend des 2. Aprils 1796 eine Sitzung in der Unterkunft des Grafen Finkenstein ein. Eine zweite Konferenz der Kabinettsminister fand am 5. April statt. In den Beratungen gelang es Hardenberg, nicht nur die Bedenken des Kabinettsministers Graf von Haugwitz auszuräumen[30]. Er legte seinen Ministerkollegen auch zwei offizielle Erklärungen über die preußischen Landeshoheitsansprüche sowie den Entwurf einer detaillierten königlichen Instruktion für sich selbst vor. Letztere hatte Kretschmann schon bis Mitte März 1796 erarbeitet, worauf sie von Klüber trotz all seiner Bedenken geprüft und nun, in der Sitzung vom 5. April, durch das Kabinettsministerium genehmigt wurde[31]. Am 12. April 1796 erstatteten die Kabinettsminister Hardenberg, Finkenstein, Alvensleben und Haugwitz dem König Bericht, der diesem kaum eine akzeptable Alternative ließ. Hierauf unterzeichnete und besiegelte Friedrich Wilhelm II. die besagte »Instruction für das König(liche) Landes-Ministerium der beiden fränkisch(en) Fürstenthümer wegen der Landeshoheits-Streitigkeiten mit Nachbarn und Insassen«[32]. Diese stützte sich inhaltlich in weiten

30 Reskript von Finkenstein, Alvensleben und Haugwitz an Hardenberg, Berlin, 29. März 1796, GStA PK Berlin, II. HA, Abt. 36, I, Nr. 6, fol. 3. Schreiben Hardenbergs an das Kabinettsministerium, Berlin, 7. April 1796, ebd., fol. 4. Schreiben von Bever an Klüber, Berlin, 2. April 1796, GLA Karlsruhe, N Klüber, Fasz. 229. *Stamm-Kuhlmann* (Hg.), Hardenberg, S. 318. *Hartung*, Hardenberg, S. 37 f. – An den Beratungen des Kabinettsministeriums waren auf der Ministerebene außer Hardenberg, Finkenstein, Alvensleben und Haugwitz beteiligt (Reskript von Finkenstein, Alvensleben und Haugwitz an Hardenberg, Berlin, 29. März 1796, ebd., fol. 3. Reskript von Finkenstein, Alvensleben und Haugwitz an Hardenberg, Berlin, 10. April 1796, ebd., fol. 68). – Das Tagebuch Hardenbergs verzeichnet ferner für den 6. April 1796 eine Konferenz mit dem Oberkriegskollegium, die theoretisch ebenfalls mit den geplanten Maßregeln in Franken zusammenhängen könnte (*Stamm-Kuhlmann* (Hg.), ebd., S. 318).

31 Schreiben Hardenbergs an das Kabinettsministerium, Berlin, 7. April 1796, GStA PK Berlin, II. HA, Abt. 36, I, Nr. 6, fol. 4. Schreiben Hardenbergs an Klüber, Berlin, 18. März 1796, GLA Karlsruhe, N Klüber, Fasz. 229. Bemerkungen Klübers zur königlichen Instruktion, [Berlin], [März 1796], ebd. *Hartung*, Hardenberg, S. 38. – Für den 15. April 1796 vermerken Hardenbergs autobiografische Aufzeichnungen die (geplante?) Ernennung Kretschmanns zum Geheimen Regierungsrat. Obwohl Schuckmann am gleichen Tage als Präsident der Ansbacher sowie der Bayreuther Kriegs- und Domänenkammer verzeichnet wird, dürfte die Auszeichnung Kretschmanns auch vor dem Hintergrund der Berliner Beratungen zu sehen sein (*Stamm-Kuhlmann* (Hg.), Hardenberg, S. 319).

32 Schreiben Hardenbergs an das Kabinettsministerium, Berlin, 7. April 1796, GStA PK Berlin, II. HA, Abt. 36, I, Nr. 6, fol. 4. Reskript von Finkenstein, Alvensleben und Haugwitz an Hardenberg, Berlin, 10. April 1796, ebd., fol. 68. Entwurf der königlichen Instruktion für das fränkische Landesministerium, Berlin, [März/April 1796], ebd., fol. 5–67. Denkschrift Hardenbergs »über das Finanz- und Rechnungswesen in den fränkischen Fürstentümern«, Berlin, [24.] März 1799, in: *Haussherr*, Hardenberg I, Anhang, S. 240–255, hier: S. 249. *Kretschmann*, Dienstjahre

Teilen auf die bereits vorgestellten Abhandlungen Kretschmanns und deren Vorarbeiten von Georg. Die zentrale Bedeutung dieses Schriftstücks lässt es legitim erscheinen, es einer eingehenderen Betrachtung zu unterziehen. Die Instruktion postulierte, dass anhand archivalischer Urkunden, Akten und Amtsbücher klar erwiesen sei, dass die 1363 gefürsteten Besitzungen der Zollern in Franken »nach ihren Urbestandtheilen ein voellig geschlossenes Land seyen«. Alle innerhalb der Grenzen dieser einzelnen Bestandteile gelegenen Besitzungen von Reichsständen, Reichsrittern und des Corpus Voitlandicum seien folglich der königlichen Landeshoheit inklusive »der Gesetzgebung, der Oberaufsicht, der Landespolizey, der Finanzgewalt[,] insbesondere dem Rechte der Besteuerung, der Justizgewalt, der Militärgewalt mithin dem Enrollement, der Einquartierung, dem Service und Fourage Wesen, ferner auch der Kirchengewalt unterworfen«. Rechtlich erlangte Gerechtsame der in den imaginierten zollerschen Grenzen gelegenen Herrschaften seien in der Regel nur unter der königlichen Landeshoheit zu gestatten. Exemtionen von dieser müssten auf dem gesetzmäßigen Wege erwiesen werden. Eng damit verbunden war die Frage, wie es sich mit denjenigen obrigkeitlichen Rechten und Besitzungen verhielt, die die fränkischen Zollern durch förmliche Abkommen in der Vergangenheit veräußert hatten. Hier bot eine geschickte Interpretation der brandenburgischen Hausverträge einen Ausweg: Alle von der fränkischen Linie der Zollern über Hoheitsrechte geschlossenen Verträge vor 1437 wären gültig, da erst in diesem Jahr durch das Testament Kurfürst Friedrichs I. von Brandenburg die fränkischen Fürstentümer »fideicommissarische Qualität« erhalten hätten. Dagegen seien alle Veräußerungen von Land, Leuten und Hoheitsrechten zwischen 1437 und dem Inkrafttreten der Dispositio Achillea im Jahr 1486 ungültig, wenn nicht ein nachweisbarer Notfall den Anlass hierfür gegeben hätte. Die zwischen 1486 und der Erbverbrüderung zwischen Brandenburg, Sachsen und Hessen von 1614 eingegangenen Abkommen über obrigkeitliche Rechte durften nur dann Gültigkeit beanspruchen, wenn der vertragsschließende Markgraf dabei von ihm selbst neu erworbene Besitzungen und Gerechtsame wieder veräußert hätte. Alle seit 1614 abgeschlossenen einschlägigen Verträge seien prinzipiell ungültig. Von diesen Grundsätzen ausgenommen und als gültig anerkannt sollten jedoch all jene Abkommen über landesherrliche Rechte und Besitzungen sein, die entweder »mit voller Sachkenntnis« der Berliner Kurlinie geschlossen worden waren oder zum Vorteil der fränkischen Markgrafentümer gedient hatten. Schließlich wurden sämtliche von den Zollern angeblich veräußerten Gerechtsame und Gebiete für restituabel erklärt, über deren

(1808), S. 22 ff. *Stamm-Kuhlmann* (Hg.), Hardenberg, S. 319. *Hartung*, Hardenberg, S. 38. Von bayerischer Hand vorgenommene Abschrift der Instruktion für das königliche Landesministerium, Berlin, 12. April 1796, BSB, Handschriftenabteilung, Franconica 2#Beibd.17, fol. 1–34, hier: fol. 34 (Zitat ebd.). – Die Instruktion vom 12. April 1796 ist auch als Beilage zu Kretschmanns Erinnerungen (*Kretschmann*, ebd. (1808), S. 71–140) abgedruckt.

Zession kein Vertrag existierte – eine Formulierung, mit der sich jedweder Anspruch gegen die fränkische Reichsritterschaft rechtfertigen ließ. Umgekehrt sollten Belehnungen oder sonstige Verleihungen von Besitzungen und landesherrlichen Gerechtsamen durch die fränkische Linie der Zollern wie vertragliche Veräußerungen behandelt werden. Zudem lieferte die Instruktion die Handhabe, um Allodifikationen von Lehen und von den fränkischen Markgrafen erteilte Privilegien zu annullieren, wenn diese für das Haus Brandenburg als unvorteilhaft befunden würden. Schließlich sollte Hardenberg bei der Durchsetzung der königlichen Landeshoheitsansprüche weder Verjährungsfristen noch reichsgerichtliche Mandate und Urteile beachten, wenn diese rechtswidrig ergangen seien. Auch diese Bestimmung ließ breiten Raum zur Interpretation. Eine Entschädigung für die von der Geltendmachung der preußischen Landeshoheitsansprüche betroffenen Reichsglieder sollte nur in wenigen Ausnahmefällen erfolgen[33].

Jenseits dieser auch für die von Berlin beanspruchten reichsständischen Gebiete geltenden Grundsätze fanden die den ober- und untergebürgischen Fürstentümern benachbarten Reichsritter und immediaten Rittergüter noch eine besondere Berücksichtigung in der Instruktion: Es wurde ausgeführt, dass die besagten Rittergenossen sich angeblich widerrechtlich als landsässiger Adel »hinter dem Rükken der ehemaligen [...] Fürsten mit der Reichsritterschaft associirt haben«. Dieses Faktum ergäbe sich klar aus der Lage der immediaten Rittergüter, aus ihrer vorgeblichen Anerkennung der zollerschen Landeshoheit bis 1559 sowie aus der postulierten Ungültigkeit der einschlägigen kaiserlichen Privilegien und reichsgerichtlichen Mandate. Da zudem die Regenten der fränkischen und kurfürstlichen Linie des Hauses Brandenburg ihre landesherrlichen Rechte gewahrt hätten, seien diese ritterschaftlichen »Usurpationen« der Reichsunmittelbarkeit zu vernichten, ohne dass Berlin damit die rechtmäßige Existenz der Reichsritterschaft in andern Teilen des Reichs anzweifeln wolle. Allein die in fremdem Territorium eingeschlossenen zollerschen Lehen reichsritterschaftlicher Vasallen, die sog. Feuda extra curtem, sollten bis zu ihrem Heimfall dem Corpus equestre verbleiben. Den zu mediatisierenden Rittergenossen seien all diejenigen Vorzüge zu gewähren, die die vogtländische Ritterschaft nach dem Verlust zahlreicher ihrer bisherigen Privilegien künftig genießen würde.

Der Reichsgraf von Giech, der – wie gezeigt wurde – zugleich Rittergenosse und Kreisstand war, sollte selbst für den im Vertrag von 1699 zugestandenen Landeshoheitsdistrikt seiner Herrschaft Thurnau unterworfen werden. Zwar sah die Instruktion vor einer einseitigen Aufhebung des besagten Abkommens

33 Entwurf der königlichen Instruktion für das fränkische Landesministerium, Berlin, [März/April 1796], GStA PK Berlin, II. HA, Abt. 36, I, Nr. 6, fol. 5–67, hier: fol. 5 ff. (Zitate ebd., fol. 7 ff.). Von bayerischer Hand vorgenommene Abschrift der Instruktion für das königliche Landesministerium, Berlin, 12. April 1796, BSB, Handschriftenabteilung, Franconica 2#Beibd.17, fol. 1–34, hier: fol. 1 ff.

den Versuch einer gütlichen Einigung vor, aber diese müsse die wichtigsten landesherrlichen Rechte über den Hoheitsbezirk des Grafen dem König sichern.

Eine Sonderreglung sah die Instruktion auch für all diejenigen reichsritterschaftlichen Besitzungen vor, deren Inhaber von Brandenburg-Ansbach die Fraisch zu Lehen erhalten hatten: Die Kriminaljurisdiktion sollte in diesen Fällen zwar nicht wieder entzogen, aber unter die königliche Oberaufsicht gestellt und in die preußische Justizverfassung eingebaut werden. Während der zwischen Ansbach und dem Kanton Altmühl geschlossene Kollektationsrezess aufzuheben war, sollten die Jurisdiktionsdeklaration von 1722 und die zugehörige erläuternde Resolution von 1729 im Wesentlichen bestehen bleiben, wenn sich die Reichsritter gehorsam unterwerfen würden[34].

Was die praktische Vorgehensweise bei der Durchsetzung der preußischen Landeshoheitsansprüche anbelangte, beschränkte sich die Instruktion auf wenige Punkte: Da »das Geschrey über Uebermacht und Druck allgemein werden wird« sollten die Mediatisierungen nicht nur in einer allgemein gehaltenen öffentlichen Erklärung, sondern auch in einer speziell auf die Reichsritterschaft bezogenen Schrift »vor dem Publikum« gerechtfertigt werden. Während der ursprüngliche Entwurf der Instruktion Hardenberg noch anwies »bey der ganzen Ausführung der hier aufgestellten Grundsäze mit dem möglichsten Glimpf zu Werke [zu] gehen, überall Unsren Grosmuth und Mäsigung [zu] zeigen«, setzten sich bei der Schlussredaktion die Anhänger einer härteren Gangart durch: Der Dirigierende Minister solle sämtliche Proteste und Verfügungen der obersten Reichsgerichte kurzerhand ignorieren sowie im Falle von »Renitenz« militärische Gewalt einsetzen[35]. Mit diesen Worten besiegelte die königliche Instruktion vom 12. April 1796 auch das Schicksal eines großen Teiles der rechtsrheinischen Reichsritterschaft.

Am 9. Juni 1796, zwei Tage nach seiner Rückkunft aus Berlin, hielt Hardenberg in Ansbach eine »Conférence touch[ant] les Diff[erenz] Sachen« ab[36]. Zehn Tage später, am 19. Juni, begab sich der Dirigierende Minister zur Re-

34 Entwurf der königlichen Instruktion für das fränkische Landesministerium, Berlin, [März/April 1796], GStA PK Berlin, II. HA, Abt. 36, I, Nr. 6, fol. 5–67, hier: fol. 15 ff., 40, 47, 64 f. (Zitate ebd., fol. 27 f.). Von bayerischer Hand vorgenommene Abschrift der Instruktion für das königliche Landesministerium, Berlin, 12. April 1796, BSB, Handschriftenabteilung, Franconica 2#Beibd.17, fol. 1–34, hier: fol. 6 ff., 18 u. 22 f.

35 Entwurf der königlichen Instruktion für das fränkische Landesministerium, Berlin, [März/April 1796], GStA PK Berlin, II. HA, Abt. 36, I, Nr. 6, fol. 5–67, hier: fol. 8, 29 u. 66 f. (Zitate ebd., fol. 29 u. gestrichene Passagen auf fol. 66 f.). Von bayerischer Hand vorgenommene Abschrift der Instruktion für das königliche Landesministerium, Berlin, 12. April 1796, BSB, Handschriftenabteilung, Franconica 2#Beibd.17, fol. 1–34, hier: fol. 2, 12 u. 33 f.

36 *Stamm-Kuhlmann* (Hg.), Hardenberg, S. 321. – Auch für den Vortag, den 8. Juni 1796, verzeichnen Hardenbergs autobiografische Aufzeichnungen eine Konferenz, deren Zweck allerdings nicht näher angegeben ist. An beiden Ansbacher Konferenzen nahmen mutmaßlich Georg und Schuckmann teil, da deren Rückreise nach Bayreuth erst für den 13. und 17. Juni bezeugt ist (*Stamm-Kuhlmann* (Hg.), ebd., S. 321).

sidenz des preußischen Generalinspekteurs der in den fränkischen Provinzen liegenden königlichen Truppen, dem neuen Fürsten zu Hohenlohe-Ingelfingen, um die bestehenden Landeshoheitsstreitigkeiten mit den Neuensteiner Nebenlinien des Hohenloher Fürstenhauses vertraglich beizulegen und um das geplante Vorgehen gegen Nürnberg abzustimmen[37]. Auch das Umfeld des Dirigierenden Ministers entfaltete eine fieberhafte Aktivität. Während Schmid, der preußische Kreisdirektorialgesandte in Nürnberg, manchen wertvollen Ratschlag zur Umsetzung der königlichen Instruktion vom 12. April 1796 lieferte[38], arbeitete das Landesministerium der fränkischen Provinzen in den ersten dreieinhalb Juniwochen die entscheidenden Weisungen für die Ansbacher und Bayreuther Oberbehörden aus: Den Regierungssenaten des ober- und untergebürgischen Fürstentums wurde ohne größere Begründung mitgeteilt, dass die beiden fränkischen Markgrafentümer nach ihren einzelnen Bestandteilen ein nachweislich geschlossenes Territorium seien und daher die Landeshoheit über die reichsritterschaftlichen und -ständischen Enklaven dem König zustehe. Zugleich erhielten die beiden Regierungen genaue Anweisungen, was den inklavierten reichsritterschaftlichen Herrschaften als sog. »eingeseßenen Ritterschafts[-]Besizzern« unter der königlichen Oberaufsicht von ihren bisherigen Privilegien und Rechten im Bereich der Justiz- und Kirchengewalt künftig verbleiben dürfe und welche Bedingungen dabei zu erfüllen seien. Diese Vorschriften wurden auch auf die reichsritterschaftlichen, jenseits des 1699 geschaffenen Hoheitsbezirks liegenden Besitzungen des Reichsgrafen von Giech zu Thurnau ausgedehnt. Ganz anders sollte dagegen außerhalb der imaginierten preußischen Territorialgrenzen in Franken verfahren werden: Sofern es sich nicht um eine als Kondominat gemeinsam ausgeübte Landeshoheit handelte, sollten die jurisdiktionellen, kirchlichen und lehensherrlichen Gerechtsame Preußens über exklavierte Güter, Untertanen und Kirchen künftig nur noch unter der Oberaufsicht derjenigen Landesherrschaft ausgeübt werden, in deren Gebiet sie lagen. Damit waren auch die zollerschen Lehen reichsritterschaftlicher Vasallen, die in fremdem Territorium inklaviert waren, die sog. Feuda extra curtem, von der Durchsetzung der königlichen Landeshoheitsansprüche ausdrücklich ausgenommen[39]. Neue Kammerinstruktionen vom 24. Juni

37 Bericht Hardenbergs an das Kabinettsministerium, Ansbach, 30. Juni 1796, GStA PK Berlin, II. HA, Abt. 36, I, Nr. 6, fol. 79–84, hier: fol. 80 f. *Stamm-Kuhlmann* (Hg.), Hardenberg, S. 322. – Nicht nur aufgrund des militärischen Ranges des Fürsten zu Hohenlohe-Ingelfingen in der preußischen Armee lag der am 21. Juni 1796 geschlossene Landesvergleich mit seinem Nachtrag im Interesse aller Beteiligten. Es sprachen auch rechtliche und propagandistische Gesichtspunkte aus Hardenbergs Warte für die gütliche Übereinkunft (Bericht Hardenbergs an das Kabinettsministerium, Ansbach, 30. Juni 1796, ebd., fol. 79–84, hier: fol. 80 ff.).

38 Schreiben von Ludwig Friedrich Christoph Schmid an Hardenberg, Ansbach, 21. Juni 1796, GStA PK Berlin, II. HA, Abt. 36, I, Nr. 6, fol. 73–75, hier: fol. 73 ff.

39 Entwurf der Instruktion an den 1. und 2. Regierungssenat zu Bayreuth über »das Benehmen gegen die Hintersaßen benachbarter Stände, welche im diesseitigen Territorium liegen, und die der fränkischen Ritterschaft«, Ansbach, 4. Juni 1796, GStA PK Berlin, II. HA, Abt. 36, I, Nr. 6

machten auch die Ansbacher und Bayreuther Kriegs- und Domänenräte mit der zollerschen Landeshoheitsauffassung vertraut und erklärten den mit dem Grafen von Giech 1699 geschlossenen Vertrag wegen des fehlenden Konsenses der Berliner Kurlinie für ungültig. Künftig sollte die Ausübung der Finanz-, Polizey- und Militärgewalt auf den bisher fremden, kreisständischen und reichsritterschaftlichen Gebieten in die Kompetenz der unter- und obergebürgischen Kammern fallen, denen zu diesem Zweck ins Detail gehende Anweisungen erteilt wurden[40]. Unterm 1. Juli wurden alle nachgeordneten Ämter des ober- und untergebürgischen Fürstentums davon in Kenntnis gesetzt, dass Preußen nun die volle Landeshoheit innerhalb seiner »vermarkten« Grenzen durchsetzen werde, jene über die exklavierten königlichen Lehensleute und Hintersassen aber den Nachbarterritorien überlassen würde und sich in diesen Fällen mit den grund- und lehensherrlichen Einkünften und Gerechtsamen begnügen wolle[41]. Am gleichen Tag fertigte Ansbach den wichtigsten königlichen Gesandtschaften und Vertretern im Reich ausführliche Weisungen zu, um den geplanten Schritt rechtfertigen zu können[42]. Am 7. Juli erließen die beiden Ansbacher Regierungssenate genauere Ausführungsbestimmungen für die ihnen nachgeordneten Ämter[43]. Auf den 18. Juli datierte

(Zitat ebd.). Abschrift des Reskripts Hardenbergs an den 1. und 2. Regierungssenat zu Ansbach, Ansbach, 24. Juni 1796, BSB, Handschriftenabteilung, Franconica 2#Beibd.17, fol. 1–14, hier: fol. 1, 7 ff. – Die von Kretschmann entworfene Instruktion vom 4. Juni 1796 für die Bayreuther Regierung weist eine weitgehende Übereinstimmung mit derjenigen vom 24. Juni für die beiden Ansbacher Senate auf. Da Erstere jedoch nicht wie üblich von Hardenberg abgezeichnet wurde, dürfte es sich bei ihr nur um die Vorstufe einer späteren, ebenfalls auf den 24. Juni datierenden Handlungsanweisung für die obergebürgische Regierung handeln. Dafür spricht auch die Darstellung von *Holle* (Streitigkeiten, S. 59).

40 Instruktion Hardenbergs für die obergebürgische Kriegs- und Domänenkammer wegen künftiger Behandlung ihrer Ressorts, Ansbach, 24. Juni 1796, StA Bamberg, C 7/IIa, Nr. 66. Instruktion Hardenbergs für die untergebürgische Kriegs- und Domänenkammer wegen künftiger Behandlung ihrer Ressorts, Ansbach, 24. Juni 1796, StA Nürnberg, Mfr (Abgabe 1900), KdI, Nr. 3897. Reskript Hardenbergs an die Kriegs- und Domänenkammer zu Ansbach und Bayreuth, Ansbach, 28. Juli 1796, ebd. Abschrift des Reskripts Hardenbergs an den 1. Regierungssenat zu Ansbach, den 2. Regierungssenat zu Bayreuth und die Ansbacher und Bayreuther Kriegs- und Domänenkammern, Ansbach, 28. Juni 1796, ebd. *Weltrich*, Erinnerungen … aus den Preussischen Regierungs-Jahren, S. 26 ff. Vgl. den Befehl an sämtliche Ansbacher und Bayreuther Ämter, Ansbach, 1. Juli 1796, GStA PK Berlin, II. HA, Abt. 36, I, Nr. 6, fol. 87.

41 Befehl an sämtliche Ansbacher und Bayreuther Ämter, Ansbach, 1. Juli 1796, GStA PK Berlin, II. HA, Abt. 36, I, Nr. 6, fol. 87. – Vgl. auch die bei *Weltrich* (Erinnerungen … aus den Preussischen Regierungs-Jahren, S. 29 f.) erwähnten Befehle an die Geistlichen zur Durchführung der preußischen »Landeshoheits-Grundsätze«.

42 Reskript Hardenbergs an verschiedene preußische Gesandtschaften und Vertreter, Ansbach, 1. Juli 1796, GStA PK Berlin, II. HA, Abt. 36, I, Nr. 6, fol. 88–92, hier: fol. 88 ff. – Die entsprechende Anweisung an die preußische Kreisdirektorialgesandtschaft zu Nürnberg erging erst unterm 3. Juli 1796 (Reskript Hardenbergs an die preußische Kreisdirektorialgesandtschaft zu Nürnberg, Deberndorf, 3. Juli 1796, GStA PK Berlin, II. HA, Abt. 36, I, Nr. 6, fol. 95–96, hier: fol. 95 f.).

43 Instruktion der Ansbacher Regierung an die nachgeordneten Ämter, Ansbach, 7. Juli 1796, StA Nürnberg, Mfr (Abgabe 1909), KdI, Nr. 3653.

schließlich eine Instruktion der Ansbacher Kriegs- und Domänenkammer, die den nachgeordneten Ämtern die ganze Ausdehnung des neuen preußischen Territoriums und der beanspruchten landesherrlichen Rechte darlegte[44].

Noch bevor alle diese Vorbereitungen abgeschlossen waren, sah sich Hardenberg veranlasst, ein Exempel zu statuieren. Vor den Toren des zum Schwäbischen Reichskreis gehörenden Dinkelsbühl war es am 4. Juni zu einer handgreiflichen Auseinandersetzung mit zwei preußischen Soldaten gekommen, die eine Ansbacher Vieh- und Getreidesperre gegen die Reichsstadt durchsetzen sollten. Da der Magistrat die Auslieferung der Beteiligten verweigerte, ließ der Dirigierende Minister noch im selben Monat das von Preußen beanspruchte Territorium vorübergehend bis an die Stadtmauer militärisch besetzen[45]. Aber erst Anfang Juli 1796 schlug Hardenberg richtig los. Der erste Vorstoß traf die Reichsstadt Nürnberg, gegen die der Statthalter Berlins zur Abschreckung nicht weniger als fünf Eskadronen Kavallerie, drei Bataillone Infanterie sowie Artillerie in Marsch setzte. Am 4. Juli, um vier Uhr in der Nacht, besetzten die preußischen Truppen das Nürnberger Umland mit seinen Vorstädten und Verschanzungen bis zur Stadtmauer, wobei die reichsstädtischen Wachposten zurückgedrängt, teilweise entwaffnet sowie angeblich Kanonen mit brennenden Lunten vor den Stadttoren aufgefahren wurden. An die lokalen Beamten und Untertanen in den okkupierten Gebieten erging in den folgenden Tagen die Weisung, dem preußischen König als neuen Landesherrn den Untertaneneid zu leisten[46].

Nach diesen Erfolgen nahm Hardenberg die inklavierten reichsritterschaftlichen und übrigen kreisständischen Herrschaften ins Visier. Um

44 Bericht der Ansbacher Kriegs- und Domänenkammer, Ansbach, 1. August 1796, StA Nürnberg, Mfr (Abgabe 1900), KdI, Nr. 3897. »Allgemeine Instruktion für alle Aemter des untergebürgischen Fürstenthums wegen künftiger Behandlung ihres Ressorts in Hinsicht auf Polizey- Finanz- und Militair-Gewalt«, Ansbach, 18. Juli 1796, ebd. Vgl. auch den Druck als »Allgemeine Instruktion für alle Aemter des untergebürgischen Fürstenthums wegen künftiger Behandlung ihres Ressorts in Hinsicht auf Policey- Finanz- und Militär-Gewalt, o.O. o.J. [1797], StA Ludwigsburg, B 575 IV, Bü 353. – Einen Tag später erläuterte Kretschmann in Neustadt an der Aisch den Leitern der nachgeordneten Behörden des Bayreuther Unterlandes das geplante Vorgehen (*H. H. Hofmann*, Neustadt-Windsheim, S. 149).

45 Bericht Hardenbergs an das Kabinettsministerium, Ansbach, 30. Juni 1796, GStA PK Berlin, II. HA, Abt. 36, I, Nr. 6, fol. 79–84, hier: fol. 79 f. *Stamm-Kuhlmann* (Hg.), Hardenberg, S. 321.

46 Bericht Hardenbergs an das Kabinettsministerium, Ansbach, 30. Juni 1796, GStA PK Berlin, II. HA, Abt. 36, I, Nr. 6, fol. 79–84, hier: fol. 83. Immediatbericht Hardenbergs an den König, Ansbach, 30. Juni 1796, ebd., fol. 85–86?, hier: fol. 85. Immediatbericht Hardenbergs an den König sowie an das Kabinettsministerium, Ansbach, 5. Juli 1796, ebd., fol. 97–100, hier: fol. 97. Abschrift des Promemorias der Freiherrn von Geuder, Bamberg, 6. Juli 1796, StA Marburg, 109, Nr. 311, Bd. 7. Abschrift des 2. Nachschreibens des Fränkischen Kreiskonvents an den preußischen König, Nürnberg, 4. Juli 1796, ebd. Abschrift des Schreibens des Fränkischen Kreiskonvents an den preußischen König, Nürnberg, 8. Juli 1796, ebd. Bericht des geheimen französischen Agenten Gleichen an Rewbell, Mitglied des Direktoriums in Paris, Nürnberg, 15. messidor an 4, AMAE Paris, CP, Allemagne - Petites Principautés, Nr. 74, fol. 33. *Stamm-Kuhlmann* (Hg.), Hardenberg, S. 322. *K. H. Lang*, Annalen, S. 16. *Weltrich*, Erinnerungen … aus den Preussischen Regierungs-Jahren, S. 29.

eventuellen Widerstand bei der »Besiznehmung« durch bereitstehendes Militär brechen zu können, ließ Hardenberg die Mehrheit der an der Nürnberger Okkupation beteiligten Truppen umgehend in ihre Kasernen zurückverlegen[47].

Das bei Rhön-Werra stehende fränkische Spezialdirektorium hatte sich Mitte Februar 1796 in einem Schreiben an Hardenberg gewandt und Beschwerde über die zunehmenden Eingriffe der Bayreuther Behörden in die reichsritterschaftlichen Gerechtsame geführt[48]. Nun, rund vier Monate später, erhielt es die Antwort Hardenbergs. Sie war von diesem bewusst auf den 4. Juli 1796 datiert und dazu passend abgesendet worden, also auf den Tag, an dem die preußischen Truppen das Nürnberger Umland okkupiert hatten. Das Schreiben machte der Reichsritterschaft unmissverständlich klar, welches Schicksal ihr blühte. Ihm lag nämlich eine gedruckte öffentliche Erklärung bei, in der die Reichsunmittelbarkeit der Ansbach-Bayreuth benachbarten Reichsritter für eine platte Usurpation erklärt wurde, deren Beseitigung dem König rechtlich zustehe[49].

Die Umsetzung dieser Ankündigung ließ nicht lange auf sich warten. Vielmehr erfolgte seit der ersten Julihälfte des Jahres 1796 durch die königlichen Behörden »Schlag auf Schlag«, um die in der Nähe der bisherigen Landeshoheitsgrenzen gelegenen reichsritterschaftlichen Herrschaften dem Zepter Friedrich Wilhelms II. zu unterwerfen[50]. Dabei ging der Dirigierende Minister von Anfang an zweigleisig vor, indem er neben der Peitsche auch Zuckerbrot einsetzte. Diese Doppelstrategie fand ihren Ausdruck im Versuch einer verbalen Abrüstung der preußischen Seite, die mit der Eskalation der politischen Auseinandersetzung kontrastierte. Im Juni und Juli 1796 ergingen wiederholte Weisungen Hardenbergs und der seinem Landesministerium unmittelbar nachgeordneten Stellen an die preußischen Behörden, sich bei der »Correspondenz mit den Nachbaren eines anständigen, und durch Glimpf und Mässi[-]gung im Ausdruck, sich auszeichnenden Stils zu befleissige[n] [,] selbst dann, wenn dieses von den Nachbaren und Insasse[n] nicht beobachtet werden sollte[,] denn die Härte des Ausdrucks erbittert ohne zu über[-]zeugen

47 Immediatbericht Hardenbergs an den König sowie an das Kabinettsministerium, Ansbach, 5. Juli 1796, ebd., fol. 97–100, hier: fol. 99 f. (Zitat ebd., fol. 99).

48 Schreiben des Ortsvorstandes Rhön-Werra an Hardenberg, Schweinfurt, 15. Februar 1796, StA Marburg, 109, Nr. 311, Bd. 5, zu Dok. 340. Klageschrift von Rhön-Werra gegen Preußen zu den Beilagen 1 bis 87 zum Reichshofratsprozess, StA Marburg, 109, Nr. 312, Bd. 1.

49 Bericht Hardenbergs an das Kabinettsministerium, Ansbach, 30. Juni 1796, GStA PK Berlin, II. HA, Abt. 36, I, Nr. 6, fol. 79–84, hier: fol. 83. Immediatbericht Hardenbergs an den König sowie an das Kabinettsministerium, Ansbach, 5. Juli 1796, ebd. fol. 97–100, hier: fol. 99. Verzeichnis der Abschriften der in den Landeshoheitsirrungen angefertigten Schreiben [ca. Ende Juni/ Anfang Juli 1796], ebd., fol. 101. Klageschrift von Rhön-Werra gegen Preußen zu den Beilagen 1 bis 87 zum Reichshofratsprozess, StA Marburg, 109, Nr. 312, Bd. 1. Oeffentliche Erklärung wegen der Brandenburgischen Insassen, S. 3 ff.

50 Klageschrift von Rhön-Werra gegen Preußen zu den Beilagen 1 bis 87 zum Reichshofratsprozess, StA Marburg, 109, Nr. 312, Bd. 1.

und Wahrheit gewinnt doppelt, wenn sie mit Würde und Anstand vorgelegt wird«[51].

Wesentlich wichtiger als ein derart gemäßigter Tonfall war ein königliches Patent vom 3. Juli 1796, das auf den reichsritterschaftlichen Besitzungen angeschlagen wurde: In diesem warnte Hardenberg nicht nur vor jeglichem Widerstand gegen die Durchsetzung der preußischen Landeshoheitsansprüche. Den Rittergenossen und ihren Untertanen wurde auch zugesichert, dass niemand bei seiner Konfessionsausübung behindert oder in seinen privaten Eigentumsrechten beeinträchtigt werde. Stattdessen sollte »Jedermann vielmehr bey dem Besitz der zuständigen Grund und Lehenherrlichen Gefälle und Abgaben gelassen und erhalten, und bey allen wohlerworbenen Rechten und Befugnissen Königlich und Landesväterlich geschüzt« werden. Obwohl die letzte Formulierung ausreichend Raum für Interpretationen bot, garantierte das Patent vom 3. Juli 1796 eindeutig den Rittern ihre Stellung als Grundherr, die damit verbundenen Vorrechte und soziale Geltung sowie die aus der Grundleihe resultierenden Einkünfte inklusive der Fronleistungen der Beständer[52]. Auch, wenn eine derartige Garantie in der ständisch-feudalen Gesellschaft des Alten Reiches als Selbstverständlichkeit erscheinen konnte und musste, so demonstrierte Hardenberg mit dem Patent vom 3. Juli zumindest guten Willen.

Keine zwei Wochen später gestand der Dirigierende Minister Reichsrittern

51 Befehl an sämtliche Ansbacher und Bayreuther Ämter, Ansbach, 1. Juli 1796, GStA PK Berlin, II. HA, Abt. 36, I, Nr. 6, fol. 87 (Zitat ebd.). Abschrift des Reskripts Hardenbergs an den 1. und 2. Regierungssenat zu Ansbach, Ansbach, 24. Juni 1796, BSB, Handschriftenabteilung, Franconica 2#Beibd.17, fol. 1–14, hier: fol. 14. Instruktion Hardenbergs für die obergebürgische Kriegs- und Domänenkammer wegen künftiger Behandlung ihrer Ressorts, Ansbach, 24. Juni 1796, StA Bamberg, C 7/IIa, Nr. 66. Instruktion Hardenbergs für die untergebürgische Kriegs- und Domänenkammer wegen künftiger Behandlung ihrer Ressorts, Ansbach, 24. Juni 1796, StA Nürnberg, Mfr (Abgabe 1900), KdI, Nr. 3897. »Allgemeine Instruktion für alle Aemter des untergebürgischen Fürstenthums wegen künftiger Behandlung ihres Ressorts in Hinsicht auf Polizey- Finanz- und Militair-Gewalt«, Ansbach, 18. Juli 1796, ebd. Instruktion der Ansbacher Regierung an die nachgeordneten Ämter, Ansbach, 7. Juli 1796, StA Nürnberg, Mfr (Abgabe 1909), KdI, Nr. 3653. – Dies war allerdings keine wirklich neue Maßnahme Hardenbergs. Vielmehr setzten sich Berlin und der Dirigierende Minister bereits seit 1792 mit zweifelhaftem Erfolg für eine verbale Deeskalation im Schriftverkehr der königlichen Ämter mit den benachbarten Reichsgliedern ein, um nicht noch zusätzliche Streitigkeiten zu provozieren (Bericht Hardenbergs an den König/das Kabinettsministerium, Ansbach, 2. April 1792, GStA PK Berlin, II. HA, Abt. 36, I, Nr. 5, fol. 32–38, hier: fol. 33. Reskript von Finkenstein, Schulenburg und Alvensleben an Hardenberg, Berlin, 19. April 1792, ebd., fol. 71–72, hier: fol. 71. »Versuch eines ohngefähren Abrisses…« (wie Kap. II, Anm. 91), GStA PK Berlin, I. HA, Rep. 94, IV, Ac, Nr. 2, S. 1–149, hier: S. 142. Abschrift des Reskripts von Hardenberg an die Regierungen von Bayreuth und Ansbach sowie das Burggräfliche Ratskollegium, Ansbach, 17. März 1792, GStA PK Berlin, I. HA, Rep. 44 B, Nr. 1a.).

52 Abschrift des Freiherrlich von Künsbergischen Amtsprotokolls, Obersteinbach, 19. Juli 1796, StA Marburg, 109, Nr. 311, Bd. 7. Abschrift des von Hardenberg unterzeichneten königlichen Patents, Ansbach, 3. Juli 1796, ebd. (Zitat ebd.). Klageschriftsnachtrag von Rhön-Werra gegen Preußen zu den Beilagen 95 bis 110 zum Reichshofratsprozess, StA Marburg, 109, Nr. 312, Bd. 2.

aus den Geschlechtern der Freiherrn von Seckendorff zu Obernzenn, von Eyb und von Falkenstein, die erstaunlich früh gehuldigt hatten, die Schriftsässigkeit zu, und damit die Exemtion von Eingriffen der nachgeordneten königlichen Ämter in administrative und jurisdiktionelle Angelegenheiten[53]. Schon die Instruktion für das königliche Landesministerium vom 12. April 1796 hatte eine derartige Vergünstigung für alle sich unterwerfenden Ritter vorgesehen[54].

Kurz darauf ging Hardenberg noch einen Schritt weiter: Mit der Aufforderung, sich zu einem bestimmten Termin im Ansbacher oder Bayreuther Schloss – seltener auch andernorts wie beispielsweise in der Wohnung des Landeshauptmanns zu Neustadt an der Aisch – zur Huldigung einzufinden, übersandte Kretschmann den Reichsrittern auch stets zwei Patente. Diese datierten auf den 12. sowie den 16. Juli 1796 und versprachen gemäß der königlichen Instruktion vom 12. April denjenigen Rittergenossen eine Reihe von Vergünstigungen, die durch den Treueid auf den preußischen König ihren

53 Abschrift für Kretschmann von dem Reskript Hardenbergs an die Regierungen sowie die Kriegs- und Domänenkammern von Ansbach und Bayreuth, Ansbach, 14. Juli 1796, StA Nürnberg, Mfr (Abgabe 1900), KdI, Nr. 4088. – Die – wie noch zu zeigen sein wird – bald auch anderen Reichsrittern nach der Huldigung zugestandene Schriftsässigkeit enthielt manchen Kern zu Streitigkeiten, weshalb sie durch ein königliches Patent vom 18. Juni 1798 näher erläutert werden musste: »Die Schriftsässigkeit besteht in der Befreyung von der Jurisdiction Unsrer Aemter, schließt deren unmittelbare Einwürkurg [sic] und alle Einmischung derselben in die Verwaltung und Uebung der gutsherrlichen Gerechtsame aus, und soll Unsern Insassen in der Regel rücksichtlich ihrer geschlossenen Bezirke und Orte, oder wo sie selbige auf eine rechtsbeständige Art hergebracht haben, zustehen«. (Der Fränkische Merkur, Nr. 29, 17. Juli 1798, Sp. 897 ff. (Zitat ebd., Sp. 898). Ebd., Nr. 34, 21. August 1798, Sp. 1053 f.).

54 Entwurf der königlichen Instruktion für das fränkische Landesministerium, Berlin, [März/April 1796], GStA PK Berlin, II. HA, Abt. 36, I, Nr. 6, fol. 5–67, hier: fol. 26 bzw. Von bayerischer Hand vorgenommene Abschrift der Instruktion für das königliche Landesministerium, Berlin, 12. April 1796, BSB, Handschriftenabteilung, Franconica 2#Beibd.17, fol. 1–34, hier: fol. 11. – Daher lassen sich auch die von *H. H. Hofmann* (Herrschaft, S. 183 f.) postulierten »Vorverhandlungen« mit den besagten Geschlechtern in der preußischen Überlieferung nicht nachweisen – auch, wenn sie nicht für alle fraglichen Fälle mit Sicherheit auszuschließen sind. Wenn Hofmann die angeblichen Vorverhandlungen zudem damit beweisen will, dass bestimmten Rittergeschlechtern in einer Regierungsinstruktion der Fortbestand gewisser vogteilicher Rechte gemäß der Jurisdiktionsdeklaration sowie der erläuternden Resolution für den Kanton Altmühl von 1722/29, jedoch nun unter königlicher Landeshoheit zugestanden wurde, geht er erneut in die Irre: Schließlich war 1. der Fortbestand dieser Vorteile bereits in der älteren königlichen Instruktion vom 12. April 1796 vorgesehen und 2. gewährte die fragliche Regierungsinstruktion in ihren unterschiedlichen Fassungen für die einzelnen nachgeordneten Ämter allen ehemaligen Rittern des Kantons Altmühl und sogar des Viertels Odenwald das gleiche Zugeständnis (Entwurf der königlichen Instruktion für das fränkische Landesministerium, Berlin, [März/April 1796], GStA PK Berlin, II. HA, Abt. 36, I, Nr. 6, fol. 5–67, hier: fol. 29 f. bzw. Von bayerischer Hand vorgenommene Abschrift der Instruktion für das königliche Landesministerium, Berlin, 12. April 1796, BSB, Handschriftenabteilung, Franconica 2#Beibd.17, fol. 1–34, hier: fol. 13. Instruktion der Ansbacher Regierung an die nachgeordneten Ämter, Ansbach, 7. Juli 1796, StA Nürnberg, Mfr (Abgabe 1909), KdI, Nr. 3653).

»landsässigen Pflichten ein Genüge leisten« würden[55]. Im ersten, auf den 12. Juli 1796 datierten Patent versicherte Kretschmann im Namen des preußischen Königs den künftig landsässigen Rittern nicht weniger als elf Vorrechte und Privilegien, deren Inanspruchnahme die Rittergenossen gleich bei der Ableistung des Treueides anzuzeigen hatten[56]: Da viele Reichsritter zollersche Vasallen waren, sollten deren Lehen auf Wunsch gegen eine angemessene jährliche Summe allodifiziert, also in freies Eigentum umgewandelt werden (Punkt 1). Die aus dem Lehensband fließende Verpflichtung der Vasallen zu Ritterdiensten sollte dabei ebenfalls aufgehoben werden. Nur die kurz vor dem Heimfall stehenden Lehen wurden von diesem Angebot ausgenommen[57]. Zudem sollte den bisherigen Rittergenossen durch den Aus-

55 Abschriften der Schreiben des Kommissars Kretschmann an verschiedene Reichsritter zwischen dem 18. Juli und 7. September 1796, in: StA Marburg, 109, Nr. 311, Bd. 7–8 u. Bd. 10; StA Marburg, 109, Nr. 312, Bd. 2; StA Marburg, 109, Nr. 322; StA Ludwigsburg, B 575 II, Bü 300; StA Ludwigsburg, B 575 II, Bü 373 u. HHStA Wien, RK, Reichsakten in specie, Fasz.-Nr. 50. Zu Beilage 101: Abschrift des Schreibens des Kommissars Kretschmann an die Freiherrn Hans Friedrich Franz und Friedrich Karl Ludwig Ernst von Künsberg, Ansbach, 3. August 1796, StA Marburg, 109, Nr. 312, Bd. 2 (Zitat ebd.). Abschrift des Berichts der Freiherrn von Künsberg an den Ortsvorstand Gebürg, Erlangen und Ermreuth, 6. November 1796, StA Marburg, 109, Nr. 322. Bericht Hardenbergs an das Kabinettsministerium, Ansbach, 29. Juli 1796, GStA PK Berlin, II. HA, Abt. 36, I, Nr. 6, fol. 145–149, hier: fol. 148. Promemoria des Grafen Eckbrecht von Dürckheim, Thürnhofen, 10. September 1796, HHStA Wien, RK, Reichsakten in specie, Fasz.-Nr. 50. Entwurf der königlichen Instruktion für das fränkische Landesministerium, Berlin, [März/April 1796], GStA PK Berlin, II. HA, Abt. 36, I, Nr. 6, fol. 5–67, hier: fol. 25 ff. bzw. Von bayerischer Hand vorgenommene Abschrift der Instruktion für das königliche Landesministerium, Berlin, 12. April 1796, BSB, Handschriftenabteilung, Franconica 2#Beibd.17, fol. 1–34, hier: fol. 11 ff. – Weitere Orte, an denen der Huldigungseid den Rittergenossen nur in Ausnahmefällen abgenommen wurde, waren beispielsweise das eigene reichsritterschaftliche Schloss oder die königliche Orangerie in Erlangen. Einmal bot Kretschmann sogar an, im Posthaus zu Crailsheim den Treueid entgegenzunehmen (Abschrift des Schreibens der Freiherrn von Künsberg an den Ortsvorstand Gebürg, o.O., 14. März 1798, StA Marburg, 109, Nr. 322. Abschrift des Schreibens des Kommissars von Ausin an den württembergischen Oberhofmeister Freiherr von Künsberg, Erlangen, 3. März 1798, ebd. Abschrift des Schreibens des Kommissars von Ausin an den württembergischen Oberhofmeister Freiherr von Künsberg, Erlangen, 12. März 1798, ebd. Promemoria des Grafen Eckbrecht von Dürckheim, Thürnhofen, 10. September 1796, HHStA Wien, RK, Reichsakten in specie, Fasz.-Nr. 50. Abschrift des Schreibens des Kommissars Kretschmann an den Grafen Eckbrecht von Dürckheim, Ansbach, 7. August 1796, ebd.).

56 Abschrift des königlichen Patents von Kretschmann, Ansbach, 12. Juli 1796, StA Marburg, 109, Nr. 311, Bd. 7. Abschrift des Protokolls über die Vereidigung des Friedrich Karl Freiherr von Frankenstein, Neustadt an der Aisch, 18. Juli 1796, ebd.

57 Abschrift des königlichen Patents von Kretschmann, Ansbach, 12. Juli 1796, StA Marburg, 109, Nr. 311, Bd. 7. – Genaue Ausführungsbestimmungen für die Allodifikation ergingen erst unterm 20. März 1797 und 18. Juni 1798, in denen die Umwandlung der Lehen teilweise eingeschränkt wurde. Beispielsweise durften nun Lehen extra curtem, die also jenseits der neuen Landesgrenzen lagen, nicht mehr allodifiziert werden. Ob die in den Ausführungsbestimmungen ebenfalls vorgesehene Erleichterung der Zerschlagung der allodifizierten Rittergüter mit einer Politik zum Erhalt des adligen Grundbesitzes in Einklang zu bringen war, erscheint mehr als fraglich. (*Weltrich*, Erinnerungen … aus den Preussischen Regierungs-Jahren, S. 38 f. Der

tausch ihrer im preußischen Gebiet verstreuten Hintersassen gegen benachbarte königliche Untertanen ein geschlossener Gutsbezirk – ähnlich wie im preußischen Ostelbien verschafft werden (Punkt 2). Die Ausübung der sog. Ober- und Niedergerichtsbarkeit nach dem preußischen Allgemeinen Landrecht und unter der Aufsicht der königlichen Landesjustizstellen wurde den Rittern ebenfalls zugesagt – selbst, wenn sie derartige judikative Befugnisse zuvor nicht ausgeübt hatten (Punkt 3). In der Tradition der friderizianischen Adelsschutzpolitik sicherte Kretschmann den bisherigen Reichsrittern eine Kreditkasse zu, wie sie zur Erhaltung des gutsherrschaftlichen Grundbesitzes im preußischen Mutterland in Gestalt der seit 1770 errichteten Landschaften bestand (Punkt 4)[58]. Schließlich war schon im Frühjahr 1792 im Ministerium Hardenbergs die Meinung vertreten worden, »die Einführung des [...] Creditsystems unter der hiesigen Landesherrlichen Leitung mögte der Reichsritterschaft mehr Vorteil bringen als ihre eingebildeten Landeshoheitsrechte«[59]. Neben dieser für manch verschuldeten Rittergenossen verlockenden Aussicht erhielten die neuen adligen Untertanen die volle Schriftsässigkeit zugesichert, wodurch sie dem Zugriff der königlichen Unterbehörden entzogen wurden (Punkt 5)[60]. Angesichts der von persönlichen Animositäten

Fränkische Merkur, Nr. 30, 24. Juli 1798, Sp. 927 ff.). Tatsächlich wäre eine Zertrümmerung der ehemals reichsritterschaftlichen Güter durchaus im Interesse des fränkischen Landesministeriums gelegen, wenn dadurch die Landwirtschaft gefördert und damit die erwünschte Bevölkerungsvermehrung erreicht werden konnte (Instruktion Hardenbergs für die untergebürgische Kriegs- und Domänenkammer wegen künftiger Behandlung ihrer Ressorts, Ansbach, 24. Juni 1796, StA Nürnberg, Mfr (Abgabe 1900), KdI, Nr. 3897. Instruktion Hardenbergs für die obergebürgische Kriegs- und Domänenkammer wegen künftiger Behandlung ihrer Ressorts, Ansbach, 24. Juni 1796, StA Bamberg, C 7/IIa, Nr. 66). Karl Heinrich Lang kommentierte im Rückblick die preußischen Allodifikationsangebote mit den Worten: Bei der Allodifizierung würde »die Erlaubniß, das Gut zerstückeln zu dürfen, als gleichbedeutend genommen, und so das gänzliche Verschwinden nicht des Adels, aber der adelichen Güter, um des nähern Gewinstes willen, vom Adel sich selbst bereitet«. In Ansbach sei jedoch weniger als in Bayreuth von dem Angebot zur Allodifikation der Lehen Gebrauch gemacht worden. Doch auch im obergebürgischen Fürstentum sollen von 235 Ritterlehen nur 32 zwischen 1797 und 1806 allodifiziert worden sein (*K. H. Lang*, Annalen, S. 21 (Zitat ebd.). *Weltrich*, ebd., S. 39 Anm. n). Der Grund für die geringe Allodifikationsquote soll nach Hofmann nicht zuletzt in der kriegsbedingten Steigerung der Getreide- und damit auch der Güterpreise gelegen haben, weshalb die Ablösung des Lehensbandes für die ritterschaftlichen Vasallen vielfach zu teuer geworden sei (*H. H. Hofmann*, Herrschaft, S. 190. *Hofmeister-Hunger*, Pressepolitik, S. 44).

58 Abschrift des königlichen Patents von Kretschmann, Ansbach, 12. Juli 1796, StA Marburg, 109, Nr. 311, Bd. 7. – Zur Errichtung der Landschaften als »ständische Kreditorganisation[en]« siehe beispielsweise: *W. Neugebauer*, Adel, S. 71 (Zitat ebd.); *Ders.*, Hohenzollern II, S. 47; *Demel*, Der europäische Adel, S. 418; *Kunisch*, Friedrich, S. 474.

59 Denkschrift »Ueber das Aufsehen im Reiche...« (wie Kap. V, Anm. 14), GStA PK Berlin, II. HA, Abt. 36, I, Nr. 5, fol. 74–75, hier: fol. 75.

60 Abschrift des königlichen Patents von Kretschmann, Ansbach, 12. Juli 1796, StA Marburg, 109, Nr. 311, Bd. 7. – 1798 nannte ein Beitrag im »Fränkischen Merkur« (Nr. 45, 6. November 1798, Sp. 1404) allein die Freiherrn von Seckendorff zu Obernzenn sowie den Kammerherrn von Eyb zu Ansbach als mit der Schriftsässigkeit begabte ehemalige Reichsritter. Dieser überraschende

geprägten Auseinandersetzungen zwischen Reichsrittern und lokalen preußischen Beamten hat Hofmann den realen Wert dieses Privilegs für die bisherigen Rittergenossen nicht zu Unrecht betont[61]. Allerdings übersah er, dass die Ansbacher und vor allem die Bayreuther Regierung mit ihren vermeintlich »gehäßigen Gesinnungen« und aufgrund ihrer zentralen Rolle bei der Exekution der Mediatisierungspolitik bei den Reichsrittern einen fast noch schlechteren Ruf genossen, als die ihnen nachgeordneten königlichen Ämter[62]. Die Ausübung der Polizey in ihren grundherrschaftlichen Distrikten sollte den Adligen unter der direkten Oberaufsicht der Kriegs- und Domänenkammern bleiben (Punkt 6). Letztere hatten auch die Quartierstellung, die Verpflegung, das Marschwesen und die Enrollierung für das königliche Heer zu überwachen. Die Erfüllung dieser Aufgaben vor Ort wurde jedoch den Rittern unter Zuziehung der Landräte überlassen (Punkt 7). Des Weiteren durften die neuen adligen Landsassen die ihnen in der Vergangenheit wiederholt bestrittene Erlaubnis zum Bau neuer Häuser im Rahmen der Landesverordnungen erteilen (Punkt 8). Unter der Aufsicht der Kriegs- und Domänenkammern sollten die Ritter künftig auch das Subkollektationsrecht ausüben (Punkt 9). Das heißt, sie durften die Landessteuern für die königlichen Kassen einziehen, was ihre Stellung als Ortsherrschaft gegenüber ihren Hintersassen stärken musste. Schließlich sicherte Kretschmann den unterworfenen Reichsrittern die volle Landstandschaft »nach der Verfassung« der beiden fränkischen Markgrafentümer zu (Punkt 10)[63]. Dabei ist zu berück-

Befund dürfte jedoch am ehesten mit mangelnder Sorgfalt oder einem lückenhaften Kenntnisstand des Verfassers des Artikels erklärbar sein.

61 *H. H. Hofmann*, Herrschaft, S. 182 ff.

62 StA Marburg, 109, Nr. 311, Bd. 1, Dok. 1, Dok. 10, Dok. 26, Dok. 29, Dok. 34, Dok. 48, Dok. 53 u. Dok. 65. Schreiben des Ortsvorstandes Rhön-Werra an den Ortsvorstand Gebürg, Schweinfurt, 16. März 1792, ebd., Dok. 10 (Zitat ebd.). StA Marburg, 109, Nr. 311, Bd. 2, Dok. 104, Dok. 116 u. Dok. 118. StA Marburg, 109, Nr. 311, Bd. 3, Dok. 151 u. Dok. 223. StA Marburg, 109, Nr. 311, Bd. 4, Dok. 297, Dok. 310 u. Dok. 313. Denkschrift des Steigerwalder Ritterhauptmanns Friedrich Karl Freiherr von Seckendorff, Weingartsgereuth, 3. November 1795, StA Marburg, 109, Nr. 311, Bd. 5, zu Dok. 323. *H. H. Hofmann*, Herrschaft, S. 184.

63 Abschrift des königlichen Patents von Kretschmann, Ansbach, 12. Juli 1796, StA Marburg, 109, Nr. 311, Bd. 7. – Die meisten dieser Zusicherungen sollten binnen Kürze gewisse Einschränkung erfahren: Angesichts der komplexen rechtlichen Gemengelage in den vielherrigen und vermischten reichsritterschaftlichen Dörfern sah sich Ansbach bereits unter 15. August 1796 zu Modifikationen veranlasst. Die Polizey über einzelne, verstreute Hintersassen wurde nun den ritterschaftlichen Gerichten entzogen. In Dörfern, in denen es bisher mehrere Grund- und Gerichtsherren gab, sollte derjenige die Ausübung der Polizeyrechte übernehmen, der schon zuvor die Dorf- oder Gemeindeherrschaft, d.h. innerhalb der Vogteilichkeit die Aufsicht und Jurisdiktion über die gemeindeeigenen Flurstücke und Wege außerhalb der Dorf- bzw. Hofetten, ausgeübt hatte. Dort, wo die Gemeindeherrschaft bis jetzt ebenfalls unter verschiedene Obrigkeiten aufgeteilt war, sollten die besagten Polizeyrechte für alle reihum von jeweils einem Berechtigten wahrgenommen werden (Abschrift des Reskripts der Ansbacher Kriegs- und Domänenkammer an den Freiherrn Senfft von Soulbourg zu Matzenbach, Ansbach, 15. August 1796, StA Ludwigsburg, B 575 II, Bü 300. Abschrift des Reskripts der Ansbacher Kriegs- und Domänenkammer an das Freiherrlich Hofer von Lobensteinische Gericht zu Wildenstein,

sichtigen, dass in Brandenburg-Ansbach das landschaftliche Leben schon lange weitestgehend erloschen war: Hier waren die Stände in Gestalt des größeren Ausschusses seit 1701 nicht mehr zusammengetreten. Im obergebürgischen Fürstentum, wo die Macht der aus Städten und Bauern gebildeten Stände nur noch gering war, hatten der mittlere und der engere Landtagsausschuss zuletzt 1769/71 getagt[64]. Allerdings trug sich Hardenberg 1796/98 mit dem Gedanken, die landschaftliche Verfassung sowohl in Bayreuth als auch in Ansbach wiederzubeleben oder gar einen gemeinsamen Landtag für beide Markgrafentümer einzuberufen[65]. Abschließend stellte das Patent vom 12. Juli 1796 den unterworfenen Rittern »alle sonstige[n] Prärogativen, welche die vogtländische Ritterschaft im obergebürgischen Fürstenthum bestättiget erhält«, in Aussicht (Punkt 11)[66]. Allerdings wurden um die gleiche Zeit, als der

Ansbach, 15. September 1796, StA Ludwigsburg, B 575 II, Bü 445. Speziell zur Dorf- und Gemeindeherrschaft siehe: *H. H. Hofmann*, Herrschaft, S. 52 f.). Diese Bestimmungen wiederholte ein königliches Patent vom 18. Juni 1798. Auch die Ausübung des Subkollektationsrechts wurde im Juni 1798 an geschlossene Besitzungen gebunden, sofern »anderes nicht rechtlich hergebracht« war. Fast gleichzeitig, unterm 22. Juni 1798, erfolgte anlässlich der Errichtung der Kreisdirektorien eine genauere Festlegung derjenigen Kompetenzen und Pflichten im Bereich des Militärwesen sowie der Polizey, die den unterworfenen Rittern zukommen sollten. Allerdings galt auch hier der Besitz geschlossener Güter bzw. der Dorf- und Gemeindeherrschaft als Voraussetzung (Der Fränkische Merkur, Nr. 29, 17. Juli 1798, Sp. 897 ff. (Zitate ebd., Sp. 899 f.). Ebd., Nr. 34, 21. August 1798, Sp. 1053 ff.).

64 »Versuch eines ohngefähren Abrisses...« (wie Kap. II, Anm. 91), GStA PK Berlin, I. HA, Rep. 94, IV, Ac, Nr. 2, S. 1–149, hier: S. 69 ff. *Schuhmann*, Markgrafen (1980), S. 175. *Hartung*, Hardenberg, S. 14 f.

65 Entwurf der königlichen Instruktion für das fränkische Landesministerium, Berlin, [März/April 1796], GStA PK Berlin, II. HA, Abt. 36, I, Nr. 6, fol. 5–67, hier: fol. 15, 22 ff. bzw. von bayerischer Hand vorgenommene Abschrift der Instruktion für das königliche Landesministerium, Berlin, 12. April 1796, BSB, Handschriftenabteilung, Franconica 2#Beibd.17, fol. 1–34, hier: fol. 5, 9 f. Instruktion Hardenbergs für die untergebürgische Kriegs- und Domänenkammer wegen künftiger Behandlung ihrer Ressorts, Ansbach, 24. Juni 1796, StA Nürnberg, Mfr (Abgabe 1900), KdI, Nr. 3897. Instruktion Hardenbergs für die obergebürgische Kriegs- und Domänenkammer wegen künftiger Behandlung ihrer Ressorts, Ansbach, 24. Juni 1796, StA Bamberg, C 7/IIa, Nr. 66. Anmerkungen von Schmid zu der neuen Kameralinstruktion für Ansbach, [Ende Juni/ Anfang Juli 1796], ebd. Rechenschaftsbericht Hardenbergs (wie Kap. I, Anm. 80), in: *C. Meyer*, Politik, S. 35–210, hier: S. 51 f., 80. – Hatte Friedrich Wilhelm II. noch im März 1793 die Einberufung eines Landtages abgelehnt, ordnete er selbst unterm 16. August 1796 die Wiederherstellung der alten landschaftlichen Verfassung an. Im gleichen Jahr, 1796, konnte Kretschmann einen Entwurf für eine Eröffnungsrede an einen künftigen Bayreuther Landtag vorlegen (*Kretschmann*, Dienstjahre (1808), S. 53. Vorschlag Kretschmanns zum Vortrag an einem obergebürgischen Landtag, 1796, in: *Kretschmann*, Fortsetzung (1809), S. 3–30, hier: S. 3 ff. *Hartung*, Hardenberg, S. 74). – Selbst noch im Sommer 1798 betonte Hardenberg in Bekanntmachungen an ausgewählte Ansbacher und Bayreuther Ritter seine Absicht, die landständische Verfassung wiederherzustellen (Publikandum Hardenbergs für die konvozierten Ansbacher Ritter, Ansbach, 3. Juni 1798, GStA PK Berlin, II. HA, Abt. 36, XI, Nr. 1, fol. 34. Proposition an die sieben Konvozierten der Ansbacher Ritterschaft, Ansbach, 8. Juni 1798, ebd., fol. 92. Proposition an die sieben Konvozierten der Bayreuther Ritterschaft, Bayreuth, 11. Juni 1798, GStA PK Berlin, II. HA, Abt. 36, XI, Nr. 7).

66 Abschrift des königlichen Patents von Kretschmann, Ansbach, 12. Juli 1796, StA Marburg, 109,

Dirigierende Minister die Reichsritterschaft endgültig unter die königliche Landeshoheit zwang, auch die obrigkeitlichen Befugnisse und Privilegien des Corpus Voitlandicum drastisch beschnitten[67]. Zudem war eine rechtliche Gleichstellung mit der vogtländischen Ritterschaft für zahlreiche Reichsritter alles andere als akzeptabel. Dies zeigt die bittere Ironie, mit der selbst noch im Herbst 1799 der Ortsvorstand Altmühl dieses »grosmüthig[e]« Versprechen kommentierte[68].

Das zweite ebenfalls von Kretschmann unterzeichnete Patent vom 16. Juli 1796 präzisierte lediglich die in der ersten Deklaration festgelegten Bestimmungen über die Allodifizierung der zollerschen Lehen dahingehend, dass die bestehenden reichsritterschaftlichen Familien- und Erbverträge durch eine solche Umwandlung keine Änderung oder Einschränkung ihrer Gültigkeit erfahren würden[69]. Dies war umso wichtiger, als die Reichsritter mit ihren vielfach äußerst begrenzten wirtschaftlichen Ressourcen noch weit mehr als manch landsässiges Adelsgeschlecht auf die Errichtung derartiger Erb- und Familienpakte angewiesen war. Nur so ließ sich die materielle Existenz der Hauptlinie des Geschlechts auf Kosten der Töchter und nachgeborenen Söhne auch in Zukunft bewahren[70].

Als sich die Reichsstadt Nürnberg Anfang Herbst 1796 für nicht einmal einen Monat der preußischen Landeshoheit unterwarf, sicherte der darüber abgeschlossene Subjektions- und Exemtionsvertrag vom 2. September den

Nr. 311, Bd. 7. – Die Meinung *H. H. Hofmanns* (Herrschaft, S. 182), dass die Reichsritter zudem aufgerufen worden wären, ihre eigenen Forderungen vorzutragen, ist ein Missverständis. Vielmehr sollten sich die Reichsadligen – wie bereits ausgeführt wurde – bei ihrer Eidesleistung erklären, inwieweit sie die ihnen im Patent vom 12. Juli angebotenen Vergünstigungen auch in Anspruch nehmen wollten (Abschrift des königlichen Patents von Kretschmann, Ansbach, 12. Juli 1796, ebd.).

67 Bericht Hardenbergs an das Kabinettsministerium, Ansbach, 3. Dezember 1796, GStA PK Berlin, II. HA, Abt. 36, I, Nr. 6, fol. 187 – 193, hier: fol. 187. Entwurf der Instruktion an den 1. und 2. Regierungssenat zu Bayreuth über »das Benehmen gegen die Hintersaßen benachbarter Stände, welche im diesseitigen Territorium liegen, und die der fränkischen Ritterschaft«, Ansbach, 4. Juni 1796, ebd. Entwurf der königlichen Instruktion für das fränkische Landesministerium, Berlin, [März/April 1796], ebd., fol. 5 – 67, hier: fol. 14 ff. bzw. von bayerischer Hand vorgenommene Abschrift der Instruktion für das königliche Landesministerium, Berlin, 12. April 1796, BSB, Handschriftenabteilung, Franconica 2#Beibd.17, fol. 1 – 34, hier: fol. 5 ff. Deutsche Staats- und Ministerial-Zeitung, Nr. 31, 15. April 1796, Sp. 496. *Holle*, Streitigkeiten, S. 59 ff.

68 Schreiben des Ortsvorstandes Altmühl an den Ortsvorstand Rhön-Werra, o.O., 14. September 1799, StA Marburg, 109, Nr. 320.

69 Zu Beilage 101: Abschrift des Patents des Kommissars Kretschmann an die den Huldigungseid leistenden Reichsritter, Ansbach, 16. Juli 1796, StA Marburg, 109, Nr. 312, Bd. 2. – Im preußischen Mutterland war die Möglichkeit die Lehensgüter zu allodifizieren bereits 1717 geschaffen worden (*Koselleck*, Preußen, S. 86).

70 Zur wirtschaftlichen Lage der Reichsritterschaft siehe Kapitel III.2.1.

Nürnberger Patriziern, die teilweise in das Corpus equestre rezipiert waren, ähnliche Vergünstigungen wie den restlichen Reichsrittern zu[71].

Hanns Hubert Hofmann hat nicht zu Unrecht die Patente vom 12. und 16. Juli 1796 als »Verfassungsumbruch« gewürdigt, da sie die Schaffung einer Mediatgewalt, entfernt vergleichbar den landständischen und mit der Edelmannsfreiheit begabten Adelsgeschlechtern im Kurfürstentum Bayern, in Aussicht stellten. Auf jeden Fall musste ein solches Angebot etlichen der den preußischen Übergriffen ausgelieferten Reichsrittern die Entscheidung erleichtern, sich den königlichen Landeshoheitsansprüchen zu beugen[72]. Dass von den Versprechungen des Patents vom 12. Juli nach ihrer Mediatisierung nur ein Bruchteil in Erfüllung gehen sollte, konnten die Rittergenossen damals noch nicht ahnen[73]. Zudem kam Hardenberg wenigen Reichsrittern sogar über die Zugeständnisse vom 12. und 16. Juli hinaus entgegen[74].

71 Der König garantierte in Art. 14 des Abkommens »alle persönlichen Vorrechte, welche in dem Allgemeinen Landrecht für die Königlich Preußischen Staaten dem Adelstande eingeräumt sind, ferner alle dinglichen Rechte, welche dem Adel in den Fränkischen Staaten Sr. Majestät auf dessen Rittergütern zustehen«. Zudem sollten Lehensverhältnisse, Privatstiftungen sowie die Familien- und Sukzessionsrechte der Nürnberger Adligen unangetastet bleiben. Gleiches garantierte Art. 19 für die lehens- und grundherrlichen sowie die jurisdiktionellen Befugnisse der Adligen, die ihre Patrimonialgerichtsbarkeit jedoch künftig im Rahmen der preußischen Rechtsordnung und Justizverfassung ausüben mussten (Staats-Subjections- und Exemtions-Vertrag (Staats-Archiv), S. 186 ff. (Zitat ebd., S. 186)). – Zur Rezeption eines Teils der grundbesitzenden Patriziergeschlechter, der sog. Eigenherren, in die fränkische Reichsritterschaft siehe: *H. H. Hofmann*, Nobiles, S. 141 f. u. *Ders.*, Herrschaft, S. 110. – Speziell zur vorübergehenden Unterstellung Nürnbergs unter die preußische Landeshoheit siehe die genaueren Ausführungen in diesem Kapitel. – Bereits Anfang August 1796 hatte eine Deputation der Nürnberger Eigenherren mit Hardenberg verhandelt, um nach Möglichkeit eine rechtliche Gleichstellung der Patrizier mit den bisherigen Reichsrittern unter der künftigen preußischen Landeshoheit auszuhandeln (*Hirschmann*, Beiträge, S. 276 f.).

72 *H. H. Hofmann*, Herrschaft, S. 181 ff. (Zitat ebd., S. 182).

73 *H. H. Hofmann*, Herrschaft, S. 189 f., 203 ff. *Ders.*, Die preußische Ära (1960/61), S. 238. – Indem die Verprechungen vom 12. Juli 1796 aus wirtschaftlichen, rechtlichen und sozialen Ursachen, aber auch aus Gründen der Staatsraison nur in Ansätzen realisiert wurden und insbesondere die Schaffung hinreichend großer arrondierter Mediatbezirke scheiterte, konnte Hardenberg die königliche Verwaltung und die preußischen Kassen durch die Delegierung staatlicher Aufgaben an die ritterschaftlichen Ortsherrschaften nur in begrenztem Umfang entlasten. Die Verhältnisse Ostelbiens, wo die Gutsbesitzer die meisten Funktionen des Staates auf der unteren Verwaltungsebene wahrnahmen, liessen sich damit nicht auf die arrondierten fränkischen Markgrafentümer übertragen (*H. H. Hofmann*, Herrschaft, S. 188 ff., 204 ff., 524. *Ders.*, Die preußische Ära (1960/61), S. 241 f. *Ders.*, preußische Ära (1967), S. 253 ff.). – Bereits im Sommer 1797 klagte der mediatisierte Ritterhauptmann des Kantons Altmühl, dass entgegen der zugesicherten Schriftsässigkeit die ehemaligen Reichsritter den Befehlen der nachgeordneten königlichen Ämter unterworfen und damit »bis zum Bauern herabgewürdiget« würden (Schreiben des Ritterhauptmanns von Crailsheim, Rügland, 18. August 1797, GStA PK Berlin, II. HA, Abt. 36, I, Nr. 179).

74 Einige Freiherrn von Seckendorff zu Obernzenn, die sich zur Unterwerfung gezwungen sahen, versuchten Vergünstigungen herauszuhandeln, die über diejenigen der Patente vom 12. und 16. Juli 1796 noch hinausreichten. Dabei ging es zum einen um verhältnismäßig bescheidene, ökonomisch aber für den einzelnen Ritter und seine Hintersassen nicht ganz unbedeutende

Bei aller Konzilianz im Einzelfall dürfte Hardenberg klar gewesen sein, dass die Angebote vom 12. und 16. Juli 1796 – so großzügig sie aus preußischer Sicht auch bemessen waren – allein nicht ausreichten, um alle Rittergenossen zur freiwilligen Unterwerfung unter das königliche Zepter zu veranlassen[75]. Die Patente vom 12. und 16. Juli 1796 waren daher auch nur die eine Seite der Medaille. Hardenberg war nämlich durchaus zu drastischen Maßnahmen bereit, wie das Beispiel der zu Steigerwald steuernden Freiherrlich von Frankensteinischen Rittergüter Ullstadt und Langenfeld illustriert: Am 18. Juli 1796 rückte in jeder der beiden Herrschaften eine preußische Infanteriekompanie mit rund 100 Soldaten ein – eine Drohkulisse, vor der es Kretschmann leicht fiel, die königlichen Landeshoheitsansprüche durchzusetzen[76]. Derart spektakuläre Machtdemonstrationen blieben auf reichsritterschaftlichen Besitzungen jedoch eine seltene Ausnahme[77].

Zugeständnisse, wie zum Beispiel das Recht, zweimal im Jahr einen öffentlichen Jahrmarkt abhalten zu dürfen, die Rückgabe von weggenommenem Handwerkszeug einiger Zimmerleute oder den Weitergebrauch des eigenen Stempelpapiers. Der mit der Angelegenheit betraute Kretschmann kam bei etlichen dieser erbetenen Erleichterungen den Freiherrn von Seckendorff entgegen. Dabei handelte es sich jedoch nicht, wie *H. H. Hofmann* (Herrschaft, S. 183 f) behauptet, um noch vor dem Patent vom 16. Juli 1796 durchgeführte Verhandlungen, in denen die Freiherrn von Seckendorff der preußischen Seite Zugeständnisse für ihre Unterwerfung abgerungen hätten. Eine derartige Interpretation verkennt nicht nur den beschränkten Handlungsspielraum, der den Reichsrittern seit dem Sommer 1796 blieb. Auch die Chronologie der Ereignisse steht Hofmanns Behauptung entgegen: Die besagten Reichsadligen reichten ihre Wünsche nämlich erst dann schriftlich bei Kretschmann ein, nachdem bereits alle den Huldigungseid auf den preußischen König geleistet hatten und nachdem das Patent vom 16. Juli 1796 erlassen worden war (Promemoria der Freiherrn Karl Friedrich und Alexander von Seckendorff sowie ihrer Brüder, praes. 26. Juli 1796, StA Nürnberg, Mfr (Abgabe 1900), KdI, Nr. 4088. Abschrift für Kretschmann von dem Reskript Hardenbergs an die Regierungen sowie die Kriegs- und Domänenkammern von Ansbach und Bayreuth, Ansbach, 14. Juli 1796, ebd. Schreiben [von Kretschmann] an die Ansbacher Kriegs- und Domänenkammer, Ansbach, 31. Juli 1796, ebd. Schreiben [von Kretschmann] an das Kasten- und Jurisdiktionsamt Markt Bergel, Ansbacher Kriegs- und Domänenkammer, Ansbach, 31. Juli 1796, ebd. Schreiben [von Kretschmann] an den 1. Ansbacher Regierungssenat, Ansbach, 31. Juli 1796, ebd. Schreiben [von Kretschmann] an das Oberamtssekreteriat Hoheneck, Ansbach, 31. Juli 1796, ebd. Schreiben [von Kretschmann] an die Freiherrn von Seckendorff zu Obernzenn, Ansbach, 31. Juli 1796, ebd.).

75 Abschrift des Schreibens der Gebrüder Freiherr von Künsberg an den Ortsvorstand Steigerwald, Erlangen und Ermreuth, 29. Juli 1796, StA Marburg, 109, Nr. 311, Bd. 7.

76 Schreiben des Ortsvorstandes Steigerwald an den Ortsvorstand Rhön-Werra, Erlangen, 27. Juli 1796, StA Marburg, 109, Nr. 311, Bd. 7. Abschrift des Schreibens von Friedrich Karl Freiherr von Frankenstein an den Ortsvorstand Steigerwald, Ullstadt, 20. Juli 1796, ebd. Freiherrlich von Frankensteinisches Amtsprotokoll, Ullstadt, 18. Juli 1796, ebd. Klageschriftsnachtrag von Rhön-Werra gegen Preußen zu den Beilagen 95 bis 110 zum Reichshofratsprozess, StA Marburg, 109, Nr. 312, Bd. 2.

77 Vgl. den im Freiherrlich von Seckendorffischen (Markt) Sugenheim ebenfalls nicht geringen Einsatz militärischer Machtmittel in: »Die Verhältnisse u(nd) Schicksale der freyen Reichsherrschaft Mt. Sugenheim in Franken, historisch dargestellt und entwickelt«, StA Marburg, 109, Nr. 1789.

Umso aufsehenerregender war ein Vorfall, der sich in Ellingen, einem zum Meistertum Mergentheim gehörenden Oberamt mit gleichnamigem Markt des Deutschen Ordens, zutrug. Anfang Januar 1797 setzten die Ansbacher Behörden gegen dessen unbotmäßige Untertanen eine kleine Streitmacht aus etlichen hundert Mann mit mehreren Kanonen in Marsch. Allein vor dem Amtsstädtchen Ellingen sollen – nach den Behauptungen der preußenfeindlichen Publizistik – rund tausend Bewaffnete aufgezogen sein. Angesichts einer solchen Machtdemonstration war an aktiven Widerstand gegen Berlin nicht mehr zu denken, sodass Ellingen den königlichen Truppen kampflos seine Tore öffnete[78]. Dennoch ist dieser Vorfall auch für unsere Untersuchung von Interesse: Zum einen zeigte er, wie sehr sich die königlichen Behörden bemühten, von vorneherein jeden Keim potenziellen Widerstands zu ersticken. Zum anderen mussten die Nachrichten über das Schicksal Ellingens dazu beitragen, dass sich auch die reichsritterschaftlichen Untertanen umso widerstandsloser ihrem Schicksal fügten. Dies galt umso mehr, als die preußischen Behörden wenig später ein weiteres Mal keinen Zweifel daran ließen, wie weit sie zu gehen bereit waren: Anfang Juli 1797 wurden beim Versuch, eine Kaserne der Reichsstadt Nürnberg zu räumen, die außerhalb der Stadtmauern und damit im von Berlin beanspruchten Gebiet lag, ein preußischer Soldat und ein Unteroffizier getötet. Hierauf ließen die königlichen Behörden, obwohl kaiserliche Truppen in der Reichsstadt lagen, vier Kompanien Infanterie sowie Kanonen und eine Abteilung Husaren aufmarschieren, um das Nürnberger Militär zum Rückzug zu zwingen[79].

Gegenüber den in der Regel nicht armierten Reichsrittern griffen Hardenberg und seine Mitarbeiter lieber zu gewaltloseren Maßnahmen, die vielfach denjenigen ähnelten, die die preußischen Behörden schon zuvor und insbesondere seit 1795 zur Aushöhlung der reichsritterschaftlichen Rechtsstellung angewandt hatten[80]. Das qualitativ Neue war jedoch, dass die Flut an Verordnungen und Eingriffen, die seit dem Sommer 1796 über die Rittergüter hinwegbrandete, alle von Preußen beanspruchten reichsritterschaftlichen Besitzungen erfasste und in der Summe keinen Raum mehr für ein Fortbestehen einer reichsunmittelbaren Existenz ließ[81]. Zwar wurden – wie das Beispiel des Freiherrlich Hofer von Lobensteinischen Amtmanns Philipp Jakob Stoll besonders anschaulich zeigt – mancherorts die Anordnungen der königlichen Ämter systematisch ignoriert[82]. Mittel- oder gar langfristigen

78 Abschrift der Nachricht über den Vorgang zu Ellingen vom 29. Dezember 1796, HHStA Wien, RK, Berichte aus München, Fasz.-Nr. 20b, fol. 139–140, hier: fol. 139. Zur Geschichte der neuesten Vorfälle zu Ellingen, S. 72 ff. Nachricht. Von den neuesten Verhandlungen und Vorschritten, S. 9 ff. *Braubach*, Max Franz, S. 365 f. *Seis*, Bürgertreue, S. 11 ff., 30.

79 Briefe (Politisches Journal), S. 733 f.

80 Zu den angesprochenen Maßnahmen ab 1792 siehe Kapitel V.4.2 u. VI.1.

81 Klageschrift von Rhön-Werra gegen Preußen zu den Beilagen 1 bis 87 zum Reichshofratsprozess, StA Marburg, 109, Nr. 312, Bd. 1.

82 Abschrift des Reskripts der Ansbacher Kriegs- und Domänenkammer an den Freiherrn Senfft

Erfolg konnte eine derartige Obstruktionspolitik jedoch nicht mehr haben: Wo sich Widerstand und Ungehorsam gegen die Befehle der Ansbacher und Bayreuther Behörden regte, brachen ihn die königlichen Ämter mit der ganzen Bandbreite der ihnen zur Verfügung stehenden judiziellen und militärischen Machtmittel. Diese reichten von der Exekution durch Dragonaden und der durch Soldaten erzwungenen Vorführung ritterschaftlicher Hintersassen zu Huldigung und Musterung bis zur Verhängung von Strafgebühren und gerichtlichen Untersuchungen sowie der Drohung mit der Vermögenskonfiskation, und damit der Vertreibung »von Haus und Hof«[83]. Allein im

von Soulbourg zu Matzenbach, Ansbach, 14. November 1796, StA Ludwigsburg, B 575 II, Bü 300. Abschrift des Reskripts der Ansbacher Kriegs- und Domänenkammer an das Freiherrlich Senfft von Soulbourgische Gericht zu Matzenbach, Ansbach, 25. November 1796, ebd. Zusammenstellung der preußischen Übergriffe gegenüber dem Freiherrlich Hofer von Lobensteinischen Amt zu Wildenstein und seinen Untertanen, Wildenstein, 9. April 1797, StA Ludwigsburg, B 575 II, Bü 445. Abschrift des Reskripts der Ansbacher Kriegs- und Domänenkammer an den Freiherrn Hofer von Lobenstein zu Wildenstein, Ansbach, 14. November 1796, ebd. Abschrift des Reskripts der Ansbacher Kriegs- und Domänenkammer an das Freiherrlich Hofer von Lobensteinische Gericht zu Wildenstein, Ansbach, 19. Dezember 1796, ebd. Reskript der Ansbacher Kriegs- und Domänenkammer an das Freiherrlich Hofer von Lobensteinische Gericht zu Wildenstein, Ansbach, 30. Dezember 1796, ebd. Abschrift des Berichts des Freiherrlich Hofer von Lobensteinischen Amtmanns Philipp Jakob Stoll an die Ansbacher Kriegs- und Domänenkammer, o.O., 7. Januar 1797, ebd. Abschrift des Reskripts der Ansbacher Kriegs- und Domänenkammer an den Freiherrn Hofer von Lobenstein zu Wildenstein, Ansbach, 6. Februar 1797, ebd. Abschrift des Reskripts der Ansbacher Kriegs- und Domänenkammer an den Freiherrn Hofer von Lobenstein zu Wildenstein, Ansbach, 22. Februar 1797, ebd.

83 StA Marburg, 109, Nr. 311, Bd. 7: fortl. für Juni bis September 1796. Klageschrift von Rhön-Werra gegen Preußen zu den Beilagen 1 bis 87 zum Reichshofratsprozess, StA Marburg, 109, Nr. 312, Bd. 1 (Zitat). Klageschriftsnachtrag von Rhön-Werra gegen Preußen zu den Beilagen 95 bis 110 zum Reichshofratsprozess, StA Marburg, 109, Nr. 312, Bd. 2. Beilagen u. Unterbeilagen, ebd.: fortl. für Oktober 1796 bis Februar 1797. Instruktion Hardenbergs für die untergebürgische Kriegs- und Domänenkammer wegen künftiger Behandlung ihrer Ressorts, Ansbach, 24. Juni 1796, StA Nürnberg, Mfr (Abgabe 1900), KdI, Nr. 3897. Instruktion Hardenbergs für die obergebürgische Kriegs- und Domänenkammer wegen künftiger Behandlung ihrer Ressorts, Ansbach, 24. Juni 1796, StA Bamberg, C 7/IIa, Nr. 66. GStA PK Berlin, II. HA, Abt. 36, I, Nr. 340, fol. 70–72, 102–105 u. fol. 110–116: fortl. Klageschrift von Rhön-Werra gegen Preußen zu den Beilagen 1 bis 37 zum Reichshofratsprozess, StA Marburg, 109, Nr. 322. Schreiben und Amtsprotokolle, ebd.: fortl. für Januar bis Februar 1798. Nachschreiben des Ortsvorstandes Kocher an Hardenberg wegen des Ritterguts Deufstetten, Esslingen, 31. Juli 1797, StA Ludwigsburg, B 575 IV, Bü 351. Reichshofrats-Conclusum vom 23. Mai 1797, StA Ludwigsburg, B 575 IV, Bü 353. Bericht des Amtmanns Johann Wolfgang Gottlieb Wiedmann an den Ortsvorstand Kocher, Deufstetten, 9. Oktober 1796, StA Ludwigsburg, B 575 II, Bü 58. Protokoll der Kocherschen Ritterkanzlei mit Voten, Esslingen, 27. Februar 1798, ebd. Bericht des Amtmanns Johann Wolfgang Gottlieb Wiedmann an den Ortsvorstand Kocher, Deufstetten, 26. Januar 1798, ebd. Protokoll der Kocherschen Ritterkanzlei, Esslingen, [ca. November] 1796, StA Ludwigsburg, B 575 II, Bü 300. Schreiben des Freiherrn Senfft von Soulbourg an den Ortsvorstand Kocher, Stuttgart, 31. Oktober 1796, ebd. Schreiben Hardenbergs an den Freiherrn von Berlichingen, Ansbach, 15. August 1796, ebd. Abschrift des Schreibens [des Ritterrats Freiherr von Berlichingen] an Hardenberg, Ansbach, 6. November 1796, StA Ludwigsburg, B 575 II, Bü 373. Vgl. »Allgemeine Instruktion für alle Aemter des untergebürgischen Fürstenthums wegen künftiger

Freiherrlich von Seckendorffischen Sugenheim mussten die Hintersassen und das herrschaftliche Amt von Ende Februar bis Mitte März 1797 Exekutions- und Arrestkosten von über 3650 fl. aufbringen[84]. Dass es sporadisch zu gewaltsamen Exzessen preußischer Soldaten gegen die reichsritterschaftlichen Untertanen kam, war in einer anarchischen Situation, in der jahrhundertealte Rechts- und Herrschaftsstrukturen binnen Kurzem zerschlagen wurden, kaum zu vermeiden. Ein besonders drastisches Beispiel gab ein Husarenkommando im Freiherrlich von Geuderschen Heroldsberg ab, dessen Fall in die Öffentlichkeit getragen wurde: Auf ausdrücklichen Befehl ihres Unteroffiziers verlangte dieses, wie sich die Ortsherrschaft bei Hardenberg beschwerte »vom Landmann nicht ordentliche Verpflegung, sondern täglich eine ländliche Schmaußerei«. Das später gedruckte Freiherrlich von Geudersche Amtsprotokoll vom 2. Oktober 1797 hielt eine Aussage fest, dass einer der preußischen Husaren von seiner Hauswirtin »zuerst Nudel und Rindfleisch, einen schweinen Braten und alsdann einen tüchtigen Caffee und Rosoli verlange, und wenn Er dieses alles nicht nach der vorgeschriebenen Art bekäme, Er ihr solches theils an Kopf, theils in die Stube schmeisen [sic] wolle, ihren Mann auch androhe, daß wenn dieses nicht geschehe, Er ihren Mann von Haus aus fort, bis an die Schwane peitschen würde«. Bei derartigen Drohungen blieb es in der Folge nicht, und der besagte Husar wurde auch tätlich: Ein reichsritterschaftlicher Untertan gab zu Protokoll, dass der Soldat »seine Frau mit blosem Seitengewehr in der Hand habend über den Haufen gerumpelt, und seinen iüngern Sohn Johann, dergestalten mit dem Säbelgefäß unter dem Kinnbacken gestosen habe, daß lezterer wie eine Faust angeschwollen seye, sondern auch mit dem Seitengewehr Fenster und Thüren habe hineinhauen [sic] wollen«. Damit nicht genug, habe der Husar einen reichsritterschaftlichen Untertanen »auf die ehrenrührigste Weise, einen Hallunken, schlechten Kerl, Kuion, Hundsfüttischen Kerl etc. etc.« geschimpft[85]. Dass es sich dabei um keinen Einzelfall handelte, zeigen die in einem anderen reichsritterschaftlichen Ort vorgebrachten Klagen der Untertanen »über die Strapazen, welche ihre Weiber bey der gewalthätigen [sic] Einquartirung der Königlich Preusischen [sic] Husaren auszustehen hatten«[86].

Behandlung ihres Ressorts in Hinsicht auf Polizey- Finanz- und Militair-Gewalt«, Ansbach, 18. Juli 1796, StA Nürnberg, Mfr (Abgabe 1900), KdI, Nr. 3897.

84 Abschrift des Berichts des Freiherrlich von Seckendorffischen Amtmanns Killinger an Christoph Albrecht Freiherr von Seckendorff, Sugenheim, 9. April 1799, GStA PK Berlin, II. HA, Abt. 36, I, Nr. 340, fol. 52–53, hier: fol. 52.

85 Actenstücke die … bestrittene Unmittelbarkeit der reichslehenbaren Hofmark Heroldsberg II, S. 360 ff., 369 ff. (Zitate ebd., S. 362 f., 371 f.).

86 Schreiben des Ortsvorstandes Steigerwald an den Ortsvorstand Rhön-Werra, Erlangen, 30. März 1797, StA Marburg, 109, Nr. 312, Bd. 4 (Zitat ebd.). Schreiben des Ortsvorstandes Steigerwald an den Ortsvorstand Rhön-Werra, Erlangen, 12. Juni 1797, ebd. Klageschriftsnachtrag von Rhön-Werra gegen Preußen zu den Beilagen T bis W zum Reichshofratsprozess, ebd. Abschrift des Berichtes des Freiherrlich von Seckendorffischen Amtmanns Johann Albrecht Killinger an den Ortsvorstand Steigerwald, Markt Sugenheim, 7. Juni 1797, ebd. Ab-

Doch nicht nur derartige Exzesse mussten die endgültige Mediatisierung der Ansbach-Bayreuth benachbarten Rittergüter seit dem Sommer 1796 in den Geruch der Anarchie bringen: Um die reichsritterschaftlichen Untertanen für ihre neue Landesherrschaft zu gewinnen und ihre angestammte Obrigkeit zu schwächen und zu diskreditieren, schoben die königlichen Behörden nicht nur wiederholt die reichsritterschaftlichen Ortsherrschaften und Ämter vor, wenn es um die Einführung der wenig populären preußischen Heeresverfassung ging[87]. Ein Patent Hardenbergs vom 30. Juli 1796 versuchte die reichsritterschaftlichen Untertanen für die preußische Herrschaft zu gewinnen, indem es deren Misshandlung durch königliche Beamte unter Strafandrohung verbot und den neuen Landeskindern den Beschwerdeweg für berechtigte Klagen über ihre reichsadligen Obrigkeiten empfahl[88]. Kurz zuvor versicherte Hardenberg in einem königlichen Patent vom 25. Juli 1796 den reichsritterschaftlichen Untertanen, dass ihr Steuerfuß auf den der bisherigen königlichen Landeskinder abgesenkt werden solle, wenn sie bisher mehr Steuern als jene bezahlt hätten, und eröffnete diesen dafür den Beschwerdeweg, vorbei an ihrer Ortsherrschaft, an die Kriegs- und Domänenkammern in Ansbach und Bayreuth[89]. Ein weiteres Ministerialpatent Hardenbergs vom 8. Dezember 1796 versprach den Untertanen der Rittergenossen für ihre Kooperation mit den königlichen Behörden die preußische Protektion gegen Bedrückungen durch ihre reichsritterschaftliche Herrschaft[90]. Umgekehrt wurde bei Bedarf ritterschaftlichen Hintersassen die Ohnmacht ihrer angestammten Landesherren vor Augen geführt und deren Unvermögen, sie vor den Übergriffen

schrift des Freiherrlich von Seckendorffischen Amtsprotokolls, Markt Sugenheim, 7. Juni 1797, ebd. Vgl. auch: »Die Verhältnisse u(nd) Schicksale der freyen Reichsherrschaft Mt. Sugenheim in Franken, historisch dargestellt und entwickelt«, StA Marburg, 109, Nr. 1789.

87 Klageschrift von Rhön-Werra gegen Preußen zu den Beilagen 1 bis 87 zum Reichshofratsprozess, StA Marburg, 109, Nr. 312, Bd. 1.

88 Königlich Preussisches Patent, wegen Behandlung der Unterthanen in den fränkischen Fürstenthümern, S. 84 f.

89 Abschrift des königlichen Patents, Ansbach, 25. Juli 1796, StA Ludwigsburg, B 575 II, Bü 300. Abschrift des Reskripts der Ansbacher Kriegs- und Domänenkammer an den Freiherrn Senfft von Soulbourg zu Matzenbach, Ansbach, 14. November 1796, ebd. – Der ursprüngliche Entwurf des Patents vom 25. Juli 1796 hatte sogar noch weitergehende Zugeständnisse vorgesehen: In ihm war für »sämt.(liche) fremdangehörigen Insassen« eine einjährige Befreiung von allen Steuern bis zum 1. Juli 1797 vorgesehen. Es waren nicht zuletzt Kretschmanns fiskalische und politische Bedenken, die zur Streichung dieser geplanten Vergünstigung führten (Gutachten Kretschmanns [an Hardenberg], Langenzenn, 22. Juli 1796, GStA PK Berlin, II. HA, Abt. 36, III, Nr. 117. Entwurf des königlichen Patents vom 25. Juli 1796, ebd.).

90 Abschrift des Patents Hardenbergs, Ansbach, 8. Dezember 1796, StA Marburg, 109, Nr. 312, Bd. 4. Schreiben des Ortsvorstandes Steigerwald an den Ortsvorstand Rhön-Werra, Erlangen, 23. Februar 1797, StA Marburg, 109, Nr. 311, Bd. 10. – Vgl. auch die ähnlichen Zusicherungen preußischerseits in: Abschrift des Freiherrlich von Seckendorffischen Amtsprotokolls, Weingartsgereuth, 23. Juli 1796, StA Marburg, 109, Nr. 311, Bd. 7; Beilage 110: Schreiben des Ortsvorstandes Steigerwald an den Ortsvorstand Rhön-Werra, Erlangen, 15. Februar 1797, StA Marburg, 109, Nr. 312, Bd. 2; Zu Beilage 110: Abschrift des Freiherrlich von Künsbergischen Amtsprotokolls, Obersteinbach, 6. Januar 1797, ebd.

Berlins zu bewahren: Beispielsweise bezeichnete ein preußischer Offizier gegenüber den Vertretern einer reichsritterschaftlichen Gemeinde deren reichsadlige Ortsherren als »Alter und iunger Teufel« und fragte, »ob sie glauben könnten, daß ihr Herr, der auch nur, ein Unterthan von S[einer]r königlichen] Ma[jestät] in Preußen, wie sie, seye, ihnen helfen könne«[91]. Noch deutlicher wurde ein königlicher Kriegsrat, als ihm gegenüber ein Freiherrlich von Seckendorffischer Beamter die Rechte seiner Herrschaft mithilfe eines gegen Berlin ergangenen Mandats des Reichshofrats verteidigen wollte: »Der Kaiser hat hier gar nichts zu sagen. Wir werden eben so wenig auf seine Mandate und R[eich]shofrathsConclusa Rücksicht nehmen, als von dem Vorhaben abstehen, die dem Könige von Preußen als Markgrafen von Brandenburg zuständige[n], und vorzeiten durch Fürsten usurpirte[n] Landeshoheitsrechte in Ausübung zu bringen«[92]. Im zum Kanton Steigerwald kollektablen Freiherrlich von Seckendorffischen Markt Sugenheim versuchte ein preußischer Beamter zusammen mit einem Offizier, die reichsritterschaftlichen Untertanen davon zu überzeugen, dass unter der königlichen Landeshoheit ihre bisherigen drückenden und vorgeblich unbezahlten Lieferungen zur Kaiserlichen und Reichsarmee ein Ende finden würden sowie ihre angeblich zu hohe Steuerbelastung deutlich gemildert würde. Den Hintersassen wurde dadurch von ihrem bisherigen Leben unter reichsritterschaftlicher Landesherrschaft der Eindruck vermittelt, dass »sie also bis jezt das Geld gleichsam zum Fenster hinausgeworfen hätten, statt daß sie es in der Tasche haben könnten«[93]. Andernorts schreckte die preußische Seite nicht davor zurück, Streitigkeiten zwischen zwei Gemeinden auszunutzen, um die Autorität des Freiherrlich von Rumerskirchischen Amts zu Weisendorf, und damit das Ansehen der zuständigen, mit der Vogteilichkeit begabten Gerichtsherrschaft in Schmiedelberg offen zu untergraben. Als Folge davon musste sich der reichsritterschaftliche Amtmann von den dortigen Hintersassen anhören, sie hätten ihn über die Auseinandersetzung gar nicht informiert, da »man ihnen von hier aus ja nicht helfen könnte«[94]. Zwar gab es auch Gemeinden wie das

91 Abschrift des Freiherrlich von Künsbergischen Amtsprotokolls, Ermreuth, 7. Februar 1798, StA Marburg, 109, Nr. 322.

92 »Die Verhältnisse u(nd) Schicksale der freyen Reichsherrschaft Mt. Sugenheim in Franken, historisch dargestellt und entwickelt«, StA Marburg, 109, Nr. 1789.

93 Schreiben des Ortsvorstandes Steigerwald an den Ortsvorstand Rhön-Werra, Erlangen, 1. März 1797, StA Marburg, 109, Nr. 311, Bd. 10 (Zitat ebd.). Klageschrift von Rhön-Werra gegen Preußen zu den Beilagen A bis K zum Reichshofratsprozess, StA Marburg, 109, Nr. 312, Bd. 4. Abschrift des Freiherrlich von Seckendorffischen Amtsprotokolls, Markt Sugenheim, 23. Februar 1797, ebd.

94 Schreiben des von Rumerskirchischen Amtmanns Collenberg an den Ortsvorstand Rhön-Werra, Weisendorf, 4. Juli 1797, StA Marburg, 109, Nr. 313. Abschrift des Freiherrlich von Rumerskirchischen Amtsprotokolls, Weisendorf, 27. Juni 1797, ebd. (Zitat ebd.). Abschrift des Schreibens des Freiherrlich von Rumerskirchischen Amtmanns an das Amt Dachsbach, Weisendorf, 28. Juni 1797, ebd. Speziell zur Identifikation der Ortsherrschaft siehe: Schreiben

Freiherrlich von Seckendorffische Markt Sugenheim, wo die Untertanen sich mit ihrer bisherigen Situation und Abgabenlast durchaus zufrieden zeigten und daher in »seltener Treue und Liebe zu ihrer Herrschaft« standen, weshalb sie die angesprochenen Versuche der königlichen Behörden, sie gegen ihre reichsritterschaftliche Obrigkeit in Stellung zu bringen, offen zurückwiesen[95]. Aber andernorts fiel der preußische Same auf fruchtbaren Boden, ging jedoch keineswegs immer im Sinne des Dirigierenden Ministers auf.

Die exemplarisch geschilderten preußischen Auftritte mussten die stets fragile Autorität der reichsritterschaftlichen Landesherren gegenüber ihren Untertanen massiv erschüttern[96]. Gerade weil das soziale Fundament der reichsritterschaftlichen Landesherrschaft und Reichsunmittelbarkeit auch ohne den Einfluss revolutionären Gedankenguts äußerst porös war, bedeutete die Aufwieglungspolitik Hardenbergs erst recht ein Spiel mit dem Feuer[97]. Zwar rief das Verhalten der königlichen Behörden keine in den Akten greifbaren Forderungen im Sinne der französischen »Liberté, Égalité et Fraternité« unter den reichsritterschaftlichen Untertanen hervor. Aber es führte dazu, dass sich mancherorts die tradierten Herrschaftsstrukturen in einem Maße aufzulösen begannen, das weit über Hardenbergs Intentionen hinausging. In einigen reichsritterschaftlichen Gemeinden entstand nämlich nun der Eindruck, dass sie ihren bisherigen ritterschaftlichen Landesherrn nicht einmal mehr diejenigen Abgaben und Fronen schuldig seien, die diesen im Rahmen der von Berlin weiterhin unangetasteten Grundherrschaft zustanden[98]. Zudem soll es nach Hanns Hubert Hofmann seit dem Sommer 1796 zu regelrechten Unruhen in reichsritterschaftlichen Dörfern gekommen sein, wobei im Freiherrlich von Seckendorffischen Obernzenn sogar Militär die Ordnung wiederherstellen musste. Bei diesen Tumulten spielte die Angst vieler reichsritterschaftlicher Untertanen vor einer Verschlechterung ihrer

des Freiherrlich von Rumerskirchischen Amtmanns Sponsel an den Ortsvorstand Rhön-Werra, Weisendorf, 17. März 1797, ebd.

95 Schreiben des Ortsvorstandes Steigerwald an den Ortsvorstand Rhön-Werra, Erlangen, 1. März 1797, StA Marburg, 109, Nr. 311, Bd. 10. Klageschrift von Rhön-Werra gegen Preußen zu den Beilagen A bis K zum Reichshofratsprozess, StA Marburg, 109, Nr. 312, Bd. 4. Abschrift des Freiherrlich von Seckendorffischen Amtsprotokolls, Markt Sugenheim, 23. Februar 1797, ebd. Schreiben des Ortsvorstandes Steigerwald an den Ortsvorstand Rhön-Werra, Erlangen, 30. März 1797, ebd. (Zitat ebd.). »Die Verhältnisse u(nd) Schicksale der freyen Reichsherrschaft Mt. Sugenheim in Franken, historisch dargestellt und entwickelt«, StA Marburg, 109, Nr. 1789.

96 Siehe Kapitel VI.1.

97 Siehe Kapitel III.2.1.

98 Klageschrift von Rhön-Werra gegen Preußen zu den Beilagen 1 bis 87 zum Reichshofratsprozess, StA Marburg, 109, Nr. 312, Bd. 1. – Die Fränkische Kreisversammlung hatte Preußen bereits im Sommer 1792 vor revolutionsähnlichen Folgen seiner Eingriffe in fremde Gerechtsame gewarnt, da dadurch »bei den niederen Klaßen Verwirrung der Begriffe, wo nicht am Ende gar Herrenlosigkeit« hervorgerufen werden könnte (Abschrift des Gegenpromemorias der fränkischen Kreisstände an den preußischen Kreisgesandten, Reichsgraf von Soden, Nürnberg, 1. Juni 1792, Dikt. [Nürnberg], 2. Juni 1792, StA Marburg, 109, Nr. 311, Bd. 1, Dok. 71).

wirtschaftlichen Lage oder einer Benachteiligung gegenüber den bisherigen königlichen Landeskindern eine erhebliche Rolle[99]. Die Befreiung von den grundherrlichen Abgaben hatte in Frankreich die Revolution erzwungen. Für einen Staat, der wie die preußische Monarchie auf feudalen Strukturen aufruhte, war eine derartige Infragestellung jahrhundertealter Abhängigkeiten und Autoritäten jedoch existenzgefährdend[100]. Daher sah sich Hardenberg gezwungen, durch ein eigenes, auf den 1. August 1796 datiertes Patent die reichsritterschaftlichen Grundholden zur Erfüllung ihrer Verpflichtungen im Rahmen der Grundleihe zu ermahnen[101]. Zudem forderten die königlichen Behörden nun bei jeder sich bietenden Gelegenheiten die ritterschaftlichen Hintersassen zum Gehorsam und zur Ehrerbietung gegenüber ihrer Ortsherrschaft auf sowie zur Entrichtung ihrer grundherrschaftlichen Gefälle[102].

Begleitet von der Aufwieglung der Untertanen und ihren sporadisch ausbrechenden Folgen, dehnten die königlichen Behörden seit dem Sommer 1796 die Landeshoheit Berlins auf alle Bereiche der landesherrlichen Gewalt aus. Auf verschiedenen, von Berlin beanspruchten reichsritterschaftlichen Herrschaften errichteten die königlichen Behörden nun Säulen und schlugen Tafeln an, auf denen der einköpfige Adler prangte und die Worte »Territorium Borussicum« bzw. »Territoire Prussien« sowie »Koenig(lich) Preussische Landes-Grenze«, welche die neuen Landeshoheitsverhältnisse für jedermann sichtbar unterstrichen[103]. Von großer Symbolkraft war die Entfernung des in

99 *H. H. Hofmann*, Herrschaft, S. 185.

100 *Hanke*, Bürger, S. 55. Vgl. *H. H. Hofmann*, Herrschaft, S. 185.

101 Klageschrift von Rhön-Werra gegen Preußen zu den Beilagen 1 bis 87 zum Reichshofratsprozess, StA Marburg, 109, Nr. 312, Bd. 1. Gedrucktes Patent Hardenbergs, Ansbach, 1. August 1796, StA Marburg, 109, Nr. 313. Abschrift des Berichts des Freiherrlich von Holzischen Amtmanns Bürgerlein zu Amlishagen an den Ortsvorstand Odenwald, [Amlishagen], 14. November 1796, StA Marburg, 109, Nr. 311, Bd. 8.

102 Abschrift des Reskripts von Kretschmann an die Freiherrlich von Künsbergischen Gerichte, Ansbach, 16. August 1796, StA Marburg, 109, Nr. 322. Abschrift des Amtsprotokolls der von Egloffsteinischen Gemeinherrschaft, Bueg, 19. August 1796, ebd. Protokoll der Kocherschen Ritterkanzlei, Esslingen, [ca. November] 1796, StA Ludwigsburg, B 575 II, Bü 300. Schreiben des Freiherrn Senfft von Soulbourg an den Ortsvorstand Kocher, Stuttgart, 31. Oktober 1796, ebd. Abschrift des Reskripts der Ansbacher Kriegs- und Domänenkammer an den Freiherrn Senfft von Soulbourg zu Matzenbach, Ansbach, 14. November 1796, ebd. Abschrift des Reskripts des Kommissars Kretschmann an das Freiherrlich Senfft von Soulbourgische Gericht zu Matzenbach, Bayreuth, 10. Oktober 1796, ebd. Abschrift des Reskripts der Ansbacher Kriegs- und Domänenkammer an den Freiherrn Hofer von Lobenstein zu Wildenstein, Ansbach, 14. November 1796, StA Ludwigsburg, B 575 II, Bü 445. Abschrift des Freiherrlich von Guttenbergischen Amtsprotokolls, Guttenberg, 14. Juli 1797, StA Marburg, 109, Nr. 313.

103 Abschrift des Berichts des Freiherrlich von Seckendorffischen Amtmanns Killinger an den Ortsvorstand Steigerwald, Markt Sugenheim, 16. Februar 1797, StA Marburg, 109, Nr. 312, Bd. 4. Abschrift des Schreibens der Gebrüder Freiherr von Künsberg an den Ortsvorstand Steigerwald, Erlangen und Ermreuth, 29. Juli 1796, StA Marburg, 109, Nr. 311, Bd. 7 (Zitat ebd.). Abschrift des Freiherrlich von Künsbergischen Amtsprotokolls, Obersteinbach, 25. Juli 1796, ebd. Abschrift des Schreibens des Freiherrlich von Seckendorffischen Amtmanns Johann Albrecht Killinger zu Markt Sugenheim an die Kastenamtsverwesung zu Markt Ipsheim, Markt

Stein gehauenen Reichsadlers an dem Kanzleigebäude des Kantons Altmühl in Wilhermsdorf[104].

Die Kirchengewalt, sofern sie den Rittergenossen über ihre meist protestantischen Gemeinden zustand, wurde nun für den preußischen König reklamiert. Dabei wurden die ritterschaftlichen Pfarreien von königlichen Dekreten regelrecht überschwemmt, durch die die preußischen Behörden beispielsweise die Untersuchung des Kirchenvermögens einer reichsritterschaftlichen Gemeinde durchführten oder die Beschränkung von Feiertagen auf reichsadligem Besitz verfügten. Zudem mussten die reichsritterschaftlichen Patronatspfarreien ihre Inkorporation in die preußischen Dekanate bzw. Superintendenturen sowie die Examinierung der vom Patronatsherrn berufenen auswärtigen Prediger hinnehmen. Ferner hatten sich die Ortspfarrer auf den Rittergütern den Verfügungen des königlichen Konsistoriums zu beugen und auf die königlichen Konsistorialgesetze den sog. Priestereid zu schwören. Beim Kirchengebet und im Trauerfall nahm fortan der preußische König als Landesherr und nicht mehr der reichsritterschaftliche Patronatsherr den ersten Rang ein. Im offiziell verteilten, königlich preußischen Kirchengebet für die Sonntagsmesse fehlte sogar jeder Hinweis auf die ritterschaftliche Ortsherrschaft, während für den am 28. Dezember 1796 verstorbenen Prinzen Ludwig von Preußen eine dreimonatige Landestrauer auch für die von Berlin beanspruchten Rittergüter angeordnet wurde[105]. Indem der preußische König

Sugenheim, 1. August 1796, ebd. (Zitat ebd.). Klageschriftsnachtrag von Rhön-Werra gegen Preußen zu den Beilagen 95 bis 110 zum Reichshofratsprozess, StA Marburg, 109, Nr. 312, Bd. 2. Beilagen und Unterbeilagen, ebd.: fortl. für Oktober 1796 u. Januar 1797. Nachschreiben des Ortsvorstandes Kocher an Hardenberg wegen des Ritterguts Deufstetten, Esslingen, 31. Juli 1797, StA Ludwigsburg, B 575 IV, Bü 351. Bericht des Amtmanns Johann Wolfgang Gottlieb Wiedmann an den Ortsvorstand Kocher, Deufstetten, 15. August 1796, StA Ludwigsburg, B 575 II, Bü 58. Protokoll der Kocherschen Ritterkanzlei mit Voten, Feuchtwangen, 27. August 1796, ebd. Protokoll der Kocherschen Ritterkanzlei, Esslingen, [ca. Oktober] 1796, StA Ludwigsburg, B 575 II, Bü 300 (Zitat ebd.).

104 Promemoria [des Ortvorstandes Altmühl], [ca. Herbst 1796], StA Marburg, 109, Nr. 313.

105 Abschrift des Schreibens von Friedrich Karl Freiherr von Frankenstein an den Ortsvorstand Steigerwald, Ullstadt, 12. August 1796, StA Marburg, 109, Nr. 311, Bd. 7. Abschrift des Berichts des Freiherrlich von Holzischen Amtmanns Bürgerlein zu Amlishagen an den Ortsvorstand Odenwald, [Amlishagen], 14. November 1796, StA Marburg, 109, Nr. 311, Bd. 8. Zu Beilage 94: Abschrift des Berichts des Kress von Kressensteinischen Amtsknechts J. M. Greißmeyer zu Dürrenmungenau an seine Herrschaft, Dürrenmungenau, 26. Dezember 1796, StA Marburg, 109, Nr. 312, Bd. 2. StA Marburg, 109, Nr. 312, Bd. 4: fortl. für März bis Juni 1797. Abschrift des Reskripts des Regierungskommissars Hergott an den Freiherrlich von Künsbergischen Pfarrer und Schulmeister in Rosbach, Markt Dachsbach, 26. August 1797, StA Marburg, 109, Nr. 322. Abschrift des Schreibens der Freiherrn von Künsberg an den preußischen König, Erlangen und Ermreuth, 13. März 1798, ebd. Zusammenstellung der preußischen Übergriffe gegenüber dem Freiherrlich Hofer von Lobensteinischen Amt zu Wildenstein und seinen Untertanen, Wildenstein, 9. April 1797, StA Ludwigsburg, B 575 II, Bü 445. Patent der Ansbacher Kriegs- und Domänenkammer, Ansbach, 8. Januar 1797, ebd. Abschrift des Reskripts Hardenbergs an den 1. und 2. Regierungssenat zu Ansbach, Ansbach, 24. Juni 1796, BSB, Handschriftenabteilung, Franconica 2#Beibd.17, fol. 1–14, hier: fol. 9 f. Entwurf der Instruktion an den 1. und 2.

die Rolle der reichsritterschaftlichen Landes- und Kirchenherrn beim Vollzug der wichtigsten kultischen Handlungen einnahm, kamen Ersterem künftig die dem Kirchengebet und der Landestrauer immanenten integrativen, legitimierenden und damit herrschaftsstabilisierenden Wirkungen zugute[106].

In Fortsetzung und Wiederholung ihrer Anordnungen seit dem Herbst 1795 gliederten die königlichen Behörden nun auch das Justizwesen der reichsritterschaftlichen Herrschaften endgültig in das Rechtssystem der preußischen Monarchie ein: Gemäß verschiedenen, seit der zweiten Julihälfte 1796 ergangenen königlichen Verordnungen hatten sich die Rittergenossen und ihre Hintersassen künftig nach der Justizorganisation, dem Allgemeinen Landrecht sowie der neuen Prozess- und Gerichtsordnung zu richten, die Hardenberg gemäß der Verfügungen des Vorjahres zum 1. Januar 1796 in den fränkischen Markgrafentümern eingeführt hatte[107]. Der Aufbewahrungsort

Regierungssenat zu Bayreuth über »das Benehmen gegen die Hintersaßen benachbarter Stände, welche im diesseitigen Territorium liegen, und die der fränkischen Ritterschaft«, Ansbach, 4. Juni 1796, GStA PK Berlin, II. HA, Abt. 36, I, Nr. 6. Bericht Hardenbergs an das Kabinettsministerium, Ansbach, 3. Dezember 1796, ebd., fol. 187–193, hier: fol. 187. Bericht der Ansbacher Kriegs- und Domänenkammer an Hardenberg, Ansbach, 9. April 1799, GStA PK Berlin, II. HA, Abt. 36, I, Nr. 340, fol. 56–66, hier: fol. 63 f. Abschrift des Reskripts des 1. Ansbacher Regierungssenats an den Freiherrn Senfft von Soulbourg, Ansbach, 22. September 1796, StA Ludwigsburg, B 575 II, Bü 300. Abschrift des Reskripts der Ansbacher Regierung an das Freiherrlich Senfft von Soulbourgische Gericht zu Matzenbach, Ansbach, 2. November 1796, ebd. Schreiben des von Rumerskirchischen Amtmanns Collenberg an den Ortsvorstand Rhön-Werra, Weisendorf, 1.(?) Dezember 1797, StA Marburg, 109, Nr. 313. Abschrift des Reskripts der Bayreuther Regierung, Bayreuth, 27. September 1797, ebd. Abschrift des Reskripts der Superintendentur und des Justizamts Dachsbach, Markt Dachsbach, 18. Oktober 1797, ebd. Instruktion der Ansbacher Regierung an die nachgeordneten Ämter, Ansbach, 7. Juli 1796, StA Nürnberg, Mfr (Abgabe 1909), KdI, Nr. 3653. Vgl. auch *Kretschmann*, Dienstjahre (1808), S. 26. – Die neue Zusammensetzung der Ansbacher Dekanate und Bayreuther Superintendenturen wurde im »Fränkischen Merkur« veröffentlicht (Nr. 25, 19. Juni 1798, Sp. 779 ff. Ebd., Nr. 32, 7. August 1798, Sp. 1002 ff.). – Vgl. auch die den bisher reichsritterschaftlichen Pfarrern preußischerseits übertragene Führung der Bevölkerungstabellen: Instruktion Hardenbergs für die untergebürgische Kriegs- und Domänenkammer wegen künftiger Behandlung ihrer Ressorts, Ansbach, 24. Juni 1796, StA Nürnberg, Mfr (Abgabe 1900), KdI, Nr. 3897 u. Instruktion Hardenbergs für die obergebürgische Kriegs- und Domänenkammer wegen künftiger Behandlung ihrer Ressorts, Ansbach, 24. Juni 1796, StA Bamberg, C 7/IIa, Nr. 66.

106 Siehe Kapitel V.4.2.

107 Abschrift des Reskripts von Kretschmann an die Freiherrlich von Künsbergischen Gerichte, Ansbach, 16. August 1796, StA Marburg, 109, Nr. 322. Nachschreiben des Ortsvorstandes Altmühl an den Ortsvorstand Rhön-Werra, o.O., 16. Juli 1796, StA Marburg, 109, Nr. 311, Bd. 7. Abschriften zweier von Völderndorff unterzeichneter königlicher Patente, Bayreuth, 15. Juli 1796, ebd. Schreiben des Ritterrats Freiherr von Berlichingen an den Ortsvorstand Kocher, Ansbach, 12. Oktober 1796, StA Ludwigsburg, B 575 II, Bü 373. Klageschrift von Rhön-Werra gegen Preußen zu den Beilagen 1 bis 87 zum Reichshofratsprozess, StA Marburg, 109, Nr. 312, Bd. 1. Klageschriftsnachtrag von Rhön-Werra gegen Preußen zu den Beilagen 95 bis 110 zum Reichshofratsprozess, StA Marburg, 109, Nr. 312, Bd. 2. Der Fränkische Merkur, Nr. 35, 30. August 1796, Sp. 613 f. Ebd., Nr. 39, 27. September 1796, Sp. 674 f. Abschrift des Reskripts Hardenbergs an den 1. und 2. Regierungssenat zu Ansbach, Ansbach, 24. Juni 1796, BSB,

der Amtsregistraturen der nun als Patrimonial- und Mediatgerichte bezeichneten ritterschaftlichen Justizstellen musste genauso wie der Gerichtssitz künftig im königlichen Gebiet liegen[108]. Während der heißen Mediatisierungsphase kam es auch zu drastischeren Eingriffen in die Jurisdiktionsbefugnisse der reichsritterschaftlichen Herrschaften, die vielfach beschnitten und auf eine einfache Form der niederen Gerichtsbarkeit, die jurisdictio colonaria, begrenzt werden sollten. Allerdings wurde Letztere durch die Gewährung einiger vogteilicher Rechte aus den Willenserklärungen Brandenburg-Ansbachs gegenüber dem Kanton Altmühl von 1722 und 1729 für alle

Handschriftenabteilung, Franconica 2#Beibd.17, fol. 1 – 14, hier: fol. 7. Von bayerischer Hand vorgenommene Abschrift der Instruktion für das königliche Landesministerium, Berlin, 12. April 1796, ebd., fol. 1 – 34, hier: fol. 12 f., 23. Entwurf der Instruktion an den 1. und 2. Regierungssenat zu Bayreuth über »das Benehmen gegen die Hintersaßen benachbarter Stände, welche im diesseitigen Territorium liegen, und die der fränkischen Ritterschaft«, Ansbach, 4. Juni 1796, GStA PK Berlin, II. HA, Abt. 36, I, Nr. 6. Bericht Hardenbergs an das Kabinettsministerium, Ansbach, 3. Dezember 1796, ebd., fol. 187 – 193, hier: fol. 187. Nachschreiben des Ortsvorstandes Kocher an Hardenberg wegen des Ritterguts Matzenbach, Esslingen, 31. Juli 1797, StA Ludwigsburg, B 575 IV, Bü 351. Bayreuther Zeitung, Beilage zu Nr. 87, 21. Juli 1795, BayHStA, K. schw., Nr. 14477, fol. 264 – 267, hier: fol. 264 ff. Abschrift des Reskripts des 1. Ansbacher Regierungssenats an den Freiherrn Senfft von Soulbourg, Ansbach, 22. September 1796, StA Ludwigsburg, B 575 II, Bü 300. Abschrift eines [weiteren] Reskripts des 1. Ansbacher Regierungssenats an den Freiherrn Senfft von Soulbourg, Ansbach, praes. 14. Oktober 1796, ebd. Abschrift des Reskripts der Ansbacher Regierung an das Freiherrlich Senfft von Soulbourgische Gericht zu Matzenbach, Ansbach, 2. November 1796, ebd. Abschrift des Reskripts des 1. Ansbacher Regierungssenats an den Freiherrn Hofer von Lobenstein zu Wildenstein, Ansbach, 12. Oktober 1796, StA Ludwigsburg, B 575 II, Bü 445. Zusammenstellung der preußischen Übergriffe gegenüber dem Freiherrlich Hofer von Lobensteinischen Amt zu Wildenstein und seinen Untertanen, Wildenstein, 9. April 1797, ebd. Abschrift des Reskripts des Oberamts Hoheneck an die Freiherrn von Seckendorff zu Markt Sugenheim, Markt Ipsheim, 4. Februar 1797, StA Marburg, 109, Nr. 312, Bd. 4. Abschrift der Deklaration wegen der Beschleunigung der Kriminalprozesse, Berlin, 17. Oktober 1796, ebd. Instruktion der Ansbacher Regierung an die nachgeordneten Ämter, Ansbach, 7. Juli 1796, StA Nürnberg, Mfr (Abgabe 1909), KdI, Nr. 3653. *W. H. Puchta*, Erinnerungen, S. 130. Vgl. auch zur Einführung des Allgemeinen Landrechts in Ansbach-Bayreuth: *Weltrich*, Erinnerungen … aus den Preussischen Regierungs-Jahren, S. 25. – Auch tabellarische Angaben über die bei ihnen geführten Prozesse hatten die ritterschaftlichen Gerichte gemäß einer Verordnung der Bayreuther Regierung vom Oktober 1797 einzuschicken (Abschrift des Schreibens des Freiherrn von Künsberg an den Ortsvorstand Gebürg, o.O., 10. Februar 1798, StA Marburg, 109, Nr. 322. Klageschrift von Rhön-Werra gegen Preußen zu den Beilagen 1 bis 37 zum Reichshofratsprozess, ebd. Abschrift des Reskripts des 1. Bayreuther Regierungssenats an das Freiherrlich von Künsbergische Gericht zu Ermreuth, Bayreuth, 8. Dezember 1797, ebd.).

108 Nachschreiben des Ortsvorstandes Kocher an Hardenberg wegen des Ritterguts Matzenbach, Esslingen, 31. Juli 1797, StA Ludwigsburg, B 575 IV, Bü 351. Abschrift eines [weiteren] Reskripts des 1. Ansbacher Regierungssenats an den Freiherrn Senfft von Soulbourg, Ansbach, praes. 14. Oktober 1796, StA Ludwigsburg, B 575 II, Bü 300. Abschrift des Reskripts der Ansbacher Regierung an das Freiherrlich Senfft von Soulbourgische Gericht zu Matzenbach, Ansbach, 2. November 1796, ebd. Abschrift des Reskripts des 1. Ansbacher Regierungssenats an den Freiherrn Hofer von Lobenstein zu Wildenstein, Ansbach, 12. Oktober 1796, StA Ludwigsburg, B 575 II, Bü 445.

sich relativ zügig und freiwillig unterwerfenden Reichsritter im ganzen untergebürgischen Fürstentum geringfügig erweitert. Nur in Ausnahmefällen wurden den Rittern deutlich mehr judikative, unter der Aufsicht der königlichen Behörden auszuübende Kompetenzen zugestanden. Dies war der Fall bei denjenigen reichsritterschaftlichen Herrschaften, die von Brandenburg-Ansbach einst mit der Cent belehnt worden waren[109]. Als Konsequenz aus den angesprochenen Verordnungen mussten nach altpreußischem Vorbild die als Richter tätigen reichsritterschaftlichen Amtleute zur Examinierung bei der Ansbacher und Bayreuther Regierung vorstellig werden. Bei Nichterscheinen drohte den ritterschaftlichen Beamten eine förmliche Untersuchung und ihre Absetzung. Dazu passte, dass die Reichsritter über die juristische Qualifikation ihrer Richter berichten mussten[110]. Gleichzeitig wurde den reichsritterschaftlichen Hintersassen befohlen, Appellationen und Beschwerden gegen die Gerichte ihrer bisherigen reichsadligen Landesherrschaft nur noch vor den 1. Senat der Regierungen zu Ansbach oder Bayreuth zu bringen. Für den Fall, dass sich die reichsritterschaftlichen Untertanen oder Amtleute an diese Anordnung nicht halten würden, drohten die preußischen Behörden vorsorglich mit einer gerichtlichen Verfolgung[111]. Umgekehrt sollten die bisher

109 Zu Beilage 109: Abschrift des Berichts des Freiherrlich von Seckendorffischen Amtsverwesers Johann Heinrich Hoeff an den Ortsvorstand Steigerwald, Weingartsgereuth, 31. Januar 1797, StA Marburg, 109, Nr. 312, Bd. 2. Abschrift des Reskripts Hardenbergs an den 1. und 2. Regierungssenat zu Ansbach, Ansbach, 24. Juni 1796, BSB, Handschriftenabteilung, Franconica 2#Beibd.17, fol. 1–14, hier: fol. 7 f. Von bayerischer Hand vorgenommene Abschrift der Instruktion für das königliche Landesministerium, Berlin, 12. April 1796, ebd., fol. 1–34, hier: fol. 23. Entwurf der Instruktion an den 1. und 2. Regierungssenat zu Bayreuth über »das Benehmen gegen die Hintersaßen benachbarter Stände, welche im diesseitigen Territorium liegen, und die der fränkischen Ritterschaft«, Ansbach, 4. Juni 1796, GStA PK Berlin, II. HA, Abt. 36, I, Nr. 6. Schreiben des von Rumerskirchischen Amtmanns Collenberg an den Ortsvorstand Rhön-Werra, Weisendorf, 4. Juli 1797, StA Marburg, 109, Nr. 313. Abschrift des Schreibens des Justizrates Herrgott an das Freiherrlich von Rumerskirchische Amt zu Weisendorf, Markt Dachsbach, 30. Juni 1797, ebd. Instruktion der Ansbacher Regierung an die nachgeordneten Ämter, Ansbach, 7. Juli 1796, StA Nürnberg, Mfr (Abgabe 1909), KdI, Nr. 3653.

110 Abschrift eines von Völderndorff unterzeichneten königlichen Patents, Bayreuth, 15. Juli 1796, StA Marburg, 109, Nr. 311, Bd. 7. Klageschrift von Rhön-Werra gegen Preußen zu den Beilagen 1 bis 87 zum Reichshofratsprozess, StA Marburg, 109, Nr. 312, Bd. 1. Der Fränkische Merkur, Nr. 35, 30. August 1796, Sp. 614. Nachschreiben des Ortsvorstandes Kocher an Hardenberg wegen des Ritterguts Matzenbach, Esslingen, 31. Juli 1797, StA Ludwigsburg, B 575 IV, Bü 351. Abschrift eines [weiteren] Reskripts des 1. Ansbacher Regierungssenats an den Freiherrn Senfft von Soulbourg, Ansbach, praes. 14. Oktober 1796, StA Ludwigsburg, B 575 II, Bü 300. Abschrift des Reskripts des 1. Ansbacher Regierungssenats an den Freiherrn Hofer von Lobenstein zu Wildenstein, Ansbach, 12. Oktober 1796, StA Ludwigsburg, B 575 II, Bü 445. Vgl. auch: Abschrift des Reskripts Hardenbergs an den 1. und 2. Regierungssenat zu Ansbach, Ansbach, 24. Juni 1796, BSB, Handschriftenabteilung, Franconica 2#Beibd.17, fol. 1–14, hier: fol. 8.

111 Nachschreiben des Ortsvorstandes Altmühl an den Ortsvorstand Rhön-Werra, o.O., 16. Juli 1796, StA Marburg, 109, Nr. 311, Bd. 7. Abschrift [eines weiteren] von Völderndorff unterzeichneten königlichen Patents, Bayreuth, 15. Juli 1796, ebd. Klageschrift von Rhön-Werra

reichsunmittelbaren Ritter mit ihren Familien nicht mehr in erster Instanz den obersten Reichsgerichten unterstehen, sondern der Jurisdiktion der Regierungen[112]. Die reichsritterschaftlichen Ämter hatten sich – wie auch die einzelnen Gemeinden – das Ansbacher Intelligenzblatt zu halten, sowie mit den sog. Heuberschen und Hirschischen Realindizes auch die einschlägigen markgräflich brandenburgischen Gesetzes- und Verordnungssammlungen anzuschaffen. Ihre Berichte an die Regierung mussten künftig nach den einschlägigen Bestimmungen für die nachgeordneten preußischen Behörden abgefasst werden. Eine Reihe von Verordnungen seit dem 31. August 1796 befahl den ritterschaftlichen Beamten, bei der gerichtlichen und außergerichtlichen Aufgabenerfüllung künftig nur noch die mit dem königlichen Stempel versehenen Papierbögen, Kalender und Almanache zu gebrauchen und bei den Hintersassen zu dulden. Ein analoger Stempelzwang galt auch für die von der Bevölkerung benutzten Spiel- und Tarotkarten. Entsprechend war auch das unterm 15. April 1797 für die fränkischen Markgrafentümer erlassene Stempeledikt in den ritterschaftlichen Dörfern öffentlich anzuschlagen und von der Kanzel zu verlesen[113]. Zwar blieb den adligen Gerichten der aus

gegen Preußen zu den Beilagen 1 bis 87 zum Reichshofratsprozess, StA Marburg, 109, Nr. 312, Bd. 1. Der Fränkische Merkur, Nr. 39, 27. September 1796, Sp. 675. Abschrift des Reskripts Hardenbergs an den 1. und 2. Regierungssenat zu Ansbach, Ansbach, 24. Juni 1796, BSB, Handschriftenabteilung, Franconica 2#Beibd.17, fol. 1 – 14, hier: fol. 8. Abschrift des Reskripts des 1. Ansbacher Regierungssenats an den Freiherrn Senfft von Soulbourg, Ansbach, 22. September 1796, StA Ludwigsburg, B 575 II, Bü 300. Abschrift des Reskripts der Ansbacher Regierung an das Freiherrlich Senfft von Soulbourgische Gericht zu Matzenbach, Ansbach, 2. November 1796, ebd. Instruktion der Ansbacher Regierung an die nachgeordneten Ämter, Ansbach, 7. Juli 1796, StA Nürnberg, Mfr (Abgabe 1909), KdI, Nr. 3653. Vgl. hierzu auch: Der Fränkische Merkur, Nr. 38, 20. September 1796, Sp. 659 f. – In Ansbach fungierte der erste Regierungssenat für die bisher reichsritterschaftlichen Gerichte als übergeordnete Instanz in allen Jurisdiktionsangelegenheiten mit Ausnahme der Vormundschaften, die dem 2. Senat oblagen (Abschrift des Reskripts des Kommissars Kretschmann an das Freiherrlich Hofer von Lobensteinische Gericht zu Wildenstein, Ansbach, 25. März 1797, StA Ludwigsburg, B 575 II, Bü 445).

112 Nachschreiben des Ortsvorstandes Kocher an Hardenberg wegen des Ritterguts Matzenbach, Esslingen, 31. Juli 1797, StA Ludwigsburg, B 575 IV, Bü 351. Nachschreiben des Ortsvorstandes Kocher an Hardenberg wegen des Ritterguts Wildenstein, Esslingen, 31. Juli 1797, ebd. Abschrift des Reskripts des 1. Ansbacher Regierungssenats an den Freiherrn Senfft von Soulbourg, Ansbach, 22. September 1796, StA Ludwigsburg, B 575 II, Bü 300. Zusammenstellung der preußischen Übergriffe gegenüber dem Freiherrlich Hofer von Lobensteinischen Amt zu Wildenstein und seinen Untertanen, Wildenstein, 9. April 1797, StA Ludwigsburg, B 575 II, Bü 445. Abschrift des Reskripts des 1. Ansbacher Regierungssenats an den Freiherrn Hofer von Lobenstein zu Wildenstein, Ansbach, 12. Oktober 1796, ebd. Instruktion der Ansbacher Regierung an die nachgeordneten Ämter, Ansbach, 7. Juli 1796, StA Nürnberg, Mfr (Abgabe 1909), KdI, Nr. 3653.

113 StA Ludwigsburg, B 575 II, Bü 300: fortl. für Juli 1796 bis November 1796 sowie für April bis Mai 1797. Abschrift des Ausschreibens der Ansbacher Kriegs- und Domänenkammer, Ansbach, 2. Februar 1796, StA Ludwigsburg, B 575 II, Bü 445. Abschrift des Reskripts der Ansbacher Kriegs- und Domänenkammer an das Freiherrlich Hofer von Lobensteinische Amt zu Wildenstein, Ansbach, 31. August 1796, ebd. Abschrift des Reskripts der Ansbacher Kriegs-

der Vogteilichkeit fließende und einträgliche Kirchweihschutz erhalten, wo dieser hergebracht war. Jedoch wurden die bisher reichsritterschaftlichen Herrschaften bei dessen Ausübung an die Vorschriften der königlichen Behörden gebunden[114].

Ein Punkt, auf den Hardenberg schon in seinem programmatischen Hauptbericht von 1792 und in den Vergleichsverhandlungen mit der Reichsritterschaft besonderen Wert gelegt hatte, war das Polizeywesen[115]. Zwar beließ das königliche Patent vom 12. Juli 1796 den reichsritterschaftlichen Ämtern die Ausübung der Polizey unter der Direktion der Kriegs- und Domänenkammern[116]. Dies schloss jedoch nicht aus, dass ein königliches Reskript vom 31. August 1796 die bisher ausgeübten reichsritterschaftlichen

und Domänenkammer an das Freiherrlich Hofer von Lobensteinische Amt zu Wildenstein, Ansbach, 5. Oktober 1796, ebd. Zusammenstellung der preußischen Übergriffe gegenüber dem Freiherrlich Hofer von Lobensteinischen Amt zu Wildenstein und seinen Untertanen, Wildenstein, 9. April 1797, ebd. Abschrift [eines weiteren] von Völderndorff unterzeichneten königlichen Patents, Bayreuth, 15. Juli 1796, StA Marburg, 109, Nr. 311, Bd. 7. Klageschrift von Rhön-Werra gegen Preußen zu den Beilagen 1 bis 87 zum Reichshofratsprozess, StA Marburg, 109, Nr. 312, Bd. 1. Nachschreiben des Ortsvorstandes Kocher an Hardenberg wegen des Ritterguts Matzenbach, Esslingen, 31. Juli 1797, StA Ludwigsburg, B 575 IV, Bü 351. Nachschreiben des Ortsvorstandes Kocher an Hardenberg wegen des Ritterguts Wildenstein, Esslingen, 31. Juli 1797, ebd. Abschrift des Reskripts der Ansbacher Kriegs- und Domänenkammer an das Freiherrlich von Crailsheimische Gericht zu Rügland, Ansbach, 13. August 1796, StA Marburg, 109, Nr. 311, Bd. 10. Der Fränkische Merkur, Nr. 39, 27. September 1796, Sp. 675. StA Marburg, 109, Nr. 313: fortl. Instruktion Hardenbergs für die untergebürgische Kriegs- und Domänenkammer wegen künftiger Behandlung ihrer Ressorts, Ansbach, 24. Juni 1796, StA Nürnberg, Mfr (Abgabe 1900), KdI, Nr. 3897. Vgl. »Allgemeine Instruktion für alle Aemter des untergebürgischen Fürstenthums wegen künftiger Behandlung ihres Ressorts in Hinsicht auf Polizey- Finanz- und Militair-Gewalt«, Ansbach, 18. Juli 1796, StA Nürnberg, Mfr (Abgabe 1900), KdI, Nr. 3897. – Die Heuberschen und Hirschischen Realindizes von 1774 bzw. 1784 ersetzten mit ihren Sachregistern und Inhaltsangaben die fehlende Kodifikation des Ansbacher Landrechts (*Schuhmann*, Markgrafen (1980), S. 354).

114 Abschrift des Reskripts der Ansbacher Kriegs- und Domänenkammer an das Freiherrlich Senfft von Soulbourgische Gericht zu Matzenbach, Ansbach, 24. September 1796, StA Ludwigsburg, B 575 II, Bü 300. – Speziell zur rechtlichen und wirtschaftlichen Bedeutung des Kirchweihschutzes siehe *H. H. Hofmann*, Herrschaft, S. 52.

115 Siehe Kapitel V.2 u. V.4.1.

116 Abschrift des königlichen Patents von Kretschmann, Ansbach, 12. Juli 1796, StA Marburg, 109, Nr. 311, Bd. 7. Klageschrift von Rhön-Werra gegen Preußen zu den Beilagen 1 bis 87 zum Reichshofratsprozess, StA Marburg, 109, Nr. 312, Bd. 1. Vgl. auch: Von bayerischer Hand vorgenommene Abschrift der Instruktion für das königliche Landesministerium, Berlin, 12. April 1796, BSB, Handschriftenabteilung, Franconica 2#Beibd.17, fol. 1–34, hier: fol. 12 f. u. Bericht Hardenbergs an das Kabinettsministerium, Ansbach, 3. Dezember 1796, GStA PK Berlin, II. HA, Abt. 36, I, Nr. 6, fol. 187–193, hier: fol. 187. – Auch in Militär- und Steuerangelegenheiten fungierten die Kriegs- und Domänenkammern künftig als vorgesetzte Behörde der ritterschaftlichen Gerichte (Abschrift des Reskripts des Kommissars Kretschmann an das Freiherrlich Hofer von Lobensteinische Gericht zu Wildenstein, Ansbach, 25. März 1797, StA Ludwigsburg, B 575 II, Bü 445. Reskript von Kretschmann an den Freiherrlich von Crailsheimischen Gerichtsverwalter zu Morstein, Crailsheim, 9. August 1796, StA Marburg, 109, Nr. 311, Bd. 10).

Polizeybefugnisse als usurpiert brandmarken konnte, und daher die Einsendung aller in der Vergangenheit von den reichsritterschaftlichen Herrschaften erlassenen und gültigen Polizey-Verordnungen binnen 14 Tagen befahl, um diese mit den königlichen Vorschriften und Gesetzen abgleichen zu können[117]. Entsprechend wurden im Herbst und Winter 1796 die Ansbach benachbarten reichsritterschaftlichen Gerichte angewiesen zu melden, wie viel Druckexemplare der allgemeinen Landesverordnungen der königlichen Behörden sie künftig zum Aushang in den ritterschaftlichen Orten benötigen würden[118]. Schon wenige Monate zuvor, im Juli 1796, waren die reichsadligen Gemeinden aufgefordert worden, sich die neu gegründete, wöchentlich erscheinende »Volcks-Zeitung« des Bayreuther Registrators Grieshammer zu halten, die nicht nur aufklärerische Zwecke verfolgte, sondern auch dazu geeignet war, die bisher reichsritterschaftlichen Hintersassen mit den für sie einschlägigen königlichen Gesetzen in den beiden fränkischen Markgrafentümern vertraut zu machen[119]. Dass all diese Ansinnen weder mit dem Recht der Reichsritter auf Gebot und Verbot oder der ihnen zustehenden, autonomen Ausübung der Polizeygewalt vereinbar waren noch mit dem reichsadligen Ius affigendi literas patentes, bedarf keiner Betonung mehr[120]. Nicht anders verhielt es sich mit den preußischen Eingriffen in die einzelnen Aufgabenfelder der früh-

117 Klageschrift von Rhön-Werra gegen Preußen zu den Beilagen 1 bis 87 zum Reichshofratsprozess, StA Marburg, 109, Nr. 312, Bd. 1. Abschrift des Reskripts der Ansbacher Kriegs- und Domänenkammer an das Freiherrlich Hofer von Lobensteinische Gericht zu Wildenstein, Ansbach, 10. Dezember 1796, StA Ludwigsburg, B 575 II, Bü 445. Abschrift des königlichen Reskripts der Ansbacher Kriegs- und Domänenkammer an alle gehuldigten sog. Patrimonialgerichte, Ansbach, 31. August 1796, ebd. Abschrift des Reskripts der Ansbacher Kriegs- und Domänenkammer an das Freiherrlich von Crailsheimische Amt zu Rügland, Ansbach, 31. August 1796, StA Marburg, 109, Nr. 311, Bd. 10.

118 Reskript der Ansbacher Kriegs- und Domänenkammer an das Freiherrlich Hofer von Lobensteinische Gericht zu Wildenstein, Ansbach, 10. Oktober 1796, StA Ludwigsburg, B 575 II, Bü 445. Reskript der Ansbacher Kriegs- und Domänenkammer an das Freiherrlich Hofer von Lobensteinische Gericht zu Wildenstein, Ansbach, 30. Dezember 1796, ebd. Abschrift des Berichts des Freiherrlich Hofer von Lobensteinischen Amtmanns Philipp Jakob Stoll an die Ansbacher Kriegs- und Domänenkammer, o.O., 7. Januar 1797, ebd. Nachschreiben des Ortsvorstandes Kocher an Hardenberg wegen des Ritterguts Wildenstein, Esslingen, 31. Juli 1797, StA Ludwigsburg, B 575 IV, Bü 351.

119 Abschrift des Publikandums der Ansbacher Kriegs- und Domänenkammer, Ansbach, 8. Juli 1796, StA Ludwigsburg, B 575 II, Bü 445 (Zitat ebd.). Zusammenstellung der preußischen Übergriffe gegenüber dem Freiherrlich Hofer von Lobensteinischen Amt zu Wildenstein und seinen Untertanen, Wildenstein, 9. April 1797, ebd. Abschrift des Schreibens des Kastenamts Gerabrunn an das reichsritterschaftliche Amt Braunspach, 27. August 1797, StA Marburg, 109, Nr. 313. Instruktion Hardenbergs für die untergebürgische Kriegs- und Domänenkammer wegen künftiger Behandlung ihrer Ressorts, Ansbach, 24. Juni 1796, StA Nürnberg, Mfr (Abgabe 1900), KdI, Nr. 3897. Instruktion Hardenbergs für die obergebürgische Kriegs- und Domänenkammer wegen künftiger Behandlung ihrer Ressorts, Ansbach, 24. Juni 1796, StA Bamberg, C 7/IIa, Nr. 66. – Speziell zu den Inhalten und der Zielsetzung der Volkszeitung siehe auch *Hofmeister-Hunger*, Pressepolitik, S. 121 ff. Vgl. hierzu auch *K. H. Lang*, Annalen, S. 19.

120 Siehe Kapitel II.2.2 u. V.1.

neuzeitlichen Polizey: Die von Berlin beanspruchten Rittergüter wurden erneut und genau wie das eigentliche königliche Territorium den preußischen Handelsverboten und Sperren unterworfen[121]. Dazu gehörten nicht nur die verschiedenen Getreide-, Vieh- und Viktualiensperren der fränkischen Markgrafentümer gegenüber ihren Nachbarn[122]. Auch das für Ansbach-Bayreuth verhängte Ausfuhrverbot für Unschlitt, sowie die daraus hergestellten Lichter und Seifen wurde auf reichsritterschaftliche Gebiete ausgedehnt[123]. Gleiches galt für den Export von Pferden oder unbearbeiteten Häuten und Fellen[124]. Unterm 9. Juli, 10. August sowie 3. September 1796 ergingen an die in der Nähe der Residenzstadt Ansbach gelegenen reichsritterschaftlichen Herrschaften spezielle Anordnungen über die Belieferung der dortigen Wochenmärkte[125]. Ebenfalls in die Zuständigkeit der Marktpolizey gehörte die

121 Abschrift des Schreibens des Oberstleutnants Friedrich Ludwig A. Freiherr von Seckendorff an den Ortsvorstand Steigerwald, Ansbach, 19. September 1796, StA Marburg, 109, Nr. 311, Bd. 7. Abschrift des Reskripts der Bayreuther Kriegs- und Domänenkammer an die Freiherrn von Seckendorff zu Weingartsgereuth, Bayreuth, 23. Juni 1796, ebd. Klageschrift von Rhön-Werra gegen Preußen zu den Beilagen 1 bis 87 zum Reichshofratsprozess, StA Marburg, 109, Nr. 312, Bd. 1. Klageschriftsnachtrag von Rhön-Werra gegen Preußen zu den Beilagen 95 bis 110 zum Reichshofratsprozess, StA Marburg, 109, Nr. 312, Bd. 2. Zu Beilage 103: Abschrift des Berichts des Freiherrlich von Frankensteinischen Amtmanns zu Ullstadt, A. Kretschmann, an den Ortsvorstand Steigerwald, o.O., 2. Dezember 1796, ebd. Der Fränkische Merkur, Nr. 16, 18. April 1797, Sp. 288. Ebd., Nr. 28, 11. Juli 1797, Sp. 496. Vgl. auch zu dieser Thematik im Allgemeinen: Der Fränkische Merkur, Nr. 16, 19. April 1796, Sp. 261 u. Ebd., Nr. 26, 28. Juni 1796, Sp. 452 f.

122 Abschrift des Reskripts der Ansbacher Kriegs- und Domänenkammer an den Freiherrn Senfft von Soulbourg zu Matzenbach, Ansbach, 26. Juli 1796, StA Ludwigsburg, B 575 II, Bü 300. Abschrift des Reskripts der Ansbacher Kriegs- und Domänenkammer an das Freiherrlich Senfft von Soulbourgische Gericht zu Matzenbach, Ansbach, 19. Oktober 1796, ebd. StA Ludwigsburg, B 575 II, Bü 445: fortl. für Juni 1796 bis April 1797. Nachschreiben des Ortsvorstandes Kocher an Hardenberg wegen des Ritterguts Wildenstein, Esslingen, 31. Juli 1797, StA Ludwigsburg, B 575 IV, Bü 351. Abschrift des Reskripts der Ansbacher Kriegs- und Domänenkammer an das Freiherrlich von Crailsheimische Amt zu Rügland, Ansbach, 10. August 1796, StA Marburg, 109, Nr. 311, Bd. 10.

123 Abschrift des Reskripts der Ansbacher Kriegs- und Domänenkammer an das Freiherrlich Hofer von Lobensteinische Gericht zu Wildenstein, Ansbach, 4. September 1796, StA Ludwigsburg, B 575 II, Bü 445.

124 Gedruckte Verordnung der Ansbacher Kriegs- und Domänenkammer [an das Freiherrlich Hofer von Lobensteinische Gericht zu Wildenstein], Ansbach, 19. September 1796, StA Ludwigsburg, B 575 II, Bü 445. Zusammenstellung der preußischen Übergriffe gegenüber dem Freiherrlich Hofer von Lobensteinischen Amt zu Wildenstein und seinen Untertanen, Wildenstein, 9. April 1797, ebd. Abschrift der Verordnung Hardenbergs, Ansbach, 26. Januar 1797, ebd. Abschrift des Reskripts der Ansbacher Kriegs- und Domänenkammer [an das Freiherrlich von Crailsheimische Amt zu Rügland], Ansbach, 19. September 1796, StA Marburg, 109, Nr. 311, Bd. 10.

125 Abschrift des Reskripts der Ansbacher Kriegs- und Domänenkammer an den Freiherrn Senfft von Soulbourg zu Matzenbach, Ansbach, 26. Juli 1796, StA Ludwigsburg, B 575 II, Bü 300. Abschrift des Reskripts der Ansbacher Kriegs- und Domänenkammer an das Freiherrlich Hofer von Lobensteinische Gericht zu Wildenstein, Ansbach, 26. Juni 1796, StA Ludwigsburg, B 575 II, Bü 445. Abschrift des Reskripts der Ansbacher Kriegs- und Domänenkammer,

Vereinheitlichung der Maße und Gewichte nach preußischem Vorbild, ein Schritt, zu dessen Vorbereitung die reichsritterschaftlichen Amtleute Vorschläge unterbreiten und Erhebungen durchführen sollten[126]. Auch zur einheitlichen Festsetzung der Brot-, Fleisch- und Biertaxen im untergebürgischen Fürstentum hatten sich die reichsritterschaftlichen Ämter gutachterlich zu äußern[127]. Der nicht durch die königlichen Behörden konzessionierte Tabakhandel wurde den ritterschaftlichen Untertanen kurzerhand untersagt sowie derjenige mit Lederwaren nur unter bestimmten Auflagen gestattet[128]. Ferner hatten sich die reichsadligen Beamten der königlichen Verordnung vom 3. August 1796 zu fügen, die die landesherrliche Aufsicht über die Fürstlich Taxische Reichspost durch die ritterschaftlichen Ämter anordnete[129]. Gleiches galt für die zahlreichen Verfügungen der preußischen Behörden vom April bis September 1796, die Maßnahmen zur Eindämmung der grassierenden Viehseuche verordneten[130]. Am 7. September 1796 wurde auch dem

Ansbach, 3. September 1796, StA Marburg, 109, Nr. 311, Bd. 10. Klageschrift von Rhön-Werra gegen Preußen zu den Beilagen 1 bis 87 zum Reichshofratsprozess, StA Marburg, 109, Nr. 312, Bd. 1.

126 Zusammenstellung der preußischen Übergriffe gegenüber dem Freiherrlich Hofer von Lobensteinischen Amt zu Wildenstein und seinen Untertanen, Wildenstein, 9. April 1797, StA Ludwigsburg, B 575 II, Bü 445. Abschrift des Reskripts der Ansbacher Kriegs- und Domänenkammer an das Freiherrlich Hofer von Lobensteinische Gericht zu Wildenstein, Ansbach, 1. Februar 1797, ebd.

127 Abschrift des Ausschreibens der Ansbacher Kriegs- und Domänenkammer, Ansbach, 15. Juli 179, StA Ludwigsburg, B 575 II, Bü 445. Abschrift des Reskripts der Ansbacher Kriegs- und Domänenkammer an das Freiherrlich Hofer von Lobensteinische Gericht zu Wildenstein, Ansbach, 10. Dezember 1796, ebd. Zusammenstellung der preußischen Übergriffe gegenüber dem Freiherrlich Hofer von Lobensteinischen Amt zu Wildenstein und seinen Untertanen, Wildenstein, 9. April 1797, ebd.

128 Zusammenstellung der preußischen Übergriffe gegenüber dem Freiherrlich Hofer von Lobensteinischen Amt zu Wildenstein und seinen Untertanen, Wildenstein, 9. April 1797, StA Ludwigsburg, B 575 II, Bü 445. Abschrift des Reskripts der Ansbacher Kriegs- und Domänenkammer an das Freiherrlich Hofer von Lobensteinische Gericht zu Wildenstein, Ansbach, 26. Oktober 1796, ebd. Abschrift der Verordnung Hardenbergs, Ansbach, 26. Januar 1797, ebd.

129 Abschrift des Reskripts der Ansbacher Kriegs- und Domänenkammer an das Freiherrlich von Crailsheimische Amt Rügland, Ansbach, 3. August 1796, StA Marburg, 109, Nr. 313. Relation des Reichshofrats mit Votum und Conclusum zum Fall »Reichsritterschaft in Franken Orts Rhön-Werra, als derzeit fränkisches Special-Directorium contra den König in Preußen, als Markgrafen zu Ansbach u. Bayreuth – mandati, die Einführung eines vol[l]kommenen Landsassiats u. die dabei vorgenommene reichsgesetzwidirgen Gewaltthätigkeiten betr.«, HHStA Wien, RHR, Relationes, Nr. 148. Klageschrift von Rhön-Werra gegen Preußen zu den Beilagen 1 bis 87 zum Reichshofratsprozess, StA Marburg, 109, Nr. 312, Bd. 1. Vgl. Instruktion Hardenbergs für die untergebürgische Kriegs- und Domänenkammer wegen künftiger Behandlung ihrer Ressorts, Ansbach, 24. Juni 1796, StA Nürnberg, Mfr (Abgabe 1900), KdI, Nr. 3897. u. »Allgemeine Instruktion für alle Aemter des untergebürgischen Fürstenthums wegen künftiger Behandlung ihres Ressorts in Hinsicht auf Polizey- Finanz- und Militair-Gewalt«, Ansbach, 18. Juli 1796, ebd.

130 Abschrift des Reskripts der Ansbacher Kriegs- und Domänenkammer an den Freiherrn Senfft von Soulbourg zu Matzenbach, Ansbach, 26. Juli 1796, StA Ludwigsburg, B 575 II, Bü 300.

reichsritterschaftlichen Zunftrecht der Todesstoß versetzt, das die Rittergenossen aufgrund eines Privilegs Kaiser Leopolds I. von 1688 in Anspruch nahmen: Die reichsritterschaftlichen Meister mussten binnen vier Wochen ihre Einzünftung in Ansbach beantragen, ihre Gesellen die preußischerseits vorgeschriebenen Gebühren entrichten und ein Meisterstück anfertigen[131]. Auch die Tätigkeit der Abdecker aus Territorien jenseits der neuen preußischen Landeshoheitsgrenzen wurde auf den Rittergütern nun untersagt[132]. Im Rahmen der Aufsicht über Handel und Wege sollten die bisher reichsritterschaftlichen Untertanen nun auch zum königlichen Straßenbau herangezogen werden[133]: Beispielsweise hatten die Hintersassen zu Heroldsberg, Langenfeld und Hohenholz durch Steinfuhren zum Brücken- und Chausseebau bei Eschenau und bei Oberlaimbach beizutragen, wobei Entfernungen von bis zu eineinhalb Wegstunden zurückzulegen waren. Weder das Herkommen noch die Belastungen durch vorangegangene Spanndienste für die Kaiserliche und Reichsarmee oder der Mangel an Zugtieren infolge der Viehseuche konnten die königlichen Behörden milde stimmen, die in beiden Fällen die Hinter-

Abschrift des Reskripts der Ansbacher Kriegs- und Domänenkammer an das Freiherrlich Senfft von Soulbourgische Gericht zu Matzenbach, Ansbach, 19. Oktober 1796, ebd. Klageschrift von Rhön-Werra gegen Preußen zu den Beilagen 1 bis 87 zum Reichshofratsprozess, StA Marburg, 109, Nr. 312, Bd. 1. Abschrift des Reskripts der Ansbacher Kriegs- und Domänenkammer an das Freiherrlich Hofer von Lobensteinische Gericht zu Wildenstein, Ansbach, 26. Juni 1796, StA Ludwigsburg, B 575 II, Bü 445. Nachschreiben des Ortsvorstandes Kocher an Hardenberg wegen des Ritterguts Wildenstein, Esslingen, 31. Juli 1797, StA Ludwigsburg, B 575 IV, Bü 351. StA Ludwigsburg, B 575 II, Bü 445: fortl. für August bis September 1796 sowie für April 1797. Abschrift des Reskripts der Ansbacher Kriegs- und Domänenkammer, Ansbach, 1. September 1796, StA Marburg, 109, Nr. 311, Bd. 10. *F. J. H. Soden*, Franzosen, S. 192, 228 f.

131 Instruktion Hardenbergs für die untergebürgische Kriegs- und Domänenkammer wegen künftiger Behandlung ihrer Ressorts, Ansbach, 24. Juni 1796, StA Nürnberg, Mfr (Abgabe 1900), KdI, Nr. 3897. Klageschrift von Rhön-Werra gegen Preußen zu den Beilagen 1 bis 87 zum Reichshofratsprozess, StA Marburg, 109, Nr. 312, Bd. 1. Abschrift des Reskripts der Ansbacher Kriegs- und Domänenkammer an das Freiherrlich von Crailsheimische Amt Rügland, Ansbach, 7. September 1796, StA Marburg, 109, Nr. 313. »Die Verhältnisse u(nd) Schicksale der freyen Reichsherrschaft Mt. Sugenheim in Franken, historisch dargestellt und entwickelt«, StA Marburg, 109, Nr. 1789. Vgl. auch *Weltrich*, Erinnerungen … aus den Preussischen Regierungs-Jahren, S. 28 u. Instruktion Hardenbergs für die obergebürgische Kriegs- und Domänenkammer wegen künftiger Behandlung ihrer Ressorts, Ansbach, 24. Juni 1796, StA Bamberg, C 7/IIa, Nr. 66.

132 Abschrift des Reskripts der Ansbacher Kriegs- und Domänenkammer an das Freiherrlich Hofer von Lobensteinische Amt zu Wildenstein, Ansbach, 22. September 1796, StA Ludwigsburg, B 575 II, Bü 445.

133 »Allgemeine Instruktion für alle Aemter des untergebürgischen Fürstenthums wegen künftiger Behandlung ihres Ressorts in Hinsicht auf Polizey- Finanz- und Militair-Gewalt«, Ansbach, 18. Juli 1796, StA Nürnberg, Mfr (Abgabe 1900), KdI, Nr. 3897. Instruktion Hardenbergs für die untergebürgische Kriegs- und Domänenkammer wegen künftiger Behandlung ihrer Ressorts, Ansbach, 24. Juni 1796, ebd. Instruktion Hardenbergs für die obergebürgische Kriegs- und Domänenkammer wegen künftiger Behandlung ihrer Ressorts, Ansbach, 24. Juni 1796, StA Bamberg, C 7/IIa, Nr. 66.

sassen durch militärische Exekution zur Fuhrleistung zwangen[134]. Doch nicht nur die Gewerbe-, Wege- und Handels-, auch die Landwirtschafts-, Feuer- und Forstpolizey im Sinne einer allgemeinen Aufsichts- und Regelungsbefugnis der königlichen Behörden wurde auf die immediaten Rittergüter ausgedehnt[135]. Beispielsweise beanspruchten seit August 1796 die Bestimmungen der markgräflich brandenburgischen Feuerordnung von 1760 auch Gültigkeit für die reichsritterschaftlichen Besitzungen innerhalb der imaginierten preußischen Landeshoheitsgrenzen[136]. Um dem aus Sicht der Ansbacher Kriegs- und Domänenkammer unbefriedigenden Zustand der Privat- und Gemeindewälder aufzuhelfen, wurden die ritterschaftlichen Ämter angewiesen, diese genau zu erfassen sowie Verbesserungsvorschläge einzureichen[137]. Auf die reichsritterschaftlichen Herrschaften zielten auch diejenigen Maßnahmen, die von den Kriegs- und Domänenräten gegen »das Einschleichen fremder Böserwichter[,] wie auch der Schurer und Betteljuden und der sogenannten Bettel[-]fuhren der Kranken« zu treffen waren[138]: Hinter den damit

134 Abschrift des Berichts des Freiherrlich von Frankensteinischen Amts zu Ullstadt an den Ortsvorstand Steigerwald, Weingartsgereuth, praes. Erlangen am 1. Juni 1797, StA Marburg, 109, Nr. 313. Abschrift des Reskripts der Landeshauptmannschaft Neustadt an der Aisch an das Freiherrlich von Frankensteinische Amt zu Ullstadt, Neustadt/Aisch, 8. März 1797, ebd. Abschrift des Schreibens des Freiherrlich von Frankensteinischen Amts zu Ullstadt an die Landeshauptmannschaft Neustadt an der Aisch, Ullstadt, 20. März 1797, ebd. Abschrift des Reskripts der Landeshauptmannschaft Neustadt an der Aisch an das Freiherrlich von Frankensteinische Amt zu Ullstadt, Neustadt/Aisch, 21. März 1797, ebd. Abschrift des Reskripts der Landeshauptmannschaft Neustadt an der Aisch an das Freiherrlich von Frankensteinische Amt zu Ullstadt, Neustadt/Aisch, 7. Mai 1797, ebd. Abschrift der Bescheinigung von Kretschmann, Ullstadt, 29. Mai 1797, ebd. Actenstücke die … bestrittene Unmittelbarkeit der reichslehenbaren Hofmark Heroldsberg II, S. 360 ff.

135 Instruktion Hardenbergs für die untergebürgische Kriegs- und Domänenkammer wegen künftiger Behandlung ihrer Ressorts, Ansbach, 24. Juni 1796, StA Nürnberg, Mfr (Abgabe 1900), KdI, Nr. 3897. »Allgemeine Instruktion für alle Aemter des untergebürgischen Fürstenthums wegen künftiger Behandlung ihres Ressorts in Hinsicht auf Polizey- Finanz- und Militair-Gewalt«, Ansbach, 18. Juli 1796, ebd. Instruktion Hardenbergs für die obergebürgische Kriegs- und Domänenkammer wegen künftiger Behandlung ihrer Ressorts, Ansbach, 24. Juni 1796, StA Bamberg, C 7/IIa, Nr. 66.

136 Abschrift des Reskripts der Ansbacher Kriegs- und Domänenkammer [an das Freiherrlich Senfft von Soulbourgische Amt zu Matzenbach], Ansbach, 10. August 1796, StA Ludwigsburg, B 575 II, Bü 300. Gedrucktes Reskript der Ansbacher Kriegs- und Domänenkammer [an das Freiherrlich Hofer von Lobensteinische Gericht zu Wildenstein], Ansbach, 10. August 1796, StA Ludwigsburg, B 575 II, Bü 445.

137 Abschrift des Reskripts der Ansbacher Kriegs- und Domänenkammer [an das Freiherrlich Senfft von Soulbourgische Gericht zu Matzenbach], Ansbach, 8. Oktober 1796, StA Ludwigsburg, B 575 II, Bü 300 bzw. Abschrift des Reskripts der Ansbacher Kriegs- und Domänenkammer [an das Freiherrlich Hofer von Lobensteinische Amt zu Wildenstein], Ansbach, 8. Oktober 1796, StA Ludwigsburg, B 575 II, Bü 445. Zusammenstellung der preußischen Übergriffe gegenüber dem Freiherrlich Hofer von Lobensteinischen Amt zu Wildenstein und seinen Untertanen, Wildenstein, 9. April 1797, ebd.

138 Instruktion Hardenbergs für die untergebürgische Kriegs- und Domänenkammer wegen künftiger Behandlung ihrer Ressorts, Ansbach, 24. Juni 1796, StA Nürnberg, Mfr (Abgabe

angesprochenen sozialen Phänomenen stand nämlich nicht zuletzt die verfehlte Peuplierungspolitik in etlichen reichsritterschaftlichen Herrschaften, die die Einnahmen der Rittergenossen steigern sollte[139]. Zur Verbesserung der Gesundheitsvorsorge hatten ritterschaftliche Ämter Bericht über den Zustand des Medizinalwesens und das darin tätige Personal einschließlich seiner Qualifikation und Entlohnung zu erstatten[140]. Auch darüber hinaus setzten die preußischen Behörden aufgrund der beanspruchten königlichen Aufsicht im Rahmen der Landespolizey die statistische Erfassung der reichsritterschaftlichen Herrschaften »als die Grundlage einer glüklichen Regierung« fort. Beispielsweise zog die Ansbacher Kriegs- und Domänenkammer Nachrichten über den Stand der als besonders förderungswürdig angesehenen Flachs- und Hanfproduktion sowie über Tabakanbau und -verarbeitung auf den Rittergütern ebenso ein wie zu den sog. Markungsumzügen, mit denen die Gemeindegrenzen im Bewusstsein der Bevölkerung gehalten werden sollten. Ferner hatten die reichsritterschaftlichen Ämter die Handel und Handwerk treibenden Untertanen auf den adligen Besitzungen in Gewerbesteuerregistern zu erfassen. Auch wurden alle Häuser in den reichsritterschaftlichen Dörfern auf Kosten ihrer Bewohner nummeriert sowie sämtliche Herdstellen – vom Pfarrhaus bis zum reichsritterschaftlichen Schloss – aufgenommen[141].

1900), KdI, Nr. 3897. Instruktion Hardenbergs für die obergebürgische Kriegs- und Domänenkammer wegen künftiger Behandlung ihrer Ressorts, Ansbach, 24. Juni 1796, StA Bamberg, C 7/IIa, Nr. 66. – Hinter dieser Verfügung standen ungeachtetet ihrer antisemitischen Wortwahl vor allem soziale Beweggründe. Die entsprechende Instruktion für die Ansbacher Kriegs- und Domänenkammer führte nämlich aus: Die »Bettler [...] sind die Pflanzschule der Verbrecher, fallen den übrigen Bürgern zur Last, verbreiten mancherley Krankheiten, geben nachtheiliges Beyspiel und entziehen würdigen und bedürftigen Armen die Gaben«. (Instruktion Hardenbergs für die untergebürgische Kriegs- und Domänenkammer wegen künftiger Behandlung ihrer Ressorts, Ansbach, 24. Juni 1796, StA Nürnberg, Mfr (Abgabe 1900), KdI, Nr. 3897 (Zitat ebd.). Anmerkungen von Schmid zu der neuen Kameralinstruktion für Ansbach, [Ende Juni/Anfang Juli 1796], ebd.).

139 Siehe Kapitel IV.3.

140 Abschrift des Reskripts der Ansbacher Kriegs- und Domänenkammer an das Freiherrlich Hofer von Lobensteinische Gericht zu Wildenstein, Ansbach, 19. Oktober 1796, StA Ludwigsburg, B 575 II, Bü 445. Nachschreiben des Ortsvorstandes Kocher an Hardenberg wegen des Ritterguts Wildenstein, Esslingen, 31. Juli 1797, StA Ludwigsburg, B 575 IV, Bü 351.

141 Instruktion Hardenbergs für die untergebürgische Kriegs- und Domänenkammer wegen künftiger Behandlung ihrer Ressorts, Ansbach, 24. Juni 1796, StA Nürnberg, Mfr (Abgabe 1900), KdI, Nr. 3897 (Zitat ebd.). Instruktion Hardenbergs für die obergebürgische Kriegs- und Domänenkammer wegen künftiger Behandlung ihrer Ressorts, Ansbach, 24. Juni 1796, StA Bamberg, C 7/IIa, Nr. 66. StA Marburg, 109, Nr. 311, Bd. 7: fortl. für Juli bis September 1796. Klageschrift von Rhön-Werra gegen Preußen zu den Beilagen 1 bis 87 zum Reichshofratsprozess, StA Marburg, 109, Nr. 312, Bd. 1. Klageschriftsnachtrag von Rhön-Werra gegen Preußen zu den Beilagen 95 bis 110 zum Reichshofratsprozess, StA Marburg, 109, Nr. 312, Bd. 2. Beilagen und Unterbeilagen, ebd.: fortl. für Oktober 1796 bis Februar 1797. Abschrift des Schreibens des Freiherrn von Künsberg an den Ortsvorstand Gebürg, o.O., 10. Februar 1798, StA Marburg, 109, Nr. 322. Klageschrift von Rhön-Werra gegen Preußen zu den Beilagen 1 bis 37 zum Reichshofratsprozess, ebd. Abschrift des Nachschreibens der Freiherrn von Künsberg

Als Zweck der letzteren Maßnahme wurde unumwunden die geplante Enrollierung der reichsritterschaftlichen Hintersassen zur preußischen Armee angegeben. Den Ämtern der Rittergenossen wurde das neue Kantonsreglement für Ansbach-Bayreuth vom März 1796 zugeschickt. Dieses musste von den Kanzeln der Kirchen verlesen und zusammen mit einem Auszug aus dem Deserteursedikt vom 2. Juli 1796 von den ritterschaftlichen Gerichten öffentlich angeschlagen werden. Auch die königliche Kantonskommission ließ nicht mehr lange auf sich warten, deren Arbeit die reichsritterschaftlichen Ortsherrschaften und ihre Beamten unterstützen mussten. Die reichsadligen Untertanen und ihre Söhne ab dem 16. und bis zum 45. Lebensjahr wurden vorgeladen, um gemessen und in die Musterungsrollen eingetragen zu werden. Bis zum Beginn des neuen Jahres war das Geschäft weitgehend abgeschlossen, sodass das Kantonsreglement zum 13. März 1797 in Kraft gesetzt werden konnte. Dieses verpflichtete nun die ritterschaftlichen Pfarreien, ihre wehrfähigen Pfarrkinder innerhalb der neuen Landesgrenzen Ansbach-Bayreuths in entsprechenden Listen zu erfassen[142]. Bald sollte auch die wirkliche

an den preußischen König, [Erlangen und Ermreuth], 24. Januar 1798, ebd. Abschrift des Schreibens der Bayreuther Kantonskommission an die Freiherrn von Künsberg, Erlangen, 24. Januar 1798, ebd. Abschrift des Freiherrlich von Künsbergischen Amtsprotokolls, Ermreuth, 6. u. 7. Februar 1798, ebd. StA Ludwigsburg, B 575 IV, Bü 351: fortl. für Juli 1797. StA Ludwigsburg, B 575 II, Bü 58: fortl. für August u. Oktober 1796. Protokoll der Kocherschen Ritterkanzlei, Esslingen, [ca. Oktober] 1796, StA Ludwigsburg, B 575 II, Bü 300. Schreiben des Freiherrn Senfft von Soulbourg an den Ortsvorstand Kocher, Stuttgart, 26. September 1796, ebd. StA Ludwigsburg, B 575 II, Bü 445: fortl. für Juli bis November 1796 sowie für März 1797. *Goess*, Statistik, S. 176 f.

142 StA Marburg, 109, Nr. 311, Bd. 7: fortl. für August bis September 1796. Klageschrift von Rhön-Werra gegen Preußen zu den Beilagen 1 bis 87 zum Reichshofratsprozess, StA Marburg, 109, Nr. 312, Bd. 1. Klageschriftsnachtrag von Rhön-Werra gegen Preußen zu den Beilagen 95 bis 110 zum Reichshofratsprozess, StA Marburg, 109, Nr. 312, Bd. 2. Beilagen u. Unterbeilagen, ebd.: fortl. für Oktober 1796 bis Februar 1797. StA Marburg, 109, Nr. 322: fortl. für Januar 1797 sowie für Januar bis Februar 1798. Von bayerischer Hand vorgenommene Abschrift der Instruktion für das königliche Landesministerium, Berlin, 12. April 1796, BSB, Handschriftenabteilung, Franconica 2#Beibd.17, fol. 1–34, hier: fol. 12 f. Bericht Hardenbergs an das Kabinettsministerium, Ansbach, 3. Dezember 1796, GStA PK Berlin, II. HA, Abt. 36, I, Nr. 6, fol. 187–193, hier: fol. 187. Drei Nachschreiben des Ortsvorstandes Kocher an Hardenberg wegen der Rittergüter Deufstetten, Matzenbach u. Wildenstein, Esslingen, 31. Juli 1797, StA Ludwigsburg, B 575 IV, Bü 351. StA Ludwigsburg, B 575 II, Bü 58: fortl. für Oktober 1796. StA Ludwigsburg, B 575 II, Bü 300: fortl. für Juli bis Oktober 1796 sowie für Juni 1797. Schreiben des Ritterrats Freiherr von Berlichingen an den Ortsvorstand Kocher, Ansbach, 12. Oktober 1796, StA Ludwigsburg, B 575 II, Bü 373. StA Ludwigsburg, B 575 II, Bü 445: fortl. für Oktober 1796 u. April 1797. Abschrift des Reskripts der Bayreuther Regierung, Bayreuth, 27. September 1797, StA Marburg, 109, Nr. 313. Abschrift des Reskripts der Superintendentur und des Justizamts Dachsbach, Markt Dachsbach, 18. Oktober 1797, ebd. GStA PK Berlin, II. HA, Abt. 36, IV, Nr. 22, fol. 129–134: fortl. Vgl. »Allgemeine Instruktion für alle Aemter des untergebürgischen Fürstenthums wegen künftiger Behandlung ihres Ressorts in Hinsicht auf Polizey-Finanz- und Militair-Gewalt«, Ansbach, 18. Juli 1796, StA Nürnberg, Mfr (Abgabe 1900), KdI, Nr. 3897, Instruktion Hardenbergs für die untergebürgische Kriegs- und Domänenkammer

Aushebung der gemusterten Rekruten für die königlichen Regimenter folgen[143]. Die ritterschaftlichen Hintersassen hatten weiterhin Magazinfuhren für das preußische Heer zu leisten. Die andauernden Einquartierungen und die Verpflegung der preußischen Truppen in den reichsritterschaftlichen Dörfern erfolgte nun mit der Begründung, dass es sich bei diesen um einen Teil der »königliche[n] Lande« handeln würde[144]. Auch die Heranziehung ritterschaftlicher Untertanen zu Salpeterfuhren und das Graben nach Salpeter in den bisher immediaten Herrschaften der Rittergenossen waren Neuerungen, die sich aus den Bedürfnissen der preußischen Armee ergaben[145].

Gemäß der in Basel ausgehandelten Neutralität Ansbach-Bayreuths im Krieg gegen Frankreich und vor dem Hintergrund der Bestrebungen des Fränkischen Reichskreises, französische Truppen gegen die Landeshoheitsansprüche Berlins in Stellung zu bringen, verbot ein den ritterschaftlichen Ämtern zugefertigtes preußisches Patent vom 27. August 1796 den von Berlin

wegen künftiger Behandlung ihrer Ressorts, Ansbach, 24. Juni 1796, ebd. u. *Weltrich*, Erinnerungen … aus den Preussischen Regierungs-Jahren, S. 30.

143 Klageschriftsnachtrag von Rhön-Werra gegen Preußen zu den Beilagen 38 bis 47 zum Reichshofratsprozess, StA Marburg, 109, Nr. 322. Ebd.: fortl. für März bis November 1799. Schreiben des Freiherrlich Hofer von Lobensteinischen Amtmanns Philipp Jakob Stoll an den Ortsvorstand Kocher, Wildenstein, 25. Oktober 1796, StA Ludwigsburg, B 575 II, Bü 445. Schreiben des Freiherrlich Hofer von Lobensteinischen Amtmanns Philipp Jakob Stoll an den Ortsvorstand Kocher, Wildenstein, 29. Juni 1797, ebd. StA Marburg, 109, Nr. 313: fortl. StA Marburg, 109, Nr. 311, Bd. 9: fortl. für April bis August 1797.

144 Abschrift des Schreibens der Gebrüder Freiherr von Künsberg an den Ortsvorstand Steigerwald, Erlangen und Ermreuth, 29. Juli 1796, StA Marburg, 109, Nr. 311, Bd. 7. Abschrift des Reskripts Hardenbergs an die Gebrüder C. und S. Freiherr von Crailsheim zu Fröhestockheim und Rödelsee, o.O., 30. Juni 1796, Ansbach, 18. Juli 1796, ebd. Von bayerischer Hand vorgenommene Abschrift der Instruktion für das königliche Landesministerium, Berlin, 12. April 1796, BSB, Handschriftenabteilung, Franconica 2#Beibd.17, fol. 1–34, hier: fol. 12. Klageschrift von Rhön-Werra gegen Preußen zu den Beilagen 1 bis 87 zum Reichshofratsprozess, StA Marburg, 109, Nr. 312, Bd. 1 (Zitat ebd.). Beilagen u. Unterbeilagen, StA Marburg, 109, Nr. 312, Bd. 2: fortl. für September 1796 bis Januar 1797. Nachschreiben des Ortsvorstandes Gebürg an den Ortsvorstand Rhön-Werra, Bamberg, 11. August 1797, StA Marburg, 109, Nr. 311, Bd. 9. Vgl. »Allgemeine Instruktion für alle Aemter des untergebürgischen Fürstenthums wegen künftiger Behandlung ihres Ressorts in Hinsicht auf Polizey- Finanz- und Militair-Gewalt«, Ansbach, 18. Juli 1796, StA Nürnberg, Mfr (Abgabe 1900), KdI, Nr. 3897. – Noch im Winter 1795/96 war die Begründung Berlins für die Einquartierung seiner Truppen in den reichsritterschaftlichen und kreisständischen Orten gewesen, dass es dort teilweise das Ius quartirii hergebracht habe (Reskript an die Ansbacher Kriegs- und Domänenkammer, Ansbach, 31. Oktober 1795, GStA PK Berlin, II. HA, Abt. 36, IV, Nr. 123. Bericht der Ansbacher Kriegs- und Domänenkammer, Ansbach, 23. November 1795, ebd. Bericht der Ansbacher Kriegs- und Domänenkammer, Ansbach, 7. März 1796, ebd. Reskript an die königliche Kreisgesandtschaft in Nürnberg, Ansbach, 16. März 1796, ebd.).

145 Instruktion Hardenbergs für die untergebürgische Kriegs- und Domänenkammer wegen künftiger Behandlung ihrer Ressorts, Ansbach, 24. Juni 1796, StA Nürnberg, Mfr (Abgabe 1900), KdI, Nr. 3897. Instruktion Hardenbergs für die obergebürgische Kriegs- und Domänenkammer wegen künftiger Behandlung ihrer Ressorts, Ansbach, 24. Juni 1796, StA Bamberg, C 7/IIa, Nr. 66.

beanspruchten Hintersassen der Rittergenossen zu denjenigen Requisitionen und Kontributionen beizutragen, die ihre reichsritterschaftlichen Herrschaften an das in Franken eingefallene Heer Jourdans abliefern mussten. Gegen die Heranziehung zu derartigen Lasten wurde den reichsritterschaftlichen Untertanen zudem explizit der Schutz Berlins gegen ihre angestammten reichsadligen Landesherren zugesichert[146]. Wenig später untersagten die königlichen Behörden den von den preußischen Landeshoheitsansprüchen betroffenen Rittergütern, sich an den Kriegslieferungen zu beteiligen, die die Armee Erzherzog Karls den reichsritterschaftlichen Direktorien auferlegte. Anlässlich einer vom Kanton Steigerwald für die k. k. Armee zu leistenden Naturallieferung, zu der auch von Preußen beanspruchte Rittergüter beitragen sollten, schärfte ein Reskript Hardenbergs vom 28. Dezember 1796 den Behörden der fränkischen Markgrafentümer sowie den Gerichten der okkupierten reichsritterschaftlichen Herrschaften nochmals ein, derartige »unerlaubte Eingriffe in die Königl. Gebietsrechte« umgehend dem Landesministerium zu melden[147]. Auch die ohne Zustimmung der preußischen Behörden mit der k. k. Armee vereinbarten Marschrouten durch reichsritterschaftliches Gebiet wollte Berlin nicht anerkennen, und verweigerte daher einem Trans-

146 Abschrift des Patents Hardenbergs, Ansbach, 27. August 1796, StA Ludwigsburg, B 575 II, Bü 58. Abschrift des Reskripts der Ansbacher Kriegs- und Domänenkammer [an das Freiherrlich Senfft von Soulbourgische Amt zu Matzenbach], Ansbach, 31. August 1796, StA Ludwigsburg, B 575 II, Bü 300. Protokoll der Kocherschen Ritterkanzlei, Feuchtwangen, [ca. September 1796], ebd. Klageschrift von Rhön-Werra gegen Preußen zu den Beilagen 1 bis 87 zum Reichshofratsprozess, StA Marburg, 109, Nr. 312, Bd. 1. – Zu dem Versuch Frankreich und seine Militärmacht gegen die preußischen Mediatisierungspolitik zu mobilisieren siehe Kapitel VII.2.

147 Klageschriftsnachtrag von Rhön-Werra gegen Preußen zu den Beilagen 91 bis 94 zum Reichshofratsprozess, StA Marburg, 109, Nr. 312, Bd. 2. Bayreuther Zeitung, Nr. 1, 2. Januar 1797, S. 1, ebd. (Zitat ebd.). Beilagen u. Unterbeilagen, ebd.: fortl. für November 1796 bis Februar 1797. Abschrift des Schreibens des Freiherrn von Stauffenberg an den Ortsvorstand Gebürg, Bamberg, 14. Januar 1797, StA Marburg, 109, Nr. 322. – Auf dieser Linie lag eine weitere, aber mit Sicherheit nur für die von Preußen beanspruchten Nürnberger Vorstädte, Fürth und wahrscheinlich auch das dem Deutschen Orden abgenommene Ellingen nachweisbare Maßnahme: Hier untersagte Hardenberg den vor Jourdans Vormarsch zurückgewichenen Werbern der k. k. Armee die Rückkehr bzw. ließ diese ausweisen (GStA PK Berlin, II. HA, Abt. 36, I, Nr. 6, fol. 145–149 u. fol. 187–193, hier: fol. 145 u. fol. 192. Vgl. auch: Durchgestrichenes Reskripts Hardenbergs an den Major und Kommandaten von Bila zu Neustadt an der Aisch, Ansbach, 23. Dezember 1796, ebd., fol. 196. u. Konferenzprotokoll, Berlin, 17. u. 18. März 1796, GStA PK Berlin, II. HA, Abt. 36, IV, Nr. 22, fol. 78–86, hier: fol. 82 f.). – Noch 1799 sollte die Ansbacher Regierung die Heranziehung der wenige Jahre zuvor der Landeshoheit Berlins unterworfenen kreisständischen und reichsritterschaftlichen Untertanen zu Naturallieferungen zugunsten der k. k. Armee mit der Androhung des »Verluest [s] ihres Haus und Hofs« verbieten (Schreiben der Domkapitel-Kanzlei des Fürststifts Ellwangen an die Ritterkanzlei Kocher, Ellwangen, 20. Mai 1799, StA Ludwigsburg, B 575 II, Bü 397 (Zitat ebd.). Dekret der Kanzlei Kocher an die Untertanen zu Stimpach, Esslingen, 29. April 1799, ebd.).

port des Feldspitals der Armee Erzherzog Karls das geforderte Quartier in einem Freiherrlich von Seckendorffischen Markt[148].

Zu derartigen Eingriffen in die weitgehende Militärhoheit des Corpus equestre traten Maßnahmen, die den Steuerfluss und damit die ökonomische Lebensader der reichsritterschaftlichen Organisation angriffen. Ein von Hardenberg unterzeichnetes königliches Patent vom 25. Juli 1796 befreite die bisher reichsritterschaftlichen Untertanen auch offiziell von der Entrichtung aller »Kriegs- Weg- und Rekrutensteuern« und verpflichtete sie dazu, bis zu ihrer künftigen Neueinschätzung alle anderen bis dato aufgebrachten ordentlichen und außerordentlichen steuerartigen Abgaben an die königlichen Kassen zu entrichten[149]. Entsprechend wurde die Zahlung der reichsritterschaftlichen Schatzungs- und Rekrutensteuern an die Kantone rückwirkend zum 1. Juni 1796 nun unter Strafe gestellt und überall untersagt. Dort, wo die Kantone im laufenden Jahr noch keine Steuern eingezogen hatten, gingen die Rittertruhen teilweise sogar ganz leer aus. Die reichsritterschaftlichen Ämter hatten ihre Steuerrollen abzuliefern und neben den bisher geleisteten Rittersteuern auch die landes- sowie die grund- bzw. lehensherrlichen Abgaben an ihre adligen Herrschaften zu erfassen. Zudem mussten sie, wie bereits ausgeführt, für die Kriegs- und Domänenkammern Gewerbevermögensregister der Handwerker und Handeltreibenden im Ort erstellen. Die reichsritterschaftlichen Hintersassen hatten ihre Steuer- und Gefällbüchlein vorzulegen oder wurden direkt und unter Strafandrohungen vor die königlichen Kastenämter befohlen, um ihren von nun an in die preußischen Kassen abzuführenden Steueranteil feststellen zu können. An die Stelle des reichsritterschaftlichen Steuersystems trat sukzessive die in den fränkischen Provinzen Preußens übliche Abgabenvielfalt, unter denen besonders die Servis- und Fouragesteuer zum Unterhalt der königlichen Truppen hervorzuheben ist[150].

148 Abschrift des Berichts des Freiherrlich von Seckendorffischen Amtmanns Joseph Albrecht Killinger an den Ortsvorstand Steigerwald, Markt Sugenheim, 8. Mai 1797, StA Marburg, 109, Nr. 312, Bd. 4.

149 Abschrift des königlichen Patents, Ansbach, 25. Juli 1796, StA Ludwigsburg, B 575 II, Bü 300. Abschrift des Reskripts der Ansbacher Kriegs- und Domänenkammer an das Freiherrlich von Berlichingische Gericht Rech(en)berg, Ansbach, 21. Oktober 1797, StA Ludwigsburg, B 575 IV, Bü 351. Bericht des Amtsvogts Georg Heinrich Hammer an seine Ortsherrschaft, Rech(en)-berg, 8. November 1797, ebd. *Goess*, Statistik, S. 143 f. (Zitat ebd., S. 143). *Kretschmann*, Dienstjahre (1808), S. 26.

150 StA Marburg, 109, Nr. 311, Bd. 7: fortl. für Juli u. September 1796. Klageschrift von Rhön-Werra gegen Preußen zu den Beilagen 1 bis 87 zum Reichshofratsprozess, StA Marburg, 109, Nr. 312, Bd. 1. Klageschriftsnachtrag von Rhön-Werra gegen Preußen zu den Beilagen 95 bis 110 zum Reichshofratsprozess, StA Marburg, 109, Nr. 312, Bd. 2. Beilagen u. Unterbeilagen, ebd.: fortl. für September 1796 bis Februar 1797. Klageschrift von Rhön-Werra gegen Preußen zu den Beilagen 1 bis 37 zum Reichshofratsprozess, StA Marburg, 109, Nr. 322. Schreiben, Berichte, Protokolle u. Reskripte, ebd.: fortl. für August 1796 bis Januar 1797 sowie für März 1798. Von bayerischer Hand vorgenommene Abschrift der Instruktion für das königliche Landesministerium, Berlin, 12. April 1796, BSB, Handschriftenabteilung, Franconica 2#Beibd.17, fol. 1–34, hier: fol. 12 f. Bericht Hardenbergs an das Kabinettsministerium,

Zudem sollten nach Möglichkeit auch diejenigen Untertanengüter Steuern entrichten, die als ursprüngliche Schlossgüter des reichsritterschaftlichen Landesherrn bisher steuerfrei gewesen waren. Umgekehrt wurde anhand der einschlägigen Urkunden die Steuerfreiheit der Mannlehen und sog. Burggüter der ritterschaftlichen Herrschaften daraufhin überprüft, ob eine Heranziehung zu den Landeslasten rechtlich möglich erschien[151]. Dass gemäß der Instruktion vom 12. April 1796 der mit dem Kanton Altmühl 1725 abgeschlossene Kollektationsrezess von Preußen einseitig aufgekündigt wurde, war angesichts der übrigen Eingriffe in das reichsritterschaftliche Ius collectandi kaum verwunderlich[152].

Die Rittertruhen der fränkischen Kantone trafen die geschilderten Maß-

Ansbach, 3. Dezember 1796, GStA PK Berlin, II. HA, Abt. 36, I, Nr. 6, fol. 187–193, hier: fol. 187. Nachschreiben des Ortsvorstandes Kocher an Hardenberg wegen des Ritterguts Matzenbach, Esslingen, 31. Juli 1797, StA Ludwigsburg, B 575 IV, Bü 351. Nachschreiben des Ortsvorstandes Kocher an Hardenberg wegen des Ritterguts Wildenstein, Esslingen, 31. Juli 1797, ebd. Vermerk über Rech(en)berg von dem Kassier des Kantons Kocher, Christoph Friedrich Majer, Haunsheim, 9. August 1797, ebd. Abschrift des Reskripts der Ansbacher Kriegs- und Domänenkammer an das Freiherrlich von Berlichingische Gericht Rech(en)berg, Ansbach, 21. Oktober 1797, StA Ludwigsburg, B 575 IV, Bü 351. »Allgemeine Instruktion für alle Aemter des untergebürgischen Fürstenthums wegen künftiger Behandlung ihres Ressorts in Hinsicht auf Polizey- Finanz- und Militair-Gewalt«, Ansbach, 18. Juli 1796, StA Nürnberg, Mfr (Abgabe 1900), KdI, Nr. 3897. StA Ludwigsburg, B 575 II, Bü 58: fortl. für August 1796, für Februar bis August 1797 sowie für Januar bis Februar 1798. StA Ludwigsburg, B 575 II, Bü 300: fortl. für Oktober bis Dezember 1796 sowie für Juni und August 1797. Schreiben des Ritterrats Freiherr von Berlichingen an den Ortsvorstand Kocher, Ansbach, 12. Oktober 1796, StA Ludwigsburg, B 575 II, Bü 373. Protokoll der Kocherschen Ritterkanzlei mit Voten, Esslingen, 16. Februar 1797, ebd. Vermerk über Stimpfach von dem Kassier des Kantons Kocher, Christoph Friedrich Majer, Haunsheim, 9. August 1797, StA Ludwigsburg, B 575 II, Bü 397. StA Ludwigsburg, B 575 II, Bü 445: fortl. für November 1796 bis Januar 1797 sowie für April u. August 1797. StA Marburg, 109, Nr. 313: fortl. Schreiben des Ortsvorstandes Steigerwald an den Ortsvorstand Rhön-Werra, Erlangen, 17. Juli 1797, StA Marburg, 109, Nr. 311, Bd. 9. Nachschreiben des Ortsvorstandes Gebürg an den Ortsvorstand Rhön-Werra, Bamberg, 11. August 1797, ebd. Instruktion Hardenbergs für die untergebürgische Kriegs- und Domänenkammer wegen künftiger Behandlung ihrer Ressorts, Ansbach, 24. Juni 1796, StA Nürnberg, Mfr (Abgabe 1900), KdI, Nr. 3897. Instruktion Hardenbergs für die obergebürgische Kriegs- und Domänenkammer wegen künftiger Behandlung ihrer Ressorts, Ansbach, 24. Juni 1796, StA Bamberg, C 7/IIa, Nr. 66. GStA PK Berlin, II. HA, Abt. 36, III, Nr. 117: fortl. für Juli bis Dezember 1796. Vgl. *Weltrich*, Erinnerungen ... aus den Preussischen Regierungs-Jahren, S. 28 ff.

151 Schreiben des Freiherrlich Hofer von Lobensteinischen Amtmanns Philipp Jakob Stoll an den Ortsvorstand Kocher, Wildenstein, 29. Juni 1797, StA Ludwigsburg, B 575 II, Bü 445. Instruktion Hardenbergs für die untergebürgische Kriegs- und Domänenkammer wegen künftiger Behandlung ihrer Ressorts, Ansbach, 24. Juni 1796, StA Nürnberg, Mfr (Abgabe 1900), KdI, Nr. 3897. Instruktion Hardenbergs für die obergebürgische Kriegs- und Domänenkammer wegen künftiger Behandlung ihrer Ressorts, Ansbach, 24. Juni 1796, StA Bamberg, C 7/IIa, Nr. 66.

152 Von bayerischer Hand vorgenommene Abschrift der Instruktion für das königliche Landesministerium, Berlin, 12. April 1796, BSB, Handschriftenabteilung, Franconica 2#Beibd.17, fol. 1–34, hier: fol. 23.

nahmen hart. Sie waren vielfach noch immer damit beschäftigt, ihre Schulden aus der Zeit des Siebenjährigen Krieges zu tilgen und litten unter den gewaltigen Kosten des gegenwärtigen Reichskriegs gegen Frankreich. Allein der Kanton Odenwald hatte nach einer Denkschrift aus dem Jahr 1798 Verbindlichkeiten in der Höhe von 550.000 fl. abzutragen[153]. Dem Kanton an der Altmühl, dessen kollektable Güter nahezu vollständig in dem von Preußen beanspruchten Gebiet lagen, musste der Verlust der Schatzungssteuer das finanzielle Rückgrat brechen[154]. Doch auch all diejenigen Rittergenossen, die bisher heimlich einen Teil der Rittersteuer für sich selbst einbehalten hatten oder einen Teil ihrer Einkünfte unter dem Titel einer Steuer bezogen, bekamen deren Fortfall zu spüren. Zudem erging unter dem 19. September 1796 ein Befehl der Bayreuther Kriegs- und Domänenkammer, nach dem die Reichsritter die Rechtmäßigkeit ihres Nachsteuerrechts binnen zwei Monaten zu beweisen hatten und bei einer Verweigerung des Gehorsams den Verlust dieser Einnahmenquelle gewärtigen sollten[155]. Dass auch die Befreiungen des

153 Klageschrift von Rhön-Werra gegen Preußen zu den Beilagen 1 bis 87 zum Reichshofratsprozess, StA Marburg, 109, Nr. 312, Bd. 1. Abschrift der Note des Odenwalder Ritterhauptmanns Freiherr von Gemmingen, [Rastatt, 8. Juni 1798], HStA Stuttgart, B 579, Bü 24. Schreiben des Ortsvorstandes Gebürg an den Ortsvorstand Rhön-Werra, Bamberg, 24. August 1799, StA Marburg, 109, Nr. 946. Schreiben des Ortsvorstandes Steigerwald an den Ortsvorstand Rhön-Werra, Erlangen, 30. Juni 1799, ebd. Schreiben des Ortsvorstandes Rhön-Werra an den Altmühler Ritterhauptmann Freiherr von Crailsheim, Schweinfurt, 6. Dezember 1799, ebd. – Speziell zu den wirtschaftlichen Belastungen der Reichsritterschaft durch den Reichskrieg siehe Kapitel III.2.1.

154 Die Zahl der zu Altmühl kollektablen Besitzungen, die aufgrund ihrer abseitigen Lage bis Jahresende 1796 noch nicht von Preußen beansprucht wurden, soll sich auf »kaum über 2. Güter belaufen« haben (Klageschriftsnachtrag von Rhön-Werra gegen Preußen zu den Beilagen 88 bis 90 zum Reichshofratsprozess, StA Marburg, 109, Nr. 312, Bd. 2). – Genauere Angaben über die von den preußischen Mediatisierungen nicht betroffenen Rittergüter des Kantons Altmühl in Kapitel VII.1 Anm. 252.

155 Klageschriftsnachtrag von Rhön-Werra gegen Preußen zu den Beilagen 95 bis 110 zum Reichshofratsprozess, StA Marburg, 109, Nr. 312, Bd. 2. Beilage 104: 4. Nachschreiben des Ortsvorstands Steigerwald an den Ortsvorstand Rhön-Werra, Erlangen, 17. Januar 1797, ebd. Zu Beilage 104: Abschrift des Schreibens des Bayreuther Klosterbeamten Benker zu Münchsteinach an den Freiherrlich von Seckendorffischen Amtsverweser Johann Heinrich Hoeff zu Weingartsgereuth, Münchsteinach, 12. Dezember 1796, ebd. Zu Beilage 104: Abschrift des Publikandums der Bayreuther Kriegs- und Domänenkammer, Bayreuth, 19. September 1796, ebd. Bericht der Bayreuther Kriegs- und Domänenkammer an Hardenberg, Bayreuth, 12. August 1799, GStA PK Berlin, II. HA, Abt. 36, I, Nr. 340, fol. 73–79, hier: fol. 75. Abschrift des Reskripts der Ansbacher Kriegs- und Domänenkammer an das Freiherrlich von Berlichingische Gericht Rech(en)berg, Ansbach, 21. Oktober 1797, StA Ludwigsburg, B 575 IV, Bü 351. Abschrift des Reskripts der Ansbacher Kriegs- und Domänenkammer an den Freiherrn Senfft von Soulbourg zu Matzenbach, Ansbach, 27. März 1797, StA Ludwigsburg, B 575 II, Bü 300. Instruktion Hardenbergs für die untergebürgische Kriegs- und Domänenkammer wegen künftiger Behandlung ihrer Ressorts, Ansbach, 24. Juni 1796, StA Nürnberg, Mfr (Abgabe 1900), KdI, Nr. 3897. Instruktion Hardenbergs für die obergebürgische Kriegs- und Domänenkammer wegen künftiger Behandlung ihrer Ressorts, Ansbach, 24. Juni 1796, StA Bamberg, C 7/IIa, Nr. 66. – Speziell zu den sog. reichsritterschaftlichen Privatsteuern siehe: *Ruch*, Verfassung, S. 42 u. *Meister*, Nassau, S. 18.

reichsritterschaftlichen Zollprivilegs missachtet wurden, konnte daher kaum noch erstaunen[156]. Mit den Zollrechten des Corpus equestre war es nun ebenfalls vorbei: Anfang Dezember überführte das Bayreuther Kastenamt Neustadt an der Aisch die im Freiherrlich von Frankensteinischen Langenfeld bisher vom Viertel Steigerwald unterhaltene Mautstätte und die damit verbundenen Einkünfte in den königlichen Besitz. Der reichsritterschaftliche Einnehmer wurde für Preußen in die Pflicht genommen, an seinem Amtshaus das Kantons- durch das königliche Wappen ersetzt und wichtige Papiere beschlagnahmt[157]. Dem Kanton Steigerwald gingen dadurch seine Einnahmen von der Chaussee bei Langenfeld verloren, in deren Bau der Ritterort über 30.000 fl. investiert hatte[158]. Weitere Eingriffe in Reservatrechte des Reichsoberhaupts und die Gerechtsame der Reichsritterschaft im Finanz- und Steuerwesen stellte der Umgang Berlins mit den Debitkommissionen auf den überschuldeten Rittergütern der Reichsgrafen von Pückler und von Limpurg-Styrum sowie der Freiherrn Wurster von Creutzberg und von Geuder dar[159].

156 Klageschrift von Rhön-Werra gegen Preußen zu den Beilagen A bis H zum Reichshofratsprozess, StA Marburg, 109, Nr. 319. Schreiben des Ortsvorstandes Steigerwald an den Ortsvorstand Rhön-Werra, Erlangen, 30. November 1797, ebd. Abschrift des Schreibens des Freiherrn von Pöllnitz an den Ortsvorstand Steigerwald, Würzburg, 8. Mai 1797, ebd. Abschrift des Reskripts der Ansbacher Kriegs- und Domänenkammer an den Freiherrn von Pöllnitz, Ansbach, 4. Januar 1797, ebd. Abchrift des Schreibens des Ortsvorstandes Steigerwald an den Freiherrn von Pöllnitz, Erlangen, 28. April 1797, ebd. Abschrift des Schreibens des Freiherrn von Pöllnitz an den Ortsvorstand Steigerwald, Aschbach, 7. Oktober 1797, ebd. Abschrift des Reskripts der Ansbacher Kriegs- und Domänenkammer an den Freiherrn von Pöllnitz, Ansbach, 2. Juni 1797, ebd. Abschrift des Reskripts der Ansbacher Kriegs- und Domänenkammer an den Freiherrn von Pöllnitz, Ansbach, 8. Juli 1798, ebd. Schreiben des Ortsvorstandes Rhön-Werra an das Landesministerium in Ansbach, Schweinfurt, 30. August 1798, ebd.

157 Klageschriftsnachtrag von Rhön-Werra gegen Preußen zu den Beilagen 95 bis 110 zum Reichshofratsprozess, StA Marburg, 109, Nr. 312, Bd. 2. Beilage 107: 7. Nachschreiben des Ortsvorstandes Steigerwald an den Ortsvorstand Rhön-Werra, Erlangen, 17. Januar 1797, ebd. Zu Beilage 107: Abschrift des Berichts des Freiherrlich von Frankensteinischen Amtmanns zu Ullstadt, A. Kretschmann, an den Ortsvorstand Steigerwald, Ullstadt, 7. Dezember 1796, ebd. Zu Beilage 107: Abschrift des Protokolls der Steigerwalder Ritterkanzlei, Erlangen, 15. Dezember 1796, ebd. Beilage 108: Abschrift des Schreibens des Ortsvorstandes Steigerwald an Hardenberg, Erlangen, 3. Februar 1797, ebd. Von bayerischer Hand vorgenommene Abschrift der Instruktion für das königliche Landesministerium, Berlin, 12. April 1796, BSB, Handschriftenabteilung, Franconica 2#Beibd.17, fol. 1–34, hier: fol. 12. Vgl. auch Instruktion Hardenbergs für die untergebürgische Kriegs- und Domänenkammer wegen künftiger Behandlung ihrer Ressorts, Ansbach, 24. Juni 1796, StA Nürnberg, Mfr (Abgabe 1900), KdI, Nr. 3897 u. Instruktion Hardenbergs für die obergebürgische Kriegs- und Domänenkammer wegen künftiger Behandlung ihrer Ressorts, Ansbach, 24. Juni 1796, StA Bamberg, C 7/IIa, Nr. 66.

158 Kommentiertes Verzeichnis der Verluste des Kantons Steigerwald, [ca. Juli 1798], StA Marburg, 109, Nr. 313.

159 Die 1773 auf den reichsritterschaftlichen Besitzungen der Reichsgrafen von Pückler zu Burgfarrnbach und Brunn eingesetzte kaiserliche Administrations- und Debitkommission hatte nicht nur die Gläubiger der verschiedenen Reichsgrafen zu befriedigen, sondern war auch mit der Abwicklung einer Erbschaftsangelegenheit des Pücklerschen Geschlechts betraut

Doch mit der Aushebelung der kaiserlichen und reichsritterschaftlichen Rechte bei diesen Schuldenverwaltungen sowie der finanziellen Schwächung der Kantone und ihrer Ansbach-Bayreuth benachbarten Mitglieder gab sich Hardenberg nicht zufrieden: Wo die reichsritterschaftliche Organisation ihm im Wege stand, versuchte er nicht nur die Verbindungen der von Berlin beanspruchten reichsritterschaftlichen Herrschaften mit der reichsadligen Korporation zu zerschlagen, sondern ging auch offensiv gegen deren Institutionen vor. In Erlangen, mitten im Bayreuther Unterland, ließ Kretschmann bereits im Sommer 1796 preußische Soldaten vorübergehend das Kanzleige-

worden. Dessen ungeachtet verfügte die Ansbacher Regierung die Einführung einer neuen Biersteuer, die die Einnahmen der Schuldenverwaltung für die Pücklerschen Kreditgeber beträchtlich reduzierte. Zudem mischte sich die Regierung des untergebürgischen Fürstentums auch direkt in die Arbeit der Administrations- und Debitkommission ein. Am Ende erklärte die preußische Seite die Letztere kurzerhand für aufgehoben und ließ den Bürgermeister des Orts Burgfarrnbach, den dortigen Braumeister und seine Knechte sowie den kaiserlichen Kommissionsbeamten und seinen Schreiber verhaften. Nicht viel besser erging es der Schuldenverwaltung auf Rittergütern des Reichsgrafen von Limpurg-Styrum, die bisher der Ortsvorstand Steigerwald im kaiserlichen Auftrag wahrgenommen hatte: Auch diese zog Berlin an sich: Die Landeshauptmannschaft in Neustadt an der Aisch verbot dem Ritterkanton die vom Kaiser angeordnete Exekution gegen den Reichsgrafen Ernst Maria von Limpurg-Styrum, erzwang die Auslieferung der Konkursakten und -rechungen und wickelte das Debitwesen durch den Verkauf des Ritterguts Herrn-Neuses an die Bayreuther Kriegs- und Domänenkammer in einer den reichsritterschaftlichen Interessen zuwiderlaufenden Form ab. Auch der seit 1784 bestehenden Schuldenverwaltung des Kantons Gebürg für die Brüder Christian Friedrich und Johann Adam Rudolph Karl Freiherr von Geuder wurden von der Bayreuther Regierung die Akten abgefordert. Die durch ein kaiserliches Mandat dem Kanton Altmühl übertragene Verwaltung der überschuldeten Wurster von Creutzbergischen Rittergüter Buchklingen und Wilhermsdorf zog die Ansbacher Regierung ebenfalls an sich. Gemäß einem Reskript Hardenbergs vom 21. Juli 1796 sollte die ganze Angelegenheit anschließend im Interesse des Erben des Schuldners, einem königlich preußischen Kammerherrn, außergerichtlich geregelt werden, nachdem dieser mit seinen Untertanen den Eid auf den preußischen König geleistet hatte. Dabei ging es Hardenberg auch um den propagandistischen Effekt, wenn er dem mit der gütlichen Regelung des Schuldenwesens betrauten Kretschmann einschärfte, dass es darum gehe »Unserer getreuen Ritterschaft zu zeigen, daß es Uns wahrer Ernst sey, ihr Wohl und ihr Glück zu befördern« (StA Marburg, 109, Nr. 311, Bd. 8: fortl. für Juli bis September 1796 sowie für Juli 1798. Schreiben des Ortsvorstandes Steigerwald an den Ortsvorstand Rhön-Werra, Erlangen, 28. November 1797, StA Marburg, 109, Nr. 311, Bd. 10. Auszug aus der Bayreuther Zeitung, Nr. 24, 30. Oktober 1797, ebd. Reichshofrats-Conclusum vom 7. April 1796, StA Marburg, 109, Nr. 321. 1. Bericht des Grafen Seilern an den Reichshofvizekanzler Fürst von Colloredo-Mansfeld, München, 3. Januar 1797, HHStA Wien, RK, Berichte aus München, Fasz.-Nr. 20b, fol. 150–151, hier: fol. 150. Reichshofrats-Conclusum vom 15. Dezember 1796, StA Marburg, 109, Nr. 322. Schreiben des Ritterhauptmanns Freiherr von Crailsheim an den Ortsvorstand Rhön-Werra, o.O., 4. Januar 1797, ebd. Beleuchtung des in der Gräflich Pücklarischen Debit-Sache, S. 129 ff. Reichshofrats-Conclusum vom 9. Mai 1797, StA Ludwigsburg, B 575 IV, Bü 353. Klageschriftsnachtrag von Rhön-Werra gegen Preußen zu den Beilagen 91 bis 94 zum Reichshofratsprozess, StA Marburg, 109, Nr. 312, Bd. 2. Bayreuther Zeitung, Nr. 1, 2. Januar 1797, S. 5, ebd. *Kretschmann*, Dienstjahre (1808), S. 40 f. Reskript Hardenbergs an Kretschmann, Ansbach, 21. Juli 1796, in: *Kretschmann*, ebd., S. 283–284, hier: S. 283 (Zitat ebd., S. 283). Bericht Kretschmanns, Ansbach, 11. April 1797, in: *Kretschmann*, ebd., S. 284–287, hier: S. 284 ff. Neue Vertheidigung I, S. 190).

bäude des Kantons Steigerwald samt Archiv und Registratur sowie das Wohnhaus des Ortskonsulenten besetzen. Auf diese Weise und unter der Drohung, im Weigerungsfalle die Registratur des Kantons zu beschlagnahmen, versuchte er die Auslieferung aller Akten und Amtsrechnungen über die von Berlin beanspruchten Rittergüter des Viertels zu erzwingen[160]. Wenige Monate später, am 22. November 1796, erschien eine Ansbacher Regierungskommission im Wurster von Creutzbergischen Wilhermsdorf und beschlagnahmte fast alle Akten aus dem dortigen Archiv und der Registratur des Ritterorts Altmühl. Auch die in den Privathäusern des Kanzleipersonals aufbewahrten Kantonsakten mussten herausgegeben werden. Alle Proteste der machtlosen Altmühler Offizianten konnten nicht verhindern, dass die königliche Kommission nahezu sämtliche Akten des Viertels bis Anfang Dezember nach Ansbach abtransportieren ließ, wo sie wahrscheinlich im dortigen Landhaus eingelagert wurden[161]. Zwar hatte das fränkische Spezialdirektorium die auf die Streitigkeiten mit Preußen Bezug nehmenden Unterlagen schon zuvor aus Wilhermsdorf nach Schweinfurt in Sicherheit bringen lassen[162]. Aber dennoch musste dieser unmittelbar von Hardenberg angeordnete Überraschungscoup[163] seine reichsritterschaftlichen Gegner an ihrer

160 StA Marburg, 109, Nr. 311, Bd. 8: fortl. für Juli bis September 1796 sowie für Juli 1798. – Der Steigerwalder Ortssekretär konnte Kretschmann mit Erfolg vorgaukeln, dass der Kanton über die einzelnen Rittergüter in der Regel keine eigenen Akten führen würde. Daher musste Steigerwald nur die Unterlagen über diejenigen von Berlin beanspruchten Besitzungen ausliefern, von deren Existenz die preußische Seite wusste, da das Viertel hier als kaiserliche Debitkommission eingesetzt war (Abschrift des Registraturvermerks des Steigerwalder Konsulenten Heinrich August Pfeiffer, Erlangen, 28. Juli 1796, StA Marburg, 109, Nr. 311, Bd. 8. Abschrift des Reskripts Kretschmanns an den königlichen Justizrat Rudel, Erlangen, 29. Juli 1798, ebd. Nebenrelation des Steigerwalder Ortssekretärs Georg Wilhelm Heinrich Pfeiffer an den Ortsvorstand Steigerwald, Erlangen, 30. Juli 1796, ebd.).

161 Schreiben des Ritterhauptmanns Freiherr von Crailsheim an den Ortsvorstand Rhön-Werra, o.O., 4. Januar 1797, StA Marburg, 109, Nr. 322. Klageschriftsnachtrag von Rhön-Werra gegen Preußen zu den Beilagen 88 bis 90 zum Reichshofratsprozess, StA Marburg, 109, Nr. 312, Bd. 2. Beilage 88: Schreiben des Ortsvorstandes Altmühl an den Ortsvorstand Rhön-Werra, o.O., 29. November 1796, ebd. Beilage 89: Abschrift der Berichte des Sekretärs und Registrators von Altmühl, Christian Philipp Schmid, an den Altmühler Ritterhauptmann Freiherr von Crailsheim zu Rügland, Wilhermsdorf, 24. und 29. November sowie 2. Dezember 1796, ebd. Klageschriftsnachtrag von Rhön-Werra gegen Preußen zu den Beilagen 91 bis 94 zum Reichshofratsprozess, ebd. Zirkularschreiben des Konsulenten Johann Heinrich Pollich an den Ortsvorstand Rhön-Werra mit dessen Voten, Schweinfurt, 28. November 1796, StA Marburg, 109, Nr. 311, Bd. 8. Schreiben des Ortsvorstandes Rhön-Werra an den Reichshofvizekanzler Fürst von Colloredo-Mansfeld, Schweinfurt, 30. Januar 1797, StA Marburg, 109, Nr. 311, Bd. 10.

162 Zirkularschreiben des Konsulenten Johann Heinrich Pollich an den Ortsvorstand Rhön-Werra mit dessen Voten, Schweinfurt, 28. November 1796, StA Marburg, 109, Nr. 311, Bd. 8. Schreiben des Ortsvorstandes Rhön-Werra an den Reichshofvizekanzler Fürst von Colloredo-Mansfeld, Schweinfurt, 30. Januar 1797, StA Marburg, 109, Nr. 311, Bd. 10.

163 Klageschriftsnachtrag von Rhön-Werra gegen Preußen zu den Beilagen 88 bis 90 zum Reichshofratsprozess, StA Marburg, 109, Nr. 312, Bd. 2. Beilage 88: Schreiben des Ortsvorstandes Altmühl an den Ortsvorstand Rhön-Werra, o.O., 29. November 1796, ebd.

empfindlichsten Stelle treffen: Die preußische Seite erhielt nicht nur Einblicke in die vertrauliche Korrespondenz des fränkischen Ritterkreises und verschiedener Rittergenossen – Material, das Berlin bei Bedarf in seinem Sinne an die Öffentlichkeit bringen konnte. Vor allem aber entwand Hardenberg dem Kanton Altmühl »alle Mittel und Waffen [...] gegen die täglich immer mehr anwachsenden Zunötigungen und Gewaltthätigkeiten der königlich preussischen Regierungen und Beamten«[164]. Die Archive des Ancien Régime dienten nämlich in erster Linie als rechtliche Armarien oder »Rüstkammer[n]« der Politik, indem sie die erforderlichen Besitz- und Rechtstitel verwahrten und bereitstellten, um die Gerechtsame und Ansprüche ihrer Inhaber in Traktaten oder reichsgerichtlichen Verfahren verteidigen zu können[165]. Außerdem galt das Ius archivi, also das Recht, ein Archiv einzurichten und den in ihm verwahrten Dokumenten – ähnlich den instrumenta publica – öffentlichen Glauben zu verleihen, als Ausfluss der landesherrlichen oder sogar landeshoheitlichen Rechte (Iura superioritatis), und war daher im Falle der Reichsritterschaft entsprechend umstritten[166]. Karl Heinrich Lang sprach 1797 den Freiherrn von Geuder für ihre zum Kanton Gebürg steuernde Reichsherrschaft Heroldsberg das »Recht der Archive« ausdrücklich ab, wenn damit ein Bestandteil der »Hoheitsrechte« gemeint sei[167]. Der Fall des Kantonsarchivs Altmühl blieb kein Einzelfall. In Markt Sugenheim versiegelte ein von der Bayreuther Regierung abgeordneter Beamter die herrschaftlichen Amtsregistraturen und Familienarchive unter militärischer Bedeckung. Auf diese Weise wurde dem Freiherrn von Seckendorff-Aberdar seit dem Frühjahr 1797 auf viele Jahre hinaus der Zutritt zu wichtigen Dokumenten zur Verteidigung

164 Nachschreiben des Ortsvorstandes Gebürg an den Ortsvorstand Rhön-Werra, o.O., 27. Dezember 1796, StA Marburg, 109, Nr. 322. Klageschriftsnachtrag von Rhön-Werra gegen Preußen zu den Beilagen 91 bis 94 zum Reichshofratsprozess, StA Marburg, 109, Nr. 312, Bd. 2 (Zitat ebd.). Neue Vertheidigung I, S. 4 f., 171. 1. Nachschreiben des Ortsvorstandes Gebürg an den Ortsvorstand Rhön-Werra, Bamberg, 4. Februar 1797, StA Marburg, 109, Nr. 311, Bd. 10.

165 *Zedler*, Universal-Lexicon II, Sp. 1241. *Schuhmann*, Markgrafen (1980), S. 355 f. (Zitat ebd.). *Enders*, Archivverwaltungslehre, S. 16. *Papritz*, Archivwissenschaft I, S. 54 f. *Franz*, Einführung, S. 1, 10 f. *Brenneke*, Archivkunde, S. 45 ff., 140, 175. – Vgl. hierzu auch: Schreiben des Ortsvorstandes Odenwald an den Ortsvorstand Rhön-Werra, Kochendorf, 6. November 1797, StA Marburg, 109, Nr. 311, Bd. 10; Protokoll der Kocherschen Ritterkanzlei mit Votum, Esslingen, 6. Februar 1796, StA Ludwigsburg, B 575 IV, Bü 352; Protokoll der Kocherschen Ritterkanzlei mit Voten, Esslingen, 11. April 1796, ebd.; Schreiben des Ortsvorstandes Altmühl an den Ortsvorstand Kocher, o.O., 15. März 1796, ebd. u. Protokoll der Kocherschen Ritterkanzlei mit Voten, Esslingen, 17. Januar 179[7], StA Ludwigsburg, B 575 II, Bü 373.

166 *Zedler*, Universal-Lexicon II, Sp. 1217, 1241 ff. *Kerner*, Staats-Genossenschaftsrecht, S. 316. *Papritz*, Archivwissenschaft I, S. 52, 75. *Brenneke*, Archivkunde, S. 46 f. – Verschiedene Reichspublizisten versuchten das Problem des reichsritterschaftlichen Ius archivi zu lösen, indem sie zwar dem Corpus equestre als Genossenschaft, nicht aber den einzelnen Reichsrittern das Recht auf ein Archiv einräumten (*Zedler*, ebd., Sp. 1241).

167 *K. H. Lang*, Nachtrag zu der diplomatischen Prüfung der behaupteten Unmittelbarkeit des Rittergutes Heroldsberg, S. 380. – Speziell zur rechtlichen Stellung von Heroldsberg siehe Kapitel VI.1.

seiner Unmittelbarkeit verwehrt. Selbst als der preußische König 1802 persönlich anordnete, dem Freiherrn von Seckendorff-Aberdar zu Sugenheim den Zugang zu seinen Archiven und Registraturen wieder zu gestatten, sollte Hardenberg noch bemüht sein, diese Weisung möglichst restriktiv auszulegen[168]. Dass selbst die Reichsstadt Nürnberg kein sicherer Hafen für das dortige Archiv des Kantons Baunach war, musste die Reichsritterschaft noch im Frühherbst 1796 erfahren[169].

Die Beschlagnahme des Altmühler Archivs zwang die fränkische Reichsritterschaft, ihre bisherigen Bemühungen zum Schutz ihrer vertraulichen Korrespondenzen und wichtiger Rechtstitel gegen einen preußischen Zugriff nochmals zu verstärken[170]: Das Viertel Steigerwald verlegte seine Ritterkanzlei

168 GStA PK Berlin, II. HA, Abt. 36, I, Nr. 340, fol. 52 – 53 i. Verb. mit fol. 110 – 116 sowie fol. 137 – 142, 145, 148, 151 – 153: fortl. Schreiben des Ortsvorstandes Steigerwald an den Ortsvorstand Rhön-Werra, Erlangen, 30. März 1797, StA Marburg, 109, Nr. 312, Bd. 4. Schreiben des Ortsvorstandes Steigerwald an den Ortsvorstand Rhön-Werra, Erlangen, 30. März 1797, ebd. Schreiben des Ortsvorstandes Steigerwald an den Ortsvorstand Rhön-Werra, Erlangen, 12. Juni 1797, ebd. Abschrift der Freiherrlich von Seckendorffischen Amtsprotokolle, Markt Sugenheim, 12. u. 13. März 1797, ebd. Abschrift des Freiherrlich von Seckendorffischen Amtsprotokolls, Markt Sugenheim, 11. April 1797, ebd. »Die Verhältnisse u(nd) Schicksale der freyen Reichsherrschaft Mt. Sugenheim in Franken, historisch dargestellt und entwickelt«, StA Marburg, 109, Nr. 1789.

169 Vor dem Hintergrund innerer Probleme, der Verlockungen der vor den französischen Kontributionen Schutz verheißenden preußischen Neutralität sowie des Drucks und des Werbens der Hardenberg'schen Politik und Propaganda votierte Ende August 1796 die Mehrheit der Nürnberger Bürger für eine Unterstellung der fränkischen Handelsmetropole unter den Schutz Berlins. Am 2. September wurde ein sog. Staatssubjektions- und Exemtionsvertrag mit einem Zusatzabkommen unterzeichnet, mit dem sich die Reichsstadt vorbehaltlich der Genehmigung von Kaiser und Reich der königlichen Landeshoheit unterwarf und ihre Tore den preußischen Truppen öffnete. Dennoch kam es zu keinen Übergriffen der norddeutschen Großmacht auf das Archiv und die Kanzlei des Kantons Baunach in der Reichsstadt – wahrscheinlich, weil der Dirigierende Minister nur einen kleinen Teil der Baunacher Rittergüter als preußisches Gebiet beanspruchte und Friedrich Wilhelm II. die Unterwerfung Nürnbergs nicht genehmigte. Daher musste Hardenberg die Reichsstadt bereits Ende September 1796 wieder in die Reichsunmittelbarkeit entlassen (Bericht Hardenbergs an das Kabinettsministerium, Ansbach, 29. Juli 1796, GStA PK Berlin, II. HA, Abt. 36, I, Nr. 6, fol. 145 – 149, hier: fol. 148 f. *F. J. H. Soden*, Franzosen, S. 62 ff. Vertrag [sic] des Raths zu Nürnberg an die Bürgerschaft (Staats-Archiv), S. 173 ff. Staats-Subjections- und Exemtions-Vertrag (Staats-Archiv), S. 178 ff., 189 f. Warum wollte die Reichsstadt Nürnberg sich der Königlich Preußischen Landeshoheit unterwerfen?, S. 282 ff. Deutsche Staats- und Ministerial-Zeitung, Nr. 71, 2. September 1796, Sp. 1130. Ebd., Nr. 74, 20. September 1796, Sp. 1184. Von dem Finanzzustand der Reichsstadt Nürnberg, fortl. Nürnberg, 21 Sept. 1793. FinanzWesen, und AemterBesetzung (Schlözer's Stats-Anzeigen), S. 449. Der Fränkische Merkur, Nr. 32, 7. August 1798, Sp. 1010 f. *K. H. Lang*, Annalen, S. 17. *Ernstberger*, Nürnberg, S. 411 f., 426 ff., 447 ff., 459 ff. *Süssheim*, Politik, S. 227 ff.).

170 Bereits anlässlich der sich nähernden Armee Jourdans im Sommer 1796 hatte es der Kanton Rhön-Werra in seinen Notfallplanungen nicht gewagt, eine Evakuierung seiner wichtigsten Archivalien aus Schweinfurt ins königliche Gebiet vorzusehen. Ähnliche Bedenken bestanden auch noch im Herbst des Jahres (Zirkularschreiben des Konsulenten Johann Heinrich Pollich und des Syndicus Joh. Christ. Gott. Stoer an den Ritterhauptmann von Rhön-Werra mit dessem Votum, Schweinfurt, 14. Juli 1796, StA Marburg, 109, Nr. 521. Zirkularschreiben des Konsu-

in einer Nacht- und Nebelaktion von Erlangen im Bayreuther Unterland nach Nürnberg – ein Unterfangen, das erst im Winter 1799/1800 zum Abschluss gebracht werden konnte. Dabei spielte nicht nur die drohende Ausweisung der Ritterkanzlei aus der Universitätsstadt durch die königlichen Behörden eine Rolle, sondern auch die »Besorgnisse wegen der Sicherheit Dero Archivs« in Erlangen. Schließlich konnte die Bayreuther Regierung jederzeit eine Beschlagnahme der Akten, Amtsbücher und Urkunden des Kantons anordnen. Die stets zu erwartende Ausweisung der Steigerwalder Ritterkanzlei gab zusammen mit weiteren Faktoren auch den Ausschlag dafür, dass der Ortsvorstand Rhön-Werra bis April 1800 das fränkische Spezialdirektorium weiterführte. Letzteres hatte der Schweinfurter Ortsvorstand bereits im Juli 1794 von Gebürg übernommen und sollte es gemäß dem Herkommen nach zwei oder spätestens drei Jahren an Steigerwald abgeben[171]. Eine weitere Folge der preußischen Übergriffe war ein Beschluss, den eine Ende September 1796 in Würzburg abgehaltene Konferenz der fränkischen Ritterhauptleute fällte: Sie kamen darin überein, »daß die Correspondenz und Communication in publicis mit dem Canton Altmühl in Rücksicht auf seine jezige Lage, einstweilen [...] suspendirt bleiben sollte«. Tatsächlich wurde der Ritterort, der »nunmehr ganz als Preußisch anzusehen« galt, seit Herbst 1796 vom interkantonalen Schriftverkehr des fränkischen Ritterkreises über die Mediatisierungen durch Ansbach-Bayreuth ausgeschlossen[172]. Mehr als den von Hardenberg der

lenten Johann Heinrich Pollich und des Syndicus Joh. Christ. Gott. Stoer an den Ortsvorstand Rhön-Werra mit dessen Voten, Schweinfurt, 30. September 1796, ebd.).

171 StA Marburg, 109, Nr. 855, Bd. 3: fortl. für Juli 1794 bis April 1800. Schreiben des Ortsvorstandes Rhön-Werra an den Ortsvorstand Steigerwald, Schweinfurt, 15. Februar 1800, ebd. (Zitat ebd.). StA Marburg, 109, Nr. 322: fortl. für Januar 1797. Schreiben des Ortsvorstandes Steigerwald an den Ortsvorstand Rhön-Werra, Erlangen, 15. Februar 1797, StA Marburg, 109, Nr. 311, Bd. 10. Vgl. auch Schreiben des Ortsvorstandes Steigerwald an den Ortsvorstand Rhön-Werra, Erlangen, 21. Juli 1799, StA Marburg, 109, Nr. 312, Bd. 3. – Aus Sicherheitsgründen wurden selbst die Mitglieder des Kantons Steigerwald erst im Nachhinein von der Verlegung der Kanzlei nach Nürnberg unterrichtet (*Mauchenheim*, Ritterschaft I, S. 231 f.). – Jenseits konkreter vertraglicher Vereinbarungen hätte eine Ausweisung der Steigerwalder Kanzlei keinen Rechtsbruch dargestellt. Auch *Johann Georg Kerner* (Staats-Genossenschaftsrecht, S. 326) erkannte den Reichsständen das Recht zu, über die Aufnahme einer Ritterkanzlei in ihren Territorien zu entscheiden.

172 StA Marburg, 109, Nr. 521: fortl. für August bis Oktober 1796. Zirkularschreiben von Friedrich Freiherr von und zu der Tann, Ritterhauptmann des Kantons Rhön-Werra, an den Ortsvorstand des Kantons mit dessen Voten, Schweinfurt, 18. August 1796, ebd. (Zitat ebd.). StA Marburg, 109, Nr. 311, Bd. 7: fortl. für Oktober bis November 1796. Schreiben des Ortsvorstandes Rhön-Werra an die Ortsvorstände Odenwald, Gebürg, Steigerwald und Baunach, Schweinfurt, 4. November 1796, ebd. (Zitat ebd.). 4. Nachschreiben des Ortsvorstandes Baunach an den Ortsvorstand Rhön-Werra, Nürnberg, 30. Dezember 1796, StA Marburg, 109, Nr. 322. 1. Nachschreiben des Ortsvorstandes Gebürg an den Ortsvorstand Rhön-Werra, Bamberg, 20. Januar 1797, ebd. Schreiben des Ritterhauptmanns von Altmühl, Freiherr von Crailsheim, an den Ritterhauptmann von Rhön-Werra, Freiherr von und zu der Tann, Rügland, 8. Dezember 1796, StA Marburg, 109, Nr. 313. 1. Nachschreiben des Ortsvorstandes Gebürg an den Ortsvorstand Rhön-Werra, o.O., 16. November 1796, StA Marburg, 109, Nr. 311, Bd. 8. –

reichsritterschaftlichen Organisation zugefügten Schaden notdürftig begrenzen konnte keiner der geschilderten Schritte der fränkischen Ortsvorstände. Dagegen ließ der Dirigierende Minister keine Gelegenheit ungenutzt, um die genossenschaftlichen Strukturen des Corpus equestre zu untergraben.

Um jeden Einfluss des fränkischen Spezialdirektoriums auf die okkupierten reichsritterschaftlichen Herrschaften und insbesondere den Ortsvorstand Altmühl zu unterbinden, drohte der Dirigierende Minister in einem Schreiben an die Direktoren Rhön-Werras damit, »daß ich jeden ritterschaftlichen Official, der sich in dem Gebiete der fränkischen Fürstenthümer mit ritterschaftlichen Insinuationen und dergleichen Aufhezungen [...] betreten [sic] läßt, gefänglich einziehen – und ihm den Prozeß machen zu lassen, mich bemüssiget sehen werde«[173]. Zu schärferen Maßnahmen sah sich Hardenberg veranlasst, als das fränkische Spezialdirektorium in einem harschen Schreiben den Ortsvorstand Altmühls, von dem – wie noch auszuführen sein wird – ein Teil bereits dem preußischen König den Huldigungseid geleistet hatte, an seine Pflichten mahnte und mit kaiserlicher Vergeltung drohte: In der »Erlanger Real-« und der »Bayreuther Zeitung« sowie im »Ansbacher Wochenblatt« und in der »Nürnberger Reichsoberpostamtszeitung« wurde ein von Hardenberg unterzeichneter königlicher Befehl vom 26. November 1796 veröffentlicht, der einem Teil der Rittergenossen auch extra zugefertigt wurde und dessen Erhalt sie schriftlich bestätigen mussten. Darin drohte der Dirigierende Minister all denjenigen Reichsrittern einen Prozess und die Beschlagnahme ihrer Güter an, die es wagen sollten, den Weisungen Rhön-Werras Folge zu leisten sowie »die Verbindung mit der ReichsRitterschaft fortzusetzen, und dadurch die Unterthans-Pflichten zu verletzen«. Im Gegenzug versprach Hardenberg den Rittergenossen Schutz gegen jeden fremden Anspruch und äußere Bedrohung[174]. Letzteres war ein unmissverständ-

Auf Bitten des Altmühler Ritterhauptmanns vom Dezember 1796 hob das fränkische Spezialdirektorium de facto die Informationssperre gegenüber dem Altmühler Ortsvorstand jedoch wieder weitgehend auf, ließ aber allem Anschein nach den Schriftverkehr nun nicht mehr über die offiziellen Kanäle laufen (StA Marburg, 109, Nr. 313: fortl. Schreiben des Freiherrn von Crailsheim an den Ortsvorstand Rhön-Werra, Rügland, 7. Dezember 1796, StA Marburg, 109, Nr. 311, Bd. 8. Schreiben des Ortsvorstandes Rhön-Werra an die Ortsvorstände Odenwald, Gebürg, Steigerwald und Baunach, Schweinfurt, 16. Dezember 1796, ebd. 2. Nachschreiben des Ortsvorstandes Steigerwald an den Ortsvorstand Rhön-Werra, Erlangen, 23. Januar 1797, StA Marburg, 109, Nr. 311, Bd. 10).

173 Klageschriftsnachtrag von Rhön-Werra gegen Preußen zu den Beilagen 88 bis 90 zum Reichshofratsprozess, StA Marburg, 109, Nr. 312, Bd. 2.

174 Bericht Hardenbergs an das Kabinettsministerium, Ansbach, 3. Dezember 1796, GStA PK Berlin, II. HA, Abt. 36, I, Nr. 6, fol. 187–193, hier: fol. 187. Klageschriftsnachtrag von Rhön-Werra gegen Preußen zu den Beilagen 95 bis 110 zum Reichshofratsprozess, StA Marburg, 109, Nr. 312, Bd. 2. Beilage 102: 2. Nachschreiben des Ortsvorstands Steigerwald an den Ortsvorstand Rhön-Werra, Erlangen, 17. Januar 1797, ebd. Zu Beilage 102: Abschrift des Schreibens der Freiherrn Hans Friedrich Franz und Friedrich Karl Ludwig Ernst von Künsberg an den Ortsvorstand Steigerwald, Erlangen und Ermreuth, 16. Dezember 1796, ebd. Zu Beilage 102: Abschrift des Patent Hardenbergs, Ansbach, 26. November 1796, ebd. (Zitat ebd.). Abschrift

licher Hinweis auf Wien. Schließlich konnte die Hofburg gegen die ihrem kaiserlichen Oberherrn untreu gewordenen Reichsritter jederzeit den Reichsfiskal bzw. die Reichsjustiz mobilisieren. Zudem waren angesichts des Umstandes, dass infolge des Kriegsgeschehens in der Nähe der fränkischen Markgrafentümer kaiserliche Truppen standen, militärische Exekutionen nicht auszuschließen: Auf diesem Wege hätten die Altmühler Beiträge zur Direktorialkasse des Ritterkreises, die Rittersteuern der einzelnen Rittergenossen für die Kantonskassen oder die der Reichsritterschaft auferlegten Requisitionen für das k. k. Heer eingetrieben werden können[175]. Beim Ortsvorstand an der Altmühl, der schon in den Monaten zuvor den Schriftverkehr mit den Mitgliedern des Viertels eingestellt und damit diese samt ihren Amtleuten ohne Verhaltensempfehlungen ihrem Schicksal überlassen hatte, wirkte die neue Drohung Hardenbergs doppelt[176]: Der Altmühler Ritterhauptmann Freiherr von Crailsheim traute sich nun nicht einmal mehr, von der Beschlagnahme des Kantonsarchivs in Wien Anzeige zu erstatten, da »solche von den mehresten der dießortigen Herrn Orts-Mitvorstehern, aus Furcht vor den jenseitigen Verfolgungen nicht mit signirt [!] werden würde«[177]. Auch von den einfachen Rittergenossen wagten es aus Angst vor den angedrohten Konsequenzen etliche schon bald nicht mehr, ihren Direktoren von den neuesten Übergriffen der preußischen Behörden zu berichten[178]. Ähnliches war bei manchem ritterschaftlichen Amtmann zu beob-

des Schreibens des Freiherrn von Stauffenberg an den Ortsvorstand Gebürg, Schmeilsdorf, 31. Dezember 1796, Marburg, 109, Nr. 322. Abschrift des Schreibens des 2. Ansbacher Regierungssenats an die von Hofferische Gutsherrschaft zu Wildenstein, Ansbach, 1. Dezember 1796, StA Ludwigsburg, B 575 IV, Bü 352. Schreiben des Ortsvorstandes Rhön-Werra an den Ortsvorstand Altmühl, Schweinfurt, 21. November 1796, StA Marburg, 109, Nr. 311, Bd. 8. Schreiben des Freiherrn von Crailsheim an den Ortsvorstand Rhön-Werra, Rügland, 7. Dezember 1796, ebd. Abschrift des Reskripts des 2. Regierungssenats zu Ansbach an die Freiherrlich von Crailsheimische Gutsherschaft zu Rügland, Ansbach, 1. Dezember 1796, ebd.

175 Protokoll der Kocherschen Ritterkanzlei mit Voten, Esslingen, 15. August 1796, StA Ludwigsburg, B 575 II, Bü 300. Schreiben des Ortsvorstandes Rhön-Werra an den Ortsvorstand Altmühl, Schweinfurt, 21. November 1796, StA Marburg, 109, Nr. 311, Bd. 8.

176 Promemoria des Grafen Eckbrecht von Dürckheim, Thürnhofen, 10. September 1796, HHStA Wien, RK, Reichsakten in specie, Fasz.-Nr. 50.

177 Schreiben des Ritterhauptmanns Freiherr von Crailsheim an den Ortsvorstand Rhön-Werra, o.O., 4. Januar 1797, StA Marburg, 109, Nr. 322. – Unter den Reichsrittern war es umstritten, ob Berlin wirklich so weit gehen und das Aufsehen riskieren würde, unbotmäßige Rittergenossen in Festungshaft zu nehmen. Aber allem Anschein nach bestanden derartige Befürchtungen nicht zuletzt beim Ritterhauptmann des Kantons an der Altmühl (Schreiben des Ritterhauptmanns von Rhön-Werra, Freiherr von und zu der Tann an den Altmühler Ritterhauptmann Freiherr von Crailsheim, Fulda, 9. Januar 1797, StA Marburg, 109, Nr. 313. Schreiben des Ritterhauptmanns von Altmühl, Freiherr von Crailsheim, an den Ritterhauptmann von Rhön-Werra, Freiherr von und zu der Tann, Rügland, 8. Dezember 1796, ebd.).

178 Schreiben des Ortsvorstandes Gebürg an den Ortsvorstand Rhön-Werra, Bamberg, 16. Januar 1797, StA Marburg, 109, Nr. 322. Abschrift des Schreibens des Freiherrn von Stauffenberg an den Ortsvorstand Gebürg, Schmeilsdorf, 31. Dezember 1796, ebd. Schreiben des Ortsvorstandes Gebürg an den Ortsvorstand Rhön-Werra, Bamberg, 18. Januar 1797, ebd. Schreiben

achten, der nach der erzwungenen Leistung des Eides auf den preußischen König seine Berichterstattung gegenüber dem Ortsvorstand seines Kantons einstellte, da die Strafen der königlichen Behörden für einen derartigen Eidbruch ihn »mit Weib und Kindern in unverschmerzliches Elend« stoßen müssten[179]. Als ein kaiserliches Reskript vom 22. Mai 1797 die von den Okkupationen Berlins unmittelbar betroffenen Ortsvorstände nicht nur mit einem gegen die preußischen Mediatisierungen erlassenen Reichshofratsmandat bekannt machte, sondern sie auch anwies, die Ortsmitglieder, Beamten und Untertanen an ihre Treuepflichten zu ermahnen, wagte es der Ortsvorstand an der Altmühl nicht, diesem Befehl Folge zu leisten. Auch die Direktoren Odenwalds zögerten angesichts der drohenden Repressalien durch die preußischen Behörden. Das fränkische Spezialdirektorium griff daher zum Ausweg, eine entsprechende Ermahnung, ein sog. Dehortatorium, selbst den einzelnen Rittergenossen bekannt zu machen[180].

Wenn Berlin unter dem Einsatz der preußischen Bajonette de facto die Landeshoheit in den reichsritterschaftlichen Gebieten an sich riss, diese in das Verwaltungs- und Justizsystem Ansbach-Bayreuths integrierte, ihre Steuerleistung abschöpfte, reichsritterschaftliche Beamte mit Straf- und Zwangsmaßnahmen gefügig machte sowie seine Gewaltmaßnahmen publizistisch verteidigte, dann handelte es sich nach der jüngeren Militär-, Verwaltungs- und Sozialgeschichtsforschung noch nicht um eine Annexion, sondern um eine »militärische Besetzung« oder »Okkupation«. Zwar stellten die preußischen Arrondierungen auf Kosten benachbarter reichsständischer und -ritterschaftlicher Gebiete keinen offenen Krieg dar. Aber der Einsatz der preu-

des Ritterhauptmanns von Altmühl, Freiherr von Crailsheim, an den Ritterhauptmann von Rhön-Werra, Freiherr von und zu der Tann, Rügland, 8. Dezember 1796, StA Marburg, 109, Nr. 313.

179 Schreiben des Freiherrlich Hofer von Lobensteinischen Amtmanns Philipp Jakob Stoll an den Ortsvorstand Kocher, Wildenstein, 29. Juni 1797, StA Ludwigsburg, B 575 II, Bü 445. Promemoria des Kocherschen Konsulenten Weinland an den Ortsvorstand von Kocher, Esslingen, 28. Juli 1797, ebd. Schreiben des Freiherrlich Hofer von Lobensteinischen Amtmanns Philipp Jakob Stoll an den Ortsvorstand Kocher, Wildenstein, 29. Juni 1797, ebd.

180 Kaiserliches Reskript an den Ortsvorstand Altmühl, Wien, 22. Mai 1797, StA Marburg, 109, Nr. 318. Kaiserliches Reskript an den Ortsvorstand Odenwald, Wien, 22. Mai 1797, ebd. Kaiserliches Reskript an den Ortsvorstand Steigerwald, Wien, 22. Mai 1797, ebd. Kaiserliches Reskript an den Ortsvorstand Gebürg, Wien, 22. Mai 1797, ebd. Schreiben des Ortsvorstandes Rhön-Werra an die Ortsvorstände Odenwald, Gebürg, Steigerwald, Altmühl und Baunach, Schweinfurt, 15. Juli 1797, ebd. 1. Nachschreiben des Ortsvorstandes Odenwald an den Ortsvorstand Rhön-Werra, Kochendorf, 18. Juli 1797, ebd. Schreiben des Ortsvorstandes Altmühl an den Ortsvorstand Rhön-Werra, o.O., 11. August 1797, ebd. 2. Nachschreiben des Ortsvorstandes Rhön-Werra an die Ortsvorstände Odenwald, Gebürg, Steigerwald, Altmühl und Baunach, o.O., 18. August 1797, ebd. Nachschreiben des Ortsvorstandes Gebürg an den Ortsvorstand Rhön-Werra, o.O., 14. September 1797, ebd. 1. Nachschreiben des Ortsvorstandes Steigerwald an den Ortsvorstand Rhön-Werra, o.O., 11. November 1797, ebd. Dehortatorium des Ortsvorstandes Rhön-Werra, Schweinfurt, 22. September 1797, StA Marburg, 109, Nr. 321.

ßischen Truppen zur Durchsetzung der Landeshoheitsansprüche Berlins war selbst im Falle der nicht armierten reichsritterschaftlichen Herrschaften konstitutiv. Unter diesem Gesichtspunkt hatte das Vorgehen Berlins nicht nur den Charakter einer »friedlichen ›occupatio‹« im ursprünglichen römisch-rechtlichen Sinne, also des eigentümlichen Erwerbs von Land und Herrschaftsrechten, sondern trug durchaus Züge einer »occupatio bellica«. Letztere definierte sich gemäß dem völkerrechtlichen Diskurs des 18. Jahrhunderts u. a. durch die zeitliche Befristung der Herrschaftsübernahme bis zu einem Friedensschluss oder der »debellatio«, also der vollständigen Unterwerfung des Gegners[181]. Eine derartige formelle Unterordnung und Anerkennung der neuen Landeshoheitsverhältnisse war nun erforderlich, um die Mediatisierungen Preußens abzuschließen und ihnen einen möglichst dauerhaften Bestand zu verleihen. Das zentrale und eindeutigste staatsrechtliche Kennzeichen der Untertänigkeit und damit des Landsassiats war die dem Landesherrn zu leistende Huldigung – nach einer zeitgenössischen Definition »ein ausdrückliches, und zwar eydliches Versprechen der Unterwerfung und des Gehorsams«[182].

Besondere Bedeutung kam daher im Prozess der Mediatisierung der Ansbach-Bayreuth benachbarten Rittergüter der Leistung des Treueides auf den

181 *Meumann/J. Rogge*, Besetzung, S. 17 ff. (Zitate ebd., S. 17). *Steiger*, »Occupatio bellica«, S. 216 ff. (Zitate ebd., S. 217). *Carl*, Okkupation, S. 353 ff. (Zitat ebd., S. 354). – Tatsächlich taucht in den zeitgenössischen Quellen neben verschiedensten Begriffen für die preußischen Mediatisierungen wie »Preuß(isch)e Umgriffe«, »Reichskündige Gewaltthaten«, »Einverleibung«, »Preusische Vergewaltigungen«, »Unterjochung«, »Besitznehmungen« oder »Anspach-Bayreuthische Landeshoheits-Irrungen« auch immer wieder der Terminus der »Occupationen« auf (Schreiben des Ortsvorstandes Donau an den Ortsvorstand Neckar-Schwarzwald, Ehingen, 17. Juni 1798, HStA Stuttgart, B 579, Bü 24 (Zitat ebd.). Abschrift der Note des Odenwalder Ritterhauptmanns Freiherr von Gemmingen, [Rastatt, 8. Juni 1798], ebd. (Zitate ebd.). Vortrag des Leiters der Staatskanzlei Freiherr von Thugut für den Kaiser, Wien, 1. April 1796, HHStA Wien, SK, Vorträge, Nr. 156. Abschrift des Handschreibens des Kurfürsten von Mainz an den preußischen König, Aschaffenburg, 3. März 1797, GStA PK Berlin, II. HA, Abt. 36, I, Nr. 6, fol. 247–252, hier: fol. 248. Bericht von Schuster aus Nürnberg, Nürnberg, 14. Juni 1797, ebd., fol. 280. Schreiben des Kurfürsten von Köln an den Kurfürsten von Mainz, Frankfurt/M., 17. Februar 1797, HHStA Wien, MEA, Militaria, Nr. 127. Note des britischen und kurbraunschweigischen Ministerresidenten von Schwarzkopf an den Kurmainzer Staatsminister und Hofkanzler Freiherr von Albini, Frankfurt[/M.], 24. Februar 1797, ebd. Handschreiben von König Georg III. von Großbritanien an den Mainzer Kurfürsten, St. James, 7. Februar 1797, ebd. (Zitat ebd.). Schreiben des Kurfürsten von Mainz an den Kaiser, Aschaffenburg, 8. März 1797, ebd. Schreiben des Kurfürsten von Mainz an den Reichshofvizekanzler Fürst von Colloredo-Mansfeld, Aschaffenburg, 8. März 1797, ebd. Schreiben des Kurfürsten von Mainz an den Kurfürsten von Trier, Aschaffenburg, 30. März 1797, ebd. Handschreiben des Kurfürsten Friedrich August III. von Sachsen an den Kurfürsten von Mainz, Dresden, 8. April 1797, ebd. (Zitat ebd.). StA Marburg, 109, Nr. 313, fortl: StA Marburg, 109, Nr. 311, Bd. 10: fortl.). – Speziell zur angesprochenen publizistischen Rechtfertigung der preußischen Maßnahmen siehe Kapitel VIII.2.1 bis VIII.2.2.

182 *Häberlin*, Handbuch I, S. 208, 218 f. (Zitat ebd., S. 208). *Kretschmann*, [Rezension], Handbuch des deutschen Staatsrechtes nach dem System des Herrn geheimen Justizrath Pütter, S. 213. Vgl. auch *Klein-Bruckschwaiger*, Landeshuldigung, Sp. 1394.

preußischen König zu. Zu diesem Zweck wurden eigene Oberbeamte abgeordnet, unter denen Kretschmann die Federführung hatte[183]. Seit dem Sommer 1796 forderte diese »Königliche Huldigungs Commission« den Treueid auf Friedrich Wilhelm II. von den Reichsrittern. Die Huldigung der ritterschaftlichen Amtleute, Pfarrer und Hintersassen nahmen teils preußische Stellen, teils die bisherigen Rittergenossen bzw. ihre Ämter vor. Für den Fall einer Weigerung, sich dem König förmlich zu unterwerfen, drohten die königlichen Beamten den Reichsrittern mit der »Excitation des Fiskals«, das heißt einem gerichtlichen Verfahren zur »Einziehung« ihrer Güter. Damit war vor allem ein lehensrechtlicher Prozess wegen Felonie, also des Verrats der vassalitischen Treuepflichten, gemeint. Dieser konnte tatsächlich im Falle der zahlreichen zollerschen Lehen der Reichsritter nicht nur die Zwangsverwaltung in Form des sog. Sequesters, sondern die dauerhafte Konfiskation des lehenbaren Besitzes durch Heimfall und Konsolidierung bedeuten. Entspre-

183 Zu Beilage 94: Abschrift des Schreibens des Kommissars Kretschmann an Johann Christoph Sigmund und Johann Georg Friedrich Christoph Kress von Kressenstein, Ansbach, 3. August 1796, StA Marburg, 109, Nr. 312, Bd. 2. Klageschriftsnachtrag von Rhön-Werra gegen Preußen zu den Beilagen 95 bis 110 zum Reichshofratsprozess, ebd. Zu Beilage 101: Abschrift des Schreibens der Brüder Freiherr von Künsberg an den Ortsvorstand Steigerwald, Erlangen und Ermreuth, 27. September 1796, ebd. Zu Beilage 101: Abschrift des Patents des Kommissars Kretschmann an die den Huldigungseid leistenden Reichsritter, Ansbach, 16. Juli 1796, ebd. – Als weiterer königlicher Oberbeamter, der den Huldigungseid von den Rittergenossen einholte, wird beispielsweise der Erlanger Kreisdirektor von Ausin bezeugt (Abschrift des Schreibens der Freiherrn von Künsberg an den Ortsvorstand Gebürg, o.O., 14. März 1798, StA Marburg, 109, Nr. 322. Klageschrift von Rhön-Werra gegen Preußen zu den Beilagen 1 bis 37 zum Reichshofratsprozess, ebd. Abschrift des Schreibens des Kommissars von Ausin an den württembergischen Oberhofmeister Freiherr von Künsberg, Erlangen, 3. März 1798, ebd.). – Nach seinen eigenen Erinnerungen und einem seiner späteren Biografen hatte Kretschmann mit der Einholung der ritterschaftlichen Eidesleistungen seinen Ruf nachhaltig ruiniert (*Kretschmann*, Dienstjahre (1808), S. 27 f., 43. *Eisenhart*, Kretschmann, S. 133 f.). Tatsächlich scheint er sich etlichen Rittergenossen als Huldigungskommissar »in Franken so furchtbar« eingeprägt zu haben, da er »das abscheulichste Gegentheil« »von der wahren Herzensgüte« zeigte (Zu Beilage 101: Abschrift des Schreibens der Brüder Freiherr von Künsberg an den Ortsvorstand Steigerwald, Erlangen und Ermreuth, 27. September 1796, StA Marburg, 109, Nr. 312, Bd. 2 (Zitat ebd.). Schreiben von Joh. Andreas Schober [an den Ortskonsulenten von Rhön-Werra, Pollich ?], Erlangen, 4. Dezember 1796, StA Marburg, 109, Nr. 312, Bd. 3 (Zitate ebd.)). – Auch durch die rechtlich-historische Begründung und publizistische Verteidigung der preußischen Landeshoheitsansprüche machte sich der für manchen Zeitgenossen »berüchtigte Brandenburgische geh. Justitzrath [sic] Kretschmann« nicht gerade beliebt (Abschrift des Schreibens von Alexander Friedrich Wilhelm Freiherr von Seckendorff an die Bayreuther Regierung, Wetzlar, 17. Oktober 1801, GStA PK Berlin, II. HA, Abt. 36, I, Nr. 340, fol. 102–105, hier: fol. 102. Schreiben von Alexander Friedrich Wilhelm Freiherr von Seckendorff an Hardenberg, Lucklum, 20. November 1801, ebd., fol. 119–122, hier: fol. 119 f. Schreiben von Alexander Friedrich Wilhelm Freiherr von Seckendorff an Hardenberg, Sugenheim, 13. April 1802, ebd. Abschrift des Schreibens der Freiherrn von Künsberg an den preußischen König, Erlangen und Ermreuth, 13. März 1798, StA Marburg, 109, Nr. 322. *Kretschmann*, Dienstjahre (1808), S. 11 ff., 21 ff. *Eisenhart*, ebd., S. 134. Schreiben von Groß [an den Freiherrn von Albini?], o.O., 5. Juni 1797, HHStA Wien, MEA, Reichstagsakten, Nr. 719 (Zitat ebd.)).

chend stark war die Wirkung, die eine derartige Drohung auf manchen Rittergenossen entfaltete, der wie der Freiherr Hofer von Lobenstein nicht »noch am Abend seines Lebens seine Güther zu verlieren wagen könne«. Der Verlust ihrer Lehen drohte im besonderen Maße auch jenen der Huldigung widerstrebenden reichsritterschaftlichen Vasallen, bei denen sich dem Ansbacher Lehenshof die Möglichkeit bot, den geforderten Treu- mit der Erneuerung des Lehenseides zu verbinden. Umgekehrt wurde den Reichsrittern bei Bedarf sogar schriftlich zugesichert, der preußische König werde sie gegen alle negativen Konsequenzen ihrer Huldigung und des damit verbundenen Eidbruches gegenüber Kaiser und Reichsritterschaft schützen und vertreten. Schließlich mussten die Rittergenossen mit einem Einschreiten des Reichsfiskals sowie der obersten Reichsgerichte gegen ihre Unterwerfung rechnen. Die reichsritterschaftlichen Beamten unter Einschluss der Ortsgeistlichen mussten bei der Verweigerung des Eides gerichtliche Konsequenzen, Arrest und darüber hinaus ihre Absetzung und damit den Verlust ihres Lebensunterhalts befürchten. Über den Hintersassen der Rittergenossen schwebte dagegen die Drohung der preußischen Behörden, militärische Zwangsmaßnahmen und die Konfiskation ihres Vermögens zu verfügen, um sie zur Eidesleistung zu bewegen[184]. Dass dies alles keine leeren Drohungen waren,

184 StA Marburg, 109, Nr. 311, Bd. 7: fortl. StA Marburg, 109, Nr. 322: fortl. Klageschrift von Rhön-Werra gegen Preußen zu den Beilagen 1 bis 87 zum Reichshofratsprozess, StA Marburg, 109, Nr. 312, Bd. 1 (Zitat ebd.). Klageschriftsnachträge von Rhön-Werra gegen Preußen zu den Beilagen 91 bis 94 u. 95 bis 110 zum Reichshofratsprozess, StA Marburg, 109, Nr. 312, Bd. 2. Beilagen und Unterbeilagen, ebd.: fortl. für August 1796 bis Februar 1797. Beilage 94: Schreiben von Johann Christoph Sigmund und Johann Georg Friedrich Kress von Kressenstein an den Ortsvorstand Rhön-Werra, Nürnberg, 7. Januar 1797, ebd (Zitat ebd.). Zu Beilage 94: Abschrift des Schreibens des Kommissars Kretschmann an Johann Christoph Sigmund und Johann Georg Friedrich Christoph Kress von Kressenstein, Ansbach, 3. August 1796, ebd. (Zitat ebd.). Nicht ausgefertigtes Reskript Hardenbergs an den Nürnberger Senator Christoph Karl Joseph Ludwig Freiherr von Geuder, Hardenberg, Juli 1797, GStA PK Berlin, II. HA, Abt. 36, I, Nr. 316, fol. 1. GStA PK Berlin, II. HA, Abt. 36, I, Nr. 340, fol. 52–53 u. 56–66: fortl. Bericht Hardenbergs an das Kabinettsministerium, Ansbach, 29. Juli 1796, GStA PK Berlin, II. HA, Abt. 36, I, Nr. 6, fol. 145–149, hier: fol. 147. Drei Nachschreiben des Ortsvorstandes Kocher an Hardenberg wegen der Rittergüter Stimpfach, Matzenbach u. Wildenstein, Esslingen, 31. Juli 1797, StA Ludwigsburg, B 575 IV, Bü 351. Reichshofrats-Conclusum vom 23. Mai 1797, StA Ludwigsburg, B 575 IV, Bü 353. Abschrift des Reskripts von Kretschmann an das Freiherrlich von Seckendorffische Gericht zu Deufstetten, Ansbach, 16. Februar 1797, StA Ludwigsburg, B 575 II, Bü 58. Abschrift der Huldigungsformel auf den preußischen König, ebd. Abschrift des Reskripts von Kretschmann an das Freiherrlich von Seckendorffische Gericht zu Deufstetten, Ansbach, 18. Februar 1797, ebd. StA Ludwigsburg, B 575 II, Bü 300: fortl. für August bis Oktober/November 1796 sowie für Juni 1797. StA Ludwigsburg, B 575 II, Bü 373: fortl. für August 1796 bis Februar 1797. StA Ludwigsburg, B 575 II, Bü 445: fortl. für November 1796 bis Juni 1797. Schreiben des Freiherrlich Hofer von Lobensteinischen Amtmanns Philipp Jakob Stoll an den Ortskonsulenten von Kocher, Wildenstein, 14. November 1796, StA Ludwigsburg, B 575 II, Bü 445 (Zitat ebd.). StA Marburg, 109, Nr. 313: fortl. Entwurf eines Rundschreibens des Altmühler Ritterhauptmanns Freiherr von Crailsheim an Räte und Ausschuss des Kantons Altmühl, Rügland, Dezember 1796, StA Marburg, 109, Nr. 311, Bd. 8. Promemoria des Grafen Eckbrecht von Dürckheim, Thürnhofen, 10. September 1796, HHStA

mussten etliche Reichsritter am eigenen Leibe erfahren, die nicht bereit waren, dem König von Preußen die Treue zu schwören. Die königlichen Behörden reagierten hierauf mit gerichtlichen Untersuchungen und der Einziehung der ritterschaftlichen Jurisdiktionsbefugnisse sowie im Einzelfall mit der faktischen Beschlagnahme grundherrlicher Einkünfte[185]. Manch reichsritterschaftlicher Amtmann bezahlte die Verweigerung der Huldigung mit vorübergehendem Arrest und seiner Absetzung[186]. Dort, wo dieser Schritt den königlichen Behörden als untunlich erschien, wurden – wie das Beispiel des die Huldigung strikt verweigernden Freiherrlich von Seckendorffischen Amtsverwesers Johann Heinrich Hopff in Weingartsgereuth zeigt – die reichsritterschaftlichen Untertanen kurzerhand angewiesen, sich mit ihren Rechtsangelegenheiten künftig nicht mehr an den derart unbotmäßigen Gerichtshalter, sondern an eine königliche Justizstelle zu wenden[187]. Auch

Wien, RK, Reichsakten in specie, Fasz.-Nr. 50. Abschrift der schriftlichen Zusicherung Kretschmanns für die Freiherrn von Seckendorff wegen ihrer Eidesleistung, Ansbach, 14. Juli 1796, ebd. Reskript Kretschmanns an die Gräflich Eckbrecht von Dürckheimischen Gerichte zu Thürnhofen, Ansbach, 16. August 1796, ebd. – Nur in Ausnahmefällen verzichtete Berlin auf eine persönliche Huldigung der Reichsritter und begnügte sich mit der Unterzeichnung eines »gedruckte[n] Eidesformal[s]« (Zusammenstellung der preußischen Übergriffe gegenüber dem Freiherrlich Hofer von Lobensteinischen Amt zu Wildenstein und seinen Untertanen, Wildenstein, 9. April 1797, ebd. Bericht der Ansbacher Kriegs- und Domänenkammer an Hardenberg, Ansbach, 9. April 1799, ebd., fol. 56–66, hier: fol. 64 (Zitat ebd.)).

185 Als zwei exemplarisches Beispiele für etliche weitere in den Akten (StA Marburg, 109, Nr. 311, Bd. 9. StA Marburg, 109, Nr. 312, Bd. 3. StA Marburg, 109, Nr. 313. Vgl. auch *Winkler*, Markgraf (2000), S. 46) aufgefundene Fälle seien genannt: 1) Nachdem die beim Kanton Altmühl immatrikulierten Gebrüder Kress von Kressenstein aus Nürnberg eine erste Aufforderung zur Eidesleistung für ihr in der Nähe der Ansbacher Grenzen gelegenes Gut Dürrenmungenau mit Protestschreiben quittiert hatten, zahlten sie dafür mit einer gerichtlichen Untersuchung sowie dem Entzug der Ausübung der Jurisdiktion über ihre Hintersassen (Schreiben des Ortsvorstandes Rhön-Werra an die Gebrüder Kress von Kressenstein, Schweinfurt, 18. Januar 1797, StA Marburg, 109, Nr. 322. Klageschriftsnachtrag von Rhön-Werra gegen Preußen zu den Beilagen 91 bis 94 zum Reichshofratsprozess, StA Marburg, 109, Nr. 312, Bd. 2. Beilagen und Unterbeilagen zu 94, ebd.: fortl. für August 1796 bis Januar 1797). – 2) Auch die Gerichtsbarkeit des kaiserlichen Generals Alexander Friedrich Wilhelm Freiherr von Seckendorff über sein Rittergut Markt Sugenheim wurde unter Sequester gestellt, da dieser mit seinem Gerichtshalter und Amtmann den Huldigungseid auf den preußischen König verweigerte. Durch die Eigenmächtigkeit der von der Bayreuther Regierung eingesetzten Gerichtshalter musste der General zudem zeitweise auf einen erheblichen Teil seiner grundherrlichen Einkünfte verzichten (GStA PK Berlin, II. HA, Abt. 36, I, Nr. 340, fol. 3, 13, 32/33–35, 40, 56–66 u. 70–72, hier: fortl.).

186 Abschrift des Berichts des Freiherrlich von Seckendorffischen Amtmanns Killinger an Christoph Albrecht Freiherr von Seckendorff, Sugenheim, 9. April 1799, GStA PK Berlin, II. HA, Abt. 36, I, Nr. 340, fol. 52–53, hier: fol. 52. Bericht von Hardenberg und Alvensleben an den preußischen König, Berlin und Ansbach, 24. Dezember 1801, ebd., fol. 110–116, hier: fol. 112 f. Schreiben des Ortsvorstandes Steigerwald an den Ortsvorstand Rhön-Werra, Erlangen, 1. März 1797, StA Marburg, 109, Nr. 311, Bd. 10. Schreiben des Freiherrn von Seckendorff an den Ortskonsulenten von Rhön-Werra, [Pollich,] Regensburg, 5. März 1797, ebd.

187 Abschrift des Berichts des Freiherrlich von Seckendorffischen Amtmanns Johann Heinrich Hopff an den Ortsvorstand Steigerwald, Weingartsgereuth, 20. Mai 1797, StA Marburg, 109,

reichsritterschaftliche Hintersassen, die sich vereinzelt weigerten, den Eid auf den preußischen König zu leisten, bekamen die den königlichen Behörden zu Gebote stehenden Zwangsmittel zu spüren und wurden durch preußisches Militär zur Huldigung geführt[188].

Doch nicht nur die Furcht vor den preußischen Ämtern und Regierungen ließen die Reichsritter und ihre Untertanen gefügig werden: Im Sommer 1796 versuchte das Pariser Direktorium durch eine groß angelegte Militäroperation Wien in die Knie zu zwingen. Dazu überschritt die französische Rhein- und Moselarmee unter Moreau Ende Juni bei Kehl den Rhein, besetzte im Verlauf des Juli und August große Teile Schwabens, um anschließend in den Bayerischen Reichskreis vorzudringen, bis sie Anfang September zum schrittweisen Rückzug gezwungen wurde[189]. Fast zeitgleich mit der Offensive Moreaus, Ende Juli 1796, drang die französische Maas- und Sambrearmee unter Jourdan nach Franken vor und verbreitete dort bis zu ihrem Rückzug Anfang September Angst und Schrecken[190]. Nicht nur manch reichsritterschaftliches Schloss ging in Flammen auf, wurde geplündert und verwüstet. Auch einem Teil der reichsadligen Ortschaften in Schwaben und Franken erging es nicht besser, »so daß den gesamten Mitnachtbaren nichts übrig geblieben, alls was sie am Leib getragen haben«[191]. Hinzu kamen gewaltsame Exzesse gegen die Bevöl-

Nr. 313. Abschrift des Schreibens des Freiherrlich von Seckendorffischen Amtmanns Johann Heinrich Hopff an den preußischen Justizrat Herrgott zu Markt Dachsbach, Weingartsgereuth, 4. Mai 1797, ebd. Abschrift des Berichts des Freiherrlich von Seckendorffischen Amtmanns Johann Heinrich Hopff an den Ortsvorstand Steigerwald, Weingartsgereuth, 27. Mai 1797, ebd. Abschrift des Freiherrlich von Seckendorffischen Amtsprotokolls, Weingartsgereuth, 26. Mai 1797, ebd.

188 Abschrift des Freiherrlich von Seckendorffischen Amtsprotokolls, Weingartsgereuth, 5. September 1796, StA Marburg, 109, Nr. 311, Bd. 7. Klageschrift von Rhön-Werra gegen Preußen zu den Beilagen 1 bis 87 zum Reichshofratsprozess, StA Marburg, 109, Nr. 312, Bd. 1. Klageschriftsnachtrag von Rhön-Werra gegen Preußen zu den Beilagen 91 bis 94 zum Reichshofratsprozess, StA Marburg, 109, Nr. 312, Bd. 2. Beilage 100: Schreiben des Ortsvorstandes Steigerwald an den Ortsvorstand Rhön-Werra, Erlangen, 17. Januar 1797, ebd. Zu Beilage 100: Abschrift des [1.] Schreibens der Reichsgräflich Schönbornischen Regierungskanzlei an den Ortsvorstand Gebürg, Wiesentheid, 15. Oktober 1796, ebd. Zu Beilage 100: Abschrift des Auszugs aus dem Gräflich Schönbornischen Amtsprotokoll, Pommersfelden, 4. Oktober 1796, ebd. Bericht von Hardenberg und Alvensleben an den preußischen König, Berlin und Ansbach, 24. Dezember 1801, GStA PK Berlin, II. HA, Abt. 36, I, Nr. 340, fol. 110–116, hier: fol. 113.

189 *Aretin*, Das Alte Reich III, S. 453 f. *Biro*, German Policy II, S. 589, 613, 681. *Seis*, Bürgertreue, S. 8 f. Ueber das Betragen der Franzosen an der schwäbisch-fränkischen Gränze, S. 78 ff. *F. J. H. Soden*, Franzosen, S. 29, 195 ff.

190 Schreiben des Ortsvorstandes Gebürg an den Ortsvorstand Rhön-Werra, Bamberg, 16. Januar 1797, StA Marburg, 109, Nr. 322. Abschrift des Berichts der Freiherrn von Künsberg an den Ortsvorstand Gebürg, Erlangen und Ermreuth, 6. November 1796, ebd. *F. J. H. Soden*, Franzosen, fortl. *Seis*, Bürgertreue, S. 7 f.

191 StA Marburg, 109, Nr. 5151: fortl. Schreiben der Abgeordneten der Gemeinde Untererthal an die Ritterhauptmannschaft von Rhön-Werra, o.O., 19. Januar 1797, ebd. (Zitat ebd.). Unterakt »Verzeichnisse des Verlustes bey Gelegenheit der Invasion der franz. Armee unter dem General

kerung mit Misshandlung, Mord und Vergewaltigung, die auf dem Rückzug Jourdans und Moreaus noch deutlich zunahmen[192]. Die Schreckensnachrichten und eigenen Erfahrungen mit den Exzessen der Revolutionstruppen dürften den Entschluss etlicher Ansbach-Bayreuth benachbarter Reichsritter erleichtert und beschleunigt haben, dem preußischen Druck nachzugeben und sich unter die königliche Landeshoheit zu beugen. Schließlich zog eine Unterwerfung automatisch die Aufnahme in die norddeutsche Neutralitätszone nach sich und bot damit sicheren Schutz vor allen Übergriffen der Revolutionsarmeen[193]. Kretschmann hatte bei allem Sarkasmus also nicht unrecht, wenn er dem bei Steigerwald immatrikulierten Friedrich Karl Freiherr von Frankenstein angesichts der sich Franken nähernden Truppen Jourdans vorhielt, dass »bey dem gegenwärtigen kriegerischen Verhältniß die Abnahme

en Chef Jourdan im Jahr 1796.«, StA Marburg, 109, Nr. 521: fortl. *F. J. H. Soden*, Franzosen, fortl. Ueber das Betragen der Franzosen an der schwäbisch-fränkischen Gränze, S. 89 ff.

192 *F. J. H. Soden*, Franzosen, S. 72 f., 80 ff., 89 ff., 145 ff., 165, 170, 209 ff., 222 f. Ueber das Betragen der Franzosen an der schwäbisch-fränkischen Gränze, S. 99 f. Entwurf eines Dankschreibens des Fränkischen Kreiskonvents an den Kaiser, communicatum Nürnberg, 2./3. Oktober 1796, StA Nürnberg, Nbg., KTA, Nr. 326. *Biro*, German Policy II, S. 653. – Besonders hart traf es die zu Rhön-Werra kollektablen Gemeinden Geroda und Untererthal. Hier brannten die französischen Truppen zusammen 25 große Gebäude sowie zahlreiche kleinere samt den Scheunen mit der Ernte nieder und verwüsteten die Felder. In Untererthal, das zur Hälfte zur Fürstabtei Fulda, zur anderen Hälfte den Freiherrn von Erthal gehörte, ermordeten Soldaten Jourdans zudem rund ein Dutzend Einwohner (StA Marburg, 109, Nr. 5151: fortl. Schreiben der Freiherrlich von Erthalischen Amts an den Ortsvorstand Rhön-Werra, Ellershausen an der Saale, 24. November 1796, StA Marburg, 109, Nr. 521). – Nicht viel besser erging es dem zum Bezirk Hegau steuernden Irndorf des Freiherrn Franz von Enzberg: Aus Rache für die Gefangennahme eines französischen Generals durch die Österreicher brannten die Soldaten Moreaus im Oktober 1796 den Ort fast vollständig nieder. Dabei wurden nicht weniger als 78 Gebäude ein Raub der Flammen – ein Schaden, der sich auf etwa 100.000 bis 150.000 fl. belief (Amtsprotokoll, Irndorf, 28. Oktober 1796, GLA Karlsruhe, 123, Fasz. 335. Schreiben des Ortsvorstandes Hegau-Allgäu-Bodensee an Erzherzog Karl von Österreich, Radolfzell, 20. Dezember 1796, ebd. Bittschrift von Vogt und Bürgermeister von Irndorf an den Ortsvorstand Hegau-Allgäu-Bodensee, o.O., [Herbst/Winter 1796], ebd. Auszug aus dem Amtsprotokoll des Reichsstifts Beuron, Beuron, 3. November 1796, ebd. Amtsprotokoll der Freiherrlich von Enzbergischen Oberamtskanzlei zu Mühlheim, Mühlheim, 4. November 1796, ebd. Schreiben des Bezirksvorstands Hegau an den Ortsvorstand Donau, Radolfzell, 2. März 1797, ebd. Schreiben von Franz von Enzberg an den Ortsvorstand Hegau-Allgäu-Bodensee bzw. den Bezirk Hegau, Mühlheim, 16. Dezember 1796, ebd. Abschrift des Bittschreibens des Ortsvorstandes Donau an den Kaiser, Ehingen, 19. März 1797, StA Ludwigsburg, B 575 III, Bü 905).

193 Denkschrift des geheimen französischen Agenten Gleichen an Generalstabschef Ernouf, Würzburg, 17. thermidor an 4, AMAE Paris, CP, Allemagne - Petites Principautés, Nr. 74, fol. 73–75, hier: fol. 74. *F. J. H. Soden*, Franzosen, S. 62 ff., 167. Schreiben des Ortsvorstandes Gebürg an den Ortsvorstand Rhön-Werra, Bamberg, 16. Januar 1797, StA Marburg, 109, Nr. 322. Abschrift des Berichts der Freiherrn von Künsberg an den Ortsvorstand Gebürg, Erlangen und Ermreuth, 6. November 1796, ebd. Vgl. auch: Schreiben des Ortsvorstandes Rhön-Werra an die Ortsvorstände Odenwald, Steigerwald und Baunach, Schweinfurt, 22. August 1796, StA Marburg, 109, Nr. 521 u. Protokoll über die Verhandlungen des Kantons Rhön-Werra mit der Würzburger Regierung wegen der französischen Kontribution, Schweinfurt und Würzburg, 22.–23. u. 25.–27. August sowie 1. u. 10. September 1796, ebd.

des Huldigungs-Eides [eine] wahre Wohlthat« für ihn sei[194]. Die königlichen Behörden schlugen in reichsritterschaftlichen Orten sogar das bereits erwähnte Patent vom 27. August 1796 an, in dem darauf hingewiesen wurde, dass alle Ritter und Untertanen, »innerhalb der vermarkten Gränze« der fränkischen Markgrafentümer von allen kreisständischen oder kantonalen Kontributionen für die Revolutionsheere befreit seien[195]. Umgekehrt übernahm es Berlin, die Forderungen der von ihm beanspruchten reichsritterschaftlichen Herrschaften zu vertreten, als es wenig später um den Ersatz der beim Durchzug der französischen Truppen geleisteten Lieferungen und entstandenen Schäden ging[196]. Zudem nutzte der Dirigierende Minister die militärische Situation aus, um der Reichsritterschaft die Vorzüge der preußischen Neutralität vor Augen zu führen, indem er reichsritterschaftlichen Flüchtlingen Zuflucht im königlichen Territorium gewährte. Dazu gestattete er auf entsprechende Gesuche das Anbringen preußischer Hoheitszeichen auf entfernten und damit zur Arrondierung Ansbach-Bayreuths unbrauchbaren Rittergütern, wenn diese zollersche Lehen waren oder ihre Besitzer im Dienste des Königreichs standen[197]. Dort, wo Rittergüter jedoch zur Abrundung der Markgrafentümer geeignet erschienen, konnte aus vermeintlicher Konzilianz schnell bitterer Ernst werden: Als die Freiherrn von Aufseß, zum Schutz vor Jourdans Truppen um die Aufstellung von Grenztafeln mit dem Hinweis »Fief Prussien« baten, kamen die königlichen Behörden dem nach, nur dass die aufgestellten Tafeln die Beschriftung »Territoire Prussien« trugen[198].

Wie wirksam der Schutz der preußischen Hoheitszeichen dagegen nach außen hin war, zeigt eine Quelle aus dem zum Kanton Kocher steuernden

194 Abschrift des Protokolls über die Vereidigung des Friedrich Karl Freiherr von Frankenstein, Neustadt an der Aisch, 18. Juli 1796, StA Marburg, 109, Nr. 311, Bd. 7.

195 Bericht des Amtmanns Johann Wolfgang Gottlieb Wiedmann an den Ortsvorstand Kocher, Deufstetten, 9. September 1796, StA Ludwigsburg, B 575 II, Bü 58. Abschrift des Patents Hardenbergs, Ansbach, 27. August 1796, ebd. (Zitat ebd.). Protokoll der Kocherschen Ritterkanzlei, Feuchtwangen, [ca. September 1796], ebd.

196 Abschrift des Reskripts der Ansbacher Kriegs- und Domänenkammer an das Freiherrlich Hofer von Lobensteinische Amt zu Wildenstein, Ansbach, 16. September 1796, StA Ludwigsburg, B 575 II, Bü 445.

197 *F. J. H. Soden*, Franzosen, S. 12, 63 f. – Vgl. auch die von Klüber im August 1796 für die Besitzungen der Grafen von Egloffstein bei Hardenberg erwirkte preußische Sauvegarde zum Schutz vor den Truppen Jourdans (Autobiografische Notiz Klübers, GLA Karlsruhe, N Klüber, Fasz. 229). – Natürlich war die Aufnahme reichsritterschaftlicher Flüchtlinge in die preußische Neutralitätszone nicht nur machtpolitisches Kalkül, sondern in einer Adelsgesellschaft auch eine Selbstverständlichkeit: Noch 1800, ungeachtet der vorangegangenen Mediatisierungen, bot Ansbach schwäbischen Reichsrittern und ihrer Habe einen sicheren Zufluchtsort vor den Revolutionstruppen (*C. Meyer* (Hg.), Personen und Zustände, S. 234. Vgl. auch *H. H. Hofmann*, Herrschaft, S. 121). – Zwar nicht 1796, aber in den Kriegswirren 1800 und 1805 stellten die Freiherrn von Stetten Schilder mit der Bezeichnung »fief prussien« auf. Zudem ließen sie sich preußische Sauvegarde-Briefe ausstellen, um von den feindlichen Truppen als neutrales Gebiet behandelt zu werden (*Stetten-Buchenbach*, Ende, S. 517 f. (Zitat ebd., S. 517). *Stetten*, Rechtsstellung, S. 113 f.).

198 *Liermann*, Aufseß, S. 389.

Freiherrlich von Gemmingenschen und von Wernekschen Pfarrdorf Neubronn, südwestlich von Ellwangen. Sie berichtete über die Anfang August 1796 durch den Ort marschierenden französischen Truppen: »Doch erlaubten sich diese keine Plünderung; nur daß sie den Leuten die Schuhe auszogen, das unreife Obst von den Bäumen schlugen, und in dem Wirtshause alles vorräthige Getränke gewaltsam ausleerten. Die preussischen Adler hatten ihnen Respekt eingeflößt. Viele zielten mit den Bajonetten darnach; indem sie ausriefen: Verflukte schwarze Vogel! hier nicht gripp [= stehlen]!«[199].

Vor diesem Hintergrund und angesichts des sich nähernden Heeres von Jourdan berichtete Hardenberg mit der gebotenen Schönfärberei nach Berlin über die Unterwerfung der Reichsritter: »Viele freuen sich dieser Veränderung, geben gerne das Phantom der Reichsfreyheit auf, und [...] begeben sich besonders in gegenwärtiger Crise mit Vergnügen unter Ew etc. mächtigste[n] Schuz«[200]. Ein weiterer, Berlin sicherlich willkommener Nebeneffekt des französischen Einfalls war, dass die von seinen Mediatisierungen betroffenen Reichsglieder ihre Archive evakuieren mussten. Dadurch fehlte ihnen das erforderliche Material, um Klageschriften und Traktate zur Widerlegung derjenigen preußischen Schriften anfertigen zu lassen, in denen die zollerschen Landeshoheitsansprüche und ihre einseitige Durchsetzung verteidigt wurden[201]. Die Flucht reichsritterschaftlicher Ortsvorstände vor den Heeren des Pariser Direktoriums erschwerte die inner- und interkantonale Kommunikation oder ließ sie zeitweise ganz abreißen. Damit waren nicht nur koordinierte Hilfsgesuche des fränkischen Ritterkreises in Wien nicht realisierbar. Auch musste die Möglichkeit der von den Mediatisierungen Berlins betroffenen Reichsritter, Rat einzuholen, stark beeinträchtigt werden[202]. Auf vielfältige Weise wirkten die Bedrohung durch die französischen Revolutionstruppen von außen und die Übergriffe der königlichen Behörden von innen

199 Ueber das Betragen der Franzosen an der schwäbisch-fränkischen Gränze, S. 77, 77 Anm. *, 90 ff. (Zitat ebd., S. 92).

200 Bericht Hardenbergs an das Kabinettsministerium, Ansbach, 29. Juli 1796, GStA PK Berlin, II. HA, Abt. 36, I, Nr. 6, fol. 145–149, hier: fol. 147 f.

201 Schreiben des Kurfürsten von Köln an den Kurfürsten von Mainz, Leipzig, 8. Oktober 1796, HHStA Wien, MEA, Militaria, Nr. 127. Abschrift des Schreibens des Kurfürsten von Mainz an die Kurfürsten [von Böhmen, Trier, Köln, Braunschweig, Sachsen und Pfalz], Aschaffenburg, 25. Oktober 1796, ebd. Nachschreiben des Ortsvorstandes Kocher an Hardenberg wegen des Ritterguts Matzenbach, Esslingen, 31. Juli 1797, StA Ludwigsburg, B 575 IV, Bü 351. Votum des Ritterhauptmanns Graf von Adelmann, Ellwangen, 16. Juni 1797, zum Promemoria des Kocherschen Konsulenten Weinland mit Voten des Ortsvorstandes, Esslingen, 5. Juni 1797, StA Ludwigsburg, B 575 II, Bü 300. – Speziell zur preußischen Publizistik und ihren Argumentationsstrukturen siehe Kapitel VIII.2.1 bis VIII.2.2.

202 Nachschreiben des Ortsvorstandes Kocher an Hardenberg wegen des Ritterguts Matzenbach, Esslingen, 31. Juli 1797, StA Ludwigsburg, B 575 IV, Bü 351. Abschrift des Schreibens des Ritterhauptmanns von Gebürg, Freiherr Schenk von Stauffenberg, an den Reichshofvizekanzler Fürst von Colloredo-Mansfeld, Bayreuth, 8. August 1796, StA Marburg, 109, Nr. 311, Bd. 8.

zusammen, setzten die Rittergenossen gleich doppelt unter Druck und beförderten deren Mediatisierung[203].

Aber neben der unbestreitbaren Furcht vor den Exzessen der Revolutionstruppen sowie den preußischen Repressionen spielten bei der Unterwerfung der einzelnen Reichsritter allem Anschein nach auch wirtschaftliche Motive eine Rolle. Es beugten sich nämlich gerade auch diejenigen Rittergenossen Berlins Befehlen, die in zollerschen Diensten standen oder Pensionen aus den königlichen Kassen bezogen[204]. Angesichts der traditionell zahlreichen Reichsritter im Hof-, Staats- und Militärdienst der fränkischen Markgrafentümer dürfte es sich dabei um keine unbedeutende Personengruppe gehandelt haben[205]. Es wurde bereits dargelegt, welche verheerenden Auswirkungen der Koalitions- und Reichskrieg auf die Finanzen der einzelnen Reichsritter zeitigte, die sich schon zuvor vielfach in einer prekären wirtschaftlichen Lage befunden hatten[206]. In dieser Situation mussten es sich viele Rittergenossen zweimal überlegen, ob sie auf gesicherte Einkünfte in Gestalt königlicher Pensionen und Gehälter verzichten konnten. Wenn zudem der Altmühler Ritterhauptmann die »blinde Anhänglichkeit« mancher Reichsritter an Berlin beklagte, die alle Verbindungen zu ihrem Ritterort abbrachen, dann muss eine gewisse Anziehungskraft der norddeutschen Großmacht oder des Bildes, das vor allem König Friedrich II. von ihr geschaffen hatte, auf reichsritterschaftliche Kreise konstatiert werden[207]. Dies darf jedoch keineswegs verallgemeinert werden, wie das Beispiel des zum Ortsvorstand Rhön-Werra gehörenden Freiherrn von Hutten zeigt: Für ihn waren Friedrich II. genauso wie sein inzwischen regierender Neffe und schließlich dessen Sohn und Nachfolger nichts anderes als Abkömmlinge eines zu vertilgenden »reißenden Wolfsgeschlechtes«, dessen Macht sich seit der Säkularisation des Deutschordenslandes in Preußen stets »auf Raub, Betrug und Diebstahl gründete«[208].

203 Zu Beilage 101: Abschrift des Schreibens der Brüder Freiherr von Künsberg an den Ortsvorstand Steigerwald, Erlangen und Ermreuth, 27. September 1796, StA Marburg, 109, Nr. 312, Bd. 2. Schreiben des Ortsvorstandes Gebürg an den Ortsvorstand Rhön-Werra, Bamberg, 16. Januar 1797, StA Marburg, 109, Nr. 322.

204 Abschrift des Schreibens des Ritterhauptmanns von Altmühl, Freiherr von Crailsheim, an den Odenwalder Ritterhauptmann Freiherr von Gemmingen zu Rastatt, o.O., 10. Januar 1798, StA Marburg, 109, Nr. 313.

205 Siehe Kapitel V.4.3.

206 Siehe Kapitel III.2.1.

207 Schreiben des Ritterhauptmanns von Altmühl, Freiherr von Crailsheim, an den Ritterhauptmann von Rhön-Werra, Freiherr von und zu der Tann, Rügland, 8. Dezember 1796, StA Marburg, 109, Nr. 313.

208 Votum des Ritterrats von Hutten, Würzburg, 4. Januar 1797, zum Zirkularschreiben des Konsulenten Johann Heinrich Pollich an den Ortsvorstand Rhön-Werra mit dessen Voten, Schweinfurt, 28. November 1796, StA Marburg, 109, Nr. 311, Bd. 8 (Zitate ebd). Votum des Ritterrats von Hutten, Steinbach, 26. August 1799, zum Zirkularschreiben des Konsulenten Johann Heinrich Pollich an den Ortsvorstand Rhön-Werra mit dessen Voten, Schweinfurt, 31. Juli 1799, StA Marburg, 109, Nr. 319.

Es bleibt festzuhalten, dass die Gründe für den einzelnen Rittergenossen, sich der preußischen Landeshoheit zu unterwerfen, vielfach multikausal, stets aber individuell waren. Äußerer Druck, rationale Abwägung der eigenen Lage und mentale Befindlichkeiten ließen den meisten innerhalb der imaginierten Landeshoheitsgrenzen Berlins begüterten Rittergenossen aus den Kantonen Odenwald, Gebürg, Steigerwald und vor allem Altmühl keinen Ausweg offen: Sie leisteten ungeachtet der Ermahnungen ihrer Direktorien den Treueid auf Friedrich Wilhelm II.[209]. Selbst die Mehrheit des Ortsvorstandes des Viertels Altmühl bildete keine Ausnahme und stellte infolge seiner Eidesleistung die Erhebung der Rittersteuer ebenso ein wie seine Beitragszahlung an die Direktorialkasse des fränkischen Spezialdirektoriums Rhön-Werra[210]. Neben dem Ritterhauptmann des Kantons Altmühl, Freiherr von Crailsheim, leistete auch derjenige des Viertels Steigerwalds, Graf von Egloffstein, den Eid auf den preußischen König[211]. Bereits Anfang Dezember 1796 konnte Hardenberg nach Berlin melden, dass fast alle von den preußischen Landeshoheitsansprüchen betroffenen Reichsritter bereits gehuldigt hätten[212]. Mit der Eidesleistung auf Friedrich Wilhelm II. wurde das Band der Reichsunmittelbarkeit durchtrennt, welches die Rittergenossen und ihre Güter bisher an Kaiser und Reich immediat gebunden hatte.

Die Untertanen auf den von Berlins Landeshoheitshoheitsansprüchen betroffenen Rittergütern saßen – ähnlich den reichsadligen Amtleuten – zwischen allen Stühlen: Von reichsritterschaftlicher und preußischer Seite gleichermaßen mit Strafen im Fall des Ungehorsams bedroht, blieb ihnen nichts

209 Bericht Hardenbergs an das Kabinettsministerium, Ansbach, 3. Dezember 1796, GStA PK Berlin, II. HA, Abt. 36, I, Nr. 6, fol. 187 – 193, hier: fol. 187. Klageschrift von Rhön-Werra gegen Preußen zu den Beilagen 1 bis 87 zum Reichshofratsprozess, StA Marburg, 109, Nr. 312, Bd. 1. Klageschriftsnachtrag von Rhön-Werra gegen Preußen zu den Beilagen 91 bis 94 zum Reichshofratsprozess, StA Marburg, 109, Nr. 312, Bd. 2. Zu Beilage 101: Abschrift des Schreibens der Brüder Freiherr von Künsberg an den Ortsvorstand Steigerwald, Erlangen und Ermreuth, 27. September 1796, ebd. Schreiben des Ortsvorstandes Gebürg an den Ortsvorstand Rhön-Werra, Bamberg, 16. Januar 1797, StA Marburg, 109, Nr. 322.

210 Schreiben des Ortsvorstandes Rhön-Werra an den Ortsvorstand Altmühl, Schweinfurt, 21. November 1796, StA Marburg, 109, Nr. 311, Bd. 8. Nachschreiben des Ortsvorstandes Altmühl an den Ortsvorstand Rhön-Werra, o.O., 16. Juli 1796, StA Marburg, 109, Nr. 311, Bd. 7. Abschrift des Schreibens der Gebrüder C. und S. Freiherr von Crailsheim zu Fröhestockheim und Rödelsee an den Ortsvorstand Steigerwald, Mainbernheim, 15. August 1796, ebd. Klageschrift von Rhön-Werra gegen Preußen zu den Beilagen 1 bis 87 zum Reichshofratsprozess, StA Marburg, 109, Nr. 312, Bd. 1. Klageschriftsnachtrag von Rhön-Werra gegen Preußen zu den Beilagen 88 bis 90 zum Reichshofratsprozess, StA Marburg, 109, Nr. 312, Bd. 2.

211 Schreiben des Ritterhauptmanns von Altmühl, Freiherr von Crailsheim, an den Ritterhauptmann von Rhön-Werra, Freiherr von und zu der Tann, Rügland, 8. Dezember 1796, StA Marburg, 109, Nr. 313. Abschrift des Berichts der Freiherrn von Künsberg an den Ortsvorstand Gebürg, Erlangen und Ermreuth, 6. November 1796, StA Marburg, 109, Nr. 322. Promemoria des Grafen Eckbrecht von Dürckheim, Thürnhofen, 10. September 1796, HHStA Wien, RK, Reichsakten in specie, Fasz.-Nr. 50.

212 Bericht Hardenbergs an das Kabinettsministerium, Ansbach, 3. Dezember 1796, GStA PK Berlin, II. HA, Abt. 36, I, Nr. 6, fol. 187 – 193, hier: fol. 187.

anderes übrig, als sich derjenigen Seite zu beugen, die sie für die stärkere halten mochten[213]: In dieser Lage blieb den reichsritterschaftlichen Hintersassen und Schutzverwandten kein Spielraum, um einer Huldigung mit langfristigem Erfolg auszuweichen[214]. Zwar wurden mancherorts königliche Adlertafeln herausgerissen, sodass sie wie in Markt Sugenheim »in dem s[alva] v[enia] Kote lagen«. Auch versuchten nicht nur in Heroldsberg etliche junge Männer sich dem berüchtigten preußischen Kantonssystem zu entziehen, indem sie die Nummerierung ihrer Häuser boykottierten, bei der Verlesung des neuen preußischen Kantonsreglements von der Kanzel aus der Kirche flohen, sich vorübergehend in Wäldern, Scheunen und Ställen versteckten oder bei der nächsten Gelegenheit desertierten[215]. Sieht man von den angesprochenen, extremen Einzelfällen sozial motivierter Unruhen ab, kam es selbst in den größeren reichsritterschaftlichen Herrschaften zu keinem gewaltsamen Widerstand der Bevölkerung gegen die endgültige Durchsetzung der preußischen Landeshoheitsansprüche[216].

Am 16. November 1797 war König Friedrich Wilhelm II. einundfünfzigjährig seinen Leiden erlegen. Hierauf bestieg sein Sohn als Friedrich Wilhelm III. den preußischen Thron[217]. Doch die Hoffnungen all jener Rittergenossen, die auf eine Wende in der Mediatisierungspolitik Berlins zu ihren Gunsten

213 Abschrift des Freiherrlich von Seckendorffischen Amtsprotokolls, Markt Sugenheim, 12. März 1797, StA Marburg, 109, Nr. 312, Bd. 4.

214 Klageschrift von Rhön-Werra gegen Preußen zu den Beilagen 1 bis 87 zum Reichshofratsprozess, StA Marburg, 109, Nr. 312, Bd. 1. Klageschriftsnachtrag von Rhön-Werra gegen Preußen zu den Beilagen 91 bis 94 zum Reichshofratsprozess, StA Marburg, 109, Nr. 312, Bd. 2. Zu Beilage 100: Abschrift des Auszugs aus dem Gräflich Schönbornischen Amtsprotokoll, Pommersfelden, 4. Oktober 1796, ebd. Zu Beilage 101: Abschrift des Freiherrlich von Künsbergischen Amtsprotokolls, Obersteinbach, 17. Oktober 1796, ebd. Zu Beilage 101: Abschrift des Berichts des Freiherrlich von Künsbergischen Amtmanns Lucretius Heinrich Kuder an den Ortsvorstand Steigerwald, Obersteinbach, 7. Januar 1797, ebd. Zu Beilage 110: Abschrift des Schreibens der Freiherrn Hans Friedrich Franz und Friedrich Karl Ludwig Ernst von Künsberg an den Ortsvorstand Steigerwald, Erlangen und Ermreuth, 21. Januar 1797, ebd. Zu Beilage 110: Abschrift des Freiherrlich von Künsbergischen Amtsprotokolls, Obersteinbach, 6. Januar 1797, ebd.

215 Abschrift des Berichts des Amtmanns Döhlemann, Markt Heroldsberg, 6. Mai 1797, StA Marburg, 109, Nr. 311, Bd. 9. Abschrift des Reskripts der Bayreuther Kantonskommission an das Freiherrlich von Geuderische Gericht zu Heroldsberg, o.O., 23. April 1797, ebd. Abschrift des Reskripts des Bayreuther Regierungsrats Schuster an das Freiherrlich von Geuderische Gericht zu Heroldsberg, Nürnberg, 2. Mai 1797, ebd. »Die Verhältnisse u(nd) Schicksale der freyen Reichsherrschaft Mt. Sugenheim in Franken, historisch dargestellt und entwickelt«, StA Marburg, 109, Nr. 1789. Actenstücke die … bestrittene Unmittelbarkeit der reichslehenbaren Hofmark Heroldsberg I, S. 30 ff., 221 ff. i. Verb. mit *Goess*, Statistik, S. 176. *H. H. Hofmann*, Herrschaft, S. 180 (Zitat ebd.).

216 Vgl. z. B. StA Marburg, 109, Nr. 311, Bd. 1 – 5 u. Bd. 7 – 10: fortl.; StA Marburg, 109, Nr. 312, Bd. 1 – 4: fortl.; StA Marburg, 109, Nr. 313: fortl.; StA Marburg, 109, Nr. 322: fortl.; GStA PK Berlin, I. HA, Rep. 44 B, Nr. 1a: fortl.; GStA PK Berlin, II. HA, Abt. 36, I, Nr. 6: fortl.

217 *Bringmann*, Preußen, S. 699. *K. H. Lang*, Annalen, S. 23. *Weltrich*, Erinnerungen … aus den Preussischen Regierungs-Jahren, S. 42 ff.

gesetzt haben mochten, sollten schnell enttäuscht werden[218]. Zwar verlangte der neue König von Hardenberg Rechenschaft über sein allem Anschein nach als zu rücksichtslos und politisch schädlich empfundenes Vorgehen bei der Durchsetzung der preußischen Landeshoheitsansprüche[219]. Aber den neu geschaffenen Status quo war Friedrich Wilhelm III. nicht bereit aufzugeben: Obwohl die unter die Landeshoheit Berlins gezwungenen Ritter wie alle anderen preußischen Untertanen bereits seinem Vater die Erbhuldigung geleistet hatten, war ein erneuter Treueid bei einem Regierungswechsel in den deutschen Fürstentümern allgemein üblich[220]. Auch Friedrich Wilhelm III. wollte nicht auf diesen symbolträchtigen Schritt verzichten. Zu der am 6. Juli 1798 angesetzten Huldigung in Berlin wurden daher auch jeweils zwei von ihren Güter besitzenden Standesgenossen gewählte und bevollmächtigte Deputierte der Bayreuther und Ansbacher »getreuen Ritterschaft« berufen[221]. Durch die Einbeziehung der besagten ritterschaftlichen Vertreter in die Landeshuldigung wurde die Unterwerfung der in den letzten zwei Jahren unter die Landeshoheit Berlins gezwungenen Adligen nochmals rechtlich und politisch

218 Schreiben des Reichsgrafen von Degenfeld-Schonburg an den Freiherrn Eichler von Auritz, Eislingen bei Göppingen, 16. Juni 1798, GStA PK Berlin, II. HA, Abt. 36, XI, Nr. 1, fol. 104–106, hier: fol. 104 f. Protokoll des Kantons Kocher, Ulm, 16. Dezember 1797, StA Ludwigsburg, B 575 IV, Bü 353. Schreiben des Ritterhauptmanns von Rhön-Werra, Friedrich Freiherr von und zu der Tann, an König Friedrich Wilhelm III., Schweinfurt, 15. Juni 1797, StA Marburg, 109, Nr. 313. *Kretschmann*, Dienstjahre (1808), S. 60 ff. Siehe ferner Kapitel VIII.3.2. – Vgl. auch die Charakteristiken des neuen preußischen Monarchen in den Pariser Akten, die dessen Interessen vor allem im Bereich der Wirtschafts- und Finanzreformen verorten und sein Streben nach außenpolitischer Reputation betonen (Bulletin de Leiprie, 6 ventose an 6, CHAN Paris, AF III, Nr. 59, hier: Dossier 236. Bericht von Reinhard an den Minister Treilhard, Hamburg, 30. frimaire an 6, AP, Nr. 117/1, hier : Dossier IV).

219 *Stamm-Kuhlmann* (Hg.), Hardenberg, S. 335. *Ders.*, Hardenberg (2001), S. 245. *Kretschmann*, Dienstjahre (1808), S. 59 f.

220 *Häberlin*, Handbuch, S. 215 f. *Kretschmann*, Dienstjahre (1808), S. 60.

221 Publikandum Hardenbergs für die konvozierten Ansbacher Ritter, Ansbach, 3. Juni 1798, GStA PK Berlin, II. HA, Abt. 36, XI, Nr. 1, fol. 34 (Zitat ebd.). Proposition an die sieben Konvozierten der Ansbacher Ritterschaft, Ansbach, 8. Juni 1798, ebd., fol. 92. Abschrift des urkundlichen Berichts des 1. Senats der Ansbacher Regierung, Ansbach, 25. Juni 1798, ebd. Publikandum Hardenbergs für die konvozierten Bayreuther Ritter, Ansbach, 3. Juni 1798, GStA PK Berlin, II. HA, Abt. 36, XI, Nr. 7. Proposition an die sieben Konvozierten der Bayreuther Ritterschaft, Bayreuth, 11. Juni 1798, ebd. Klageschriftsnachtrag von Rhön-Werra gegen Preußen zu den Beilagen 168 bis 174 zum Reichshofratsprozess, StA Marburg, 109, Nr. 313. Schreiben des Ortsvorstands Rhön-Werra an die Ortsvorstände Odenwald, Gebürg, Steigerwald, Altmühl und Baunach, Schweinfurt, 2. Oktober 1798, ebd. Abschrift des Schreibens verschiedener Ritter des Kantons Gebürg und der vogtländischen Ritterschaft an den Ritterhauptmann des Kantons Gebürg, Freiherr Schenk von Stauffenberg, Bayreuth, 11. Juni 1798, StA Marburg, 109, Nr. 311, Bd. 10. Schreiben des Ortsvorstandes Steigerwald an den Ortsvorstand Rhön-Werra, Erlangen, 18. Juli 1798, ebd. Abschrift des Schreibens der Freiherrn von Schönfeld, Arnim, Schirnding, Oberländer, Vietinghoff, Künsberg und Dobeneck an die Gebrüder Freiherr von Künsberg, Bayreuth, 11. Juni 1798, ebd. Schreiben des Ritterhauptmanns des Kantons Altmühl, Freiherr von Crailsheim, an den Ortsvorstand Rhön-Werra, Rügland, 22. Juni 1798, ebd. *Stamm-Kuhlmann* (Hg.), Hardenberg, S. 331.

abgesichert. Dabei ist nicht allein an den beschriebenen Zusammenhang zwischen Erbhuldigung und Landsassiat in der reichsrechtlichen Theorie der Zeit zu denken. Indem die ritterschaftlichen Deputierten in das legitimitätsstiftende Ritual der Huldigung miteinbezogen wurden, sollte auch die »politische und soziale Macht« und insbesondere die Rechtmäßigkeit der Herrschaft Friedrich Wilhelms III. über die mediatisierten Adligen besonders sinnfällig zum Ausdruck gebracht und von diesen anerkannt werden. Mit dem promissorischen Treueid – als einer der ältesten ordnungsstiftenden Handlungen der »vormodernen Ritualkultur« – und den mit einer Huldigung üblicherweise einhergehenden Demutsgesten bekräftigten die Ritter nämlich auch ihre Unterordnung unter den preußischen Monarchen. Diese wurde zusätzlich abgesichert, indem die ritterschaftlichen Deputierten für sich und alle Rittergutsbesitzer in Ansbach und Bayreuth »in ihre Seelen« schworen, also ihr jenseitiges Leben als Pfand setzten. Zugleich zogen sie durch ihre bloße Teilnahme am Huldigungsakt und damit unabhängig von ihrer individuellen Haltung einen symbolischen Schlussstrich unter ihren Konflikt mit Berlin[222].

Die feierliche Ablegung des Huldigungseides auf den neuen preußischen Monarchen durch Vertreter der Ansbacher und Bayreuther Ritterschaft sowie durch den Reichsgrafen von Giech am 6. Juli 1798 markierte damit nicht nur einen formalrechtlichen, sondern auch einen symbolischen Abschluss der Mediatisierung der den fränkischen Markgrafentümern benachbarten Reichsritter[223].

Wenige Monate zuvor war auch unter die preußische Arrondierungspolitik an den Grenzen von Ansbach und Bayreuth ein faktischer Schlussstrich gezogen worden: Noch im Januar und Februar 1798 hatten preußische Exekutionstruppen das zum Kanton Gebürg kollektable, von Ansbach aber zu Lehen gehende Rittergut Ermreuth unter die preußische Militärhoheit gezwungen. Parallel dazu waren die dortigen Freiherren von Künsberg samt ihren Untertanen und Beamten zur Ablegung des Huldigungseides aufgefordert worden, zu dessen Abnahme noch Anfang März ein königlicher Kommissär erschien[224]. Doch fast zeitgleich, unter dem 27. Januar, 2. März und 25. Mai wiesen König Friedrich Wilhelm III. und das Berliner Kabinettsministerium Hardenberg an, die vollzogenen Okkupationen und Annexionen zwar aufrechtzuerhalten, aber auf weitere aufsehenerregende und gewaltsame Maß-

222 Protokoll, Ansbach, 23. Juni 1798, GStA PK Berlin, II. HA, Abt. 36, XI, Nr. 1, fol. 95–101, hier: fol. 100 f. (Zitat ebd.). *Althoff/Stollberg-Rilinger*, Spektakel, S. 15 ff. (Zitate, ebd., S. 15, 18). *Bourrée*, Rituale, S. 58 f. *Thamer*, Rituale, S. 64. *Linnemann*, Rituale, S. 68. *Althoff*, Grundvokabular, S. 150 ff. *Weller*, Ordnen, S. 200 ff. *Munzel-Everling*, Eid, Sp. 1249 f. Vgl. auch *Stollberg-Rilinger*, Reich als Lehnssystem, S. 56 u. *Dies.*, Des Kaisers alte Kleider, S. 11, 302.

223 Der Fränkische Merkur, Nr. 32, 7. August 1798, Sp. 1017 f. *Weltrich*, Erinnerungen … aus den Preussischen Regierungs-Jahren, S. 46 f.

224 Klageschrift von Rhön-Werra gegen Preußen zu den Beilagen 1 bis 37 zum Reichshofratsprozess, StA Marburg, 109, Nr. 322. Ebd.: fortl. für Januar bis März 1798.

nahmen zur Durchsetzung der preußischen Landeshoheitsansprüche zu verzichten. Hinter diesem – möglicherweise auf Betreiben des Kabinettsministers Haugwitz vollzogenen – Kurswechsel stand nicht zuletzt das Bestreben der Berliner Diplomatie, ihre Verhandlungsziele auf dem Rastatter Kongress nicht zu gefährden. Schließlich bestand die Gefahr, dass die erhofften Entschädigungen Preußens für seine linksrheinischen Gebietsverluste durch eine Aufrechnung seiner Okkupationen in Franken infragegestellt werden könnten[225]. Doch selbst in der völlig gewandelten politischen Situation des Jahres 1799 kam es nur noch zu vergleichsweise unbedeutenden Grenzkorrekturen Ansbach-Bayreuths auf Kosten immediater Rittergüter[226].

Ein königliches Patent vom 10. Dezember 1798 sollte auch der Sonderstellung Hardenbergs ein Ende bereiten: Das fränkische Landesministerium wurde aufgelöst und seine Kompetenzen in Gestalt eines neuen fränkischen Departements auf das General-Ober-Finanz-, Kriegs- und Domänen-Direktorium in Berlin übertragen. Hardenberg selbst war gezwungen, die ihm verbliebenen Zuständigkeiten für Ansbach-Bayreuth, wozu auch die Landeshoheitsangelegenheiten gehörten, nunmehr als Kabinetts- und fränkischer Provinzialminister in Berlin auszuüben[227]. Es ist bezeichnend, dass mancher Zeitgenosse die Abberufung Hardenbergs der Intrige des Vizeoberjägermeisters vom Stein zuschrieb. Schließlich war dieser nicht nur der Bruder des späteren preußischen Reformministers Heinrich Friedrich Karl vom Stein

225 *Kretschmann*, Dienstjahre (1808), S. 59 ff. *Hartung*, Hardenberg, S. 123. *H. H. Hofmann*, Herrschaft, S. 186. Vgl. auch *Stamm-Kuhlmann* (Hg.), Hardenberg, S. 335. – Zu den preußischen Mediatisierungen reichsritterschaftlicher Güter infolge des sog. Hauptlandespurifikationsvergleichs von 1802/03 zwischen München und Berlin siehe Kapitel IX.1.

226 Abschrift des Schreibens des Amtmanns Karl Albrecht Schütz zu Morstein an den Ortsvorstand Odenwald, [Morstein], 3. Juli 1799, StA Marburg, 109, Nr. 313. Schreiben des Ortsvorstandes Odenwald an den Ortsvorstand Rhön-Werra, Kochendorf, 19. Juli 1799, ebd. Abschrift des Reskripts der Kreisdirektorialverwaltung zu Crailsheim an das Freiherrlich von Crailsheimische Patrimonialgericht Elpershofen, Crailsheim, 3. Juni 1799, ebd. Abschrift des Schreibens des Freiherrlich von Crailsheimischen Amts zu Morstein an die Kreisdirektorialverwaltung zu Crailsheim, [Morstein], 29. Juni 1799, ebd. Abschrift des Reskripts der Kreisdirektorialverwaltung zu Crailsheim an die Gemeinde zu Elpershofen, Crailsheim, 3. Juni 1799, ebd. Vgl. auch: Schreiben des Ortsvorstandes Odenwald an den Ortsvorstand Rhön-Werra, Kochendorf, 3. August 1799, ebd., Abschrift des Berichts des Amtskellers des Domkapitels Würzburg in Braunspach an den Ortsvorstand Odenwald, [Braunspach], 25. Juli 1799, ebd., Abschrift des Amtsprotokolls, Braunspach, 22. Juli 1799, ebd., Abschrift eines [weiteren] Reskripts der Kreisdirektorialverwaltung zu Crailsheim, Crailsheim, 3. Juni 1799, ebd., Abschrift des Amtsprotokolls, Braunspach, 3. August 1799, ebd. u. Abschrift des Reskripts der Kreisdirektorialverwaltung zu Crailsheim an das Amt zu Braunspach, Crailsheim, 2. August 1799, ebd. – Speziell zur politischen Lage nach dem Scheitern des Rastatter Kongresses siehe Kapitel IX.1.

227 *Kretschmann*, Dienstjahre (1808), S. 63 ff. *Goess*, Statistik, S. 231 f. *K. H. Lang*, Annalen, S. 24. *Weltrich*, Erinnerungen … aus den Preussischen Regierungs-Jahren, S. 47 ff. *Thielen*, Hardenberg, S. 103 f. *Hartung*, Hardenberg, S. 141 f. – Bereits im März 1798 war Hardenberg die Leitung der Justizangelegenheiten in den fränkischen Provinzen durch den preußischen Großkanzler entzogen worden (*Hartung*, ebd., S. 123 f. *Thielen*, ebd., S. 102 f.).

(1757–1831), sondern auch Spross eines reichsritterschaftlichen Geschlechts[228].

Doch bis zu seiner Abberufung aus Ansbach-Bayreuth hatte Hardenberg die territorialpolitische Landkarte des Fränkischen Reichs- und Ritterkreises in großem Stil umgestaltet. Schon den Patentanschlag auf den immediaten Rittergütern im Spätwinter und Frühjahr 1792 hatten die königlichen Behörden vereinzelt über die Fraischbezirke des ober- und untergebürgischen Fürstentums, die traditionellen Grenzen der zollerschen Landeshoheitsansprüche, hinaus ausgedehnt und selbst vor reichsritterschaftlichen Herrschaften nicht haltgemacht, die sich selbst im Besitze des Ius centenae befanden. Auch auf immediaten Rittergütern, die von anderen Reichsständen oder dem Reich zu Lehen gingen oder Allod waren, wurden damals die Patente angeheftet[229]. Diese Tendenz setzte sich auch bei den zahlreichen Eingriffen der königlichen Behörden in reichsritterschaftliche Gerechtsame bis zum Sommer 1796 fort[230]. Entsprechend einseitig ist die an die zeitgenössische Publizistik angelehnte Behauptung der neueren Forschung, der Dirigierende Minister habe bei den abschließenden Mediatisierungen einfach »die Fraischgrenzen [...] zu Landesgrenzen erklärt« und bei zweifelhaftem Verlauf der Hochgerichtsgrenzen stets diejenigen mit der größten Ausdehnung gewählt[231].

228 *C. Meyer* (Hg.), Personen und Zustände, S. 236. *Stern*, Stein, S. 614 ff. – Speziell zum Vizeoberjägermeister vom Stein und seiner reichsritterschaftlichen Abstammung siehe: *Duchhardt*, Stein, S. 14 ff., *Hartung*, Hardenberg, S. 120, *Stamm-Kuhlmann* (Hg.), Hardenberg, S. 322 Anm. 209 u. *Godsey Jr.*, Nobles, S. 263.

229 StA Marburg, 109, Nr. 311, Bd. 1, Dok. 8–9, Dok. 19, Dok. 33, Dok. 48 u. Dok. 64. »Allerunterthänigste kurze Geschichtserzählung, die Irrungen mit den von Seiner königlichen Majestät in Preußen im Monat Jenner 1792 angetrettenen, und in Besitz genommenen fränckischen Fürstenthümern, Brandenburg-Anspach, und Bayreuth betreffend«, Bamberg, 29. Januar 1793, StA Marburg, 109, Nr. 311, Bd. 2, Dok. 104. »Actenmässige kurze Darstellung derjenigen reichsgesezwidrigen Gewaltthätigkeiten, welche die unmittelbare Reichsritterschaft in Franken seit der Abtretung der beiden fränkischen Fürstenthümer Bayreuth und Ansbach an S.[ein]e könig.[liche] Majestät von Preussen hat erfahren müssen«, [ca. Februar 1796], StA Marburg, 109, Nr. 311, Bd. 5, zu Dok. 333.

230 StA Marburg, 109, Nr. 311, Bd. 3, Dok. 151, Dok. 162–163, Dok. 166, Dok. 168, Dok. 171 u. Dok. 202. StA Marburg, 109, Nr. 311, Bd. 4, Beilagen 20 u. 22 zu Dok. 322. StA Marburg, 109, Nr. 311, Bd. 5, zu Dok. 323, zu Dok. 326, zu Dok. 333 u. zu Dok. 339. Nachschreiben von Koser, Heilbronn, 16. Januar 1794, StA Ludwigsburg, B 575 II, Bü 58.

231 *Schuhmann*, Markgrafen (1980), S. 586 (Zitat ebd.). *Ders.*, Markgraf Alexander, S. 17. *H. H. Hofmann*, Herrschaft, S. 172 f. *Ders.*, preußische Ära (1967), S. 249. *Ders.*, Neustadt-Windsheim, S. 148 f. *Ders.*, Gunzenhausen-Weißenburg, S. 187. *Ders.*, Franken, S. 4. *Seis*, Bürgertreue, S. 11. *Endres*, Zum neuen Staat, S. 54. *Ders.*, preußische Ära, S. 177 f. *Ders.*, Ära Hardenberg, S. 184. *Ders.*, Reformmodell, S. 37. *Ders.*, Staat und Gesellschaft, S. 774. *Stamm-Kuhlmann*, »Für dessen Constitution ich keine drei Kreuzer mehr gebe«, S. 75. *G. Zimmermann*, Staatlichkeit, S. 30, 61, 74. *Guttenberg/H. H. Hofmann*, Stadtsteinach, S. 107. – 1797 rückte Preußen im Laufe seiner Vergleichsverhandlungen mit dem Hochstift Bamberg, und nachdem ein erster Rezess vom Domkapitel abgelehnt worden war, ebenfalls von der »Ziehung einer LandesGränze mittelst der Fraisch« ab (Schreiben von Groß [an den Freiherrn von Albini?], o.O., 5. Juni 1797, HHStA Wien, MEA, Reichstagsakten, Nr. 719). – Gerhard Pfeiffer behauptete sogar, Hardenberg habe »nach 1792 auf Grund der fraischlichen Obrigkeit den

Zwar wies tatsächlich eine Instruktion der Ansbacher Kriegs- und Domänenkammer vom Sommer 1796 die nachgeordneten königlichen Ämter an, im Regelfall die bisherigen Fraischgrenzen nunmehr als sog. »Landesgrenze« zu behandeln[232]. Aber in der Praxis kam es zur Verquickung unterschiedlicher preußischer Gerechtsame mit geografischen Gesichtspunkten. Schließlich fielen ohnehin die räumliche Nähe eines reichsritterschaftlichen Gebietes zu den bisherigen Territorialgrenzen einerseits sowie die Fraisch und sonstige Berlin zustehende staatsrechtliche Servituten andererseits vielfach zusammen[233]. Damit soll jedoch nicht abgestritten werden, dass sowohl Berlin als auch Hardenberg Wert darauf legten, die Arrondierung Ansbach-Bayreuths auf eine reichsrechtliche Basis zu stellen – mochte diese auch noch so umstritten sein[234]. Daher konnte es geschehen, dass der Dirigierende Minister von den zum Kanton Kocher steuernden Orten und Rittergütern Deufstetten, Rech(en)berg und allem Anschein nach auch Matzenbach nur jene Anteile mediatisieren ließ, die diesseits einer 1750 zwischen Ansbach und der Fürstpropstei Ellwangen abgemarkten Linie lagen. Dass die damals gesetzten Marksteine der Reichsjustiz und dem Corpus equestre nur als »Jagdt-Steine« und vielleicht noch als »sogenannte FraischGrenzsteine«, aber nicht als Zeichen einer Landeshoheitsgrenze galten, spielte dabei für die preußischen Behörden keine Rolle[235]. In ähnlicher Weise beanspruchte im Freiherrlich von

fränkischen Reichsadel mediatisiert« (*Pfeiffer*, Studien, S. 181). – Speziell zu der angesprochenen Behauptung der preußischen Publizistik siehe Kapitel VIII.2.2.

232 »Allgemeine Instruktion für alle Aemter des untergebürgischen Fürstenthums wegen künftiger Behandlung ihres Ressorts in Hinsicht auf Polizey- Finanz- und Militair-Gewalt«, Ansbach, 18. Juli 1796, StA Nürnberg, Mfr (Abgabe 1900), KdI, Nr. 3897.

233 Siehe Kapitel IV.2.

234 Siehe Kapitel V.2, VII.1, VIII.2.1 bis VIII.2.2.

235 Nachschreiben des Ortsvorstandes Kocher an Hardenberg wegen des Ritterguts Deufstetten, Esslingen, 31. Juli 1797, StA Ludwigsburg, B 575 IV, Bü 351 (Zitat ebd.). Schreiben des Amtmanns Johann Wolfgang Gottlieb Wiedmann an den Ortsvorstand Kocher, Deufstetten, 20. Dezember 1793, StA Ludwigsburg, B 575 II, Bü 58. Protokoll der Kocherschen Ritterkanzlei mit Voten, Esslingen, 8. Januar 1794, ebd. Bericht des Amtmanns Johann Wolfgang Gottlieb Wiedmann an den Ortsvorstand Kocher, Deufstetten, 15. August 1796, ebd. Vermerk des Kassiers des Kantons Kocher, Christoph Friedrich Majer, Haunsheim, 9. August 1797, ebd. Vermerk des Kassiers des Kantons Kocher, Christoph Friedrich Majer, Haunsheim, 9. August 1797, StA Ludwigsburg, B 575 II, Bü 300. Abschrift der von Berlichingischen Deduktion über die Reichsunmittelbarkeit Rech(en)bergs, Ansbach, 8. August 1796, StA Ludwigsburg, B 575 II, Bü 373 (Zitat ebd.). – Speziell zur Matzenbacher und Rech(en)berger Fraischgrenze siehe ferner: Schreiben des Freiherrn Senfft von Soulbourg an den Ortsvorstand Kocher, Stuttgart, 14. Februar 1794, StA Ludwigsburg, B 575 II, Bü 300; Schreiben des Ortsvorstandes Kocher an die Ansbacher Regierung, o.O., mundiert am 26. Juni 1794, ebd.; Schreiben des Ortsvorstandes Kocher an den Ortsvorstand Donau, o.O., mundiert am 26. Juni 1794, ebd.; Protokoll der Kocherschen Ritterkanzlei, Esslingen, 13. Dezember 1796 ff., ebd.; Bericht des Freiherrlich von Senfftischen Amtmanns Christoph Paul Göz, Matzenbach, 19. November 1796, ebd.; Schreiben [des Ritterrats Freiherr von Berlichingen] an Kretschmann, 3. August 1796, StA Ludwigsburg, B 575 II, Bü 373; Abschrift der von Berlichingischen Deduktion über die Reichsunmittelbarkeit Rech(en)bergs, Ansbach, 8. August 1796, ebd. – Auch gegenüber den Reichsständen verzich-

Crailsheimischen Elpershofen das Fürstentum Ansbach als neue Landesgrenze nicht den Fluss Jagst als sich anbietende, natürliche Grenze, sondern ergriff darüber hinausgehend von der gesamten Ortsmarkung Besitz[236]. Aber umgekehrt entschied seit dem Sommer 1796 vielfach die Lage des einzelnen Ritterguts zum markgräflichen Kernterritorium über Reichsunmittelbarkeit oder Landsassiat[237]. Ein tendenzielles Übergewicht des geografischen Aspekts erklärt auch, warum der Dirigierende Minister seit 1796 sogar Rittergüter unterwerfen ließ, die bisher von den zollerschen Landeshoheitsansprüchen und den Eingriffen der preußischen Beamten verschont geblieben waren[238]. Selbst die fränkischen Besitzungen des württembergischen Staatsministers und Kocherschen Ritterrats – des schon vorgestellten Karl Ludwig Georg Freiherr von Wöllwarth – wurden nun von Berlin beansprucht. Dabei war ihre Reichsunmittelbarkeit nicht in grauer Vorzeit, sondern erst 1786 vertraglich anerkannt worden, und vor allem hatte Friedrich Wilhelm II. selbst dieses Abkommen 1793 bestätigt[239].

Die beständige Expansion des Ansbach-Bayreuther Kerngebiets im Laufe

tete Preußen wiederderholt auf besonders vorteilhafte Arrondierungen, wenn die vermeintliche oder reale Rechtsgrundlage völlig fehlte. Dies zeigen die Beispiele des Nürnberger Pflegamts Lichtenau und einiger Eichstätter Enklaven sowie die Fälle von Kitzingen, Sontheim und Nördlingen (Marginalien Hardenbergs auf der Abschrift des Schreibens von Kaiser Franz II. an die Kurfürsten, Wien, 7. September 1796, GStA PK Berlin, II. HA, Abt. 36, I, Nr. 6).

236 Abschrift des Schreibens des Amtmanns Karl Albrecht Schütz zu Morstein an den Ortsvorstand Odenwald, [Morstein], 3. Juli 1799, StA Marburg, 109, Nr. 313. Abschrift des Reskripts der Kreisdirektorialverwaltung zu Crailsheim an das Freiherrlich von Crailsheimische Patrimonialgericht Elpershofen, Crailsheim, 3. Juni 1799, ebd. Abschrift des Schreibens des Freiherrlich von Crailsheimischen Amts zu Morstein an die Kreisdirektorialverwaltung zu Crailsheim, [Morstein], 29. Juni 1799, ebd. Abschrift des Reskripts der Kreisdirektorialverwaltung zu Crailsheim an die Gemeinde zu Elpershofen, Crailsheim, 3. Juni 1799, ebd.

237 Abschrift des Schreibens des Ritterhauptmanns von Gebürg, Freiherr Schenk von Stauffenberg, an den Reichshofvizekanzler Fürst von Colloredo-Mansfeld, Bayreuth, 8. August 1796, StA Marburg, 109, Nr. 311, Bd. 8. Vgl. auch: Nachschreiben des Ortsvorstandes Altmühl an den Ortsvorstand Rhön-Werra, o.O., 16. Juli 1796, StA Marburg, 109, Nr. 311, Bd. 7, Schreiben des Ortsvorstandes Rhön-Werra an den Reichshofrat Franz Paul Christoph von Seckendorff, Schweinfurt, 3. Oktober 1796, ebd. u. Schreiben von Joseph Philipp von Oberkamp an den Ortsvorstand Rhön-Werra, Nürnberg, 11. Oktober 1796, ebd.

238 Schreiben des Ortsvorstandes Gebürg an den Ortsvorstand Rhön-Werra, Bamberg, 16. Oktober 1797, StA Marburg, 109, Nr. 311, Bd. 10. Klageschriftsnachtrag von Rhön-Werra gegen Preußen zu den Beilagen 95 bis 110 zum Reichshofratsprozess, StA Marburg, 109, Nr. 312, Bd. 2. Zu Beilage 101: Abschrift des Schreibens der Freiherrn Hans Friedrich Franz und Friedrich Karl Ludwig Ernst von Künsberg an den Ortsvorstand Steigerwald, Erlangen und Ermreuth, 20. Oktober 1796, ebd. Klageschrift von Rhön-Werra gegen Preußen zu den Beilagen 1 bis 37 zum Reichshofratsprozess, StA Marburg, 109, Nr. 322. Abschrift des Schreibens der Freiherrn von Künsberg an den preußischen König, Erlangen und Ermreuth, 17. September 1797, ebd.

239 Votum des Kocherschen Ritterrats Karl von Wöllwarth, Stuttgart, 16. März 1797, zum Protokoll der Kocherschen Ritterkanzlei mit Voten, Esslingen, 16. Februar 1797, StA Ludwigsburg, B 575 II, Bü 373. – Speziell zur Identifikation Wöllwarths mit dem württembergischen Minister siehe *H. Müller*, Kampf, S. 160 f. u. *Bächle*, Adelsgeschlecht, S. 136.

der Mediatisierungen mag auch erklären, warum am Ende selbst Rittergüter unter die preußische Landeshoheit gerieten, die (ursprünglich) keine Grenze mit den fränkischen Markgrafentümern teilten[240]. Ebenso mussten sich reichsritterschaftliche Besitzungen dem Zepter Friedrich Wilhelms II. beugen, die keine zollerschen Lehen waren, auf denen die Zugehörigkeit zum königlichen Fraischbezirk strittig war, die zweifelsfrei in fremder reichsständischer oder in reichsadliger Cent lagen bzw. selbst den Blutbann hergebracht hatten[241]. Für die Bedeutung des geografischen Aspekts spricht auch, dass Hardenberg bisher erhobene Landeshoheitsansprüche über Rittergüter fallen ließ, wenn es sich um in fremdem Territorium inklavierte, nicht zur Abrundung des königlichen Gebiets geeignete Besitzungen handelte. Dies galt selbst für zollersche Lehen (Feuda extra curtem). Allein ihre eventuell vorhandenen grund- und lehensherrlichen Gerechtsame inklusive der Befugnis, künftig heimfallende reichsritterschaftliche Güter aus dem Verband des Corpus equestre herauszulösen, behielt sich die preußische Krone über diese Besitzungen ausdrücklich vor[242]. Unter den nahezu gleichen Bedingungen überließ Berlin auch seinen schon zuvor der preußischen Landeshoheit unterworfenen Streubesitz außerhalb seines nun arrondierten Kernterritoriums in Franken den benachbarten Reichsgliedern, sofern es sich dabei nicht um Kondominate

240 1. Nachschreiben des Ortsvorstandes Gebürg an den Ortsvorstand Rhön-Werra, Bamberg, 28. Februar 1798, StA Marburg, 109, Nr. 322. Klageschrift von Rhön-Werra gegen Preußen zu den Beilagen 1 bis 37 zum Reichshofratsprozess, ebd. Abschrift des Schreibens der Freiherrn von Künsberg an den preußischen König, Erlangen und Ermreuth, 17. September 1797, ebd. Abschrift des Schreibens der Freiherrn von Künsberg an das Berliner Kabinettsministerium, Erlangen und Ermreuth, 9. April 1799, ebd.

241 Klageschriftsnachtrag von Rhön-Werra gegen Preußen zu den Beilagen 95 bis 110 zum Reichshofratsprozess, StA Marburg, 109, Nr. 312, Bd. 2. Beilagen u. Unterbeilagen, ebd.: fortl. für August 1796 bis Februar 1797. StA Marburg, 109, Nr. 311, Bd. 7: fortl. für Juli bis September 1796. Abschrift des Amtsprotokolls der von Egloffsteinischen Gemeinherrschaft, Bueg, 19. August 1796, StA Marburg, 109, Nr. 322. 1. Nachschreiben des Ortsvorstandes Gebürg an den Ortsvorstand Rhön-Werra, Bamberg, 28. Februar 1798, ebd. Klageschrift von Rhön-Werra gegen Preußen zu den Beilagen 1 bis 37 zum Reichshofratsprozess, ebd. Abschrift des Schreibens der Freiherrn von Künsberg an den preußischen König, Erlangen und Ermreuth, 17. September 1797, ebd. Abschrift des Schreibens der Freiherrn von Künsberg an den preußischen König, Erlangen und Ermreuth, 24. Januar 1798, ebd. Schreiben des Ortsvorstandes Steigerwald an den Ortsvorstand Rhön-Werra, Erlangen, 23. Februar 1797, StA Marburg, 109, Nr. 311, Bd. 10.

242 Entwurf der königlichen Instruktion für das fränkische Landesministerium, Berlin, [März/April 1796], GStA PK Berlin, II. HA, Abt. 36, I, Nr. 6, fol. 5–67, hier: fol. 30, 64 f. Entwurf der Instruktion an den 1. und 2. Regierungssenat zu Bayreuth über »das Benehmen gegen die Hintersaßen benachbarter Stände, welche im diesseitigen Territorium liegen, und die der fränkischen Ritterschaft«, Ansbach, 4. Juni 1796, ebd. Marginalien Hardenbergs auf der Abschrift des Schreibens von Kaiser Franz II. an die Kurfürsten, Wien, 7. September 1796, ebd. Abschrift des Handschreibens von König Friedrich Wilhelm II. von Preußen an die Kurfürsten, Berlin, 14. Februar 1797, ebd. Abschrift des Reskripts Hardenbergs an den 1. und 2. Regierungssenat zu Ansbach, Ansbach, 24. Juni 1796, BSB, Handschriftenabteilung, Franconica 2#Beibd.17, fol. 1–14, hier: fol. 9.

mit mehreren Landesherrn handelte[243]. Während beispielsweise die Reichsstadt Rothenburg von diesem Angebot Gebrauch machte und künftig die Landeshoheit sowie das Ius collectandi über die in seinem Territorium inklavierten, ursprünglich zollerschen Untertanen ausübte, verzichtete die Reichsritterschaft allem Anschein nach darauf, sich die Landesherrlichkeit über benachbarte preußische Exklaven anzueignen[244]. Damit lag sie auf einer Linie mit anderen fränkischen Kreisständen, die es ebenfalls ablehnten, die Landeshoheit über diejenigen preußischen Untertanen zu reklamieren, die jenseits der von Berlin einseitig gezogenen Territorialgrenzen lebten[245]. Dabei dürfte das Problem, die solchermaßen erworbenen Untertanen auf die geschädigten Rittergenossen aufzuteilen, noch die geringste Rolle gespielt haben. Weit schwerer musste der Gesichtspunkt wiegen, dass eine Übernahme der von Preußen angebotenen Landesherrschaft über seine verstreuten Untertanen gleichbedeutend mit der Anerkennung der Mediatisierungen Berlins gewesen wäre. Zudem stand der Gewinn, den eine Annahme des Angebots Berlins der reichsritterschaftlichen Korporation an Quadratmeilen, Einkünften und Untertanen eingebracht hätte, in keinerlei Verhältnis zu den Verlusten durch die preußischen Okkupationen.

Auch kam es mit der Reichsritterschaft nicht zu förmlichen Territorial-

243 Instruktion Hardenbergs für die untergebürgische Kriegs- und Domänenkammer wegen künftiger Behandlung ihrer Ressorts, Ansbach, 24. Juni 1796, StA Nürnberg, Mfr (Abgabe 1900), KdI, Nr. 3897. »Allgemeine Instruktion für alle Aemter des untergebürgischen Fürstenthums wegen künftiger Behandlung ihres Ressorts in Hinsicht auf Polizey- Finanz- und Militair-Gewalt«, Ansbach, 18. Juli 1796, ebd. Reskript Hardenbergs an die Ansbacher Kriegs- und Domänenkammer, Ansbach, 8. August 1796, ebd. Instruktion Hardenbergs für die obergebürgische Kriegs- und Domänenkammer wegen künftiger Behandlung ihrer Ressorts, Ansbach, 24. Juni 1796, StA Bamberg, C 7/IIa, Nr. 66. *Kretschmann*, Dienstjahre (1808), S. 26. Schreiben des Ortsvorstandes Steigerwald an den Ortsvorstand Rhön-Werra, Erlangen, 18. Juli 1798, StA Marburg, 109, Nr. 313. Rechenschaftsbericht Hardenbergs (wie Kap. I, Anm. 80), in: *C. Meyer*, Politik, S. 35–210, hier: S. 45. *Schuhmann*, Markgrafen (1980), S. 586. *H. H. Hofmann*, preußische Ära (1967), S. 248. *Hartung*, Hardenberg, S. 38. – Entsprechend nahm bereits das oben angesprochene Kantonsreglement für Ansbach-Bayreuth vom 21. März 1796 die außerhalb der neuen Landeshoheitsgrenzen Berlins lebenden königlichen Untertanen vom Zwangsdienst im preußischen Heer aus (*Hartung*, ebd., S. 38).

244 Schreiben des Ortsvorstandes Steigerwald an den Ortsvorstand Rhön-Werra, Erlangen, 18. Juli 1798, StA Marburg, 109, Nr. 313. Der Fränkische Merkur, Nr. 13, 28. März 1798, Sp. 385 f. Tableau über die Gewinne und Verluste an Feuerstellen und Menschen im Fürstentum Ansbach, Ansbach, 10. Juli 1798, GStA PK Berlin, II. HA, Abt. 36, III, Nr. 114. Tableau über die Gewinne und Verluste an Feuerstellen und Menschen im Fürstentum Bayreuth, [Juni 1798], GStA PK Berlin, II. HA, Abt. 36, III, Nr. 115.

245 Schreiben des Ortsvorstandes Steigerwald an den Ortsvorstand Rhön-Werra, Erlangen, 18. Juli 1798, StA Marburg, 109, Nr. 313. *H. H. Hofmann*, Die preußische Ära (1960/61), S. 238. *Ders.*, preußische Ära (1967), S. 249. *Hartung*, Hardenberg, S. 42. – Ein Teil der derartig von allen Seiten verschmähten königlichen Untertanen lebte vorübergehend in einem steuerfreien Raum ohne die Möglichkeit einer gerichtlichen Appellation, da eine judikative Instanz über der Ebene der preußischen Patrimonialgerichte nun fehlte (*Hartung*, ebd., S. 42. *H. H. Hofmann*, Die preußische Ära (1960/61), S. 238).

vergleichen, wie sie Preußen zwischen Juni 1796 und September 1797 mit den Neuensteiner Nebenlinien des Fürstenhauses Hohenlohe sowie den Reichsfürsten bzw. -grafen von Öttingen-Spielberg, Pappenheim, Reuß (jüngere Linie), Hohenlohe-Waldenburg-Schillingfürst und -Waldenburg-Bartenstein sowie der Reichsstadt Rothenburg ob der Tauber schloss. Diese Abkommen verschafften den betroffenen Reichsständen ein mehr oder weniger angemessenes Äquivalent für ihre Verluste[246]. Wie wenig Hardenberg inzwischen an einer einvernehmlichen Lösung der Landeshoheitsstreitigkeiten zwischen Ansbach-Bayreuth und den Reichsrittern lag, macht das Beispiel des Freiherrn von Berlichingen deutlich. Dieser hatte – wie bereits ausgeführt wurde – seit etlichen Jahren über einen derartigen Vergleich für das Rittergut Re-

246 Bericht Hardenbergs an das Kabinettsministerium, Ansbach, 30. Juni 1796, GStA PK Berlin, II. HA, Abt. 36, I, Nr. 6, fol. 79–84, hier: fol. 80 ff. Der Fränkische Merkur, Nr. 28, 10. Juli 1798, Sp. 885. Ebd., Nr. 45, 6. November 1798, Sp. 1400 ff. *Goess*, Statistik, S. 247, 252 ff. Rechenschaftsbericht Hardenbergs (wie Kap. I, Anm. 80), in: *C. Meyer*, Politik, S. 35–210, hier: S. 44 f. Ueber den Gang und die Lage der mit den Nachbarn eingeleiteten Vergleichs-Unterhandlungen, S. 65 ff. Landesvergleich zwischen dem Königlich Preußischen Fürstenthum Ansbach und der Fürstlich Hohenlohe-Neuensteinischen Line, S. 231 ff. Landesvergleich zwischen dem Königlich-Preußischen Fürstenthum Ansbach und dem Fürstlichen Hause Oettingen-Spielberg, S. 117 ff. *Klose*, Leben, S. 108. *K. H. Lang*, Annalen, S. 17. *H. H. Hofmann*, Neustadt-Windsheim, S. 152. *Süssheim*, Politik, S. 211 f. Teils unzutreffend: *Haller*, Hardenberg, S. 49. – Die ebenfalls von Hardenberg seit Sommer 1796 betriebenen Vorverhandlungen für einen Vergleich mit dem Deutschen Orden scheiterten noch binnen Jahresfrist. Sie wurden wenig später, jedoch erfolglos, wiederaufgenommen. Schuld am Scheitern der Unterhandlungen des Jahres 1796 war nicht zuletzt die ablehnende Haltung des Kölner Kurfürsten als Hoch- und Deutschmeister, der sich keinem einseitigen Diktat Berlins beugen wollte. Des Weiteren gab es Ansätze zu Vergleichsverhandlungen mit Pfalz-Bayern, dem Reichsgrafen von Schönborn, Kursachsen, Castell, Schwarzenberg, dem Fürststift Ellwangen, Sachsen-Saalfeld, mit Württemberg über Weiltingen sowie dem Hochstift Bamberg. Mit Letzterem kam es zwar zu Ansätzen einer Übereinkunft, aber zu keinem rechtsverbindlichen und umfassenden Rezess über die Landeshoheitsstreitigkeiten. Auch Hardenbergs Vergleichsangebot zur Beseitigung der Grenzdifferenzen zwischen dem Egerschen Kreis der böhmischen Krone und Bayreuth war kein Erfolg beschieden. Vergleichsverhandlungen mit dem Hochtstift Würzburg kamen angesichts der unnachgiebigen Haltung beider Konfliktparteien nicht in Gang. Mit Württemberg sollte sich Berlin 1799, mit Schwarzenberg und Pfalz-Bayern 1802/03 einigen (Bericht Hardenbergs an das Kabinettsministerium, Ansbach, 3. Dezember 1796, GStA PK Berlin, II. HA, Abt. 36, I, Nr. 6, fol. 187–193, hier: fol. 188 ff. Vortrag des Leiters der Staatskanzlei Freiherr von Thugut für den Kaiser, Wien, 14. Juni 1797, HHStA Wien, SK, Vorträge, Nr. 157. Schreiben von Groß [an den Freiherrn von Albini?], o.O., 5. Juni 1797, HHStA Wien, MEA, Reichstagsakten, Nr. 719. Abschrift des Schreibens des Fürstbischofs von Würzburg an Hardenberg, Würzburg, 9. Januar 1797, HHStA Wien, MEA, Militaria, Nr. 127. Ueber den Gang und die Lage der mit den Nachbarn eingeleiteten Vergleichs-Unterhandlungen, S. 69. Deutsche Reichs- und Staats-Zeitung, Nr. 59, 25. Juli 1797, Sp. 939 ff. *Kretschmann*, Dienstjahre (1808), S. 36 ff. Nachricht. Von den neuesten Verhandlungen und Vorschritten, S. 4 ff. *Weltrich*, Erinnerungen … aus den Preussischen Regierungs-Jahren, S. 41. *Guttenberg/H. H. Hofmann*, Stadtsteinach, S. 108. *H. H. Hofmann*, Neustadt-Windsheim, S. 151 ff. *Ders.*, Staat des Deutschmeisters, S. 333 f. *Seis*, Bürgertreue, S. 14 ff. *Süssheim*, ebd., S. 207 ff. *Rumpel*, Streit, S. 370 f. *Link*, Reichspolitik, S. 116, 262 f. *Schuh*, Zugriff, S. 301).

ch(en)berg verhandelt[247]. Auf seinen Antrag vom August 1796, die Verhandlungen über einen Rezess zu Ende zu führen, erhielt Berlichingen nicht einmal mehr eine Antwort des Dirigierenden Ministers[248]. Auch einem Vergleichsangebot des Kantons an der Altmühl war nicht mehr Erfolg beschieden[249].

Zu den reichsritterschaftlichen Verlusten infolge der preußischen Mediatisierungen der Jahre 1796/98 zu rechnen sind auch jene Fälle, in denen der Doppelcharakter des Corpus equestre als Personen- und Güterverband nicht zur Deckung kam. Konkret ging es um jene Herrschaftsträger, die zwar für ihre Person in die Reichsritterschaft rezipiert waren, aber an Berlin vor allem immediate, nicht in die Kantonskassen steuernde Besitzungen verloren. Zu dieser Gruppe gehörten u. a. der Freiherr von Reitzenstein für die ehemals von Sparneckischen Reichslehen sowie der Reichsgraf von Giech für seinen sog. Hoheitsbezirk auf den nicht zu Gebürg kollektablen Rittergütern Peesen und Oberwenzau[250].

247 Siehe Kapitel V.4.1.

248 Abschrift der von Berlichingischen Deduktion über die Reichsunmittelbarkeit Rech(en)bergs, Ansbach, 8. August 1796, StA Ludwigsburg, B 575 II, Bü 373. Schreiben des Ritterrats Freiherr von Berlichingen an den Ortsvorstand Kocher, Ansbach, 12. Oktober 1796, ebd. Schreiben des Ritterrats Freiherr von Berlichingen an den Ortsvorstand Kocher, Heilbronn, 22. Januar 1797, ebd.

249 Schreiben des Ritterhauptmanns von Altmühl, Freiherr von Crailsheim, an den Ritterhauptmann von Rhön-Werra, Freiherr von und zu der Tann, Rügland, 8. Dezember 1796, StA Marburg, 109, Nr. 313.

250 Entwurf der königlichen Instruktion für das fränkische Landesministerium, Berlin, [März/April 1796], GStA PK Berlin, II. HA, Abt. 36, I, Nr. 6, fol. 5–67, hier: fol. 31, 40. Entwurf der Instruktion an den 1. und 2. Regierungssenat zu Bayreuth über »das Benehmen gegen die Hintersaßen benachbarter Stände, welche im diesseitigen Territorium liegen, und die der fränkischen Ritterschaft«, Ansbach, 4. Juni 1796, ebd. Bericht Hardenbergs an das Kabinettsministerium, Ansbach, 3. Dezember 1796, ebd., fol. 187–193, hier: fol. 188. – Speziell zur Rechtsstellung der Reitzensteinischen bzw. Sparneckischen Reichslehen der Freiherrn von Reitzenstein und des sog. Hoheitsbezirks der Reichsgrafen von Giech siehe Kapitel IV.2 und VI.2. – Mit dem Reichsgrafen von Giech, dessen sog. Hoheitsbezirk um Thurnau und Peesen Anfang Juli 1796 der königlichen Landeshoheit unterworfen wurde, kam es sogar zu Verhandlungen, die in die Unterzeichnung der sog. königlichen Assekurranzakte vom 10. November 1796 mündeten. Diese versprach dem Reichsgrafen nicht nur den königlichen Schutz vor sämtlichen reichsritterschaftlichen und kaiserlichen Ansprüchen. Dem Haus Giech wurden zudem alle bisherigen Einkünfte sowie verschiedene über die Zugeständnisse an andere unterworfene reichsritterschaftliche Geschlechter hinausgehende Vorrechte innerhalb der Grenzen des 1699 abgemarkten Thurnauer Landeshoheits- und Fraischdistrikts zugestanden, soweit dieser in den neuen Bayreuther Grenzen inklaviert war. Auf diese Weise räumte Berlin dem Reichsgrafen von Giech faktisch ein Herrschaftsgebiet »in Gestalt eines Territorii subalterni sive subordinati« ein, auch wenn dieses bewusst nicht so genannt werden durfte. Dort stand künftig dem Reichsgrafen beispielsweise die Gerichtsbarkeit in Streitsachen seiner bisherigen Untertanen nicht nur in erster, sondern auch in zweiter Instanz zu. Auch sollte er neben dem Prälaten des Klosters Langheim die Funktion des ersten Landstandes des obergebürgischen Fürstentums bekleiden (GStA PK Berlin, II. HA, Abt. 36, I, Nr. 364, fol. 1–62: fortl. »Gegenstände der Uebereinkunft oder des neuen Rezesses«, GStA PK Berlin, II. HA, Abt. 36, I, Nr. 364, fol. 38–39, hier: fol. 38 (Zitat ebd.). Bericht Hardenbergs an das Kabinettsministerium, Ansbach, 3. Dezember 1796, GStA PK Berlin, II. HA, Abt. 36, I, Nr. 6,

Insgesamt war das Ergebnis der vom Corpus equestre als »grenzenlose[s] Ausründungs-System« und »Usurpationssucht« geziehenen Arrondierungspolitik Berlins vor allem für die Reichsritterschaft Frankens verheerend[251]: Kurz bevor Preußen seine Okkupationen einstellte, hatte nach den stets unvollständigen und daher mit Vorsicht zu beurteilenden reichsritterschaftlichen Angaben der Kanton Odenwald mit 22 geschlossenen und Anteilen an 49 vermischten Orten rund ein Viertel seines Besitzes verloren. Gebürg soll mit 46 Dörfern ein Drittel bis ein Viertel und Steigerwald mit 19 Ortschaften ein Viertel bis ein Fünftel seines Umfangs eingebüßt haben. Andere Angaben, nach denen der Ritterort Odenwald ein Fünftel oder ein Sechstel und Steigerwald ein Achtel ihrer immatrikulierten Güter eingebüßt hätten, dürften eher zu niedrig gegriffen sein. Der Kanton an der Altmühl war mit 70 Dörfern einschließlich der Wilhermsdorfer Kanzlei fast vollständig mediatisiert worden. Aber entgegen der einhelligen Meinung der Forschung hatte er nicht vollständig aufgehört zu existieren. Vielmehr nahm das Direktorium Alt-

fol. 187–193, hier: fol. 188 f. Der Fränkische Merkur, Nr. 45, 6. November 1798, Sp. 1405 f. *Weltrich*, Erinnerungen … aus den Preussischen Regierungs-Jahren, S. 29. Teils unzutreffend: *H. H. Hofmann*, Herrschaft, S. 196).

251 Klageschriftsnachtrag von Rhön-Werra gegen Preußen zu den Beilagen 91 bis 94 zum Reichshofratsprozess, StA Marburg, 109, Nr. 312, Bd. 2 (Zitat ebd.). Zu Beilage 101: Abschrift des Schreibens der Freiherrn Hans Friedrich Franz und Friedrich Karl Ludwig Ernst von Künsberg an den Ortsvorstand Steigerwald, Erlangen und Ermreuth, 20. Oktober 1796, ebd. (Zitat ebd.). Siehe auch *Stetten*, Rechtsstellung, S. 35 ff., 111. – Die pauschalen Angaben der Forschung, die preußischen Arrondierungen auf Kosten der benachbarten Reichsritter und Kreisstände hätten das Gebiet Ansbach-Bayreuths um rund ein Drittel vergrößert sowie 113.000 oder gar 160.000 neue Untertanen und 200.000 fl. an zusätzlichen Einkünften im Jahr erbracht, helfen hier wenig weiter, da sie nicht hinsichtlichtlich des Corpus equestre differenzieren. Die besagten Angaben stützen sich teilweise auf Hardenbergs Rechenschaftsbericht von 1797, der von 146.568 neu hinzugewonnenen sog. »mittelbaren Untertanen« spricht (*Stamm-Kuhlmann*, »Für dessen Constitution ich keine drei Kreuzer mehr gebe«, S. 76. *Seis*, Bürgertreue, S. 11. *Endres*, Zum neuen Staat, S. 54. *Ders.*, preußische Ära, S. 181. *Ders.*, Ära Hardenberg, S. 186 f. *Ders.*, Reformmodell, S. 40. *Ders.*, Staat und Gesellschaft, S. 776. *Süssheim*, Politik, S. 214 f. *Hofmeister-Hunger*, Pressepolitik, S. 42 f. Rechenschaftsbericht Hardenbergs (wie Kap. I, Anm. 80), in: *C. Meyer*, Politik, S. 35–210, hier: S. 47 f., 185). – Kretschmann bezifferte den finanziellen Gewinn Berlins durch die Unterwerfung der Ansbach-Bayreuth benachbarten reichsritterschaftlichen und kreisständischen Gebiete rückblickend auf eine halbe Million fl. im Jahr (*Kretschmann*, Dienstjahre (1808), S. 35 f). Klüber, der wie kein anderer der in die Mediatisierungen Berlins involvierten Beamten mit den Verhältnissen der Reichsritterschaft vertraut war, schätzte den Gesamtverlust der von Ansbach-Bayreuth bis 1798 okkupierten reichsständischen und reichsritterschaftlichen Besitzungen auf 55 Quadratmeilen und 150.000 Einwohner (Später ergänzte Notiz Klübers zu seinem «Vortrag in der Berliner Conferenz, im März 1796«, GLA Karlsruhe, N Klüber, Fasz. 229). Letztere Angabe stimmt mit den angeblichen, jedoch wahrscheinlich nur falsch zitierten Zahlen aus Schirachs »Politischem Journal« überein. »Der Fränkische Merkur« und Weltrich veranschlagten den Zugewinn Ansbach-Bayreuths auf Kosten der benachbarten reichsritterschaftlichen und reichsständischen Gebiete auf 26.446 Seelen und 302.869 fl. (Der Fränkische Merkur, Nr. 40, 2. Oktober 1798, Sp. 1267, 1267 Anm. *. *Weltrich*, Erinnerungen … aus den Preussischen Regierungs-Jahren, S. 40).

mühls bzw. dessen Ritterhauptmann, ungeachtet seiner Unterwerfung unter die preußische Landeshoheit, weiter an Beratungen des fränkischen Ritterkreises teil, die seine Interessen berührten. An der Mediatisierung des Kantons bis auf eine Handvoll Güter und Dörfer konnte dies natürlich nichts ändern[252]. Insgesamt verlor der fränkische Ritterkreis ein Drittel bis ein Viertel seiner immediaten Güter durch die Mediatisierungen Berlins[253]. Im Süden bzw.

252 Klageschrift von Rhön-Werra gegen Preußen zu den Beilagen 1 bis 87 zum Reichshofratsprozess, StA Marburg, 109, Nr. 312, Bd. 1. Neue Vertheidigung I, S. 170, 184, 184 Anm. 286, 199. Schreiben des Ortsvorstandes Gebürg an den Ortsvorstand Rhön-Werra, Bamberg, 18. Januar 1797, StA Marburg, 109, Nr. 322. Zusammenstellung der unterworfenen Güter und Untertanen des Kantons Gebürg, ebd. Schreiben des Konsulenten des Kantons Rhön-Werra, Johann Heinrich Pollich, an den Konsulenten des Kantons Kocher, Schweinfurt, 21. Februar 1797, StA Ludwigsburg, B 575 IV, Bü 352. Statistische Tabellen über die Brandenburgschen Ein- und Umgriffe, StA Ludwigsburg, B 575 IV, Bü 354, hier: Tabelle XII. Note Gemmingens, Rastatt, expediert am 6. Juni 1798, StA Ludwigsburg, B 91a, Bü 6. »Specifique der von den König(lich) Preußischen Regierungen Anspach und Bareuth [sic] sich gewaltsam erlaubten Occupationen in den RitterCantonen Odenwald, Gebürg[,] Steigerwald und Altmühl des fränkischen sodann Kocher des Schwäbischen RitterKreises«, ebd. Schreiben des Ortsvorstandes Rhön-Werra an den Altmühler Ritterhauptmann Freiherr von Crailsheim, Schweinfurt, 6. Dezember 1799, StA Marburg, 109, Nr. 946. Was für Maasregeln hat wohl die Reichsritterschaft in Franken und Schwaben itzt zu ergreifen?, S. 23 f. Abschrift des Schreibens des Ritterhauptmanns von Altmühl, Freiherr von Crailsheim, an den Odenwalder Ritterhauptmann Freiherr von Gemmingen zu Rastatt, o.O., 10. Januar 1798 inkl. der Beilagen A-B, StA Marburg, 109, Nr. 313. Ebd.: fortl. für Juni bis Juli 1798 sowie für Oktober 1798. Schreiben des Ortsvorstandes Rhön-Werra an den Reichshofvizekanzler Fürst von Colloredo-Mansfeld, Schweinfurt, 30. Januar 1797, StA Marburg, 109, Nr. 311, Bd. 10. Nachschreiben des Ortsvorstandes Rhön-Werra an die Ortsvorstände Odenwald, Gebürg, Steigerwald und Baunach, o.O., 3. Februar 1797, ebd. Schreiben des Ortsvorstandes Steigerwald an den Ortsvorstand Rhön-Werra, Erlangen, 4. Oktober 1797, StA Marburg, 109, Nr. 1326. Schreiben des Ortsvorstandes Gebürg an den Ortsvorstand Rhön-Werra, Bamberg, 29. Dezember 1797, ebd. – Speziell zu den fortgesetzten Aktivitäten des Altmühler Ortsvorstandes siehe beispielsweise: Abschrift des Schreibens des Ortsvorstandes Altmühl an den Ortsvorstand Steigerwald, Rügland, 18. Mai 1800, StA Marburg, 109, Nr. 61, 2. Nachschreiben des Ortsvorstandes Steigerwald an den Ortsvorstand Rhön-Werra, Nürnberg, 19. Juni 1800, ebd. u. Abschrift des Schreibens des Ortsvorstandes Baunach an den Ortsvorstand Steigerwald, Nürnberg, 14. August 1802, ebd. – Allein die dem Kanton an der Altmühl immatrikulierten Rittergüter Neuhaus, Thann, Kauendorf, Weisendorf, Buch und Neuenbürg konnten sich Anfang 1798 noch ihrer Reichsunmittelbarkeit erfreuen (»Anmerkung« der Ritterkanzlei von Rhön-Werra, Schweinfurt, 18. Januar 1797, StA Marburg, 109, Nr. 313. Schreiben des Ritterhauptmanns von Altmühl, Freiherr von Crailsheim, an den Odenwalder Ritterhauptmann Freiherr von Gemmingen zu Rastatt, Rügland, 10. Januar 1798, StA Ludwigsburg, B 91a, Bü 4. Schreiben des Altmühler Ortskonsulenten J. L. Hußen an den Ortskonsulenten von Rhön-Werra, Pollich, Wilhermsdorf, 6. Dezember 1796, StA Marburg, 109, Nr. 312, Bd. 3). – Speziell zur Forschungsmeinung über die vollständige Vernichtung des Kantons an der Altmühl siehe: *Haussherr*, Hardenberg I, S. 210. *H. Müller*, Kampf, S. 69. *Sörgel*, Ritterkanton, S. 86. *Süssheim*, Politik, S. 215.

253 Abschrift des Memoires des Odenwalder Ritterhauptmanns an Graf Cobenzl, [Rastatt, März 1798], HHStA Wien, SK, Friedensakten, Nr. 92. Schreiben des Konsulenten des Kantons Rhön-Werra, Johann Heinrich Pollich, an den Konsulenten des Kantons Kocher, Schweinfurt, 21. Februar 1797, StA Ludwigsburg, B 575 IV, Bü 352. Schreiben des Ortsvorstandes Rhön-Werra an das kurfürstliche Ministerium in Hannover, Schweinfurt, 13. März 1797, StA Mar-

Südwesten des Markgrafentums Ansbach hatten die preußischen Arrondierungen zudem den schwäbischen Ritterkreis in Mitleidenschaft gezogen, dessen Kanton Kocher fünf Orte einbüßte[254].

Allein der fränkische Ritterkreis hatte – nach unvollständigen reichsritterschaftlichen Angaben – mehr als 9.721 Untertanen verloren, was über 36,75 % der Mediatisierungsgewinne Berlins in Franken entsprach[255]. Eine auf parteiischen Quellen beruhende und mutmaßlich fehlerhafte Statistik des Jahres 1801 bezifferte sogar die Einbußen der fränkischen Kantone auf nahezu das Fünffache, nämlich auf 9.731 Haushaltungen mit 48.655 Personen. Dies wären 34,2 % von angeblich 142.217 unter die preußische Krone gezwungenen reichsritterschaftlichen und kreisständischen Untertanen in Franken gewesen[256]. Die preußischen Behörden verzeichneten allein für das Markgrafentum Ansbach einen Zuwachs von 14.531 Untertanen des fränkischen und von 1.055 Hintersassen des schwäbischen Ritterkreises[257]. Für das Fürstentum Bayreuth errechneten die königlichen Beamten einen Zugewinn von 12.874 vormals

burg, 109, Nr. 311, Bd. 10. Abschrift des Schreibens des Ortsvorstandes Rhön-Werra an das kurfürstliche Ministerium in Dresden, Schweinfurt, 23. März 1797, ebd. Neue Vertheidigung II, S. 214. Statistische Tabellen über die Brandenburgschen Ein- und Umgriffe, StA Ludwigsburg, B 575 IV, Bü 354, hier: Tabelle XII.

254 Neue Vertheidigung I, S. 199, 199 Anm. 298. Statistische Tabellen über die Brandenburgschen Ein- und Umgriffe, StA Ludwigsburg, B 575 IV, Bü 354, hier: Tabelle XII. – Kocher verlor das Rittergut Rech(en)berg des Ritterrats Ernst Ludwig Freiherr von Berlichingen, des Grafen Gustav Christoph von Degenfeld-Schonburg und des Heinrich Wilhelm Freiherr von Wöllwarth bzw. ihrer Frauen sowie die Orte und Besitzungen zu Matzenbach des Odenwalder Ritterrats von Senfft, zu Wildenstein des Freiherrn Hofer von Lobenstein sowie zu Deufstetten, das sich im Besitz der minderjährigen Enkel des preußischen Ministers Freiherr von Pfeil aus dem Geschlecht der Freiherrn von Seckendorff befand. Außerdem büßte Kocher das an die Fürstpropstei Ellwangen alienierte aber weiterhin zur Rittertruhe kollektable Stimpfach ein (StA Ludwigsburg, B 575 IV, Bü 351: fortl. für April/Juni bis Juli 1797. Protokoll der Kocherschen Ritterkanzlei mit Voten, Esslingen, 7. August 1797, StA Ludwigsburg, B 575 IV, Bü 353. Rezipisse der Kocherschen Ritterkanzlei für den Ritterrat von Senfft, Esslingen, 8. Juni 1797, StA Ludwigsburg, B 575 II, Bü 300. Schreiben [des Ritterrats Freiherr von Berlichingen] an Kretschmann, 3. August 1796, StA Ludwigsburg, B 575 II, Bü 373. Votum des Ritterhauptmanns Graf von Adelmann, Ellwangen, 28. Januar 1797, zum Protokoll der Kocherschen Ritterkanzlei mit Voten, Esslingen, 17. Januar 179[7], ebd.).

255 Abschrift der Note des Odenwalder Ritterhauptmanns Freiherr von Gemmingen, [Rastatt, 8. Juni 1798], HStA Stuttgart, B 579, Bü 24. Schreiben des Ortsvorstandes Baunach an den Ortsvorstand Rhön-Werra, Nürnberg, 5. Oktober 1798, StA Marburg, 109, Nr. 313. Neue Vertheidigung I, S. 199 f. Übersicht über die preußischen Okkupationen in Franken, in: Beylagen zur neuen Vertheidigung, Nr. 26, S. 98.

256 Statistische Tabellen über die Brandenburgschen Ein- und Umgriffe, StA Ludwigsburg, B 575 IV, Bü 354, hier: Vorrede. – Die besagte Statistik von 1801 setzte allem Anschein nach die Zahlenangaben für einzelne unterworfene Untertanen mit der ganzer Hausgemeinschaften oder Feuerstellen gleich (vgl. Übersicht über die preußischen Okkupationen in Franken, in: Beylagen zur neuen Vertheidigung, Nr. 26, S. 98 mit Statistische Tabellen über die Brandenburgschen Ein- und Umgriffe, StA Ludwigsburg, B 575 IV, Bü 354, fortl.).

257 Tableau über die Gewinne und Verluste an Feuerstellen und Menschen im Fürstentum Ansbach, Ansbach, 10. Juli 1798, GStA PK Berlin, II. HA, Abt. 36, III, Nr. 114.

reichsritterschaftlichen Untertanen[258]. Setzt man diese unterschiedlichen Angaben in Relation zur Anzahl der sog. unmittelbaren, also 1791/92 der zollerschen Landeshoheit unterworfenen Untertanen Ansbach-Bayreuths, dann wuchsen die fränkischen Markgrafentümer bei einer Ausgangszahl von etwa 270.000 Seelen im Jahre 1787 durch die Annexion der reichsritterschaftlichen Herrschaften um rund 3,6 % oder sogar um 18 %. Wie gewaltig der Aderlass war, den das Corpus equestre durch die preußischen Okkupationen erlitt, zeigt auch ein Vergleich mit den Einbußen, die das Hochstift Bamberg durch die Mediatisierungen Berlins hinnehmen musste. Dieses verlor neben seinem Anteil an der sog. Dreiherrschaft über die gut 20.000 Einwohner des Marktes und Amtes Fürth weitere 664 Untertanen oder Haushalte – insgesamt keine größeren Verluste als sie die im Verhältnis viel kleinere, reichsritterschaftliche Genossenschaft in Franken verkraften musste[259].

Die finanziellen Verluste der fünf betroffenen fränkischen und schwäbischen Kantone wurden noch vor dem endgültigen Abschluss der Mediatisierungen Berlins bei zehn zugrunde gelegten Steuersimpla per annum auf 90.000 bis über 100.000 fl. an jährlichen Steuereinkünften geschätzt. Dies hätte bei einer angenommenen Abgabenquote von 2 % einem besteuerbaren Kapital von gut fünf Millionen fl. entsprochen. Hinzu kamen all jene Einkünfte der einzelnen Rittergenossen, die zwar keine Rittersteuern waren, jedoch von Berlin ebenfalls für die königlichen Kassen beansprucht wurden[260]. Im Ver-

258 Tableau über die Gewinne und Verluste an Feuerstellen und Menschen im Fürstentum Bayreuth, [Juni 1798], GStA PK Berlin, II. HA, Abt. 36, III, Nr. 115. – Nicht mitinbegriffen in die Zugewinne des obergebürgischen Fürstentums durch reichsritterschaftliche Untertanen waren jene durch Herrschaftsunterworfene des Reichsgrafen von Giech. Die Anzahl Letzterer wurde mit 3407 Seelen veranschlagt, während für die ebenfalls separat erfassten okkupierten Reitzensteinischen Reichslehen 630 Hintersassen berechnet wurden (Tableau über die Gewinne und Verluste an Feuerstellen und Menschen im Fürstentum Bayreuth, [Juni 1798], ebd.).

259 Note zu der Tabelle von der Uebersicht der Unterthanen, Besizzungen und jährlichen Einkünfte, hier: Tabelle ad S. 334, S. 335 f. Statistische Tabellen über die Brandenburgschen Ein- und Umgriffe, StA Ludwigsburg, B 575 IV, Bü 354, hier: Vorrede und Tabelle I.

260 Neue Vertheidigung I, S. 199, 199 Anm. 298. Übersicht über die preußischen Okkupationen in Franken, in: Beylagen zur neuen Vertheidigung, Nr. 26, S. 98. Der Fränkische Merkur, Nr. 40, 2. Oktober 1798, Sp. 1266 f. Statistische Tabellen über die Brandenburgschen Ein- und Umgriffe, StA Ludwigsburg, B 575 IV, Bü 354, hier: Tabelle XII. Abschrift der Note des Odenwalder Ritterhauptmanns Freiherr von Gemmingen, [Rastatt, 8. Juni 1798], HStA Stuttgart, B 579, Bü 24. Schreiben des Ortsvorstandes Baunach an den Ortsvorstand Rhön-Werra, Nürnberg, 5. Oktober 1798, StA Marburg, 109, Nr. 313. Vgl. auch »Summarische Darstellung der Wichtigkeit des durch die Erweiterung der Landeshoheit des itzt königlich-preußischen Fürstenthums Culmbach-Bayreuth dem reichsunmittelbaren Ritterorte Gebirg in Beziehung auf reichsoberhaupt- Ritterort- und gutsherrschaftliche [sic] Rechte und Einkünfte zur Zeit verursachten Nachtheils«, [ca. Juli 1798], StA Marburg, 109, Nr. 313, Abschrift des Schreibens des Ritterhauptmanns von Altmühl, Freiherr von Crailsheim, an den Odenwalder Ritterhauptmann Freiherr von Gemmingen zu Rastatt, o.O., 10. Januar 1798 inkl. der Beilagen A u. C, ebd. u. 246. Bericht der kaiserlichen Plenipotenz in Rastatt, Reichsgraf von Metternich-Winneburg, an den Reichshofvizekanzler Fürst von Colloredo-Mansfeld, Rastatt, 8. August 1798, HHStA

gleich mit den von Hardenberg zu Beginn des Jahres 1792 für Ansbach und Bayreuth veranschlagten jährlichen Landeseinnahmen von 2.087.895 fl. hätten die Mediatisierungen reichsritterschaftlicher Gebiete die Einkünfte der Markgrafentümer gegenüber der Zeit Karl Alexanders allein durch die Einziehung der ehemaligen Rittersteuern mindestens um 4,8 % gesteigert[261] – eine Rechnung, die freilich hinkt, da sie die wachsenden Einnahmen Berlins aus den fränkischen Provinzen in den Grenzen von 1791/92 nicht berücksichtigt[262]. Vor allem in Franken bedeuteten die preußischen Mediatisierungen für die Kantonskassen und damit die reichsritterschaftlichen Hintersassen zusätzliche Belastungen: Sie mussten nun die auf der jeweiligen Rittertruhe lastenden Schulden und teils auch die gewaltigen Kriegslasten für die unterworfenen Rittergüter mittragen[263].

Wenn eine anlässlich des Friedens von Lunéville gedruckte Aufstellung versuchte den Nachweis zu führen, dass die preußischen Okkupationen und Mediatisierungen an den Grenzen Ansbach-Bayreuths weit umfänglicher gewesen seien, als die territorialen Verluste Berlins durch die Abtretung des linken Rheinufers an Frankreich, dann hatte sie nicht ganz Unrecht[264]. Zwar lassen sich aufgrund der unterschiedlichen und unvollständigen Berechnungsgrundlagen sowie der Parteilichkeit der einschlägigen Quellen keine zuverlässigen Relationen zu den transrhenanischen Annexionen Frankreichs ermitteln. Aber es lässt sich dennoch konstatieren, dass die Verluste der Reichsritterschaft durch die Mediatisierungen Ansbach-Bayreuths denjenigen der linksrheinischen Kantone kaum nachstanden und nach einigen Angaben sogar übertroffen haben sollen[265].

Wien, RK, Reichskrieg gegen Frankreich, Fasz.-Nr. 68a. – Bei sechs Steuersimpla im Jahr bedeutete allein der Verlust der fünf zum Kanton Kocher kollektablen Rittergüter für dessen Rittertruhe eine jährliche Einbuße von 1091 fl. und 42 Kr. (Rechnungsextrakt des Kocherschen Kassiers Wiedersheim, o.O., 17. März 1797, StA Ludwigsburg, B 575 IV, Bü 351).

261 »Versuch eines ohngefähren Abrisses...« (wie Kap. II, Anm. 91), GStA PK Berlin, I. HA, Rep. 94, IV, Ac, Nr. 2, S. 1–149, hier: S. 132.

262 Zur besagten allgemeinen Steigerung der Einnahmen in Ansbach-Bayreuth siehe z.B. Rechenschaftsbericht Hardenbergs (wie Kap. I, Anm. 80), in: *C. Meyer*, Politik, S. 35–210, hier: S. 207 ff.; *Bringmann*, Preußen, S. 323; *Endres*, Zum neuen Staat, S. 56 f. *Ders.*, preußische Ära, S. 185; *Ders.*, Ära Hardenberg, S. 190 f; *Ders.*, Reformmodell, S. 44.

263 Klageschrift von Rhön-Werra gegen Preußen zu den Beilagen 1 bis 87 zum Reichshofratsprozess, StA Marburg, 109, Nr. 312, Bd. 1. Klageschriftsnachtrag von Rhön-Werra gegen Preußen zu den Beilagen 91 bis 94 zum Reichshofratsprozess, StA Marburg, 109, Nr. 312, Bd. 2. 6. Nachschreiben des Ortsvorstands Steigerwald an den Ortsvorstand Rhön-Werra, Erlangen, 17. Januar 1797, ebd. – Speziell zum Ausmaß der wirtschaftlichen Belastungen der reichsritterschaftlichen Kantone durch den Reichskrieg siehe Kapitel III.2.1.

264 59. Bericht eines reichsritterschaftlichen Reichstagskorrespondenten, Regensburg, 30. Dezember 1801, StA Ludwigsburg, B 575 IV, Bü 353. Statistische Tabellen über die Brandenburgschen Ein- und Umgriffe, StA Ludwigsburg, B 575 IV, Bü 354, fortl., inbes. aber die Vorrede.

265 Bericht des reichsritterschaftlichen Konsulenten Dr. Gromayer an den Ortsvorstand Donau, Rastatt, 21. Juni 1798, HStA Stuttgart, B 572 Au, Bü 1147. Abschrift des Memoires des Oden-

Für die bisher unmittelbaren Reichsritter und ihre Untertanen brachten die Jahre 1796 bis 1798 all jene »Kontingenzerfahrungen«, die dem Großteil der deutschen Bevölkerung noch bevorstanden: Auflösung tradierter Loyalitäts- und Abhängigkeitsverhältnisse, der wachsende Druck einer vorangetrieben Herrschaftsintensivierung und die Zerstörung von Lebenswelten sowie von sozialen und rechtlichen Beziehungen mit ihren petrifizierenden und stabilisierenden Wirkungen[266].

Das bereits angesprochene weitgehende Ausbleiben aktiven Widerstandes in den reichsritterschaftlichen Gebieten gegen die Übergriffe der preußischen Beamten und Husaren sollte nicht dazu verleiten, die mit der Mediatisierung einhergehenden Umwälzungen für den gemeinen Mann zu unterschätzen: Die Auseinandersetzung um die reichsritterschaftliche Unmittelbarkeit war seit 1792/93 primär auf seinem Rücken ausgetragen worden. Nach dem Abschluss der preußischen Arrondierungen konnten die ritterschaftlichen Hintersassen sich Ruhe und klare Herrschaftsverhältnisse anstelle widerstreitender Befehle und gegen sie gerichteter Sanktionen der Konfliktparteien erhoffen[267]. Darüber, ob die bisher reichsritterschaftlichen Untertanen auch eine höhere Steuer- und Abgabenlast als zuvor zu schultern hatten, lässt sich keine allgemeingültige Aussage treffen. Die Berlin feindlich gesonnene Publizistik zeigte sich fest überzeugt, dass die ehemals reichsständischen und -ritterschaftlichen Untertanen der fränkischen Markgrafentümer eine weitaus höhere Steuerlast tragen mussten, als unter ihren alten Herrschaften. Die dabei geäußerten Schätzungen reichten bis zu einer steuerlichen Mehrbelastung von völlig unrealistischen 200 bis 400 %[268]. Auch manches Amtsprotokoll und mancher Rittergenosse wussten von einer dem königlichen Patent vom 25. Juli 1796 widersprechenden zusätzlichen Steuerlast der bisher reichsritterschaftlichen Untertanen zu berichten[269]. Sicher ist, dass einerseits alte Belastungen unter der preußischen Herrschaft fortfielen, aber andererseits die neuen Landeskinder verschiedene, bisher unbekannte finanzielle Leistungen übernehmen mussten. Zu diesen gehörten beispielsweise die Servisgelder als Ersatz für die Einquartierung der königlichen Truppen. Diese Zahlungen galten offiziell nicht als Steuern. Zudem war die Scheidung zwischen nunmehr

walder Ritterhauptmanns an Graf Cobenzl, [Rastatt, März 1798], HHStA Wien, SK, Friedensakten, Nr. 92. 230. Bericht der kaiserlichen Plenipotenz in Rastatt, Reichsgraf von Metternich-Winneburg, an den Reichshofvizekanzler Fürst von Colloredo-Mansfeld, Rastatt, 16. Juli 1798, HHStA Wien, RK, Reichskrieg gegen Frankreich, Fasz.-Nr. 68a.

266 *Burgdorf*, Weltbild (2009), S. 2 ff., 15 f., 62 (Zitat ebd., S. 2).

267 Siehe Kapitel V.4.2, VI.1. u. VII.1.

268 Statistische Tabellen über die Brandenburgschen Ein- und Umgriffe, StA Ludwigsburg, B 575 IV, Bü 354, hier: Vorrede und Tabelle XII. *Hallo*, Etwas über einige, S. 35 f. Vgl. auch Abschrift der Note des Odenwalder Ritterhauptmanns Freiherr von Gemmingen, [Rastatt, 8. Juni 1798], HStA Stuttgart, B 579, Bü 24.

269 Abschrift des Schreibens des Freiherrn Rüdt von Collenberg an den Ortsvorstand Odenwald, Karlsruhe, 28. Februar 1797, StA Marburg, 109, Nr. 313. Abschrift des Freiherrlich von Guttenbergischen Amtsprotokolls, Guttenberg, 1. Mai 1797, ebd.

staatlichen und den fortbestehenden grundherrlichen und sonstigen privatrechtlichen Abgaben keineswegs immer eindeutig. Daher ist auch die Aussagekraft eines Reskripts Hardenbergs an die königlichen Kriegs- und Domänenkammern vom August 1798 nur relativ, nach dem die bisherige Steuerlast der neuen Untertanen nicht erhöht werden sollte. Dies gilt umsomehr, als eine Anhebung der nun in die königlichen Kassen fließenden indirekten Steuern des Umgeldes und des Aufschlages hierbei kaum berücksichtigt werden konnte. Ähnliches gilt für Sonderabgaben für bestimmte Handel treibende Untertanen, wie sie die 1796 auf den bisher immediaten Rittergütern eingeführten Tabak- und Pferdkonzessionsgelder darstellten. Zudem bedeutete die Eingliederung der überschaubaren reichsritterschaftlichen Territorien in den preußischen Staatsverband, dass sich die adligen Hintersassen auch mit neuen obrigkeitlichen Monopolen konfrontiert sahen. Beispielsweise waren sie für die Pferdezucht nun fast durchgehend an die königlichen Beschälhengste und die für deren Einsatz fällig werdenden Gebühren gebunden und konnten nicht mehr auf preisgünstigere Alternativen aus benachbarten Herrschaften zurückgreifen. Auch die Heranziehung der Landbevölkerung zum Vorspann für das preußische Militär stellte für die bisher reichsritterschaftlichen Untertanen eine nicht unerhebliche Belastung dar. Was die Zollabgaben anbelangte, dürfte durch den Wegfall der Grenzen zu den fränkischen Provinzen für viele der ehemals reichsritterschaftlichen Hintersassen eine deutliche Entlastung eingetreten sein. Allerdings wurden umgekehrt alte Wirtschaftsräume durch neue Zollgrenzen zulasten der bisherigen reichsritterschaftlichen Untertanen zerschnitten. Unbestritten konnten die vormals reichsadligen Hintersassen vom Schutz der preußischen Neutralität – wenn auch nur für wenige Jahre – wirtschaftlich profitieren. Jedoch büßten manche Diener der Reichsritter ihre bisher genossene partielle Steuerfreiheit ein[270]. Besonders hart musste die

270 GStA PK Berlin, II. HA, Abt. 36, I, Nr. 340, fol. 52–53, 73–79 u. 110–116: fortl. StA Ludwigsburg, B 575 II, Bü 445: fortl. für Oktober 1796 bis April 1797. *W. H. Puchta*, Erinnerungen, S. 178 f. *Hartung*, Hardenberg, S. 27, 129, 167 ff., 185 ff., 194 ff., 221. *Weltrich*, Erinnerungen ... aus den Preussischen Regierungs-Jahren, S. 32. Rechenschaftsbericht Hardenbergs (wie Kap. I, Anm. 80), in: *C. Meyer*, Politik, S. 35–210, hier: S. 188 ff. – Eine für den fränkischen Landesminister in Berlin angefertigte Aufstellung veranschlagte 1798 für die mediatisierten reichsritterschaftlichen Gebiete des fränkischen und schwäbischen Ritterkreises Gesamteinnahmen an ordentlichen Steuern in Höhe von 18.176 fl. und 52 $\frac{1}{2}$ Kr. Nicht inbegriffen waren in diesem Betrag weitere 2.582 fl. und 84 Kr. für die Servis- und Fouragegelder (Promemoria von Felsenstein [an das fränkische Landesministerium], Ansbach, 10. Juli 1798, GStA PK Berlin, II. HA, Abt. 36, III, Nr. 114. Tableau über die Gewinne und Verluste an Steuern, Service- und Fouragegeldern im Fürstentum Ansbach, Ansbach, 10. Juli 1798, ebd.). Eine analoge Auflistung für das Markgrafentum Bayreuth errechnete für die vormals zu den fränkischen Kantonen steuernden Untertanen 14.452 fl. und 13 Kr. an ordentlichen Steuern sowie 2.496 fl. und $\frac{1}{4}$ Kr. an Servis- und Fouragegeldern. Hinzu kamen noch weitere Einnahmen des obergebürgischen Fürstentums von den vormals reichsritterschaftlichen Hintersassen: U. a. Umgeld in der Höhe von 1.845 fl. und 25 Kr., Mahlakzise mit 1.979 fl. und 31 2/5 Kr. und Judenschutzgelder mit 170 fl. (Tableau über die Gewinne und Verluste an Revenuen im Fürstentum Bayreuth, [Juli 1798], GStA PK Berlin, II. HA, Abt. 36, III, Nr. 115).

Mediatisierung das Kanzleipersonal des fast ganz ausgelöschten Kantons Altmühl treffen, das wirtschaftlich vor dem Nichts stand. Zwar sollten zumindest die Ortskonsulenten in den preußischen Dienst übernommen werden. Aber dieser Weg war aus Altersgründen und vor allem aufgrund ihrer Verbundenheit mit dem Ritterort nicht allen Betroffenen möglich. Ihnen blieb nur die trügerische Hoffnung auf eine Entschädigung, die ihnen die Ansbacher Kriegs- und Domänenkammer aus der Konkursmasse des Ritterorts versprochen hatte. Eine Unterstützung der Altmühler Offizianten aus der Direktorialkasse des fränkischen Ritterkreises lehnten nämlich dessen Ortsvorstände angesichts leerer Rittertruhen und aus dem üblichen kantonalen Egoismus erst einmal ab[271]. Dafür kam den bisherigen ritterschaftlichen Hintersassen und Amtleuten das nun auch für sie geltende System der sog. Bauhilfsgelder für Gebäudeneubauten und -reperaturen auf ihrem Besitz zugute[272].

Unabhängig von den umrissenen finanziellen Be- und Entlastungen stellte der »von dem Landmann so gefürchteten Punkt der Konscription« und damit

271 Schreiben des Altmühler Ortskonsulenten J. L. Hußen an den Ortskonsulenten von Rhön-Werra, Pollich, Wilhermsdorf, 15. März 1797, StA Marburg, 109, Nr. 312, Bd. 3. Abschrift der Bestallungsurkunde für J. L. Hußen, Ansbach, 1. Januar 1797, ebd. Abschrift des Schreibens des Altmühler Ortskonsulenten J. L. Hußen, [Winter/Frühjahr 1797], ebd. Schreiben des Ortsvorstandes Gebürg an den Ortsvorstand Rhön-Werra, Bamberg, 24. August 1799, StA Marburg, 109, Nr. 946. Schreiben des Ortsvorstandes Steigerwald an den Ortsvorstand Rhön-Werra, Erlangen, 30. Juni 1799, ebd. Schreiben des Ortsvorstandes Baunach an den Ortsvorstand Rhön-Werra, Nürnberg, 17. Mai 1799, ebd. Schreiben des Ortsvorstandes Baunach an den Ortsvorstand Rhön-Werra, Nürnberg, 16. September 1799, ebd. Schreiben des Ortsvorstandes Rhön-Werra an den Altmühler Ritterhauptmann Freiherr von Crailsheim, Schweinfurt, 6. Dezember 1799, ebd. Schreiben des Ortsvorstandes Steigerwald an den Ortsvorstand Rhön-Werra, Erlangen, 14. September 1799, ebd. 2. Nachschreiben des Ortsvorstandes Odenwald an den Ortsvorstand Rhön-Werra, Kochendorf, 9. Mai 1799, ebd. Entwurf eines Rundschreibens des Altmühler Ritterhauptmanns Freiherr von Crailsheim an Räte und Ausschuss des Kantons Altmühl, Rügland, Dezember 1796, StA Marburg, 109, Nr. 311, Bd. 8. Schreiben des Ritterhauptmanns von Altmühl, Freiherr von Crailsheim, an den Odenwalder Ritterhauptmann Freiherr von Gemmingen zu Rastatt, Rügland, 10. Januar 1798, StA Ludwigsburg, B 91a, Bü 4. – Bereits im Sommer 1797 musste wegen Geldmangel die Bezahlung der Offizianten der Kanzlei sowie der Mitglieder des Ortsvorstandes des Kantons Altmühl aus der ehemaligen Rittertruhe des Viertels eingestellt werden. Vier Jahre später waren noch nicht alle Kanzleibediensteten und Direktorialmitglieder des Kantons durch eine Übernahme in den preußischen Staatsdienst »für den Verlust ihres vormaligen rechtmäsigen DienstErtrages entschädigt« worden (Bericht Hardenbergs an den König, Berlin, 22. Juli 1801, GStA PK Berlin, II. HA, Abt. 36, I, Nr. 334a, fol. 158–161, hier: fol. 160 (Zitat ebd.). Schreiben des Ritterhauptmanns von Crailsheim, Rügland, 20. Juni 1797, GStA PK Berlin, II. HA, Abt. 36, I, Nr. 179).

272 Zusammenstellung der preußischen Übergriffe gegenüber dem Freiherrlich Hofer von Lobensteinischen Amt zu Wildenstein und seinen Untertanen, Wildenstein, 9. April 1797, StA Ludwigsburg, B 575 II, Bü 445. Abschrift des Reskripts der Ansbacher Kriegs- und Domänenkammer an das Freiherrlich Hofer von Lobensteinische Gericht zu Wildenstein, Ansbach, 17. Februar 1797, ebd. Vgl. zu dieser Form des Retablissements auch *K. H. Lang*, Annalen, S. 21 f. u. *Weltrich*, Erinnerungen … aus den Preussischen Regierungs-Jahren, S. 44.

das preußische Kantonssystem für die vormaligen reichsritterschaftlichen Untertanen eine drückende Neuerung dar[273]. Die Amtsprotokolle der einst reichsritterschaftlichen Ämter zeigen, welchen Schrecken der drohende preußische Militärdienst und die Brutalität seiner Durchsetzung unter den Untertanen hervorriefen, auch als diese längst dem preußischen König gehuldigt hatten: Wenn in den Quellen beispielsweise zu lesen ist, wie die an einen einst reichsadligen Untertanen »sich [...] angehängte Frau« durch »die Kommandirten von ihn [sic] weggerissen und auf die Miststätt in Morast geworfen« wurde, oder ritterschaftliche Hintersassen sich von einem preußischen Hauptmann anhören mussten, dass er »guten [sic] Lust habe« den ihrer Gemeinde zugeschickten »Brief um das Maul herum zuschlagen, und sie vor seinen Augen abprügeln zu lassen«, dann darf angenommen werden, dass das preußische Kantonssystem sicher nicht zu einer schnelleren Akzeptanz der Herrschaft Berlins unter den bisher reichsritterschaftlichen Hintersassen beitrug[274]. Dieser Umstand konnte auch nicht wettgemacht werden durch jene Bestimmungen des am 21. März 1796 für Ansbach-Bayreuth erlassenen Kantonsreglements, die im Vergleich zu den für das preußische Kernland geltenden Vorschriften Erleichterungen bei der Musterung und Dienstzeit der Soldaten vorsahen[275].

Doch nicht nur das Leben der einst reichsritterschaftlichen Hintersassen wandelte sich tiefgreifend. Auch ihre alten Herrschaften mussten – wie gezeigt wurde – massive finanzielle, politische und soziale Einbußen hinnehmen. Immerhin versuchte die preußische Verwaltung den unterworfenen Rittern das neue Los erträglicher zu machen, die künftig eine weitere Adelslandschaft im Königreich bildeten[276]: Bereits im ausgehenden Sommer des Jahres 1797 hatte Hardenberg Verhandlungen mit Vertretern des bisherigen Corpus Voitlandicum eingeleitet, in die schließlich auch die einstigen Reichsritter eingebunden wurden. Die Gespräche mündeten in eine Übereinkunft vom 15. Oktober 1799, die die Grundlage für die Regelung der Rechtsverhältnisse des Adels im obergebürgischen Fürstentum bilden sollte. Diese erfolgte durch die »Königliche Declaration an die gesamte Ritterschaft des Fürstenthums Bayreuth« vom 10. August 1801[277]. Für die unter die Ansbacher Landeshoheit

273 Kommentiertes Verzeichnis der Verluste des Kantons Steuigerwald, [ca. Juli 1798], StA Marburg, 109, Nr. 313. Actenstücke die ... bestrittene Unmittelbarkeit der reichslehenbaren Hofmark Heroldsberg I, S. 20, 28 ff. (Zitat ebd., S. 20). *Hartung*, Hardenberg, S. 129.

274 Abschriften der Freiherrlich von Künsbergischen Amtsprotokolle, Ermreuth, 18. März, 30. September u. 2. Oktober 1799, StA Marburg, 109, Nr. 322. Abschrift des Schreibens der Freiherrn von Künsberg an die Kantonrevisionskommission, Erlangen und Ermreuth, 2. Oktober 1799, ebd. (Zitate ebd.).

275 *Hartung*, Hardenberg, S. 164 f. Vgl. Abschrift des Kantonsreglements für Ansbach-Bayreuth, Berlin, 21. März 1796, StA Ludwigsburg, B 575 II, Bü 300.

276 Zur Heterogenität des preußischen Adels siehe: *W. Neugebauer*, Adel, S. 50 ff.

277 Bericht Hardenbergs an den König, Berlin, 22. Juli 1801, GStA PK Berlin, II. HA, Abt. 36, I, Nr. 334a, fol. 158 – 161, hier: fol.158. Abschrift des Reskripts von König Friedrich Wilhelm III. an die Minister Hardenberg und Alvensleben, Charlottenburg, 10. August 1801, ebd., fol. 174.

gezwungenen Ritter trat angesichts verschiedener Hindernisse vor der Zession des Markgrafentums durch Berlin keine eigene Deklaration über die Rechte des Adels in Kraft. Jedoch wurde die für Bayreuth erlassene Deklaration durch eine königliche Ordre provisorisch auch auf das untergebürgische Fürstentum angewendet[278]. Im Vergleich zu den Versprechungen des erwähnten königlichen Patents vom 12. Juli 1796 waren die Zugeständnisse der Deklaration von 1801 weitaus bescheidener: Zwar sollte kraft königlicher Gnade eine durch die Krone streng beaufsichtigte und alimentierte Korporation entstehen. Aber diese hatte nicht nur die ehemaligen Reichsritter sowie die Mitglieder des Corpus Voitlandicum zusammenzufassen, sondern sämtliche adligen und bürgerlichen Rittergutsbesitzer – eine Bestimmung, die mit dem Selbstverständnis der alten, bisher reichsritterschaftlichen Adelsgeschlechter kaum vereinbar war. Schließlich markierte sie den Wandel von einer geburts- zu einer berufsständischen Korporation. Auch von einer über unterschiedlich dimensionierte Versammlungen der Ritter hinausgehenden, mit einem Mindestmaß an Kompetenzen versehenen landständischen Repräsentation war keine Rede mehr. Letztere dürfte Hardenberg ohnehin nie im Sinne einer wirklichen ständischen Mitbestimmung verstanden haben. Das von den Mitgliedern gewählte und in seinen Befugnissen stark eingeschränkte Direktorium der neuen Korporation wurde von der Krone nicht nur besoldet, sondern auch bestätigt[279]. Berlin stellte der neuen Ritterschaft nicht nur ein Kreditsystem in Aussicht, sondern gewährte den Rittern auch eine eigene Uniform sowie Geld für ein Ritterhaus in Bayreuth. Ihren Standesgenossen in Ansbach sollte dafür das Kanzleigebäude des Viertels Altmühl in Wilhermsdorf angewiesen werden[280]. Die Lehen der Bayreuther Ritterschaft sollten weiterhin allodifiziert und nach Möglichkeit abgerundet werden. Im Militär- und Steuerwesen sollten die Ritter künftig nur noch die Aufgaben königlicher

Bericht an den König, Nürnberg, 19. Oktober 1801, BayHStA, MA, Nr. 4567. Königliche Declaration an die gesamte Ritterschaft des Fürstenthums Bayreuth, ebd., fortl. (Zitat ebd., Titelblatt). *H. Müller*, Kampf, S. 68. *H. H. Hofmann*, Herrschaft, S. 203 ff.

278 Reskripte Hardenbergs an den 1. und den 2. Kammersenat sowie die Regierung zu Ansbach, Ansbach, 8. Oktober 1801, PK Berlin, II. HA, Abt. 36, I, Nr. 334a, fol. 212 bzw. Abschrift des Reskripts Hardenbergs an den 1. Kammersenat zu Ansbach, Ansbach, 8. Oktober 1801, GStA PK Berlin, II. HA, Abt. 36, I, Nr. 172. Vorstellungsschreiben von Ernst und Julius Freiherrn von Crailsheim sowie Theresius und Karl Friedrich Freiherrn von Seckendorff an den preußischen König bzw. Hardenberg, Ansbach, 23. Dezember 1805, ebd. Schreiben Hardenbergs an Ernst und Julius Freiherrn von Crailsheim sowie Theresius und Karl Friedrich Freiherrn von Seckendorff, Berlin, 16. Januar 1806, ebd. Bericht an den König, Nürnberg, 19. Oktober 1801, BayHStA, MA, Nr. 4567. *K. H. Lang*, Annalen, S. 32. *H. Müller*, Kampf, S. 68 f. *H. H. Hofmann*, Herrschaft, S. 205.

279 Königliche Declaration an die gesamte Ritterschaft des Fürstenthums Bayreuth, BayHStA, MA, Nr. 4567, S. 1 ff. Siehe auch: *H. H. Hofmann*, Herrschaft, S. 204 ff.; *Ders.*, preußische Ära (1967), S. 257 u. *Hartung*, Hardenberg, S. 47 ff.

280 Königliche Declaration an die gesamte Ritterschaft des Fürstenthums Bayreuth, BayHStA, MA, Nr. 4567, S. 5 ff. u. Beilage C. *H. H. Hofmann*, Herrschaft, S. 205, *H. Müller*, Kampf, S. 70.

Unterbehörden wahrnehmen und wurden dabei tendenziell auf die Dorfgrenzen beschränkt. Den Rittern kamen zwar umfangreiche Polizey-Befugnisse sowie das Ius patronatus zu, aber sie verloren die Aufsicht über das Kirchen- und Schulwesen auf ihren Gütern. Einerseits genossen die ehemaligen Reichsritter einen privilegierten Gerichtsstand sowie die Schriftsässigkeit und eine weitgehende Befreiung von Steuern und Abgaben[281]. Aber andererseits wurde die korporative Organisation der Bayreuther und Ansbacher Ritter nicht mit Leben erfüllt. Eine Versammlung der beiden Ritterschaften wurde vom König genauso wenig einberufen wie das zu errichtende Kreditsystem realisiert[282]. Schließlich traten auch die im Rahmen der Verwaltungsreform von 1797 vorgesehenen und ohnehin mit nur geringen Kompetenzen ausgestatteten Kreisstände, genau wie die Landstände auf der Ebene der fränkischen Markgrafentümer, nie zusammen[283]. Umso fraglicher ist daher, ob die Deklaration von 1801 ausreichte, um die bisherigen Reichsritter dazu zu bringen, schon »bald [...] ihr Schicksal zu segnen«, wie Heinrich Müller glaubte[284]. Zwar gab es – wie ausgeführt wurde – auch Rittergenossen, die sich Berlin ideell und emotional verbunden glaubten. Aber nicht nur die langanhaltende Distanz und Konfliktbereitschaft manch anderer Adelsgruppe Preußens gegenüber dem Zollernstaat[285] sollte vor derart generalisierenden Behauptungen warnen, sondern auch die Intensität des Widerstandes aus den Reihen der Reichsritter gegen ihre Unterwerfung. Letzterem Phänomen hat sich die vorliegende Studie als Nächstes zu widmen.

281 Königliche Declaration an die gesamte Ritterschaft des Fürstenthums Bayreuth, BayHStA, MA, Nr. 4567, S. 2, 10 ff., 29, 34 ff. Siehe auch *H. H. Hofmann*, Herrschaft, S. 205 f. u. *Hartung*, Hardenberg, S. 47 f.

282 *H. H. Hofmann*, Herrschaft, S. 205. *Hartung*, Hardenberg, S. 49.

283 *Kretschmann*, Dienstjahre (1808), S. 53. *H. H. Hofmann*, Herrschaft, S. 205. *Ders.*, preußische Ära (1967), S. 257. *Hartung*, Hardenberg, S. 90 ff. *Manso*, Geschichte I, S. 373.

284 *H. Müller*, Kampf, S. 69 f. (Zitat ebd., S. 69). Der Feststellung Müllers ganz ähnlich sind die Behauptungen von *Schreiner* (Geschichte, S. 127) über die der Herrschaft Berlins neu Unterworfenen. Dagegen haben *Hartung* (Hardenberg, S. 46 ff.), *H. H. Hofmann* (Herrschaft, S. 206 ff. Preußische Ära (1967), S. 257) und *Endres* (preußische Ära, S. 189 f. Ära Hardenberg, S. 194. Reformmodell, S. 48. Staat und Gesellschaft, S. 778 f.) die Distanzierung der ehemaligen Reichsritter vom preußischen Staat hervorgehoben.

285 *W. Neugebauer*, Adel, S. 49 ff., 70 ff. – *Ulrich Hufeld* (Mediatisierung, Sp. 219.) hat erst jüngst wieder »›das traumatische, negative‹ Unterwerfungserlebnis des [...] Adels« durch die Mediatisierungen im ausgehenden 18. und frühen 19. Jahrhundert betont.

2. Zwischen Wien, Nürnberg, Rastatt und Paris – Reichsritterschaftlicher Widerstand gegen die Mediatisierung

»Auf ieden Fall sind wir entschlossen, uns nur unter den Ruinen der Reichsverfassung begraben zu lassen«. Mit diesem Entschluss stand der Ortsvorstand Altmühls nicht allein. Auch in den anderen fränkischen Direktorien wurde im Herbst und Winter 1795/96 der feste Wille zum Ausdruck gebracht, sich nicht widerstandslos unter das preußische Zepter zwingen zu lassen[286]. Dass dies keine leeren Worte waren, zeigten die Ereignisse der folgenden Jahre: Obwohl den meisten Reichsrittern angesichts der realen Kräfteverhältnisse nichts anderes übrig blieb, als sich unter die preußische Landeshoheit zu beugen, leisteten einzelne Rittergenossen und vor allem die Direktorien der einzelnen Kantone erbitterten Widerstand[287]. Dabei dürfte nicht nur im Hause der Freiherrn von Geuder die Furcht eine Rolle gespielt haben, »daß mit dem Verlust unserer Unmittelbarkeit […] zugleich auch ein höchstnahmhafter Theil dieser unserer geringen Revenuen verlohren gehen soll«, wozu beispielsweise die Fornifikationsstrafen, die von den ritterschaftlichen

286 Siehe beispielsweise: Abschrift des Schreibens des Kantons Altmühl an den Freiherrn von Haller, o.O., 14. Oktober 1795, StA Marburg, 109, Nr. 311, Bd. 3, Dok. 269 (Zitat ebd.); 3. Nachschreiben des Ortsvorstandes Odenwald an den Ortsvorstand Rhön-Werra, Kochendorf, 12. November 1795, StA Marburg, 109, Nr. 311, Bd. 4, Dok. 291; Schreiben des Ortsvorstandes Steigerwald an den Ortsvorstand Rhön-Werra, Erlangen, 28. Dezember 1795, ebd., Dok. 310; Schreiben des Ortsvorstandes Odenwald an den Ortsvorstand Rhön-Werra, Kochendorf, 29. Dezember 1795, ebd., Dok. 313; Schreiben des Ortsvorstandes Steigerwald an den Ortsvorstand Rhön-Werra, Erlangen, 16. Dezember 1795, StA Marburg, 109, Nr. 311, Bd. 5, Dok. 323; Denkschrift des Steigerwalder Ritterhauptmanns Friedrich Karl Freiherr von Seckendorff, Weingartsgereuth, 3. November 1795, ebd., zu Dok. 323; Schreiben des Ortsvorstandes Rhön-Werra an den Reichshofvizekanzler Fürst von Colloredo-Mansfeld, Schweinfurt, 4. Februar 1796, ebd., Dok. 333; »Actenmässige kurze Darstellung derjenigen reichsgesezwidrigen Gewaltthätigkeiten, welche die unmittelbare Reichsritterschaft in Franken seit der Abtretung der beiden fränkischen Fürstenthümer Bayreuth und Ansbach an S.[ein]e könig.[liche] Majestät von Preussen hat erfahren müssen«, [ca. Februar 1796], ebd., zu Dok. 333; Schreiben des Ortsvorstandes Rhön-Werra an Hardenberg, Schweinfurt, 15. Februar 1796, ebd., zu Dok. 340 u. Protokoll der Kocherschen Ritterkanzlei mit Voten, Esslingen, 15. Dezember 1795, StA Ludwigsburg, B 575 IV, Bü 352.

287 Zu den folgenden Ausführungen über die Versuche, die reichsritterschaftliche Unmittelbarkeit gegenüber Preußen zu behaupten, siehe auch: *Hermann*, Hardenberg, S. 143 f.; *Hofmeister-Hunger*, Pressepolitik, S. 41 ff.; *Sörgel*, Ritterkanton, S. 86; *Press*, Kaiser und Reichsritterschaft, S. 191; *T. Schulz*, Mediatisierung (1988), S. 328 f.; *Haller*, Hardenberg, S. 49 f.; *G. Zimmermann*, Staatlichkeit, S. 30; *Endres*, preußische Ära, S. 180 f.; *Schuhmann*, Markgrafen (1980), S. 587; *Stetten*, Rechtsstellung, S. 110 ff.; *Haussherr*, Hardenberg I, S. 201 ff., 209 f.; *H. H. Hofmann*, preußische Ära (1960/61), S. 237 f.; *Ders.*, Neustadt-Windsheim, S. 150 ff.; *Tschirch*, Geschichte I, S. 207; *Eberlein*, Bayerns Anteil, S. 27 ff.; *Hartung*, Hardenberg, S. 31 f., 41 ff.; *Weicker*, Haltung, S. 21 f.; *Ranke*, Denkwürdigkeiten I, S. 360 ff.; *K. A. Menzel*, Geschichte VI, S. 356 ff.; *Ders.*, Zwanzig Jahre, S. 347 ff.; *Ders.*, Geschichte XII/2, S. 217, 231 f., 238 ff., 244 f.; *Klose*, Leben, S. 115 f.

Ämtern erhobene sportelähnliche Gebühr des sog. Zahlgeldes, die Stempel- und Judenschutzgelder, die Tranksteuern und andere indirekte Abgaben als sog. Umgeld gehörten[288]. Schließlich war die wirtschaftliche Lage vieler Reichsritter schon vor dem Beginn der preußischen Arrondierungen äußerst prekär[289]. Zudem drohten ihre Güter bei einer Mediatisierung erheblich an Wert einzubüßen, was wiederum die Möglichkeit der Ritter, durch die Aufnahme neuer Schulden an Geld zu kommen, beschränken musste[290]. Ferner drohte der Wegfall der Reichsunmittelbarkeit die Stellung der Ritter als Grund- und Gerichtsherrn ins Wanken zu bringen: Bisher war es nämlich nicht zuletzt die immediate Beziehung des einzelnen Reichsritters zum Kaiser – sinnfällig symbolisiert im allgegenwärtigen Reichsadler –, der die vielfach fragile Autorität der Rittergenossen gegenüber ihren Untertanen gestützt hatte[291].

Doch diese ökonomischen und sozialen Aspekte waren keineswegs der einzige Impetus, der hinter dem reichsritterschaftlichen Widerstand gegen eine vollständige Mediatisierung durch Berlin stand. Eine andere wichtige Triebfeder der Versuche, die reichsritterschaftliche Unmittelbarkeit an den Grenzen Ansbach-Bayreuths zu retten, bildete die zweifache eidliche Verpflichtung der Rittergenossen und insbesondere ihrer Ortsvorstände: Durch den Rittereid waren die einzelnen Reichsritter zum einen zur Treue gegenüber dem Corpus equestre und zum anderen gegenüber dem Kaiser als ihrem einzigen Oberhaupt verbunden. Dies schloss explizit die Verpflichtung ein, sich »von keinem Chur- oder Fürsten Geist- oder Weltlichen Stand [...] unterwürffig machen [zu] lassen«[292]. Diese Treuebindungen potenzierten sich

288 GStA PK Berlin, II. HA, Abt. 36, I, Nr. 316, fol. 9–15, 83–87, 103–111 u. 121–129, hier: fortl. Schreiben des Nürnberger Senators Christoph Karl Joseph Ludwig Freiherr von Geuder an Hardenberg, Nürnberg, 12. Oktober 1799, ebd., fol. 10–11 (Zitat ebd., fol. 11). Schreiben des Freiherrn Senfft von Soulbourg an den Ortsvorstand Kocher, Stuttgart, 12. Juni 1797, StA Ludwigsburg, B 575 II, Bü 300. Abschrift des Reskripts der Ansbacher Kriegs- und Domänenkammer an den Freiherrn Senfft von Soulbourg zu Matzenbach, Ansbach, 27. März 1797, ebd. Schreiben des Ortsvorstandes Altmühl an den Ortsvorstand Rhön-Werra, o.O., 29. August 1797, StA Marburg, 109, Nr. 313. Schreiben des Ortsvorstandes Steigerwald an den Ortsvorstand Rhön-Werra, Erlangen, 17. Juli 1797, StA Marburg, 109, Nr. 311, Bd. 9.

289 Siehe Kapitel III.2.1.

290 Vgl. Schreiben des Ortsvorstandes Baunach an den Kurfürsten Max IV. Joseph von Bayern, Nürnberg, 25. Oktober 1803, BayHStA, MA, Nr. 4569.

291 Vgl. *Press*, Kaiser und Reichsritterschaft, S. 189 u. *Sutter*, Kaisertreue, S. 291.

292 Gedruckte Eidesformel für die Mitglieder des Kantons Rhön-Werra, beglaubigt durch dessen Ritterkanzlei, Murrstatt, 18. Mai 1746, StA Marburg, 109, Nr. 139 (Zitat ebd.). *Moser*, Von denen Teutschen Reichs-Ständen, S. 1329 f. *Ders.*, Neueste Geschichte II, S. 10 ff. *Kerner*, Staats-Genossenschaftsrecht, S. 166 ff. *Häberlin*, Handbuch, S. 214 f.– Vgl. auch die große Bedeutung der reichsadligen Eidespflichten und der Gefahr, diese brechen zu müssen, für die Argumentation in den reichsritterschaftlichen Korrespondenzen und Vorstellungen: Schreiben des Ortsvorstandes Altmühl an den Ortsvorstand Rhön-Werra, o.O., 11. Oktober 1795, StA Marburg, 109, Nr. 311, Bd. 3, Dok. 261c; Abschrift des Schreibens des Altmühler Ritterhauptmanns Ernst Ludwig Sebastian Freiherr von Crailsheim an den Reichsgrafen von Schlick, o.O., 20. Oktober 1795, ebd., Dok. 262; Abschrift des Schreibens des Freiherrlich von For-

nochmals überall dort, wo Reichsritter den Anspruch erhoben, ihre Besitzungen oder Gerechtsame unmittelbar von Kaiser und Reich zu Lehen zu tragen[293]. Zudem oblag gerade den reichsritterschaftlichen Ortsvorständen die Pflicht, die kaiserlichen Reservatrechte über das Corpus equestre zu wah-

sterischen Amts an den Ortsvorstand Altmühl, o.O., 11. Oktober 1795, ebd., Dok. 270; Nachschreiben des Ortsvorstandes Odenwald an den Ortsvorstand Rhön-Werra, Kochendorf, 12. November 1795, StA Marburg, 109, Nr. 311, Bd. 4, Dok. 291; Abschrift des Schreibens des Freiherrn von Forster an den Ortsvorstand Odenwald, München, 2. November 1795, ebd., [zu Dok. 291]; Schreiben des Ortsvorstandes Rhön-Werra an die Ortsvorstände Odenwald, Gebürg, Steigerwald, Altmühl und Baunach, Schweinfurt, 5. Januar 1796, ebd., Dok. 318; nicht ausgefertigter Entwurf des Schreibens des Ortsvorstandes Rhön-Werra an den Reichsgrafen Schlick, Schweinfurt, [ca. Februar] 1796, ebd., Dok. 319; Denkschrift des Steigerwalder Ritterhauptmanns Friedrich Karl Freiherr von Seckendorff, Weingartsgereuth, 3. November 1795, StA Marburg, 109, Nr. 311, Bd. 5, zu Dok. 323; Schreiben des Ortsvorstandes Rhön-Werra an den Reichshofvizekanzler Fürst von Colloredo-Mansfeld, Schweinfurt, 4. Februar 1796, ebd., Dok. 333; Schreiben des Ortsvorstandes Rhön-Werra an die Fürstbischöfliche Regierung zu Bamberg, Schweinfurt, 15. Februar 1796, ebd., Dok. 349; Abschrift des Promemorias der Freiherrn von Geuder, Bamberg, 6. Juli 1796, StA Marburg, 109, Nr. 311, Bd. 7; Abschrift des Schreibens des Nürnberger Senators Christoph Karl Joseph Ludwig Freiherr von Geuder an den preußischen König, Nürnberg, 31. Dezember 1801, GStA PK Berlin, II. HA, Abt. 36, I, Nr. 316, fol. 80–81, hier: fol. 81; Abschrift des Schreibens von Alexander Friedrich Wilhelm Freiherr von Seckendorff an die Bayreuther Regierung, Wetzlar, 17. Oktober 1801, GStA PK Berlin, II. HA, Abt. 36, I, Nr. 340, fol. 102–105, hier: fol. 104; Abschrift des Schreibens von Alexander Friedrich Wilhelm Freiherr von Seckendorff an die Ansbacher Kriegs- und Domänenkammer als Landeshoheitskollegium, Markt Sugenheim, 14. November 1802, ebd., fol. 171; Schreiben des Ortsvorstandes Rhön-Werra an die Gebrüder Kress von Kressenstein, Schweinfurt, 18. Januar 1797, StA Marburg, 109, Nr. 322; Protokoll der Kocherschen Ritterkanzlei mit Voten, Esslingen, 15. August 1796, StA Ludwigsburg, B 575 II, Bü 300; Protokoll der Kocherschen Ritterkanzlei, Esslingen, [ca. Oktober] 1796, ebd.; Schreiben [des Ritterrats Freiherr von Berlichingen] an Hardenberg, o.O., expediert am 9. Januar 1797, StA Ludwigsburg, B 575 II, Bü 373; Abschrift des Schreibens des Reichsgrafen von Soden an den Ortsvorstand Odenwald, Nürnberg, 29. August 1796, StA Marburg, 109, Nr. 312, Bd. 3. – Die von den preußischen Landeshoheitsansprüchen betroffenen Reichsritter des schwäbischen Ritterkreises waren zudem – sofern sie die entsprechenden Voraussetzungen für eine Aufnahme erfüllt hatten – durch die Satzung des 1793 für sie gestifteten kaiserlichen Ordens mit der Losung »Standhaft, und Aufrichtig« zusätzlich auf Treue, die Wahrung ihrer Ehre sowie die Aufrechterhaltung der reichsritterschaftlichen Rechtsstellung verpflichtet (Druck des kaiserlichen Diploms, Wien, 16. Juli 1793, StA Darmstadt, F2, Nr. 13/21, S. 6 ff. (Zitat ebd., S. 7). *Ruch*, Verfassung, S. 68. *Roth von Schreckenstein*, Geschichte II, S. 589 f.). Das Gleiche galt für die Träger des seit 1718 an alle Ritterhauptleute der fränkischen Kantone verliehenen kaiserlichen Ordens, der die Umschrift »virtuti & fidei« trug (*Kerner*, Staats-Genossenschaftsrecht, S. 96 (Zitat ebd.). *H. Körner*, Kanton, S. 98).

293 Abschrift des Schreibens des Nürnberger Senators Christoph Karl Joseph Ludwig Freiherr von Geuder an den preußischen König, Nürnberg, 9. Juni 1797, StA Marburg, 109, Nr. 311, Bd. 9. Abschrift des Schreibens des Nürnberger Senators Christoph Karl Joseph Ludwig Freiherr von Geuder an den preußischen König, Nürnberg, [Herbst 1799], GStA PK Berlin, II. HA, Abt. 36, I, Nr. 316, fol. 12–15: hier: fol. 12 ff. Schreiben des Nürnberger Senators Christoph Karl Joseph Ludwig Freiherr von Geuder an Hardenberg, Nürnberg, 3. März 1802, ebd., fol. 103–108, hier: fol. 104 f. Abschrift des Schreibens der Freiherrn von Künsberg an den preußischen König, Erlangen und Ermreuth, 24. Januar 1798, StA Marburg, 109, Nr. 322. – Vgl. zur Lehenstreue der Reichsvasallen gegenüber dem Kaiser auch: *Stollberg-Rilinger*, Reich als Lehnssystem, S. 57.

ren[294]. Die eidliche Bindung der Reichsritter ermöglichte es Wien nicht nur, diesen eine Unterwerfung unter die preußische Landeshoheit förmlich zu verbieten – wobei Verstöße theoretisch durch die Einschaltung des Reichsfiskals bzw. des Reichshofrats geahndet werden konnten[295]. Die dem Kaiser und dem Corpus equestre geleisteten Eide entfalteten auch eine Bindekraft, die über formalrechtlich begründete Pflichten und die daraus abgeleiteten Sanktionen weit hinausging.

Karl Siegfried Bader hat das Verhältnis des Consortium equestre zum Reichsverband und seinem Oberhaupt – trotz einer im Vergleich zu den Reichsstädten persönlicheren Beziehung zum Kaiser – in die Nähe eines »negative[n] Reichsbewußtsein[s]« gerückt, da sie angesichts der Machtlosigkeit des Alten Reiches mit ihren finanziellen Leistungen für dessen Schutz oft zurückgeblieben seien[296]. Eine solch drastische, in der Tradition nationalistischer Geschichtsbilder stehende Interpretation ist von der jüngeren Forschung längst relativiert worden[297]. Wenn Gert Kollmer dennoch in Anlehnung an Karl Otmar von Aretin den reichsritterschaftlichen »Patriotismus [...] mehr im Sinne von ›Pater‹ und weniger im Sinne von ›Patria‹« deutete, ist dies sicher zu einseitig. Aber trotzdem bringt eine solche Formulierung die besondere Verehrung und Anhänglichkeit eines großen Teils der reichsritterschaftlichen Geschlechter ihrem kaiserlichen Schutzherrn gegenüber deutlich zum Ausdruck: Beispielsweise erklärte der Ritterhauptmann Graf Adelmann von Adelmannsfelden im Frühjahr 1797 nach einem internen Protokoll gegenüber den Ritterräten und Konsulenten seines Kantons Kocher unumwunden, allein »der Standhaftigkeit und Herzens Güte unseres angebettenen Oberhaupts Kayser Franz« hätte der Adel im Alten Reich angesichts der Geschehnisse in Frankreich noch seine Existenz zu verdanken. Dieses von Hartmann Freiherr von Mauchenheim gen. Bechtolsheim als »das ›irrationale‹ persönliche Moment in der Bindung Kaiser-Reichsritter« bezeichnete Verhalten war jedoch Symptom, und nicht Ursache jener Triebkräfte, die hinter dem Beharren der Reichsritter auf ihren dem Kaiser geleisteten Eid und damit hinter ihrem Widerstand gegen eine Unterwerfung unter das Zepter des preußischen Königs standen[298]. Berthold Sutter hat jüngst das politische

294 Votum des Ritterrats Graf Degenfeld-Schonburg, Heilbronn, 6. Februar 1797, zum Protokoll der Kocherschen Ritterkanzlei mit Voten, Esslingen, 24. Januar 1797, StA Ludwigsburg, B 575 II, Bü 445.

295 Bericht Hardenbergs an das Kabinettsministerium, Ansbach, 3. Dezember 1796, GStA PK Berlin, II. HA, Abt. 36, I, Nr. 6, fol. 187–193, hier: fol. 188. Protokoll der Kocherschen Ritterkanzlei mit Voten, Esslingen, 15. August 1796, StA Ludwigsburg, B 575 II, Bü 300.

296 *Bader*, Reichsadel, S. 252 ff. *Ders.*, Südwesten, S. 58, zit. nach: *Ders.*, Reichsadel, S. 255. – Vgl. auch *Baders* (Südwesten, S. 190) Diktum von der »negative[n] Reichstreue« der Ritter im Spätmittelalter, noch vor der Gründung einer organisierten Reichsritterschaft.

297 *Hellstern*, Ritterkanton, S. 64. *Press*, Kaiser und Reichsritterschaft, S. 164, 193. *Sutter*, Kaisertreue, S. 306. *Berner*, Aufhebung, S. 207. *Domarus*, Reichsadel, S. 167.

298 Votum des Kocherschen Ritterhauptmanns Graf von Adelmann, Ellwangen, 24. Mai 1797, zum Protokoll der Kocherschen Ritterkanzlei mit Voten, Esslingen, 20. Mai 1797, StA Ludwigsburg,

Verhalten der Reichsritterschaft damit zu erklären versucht, dass in diesem »Kaisertreue« und »rationale Überlebensstrategie« miteinander verschmolzen seien, die Forschung also stets beiden Triebkräften Rechnung tragen müsse[299]. Gerade weil der Widerstand des Corpus equestre und einzelner seiner Mitglieder – wie noch zu zeigen sein wird – derart beharrlich war und in Einzelfällen geradezu selbstzerstörerische Züge annahm, lässt er sich nicht ausschließlich durch das in über zweihundert Jahren bewährte do-ut-des-Verhältnis zwischen dem Reichsoberhaupt und seiner reichsritterschaftlichen Klientel erklären[300].

Daher muss auch der von den Reichsadligen geleistete, sakral aufgeladene Eid auf Kaiser und Reichsritterschaft als grundlegendes Phänomen der europäischen Verfassungsgeschichte ins Kalkül gezogen werden. Dessen soziale Bindekraft sollte nämlich selbst am Ausgang der Frühen Neuzeit weder im Allgemeinen unterschätzt werden, noch im Besonderen bei einer Korporation, deren Selbstverständnis von jahrhundertealten Ehr- und Moralvorstellungen geprägt war[301]. Letztere hatten sich unter dem Einfluss antiken sowie christlichen Gedankenguts seit dem Frühmittelalter herausgebildet und sollten trotz aller Wandlungen und bei aller Relativität des adligen Ehrverständnisses erst mit dem Ende der Ständegesellschaft einen wesentlichen Teil ihrer Bindekraft verlieren. Gemeint ist eine »adlig-ritterliche Standesehre«, die nach Dagmar Burkhart die Adligen an einen »Wertekanon ritterlicher Tugenden« (sog. innere Ehre) band und dessen Missachtung mit dem Verlust der »als lebenswichtig« bewerteten sozialen Reputation (sog. äußere Ehre) ahndete. Unter diesen ehrbegründenden Werten kam der Treue in der Tradition des »miles christianus« und des Lehenswesens als einer wechselseitigen eidlichen Verpflichtung zwischen Vasall und Lehensherrn zentrale Bedeutung zu[302].

Daher bezeichneten sowohl Ortsvorstände als auch einzelne Reichsritter, die sich beharrlich weigerten, den preußischen Huldigungsaufforderungen nachzukommen, ein derartiges Ansinnen als »Gewissensverläugnung und

B 575 IV, Bü 353 (Zitat ebd.). *Kollmer*, Reichsritterschaft, S. 254 f. (Zitat ebd., S. 254). *Mauchenheim*, Ritterschaft I, S. 443, 450 ff., 473 (Zitat ebd., S. 449). *Sutter*, Kaisertreue, S. 282 f., 292. *Schraut*, Selbstbehauptung, S. 258. – Siehe auch die ähnlichen Ausführungen von *Neumaier* (Odenwald, S. 238 f.) zum Verhältnis zwischen Kaiser und Reichsritterschaft im 16. und frühen 17. Jahrhundert, das ebenfalls eine Komponente jenseits eines geschäftsmäßig-nüchternen Nehmens und Gebens aufwies. – Der Reichspatriotismus der Reichsritter im Sinne der Anhänglichkeit an die Reichsverfassung musste jedoch dort die Oberhand gegenüber ihrer Verbundenheit mit dem Kaiser gewinnen, wo das habsburgische Reichsoberhaupt die Interessen seiner österreichischen Hausmacht auf Kosten des Reichsverbandes und dessen verfassungspolitischen Ordnung verfolgte (vgl. *Schraut*, Haus, S. 36).

299 *Sutter*, Kaisertreue, S. 282 f., 307 (Zitate ebd., S. 307).

300 Siehe Kapitel II.2.2.

301 *Prodi*, Eid, S. 5 ff., S. 23 ff. *Burgdorf*, Weltbild (2009), S. 147 ff. *Althoff*, Grundvokabular, S. 153 f.

302 *Burkhart*, Geschichte, S. 12, 29 ff., 75 ff. (Zitat ebd., S. 33 f.). *Wrede/Carl*, Einleitung, S. 8 ff. *Pelzer*, Habsburg, S. 310. *Graf*, Adelsehre, Sp. 55.

Meineid« und beriefen sich bei ihrem Widerstand gegen Berlin auf »Ehre und Pflicht« oder ihr »moralisches Gefühl«[303]. Keine zehn Jahre später sollte auch Pfalz-Bayern mit den Folgen des reichsritterschaftlichen Ehr- und Selbstverständnisses konfrontiert werden, als es versuchte die seinen fränkischen Fürstentümern benachbarten Rittergenossen zu mediatisieren. Der damit betraute Generallandeskommissär in Franken, Reichsgraf Friedrich von Thürheim (1763 - 1832), berichtete Ende 1805 nach München: »Der von der Idee der Pflichtwidrigkeit einer solchen Unterwerfung und schuldiger Anhänglichkeit an seine Corporations Verfassung geleitete Rittergutsbesitzer findet in dem Widerstand gegen die Auforderung der Unterwerfung eine Erhöhung seiner Ehre, die in seiner Einbildungskraft um somehr vergrößert wird, als die üblen Folgen seiner Widersetzlichkeit sich häufen«[304].

Die hier charakterisierten Gesinnungen waren die Triebfeder, die manchem Reichsritter seit 1796 den Rücken gegen alle Versuche Preußens steifte, ihn unter die Landeshoheit Berlins zu zwingen. Ferner sollte die mit dem Verlust der Reichsunmittelbarkeit einhergehende Einbuße an Sozialprestige nicht unterschätzt werden, wenn es um die Motive reichsritterschaftlicher Renitenz gegen Berlins Unterwerfungspläne geht[305]. Allerdings ist dieser Beweggrund außerhalb streng privater reichsritterschaftlicher Korrespondenzen nicht in den Quellen zu fassen[306].

303 GStA PK Berlin, II. HA, Abt. 36, I, Nr. 316, fol. 9, 80 - 81, 91 u. 103 - 108: fortl. Abschrift des Schreibens des Nürnberger Senators Christoph Karl Joseph Ludwig Freiherr von Geuder an den preußischen König, Nürnberg, 31. Dezember 1801, ebd., fol. 80 - 81, hier: fol. 81 (Zitat ebd.). GStA PK Berlin, II. HA, Abt. 36, I, Nr. 340, fol. 39, 102 - 105 u. 171: fortl. Schreiben des Ritterhauptmanns von Crailsheim, Rügland, 18. August 1797, GStA PK Berlin, II. HA, Abt. 36, I, Nr. 179. Schreiben des Ortsvorstandes Odenwald an den Ortsvorstand Rhön-Werra, Kochendorf, 3. Januar 1797, StA Marburg, 109, Nr. 322. Schreiben des Ortsvorstandes Rhön-Werra an die Gebrüder Kress von Kressenstein, Schweinfurt, 18. Januar 1797, ebd. Abschrift des Schreibens der Freiherrn von Künsberg an den preußischen König, Erlangen und Ermreuth, 24. Januar 1798, ebd. Schreiben [des Ritterrats Freiherr von Berlichingen] an Hardenberg, o.O., expediert am 9. Januar 1797, StA Ludwigsburg, B 575 II, Bü 373. Abschrift des Schreibens des Reichsgrafen von Soden an den Ortsvorstand Odenwald, Nürnberg, 29. August 1796, StA Marburg, 109, Nr. 312, Bd. 3 (Zitat ebd.). Abschrift des Schreibens des Johann Karl Christoph Freiherr von Seckendorff an den preußischen König, Stuttgart, 3. September 1796, StA Nürnberg, Mfr (Abgabe 1900), KdI, Nr. 4088. Actenstücke die ... bestrittene Unmittelbarkeit der reichslehenbaren Hofmark Heroldsberg I, 42 ff. (Zitat ebd., S. 45). Ebd. II, S. 357 ff. - Vgl. auch den ähnlich argumentierenden Protest der sich zwangsweise unterwerfenden Freiherrn von Künsberg: Abschrift des Promemorias der Freiherrn von Künsberg, Bayreuth, 20. August 1796, StA Marburg, 109, Nr. 322.

304 Bericht des Grafen Thürheim an den bayerischen Kurfürsten, Würzburg, 19. November 1805, BayHStA, MA, Nr. 39462. Zitatabdruck auch in: *Eberlein*, Bayerns Anteil, S. 135. Speziell zu Reichsgraf Thürheim siehe *Eberlein*, ebd., S. 61, *H. Müller*, Kampf, S. 134 u. *Schärl*, Zusammensetzung, Nr. 68, S. 115.

305 Vgl. die Hervorhebung des Prestigecharakters der reichsritterschaftlichen Reichsunmittelbarkeit bei *Duchhardt*, Reichsritterschaft, S. 325. u. *Sutter*, Kaisertreue, S. 296.

306 Vgl. z. B. den negativen Befund in StA Marburg, 109, Nr. 311, Bd. 1 - 5 u. Bd. 7 - 10, StA Marburg, 109, Nr. 312, Bd. 1 - 4 sowie StA Marburg, 109, Nr. 313.

Die Mentalitäts- und sog. Elitenforschung hat inzwischen herausgearbeitet, dass die Trias »Erinnerung, Tradition und Kontinuität« für Legitimation und Selbstverständnis des frühneuzeitlichen Adels geradezu konstitutiv war[307]. Umso weniger verwunderlich ist es, dass ein weiteres Moment, das den reichsritterschaftlichen Widerstandswillen gegen Berlins Mediatisierungspläne befeuerte, dem dynastisch-genealogischen Denken des Adels entsprang. Viele Reichsritter fühlten sich nämlich gegenüber ihren Nachkommen in einer besonderen Art und Weise verpflichtet: Nach reichsritterschaftlicher Lesart hatten einst ihre Vorfahren die Reichsunmittelbarkeit und landesherrliche Gewalt teuer mit ihren »Gut und Blut erworben«, verteidigt und ihren Nachkommen vererbt. Es war daher die verpflichtende Aufgabe der lebenden Rittergenossen, dieses Erbe wiederum ihren Nachfahren möglichst ungeschmälert zu bewahren und nur bei »einer ganz verlohrnen Sache wenigstens noch das Retten eines schiffbrüchigen [sic]« zu versuchen und mit Berlin günstige Unterwerfungsbedingungen für »eine obschon trübe doch leidentliche Existenz« auszuhandeln[308].

307 *Wrede/Carl*, Einleitung, S. 1 ff. (Zitat ebd., S. 1). *Sikora*, Adel, S. 125 ff.

308 Schreiben des Ortsvorstandes Altmühl an den Ortsvorstand Rhön-Werra, o.O., 11. Oktober 1795, StA Marburg, 109, Nr. 311, Bd. 3, Dok. 261c. Abschrift des Schreibens des Altmühler Ritterhauptmanns Ernst Ludwig Sebastian Freiherr von Crailsheim an den Reichsgrafen von Schlick, o.O., 20. Oktober 1795, ebd., Dok. 262. Denkschrift des Steigerwalder Ritterhauptmanns Friedrich Karl Freiherr von Seckendorff, Weingartsgereuth, 3. November 1795, StA Marburg, 109, Nr. 311, Bd. 5, zu Dok. 323 (Zitat ebd.). Abschrift des Promemorias der Freiherrn von Geuder, Bamberg, 6. Juli 1796, StA Marburg, 109, Nr. 311, Bd. 7 (Zitat ebd.). Schreiben des Ortsvorstandes Steigerwald an den Ortsvorstand Rhön-Werra, Erlangen, 27. Juli 1796, ebd. Votum des Kocherschen Ritterhauptmanns Graf Adelmann von Adelmannsfelden, Ellwangen, 12. April 1798 zum Protokoll der Kocherschen Ritterkanzlei zu Esslingen, StA Ludwigsburg, B 575 III, Bü 905 (Zitat ebd.). Schreiben des Nürnberger Senators Christoph Karl Joseph Ludwig Freiherr von Geuder an Hardenberg, Nürnberg, 3. März 1802, GStA PK Berlin, II. HA, Abt. 36, I, Nr. 316, fol. 103–108, hier: fol. 106 f. Abschrift des Schreibens von Alexander Friedrich Wilhelm Freiherr von Seckendorff an die Bayreuther Regierung, Wetzlar, 17. Oktober 1801, GStA PK Berlin, II. HA, Abt. 36, I, Nr. 340, fol. 102–105, hier: fol. 102 ff. Abschrift des Schreibens von Alexander Friedrich Wilhelm Freiherr von Seckendorff an den preußischen König, Berlin, 8. Januar 1802, ebd., fol. 137–138, hier: fol. 137. Schreiben [des Ritterrats Freiherr von Berlichingen] an Kretschmann, 3. August 1796, StA Ludwigsburg, B 575 II, Bü 373. Abschrift des Schreibens des Nürnberger Senators Christoph Karl Joseph Ludwig Freiherr von Geuder an den preußischen König, Nürnberg, 9. Juni 1797, StA Marburg, 109, Nr. 311, Bd. 9. Abschrift des Schreibens des Reichshofrats Freiherr von Seckendorff an den Ritterhauptmann des Kantons Altmühl, Freiherr von Crailsheim, o.O., 14. Januar 1797, StA Marburg, 109, Nr. 311, Bd. 10. Schreiben des Ritterhauptmanns von Crailsheim, Rügland, 18. August 1797, GStA PK Berlin, II. HA, Abt. 36, I, Nr. 179. Vgl. auch: Schreiben des Ortsvorstandes Rhön-Werra an den Ortsvorstand Altmühl, Schweinfurt, 21. November 1796, StA Marburg, 109, Nr. 311, Bd. 8 u. Nachschreiben des Ortsvorstandes Baunach an den Ortsvorstand Rhön-Werra, Nürnberg, 13. September 1797, StA Marburg, 109, Nr. 318. – Selten klingt in den Quellen dagegen auch die Pflicht der Reichsritter an, das Wohl bzw. »die Rechte derer [...] von der Vorsehung anvertrauten Unterthanen« zu bewahren, weshalb die Rittergenossen eine Unterwerfung unter die preußische Landeshoheit nicht verantworten könnten (Abschrift des Schreibens von Alexander Friedrich Wilhelm Freiherr von Seckendorff an die Bayreuther

Unter diesem Gesichtspunkt verfolgten diejenigen Reichsritter, die relativ schnell den Huldigungseid auf den preußischen König leisteten, und diejenigen Rittergenossen, die sich mit allen Kräften gegen ihre Mediatisierung stemmten, nur unterschiedliche Strategien bei der sozialen, politischen und ökonomischen Selbstbehauptung. Anders gesagt, ging es sowohl in der Unterwerfung als im Widerstand dagegen nicht zuletzt um den »Kampf des Adels ums Obenbleiben« in einer ständisch gegliederten Gesellschaft – dem seit zwanzig Jahren intensiv diskutierten Paradigma der Adelsforschung[309].

Schließlich dürften sich gerade die altadligen reichsritterschaftlichen Familien bei ihrem Widerstand gegen Berlin am Verhalten befreundeter und verwandter Rittergeschlechter orientiert haben: Schließlich war das Corpus equestre nicht nur eine genossenschaftlich organisierte Rechtsgemeinschaft, sondern auch »ein geistig-kultureller und besonders gesellschaftlicher Lebensraum eigener Prägung«, der gerade bei den alten Geschlechtern durch Zusammenhalt, intensive Kontaktpflege und die Übernahme von Aufgaben im kantonalen Ortsvorstand geprägt war[310]. Daher war es auch für das soziale Ansehen innerhalb des Consortium equestre entscheidend, ob ein Reichsritter versuchte, mehr oder weniger lange Widerstand gegen die Mediatisierungsbestrebungen Berlins zu leisten, oder sich vergleichsweise freiwillig unterwarf. Je nachdem konnte er sich der Anerkennung seiner Standesgenossen sowie insbesondere der Ortsvorstände für »standhafte[s] und ächt Teutsche[s] Betragen« und »muthvolle[s] Benehmen« gewiss sein oder für seinen »Wankelmuth und Kleinmuthigkeit [sic]« verdammt werden. Ein Indiz für die Wirkungsmacht solcher sozialen Exklusionsmechanismen ist die zwischen den Zeilen der reichsritterschaftlichen Korrespondenz zu greifende Verachtung, mit der beispielsweise der ehemalige markgräfliche Oberkammerherr Freiherr von Pöllnitz von den (noch) reichsunmittelbar gebliebenen Rittergenossen abgestraft wurde, nachdem dieser zwar bei weitem nicht als Erster, aber angeblich ohne vorher von Berlin unter Druck gesetzt worden zu sein, die preußische Landeshoheit anerkannt hatte[311].

Regierung, Wetzlar, 17. Oktober 1801, ebd., fol. 102 – 105, hier: fol. 102 ff. (Zitat ebd., fol. 104). Abschrift des Schreibens des Nürnberger Senators Christoph Karl Joseph Ludwig Freiherr von Geuder an den preußischen König, Nürnberg, 9. Juni 1797, StA Marburg, 109, Nr. 311, Bd. 9).

309 *R. Braun*, Bemerkungen, S. 87 (Zitat ebd.). *Wrede/Carl*, Einleitung, S. 4 f. *Lorenz/Carl*, Vorwort, S. 7 ff., inbes. 7. *Schraut*, Haus, S. 12 ff., 321. *Conze*, Totgesagte, S. 119 f. *Kreutzmann*, Adel, S. 307.

310 *Riedenauer*, Reichsadel, S. 186 ff. (Zitat ebd., S. 186). Vgl. beispielhaft: *Crailsheim*, Reichsfreiherrn I, S. 58, 96 ff. und *Aufseß*, Geschichte, S. 353 ff.

311 Schreiben des Ortsvorstandes Rhön-Werra an den Reichshofrat Freiherr von Seckendorff, Schweinfurt, 30. Januar 1797, StA Marburg, 109, Nr. 311, Bd. 10 (Zitat ebd.). Abschrift des Schreibens des Philipp Heinrich Christoph Schneider an den Ortsvorstand [Odenwald], Markt Ipsheim, 23. August 1796, ebd. Abschrift der Bekanntmachung des Freiherrlich von Pöllnitzischen Amts zu Frankenberg, Frankenberg, 13. August 1796, ebd. Schreiben des Ortsvorstandes Steigerwald an den Ortsvorstand Rhön-Werra, Erlangen, 18. Juli 1797, ebd. Schreiben des Ortsvorstandes Steigerwald an den Ortsvorstand Rhön-Werra, Erlangen, 15. Februar 1797,

Es war also eine Mischung aus in altadligen Traditionen verwurzelten Denkmustern sowie Befürchtungen vor dem sozialen und wirtschaftlichen Abstieg, die einzelne Reichsritter und deren Ortsvorstände dazu trieb, sich nicht ohne Widerstand unter die preußische Landeshoheit zu beugen.

Dabei kann man jedoch nicht von einer regelrechten Widerstandsbewegung sprechen. Schließlich differierten sowohl der Grad der Einbindung der gewählten Maßnahmen in die reichsritterschaftliche Organisation als auch die Radikalität und Konsequenz der gewählten Schritte. Selbst innerhalb ein und desselben Geschlechtes konnte die Haltung der Rittergenossen zwischen offener Opposition und notgedrungener Kooperation mit Berlin schwanken, wie die Beispiele der Freiherrn von Seckendorff, Künsberg oder Geuder zeigen[312].

ebd. (Zitate ebd.). Schreiben des Ortsvorstandes Steigerwald an den Ortsvorstand Rhön-Werra, Erlangen, 23. Februar 1797, ebd. Schreiben des Ortsvorstandes Baunach an den Ortsvorstand Rhön-Werra, Nürnberg, 18. März 1797, ebd. Schreiben des Ortsvorstandes Rhön-Werra an die Gebrüder Kress von Kressenstein, Schweinfurt, 18. Januar 1797, StA Marburg, 109, Nr. 322. Klageschrift von Rhön-Werra gegen Preußen zu den Beilagen 175 bis 192 zum Reichshofratsprozess, StA Marburg, 109, Nr. 312, Bd. 3. Klageschrift von Rhön-Werra gegen Preußen zu den Beilagen A bis K zum Reichshofratsprozess, StA Marburg, 109, Nr. 312, Bd. 4. Klageschriftsnachtrag von Rhön-Werra gegen Preußen zu den Beilagen T bis W zum Reichshofratsprozess, ebd. Abschrift für Kretschmann von dem Reskript Hardenbergs an die Regierungen sowie die Kriegs- und Domänenkammern von Ansbach und Bayreuth, Ansbach, 14. Juli 1796, StA Nürnberg, Mfr (Abgabe 1900), KdI, Nr. 4088. Schreiben des Ortsvorstandes Rhön-Werra an den Ortsvorstand Altmühl, Schweinfurt, 21. November 1796, StA Marburg, 109, Nr. 311, Bd. 8. – Zur Identifikation des Freiherrn von Pöllnitz siehe auch: *Rehm*, Adress-Buch, S. 299, Onolzbach- und Culmbachischer Genealogischer Calender und Adresse-Buch (1789), S. 55 u. Beschreibung der Reise und des Einzuges Sr. Majestät, S. 33.

312 Bericht von Hardenberg und Alvensleben an den preußischen König, Berlin und Ansbach, 24. Dezember 1801, GStA PK Berlin, II. HA, Abt. 36, I, Nr. 340, fol. 110 – 116, hier: fol. 110. *H. H. Hofmann*, Herrschaft, S. 179 ff. – Beispielsweise konnte sich der Major Theresius Joseph Karl Franz Sigmund Freiherr von Seckendorff (1758 – 1825), der bereits Friedrich Wilhelm II. den Untertaneneid geleistet hatte und seit 1797 als Direktor des Ansbacher Kreises in preußischen Diensten stand, sicher nicht ohne Grund des besonderen Vertrauens Hardenbergs bei der Bestellung einer reichsritterschaftlichen Deputation zur Huldigung vor dem neuen König Friedrich Wilhelm III. erfreuen. Theresius stand mit seiner Eidesleistung unter den Freiherrn von Seckendorff zu Obernzenn keineswegs allein. Auch drei weitere Mitbesitzer von Obernzenn leisteten den Eid auf den preußischen König, während ihr Verwandter, der württembergische Kreisdirektorialgesandte Johann Karl Christoph Freiherr von Seckendorff, die Huldigung für seinen Anteil am Rittergut Obernzenn beharrlich verweigerte. Auch Alexander Friedrich Wilhelm Freiherr von Seckendorff (1743 – 1814) gehörte, wie noch näher ausgeführt werden wird, zu den schärfsten Widersachern der preußischen Mediatisierungspolitik (Protokoll, Ansbach, 23. Juni 1798, GStA PK Berlin, II. HA, Abt. 36, XI, Nr. 1, fol. 95 – 101, hier: fol. 95. Abschrift für Kretschmann von dem Reskript Hardenbergs an die Regierungen sowie die Kriegs- und Domänenkammern von Ansbach und Bayreuth, Ansbach, 14. Juli 1796, StA Nürnberg, Mfr (Abgabe 1900), KdI, Nr. 4088. Schreiben des [Johann Karl Christoph] Freiherrn von Seckendorff an Kretschmann, Stuttgart, 3. September 1796, ebd. Abschrift des Schreibens des Johann Karl Christoph Freiherr von Seckendorff an den preußischen König, Stuttgart, 3. September 1796, ebd. Abschrift des Berichts Hardenbergs an das Kabinettsministerium in Berlin, Ansbach, 5. Oktober 1796, ebd. Abschrift des Schreibens von Kretschmann an den Freiherrn Johann Karl Christoph von Seckendorff, Ansbach, 1. Dezember 1796, ebd. Schreiben

Dem Widerstand einzelner Reichsritter gegen ihre vollständige Mediatisierung wird sich die vorliegende Studie nun auch als Erstes zuwenden.

Eine vergleichsweise ungefährliche Variante widerständischem Verhaltens bildete der Versuch einiger Rittergenossen, bei dem seit 1796 eingeforderten Huldigungseid auf den preußischen König den offenen Bruch der dem Kaiser und dem Corpus equestre geleisteten Eide zu umgehen: Entweder behielten sich dabei die Reichsadligen die Gerechtsame von Kaiser und Reichsritterschaft sowie die diesen schuldigen Pflichten vor oder sie begleiteten ihren Treueschwur auf Friedrich Wilhelm II. mit der Erklärung, dass sie diesen nur unter Zwang und gegen ihren Willen abgelegt hätten. Andere Reichsritter leisteten Widerstand, indem sie zumindest der ersten Vorladung Kretschmanns zur Huldigung nicht nachkamen. Manchen Rittergenossen, die unmittelbar gebliebene Besitzungen außerhalb der Reichweite der preußischen Exekutionskommandos besaßen oder in fremden Diensten standen, bot sich zudem die Alternative, sich der Huldigung zu entziehen, indem sie das Land verließen[313]. Eine besondere Variante, ihren Protest gegen die ihnen aufge-

des [Johann Karl Christoph] Freiherr von Seckendorff an Kretschmann, Stuttgart, 17. Dezember 1796, ebd. Schreiben des [Johann Karl Christoph] Freiherr von Seckendorff an Kretschmann, Stuttgart, 28. Februar 1797, ebd. Bericht der Ansbacher Kriegs- und Domänenkammer an Hardenberg, Ansbach, 9. April 1799, GStA PK Berlin, II. HA, Abt. 36, I, Nr. 340, fol. 56–66, hier: fol. 64. Bericht Hardenbergs an das Kabinettsministerium, Ansbach, 14. Dezember 1801, ebd., fol. 108–109, hier: fol. 108. Bericht von Hardenberg und Alvensleben an den preußischen König, Berlin und Ansbach, 24. Dezember 1801, ebd., fol. 110–116, hier: fol. 110. Bericht Hardenbergs an den König, Berlin und Ansbach, 8. Februar 1802, GStA PK Berlin, II. HA, Abt. 36, I, Nr. 316, fol. 83–87, hier: fol. 83. Speziell zur Person von Theresius Freiherr von Seckendorff: *Rechter*, Seckendorff, S. 257 f. Speziell zur Person von Alexander Friedrich Wilhelm Freiherr von Seckendorff: *Rechter*, ebd., S. 270 f. Promemoria des Grafen Eckbrecht von Dürckheim, Thürnhofen, 10. September 1796, HHStA Wien, RK, Reichsakten in specie, Fasz.-Nr. 50). – Das gleiche Bild bot sich bei den Freiherrn von Geuder: Während ein Teil der Familie dem preußischen König huldigte, leistete der Nürnberger Senator Christoph Karl Joseph Ludwig Freiherr von Geuder erbitterten Widerstand gegen seine Mediatisierung durch Preußen (Bericht Hardenbergs an den König, Berlin und Ansbach, 8. Februar 1802, GStA PK Berlin, II. HA, Abt. 36, I, Nr. 316, fol. 83–87, hier: fol. 83 f. Historische, aktenmäßige Darstellung und Entwickelung, S. 249 ff. Actenstücke die … bestrittene Unmittelbarkeit der reichslehenbaren Hofmark Heroldsberg I, S. 42 ff.). – Ähnlich verhielt es sich mit den Freiherrn von Künsberg, von deren einzelnen Linien bereits zahlreiche Familienmitglieder gehuldigt hatten, während sich die beiden Freiherrn von Künsberg-Thurnau in ihrer Eigenschaft als Besitzer von Ermreuth noch Anfang 1798 gegen einen derartigen Schritt verwahrten (Abschrift des Schreibens der Freiherrn von Künsberg an den Ortsvorstand Gebürg, o.O., 14. März 1798, StA Marburg, 109, Nr. 322. Klageschrift von Rhön-Werra gegen Preußen zu den Beilagen 1 bis 37 zum Reichshofratsprozess, ebd. Abschrift des Schreibens der Freiherrn von Künsberg an den preußischen König, Erlangen und Ermreuth, 17. September 1797, ebd.).

313 Schreiben des Ritterhauptmanns von Crailsheim, Rügland, 18. August 1797, GStA PK Berlin, II. HA, Abt. 36, I, Nr. 179. Schreiben des Ortsvorstandes Steigerwald an den Ortsvorstand Rhön-Werra, Erlangen, 27. Juli 1796, StA Marburg, 109, Nr. 311, Bd. 7. Abschrift des Protokolls über die Vereidigung des Friedrich Karl Freiherr von Frankenstein, Neustadt an der Aisch, 18. Juli 1796, ebd. Klageschrift von Rhön-Werra gegen Preußen zu den Beilagen 1 bis 87 zum Reichshofratsprozess, StA Marburg, 109, Nr. 312, Bd. 1. Zu Beilage 101: Abschrift des Pro-

zwungene Huldigung zum Ausdruck zu bringen, wählten der Graf Eckbrecht von Dürckheim-Montmartin sowie einige Freiherrn von Seckendorff: Sie erschienen zwar mehr oder weniger bereitwillig zur Eidesleistung im Ansbacher Schloss, jedoch nur »zu Fuß, und ohne Degen, bloß in einem simplen Frack, in Schun und Strümpfen bekleidet«. Zwar zeichnete sich der von Kretschmann für die Huldigung gewählte zeremonielle Rahmen nicht durch besondere Feierlichkeit aus[314]. Aber dennoch war der geradezu bürgerliche Aufzug der besagten Reichsritter dem republikanischen Frankreich, nicht aber einem Huldigungsakt in der Feudalgesellschaft des Alten Reiches angemessen. Unter diesem Blickwinkel musste die schlichte Kleidung der Rittergenossen geradezu delegitimierend wirken und die symbolische Außenwirkung des Huldigungsrituals konterkarieren[315]. Folgt man dem Ansatz der kulturalistisch beeinflussten frühneuzeitlichen Zeremonialforschung, dann dekonstruierten die Reichsritter die preußische Behauptung über ihr angebliches Landsassiat, indem sie ihr Handeln nicht an der Erwartungshaltung der Gegenseite ausrichteten: Die Rittergenossen nutzten den Huldigungsakt als »symbolisch-rituelle Verkörperung« der machtpolitisch neugeschaffenen Ordnung, um

memorias der Freiherrn Hans Friedrich Franz und Friedrich Karl Ludwig Ernst von Künsberg an die königliche Huldigungskommission, Bayreuth, 20. August 1796, StA Marburg, 109, Nr. 312, Bd. 2. StA Marburg, 109, Nr. 322: fortl. für August bis November 1796. StA Ludwigsburg, B 575 II, Bü 300: fortl. für September/Oktober 1796 sowie für Juni 1797. Nachschreiben des Ortsvorstandes Kocher an Hardenberg wegen des Ritterguts Wildenstein, Esslingen, 31. Juli 1797, StA Ludwigsburg, B 575 IV, Bü 351. Zusammenstellung der preußischen Übergriffe gegenüber dem Freiherrlich Hofer von Lobensteinischen Amt zu Wildenstein und seinen Untertanen, Wildenstein, 9. April 1797, StA Ludwigsburg, B 575 II, Bü 445. Schreiben des Ritterhauptmanns von Altmühl, Freiherr von Crailsheim, an den Ritterhauptmann von Rhön-Werra, Freiherr von und zu der Tann, Rügland, 8. Dezember 1796, StA Marburg, 109, Nr. 313. Promemoria des Grafen Eckbrecht von Dürckheim, Thürnhofen, 10. September 1796, HHStA Wien, RK, Reichsakten in specie, Fasz.-Nr. 50. Schreiben der Freiherrn von Seckendorff zu Obernzenn an Kretschmann, Obernzenn, 12. Juli 1796, StA Nürnberg, Mfr (Abgabe 1900), KdI, Nr. 4088. Vgl. auch Proposition an die sieben Konvozierten der Ansbacher Ritterschaft, Ansbach, 8. Juni 1798, GStA PK Berlin, II. HA, Abt. 36, XI, Nr. 1, fol. 92 u. *H. H. Hofmann*, Herrschaft, S. 181. – Dass den im Ausland befindlichen Rittergenossen ein schriftliches Eidesformular zur Unterzeichnung zugeschickt wurde, konnten diese natürlich nicht verhindern (Nachschreiben des Freiherrlich Hofer von Lobensteinischen Amtmanns Philipp Jakob Stoll an den Ortsvorstand Kocher, o.O., 25. Oktober 1796, StA Ludwigsburg, B 575 II, Bü 445. Zusammenstellung der preußischen Übergriffe gegenüber dem Freiherrlich Hofer von Lobensteinischen Amt zu Wildenstein und seinen Untertanen, Wildenstein, 9. April 1797, ebd. Abschrift des Reskripts der Ansbacher Kriegs- und Domänenkammer an das Freiherrlich Hofer von Lobensteinische Gericht zu Wildenstein, Ansbach, 11. Januar 1797, ebd. Schreiben Kretschmanns an den Freiherrn Johann Karl Christoph von Seckendorff, Ansbach, 10. September 1796, StA Nürnberg, Mfr (Abgabe 1900), KdI, Nr. 4088. »Die Verhältnisse u(nd) Schicksale der freyen Reichsherrschaft Mt. Sugenheim in Franken, historisch dargestellt und entwickelt«, StA Marburg, 109, Nr. 1789).

314 Promemoria des Grafen Eckbrecht von Dürckheim, Thürnhofen, 10. September 1796, HHStA Wien, RK, Reichsakten in specie, Fasz.-Nr. 50.

315 Siehe Kapitel VII.1.

deren Fundament im Sinne einer »soziale[n] Konstruktion und kollektive[n] Sinnzuschreibung« zu destabilisieren[316].

Es gab aber auch einige Reichsritter, die ihren Widerstand noch deutlicher zum Ausdruck brachten, da sie nicht bereit waren nachzugeben oder sich auf Formelkompromisse einzulassen. Diese Reichsadligen ertrugen teilweise über viele Jahre die preußischen Strafmaßnahmen, da sie, »so lange göttliche und menschliche Rechte nicht nach Willkühr umgestoßen und vernichtet werden«, nicht eher schwören würden, bevor sie nicht vom Kaiser Verhaltensbefehle oder die Entlassung aus ihren Eidespflichten erhalten hätten[317]. Als markantes Beispiel soll hier der Fall des Alexander Friedrich Wilhelm Freiherr von Seckendorff-Aberdar (1743–1814) näher ausgeführt werden. Dieser Bruder des inzwischen verschiedenen Steigerwalder Ritterhauptmanns zeichnete sich in seinem Widerstand nämlich durch besondere Beharrlichkeit aus. Schließlich wurde Alexander Friedrich Wilhelm Freiherr von Seckendorff nicht nur später Deutschordens- und Landkomtur der Ballei Hessen, sondern er konnte sich auch Generalfeldwachtmeister, Brigadier und ab 1801 Generalfeldmar-

316 *Stollberg-Rilinger*, Des Kaisers alte Kleider, S. 9 ff. (Zitate ebd., S. 9). *Dies.*, Inszenierung, S. 235 f.

317 Zu Beilage 94: Abschrift des Schreibens von Johann Christoph Sigmund und Johann Georg Friedrich Christoph Kress von Kressenstein an den Kommissar Kretschmann, Nürnberg, 8. November 1796, StA Marburg, 109, Nr. 312, Bd. 2 (Zitat ebd.). – Speziell zu den preußischen Strafmaßnahmen gegen die den Huldigungseid verweigernden Rittergenossen siehe Kapitel VII.1. – Zu diesem harten Kern des reichsritterschaftlichen Widerstands, der die Eidesleistung über Jahre sowie ungeachtet aller preußischen Strafmaßnahmen und -androhungen verweigerte, gehörten beispielsweise die beim Kanton Altmühl immatrikulierten Brüder Johann Christoph Sigmund und Johann Georg Friedrich Christoph Kress von Kressenstein, der württembergische Direktorialgesandte beim Schwäbischen Reichskreis Johann Karl Christoph Freiherr von Seckendorff für seine Besitzungen im Kanton Altmühl, Christoph Karl Joseph Ludwig Freiherr von Geuder – Nürnberger Senator und Mitglied des Ortsvorstandes des Kantons Gebürg – für seine Güter Heroldsberg und Stein, die beiden Freiherrn und Oberhäupter der zwei Linien des Hauses von Aufseß sowie der bereits vorgestellte Reichshofrat und ab 1800 letzte evangelische Präsident des Reichskammergerichts Franz Paul Christoph von Seckendorff als Besitzer des Ritterguts Unternzenn. Statt den Eid auf den preußischen König zu leisten, ließen diese Rittergenossen jede preußische Huldigungsaufforderung kurzerhand unbeachtet oder schickten Protestschreiben an die königlichen Behörden in den fränkischen Provinzen bzw. direkt nach Berlin (Klageschriftsnachtrag von Rhön-Werra gegen Preußen zu den Beilagen 91 bis 94 zum Reichshofratsprozess, StA Marburg, 109, Nr. 312, Bd. 2. Ebd.: fortl. für August 1796 bis Januar 1797. Schreiben des Ortsvorstandes Rhön-Werra an die Gebrüder Kress von Kressenstein, Schweinfurt, 18. Januar 1797, StA Marburg, 109, Nr. 322. StA Nürnberg, Mfr (Abgabe 1900), KdI, Nr. 4088: fortl. für September 1796 bis Februar 1797. GStA PK Berlin, II. HA, Abt. 36, I, Nr. 340, fol. 36, 56–66, 176, hier: fol. 36, 65 u. 176. Abschrift des Reskripts Hardenbergs an den 2. Kammersenat zu Ansbach, Berlin, 21. November 1805, ebd. GStA PK Berlin, II. HA, Abt. 36, I, Nr. 316, fol. 1–16, 25, 61–109 u. 114: fortl. Schreiben des Nürnberger Senators Christoph Karl Joseph Ludwig Freiherr von Geuder an Hardenberg, Wien, 3. Juli 1802, ebd. *Liermann*, Aufseß, S. 389 f. Speziell zur Rolle von Franz Paul Christoph von Seckendorff als Präsident des Reichskammergerichts siehe *Jahns*, Reichskammergericht II/1, S. 478, *Mader*, Priester, S. 19, 66 ff. u. *Rechter*, Seckendorff, S. 280).

schallleutnant der k. k. Armee nennen[318]. Vor allem aber war er Besitzer der zum Kanton Steigerwald kollektablen Rittergüter Duzenthal und Sugenheim, wobei es sich bei Letzterem um einen geschlossenen reichsritterschaftlichen Bezirk mit Markt handelte, der zwölf Kilometer nordwestlich von Neustadt an der Aisch an das Bayreuther Amt Lenkersheim grenzte. Über beide Besitzkomplexe stand seinem Geschlecht neben der Vogteilichkeit auch die von Ansbach zu Lehen gehende Cent zu[319]. Als Seckendorff im August 1796 von Kretschmann die Vorladung zur Huldigung erhielt, weigerte er sich rundheraus einem solch »äußerst befremdenden« Ansinnen nachzukommen. Stattdessen ließ er die in Duzenthal angeschlagenen Patente einschließlich der Adlertafel abnehmen und dem zuständigen königlichen Oberamt zurücksenden[320]. Während preußische Exekutionstruppen den Widerstandswillen

318 Nachschreiben des Ortsvorstandes Steigerwald an den Ortsvorstand Rhön-Werra, Erlangen, 19. September 1796, StA Marburg, 109, Nr. 311, Bd. 7. Abschrift des Schreibens von Alexander Friedrich Wilhelm Freiherr von Seckendorff an den Ortsvorstand Steigerwald, Bayreuth, 14. August 1796, ebd. Abschrift des Schreibens von Alexander Friedrich Wilhelm Freiherr von Seckendorff an Hardenberg, Bayreuth, 6. August 1796, ebd. Abschrift des Schreibens von Alexander Friedrich Wilhelm Freiherr von Seckendorff an die Bayreuther Regierung, Wetzlar, 17. Oktober 1801, GStA PK Berlin, II. HA, Abt. 36, I, Nr. 340, fol. 102–105, hier: fol. 105. – In den österreichischen Niederlanden war Alexander Friedrich Wilhelm Freiherr von Seckendorff, der schließlich auch den Titel eines kaiserlichen Wirklichen Kämmerers führte, Generaladjutant des Generalgouverneurs gewesen (*Mauchenheim*, Ritterschaft I, S. 454. *Rechter*, Seckendorff, S. 271 ff.). – Speziell zur Person von Alexander Friedrich Wilhelm Freiherr von Seckendorff: *Rechter*, ebd., S. 270 ff. u. *Obser*, Seckendorff, S. 292.

319 4. Nachschreiben des Ortsvorstandes Steigerwald an den Ortsvorstand Rhön-Werra, Erlangen, 19. September 1796, StA Marburg, 109, Nr. 311, Bd. 7. Abschrift des Schreibens von Alexander Friedrich Wilhelm Freiherr von Seckendorff an den Ortsvorstand Steigerwald, Bayreuth, 14. August 1796, ebd. Abschrift des Schreibens von Alexander Friedrich Wilhelm Freiherr von Seckendorff an Hardenberg, Bayreuth, 6. August 1796, ebd. Bericht des Ansbacher Archivars Karl Sigmund Strebel, Ansbach, 30. März 1797, GStA PK Berlin, II. HA, Abt. 36, I, Nr. 340, fol. 1–2, hier: fol. 1 f. Bericht der Ansbacher Kriegs- und Domänenkammer an Hardenberg, Ansbach, 9. April 1799, ebd., fol. 56–66, hier: fol. 56. »Die Verhältnisse u(nd) Schicksale der freyen Reichsherrschaft Mt. Sugenheim in Franken, historisch dargestellt und entwickelt«, StA Marburg, 109, Nr. 1789. – Zur geografischen Lage und den Rechtsverhältnissen Sugenheims siehe auch *Spindler/Diepolder* (Hg.), Geschichtsatlas, S. 30 f. u. *Rechter*, Seckendorff, S. 450 ff.

320 Nachschreiben des Ortsvorstandes Steigerwald an den Ortsvorstand Rhön-Werra, Erlangen, 19. September 1796, StA Marburg, 109, Nr. 311, Bd. 7. Abschrift des Schreibens des Freiherrlich von Seckendorffischen Amtmanns Johann Albrecht Killinger zu Markt Sugenheim an die Kastenamtsverwesung zu Markt Ipsheim, Markt Sugenheim, 1. August 1796, ebd. Abschrift des Schreibens des Kommissars Kretschmann an Alexander Friedrich Wilhelm Freiherr von Seckendorff, Ansbach, 3. August 1796, ebd. Abschrift des Schreibens von Alexander Friedrich Wilhelm Freiherr von Seckendorff an Hardenberg, Bayreuth, 6. August 1796, ebd. Abschrift des Schreibens von Alexander Friedrich Wilhelm Freiherr von Seckendorff an den Kommissar Kretschmann, Bayreuth, 6. August 1796, ebd. Bericht der Ansbacher Kriegs- und Domänenkammer an Hardenberg, Ansbach, 9. April 1799, GStA PK Berlin, II. HA, Abt. 36, I, Nr. 340, fol. 56–66, hier: fol. 64. Schreiben des Ortsvorstandes Steigerwald an den Ortsvorstand Rhön-Werra, Erlangen, 23. Februar 1797, StA Marburg, 109, Nr. 311, Bd. 10. Klageschrift von Rhön-Werra gegen Preußen zu den Beilagen A bis K zum Reichshofratsprozess, StA Marburg, 109, Nr. 312, Bd. 4. Abschrift des Berichts des Freiherrlich von Seckendorffischen Amtmanns

seiner Untertanen und des verantwortlichen Beamten brachen, verweigerte Seckendorff noch im Spätherbst 1805 den Huldigungseid auf den preußischen König. Auch die bereits erwähnte und rund sechs Jahre dauernde, sequestrationsweise Einziehung seiner Gerichtsbarkeit über Sugenheim konnte ihn genauso wenig umstimmen wie die Drohung mit dem Felonieprozess. Vielmehr reichte der General beim preußischen König, Hardenbergs fränkischem Landesministerium und dessen nachgeordneten Behörden seit dem Sommer 1796 ein Beschwerdeschreiben nach dem anderen ein. Dabei wurde er von seinem Bruder Christoph Albrecht, dem 1787 gestürzten markgräflichen Minister und nunmehrigen württembergischen Reichstagsgesandten sowie Ritterhauptmann des Kantons Baunach, tatkräftig unterstützt. In seinen Beschwerden verwahrte Alexander Friedrich Wilhelm von Seckendorff seine Stellung als reichsunmittelbarer Landesherr derart selbstbewusst, dass der – aus preußischer Sicht – »aufgeblasene Ton« der Seckendorffischen Protestschreiben die königlichen Behörden wiederholt zur Weißglut brachte. Selbst Hardenberg ließ schon mal die gebotenen Etikette fahren und ein persönliches Schreiben des Generals an ihn, ob des darin enthaltenen »Unsinn[s]«, unbeantwortet zu den Akten gehen. Obwohl Alexander Friedrich Wilhelm von Seckendorff aus dem Krieg noch drei Kugeln im Bein hatte, reiste der General im Winter 1801/02 persönlich nach Berlin, um seine Interessen am Königshof zu verteidigen. Zudem trieb er bis 1800 beharrlich seinen durch Rhön-Werra vor dem Reichshofrat eingeleiteten Prozess gegen die Mediatisierung seiner Güter voran und legte der Ausübung der preußischen Landeshoheit über seine Besitzungen immer wieder Steine in den Weg[321].

Einen subtileren Weg zur Bewahrung ihrer Reichsunmittelbarkeit als die die Eidesleistung konsequent verweigendern Rittergenossen wählten jene Reichsritter, die versuchten, Berlin von der Unrechtmäßigkeit seiner Landeshoheitsansprüche im konkreten Einzelfall zu überzeugen. Diese mehrfach in den Akten belegte reichsritterschaftliche Verteidigungsstrategie lässt sich am Beispiel der Freiherrn von Geuder als Besitzer der zum Kanton Gebürg steuernden Herrschaft Heroldsberg besonders gut nachvollziehen[322]: Den

Killinger an den Ortsvorstand Steigerwald, Markt Sugenheim, 7. Februar 1797, ebd. Abschrift des Berichts des Freiherrlich von Seckendorffischen Amtmanns Killinger an das Oberamt zu Markt Ipsheim, Markt Sugenheim, 18. August 1797, ebd.

321 GStA PK Berlin, II. HA, Abt. 36, I, Nr. 340: fortl. Bericht von Hardenberg und Alvensleben an den preußischen König, Berlin und Ansbach, 24. Dezember 1801, GStA PK Berlin, II. HA, Abt. 36, I, Nr. 340, fol. 110–116, hier: fol. 114 (Zitat ebd.). Bemerkung auf dem Schreiben von Alexander Friedrich Wilhelm Freiherr von Seckendorff an Hardenberg, Sugenheim, 13. April 1802, ebd. (Zitat ebd.). StA Marburg, 109, Nr. 312, Bd. 4: fortl. »Die Verhältnisse u(nd) Schicksale der freyen Reichsherrschaft Mt. Sugenheim in Franken, historisch dargestellt und entwickelt«, StA Marburg, 109, Nr. 1789. Vielfach unzutreffend: *H. H. Hofmann*, Herrschaft, S. 179 f.

322 Die Strategie, Berlin von der Rechtmäßigkeit der eigenen Reichsunmittelbarkeit zu überzeugen, wählten auch die Freiherrn von Künsberg (Thurnauer Linie) für das Rittergut Ermreuth, der Ritter- und kurpfalz-bayerische Kammerrat Ernst Ludwig Freiherr von Berlichingen,

Freiherrn von Geuder schien ausgerechnet die bereits erwähnte öffentliche Erklärung des Königs zur Reichsritterschaft einen Ausweg zur Rettung ihrer Reichsunmittelbarkeit zu eröffnen. In dieser wurde nämlich zugesichert, Friedrich Wilhelm II. würde »allen denjenigen Mitgliedern der Ritterschaft, welche gegenwärtig als Insaßen angesprochen werden, auf der Stelle Unmittelbarkeit zugestehen, wenn sie nach den Begriffen erwiesen werden kan [sic], welche die Reichsgrundgesetze damit verbinden«. Diese Versicherung wiederholte Hardenberg in zwei Schreiben an die Herren von Heroldsberg im Juli 1796[323]. Auf diese Versprechen beriefen sich die Freiherrn von Geuder und ersuchten Hardenberg im Sommer 1796 wiederholt, die Maßnahmen zur Durchsetzung der preußischen Landeshoheit über ihre Reichshofmark solange zu sistieren, bis sie die Beweise ihrer Reichsunmittelbarkeit aus dem Besitz der einzelnen Familienzweige beisammenhätten. Doch zu derart weitreichenden Zugeständnissen war der Dirigierende Minister nicht bereit. Stattdessen wurde noch im gleichen Monat den Heroldsberger Amtleuten und Untertanen der Freiherrn von Geuder der Huldigungseid auf den preußischen König abgenommen. Erst Mitte Dezember 1796, nachdem Berlin bereits alle wesentlichen Landeshoheitsrechte über Heroldsberg in Anspruch genommen und die Freiherrn von Geuder wiederholt zum Huldigungseid auf den preußischen König aufgefordert hatte, konnten Kretschmann Urkundenabschriften und eine kurze Darstellung zugunsten der Reichsunmittelbarkeit der Reichshofmark Heroldsberg und seiner Besitzer vorgelegt werden[324]. Die Restitution der immediaten Stellung der Freiherrn von Geuder und ihrer landesherrlichen Rechte erfolgte hierauf jedoch genauso wenig wie auf eine

dessen Gemahlin ein Viertel des zum schwäbischen Kanton Kocher steuernden Ritterguts Rech(en)berg ihr Eigen nennen konnte, sowie die Freifrau von Hutten als Besitzerin des zum Kanton Odenwald steuernden Ritterguts Aspach. Doch Erfolg war den genannten Reichsadligen damit genauso wenig beschieden, wie all ihren anderen Maßnahmen zur Veteidigung ihrer hergebrachten Rechtsstellung (Schreiben der Freiherrn von Künsberg an den Odenwalder Ritterhauptmann und reichsritterschaftlichen Generalablegaten Freiherr von Gemmingen, Erlangen und Ermreuth, 26. Juni 1798, StA Ludwigsburg, B 91a, Bü 7. StA Marburg, 109, Nr. 322: fortl. Abschrift des Schreibens der Freifrau von Hutten an den Ortsvorstand Steigerwald, Nürnberg, 14. August 1801, StA Marburg, 109, Nr. 313. StA Ludwigsburg, B 575 II, Bü 373: fortl. für August 1796 bis Februar 1797. Speziell zu Berlichingens Funktion als Odenwalder Ritter- und kurpfalzbayerischer Kammerrat siehe: Abschrift des Schreibens des Kommissars Kretschmann an den Freiherrn von Berlichingen, Ansbach, 3. August 1796, StA Ludwigsburg, B 575 II, Bü 373, Abschrift des Schreibens des Kommissars Kretschmann an den Freiherrn von Berlichingen, Ansbach, 23. Dezember 1796, ebd. u. Schreiben des Ritterrats Freiherr von Berlichingen an den Ortsvorstand Kocher, Ansbach, 12. Oktober 1796, ebd.).

323 Actenstücke die … bestrittene Unmittelbarkeit der reichslehenbaren Hofmark Heroldsberg I, S. 112 f. Oeffentliche Erklärung wegen der Brandenburgischen Insassen, S. 11 (Zitat ebd.). – Speziell zur rechtlichen Stellung von Heroldsberg siehe Kapitel VI.1.

324 Abschrift des Schreibens des Nürnberger Senators Christoph Karl Joseph Ludwig Freiherr von Geuder an den preußischen König, Nürnberg, 9. Juni 1797, StA Marburg, 109, Nr. 311, Bd. 9. Actenstücke die … bestrittene Unmittelbarkeit der reichslehenbaren Hofmark Heroldsberg I, S. 22 ff., 111 ff., 238 ff. Ebd. II, S. 380 f.

ihnen abgeforderte, etwas ausführlichere Ausarbeitung ihrer Rechtsansprüche[325]. Stattdessen erhielten die Freiherrn von Geuder Anfang Juni 1797 durch Kretschmann zusammen mit einer erneuten Aufforderung zur Huldigung zwei historisch-rechtliche Abhandlungen Karl Heinrich Langs zugestellt. In diesen wurden alle Ansprüche des Geuderschen Geschlechts auf die Reichsunmittelbarkeit verworfen[326]. Alle im Jahresverlauf noch folgenden Proteste und Reklamationen der Freiherrn von Geuder waren damit von vorneherein zum Scheitern verurteilt[327].

Ganz andere Dimensionen als in den bisher geschilderten Fällen erreichte der Widerstand einzelner Rittergenossen gegenüber den preußischen Landeshoheitsansprüchen im Sommer 1798: Wie bereits ausgeführt, wurden damals die vogtländischen und bisherigen Reichsritter zur Wahl von Deputierten aufgerufen, die dem neuen preußischen König am 6. Juli in Berlin feierlich huldigen sollten[328]. Ungeachtet aller von Hardenberg angewandten Zwangsmaßnahmen, die die Reichsritter de facto der Landeshoheit Berlins

325 Abschrift des Schreibens des Christoph Karl Joseph Ludwig von Geuder an Kretschmann, Nürnberg, 3. Februar 1797, StA Marburg, 109, Nr. 311, Bd. 9. Abschrift des Schreibens von Kretschmann an Christoph Karl Joseph Ludwig von Geuder, Ansbach, 12. Februar 1797, ebd. Abschrift des Schreibens des Christoph Karl Joseph Ludwig von Geuder an Kretschmann, Nürnberg, 3. Februar 1797, ebd. Abschrift des Schreibens des Christoph Karl Joseph Ludwig von Geuder an Kretschmann, Nürnberg, 22. Februar 1797, ebd. Abschrift des Schreibens des Nürnberger Senators Christoph Karl Joseph Ludwig Freiherr von Geuder an Kretschmann, Nürnberg, 9. Juni 1797, ebd. Abschrift des Schreibens des Nürnberger Senators Christoph Karl Joseph Ludwig Freiherr von Geuder an Hardenberg, Nürnberg, 9. Juni 1797, ebd. Abschrift des Schreibens des Nürnberger Senators Christoph Karl Joseph Ludwig Freiherr von Geuder an den preußischen König, Nürnberg, 9. Juni 1797, ebd. Abschrift des Schreibens des Nürnberger Senators Christoph Karl Joseph Ludwig Freiherr von Geuder an Hardenberg, Nürnberg, [ca. Frühjahr 1797], ebd. Abschrift des Schreibens des Nürnberger Senators Christoph Karl Joseph Ludwig Freiherr von Geuder an Kretschmann, o.O., 11. Mai 1797, ebd. Actenstücke die ... bestrittene Unmittelbarkeit der reichslehenbaren Hofmark Heroldsberg I, S. III ff., 22 f., 47 f., 215 ff., 240 ff. Ebd. II, S. 381 f.

326 Nicht ausgefertigtes Reskript Hardenbergs an den Nürnberger Senator Christoph Karl Joseph Ludwig Freiherr von Geuder, Hardenberg, Juli 1797, GStA PK Berlin, II. HA, Abt. 36, I, Nr. 316, fol. 1. Actenstücke die ... bestrittene Unmittelbarkeit der reichslehenbaren Hofmark Heroldsberg II, S. 245/247 ff., 356, 382. – Bereits bevor die endgültige Entscheidung über die künftige Rechtsstellung Heroldsbergs und seiner Besitzer gefallen und verkündet worden war, noch im Jahr 1796, hatten mehrere Freiherrn von Geuder ihre Bereitschaft zur Leistung des Untertaneneides erklärt, den der angeblich unzurechnungsfähige Freiherr Christian von Geuder-Rabenstein auch realiter ablegte (Historische, aktenmäßige Darstellung und Entwickelung, S. 251. Actenstücke die ... bestrittene Unmittelbarkeit der reichslehenbaren Hofmark Heroldsberg I, S. 45).

327 Actenstücke die ... bestrittene Unmittelbarkeit der reichslehenbaren Hofmark Heroldsberg II, S. 356 ff., 377 ff.

328 Publikandum Hardenbergs für die konvozierten Ansbacher Ritter, Ansbach, 3. Juni 1798, GStA PK Berlin, II. HA, Abt. 36, XI, Nr. 1, fol. 34. Proposition an die sieben Konvozierten der Ansbacher Ritterschaft, Ansbach, 8. Juni 1798, ebd., fol. 92. Publikandum Hardenbergs für die konvozierten Bayreuther Ritter, Ansbach, 3. Juni 1798, GStA PK Berlin, II. HA, Abt. 36, XI, Nr. 7. Proposition an die sieben Konvozierten der Bayreuther Ritterschaft, Bayreuth, 11. Juni 1798, ebd. Der Fränkische Merkur, Nr. 32, 7. August 1798, Sp. 1017 f.

unterwarfen, markierte die geforderte Erbhuldigung die endgültige politische und rechtliche Anerkennung der Mediatisierungen Ansbach-Bayreuths durch die betroffenen Ritter in aller Öffentlichkeit[329]. Dies erklärt auch die ritterschaftliche Reaktion, die die Aufforderung Hardenbergs hervorrief, Deputierte zu wählen und zur Huldigung nach Berlin zu entsenden: Es gingen nämlich nicht nur Stimmen für diejenigen Huldigungsdeputierten ein, die zwei von Hardenberg handverlesener Ausschüsse zur Wahl vorgeschlagen hatten. Von den zur Abstimmung berechtigten und aufgrund ihres Aufenthaltsortes auch fähigen Rittergutsbesitzern in Ansbach boykottierte rund ein Drittel die Wahl. Noch viel deutlicher fiel das Ergebnis in Bayreuth aus. Hier fügten sich die vogtländischen Ritter weitgehend problemlos der Wahlaufforderung, während von den wahlberechtigten bisherigen Reichsrittern im obergebürgischen Fürstentum nur 20 bis 25 % ihre Stimme abgaben. Die meisten Ritter begnügten sich bei ihrem Boykott damit, eine Empfangsbestätigung der Wahlaufforderung zurückzuschicken oder die ganze Angelegenheit stillschweigend auf sich beruhen zu lassen. Drei unterworfenen Rittergenossen in Ansbach und gut zehn weiteren in Bayreuth reichte dies jedoch nicht, weshalb sie sich schriftlich gegen die Abstimmung und Huldigung verwahrten und dabei die Reichsunmittelbarkeit ihres Besitzes reklamierten oder eine Entscheidung von Kaiser und Reich im künftigen Reichsfrieden mit Frankreich über ihr weiteres Schicksal verlangten[330]. Die tatsächliche Ableis-

329 Siehe Kapitel VII.1.

330 GStA PK Berlin, II. HA, Abt. 36, XI, Nr. 1, fol. 34, 92, 92a, 95–101, 104–106, 121 u. 136, hier: fortl. Bericht der Ansbacher Regierung an das fränkische Landesministerium, Ansbach, 25. Juni 1798, ebd. Abschrift des urkundlichen Berichts des 1. Senats der Ansbacher Regierung, Ansbach, 25. Juni 1798, ebd. Publikandum Hardenbergs für die konvozierten Bayreuther Ritter, Ansbach, 3. Juni 1798, GStA PK Berlin, II. HA, Abt. 36, XI, Nr. 7. Proposition an die sieben Konvozierten der Bayreuther Ritterschaft, Bayreuth, 11. Juni 1798, ebd. Bericht von Völderndorff und Schuckmann an Hardenberg, Bayreuth, 23. Juni 1798, ebd., fol. 48. Reskript Hardenbergs an Schuckmann und Völderndorff, Ansbach, 25. Juni 1798, ebd., fol. 50–51, hier: fol. 50. Bericht von Schuckmann an den König/Hardenberg, Bayreuth, 28. Juni 1798, ebd. Übersicht über die Insinuationsdokumente und Voten der nicht-vogtländischen Ritterschaft, ebd. Abschrift des Berichts von Schuckmann an den König/Hardenberg, Bayreuth, 7. Juli 1798, ebd. – In Brandenburg-Ansbach verfassten schriftliche Proteste der Reichsgraf von Degenfeld-Schonburg als Mitbesitzer von Rech(en)berg im Kanton Kocher bzw. als Vormund der von Berlichingischen Erben, der Oberadministrator der von Rieterschen Stiftung Johann Sigmund Christoph Joachim Freiherr Haller von Hallerstein sowie Johann Georg Friedrich Christoph Freiherr Kress von Kressenstein für das Gut Dürrenmungenau (GStA PK Berlin, II. HA, Abt. 36, XI, Nr. 1, fol. 92a, 104–106, 121 u. 135–136, hier: fortl. Abschrift des urkundlichen Berichts des 1. Senats der Ansbacher Regierung, Ansbach, 25. Juni 1798, ebd.). – In Brandenburg-Bayreuth protestierten schriftlich Friedrich Wilhelm Freiherr von Aufseß, der schon erwähnte Johann Sigmund Christoph Joachim Freiherr Haller von Hallerstein, Hans Friedrich Franz Christoph Freiherr von Künsberg, ein Freiherr Schenk von Stauffenberg für den Ort Streit, Alexander Friedrich Wilhelm Freiherr von Seckendorff-Aberdar zu Sugenheim, die Gebrüder von Welser und Winkler von Mohrenfels sowie Christian [gemeint: Christoph] Karl Joseph Ludwig und Johann Adam Rudolph Karl Freiherrn von Geuder (Übersicht über die Insinuationsdokumente und Voten der nicht-vogtländischen Ritterschaft, GStA PK Berlin, II. HA,

tung des Huldigungseides konnte weder die Renitenz der Ansbacher noch der Bayreuther Ritter verhindern[331].

Bereits die geschilderten Fälle des individuellen Verhaltens einzelner Rittergenossen widerlegen die Behauptung Thielens, dass sich die Reichsritter auf »passiven Widerstand« gegen ihre Unterwerfung unter die Berliner Landeshoheit beschränkt hätten[332]. Dies gilt erst recht, wenn sich die vorliegende Studie nun den Mitteln und Wegen zuwendet, die die kantonalen Ortsvorstände wählten, um die reichsritterschaftliche Unmittelbarkeit gegen die »in Franken nicht zu erdultenden monarchischen Staatsgrundsätze« Hardenbergs zu behaupten[333].

Selbstverständlich verzichteten die reichsritterschaftlichen Direktorien nicht darauf, diejenigen Möglichkeiten auszuschöpfen, die ihnen das Ius publicum zur Behauptung der reichsadligen Reichsunmittelbarkeit eröffnete. Dabei schied die vom Landfriedensgebot unberührte Möglichkeit des Angegriffenen, seinen Besitzstand mit bewaffneter Hand zu verteidigen, angesichts der realen Kräfteverhältnisse selbstredend für die Reichsritterschaft aus: Sie besaß nun einmal, »keine Armée zur Handhabung ihrer Gerechtsame«[334]. Die Protestschreiben, mit denen nicht nur einzelne Rittergenossen, sondern auch die Ortsvorstände seit 1792 die Kanzleien der Ansbacher und Bayreuther Behörden regelrecht überschwemmten, hatten sich als stumpfe Waffen im Kampf um die reichsritterschaftlichen Gerechtsame erwiesen. Sie wurden preußischerseits einfach ignoriert, als unbegründet abgewiesen, durch Gegenverwahrungen reichsrechtlich entkräftet und im Spätjahr 1795 sogar wiederholt ungeöffnet zurückgeschickt oder mit der Ankündigung einer gerichtlichen Untersuchung wegen Majestätsbeleidigung quittiert[335]. Zwar ver-

Abt. 36, XI, Nr. 7. Abschrift des Berichts von Schuckmann an den König/Hardenberg, Bayreuth, 7. Juli 1798, ebd.).

331 Bericht der Ansbacher Regierung an das fränkische Landesministerium, Ansbach, 25. Juni 1798, GStA PK Berlin, II. HA, Abt. 36, XI, Nr. 1. Der Fränkische Merkur, Nr. 32, 7. August 1798, Sp. 1017 f.

332 *Thielen*, Hardenberg, S. 89 (Zitat ebd.). – Ähnlich auch die Einschätzung von *H. H. Hofmann*, Herrschaft, S. 180 f.

333 Denkschrift des Steigerwalder Ritterhauptmanns Friedrich Karl Freiherr von Seckendorff, Weingartsgereuth, 3. November 1795, StA Marburg, 109, Nr. 311, Bd. 5, zu Dok. 323.

334 Abschrift des Schreibens von Franz Paul Christoph von Seckendorff an den Altmühler Ritterhauptmann Ernst Ludwig Sebastian Freiherr von Crailsheim, Weingartsgereuth, 1. Juni 1792, StA Marburg, 109, Nr. 311, Bd. 1, Dok. 58 (Zitat ebd.). »Allerunterthänigste kurze Geschichtserzählung, die Irrungen mit den von Seiner königlichen Majestät in Preußen im Monat Jenner 1792 angetrettenen, und in Besitz genommenen fränckischen Fürstenthümern, Brandenburg-Anspach, und Bayreuth betreffend«, Bamberg, 29. Januar 1793, StA Marburg, 109, Nr. 311, Bd. 2, Dok. 104. Abschrift des Schreibens des Ortsvorstandes Gebürg an den kaiserlichen Minister von Schlick zu Nürnberg, Bamberg, 15. Februar 1794, StA Marburg, 109, Nr. 311, Bd. 3, Dok. 166. Schreiben des Ortsvorstandes Odenwald an den Ortsvorstand Rhön-Werra, Kochendorf, 29. Dezember 1795, StA Marburg, 109, Nr. 311, Bd. 4, Dok. 313.

335 Abschrift des Schreibens des Ortsvorstands Altmühl an den Ortsvorstand Gebürg, o.O., 5. April 1792, StA Marburg, 109, Nr. 311, Bd. 1, Dok. 33. »Allerunterthänigste kurze Ge-

fasste das fränkische Spezialdirektorium im Herbst 1796 noch einmal ein Protestschreiben an Hardenberg, in dem es gegen die Mediatisierung des Kantons Altmühl protestierte und die in Mitleidenschaft gezogenen kaiserlichen und reichsritterschaftlichen Gerechtsame verwahrte. Aber die Antwort des Dirigierenden Ministers ließ keinen Raum für falsche Hoffnungen. Hardenberg beschied dem Direktorium Rhön-Werras: »Geändert kan in den bereits getroffenen Maasregeln gar nichts werden, und ich muß es Euren etc. ganz allein überlassen, welche Wege dieselben einschlagen werden, indem ich auf jeden Fall die Königliche Landes-Hoheit aufrecht zu erhalten, und allen etwaigen Eingriffen zu begegnen befehliget bin«[336]. Dennoch ließen es sich die Direktorien und einzelne Rittergenossen weder vor noch nach diesen deutlichen Worten nehmen, ihre Rechte sowie diejenigen des Kaisers schriftlich zu verwahren und eine Restitution des Status quo ante zu verlangen. Die reichsritterschaftlichen Protestschreiben waren nicht nur den üblichen diplomatischen Formen geschuldet. Vielmehr stellten sie auch juristische Erfordernisse dar, weshalb die österreichische Staats- sowie die Wiener Reichshofkanzlei ein solches Verfahren unter reichsrechtlichen Gesichtspunkten für unabdingbar hielten. Schließlich waren derartige Schritte bei aller voraussehbaren Erfolglosigkeit zur Verhinderung eines nachteiligen Präjudizes und Herkommens erforderlich. Ein gewichtige Rolle musste zudem der Gesichtspunkt spielen, dass vor der Erkennung eines Mandats durch die Reichsjustiz die klagende Partei die gegnerische Seite gütlich um die Beendigung der infrage stehenden Beeinträchtigungen ersuchen musste. Zwar baute der Ortsvorstand Kocher seine Protest- und Verwahrungsschreiben sogar zu einer Reihe kurzer rechtlich-historischer Abhandlungen aus, die die Unmittelbarkeit der von Berlin beanspruchten Rittergüter gegenüber Hardenberg nachweisen sollten. Aber mehr Eindruck als in den Jahren zuvor machten weder diese noch alle anderen reichsritterschaftlichen Proteste und

schichtserzählung, die Irrungen mit den von Seiner königlichen Majestät in Preußen im Monat Jenner 1792 angetrettenen, und in Besitz genommenen fränckischen Fürstenthümern, Brandenburg-Anspach, und Bayreuth betreffend«, Bamberg, 29. Januar 1793, StA Marburg, 109, Nr. 311, Bd. 2, Dok. 104. StA Marburg, 109, Nr. 311, Bd. 3, Dok. 145, Dok. 162, Dok. 194, Dok. 223, Dok. 236 u. Dok. 240. StA Marburg, 109, Nr. 311, Bd. 4, Dok. 291 u. Dok. 322 sowie Beilagen 4, 8, 18–20 u. 22–24 zu Dok. 322. StA Marburg, 109, Nr. 311, Bd. 5, zu Dok. 333, zu Dok. 337, Beilagen 10 u. 12 zu Dok. 337, zu Dok. 339 u. zu Dok. 340. Beilage 20: Abschrift einer Rezipisse des Oberamts Hoheneck an die Freiherrn von Seckendorff zu Obernzenn, Markt Ipsheim, 6. November 1795, StA Marburg, 109, Nr. 312, Bd. 1. Beilage 21: Abschrift des Dekrets des Oberamts Hoheneck an den Freiherrlich von Seckendorffischen Beamten zu Unternzenn, Markt Ipsheim, 8. Dezember 1795, ebd. StA Marburg, 109, Nr. 312, Bd. 2: fortl. für Oktober bis November 1795 (zu Dok. 308).

336 Klageschrift von Rhön-Werra gegen Preußen zu den Beilagen 1 bis 87 zum Reichshofratsprozess, StA Marburg, 109, Nr. 312, Bd. 1. Klageschriftsnachtrag von Rhön-Werra gegen Preußen zu den Beilagen 88 bis 90 zum Reichshofratsprozess, StA Marburg, 109, Nr. 312, Bd. 2 (Zitat ebd.). Schreiben des Ortsvorstandes Rhön-Werra an die Ortsvorstände Gebürg, Steigerwald und Baunach, Schweinfurt, 28. Oktober 1796, StA Marburg, 109, Nr. 311, Bd. 7.

Vorstellungen auch jetzt nicht auf die königlichen Behörden. An eine gewaltsame Durchsetzung der sich aus der förmlichen Besitzstandswahrung ergebenden reichsrechtlichen Konsequenzen gegen den Willen Berlins war – wie bereits gesagt – reichsritterschaftlicherseits gar nicht zu denken[337]. Dafür zeigte sich wieder einmal, dass selbst im Widerstand gegen die gemeinsame Bedrohung ihrer politischen Existenz, von einer bedingungslosen Solidarität der Ritterkreise und Kantone keine Rede sein konnte: Obwohl man sich in den Ritterkanzleien der Gefahr sehr bewusst war, dass ein Erfolg der Berliner Mediatisierungspolitik das Fanal für andere Reichsfürsten darstellen würde, über die noch verbliebenen Rittergüter und Kantone herzufallen[338], trug der Ortsvorstand des schwäbischen Viertels Kocher keine Bedenken, den Vorteil seines Ritterorts auf Kosten des fränkischen Ritterkreises zu suchen. Sowohl in einigen seiner eigenen Protestschreiben an Hardenberg als auch in seinen Ratschlägen für eines seiner Mitglieder verzichtete er darauf, die preußischen Okkupationen in toto als rechtswidrig zu verdammen. Stattdessen stellte er heraus, dass die von Berlin bedrängten Rittergüter Kochers ja geografisch zu Schwaben gehören würden, mit den fränkischen Reichsrittern nie etwas zu tun gehabt hätten und nur aufgrund eines geografischen Irrtums mit diesen in einem Topf geworfen würden. Die Frage ist müßig, ob der Kochersche Ritterhauptmann Graf Adelmann von Adelmannsfelden diese Gedanken selbst

337 Vortrag des Leiters der Staatskanzlei Freiherr von Thugut für den Kaiser, Wien, 1. April 1796, HHStA Wien, SK, Vorträge, Nr. 156. StA Marburg, 109, Nr. 311, Bd. 7: fortl. für Juli bis August 1796. Zwei Klageschriftsnachträge von Rhön-Werra gegen Preußen zu den Beilagen 91 bis 94 u. 95 bis 110 zum Reichshofratsprozess, StA Marburg, 109, Nr. 312, Bd. 2. Schreiben des Ortsvorstandes Odenwald an den Ortsvorstand Rhön-Werra, Kochendorf, 30. Dezember 1796, ebd. Beilagen u. Unterbeilagen, ebd.: fortl. für August 1796 bis Februar 1797. Schreiben des Ortsvorstandes Kocher an Hardenberg wegen des Ritterguts Rech(en)berg, Esslingen, 8. April/31. Juli 1797, StA Ludwigsburg, B 575 IV, Bü 351. Vier Nachschreiben des Ortsvorstandes Kocher an Hardenberg wegen der Rittergüter Stimpfach, Deufstetten, Matzenbach u. Wildenstein, Esslingen, 31. Juli 1797, ebd. Voten der Ritterräte von Kocher zum Promemoria des Kocherschen Konsulenten Weinland an den Ortsvorstand Kocher, Esslingen, 9. April 1797, ebd. Protokoll der Kocherschen Ritterkanzlei mit Voten, Esslingen, 7. August 1797, StA Ludwigsburg, B 575 IV, Bü 353. Schreiben von Ludwig Freiherr von Berlichingen an den Ortsvorstand von Kocher, Heilbronn, 9. Juli 1797, ebd. StA Ludwigsburg, B 575 II, Bü 58: fortl. für August u. Oktober 1796. StA Ludwigsburg, B 575 II, Bü 373: fortl. für Februar u. Mai 1797. Protokoll der Kocherschen Ritterkanzlei mit Voten, Esslingen, 24. Januar 1797, StA Ludwigsburg, B 575 II, Bü 445. Zirkularschreiben des Konsulenten des Bezirks Algäu-Bodensee an den Bezirksvorstand mit Voten, Wangen, 4. Juli 1797, HStA Stuttgart, B 574, Bü 74. Schreiben des Ortsvorstandes Neckar-Schwarzwald an den Ortsvorstand Donau, Tübingen, 22. Januar 1796, HStA Stuttgart, B 579, Bü 24. Schreiben des Ortsvorstandes Rhön-Werra an Hardenberg, Schweinfurt, 21. November 1796, StA Marburg, 109, Nr. 311, Bd. 8. Schreiben des Ortsvorstandes Rhön-Werra an den Ortsvorstand Donau, Schweinfurt, 28. August 1797, StA Marburg, 109, Nr. 311, Bd. 10. Schreiben des Ortsvorstandes Rhön-Werra an den Ortsvorstand Donau, Schweinfurt, 22. September 1797, ebd. – Speziell zur Verhinderung eines reichsrechtlichen Präjudizes durch Protestschreiben siehe auch IV.2.1.

338 Protokoll der Kocherschen Ritterkanzlei mit Voten, Esslingen, 15. August 1796, StA Ludwigsburg, B 575 II, Bü 300.

entwickelte oder nur von dem zu seinem Ritterort steuernden Freiherrn von Berlichingen übernahm, der schon zuvor in diesem Sinne gegenüber den preußischen Behörden argumentiert hatte[339]. Vielmehr war entscheidend, dass Adelmann mit seiner Verteidigungsstrategie das kurzfristige Interesse des ihm anvertrauten Ritterorts über das Wohl der reichsritterschaftlichen Genossenschaft als Ganzes stellte.

Da alle schriftlichen Verwahrungen der einzelnen Rittergenossen und Kantone dem Expansionsdrang Berlins nicht Einhalt gebieten konnten, blieb den Reichsrittern in Gestalt ihrer Ortsvorstände nur noch ein Ausweg: Sie mussten versuchen vor den obersten Reichsgerichten günstige Conclusa zu erwirken, um den reichsritterschaftlichen Status quo ante trotz der durch Hardenberg geschaffenen Fakten reichsrechtlich zu verwahren und eine künftige Restitution der reichsritterschaftlichen Unmittelbarkeit durch eine Reichsexekution zu ermöglichen[340]. Der Reichshofvizekanzler hatte noch im Frühjahr 1796 dem fränkischen Spezialdirektorium die Klage vor den obersten Reichsgerichten als Ultima Ratio empfohlen, wenn Berlin nicht zu einer gütlichen Einigung zu bewegen sei[341]. Den entsprechenden Beschluss, ihre Rechte mithilfe der Reichsjustiz zu verteidigen, fällte eine Konferenz von vier fränkischen Ritterhauptleuten im September 1796[342]. Ohne Risiko war dieser Schritt jedoch für die Reichsritterschaft nicht, wie ein geheimes Gutachten der Esslinger Kantonskanzlei zeigt: Für den Fall, dass sich Berlin auf eine grundsätzliche reichsgerichtliche Auseinandersetzung einlassen und diese die Ebene einstweiliger Verfügungen im Mandatsprozess verlassen würde, hätte sich nämlich auch die Rechtsposition der Reichsritterschaft drastisch ver-

339 Schreiben des Ortsvorstandes Kocher an den Freiherrn Senfft von Soulbourg, Feuchtwangen, 3. September 1796, StA Ludwigsburg, B 575 II, Bü 300. Votum des Ritterhauptmanns Graf von Adelmann, Feuchtwangen, 27. August 1796, zum Protokoll der Kocherschen Ritterkanzlei mit Voten, Esslingen, 15. August 1796, ebd. Schreiben [des Ritterrats Freiherr von Berlichingen], 3. August 1796, StA Ludwigsburg, B 575 II, Bü 373. Abschrift der von Berlichingischen Deduktion über die Reichsunmittelbarkeit Rech(en)bergs, Ansbach, 8. August 1796, ebd. Schreiben des Ritterrats Freiherr von Berlichingen an den Ortsvorstand Kocher, Heilbronn, 22. Januar 1797, ebd. Protokoll der Kocherschen Ritterkanzlei mit Voten, Esslingen, 16. Februar 1797, ebd. Schreiben des Ortsvorstandes Kocher an Hardenberg wegen des Ritterguts Rech(en)berg, Esslingen, 8. April/31. Juli 1797, StA Ludwigsburg, B 575 IV, Bü 351. Nachschreiben des Ortsvorstandes Kocher an Hardenberg wegen des Ritterguts Wildenstein, Esslingen, 31. Juli 1797, ebd.

340 Denkschrift des Steigerwalder Ritterhauptmanns Friedrich Karl Freiherr von Seckendorff, Weingartsgereuth, 3. November 1795, StA Marburg, 109, Nr. 311, Bd. 5, zu Dok. 323. Nachschreiben des Ortsvorstandes Gebürg an den Ortsvorstand Rhön-Werra, o.O., 27. Dezember 1796, StA Marburg, 109, Nr. 322.

341 Schreiben des Ortsvorstandes Rhön-Werra an die Ortsvorstände Odenwald, Gebürg, Steigerwald, Baunach und Altmühl, Schweinfurt, 14. April 1796, StA Marburg, 109, Nr. 321.

342 Zirkularschreiben des Konsulenten Johann Heinrich Pollich an den Ortsvorstand Rhön-Werra mit dessen Voten, Schweinfurt, 10. Oktober 1796, StA Marburg, 109, Nr. 521. Schreiben des Ortsvorstandes Rhön-Werra an den Reichshofrat Franz Paul Christoph von Seckendorff, Schweinfurt, 3. Oktober 1796, StA Marburg, 109, Nr. 311, Bd. 7. Schreiben des Ortsvorstandes Odenwald an den Ortsvorstand Rhön-Werra, Ansbach, 16. Oktober 1796, ebd.

schlechtern können. Denn dann wäre es nicht mehr allein um den gegenwärtigen Besitzstand und um dessen Schutz bzw. Wiederherstellung, also um das possessorium, sondern auch um die Berechtigung der preußischen Ansprüche, das petitorium, gegangen. Unter diesen Bedingungen aber musste die Verteidigung der reichsritterschaftlichen Unmittelbarkeit umso schwerer fallen, als dann Beweismittel erforderlich waren, die nach der Beschlagnahme des Altmühler und angesichts des Zustandes manch anderen Kantonsarchivs vielleicht nur schwer aufzutreiben gewesen wären. Zudem musste eine reichsgerichtliche Verhandlung über die Berechtigung der widerstreitenden Reichsunmittelbarkeits- und Landeshoheitsansprüche eine Entscheidung der Reichsjustiz auf unabsehbare Zeit »ins ewige Petitorium« verzögern[343]. Aufhalten konnten derartige Prozessrisiken die reichsritterschaftliche Klagelawine jedoch nicht.

Bereits im April sowie im September 1796 waren Reichshofratsmandate gegen die untergebürgische Regierung in einer seit Karl Alexander schwelenden Auseinandersetzung der Freiherrn Kress von Kressenstein mit dem Ansbacher Lehenshof sowie gegen die preußischen Eingriffe in die dem Kanton Steigerwald übertragene Schuldenverwaltung des Reichsgrafen von Limpurg-Styrum ergangen[344]. Der Reichsgraf von Castell, der in gleicher Funktion für die reichsritterschaftlichen Besitzungen des überschuldet verschiedenen Reichsgrafen Christian Karl von Pückler zu Burgfarrnbach und Brunn verantwortlich war, wandte sich im Dezember 1796 an den Reichshofrat und erhielt noch im selben Monat das gewünschte Conclusum des Gerichts gegen »dergleichen gemeine ärgerliche Gewaltthaten«. Das entsprechende Mandat mit der zugleich angedrohten Exekution wirkte in Franken geradezu »als eine Kriegserklärung«[345]. Doch dies war nur der Auftakt: Die reichsritterschaftliche Hauptklage folgte einige Monate später – eine Verzögerung, die den schwerfälligen interkantonalen Beratungen geschuldet war und selbst

343 Promemoria des Kocherschen Konsulenten Weinland an den Ortsvorstand von Kocher, Esslingen, 18. Mai 1797, StA Ludwigsburg, B 575 IV, Bü 351. Promemoria des Kocherschen Konsulenten Weinland an den Ortsvorstand von Kocher mit dessen Voten, Esslingen, 9. April 1797, ebd. Protokoll der Kocherschen Ritterkanzlei mit Voten, Esslingen, 7. August 1797, StA Ludwigsburg, B 575 IV, Bü 353. Protokoll der Kocherschen Ritterkanzlei mit Voten, Esslingen, 16. Februar 1797, StA Ludwigsburg, B 575 II, Bü 373 (Zitat ebd.).

344 [Weitere] Relation des Steigerwalder Ortssekretärs Georg Wilhelm Heinrich Pfeiffer an den Ortsvorstand Steigerwald, Erlangen, 30. Juli 1796, StA Marburg, 109, Nr. 311, Bd. 8. Abschrift des kaiserlichen Reskripts, Wien, 27. September 1796, ebd. Klageschrift der Freiherrn Kress von Kressenstein, StA Marburg, 109, Nr. 311, Bd. 9. Reichshofrats-Conclusum vom 26. September 1797, ebd. Mandatum sine clausula, Wien, 26. September 1796, ebd. Reichshofrats-Conclusum vom 7. April 1796, StA Marburg, 109, Nr. 321. Neue Vertheidigung I, S. 190. Reichshofrats-Conclusum vom 27. September 1796, in: Beylagen zur neuen Vertheidigung, Nr. 17, S. 83–85, hier: S. 83 f.

345 1. Bericht des Grafen Seilern an den Reichshofvizekanzler Fürst von Colloredo-Mansfeld, München, 3. Januar 1797, HHStA Wien, RK, Berichte aus München, Fasz.-Nr. 20b, fol. 150–151, hier: fol. 150 (Zitat ebd.). Reichshofrats-Conclusum vom 15. Dezember 1796, StA Marburg, 109, Nr. 322 (Zitat ebd.). Neue Vertheidigung I, S. 190.

Wien verärgerte[346]. Daher konnte erst am 2. März 1797 der reichsritterschaftliche Direktorialagent von Alt beim Reichshofrat eine um drei Nachträge ergänzte Klageschrift des immer noch bei Rhön-Werra stehenden reichsritterschaftlichen Spezialdirektoriums im Namen seiner Mitkantone gegen den König von Preußen als Markgrafen von Ansbach und Bayreuth sowie die ihm untergeordneten Behörden einreichen. Die Anschuldigung lautete auf »Einführung eines vollkommenen Landsassiats und die dabei vorgenommenen reichsgesetzwidrigen Gewaltthatigkeiten«[347]. Flankiert wurde die reichsrit-

346 Schreiben des Ortsvorstandes Rhön-Werra an die Ortsvorstände Odenwald, Gebürg, Steigerwald und Baunach, Schweinfurt, 21. Januar 1797, StA Marburg, 109, Nr. 322. Bericht des Reichshofrats- und fränkischen Direktorialagenten der Reichsritterschaft, Herr von Alt, an [die Kanzlei von] Rhön-Werra, Wien, 1. März 1797, StA Marburg, 109, Nr. 312, Bd. 3. Vgl. auch: Bericht des Reichshofrats- und fränkischen Direktorialagenten der Reichsritterschaft, Herr von Alt, an den Ortsvorstand Rhön-Werra, Wien, 25. Februar 1797, StA Marburg, 109, Nr. 311, Bd. 10 u. Schreiben des Freiherrn Christoph Albrecht von Seckendorff an den Ortskonsulenten von Rhön-Werra, Pollich, Regensburg, 4. Dezember 1796, StA Marburg, 109, Nr. 312, Bd. 3.

347 Relation des Reichshofrats mit Votum und Conclusum zum Fall »Reichsritterschaft in Franken Orts Rhön-Werra, als derzeit fränkisches Special-Directorium contra den König in Preußen [...] – mandati, die Einführung eines vol[l]kommenen Landsassiats [...] betr.«, HHStA Wien, RHR, Relationes, Nr. 148. Relation des Reichshofrats mit Votum und Conclusum zum 3. Nachtrag des Falles »Reichsritterschaft in Franken Orts Rhön-Werra, als derzeit fränkisches Special-Directorium contra den König in Preußen [...] – mandati, die Einführung eines vol[l]kommenen Landsassiats [...] betr.«, ebd. Klageschrift von Rhön-Werra gegen Preußen zu den Beilagen 1 bis 87 zum Reichshofratsprozess, StA Marburg, 109, Nr. 312, Bd. 1 (Zitat ebd.). Schreiben des Ortsvorstandes Rhön-Werra an den Reichshofrats- und fränkischen Direktorialagenten der Reichsritterschaft, Herr von Alt, Schweinfurt, 30. Januar 1797, ebd. Drei Klageschriftsnachträge von Rhön-Werra gegen Preußen zu den Beilagen 88 bis 90, 91 bis 94 u. 95 bis 110 zum Reichshofratsprozess, StA Marburg, 109, Nr. 312, Bd. 2. Bericht des Reichshofrats- und fränkischen Direktorialagenten der Reichsritterschaft, Herr von Alt, an den Ortsvorstand Rhön-Werra, Wien, 22. März 1797, ebd. Zirkularschreiben des Konsulenten Johann Heinrich Pollich an den Ortsvorstand Rhön-Werra mit dessen Voten, Schweinfurt, 27. Februar 1797, ebd. Zwei Berichte des Reichshofrats- und fränkischen Direktorialagenten der Reichsritterschaft, Herr von Alt, an den Ortsvorstand Rhön-Werra, Wien, 15. Februar u. 1. März 1797, StA Marburg, 109, Nr. 311, Bd. 10. Bericht des Reichshofrats- und fränkischen Direktorialagenten der Reichsritterschaft, Herr von Alt, an [die Kanzlei von] Rhön-Werra, Wien, 1. März 1797, StA Marburg, 109, Nr. 312, Bd. 3. – Zwei weitere Nachträge zu seiner Hauptklage reichte Rhön-Werra im Herbst 1798 sowie im Jahr 1800 beim Reichshofrat ein. Ersterer unterrichtete das Wiener Reichsgericht über die allgemeine Landeshuldigung für König Friedrich Wilhelm III. durch ritterschaftliche Deputierte in Berlin am 6. Juli 1798. Damit sollte dem Reichshofrat die Möglichkeit eröffnet werden, die vormals reichsritterschaftlichen Huldigungsdeputierten an ihre Pflichten zu ermahnen. Ein solches Dehortatorium selbst zu erlassen erschien angesichts möglicher Repressionen Berlins und der absehbaren Erfolglosigkeit des Unterfangens dem fränkischen Spezialdirektorium als zu riskant (Zirkularschreiben des Konsulenten Johann Heinrich Pollich an den Ortsvorstand Rhön-Werra mit dessen Voten, Schweinfurt, 11. Oktober 1798, StA Marburg, 109, Nr. 313. Schreiben des Ortsvorstands Rhön-Werra an die Ortsvorstände Odenwald, Gebürg, Steigerwald, Altmühl und Baunach, Schweinfurt, 2. Oktober 1798, ebd. Klageschriftsnachtrag von Rhön-Werra gegen Preußen zu den Beilagen 168 bis 174 zum Reichshofratsprozess, ebd. Bericht des Reichshofrats- und fränkischen Direktorialagenten der Reichsritterschaft, Herr von Alt, an den Ortsvorstand Rhön-Werra, Wien, 20. Oktober 1798,

terschaftliche Hauptklage von einer ganzen Reihe von Mandatsgesuchen, die einzelne Ritter oder stellvertretend das fränkische Spezialdirektorium in den nächsten Monaten beim Reichshofrat einreichen ließen[348]. Zwar beschloss

ebd. Schreiben des Ortsvorstandes Rhön-Werra an den Direktorialagenten von Alt in Wien, Schweinfurt, 31. März 1800, StA Marburg, 109, Nr. 322. Klageschriftsnachtrag von Rhön-Werra gegen Preußen zu den Beilagen 175 bis 192 zum Reichshofratsprozess, StA Marburg, 109, Nr. 312, Bd. 3). – Dass das fränkische Spezialdirektorium mit seiner Hauptklage die meisten Reichsritter von der Notwendigkeit befreite, selbst in Wien oder Wetzlar vor Gericht zu ziehen, diente nicht nur der Einsparung unnötiger Kosten und der Vermeidung zeitraubender Ausarbeitungen. Auch zum Schutz vor preußischen Repressionen gegen einzeln klagende Rittergenossen war eine Klageerhebung durch das Spezialdirektorium sinnvoll und im Falle der Rittergüter des Kantons Altmühl unumgänglich. Diese hatten nämlich – wie dargelegt wurde – keine anderweitige korporative Vertretung mehr, die zu einer Klage im Stande gewesen wäre. Zudem war die von Rhön-Werra gewählte Vorgehensweise schon deshalb zwingend erforderlich, da ansonsten der Reichshofrat »diesen Haufen von Klagen« nicht hätte bearbeiten können. Aus diesem Grund wurde auch die Ableitung der preußischen Landeshoheitsansprüche aus einem angeblich existenten Territorium clausum ins Zentrum der Hauptklage des fränkischen Spezialdirektoriums gerückt. Jenseits der genannten Motive gehörte die Verteidigung der Reichsunmittelbarkeit der immatrikulierten Rittergüter und -genossen sowie der damit verbundenen kantonalen Steuer- und Militärrechte zu den ureigensten Aufgaben der reichsritterschaftlichen Genossenschaft (Schreiben des Konsulenten des Kantons Rhön-Werra, Johann Heinrich Pollich, an den Konsulenten des Kantons Kocher, Schweinfurt, 21. Februar 1797, StA Ludwigsburg, B 575 IV, Bü 352 (Zitat ebd.). Protokoll der Kocherschen Ritterkanzlei mit Voten, Esslingen, 7. August 1797, StA Ludwigsburg, B 575 IV, Bü 353. Votum des Ritterrats Graf von Degenfeld-Schonburg, Heibronn, 7. Februar 1797, zum Protokoll der Kocherschen Ritterkanzlei mit Voten, Esslingen, 17. Januar 179[7], StA Ludwigsburg, B 575 II, Bü 373. Protokoll der Kocherschen Ritterkanzlei mit Voten, Esslingen, 16. Februar 1797, ebd. Schreiben des Ortsvorstandes Neckar-Schwarzwald an den Ortsvorstand Donau, Tübingen, 22. Januar 1796, HStA Stuttgart, B 579, Bü 24).

348 Bereits im März 1797 ließ der Ortsvorstand Gebürg beim Reichshofrat Anzeige wegen des Eingriffs Bayreuths in seine Schuldenverwaltung für zwei Mitglieder der Freiherrlichen Familie von Geuder erstatten. Im April 1797 und Februar 1798 übergab der Direktorialagent von Rhön-Werra in Wien ein Mandatsgesuch mit zwei Nachträgen wegen der Unterwerfung der Freiherrlich von Seckendorffischen Rittergüter Sugenheim und Duzenthal. Zudem klagte seit dem Sommer 1798 das fränkische Spezialdirektorium vor dem Reichshofrat in einem eigenen Verfahren gegen die Mediatisierung der Freiherrlich von Künsbergischen Herrschaft Ermreuth (Reichshofrats-Conclusum vom 9. Mai 1797, StA Marburg, 109, Nr. 311, Bd. 9. Klageschrift von Rhön-Werra gegen Preußen zu den Beilagen A bis K zum Reichshofratsprozess, StA Marburg, 109, Nr. 312, Bd. 4. Schreiben des Ortsvorstandes Rhön-Werra an die Ortsvorstände Odenwald, Gebürg, Steigerwald und Baunach, Schweinfurt, 6. Mai 1797, ebd. Bericht des Reichshofrats- und fränkischen Direktorialagenten der Reichsritterschaft, Herr von Alt, an den Ortsvorstand Rhön-Werra, Wien, 14. Februar 1798, ebd. Schreiben des Ortsvorstandes Rhön-Werra an den Direktorialagenten von Alt in Wien, Schweinfurt, 18. Oktober 1798, ebd. Schreiben des Ortsvorstandes Rhön-Werra an die Ortsvorstände Odenwald, Gebürg, Steigerwald und Baunach, Schweinfurt, 16. Oktober 1798, ebd. Zwei Klageschriftsnachträge von Rhön-Werra gegen Preußen zu den Beilagen L bis U u. T bis W zum Reichshofratsprozess, ebd. Relation des Reichshofrats mit Votum und Conclusum zum Fall »Reichsritterschaft in Franken Orts Rhön-Werra, als derzeit fränkisches Spezialdirektorium contra den König in Preußen [...] petiti mandati, den gewaltsamen Einfall in die Freiherrlich von Seckendorffischen Herrschaften Duzenthal und Markt Sugenheim [...] betr.«, HHStA Wien, RHR, Relationes, Nr. 148. Schreiben des Ortsvorstandes Rhön-Werra an Hardenberg, Schweinfurt, 15. Februar 1796, StA

auch der Ortsvorstand des Kantons Kocher, sich seiner durch die preußischen Mediatisierungen geschädigten Mitglieder anzunehmen und von Korporations wegen ein Mandatsgesuch beim Reichshofrat einzureichen. Aber noch im Herbst 1799 war die Klageschrift nicht einmal nach Wien gesandt worden – ein weiteres Beispiel für die strukturell bedingte Schwerfälligkeit der reichsritterschaftlichen Genossenschaft, die ein zügiges Reagieren auf Krisen massiv erschwerte oder ganz unmöglich machte[349].

Marburg, 109, Nr. 311, Bd. 5, zu Dok. 340. Schreiben des Ortsvorstandes Rhön-Werra an die Ortsvorstände Odenwald, Altmühl, Steigerwald und Baunach, Schweinfurt, 21. Mai 1798, StA Marburg, 109, Nr. 311, Bd. 10. Schreiben des Ortsvorstandes Rhön-Werra an den Ortsvorstand Gebürg, Schweinfurt, 21. Mai 1798, ebd. Zwei Schreiben des Ortsvorstandes Gebürg an den Ortsvorstand Rhön-Werra, Bamberg, 7. März u. 4. Juni 1798, StA Marburg, 109, Nr. 322. Schreiben des Ortsvorstandes Rhön-Werra an den Direktorialagenten von Alt in Wien, Schweinfurt, 30. März 1798, ebd. Klageschrift von Rhön-Werra gegen Preußen zu den Beilagen 1 bis 37 zum Reichshofratsprozess, ebd. Klageschriftsnachtrag von Rhön-Werra gegen Preußen zu den Beilagen 38 bis 47 zum Reichshofratsprozess, ebd. Relation des Reichshofrats mit Votum und Conclusum zum Fall »Reichsritterschaft in Franken Orts Rhön-Werra, als fränkisches Spezialdirektorium contra den König in Preußen [...], die Unterjochung des von Künsbergischen reichsunmittelbaren Ritterguts Ermreuth [...] betr.«, HHStA Wien, RHR, Relationes, Nr. 148).

349 Protokoll der Kocherschen Ritterkanzlei mit Voten, Esslingen, 7. August 1797, StA Ludwigsburg, B 575 IV, Bü 353. Protokoll der Kocherschen Ritterkanzlei mit Voten, Esslingen, 24. September 1799, ebd. – Schon der ursprüngliche Plan, den im Sommer 1797 nach Wien reisenden Kocherschen Ritterrat Freiherr von Beroldingen mit entsprechenden Dokumenten auszustatten, um den Reichshofrat auf die bevorstehende Klage des Kantons vorzubereiten, scheiterte. Schuld hieran war – wie bei so vielen anderen Anlässen zuvor – die sog. ritterschaftliche Korrespondenz als schriftliche Form der Entscheidungsfindung: Bis die Esslinger Ritterkanzlei die Zustimmung der einzelnen Mitglieder des Ortsvorstandes eingeholt hatte, war Beroldingen bereits in die Donaumetropole abgereist ([Weiteres] Protokoll der Kocherschen Ritterkanzlei mit Voten, Esslingen, 7. August 1797, StA Ludwigsburg, B 575 IV, Bü 353). – Die Klageschrift Kochers wurde erst sehr spät erstellt. Ein Grund dürfte in dem Umstand gelegen haben, dass die dafür benötigten Berichte, Originaldokumente und notariell beglaubigten Abschriften über die Vorfälle auf den Rittergütern Wildenstein, Deufstetten, Rech(en)berg und Matzenbach von den zuständigen Beamten und Rittergenossen gar nicht bzw. nur verspätet oder in einer im Reichsprozess unbrauchbaren Form in der Ritterkanzlei einliefen. Die besagten Verzögerungen waren nicht zuletzt eine Folge der Furcht der ritterschaftlichen Amtleute vor Repressionen der preußischen Seite. Zudem musste die vorübergehende Flüchtung des Kocherschen Kantonsarchivs die Arbeit an der Klageschrift erschweren. Hinzu kamen der zeitweise schlechte Gesundheitszustand sowie die Arbeitsüberlastung des mit der Abfassung der Klageschrift betrauten Konsulenten Weinland. Doch durch diese Umstände allein kann die jahrelange Verzögerung des Kocherschen Mandatsgesuchs nicht erklärt werden. Tatsächlich dürfte die Uneinigkeit innerhalb der Ritterkanzlei und des Ortsvorstandes über das geeignetste Vorgehen angesichts der preußischen Mediatisierungen ebenfalls eine wichtige Rolle gespielt haben (Signatur des Ortsvorstandes Kocher an den Amtmann Johann Wolfgang Gottlieb Wiedmann zu Deufstetten, Esslingen, 17. Mai 1797, StA Ludwigsburg, B 575 II, Bü 58. Signatur des Ortsvorstandes Kocher an den Amtmann Johann Wolfgang Gottlieb Wiedmann zu Deufstetten und den Amtmann Stoll zu Wildenstein, Esslingen, 8. Juni 1797, ebd. StA Ludwigsburg, B 575 II, Bü 300: fortl. für Juni bis September 1797. Schreiben des Ortsvorstandes Kocher an den Ritterrat Freiherr von Berlichingen, Esslingen, 4. August 1797, StA Ludwigsburg, B 575 II, Bü 373. Schreiben des Ritterrats Freiherr von

Vom 20. bis zum 23. März 1797 wurde in Wien, in dem einen der beiden obersten Reichsgerichte, der Vortrag über das reichsritterschaftliche Mandatsgesuch in der Hauptklage gehalten, die von dem schon vorgestellten Reichshofrat und Reichsritter Franz Paul Christoph von Seckendorff intensiv unterstützt wurde. Über den Ausgang der reichsgerichtlichen Beratungen konnte dabei wenig Zweifel bestehen, nachdem der Reichshofrat wenige Tage zuvor ein Mandatum sine clausula auf Antrag Eichstätts gegen die Okkupationen durch Ansbach-Bayreuth erlassen hatte[350]. Es wurde bereits darauf hingewiesen, dass – entgegen den Behauptungen einer reichsrechtliche Fragestellungen gering schätzenden, älteren Forschung – eine Entscheidung über die Frage, ob die Ansbach-Bayreuth benachbarten Güter der Reichsritterschaft reichsunmittelbar seien oder Teil der fränkischen Markgrafentümer, kaum möglich war. Da das historisch gewachsene und weitestgehend unkodifizierte Ius publicum für jede Partei eine Fülle von reichsrechtlich legitimen Beweisen und Rechtstiteln bereithielt, waren Streitfälle dieses Ausmaßes –

Berlichingen an den Ortsvorstand Kocher, Heilbronn, 16. August 1797, ebd. Nachschreiben des Ortsvorstandes Kocher an Hardenberg wegen des Ritterguts Matzenbach, Esslingen, 31. Juli 1797, StA Ludwigsburg, B 575 IV, Bü 351. StA Ludwigsburg, B 575 II, Bü 445: fortl. für Mai bis August 1797. Zwei Protokolle der Kocherschen Ritterkanzlei mit Voten, Esslingen, 7. August 1797 u. 24. September 1799, StA Ludwigsburg, B 575 IV, Bü 353).

350 Bericht des Reichshofrats- und fränkischen Direktorialagenten der Reichsritterschaft, Herr von Alt, an den Ortsvorstand Rhön-Werra, Wien, 20. März 1797, StA Marburg, 109, Nr. 312, Bd. 2. Reichshofrats-Protokollauszüge, 13. u. 17. März 1797, ebd. Bericht des Reichshofrats- und fränkischen Direktorialagenten der Reichsritterschaft, Herr von Alt, an den Ortsvorstand Rhön-Werra, Wien, 22. März 1797, ebd. Reichshofrats-Protokollauszüge, 20., 21. u. 23. März 1797, ebd. Schreiben des Ortsvorstandes Rhön-Werra an den Reichshofrat Franz Paul Christoph von Seckendorff, Schweinfurt, 3. Oktober 1796, StA Marburg, 109, Nr. 311, Bd. 7. 21. Bericht eines reichsritterschaftlichen Reichstagskorrespondenten, Regensburg, 24. Mai 1797, StA Ludwigsburg, B 575 IV, Bü 353. Druck des Reichshofratsmandats, Wien, 17. März 1797, ebd. Bericht des Reichshofrats- und fränkischen Direktorialagenten der Reichsritterschaft, Herr von Alt, an [die Kanzlei von] Rhön-Werra, Wien, 18. März 1797, StA Marburg, 109, Nr. 312, Bd. 3. – In diesem Zusammenhang ist interessant, dass schon im Frühsommer 1796 Conclusa des Reichshofrats gegen die Eximierung beklagter zollerscher Untertanen vom Gerichtszwang des kaiserlichen Landgerichtes des Burggrafentums Nürnberg gefällt worden waren, das König Friedrich Wilhelm II. als Reichslehen inne hatte und kurz zuvor sogar ganz aufheben wollte. Mit der eigenmächtigen Beseitigung dieser Institution oder der massiven Beschneidung ihrer Kompetenzen griff Berlin nämlich in ureigenste Prärogativen von Kaiser und Reich ein. Dieser Tatbestand war – wie ausgeführt wurde – auch bei einer Mediatisierung der Ansbach-Bayreuth benachbarten Reichsritter in hohem Maße gegeben (Reichshofrats-Conclusum vom 6. Juni 1796, HHStA Wien, MEA, Reichstagsakten, Nr. 719. Vortrag des Leiters der Staatskanzlei Freiherr von Thugut für den Kaiser, Wien, 16. Dezember 1795, HHStA Wien, SK, Vorträge, Nr. 155. Vortrag des Leiters der Staatskanzlei Freiherr von Thugut für den Kaiser, Wien, 3. Juni 1796, HHStA Wien, SK, Vorträge, Nr. 156. »Versuch eines ohngefähren Abrisses…« (wie Kap. II, Anm. 91), GStA PK Berlin, I. HA, Rep. 94, IV, Ac, Nr. 2, S. 1–149, hier: S. 91 f., 143. 5,. 11. u. 27. Bericht des Reichshofratsagenten von Fichtl an den Ortsvorstand Kocher, Wien, 2. Januar, 10. Februar u. 30. März 1796, StA Ludwigsburg, B 575 IV, Bü 352 Speziell zu den kaiserlichen Reservatrechten hinsichtlich der Reichsritterschaft siehe Kapitel II.2.2 u. V.4.1).

auch ohne eine besondere reichspolitische Bedeutung – faktisch nicht justiziabel[351]. Ganz anders verhielt es sich hinsichtlich der Frage, ob Berlin seine Landeshoheitsansprüche, sein sog. petitorium, einseitig gegen den realen reichsritterschaftlichen Besitz der Reichsunmittelbarkeit und Landesherrschaft, das sog. possessorium, durchsetzen dürfe. Hier war die Rechtslage – sofern dies im Ius publicum überhaupt möglich war – ziemlich eindeutig, und allein hierüber musste der Reichshofrat in dem von der Reichsritterschaft angestrebten Mandatsprozess urteilen. Seit den Allgemeinen Landfrieden von 1495, 1548 und 1555, deren Bestimmungen u. a. Eingang in die Kammergerichtsordnung, die Nürnberger Reichsexekutionsordnung von 1555, den Westfälischen Frieden von 1648 (IPO Art. XVII, § 4 ff.) sowie die kaiserlichen Wahlkapitulationen fanden, galt als reichsrechtlicher Grundsatz: »Et nulli omnio statuum imperii liceat ius suum vi vel armis persequi«. Streitigkeiten unter Reichsgliedern konnten daher nur durch eine gütliche Einigung mittels eines Vergleichs, durch einen oberstrichterlichen Spruch aus Wetzlar bzw. Wien oder unter bestimmten Bedingungen durch die sog. Austräge beigelegt werden. Alles andere galt als »Landfriedensbrüchige Selbsthülfe«[352]. Zwar hatten gerade größere Reichsstände wie Preußen mit der Besetzung Schlesiens oder Österreich mit der Unterwerfung der burgauischen Insassen gegen das Landfriedensgebot verstoßen. Aber daraus war kein neues Herkommen erwachsen, das in der Reichspublizistik oder gar in der Rechtsprechung der beiden obersten Reichsgerichte eine dominierende Rolle gespielt hätte[353]. Selbstjustiz blieb damit ein nicht wegzudiskutierender Rechts- und Verfassungsbruch[354]. Auch der Reichsjurist Hardenberg war sich darüber im Klaren,

351 Siehe Kapitel II.3.

352 Klageschrift von Rhön-Werra gegen Preußen zu den Beilagen 1 bis 87 zum Reichshofratsprozess, StA Marburg, 109, Nr. 312, Bd. 1. Drei Klageschriftsnachträge von Rhön-Werra gegen Preußen zu den Beilagen 88 bis 90, 91 bis 94 u. 95 bis 110 zum Reichshofratsprozess, StA Marburg, 109, Nr. 312, Bd. 2. »Actenmässige kurze Darstellung derjenigen reichsgesezwidrigen Gewaltthätigkeiten, welche die unmittelbare Reichsritterschaft in Franken seit der Abtretung der beiden fränkischen Fürstenthümer Bayreuth und Ansbach an S.[ein]e könig̣.[liche] Majestät von Preussen hat erfahren müssen«, [ca. Februar 1796], StA Marburg, 109, Nr. 311, Bd. 5, zu Dok. 333. Relation des Reichshofrats mit Votum und Conclusum zum Fall »Reichsritterschaft in Franken Orts Rhön-Werra, als derzeit fränkisches Special-Directorium contra den König in Preußen [...] – mandati, die Einführung eines vol[l]kommenen Landsassiats [...] betr.«, HHStA Wien, RHR, Relationes, Nr. 148. Abschrift des Schreibens von Kaiser Franz II. an die Kurfürsten, Wien, 7. September 1796, mit Marginalien Hardenbergs, GStA PK Berlin, II. HA, Abt. 36, I, Nr. 6. Abschrift des Handschreibens des Mainzer Kurfürsten Friedrich Karl Joseph von Erthal an den preußischen König, Aschaffenburg, 3. März 1797, ebd., fol. 247 – 252, hier: fol. 248 ff. Erlass der Hessen-Kassler Regierung, [Kassel], 29. Juli 1796, StA Marburg, 4e, Nr. 2970 (Zitat ebd.). *Konrad Müller* (Hg.), Instrumenta Pacis Westphalicae, S. 76 f., 150 f. (Zitat ebd., S. 76). *Sellert*, Gewalt, S. 40 ff.

353 Dass gerade in den Jahren der Mediatisierung der Reichsritterschaft das Vorgehen Österreichs gegen die Insassen in der Markgrafschaft Burgau von Berlin und später von einer anderen interessierten Partei als Beweis für die Ungültigkeit des Landfriedensgebots in bestimmten Fällen angeführt wurde, wird noch zu zeigen sein: Siehe Kapitel VIII.2.2.

354 *Sellert*, Gewalt, S. 48.

dass die eigenmächtige Durchsetzung der preußischen Landeshoheitsansprüche nicht dem »ordentlichen gesezmäsigen Weg« entsprach[355]. Die später näher zu betrachtende Argumentation der königlichen Publizistik, die dennoch die Rechtmäßigkeit der gewaltsamen Mediatisierungen Berlins zu begründen versuchte, muss als eine extreme Form einer reichsrechtlichen Minderheitsmeinung angesehen werden[356]. Daher konnte das Votum des in der reichsritterschaftlichen Hauptklage vortragenden Reichshofrates von Pufendorf kaum überraschen: »Es würde eine sehr überflüßige Arbeit seyn, das vorliegende, durch öffentliche Eingeständniße der könig(lich) Preussischen Stellen hinlänglich bescheinigte schreyende Verfahren, des in Franken eingedrungenen Churhauses Brandenburg zu analisiren. die Sache ist zu klar [...] und es liegt wohl auf platter Hand, daß wir der nun zum vierten Theil unter das Preussische Joch gezogenen fränkischen ReichsRitterschaft mit einem Mandat zu Hülfe eilen müßen«[357]. Der Reichshofrat folgte diesem Votum und erkannte am 23. März 1797 auf ein Mandatum sine clausula gegen den preußischen König und die Berlin nachgeordneten Behörden in Ansbach-Bayreuth. Darin wurden alle in die kaiserlichen und reichsritterschaftlichen Gerechtsame unternommenen Eingriffe Preußens als landfriedensbrüchig und reichsgesetzwidrig kassiert und alle weiteren Mediatisierungsmaßnahmen Berlins verboten. Binnen zwei Monaten sollte die norddeutsche Großmacht den kaiserlichen Verfügungen nachkommen und dabei der Reichsritterschaft alle entstandenen Kosten und Schäden ersetzen. Im gleichen Atemzug erließ der Reichshofrat ein sog. Ad- oder Dehortatorium. In diesem wurden die Rittergenossen, ihre Beamten und Hintersassen ermahnt, ihren Eiden und Verpflichtungen treu zu bleiben und allen weiteren Unterwerfungsversuchen zu widerstehen[358].

Auch die zahlreichen reichsritterschaftlichen Einzelklagen gegen die preußischen Mediatisierungen wurden nun vom Reichshofrat vorgenommen: Daher ging in den folgenden Monaten ein regelrechter Hagel aus Conclusa und

355 Reskript Hardenbergs an verschiedene preußische Gesandschaften und Vertreter, Ansbach, 1. Juli 1796, GStA PK Berlin, II. HA, Abt. 36, I, Nr. 6, fol. 88–92, hier: fol. 90.

356 Siehe Kapitel VIII.2.2.

357 Relation des Reichshofrats mit Votum und Conclusum zum Fall »Reichsritterschaft in Franken Orts Rhön-Werra, als derzeit fränkisches Special-Directorium contra den König in Preußen, als Markgrafen zu Ansbach u. Bayreuth – mandati, die Einführung eines vol[l]kommenen Landsassiats u. die dabei vorgenommene reichsgesetzwidirgen Gewaltthätigkeiten betr.«, HHStA Wien, RHR, Relationes, Nr. 148. Votum des Reichshofrats von Pufendorf, in: ebd. (Zitat ebd.).

358 Reichshofrats-Protokollauszug, 23. März 1797, StA Marburg, 109, Nr. 312, Bd. 2. bzw. Reichshofrats-Conclusum vom 23. März 1797, StA Ludwigsburg, B 575 IV, Bü 353. Relation des Reichshofrats mit Votum und Conclusum zum Fall »Reichsritterschaft in Franken Orts Rhön-Werra, als derzeit fränkisches Special-Directorium contra den König in Preußen, als Markgrafen zu Ansbach u. Bayreuth – mandati, die Einführung eines vol[l]kommenen Landsassiats u. die dabei vorgenommene reichsgesetzwidirgen Gewaltthätigkeiten betr.«, HHStA Wien, RHR, Relationes, Nr. 148.

förmlichen Mandaten des obersten Reichsgerichts über Berlin und seinen Ämtern nieder[359].

Während sich beim Reichshofrat die reichsritterschaftlichen Klageschriften häuften, blieb das Reichskammergericht nahezu unbehelligt[360]. Dieser Sachverhalt ist nicht allein mit der grundsätzlichen Bevorzugung eines be-

359 Anfang Mai 1797 wurde ein Conclusum des obersten Reichsgerichts in Wien zugunsten des Kantons Gebürg gefällt, der Beschwerde wegen des Bayreuther Eingriffs in seine Schuldenverwaltung für zwei Mitglieder der freiherrlichen Familie von Geuder erhoben hatte (Protokoll der Kocherschen Ritterkanzlei mit Votum, Esslingen, 9. Oktober 1797, StA Ludwigsburg, B 575 IV, Bü 353. 3. Bericht des Reichshofratsagenten von Fichtl an den Ortsvorstand Kocher, Wien, 13. Mai 1797, ebd. Reichshofrats-Conclusum vom 9. Mai 1797, ebd.). – Am 23. Mai 1797 erhielt das fränkische Spezialdirektorium in seiner Klage für den bereits erwähnten Alexander Friedrich Wilhelm Freiherr von Seckendorff-Aberdar wegen der Mediatisierung seiner zu Steigerwald kollektablen Rittergüter Sugenheim und Duzenthal ein postives Conclusum des Reichshofrats und das entsprechende Mandatum sine clausula (Bericht des Reichshofrats- und fränkischen Direktorialagenten der Reichsritterschaft, Herr von Alt, an den Ortsvorstand Rhön-Werra, Wien, 27. Mai 1797, StA Marburg, 109, Nr. 312, Bd. 4. Votum des Freiherrn Karl von Wöllwarth, Stuttgart, 31. August 1797, zum Protokoll der Kocherschen Ritterkanzlei mit Voten, Esslingen, 7. August 1797, StA Ludwigsburg, B 575 IV, Bü 353. Bericht des Reichshofratsagenten von Fichtl an den Ortsvorstand Kocher, Wien, 27. Mai 1797, ebd. Reichshofrats-Conclusum vom 23. Mai 1797, ebd. Schreiben des Ortsvorstandes Rhön-Werra an die Ortsvorstände Odenwald, Gebürg, Steigerwald, Altmühl und Banach, Schweinfurt, 7. Juni 1797, StA Marburg, 109, Nr. 312, Bd. 2. Nachschreiben des Ortsvorstandes Rhön-Werra an die Ortsvorstände Odenwald, Gebürg, Steigerwald und Baunach, o.O., 21 Juni 1797, StA Marburg, 109, Nr. 311, Bd. 9. Mandatum sine clausula, Wien, 23. Mai 1797, Marburg, 109, Nr. 321). – Zudem trieb der Reichshofrat durch zwei Conclusa von Ende Juli 1797 die im Herbst 1795 von Altmühl eingeleiteten Mandatsprozesse wegen der damaligen Übergriffe der Bayreuther Behörden weiter voran und mahnte die Parition auf seine früheren Verfügungen an. Im August 1797 erkannte der Reichshofrat in diesen Streitigkeiten sogar auf die Paritoria und beauftragte den Fürstbischof von Bamberg sowie den Herzog von Sachsen-Meiningen mit der »real Execution« (3. Bericht des Reichshofratsagenten von Fichtl an den Ortsvorstand Kocher, Wien, 2. August 1797, StA Ludwigsburg, B 575 IV, Bü 353. Reichshofrats-Conclusum vom 25. Juli 1797, ebd. [Weiteres] Reichshofrats-Conclusum vom 25. Juli 1797, ebd. Protokoll der Kocherschen Ritterkanzlei, Esslingen, 1. Oktober 1798 [sic], ebd. (Zitat ebd.). 9. Bericht des Reichshofratsagenten von Fichtl an den Ortsvorstand Kocher, Wien, 21. Oktober 1797, ebd. Reichshofrats-Conclusum vom 17. Oktober 1797, ebd. [Weiteres] Reichshofrats-Conclusum vom 17. Oktober 1797, ebd.). – Ebenfalls im August 1797 folgte schließlich ein weiteres Conclusum des Wiener Reichsgerichts wegen der preußischen Eingriffe in die bisher durch den Kanton Steigerwald ausgeübte Verwaltung des Schuldenwesens des Reichsgrafen Philipp Ferdinand von Limpurg-Styrum ([Weiteres] Protokoll der Kocherschen Ritterkanzlei mit Votum, Esslingen, 9. Oktober 1797, StA Ludwigsburg, B 575 IV, Bü 353. 6. Bericht des Reichshofratsagenten von Fichtl an den Ortsvorstand Kocher, Wien, 6. September 1797, ebd. Reichshofrats-Conclusum vom 21. August 1797, ebd.).

360 Allein der Freiherr von Frankenstein zu Ullstadt hatte – wie bereits ausgeführt wurde – das Reichskammergericht gegen die preußischen Übergriffe angerufen und im Januar 1796 ein positives Mandat erwirkt. Allerdings war sein Geschlecht bereits seit geraumer Zeit in einen Centstreit mit Brandenburg-Ansbach vor dem Wetzlarer obersten Reichsgericht verwickelt gewesen (Schreiben des Ortsvorstandes Steigerwald an den Ortsvorstand Rhön-Werra, Erlangen, 30. Januar 1796, StA Marburg, 109, Nr. 311, Bd. 5, Dok. 336. Abschrift des Mandatum des Reichskammergerichts im Rechtsstreit der Freiherrn von Frankenstein zu Ullstadt gegen Bayreuth, Wien, 11. Januar 1796, ebd.).

stimmten obersten Reichsgerichts durch die beteiligten Kantone oder Ritterkreise zu erklären[361]. Zwar war – was die reichsritterschaftliche Hauptklage anbelangte – beim Reichshofrat noch kein Verfahren anhängig gewesen, weshalb keine Alleinzuständigkeit des Wiener Reichsgerichts aufgrund der sog. Prävention gegeben war[362]. Aber durch die vorausgegangenen diplomatischen Verhandlungen der Hofburg mit Berlin in den fränkischen Landeshoheitsstreitigkeiten sowie die Klagen des Kantons Altmühl von 1795 war der Reichshofrat bereits in die Gesamtmaterie eingearbeitet[363]. Außerdem verfügte die Reichsritterschaft nicht zuletzt in der Person des schon vorgestellten Franz Paul Christoph von Seckendorff über einen starken Fürsprecher, der mit dem Streitgegenstand ebenfalls bereits vertraut war[364]. Angesichts dieser Faktoren mochte die Bündelung möglichst vieler Klagen in Wien schnellere Ergebnisse versprechen. Ferner beruhte die von Berlin angefochtene reichsritterschaftliche Rechtsstellung nicht zuletzt auf kaiserlichen Privilegien. Zudem galt ein Teil der Gerechtsame der Reichsritterschaft als (delegierte) Regalien des Kaisers[365]. Für all diese Streitgegenstände, also den Umfang der Reservatrechte des Reichsoberhaupts, die authentische Interpretation der von diesem erteilten Privilegien sowie Entscheidungen über die Reichsunmittelbarkeit, erhob der Reichshofrat einen, teilweise umstrittenen, Anspruch auf ausschließliche reichsgerichtliche Zuständigkeit[366]. Hinzu kam, dass der Reichshofrat dem Kaiser mehr Möglichkeiten als das Reichskammergericht bot, zugunsten seiner reichsritterschaftlichen Klientel Einfluss auf das Verfahren zu nehmen: Der Reichshofrat war nämlich nicht nur ein oberstes Reichsgericht, sondern zugleich Reichslehenshof und beratendes Organ. Zudem blieb dem Kaiser als obersten Gerichtsherrn durch die sog. vota ad imperatorem die letztinstanzliche Entscheidung über die Urteile und Urteilsvorschläge des Wiener Reichsgerichts vorbehalten, wenn dieses in seiner Meinung selbst gespalten war oder es um politisch und staatsrechtlich sensible Angelegenheiten ging[367]. Schließlich galt das Verfahren des Reichshofrates gegenüber dem des Reichskammergerichts, wenn auch nicht in jedem Fall, so

361 Vgl. *Endres*, Adel (EDG), S. 12 u. *Duchhardt*, Reichsritterschaft, S. 320 Anm. 27.

362 Zur konkurrierenden Gerichtsbarkeit von Reichshofrat und Reichskammergericht siehe: *Sellert*, Zuständigkeitsabgrenzung, S. 112 ff., *Ders.*, Reichshofrat (1996), S. 19 f. und *Gschließer*, Reichshofrat, S. 28.

363 Siehe Kapitel VI.2.

364 Siehe Kapitel V.4.1 u. VI.2.

365 Siehe Kapitel II.2.2.

366 *Sellert*, Reichshofrat (1996), S. 20. *Ders.*, Zuständigkeitsabgrenzung, S. 107 f. *Gschließer*, Der Reichshofrat, S. 25 ff., 42.

367 Reichshofratsordnung Ferdinands III., Regensburg, 16. März 1654, in: *Sellert* (Hg.), Ordnungen, S. 45–260, hier: S. 200 ff. Verordnung wegen des Reichshofrats Karls VI., Wien, 14. Januar 1714, in: *Sellert* (Hg.), ebd., S. 269–287, hier: S. 284. *Jahns*, Reichskammergericht I, S. 53, 59, 68. *Sellert*, Reichshofrat (1996), S. 23 ff. *Gschließer*, Der Reichshofrat, S. 14 ff., 41 ff. *Mauchenheim*, Ritterschaft I, S. 430.

doch im Allgemeinen als weitaus zügiger[368]. Jedoch sollte dieser Punkt im Mandatsprozess nicht überbewertet werden[369]. Vor allem dürfte das Reichskammergericht als reichsgerichtliche Instanz ausgeschieden sein, weil es mitten im Kriegsgebiet lag: Über einen großen Teil des Jahres 1796, als die Reichsritterschaft die volle Wucht des preußischen Angriffs auf ihre Reichsunmittelbarkeit zu spüren bekam, war daher die erste Frage, die das Reichskammergericht interessieren musste, die seiner eigenen Sicherheit. Unter diesen Umständen konnte in der heißen Phase der Mediatisierungen Berlins von einer gefahrlosen Zugänglichkeit des Wetzlarer Reichsgerichts keine Rede sein[370].

»Kaiserlichen Mandaten und Rescripten parirt der Koenig nicht und wer wird einen Krieg anfangen, um Ihn zu exequiren«? Mit dieser Feststellung hatte Ende 1793 der Ortsvorstand des Kantons Altmühl ein Problem auf den Punkt gebracht, das für die politische Existenz der Reichsritterschaft entscheidend werden sollte[371]. Es wurde bereits gezeigt, dass die im Spätherbst und Winter 1795/96 ergangenen Mandate des Reichshofrates von den königlichen Behörden einfach ignoriert wurden[372]. Zwar hielt die Reichsverfassung für derartige Fälle die sog. Reichsexekution durch einen oder mehrere Reichsstände bereit. Aber bei einem Staat, der ungeachtet aller Niederlagen der letzten Jahre noch immer als europäische und militärische Großmacht galt, war dieser Weg nicht gangbar[373]. Was im Burgauer Insassenstreit dem

368 Reichshofratsordnung Ferdinands III., Regensburg, 16. März 1654, in: *Sellert* (Hg.), Ordnungen, S. 45–260, hier: S. 126 ff. *Jahns*, Reichskammergericht I, S. 71 ff. *Sellert*, Reichshofrat (1996), S. 40 ff. *Ders.*, Zuständigkeitsabgrenzung, S. 125 f. *Gschließer*, Der Reichshofrat, S. 40, 45 ff.

369 *Jahns*, Reichskammergericht I, S. 78. Vgl. Reichshofratsordnung Ferdinands III., Regensburg, 16. März 1654, in: *Sellert* (Hg.), Ordnungen, S. 45–260, hier: S. 111 f., 229 f.

370 Schreiben des Kurfürsten von Köln an den Kurfürsten von Mainz, Leipzig, 8. Oktober 1796, HHStA Wien, MEA, Militaria, Nr. 127. Abschrift des Schreibens des Kurfürsten von Mainz an die Kurfürsten von Böhmen, Trier, Köln, Braunschweig, Sachsen und Pfalz, Aschaffenburg, 25. Oktober 1796, ebd. Deutsche Staats- und Ministerial-Zeitung, Nr. 25, 25. März 1796, Sp. 400. Ebd., Nr. 31, 15. April 1796, Sp. 496. Ebd., Nr. 61, 29. Juli 1796, Sp. 975. Ebd., Nr. 62, 2. August 1796, Sp. 991 f.

371 Abschrift des Nachschreibens des Ortsvorstandes Altmühl an den Ortsvorstand Gebürg, o.O., 26. November 1793, StA Marburg, 109, Nr. 311, Bd. 2, Dok. 137.

372 Siehe Kapitel VI.2.

373 Entwurf zu einem von Klüber zu erstattenden Gutachten, [Berlin], [März 1796], GLA Karlsruhe, N Klüber, Fasz. 229. »Versuch eines ohngefähren Abrisses...« (wie Kap. II, Anm. 91), GStA PK Berlin, I. HA, Rep. 94, IV, Ac, Nr. 2, S. 1–149, hier: S. 137, 143. StA Marburg, 109, Nr. 311, Bd. 4, Dok. 293, zu Dok. 304 u. Dok. 318–319. StA Marburg, 109, Nr. 311, Bd. 5, zu Dok. 323 u. Dok. 341. Nachschreiben des Ortsvorstandes Odenwald an den Ortsvorstand Rhön-Werra, Ansbach, 24. Juli 1796, StA Marburg, 109, Nr. 311, Bd. 7. Abschrift des Schreibens des Ortsvorstandes Altmühl an den Reichshofrat Franz Paul Christoph von Seckendorff in Wien, o.O., 11. Juli 1796, ebd. Abschrift des Berichts der Freiherrn von Künsberg an den Ortsvorstand Gebürg, Erlangen und Ermreuth, 6. November 1796, StA Marburg, 109, Nr. 322. Votum des Freiherrn von Wöllwarth zum Protokoll der Kocherschen Ritterkanzlei mit Voten, Esslingen, 18. Juli 1798, StA Ludwigsburg, B 575 IV, Bü 352. Protokoll der Kocherschen Rit-

Erzhaus seine behauptete Immunität zum Schutz vor dem Zugriff der obersten Reichsgerichte war, waren dem König von Preußen die Bajonette seiner Truppen[374]. Selbst Österreich, das im andauernden Krieg gegen Frankreich mit dem Rücken zur Wand stand, hatte keine Möglichkeit, die seit dem Frühjahr 1797 zugunsten der Reichsritterschaft ergehenden Mandate des Reichshofrates gewaltsam zu exekutieren[375]. Zwar beschritt der Reichshofrat angesichts des »katastrophalen Vollstreckungswesens« sowie im Interesse der Aufrechterhaltung von Frieden und Ordnung in ähnlichen Fällen gerne den Ausweg, das Verfahren erst gar nicht bis zu einem förmlichen Exekutionsauftrag gedeihen zu lassen und stattdessen den Rechtsstreit auf dem Verhandlungswege – mittels Austrägalinstanzen und kaiserlichen Kommissionen – konsensual beizulegen[376]. Aber auch dies hätte von Berlin die prinzipielle Bereitschaft zum Kompromiss sowie ein Mindestmaß an Respekt gegenüber den Reichsgrundgesetzen erfordert. Damit hing alles vom Willen Preußens ab, sich den Spielregeln der Reichsverfassung zu beugen oder sie ein weiteres Mal zu konterkarieren.

Seit 1792 hatte Hardenberg keine Gelegenheit ausgelassen, um dem König und seinem Kabinettsministerium die vermeintliche Parteilichkeit der Reichsgerichte und insbesondere des Reichshofrats vor Augen zu führen. Diese hätten die »eitlen Prätensionen und Eingriffe« der Ansbach-Bayreuth benachbarten Reichsglieder in die zollerschen Gerechtsame durch eine Flut von widerrechtlichen Mandaten stets geschützt, »die man hier bey hunderten zählte«. Dies alles galt im Besonderen auch für die Reichsritterschaft, deren Mitglieder den Reichshofrat besetzen würden. Mit seiner Einschätzung traf Hardenberg in Berlin auf offene Ohren, wo das Kabinettsministerium eine ähnliche Auffassung über die oberste Reichsgerichtsbarkeit vertrat[377]. Die

terkanzlei mit Voten, Esslingen, 6. April 1797, StA Ludwigsburg, B 575 IV, Bü 353. Protokoll der Kocherschen Ritterkanzlei mit Votum, Esslingen, 9. Oktober 1797, ebd. [Weiteres] Protokoll der Kocherschen Ritterkanzlei mit Votum, Esslingen, 9. Oktober 1797, ebd. Votum des Freiherrn Karl von Wöllwarth, Stuttgart, 10. Dezember 1802, zum Protokoll der Kocherschen Ritterkanzlei mit Voten, Esslingen, 8. November 1802, ebd. Protokoll der Kocherschen Ritterkanzlei mit Voten, Esslingen, 15. August 1796, StA Ludwigsburg, B 575 II, Bü 300. Protokoll der Kocherschen Ritterkanzlei mit Voten, Esslingen, 17. Januar 179[7], StA Ludwigsburg, B 575 II, Bü 373. Protokoll der Kocherschen Ritterkanzlei mit Voten, Esslingen, 16. Februar 1797, ebd. Schreiben des Ortsvorstandes Mittelrhein an den Ortsvorstand Rhön-Werra, Burg Friedberg, 20. März 1797, StA Marburg, 109, Nr. 311, Bd. 9. Vgl. auch hierzu die allgemeinen Ausführungen von *Sellert*, Gewalt, S. 44 f.

374 Einige vorläufige Bemerkungen über das, von dem Pfalzbayerischen Kurhof als Beyspiel seines Verfahrens gegen die Reichsritterschaft, angezogene Benehmen, S. 19. Speziell zu den Ereignissen in der Markgrafschaft Burgau siehe Kapitel III.1. Zur beanspruchten Exemtion Österreichs von der Jurisdiktionsgewalt der obersten Reichsgerichte siehe beispielsweise: *Sellert*, Zuständigkeitsabgrenzung, S. 22 ff.

375 Vgl. *Riedenauer*, Reichsverfassung, S. 527.

376 *Sellert*, Gewalt, S. 47 f. (Zitat ebd., S. 46). *Stollberg-Rilinger*, Das Heilige Römische Reich, S. 119. *Westphal*, Stabilisierung, S. 244 ff. *S. Ullmann*, Landesherr, S. 260 f.

377 Hauptbericht Hardenbergs (wie Kap. I, Anm. 80), GStA PK Berlin, II. HA, Abt. 36, I, Nr. 5, fol.

Konsequenzen dieser Überzeugung hatte der Dirigierende Minister bereits im Januar 1792 mit aller Deutlichkeit zu Papier gebracht: »In der Folge wird man [...] die Reichshofräth(liche)n Mandata unbefolgt laßen können, da niemand so leicht die Execution übernehmen wird«[378]. Auch die Instruktion für das königliche Landesministerium der beiden fränkischen Fürstentümer wegen der Landeshoheitsstreitigkeiten mit Nachbarn und Insassen vom 12. April 1796 wollte von einer grundsätzlichen Gültigkeit reichsgerichtlicher Mandate nichts wissen. Vielmehr wies sie den Dirigierenden Minister gemäß einem vorangegangenen Reskript vom 29. Dezember 1795 explizit an, die preußischen Landeshoheitsansprüche durchzusetzen, »ohne auf reichsgerichtliche Verfügungen, Protestationen, Reclamationen zu achten«[379]. In verschiedenen im Sommer 1796 zur Verteidigung der preußische Übergriffe gedruckten Flugschriften und Traktaten wurde ebenfalls die Widerrechtlichkeit und Unverbindlichkeit der reichsgerichtlichen Mandate behauptet – ein Standpunkt, wodurch aus reichsritterschaftlicher Sicht »der gantzen Teutschen verfassung Hohn gesprochen wird«[380]. Doch selbst ohne vollzogene Exekution konnten die reichsgerichtlichen Verfügungen der Reputation Berlins im Reich erheblichen Schaden zufügen. 1806 betonte der Kanzleidirektor der kaiserlichen Prinzipalkommission in Regensburg, dass auch bei einem ausbleibenden

1 – 16 u. fol. 23 – 24, hier: fol. 23 (Zitat ebd.). Reskript [wegen der Grundsätze hinsichtlich der Nachbarn u. unmittelbaren sog. Insassen] von Finkenstein, Schulenburg und Alvensleben an Hardenberg, Berlin, 1. März 1792, ebd., fol. 25 – 26, hier: fol. 25. Bericht Hardenbergs an den König/das Kabinettsministerium, Ansbach, 2. April 1792, ebd., fol. 32 – 38, hier: fol. 33 ff. (Zitat ebd., fol. 34). Bericht Hardenbergs an den König/das Kabinettsministerium, Ansbach, 7. September 1792, GStA PK Berlin, I. HA, Rep. 44 B, Nr. 1a. Bericht Hardenbergs an den König/das Kabinettsministerium, Ansbach, 4. April 1792, ebd. Reskript von Finkenstein, Schulenburg und Alvensleben an Reichsgraf Goertz, Berlin, 19. April 1792, ebd. Bericht Hardenbergs an den König/das Kabinettsministerium, Ansbach, 9. Februar 1792, ebd. Reskript von Finkenstein, Schulenburg und Alvensleben an Hardenberg, Berlin, 5. Mai 1792, ebd. Bericht Hardenbergs an den König/das Kabinettsministerium, Bayreuth, 16. Juni 1793, ebd. Reskript von Alvensleben und Haugwitz an Hardenberg, Berlin, 9. Juli 1793, ebd. Bericht Hardenbergs an das Kabinettsministerium, Ansbach, 3. Dezember 1796, GStA PK Berlin, II. HA, Abt. 36, I, Nr. 6, fol. 187 – 193, hier: fol. 189. »Versuch eines ohngefähren Abrisses...« (wie Kap. II, Anm. 91), GStA PK Berlin, I. HA, Rep. 94, IV, Ac, Nr. 2, S. 1 – 149, hier: S. 62, 137 ff.

378 »Versuch eines ohngefähren Abrisses...« (wie Kap. II, Anm. 91), GStA PK Berlin, I. HA, Rep. 94, IV, Ac, Nr. 2, S. 1 – 149, hier: S. 137.

379 Entwurf der königlichen Instruktion für das fränkische Landesministerium, Berlin, [März/April 1796], GStA PK Berlin, II. HA, Abt. 36, I, Nr. 6, fol. 5 – 67, hier: fol. 10, 28, 66 (Zitat ebd., fol. 66) bzw. von bayerischer Hand vorgenommene Abschrift der Instruktion für das königliche Landesministerium, Berlin, 12. April 1796, BSB, Handschriftenabteilung, Franconica 2#Beibd.17, fol. 1 – 34, hier: fol. 3, 11 f., 33. Vgl. auch: die entsprechenden Aussagen im Reskript Hardenbergs an verschiedene preußische Gesandschaften und Vertreter, Ansbach, 1. Juli 1796, GStA PK Berlin, II. HA, Abt. 36, I, Nr. 6, fol. 88 – 92, hier: fol. 90 f.

380 Abschrift des Schreibens von Kaiser Franz II. an die Kurfürsten, Wien, 7. September 1796, mit Marginalien Hardenbergs, GStA PK Berlin, II. HA, Abt. 36, I, Nr. 6, ebd. Schreiben des Ritterrats Freiherr von Berlichingen an den Ortsvorstand Kocher, Ansbach, 12. Oktober 1796, StA Ludwigsburg, B 575 II, Bü 373 (Zitat ebd.).

Vollzug die Entscheidungen der höchsten Reichsgerichte bisher nicht ohne Wert gewesen seien: »So brandmarkten sie doch den Übertreter der Gesetze mit dem Zeichen der Ungerechtigkeit, dienten der öffentlichen Stimme zur Leitung, und erhielten in der Nation ein reges Gefühl für Recht«[381].

Doch auch derartigen Folgen versuchte nun Berlin einen Riegel vorzuschieben: Ein wegen der Eingriffe Ansbachs in die Schuldenverwaltung des Reichsgrafen von Limpurg-Styrum im April 1796 erlassenes Reichshofratsconclusum wurde von der Ansbacher Regierung kurzerhand zurückgeschickt[382]. Angesichts der vermeintlichen Ungültigkeit der Verfügungen der Reichsjustiz und ihrer Schädlichkeit für die Reputation Berlins im Reich war es nur konsequent, wenn dem königlichen Reichshofratsagenten für Ansbach-Bayreuth zum Sommer 1796 zuerst die Annahme der reichsgerichtlichen Mandate verboten und, nachdem dieser Einwände erhoben hatte, die Vertretung Berlins für die fränkischen Markgrafentümer im September desselben Jahres gänzlich entzogen wurde[383].

Zum offenen Affront gegen den Wiener Hof kam es, als der Reichshofrat eine Verfügung wegen preußischer Eingriffe in die Militärhoheit auf den nicht zur Reichsritterschaft gehörenden, an Bayreuth grenzenden Reichslehen der Grafen von Hirschberg erließ. Der preußische Gesandte am Kaiserhof, der Marquis de Lucchesini, gab nämlich Ende August 1796 das reichsgerichtliche Paritionsreskript ungeöffnet an die Reichshofkanzlei zurück. In einer Begleitnote an den Reichshofvizekanzler erklärte der königliche Gesandte, dass die Paritoria einen Gegenstand beträfen »pour le quel S(a) M(ajésté) ne sauroit reconnoitre la compétence de ce tribunal de l'Empire«[384]. Zwar schickte der

381 *Haas*, Skizze über die dermalige Lage des deutschen Reichs, S. 137. – Speziell zum Kanzleidirektor Haas siehe *Walter*, Zusammenbruch, S. 131 u. *Burgdorf*, Weltbild (2009), S. 121.

382 [Weitere] Relation des Steigerwalder Ortssekretärs Georg Wilhelm Heinrich Pfeiffer an den Ortsvorstand Steigerwald, Erlangen, 30. Juli 1796, StA Marburg, 109, Nr. 311, Bd. 8 i. Verb. mit der Abschrift des kaiserlichen Reskripts, Wien, 27. September 1796, ebd. Bericht des Reichshofrats- und fränkischen Direktorialagenten der Reichsritterschaft, Herr von Alt, an den Ortsvorstand Rhön-Werra, Wien, 8. Februar 1797, StA Marburg, 109, Nr. 311, Bd. 10.

383 Königliches Reskript, abgezeichnet von Haugwitz, [an den brandenburgischen Reichshofratsagenten], Berlin, 14. September 1796, HHStA Wien, MEA, Reichstagsakten, Nr. 719. Note des preußischen Reichshofratsagenten Johann Andreas Merk, Wien, 15. September 1796, ebd. [Weitere] Relation des Steigerwalder Ortssekretärs Georg Wilhelm Heinrich Pfeiffer an den Ortsvorstand Steigerwald, Erlangen, 30. Juli 1796, StA Marburg, 109, Nr. 311, Bd. 8. Neue Vertheidigung I, S. 192.

384 Nachschreiben des Kaisers an den Kurfürsten von Mainz, Wien, 7. September 1796, HHStA Wien, MEA, Militaria, Nr. 127. Abschrift der Note des Marquis de Lucchesini an den Reichshofvizekanzler, Wien, 27. August 1796, ebd. (Zitat ebd.). Note des Reichshofvizekanzlers Fürst von Colloredo-Mansfeld an den Leiter der Staatskanzlei Freiherr von Thugut, Wien, 29. August 1796, HHStA Wien, SK, Notenwechsel mit der Reichshofkanzlei, Noten von der Reichshofkanzlei, Nr. 27. Vgl. auch: Note des Leiters der Staatskanzlei Freiherr von Thugut an den Reichshofvizekanzler Fürst von Colloredo-Mansfeld vom 12. September 1796, HHStA Wien, SK, Notenwechsel mit der Reichshofkanzlei, Noten an die Reichshofkanzlei, Nr. 10. – Zur geografischen Lage und Mediatisierung der Hirschbergischen Reichslehen siehe: Entwurf der königlichen Instruktion für das fränkische Landesministerium, Berlin, [März/April 1796],

Reichshofvizekanzler seinerseits das Urteil des Reichshofrats am Folgetag an Lucchesini zurück, aber dieser Schritt konnte dem offenen Affront gegen den Kaiser als obersten Richter und Garanten einer funktionierenden Reichsjustiz nicht mehr seine Schärfe nehmen. Schließlich konnten dem Reichsoberhaupt schon im Interesse seiner reichspolitischen Stellung, wie es ein Staatsrechtler um die gleiche Zeit ausdrückte, »Beschränkungen der Gewalt und des Ansehens der Reichsgerichte wahrhaftig nichts weniger als gleichgültig seyn«[385].

Die offene Brüskierung eines obersten Reichsgerichts und des Wiener Kaiserhofes wiederholte ein von den vier Kabinettsministern Finkenstein, Alvensleben, Hardenberg und Haugwitz gegengezeichnetes Patent des Königs vom 12. Juni 1797: In diesem wurden verschiedene zugunsten der Reichsritterschaft und der fränkischen Kreisstände gegen die preußischen Eingriffe ergangene Reichshofratsmandate als reichsrechtlich unverbindlich verworfen und die königlichen »Unterthanen [...] besonders diejenigen von der Ritterschaft[,] die sich vorhin zu den Reichs-Ritter-Cantons gehalten haben«, unter Strafandrohung ermahnt, sich von ihren Untertanenpflichten gegen Berlin nicht abbringen zu lassen. Umgekehrt versprach Friedrich Wilhelm II. die Rechte der ihm unterworfenen ritterschaftlichen und sonstigen Lehens- und Grundherren nicht anzutasten und seine vorgeblichen Landeskinder zu schützen[386].

GStA PK Berlin, II. HA, Abt. 36, I, Nr. 6, fol. 5–67, hier: fol. 31 u. Bericht Hardenbergs an das Kabinettsministerium, Ansbach, 3. Dezember 1796, ebd., fol. 187–193, hier: fol. 188. – Speziell zu dem bereits länger andauernden Mandatsprozess wegen der Hischbergischen Lehen siehe: Reichshofrats-Protokollauszug, 21. Oktober 1793, StA Marburg, 109, Nr. 311, Bd. 2, Dok. 92.

385 Abschrift der Note des Reichshofvizekanzlers an den Marquis de Lucchesini, Wien, 28. August 1796, HHStA Wien, MEA, Militaria, Nr. 127. [*Häberlin*], Ungrund, S. 98 (Zitat ebd.).

386 Abschrift des königlichen Patents, Berlin, 12. Juni 1797, StA Ludwigsburg, B 575 II, Bü 300 (Zitat ebd.). *Kretschmann*, Dienstjahre (1808), S. 33. – Das besagte Patent ist auch in Kretschmanns Memoiren abgedruckt (Königliches Patent vom 12. Juni 1797, in: *Kretschmann*, ebd., S. 271–272, hier: S. 271 f.) und bei *Weltrich* (Erinnerungen ... aus den Preussischen Regierungs-Jahren, S. 40) falsch datiert. – Der Reichshofvizekanzler revanchierte sich für die offene Brüskierung des Reichshofrats auf seine Weise: 1787 hatte der Landgraf von Hessen-Kassel unter Missachtung des Landfriedens den Lippischen Anteil der Reichsgrafschaft Schaumburg besetzt, wurde jedoch von Friedrich Wilhelm II. unter Verweis auf die Reichsgrundgesetze zum Rückzug gezwungen. Als der preußische König im Spätsommer 1797 persönlich beim Kaiser um die Erlassung der den Landgrafen von Hessen-Kassel deswegen vom Reichshofrat auferlegten 2000 Mark lötigen Goldes bat und dabei schwere Vorwürfe gegen das Wiener Reichsgericht erhob, plädierte Colloredo-Mansfeld für eine Antwort, in der die rechtlichen Bestimmungen zum Landfriedensgebot ausgeführt wurden. Schließlich sei – so der Reichshofvizekanzler in seinem Vortrag für den Kaiser – Berlin mit seinen Mediatisierungen nun selbst zum Landfriedensbrecher geworden und andernfalls würde Wien das »Preussische Usurpationssystem in Franken« faktisch billigen (Vortrag des Reichshofvizekanzlers Fürst von Colloredo-Mansfeld, Wien, 5. Oktober 1797, HHStA Wien, RK, Vorträge, Fasz.-Nr. 8c. Handschreiben von Friedrich Wilhelm II. von Preußen an den Kaiser, Berlin 20. August 1797, ebd. Entwurf des Antwortschreibens des Kaisers an den König von Preußen, ebd.; Zu den Ereignissen von 1787 siehe ferner IV.5.3.b).

Die Wirkung dieses in verschiedenen Zeitungen verbreiteten und den ritterschaftlichen Gerichten zugeschickten Patents bekam die Reichsritterschaft schon bald zu spüren[387]: Da kein öffentlicher Notar zur Überbringung der Mandate vom 22. und 23. Mai 1797 bereit war, die der Kaiser bzw. sein Reichshofrat in der Hauptklage und einem ergänzenden Verfahren des fränkischen Spezialdirektoriums gegen die preußischen Übergriffe erlassen hatten, und den reichsritterschaftlichen Dienern und Offizialen bei einem derartigen Versuch die Verhaftung drohte, schickte die Schweinfurter Ritterkanzlei die besagten Verfügungen Wiens auf dem Postweg nach Ansbach. Jedoch wurde das ungeöffnete Paket ohne Antwort, aber mit zwei Exemplaren des königlichen Patents vom 12. Juni desgleichen Jahres kurzerhand zurückgeschickt. Erst Anfang November 1797, beim zweiten Versuch, gelang es der Reichspost die Mandate Hardenberg zu übergeben, die das fränkische Spezialdirektorium zur Sicherheit auch noch in mehreren Zeitungen veröffentlichen ließ[388]. Dieses Spiel sollte sich in den nächsten Jahren in geringfügigen Variationen noch mehrfach wiederholen[389].

387 Abschrift des Reskripts des königlichen Kreisdirektoriums an das Freiherrlich Senfft von Soulbourgische Gericht zu Matzenbach, Crailsheim, 30. Juni 1797, StA Ludwigsburg, B 575 II, Bü 300. Schreiben des Ortsvorstandes Rhön-Werra an Hardenberg, Schweinfurt, 19. Oktober 1797, in: Beylagen zur neuen Vertheidigung, Nr. 22, S. 92–93, hier: S. 93. Königlich Preussische Verordnung (Staats-Archiv), S. 221 Anm. *.

388 Zirkularschreiben des Konsulenten Johann Heinrich Pollich an den Ortsvorstand Rhön-Werra mit dessen Voten, Schweinfurt, 28. September 1797, StA Marburg, 109, Nr. 311, Bd. 10. Schreiben des Ortsvorstandes Rhön-Werra an Hardenberg, Schweinfurt, 15. Juli 1797, Nr. 321. Attestat des Reichspostamts, Schweinfurt, 28. Oktober 1797, ebd. Schreiben des Ortsvorstandes Rhön-Werra an Hardenberg, Schweinfurt, 19. Oktober 1797, ebd. Abschrift des Attestats des Reichspostamts, Ansbach, 14. November 1797, ebd. Abschrift des Schreibens des Ortsvorstandes Steigerwald an Hardenberg, Nürnberg, 11. Juni 1800, GStA PK Berlin, II. HA, Abt. 36, I, Nr. 340, fol. 95. 1. Nachschreiben des Ortsvorstandes Steigerwald an den Ortsvorstand Rhön-Werra, Erlangen, 1. Juli 1797, StA Marburg, 109, Nr. 311, Bd. 9. Schreiben des Ortsvorstandes Steigerwald an den Ortsvorstand Rhön-Werra, Erlangen, 17. Juli 1797, ebd. StA Marburg, 109, Nr. 318: fortl. – Als ein reichsritterschaftlicher Sekretär des Kantons Steigerwald sich im Sommer 1796 im Gespräch mit Kretschmann auf eine von der untergebürgischen Regierung zurückgeschickte Verfügung des Reichshofrats über die Ansbacher Eingriffe in das Debitwesen des Reichsgrafen von Limpurg-Styrum berief, äußerte der königliche Kommissar »mit sichtbarer Emotion und allmälig steigender Hitze [...], daß wenn der höchstpreiß(liche) Kaiserliche Reichshofrath in Zukunft wagen sollte, ähnliche Verfügungen zu erlassen, man ganz andre Maasregeln zu ergreifen wissen werde« ([Weitere] Relation des Steigerwalder Ortssekretärs Georg Wilhelm Heinrich Pfeiffer an den Ortsvorstand Steigerwald, Erlangen, 30. Juli 1796, StA Marburg, 109, Nr. 311, Bd. 8).

389 Auch noch 1800, als das fränkische Spezialdirektorium Erkenntnisse des Reichshofrats wegen der Mediatisierung der Freiherrlich von Seckendorffischen Rittergüter Duzenthal und Sugenheim sowie der Missachtung der reichsritterschaftlichen Zollbefreiungen an den inzwischen in Berlin residierenden Hardenberg schickte, ließ dieser die Pakete kurzerhand mit der Reichspost zurückgehen. Da auch eine Übermittlung über Wien nicht möglich war, musste das preußische Siegel auf den zurückgeschickten Paketen als Nachweis der beim Reichshofrat zu erbringenden sog. Insinuation der reichsgerichtlichen Verfügungen genügen (StA Marburg, 109, Nr. 319: fortl. für April bis August 1800. Schreiben Hardenbergs an den Staats- und

Dass der Reichshofrat, wie Heinrich Müller behauptete, infolge des königlichen Patents vom 12. Juni seine Bemühungen einstellte und »nach Ablauf des Jahres [...] nicht mehr gegen Preußen« erkannt hätte, fügt sich zwar in das abschätzige Bild der Reichsinstitutionen in der kleindeutsch-borussischen Geschichtsschreibung. Aber dennoch ist diese Behauptung unzutreffend[390]. Richtig ist hingegen, dass es seit der Jahreswende 1797/98 eine vorübergehende, rund zweijährige Untätigkeit des Reichshofrates in den wegen der preußischen Mediatisierung reichsritterschaftlicher Güter angestrengten Verfahren gab. Schließlich war ein Kurswechsel Berlins in den fränkischen Landeshoheitsstreitigkeiten nach dem Tod Friedrich Wilhelms II. nicht völlig auszuschließen. Vor allem aber konnte vor dem Hintergrund des Rastatter Kongresses und des beginnenden Zweiten Koalitionskrieges sowie angesichts der immer unsicherer werdenden Zukunft der einzelnen Teile des »Reichssystems« im Allgemeinen und des Corpus equestre im Besonderen die Hofburg kein Interesse an einer unnötigen Eskalation der Beziehungen zu Berlin haben. Dessen ungeachtet wurde das fränkische Spezialdirektorium mit Unterstützung des bewährten Reichshofrats Franz Paul Christoph Freiherr von Seckendorff in Wien vorstellig. Schließlich galt es, den Widerstandwillen der von den Mediatisierungen betroffenen Rittergenossen wach zu halten. Zudem musste zumindest verhindert werden, dass sich Berlin hinsichtlich seiner Okkupationen an den Grenzen Ansbach-Bayreuths in einen wirksamen Besitzstand (possessorium) setzte, der nicht nur reichsrechtlich folgenreich, sondern auch durch einen künftigen Reichsfrieden sanktioniert werden konnte[391]. Tatsächlich fällte das oberste Reichsgericht in Wien noch im

Kabinettsminister Haugwitz inkl. Randvermerk, Berlin, 30. Juni 1800, GStA PK Berlin, II. HA, Abt. 36, I, Nr. 340, fol. 93. Reskript Hardenbergs an den 2. Kammersenat in Ansbach, Berlin, 30. Juni 1800, ebd., fol. 93 – 94, hier: fol. 93 f. Schreiben von Haugwitz an Hardenberg, Berlin, 12. Juli 1800, ebd., fol. 96). – Bei einem der 1800 vom Ortsvorstand Steigerwald an Hardenberg geschickten Conclusa zeigte sich Letzterer verärgert, dass der Brief nicht »ohne weiteres mit der Post zuruckgesendet« wurde (Schreiben des Ortsvorstandes Steigerwald an Hardenberg inkl. Marginalie Hardenbergs, Nürnberg, 18. Oktober 1800, GStA PK Berlin, II. HA, Abt. 36, I, Nr. 340, fol. 97. Marginalie Hardenbergs, ebd. (Zitat ebd.)). – Auf die gleiche Art und Weise wie im Vorjahr ging noch Anfang 1801 ein wegen der preußischen Mediatisierungen erkanntes Reichshofratsmandat von der Ansbacher Regierung an die Schweinfurter Ritterkanzlei zurück, da ein solches »Patent nicht angenommen werden kann« (Schreiben des Ortsvorstandes Rhön-Werra an den Ortsvorstand Steigerwald, Schweinfurt, 21. Februar 1801, StA Marburg, 109, Nr. 313. Schreiben der Kanzlei des 2. Ansbacher Kammersenats an die Ritterkanzlei von Rhön-Werra zu Schweinfurt, Ansbach, 1. Februar 1801, ebd. (Zitat ebd.)).

390 *H. Müller*, Kampf, S. 67 f.

391 StA Marburg, 109, Nr. 313: fortl. für Oktober 1798, für Dezember 1799 bis Februar 1800 sowie für Oktober bis November 1800. Schreiben des Ortsvorstandes Odenwald an den Ortsvorstand Rhön-Werra, Kochendorf, 11. Oktober 1800, ebd. (Zitat ebd.). StA Marburg, 109, Nr. 311, Bd. 10: fortl. für Februar bis Mai 1798. Schreiben des Ortsvorstandes Rhön-Werra an die Ortsvorstände Odenwald, Gebürg, Altmühl, Steigerwald und Baunach, Schweinfurt, 5. März 1800, StA Marburg, 109, Nr. 312, Bd. 3. Schreiben des Ortsvorstandes Rhön-Werra an die Ortsvorstände Odenwald, Gebürg, Altmühl, Steigerwald und Baunach, Schweinfurt, 26. Januar

Frühjahr und Sommer 1800 mehrere Conclusa zugunsten der Reichsritterschaft und gegen »die Brandenburgische Anmassung zu Einführung des Landsassiats«[392]. Doch auch diese neuen Vorstöße der Reichsjustiz sollten an

1798, StA Marburg, 109, Nr. 312, Bd. 4. Zirkularschreiben des Konsulenten Johann Heinrich Pollich an den Ortsvorstand Rhön-Werra mit dessen Voten, Schweinfurt, 26. Januar 1798, ebd.

392 Bericht des preußischen Reichshofratsagenten an Hardenberg, Wien, 22. Februar 1800, GStA PK Berlin, II. HA, Abt. 36, I, Nr. 340, fol. 86–87, hier: fol. 86. Reichshofrats-Conclusum vom 14. Februar 1800, GStA PK Berlin, II. HA, Abt. 36, I, Nr. 316, fol. 24 (Zitat ebd.). – Im Februar 1800 erkannte der Reichshofrat in den Landeshoheitsstreitigkeiten um das reichsritterschaftliche Gut Heroldsberg gegen Preußen. Zwar verbuchte die preußische Seite das Conclusum als Erfolg, da das Wiener Reichsgericht den Beschwerdeführer auf das im Hauptverfahren erlassene kaiserliche Mandat vom 23. März 1797 verwies. Aber umgekehrt blieb der Reichshofrat damit seiner gegen die Mediatisierungen an den Grenzen Ansbach-Bayreuth eingeschlagenen Linie treu. Mehr konnte in einer inzwischen völlig veränderten reichspolitischen Situation kaum erwartet werden (GStA PK Berlin, II. HA, Abt. 36, I, Nr. 316, fol. 22–26, 75–76 u. 83–88, hier: fortl. Speziell zur damaligen außen- und reichspolitischen Situation siehe Kapitel IX.1). – Im März 1800 ging der Reichshofrat noch einen Schritt weiter und wies Berlin an, binnen zwei Monaten dem am 23. Mai 1797 zugunsten der Reichsunmittelbarkeit der Freiherrlich von Seckendorffischen Güter Dutzentahl und Sugenheim ergangenen Mandat Folge zu leisten, wenn nicht als nächste prozessuale Eskalationsstufe die »paritoria in contumaciam« folgen sollten. Im August 1800 wiederholte ein weiteres Conclusum des Reichshofrat diese Drohung (Bericht des Reichshofratsagenten von Fichtl an den Ortsvorstand Kocher, Wien, 2. April 1800, StA Ludwigsburg, B 575 IV, Bü 353. GStA PK Berlin, II. HA, Abt. 36, I, Nr. 340, fol. 86–88 u. fol. 97–98, hier: fortl. Bericht des preußischen Reichshofratsagenten an Hardenberg, Wien, 22. Februar 1800, ebd., fol. 86–87, hier: fol. 86 (Zitat ebd.). Schreiben des Ortsvorstandes Steigerwald an den Ortsvorstand Rhön-Werra, Nürnberg, 13. Juni 1800, StA Marburg, 109, Nr. 313). – Nur noch teilweise im Zusammenhang mit den preußischen Mediatisierungen im engeren Sinne stand ein im August 1799 beim obersten Reichsgericht in Wien eingereichtes Mandatsgesuch des Kantons Rhön-Werra als fränkisches Spezialdirektorium, das sich gegen die Missachtung der Zollprivilegien des Corpus equestre durch die königlichen Behörden in Ansbach und Bayreuth richtete. Doch selbst in diesem Sonderfall, dessen Schwere nicht im Geringsten mit den gewaltsamen Arrondierungen der fränkischen Markgrafentümer vergleichbar war, erkannte der Reichshofrat Ende März 1800 ein Mandat gegen Berlin. Im Dezember 1800 erging ein weiteres Conclusum in der Streitsache, das von Preußen binnen zwei Monaten die Parition verlangte ([Weiterer] Bericht des Reichshofratsagenten von Fichtl an den Ortsvorstand Kocher, Wien, 2. April 1800, StA Ludwigsburg, B 575 IV, Bü 353. Reichshofrats-Conclusum vom 27. März 1800, ebd. bzw. Kaiserliches Mandat, Wien, 27. März 1800, StA Marburg, 109, Nr. 313. Relation des Reichshofrats mit Votum und Conclusum zum Fall »Reichsritterschaft in Franken Orts Rhön-Werra, als derzeit fränkisches Spezialdirektorium contra den König in Preußen, als Markgrafen zu Ansbach und Bayreuth, dessen verordnete Landesdikasterien et cons., die Verweigerung der von jeher genossenen privilegienmäßigen Zollfreiheit betr.«, HHStA Wien, RHR, Relationes, Nr. 148. Klageschrift von Rhön-Werra gegen Preußen zu den Beilagen A bis H zum Reichshofratsprozess, StA Marburg, 109, Nr. 319. Ebd.: fortl. für August 1799, für März 1800 sowie für Dezember 1800). – Bereits im Frühjahr 1798 hatte – wie ausgeführt wurde – das fränkische Spezialdirektorium seinem Direktorialagenten in Wien eine eigene Klageschrift gegen Berlin wegen der Mediatisierung des Ritterguts Ermreuth der Gebrüder Freiherr von Künsberg übersandt. Ein weiterer Nachtrag zu diesem Prozess verließ die Schweinfurter Kanzlei im Frühjahr 1800. Im Spätherbst desselben Jahres erging auch ein Mandatum sine clausula des Reichshofrats auf die 1798 eingereichte Klageschrift (StA Marburg, 109, Nr. 311, Bd. 10: fortl. für Mai 1798. Klageschrift und Klageschriftsnachtrag von Rhön-Werra gegen Preußen zu den Beilagen 1 bis 37 u. 38 bis 47

der unnachgiebigen Haltung Berlins scheitern, das sich weiterhin weigerte, die reichsgerichtlichen Verfügungen und Beschlüsse aus Wien auch nur anzunehmen[393].

Damit hatte die Reichsjustiz die ihr zu Gebote stehenden Mittel weitgehend erschöpft, ohne die reichsritterschaftliche Unmittelbarkeit bewahren oder restituieren zu können. Mit seiner Weigerung die Mandate des Reichshofrats als rechtsverbindlich anzuerkennen, geschweige denn zu befolgen, stellte sich die norddeutsche Großmacht aus machtpolitischem Egoismus heraus ein weiteres Mal außerhalb der Reichsverfassung. Schon Friedrich II. von Preußen war auf ähnliche Weise mit den Verfügungen des Reichskammergerichtes verfahren[394]. Aber auch andere Stände des Reiches und selbst Wien beriefen sich nur noch auf dessen Institutionen, wenn dies ihnen Vorteile »aus einer Perspektive der Kosten-Nutzen-Rechnung« versprach[395]. Das noch anzusprechende Verhalten Karl Theodors von Pfalz-Bayern bei dem kaiserlichen Versuch, das Kurkollegium zum Schutz der bedrohten Reichsglieder Frankens zu mobilisieren, war Ausdruck dieser im besten Sinne Hobbes'schen Politik. Aber auch die eigenmächtige Besetzung großer Teile Bayerns durch Joseph II. 1777, die Okkupation des Lippischen Anteils der Reichsgrafschaft Schaumburg durch Hessen-Kassel zehn Jahre später oder die Mediatisierungspolitik Österreichs gegenüber der Herrschaft Asch, dem reichsritterschaftlichen Bezirk Hegau oder den sog. Burgauer Insassen gehören hierher. Die Liste ließe sich fast beliebig fortsetzen[396]. Diese Aufkündigung des bisherigen Grundkonsenses im interterritorialen Konfliktaustrag durch die mächtigen Reichsglieder zerstörte die der Reichsjustiz innewohnende Integrationsfunktion. Die Folge war eine Destabilisierung und Paralyse der Reichsverfassung im Allgemeinen und ihrer Schutzmechanismen im Besonderen sowie in letzter Konsequenz der Zerfall des Reiches als »Rechtsgemeinschaft« und »Rechtsschutzverband«. Letzteren konnten die »mindermächtigen« Reichsritter zur Aufrechterhaltung ihrer politischen Existenz jedoch genauso wenig entbehren wie den kaiserlichen Schutz. Der fehlende Wille der mächtigeren weltlichen Fürsten und Grafen, die bestehende politische und rechtliche Ordnung weiter mitzutragen sowie die sich daraus ergebenden Einschränkungen ihres

zum Reichshofratsprozess, ebd., StA Marburg, 109, Nr. 322. Ebd.: fortl. für März bis Juni 1798, für September 1799 sowie für April 1800. Schreiben des Ortsvorstandes Rhön-Werra an den Ortsvorstand Steigerwald, Schweinfurt, 7. Januar 1801, StA Marburg, 109, Nr. 313. Schreiben des Ortsvorstandes Steigerwald an den Ortsvorstand Rhön-Werra, Nürnberg, 11. Dezember 1800, ebd. Reichshofrats-Conclusum vom 25. November 1800, ebd.).

393 Siehe Kapitel VII.2 Anm. 389.

394 *Mauchenheim*, Ritterschaft I, S. 430 f. Vgl. auch *Sellert*, Gewalt, S. 43.

395 *Riedenauer*, Reichsverfassung, S. 125, 180 ff. *Stollberg-Rilinger*, Das Heilige Römische Reich, S. 99 f., 109. *Höbelt*, Wiener Sicht, S. 33 (Zitat ebd.).

396 Zu den Geschehnissen um die Herrschaft Asch und die sog. Burgauischen Insassens siehe Kapitel III.1; Zur Okkupation des Lippischen Anteils der Reichsgrafschaft Schaumburg siehe Kapitel VIII.3.2.

Handlungsspielraumes und Entwicklungspotenzials hinzunehmen, weihte die Reichsverfassung und mit ihr die Reichsritterschaft dem Untergang, noch bevor Napoleon ihr den Todesstoß versetzen konnte[397].

Neben dem Reichshofrat waren ein wichtiger Dreh- und Angelpunkt des reichsritterschaftlichen Widerstands die ebenfalls von den preußischen Okkupationen betroffenen Kreisstände Frankens. Die gemeinsame Bedrohung und Gegnerschaft gegen die Mediatisierungen und Annexionen Berlins verband Reichsritter und Kreisstände über alle Differenzen hinweg und ermöglichte es, die im Winter 1795/96 erneuerte Allianz des fränkischen Ritterkreises mit Würzburg zu vertiefen. Auch gegenüber Bamberg kam es wieder zu einer Annäherung der Reichsritterschaft, nachdem das Hochstift zur Enttäuschung der fränkischen Ortsvorstände vorübergehend Anstalten getroffen hatte, sein Heil im Alleingang zu suchen und sich mit Berlin gütlich zu einigen[398]. Darüber hinaus musste der immer bedrohlicher über Franken liegende Schatten des preußischen Adlers eine Verbreiterung des kreisständisch-reichsritterschaftlichen Bündnisses begünstigen: Zu diesem Zweck wandte sich das fränkische Spezialdirektorium um den Frühsommer 1796 auch an die zwei anderen geistlichen Reichsfürsten Frankens, den Fürstbischof von Eichstätt sowie den Kurfürsten von Köln als Hoch- und Deutschmeister[399]. Gleichzeitig versuchten im Juli 1796 der Erste Bamberger Kreis-

397 *Westphal*, Stabilisierung, S. 246. *Walter*, Zusammenbruch, S. 28 f. *Burgdorf*, Reichskonstitution, S. 333 (Zitat ebd.). *Mazohl-Wallnig*, Zeitenwende, S. 71, 265. *Härter*, Reichstag, S. 441, 569. *Stollberg-Rilinger*, Das Heilige Römische Reich, S. 99 f., 117. *Gotthard*, Kaiser, S. 85 (Zitat ebd.). *Jahns*, Reichskammergericht I, S. 609, 674.

398 StA Marburg, 109, Nr. 311, Bd. 7: fortl. für Juli 1796. Schreiben des Ortsvorstandes Rhön-Werra an die Bamberger Regierung, Schweinfurt, 13. Juni 1796, StA Marburg, 109, Nr. 321. Schreiben des Ortsvorstandes Rhön-Werra an die Ortsvorstände Odenwald, Gebürg, Steigerwald, Baunach und Altmühl, Schweinfurt, 13. Juni 1796, ebd. Note der Bamberger Regierungskanzlei an den Ortsvorstand Rhön-Werra, Bamberg, 15. April 1796, ebd. Schreiben des Ortsvorstandes Rhön-Werra an die Ortsvorstände Odenwald, Gebürg, Steigerwald, Baunach und Altmühl, Schweinfurt, 18. April 1796, ebd. – Zur Erneuerung der politischen Zusammenarbeit des fränkischen Ritterkreises mit Bamberg und Würzburg siehe Kapitel VI.2. – Tatsächlich wurden zwischen Bamberg und Preußen Vergleichsverhandlungen vereinbart, deren Beginn auf den 1. September 1796 festgelegt wurde (Bericht Hardenbergs an das Kabinettsministerium, Ansbach, 29. Juli 1796, GStA PK Berlin, II. HA, Abt. 36, I, Nr. 6, fol. 145–149, hier: fol. 149. Bericht Hardenbergs an das Kabinettsministerium, Ansbach, 3. Dezember 1796, ebd., fol. 187–193, hier: fol. 189 ff.).

399 Nachschreiben des Ortsvorstandes Gebürg an den Ortsvorstand Rhön-Werra, Bamberg, 8. Juli 1796, StA Marburg, 109, Nr. 311, Bd. 7. Schreiben des Ortsvorstandes Steigerwald an den Ortsvorstand Rhön-Werra, Erlangen, 14. Juli 1796, ebd. Schreiben des Ortsvorstandes Odenwald an den Ortsvorstand Rhön-Werra, Ansbach, 22. Juli 1796, ebd. – Bereits Ende 1795 hatte die Bamberger Regierung ebenfalls bei Eichstätt und dem Deutschen Orden, aber auch bei Würzburg, Schwarzenberg, der Reichsstadt Nürnberg und dem fränkischen Spezialdirektorium für ein gemeinsames Vorgehen gegen die Übergriffe Berlins geworben (Schreiben der Bamberger Fürstbischöflichen Regierung an den Ortsvorstand Rhön-Werra, Bamberg, 25. November 1795, StA Marburg, 109, Nr. 311, Bd. 4, Dok. 295. Deutsche Staats- und Ministerial-Zeitung, Nr. 10, 2. Februar 1796, Sp. 156 ff.).

direktorialgesandte und Reichsritter Joseph Philipp Freiherr von Oberkamp im Auftrag des ausschreibenden Kantons Rhön-Werra sowie der Baunacher Konsulent Fabricius im Namen des Viertels Altmühl eine breite Allianz zwischen der Fränkischen Kreisversammlung und den sechs Kantonen Frankens zu schmieden[400]. Dabei spielten dem Corpus equestre die politischen Verhältnisse im Nürnberger Kreiskonvent in die Hände. Dort war die Atmosphäre zwischen den preußisch regierten Markgrafentümern und ihren führenden fränkischen Mitständen schon vor der Okkupation des Nürnberger Umlands völlig vergiftet[401]. Der Umstand, dass sich der königliche Gesandte in der Fränkischen Kreisversammlung auf Hardenbergs Befehl hin weigerte, die Landeshoheitsstreitigkeiten Ansbach-Bayreuths mit seinen immediaten Nachbarn offiziell zu kommentieren oder gar zum Gegenstand einer förmlichen Beratung zu machen, goss zusätzliches Öl ins Feuer. Die Übergriffe auf die Reichsstadt Nürnberg seit dem 4. Juli 1796, deren Vorbereitung der königliche Kreisgesandte durch falsche Erklärungen verschleiert hatte, diskreditierten und isolierten Preußen weitgehend unter seinen fränkischen Mitständen[402]. Es konnte daher kaum überraschen, dass sich die Nürnberger Kreisversammlung unterm 4. und 8. Juli 1796 in mehreren Protestschreiben gegen die um sich greifenden Okkupationen Berlins, deren Fortsetzung preußischerseits offen angekündigt wurde, direkt an König Friedrich Wilhelm II. wandte. Darin forderte der Nürnberger Konvent die Einstellung der als reichsverfassungswidrig und als Bedrohung für den Fortbestand der Kreisverfassung angeprangerten Übergriffe Ansbach-Bayreuths[403]. Am Vormittag

400 Nachschreiben des Ortsvorstandes Gebürg an den Ortsvorstand Rhön-Werra, Bamberg, 8. Juli 1796, StA Marburg, 109, Nr. 311, Bd. 7. Schreiben von Joseph Philipp von Oberkamp an den Ortsvorstand Rhön-Werra, Nürnberg, 10. Juli 1796, ebd. Schreiben des Ortsvorstandes Steigerwald an den Ortsvorstand Rhön-Werra, Erlangen, 14. Juli 1796, ebd. Schreiben des Baunacher Konsulenten Fabricius an den Ortsvorstand Rhön-Werra, Nürnberg, 16. Juli 1796, ebd.

401 Schreiben von Ludwig Friedrich Christoph Schmid an Hardenberg, [ca. Winter 1794/95], GStA PK Berlin, II. HA, Abt. 36, I, Nr. 5, fol. 127. Schreiben von Ludwig Friedrich Christoph Schmid an Hardenberg, Ansbach, 21. Juni 1796, GStA PK Berlin, II. HA, Abt. 36, I, Nr. 6, fol. 73 – 75, hier: fol. 73.

402 Bericht des geheimen französischen Agenten Gleichen an Rewbell, Mitglied des Direktoriums in Paris, o.O., 28. Juni 1796, AMAE Paris, CP, Allemagne - Petites Principautés, Nr. 74, fol. 25 – 26, hier : fol. 25 f. GStA PK Berlin, II. HA, Abt. 36, I, Nr. 6, fol. 76 – 78, 95 – 96 u. 110 – 111, hier: fortl.

403 GStA PK Berlin, II. HA, Abt. 36, I, Nr. 6, fol. 97 – 100, 102 u.112, hier: fortl. Abschrift des Schreibens des Fränkischen Kreiskonvents an den preußischen König, Nürnberg, 4. Juli 1796, StA Marburg, 109, Nr. 311, Bd. 7. Abschrift des 1. Nachschreibens des Fränkischen Kreiskonvents an den preußischen König, Nürnberg, 4. Juli 1796, ebd. Abschrift des 2. Nachschreibens des Fränkischen Kreiskonvents an den preußischen König, Nürnberg, 4. Juli 1796, ebd. Abschrift des Schreibens des Fränkischen Kreiskonvents an den preußischen König, Nürnberg, 8. Juli 1796, ebd. – Das Schreiben des Fränkischen Kreiskonvents an den preußischen König vom 8. Juli 1796 wurde allerdings erst am 10. Juli 1796 abgeschickt (Bericht der preußischen Kreistagsgesandten Schmid und Pfeiffer zu Nürnberg, Nürnberg, 10. Juli 1796, GStA PK Berlin, II. HA, Abt. 36, I, Nr. 6, fol. 116). Daher datierte auch seine Ausfertigung – genau wie das Gesuch an den Kaiser – auf den 10. Juli 1796 (Abschrift des Schreibens des

des 11. Juli hielten die fränkischen Kreisgesandten unter Ausschluss des königlichen Bevollmächtigten eine Konferenz im Quartier Oberkamps ab. Am Nachmittag des gleichen Tages kam ein offizielles Promemoria des fränkischen Spezialdirektoriums Rhön-Werra in der Kreisversammlung zur Diktatur. Darin wurde der Nürnberger Konvent um Zusammenarbeit und die Unterstützung der Reichsritterschaft gegen die preußischen Übergriffe ersucht[404]. Neun Tage später, am 20. Juli 1796, beschlossen die gegen Preußen opponierenden fränkischen Kreisstände nicht nur den Reichshofvizekanzler, den Kaiser sowie den Reichstag um Hilfe zu bitten, sondern auch in diese Unterstützungsgesuche die bedrängte fränkische Reichsritterschaft mitaufzunehmen[405]. Gleichzeitig einigten sich unter Leitung des Bamberger Direktoriums die antipreußischen Stände auf ein erneutes Beschwerdeschreiben der Nürnberger Kreisversammlung an Friedrich Wilhelm II. Dieses wurde unterm 20. Juli 1796 zusammen mit einer Nachschrift ausgefertigt, die eine Einstellung der preußischen Übergriffe auf die fränkische Reichsritterschaft forderte. Dabei argumentierten die Kreisgesandten, dass sich Friedrich Wilhelm II. als Kurfürst selbst für die vollkommene Gleichstellung des Corpus equestre mit den Reichsständen im Wortlaut der kaiserlichen Wahlkapitulation eingesetzt habe. Zudem verwies der Kreiskonvent darauf, dass die preußischen

Fränkischen Kreistages an den preußischen König, Nürnberg, 10. Juli 1798, HHStA Wien, RK, Reichskrieg gegen Frankreich, Fasz.-Nr. 68a. Schreiben des Fränkischen Kreistages an den Kaiser inkl. Beilagen, Nürnberg, 10. Juli 1798, HHStA Wien, RK, Reichsakten in specie, Fasz.-Nr. 39, fol. 333 – 385).

404 Bericht der preußischen Kreistagsgesandten Schmid und Pfeiffer zu Nürnberg, Nürnberg, 10. Juli 1796, GStA PK Berlin, II. HA, Abt. 36, I, Nr. 6, fol. 122. Abschrift des Schreibens des Ortsvorstandes Rhön-Werra an die Fränkische Kreisversammlung, Schweinfurt, 30. Juni 1796, ebd., fol. 126 – 127, hier: fol. 126 f. Schreiben des Ortsvorstandes Steigerwald an den Ortsvorstand Rhön-Werra, Erlangen, 14. Juli 1796, StA Marburg, 109, Nr. 311, Bd. 7. – Aus den Reihen der fränkischen Kreisstände war die fränkische Reichsritterschaft zuvor vertraulich dazu aufgefordert worden, sich an alle Mitglieder des Kreiskonvents mit der Bitte um Unterstützung zu wenden (Schreiben des Freiherrn Christoph Albrecht von Seckendorff an den Ortsvorstand Rhön-Werra, Regensburg, 25. Juni 1796, StA Marburg, 109, Nr. 321. Schreiben des Ritterhauptmanns von Gebürg, Freiherr Schenk von Staufffenberg, an den Ortsvorstand Rhön-Werra, Bamberg, 23. Juni 1796, ebd.).

405 Nachschreiben des Ortsvorstandes Steigerwald an den Ortsvorstand Rhön-Werra, Erlangen, 27. Juli 1796, StA Marburg, 109, Nr. 311, Bd. 7. Schreiben des Ortsvorstandes Rhön-Werra an Joseph Philipp von Oberkamp, Schweinfurt, 4. Oktober 1796, ebd. Schreiben von Joseph Philipp von Oberkamp an den Ortsvorstand Rhön-Werra, Nürnberg, 11. Oktober 1796, ebd. Abschrift des Schreibens des Fränkischen Kreiskonvents an den Kaiser, Nürnberg, 20. Juli 1796, ebd. Abschrift des Schreibens des Fränkischen Kreiskonvents an den Reichstag, Nürnberg, 20. Juli 1796, ebd. Bericht der preußischen Kreistagsgesandten Schmid und Pfeiffer zu Nürnberg, Nürnberg, 31. Juli 1796, GStA PK Berlin, II. HA, Abt. 36, I, Nr. 6, fol. 175. Schreiben des Fränkischen Kreiskonvents an den Reichshofvizekanzler Fürst von Colloredo-Mansfeld, [Nürnberg], 20. Juli 1796, Dikt. Nürnberg, 29. Juli 1796, StA Bamberg, Fränkischer Kreis, Kreisdirektorialgesandtschaft, Nr. 333.

Mediatisierungen auch die von anderen Kreisständen rührenden Lehen der Reichsritterschaft betreffen würden[406].

Der Erfolg der verschiedenen, die Reichsritter einschließenden Beschwerdeschreiben und Unterstützungsgesuche des Fränkischen Kreiskonvents war höchst unterschiedlich. Der Berliner Hof verstand sich nicht einmal zu einer Antwort auf die Proteste aus Nürnberg, da er die preußischen Mediatisierungen nicht als in die Kompetenz des Kreiskonvents fallende Angelegenheit anerkennen wollte[407]. Dagegen zeigte sich der Kaiserhof in Wien gegenüber den Hilferufen der Kreisversammlung relativ aufgeschlossen. Aber angesichts der prekären Lage Österreichs im Krieg gegen Frankreich war an eine direkte diplomatische oder gar militärische Intervention der Hofburg vorerst nicht zu denken[408]. Nicht viel mehr Erfolg sollte das Unterstützungsgesuch aus Nürnberg am Reichstag haben, wo die Ereignisse in Franken schon zuvor Gesprächsthema waren[409].

406 Nachschreiben des Ortsvorstandes Steigerwald an den Ortsvorstand Rhön-Werra, Erlangen, 27. Juli 1796, StA Marburg, 109, Nr. 311, Bd. 7. Abschrift des Schreibens des Fränkischen Kreiskonvents an den preußischen König, Nürnberg, 20. Juli 1796, ebd. Abschrift des Nachschreibens des Fränkischen Kreiskonvents an den preußischen König, Nürnberg, 20. Juli 1796, ebd. Klageschrift von Rhön-Werra gegen Preußen zu den Beilagen 1 bis 87 zum Reichshofratsprozess, StA Marburg, 109, Nr. 312, Bd. 1. Bericht der preußischen Kreistagsgesandten Schmid und Pfeiffer zu Nürnberg, Nürnberg, 31. Juli 1796, GStA PK Berlin, II. HA, Abt. 36, I, Nr. 6, fol. 175.

407 [Abschrift des] Reskripts von Alvensleben und Haugwitz an die preußische Kreistagsgesandtschaft in Nürnberg, Berlin, 20. Juli 1796, GStA PK Berlin, II. HA, Abt. 36, I, Nr. 6, fol. 153. Abschrift des Reskripts des Kabinettsministeriums an die preußische Kreistagsgesandtschaft in Nürnberg, Berlin, 16. August 1796, ebd., fol. 184. Vota der fränkischen Kreisstände in Betreff der brandenburgischen Eingriffe, [ca. Februar 1797], ebd., fol. 201–205, hier: fol. 201. Schreiben von Joseph Philipp von Oberkamp an den Ortsvorstand Rhön-Werra, Nürnberg, 11. Oktober 1796, StA Marburg, 109, Nr. 311, Bd. 7.

408 Schreiben von Joseph Philipp von Oberkamp an den Ortsvorstand Rhön-Werra, Nürnberg, 11. Oktober 1796, StA Marburg, 109, Nr. 311, Bd. 7. Bericht Hardenbergs an das Kabinettsministerium, Ansbach, 5. August 1796, GStA PK Berlin, II. HA, Abt. 36, I, Nr. 6, fol. 172–173?, hier: fol. 172 f.

409 Deutsche Staats- und Ministerial-Zeitung, Nr. 26, 29. März 1796, Sp. 414. – In Regensburg vertrat mit dem bereits erwähnten Reichsgrafen Goertz, der aus einem altadligen reichsritterschaftlichen Geschlecht im Kanton Rhön-Werra (Buchisches Quartier) stammte, ein Rittergenosse reinsten Wassers die Interessen Berlins. Nicht ohne Grund war der Reichshofvizekanzler erst wenige Jahre zuvor voll des Lobes über die Anhänglichkeit Goertz' an die Reichsverfassung gewesen. Schließlich würde dieser »für seine Person, so viel es seine Lage, und Verhältniße gestatten, gute, und Constitutionsmässige Gesinnungen äusser[n]«. Auch den fränkischen Kreisgesandten Zwanziger und Oberkamp galt Goertz noch Ende 1795 als ein Mann, der wesentlich dazu beitragen konnte, der »constitutionelle[n] Parthey« unter den Beamten in Ansbach-Bayreuth bei Hardenberg das Übergewicht gegenüber den Verfechtern einer rücksichtslosen Arrondierungspolitik zu verschaffen. Tatsächlich hatte Goertz die preußischen Mediatisierungen persönlich missbilligt und im Frühjahr 1793 unter Umgehung des Kabinettsministeriums dem Dirigierenden Minister eine goldene Brücke zur Rücknahme der Übergriffe auf die Reichsritterschaft gebaut. Aber zu einer Unterstützung des reichsritterschaftlich-kreisständischen Hilfsgesuchs an den Reichstag konnte sich Goertz nicht durchringen, der stattdessen die Arrondierungspolitik Berlins mit »der unerschütterlichen

Dessen ungeachtet arbeitete das fränkische Spezialdirektorium mit der Unterstützung Oberkamps erfolgreich daran, die politische Allianz zwischen der fränkischen Reichsritterschaft einerseits sowie dem Reichskreis und insbesondere seinen geistlichen Fürstentümern andererseits zu festigen und auszubauen[410]. Das Einvernehmen zwischen der Reichsritterschaft und der

DienerTreue« exekutierte. Damit gehörte Goertz einer Generation von Spitzenbeamten an, deren Selbstverständnis sich nicht mehr primär aus ihrer reichsadligen Herkunft speiste, sondern aus ihrer Stellung im Fürstendienst. Hinzu kamen der Vormarsch der französischen Revolutionsarmeen, der in Regensburg die Frage der Sicherheit und Evakuierung der Reichsversammlung in den Vordergrund rückte, sowie die Reichstagsferien, die bis Mitte Oktober 1796 andauern sollten. Zudem musste es wenig ratsam erscheinen, Berlin als neutrale Macht in der Frage der Annexionen Ansbach-Bayreuths zu brüskieren, solange Preußen angesichts des andauernden französischen Siegeszuges für Vorverhandlungen mit der französischen Generalität über die Schonung Regensburgs und der dortigen Gesandtschaften unentbehrlich war. All diese Faktoren spielten zusammen, so dass das Unterstützungsgesuch des Nürnberger Kreiskonvents erst am 7. Februar 1797 am Reichstag zur Diktatur kam. Aber auch danach war eine Beratung der Kurien über die preußischen Mediatisierungen nicht abzusehen. Ein kenntnisreicher Staatsrechtler stellte dazu fest, dass eine Behandlung des Anliegens der Fränkischen Kreisversammlung durch den Reichstag erst dann zu erwarten sei, wenn der Kaiser diese betreiben würde, was aber »wieder wohl von politischen Conjuncturen abhängen wird«. In reichs- und machtpolitischen Überlegungen dürfte auch der Grund dafür zu suchen sein, dass sich die Hofburg entschloss, die Mediatisierungen durch Ansbach-Bayreuth nicht am Reichstag als Ganzem behandeln zu lassen (Schreiben des württembergischen Reichstagsgesandten Christoph Albrecht Freiherr von Seckendorff an den Kanton Rhön-Werra bzw. dessen Kanzlei, Regensburg, 8. Dezember 1797, StA Marburg, 109, Nr. 61. GStA PK Berlin, II. HA, Abt. 36, I, Nr. 6, fol. 170–171, 201–205, 209–211, 253–255, hier: fortl. Abschrift des Berichts des preußischen Reichstagsgesandten Reichsgraf von Goertz an das Kabinettsministerium, Regensburg, 28. Juli 1796, ebd., fol. 171 (Zitat ebd.). Vortrag des Reichshofvizekanzlers Fürst von Colloredo-Mansfeld, Wien, 25. Februar 1791, HHStA Wien, RK, Vorträge, Fasz.-Nr. 8b (Zitat ebd.). Diarium von Oberkamp und Zwanziger über ihre Gesandtschaft nach Ansbach, Nürnberg, 29. Dezember 1795, StA Bamberg, Fränkischer Kreis, Kreisdirektorialgesandtschaft, Nr. 332 (Zitat ebd.). Abschrift des Schreibens von Franz Paul Christoph von Seckendorff an den Altmühler Ritterhauptmann Ernst Ludwig Sebastian Freiherr von Crailsheim, Weingartsgereuth, 1. Juni 1792, StA Marburg, 109, Nr. 311, Bd. 1, Dok. 58. Schreiben von Joseph Philipp von Oberkamp an den Ortsvorstand Rhön-Werra, Nürnberg, 11. Oktober 1796, StA Marburg, 109, Nr. 311, Bd. 7. Bericht Hardenbergs an den König/das Kabinettsministerium, Bayreuth, 16. Juni 1793, GStA PK Berlin, I. HA, Rep. 44 B, Nr. 1a. Entwurf für ein Schreiben von Hardenberg an den Reichsgrafen Goertz in Regensburg, [April/Juni 1793], ebd. Abschrift des Berichts des Reichsgrafen Goertz an Hardenberg, Regensburg, 9. April 1793, ebd. Deutsche Staats- und Ministerial-Zeitung, Nr. 61, 29. Juli 1796, Sp. 975. Ebd., Nr. 64, 9. August 1796, Sp. 1023. Ebd., Nr. 65, 12. August 1796, Sp. 1039 f. Ebd., Nr. 66, 16. August 1796, Sp. 1054 f. Ebd., Nr. 71, 2. September 1796, Sp. 1130 f. Ebd., Nr. 74, 20. September 1796, Sp. 1184. Ebd., Nr. 75, 23. September 1796, Sp. 1199. Ebd., Nr. 84, 25. Oktober 1796, Sp. 1344. 21. Bericht eines reichsritterschaftlichen Reichstagskorrespondenten, Regensburg, 24. Mai 1797, StA Ludwigsburg, B 575 IV, Bü 353. Getreue Darstellung und Beurtheilung der Handlungen der Reichsversammlung, S. 130 ff. Vorstellung der Fränkischen Kreis-Versammlung (Staats-Archiv), S. 328 Anm. * (Zitat ebd.)).

410 Schreiben des Ortsvorstandes Rhön-Werra an Joseph Philipp von Oberkamp, Schweinfurt, 4. Oktober 1796, StA Marburg, 109, Nr. 311, Bd. 7. Schreiben von Joseph Philipp von Oberkamp an den Ortsvorstand Rhön-Werra, Nürnberg, 11. Oktober 1796, ebd. Schreiben des

Mehrheit der fränkischen Kreisstände zeigte sich erneut, als der Nürnberger Konvent die Übergriffe Preußens im Februar 1797 zum Gegenstand einer offiziellen Beratung erhob. Der am Ende stehende Kreisschluss vom 27. Februar 1797 wies einen betont öffentlichen Charakter auf. Er erklärte die preußischen Mediatisierungen zur gemeinsamen Angelegenheit des Fränkischen Reichskreises und verurteilte sie als Bruch des Landfriedens, als unvereinbar mit der früheren Politik Berlins und als Bedrohung der gesamten Reichsverfassung. Zugleich kündigte er ein erneutes Beschwerdeschreiben an den preußischen König an sowie abermalige Unterstützungsgesuche an den Kaiser und den Reichstag. Das Ungewöhnliche an all dem war, dass der Kreisschluss vom 27. Februar 1797 sich nicht auf die Beschwerden der Kreisstände Frankens beschränkte, sondern ausdrücklich die preußischen Übergriffe auf die fränkische Reichsritterschaft miteinschloss[411]. Letzteres galt auch für das erneute Beschwerdeschreiben nach Berlin sowie die abermaligen Unterstützungsgesuche an den Reichstag, den Reichshofvizekanzler, den kaiserlichen Kreisgesandten in Nürnberg und den Kaiser selbst, die die Fränkische Kreisversammlung unterm 13. März 1797 abfasste[412].

Ortsvorstandes Rhön-Werra an Joseph Philipp von Oberkamp, Schweinfurt, 3. September 1796, ebd. StA Marburg, 109, Nr. 311, Bd. 9: fortl. für März bis Mai 1797. StA Marburg, 109, Nr. 311, Bd. 10: fortl. StA Marburg, 109, Nr. 313: fortl. für Juli bis Oktober 1798. – Es steckte also durchaus ein Körnchen Wahrheit dahinter, wenn Hardenberg Ende 1796 beim Berliner Kabinettsministerium den großen Einfluss beklagte, den die staatsrechtlichen Vorstellungen der Reichsritterschaft vom Territorium inclausum auf die fränkischen Kreisstände und insbesondere die benachbarten geistlichen Fürstentümer hätten. Die Fürstbischöfe von Bamberg und Würzburg würden – so der Dirigierende Minister – sich sogar mehr ihrer Herkunft aus dem Corpus equestre als dem Wohle ihrer Hochstifter verpflichtet fühlen (Bericht Hardenbergs an das Kabinettsministerium, Ansbach, 3. Dezember 1796, GStA PK Berlin, II. HA, Abt. 36, I, Nr. 6, fol. 187 – 193, hier: fol. 188 ff. Vgl. auch die Marginalien Hardenbergs auf der Abschrift des Handschreibens von Kaiser Franz II. an die Kurfürsten, Wien, 7. September 1796, ebd.).

411 GStA PK Berlin, II. HA, Abt. 36, I, Nr. 6, fol. 200 – 205, 207, 213 – 228, hier: fortl. – Welche Bedeutung die Reichsritterschaft dem fränkischen Kreisschluss vom 27. Februar 1797 beimaß, zeigt ihr panegyrisches Dankschreiben an den Nürnberger Kreiskonvent (Abschrift des Schreibens des Ortsvorstandes Rhön-Werra an die Fränkische Kreisversammlung, Schweinfurt, 24. März 1796, GStA PK Berlin, II. HA, Abt. 36, I, Nr. 6, fol. 240). – Dass der Kreisschluss erst am 27. Februar 1797 zu Stande kam, dürfte nicht zuletzt durch die zeitweise Unterbrechung der Sessionen der Kreisversammlung angesichts des Vormarsches der Revolutionsarmee Jourdans bedingt gewesen sein (Schreiben des Kurfürsten von Köln an den Kurfürsten von Mainz, Leipzig, 8. Oktober 1796, HHStA Wien, MEA, Militaria, Nr. 127).

412 Reskript von Alvensleben und Haugwitz an Hardenberg, Berlin, 2. April 1797, GStA PK Berlin, II. HA, Abt. 36, I, Nr. 6, fol. 260. Abschrift des Promemorias der Fränkischen Kreisversammlung an den Grafen von Schlick, Nürnberg, 13. März 1797, StA Marburg, 109, Nr. 311, Bd. 10. Abschrift des Schreibens der Fränkischen Kreisversammlung an den Reichshofvizekanzler Fürst von Colloredo-Mansfeld, Nürnberg, 13. März 1797, ebd. Abschrift des Schreibens der Fränkischen Kreisversammlung an den Reichstag, Nürnberg, 13. März 1797, ebd. Abschrift des Schreibens der Fränkischen Kreisversammlung an den preußischen König, Nürnberg, 13. März 1797, ebd. Abschrift des Schreibens der Fränkischen Kreisversammlung an den Kaiser, Nürnberg, 13. März 1797, ebd.

Zwar kam das erneute Bittschreiben des Kreiskonvents an die Reichsversammlung bereits am 29. März zur Diktatur. Aber dies konnte Berlin genausowenig zur Umkehr oder auch nur zu einer Antwort an die Fränkische Kreisversammlung bewegen, wie die anderen am 27. Februar beschlossenen Maßnahmen des Nürnberger Kreiskonvents[413].

Dennoch wurde der Fränkische Kreistag noch einmal aktiv und wandte sich Anfang Juli 1798 noch einmal in Unterstützungsgesuchen bzw. Beschwerdeschreiben an den Kaiser sowie den preußischen König und vertrat dabei erneut die Anliegen der durch die Mediatisierungen Berlins geschädigten Reichsritterschaft[414]. Ein greifbarer Erfolg war auch diesem Vorstoß des Bündnisses aus Fränkischem Ritter- und Reichskreis nicht beschieden.

Ein unerwarteter Verbündeter im Kampf gegen die Mediatisierungen Preußens erwuchs dem Nürnberger Kreiskonvent und damit auch der fränkischen Reichsritterschaft ausgerechnet im sog. Reichsfeind, der französischen Republik: Wie ausgeführt wurde, war im Sommer 1796 die Maas- und Sambrearmee unter dem Kommando Jourdans nach Franken vorgestoßen[415]. Nach dem Beispiel Badens, Württembergs und des Schwäbischen Reichskreises entsandte auch der Fränkische Kreistag eine Deputation, um mit der französischen Seite eine Waffenstillstandskonvention auszuhandeln und dadurch das Allerschlimmste zu verhindern[416]. Dabei konnte den Deputierten

413 Reskript von Alvensleben und Haugwitz an Hardenberg, Berlin, 2. April 1797, GStA PK Berlin, II. HA, Abt. 36, I, Nr. 6, fol. 241. Durchgestrichenes Schreiben Hardenbergs an das Berliner Kabinettsministerium, Berlin im April 1797, ebd., fol. 244. Schreiben Hardenbergs an das Berliner Kabinettsministerium, Berlin, 7. Mai 1797, ebd., fol. 245. Reskript von Alvensleben und Haugwitz an Hardenberg, Berlin, 15. April 1797, ebd., fol. 260. Abschrift des Reskripts von Alvensleben und Haugwitz an den preußischen Reichstagsgesandten, Reichsgraf von Goertz, Berlin, 15. April 1797, ebd., fol. 263. Beilage I: »Kurze Darstellung der gewaltsamen Eingriffe der königlich Preussischen Fürstenthümer Ansbach und Bayreuth in die Rechte und Besizungen der fränkischen Kreisstände«, StA Marburg, 109, Nr. 321. – Auch der fränkische Kreisschluss vom 27. Februar 1797 gelangte per Reichsdiktatur zur offiziellen Kenntnisnahme der Regensburger Reichsversammlung (Schreiben des Ortsvorstandes Baunach an den Ortsvorstand Rhön-Werra, Nürnberg, 3. April 1797, StA Marburg, 109, Nr. 311, Bd. 9).

414 Schreiben des Ortsvorstandes Rhön-Werra an die Ortsvorstände Odenwald, Gebürg, Steigerwald und Baunach, Schweinfurt, 27. Juli 1798, StA Marburg, 109, Nr. 313. Der Fränkische Merkur, Nr. 40, 2. Oktober 1798, Sp. 1266 f. 246. Bericht der kaiserlichen Plenipotenz in Rastatt, Reichsgraf von Metternich-Winneburg, an den Reichshofvizekanzler Fürst von Colloredo-Mansfeld, Rastatt, 8. August 1798, HHStA Wien, RK, Reichskrieg gegen Frankreich, Fasz.-Nr. 68a. Abschrift des Schreibens des Fränkischen Kreistages an den preußischen König, Nürnberg, 10. Juli 1798, ebd. Schreiben des Fränkischen Kreistages an den Kaiser inkl. Beilagen, Nürnberg, 10. Juli 1798, HHStA Wien, RK, Reichsakten in specie, Fasz.-Nr. 39, fol. 333–385, hier: fol. 333 f., 382 ff. Beilage I: »Kurze Darstellung der gewaltsamen Eingriffe der königlich Preussischen Fürstenthümer Ansbach und Bayreuth in die Rechte und Besizungen der fränkischen Kreisstände«, StA Marburg, 109, Nr. 321. Abschrift des Promemorias der Fränkischen Kreisversammlung an den kaiserlichen Minister Reichsgraf von Schlick, Nürnberg, 10. Juli 1798, ebd.

415 Siehe Kapitel VII.1.

416 Auszug aus einem anonymen Bericht über den Fränkischen Kreis an Rewbell, Mitglied des

nur zugutekommen, dass Paris und seine Armeeführung vor Ort von einem mit den lokalen Verhältnissen vertrauten Agenten mit dem Decknamen »Gleichen« beraten wurden. Eben dieser verurteilte die um sich greifenden preußischen Okkupationen nicht nur als moralisch verwerflich, sondern vor allem auch als schädlich für die politischen Interessen Frankreichs[417]. Am 7. August 1796 unterzeichneten die Kreisdeputierten Zwanziger, Oberkamp, Rhodius und Harsdorf im Namen des ganzen Fränkischen Reichs- und Ritterkreises mit Ernouf, dem Generalstabschef der Maas- und Sambrearmee, eine provisorische Übereinkunft in Würzburg, allerdings ohne genaue Instruktionen oder Vollmachten aller dabei interessierten Reichsglieder eingeholt zu haben. Der Vertrag regelte das Verhalten der französischen Besatzungstruppen – sowie jenes ihnen gegenüber – und legte vor allem die zu leistenden Kontributionen fest[418]. Für das Schicksal der von Hardenberg be-

Direktoriums, Paris, 10. fructidor an 4, AMAE Paris, CP, Allemagne - Petites Principautés, Nr. 74, fol. 77–78, hier: fol. 77. Schreiben des Schwäbischen Kreistags an den Fränkischen Kreiskonvents, Augsburg, 13. August 1796, StA Nürnberg, Nbg., KTA, Nr. 326. Bericht von Oberkamp, Rhodius, Zwanziger und Harsdorf an den Fränkischen Kreiskonvent, Würzburg, 2. August 1796, Dikt. Nürnberg, 6. September 1796, ebd. Bericht von Oberkamp, Rhodius, Zwanziger und Harsdorf an den Fränkischen Kreiskonvent, Würzburg, 5. August 1796 inkl. Abschrift des franz. Memoires von Oberkamp, Rhodius, Zwanziger und Harsdorf an Ernouf, Würzburg, 2. August 1796, Dikt. Nürnberg, 6. September 1796, ebd. *F. J. H. Soden*, Franzosen, S. 40 f. *Riedenauer*, Reichsverfassung, S. 502 ff., 547.

417 AMAE Paris, CP, Allemagne - Petites Principautés, Nr. 74, fol. 65–68 u. fol. 71–72, hier: fortl. Bericht des geheimen französischen Agenten Gleichen an Rewbell, Mitglied des Direktoriums in Paris, Würzburg, 17. thermidor an 4, ebd., fol. 71–72, hier: fol. 71 (Zitat ebd., fol. 72). Vgl. auch: Auszug aus einem Bericht des Bürgers G.[leichen], Lauenburg, 17. thermidor an 4, AMAE Paris, CP, Allemagne - Petites Principautés, Nr. 74, fol. 76 u. Auszug aus einem Bericht über Nürnberg an Rewbell, Mitglied des Direktoriums, Paris, abgezeichnet am 24. fructidor an 4, ebd., fol. 83–85, hier: fol. 83. – Mit seinen Auffassungen stand »Gleichen« nicht allein: Auch Lazare Nicolas Maguerite Carnot, Mitglied des Pariser Direktoriums, war zumindest gegen eine Annexion Nürnbergs durch Berlin, das wie andere Reichsstädte geeignet erschien, zum Ausgangspunkt einer späteren Republikanisierung in Franken zu werden (*Biro*, German Policy II, S. 487 f., 615). – Nach Biro verbarg sich hinter »Gleichen« der französische Agent Philippe Reibelt aus dem Departement Donnersberg (*Biro*, ebd., S. 634, 634 Anm. 10. *Riedenauer*, Reichsverfassung, S. 508 Anm. 262. Vgl. auch *Scheel*, Jakobiner, S. 163).

418 Gedruckte Bekanntmachung von Oberkamp, Rhodius, Zwanziger und Harsdorf, Würzburg, 7. August 1796, StA Marburg, 109, Nr. 521. Gedruckte Übereinkunft zwischen Ernouf und den fränkischen Kreisdeputierten, Würzburg, 7. August 1796/20. thermidor an 4, ebd. Schreiben des Ortsvorstandes Rhön-Werra an die Ortsvorstände Odenwald, Gebürg, Steigerwald, Altmühl und Baunach, Schweinfurt, 12. August 1796, ebd. Schreiben des Ortsvorstandes Rhön-Werra an die Freiherrn von Riedesel und alle Mitglieder und Güterbesitzer des Kantons, Schweinfurt, 12. August 1796, ebd. Zirkularschreiben von Friedrich Freiherr von und zu der Tann, Ritterhauptmann des Kantons Rhön-Werra, an den Ortsvorstand des Kantons mit dessen Voten, Schweinfurt, 18. August 1796, ebd. Schreiben des Ortsvorstandes Rhön-Werra an den Fränkischen Kreistag, Schweinfurt, [ca. 12.] August 1796, ebd. bzw. Schreiben des Ortsvorstandes Rhön-Werra an die Fränkische Kreisversammlung, Schweinfurt, 12. August 1796, Dikt. Nürnberg, 6. September 1796, StA Nürnberg, Nbg., KTA, Nr. 326. Auszug aus einem anonymen Bericht über den Fränkischen Kreis an Rewbell, Mitglied des Direktoriums, Paris, 10. fructidor an 4, AMAE Paris, CP, Allemagne - Petites Principautés, Nr. 74, fol. 77–78,

drängten Reichsritter war Artikel 12 der Konvention bedeutsam, der statuierte: »Les Marggraviats d'Anspac et Baireuth à considerer dans le status quo oû ils étoient avant la guerre, [...] ne sont point compris pour la dite Contribution appartenents au Roi de Prusse«[419]. Damit hatten die Territorialverhältnisse in Franken vor dem Beginn der Mediatisierungen Berlins eine »gewissermaßen völkerrechtliche Fixierung« erhalten, wie es Erwin Riedenauer formulierte[420]. Weitaus wichtiger war jedoch, dass zudem die von Hardenberg seit Juni 1796 okkupierten reichsritterschaftlichen Herrschaften unter Umgehung der preußischen Behörden und im Namen des fränkischen Ritterkreises zur Kontribution herangezogen werden sollten, für deren Eintreibung Artikel 10 der Übereinkunft vom 7. August sogar die Unterstützung der französischen Armee garantierte. Auf diese Weise konnten die von Berlin erzwungenen, neuen Landeshoheitsverhältnisse theoretisch ausgehebelt werden – vor allem, wenn die französische Besatzung längere Zeit andauern würde, was damals durchaus zu erwarten war[421]. Auch Hardenberg muss sich dieser Gefahr bewusst gewesen sein, denn er setzte alle Hebel in Bewegung, um im Hauptquartier Jourdans und später in Paris die Umsetzung der Würzburger Übereinkunft zu hintertreiben[422].

Dennoch waren es wahrscheinlich nicht die diplomatischen Bemühungen

hier: fol. 77. *F. J. H. Soden*, Franzosen, S. 40 ff. *Riedenauer*, Reichsverfassung, S. 514 ff., 547. *Biro*, German Policy II, S. 634 f. *Scheel*, Jakobiner, S. 234 ff.

419 Gedruckte Übereinkunft zwischen Ernouf und den fränkischen Kreisdeputierten, Würzburg, 7. August 1796/20. thermidor an 4, StA Marburg, 109, Nr. 521 (Zitat ebd.). *Riedenauer*, Reichsverfassung, S. 516 ff. – Der Artikel 12 der Konvention vom 7. August 1796 findet sich u. a. bei *(Friedrich) Julius (Heinrich) von Soden*, Franzosen, S. 47 u. im »Fränkischen Merkur«, Nr. 33, 16. August 1796, Sp. 571 sowie in der Originalausfertigung der besagten Übereinkunft in: StA Bamberg, Fränkischer Kreis, Kreisdirektorialgesandtschaft, Nr. 113.

420 *Riedenauer*, Reichsverfassung, S. 522. Ähnlich: *Scheel*, Jakobiner, S. 236.

421 Gedruckte Übereinkunft zwischen Ernouf und den fränkischen Kreisdeputierten, Würzburg, 7. August 1796/20. thermidor an 4, StA Marburg, 109, Nr. 521. *F. J. H. Soden*, Franzosen, S. 46, 53. *Riedenauer*, Reichsverfassung, S. 504 f., 510 ff., 518 ff. *Süssheim*, Politik, S. 185 f. *Scheel*, Jakobiner, S. 236.

422 Auszug aus einem Bericht über Nürnberg an Rewbell, Mitglied des Direktoriums, Paris, abgezeichnet am 24. fructidor an 4, AMAE Paris, CP, Allemagne - Petites Principautés, Nr. 74, fol. 83–85, hier: fol. 83. Zirkularschreiben von Friedrich Freiherr von und zu der Tann, Ritterhauptmann des Kantons Rhön-Werra, an den Ortsvorstand des Kantons mit dessen Voten, Schweinfurt, 18. August 1796, StA Marburg, 109, Nr. 521. *Riedenauer*, Reichsverfassung, S. 523 ff., 547. *Süssheim*, Politik, S. 186, 193 f. *Stamm-Kuhlmann* (Hg.), Hardenberg, S. 324. *Scheel*, Jakobiner, S. 236 ff. Vgl. auch *F. J. H. Soden*, Franzosen, S. 53. – Die Fränkische Kreisversammlung wurde preußischerseits wiederholt dazu aufgefordert, dem Artikel 12 der Übereinkunft vom 7. August 1796 die Anerkennung zu versagen. Der Nürnberger Kreiskonvent reagierte hierauf, indem er sämtliche preußischen Befürchtungen über »verfängliche Absichten« hinter dem Wortlaut des Artikels 12 für unbegründet erklärte und der französischen Seite die Verantwortung für dessen Abfassung zuschob (Note des königlichen Kreisgesandten Pfeiffer, Nürnberg, 13. August 1796, Comm. Nürnberg, 16. August 1796, StA Bamberg, Fränkischer Kreis, Kreisdirektorialgesandtschaft, Nr. 113. Konvents-Eröffnung, [Nürnberg], 15. August 1796, Comm. Nürnberg, 16. August 1796, ebd. (Zitat ebd.)).

des Dirigierenden Ministers, sondern Gesichtspunkte der Truppenversorgung, die Jourdan am 11. August dazu veranlassten, den vier Tage zuvor geschlossenen Vertrag zu widerrufen – ein Schritt, der allen an den Artikel 12 sich knüpfenden Aussichten den Boden entzog[423]. Doch so schnell wollte sich ein Teil der fränkischen Kreisgesandten nicht geschlagen geben. Am 15. des Monats brachen Zwanziger und Rhodius nach Paris auf, um durch Verhandlungen vor Ort die Übereinkunft mit Ernouf zu retten. Dabei strebten sie auch eine Lösung für den Artikel 12 der Konvention vom 7. August an, die nicht nur alle preußischen Proteste gegenstandslos machen sollte, sondern auch die Interessen der durch die Mediatisierungspolitik Berlins geschädigten Reichsglieder wahren konnte. Zwar gelang es den beiden Emissären, das französische Direktorium davon zu überzeugen, am 6. September 1796 den Vertrag vom 7. August in modifizierter Form in Kraft zu setzen. Auch hätte die dabei vorgenommene Neufassung des Artikels 12 weiterhin seine Instrumentalisierung gegen die Mediatisierungen Hardenbergs ermöglicht, obwohl die an ihm vorgenommenen Änderungen Berlins Wünschen entgegen kamen. Jedoch verzichteten Zwanziger und Rhodius in einer Zusatzkonvention vom 14./16. September 1796 ausdrücklich auf die in Artikel 10 vorgesehene Möglichkeit einer militärischen Exekution französischer Truppen gegen Preußen. Zwar wurde dadurch Artikel 12 keineswegs wertlos, da er nun Paris als potentiellem Vermittler eine Interventionsmöglichkeit in den fränkischen Landeshoheitsstreitigkeiten bot und zudem die Rechtsposition der von Berlins Mediatisierungspolitik in Mitleidenschaft gezogenen Reichsglieder dokumentierte. Aber die Durchsetzung des Artikels 12 konnte – sofern dies von den Unterhändlern des Nürnberger Kreiskonvents je intendiert war – nicht mehr erzwungen werden[424]. Der rasche Umschwung des Kriegsglücks und die

423 Auszug aus einem anonymen Bericht über den Fränkischen Kreis an Rewbell, Mitglied des Direktoriums, Paris, 10. fructidor an 4, AMAE Paris, CP, Allemagne - Petites Principautés, Nr. 74, fol. 77–78, hier: fol. 77. Zirkularschreiben von Friedrich Freiherr von und zu der Tann, Ritterhauptmann des Kantons Rhön-Werra, an den Ortsvorstand des Kantons mit dessen Voten, Schweinfurt, 18. August 1796, StA Marburg, 109, Nr. 521. Gedrucktes Schreiben Ernoufs an die Deputierten des Fränkischen Reichskreises, Büchenbach, 11. August 1796/24. thermidor an 4, ebd. Schreiben Rhön-Werras im Namen seines Ritterhauptmanns von und zu der Tann an den Ritterhauptmann von Gebürg, Freiherr Schenk von Stauffenberg, Schweinfurt, 22. August 1796, ebd. *F. J. H. Soden*, Franzosen, S. 54 ff. Der Fränkische Merkur, Nr. 37, 13. September 1796, Sp. 636 f. *Riedenauer*, Reichsverfassung, S. 523. *Biro*, German Policy II, S. 635. *Süssheim*, Politik, S. 186. *Scheel*, Jakobiner, S. 236 ff.

424 Auszug aus einem anonymen Bericht über den Fränkischen Kreis an Rewbell, Mitglied des Direktoriums, Paris, 10. fructidor an 4, AMAE Paris, CP, Allemagne - Petites Principautés, Nr. 74, fol. 77–78, hier: fol. 78. Schreiben des Ortsvorstandes Rhön-Werra an die Fränkische Kreisversammlung, Schweinfurt, 12. August 1796, Dikt. Nürnberg, 6. September 1796, StA Nürnberg, Nbg., KTA, Nr. 326. Abschrift des Berichts von Zwanziger und Rhodius, Paris, 2. September 1796, Dikt. Nürnberg, 13. September 1796 inkl. Abschrift des Memoires von Zwanziger und Rhodius an den franz. Außenminister de la Croix vom 1. September 1796, ebd. StA Marburg, 109, Nr. 521: fortl. für August bis September 1796. Schreiben von Joseph Philipp von Oberkamp an den Ortsvorstand Rhön-Werra, Nürnberg, 11. Oktober 1796, StA Marburg,

Weigerung des Nürnberger Kreiskonvents, die neue Übereinkunft zu ratifizieren, machten das ganze Projekt endgültig gegenstandslos[425].

Zwar lassen sich weder in den einschlägigen Akten des fränkischen Spezialdirektoriums, noch in denjenigen des französischen Außenministeriums über die Tätigkeit Gleichens Hinweise darauf finden, dass die Reichsritterschaft viel mehr als ein passiver Zuschauer bei dem Versuch war, Frankreich über die Konvention vom 7. August gegen Berlins Mediatisierungen in Stellungen zu bringen[426]. Aber dennoch verdienen diese Ereignisse in unserer Untersuchung Beachtung, da die Unterhändler des Nürnberger Kreiskonvents, und darunter insbesondere der Reichsritter Oberkamp, von Anfang an auch

109, Nr. 311, Bd. 7. »Extrait du Registre des Arrêtes du Directoire Exécutif«, 20. fructidor an 4, StA Bamberg, Fränkischer Kreis, Kreisdirektorialgesandtschaft, Nr. 113. »Registre des Arrêtes du Directoire Exécutif«, 30. fructidor an 4, ebd. Bericht von Rhodius und Zwanziger, Paris, 17. September 1796, Dikt. Nürnberg, 4. Oktober 1796, ebd. *F. J. H. Soden*, Franzosen, S. 239 f. Der Fränkische Merkur, Nr. 37, 13. September 1796, Sp. 637. *Riedenauer*, Reichsverfassung, S. 524 ff. *Biro*, German Policy II, S. 637 f. *Süssheim*, Politik, S. 189 ff. *Scheel*, Jakobiner, S. 238 ff. – Das Verhandlungsergebnis an der Seine war nicht nur mit Blick auf die entgegenkommende Behandlung der Armeeführung um Jourdan durch Hardenberg konsequent, sondern vor allem auch angesichts des Pariser Interesses am Fortbestand des Friedens mit Preußen – obwohl das Direktorium um die persönliche Abneigung des Dirigierenden Ministers gegen seine Mitglieder wusste (Beilage zum Bericht des geheimen französischen Agenten Gleichen an Rewbell, Mitglied des Direktoriums in Paris, Nürnberg, 12. bzw. 15. messidor an 4, AMAE Paris, CP, Allemagne - Petites Principautés, Nr. 74, fol. 34. Bericht über die Person Hardenbergs, [ca. 1799], CHAN Paris, AF III, Nr. 296). – Insbesondere aber scheinen Zwanziger und Rhodius ebenfalls nicht an der in der Übereinkunft vom 7. August 1796 verankerten Besitzstandswahrung durch französische Truppen interessiert gewesen zu sein. Die beiden Kreisgesandten betonten nämlich in ihrem nach Nürnberg gesandten Rechenschaftsbericht, dass sie dem Pariser Direktorium wiederholt erklärt hätten, dass sie eine gütliche Beilegung der Streitigkeiten um die Auslegung des Artikel zwölf wünschten und die »eben so irrige als widrige Meynung« zurückgewiesen hätten, »als wenn es die Absicht der Kreis-Versammlung seyn könnte, diejenige starke HülfsLeistung, die in jener Convention gegen jeden, der den schuldigen Beitrag verweigern würde, zugesichert worden seye, hierher in Anwendung bringen zu wollen« (Bericht von Rhodius und Zwanziger, Paris, 17. September 1796, Dikt. Nürnberg, 4. Oktober 1796, ebd.).

425 *F. J. H. Soden*, Franzosen, S. 201 ff. *Riedenauer*, Reichsverfassung, S. 529 ff., 542 ff. *Süssheim*, Politik, S. 195.

426 AMAE Paris, CP, Allemagne - Petites Principautés, Nr. 74, fol. 23 – 89, hier: fortl. StA Marburg, 109, Nr. 521: fortl. Schreiben des Ortsvorstandes Rhön-Werra an die Fränkische Kreisversammlung, Schweinfurt, 12. August 1796, Dikt. Nürnberg, 6. September 1796, StA Nürnberg, Nbg., KTA, Nr. 326. – Allein der durch den Ritterhauptmann des Kantons Gebürg, Johann Franz Freiherr Schenk von Stauffenberg, an Oberkamp und den Fürstbischof von Bamberg herangetragene Wunsch, in die dann am 7. August 1796 abgeschlossene Konvention mitaufgenommen zu werden, ist bezeugt. Hierauf wies Christoph Franz von Busek auch Oberkamp an, die Reichsritterschaft in die Verhandlungen mit Frankreich einzubeziehen (Weisung des Fürstbischofs von Bamberg an die Bamberger Kreisdirektorialgesandtschaft, Prag, 12. August 1796, Prod.-Nr. 179, StA Bamberg, Hochstift Bamberg, Geheime Kanzlei, Nr. 815. Schreiben von Oberkamp an den Ortsvorstand Rhön-Werra, Würzburg, 7. August 1796, StA Marburg, 109, Nr. 521. *F. J. H. Soden*, Franzosen, S. 52. *Riedenauer*, Reichsverfassung, S. 524, 524 Anm. 321).

die Interessen des gegen Ansbach-Bayreuth de facto verbündeten fränkischen Ritterkreises mit berücksichtigten und dafür sogar die Erhöhung der mit Ernouf ausgehandelten Kontributionen für den Reichskreis in Kauf genommen haben sollen[427].

Noch weit mehr als auf der Fränkischen Kreisversammlung und einer Intervention aus Paris ruhten die Hoffnungen der Rittergenossen auf dem Wiener Kaiserhof. Es wurde bereits dargelegt, dass aus verschiedenen finanziellen und politischen Motiven heraus die Hofburg an der Erhaltung der Reichsritterschaft prinzipiell interessiert war – ein Umstand, den der Steigerwalder Ritterhauptmann auf den Punkt brachte: »Das allerhöchste Interesse und Ansehen Kaiser(liche)r Majestät in Ansehung AllerhöchstIhro eigenen Reichsobrigkeitlichen und obristrichterlichen Rechte[n] ist zu genau mit der [...] politischen Existenz der Reichsritterschaft verbunden«[428]. Dies erklärt den Umstand, warum der Kaiserhof nicht gewillt war, die Mediatisierung eines erheblichen Teiles der rechtsrheinischen Reichsritterschaft durch Preußen stillschweigend hinzunehmen. Vorerst hatte Wien jedoch andere Prioritäten, nachdem im Sommer 1796 drei französische Armeen unter Moreau, Jourdan und Bonapartetief ins Reich vorgedrungen waren und »das Herz der österreichischen Monarchie« von mehreren Seiten bedrohten. Diese Situation änderte sich jedoch, als es der kaiserlichen Armee unter Erzherzog Karl gelang durch die Siege bei Nauendorf/Teining (22. August), Amberg (24. August) und Würzburg (2./3. September) die Rhein- und Moselarmee

427 Denkschrift des geheimen französischen Agenten Gleichen an Ernouf, Würzburg, 17. thermidor an 4, AMAE Paris, CP, Allemagne - Petites Principautés, Nr. 74, fol. 58 – 64, hier: fol. 59 f. Schreiben von Oberkamp an den Ortsvorstand Rhön-Werra, Würzburg, 7. August 1796, StA Marburg, 109, Nr. 521. Zirkularschreiben von Friedrich Freiherr von und zu der Tann, Ritterhauptmann des Kantons Rhön-Werra, an den Ortsvorstand des Kantons mit dessen Voten, Schweinfurt, 18. August 1796, ebd. – Umgekehrt ist zu bedenken, dass der Fränkische Reichskreis auch im eigenen Interesse am Einschluss der Reichsritterschaft in die Konvention vom 7. August 1796 interessiert sein musste. Schließlich war der dadurch erreichte Schutz der kreisständischen Untertanen vor willkürlichen Übergriffen der französischen Besatzungsarmee nur dann ganz gewährleistet, wenn die inklavierten und mit den reichsfürstlichen und reichsstädtischen Gebieten in einem für die Revolutionstruppen kaum erkennbaren Ausmaß vermischten Rittergüter keine gesonderte Behandlung bei Einquartierungen, Requisitionen und Kontributionen erfuhren. Zudem erhoffte sich Bamberg durch eine Einbeziehung der fränkischen Kantone eine Erleichterung der von den fränkischen Kreisständen für Jourdans Heer zu tragenden Lasten (Weisung des Fürstbischofs von Bamberg an die Bamberger Kreisdirektorialgesandtschaft, Prag, 12. August 1796, Prod.-Nr. 179, StA Bamberg, Hochstift Bamberg, Geheime Kanzlei, Nr. 815. *Riedenauer*, Reichsverfassung, S. 523).

428 Denkschrift des Steigerwalder Ritterhauptmanns Friedrich Karl Freiherr von Seckendorff, Weingartsgereuth, 3. November 1795, StA Marburg, 109, Nr. 311, Bd. 5, zu Dok. 323 (Zitat ebd.). Nachtrag zur Denkschrift des Steigerwalder Ritterhauptmanns Friedrich Karl Freiherr von Seckendorff, Weingartsgereuth, 4. März 1796, ebd., zu Dok. 323. – Speziell zu den Motiven, weshalb die Hofburg an der Erhaltung der Reichsritterschaft interessiert war, siehe Kapitel II.2.2.

sowie die Maas- und Sambrearmee aus Schwaben, Franken, der Oberpfalz und Bayern zu vertreiben und über den Rhein zurückzuwerfen[429].

In dem Maße, wie die Erfolge Österreichs auf dem Schlachtfeld Wien zunehmende Bewegungsfreiheit in der Reichspolitik verschafften, wurde die Frage virulent, wie sich die kaiserliche Schutzmacht des Corpus equestre zu den Mediatisierungen Berlins stellen sollte. Noch im Dezember 1795 hatte der Leiter der österreichischen Hof- und Staatskanzlei Freiherr von Thugut einen Antrag des Reichshofvizekanzlers auf Einschaltung des Reichshofrates gegen die von Berlin beabsichtigte Aufhebung des kaiserlichen Landgerichts des Burggrafentums Nürnberg mit dem Argument unterstützt, »da dieß so geradezu der Ordnung nach doch nicht geschehen kann, und ohnehin Brandenburg im Fränkische Kreis dermal schon ganz willkührlich handelt«[430]. Mit der Wahrung der Reichsverfassung, mit der die politische Existenz der Reichsritterschaft untrennbar verknüpft war, hatte dieser Antrag des für die österreichische Hausmachtpolitik zuständigen Leiters der Hof- und Staatskanzlei jedoch nichts zu tun. Für Thugut waren das Alte Reich und damit zwangsläufig auch das Corpus equestre nur noch zur Befriedigung der finanziellen und territorialen Wünsche der habsburgischen Hausmacht von Interesse[431]. Den Entscheidungsträgern der Reichsritterschaft war selbst nur zu bewusst, dass sie bei der Verteidigung ihrer Unmittelbarkeit nicht auf Thuguts Ministerium, wohl aber auf die Reichshofkanzlei zählen konnten, da die Letztere »nach bestimmten Gesezzen, die Staats-Canzley nach Lage der Umstände handelt«[432].

Im Frühjahr 1796, kurz bevor Hardenberg zum finalen Schlag gegen die reichsritterschaftliche Unmittelbarkeit ausholte und als das fränkische Spezialdirektorium bei der Wiener Reichshofkanzlei um Unterstützung und Verhaltensbefehle nachsuchte, legte Thugut in einem Vortrag vom 1. April 1796 dem Kaiser ein umfassendes Gutachten vor, wie die Hofburg sich in dieser Angelegenheit verhalten sollte. Dass der Leiter der Staatskanzlei dabei, wie Aretin postulierte, sich nicht für das Corpus equestre verwenden wollte, da »er fürchtete, eine positive Stellungnahme könne die Verpflichtung einschließen, die Reichsritter überhaupt vor üblen Folgen zu bewahren (!)« ist unzutreffend. Vielmehr erkannte Thugut genau wie der Reichshofvizekanzler die in der Reichsverfassung begründete Berechtigung des reichsritterschaftlichen Hilfsgesuchs und Wunsches, die Reichsjustiz einzuschalten an. Jedoch

429 *F. J. H. Soden*, Franzosen, S. 30 ff., 195 ff., 228 (Zitat ebd., S. 195). *Aretin*, Das Alte Reich III, S. 453 ff. *Süssheim*, Politik, S. 192.

430 Vortrag des Leiters der Staatskanzlei Freiherr von Thugut für den Kaiser, Wien, 16. Dezember 1795, HHStA Wien, SK, Vorträge, Nr. 155.

431 *Aretin*, Das Alte Reich III, S. 406 ff., 433, 441 ff.

432 Schreiben des Ortsvorstandes Steigerwald an den Ortsvorstand Rhön-Werra, Erlangen, 18. Dezember 1799, StA Marburg, 109, Nr. 313. Schreiben des Ortsvorstandes Steigerwald an den Ortsvorstand Rhön-Werra, Erlangen, 15. Februar 1800, ebd. Schreiben des Reichshofrats von Seckendorff an den Ortsvorstand Rhön-Werra, Wien, 6. Februar 1800, ebd. (Zitat ebd.).

plädierte er unter politischen Gesichtspunkten für eine – de facto längst illusorisch gewordene – gütliche Beilegung der Landeshoheitsstreitigkeiten, zu deren Unterstützung die kaiserlichen Gesandten im Reich angewiesen werden sollten. Auf diese Weise wollte Thugut vermeiden, sich gegenüber Berlin unnötig zu exponieren und Wien eine Verantwortlichkeit für die kaum zu realisierende Exekution reichsgerichtlicher Erkenntnisse gegen die norddeutsche Großmacht ersparen. Kaiser Franz II. übernahm diesen Standpunkt und instruierte den Reichshofvizekanzler nach dem Vorschlag Thuguts[433]. Doch wenige Monate später, im Spätsommer und Frühherbst 1796, als die preußischen Übergriffe in förmliche Okkupationen und Mediatisierungen übergegangen waren, änderte auch Thugut seine Haltung: Zusammen mit dem Reichshofvizekanzler vertrat er nun die Überzeugung, dass die Arrondierungen Berlins auf Kosten der fränkischen Kreisstände – von der Reichsritterschaft war nur in der Reichshofkanzlei explizit die Rede – vom Kaiser aufgrund seiner in der Wahlkapitulation beschworenen Pflichten nicht hingenommen werden könnten. Als Reichsoberhaupt sei Franz II. schließlich zur Aufrechterhaltung der von Preußen in ihrem Fortbestand infrage gestellten Reichsverfassung verpflichtet. Da Berlin jedoch nicht bereit sei, die Zuständigkeit der Reichsjustiz in den fränkischen Landeshoheitsstreitigkeiten anzuerkennen und gegen die norddeutsche Großmacht auch keine praktikablen Zwangsmittel vorhanden seien, bestand zwischen der Reichshof- und der Staatskanzlei Konsens darin, dass der ordentliche Rechtsweg nicht gangbar war. Auch eine Einschaltung des Reichstages lehnte der Reichshofvizekanzler zum gegenwärtigen Zeitpunkt ab. Daher blieb nur der von Colloredo-Mansfeld vorgeschlagene »Mittelweg«, nämlich gemäß Art. 11 der kaiserlichen Wahlkapitulation die Kurfürsten von Köln, Mainz, Trier, Pfalz, Sachsen und Braunschweig-(Hannover) um ihren Rat zu ersuchen und beim preußischen König intervenieren zu lassen, damit »derselben von seinen die Reichsverfassung in ihrer Grundfeste erschütterenden und ganz zerstörenden Grundsätzen ablasse«[434]. Mit diesem Plan setzte der Reichshofvizekanzler Fürst von

433 *Aretin*, Das Alte Reich III, S. 452 (Zitat ebd.). *Ders.*, Heiliges Römisches Reich I, S. 337. Vortrag des Leiters der Staatskanzlei Freiherr von Thugut für den Kaiser, Wien, 1. April 1796, HHStA Wien, SK, Vorträge, Nr. 156.

434 Note des Leiters der Staatskanzlei Freiherr von Thugut an den Reichshofvizekanzler Fürst von Colloredo-Mansfeld vom 12. September 1796, HHStA Wien, SK, Notenwechsel mit der Reichshofkanzlei, Noten an die Reichshofkanzlei, Nr. 10. Note des Reichshofvizekanzlers Fürst von Colloredo-Mansfeld an den Leiter der Staatskanzlei Freiherr von Thugut, Wien, 28. August 1796, HHStA Wien, SK, Notenwechsel mit der Reichshofkanzlei, Noten von der Reichshofkanzlei, Nr. 27 (Zitate ebd.). Weisung des Reichshofvizekanzlers Fürst von Colloredo-Mansfeld an den Grafen von Seilern, Wien, 24. September 1796, HHStA Wien, RK, Weisungen nach München, Fasz.-Nr. 11. – Da *Aretin* (Reich III, S. 452, 616 Anm. 123 (Zitat ebd., S. 452). Heiliges Römisches Reich I, S. 337, 337 Anm. 455) die Vorträge und Noten der Staats- und Reichshofkanzlei vom Spätsommer und Frühherbst 1796 in seine Analyse nicht einbezog, kam er zu dem Schluss, Wien habe die Einschaltung der Kurfürsten aus »propagandistischen Gründen« betrieben – eine Erklärung, die in ihrer Monokausalität sicher zu einseitig ist. – Nur

Colloredo-Mansfeld psychologisch geschickt darauf, sich das Selbstverständnis der Kurfürsten nutzbar zu machen, da »die Herren Kurfürsten nicht selbst das Geständniß ihrer Ohnmacht gegen die Übermacht Preußens ablegen wollen«[435].

Dass die Umsetzung dieses Vorhabens zeitlich mit den militärischen Erfolgen Erzherzog Karls im Reich zusammentraf, war eher Zufall als Planung, verschaffte jedoch Wien zusätzlichen politischen Spielraum: In einem auf den 7. September 1796 datierten, umfangreichen Handschreiben wandte sich Kaiser Franz II. an die Kurfürsten von Mainz, Trier, Köln, Braunschweig-(Hannover), Pfalz-(Bayern) und Sachsen. Darin wurde nicht nur ein Auszug aus dem preußischen Sündenregister in Franken seit dem Patentanschlag vom Februar/März 1792 gegeben, wobei der Text stellenweise wörtlich den in den letzten Jahren nach Wien gesandten reichsritterschaftlichen Darstellungen entnommen war. Zur Veranschaulichung der preußischen Übergriffe auf seine reichsritterschaftlichen und kreisständischen Nachbarn sowie der Missachtung der Reichsjustiz durch Berlin wurden dem durch eine Nachschrift ergänzten »lettre de cabinet« Franz' II. rund zwei Dutzend Anlagen beigelegt. Den von Preußen zur Verteidigung seines Vorgehens in öffentlichen Druckschriften angeführten Rechtsgründen setzte das kaiserliche Handschreiben – wenn auch mit Vorbehalten – die reichsrechtliche Mehrheitsmeinung über die Verfasstheit des Territorium inclausum entgegen. Vor allem aber brandmarkte der Kaiser bei aller durch die diplomatischen Etikette gebotenen Schonung der Person des preußischen Monarchen die eigenmächtige Durchsetzung der Territorialansprüche Berlins als reichsverfassungswidrigen Landfriedensbruch. Da eine reichsgerichtliche Intervention dagegen sinnlos und dem kaiserlichen Ansehen schädlich sei, falls der preußische König »auf dem Rechte der stärkeren Hand beharren« würde, ersuchte Franz' II. die Kurfürsten um Hilfe. Letzteren wies die zeitgenössische Verfassungstheorie nämlich die Rolle der engsten kaiserlichen Ratgeber zu. In dieser Funktion sollten sie dem Reichsoberhaupt nicht nur Vorschläge zu einer angemessenen Reaktion auf die Annexionen und Mediatisierungen Berlins unterbreiten. Vor allem wurden die Kurfürsten aufgerufen, sich bei Friedrich Wilhelm II. dafür zu verwenden, damit dieser seine »von Gott erhaltene[n] Kräfte nur zum

geringe Auswirkungen auf die Entscheidung Wiens, gegen die preußischen Mediatisierungen einzuschreiten, dürften die Auseinandersetzungen zwischen dem böhmischen Landesgubernium und Berlin um Gerichtsrechte sowie die Landeshoheit der im Bayreuther Gebiet inklavierten Lehen und Untertanen der Corona Bohemica gehabt haben. Für Thugut kam diesem Konfliktherd angesichts seiner geringen Bedeutung nämlich keine Priorität zu (Vortrag des Leiters der Staatskanzlei Freiherr von Thugut für den Kaiser, Wien, 14. Juni 1797, HHStA Wien, SK, Vorträge, Nr. 157. Bericht Hardenbergs an das Kabinettsministerium, Ansbach, 3. Dezember 1796, GStA PK Berlin, II. HA, Abt. 36, I, Nr. 6, fol. 187 – 193, hier: fol. 188).

435 Note des Reichshofvizekanzlers Fürst von Colloredo-Mansfeld an den Leiter der Staatskanzlei Freiherr von Thugut, Wien, 28. August 1796, HHStA Wien, SK, Notenwechsel mit der Reichshofkanzlei, Noten von der Reichshofkanzlei, Nr. 27.

Besten des Reichs, zur Aufrechthaltung und Befestigung [von] dessen Verfassung und zum Vorteile ihrer Reichsmitstände und aller Reichsglieder« einsetze, daher auch den Status quo ante in Franken wiederherstelle und seine Landeshoheitsansprüche nur noch auf dem Wege des Reichsrechts verfolge[436].

Zwar war die im Reichsstil fortlebende kaiserliche Allmacht im Gegensatz zur österreichischen Hausmacht nur noch eine verfassungsrechtliche Fiktion, aber entziehen konnte sich einer solchen kaiserlichen Bitte kein Kurfürst. Bereits Anfang Oktober 1796 wandte sich Max Franz von Köln und Münster (geb. 1756, reg. 1784–1801), der nicht nur als unbedingter Anhänger der Reichsverfassung gelten konnte, sondern auch der Onkel des Kaisers war und vor allem als Hoch- und Deutschmeister massiv von den Mediatisierungen Berlins in Mitleidenschaft gezogen wurde, in zwei Schreiben aus dem kur-

436 Schreiben von Kaiser Franz II. an den Kurfürsten von Mainz, Wien, 7. September 1796 (Zitate ebd.) inkl. Beilagen, HHStA Wien, MEA, Militaria, Nr. 127. Nachschreiben des Kaisers an den Kurfürsten von Mainz, Wien, 7. September 1796, ebd. Schreiben des Reichsreferendars Frank an den Minister und Freiherrn [von Albini], Wien, 20. September 1796, ebd. Reskript von Alvensleben und Haugwitz an Hardenberg, Berlin, 15. Februar 1797, GStA PK Berlin, II. HA, Abt. 36, I, Nr. 6. Abschrift des Schreibens von Kaiser Franz II. an die Kurfürsten, Wien, 7. September 1796, ebd. Alleruntertänigste kurze Geschichtserzählung... (wie Kap. V, Anm. 134), StA Ludwigsburg, B 575 IV, Bü 352. Abschrift des Berichts des Reichshofrats- und fränkischen Direktorialagenten der Reichsritterschaft, Herr von Alt, an den Ortsvorstand Gebürg, Wien, 12. März 1793, StA Marburg, 109, Nr. 311, Bd. 2, Dok. 107. Abschrift des Schreibens des Ortsvorstandes Gebürg an den kaiserlichen Minister von Schlick zu Nürnberg, Bamberg, 15. Februar 1794, StA Marburg, 109, Nr. 311, Bd. 3, Dok. 166. StA Marburg, 109, Nr. 311, Bd. 5, Dok. 333 u. zu Dok. 333. Note des Reichshofvizekanzlers Fürst von Colloredo-Mansfeld an den Leiter der Staatskanzlei Freiherr von Thugut, Wien, 28. August 1796, HHStA Wien, SK, Notenwechsel mit der Reichshofkanzlei, Noten von der Reichshofkanzlei, Nr. 27. Abschrift des Handschreibens des Kurfürsten von Trier an den Kaiser, Dresden, 1. Oktober 1796, HHStA Wien, MEA, Reichstagsakten, Nr. 719. Abschrift des Schreibens des Kurfürsten von Köln an den Reichshofvizekanzler Fürst von Colloredo-Mansfeld, Leipzig, 1. Oktober 1796, ebd. Weisung des Reichshofvizekanzlers Fürst von Colloredo-Mansfeld an den Grafen von Seilern, Wien, 24. September 1796, HHStA Wien, RK, Weisungen nach München, Fasz.-Nr. 11. Weisung des Reichshofvizekanzlers Fürst von Colloredo-Mansfeld an den Grafen von Seilern, Wien, 19. November 1796, ebd. Vgl. auch [*Haller*], Geschichte I, S. 183. – Süssheim hat ohne Beleg postuliert, dass das kaiserliche Handschreiben an die Kurfüsten auf den 7. September 1796 zurückdatiert wurde, da Thugut sich nicht getraut habe zu handeln, bis das Kriegsglück zugunsten Österreichs umgeschlagen habe. Um dies zu vertuschen und dadurch »im Reiche den Glauben an den Kaiser zu erhalten« sei das erst im Oktober aus der Reichshofkanzlei ausgelaufene kaiserliche Handschreiben mit einem früheren Datum versehen worden (*Süssheim*, Politik, S. 198). Diese Darstellung Süssheims ist jedoch unzutreffend. Zwar wurde das Handschreiben den Kurfürsten allem Anschein nach erst Ende September zugestellt. Aber bereits am 28. August 1796 hatte der Reichshofvizekanzler dem Leiter der Wiener Staatskanzlei den Entwurf des Hauptschreibens übermittelt (HHStA Wien, MEA, Militaria, Nr. 127: fortl. für 6. Oktober u. 20. September 1796. HHStA Wien, SK, Notenwechsel mit der Reichshofkanzlei, Noten von der Reichshofkanzlei, Nr. 27: fortl. für 28.–29. August 1796. MEA, Reichstagsakten, Nr. 719: fortl. für 1. Oktober 1796. Vgl. auch Note des Leiters der Staatskanzlei Freiherr von Thugut an den Reichshofvizekanzler Fürst von Colloredo-Mansfeld vom 12. September 1796, HHStA Wien, SK, Notenwechsel mit der Reichshofkanzlei, Noten an die Reichshofkanzlei, Nr. 10).

sächsischen Exil an den Kurfürsten von Mainz und Fürstbischof von Worms, Friedrich Karl Joseph von Erthal (geb. 1719, reg. 1774 - 1802). Schließlich kam dem Mainzer aufgrund seiner verfassungsrechtlichen Stellung als Reichserzkanzler und Direktor des Kurkollegiums in den Landeshoheitsstreitigkeiten mit Preußen eine Schlüsselrolle zu. Daher hielt es Max Franz für angeraten, das weitere Vorgehen der beiden Kurhöfe untereinander abzustimmen, und schlug Erthal neben einer diplomatischen Intervention der einzelnen Kurhöfe in Berlin die Abfassung eines Gutachtens des Kurkollegs für den Kaiser über die preußischen Übergriffe in Franken vor. Schließlich ginge es - so der Kölner Kurfürst - um nicht weniger als um »die Erhaltung der ganzen ReichsVerfassung im allgemeinen und der geistlichen und mindermächtigen Reichsstände insonderheit«. Die Mediatisierungen Berlins würden nämlich einen gefährlichen Präzedenzfall schaffen, dem andere armierte Reichsstände folgen könnten[437]. Derartige Befürchtungen mussten umso berechtigter erscheinen, als die Forderungen nach einer Säkularisation der geistlichen Territorien an verschiedenen Höfen Deutschlands und nicht zuletzt aus Berlin immer vernehmbarer wurden[438]. Vor diesem Hintergrund nahm es nicht

437 Schreiben des Kurfürsten von Mainz an den Kurfürsten von Köln, Aschaffenburg, 25. Oktober 1796, HHStA Wien, MEA, Militaria, Nr. 127. Schreiben des Kurfürsten von Köln an den Kurfürsten von Mainz, Leipzig, 1. Oktober 1796, ebd (Zitat ebd.). Schreiben des Kurfürsten von Köln an den Kurfürsten von Mainz, Leipzig, 8. Oktober 1796, ebd. Speziell zu den Ausführungen über Friedrich Karl Joseph von Erthal und Max Franz von Köln siehe: *Spies*, Erthal, S. 7, 13; *Blisch*, Erthal, S. 13, 25, 42 ff., 311; *B. Braun*, Reich, S. 19; *Braubach*, Max Franz, S. 23, 66 ff., 79 ff., 208 ff., 325, 472; *Leser*, Erthal, S. 552. - Zwar war Friedrich Karl Joseph von Erthal gemäß seinem Selbstverständnis als Wächter der Reichsverfassung noch 1785 dem von Preußen geführten Fürstenbund beigetreten, hatte sich aber - von Berlin enttäuscht und auf die militärische Hilfe Österreichs angewiesen - seit 1790/95 wieder Wien angenähert. Zudem war der Mainzer Kurfürst als Domherr des Bistums Bamberg mittelbar von der Arrondierungspolitik Berlins in Franken betroffen. Hinzu kam, dass Erthals weitverzweigtes Geschlecht zu den besonders alten und einflussreichen Familien des Corpus equestre gehörte. Die Freiherren von Erthal waren nämlich nicht nur im Bezirk Ortenau, sondern auch in den fränkischen Ritterorten Baunach sowie Rhön-Werra, und damit auch in demjenigen Ritterkreis begütert, der unter den Folgen der preußischen Mediatisierungspolitik vor allem zu leiden hatte (*Sörgel*, Ritterkanton, S. 47. *Godsey Jr.*, Nobles, S. 258. *Spies*, ebd., S. 15 f. *Blisch*, ebd., S. 33, 95 ff., 177, 213, 251, 317 ff. *Leser*, ebd., S. 552 ff.). - Max Franz befand sich in einer besonders schwierigen politischen Lage gegenüber Berlin: Obwohl er den Basler Separatfrieden von 1795, der die Existenz seiner geistlichen Wahlstaaten einschließlich Kurkölns indirekt bedrohte, als reichsverfassungswidrig ablehnte, durfte er die norddeutsche Großmacht nicht zu offen brüskieren. Schließlich waren die größtenteils im Schutz der preußischen Neutralitätszone gelegenen westfälischen und münsterländischen Besitzungen von Max Franz als potentielles Ziel der französischen Heere und vor allem als mögliches Opfer der Berliner Annexionswünsche besonders bedroht. Auch das Bewusstsein, dass eine Eskalation der gespannten Beziehungen der beiden deutschen Großmächte die Reichsverfassung gefährden konnte, mag in der Politik Max Franz' eine Rolle gespielt haben (*Braubach*, ebd., S. 325 ff., 343, 349 ff., 366. *Oer*, Preußen, S. 161).

438 Vertrauliche Eröffnung der Erzherzoglich Oesterreichischen Reichstags-Gesandtschaft an die Comitial-Gesandtschaften, S. 359. Speziell zu den Anzeichen drohender Säkularisationen siehe *Aretin*, Das Alte Reich III, S. 409 ff., 415, 431, 442 ff.

Wunder, dass sich der Mainzer Kurfürst – wie vom Reichshofvizekanzler beabsichtigt – der Angelegenheit annahm, nachdem er seinen Hofkanzler und Staatsminister Franz Josef Freiherr von Albini (1748–1816) mit einem Gutachten über das weitere Vorgehen betraut hatte[439]. Letzterer war bereits durch ein »ohne höhern Auftrag entworffene[s] Privatschreiben« aus der Wiener Reichshofkanzlei darauf hingewiesen worden, dass Wien ein Gutachten des Kurkollegs an das Reichsoberhaupt und eine Verwendung der Kurfürsten in Berlin von Mainz erwarte[440]. Tatsächlich wandte sich Erthal Ende Oktober 1796 in einem Schreiben an die Kurhöfe von Böhmen, Trier, Köln, Braunschweig-(Hannover), Sachsen sowie Pfalz-(Bayern) und forderte diese ganz im Sinne von Max Franz und der Reichshofkanzlei zu einem gemeinsamen Gutachten des Kurkollegiums für den Kaiser über die Mediatisierungen Preußens auf. Dabei bezeichnete der Reichserzkanzler die von Berlin zur Rechtfertigung seiner Okkupationen angeführten Argumente zwar als »der ganzen Oekonomie unserer teutschen Gesetzgebung, der Wesenheit unsrer Justizverfassung zuwider«. Aber zugleich gab Erthal seiner Hoffnung Ausdruck, dass eine Aufklärung Berlins durch die Kurfürsten über die herrschende Rechtslage ausreichen könnte, um den preußischen König zur Einstellung seiner Mediatisierungspolitik zu bewegen. Für den Fall, dass Friedrich Wilhelm II. dazu nicht bereit sei, bliebe dagegen nur der reichsgerichtliche Weg, um gegen die einzelnen Übergriffe Berlins auf seine Nachbarn einzuschreiten[441]. Das Vorgehen des Mainzers traf nicht nur in der Wiener Reichshofkanzlei auf volle Zustimmung[442]. Auch Max Franz von Köln und

439 Schreiben des Kurfürsten von Mainz an den Kurfürsten von Köln, expediert am 6. Oktober 1796, HHStA Wien, MEA, Militaria, Nr. 127. Weisung des Reichshofvizekanzlers Fürst von Colloredo-Mansfeld an den Grafen von Seilern, Wien, 24. September 1796, HHStA Wien, RK, Weisungen nach München, Fasz.-Nr. 11. Speziell zu den Lebensdaten von Albini siehe: *G. Menzel*, Albini, S. 4 u. *Jahns*, Reichskammergericht II/2, S. 770. – Albini hatte bereits 1791 einen Anfall Ansbach-Bayreuths an Berlin als gegen den Geist des Fürstenbundes gerichtet bezeichnet. Zudem war er selbst 1789 aufgrund seiner damaligen Stellung als Reichsreferendar in der Wiener Reichshofkanzlei im Eilverfahren in die Reichsritterschaft rezipiert worden. Doch erst 1799 sollten die Albini das zum Kanton Odenwald kollektable Rittergut Messel erwerben. Um 1801/04 befand sich zudem der größte Teil des zu Baunach kollektablen Ritterguts Dürrenried bei Coburg im Besitz der Freiherrn von Albini (StA Darmstadt, F1, Nr. 35/3: fortl. *Jahns*, ebd., S. 771. *G. Menzel*, ebd., S. 12, 29 Anm. 2. *Sörgel*, Ritterkanton, S. 46. *Burgdorf*, Weltbild (2009), S. 100. *Stetten*, Rechtsstellung, S. 35).

440 Schreiben des Reichsreferendars Frank an den Minister und Freiherrn [von Albini], Wien, 20. September 1796, HHStA Wien, MEA, Militaria, Nr. 127. – Das Schreiben aus der Reichshofkanzlei appellierte dabei sehr geschickt an die Eitelkeit und die Verfassungstreue Albinis, wenn es diesem die Möglichkeit vor Augen führte »als Vertheidiger und Retter der Verfassung, der erste Ruhm unter allen, [...] auftreten« zu können. (Schreiben des Reichsreferendars Frank an den Minister und Freiherrn [von Albini], Wien, 20. September 1796, ebd.).

441 Schreiben des Kurfürsten von Mainz an den Kaiser, Aschaffenburg, 25. Oktober 1796, HHStA Wien, MEA, Militaria, Nr. 127. Abschrift des Schreibens des Kurfürsten von Mainz an die Kurfürsten [von Böhmen, Trier, Köln, Braunschweig, Sachsen und Pfalz], Aschaffenburg, 25. Oktober 1796, ebd. (Zitat ebd.).

442 Abschrift der Weisung des Reichshofvizekanzlers Fürst von Colloredo-Mansfeld an den kai-

Clemens Wenzeslaus von Trier zeigten sich mit den Vorschlägen Erthals im Grundsatz einverstanden[443].

Während alle geistlichen Kurfürsten, deren eigene politische Existenz immer unsicherer wurde, bereit waren, sich kompromisslos vor die von Berlin angegriffene Reichsverfassung zu stellen, fiel das Engagement der auch ohne den Schutz der Friedens- und Rechtsgemeinschaft des Alten Reiches politisch überlebensfähigen weltlichen Kurfürsten weitaus bescheidener aus[444]: Kurböhmen, dessen Interessen von der Wiener Staatskanzlei wahrgenommen wurden, enthielt sich gänzlich einer Beteiligung an der kurfürstlichen Korrespondenz, die durch das kaiserliche Handschreiben vom 7. September 1796 angestoßen wurde[445]. Von den anderen weltlichen Kurfürsten erklärte zumindest Friedrich August III. von Sachsen mündlich seine Teilnahme am Mainzer Plan, versuchte jedoch bei einer grundsätzlichen Anerkennung der verfassungsrechtlichen Problematik eine klare schriftliche Positionierung gegen Berlins Mediatisierungspolitik zu vermeiden[446]. Es bedurfte daher nicht

serlichen Gesandten Reichsgraf von Schlick, Wien, 25. November 1796, HHStA Wien, MEA, Militaria, Nr. 127. Schreiben des Kurfürsten von Mainz an den Reichshofvizekanzler Fürst von Colloredo-Mansfeld, Aschaffenburg, 24. Dezember 1796, ebd. Schreiben des Reichshofvizekanzlers Fürst von Colloredo-Mansfeld an den Kurfürsten von Mainz, Wien, 23. November 1796, ebd.

443 Schreiben des Kurfürsten von Trier an den Kurfürsten von Mainz, Dresden, 6. November 1796, HHStA Wien, MEA, Militaria, Nr. 127. Schreiben des Kurfürsten von Köln an den Kurfürsten von Mainz, Mergentheim, 14. November 1796, ebd. Abschrift des Schreibens des Kurfürsten von Köln an den Kaiser, Mergentheim, 18. November 1796, ebd. – Clemens Wenzeslaus von Trier regierte zwar als Fürstpropst von Ellwangen ebenfalls über einige Besitzungen innerhalb der immaginierten Landeshoheitsgrenzen Ansbachs. Jedoch handelte es sich dabei um vergleichsweise unbedeutende Herrschaften bzw. Rechtstitel, für die der Trierer Kurfürst Hardenberg bereits einen Austausch vorgeschlagen hatte (Bericht Hardenbergs an das Kabinettsministerium, Ansbach, 3. Dezember 1796, GStA PK Berlin, II. HA, Abt. 36, I, Nr. 6, fol. 187–193, hier: fol. 192. Abschrift des Handschreibens des Kurfürsten von Trier an den preußischen König, Dresden, 20. März 1797, ebd., fol. 261–262, hier: fol. 261 f. Instruktion der Ansbacher Regierung an die nachgeordneten Ämter, Ansbach, 7. Juli 1796, StA Nürnberg, Mfr (Abgabe 1909), KdI, Nr. 3653).

444 Vgl. z. B. *Stollberg-Rilinger*, Das Heilige Römische Reich, S. 117.

445 Note des Reichshofvizekanzlers Fürst von Colloredo-Mansfeld an den Leiter der Staatskanzlei Freiherr von Thugut, Wien, 4. April 1797, HHStA Wien, SK, Notenwechsel mit der Reichshofkanzlei, Noten von der Reichshofkanzlei, Nr. 27. Schreiben des Kurfürsten von Mainz an den Kaiser, Aschaffenburg, 8. März 1797, HHStA Wien, MEA, Militaria, Nr. 127. Verhandlungen des Kurfürstl. Collegiums (Staats-Archiv), S. 201, 201 Anm. *.

446 HHStA Wien, MEA, Militaria, Nr. 127: fortl. für Januar bis März 1797. Abschrift der Weisung des Reichshofvizekanzlers Fürst von Colloredo-Mansfeld an den kaiserlichen Minister in Dresden, Graf von Eltz, Wien, 4. März 1797, HHStA Wien, SK, Notenwechsel mit der Reichshofkanzlei, Noten von der Reichshofkanzlei, Nr. 27. HHStA Wien, MEA, Reichstagsakten, Nr. 719: fortl. für Oktober 1796. Weisung des Reichshofvizekanzlers Fürst von Colloredo-Mansfeld an den Grafen von Seilern, Wien, 19. November 1796, HHStA Wien, RK, Weisungen nach München, Fasz.-Nr. 11. – Der sächsische Kurfürst galt zwar als treuer Anhänger der Reichsverfassung und sollte 1804 sogar vom Kaiser zu einem von vier Konservatoren zum Schutz der noch verbliebenen reichsritterschaftlichen Herrschaften bestellt werden. Aber der

zuletzt diplomatischen Drucks aus Wien, um Dresden im Frühjahr 1797 zu veranlassen, gegenüber Berlin offen Farbe zu bekennen[447]. Der Kurfürst von Braunschweig, der als König von England in London residierte, aber weiterhin über den Umweg seines Ministeriums in Hannover die einschlägige Korrespondenz laufen ließ, erklärte sich erst Anfang Februar 1797 zu einer Intervention bei Friedrich Wilhelm II. bereit[448]. In St. James musste man sich darüber im Klaren sein, dass der seit 1714 in Personalunion mit der britischen Krone vereinte Hannoveraner Festlandsbesitz kaum zu halten wäre, wenn die Reichsverfassung mit ihren Schutzmechanismen im Sog der preußischen Mediatisierungen endgültig kollabieren würde. Auch waren es vor allem die

außenpolitische Kurs Friedrich Augusts III. einer Neutralität Kursachsens zwischen den beiden rivalisierenden deutschen Großmächten hatte sich seit 1778 wiederholt als undurchführbar erwiesen, wobei die Entscheidung stets zugunsten einer Anlehnung an das mit den Wettinern erbverbrüderte Haus Brandenburg gefallen war. Die Tatsache, dass Kursachsen just Ende November 1796 der norddeutschen Neutralitätszone beitrat und in den letzten Jahrzehnten mehrfach Opfer preußischer Invasionen sowie einer verheerenden Besatzung geworden war, musste Friedrich August III. zu besonderer Rücksichtnahme auf den übermächtigen Nachbarn in Berlin zwingen (*Weicker*, Haltung, S. 1 ff., 33 ff., 103 ff. *Stetten*, Rechtsstellung, S. 151 ff. Allerhöchst-Kaiserliches Conservatorium vom 25. [sic !] Januar 1804, in: *Stetten*, ebd., Anhang, Nr. 3, S. 302 – 306, hier: S. 302 ff. *A. Schmidt*, Überleben, S. 352 f. *W. Neugebauer*, Hohenzollern II, S. 26, 34 ff. *Petschel*, Außenpolitik, S. 44 – 102: fortl. u. S. 198). – Gegenüber dem kaiserlichen Minister Graf von Westphalen verschanzte sich Dresden hinter dem Argument, dass aufgrund der kritischen politischen und militärischen Lage im Reich Preußen viel zu bedeutend sei und daher von Maßnahmen gegen den Zollernstaat abzusehen sei. Diese Überlegung war gerade für die in der norddeutschen Neutralitätszone gelegenen Territorien nicht von der Hand zu weisen. Schließlich vertrat auch der Hannoveraner Minister Kielmannsegge die gleichen Anschauungen (Abschrift des Berichts des Grafen von Westphalen an den Reichshofvizekanzler, Hildesheim, 15. Oktober 1796, HHStA Wien, MEA, Reichstagsakten, Nr. 719. Abschrift des Berichts des Grafen von Westphalen an den Reichshofvizekanzler, Hildesheim, 22. Oktober 1796, ebd.). – Die Landeshoheitsstreitigkeiten zwischen Bayreuth und Kursachsen waren vergleichsweise unbedeutend, weshalb Hardenberg 1796 eine Beilegung auf dem Vergleichsweg präferierte (Bericht Hardenbergs an das Kabinettsministerium, Ansbach, 3. Dezember 1796, GStA PK Berlin, II. HA, Abt. 36, I, Nr. 6, fol. 187 – 193, hier: fol. 188).

447 Note des Reichshofvizekanzlers Fürst von Colloredo-Mansfeld an den Leiter der Staatskanzlei Freiherr von Thugut, Wien, 11. März 1797, HHStA Wien, SK, Notenwechsel mit der Reichshofkanzlei, Noten von der Reichshofkanzlei, Nr. 27. Abschrift der Weisung des Reichshofvizekanzlers Fürst von Colloredo-Mansfeld an den kaiserlichen Minister in Dresden, Graf von Eltz, Wien, 8. März 1797, ebd. Abschrift des Handschreibens des Kurfürsten Friedrich August III. von Sachsen an den Kaiser, Dresden, 8. April 1797, GStA PK Berlin, II. HA, Abt. 36, I, Nr. 6, fol. 278 – 279, hier: fol. 269 ff. Auszug aus dem Bericht des kaiserlichen Ministers in Dresden [an den Reichshofvizekanzler Fürst von Colloredo-Mansfeld], Dresden, 3. Oktober 1796, HHStA Wien, MEA, Reichstagsakten, Nr. 719. Abschrift des Berichts des Grafen von Westphalen an den Reichshofvizekanzler, Hildesheim, 15. Oktober 1796, ebd. Schreiben des Ortsvorstandes Steigerwald an den Ortsvorstand Rhön-Werra, Erlangen, 16. März 1797, StA Marburg, 109, Nr. 311, Bd. 10.

448 HHStA Wien, MEA, Militaria, Nr. 127: fortl. für November bis Dezember 1796 sowie Februar 1797. Abschrift des Berichts des Grafen von Westphalen an den Reichshofvizekanzler, Hildesheim, 22. Oktober 1796, HHStA Wien, MEA, Reichstagsakten, Nr. 719.

Institutionen des Reichsverbandes, die London noch eine Bühne boten, auf der es den politischen Einfluss Hannovers nach dem Aufstieg Preußens zur norddeutschen Großmacht 1740/63 weiterhin wahren konnte. Daher war König Georg III. (geb. 1738, reg. 1760–1811/1820), dem im Gegensatz zu seinem Vorgänger und Großvater lange eine desinteressierte oder gar destruktive Politik in Bezug auf das Alte Reich und die kontinentale Wiege seiner Dynastie vorgeworfen wurde, nach den neueren Forschungen Riottes sich seiner Verantwortung bewusst, die er als Kurfürst nicht nur für den Erhalt Hannovers, sondern auch der Reichsverfassung trug. Dies zeigte beispielsweise seine Gegnerschaft zu den bayerisch-belgischen Tauschprojekten Österreichs und sein Verhalten in der Frage territorialer Umwälzungen im Alten Reich als Folge der seit 1792 geführten Koalitionskriege mit der französischen Republik. Dass dabei zeitweise die Verfassungstreue Georgs III. als Kurfürst und seine Interessen als König von Großbritannien im Rahmen der Politik der »Balance of Power« zur Deckung kamen, mindert die Bedeutung Ersterer für die Reichspolitik von St. James nicht[449]. Mit dem europäischen Mächtegleichgewicht als Leitmotiv staatlicher Außenbeziehungen – einer Idee, die nicht nur in Großbritannien im öffentlichen Diskurs und politischem Handeln im 18. Jahrhunderts wirkungsmächtig hervortrat und zugleich eine Symbiose mit den Handelsinteressen Whitehalls einging – war eine weitere Expansion Berlins in Franken kaum zu vereinbaren[450]. Es gab mithin auch handfeste Gründe in der Gegenwart dafür, wenn mancher Rittergenosse und Ortskonsulent in Erinnerung an die hannoveranische Unterstützung der reichsritterschaftlichen Rechtsposition bei den Reichstagsrekursen von 1749/

449 *Riotte*, George III, S. 58 ff. *Ders.*, Geschichtsbilder, S. 103 f. *Ders.*, Großbritannien, S. 34 ff. *Schütz*, Gesandtschaft, S. 41, 72 ff., 99 ff., 112. *Wellenreuther*, Georg II., S. 210 ff. *Duchhardt*, System, S. 23 ff. *Schröder*, Georg III., S. 220, 241 sowie den traditionellen Forschungsstand wiedergebend auf S. 224. – Selbst gegen die Niederlegung der Kaiserkrone und die Auflösung des Reichsverbandes durch Kaiser Franz II. am 6. August 1806 ließ König Georg III. in seiner Eigenschaft als Kurfürst Verwahrung einlegen, obwohl er zu diesem Zeitpunkt Hannover längst verloren hatte. Der englische König führte nicht nur seine Würde als Herzog von Braunschweig und Lüneburg, sondern auch seine mit dem Untergang des Alten Reichs obsolet gewordenen Titel eines Kurfürsten und Erzschatzmeisters bis 1814 weiter. Erst nach dem ersten Pariser Frieden vom 30. Mai 1814 gab St. James seinen Anspruch auf eine Restauration des Alten Reiches auf (*Walter*, Zusammenbruch, S. 83 ff. *Kraus*, Ende, S. 76 f., 94. *Riotte*, Großbrittanien, S. 39 f., 45 f.).

450 *Kampmann*, Gleichgewicht, S. 107 ff. *Bringmann*, Preußen, S. 274, 289, 307 ff., 458 ff. *Duchhardt*, System, S. 23 f. – Die Zollernmonarchie hatte sich mit dem Anfall Ansbach-Bayreuths und der Annexion weiter Teile Polens zwischen 1793 und 1795/97 in bisher ungekanntem Ausmaß vergrößert – eine zeitgenössische Quelle sprach sogar von einer Verdoppelung des Staatsgebietes – und sich im Gegensatz zu seinen einstigen Verbündeten in London und Wien längst aus dem ebenso teuren wie verlustreichen Krieg mit Frankreich zurückgezogen. St. James' eigene Versuche mit Frankreich zum Frieden zu kommen, waren 1795/96 gescheitert und sollten auch nach ihrer Wiederaufnahme im Sommer 1797 binnen weniger Monate erneut abgebrochen werden (Ein Schreiben aus Berlin, vom 18 [sic] November (Politisches Journal), S. 1197. *Bringmann*, Preußen, S. 323 f., 455 ff., 545, 551 ff., 564 ff., 599 ff., 608, 613, 645 f., 688. *W. Neugebauer*, Hohenzollern II, S. 66 ff., 92 f. *Gerd Heinrich*, Geschichte, S. 259 ff.).

53 noch im Frühjahr 1797 große Hoffnungen auf ein Eingreifen Georgs III. setzte[451]. Vor diesem Hintergrund wandte sich auch das fränkische Spezialdirektorium im März 1797 nicht nur nach Dresden, sondern auch an das Ministerium in Hannover, um Kurbraunschweig und Kursachsen zu einer diplomatischen Intervention gegen die preußischen Mediatisierungen zu bewegen[452].

Während – abgesehen von dem auf Zeit spielenden Dresdner Hof – sich im Laufe des Herbstes und Winters eine breite Front von Kurfürsten gegen die Mediatisierungen Berlins zusammenschloss, nahm Karl Theodor von Bayern, der die pfälzische Kurstimme führte, gegenüber den Vorschlägen Erthals eine gänzlich ablehnende Haltung ein: Zum gegenwärtigen Zeitpunkt wollte er nichts von einem kurfürstlichen Kollegialgutachten für den Kaiser wissen und lehnte auch noch präventiv eine Behandlung der Streitigkeiten auf dem Reichstag ab. Stattdessen versuchte München, das sich hinter formalen Fragen verschanzte, den schwarzen Peter kurzerhand dem Kaiser zuzuschieben. Dieser solle dem preußischen König durch ein »Reichsoberhauptliches vertrauliches Schreiben« die Rechtswidrigkeit der preußischen Mediatisierungen sowie die gefährlichen Folgen eines solchen Verfassungsumsturzes darlegen, um ihn auf diesem Wege zur Umkehr zu bewegen[453].

Zwar gab es verschiedene Reibungspunkte zwischen Berlin und München[454]. Aber dessen ungeachtet stand Karl Theodor der Mediatisierungspo-

451 Protokoll der Kocherschen Ritterkanzlei mit Voten, Esslingen, 20. Mai 1797, StA Ludwigsburg, B 575 IV, Bü 353. Schreiben des Ortsvorstandes Steigerwald an den Ortsvorstand Rhön-Werra, Erlangen, 16. März 1797, StA Marburg, 109, Nr. 311, Bd. 10. – Zur Unterstützung des Corpus equestre während der Reichstagsrekurse von 1749/53 durch Kurhannover siehe auch *Aretin*, Das Alte Reich III, S. 55 ff. u. *Press*, Angriff, S. 339 ff.

452 Nachschreiben des Ortsvorstandes Steigerwald an den Ortsvorstand Rhön-Werra, Erlangen, 30. März 1797, StA Marburg, 109, Nr. 311, Bd. 9. Schreiben des Ortsvorstandes Odenwald an den Ortsvorstand Rhön-Werra, Kochendorf, 3. April 1797, ebd. Nachschreiben des Ortsvorstandes Rhön-Werra an die Ortsvorstände Odenwald, Gebürg, Steigerwald und Baunach, o.O., 15. Mai 1797, ebd. Schreiben des Ortsvorstandes Rhön-Werra an das kurfürstliche Ministerium in Hannover, Schweinfurt, 13. März 1797, StA Marburg, 109, Nr. 311, Bd. 10. Schreiben des Ortsvorstandes Rhön-Werra an die Ortsvorstände Odenwald, Gebürg, Steigerwald und Baunach, Schweinfurt, 13. März 1797, ebd. Abschrift des Schreibens des Ortsvorstandes Rhön-Werra an das kurfürstliche Ministerium in Dresden, Schweinfurt, 23. März 1797, ebd.

453 Schreiben des Kurfürsten von der Pfalz an den Kurfürsten von Mainz, München, 5. November 1796, HHStA Wien, MEA, Militaria, Nr. 127 (Zitat ebd.). Abschrift des Schreibens des Kurfürsten von der Pfalz an den Kaiser, München, 26. Oktober 1796, ebd. 114. Bericht des Grafen Seilern an den Reichshofvizekanzler Fürst von Colloredo-Mansfeld, München, 11. November 1796, HHStA Wien, RK, Berichte aus München, Fasz.-Nr. 20b, fol. 94–95, hier: fol. 94. 106. Bericht des Grafen Seilern an den Reichshofvizekanzler Fürst von Colloredo-Mansfeld, München, 14. Oktober 1796, ebd., fol. 110–111, hier: fol. 110. Weisung des Reichshofvizekanzlers Fürst von Colloredo-Mansfeld an den Grafen von Seilern, Wien, 5. November 1796, HHStA Wien, RK, Weisungen nach München, Fasz.-Nr. 11.

454 Zwar hatte Preußen einst Karl Theodor seine bayerische Thronfolge gesichert. Aber inzwischen unterstützte Berlin dessen ungeliebten Neffen und präsumptativen Erben Herzog Max (Joseph) von Zweibrücken sowohl politisch als auch finanziell und gewährte dem aus seinem

litik Hardenbergs an den Grenzen Ansbach-Bayreuths keineswegs ablehnend gegenüber. Als die ersten Nachrichten von der gewaltsamen Durchsetzung der preußischen Landeshoheitsansprüche in Franken im Sommer 1796 München erreichten, zeigte sich der pfalz-bayerische Hof keineswegs empört über das Vorgehen Berlins. Stattdessen berichtete der preußische Geschäftsträger an der Isar über die dortige Aufnahme der Okkupationen Hardenbergs: »Einige hell sehende und unterrichtete Geschäftsmänner [...] fanden geradezu die Wahl der Maasregeln und des Zeitpunkts [...] weise und paßend«[455]. Schließlich erhob Karl Theodor auf einige Landstriche im Territorium der Reichsstadt Nürnberg ebenfalls Landeshoheitsansprüche. Von 1790 bis 1792 hatte München sogar Anteile verschiedener Nürnberger Pflegämter gewaltsam und unter Missachtung der Reichsjustiz an sich gerissen – Gebiete, die sich seit dem Landshuter Erbfolgekrieg von 1504/05 im Besitz der fränkischen Reichsstadt befanden[456]. 1792 hatte Karl Theodor sogar erfolglos versucht, die norddeutsche Großmacht für ein gemeinsames Vorgehen gegen Nürnberg zu gewinnen[457]. Als Berlin im Sommer 1796 das Umland Nürnbergs okkupierte,

Herzogtum Vertriebenen just damals Exil im Ansbacher Schloss (*Aretin*, Das Alte Reich III, S. 189 ff., 203 ff. *Weis*, Ansbach, S. 46 ff. *Ders.*, Montgelas I (1988), S. 262, 311 ff.). Ferner waren auch pfalz-bayerische Besitzungen in der an die fränkischen Markgrafentümer grenzenden Oberpfalz von den Landeshoheitsansprüchen Berlins betroffen. Da jedoch Karl Theodor im Gegenzug Entschädigung durch im pfalz-bayerischen Territorium inklavierte Untertanen Friedrich Wilhelms II. erhielt, konnten die preußischen Mediatisierungen trotz gelegentlicher Übergriffe der königlichen Behörden die Beziehungen zwischen München und Berlin – jenseits der bereits geschilderten Spannungen – nicht nachhaltig eintrüben (28. Bericht des Grafen Seilern an den Reichshofvizekanzler Fürst von Colloredo-Mansfeld, München, 14. März 1797, HHStA Wien, RK, Berichte aus München, Fasz.-Nr. 20b, fol. 90 – 93, hier: fol. 90. Bericht Hardenbergs an das Kabinettsministerium, Ansbach, 3. Dezember 1796, GStA PK Berlin, II. HA, Abt. 36, I, Nr. 6, fol. 187 – 193, hier: fol. 188 f. Instruktion der Ansbacher Regierung an die nachgeordneten Ämter, Ansbach, 7. Juli 1796, StA Nürnberg, Mfr (Abgabe 1909), KdI, Nr. 3653).

455 Schreiben des preußischen Gesandten am pfalz-bayerischen Hof, Harnier, an Hardenberg, München, 16. Juli 1796, GStA PK Berlin, II. HA, Abt. 36, I, Nr. 6, fol. 135 – 136, hier: fol. 135. – Bei den sog. bayerischen Patrioten, also vornehmlich den Anhängern des künftigen Kurfürsten Max IV. Joseph, weckten die preußischen Mediatisierungen dagegen Befürchtungen, dass diese Teil einer Abmachung mit Österreich seien, das sich im Gegenzug Bayerns bemächtigen könnte (Schreiben des preußischen Gesandten am pfalz-bayerischen Hof, Harnier, an Hardenberg, München, 16. Juli 1796, ebd., fol. 135 – 136, hier: fol. 135).

456 Schreiben des preußischen Gesandten am pfalz-bayerischen Hof, Harnier, an Hardenberg, München, 16. Juli 1796, GStA PK Berlin, II. HA, Abt. 36, I, Nr. 6, fol. 135 – 136, hier: fol. 135. Schreiben des pfalz-bayerischen Gesandten in Berlin, Posch, Berlin, 14. Juli 1796, ebd., fol. 154 – 155, hier: fol. 154. Actenmäßiger, concentrirter Bericht von der Fehde zwischen KurPfalzBaiern und Nürnberg, S. 164 ff., 181. Warum wollte die Reichsstadt Nürnberg sich der Königlich Preußischen Landeshoheit unterwerfen?, S. 291 f. *H. H. Hofmann*, Herrschaft, S. 212 f. *Ders.*, Nürnberg-Fürth, S. 195. *Schwemmer*, Territorium, S. 94 ff. *Süssheim*, Politik, S. 199, 239, 299. *G. Friedrich*, Nürnberg, S. 63 f. *Riedenauer*, Gesandter, S. 352 ff.

457 Reskript von Finkenstein, Schulenburg und Alvensleben an Hardenberg, Berlin, 15. Mai 1792, GStA PK Berlin, I. HA, Rep. 44 B, Nr. 1a. BayHStA, K. schw., Nr. 14511, fol. 131 – 133, 141 – 143, 152 – 155, 160 – 161 u. 301 – 302, hier: fortl.

hoffte Karl Theodor in der Zukunft vom preußischen Beispiel profitieren und seine eigenen Landeshoheitsansprüche gegen die Reichsstadt ebenfalls durchsetzen zu können. Bereits im Juli 1796 warben pfalz-bayerische Gesandte beim preußischen Kabinettsministerium und bei Hardenberg für ein koordiniertes Vorgehen der Höfe in München und Berlin bei der Durchsetzung ihrer Landeshoheitsansprüche auf das Nürnberger Territorium. Hinter diesem Vorschlag stand die Befürchtung Karl Theodors, dass Preußen auch diejenigen Nürnberger Gebiete okkupieren könnte, die er gleichzeitig auf dem Vergleichswege von der Reichsstadt zu erhalten versuchte[458]. Der bayerische Kurfürst verfolgte also im viel kleineren Maßstab dieselbe Expansionspolitik wie die norddeutsche Großmacht und hatte daher keinerlei Interesse daran, die Mediatisierungen Berlins offen zu verurteilen oder ihre Einstellung zu erzwingen. Dies galt umso mehr, als Pfalz-Bayern vor dem Reichskammergericht seine Landeshoheitsansprüche auf Teile des Nürnberger Umlandes auf einen Rechtsgrundsatz stützte, den Berlins Publizisten in ähnlicher Form zur Legitimierung der preußischen Mediatisierungen an den Grenzen Ansbach-Bayreuths bemühten: Demnach hätte eine hausvertraglich fundierte Unteilbarkeit und Unveräußerlichkeit der kurpfälzischen Besitzungen im Sinne eines adligen Fideikommisses bestanden. Alle dagegen und zu Lasten der Agnaten vorgenommenen Alienationen der pfalz-bayerischen Regierungsvorgänger seien folglich als unverbindlich zu betrachten[459].

Wenn Karl Theodor geglaubt hatte, unter Brüskierung der Wünsche Wiens eine Stellungnahme gegen den preußischen König vermeiden zu können, wurde er binnen Kurzem eines Besseren belehrt. Nicht nur Erthal, auch die Wiener Reichshofkanzlei reagierten empört. Der kaiserliche Vertreter in München wurde umgehend angewiesen, dem bayerischen Kurfürsten und dessen Ministerium klar zu machen, »daß die Sache [..] ein noch weiteres ernstliches Nachdenken und eine lebhaftere Theilnehmung von Seiten S(eine)r Kurfürstlichen Durchlaucht verdiene«. Colloredo-Mansfeld ließ keine Entschuldigungen und Ausflüchte des bayerischen Geheimen Kanzlers von Hertling gelten, sodass München dem steten Drängen Wiens seit Dezember 1796 schrittweise nachzugeben begann und bis zum Frühsommer 1797 auf die Linie der Reichshofkanzlei und der meisten anderen Kurfürsten einschwenkte[460].

458 GStA PK Berlin, II. HA, Abt. 36, I, Nr. 6, fol. 135–136, 154–155 u. 172–173, hier: fortl. – Auch ein Hilfsgesuch des Deutschen Ordens wegen der preußischen Mediatisierungen wurde von Karl Theodor 1796 abschlägig beschieden (*Seis*, Bürgertreue, S. 17).

459 Actenmäßiger, concentrirter Bericht von der Fehde zwischen KurPfalzBaiern und Nürnberg, S. 181 ff.

460 Abschrift der Weisung des Reichshofvizekanzlers Fürst von Colloredo-Mansfeld an den kaiserlichen Gesandten Reichsgraf von Schlick, Wien, 25. November 1796, HHStA Wien, MEA, Militaria, Nr. 127. Schreiben des Reichshofvizekanzlers Fürst von Colloredo-Mansfeld an den kaiserlichen Gesandten Reichsgraf von Schlick, Wien, 11. März 1797, ebd. Abschrift des Handschreibens des Kurfürsten Karl Theodor zu Pfalz-Bayern an den preußischen König,

Noch bevor es der Diplomatie Erthals und der Reichshofkanzlei gelungen war, alle Kurfürsten bis auf Kurböhmen und natürlich Kurbrandenburg auf ein gemeinsames Vorgehen gegen die preußischen Mediatisierungen einzuschwören, hatte Berlin ihnen bereits die Initiative entwunden, »damit Uns nicht von diesen [Kurhöfen] selbst der Fall einer unangenehmen Vertheidigung veranlaßt werde«. An der Spree waren nämlich weder das kaiserliche Handschreiben vom 7. September 1796 noch die darauf erfolgte Mobilisierung der Kurfürsten durch den Reichserzkanzler unbemerkt geblieben[461]. Mitte Februar 1797 wandte sich Friedrich Wilhelm II. – meist in eigenhändigen Kabinettsschreiben – an seine Mitkurfürsten und legte ihnen darin die preußische Rechtsauffassung dar. Berlin versteifte sich dabei auf den Standpunkt, dass der Inhalt des kaiserlichen Handschreibens allein auf den Klagen der Betroffenen sowie der überhaupt nicht zuständigen Fränkischen Kreisversammlung beruhe und daher »eben so sehr von der Beschaffenheit der Thatsachen, als von richtigten Grundsäzzen abweichen und die einfachen natürlichen Gesichtspuncte gänzlich verrücken« würde. Das Staatsrecht, die Geschichte und genaue Nachforschungen in den Archiven hätten klar bewiesen, dass dem preußischen König die volle Landeshoheit über die beanspruchten reichsständischen Gebiete sowie die Güter »einer landsäßigen[,] nach Unmittelbarkeit strebenden Ritterschaft« zustehe. Durch die Achillea von 1473 und andere brandenburgische Hausgesetze seien die fränkischen Besitzungen der Zollern zu einem unveräußerlichen Fideikommiss ver-

München, 5. April 1797, GStA PK Berlin, II. HA, Abt. 36, I, Nr. 6, fol. 265–267, hier: fol. 265 ff. HHStA Wien, RK, Berichte aus München, Fasz.-Nr. 20b: fortl. für November bis Dezember 1796 sowie für März 1797. Weisung des Reichshofvizekanzlers Fürst von Colloredo-Mansfeld an den Grafen von Seilern, Wien, 5. November 1796, HHStA Wien, RK, Weisungen nach München, Fasz.-Nr. 11 (Zitat ebd.). Weisung des Reichshofvizekanzlers Fürst von Colloredo-Mansfeld an den Grafen von Seilern, Wien, 19. November 1796, ebd. Weisung des Reichshofvizekanzlers Fürst von Colloredo-Mansfeld an den Grafen von Seilern, Wien, 30. November 1796, ebd. Weisung des Reichshofvizekanzlers Fürst von Colloredo-Mansfeld an den Grafen von Seilern, Wien, 4. März 1797, ebd.

461 Reskript von Alvensleben und Haugwitz an Hardenberg, Berlin, 15. Februar 1797, GStA PK Berlin, II. HA, Abt. 36, I, Nr. 6 (Zitat ebd.). Abschrift des Schreibens von Kaiser Franz II. an die Kurfürsten, Wien, 7. September 1796, mit Marginalien Hardenbergs, ebd. – Bereits im Oktober 1796 erschien in der Hamburger Zeitung eine kurze Notiz über das kaiserliche Handschreiben vom 7. September 1796 an die Kurfürsten. Der kaiserliche Konkommissarius in Regensburg machte das Ministerium in Hannover für diese Indiskretion verantwortlich. Die Reichshofkanzlei war schließlich bemüht gewesen das kaiserliche Handschreiben vorläufig geheim zu halten (Auszug aus dem Bericht des kaiserlichen Konkommissarius an den Reichshofvizekanzler Fürst von Colloredo-Mansfeld, Regensburg, 31. Oktober 1796, HHStA Wien, MEA, Reichstagsakten, Nr. 719). Genaueres konnte Berlin dann von dem kursächsischen Gesandten an der Spree erfahren (Abschrift des Handschreibens des Kurfürsten Friedrich August III. von Sachsen an den Kaiser, Dresden, 8. April 1797, GStA PK Berlin, II. HA, Abt. 36, I, Nr. 6, fol. 278–279, hier: fol. 278. Abschrift des Berichts des Grafen von Westphalen an den Reichshofvizekanzler, Hildesheim, 22. Oktober 1796, HHStA Wien, MEA, Reichstagsakten, Nr. 719. Weisung des Reichshofvizekanzlers Fürst von Colloredo-Mansfeld an den Grafen von Seilern, Wien, 24. September 1796, HHStA Wien, RK, Weisungen nach München, Fasz.-Nr. 11).

schmolzen worden, weshalb Friedrich Wilhelm II. das Recht habe, die widerrechtlich alienierten Teile dieses Erbes zurückzufordern. Dagegen könnten »die häufig erschlichenen Reichsgerichtlichen Mandate«, der gegenwärtige Besitzstand oder diejenigen nachteiligen Vergleiche der fränkischen Fürstentümer mit ihren Nachbarn, die nicht von der Kurlinie bestätigt wurden, keine Gültigkeit beanspruchen. Allein die Gerechtigkeit und seine landesherrlichen Pflichten hätten die Entscheidungen Friedrich Wilhelms II. geleitet, die nur dem Wohle seiner fränkischen Untertanen und der Ansbach-Bayreuth benachbarten Reichsglieder sowie der Verteidigung und klaren Abgrenzung der Gerechtsame seines Hauses dienten. Von den sog. »landsäßigen Rittergutsbesizzer[n]« – eine vorherige Unmittelbarkeit wurde den betroffenen Reichsrittern erst gar nicht zugestanden – sei »nur auf meine gerechte Aufforderung die Huldigung geleistet, und auf diese Weise ihr wahrer Vorteil mit ihrer offenbaren Pflicht und Schuldigkeit in Verbindung gesetzt worden«. Daher wollte Friedrich Wilhelm II. auch von Verhandlungen mit der Reichsritterschaft nichts wissen, während er sich bereit zeigte, sich mit den benachbarten Reichsständen auf der Basis des durch die preußischen Okkupationen geschaffenen Status quo durch Vergleiche zur territorialen Purifikation oder durch die sog. Austräge zu einigen[462].

Mit seiner diplomatischen Offensive zwang Friedrich Wilhelm II. die anderen Kurhöfe dazu, seine Argumente zur Kenntnis zu nehmen sowie ihm konkret darauf und zwar nicht als Kollegium, sondern einzeln zu antworten. Zudem hatte sich schon zuvor Georg III. ohne Rücksprache mit den anderen Kurhöfen in einem Schreiben nach Berlin gewendet. Damit waren die ursprünglichen Planungen Wiens und der geistlichen Kurhöfe nicht mehr zu verwirklichen. Diese hatten ein offizielles Kollegialschreiben der Kurfürsten oder – wofür Kurtrier plädiert hatte – ein gemeinsames, vertrauliches De-

462 Reskript von Alvensleben und Haugwitz an Hardenberg, Berlin, 15. Februar 1797, GStA PK Berlin, II. HA, Abt. 36, I, Nr. 6. Abschrift des Handschreibens von König Friedrich Wilhelm II. von Preußen an die Kurfürsten, Berlin, 14. [sic] Februar 1797, ebd. (Zitate ebd.). Handschreiben von König Friedrich Wilhelm II. von Preußen an den Kurfürsten von Mainz, Berlin, 17. Februar 1797, ebd. Schreiben des Kurfürsten von Mainz an den Kurfürsten von Trier, Aschaffenburg, 16. März 1797, HHStA Wien, MEA, Militaria, Nr. 127. Schreiben des Kurfürsten von Trier an den Kurfürsten von Mainz, Dresden, 6. März 1797, ebd. Abschrift des Handschreibens von König Friedrich Wilhelm II. von Preußen an den Kurfürsten von Trier, Berlin, 17. Februar 1797, ebd. Schreiben des Kurfürsten von Köln an den Kurfürsten von Mainz, Frankfurt/M., 16. März 1797, ebd. – An Kurköln lief kein königliches Handschreiben, sondern nur ein Schreiben des Berliner Kabinettsministeriums über die fränkischen Landeshoheitsstreitigkeiten aus, weshalb Max Franz auch nur auf Ministerialebene antworten ließ. Die Auseinandersetzungen um die Deutschordensgebiete in Franken, insbesondere die damalige Eskalation in Ellingen (siehe Kapitel VII.1), könnten der Grund für diese Zurücksetzung Kurkölns gewesen sein (Reskript von Alvensleben und Haugwitz an Hardenberg, Berlin, 20. April 1797, GStA PK Berlin, II. HA, Abt. 36, I, Nr. 6, fol. 268. Abschrift des Schreibens des kurkölnischen Ministers von Asbeck an das Berliner Kabinettsministerium, Frankfurt/M., 16. März 1797, ebd., fol. 272–277, hier: fol. 272. Schreiben des Kurfürsten von Köln an den Kurfürsten von Mainz, Frankfurt/M., 16. März 1797, HHStA Wien, MEA, Militaria, Nr. 127).

hortatorium der Kurhöfe an den preußischen König beabsichtigt[463]. Die Kurfürsten von Mainz, Köln, Trier, Braunschweig-(Hannover), Sachsen und Pfalz-(Bayern) wandten sich nun notgedrungen einzeln zwischen Februar und April 1797 an den preußischen König. Dabei machte Erthal aus seiner Rechtsauffassung keine Mördergrube, sondern beschied Friedrich Wilhelm II., »daß das Verfahren Hochihrof(ürs)t(lich)en Regierungen in Franken sich mit den Gesetzen und der Verfaßung unsers teutschen Reichs nicht vertrage«. Neben Mainz verurteilten in unterschiedlicher Schärfe auch München, St.

463 HHStA Wien, MEA, Militaria, Nr. 127: fortl. für September bis November 1796 sowie für Februar bis März 1797. Abschrift des Handschreibens von König Georg III. von Großbritanien als Kurfürst von Braunschweig an den preußischen König, St. James, 12. März 1797, GStA PK Berlin, II. HA, Abt. 36, I, Nr. 6, fol. 259. Weisung des Reichshofvizekanzlers Fürst von Colloredo-Mansfeld an den Grafen von Seilern, Wien, 24. September 1796, HHStA Wien, RK, Weisungen nach München, Fasz.-Nr. 11. Weisung des Reichshofvizekanzlers Fürst von Colloredo-Mansfeld an den Grafen von Seilern, Wien, 30. November 1796, ebd. – Wenn *Aretin* (Alte Reich, III, S. 452 (Zitate ebd.). Heiliges Römisches Reich I, S. 337) konstatiert, dass – im Gegensatz zu Kurmainz – Wien sowie Hannover und Dresden, die es sich nicht »mit dem Berliner Hof verderben« wollten, nicht bereit waren die preußischen Landeshoheitsstreitigkeiten vor den Reichstag zu bringen, scheint hier ein Irrtum vorzuliegen. Auch Kurmainz ging es niemals um einen Reichstagsrekurs, sondern es strebte genau wie die anderen geistlichen Kurfürstentümer gemäß dem Inhalt des kaiserlichen Handschreibens vom 7. September 1796 1. ein »Collegialisches Gutachten« für das Reichsoberhaupt und 2. eine »kollegialische Verwendung« beim preußischen König an. Ersteres sollte unter Umständen von den Regensburger Reichstagsgesandten der beteiligten Kurfürsten verfasst werden. In den Quellen gibt es keinerlei Anhaltspunkt dafür, dass es für jemand anderen als den Kaiser bestimmt oder gar für eine Beratung in den anderen Reichstagskurien gedacht gewesen wäre. Bei der sog. kollegialischen Verwendung handelte es sich um ein gemeinsames Schreiben der Kurfürsten an Friedrich Wilhelm II. Damit war ebenfalls keine Entscheidung des Reichstags über die preußischen Mediatisierungen verbunden, die damals tatsächlich nicht im Interesse Wiens lag. Dies wiederum war aber angesichts der bereits geschilderten (siehe Kapitel VI.2), mit einem Reichstagsrekurs verbundenen Risiken und Probleme nicht weiter erstaunlich. Dasselbe gilt auch für den Umstand, dass St. James und letztlich auch Dresden ein gemeinsames Schreiben der Kurfürsten an König Friedrich Wilhelm II. für zwecklos hielten bzw. eigene Wege suchten, um Berlin ihre Rechtsauffassungen mitzuteilen. Damit ist *Aretins* (ebd.) Interpretation obsolet, Wien, Kurhannover und Kursachsen hätten durch ihre angebliche Weigerung, die preußischen Übergriffe »vor den Reichstag zu bringen«, die von Berlin bedrängten Reichsglieder absichtlich oder fahrlässig ihrer Mediatisierung überantwortet und damit das Ende des Alten Reiches eingeläutet (HHStA Wien, MEA, Militaria, Nr. 127: fortl. für September bis November 1796 sowie für Februar 1797. Abschrift des Schreibens des Kurfürsten von Mainz an die Kurfürsten [von Böhmen, Trier, Köln, Braunschweig, Sachsen und Pfalz], Aschaffenburg, 25. Oktober 1796, ebd. (Zitat ebd.). Schreiben des Reichsreferendars Frank an den Minister und Freiherrn [von Albini], Wien, 20. September 1796, ebd. (Zitat ebd.). Abschrift des Handschreibens des Kurfürsten Friedrich August III. von Sachsen an den Kaiser, Dresden, 8. April 1797, GStA PK Berlin, II. HA, Abt. 36, I, Nr. 6, fol. 278 – 279, hier: fol. 278. Auszug aus dem Bericht des kaiserlichen Ministers in Dresden [an den Reichshofvizekanzler Fürst von Colloredo-Mansfeld], Dresden, 10. Oktober 1796, HHStA Wien, MEA, Reichstagsakten, Nr. 719. Weisung des Reichshofvizekanzlers Fürst von Colloredo-Mansfeld an den Grafen von Seilern, Wien, 24. September 1796, HHStA Wien, RK, Weisungen nach München, Fasz.-Nr. 11. Weisung des Reichshofvizekanzlers Fürst von Colloredo-Mansfeld an den Grafen von Seilern, Wien, 30. November 1796, ebd.).

James, Dresden sowie Kurtrier und Kurköln in ihren Schreiben nach Berlin das preußische Verfahren zur Durchsetzung der königlichen Ansprüche als verfassungswidrig und verlangten die Restitution des Status quo ante zum Zeitpunkt des preußischen Regierungsantritts in Ansbach-Bayreuth bzw. die Einstellung aller gewaltsamen Übergriffe der königlichen Behörden[464]. Doch an der Spree antwortete man nicht einmal mehr auf die Preußen von den Kurhöfen gemachten Vorhaltungen[465], sondern zeigte sich gerade gegenüber Erthal ausgesprochen verärgert[466].

Damit war die Intervention des Kurkollegiums zugunsten der von Berlin bedrängten Kreisstände und Reichsritter endgültig gescheitert. Auch der Versuch des fränkischen Spezialdirektoriums, Erthal »als höchsten Protektorem des Reichsadels« nochmals zu einer Verwendung in Berlin zu bewegen, konnte das Blatt nicht mehr wenden[467]. Eine seit Jahren diskutierte reichsritterschaftliche Gesandtschaft an die Spree war auch jetzt, auf dem Höhepunkt der Krise, gegen die Mehrheit der fränkischen Kantone nicht durchsetzbar – gerade auch wegen der damit verbundenen Kosten[468]. Ebenso wenig

464 GStA PK Berlin, II. HA, Abt. 36, I, Nr. 6, fol. 246–252, 258–262 u. 264–277: fortl. Abschrift des Handschreibens des Kurfürsten von Mainz an den preußischen König, Aschaffenburg, 3. März 1797, ebd., fol. 247–252 (Zitat ebd., fol. 248). Vgl. auch das frühere, aber ebenso argumentierende Schreiben des englischen Königs: Abschrift des Handschreibens von König Georg III. von Großbritanien an den preußischen König, St. James, 7. Februar 1797, HHStA Wien, MEA, Militaria, Nr. 127. – Umgekehrt zeigte sich Berlin besonders mit dem rücksichtsvoll formulierten Schreiben des Kurfürsten von Sachsen zufrieden. Dieser ließ zudem den preußischen Hof über seinen Bericht an den Kaiser unterrichten (Reskript von Alvensleben und Haugwitz an Hardenberg, Berlin, 20. April 1797, GStA PK Berlin, II. HA, Abt. 36, I, Nr. 6, fol. 268. Abschrift des Handschreibens des Kurfürsten Friedrich August III. von Sachsen an den Kaiser, Dresden, 8. April 1797, ebd., fol. 278–279). – Die Reichshofkanzlei war zwar insgesamt mit dem Antwortschreiben Erthals an den preußischen König hochzufrieden, kritisierte aber, dass der Mainzer Kurfürst darin ganz im Sinne Berlins die Rechtsauffassung vertreten hatte, dass die Landeshoheitsstreitigkeiten in Franken nicht allein durch die ordentlichen obersten Reichsgerichte, sondern – mit Zustimmung der Betroffenen – auch in Gestalt der Entsetzungsausträge, also durch eine Austrägalinstanz, erstinstanzlich entschieden werden könnten (Abschrift des Handschreibens des Kurfürsten von Mainz an den preußischen König, Aschaffenburg, 3. März 1797, GStA PK Berlin, II. HA, Abt. 36, I, Nr. 6, fol. 247–252, hier: fol. 250. Note des Reichshofvizekanzlers Fürst von Colloredo-Mansfeld an den Leiter der Staatskanzlei Freiherr von Thugut, Wien, 18. März 1797, HHStA Wien, SK, Notenwechsel mit der Reichshofkanzlei, Noten von der Reichshofkanzlei, Nr. 27).

465 Vgl. die einschlägigen Akten, wie zum Beispiel GStA PK Berlin, II. HA, Abt. 36, I, Nr. 6: fortl.; HHStA Wien, MEA, Militaria, Nr. 127: fortl. u. HHStA Wien, MEA, Reichstagsakten, Nr. 719: fortl.

466 Schreiben des Kurfürsten von Mainz an den Reichshofvizekanzler Fürst von Colloredo-Mansfeld, Aschaffenburg, 19. März 1797, HHStA Wien, MEA, Militaria, Nr. 127.

467 Schreiben des Ortsvorstandes Rhön-Werra an den Kurfürsten von Mainz, Schweinfurt, 13. Mai 1797, StA Marburg, 109, Nr. 311, Bd. 9. Schreiben des Ortsvorstandes Rhön-Werra an den Staatsminister Albini, Schweinfurt, 13. Mai 1797, ebd. (Zitat ebd.).

468 Zirkularschreiben des Konsulenten Johann Heinrich Pollich an den Ortsvorstand Rhön-Werra mit dessen Voten, Schweinfurt, 21. Juni 1797, StA Marburg, 109, Nr. 311, Bd. 9. Zirkular-

kam das von Wien gewünschte Kollegialgutachten der Kurfürsten zustande. Zumindest fühlten sich einige Kurfürsten verpflichtet, dem Kaiser ihre eigene Meinung zu eröffnen[469]. Vom Standpunkt der Reichsverfassung aus konsequent war die Empfehlung, die St. James Anfang März 1797 dem Kaiserhof übermittelt haben soll: Georg III. empfahl – so die am Reichstag kursierenden Darstellungen – der Reichsjustiz freien Lauf zu lassen[470]. Dagegen scheute Dresden vor einer offenen Konfrontation mit dem übermächtigen und dynastisch eng verbundenen Nachbarn zurück[471].

Es bleibt festzuhalten, dass Berlin, indem es sich ein weiteres Mal außerhalb der Verfassungsordnung des Alten Reiches stellte, den von Wien initiierten Vorstoß des Kurkollegiums ins Leere laufen lassen konnte. Dabei kam Preußen zugute, dass einige Kurhöfe zögerten, die Reichsgrundgesetze gegen die norddeutsche Großmacht zu verteidigen, da sie – wie der Fall Pfalz-Bayerns zeigte – sich teilweise selbst über die Reichsverfassung hinwegsetzten, wenn ihnen dies machtpolitische Vorteile versprach. Daher mussten sich auch die reichsritterschaftlichen Hoffnungen zerschlagen, durch die Intervention der Kurhöfe bei Friedrich Wilhelm II. »durch eine Arth Schieds-Richterlicher Ausgleichung« die Landeshoheitsstreitigkeiten mit Berlin beilegen zu können[472].

1798 prophezeite ein anonymer Publizist mit Blick auf die preußischen Mediatisierungen: »Den Schluß des ganzen Schauspiels wird der nahe

schreiben des Konsulenten Johann Heinrich Pollich an den Ortsvorstand Rhön-Werra mit dessen Voten, Schweinfurt, 19. April 1796, StA Marburg, 109, Nr. 321.

469 Schreiben des Kurfürsten von Mainz an den Kaiser, Aschaffenburg, 8. März 1797, HHStA Wien, MEA, Militaria, Nr. 127.

470 Bericht eines reichsritterschaftlichen Reichstagskorrespondenten, Regensburg, 24. Mai 1797, StA Ludwigsburg, B 575 IV, Bü 353.

471 Stattdessen wollte Dresden, das eine Reichsexekution gegen Berlin strikt ablehnte, die Landeshoheitsstreitigkeiten mit Ansbach-Bayreuth auf dem Wege von Vergleichsverhandlungen bzw. Austrägalverfahren beigelegt wissen. Hierzu hatte sich Berlin in seinen Flugschriften vom Sommer 1796 selbst bereit erklärt. Vor diesem Hintergrund empfahl Friedrich August III. Anfang April dem Kaiser anstelle reichsgerichtlicher Maßnahmen Vergleichsunterhandlungen zwischen allen interessierten Parteien einzuleiten. Dass Friedrich Wilhelm II. einen solchen Schritt für die Reichsritterschaft faktisch ausgeschlossen hatte, überging der sächsische Kurfürst dabei stillschweigend (21. Bericht eines reichsritterschaftlichen Reichstagskorrespondenten, Regensburg, 24. Mai 1797, StA Ludwigsburg, B 575 IV, Bü 353. Schreiben von Friedrich August III. von Sachsen an den Kurfürsten von Mainz, Dresden, 30. Januar 1797, HHStA Wien, MEA, Militaria, Nr. 127. Abschrift des Schreibens von Friedrich August III. von Sachsen an den Kurfürsten von Köln, Dresden, 30. Januar 1797, ebd. Abschrift des Handschreibens des Kurfürsten Friedrich August III. von Sachsen an den Kaiser, Dresden, 30. Januar 1797, ebd. Schreiben des Kurfürsten von Mainz an den Kurfürsten von Trier, Aschaffenburg, 16. März 1797, ebd. Abschrift des Handschreibens des Kurfürsten Friedrich August III. von Sachsen an den Kaiser, Dresden, 8. April 1797, GStA PK Berlin, II. HA, Abt. 36, I, Nr. 6, fol. 278 – 279, hier: fol. 278 f.).

472 Promemoria des Kocherschen Konsulenten Weinland an den Ortsvorstand von Kocher, Esslingen, 28. Juli 1797, StA Ludwigsburg, B 575 II, Bü 445.

Reichsfriede entwikkeln«[473]. Auch mancher Reichsritter setzte seit dem Sommer 1796 seine letzten Hoffnungen zur Rettung der reichsritterschaftlichen Unmittelbarkeit im Allgemeinen und an den Grenzen Ansbach-Bayreuths im Besonderen auf die künftige Neuordnung der politischen Verhältnisse durch einen Reichsfrieden mit Paris[474]. Das Reich und die Erste Koalition hatten sich nämlich längst als unvermögend erwiesen, die französische Republik militärisch niederzuringen. Vielmehr waren es die Erfolge der Revolutionsheere, die Wien im April 1797 dazu zwangen, in Loeben den Präliminarfrieden für das Reich und im Oktober des gleichen Jahres den Sonderfrieden für Österreich mit Frankreich zu unterzeichnen[475]. Über den endgültigen Reichsfrieden sollte ab Dezember 1797 eine aus zehn Reichsständen gebildete Reichsdeputation in Rastatt verhandeln, wohin auch die meisten anderen Reichsglieder diplomatische Vertreter entsandten, um ihre Interessen zu wahren[476]. Für die Reichsritterschaft waren die Rastatter Verhandlungen in mehrfacher Hinsicht von essentieller Bedeutung[477]. Für unseren Zusammenhang reicht es jedoch sich zu vergegenwärtigen, dass der Friedenskongress der Reichsritterschaft auch für die Bekämpfung der preußischen Mediatisierungen neue Optionen eröffnen musste. Bereits im Winter 1795/96 hatten sich die drei Ritterkreise auf einen »Generaldeputato« für einen künftigen Friedenskongress geeinigt. Ihre Wahl war auf keinen Geringeren als den schon vorgestellten Odenwalder Ritterhauptmann und ehemaligen Ansbacher Minister Karl Friedrich Reinhard von Gemmingen gefallen[478]. Dessen nachgiebige Haltung gegenüber den preußischen Übergriffen im Jahre 1792 spielte bei der

473 Schluß des Fränkischen Reichskreises (Neueste Staats-Anzeigen), S. 490 Anm. †.

474 Votum des Freiherrn von Wöllwarth zum Protokoll der Kocherschen Ritterkanzlei mit Voten, Esslingen, 18. Juli 1798, StA Ludwigsburg, B 575 IV, Bü 352. Votum des Freiherrn von Wöllwarth, Stuttgart, 23. April 1797, zum Protokoll der Kocherschen Ritterkanzlei mit Voten, Esslingen, 6. April 1797, StA Ludwigsburg, B 575 IV, Bü 353. Votum des Freiherrn Karl von Wöllwarth, Stuttgart, 31. August 1797 und des Freiherrn von Beroldingen, Ellwangen, 14. Oktober 1797, zum Protokoll der Kocherschen Ritterkanzlei mit Voten, Esslingen, 7. August 1797, ebd. Votum des Ritterrats Freiherr von Berlichingen, Ellwangen, 30. Januar 1797, zum Protokoll der Kocherschen Ritterkanzlei mit Voten, Esslingen, 17. Januar 179[7], StA Ludwigsburg, B 575 II, Bü 373. Schreiben des Ortsvorstandes Steigerwald an den Ortsvorstand Rhön-Werra, Erlangen, 5. Mai 1797, StA Marburg, 109, Nr. 311, Bd. 9.

475 Siehe Kapitel IX.1.

476 Abschrift des kaiserlichen Hofdekrets, Wien, 1. November 1797, Dikt. Regensburg, 4. November 1797, HStA Stuttgart, B 572 Au, Bü 1144. *Grimme*, Herren, S. 282.

477 Siehe Kapitel IX.1.

478 HStA Stuttgart, B 572 Au, Bü 1143: fortl. für Dezember 1795 bis April 1796. Schreiben des Ortsvorstandes Rhön-Werra an den Ortsvorstand Donau, Schweinfurt, 22. Dezember 1795, ebd. (Zitat ebd.). – Bereits am 29. August 1795 war Gemmingen auf dem Fünforts-Konvent des schwäbischen Ritterkreises in Esslingen als geeigneter Vertreter für alle drei Ritterkreise beim künftigen Friedenskongress vorgeschlagen worden (Schreiben des Direktoriums Ortenau an den Ortsvorstand Donau, Offenburg, 20. Mai 1797, HStA Stuttgart, B 572 Au, Bü 1144. Schreiben des Ortsvorstandes Donau an das Direktorium Ortenau, Ehingen, 19. November 1797, ebd.).

Entscheidung, ihm die diplomatische Vertretung der gesamten Reichsritterschaft anzuvertrauen, keine Rolle[479].

Gemäß der Instruktion des reichsritterschaftlichen Generaldirektoriums vom 17. November 1797 hatte Gemmingen in erster Linie für die ungeschmälerte politische Existenz des Corpus equestre einzutreten und diese für die Zukunft zu sichern, »damit nichts, was der Reichsritterschaft an ihren Rechten, Gerechtsamen, Unmittelbarkeit, Freiheiten, Privilegien, Immunitaeten, Einkünften, oder sonstigen Verhältnüssen [sic] zu einigem Nachtheil, Schmälerung, oder Praegravierung gereichen mag, – zugegeben, oder statuieret [...] werden möchte«[480]. Doch darüber hinaus drängte neben unmittelbar

479 Siehe Kapitel V.4.1. – Zwar scheint der Odenwalder Ritterhauptmann – soweit die Schreiben des Direktoriums seines Ritterorts überhaupt einen Rückschluss erlauben – trotz eines zunehmenden Misstrauens gegenüber den Plänen Berlins besonders lange an die guten Absichten Hardenbergs geglaubt zu haben. Daher war Gemmingen trotz aller Warnungen und Skepsis der anderen Ortsvorstände bis zuletzt für eine gütliche Beilegung der Landeshoheitsstreitigkeiten mit Ansbach-Bayreuth durch Vergleichsverhandlungen eingetreten. Aber als der Dirigierende Minister in den fränkischen Markgrafentümern im Juli 1796 zu offenen Mediatisierungen überging, hatte der Odenwalder Ritterhauptmann keinen Zweifel an seiner Loyalität gegenüber der Reichsritterschaft gelassen. Neben dieser Anhänglichkeit an das Corpus equestre gaben Gemmingens unbestreitbare Erfahrung, sein Fachwissen einschließlich seiner Kenntnis des sog. reichsritterschaftlichen Staatsrechts und seine zahlreichen Verbindungen den Ausschlag für seine Wahl zum Generaldeputierten in Rastatt (StA Marburg, 109, Nr. 311, Bd. 4, Dok. 302, Dok. 313, Dok. 315–316 u. Dok. 320. StA Marburg, 109, Nr. 311, Bd. 5, Dok. 323, Dok. 329, Dok. 333, Dok. 337, zu Dok. 339, Dok. 341, Dok. 343, Dok. 349, Dok. 351, Dok. 354, [zu Dok. 354], Dok. 358, Dok. 370, zu Dok. 370 u. Dok. 382. Schreiben des Ortsvorstandes Odenwald an den Ortsvorstand Rhön-Werra, Ansbach, 21. Juli 1796, StA Marburg, 109, Nr. 311, Bd. 7. Nachschreiben des Ortsvorstandes Odenwald an den Ortsvorstand Rhön-Werra, Ansbach, 24. Juli 1796, ebd. Schreiben des Ortsvorstandes Rhön-Werra an den Ortsvorstand Donau, Schweinfurt, 22. Dezember 1795, HStA Stuttgart, B 572 Au, Bü 1143. Schreiben des Ortsvorstandes Donau an den Odenwalder Ritterhauptmann Karl Friedrich Reinhard von Gemmingen, Ehingen, 12. Januar 1796, ebd. Schreiben des Ortsvorstandes Donau an den Odenwalder Ritterhauptmann Karl Friedrich Reinhard von Gemmingen, Ehingen, 9. April 1796, ebd. Schreiben des Ortsvorstandes Kocher an den Ortsvorstand Donau, Esslingen, 12. Mai 1796, ebd. Schreiben des Ortsvorstandes Kocher an den Ortsvorstand Donau, Esslingen, 8. November 1797, HStA Stuttgart, B 572 Au, Bü 1144. Schreiben des Ortsvorstandes Kraichgau an den Ortsvorstand Donau, Heilbronn, 12. November 1797, ebd.). – Selbst Karl Heinrich von Lang, der beispielsweise den Altmühler Ritterhauptmann Freiherr von Crailsheim als »unentschlossen stammelnde[n] Mann« verspottete, überliefert eine bei aller Ironie überraschend positive Charakteristik von Gemmingens Fähigkeiten. Er beschreibt den reichsritterschaftlichen Generalablegaten auf dem Rastatter Kongress als »einen ehrwürdigen stattlichen Mann, von feiner Hofmanier, und dabei einer leichten Vergoldung von Wissenschaft, die man natürlich bei solchen Männern für eine ächte zu halten gar keinen Zweifel tragen darf« (Die Memoiren des Karl Heinrich von Lang. Faksimile I, S. 114, S. 323 f. (Zitate ebd., S. 114, 324). *Haussherr* (Hg.), Memoiren, S. 169). Neben den persönlichen Begabungen und Kenntnissen des Odenwalder Ritterhauptmanns dürfte auch die Verwurzelung seines Geschlechts sowohl im schwäbischen als auch im fränkischen Ritterkreis für ihn als Generalablegaten gesprochen haben (siehe Kapitel IV.5.1).

480 Instruktion des Generaldirektoriums für Karl Friedrich Reinhard von Gemmingen als reichsritterschaftlichen Generalablegaten beim Rastatter Kongress, Ehingen, 17. November 1797, HStA Stuttgart, B 572 Au, Bü 1144.

betroffenen Reichsrittern vor allem das fränkische Spezialdirektorium Rhön-Werra im Einvernehmen mit dem Generaldirektorium Donau und weiteren Ortsvorständen darauf, dass bei den Reichsfriedensverhandlungen auch über eine Restitution der unter Hardenberg mediatisierten Rittergüter sowie eine Abstellung weiterer Übergriffe Berlins verhandelt werden müsse[481]. Entsprechend ließ der reichsritterschaftliche Generalablegat kaum eine Gelegenheit aus, um Wiens Vertretern auf dem Friedenskongress Umfang und Bedeutung der preußischen Mediatisierungen auf Kosten des Corpus equestre vor Augen zu führen[482].

481 Schreiben des Ortsvorstandes Rhön-Werra an den Ortsvorstand Donau, Schweinfurt, 9. November 1797, HStA Stuttgart, B 572 Au, Bü 1144. Schreiben des Ortsvorstandes Donau an den Odenwalder Ritterhauptmann Karl Friedrich Reinhard von Gemmingen, Ulm, 9. Dezember 1797, ebd. Abschrift des Schreibens des Ortsvorstandes Oberrhein an den Ortsvorstand Mittelrhein, Mainz, 16. April 1794, StA Marburg, 109, Nr. 311, Bd. 3, Dok. 186. Abschrift des Schreibens des Freiherrn von Künsberg an den Ortsvorstand Gebürg, o.O., 10. Februar 1798, StA Marburg, 109, Nr. 322. Abschrift des Schreibens der Freiherrn von Künsberg an den Ortsvorstand Gebürg, o.O., 23. Februar 1798, ebd. Abschrift des Schreibens der Freiherrn von Künsberg an den Ortsvorstand Gebürg, o.O., 14. März 1798, ebd. Vgl. auch: Schreiben des Ortsvorstandes Donau an den Kaiser, Ehingen, 14. Mai 1797, HStA Stuttgart, B 572 Au, Bü 1144 u. Schreiben des Ortsvorstandes Donau an den rheinischen und fränkischen Ritterkreis, Ehingen, 5. September 1797, ebd.

482 Wenn *Heinrich Müller* (Kampf, S. 77 f.) konstatierte, dass Gemmingen sich in Rastatt trotz des Drängens der fränkischen Reichsritterschaft »mit einer einmaligen Darstellung des Tatbestandes« der preußischen Mediatisierungen begnügt hätte, da er es nicht für zweckmäßig hielt in dieses »Wespennest« zu stoßen, dann ist diese Darstellung unzutreffend. Gemäß seinem Auftrag stellte Gemmingen Mitte März 1798, als die Abtretung des linken Rheinufers an die französische Republik feststand, dem in Rastatt anwesenden Bevollmächtigten Minister Österreichs Graf Cobenzl sowie dem Vertreter Wiens in der Reichsdeputation Reichsgraf von Lehrbach ein Memoire zu. In dieser Denkschrift warb er um Unterstützung für die reichsritterschaftlichen Entschädigungsforderungen aufgrund des Verlustes ihrer obrigkeitlichen Rechte auf dem linken Rheinufer, für die Sicherung des Privatbesitzes der transrhenanischen Rittergenossen sowie für die Erhaltung des Corpus equestre im Allgemeinen und verwies dabei wiederholt auf die erheblichen Einbußen der Reichsritterschaft durch die preußischen Okkupationen. Schon zuvor, Anfang Februar 1798, hatte Gemmingen entsprechende Angaben dem Vertreter des Reichsoberhaupts in Rastatt, der sog. kaiserlichen Plenipotenz in Gestalt des Reichsgrafen von Metternich zu Winneburg, übermittelt. Letzterer hatte nämlich wiederholt statistische Angaben über den Umfang der reichsritterschaftlichen Besitzungen im Allgemeinen und der »Preuß(ischen) avulsorum« im Besonderen gefordert – auch, um Wien von der Bedeutung der preußischen Mediatisierungen in Kenntnis zu setzen (Schreiben des Odenwalder Ritterhauptmanns Freiherr von Gemmingen an Graf Lehrbach, Rastatt, 17. März 1798, HHStA Wien, SK, Friedensakten, Nr. 92. Abschrift des Memoires des Odenwalder Ritterhauptmanns an Graf Cobenzl, [Rastatt, März 1798], ebd. 33. Bericht des reichsritterschaftlichen Generalablegaten Freiherr von Gemmingen an den Ortsvorstand Donau, Rastatt, 16./17. Mai 1798, HStA Stuttgart, B 572 Au, Bü 1146. Gutachten [des Kantons Kraichgau], Heilbronn, 25. Dezember 1797, StA Ludwigsburg, B 91a, Bü 4. 9. Bericht des reichsritterschaftlichen Generalablegaten Freiherr von Gemmingen an den Ortsvorstand Donau, Rastatt, expediert am 17. Januar 1798, ebd. (Zitat ebd.). Schreiben des reichsritterschaftlichen Generalablegaten Freiherr von Gemmingen an die Ortsvorstände Gebürg, Baunach, Neckar-Schwarzwald und Kraichgau, Rastatt, expediert am 17. Januar 1798, ebd. StA Ludwigsburg, B 91a, Bü 5: fortl. für Februar 1798).

Während in Rastatt die Reichsdeputation tagte, um über einen Reichsfrieden mit der französischen Republik zu beraten, verhandelten seit der zweiten Maihälfte 1798 in Berlin der österreichische Gesandte Fürst Reuß und das preußische Kabinettsministerium, um unter russischer Vermittlung ihre Politik aufeinander abzustimmen. Konkret ging es vor allem um die innere Ordnung des Alten Reichs, insbesondere die territoriale Entschädigungsfrage angesichts des Verlustes der transrhenanischen Reichsgebiete, das Verhalten gegenüber den französischen Forderungen auf dem Friedenskongress sowie die angestrebte Räumung des rechten Rheinufers durch die Revolutionstruppen[483]. Schon in den Vorverhandlungen mit den Gesandten Wiens in Rastatt hatte das Berliner Kabinettsministerium auf seinem neu geschaffenen Besitzstand in Franken bestanden und beschlossen, auch eine Niederschlagung der gegen seine Mediatisierungspolitik angestrengten Reichsprozesse zu verlangen. Zwar wollten die Unterhändler Wiens in Rastatt dem Berliner Hof kein Privilegium de non appellando oder eine reichsrechtlich unmögliche Unterdrückung der gegen die Mediatisierungen unter Hardenberg angstrengten Prozesse durch die Hofburg zugestehen. Aber in der Frage der Anerkennung des Status quo an den Grenzen Ansbach-Bayreuths signalisierte Wien nach kurzem Zögern Entgegenkommen[484]. Vor diesem Hintergrund fanden dann in Berlin die eigentlichen Unterhandlungen statt, in denen die österreichische Seite vorschlug, wechselseitig auf alle territorialen Indemnisationsansprüche zu verzichten. Zwar erklärte sich das Kabinettsministerium unter dem 23. Mai überraschenderweise dazu bereit, knüpfte jedoch seine Zustimmung an eine Reihe von Bedingungen: Dazu zählte u. a. die Zuerkennung des Privilegium de non appellando für die fränkischen Markgrafentümer, die faktische Anerkennung seiner Mediatisierungen an den Grenzen Ansbach-Bayreuths durch Wien sowie die Niederschlagung der dagegen angestrengten Verfahren. Zugleich behielt sich der preußische König vor, die noch mit verschiedenen Reichsständen fortbestehenden Streitigkeiten gütlich beizulegen[485]. Wäre die Hofburg auf dieses Angebot eingegangen, hätte sie

483 Unterakt: »Rastädter Congress. B. Copien von Berichten (ohne Unterschrift und ohne Adresse, vielleicht von dem bairischen Bevollmächtigten in Berlin) aus Berlin die Unterhandlungen des österreichischen Gesandten Fürst Reuß und des russischen Repnin mit dem preussischen Cabinet die Rastädter Conferenzen[,] die Erwerbungen der Polen etc. betreffend de 5. Mai 1798 - 23. Jänner 1799«, HHStA Wien, SK, Friedensakten, Nr. 93: fortl. Vortrag des Leiters der Staatskanzlei Freiherr von Thugut für den Kaiser, Wien, 24. April 1798, HHStA Wien, SK, Vorträge, Nr. 158. 37. Reskript von Finkenstein, Alvensleben und Haugwitz an die preußischen Gesandten in Rastatt, Goertz, Dohm und Jacobi-[Kloest], Berlin, 18. Mai 1798, GStA PK Berlin, I. HA, Rep. 67 B, Nr. 122, fol. 259 - 260, hier: fol. 259. Bericht der Kabinettsminister Finkenstein und Alvensleben an den König, Berlin, 1. Juni 1798, GStA PK Berlin, I. HA, Rep. 67 B, Nr. 129, fol. 1 - 2, hier: fol. 1. Siehe auch: *Ranke*, Denkwürdigkeiten I, S. 381 ff., *Aretin*, Das Alte Reich III, S. 466 f., *Hüffer*, Congreß I, S. 226 f. u. *Ders.*, ebd. II, S. 35 ff.

484 GStA PK Berlin, I. HA, Rep. 67 B, Nr. 122, fol. 118 - 121, 169 - 178 u. 185 - 186, hier: fol. 118, 169, 175 ff., 185. Siehe auch *Hüffer*, Congreß I, S. 228 ff.

485 39. Reskript von Alvensleben an die preußischen Gesandten in Rastatt, Goertz, Dohm und

vielleicht das Gros ihrer »mindermächtigen« Klientel vor der ihr drohenden politischen Vernichtung bewahren können, da dann die Frage von Entschädigungen durch Säkularisationen und Mediatisierungen auf dem rechten Rheinufer obsolet geworden wäre[486]. Umgekehrt wären die von Berlin mediatisierten Ritter endgültig geopfert worden, da eine Restitution ihrer Unmittelbarkeit auf reichsgerichtlichem, politischem oder gar militärischem Weg für die Zukunft ausgeschlossen worden wäre. Auf jeden Fall wurden durch die Berliner Konferenzen von 1798 die Mediatisierungen Ansbach-Bayreuths nochmals zum Verhandlungsgegenstand der großen Politik, d. h. selbst eine Wende zugunsten der Reichsritterschaft wäre prinzipiell nicht auszuschließen gewesen, mochte auch das Gegenteil wahrscheinlicher sein[487].

Jacobi-[Kloest], Berlin, 25. Mai 1798, GStA PK Berlin, I. HA, Rep. 67 B, Nr. 122, fol. 294–295, hier: fol. 294. 190. Bericht der kaiserlichen Plenipotenz in Rastatt, Reichsgraf von Metternich-Winneburg, an den Reichshofvizekanzler Fürst von Colloredo-Mansfeld, Rastatt, 5. Juni 1798, HHStA Wien, RK, Reichskrieg gegen Frankreich, Fasz.-Nr. 68a. Schreiben des Ritterhauptmanns des Kantons Odenwald, Freiherr von Gemmingen, an die Ritterhauptleute von Egloffstein und Schenk von Staufenberg, Rastatt, expediert am 6. Juni 1798, StA Ludwigsburg, B 91a, Bü 6. Anonymer pfalz-bayerischer Gesandtschaftsbericht B, Berlin, 26. Mai 1798, HHStA Wien, SK, Friedensakten, Nr. 93. Anonymer pfalz-bayerischer Gesandtschaftsbericht H, Berlin, 5. Juni 1798, ebd. Anonymer pfalz-bayerischer Gesandtschaftsbericht P, Berlin, 2. Juni 1798, ebd. Abschrift des Schreibens des Ortsvorstandes Steigerwald an den Odenwalder Ritterhauptmann Freiherr von Gemmingen, Erlangen, 29. Juni 1798, StA Marburg, 109, Nr. 313. Nachschreiben des Odenwalder Ritterhauptmanns Freiherr von Gemmingen an den Ritterhauptmann von Rhön-Werra, Freiherr Friedrich von und zu der Tann, Rastatt, 31. Mai 1798, StA Marburg, 109, Nr. 311, Bd. 10. Siehe auch: *Ranke*, Denkwürdigkeiten I, S. 381 f. u. *Hüffer*, Congreß II, S. 38 f. – Dass sich Preußen auch noch während der Berliner Konferenzen von 1798 um den Erwerb des Privilegium de non appellenado illimitatum für Ansbach-Bayreuth sowie um die Niederschlagung der von der Reichsritterschaft und den fränkischen Kreisständen angestrengten Reichsprozesse bemühte, zeigt, dass Letztere als eine latente Bedrohung für den von Preußen neugeschaffenen Besitzstand in Franken und den Ausläufern Schwabens wahrgenommen wurden. Die Behauptung *Süssheims* (Politik, S. 315), dass angesichts der machtpolitischen Unmöglichkeit die Mediatisierungen Hardenbergs gewaltsam zu revidieren, der Wunsch, die darüber eingeleiteten reichsgerichtlichen Verfahren niederzuschlagen, ebenso unbedeutend gewesen sei wie ein Privilegium de non appellando für Ansbach-Bayreuth, steht zu diesen Tatsachen in völligem Widerspruch.

486 Siehe Kapitel IX.1.

487 Die Berliner Konferenzen blieben den in Rastatt versammelten Gesandten und damit auch dem reichsritterschaftlichen Generalablegaten nicht verborgen. Dass dabei Gemmingens Wissensstand den aktuellen Fortschritten der Verhandlungen an der Spree hinterherhinkte, war nicht zu vermeiden. Dennoch glaubte dieser Anfang Juni 1798 versichern zu können, dass es zu einer Einigung zwischen Berlin und Wien unter wechselseitigem Verzicht auf fast alle territorialen Entschädigungsansprüche kommen werde. Allerdings fürchtete Gemmingen nicht zu Unrecht, dass das neue Einvernehmen zwischen den deutschen Großmächten auf Kosten der Reichsritterschaft erkauft werden könnte, wenn der Kaiser sich gezwungen sehen würde, die von Preußen mediatisierten Rittergüter als »Sühne Opfer« Berlin zu überlassen (Schreiben des Odenwalder Ritterhauptmanns Freiherr von Gemmingen an den Ritterhauptmann von Donau, Rastatt, 3. Juni 1798, HStA Stuttgart, B 572 Au, Bü 1146. 34. Bericht des reichsritterschaftlichen Generalablegaten Freiherr von Gemmingen an den Ortsvorstand Donau, Rastatt, 31. Mai 1798, ebd. Schreiben des Odenwalder Ritterhauptmanns Freiherr von Gemmingen an den Ritter-

Vor diesem Hintergrund übergab Gemmingen dem Subdelegierten Österreichs in der Reichsdeputation, dem Grafen von Lehrbach, am 8. Juni 1798 eine ausführliche Note über das Ausmaß der preußischen Mediatisierungen und ihre verheerenden Folgen für die Reichskriegsverfassung sowie die finanzielle und politische Existenz der Reichsritterschaft[488]. Zudem forderte der reichsritterschaftliche Generalablegat von den Kantonen genauere Verlustlisten an, um die Bedeutung der »avulsa in Franken« und wahrscheinlich auch den damit verbundenen Schaden für das Kaiserhaus nachweisen zu können. Außerdem verlangte Gemmingen von der Reichsritterschaft Instruktionen darüber, welche Bedingungen er zu stellen habe, falls sich Wien und Berlin auf Kosten der betroffenen Ritter verständigen würden, also eine Restitution des Status quo ante nicht mehr infrage käme[489].

hauptmann von Rhön-Werra, Freiherr Friedrich von und zu der Tann, Rastatt, 3. Juni 1798, StA Marburg, 109, Nr. 272. Schreiben des Odenwalder Ritterhauptmanns Freiherr von Gemmingen an den Ritterhauptmann von Rhön-Werra, Freiherr Friedrich von und zu der Tann, Rastatt, 6. Juni 1798, ebd. (Zitat ebd.). Schreiben des Ritterhauptmanns des Kantons Odenwald, Freiherr von Gemmingen, an die Ritterhauptleute von Egloffstein und Schenk von Staufenberg, Rastatt, expediert am 6. Juni 1798, StA Ludwigsburg, B 91a, Bü 6. Abschrift des Schreibens des Ortsvorstandes Steigerwald an den Odenwalder Ritterhauptmann Freiherr von Gemmingen, Erlangen, 29. Juni 1798, StA Marburg, 109, Nr. 313).

488 Abschrift des Schreibens des Odenwalder Ritterhauptmanns Freiherr von Gemmingen an den Ortsvorstand Donau, Rastatt, 9. Juni 1798, HStA Stuttgart, B 579, Bü 24. Note Gemmingens, Rastatt, expediert am 6. Juni 1798, StA Ludwigsburg, B 91a, Bü 6. Schreiben des Odenwalder Ritterhauptmanns Freiherr von Gemmingen an den Ortsvorstand Rhön-Werra, Rastatt, expediert am 9. Juni 1798, ebd. Schreiben des Ortsvorstandes Gebürg an den Ortsvorstand Rhön-Werra, Bamberg, 14. Juli 1798, StA Marburg, 109, Nr. 313. Schreiben des Odenwalder Ritterhauptmanns, Freiherr von Gemmingen, an den Ritterhauptmann von Rhön-Werra, Friedrich Freiherr von und zu der Tann, Rastatt, 15. Juni 1798, StA Marburg, 109, Nr. 311, Bd. 10. Schreiben des Ortsvorstandes Rhön-Werra an die Ortsvorstände Steigerwald, Altmühl und Baunach, Schweinfurt, 21. Juni 1798, ebd.

489 Schreiben des Odenwalder Ritterhauptmanns Freiherr von Gemmingen an den Ritterhauptmann von Rhön-Werra, Freiherr Friedrich von und zu der Tann, Rastatt, 6. Juni 1798, StA Marburg, 109, Nr. 272. Schreiben des Ortsvorstandes Gebürg an den Ortsvorstand Rhön-Werra, Bamberg, 14. Juli 1798, StA Marburg, 109, Nr. 313 (Zitat ebd.). Abschrift des Schreibens des Ortsvorstandes Steigerwald an den Odenwalder Ritterhauptmann Freiherr von Gemmingen, Erlangen, 29. Juni 1798, ebd. Schreiben des Ritterhauptmanns des Kantons Odenwald, Freiherr von Gemmingen, an die Ritterhauptleute von Egloffstein und Schenk von Staufenberg, Rastatt, expediert am 6. Juni 1798, StA Ludwigsburg, B 91a, Bü 6. Schreiben des Steigerwalder Ritterhauptmanns Graf Egloffstein an den Odenwalder Ritterhauptmann Freiherr von Gemmingen, Weimar, 15. Juni 1798, ebd. – Für den Fall einer Anerkennung der Mediatisierungen Ansbach-Bayreuths im Gefolge einer Verständigung zwischen Wien und Berlin drang Gebürg zumindest auf eine wertgleiche Entschädigung der unterworfenen Reichsritter durch unmittelbare Güter an den Grenzen der fränkischen Markgrafentümer. Steigerwald wollte dagegen auf der unbedingten Restitution derjenigen reichsritterschaftlichen Besitzungen beharren, auf die die Zollern in früheren Zeiten keine Landeshoheitsansprüche geltend gemacht hatten. Für die anderen unterworfenen Ritter verlangte der Ritterort die Stellung bevorrechteter Landsassen einschließlich des privilegierten Gerichtsstandes sowie des Genusses aller sog. gutsherrlichen Einkünfte. Einig waren sich sowohl Gebürg als auch Steigerwald darin, dass die Kantonskassen durch Kapitalien entschädigt werden müssten, deren Zinsen sie statt der

Mit seiner Einschätzung der politischen Lage stand Gemmingen keineswegs allein: In Franken wurden ebenfalls im Frühsommer 1798 Verhandlungen über die preußischen Mediatisierungen erwartet: Nicht nur Berlin ließ zu diesem Zweck den Umfang seiner Okkupationen und ungefragt aufgegebenen Exklaven in Franken und den Ausläufern Schwabens berechnen. Auch die fränkischen Kreisstände erstellten auf Anraten Wiens Verlustlisten und bereiteten Vorstellungen an den Kaiser, den preußischen König und angeblich sogar den Friedenskongress vor. Dabei lebte noch einmal die Kooperation zwischen der Nürnberger Kreisversammlung und dem fränkischen Ritterkreis auf, der wieder in die Maßnahmen der Kreisstände mit eingebunden wurde. Als sich – wie bereits ausgeführt – der Nürnberger Kreiskonvent im Juli 1798 erneut mit Vorstellungen an den König in Berlin sowie den Kaiser in Wien wandte, trat er darin abermals für die Interessen der Reichsritterschaft ein[490].

dauerhaft verlorenen Rittersteuern nutzen könnten. Zudem verlangte Steigerwald den Ersatz seiner Ausgaben für den Chausseebau bei Langenfeld in Höhe von mehr als 30.000 fl. in bar. Ferner wünschte der Steigerwalder Ortsvorstand, dass Berlin für alle Zeiten auf weitere Landeshoheitsansprüche verzichten müsse sowie dass der Besitzstand und die Rechtsstellung der Reichsritter durch Kaiser und Reich für alle Zukunft garantiert würden. Gemmingen ergänzte diese Vorschläge noch selbst um die Allodifikation aller noch nicht mediatisierten zollerschen Lehen (Abschrift des Schreibens des Ortsvorstandes Gebürg an den Odenwalder Ritterhauptmann Freiherr von Gemmingen, Bamberg, 10. Juli 1798, StA Marburg, 109, Nr. 313. Abschrift des Schreibens des Ortsvorstandes Steigerwald an den Odenwalder Ritterhauptmann Freiherr von Gemmingen, Erlangen, 29. Juni 1798, ebd. Abschrift des Schreibens des Odenwalder Ritterhauptmanns Freiherr von Gemmingen an den Ortsvorstand Steigerwald, Rastatt, 11. Juli 1798, ebd.).

490 Tableau über die Gewinne und Verluste an Feuerstellen und Menschen im Fürstentum Ansbach, Ansbach, 10. Juli 1798, GStA PK Berlin, II. HA, Abt. 36, III, Nr. 114. Tableau über die Gewinne und Verluste an Steuern, Service- und Fouragegeldern im Fürstentum Ansbach, Ansbach, 10. Juli 1798, ebd. Tableau über die Gewinne und Verluste an Feuerstellen und Menschen im Fürstentum Bayreuth, [Juni 1798], GStA PK Berlin, II. HA, Abt. 36, III, Nr. 115. Tableau über die Gewinne und Verluste an Revenuen im Fürstentum Bayreuth, [Juli 1798], ebd. StA Marburg, 109, Nr. 313: fortl. für Juni bis September 1798. StA Marburg, 109, Nr. 311, Bd. 10: fortl. für Juni bis Juli 1798. 246. Bericht der kaiserlichen Plenipotenz in Rastatt, Reichsgraf von Metternich-Winneburg, an den Reichshofvizekanzler Fürst von Colloredo-Mansfeld, Rastatt, 8. August 1798, HHStA Wien, RK, Reichskrieg gegen Frankreich, Fasz.-Nr. 68a. Abschrift des Schreibens des Fränkischen Kreistages an den preußischen König, Nürnberg, 10. Juli 1798, ebd. Schreiben des Fränkischen Kreistages an den Kaiser inkl. Beilagen, Nürnberg, 10. Juli 1798, HHStA Wien, RK, Reichsakten in specie, Fasz.-Nr. 39, fol. 333–385, hier: fol. 333 f., 382 ff. Bericht des [Baunacher] Konsulenten C. F. Schmid, Nürnberg, 14. Juli 1798, StA Marburg, 109, Nr. 321. Beilage I: »Kurze Darstellung der gewaltsamen Eingriffe der königlich Preussischen Fürstenthümer Ansbach und Bayreuth in die Rechte und Besizungen der fränkischen Kreisstände«, ebd. Abschrift des Promemorias der Fränkischen Kreisversammlung an den kaiserlichen Minister Reichsgraf von Schlick, Nürnberg, 10. Juli 1798, ebd. Schreiben des Ortsvorstandes Rhön-Werra an den Odenwalder Ritterhauptmann und reichsritterschaftlichen Generalablegaten Freiherr von Gemmingen, Schweinfurt, 21. Juni 1798, StA Ludwigsburg, B 91a, Bü 7. Schreiben des Fränkischen Kreistages an den Reichshofvizekanzler Fürst von Colloredo-Mansfeld, [Nürnberg], 10. Juli 1798, Dikt. Nürnberg, 14. Juli 1798, StA Bamberg, Fränkischer Kreis, Kreisdirektorialgesandtschaft, Nr. 333. – Das Hochstift Würzburg erklärte sich sogar dazu bereit, die mit Berlin wegen seiner Okkupationen

Doch fast zeitgleich begann das Pendel wieder zurückzuschwingen: Bereits Anfang Juni, noch bevor eine Entscheidung in den Berliner Konferenzen gefallen war, hatte der kaiserliche Bevollmächtigte Metternich-Winneburg dem Fürstbischof von Bamberg gemäß seinen Instruktionen wahrheitsgemäß beschieden, dass die Landeshoheitsstreitigkeiten in Franken kein Gegenstand des Friedenskongresses seien[491]. In gleicher Weise äußerte sich Metternich Ende des Monats gegenüber dem Magistrat der Reichsstadt Dinkelsbühl[492]. Dass sich der politische Wind inzwischen gedreht hatte, merkte nun auch die

schwebenden Reichsprozesse einzustellen und auch bei anderen betroffenen Kreisständen Frankens in dieser Richtung vorstellig zu werden. Allerdings sollte Preußen dafür auf rechtsrheinische Entschädigungsansprüche für seine transrhenanischen Territorialeinbußen verzichten (Bericht Nr. 65b der preußischen Gesandten in Rastatt, Goertz, Dohm und Jacobi-[Kloest], an den König, Rastatt, 11. April 1798, GStA PK Berlin, I. HA, Rep. 67 B, fol. 175–176, hier: fol. 175.). – Graf Lehrbach hatte über den Würzburger Subdelegierten in Rastatt den Fränkischen Kreisständen nahegelegt, Tabellen über ihre Verluste durch die Okkupationen Berlins anzufertigen, um diese den bei Bedarf abzuschickenden Vorstellungen des Kreiskonvents an den preußischen König und an den Kaiser beigeben zu können. Graf Goertz erweckte zudem beim Subdelegierten des Hochstifts Würzburg in der Reichsdeputation, Graf Stadion, die Hoffnung, dass die Frage der preußischen Mediatisierungen im Rahmen der Verhandlungen über die territorialen Entschädigungen der auf dem linken Rheinufer verlierenden Reichsglieder geregelt werden könnte. Vor diesem Hintergrund berieten Verteter der beiden Mainbistümer auf einer Konferenz in Ebrach am 12. Juni 1798 ein flexibles System diplomatischer Maßnahmen des Fränkischen Reichskreises, um die preußischen Mediatisierungen zu revidieren oder um den Konflikt durch Vergleiche beizulegen (Bericht des [Baunacher] Konsulenten C. F. Schmid, Nürnberg, 14. Juli 1798, StA Marburg, 109, Nr. 321. *Link*, Reichspolitik, S. 265 ff.).

491 190. Bericht der kaiserlichen Plenipotenz in Rastatt, Reichsgraf von Metternich-Winneburg, an den Reichshofvizekanzler Fürst von Colloredo-Mansfeld, Rastatt, 5. Juni 1798, HHStA Wien, RK, Reichskrieg gegen Frankreich, Fasz.-Nr. 68a. Abschrift des Schreibens der kaiserlichen Plenipotenz in Rastatt, Reichsgraf von Metternich-Winneburg, an den Fürstbischof von Bamberg, Rastatt, 2. Juni 1798, ebd.

492 Schreiben des Ortsvorstandes Altmühl an den Ortsvorstand Rhön-Werra, o.O., 7. September 1798, StA Marburg, 109, Nr. 313. Abschrift des Schreibens des Reichsgrafen von Metternich-Winneburg an den Magistrat der Reichsstadt Dinkelsbühl, Rastatt, 30. Juni 1798, ebd. – Zu Beginn des Augusts 1798 erklärte Metternich-Winneburg auch dem Subdelegierten der Reichsstadt Frankfurt, der im Namen Nürnbergs eine Druckschrift über die preußischen Übergriffe verteilte, dass die Mediatisierungen Berlins kein Gegenstand des Friedenskongresses seien (Nachschreiben zum 246. Bericht der kaiserlichen Plenipotenz in Rastatt, Reichsgraf von Metternich-Winneburg, an den Reichshofvizekanzler Fürst von Colloredo-Mansfeld inkl. Beilage, Rastatt, 8. August 1798, HHStA Wien, RK, Reichskrieg gegen Frankreich, Fasz.-Nr. 68a). – Als das fränkische Spezialdirektorium von dem einschlägigen Schreiben des Reichsgrafen von Metternich-Winneburg an den Dinkelsbühler Magistrat erfuhr, plädierte es dafür, die preußischen Mediatisierungen nicht mehr auf dem Rastatter Kongress zur Sprache zu bringen. Schließlich sei zu befürchten, dass neben Frankreich auch mehrere preußenfreundliche Kur- und Reichsfürsten die Okkupationen durch Ansbach-Bayreuth zum Teil der Berlin zustehenden Entschädigung für seine linksrheinschen Verluste erklären würden. Dann hätte nämlich die Reichsritterschaft ihre Hoffnungen auf eine Restitution zu einem späteren Zeitpunkt, zu dem sich die Reichsverfassung wieder stabilisiert hätte, begraben müssen (Schreiben des Ortsvorstandes Rhön-Werra an die Ortsvorstände Odenwald, Gebürg, Steigerwald und Baunach, Schweinfurt, 16. Oktober 1798, StA Marburg, 109, Nr. 313).

Reichsritterschaft: Mitte Juli wusste auch Gemmingen aus Rastatt zu berichten, dass Verhandlungen über eine Entschädigung der Reichsritter für ihre Verluste durch die preußischen Okkupationen nicht mehr auf dem Friedenskongress zu erwarten stünden. Ende Juli musste der reichsritterschaftliche Generalablegat dem fränkischen Spezialdirektorium sogar mitteilen, dass bei den gegenwärtigen Verhältnissen mit einer Intervention des Kaisers gegen die für Friedrich Wilhelm III. in Berlin angesetzte allgemeine Landeshuldigung der von Ansbach-Bayreuth unterworfenen Ritter nicht zu rechnen sei[493]. Was war geschehen? Zwar zeigte sich der kaiserliche Unterhändler Fürst Reuß in den Berliner Konferenzen – gemäß seinen Weisungen und angesichts der reichspolitischen Lage – in der Frage des Privilegium de non appellando sowie der Unterdrückung der Reichsprozesse gegen die preußischen Mediatisierungen Zugeständnissen an Friedrich Wilhelm III. nicht abgeneigt. Entsprechende Konzessionen sah auch ein russischer Kompromissvorschlag vor. Zudem legte die preußische Gesandtschaft in Rastatt für die Liquidierung der fraglichen Reichsprozesse eine mit der Reichsverfassung konform gehende Interpretation vor, die auf die Beförderung von Vergleichsverhandlungen durch den Kaiser sowie die Unterbindung einer Einflussnahme Wiens auf die Reichsjustiz hinausliefen. Aber obwohl es zwischenzeitlich nach einer Einigung zwischen Wien und Berlin in der Frage der preußischen Mediatisierungen aussah, scheiterten die Unterhandlungen an der Spree bis zum Spätsommer endgültig[494]. Der Grund für den ergebnislosen Abbruch der Berliner Konferenzen, die ja verschiedenste Verhandlungsgegenstände berührten, war jedoch nicht der unbedingte Wille Wiens, sich eine künftige Revision der preußischen Mediatisierungen unter altruistischer Aufopferung der eigenen Entschädigungswünsche und der politischen Existenz zahlloser anderer Reichsglieder offen zu halten. Vielmehr scheiterte das ganze Projekt eines beidseitigen Entschädigungsverzichtes und damit auch eine Übereinkunft über die von Ansbach-Bayreuth mediatisierten Rittergüter an dem Misstrauen

493 Schreiben des Ortsvorstandes Rhön-Werra an die Ortsvorstände Gebürg, Steigerwald und Baunach, Schweinfurt, 2. August 1798, StA Marburg, 109, Nr. 313. Schreiben des Odenwalder Ritterhauptmanns Freiherr von Gemmingen an den Ortsvorstand Rhön-Werra, Rastatt, 26. Juli 1798, ebd. Abschrift des Schreibens des Odenwalder Ritterhauptmanns Freiherr von Gemmingen an den Ortsvorstand Steigerwald, Rastatt, 11. Juli 1798, ebd.

494 GStA PK Berlin, I. HA, Rep. 67 B, Nr. 123, fol. 35–36 u. 78–82, hier: fol. 35, 79 ff. 216. Bericht der kaiserlichen Plenipotenz in Rastatt, Reichsgraf von Metternich-Winneburg, an den Reichshofvizekanzler Fürst von Colloredo-Mansfeld, Rastatt, 23. Juni 1798, HHStA Wien, RK, Reichskrieg gegen Frankreich, Fasz.-Nr. 68a. 246. Bericht der kaiserlichen Plenipotenz in Rastatt, Reichsgraf von Metternich-Winneburg, an den Reichshofvizekanzler Fürst von Colloredo-Mansfeld, Rastatt, 8. August 1798, ebd. Abschrift des 267. Berichts der kaiserlichen Plenipotenz in Rastatt, Reichsgraf von Metternich-Winneburg, an den Reichshofvizekanzler Fürst von Colloredo-Mansfeld, Rastatt, 29. August 1798, HHStA Wien, RK, Reichskrieg gegen Frankreich, Fasz.-Nr. 68b. Siehe auch: *Hüffer*, Congreß II, S. 39 ff., 58 ff. u. *Stamm-Kuhlmann* (Hg.), Hardenberg, S. 333. – Teilweise im Gegensatz dazu die – unter quellenkritischen Aspekten – weniger zuverlässigen Aussagen in: Anonymer pfalz-bayerischer Gesandtschaftsbericht P, Berlin, 12. Juni 1798, HHStA Wien, SK, Friedensakten, Nr. 93.

und der grundsätzlichen Unvereinbarkeit der politischen Positionen von Wien und St. Petersburg einerseits sowie Berlin andererseits[495].

Da zudem die Reichsinstruktion für die Reichsdeputation ausdrücklich untersagte, auch nicht zum Friedensgeschäft gehörende Angelegenheiten zu behandeln, und keiner der ebenfalls von den preußischen Mediatisierungen betroffenen Reichsstände den Weg für Gemmingen ebnete, indem er sich über dieses Verbot hinwegsetzte, bedeutete das Scheitern der Berliner Konferenzen das Ende für die reichsritterschaftlichen Versuche, im Windschatten des Rastatter Kongresses die Okkupationen an den Grenzen Ansbach-Bayreuths zu revidieren oder zumindest Entschädigung dafür zu erlangen[496].

Was die Reichsritterschaft auch versucht hatte, keiner ihrer Schritte hatte die Reichsunmittelbarkeit der Ansbach-Bayreuth benachbarten Rittergenossen zu retten vermocht. In den Entschädigungsverhandlungen der Regensburger Reichsdeputation von 1802/03, die – was die Forschung meist ignoriert – wie zuvor in Rastatt von einem Gesandtenkongress begleitet wurden, kamen die »Avulsa«, die das Corpus equestre durch Berlin erlitten hatte, nicht einmal mehr zur Sprache[497]. Zu sehr hatten sich inzwischen die machtpolitischen Koordinaten innerhalb und außerhalb des Reichsverbandes verschoben[498]. Doch neben dem diplomatischen Parkett in Nürnberg und Rastatt sowie der Klage vor den obersten Reichsgerichten stand dem Corpus equestre noch eine weitere Waffe zur Verfügung, mit der es der norddeutschen Großmacht vielleicht nicht Einhalt gebieten, aber ihr zumindest erheblich schaden konnte: die Beeinflussung des sog. Publikums mit Hilfe der Publizistik.

495 Abschrift des Schreibens des Odenwalder Ritterhauptmanns Freiherr von Gemmingen an den Ortsvorstand Steigerwald, Rastatt, 11. Juli 1798, StA Marburg, 109, Nr. 313. *Ranke*, Denkwürdigkeiten I, S. 382 ff. *Aretin*, Das Alte Reich III, S. 467. [*Haller*], Geschichte I, S. 449, 465 ff. *Hüffer*, Congreß II, S. 56 ff. – Die Spannungen zwischen Wien und Berlin ließen Gemmingen sogar befürchten, Preußen könnte sich mit Paris nicht nur auf den Fortbestand seiner Okkupationen in Franken einigen, sondern auch auf weitere Mediatisierungen immediater Rittergüter (43. Bericht des reichsritterschaftlichen Generalablegaten Freiherr von Gemmingen an den Ortsvorstand Donau, Rastatt, 20. Juli 1798, HStA Stuttgart, B 572 Au, Bü 1147).

496 Zusammenfassende Relation des reichsritterschaftlichen Generalablegaten Freiherr von Gemmingen über seine Tätigkeit auf dem Rastatter Kongress [ca. Februar 1799], StA Ludwigsburg, B 91a, Bü 11.

497 Votum des Freiherrn Karl von Wöllwarth, Stuttgart, 10. Dezember 1802, zum Protokoll der Kocherschen Ritterkanzlei mit Voten, Esslingen, 8. November 1802, StA Ludwigsburg, B 575 IV, Bü 353.

498 Siehe Kapitel IX.1.

VIII. Der publizistische Diskurs um die Rechtmäßigkeit der Mediatisierungen

1. Die »Opinion« als politischer Faktor bei der Mediatisierung

»Es ist ein bekannter Erfahrungssatz, daß in (unsern eingeschränkten) menschlichen Verhältnissen, Meinung nur zu oft die Stelle der Wahrheit vertritt. Nirgends ist dieses fühlbarer, als im Fache der Regierungskunst und Politik. Mit der öffentlichen Meinung geht hier oft alles verloren. Der Nachtheil, der die natürliche Folge eines solchen Verlustes seyn muß, ist so groß, daß er sich in den wenigsten Fällen berechnen läßt; er entscheidet nur allzuoft über das Wohl und Wehe der Staaten und Völker, auf ganze Generationen. Ein Banquier, der den Credit, d. h. die Meinung des commercirenden Publikums, verloren hat, gleicht einer Null. Der politischen Banco der Höfe geht es nicht besser«. Mit diesen Worten hoffte Konrad Ludwig Klüber seinen Freund, den Dirigierenden Minister Hardenberg, im März 1796 von seinem Entschluss abbringen zu können, die Ansbach-Bayreuth benachbarten Gebiete der Reichsritterschaft und verschiedener Kreisstände mit Waffengewalt zu okkupieren[1]. Dabei berief sich Klüber auf ein Phänomen, das in den Quellen als »öffentliche Meinung«, »Publicum« oder »Opinion« begegnet und um deren Gunst Anhänger und Gegner der preußischen Mediatisierungen mithilfe der Publizistik rangen[2].

1 Entwurf zu einem von Klüber zu erstattenden Gutachten, [Berlin], [März 1796], GLA Karlsruhe, N Klüber, Fasz. 229.

2 StA Marburg, 109, Nr. 311, Bd. 1, Dok. 70 (Beilage), Dok. 71, Dok. 85 u. Dok. 88. Abschrift der Erklärung [Hardenbergs] an die fränkischen Kreisgesandten und die am Kreistag zu Nürnberg akkreditierten auswärtigen Minister und Geschäftsträger, [Ansbach, 13. April 1792], ebd., Dok. 70 (Beilage, Zitat ebd.). Abschrift des Gegenpromemorias der fränkischen Kreisstände an den preußischen Kreisgesandten, Reichsgraf von Soden, Nürnberg, 1. Juni 1792, Dikt. [Nürnberg], 2. Juni 1792, ebd., Dok. 71 (Zitat ebd.). StA Marburg, 109, Nr. 311, Bd. 3, Dok. 151, Dok. 191, Dok. 234. Schreiben des Ortsvorstandes Odenwald an den Ortsvorstand Rhön-Werra, Kochendorf, 29. Dezember 1795, StA Marburg, 109, Nr. 311, Bd. 4, Dok. 313. StA Marburg, 109, Nr. 311, Bd. 5, zu Dok. 323, Dok. 325, zu Dok. 326, Dok. 331, Dok. 333, zu Dok. 333, zu Dok. 340 u. Dok. 380. Zirkularschreiben des Konsulenten Johann Heinrich Pollich an den Ortsvorstand Rhön-Werra mit dessen Voten, Schweinfurt, 4. Februar 1799, ebd. Schreiben des Ortsvorstandes Baunach an den Ortsvorstand Rhön-Werra, Nürnberg, 6. August 1796, StA Marburg, 109, Nr. 311, Bd. 7. Schreiben des Ortsvorstandes Rhön-Werra an den Reichshofrat Franz Paul Christoph von Seckendorff, Schweinfurt, 3. Oktober 1796, ebd. Schreiben des Ortsvorstandes Rhön-Werra an die Ortsvorstände Gebürg, Steigerwald und Baunach, Schweinfurt, 28. Oktober 1796, ebd. Avertisemt der Schweinfurter Ritterkanzlei, das in verschiedene Zeitungen einzurücken ist, Schweinfurt, [ca. Oktober 1796], ebd. Schreiben von Franz Paul Christoph von

Schon das 16. und 17. Jahrhundert hatten im Zuge von Reformation und Dreißigjährigem Krieg die revolutionären Folgen überdeutlich hervortreten lassen, die die Erfindung des Buchdrucks mit beweglichen Lettern durch Gutenberg für öffentliche Auseinandersetzungen bedeutete: Flugblatt und Flugschrift wurden für die miteinander ringenden politischen und religiösen Parteien zu einem herausragenden Instrument, um ihre jeweiligen Überzeugungen und Absichten einem größeren Publikum als bisher nahezubringen[3]. Spätestens die zweite Hälfte des ebenso schreib- als druckfreudigen 18. Jahrhunderts markierte in der Entwicklungsgeschichte des publizistischen Diskurses und seiner Rezipienten einen weiteren Höhepunkt, noch bevor die napoleonische Propaganda neue Maßstäbe setzte: Zum einen büßte der Staat zunehmend sein Informations- und damit auch sein Deutungsmonopol ein, wie die zunehmende Anzahl kritischer oder gar regierungsfeindlicher Publizistik zeigte. Vor allem aber stießen nicht zuletzt Druckerzeugnisse politischen und staatsrechtlichen Inhalts in den letzten Jahrzehnten des Alten Reichs auf ein breiteres Publikum aus Lesern und damit auch an Zuhörern als in früheren Zeiten – ein Phänomen, das die Forschung mit dem nicht unproblematischen Begriff der (ersten) »Leserevolution« charakterisiert hat. Zwar hielten selbst sich aufgeklärt gebende Monarchen wie Friedrich II. von Preußen eisern an der Zensur fest, die vor dem Hintergrund der weitverbreiteten Revolutionsfurcht an den deutschen Höfen angesichts der Ereignisse in Frankreich seit 1789 noch einmal drastisch verschärft wurde. Aber mit derartigen obrigkeitlich-restriktiven Mitteln war der einmal freigelassene Geist nicht wieder in die Flasche zurückzuzwingen: Obwohl im preußischen Kernland Friedrich Wilhelm II. 1788 und vor allem ab 1791/92 die der Publizistik angelegten Zügel noch einmal kräftig anzog, kann von einer umfassenden Unterdrückung unerwünschter oder kritischer Druckschriften in den königlichen Provinzen nicht gesprochen werden[4]. Dies galt in besonderem

Seckendorff an den Ortsvorstand Rhön-Werra, Wien, 23. Oktober 1796, ebd. Entwürfe zu einem von Klüber zu erstattenden Gutachten, [Berlin], [März 1796], GLA Karlsruhe, N Klüber, Fasz. 229. Reskript Hardenbergs an die preußische Kreisgesandtschaft zu Nürnberg, Ansbach, 31. Juni 1794, GStA PK Berlin, II. HA, Abt. 36, I, Nr. 5, fol. 106b-106c, hier: fol. 106c (Zitat ebd.). Bericht der preußischen Kreisgesandten zu Nürnberg, Reichsgraf von Soden und Schmid, an Hardenberg, Nürnberg, 10. Juli 1794, ebd., fol. 106d-106e, hier: 106d.

3 *C. Zimmermann*, Medien, Sp. 224 ff. *Freist*, Öffentlichkeit, S. 322 ff. *Wittmann*, »Büchermarckt«, S. 34.

4 Der Fränkische Merkur, Nr. 38, 18. September 1798, Sp. 1191 ff. *Goess*, Über die wissenschaftliche Kultur, S. 418 ff. *Ders.*, Statistik, S. 202 ff. Zur Geschichte der deutschen PreßFreiheit, S. 70 ff. BittSchrift des Hrn. Geh. Rats Hillmer in Berlin wegen der Censur, S. 137 f. Für und wider PreßFreiheit im Preußischen, S. 454 ff. *Piereth*, Pressepolitik, S. 36 ff. *Schumann*, Presse, S. 3 f., 16 f., 36 ff., 54 ff., 98 ff., 130 ff., 208 ff. *Blanning*, Europa, S. 114 f., 131 ff., 140 f., 149 ff., 212. *Thürauf*, Meinung, S. 1, 34 ff., 82. *Wittmann*, »Büchermarckt«, S. 35 ff. *C. Zimmermann*, Medien, Sp. 226 ff. *Freist*, Öffentlichkeit, S. 322 ff., 350 f. *Hofmeister-Hunger*, Pressepolitik, S. 13 ff., 65 ff., 73. *Seiderer*, Formen, S. 43 ff., 177 ff., 205 ff., 301 ff. *Tschirch*, Geschichte I, S. 4 ff., 29 ff., 182 ff., 216 f. *Clark*, Preußen, S. 295 ff., 318 ff., 330. *Meier*, Friedrich Wilhelm II., S. 112, 129, 208 ff.

Maße für die fränkischen Markgrafentümer, wo Hardenberg – so lange es in seiner Macht stand – die Publizistik weit weniger stark an die Kandare nahm, als dies in Berlin der Fall war[5]. Dabei dürfte auch der Umstand eine Rolle gespielt haben, dass es die unübersichtlichen Grenzen des fränkischen Territorium inclausum unmöglich machten, den Schmuggel unerwünschter und verbotener Werke nach Ansbach-Bayreuth zu unterbinden. Zudem war Hardenberg nur zu bewusst, dass es für die königlichen Untertanen oft keines langen Weges bedurfte, um im nahen Ausland an die in Ansbach-Bayreuth indizierten Schriften zu gelangen[6]. Ein solcher Gesichtspunkt musste umso schwerer wiegen, als das benachbarte Nürnberg als Nachrichtenbörse sowie als literarisches Produktions-, Verlags- und Buchhandelszentrum von überregionaler Bedeutung war. Dies galt im Besonderen für die antipreußische Publizistik. Der in der Zensur selbst tätige Klüber bezeichnete nicht umsonst 1795 die Reichsstadt zusammen mit Regensburg verächtlich als die »Haupt-Cloaken«, aus denen »der Mist von Lästerschriften« gegen Berlin stamme[7].

Je stumpfer der Rotstift der Zensoren wurde, desto wichtiger war es, dass sich freie oder im Fürstendienst stehende Schriftsteller der Aufgabe annahmen, die Politik ihrer Regierungen auf dem Wege der Publizistik zu vertreten. Die Bedeutung des publizistischen Diskurses als meinungsbildender Faktor in einer wachsenden Öffentlichkeit blieb im späten 18. Jahrhundert nämlich auch einer Reihe aufgeklärter Beamter keineswegs verborgen[8].

Bringmann, Preußen, S. 226 ff. *Härter*, Reichstag, S. 305 ff., 327 f. *Siemann*, Staatenbund, S. 214. *Engelsing*, Perioden, Sp. 955 ff., 971 ff., inbes. 978 ff. (Zitat ebd., Sp. 982).

5 *Hofmeister-Hunger*, Pressepolitik, S. 73 ff., 141 ff. *Tschirch*, Geschichte I, S. 214 ff. *Thürauf*, Meinung, S. 86 ff. *Hermann*, Hardenberg, S. 159 f. *Haussherr*, Hardenberg I, S. 211 f. *Klose*, Leben, S. 103 f. – Vielleicht spielte bei Hardenbergs eigenwilliger Politik gegenüber kritischer Publizistik auch das Vorbild seines früheren Dienstherren Karl Wilhelm Ferdinand von Braunschweig eine Rolle, der in seinem Fürstentum weitgehend auf die Zensur verzichtete (*Tschirch*, ebd. I, S. 50).

6 Rechenschaftsbericht Hardenbergs (wie Kap. I, Anm. 80), in: *C. Meyer*, Politik, S. 35–210, hier: S. 168 f. *Hofmeister-Hunger*, Pressepolitik, S. 143. *Haussherr*, Hardenberg I, S. 212.

7 Schreiben von Konrad Ludwig Klüber an den Kriegs- und Domänenrat Koch in Basel, Erlangen, 20. Oktober 1795, GLA Karlsruhe, N Klüber, Fasz. 229 (Zitate ebd.). Beilage 4: Denkschrift von Helmreich über die politische Bedeutung der Reichsstadt Nürnberg, [Sommer 1796], AMAE Paris, CP, Allemagne - Petites Principautés, Nr. 74, fol. 51–52, hier: fol. 51. Der Fränkische Merkur, Nr. 1, 31. März 1794, Sp. 5. *Hofmeister-Hunger*, Pressepolitik, S. 42, 65 ff., 75 f., 95 ff., 142. *Riedenauer*, Reichsverfassung, S. 186 f. *Thürauf*, Meinung, S. 38. *C. Zimmermann*, Medien, Sp. 240. *Seiderer*, Formen, S. 40 ff., 65 ff., 94 ff. *Ders.*, Aufklärung (2006), S. 81. Vgl. auch: *Tschirch*, Geschichte I, S. 218. – Für die Verbreitung der Druckerzeugnisse sorgte ein kaiserliches Postamt in Nürnberg (*Riedenauer*, ebd., S. 184 Anm. 194).

8 *Hofmeister-Hunger*, Pressepolitik, S. 26, 113 ff. *Seiderer*, Formen, S. 87 ff. *Piereth*, Pressepolitik, S. 38 f.

2. Die preußische Publizistik

2.1 Autoren, Rezipienten und Beschaffenheit der preußischen Veröffentlichungen

»U[e]brigens sind wir von Eurem Patriotismus und warmen DienstEyfer ohnehin vollkommen überzeugt, daß Ihr die öffentliche Opinion auf alle Weise für Uns zu gewinnen suchen und Unsre stets grosmüthige[n] und vaterländische[n] Gesinnungen dem Publikum fühlbar machen werdet«. Nichts verdeutlicht besser als diese Weisung Hardenbergs an die königliche Gesandtschaft am Fränkischen Kreis, welchen Wert der Dirigierende Minister auf die Gewinnung der öffentlichen Meinung legte[9]. Dass hierbei der Publizistik eine zentrale Bedeutung zukam[10], war Hardenberg nur zu bewusst. Schließlich hatte er den Einfluss des gedruckten Wortes wiederholt am eigenen Leibe erfahren. 1781 hatte Hardenbergs Aufenthalt in England, wo die Presse ungleich freier als in den Territorien des Alten Reiches agieren konnte, im Fiasko geendet: Damals traten die Londoner Zeitungen die Affäre seiner Frau mit dem Prince of Wales, dem späteren König Georg IV., öffentlich breit und trugen damit wesentlich zum Scheitern der ehrgeizigen Karrierepläne Hardenbergs bei[11]. Später, als Minister in herzoglich-braunschweigischen Diensten (1783–1790), hatte Hardenberg Gelegenheit, den Wert einer planmäßig geförderten und gesteuerten regierungstreuen Publizistik anlässlich der von ihm unterstützten Schulreform kennen und schätzen zu lernen[12]. Die Verteidigung der politischen Rolle des Onkels von Herzog Karl Wilhelm Ferdinand von Braunschweig, Ludwig Ernsts, in den inneren Wirren der niederländischen Republik hatte Hardenberg sogar 1785 einem der bedeutendsten Publizisten seiner Zeit übertragen: dem Göttinger Professor August Ludwig Schlözer (1735–1809)[13].

9 Reskript Hardenbergs an die preußische Kreisgesandtschaft zu Nürnberg, Ansbach, 31. Juni 1794, GStA PK Berlin, II. HA, Abt. 36, I, Nr. 5, fol. 106b-106c, hier: fol. 106b f. (Zitat ebd., fol. 106c). Vgl. auch: *Thürauf*, Meinung, S. 8 u. *Hofmeister-Hunger*, Pressepolitik, S. 16 ff.

10 Zu den folgenden Ausführungen über die Werke und Verfasser der preußischen Publizistik siehe auch: *Endres*, Reformmodell, S. 37 f.; *Ders.*, Staat und Gesellschaft, S. 774 f.; *Ders.*, Ära Hardenberg, S. 184 f.; *Ders.*, preußische Ära, S. 178 f.; *Hofmeister-Hunger*, Revindikationen, S. 258 ff.; *Muncker*, Lang, S. 608; *Eisenhart*, Kretschmann, S. 134; *Holle*, Streitigkeiten, S. 58; *K. A. Menzel*, Geschichte VI, S. 354 ff.; *Ders.*, Zwanzig Jahre, S. 342, 342 Anm. **; *Ders.*, Geschichte XII/2, S. 212 f., 220 ff.; *Manso*, Geschichte I, S. 372.

11 *Thielen*, Hardenberg, S. 38 ff. *Hofmeister-Hunger*, Pressepolitik, S. 26 f. *Haller*, Hardenberg, S. 23. *Hermann*, Hardenberg, S. 72 ff., 158. *Klose*, Leben, S. 34 ff. *Süssheim*, Politik, S. 172 f., 195. – Einen selektiven Einblick in das damalige Zensurwesen im Alten Reich und seine normativen Grundlagen gibt der Traktat: Von dem Kaiserlichen Bücher Regal, S. 4 ff.

12 *Hofmeister-Hunger*, Pressepolitik, S. 26 ff. *Dies.*, Reformstaatskanzler, S. 130. *Thielen*, Hardenberg, S. 45 ff.

13 *Frensdorff*, Schlözer, S. 567 ff., inbes. 587. *Fleischer*, Schlözer, S. 98 f.

Als preußischer Statthalter in den fränkischen Markgrafentümern zog Hardenberg aus seinen bisherigen Erfahrungen mit der Publizistik Konsequenzen: Seit dem Regierungsantritt Friedrich Wilhelms II. im ober- und untergebürgischen Fürstentum ließ der Dirigierende Minister nicht nur innenpolitische Reformmaßnahmen der preußischen Verwaltung durch regierungstreue Federn in der Öffentlichkeit propagieren oder den Anfall Ansbach-Bayreuths an Berlin legitimieren, sondern auch in Zeitungsartikeln, Journalen und Traktaten seine Arrondierungspolitik gegen die benachbarte Reichsritterschaft verteidigen[14]. Den zuletzt genannten Abhandlungen sowie ihren Rezipienten muss hier besonderes Interesse gelten.

In diesem Zusammenhang ist als erstes eine Schrift zu erwähnen, die noch in die Anfänge der königlichen Herrschaft in den fränkischen Markgrafentümern fiel. Zwar war diese Abhandlung durch das gewaltsame Vorgehen Preußens beim Patentanschlag im württembergischen Weiltingen in der zweiten Februarhälfte 1792 veranlasst worden und forderte zudem Nürnberg zu Vergleichsverhandlungen auf. Aber sie diente zugleich zur Rechtfertigung der zollerschen Landeshoheitsansprüche gegenüber sämtlichen Ansbach-Bayreuth benachbarten Reichsgliedern. Der Verfasser der Abhandlung war kein anderer als der Legationsrat Ganz, der seine acht Oktavseiten umfassende Flugschrift als anonymes »Schreiben eines Nürnbergischen Patriciers an einen Freund in Regensburg über die in dem Würtembergischen Städtchen Wailtingen [...] vorgefallenen Thätlichkeiten« veröffentlichte[15]. Das Stilmittel des fiktiven Briefes erfreute sich in der zeitgenössischen Publizistik besonderer Beliebtheit[16]. Noch im März 1792 ließ Haenlein auf Kosten der königlichen Kammer gut 1300 Exemplare von Ganz' Schrift drucken[17]. Auszüge des

14 *Hofmeister-Hunger*, Pressepolitik, S. 49 f., 58 ff., 78 ff. – In die vorliegende Untersuchung konnten leider nicht die Beiträge von Johann Friedrich Ferdinand Ganz zur preußischen Mediatisierungspolitik in seiner bereits erwähnten Zeitung »Comitial-Nebenstunden« um 1792/93 aufgenommen werden, da keine entsprechenden Exemplare zur Verfügung standen (vgl. *Hofmeister-Hunger*, ebd., S. 84 Anm. 21, 85). Die 1796 erscheinende »Volcks-Zeitung« und deren Nachfolger, der sog. »Volksfreund«, nahmen zwar auf die Folgen der Mediatisierungen Berlins indirekt Bezug, indem sie bei den Untertanen für das preußische Militärsystem warben. Aber als unmittelbare Beiträge zum publizistischen Diskurs über die Rechtmäßigkeit sowie die Vor- und Nachteile der preußischen Mediatisierungen können beide Publikationen nicht gelten, weshalb sie in dieser Analyse nicht mitberücksichtigt werden (*Hofmeister-Hunger*, ebd., S. 122 ff.).

15 Schreiben des Ortsvorstandes Rhön-Werra an den Ortsvorstand Gebürg, o.O., 20. April 1792, StA Marburg, 109, Nr. 311, Bd. 1, Dok. 34. [*Ganz*], Schreiben eines Nürnbergischen Patriciers, S. 1 ff. (Zitat ebd., Titelblatt). *Vocke*, Geburts- und Todten-Almanach I, S. 116. Gewaltsame Ankündigung (Teutsche Staatskanzley), S. 307 ff. Speziell zum Weiltinger Vorfall siehe Kapitel V.2.

16 *Hofmeister-Hunger*, Pressepolitik, S. 83. *Thürauf*, Meinung, S. 7, 35. *Mondot*, Wekhrlin I (1986), S. 268 f. Vgl. als praktisches Beispiel: Deutsche Reichs- und Staats-Zeitung, Nr. 59, 25. Juli 1797, Sp. 929 ff.

17 Rechnung von Christian Karl Gottlieb Kunstmann, Erlangen den 15. März 1792, GStA PK Berlin, II. HA, Abt. 36, I, Nr. 228. Anonyme undatierte Note mit der Aufstellung der Druckkosten, o.O., [ca. März 1792], ebd. Reskript Hardenbergs an die Kammer, o.O., [ca. März 1792,] ebd. – Im

Werks ließ Hardenberg zudem in verschiedene Zeitungen einrücken[18]. Obwohl die Reichsritterschaft in der Schrift von Ganz nicht einmal erwähnt wurde, sorgten ihre allgemeinen Behauptungen über die fränkischen Rechtsverhältnisse auch in reichsritterschaftlichen Kreisen für Aufsehen[19]. Daher erscheint es sinnvoll, sie in unsere Analyse der preußischen Publizistik miteinzubeziehen.

1794 erschien anonym die 36 Seiten starke staatsrechtliche Abhandlung »Etwas über den Satz des deutschen Staatsrechts: Fraisch im Mittelalter und jezige Landeshoheit sind Synonimen«[20]. Bei dem anonymen Verfasser, nach eigenem Bekunden »einen Preußischen Unterthan in einem der fränkischen Fürstenthümer«, handelte es sich um keinen anderen als den Bayreuther Regierungsrat Georg Friedrich Wipprecht[21]. Doch dieser war nicht der einzige Publizist, der für die reichsritterschaftliche Unmittelbarkeit gefährliche Rechtsansichten verfocht: Ebenfalls noch im Jahre 1794 veröffentlichte Theodor Konrad Kretschmann unter dem Deckmantel einer Rezension von Wipprechts Abhandlung seine eigenen Gedanken zur Genese der Landeshoheit in Franken sowie zur angeblichen Mittelbarkeit der benachbarten reichsritterschaftlichen Herrschaften in der »Staatswissenschaftliche[n] und juristische[n] Literatur«[22]. Dabei handelte es sich um eine von Kretschmann

Umfeld Hardenbergs wurde um die gleiche Zeit die Notwendigkeit einer publizistischen Verteidigung des Rechtssatzes betont, dass aus der Fraisch und weiteren Gerechtsamen zusammen die Landeshoheit folge (Denkschrift über das Kabinettsreskript vom 19. März 1792, GStA PK Berlin, II. HA, Abt. 36, I, Nr. 5, fol. 77–80, hier: fol. 77). – Das Kabinettsministerium billigte Mitte April 1792 die Schrift von Ganz ausdrücklich als »wohlgefaßt« (Reskript von Finkenstein, Schulenburg und Alvensleben an Hardenberg, Berlin, 19. April 1792, GStA PK Berlin, I. HA, Rep. 44 B, Nr. 1a).

18 Schriften über die gewaltsame Ankündigung (Teutsche Staatskanzley), S. 81. *Hofmeister-Hunger*, Pressepolitik, S. 83 Anm. 14, S. 85 ff. – Auch in der keineswegs die preußischen Übergriffe begrüßenden »Teutschen Staatskanzley« (siehe Kapitel VIII.3.1) des Jahres 1793 wurde Ganz' Abhandlung abgedruckt. Jedoch sollte dies nicht der Verbreitung der königlichen Propaganda dienen. Vielmehr handelte es sich hierbei um einen Nachdruck im Rahmen einer Zusammenstellung aller anlässlich des Weiltinger Vorfalls und des preußischen Patentanschlags erschienenen Flugschriften im Volltext (Schriften über die gewaltsame Ankündigung (Teutsche Staatskanzley), S. 1 ff.).

19 Schreiben des Ortsvorstandes Rhön-Werra an den Ortsvorstand Gebürg, o.O., 20. April 1792, StA Marburg, 109, Nr. 311, Bd. 1, Dok. 34. Vgl. auch: Schreiben des Ortsvorstandes Gebürg an den Ortsvorstand Rhön-Werra, Bamberg, 12. Mai 1792, ebd., Dok. 38.

20 [*Wipprecht*], Etwas über den Satz des deutschen Staatsrechts (Zitat ebd., Titelblatt).

21 *Hamberger/Meusel*, Teutschland VIII, S. 561. *Fikenscher*, Fürstenthum X, S. 121. [*Wipprecht*], Etwas über den Satz des deutschen Staatsrechts, S. 7 (Zitat ebd.) u. handschriftliche Vermerke auf dem Vorsatzblatt sowie S. 4 des Exemplars in der Universitätsbibliothek Bayreuth (UB Bayreuth, NS 5953). – *Hamberger/Meusel* (ebd. IV, S. 269) schrieben 1797 die Urheberschaft an der Druckschrift nicht Wipprecht sondern Theodor Konrad Kretschmann zu, korrigierten ihren Irrtum aber drei Jahre später (*Dies.*, ebd. VIII, S. 561).

22 *Kretschmann*, [Rezension], Etwas über den Satz des deutschen Staatsrechts, S. 263 ff. Uebersicht der Fortschritte des deutschen Staatsrecht im Jahre 1794, S. LV. *Kretschmann/Völderndorff*,

und Karl Friedrich Wilhelm Freiherr von Völderndorff herausgegebene Rezensionszeitschrift im Oktavformat, die der bekannten »Allgemeinen Jenaischen Literatur-Zeitung« Konkurrenz machen sollte. Sie erschien 1794 und 1795 monatlich bzw. kurz vor ihrer Einstellung alle zwei Monate. Das Journal widmete sich anfangs der Besprechung des neu erschienenen Schrifttums aus den Bereichen von Philosophie, Politik, Militärwesen, Rechtswissenschaft, Geschichte, Polizey und weiteren zur Kameralistik gehörenden Disziplinen. Nach einem knappen Jahr beschränkten sich die beiden Bayreuther Beamten jedoch auf die Kritik von Veröffentlichungen über »Staatswissenschaft im strengsten Sinn und Jurisprudenz«. Die Rezensionstätigkeit ihrer meist anonym schreibenden Autoren sahen die Herausgeber besonders den »moralischen Prinzipien«, also dem Gedankengut der Aufklärung verpflichtet. Dieses verschmolz in Kretschmanns eigenen Beiträgen mit seinen etatistisch geprägten Vorstellungen sittlicher Vervollkommnung mit dem Endziel der Glückseligkeit[23]. Zwar konnte sich die Auflage einer solchen Zeitschrift nicht mit der eines Traktats oder gar einer Flugschrift messen[24]. Aber aufgrund ihrer inhaltlichen Ausrichtung bot die »staatswissenschaftliche und juristische Literatur« eine ideale Plattform, um die Anfänge der preußischen Arrondierungspolitik im Allgemeinen und gegen die Reichsritterschaft im Besonderen öffentlich zu legitimieren: Georg Friedrich Wipprecht und andere Rezensenten nutzen die Besprechung einschlägiger Werke, um die Ableitung der preußischen Landeshoheitsansprüche über fremdes Gebiet aus der Fraisch zu verteidigen, deren einseitige Durchsetzung argumentativ vorzubereiten sowie um den benachbarten fränkischen Rittergenossen die angebliche Usurpation und Rechtswidrigkeit ihrer reichsunmittelbaren Stellung vorzuhalten[25]. Daneben rechtfertigten Kretschmann und Völderndorff innenpolitische Maßnahmen Hardenbergs, die in reichsrechtlich höchst fragwürdiger Weise auch auf zahlreiche benachbarte Rittergüter ausgedehnt worden waren. Dabei

[Vorrede], S. 1 (Zitat ebd.). – Es handelte sich also um viel mehr als nur um eine positive Rezension, was *Hofmeister-Hunger* (Pressepolitik, S. 87, 87 Anm. 37) nicht berücksichtigte.

23 Nachricht die Oekonomie des Instituts betreffend. *Kretschmann/Völderndorff*, [Vorrede], S. 1 ff. (Zitat ebd.). *Kretschmann/Völderndorff*, Anzeige (Zitat ebd.). *Hamberger/Meusel*, Teutschland IV, S. 269. *Dies.*, ebd. VIII, S. 225. *Fikenscher*, Fürstenthum X, S. 13. [*H. C. Meyer*], Briefe, S. 93 f. – Vergleiche als Beispiele für die etatistisch-aufklärerische Tendenz der Beiträge Kretschmanns in der »staatswissenschaftlichen und juristischen Literatur«: *Kretschmann*, [Rezension], Handbuch des deutschen Staatsrechtes nach dem System des Herrn geheimen Justizrath Pütter, S. 222 ff. oder *Ders.*, [Rezension], Freymüthige Gedanken über die allerwichtigste Angelegenheit Deutschlands, S. 467 ff. – Zu Kretschmanns rechtlich-philosophischen Anschauungen siehe auch Kapitel IV.5.2.

24 *G. M. Weber*, Nachtrag, hier: Vorrede.

25 *Kretschmann*, [Rezension], Etwas über den Satz des deutschen Staatsrechts, S. 263 ff. [Rezension], Ueber eigenmächtige Exemtionen reichsritterschaftlicher Mitglieder, S. 419 ff. [Rezension], 1) Deutsche Staatskanzley, S. 441 ff. *Wipprecht*, [Rezension], Iuristische Abhandlungen von Nikolaus Thaddäus Gönner, S. 380 ff. [Rezension], Memoiren über die wichtigsten Staatsmaterien unserer Zeit, S. 17 f.

handelte es sich zum einen um die Enrollierung sog. »eingesessene[r] Unterthanen« für die preußische Armee sowie zum anderen um die Heranziehung fremder Hintersassen im königlichen Wildbann zu den »Wildbretabtragsgeldern«[26].

Nicht ermitteln ließ sich der anonyme Verfasser der ebenfalls 1794 erschienen »Vertrauten Briefe über das Fürstenthum Bayreuth vor und nach dem Preussischen Regierungsantritt«, einer gut 160 Seiten starken Druckschrift im handlichen Oktavformat[27]. Otto Tschirch hat in dem Werk einen Ausdruck der öffentlichen Meinung in Ansbach-Bayreuth über Hardenbergs Mediatisierungspolitik gegenüber der Reichsritterschaft sehen wollen, ein angeblich unparteiisches Beispiel dafür, »wie das Volk [...] über die Revindikationen dachte«[28]. Es ist jedoch geradezu unmöglich, die publizistische Äußerung eines einzelnen Schriftstellers auf die breite Masse der Bevölkerung zu projizieren. Mit dem provisorischen Departement Hardenbergs abgestimmt dürften die »Vertrauten Briefe« kaum gewesen sein, da sie gelegentlich innenpolitische Missstände unter der preußischen Herrschaft in Bayreuth anprangerten[29]. Dennoch kann diese Schrift im weitesten Sinne in den Kontext der gegen das Corpus equestre gerichteten preußischen Publizistik gestellt werden. Sie streifte zwar nur sporadisch die Territorial- und Landeshoheitsstreitigkeiten Ansbach-Bayreuths sowie die preußischen Eingriffe in die Gerechtsame der benachbarten Reichsglieder[30]. Aber sie bezog klar Stellung zugunsten der »Wildbretabtragsgelder« – die ja auch von reichsritterschaftlichen Untertanen im königlichen Wildbann eingefordert wurden[31]. Gleichermaßen relevant ist für unsere Fragestellung eine Passage, in der die Musterung der bisher vom Heeresdienst befreiten »adelichen Hintersassen« zur preußischen Armee nicht nur begrüßt, sondern auch ihre tatsächliche Aushebung zum Militärdienst angesichts der sonst drohenden negativen Folgen gefordert wurde[32].

Ebenfalls 1794 erschienen die »Briefe zur Berichtigung der vertrauten

26 *Kretschmann*, [Rezension], Vertraute Briefe, S. 407 (Zitat ebd.). *Völderndorff*, [Rezension], Ueber die Einführung der Wildsteuer, S. 304 ff. *G. M. Weber*, Nachtrag, hier: Vorrede.

27 Vertraute Briefe über das Fürstenthum Bayreuth (Zitat ebd., Titelblatt).

28 *Tschirch*, Geschichte I, S. 218 ff. (Zitat ebd., S. 220).

29 Vertraute Briefe über das Fürstenthum Bayreuth, S. 72 ff., 123 ff., 145 f.

30 Vertraute Briefe über das Fürstenthum Bayreuth, S. 8 ff., 66 f., 76 f.

31 Vertraute Briefe über das Fürstenthum Bayreuth, S. 86, 142. – Speziell zur Erhebung der sog. »Wildbretabtragsgelder« auf reichsritterschaftlichem Gebiet siehe Kapitel VI.1.

32 Vertraute Briefe über das Fürstenthum Bayreuth, S. 76 f. (Zitat ebd.). *Tschirch*, Geschichte I, S. 220. – Diese Äußerung könnte sich zwar theoretisch allein auf die landsässige vogtländische Ritterschaft beziehen. Dies ist jedoch angesichts der geschilderten Enrollierung und Musterung reichsritterschaftlicher Untertanen durch die preußischen Behörden in den Jahren 1793/94 mehr als unwahrscheinlich (siehe Kapitel VI.1). – *Tschirchs* Behauptung (ebd., S. 220 f.) ist nicht nachvollziehbar, dass der Kritik der »Vertrauten Briefe über das Fürstenthum Bayreuth« (S. 78 ff., 94 f.) an den reformbedürftigen Zuständen im Justizwesen des Markgrafentums nur durch eine Mediatisierung der benachbarten unmittelbaren Rittergüter abgeholfen werden konnte.

Briefe über das Fürstenthum Baireuth«. Diese gut 110 Oktavseiten umfassende, anonyme Druckschrift verteidigte nicht nur die hier weniger interessierenden preußischen Landeshoheitsansprüche auf das Nürnberger Umland[33]. Sie nahm auch die Enrollierung fremder Untertanen für das königliche Militär in Schutz[34] – eine Maßnahme, die ganz wesentlich die reichsritterschaftlichen Hintersassen betroffen hatte[35]. Den Verfasser der »Briefe zur Berichtigung der vertrauten Briefe« hat Andrea Hofmeister-Hunger aufgrund inhaltlicher Ähnlichkeiten mit Hardenbergs sog. Generalbericht von 1797 in preußischen bzw. Bayreuther »Regierungskreisen« vermutet – eine Schlussfolgerung, die keineswegs zwingend ist[36]. Das in der Bayerischen Staatsbibliothek in München liegende Exemplar wird durch eine später angebrachte Notiz Heinrich Christian Meyer zugeschrieben – dem in der Schrift selbst lobend erwähnten Pfarrer des Bayreuther Dorfs Himmelkron[37].

Der Verteidigung von Hardenbergs Politik auf Kosten der landesherrlichen Gerechtsame sowie der Reichsunmittelbarkeit der Ansbach-Bayreuth benachbarten Reichsglieder nahm sich auch eine weitere 1794 erschienene Streitschrift an, in der zugleich sämtliche Arrondierungspläne Berlins auf Kosten seiner reichsritterschaftlichen und kreisständischen Nachbarn in Franken dementiert wurden. Der eigentliche Anlass zu dieser knapp hundert Oktavseiten dicken »Unpartheyischen Prüfung« war jedoch ein ganz anderer: Es ging vor allem um die Widerlegung einer Flugschrift, die sich gegen den sog. »Preussischen Verpflegungsantrag« richtete, d. h. gegen die von Berlin geforderte Unterhaltung der königlichen Rheinarmee durch die sechs Vorderen Reichskreise[38]. Als Autor der »unpartheyischen Prüfung« firmierte ein

33 [*H. C. Meyer*], Briefe, S. 17 (Zitat ebd., Titelblatt).

34 Ebd., S. 70 f.

35 Siehe Kapitel VI.1.

36 *Hofmeister-Hunger*, Pressepolitik, S. 32 Anm. 14 in Verb. mit S. 52 Anm. 86 (Zitat ebd., S. 52. Anm. 86). Vgl. [*H. C. Meyer*], Briefe, fortl. mit dem Rechenschaftsbericht Hardenbergs (wie Kap. I, Anm. 80), in: *C. Meyer*, Politik, S. 35–210, hier: fortl.

37 Titelblatt von [*H. C. Meyer*], Briefe, Bayer. Staatsbibliothek München, Bavar. 1827 nhi. Ebd., S. 84. Vertraute Briefe über das Fürstenthum Bayreuth, S. 21. – Auffällig ist die lobende Hervorhebung Völderndorffs sowie der von diesem und Kretschmann herausgegebenen »staatswissenschaftlichen und juristischen Literatur« in der Druckschrift ([*H. C. Meyer*], Briefe, S. 7, 73 ff., 93 f.). Ob einer von diesen der Autor der »Briefe zur Berichtigung der vertrauten Briefe« war, ist jedoch nicht zu entscheiden. Interessant für die Frage der Verfasserschaft der »Briefe zur Berichtigung der vertrauten Briefe« ist auch der Umstand, dass diese die meist dem Erlanger Professor Gottlieb Ernst Mehmel (1761–1840) zugeschriebenen »Briefe eines Weltbürgers« zwar wegen deren panegyrischen Hardenbergbildes lobten, aber ansonsten die Ausführungen Letzterer, insbesondere über die Beamten vor 1791/92, als zu bösartig ablehnten ([*H. C. Meyer*], Briefe, S. 45. [*Mehmel*], Briefe, Bayer. Staatsbibliothek München, Bavar. 1804 fu, S. 101 ff. (Zitat ebd., Titelblatt). *Prantl*, Mehmel, S. 186. *Tschirch*, Geschichte I, S. 219. *Hofmeister-Hunger*, Pressepolitik, S. 114 Anm. 152. *H. H. Hofmann*, Herrschaft, S. 22 Anm. 132. *Thürauf*, Meinung, S. 57 Anm. 1).

38 *Heel*, Unpartheyische Prüfung, fortl. (Zitate ebd., Titelblatt u. S. 15). – Eine Feindatierung der Schrift von Ganz anhand der Datums- und Inhaltsangaben führt in den April/Mai 1794 (*Heel*,

gewisser Erichson Heel, hinter dem sich kein anderer verbarg als Johann Friedrich Ferdinand Ganz[39]. Wahrscheinlich um die Zensur außerhalb des preußischen Machtbereichs zu umgehen, erschien Heels Abhandlung im selben Jahr und in gleicher Ausstattung auch unter dem Titel »Beleuchtung der sogenannten Gedanken eines Franken«[40].

Nachdem Berlin im August 1794 erfolglos bei Fürstbischof Franz Ludwig von Erthal über eine erste, vorgeblich umstürzlerische und beleidigende Schrift des Bamberger Professors Georg Michael Weber zu den »Wildbretabtragsgeldern« Klage geführt sowie die Bestrafung des Verfassers gefordert hatte, ging der publizistische Streit um die sog. »Hirschensteuer« in eine neue Runde[41]. 1795 erschien eine knapp fünfzigseitige »Beleuchtung« der Weberschen Schrift im Oktavformat, deren anonymer Autor der preußischen Regierung nahe stand[42]: Es handelte sich um keinen geringeren als den aufklärerischen Publizisten und Ansbacher Gymnasialprofessor Georg Friedrich Daniel Goess[43]. Wie schon bei der zuvor angesprochenen Stellungnahme Völderndorffs in der »staatswissenschaftlichen und juristischen Literatur« von 1794 zu diesem Thema ging es in den inhaltlich radikaleren und persönlich verletzenden Ausführungen von Goess um die Widerlegung eines gegen die »Wildbretabtragsgelder« gerichteten, reichsrechtlichen Traktats des besagten Bamberger Professors Weber[44]. Aber die dabei vorgebrachten

ebd., S. 6, 79 f.). – Ganz' Widerlegung richtete sich vor allem gegen die Flugschrift »Gedanken eines Franken über die den sechs Reichskreisen zugemuthete provisorische Verpflegung des königlich-preußischen Kriegsheeres und hierüber bekannt gewordene officiele Erklärungen«. Diese dezidiert antipreußische Druckschrift wurde wiederum von Dritter Seite angegriffen (Gedanken eines Franken, S. 3 ff. (Zitat ebd., Titelblatt). Antwort eines unpartheyischen Franken, S. 3 ff.). – Speziell zur Forderung Preußens zur Übernahme der Verpflegungskosten seiner Rheinarmee durch die Vorderen Reichskreise siehe: *Aretin*, Das Alte Reich III, S. 414 f. u. *Burgdorf*, Riems Kritik, S. 173.

39 *Heel*, Unpartheyische Prüfung, S. 6, 81. *Hofmeister-Hunger*, Pressepolitik, S. 105 f.

40 *Heel*, [= *Johann Friedrich Ferdinand Ganz*], Beleuchtung der sogenannten Gedanken, fortl. (Zitat ebd., Titelblatt). *Vocke*, Geburts- und Todten-Almanach I, S. 117. *Hofmeister-Hunger*, Pressepolitik, S. 105, 416.

41 *G. M. Weber*, Nachtrag, hier: Vorrede. *Ders.*, Erklärung. Antwort des Verfassers auf die in dem Intelligenzblatte der a. L. Z. Nr. 119 enthaltenen Antikritik, in: Allgem. [Jenaische] Literatur-Zeitung, Nr. 14, 28. Januar 1796, S. 111, nachgedruckt in: *Ders.*, Nachtrag, S. 167–171, hier: S. 169. *Ders.*, Vertheidigung auf das Beschwerungsschreiben von Seiten des Berliner Hofes gegen mein Tractat über die Wildsteuer, Bamberg, 24. August 1794, abgedruckt in: *Ders.*, Nachtrag, S. 175–187, hier: S. 175 ff. Anklage- und Beschwerdeschreiben des Grafen Julius von Soden, Nürnberg, 20. August 1794, in: *Ders.*, Nachtrag, S. 172–174, hier: S. 172 ff. *Kaisenberg*, Leben, S. 24 ff.

42 Bericht der pfalz-bayerischen Kreisgesandtschaft, abgezeichnet vom Regierungssekretär von Bayard, an Kurfürst Karl Theodor, Nürnberg, 13. Juni 1795, BayHStA, K. schw., Nr. 14507, fol. 6. [*Goess*], Beleuchtung der Professor Weberischen Schrift, S. 3 ff., ebd., fol. 7–12 (Zitat ebd., S. 1 bzw. fol. 7).

43 *Hofmeister-Hunger*, Pressepolitik, S. 118 Anm. 178.

44 Bericht der pfalz-bayerischen Kreisgesandtschaft, abgezeichnet vom Regierungssekretär von Bayard, an Kurfürst Karl Theodor, Nürnberg, 13. Juni 1795, BayHStA, K. schw., Nr. 14507, fol. 6.

preußischen Argumente und Theorien galten selbstredend nicht nur für die im königlichen Wildbann liegenden Bamberger Herrschaften, sondern auch für diejenigen der Reichsritterschaft. Dasselbe trifft auch auf die anonyme und preußenfreundliche Kritik von Webers Abhandlung zu, die Anfang September 1796 im »Intelligenzblatt der Allgemeinen Jenaischen Literatur-Zeitung« veröffentlicht wurde[45]. Letztere war eines der bedeutendsten Fach- und Rezensionsorgane ihrer Zeit, der Aufklärung verpflichtet und wurde nahezu reichsweit vertrieben[46].

Die unmittelbaren Folgen des Wendejahres 1795 erschütterten nicht nur den Reichsverband in seinen Grundfesten, sondern waren auch geeignet die künftige Form der Propaganda des Dirigierenden Ministers zur Flankierung seiner Mediatisierungspolitik mitzuprägen. Die preußischen Separatverhandlungen mit Frankreich in Basel und der Versuch Berlins, sich zum Vermittler eines allgemeinen Reichsfriedens aufzuschwingen, riefen ein gewaltiges publizistisches Echo hervor: Eine wahre Flut österreichfreundlicher Flugschriften und Traktate rollte über das Reich hinweg, in denen die preußische Politik sowie ihr Basler Unterhändler Hardenberg scharf angegriffen wurden. Das Berliner Kabinettsministerium, das sich in publizistischer Enthaltsamkeit übte, hatte dieser geballten Kritik im Kampf um die öffentliche Meinung nichts entgegenzusetzen. Es ist wahrscheinlich, dass die Ereignisse um den »Federkrieg des Baseler Friedens« das Bewusstsein für die Bedeutung einer effektiven Propaganda auf der preußischen Seite und insbesondere im Umfeld des Dirigierenden Ministers schärften[47]. Vor diesem Hintergrund und aufbauend auf seinen bisherigen Erfahrungen, ließ Hardenberg die endgültige Durchsetzung der königlichen Landeshoheitsansprüche in Franken durch eine massive publizistische Offensive unterstützen. Andrea Hofmeister-Hunger hat in diesem Zusammenhang mit gutem Grund von einem »sorgfältig geplanten Pressefeldzug« sowie »einer vielseitigen und bisher für Preußen ungewöhnlichen, zentral gelenkten Pressekampagne« gesprochen[48].

Den Kern dieser im Sommer 1796 einsetzenden publizistischen Offensive

[*Goess*], Beleuchtung der Professor Weberischen Schrift, S. 3 ff., ebd., fol. 7–12, hier: fol. 7 ff. *Völderndorff*, [Rezension], Ueber die Einführung der Wildsteuer, S. 291, 304 ff. *G. M. Weber*, Nachtrag, hier: Vorrede u. S. 3 ff.

45 Antikritik, in: Intelligenzblatt der Allgem. [Jenaische] Literatur-Zeitung, Nr. 119, 3. September 1796, S. 1014, nachgedruckt in: *G. M. Weber*, Nachtrag, S. 158–163, hier: S. 158 ff.

46 *Haney*, Rebmann, S. 53.

47 Schreiben von Konrad Ludwig Klüber an den Kriegs- und Domänenrat Koch in Basel, Erlangen, 20. Oktober 1795, GLA Karlsruhe, N Klüber, Fasz. 229. Schreiben von Hardenberg an Konrad Ludwig Klüber, Basel, 16. November 1795, ebd. Deutsche Reichs- und Staats-Zeitung, Nr. 52, 30. Juni 1797, Sp. 818 f. [*Riem*], Ueber die politische Lage, und das Staats-Interesse Preußens, S. 117. *Hofmeister-Hunger*, Pressepolitik, S. 103 ff., 142. *Tschirch*, Geschichte I, S. 63 ff. (Zitat ebd., S. 64). *Biro*, German Policy I, S. 359 f.

48 *Hofmeister-Hunger*, Pressepolitik, S. 93 ff., 108 (Zitate ebd., S. 102 f.). – Ganz ähnlich auch die Einschätzung von *Otto Tschirch* (Geschichte I, S. 198 f.), *Gerrit Thielen* (Hardenberg, S. 97) und *Georg Seiderer* (Formen, S. 461 f.).

bildeten sechs Flugschriften. Davon ließ der Dirigierende Minister allein bei Stiebner in Nürnberg eine Auflage von jeweils 1000 Exemplaren nachdrucken. Vier dieser Flugschriften interessieren hier nicht, da sie die Landeshoheitsstreitigkeiten Preußens mit der Reichsstadt Nürnberg, dem Hochstift Eichstätt und dem Deutschen Orden behandelten sowie den mit Hohenlohe-Neuenstein unterzeichneten »Landesvergleich« noch vor seiner Ratifikation durch Berlin abdruckten. Letzteren hatte Hardenberg nicht zuletzt aus propagandistischen Motiven heraus geschlossen[49].

Von den zwei anderen Traktaten widmete sich einer speziell dem Nachweis der Mittelbarkeit der Ansbach-Bayreuth benachbarten reichsritterschaftlichen Güter und damit der Rechtmäßigkeit ihrer Mediatisierung. Dieser hatte bereits Ende Juni 1796 den Druck verlassen und gelangte Anfang Juli in Umlauf. Es handelte sich um eine mit elf Seiten überschaubare Flugschrift im Oktavformat, die den Titel trug: »Oeffentliche Erklärung wegen der Brandenburgischen Insassen in den Fränkischen Fürstenthümern, welche sich zur Reichs-Ritterschaft halten«[50]. Als ihren Verfasser vermutete Hofmeister-

49 Bericht Hardenbergs an das Kabinettsministerium, Ansbach, 30. Juni 1796, GStA PK Berlin, II. HA, Abt. 36, I, Nr. 6, fol. 79 – 84, hier: fol. 81 ff. Immediatbericht Hardenbergs an den König, Ansbach, 30. Juni 1796, ebd., fol. 85 – 86?, hier: fol. 85. Befehl an sämtliche Ansbacher und Bayreuther Ämter, Ansbach, 1. Juli 1796, ebd., fol. 87. Reskript Hardenbergs an verschiedene preußische Gesandschaften und Vertreter, Ansbach, 1. Juli 1796, ebd., fol. 88 – 92, hier: fol. 90 f. Reskript Hardenbergs an die preußische Kreisdirektorialgesandtschaft zu Nürnberg, Deberndorf, 3. Juli 1796, ebd., fol. 95 – 96, hier: fol. 95. Immediatbericht Hardenbergs an den König sowie an das Kabinettsministerium, Ansbach, 5. Juli 1796, ebd., fol. 97 – 100, hier: fol. 99. Bericht der preußischen Kreistagsgesandten Schmid und Pfeiffer zu Nürnberg, Nürnberg, 18. Juli 1796, ebd., fol. 133. Reskript Hardenbergs an die Ansbacher Kriegs- und Domänenkammer, Ansbach, 23. Juli 1796, ebd., fol. 137. Bericht Hardenbergs an das Kabinettsministerium, Ansbach, 29. Juli 1796, ebd., fol. 145 – 149, hier: fol. 145. Abschrift des Berichts von Häberlin an Hardenberg, Frankfurt/M., 7. Januar 1797, ebd. Der Fränkische Merkur, Nr. 35, 30. August 1796, Sp. 608 f. (Zitat ebd., Sp. 609). Ebd., Nr. 40, 2. Oktober 1798, Sp. 1263. Kaiserlich-privilegierte Hamburgische Neue Zeitung, Nr. 113 – 114, 15. u. 16. Juli 1796, StA Marburg, 4e, Nr. 2970. Abschrift des Schreibens des Fränkischen Kreiskonvents an den Kaiser, Nürnberg, 20. Juli 1796, StA Marburg, 109, Nr. 311, Bd. 7.

50 Oeffentliche Erklärung wegen der Brandenburgischen Insassen, S. 3 ff. (Zitat ebd., Titelblatt). Bericht Hardenbergs an das Kabinettsministerium, Ansbach, 30. Juni 1796, GStA PK Berlin, II. HA, Abt. 36, I, Nr. 6, fol. 79 – 84, hier: fol. 84. Klageschrift von Rhön-Werra gegen Preußen zu den Beilagen 1 bis 87 zum Reichshofratsprozess, StA Marburg, 109, Nr. 312, Bd. 1. Abschrift des Promemorias der Freiherrn von Geuder, Bamberg, 6. Juli 1796, StA Marburg, 109, Nr. 311, Bd. 7. Schreiben des Ortsvorstandes Altmühl an den Ortsvorstand Rhön-Werra, o.O., 15. Juli 1796, ebd. Der Fränkische Merkur, Nr. 35, 30. August 1796, Sp. 609. Abschrift des Reskripts Hardenbergs an den 1. Regierungssenat zu Ansbach, den 2. Regierungssenat zu Bayreuth und die Ansbacher und Bayreuther Kriegs- und Domänenkammern, Ansbach, 28. Juni 1796, StA Nürnberg, Mfr (Abgabe 1900), KdI, Nr. 3897. Vgl. auch: Schreiben des Ortsvorstandes Rhön-Werra an den Reichshofvizekanzler Fürst von Colloredo-Mansfeld, Schweinfurt, 11. Juli 1796, StA Marburg, 109, Nr. 311, Bd. 7. – Die »Oeffentliche Erklärung« wurde leicht verändert nachgedruckt in: Staatsarchiv der Königl. Preuß. Fürstenthümer in Franken 1,1 (1797), S. 328 – 338. Zitiert wird jedoch ausschließlich die Erstauflage. – Schon die Instruktion für das königliche Landesministerium der beiden fränkischen Fürstentümer wegen der Landeshoheits-

Hunger Theodor Konrad Kretschmann, was theoretisch denkbar, aber nach Aktenlage eine unbewiesene Hypothese ist[51]. Um die gleiche Zeit wie die »Oeffentliche Erklärung wegen der Brandenburgischen Insassen« verließ auch die Zweite der hier interessierenden Druckschriften auf 11 Oktavseiten die Presse und gelangte in die Öffentlichkeit unter dem Titel einer »Königlich Preußische[n] Erklärung über die Landeshoheits-Irrungen in den Fränkischen Fürstenthümern Ansbach und Bayreuth«. Diese kurze Deduktion war weder auf einen speziellen reichsständischen noch auf die reichsritterschaftlichen Nachbarn der fränkischen Markgrafentümer gemünzt, sondern rechtfertigte im Allgemeinen die preußischen Landeshoheitsansprüche auf angrenzendes Gebiet und ihre gewaltsame Durchsetzung[52]. Sie fungierte damit »als eine allgemeine Einleitung zu den übrigen« Druckschriften, die die Landeshoheitsstreitigkeiten Berlins mit einzelnen Reichsgliedern abhandelten[53]. Hervorgegangen war die »Königlich Preußische Erklärung« aus einer Arbeit, die Hardenberg bereits im Frühjahr 1794 dem Bayreuther Regierungsrat Johann Michael Georg zur Begutachtung zugeleitet hatte. Ihr Verfasser war Conrad Siegmund Karl Haenlein[54], der von Andrea Hofmeister-

streitigkeiten mit Nachbarn und Insassen vom 12. April 1796 hatte verfügt, die Unterwerfung der Ansbach-Bayreuth benachbarten Reichsritter durch eine Flugschrift zu verteidigen (Entwurf der königlichen Instruktion für das fränkische Landesministerium, Berlin, [März/April 1796], GStA PK Berlin, II. HA, Abt. 36, I, Nr. 6, fol. 5–67, hier: fol. 29).

51 *Hofmeister-Hunger*, Pressepolitik, S. 94.

52 Königlich Preußische Erklärung über die Landeshoheits-Irrungen, S. 3 ff. (Zitat ebd., Titelblatt). Bericht Hardenbergs an das Kabinettsministerium, Ansbach, 30. Juni 1796, GStA PK Berlin, II. HA, Abt. 36, I, Nr. 6, fol. 79–84, hier: fol. 84. Bericht der preußischen Kreistagsgesandten Schmid und Pfeiffer zu Nürnberg, Nürnberg, 5. Juli 1796, ebd., fol. 94. Klageschrift von Rhön-Werra gegen Preußen zu den Beilagen 1 bis 87 zum Reichshofratsprozess, StA Marburg, 109, Nr. 312, Bd. 1. Abschrift des Reskripts Hardenbergs an den 1. Regierungssenat zu Ansbach, den 2. Regierungssenat zu Bayreuth und die Ansbacher und Bayreuther Kriegs- und Domänenkammern, Ansbach, 28. Juni 1796, StA Nürnberg, Mfr (Abgabe 1900), KdI, Nr. 3897. Der Fränkische Merkur, Nr. 35, 30. August 1796, Sp. 608. – Diese »Königlich Preußische Erklärung« wurde nachgedruckt in: Staatsarchiv der Königl. Preuß. Fürstenthümer in Franken 1,1 (1797), S. 235–240. Ihr von Hardenberg abgezeichneter Entwurf liegt in: GStA PK Berlin, II. HA, Abt. 36, I, Nr. 5, fol. 107–114. Zitiert wird jedoch ausschließlich die gedruckte Erstauflage.

53 Schreibens von Kaiser Franz II. an den Kurfürsten von Mainz, Wien, 7. September 1796, HHStA Wien, MEA, Militaria, Nr. 127.

54 Reskript Hardenbergs an Johann Michael Georg, Frankfurt/M., 12. Oktober 1794, GStA PK Berlin, II. HA, Abt. 36, I, Nr. 5, fol. 115. Schreiben von Johann Michael Georg an Hardenberg, Bayreuth, 2. November 1794, ebd., fol. 116–117, hier: fol. 116. Schreiben von Johann Michael Georg an Hardenberg, Bayreuth, 4. Dezember 1794, ebd., fol. 118. Schreiben von Johann Michael Georg an Hardenberg, Bayreuth, 9. Dezember 1794, ebd., fol. 119–122, hier: fol. 119 ff. Vgl. auch: Schreiben von Theodor Konrad Kretschmann an Hardenberg, Bayreuth, 8. September 1795, ebd. – *Klose* (Leben, S. 102 ff.) irrt, wenn er im Verfasser der »Königlich Preußischen Erklärung über die Landeshoheits-Irrungen« den Arzt und Erlanger Professor J. B. Erhard vermutet.

Hunger nicht zu Unrecht als einer von »Hardenbergs ›Differenz‹-Spezialisten« apostrophiert wurde[55].

Die »Oeffentliche Erklärung wegen der Brandenburgischen Insassen in den Fränkischen Fürstenthümern, welche sich zur Reichs-Ritterschaft halten«, hatte zur Untermauerung ihrer Thesen auf einzelne Stücke eines in Vorbereitung befindlichen »Urkunden-Buch[s]« verwiesen[56]. Tatsächlich hatte Hardenberg noch im März 1796, also während der Berliner Konferenzen über die endgültige Durchsetzung der preußischen Landeshoheitsansprüche, angeordnet, »zur Fertigung verschiedener öffentlicher Deduktionen« für Brandenburg-Ansbach eine abschriftliche »Samlung der Erwerb Urkunden von den Bestandtheilen dieses Furstenthums« so schnell wie möglich anzulegen. Betraut wurde mit dieser Aufgabe der Bayreuther Archivar Karl Heinrich Lang, der zuvor Kretschmann dabei geholfen hatte, das gleiche Vorhaben für das obergebürgische Fürstentum durchzuführen[57]. Zur Unterstützung seines kommissarischen Auftrags wurde Lang der Ansbacher Archivar Georg Karl Sigmund Strebel beigeordnet. Bereits Anfang April 1796 konnten die beiden Archivare dem Dirigierenden Minister melden, dass die angeforderten Urkunden herausgesucht seien. Aber die Anfertigung beglaubigter Abschriften der aus den verschiedenen Registraturen und Archiven zusammengesuchten Archivalien für beide Markgrafentümer war eine schiere Herkulesaufgabe und zog sich noch bis zum Februar 1797 hin. Die derart entstandene, nach königlichen Oberämtern gegliederte Sammlung von Kauf- bzw. Übertragungsurkunden, Lehensbriefen, kaiserlichen Privilegien, von Verträgen mit Nachbarn sowie Mitgliedern des Hauses Zollern, Landtagsabschieden, aber auch zur rechtlichen Gewähr entstandenen Registern sowie Grenzbeschreibungen umfasste für Ansbach und Bayreuth zusammen mehr als 1000 Archivalien[58].

55 *Hofmeister-Hunger*, Pressepolitik, S. 90.

56 Oeffentliche Erklärung wegen der Brandenburgischen Insassen, S. 5 ff. (Zitat ebd., S. 11).

57 Reskript Hardenbergs an Karl Heinrich Lang zu Bayreuth, Berlin, 8. März 1796, GStA PK Berlin, II. HA, Abt. 36, VI, Nr. 193 (Zitate ebd.). Bericht von Karl Heinrich Lang und Georg Karl Sigmund Strebel, Ansbach, 2. April 1796, ebd. Bericht der Bayreuther Kriegs- und Domänenkammer, Bayreuth, 28. August 1797, GStA PK Berlin, II. HA, Abt. 36, VI, Nr. 220. Reskript Hardenbergs an die Bayreuther Kriegs- und Domänenkammer, Bayreuth, 16. September 1797, ebd. Bericht der Bayreuther Kriegs- und Domänenkammer, Bayreuth, 10. November 1797, ebd. Schreiben von Theodor Konrad Kretschmann an Hardenberg, Bayreuth, 8. September 1795, GStA PK Berlin, II. HA, Abt. 36, I, Nr. 5. Reskripte Hardenbergs an das Geheime Archiv zu Ansbach, das Archiv auf der Plassenburg, den königlichen Lehenshof zu Bayreuth sowie an Theodor Konrad Kretschmann, Basel, 19. September 1795, ebd. Die Memoiren des Karl Heinrich von Lang. Faksimile I, S. 284 f. *Haussherr* (Hg.), Memoiren, S. 149. *Kretschmann*, Dienstjahre (1808), S. 16.

58 StA Bamberg, GHAP, Nr. 1945 u. 2902: fortl. GStA PK Berlin, II. HA, Abt. 36, VI, Nr. 191: fortl. für Juni 1796. GStA PK Berlin, II. HA, Abt. 36, VI, Nr. 193: fortl. für März bis Juni 1796 sowie für September und Dezember 1796 und für Februar 1797. GStA PK Berlin, II. HA, Abt. 36, VI, Nr. 219: fortl. für März, Juli, September bis Oktober und Dezember 1796. GStA PK Berlin, II. HA, Abt. 36, VI, Nr. 220: fortl. für August bis September und für November 1797. Vgl. auch die Gegenüberlieferung in StA Bamberg, GHAP, Nr. 1942. – Seit dem Februar bzw. Juni 1796 war

Auf dieser Basis ließ sich nicht nur eine detaillierte Territorialgeschichte der Zollern und ihrer Vorgänger im Raum der späteren fränkischen Markgrafentümer anhand der »Erwerbtiteln« vom 8./11. Jahrhundert bis zur Gegenwart rekonstruieren[59]. Es konnten nun auch die genauen territorialen Grenzen der preußischen Landeshoheitsansprüche bestimmt sowie deren Geltendmachung begründet werden. Damit wurden die sog. Erwerburkunden - wie Lang es formulierte - »der Sturmbock, mit dem man die Mauern der Insassen niederrannte«[60].

Als Rampe, auf der Berlin die besagte Belagerungsmaschine an die Bastionen der reichsritterschaftlichen Unmittelbarkeit heranführte, diente das »Staatsarchiv der Königl. Preuß. Fürstenthümer in Franken«. Diese von Kretschmann und Haenlein herausgegebene Zeitschrift erschien 1797 in Bayreuth in 3 Bänden - von denen sich der Erste in zwei Teilbände gliederte - und umfasste knapp 1700 Oktavseiten[61]. Darunter befanden sich das ange-

Lang zudem mit der Erstellung von quellengestützten Abhandlungen zum Nachweis einer ursprünglichen zollerschen Landeshoheit über die an verschiedene Bayreuther Ämter grenzenden immediaten Rittergüter betraut - Arbeiten, die sich bis zum Frühsommer 1797 hinzogen. Fast zeitgleich, im März bzw. Juni 1796, wurden Karl Heinrich Lang und Georg Karl Sigmund Strebel beauftragt, Verzeichnisse über diejenigen ritterschaftlichen Besitzungen anzulegen, die nach den ältesten Landbüchern in den Markgrafentümern Ansbach und Bayreuth inklaviert gewesen waren, und dabei besonders die Rechts- und Herrschaftsverhältnisse festzuhalten. Schließlich hatte Lang »alle nur mögliche[n] Beweise zu sammeln wodurch die Landsäßigkeit der fränki(schen) Ritterschaft belegt werden kan« (Reskript der Bayreuther Regierung an den Archivar Lang zu Plassenburg, Bayreuth, 2. Februar 1796, StA Bamberg, GHAP, Nr. 2787. Bericht [Langs] an die Bayreuther Regierung, Bayreuth, 28. Februar 1796, ebd. Reskript des fränkischen Landesministeriums an Karl Heinrich Lang, Ansbach, 24. März 1796, StA Bamberg, GHAP, Nr. 2793. Reskript Hardenbergs an das Archiv zu Plassenburg, Ansbach, 20. Juni 1796, ebd. (Zitat ebd.). Schreiben von Georg Karl Sigmund Strebel an [Karl Heinrich Lang], Ansbach, 17. Juni 1796, StA Bamberg, GHAP, Nr. 2191. StA Bamberg, GHAP, Nr. 2904 u. 2905: fortl. Abschrift des Reskripts des fränkischen Landesministeriums an das Archiv zu Plassenburg, Ansbach, 27. März 1797, StA Bamberg, GHAP, Nr. 2906. »Diplomatische Untersuchung über die ursprüngliche[n] TerritorialVerhältniße des Rittergutes Ermreut« von Karl Heinrich Lang, Plassenburg, 30. Juli 1797, ebd. Bericht von Karl Heinrich Lang [an das fränkische Landesministerium], Plassenburg, 30. Juli 1797, ebd.). - Die Langatmigkeit der verschiedenen archivischen Vorarbeiten erklärt auch, warum das in der »Oeffentlichen Erklärung wegen der Brandenburgischen Insassen« angekündigte Urkundenbuch bis November 1796 nicht erschienen war (2. Nachschreiben des Ortsvorstandes Odenwald an den Ortsvorstand Rhön-Werra, Kochendorf, 22. Dezember 1796, StA Marburg, 109, Nr. 322. Avertisement der Orts- und Direktorialkanzlei Rhön-Werra, Schweinfurt, 17. Dezember 1796, ebd. *F. C. Schmidt*, Beyträge I, S. 60. Neue Vertheidigung II, S. 3 f.).

59 »Erwerbtiteln der einzelnen Bestandtheile des Fürstenthums Bayreuth«, GStA PK Berlin, II. HA, Abt. 36, VI, Nr. 219 (Zitat ebd.). »Erwerbe Titeln der einzelnen Bestandtheile des Füerstenthums Ansbach«, ebd.

60 Die Memoiren des Karl Heinrich von Lang. Faksimile I, S. 284 f. (Zitat ebd., S. 285). *Haussherr* (Hg.), Memoiren, S. 149. *Kretschmann*, Dienstjahre (1808), S. 16 f.

61 Staatsarchiv der Königl. preuß. Fürstenthümer in Franken, Bd. 1/1 - 1/2, 2 u. 3, Bayreuth 1797. Der Fränkische Merkur, Nr. 17, 25. April 1797, Sp. 302. Zitat vom Titelblatt des Staatsarchivs der Königl. preuß. Fürstenthümer in Franken (Bd. 1/1) unter Auflösung der Kürzungszeichen. - Die

kündigte Urkundenbuch, aber auch Rezensionen, alte und neue Traktate sowie quellengesättigte rechtliche Deduktionen, die vor allem aus der Feder der beiden Herausgeber und Karl Heinrich Langs stammten. Das »Staatsarchiv« sollte aus Anlass der preußischen Mediatisierungen die Ansbacher und Bayreuther »Staatsverfassung näher aufklären, [...] Aufschlüsse über das teutsche Territorial-Staatsrecht geben und über den politischen Zusammenhang der gegenwärtigen Constellationen in Franken richtig urtheilen lassen«. Entsprechend beschäftigte sich der Großteil der Zeitschrift mit der Legitimierung der Unterwerfung der den fränkischen Markgrafentümern benachbarten Rittergenossen und ihrer reichsunmittelbaren Herrschaften unter die königliche Landeshoheit. Lang hatte sich sogar das Ziel gesetzt, für jedes einzelne Rittergut die preußischen Landeshoheitsansprüche individuell zu rechtfertigen – ein Vorhaben, das sich als größer erwies als die Lebensdauer des »Staatsarchivs« war[62]. Im weiteren Sinne sind auch drei Beiträge über die preußischen Landeshoheitsansprüche über die Reichslehen der Freiherrn von Reitzenstein sowie den sog. Hoheitsbezirk Thurnau der Reichsgrafen von Giech zu diesen gegen das Corpus equestre gerichteten Abhandlungen der

Feststellung *Hermanns* (Hardenberg, S. 159), dass das »Staatsarchiv« nur bestehen konnte, »solange die Revindikationen noch nicht durchgeführt waren«, ist unzutreffend. – *Tschirch* (Geschichte I, S. 206) und *Haussherr* ((Hg.), Memoiren, S. 273), die beide den Titel des »Staatsarchivs« fehlerhaft wiedergeben, haben unrecht, wenn sie behaupten, ein Teil der Bände sei erst 1798 erschienen. Vielmehr verließ der offiziell 1797 verlegte Bd. 1/2 des »Staatsarchivs« bereits Ende 1796 die Druckerpresse (Bericht Hardenbergs an das Kabinettsministerium, Ansbach, 3. Dezember 1796, GStA PK Berlin, II. HA, Abt. 36, I, Nr. 6, fol. 187–193, hier: fol. 188).

62 Die Memoiren des Karl Heinrich von Lang. Faksimile I, S. 285. *Haussherr* (Hg.), Memoiren, S. 149. Der Fränkische Merkur, Nr. 17, 25. April 1797, Sp. 303. *Haenlein/Kretschmann*, Vorrede (Zitat ebd.). Geschichte der Brandenburgischen Familien-Fideicommisse, S. 195 ff. Unter den Bestand-Theilen der Fürstenthümer Ansbach und Bayreuth ist kein Erbgut, S. 209 ff. In wie fern sind Se. Majestät an die Verträge gebunden, S. 213 ff. Von den Streitigkeiten welche die Landeshoheit über die in den Brandenburgischen Fürstenthümern, S. 225 ff. Königlich Preußische Erklärung über die Landeshoheits-Irrungen (Staatsarchiv), S. 235 ff. Oeffentliche Erklärung wegen der Brandenburgischen Insassen (Staatsarchiv), S. 328 ff. Urkunden-Buch, fortl. *K. H. Lang*, Staatsrechtliche Entwicklung des Landsassiats, S. 3 ff. *Ders.*, Die behauptete Reichs-Unmittelbarkeit des Freyherrlich von Geuderischen Ritterguts, S. 113 ff. *Ders.*, Historische Nachricht von den Verhältnissen des Rittergutes Aufseß, S. 180 ff. *Ders.*, Nachtrag zu der diplomatischen Prüfung der behaupteten Unmittelbarkeit des Rittergutes Heroldsberg, S. 369 ff. *Ders.*, Historisch diplomatische Nachricht von denen in der Königlich Preußischen Amtshauptmannschaft Kulmbach befindlichen anmaßlich Fränkischen Reichs-Rittergütern, S. 473 ff. Vermischte adeliche Besitzungen in dem Amte Bayreuth, S. 46 ff. Beleuchtung des in der Gräflich Pücklarischen Debit-Sache, S. 129 ff. Ueber die Landsässigkeit der Leonrodischen Besitzungen, S. 217 ff. Schritte des Fränkisch-Ritterschaftlichen Direktorii, S. 100 ff. Recension des Etwas über einige neuerlich von Kurbrandenburg aufgestellte Maximen, S. 169 ff. Archivische Nachricht von dem Adel. Gut Rechenberg, S. 433 ff. – Der Abdruck des Urkundenbuchs im »Staatsarchiv« war bereits die zweite Auflage, da diese Quellensammlung zum Jahresende 1796, als selbstständige Druckschrift auf 243 Quartseiten erschienen war (Bericht Hardenbergs an das Kabinettsministerium, Ansbach, 3. Dezember 1796, GStA PK Berlin, II. HA, Abt. 36, I, Nr. 6, fol. 187–193, hier: fol. 188. Neue Vertheidigung II, S. 3 f.).

Zeitschrift zu rechnen[63]. Zwar waren beide Herrschaftskomplexe nicht der Reichsritterschaft inkorporiert, aber ihre Besitzer gehörten dem Kanton Gebürg als Realisten für andere Rittergüter an[64]. Neben den bereits angesprochenen Ausführungen gegen die reichsritterschaftliche Rechtsstellung wurden auch drei ritterschaftsnahe Schriften gegen die preußischen Mediatisierungen im »Staatsarchiv« abgedruckt, um ihre Thesen kritisch beleuchten und widerlegen zu können[65].

Ein ganz anderes publizistisches Medium als das »Staatsarchiv« war die Zeitung. Mit ihr hatte der Dirigierende Minister bereits 1792 erste praktische Erfahrungen gesammelt: Damals gestattete er Wilhelm Ludwig Wekhrlin (1739 – 1792) – einem freien Publizisten mit abenteuerlicher Vergangenheit – die Herausgabe der »Ansbachische[n] Blätter«, einer zwei bis drei Mal wöchentlich erscheinenden politischen Zeitung. Außer wenigen panegyrischen Nachrichten berichtete Wekhrlin jedoch fast nichts über die fränkischen Markgrafentümer, was auch nur im entferntesten politisch relevant oder von mehr als lokaler Bedeutung gewesen wäre. Zudem nahm das »Experiment« der »Ansbachischen Blätter« nach drei Monaten und 34 Ausgaben mit der Verhaftung und dem Tod des Redakteurs einen dramatischen Ausgang[66]. Aber

63 Entwicklung der Brandenburgischen Landeshoheit über Thurnau, S. 383 ff. Etwas über die Reitzensteinischen Reichsafterlehen, S. 28 ff. *K. H. Lang*, Historisch diplomatische Nachricht von denen in der Königlich Preußischen Amtshauptmannschaft Kulmbach befindlichen anmaßlich Fränkischen Reichs-Rittergütern, S. 473 ff.

64 Zur reichs- und territorialstaatsrechtlichen Beschaffenheit des »Hoheitsbezirks« Thurnau und den von Reitzensteinischen, ehemals von Sparneckischen Reichslehen siehe Kapitel IV.2 u. VI.1 bis VII.1. Speziell zum Status der Reichsgrafen von Giech und Freiherrn von Reitzenstein als Realisten siehe *Godsey Jr.*, Nobles, S. 255 ff. – Eine der Abhandlungen über den nicht zur Reichsritterschaft kollektablen »Hoheitsbezirk« um Thurnau und Peesen der Grafen von Giech behandelte auch einige außerhalb davon gelegene Güter dieses reichsritterschaftlichen Geschlechts mit. Der Beitrag war nämlich als Auftakt einer ganzen Reihe von Untersuchungen im »Staatsarchiv« konzipiert, in denen die preußische Landeshoheit über verschiedene reichsritterschaftliche Güter Frankens in den angeblichen Grenzen der Bayreuther Amtshauptmannschaft Kulmbach bewiesen werden sollte (*K. H. Lang*, Historisch diplomatische Nachricht von denen in der Königlich Preußischen Amtshauptmannschaft Kulmbach befindlichen anmaßlich Fränkischen Reichs-Rittergütern, S. 473 ff., 486 f.).

65 Historische, aktenmäßige Darstellung und Entwickelung, fortl. – in Verbindung zu lesen mit: *K. H. Lang*, Nachtrag zu der diplomatischen Prüfung der behaupteten Unmittelbarkeit des Rittergutes Heroldsberg, S. 369 ff. *Hallo*, Etwas über einige (Staatsarchiv), fortl. – in Verbindung zu lesen mit: Recension des Etwas über einige neuerlich von Kurbrandenburg aufgestellte Maximen, S. 168 ff. Entwicklung der Landeshoheit über das Rittergut Rechenberg, S. 381 ff. – in Verbindung zu lesen mit: Archivische Nachricht von dem Adel. Gut Rechenberg, S. 433 ff. – Einen Beweis für seine Behauptung, dass die »Recension des Etwas über einige neuerlich von Kurbrandenburg aufgestellte Maximen« aus der Feder Kretschmanns stammte, bleibt *Tschirch* (Geschichte I, S. 211) genau wie *Hofmeister-Hunger* (Pressepolitik, S. 94 Anm. 73) schuldig. Dass diese These dennoch nicht unwahrscheinlich ist, wird noch zu zeigen sein (siehe Kapitel VIII.3.1 Anm. 345).

66 Ansbachische Blätter, Nr. 1 – 34 (1792), fortl., v. a. aber Nr. 21, Mittwoch, 26. September 1792, S. 87 – 90, hier: S. 87 und Nr. 22, Extrablatt, Donnerstag, 22. September 1792, S. 91 – 94, hier: S. 91 (Beispiele panegyrisch gefärbter, gesellschaftlicher oder entfernt politischer Nachrichten

dennoch hatte es den Bedarf für eine politische Zeitung gezeigt, den die etablierten Nachrichtenblätter, also vor allem die »Erlanger Real-« und die »Bayreuther Zeitung«, nach der Einstellung der in Nürnberg erscheinenden »Deutschen Staats- und Ministerialzeitung« zum Ende des Jahres 1796 erst recht nicht befriedigen konnten[67]. Einen Ersatz für Wekhrlin fand der Dirigierende Minister rechtzeitig zum Höhepunkt der preußischen Mediatisierungen in der Person von Karl Julius Lange (1755–1813?), einem weit gereisten freien Schriftsteller, der als Alexander Daveson/Davidso(h)n in Braunschweig geboren war. Seit Anfang Januar 1797 gab Lange mit Rückendeckung Hardenbergs die »Deutsche Reichs- und Staats-Zeitung« heraus, die als Nachfolger zu Sartoris »Deutscher Staats- und Ministerialzeitung« konzipiert war, zunehmend propreußische Töne anschlug und dabei »an Freymüthigkeit viele ihrer Mitschwestern« übertraf. Um dennoch den Eindruck von Neutralität zu erwecken, ließ Lange die in Bayreuth entworfenen Ausgaben in Nürnberg drucken, bis die Zeitung noch im Sommer 1797 auf Betreiben des kaiserlichen Kreistagsgesandten von Schlick verboten wurde und in die fränkischen Markgrafentümer ausweichen musste[68]. Bereits die erste Ausgabe seiner »Reichs- und Staats-Zeitung« eröffnete Lange mit einer Kritik am Verhalten des deutschen Adels im Krieg gegen Frankreich und ließ damit keinen Zweifel daran, dass sich der erste Stand und damit auch die Reichsritterschaft keine Rücksichtnahmen von dem neuen Presseorgan erhoffen konnte[69]. Keine drei Wochen später brach Lange auch den Stab über die

aus Ansbach-Bayreuth). Ebd., Nr. 1, Mittwoch, 1. August 1792, S. 1–4, hier: S. 1 (Zitat ebd.). *K. H. Lang*, Annalen, S. 5 f. *Vocke*, Geburts- und Todten-Almanach II, S. 19 f., 322. *Mondot*, Wekhrlin (1982/83), S. 116 ff. *Ders.*, Wekhrlin I (1986), S. 31–134: fortl., inbes. 126 ff., 257 ff. *Hofmeister-Hunger*, Pressepolitik, S. 72, 131 ff. (Zitat ebd., S. 138 f.). *Knoblauch zu Hatzbach*, Wekhrlin, S. 645 ff. *Tschirch*, Geschichte I, S. 199 ff. *Seiderer*, Formen, S. 92 f. *Thürauf*, Meinung, S. 65.

67 Der Fränkische Merkur, Nr. 38, 18. September 1798, Sp. 1200. [*H. C. Meyer*], Briefe, S. 92. *Hofmeister-Hunger*, Pressepolitik, S. 68, 115, 133, 139 ff. *Tschirch*, Geschichte I, S. 207, 214 ff. *Thürauf*, Meinung, S. 6, 58 ff. *Stamm*, Rebmann, S. 4.

68 Deutsche Reichs- und Staats-Zeitung, Nr. 1, 3. Januar 1797, Sp. 5 f. (Zitat ebd.). Der Fränkische Merkur, Nr. 38, 18. September 1798, Sp. 1200 (Zitat ebd.). *Hamberger/Meusel*, Teutschland X, S. 172. *Dies.*, ebd. XIV, S. 398. *Dies.*, ebd. XVIII, S. 479. *Hofmeister-Hunger*, Pressepolitik, S. 139 ff. *Tschirch*, Geschichte I, S. 214 ff., 398. *Thürauf*, Meinung, S. 86 ff. *R. Müller*, Lange, Sp. 908. – Die spitze Feder Langes veranlasste in den folgenden Jahren wiederholt Proteste des österreichischen und russischen Hofes in Berlin, die schließlich im Mai 1799 zu einer gerichtlichen Untersuchung gegen den Publizisten und zur Schließung der »Reichs- und Staats-Zeitung« führten (*Hofmeister-Hunger*, ebd., S. 140 ff. *Tschirch*, ebd., S. 217 f., 398 ff. *Thürauf*, ebd., S. 90 f.). – *Heinrich Müller* (Kampf, S. 158 Anm. 1) und *Adolf Eberlein* (Bayerns Anteil, S. 122) haben in Lange auch den Verfasser einer zentralen Schrift vermutet, die die Mediatisierung der unmittelbar gebliebenen Reichsritter ab 1802/03 rechtfertigte (Historische und Staatsrechtliche Betrachtungen, fortl.).

69 Deutsche Reichs- und Staats-Zeitung, Nr. 1, 3. Januar 1797, Sp. 6. – Indem Langes »Deutsche Reichs- und Staats-Zeitung« mit dem Grundprinzip der reinen Berichterstattung brach und eigene Kommentare veröffentlichte, antizipierte sie bereits künftige pressegeschichtliche Ent-

Reichsverfassung in ihrer bisherigen Form, mit der die politische Existenz des Corpus equestre untrennbar verknüpft war: Angesichts der Schwäche des Alten Reichs gegen die Bedrohungen von Außen und der Rivalität der beiden deutschen Vormächte verdammte die »Deutsche Reichs- und Staats-Zeitung« die »vielen, kleinen, schwachen Souveraine unsers zersplitterten, zerhakten Vaterlandes« und forderte die Schaffung eines deutschen Nationalstaats. Es ginge nicht darum, fremdes Eigentum anzutasten, sondern die »*usurpirte* und *missbrauchte* Macht« der einzelnen Reichsglieder zu beseitigen – eine Forderung, die in dem Resümee gipfelte: »Und wir glauben, wer darauf hinwirkt, die Gewalt gewisser, nicht mit besonderer Weisheit und Kraft begabter Herrscher zu beschränken, und ihre eigene und ganz Deutschlands Ruhe, Ehre und Sicherheit *weisern, mächtigern* Händen anzuvertrauen wünscht, der ist mehr ihr Wohltäter als ihr Unterdrüker«[70]. Bei solchen Ansichten konnten auch die geschilderten Unbilden Lange nicht davon abhalten, seit März 1797 eine Reihe von Artikeln in der »Reichs- und Staats-Zeitung« zu veröffentlichen, in denen die preußischen Landeshoheitsansprüche auf fremdes Gebiet verteidigt und ihre Gegner mit beißendem Spott bedacht und widerlegt wurden. Den Auftakt bildete ein im Berliner Sinne kommentierter Nachdruck des antipreußischen Kreisschlusses vom 27. Februar 1797, dem Lange verschiedene Beiträge aus eigener und fremder Feder folgen ließ. Nur ein kleiner Teil dieser Rezensionen und Gegendarstellungen fand jedoch Aufnahme in die »Neueste[n] Beiträge zur Geschichte Frankens«, einer kleinen Reihe innerhalb der »Deutschen Reichs- und Staats-Zeitung«, die Lange im April 1797 etabliert hatte. In dieser druckte er u. a. eine Veröffentlichung der »würdigen und verdienstvollen Herausgeber des *Staatsarchivs der Königl. Preussischen Fürstenthümer in Franken*« zu den Landeshoheitsstreitigkeiten mit der Reichsritterschaft nach und hob diese lobend hervor[71]. Es kann daher wenig verwundern, dass die »Deutsche Staats- und Reichs-Zeitung« weitgehend den

wicklungen, die für das Alte Reich noch weitgehend untypisch waren (*Böning*, Berichterstattung, S. 222 ff.).

70 Deutsche Reichs- und Staats-Zeitung, Nr. 6, 20. Januar 1797, Sp. 82 ff. (Zitate ebd., Sp. 84 ff.).

71 Deutsche Reichs- und Staats-Zeitung, Nr. 25, 28. März 1797, Sp. 385 ff., inbes. 387 ff. Ebd., Nr. 26, 31. März 1797, Sp. 401 ff. Ebd., Nr. 27, 4. April 1797, Sp. 417 ff. Ebd., Nr. 28, 7. April 1797, Sp. 433 ff. Ebd., Nr. 32, 21. April 1797, Sp. 497 ff. (Zitat ebd., Sp. 497). Ebd., Nr. 33, 25. April 1797, Sp. 513 ff. Ebd., Nr. 59, 25. Juli 1797, Sp. 929 ff. Ebd., Nr. 62, 4. August 1797, Sp. 977 ff. Ebd., Nr. 15, 19. Februar 1799, Sp. 225 ff. Ebd., Nr. 16, 22. Februar 1799, Sp. 241 ff. Ebd., Nr. 47, 13. Juni 1797, Sp. 737 ff. Ebd., Nr. 50, 23. Juni 1797, Sp. 797 f. Ebd., Nr. 52, 30. Juni 1797, Sp. 823 ff. Beleuchtung des in der Gräflich Pücklarischen Debit-Sache, S. 129 ff. Vgl. auch: Deutsche Reichs- und Staats-Zeitung, Nr. 46, 9. Juni 1797, Sp. 723 f. – Das kaiserliche Handschreiben an die Kurfürsten vom 7. September 1796 wegen der preußischen Mediatisierungen, das Lange im Juni 1797 in die »Neuesten Beiträge zur Geschichte Frankens« einrückte, ist zusammen mit der abschließenden kritischen Kommentierung zu lesen (Deutsche Reichs- und Staats-Zeitung, Nr. 45, 6. Juni 1797, Sp. 713 ff. Ebd., Nr. 46, 9. Juni 1797, Sp. 725 ff. Ebd., Nr. 47, 13. Juni 1797, Sp. 743 ff. Ebd., Nr. 48, 16. Juni 1797, Sp. 761 ff. Ebd., Nr. 49, 20. Juni 1797, Sp. 777 ff. Ebd., Nr. 50, 23. Juni 1797, Sp. 785 ff.).

Argumentationen der offiziellen königlichen Publizistik folgte – eine Linie, die durch eine Vereinbarung vom September 1797 nochmals abgesichert wurde: Diese führte zu einer inhaltlichen Abstimmung Langes mit Hardenberg und nach Hofmeister-Hungers Vermutung auch mit Kretschmann für das neue Nachrichtenblatt als dem »populären Pendant« zum »Staatsarchiv der Königl. Preuß. Fürstenthümer«[72].

Eine weitere publizistische Plattform, deren Ausstrahlung über die Landesgrenzen hinausreichte und daher zur Rechtfertigung der Okkupation fremden Territoriums durch Berlin prädestiniert war, bot der im Januar 1794 gegründete und drei Monate später erstmals erschienene »Fränkischen Merkur oder Unterhaltungen gemeinnützigen Inhalts für die fränkischen Kreislande und Nachbarn«. Bei ihm handelte es sich um ein Journal mit stark kameralistisch-polizeywissenschaftlich geprägtem Inhalt, das in Schweinfurt durch den dortigen Geistlichen und Gymnasialprofessor M. J. Kaspar Bundschuh (1753 – 1814) im Wochenrhythmus herausgegeben wurde. Hofmeister-Hunger hat zunehmend borussische Tendenzen des Journals postuliert und damit auch seine Übersiedlung nach Bayreuth im Sommer 1796 erklärt. Dabei übersah sie jedoch die Anspielungen Bundschuhs auf die verkehrsungünstige Lage und die Zensur Schweinfurts als wichtige Momente bei der Verlegung des Verlags- und Druckorts[73]. Auch Hofmeister-Hungers Behauptung, dass »während der Revindikationsphase 1796 […] Bundschuh fast ausschließlich die preußischen Verlautbarungen« abgedruckt habe, ist irreführend[74]. Daher

72 *Hofmeister-Hunger*, Pressepolitik, S. 140 (Zitat ebd.). Teils unzutreffend bei: *Tschirch*, Geschichte I, S. 216. – Artikel aus der »Reichs- und Staats-Zeitung« sollen auch von anderen Nachrichtenblättern nachgedruckt worden sein, was die Verbreitung ihrer Inhalte noch steigern musste (*Hofmeister-Hunger*, ebd., S. 141. *Tschirch*, ebd., S. 217). – Zu den von *Hofmeister-Hunger* (ebd., S. 140), *Thürauf* (Meinung, S. 87) und *Tschirch* (ebd., S. 216 f.) nicht näher untersuchten Abweichungen der Argumentation Langes von der offiziellen Publizistik Berlins siehe Kapitel VIII.2.2. – Die besagte Übereinkunft Langes mit seinen preußischen Gönnern stand in einem gewissen Spannungsverhältnis zu dessen Selbstbild, wie er es noch in der ersten Jahreshälfte 1797 immer wieder formuliert hatte: »*Wie die weibliche Tugend auf ihren guten Namen, so muss der Journalist auf seine Wahrheit und Unpartheiligkeit halten*«; »Die Staatszeitung […] ist eben nicht gewohnt, ihre Meinungen und Urtheile den Machtsprüchen irgend einer Parthei zu unterjochen«; »Der Verfasser dieser Blätter gehört heiner [sic] Parthei. Er ist nicht von dem Einflusse irgend eines Hofes abhängig. […] Er wird sich *nie* zu einem feilen Höfling, zu einem Speichelleker eines gesalbten oder ungesalbten Despoten herabwürdigen lassen« (Deutsche Reichs- und Staats-Zeitung, Nr. 6, 20. Januar 1797, Sp. 96. Ebd., Nr. 25, 28. März 1797, Sp. 386. Ebd., Nr. 59, 25. Juli 1797, Sp. 939 f.). Selbst noch im Februar 1799 hob Lange seine angebliche Unparteilichkeit bei der Beurteilung der Landeshoheitsstreitigkeiten Berlins mit der Reichsritterschaft hervor (Deutsche Reichs- und Staats-Zeitung, Nr. 16, 22. Februar 1799, Sp. 241 ff., inbes. 252).

73 »Nachricht« (Der Fränkische Merkur). *Bundschuh*, »Ankündigung« (Der Fränkische Merkur). Der Fränkische Merkur, Nr. 1, 31. März 1794, Sp. 1 ff., 23 f. (Zitat ebd., Sp. 1). Ebd., Nr. 26, 28. Juni 1796, Sp. 453 f. Ebd., Nr. 1, 2. Januar 1798, Sp. 1 ff. *Hofmeister-Hunger*, Pressepolitik, S. 116 f. *Henner*, Bundschuh, S. 539. *Seiderer*, Formen, S. 272 f. [Rezension], Der Fränkische Merkur, S. 71 ff.

74 *Hofmeister-Hunger*, Pressepolitik, S. 117. – Zu der keineswegs einseitig propreußischen Be-

sollte es vielleicht eher als Zeichen der – im Interesse des Absatzes notwendigen – Unparteilichkeit des »Fränkischen Merkurs« gewertet werden, wenn Georg Friedrich Daniel Goess hier Anfang November 1798 eine wiederholt auf das königlich preußische »Staatsarchiv« rekurrierende Synthese der bisher zur Rechtfertigung der preußischen Mediatisierungen vorgebrachten Argumente veröffentlichen konnte. Dieser neuneinhalb Spalten umfassende Aufsatz trug den Titel: »Ueber die Königlich-Preußische Besitzergreifung der Landeshoheit in den Fränkische Fürstenthümern«[75]. Ein in das Jahr 1800

richterstattung des »Fränkischen Merkurs« im Laufe des Jahres 1797 siehe: Der Fränkische Merkur, Nr. 4, 24. Januar 1797, Sp. 49 ff. Ebd., Nr. 6, 6. Februar 1797, Sp. 92 ff. Ebd., Nr. 9, 28. Februar 1797, Sp. 129 ff. Ebd., Nr. 10, 7. März 1797, Sp. 145 ff. Ebd., Nr. 20, 16. Mai 1797, Sp. 345 ff. Ebd., Nr. 32, 8. August 1797, Sp. 555 ff. – Auch 1798 finden sich noch antipreußische Beiträge und Dokumente zu den Mediatisierungen im »Fränkischen Merkur« abgedruckt (Nr. 40, 2. Oktober 1798, Sp. 1263 ff. Ebd., Nr. 45, 6. November 1798, Sp. 1424 ff.). – Die »lobende Vorankündigung«, die *Hofmeister-Hunger* (ebd., S. 117) im »Fränkischen Merkur« u. a. für das »Staatsarchiv« von Haenlein und Kretschmann entdeckte, erscheint bei näherer Betrachtung ebenfalls als zweischneidiges Schwert: Zwar ist hier von dem »wahren Landsässigen Verhältnisse« der zu unterwerfenden Reichsritter die Rede. Es wird aber auch von den »Königl. Preuß. Landeshoheits-Behauptungen in Franken« gesprochen, was kaum im Sinne Berlins oder Hardenbergs gewesen sein kann, die ja von der unumstößlich bewiesenen Tatsache der zollerschen Landeshoheit ausgingen (Der Fränkische Merkur, Nr. 17, 25. April 1797, Sp. 302 f. (Zitat ebd., Sp. 303)). Das einzige andere Lob, das Bundschuhs Journal für die preußische Publizistik anlässlich der Mediatisierungen fand, war die Wiedergabe einer ausdrücklich gekennzeichneten Wertung des »Hamburger politischen Journals« (Der Fränkische Merkur, Nr. 35, 30. August 1796, Sp. 608 Anm. *). – Das alles soll jedoch nicht heißen, dass sich Bundschuh nicht der Missstände bewusst war, die sich aus den Realitäten des Territorium inclausum ergeben konnten (Der Fränkische Merkur, Nr. 7, 16. Februar 1796, Sp. 97 ff.).

75 Der Fränkische Merkur, Nr. 45, 6. November 1798, Sp. 1397 ff. (Zitat ebd., Sp. 1397). – Speziell zur Auflösung des Autorenkürzels unter dem Artikel als »Goess« siehe *Hofmeister-Hunger*, Pressepolitik, S. 117 Anm. 171. – Goess hatte bereits in einem Aufsatz im »Fränkischen Merkur« vom Juli 1798 auf einen Beitrag im »Staatsarchiv« verwiesen. Dabei ging es jedoch nicht um die Rechtfertigung preußischer Landeshoheitsansprüche (Der Fränkische Merkur, Nr. 27, 3. Juli 1798, Sp. 840 Anm. *). In einem anderen Beitrag, der im September 1798 im »Fränkischen Merkur« erschien, hob er jedoch das »Staatsarchiv« mit seinem der Verteidigung der königlichen Gerechtsame dienenden Zweck lobend hervor. Gleichzeitig erfuhr die »Reichs- und Staats-Zeitung« Langes eine positive Würdigung (Der Fränkische Merkur, Nr. 38, 18. September 1798, Sp. 1194, 1200). – Den zentralen von ihm mitverfochtenen Theorien zur Verteidigung der Mediatisierung der Ansbach-Bayreuth benachbarten Reichsritter blieb Goess auch noch treu, als diese längst keine Rolle mehr spielten (*Goess*, Statistik, S. 2, 43 f., 83, 145 f., 175 f., 247 ff.). – Nicht miteinbezogen wurde in unsere Untersuchung eine ebenfalls Goess zugeschriebene Druckschrift, die über die Mediatisierungen Berlins kein Wort verliert, aber für Tschirch einen indirekten Rückschluss auf die Meinung des Verfassers darüber gestattet (*Tschirch*, Geschichte I, S. 220 f.). – Nach *Georg Seiderer* (Formen, S. 294 f.) soll Goess einen weiteren Beitrag, in dem er »die preußische Politik in Franken verteidigte«, im Oktoberheft der »Jahrbücher der preußischen Monarchie unter der Regierung Friedrich Wilhelms des Dritten« für das Jahr 1799 publiziert haben – einer bedeutenden, von dem Literaten Friedrich Rambach (1767–1826) monatlich herausgegebenen Zeitschrift, die sich außenpolitischer Themen weitestgehend enthielt. Allerdings handelt es sich bei der Angabe Seiderers um einen Druckfehler. Zwar findet sich an der fraglichen Stelle der »Jahrbücher« tatsächlich ein Rückblick auf die Geschichte Ansbach-Bayreuths seit ihrem Anfall an die Kurlinie in Berlin. Aber dabei handelt es sich nur um den

fallender Versuch Haenleins und Langs, in der Nachfolge des »Staatsarchivs« die preußische Publizistik zur Rechtfertigung der Mediatisierungen Berlins wiederzubeleben, scheiterte dagegen bald[76].

Herrscht damit über Autoren und Beschaffenheit der preußischen Publizistik weitgehend Klarheit, bleibt noch die Frage zu klären, wer die Adressaten dieser Propaganda waren. Wolfgang Burgdorf hat zu Recht hervorgehoben, dass »die politische Öffentlichkeit am Ende des 18. Jahrhunderts [...] noch weitgehend eine intergouvernementale Öffentlichkeit« gewesen sei[77]. Tatsächlich sind unter den Rezipienten der preußischen Publizistik vor allem auswärtige Regierungen sowie die Reichs- und Kreisinstitutionen zu nennen. Diese sollten von der Rechtmäßigkeit der Maßnahmen Berlins in Franken überzeugt oder gar zur politischen Unterstützung des preußischen Kurses bewegt werden. Die angesprochene kritische »Beleuchtung« der Abhandlung des Professors Weber über die »Wildbretabtragsgelder« wurde im Juni 1795 »ad aedes legatorum«, d. h. an die einzelnen Gesandtschaften in Nürnberg verteilt[78]. Anfang Juli 1796 übersandte Hardenberg die »Königlich Preußische Erklärung über die Landeshoheits-Irrungen in den Fränkischen Fürstenthümern Ansbach und Bayreuth«, den Landesvergleich mit Hohenlohe-Neuen-

ersten Beitrag einer Serie über die »wichtigsten politischen Veränderungen«, der die preußischen Mediatisierungen kaum erwähnte (Jahrbücher der preußischen Monarchie unter der Regierung Friedrich Wilhelms des Dritten 3 (1799) (Zitat ebd., Titelblatt). *Goess*, Was ist seit der Preußischen Regierung für die Geschichte der Fränkischen Fürstenthümer merkwürdiges geschehen, S. 200 ff. (Zitat ebd., S. 200 Anm. *). Speziell zu den Preußischen Jahrbüchern unter Friedrich Wilhelm III. und ihrem Herausgeber siehe: Der Fränkische Merkur, Nr. 11, 13. März 1798, Sp. 321–352 (hier: nicht paginierte Seite), *Tschirch*, Geschichte I, S. 8, 307 f., 318 ff. u. *Schumann*, Presse, S. 53, 150).

76 Im Jahr 1800 erschien in Ansbach eine gedruckte Zeitschrift unter dem Titel »Neues Staatsarchiv der Königl. Preuß. Fürstenthümer in Franken«. Diese wurde von Karl Heinrich Lang sowie Conrad Siegmund Karl Haenlein bearbeitet und herausgegeben, sollte aber auch fremden Autoren eine Bühne zur Verteidigung der preußischen Landeshoheitsansprüche bieten. Programmatisch knüpfte das »Neue Staatsarchiv« an seinen berühmteren Vorgänger an: In ihm sollten die inzwischen von verschiedenen Publizisten vorgebrachten Widerlegungen der preußischen Landeshoheit über fremdes, reichsständisches und eben auch reichsritterschaftliches Gebiet entkräftet werden. Obwohl das Journal neue Akzente setzte, indem es der Deduktion dem Vorrang vor dem Abdruck bereits veröffentlichter beglaubigter Urkunden einräumte, stieß es allem Anschein nach nicht auf das erhoffte Interesse. Daher erschien nur das erste Heft des ersten Bandes im Umfang von gut 90 Oktavseiten. Unter den darin befindlichen Aufsätzen hatte jedoch keiner die Landeshoheitsstreitigkeiten mit der Reichsritterschaft zum Inhalt. Allein ein Beitrag »Ueber den Gang und die Lage der mit den Nachbarn eingeleiteten Vergleichs-Unterhandlungen« griff indirekt auch das Corpus equestre an (Neues Staatsarchiv der Königl. Preuß. Fürstenthümer in Franken 1,1 (1800). *Haenlein/K. H. Lang*, [Vorrede], S. III ff. Zitat vom Deckblatt von Staatsarchiv der Königl. preuß. Fürstenthümer in Franken, Bd. 1.1 unter Angleichung der Kürzungszeichen. Ueber den Gang und die Lage der mit den Nachbarn eingeleiteten Vergleichs-Unterhandlungen, S. 65 (Zitat ebd.). Vgl. Die Memoiren des Karl Heinrich von Lang. Faksimile II, S. 5 u. *Haussherr* (Hg.), Memoiren, S. 186).

77 *Burgdorf*, Riems Kritik, S. 174 ff. (Zitat ebd., S. 174).

78 Bericht der pfalz-bayerischen Kreisgesandtschaft, abgezeichnet vom Regierungssekretär von Bayard, an Kurfürst Karl Theodor, Nürnberg, 13. Juni 1795, BayHStA, K. schw., Nr. 14507, fol. 6.

stein sowie die gegen die Reichsritterschaft und verschiedenen Reichsstände gerichteten Traktate an die königlichen Vertreter bei verschiedenen Reichsinstitutionen und fremden Höfen. Dadurch sollten die königlichen Gesandten, Geschäftsträger, Residenten und Agenten nicht nur vom offiziellen Standpunkt Berlins unterrichtet werden, um ihn angemessen vertreten zu können, sondern sie sollten die erhaltenen Mehrfachexemplare auch weiterverteilen. Den fremden fränkischen Kreisgesandten wurden dabei die preußischen Druckschriften »unter der Hand«, ohne »das Ansehen einer officiellen Mittheilung« zugespielt. Zu den genannten Zwecken gingen die preußischen Veröffentlichungen des Sommers 1796 nicht nur an die königlichen Vertreter am Nürnberger Kreiskonvent, sondern auch an die Bevollmächtigten Berlins am Niedersächsischen, Oberrheinischen und Niederrheinisch-Westfälischen Reichskreis, am Regensburger Reichstag sowie an die im preußischen Dienst stehenden Agenten und Prokuratoren beim Wiener Reichshofrat und am Reichskammergericht zu Wetzlar. Zugleich erhielten die diplomatischen Vertreter Preußens an den Höfen in Stuttgart, Wien, Dresden, London, München und Kopenhagen die königlichen Deduktionen übersandt. Auch dem preußischen Chargé d'Affaires beim Kurfürsten von Mainz, der in Frankfurt am Main Exil gefunden hatte, wurden die besagten Druckschriften zugestellt sowie dem ebenfalls in der Reichsstadt residierenden königlichen Legationsrat Häberlin[79]. Später erhielten die preußischen Gesandtschaften

79 GStA PK Berlin, II. HA, Abt. 36, I, Nr. 6: fortl. für Juni bis Juli 1796 sowie für Januar 1797. Reskript Hardenbergs an die preußische Kreisdirektorialgesandtschaft zu Nürnberg, Deberndorf, 3. Juli 1796, ebd., fol. 95–96, hier: fol. 95 (Zitate ebd.). – Siehe außerdem zur erst im August 1796 erfolgten Übersendung der preußischen Druckschriften an den Regierungsrat beim Reichshofrat Wilhelm Heinrich von der Lith in Wien: Schreiben des Regierungsrates von der Lith an Hardenberg, Wien, 1. August 1796, ebd., fol. 176–177, hier: fol. 176 u. Reskript Hardenbergs an den Regierungsrat W[ilhelm] H[einrich] von der Lith in Wien, Ansbach, 10. August 1796, ebd., fol. 178. – Auch an General Heymann wurden die preußischen Druckschriften übersandt (Reskript Hardenbergs an verschiedene preußische Gesandschaften und Vertreter, Ansbach, 1. Juli 1796, ebd., fol. 88–92, hier: fol. 88 ff.). Dieser fungierte in Rohrbach als vertrauter Verbindungsmann zum dort lebenden Herzog Max (Joseph) von Zweibrücken, der als präsumptativer Erbe Pfalz-Bayerns bereits Einfluss auf die Münchner Außenpolitik nahm (*Weis*, Montgelas I (1988), S. 261 ff., 312 f.). – Bereits der Vortrag der Kabinettsminister vom 12. April 1796 vor dem preußischen König über die Durchsetzung der zollerschen Landeshoheitsansprüche hatte die Notwendigkeit betont, die für Berlin sprechenden Rechtsgründe in allgemeinen und speziellen Abhandlungen auszuführen und diese durch die königlichen Gesandten in der Hofburg sowie an den wichtigsten deutschen Höfen verbreiten zu lassen (*Kretschmann*, Dienstjahre (1808), S. 22 ff.). – Unter den königlichen Residenten nahm Dr. Karl Friedrich Häberlin (1756–1808), ein Verwandter Karl Heinrich Langs, als Empfänger der preußischen Publizistik eine interessante Sonderrolle ein. Selbst ein Anhänger aufklärerisch-naturrechtlichen Gedankenguts und Kritiker des Adels, war Häberlin 1778 über das Ius collectandi des Corpus equestre promoviert worden – eine Arbeit, deren Ergebnisse nicht zugunsten der reichsritterschaftlichen Rechtsauffassung ausfielen. Seit 1782 hatte Häberlin in Erlangen als ordentlicher Professor der Rechte das Ius publicum gelehrt, bevor er 1786 dem Ruf auf einen staatsrechtlichen Lehrstuhl in seiner Heimatstadt Helmstedt im Herzogtum Braunschweig gefolgt war. Ebenfalls 1786 mit der Würde eines preußischen Hofrats ausgezeichnet, trat

und Vertretungen im Reich auch das separat gedruckte Urkundenbuch sowie das von Haenlein und Kretschmann herausgegebene »Staatsarchiv« zur Kenntnisnahme und Verteilung übersandt[80]. Dieses mehrbändige Journal sprach in der Einleitung seiner Herausgeber ausdrücklich den »gelehrten Staatsmann« als Adressaten an[81]. Ähnlich verhielt es sich mit dem von Lang und Haenlein besorgten Nachfolger des »Staatsarchivs«: Dieser richtete sich neben dem nicht näher spezifizierten »einheimischen Publikum« an den »auswärtigen Staatsmann und Gelehrten«[82].

Als ein unerwarteter Adressat der preußischen Publizistik tritt das fränkische Spezialdirektorium Rhön-Werra in den Quellen hervor. Zwar konnte der Dirigierende Minister kaum erwarten, dieses von der vermeintlichen Rechtsmäßigkeit der Mediatisierungen zu überzeugen. Aber dennoch legte er seinen Antworten auf verschiedene Protestschreiben des Spezialdirektoriums die »Oeffentliche Erklärung wegen der Brandenburgischen Insassen« sowie

Häberlin, ein »großer Verehrer des Reichskammergerichts«, in den achtziger und vor allem den neunziger Jahren des 18. Jahrhunderts als Reichspublizist hervor. U. a. verfasste er verschiedene Arbeiten zur Feudistik sowie sein viel beachtetes Hauptwerk zum »Teutschen Staatsrecht nach dem System des Herrn Geheimen Justizrath Pütter«. In Letzterem, einem 1794 in Berlin in erster Auflage erschienenen mehrbändigen Staatsrechtshandbuch, hatte sich Häberlin nicht nur für eine tiefgreifende Reform der Reichsverfassung ausgesprochen, deren überzeugter Anhänger er war. Auch die Maßnahmen Preußens gegen den Wildschaden in seinen fränkischen Provinzen waren in Häberlins »Teutschem Staatsrecht« – wenn auch nur indirekt – lobend hervorgehoben worden. In die publizistische Auseinandersetzung um die Rechtsmäßigkeit der dabei erhobenen »Wildbretabtragsgelder« hatte er jedoch nicht eingegriffen. Dafür gab Häberlin in Fortsetzung der keine drei Jahre zuvor eingegangenen »Stats-Anzeigen« des Göttinger Professors August Ludwig Schlözer mit dem »Staats-Archiv« seit 1796 ein namhaftes juristisches und kameralwissenschaftliches Organ heraus. Nicht zuletzt dieser Umstand musste ihn als Adressaten für die preußische Publizistik besonders interessant machen. Dass Berlin bei dem Helmstedter Staatsrechtler mit seinem Werben keinen Erfolg hatte, wird noch zu zeigen sein (*Hamberger/Meusel*, Teutschland III, S. 26 ff. *Häberlin*, Handbuch I, Vorrede, hier: fortl. (Zitate ebd., [S. I Anm. *] u. vom Titelblatt). *Ders.*, Staats-Archiv 2/6 (1796) (Zitat ebd., Titelblatt). [*Ders.*], Darf der Ausdruck: unveräusserliche Menschenrechte in Satzschriften bey dem Reichskammergerichte nicht gebraucht werden, S. 366 (Zitat ebd.). *Fischer*, Haeberlin, S. 3 ff., 73, 80 f. *Eisenhart*, Häberlin, S. 278 f. *Asche*, Häberlin, S. 420 f. Schlözer's Stats-Anzeigen 17/66 (1792) (Zitat ebd., Titelblatt)).

80 Bericht Häberlins an Hardenberg, Frankfurt/M., 22. Juni 1799, GStA PK Berlin, II. HA, Abt. 36, VI, Nr. 105. Reskript Hardenbergs an den Kriegsrat Glaser zu Ansbach, Ansbach, 28. Juni 1799, ebd. Reskript Hardenbergs an Häberlin, Ansbach 28. Juni 1799, ebd. Bericht Hardenbergs an das Kabinettsministerium, Ansbach, 3. Dezember 1796, GStA PK Berlin, II. HA, Abt. 36, I, Nr. 6, fol. 187–193, hier: fol. 188. Reskript Hardenbergs an Häberlin zu Frankfurt am Main, Ansbach, 21. Januar 1797, ebd.

81 *Haenlein/Kretschmann*, Vorrede. – Schon Tschirch und Haussherr hatten mit ihrem Urteil recht, wenn sie zum »Staatsarchiv« von Haenlein und Kretschmann konstatierten: »Ein solches gelehrtes Amtsblatt konnte aber unmöglich auf weitere Kreise wirken«. Schließlich konnte sein Inhalt »nur den kleinen Kreis von Juristen und Staatsbeamten interessieren« (*Tschirch*, Geschichte I, S. 206 u. 214 (Zitate ebd.). *Haussherr*, Hardenberg I, S. 211).

82 *Haenlein/K. H. Lang*, [Vorrede], S. IV.

einen gesonderten Druck des darin angekündigten Urkundenbuchs bei[83]. Wahrscheinlich veranlasste der betont öffentliche Charakter dieser Werke den Dirigierenden Minister dazu, sie den Hauptbetroffenen zu übersenden. Genauso soll er nämlich auch mit den gegen verschiedene Kreisstände gerichteten preußischen Schriften verfahren sein[84]. Des Weiteren dürfte der Dirigierende Minister auch den psychologischen Effekt mit einkalkuliert haben, den die königlichen Druckschriften auf die Rittergenossen entfalteten. Auf Letztere wirkte nämlich die preußische Publizistik in hohem Maße demoralisierend, da nun kein Zweifel mehr an den Absichten Berlins bestand, sie mit allen Mitteln zu mediatisieren. Die daraus resultierende »Furcht, am Ende alles zu verlieren«, musste die Bereitschaft der betroffenen Reichsritter erhöhen, sich notfalls den preußischen Landeshoheitsansprüchen zu beugen, um auf diesem Wege so viel wie irgend möglich von ihren alten Privilegien und Einkünften zu retten. Nicht umsonst endete die »Oeffentliche Erklärung wegen der Brandenburgischen Insassen in den Fränkischen Fürstenthümern, welche sich zur Reichs-Ritterschaft halten«, mit dem Versprechen: Es »sollen allen denjenigen Insaßen, welche Seine Majestät als Insaßen reklamiren müssen, alle die Rechte und Vorzüge ebenfalls eigen seyn, welche der übrigen eingesessenen Vogtländischen Ritterschaft zugestanden werden, und welche sie nicht einmal als Mitglieder der Reichsritterschaft geniessen würden«[85]. Mit dieser Ankündigung schließt sich der Kreis wieder zu den bereits geschilderten Maßnahmen, mit denen den Reichsrittern ihre Unterwerfung unter das königliche Zepter erleichtert werden sollte[86].

Zieht man die genannte Auflagenhöhe der preußischen Flugschriften aus dem Sommer 1796 in Betracht, können die Reichsritterschaft, fremde Regierungen sowie die Reichs- und Kreisinstitutionen nicht die alleinigen Adres-

83 Nachschreiben des Ortsvorstandes Altmühl an den Ortsvorstand Rhön-Werra, o.O., 16. Juli 1796, StA Marburg, 109, Nr. 311, Bd. 7. Klageschrift von Rhön-Werra gegen Preußen zu den Beilagen 1 bis 87 zum Reichshofratsprozess, StA Marburg, 109, Nr. 312, Bd. 1. Klageschriftsnachtrag von Rhön-Werra gegen Preußen zu den Beilagen 88 bis 90 zum Reichshofratsprozess, StA Marburg, 109, Nr. 312, Bd. 2. Neue Vertheidigung II, S. 3 f. *F. C. Schmidt*, Beyträge I, S. 60 f. – Wie wenig die preußische Publizistik gerade die intransigenten Gegner der königlichen Landeshoheitsansprüche unter den Reichsrittern überzeugen konnte, verdeutlicht folgendes Beispiel: 1801 beschied der General Alexander Friedrich Wilhelm Freiherr von Seckendorff-Aberdar der Bayreuther Regierung, »daß es dem iezigen Herzog.(lich) Sachßen Coburg.(ischen) Herrn Minister v. Kretschmann in müßigen Stunden gefallen hat, in dem Plaßenburger Archiven Dokumente zu finden, denen er eine eigene Sprache angedichtet und eine Auslegung gegeben hat, die so lange Recht Recht heißt, von dem größten aller Sophisten noch nie behauptet worden ist« (Abschrift des Schreibens von Alexander Friedrich Wilhelm Freiherr von Seckendorff an die Bayreuther Regierung, Wetzlar, 17. Oktober 1801, GStA PK Berlin, II. HA, Abt. 36, I, Nr. 340, fol. 102–105, hier: fol. 102).

84 *F. C. Schmidt*, Beyträge I, S. 60 ff. Vgl. *Hofmeister-Hunger*, Pressepolitik, S. 85, 93 ff.

85 Abschrift des Schreibens des Ortsvorstandes Altmühl an den Reichshofvizekanzler Fürst von Colloredo-Mansfeld, o.O., 11. Juli 1796, StA Marburg, 109, Nr. 311, Bd. 7 (Zitat ebd.). Oeffentliche Erklärung wegen der Brandenburgischen Insassen, S. 11 (Zitat ebd.).

86 Siehe Kapitel VII.1.

saten der königlichen Publizistik gewesen sein. Tatsächlich bezeugt ein Amtsbericht die Verteilung einschlägiger preußischer Druckschriften in den Orten verschiedener Reichsstände, die im Sommer 1796 von Berlin okkupiert wurden[87]. Zudem wurden in den Buchläden der großen fränkischen Städte die preußischen Flugschriften gegen die Reichsritterschaft und verschiedene Kreisstände verkauft[88]. Mehr nach als neben den auswärtigen Höfen, Reichsgerichten sowie den Reichs- und Kreistagen dürfte daher die Berlinnahe Publizistik auch auf das sog. Bildungsbürgertum gezielt haben. Damit rückt ein Personenkreis in den Blickpunkt, dem die Forschung sowohl als Rezipient als auch als Autor eine zentrale Rolle in der Ausbildung der öffentlichen Meinung zuweist. »Dieses gebildete ›Publikum‹« setzte sich aus Professoren, Kaufleuten, Advokaten, Geistlichen, Ärzten, Lehrern und Beamten zusammen sowie aus sonstigen Akademikern, Honoratioren und Angehörigen gelehrter Professionen. Dieser Personenkreis rekrutierte sich also keineswegs allein aus dem höheren und gehobenen Bürgertum. Vielmehr gehörten ihm auch Vertreter des Adels und der dörflichen Oberschicht an. Gemeinsam war »den gebildeten Ständen«, dass sie zum großen Teil im Solde eines Landesherrn standen – sei es auf unbeteiligter Seite, im Dienste Preußens, der Reichsritterschaft und ihrer Mitglieder oder der ebenfalls interessierten fränkischen Kreisstände. Ein verbindender Faktor war nicht zuletzt das aufklärerisch-naturrechtliche Gedankengut, als dessen Träger und Multiplikator das sog. Bildungsbürgertum vielfach hervortrat. Gemessen an der Gesamtbevölkerung war diese gebildete Oberschicht jedoch ausgesprochen klein. Für die Residenzstadt Bayreuth wurde sie anhand einer Bevölkerungsstatistik aus dem Jahr 1793 auf vier bis fünf Prozent der Einwohnerschaft geschätzt[89].

Einen weit über diese kleine Bildungselite hinausreichenden Adressaten-

87 Bericht des königlichen Kastenamts Cadolzburg, Cadolzburg, 11. Juli 1796, GStA PK Berlin, II. HA, Abt. 36, I, Nr. 6, fol. 130. Reskript Hardenbergs an das königliche Kastenamt Cadolzburg, Ansbach, 14. Juli 1796, ebd., fol. 131.

88 *F. C. Schmidt*, Beyträge I, S. 60 ff.

89 *Hofmeister-Hunger*, Pressepolitik, S. 13 f., 68 ff. *Piereth*, Pressepolitik, S. 38 ff., 46 (Zitat ebd., S. 38). *Seiderer*, Formen, S. 53 ff., 69 ff., 178 ff., 210 ff., 225 ff., 235, 335. *Thürauf*, Meinung, S. 5, 26 f., 34 f. *Schneider*, Aufklärung, S. 17 f. *H. H. Hofmann*, Herrschaft, S. 144 ff. *Demel*, Der europäische Adel, S. 425 f. *Fehrenbach*, Régime, S. 56 ff. *Stamm-Kuhlmann*, »Man vertraue doch der Administration!«, S. 632. *Kretschmann*, [Rezension], Handbuch des deutschen Staatsrechtes nach dem System des Herrn geheimen Justizrath Pütter, S. 207 (Zitat ebd.). *Schumann*, Presse, S. 14 f. – Ein schönes Beispiel für die Rolle des Bildungsbürgertums als Rezipient ist die »staatswissenschaftliche und juristische Literatur«. Diese Rezensionszeitschrift, die – wie dargelegt wurde – ebenfalls der preußischen Mediatisierungspropaganda diente, zielte auf einen Personenkreis, der akademisch gebildet, zumindest aber in wissenschaftlichen oder fachhandwerklichen Disziplinen kompetent und entsprechend interessiert war. Die Herausgeber wollten also nicht nur »den Staatsmann und Juristen, sondern auch [...] den Theologen, Pädagogen, Militär, Arzt, Philosophen, Oekonomen, Berggelehrten und Kaufmann« erreichen (*Kretschmann/Völderndorff*, [Vorrede], S. 2 ff. (Zitat ebd. S. 10 f.)). – Für 1787 wurden 9401 Einwohner für die Residenzstadt Bayreuth gezählt ([*H. C. Meyer*], Briefe, S. 24).

kreis für die preußische Publizistik im Kontext der Mediatisierungspolitik Berlins postulierte dagegen Andrea Hofmeister-Hunger. Sie stellte 1994 die generalisierende These auf, dass neben der schmalen Schicht des sog. Bildungsbürgertums »auch Landbevölkerung und Unterschichten eine wesentliche und ernstgenommene Zielgruppe für die Pressepolitik des Dirigierenden Ministers [...], freilich mehr als Objekt«, also als Leser bzw. Zuhörer, gewesen seien[90]. Diese These haben Georg Seiderer und Ingo Hermann für die königliche Publizistik zur Verteidigung der preußischen Mediatisierungen übernommen, jedoch eine Fokussierung auf den unteren Rand der damaligen Gesellschaft vermieden: Angeblich sorgte Hardenberg »mit dem ›Staatsarchiv der königlich-preußischen Fürstentümer‹ auch auf wissenschaftlicher Ebene dafür, dass selbst juristisch schwierige Operationen wie die ›Revindikationen‹ [...] eine breitere Öffentlichkeit erreichten, obgleich es sich hierbei um eine komplizierte Materie handelte«[91].

Zweifellos blieb die seit 1789/90 verstärkte Politisierung nicht auf die Spitzen der Gesellschaft beschränkt, sondern erfasste einen erheblichen Teil der Gesamtbevölkerung. Auch ist nicht zu bestreiten, dass damit ein gesteigertes Interesse an Druckerzeugnissen zu aktuellen Ereignissen einherging[92]. Aber diese Umstände erlauben keine automatischen Rückschlüsse auf den Rezipientenkreis der von Hardenberg initiierten Publizistik zur Legitimierung der königlichen Landeshoheitsansprüche gegen die Reichsritterschaft. Dies gilt besonders mit Blick auf den begrenzten Alphabetisierungsgrad der potentiellen Leserschaft[93]. Zwar misst die neuere Forschung mit guten

90 *Hofmeister-Hunger*, Pressepolitik, S. 69, 402 (Zitat ebd., S. 69). – Diese Aussage ist umso unverständlicher, als Hofmeister-Hunger andernorts immer wieder selbst die Rezeption der regierungsnahen Publizistik durch die sog. »plebijische Öffentlichkeit« in Zweifel zieht. Ihre speziell auf den Adressatenkreis der außenpolitischen Propaganda des Dirigierenden Ministers in Ansbach-Bayreuth bezogenen Thesen sind ebenfalls widersprüchlich (*Hofmeister-Hunger*, ebd., S. 49, 69, 79 f. *Hans Medick*, Plebeijische Kultur, plebijische Öffentlichkeit, plebijische Ökonomie, in: *Robert M. Berdahl* u. a. (Hg.), Klassen und Kultur. Sozialanthropologische Perspektiven in der Geschichtsschreibung, Frankfurt 1982, S. 157–196, hier: S. 162, zit. nach: *Hofmeister-Hunger*, ebd., S. 79).

91 *Hermann*, Hardenberg, S. 159 (Zitat). *Seiderer*, Formen, S. 462.

92 *Piereth*, Pressepolitik, S. 38 ff.

93 Zwar ist die Existenz sog. »teutscher Schulen« in reichsritterschaftlichen Herrschaften aus Einzeluntersuchungen bekannt. Jedoch fehlen quantitative Erhebungen, die genauere Rückschlüsse auf den durchschnittlichen Alphabetisierungsgrad der reichsritterschaftlichen Hintersassen erlauben würden und damit auf ihre Fähigkeit, die preußischen Druckschriften selbst zu studieren. Demselben Hindernis begegnet man bei dem ebenso problematischen wie beliebten Versuch, die Lesefähigkeit aus der Kunst abzuleiten, den eigenen Namen zu schreiben. In reichsadligen Verhörprotokollen finden sich wiederholt drei Kreuze als »Handzeichen des im Schreiben unerfahrnen« Untertanen, und selbst mancher reichsritterschaftliche Gemeindevorsteher konnte wegen seiner »Unerfahrenheit im Lesen« den preußischen Befehlen nicht nachkommen. Zudem beklagen zahlreiche publizistische Quellen Frankens aus dem späten 18. Jahrhundert in drastischen Worten das begrenzte Lesespektrum und den unbefriedigenden Alphabetisierungsgrad der einfachen Bevölkerung sowie den katastrophalen Zustand des niederen Schulwesens in reichsritterschaftlichen und reichsständischen Dörfern. Dass diese jeweils

Gründen »den illiteraten Kommunikationsformen« gegen Ende des Alten Reiches eine besondere Bedeutung zu[94]. Doch auch dieser Gesichtspunkt vermag die These von Hofmeister-Hunger für die Mehrheit der reichsritterschaftlichen Untertanen nicht zu unterfüttern[95]. Entsprechend unglaubwürdig

für sich wenig aussagekräftigen Einzelbeobachtungen einen insgesamt mäßigen Zustand des ländlichen Bildungswesens und damit eine weiterhin nur begrenzte Alphabetisierung der bäuerlichen Bevölkerung in den fränkischen Territorien des ausgehenden 18. Jahrhunderts widerspiegelten, hat die Forschung – soweit die Quellen tragen – längst herausgearbeitet. Vergleichsweise gut ist dabei der Wissensstand zu den einfachen Bildungsanstalten in den Hochstiftern Eichstätt, Bamberg und Würzburg, wo sich die Fürstbischöfe Johann Anton III. von Zehmen (1781 – 1790), Adam Friedrich von Seinsheim (1755/57 – 1779) und insbesondere Franz Ludwig von Erthal (1779 – 1795) um den Ausbau sowie die Verbesserung des niederen Schulwesen bemüht hatten. Allerdings lassen sich die Verhältnisse in den benachbarten Territorien größerer Reichsstände kaum eins zu eins auf die meisten immediaten Rittergüter übertragen. Auch in Franken ist daher von einer regional stark schwankenden Alphabetisierungsquote auszugehen, die für Deutschland um 1800 auf etwa 25 % geschätzt wird (Abschrift der Freiherrlich von Seckendorffischen Amtsprotokolle, Markt Sugenheim, 10., 17., 24. u. 26. Oktober 1795, StA Marburg, 109, Nr. 311, Bd. 5, zu Dok. 326 (Zitat ebd. vom 17. Oktober 1795). Abschrift des Freiherrlich von Künsbergischen Amtsprotokolls, Ermreuth, 30. September 1799, StA Marburg, 109, Nr. 322 (Zitat ebd.). Beilage 1: Reichsritterschaftliche Amtsprotokolle, Deufstetten, 11. u. 14. Dezember 1793, StA Ludwigsburg, B 575 II, Bü 58. Der Fränkische Merkur, Nr. 1, 31. März 1794, Sp. 2 f. Ebd., Nr. 7, 16. Februar 1796, Sp. 101 ff. Ebd., Nr. 11, 13. März 1798, Sp. 321 f. *F. J. H. Soden*, Franzosen, S. 21. *Goess*, Über die wissenschaftliche Kultur, S. 417 f. *Ders.*, Statistik, S. 199 f. *W. H. Puchta*, Erinnerungen, S. 184 f. Vertraute Briefe über das Fürstenthum Bayreuth, S. 98 f. [*H. C. Meyer*], Briefe, S. 83. *Rauser*, Reichsfreiherrschaft, S. 26 f., 59 f., 91. *Roth*, »Teutsche Schulen«, S. 671, 676 f. *Seiderer*, Formen, S. 369 ff. *Blanning*, Europa, S. 114 f. *Liedtke*, Schulwesen, S. 43 ff. *Fuchs*, Erinnerungsgeschichten, S. 105 f., jedoch etwas relativierend auf S. 148 f. u. 154. *Polster*, Schule, S. 182 ff. *Bauer*, Schulwesen, S. 200 ff. *Leitschuh*, Erthal, S. 57 ff. *Siemann*, Staatenbund, S. 214. *Thürauf*, Meinung, S. 26 f., 35, 71. Anders: *Endres*, Reformpolitik, S. 285. Vgl. auch: *Sailer*, Untertanenprozesse, S. 88).

94 *Piereth*, Pressepolitik, S. 38 Anm. 101, S. 40 (Zitat ebd., S. 38. Anm. 101). *Hofmeister-Hunger*, Pressepolitik, S. 120. *Thürauf*, Meinung, S. 71 f. *Schumann*, Presse, S. 15. Vgl. hierzu auch *F. J. H. Soden*, Franzosen, S. 21 f.

95 Wer hätte denn den Hintersassen der Rittergenossen die einschlägigen königlichen Druckschriften und Periodika vorlesen sollen? Von den Schultheißen, Amtleuten und Dorfgeistlichen, die alle in vielfältiger Weise von ihrer reichsritterschaftlichen Herrschaft abhängig waren, dürfte dies in den allerwenigsten Fällen zu erwarten gewesen sein. Vor allem aber krankt Hofmeister-Hungers These von einer breiten Rezeption der antiritterschaftlichen Publizistik Berlins durch die unteren Bevölkerungsschichten an einer Verkennung der gesellschaftlichen Realitäten. Ungeachtet der geschilderten allgemeinen Politisierung blieb der Gesichtskreis der Mehrzahl der einfachen Bauern, kleinen Handwerker, Tagelöhner und Häusler von den alltäglichen Sorgen bestimmt. Die Gedanken der meisten reichsritterschaftlichen Hintersassen dürften weit eher um die Bestreitung des täglichen Lebensunterhalts, das Aufbringen von Abgaben und Steuern, die Sorgen um Ernte, Wetter, kranke Verwandte und die Aushebung zum preußischen Militär sowie um die existenzielle Angst vor den Revolutionsheeren gekreist haben als um die in den preußischen Druckschriften ausgebreiteten staatsrechtlichen Konstrukte. Dort, wo in den unteren ländlichen und städtischen Schichten Grundfertigkeiten im Lesen überhaupt vorhanden waren, wurde die Lektüre in der Regel nicht zur geistigen Zerstreuung oder intellektuellen Erbauung betrieben, sondern aus ganz konkreten Nützlichkeitserwägungen. Aus dieser Sicht machte das wiederholte Studium des Gesangbuches, der Bibel und des Volkskalenders Sinn und versprach sogar persönliche Vorteile. Im Gegensatz dazu war der Zweck kaum ersichtlich, den

erscheint ihr Argument, dass vor allem die zwei für die Reichsritterschaft besonders einschlägigen Flugschriften des Jahres 1796 durch ihren einfacheren Stil »eine breitere Öffentlichkeit als das juristische Fachpublikum anzusprechen« vermochten[96]. Diese Abhandlungen waren für das Gros der bäuerlichen und unterbäuerlichen Bevölkerung sowie der Landhandwerker und städtischen Unterschichten im Detail weder nachvollziehbar noch gedacht. Dies zeigt beispielsweise der entsprechendes juristisches Vorwissen des Lesers voraussetzende Hinweis auf die fürstliche Erbrechtstheorie der Sukzession »ex pacto et providentia majorum«[97]. Aus den dargelegten Gründen scheidet auch die Masse der einfachen Bevölkerung innerhalb der ursprünglichen Grenzen der fränkischen Provinzen als Adressat für die preußische Publizistik aus – mochten auch hier die Möglichkeiten zur Kenntnisnahme der Propaganda Berlins weit günstiger sein als in den Territorien der Reichsritter[98].

Damit bleibt festzuhalten: Wo sich reichsritterschaftliche Hintersassen gegen ihre angestammte Landesherrschaft wandten und sich den Befehlen Preußens beugten, geschah dies aus Unzufriedenheit, Einsicht in die realen Machtverhältnisse und der Hoffnung auf eine Minderung ihrer Abgaben und

eine Beschäftigung mit den staatsrechtlichen Argumenten der einschlägigen preußischen Publizistik haben konnte. Auch die Alternative des abendlichen Gasthausbesuches musste attraktiver und zweckmäßiger erscheinen als eine derartige Tätigkeit, die keinerlei persönlichen Nutzen oder Erfüllung versprach. Schließlich wurden die Mühen einer Lektüre noch durch die Kluft zwischen dem gesprochenen lokalen Dialekt und der handschriftlichen Schreibweise einerseits und dem gedruckten Wort andererseits erschwert (*Hofmeister-Hunger*, Pressepolitik, S. 122 ff. *Thürauf*, Meinung, S. 39 f., 71, 84. *Seiderer*, Formen, S. 372 ff. Vgl. auch: *Endres*, Reformpolitik, S. 288 u. *Engelsing*, Perioden, Sp. 959 ff., 971 f.).

96 *Hofmeister-Hunger*, Pressepolitik, S. 93 f. (Zitat ebd., S. 94).

97 Oeffentliche Erklärung wegen der Brandenburgischen Insassen, S. 10. – Ralf-Peter Fuchs und andere haben anhand von Verhörprotokollen des 16. und 17. Jahrhunderts gezeigt, wie wenig die breite Masse der Untertanen über die reichs- und territorialstaatsrechtliche Fundierung der bestehenden Herrschaftsverhältnisse in ihrem unmittelbaren Lebensumfeld wusste. Zwar mochten im territorial zersplitterten deutschen Südwesten etliche Untertanen durchaus Aussagen über ihre Landesherrschaft und Obrigkeit treffen und dabei mit den gelehrten Theorien der Reichspublizistik eine erstaunliche Übereinstimmung erzielen. Aber hinter den derart geäußerten Herrschaftsvorstellungen stand meist kein tiefer gehendes Verständnis der juristischen Zusammenhänge. Stattdessen basierte das Wissen der meisten befragten Untertanen über Rechtsverhältnisse und Landesherrschaft auf der in eigener Anschauung gewonnenen Kenntnis, wer bisher Befugnisse wie die Gerichtsbarkeit oder das Steuerrecht faktisch ausgeübt hatte. Die reichs- und territorialstaatsrechtliche Bildung des Gros der Bevölkerung schöpfte mithin allein aus persönlichen Erfahrungen, wenn für sie unmittelbar »Obrigkeit [...] erlebbar wurde«. Es ist kaum anzunehmen, dass sich dieser defizitäre Wissensstand im folgenden Jahrhundert so fundamental besserte, dass die juristischen Theorien der preußischen Publizistik für einen nennenswerten Bevölkerungsanteil aus den ländlichen und städtischen Unterschichten nachvollziehbar geworden wären (*Fuchs*, Kaiser, S. 48 ff. *Schunka*, Schertlin, S. 231, 244 f. (Zitat ebd., S. 244). *S. Ullmann*, Landesherr, S. 264 ff. Vgl. auch zur besonders lebendigen Erinnerung an die in die Lebenswirklichkeit der Untertanen eingreifende Herrschaftsausübung: *Fuchs*, Erinnerungsgeschichten, S. 125 ff.).

98 *Seiderer*, Formen, S. 369 ff. Vgl. auch *Tschirch*, Geschichte I, S. 206, 214.

Steuern[99]. Die in der preußischen Publizistik vorgetragenen staatsrechtlichen Argumente spielten dabei sicher keine Rolle. Diese zielten vor allem auf bestimmte Höfe, die Reichs- und Kreisinstitutionen sowie das sog. Bildungsbürgertum.

2.2 Die Argumentation der königlichen Publizistik

Als Kretschmann, einer der bedeutendsten Publizisten im Dienste der preußischen Mediatisierungspolitik, 1793 die königlichen Landeshoheitsansprüche über die angrenzenden reichsritterschaftlichen Herrschaften theoretisch entwickelte, hielt er fest:

»Zwar darf ich erwartten, daß man mir gegen diese Behauptung das alte Lied vorsingen wird,

In Franken ist kein geschlossenes Land,
die Ritterschaft geht nur zu Kaisers Hand
Und hat mit den Fürsten blos Lehensverband[.]

Allein die Zeiten der Minne sind vorüber, das Zeitalter der Phantasie ist von dem Zeitalter der Kritick verdraengt und man sucht jezt nach Belegen, wenn man Glauben soll, Traditionen und wenn sie von Heiligen kommen sind jezt hoechstens nur Stof zu Kinder Mährchen«[100].

Diese mit der Gedankenwelt eines Johann Jacob Mosers brechende Rechtsauffassung Kretschmanns beeinflusste maßgeblich die publizistische Rechtfertigung der preußischen Arrondierungspolitik. Damit soll jedoch keineswegs gesagt werden, dass der Publizistik Berlins jeder reichsrechtliche Wert abzusprechen wäre. Vielmehr eröffnete der historisch gewachsene Charakter des weitgehend unkodifizierten Reichs- und Territorialstaatsrechts den Freiraum für ein breites argumentatives Spektrum sowie für verschiedene und sogar völlig konträre Rechtspositionen, ohne dass eine davon zweifelsfrei als falsch bezeichnet werden konnte[101]. Daher war es auch einem Karl Heinrich Lang in seinen privaten, nicht explizit zur Verteidigung der Mediatisierungen Berlins verfassten historischen Arbeiten der Jahre 1798 bis 1811 möglich, in völliger Übereinstimmung mit der offiziellen Propaganda Hardenbergs ein vormaliges Landsassiat der späteren Reichsritter als wissenschaftliche Tatsache zu behaupten[102]. Umso wichtiger ist die inhaltliche Auseinandersetzung

99 Siehe Kapitel VII.1.

100 »Rechtliche Entwicklung der Frage In wiefern S[eine]r Majestaet der Koenig von Preußen an die Handlungen der ehemaligen Marggrafen und Burggrafen zu Nürnberg fraenkischer Linie gebunden sind« von Theodor Konrad Kretschmann, Bayreuth, 1793, GStA PK Berlin, I. HA, Rep. 94, IV, Ac, Nr. 5.

101 Siehe Kapitel II.3.

102 In seiner Bayreuther Geschichte, die zugleich eine Ansbachs ist (*Bayer*, Vorwort, S. X), führte Lang beispielsweise aus, wie sich die Ritterschaft Frankens – auch mit Hilfe ritterschaftlicher

mit der Propaganda zur Rechtfertigung der Landeshoheitsansprüche und Mediatisierungen Berlins – ein Feld, das als Nächstes in den Blick zu nehmen ist[103]. Dabei sind zwei Phasen in der Argumentationsstruktur und Zielsetzung der preußischen Publizistik zu unterscheiden. Die Erste fiel in die Jahre 1792 bis 1795/96 und zielte darauf ab, einzelne preußische Eingriffe in reichsritterschaftliche Gerechtsame zu legitimieren sowie die grundsätzliche Berechtigung der königlichen Landeshoheitsansprüche auf fremdes Gebiet zu beweisen. Eine ausreichende Abstimmung der einzelnen preußischen Autoren fand allem Anschein nach nicht statt und war auch vielfach unmöglich, da die königliche Publizistik jener Jahre auf sehr unterschiedliche Anlässe zu reagieren hatte. Daher verfolgten die einzelnen Protagonisten der ritterschaftsfeindlichen Propaganda unterschiedliche Argumentationsstrategien, die zusammen alles andere als ein in sich geschlossenes System bildeten. Vielmehr standen die von den jeweiligen königlichen Publizisten entwickelten Rechtssätze oft unverbunden nebeneinander oder widersprachen sich sogar.

Mit der unmittelbaren Vorbereitung der Mediatisierungen und ihrer endgültigen Durchsetzung wandelten sich auch die Rahmenbedingungen der preußischen Propaganda grundlegend. Wie berichtet, entfesselte der Dirigierende Minister im Sommer 1796 eine massive publizistische Offensive, mit der die vollständige Unterwerfung der reichsritterschaftlichen Herrschaften in der Nähe Ansbach-Bayreuths begründet wurde. Der ungewöhnlich koordinierte Charakter dieser propagandistischen Kampagne[104] fand seinen Niederschlag auch in den propreußischen Argumentationsstrategien der einzelnen Flugschriften, Zeitungs- und Zeitschriftenbeiträge. Zwar ließen sich kleinere Ungereimtheiten und Widersprüche, wie sie sich aus der zeitgleichen Inanspruchnahme reichsständischer und reichsritterschaftlicher Gerechtsame und der Zusammenarbeit unterschiedlicher Autoren ergaben, nicht völlig

Minister der Markgrafen – der zollerschen Herrschaft entzogen hätte. Ihre ursprüngliche Unterwerfung als »Ingesessene Edelleute« unter die zollerschen Mark- und Burggrafen verdeutlichte Lang mal indirekt mal explizit durch die von den Rittern einst übernommenen Aufgaben am Hof- und Lehensgericht sowie an den Kriegsdiensten der fraglichen Adligen für ihre zollerschen Fürsten. Ihre Lehen und niederen Gerichtsrechte hätten die späteren Mitglieder »einer nach der Hand so genannten Reichsritterschaft« zudem vielfach von den zollerschen Landesherren erhalten, die sie als ihre Obrigkeit einst anerkannten und auf deren Landtagen sie vormals erschienen und Steuern bewilligten (*K. H. Lang*, Neuere Geschichte I, S. 5 f., 32 ff., 78 ff., 100 ff., 125 f., 164, 179 f. (Zitate ebd., S. 100, 102). *Ders.*, ebd. II, S. 2 f., 50 ff., 62 ff., 76 ff., 118 ff., 150 ff., 166 ff., 182, 191 f., 199, 207 ff., 220 ff., 271. *Ders.*, ebd. III, S. 20 ff., 136 ff., 260 ff., 280 ff.). – Speziell zum wissenschaftlichen Anspruch der Arbeiten Langs siehe: *Ders.*, Neuere Geschichte I, S. VI ff. u. *Ders.*, ebd. II, S. III ff.

103 Zu den folgenden Ausführungen über die Argumentation der preußischen Publizistik siehe auch: *Hofmeister-Hunger*, Pressepolitik, S. 83 ff., 91 f.; *Dies.*, Revindikationen, S. 259; *Sörgel*, Ritterkanton, S. 86; *H. H. Hofmann*, preußische Ära (1967), S. 249; *Ders.*, Herrschaft, S. 173; *Ders.*, preußische Ära (1960/61), S. 235; *H. Müller*, Kampf, S. 62 f.; *J. Meyer*, Erinnerungen, S. 238; *K. A. Menzel*, Geschichte VI, S. 354 ff.; *Ders.*, Zwanzig Jahre, S. 342, 363 f.; *Ders.*, Geschichte XII/2, S. 212 f., 220 ff.

104 Siehe Kapitel VIII.2.1.

vermeiden. Aber insgesamt war die Beweisführung der einzelnen preußischen Veröffentlichungen seit Juni/Juli 1796 in eine einheitliche Argumentationsstrategie eingebettet, die auf die Untermauerung eines gemeinsamen, in sich selbst logischen Rechtskonstrukts hinauslief.

Bevor sich die vorliegende Studie dieser reichsrechtlich brisanten Theorie zuwendet, ist es sinnvoll, die Argumentationen der preußischen Publizistik der Jahre 1792 bis 1795/96 näher in den Blick zu nehmen.

Was den Anschlag der zollerschen Patente auf fremdem Gebiet im Februar 1792 anging, so versuchte der königliche Legationsrat Ganz diesen mit der Behauptung zu rechtfertigen, dass eine solche Maßnahme notwendig gewesen sei, um die »Brandenburgischen Fraischlichen Unterthanen« über ihren neuen Fraischherren zu benachrichtigen und um die von Markgraf Karl Alexander übernommenen Landeshoheitsansprüche durch einen sog. »Possessionsact« aufrechtzuerhalten[105]. Es wurde bereits gezeigt, dass dieses Motiv tatsächlich für Hardenberg ausschlaggebend war. Aber angesichts der Tatsache, dass der preußische Patentanschlag im Widerspruch zum Herkommen als zentralem Rechtstitel im Ius publicum stand, musste ein solcher Schritt, um eigene Ansprüche (petitorium) gegen einen faktisch bestehenden, fremden Besitzstand (possessorium) zu verwahren, juristisch höchst fraglich erscheinen[106]. Dennoch verharmloste Ganz 1794 die politisch und reichsrechtlich brisanten Folgen dieser Maßnahme für die Ansbach-Bayreuth benachbarten Reichsglieder mit dem Satz: »Und was ist bis jezt daraus erfolgt? Nichts als Protestiren und Reprotestiren, und vielleicht einige blutige Köpfe«[107]. Auf der gleichen Linie lag die Behauptung des Ansbacher Regierungsrats im selben Jahr, dass der einzelne Edelmann, d. h. auch jeder Reichsritter, »sich noch im Besiz seines Eigenthums« befände[108]. Diese unscheinbare Stelle verdient Beachtung, weil Ganz damit nicht nur auf privat- sondern möglicherweise auch auf die naturrechtlichen Vorstellungen seiner Zeit rekurierte – Theorien, denen sich die vorliegende Untersuchung noch näher widmen wird.

An den Grundfesten der Reichsverfassung rührten Ganz und ein weiterer Verfasser mit ihren Beiträgen in der »staatswissenschaftlichen und juristischen Literatur«, in denen einer einseitigen Durchsetzung von Rechtsansprüchen unter Umgehung der Reichsjustiz das Wort geredet wurde: Zur Verteidigung des preußischen Patentanschlags vertrat der königliche Legationsrat die Behauptung, dass es einem Fürsten nicht verübelt werden könne,

105 [*Ganz*], Schreiben eines Nürnbergischen Patriciers, S. 1 ff. (Zitate ebd., S. 1 f.). *Heel*, Unpartheyische Prüfung, S. 58. *Ders.*, Beleuchtung der sogenannten Gedanken, S. 58.

106 Siehe Kapitel V.1.

107 *Heel*, Unpartheyische Prüfung, S. 58 (Zitat ebd.). *Ders.*, Beleuchtung der sogenannten Gedanken, S. 58.

108 *Ders.*, Unpartheyische Prüfung, S. 60 (Zitat ebd.). *Ders.*, Beleuchtung der sogenannten Gedanken, S. 60. – Vgl. auch die nicht direkt auf die Reichsritterschaft Bezug nehmende Passage bei *Ganz*/*Heel* (Unpartheyische Prüfung, S. 66 bzw. Beleuchtung der sogenannten Gedanken, S. 66).

wenn er auch einmal seine als begründet empfundenen Ansprüche energisch durchsetze. Wenn derartige Eingriffe unbeabsichtigt in Gewalt münden würden, sei dies nicht einmal ein Verstoß gegen das reichsgesetzliche Fehdeverbot. Entsprechend erschien Ganz die Klage der »Mindermächtigen« über den Einsatz der überlegenen Machtmittel der Gegenseite in solchen Fällen als ungerechtfertigt. Schließlich seien »nicht immer [...] Macht und Ungerechtigkeit synonym, eigentlich gar nicht«. Für Ganz und einen weiteren, anonym bleibenden Publizisten diente »das winselnde Wehklagen über Druck eines Uebermächtigen« nur dazu, um von den wahren Rechtsverhältnissen sowie den Usurpationen der fränkischen Reichsritterschaft abzulenken. Ihren Freibrief für die Außerkraftsetzung der Schutzmechanismen der Reichsverfassung begründete die preußische Publizistik der Jahre 1792 bis 1794 damit, dass seit dem Westfälischen Frieden die Reichsgerichte nur nach dem neuesten Besitzstand entscheiden und alle gegenteiligen Rechtstitel als reine Ansprüche in das sog. petitorium verweisen würden, »welches ewig dauert«. Zugleich sei nämlich die rasche reichsgerichtliche Entscheidung von Streitigkeiten als Ersatz für das den Reichsständen entzogene Fehde- und Selbsthilferecht verloren gegangen. Ein Rezensent in der »staatswissenschaftlichen und juristischen Literatur« verwies sogar auf eine Äußerung des dem Tode nahen Kaisers Joseph II. Dieser habe ganz im Sinne der Aufklärung die lange Verfahrensdauer vor dem Reichskammergericht und dessen »pedantische Formalitäten« als Ungerechtigkeit und Schändung der Menschheit gegeißelt und in der Abstellung von Missständen keine Verletzung der Reichsverfassung erkennen wollen. Den Grund für die Langsamkeit der Reichsjustiz machte Ganz im schwerfälligen Verfahrensgang, der geringen Personalstärke der Reichsgerichte und den nicht näher spezifizierten, dem Reichskammergericht auferlegten Einschränkungen aus[109]. Der schleppende, »unsterbliche« Gang der Verfahren vor den obersten Reichsgerichten wurde auch von verfassungs- und kaisertreuen Autoren nicht in Abrede gestellt[110]. Dabei handelte es sich um ein Problem, das für den Reichshofrat ungeachtet seiner Überlastung im 18. Jahrhundert weniger virulent war als für das Reichskammergericht. Hinter der vielfach längeren Prozessdauer in Wetzlar stand nicht zuletzt der im Gegensatz zur Verfahrensweise des Reichshofrats umständlichere schriftliche Ablauf des Kameralprozesses mit seinen mannigfaltigen Möglichkeiten zur Prozessverschleppung durch die Parteien. Dagegen traf der von Ganz erhobene Vorwurf einer unzureichenden personellen Ausstattung des Reichs-

109 [*Ganz*], Schreiben eines Nürnbergischen Patriciers, S. 7 f. (Zitate ebd.). [Rezension], 1) Deutsche Staatskanzley, S. 441 f. (Zitat ebd., S. 442). [Rezension], Memoiren über die wichtigsten Staatsmaterien unserer Zeit, S. 17 f. (Zitat ebd., S. 18).

110 *Kerner*, Staats-Reichs-Recht, S. 15 ff., 47 (Zitat ebd., S. 47). *Hallo*, Etwas über einige, S. 19 f. *Fischer*, Haeberlin, S. 12. – Vgl. auch die von der preußischen Publizistik 1797 instrumentalisierte Kritik von Friedrich Karl Freiherr von Moser an der »Krebs- und Schneken-Justiz« des Reichshofrats (Deutsche Reichs- und Staats-Zeitung, Nr. 47, 13. Juni 1797, Sp. 739 ff. (Zitat ebd., Sp. 740)).

kammergerichts weit mehr auf die Vergangenheit, d.h. auf den größten Teil des 17. und 18. Jahrhunderts, als auf die eigene Gegenwart zu. 1782 war nämlich die Anzahl der Assessoren in Wetzlar auf 25 erhöht worden, was auch die Effektivität des Reichskammergerichts merklich steigerte[111]. Hinzu kam, dass Landeshoheitsstreitigkeiten, deren Entscheidung zugunsten einer bestimmten Partei massive Grenzverschiebungen oder gar die Mediatisierung ganzer Reichsglieder nach sich ziehen würden, kaum justiziabel waren. Dem trug auch der Reichsprozess Rechnung, der auf einer Kanalisierung, im seltensten Falle einer definitiven Entscheidung interterritorialer Konflikte aufgebaut war, was neben Folgeprozessen, verfahrensverlängernde Unterbrechungen und Wiederaufnahmen von Auseinandersetzungen vor den obersten Reichsgerichten nach sich zog[112].

Besonders bemüht zeigte sich die preußische Publizistik, die 1793/94 vorgenommenen Eingriffe in das reichsritterschaftliche Ius armorum, sequelae et quartirii zu rechtfertigen. Dabei argumentierten die königlichen Publizisten nicht nur mit der vorgeblichen preußischen Landeshoheit über die betroffenen Hintersassen, sondern auch sehr stark mit dem Gedankengut der Aufklärung: Sowohl Kretschmann als auch der Verfasser der »Briefe zur Berichtigung der vertrauten Briefe über das Fürstenthum Baireuth« hoben die Ausdehnung der Musterung und Enrollierung auf die benachbarten Hintersassen fremder Reichsglieder lobend hervor, da dadurch die Belastungen des Kantonssystems für alle preußischen Untertanen gemildert würden. Damit appellierte die königliche Publizistik auch an ein egalitäres Gerechtigkeitsverständnis bei der Verteilung gemeinsamer Lasten. Eng damit verbunden war die Vorstellung einer wechselseitigen Verpflichtung zwischen dem Staat einerseits und seinen Bürgern andererseits, wobei zu Letzteren selbstredend auch die benachbarten Hintersassen fremder Reichsstände und -ritter zu zählen waren. Dies wurde besonders deutlich im Schrifttum von Ganz, aber auch Kretschmann und die anonymen Verfasser der »Vertrauten Briefe« und ihrer »Berichtigung« vertraten vergleichbare Gedanken. Demnach müsse zwar der Staat durch sein Militär die Bürger schützen. Aber umgekehrt sei es auch die Pflicht der davon profitierenden Untertanen, ihren Beitrag zum Schutz ihrer Person und ihres Eigentums zu leisten[113]. Damit knüpfte die preußische

111 Reichshofratsordnung Ferdinands III., Regensburg, 16. März 1654, in: *Sellert* (Hg.), Ordnungen, S. 45–260, hier: S. 126 ff. *Sellert*, Reichshofrat (1996), S. 40 ff. *Ders.*, Zuständigkeitsabgrenzung, S. 125 f. *Jahns*, Reichskammergericht I, S. 71 ff., 92, 324. *Dies.*, Juristen, S. 6 Anm. 12. *Dies.*, Personalverfassung, S. 68, 81 f., 87, 101 f. *Fischer*, Haeberlin, S. 12. *Gschließer*, Reichshofrat, S. 45 ff. *Aretin*, Das Alte Reich I, S. 147 f. *Smend*, Reichskammergericht, S. 239 f., 269 ff.

112 *Westphal*, Stabilisierung, S. 242 ff. *S. Ullmann*, Landesherr, S. 260 f.

113 *Kretschmann*, [Rezension], Vertraute Briefe, S. 407. *Heel*, Unpartheyische Prüfung, S. 63 ff. *Ders.*, Beleuchtung der sogenannten Gedanken, S. 63 ff. [*H. C. Meyer*], Briefe, S. 70 f. Vertraute Briefe über das Fürstenthum Bayreuth, S. 76. – Umgekehrt warnte der Verfasser der »Vertraute Briefe über das Fürstenthum Bayreuth« (S. 76 f.) vor den negativen Folgen, sollte auf die Musterung und Enrollierung keine wirkliche Aushebung der ritterschaftlichen Hintersassen

Publizistik in doppelter Weise an den naturrechtlichen Diskurs der Aufklärung an, der seit etwa 1785/90 eine »zweite Blütezeit« erlebte und auf die reichsrechtliche Theorie in der zweiten Hälfte des 18. Jahrhunderts maßgeblichen Einfluss gewann. Kretschmann gehörte selbst zu den Vertretern dieser reichsrechtlichen Strömung, die das Ius publicum und damit die Verfassungsstrukturen des Alten Reichs und seiner Territorien zwar keineswegs umstoßen wollte, aber neuen Erklärungsmustern und schließlich auch neuen Legitimationszwängen unterwarf[114]. Vor diesem ideen- und rechtsgeschichtlichen Hintergrund bediente sich die angesprochene Rechtfertigung der preußischen Eingriffe in die weitgehende reichsritterschaftliche Militärhoheit zum einen der traditionellen naturrechtlichen Vertragslehre. Auf diese Weise ließ sich eine – notfalls auch stillschweigende – Übereinkunft im Sinne des Herrschafts- bzw. Unterwerfungsvertrages unterstellen, die die reichsritterschaftlichen Hintersassen zum Dienst für und in der preußischen Armee verpflichtete[115]. Der dabei ins Spiel gebrachte Terminus des Eigentums und seines Schutzes hatte bekanntlich erst mit der Rezeption des römischen Rechts seinen Einzug in die Jurisprudenz gehalten, war er doch den alten deutschrechtlichen Vorstellungen der mittelalterlichen Gewere fremd, die von graduell abgestuften Verfügungsansprüchen ausgingen[116]. In unserem Kontext dürfte dem Eigentumsbegriff jedoch nicht nur eine – im heutigen Verständnis als privatrechtlich zu bezeichnende, sondern auch eine naturrechtliche Dimension innewohnen. Bei Letzterer ist an das sog. »jüngere deutsche Naturrecht« zu denken, das bereits im Kontext des Liberalismus stand. Es war von einem grundsätzlichen Freiheitsanspruch des Individuums gegenüber dem Staat geprägt und vom Gedankengut Lockes beeinflusst. Daher wurde der Sicherheit des Eigentums an Sachen in diesen späten Naturrechtsmodellen zentrale Bedeutung beigemessen und zum Staatszweck sowie zum Menschenrecht mit tendenziell absolutem Geltungsanspruch erhoben. Zwar ist eine Aufteilung in ältere und jüngere naturrechtliche Denkschulen nicht unproblematisch, da damit ideengeschichtliche Kontinuitäten verdeckt werden. Aber dennoch können nach Diethelm Klippel die Eigentumsvorstellungen des »jüngeren deutschen Naturrechts« als eine entscheidende Fortentwicklung gegenüber der Spätphase der älteren Naturrechtsmodelle betrachtet werden. Diese maßen zwar im Rahmen einer sog. bürgerlichen Freiheit (libertas civilis) dem Privatwohl und damit letztlich auch dem Eigentumsschutz eine

folgen: Dies würde zur Auswanderung auf die adligen Lehensgüter und zu Unmut unter den eigentlichen königlichen Untertanen führen. Zudem müsse in einem solchen Szenario der Wert der im königlichen Besitz befindlichen Lehen fallen, während derjenige der lehenbaren Rittergüter steigen würde.

114 *Klippel*, Freiheit, S. 13, 178 ff., 206 (Zitat ebd., S. 13). *Stollberg-Rilinger*, Volk, S. 103 ff. *Häberlin*, Handbuch I, S. 1 ff. *Willoweit*, Rechtsgrundlagen, S. 353 ff.

115 *Stollberg-Rilinger*, Volk, S. 109. *Klippel*, Freiheit, S. 43 ff., 138, 186 f.

116 Vgl. beispielsweise die etwas anders akzentuierten Ausführungen von *Grochowina*, »Mir eigentümlich«, S. 198.

gesteigerte Bedeutung bei, ordneten aber derartige Individualzwecke weiterhin dem umfassenden Wirken des Staates für das öffentliche Wohl und die allgemeine Glückseligkeit unter[117]. Angesichts der vorhandenen Quellenlage ist es müßig, darüber zu spekulieren, welche naturrechtlichen Strömungen hinter dem geschilderten Gedankengang der preußischen Publizistik standen. Dass die königliche Propaganda überhaupt auf das Ius naturale rekurrierte, um die preußischen Eingriffe in die weitgehende Militärhoheit der Reichsritterschaft zu rechtfertigen, verdient unsere Beachtung, kann aber kaum überraschen. Zwar lassen sich keine unmittelbaren Verbindungen zwischen Hardenbergs Publizisten und juristisch räsonierenden preußischen Staatsbeamten wie Ernst Ferdinand Klein und Karl Gottlieb Svarez nachweisen. Diese traten teils öffentlich, teils in ungedruckten Abhandlungen für einen sehr weitreichenden, naturrechtlich begründeten Eigentumsschutz ein. Jedoch dürften Klein und Svarez mittelbar über das von ihnen kodifizierte preußische Allgemeine Landrecht von 1794 den Geisteshaushalt eines Kretschmann und anderer Träger der preußischen Propaganda beeinflusst haben. Schließlich räumte das Allgemeine Landrecht als Kodifikation des sog. Naturrechtszeitalters dem Schutz der individuellen Eigentumsrechte einen zentralen Stellenwert ein und band deren Beeinträchtigung an eine gesetzliche Grundlage sowie den Entschädigungsgrundsatz[118]. Jenseits der preußischen Gesetzgebung wirkte die tief greifende Umgestaltung der Herrschafts- und Gesellschaftsordnung und die damit verbundenen Eingriffe in die Eigentumsverfassung durch die Französische Revolution wie ein Katalysator auf den publizistischen Diskurs in Deutschland zurück. Dabei wurden gemäß den unterschiedlichen natur- und positivrechtlichen Standpunkten der Beteiligten zwar Ausmaß und Primat des Eigentumsschutzes kontrovers verhandelt,

117 *Häberlin*, Handbuch I, S. 3 f. *Klippel*, Freiheit, S. 13 ff., 57 ff., 113 ff., 142 ff., 162, 179 ff., 199 ff. (Zitat ebd., S. 14 f.). *Grab*, Strömungen, S. 14 ff. *Ders.*, Leben, S. 7. *Grochowina*, »Mir eigentümlich«, S. 200 ff. – Im Sommer 1796 hatte eine von Kretschmann mitunterzeichnete Instruktion Hardenbergs für die Ansbacher und Bayreuther Kriegs- und Domänenkammern u. a. die zentrale Bedeutung des Eigentumsschutzes für eine aufgeklärte Regierung betont: »Wir sind fest überzeugt, daß wo Genuß bürgerlicher Freiheit herrscht, Eingriffe in das PrivatEigenthum vermieden werden, Toleranz und Religionsduldung und schnelle und unpartheyische Justizpflege eingeführt ist, von der Regierung auf einen blühenden Nahrungsstand hingewürkt wird[,] niemand so leicht sein Vaterland, oder das Land welches ihm [den] so wichtigen Genuß bürgerlicher Rechte verschaft, verlaßen werde« (Instruktion Hardenbergs für die untergebürgische Kriegs- und Domänenkammer wegen künftiger Behandlung ihrer Ressorts, Ansbach, 24. Juni 1796, StA Nürnberg, Mfr (Abgabe 1900), KdI, Nr. 3897 (Zitat ebd.). Instruktion Hardenbergs für die obergebürgische Kriegs- und Domänenkammer wegen künftiger Behandlung ihrer Ressorts, Ansbach, 24. Juni 1796, StA Bamberg, C 7/IIa, Nr. 66). – Vgl. auch Kretschmanns Ausführungen aus dem Jahr 1809, in denen er das Eigentum im Allgemeinen, aber auch dessen Schutz zum Anlass und zentralen Inhalt der Zivilrechtsgesetzgebung erklärte (*Kretschmann*, Vorrede (Hof und Staat)).

118 *Hellmuth*, Freiheit, S. 64 f., 72 f., 80 ff. *Koselleck*, Preußen, S. 25 ff., 39 ff. *Birtsch*, Freiheit, S. 188. *Grochowina*, »Mir eigentümlich«, S. 199. *Bringmann*, Preußen, S. 235 ff., inbes. 239. *Vierhaus*, Landrecht, S. 7 ff., 21. *Mohnhaupt*, Privilegien, S. 126 f., 138.

Letzterer aber nicht grundsätzlich zur Disposition gestellt[119]. Schließlich spielte auch im Denken Hardenbergs ein in erster Linie ökonomisch geprägter Eigentumsbegriff eine wichtige Rolle. Dabei dürfte der Dirigierende Minister durch die Theorien des klassischen englischen Liberalismus eines Adam Smiths und des französischen Physiokratismus beeinflusst worden sein[120].

Neben den Eingriffen in die reichsritterschaftliche Militärhoheit beschäftigte sich die preußische Publizistik der Jahre 1794 bis 1795/96 intensiv mit der Rechtfertigung der neu eingeführten »Wildbretabtragsgelder«, einer neuen Abgabe, von der nicht nur königliche, sondern auch fremde kreisständische und reichsritterschaftliche Untertanen betroffen waren[121]. Die »Wildbretentschädigungsgelder« erschienen den preußenfreundlichen Abhandlungen als vollkommen rechtmäßig: Die Jagdgerechtigkeit sei – auch als Servitut auf fremdem Gebiet – »unstreitig ein Eigenthumsrecht« des Monarchen, das damit einen heiligen, durch die Gesetze geschützten Charakter habe. Eine Einschränkung des Jagdrechts des Regenten zugunsten Dritter dürfe einerseits die Natur dieses Privateigentums nicht konterkarieren. Andererseits sei die Ausübung des rechtlich begründeten Jagdrechts auf Kosten des Eigentums anderer nach den Gesetzen und dem Ius naturale nicht schrankenlos. Welche Anzahl an Wild dabei erlaubt sei, lasse sich weder anhand praktischer Erwägungen bestimmen, noch würden dafür gesetzliche oder naturrechtliche Vorgaben bestehen. Dort wo ein Landesherr das Jagdrecht als Servitut in einem fremden Territorium hergebracht habe, falle auch der Grundsatz des »öffentlichen Wohl[s]« fort, das eine übermäßige Hegung des Wildes verbiete. Angesichts dieser Rechtslage sei eine völlige Ausrottung des (hohen) Wildes geboten, womit sich der preußische König freiwillig seiner Jagdgerechtigkeit begebe. Für diesen dauerhaften Verzicht und den damit verbundenen Einahmenverlust stehe Berlin jedoch eine Entschädigungszahlung zu[122]. Die wohlwollenden Absichten Friedrich Wilhelms II. und seiner Behörden seien dabei über jeden Zweifel erhaben. Mit der völligen Ausrottung des hohen und der Verringerung des niederen Wildes stelle der »Menschenfreundliche König« allein die gerechten Klagen der eigenen und fremden Untertanen im Wildbann der fränkischen Markgrafentümer ab. Die dafür erhobenen »Wildbretabtragsgelder« seien zudem deutlich geringer als die bisherigen Wildschäden und Wildhüterlöhne, von denen künftig die Bauern durch die Ausrottung des (hohen) Wildes vollständig befreit würden. Zudem müssten die Jagdbediensteten für ihre durch die Ausrottung des Wildes verloren ge-

119 *Birtsch*, Freiheit, S. 179 ff.

120 *Stamm-Kuhlmann*, »Man vertraue doch der Administration!«, S. 617 ff., 637, 653. *Vogel*, Hardenberg, S. 118.

121 Siehe Kapitel VI.1.

122 Antikritik, in: Intelligenzblatt der Allgem. [Jenaische] Literatur-Zeitung, Nr. 119, 3. September 1796, S. 1014, nachgedruckt in: *G. M. Weber*, Nachtrag, S. 158–163, hier: S. 160 f. [*Goess*], Beleuchtung der Professor Weberischen Schrift, S. 7 ff., 35 ff., BayHStA, K. schw., Nr. 14507, fol. 7 ff. (Zitate ebd., S. 7 u. 18 bzw. fol. 7 f.).

henden Einnahmequellen entschädigt werden, während gleichzeitig die Untertanen von ihren drückenden Jagdfronen befreit würden[123]. Abgesehen davon seien fast nur preußische Untertanen von der Zahlung der »Wildbretabtragsgelder« betroffen, da Berlin über die meisten der im Wildbann der fränkischen Markgrafentümer gelegenen Gebiete die Landeshoheit »behaupte«[124]. Damit wurde der Herrschaftsanspruch (petitorium) Berlins mit den realen Besitzverhältnissen (possessorium) gleichgestellt – eine Praxis, die mit der Mehrheitsmeinung des Ius publicum und der Rechtsprechung der obersten Reichsgerichte unvereinbar war[125]. Keine explizite Außenseiterposition dürfte dagegen die preußische Publizistik in der Frage eingenommen haben, ob das Jagdrecht überhaupt ein Regal und damit auf fremdem Territorium eine Servitut sei. Hier vertraten Berlins Publizisten ungeachtet der geschilderten Ausführungen über den Eigentumscharakter des Jagdrechts den Rechtsstandpunkt, dass es sich um einen staatsrechtlichen und nicht um einen privatrechtlichen Titel handele, der folglich als Hoheitsrecht im Sinne des Regals bzw. der Staatsdienstbarkeit anzusehen sei. Diese Einordnung war deshalb von Bedeutung, da damit ein Aufsichts- oder sogar ein Selbsthilferecht bei Missbräuchen des lokalen Landesherrn über die auf seinem Gebiet als Servitut ausgeübte Jagd bestritten werden konnte. Andernfalls würde ein Landesherr als der Inhaber einer Servitut auf fremdem Territorium – so die Lesart der preußischen Publizistik – zu einem bloßen Untertan herabgedrückt[126]. Zweifellos seine Berechtigung hatte das Argument der preußenfreundlichen Abhandlungen, dass die Abstellung des Wildschadens nicht nur den Wäldern zum Vorteil gereiche, sondern auch den verschiedenen Einnahmezweigen des Staatsärars[127]. Diese Steigerung der Staatseinnahmen käme auch den fremden Territorien zugute, in denen Berlin das Jagdrecht ausübe und deren Untertanen von der Ausrottung des Wildes ebenfalls profitieren würden. Daher müssten die innerhalb des königlichen Wildbanns gelegenen Herrschaften die zwischen ihren Untertanen und den königlichen Behörden geschlossenen Verträge über die »Wildbretabtragsgelder« unterstützen an-

123 Antikritik, in: Intelligenzblatt der Allgem. [Jenaische] Literatur-Zeitung, Nr. 119, 3. September 1796, S. 1014, nachgedruckt in: *G. M. Weber*, Nachtrag, S. 158–163, hier: S. 162 f. [*Goess*], Beleuchtung der Professor Weberischen Schrift, S. 5 f., 15 f., 34, 44 ff., BayHStA, K. schw., Nr. 14507, fol. 7 ff. (Zitat ebd., S. 6 bzw. fol. 12). *Völderndorff*, [Rezension], Ueber die Einführung der Wildsteuer, S. 305 ff. Vgl. auch: Vertraute Briefe über das Fürstenthum Bayreuth, S. 86.

124 [*Goess*], Beleuchtung der Professor Weberischen Schrift, S. 25, BayHStA, K. schw., Nr. 14507, fol. 8.

125 Siehe Kapitel II.3 und V.3.

126 [*Goess*], Beleuchtung der Professor Weberischen Schrift, S. 27 f., BayHStA, K. schw., Nr. 14507, fol. 11. *Völderndorff*, [Rezension], Ueber die Einführung der Wildsteuer, S. 305 ff., 314.

127 Antikritik, in: Intelligenzblatt der Allgem. [Jenaische] Literatur-Zeitung, Nr. 119, 3. September 1796, S. 1014, nachgedruckt in: *G. M. Weber*, Nachtrag, S. 158–163, hier: S. 163. Vertraute Briefe über das Fürstenthum Bayreuth, S. 86, 142. *Völderndorff*, [Rezension], Ueber die Einführung der Wildsteuer, S. 296 f., 313 ff.

stelle sie zu hintertreiben[128]. Diese Verträge zwischen den einzelnen Gemeinden und Preußen seien zudem der einzig gangbare Weg gewesen angesichts der komplizierten rechtlichen und naturbedingten Verhältnisse in Franken. Dabei reiche es aus, wenn die Mehrheit des Dorfes der Übereinkunft zustimme. Ein Plazet des Grund- oder im Falle fremder Untertanen des zuständigen Landesherrn, auf deren »würkliche Rechte« Berlin besondere Rücksicht genommen habe, sei bei einem solchen verbindlichen, jedoch rein privaten Vertrag nicht erforderlich[129]. Ganz verteidigte indirekt die Erhebung der »Wildbretabtragsgelder«, indem er den Schutz der Untertanen vor dem Wildfraß zu einem probaten Mittel gegen eine Revolution nach französischem Muster im Alten Reich erklärte[130].

Reine Polemik war es dagegen, wenn die »Vertrauten Briefe über das Fürstenthum Bayreuth« das Gerücht weiterverbreiteten, dass neben den zu Sündenböcken gestempelten »Holzjuden« die Rittergutsbesitzer an der Verteuerung des Naturstoffes aus dem Wald schuld seien[131]. Damit knüpfte die propreußische Publizistik an den zeitgenössischen Diskurs um die sog. Holznot an – ein Phänomen, dessen ökonomische und publizistische Dimension noch näher zu betrachten sein wird[132].

Jenseits der Verteidigung einzelner Eingriffe in die reichsritterschaftliche Rechtsstellung befasste sich die preußische Publizistik von 1792 bis 1794 auch mit der Begründung der königlichen Landeshoheitsansprüche auf diejenigen Rittergüter, die an Ansbach-Bayreuth grenzten. Dieser Aufgabe nahmen sich Johann Friedrich Ferdinand Ganz, Theodor Konrad Kretschmann und Georg Friedrich Wipprecht an. Gemeinsam war allen Dreien, dass sie die preußische Landeshoheit über fremdes Gebiet aus der seit dem Mittelalter in zollerscher Hand befindlichen Fraisch ableiteten. Die hohe Gerichtsbarkeit wurde zum zentralen landesherrlichen Rechtstitel – ein Verständnis, dass der reichsrechtlichen Mehrheitsmeinung von der Cent oder fraischlichen Gerichtsbarkeit als einer bloßen staatsrechtlichen Servitut im Falle ihrer Erstreckung auf fremde Herrschaften im Territorium inclausum widersprach[133]. Dabei war für Wipprecht die Fraisch im Mittelalter »nicht ein einzelnes Regal, sondern ein Aggregat von mehreren«, da sich aus der Ausübung der hohen Gerichtsbarkeit

128 Antikritik, in: Intelligenzblatt der Allgem. [Jenaische] Literatur-Zeitung, Nr. 119, 3. September 1796, S. 1014, nachgedruckt in: *G. M. Weber*, Nachtrag, S. 158–163, hier: S. 163. *Völderndorff*, [Rezension], Ueber die Einführung der Wildsteuer, S. 316 f.

129 [*Goess*], Beleuchtung der Professor Weberischen Schrift, S. 6 f., 30 ff., BayHStA, K. schw., Nr. 14507, fol. 7 ff. (Zitat ebd., S. 32 bzw. fol. 8).

130 *Heel*, Unpartheyische Prüfung, S. 74 f. *Ders.*, Beleuchtung der sogenannten Gedanken, S. 74 f.

131 Vertraute Briefe über das Fürstenthum Bayreuth, S. 140.

132 Siehe Kapitel VIII.3.2.

133 [*Wipprecht*], Etwas über den Satz des deutschen Staatsrechts, S. 7 ff., 28 ff. *Ders.*, [Rezension], Iuristische Abhandlungen von Nikolaus Thaddäus Gönner, S. 380 ff. [*Ganz*], Schreiben eines Nürnbergischen Patriciers, S. 1. *Kretschmann*, [Rezension], Etwas über den Satz des deutschen Staatsrechts, S. 263 ff. – Speziell zum einschlägigen Territorial- und Reichsstaatsrecht des Territorium inclausum siehe Kapitel II.3.

ein ganzes Bündel an weiteren Herrschaftsrechten ergeben musste: Zu diesen gehörten u. a. die Befugnis, die Huldigung und das Aufgebot der Untertanen anzuordnen, Gebot und Verbot sowie das Geleit-, Befestigungs-, Besteuerungs- und Begnadigungsrecht[134]. Dort, wo sich derartige Rechte im mittelalterlichen Fraischdistrikt nicht in der Hand des Fraischherren befunden hätten, habe es sich in Wirklichkeit nicht um Regalien, sondern um Ausflüsse des »Privateigenthums« gehandelt[135]. Umgekehrt machte Wipprecht ganz in der Tradition des »jüngeren deutschen Naturrechts« den Schutz des Eigentums und damit »den letzten Zweck aller bürgerlichen Gesellschaften« als Kernaufgabe der Fraisch aus[136]. Aus all dem folgerte der Bayreuther Regierungsrat, dass die fraischliche Gerichtsbarkeit bereits im Mittelalter »das höchste Recht in einem District« gewesen sei. Von hier aus war es nur noch ein kurzer Schritt bis zur Gleichsetzung der Fraisch im Mittelalter mit der Landeshoheit der Gegenwart. Diesen Rechtssatz versuchte Wipprecht durch eine einseitige Interpretation verschiedener Quellen des Mittelalters und der Frühen Neuzeit zu erhärten, wobei er sich besonders auf das römische Recht stützte[137]. Auf diesem Wege konnte der Bayreuther Regierungsrat den traditionellen zollerschen Landeshoheitsanspruch über alle in den Fraischgrenzen der fränkischen Markgrafentümer gelegenen fremden Herrschaften begründen[138]. Das gleiche Ziel verfolgte Ganz, indem er damit argumentierte, dass auch »fast alle« anderen Reichsfürsten des Fränkischen Kreises aus ihrer über fremdes Gebiet hergebrachten Cent oder Fraisch die Superioritas territorialis ableiten würden. Dies sei u. a. der Fall bei Württemberg für die in seinem Gebiet inklavierten reichsritterschaftlichen Herrschaften des schwäbischen Ritterkreises sowie bei Österreich gegenüber den in der Markgrafschaft Burgau eingesessenen Reichsständen und -gliedern[139]. Gerade das zur Legitimation des preußischen Handelns herangezogene Vorbild, welches Wien mit seiner Politik gegenüber den sog. Burgauischen Insassen gegeben hatte, sollte in der weiteren publizistischen Auseinandersetzung um die Mediatisierungen Berlins an den Grenzen Ansbach-Bayreuths sowie um die Unterwerfung der noch reichsunmittelbar gebliebenen Reichsritter ab 1802/03 zum Dauerthema

134 [*Wipprecht*], Etwas über den Satz des deutschen Staatsrechts, S. 11 ff. (Zitat ebd., S. 14). *Ders.*, [Rezension], Iuristische Abhandlungen von Nikolaus Thaddäus Gönner, S. 382. *Kretschmann*, [Rezension], Etwas über den Satz des deutschen Staatsrechts, S. 263 f. – Für Kretschmann floss das Besteuerungsrecht dagegen im Mittelalter nicht aus der Fraisch (*Kretschmann*, ebd., S. 271).

135 [*Wipprecht*], Etwas über den Satz des deutschen Staatsrechts, S. 13 Anm. g. – Ähnlich auch bei *Kretschmann* ([Rezension], Etwas über den Satz des deutschen Staatsrechts, S. 270 f.).

136 [*Wipprecht*], Etwas über den Satz des deutschen Staatsrechts, S. 11 ff. (Zitat ebd., S. 14 f.). *Ders.*, [Rezension], Iuristische Abhandlungen von Nikolaus Thaddäus Gönner, S. 382.

137 [*Wipprecht*], Etwas über den Satz des deutschen Staatsrechts, S. 7 f., 14 ff. (Zitat ebd., S. 14). *Ders.*, [Rezension], Iuristische Abhandlungen von Nikolaus Thaddäus Gönner, S. 380 ff.

138 [*Wipprecht*], Etwas über den Satz des deutschen Staatsrechts, S. 28, 33, 33 Anm. r.

139 [*Ganz*], Schreiben eines Nürnbergischen Patriciers, S. 1 ff. (Zitat ebd., S. 1).

werden[140]. Auch für Kretschmann war die Fraisch eine wesentliche Grundlage der zollerschen Landeshoheitsansprüche, wenn auch in der Praxis nur von subsidiärer Bedeutung. Im Normalfall reiche nämlich allein der Nachweis aus, dass ein fremder Güterbesitzer innerhalb der diplomatisch klar nachgewiesenen Grenzen eines Gebiets läge, das im Mittelalter einem Dynasten gehört habe, um daraus sein Landsassiat zu folgern. Den allodialen Besitzungen der Dynasten, den sog. Dynastien, würde nämlich die Landeshoheit »vermöge der ältesten deutschen Fundamentalverfassung« regelrecht ankleben. Schließlich würden ihre Wurzeln nicht nur in vorfränkische Zeit zurückreichen. Die Dynastien seien zudem von der Gerichtsbarkeit der mittelalterlichen Grafen exemt gewesen, autonom regiert worden und hätten in nachkarolingischer Zeit zu zahlreichen aus dem dynastischen Privateigentum fließenden Gerechtsamen auch noch den Blutbann erworben[141]. Mit diesen Theorien verwarf Kretschmann die Lehre vom Territorium inclausum, wie sie die Reichspublizistik für die territorial zersplitterten Herrschaftsräume in Franken, Schwaben und am Rhein entwickelt hatte. Für diese konnte nämlich aus der inklavierten Lage einer Herrschaft im Gebiet einer anderen nicht auf deren Landsassiat geschlossen werden[142]. Dort, wo die mittelalterlichen Herrschaftskomplexe und -grenzen inzwischen atomisiert waren und es sich um ehemaliges Reichsgut des kaiserlichen Fiskus, vom König rührende gräfliche Amtslehen oder ritterschaftliche Reichslehen innerhalb der vormaligen Grafengaue handelte, kam für Kretschmann die Landeshoheit dem Inhaber des Blutbanns zu. Aufgrund der Leibeigenschaft habe nämlich nicht aus der Zivilgerichtsbarkeit, sondern allein aus der fraischlichen Jurisdiktion die Obrigkeit und damit die Landeshoheit der Gegenwart erwachsen können. Die nachträgliche Verleihung von Reichslehen an Herrschaftsträger innerhalb des Fraischbezirks der Nürnberger Burggrafen hätte deren erblich gewordener gräflicher Obrigkeit ebenso wenig Abbruch tun können wie eine spätere Vergabe des Blutbanns an Dritte. Hier greife nämlich der Rechtssatz, dass neue königliche Privilegien nur »salvo jure tertii« Gültigkeit beanspruchen dürften[143].

140 Deutsche Reichs- und Staats-Zeitung, Nr. 27, 4. April 1797, Sp. 417 Anm. 25. Ebd., Nr. 62, 4. August 1797, Sp. 982. Ebd., Nr. 16, 22. Februar 1799, Sp. 248 Anm. 8. Einige vorläufige Bemerkungen, fortl., inbes. S. 15 ff. Die Beleuchtung aus Bayern, S. 59 ff., 77 ff., 147 ff. [*Gönner*], Staatsrechtliche Verhältnisse der adeligen Gutsbesitzer, S. 19 f., 28 ff. Widerlegung der Kurpfalzbayerischen Staatsschriften, S. XVIII. Historische und Staatsrechtliche Betrachtungen, S. 46 ff.

141 *Kretschmann*, [Rezension], Etwas über den Satz des deutschen Staatsrechts, S. 264 ff. (Zitat ebd., S. 270).

142 Siehe Kapitel II.3.

143 *Kretschmann*, [Rezension], Etwas über den Satz des deutschen Staatsrechts, S. 267 ff. (Zitat ebd., S. 269). – Allein die zollersche Landeshoheit über die aus dem Mittelalter stammenden und von der gräflichen und dynastischen Jurisdiktion exempten geistlichen Herrschaften begründete Kretschmann nicht mit der Fraisch, sondern mit der über diese ausgeübten Advokatie (*Kretschmann*, ebd., S. 269 f.).

Die von Ganz, Kretschmann und Wipprecht verfochtene Ableitung der zollerschen Landeshoheitsansprüche aus der Cent oder Fraisch entsprach den seit jeher in Ansbach-Bayreuth verfochtenen Rechtsauffassungen[144]. Auch das Kabinettsministerium in Berlin vertrat 1792 explizit diese Anschauungen[145]. Reichsrechtlich war ein derartiges Argumentationsgerüst jedoch mehr als fraglich und vor den Reichsgerichten nicht mehr als ein auf dem Prozesswege zu beweisender Anspruch (petitorium)[146]. Dies mag erklären, warum Hardenberg bereits in seinem programmatischen Hauptbericht von 1792 die Fraisch nur als wichtigste von mehreren zollerschen Gerechtsamen über fremdes reichsunmittelbares Gebiet ansah, die erst in der Summe die königliche Landeshoheit begründen würden[147]. Dessen ungeachtet läutete die preußische Publizistik der Jahre 1792 bis 1794 einem Großteil der reichsritterschaftlichen Korporation die Totenglocke, indem sie mit unterschiedlichen Argumenten aus dem Besitz der Fraisch über fremde, immediate Rittergüter die Landeshoheit deduzierte. Außerhalb Schwabens konnten nämlich nur sehr wenige Rittergenossen den Blutbann und die Halsgerichtsbarkeit zu ihren Gerechtsamen zählen[148].

Vor diesem Hintergrund verfocht eine anonyme Rezension in der »staatswissenschaftlichen und juristischen Literatur« des Jahres 1794 sowohl das in der Gerechtigkeit und in den Reichsgesetzen begründete Recht des einzelnen Reichsritters zur Unterwerfung wie die Befugnis des preußischen Königs, durch exekutorische Maßnahmen den angeblichen Verrat und Meineid zu revidieren, den die heimliche Exemtion der Rittergenossen von der zollerschen Landesherrschaft darstellen würde[149].

Komplexere Argumentationsstrategien als in den Jahren zuvor musste die preußische Publizistik entwickeln, als es seit Sommer 1796 nicht mehr darum ging, die Eingriffe in einzelne reichsritterschaftliche Gerechtsame, sondern die vollständige Mediatisierung eines großen Teiles des fränkischen Ritterkreises zu legitimieren. Das Ergebnis war ein rechtstheoretischer Dreischritt, der in seinen ersten beiden Stufen einem im Ancien Régime wiederholt anzutreffenden Gedankengang entsprach, den Walter Demel als sog. »Usurpationsthese« bezeichnet hat[150]. Nicht nur Hardenberg war diesem Rechtsverständnis verhaftet[151]. Auch in der Publizistik, die die Unterwerfung der noch unmittelbar gebliebenen Reichsritter ab 1802/03 durch Pfalz-Bayern und andere Reichsfürsten verteidigen sollte, spielte der besagte Usurpationsge-

144 Siehe Kapitel IV.2.
145 Siehe Kapitel V.3.
146 Siehe Kapitel II.3 u. VII.2.
147 Siehe Kapitel V.2.
148 Siehe Kapitel II.2.2.
149 [Rezension], Ueber eigenmächtige Exemtionen reichsritterschaftlicher Mitglieder, S. 419 ff.
150 Siehe Kapitel V.2.
151 Siehe Kapitel V.2 u. VII.1.

danke eine zentrale Rolle[152]. In einem ersten Schritt konstruierten die preußischen Schriftsteller einen am Reichs- und Territorialstaatsrecht des ausgehenden 18. Jahrhunderts orientierten Idealzustand, in dem sich die mark- und burggräflich-brandenburgischen Besitzungen in Franken in der Vergangenheit befunden hätten[153]. Im zweiten Schritt wurden alle Abweichungen der Gegenwart von diesem idealisierten Zustand als Rechtsbruch und Usurpation verworfen[154]. Im dritten Schritt entwickelten die preußischen Publizisten die Gründe, warum Berlin einseitig den vermeintlichen Status quo ante wieder herstellen dürfe[155].

Für den ersten Teil ihrer Usurpationstheorie griffen Haenlein, Goess, Lang und Kretschmann ins Hochmittelalter und damit auf die Anfänge der zollerschen Herrschaft in Franken zurück[156]. Ein solches Verfahren war keineswegs ungewöhnlich, sondern entsprach ganz dem historischen oder auch nur historisierenden Rechtsdenken des Ius publicum[157]. Den Ausgangspunkt der preußischen Landeshoheitsansprüche bildete das zunehmende Wachstum der fränkischen Besitzungen der Zollern durch den Erwerb verschiedenster Gerechtsame und Herrschaften durch Kauf, Tausch, Belehnung, Erbschaft, Verpfändung oder Annexion[158]. Dies entsprach nicht nur dem Wissensstand des ausgehenden 18. Jahrhunderts[159], sondern war ein geschichtliches Faktum, das auch noch von der modernen Forschung anerkannt wird[160].

Über diesen historischen Tatbestand ging jedoch die reichsritterschaftsfeindliche Publizistik hinaus, wenn sie aus den bereits angesprochenen »Er-

152 Zum Beispiel: [*Gönner*], Staatsrechtliche Verhältnisse der adeligen Gutsbesitzer, S. 5 ff., inbes. 26 ff. u. Historische und Staatsrechtliche Betrachtungen, S. 5 ff.

153 Oeffentliche Erklärung wegen der Brandenburgischen Insassen, S. 4 ff. Königlich Preußische Erklärung über die Landeshoheits-Irrungen, S. 5. Der Fränkische Merkur, Nr. 45, 6. November 1798, Sp. 1397 ff.

154 Oeffentliche Erklärung wegen der Brandenburgischen Insassen, S. 3 f., 9 f. Königlich Preußische Erklärung über die Landeshoheits-Irrungen, S. 6. Der Fränkische Merkur, Nr. 45, 6. November 1798, Sp. 1399 f.

155 Oeffentliche Erklärung wegen der Brandenburgischen Insassen, S. 3 f., 9 ff. Königlich Preußische Erklärung über die Landeshoheits-Irrungen, S. 3 ff.

156 Oeffentliche Erklärung wegen der Brandenburgischen Insassen, S. 4 ff. Königlich Preußische Erklärung über die Landeshoheits-Irrungen, S. 5. Der Fränkische Merkur, Nr. 45, 6. November 1798, Sp. 1397 ff.

157 Siehe Kapitel II.3.

158 Oeffentliche Erklärung wegen der Brandenburgischen Insassen, S. 4 ff. Königlich Preußische Erklärung über die Landeshoheits-Irrungen, S. 5. Der Fränkische Merkur, Nr. 45, 6. November 1798, Sp. 1397 ff. Vgl. auch: Geschichte der Brandenburgischen Familien-Fideicommisse, S. 191 ff., *K. H. Lang*, Die behauptete Reichs-Unmittelbarkeit des Freyherrlich von Geuderischen Ritterguts, S. 115 f. u. Archivische Nachricht von dem Adel. Gut Rechenberg, S. 433 f., 441, 448 f.

159 »Versuch eines ohngefähren Abrisses...« (wie Kap. II, Anm. 91), GStA PK Berlin, I. HA, Rep. 94, IV, Ac, Nr. 2, S. 1–149, hier: S. 59. [*Mehmel*], Briefe, S. 39 f., 46 ff. Vertraute Briefe über das Fürstenthum Bayreuth, S. 13.

160 *Schuhmann*, Markgrafen (1980), S. 3 ff., 42 ff., 321 ff. *H. H. Hofmann*, Herrschaft, S. 76. *Schreiner*, Geschichte, S. 76 ff., 91. *Sicken*, Einnahmen, S. 160.

werburkunden«, also den in den preußischen Archiven zusammengesuchten Rechtstiteln und Zeugnissen über den mittelalterlichen Besitzstand der Zollern weitreichende Schlussfolgerungen für die Territorialverfassung Frankens in der Gegenwart ableitete: Danach lagen die von Berlin beanspruchten, nur vorgeblich unmittelbaren Rittergüter ursprünglich innerhalb der Territorien bestimmter fränkischer Dynasten. Nur dort, wo die ritterschaftlichen Besitzungen auf Reichslehen oder dem Land eines Gaugrafen begründet wurden, nicht aber wenn sie in den später an die Zollern gefallenen Landen der besagten Dynasten gelegen wären, hätten sie durch kaiserliche Privilegien von der Herrschaft ihrer Nachbarn eximiert werden dürfen. Doch selbst wo ein Rittergut diese Bedingungen erfüllte und sein Besitzer sich auf den reichslehenbaren Charakter seiner Besitzungen berufen konnte, nahmen die publizistischen Verfechter der preußischen Landeshoheitsansprüche für sich das Recht in Anspruch, ihre Thesen nachträglich zu differenzieren und die eigene Ausnahmeregel nachträglich noch einzuschränken: »Wenn ich sage, ein jeder Reichs-Ritter soll ein Pferd haben, kann ich denn darum auch behaupten: ›wer aber ein Pferd hat, der ist ein Reichsritter?‹«.

Mit dem geschilderten, von Zweckoptimismus nicht freien Bild der königlichen Publizistik von der Territorialverfassung und -geschichte Frankens hing aufs Engste die preußische Behauptung zusammen, dass alle von den fränkischen Zollern einst erworbenen Herrschaften – genau wie in den Territoria clausa Sachsen, Österreich, Brandenburg und anderen Teilen des Reichsverbandes – Reichsklostervogteien, -lehen und -allodien gewesen seien. Folglich sei diesen einzelnen Territorien die Reichsunmittelbarkeit zugekommen. Zudem habe es sich nach alten Landbüchern und Grenzbeschreibungen bei diesen in der Hand des späteren Hauses Brandenburg vereinigten Besitzungen jeweils um geschlossene Territorien gehandelt, die »für sich einen obrigkeitlichen Distrikt ausmachten« und denen »die Fähigkeit zur Landeshoheit« anklebte. Diese verfassungsrechtlichen Eigenschaften der einzelnen Herrschaftsgebiete der zollerschen Burggrafen von Nürnberg seien auf das neue Fürstentum übergegangen, zu dem sie durch das bekannte Diplom Kaiser Karls IV. vom 17. März 1363 vereinigt wurden. Auf diese Weise sei »aus den einzelnen schon geschlossenen Distrikten, Dynastien und Reichslehen, ein ganz geschlossenes Gebiet« im Sinne des Territorium clausum geworden[161]. Die zuletzt zitierte Passage aus der »Oeffentlichen Erklärung« gegen die

161 Oeffentliche Erklärung wegen der Brandenburgischen Insassen, S. 4 ff. (Zitate ebd., S. 4 f.). Königlich Preußische Erklärung über die Landeshoheits-Irrungen, S. 5. Der Fränkische Merkur, Nr. 45, 6. November 1798, Sp. 1397 ff. Vermischte adeliche Besitzungen in dem Amte Bayreuth, S. 47. In wie fern sind Se. Majestät an die Verträge gebunden, S. 213 f. Urkunden-Buch, S. 341 ff., 659 f. *K. H. Lang*, Die behauptete Reichs-Unmittelbarkeit des Freyherrlich von Geuderischen Ritterguts, S. 114 f., 131 f. (Zitat ebd., S. 131). *Ders.*, Historische Nachricht von den Verhältnissen des Rittergutes Aufseß, S. 180 f. *Ders.*, Nachtrag zu der diplomatischen Prüfung der behaupteten Unmittelbarkeit des Rittergutes Heroldsberg, S. 369 f. *Ders.*, Historisch diplomatische Nachricht von denen in der Königlich Preußischen Amtshauptmannschaft

Reichsritterschaft war alles andere als ein Geniestreich und zeigte einen wesentlichen Schwachpunkt der preußischen Argumentationsstrategie auf: Die königlichen Publizisten konnten nämlich nicht das Problem auflösen, dass einzelne geschlossene Territorialsplitter durch ihre Vereinigung noch lange nicht ein weitgehend geschlossenes Gesamtterritorium ergeben mussten. Ähnlich schwer war der postulierte obrigkeitlich-landesherrliche Herrschaftsanspruch der Zollern über ihr vorgeblich geschlossenes Herrschaftsgebiet zu stützen. Zwar verwiesen die preußischen Schriftsteller auf verschiedene Privilegienverleihungen und -bestätigungen durch die Könige und Kaiser des 14. bis 17. Jahrhunderts zugunsten der Nürnberger Burggrafen[162]. Aber damit ließ sich der vorhersehbare und historisch zutreffende Einwand nicht entkräften, dass die den Burggrafen damals verliehenen Gerechtsame nicht mit der Landeshoheit gleichgesetzt werden könnten, wie sie sich zwischen dem Westfälischen Frieden und dem ausgehenden 18. Jahrhundert herausgebildet hatte[163]. Um diesen Widerspruch aufzulösen, erklärte die preußische Publizistik die obrigkeitlichen Befugnisse der fränkischen Zollern im Mittelalter und am Beginn der Frühen Neuzeit zur Vorstufe ihrer gegenwärtigen Landeshoheit: Wenn Letztere »vor zwei und drei Jahrhunderten den Umfang noch nicht haben konnte, den ihr die neueren Staats-Verhältnisse gegeben haben, so war sie doch ihrem wahren Begriffe und Wesen nach, immer das, was sie nach den damaligen Verhältnissen sein konnte und das höchste Kleinod des Landesherrn«[164].

Die Landeshoheitsgrenzen des derart für Friedrich Wilhelm II. reklamierten Herrschaftsgebiets gingen selbstredend weit über die der fränkischen Markgrafentümer von 1792 hinaus und umfassten den »ganzen Complexe der Fürstenthümer Ansbach und Bayreuth, so weit sie vermarkt und vergrenzt sind«. Entsprechend war von staatsrechtlichen Servituten, als reinen Dienstbarkeiten auf fremdem immediaten Gebiet, keine Rede mehr, sondern nur noch von zollerschen »Regalien«, »landesherrlichen« und »landeshoheitlichen Rechten«, »Gerechtsame[n]«, »Hoheits- und Regierungs-Rechte[n]«

Kulmbach befindlichen anmaßlich Fränkischen Reichs-Rittergütern, S. 489. Deutsche Reichs- und Staats-Zeitung, Nr. 26, 31. März 1797, Sp. 409 Anm. 22. Ebd., Nr. 15, 19. Februar 1799, Sp. 227 Anm. 1. Der Fränkische Merkur, Nr. 45, 6. November 1798, Sp. 1397 f. Etwas über die Reitzensteinischen Reichsafterlehen, S. 28 f. Archivische Nachricht von dem Adel. Gut Rechenberg, S. 433 f., 441 ff. Vgl. auch: Entwicklung der Brandenburgischen Landeshoheit über Thurnau, S. 386 u. Deutsche Reichs- und Staats-Zeitung, Nr. 59, 25. Juli 1797, Sp. 941. – Die Theorie des Territorium inclausum erschien der »Deutschen Reichs- und Staats-Zeitung« (Nr. 26, 31. März 1797, Sp. 409 Anm. 22) als staatsrechtlich überholt, der »Natur der Sache« widersprechend und nur »nach F. Kreis- und Ritterschaftlichen Ideen« vorstellbar.

162 Oeffentliche Erklärung wegen der Brandenburgischen Insassen, S. 5 f. Königlich Preußische Erklärung über die Landeshoheits-Irrungen, S. 5. Der Fränkische Merkur, Nr. 45, 6. November 1798, Sp. 1398. Urkunden-Buch, S. 341 ff.

163 Siehe Kapitel VIII.3.2.

164 Königlich Preußische Erklärung über die Landeshoheits-Irrungen, S. 5. Vgl. auch: Deutsche Reichs- und Staats-Zeitung, Nr. 62, 4. August 1797, Sp. 981.

sowie »Polizey- Finanz- Justiz- und Militärgewalt«. Dabei legte die preußische Publizistik der Jahre 1796 bis 1798 besonderen Wert auf den Umstand, dass die Fraisch keineswegs das einzige Kriterium für die Landsässigkeit der den ober- und untergebürgischen Fürstentümern benachbarten reichsritterschaftlichen Herrschaften sei[165]. Zwar kontrastierte damit die Tatsache, dass bei den vermarkten Grenzen nicht zuletzt an die durch sog. Fraischsteine und sonstige Landmarken bezeichneten Grenzen der zollerschen Hochgerichtsbarkeit gedacht werden musste[166]. Aber mit dieser Argumentationsstrategie begegnete die königliche Propaganda dem Vorwurf, Berlin setze Cent und Landeshoheit einfach gleich[167]. Derartige Rechtssätze hatten – wie ausgeführt wurde – Ganz, Kretschmann und Wipprecht bis 1794 öffentlich vertreten.

Wie problematisch die seit 1796 deduzierten und – wie ausgeführt – vielfach auch realiter angewandten – Grundsätze zur Neubestimmung der preußischen Landeshoheitsgrenzen waren, verdeutlicht eine Stellungnahme des ehemaligen Geheimen Kabinettssekretärs Karl Alexanders, Ludwig Friedrich Christoph Schmid. Im Interesse einer zufriedenstellenden Arrondierung der fränkischen Markgrafentümer plädierte er für die Beachtung der individuellen Rechtssituation vor Ort und wandte sich vehement dagegen, die neuen Landeshoheitsgrenzen allein aus der Fraisch oder Versteinung einer Markung abzuleiten. Seine Kritik gipfelte in der rhetorischen Frage: »Oder sind wir von uns eingenommen genug, um zu glauben, daß unsere Declarationen und

165 Oeffentliche Erklärung wegen der Brandenburgischen Insassen, S. 5 ff. (Zitate ebd., S. 6 u. 9 f.). Königlich Preußische Erklärung über die Landeshoheits-Irrungen, S. 4 ff. (Zitate ebd., S. 4 u. 6). Von den Streitigkeiten welche die Landeshoheit über die in den Brandenburgischen Fürstenthümern, S. 225 f. Beleuchtung des in der Gräflich Pücklarischen Debit-Sache, S. 135 (Zitat ebd.). *K. H. Lang*, Staatsrechtliche Entwicklung des Landsassiats, S. 25 ff. Der Fränkische Merkur, Nr. 45, 6. November 1798, Sp. 1398 ff. Archivische Nachricht von dem Adel. Gut Rechenberg, S. 445. – Vgl. auch die in der Vergangenheit zur Fraisch gekommene Akkumulation diverser obrigkeitlicher Rechte der Zollern über fremdes Gebiet nach dem Urkunden-Buch (S. 427, 570 ff.) und nach den verschiedenen, vor allen von Karl Heinrich Lang stammenden, Beiträgen im »Staatsarchiv der Königl. Preuß. Fürstenthümer« (*K. H. Lang*, Die behauptete Reichs-Unmittelbarkeit des Freyherrlich von Geuderischen Ritterguts, S. 124 ff. *Ders.*, Staatsrechtliche Entwicklung des Landsassiats, S. 25 ff. *Ders.*, Historische Nachricht von den Verhältnissen des Rittergutes Aufseß, S. 182 ff. *Ders.*, Historisch diplomatische Nachricht von denen in der Königlich Preußischen Amtshauptmannschaft Kulmbach befindlichen anmaßlich Fränkischen Reichs-Rittergütern, S. 494 ff. Entwicklung der Brandenburgischen Landeshoheit über Thurnau, S. 383 ff. Etwas über die Reitzensteinischen Reichsafterlehen, S. 31 f.). – Eine reichsritterschaftliche Deduktion brachte den Bedeutungsverlust der Fraisch bei der Begründung der preußischen Landeshoheitsansprüche treffend auf den Punkt. Sie betonte, »daß in den neuern Königlichen Erklärungen von dem Prinzip: Fraisch involvire Landeshoheit – welches sonst die Axe ware, um die man alles drehte, so ziemlich deutlich abgegangen« worden sei (Abschrift der von Berlichingischen Deduktion über die Reichsunmittelbarkeit Rech(en)bergs, Ansbach, 8. August 1796, StA Ludwigsburg, B 575 II, Bü 373).

166 *Kunstmann*, Fraischgrenze, S. 813 ff. bzw. konkret für Brandenburg-Bayreuth: S. 822 ff. Abschrift der von Berlichingischen Deduktion über die Reichsunmittelbarkeit Rech(en)bergs, Ansbach, 8. August 1796, StA Ludwigsburg, B 575 II, Bü 373.

167 Königlich Preußische Erklärung über die Landeshoheits-Irrungen, S. 5.

Grundsäze das Publicum (im weiteren Denckungscreise genommen) überzeugt haben«?[168].

Angesichts solcher Bedenken war es für die königliche Publizistik umso wichtiger, weitere Rechtsgründe für das behauptete Landsassiat der Ansbach-Bayreuth benachbarten Reichsritter und ihrer Besitzungen präsentieren zu können. Zu diesem Zweck wurde nicht nur die »mysterieuse Lehre von einer unmittelbaren Vogteilichkeit« als Grundlage einer eigenen Landesherrschaft verworfen und damit die Verfassung des fränkischen Territorium inclausum kurzerhand negiert[169]. Zudem betonten die preußischen Schriftsteller, dass weder die Ansbach-Bayreuth benachbarten Rittergenossen noch ihre Güter diejenigen Voraussetzungen erfüllen würden, die in den Reichsabschieden des späten 15. und des 16. Jahrhunderts sowie in Art. V § 28 des IPO für die reichsritterschaftliche Unmittelbarkeit festgesetzt worden seien: Entgegen diesen Bestimmungen handele es sich bei den von Berlin beanspruchten reichsadligen Besitzungen meist gar nicht um wirkliche, immediate Rittergüter, sondern lediglich um landsässige »einzelne Bauernhöfe«. Ihre adligen Besitzer wären noch im späten Mittelalter oder gar bis an die Schwelle zur Frühen Neuzeit nicht mehr gewesen als landsässige »Bauernhofsbesitzer«. Allein aus Gnade hätten die zollerschen Landesherrn solche Güter häufig von ihren Abgaben und Frondiensten befreit und zu burg- bzw. markgräflich brandenburgischen Lehen erhoben. Zudem sei ein Teil der gegenwärtigen reichsritterschaftlichen Hintersassen im Spätmittelalter rechtswidrig dadurch geschaffen worden, indem Adlige ohne den erforderlichen lehensherrlichen Konsens Stücke ihrer zuvor selbst bewirtschafteten zollerschen Lehen abgetrennt und mit Beständern besetzt hätten. Auch die geografische und angeblich von einzelnen Reichsrittern in der Vergangenheit selbst zugegebene Lage der reichsritterschaftlichen Herrschaften innerhalb der von Ansbach-Bayreuth beanspruchten Landeshoheitsgrenzen sprach in den Augen der königlichen Propaganda zweifelsfrei für deren Landsässigkeit. Um die These vom Landsassiat im Sinne der Reichsgrundgesetze für einen erheblichen Teil des fränkischen Ritterkreises zu untermauern, griffen die preußischen Schriftsteller auch auf den klassischen Akten- und Urkundenbeweis zurück: Dazu dienten nicht nur verschiedene königliche Diplomata des 14. und 15. Jahrhunderts. Zusätzlich wurden im sog. »Urkunden-Buch« des »Staatsarchivs der Königl. Preuß. Fürstenthümer in Franken« neben verschiedenen weiteren Schriftstücken und Exzerpten von Dokumenten aus der Zeit zwischen dem späten 15. und der Mitte des 18. Jahrhunderts auch auf etwa 170 Seiten Auszüge aus den angeblichen Ansbacher »Land-Tags-Akten« der Jahre

168 Stellungnahme von Ludwig Friedrich Christoph Schmid, o.O., 9. August 1796, StA Nürnberg, Mfr (Abgabe 1900), KdI, Nr. 3897.

169 Von den Streitigkeiten welche die Landeshoheit über die in den Brandenburgischen Fürstenthümern, S. 226. *K. H. Lang*, Staatsrechtliche Entwicklung des Landsassiats, S. 21 f., 36 (Zitat ebd., S. 36). – Speziell zur reichs- und territorialstaatsrechtlichen Verfasstheit des Territorium inclausum siehe Kapitel II.3.

1507 bis 1534 abgedruckt. Bei Letzteren handelte es sich um ein Sammelsurium aus fürstlichen Reskripten, Landtagsabschieden, Verträgen, Verzeichnissen sowie einschlägigen Korrespondenzen und sonstigem Verwaltungsschriftgut. Dieses Akten- und Urkundenmaterial schien – wie auch weitere im »Staatsarchiv« abgedruckte Quellenstellen – nicht nur eine in den unter- und obergebürgischen Fürstentümern eingesessene Ritterschaft im Allgemeinen zu bezeugen, sondern erwähnte insbesondere für das frühe 16. Jahrhundert auch die Namen zahlreicher fränkischer Geschlechter, die später bei der Reichsritterschaft immatrikuliert waren. Hiermit sah die preußische Publizistik die zollersche Landesherrschaft über die im Burggrafentum Nürnberg eingesessene Ritterschaft als bewiesen an – unabhängig davon, ob es sich einst um förmliche Landsassen oder um Vasallen gehandelt habe: Schließlich hätten die Ritter noch im frühen 16. Jahrhundert nicht nur an den markgräflichen Kriegszügen teilgenommen und zahlreiche Ämter im Burggrafentum bekleidet. Sie seien damals auch auf den Landtagen der fränkischen Markgrafen erschienen und hätten dabei das ständische Steuerbewilligungsrecht ausgeübt. Dies wiederum seien unzweifelhafte Zeichen einer förmlichen Landstandschaft und damit des Landsassiats. Die von ritterschaftlicher Seite im 14., vor allem aber im späten 15. und frühen 16. Jahrhundert gegenüber den Zollern geleisteten Ehrbezeugungen, Treue- und Gehorsamsversprechen wurden als Landeshuldigungen, als Anerkennung der Landesherrschaft der fränkischen Mark- und Burggrafen einerseits sowie des eigenen Landsassiats andererseits gedeutet. Zudem bezog die preußische Publizistik den Inhalt der spätmittelalterlichen Urkunden, in denen die Könige den Nürnberger Burggrafen obrigkeitliche Rechte über nicht näher spezifizierte Dienstmannen, Freie, Knechte und Ritter verliehen, kurzerhand auf die spätere Reichsritterschaft. Es war daher konsequent, wenn Karl Heinrich Lang die schon mehr als ein halbes Jahrhundert alte Behauptung eines Freiherrn von Aufseß über die angeblich in das tiefste Mittelalter zurückreichende Unmittelbarkeit seines Geschlechts und ihres Kantons Gebürg mit Hohn und Spott quittierte. Schließlich interpretierten die königlichen Publizisten die vom 14. bis über die Mitte des 17. Jahrhunderts hinaus, vornehmlich aber für das frühe 16. Säkulum belegte Unterwerfung von Edelleuten und Rittern unter den Schutz, die Gerichtsbarkeit sowie die verschiedensten Gebote und obrigkeitlichen Gerechtsame der Zollern ebenfalls als Anerkennung des Landsassiats durch die Vorfahren der Ansbach-Bayreuth benachbarten Reichsritter. Die Ausübung zentraler obrigkeitlicher Rechte über die Untertanen und Besitzungen verschiedener Reichsritter ließ sich sogar problemlos bis in die Gegenwart verfolgen. Diese für das Territorium mixtum alltägliche Erscheinung wurde entscheidend, da – wie bereits angedeutet – die königliche Publizistik aus der Kumulation derartiger Gerechtsame, die nach der reichsrechtlichen Mehrheitsmeinung bisher staatsrechtliche Servituten waren, nun die preußische Landeshoheit folgerte. Doch nicht nur aus vermeintlichen oder realen Gerichts- und Verwaltungshandlungen, sondern auch aus vertraglichen Übereinkünften einzelner Reichsritter untereinander, mit ihren Hintersassen oder den fränkischen Markgrafen glaubte Berlin, Beweise seiner Landeshoheit bis ins frühe 18. Jahrhundert hinein destillieren zu können[170].

Dass eine solche Interpretation angesichts des faktischen Inhalts der besagten Vergleichs- und Kaufverträge, die als Einzelfälle nicht zur Verallgemeinerung taugten, vielfach äußerst gewagt war, stand auf einem anderen Blatt[171]. Zudem widersprach die preußische Deutung dem Wesen der Rezesse, wenn es sich dabei um wirkliche Vergleichsverträge handelte. Diese mochten

170 Oeffentliche Erklärung wegen der Brandenburgischen Insassen, S. 4 ff. (Zitat ebd., S. 6 f.). Der Fränkische Merkur, Nr. 45, 6. November 1798, Sp. 1398 f. Urkunden-Buch, fortl., insbes. S. 342 ff., 368 ff. (Zitat ebd., S. 375). *K. H. Lang*, Staatsrechtliche Entwicklung des Landsassiats, S. 4 ff. (Zitat ebd., S. 37). *Ders.*, Die behauptete Reichs-Unmittelbarkeit des Freyherrlich von Geuderischen Ritterguts, S. 113 ff., 124 ff., 135 ff. *Ders.*, Historische Nachricht von den Verhältnissen des Rittergutes Aufseß, S. 180 ff. *Ders.*, Nachtrag zu der diplomatischen Prüfung der behaupteten Unmittelbarkeit des Rittergutes Heroldsberg, S. 370 ff., 379 f. *Ders.*, Historisch diplomatische Nachricht von denen in der Königlich Preußischen Amtshauptmannschaft Kulmbach befindlichen anmaßlich Fränkischen Reichs-Rittergütern, S. 473 ff. Vermischte adeliche Besitzungen in dem Amte Bayreuth, S. 46 ff. Beleuchtung des in der Gräflich Pücklarischen Debit-Sache, S. 129 ff., 150 ff. Ueber die Landsässigkeit der Leonrodischen Besitzungen, S. 219 ff., 238 f. Entwicklung der Brandenburgischen Landeshoheit über Thurnau, S. 383 ff., 404 ff. Etwas über die Reitzensteinischen Reichsafterlehen, S. 28 ff. Schritte des Fränkisch-Ritterschaftlichen Direktorii, S. 110 f. Archivische Nachricht von dem Adel. Gut Rechenberg, S. 434 ff. Deutsche Reichs- und Staats-Zeitung, Nr. 32, 21. April 1797, Sp. 499 f. Ebd., Nr. 33, 25. April 1797, Sp. 513 ff. Ebd., Nr. 15, 19. Februar 1799, Sp. 228 Anm. 3. Ebd., Nr. 16, 22. Februar 1799, Sp. 241 Anm. 1. Vgl. auch: Von den Streitigkeiten welche die Landeshoheit über die in den Brandenburgischen Fürstenthümern, S. 226. – Die wesentlichen Kernelemente der geschilderten Argumentation wurden bereits 1794 in einer Rezension der »staatswissenschaftlichen und juristischen Literatur« abgedruckt ([Rezension], Ueber eigenmächtige Exemtionen reichsritterschaftlicher Mitglieder, S. 420 f.). – Geradezu ehrverletzend musste es auf Seiten der Reichsritter empfunden werden, dass Berlin beim Beweis der einst über die Ritter ausgeübten Gerichtsbarkeit verschiedene schwere Verbrechen bis hin zu mehreren Morden von Vertretern adliger Geschlechter anführte. Letztere gehörten im Falle der von Aufseß, von Künsberg, von Giech und von Leonrodt noch in der Gegenwart zur Reichsritterschaft. Zwar kein Schwerverbrechen, aber für die betroffene Familie alles andere als angenehm war auch der Scheidungsfall des Generals Freiherr von Reitzenstein und seiner aus dem gleichen Geschlecht stammenden Gemahlin. Dennoch wurde dieser bestenfalls elf Jahre zurückliegende, also noch recht junge Vorfall im »Staatsarchiv« als Beleg der von Bayreuth ausgeübten geistlichen Gerichtsbarkeit ausgebreitet. Es wird noch zu zeigen sein, dass diese Fälle nicht nur dem Beweis der preußischen Landeshoheitsansprüche dienen sollten, sondern auch zur Diskreditierung der betroffenen reichsritterschaftlichen Geschlechter geeignet waren (Etwas über die Reitzensteinischen Reichsafterlehen, S. 31, 55 ff. *K. H. Lang*, Staatsrechtliche Entwicklung des Landsassiats, S. 35. *Ders.*, Historisch diplomatische Nachricht von denen in der Königlich Preußischen Amtshauptmannschaft Kulmbach befindlichen anmaßlich Fränkischen Reichs-Rittergütern, S. 493 ff. Beleuchtung des in der Gräflich Pücklarischen Debit-Sache, S. 135 ff., 168 ff. Ueber die Landsässigkeit der Leonrodischen Besitzungen, S. 219 ff. Entwicklung der Brandenburgischen Landeshoheit über Thurnau, S. 432 ff. Deutsche Reichs- und Staats-Zeitung, Nr. 33, 25. April 1797, Sp. 515 ff.).

171 Urkunden-Buch, inbes. S. 570 ff. Beleuchtung des in der Gräflich Pücklarischen Debit-Sache, S. 135 ff., 187 ff. Ueber die Landsässigkeit der Leonrodischen Besitzungen, S. 238 f. Etwas über die Reitzensteinischen Reichsafterlehen, S. 43 ff., 63 ff.

zwar für den »Mindermächtigen« vielfach ein »recedere a jure suo« bedeuten, sahen aber als Mittel der konsensualen Streitbeilegung grundsätzlich keine einseitige Unterwerfung oder einen kompromisslosen Rechtsverzicht vor[172]. Dagegen war es zutreffend, dass der gewaltige Finanzbedarf der Markgrafen Sigmund (1486–1495) und Friedrich des Älteren (1486–1515) von Brandenburg-Kulmbach bzw. -Ansbach – ähnlich wie in anderen deutschen Territorien – an der Wende des 15. zum 16. Jahrhundert zur Herausbildung einer sog. landständischen Verfassung geführt hatte. Das bedeutete, dass auf den in unregelmäßigem Abstand einberufenen, aber gerade in den frühen 1530er Jahren sehr häufigen Land- und Ausschusstagen die lokalen Herrschaftsträger in Gestalt von Prälaten, Ritterschaft sowie der mediaten Städte und Ämter zusammenkamen. Dabei brachten sie ihre Beschwerden vor, berieten über wichtige dynastische und reichspolitische Fragen und bewilligten vor allem außerordentliche Geldhilfen, wofür sie eine Beteiligung an der Verwaltung des Landes durchzusetzen vermochten[173]. Unter den ohnehin vergleichsweise spät herausgebildeten Landständen der fränkischen Markgrafentümer erschienen dabei auch die Vorfahren der wenig später in der organisierten Reichsritterschaft aufgehenden Geschlechter. Allerdings schieden diese bereits 1539 faktisch aus dem Kreis der Landstände aus und verweigerten seitdem weitere Beiträge zu den Landeslasten[174]. Schon zuvor konnten die Markgrafen den Besuch der Landtage und die unbesehene Anerkennung der Landtagsabschiede sowie finanzielle Beiträge zu den Landeslasten gegenüber den Rittern nur unvollkommen durchsetzen. Schließlich waren Letztere im Gegensatz zu den Städten und Prälaten weder der Stadtherrschaft noch der Schirmvogtei der Markgrafen unterworfen, konnten die zollerschen Herrscher durch die ihnen gewährten Kredite unter Druck setzten und bei Bedarf die verschiedenen ritterschaftlichen Lehensherren gegeneinander ausspielen[175]. Wenn die königliche Publizistik dennoch aus der Landstandschaft der reichsritterschaftlichen Vorfahren ein Landsassiat im Sinne des Reichs- und Territorialstaatsrechts des ausgehenden 18. Jahrhunderts ableitete, interpretierte sie die offene historische Situation des 16. Jahrhunderts einseitig im preußischen Sinne um[176]. Es wurde bereits dargelegt, dass sowohl eine Eingliederung der Ritter in die fürstlichen Territorien ebenso möglich gewesen wäre wie auch die vielfach gelungene Behauptung einer reichsunmittelbaren Stellung[177]. Der

172 Actenmäsige Geschichts-Erzählung von der ohnmittelbaren Reichs-Ritterschaft, S. 4, 22 ff. (Zitate ebd., S. 4 f.). Neue Vertheidigung I, S. 104 f. Ebd. II, S. 163. *Hallo*, Etwas über einige, S. 27 f. – Vgl. zum konsensualen Charakter des Vergleichsweges z. B. auch *F. C. Schmidt*, Beyträge I, S. 40 ff.

173 *Schaupp*, Landstände, S. 37 ff., 48 ff., 68 ff., 83 ff., 92, 117 ff.

174 *Schornbaum* (Hg.), Protokoll, S. 102 ff. *Schuhmann*, Markgrafen (1980), S. 102. *Schaupp*, Landstände, S. 37, 42, 76 ff.

175 *Schaupp*, Landstände, S. 66, 76 ff., 95.

176 Vgl. *Press*, Kaiser Karl, S. 16 ff., 69 u. *Ders.*, Angriff, S. 337.

177 Siehe Kapitel II.1.

Dirigierende Minister selbst hatte sich wenige Jahre zuvor keineswegs sicher gezeigt, ob die Adligen auf den burggräflichen Landtagen »nun Landsässig, oder schon damals unmittelbar gewesen« seien[178]. Dass solche Zweifel in der königlichen Publizistik ab 1796 keine Rolle mehr spielten, dürfte nur partiell mit den inzwischen vorgenommenen Archivstudien zusammenhängen[179]. Vielmehr war dieser Teil der preußischen Argumentation auch den bewährten Mustern der publizistischen Auseinandersetzungen bei den Mediatisierungsversuchen der letzten Jahrzehnte geschuldet: Wie die Nachfolger der einstigen Nürnberger Burggrafen das Erscheinen der Ritter auf den zollerschen Landtagen zum Zeichen des Landsassiats stilisierten, war die Erbin der Burggrafen von Eger wenige Jahrzehnte zuvor vor keiner argumentativen Verrenkung zurückgeschreckt, um die Unterwerfung der Herrschaft Asch mit einem theoretisch denkbaren Erscheinen der Freiherrn von Zedtwitz auf den Egerer Landtagen zu rechtfertigen oder diejenige der Burgauischen Insassen mit dem Besuch eines angeblichen Landtages im Jahre 1492[180]. Auch Württemberg hatte während der Reichstagsrekurse von 1749/53 in gleicher Weise seine Ansprüche gegenüber der Reichsritterschaft begründet[181]. Eine vergleichbare Untersuchung über die »*Verwendung* bzw. de[n] *Gebrauch* von Begriffen und Ideen« in Anlehnung an Wittgenstein und vor allem Quentin Skinner ließe sich für viele andere Argumente der preußischen Publizistik mit Gewinn durchführen. Auf diese Weise könnte im Detail rekonstruiert werden, wo die Propaganda Berlins sprachliches und gedankliches Neuland betrat und wo sie sich altbekannter Argumentationsmuster bediente[182]. Letzteres traf nämlich auf zahlreiche weitere Gedanken zu, die in der preußischen Publizistik ventiliert wurden. Beipielsweise war auch die einseitige Deutung der Titulaturen sowie von Gehorsams- und Eidesformeln vergangener Jahrhunderte keineswegs neu. Diese Argumentationsstruktur lässt sich nämlich nicht erst 1796/97 nachweisen, sondern sie kam bereits in den Landeshoheitsstreitigkeiten um Asch und in der Markgrafschaft Burgau sowie beim württembergischen Reichstagsrekurs von 1749/53 zum Einsatz[183]. Zuvor hatte der Administrator Johann Casimir im späten 16. Jahrhundert den Terminus »Landesherr« in alten Urkunden durch einseitige Interpretation gegen die reichsritterschaftlichen Vasallen der Kurpfalz instrumentalisiert[184].

178 »Versuch eines ohngefähren Abrisses…« (wie Kap. II, Anm. 91), GStA PK Berlin, I. HA, Rep. 94, IV, Ac, Nr. 2, S. 1–149, hier: S. 69.

179 Siehe Kapitel VII.1 u. VIII.2.1.

180 Weitere Ausführung Des Im Jahr 1767. herausgekommenen ausführlichen und gründlichen Unterrichtes, S. 167 ff. *Moser*, Rechtliches Gutachten, S. 95 f.

181 *Press*, Angriff, S. 337.

182 Zur angesprochenen Vorgehensweise Skinners siehe zum Beispiel: *Hellmuth/Ehrenstein*, History, S. 154 ff. (Zitat ebd., S. 154).

183 Weitere Ausführung Des Im Jahr 1767. herausgekommenen ausführlichen und gründlichen Unterrichtes, S. 145 ff. *Moser*, Rechtliches Gutachten, S. 98 f. *Willoweit*, Rechtsgrundlagen, S. 332 f. *Press*, Angriff, S. 337.

184 *Press*, Ritterschaft im Kraichgau, S. 61, 61 Anm. 114 (Zitat ebd., S. 61 Anm. 114).

Wie problematisch die Übernahme derartig tradierter Argumentationsmuster zur Verteidigung der preußischen Landeshoheitsansprüche im Rahmen der staatsrechtlichen Theorie des ausgehenden 18. Jahrhunderts war, zeigen die im »Urkunden-Buch« des »Staatsarchivs der Königl. Preuß. Fürstenthümer« abgedruckten Archivalien und Exzerpte. Denn bei aller anzunehmenden Auswahl blieben die von Berlin veröffentlichten Quellen widersprüchlich: Beispielsweise wurde in einer angeblichen Landeshuldigung von 1486 nicht nur von der Treue der Ritter gegenüber ihren zollerschen »Lands-Fürsten« gesprochen, sondern ausdrücklich auch von der deswegen beschworenen »Lehen-Pflicht« der adligen Vasallen[185]. Dass aber im Reichs- und Territorialstaatsrecht des 18. Jahrhunderts aus dem Lehensverhältnis im Territorium inclausum nicht automatisch die Unterwerfung unter die Landesherrschaft eines Fürsten folgte, wurde bereits gezeigt[186].

Auch jenseits solcher zweideutigen Belege für die burg- und markgräflich brandenburgischen bzw. königlich preußischen Landeshoheitsansprüche war der Umgang der Publizistik Berlins mit den reichsritterschaftlichen Lehensbindungen januskopfig: Während der Nexus vasalliticum zu den Ansbacher und Bayreuther Lehenshöfen als Indiz für das Landsassiat der betroffenen Reichsritter unter der preußischen Krone gedeutet wurde, sollten umgekehrt selbst Lehenspflichten der Reichsritter gegenüber Kaiser und Reich der zollerschen Landeshoheit keinen Abbruch tun können. Entsprechend bezeichnete die königliche Publizistik die reichsritterschaftlichen Vasallen teils als »*fremdlehenherrliche* Insassen« oder sprach vom Lehensband vieler Rittergenossen als »Brandenburg'sche oder doch wenigstens [...] Territorial-Lehens-Verbindung«[187]. Diese Schlussfolgerungen waren der Feudistik des Territorium clausum entlehnt und entsprachen damit der inneren Logik der preußischen Argumentation, die Ansbach-Bayreuth ja für geschlossene Territorien erklärte. Aber ein solcher Rechtsstandpunkt war – wie bereits gesagt – mit dem Lehensrecht des Territorium inclausum unvereinbar[188]. Hier galt nämlich der Grundsatz »Lehnmann kein Unterthan«[189]. Interessant für den

185 Urkunden-Buch, S. 600 f. (Zitate ebd.). Oeffentliche Erklärung wegen der Brandenburgischen Insassen, S. 8. – Als weiteres Beispiel für die Doppeldeutigkeit der angeblichen Beweise für die preußische Landeshoheit siehe den markgräflichen Revers von 1534 für die Landschaft des untergebürgischen Fürstentums im Urkunden-Buch (488 f.).

186 Siehe Kapitel II.3.

187 Oeffentliche Erklärung wegen der Brandenburgischen Insassen, S. 8 (Zitat ebd.). *K. H. Lang*, Die behauptete Reichs-Unmittelbarkeit des Freyherrlich von Geuderischen Ritterguts, S. 135 f. *Ders.*, Nachtrag zu der diplomatischen Prüfung der behaupteten Unmittelbarkeit des Rittergutes Heroldsberg, S. 375. Deutsche Reichs- und Staats-Zeitung, Nr. 25, 28. März 1797, Sp. 393 Anm. 17 (Zitat ebd.). Ebd., Nr. 26, 31. März 1797, Sp. 409 Anm. 22. Ebd., Nr. 32, 21. April 1797, Sp. 499. Ebd., Nr. 59, 25. Juli 1797, Sp. 943. Ebd., Nr. 62, 4. August 1797, Sp. 979. Beleuchtung des in der Gräflich Pücklarischen Debit-Sache, S. 129. Vgl. auch: *K. H. Lang*, Staatsrechtliche Entwicklung des Landsassiats, S. 15 ff.

188 Siehe Kapitel II.3.

189 Siehe Kapitel II.3 und VIII.3.2. *Häberlin*, Handbuch I, S. 217 (Zitat ebd.).

Wandel in den Anschauungen des Dirigierenden Ministers ist dabei der Umstand, dass Hardenberg noch im Januar 1792 eine Anwendung der Feudistik des Territorium clausum auf die fränkischen Rechtsverhältnisse abgelehnt hatte. Damals berichtete er über die ritterschaftlichen Nachbarn Ansbachs nach Berlin: »Einige Geschicht[s]forscher behaupten zwar die ehemalige Landsässigkeit dieses Adels, sie scheinen aber Lehenspflicht und Unterthanen[-]Pflicht zu vermischen und nicht genug auf die [...] Entstehung des Landes zu achten«[190]. Was die mit all diesen lehens- und staatsrechtlichen Problemen verknüpfte Existenz reichsritterschaftlicher unmittelbarer Reichslehen anging, gab es tatsächlich verschiedene Güter und Gerechtsame, von denen ihre reichsritterschaftlichen Träger zu Recht oder Unrecht annahmen, dass sie von Kaiser und Reich direkt zu Lehen gingen[191]. Vor dem Hintergrund der Mediatisierungspolitik Pfalz-Bayerns und anderer Reichsfürsten ab 1802/03 sollte die publizistische Auseinandersetzung um den rechtlichen Charakter der Lehen der Rittergenossen und die sich aus dem Lehensband ergebenden Schlussfolgerungen für die reichsritterschaftliche Unmittelbarkeit sowie die reichsständische Landeshoheit erneut aufleben[192].

Es wurde gezeigt, auf welche Weise die preußische Publizistik eine reichsrechtliche »Meistererzählung« konstruierte, in der die Ansbach-Bayreuth benachbarten Ritter bis weit ins 16. Jahrhundert einen privilegierten Teil des Untertanenverbandes der zollerschen Burggrafen bildeten[193]. Allerdings war nicht zu leugnen, dass die Gegenwart des ausgehenden 18. Jahrhunderts ganz anders aussah: Die angeblichen Landsassen bildeten seit mehr als zweihundert Jahren einen ansehnlichen Teil des fränkischen Ritterkreises, ihre Hintersassen zahlten die Schatzungssteuer in die Rittertruhen der Kantone. Vor allem aber hatten die Markgrafen selbst durch Vergleiche mit der Reichsritterschaft und einseitige Willenserklärungen – allen voran den Übereinkünften mit dem Kanton Altmühl von 1722, 1725 und 1729 – den angeblichen Landsassen landesherrliche Befugnisse zugestanden und damit ihre Unmmittelbarkeit de facto anerkannt. Auch waren in der Vergangenheit wiederholt reichsgerichtliche Verfügungen gegen Eingriffe der zollerschen Markgrafen in die Rechtsstellung der Ansbach-Bayreuth benachbarten Ritter ergangen[194].

190 »Versuch eines ohngefähren Abrisses...« (wie Kap. II, Anm. 91), GStA PK Berlin, I. HA, Rep. 94, IV, Ac, Nr. 2, S. 1 - 149, hier: S. 61 f. (Zitat ebd., S. 62).

191 Ein besonders prominenter Fall war die Reichshofmark Heroldsberg der Freiherrn von Geuder (siehe Kapitel VI.1).

192 [*Gönner*], Staatsrechtliche Verhältnisse der adeligen Gutsbesitzer, S. 34 ff. Die Beleuchtung aus Bayern, S. 46, 56 ff., 96 ff. Staatsrechtliche Beleuchtung, S. 17 ff. Mémoire sur l'origine, S. 16 f.

193 Auf dem Deutschen Historikertag 2008 zentrierte sich die Diskussion um das Bild von der Geschichte der Frühen Neuzeit in Forschung und breiter Öffentlichkeit um das Schlagwort der »Meistererzählung« im Sinne einer »Konstruktion von Geschichte« (*Burkhardt* u. a., Meistererzählung, S. 59 ff. *Tischer*, Tagungsbericht (Zitat ebd.)).

194 Oeffentliche Erklärung wegen der Brandenburgischen Insassen, S. 9. Königlich Preußische Erklärung über die Landeshoheits-Irrungen, S. 4 ff. Der Fränkische Merkur, Nr. 45, 6. November 1798, Sp. 1399 f.

Zwar war mit derartigen Erkenntnissen im Mandatsprozess noch keine Entscheidung über die Rechtmäßigkeit der ritterschaftlichen Unmittelbarkeit verbunden[195]. Aber die Verfügungen aus Wetzlar und Wien zeigten, dass das von den Zollern behauptete Landsassiat ihrer ritterschaftlichen Nachbarn keineswegs als eindeutig und unstrittig anerkannt wurde.

Um diesen Widerspruch zwischen einer als historisches Faktum imaginierten Vergangenheit und den territorialpolitischen Realitäten der Gegenwart aufzulösen, griff die preußische Publizistik seit dem Sommer 1796 auf den bereits angesprochenen Usurpationsgedanken zurück: Die von Ansbach-Bayreuth als landsässige Untertanen betrachteten Ritter hätten sich ihre behauptete Reichsunmittelbarkeit seit der zweiten Hälfte des 16. Jahrhunderts widerrechtlich angemaßt, indem sie »sich mit der Reichsritterschaft hinter dem Rücken des Brandenburg'schen Hauses verbunden haben«. Die rechtmäßige Existenz einer reichsunmittelbaren Ritterschaft wurde auf diese Weise weder im Allgemeinen noch für Franken im Besonderen bestritten, sondern als Möglichkeit anerkannt. Nur die von Preußen als Landsassen postulierten Rittergenossen könnten mit ihren Herrschaften unmöglich einen legitimen Teil des fränkischen Ritterkreises bilden. Daher war es der preußischen Publizistik möglich, die königlichen Mediatisierungen als rechtlich geboten und für das Corpus equestre unbedenklich zu verteidigen: »Dadurch vernichten Seine Majestät die Reichsritterschaftliche Verfassung keineswegs; Sie führen solche vielmehr blos in die Schranken ihrer Competenz zurük, die sie auf die Ritterschaft in den fränkischen Fürstenthümern auszudehnen nicht befugt ist«[196].

195 Siehe Kapitel VII.2.

196 Oeffentliche Erklärung wegen der Brandenburgischen Insassen, S. 3 f., 9 f. (Zitate ebd., S. 4, 9). Königlich Preußische Erklärung über die Landeshoheits-Irrungen, S. 6. Der Fränkische Merkur, Nr. 45, 6. November 1798, Sp. 1399. Von den Streitigkeiten welche die Landeshoheit über die in den Brandenburgischen Fürstenthümern, S. 225 ff. Vermischte adeliche Besitzungen in dem Amte Bayreuth, S. 46 f. Beleuchtung des in der Gräflich Pücklarischen Debit-Sache, S. 129 f. Schritte des Fränkisch-Ritterschaftlichen Direktorii, S. 100 f., 110 ff. *K. H. Lang*, Die behauptete Reichs-Unmittelbarkeit des Freyherrlich von Geuderischen Ritterguts, S. 129 ff. *Ders.*, Historisch diplomatische Nachricht von denen in der Königlich Preußischen Amtshauptmannschaft Kulmbach befindlichen anmaßlich Fränkischen Reichs-Rittergütern, S. 485. Ueber den Gang und die Lage der mit den Nachbarn eingeleiteten Vergleichs-Unterhandlungen, S. 65. Deutsche Reichs- und Staats-Zeitung, Nr. 25, 28. März 1797, Sp. 388 Anm. 2. Ebd., Nr. 28, 7. April 1797, Sp. 436 Anm. 41. Ebd., Nr. 32, 21. April 1797, Sp. 499 f. Ebd., Nr. 59, 25. Juli 1797, Sp. 933. Ebd., Nr. 62, 4. August 1797, Sp. 977 ff. Ebd., Nr. 15, 19. Februar 1799, Sp. 228 Anm. 3. Ebd., Nr. 16, 22. Februar 1799, Sp. 243 Anm. 2 u. 244 Anm. 3. Vgl. auch: In wie fern sind Se. Majestät an die Verträge gebunden, S. 222 f. – Der Vorwurf des Anschlusses an die Reichsritterschaft »hinter dem Rücken« des zollerschen Landesherrn wurde bereits 1794 in der »staatswissenschaftlichen und juristischen Literatur« gegen den Ansbach-Bayreuth benachbarten Adel erhoben ([Rezension], Ueber eigenmächtige Exemtionen reichsritterschaftlicher Mitglieder, S. 419 f. (Zitat ebd., S. 420)). – Den Nachweis, dass die Ritter ihre späteren Rechte keineswegs heimlich und von den Zollern unbemerkt an sich gebracht hatten, lieferte ausgerechnet das »Staatsarchiv der Königl. Preuß. Fürstenthümer« mit einigen aus anderen Motiven abgedruckten Quellenstellen aus Amtsbüchern aus der Zeit zwischen dem ausgehenden 14.

Dass trotz aller Koordination die preußische Propaganda auch in diesem Punkt nicht mit einer Stimme sprach, zeigt ein Beitrag im »Staatsarchiv der Königl. Preuß. Fürstenthümer«, in dem die eigenen Ausführungen über das Landsassiat der einzelnen von Berlin beanspruchten Rittergüter zum Vorbild für die Untersuchungen anderer mediatisierungswilliger Fürsten erklärt wurden[197]. Dagegen agierte die preußische Publizistik einheitlich und aus ihrer Sicht konsequent, wenn sie die von den Landeshoheitsansprüchen Berlins betroffenen Reichsritter als »Gutsbesitzer«, »landsäßige Ritterschaft«, »Landsassen«, »Landesunterthan[en]« und »ritterschaftliche Insassen« bezeichnete[198]. Dabei war der Ausdruck der Gutsbesitzer noch am harmlosesten, da er, anders als es Hanns Hubert Hofmann in einem ähnlich gelagerten Fall behauptet, keineswegs als Übernahme der Terminologie für den ostelbischen

und dem frühen 16. Jahrhundert. Sie bezeugten zum Beispiel wiederholt, dass Ritter oder ihre Hintersassen frühere Verpflichtungen gegenüber den fränkischen Burg- und Markgrafen »nit mer gesteen« wollten (Vermischte adeliche Besitzungen in dem Amte Bayreuth, S. 48, 61 ff., 71 ff., 87, 95 (Zitat ebd., S. 72). *K. H. Lang*, Die behauptete Reichs-Unmittelbarkeit des Freyherrlich von Geuderischen Ritterguts, S. 126 f.). Zudem räumte die preußische Publizistik selbst ein, dass nicht nur der Reichshofrat, sondern zeitweise auch die vorübergehend reichsritterschaftlich besetzte Ansbacher Regierung sowie markgräfliche Minister es »gerne sahen«, wenn sich die Ritter die Unmittelbarkeit zueigneten (Beleuchtung des in der Gräflich Pücklarischen Debit-Sache, S. 129 f. (Zitat ebd., S. 129). Archivische Nachricht von dem Adel. Gut Rechenberg, S. 443 ff. Deutsche Reichs- und Staats-Zeitung, Nr. 32, 21. April 1797, Sp. 499). Auch eine bereits 1794 erschienene Rezension in der »staatswissenschaftlichen und juristischen Literatur« sprach von der Begünstigung der vermeintlichen reichsritterschaftlichen Usurpationen durch »günstige Hofwinde« sowie durch die aus dem Corpus equestre stammenden markgräflichen Räte ([Rezension], 1) Deutsche Staatskanzley, S. 441 ff. (Zitat ebd., S. 441)).

197 Schritte des Fränkisch-Ritterschaftlichen Direktorii, S. 101. – In diese Richtung zielten auch die Hinweise der königlichen Publizistik auf die angebliche Landeshoheit des Hochstifts Bamberg über die inklavierten Reichsritter im Allgemeinen und einen Teil der Freiherrn von Aufseß im Besonderen (*K. H. Lang*, Historisch diplomatische Nachricht von denen in der Königlich Preußischen Amtshauptmannschaft Kulmbach befindlichen anmaßlich Fränkischen Reichs-Rittergütern, S. 500 Anm. *. *Ders.*, Staatsrechtliche Entwicklung des Landsassiats, S. 29. Deutsche Reichs- und Staats-Zeitung, Nr. 59, 25. Juli 1797, Sp. 943).

198 Oeffentliche Erklärung wegen der Brandenburgischen Insassen, S. 3 ff. (Zitat ebd., S. 3 f.). Der Königlich Preußische Erklärung über die Landeshoheits-Irrungen, S. 5 f. Beleuchtung des in der Gräflich Pücklarischen Debit-Sache, S. 130 ff. (Zitat ebd., S. 130). Von den Streitigkeiten welche die Landeshoheit über die in den Brandenburgischen Fürstenthümern, S. 225 (Zitat ebd.). Der Fränkische Merkur, Nr. 45, 6. November 1798, Sp. 1397 ff. (Zitat ebd., Sp. 1398). *K. H. Lang*, Staatsrechtliche Entwicklung des Landsassiats, S. 3. *Ders.*, Die behauptete Reichs-Unmittelbarkeit des Freyherrlich von Geuderischen Ritterguts, S. 131. Beleuchtung des in der Gräflich Pücklarischen Debit-Sache, S. 130. Schritte des Fränkisch-Ritterschaftlichen Direktorii, S. 100 f., 111 f. Deutsche Reichs- und Staats-Zeitung, Nr. 25, 28. März 1797, Sp. 390 Anm. 6 u. 393 Anm. 17. Ebd., Nr. 26, 31. März 1797, Sp. 409 Anm. 22. Ebd., Nr. 27, 4. April 1797, Sp. 417 Anm. 25 u. 427 Anm. 35. Ebd., Nr. 28, 7. April 1797, Sp. 436 Anm. 41. Ebd., Nr. 32, 21. April 1797, Sp. 498 ff. Ebd., Nr. 15, 19. Februar 1799, Sp. 228 Anm. 3 (Zitat ebd.). Ebd., Nr. 16, 22. Februar 1799, Sp. 243 Anm. 2.

landsässigen Adel interpretiert werden muss[199]. Schließlich verwendete die Reichsritterschaft bisweilen selbst für ihre begüterten Vollmitglieder den Begriff der »Gutsherren« oder »Guths-Besizer« und titulierte die nicht immatrikulierten Besitzer immediater Güter des Corpus equestre als »Güterbesitzer«[200]. Dagegen ließen die anderen von der Berliner Propaganda für die angeblich mittelbaren Ritter gewählten Bezeichnungen keinen Raum für Unklarheiten[201].

Insgesamt war die geschilderte preußische Argumentationsstrategie insofern taktisch geschickt, als sie einen propagandistisch und reichsrechtlich weitaus schwerer zu führenden Grundsatzstreit um die reichsritterschaftliche Unmittelbarkeit im ganzen Reich vermied. Diesem Beispiel sollte wenige Jahre später die pfalz-bayerische Publizistik folgen. Auch diese stellte die reichsritterschaftliche Rechtsstellung nicht prinzipiell infrage, bestritt aber, dass diejenigen Rittergenossen rechtmäßig daran partizipieren dürften, die an die neu erworbenen Fürstentümer Bamberg und Würzburg grenzten[202].

Ungeachtet aller Usurpationstheorien versicherte die preußische Publizistik, die königlichen Landeshoheitsansprüche gegenüber jedem Reichsritter aufzugeben, dessen Reichsunmittelbarkeit »nach den Begriffen erwiesen werden kan [sic], welche die Reichsgrundgesetze damit verbinden«[203]. Bei dieser Versicherung konnte Berlin darauf vertrauen, dass angesichts des historischen Charakters des Reichsrechts mit seiner Offenheit für gegensätzliche Rechtsansprüche und der Zweideutigkeit einschlägiger Reichsgesetze, wie sie auch dem Art. V § 28 des IPO innewohnte, es nahezu unmöglich war, den geforderten Beweis zu führen[204]. Dies galt umso mehr, als nicht vorgesehen war, dass der besagte Nachweis vor einem Reichsgericht erfolgen sollte. Zwar wollte der König zumindest im Falle von Vergleichsverhandlungen mit seinen fränkischen Nachbarn, von denen freilich in der besonders auf die Reichsritterschaft bezogenen Flugschrift keine Rede mehr war, auch die Sprüche von Austrägalinstanzen zulassen, sich also beispielsweise dem Schiedsgericht eines anderen Reichsfürsten oder fürstengleichen Reichsgliedes unterwerfen. Aber über die Berechtigung fremder Rechtstitel in den Landeshoheitsstreitigkeiten sollte vor allem das fränkische Landesministerium entscheiden[205].

199 *H. H. Hofmann*, Herrschaft, S. 175 – auch i. Verb. mit S. 178 sowie 207, 207 Anm. 129. *Ders.*, preußische Ära (1960/61), S. 236.

200 Votum des Freiherrn Karl von Wöllwarth, Stuttgart, 31. August 1797, zum Protokoll der Kocherschen Ritterkanzlei mit Voten, Esslingen, 7. August 1797, StA Ludwigsburg, B 575 IV, Bü 353 (Zitat ebd.). *Kerner*, Staats-Genossenschaftsrecht, S. 190 ff. (Zitat ebd., S. 190). Neue Vertheidigung I, S. 198. Ebd. II, S. 113 f. (Zitat ebd., S. 113).

201 *F. C. Schmidt*, Beyträge I, S. 93 Anm. 18, 122 Anm. 60.

202 [*Gönner*], Staatsrechtliche Verhältnisse der adeligen Gutsbesitzer, S. 12 ff., 25 ff. Beleuchtung der in einer gedruckten k. k. Gesandtschafts-Note, BayHStA, MA, Nr. 4573, S. 5 ff.

203 Oeffentliche Erklärung wegen der Brandenburgischen Insassen, S. 6, 11 (Zitat ebd., S. 11). Königlich Preußische Erklärung über die Landeshoheits-Irrungen, S. 6 f.

204 Siehe Kapitel II.3 u. III.1.

205 Oeffentliche Erklärung wegen der Brandenburgischen Insassen, S. 6, 11. Königlich Preußische

Die preußische Publizistik bezeichnete den von ihr selbst geforderten Beweis der reichsritterschaftlichen Exemtion von der preußischen Landeshoheit nicht zu unrecht als »ganz ausser den Grenzen der Möglichkeit« und damit als »beynahe ultra possibile«[206].

Mit dem vermeintlichen Nachweis eines ursprünglichen Landsassiats der Ansbach und Bayreuth benachbarten Rittergenossen sowie der angeblichen Usurpation ihrer Unmittelbarkeit hatten die seit Sommer 1796 erscheinenden preußischen Veröffentlichungen das Fundament gelegt, auf dem die königlichen Landeshoheitsansprüche ruhten. Die alles entscheidende Frage war jedoch, warum Berlin nach mehr als zweihundert Jahren reichsritterschaftlicher Unmittelbarkeit berechtigt sei, die betroffenen Reichsadligen (wieder) unter seine Herrschaft zu zwingen. Reichsrechtlich betrachtet ging es darum zu begründen, warum Berlin seine (Eigentums)-Ansprüche (petitorium) unter Missachtung der Reichsgerichte und unter der Anwendung von Gewaltmaßnahmen gegen die Reichsritter durchsetzen dürfe, die sich im faktischen Besitz (possessorium) der Reichsunmittelbarkeit und Landesherrlichkeit befanden[207]. Der aktuelle Besitz wurde nämlich im Ius publicum bis zum Nachweis eines besseren Rechtstitels durch eine andere Partei geschützt, obwohl er kein Recht an der fraglichen Sache selbst begründete[208]. Angesichts dieser Rechtslage konnte sicher derjenige preußische Publizist kaum überzeugen, der nach dem Talionsprinzip, also dem Grundsatz des »Auge um Auge, Zahn um Zahn«, das eine Unrecht mit einem älteren Unrecht rechtfertigte: Denn »daraus, daß jemand gewaltsam und widerrechtlich Geld weggenommen wird, folgt gar nicht, daß er selbst dieß Geld nicht gestohlen habe«[209]. Um das Rechtsproblem der einseitigen Durchsetzung der petitorischen Ansprüche Berlins im preußischen Sinne aufzulösen, differenzierte ein Teil der königlichen Publizistik das possessorium. Danach käme den von Berlins Landeshoheitsansprüchen betroffenen Reichsgliedern nur ein »blose[r] Besitz« und kein »Besitzstand« zu. Ersterer aber dürfe ohne aufwendige Prozesse wieder beseitigt werden, genau wie man auch einen heimlichen Eindringling aus dem eignen Zimmer verjagen dürfe. Zudem würden gerade, was den Besitz anbelange, Gesetz und Recht auseinanderklaffen, wie einst bei den (ver-

Erklärung über die Landeshoheits-Irrungen, S. 6 f. – Speziell zur sog. Austrägalinstanz siehe beispielsweise: *Sellert*, Zuständigkeitsabgrenzung, S. 50 ff. u. *Ruch*, Verfassung, S. 35 ff. – Ein in der »Deutschen Reichs- und Staats-Zeitung« (Ebd., Nr. 62, 4. August 1797, Sp. 983 f.) erschienener Beitrag zu den Landeshoheitsstreitigkeiten Berlins mit der Reichsritterschaft erklärte es zur Zumutung, über die offensichtlichen landesherrlichen Rechte Preußens vor einer Austrägalinstanz oder den Reichsgerichten verhandeln zu sollen.

206 Historische, aktenmäßige Darstellung und Entwickelung, S. 233 (Zitat ebd.). Oeffentliche Erklärung wegen der Brandenburgischen Insassen, S. 6 (Zitat ebd.). Actenstücke die … bestrittene Unmittelbarkeit der reichslehenbaren Hofmark Heroldsberg I, S. 22 f.

207 Siehe Kapitel VII.2.

208 *Häberlin*, Handbuch I, S. 203.

209 Recension des Etwas über einige neuerlich von Kurbrandenburg aufgestellte Maximen, S. 169 f.

meintlich) vorgeschriebenen Menschenopfern der Karthager[210]. Eine andere Position nahm die »Reichs- und Staats-Zeitung« Langes ein, die jeden auf das Herkommen gegründeten Besitzstand gegenüber »gute[n] Grundsäze[n] und Geseze[n]« seine Rechtskraft absprach[211]. Dies war eine These, die mit der überwiegenden Lehrmeinung im Reichs- und Territorialstaatsrecht ebenso unvereinbar war wie mit der Rechtsprechung der obersten Reichsgerichte[212]. Andere preußische Schriftsteller verzichteten auf eine Infragestellung der reichsrechtlich petrifizierenden Wirkung des Herkommens ebenso wie auf eine Differenzierung des possessorium – eine Theorie, die an die römischrechtliche Trennung von Besitz und Eigentum angelehnt gewesen sein dürfte. Stattdessen behauptete die einschlägige Publizistik, dass der ritterschaftliche Besitzstand »kein rechtlicher Besiz sey«. Schießlich hätten Vertreter der fränkischen sowie der kurfürstlichen Linie der Zollern immer wieder ihre einem älteren possessorium entspringenden, petitorischen landesherrlichen Ansprüche gegen den neueren und usurpierten Besitzstand der Reichsritterschaft durch Worte und Taten als »Actus possessorios« verwahrt[213]. Es wurde bereits gezeigt, dass auf diese Weise die petrifizierende Wirkung des Herkommens im Ius publicum gemindert und der Entstehung eines Präjudizes vorgebeugt werden konnte, das den eignen Gerechtsamen und Ansprüchen

210 Recension des Etwas über einige neuerlich von Kurbrandenburg aufgestellte Maximen, S. 171 f. (Zitate ebd., S. 170). – Vgl. auch die Differenzierung zwischen dem durch die Reichsgerichte geschützten »neuesten Besizstand« und dem dagegen vorgebrachten petitorischen »reinen Besiz« bei Ganz im Jahre 1792 ([*Ganz*], Schreiben eines Nürnbergischen Patriciers, S. 7).

211 Deutsche Reichs- und Staats-Zeitung, Nr. 26, 31. März 1797, Sp. 408 f., inbes. 408 Anm. 20 u. 409 Anm. 21 (Zitat ebd., Sp. 408 Anm. 20). Vgl. auch: Ebd., Nr. 27, 4. April 1797, Sp. 419 Anm. 27.

212 Siehe Kapitel II.3.

213 Oeffentliche Erklärung wegen der Brandenburgischen Insassen, S. 4, 9 f. (Zitat ebd., S. 10). Königlich Preußische Erklärung über die Landeshoheits-Irrungen, S. 5 f. Von den Streitigkeiten welche die Landeshoheit über die in den Brandenburgischen Fürstenthümern, S. 226 ff. Vermischte adeliche Besitzungen in dem Amte Bayreuth, S. 47, 61 f., 71. *K. H. Lang*, Staatsrechtliche Entwicklung des Landsassiats, S. 18 f., 27, 36. *Ders.*, Die behauptete Reichs-Unmittelbarkeit des Freyherrlich von Geuderischen Ritterguts, S. 127. *Ders.*, Nachtrag zu der diplomatischen Prüfung der behaupteten Unmittelbarkeit des Rittergutes Heroldsberg, S. 378. *Ders.*, Historisch diplomatische Nachricht von denen in der Königlich Preußischen Amtshauptmannschaft Kulmbach befindlichen anmaßlich Fränkischen Reichs-Rittergütern, S. 485. Beleuchtung des in der Gräflich Pücklarischen Debit-Sache, S. 135 f., 182 ff., 192 ff., 208 ff. Ueber die Landsässigkeit der Leonrodischen Besitzungen, S. 219 f., 243 ff. (Zitat ebd., S. 243). Entwicklung der Brandenburgischen Landeshoheit über Thurnau, S. 384, 390 ff., 407 ff. Etwas über die Reitzensteinischen Reichsafterlehen, S. 29 ff. Der Fränkische Merkur, Nr. 45, 6. November 1798, Sp. 1399. Archivische Nachricht von dem Adel. Gut Rechenberg, S. 435 ff., 452 ff., 462 ff. Deutsche Reichs- und Staats-Zeitung, Nr. 25, 28. März 1797, Sp. 388 Anm. 2. Ebd., Nr. 26, 31. März 1797, Sp. 410 Anm. 23–24. Ebd., Nr. 33, 25. April 1797, Sp. 516. Ebd., Nr. 59, 25. Juli 1797, Sp. 936 ff. Ebd., Nr. 62, 4. August 1797, Sp. 981. – Ganz ähnlich hatten nach Kretschmanns Erinnerungen die Kabinettsminister bereits in ihrem Vortrag gegenüber dem König am 12. April 1796 argumentiert (*Kretschmann*, Dienstjahre (1808), S. 22 f.).

nachteilig war[214]. Umgekehrt bedeutete eine mehr oder weniger kontinuierliche Wahrung der zollerschen Landeshoheitsansprüche, dass der von der Reichsritterschaft für sich in Anspruch genommene »wohlerworbene«, »mehrhundertjährige« und damit »unvordenkliche« sowie »unbestritten[e]« und »ruhige Besitz« seit jeher strittig und dadurch von geringerer Rechtskraft war[215]. Die Schwachstelle der preußischen Theorie war nicht zuletzt der Umstand, dass die obersten Reichsgerichte im Mandatsprozess dem neueren Besitzstand den Vorzug vor dem älteren gaben, der durch die faktisch unmögliche Justifizierbarkeit der Landeshoheitsauseinandersetzungen in Franken das Odium der Unendlichkeit erhielt[216]. Zudem schützten die Reichsgrundgesetze seit dem Landfrieden von 1495 stets den aktuellen Besitzstand vor gewaltsamen Übergriffen anderer Anspruchsträger[217].

Als Beweis für die behauptete Wahrung der zollerschen Ansprüche auf das possessorium und dem Nachweis der Widerrechtlichkeit des reichsritterschaftlichen Besitzstandes dienten u. a. verschiedene gegen die Reichsritterschaft geschlossene Bündnisse der brandenburgischen Kur- und fränkischen Nebenlinien mit anderen Reichsständen vom frühen 16. bis zur Mitte des 18. Jahrhunderts. Dabei fanden nicht nur fürstliche Zusammenschlüsse aus den Jahren 1507, 1616, 1630 und ein in seiner vorgeblichen Zielsetzung gegen die Reichsritterschaft höchst fraglicher Bund von 1671 Erwähnung. Aus der jüngeren Vergangenheit wurde die bereits vorgestellte Interessenkoalition zwischen dem Fränkischen und Schwäbischen Reichskreis von 1691 angeführt sowie als Fortsetzung ähnlicher Vereinigungen seit 1564 die Fürstenunion von 1713 und die reichsständische Intervention von 1741 anlässlich der Verhandlungen um die Wahlkapitulation Kaiser Karls VII. Ferner verwies die königliche Publizistik auf verschiedene Voten des Hauses Brandenburg während der Reichstagsberatungen anlässlich der Rekurse von 1702/1704 und 1749/53, die – wie bereits ausgeführt wurde – auf eine Beschneidung der reichsritterschaftlichen Rechtsstellung und schließlich eine weitgehende Mediatisierung des Corpus equestre gezielt hatten[218]. Auch das Testament

214 Siehe Kapitel V.1, VI.1 u. VII.2.

215 Deutsche Reichs- und Staats-Zeitung, Nr. 62, 4. August 1797, Sp. 981. *F. C. Schmidt*, Beyträge I, S. 76 Anm. 4, S. 114 Anm. 47 (Zitate ebd.). Neue Vertheidigung I, S. 81 f., 163 f. (Zitat ebd., S. 82). Ebd. II, S. 71, 213 (Zitat ebd., S. 71). *Hallo*, Etwas über einige, S. 38 f. Deutsche Staats- und Ministerial-Zeitung, Nr. 8, 26. Januar 1796, Sp. 121 ff. (Zitat ebd., Sp. 124 f.). Schluß des Fränkischen Reichskreises [Folio-Ausgabe], S. 4, 25. Actenstücke die … bestrittene Unmittelbarkeit der reichslehenbaren Hofmark Heroldsberg I, S. 5, 18, 83. Actenmäsige Geschichts-Erzählung von der ohnmittelbaren Reichs-Ritterschaft, S. 15. Vgl. auch: *Willoweit*, Rechtsgrundlagen, S. 352 u. *Sellert*, Zuständigkeitsabgrenzung, S. 59.

216 Siehe Kapitel II.3 u. V.3.

217 Siehe Kapitel VII.1. Vgl. ferner die parteiischen, aber reichsrechtlich zutreffenden Ausführungen bei *Friedrich Christian Schmidt*, Beyträge I, S. 16 ff., 40 f., 91 Anm. 16, 98 Anm. 22, *Hallo*, Etwas über einige, S. 10 ff., Neue Vertheidigung I, S. 81 f., 102 ff., 164 f., 178 ff., Ebd. II, S. 72, 213 f. u. Schluß des Fränkischen Reichskreises [Folio-Ausgabe], S. 4 ff.

218 Oeffentliche Erklärung wegen der Brandenburgischen Insassen, S. 4, 9 f. Urkunden-Buch,

Kurfürst Friedrichs I. von Brandenburg aus dem Jahre 1437 diente als Beweis dafür, dass der reichsritterschaftliche Besitz der Unmittelbarkeit nicht rechtmäßig sein konnte – eine Behauptung, die nur von der preußischen Interpretation der zollerschen Hausverträge her verständlich ist, die noch näher in den Blick zu nehmen sein wird[219]. Ebenfalls dem Nachweis, dass die Zollern gegenüber der angeblichen Usurpation der Reichsritterschaft stets ihre Gerechtsame gewahrt hätten, dienten Reskripte der Markgrafen Christian und Georg Wilhelm von Brandenburg-Kulmbach-Bayreuth aus der ersten Hälfte des 17. und dem Beginn des 18. Jahrhunderts. In diesen wurde das Bestreben der beiden Regenten dokumentiert, die Landeshoheitsansprüche sowie Lehens- und obrigkeitlichen Rechte ihres Hauses über die vogtländische Ritterschaft und die eigentliche Reichsritterschaft, insbesondere im Kanton Gebürg, zu verteidigen. Daneben verwies die preußische Publizistik auf zwei Schreiben, die die preußischen Könige Friedrich Wilhelm I. und Friedrich II. an den Bayreuther Markgrafen 1740 gerichtet hatten: In diesen sprachen sich die beiden Monarchen in unterschiedlicher Deutlichkeit gegen einen Vergleich in den Kollektations- und Jurisdiktionsstreitigkeiten des obergebürgischen Fürstentums mit dem Kanton Gebürg aus[220].

Mochten all diese Belege auch Indizien dafür sein, dass sich die Ansbach-Bayreuth benachbarten Reichsritter keineswegs in einem ruhigen oder rechtlichen Besitzstand befanden, für eine reichsrechtlich tragfähige Legitimierung der ab Sommer 1796 durchgeführten Mediatisierungen reichte dies noch lange nicht. Schließlich setzte Hardenberg dabei all jene Verträge einseitig außer Kraft, die die früheren Markgrafen von Ansbach und Bayreuth mit dem Ritterkanton Altmühl, den Reichsgrafen von Giech sowie anderen Rittergenossen eingegangen waren und eine indirekte Anerkennung der reichsunmittelbaren und landesherrlichen Rechtsstellung der Reichsritter mit sich brachten[221]. Bereits zu Beginn seiner Statthalterschaft in Ansbach-Bayreuth hatte Hardenberg seine Räte auf die Frage der Rechtsverbindlichkeit dieser

S. 602 ff., 673 ff. – Die reichsritterschaftliche Publizistik (Neue Vertheidigung II, S. 36 ff.) hat mit überzeugenden Gründen in Zweifel gezogen, dass ein im »Urkunden-Buch« angeführtes Bündnis zwischen Kurköln, Kurbayern, Kurbrandenburg, Lüttich, Hildesheim, Berchtesgaden, Pfalz-Neuburg und Mecklenberg von 1671 »zu Behauptung des Iuris Collectandi, Belli, Pacis, armorum foederum etc.« gegenüber Untertanen und Landständen überhaupt gegen die Reichsritterschaft gerichtet war (Urkunden-Buch, S. 602 ff. (Zitat ebd., S. 602)). Zu der ebenfalls nicht ganz unproblematischen preußischen Interpretation des angeblichen fürstlichen Bundes von 1507 siehe Kapitel III.1 Anm. 11. – Speziell zu den angesprochenen reichsständischen Bündnissen, Rekursen und Vorstößen gegen die reichsritterschaftliche Rechtsstellung zwischen 1713 und 1753 siehe Kapitel III.1.

219 Oeffentliche Erklärung wegen der Brandenburgischen Insassen, S. 3 f., 9 f. Urkunden-Buch, S. 635 ff.

220 Oeffentliche Erklärung wegen der Brandenburgischen Insassen, S. 4, 9 f. Urkunden-Buch, S. 651 ff.

221 Siehe Kapitel IV.4.2, V.4.3, VI.1 u. VII.1.

Rezesse angesetzt[222]. Am Ende stand die Theorie eines sog. »allgemeinen Staatsfideikommisses«. Zwar nicht als Schöpfer, aber als entscheidenden Verfechter dieses Rechtskonstrukts bezeichnete Karl Heinrich Lang in seinen Memoiren Kretschmann, den der Bayreuther Archivar mit den Worten charakterisierte: »Er war bemüht, überall Systeme und Theorieen [sic] aufzustellen«, »in die sich der andere zu ergeben hätte«[223]. Dennoch geht die Forschung irre, wenn sie stets die Anwendung der Theorie eines Staatsfideikommisses zur Rechtfertigung der preußischen Mediatisierungspolitik nur mit dem Namen Kretschmanns in Verbindung bringt[224]. Die Akten zeigen nämlich, dass die grundlegenden Gedanken eines derartigen Fideikommisses in Hardenbergs Umfeld bereits 1792, also noch vor dem Wechsel Kretschmanns in preußische Dienste ventiliert wurden[225]. Den Kern dieser Überlegungen trug Ganz bereits 1794 durch Druckschriften in die Öffentlichkeit[226]. Doch erst mit der propagandistischen Offensive seit dem Sommer 1796 erlangte die Theorie des Staatsfideikommisses zentrale Bedeutung.

Wie der Name schon besagte, fußte diese auf dem Fideikommiss, also einem spezifisch adligen Rechtsinstitut. Dieses sollte die materielle Existenz des jeweiligen Familienoberhauptes sicherstellen, indem der Fahrnis und vor allem den Liegenschaften des Geschlechts der Charakter der Unteilbarkeit und Unveräußerlichkeit auferlegt wurde[227]. Eine vergleichbare, zeitlich unbegrenzte fideikommissarische Bindung sah die preußische Publizistik durch die zollerschen Hausgesetze begründet, insbesondere in dem Testament und Teilungsvertrag des brandenburgischen Kurfürsten Friedrich I. (geb. 1370/71, reg. 1397/1415 – 1440) vom 17. Mai 1437 und der Erbfolgeordnung seines Sohnes, des Kurfürsten Albrecht Achilles (geb. 1414, reg. 1440 – 1486), der sog. Constitutio bzw. Dispositio Achillea vom 24. Februar 1473. Letztere, nach der Einschätzung ihres Editors aus dem späten 19. Jahrhundert »für alle Zeiten die wichtigste Grundlage der brandenburgischen Hausverfassung«, war erst mit dem Tod ihres Urhebers am 11. März 1486 in Kraft getreten. Die in den öffentlichen Erklärungen des Jahres 1796 in verkürzter und undifferenzierter Form verbreitete Theorie einer hausrechtlich begründeten fideikommissarischen Bindung der zollerschen Herrschaftsgebiete und -rechte wurde ein Jahr später im »Staatsarchiv« von Haenlein und Kretschmann in Anlehnung an die schon vorgestellte königliche Instruktion für das fränkische Landesministerium vom 12. April 1796 näher ausgeführt: Demnach seien alle von der fränkischen Linie der Zollern ab 1437 vorgenommenen frei- und unfreiwilli-

222 Siehe Kapitel V.4.3.

223 Die Memoiren des Karl Heinrich von Lang. Faksimile I, S. 284 f. (Zitat ebd., S. 284). *Haussherr* (Hg.), Memoiren, S. 148 f. *K. H. Lang*, Annalen, S. 16 (Zitat ebd.).

224 *Hofmeister-Hunger*, Revindikationen, S. 259. *Dies.*, Pressepolitik, S. 92. *Süssheim*, Politik, S. 159 f.

225 Siehe Kapitel V.4.3.

226 *Heel*, Unpartheyische Prüfung, S. 59. *Ders.*, Beleuchtung der sogenannten Gedanken, S. 59.

227 *Ebert*, Familienfideikommiss, Sp. 1503. *Eckert*, Fideikommiss, Sp. 987 f.

gen Abtretungen von Gebieten sowie obrigkeitlichen Rechten ungültig – es sei denn, alle Inhaber des brandenburgischen Fideikommisses und damit auch die Kurlinie hätten diesen Zessionen ausdrücklich zugestimmt oder eine Notlage habe nachweislich eine solche Alienation erzwungen. Letzteres war jedoch eine Voraussetzung, die Jahrhunderte später kaum noch zweifelsfrei nachweisbar war. Ab dem Tod von Kurfürst Albrecht Achilles 1486 seien – so die preußische Publizistik – ohne den Konsens der gesamten zollerschen Verwandtschaft nicht einmal mehr durch eine Notlage erzwungene Veräußerungen von Land, Untertanen und Regalien zulässig gewesen. Eine Ausnahme hätten allein die neu hinzugewonnenen Besitzungen und Hoheitsrechte gebildet, die von ihrem ersten Erwerber aus dem Hause Zollern frei hätten veräußert werden dürfen. Seit der Naumburger Erbverbrüderung von Hessen, Sachsen und Brandenburg von 1614 seien sogar Zessionen von neu erworbenen Territorien und Herrschaftsrechten ohne Konsens der Fideikommissaren ungültig. Was den wechselseitigen Austausch von Rechten und Gebieten in Vergleichsverträgen ohne die Zustimmung der Berliner Kurlinie anbelangte, so dürften diese nur dann Gültigkeit beanspruchen, wenn das Ergebnis zur territorialen Arrondierung der Markgrafentümer beigetragen hätte oder die wechselseitig übereigneten Gerechtsame von gleicher Wertigkeit gewesen seien. Für rechtsgültige Rezesse der fränkischen Markgrafen mit den angrenzenden Herrschaftsträgern über strittige Besitzungen und Rechte wäre dagegen die Zustimmung der königlichen Verwandtschaft zwingend. Für Karl Heinrich Lang konnte selbst eine kaiserliche Bestätigung von nachbarlichen Vergleichen den Mangel einer fehlenden Konfirmation durch die Berliner Kurlinie nicht heilen. Doch nicht nur förmliche Verträge, sondern auch Regierungshandlungen bis hin zur stillschweigenden Duldung fremder Usurpationen durch die fränkischen Zollern wurden den geschilderten Kriterien des brandenburgischen Haus- und Fideikommissrechtes unterworfen. Bei einem Verstoß gegen diese Regelungen sollte nicht einmal die sog. »unvordenkliche Verjährung« die Landeshoheitsansprüche Berlins entkräften können, da diese eine rechtmäßige Erwerbung voraussetze. Damit waren alle gegen die fideikommissarischen Bestimmungen der brandenburgischen Hausverträge mit der Reichsritterschaft geschlossenen Rezesse und alle das Corpus equestre begünstigenden Regierungshandlungen für Friedrich Wilhelm II. unverbindlich. Schließlich galt dieser als »Successor singularis ex pacto u. providentia majorum«, d. h. als Alleinerbe der vorangegangenen fränkischen Markgrafen durch Hausvertrag und Blutsverwandtschaft[228]. Mit

228 Königlich Preußische Erklärung über die Landeshoheits-Irrungen, S. 4 ff. (Zitat ebd., S. 4). Oeffentliche Erklärung wegen der Brandenburgischen Insassen, S. 3 f., 9 f. Der Fränkische Merkur, Nr. 45, 6. November 1798, Sp. 1399 f. Geschichte der Brandenburgischen Familien-Fideicommisse, S. 195 ff. Unter den Bestand-Theilen der Fürstenthümer Ansbach und Bayreuth, S. 209 ff. In wie fern sind Se. Majestät an die Verträge gebunden, S. 213 ff. (Zitat ebd., S. 223). Von den Streitigkeiten welche die Landeshoheit über die in den Brandenburgischen Fürstenthümern, S. 228 ff. Entwicklung der Brandenburgischen Landeshoheit über Thurnau,

dieser Argumentation verknüpfte die preußische Publizistik zwei erbrechtliche Theorien: Zum einen handelte es sich um die Sukzession ex pacto et providentia maiorum – einem gängigen Rechtstitel, der prinzipiell mit dem allgemeinen deutschen Lehensrecht, dem Reichs- und Territorialstaatsrecht bzw. dem pütterschen Privatfürstenrecht und sogar den gängigen Naturrechtsmodellen vereinbar war[229]. Zum Zweiten verwendete die Publizistik Berlins die dem römischen Recht entnommene Theorie der Successio singularis, die jedoch in ihrer Anwendbarkeit auf die Erbfolge in Fürstentümern und Königreichen als strittig galt[230]. Dagegen war das Rechtskonstrukt des Staatsfideikommisses insgesamt weder neu noch singulär. Vergleichbare Rechtsauffassungen waren auch in anderen Dynastien ausgebildet worden. Zwar gab es auch noch in den letzten Jahrzehnten des Alten Reiches Reichsfürsten wie Ludwig Friedrich Karl zu Hohenlohe-(Neuenstein)-Oehringen, die

S. 383, 446. *K. H. Lang*, Historische Nachricht von den Verhältnissen des Rittergutes Aufseß, S. 188. *Ders.*, Historisch diplomatische Nachricht von denen in der Königlich Preußischen Amtshauptmannschaft Kulmbach befindlichen anmaßlich Fränkischen Reichs-Rittergütern, S. 488, 493. Deutsche Reichs- und Staats-Zeitung, Nr. 25, 28. März 1797, Sp. 392 f., inbes. 392 Anm. 13 u. 393 Anm. 15–16. Ebd., Nr. 59, 25. Juli 1797, Sp. 944. Ebd., Nr. 62, 4. August 1797, Sp. 981. Ebd., Nr. 15, 19. Februar 1799, Sp. 227 Anm. 1. *Schulze* (Hg.), Hausgesetzte, S. 565 (Zitat ebd.). – Speziell zu den Regierungs- und Lebensdaten der beiden Kurfürsten Friedrich I. und Albrecht Achilles und den auf sie zurückgehenden Hausverträgen von 1437 und 1473 siehe: *Schuhmann*, Markgrafen (1980), S. 29 ff., 41 ff., 324; *Seyboth*, Friedrich, S. 28 f., 43 ff.; *Hintze*, Hohenzollern, S. 84, 100 f.; *H. H. Hofmann*, Dispositio, S. 746 f. u. *Schulze* (Hg.), ebd., S. 563 ff., 659 ff. (Testament des Kurfürsten Friedrich I. von Brandenburg, Plassenburg, 17. Mai 1437), 678 ff. (Dispositio Achillea, Köln an der Spree, 24. Februar 1473). – Speziell zu den Inhalten der königlichen Instruktion vom 12. April 1796 siehe Kapitel VII.1. – Lang führte im Fall des Vertrags von 1699 über die Errichtung des »Hoheitsbezirks« der Grafen von Giech als weiteres Kriterium für dessen Ungültigkeit den Umstand an, dass nicht bewiesen werden könne, dass die damals dem Markgrafen von Brandenburg-Bayreuth bezahlte Summe für die Abtretung seiner ohnehin unveräußerlichen Gerechtsame »zum Besten des Landes« verwandt worden sei (*K. H. Lang*, Historisch diplomatische Nachricht von denen in der Königlich Preußischen Amtshauptmannschaft Kulmbach befindlichen anmaßlich Fränkischen Reichs-Rittergütern, S. 488). In diese Argumentationsstrategie fügte sich ein Beitrag im »Staatsarchiv der Königl. Preuß. Fürstenthümer« von 1797 ein, nach dem all diejenigen Verträge, die nicht Land- und Hoheitsrechte oder Staatseinnahmen beträfen, sondern nur die nutzbringende Zusammenarbeit mit den Nachbarterritorien regelten, grundsätzlich ungültig und aufhebbar seien. Es bestehe sogar eine regelrechte Pflicht derartige Abkommen der Regierungsvorgänger zu annulieren, wenn aufgrund von Erfahrung sowie der Vernunft des in den letzten Jahrzehnten stark weiterentwickelten menschlichen Geistes die Unzweckmäßigkeit eines solchen Vertrages klar erwiesen sei. Letzteres war eine dezidiert aufklärerische Argumentation (In wiefern sind Se. Majestät an die Verträge gebunden, S. 214 ff.). – Die »Deutsche Reichs- und Staats-Zeitung« (Nr. 25, 28. März 1797, Sp. 392 Anm. 13) begründete die Unverbindlichkeit der von den Markgrafen geschlossenen Verträge nicht direkt mit den brandenburgischen Hausverträgen, sondern mit den durch das Lehens- und gemeine Recht in Form des Ius tertii besonders geschützten Interessen der Berliner Kurlinie.

229 Vgl. Neue Vetheidigung II, S. 138 ff.

230 Vgl. Neue Vetheidigung II, S. 149 f. – Siehe auch die Kritik an der von Hardenberg bzw. seinem Umfeld vertretenen Theorie der »Successio singularis« bei *Süssheim* (Politik, S. 161 Anm. 2).

Land und Untertanen als ihr privates Eigentum begriffen. Aber in verschiedenen größeren Territorien des ausgehenden 18. Jahrhunderts wurden derartige Vorstellungen und mit ihnen das Konstrukt des Stammfideikommisses zunehmend zum Anachronismus und zum Auslaufmodell des fürstlichen Hausrechts. Im »aufgeklärten Absolutismus« setzte sich nämlich zunehmend der Gedanke einer Trennung des Eigentums von Staat und Dynastie durch. Diese Auffassung war mit der Idee des landesherrlichen Stammfideikommisses, in dem das Territorium als fürstliches Privatvermögen behandelt wurde, natürlich unvereinbar. Schon Friedrich Karl von Schönborn hatte als Fürstbischof von Bamberg und Würzburg die Trennung von Staats- und Hofkasse durchgeführt – einen Schritt, den Markgraf Karl Alexander von Ansbach und Bayreuth einige Jahrzehnte später ebenfalls vollzogen hatte. Vor allem beschränkte sich die Rezeption derartiger Überlegungen nicht auf süddeutsche Territorien wie Österreich oder Pfalz-Bayern. Letzteres sollte mit dem Rohrbacher bzw. Ansbacher Hausvertrag von 1797 sowie endgültig in der Domanialfideikommisspragmatik von 1804 und der Konstitution von 1808 mit den alten Rechtsvorstellungen brechen und eine staats- sowie vermögensrechtliche Trennung von Staat und Dynastie vollziehen[231]. In Norddeutschland hatte Friedrich II. von Preußen in seinem Testament vom Januar 1769 für seinen Neffen und Nachfolger Friedrich Wilhelm II. ganz im Sinne seines naturrechtlich beeinflußten Herrschaftsverständnisses den Staatsschatz zum Staatseigentum erklärt, und damit eine Scheidung vom privaten Eigentum des Monarchen durchgeführt[232]. Auch das noch von Friedrich II. in die Wege geleitete preußische Allgemeine Landrecht, das am 1. Januar 1796 in den fränkischen Provinzen als »jus commune et subsidiarium« in Kraft trat und bei der Person des Königs verstärkt zwischen Staatsorgan und Privatmann unterschied, beschränkte das Institut des Fideikommisses auf den wirklichen Privatbesitz des Herrscherhauses. Zugleich überführte es die von Friedrich Wilhelm I. durch ein Hausgesetz vom 13. August 1713 fideikommissarisch gebundenen Domänen und ehemaligen Schatullgüter des Königs in das Eigentum des Staates[233]. Diese Überwindung der alten patrimonialen

231 *H. H. Hofmann*, Herrschaft, S. 136. *Schenk*, Hohenlohe, S. 23, 45. *Gläser*, Mediatisierung, S. 30 f., 49. *Weis*, Ansbach, S. 49 f. *Ders.*, Begründung, S. 45 f.

232 *Meier*, Friedrich Wilhelm II., S. 108. *Kunisch*, Friedrich, S. 128 f., 233.

233 Bayreuther Zeitung, Beilage zur Nr. 87, 21. Juli 1795, BayHStA, K. schw., Nr. 14477, fol. 264–267, hier: fol. 266 f. (Zitat ebd., fol. 266). *Weltrich*, Erinnerungen … aus den Preussischen Regierungs-Jahren, S. 25. *Schulze* (Hg.), Hausgesetzte, S. 590 ff., 603 ff. Edikt König Friedrich Wilhelms I. von Preußen von der Inalienabilität der alten und neuen Domänengüter, Berlin, 13. August 1713, in: *Schulze* (Hg.), ebd., Nr. XIV, S. 737–739, hier: S. 738 f. *Koselleck*, Preußen, S. 32 ff. *H. H. Hofmann*, Herrschaft, S. 136. *Hintze*, Hohenzollern, S. 281. *Meier*, Friedrich Wilhelm II., S. 127. *Bringmann*, Preußen, S. 242. *Süssheim*, Politik, S. 159 f. – Das Konstrukt eines Stammfideikommisses des Hauses Brandenburg war auch 1713 keineswegs neu: Nicht nur *Hermann Schulze* (Hausgesetzte, S. 566) sah aufgrund des eingeschränkten Veräußerungsverbots der Dispositio Achillea von 1473 bereits in Albrecht Achilles »den Begründer des brandenburgischen Stammfideikommisses«. König Friedrich I. in Preussen erklärte zudem

Staatsauffassungen im Allgemeinen Landrecht galt auch für die Theorie des sog. Staatsfideikommisses. Letztere war nämlich ungeachtet ihrer Bezeichnung keine Fortentwicklung des alten Rechtsdenkens im Sinne des Diktums Friedrichs II. vom König als dem ersten Diener und damit reinen Verwalter des Staats. Die preußische Propaganda zur Verteidigung der Mediatisierungspolitik Berlins verwendete nämlich neben dem Begriff des Staatsfideikommisses synonym auch die traditionelle Terminologie des »Familien-FideiCommiß«[234].

Die preußische Publizistik bediente sich also eines rechtlichen Anachronismus, um die angebliche Unverbindlichkeit derjenigen Regierungshandlungen und Verträge zu beweisen, die die früheren Markgrafen von Ansbach und Bayreuth hinsichtlich der Reichsritterschaft getätigt hatten. Hinzu kam, dass zentrale Bestimmungen des Testaments Kurfürst Friedrich I. vom 17. Mai 1437 durch dessen Söhne bereits in einem vom Kaiser bestätigten Teilungsvertrag von 1447 umgestoßen worden waren, wodurch Ersteres aus der Sicht Hermann Schulzes sogar »ganz ausser Kraft gesetzt wurde«[235]. In ähnlicher Weise verletzten die Kurfürsten Joachim I. (Nestor) und Johann Georg von Brandenburg die Teilungsverbote der Achillea für die märkischen Lande in ihren Testamenten von 1534 und 1596[236]. Außerdem hatte streng genommen selbst Friedrich Wilhelm I. von Brandenburg (reg. 1640–1686), der sog. Große Kurfürst, gegen das Alienationsverbot der Constitutio Achillea verstoßen, das im Geraischen Hausvertrag von 1598/99 bzw. 1603 auf ewig perpetuiert und in seiner Gültigkeit auf inzwischen neu erworbene Gebiete und Anwartschaften ausgedehnt worden war: Im Osnabrücker Friedensinstrument musste Berlin nämlich u. a. seine Ansprüche auf Vorpommern an die

1710 die Besitzungen des Hauses Brandenburg zum Fideikommiss – eine hausrechtliche Regelung, die Friedrich Wilhelm I. 1713 nicht nur bestätigte, sondern noch staatsrechtlich absicherte: Er dehnte nämlich die den Landständen garantierten Veräußerungsbeschränkungen der königlichen Domänen nun auch auf die davon bisher getrennt verwalteten Schatullgüter aus, indem er Letztere mit Ersteren gleichstellte (*Schulze* (Hg.), ebd., S. 590 ff. Edikt König Friedrich Wilhelms I. von Preußen von der Inalienabilität der alten und neuen Domänengüter, Berlin, 13. August 1713, in: *Schulze* (Hg.), ebd., Nr. XIV, S. 737–739, hier: S. 737 ff.).

234 Königlich Preußische Erklärung über die Landeshoheits-Irrungen, S. 5 f. – Vgl. auch die Verwendung des Begriffs des »Familien-Fideikommisses« rückblickend durch Kretschmann in seinen Memoiren (*Kretschmann*, Dienstjahre (1808), S. 15 ff.). Zum angesprochenen Staatsverständnis Friedrichs II. siehe zum Beispiel: *Kunisch*, Friedrich, S. 128 u. *Clark*, Preußen, S. 284 ff. bzw. *Ders.*, Diener, S. 88 ff. – Hardenberg selbst teilte diese auf dem Naturrecht basierenden Anschauungen Friedrichs II. uneingeschränkt, wie ein Bericht aus dem Jahr 1792 zeigt (*Hartung*, Hardenberg, S. 40, 40 Anm. 2).

235 *Schulze* (Hg.), Hausgesetzte, S. 564 (Zitat ebd.). Vgl. das Testament des Kurfürsten Friedrich I. von Brandenburg, Plassenburg, 17. Mai 1437, in: *Schulze* (Hg.), ebd., Nr. VI, S. 659–667, hier: S. 659 f. mit dem Teilungsvertrag der Söhne Kurfürst Friedrichs I. von Brandenburg, Muhlhausen, 16. September 1447, in: *Schulze* (Hg.), ebd., Nr. VII, S. 667–678, hier: S. 668 ff.

236 *Schulze* (Hg.), Hausgesetzte, S. 569 ff. Geraischer Hausvertrag, Ansbach, 11. Juni 1603, in: *Schulze* (Hg.), ebd., Nr. XI, S. 708–723, hier: S. 711 ff.

schwedische Krone abtreten[237]. Ebenfalls problematisch war das Konsensgebot der Berliner Kurlinie für sämtliche Veräußerungen durch die fränkische Nebenlinie – ein Rechtssatz, der an den »privatrechtlichen« Erbenlaub der Anerben für die Veräußerung von Stammgütern im Mittelalter und die anwartschaftliche Gewere des alten teutschen Rechts erinnerte. Eine derartige Verfügung fand sich nämlich weder im Testament Kurfürst Friedrichs I. von 1437 noch in der Constitutio Achillea von 1473. Dennoch hatte sich seit dem 17. Jahrhundert die Rechtsauffassung herausgebildet, dass eine derartige Befugnis dem Oberhaupt des Gesamthauses Brandenburg aufgrund der Achillea zustünde[238]: So hatte König Friedrich Wilhelm I. von Preußen 1740 seine Zustimmung zu einem geplanten Vergleich Bayreuths mit dem Kanton Gebürg verweigert. Dabei hatte sich das obergebürgische Fürstentum gegen eine einmalige Abschlagszahlung nicht nur in der Frage des Ius collectandi auf den zollerschen Lehen reichsritterschaftlicher Vasallen zu Kompromissen bereit gezeigt, sondern auch zur lehensweisen Veräußerung von Gerichtsrechten. Solche Nachgiebigkeiten erschienen jedoch in Berlin als eine »denen pactis domus zuwiederlaufende cession und Veräußerung hoher Jurium, anbey auch eine beträchtliche perpetuirliche Verminderung Dero Fürstlichen Cammer Intraden«[239]. Auch wenn eine solche Interpretation der zollerschen Hausverfassung nicht durch den Wortlaut der Achillea gedeckt war, berücksichtigte beispielsweise das Reichskammergericht in seiner Rechtsprechung durchaus auch derartige überkommene Auslegungen von Verträgen. Allerdings konnte es auch hier zu kaum justiziablen Fällen kommen, sobald einem Vertragswerk mehrere verschiedene Deutungen beigelegt wurden. Die Interpretation der brandenburgischen Hausverträge hinsichtlich ihrer genauen Sukzessionsbestimmungen war in der Vergangenheit hierfür ein Beispiel gewesen[240]. Reichsrechtlich nicht minder problematisch als ihre realen und vermeintlichen Inhalte musste das angesprochene Primat empfunden werden, das der Achillea gegenüber den später mit der Reichsritterschaft abgeschlossenen Rezessen eingeräumt wurde: Einerseits hatten die Jurisdiktionsdeklaration von 1722 sowie der Kollektationsvergleich von 1725 zwischen dem Kanton Altmühl und Brandenburg-Ansbach sogar die kaiserliche Bestätigung erhalten[241]. Andererseits hatte König Friedrich II. von Preußen in seinen Auseinandersetzungen mit Wien einst den übergeordneten Rang eines

237 *Schulze* (Hg.), Hausgesetzte, S. 571 ff. Geraischer Hausvertrag, Ansbach, 11. Juni 1603, in: *Schulze* (Hg.), ebd., Nr. XI, S. 708–723, hier: S. 710 ff. *Süssheim*, Politik, S. 29.

238 Testament des Kurfürsten Friedrich I. von Brandenburg, Plassenburg, 17. Mai 1437, in: *Schulze* (Hg.), Hausgesetzte, Nr. VI, S. 659–667, hier: S. 659 ff. Dispositio Achillea, Köln an der Spree, 24. Februar 1473, in: *Schulze* (Hg.), ebd., Nr. VIII, S. 678–688, hier: S. 678 ff. *H. H. Hofmann*, Herrschaft, S. 173, 173 Anm. 52. *Süssheim*, Politik, S. 29.

239 Urkunden-Buch, S. 662 ff. (Zitat ebd., S. 664).

240 *Endres*, Erbabreden, S. 48 Anm. 38, S. 65. *Willoweit*, Rechtssystem, S. 86.

241 Neue Vertheidigung I, S. 105 f. Paritionsanzeige Karl Alexanders mit Beilagen, o.O., 26. Mai 1789, in: Beylagen zur neuen Vertheidigung, Nr. 2, S. 18–28, hier: S. 19 f.

Reichsgesetzes für die Dispositio Achillea bestritten[242]. Die letztgenannte Rechtsauffassung wurde auch noch im »Staatsarchiv« von Haenlein und Kretschmann verfochten, obwohl die Achillea noch 1473 von Kaiser Friedrich III. auf einem Reichstag in Augsburg mit Zustimmung der versammelten Großen und Stände bestätigt sowie garantiert worden war[243].

Insgesamt kann konstatiert werden, dass die von der preußischen Publizistik ins Feld geführte Theorie des Staatsfideikommisses eine Reihe rechtlicher Schwachstellen enthielt. Es wird noch gezeigt werden, dass diese von der ritterschaftsnahen Publizistik erkannt und genutzt wurden, obwohl die preußische Argumentation in ihren einfacher zu widerlegenden Teilen bereits genügend Angriffsfläche geboten hätte[244]. Das Grundproblem, das hinter der Konzeption des Stammfideikommisses stand, nämlich die Rechtsverbindlichkeit landesfürstlicher Regierungshandlungen für deren Nachfolger, tauchte wenige Jahre später im publizistischen Diskurs um die Mediatisierungen eines großen Teiles der fränkischen Ritterschaft durch verschiedene Reichsfürsten erneut auf. Dabei ging es konkret um die Anerkennung oder Aufhebung des rechtlichen Status quo der Reichsritterschaft durch den bayerischen Kurfürsten als Successor singularis ex pacto der Fürstbischöfe von Bamberg und Würzburg kraft des Reichsdeputationshauptschlusses sowie durch den Fürsten von Nassau-Oranien als Rechtsnachfolger des Fürstabtes von Fulda[245].

Zwar vertrat die preußische Publizistik seit dem Sommer 1796 wiederholt Positionen, die als extreme reichsrechtliche Minderheitsmeinung zu werten sind, und ignorierte sogar das eigene Landesrecht. Aber insgesamt bewegten sich die bisher skizzierten Argumentationsstränge innerhalb der weiten Grenzen, die das Ius publicum den Auseinandersetzungen der einzelnen Reichsglieder gesteckt hatte. In toto hielt die königliche Publizistik eine rein reichsrechtliche Verteidigung des preußischen Vorgehens gegen die Reichsritterschaft jedoch nicht durch und verließ den Boden des Ius publicum: Dies traf auf den letzten Teil des rechtstheoretischen Dreischrittes zu, mit dem die preußischen Publizisten seit 1796 begründeten, warum Berlin seine Landeshoheitsansprüche einseitig und unter Missachtung der Reichsgerichte

242 *Endres*, Erbabreden, S. 80. – Auch bedeutende Reichspublizisten wie der schon vorgestellte *Karl Friederich Häberlin* (Handbuch I, S. 192 f.) wollten in fürstlichen Hausgesetzen primär grundlegende territorialstaatsrechtliche Normen erkennen, die jedoch mittelbar auch für das Reichsstaatsrecht Bedeutung hatten.

243 Von der Wiedervereinigung der Brandenburgischen Fürstenthümer (Staatsarchiv), S. 4 ff. bzw. Von der Wiedervereinigung der Brandenburgischen Fürstenthümer (Teutsche Staatskanzley), S. 172 ff. *Batz*, Entwicklung der Brandenburgischen Hausverträge (Staatsarchiv), S. 46 ff., 67 ff. [*Mehmel*], Briefe, S. 53 f., 166 ff. Kaiserliche Bestätigung der Dispositio Achillea, Augsburg, 24. Mai 1473, in: *Schulze* (Hg.), Hausgesetzte, Nr. IX, S. 689 – 691, hier: S. 689 ff. Geraischer Hausvertrag, Ansbach, 11. Juni 1603, in: *Schulze* (Hg.), ebd., Nr. XI, S. 708 – 723, hier: S. 710.

244 Siehe Kapitel VIII.3.2.

245 Die Ritterschaft in Buchen, S. 28 ff. Die Beleuchtung aus Bayern, S. 111 ff. [*Gönner*], Staatsrechtliche Verhältnisse der adeligen Gutsbesitzer, S. 3, 54 ff.

durchsetzen dürfe. Die königliche Propaganda rechtfertigte diesen Freibrief mit einer Argumentationsstrategie, die in ähnlicher Form schon bei der Aufteilung in eine möglicherweise zu Recht unmittelbare Reichsritterschaft und ihre angeblich landsässigen Mitglieder zur Anwendung gekommen war: Entsprechend sei Berlin bereit, »jedem rechtskräftigen Urtheil Folge zu leisten«, das aus Wetzlar oder Wien ergehen würde. Allerdings könnten dazu nicht jene zahlreichen Mandate gegen das Haus Brandenburg zählen, die »unrechtmäßig erschlichen« oder »durch willkührliche richterliche Deutung« erlassen würden. Hinter diesen Formulierungen stand unverhohlen der Vorwurf der Parteilichkeit der obersten Reichsgerichte in den fränkischen Landeshoheitsstreitigkeiten. Dass gerade der Reichshofrat »einem Schooßkinde der Reichsritterschaft nichts abschlage« und sein »Bannstrahl« wiederholt aus parteiischen Gründen gegen die Zollern geschleudert wurde, sprach die königliche Publizistik auch ganz offen aus. Die »Deutsche Reich- und Staats-Zeitung« Langes erging sich dabei in beißendem Spott darüber, dass »der alte ehrwürdige Baum der Reichs-Gerechtigkeit [...] wohl seit undenklichen Zeiten nicht so überschüttet mit Früchten« in Form reichsgerichtlicher Mandate und Conclusa gewesen sei, wie sie nun gegen Berlin in kürzester Zeit ergehen würden[246]. Zudem stellte die königliche Publizistik heraus, dass Reichshofrat und Reichskammergericht überhaupt nicht kompetent wären, in der Frage der preußischen Landeshoheitsansprüche und ihrer Durchsetzung zu entscheiden: Schließlich handele es sich um rein innerterritoriale Rechtsstreitigkeiten zwischen Untertanen und ihrem königlichen Landesherrn, um die diesem rechtmäßig zustehenden Vorrechte und Regalien. Dabei komme dem König das Recht zu, seine ritterschaftlichen Landeskinder zum Gehorsam gegenüber seiner Herrschaft zu zwingen. In solchen Fällen habe nach den Reichsgesetzen und insbesondere der kaiserlichen Wahlkapitulation (Art. XV § 8 u. Art. XIX § 6–7) die Reichsjustiz keine Befugnis mit gerichtlichen Verfügungen einzuschreiten, wenn nicht zuvor der Weg der Austräge versucht

246 Oeffentliche Erklärung wegen der Brandenburgischen Insassen, S. 9. Königlich Preußische Erklärung über die Landeshoheits-Irrungen, S. 6 (Zitate ebd.). Der Fränkische Merkur, Nr. 45, 6. November 1798, Sp. 1397 ff. Beleuchtung des in der Gräflich Pücklarischen Debit-Sache, S. 129, inbes. 130 ff. (Zitat ebd., S. 130 f.). Entwicklung der Brandenburgischen Landeshoheit über Thurnau, S. 386 (Zitat ebd.). Von den Streitigkeiten welche die Landeshoheit über die in den Brandenburgischen Fürstenthümern, S. 228 f. Etwas über die Reitzensteinischen Reichsafterlehen, S. 34 f. (Zitat ebd.). Schritte des Fränkisch-Ritterschaftlichen Direktorii, S. 100. Archivische Nachricht von dem Adel. Gut Rechenberg, S. 445 f. Deutsche Reichs- und Staats-Zeitung, Nr. 25, 28. März 1797, Sp. 391 ff., inbes. 391 Anm. 11 u. 392 Anm. 14. Ebd., Nr. 26, 31. März 1797, Sp. 401 Anm. 18. Ebd., Nr. 32, 21. April 1797, Sp. 500 f. Ebd., Nr. 47, 13. Juni 1797, Sp. 737 ff. (Zitat ebd., Sp. 737). Ebd., Nr. 62, 4. August 1797, Sp. 979 ff. – Lange rechtfertigte in der »Deutschen Reichs- und Staats-Zeitung« (Nr. 25, 28. März 1797, Sp. 389 u. 389 Anm. 3) zudem die Missachtung der reichsgerichtlichen Mandate durch Berlin damit, dass diese in der Rechtstheorie ja keine Urteile seien. – Bereits 1794 hatte eine anonyme Rezension in der »staatswissenschaftlichen und juristischen Literatur« von der Begünstigung der vermeintlichen reichsritterschaftlichen Usurpationen durch den Reichshofrat gesprochen ([Rezension], 1) Deutsche Staatskanzley, S. 441).

oder dem Landesherrn die Möglichkeit zur Rechtfertigung gegeben worden sei. Zudem bestehe dort, wo ungeachtet dieser Voraussetzungen und damit reichsverfassungswidrig reichsgerichtliche Mandate gegen die Zollern erlassen worden seien, keine gesetzliche Verbindlichkeit Berlins diese anzuerkennen[247]. Tatsächlich sicherte der besagte Art. XIX § 7 der Wahlkapitulation Kaiser Franz' II. den Reichsständen das Recht zu, in Auseinandersetzungen mit ihren Untertanen reichsgerichtliche Anordnungen zu missachten, wenn sie nicht zuvor zur Streitsache angehört würden[248]. Dies bedeutete, dass die Rechtsgültigkeit dieser Exemtion von der Reichsjustiz untrennbar mit der Anerkennung der zollerschen Landeshoheitsansprüche über die angeblichen reichsritterschaftlichen Untertanen Berlins verknüpft war. Da aber das Landsassiat der Ansbach-Bayreuth benachbarten Rittergenossen im besten Fall nur als zweifelhaft und strittig gelten musste, stand die preußischerseits behauptete Unzuständigkeit der obersten Reichsgerichte in Wien und Wetzlar reichsrechtlich auf tönernen Füßen.

Schon bei den reichsritterschaftsfeindlichen Reichstagsrekursen von 1680 und von 1702/04 war die Rechtsprechung des Reichshofrates zugunsten des Consortium equestre ein Gegenstand der Kritik gewesen[249]. Auch die gegen die Reichsritterschaft gerichtete reichsständische Union der Jahre 1713 bis 1719 hatte sich ebenso über die »Machinationen an den höchsten Reichsgerichten« zugunsten des Corpus equestre beklagt wie etliche Reichsstände anlässlich der Verhandlungen über die Wahlkapitulation Kaiser Karls VII. 1741[250]. Bei den Reichstagsrekursen der Jahre 1749/53 waren die vermeintliche Voreingenommenheit und Parteilichkeit der obersten Reichsgerichte, insbesondere des Reichshofrats, erneut im Zentrum der Auseinandersetzung ge-

247 Königlich Preußische Erklärung über die Landeshoheits-Irrungen, S. 6. Beleuchtung des in der Gräflich Pücklarischen Debit-Sache, S. 133 ff. Etwas über die Reitzensteinischen Reichsafterlehen, S. 33 ff. Recension des Etwas über einige neuerlich von Kurbrandenburg aufgestellte Maximen, S. 175. Deutsche Reichs- und Staats-Zeitung, Nr. 32, 21. April 1797, Sp. 503 f. Ebd., Nr. 33, 25. April 1797, Sp. 517 f. Ebd., Nr. 62, 4. August 1797, Sp. 981 f. Ebd., Nr. 15, 19. Februar 1799, Sp. 228 Anm. 3 u. 230 Anm. 4. Ebd., Nr. 16, 22. Februar 1799, Sp. 241 Anm. 1 u. 248 Anm. 8. Vgl. hierzu: Wahlkapitulation des römischen Kaisers Franz des Zweiten, S. 57, 70 f. – Ganz ähnlich sollte die pfalz-bayerische Publizistik ab 1802/03 gegenüber der Reichsritterschaft argumentieren: [*Gönner*], Staatsrechtliche Verhältnisse der adeligen Gutsbesitzer, S. 27 ff., 56; Historische und Staatsrechtliche Betrachtungen, S. 46 u. Beleuchtung der in einer gedruckten k. k. Gesandtschafts-Note, BayHStA, MA, Nr. 4573, S. 12 f.

248 Wahlkapitulation des römischen Kaisers Franz des Zweiten, S. 70 f.

249 *Moser*, Von denen Teutschen Reichs-Ständen, S. 1415 f. *Ders.*, Neueste Geschichte I, S. 354 f., 563 ff., 573, 583, 596 ff. *T. Schulz*, Kanton, S. 119. Vgl. auch die parteiische, aber gut informierte Schrift: Neue Vertheidigung I, S. 99 ff., 110. – Speziell zu den Reichstagsrekursen von 1702/04 siehe Kapitel III.1.

250 *Moser*, Von denen Teutschen Reichs-Ständen, S. 1424 f. *Ders.*, Neueste Geschichte II, S. 111 ff., 311 ff. *T. Schulz*, Kanton, S. 122 f. Siehe auch die parteiische, hier aber zuverlässige Schrift: Neue Vertheidigung I, S. 107 ff. (Zitat ebd., S. 108). – Speziell zur Fürstenunion von 1713/19 und den Verhandlungen um die Wahlkapitulation Kaiser Karls VII. im Jahr 1741 siehe Kapitel III.1.

standen[251]. Es war nicht zu leugnen, dass die Verfassung und die Doppelfunktion des Reichshofrats als oberstes Reichsgericht und kaiserliches Ratsgremium der Einflussnahme der Hofburg theoretisch Tür und Tor öffneten[252]. Jedoch hat die neuere Forschung die Bedeutung des politischen Einflusses auf die Jurisdiktion des Reichshofrates inzwischen etwas relativiert[253]. Im 18. Jahrhundert und insbesondere in dessen zweiter Hälfte waren die Reichshofräte keine bloßen Vollstrecker habsburgischer Interessenpolitik[254]. Zahlreiche Interventionen des obersten Reichsgerichts in Wien bezeugen eine grundsätzliche Tendenz der Reichshofräte zu einer unabhängigeren, primär am Reichsrecht und dem Interesse des Kaisertums orientierten Rechtsprechung[255]. Den Nachweis, dass dies keine Einzelfälle waren, lieferte die preußische Publizistik des Jahres 1797 selbst: Zum Zweck der Beweisführung in konkreten Landeshoheitsstreitigkeiten führte das »Staatsarchiv der Königl.

251 *Moser*, Von denen Teutschen Reichs-Ständen, S. 1431. *Ders.*, Neueste Geschichte II, S. 436 f., 442 ff., 463 ff., 474 ff., 491 ff., 502. *T. Schulz*, Kanton, S. 126. Parteiisch, aber in der bloßen Faktenbeschreibung zutreffend: Neue Vertheidigung I, S. 110 ff. – Speziell zu den Reichstagsrekursen von 1749/53 siehe Kapitel III.1.

252 *Häberlin*, Handbuch I, S. 442. *Kerner*, Staats-Reichs-Recht, S. 77 ff. Reichshofratsordnung Ferdinands III., Regensburg, 16. März 1654, in: *Sellert* (Hg.), Ordnungen, S. 45–260, hier: S. 200 ff. *Gschließer*, Reichshofrat, S. 14 ff., 41 ff. *Aretin*, Das Alte Reich I, S. 87. *Sellert*, Reichshofrat (1996), S. 23 ff.

253 *Westphal*, Stabilisierung, S. 251 f. *Sellert*, Reichshofrat (1996), S. 26 ff., 32.

254 *Sellert*, Reichshofrat (1996), S. 28. *Aretin*, Das Alte Reich I, S. 89 ff. – Diese Entwicklung korrespondierte zeitlich mit dem in der zweiten Hälfte des 18. Jahrhunderts zunehmenden Primat der Interessen der habsburgischen Hausmacht gegenüber den politischen Pflichten des Regenten der österreichischen Erblande als Reichsoberhaupt (*Kraus*, Ende, S. 20 f. *Mazohl-Wallnig*, Zeitenwende, S. 164, 181, 210 ff. *Sutter*, Kaisertreue, S. 259. *Press*, Ende, S. 34 ff.).

255 Als Belege für die Emanzipation des Reichshofrats von den hauspolitischen Interessen der Hofburg mag dessen Haltung in den Auseinandersetzung Österreichs mit den Burgauischen Insassen sowie der Reichsritterschaft mit dem Nellenburgischen Landgericht in den 1720er, 1730er und frühen 1740er sowie in den 1760er und 1770er Jahren dienen. In beiden Konflikten bezog der Reichshofrat ungeachtet des umstrittenen österreichischen Anspruchs auf Exemtion von der Reichsgerichtsbarkeit wiederholt Stellung zugunsten der Reichsritter und anderer Burgauer Insassen. Dabei handelte es sich zwar in der Regel um nicht vom Kaiser gebilligte Gutachten sowie um sog. Insinuationen und »Decret[e] in Freundschafft« des Reichshofrats an die böhmisch-österreichische Hofkanzlei – das Wiener Reichsgericht wählte also nicht die »kraftvolle Sprache des Richters, sondern eine complimentenvolle Hof-Sprache« (*Kerner*, Staats-Reichs-Recht, S. 70 f. (Zitat ebd.). *Moser*, Von denen Teutschen Reichs-Ständen, S. 1440. *Ders.*, Neueste Geschichte II, S. 198 f., 208, 241 ff., 251 ff., 267 f. (Zitat ebd., S. 241). *Ders.*, Rechtliches Gutachten, S. 53 ff. *Sartori*, Staats-Geschichte, S. 410 f., 419 f., 425 ff. Augenblicklich erweisliche, und unmöglich standhaft zu widerlegende, Gründe, S. 14. – Speziell zu der von Österreich aufgrund seiner Hausprivilegien beanspruchten Immunität siehe: *Sellert*, Zuständigkeitsabgrenzung, S. 22 ff., *Gschließer*, Reichshofrat, S. 10 u. *Sartori*, ebd., S. 675). – Auch in der bereits erwähnten Auseinandersetzung zwischen Brandenburg-Bayreuth und dem Kanton Gebürg um die Reichsunmittelbarkeit der Freiherrn von Tanner und ihres Ritterguts Nemmersdorf zu Beginn des 18. Jahrhunderts hatte der Reichshofrat auf der Grundlage des Ius publicum klar gegen die reichsritterschaftliche Rechtsauffassung und damit die Interessen der Klientel Wiens entschieden (*Winkler*, Markgraf (2000), S. 37 ff., inbes. 41. *Ders.*, Markgraf (1998), S. 267 ff., inbes. 275).

Preuß. Fürstenthümer in Franken« wiederholt zugunsten der zollerschen Ansprüche ergangene Entscheidungen sowohl des Reichskammergerichts als auch des Reichshofrats an und konterkarierte damit ungewollt die eigene Argumentation von der Voreingenommenheit der obersten Reichsgerichte[256]. Dazu passte das Verhalten des aufgrund seines Engagements für die reichsritterschaftliche Sache in den Auseinandersetzungen mit Berlin bereits vorgestellten Reichshofrats Franz Paul Christoph von Seckendorff, der 1800 zu einem der beiden letzten Präsidenten des Reichskammergerichts aufsteigen sollte. Dieser beschwor noch im Herbst 1796 das fränkische Spezialdirektorium angesichts der preußischen Okkupationen, niemals den »reichsgesezlichen Wege« zugunsten politischer Erwägungen zu verlassen, selbst wenn nicht sicher sei, ob dadurch die Mediatisierungen Berlins rückgängig gemacht werden könnten[257].

Dass auch das Reichskammergericht in den Verdacht der Parteilichkeit zugunsten der Rittergenossen kommen konnte, erklärte sich nicht nur aus den Bemühungen von Kaiser und Reichsritterschaft, das Wetzlarer Reichsgericht auf einen besonderen Schutz der vom Corpus equestre beanspruchten Vorrechte festzulegen[258]. Hinzu kam die vergleichsweise hohe Anzahl reichsrit-

256 *K. H. Lang*, Staatsrechtliche Entwicklung des Landsassiats, S. 18 ff. Ueber die Landsässigkeit der Leonrodischen Besitzungen, S. 219 f. Etwas über die Reitzensteinischen Reichsafterlehen, S. 29 ff., 53, 98 f.

257 Schreiben von Franz Paul Christoph von Seckendorff an den Ortsvorstand Rhön-Werra, Wien, 23. Oktober 1796, StA Marburg, 109, Nr. 311, Bd. 7. – Speziell zum Einsatz des Reichshofrats von Seckendorff für die bedrängte fränkische Reichsritterschaft siehe Kapitel V.4.1, VI.2 u. VII.2. – Zur Ernennung und Funktion Seckendorffs als letzter evangelischer Präsident des Reichskammergerichts siehe: *Jahns*, Reichskammergericht I, S. 680; *Dies.*, ebd. II/1, S. 478; *Mader*, Priester, S. 19, 66 ff. u. *Rechter*, Seckendorff, S. 280. – Hinter diesem Appell Seckendorffs, die Reichsverfassung nicht zu verletzen, stand nicht zuletzt die Erkenntnis der geringen machtpolitischen Potenz des Corpus equestre: »Die sämmtliche fränkische Reichsritterschaft ist viel zu unmächtig, um sich mit Nuzen zu einer Parthei zu schlagen. Sie muß also weder Oesterreichisch noch Preussisch, sondern gut kayserlich, oder gesezlich handeln« (Schreiben von Franz Paul Christoph von Seckendorff an den Ortsvorstand Rhön-Werra, Wien, 23. Oktober 1796, ebd.).

258 Zwischen dem Ende des 16. und dem Anfang des 18. Jahrhundert lässt sich die von Kaiser und Reichsritterschaft geübte Praxis beobachten, die dem Consortium equestre erteilten Privilegien dem Reichsgericht in Wetzlar zu insinuieren, damit diese der Rechtsprechung zugrundegelegt werden konnten. Zudem unterstützte das Reichsoberhaupt das Corpus equestre durch verschiedene Verfügungen in seinen reichskammergerichtlichen – wie auch reichshofrätlichen – Auseinandersetzungen. Beispielsweise wies Wien gegen Ende des 17. Jahrhunderts die beiden obersten Reichsgerichte an, in den Streitigkeiten um das reichsritterschaftliche possessorium – einschließlich der reichsadligen Steuer- und Militärrechte auf eigenen und alienierten Rittergütern – den sog. summarischen Prozess anzuwenden. Dieser schützte nämlich den Besitzstand des Klägers, der wiederum meist mit der reichsritterschaftlichen Partei identisch war. Ein solches Verfahren musste umso folgenreicher sein, als die umstrittenen kaiserlichen Privilegien nicht als petitorische Ansprüche, sondern als Teil des zu schützenden gegenwärtigen Besitzes (»momentanea possessione«) von der Reichsjustiz betrachtet werden sollten. Dennoch sind die geschilderten Vergünstigungen kein automatischer Beweis für eine parteiische Rechtsprechung des Reichskammergerichts zugunsten des Consortium equestre.

terschaftlicher Assessoren, obwohl das Consortium equestre weder ein Präsentationsrecht für die Beisitzer des Reichskammergerichts hatte noch zu den Kammerzielern beitrug. Von den 92 Urteilern, die zwischen 1740 und 1806 am Reichskammergericht ihr Amt versahen, waren mindestens 29 bzw. 31, also ein Drittel, vor oder während ihres Assessorats in das Corpus equestre rezipiert worden. Dabei handelte es sich nur in der Minderheit um Angehörige alter reichsritterschaftlicher Geschlechter, die auf diesem Wege eine standesgemäße Betätigung fanden. Daneben nahm die Reichsritterschaft auch zuvor nicht in das Consortium equestre immatrikulierte Beisitzer des Wetzlarer Reichsgerichts gerne in ihre Reihen auf, selbst wenn diese nicht über die für eine Rezeption erforderlichen Voraussetzungen verfügten. Den Assessoren konnte auf diesem Wege der soziale Aufstieg zur persönlichen Reichsunmittelbarkeit gelingen. Zudem verschaffte die Aufnahme in die Reichsritterschaft den durch den Kaiser oder die Reichsvikare nobilitierten Beisitzern des Wetzlarer Reichsgerichts »die gesellschaftlich so entscheidende Anerkennung durch den alten Adel«. Das Corpus equestre erhoffte sich dafür einen direkten Einfluss auf die Rechtsprechung des Reichskammergerichts zu sichern[259]. Angesichts dieser Interessenallianz war für viele zeitgenössische Publizisten die Befangenheit der reichsritterschaftlichen Assessoren in Wetzlar eine ausgemachte Sache – ein Vorwurf, dem die moderne Forschung teils gefolgt ist[260]. Aber zum einen sollten die Zusicherungen der in das Consortium

Schließlich nahm das oberste Reichsgericht in Wetzlar im Gegensatz zum Reichshofrat die Insinuation der reichsritterschaftlichen Privilegien nur unter dem üblichen Vorbehalt der Gerechtsame und Einspruchsrechte des Reichs und damit auch der Reichsstände an (*Kerner*, Staats-Reichs-Recht, S. 76 ff., 93 (Zitat ebd., S. 83). *Moser*, Von denen Teutschen Reichs-Ständen, S. 1359 ff., 1368 f., 1471. *Duchhardt*, Reichsritterschaft, S. 321. *T. Schulz*, Kanton, S. 81 f. *Ruch*, Verfassung, S. 24 ff. *Hellstern*, Ritterkanton, S. 61 f. *Mauchenheim*, Ritterschaft I, S. 432).

259 *Kerner*, Staats-Reichs-Recht, S. 94 ff. *Ders.*, Staats-Genossenschaftsrecht, S. 159 ff., 165. *Moser*, Von denen Teutschen Reichs-Ständen, S. 1468 ff. *Jahns*, Reichskammergericht I, S. 245 f., 251 ff., 322 f., 586 ff., 597 f., 641. *Dies.*, ebd. II/1, hier: S. IX u. Biogr. Nr. 1, 14, 15, 16, 18, 20, 23, 39, 41, 49, 50, 53, 54, 58, 60, 63, 64, 65, 67. *Dies.*, ebd. II/2, hier: Biogr. Nr. 69, 70, 77, 81, 82, 84, 86, 91, 101, 102, 103, 109, 117, 120, 121. *Dies.*, Juristen, S. 6, 15 f., 21 f. (Zitat ebd., S. 15). *Smend*, Reichskammergericht, S. 278 f., 293. *Duchhardt*, Reichsritterschaft, S. 322 ff. *T. Schulz*, Kanton, S. 82 f. *Aretin*, Das Alte Reich I, S. 101, 146. – Auch unter den Reichshofräten fanden sich vielfach Mitglieder der Reichsritterschaft. Dabei ist zu beachten, dass der Wechsel von Assessoren des Reichskammergerichts zum obersten Reichsgericht in Wien sowie von Reichshofräten als vom Kaiser ernannte Reichskammergerichtspräsidenten nach Wetzlar immer wieder vorkam (*Kerner*, Staats-Reichs-Recht, S. 96 f. *Ders.*, Staats-Genossenschaftsrecht, S. 159 f. *Gschließer*, Reichshofrat, S. 515 ff. *T. Schulz*, ebd., S. 82 f. *Mader*, Priester, S. 63, 68 ff. *Burgdorf*, Peregrinatio academica, S. 30. *Jahns*, Reichskammergericht I, S. 125 f., 432, 432 Anm. 184, 679 f. *Dies.*, ebd. II/1, hier: Biogr. Nr. 40, 53, 65. *Dies.*, ebd. II/2, hier: Biogr. Nr. 78. *Dies.*, Juristen, S. 29 f. Vgl. auch: *Dies.*, Assessoren (1986), S. 34 ff.). – Die schwäbische Reichsritterschaft hatte bereits 1699 beschlossen, die Aufnahme zweier reichsritterschaftlicher Mitglieder in den Reichshofrat zur Vertretung ihrer Interessen anzustreben (*Hellstern*, Ritterkanton, S. 62).

260 *Kerner*, Staats-Genossenschaftsrecht, S. 159 f. *Ders.*, Staats-Reichs-Recht, S. 96 ff. *Duchhardt*,

equestre rezipierten Beisitzer des Reichskammergerichts nicht überbewertet werden, sich für die Interessen der Reichsritterschaft einzusetzen[261]. Zum anderen wurden die schon vor ihrer Ernennung zum Assessor dem Corpus equestre angehörenden Richter des Reichskammergerichts nicht durch die Reichsritterschaft, sondern mehrheitlich durch die Kurfürsten und Reichskreise präsentiert[262].

Ein anderes 1796/97 von preußischer Seite gegen die oberste Reichsgerichtsbarkeit vorgebrachtes, jedoch weitaus weniger als die angebliche Parteilichkeit der Reichsjustiz betontes Argument waren die unzumutbaren Kosten und vor allem die Länge der Verfahren. Letztere sei mit dem Charakter Preußens als einem »thätigen, immer weiter strebenden Staat« nicht zu vereinbaren[263]. Dass die Klage über die lange Verfahrensdauer bei den obersten Reichsgerichten infolge der 1782 vorgenommenen Vermehrung der Assessoren am Reichskammergericht einen guten Teil ihrer Berechtigung verloren hatte, wurde bereits dargelegt[264].

Unabhängig von der Frage, ob die obersten Reichsgerichte wirklich parteiisch zugunsten der Reichsritterschaft urteilten oder nicht, sowie ungeachtet der in bestimmten Fällen langen Dauer reichsgerichtlicher Verfahren bedeutete die Argumentation der preußischen Traktate eine Abkehr von der Reichsverfassung: Indem Berlins Publizisten eine politische Praxis legitimierten, nach der der preußische König die Verfügungen der beiden obersten

Reichsritterschaft, S. 328 ff. *T. Schulz*, Kanton, S. 82. *Aretin*, Das Alte Reich I, S. 101. *Sutter*, Kaisertreue, S. 296.

261 Ganz ähnlich versprach 1791 der neu bestallte Reichshofratspräsident Graf von Überacker in seinem Dankschreiben für die Glückwünsche zu seiner Ernennung dem Ritterhauptmann von Rhön-Werra, »werkthätige Beweise meiner besonderen Ergebenheit«, was nicht mehr als eine unverbindliche Dankbezeugung war (Schreiben des Reichshofratspräsidenten Wolfgang Christoph Graf von Überacker an den Reichsfreiherrn von und zu der Tann, Wien, 28. Dezember 1791, StA Marburg, 109, Nr. 568). Wie dieses Beispiel zeigt, sind die oftmals der Höflichkeit und Ehrerbietung geschuldeten Versicherungen in der Adelsgesellschaft des Ancien Régime wenig dazu geeignet, die tatsächliche Befangenheit reichsritterschaftlicher Assessoren am Reichskammergericht zu beweisen.

262 *Kerner*, Staats-Genossenschaftsrecht, S. 160 f. *Ders.*, Staats-Reichs-Recht, S. 96. *Jahns*, Reichskammergericht I, S. 245 f., 251 ff., 322 f. *Dies.*, Juristen, S. 6 f. *Smend*, Reichskammergericht, S. 273 ff. – Dass dies jedoch die Gefahr der Parteilichkeit bei reichsritterschaftlichen Asssessoren nicht völlig ausschloß, zeigt beispielsweise der von Sigrid Jahns untersuchte Fall des von Friedrich II. von Preußen 1774 präsentierten Freiherrn Karl Georg Riedesel zu Eisenbach (1746–1819). Dessen Rezeption in das Kameralkollegium drohte nicht zuletzt an seiner zugunsten der reichsritterschaftlichen Rechtsstandpunkte einseitigen Proberelation zu scheitern (*Jahns*, Reichskammergericht II/2, S. 1211 ff. *Dies.*, Brandenburg-Preußen, S. 197).

263 Recension des Etwas über einige neuerlich von Kurbrandenburg aufgestellte Maximen, S. 171 ff. Deutsche Reichs- und Staats-Zeitung, Nr. 25, 28. März 1797, Sp. 391 Anm. 12 (Zitat ebd.). Ebd., Nr. 28, 7. April 1797, Sp. 435 Anm. 39. – Nur indirekt wurden die besagten Vorwürfe formuliert in: Von den Streitigkeiten welche die Landeshoheit über die in den Brandenburgischen Fürstenthümern, S. 228 f. u. Deutsche Reichs- und Staats-Zeitung, Nr. 47, 13. Juni 1797, Sp. 738 ff.

264 Siehe Kapitel VIII.2.2.

Reichsgerichte nicht als rechtmäßige Urteile anerkennen könne, verließen sie den Boden des reichsrechtlichen Grundkonsenses und überschritten jene Grenze, die eine interessengesteuerte Reichspublizistik von rein machtpolitischer Propaganda trennte. Wie auch immer die Landeshoheitsansprüche Berlins auf die benachbarten reichsritterschaftlichen Herrschaften reichsrechtlich zu beurteilen waren, indem sich Friedrich Wilhelm II. weigerte, sich den Verfügungen der beiden obersten Reichsgerichte zu beugen, stellte er sich außerhalb der Rechts- und Verfassungsordnung des Alten Reichs. Gleiches galt für die königlichen Beamten, die diese Politik ihres Hofes in öffentlichen Druckschriften rechtfertigen[265]. Schon die Politik König Friedrichs II. war streckenweise von offener Missachtung des Reichshofrats und des Reichskammergerichts geprägt gewesen[266]. Indem sein Neffe die Kompetenz der obersten Reichsgerichte in den fränkischen Landeshoheitsstreitigkeiten negierte, beschleunigte er den Ansehensverlust der Reichsjustiz. Letztere war jedoch ähnlich dem Reichstag in Regensburg eine der letzten »Klammer[n]«, die den Verband des Alten Reichs noch zusammenhielten – eine Erkenntnis, die bereits Pütter um die Mitte des 18. Jahrhunderts formuliert hatte[267].

Politische Propaganda ohne reichsrechtliche Fundierung stellte schließlich die Bewertung des kaiserlichen Handschreibens vom 7. September 1796 durch die königliche Publizistik dar, das die Kurfürsten zur Intervention gegen die preußischen Mediatisierungen an den Grenzen Ansbach-Bayreuths aufgefordert hatte[268]: Der Vorstoß Wiens – so die preußennahe »Reichs- und Staats-Zeitung« – könne schon deshalb keinen Erfolg haben, weil unter den Kurfürsten allein derjenige von Köln in die fränkischen Landeshoheitsstreitigkeiten verwickelt sei[269]. Damit wurde der Umstand kurzerhand abgestritten, dass die gewaltsame Ausdehnung der fränkischen Markgrafentümer nicht nur bei Max Franz von Köln als habsburgischen Prinzen sowie als Hoch- und Deutschmeister, sondern auch bei der überwiegenden Mehrheit des Kurkollegiums auf Ablehnung gestoßen war. Schließlich lag die Aufrechterhaltung der durch Berlins Expansionspolitik erschütterten Reichsverfassung im Interesse der meisten Kurhöfe[270]. Ebenfalls propagandistischer Absicht entsprang die Behauptung der »Deutschen Reichs- und Staats-Zeitung« Langes, dass Wiens Absichten keineswegs so lauter seien, wie sie im kaiserlichen Handschreiben dargestellt würden. Dazu setzte Lange die vom Kaiser gegenüber den Kurfürsten geäußerte Sorge um die Aufrechterhaltung der

265 Siehe Kapitel VII.2.

266 *Jahns*, Reichskammergericht I, S. 313, 409 f., 417 f., 430 ff. *Smend*, Reichskammergericht, S. 229 ff., 238. *Hintze*, Hohenzollern, S. 323.

267 *Jahns*, Reichskammergericht I, S. 95 f. *Dies.*, Personalverfassung, S. 62. *Gschließer*, Reichshofrat, S. 43 f. (Zitat ebd., S. 44). *Walter*, Zusammenbruch, S. 33. Ähnlich auch: *Ranke*, Denkwürdigkeiten I, S. 35.

268 Siehe Kapitel VII.2.

269 Deutsche Reichs- und Staats-Zeitung, Nr. 50, 23. Juni 1797, Sp. 797.

270 Siehe Kapitel VII.2.

Reichsverfassung sowie den Schutz der einzelnen Reichsglieder stillschweigend mit der Frage der Reichsintegrität gleich[271]. Diese beherrschte damals angesichts der französischen Ansprüche auf das linke Rheinufer und der dadurch aufgeworfenen Frage nach einer territorialen Entschädigung der dabei verlierenden Reichsglieder die Reichspolitik[272]. Vor diesem Hintergrund konnte Lange zum Beweis der dem kaiserlichen Handschreiben zuwiderlaufenden wahren Absichten Wiens darauf verweisen, dass Franz II. erst die geistlichen Reichsfürsten zur energischen Fortsetzung des Reichskrieges aufgefordert und nun für das Reich in Loeben einen Waffenstillstand und für Österreich in Campo Formio den Frieden mit Frankreich abgeschlossen habe. Ob die Integrität des Reichs in diesen in ihrem Inhalt noch unbekannten Verträgen von Wien gewahrt wäre, sei jedoch zweifelhaft[273].

Ebenfalls außerhalb reichsrechtlicher Kriterien, im Bereich utilitaristischen Denkens wurzelte der Hinweis auf die zahlreichen Differenzen, die durch die umfangreichen territorialen Vermischungen hervorgerufen würden und Berlin zum Handeln gezwungen hätten. In eine ähnliche Richtung ging die Behauptung, Friedrich Wilhelm II. habe nicht nur zur Wahrung seiner Würde und zur Erhaltung seiner legitimen Gerechtsame handeln müssen, sondern auch um letztere »nicht [...] zum Nachtheil seiner Unterthanen aufzuopfern«. Schließlich habe eine geordnete Landesverwaltung bei den bestehenden Territorialvermischungen mit zahllosen Schwierigkeiten zu kämpfen. Die konkreten Vorteile der Herrschaft Berlins gegenüber der reichsritterschaftlichen – zum Beispiel durch einen besseren Schutz der Landeskinder durch die preußische Militärmacht – wurden dagegen in der königlichen Publizistik der Jahre 1796 bis 1798 vielfach nur indirekt angesprochen. Am deutlichsten hob die königliche Propaganda noch die Vorzüge der preußischen Rechtsordnung hervor. Diese garantiere im Gegensatz zu den Kantonen und reichsritterschaftlichen Landesherrn den Untertanen samt ihrem Eigentum einen effektiven Schutz gegen »jede Bedrükung« sowie die Herrschaft des Gesetzes. Vor diesem seien alle Landesbewohner ungeachtet ihres Standes gleich. Zudem müssten die unter die preußische Landeshoheit gekommenen Glieder der reichsritterschaftlichen Korporation bzw. deren Untertanen nicht mehr für die sie nichts angehenden Schulden der Kantone aufkommen[274]. Umgekehrt befreie Berlin mit der Heranziehung seiner ver-

271 Deutsche Reichs- und Staats-Zeitung, Nr. 50, 23. Juni 1797, Sp. 788 f., 795 ff., inbes. 797 f.

272 *Aretin*, Das Alte Reich III, S. 458 ff. *Härter*, Reichstag, S. 520 ff.

273 Deutsche Reichs- und Staats-Zeitung, Nr. 50, 23. Juni 1797, Sp. 788 f., 795 ff., inbes. 797 f.

274 Der Fränkische Merkur, Nr. 45, 6. November 1798, Sp. 1397 ff. (Zitat ebd., Sp. 1401). Königlich Preußische Erklärung über die Landeshoheits-Irrungen, S. 4 ff. In wie fern sind Se. Majestät an die Verträge gebunden, S. 219. Vermischte adeliche Besitzungen in dem Amte Bayreuth, S. 47. Von den Streitigkeiten welche die Landeshoheit über die in den Brandenburgischen Fürstenthümern, S. 227 ff. Deutsche Reichs- und Staats-Zeitung, Nr. 15, 19. Februar 1799, Sp. 231 Anm. 5. Ebd., Nr. 16, 22. Februar 1799, Sp. 245 ff., inbes. 244 Anm. 4, 246 Anm. 7, 251 f. (Zitat ebd., Sp. 244 Anm. 4).

meintlichen reichsritterschaftlichen Untertanen zu den allgemeinen Lasten der fränkischen Markgrafentümer »das Land von Blutigeln [...], die auf Kosten der übrigen Einwohner leben«[275]. Der in diesen drastischen Worten mitschwingende Vorwurf der Eximierung der reichsritterschaftliche Territorien von den allgemeinen Verteidigungslasten und Polizeyanstalten auf Kosten der sie umgebenden reichsständischen Territorien sollte in der reichsritterschaftsfeindlichen Publizistik ab 1802/03 eine weitaus bedeutendere Rolle spielen[276].

Was Kaiser und Reich anging, wollte die »Deutsche Reichs- und Staats-Zeitung« keinerlei Nachteile für diese erkennen, wenn die bisher von den mediatisierten Reichsrittern getragenen Beiträge zu den allgemeinen Kriegslasten wegfielen. Schließlich verbiete Art. 1 der kaiserlichen Wahlkapitulation die Erteilung von Privilegien auf Kosten der landesherrlichen Gerechtsame der Fürsten. Dieses Verbot gelte auch für die Diplome der Kaiser des 16. und 17. Jahrhunderts, auf die sich in erster Linie die Zugehörigkeit des Adels in Ansbach-Bayreuth zur Reichsritterschaft gründe[277]. Was die Charitativsubsidien im Besonderen anbelange, so hätten die durch Berlin mediatisierten Ritter selbst kein Interesse mehr, sich daran zu beteiligen. Zudem brächten ohnehin allein die reichsritterschaftlichen Untertanen die Schatzungssteuern zugunsten von Kaiser und Reich auf, während ihre Herrschaften nichts zu den allgemeinen Lasten beitrügen[278]. Damit hatte die königliche Publizistik ein Thema aufgegriffen, das gerade vor dem Hintergrund des Reichskrieges gegen Frankreich in Gestalt der adligen Steuerfreiheit selbst in Gegenden des Alten Reichs kontrovers diskutiert wurde, in denen es keine unmittelbaren Edelleute gab[279]. Im Falle der reichsritterschaftlichen Genossenschaft traf Berlins Propaganda hier einen wunden Punkt. Zwar war es in den rheinischen Kantonen üblich, dass sich die reichsritterschaftlichen Grund- und Landesherrn an der Aufbringung der Rittersteuern beteiligten. Aber im fränkischen und schwäbischen Ritterkreis war dies meist nur dann der Fall, wenn die Rittergutsbesitzer über keine eigenen Untertanen, sondern nur über selbst bewirtschaftete sog. Propre- und Schlossgüter geboten oder die Hintersassen besonders große finanzielle Lasten tragen und daher durch

275 Deutsche Reichs- und Staats-Zeitung, Nr. 26, 31. März 1797, Sp. 409 Anm. 22.

276 Historische und Staatsrechtliche Betrachtungen, S. 58 f. Geschichtliche und politische Betrachtungen, S. 5 ff., 13 f. Was wird aus der unmittelbaren freien Reichs-Ritterschaft in Schwaben, Franken und am rechten RheinUfer werden, S. 216 f.

277 Deutsche Reichs- und Staats-Zeitung, Nr. 16, 22. Februar 1799, Sp. 242 f., inbes. 243 Anm. 2.

278 Deutsche Reichs- und Staats-Zeitung, Nr. 16, 22. Februar 1799, Sp. 244 Anm. 3 u. 246 Anm. 5–6.

279 [*Häberlin*], Auch der Sachsen-Hildburghausensche Adel weigerte sich des Beytrags, S. 121 ff. Der Adel in Wirtemberg, S. 416 f. Gesinnung des Adels in der Grafschaft Lippe-Detmold, S. 167 ff. Detmold, 21[.] Jan. 1793 (Schlözer's Stats-Anzeigen), S. 351 ff. Detmold, 3 [.] Sept. 1793 (Schlözer's Stats-Anzeigen), S. 465 ff. Rechte des deutschen Adels, gegründet auf dessen Pflichten, S. 531 ff. Detmold, im Decemb. 1793 (Schlözer's Stats-Anzeigen), S. 559 f. *G. Schmidt*, Adel, S. 90 f.

außerordentliche Beiträge ihrer Herrschaften unterstützt werden mussten[280]. Zwar waren angesichts der Verbreitung revolutionären Ideenguts, der ungeheuren wirtschaftlichen Belastungen des Reichs- und der Koalitionskriege sowie zunehmender Kritik an adligen Vorrechten sowohl reformorientierte Reichsritter als auch der Kaiserhof bemüht, auch die Rittergenossen selbst zu außerordentlichen Leistungen heranzuziehen. Jedoch setzten die meisten Kantone allein auf das freiwillige Engagement ihrer Mitglieder. Ausnahmen bildeten der Kanton Gebürg, dessen Realisten auf ihre Kammergüter $^1/_6$ des 1799 bewilligten fränkischen Charitativs übernehmen mussten, sowie der Bezirk Hegau, der im gleichen Jahr beschloss, dass seine von der ordentlichen Rittersteuer befreiten Rittergenossen zur Entlastung der Untertanen einen finanziellen Beitrag zu den allgemeinen Kriegslasten zu entrichten hätten[281].

In der utilitaristischen Logik der zuletzt geschilderten Argumente lag auch der Vorwurf begründet, dass die von den preußischen Mediatisierungen und Annexionen betroffenen Reichsglieder sich ihr Los regelrecht selbst zuzuschreiben hätten. Schließlich seien diese meist nicht auf die großzügigen Vergleichsangebote Berlins seit 1792 eingegangen oder hätten die Unterhandlungen absichtlich in die Länge gezogen und dabei allein die »Convenienz«, also ihren alleinigen Vorteil im Blick gehabt. Anstelle die ausgestreckte Hand Berlins zu ergreifen, hätten sie Streit über die Durchsetzung der preußischen Landeshoheitsansprüche angefangen und den »würkungslosen Schutz bei den Reichsgerichten« gesucht[282]. Es wurde bereits gezeigt, dass die Versuche, die mit der Reichsritterschaft bestehenden Differenzen einvernehmlich beizulegen, nicht primär am Unwillen der fränkischen Ortsvorstände scheiterten, sondern vor allem an den diametral gegensätzlichen Staats- und Landeshoheitsvorstellungen beider Seiten sowie an konkreten in

280 33. Bericht des reichsritterschaftlichen Generalablegaten Freiherr von Gemmingen an den Ortsvorstand Donau, Rastatt, 16./17. Mai 1798, HStA Stuttgart, B 572 Au, Bü 1146. *Kerner*, Staats-Genossenschaftsrecht, S. 175 f., 334 ff. *T. Schulz*, Kanton, S. 224. *Kollmer*, Reichsritterschaft, S. 31 ff. *Hellstern*, Ritterkanton, S. 131 f. *Mauchenheim*, Ritterschaft I, S. 370 ff. – Die immer wieder zu lesende Behauptung (*Stetten*, Rechtsstellung, S. 2, anders auf S. 70. *H. Müller*, Kampf, S. 21), dass alle Reichsritter persönlich steuerfrei gewesen seien, ist unzutreffend.

281 Abschrift des Plenarrezesses des Bezirks Hegau, Überlingen, 10. Juli 1799, GLA Karlsruhe, 123, Fasz. 1046. Abschrift des Direktorialrezesses des Bezirks Hegau, Radolfzell, 18. Mai 1799, GLA Karlsruhe, 123, Fasz. 1013, S. 281–300, hier: S. 281 ff. Konferenz-Votum von Rhön-Werra, Schweinfurt, 11. Oktober 1799, StA Marburg, 109, Nr. 1699. Anonyme Stellungnahme zur adligen Steuerbefreiung, ebd. Zirkularschreiben des Ortsvorstandes Rhön-Werra an die Mitglieder bzw. Güterbsitzer des Kantons, Schweinfurt, 30. Mai 1795, ebd. *H. Müller*, Kampf, S. 91 ff.

282 Königlich Preußische Erklärung über die Landeshoheits-Irrungen, S. 3 f. (Zitat ebd., S. 3). Der Fränkische Merkur, Nr. 45, 6. November 1798, Sp. 1400 f. Ueber den Gang und die Lage der mit den Nachbarn eingeleiteten Vergleichs-Unterhandlungen, S. 65 (Zitat ebd.). Von den Streitigkeiten welche die Landeshoheit über die in den Brandenburgischen Fürstenthümern, S. 227 ff. Deutsche Reichs- und Staats-Zeitung, Nr. 26, 31. März 1797, Sp. 401 Anm. 18. Ebd., Nr. 27, 4. April 1797, Sp. 423 Anm. 33. Ebd., Nr. 28, 7. April 1797, Sp. 433 Anm. 36.

der Reichsverfassung sowie in der Beschaffenheit des Corpus equestre wurzelnden politischen und rechtlichen Grundtatsachen[283].

Zwar betonte die königliche Publizistik seit 1796 die preußische Bereitschaft, die bestehenden Differenzen auch jetzt noch per Vergleich oder durch die sog. Austräge beizulegen, wobei die Territorialrezesse mit den einzelnen Neuensteiner Nebenlinien des Hauses Hohenlohe vom Juni 1796 sowie mit Öttingen-Spielberg vom Juli des gleichen Jahres als leuchtende Beispiele hervorgehoben wurden. Allerdings bezog sich dieses Angebot nur auf die reichsständischen, nicht aber die reichsritterschaftlichen Nachbarn Ansbach-Bayreuths[284]. Letztere konnten seit 1796 Unterhandlungen mit Berlin nur noch um die Bedingungen ihrer Unterwerfung führen[285]. Ebenfalls zum Beweis der preußischen »Offenheit und Mäßigung« sowie »Friedensliebe [...] und Anhänglichkeit an die Verfasssung« hob die preußische Propaganda – wie bereits in anderem Zusammenhang erwähnt – hervor, dass der König alle jene Reichsritter und -stände von seinem Landeshoheitsansprüchen ausnehmen würde, die ihre Reichsunmittelbarkeit gegenüber Hardenbergs Landesministerium bzw. den preußischen Behörden nachweisen könnten. Allerdings hätten die meisten Nachbarn Ansbach-Bayreuths auch dieses Angebot nicht genutzt und sich stattdessen auf »das allgemeine Klaggeschrey« und »das beständige Trotzen auf höhere Unterstützung« verlegt[286]. Diese Behauptung verdrehte Ursache und Wirkung der reichsritterschaftlichen Klagen bei den obersten Reichsgerichten und war im Falle etlicher Reichsritter, die sich wirklich am Nachweis ihrer Reichsunmittelbarkeit gegenüber Berlin versuchten, wahrheitswidrig[287].

Zwar drohte die »Deutsche Reichs- und Staats-Zeitung«, dass die Rechtsverweigerung durch die Reichsjustiz künftig Preußen zur landfriedenswidrigen Selbsthilfe veranlassen könnte. Aber noch im Frühjahr 1797 vermochte das Blatt keinen preußischen Bruch des Landfriedens auszumachen. Ent-

283 Siehe Kapitel V.4.1.

284 Königlich Preußische Erklärung über die Landeshoheits-Irrungen, S. 7. Von den Streitigkeiten welche die Landeshoheit über die in den Brandenburgischen Fürstenthümern, S. 229. Landesvergleich zwischen dem Königlich Preußischen Fürstenthum Ansbach und der Fürstlich Hohenlohe-Neuensteinischen Line, S. 231 ff. Landesvergleich zwischen dem Königlich-Preußischen Fürstenthum Ansbach und dem Fürstlichen Hause Oettingen-Spielberg, S. 117 ff. Der Fränkische Merkur, Nr. 45, 6. November 1798, Sp. 1400 f. Vgl. hierzu: Oeffentliche Erklärung wegen der Brandenburgischen Insassen, fortl. – Aus der Rückschau des Jahres 1800 zu lesen: Ueber den Gang und die Lage der mit den Nachbarn eingeleiteten Vergleichs-Unterhandlungen, S. 65 ff. – Siehe auch den sicher nicht ohne Hintergedanken publizierten Entwurf eines Vergleichsvertrages zwischen Ansbach-Bayreuth und dem Hochstift Bamberg in der »Deutschen Reichs- und Staats-Zeitung« (Nr. 59, 25. Juli 1797, Sp. 939 ff.).

285 Siehe Kapitel VII.1.

286 Oeffentliche Erklärung wegen der Brandenburgischen Insassen, S. 10 f. Königlich Preußische Erklärung über die Landeshoheits-Irrungen, S. 6 f. Der Fränkische Merkur, Nr. 45, 6. November 1798, Sp. 1401 f. (Zitate ebd., Sp. 1401 u. 1402). Vgl. auch: Deutsche Reichs- und Staats-Zeitung, Nr. 62, 4. August 1797, Sp. 978 ff.

287 Siehe Kapitel VII.2.

sprechend wollte es die königliche Publizistik keinesfalls akzeptieren, dass die preußischen Mediatisierungen in Franken eine legitime Angelegenheit für die Reichs- und Fränkische Kreisversammlung wären – eine Interpretation, die im Gegensatz zu Communis opinio der Reichspublizistik stand. Weder die Reichs- noch die fränkische Kreisverfassung würden – so Langes Zeitung – durch die Okkupationen Berlins zerstört werden[288]. Dies beweise nicht zuletzt das viel härtere Vorgehen Österreichs in der Markgrafschaft Burgau und der Herrschaft Asch. Zudem unterscheide sich die österreichische Interpretation seiner obrigkeitlichen Rechte gegenüber dem reichsritterschaftlichem Bezirk Hegau sowie die Begründung der einseitigen Durchsetzung der Landeshoheitsansprüche Wiens über die Insassen der Markgrafschaft Burgau in keiner Weise von den Rechtfertigungen Berlins für die Inanspruchnahme seiner landesherrlichen Rechte über die Ansbach-Bayreuth benachbarten Ritter[289]. Diese Argumente führten zu der absurden Situation, dass sich die königliche Publizistik auf die – strittige – Verletzung der Reichsverfassung durch Österreich berief, um das Vorgehen Berlins gegen das Corpus equestre zu rechtfertigen, während die ritterschaftsfreundlichen Autoren umgekehrt das verfassungstreue Handeln verschiedener preußischer Monarchen ins Feld führen sollten[290]. Dass Letzteres aus der Sicht der »Deutschen Reichs- und Staats-Zeitung« nicht auf die Landeshoheitsstreitigkeiten an den Grenzen Ansbach-Bayreuths übertragen werden dürfte, bedarf kaum noch einer Erwähnung[291]. Festzuhalten bleibt, dass die österreichische Hausmachtpolitik in

288 Von den Streitigkeiten welche die Landeshoheit über die in den Brandenburgischen Fürstenthümern, S. 227. Deutsche Reichs- und Staats-Zeitung, Nr. 25, 28. März 1797, Sp. 390 ff., inbes. 391 Anm. 10 u. 393 Anm. 17. Ebd., Nr. 26, 31. März 1797, Sp. 401 ff., 410, inbes. 401 Anm. 18 u. 403 Anm. 19. Ebd., Nr. 27, 4. April 1797, Sp. 417 ff., inbes. 417 Anm. 25, 422 Anm. 31, 425 Anm. 34. Ebd., Nr. 28, 7. April 1797, Sp. 435 f., inbes. 436 Anm. 41. – Speziell zum Charakter des Landfriedens als Reichsgrundgesetz und damit einem Gebot mit Verfassungsrang nach dem Reichsstaatsrecht siehe *Häberlin*, Handbuch I, S. 172 ff., 188 f. – Speziell zur Aufgabe des Reichskreises bei der Landfriedenswahrung im Rahmen der Reichsverfassung siehe beispielsweise: *Häberlin*, Handbuch I, S. 344 ff. u. insbes. Kapitel VI.2 Anm. 133. – Vgl. auch die spöttische Kommentierung der angeblichen Pflichten des Fränkischen Kreises in den Landeshoheitsstreitigkeiten mit Berlin, die ironischen Anmerkungen zur Behandlung des Hilfsgesuchs der Nürnberger Kreisversammlung wegen der Okkupationen Ansbach-Bayreuths auf dem Reichstag und den Verweis auf die Unvollständigkeit des Nürnberger Kreiskonvents (Deutsche Reichs- und Staats-Zeitung, Nr. 28, 7. April 1797, Sp. 434 Anm. 38, Sp. 435 ff., inbes. 436 Anm. 40, 437 Anm. 42, 439 Anm. 46 u. Anm. 48). – Umgekehrt konnte Lange allem Anschein nach keinen Widerspruch zu seinen besagten Thesen über die Unzuständigkeit der Fränkischen Kreisversammlung in den Landeshoheitsstreitigkeiten erkennen, wenn seine »Deutsche Reichs- und Staats-Zeitung« (Nr. 27, 4. April 1797, Sp. 419 Anm. 27–28) angesichts der angeblichen Mängel der fränkischen Kreisverfassung im Bereich der sog. Polizey und des Militärwesens deren Umsturz und Ersetzung forderte.

289 Deutsche Reichs- und Staats-Zeitung, Nr. 27, 4. April 1797, Sp. 417 Anm. 25. Ebd., Nr. 62, 4. August 1797, Sp. 982. Ebd., Nr. 16, 22. Februar 1799, Sp. 248 Anm. 8.

290 Siehe Kapitel VIII.3.2.

291 Deutsche Reichs- und Staats-Zeitung, Nr. 27, 4. April 1797, Sp. 425 ff., inbes. 425 Anm. 34 u. 427 Anm. 35. Ebd., Nr. 28, 7. April 1797, Sp. 433 f., insbes. 434 Anm. 37.

Asch, der Markgrafschaft Burgau sowie der Landgrafschaft Nellenburg Wien einen Bärendienst erwiesen hatte: Für letztlich marginale Vorteile Habsburgs war nicht nur das Vertrauen in den Kaiser als Garanten der Reichsverfassung erschüttert worden, sondern deren Gegner hatten kaum widerlegbare Argumente als Munition erhalten. Vor allem auf das Beispiel Österreichs in Asch und in der Markgrafschaft Burgau im späten 18. Jahrhundert konnten sich fortan all diejenigen Fürsten berufen, die eine Umgestaltung der Reichsverfassung auf Kosten der reichsritterschaftlichen Unmittelbarkeit anstrebten. Dies sollte besonders deutlich im publizistischen Diskurs um die Mediatisierung der noch reichsunmittelbar gebliebenen Reichsritter ab 1802/03 werden[292].

Während die königliche Publizistik nichts von einer Verletzung der Reichsverfassung durch Berlin wissen wollte, machte sie umgekehrt einen Bruch des Landfriedens, der »Brandenburgischen Hausverträge« sowie der »Grundverfassung von Ansbach und Bayreuth« aus – und zwar durch die angebliche Usurpation der reichsritterschaftlichen Unmittelbarkeit. Dabei verstieg sich die preußische Propaganda zu der Behauptung, dass es die Zollern gewesen seien, deren Befugnisse in der Vergangenheit durch »Druck und Uebermacht« eingeschränkt worden seien. Daher erschien der Vorwurf, dass Berlin aus Staatsraison nun seine überlegenen Machtmittel missbrauche, geradezu verwerflich und wurde energisch zurückgewiesen[293]. Ein anderes Landeshoheitsverständnis als das, welches Preußen offiziell vertrat, sei Anarchie und »das Wort *Konstitution* in dem Munde eines Deutschen ist *Staatslästerung*«[294].

Ferner betonte die preußische Publizistik, dass den unterworfenen Freiherrn von Seckendorff zu Obernzenn und von Eyb zu Ansbach die Schriftsässigkeit zugestanden worden sei. Vor allem aber pries die Propaganda Berlins, dass die norddeutsche Großmacht seinen mediatisierten ritterschaftlichen Nachbarn in Franken ihre Gerichtsbarkeit, grundherrlichen Einkünfte und Rechte sowie ihr sog. Privateigentum belassen werde. Die reichsritterschaftlichen Gerechtsame und Freiheiten fielen im Verständnis der preußischen Publizistik selbstredend nicht unter diesen Eigentumsbegriff. Daher konnte Karl Julius Lange argumentieren, Berlin wolle mit seinen Mediatisierungen »nicht das Eigenthum, sondern den Schwindelgeist seiner Besizer bezähmen. Man will den *Insassen* nur begreiflich machen, dass sie

292 [*Gönner*], Staatsrechtliche Verhältnisse der adeligen Gutsbesitzer, S. 32. Historische und Staatsrechtliche Betrachtungen, S. 46 ff. Beleuchtung der in einer gedruckten k. k. Gesandtschafts-Note, BayHStA, MA, Nr. 4573, S. 6 f., 12 f.

293 Beleuchtung des in der Gräflich Pücklarischen Debit-Sache, S. 130 (Zitate ebd.). Deutsche Reichs- und Staats-Zeitung, Nr. 26, 31. März 1797, Sp. 410 Anm. 24. Ebd., Nr. 32, 21. April 1797, Sp. 500. Von den Streitigkeiten welche die Landeshoheit über die in den Brandenburgischen Fürstenthümern, S. 227 (Zitat ebd.). Oeffentliche Erklärung wegen der Brandenburgischen Insassen, S. 3 f.

294 Deutsche Reichs- und Staats-Zeitung, Nr. 32, 21. April 1797, Sp. 497 f. (Zitat ebd., Sp. 498).

nicht *Könige* sind«[295]. Mit solchen Thesen und durch die Verklärung der landesherrlichen Ansprüche Berlins auf fremden Besitz als »ehrwürdiges Eigenthum« knüpfte die königliche Publizistik seit Sommer 1796 erneut an den bereits angesprochenen, privat- und naturrechtlichen Eigentumsdiskurs an[296]. Die den Reichsrittern extra zugesicherten und aus der preußischen Staatsorganisation resultierenden Vorteile würden – so die Lesart der königlichen Publizistik – deren bisherige, unsichere Vorzüge weit überwiegen. Daher hätten die Rittergenossen fast alle »bereitwillig« den Huldigungseid auf Friedrich Wilhelm II. geleistet und nur die Kantone sowie einzelne, durch persönliche Interessen beeinflusste Ritter sich der Unterwerfung unter die Landeshoheit Berlins widersetzt[297].

Auf dieser argumentativen Linie bewegte sich auch Langes »Deutsche Reichs- und Staats-Zeitung«, die verschiedene Maßnahmen Berlins zur Durchsetzung seiner Landeshoheitsansprüche seit dem Sommer 1796 mit ungerechtfertigten Handlungen oder gar dem Wohl der von den Mediatisierungen betroffenen Reichsritter und Kreisstände rechtfertigte. Aus diesem Blickwinkel erschienen beispielsweise die für das königliche Militär gemusterten und enrollierten reichsritterschaftlichen und kreisständischen Untertanen allein zum Schutz ihrer bisherigen Herrschaften bestimmt[298].

Ebenfalls zur Illustration der königlichen Milde diente das bereits behandelte und in der öffentlichen Erklärung gegen die Reichsritterschaft verbreitete Versprechen, dass die unterworfenen Rittergenossen die gleichen Privilegien erhalten sollten, die künftig der vogtländischen Ritterschaft zukämen – Vorzüge, »welche sie nicht einmal als Mitglieder der Reichsritterschaft geniessen würden«[299].

Doch nicht nur mit solch verbalem Zuckerbrot arbeitete die königliche Publizistik. Sie nutzte auch die Peitsche, indem sie versuchte unbotmäßige Reichsritter einzuschüchtern und zu diskreditieren. Dazu wurde verschiedenen Rittergutsbesitzern grober Undank für die ihnen zuteil gewordenen

295 Deutsche Reichs- und Staats-Zeitung, Nr. 32, 21. April 1797, Sp. 498 (Zitat ebd.). Ebd., Nr. 15, 19. Februar 1799, Sp. 227, 227 Anm. 1 u. 232 Anm. 6. Der Fränkische Merkur, Nr. 45, 6. November 1798, Sp. 1402 ff.

296 Der Fränkische Merkur, Nr. 45, 6. November 1798, Sp. 1399 (Zitat ebd.).

297 Schritte des Fränkisch-Ritterschaftlichen Direktorii, S. 100.

298 Deutsche Reichs- und Staats-Zeitung, Nr. 25, 28. März 1797, Sp. 390, inbes. 390 Anm. 6–7.

299 Oeffentliche Erklärung wegen der Brandenburgischen Insassen, S. 11. – Aus den gleichen propagandistischen Motiven wurde das Beispiel der Reichsgrafen von Giech in der königlichen Publizistik ausgebreitet. Aufgrund ihres »würdigen« Verhaltens und ihrer Anhänglichkeit an die Zollern bei der Unterwerfung des »Landeshoheitsdistrikts« ihrer Herrschaft Thurnau seien den Reichsgrafen von Giech in der darüber abgeschlossenen Assekuranzakte von Berlin alle bisherigen Einnahmen garantiert worden. Auch die »besondere Gnade« mit der Berlin auf sein Einstandsrecht zugunsten des Käufers des Ritterguts Truppach, Friedrich von Vietinghoff zu Creußen, verzichten wolle, stellte das »Staatsarchiv der Königl. Preuß. Fürstenthümer« extra heraus (Entwicklung der Brandenburgischen Landeshoheit über Thurnau, S. 386 f. (Zitat ebd.). Der Fränkische Merkur, Nr. 45, 6. November 1798, Sp. 1405 f. *K. H. Lang*, Staatsrechtliche Entwicklung des Landsassiats, S. 9 (Zitat ebd.)).

Wohltaten des Hauses Brandenburg in Vergangenheit und Gegenwart vorgeworfen. Zudem kriminalisierten Berlins Publizisten umfassend das Verhalten etlicher Reichsritter und ergingen sich in der Schilderung der Verbrechen von Vorfahren der Rittergenossen: Die Palette der Vergehen reichte vom »schändlichen Brudermord« und der durch einen »Reuth-Knecht in Unzucht geschwaengert[en]« reichsritterschaftlichen Tochter über Wilderei, Urkundenfälschung, Eid- und Vertragsbruch, die Lehensverschweigung und damit die Felonie bis hin zur »Aufhetzung« und »Aufwieglung« preußischer Untertanen gegen ihre Regierung. Damit diese vielfach ehrabschneidenden Anschuldigungen auch die gewünschte Wirkung bei den Rittergenossen entfalten konnten, breitete die königliche Publizistik das breite Spektrum an Straf- und Sanktionsmaßnahmen aus, die Berlin zur Ahndung der geschilderten Delikte zur Verfügung stünden. Dazu gehörte die »stündlich« mögliche Wiedereinlösung sowie die lehens- und strafrechtlich motivierte Beschlagnahme und Einziehung reichsritterschaftlicher Güter und Gerechtsame ebenso wie der fiskalische Prozess[300].

Zusammenfassend muss konstatiert werden, dass die preußische Publizistik – neben zahlreichen einzelnen Rechtsargumenten und Theorien – vor allem seit 1796 eine reichsrechtliche »Meistererzählung« vertrat, die die Vergangenheit konsequent im Sinne Berlins deutete und Teil eines rechtstheoretischen Dreischrittes bildete. Dieser sollte sowohl die grundsätzliche Berechtigung der königlichen Landeshoheitsansprüche als auch die Rechtmä-

300 *K. H. Lang*, Staatsrechtliche Entwicklung des Landsassiats, S. 14 ff., 27, 35 (Zitat ebd., S. 14 f.). *Ders.*, Historische Nachricht von den Verhältnissen des Rittergutes Aufseß, S. 187 ff., 211 ff. *Ders.*, Nachtrag zu der diplomatischen Prüfung der behaupteten Unmittelbarkeit des Rittergutes Heroldsberg, S. 374 f. *Ders.*, Die behauptete Reichs-Unmittelbarkeit des Freyherrlich von Geuderischen Ritterguts, S. 129 ff. *Ders.*, Historisch diplomatische Nachricht von denen in der Königlich Preußischen Amtshauptmannschaft Kulmbach befindlichen anmaßlich Fränkischen Reichs-Rittergütern, S. 480, 493 ff. Schritte des Fränkisch-Ritterschaftlichen Direktorii, S. 101, 111 f. (Zitate ebd., S. 101). Beleuchtung des in der Gräflich Pücklarischen Debit-Sache, S. 129, 135 ff., 168 ff., 195, 208. Deutsche Reichs- und Staats-Zeitung, Nr. 33, 25. April 1797, Sp. 515 ff. Ebd., Nr. 16, 22. Februar 1799, Sp. 250 f. Ueber die Landsässigkeit der Leonrodischen Besitzungen, S. 219 ff., 245 f. (Zitate ebd., S. 219 u. 246). Vgl. auch: Etwas über die Reitzensteinischen Reichsafterlehen, S. 55 ff., Entwicklung der Brandenburgischen Landeshoheit über Thurnau, S. 432 f., Vermischte adeliche Besitzungen in dem Amte Bayreuth, S. 111 u. *Hofmeister-Hunger*, Pressepolitik, S. 102, 102 Anm. 104. – Den Freiherrn von Guttenberg ersparte die Propaganda Berlins nicht den Hinweis darauf, dass angeblich eines ihrer Vorrechte in dem Ort Eggenreuth durch den Vorbesitzer 1444, »bei Marggr. Johans, der ein liebhaber der frauen gewesen, durch sein Weib [...] erschliechen« worden sei. Die juristische Dimension dieses Vorwurfs wird vor dem rechtsgeschichtlichen Hintergrund der damaligen Stellung der Frauen und ihrer eingeschränkten Geschäftsfähigkeit deutlich (Vermischte adeliche Besitzungen in dem Amte Bayreuth, S. 61 f. (Zitat ebd.)). – Karl Julius Lange konnte sich angesichts der reichsritterschaftlichen Beschwerden auf dem Rastatter Kongress über die Mediatisierungen Berlins sogar »künftige Operationen« gegen das Corpus equestre vorstellen. Diese sollten die Steuerausfälle und finanziellen Schäden kompensieren, die die fränkischen Markgrafentümer in der Vergangenheit durch die Reichsritterschaft erlitten hätten (Deutsche Reichs- und Staats-Zeitung, Nr. 16, 22. Februar 1799, Sp. 241 ff., inbes. 250).

ßigkeit ihrer einseitigen und den Landfrieden de facto umstoßenden Durchsetzung nachweisen. Dabei stellte beispielsweise die Übertragung der Konzeption des Territorium clausum auf Franken eine extreme reichsrechtliche Minderheitsmeinung dar, und zeitweise verlegten sich Berlins Federn auf rein utilitaristische Argumentationsstrategien. Vor allem mit der Behauptung, dass Preußen unter Missachtung der Reichsjustiz seine Landeshoheitsansprüche einseitig durchsetzen dürfe, verließ die königliche Publizistik den Boden der Reichsverfassung, weshalb sicher nicht nur die Regierung in Kassel diesen Teil der offiziellen preußischen Argumentation für höchst zweifelhaft hielt[301]. Aber deswegen können die Ausführungen der königlichen Publizistik nicht wie von Hanns Hubert Hofmann pauschal als »pseudohistorische staatsrechtliche Druckschriften« abklassifiziert werden sowie als »verkrampfte historische Deduktionen« zur Aufrechterhaltung der »Fiktion des Reichsrechts« durch Beamte, die »oft eine geradezu zynische Freude, das ihnen noch auf den Universitäten gelehrte Reichsstaatsrecht ad absurdum zu führen«, an den Tag gelegt hätten[302].

3. Die ritterschaftsnahe Publizistik

3.1 Autoren, Rezipienten und Beschaffenheit der ritterfreundlichen Veröffentlichungen

Angesichts der Eingriffe Ansbach-Bayreuths in die Gerechtsame der benachbarten fränkischen Rittergenossen äußerte Anfang Herbst 1794 der Ortsvorstand des Kantons Donau, bei dem zugleich das Generaldirektorium stand, die Hoffnung, dass es dem Berliner Hof »nicht gleichgültig seyn könne, mit welchen Augen derselbe von seinen deutschen Mitständen betrachtet werde«[303]. Damit stellt sich die Frage, inwieweit es eine publizistische Gegenbewegung gegen die preußische Propagandamaschinerie gab, die auf der Seite der Reichsritterschaft stand – sei es in Form offizieller Deduktionen der Kantone und Rittergenossen, sei es durch Druckschriften von politischen Verbündeten oder mit dem Corpus equestre sympathisierenden freien Schriftstellern.

1750 und 1752, als die politische Existenz der Reichsritterschaft durch die Reichstagsrekurse Württembergs, Sachsen-Meiningens und Brandenburg-Kulmbach-Bayreuths unmittelbar bedroht schien[304], hatten die Rittergenos-

301 Bericht der Hessen-Kasseler Regierung, Kassel, 26. Juli 1796, StA Marburg, 4e, Nr. 2970.

302 *H. H. Hofmann*, Herrschaft, S. 177, 207. *Ders.*, Die preußische Ära (1960/61), S. 234 (Zitat ebd.). *Ders.*, preußische Ära (1967), S. 249 (Zitate ebd.).

303 Schreiben des Ortsvorstandes Donau an den Ortsvorstand Rhön-Werra, Ehingen, 3. September 1794, StA Marburg, 109, Nr. 311, Bd.3, Dok. 191.

304 Siehe Kapitel III.1.

sen zu den Waffen ihrer Gegner gegriffen und ihre Gerechtsame in einer öffentlichen Deduktion verteidigt, deren zwei Foliobände fast zweitausend Druckseiten umfassten[305]. Diese massive öffentliche Propaganda der reichsritterschaftlichen Kantone zur Bewahrung ihrer reichsunmittelbaren Rechtsstellung war jedoch ein Einzelfall geblieben. Als 1791 der Wiener Reichsreferendar Freiherr von Horix den »seit kurzem so sehr mißbrauchten Weeg [sic] der Publicität« wählte und mit der Forderung nach gleichberechtigtem Zugang Bürgerlicher zu allen geistlichen Pfründen, Würden und Ämtern, den Charakter der reichsritterschaftlich dominierten Adelskirche Südwestdeutschlands infrage stellte, verzichtete das Corpus equestre auf eine öffentliche Widerlegung. Diese publizistische Enthaltsamkeit der Reichsritterschaft stellte keinen Einzelfall dar[306].

Entsprechend schwer tat sich die Reichsritterschaft, auf Hardenbergs offensive publizistische Propaganda zu reagieren. Immerhin hatte bereits im Sommer 1792 das bei Gebürg stehende fränkische Spezialdirektorium zur Diskussion gestellt, »ob nicht gut seyn möchte, durch einen gerühmten unparteiischen Rechtsgelehrten eine wohl geordnete, bündige und erschöpfende rechtliche Deduction abfassen zu lassen«, um die Umdeutung der zollerschen Fraisch zur Landeshoheit über reichsritterschaftliches Gebiet zu widerlegen. Dies musste umso notwendiger erscheinen, als damals Ganz' »Schreiben eines Nürnbergischen Patriciers« in die Öffentlichkeit lanciert wurde[307]. Dennoch stammten die ersten öffentlichen Schriften, die gegen die preußischen Landeshoheitsansprüche Stellung bezogen, nicht aus reichsritterschaftlicher Feder[308].

Im Sommer 1792 zirkulierte dann in Regensburg eine rund dreißigseitige Flugschrift im Oktavformat mit dem vielversprechenden Titel »Der wahre Gesichtspunkt aus welchem die Streitigkeiten über die Landeshoheit in vermischten Ländern in Deutschland zu beurtheilen sind«[309]. Diese anonyme

305 Vertheidigte Freyheit und Ohnmittelbarkeit I, Vorbericht. Ebd. II, S. III ff. Neue Vertheidigung I, S. 111 ff.

306 Schreiben des Ortsvorstandes Gebürg an den Ortsvorstand Rhön-Werra, Bamberg, 12. Mai 1792, StA Marburg, 109, Nr. 311, Bd. 1, Dok. 38. HStA Stuttgart, B 579, Bü 1372, 1. Hälfte: fortl. Abschrift des Schreibens des Ortsvorstandes Mittelrhein an den Ortsvorstand Donau, Burg Friedberg, 10. Juni 1791, HStA Stuttgart, B 579, Bü 1372 (Zitat ebd.).

307 Schreiben des Ortsvorstandes Rhön-Werra an den Ortsvorstand Gebürg, o.O., 20. April 1792, StA Marburg, 109, Nr. 311, Bd. 1, Dok. 34. Schreiben des Ortsvorstandes Gebürg an den Ortsvorstand Rhön-Werra, Bamberg, 12. Mai 1792, ebd., Dok. 38 (Zitat ebd.). Schreiben des Ortsvorstandes Steigerwald an den Ortsvorstand Rhön-Werra, Erlangen, 22. Februar 1796, StA Marburg, 109, Nr. 311, Bd. 5, Dok. 358.

308 Nachschreiben zum 16. Bericht des preußischen Gesandten in Stuttgart, Madeweiß, an den König/das Kabinettsministerium, Stuttgart, 25. April 1792, GStA PK Berlin, I. HA, Rep. 44 B, Nr. 1a. Schreiben und Antwort über die in dem Württembergischen Marktfleken Weiltingen ... vorgefallene Thätlichkeiten, S. 3 ff., ebd. Gewaltsame Ankündigung (Teutsche Staatskanzley), S. 312 ff. i. Verb. mit Schriften über die gewaltsame Ankündigung (Teutsche Staatskanzley), S. 15 ff., 37 ff., 74 ff.

309 Abschrift des Berichts eines reichsritterschaftlichen Reichstagskorrespondenten, Regensburg,

Abhandlung nahm – ohne den eigentlichen Anlass explizit zu erwähnen – zu dem Anschlag der zollerschen Patente auf fremdem Gebiet und den ihm vermeintlich zugrunde liegenden preußischen Landeshoheitsansprüchen eine klare Gegenposition ein[310]. Zwar handelte es sich bei dieser Schrift nicht um eine von Seiten der reichsritterschaftlichen Ortsvorstände angeregte Arbeit. Aber ihr Verfasser war der Kassier und Sekretär des Kantons Steigerwald, Johann Christian Rebmann (1734–1801), der nicht im offiziellen Auftrag, sondern aus eigenem Antrieb seine Arbeit in Druck gegeben hatte. Da seine ungeschickte Beweisführung der preußischen Rechtsauffassung ungewollt in die Hände zu spielen schien, stieß Rebmanns Schrift in reichsritterschaftlichen Kreisen statt auf begeisterte Käufer vor allem auf Kritik. Die Schweinfurter Ritterkanzlei gutachtete, Rebmann »läßet [sic] keine Gelegenheit vorbeygehen, wo er die R[eichs]Ritterschaft durch Betteley brandtschatzen zu können glaubt« und hätte mit seiner Abhandlung »gar wohl [...] zu Haus bleiben können«[311].

Kein reichsritterschaftliches Druckerzeugnis, aber den offiziellen Anschauungen des Consortium equestre entgegenkommend war die »Teutsche Staatskanzley«. Bei diesem »allgemein gelesenen und geachteten Werk« han-

4. (?) Juli 1792, StA Marburg, 109, Nr. 62. [*Rebmann*], Der wahre Gesichtspunkt (Zitat ebd., Titelblatt). – Rebmanns Abhandlung wurde nachgedruckt in: Schriften über die gewaltsame Ankündigung (Teutsche Staatskanzley), S. 142 ff.

310 Gewaltsame Ankündigung (Teutsche Staatskanzley), S. 320 f. [*Rebmann*], Der wahre Gesichtspunkt, fortl.

311 Schreiben des Ortsvorstandes Rhön-Werra an den Steigerwalder Kassier Johann Christian Rebmann, Schweinfurt, 17. August 1792, StA Marburg, 109, Nr. 62. Promemoria des Konsulenten von Rhön-Werra, J. C. Schmid, Schweinfurt, 14. August 1792, ebd. (Zitate ebd.). Abschrift des Berichts eines reichsritterschaftlichen Reichstagskorrespondenten, Regensburg, 4. (?) Juli 1792, ebd. Schreiben des Steigerwalder Kassiers Johann Christian Rebmann an den Ortsvorstand Rhön-Werra, Erlangen, 1. August 1792, ebd. *Vocke*, Geburts- und Todten-Almanach II, S. 152 ff. Speziell zur Lebenszeit von Johann Christian Rebmann siehe: *Stamm*, Rebmann, S. 37 Anm. 2. – Keinesfalls im reichsritterschaftlichen Sinne konnte der letzte Absatz in *Rebmanns* Arbeit (Der wahre Gesichtspunkt, S. 32) sein: In diesem gestand er nicht nur Nachteile der Territorialverfassung des fränkischen Territorium inclausum ein, sondern ließ sich auch noch zu der Behauptung hinreißen, dass »ein rundes geschlossenes Land zu erhalten, [...] eine schwere, doch keine unmögliche Sache, besonders zu iezigen Zeiten« sei. – Wohlwollender als Rebmanns Schrift des Vorjahres dürfte in den Ritterkanzleien eine siebzehnseitige Veröffentlichung beurteilt worden sein, die im »Reichs Ritterschaft.[lichen] Almanach aufs Jahr 1793« erschien, der von Friedrich Wilhelm von Brandenstein herausgegeben wurde. Allerdings handelte es sich hierbei nur um den Abdruck einiger »Akten-Stücke«, um über die Differenzen mit Ansbach-Bayreuth wegen des zollerschen Patentanschlags vom Frühjahr 1792 zu informieren. Eine Beeinflussung der sog. Opinion erfolgte dabei nicht über die sachlich gehaltene kurze Einführung, sondern allein durch die Auswahl der Dokumente und deren Inhalt. Unter diesem Blickwinkel musste einem reichsritterschaftlichen Protestschreiben, das auf die preußischen Centbefugnisse einging, besondere Relevanz zukommen (Einige Akten-Stücke von den bei der Besiznahme, S. 235 ff. (Zitate ebd., S. 233 u. Titelblatt des Almanach). Speziell zur Indentifizierung von Friedrich Wilhelm von Brandenstein als Herausgeber der im Brandensteinischen Verlag erschienen Schrift siehe *Hofmeister-Hunger*, Pressepolitik, S. 414).

delte es sich um eine in Ulm gedruckte Zeitschrift, die sich mit den reichspolitischen und -rechtlichen Ereignissen der Zeit auseinandersetzte. Ihr Herausgeber war Dr. Johann August Reuß (1751–1820), herzoglich württembergischer Wirklicher Regierungsrat und bis 1794 Lehrer für das Ius publicum an der Hohen Carlsschule in Stuttgart[312]. In den Jahren 1792 und 1793 veröffentlichte dieser in der »Staatskanzley« mehrere Beiträge, in denen die »Gewaltsame Ankündigung des Königl. Preußischen Regierungs-Antritts in den Brandenburgischen Fürstenthümern in Franken« in Form des Patentanschlags gegeißelt wurde. Zugleich bezog die »Teutsche Staatskanzley« eine klare Position gegen die den preußischen Landeshoheitsansprüchen zugrunde liegenden Rechtssätze[313].

Obwohl der Fall Rebmann noch einmal die Notwendigkeit gezeigt hatte, den reichsritterschaftlichen Rechtsstandpunkt in einer fundierten Druckschrift darzustellen, erhielt der entsprechende Vorschlag des Ortsvorstandes Gebürg genauso wenig wie zuvor die dafür notwendige Unterstützung der anderen fränkischen Direktorien. Noch im März 1794 verwarf die nach Schweinfurt einberufene Konferenz der fränkischen Ritterhauptleute den Plan, mit einer Druckschrift gegen Hardenbergs Arrondierungspolitik an die Öffentlichkeit zu treten[314]. Hinter der publizistischen Zurückhaltung des fränkischen Ritterkreises stand nicht zuletzt die Befürchtung, in einer kaum noch berechenbaren reichs- und außenpolitischen Situation die preußische Großmacht unnötig zu provozieren. Ganz auf dieser Linie lag das Direktorium Steigerwald, das eine publizistische Verteidigung der reichsritterschaftlichen Positionen mit dem Argument ablehnte, »daß der Erfolg dieser Maasregel dermalen kein anderer als ein gehäßiger Federkrieg und stärkere Verbitterung seyn würde«[315].

312 *Batz*, Entwicklung der Brandenburgischen Hausverträge (Staatsarchiv), S. 36 f. (Zitat ebd., S. 36) bzw. *Ders.*, Entwicklung der Brandenburgischen Hausverträge (Teutsche Staatskanzley), S. 141. Titelblatt der Teutschen Staatskanzley 29 (1792) (Zitat ebd., Titelblatt). *Landsberg*, Reuß, S. 309 f.

313 Gewaltsame Ankündigung (Teutsche Staatskanzley), S. 305 ff. (Zitat ebd., S. 305). Fortsetzung von der gewaltsamen Ankündigung (Teutsche Staatskanzley), S. 231 ff. – Der Nachdruck aller anlässlich des Weiltinger Vorfalls und des preußischen Patentanschlags erschienenen Flugschriften ist für unsere Fragestellungen nur im Falle der angesprochenen Abhandlung des Steigerwalder Kassiers Rebmann von Interesse (Schriften über die gewaltsame Ankündigung (Teutsche Staatskanzley), S. 1 ff.).

314 Schreiben des Ortsvorstandes Rhön-Werra an den Ortsvorstand Gebürg, o.O., 19. Mai 1792, StA Marburg, 109, Nr. 311, Bd. 1, Dok. 39. Nachschreiben des Ortsvorstandes Odenwald an den Ortsvorstand Rhön-Werra, o.O., 3. Oktober 1794, StA Marburg, 109, Nr. 311, Bd. 3, Dok. 204. Schreiben des Ortsvorstandes Steigerwald an den Ortsvorstand Rhön-Werra, Erlangen, 31. Oktober 1794, ebd., Dok. 223. Schreiben des Ortsvorstandes Steigerwald an den Ortsvorstand Rhön-Werra, Erlangen, 22. Februar 1796, StA Marburg, 109, Nr. 311, Bd. 5, Dok. 358.

315 Schreiben des Ortsvorstandes Donau an den Ortsvorstand Rhön-Werra, Ehingen, 3. September 1794, StA Marburg, 109, Nr. 311, Bd. 3, Dok. 191. Schreiben des Ortsvorstandes Steigerwald an den Ortsvorstand Rhön-Werra, Erlangen, 31. Oktober 1794, ebd., Dok. 223 (Zitat ebd.).

Es kann daher wenig überraschen, dass auch die als Nächstes anzusprechende öffentliche Schrift, die gegen die Eingriffe Preußens in fremde Gerechtsame zu Felde zog, nicht aus einer reichsritterschaftlichen Feder stammte. Es handelte sich um einen gut achtzig Oktavseiten umfassenden juristischen Traktat, der 1794 unter dem programmatischen Titel »Ueber die Einführung der Wildsteuer« in Nürnberg in Druck ging[316]. Der Verfasser des Traktats war Georg Michael Weber (1768 - 1845), Spross eines alten Bamberger Beamtengeschlechts, Anhänger der Aufklärung, Doktor der Philosophie und seit November 1793 außerordentlicher Professor der Rechte an der Universität des Fürstbistums Bamberg[317]. Obwohl die Schrift möglicherweise von der Regierung des Hochstifts angeregt wurde, erscheint es zweckmäßig, sie in unserem Zusammenhang mitabzuhandeln[318]. Schließlich betraf die Erhebung der preußischen »Wildbretabtragsgelder« von den im Wildbann der fränkischen Markgrafentümer Eingesessenen auch zahlreiche immediate Rittergüter - ein Umstand, den der Bamberger Professor selbst betonte[319]. Vor allem aber hatte Weber sich nicht auf die konkreten Verhältnisse in den Hochstiftern seines Landesherrn beschränkt, sondern wies im Allgemeinen die Rechtswidrigkeit des preußischen Ansinnens nach, die sog. »Hirschensteuer« von den Untertanen fremder Reichsglieder zu erheben, und verteidigte damit auch die Gerechtsame der Reichsritterschaft[320]. Daher ist auch die positive Kritik, die die reichsrechtlichen Thesen Webers 1796 bei von Münchhausen, einem Rezensenten der Allgemeinen Jenaischen Literatur-Zeitung, fanden, als wichtige Aussage für den hier interessierenden Diskurs zu betrachten[321].

316 *G. M. Weber*, Einführung.

317 *Hamberger/Meusel*, Teutschland VIII, S. 365. *Kaisenberg*, Leben, S. 17 ff., 58 ff. *Seiderer*, Formen, S. 26 Anm. 51, 230, 477 f. - 1795 sollte Weber auch noch zum Doktor beider Rechte promoviert werden. In den April desselben Jahres fiel seine Ernennung zum Bamberger Hofrat mit Sitz und Stimme. Im Juli und November 1795 wurde er mit der Lehre der Feudistik sowie der Kameralistik einschließlich der Polizey- und Finanzwissenschaften an der fürstbischöflichen Universität betraut. Im März 1796 erfolgte Webers Berufung auf einen ordentlichen Lehrstuhl über die Rechtsinstitutionen. Im Mai desselben Jahres wurde Weber zum Universitätsfiskal sowie zum Beisitzer am Bamberger Hofgericht ernannt (*Hamberger/Meusel*, ebd., S. 365. *Kaisenberg*, ebd., S. 29 f. *Seiderer*, ebd., S. 26 Anm. 51).

318 59. Bericht der pfalz-bayerischen Kreisgesandtschaft, abgezeichnet vom Regierungssekretär von Bayard, an Kurfürst Karl Theodor, Nürnberg, 13. Juni 1795, BayHStA, K. schw., Nr. 14507, fol. 6.

319 *G. M. Weber*, Vertheidigung auf das Beschwerungsschreiben von Seiten des Berliner Hofes gegen mein Tractat über die Wildsteuer, Bamberg, 24. August 1794, abgedruckt in: *Ders.*, Nachtrag, S. 175 - 187, hier: S. 185 f. - Speziell zur Erhebung der sog. »Wildbretabtragsgelder« von reichsritterschaftlichen Untertanen siehe Kapitel VI.1.

320 *G. M. Weber*, Einführung, fortl. - Die Annahme von *Kaisenberg* (Leben, S. 26), eine bestimmte Beilage in Webers Traktat beziehe sich explizit auf die Hochstifter Bamberg und Würzburg ist unzutreffend (*G. M. Weber*, ebd., S. 82 ff.).

321 [*Von Münchhausen*], [Rezension, von:] [...] Ueber die Einführung der Wildsteuer, von D. G. M. Weber [...], in: Allgem. Jenaische Literatur-Zeitung, Nr. 37, 1796, nachgedruckt in: *G. M. Weber*, Nachtrag, S. 153 - 157, hier: S. 153 ff. [*Von*] *Münchhausen*, Antwort des Recensenten, nachgedruckt in: *G. M. Weber*, ebd., S. 164 - 166, hier: S. 164 ff. - Weber hatte von Münch-

Dasselbe gilt für eine Stellungnahme Webers im gleichen Blatt vom Januar 1797 und insbesondere für seinen »Nachtrag zur Abhandlung über die Einführung der Wildsteuer«. Letzterer wurde 1798 in Nürnberg gedruckt und umfasste rund 200 Oktavseiten. Wie schon der Titel verhieß, sollte der Nachtrag die Kritiker von Webers Traktat aus dem Jahre 1794 widerlegen, wozu der Bamberger Professor auch gleich einen Teil der Veröffentlichungen seiner Kontrahenten mit weiteren einschlägigen Dokumenten mitabdruckte[322].

Drei Jahre bevor Weber mit seinem Nachtrag den Schlussstrich unter den publizistischen Diskurs über die »Wildbretabtragsgelder« setzte, hatte es so ausgesehen, als ob der Reichsritterschaft ein unerwarteter Verbündeter im Ringen um die Gunst der öffentlichen Meinung erwachsen würde. Ende 1795 war der gut hundert Seiten umfassende »Kommentar und Beurteilung« zu einer Erklärung erschienen, die der königliche Kreisgesandte in Nürnberg am 2. Oktober desselben Jahres abgegeben hatte. Darin waren die fränkischen Kreisstände ultimativ aufgefordert worden, sich in den Schutz der norddeutschen Neutralitätszone zu begeben, die Berlin mit Frankreich im Gefolge des Basler Sonderfriedens vereinbart hatte, aber noch im Spätherbst 1795 in ihrer bis zum Main reichenden Ausdehnung aufgab. Der Autor dieser Druckschrift, der sich hinter dem sprechenden Namen eines Karl Graf von »Strengschwerd« verbarg, ging nicht nur hart mit der als verfassungsbrüchig und unmoralisch geziehenen Neutralitätspolitik der norddeutschen Großmacht ins Gericht[323]. In einem auf dem 10. November datierten Nachtrag der Abhandlung kündigte »Strengschwerd« zudem sein Vorhaben an, die preußischen Landeshoheitsansprüche gegen die Reichsritter publizistisch zu widerlegen und forderte die fränkische Reichsritterschaft auf, ihn hierbei durch die abschriftliche Mitteilung einschlägiger Aktenstücke zu unterstützen[324]. Hinter dem Pseudonym »Strengschwerd« verbarg sich nach den in den ritterschaftlichen Akten sich bestätigenden Forschungen von Otto Tschirch ein

hausen nach eigener Aussage zuvor in Leipzig kennengelernt (*G. M. Weber*, Erklärung. Antwort des Verfassers auf die in dem Intelligenzblatte der a. L. Z. Nr. 119 enthaltenen Antikritik, in: Allgem. [Jenaische] Literatur-Zeitung, Nr. 14, 28. Januar 1796, S. 111, nachgedruckt in: *Ders.*, Nachtrag, S. 167–171, hier: S. 167).

322 *G. M. Weber*, Erklärung. Antwort des Verfassers auf die in dem Intelligenzblatte der a. L. Z. Nr. 119 enthaltenen Antikritik, in: Allgem. [Jenaische] Literatur-Zeitung, Nr. 14, 28. Januar 1796, S. 111, nachgedruckt in: *Ders.*, Nachtrag, S. 167–171, hier: S. 168 ff. *Ders.*, Nachtrag, fortl. (Zitat ebd., Titelblatt).

323 *Strengschwerd*, Kommentar, fortl. (Zitate ebd., Titelblatt). – Auszüge der Schrift »Strengschwerds« finden sich auch in der noch anzusprechenden »Deutschen Staats- und Ministerial-Zeitung« (Nr. 1, 1. Januar 1796, Sp. 14 ff. Nr. 2, 5. Januar 1796, Sp. 29 ff.) von Sartori, der seinen Lesern das Traktat bezeichnenderweise besonders ans Herz legte.

324 *Strengschwerd*, Kommentar, S. 105 f. Schreiben des reichsritterschaftlichen Reichstagskorrespondenten Johann Friedrich Loder an den Ortsvorstand Rhön-Werra, Regensburg, 12. Januar 1796, StA Marburg, 109, Nr. 311, Bd. 5, Dok. 324. Schreiben des Ortsvorstandes Baunach an den Ortsvorstand Rhön-Werra, Nürnberg, 22. März 1796, ebd.

gewisser Karl Georg Gottfried Glave (1752 – 1831), der auch den polnischen Adelstitel von Kolbielski führte. Glave, einst Vorsitzender Regierungsrat beim Insterburger Hofgericht sowie Justizrevisor in Memel, hatte fast zwei Jahre Festungshaft in Preußen mit anschließendem Landesverweis durchlitten und diente seit 1794 den habsburgischen Interessen als Publizist. Gerade 1795/96 veröffentlichte er anonym eine ganze Reihe von Flugschriften, die die Politik Berlins geißelten, die österreichische aber verteidigten[325]. Trotz dieser für die Reichsritterschaft günstigen Voraussetzungen wies das fränkische Spezialdirektorium die ihm über Verbindungsleute angetragene Zusammenarbeit mit »Strengschwerd« alias Glave-Kolbielski mit der Begründung zurück, »daß man nicht nötig habe, sich hinter einen anonymischen Schriftsteller zu stecken, sondern daß es vielmehr der Würde angemessener sey, einen offenen und standhaften Gang fortzuwandeln«[326]. Mit ganz ähnlichen Argumenten sowie der Befürchtung, durch einen anonymen und übel beleumdeten Autor wie »Strengschwerd« der eigenen Sache mehr zu schaden als zu nützen, lehnten auch die Direktorien von Baunach, Altmühl, Odenwald, Gebürg und Steigerwald eine Zusammenarbeit mit Glave ab[327]. Damit unterblieb auch dessen angekündigte Flugschrift[328].

Ebenso wenig wie Glave war Joseph Edler von Sartori (1749 – 1812) ein Reichsritter, aber dafür mit dem »Staatsrecht« des Corpus equestre seit seiner Doktorarbeit besonders vertraut. Der aus Öttingen-Wallerstein gebürtige Reichspublizist ist heute vor allem durch seine schonungslose Kritik in der Beantwortung der Bibraschen Preisfrage von 1786 über die Mängel und Reformmöglichkeiten der geistlichen Territorien bekannt. Zwei Jahre später hatte der geschickte Autor und kaiserliche Wirkliche Rat in einer historisch-

325 Schreiben des Ortsvorstandes Baunach an den Ortsvorstand Rhön-Werra, Nürnberg, 22. März 1796, StA Marburg, 109, Nr. 311, Bd. 5. Schreiben des Ortsvorstandes Gebürg an den Ortsvorstand Rhön-Werra, Bamberg, 5. März 1796, ebd., Dok. 373. *Hamberger/Meusel*, Teutschland II, S. 574 f. *Dies.*, ebd. IX, S. 430. *Dies.*, ebd. XI, S. 273. *Huergelmer*, Thierkreis (1796), S. 163 Anm. **. *Strengschwerd*, Kommentar, hier: Nicht paginiertes Nachwort »An den Leser«. *Tschirch*, Geschichte I, S. 68 ff., 76 ff., 94 ff., 108 ff., 155 f., 164 f. *Freudenberger*, Kolbielski, S. 455.

326 Schreiben des reichsritterschaftlichen Reichstagskorrespondenten Johann Friedrich Loder an den Ortsvorstand Rhön-Werra, Regensburg, 12. Januar 1796, StA Marburg, 109, Nr. 311, Bd. 5, Dok. 324. Schreiben des Ortsvorstandes Rhön-Werra an die Ortsvorstände Odenwald, Gebürg, Steigerwald, Altmühl und Baunach, Schweinfurt, 19. Januar 1796, ebd., Dok. 325 (Zitat ebd.).

327 Schreiben des Ortsvorstandes Odenwald an den Ortsvorstand Rhön-Werra, Kochendorf, 11. Februar 1796, StA Marburg, 109, Nr. 311, Bd. 5, Dok. 355. Schreiben des Ortsvorstandes Steigerwald an den Ortsvorstand Rhön-Werra, Erlangen, 22. Februar 1796, ebd., Dok. 358. Schreiben des Ortsvorstandes Altmühl an den Ortsvorstand Rhön-Werra, o.O., 23. Februar 1796, ebd., Dok. 362. Schreiben des Ortsvorstandes Rhön-Werra an den reichsritterschaftlichen Reichstagskorrespondenten Johann Friedrich Loder, Schweinfurt, 11. März 1796, ebd., Dok. 369. Schreiben des Ortsvorstandes Baunach an den Ortsvorstand Rhön-Werra, Nürnberg, 22. März 1796, ebd. Schreiben des Ortsvorstandes Gebürg an den Ortsvorstand Rhön-Werra, Bamberg, 5. März 1796, ebd., Dok. 373.

328 Vgl. *Tschirch*, Geschichte I, S. 207 Anm. 1.

staatsrechtlichen Untersuchung des Burgauischen Insassenstreits noch eine allzu einseitige Parteinahme zugunsten Österreichs vermieden. Dagegen hatte er infolge des Basler Sonderfriedens von 1795 ganz im Sinne der Hofburg damit begonnen, publizistisch gegen die staatsegoistische Politik Berlins zu Felde zu ziehen. Nun, angesichts der Mediatisierungen Preußens, stellte er seine Feder auch in dieser Frage in den Dienst der Wiener Interessen, die in diesem Falle mit denjenigen der Reichsritterschaft und Reichsverfassung parallel liefen. Dabei bediente sich Sartori eines etablierten Organs, nämlich der von ihm herausgegebenen und dezidiert kaisertreuen »Deutsche[n] Staats- und Ministerial-Zeitung«. Diese erschien in Nürnberg von 1790 bis zu ihrer Einstellung Ende 1796 und verstand sich als Organ zur »strengsten Vertheidigung der vaterländischen Constitution«[329]. Für manchen ihrer Kritiker war die »Deutsche Staats- und Ministerial-Zeitung« dagegen »ein öffentliches Blatt [...], das an Unpartheylichkeit mehr Prätension, als gerechte Ansprüche macht«[330]. Dennoch oder vielmehr gerade deswegen druckte Sartori im letzten Jahrgang seiner Zeitung nicht nur eine Serie von »Aktenstücke[n]« ab, die die preußische Mediatisierungspolitik gegenüber der Reichsritterschaft sowie benachbarten Kreisständen in Misskredit bringen mussten und in ihrer weitgehend unkommentierten Präsentation eine Äußerung des Herausgebers ersetzten[331]. Darüber hinaus berichtete Sartoris

329 *Schulte*, Sartori, 378, 790. *Sartori*, Staats-Geschichte, S. 443 fortl. *Härter*, Reichstag, S. 337. *Wüst*, »partielle Landeshoheit«, S. 77 f. *Tschirch*, Geschichte I, S. 207 f., 214 ff. *Hofmeister-Hunger*, Pressepolitik, S. 91 ff. *Seiderer*, Formen, S. 307. [Rezension], Memoiren über die wichtigsten Staatsmaterien unserer Zeit, S. 3 ff., 12 ff. Deutsche Staats- und Ministerial-Zeitung, Nr. 1, 1. Januar 1796, Sp. 1 f. (Zitat ebd.). Ebd., Nr. 81, 14. Oktober 1796, Sp. 1295 f. (Zitat ebd.). Ebd., Nr. 87, 4. November 1796, Sp. 1391 f. Vgl. Schreiben des Altmühler Ortskonsulenten J. L. Hußen an den Ortskonsulenten von Rhön-Werra, Pollich, Wilhermsdorf, 6. Dezember 1796, StA Marburg, 109, Nr. 312, Bd. 3. – Die preußische Besetzung und die vertraglich vereinbarte Unterwerfung der Reichsstadt Nürnberg unter das Zepter Friedrich Wilhelms II. am 2. 9. 1796 scheinen von Mitte bis Ende September 1796 auch den Inhalt der dort gedruckten »Deutschen Staats- und Ministerial-Zeitung« beeinflusst zu haben: Nun nahm Sartoris Blatt sogar offizielle preußische Gegendarstellungen gegen Anschuldigungen der Reichsstadt Nürnberg und des Deutschen Ordens auf und pries den Subjektionsvertrag Nürnbergs als »dem dortigen gemeinen Wesen sehr vortheilhaft«. Erst nachdem die Ablehnung des Nürnberger Unterwerfungsvertrags durch Friedrich Wilhelm II. Ende September 1796 bekannt geworden war und die königlichen Truppen am 1. Oktober die Reichsstadt verlassen hatten, kehrte die »Deutsche Staats- und Ministerial-Zeitung« noch einmal kurz zu ihrer antipreußischen Linie in den fränkischen Landeshoheitsstreitigkeiten zurück (Deutsche Staats- und Ministerial-Zeitung, Nr. 71, 2. September 1796, Sp. 1130 ff. Ebd., Nr. 74, 20. September 1796, Sp. 1184 (Zitat ebd.). Ebd., Nr. 75, 23. September 1796, Sp. 1200. Ebd., Nr. 87, 4. November 1796, Sp. 1377 ff. Speziell zum Scheitern der Unterwerfung Nürnbergs siehe *Hofmeister-Hunger*, ebd., S. 98 u. *Süssheim*, Politik, S. 277 f.). – Sartori hatte bereits Mitte Oktober 1796 angesichts der »Lokal-Verhältnisse und Umstände« die Mitarbeit an der »Staats- und Ministerial-Zeitung« eingestellt (Deutsche Staats- und Ministerial-Zeitung, Nr. 81, 14. Oktober 1796, Sp. 1295 f. (Zitat ebd.). Ebd., Nr. 87, 4. November 1796, Sp. 1391 f.).

330 Getreue Darstellung und Beurtheilung der Handlungen der Reichsversammlung, S. 131 f.

331 Deutsche Staats- und Ministerial-Zeitung, Nr. 8, 26. Januar 1796, Sp. 121 ff. (Zitat ebd.,

Nachrichtenblatt in eigenen Beiträgen sowie einem nachgedruckten Artikel des »Nürnberger Friedens- und Kriegs-Couriers« über die Übergriffe Berlins auf seine reichsständischen und -ritterschaftlichen Nachbarn, die das Vorgehen der norddeutschen Großmacht verurteilten oder bissig kommentierten und zum Teil ebenfalls durch einschlägige Schriftstücke angereichert wurden[332]. Zudem veröffentlichte die »Staats- und Ministerial-Zeitung« einen scharf antipreußisch kommentierten Auszug aus der gedruckten und noch anzusprechenden »Actenmäsigen Geschichts-Erzählung« des Kantons Altmühl[333].

Obwohl Sartoris Zeitung sowohl den kreisständischen als auch den reichsritterschaftlichen Opfern der preußischen Arrondierungen eine Stimme verlieh und deutlich gegen Berlin Stellung bezog, werden in die vorliegende Analyse nur diejenigen Artikel mitaufgenommen, die ausdrücklich oder implizit auf die Reichsritterschaft Bezug nahmen. Zwar macht eine solche Unterscheidung inhaltlich keinen großen Unterschied, da die Argumente zugunsten der angegriffenen Reichsstände und -ritter meist austauschbar waren und darauf abzielten, die Rechtswidrigkeit der preußischen Übergriffe als Ganzes darzustellen. Jedoch erscheint die gewählte Differenzierung im Sinne wissenschaftlicher Exaktheit angemessener.

Im selben Jahr, in dem Sartori gegen die endgültige Durchsetzung der Landeshoheitsansprüche Berlins zu Felde zog, ging auch ein Teil der fränkischen Reichsritterschaft publizistisch in die Offensive. Den Anfang machte

Sp. 121). Ebd., Nr. 9, 29. Januar 1796, Sp. 141 ff. Ebd., Nr. 10, 2. Februar 1796, Sp. 156 ff. Ebd., Nr. 61, 29. Juli 1796, Sp. 975 f. Ebd., Nr. 69, 26. August 1796, Sp. 1089 ff. Ebd., Nr. 87, 4. November 1796, Sp. 1377 ff.

332 Deutsche Staats- und Ministerial-Zeitung, Nr. 26, 29. März 1796, Sp. 414 ff. Ebd., Nr. 59, 22. Juli 1796, Sp. 929 ff. Ebd., Nr. 60, 26. Juli 1796, Sp. 959 f. Ebd., Nr. 63, 5. August 1796, Sp. 998 ff. Ebd., Nr. 65, 12. August 1796, Sp. 1039. Ebd., Nr. 70, 30. August 1796, Sp. 1115 ff. – *Hofmeister-Hunger* (Pressepolitik, S. 98) irrt, wenn sie behauptet, dass der einschlägige Artikel in Nr. 59 (22. Juli 1796, Sp. 929 ff.) der »Deutschen Staats- und Ministerial-Zeitung« aus der Feder von Sartori stammte. Vielmehr ist eine solche Zuweisung rein hypothetisch und passt auch nicht zu manch österreichkritischer Passage des besagten Artikels. Die der Redaktion zuzurechnenden Beiträge sind zur Zeit des hier interessierenden Artikels auch nicht mehr wie zuvor gekennzeichnet (vgl. beispielsweise Deutsche Staats- und Ministerial-Zeitung, Nr. 10, 2. Februar 1796, Sp. 145 f. u. Ebd., Nr. 26, 29. März 1796, Sp. 401 f.). – Der nachgedruckte Artikel des »Nürnberger Friedens- und Kriegs-Couriers« betraf allein die Landeshoheitsstreitigkeiten zwischen Preußen und der Reichsstadt Nürnberg (Deutschen Staats- und Ministerial-Zeitung, Nr. 70, 30. August 1796, Sp. 1115 ff.).

333 Deutsche Staats- und Ministerial-Zeitung, Nr. 66, 16. August 1796, Sp. 1041 ff. – Umgekehrt druckte Sartori zwar zur Information seiner Leser die preußischen Deduktionen gegen Nürnberg, die Reichsritterschaft und Eichstätt sowie den Landesvergleich mit den Neuensteiner Nebenlinien des Hauses Hohenlohe im Volltext ab, enthielt sich aber aus angeblichem Respekt gegenüber den Streitparteien weitgehend einer Kommentierung dieser Dokumente (Deutsche Staats- und Ministerial-Zeitung, Nr. 62, 2. August 1796, Sp. 977 ff. Ebd., Nr. 63, 5. August 1796, Sp. 993 ff. Ebd., Nr. 65, 12. August 1796, Sp. 1036 ff. Ebd., Nr. 67, 19. August 1796, Sp. 1057 ff. Ebd., Nr. 70, 30. August 1796, Sp. 1105 ff. Ebd., Nr. 71, 2. September 1796, Sp. 1121 ff.).

der aufgrund seiner Lage von der Mediatisierungspolitik Hardenbergs seit jeher besonders in Mitleidenschaft gezogene Kanton an der Altmühl[334]. Dessen Ortsvorstand hatte noch 1795 damit begonnen »sämtlich dißeitige Gravamina in einer möglichst gedrängten Geschichts-Erzählung« zusammenzufassen und damit den Grundstock für einen eigenen gedruckten Traktat gelegt[335]. Dieses befand sich bereits im Februar 1796 im Druck[336] und erschien unter dem Titel »Actenmäsige Geschichts-Erzählung der von der ohnmittelbaren Reichs-Ritterschaft in Franken überhaupt – in specie aber von dem Canton an der Altmühl [...] erlittenen Bedrückungen und Drangsale«. Dahinter verbargen sich knapp zweihundertfünfzig Folioseiten, von denen die beglaubigten Beilagen zur detaillierten Dokumentation der einzelnen preußischen Übergriffe zwei Drittel ausmachten[337]. Der anonyme Verfasser der Altmühler Deduktion war der Konsulent der Wilhermsdorfer Ortskanzlei, J. L. Hußen[338].

Während die Überlegungen des Ortsvorstandes von Kocher, dem Beispiel des fränkischen Ritterorts zu folgen, keine Ergebnisse zeitigten[339], zog noch 1796 der Kanton Baunach in Gestalt seines Syndikus Dr. Friedrich Christian Schmidt nach, der den ersten Teil seiner später nicht mehr fortgesetzten »Beyträge zum Staats- und Völkerrecht der Deutschen« in Regensburg drucken ließ[340]. Ein Hinweis auf den Erfolg seiner Verteidigungsschrift gegen die preußischen Übergriffe ist die Tatsache, dass diese bereits 1797 eine zweite vermehrte Auflage erlebte, die bei Grattenauer in Nürnberg die Presse verließ,

334 Siehe Kapitel V.1, V.4.2, VI.1 u. VII.1.

335 Schreiben des Ortsvorstandes Altmühl an den Ortsvorstand Rhön-Werra, o.O., 29. Dezember 1795, StA Marburg, 109, Nr. 311, Bd. 4, Dok. 311 (Zitat ebd.). Schreiben des Ortsvorstandes Altmühl an den Ortsvorstand Rhön-Werra, o.O., 21. Januar 1796, StA Marburg, 109, Nr. 311, Bd. 5, Dok. 327.

336 Schreiben des Ortsvorstandes Altmühl an den Ortsvorstand Rhön-Werra, o.O., 23. Februar 1796, StA Marburg, 109, Nr. 311, Bd. 5, Dok. 362. Schreiben des Ortsvorstandes Altmühl an den Ortsvorstand Rhön-Werra, o.O., 7. März 1796, ebd., Dok. 374. Schreiben des Ortsvorstandes Altmühl an den Ortsvorstand Rhön-Werra, o.O., 9. März 1796, StA Marburg, 109, Nr. 321. – Im März wurde der Traktat von Soden aus Nürnberg eingesendet (*Süssheim*, Politik, S. 168).

337 Actenmäsige Geschichts-Erzählung von der ohnmittelbaren Reichs-Ritterschaft, fortl. (Zitat ebd., Titelblatt).

338 Schreiben des Altmühler Ortskonsulenten J. L. Hußen an den Ortskonsulenten von Rhön-Werra, Pollich, Wilhermsdorf, 14. März 1796, StA Marburg, 109, Nr. 312, Bd. 3. Vgl. auch die zweideutige Passage in der »Deutschen Reichs- und Staats-Zeitung« (Nr. 59, 25. Juli 1797, Sp. 934).

339 Votum des Ritterhauptmanns Graf von Adelmann, Ellwangen, 28. Januar 1797, zum Protokoll der Kocherschen Ritterkanzlei mit Voten, Esslingen, 17. Januar 179[7], StA Ludwigsburg, B 575 II, Bü 373.

340 *F. C. Schmidt*, Beyträge I. (Zitat ebd., Titelblatt). Nachschreiben des Ortsvorstandes Steigerwald an den Ortsvorstand Rhön-Werra, o.O., 3. Juli 1797, StA Marburg, 109, Nr. 61. Schreiben des Baunacher Syndicus Dr. Friedrich Christian Schmidt an den Ortsvorstand Rhön-Werra, Bamberg, 11. September 1797, ebd.

aber als Druckorte Frankfurt und Leipzig vorgab[341]. Der Traktat des Baunacher Konsulenten bemühte sich auf gut 130 Oktavseiten, die »Königlich Preußische Erklärung über die Landeshoheits-Irrungen in den Fränkischen Fürstenthümern« reichsrechtlich zu widerlegen. Dabei berücksichtigte Schmidt neben den reichsritterschaftlichen Interessen auch die derjenigen fränkischen Kreisstände, die ebenfalls von der Mediatisierungspolitik Berlins betroffen waren[342]. Man muss wissen, dass es sich bei den von der bisherigen Forschung noch weitgehend ignorierten Syndici und Konsulenten der kantonalen Ritterkanzleien um gut ausgebildete Spezialisten handelte, die teilweise selbst ein Universitätsstudium durchlaufen hatten. Als Vertrauensleute der reichsadligen Direktorien hielten sie die Maschinerie der reichsritterschaftlichen Korporation in Gang: Sie lieferten mit ihren Gutachten und Vorträgen die Grundlage für die Entscheidungen ihrer Ortsvorstände, wohnten geheimen Besprechungen bei, übernahmen heikle diplomatische Missionen und verfassten Klageschriften für Verfahren an den höchsten Reichsgerichten[343]. Schmidt selbst war Hof- und Justizrat bei den Reichsgrafen von Pückler gewesen, bevor er 1793 sein Amt in der Baunacher Ritterkanzlei in Nürnberg übernahm. Er hatte in der Jurisprudenz promoviert und sich seit 1789 durch verschiedene staatsrechtliche Deduktionen einen Namen gemacht[344]. An der

341 16. Bericht eines reichsritterschaftlichen Reichstagskorrespondenten, Regensburg, 19. April 1797, StA Ludwigsburg, B 575 IV, Bü 353. *Hallo*, Etwas über einige, S. 9. Eine Szene aus einem Reiche hinter dem Ganges, S. 20. – Nach *Hamberger/Meusel*, (Teutschland VII, S. 219) war Regensburg auch für die zweite Auflage des Traktats der Druckort.

342 *F. C. Schmidt*, Beyträge I, fortl. – Die Einleitung der Abhandlung Schmidts ist auf den November 1796 datiert (*F. C. Schmidt*, ebd., S. [10]).

343 Vgl. beispielsweise: Abschrift des Gesandtschaftsberichts des Ortskonsulenten von Gebürg, Wittmann, Bamberg, 7. Dezember 1792, StA Marburg, 109, Nr. 311, Bd. 1, Dok. 85; Promemoria des Kraichgauer Konsulenten Johann Dietrich *K. H.* Lang, Ulm, 22. Oktober 1794, StA Marburg, 109, Nr. 311, Bd. 3, Dok. 234; Zirkularschreiben des Konsulenten Johann Heinrich Pollich an den Ortsvorstand Rhön-Werra mit dessen Voten, Schweinfurt, 4. Februar 1799, StA Marburg, 109, Nr. 311, Bd. 5; Denkschrift des Steigerwalder Ritterhauptmanns Friedrich Karl Freiherr von Seckendorff, Weingartsgereuth, 3. November 1795, ebd., zu Dok. 323; Nachtrag zur Denkschrift des Steigerwalder Ritterhauptmanns Friedrich Karl Freiherr von Seckendorff, Weingartsgereuth, 4. März 1796, ebd., zu Dok. 323; Zirkularschreiben des Konsulenten Johann Heinrich Pollich an den Ortsvorstand Rhön-Werra mit dessen Voten, Schweinfurt, 27. Februar 1797, StA Marburg, 109, Nr. 312, Bd. 2; Zirkularschreiben des Konsulenten Johann Heinrich Pollich an den Ortsvorstand Rhön-Werra mit dessen Voten, Schweinfurt, 17. April 1797, ebd. Siehe auch die Ausführungen von *Kerner* (Staats-Genossenschaftsrecht, S. 311 ff., 323). – Bisher haben sich nur *Franz Werner Ruch* (Verfassung, S. 60, 60 Anm. 1), *Thomas Schulz* (Kanton, S. 200 ff.), *Gert Kollmer* (Reichsritterschaft, S. 10, 25 f.), *Dieter Hellstern* (Ritterkanton, S. 113 ff.) und *Hartmann Freiherr von Mauchenheim gt. Bechtolsheim* (Ritterschaft I, S. 220 ff., 436) in Abschnitten ihrer umfassenderen Arbeiten mit dem Personal einiger schwäbischer Ritterkanzleien sowie der Ortskanzlei von Steigerwald und dessen Aufgaben befasst. *Helmut Neumaier* (Odenwald, S. 128 ff.) hat für das Viertel Odenwald und andere Ritterorte lediglich die Stellung und Beschäftigung der Syndici des 16. und 17. Jahrhunderts kurz behandelt.

344 *Hamberger/Meusel*, Teutschland VII, S. 218 f.

Qualifikation Schmidts und seines Traktats konnte demnach kein Zweifel bestehen, das dem »Staatsarchiv« von Haenlein und Kretschmann als »Hauptwerk aller gegnerischen Schriften« sowie als »Codex der Beschuldigung gegen Brandenburg« erschien, an welchem sich andere antipreußische Publizisten orientieren würden[345].

Zu Letzteren zählte auch ein Autor, der unter dem nicht auflösbaren, aber in der anonymen Publizistik der Zeit beliebten Pseudonym »Gustaf Hallo« schrieb. Es muss dahin gestellt bleiben, ob es sich dabei um einen Autor handelte, der im Umfeld der fränkischen Kreisstände zu suchen ist und im obrigkeitlichen Auftrag wirkte, oder ob »Hallo« einer jener zahlreichen Publizisten war, die auf eigene Faust agierten, um sich durch ihre Arbeit bei einer der interessierten Parteien zu einer Anstellung oder Beförderung zu empfehlen[346]. Angesichts der teilweise wörtlichen Übernahme der Ausführungen »Hallos« in radikal-aufklärerische Schriften, kann selbst seine Zugehörigkeit zu den von der Obrigkeit als »Jakobiner« verdächtigten Schriftstellern nicht mit letzter Sicherheit ausgeschlossen werden[347]. Auf jeden Fall war er mit den bereits zirkulierenden reichsritterschaftlichen Traktaten vertraut[348]. Dass er deswegen der Reichsritterschaft zuzurechnen wäre, wie Rudolf Endres aufgrund eines Zitats aus »Hallos« Schrift postuliert hat, ist völlig unbewiesen[349]. »Hallos« Bedeutung für die reichsritterschaftsfreundliche Publizistik ergab sich auch nicht aus seiner unbekannten Herkunft, sondern aus der Kraft seiner im Druck verbeiteten Argumente: 1797 brachte »Hallo« nämlich eine kleine Abhandlung auf den Markt, die sich gegen einen zentralen, angeblich aus Kretschmanns Feder stammenden Aufsatz im »Staatsarchiv der Königl. Preuß. Fürstenthümer in Franken« richtete, in dem die Okkupation von reichsritterschaftlichem und kreisständischem Gebiet durch Preußen gerechtfertigt wurde[350].

345 Recension des Etwas über einige neuerlich von Kurbrandenburg aufgestellte Maximen, S. 170, 178 f. (Zitate ebd., S. 170 u. 179). – Es muss unklar bleiben, wie *Hofmeister-Hunger* (Pressepolitik, S. 94 Anm. 73.) in der Nachfolge von *Tschirch* (Geschichte I, S. 211) dazu kommt, die besagte Äußerung und mit ihr den ganzen einschlägigen Artikel im »Staatsarchiv der Königl. Preuß. Fürstenthümer in Franken« ohne erkennbaren Zweifel Kretschmann zuzuschreiben. Ihr Schluss ist zwar naheliegend, da es sich dabei um die Rezension einer antipreußischen Schrift handelte, die vor allem die Person Kretschmanns angriff (*Hallo*, Etwas über einige, S. 9 ff.). Ein Beweis für die Autorenschaft Kretschmanns ist dieser Umstand jedoch nicht (vgl. auch Deutsche Reichs- und Staats-Zeitung, Nr. 59, 25. Juli 1797, Sp. 935).

346 *Hallo*, Etwas über einige, Titelblatt (Zitat ebd.). Recension des Etwas über einige neuerlich von Kurbrandenburg aufgestellte Maximen, S. 168 f. *Burgdorf*, Riems Kritik, S. 175 f. *Tschirch*, Geschichte I, S. 209 ff. Deutsche Reichs- und Staats-Zeitung, Nr. 59, 25. Juli 1797, Sp. 930 f.

347 Siehe Kapitel VIII.4.

348 *Hallo*, Etwas über einige, S. 9. Recension des Etwas über einige neuerlich von Kurbrandenburg aufgestellte Maximen, S. 170. Deutsche Reichs- und Staats-Zeitung, Nr. 59, 25. Juli 1797, Sp. 934.

349 Zur besagten These von Endres siehe: *Endres*, preußische Ära, S. 181 u. *Ders.*, Reformmodell, S. 40. Vgl. ohne Quellenangabe: *Ders.*, Ära Hardenberg, S. 187.

350 *Hallo*, Etwas über einige, S. 3 ff. – Konkret richtete sich die Abhandlung des sog. »*Gustaf Hallo*«

Im selben Jahr, in dem »Hallos« Flugschrift erschien, druckte das »Staatsarchiv der Königl. Preuß. Fürstenthümer in Franken«, das Zentralorgan zur Rechtfertigung der Landeshoheitsansprüche Berlins, eine rund 50 Oktavseiten starke »Entwicklung der Landeshoheit über das Rittergut Rech(en)berg von dem Herrn von Berlichingen« mit dem Zweck, diese Abhandlung anschließend im Sinne Berlins zu widerlegen[351]. Zwar war diese Deduktion allem Anschein nach als eigene Druckschrift nicht verbreitet worden[352]. Vielmehr handelte es sich bei der für das »Staatsarchiv« verwendeten Vorlage um eine im August 1796 bei den preußischen Behörden eingereichte Auftragsarbeit des Freiherrn von Berlichingen, um gemäß der königlichen Aufforderung die Reichsunmittelbarkeit des Ritterguts Rech(en)berg zu beweisen und damit eine Exemtion von den preußischen Landeshoheitsansprüchen zu erreichen[353]. Aber indem Berlin die von Berlichingische Deduktion im »Staatsarchiv« von Haenlein und Kretschmann nachdrucken ließ, sorgte es ungewollt auch für die Verbreitung der darin enthaltenen reichsritterschaftlichen Rechtsanschauungen. Daher wird die Deduktion in die vorliegende Analyse der ritterschaftsnahen Publizistik mit eingeschlossen.

Ebenfalls 1797 erschienen in Nürnberg die zweibändigen »Actenstücke die von der Königl. Preußischen Regierung in Franken bestrittene Unmittelbar-

(ebd., S. 3 f.) gegen den Aufsatz: Von den Streitigkeiten welche die Landeshoheit über die in den Brandenburgischen Fürstenthümern. – Um ihn in einer anschließenden Rezension widerlegen zu können, wurde die Abhandlung des sog. »Hallo« mit leicht geändertem Vornamen nachgedruckt in: Staatsarchiv der Königl. Preuß. Fürstenthümer in Franken 3 (1797), S. 146–167. Zitiert wird jedoch ausschließlich die Erstauflage.

351 Entwicklung der Landeshoheit über das Rittergut Rechenberg, S. 381 ff. – in Verbindung zu lesen mit: Archivische Nachricht von dem Adel. Gut Rechenberg, S. 433 ff. – Speziell zum »Staatsarchiv der Königl. Preuß. Fürstenthümer in Franken« siehe Kapitel VIII.2.1.

352 Allein der Umstand, dass die besagte Deduktion in den Akten der zuständigen Ritterkanzlei nicht gedruckt, sondern als handschriftliche Kopie liegt, spricht gegen eine Verbeitung durch die Druckerpresse (Abschrift der von Berlichingischen Deduktion über die Reichsunmittelbarkeit Rech(en)bergs, Ansbach, 8. August 1796, StA Ludwigsburg, B 575 II, Bü 373). Zudem konnte die Abhandlung in keinem der einschlägigen Bibliothekskataloge aufgefunden werden. Das »Staatsarchiv der Königl. Preuß. Fürstenthümer in Franken« enthält auch keinerlei Angaben über ursprüngliches Erscheinungsjahr oder -form der Berlichingischen Schrift, wie es bei den anderen beiden im »Staatsarchiv« zum Zwecke der Rezension nachgedruckten preußenfeindlichen Abhandlungen der Fall war (*Hallo*, Etwas über einige neuerlich von Kurbrandenburg aufgestellte Maximen (Staatsarchiv), S. 146. Recension des Etwas über einige neuerlich von Kurbrandenburg aufgestellte Maximen, S. 168. Historische, aktenmäßige Darstellung und Entwickelung, S. 215).

353 Schreiben [des Ritterrats Freiherr von Berlichingen] an Kretschmann, 3. August 1796, StA Ludwigsburg, B 575 II, Bü 373. Schreiben Hardenbergs an den Freiherrn von Berlichingen, Ansbach, 15. August 1796, ebd. Schreiben [des Ritterrats Freiherr von Berlichingen] an Kretschmann, o.O., expediert am 9. Januar 1797, ebd. Abschrift der von Berlichingischen Deduktion über die Reichsunmittelbarkeit Rech(en)bergs, Ansbach, 8. August 1796, ebd. Protokoll der Kocherschen Ritterkanzlei mit Voten, Esslingen, 17. Januar 179[7], ebd. Schreiben des Ritterrats Freiherr von Berlichingen an den Ortsvorstand Kocher, Ansbach, 12. Oktober 1796, ebd. Siehe ferner Kapitel VII.2.

keit der reichslehenbaren Hofmark Heroldsberg mit ihrem Gebiete betreffend«. Wie der Titel bereits verriet, war diese insgesamt rund 400 Oktavseiten umfassende Abhandlung von einem der Besitzer des zum Kanton Gebürg steuerbaren Marktes und Jurisdiktionsbezirkes Heroldsberg, nämlich dem Nürnberger Senator Christoph Karl Joseph Ludwig Freiherr von Geuder (1761–1815), im Namen seiner Familie veranlasst worden, um die preußischen Landeshoheitsansprüche gegenüber seinem Geschlecht und deren Herrschaft zu widerlegen[354]. Den konkreten Entstehungsanlass des ersten Bandes, »der nicht für den Druck geschrieben« wurde, bildete eine Aufforderung Kretschmanns vom Dezember 1796 an die Freiherrn von Geuder, die von ihnen behauptete Reichsunmittelbarkeit ihrer Herrschaft Heroldsberg nachzuweisen. Hierauf reichten diese Ende Februar 1797 eine später als erster Teil der »Actenstücke« veröffentlichte Deduktion in Ansbach ein. Doch erst als im »Staatsarchiv der Königl. Preuß. Fürstenthümer in Franken« 1797 ein Beitrag von Karl Heinrich Lang zum Nachweis der Mittelbarkeit Heroldsbergs erschien, sollen sich die Freiherrn von Geuder entschlossen haben, ihre übergebene Darstellung, ergänzt um einige Beilagen sowie Dokumente zu den inzwischen neu vorgefallenen preußischen Übergriffen, im Druck publik zu machen[355]. Der zweite Band der von Geuderschen »Actenstücke« diente dazu, die besagte Abhandlung Langs sowie einen ebenfalls im »Staatsarchiv« von Haenlein und Kretschmann abgedruckten Nachtrag des königlichen Archivars zu widerlegen – Deduktionen, die Kretschmann dem reichsritterschaft-

354 Protokoll der Kocherschen Ritterkanzlei mit Votum, Esslingen, 27. November 1797, StA Ludwigsburg, B 575 IV, Bü 353. Schreiben des Nürnberger Senators Christoph Karl Joseph Ludwig Freiherr von Geuder an den Ortsvorstand Kocher, Nürnberg, 10. November 1797, ebd. Schreiben des Ortsvorstandes Kocher an den Nürnberger Senator Christoph Karl Joseph Ludwig Freiherr von Geuder, o. O., mundiert 10. Februar 1798, ebd. Protokoll der Kocherschen Ritterkanzlei mit Votum, Esslingen, 27. Februar 1798, ebd. Schreiben des Ortsvorstandes Kocher an den Nürnberger Senator Christoph Karl Joseph Ludwig Freiherr von Geuder, o. O., mundiert 27. Februar 1798, ebd. Schreiben des Nürnberger Senators Christoph Karl Joseph Ludwig Freiherr von Geuder an den Ortsvorstand Neckar-Schwarzwald, Nürnberg, 6. November 1797, HStA Stuttgart, B 579, Bü 24. Schreiben des Nürnberger Senators Christoph Karl Joseph Ludwig Freiherr von Geuder an den Ortsvorstand Rhön-Werra, Nürnberg, 19. Januar 1798, StA Marburg, 109, Nr. 311, Bd. 10. Schreiben des Nürnberger Senators Christoph Karl Joseph Ludwig Freiherr von Geuder an den Ortsvorstand Rhön-Werra, Nürnberg, 8. Januar 1798, ebd. Actenstücke die … bestrittene Unmittelbarkeit der reichslehenbaren Hofmark Heroldsberg I, fortl. (Zitat ebd., Titelblatt). Ebd. II, fortl. – Speziell zur rechtlichen Stellung von Heroldsberg siehe Kapitel VI.1. – Zu den Lebensdaten von Christoph Karl Joseph Ludwig Freiherr von Geuder bzw. Geuder von Heroldsberg siehe *Hirschmann*, Beiträge, S. 269, 281.

355 Protokoll der Kocherschen Ritterkanzlei mit Votum, Esslingen, 27. November 1797, StA Ludwigsburg, B 575 IV, Bü 353. Schreiben des Nürnberger Senators Christoph Karl Joseph Ludwig Freiherr von Geuder an den Ortsvorstand Kocher, Nürnberg, 10. November 1797, ebd. Schreiben des Nürnberger Senators Christoph Karl Joseph Ludwig Freiherr von Geuder an den Ortsvorstand Neckar-Schwarzwald, Nürnberg, 6. November 1797, HStA Stuttgart, B 579, Bü 24. Actenstücke die … bestrittene Unmittelbarkeit der reichslehenbaren Hofmark Heroldsberg I, S. III ff., 45 ff., S. 100, 216 ff. (Zitat ebd., S. III). *K. H. Lang*, Die behauptete Reichs-Unmittelbarkeit des Freyherrlich von Geuderischen Ritterguts, S. 113 ff.

lichen Geschlecht als Beweis für dessen Landsassiat übersandt hatte. Ende Juni 1797 hatte der Nürnberger Senator Christoph Karl Joseph Ludwig Freiherr von Geuder die Urfassung der Fortsetzung der Geuderschen Verteidigungsschrift an das Berliner Kabinettsministerium geschickt. Diese wurde später ergänzt und befand sich bereits um die Jahreswende 1797/98 »unter der Presse«, um sie Dritten zugänglich zu machen[356]. Die besonderen Entstehungsursachen der zweiteiligen von Geuderischen Deduktion hatten auch zur Folge, dass diese sich in ihrem argumentativen Grundansatz von dem Gros der die reichsritterschaftliche Rechtsposition verteidigenden Schriften unterschied. Da die Herren von Heroldsberg die Reichsunmittelbarkeit ihrer Besitzungen gegenüber den preußischen Behörden nachweisen wollten, konnten sie deren Kriterien für eine Exemtion von der königlichen Landeshoheit nicht in Bausch und Bogen als rechtswidrig verwerfen. Stattdessen mussten die Freiherrn von Geuder wie der Freiherr von Berlichingen für Rech(en)berg nachweisen, dass ihre Besitzungen nach den von Berlin selbst aufgestellten Rechtssätzen immediat und nicht landsässig seien[357].

Einer ganz anderen Motivation entsprang dagegen der fränkische Kreisschluss vom 27. Februar 1797, der ebenfalls als publizistische Äußerung zu verstehen ist. Dieser sollte – so ein Zeitgenosse – vor »dem gesammten deutschen Publikum Rechenschaft« ablegen angesichts der preußischen Kritik an der Einmischung der Nürnberger Kreisversammlung in die eskalierenden Landeshoheitsstreitigkeiten zwischen Ansbach-Bayreuth und seinen Nachbarn[358]. Daher wurde der die Reichsritterschaft ausdrücklich einschließende Kreisschluss »zur Beförderung [von] dessen Mittheilung« bis Ende Juni 1797 im Volltext gedruckt – ein Verfahren, dem selbst die für die preußischen Ansprüche fechtende »Deutsche Reichs- und Staats-Zeitung« Respekt zollte. Als Beilagen wurden dem gedruckten Kreisschluss die im Juli des Vorjahres vom Nürnberger Kreiskonvent an den preußischen König ergangenen Beschwerdeschreiben sowie die damals an den Kaiser und die Regensburger Reichsversammlung gerichteten Unterstützungsgesuche hinzugefügt[359]. Auf ein lebhaftes Interesse verweist der Umstand, dass der Kreis-

356 Schreiben des Nürnberger Senators Christoph Karl Joseph Ludwig Freiherr von Geuder an den Ortsvorstand Rhön-Werra, Nürnberg, 8. Januar 1798, StA Marburg, 109, Nr. 311, Bd. 10. Protokoll der Kocherschen Ritterkanzlei mit Votum, Esslingen, 27. November 1797, StA Ludwigsburg, B 575 IV, Bü 353. Schreiben des Nürnberger Senators Christoph Karl Joseph Ludwig Freiherr von Geuder an den Ortsvorstand Kocher, Nürnberg, 10. November 1797, ebd. Actenstücke die … bestrittene Unmittelbarkeit der reichslehenbaren Hofmark Heroldsberg I, S. VI (Zitat ebd.). Ebd. II, S. III f., 245/247 ff., 356 ff.

357 Actenstücke die … bestrittene Unmittelbarkeit der reichslehenbaren Hofmark Heroldsberg I, S. 48 ff. Ebd. II, S. IV ff., 252 fortl., inbes. 252 Anm. 1–85: fortl. – Zur Argumentation der übrigen ritterschaftsnahen Publizistik siehe Kapitel VIII.3.2.

358 Neue Vertheidigung I, S. 163 f. (Zitat ebd., S. 164).

359 Schluß des Fränkischen Reichskreises [Folio-Ausgabe], fortl. (Zitat ebd., S. 14). Deutsche Reichs- und Staats-Zeitung, Nr. 28, 7. April 1797, Sp. 439, inbes. 439 Anm. 47. Schluß des Fränkischen Reichskreises (Neueste Staats-Anzeigen), S. 471 Anm. *. – Bereits Ende Juli 1796,

schluss sowohl als vierunddreißigseitiges Folioheft als auch als 48 Oktavseiten starke Druckausgabe zirkulierte[360]. Zudem wurde er ohne seine Beilagen in den »Neuesten Staats-Anzeigen« nachgedruckt, einer anonym herausgegebenen aufklärerischen Nachfolgezeitschrift der berühmten »Stats-Anzeigen« des Göttinger Professors August Ludwig Schlözer[361]. Ferner veröffentlichten verschiedene Journale und Nachrichtenblätter im Laufe der Jahre 1796 und 1797 Teile der in den Originaldrucken des fränkischen Kreisschlusses als Anlagen enthaltenen Schreiben[362]. Die letztgenannten Publikationen werden jedoch wegen ihrer inhaltlichen Redundanz nicht in die vorliegende Analyse der ritterschaftsnahen Publizistik einbezogen. Zudem ist bei diesen Veröffentlichungen keine Trennung möglich zwischen einer intendierten Beeinflussung der öffentlichen Meinung einerseits und der Mitteilung von Tatsachen andererseits, die allein durch die wirtschaftlichen Interessen sowie die nachrichtendienstlichen Aufgaben des Verlags oder Redakteurs motiviert war.

Als angebliche Ergänzung zu dem angesprochenen Schreiben der Nürnberger Kreisversammlung an den Reichstag erschien 1797 eine 20 Oktavseiten starke Flugschrift. Diese goss ihre Kritik an der preußischen Politik der letzten Jahre im Allgemeinen und den Mediatisierungen Berlins im Besonderen in 44 »Patriotische Fragen«, die aus dem Wortlaut des Vertrags über den Fürstenbund von 1785 abgeleitet waren. Deren nicht mitgelieferte Beantwortung sei – so der anonyme Autor – für »jeden guten Patrioten« offensichtlich. Zwar fand sich in den verwendeten Akten kein Hinweis auf einen reichsritterschaftlichen Verfasser dieser Flugschrift. Jedoch entsprachen ihre Ausführungen nicht nur den Interessen der von Berlins Arrondierungspolitik betroffenen Kreisstände, sondern auch der ausdrücklich genannten Reichsritterschaft, weshalb die Schrift hier ebenfalls zu berücksichtigen ist[363].

also ein Jahr vorher, erwogen die gegen die preußische Politik opponierenden Kreisgesandten eine öffentliche Erklärung des Fränkischen Kreiskonvents gegen die Mediatisierungen Berlins drucken zu lassen – ein Vorstoß, hinter dem Berlins Bevollmächtigte in Nürnberg den kaiserlichen Vertreter von Schlick sowie Zwanziger vermuteten (Bericht der preußischen Kreistagsgesandten Schmid und Pfeiffer zu Nürnberg, Nürnberg, 25. Juli 1796, GStA PK Berlin, II. HA, Abt. 36, I, Nr. 6, fol. 138. Bericht der preußischen Kreistagsgesandten Schmid und Pfeiffer zu Nürnberg, Nürnberg, 26. Juli 1796, ebd., fol. 139). – Speziell zur »Deutschen Reichs- und Staats-Zeitung« siehe Kapitel VIII.2.1.

360 Schluß des Fränkischen Reichskreises [Folio-Ausgabe]. Schluß des Fränkischen Reichskreises [Oktav-Ausgabe].

361 Schluß des Fränkischen Reichskreises (Neueste Staats-Anzeigen), S. 471 ff. Vorbericht (Neueste Staats-Anzeigen), S. V ff. Neueste Staats-Anzeigen 1 (1797) (Zitat ebd., Titelblatt). Schlözer's Stats-Anzeigen 17/66 (1792) (Zitat ebd., Titelblatt). – Speziell zu »Schlözer's Stats-Anzeigen« siehe: *Frensdorff*, Schlözer, S. 583 ff.

362 Vorstellung der Fränkischen Kreis-Versammlung (Staats-Archiv), S. 328 ff. Deutsche Staats- und Ministerial-Zeitung, Nr. 69, 26. August 1796, Sp. 1093 ff. Der Fränkische Merkur, Nr. 9, 28. Februar 1797, Sp. 129 ff. Ebd., Nr. 10, 7. März 1797, Sp. 145 ff.

363 Patriotische Fragen, fortl. (Zitate, ebd., Titelblatt u. S. 4). – Das in der Bayerischen Staatsbibliothek in München liegende Exemplar der Druckschrift (Bayer. Staatsbibliothek München,

Keine exklusiv auf das Corpus equestre bezogenen Traktate waren die gedruckten Auszüge aus dem Briefwechsel zwischen den Kurhöfen, der durch das kaiserliche Handschreiben vom 7. September 1796 initiiert wurde. Schließlich galten die darin gegen die preußischen Okkupationen vorgebrachten Argumente nicht nur für die Reichsritterschaft, sondern auch die betroffenen fränkischen Kreisstände[364]. Dennoch erscheint eine Einbeziehung der gedruckten Teile der kurfürstlichen Korrespondenz in unsere Analyse der reichsritterschaftsnahen Publizistik sinnvoll, da es sich bei diesen um Publikationen mit einer bestimmten Intention handelte, die nicht in erster Linie durch das wirtschaftliche Interesse der Verleger motiviert waren: Schließlich war der Briefwechsel zwischen den Kurhöfen im Gegensatz zur oben berührten Vorstellung der Nürnberger Kreis- an die Regensburger Reichsversammlung vertraulich. Daher muss er absichtlich in der Öffentlichkeit lanciert worden sein. Am wahrscheinlichsten wird dies, nach den Adressaten und Verfassern der abgedruckten Schreiben zu urteilen, durch Kurmainz oder den Reichshofvizekanzler in Wien geschehen sein[365]. Diese Deutung legt auch der Umstand nahe, dass das kaiserliche Handschreiben an die Kurfürsten vom 7. September 1796 bereits zum Frühjahr des Folgejahres »in der Stille« in Regensburg gedruckt wurde[366]. Seit 1797 folgten dann die Ausgaben des Schriftwechsels der Kurhöfe, die sowohl als selbstständige Druckschriften als auch in namhaften Zeitschriften erschienen[367].

Merc. 31 m) benennt auf dem Titelblatt einen Freiherrn von Benzen als ihren Verfasser oder auch nur als ihren Besitzer.

364 Siehe Kapitel VII.2.

365 Verhandlungen des Kurfürstl. Collegiums (Staats-Archiv), S. 200 ff. Abdruck der Verhandlungen des kurfürstlichen Collegiums, HHStA Wien, MEA, Reichstagsakten, Nr. 719, S. 1 ff.

366 21. Bericht eines reichsritterschaftlichen Reichstagskorrespondenten, Regensburg, 24. Mai 1797, StA Ludwigsburg, B 575 IV, Bü 353 (Zitat ebd.). Abdruck Kaiserl. Handschreibens ... de dato Wien den 7ten September, 1796.

367 Bericht von Schuster aus Nürnberg, Nürnberg, 14. Juni 1797, GStA PK Berlin, II. HA, Abt. 36, I, Nr. 6, fol. 280. Abdruck Nachschreibens zum Kaiserlichen Handschreiben, ebd., fol. 282–285. Neue Vertheidigung I, S. 167 f. Abdruck Postscripts zum Kaiserlichen Handschreiben. Kaiserl. Handschreiben an die Kurfürsten (Staats-Archiv). Nachschrift zum kaiserlichen Handschreiben (Staats-Archiv). Verhandlungen des Kurfürstl. Collegiums (Staats-Archiv). Abdruck der Verhandlungen des kurfürstlichen Collegiums, HHStA Wien, MEA, Reichstagsakten, Nr. 719. – Auch die borussophile »Deutsche Reichs- und Staats-Zeitung« druckte im Juni 1797 das kaiserliche Hand- und Nachschreiben an die Kurfürsten vom 7. September 1796 ab. Allerdings diente dieser Schritt nicht der Verbreitung der kaiserlichen Gedanken über die Rechtswidrigkeit der preußischen Mediatisierungen, sondern dazu, das Handschreiben im Anschluss ebenso kurz wie krtitisch zu beleuchten (Deutsche Reichs- und Staats-Zeitung, Nr. 45, 6. Juni 1797, Sp. 713 ff. Ebd., Nr. 46, 9. Juni 1797, Sp. 725 ff. Ebd., Nr. 47, 13. Juni 1797, Sp. 743 ff. Ebd., Nr. 48, 16. Juni 1797, Sp. 761 ff. Ebd., Nr. 49, 20. Juni 1797, Sp. 777 ff. Ebd., Nr. 50, 23. Juni 1797, Sp. 785 ff.). – Auf Anraten des Reichsreferendars von Frank in Wien beriet die fränkische Reichsritterschaft noch 1803 über einen eigenen Nachdruck des kaiserlichen Handschreibens vom 7. September 1796 und der darauf von den Kurhöfen gegebenen Antworten. Dies erschien nicht nur wegen der inzwischen begonnenen pfalz-bayerischen Mediatisierungbemühungen gegenüber dem Corpus equestre sinnvoll, sondern auch, weil die

Unter den Periodika, die die kurfürstliche Korrespondenz über die preußischen Mediatisierungen in Franken weiterverbreiteten, ist als Erstes das schon vorgestellte »Staats-Archiv« des Helmstedter Professors und Reichspublizisten Dr. Karl Friedrich Häberlin zu erwähnen. Dieser ignorierte die ihm übersandten Veröffentlichungen der Publizistik Berlins zu den fränkischen Landeshoheitsstreitigkeiten kurzerhand in seinem Journal und ergriff indirekt Partei für die von den Arrondierungen Ansbach-Bayreuths betroffenen Reichsglieder. Er druckte nämlich in seinem »Staats-Archiv« des Jahres 1797 nicht nur Teile des besagten Briefwechsels der Kurhöfe mit Berlin sowie weitere Quellenstücke zu den preußischen Okkupationen ab, sondern versah diese teilweise auch mit Kommentaren. Da Letztere jedoch auf dem Boden der Communis opinio über Reichsrecht und -verfassung blieben, richteten sich Häberlins Anmerkungen vielfach gegen die norddeutsche Großmacht – ungeachtet allem persönlichen Verständnis und aller Sympathie für Berlin. Zudem ermahnte der Helmstedter Staatsrechtler in seiner Zeitschrift die Reichsfürsten, die Verfügungen der Reichsjustiz zu befolgen[368]. Letzteres war wiederum eine Anspielung, die ein politisch gebildeter Zeitgenosse in erster Linie auf das aktuelle Verhalten Preußens in den fränkischen Landeshoheitsstreitigkeiten beziehen musste[369].

Während sich Baunach und Altmühl Hardenbergs Propagandamaschinerie entgegenstemmten, die das Alte Reich seit 1796 regelrecht überrollte, wollte die Kochersche Ortskanzlei im Herbst 1798 angesichts der reichspolitischen Krise nicht einmal den Abdruck ihrer alten Beschwerdeschreiben an Hardenberg in der geplanten antipreußischen Abhandlung eines – nicht ermittelbaren – »Staats-Schriftsteller[s]« unterstützen[370]. Weit gravierender war für das Corpus equestre, dass eine offizielle Widerlegung der preußischen Lan-

Korrespondenz der Kurhöfe in dem reichsritterschaftlichen Haupttraktat gegen Berlin mehrfach angeführt wurde (Schreiben des Ortsvorstandes Rhön-Werra an den Ortsvorstand Steigerwald, Schweinfurt, 23. Mai 1803, StA Marburg, 109, Nr. 311, Bd. 8. Schreiben des Ortsvorstandes Steigerwald an den Ortsvorstand Rhön-Werra, Nürnberg, 9. Mai 1803, ebd.).

368 Kaiserl. Handschreiben an die Kurfürsten (Staats-Archiv), S. 3 ff. [*Häberlin*], Ungrund, S. 101. Nachschrift zum kaiserlichen Handschreiben (Staats-Archiv), S. 197 ff. Verhandlungen des Kurfürstl. Collegiums (Staats-Archiv), S. 200 ff. Königlich Preussische Verordnung (Staats-Archiv), S. 221 ff. Vorstellung der Fränkischen Kreis-Versammlung (Staats-Archiv), S. 328 ff. Vertrag [sic] des Raths zu Nürnberg an die Bürgerschaft (Staats-Archiv), S. 173 ff. Staats-Subjections- und Exemtions-Vertrag (Staats-Archiv), S. 178 ff. *Tschirch*, Geschichte I, S. 213. – Vgl. auch die aus Häberlins verfassungsrechtlichem Grundverständnis resultierenden antikaiserlichen Kommentare in: Verhandlungen des Kurfürstl. Collegiums (Staats-Archiv), S. 210 Anm. * u. Königlich Preussische Verordnung (Staats-Archiv), S. 222 Anm. *. – Speziell zu Häberlin, seinem Journal sowie der Übersendung der preußischen Veröffentlichungen zu den Landeshoheitsansprüchen Ansbach-Bayreuths an den Helmstedter Professor siehe Kapitel VIII.2.1.

369 Siehe Kapitel VII.2.

370 Protokoll der Kocherschen Ritterkanzlei, Esslingen, 1. Oktober 1798, StA Ludwigsburg, B 575 IV, Bü 351. – Zu den politischen Ereignissen des Jahres 1798 auf dem Rastatter Kongress siehe Kapitel IX.1.

deshoheitsansprüche gegen die Reichsritterschaft im Namen des gesamten fränkischen Ritterkreises jahrelang auf sich warten ließ. Was war der Grund für diese kaum nachvollziehbare publizistische Enthaltsamkeit der meisten fränkischen Direktorien, mit der sie alle Gelegenheiten verstreichen ließen, in denen eine geschickte ritterschaftliche Feder noch von der offiziellen Empörung über die Okkupationen Berlins und den ungefestigten territorialpolitischen Verhältnissen in Franken hätte profitieren können?

Obwohl Wien in Gestalt des Ministers Graf Lehrbach schon im Herbst 1794 eine öffentliche Darstellung der preußischen Übergriffe auf die Reichsritterschaft befürwortet hatte, zögerte die Mehrheit der fränkischen Ortsvorstände weiterhin einen solchen Schritt hinaus. Zwar konnte das Spezialdirektorium noch im Spätwinter bzw. Frühjahr 1796 seinen Mitkantonen, der Reichshofkanzlei und dem Reichshofrat Franz Paul Christoph von Seckendorff eine eigene »Actenmässige kurze Darstellung« der preußischen Eingriffe in die Gerechtsame der fränkischen Reichsritterschaft vorlegen. Aber der geplante Druck des Werks blieb aus, wobei inhaltliche Überschneidungen mit der schon unter der Presse befindlichen Abhandlung des Kantons Altmühl ebenso eine Rolle gespielt zu haben scheinen wie prinzipielle Vorbehalte gegen einen derartigen Traktat zum gegenwärtigen Zeitpunkt[371]. Auch die Absicht, das in der »Oeffentlichen Erklärung wegen der Brandenburgischen Insassen« angekündigte »Urkunden-Buch« zuerst abzuwarten, mag ein Grund für diese erneute publizistische Selbstbescheidung des fränkischen Ritterkreises gewesen sein[372]. Erst nachdem Hardenberg die fränkische Reichsritterschaft vor vollendete Tatsachen gestellt hatte, wurden deren Direktorien aktiv: Am 22. September 1796 beschloss eine Konferenz der Ritterhauptleute aus den Kantonen Rhön-Werra, Baunach, Oden- und Steigerwald in Würzburg, eine offizielle Widerlegung der von Preußen aufgestellten Rechtssätze verfassen zu lassen. Damit betraut wurde auf Vorschlag des Baunacher Ritterhauptmanns Freiherr von Seckendorff-Aberdar der junge Göttinger Professor Dr. Justus Christoph Leist (1770 - 1858), bei dem der Sohn des besagten Direktors studierte. Um seine fehlenden Kenntnisse im »reichsritterschaftlichen Staatsrecht« auszugleichen, sollte Leist bei der Abfassung der Verteidigungsschrift

371 Promemoria des Kraichgauer Konsulenten Johann Dietrich Lang, Ulm, 22. Oktober 1794, StA Marburg, 109, Nr. 311, Bd. 3, Dok. 234. Schreiben des Ortsvorstandes Odenwald an den Ortsvorstand Rhön-Werra, Kochendorf, 5. Dezember 1795, StA Marburg, 109, Nr. 311, Bd. 4, Dok. 302. StA Marburg, 109, Nr. 311, Bd. 5, Dok. 325, Dok. 331 - 334, Dok. 358 - 359, Dok. 364, Dok. 369, Dok. 374, Dok. 377 u. Dok. 380. »Actenmässige kurze Darstellung derjenigen reichsgesezwidrigen Gewaltthätigkeiten, welche die unmittelbare Reichsritterschaft in Franken seit der Abtretung der beiden fränkischen Fürstenthümer Bayreuth und Ansbach an S.[ein]e könig.[liche] Majestät von Preussen hat erfahren müssen«, [ca. Februar 1796], ebd., zu Dok. 333 (Zitat ebd.). Schreiben des Ortsvorstandes Rhön-Werra an den Reichshofrat Franz Paul Christoph von Seckendorff, Schweinfurt, 4. Februar 1796, ebd. Schreiben des Ortsvorstandes Baunach an den Ortsvorstand Rhön-Werra, Nürnberg, 22. März 1796, ebd.

372 Avertisemt der Schweinfurter Ritterkanzlei, das in verschiedene Zeitungen einzurücken ist, Schweinfurt, [ca. Oktober 1796], StA Marburg, 109, Nr. 311, Bd. 7.

mit keinem geringeren zusammenarbeiten als seinem Kollegen an der Georgia Augusta Johann Stephan Pütter. Zudem sollten Leist einschlägige Dokumente und Abhandlungen aus den Archiven und Registraturen der einzelnen Kantone zur Verfügung gestellt werden. Trotzdem geriet die von Seckendorff angeregte Zusammenarbeit mit Leist, für die die Ortsvorstände Baunach und Steigerwald schon im Sommer 1796 eingetreten waren, zum Desaster für das Corpus equestre. Erst im Mai 1797, nachdem eindreiviertel Jahre und damit wertvolle Zeit verstrichen waren, gestand der Baunacher Ritterhauptmann dem bei Rhön-Werra stehenden fränkischen Spezialdirektorium ein, dass Leist ungeachtet einer anfänglichen Zusage die ihm angetragene Aufgabe wegen seiner Arbeitsüberlastung doch noch abgelehnt habe. Als Nachfolger Leists wurde nach mehrmonatiger Beratung Dr. Fried(e)rich Christian Schmidt gewonnen, der schon erwähnte Syndikus in der Nürnberger Ritterkanzlei des Viertels Baunach. Obwohl dieser mit seinen Beiträgen zum »Staats- und Völkerrecht« bereits in die Materie eingearbeitet war, erlitt das Vorhaben einer offiziellen Druckschrift zur Verteidigung der reichsritterschaftlichen Gerechtsame erneut Schiffbruch, als der Baunacher Syndikus Ende 1797 schwer erkrankte. Allein die Einleitung des reichsritterschaftlichen Traktates hatte dieser noch entwerfen können. »Um nun Nachtheil, und wenigstens den unangenehmen Vorwurf zu beseitigen, als ob die Reichsritterschaft in Vertheidigung ihrer Gerechtsame gegen Brandenburg nachlässig gewesen, oder vielleicht gar nicht einmal vermögend sey, der Brandenburgischen öffentlichen Erklärung durch Gegengründe begegnen zu können«, machte sich der Konsulent von Rhön Werra, Johann Heinrich Pollich, selbst an die Arbeit. Zu Beginn des Jahres 1799 konnte er seinem Ortsvorstand den Entwurf eines Traktats vorlegen, das anschließend dem Reichshofrat von Seckendorff sowie den fränkischen Direktorien und ihren Konsulenten zur Erarbeitung von Verbesserungsvorschlägen zugeleitet wurde. Am Ende dieses zeitraubenden Verfahrens erschien eine umfassende Überarbeitung der teils als zu aggressiv empfundenen reichsritterschaftlichen Verteidigungsschrift erforderlich. Da Pollich kurz nach der Vorlage seines Entwurfs verstorben war, übernahm im Sommer 1800 der wieder gesundete Baunacher Syndikus Dr. Schmidt die Aufgabe, der den letzten Teil des Traktats im Juli 1801 dem fränkischen Spezialdirektorium vorlegen konnte. Es folgte die obligatorische Endredaktion durch die Konsulenten der fränkischen Kantone unter Einbindung des schwäbischen Viertels Kocher und verschiedener Wiener Stellen sowie eine ausgiebige Diskussion über Sinn und geeigneten Zeitpunkt der Veröffentlichung angesichts der sich vollziehenden politischen Umwälzungen im Reichsverband. Erst im Sommer 1803 ging die reichsritterschaftliche Verteidigungsschrift mit einer Auflage von 1600 Exemplaren unter strengster Geheimhaltung in Druck, der aber erst im Juni 1804 abgeschlossen werden konnte[373]. Kurz vor der Drucklegung, im April/Juni 1803, war der Traktat noch

373 Zirkularschreiben des Konsulenten Johann Heinrich Pollich an den Ortsvorstand Rhön-Werra

durch einen aus der Feder des Syndikus Dr. Schmidt stammenden aktuellen Vorbericht ergänzt worden, der auf die neue Bedrohung der reichsritterschaftlichen Unmittelbarkeit durch Pfalz-Bayern Bezug nahm[374]. Daher soll der besagte Vorbericht als eigenständige, in einem eigenen Kontext entstandene Veröffentlichung an dieser Stelle nicht analysiert werden. Mit der Voll-

mit dessen Voten, Schweinfurt, 4. Februar 1799, StA Marburg, 109, Nr. 311, Bd. 5 (Zitat ebd.). StA Marburg, 109, Nr. 311, Bd. 7: fortl. für Juli bis August sowie für Oktober 1796. Schreiben des Ortsvorstandes Rhön-Werra an die Ortsvorstände Odenwald, Gebürg, Steigerwald und Baunach, Schweinfurt, 6. Dezember 1796, StA Marburg, 109, Nr. 311, Bd. 8. StA Marburg, 109, Nr. 311, Bd. 10: fortl. für Januar und September 1797. Zirkularschreiben des Konsulenten Johann Heinrich Pollich an den Ortsvorstand Rhön-Werra mit dessen Voten, Schweinfurt, 10. Oktober 1796, StA Marburg, 109, Nr. 521. StA Marburg, 109, Nr. 61: fortl. StA Marburg, 109, Nr. 322: fortl. für Dezember 1796. StA Ludwigsburg, B 575 IV, Bü 353: fortl. für Juli und September 1799 sowie für August, November und Dezember 1802. StA Marburg, 109, Nr. 313: fortl. für November 1799 bis Februar 1800. Vortragspunkte der auf den 2. April 1800 nach Schweinfurt ausgeschriebenen ortsvorständischen Konferenz, StA Marburg, 109, Nr. 862. Gedrucktes Nachschreiben zum Zirkularschreiben des Ortsvorstandes Rhön-Werra an die Mitglieder des Kantons, Schweinfurt, 9. April 1800, StA Marburg, 109, Nr. 200, Bd. 10. Abschrift der »Karten zur Neuen Vertheidigung der r. r. Freiheit etc. Ad Th. I Kap. 10. §. 111. in fine«, HHStA Wien, RK, Reichsakten in specie, Fasz.-Nr. 49. Abschrift der »Karten, zur Neuen Vertheidigung der R. R. Freiheit und Unmittelbarkeit. Zum Eingang, post verba »zurücknehmen würden«, ebd. – Speziell zur Person von Justus Christoph Leist, der über die reichsritterschaftlichen Charitativsubsidien promovierte und 1803 als Verfasser eines »Lehrbuchs des teutschen Staatsrechts« hervortrat, siehe zum Beispiel: *Walter*, Zusammenbruch, S. 38, *M. Friedrich*, Leist, S. 161 f. u. *Frensdorff*, Leist, S. 226 ff. – Die für die Reichsritterschaft wenig rühmliche, tatsächliche Entstehungsgeschichte des Traktats wurde in dessen Einleitung verheimlicht. Stattdessen wurde als Grund für die jahrelange Verzögerung bei der Fertigstellung der Schrift angegeben, dass die Flüchtung und Bedrohung der reichsritterschaftlichen Archive sowie die preußische Beschlagnahme desjenigen von Altmühl das Corpus equestre der zur Widerlegung der zollerschen Behauptungen erforderlichen Dokumente beraubt hätten. Außerdem habe die Reichsritterschaft noch lange in der Hoffnung auf einen Sinneswandel Berlins abgewartet (Neue Vertheidigung I, S. 4 f.). – Die in der gedruckten Fassung des Traktats aufgestellte Behauptung, es sei im Jahre 1800 zur Druckreife gelangt, ist – wie ausgeführt wurde – falsch (Neue Vertheidigung I, S. 5). – Ein ungedrucktes Exemplar des Entwurfs von Pollich hat sich im StA Marburg erhalten: »Historische aktenmäsige Darstellung der königlich preussischen gewaltsamen Vorschritte in den brandenburgischen Fürstenthümern Ansbach und Bayreuth gegen die unmittelbare Reichsritterschaft in Franken nebst einer Widerlegung der königlich preussischen Staatsschrift unter dem Titel: Oeffentliche Erklärung wegen der brandenburgischen Insassen in den fränkischen Fürstenthümern, welche sich zur Reichsritterschaft halten. 1796. Mit 30. Beilagen. Entworfen 1799« u. »Bemerkungen über die öffentliche Erklärung wegen der Brandenburgischen Insassen in den Fränkischen Fürstenthümern welche sich zur Reichsritterschaft halten. von [sic] einem Mitglied der unmittelbaren Fränkischen Ritterschaft« (StA Marburg, 109, Nr. 314).

374 Schreiben des Ortsvorstandes Steigerwald an den Ortsvorstand Rhön-Werra, Nürnberg, 6. Juni 1803, StA Marburg, 109, Nr. 61. Zwei Entwürfe des Vorberichts für die neue Verteidigung der reichsritterschaftlichen Freiheit und Unmittelbarkeit, [ca. Juni 1803] ebd. Schreiben des Ortsvorstandes Steigerwald an den Ortsvorstand Rhön-Werra, Nürnberg, 13. Juni 1803, ebd. Abschrift des Schreibens des Baunacher Konsulenten Friedrich Christian Schmidt an den Ortsvorstand Steigerwald, Nürnberg, 11. Juni 1803, ebd. Schreiben des Ortsvorstandes Rhön-Werra an den Ortsvorstand Steigerwald, Schweinfurt, 25. Juni 1803, ebd.

endung des Drucks hätte die fast unendliche Entstehungsgeschichte der zentralen reichsritterschaftlichen Verteidigungsschrift gegen die preußischen Okkupationen ein glückliches Ende finden können, wenn das fränkische Spezialdirektorium seine Mitkantone im Dezember 1804 nicht davon informiert hätte, dass »das fertig liegende Werk [...] auf höhere Weisung noch nicht publici juris werden darf«[375]. Zwar lässt sich aus den Akten nicht erkennen, ob und wann Wien das Veröffentlichungsverbot vor dem Untergang des Alten Reichs 1806 aufhob. Aber dessen ungeachtet wird die Deduktion in der vorliegenden Arbeit mit abgehandelt: Schließlich wurde sie für das viel zitierte Publikum konzipiert und wirklich zum Druck gebracht. Vor allem aber führten die geschilderten Korrektur- und Abstimmungsprozesse dazu, dass handschriftliche Entwürfe, die weitestgehend mit der Endfassung von Schmidts Traktat übereinstimmen, nicht nur in die Akten verschiedene Ritterkanzleien, sondern auch zur Kenntnis der Reichshofkanzlei und damit einem der vorgesehenen Hauptrezipienten gelangten[376]. In seinem unhandlichen Folioformat und in seinem Titel lehnte sich die »Neue Vertheidigung der reichsritterschaftlichen Freyheit und Unmittelbarkeit« bewusst an die erfolgreiche »Vertheidigte Freyheit und Ohnmittelbarkeit« der Jahre 1750/52 an. Der Untertitel der insgesamt mehr als 500 Seiten starken, anonym und ohne Angabe des Verlags erschienenen Abhandlung wies dagegen die Schrift explizit als Widerlegung der »Oeffentlichen Erklärung« Preußens gegen die Reichsritterschaft aus dem Jahre 1796 aus[377]. Der Traktat gliederte sich in zwei Hauptbände, von denen der Erste die Geschichte der Reichsritterschaft sowie die Herausbildung ihrer Rechtsstellung von der Zeit des Tacitus bis zur Gegenwart behandelte. Der zweite, um zahlreiche Beilagen ergänzte Teil des Traktats widmete sich ganz der Widerlegung der preußischen Rechtssätze[378]. Dabei schlug sich die Beteiligung Schmidts nicht zuletzt in der Übernahme wesentlicher Gedankengänge und sogar nahezu wörtlicher Passagen aus seinen »Beyträgen zum Staats- und Völkerrecht« nieder[379].

Tschirchs Charakterisierung der »Neuen Vertheidigung der reichsritter-

375 Schreiben des Ortsvorstandes Baunach an den Ortsvorstand Rhön-Werra, Nürnberg, 4. Dezember 1804, Marburg, 109, Nr. 61.

376 Siehe die handschriftlichen Exemplare in StA Ludwigsburg, B 575 IV, Bü 354; StA Marburg, 109, Nr. 314; StA Marburg, 109, Nr. 428 und HHStA Wien, RK, Reichsakten in specie, Fasz.-Nr. 49.

377 Schreiben des Ortsvorstandes Steigerwald an den Ortsvorstand Rhön-Werra, Nürnberg, 16. April 1803, StA Marburg, 109, Nr. 61. Protokoll des Baunacher Konsulenten Friedrich Christian Schmidt und des Steigerwalder Konsulenten Helmreich, Nürnberg, 12. April bis 6. August 1803, ebd. Neue Vertheidigung I (Zitat ebd., Titelblatt). Ebd. II. Vertheidigte Freyheit I (Zitat ebd., Titelblatt). Ebd. II.

378 Abschrift des Schreibens des Baunacher Konsulenten Friedrich Christian Schmidt an den Ortsvorstand Steigerwald, praes. in Nürnberg am 19. Juni 1800, StA Marburg, 109, Nr. 61. Neue Vertheidigung I, fortl. Ebd. II, fortl. Beylagen zur neuen Vertheidigung.

379 Vgl. z.B. Neue Vertheidigung II, S. 132 ff., inbes. 132 u. 156 f. mit *F. C. Schmidt*, Beyträge I, S. 81 ff. Anm 12–14, inbes. S. 81 Anm. 12.

schaftlichen Freyheit und Unmittelbarkeit« als Beispiel für »umfangreiche Folianten, in denen die pedantischen Reichsjuristen ihre ganze schwerfällige Gelehrsamkeit zusammentragen«, wird dem wahren Charakter des Werks nicht einmal in Ansätzen gerecht[380]. Vielmehr bestätigt eine Lektüre der Schrift, dass sie für eine reichsrechtliche Abhandlung in einer durchaus »einfachen, fließenden S[ch]reibart« abgefasst war, womit ein zeitgenössisches Urteil über die von Pollich erarbeitete Erst- auf die Endfassung Schmidts übertragen wird[381]. Der Umstand, dass in den Anmerkungen des ersten Bandes der »Neuen Verteidigung« fast alle führenden Köpfe des Reichs- und reichsritterschaftlichen Staatsrechts zitiert wurden, beeinträchtigte die gute Lesbarkeit des Traktats für die anvisierten Zielgruppen keineswegs[382].

Doch wer waren die Rezipienten der reichsritterschaftlichen und ritterschaftsfreundlichen Publizistik, die in den Genuss derartiger schriftstellerischer Fähigkeiten gelangten? Zwar sollten die Abhandlungen auch für den preußischen König und sein Kabinettsministerium lesbar sein, aber als eigentliche Zielgruppe schieden diese natürlich aus[383]. Schließlich war kaum zu erwarten, dass sie aufgrund einer reichsritterschaftlichen Verteidigungsschrift ihre Mediatisierungspolitik einstellen würden. Auch interessierte Reichsritter und Kantonskanzleien, die gelegentlich ritterschaftsnahe Deduktionen aus Eigeninteresse erwarben oder kostenfrei zugeschickt bekamen, stellten nicht die primäre Zielgruppe derartiger Veröffentlichungen dar[384].

380 *Tschirch*, Geschichte I, S. 208. – Tschirchs generelles Unverständnis für die Reichspublizistik wird noch deutlicher an seinem folgenden Kommentar zu einem antipreußischen Traktat aus den Jahren der Mediatisierungen durch Ansbach-Bayreuth: »Als ob es sichtbar bekundet werden sollte, dass hier das Mittelalter mit der modernen Zeit rang, ist dieses Buch in einer unerhört altfränkischen, mit gelehrten lateinischen Brocken gespickter, unwiderstehlich komisch wirkenden Sprache geschrieben« (*Tschirch*, ebd., S. 209).

381 Zirkularschreiben des Konsulenten Johann Heinrich Pollich an den Ortsvorstand Rhön-Werra mit dessen Voten, Schweinfurt, 4. Februar 1799, StA Marburg, 109, Nr. 311, Bd. 5 (Zitat ebd., Direktorialvotum aus Würzburg vom 7. März 1799).

382 Neue Vertheidigung I, fortl.

383 Abschrift des Schreibens des Ortsvorstandes Steigerwald an den Baunacher Konsulenten Friedrich Christian Schmidt, Nürnberg, 11. Juni 1800, StA Marburg, 109, Nr. 61. – Der in der zentralen reichsritterschaftlichen Verteidigungsschrift gegen die Mediatisierungen durch Ansbach-Bayreuth geäußerte Wunsch, den preußischen König und sein Ministerium von der Unrechtmäßigkeit ihres Handelns zu überzeugen, hatte angesichts der vorausgegangenen jahrelangen Versuche der fränkischen Reichsritterschaft, die Meinung Berlins zu ändern, nur noch deklamatorischen Charakter (Neue Vertheidigung I, S. 5 f.).

384 Schreiben des Altmühler Ortskonsulenten J. L. Hußen an den Ortskonsulenten von Rhön-Werra, Pollich, Wilhermsdorf, 14. März 1796, StA Marburg, 109, Nr. 312, Bd. 3. Protokoll der Kocherschen Ritterkanzlei mit Votum, Esslingen, 27. November 1797, StA Ludwigsburg, B 575 IV, Bü 353. Schreiben des Nürnberger Senators Christoph Karl Joseph Ludwig Freiherr von Geuder an den Ortsvorstand Kocher, Nürnberg, 10. November 1797, ebd. Schreiben des Ortsvorstandes Kocher an den Nürnberger Senator Christoph Karl Joseph Ludwig Freiherr von Geuder, o.O., mundiert 10. Februar 1798, ebd. Protokoll der Kocherschen Ritterkanzlei mit Votum, Esslingen, 27. Februar 1798, ebd. Schreiben des Nürnberger Senators Christoph Karl Joseph Ludwig Freiherr von Geuder an den Ortsvorstand Neckar-Schwarzwald, Nürnberg,

Ähnlich wie bei der Propaganda der preußischen Seite sind daher als Erstes die Reichs- und Kreisinstitutionen als Rezipienten anzusprechen. Unter diesen erschien der Reichsritterschaft der Regensburger Reichstag von besonderer Bedeutung. Nirgendswo sonst konnten fast alle Reichsglieder durch ihre Gesandtschaften, Korrespondenten oder Agenten so einfach und schnell erreicht werden. Vor allem aber musste die Reichsversammlung in einem Reichsgutachten über die Rechtmäßigkeit der preußischen Arrondierungen sowie die Restitution der unterworfenen Rittergenossen befinden, wenn der Kaiserhof zum letzten Mittel greifen würde und die Mediatisierungen Berlins per Kommissionsdekret vor den Reichstag bringen würde. Eine zentrale Rolle unter den Adressaten der ritterschaftsnahen Publizistik kam auch der Fränkischen Kreisversammlung als politischem Verbündeten der fränkischen Reichsritterschaft zu. Noch wichtiger mussten als Rezipienten der einschlägigen Abhandlungen die Reichshofkanzlei sowie der Reichshofrat in Wien erscheinen, deren Gutachten bzw. oberstrichterliche Urteile für die Erhaltung oder Wiederherstellung der reichsritterschaftlichen Unmittelbarkeit ausschlaggebend sein konnten. Des Weiteren werden verschiedene fürstliche und kurfürstliche Regierungen als Adressaten der reichsritterschaftlichen Publizistik in den Quellen bezeugt. Dabei ist zum einen an diejenigen Kabinette zu denken, die besonders an der Erhaltung der Reichsverfassung und des Corpus equestre interessiert waren. Zum anderen müssen die angrenzenden und damit meist ebenfalls von den preußischen Arrondierungen betroffenen Reichsfürsten als Adressaten der reichsritterschaftlichen Publizistik in Betracht gezogen werden[385]. 1797 legte das fränkische Spezialdirektorium seinen

6. November 1797, HStA Stuttgart, B 579, Bü 24. Schreiben des Ortsvorstandes Altmühl an den Ortsvorstand Rhön-Werra, o.O., 9. März 1796, StA Marburg, 109, Nr. 321. – Der Nürnberger Senator Freiherr von Geuder berechnete der Ritterkanzlei des Kantons Kocher als Vorzugspreis für seine Abhandlung 1 fl. 45 Kr. pro Exemplar (Protokoll der Kocherschen Ritterkanzlei mit Votum, Esslingen, 27. November 1797, StA Ludwigsburg, B 575 IV, Bü 353. Schreiben des Nürnberger Senators Christoph Karl Joseph Ludwig Freiherr von Geuder an den Ortsvorstand Kocher, Nürnberg, 10. November 1797, ebd. Schreiben des Nürnberger Senators Christoph Karl Joseph Ludwig Freiherr von Geuder an den Ortsvorstand Kocher, Nürnberg, 15. Februar 1798, ebd.).

385 Schreiben des Ortsvorstandes Rhön-Werra an den Ortsvorstand Gebürg, Schweinfurt, 16. Januar 1794, StA Marburg, 109, Nr. 311, Bd. 3, Dok. 155. StA Marburg, 109, Nr. 311, Bd. 4, Dok. 302, Dok. 318–319. StA Marburg, 109, Nr. 311, Bd. 5, Dok. 323, Dok. 325, Dok. 331, Dok. 333, Dok. 334, Dok. 349 u. Dok. 358. Zirkularschreiben des Konsulenten Johann Heinrich Pollich an den Ortsvorstand Rhön-Werra mit dessen Voten, Schweinfurt, 4. Februar 1799, ebd. Schreiben des Ortsvorstandes Baunach an den Ortsvorstand Rhön-Werra, Nürnberg, 22. März 1796, ebd. Schreiben des Ortsvorstandes Rhön-Werra an die Ortsvorstände Odenwald, Gebürg, Altmühl und Baunach, Schweinfurt, 4. Februar 1799, StA Marburg, 109, Nr. 61. Schreiben des Ortsvorstandes Altmühl an den Ortsvorstand Rhön-Werra, o.O., 9. März 1796, StA Marburg, 109, Nr. 321. Schreiben des Ortsvorstandes Rhön-Werra an den Ortsvorstand Kocher, Schweinfurt, 29. Juli 1799, ebd. Deutsche Staats- und Ministerial-Zeitung, Nr. 53, 1. Juli 1796, Sp. 848. – Der Kaiser verwies in seinem Handschreiben an die Kurfürsten vom 7. September 1796 ausdrücklich auf die »Actenmäsige Geschichts-Erzählung« des Kantons Altmühl (Ab-

Unterstützungsgesuchen an die Ministerien in Hannover und Dresden je ein Exemplar der »Actenmäsigen Geschichts-Erzählung« Altmühls und der »Beyträge zum Staats- und Völkerrecht« von Dr. Schmidt bei[386]. Bei solchen Rezipienten dürfte es der Reichsritterschaft vor allem darum gegangen sein, weitere politische Verbündete zu werben und die alten bei der Stange zu halten. Daneben scheint auch der Gedanke eine Rolle gespielt zu haben, durch die öffentliche Bekanntmachung der reichsgesetzwidrigen Übergriffe auf die Reichsritterschaft die angeblich der Erhaltung der Reichsverfassung dienende Politik Preußens in den Augen einer mehr oder weniger breiten Öffentlichkeit zu diskreditieren und damit Druck auf Berlin auszuüben, das vermeintlich »die Publicität scheuet«[387]. In diesem Sinne sind auch unbeteiligte Reichsstände und bildungsbürgerliche Schichten – das »gelehrte Publicum« – als Adressaten der ritterschaftsnahen Publizistik in Betracht zu ziehen. Unter Letzteren sollten nicht nur Untertanen der durch die Arrondierungspolitik Berlins beeinträchtigten oder gänzlich verschonten Reichsglieder angesprochen werden, sondern »vorzüglich [...] auch das preußische Publikum von der offenbaren Gesetzwidrigkeit der brandenburg[ischen] Occupationen« überzeugt werden[388]. Diese These von den im weitesten Sinne bildungsbürgerlichen Rezipienten ritterschaftsnaher Veröffentlichungen wird durch die Tatsache untermauert, dass die »Actenmäsige Geschichts-Erzählung« des Kantons Altmühl nicht nur in Wien, Regensburg und Nürnberg verteilt,

schrift des Schreibens von Kaiser Franz II. an die Kurfürsten, Wien, 7. September 1796, mit Marginalien Hardenbergs, GStA PK Berlin, II. HA, Abt. 36, I, Nr. 6, ebd.). – Um Soden, den preußischen Kreisgesandten in Nürnberg, zu stürzen, nutzte Hardenberg aus, dass dieser die »Actenmäsige Geschichts-Erzählung« Altmühls mit einem seiner Berichte vom Kreiskonvent eingesandt hatte (Süssheim, Politik, S. 168, 168 Anm. 4). – Auch von dem die Reichsritterschaft einschließenden fränkischen Kreisschluss vom 27. Februar 1797 wurden 350 gedruckte Exemplare bei der Regensburger Reichsversammlung »ad aedes« verteilt. Dasselbe geschah mit weiteren vom Fränkischen Kreistag in den Landeshoheitsstreitigkeiten mit Berlin veröffentlichten Aktenstücken (Dekret der Bamberger Kreisdirektorialgesandtschaft an das Kreiskassieramt, [Nürnberg], 6. April 1797, Dikt. Nürnberg, 15. April 1797, StA Bamberg, Fränkischer Kreis, Kreisdirektorialgesandtschaft, Nr. 333 (Zitat ebd.). Schreiben des Bamberger Kreisdirektorialgesandten an den Legationsrat Vollerth in Regensburg, [Nürnberg], 22. April 1797, ebd. (Zitat ebd.)).

386 Schreiben des Ortsvorstandes Rhön-Werra an das kurfürstliche Ministerium in Hannover, Schweinfurt, 13. März 1797, StA Marburg, 109, Nr. 311, Bd. 10. Schreiben des Ortsvorstandes Rhön-Werra an die Ortsvorstände Odenwald, Gebürg, Steigerwald und Baunach, Schweinfurt, 13. März 1797, ebd. Schreiben des Freiherrn von Seckendorff an den Ortskonsulenten von Rhön-Werra, [Pollich,] Regensburg, 5. März 1797, ebd. Schreiben des Ortsvorstandes Rhön-Werra an das kurfürstliche Ministerium in Dresden, Schweinfurt, 23. März 1797, ebd.

387 Schreiben des Ortsvorstandes Rhön-Werra an den Ortsvorstand Gebürg, Schweinfurt, 16. Januar 1794, StA Marburg, 109, Nr. 311, Bd. 3, Dok. 155.

388 Zirkularschreiben des Konsulenten Johann Heinrich Pollich an den Ortsvorstand Rhön-Werra mit dessen Voten, Schweinfurt, 4. Februar 1799, StA Marburg, 109, Nr. 311, Bd. 5 (Zitat ebd., Direktorialvotum aus Würzburg vom 7. März 1799). Schreiben des Ortsvorstandes Rhön-Werra an die Ortsvorstände Gebürg und Baunach, Schweinfurt, 29. Juli 1799, StA Marburg, 109, Nr. 61 (Zitat ebd.).

sondern auch zum Preis von 1 fl. und 30. Kr. auf dem freien Buchmarkt verkauft wurde[389]. Die einfache Landbevölkerung gehörte sicher genauso wenig zu den Lesern der ritterfreundlichen Abhandlungen, wie sie es bei den Flugschriften und Traktaten der preußischen Publizistik sein konnte[390]. Johann Christian Rebmann betonte beispielsweise: »Ich seze aber Leser voraus, denen die Geschichte ihres Vaterlandes bekannt ist« – eine Bedingung, die die Masse der Bevölkerung weder im rein ereignisgeschichtlichen, noch im staatsrechtlichen Verständnis von Vergangenheit erfüllen konnte[391]. Georg Michael Weber selbst räumte zwar ein, dass seine erste staatsrechtliche Darstellung über die »Wildbretabtragsgelder« in verschiedenen Dörfern bekannt wäre. Aber dies muss keineswegs im Sinne einer (vor)-lesenden Rezeption verstanden werden. Schließlich betonte Weber gleichzeitig: »Der Ton, der Form meiner Schrift, die gelehrten Citaten, die juristischen Ausdrücke sind ein klarer Beweis, daß meine Schrift bloß für das juristische Publicum und nicht für den Landmann bestimmt war«[392]. Gerade diese für den Empfängerhorizont entscheidenden Merkmale galten nicht nur für die Abhandlungen des Bamberger Professors, sondern für alle wesentlichen Ausführungen der ritterschaftsfreundlichen Publizistik.

3.2 Die Argumentation der ritterschaftsnahen Publizistik

Noch im Frühjahr 1796 kommentierte Hardenberg die gerade im Druck erschienene »Actenmäsige Geschichts-Erzählung« des Kantons Altmühl mit den spöttischen Worten: »wenn unsre Gegner nicht bessere Waffen haben, so

389 Schreiben des Altmühler Ortskonsulenten J. L. Hußen an den Ortskonsulenten von Rhön-Werra, Pollich, Wilhermsdorf, 14. März 1796, StA Marburg, 109, Nr. 312, Bd. 3. Der Fränkische Merkur, Nr. 26, 28. Juni 1796, Sp. 446 f. Schreiben des Ortsvorstandes Altmühl an den Ortsvorstand Rhön-Werra, o.O., 9. März 1796, StA Marburg, 109, Nr. 321. – Auch der Abdruck des »Nachschreibens zum Kaiserlichen Handschreiben« wurde in Nürnberg frei verkauft. Er enthielt zudem die deutsche Übersetzung einer Note »für diejenigen Leser, welche der Französischen Sprache nicht kundig sind«, was ein weiterer Hinweis auf Rezipienten außerhalb der Höfe und Reichsinstitutionen ist (Bericht von Schuster aus Nürnberg, Nürnberg, 14. Juni 1797, GStA PK Berlin, II. HA, Abt. 36, I, Nr. 6, fol. 280. Abdruck Nachschreibens zum Kaiserlichen Handschreiben, ebd., fol. 282–285, hier: fol. 284 u. S. 6 (Zitat ebd.). – Die Bamberger Kreisdirektorialgesandtschaft begründete den geplanten Abdruck einer fränkischen Kreiserklärung gegen Berlins Übergriffe – die im Kreisschluss vom 27. Februar 1797 umgesetzt werden sollte – u. a. mit dem Ziel, »die durch die Preussische[n] Druckschriften irre geführt werden könnende [n] Unterthanen an ihre rechtmäsige Obrigkeit fester anzuhängen« (Votum der Bamberger Kreisdirektorialgesandtsschaft, Comm. Nürnberg, 1. Februar 1797, StA Bamberg, Fränkischer Kreis, Kreisdirektorialgesandtschaft, Nr. 333).

390 Siehe Kapitel VIII.2.1.

391 [*Rebmann*], Der wahre Gesichtspunkt, S. 12 f.

392 *G. M. Weber*, Vertheidigung auf das Beschwerungsschreiben von Seiten des Berliner Hofes gegen mein Tractat über die Wildsteuer, Bamberg, 24. August 1794, abgedruckt in: *Ders.*, Nachtrag, S. 175–187, hier: S. 180 f. (Zitat ebd., S. 181).

werden sie leicht zu bekämpfen seyn«[393]. Ob die publizistischen Waffen der Reichsritterschaft tatsächlich so stumpf waren, wie der Dirigierende Minister glaubte, soll im Folgenden untersucht werden[394].

Ein in der ritterschaftsnahen Publizistik immer wiederkehrender Vorwurf bezog sich auf die Art und Weise, wie Preußen seine Landeshoheitsansprüche in Franken einseitig, mit Gewalt und »gewaffenter [sic] Hand« durchsetze. Mit seinem Vorgehen verletze Berlin den althergebrachten, »unvordenklichen« Besitzstand sowie das Herkommen. Dass Preußen die Entscheidung über die Rechtmäßigkeit seiner Landeshoheitsansprüche nicht wie vorgeschrieben in die Disposition der obersten Reichsgerichte stelle, sei rechtswidrig. Berlin mache sich so zum Richter in seiner eigener Sache. Die Behauptung der norddeutschen Großmacht, es gäbe Gesetze, die ihr erlauben würden, die Verfügungen der Reichsjustiz zu ignorieren, träfen vielleicht im »Persischen oder Mogulschen Reich« zu, nicht aber im Heiligen Römischen Reich Deutscher Nation. Eine solche Politik sei verfassungswidrig und erschien als »Selbsthülfe« sowie »Eigenmacht«. Dies bedeutete in der Rechtssprache der Zeit nichts anderes als offener Landfriedensbruch, der Berlin sowohl verklausuliert als auch expressis verbis unterstellt wurde[395]. In der Tat definierten die einschlägigen Reichs(grund)gesetze eigenmächtige Selbsthilfe zweifelsfrei als Bruch des Ewigen Landfriedens[396]. Mit diesem Sachverhalt hing wiederum aufs Engste das von der ritterschaftlichen Publizistik kritisierte Verfahren Berlins zusammen, die Kompetenz der Reichsjustiz kurzerhand zu bestreiten. In Landfriedenssachen von Reichsunmittelbaren waren nämlich ausschließ-

393 Schreiben von Hardenberg aus Berlin an Konrad Ludwig Klüber, praes. in Erlangen am 17. April 1796, GLA Karlsruhe, N Klüber, Fasz. 229.

394 Zu den folgenden Ausführungen über die Argumentation der reichsritterschaftsnahen Publizistik siehe auch: *K. A. Menzel*, Geschichte VI, S. 359 ff.; *Ders.*, Zwanzig Jahre, S. 355 ff.; *Ders.*, Geschichte XII/2, S. 224 ff., 239 ff.

395 *F. C. Schmidt*, Beyträge I, S. [5 ff.], 16 ff., 31 ff., 41 ff., 63, 76 fortl. (Zitate ebd., S. 47 u. 114 Anm. 47). *Hallo*, Etwas über einige, S. 10 ff., 27 ff., 38 ff. Deutsche Staats- und Ministerial-Zeitung, Nr. 8, 26. Januar 1796, Sp. 121 ff. Ebd., Nr. 10, 2. Februar 1796, Sp. 156 ff. (Zitat ebd., Sp. 157). Ebd., Nr. 66, 16. August 1796, Sp. 1045. Neue Vertheidigung I, S. 1 ff., S. 82, 87, 102 ff., 136 ff., 151 ff., 164 ff. (Zitat ebd., S. 194 Anm. 295). Ebd. II, S. 8, 70 ff., 168 f., 173 f., 186 ff., 202 ff., 209 ff. Schluß des Fränkischen Reichskreises [Folio-Ausgabe], S. 3 ff. Actenstücke die … bestrittene Unmittelbarkeit der reichslehenbaren Hofmark Heroldsberg I, S. IV, 5, 16 ff., 28 ff., 45, 83 ff. Ebd. II, S. 361 ff., 378 ff. Actenmäsige Geschichts-Erzählung von der ohnmittelbaren Reichs-Ritterschaft, S. 11 ff., 26 ff., 35 ff., 49 ff. Entwicklung der Landeshoheit über das Rittergut Rechenberg, S. 385, 394 ff. Abdruck Kaiserl. Handschreibens … de dato Wien den 7ten September, 1796, S. 1 ff., 9 ff., 22 ff. (Zitat ebd., S. 14). Verhandlungen des Kurfürstl. Collegiums (Staats-Archiv), S. 201 ff. Königlich Preussische Verordnung (Staats-Archiv), S. 223, inbes. 223 Anm. *. Gewaltsame Ankündigung (Teutsche Staatskanzley), S. 305 ff. Einige Akten-Stücke von den bei der Besiznahme, S. 246. Fortsetzung von der gewaltsamen Ankündigung (Teutsche Staatskanzley), S. 231, 239 ff. Patriotische Fragen, S. 9 ff. – Siehe auch die indirekten Anspielungen bei [*Rebmann*], Der wahre Gesichtspunkt, S. 25 ff. Vgl. ferner die nicht speziell auf die Reichsritterschaft bezogenen Passagen in der »Deutschen Staats- und Ministerial-Zeitung« (Nr. 9, 29. Januar 1796, Sp. 141 ff. u. Nr. 63, 5. August 1796, Sp. 1001 ff. Anm. *).

396 Siehe Kapitel VII.2.

lich die beiden obersten Reichsgerichte in Wien und Wetzlar zuständig – selbst das Recht auf die sog. Austräge als Vorinstanz war nach der Rechtsprechung von Reichskammergericht und Reichshofrat in solchen Streitfällen verwirkt[397]. Nicht minder berechtigt war die Kritik der ritterschaftsnahen Publizisten an der Missachtung des hergebrachten Besitzstandes: Wie dargelegt wurde, galt dieser insbesondere im Territorium inclausum in Gestalt von Herkommen und Observanz als ein reichs- und territorialstaatsrechtlich fundierter und geschützter Rechtstitel[398]. Doch auch in anderen Rechtskreisen einschließlich desjenigen des preußischen Allgemeinen Landrechtes genoss der gegenwärtige Besitz bis zum gerichtlichen Nachweis eines entgegengesetzten Anspruches einen besonderen Schutz[399].

Zu Recht betonte der unter dem Pseudonym »Gustaf Hallo« schreibende Autor, dass der reichsritterschaftliche und kreisständische Besitzstand nicht deswegen usurpiert sei, nur weil Berlin dies behaupte[400]. Einen Schritt weiter gingen diejenigen Publizisten der Reichsritterschaft, die die preußische Mediatisierungspolitik als rechtswidrig entlarvten und daher ihrerseits das Vorgehen Berlins als »Usurpation« brandmarkten[401]. Damit wurde die preußische Usurpationstheorie, wie sie Hardenberg und seine führenden Publizisten verfochten, zugunsten der Reichsritterschaft umgedreht[402]. Die Behauptung der »Königlich Preußischen Erklärung über die Landeshoheits-Irrungen in den Fränkischen Fürstenthümern Ansbach und Bayreuth«, dass Gefahr im Verzug gewesen und Berlin gezwungen habe, seine Landeshoheitsansprüche einseitig durchzusetzen, erntete nur Hohn und Spott. Schließlich habe die norddeutsche Großmacht zweihundert- bis dreihunderttausend Soldaten unter Waffen: »Die verrosteten Helme der Reichsritter und die Staats-Perücken der Nürnbergischen Senatoren müssen also wohl sehr fürchterliche Wesen seyn, dass sie einer so grossen Macht Gefahr drohen können«[403].

Mit seiner Politik setzte Friedrich Wilhelm II. aus der Sicht der ritterschaftsfreundlichen Publizistik »seine Ueberzeugung und das Recht der Uebermacht« an die Stelle des Ius publicum. Dahinter stand der Vorwurf der sog. »Convenienz«, also des Staatsegoismus: Berlin wurde beschuldigt, es stelle seine staatspolitischen Interessen einer territorialen Arrondierung über das Recht und setze Erstere mit seinen überlegenen Machtmitteln zum eigenen Vorteil durch. Ein Beitrag in Sartoris »Deutscher Staats- und Ministerial-

397 *Sellert*, Zuständigkeitsabgrenzung, S. 60, 93 f. *Gschließer*, Der Reichshofrat, S. 25, 30.

398 Siehe Kapitel II.3 u. V.3.

399 Klageschrift von Rhön-Werra gegen Preußen zu den Beilagen 1 bis 37 zum Reichshofratsprozess, StA Marburg, 109, Nr. 322. Abschrift des Schreibens der Freiherrn von Künsberg an den preußischen König, Erlangen und Ermreuth, 17. September 1797, ebd.

400 *Hallo*, Etwas über einige, S. 10.

401 Neue Vertheidigung I, S. 156 (Zitat ebd.). *F. C. Schmidt*, Beyträge I, S. 52.

402 Siehe Kapitel V.2, VII.1 u. VIII.2.2.

403 *F. C. Schmidt*, Beyträge I, S. 79 Anm. 8.

Zeitung« ordnete die preußische Machtpolitik in Franken in ein die Geschichte durchziehendes territorialpolitisches »Reinigungs-« bzw. »Purifikations-System« ein. Dadurch fand sich Berlin nicht nur in einer Reihe mit Österreich, Frankreich und dem antiken Rom wieder, sondern auch in der Gesellschaft der im ausgehenden 18. Jahrhundert wenig wertgeschätzten Vandalen, Goten und Türken. Zugleich wurde die norddeutsche Großmacht gewarnt, dass ihr bald das gleiche Schicksal blühen könne, dem es jetzt seine fränkischen Nachbarn zuführe: »Die Natur der Politik macht in ihren endlosen Abwechslungen denjenigen, der heut reinigt, morgen zum Gereinigten«. Der gegen Berlin erhobene Konvenienzvorwurf wog umso schwerer, als die preußischen Übergriffe der königlichen Ämter in deutlichen Kontrast zur äußeren Bedrohung des Reichsverbandes durch Frankreich sowie den beruhigenden öffentlichen Erklärungen und bekannt gemachten Verfügungen der preußischen Krone vom Frühling und Sommer 1792 gesetzt wurden. In diesem Zusammenhang wurde Preußen vorgeworfen, den Zeitpunkt größter Gefahr für das Vaterland, nämlich den Vormarsch der Revolutionsarmeen, zur Durchsetzung der königlichen Landeshoheitsansprüche gezielt auszunutzen, um Widerstand gegen seine Okkupationen unmöglich zu machen[404]. Unter diesem Gesichtspunkt erschien dem Verfasser der »Patriotischen Fragen«

404 *F. C. Schmidt*, Beyträge I, S. 34 ff., 50 ff., 67 fortl. Abdruck Nachschreibens zum Kaiserlichen Handschreiben, GStA PK Berlin, II. HA, Abt. 36, I, Nr. 6., fol. 282–285, hier: fol. 283 u. S. 4 (Zitat ebd.). Deutsche Staats- und Ministerial-Zeitung, Nr. 8, 26. Januar 1796, Sp. 124 ff. Ebd., Nr. 10, 2. Februar 1796, Sp. 156. Ebd., Nr. 59, 22. Juli 1796, Sp. 929 ff. (Zitate ebd., Sp. 929 f., 938 u. 941.). Ebd., Nr. 63, 5. August 1796, Sp. 1001 ff. Ebd., Nr. 65, 12. August 1796, Sp. 1039. Ebd., Nr. 66, 16. August 1796, Sp. 1045 ff. Schluß des Fränkischen Reichskreises [Folio-Ausgabe], S. 3, 10 f., 17 ff., 28 f. Neue Vertheidigung I, S. 1 ff., 135 ff., 154 ff., 201. Ebd. II, S. 217. *Hallo*, Etwas über einige, S. 34, 43 f. Actenstücke die … bestrittene Unmittelbarkeit der reichslehenbaren Hofmark Heroldsberg I, S. III f., 22, 234 f. Ebd. II, S. 250, 278 Anm. 27, 328, 382 ff. Actenmäsige Geschichts-Erzählung von der ohnmittelbaren Reichs-Ritterschaft, S. 10 ff., 38 Anm. *, 82. Abdruck Kaiserl. Handschreibens … de dato Wien den 7ten September, 1796, S. 3 ff., 27 ff. Verhandlungen des Kurfürstl. Collegiums (Staats-Archiv), S. 201 f., 212 f., 220. Gewaltsame Ankündigung (Teutsche Staatskanzley), S. 306 ff., 317. Einige Akten-Stücke von den bei der Besiznahme, S. 246 ff. Fortsetzung von der gewaltsamen Ankündigung (Teutsche Staatskanzley), S. 236 ff. Patriotische Fragen, S. 10, 18. – Vgl. auch die nicht speziell auf die Reichsritterschaft bezogenen Passagen in der »Deutschen Staats- und Ministerial-Zeitung« (Nr. 62, 2. August 1796, Sp. 977 Anm. 1 u. Nr. 63, 5. August 1796, Sp. 1005 Anm. *) sowie bei *G. M. Weber* (Einführung, S. 55, 62 ff.). – Zwar war verfassungsrechtlich die Reichsritterschaft kein Reichsstand. Aber angesichts des Gesamtinhalts der »Deutschen Staats- und Ministerial-Zeitung« sowie dem gelegentlich zu beobachtenden Sprachgebrauch der Zeitgenossen, die Reichsritterschaft dennoch unter den Begriff der Reichsstände zu subsumieren, wird man in der Annahme kaum fehlgehen, dass das Corpus equestre mit den »Fränkischen Stände[n]« in der besagten Zeitung ebenfalls gemeint war (Deutsche Staats- und Ministerial-Zeitung, Nr. 63, 5. August 1796, Sp. 1007. *Kerner*, Staats-Reichs-Recht, S. 62). – Den Konvenienzvorwurf verwendete *Rebmann* (Der wahre Gesichtspunkt, S. 30 f.) im umgekehrten Sinne, wenn er ausführte, dass angesichts eines drohenden Blutvergießens, der Kosten für Exekutionsmannschaften und zahlloser Prozesse es sich für das Haus Brandenburg gar nicht lohne, seine fraischliche Gerichtsbarkeit über fremde Besitzungen gewaltsam zur Landeshoheit auszudehnen.

Berlin als ein unter Führung des Kaisers genauso zu bekämpfender innerer Feind wie die von außen andringenden Revolutionsheere[405]. Indem die reichsritterschaftsnahe Publizistik auf die besagten königlichen Verlautbarungen von 1792 verwies, in denen nach reichsadliger Lesart Berlin versichert hatte, die Reichsgesetze bei der Geltendmachung seiner berechtigten Ansprüche zu achten und keine Expansionsabsichten zu verfolgen, wurde Preußen das Opfer seiner eigenen diplomatischen Schachzüge. Letztere waren nämlich noch unter der Prämisse eines weitgehenden Verzicht auf die Durchsetzung der preußischen Landeshoheitsansprüche ausgeführt worden[406]. Ebenfalls als Anklage der preußischen Doppelzüngigkeit und Machtpolitik musste es verstanden werden, wenn in der reichsritterschaftsnahen Publizistik in unterschiedlicher Deutlichkeit auf den Grundsatz des »suum cuique« verwiesen wurde[407]. Diese schon bei Platon und Cicero zu findende Gerechtigkeitsformel, deren negative Konnotation erst aus der Zeit der NS-Diktatur stammt, war nämlich nicht nur eine im ausgehenden 18. Jahrhundert allgemein gerne verwendete Devise. In unserem konkreten Zusammenhang handelte es sich dabei auch um eine Anspielung, die die politisch gebildete Leserschaft sofort verstehen musste: »Suum cuique« lautete nämlich der Wahlspruch der preußischen Könige[408].

Der gewaltsamen Politik Berlins wurde nicht zu Unrecht unterstellt, dass sie auf die partielle oder gar vollständige Vernichtung der Ansbach-Bayreuth benachbarten Reichsglieder abziele. Auch die Zukunft des Corpus equestre als Ganzes erschien nach dem Aderlass durch die preußischen Mediatisierungen gefährdet. Verschiedene zugunsten des Consortium equestre schreibende Autoren prophezeiten sogar das Ende der gesamten reichsritterschaftlichen Korporation, da das königliche Verfahren überall im Reich Nachahmer finden würde. Zu dieser Befürchtung passte, wenn die ritterschaftsnahe Publizistik der Mediatisierungspolitik der norddeutschen Großmacht vorwarf, dass sie geradewegs in die Anarchie führe, ein Rückfall in mittelalterliche Fehdezeiten sei, einen gefährlichen Präzedenzfall schaffe und sogar die Grundlagen der Zivilisation untergrabe sowie »die Ruhe und das Glück aller benachbarten Staaten« erschüttere. In letzter Konsequenz werde die preußische Arrondierungspolitik in Franken in die Vernichtung des Reichsverbandes und seiner

405 Patriotische Fragen, S. 19.

406 Siehe Kapitel V.4.1.

407 *F. C. Schmidt*, Beyträge I, S. 78 Anm. 6. – Unter Bezugnahme auf den Inhalt eines königlich-preußischen Reskripts wurde der Grundsatz des sum cuique ebenfalls zitiert in: Abdruck Kaiserl. Handschreibens … de dato Wien den 7ten September, 1796, S. 5 sowie in: Fortsetzung von der gewaltsamen Ankündigung (Teutsche Staatskanzley), S. 242 f., 249.

408 Schreiben von Alexander Friedrich Wilhelm Freiherr von Seckendorff an Hardenberg, GStA PK Berlin, II. HA, Abt. 36, I, Nr. 340, fol. 146–147, hier: fol. 146 f. *Häberlin*, Handbuch I, Titelblatt. *Kretschmann*, [Rezension], Handbuch des deutschen Staatsrechtes nach dem System des Herrn geheimen Justizrath Pütter, S. 207, 224. [*Wessenberg*], Die Folgen der Säkularisationen, Titelblatt. *Liebs* u. a., Rechtsregeln, S. 227. *Brunssen*, »Jedem das Seine«, S. 15 f.

Verfassung münden[409] – eine Prophezeiung, die keineswegs unberechtigt war. Schließlich waren es die Mediatisierungen Berlins an den Grenzen Ansbach-Bayreuths, mit denen die Axt an den Stamm des Alten Reiches gelegt wurde, indem die Garantie der Reichsverfassung für die politische Existenz der »mindermächtigen« Reichsglieder erstmals in großem Stil, ein Jahrfünft vor dem Reichsdeputationshauptschluss von 1803, ad absurdum geführt wurde[410].

Eng mit dem Bestand der solchermaßen bedrohten Reichsverfassung verknüpft war die »teutsche Freiheit«. Deren Bedrohung nahm der Autor der »Patriotischen Fragen« zum Anlass, um zum Widerstand gegen Berlins Mediatisierungspolitik aufzurufen[411]. Angesichts des extrem patriotisch-nationalen Grundtons der fraglichen Flugschrift erscheint eine Deutung der solchermaßen beschworenen »teutschen Freiheit« im Sinne der reichsständischen Libertät als unbefriedigend[412]. Stattdessen dürfte es sich hier um eine von Georg Schmidt intensiv untersuchte Gedankenfigur handeln. Zwar vermag die vorliegende Untersuchung nicht dessen weitreichenden Thesen zur »deutschen Freiheit« [sic] als ständeübergreifenden Kitt eines deutschen Nationalbewusstseins und als Ferment einer nationalen »Werte- und Zugehörigkeitsgemeinschaft« seit dem 16. Jahrhundert zu folgen. Aber Schmidts Charakteristik der »teutschen Freiheit« als ein im frühneuzeitlichen Alten Reich weit verbreitetes, auf Herkommen, Reichsverfassung sowie gemeinsame Wertvorstellungen und Erfahrungshorizonte gegründetes Ideal ist nicht zu widersprechen[413]. Im Zeitalter der Revolutionskriege musste bei der Verwendung eines derart definierten Freiheitsbegriffs zudem ein »frühnationa-

409 *F. C. Schmidt*, Beyträge I, S. [6], 16, 30, 51, 57, 93 fortl. *Hallo*, Etwas über einige, S. 19, 32 f. Deutsche Staats- und Ministerial-Zeitung, Nr. 10, 2. Februar 1796, Sp. 156 ff. Ebd., Nr. 26, 29. März 1796, Sp. 416. Ebd., Nr. 59, 22. Juli 1796, Sp. 941 ff. Ebd., Nr. 60, 26. Juli 1796, Sp. 959 f. Neue Vertheidigung I, S. 1 ff., 82 f., 155 ff., 166 ff., 195 ff. (Zitat ebd., S. 1 f.). Ebd. II, S. 70 f., 188 ff., 195, 214 ff. Schluß des Fränkischen Reichskreises [Folio-Ausgabe], S. 9 ff., 28 ff. Actenmäsige Geschichts-Erzählung von der ohnmittelbaren Reichs-Ritterschaft, S. 82 f. Abdruck Kaiserl. Handschreibens ... de dato Wien den 7ten September, 1796, S. 10 ff., 22 ff., inbes. 27 ff. Verhandlungen des Kurfürstl. Collegiums (Staats-Archiv), S. 212. Patriotische Fragen, S. 5 ff. – Vgl. auch die nicht speziell auf die Reichsritterschaft bezogenen Passagen in der »Deutschen Staats- und Ministerial-Zeitung« (Nr. 9, 29. Januar 1796, Sp. 141 f.). Siehe ferner die weniger direkten Aussagen in: Entwicklung der Landeshoheit über das Rittergut Rechenberg, S. 391 u. [*Rebmann*], Der wahre Gesichtspunkt, S. 29. – Die bei *Hallo* (Etwas über einige, S. 18 f. (Zitat ebd., S. 19)) zitierte Aufforderung der von Berlins Übergriffen betroffenen Reichsglieder an die kaiserliche Rheinarmee, »die Preussischen Exekutionskommandos todt zu schlagen« war eine ausdrücklich ironisch gemeinte Formulierung des Autors, um die angeblich von Kretschmann stammenden preußischen Theorien ad absurdum zu führen. Es handelte sich nicht um einen realen Aufruf der Reichsritterschaft, wie *Endres* (preußische Ära, S. 181; Reformmodell, S. 40. Ära Hardenberg, S. 187) postuliert.

410 Siehe Kapitel I.1.

411 Patriotische Fragen, S. 4 f., inbes. aber 19 (Zitat ebd., S. 19).

412 Patriotische Fragen, fortl.

413 *G. Schmidt*, Geschichte, fortl., inbes. S. 92 ff., 349 ff. (Zitate ebd., S. 98 u. 350). *Ders.*, Freiheit, S. 113 ff. *Ders.*, Reich, S. 112 ff.

ler« Unterton mitschwingen[414]. Übertragen auf den angesprochenen Fall in der reichsritterschaftsnahen Publizistik, diente der Rekurs auf die »teutsche Freiheit« sowohl zur Solidarisierung der im weitesten Sinne reichspatriotisch und national gesinnten Kreise mit den Opfern der preußischen Mediatisierungen über alle regionalen, konfessionellen und ständischen Unterschiede hinweg als auch zur Abgrenzung und Mobilisierung gegenüber Berlin[415].

In einer Zeit der an den Höfen umgehenden Revolutionsangst war der Verweis auf die bedenklichen Folgen, die das Handeln Berlins für den Staat und das Verhalten seiner Untertanen haben müsse, sicher kein unwirksames Argument der ritterschaftsfreundlichen Publizistik: Indem der preußische König mit schlechtem Beispiel vorangehe und die für ihn geltenden Gesetze und die Reichsjustiz missachte, würden seine Landeskinder dazu verleitet, es ihm gleichzutun und ihrem Monarchen den Gehorsam aufzukündigen[416]. Entsprechend machte »Gustaf Hallo« die Gefahr aus, dass die preußische Negierung der reichsgesetzlichen Ordnung zu einer Schreckensherrschaft wie in Frankreich führen könnte. Die Politik Berlins in Franken erschien nämlich der anarchischen und blutigen Herrschaft der französischen Revolutionäre äußerst ähnlich, gegen die Preußen erst vor wenigen Jahren zu Felde gezogen war. Daher prophezeite »Hallo« den preußischen Verantwortlichen – womit er insbesondere Kretschmann meinte – einen gewaltsamen Sturz, wie er Robespierre widerfahren war[417].

Zwar mochte keiner der anderen ritterschaftsnahen Autoren einem derart radikalen Vergleich mit den blutigsten Zeiten der Französischen Revolution folgen. Aber dafür drängten sich manchem für das Corpus equestre eintretenden Publizisten Parallelen zwischen der preußischen Mediatisierungspolitik in Franken und der Aufteilung Polens durch die benachbarten Großmächte geradezu auf[418]. Schließlich war Kritik an der Zweiten und Dritten Polnischen Teilung aus moralischen und machtpolitischen Überlegungen sowie als einem möglichen Präzedenzfall für ein gleichartiges Schicksal des Reichsverbandes im ausgehenden 18. Jahrhundert weit verbreitet. Das vorübergehende Einvernehmen der beiden deutschen Großmächte in den Jahren nach der Reichenbacher Konvention von 1790 hatte derartigen Befürchtungen zusätzlich Nahrung gegeben[419]. Kaum schmeichelhafter als der Vergleich mit

414 *G. Schmidt*, Geschichte, S. 328 f. *Ders.*, Freiheit, S. 113.

415 Vgl. *G. Schmidt*, Freiheit, S. 113 ff. u. *Ders.*, Reich, S. 112 f.

416 *Hallo*, Etwas über einige, S. 12. f. [*Häberlin*], Ungrund, S. 101. Vgl. die ähnliche Argumentation der Fränkischen Kreisversammlung (Schluß des Fränkischen Reichskreises [Folio-Ausgabe], S. 22) anlässlich der preußischen Übergriffe auf die Reichsstadt Nürnberg.

417 *Hallo*, Etwas über einige, S. 11 ff., 43 f.

418 Deutsche Staats- und Ministerial-Zeitung, Nr. 59, 22. Juli 1796, Sp. 930, 941. – Vgl. auch die Klage über das »deutsche Pohlen« in der »Deutschen Staats- und Ministerial-Zeitung« (Nr. 61, 29. Juli 1796, Sp. 975) in einem Beitrag über die eigenmächtige Aufhebung des kaiserlichen Landgerichts des Burggrafentums Nürnberg durch Berlin.

419 *Aretin*, Das Alte Reich III, S. 378, 408 ff., 442 f., 448. *Mader*, Priester, S. 24. *Tschirch*, Geschichte I, S. 69 f., 76 ff., 155 ff. *B. Braun*, Reich, S. 12 f. [*Riem*], Ueber die politische Lage und das

dem Schicksal Polens war für Berlin die Gleichsetzung seiner Politik mit den »Reunionen« Ludwigs XIV. von Frankreich im Allgemeinen und den Maßnahmen seiner »Reunionskammern« im Besonderen: Ebenso wie die preußischen Ober- und Unterämter sowie das königliche Landesministerium die immediaten Rittergüter kurzerhand für landsässig erklärten und sich ein Urteil über die Reichsunmittelbarkeit anderer Reichsglieder anmaßten, hätten die französischen Reunionskammern entgegen den Bestimmungen des Westfälischen Friedens dazu gedient, die Eroberungsabsichten des »Sonnenkönigs« in Elsass und Lothringen mit dem Mantel der vorgeblichen Legitimität zu bedecken[420]. Angesichts der zerstörerischen Kriegsführung Ludwigs XIV. im Pfälzischen Krieg (1688 – 1697), seiner vorangegangenen Reunionspolitik auf Kosten des Reichsverbandes und der Härte der seit 1792 andauernden militärischen Auseinandersetzung mit Frankreich dürfte es um 1800 kaum einen abwertenderen Vergleich im Alten Reich gegeben haben[421].

Doch nicht nur die negativen Beispiele der Polnischen Teilungen und der französischen »Reunionen« wurden von der reichsritterschaftsnahen Publizistik genutzt, um das Vorgehen Berlins in Franken zu diskreditieren. Umgekehrt verwiesen die für die Reichsritterschaft eintretenden Federn auf den offensichtlichen Widerspruch zwischen den Mediatisierungen Berlins ab 1792 und dem früheren Handeln der preußischen Könige. Besonders deutlich schien dieser Gegensatz angesichts der verfassungsgemäßen Intervention Friedrich Wilhelms II. gegen die Okkupation des Lippischen Anteils der Grafschaft Schaumburg durch Hessen-Kassel im Jahr 1787 zu werden. Dabei hatte der preußische König die Rechtsverbindlichkeit der Handlungen von Regierungsvorgängern postuliert sowie Gewaltverzicht und die Einhaltung des für Konfliktfälle in der Reichsverfassung vorgesehenen Rechts- oder Vergleichswegs gefordert. Vor allem die umfangreichste reichsritterschaftliche Verteidigungsschrift, die »Neue Vertheidigung«, sowie das Traktat des Baunacher Syndikus Schmidt hielten Berlin bei jeder sich bietenden Gelegenheit das Beispiel des vermeintlich gerechten und aufgeklärten Königs

Staats-Interesse von Europa, S. 56 ff., 110. [*Ders.*], Ueber Preußens Politik, S. 87 f. Von der Wiedervereinigung der Brandenburgischen Fürstenthümer (Staatsarchiv), S. 20 f. bzw. Von der Wiedervereinigung der Brandenburgischen Fürstenthümer (Teutsche Staatskanzley), S. 191. Gewaltsame Ankündigung (Teutsche Staatskanzley), S. 306. *Batz*, Entwicklung der Brandenburgischen Hausverträge (Staatsarchiv), S. 125 f., 131 Anm. hh. *Wrasky*, Rebmann, S. 95. – Für ein besonders spätes Beispiel für publizistische Kritik an der Polenpolitik Berlins siehe: *Tschirch*, Geschichte II, S. 150 ff. Vgl. auch für das Jahr 1801: Statistische Tabellen über die Brandenburgschen Ein- und Umgriffe, StA Ludwigsburg, B 575 IV, Bü 354, hier: Vorrede.

420 Neue Vertheidigung I, S. 89 f., 154. Ebd. II, S. 1 f. *F. C. Schmidt*, Beyträge I, S. 123 Anm. 62. *Hallo*, Etwas über einige, S. 36 ff. (Zitat ebd., S. 36). Patriotische Fragen, S. 11 ff., 18 (Zitate ebd., S. 11).

421 Zum Koalitionskrieg gegen das revolutionäre Frankreich siehe Kapitel III.2, III.2.1, VI.2 u. VII.1. – Zu den angesprochenen Aspekten der Politik Ludwigs XIV. von Frankreich siehe z. B. *Malettke*, relations, S. 381 ff., 399 f., 406, 428, 491 f., *Ders.*, Ludwig XIV., S. 127 ff., 139 ff., *Schilling*, Höfe, S. 232 f., 252 ff. oder *Mandrou*, Staatsräson, S. 65 ff.

Friedrich II. von Preußen vor. Das argumentative Spektrum reichte dabei vom aufklärerischen Frühwerk der Kronprinzenzeit, dem »Antimachiavell«, der ausgiebig zitiert wurde, bis hin zur Gründung des Fürstenbunds, der sich die Aufrechterhaltung der Reichsverfassung auf die Fahnen geschrieben hatte[422]. Auf diese Weise wurde das Bild des aufgeklärten Monarchen, das Friedrich II. nicht ganz uneigennützig und im Gegensatz zu etlichen seiner politischen Entscheidungen in der Öffentlichkeit kultiviert hatte, zur Waffe gegen die Politik seiner Erben[423].

Nicht nur das Vorgehen Berlins bei der Unterwerfung der in der Nähe Ansbach-Bayreuths gelegenen immediaten Rittergüter erregte den Widerspruch der ritterschaftsnahen Publizisten. Auch die Begründung der preußischen Landeshoheitsansprüche auf reichsritterschaftliches Gebiet wurde auf dem Wege des Ius publicum beleuchtet und widerlegt. Dabei stellte die Verteidigung der Unmittelbarkeit des Freiherrlich von Berlichingischen Ritterguts Rech(en)berg einen Sonderfall dar, da sie den Umstand ausnutzen konnte, dass die Thesen der preußischen Publizistik vor allem an den fränkischen Territorial- und Rechtsverhältnissen orientiert waren. Rech(en)berg steuerte jedoch zum Kanton Kocher, gehörte also rechtlich zum schwäbischen Ritterkreis. Auch historisch und geografisch galt es seinem Besitzer als Teil Schwabens, obwohl es an der Grenzlinie des Schwäbischen zum Fränkischen Reichskreis gelegen war[424]. Dass sich ungeachtet solcher Sonderfälle grundlegende Argumentationsmuster der ritterschaftsnahen Publizistik bei etlichen ihrer Vertreter wiederfanden, wird im Folgenden zu zeigen sein.

Um die Reichsunmittelbarkeit der von den preußischen Landeshoheitsansprüchen betroffenen Reichsritter nachzuweisen, entwickelte auch die ritterschaftliche Publizistik eine reichsrechtliche »Meistererzählung« und ging dafür bis »in das graue Alterthum zurück«[425]: Zwar wäre es ungewiss, ob die Reichsritterschaft von dem bei Tacitus bezeugten, auf Verdienst gegründeten, erblichen deutschen Uradel abstamme[426]. Aber soviel sei sicher, dass der

422 Neue Vertheidigung I, S. 200 f. Ebd. II, S. 43 f., 49 f., 165 ff., 210 ff., 218 ff. Deutsche Staats- und Ministerial-Zeitung, Nr. 8, 26. Januar 1796, Sp. 122. *F. C. Schmidt*, Beyträge I, S. 19 ff., 61, 90 fortl. *Hallo*, Etwas über einige, S. 44 ff. Schluß des Fränkischen Reichskreises [Folio-Ausgabe], S. 11 f. Actenmäsige Geschichts-Erzählung von der ohnmittelbaren Reichs-Ritterschaft, S. 60 ff. Ebd., Beilagen, Nr. 15a-16c, S. 44–52, hier: S. 44 ff. Abdruck Kaiserl. Handschreibens ... de dato Wien den 7ten September, 1796, S. 30 ff. Verhandlungen des Kurfürstl. Collegiums (Staats-Archiv), S. 210 ff. Vgl. auch: Patriotische Fragen, fortl. – Speziell zum »Antimachiavell« siehe beispielsweise *Kunisch*, Friedrich, S. 123 ff.

423 *Bringmann*, Preußen, S. 194 f., 222 ff., 238.

424 Entwicklung der Landeshoheit über das Rittergut Rechenberg, S. 381 ff.

425 Neue Vertheidigung I, S. 4 f. – Vgl. auch die von der Argumentationsstruktur vergleichbaren, jedoch etliche Jahrhunderte später ansetzenden Ausführungen zur Herkunft der Freiherrn von Berlichingen sowie der Freiherrn von Geuder, »deren ersten Ursprung Deutschlands finsteres Zeitalter vor dem dreizehenden Jahrhundert verbirgt« (Actenstücke die ... bestrittene Unmittelbarkeit der reichslehenbaren Hofmark Heroldsberg I, S. 1 ff. (Zitat ebd., S. 1). Entwicklung der Landeshoheit über das Rittergut Rechenberg, S. 381).

426 Neue Vertheidigung I, S. 8 ff.

niedere und der höhere Adel der Gegenwart aus der gemeinsamen Wurzel der frühmittelalterlichen Freien erwachsen seien, die sich allein durch das Ausmaß ihres Grundbesitzes unterschieden hätten. Der vermögendere Hochadel sei seit den Merowingern mit den Herzogs- und Grafenämtern betraut worden, denen der Großteil des im 10. Jahrhundert entstandenen niederen Adels – und damit die Vorfahren der Reichsritterschaft – nur in ihrer Funktion als kaiserliche Richter und Feldherren im Reichskrieg unterworfen war[427]. Schließlich sei dieser niedere Adel in Franken, Schwaben und am Rhein im Regelfall reichsunmittelbar gewesen, während es gerade in Sachsen, dem Herzogtum Bayern sowie den braunschweigischen Besitzungen seit jeher viele mittelbare Adlige gegeben habe. Diese immediate Stellung der schwäbischen, fränkischen und rheinischen Reichsritter und ihrer Vorfahren habe sowohl für die Person des Adligen gegolten als auch für den Großteil seiner Besitzungen, die sich aus »zu Lehn aufgetragenen uralten Stammgüter[n]« sowie weiteren reichsunmittelbaren Reichslehen zusammensetzten[428]. Allein durch die Erblichwerdung der Grafen- und Herzogsämter sowie die rechtswidrige Ausdehnung ihrer Befugnisse in den Jahrhunderten nach Karl dem Großen sei der niedere »freye Adel in eine Art von Abhängigkeit« zum Hochadel geraten[429]. Jedoch habe am Rheinstrom die territoriale Zersplitterung den dortigen Reichsrittern die Behauptung ihrer Reichsunmittelbarkeit ermöglicht. In Franken und Schwaben habe der Niedergang des gräflichen Richteramts und

427 Ebd., S. 12 ff., 26, 38 f. Vielfach ähnlich in: [*Rebmann*], Der wahre Gesichtspunkt, S. 2 ff., 21.

428 Neue Vertheidigung I, S. 17, 33, 38 f., 43 Anm. 65., 95 f. (Zitat ebd., S. 17). Ebd. II, S. 31 f., 43, 68 f., 103 f., 179. Actenstücke die … bestrittene Unmittelbarkeit der reichslehenbaren Hofmark Heroldsberg I, S. 52 ff. [*Rebmann*], Der wahre Gesichtspunkt, S. 8, 22 ff. – Vgl. auch die Ausführungen zum Charakter Heroldsbergs als Reichsallod und späteres Reichslehen in: Actenstücke die … bestrittene Unmittelbarkeit der reichslehenbaren Hofmark Heroldsberg I, S. 4 f., 56 ff., 103 f., 119 ff., 200 f., 211 u. Ebd. II, S. V ff., 261 ff. Anm. 9–11, 270 ff. Anm. 16 ff., 296 ff. Anm. 39 ff., 306 Anm. 46, 337 Anm. 65, 378 f. – Neben den besagten immediaten Lehen reklamierte die Reichsritterschaft gelegentlich auch die Fortexistenz reichsunmittelbarer Allodien bis ins 16. und weit darüber hinaus bis in die Gegenwart für sich (Entwicklung der Landeshoheit über das Rittergut Rechenberg, S. 381 ff., 394 ff., 408 f., 414 ff., 429 ff.). – Interessant ist, dass ausgerechnet das »Staatsarchiv der Königl. Preuß. Fürstenthümer« (Urkunden-Buch, S. 467, 587 ff. *K. H. Lang*, Staatsrechtliche Entwicklung des Landsassiats, S. 18 f., 34 f. *Ders.*, Historisch diplomatische Nachricht von denen in der Königlich Preußischen Amtshauptmannschaft Kulmbach befindlichen anmaßlich Fränkischen Reichs-Rittergütern, S. 480 ff. Beleuchtung des in der Gräflich Pücklarischen Debit-Sache, S. 134 f., 159 ff., 179) wiederholt das freiwillige oder erzwungene ritterschaftliche Bestreben dokumentierte, ihre Allodien und Gerechtsame den zollerschen Markgrafen und anderen Reichsfürsten als Lehen aufzutragen. Nur in einem einzigen Beitrag von *Karl Heinrich Lang* (Historische Nachricht von den Verhältnissen des Rittergutes Aufseß, S. 183 ff., 195 ff.) entwickelte die preußische Seite eine Begründung, weshalb bestimmte ritterschaftlicherseits dem Haus Zollern aufgetragene Lehen in Wirklichkeit als gegebene Lehen anzusehen seien. In allen anderen Fällen hätte sich die reichsritterschaftliche Publizistik problemlos auf die unfreiwilligen preußischen Vorlagen berufen können, um ihre Behauptungen von den einst aufgetragenen reichsritterschaftlichen Lehen zu stützen. Allerdings ließen die ritterschaftsnahen Autoren diese Chance ungenutzt.

429 Neue Vertheidigung I, S. 19 f. (Zitat ebd., S. 19).

vor allem das Erlöschen des dortigen Herzogsamts nach dem Tod Konradins 1269 die alte ritterschaftliche Reichsunmittelbarkeit erneuert[430]. Mit dieser Argumentation legitimierte die reichsritterschaftsnahe Publizistik das reichsrechtliche Lehrgebäude des Territorium inclausum, an dem wiederum wesentlich die Reichsunmittelbarkeit der Rittergenossen hing[431]: Nach der Reichsverfassung dürfe nämlich – so die publizistischen Verfechter der reichsritterschaftlichen Unmittelbarkeit – die geografische Lage der im preußischen Gebiet inklavierten fremden Besitzungen kein Argument für deren Unterwerfung unter die Herrschaft Berlins sein[432]. Bis ins frühe 17. Jahrhundert, teils sogar bis in die Zeit Karl Alexanders, hätten selbst die Ansbacher und Bayreuther Markgrafen und deren Räte die Gültigkeit der Territorialverfassung des Territorium mixtum für Franken sowie das dort geltende Primat von ruhigem Besitz und Herkommen eingestanden[433]. Ferner habe Berlin selbst in einer seiner öffentlichen Erklärungen über die fränkischen Landeshoheitsstreitigkeiten, in seinen Vergleichsangeboten sowie durch die Anerkennung der Reichsunmittelbarkeit des Nürnberger Pflegamts Lichtenau die Möglichkeit der Existenz fremder, immediater Territorien innerhalb der fränkischen Markgrafentümer eingestanden[434]. Doch dies waren nicht die einzigen Argumente, die für die »Unanwendbarkeit der Sächsischen Rechts-Principien von einem Territorio clauso« in Franken sprachen. Auch von verschiedenen Kaisern sowie den Kreisständen und Reichsrittern seien die einzelnen fränkischen Territorien als zusammengesetzte, verstreute Gebilde (Territoria collectiva) anerkannt worden. Dies wiederum sei das entscheidende Kennzeichen des Territorium inclausum gegenüber dem Territorium clausum, für das die »natürlich [...] oder unmittelbar zusammenhängend[en]« Besitzungen (Territoria contigua) in der Hand eines Landesherrn typisch wären[435]. Träfe der von Berlin für Franken behauptete Grundsatz

430 Neue Vertheidigung I, S. 21 ff., 40, 57. Ebd. II, S. 77, 186. [*Rebmann*], Der wahre Gesichtspunkt, S. 20 ff. Vgl. *F. C. Schmidt*, Beyträge I, S. 22 u. Entwicklung der Landeshoheit über das Rittergut Rechenberg, S. 381, 389 ff.

431 Siehe Kapitel II.3.

432 Neue Vertheidigung II, S. 197. Deutsche Staats- und Ministerial-Zeitung, Nr. 10, 2. Februar 1796, Sp. 156 ff. Actenstücke die ... bestrittene Unmittelbarkeit der reichslehenbaren Hofmark Heroldsberg I, S. 90 f. Abdruck Kaiserl. Handschreibens ... de dato Wien den 7ten September, 1796, S. 17 ff. – Die Freiherrn von Geuder betonten zur Sicherheit auch noch, dass ihre Herrschaft Heroldsberg nicht in, sondern nur an den vorgeblichen Grenzen der brandenburgischen Fürstentümer in Franken läge (Actenstücke die ... bestrittene Unmittelbarkeit der reichslehenbaren Hofmark Heroldsberg I, S. 92 f., 98. Ebd. II, S. IV f., 252 ff. [inbes. 252 ff. Anm. 1 ff.], S. 281 ff. [inbes. 283 ff. Anm. 30 ff.] u. S. 301 f. [inbes. 301 Anm. 43]). Schließlich wollten sie die immediate Rechtsstellung ihres Reichslehens gegenüber Berlin nachweisen und konnten daher die preußischerseits aufgestellten Kriterien für ihre Unmittelbarkeit nicht einfach verwerfen (siehe Kapitel VII.2 u. VIII.3.1).

433 Neue Vertheidigung I, S. 123 f., 91 ff.

434 Actenstücke die ... bestrittene Unmittelbarkeit der reichslehenbaren Hofmark Heroldsberg I, S. 91. Abdruck Kaiserl. Handschreibens ... de dato Wien den 7ten September, 1796, S. 20.

435 Neue Vertheidigung II, S. 75 ff. (Zitat ebd., S. 75). *F. C. Schmidt*, Beyträge I, S. 51, 93 Anm. 18.

»quidquid in territorio etiam de territorio« zu, dann müssten auch die im reichsritterschaftlichen Heroldsberg inklavierten preußischen Untertanen und Lehen der Landeshoheit der dortigen Herrschaft unterworfen sein[436]. Abgesehen von zentralen rechtlichen Grundtatsachen ließ die Entstehungsgeschichte der Markgrafentümer Brandenburg-Ansbach und -Kulmbach-Bayreuth für die ritterschaftsnahe Publizistik ebenfalls keinen Zweifel aufkommen, dass der Fränkische Reichskreis im Allgemeinen und die dortigen zollerschen Herrschaften im Besonderen ein Territorium inclausum oder mixtum bildeten[437]. Die Burggrafen aus dem Hause Zollern hätten nämlich noch zu Anfang des 13. Jahrhunderts in Franken keinen Grundbesitz besessen. Vielmehr hätten sie ihren späteren Herrschaftsbereich erst seit der Mitte des Jahrhunderts sukzessive in Form von verstreuten und mehrheitlich reichsritterschaftlichen Gebieten erworben, und dieser Streubesitz sei nicht eher als 1363 zu einem Fürstentum zusammengefasst worden[438]. Im Gegensatz zu den Anfängen der Burggrafen aus dem Hause Zollern seien die Besitzungen der Reichsritterschaft einst weit umfangreicher gewesen und hätten beispielsweise erhebliche Teile Schwabens und Frankens umfasst. In der Vergangenheit seien diese Güter jedoch durch fromme Stiftungen an geistliche Institutionen

Actenmäsige Geschichts-Erzählung von der ohnmittelbaren Reichs-Ritterschaft, S. 82 f. (Zitat ebd.). Abdruck Kaiserl. Handschreibens ... de dato Wien den 7ten September, 1796, S. 18 f. Vgl. auch: Actenstücke die ... bestrittene Unmittelbarkeit der reichslehenbaren Hofmark Heroldsberg II, S. V. – Vgl. ferner die Anerkennung des fränkischen Territorium inclausum durch Reichs- und Kreisstände in: Actenstücke die ... bestrittene Unmittelbarkeit der reichslehenbaren Hofmark Heroldsberg I, S. 89, Actenmäsige Geschichts-Erzählung von der ohnmittelbaren Reichs-Ritterschaft, S. 82 f. u. Schreiben der Fürstbischöflichen Bamberger Regierung an den Ortsvorstand Rhön-Werra, in: ebd., Beilagen, Nr. 70, S. 160 – 163, hier: S. 160 f.

436 Actenstücke die ... bestrittene Unmittelbarkeit der reichslehenbaren Hofmark Heroldsberg I, S. 95 f. (Zitat ebd., S. 95). Vgl. auch: Entwicklung der Landeshoheit über das Rittergut Rechenberg, S. 391 f.

437 Neue Vertheidigung I, S. 121 ff. Ebd. II, S. 172 ff., 183 ff., 196 f., 204 f., 214 f. Schluß des Fränkischen Reichskreises [Folio-Ausgabe], S. 30. *F. C. Schmidt*, Beyträge I, S. 24 f. Actenstücke die ... bestrittene Unmittelbarkeit der reichslehenbaren Hofmark Heroldsberg I, S. 52 ff. Actenmäsige Geschichts-Erzählung von der ohnmittelbaren Reichs-Ritterschaft, S. 12, 77 f.

438 Neue Vertheidigung I, S. 24 Anm. 35, S. 29, 65 f., 77 ff., 121 f. Ebd. II, S. 83 ff., 158 f., 171 ff., 204. Verzeichnis verschiedener an das Haus Bayreuth gekommener Güter, in: Beylagen zur neuen Vertheidigung, Nr. 1, S. 1 – 18, hier: fortl. Actenstücke die ... bestrittene Unmittelbarkeit der reichslehenbaren Hofmark Heroldsberg I, S. 1, 6 ff., 51 ff. *F. C. Schmidt*, Beyträge I, S. 23 ff., 76 Anm. 4, 91 Anm. 16, 102 ff. Anm. 29. Actenmäsige Geschichts-Erzählung von der ohnmittelbaren Reichs-Ritterschaft, S. 3, 66 Anm. *, 77. Verzeichnis der in alten Urkunden erwähnten Freiherrlich von Seckendorffischen Güter, in: ebd., Beilagen, Nr. 68, S. 155 – 158, hier: S. 156. Verzeichnis einiger nach ehemaligen Inhabern benannter Orte um Windsheim und im Oberamt Hoheneck, in: ebd., Beilagen, Nr. 69, S. 159. Vgl. auch: Abdruck Kaiserl. Handschreibens ... de dato Wien den 7ten September, 1796, S. 18 f. u. [*Rebmann*], Der wahre Gesichtspunkt, S. 21 ff.

ebenso geschmälert worden wie durch die rechtswidrige Einziehung des Erbes gefallener Ritter durch ihre fürstlichen Nachbarn[439].

Mit dem reichsrechtlichen Lehrgebäude vom Territorium non clausum übernahm die ritterschaftsnahe Publizistik die vorherrschende Mehrheitsmeinung der Reichspublizistik[440]. Aber die in diesem Zusammenhang vertretene Theorie der dem Hochadel angeblich ranggleichen und freien Abkunft der späteren Reichsritter musste angesichts des mediävistischen Kenntnisstands des ausgehenden 18. Jahrhunderts höchst zweifelhaft erscheinen. Schließlich war bereits einem Johann Jacob Moser bewusst, dass ein erheblicher Teil des niederen Reichsadels von den ursprünglich unfreien Ministerialen abstammte[441]. Letzteres war eine Annahme, die auch noch dem heutigen Forschungsstand entspricht, wie bereits ausgeführt wurde[442]. Wenn die ritterschaftsnahe Publizistik dennoch nichts von einer Abstammung der Reichsritter von der mittelalterlichen Ministerialität wissen wollte, ist dies nicht zuletzt durch die Erfahrungen früherer Auseinandersetzungen um die reichsritterschaftliche Unmittelbarkeit und Vorrechte erklärbar: Bei den Reichstagsrekursen von 1749/53 versuchte Württemberg seine Forderungen zulasten der reichsritterschaftlichen Rechtsstellung mit dem Verweis auf die Herkunft der Rittergenossen aus der Ministerialität zu begründen[443]. Die angesprochene Vorstellung der preußenfeindlichen Publizistik, dass die reichsritterschaftlichen Besitzungen zu einem erheblichen Teil oder gar mehrheitlich adlige Allodien gewesen seien, die von den Vorfahren der Reichsritter den benachbarten Fürsten als Lehen aufgetragen wurden (Feuda oblata) und nicht verliehen wurden (Feuda data oder collata), war keineswegs neu: Erstmals hatte Samuel Pufendorf (1632–1694) in seiner 1667 erschienenen Reichsverfassungsschrift »De statu imperii germanici« eine Trennung der Lehen in gegebene und aufgetragene herausgearbeitet, da er durch die »oblatio feudorum« die besondere Verfasstheit des Reichsverbandes mit der starken Stellung der Reichsfürsten erklären konnte. Pufendorfs Lehre wurde dann von Thomasius sowie Peter von Ludewig aufgenommen und fortentwickelt[444]. Auch Johann Jacob Moser übernahm die Theorie der aufgetragenen Lehen in seine Betrachtungen der reichsritterschaftlichen Rechtsstellung[445].

439 Neue Vertheidigung I, S. 30 Anm. 43, 32 f., 94 ff. Ebd. II, S. 87, 171, 178. Vgl. auch Actenstücke die ... bestrittene Unmittelbarkeit der reichslehenbaren Hofmark Heroldsberg I, S. 5 f.

440 Siehe Kapitel II.3.

441 *Moser*, Von denen Teutschen Reichs-Ständen, S. 1251 f.

442 Siehe Kapitel II.1.

443 *Roth von Schreckenstein*, Geschichte II, S. 459 f.

444 *Denzer* (Hg.), Pufendorf, S. 46 f., 151 Anm. 46, 203 f. (Zitat ebd., S. 203). *H. H. Hofmann*, Herrschaft, S. 492. Schreiben von Pufendorf an Thomasius, Berlin, 19. Juni 1688, in: *Barrentrapp* (Hg.), Briefe, Nr. 9, S. 30–33, hier: S. 33, 33 Anm. 1. – Zur Person Pufendorfs und seiner Reichsverfassungsschrift siehe *Luig*, Pufendorf, (1995), S. 506 (Zitat ebd.) u. *Ders.*, Pufendorf (2003), S. 3 f. – Speziell zur Unterscheidung in aufgetragene und gegebene Lehen siehe beispielsweise auch *Häberlin*, Handbuch I, S. 209 ff.

445 *Moser*, Von denen Teutschen Reichs-Ständen, S. 1276.

Der über hundert Jahre nach Pufendorf schreibende Lizenziat beider Rechte und ehemalige reichsritterschaftliche Konsulent Johann Georg Kerner war davon überzeugt, dass ein erheblicher Teil der immediaten Ritterlehensgüter aufgetragene Allodien der Reichsritterschaft seien. Schließlich war in reichsritterschaftlichen Kreisen die Vorstellung über die eigenen Feuda oblata ebenfalls keine Novität, sondern Teil eines spezifisch ritterschaftlichen Geschichtsbildes, das nicht nur der Selbstversicherung diente, sondern auch rechtlich legitimierende Funktionen erfüllte[446]. Dennoch konnte die Frage, ob die reichsritterschaftlichen Lehen der verschiedenen fürstlichen Lehenshöfe mehrheitlich aufgetragene oder verliehene Güter waren, auch im gegenteiligen Sinne beantwortet werden. Dies zeigt besonders deutlich der Federkrieg zwischen reichsständischer und ritterschaftsnaher Publizistik um die Mediatisierung der verbliebenen immediaten Rittergüter ab 1802/03[447]. Dass die heutige Forschung in den reichsfürstlichen Lehen der reichsritterschaftlichen Vasallen mehrheitlich Feuda data sieht, steht auf einem anderen Blatt und hatte für die reichsrechtliche Frage nach der Herkunft der Besitzungen des Corpus equestre um 1800 keine Bedeutung[448].

Doch die bisherigen Ausführungen zum Ursprung der Vorfahren des niederen Reichsadels und dem rechtlichen Charakter seiner Güter waren nur ein Teil des Gedankengebäudes, das in der einschlägigen Publizistik zur Verteidigung der reichsritterschaftlichen Unmittelbarkeit gegen die preußischen Landeshoheitsansprüche errichtet wurde: Während die Reichsritterschaft bereits durch das früh- und hochmittelalterliche Ritterwesen entstanden sei[449], also weitaus älteren Ursprungs sei, habe sich ihr korporativer Zusammenschluss erst im späten Mittelalter als Reaktion auf die Unterwerfungsabsichten ihrer fürstlichen und gräflichen Nachbarn herausgebildet. Wichtige Etappen auf dem Weg zur organisierten und bevorrechteten Reichsritterschaft seien dabei das Privileg von 1422 mit dem den Rittern zugestandenen Einungsrecht, das ritterschaftliche Bündniswesen des Spätmittelalters, der Kampf der Reichsritter gegen die Heranziehung zum Gemeinen Pfenning sowie die ins 16. Jahrhundert datierenden reichsritterschaftlichen Zusammenschlüsse, Besteuerungsrechte und Charitativzahlungen gewesen. Diese verschiedenen Ereignisse dokumentierten aus der Sicht der reichsritterschaftlichen Publizisten nicht zuletzt, dass die Rittergenossen hinsichtlich ihrer Reichsunmittelbarkeit und ihrer landesherrlichen Rechte den Fürsten einst nicht nachstanden[450]. Dabei erschien der reichsritterschaftlichen Publizistik der Hinweis auf das jahrhundertelange bis zum Beginn der Frühen Neuzeit andauernde gute Einvernehmen zwischen den zollerschen Burg- und

446 *Kerner*, Staats-Reichs-Recht, S. 246 ff., 276.

447 Die Beleuchtung aus Bayern, S. 46, 56 f. Mémoire sur l'origine, S. 16 f. Beleuchtung der in einer gedruckten k. k. Gesandtschafts-Note, BayHStA, MA, Nr. 4573, S. 4.

448 *Eberlein*, Bayerns Anteil, S. 40. Vgl. *Denzer* (Hg.), Pufendorf, S. 151 Anm. 46.

449 Neue Vertheidigung I, S. 20 f.

450 Ebd., S. 28 ff. Entwicklung der Landeshoheit über das Rittergut Rechenberg, S. 381.

späteren Markgrafen einerseits und der Reichsritterschaft in Franken andererseits besonders wichtig. Mit dieser Feststellung war die Anerkennung der Unmittelbarkeit der reichsritterschaftlichen Güter durch die fränkischen Zollern nämlich aufs Engste verknüpft. Die zollerschen Markgrafen in Franken wären nicht nur mit den Verhandlungen über eine ritterschaftliche Beteiligung am Gemeinen Pfenning von 1495 betraut worden und hätten an einem der frühen Konvente der sechs fränkischen Kantone im Jahr 1515 selbst teilgenommen. Die Markgrafen aus dem Hause Zollern hätten sich zudem wiederholt mit den Reichsrittern in Einungen zur Fehdehilfe und zur Wahrung des Landfriedens zusammengeschlossen. Dies habe selbst Markgraf Albrecht Achilles getan, der nun zur Begründung der angeblichen preußischen Landeshoheit herhalten müsse: »Unverantwortlich ist es daher, wenn einige Neubrandenburgische Politiker im 18ten Jahrhunderts kein Bedenken tragen, dem tapfern Markgrafen Albert Achilles, der im 15ten Seculo lebte, allerley Ansprüche und Absichten auf die Unmittelbarkeit der benachbarten Fränkischen Ritterschaft zu unterschieben, deren Freund und Bundesgenosse er war«[451]. Diese Feststellung war insofern zutreffend, als sich Markgraf Albrecht Achilles von Brandenburg-Ansbach bei seiner Reichs- und insbesondere bei seiner territorialen Expansionspolitik gegen Reichsstädte und geistliche Fürsten im Vorfeld und während des sog. Städte- oder ersten Markgräflerkriegs (1449–1453) auf die fränkische Ritterschaft stützte. Der Gewinnung der Ritter diente auch die Stiftung der oberdeutschen Zunge des Schwanenordens sowie die an ritterlichen Idealen wie dem Tunierwesen orientierte Festkultur am Hof Albrecht Achilles'[452].

Zu Recht merkte die reichsritterschaftliche Publizistik an, dass die obrigkeitlichen Befugnisse und Vorrechte der Rittergenossen aus einer Zeit stammten, in der »die Landeshoheit [...] noch nicht zur Reife gediehen« war – eine Feststellung, die implizit die auf eben solche ahistorischen Landeshoheitsvorstellung gegründeten Herrschaftsansprüche Berlins widerlegte[453]. Das gleiche Problem wurde wiederholt von der ritterschaftsnahen Publizistik thematisiert, indem sie darauf hinwies, dass die Landeshoheitsansprüche Berlins aus einer Zeit vor mehr als dreihundert Jahren abgeleitet würden, also einer Epoche, bevor die derzeitige Reichsverfassung und die Lehre von der Superioritas territorialis im gegenwärtigen Sinne überhaupt entstanden und

451 Neue Vertheidigung I, S. 30, 36 Anm. 53., 41 f., 48, 62 ff. (Zitat ebd., S. 67). Ebd. II, S. 174 ff., 192 f. Vgl. auch für das Geschlecht der von Geuder die ganz ähnliche Argumentation: Actenstücke die ... bestrittene Unmittelbarkeit der reichslehenbaren Hofmark Heroldsberg I, S. 3.

452 *Schuhmann*, Markgrafen (1980), S. 43 f. *Quirin*, Markgraf, S. 271 ff., 287 ff. *Weiß*, Hohenzollern, S. 41 ff. *Schreiner*, Geschichte, S. 91 f. *Roth von Schreckenstein*, Geschichte II, S. 18 f., 44 ff. *Schubert*, Albrecht Achilles, S. 131 ff., 167 f.

453 Neue Vertheidigung I, S. 38 ff. (Zitat ebd., S. 43). Vgl. hierzu auch: Neue Vertheidigung I, S. 59 u. Ebd. II, S. 95 ff.

ein viel späterer Besitzstand durch den Westfälischen Frieden sanktioniert worden seien[454].

Die vielfach angegriffenen reichsritterschaftlichen Privilegien waren für die reichsadligen Publizisten keine Besonderheit des Corpus equestre und nach ihrem Inhalt meist reichsgerichtliche Urteile, die rechtmäßige Freiheiten und Vorrechte bestätigen würden. Überhaupt seien die landesherrlichen Rechte und Vorzüge der Reichsritter und der Reichsfürsten mit Ausnahme der Reichs- und Kreisstandschaft identisch, gleichermaßen durch die Reichs(grund)gesetze legitimiert und würden aus derselben Quelle stammen, nämlich aus der Hand des Kaisers[455]. Letzteres war eine historisch nur teilweise zutreffende Behauptung, die zwar dem Selbstverständnis des kaiserlichen Reichsoberhaupts entsprochen haben dürfte, nicht aber dem eines preußischen Königs im späten »Absolutismus«.

Eine ausführliche Darstellung der Geschichte der reichsritterschaftlichen Korporation vom ausgehenden 16. bis ins späte 18. Jahrhundert diente der »Neuen Vertheidigung« als Folie, vor der die Widerrechtlichkeit früherer Eingriffe in die reichsritterschaftliche Rechtsstellung aufgezeigt werden konnte und damit auch die reichsrechtliche Fundierung der Befugnisse und Freiheiten des Consortium equestre in der Gegenwart. Dabei wurden naturgemäß auch diejenigen reichsständischen Übergriffe und Mediatisierungsversuche angeprangert, an denen sich die zollerschen Markgrafen in Franken beteiligt hatten, also vor allem die Unterwerfung der vogtländischen Ritterschaft bis 1615, die fürstliche Union von 1713 bis 1719 gegen das Corpus equestre sowie die Reichstagsrekurse von 1749/53[456]. Breiten Raum nahm das kantonale Kollektationsrecht auf den an die Reichsstände alienierten Rittergütern ein – ein Punkt, der zu den traditionellen Streitpunkten zwischen der Reichsritterschaft und den zollerschen Markgrafen in Franken gehörte. Hier

454 Neue Vertheidigung I, S. 164. *F. C. Schmidt*, Beyträge I, S. 94 Anm. 19, 96 Anm. 21, 105 Anm. 31, 106 Anm. 33. [*Rebmann*], Der wahre Gesichtspunkt, S. 2 ff., inbes. 10 ff. Schluß des Fränkischen Reichskreises [Folio-Ausgabe], S. 4 ff., 19, 30 f. Abdruck Kaiserl. Handschreibens ... de dato Wien den 7ten September, 1796, S. 10, 18 f. – Vgl. auch die Ausführungen in: Fortsetzung von der gewaltsamen Ankündigung (Teutsche Staatskanzley), S. 236 f. – Siehe ferner die etwas andere Argumentation zugunsten einer reichsritterschaftlichen Landeshoheit im 15. Jahrhundert über das Gut Rech(en)berg, die zwar noch nicht so heißen konnte, aber das gleiche gemeint habe: Entwicklung der Landeshoheit über das Rittergut Rechenberg, S. 388 ff.

455 Neue Vertheidigung I, S. 36, 43 f., 54, 73 ff., 84 ff., 107, 152 f., 180 ff. Ebd. II, S. 39 f., 208. *F. C. Schmidt*, Beyträge I, S. 94 Anm. 19. Actenstücke die ... bestrittene Unmittelbarkeit der reichslehenbaren Hofmark Heroldsberg I, S. 3 f. Actenmäsige Geschichts-Erzählung von der ohnmittelbaren Reichs-Ritterschaft, S. 13, 26 ff., 59, 82 f. Vgl. auch: Fortsetzung von der gewaltsamen Ankündigung (Teutsche Staatskanzley), S. 232 ff. u. [*Rebmann*], Der wahre Gesichtspunkt, S. 2 ff., 25.

456 Neue Vertheidigung I, S. 69 ff., 123 ff. Ebd. II, S. 171 f., 209. – Vgl. die gleiche Argumentationstechnik hinsichtlich der Besitzungen der Freiherrn von Geuder, deren Publizistik vor dem Leser ebenfalls ein Panorama zollerscher Übergriffe seit dem ausgehenden 15. Jahrhundert entfaltete: Actenstücke die ... bestrittene Unmittelbarkeit der reichslehenbaren Hofmark Heroldsberg I, S. 6 ff.

betonte die reichsadlige Publizistik, dass diese Frage mehrfach reichsgerichtlich entschieden und durch das Reichsgesetz vom August 1753 geregelt sei, das zur Beilegung sämtlicher Streitigkeiten um die reichsritterschaftlichen Vorrechte gütliche Vergleiche oder die Entscheidung der obersten Reichsgerichte vorschrieb. Zudem wurde ritterschaftlicherseits die Auffassung vertreten, dass alles, was nicht in der Wormser Reichsmatrikel von 1521 aufgeführt sei, nicht der reichsständischen Besteuerung und im Falle der reichsritterschaftlichen Güter dem kantonalen Kollektationsrecht unterliege[457]. Dieser Standpunkt ging zwar konform mit der Auffassung zahlreicher Reichspublizisten am Ende des Alten Reichs: Diese leiteten die Reichsunmittelbarkeit der reichsritterschaftlichen Güter und deren Steuerpflicht zur Rittertruhe aus dem Fehlen in der Wormser Reichsmatrikel von 1521 ab bzw. der alternativen Einschreibung in die Rittermatrikeln[458]. Dem entsprach auch die Rechtsprechung der höchsten Reichsgerichte, indem diese das reichsritterschaftliche Ius collectandi auf den an die Reichsstände alienierten, dem Corpus equestre aber weiterhin immatrikulierten Gütern verteidigte[459]. Allerdings waren solche Rechtsauffassungen nicht unproblematisch. Die Wormser Reichsmatrikel enthielt nämlich auch Reichsglieder, die später Bestandteil der reichsritterschaftlichen Korporation waren[460]. Vor allem aber eröffnete die besagte Verbindung von Reichsunmittelbarkeit, Einschreibung in eine reichsritterschaftliche Realmatrikel und kantonalem Steuerrecht Zirkelschlüssen Tür und Tor, indem beispielsweise aus dem real ausgeübten Kollektationsrecht der immediate Charakter eines Rittergutes gefolgert werden konnte[461].

Eine weitere Schwachstelle der reichsritterschaftlichen Beweisführung war die gelegentlich vertretene Behauptung, dass zentrale, von Berlin angegriffene reichsritterschaftliche Gerechtsame und Freiheiten in der Vergangenheit von den Zollern ebenso wie von den Reichsständen anerkannt worden seien oder zumindest nicht bestritten wurden[462]. Angesichts der in der »Neuen Vertheidigung« dargelegten Geschichte der Auseinandersetzungen zwischen dem Corpus equestre und seinen gräflichen und fürstlichen Nachbarn markierte eine solche Behauptung einen historischen und logischen Bruch in der reichsritterschaftlichen Argumentationskette[463]. Diese Inkonsequenz wurde

457 Neue Vertheidigung I, S. 71 ff., 94 ff., 148. Ebd. II, S. 39 ff., 51 ff., 164 f., 176.

458 *Kerner*, Staats-Genossenschaftsrecht, S. 216 f., 333. *Ders.*, Staats-Reichs-Recht, S. 25 ff. Darstellung der Verhältnisse des Kurhauses Pfalzbaiern, S. 4. *Vierhaus*, Eigentumsrecht, S. 237.

459 Siehe Kapitel III.1. Siehe zudem: [*Gönner*], Staatsrechtliche Verhältnisse der adeligen Gutsbesitzer, S. 26.

460 *Gerlich*, Reichsstände, Sp. 765.

461 Einige Bemerkungen über die Verhältnisse der unmittelbaren Reichsritterschaft, S. 6.

462 Neue Vertheidigung I, S. 152 ff. Entwicklung der Landeshoheit über das Rittergut Rechenberg, S. 385 ff. – Schon 1792 hatte *Rebmann* (Der wahre Gesichtspunkt, S. 24) die Bestätigung der Rechtsstellung der Reichsritterschaft in den verschiedenen Reichsgrundgesetzen betont.

463 Neue Vertheidigung I, S. 69 ff., 123 ff.

auch nicht dadurch gemildert, dass die ritterschaftliche Publizistik reale und vermeintliche Widersprüche der Berliner Propaganda aufs Korn nahm: Beispielsweise warf sie die Frage auf, wie die vorgeblich landsässigen Ritter »hinter dem Rücken des Brandenburgischen Hauses« die Reichsunmittelbarkeit und den Anschluss an die Reichsritterschaft sich hätten erschleichen sollen, wenn die Zollern eben diese Versuche schon in früher Zeit erkannt und bekämpft hätten. Zudem sei ein derartiges Verhalten mit dem ritterschaftlichen Charakter unvereinbar und beleidigend. Die Unterstellung, die Reichsritterschaft habe zollersche Landsassen mit ihren mittelbaren Gütern in das Corpus equestre rezipiert, sei durch das Eigeninteresse dieser neuen Rittergenossen und ihrer Untertanen widerlegt. Diese wären nämlich sonst zur Steuerzahlung an zwei Herrschaftsträger genötigt gewesen. Außerdem hätten Reichsgerichte und Reichstag die reichsritterschaftliche Unmittelbarkeit bestätigt[464]. Die Reichsabschiede des 15. und 16. Jahrhunderts sowie der Westfälische Frieden, auf die die preußische Publizistik kursorisch verwies, um zu belegen, dass die Ansbach-Bayreuth benachbarten Reichsritter nicht die Voraussetzungen der Reichsunmittelbarkeit erfüllen würden, erschienen aus reichsritterschaftlicher Sicht nur falsch interpretiert. Zwar war zutreffend, dass Berlin hier zu mancher reichsrechtlich höchst abenteuerlichen Deutung bereit war und sogar vermeintlich sachfremde Passagen zum Beleg seiner Thesen anführte. Aber die reichsritterschaftliche Seite interpretierte die Reichs(grund)gesetze nicht minder eindimensional zugunsten des Corpus equestre, als dies die königlichen Publizisten im Sinne Berlins taten[465]. Als Paradebeispiel hierfür kann Art. V § 28 des IPO dienen, der nach der ritterschaftlichen und im Gegensatz zur preußischen Lesart die Unmittelbarkeit der Reichsritterschaft zur Regel erhob[466]. Dass der besagte Friedensartikel von Anfang an ein politischer Kompromiss war, der Raum für zwei völlig konträre Interpretationen bot, wollte keine der Streitparteien sehen[467].

Sichtlichen Wert legte die reichsritterschaftliche Publizistik auf den Umstand, dass bereits Markgraf Karl Alexander sich den Verfügungen des Reichshofrats in seiner Auseinandersetzung mit dem Kanton Altmühl gebeugt habe und eine Beilegung der zwischen den brandenburgischen Fürstentümern in Franken sowie der Reichsritterschaft bestehenden Streitigkeiten wünschte. Schließlich habe er die Schuld an den bisherigen Auseinandersetzungen nicht zuletzt bei den markgräflichen Räten und Unterbeamten gefunden. Doch die Hoffnungen der fränkischen Kantone auf die Einstellung der bisherigen »Ungerechtigkeiten« seien, durch den Anfall Ansbach-Bayreuths an die Berliner Kurlinie getäuscht worden[468]. Im Anschluss an diese Feststel-

464 Neue Vertheidigung II, S. 176, 205 ff. (Zitat ebd., S. 176).
465 Ebd., S. 187 ff.
466 Neue Vertheidigung I, S. 84 f., 180. Ebd. II, S. 194 f.
467 Siehe Kapitel III.1.
468 Neue Vertheidigung I, S. 125 ff., 156 (Zitat ebd., S. 133). *F. C. Schmidt*, Beyträge I, S. 26 ff. Paritionsanzeige Karl Alexanders mit Beilagen, o.O., 26. Mai 1789, in: Beylagen zur neuen

lung zeichneten die drei offiziellen reichsritterschaftlichen Traktate die wichtigsten Schritte der Mediatisierungspolitik Berlins gegen die Ansbach-Bayreuth benachbarten Rittergüter nach. Dabei wurde die postulierte Rechtswidrigkeit der preußischen Mediatisierungsversuche einerseits mit dem aufrichtigen Bemühen der fränkischen Kantone andererseits kontrastiert, die bestehenden Landeshoheitsstreitigkeiten mit Berlin auf dem Vergleichswege beizulegen und ihre Gerechtsame auf dem in der Reichsverfassung vorgesehenen Weg aufrechtzuerhalten[469]. Bei aller Kritik an den Übergriffen Berlins vermied es die reichsritterschaftsnahe Publizistik fast durchgehend, Friedrich Wilhelm II. oder seinen Nachfolger Friedrich Wilhelm III. direkt anzugreifen. Nur in Ausnahmefällen – und selbst dann noch teilweise in vagen Andeutungen – wurde Ersterem eine Mitschuld an der Mediatisierungspolitik Ansbach-Bayreuths gegeben. Stattdessen wurde die angebliche Verfassungstreue, der Großmut sowie die Friedens- und Gerechtigkeitsliebe der beiden preußischen Könige in Kommentaren sowie durch den Abdruck passender Schreiben herausgestellt. Die Schuld an den Übergriffen der preußischen Behörden schob die ritterschaftsnahe Publizistik fast ausschließlich der Rach- und »Vergrößerungssucht« der königlichen Räte und einfachen Beamten zu: Diese hätten sich allein »hinter dem heiligen Schilde des Königlichen Namens« versteckt, den Monarchen falsch unterrichtet und die krankheitsbedingte Regierungsunfähigkeit Friedrich Wilhelms II. am Ende seiner Herrschaft ausgenützt[470]. Eine solche Argumentationsstrategie

Vertheidigung, Nr. 2, S. 18 – 28, hier: S. 19 ff. Schreiben von Markgraf Karl Alexander an seine Landesbehörden und Gerichtsstellen, Ansbach, 29. Juli 1789, in: ebd., Nr. 3, S. 29 – 32, hier: S. 29 ff. Schreiben von Markgraf Karl Alexander an die Ortsvorstände von Odenwald, Gebürg, Rhön-Werra, Steigerwald, Baunach und Altmühl, Ansbach, 19. September 1789, in: ebd., Nr. 4, S. 33 – 36, hier: S. 33 ff. Schreiben des Ortsvorstandes Odenwald an Markgraf Karl Alexander, Kochendorf, 10. Oktober 1789, in: ebd., Nr. 5, S. 37 – 38, hier: S. 37 f. Deutsche Staats- und Ministerial-Zeitung, Nr. 66, 16. August 1796, Sp. 1044 f. Actenmäsige Geschichts-Erzählung von der ohnmittelbaren Reichs-Ritterschaft, S. 5 ff., 13 f., 22. Mandatum S. C. des Reichshofrats gegen den Markgrafen von Brandenburg-Ansbach, Salzburg den 31. Juli 1777, in: ebd., Beilagen, Nr. 1, S. 1 – 5, hier: S. 1 ff. Sententia Paritoria, Wien, 7. September 1779, in: ebd., Nr. 2, S. 5 – 6, hier: S. 5 f. Paritionsanzeige des Markgrafen von Brandenburg-Ansbach mit Beilagen, o.O., übergeben am 26. Mai 1789, in: ebd., Nr. 3, S. 6 – 14, hier: S. 7 ff. Vgl. auch für den Spezialfall des Ritterguts Rech(en)berg: Entwicklung der Landeshoheit über das Rittergut Rechenberg, S. 390 f.

469 *F. C. Schmidt*, Beyträge I, S. 30 ff., 39 ff., 68 fortl. Neue Vertheidigung I, S. 136 ff., 147 ff. Ebd. II, S. 172 f. Beylagen zur neuen Vertheidigung, Nr. 7 ff., S. 40 fortl. Actenmäsige Geschichts-Erzählung von der ohnmittelbaren Reichs-Ritterschaft, S. 10 ff. Ebd., Beilagen, Nr. 4 ff., S. 15 fortl. Siehe ferner: Deutsche Staats- und Ministerial-Zeitung, Nr. 66, 16. August 1796, Sp. 1045 ff. – Vgl. auch die Schilderung der Rechtswidrigkeit der preußischen Übergriffe auf die Herrschaft Heroldsberg der Freiherrn von Geuder und deren Bemühungen Berlin von ihrer Reichsunmittelbarkeit zu überzeugen: Actenstücke die … bestrittene Unmittelbarkeit der reichslehenbaren Hofmark Heroldsberg I, S. 15 ff., 111 ff., 215 ff.

470 *F. C. Schmidt*, Beyträge I, S. [8], 34 ff., 52 ff., 68 fortl. Deutsche Staats- und Ministerial-Zeitung, Nr. 8, 26. Januar 1796, Sp. 124 f. Neue Vertheidigung I, S. 1 ff., 135 ff., 156 ff., 180, 193 ff. (Zitate ebd., S. 135 u. 156). Ebd. II, S. 168 f., 174 ff., 202, 211, 216. *Hallo*, Etwas über einige, S. 11 f.

entsprach einer schon in karolingischer Zeit fassbaren, aber mit Sicherheit wesentlich älteren, diplomatischen und herrschaftslegitimierenden Etikette, die unmittelbare Kritik nur an den Ratgebern und ausführenden Organen, nicht aber dem vermeintlich von Gott eingesetzten Monarchen zuließ[471]. Zudem hielt die ritterschaftsnahe Publizistik auf diesem Wege Friedrich Wilhelm II. sowie seinem Sohn und Nachfolger stets die Möglichkeit zu einem gesichtswahrenden Rückzug offen – so unwahrscheinlich diese Möglichkeit ab 1795/96 auch geworden war[472]. Nur aus diesem Grund lässt sich der erstaunliche Umstand erklären, dass neben den beiden preußischen Königen auch ihr Minister Hardenberg in den genuin reichsritterschaftlichen Veröffentlichungen weitgehend geschont und sogar in Schutz genommen wurde[473]. Dass die reichsritterschaftlichen Ortsvorstände sehr genau wussten, dass der Dirigierende Minister eine treibende Kraft der königlichen Mediatisierungspolitik war, wurde bereits gezeigt[474].

Schluß des Fränkischen Reichskreises [Folio-Ausgabe], S. 10 ff. Actenstücke die ... bestrittene Unmittelbarkeit der reichslehenbaren Hofmark Heroldsberg I, S. III f., 20 ff., 45 ff., 79, 100, 230 ff. Ebd. II, S. 278 Anm. 27, 304 Anm. 45, 356 ff., 377 ff. Actenmäsige Geschichts-Erzählung von der ohnmittelbaren Reichs-Ritterschaft, S. 9 ff., 35, 43, 53 ff., 77, 82. Entwicklung der Landeshoheit über das Rittergut Rechenberg, S. 395 f. Abdruck Kaiserl. Handschreibens ... de dato Wien den 7ten September, 1796, S. 9 f., 29 f. Verhandlungen des Kurfürstl. Collegiums (Staats-Archiv), S. 204 ff. Vorstellung der Fränkischen Kreis-Versammlung (Staats-Archiv), S. 343 Anm. *. Gewaltsame Ankündigung (Teutsche Staatskanzley), S. 305 ff., 316 f. Fortsetzung von der gewaltsamen Ankündigung (Teutsche Staatskanzley), S. 241 ff. [*Rebmann*], Der wahre Gesichtspunkt, S. 31 f. – Vgl. auch die nicht speziell auf die Reichsritterschaft bezogenen Passagen der »Deutschen Staats- und Ministerial-Zeitung« (Nr. 63, 5. August 1796, Sp. 1001 f. Anm. 1).

471 *Mühlbacher*, Geschichte II, S. 247 f.

472 Neue Vertheidigung I, S. 5 f., 196 ff. Ebd. II, S. 94, 219 f. *F. C. Schmidt*, Beyträge I, S. 88 Anm. 14, 130. Schluß des Fränkischen Reichskreises [Folio-Ausgabe], S. 10 ff. Actenstücke die ... bestrittene Unmittelbarkeit der reichslehenbaren Hofmark Heroldsberg I, S. IV f., 48, 79, 99. Ebd. II, S. 357 f., 363, 378 ff. Abdruck Kaiserl. Handschreibens ... de dato Wien den 7ten September, 1796, S. 30.

473 Die »Neue Vertheidigung« (Bd. 1, S. 151, 157) sowie der Baunacher Syndikus *Friedrich Christian Schmidt* (Beyträge I, S. 46 f.) stellten einen klaren Zusammenhang zwischen der wiederholten und langandauernden Abwesenheit Hardenbergs aus Ansbach-Bayreuth – die unter anderem den Friedensverhandlungen mit Frankreich geschuldet war – und der Intensivierung der Eingriffe der königlichen Ämter in die reichsritterschaftlichen Gerechtsame her. Es wurde auch explizit an die »Gerechtigkeit der Preußischen Regierung«, zu der Hardenberg als Kabinettsminister ebenfalls gehörte, appelliert, ihren »Irrthum« der Unterwerfung der benachbarten Rittergüter rückgängig zu machen (Neue Vertheidigung II, S. 202). Die königlichen Minister in toto nahm auch der angebliche »*Gustaf Hallo*« (Etwas über einige, S. 11 f.) in Schutz. – Vgl. auch: Schreiben des Ortsvorstandes Rhön-Werra an Hardenberg, Schweinfurt, 19. Oktober 1797, in: Beylagen zur neuen Vertheidigung, Nr. 22, S. 92–93, hier: S. 93, Neue Vertheidigung II, S. 168 f., Vorstellung der Fränkischen Kreis-Versammlung (Staats-Archiv), S. 343 Anm. *, Actenstücke die ... bestrittene Unmittelbarkeit der reichslehenbaren Hofmark Heroldsberg I, S. 21 u. Ebd. II, S. 360 ff. Anders dagegen Reuß: Gewaltsame Ankündigung (Teutsche Staatskanzley), S. 316 f.

474 Siehe Kapitel V.4.1.

Das im »Urkunden-Buch« des »Staatsarchivs der Königl. Preuß. Fürstenthümer in Franken« abgedruckte Archivgut war für die reichsritterschaftliche Publizistik »aus den Winkeln, worinn es seit Jahrhunderten moderte, hervorgezogen« worden und als Beweis für ein vormaliges Landsassiat der Reichsritter unter den zollerschen Burg- und Markgrafen völlig ungeeignet[475]. Dieser Vorwurf speiste sich nicht zuletzt aus quellenkritischen Überlegungen: Viele der im Urkundenbuch abgedruckten Dokumente seien nämlich falsch verstanden worden, indem die preußische Seite zum Beispiel den Lehenseid (vasallagium) als Untertaneneid (homagium) sowie reine Höflichkeitsbekundungen und unverfängliche Standesbezeichnungen in der Kanzleisprache vergangener Jahrhunderte als Zeichen des Landsassiats gedeutet habe. Gleiches gelte für den Besuch der markgräflichen Landtage durch reichsritterschaftliche Geschlechter zu Beginn des 16. Jahrhunderts: Letztere seien nämlich nicht als Untertanen, sondern als Vasallen und Verbündete der fränkischen Markgrafen erschienen oder gar, weil sie nur an den aktuellen Verhandlungen interessiert waren. Die Landtage des 15. und 16. Jahrhunderts hätten nämlich die Funktionen der Kreistage des 18. Jahrhunderts erfüllt. Ohnehin wäre die Anwesenheit vermeintlicher reichsritterschaftlicher Urahnen auf diesen frühen Landtagen als Beweis für die zollerschen Landeshoheitsansprüche gegenüber immediaten Rittergütern und dem Corpus equestre als Ganzem ungeeignet: Letzteres konnte allein durch die nirgends im »Urkunden-Buch« auftauchenden Ortsvorstände vertreten werden. Zudem hätten zweifellos die Besitzer der immediaten Rittergüter in den letzten Jahrhunderten gewechselt. Auch die im frühen 16. Jahrhundert von Reichsrittern den Markgrafen gewährten Geldhilfen seien kein Zeichen des Landsassiats gewesen. Vielmehr seien sie aus der Stellung unmittelbarer Ritter als markgräfliche Amtsträger zu erklären oder weil derartige Hilfsleistungen bis in die Gegenwart öfter von »Mindermächtigen« für ihre Nachbarn unbeschadet ihrer immediaten Rechtsstellung aufgebracht würden. Andernfalls

475 Neue Vertheidigung I, S. 4, 22 (Zitat ebd., S. 4). – Vgl. auch die von den Freiherrn von Geuder der preußischen Seite vorgeworfenen angeblichen Fehlinterpretationen derjenigen Quellen, die zum Nachweis der königlichen Landeshoheitsansprüche über die Reichsherrschaft Heroldsberg dienten: Actenstücke die … bestrittene Unmittelbarkeit der reichslehenbaren Hofmark Heroldsberg II, S. IV ff., 252 fortl. (inbes. 253 ff. Anm. 3–85: fortl.), 383. – Zugleich revanchierten sich die von Geuder für die gegen sie im »Staatsarchiv« erhobenen Fälschungsvorwürfe (siehe Kapitel VIII.2.2), indem sie wiederholt darauf verwiesen, dass eine der von Karl Heinrich Lang gegen sie angeführten Urkunden nicht am angegebenen Ort abgedruckt sei. Dagegen sei das angebliche Falsifikat ihrer Vorfahren wiederholt publiziert, am Reichskammergericht im Original vorgelegt und dort vom zollerschen Anwalt anerkannt worden. Des Weiteren habe ein Matthes von Geuder, der nach den Behauptungen der königlichen Publizistik auf dem markgräflichen Landtag von 1532 erschienen sei, »in der wirklichen Welt nie« exitiert, was ein kaum verklausulierter Fälschungsvorwurf an die preußische Seite war (Actenstücke die … bestrittene Unmittelbarkeit der reichslehenbaren Hofmark Heroldsberg II, S. 260 f. (inbes. 261 Anm. 8), 301 ff. (inbes. 302 Anm. 42 u. 304 Anm. 45), 313, 313 Anm. 54 (Zitat ebd.), 330, 330 Anm. 56, 336 Anm. 64).

müssten auch die kleineren norddeutschen Reichsstände landsässig werden, die auf Aufforderung ihrer mächtigeren Nachbarn eine Neutralitätsarmee mit unterhielten, um die im Gefolge des Basler Friedens von 1795 gezogene Demarkationslinie zu überwachen. Aufgrund solcher Interpretationsfehler sprächen die im »Urkunden-Buch« angeführten Belege nicht gegen, sondern in Teilen sogar für die reichsritterschaftliche Unmittelbarkeit oder würden rechtswidrige Angriffe auf dieselbe dokumentieren. Auch sei gelegentlich die Reichsritterschaft bei der Deutung der Quellen mit dem landsässigen Hof- und Landadel der fränkischen Zollern verwechselt worden. Ferner wären in der Zeit vor der Ausbildung der Landeshoheit die Begriffe Landsasse und Landesherr vielfach synonym verwendet worden und hätten allein einen Gutseigentümer auf dem platten Land in Abgrenzung zum Stadtbewohner bezeichnet[476]. Während die reichsritterschaftliche Publizistik ihren preußischen Gegenspielern, wie schon bei der Interpretation verschiedener Reichs(grund)gesetze, eine einseitige Auslegung der einschlägigen Quellen vorhielt, beging sie den gleichen Fehler selbst: Nicht die Lehensbindungen der Ritterschaft zu den zollerschen Markgrafen, sondern ihre Funktion als im zollerschen Territorium eingesessene Herrschaftsträger dürfte nämlich realhistorisch für ihre einstige Landstandschaft in Ansbach und Kulmbach konstitutiv gewesen sein[477]. Von keiner der Streitparteien konnte und wollte zur Kenntnis genommen werden, dass die historische Entwicklung zumindest bis ins 16. Jahrhundert offen war – der Weg der Reichsritter also sowohl zum Landsassiat als zur (dauerhaften) Reichsunmittelbarkeit führen konnte[478]. Genauso offen für unterschiedliche teleologische Deutungen waren die historischen Quellen aus der Sicht des ausgehenden 18. Jahrhunderts.

In eine andere, von reinen Interpretationsfragen abstrahierende Richtung zielte die Feststellung der reichsritterschaftlichen Publizistik, dass nur eine Minderzahl der im »Urkunden-Buch« abgedruckten Archivalien von königlichen Archivaren beglaubigt wäre, die Herkunft der meisten angeführten Quellen folglich unbekannt sei. Dies bedeute wiederum, dass ihnen eine geringere Beweiskraft zukäme, da sie nicht wie die (landesherrlichen) Archivurkunden automatisch öffentlichen Glauben beanspruchen könnten[479]. Dieser Gedankengang war nicht die Erfindung eines reichsritterschaftlichen Schriftstellers, sondern entsprach vollauf der zeitgenössischen Lehre vom Ius

476 Neue Vertheidigung II, S. 23 ff., 58 ff., 105 f., 120 ff., 199 ff. – Ganz ähnliche Argumente zur Erklärung der Teilnahme von später zum Corpus equestre gehörenden Geschlechtern an fürstlichen Landtagen, an deren Steuerbewilligungen und an der Ablegung von Gehorsams- und Treueversprechen sollte die ritterschaftsnahe Publizistik des Jahres 1804 zur Verteidigung der reichsritterschaftlichen Unmittelbarkeit anführen (Die Beleuchtung aus Bayern, S. 29 ff.).

477 *Schaupp*, Landstände, S. 66, 77.

478 *Press*, Kaiser Karl, S. 9 f., 16 ff., 69. *Press*, Angriff, S. 337 ff.

479 Neue Vertheidigung II, S. 6 ff., 58.

archivi[480]. Auch die Präsentation der Quellen des »Urkunden-Buchs« war aus der Sicht der reichsritterschaftlichen Publizistik nicht geeignet, ihren Aussagewert zu verbessern: Die angeblichen Auszüge aus den Ansbacher Landtagsakten, die für den Nachweis der preußischen Landeshoheitsansprüche zentrale Bedeutung hatten, enthielten nämlich Archivalien fremder Provenienz sowie inhaltlich zusammenhangslose Fragmente. Zudem seien die Landtagsabschiede und die echten Landtagsakten genauso wie andere Quellenstücke weggelassen worden, die für die reichsritterschaftliche Unmittelbarkeit sprechen würden. Außerdem beträfen die vorgeblichen Auszüge der Landtagsakten stets nur den gleichen Zeitraum im frühen 16. Jahrhundert, also ausgerechnet eine extreme Umbruchszeit für die Reichsritterschaft. Vor und nach diesem kurzen Zeitraum sei nämlich kein Reichsritter mehr auf den burg- und markgräflich brandenburgischen Landtagen erschienen, was im Umkehrschluss zur preußischen Argumentation ein Beweis ihrer Unmittelbarkeit wäre. Zudem könnten die angeblichen Landtagsakten und andere von Berlin angeführte Dokumente als sog. »Privatschriften«, die nicht nachweislich im Rahmen des obrigkeitlichen Regierungs- und Verwaltungshandelns entstanden wären, vor Gericht ebenfalls nur eine geringe Beweiskraft beanspruchen: Sie dürften nur gegen, aber nicht für ihren Verfasser und Auftraggeber zeugen. Ferner würden die jeweiligen Überschriften im »Urkunden-Buch« nicht mit dem Inhalt der dazugehörigen Quellenstücke übereinstimmen[481]. Letztere seien sowohl im »Urkunden-Buch« als auch in der zugehörigen königlichen Erklärung mit Absicht nicht in ihrer chronologischen Reihenfolge angeführt worden. Die Folge sei eine Verschleierung der staatsrechtlichen Verhältnisse, da die isolierte Zurschaustellung der einzelnen Archivalien die seit ihrer Entstehungszeit gewandelte Rechts- und Verfassungsordnung nicht widerspiegeln könne[482]. Hinter diesem Vorwurf stand das alte Grundproblem jedes reichsrechtlichen Diskurses, dass nämlich nicht die historische Faktizität, sondern auch dasjenige, was die Zeitgenossen für historisch hielten, als Rechtstitel instrumentalisiert werden konnte[483]. Die publizistische Auseinandersetzung um die Mediatisierung der unmittelbar gebliebenen Reichsritter unter Führung Pfalz-Bayerns ab 1802/03 sollte erneut mit der Offenheit des Ius publicum für dezidiert ahistorische und einseitige Geschichts- und in der Folge auch Rechtsvorstellungen ringen[484].

480 *Zedler*, Universal-Lexicon II, Sp. 1242 f. *Papritz*, Archivwissenschaft I, S. 75. *Brenneke*, Archivkunde, S. 46 f.

481 Neue Vertheidigung II, S. 5 ff., 18 ff. (Zitat ebd., S. 18), 58 ff., 65 ff., 105 f., 119 ff., 129 ff., 181, 199.

482 Neue Vertheidigung I, S. 4. Ebd. II, S. 7 f., 45.

483 Siehe Kapitel II.3.

484 Die Beleuchtung aus Bayern, S. 13 ff., 29 ff., 60 f., 107, 149. Die Ritterschaft in Buchen, S. 1 ff. Bruchstüke eines Schreibens, S. 12 ff. Mémoire sur l'origine, S. 10 f., 23. [*Gönner*], Staatsrechtliche Verhältnisse der adeligen Gutsbesitzer, S. 36 ff. Historische und Staatsrechtliche Betrachtungen, S. 7 ff.

Eine weitere reichs- und lehensrechtliche Frage war, ob die von den fränkischen Markgrafen über Reichsritter und ihre Güter ausgeübten Regalien und Befugnisse eine Landeshoheit begründen könnten. Die von der preußischen Publizistik zur Begründung der Landshoheitsansprüche Berlins angeführten kaiserlichen Privilegien und Rechtsverleihungen des 14. bis 17. Jahrhunderts zu Gunsten der fränkischen Burg- und Markgrafen hatten aus der Sicht der ritterschaftsnahen Schriften nur für die zum Zeitpunkt der Verleihung von den Zollern beherrschten Gebiete und Untertanen Geltung und nicht für die angrenzenden Rittergüter. Letztere hätten in ihrer Mehrheit ursprünglich nicht einmal an die zollerschen Besitzungen in Franken gegrenzt. Zudem seien die königlichen Gnadenverleihungen für die fränkischen Zollern an die staatsrechtliche Bedingung gebunden gewesen, die Reichsgrundgesetze, Kaiser und Reich zu achten sowie die erhaltenen Befugnisse nicht auf fremde Personen und Besitztümer auszudehnen. Außerdem hätte das Reichsoberhaupt sich bestimmte Reservatrechte vorbehalten[485]. Schließlich wurde hervorgehoben, dass der Kaiser über Reichsunmittelbare nicht mehr Rechte abtreten konnte, als er besaß. Dies seien vor allem der Wildbann und die hohe Gerichtsbarkeit gewesen[486]. Auch würden keineswegs alle Regalien als Regalia essentialia unverzichtbarer Bestandteil der Landeshoheit und -herrlichkeit sein, sondern es gäbe auch obrigkeitliche Rechte (Regalia accidentalia), die sich im kaiserlichen Besitz befinden könnten oder von Fremden als staatsrechtliche Servituten ausgeübt werden dürften, ohne dadurch eine Oberherrlichkeit zu begründen[487]. Das in preußischer Hand befindliche kaiserliche Landgericht des Burggrafentums Nürnberg und vor allem die Fraisch über benachbarte Rittergüter galt der hier interessierenden antipreußischen Publizistik selbstredend nicht als Grundlage der Landeshoheit, sondern als »wahre Staatsdienstbarkeit«[488]. Eine einschlägige Stelle im

485 Neue Vertheidigung II, S. 10 ff., 69 f., 89 ff., 100, 107, 128 f., 184 ff. *F. C. Schmidt*, Beyträge I, S. 94 Anm. 19, 106 Anm. 33. Actenstücke die … bestrittene Unmittelbarkeit der reichslehenbaren Hofmark Heroldsberg I, S. 53 f. Abdruck Kaiserl. Handschreibens … de dato Wien den 7ten September, 1796, S. 19.

486 *F. C. Schmidt*, Beyträge I, S. 24. Leicht variiert bei [*Rebmann*], Der wahre Gesichtspunkt, S. 5 ff., 21, 26.

487 Neue Vertheidigung II, S. 97 f. *F. C. Schmidt*, Beyträge I, S. 101 Anm. 27. Actenstücke die … bestrittene Unmittelbarkeit der reichslehenbaren Hofmark Heroldsberg II, S. 280 Anm. 29. – Der Freiherr von Berlichingen konnte für das Rittergut Rech(en)berg zudem auf den Umstand verweisen, dass außer der zollerschen hohen Jagd sowie der Fraisch, die ohnehin nicht den Charakter eines Regals habe, sich alle wesentlichen landesherrlichen Rechte in seiner Hand befänden (Entwicklung der Landeshoheit über das Rittergut Rechenberg, S. 392 f.).

488 Deutsche Staats- und Ministerial-Zeitung, Nr. 8, 26. Januar 1796, Sp. 122 (Zitat ebd.). Ebd., Nr. 10, 2. Februar 1796, Sp. 156 ff. Ebd., Nr. 66, 16. August 1796, Sp. 1045. Neue Vertheidigung II, S. 78, 100 ff., 107, 214. *F. C. Schmidt*, Beyträge I, S. 100 ff., 100 f. Anm. 26 – 27. Actenmäsige Geschichts-Erzählung von der ohnmittelbaren Reichs-Ritterschaft, S. 26 ff., 37 ff. [*Rebmann*], Der wahre Gesichtspunkt, S. 7 ff., 27 ff. Entwicklung der Landeshoheit über das Rittergut Rechenberg, S. 388. Actenstücke die … bestrittene Unmittelbarkeit der reichslehenbaren Hofmark Heroldsberg II, S. 280 Anm. 29 u. 310 Anm. 50. Abdruck Kaiserl. Handschreibens …

»Urkunden-Buch« beweise hier sogar das Gegenteil der preußischen Behauptungen[489]. Abgesehen davon komme Ansbach-Bayreuth keinesfalls auf allen seit 1796 unterworfenen Rittergütern die Fraisch als staatsrechtliche Servitut zu[490]. Am Beispiel des Reichslehens Heroldsbergs wurde zudem hervorgehoben, dass die ritterschaftliche Vogteilichkeit nach der Communis opinio der Rechtsgelehrten die »unmittelbare vogteiliche Obrigkeit« und damit die Reichsunmittelbarkeit kennzeichne[491]. Dies war jedoch ein ähnlicher Zirkelschluss wie ihn Berlin mit der Übertragung des Staatsrechts des Territorium clausum auf Franken vorexerzierte: Zwar brachte im Territorium mixtum die Vereinigung von Vogteilichkeit und Grundherrschaft auf reichsunmittelbaren Gütern in einer Hand im Regelfall eine landesherrliche, immediate Rechtsstellung mit sich[492]. Aber aus der einen Voraussetzung hierfür auf das Vorhandensein der anderen zu schließen, griff reichsrechtlich zu kurz, mochte die Unmittelbarkeit im Falle Heroldsbergs auch andernorts klar nachgewiesen werden[493]. Dass weder Hof- und Militärdienste bei einem Reichsstand, noch die bereits angesprochenen Lehensaufträge oder der Besitz wirklich mittelbarer reichsständischer Lehen einen reichsunmittelbaren Ritter und seine sonstigen immediaten Besitzungen landsässig machen könnten, war für die reichsadlige Publizistik keinem Zweifel unterworfen. Schließlich stünden auch reichsständische Fürsten in preußischen Diensten und das im Westfälischen Frieden (Art. V § 42) bestätigte Rechtsprinzip »Lehnmann kein Unterthan« gelte besonders für das Territorium non clausum[494]. Es wurde bereits deutlich gemacht, dass dies auch der Mehrheitsmeinung der Reichs-

de dato Wien den 7ten September, 1796, S. 2. Einige Akten-Stücke von den bei der Besiznahme, S. 244. Vgl. auch *G. M. Weber*, Nachtrag, S. 137 Anm. 18. – Ähnlich, jedoch dabei die Bedeutung der Fraisch als einzelnes Recht ohne Verbindung mit weiteren Gerechtsamen thematisierend: Fortsetzung von der gewaltsamen Ankündigung (Teutsche Staatskanzley), S. 232 ff.

489 Neue Vertheidigung II, S. 29.

490 Ebd., S. 103. Actenstücke die … bestrittene Unmittelbarkeit der reichslehenbaren Hofmark Heroldsberg I, S. 4 ff., 69 f. Ebd. II, S. 280 ff. Anm. 29 ff., 309, 309 Anm. 48. Abdruck Kaiserl. Handschreibens … de dato Wien den 7ten September, 1796, S. 1 f. – Ganz ähnlich die Argumentation in: Gewaltsame Ankündigung (Teutsche Staatskanzley), S. 306.

491 Actenstücke die … bestrittene Unmittelbarkeit der reichslehenbaren Hofmark Heroldsberg II, S. 309 f. Anm. 48–49, 346 Anm. 72 (Zitat ebd., S. 309 Anm. 48). – Siehe auch die Hervorhebung der unmittelbaren Vogteilichkeit als zentralen Rechtstitel in: Actenstücke die … bestrittene Unmittelbarkeit der reichslehenbaren Hofmark Heroldsberg II, S. 353 Anm. 84. u. Fortsetzung von der gewaltsamen Ankündigung (Teutsche Staatskanzley), S. 235 ff.

492 Siehe Kapitel II.3.

493 Actenstücke die … bestrittene Unmittelbarkeit der reichslehenbaren Hofmark Heroldsberg I, S. 4 f., 56 ff., 103 f., 119 ff., 200 f., 211. Ebd. II, S. V ff., 261 ff. Anm. 9–11, 270 ff. Anm. 16 ff., 296 ff. Anm. 39 ff., 306 Anm. 46, 337 Anm. 65, 378 f.

494 Neue Vertheidigung I, S. 33, 38 f., 96. Deutsche Staats- und Ministerial-Zeitung, Nr. 66, 16. August 1796, Sp. 1045. Neue Vertheidigung II, S. 31 ff., 59, 66 f., 103 ff., 192 ff., 204 f., 214 (Zitat ebd., S. 67). [*Rebmann*], Der wahre Gesichtspunkt, S. 26. Actenstücke die … bestrittene Unmittelbarkeit der reichslehenbaren Hofmark Heroldsberg I, S. 94. Ebd. II, S. 292 Anm. 38 u. 311 f. Anm. 51–52.

publizistik entsprach[495]. Zudem unterschied selbst das preußische Allgemeine Landrecht zwischen Vasallität und Untertaneneigenschaft[496]. Schließlich verwies die reichsritterschaftliche Publizistik darauf, dass nur etwa 10 % der von Berlin okkupierten reichsritterschaftlichen Orte zollersche Lehen gewesen seien, während der Rest Lehen des Reichs und anderer Reichsstände, überwiegend jedoch ritterschaftliches Allod gewesen sei[497]. Letzteres war jedoch eine Behauptung, deren Wahrheitsgehalt mehr als fraglich war[498]. Auch die zollerschen Zoll-, Geleit- und Jagdrechte qualifizierten sich aus reichsritterschaftlicher Sicht nur als Regalia accidentalia, auf denen keine Landeshoheit begründet werden könne[499]. Dagegen befänden sich die Regalia essentialia über die immediaten Rittergüter alle in reichsritterschaftlicher und kaiserlicher Hand[500].

Was die von Berlin eingeforderten und aus dem Jagdregal fließenden »Wildbretabtragsgelder« anbelangte, so wurden diese nicht nur in den Deduktionen des Bamberger Professors Georg Michael Weber einer schonungslosen Kritik unterzogen. Dabei stellte die ritterschaftsnahe Publizistik die schädlichen Folgen für die zollerschen und reichsritterschaftlichen Bauern sowie die landesherrlichen Einkünfte keineswegs infrage, die durch die exzessive Ausübung des Waidwerks, insbesondere der hohen Jagd durch verschiedene Reichsstände entstanden[501]. Aber die völlige Ausrottung des hohen Wildes sei das gegenteilige Extrem, da dadurch auch die entsprechenden Jagden verschiedener Reichsritter zugrunde gehen würden[502]. Nach den Behauptungen der preußischen Publizistik verstoße jeder Fürst gegen das öffentliche Wohl, der mit Rücksicht auf die Vorsehung der Natur und seine Jagdleidenschaft nicht zum völligen Abschuss des Wildes schreite, sondern

495 Siehe Kapitel II.3.

496 Klageschrift von Rhön-Werra gegen Preußen zu den Beilagen 1 bis 37 zum Reichshofratsprozess, StA Marburg, 109, Nr. 322. Abschrift des Schreibens der Freiherrn von Künsberg an den preußischen König, Erlangen und Ermreuth, 17. September 1797, ebd.

497 Neue Vertheidigung II, S. 106, 205.

498 Siehe Kapitel IV.2. Vgl. *Roth von Schreckenstein*, Geschichte I, S. 624 sowie die nur wenig aussagekräftige, aber wenigstens sporadische Nennung von Geschlechtern der späteren Reichsritterschaft und vogtländischen Ritterschaft als zollersche Vasallen um die Wende vom 14. zum 15. Jahrhundert bei *C. Meyer* (Hg.), Lehenbuch, hier: inbes. 5 (1897), S. 27 fortl.

499 Neue Vertheidigung II, S. 107 ff., 214. [*Rebmann*], Der wahre Gesichtspunkt, S. 26 f. *F. C. Schmidt*, Beyträge I, S. 100 f. Anm. 26–27. Actenstücke die … bestrittene Unmittelbarkeit der reichslehenbaren Hofmark Heroldsberg II, S. 280 Anm. 29. – Das zollersche Geleitrecht auf dem Gebiet des Reichslehens Heroldsberg wurde von den Freiherrn von Geuder sogar grundsätzlich bestritten (Actenstücke die … bestrittene Unmittelbarkeit der reichslehenbaren Hofmark Heroldsberg II, S. 280 Anm. 29).

500 Neue Vertheidigung II, S. 113 ff.

501 Ebd., S. 112 f. *G. M. Weber*, Einführung, S. 7 ff. [*Von Münchhausen*], [Rezension, von:] […] Ueber die Einführung der Wildsteuer, von D. G. M. Weber […], in: Allgem. Jenaische Literatur-Zeitung, Nr. 37, 1796, nachgedruckt in: *G. M. Weber*, Nachtrag, S. 153–157, hier: S. 156 f. Actenmäsige Geschichts-Erzählung von der ohnmittelbaren Reichs-Ritterschaft, S. 30 f.

502 Actenmäsige Geschichts-Erzählung von der ohnmittelbaren Reichs-Ritterschaft, S. 33.

einen beschränkten, unschädlichen Wildbestand unterhalte[503]. Nach reichs- und territorialstaatsrechtlichen Präzedenzfällen sowie aus naturrechtlichen Überlegungen heraus lehnte nicht allein Weber die als Ersatz für die übermäßige Hegung des Wildes geforderten »Wildbretabtragsgelder« als rechtswidrig ab: Denn weder auf eigenem Territorium, wo das Jagdrecht Regal sei, noch auf fremdem Gebiet, wo es sich um ein Servitut handele, könne ein Regent die rechtliche Befugnis haben, eine der Landwirtschaft schädliche Wildbahn zu unterhalten. Folglich müsse es sich beim übermäßig gehegten Wild um einen die rechtlichen Grenzen überschreitenden Missbrauch handeln. Die preußische Behauptung, dass das Jagdrecht in jeder Rechtsform als geheiligtes Eigentum praktisch unantastbar sei und daher seine Beschränkung entschädigt werden müsse, diene allein dazu »unter der Larve eines Menschenfreunds« Missstände zu rechtfertigen. Jedes legale Eigentum fände nämlich in den Befugnissen und Freiheiten des anderen seine rechtlichen Grenzen, ansonsten handele es sich um rechtswidrige Usurpationen. Der Missbrauch des übermäßigen Wildbestandes stehe dort, wo das Jagdrecht als Regal ausgeübt werde, im Widerspruch zu den Pflichten des Landesherrn, und für seine Abstellung dürften auch keine Entschädigungen gefordert werden. Zudem seien die von den Regenten aufgewendeten Zahlungen zum Ersatz des dem einzelnen Bauern entstehenden Wildschadens stets viel zu niedrig und würden die negativen Folgen eines zu großen Wildbestandes für das Wirtschaftsleben und die Gesellschaft eines Landes sowie die Wohlfahrt und die Stärke des Staates überhaupt nicht berücksichtigen. Daher könne auch kein Anspruch auf eine Entschädigung für das abgeschossene überzählige Wild und die dadurch geminderten Kammereinnahmen aus dem Jagdrecht erhoben werden[504]. Die preußischen »Wildbretabtragsgelder« seien folglich keine Entschädigungszahlungen sondern eine verdeckte neue Steuer, die gegen das Herkommen verstoße, im Grundsatz widerrechtlich sei und weder von den einzelnen Rittergenossen noch ihrem Kanton eingeräumt werden dürfe. Für Weber konnte eine solche neue Steuer nur bei dringender finanzieller Not – dann aber von allen Ständen gleichermaßen – erhoben werden[505]. Konsequenterweise sprach daher die ritterschaftsfreundliche Publizistik anstelle von »Wildbretabtragsgeldern« von einer sog. »Wildsteuer«[506]. Auch die ge-

503 *G. M. Weber*, Nachtrag, S. 14 f.

504 *G. M. Weber*, Einführung, S. 21 ff. *Ders.*, Nachtrag, S. 9 ff., 42 ff., 80 f., 101 Anm. a., 112 Anm. a. (Zitat ebd., S. 10 f.). [*Von Münchhausen*], [Rezension, von:] [...] Ueber die Einführung der Wildsteuer, von D. G. M. Weber [...], in: Allgem. Jenaische Literatur-Zeitung, Nr. 37, 1796, nachgedruckt in: *G. M. Weber*, Nachtrag, S. 153–157, hier: S. 155. Actenmäsige Geschichts-Erzählung von der ohnmittelbaren Reichs-Ritterschaft, S. 30 ff.

505 *G. M. Weber*, Einführung, S. 43 f. [*Von Münchhausen*], [Rezension, von:] [...] Ueber die Einführung der Wildsteuer, von D. G. M. Weber [...], in: Allgem. Jenaische Literatur-Zeitung, Nr. 37, 1796, nachgedruckt in: *G. M. Weber*, Nachtrag, S. 153–157, hier: S. 154 f. Neue Vertheidigung I, S. 153 f. Actenmäsige Geschichts-Erzählung von der ohnmittelbaren Reichs-Ritterschaft, S. 31 ff. Vgl auch: *G. M. Weber*, Nachtrag, S. 110 Anm. a.

506 *G. M. Weber*, Einführung, S. 20 ff., 43 ff., 58 ff. (Zitat ebd., S. 43 f.). *Ders.*, Nachtrag, S. 110 Anm.

waltsame Eintreibung dieser neuen Abgabe und ihre als überzogen empfundene Höhe wurden von den reichsritterschaftsnahen Schriften angeprangert[507]. Zwar mussten, wenn man die reichsrechtliche Mehrheitsmeinung zugrunde legte, die Ausführungen Webers über die Rechtsfolgen des Jagdrechts als Regal für die den fränkischen Markgrafentümern benachbarten Reichsritter weitgehend bedeutungslos sein. Aber dieser Teil von Webers Theorie ist für unsere Fragestellungen keineswegs irrelevant, weil der fremde Rittergüter einschließende Wildbann Ansbach-Bayreuths im zollerschen Landeshoheitsverständnis weit mehr als eine reine Staatsdienstbarkeit war[508]. Zudem betrachtete Berlin die benachbarten Reichsritter als seine landsässigen Untertanen, weshalb das preußische Jagdrecht auf ihren Gütern Regal und nicht Servitut sein musste[509]. Dagegen unterlagen dort, wo die Jagdgerechtigkeit auf fremdem Territorium ausgeübt wurde, für Weber die damit verbundenen Missbräuche sogar der Gerichtsbarkeit des Landesherrn, auf dessen Gebiet das Jagdrecht praktiziert wurde: Diesem Landesherrn sei auf seinem Territorium der fremde Jagdherr bei der Ausübung seines Rechts – zumindest wenn dieses nicht die Qualität eines vollgültigen Servituts habe – wie ein gewöhnlicher Untertan unterworfen. Daher habe der Landesherr bei einem Missbrauch des fremden Jagdrechts auf seinem Gebiet das Recht, sein Eigentum gewaltsam zu schützen. Die übermäßige Hegung von Wild stelle eine solche missbräuchliche Ausübung der Jagdgerechtigkeit auf fremdem Territorium dar und rechtfertige sogar ihre Aberkennung als vollgültige Servitut durch eine übergeordnete, also reichsgerichtliche Instanz. Eine Entschädigung für die Einstellung des Missbrauches des Jagdrechts als Staatsdienstbarkeit komme angesichts der Rechtslage nicht in Betracht[510]. Eine vertragliche Übereinkunft über die »Wildbretabtragsgelder«, wie sie Berlin den Gemeinden fremder Landesherrn aufdränge, sei unbillig und jederzeit aufkündbar. Eine derartige Vereinbarung widerspreche zudem aus praktischen Überlegungen heraus den Interessen der betroffenen Obrigkeiten sowie denen

a. [*Von Münchhausen*], [Rezension, von:] [...] Ueber die Einführung der Wildsteuer, von D. G. M. Weber [...], in: Allgem. Jenaische Literatur-Zeitung, Nr. 37, 1796, nachgedruckt in: *G. M. Weber*, Nachtrag, S. 153–157, hier: S. 154 ff. [*Von*] *Münchhausen*, Antwort des Recensenten, nachgedruckt in: *G. M. Weber*, ebd., S. 164–166, hier: S. 164 f. Neue Vertheidigung I, S. 153 f. Ebd. II, S. 113. *F. C. Schmidt*, Beyträge I, S. 48.

507 *F. C. Schmidt*, Beyträge I, S. 48. *G. M. Weber*, Einführung, S. 72 ff. *Ders.*, Nachtrag, S. 115. *Ders.*, Erklärung. Antwort des Verfassers auf die in dem Intelligenzblatte der a. L. Z. Nr. 119 enthaltenen Antikritik, in: Allgem. [Jenaische] Literatur-Zeitung, Nr. 14, 28. Januar 1796, S. 111, nachgedruckt in: *G. M. Weber*, Nachtrag, S. 167–171, hier: S. 170. Neue Vertheidigung II, S. 113.

508 Siehe Kapitel IV.2 u. VIII.2.2.

509 Siehe Kapitel VIII.2.2.

510 *G. M. Weber*, Einführung, S. 52 ff. *Ders.*, Nachtrag, S. 82 ff., 134 ff. [*Von Münchhausen*], [Rezension, von:] [...] Ueber die Einführung der Wildsteuer, von D. G. M. Weber [...], in: Allgem. Jenaische Literatur-Zeitung, Nr. 37, 1796, nachgedruckt in: *G. M. Weber*, Nachtrag, S. 153–157, hier: S. 155 f.

ihrer Untertanen und würde die Zustimmung der gesamten im fremden Wildbann gelegenen Gemeinde sowie das Plazet ihrer Landes- und Grundherrschaft zwingend erfordern[511].

Aus der Perspektive der noch relativ jungen umwelthistorischen Forschung ist hervorzuheben, dass sowohl die genuin reichsritterschaftliche Publizistik als auch Weber damit argumentierten, dass die Nachteile des Wildfraßes für eine nachhaltige Waldwirtschaft sowie die daraus resultierende Verteuerung und Verknappung des Rohstoffs Holz die unentgeltliche Reduzierung eines übergroßen Wildbestands erforderten[512]. Zwar war die vor allem seit dem 16. Jahrhundert in den europäischen Quellen immer wiederkehrende Klage über den Holzmangel im 18. und um die Wende zum 19. Jahrhundert zum allgegenwärtigen Topos geworden. Auch ist es für unsere Fragestellung nur von peripherer Bedeutung, dass die »Holznot« am Ende des Alten Reichs realhistorisch weit mehr mit der Expansion des Holzhandels, der Verteidigung hergebrachter Rechte, einer forcierten Ökonomisierung der Waldnutzung, hohen Transportkosten und Verteilungsschwierigkeiten zu tun hatte als mit einer wirklichen Verknappung der absoluten Menge des Naturstoffes[513]. Aber dessen ungeachtet sollte die Instrumentalisierung des Holzmangels als Argument der ritterschaftsnahen Publizistik nicht unterschätzt werden. Dies wird deutlich, wenn man sich die grundlegende Bedeutung vergewärtigt, die dem Wald für die Gesellschaft des ausgehenden 18. Jahrhunderts zukam: Er diente nämlich nicht nur als Weide für das bäuerliche Faselvieh sowie als

511 *G. M. Weber*, Einführung, S. 19 f., 58 ff. Preußischer Vertragsentwurf des Grafen Julius von Soden für die Einführung der Wildbretabtragsgelder, in: *G. M. Weber*, Einführung, Beilage B, S. 82–84, hier: S. 82 ff. *G. M. Weber*, Nachtrag, S. 91 ff., 122 ff. [*Von Münchhausen*], [Rezension, von:] [...] Ueber die Einführung der Wildsteuer, von D. G. M. Weber [...], in: Allgem. Jenaische Literatur-Zeitung, Nr. 37, 1796, nachgedruckt in: *G. M. Weber*, Nachtrag, S. 153–157, hier: S. 157. [*Von*] *Münchhausen*, Antwort des Recensenten, nachgedruckt in: *G. M. Weber*, ebd., S. 164–166, hier: S. 165 f. – Der Traktat des Kantons Altmühl sprach den Untertanen sogar prinzipiell das Recht ab, über die Übernahme der »Wildbretabtragsgelder« auch nur Verhandlungen zu führen (Actenmäsige Geschichts-Erzählung von der ohnmittelbaren Reichs-Ritterschaft, S. 33).

512 *G. M. Weber*, Einführung, S. 25, 37 ff., 51. [*Von Münchhausen*], [Rezension, von:] [...] Ueber die Einführung der Wildsteuer, von D. G. M. Weber [...], in: Allgem. Jenaische Literatur-Zeitung, Nr. 37, 1796, nachgedruckt in: *G. M. Weber*, Nachtrag, S. 153–157, hier: S. 156 f. Actenmäsige Geschichts-Erzählung von der ohnmittelbaren Reichs-Ritterschaft, S. 31 f. – *Georg Michael Weber* (Einführung, S. 38) erschienen die Wälder »als ein heiliges Depositum [...], das die jetzt lebende Generation weise gebrauchen, aber nie zum Nachtheile künftiger Generationen angreiffen und unsinniger Weise versplittern [sic] dürfe«.

513 Abschrift des Reskripts der Ansbacher Kriegs- und Domänenkammer [an das Freiherrlich Senfft von Soulbourgische Gericht zu Matzenbach], Ansbach, 8. Oktober 1796, StA Ludwigsburg, B 575 II, Bü 300. Auch Etwas über die Ursachen des immer mehr einreissenden Holzmangels, S. 245 ff. *Radkau/Schäfer*, Holz, S. 24 ff., 34 f., 69 ff., 84 ff., 126 ff., 150 ff., 170 f. (Zitat ebd., S. 27). *Matejak/Niemz*, Holz, S. 333 ff., 363 ff. – Siehe als exemplarisches Beispiel die Klagen über die Verteuerung von Holz und die unzureichende Distribution des Naturstoffs in einer angeblichen Petition Stuttgarter Bürger anlässlich des bevorstehenden württembergischen Landtags: Wirtembergica, S. 188, inbes. 199 f.

Quelle von Pilzen, Beeren und Nutzpflanzen. Vor allem lieferte der Wald einen der wichtigsten Naturstoffe der damaligen Zeit: Allein Holz ermöglichte es feste Häuser zu bauen, Feuer zu entfachen, warme Mahlzeiten zuzubereiten sowie Kutschen und Schiffe zu nutzen. Kurzum, es diente als Werkstoff und Ressource zur Herstellung der meisten Dinge des täglichen Bedarfs und war für zahllose Wirtschaftszweige unersetzbar, weshalb die Forschung in Anlehnung an Werner Sombart auch vom vorindustriellen als einem »hölzerne [n] Zeitalter« gesprochen hat[514]. Vor diesem Hintergrund war das von der reichsritterschaftsnahen Publizistik angeführte Argument der drohenden Holzverknappung von außerordentlichem Gewicht. Tatsächlich stiegen die Holzpreise in den beiden fränkischen Markgrafentümern zwischen 1792 und 1805 beträchtlich, teilweise um 100 % – eine Tatsache, die jedoch ohne eine Untersuchung der regionalen Preisentwicklung in anderen Bereichen wenig aussagekräftig ist[515].

In eine ganz andere Richtung als die gerade behandelten Argumentationsstränge zielte die reichsritterschaftsfreundliche Publizistik mit der Behauptung, dass Preußen den Rittergenossen als »rechtmäsigen Landesherrn« ihre »Eigenthums-Befugnisse« bzw. ihr »Privat-Eigenthum« entziehe: Mit Letzteren waren gerade auch die obrigkeitlichen Gerechtsame, Privilegien und immediaten Besitzungen der Rittergenossen gemeint[516]: Die Erhaltung ihres derart beschaffenen, wohlerworbenen Eigentums sei nach den Behauptungen der ritterschaftsnahen Schriften seit jeher das Ziel der Reichsritterschaft gewesen, die im Gegensatz zu ihren mächtigen Nachbarn auf eine Arrondierung ihrer Gebiete stets verzichtet hätte. Das Eigentum sei der »Grundstein aller Civilisation« und sein durch die Berliner Politik gefährdeter Schutz »der vorderste Zweck der bürgerlichen Gesellschaft«. Selbst im vorgesellschaftlichen Zustand, also vor dem Abschluss eines Gesellschafts- oder gar Herrschaftsvertrags nach dem Naturrecht, sei das Privateigentum heilig[517]. Auch

514 *Radkau/Schäfer*, Holz, S. 21, 36 ff., 58 ff., 115 ff. (Zitat ebd., S. 21). *Matejak/Niemz*, Holz, S. 89 ff. *Siemann*, Staatenbund, S. 132.

515 *Hartung*, Hardenberg, S. 233.

516 *F. C. Schmidt*, Beyträge I, S. 51, 120 Anm. 55 (Zitat ebd., S. 51). Deutsche Staats- und Ministerial-Zeitung, Nr. 26, 29. März 1796, Sp. 415 f. (Zitate ebd., Sp. 416). Neue Vertheidigung I, S. 75 ff., 139, 155. Ebd. II, S. 206, 217. Actenstücke die … bestrittene Unmittelbarkeit der reichslehenbaren Hofmark Heroldsberg II, S. 278, 278 Anm. 27, 378. – Eine analoge Formulierung verwendete die »Deutsche Staats- und Ministerial-Zeitung« (Nr. 63, 5. August 1796, Sp. 998 ff.) in einem Beitrag über die preußische Besetzung von Nürnberger Gebieten. Ähnlich auch *Hallo* (Etwas über einige, S. 31 f.), allerdings ebenfalls anhand eines reichsständischen Beispiels.

517 *F. C. Schmidt*, Beyträge I, S. 91 Anm. 16, 112 Anm. 41, 120 Anm. 56 u. 122 Anm. 61. *Hallo*, Etwas über einige, S. 10. Neue Vertheidigung I, S. 69 ff., 77, 82, 94 ff., 120 ff., 176 f., 195 (Zitate ebd., S. 71 u. 178). Ebd. II, S. 217 f. Deutsche Staats- und Ministerial-Zeitung, Nr. 66, 16. August 1796, Sp. 1042 f. – Vgl. auch die ähnlichen Ausführungen von *Friedrich Christian Schmidt* (Beyträge I, S. 15 ff.) und Wiens (Abdruck Kaiserl. Handschreibens … de dato Wien den 7ten September, 1796, S. 22), wobei hier weniger auf das Eigentum als auf den Besitz abgehoben wurde. Letzterer sollte im Sinne des reichsrechtlichen possessorium verstanden werden.

bei einer maximalen Verjährungsfrist von etwa 100 Jahren, orientiert an der denkbar längsten Spanne eines menschlichen Lebens, würden die aus der Zeit Albrecht Achilles' in der zweiten Hälfte des 15. Jahrhunderts hergeleiteten Landeshoheitsansprüche Berlins keine Rechtsvermutung gegen die Reichsritterschaft begründen können. Vielmehr müsse davon ausgegangen werden, dass die Reichsritterschaft, die dreihundert Jahre »im Besitz und Genuß« ihrer Herrschaften und Gerechtsame war, diese rechtmäßig erworben habe und deren wirklicher Eigentümer sei[518]. Mit dieser Diktion trug die ritterschaftsfreundliche Publizistik zeittypischen Argumentationsstrukturen Rechnung, wie sie auch die preußische Propaganda einsetzte[519]. Dahinter standen nicht nur staats- bzw. römischrechtliche Gedankengebäude, sondern auch Eigentumsvorstellungen, wie sie die verschiedenen Naturrechtslehren ausgebildet hatten[520]. Singulär war die Berufung auf den Eigentumsschutz jedoch nicht: Rudolf Vierhaus hat gezeigt, wie bei der Beschreibung der rechtlichen Verfasstheit der Reichsritterschaft im ausgehenden 18. Jahrhundert sowie im politischen Kampf um die (reichs)-ritterschaftlichen Vorrechte und Freiheiten zwischen dem Rastatter und Wiener Kongress »das Prinzip der Heiligkeit des Privateigentums« nicht nur gegen, sondern auch von den Rittern selbst ins Feld geführt wurde[521].

Ebenfalls dem Ius naturale entlehnt war die in der reichsritterschaftlichen Publizistik vertretene Auffassung, dass keine Macht über eine andere zur Durchsetzung ihrer Ansprüche herfallen dürfe, ohne zuvor versucht zu haben, auf gütlichem Wege ihr Ziel zu erreichen[522]. Gleichermaßen aus philosophischen, vom aufklärerischen Gedankengut beeinflussten Betrachtungen, aber auch aus politischen Erwägungen erwuchs der Vorwurf, die preußischen Übergriffe auf die Reichsritterschaft würden »den Geist der unumschränkten Machthaberey athmen«, die die Grenzen der durch die Reichsverfassung eingeschränkten Landeshoheit überschreite sowie mutmaßlich »einer menschenfeindlichen Politik« entspringen, welche die »heiligsten Vorschriften der Völker- und Menschenrechte« verletzten »und den Saamen einer Gewaltsherrschaft [sic]« ausbringen würde. Eine derartige Herrschaftspraxis widerspräche jedoch dem Zeitgeist und sei unvereinbar mit »den liberalen Fränkischen Regierungsformen«[523]. In diesen Worten schwang die Ablehnung des preußischen Staatsmodells deutlich mit, das mit dem Kantonssystem und der – zumindest bis zum Tod König Friedrichs II. real praktizierten – Regierung

518 Neue Vertheidigung I, S. 176 f. (Zitat ebd., S. 177). Vgl. auch: Actenstücke die ... bestrittene Unmittelbarkeit der reichslehenbaren Hofmark Heroldsberg I, S. 86.

519 Siehe Kapitel VIII.2.2.

520 Neue Vertheidigung I, S. 175 ff. – Speziell zu den Eigentumsvorstellungen im Ius naturale siehe Kapitel VIII.2.2.

521 *Vierhaus*, Eigentumsrecht, S. 232, 241 ff. (Zitat ebd., S. 232).

522 Neue Vertheidigung I, S. 177 f.

523 Ebd., S. 154 f., 168 (Zitate ebd., S. 154 f.). Ebd. II, S. 168 f., 206 (Zitate ebd.). *F. C. Schmidt*, Beyträge I, S. 49 ff. Vgl. auch Neue Vertheidigung II, S. 218.

aus dem Kabinett in deutlichem Gegensatz zu den Traditionen vieler kleiner und mittlerer Territorien Frankens stand[524]. Die Behauptung der preußischen Publizistik, der König habe zum Wohle seiner eigenen Untertanen auf seine Landeshoheitsansprüche nicht verzichten dürfen, widerlegte »Gustaf Hallo«, indem er die vermeintlichen Segnungen der preußischen Herrschaft umriss: Einquartierungen, Akzise und andere Steuern, erzwungene Eidesleistung sowie Militärdienst. Ferner würden dank der Mediatisierungspolitik Berlins die Ansbacher und Bayreuther Untertanen als Exekutionskommandos missbraucht und jenseits der Landesgrenzen von ihren Nachbarn mit unverhohlener Feindschaft empfangen werden. Angesichts solcher Verhältnisse prophezeite »Hallo« einen Massenaufstand der alten und neu unterworfenen Untertanen in den fränkischen Markgrafentümern gegen Berlin, falls es einmal zu einem neuen Krieg zwischen Preußen und Österreich kommen sollte[525].

Ob der Vorwurf, die königlichen Behörden hätten bei ihren Übergriffen die »milde Stimme der Vernunft« ignoriert, ebenfalls aufklärerischem Gedankengut oder nur dessen sprachlichem Repertoire entlehnt wurde, lässt sich nicht mit Sicherheit sagen[526]. Angesichts der Zeitumstände und des Bildungsgrads der beteiligten Publizisten ist Ersteres jedoch nicht unwahrscheinlich[527]. Angesichts derartiger durch den Hintergrund der reichsritterschaftlichen Konsulenten und Publizisten verständlicher Argumentationsstrukturen mussten die Erklärungen des königlichen Oberamts Hoheneck zum unvermeidlichen Ziel der reichsritterschaftlichen Angriffe werden. Schließlich hatte die königliche Behörde wiederholt behauptet, dass die reichsritterschaftlichen Untertanen Friedrich Wilhelm II. »mit Haut und Haar und Leib und Leben« unterworfen seien. Dabei wurde nicht nur der Umstand kritisiert, dass dieser verbale Ausfall keine Sanktionen der vorgesetzten preußischen Stellen nach sich gezogen habe. Die ritterschaftsnahe Publizistik verdammte auch den Gehalt der Äußerungen Hohenecks aus dezidiert aufklärerischer Perspektive: Es sei geradezu unglaublich, dass noch im ausgehenden 18. Jahrhundert eine solche »die Menschheit entehrende These« von einem Beamten des preußischen Königs vertreten werde. Die Verlautbarungen des Oberamts Hoheneck seien einer Willkürherrschaft ohne Rechte für die

524 Vgl. beispielsweise *H. H. Hofmann*, Herrschaft, S. 164 ff.

525 *Hallo*, Etwas über einige, S. 34 ff. – Eine solche Wertung schloß natürlich nicht aus, dass in einem anderen reichsritterschaftlichen Traktat die Organisation des preußischen Staates in höchsten Tönen gepriesen werden konnte, wenn dies argumentativ zweckmäßig erschien (Neue Vertheidigung II, S. 217). – In den »Patriotischen Fragen« kam aus der Sicht der von den Mediatisierungen betroffenen bisherigen Landesherren eine analoge Argumentation hinsichtlich der Nachteile der Unterwerfung unter die preußische Herrschaft zur Anwendung (Patriotische Fragen, S. 14 f.).

526 Neue Vertheidigung I, S. 155 f. (Zitat ebd.). *F. C. Schmidt*, Beyträge I, S. 52.

527 Speziell zum Bildungsgrad der Autoren der »Neuen Vertheidigung« und des Baunacher Syndikus Schmidt siehe Kapitel VIII.3.1.

Untertanen angemessen, wo kein »Bauer sich darüber mit Billigkeit beklagen könnte, dass ihm irgend ein Satrape die Haut aus dem Leibe ausgegerbt [...] oder linksum über die Ohren gezogen habe«. Die Erklärung Hohenecks wurde zudem als »kanibalische Erklärung der Menschenrechte« in Kontrast zu den jüngsten Ereignissen im revolutionären Frankreich gesetzt – eine für die Verteidigungsschrift einer adligen Genossenschaft bemerkenswerte Argumentation[528].

Dass sich die reichsritterschaftlichen Publizisten keineswegs allein auf das Ius publicum verstanden, beweist auch ihr Versuch, die (reichs)-patriotischen und »frühnationalen« Strömungen ihrer Zeit auszunutzen. Diese waren keineswegs neu, dürften aber durch den jahrelangen Krieg gegen das revolutionäre Frankreich einen erheblichen Schub erhalten haben[529]. Kaum ohne Hintergedanken verwies die reichsritterschaftliche Publizistik auf die kriegerischen Leistungen und die Verdienste der Reichsritter in den vergangenen Jahrhunderten, die dabei »Gut und Blut« für Kaiser und Reich geopfert hätten[530]. Ebenso wurden die gewaltigen materiellen Opfer der Reichsritterschaft für den gegenwärtigen Reichskrieg den Lesern vor Augen geführt. Dabei fehlte auch nicht der Verweis auf die reichsritterschaftlichen »Helden«, die wie der Sohn des Altmühler Ritterhauptmanns in den gegenwärtigen Kämpfen »den Tod für das Vaterland starben«[531]. Damit stellte die reichsritterschaftliche Publizistik dem in Preußen seit dem Siebenjährigen Krieg entwickelten Kult um die im Kampf für die zollersche Monarchie – als territorialstaatlich definierten Vaterland – gefallenen Soldaten eine analoge, jedoch auf den gesamten Reichsverband bzw. auf »Teutschland« »als Substrat des [Alten] Reiches« bezogene Idee entgegen[532]. Angesichts solcher Argumente mussten die Übergriffe Berlins auf die Reichsritterschaft nicht nur unbillig und undankbar erscheinen, sondern auch in höchstem Maße als unpatriotisch sowie gegen die Interessen von Kaiser und Reich gerichtet[533].

Keinesfalls akzeptieren mochten die für die reichsritterschaftlichen Ge-

528 Neue Vertheidigung I, S. 155 f. (Zitate ebd., S. 156). Ebd. II, S. 47 f. *F. C. Schmidt*, Beyträge I, S. 52 ff., 116 Anm. 51 (Zitat ebd., S. 54). Actenmäsige Geschichts-Erzählung von der ohnmittelbaren Reichs-Ritterschaft, S. 65 ff. (Zitat ebd., S. 66 Anm. **). Ebd., Beilagen, 21–23 u. 24b, S. 56–62, hier: S. 56 ff. – Vgl. auch die Bewertung einer gleichlautenden Äußerung des Oberamts Hoheneck gegenüber dem Magistrat der Reichsstadt Windsheim in: Vorstellung der Fränkischen Kreis-Versammlung (Staats-Archiv), S. 343 Anm. *.

529 Zum Patriotismus als einer dem Nationalismus auf Engste verwandten sowie von diesem ideengeschichtlich und definitorisch kaum zu scheidenden Erscheinung in der zweiten Hälfte des 18. Jahrhunderts siehe beispielsweise: *Hellmuth*, »Wiedergeburt«, S. 23 f., 53 f. u. *Blanning*, Europa, S. 34 f.

530 Neue Vertheidigung I, S. 17 ff., 26 ff., 45 ff. Ebd. II, S. 115 ff., 195, 217 (Zitat ebd., S. 195). Actenmäsige Geschichts-Erzählung von der ohnmittelbaren Reichs-Ritterschaft, S. 39 f., 78 ff.

531 Actenmäsige Geschichts-Erzählung von der ohnmittelbaren Reichs-Ritterschaft, S. 41 f., 81 (Zitate ebd., S. 81).

532 *Hellmuth*, »Wiedergeburt«, S. 23, 36, 43 ff. (Zitat ebd., S. 23).

533 Actenmäsige Geschichts-Erzählung von der ohnmittelbaren Reichs-Ritterschaft, S. 33 f., 42, 78 ff.

rechtsame in die Bresche springenden Publizisten die preußische Behauptung, dass angesichts der Parteilichkeit der Reichsjustiz der ordentliche Rechtsweg und die Annahme reichsgerichtlicher Urteile und Verfügungen Berlin nicht zugemutet werden könne. Schließlich habe Preußen die zu seinen Ungunsten ergangenen Mandate mit der prozessrechtlichen Einrede der sog. »Exceptiones sub – et opreptitii« (Sub- und Obreption) anfechten können. Gegen die Verfügungen eines vermeintlich parteiischen Reichsgerichts wäre Berlin zudem der Rechtsweg in Form einer Syndikatsklage oder sogar eines Reichstagsrekurses offen gestanden[534]. Es sei eine unbewiesene verleumderische Behauptung, dem Reichshofrat zu unterstellen, dass er seine reichsgerichtliche Pflicht der Abneigung Wiens gegen Preußen unterordnen würde. Außerdem könne Berlin, wenn es den Reichshofrat als befangen ablehne, immer noch vor dem Reichskammergericht seine angeblichen Rechte einklagen, das »fast durchgängig den Ruf der strengen Unpartheilichkeit« genieße[535]. Aber Preußen habe ja noch nicht einmal den Versuch unternommen, seine Landeshoheitsansprüche reichsgerichtlich durchzusetzen[536]. Umgekehrt versäumte die ritterschaftsnahe Publizistik es nicht zu erwähnen, dass die Reichsritterschaft früh ihre Vorurteile gegen die Reichsgerichtsbarkeit überwunden und sich seitdem durch »unbedingtem Gehorsam gegen Gesetze und Verfassung [...] jederzeit ausgezeichnet« habe[537]. Es wurde bereits dargelegt, dass nicht von einer generellen Parteinahme der Reichsjustiz und insbesondere des Reichskammergerichts zugunsten der Reichsritterschaft gesprochen werden sollte[538]. Die angekündigte Bereitschaft Berlins, sich der Austrägalinstanz dort zu unterwerfen, wo kein Vergleich über die Landeshoheitsstreitigkeiten mit seinen fränkischen Nachbarn zustande käme, zeugte nicht nur in den Augen des Baunacher Syndikus Schmidt von der reichsrechtlichen Unkenntnis eines preußischen Publizisten: In Landfriedensangelegenheiten seien nämlich die Austräge nicht zuständig[539]. In der Tat beanspruchten in solchen Fällen die beiden obersten Reichsgerichte eine ausschließliche Gerichtsbarkeit über Reichsunmittelbare und erkannten auch den reichsständischen Anspruch auf die Gültigkeit der Privilegia austraegarum in gewaltsamen Besitzstreitigkeiten (»possessio turbata«) nicht an[540]. Auch die preu-

534 *F. C. Schmidt*, Beyträge I, S. 115 ff., inbes. 116 Anm. 51 (Zitat ebd., S. 116 Anm. 51). *Hallo*, Etwas über einige, S. 4 ff., inbes. 21 ff. Abdruck Kaiserl. Handschreibens ... de dato Wien den 7ten September, 1796, S. 23, 28. Vgl. auch: Verhandlungen des Kurfürstl. Collegiums (Staats-Archiv), S. 210 Anm. * vs. S. 215.

535 *Hallo*, Etwas über einige, S. 22 ff. (Zitat ebd., S. 23). Vgl. auch: Königlich Preussische Verordnung (Staats-Archiv), S. 221 f., inbes. 222 Anm. *.

536 *Hallo*, Etwas über einige, S. 21 ff.

537 Neue Vertheidigung I, S. 55 f.

538 Siehe Kapitel VIII.2.2.

539 *F. C. Schmidt*, Beyträge I, S. 126 ff., inbes. 128 Anm. 71. Verhandlungen des Kurfürstl. Collegiums (Staats-Archiv), S. 216, 216 Anm. *.

540 *Sellert*, Zuständigkeitsabgrenzung, S. 60, 93 f. *Gschließer*, Reichshofrat, S. 25, 30. *Mohl*, System

ßischerseits ins Feld geführte lange Dauer der reichsgerichtlichen Verfahren ließ die reichsritterschaftsfreundliche Publizistik nicht als Grund für eine Exemtion Berlins von der Reichsjustiz gelten. Die Langsamkeit der Reichsjustiz liege vielfach in der Natur der Sache und würde keinesfalls dazu führen, dass am Ende die Partei mit berechtigten Ansprüchen unterliegen würde[541].

Interessant war die Feststellung der reichsritterschaftsnahen Publizistik, dass nicht die Urteile und die langsame Verfahrensart verantwortlich für die Mängel der Reichsjustiz wären. Vielmehr seien es die zahlreichen Exemtionen von der Reichsgerichtsbarkeit durch Privilegia de non appellando, die geringe Achtung vor den Reichsgerichten sowie die fehlenden Möglichkeiten ihre Verfügungen gegen den Willen mächtiger Reichsglieder zu exekutieren. Gerade das Kurhaus Brandenburg habe sich in der Vergangenheit bei der Missachtung der Reichsjustiz besonders hervorgetan[542]. Damit legten die reichsritterschaftsnahen Publizisten ihren Finger in eine Wunde, die wesentlich zum Ende des Alten Reiches beitrug: Den fehlenden Willen der größeren Reichsstände, die bestehende Rechts- und Verfassungsordnung und die sich daraus ergebenden Einschränkungen ihres Entwicklungs- und politischen Handlungsspielraumes mitzutragen. Sie beriefen sich nur noch dann auf die Institutionen und Regelungen des Reichsverbandes, wenn sie sich davon Vorteile versprechen konnten. Die Folge war eine Paralyse der Reichsverfassung. Die auf ihren Schutz angewiesenen, »mindermächtigen« Reichsglieder konnten Letztere nämlich nicht allein mit Leben erfüllen und vor der Untergrabung oder machtpolitischen Instrumentalisierung durch die großen, armierten Reichsstände bewahren[543].

Eine sowohl das Reichs- als auch das sog. fürstliche Privat- bzw. Hausrecht berührende Frage war, inwieweit die Berliner Kurlinie als Rechtsnachfolger ihrer fränkischen Verwandtschaft an das politische Handeln der früheren Markgrafen gebunden sei. Dabei ging es nicht zuletzt um die Rechtsverbindlichkeit all derjenigen Verträge, die die Regenten von Ansbach und Bayreuth in der Vergangenheit mit ihren reichsunmittelbaren Nachbarn geschlossen hatten und deren Anerkennung Berlin nun vielfach verweigerte[544]. Hier argumentierte die reichsritterschaftsnahe Publizistik mit den zahlreichen Mandaten, die die obersten Reichsgerichte in früheren Zeiten gegen die fränkischen Markgrafentümer wegen deren Eingriffe in die Rechte der benachbarten Reichsglieder erlassen hatten: Daher sei davon auszugehen, dass

der Gerichtsbarkeit, Bd. 1, S. 148, zit. nach: *Sellert*, ebd., S. 60. – Zum umstrittenen Sonderfall der sog. Entsetzungsausträge siehe Kapitel VII.2 Anm. 464.

541 *Hallo*, Etwas über einige, S. 15 ff., inbes. 19 f.

542 Neue Vertheidigung I, S. 120. *Hallo*, Etwas über einige, S. 19 ff. Actenmäsige Geschichts-Erzählung von der ohnmittelbaren Reichs-Ritterschaft, S. 30.

543 *Walter*, Zusammenbruch, S. 28 f. *Mazohl-Wallnig*, Zeitenwende, S. 164 ff., 190 f. *Härter*, Reichstag, S. 441, 569. *Stollberg-Rilinger*, Das Heilige Römische Reich, S. 99 f., 109. *Riedenauer*, Reichsverfassung, S. 125, 180 ff. *Höbelt*, Wiener Sicht, S. 33.

544 Siehe Kapitel IV.4.2 u. VII.1.

die bisherigen Markgrafen von Ansbach und Bayreuth keine Hoheitsrechte an die angrenzenden Herrschaftsträger »verschleudert« hätten[545]. Umgekehrt sei es absurd anzunehmen, die einstige Integrität der fränkischen Markgrafentümer als Fideikommiss des brandenburgischen Hauses sei seit dem Tod von Albrecht Achilles durch die benachbarten Reichsritter und -stände geschmälert worden: Angesichts der realen Machtverhältnisse würde das nämlich bedeuten, »dass das Milchlamm den Löwen erwürgt, die Taube den Adler angefallen und gerupft hätte«[546]. Zudem wurde auf den Umstand verwiesen, dass die zwischen den fränkischen Markgrafentümern und ihren Nachbarn geschlossenen Verträge jahrhundertelang gegolten hätten[547]. Brandenburg-Ansbach habe sich bei den Reichstagsrekursen der Jahre 1749/53 sogar öffentlich zu dem unter Markgräfin Christiane Charlotte abgeschlossenen Rezess mit dem Kanton an der Altmühl bekannt und der Kulmbacher bzw. Bayreuther Verwandtschaft ebenfalls den Vergleichsweg empfohlen[548]. Anlässlich der Wahl Kaiser Karls VII. habe sich selbst die Berliner Kurlinie mit ihrer Stimme für das säkularisierte Magdeburg für die Aufrechterhaltung der bestehenden Verträge mit der Reichsritterschaft erklärt[549]. Auch Markgraf Karl Alexander habe die mit den angrenzenden Territorien bestehenden Staatsverträge anerkannt, wobei konkret auf die Ansbacher Jurisdiktionsdeklaration und ihre erläuternde Resolution für den Kanton Altmühl aus den Jahren 1722 und 1729 verwiesen wurde[550]. Die sich gegen Vergleiche über das Ius collectandi aussprechenden und im »Staatsarchiv« von Haenlein und Kretschmann publizierten zollerschen Familienkorrespondenzen bewiesen nicht zuletzt, dass die einschlägigen Akten König Friedrich II. von seinem fränkischen Verwandten vorenthalten worden seien, wobei Ersterer zweifellos für die Reichsritterschaft entschieden hätte[551]. Diese Interpretation war sowohl nach dem damaligen als auch dem heutigen Kenntnisstand über die Politik Berlins gegenüber der Reichsritterschaft unter Friedrich II. kaum zu halten[552]. Mehr Gewicht hatte sicher das Argument der

545 Schluß des Fränkischen Reichskreises [Folio-Ausgabe], S. 4 (Zitat ebd.). Vgl. auch: *F. C. Schmidt*, Beyträge I, S. 81 Anm. 11.

546 *F. C. Schmidt*, Beyträge I, S. 110 ff., inbes. 111 Anm. 39 u. 112 Anm. 41 (Zitat ebd., S. 111 Anm. 39).

547 Neue Vertheidigung I, S. 165. Schluß des Fränkischen Reichskreises [Folio-Ausgabe], S. 4.

548 Neue Vertheidigung II, S. 51 f., 171 f.

549 Ebd., S. 44, 165 ff., 212 f.

550 Deutsche Staats- und Ministerial-Zeitung, Nr. 66, 16. August 1796, Sp. 1043 f. Neue Vertheidigung I, S. 128. Paritionsanzeige Karl Alexanders mit Beilagen, o.O., 26. Mai 1789, in: Beylagen zur neuen Vertheidigung, Nr. 2, S. 18 – 28, hier: S. 19 ff. Schreiben von Markgraf Karl Alexander an seine Landesbehörden und Gerichtsstellen, in: ebd., Nr. 3, S. 29 – 32, hier: S. 31. Actenmäsige Geschichts-Erzählung von der ohnmittelbaren Reichs-Ritterschaft, S. 6. Paritionsanzeige des Markgrafen von Brandenburg-Ansbach mit Beilagen, o.O., übergeben am 26. Mai 1789, in: ebd., Beilagen, Nr. 3, S. 6 – 14, hier: S. 7 ff., 14.

551 Neue Vertheidigung II, S. 48 ff., 166, 211.

552 Siehe Kapitel IV.4.1.

ritterschaftsnahen Publizistik, dass verschiedene der von Berlin nun infrage gestellten Verträge, wie zum Beispiel der Kollektationsvergleich von 1725 zwischen dem Kanton an der Altmühl und Brandenburg-Ansbach, durch den Kaiser beeinflusst und vor allem genehmigt worden seien. Zudem wurde darauf verwiesen, dass das Reichsgesetz vom August 1753 alle zwischen dem Corpus equestre und den fränkischen Markgrafen abgeschlossenen Rezesse legitimiert hätte[553].

Wären die Behauptungen der königlich preußischen Publizistik über das in den zollerschen Hausverträgen begründete Veräußerungsverbot von Herrschaftsrechten und Besitzungen zutreffend – so ein reichsritterschaftlicher Autor – dann hätte »ein Brandenburgischer Regent [...] weit weniger Eigenthumsrechte auszuüben als der gemeinste Landmann über seinen Acker«. Zudem seien durch die brandenburgischen Hausverträge durchaus Veräußerungen abgedeckt: Das Testament Kurfürst Friedrichs I. von Brandenburg von 1437, die Dispositio Achillea von 1473 und der Geraische Vertrag von 1599/1603 sähen für solche Fälle nur ein Vorkaufsrecht der Brüder sowie die Bedingung der Notlage vor oder würden Alienationen auf neu hinzugewonnene Gebiete einschränken[554]. Mit dieser Argumentation nahm die reichsritterschaftliche Publizistik die öffentlichen Erklärungen Berlins aus dem Jahr 1796 aufs Korn, in denen der Inhalt der brandenburgischen Hausverträge nur in Andeutungen wiedergegeben worden war[555]. Dabei wurde jedoch überse-

553 Neue Vertheidigung I, S. 105 f. Ebd. II, S. 165, 212. Abdruck Kaiserl. Handschreibens ... de dato Wien den 7ten September, 1796, S. 14, 21, 27 f.

554 Neue Vertheidigung II, S. 46 f., 157 ff., 183, 209 (Zitat ebd., S. 46). Vgl. auch: *F. C. Schmidt*, Beyträge I, S. 70 Anm. 3. – Siehe auch den Sonderfall von Heroldsberg, in dem die Freiherrn von Geuder darauf verweisen konnten, dass es zur fraglichen Zeit, also im 14. Jahrhundert, noch gar keine geschriebenen Hausgesetze der Zollern gab, aus denen Berlin zugunsten seiner Landeshoheitsansprüche in der Gegenwart ein weitgehendes Alienationsverbot ableiten könnte (Actenstücke die ... bestrittene Unmittelbarkeit der reichslehenbaren Hofmark Heroldsberg II, S. 268 ff., inbes. 268 Anm. 12, 270 Anm. 16 u. 274 Anm. 21; Vgl. Kapitel VII.1 u. VIII.2.2).

555 Die auf die Reichsritterschaft Bezug nehmende »Oeffentliche Erklärung« des Jahres 1796 hatte – wie bereits dargelegt wurde – das Hausgesetz von 1437 explizit, wenn auch ohne nähere inhaltliche Begründung, als eine Grundlage der preußischen Landeshoheitsansprüche angeführt (Oeffentliche Erklärung wegen der Brandenburgischen Insassen, S. 3 f., 9 f. in Verbindung zu lesen mit: Urkunden-Buch: S. 635 ff.). Die allgemein gehaltene »Königlich Preußische Erklärung« zu den fränkischen Landeshoheitsstreitigkeiten von 1796 rekurrierte ausdrücklich auf das Veräußerungsverbot der Dispositio Achillea von 1473. Sie begründete aber dennoch – wie auch ein späterer Beitrag im »Fränkischen Merkur« – die angebliche Ungültigkeit früherer Regierungshandlungen und Verträge der fränkischen Burg- bzw. Markgrafen nur unbestimmt mit den zollerschen »Familien-Gesetzen« (Königlich Preußische Erklärung über die Landeshoheits-Irrungen, S. 4 ff. (Zitat ebd., S. 4). Der Fränkische Merkur, Nr. 45, 6. November 1798, Sp. 1399 f.). Ähnlich allgemein blieb auch ein Beitrag im zweiten Band des »Staatsarchivs der Königl. Preuß. Fürstenthümer in Franken«: Ohne ins Detail zu gehen, verwies dieser auf die »Brandenburgischen Hausverträge«, um die Rechtswidrigkeit der angeblichen Usurpation der reichsritterschaftlichen Unmittelbarkeit zu belegen (Beleuchtung des in der Gräflich Pücklarischen Debit-Sache, S. 130).

hen, dass die preußische Publizistik ein Jahr später im »Staatsarchiv« von Haenlein und Kretschmann diesbezüglich alle Unklarheiten beseitigte, indem sie die eingeschränkten Alienationsverbote der Hausverträge von 1437, 1473 und 1599/1603 unumwunden eingestand und ihre Argumentation entsprechend anpasste[556]. Rechtlich brisanter war daher der Hinweis des »Gustaf Hallo« darauf, dass keine landesherrlichen Gesetze einzelner Reichsstände, also auch nicht die brandenburgischen Familienpakte, die Reichsverfassung und -gesetze verletzen dürften[557]. Der Baunacher Syndikus Schmidt betonte, der preußische König könne sich für seine Erb- und damit auch für seine Territorialansprüche sowie seine hausrechtlichen Verpflichtungen nicht auf Albrecht Achilles als Stammvater berufen: Kurfürst Johann Georg habe nämlich die 1591 angefallenen fränkischen Markgrafentümer erneut von der Kurlinie getrennt und zweien seiner Söhne anvertraut. Mit dieser erneuten Landesteilung habe bereits Johann Georg die Dispositio Achillea in ihrem wesentlichen Teil zu Gunsten einer Regelung abgeändert, die seit mehr als zweihundert Jahren in Geltung wäre. Folglich seien die Bestimmungen der brandenburgischen Hausverträge keineswegs unabänderlich. Dies beweise auch die den Reichsrittern für ihre Unterwerfung zugesagte Allodifikation ihrer Lehen, womit dem Königshaus dauerhaft die Vorteile aus künftigen Lehensheimfällen entgehen würden[558]. Außerdem seien Vergleiche, die ja auf wechselseitigen Verzichtsleistungen beruhten, nach der reichsritterschaftlichen Interpretation der zollerschen Familienpakte grundsätzlich erlaubt. Ohnehin seien die zwischen den vormaligen fränkischen Markgrafen und dem Corpus equestre abgeschlossenen Rezesse nicht als Veräußerungen fideikommissarisch gebundener Besitzungen und Gerechtsame des Hauses Brandenburg zu verstehen, da darin nur strittige Rechtsfragen geregelt worden seien[559]. Eine andere reichsritterschaftliche Schrift betonte ferner, dass nicht nur die Zollern, sondern auch Reichsstände und -ritter hausvertragliche Regelungen mit Veräußerungsverboten (Pactis de non alienando) besäßen. Auch seien – so die ritterschaftliche Publizistik – die Reichsritter gar nicht befugt, ohne Einwilligung von Kaiser und Reich über ihre reichslehenbaren Gerechtsame und Besitzungen zu disponieren. Dennoch verlange Berlin von den Rittergenossen umgehend und ohne die erforderlichen reichslehensrechtlichen Voraussetzungen zu berücksichtigen, ihre landesherrlichen Rechte durch Vergleiche abzutreten. Zudem seien eben diese Gerechtsame den Ansbach-Bayreuth benachbarten Reichsunmittelbaren bereits de facto durch die preußischen Übergriffe entzogen worden. Der mit Hohenlohe-Ingelfingen geschlossene und von der preußischen Seite als Zeichen der eigenen Kom-

556 Geschichte der Brandenburgischen Familien-Fideicommisse, S. 195 ff. In wie fern sind Se. Majestät an die Verträge gebunden, S. 220 f.

557 *Hallo*, Etwas über einige, S. 40.

558 *F. C. Schmidt*, Beyträge I, S. 106 ff., inbes. 108 ff. Anm. 36–38. u. 118 Anm. 54.

559 Neue Vertheidigung II, S. 163 ff.

promissbereitschaft herausgestellte Rezess sei – so »Gustaf Hallo« – für den mindermächtigen Teil keineswegs uneingeschränkt vorteilhaft und zudem ein Ausnahmefall, der sich aus den besonderen Beziehungen des Fürsten zu Berlin erkläre. Ohnehin gehe es Preußen – so die wiederholte Kritik der ritterschaftsnahen Publizistik – nicht um gleichberechtigte Vergleichsverhandlungen, sondern allein darum der Gegenseite gewaltsam seinen Willen aufzuzwingen: »Man hänge einen gesunden Menschen über den rauchenden Trichter des Vesuvs, lege das Messer an dem [sic] Faden woran er hängt, und rufe Gott und die Welt zu Zeugen auf, dass man sich mit ihm vergleichen wolle«[560]. Alle bisherigen Verhandlungen mit Berlin über eine gütliche Beilegung der bestehenden Streitigkeiten hätten stets bedeutet, dass dieses erst einmal einseitig und gewaltsam Fakten zu seinen Gunsten geschaffen habe, ohne nach fremden Rechtstiteln zu fragen: Man wollte »brandenburgischer Seits, den Nachbarn vorerst die – Köpfe abschlagen und dann untersuchen lassen [...], ob sie das Recht haben Hüthe zu tragen«[561]. Zu diesem Vorwurf passte das aus ritterschaftlicher Sicht unverständliche Verhalten Berlins, das die fast vollendeten Tauschverhandlungen wegen des Freiherrlich von Berlichingischen Guts Rech(en)berg zugunsten einer einseitigen Durchsetzung seiner Landeshoheitsansprüche abgebrochen habe[562].

Ähnlich verschlagen und falsch erschien den reichsritterschaftlichen Publizisten die angebliche Bereitschaft Berlins, denjenigen Rittergütern ihre Reichsunmittelbarkeit zu lassen, deren Rechtmäßigkeit bewiesen werden könne. Schließlich sei den reichsritterschaftlichen Besitzern der Reichshofmark Heroldsberg, die diesen Nachweis rechtmäßig geführt hätten, dennoch die Anerkennung ihrer immediaten Rechtsstellung versagt worden. Zudem hätten im Territorium inclausum nicht die Reichsritter ihre Reichsunmittelbarkeit nachzuweisen, sondern Berlin deren Mittelbarkeit[563].

Während die Freiherrn von Geuder die Erbrechtstheorie der königlichen Veröffentlichungen für sich selbst instrumentalisierten und für ihre immediaten Besitzungen eine Successio singularis ex pacto et providentia maiorum beanspruchten[564], argumentierte die offizielle reichsritterschaftliche Publizistik genau umgekehrt: Für sie traf die erbrechtliche Voraussetzung nämlich gar nicht zu, unter der Berlin die Anerkennung der Verträge und Handlungen

560 *F. C. Schmidt*, Beyträge I, S. 41 f., 70 Anm. 3, 107 Anm. 35, 124 ff. (hier inbes. 125 f. Anm. 66–67; Zitat ebd., S. 126 Anm. 67). *Hallo*, Etwas über einige, S. 27 ff. Abdruck Kaiserl. Handschreibens ... de dato Wien den 7ten September, 1796, S. 17. Fortsetzung von der gewaltsamen Ankündigung (Teutsche Staatskanzley), S. 244 f.

561 *F. C. Schmidt*, Beyträge I, S. 70 ff., inbes. 76 Anm. 4 (Zitat ebd., S. 76 Anm. 4).

562 Entwicklung der Landeshoheit über das Rittergut Rechenberg, S. 391 f.

563 Neue Vertheidigung I, S. 191 f. Ebd. II, S. 186 f. Actenstücke die ... bestrittene Unmittelbarkeit der reichslehenbaren Hofmark Heroldsberg I, S. III ff., 22 f., 45 ff., 215 ff. *F. C. Schmidt*, Beyträge I, S. 124 Anm. 64.

564 Actenstücke die ... bestrittene Unmittelbarkeit der reichslehenbaren Hofmark Heroldsberg I, S. 4, 86, 97 f. Ebd. II, S. 296 Anm. 39.

der vormaligen Markgrafen sowie der gegen diese erlassenen reichsgerichtlichen Verfügungen verweigerte: Nach den Bestimmungen verschiedenster Rechtskreise könne der preußische König nämlich gar nicht ex pacto et providentia maiorum, also einem erbrechtlichen Titel, in Ansbach-Bayreuth sukzedieren, solange der abgedankte Karl Alexander noch lebe und sich bester Gesundheit erfreue. Bis zu dessen Tod handele es sich um eine bloße Regierungsnachfolge des preußischen Königs kraft Zession (ex iure cesso) in den fränkischen Markgrafentümern. Dieser könne dabei weder mehr erhalten als das, was Karl Alexander beherrschte, noch die Rechte Dritter beeinträchtigen. Zudem müsse ein »Cessionariu[s]« bestehende Staatsverträge seiner Vorgänger anerkennen[565]. Sobald aber durch Todfall eine Erbfolge kraft Geblütsrecht bzw. ex pacto et providentia maiorum einträte, sei der preußische König an die Handlungen seiner Regierungsvorgänger gebunden, die diese in ihrer Funktion als Regenten und zum beabsichtigten Besten des Staates – wofür stets die Rechtsvermutung spreche – getroffen hätten. Dies ergebe sich aus dem Naturrecht, der Feudistik, der Herrschergeschichte sowie dem Reichs- und Territorialstaatsrecht bzw. dem sog. Privatfürstenrecht im Sinne Pütters[566]. Selbst Friedrich Wilhelm II. hätte sich noch 1787 anlässlich der bereits angesprochenen Okkupation Hessen-Kassels in der Reichsgrafschaft Schaumburg zu diesem Grundsatz bekannt[567]. Die – von Berlin in Anspruch genommene und in seiner Gültigkeit umstrittene – römischrechtliche Lehre der Successio singularis ex pacto maiorum ändere an den ausgeführten Rechtsverhältnissen genauso wenig etwas wie die Bestimmungen der brandenburgischen Hausverträge. Letztere seien nämlich auf die Erhaltung von Haus und Familie gerichtet sowie dem Regierungshandeln zum Wohle des Staates untergeordnet[568]. Zudem seien die seit der Dispositio Achillea von 1473 oder dem Geraischen Hausvertrag samt seiner Bestätigung von 1599/1603 durch die fränkischen Zollern hinzugewonnenen Gebiete weit umfangreicher als die seitdem durch Verträge und politisches Handeln abgekommenen Besitzungen. Aus diesem Grund seien selbst privatrechtlich vorgenommene Veräußerungen der früheren Markgrafen von Ansbach und Bayreuth für Berlin bindend und den Hausverträgen sei genüge getan, da der Familienfi-

565 Neue Vertheidigung II, S. 132 ff., 173, 212. *F. C. Schmidt*, Beyträge I, S. 41 f., 70 Anm. 3, 90 Anm. 15, 109 Anm. 37. Actenmäsige Geschichts-Erzählung von der ohnmittelbaren Reichs-Ritterschaft, S. 9, 9 Anm. * (Zitat ebd., S. 9). Verhandlungen des Kurfürstl. Collegiums (Staats-Archiv), S. 206 f. – Markgraf Karl Alexander sollte erst am 5. Januar 1806 nach mehrjährigem Gallen- und Lungenleiden in Benham/England versterben (*K. H. Lang*, Annalen, S. 43. *Weltrich*, Erinnerungen ... aus den Preussischen Regierungs-Jahren, S. 86. *Broadley/Melville* (Hg.), Lady Craven II, S. 227. *Störkel*, Christian Friedrich Carl Alexander, S. 267).

566 Neue Vertheidigung II, S. 138 ff., 167 f. *F. C. Schmidt*, Beyträge I, S. [7 f.], 81 ff. Anm. 12–13, 112 Anm. 42, 113 Anm. 45, 118 ff. Anm. 53–55. Actenmäsige Geschichts-Erzählung von der ohnmittelbaren Reichs-Ritterschaft, S. 9, 9 Anm. *. Abdruck Kaiserl. Handschreibens ... de dato Wien den 7ten September, 1796, S. 21.

567 Abdruck Kaiserl. Handschreibens ... de dato Wien den 7ten September, 1796, S. 31.

568 Neue Vertheidigung II, S. 149 ff. *F. C. Schmidt*, Beyträge I, S. 81 Anm. 12, 88 Anm. 14.

deikommiss ja nicht geschmälert worden sei[569]. Mit diesen Theorien deckte sich auch die Argumentation der Freiherrn von Geuder: Ihre Reichsherrschaft Heroldsberg sei 1361 vom Hause Zollern als eigentümliches Witwengut erworben worden, ohne als selbstständiges, reichsunmittelbares Territorium mit dem zwei Jahre später geschaffenen zollerschen Fürstentum in Franken vereinigt zu werden. Daher konnte Heroldsberg 1391 an das Geschlecht der von Geuder verkauft werden, wobei der jahrhundertelang ausgebliebene Widerspruch der zollerschen Burg- und Markgrafen als stillschweigendes Einverständnis zu bewerten sei[570].

Im Zusammenhang mit der preußischen Erbrechtstheorie wurde immer wieder darauf verwiesen, dass kein Staat dauerhaft bestehen könne, dessen Regent nicht die Verträge seiner Vorgänger anerkenne. Daher gefährde sich Preußen selbst weit mehr als die Reichsritterschaft. Schließlich wären nach den Grundsätzen Berlins Bündnisse mit anderen Mächten zum Schutz des Landes ebenso unmöglich wie die Abtretung von Territorium, Ansprüchen und Gerechtsamen, um einen Frieden zu erkaufen. Folglich müsste künftig ein Krieg bis zur völligen Vernichtung der Gegenseite geführt werden, da der Ausweg eines (wechselseitigen) Verzichtfriedens entfalle[571].

Ein besonders anschauliches Beispiel für die Rechtswidrigkeit des Verfahrens, bestehende Verträge einseitig zu annullieren, bot der Fall der Freiherrn von Seckendorff zu Obernzenn, den Sartoris Blatt öffentlich ausbreitete: Schließlich habe König Friedrich II. und damit die Berliner Kurlinie die nun von Bayreuth angefochtene Belehnung der Seckendorff mit der Fraisch im Jahre 1752 explizit gebilligt und anerkannt[572]. Die gesamte Problematik um die Rechtsverbindlichkeit der Regierungshandlungen früherer Regenten, die angeblich ihre landesherrlichen Gerechtsame gegenüber den benachbarten Reichsrittern nicht gewahrt hätten, sollte bereits 1802/03 erneut virulent werden. Nur ging es dieses Mal – wie bereits ausgeführt wurde – nicht um die Politik der früheren Markgrafen von Ansbach und Bayreuth, sondern um die der geistlichen Reichsfürsten, deren Territorien durch die Herrschaftssäkularisation in die Hände weltlicher Reichsstände gekommen waren[573].

Auch verwies die gegen die preußischen Landeshoheitsansprüche zu Felde ziehende reichsritterschaftsnahe Publizistik darauf, dass die Rittergenossen gegenüber Kaiser und Reich eidlich verpflichtet seien und ohne deren Ein-

569 Neue Vertheidigung II, S. 157 ff., 167, 213. *F. C. Schmidt*, Beyträge I, S. 81 Anm. 12, 88 Anm. 14.

570 Actenstücke die … bestrittene Unmittelbarkeit der reichslehenbaren Hofmark Heroldsberg I, S. 55 ff., 83, 119 ff., 159 ff.

571 Neue Vertheidigung II, S. 145 ff., 212. *Hallo*, Etwas über einige, S. 29 f.

572 Deutsche Staats- und Ministerial-Zeitung, Nr. 8, 26. Januar 1796, Sp. 122 ff. – Zum politischen Hintergrund der Belehnung der Seckendorff mit der Fraisch siehe: *H. H. Hofmann*, Herrschaft, S. 45.

573 Siehe Kapitel VIII.2.2. – Der Vorwurf gegenüber den geistlichen Fürsten war zumindet insofern berechtigt, als etliche Fürstbischöfe aus reichsritterschaftlichen Geschlechtern ihre Familien mit Stiftsgut belehnt hatten (*Riedenauer*, Reichsadel, S. 195).

willigung bei drohender Bestrafung weder auf ihren Besitz noch ihre Vorrechte und Freiheiten Verzicht leisten dürften[574]. Zudem stünden Gewissen und Ehre sowie die Verpflichtung gegenüber Untertanen und Nachkommenschaft einem solchen Eidbruch entgegen[575]. Allein angesichts der Zwangsmaßnahmen und Drohungen der königlichen Behörden hätten die meisten Rittergenossen den Huldigungseid auf Friedrich Wilhelm II. geschworen, jedoch unter ausdrücklicher Verwahrung ihrer Verpflichtungen gegenüber Kaiser, Reich und Reichsritterschaft. Zudem hätten einige Rittergenossen lieber ihre Güter ihren Erben überlassen, als eidbrüchig zu werden[576]. Ferner seien alle Verpflichtungen, die dem reichsritterschaftlichen Eid auf den Kaiser oder den Vasallenpflichten der Rittergenossen gegenüber den verschiedenen Lehensherrn widersprächen, rechtlich kraftlos – selbst nach dem preußischen Allgemeinen Landrecht. Zudem habe die Reichsjustiz die den Reichsrittern abgenommenen Eide auf Friedrich Wilhelm II. für ungültig erklärt[577]. Diese Argumentation, die die herausragende Rolle des Rittereides für das reichsritterschaftliche Ehrgefühl und Selbstverständnis widerspiegelte, exkulpierte nicht nur diejenigen Rittergenossen, die dem preußischen König gehuldigt hatten, gegenüber Wien[578]. Vor allem wurde auf diese Weise dem zentralen Unterwerfungsakt unter die preußische Landeshoheit jede Rechtsgültigkeit abgesprochen.

Gerade bei den unmittelbar aus den Ritterkanzleien stammenden Deduktionen gegen die preußischen Mediatisierungen fällt die konsequente Betonung der vermeintlichen Staatlichkeit der Reichsritterschaft auf: Die reichsritterschaftliche Korporation erschien als »Staatskörper«, »Staatsgebäude« und »staatsgesellschaftliche Verbindung«, die rechtliche und organisatorische Verfasstheit des Corpus equestre wurde als »reichsritterschaftliche Verfas-

574 *F. C. Schmidt*, Beyträge I, S. 42, 76 Anm. 4. Deutsche Staats- und Ministerial-Zeitung, Nr. 8, 26. Januar 1796, Sp. 124. Neue Vertheidigung I, S. 149, 198. Ebd. II, S. 118, 217. Actenstücke die ... bestrittene Unmittelbarkeit der reichslehenbaren Hofmark Heroldsberg I, S. 45. Ebd. II, S. 296 Anm. 39, 315, 357 f., 378, 383. Abdruck Kaiserl. Handschreibens ... de dato Wien den 7ten September, 1796, S. 16 f.

575 Actenstücke die ... bestrittene Unmittelbarkeit der reichslehenbaren Hofmark Heroldsberg I, S. 45. Ebd. II, S. 296 Anm. 39, 358 f., 378, 383.

576 Neue Vertheidigung I, S. 170. *F. C. Schmidt*, Beyträge I, S. 116 Anm. 51. Actenstücke die ... bestrittene Unmittelbarkeit der reichslehenbaren Hofmark Heroldsberg I, S. 45. Abdruck Kaiserl. Handschreibens ... de dato Wien den 7ten September, 1796, S. 16 f. – Die Freiherrn von Geuder begründeten dagegen die vorgeblich rechtsunwirksame Huldigung ihrer Untertanen damit, dass ein königlicher Kriegskommissär diesen falsche Tatsachen vorgespiegelt hätte, nach denen sich ihre angestammte Herrschaft bereits Berlin unterstellt hätte. Zudem sei den Geuderschen Hintersassen fälschlich eine Befreiung vom preußischen Militärdienst suggeriert worden (Actenstücke die ... bestrittene Unmittelbarkeit der reichslehenbaren Hofmark Heroldsberg I, S. 28 f., 34 f.).

577 Neue Vertheidigung I, S. 187, 198, 198 Anm. 297. Actenstücke die ... bestrittene Unmittelbarkeit der reichslehenbaren Hofmark Heroldsberg I, S. 43 ff.

578 Siehe Kapitel VII.1 bis VII.2.

sung« mit einem eigenen »Staatsrecht« bezeichnet[579]. Auf den ersten Blick könnte der Historiker versucht sein, in Anlehnung an Peter Wende und Elisabeth Fehrenbach hierin einen Versuch zu sehen, der im ausgehenden 18. Jahrhundert anachronistisch wirkenden reichsritterschaftlichen Korporation durch »moderne« Begrifflichkeit neue Legitimation zu verschaffen[580]. Aber dem widerspricht der Befund der Quellen. Die terminologische Aufwertung des Corpus equestre zu einer staatsgleichen Institution war nämlich nicht nur ein Phänomen, das in den für die Öffentlichkeit bestimmten Abhandlungen der Zeit begegnet[581]. Auch in der internen reichsritterschaftlichen Korrespondenz des späten 18. Jahrhunderts, die keinerlei propagandistische Funktionen erfüllen konnte und sollte, ist eine verbale Verstaatung zu beobachten[582]. Es handelte sich mithin um Begrifflichkeiten, die mit dem viel be-

579 Neue Vertheidigung I, S. 4 ff., 28, 34 ff., 45, 50, 58, 63 f., 69, 76 ff., 92, 105, 154, 170 f. (Zitate ebd., S. 4, 38, 45, 50, 69 u. 76). Ebd. II, S. 24 f., 52, 72, 208 ff. Actenstücke die ... bestrittene Unmittelbarkeit der reichslehenbaren Hofmark Heroldsberg I, S. 3 f. Actenmäsige Geschichts-Erzählung von der ohnmittelbaren Reichs-Ritterschaft, S. 17, 30 ff., 59 f., 64. Vgl. auch: *F. C. Schmidt*, Beyträge I, S. 49.

580 *Fehrenbach*, Régime, S. 73 ff., 204 (Zitat ebd., S. 73). – *Gerhard Pfeiffer* (Studien, S. 193) hat die vermehrte Bezeichnung der immediaten Rittergüter als reichsritterschaftliches Territorium im 18. Jahrhundert durch eine zunehmende Angleichung der reichsritterschaftlichen Herrschaften an die Reichsfürstentümer erklärt. Diese Entwicklung sei durch die im Laufe der Zeit gewandelten kaiserlichen Anforderungen an das Corpus equestre sowie den »Selbstbehauptungswillen« der Reichsritterschaft verursacht worden. Angesichts der bis zu seinem Ende geringen staatlichen und organisatorischen Verdichtung des Consortium equestre befriedigt diese Theorie jedoch nicht.

581 Siehe beispielsweise: *Kerner*, Staats-Landrecht, fortl., inbes. aber S. 3 ff. *Ders.*, Staats-Genossenschaftsrecht, fortl. Vgl. auch: *H. H. Hofmann*, Herrschaft, S. 97 f.

582 Zur Verwendung des Begriffs *Verfassung* bzw. *Bundesverfassung* für die Organisation der reichsritterschaftlichen Genossenschaft in der internen kantonalen Korrespondenz siehe beispielsweise: Protokoll der Kocherschen Ritterkanzlei mit Voten, Esslingen, 24. September 1799, StA Ludwigsburg, B 575 IV, Bü 353; Schreiben des Ortsvorstandes Rhön-Werra an den Ortsvorstand Kocher, Schweinfurt, 29. Juli 1799, ebd.; Schreiben des Ritterrats Freiherr von Berlichingen an den Ortsvorstand Kocher, Heilbronn, 22. Januar 1797, StA Ludwigsburg, B 575 II, Bü 373; Abschrift des Schreibens des Kocherschen Ritterhauptmanns Graf Adelmann an den Ortsvorstand Kocher, Esslingen, 27. Oktober 1795, HStA Stuttgart, B 579, Bü 227; Schreiben des Ortsvorstandes Neckar-Schwarzwald an den Ortsvorstand Donau, Tübingen, 22. Januar 1796, HStA Stuttgart, B 579, Bü 24 u. Schreiben des Ritterhauptmanns von Altmühl, Freiherr von Crailsheim, an den Ritterhauptmann von Rhön-Werra, Freiherr von und zu der Tann, Rügland, 8. Dezember 1796, StA Marburg, 109, Nr. 313. – Zur Bezeichnung des Corpus equestre als *Staatskörper* in den internen reichsritterschaftlichen Quellen siehe beispielsweise: Abschrift des Schreibens des Ortsvorstandes Donau an den reichsritterschaftlichen Ablegaten in Wien, Freiherr von Wöllwarth, Ehingen, 15. November 1803, StA Marburg, 109, Nr. 313; Abschrift des Schreibens des Ortsvorstandes Steigerwald an den Odenwalder Ritterhauptmann Freiherr von Gemmingen, Erlangen, 29. Juni 1798, ebd.; Schreiben des Ortsvorstandes Steigerwald an den Ortsvorstand Rhön-Werra, Erlangen, 16. März 1797, StA Marburg, 109, Nr. 311, Bd. 10; Schreiben des Odenwalder Ritterhauptmanns Freiherr von Gemmingen an den Ritterhauptmann von Rhön-Werra, Freiherr Friedrich von und zu der Tann, Rastatt, 14. Juli 1798, StA Marburg, 109, Nr. 272; Abschrift des Nachschreibens des Ortsvorstandes Steiger-

schworenen Zeitgeist des ausgehenden 18. Jahrhunderts weit mehr als mit einer wirklichen staatlichen Verdichtung der reichsritterschaftlichen Genossenschaft zu tun hatten[583]. Zwar gibt es Tendenzen in der jüngeren Forschung, die unter dem Eindruck der deutschen Wiedervereinigung von 1989/90 und der Entwicklung der Europäischen Gemeinschaft des späten 20. und beginnenden 21. Jahrhunderts versuchen, den besonderen Charakter des frühneuzeitlichen Reichsverbandes mit kontrovers diskutierten Begriffen zu fassen, die eine moderne Staatlichkeit oder ein harmonisches Zusammenwirken der einzelnen Ebenen und Glieder des Reichsverbandes suggerieren. Beispielhaft für diese Forschungsströmungen steht zum einen Johannes Burkhardts arbeitsteilig angelegte »deutsche Doppelstaatlichkeit«, die dem Reichsverband und seinen Institutionen »eine früh angelegte Modernität« und eine verfassungsgeschichtliche Vorreiterrolle zubilligt. Zum anderen ist das von Georg Schmidt mit großer Deutungsmacht vertretene Modell des »komplementären Reichs-Staat[s]« der Deutschen zu nennen. In diesem hätten sich die einzelnen Territorien sowie die Reichs- und Kreisebene in der Wahrnehmung staatlicher Aufgaben ergänzt, wobei die solchermaßen konstituierte Staatlichkeit dezidiert nicht im Sinne des Macht- und Anstaltsstaates des 19. und 20. Jahrhunderts gedacht wurde[584]. Aber selbst unter diesen Bedingungen wäre das Corpus equestre weder als Genossenschaft noch in Gestalt des Gros seiner Mitglieder ein (Teil)-Staat gewesen, der es weder im Sinne Burkhardts noch Schmidts vermocht hätte die staatliche Verdichtung auf der Reichsebene zu ergänzen[585]: Wenn es dem Kanton Kocher in über drei Jahren

wald an den Ortsvorstand Rhön-Werra, Erlangen, 22. Februar 1798, StA Ludwigsburg, B 91a, Bü 5.

583 Im Gegensatz zu den angesprochenen verbalen Etatismen gab es natürlich auch gezielte Legitimationsstrategien, in denen mit bestimmten Reiz- und Schlagwörtern intentionell operiert wurde. Dies zeigt sich deutlich in der für die Öffentlichkeit bestimmten reichsritterschaftlichen Publizistik am Ende des Alten Reiches, die es teilweise hervorragend verstand, auf der Klaviatur der Aufklärung und der zeitgenössischen politischen Diskurse zu spielen: Beispielsweise wollte ein ritterschaftsnaher Publizist die Rechtsstellung der Reichsritterschaft »ganz vorzüglich auf eine[n] von Kaiser und Reich bestätigten Gesellschaftsvertrag« gründen (Einige Bemerkungen über die Verhältnisse der unmittelbaren Reichsritterschaft, S. 4).

584 *Gerhard Müller*, Reich, S. 52. *Mazohl-Wallnig*, Zeitenwende, S. 5 f., 71 f., 85 ff., 273. *P. C. Hartmann*, Reich (2005), S. 12 ff., 22 in Verb. m. *P. C. Hartmann/Schuller*, Vorwort, S. 9 u. *P. C. Hartmann*, Das Heilige Römische Reich – heute noch aktuell?, S. 151 ff. *Westphal*, Stabilisierung, S. 235, 253. *Neuhaus*, Reich (EDG), S. 98. *Wendehorst/Westphal*, Reich, S. 6. *Härter*, Recht, S. 93. *G. Schmidt*, Geschichte, S. 33/40 fortl. (Zitat ebd., S. 44). *Ders.*, Freiheit, S. 114 ff. *Ders.*, Deutschland um 1800, S. 158 ff. *Ders.*, Deutschland 1806, S. 104 ff. *Ders.*, Das Reich und die deutsche Kulturnation, S. 105 ff. *Ders.*, Adel, S. 87. *Ders.*, Das frühneuzeitliche Reich (2001), S. 371 ff., 394 ff. *Ders.*, Das frühneuzeitliche Reich (2002), S. 247 ff., 268 ff. *Burkhardt*, Nachzügler, S. 300 ff. (Zitate ebd., S. 307 u. 314). *Ders.*, Friedenswerk, S. 597 ff. *Ders.*, Recht, S. 751 ff. *Tabaczek*, Superlative, S. 743 ff. *Münch*, 1648, S. 331 ff. *Schilling*, Das Alte Reich, S. 279 ff. *Ders.*, Reichs-Staat, S. 378 ff.

585 Den einzelnen Territorialherrschaften wies Georg Schmidt idealtypisch die Disziplinierung der Untertanen sowie die »möglichst effektive Verwaltung« als staatliche Aufgabenbereiche zu

nicht einmal gelang, eine Klageschrift gegen die preußischen Mediatisierungen beim Reichshofrat einzureichen[586], selbst im Anblick größter Gefahr um jeden Gulden, der nicht erkennbar dem unmittelbaren Vorteil des eigenen Kantons zugutekam, gerungen wurde[587], es im Gefolge der preußischen Übergriffe zur Abgabenverweigerung oder sogar zu Unruhen der Untertanen kam[588] sowie die schwerfälligen inner- und transkantonalen Abstimmungsprozesse regelmäßig dazu führten, dass Entscheidungen erst fielen, als die Ereignisse über sie längst hinweggegangen waren[589], dann kann von einer wie auch immer gearteten staatlichen Verfasstheit der Reichsritterschaft kaum die Rede sein. Vielmehr zeigte der Druck der Mediatisierungspolitik Berlins in aller Deutlichkeit, wie wenig die Reichsritterschaft mit ihren korporativen Strukturen den besonderen politischen und ökonomischen Herausforderungen seit 1789 gewachsen war. Die in jüngster Zeit ebenfalls gerne gestellte Frage nach der Überlebens-, Anpassungs- und Reformfähigkeit des Alten Reiches und seiner »mindermächtigen« Glieder muss daher für die Reichsritterschaft tendenziell mit einem Nein beantwortet werden[590]. Die aufgezeigten Defizite lassen sich ungeachtet der verbalen Verstaatung des Corpus equestre in den Quellen des späten 18. Jahrhunderts nicht übersehen und waren einer von mehreren Gründen, warum Berlin binnen weniger Jahre einen erheblichen Teil der rechtsrheinischen Reichsritterschaft unter seine Herrschaft zwingen konnte.

Zusammenfassend lässt sich konstatieren, dass die ritterschaftsnahe Publizistik bei aller Heterogenität der mitwirkenden Autoren Berlins Propaganda nicht nur einzelne Kritikpunkte und Argumente, sondern eine eigene reichsrechtliche »Meistererzählung« zur Begründung der reichsritterschaftlichen Reichsunmittelbarkeit entgegenstellen konnte. Zwar deuteten die ritterschaftsfreundlichen Traktate die Vergangenheit nicht minder einseitig, als dies bei Berlin der Fall war. Jedoch blieben sie im Gegensatz zur preußischen Publizistik stets auf dem Boden der Reichsverfassung.

(*G. Schmidt*, Geschichte, S. 44. *Ders.*, Das frühneuzeitliche Reich (2001), S. 384. *Ders.*, Das frühneuzeitliche Reich (2002), S. 269 (Zitat ebd.)).

586 Siehe Kapitel VII.2.

587 Siehe Kapitel V.4.1 u. VII.2.

588 Siehe Kapitel VII.1.

589 Siehe Kapitel VI.2, VII.2 u. VIII.3.1.

590 Zum Forschungsdiskurs über die Reform- und Überlebensfähigkeit des Alten Reichs und seiner »mindermächtigen« Glieder siehe beispielsweise: *Mazohl-Wallnig*, Zeitenwende, S. 72, 165 f., 219, 265; *Mader, Priester*, S. 31; *Burgdorf, Reichskonstitution*, inbes. S. 503 ff.; *Ders.*, Weltbild (2009), S. 4, 81, 99, 335.

4. Die revolutionäre und radikal-aufklärerische Publizistik – Autoren, Rezipienten und Argumentationsstrukturen

»Freyheit! heilige Freyheit! Kämpfe mit deinen Vertheidigern! Dann werden unsre Enkel in Frieden wohnen unter den Früchten deines Baumes und die entfesselte Menschheit wird die Flamme deines Altares nähren mit zerbrochnen Sceptern«[591]. Mit solchen Aufrufen warben deutsche Publizisten für die republikanischen sowie radikalreformerischen Ideen der Französischen Revolution und damit für eine Staats- und Gesellschaftsform, in der die Reichsritterschaft keinen Platz mehr haben konnte[592]. Umso erstaunlicher erscheint es, dass sich auch den sog. »Jakobinern« im weiteren Sinne nahestehende oder einer radikalen Form der Aufklärung anhängende Schriftsteller kritisch mit der preußischen Mediatisierungspolitik in Franken auseinandersetzten[593]. Von den reichsritterschaftsnahen Gegnern der Arrondierungspolitik Berlins unterschieden sich diese radikalen Publizisten bei aller Ähnlichkeit einzelner Argumente durch die grundsätzlich andere Intension ihrer Veröffentlichungen: Wie wir noch sehen werden, ging es der revolutionsnahen bzw. radikal-aufklärerischen Publizistik nicht um den Nachweis der Rechtswidrigkeit der Politik Berlins auf der Grundlage des Ius publicum und zugunsten der reichsritterschaftlichen Unmittelbarkeit, sondern um teilweise sehr persönlich motivierte ideelle und wirtschaftliche Interessen.

Schon früh hatten französische Publizisten erkannt, dass Hardenbergs Arrondierungspolitik der revolutionären Propaganda gegen den preußischen Kriegsgegner eine unverhoffte Vorlage lieferte: Bereits im Frühjahr 1792 erschienen in Pariser und Straßburger Zeitungen Berichte, die aus der Sicht des Dirigierenden Ministers »grobe Unwahrheiten von preußischen Gewalthaten [sic] hier in Franken« enthielten[594].

Unter den deutschen Sympathisanten der Französischen Revolution griff

591 *Huergelmer*, Thierkreis (1796), S. 544.

592 Zu den keineswegs auf einen Nenner zu bringenden politischen Vorstellungen der von der Historiografie oder den Zeitgenossen als sog. »deutsche Jakobiner« eingestuften Personen sowie zur revolutionären Publizistik im Allgemeinen siehe beispielsweise: *Reinalter*, Rebmann, S. 84 ff. *Grab*, Strömungen, S. 18 f., 25 ff., 245 f.; *Ders.*, Norddeutsche Jakobiner (1967), S. 7 f., 99; *Ders.*, Leben, S. 11 ff.; *Ders.*, Lebensläufe, S. 10, 22 ff.; *Sossenheimer*, Rebmann, S. 11 ff.

593 *Huergelmer*, Thierkreis (1796), S. 167 ff. *Ders.*, Thierkreis (1800), S. 161 ff. *Ders.*, Ungeheuer, S. 167 ff. *Monarchomachus*, Thierkreises, S. 45, 53 ff., 93 ff., 130, 187, 208 ff. [*Riem*], Ueber Preußens Politik, S. 6 ff., 86. [*Ders.*], Kurze Uebersicht der Folgen, welche die große Coalition für Europa hatte, S. 40. [*Ders.*], Ueber Deutschlands gegenwärtige Lage, S. 100 f. Eine Szene aus einem Reiche hinter dem Ganges, S. 3 ff.

594 Bericht Hardenbergs an den König/das Kabinettsministerium, Ansbach, 4. April 1792, GStA PK Berlin, I. HA, Rep. 44 B, Nr. 1a (Zitat ebd.). bzw. den identischen, aber anders datierten Entwurf: Bericht Hardenbergs an den König/das Kabinettsministerium, Ansbach, 2. April 1792, GStA PK Berlin, II. HA, Abt. 36, I, Nr. 5, fol. 32 – 38, hier: fol. 34.

ein gewisser »Huergelmer« zur Feder und verfasste eine Abhandlung unter dem Titel »Der politische Thierkreis oder die Zeichen unserer Zeit«. Diese wurde 1796 sowie in zweiter kaum veränderter Auflage 1800 angeblich in Straßburg, einem außerhalb der Reichweite der deutschen Zensurbehörden gelegenen Zentrum jakobinischer Agitation gedruckt[595]. Zugleich erschienen die beiden Ausgaben bei gleichbleibendem Druckort als »Das neueste graue Ungeheuer von einem deutschen Manne«[596]. Der mit fast 550 Oktavseiten Buchcharakter tragende »politische Thierkreis« beschäftigte sich mit den Mediatisierungen durch Ansbach-Bayreuth nur auf wenigen Seiten und ging dabei auf die Reichsritterschaft mit keinem Wort ein[597]. Letzteres dürfte jedoch weit mehr mit der Gesamtkonzeption des Werkes zu tun haben, in der den Vorgängen in Franken nur periphere Bedeutung zukam, als mit einer bewussten das Corpus equestre ausschließenden Auswahl oder gar der Negation der preußischen Übergriffe auf die Reichsritterschaft. Daher kann der »politische Thierkreis« nicht als ein explizit auf die Lage der fränkischen Kreisstände beschränkter Traktat gesehen werden[598]. Zudem verwies die Zweitauflage von 1800 auf einen Fortsetzungsband, der sich eingehender mit der »Schändlichkeit« der preußischen Mediatisierungen in Franken beschäftigen sollte[599]. Dieser war bereits im Herbst 1798 unter den beiden Titeln seines Vorgängers erschienen und gab als Druckorte teils das französisch besetzte Mainz, teils Bagdad an[600]. Schließlich war es eine übliche Praxis der Autoren

595 *Huergelmer*, Thierkreis (1796) (Zitate ebd., Titelblatt). *Ders.*, Thierkreis (1800). – Speziell zur Datierung der ersten Auflage des »politischen Tierkreises« auf das Jahr 1796 siehe *Hamberger/Meusel*, Teutschland X, S. 449 u. *Kawa*, Rebmann, S. 697. – Zu den Grundtendenzen des Werks siehe auch die teilweise fehlerhafte Darstellung bei *Grab* (Strömungen, S. 180 ff. Norddeutsche Jakobiner (1967), S. 73 ff.). – Zu Straßburgs Rolle als Zentrum jakobinischer Propaganda siehe: *Grab*, Lebensläufe S. 26, 51 ff. u. *Scheel*, Jakobiner, S. 152.

596 *Huergelmer*, Ungeheuer, fortl. (Zitate ebd., Titelblatt). *Kawa*, Rebmann, S. 695 f. – Der (Neben)-Titel »Das neueste graue Ungeheuer« spielte auf das *neue graue Ungeheuer* an, eine satirische und im zeitgenössischen Verständnis politisch radikale Zeitschrift, deren ersten fünf Hefte Georg Friedrich Rebmann zwischen November 1794 sowie Dezember 1795 selbst herausgab und deren Name sich wiederum an ein weit über die Grenzen der süddeutschen Territorien hinaus bekanntes Journal mit dem Titel das *Graue Ungeheuer* anlehnte. Letzteres hatte der bereits vorgestellte Wilhelm Ludwig Wekhrlin von 1784 bis 1787 herausgegeben und teilweise selbst verfasst. Dieses vom aufklärerischen Geist geprägte Journal war von Wekhrlin in satirischer Absicht benannt sowie in den namensgebenden grauen Umschlägen vertrieben worden (*Vocke*, Geburts- und Todten-Almanach II, S. 20. *Brümmer*, Rebmann, S. 484. *Knoblauch zu Hatzbach*, Wekhrlin, S. 648 ff. *Kawa*, Rebmann, S. 219 ff. *H. Schmidt*, Quellenlexikon XXV, S. 368. *Mondot*, Wekhrlin I (1986), S. 103 ff., 238 ff., 263 ff., 274 ff., 373 f. *Ders.*, ebd. II (1986), S. 604 ff.).

597 *Huergelmer*, Thierkreis (1796), S. 167 ff. *Ders.*, Thierkreis (1800), S. 161 ff. *Ders.*, Ungeheuer, S. 167 ff.

598 *Ders.*, Thierkreis (1796), fortl. *Ders.*, Thierkreis (1800), fortl. *Ders.*, Ungeheuer, fortl.

599 *Ders.*, Thierkreis (1800), S. XVII f., S. 163 Anm. * (Zitat ebd., S. 163 Amm.*). – Die Ergänzungen in der zweiten Auflage des ersten Bandes des »politischen Thierkreises« müssen natürlich nicht zwingend vom ursprünglichen Verfasser des Werks stammen.

600 Titelblätter von *Monarchomachus*, Thierkreises. *Kawa*, Rebmann, S. 696 f. Vgl. auch die An-

und Verleger, fiktive Verlags- und Druckorte anzugeben. Ein solches Vorgehen stellte nicht nur ein probates Mittel dar, um sich vor dem Zugriff der Zensur und den damit einhergehenden Gefahren zu schützen, sondern konnte zugleich das Interesse potentieller Käufer wecken[601]. Der Autor des 1798 erschienenen Fortsetzungsbandes des »politischen Thierkreises« trat bewusst als Nachfolger »Huergelmers« auf und wählte das Pseudonym »Monarchomachus«[602]. Damit stellte er sich in die Tradition jener vor allem im England und Frankreich des 16. und 17. Jahrhunderts auftretenden Theoretiker, die aus religiösen Motiven heraus ein Widerstandsrecht gegen die Krone entwickelt hatten und daher als Monarchomachen bzw. Monarchomachisten, also als Monarchenbekämpfer bezeichnet wurden[603]. Mit gut 410 Oktavseiten war »Monarchomachus'« Werk weniger voluminös als »Huergelmers« stattlicher Vorgänger[604]. Aber dafür widmete es den preußischen Arrondierungen in Franken ein ganzes Kapitel und ging dabei zumindest am Rande auch auf die Reichsritterschaft ein[605].

Die Frage nach der Autorenschaft der beiden Teile des »politischen Thierkreises« ist bis heute nicht befriedigend geklärt. Am häufigsten begegnet in der Literatur- und Bibliothekswissenschaft die Gleichsetzung von »Huergelmer« und »Monarchomachus« mit dem zur fraglichen Zeit in Altona arbeitenden Arzt, Belletristen und Theaterdirektor Dr. Johann Friedrich Ernst Albrecht (1752 – 1814) sowie mit (Johann Andreas) Georg Friedrich Rebmann (1768 – 1824), der als der »bedeutenste revolutionäre Publizist in Deutschland vor 1848« apostrophiert wurde. Auch die These einer Gemeinschaftsarbeit dieser zwei Schriftsteller für beide Bände des »politischen Thierkreises« fand

gaben in *Huergelmer*, Ungeheuer, Bayer. Staatsbibliothek München, Gall.rev. 421, hier: Vorsatzblatt. – Der Druckort Mainz könnte der Realität entsprechen, da *Kawa* (ebd., S. 697) aufgrund der einschlägigen Verlagsverzeichnisse in Vollmer den Verleger des zweiten Bandes des »politischen Thierkreises« vermutet. Dieser unterhielt seit 1798 eine Filiale in der Rheinmetropole (*Grab*, Die norddeutschen Jakobiner (1998), S. 84. *Ders.*, Strömungen, S. 170).

601 *Kawa*, Rebmann, S. 220, 697. *K. Becker*, Riem, S. 69. *Grab*, Strömungen, S. 26, 57, 166. *Ders.*, Norddeutsche Jakobiner (1967), S. 66. *Ders.*, Lebensläufe, S. 22 f. *Scheel*, Jakobiner, S. 582.

602 *Monarchomachus*, Thierkreises, Titelblatt u. S. V (Zitate ebd., Titelblatt).

603 *Zedler* (Hg.), Universal-Lexicon XXI, Sp. 1016 ff. *Klueting*, Zeitalter, S. 229.

604 *Monarchomachus*, Thierkreises.

605 Ebd., S. 45, 53 ff., 93 ff., 130, 187, 208 ff. – *Tschirch* (Geschichte I, S. 213) zitiert zu den preußischen Mediatisierungen in Franken aus dem ausweislich ersten Band des »politischen Thierkreises« von 1796 (S. 240) folgende Passage: »Am belachenswertetesten, wo es anders der Unwille erlaubte, war es doch allemal, daß man sich in solchen Rechtfertigungen ans Publikum wandte, ihm die Urkunden vorzulegen versprach, kurz immer tat, als wenn dies entscheiden sollte und müsse, da es doch auf keine Weise darum gefragt ward«. Auch *Hofmeister-Hunger* (Pressepolitik, S. 101) gibt diese Passage mit derselben Quellenangabe wieder. Trotz dieses doppelten Belegs findet sich die besagte Stelle in keiner der Auflagen des ersten Bandes des »politischen Thierkreises« – weder auf der Seite 240 noch irgendwo sonst (*Huergelmer*, Thierkreis (1796), S. 240 bzw. fortl. *Ders.*, Thierkreis (1800), S. 240. *Ders.*, Ungeheuer, S. 240 bzw. fortl.). Vielmehr entstammt die fragliche Stelle dem zweiten Band des »politischen Thierkreises« von 1798 (*Monarchomachus*, Thierkreises, S. 240 Anm. *).

ihre Vertreter in der Forschung[606]. Einer Autorenschaft Rebmanns hat Rainer Kawa mit guten, allerdings nicht zwingenden Argumenten widersprochen[607]. Bei Albrecht, dem meist anonymen Verfasser zahlreicher Romane, Dramen und medizinischer Abhandlungen mit populärwissenschaftlichem Charakter sowie dem Bearbeiter, Übersetzer und Herausgeber einzelner Werke von Goethe, Schiller und Rousseau standen seine schriftstellerischen Fähigkeiten zwar außer Frage[608]. Aber dennoch erscheint die Identifizierung von »Huergelmer/Monarchomachus« mit Johann Friedrich Ernst Albrecht äußerst fragwürdig[609].

Ähnlich ausführlich wie »Monarchomachus« beschäftigte sich ein 1797 erschienener Beitrag im achten Heft der Zeitschrift »Die Geißel« mit der

606 *Hamberger/Meusel*, Teutschland I, S. 44 ff. *Dies.*, ebd. X, S. 449. *Dies.*, ebd. XIII, S. 13 f. *Seiderer*, Rebmann, S. 226 f. *Kawa*, Rebmann, S. 48, 459 Anm. 1, 697 f. *Brümmer*, Rebmann, S. 484. *Hofmeister-Hunger*, Pressepolitik, S. 101. *Thiel*, Albrecht, S. 6 ff., 72 f., 203. *Tschirch*, Geschichte I, S. 213. *Stüssi*, Rebmann, Sp. 676. *Grab*, Strömungen, S. 163, 177 ff., 224, 229 (Zitat ebd., S. 163). *Ders.*, Norddeutsche Jakobiner (1967), S. 70 ff. *Ders.*, Konzeptionen, S. 390 ff. *Ders.*, Die norddeutschen Jakobiner (1998), S. 82 f. *Stamm*, Rebmann, S. 34, 173 f. *Voegt*, Literatur, S. 62, 93, 93 Anm. 3, 120, 231 f. *Wrasky*, Rebmann, S. 94 ff., 125 f., 163 ff. *Goedeke*, Albrecht, S. 321 f. *Kunze*, Albrecht, S. 181 f. *Goedeke/Goetze*, Grundrisz V/2, S. 501 ff. *Berger/Crowhurst*, Albrecht, Sp. 60 f. *Schneider*, Aufklärung, S. 98.

607 *Kawa*, Rebmann, S. 221, 532 Anm. 39, 697 ff. *Grab*, Konzeptionen, S. 396 f.

608 *Hamberger/Meusel*, Teutschland I, S. 44 ff. *Dies.*, ebd. XIII, S. 13 f. *Dies.*, ebd. XVII, S. 13 ff. *Thiel*, Albrecht, S. 5 ff. *Kunze*, Albrecht, S. 181 f. *Goedeke*, Albrecht, S. 322. *Goedeke/Goetze*, Grundrisz IV/3, S. 89. *Dies.*, ebd. V/2, S. 181, 501 ff.

609 Diese Zuweisung beruht nämlich allem Anschein nach allein auf der Tatsache, dass Albrecht als Verfasser mehrerer oder sogar aller Bände der »Regenten des Thierreichs« gilt – eines 1790 bis 1796 erschienenen Werks, das die politischen Verhältnisse von den Zeiten Friedrichs II. von Preußen bis zur Gegenwart unter dem Deckmantel der Fabel satirisch behandelte. Bei diesem Rückschluss wird jedoch übersehen, dass Albrecht in seinen späten Jahren gelegentlich unter dem Pseudonym J. F. E. Stade, dem Namen seines Geburtsortes schrieb. Vor allem dürfte die politische Haltung Albrechts, wie sie auf der Basis seiner Romane rekonstruiert wurde, gegen seine Identifikation mit »Huergelmer« sprechen: Zwar sparte Albrecht, ein angeblicher Freund Rebmanns, nicht mit aufklärerischer Kritik an Regenten, Ministern sowie der Kirche und scheint mit einer Beschränkung der monarchischen Gewalt »durch eine Sammlung vernünftiger Glieder des Volks« sympathisiert zu haben. Damit stand er in klarer Opposition zum Fürstenstaat des Ancien Régime. Aber ob Albrecht ein »Jakobiner« im engeren Sinne war, ist in der Forschung umstritten. Für die vorliegende Studie ist allein entscheidend, dass er noch 1790 und im Gegensatz zu besagtem »Huergelmer« eine Revolution im Alten Reich ablehnte. Allerdings scheinen sich die Anschauungen Albrechts in den folgenden Jahren zunehmend radikalisiert zu haben (Die Regenten des Thierreichs I, fortl. (Zitat ebd., Titelblatt). Ebd., IV, fortl. *Huergelmer*, Thierkreis (1796), S. 544. *Hamberger/Meusel*, Teutschland I, S. 44 f. *Goedeke/Goetze*, Grundrisz V/II, S. 501 f. *Thiel*, Albrecht, S. 6, 33, 151 Anm. 158 sowie speziell zu Albrechts politischer Haltung im Spiegel seiner Werke: S. 18 ff., inbes. 67 ff., 140. *Berger/Crowhurst*, Albrecht, Sp. 61. *Kunze*, Albrecht, S. 181. *Grab*, Strömungen, S. 170, 178 ff., 225 ff., 234 f. *Ders.*, Norddeutsche Jakobiner (1967), S. 68 ff. *Ders.*, Die norddeutschen Jakobiner (1998), S. 83 ff. *Ders.*, Konzeptionen, S. 396. [*Johann Friedrich Ernst Albrecht*], Uranie. Koenigin von Sardanapalien im Planeten Sirius. Ein Werk Wesemi Saffras des genannten Weisen, aber eines Thoren unter seinen Bruedern. Verteutscht von einem niedersaechsischen Landprediger, Bd. 2, o.O., 1790, S. 228 f., zit. nach: *Thiel*, ebd., S. 69).

preußischen Expansion in Franken[610]. Entsprechend seinem kämpferischen Titel galten die wortreichen Hiebe dieses Periodikums dem »Menschenfeind, mag eine königliche Krone sein Haupt decken, oder mag er im Bettlerkleide heuchlerisch sein Brod vor den Thüren suchen«, also allen Gegnern revolutionären und radikal-aufklärerischen Gedankenguts. Begründet wurde die nach drei Jahrgängen 1799 eingestellte und in Altona verlegte »Geißel« von dem bereits erwähnten Georg Friedrich Rebmann, während seines Pariser Exils[611]. Der einschlägige Beitrag trug den auf den ersten Blick unverdächtigen Titel »Eine Szene aus einem Reiche hinter dem Ganges«[612]. Obwohl anonym erschienen, ist eine Verfasserschaft Rebmanns durchaus wahrscheinlich. Schließlich war dieser zum fraglichen Zeitpunkt sowohl Herausgeber der »Geißel« als auch einer ihrer Autoren[613]. Auf seine Urheberschaft könnte zudem hindeuten, dass der zur Diskussion stehende Beitrag sich ausgerechnet auf die »Beyträge zum Staats- und Völkerrecht« des Baunacher Syndikus Schmidt sowie die »Actenmäsige Geschichts-Erzählung« des Kantons Altmühl, also zwei reichsritterschaftliche Traktate berief[614]. Rebmann hatte nämlich eine besondere Verbindung zum Corpus equestre und war mit dessen politischen und rechtlichen Verhältnissen vertraut: Als Sohn des schon erwähnten Kassiers der Erlanger Ritterkanzlei im Freiherrlich von Seckendorffischen Sugenheim bei Neustadt/Aisch geboren, hatte er nach seinem Studium der Jurisprudenz und Kameralistik in Erlangen und Jena als Skribent seines Vaters sowie von 1790 bis 1792 als Advokat und Prokurator für die Kantone Baunach und Steigerwald gearbeitet. Danach schlug er jedoch den Weg eines freien Schriftstellers ein und wandelte sich zu einem zunehmend radikalen Verfechter revolutionären und republikanischen Gedankenguts. Nachdem Rebmann 1795 in Erfurt mit der Zensur zusammengestoßen und nur knapp seiner Verhaftung entgangen war, lebte er vorübergehend im dänischen Altona und emigrierte 1796 nach Paris. Seit 1798 urteilte er als Richter des französischen Departements Donnersberg in Mainz und ab 1799 am Revisionsgericht der vier linksrheinischen Departements in Trier. Nach Walter Grab ist Rebmann »neben Georg Forster wohl als bedeutendster deutscher Jakobiner anzusehen« – ein Urteil, das bis heute den Forschungsdiskurs prägt. Allerdings sprechen sich jüngere Studien mit guten Gründen gegen eine derartige Einordnung Rebmanns aus: Schließlich redete er nur vorübergehend, um die Jahre 1796 – 1797/98, dem gewaltsamen Umsturz zur Erreichung seiner politischen Ziele im Alten Reich das Wort. Seine Ideale der Vernunft-

610 Eine Szene aus einem Reiche hinter dem Ganges, S. 3 ff. Die Geißel VIII (Zitat ebd., Titelblatt).

611 [Vorwort] (Die Geißel). An meine Geißel, S. 3 ff. (Zitat ebd., S. 3). *Kawa*, Rebmann, S. 326 ff. *Sossenheimer*, Rebmann, S. 7 f. *Wirth*, Jurist, S. 58. *Voegt*, Literatur, S. 28, 120.

612 Eine Szene aus einem Reiche hinter dem Ganges, S. 1.

613 *Rebmann*, Rebmanns Erklärung in Betreff der Geißel, S. 335. *Ders.*, Erklärung (Geißel), [S.336]. Zur Nachricht (Geißel), S. 336. *Kawa*, Rebmann, S. 326 ff. *Sossenheimer*, Rebmann, S. 7 f., 419 f. *Wirth*, Jurist, S. 55 ff.

614 Eine Szene aus einem Reiche hinter dem Ganges, S. 20.

Republik und der Reform von oben sowie seine Vorstellung von der freien Entfaltung des Individuums zur Förderung des Allgemeinwohls und Fortschritts waren stark von der Kant'schen Philosophie beeinflusst. Aber entgegen älteren Deutungen kann in Rebmann kein Vorkämpfer wirtschaftlicher Gleichheit oder einer staatstragenden Rolle der unteren Schichten der Bevölkerung gesehen werden[615].

Die »Geißel« Rebmanns war nicht das einzige Periodikum aus dem Umkreis vermeintlicher oder realer Revolutionäre, das sich mit den preußischen Mediatisierungen in Franken befasste: Auch die 1797 gedruckten Hefte der im Oktavformat erschienenen politischen Zeitschrift »Europens Politische Lage und Staats-Interesse« widmeten sich mal kurz, mal eingehend den Vorgängen an den Grenzen Ansbach-Bayreuths[616]. Dieses von 1795 bis 1799 mit den Druckorten Mannheim, Frankenthal und Leipzig erschienene Journal brachte es auf insgesamt zwölf Ausgaben. Der anonyme Herausgeber des Periodikums und namenlose Verfasser der einzelnen Beiträge war Andreas Riem (1749–1814), ein aus Frankenthal in der Pfalz stammender reformierter Theologe. Dieser hatte in Preußen als Publizist, Prediger sowie als Sekretär der Königlichen Akademie der schönen Künste und mechanischen Wissenschaften gewirkt, bis er ohne Verfahren und allein auf der Grundlage eines königlichen Machtspruches im November 1795 des Landes verwiesen wurde. In der Folge wandelte sich Riem zum Feind des Zollernstaats, gegen den er bis zum Regierungsantritt Friedrich Wilhelms III. unermüdlich agitierte. Seinen Lebensunterhalt musste er nach seinem Landesverweis durch seine schriftstellerische Tätigkeit sowie die Übernahme verschiedener diplomatischer Missionen für Paris und Den Haag bestreiten. Riem, der Sympathien für die französische Republik hegte, Adel und große Teile des Klerus verachtete sowie mit Rebmann in vertraulicher Verbindung stand, war zweifellos ein radikaler Verfechter der Aufklärung. Aber als »Jakobiner« im engeren Sinne gilt er der neueren Forschung nicht mehr, da er zwar die Errungenschaften der Französischen Revolution begrüßte, aber für das Alte Reich den Weg politischer Reformen von oben vorzog. Dennoch rührten die von ihm erhobenen antifeudalen Forderungen am Fundament der ständischen Gesellschaft und ziel-

615 *Hamberger/Meusel*, Teutschland X, S. 449. *Kawa*, Rebmann, S. 48 ff., 66 ff., 88 ff., 96 ff., 291 ff. *Seiderer*, Formen, S. 486. *Ders.*, Rebmann, S. 226 f. *Sossenheimer*, Rebmann, S. 1 ff., 79 ff., 193, 199 f., 247 ff., 269 ff., 317 ff., 407 ff. *Wirth*, Jurist, S. 1 ff., 10 f., 29 ff., 72, 93 f. *Grab*, Lebensläufe, S. 37. *Ders.*, Die norddeutschen Jakobiner (1998), S. 81. *Ders.*, Strömungen, S. 20, 162 ff., 192 ff. *Ders.*, Norddeutsche Jakobiner (1967), S. 64 ff., 81 ff. *Ders.*, Konzeptionen, S. 390 ff. (Zitat ebd., S. 390). *Ders.*, Eroberung, S. 50 ff., 90 ff. *Scheel*, Jakobinismus, S. 18 f. *Wadle*, Rebmanns Werk, S. 9 ff. *Schroeder*, »Seine Hauptbeschäftigung war Schwelgen ...«, S. 15, 23, 38 ff. *G.-L. Fink*, Rebmann, S. 67 ff. *Piereth*, »Aussichten ...«, S. 95 f. *Albrecht*, Blicke, S. 123 ff. *Sauder*, Reisen, S. 136 ff. *Grilli*, Rebmann, S. 163 f. *Haney*, Rebmann, S. 43 ff., 62 f. *Reinalter*, Rebmann, S. 83, 88 ff. *Greiling*, »Jakobiner ...«, S. 112 ff. *Schneider*, Aufklärung, S. 50 ff.

616 [*Riem*], Ueber Preußens Politik, S. 6 ff., 86. [*Ders.*], Kurze Uebersicht der Folgen, welche die große Coalition für Europa hatte, S. 40. [*Ders.*], Ueber Deutschlands gegenwärtige Lage, S. 100 f. Europens Politische Lage und Staats-Interesse 4 (1797) (Zitat ebd., Titelblatt).

ten vorübergehend auf eine weitgehende Zerstörung der Reichsverfassung durch Herrschaftssäkularisationen[617]. Was speziell die Reichsritter anging, so genossen diese bei Riem nicht mehr Respekt als ihre landsässigen Standesgenossen. Für die Rittergenossen als machtlose »Sedez-Monarchen« im Allgemeinen sowie als Adlige und als Mitglieder der Reichskirche im Besonderen hatte er nichts als Verachtung übrig[618]. Entsprechend vertrat Riem anlässlich des Rastatter Kongresses in der Frage der Restitution der Rittergenossen auf dem französisch okkupierten linken Rheinufer in ihre früheren Rechte und Besitzungen eine vergleichsweise unnachgiebige Haltung gegenüber den Reichsrittern[619].

An welchen Leserkreis richteten sich die vorgestellten Schriften von Riem, Rebmann, »Huergelmer« und »Monarchomachus« sowie die darin formulierte Kritik an der Mediatisierungspolitik unter dem Dirigierenden Minister in Franken? Schließlich kam für die besagten Autoren keine offizielle Verteilung ihrer radikal-aufklärerischen bis revolutionären Publizistik an die Reichsinstitutionen und die reichsständischen Zentralbehörden infrage[620]. Dennoch dürften Letztere im Rahmen ihrer Zensurtätigkeit und der üblichen Berichterstattung ihrer Gesandten über neu auf dem Markt erschienene politische Schriften mit den Werken Riems, Rebmanns, »Huergelmers« und »Monarchomachus'« in Berührung gekommen sein. Als Hauptrezipienten der hier interessierenden Veröffentlichungen werden die reichsständischen Regierungen jedoch kaum zu betrachten sein. Hinzu kommt, dass weder Riem noch Rebmann die Mittel hatten, ihre einschlägigen publizistischen Äußerungen kostenlos zu verbreiten, sondern damit ihren Lebensunterhalt bestreiten mussten[621]. Als Adressaten sind daher vor allem bildungsbürgerliche

617 *Hamberger/Meusel*, Teutschland VI, S. 362 ff. *Dies.*, ebd. X, S. 481 ff. [*Riem*], Ueber die politische Lage und das Staats-Interesse von Europa, S. 2 ff., 12 ff., 27 f., 108 ff., 124 f., 141 ff. [*Ders.*], Ueber Deutschlands gegenwärtige Lage, S. 149 ff. [*Ders.*], Ueber Preußens Politik, S. 80. [*Ders.*], Wer ist ein antigermanischer Schriftsteller, S. 47 ff. *Welker*, Riem (2003), S. 590 f. *Ders.*, Riem (1999), S. 10 ff. *Maaser*, Andreas Riems literarisches Werk, S. 37 ff. *Vogtherr*, Riem, S. 51 ff. *K. Becker*, Riem, S. 61 ff. *P. Weber*, Andreas Riems Fragmente, S. 82 ff. *Gerda Heinrich*, Riems »Apologie ...«, S. 100 ff. *Süssmann*, Riem, S. 110 ff. *Rölker*, Ansichten, S. 119 f., 129. *Siebers*, Bataver, S. 135 ff. *Kraus*, Andreas Riems Darstellung, S. 157 ff., 168 f. *Adam*, Zeitbezüge, S. 197 ff. *Wagenmann*, Riem, S. 756 f. *Tschirch*, Geschichte I, S. 27, 34 ff., 65 ff., 127 ff., 174 f., 194 f., 211 f., 341 ff., 361 ff. *Hofmeister-Hunger*, Pressepolitik, S. 99 ff. *Burgdorf*, Riems Kritik, S. 177 ff., 194. *Grab*, Strömungen, S. 164 ff. Mit zahlreichen Fehlern: *Bigler*, Riem, Sp. 1223. – Seine Identität als Verfasser der Zeitschrift »Europens Politische Lage und Staats-Interesse« enthüllte Riem spätestens im Jahr 1798 ([*Riem*], Ankündigung, [S. 128]. [*Ders.*], Wer ist ein antigermanischer Schriftsteller, fortl.).

618 [*Riem*], Ueber die politische Lage und das Staats-Interesse von Europa, S. 10 ff., 28, 141 ff. (Zitat ebd., S. 10). [*Ders.*], Ueber Deutschlands gegenwärtige Lage, S. 139 ff., inbes. 144 f., 154 f. [*Ders.*], Was sollten die Regenten thun, S. 69 ff.

619 [*Ders.*], Congreß zu Rastadt, S. 100 ff.

620 *Voegt*, Literatur, S. 132 ff.

621 *Kawa*, Rebmann, S. 172, 203 ff. *Welker*, Riem (2003), S. 591. *Wagenmann*, Riem, S. 757. *Sei-*

Kreise anzunehmen, die die fraglichen Veröffentlichungen käuflich erwerben konnten: Ein in der Bayerischen Staatsbibliothek liegendes Exemplar des »neuesten grauen Ungeheuers« von »Huergelmer« weist den pfalz-bayerischen Landes- und späteren königlich bayerischen Reichsarchivar Franz Joseph Samet (1758–1828) als seinen Besitzer nach[622]. Ungeachtet solcher Einzelfunde, dürften manche der hier zur Diskussion stehenden Abhandlungen an jenen Orten auf gesteigertes Interesse gestoßen sein, wo nicht nur die Aufklärung, sondern auch republikanisches und revolutionäres Gedankengut unter den sog. »gebildeten Ständen« auf fruchtbaren Boden gefallen war. Letzteres war nicht nur in Hamburg, Ulm oder im französisch besetzten Mainz der Fall, sondern beispielsweise auch im fränkischen Nürnberg[623].

Die Argumentationsstrukturen der hier interessierenden Veröffentlichungen von Riem, Rebmann, »Huergelmer« und »Monarchomachus« waren stark von den ökonomischen und ideellen Interessen ihrer Autoren abhängig. Das heißt, es ging darum, eine möglichst große Stückzahl zu verkaufen sowie die eigenen, radikal-aufklärerischen oder republikanischen Wertvorstellungen zu verbreiten[624]. Riem, Rebmann, »Huergelmer« und »Monarchomachus« griffen zwar die preußischen Mediatisierungen in Franken scharf an, aber keiner von ihnen beabsichtigte damit die Gerechtsame und die Reichsunmittelbarkeit der Reichsritterschaft oder der anderen betroffenen Kreisstände zu verteidigen. Die Arrondierungspolitik der fränkischen Markgrafentümer wurde vielmehr instrumentalisiert, um als exemplarisches Beispiel bestimmte Thesen der Autoren zu untermauern[625].

derer, Rebmann, S. 227. *Brümmer*, Rebmann, S. 483. *Schneider*, Aufklärung, S. 51. *Stamm*, Rebmann, S. 65. *Wirth*, Jurist, S. 38, 53.

622 *Huergelmer*, Ungeheuer, Bayer. Staatsbibliothek München, Gall.rev. 421, hier: Vorsatzblatt. – Speziell zu Samet siehe: *Jaroschka*, Samet (2005), S. 406; *Ders.*, Reichsarchivar, S. 2, 7, 25; *Leesch*, Archivare I, S. 74; *Ders.*, ebd. II, S. 514.

623 Nachschreiben zum Bericht Hardenbergs an den König, Frankfurt/M., 22. August 1794, GStA PK Berlin, II. HA, Abt. 36, I, Nr. 391, fol. 27–32, hier: fol. 29 f. Denkschrift Helmreichs über die politische Wichtigkeit der Reichsstadt Nürnberg, [Sommer 1796], AMAE Paris, CP, Allemagne - Petites Principautés, Nr. 74, fol. 51–52, hier: fol. 51 f. *Winkel*, Nürnberg, S. 91 ff. *Härter*, Reichstag, S. 337. *Scheel*, Jakobiner, S. 61 ff. *Ders.* (Hg.), Flugschriften, S. 4 ff., 51 ff., 61 ff. *Grab*, Strömungen, S. 27 ff., 84 ff., 95 ff., 122 f., 141 f., 206 ff., 220, 239 ff. *Ders.*, Norddeutsche Jakobiner (1967), S. 11 ff., 25 ff., 35 ff. *Ders.*, Leben, S. 24, 31 ff. *Thürauf*, Meinung, S. 68 ff. *Seiderer*, Formen, S. 496 ff., 504 ff. *Ernstberger*, Nürnberg, fortl. *Biro*, German Policy I, S. 248 ff., 279.

624 *Kawa*, Rebmann, S. 172, 203 ff. *Welker*, Riem (2003), S. 591. *Wagenmann*, Riem, S. 757. *Seiderer*, Rebmann, S. 227. *Brümmer*, Rebmann, S. 483 f. *Schneider*, Aufklärung, S. 50 f.

625 Beispielsweise dienten alle von Riem gegen die preußischen Mediatisierungen vorgebrachten Behauptungen und Argumente diesem als Mittel zum Zweck, d. h. als Munition gegen eine bestimmte Richtung der Berliner Politik. Um die Verteidigung der Reichsunmittelbarkeit und des Besitzstandes der von den königlichen Landshoheitsansprüchen betroffenen Reichsritter und Kreisstände ging es dem Pfälzer Theologen nicht. Dies zeigt Riems Abdruck eines angeblichen Promemorias des Vertreters von Oberyssel aus dem Oktober 1796 an die Landstände der Reichsgrafschaft Bentheim im Niederrheinisch-Westfälischen Reichskreis. Darin wurde der Reichshofrat angegriffen, der die von Österreich gleichermaßen ausgeübte Befugnis Ber-

Entsprechend ging es im einschlägigen Abschnitt des ersten Bandes des »politischen Thierkreises« – womit die »Thiere im politischen Himmelsgürtel«, also die monarchischen Regierungen der europäischen Staaten gemeint waren[626] – darum, die Doppelzüngigkeit und Falschheit der preußischen Politik zu entlarven. Wie Berlin erst die französischen Revolutionäre als »Halbmenschen« und »gefühllose Kannibalen« bekämpft habe, um dann mit ihnen in Basel als »edle[n] Freunde[n]« Frieden zu schließen, so habe es die Aufrechterhaltung der ungerechten absolutistischen Verfassung Frankreichs verlangt, um wenig später diejenige des Alten Reichs zu verraten: »Unsre deutsche Verfassung ist eine Tonne, welche man der Volksbestie zum Spielen hinwirft: die Großen selbst scheuten sich nicht sie auf alle Weise, wo es ungeahndet geschehen konnte, zu durchlöchern, sobald irgend ein Vortheil auch nur in der Ferne sichtbar ward«. Als Beispiel dafür, wie falsch und egoistisch die norddeutsche Großmacht mit der Reichsverfassung umging, führte »Huergelmer« nicht nur Einzelheiten aus der Unterwerfung einiger Bamberger Orte unter die preußische Landeshoheit im November 1796 an. Er bezeichnete auch die Ausweitung der zollerschen Fraisch zur Landeshoheit im Allgemeinen als rechtswidrig und verwies auf die Inkonsequenz, wenn Berlin sogar auf Gebiete landesherrliche Ansprüche erhob, die in fremder Cent lagen[627]. Es wurde bereits gezeigt, dass diese beiden letzten Vorwürfe »Huergelmers« nicht ganz unbegründet waren, auch wenn die postulierte prinzipielle Rechtswidrigkeit einer auf der Fraisch fußenden Landeshoheit eine Wertung darstellte, die sich dem offenen und durch das Herkommen bestimmten Charakter des Ius publicum entzog[628].

Mit beißendem Spott und stellenweise in grobe Beschimpfungen abgleitend, argumentierte »Monarchomachus« gegen die preußischen Mediatisierungen an den Grenzen Ansbach-Bayreuths[629]. Da er sich mit seiner radikalrevolutionären Schrift grundlegend von den im Alten Reich vorherrschenden politischen und gesellschaftlichen Verhältnissen distanzierte[630], konnte er sich nicht wie die reichsritterschaftsnahe oder die preußische Publizistik mit einer der Konfliktparteien solidarisieren. Die Folge war eine geradezu janusköpfige

lins nicht anerkenne, in seinen fränkischen Markgrafentümern »zur Verhütung aller Verwirrungen« die Vorrechte Dritter gegen Entschädigung aufzuheben ([*Riem*], Ueber Deutschlands gegenwärtige Lage, S. 95 ff., inbes. 100 f. (Zitat ebd., S. 100 f.)).

626 *Huergelmer*, Thierkreis (1796), S. 8, 525 f. (Zitat ebd., S. 8).

627 Ebd., S. 149 ff., 393 ff., 532 ff. (Zitate ebd., S. 149 f. u. 158 ff.). – Weitere Argumente für die angebliche Falschheit des preußischen Hofes finden sich bei *Huergelmer* (ebd.) u. a. auf S. 533 ff.

628 Siehe Kapitel II.3, IV.2 u. VII.1.

629 Als Beispiel für den Ton, der passagenweise von »Monarchomachus« angeschlagen wurde, sei exemplarisch die Charakteristik des preußischen Hofes (*Monarchomachus*, Thierkreises, S. 210) zitiert: »Ein Hof, wo gerade nur die schwächsten, verkrüppelsten und verrücktesten Menschen am einflußreichsten waren, wo der Verstand brach liegen und die Vernunft unter dem Glauben in Zerquetschung seufzen mußte«.

630 *Monarchomachus*, Thierkreises, fortl.

Argumentationsstrategie, in der »Monarchomachus« nicht nur gegen Berlin, sondern auch gegen dessen Antagonisten im Streit um die preußischen Okkupationen zu Felde zog: Zwar habe Österreich die rechtswidrigen Übergriffe Berlins in Franken verurteilt. Aber dies hindere die Hofburg beispielsweise in der Frage der Kriegsrequisitionen nicht daran, ihre Machtinteressen noch rücksichtsloser auf Kosten der Reichsverfassung durchzusetzen als ihr norddeutscher Rivale: »Preussen trieb seine Eingriffe öffentlicher und nahm sich fast gar nicht mehr die Mühe, die Raubhand unter dem Reichsmantel zu verbergen; Österreich beachtete die Reichsformeln. Das letztere war darum nicht besser«[631]. Genauso doppelzüngig erschien »Monarchomachus« die Rolle des englischen Königs Georgs III. im Rahmen des kurfürstlichen Notenwechsels vom Winter und Frühjahr 1797, wobei St. James für eine Beilegung der fränkischen Landeshoheitsstreitigkeiten auf dem Rechtsweg eingetreten war. Schließlich würde Braunschweig-(Hannover) selbst das Reichskammergericht »als Vogelscheuche für Zaunkönige« missachten[632].

Angesichts seiner Fundamentalkritik an der Kabinettspolitik der deutschen Fürstenhöfe brandmarkte »Monarchomachus« das Alte Reich als Zentrum der europäischen »Raubhöhle«, in der nur noch Staatsegoismus und Faustrecht herrschen würden. Unter diesen Verhältnissen und in Anspielung auf den Reichskanzleistil standen die Okkupationen Berlins in Franken für die von den deutschen Höfen verursachte »heilige Anarchie«[633]. Auch wenn diese Feststellungen von »Monarchomachus« durch seine republikanischen Ansichten bestimmt waren, benannte er dennoch den eigentlichen Urgrund der preußischen Mediatisierungen: die fehlende Bereitschaft eines erheblichen Teils der größeren Reichsstände, ihre territorial- und großmachtpolitischen Ziele den Spielregeln und Beschränkungen der Reichsverfassung unterzuordnen[634]. Dies bedeutete jedoch nicht, dass die Fortsetzung des »politischen Thierkreises« die preußische Politik in Ansbach-Bayreuth gegenüber den angrenzenden Reichsgliedern in irgendeiner Form relativieren wollte. Vielmehr betonte »Monarchomachus«, dass Berlins »Raubsucht, die selbst weder Freund noch Nachbar verschonte«, sogar noch diejenige Österreichs überträffe[635]. Das gesamte Vorgehen Preußens in Franken erschien als dasjenige eines gemeinen Diebes. Diese »Brandenburg-Ansbachbayreuthische Stehle-

631 Ebd., S. 53 ff., 93 ff., 187 ff., 402 f. (Zitat ebd., S. 93).

632 Ebd., S. 130 ff., 223, 223 Anm* (Zitat ebd., S. 131). – Speziell zur diplomatischen Intervention von St. James im Jahre 1797 siehe Kapitel VII.2.

633 *Monarchomachus*, Thierkreises, S. 28 f., 39 ff., 50 ff., 93 ff., 208 ff., 237, 400 (Zitate ebd., S. 51 ff.). – Vor diesem Hintergrund ist auch die Behauptung von »Monarchomachus« zu sehen, dass Berlin zwar den Krieg gegen Frankreich mitentfesselt hätte, sich aber dann aus seiner Verantwortung gestohlen und dabei eine möglichst große Länderbeute mitgenommen habe. Dieser Vorwurf konnte nicht nur auf die preußischen Säkularisationspläne oder die Teilung Polens bezogen werden, sondern dürfte auch auf die preußischen Mediatisierungen an den Grenzen Ansbach-Bayreuths gemünzt gewesen sein (Ebd., S. 55 f., 69 ff.).

634 Siehe Kapitel VII.2.

635 *Monarchomachus*, Thierkreises, S. 208 f. (Zitat ebd., S. 208).

rey« wurde zudem als logische Folge des preußischen Verrats an Polen präsentiert[636]. Die Dritte Polnische Teilung und die ihr vorausgegangene Politik Berlins gegenüber Warschau waren nämlich Ereignisse, die in der zeitgenössischen Publizistik ein gewaltiges Echo hervorgerufen hatten und das Ansehen der norddeutschen Großmacht in bildungsbürgerlichen und revolutionären Kreisen stark schädigten[637]. Andreas Riem ist hierfür ein besonders drastisches Beispiel, dessen »Europens Politische Lage und Staats-Interesse« zu einer permanenten Anklage wegen der Vernichtung Polens und deren verheerenden Folgen wurde[638].

Ausgehend von der Prämisse, dass die falsche und wortbrüchige Politik der Monarchen das Produkt der königlichen Minister sei, die ihre Herren wie Marionetten lenken würden, bezeichnete »Monarchomachus« die Behörden Ansbach-Bayreuths kurzerhand als »Hardenbergs Reunionskammern«[639]. Wie zuvor schon der ritterschaftsnahe Anonymus »Gustaf Hallo« stellte damit »Monarchomachus« die Mediatisierungen Berlins in eine Reihe mit der Expansionspolitik Ludwigs XIV. von Frankreich, die im kollektiven Gedächtnis mit Grauen und Unrecht assoziiert werden musste[640].

Trotz aller Polemik fand auch eine reichsrechtliche Bewertung der preußischen Mediatisierungen in Franken ihren Platz in der Fortsetzung des »politischen Thierkreises«. Zwar lehnte »Monarchomachus« die Praxis des historischen und historisierenden Reichsstaatsrechts ab, in dem zur Not Urkunden »aus der Römer Zeiten« zu politischen Gewinnen instrumentalisiert würden[641]. Aber dennoch zeigte sich der republikfreundliche Verfasser mit dem publizistischen Diskurs über die preußischen Mediatisierungen vertraut[642]. »Monarchomachus« pflichtete sogar den Mandaten des Reichshofrats bei, die das Vorgehen Berlins als Landfriedensbruch und unvereinbar mit der Reichsverfassung verworfen hatten[643]. Auch das Unterstützungsgesuch des

636 Ebd., S. 209 ff., 228, 234 ff. (Zitat ebd., S. 228).
637 *Tschirch*, Geschichte I, S. 69 f., 76 ff., 155 ff. *Ders.*, ebd. II, S. 150 ff.
638 [*Riem*], Kurze Uebersicht der Folgen, welche die Coalition gegen Fankreich hatte, S. 92 ff. [*Ders.*], Tripple-Allianz, S. 107 ff. [*Ders.*], Politische Lage und Staats-Interesse der Republik Holland, S. 33. [*Ders.*], Große Veränderung, S. 75 ff. [*Ders.*], Welche Folgen hatten die Kriege dieses Jahrhunderts, S. 11 ff. [*Ders.*], Die Russen auf dem Boden des deutschen Reichs, S. 95 f. [*Ders.*], Kurze Uebersicht der Folgen, welche die große Coalition für Europa hatte, S. 23 f., 30 ff. [*Ders.*], Ueber Preußens Politik, S. 86 ff. [*Ders.*], Ueber die politische Lage und das Staats-Interesse von Europa, S. 56 ff. [*Ders.*], Ueber Deutschlands gegenwärtige Lage, S. 92 f. [*Ders.*], Wer ist ein antigermanischer Schriftsteller, S. 62. Vgl. auch: *Tschirch*, Geschichte I, S. 174 f. – Vor seiner Verbannung war Riems Beurteilung der preußischen Rolle bei der Dritten Polnischen Teilung noch ausgesprochen wohlwollend: [*Riem*], Ueber die politische Lage, und das Staats-Interesse Preußens, S. 112 ff.
639 *Monarchomachus*, Thierkreises, S. XIX, 29 ff., 39 ff., 208 ff., 226 f., 236 ff. (Zitat ebd., S. 94).
640 Siehe Kapitel VIII.3.2. – Zur negativen Konnotierung der Expansionspolitik Ludwigs XIV. im Alten Reich siehe auch: *Monarchomachus*, ebd., S. 59.
641 *Monarchomachus*, Thierkreises, S. 209.
642 Ebd., S. 212 Anm. *, 228 ff.
643 Ebd., S. 214 ff.

Fränkischen Reichskreises an den Kaiser vom 20. Juli 1796, in dem die preußischen Übergriffe angeprangert wurden, fand die Zustimmung von »Monarchomachus«[644]. Gleiches galt ungeachtet der geschilderten Kritik an der verwerflichen Politik von St. James für die Interventionsschreiben der Kurfürsten von Sachsen und Braunschweig-(Hannover) an den preußischen König[645]. Ausdrücklich wandte sich »Monarchomachus« gegen die preußische Behauptung, dass der Rechtsweg Friedrich Wilhelm II. wegen der Mängel und Parteilichkeit der Reichsgerichte nicht zuzumuten sei, indem er die rhetorische Frage stellte: Würden diese Unzulänglichkeiten durch das preußische Vorgehen besser werden? Auch kritisierte »Monarchomachus« scharf, dass Preußen noch nicht einmal ein Urteil abgewartet habe, sondern gestützt auf seine militärische Übermacht sich zum Richter in eigener Sache gemacht habe: »Denn zugegeben einmal, daß wirklich die kayserlichgesinnten Reichsgerichte dem Königе zuwider sprächen, selbst wenn er Recht hätte; so wird ja doch eben dies sein Recht nimmermehr begründet, wenn er sich Selbsthülfe erlaubt«[646]. Wenn jeder wie der Berliner Hof verfahren würde, müsse dies zum »völlige[n] Faustrechte« und »zum Kriege Aller gegen Alle« führen[647]. Die Ereignisse während des sog. Rittersturms zwischen November 1803 und Januar 1804 sollten diese Prophezeiung vollauf bestätigen[648].

Die publizistischen Verteidiger der preußischen Mediatisierungspolitik, allen voran Kretschmann, verdammte »Monarchomachus« als »Diebeshehler«, deren Argumentation parteiisch und willkürlich sei[649]. An der Theorie des sog. Staatsfideikommisses ließ der revolutionsnahe Autor kein gutes Haar: Nach ihr würden beispielsweise nur diejenigen mit benachbarten Reichsgliedern seit 1614 abgeschlossenen Verträge anerkannt, die den Zollern zum Vorteil gereichen würden. Außerdem bedeute der Umstand, dass Preußen derartige Rechtssätze aufstelle, nicht, dass sie allgemein anerkannt oder rechtsgültig seien. Schließlich hielten die Opfer der preußischen Annexionspolitik ihre Gerechtsame für nicht weniger gut gegründet als Berlin seine Landeshoheitsansprüche[650]. Die preußische Erb- und Sukzessionstheorie zur Legitimierung der Mediatisierungspolitik Preußens in Franken entwertete »Monarchomachus« mit einer republikanischen Fundamentalkritik am monarchischen Geblütsrecht: »Zu einem gemeinen Handwerksmanne [...] werden einige Talente erfordert; allein zu einem Könige bedarf es nur die thierische Gestalt eines Menschen, eine Art von athmenden Automat. Erbfolge ist schon eine Satyre auf die Monarchie. Sie wird dadurch in das lächerlichste Licht gesetzt, und als ein Amt vorgestellt, das ein Kind oder ein Unwissender

644 Ebd., S. 212 Anm. *.
645 Ebd., S. 218 ff.
646 Ebd., S. 215 ff., 228 ff. (Zitat ebd., S. 231).
647 Ebd., S. 213 f., 231 ff. (Zitate ebd., S. 235).
648 Siehe Kapitel IX.1.
649 *Monarchomachus*, Thierkreises, S. XIX, 227 ff. (Zitat ebd., S. 228).
650 Ebd., S. 209, 229 ff.

ausfüllen kann [...]; eine Regierung erben, heißt das Volk erben, als wären es Schaafe und Heerden«[651].

Auch das Schicksal der Bevölkerung der von Ansbach-Bayreuth okkupierten Gebiete malte »Monarchomachus« in den schwärzesten Farben und übernahm dabei teils wörtlich die Argumentation von »Gustaf Hallo«[652]. Den bisherigen Untertanen der preußischen Krone brächten die Okkupationen der norddeutschen Großmacht keinerlei Vorteil. Vielmehr hätten sich die Bewohner Ansbach-Bayreuths durch die Mediatisierungen ihrer Regierung die Feindschaft der Bevölkerung der benachbarten Territorien zugezogen und müssten die undankbare Aufgabe übernehmen, die Annexionen Berlins als Exekutionskommandos durchzusetzen. Die erst durch die Mediatisierungen Hardenbergs unter die Herrschaft des einköpfigen Adlers gezwungenen Untertanen hätten nicht nur unter der Missachtung ihrer bisherigen Rechte, den Zwang zum Huldigungseid auf den preußischen König und der Einquartierung der königlichen Soldaten zu leiden. Hinzu kämen der hohe Abgaben- und Steuerdruck sowie die Belastungen durch das preußische Kantonssystem. Ebenfalls eine unrühmliche Erwähnung fand das in den fränkischen Markgrafentümern erneut eingeführte Lotteriespiel, das die Untertanen der verwerflichen Spielsucht preisgeben und sie in den Ruin treiben würde[653]. Damit übernahm »Monarchomachus« die aufklärerische Kritik am staatlich organisierten Glücksspiel[654]. Vor dem Hintergrund der geschilderten Nachteile, den die preußischen Mediatisierungen für die alten und neuen Untertanen in Ansbach-Bayreuth mit sich brächten, zeichnete er eine düstere Zukunft: In Anlehnung an »Gustaf Hallo« prophezeite »Monarchomachus« einen Massenaufstand gegen Berlin in den fränkischen Markgrafentümern, wenn es zu einem neuen preußisch-österreichischen Krieg käme[655].

Eine andere Quelle, auf die sich »Monarchomachus« – im Gegensatz zu der von ihm verwendeten Flugschrift »Hallos« – explizit berief, war der mögli-

651 Ebd., S. 45 f.

652 Vgl. *Hallo*, Etwas über einige, S. 35 ff. mit *Monarchomachus*, Thierkreises, S. 238 ff. – Hierbei ist zu bedenken, dass ungeachtet aller Druckprivilegien, publizistischen Diskurse sowie eines in den Wahlkapitulationen der Kaiser Leopold II. und Franz II. (Art. VII § 1) vorgesehenen Reichsgutachtens über ein Verbot des Büchernachdrucks der Schutz des geistigen Eigentums dem ausgehenden 18. Jahrhundert noch weitgehend fremd blieb und keine reichsgesetzliche Regelung erfuhr. Vielmehr waren der unautorisierte Nach- oder sog. »Raubdruck« sowie die Bearbeitung fremder Veröffentlichungen an der Tagesordnung (Wahlkapitulation des römischen Kaisers Franz des Zweiten, S. 26 f. *Rebmann*, Erklärung (Geißel), [S.335]. *Kawa*, Rebmann, S. 323 ff., 339. *Hofmeister-Hunger*, Pressepolitik, S. 141. *Stamm*, Rebmann, S. 45 Anm. 29. *Wirth*, Jurist, S. 79 f. *Gschließer*, Reichshofrat, S. 21. *Burgdorf*, Weltbild (2009), S. 66. *S.-W. Meyer*, Bemühungen, fortl., insbes. S. 1 ff., 33 ff., 85, 125 ff., 137, 143 ff. *Wittmann*, »Büchermarckt«, S. 36 ff. (Zitat ebd., S. 40)).

653 *Monarchomachus*, Thierkreises, S. 227 Anm. *, S. 238 ff., 246 Anm. *.

654 Vgl. beispielsweise: Rechenschaftsbericht Hardenbergs (wie Kap. I, Anm. 80), in: *C. Meyer*, Politik, S. 35–210, hier: S. 172.

655 *Monarchomachus*, Thierkreises, S. 240.

cherweise aus der Feder Rebmanns stammende Beitrag in der »Geißel«[656]. Auch Letzterer ging mit der Mediatisierungspolitik Berlins hart ins Gericht und oszillierte dabei zwischen polemischen Angriffen auf die norddeutsche Großmacht einerseits und einer fundierten reichsrechtlichen Argumentation andererseits[657]. Indem die »Geißel« die Ereignisse in Franken in das längst untergegangene, fiktive Reich »Pokpigu« jenseits des Ganges verlagerte, entlarvte sie die preußischen Mediatisierungen als gemeinen »Straßenraub«[658]. Noch dreister als das Vorgehen Berlins erschien dem – nun in die Gegenwart zurückkehrenden – Autor die publizistische Verteidigung der preußischen Arrondierungen durch Kretschmann[659]. Um diese Behauptung zu untermauern, unterzog die »Geißel« die Kernaussagen der preußischen Argumentationsstrategie einer eingehenderen Analyse[660]. Ihr Inhalt entsprach über weite Strecken den Ausführungen von »Gustaf Hallo« und »Monarchomachus«, die mit dem Verfasser der »Szene aus einem Reiche hinter dem Ganges« ein Zitierkartell bildeten, in dem der eine die Argumente, schlagkräftigen Formulierungen oder sogar seiten- und kapitelweise Ausführungen des anderen übernahm. Dies geschah selten mit, meist aber ohne Quellennachweis[661]. Daneben wurden in dem Beitrag der »Geißel« jedoch auch eigene Gedanken entwickelt, die nicht von den besagten anderen Publizisten stammten.

In diesem Zusammenhang ist die Bedeutung hervorzuheben, die dem naturrechtlichen Eigentumsdiskurs von der »Geißel« zugemessen wurde[662]. Dabei wurde das reichsrechtliche possessorium im Sinne der von Berlin angefochtenen, fremden landesherrlichen Gerechtsame mit dem individuellen Privateigentum der einzelnen Rechtssubjekte gleichgesetzt, dessen Schutz für die »Glükseeligkeit und Sicherheit der Bürger« unverzichtbar sei[663]. Der zwar nichts ins Absolute gewendete, aber doch stark ausgeprägte Eigentumsschutz hatte zentrale Bedeutung für die aufklärerische Gedankenwelt Rebmanns[664], dem mutmaßlichen Verfasser der »Szene aus einem Reiche hinter dem Ganges«.

Alles andere als neu, aber reichsrechtlich zutreffend war die Feststellung in der »Geißel«, dass die eigenmächtige und gewaltsame Durchsetzung der preußischen Landeshoheitsansprüche den Tatbestand des Landfriedensbruchs erfülle, auf dem die Strafe der Reichsacht stehe[665]. Gleiches traf auf den Vorwurf zu, Berlin würde Zustände der Gegenwart auf eine Zeit zurückpro-

656 Ebd., S. 236 ff.
657 Eine Szene aus einem Reiche hinter dem Ganges, S. 3 ff.
658 Ebd., S. 1 ff., 11 ff. (Zitate ebd., S. 1 u. 15).
659 Ebd., S. 15 ff., 39 f.
660 Ebd., S. 6 ff., insbes. S. 17 ff.
661 Ebd., S. 15 ff. *Hallo*, Etwas über einige, fortl. u. *Monarchomachus*, Thierkreises, S. 208 ff.
662 Speziell zum naturrechtichen Eigentumsdiskurs siehe Kapitel VIII.2.2.
663 Eine Szene aus einem Reiche hinter dem Ganges, S. 21.
664 *Sossenheimer*, Rebmann, S. 93 ff., 103 f., 121 ff., 192 f., 423.
665 Eine Szene aus einem Reiche hinter dem Ganges, S. 10 ff., 21 f., 42 f.

jizieren, in denen gänzlich andere Verhältnisse vorgeherrscht hätten[666]. Dieser Gesichtspunkt sollte in Gestalt einer »präadamitische[n] Landeshoheit« auch im publizistischen Diskurs über die Mediatisierungen reichsritterschaftlicher Herrschaften in den Jahren 1802/03 bis 1806 eine große Rolle spielen[667]. Ebenfalls nicht singulär, aber juristisch korrekt war der Einwand der »Geißel«, dass die norddeutsche Großmacht den reichsrechtlich geschützten, mehr oder weniger ruhigen Besitzstand (possessorium) der Gegenseite missachte. Auch könne dieser Besitz aufgrund einer bloßen Behauptung nicht zum usurpierten werden[668]. Zudem habe Preußen in der gegenwärtigen Auseinandersetzung nicht einmal versucht, den Rechtsweg zur Durchsetzung seiner vermeintlichen Ansprüche zu beschreiten[669]. Stattdessen habe es seine militärische Übermacht gegen seine schwächeren Nachbarn in Franken ausgenutzt[670]. Entsprechend ungerechtfertigt erschienen die Behauptungen Berlins über die Parteilichkeit der obersten Reichsgerichte, ohne einen Nachweis über deren Befangenheit vorzulegen: Es sei eine »verläumderische Beschuldigung«, den Reichshofrat zu verdächtigen, dass er das politische Interesse Wiens über das Recht stelle[671] – ein Argument, das im ausgehenden 18. Jahrhundert nicht ohne realhistorische Grundlage war[672]. Die Behauptung Kretschmanns von den angeblich gegen Berlin »erschlichen[en]« Reichshofratsmandaten demontierte die »Geißel«, indem sie dem juristisch geschulten Verteidiger der preußischen Mediatisierungen einen reichsrechtlichen Unterricht im Mandatsprozess erteilte. Dieser Exkurs schloss mit einer ironischen Spitze gegen Kretschmanns Entfernung von der Jenenser Salana im Jahre 1792: »Hätte doch der Mann, statt sich von Akademien relegiren zu lassen, seine Kollegien ordentlich besucht, und fleisig in seine Hefte gesehen, ehe er sich zum Gesezgeber und Rechtsentwikler aufwarf«[673]. Das Reichskammergericht erschien der »Geißel« erst recht über den Verdacht der Parteilichkeit erhaben. Außerdem eröffne das Reichsrecht Berlin mit der sog. Syndikatsklage sowie dem Reichstagsrekurs Wege, um seine Interessen auf dem gesetzlichen Wege auch gegen ein parteiisches Reichsgericht durchzusetzen. Dies beweise das Beispiel des Fürsten von Neuwied, der sich erfolgreich gegen ein Erkenntnis des Reichskammergerichts an die Regensburger Reichsversammlung gewandt habe. Zudem sei es Berlin selbst gewesen, das in der Vergangenheit das Ansehen des obersten Reichsgerichts in Wetzlar untergraben und die Kammer-

666 Ebd., S. 6.
667 Bruchstüke eines Schreibens, S. 12 f. (Zitat ebd., S. 12). Mémoire sur l'origine, S. 10 f., 23. Die Beleuchtung aus Bayern, S. 31, 60 f., 107, 149.
668 Eine Szene aus einem Reiche hinter dem Ganges, S. 10, 21.
669 Ebd., S. 11, 22, 28 ff.
670 Ebd., S. 4 ff.
671 Ebd., S. 24 f., 29 (Zitat ebd., S. 29).
672 Siehe Kapitel VIII.2.2.
673 Eine Szene aus einem Reiche hinter dem Ganges, S. 30 (Zitat ebd., S. 30 f.). – Speziell zum Verlust von Kretschmanns Stelle an der Universität in Jena siehe Kapitel IV.5.2.

zieler zu seinem Unterhalt verweigert habe[674]. In den langatmigen Verfahren sah die »Geißel« keinen unzumutbaren Mangel der Reichsjustiz, wohl aber in der Verbreitung der Privilegia de non appellando und der fehlenden Exekutionsmöglichkeit der reichsgerichtlichen Verfügungen gegen mächtige Reichsfürsten[675]. Letzteres war in der Tat eine Klippe, an der alle Bemühungen des Reichshofrats zur Rettung der reichsritterschaftlichen Unmittelbarkeit an den Grenzen Ansbach-Bayreuths zerschellten[676].

Ebenfalls zur Diskreditierung der preußischen Mediatisierungspolitik sollte die Bezeichnung der königlicher Behörden als »Reunionskammern« beitragen[677] – ein Schlagwort, dessen propagandistische Intentionen bereits erörtert wurde. Für die preußische Argumentation, das Wohl der königlichen Untertanen erlaube keinen Verzicht auf die Landeshoheitsansprüche Ansbachs und Bayreuths, hatte die »Geißel« nur Hohn und Spott übrig. »Die armen, zu offenbaren Schaden gekommenen Preußen! Erst stehen sie einen Krieg aus, der ihre Finanzen zu Grunde richtet, ihre zalreichen Heere dem Würgengel liefert, und wobei sie nur die Kleinigkeit in Pohlen, die englischen Subsidien, und die künftig noch aufzurechnenden Kriegsunkosten lukriren, und jezt drohen ihnen schon wieder die gefährlichen Anmaßungen der fränkischen Reichsritter grosen Schaden und Unheil« zu verursachen. Natürlich versäumte die »Geißel« es auch nicht, genau wie »Monarchomachus« und »Hallo« diejenigen Nachteile aufzuzählen, die den alten und neuen preußischen Untertanen in Ansbach-Bayreuth aus der Herrschaft Berlins und dessen Okkupationen erwuchsen: Steuerdruck, Militärzwang, die Feindschaft der Bevölkerung in den Nachbarterritorien und als Ergebnis einen Massenaufstand in Ansbach-Bayreuth gegen Berlin im nächsten preußisch-österreichischen Krieg[678].

Die der preußischen Sukzessionstheorie beigelegten Rechtsfolgen wurden mit denselben Argumenten, die auch die reichsritterschaftliche Publizistik vorbrachte, ad absurdum geführt[679]: Wenn jede nachteilige Veräußerung von Gerechtsamen, Ansprüchen und Besitzungen unmöglich sei, dann müsse jeder künftige Krieg einer europäischen Großmacht mit Preußen bis zur vollständigen Vernichtung der Gegenseite geführt werden. Jeder Friedensschluss erfordere nämlich Opfer von allen Kriegsparteien. Zudem verstoße es gegen die Lehre des Ius publicum, wenn die Verpflichtungen aus den brandenburgischen Hausgesetzen Vorrang vor der Reichsverfassung beanspruchen würden. Abgesehen davon zeuge die Praxis, die Verträge früherer Markgrafen aus dem Hause Brandenburg als nachlässige Veräußerungen zu kassieren, nicht gerade von der Wertschätzung des preußischen Königs ge-

674 Eine Szene aus einem Reiche hinter dem Ganges, S. 2 f., 27 ff.
675 Ebd., S. 27.
676 Siehe Kapitel VI.2 u. VII.2.
677 Eine Szene aus einem Reiche hinter dem Ganges, S. 36 f. (Zitat ebd., S. 36).
678 Ebd., S. 34 ff. (Zitat ebd., S. 35).
679 Siehe Kapitel VIII.3.2.

genüber seinen Vorfahren[680]. Die seit 1796 praktizierte Politik Berlins, territoriale Vergleiche seinen Nachbarn mehr aufzuoktroyieren als auf der Basis gleichberechtigter Partner auszuhandeln, karikierte die »Geißel« als ungerechte Gewalttat: Nach diesem Beispiel brauche »der, der sich vergleichen will, [...] nur seinen Gegner zu überfallen, und so lange zu knebeln, bis sich der gute Wille nach und nach einfindet«. Zudem warf die »Geißel« die Frage auf, wer angesichts der preußischen Grundsätze über die Unverbindlichkeit von Verträgen die künftige Gültigkeit solcher erzwungener Vergleiche garantieren würde[681].

Besonders intensiv widmete sich die »Geißel« den Folgen, die die Missachtung der Reichsgesetze sowie die eigenmächtige Durchsetzung der preußischen Landeshoheitsansprüche auf das Reich und seine Gesellschaft haben müssten: Die Nachahmung derartiger Grundsätze führe zur Auflösung der Reichsverfassung und zur Anarchie und berechtige die geschädigten Reichsritter und -stände dazu, ihre Untertanen zum Landsturm aufzubieten, um gemeinsam mit den kaiserlichen Truppen über Preußen herzufallen[682]. Angesichts der Widersprüche zwischen den königlichen Erklärungen und Taten bei der Okkupation des Lippischen Anteils der Reichsgrafschaft Schaumburg durch Hessen-Kassel im Jahre 1787 einerseits und den Mediatisierungen des Jahres 1796 andererseits fällte die »Geißel« ein vernichtendes Urteil über Friedrich Wilhelm II.: Dieser huldige allein dem »Grundsaz, daß Gesetze nur dann brauchbar sind, wenn man durch sie zu seinem Zwekke gelangen könne«[683]. Eben diese Haltung verschiedener großer Reichsstände sollte letztlich das Alte Reich zum Untergang verdammen[684]. Pikant und nicht ohne Ironie war es, wenn der Verfasser der »Szene aus einem Reiche hinter dem Ganges« die Argumente der preußischen Publizistik bekämpfte, indem er sie für einen Rollentausch instrumentalisierte: In der »Geißel«, einem publizistischen Organ, das die aus einer Revolution enstandene französische Republik verteidigte, wurde nun dem königlichen Beamten Kretschmann vorgeworfen, seine Theorien würden Revolutionen im Reich begünstigen[685]. Eine solche argumentative Antinomie ist bei Rebmann als wahrscheinlichen Verfasser unseres fraglichen Beitrags auch andernorts zu beobachten und möglicherweise der Rhetorik Robespierres entlehnt[686]. Konkret warf die »Geißel« Kretschmann vor, dass die von ihm verteidigte Missachtung der Reichsgesetze durch den preußischen König zwangsläufig dazu führen müsse, dass auch die Untertanen den Geboten ihrer Regenten nicht mehr gehorchten[687].

680 Eine Szene aus einem Reiche hinter dem Ganges, S. 8 f., 33, 38 f.
681 Ebd., S. 13 f., 31 f. (Zitat ebd., S. 32).
682 Ebd., S. 3, 26 f., 34.
683 Ebd., S. 41 ff. (Zitat ebd., S. 45).
684 Siehe Kapitel VII.2.
685 Eine Szene aus einem Reiche hinter dem Ganges, S. 22 f.
686 *G.-L. Fink*, Rebmann, S. 69 f.
687 Eine Szene aus einem Reiche hinter dem Ganges, S. 22 f.

Schließlich prangerte die »Geißel« die staatsegoistische Politik Berlins an und verglich die Beugung der Reichsgesetze durch das Haus Brandenburg nach dem Prinzip des individuellen Vorteils mit den Verbrechen eines der am meisten diskreditiertesten französischen Revolutionäre: »Wars nicht auch Robespierres Konvenienz, wenn er Köpfe zu tausenden springen lies«[688]? Wenn zudem die Behauptung Kretschmanns stimme, dass im Reich »die Gesetze nur das evidente Unrecht begünstigen«, dann handele es sich um Zustände, die dem »terreur« unter der Jakobinerdiktatur in Frankreich nahe kämen. Die logische Folge sei, »daß das Beispiel des Nachbars uns früher aus dem Traume wekken wird, [...] und daß unser neunter Thermidor nicht weit sein wird«[689]. An jenem Tag, dem 27. Juli 1794, war Robespiere gestürzt und kurz darauf hingerichtet worden[690].

Um die Gefahr, die die Rechtssätze Kretschmanns für den Fortbestand der Reichsverfassung bedeuteten, zu veranschaulichen, schreckte die »Geißel« auch nicht vor einer plumpen Fälschung zurück: Im Anhang zur »Szene aus einem Reiche hinter dem Ganges« wurde ein kaiserliches Manifest präsentiert, das angeblich in der Wiener Staatskanzlei bereitliege, um zum geeigneten Zeitpunkt nur noch ausgefertigt zu werden. Darin verkündete der Kaiser, dass die preußischen Verlautbarungen über die Landeshoheitsstreitigkeiten Ansbach-Bayreuths ihn mit einer zweckmäßigen »Art zu argumentiren bekannt gemacht« hätten. Diese ermögliche, die Wiederherstellung der widerrechtlich beschnittenen Vorrechte des Reichsoberhaupts als Nachfolger der Frankenkönige Chlodeo und Chlodwig I. sowie Karls des Großen zu legitimieren. Folglich sei die kaiserliche Landeshoheit »schon in der ganzen ersten Entstehung und Zusammensezung der karolingischen Monarchie wesentlich gegründet« und müsse in ihrem damaligen, über das derzeitige Reichsgebiet weit hinausgehenden Umfang wiederhergestellt werden. Daher konnte das angebliche Manifest sämtliche Reichsfürsten zu »Kaiserliche[n] Diener[n]« degradieren und in engster Anlehnung an die Formulierungen der preußischen Publizistik feststellen: »Das gesamte heilige römische Reich ist seiner Natur nach ein geschlossenes Territorium [...]; alles was innerhalb dieses Bezirks gesessen ist, ist der östreichischen Landeshoheit unterworfen«[691].

Reichsrechtlich differenziert, aber voll Ironie argumentierte Andreas Riem, der die Gelegenheit zur Abrechnung mit Berlin im Allgemeinen und im Besonderen mit Hardenberg nutzte, über den er kübelweise Spott ausschüttete und ihn zum Hauptverantwortlichen der Mediatisierungen durch Ansbach-Bayreuth stempelte[692]. Damit beglich Riem auch eine persönliche Rechnung mit Hardenberg, von dem er sich verfolgt fühlte und den er als angeblich

688 Ebd., S. 12 ff., 40 f. (Zitat ebd., S. 41).
689 Ebd., S. 23 f.
690 *Haupt*, Revolution, S. 258, 265.
691 Eine Szene aus einem Reiche hinter dem Ganges, S. 45 ff. (Zitate ebd., S. 49, 53, 56 u. 57 f.).
692 [*Riem*], Ueber Preußens Politik, S. 6 ff., 86.

frankreichfeindlichen Parteigänger Englands verabscheute[693]. Vor diesem Hintergrund erschienen Riem die preußischen Arrondierungen auf Kosten der Reichsritterschaft und der benachbarten Kreisstände in Franken als Übertragung der Willkür der preußischen Justiz auf die Reichsebene[694]. Entsprechend verurteilte Riem die preußischen Mediatisierungen als reichsverfassungswidrig und brandmarkte sie als Landfriedensbruch[695] – ein Argument, das – wie ausgeführt wurde – nicht ohne jede reichsrechtliche Berechtigung war[696]. Die rechtswidrigen und gewaltsamen Okkupationen in Franken zeigten für Riem nicht nur die Verachtung Berlins für die Reichsverfassung. Sie seien auch das Vorspiel für den Umsturz der »politischen Reichs-Integrität«, was nicht zuletzt eine Säkularisation der geistlichen Territorien bedeuten würde[697]. Für den radikalen Aufklärer stand fest, dass die norddeutsche Großmacht unehrenhaft handle und illegal das Reichsrecht mithilfe der ihr zu Gebote stehenden Machtmittel beuge, da »der gegenwärtige Besizer von Anspach und Bayreuth Kanonen und Soldaten genug hatte, seinen Ansprüchen das Gewicht der Rechtmäßigkeit zu geben«[698]. Mit beißendem Spott prangerte Riem die Weigerung Berlins an, sich den reichsgerichtlichen Verfügungen in der Frage der preußischen Landeshoheitsansprüche in Franken zu unterwerfen: »Die monarchischen Schritte werden mit den Sieben Meilen-Stiefeln, des gestiefelten Katers [...], und nicht in den gewöhnlichen Rechtsschritten der [...] Reichsverfassung gemacht«[699].

Als Motiv für die preußische Mediatisierungspolitik in Franken machte Riem die Absicht Berlins aus, seine durch den Krieg gegen das revolutionäre Frankreich ruinierten Staatskassen auf Kosten seiner fränkischen Nachbarn zu sanieren. Die Okkupationen unter dem Dirigierenden Ministers seien folglich »Plünderungen im deutschen Reiche«. Diese erschienen dem radikalen Publizisten als Fortsetzung der Dritten Polnischen Teilung und als

693 Ebd., S. 69 ff., 79 ff. [*Ders.*], Wer ist ein antigermanischer Schriftsteller, S. 45 ff. *Tschirch*, Geschichte I, S. 142, 151, 212. *Wagenmann*, Riem, S. 757. *Hofmeister-Hunger*, Pressepolitik, S. 99. – Vergleiche auch die abfälligen und beleidigenden Äußerungen Riems über Hardenberg und insbesondere über dessen Bemühungen um den Abschluss eines Friedens mit Frankreich sowie um die Schaffung und Sicherung der norddeutsche Neutralitätszone: Für Riem handelte es sich dabei um »diplomatische Charlatanerien«. Der preußische Minister mit seinem »linkischen Benehmen« sei »entweder ein Unwissender, oder ein Verräther« an Berlin gewesen ([*Riem*], Ueber Deutschlands gegenwärtige Lage, S. 88 ff., S. 114 f., 126 (Zitate ebd., S. 89 f.). [*Ders.*], Aussichten im Januar 1796, S. 149 ff. [*Ders.*], Ueber Preußens Politik, S. 69 ff., 78 ff., 86. [*Ders.*], Kurze Uebersicht der Folgen, welche die Coalition gegen Fankreich hatte, S. 93. [*Ders.*], Politische Lage und Staats-Interesse der Republik Holland, S. 36 ff.).

694 [*Riem*], Ueber Preußens Politik, S. 12 f.

695 Ebd., S. 6 ff.

696 Siehe Kapitel VII.2.

697 [*Riem*], Kurze Uebersicht der Folgen, welche die große Coalition für Europa hatte, S. 36 ff., inbes. 40 (Zitat ebd., S. 40).

698 [*Ders.*], Ueber Preußens Politik, S. 6 ff., 14 ff. (Zitat ebd., S. 7).

699 Ebd., S. 9 f., 18 f. (Zitat ebd., S. 9).

Menetekel für die Zukunft des Reichsverbandes[700]. Das Schicksal Polens war ein Argument, das - wie bereits ausgeführt - in der regierungskritischen Publizistik jener Jahre immer wieder gerne bemüht wurde[701]. Auch karikierte Riem die Arrondierungen Ansbach-Bayreuths als logische Folge einer vorgeblich antirevolutionären Politik, die Berlin überhaupt erst in den Krieg gegen Frankreich gestürzt habe: »Herr von Hardenberg, der Tag und Nacht darüber nachdenkt, Titels zu Eroberungen im deutschen Reiche aufzufinden, ist bekanntlich ein erklärter Feind aller venünftigen und unvernünftigen republikanischen Grundsäze; und hält sie in dem Patriotisch-höchst belobungswürdigen Eifer seines Herzens für Jakobinismus [...]. Deutschland, das ist ihm genug, ist eine aristokratische Republik, ergo jakobinisch, und darum muß soviel als möglich davon abgerißen, und der monarchischen Regierung seines gegenwärtigen Herrn, dessen Lied er singen muß, weil er sein Brod ißt, unterworfen werden«[702]

700 Ebd., S. 11 f., 17 ff. (Zitat ebd., S. 12).

701 Siehe Kapitel VIII.3.2 u. beispielsweise: Die Regenten des Thierreichs IV, S. 48 ff.; *Monarchomachus*, Thierkreises, S. 39 ff., 123 ff., 196 f., 209 ff., 220 ff., 233, 330 ff., 402; Trauerrede auf des Höchstseligen Königs von Preußen Friedrich Wilhelms II. Majestät, S. 178 ff.; *Stamm*, Rebmann, S. 71, 98; *Voegt*, Literatur, S. 218 ff.; *Tschirch*, Geschichte I, S. 69 f., 76 ff., 99, 108 ff., 148, 155 ff.

702 [*Riem*], Ueber Preußens Politik, S. 8 ff. (Zitat ebd., S. 8 f.).

IX. Resümee und Ausblick

1. Der Untergang des gesamten Corpus equestre

»Beyspiele wirken mehr als Lehren, und die guten uneigennützigen viel weniger als die gewaltsamen ungerechten [...]. Es ist mit Staaten, wie mit einzelnen Menschen: haben sie sich einmal über gewisse Rechtlichkeiten hinweggesetzt, so sind sie so leicht nicht wieder in die Schranken der Gesetze zurück zu bringen. Wenn noch eine gewisse Politik dahinter kömmt, und das schlummernde Gewissen mit den sinnlosen Zauberworten: ›Gleichgewicht – Arondissement‹ vollends in den Schlaf zu wiegen sucht; [...] Dann würde die reichsritterschaftliche Verfassung mit allen übrigen mindermächtigen Staatssystemen erlöschen, der Kleine dem Vorgange des Großen folgen, die völlig vernachläßigte zarte Pflanze der Moral würde alsdann mit der Wurzel herausgerissen, der gesetzliche Zustand überall vernichtet, alle menschliche Gefühle ausgezogen, und Anarchie und Verwüstung verbreitet werden. – Alles als natürliche Folge der zweckmäßigen Mittel, deren Gebrauch einige Machthaber in den letzten kränklichen Lebensjahren Friedrich Wilhelms II. gegen die Königlichen Nachbaren in Franken sich [...] erlaubten«[1].

Diese Prophezeiung eines reichsritterschaftlichen Publizisten hinsichtlich der politischen Folgen der gewaltsamen Arrondierungspolitik Berlins an den Grenzen Ansbach-Bayreuths sollte sich schneller erfüllen, als es den Rittergenossen lieb sein konnte[2]. Noch während Hardenberg damit beschäftigt war,

1 Neue Vertheidigung II, S. 215 f.

2 Zu den folgenden Ausführungen über die Mediatisierung der noch reichsunmittelbar gebliebenen Reichsritter und der Rechtsstellung der unterworfenen Ritter in den einzelnen deutschen Staaten siehe auch: *Burgdorf*, Weltbild (2009), S. 99 ff.; *Fehrenbach*, Régime, S. 71 ff., 131 f.; *Hanna*, Ministerialität, S. 786 f.; *Stollberg-Rilinger*, Das Heilige Römische Reich, S. 113 ff.; *Heinemann*, Säkularisation, S. 26 ff.; *Ohngemach*, Ehingen, S. 584 f.; *M. Puchta*, »Indessen tritt hier der Fall ein ...«, S. 591 ff.; *Schenk*, Hohenlohe, S. 51 ff., 68 ff.; *Demel*, Reich, S. 340 ff.; *Haug-Moritz*, Organisation, S. 20 f.; *Gotthard*, Reich, S. 162 f.; *Schraut*, Haus, S. 323 ff.; *Godsey Jr.*, Nobles, S. 144 f.; *G. Schmidt*, Geschichte, S. 342; *Press*, Kurmainz, S. 279; *Ders.*, Reichsritterschaft (1995), S. 813; *Ders.*, Landesherrschaft, S. 112; *Ders.*, Kaiser und Reichsritterschaft, S. 191 ff.; *Sörgel*, Ritterkanton, S. 87 ff. (vielfach unzutreffend); *H. Schmid*, Säkularisation, S. 149; *T. Schulz*, Mediatisierung (1987), S. 158 ff.; *Sauer*, Zar, S. 176, 230 f., 236 f.; *Münzing*, Mediatisierung, S. 20 ff.; *O. H. Becker*, Fürstentümer, S. 137, 151; *G. Menzel*, Albini, S. 102 f.; *Danner*, Studien, S. 95 ff.; *Hellstern*, Ritterkanton, S. 7 ff.; *Fleck*, Mediatisierung, S. 62 ff.; *Kullen*, Einfluß, S. 13, 122; *Aretin*, Heiliges Römisches Reich I, S. 454 ff.; *H. Körner*, Kanton, S. 106 ff.; *Domarus*, Reichsadel; S. 167 f.; *Dobmann*, Zentner, S. 38, 43; *Berner*, Aufhebung, S. 208 ff.; *Bernath*, Politik, S. 127, 144; *Rößler*, Kampf, S. 74 ff., 178; *Stammler*, Zeiten, S. 475; *Meister*, Nassau, S. 22 ff.; *Heigel*, Geschichte II, S. 468 f.; *Grimme*, Herren, S. 282 ff., 305 ff.; *Treitschke*, Geschichte I, S. 193 f., 231 f.; *Bihl*, Herrschaft, S. 295; *K. A. Menzel*, Geschichte XII/2, S. 387 ff.

die Reichsritter an den Grenzen der fränkischen Markgrafentümer unter die Herrschaft des einköpfigen Adlers zu zwingen, erschien nämlich für die gesamte rechtsrheinische Reichsritterschaft eine neue Gefahr am Horizont. Wie bereits ausgeführt wurde, hatte sich aus der preußisch-österreichischen »Polizeiaktion« gegen Frankreich zur Verteidigung der habsburgischen Interessen und zur Befriedigung des territorialen Expansionsdranges der beiden deutschen Vormächte ein jahrelanger Koalitionskrieg entwickelt, der 1793 endgültig auch das Alte Reich erfasste. In dem Maße, wie sich in Paris die Forderung nach den sog. natürlichen Grenzen Frankreichs durchsetzte und der Siegeszug der französischen Waffen das Erreichen dieses Kriegsziels immer wahrscheinlicher werden ließ, wurde der Krieg zur Gefahr für die Reichsverfassung und damit für den Fortbestand der Reichsritterschaft[3]. Schließlich warf eine Abtretung der Reichsgebiete links des Rheins die Frage nach einem territorialen Ausgleich für die dabei verlierenden Reichsglieder auf, der nur auf Kosten der schwächeren Membra imperii erfolgen konnte. Diese sog. Entschädigungsfrage wurde zur Nagelprobe für den Willen der größeren Reichsfürsten, die Reichsverfassung weiter mitzutragen, und musste über kurz oder lang auch die politische Existenz der Reichsritterschaft zur Disposition stellen. Den Stein ins Rollen brachte der preußisch-französische Sonderfriede von Basel vom 5. April 1795. In dessen geheimen Zusatzartikel ließ sich Berlin territoriale Entschädigung für seine Verluste im Falle einer Abtretung des linken Rheinufers durch Paris garantieren[4]. Die Berliner Konvention vom 5. August 1796 präzisierte die preußischen Indemnisationen dahingehend, dass diese durch Säkularisationen erfolgen sollten[5]. Doch nicht nur Berlin hatte wenig Skrupel, sich auf Kosten seiner Mitstände schadlos zu halten. Das sich der preußischen Protektion erfreuende Hessen-Kassel ließ sich im nicht öffentlichen Teil seines Separatfriedens mit Paris vom 28. August 1795 territoriale Indemnisation auf Kosten geistlicher Fürsten auf dem rechten Rheinufer garantieren[6]. Auch Württemberg und Baden sicherten sich in den geheimen Zusatzartikeln ihrer nicht mehr zur Ratifikation gelangten Sonderfrieden mit der französischen Republik vom August 1796 eine Entschädigung durch Herrschaftssäkularisationen[7]. Aber den Weg dorthin ebnete erst

3 Druck des kaiserlichen Hofratifikationsdekrets an die Reichsversammlung zu Regensburg wegen der Einleitung eines annehmlichen Reichsfriedens usw., Wien, 19. November 1795, Dikt. Regensburg, 27. November 1795, HStA Stuttgart, B 572 Au, Bü 1143. *Duchhardt*, Verfassungsgeschichte, S. 245 f. (Zitat ebd., S. 245). *Aretin*, Das Alte Reich III, S. 382 ff., 410 ff., 420, 447 ff. *Sheehan*, Ausklang, S. 200 ff.

4 Der Sonderfrieden von Basel vom 5. April 1795 mit Geheimen Zusatzartikel und Zusatzvertrag vom 17. Mai 1795, in: *Hufeld* (Hg.), Reichsdeputationshauptschluß, Nr. 2, S. 37–39, hier: S. 38. *Aretin*, Das Alte Reich III, S. 438 f. *Biro*, German Policy I, S. 348 ff. *Sheehan*, Ausklang, S. 204.

5 Geheime Convention zwischen Preußen und Frankreich vom 5. August 1796, in: *Hufeld* (Hg.), Reichsdeputationshauptschluß, Nr. 3, S. 40–43, hier: S. 41 f. *Aretin*, Das Alte Reich III, S. 454.

6 *Biro*, German Policy I, S. 332, 381 ff. *Aretin*, Das Alte Reich III, S. 447.

7 Geheime Artikel zu dem Frieden zwischen Württemberg und der Französischen Republik vom 7. August 1796, in: *Hufeld* (Hg.), Reichsdeputationshauptschluß, Nr. 4, S. 44–46, hier: S. 44.

ein junger französischer General durch eine Reihe von Siegen in Oberitalien und einen Vorstoß bis ins Herz des Habsburgerreiches. Sein Name war Napoleon Bonaparte. Zwar fußte der für den Reichsverband abgeschlossene Präliminarfriede von Loeben vom 18. April 1797 noch auf der Basis einer weitgehenden Integrität des Alten Reichs. Aber diese für die Zukunft der Reichsverfassung und damit die politische Existenz der Reichsritterschaft lebensnotwendige Reichsintegrität war ein halbes Jahr später nicht einmal mehr das Papier wert, auf dem sie stand. Am 17. Oktober 1797 wurde nämlich in der Nähe des oberitalienischen Udine der Frieden von Campo Formio zwischen Österreich als selbstständiger europäischer Macht und der französischen Republik unterzeichnet. Bei seiner Aushandlung hatten sich die Diplomaten Wiens nicht von den Pflichten Kaiser Franz' II. als Reichsoberhaupt leiten lassen, sondern allein von den Interessen der habsburgischen Hausmacht. In den geheimen Zusatzartikeln des Friedens von Campo Formio willigte Österreich in die Abtretung des größten Teils des linken Rheinufers an Paris ein und bedang sich dafür territoriale Entschädigungen auf Kosten verschiedener geistlicher und weltlicher Reichsstände aus[8].

Über all dies wurde das Reich auch noch im Unklaren gelassen, als ein kaiserliches Kommissionsdekret vom 1. November 1797 eine aus zehn geistlichen und weltlichen Reichsständen gebildete Reichsdeputation anwies, in einem Monat im badischen Rastatt die Verhandlungen über einen endgültigen Reichsfrieden mit Frankreich zu beginnen[9]. Zwar war die Reichsritterschaft kein Mitglied der Reichsdeputation, die mit den Gesandten der französischen Republik verhandelte. Aber dennoch ordnete das Corpus equestre – wie die meisten Reichsstände – eine Reihe sog. Partikulargesandter nach Rastatt ab. Diese sollten durch die Einreichung von Denkschriften sowie Verhandlungen außerhalb der Deputationssitzungen die Interessen der Reichsritterschaft wahren[10]. Es wurde bereits ausgeführt, dass dazu auch der vergebliche Versuch gehörte, die Mediatisierungen Berlins an den Grenzen Ansbach-Bayreuths zu revidieren[11]. Aber das Schicksal der von Berlin unterworfenen Reichsritter war nicht das einzige Problem, das den Generalablegaten aller drei Ritterkreise, den Odenwalder Ritterhauptmann Freiherr von Gemmingen, in Atem hielt. Bereits im März 1798 musste die Reichsdeputation auf Druck Frank-

Öffentlicher Friedensvertrag zwischen Baden und der Französischen Republik vom 22. August 1796 mit Geheimen Artikeln, in: ebd., Nr. 5, S. 47–53, hier: S. 48 f. *Aretin*, Das Alte Reich III, S. 454 f. *Sheehan*, Ausklang, S. 219.

8 Der Friede von Campo Formio vom 17. Oktober 1797 in: *Demel/Puschner* (Hg.), Geschichte VI, Nr. 2, S. 32–40, hier: S. 37 f. *Sheehan*, Ausklang, S. 205 f., 220. *Aretin*, Das Alte Reich III, S. 458 ff.

9 Abschrift des kaiserlichen Hofdekrets, Wien, 1. November 1797, Dikt. Regensburg, 4. November 1797, HStA Stuttgart, B 572 Au, Bü 1144. *Aretin*, Das Alte Reich III, S. 446, 459 ff. *H. Müller*, Kampf, S. 73.

10 *H. Müller*, Kampf, S. 74 ff., 104. *Vierhaus*, Eigentumsrecht, S. 241.

11 Siehe Kapitel VII.2.

reichs die sog. erste Friedensbasis annehmen, die die Abtretung des gesamten linken Rheinufers an die Republik vorsah. Seitdem verfolgte die reichsritterschaftliche Diplomatie in Rastatt vor allem zwei Ziele: Zum einen die Restitution der transrhenanischen Rittergenossen in all denjenigen privaten sog. »Eigentumsrechten«, die mit der Verfassung der französischen Republik vereinbar waren; zum anderen eine Entschädigung für alle darüber hinausgehenden Gerechtsame der reichsritterschaftlichen Korporation sowie die aufgehobenen landes-, grund- und lehensherrlichen Vorrechte ihrer Mitglieder auf dem linken Rheinufer, die sog. »droits seigneuriaux et féodaux«. Wäre Gemmingen mit dieser Forderung durchgedrungen, hätte dies nicht nur die politische und wirtschaftliche Überlebensfähigkeit des rheinischen Ritterkreises, sondern des gesamten Corpus equestre stärken können[12]. Jedoch konnte der reichsritterschaftliche Generalablegat trotz der Unterstützung Wiens nur die Zusage einer künftigen Restitution der linksrheinischen Eigentumsrechte erreichen, nicht aber eine Entschädigung für die aufgehobenen Gerechtsame der reichsritterschaftlichen Genossenschaft oder der »droits seigneuriaux et féodaux« der einzelnen Rittergenossen. Die Schuld hieran trug in erster Linie die Reichsdeputation, die mehrheitlich nicht bereit war, die Entschädigungslose für die links des Rheins verlierenden weltlichen Reichsstände durch eine Beteiligung des Corpus equestre am Indemnisationsgeschäft zu verkleinern[13]. Reichsrechtlich und politisch noch viel bedenklicher war für das Consortium equestre, dass anlässlich der Entschädigungsfrage ein weit über die fehlende Reichsstandschaft hinausgehender Unterschied zwischen Reichsständen und -ritterschaft offiziell durch die Reichsdeputation festgestellt und von Frankreich anerkannt wurde[14]. Damit nicht genug, bedeutete die Annahme der zweiten Friedensbasis im April 1798 einen weiteren Schlag für die Reichsritterschaft. Sie beinhaltete das Prinzip der Entschädigung der links des Rheins verlierenden Reichsglieder durch Säkularisationen auf dem rechten Rheinufer[15]. Mit der Vernichtung der Adelskirche drohte den Reichsrittern der Verlust einer Institution, die den stiftsfähigen Rittergenossen nicht nur als Versorgungsanstalt und Karriereleiter diente. Die im deutschen Südwesten vielfach reichsritterschaftlich dominierten Domkapitel und

12 Bittschreiben des Ortsvorstandes Donau als Generaldirektorium im Namen aller drei Ritterkreise an den Kaiser, Ehingen, 30. Juli 1795, HStA Stuttgart, B 572 Au, Bü 1143. Schreiben des Ortsvorstandes Donau an den Kaiser, Ehingen, 14. Mai 1797, HStA Stuttgart, B 572 Au, Bü 1144. *H. Müller*, Kampf, S. 74 ff. *Stetten*, Rechtsstellung, S. 115 f. *Vierhaus*, Eigentumsrecht, S. 241 ff.

13 *H. Müller*, Kampf, S. 78, 83 ff. *Vierhaus*, Eigentumsrecht, S. 243.

14 *H. Müller*, Kampf, S. 83 ff. *Vierhaus*, Eigentumsrecht, S. 242 f. – Bisher war in den allermeisten Friedensschlüssen, Wahlkapitulationen und Reichsabschieden die Reichsritterschaft in Form der sog. clausula comprehensiva hinter den Reichsständen genannt und mit ihnen reichsrechtlich gleichgestellt worden (*Kerner*, Staats-Reichs-Recht, S. 62 ff. *Moser*, Von denen Teutschen Reichs-Ständen, S. 1380 ff. *Ders.*, Neueste Geschichte I, S. 221, 533 ff., 552 f. *Ders.*, ebd. II, S. 119 f., 204 ff., 318 ff. Wahlkapitulation des römischen Kaisers Franz des Zweiten, fortl. *H. Müller*, ebd., S. 84 f.).

15 *H. Müller*, Kampf, S. 79. *Vierhaus*, Eigentumsrecht, S. 241.

Bischofsstühle boten dem Corpus equestre auch die Möglichkeit, einen weit über ihre reale Macht hinausreichenden politischen Einfluss auszuüben. Zudem waren jenseits aller personalen Verbindungen die geistlichen Fürstentümer die natürlichen Bundesgenossen des Corpus equestre, da die politische Existenz dieser wie jener von der Aufrechterhaltung der Reichsverfassung und ihrer Schutzmechanismen abhing[16]. Der Erste Subdelegierte des Hochstifts Würzburg in der Reichsdeputation, der ebenfalls dem Consortium equestre immatrikuliere Friedrich Lothar Graf Stadion, hatte diese Schicksalsgemeinschaft zwischen immediatem Rittergut und Domkirche bereits 1796 mit der Feststellung auf den Punkt gebracht, »daß die Erhaltung der Hochstifte mit der Erhaltung der Ritterschaft in engem Verhältniß stehe«[17]. Tatsächlich hatte Gemmingen auf dem Rastatter Kongress alle Hände voll zu tun, die Pläne derjenigen Reichsstände zu hintertreiben, die die gesamte rechtsrheinische Reichsritterschaft mit zur künftigen Entschädigungsmasse schlagen und mediatisieren wollten[18].

Das für das Corpus equestre insgesamt ambivalente Ergebnis der Rastatter Verhandlungen zeigte jedoch vorerst keine negativen Folgen, da der erneute Ausbruch des Reichskriegs gegen Frankreich zum Abbruch des Friedenskongresses im April 1799 führte. Nachdem die erneuten Erfolge der französischen Waffen den Frieden von Lunéville vom 9. Februar/9. März 1801 erzwungen hatten, in dem die Abtretung des linken Rheinufers verankert wurde, trat im August 1802 in Regensburg erneut eine Reichsdeputation zusammen. Diese hatte unter französischer und russischer Vermittlung über die Indemnisation der linksrheinisch depossedierten »Erbfürsten« durch Säkularisationen und Mediatisierungen anderer Reichsglieder zu beraten[19]. Das Corpus equestre, das abermals nicht in der Reichsdeputation vertreten war, ordnete ein weiteres Mal Gemmingen als Generalbevollmächtigten aller drei Ritterkreise nach Regensburg ab[20]. Dieser sah sich im Verlauf der innerhalb und außerhalb der Deputationssitzungen stattfindenden Verhandlungen mit massiven Vorstößen weltlicher Reichsfürsten konfrontiert, die Reichsritterschaft als Entschädigungsobjekt zu mediatisieren. In der Reichsdeputation verfolgten Hessen-Kassel, Pfalz-Bayern, Württemberg und – wenig überraschend – Preußen dieses Ziel und stimmten daher gegen die Einrückung einer

16 *H. H. Hofmann*, Herrschaft, S. 126 ff. *Eberlein*, Bayerns Anteil, S. 14, 25 f. *H. Müller*, Kampf, S. 31 ff., 80. *Schraut*, Arbeit, S. 202.

17 Schreiben des Odenwalder Ritterhauptmanns Freiherr von Gemmingen an den Ortsvorstand Donau, Ansbach, 11. Februar 1796, HStA Stuttgart, B 572 Au, Bü 1143. – Speziell zur reichsritterschaftlichen Abstammung Stadions und seiner Rolle als Subdelegierter Würzburgs siehe *Godsey Jr.*, Nobles, S. 168 f., 263 u. *Link*, Reichspolitik, S. 74.

18 *H. Müller*, Kampf, S. 80. *Vierhaus*, Eigentumsrecht, S. 242.

19 *H. Müller*, Kampf, S. 87 f., 95 f. *Aretin*, Das Alte Reich III, S. 468 ff., 489 ff., 498. Der Frieden von Lunéville vom 9. Februar 1801, in: *Hufeld* (Hg.), Reichsdeputationshauptschluß, Nr. 9, S. 57–64, hier: S. 60 f. (Zitat ebd.).

20 *H. Müller*, Kampf, S. 103 f. *Stetten*, Rechtsstellung, S. 118. *Vierhaus*, Eigentumsrecht, S. 244.

sog. salvatorischen Klausel in den Reichsdeputationshauptschluss. Diese sollte nämlich die politische Existenz der Reichsritterschaft ausdrücklich garantieren. Dennoch wurde die salvatorische Klausel in das Reichsgutachten zum Hauptschluss der Regensburger Reichsdeputation vom 24./26. März 1803 auf- und in das kaiserliche Ratifikationskommissionsdekret vom 27./28. April übernommen[21]. Diesen vordergründigen Erfolg verdankte das Corpus equestre nur zum Teil dem Kaiser, dessen Schwäche als Garant der Reichsverfassung unübersehbar wurde. Umso wichtiger war es daher gewesen, dass es der reichsritterschaftlichen Krisendiplomatie gelang, nicht nur den Ersten Konsul der französischen Republik Napoleon und dessen Außenministerium, sondern auch den einflussreichen russischen Gesandten in Paris Graf Markoff für ihre Erhaltung und damit die salvatorische Klausel zu gewinnen. Dabei dürften auch eigene machtpolitische Interessen Frankreichs neben den üppigen reichsritterschaftlichen Bestechungsgeldern eine Rolle gespielt haben[22].

Dennoch blieb das Ergebnis der Verhandlungen der Regensburger Reichsdeputation verheerend für die Reichsritterschaft: § 28 des Reichsdeputationshauptschlusses gestand den einzelnen Rittergenossen für ihre linksrheinischen »droits seigneuriaux et féodaux« zwar eine Entschädigung in Form immerwährender Renten zu. Aber dieses Zugeständnis stand nur auf dem Papier, da keine Entschädigungsobjekte übrig gelassen wurden, von welchen die zugesicherten Gelder hätten bezogen werden können[23]. Noch weit folgenreicher war für die Reichsritterschaft die fast vollständige Vernichtung der Reichskirche mit ihren Ämtern, Pfründen und politischen Einflussmöglichkeiten[24]. Selbst die dem Corpus equestre inkorporierten und von ihm wesentlich dotierten Stifter, also insbesondere Edelstetten und Oberstenfeld, wurden als Entschädigungsobjekte an benachbarte Reichsfürsten vergeben[25].

21 Protokoll der ausserordentlichen Reichsdeputation zu Regensburg II, S. 699, 707 ff. Reichsgutachten über den vorstehenden Deputationshauptschluß vom 24./26. März 1803, in: *Hufeld* (Hg.), Reichsdeputationshauptschluß, Nr. 10, S. 120–121, hier: S. 121. Kaiserliches Ratifications-Comissions-Dekret zu vorstehendem Reichsgutachten vom 28. April 1803, in: ebd., Nr. 11, S. 122–125, hier: S. 124. *Brauer* (Hg.), Tagebuchaufzeichnungen, S. 364. *Eberlein*, Bayerns Anteil, S. 8 f., 17, 53. *H. Müller*, Kampf, S. 97, 103 ff., 111 f., 116 ff. *H. H. Hofmann*, Herrschaft, S. 219. *Stetten*, Rechtsstellung, S. 118 ff. *Vierhaus*, Eigentumsrecht, S. 244 f. *Neri*, Cetto, S. 152 ff. *Hölzle*, Recht, S. 300, 300 Anm. 3. – Mit der Ablehnung der salvatorischen Klausel konnte Preußen auch einer potentiellen Infragestellung seiner Mediatisierungen an den Grenzen Ansbach-Bayreuths entgegenwirken (*H. H. Hofmann*, ebd., S. 219).

22 *Waechter* (Hg.), Württemberger, S. 336 ff. *Ders.*, Waechter, S. 356. *Ders.*, Jahre, S. 255 ff. *Brauer* (Hg.), Tagebuchaufzeichnungen, S. 366. *Eberlein*, Bayerns Anteil, S. 9. *H. Müller*, Kampf, S. 100 ff. *H. H. Hofmann*, Herrschaft, S. 219 f. *Stetten*, Rechtsstellung, S. 118 ff. *Hölzle*, Jahre, S. 293. – Siehe auch das Eintreten des russischen Vertreters in Regensburg für die Reichsritterschaft: *Weis*, Montgelas und die Säkularisation, S. 200.

23 *Eberlein*, Bayerns Anteil, S. 17. *H. Müller*, Kampf, S. 108 f. *Stetten*, Rechtsstellung, S. 120.

24 Der Reichsdeputationshauptschluß, 25. Februar 1803, in: *Hufeld* (Hg.), Reichsdeputationshauptschluß, Nr. 9, S. 69–119, hier: S. 72 ff. *H. Müller*, Kampf, S. 117. *Stetten*, Rechtsstellung, S. 123.

25 *Moser*, Von denen Teutschen Reichs-Ständen, S. 1482. *Brauer* (Hg.), Tagebuchaufzeichnungen,

Die gefährlichste Folge der neuen Ordnung bestand für die Reichsritterschaft jedoch darin, dass an die Stelle der benachbarten Reichsstädte und geistlichen Wahlstaaten nun meist weltliche Fürsten traten. Die reichsstädtischen Magistrate und geistlichen Fürsten hatten ungeachtet aller Konflikte mit der Reichsritterschaft deren politischen Existenz in den letzten 50 Jahren meist nicht mehr offen in Frage gestellt. Die weltlichen Reichsfürsten, die 1802/03 die Rechtsnachfolge in den sog. Entschädigungslanden antraten, waren dagegen vielfach nicht bereit, die für das Corpus equestre überlebenswichtige Reichsverfassung mitzutragen und die daraus resultierenden Einschränkungen ihres politischen Handlungsspielraumes und des Entwicklungspotenzials ihrer Territorien hinzunehmen[26]. Sie gehorchten damit den gleichen Triebkräften, die die gewaltsamen Arrondierungen Berlins an den Grenzen Ansbach-Bayreuths vorangetrieben hatten.

Genau wie es der eingangs zitierte reichsritterschaftliche Publizist prophezeit hatte, ließ der Angriff auf die Reichsunmittelbarkeit der verbliebenen Reichsritter nicht lange auf sich warten. Die tragende Rolle bei diesem nach den Ereignissen der Jahre 1792/93 bis 1798 zweiten Mediatisierungsschub fiel Pfalz-Bayern zu: Bereits seit dem Ende des Jahres 1802 versuchte München die seinen Entschädigungslanden benachbarten Reichsritter – insbesondere dort, wo sie an die neu erworbenen Fürstentümer Würzburg und Bamberg grenzten – seiner Herrschaft zu unterwerfen[27]. Dabei berief sich nicht nur die pfalzbayerische Publizistik zur Rechtfertigung der Mediatisierungspolitik Münchens auf das Beispiel der preußischen Okkupationen an den Grenzen Ansbach-Bayreuths[28]. Auch was die konkrete Durchführung der Arrondierung der bayerischen Provinzen in Schwaben und vor allem in Franken betraf, orientierten sich Kurfürst Max IV. Joseph und sein leitender Minister Maximilian Joseph Freiherr von Montgelas (1759–1838) zeitweise bis ins Detail an der preußischen Konfliktführung[29]. Schließlich hatten sie diese im Ansbacher Exil 1796 aus nächster Nähe studieren können[30]. Den Auftakt bildete wie einst in Ansbach-Bayreuth der Anschlag der pfalz-bayerischen Besitzergreifungspa-

S. 365. *H. Müller*, Kampf, S. 105 f., 124 f. *T. Schulz*, Kanton, S. 256. Der Reichsdeputationshauptschluß, 25. Februar 1803, in: *Hufeld* (Hg.), Reichsdeputationshauptschluß, Nr. 9, S. 69–119, hier: S. 77 ff.

26 *Eberlein*, Bayerns Anteil, S. 9, 26 f. *Walter*, Zusammenbruch, S. 28 f. *Härter*, Reichstag, S. 441, 569, 601 ff. *Stollberg-Rilinger*, Das Heilige Römische Reich, S. 99 f. *Riedenauer*, Reichsverfassung, S. 180 ff.

27 *Montgelas* (Hg.), Denkwürdigkeiten, S. 78 ff. *Eberlein*, Bayerns Anteil, S. 58 ff., 70 f. *H. Müller*, Kampf, S. 120 ff. *H. H. Hofmann*, Herrschaft, S. 220 ff.

28 *Eberlein*, Bayerns Anteil, S. 54. [*Gönner*], Staatsrechtliche Verhältnisse der adeligen Gutsbesitzer, S. 32. Historische und Staatsrechtliche Betrachtungen, S. 46 ff. Beleuchtung der in einer gedruckten k. k. Gesandtschafts-Note, BayHStA, MA, Nr. 4573, S. 6, 12 f.

29 *Eberlein*, Bayerns Anteil, S. 30, 37, inbes. 55 ff., 67 ff., 90, 97 ff., 113, 124 ff. *H. Müller*, Kampf, S. 122 ff., 164, 182 f. *H. H. Hofmann*, Herrschaft, S. 220 ff., 241 ff. – Speziell zur Lebenszeit Montgelas' siehe: *Weis*, Montgelas (1997), S. 55.

30 *Haller*, Hardenberg, S. 50 f. *Weis*, Ansbach, S. 47 f.

tente auf zahlreichen dem Kurfürstentum inklavierten und benachbarten Rittergütern im November und Dezember 1802. Dem folgte bis Februar 1804 eine wahre Flut von Eingriffen in die Rechte und Freiheiten der reichsritterschaftlichen Herrschaften – auch dies ein aus den fränkischen Markgrafentümern bekanntes Vorgehen[31]. Zwar mochte Hardenberg bei einer im Juni 1803 mit Montgelas in Ansbach abgehaltenen Unterredung diesem keine energische Unterstützung der pfalz-bayerischen Mediatisierungspolitik zusichern. Aber ablehnend stand Berlin dem Vorgehen Münchens gegen das Corpus equestre auch nicht gegenüber[32]. Schließlich waren gegen Preußen noch immer etliche reichsritterschaftliche Klagen vor dem Reichshofrat gegen seine eigenen Mediatisierungen anhängig[33]. Als im sog. Hauptlandespurifikationsvergleich, der am 30. Juni 1803 in Ansbach unterzeichnet wurde, Pfalz-Bayern und Preußen unter der Federführung von Montgelas und Hardenberg ihre Grenzen durch den Austausch einzelner Orte und Ämter in Franken neu zogen, kostete die Interessenallianz der Höfe in München und Berlin die ersten Reichsritter ihre Unmittelbarkeit[34]: Max IV. Joseph trat nämlich auch eine Reihe ganz oder teilweise in reichsritterschaftlicher Hand befindlicher Ortschaften an die norddeutsche Großmacht ab, das diese kurzerhand seiner Landeshoheit unterwarf[35].

Im November 1803 versammelte die Regierung Montgelas einen Ausschuss aus 13 handverlesenen Reichsrittern in Bamberg[36]. Zu ihnen gehörte auch der bereits vorgestellte Reichsgraf von Soden – ehemaliger Kreisgesandter für Ansbach-Bayreuth in Nürnberg und inzwischen Mitglied einer unterwerfungsbereiten Gruppe innerhalb der fränkischen Reichsritterschaft sowie führender Parteigänger Münchens[37]. Aufgabe des Bamberger Ritterausschusses war es, die Verfassung für eine landsässige, aber hochprivilegierte ritterschaftliche Korporation in den Fürstentümern Bamberg und Würzburg

31 Siehe beispielsweise BayHStA, MA, Nr. 4567: fortl. Siehe ferner: *H. H. Hofmann*, Herrschaft, S. 220 ff.; *Eberlein*, Bayerns Anteil, S. 58 ff., 69 ff., 97 ff.; *H. Müller*, Kampf, S. 122 ff., 164.

32 *Montgelas* (Hg.), Denkwürdigkeiten, S. 77 f. *Eberlein*, Bayerns Anteil, S. 71. *H. Müller*, Kampf, S. 131. – Im aufsehenerregenden Fall der beiden Reichsritter und Freiherrn von Kalb, die sich im Frühjahr 1803 freiwillig der pfalz-bayerischen Landeshoheit unterwarfen, hatte Berlin bereits den Mediatisierungsplänen Münchens zugearbeitet (*Eberlein*, ebd., S. 68 f. *Klarmann*, Einverleibung, S. 35). Leider ist der hierfür einschlägige Akt des Geheimen Staatsarchivs P. K. in Berlin-Dahlem (GStA PK, II. HA, Abt. 36, II, Nr. 62) verloren oder zumindest nicht auffindbar.

33 Siehe Kapitel VII.2.

34 Abschrift des Hauptlandespurifikationsvergleichs, Ansbach, 30. Juni 1803, GStA PK Berlin, II. HA, Abt. 36, II, Nr. 24. *Goess*, Statistik, S. 5. *Klose*, Leben, S. 129 ff. *K. H. Lang*, Annalen, S. 37 f. *Weltrich*, Erinnerungen ... aus den Preussischen Regierungs-Jahren, S. 67 f. *Montgelas* (Hg.), Denkwürdigkeiten, S. 65. *H. H. Hofmann*, Herrschaft, S. 200, 220 f.

35 *H. Müller*, Kampf, S. 128. *H. H. Hofmann*, Herrschaft, S. 201 ff. *Guttenberg/Ders.*, Stadtsteinach, S. 109 f. – Die offizielle Übergabe der von Bayern zedierten Gebiete fand erst Anfang 1804 statt (*Guttenberg/H. H. Hofmann*, ebd., S. 109 f.).

36 *Eberlein*, Bayerns Anteil, S. 78 ff. *H. Müller*, Kampf, S. 136. *H. H. Hofmann*, Herrschaft, S. 227.

37 *Eberlein*, Bayerns Anteil, S. 74, 82, 101 f., 108, 151. *H. Müller*, Kampf, S. 134 ff. *H. H. Hofmann*, Herrschaft, S. 240.

zu beraten und schließlich anzunehmen. Hierauf bestellte München aus seinen Mitgliedern ein provisorisches Direktorium der landsässigen bayerisch-fränkischen Ritterschaft. Dieses versuchte in der Folge durch eine Reihe von Verordnungen die reichsritterschaftliche Organisation für die in den Fürstentümern Bamberg und Würzburg inklavierten Rittergenossen zu verdrängen und zu substituieren[38]. Den Höhepunkt dieser Entwicklung markierte die allgemeine Landeshuldigung, zu der der pfalz-bayerische Generallandeskommissär in Franken im November 1803 aufgefordert hatte. Bis zum 16. Dezember hatten gut 40 % der betroffenen Reichsritter sowie zwei Drittel ihrer Ämter den Eid auf Kurfürst Max IV. Joseph geleistet[39].

Im Gefolge des Entschädigungsgeschäfts von 1802/03 war es schon bald zu Eingriffen einzelner kleinerer und mittlerer Reichsfürsten in die Gerechtsame der Reichsritterschaft gekommen. Dabei spielte die bereits erwähnte Teilung der landesherrlichen Rechte auf den im reichsständischen Besitz befindlichen Rittergütern eine wichtige Rolle. Auch wenn Württemberg mit der Sistierung der Rittersteuer und der Aushebung von Rekruten auf den an das neue Kurfürstentum alienierten ritterschaftlichen Besitzungen am weitesten ging, so blieben diese Maßnahmen wie auch alle Eingriffe der anderen Reichsstände in reichsritterschaftliche Gerechtsame qualitativ und quantitativ weit hinter dem Vorgehen Münchens zurück[40]. Dies änderte sich jedoch schlagartig, als an den Fürstenhöfen der Eindruck entstand, dass der Kaiser nicht ernsthaft gegen die drohende Unterwerfung eines großen Teils der fränkischen Reichsritterschaft durch Pfalz-Bayern intervenieren würde. Die Folge war der sog. Rittersturm, der zwischen November 1803 und Januar 1804 über das Corpus equestre hereinbrach: Fast alle Reichsfürsten, in deren Reichweite reichsritterschaftliche Gebiete lagen, versuchten diese provisorisch und im Wettlauf mit ihren Mitständen in Besitz zu nehmen, was zu teilweise anarchischen Zuständen in den Vorderen Reichs- bzw. Ritterkreisen führte[41]. Unter den armierten

38 *Eberlein*, Bayerns Anteil, S. 74 ff., 81 ff., 93. *H. Müller*, Kampf, S. 136 ff. *H. H. Hofmann*, Herrschaft, S. 227 ff.

39 Bericht des fränkischen Generallandeskommissärs Graf von Thürheim, Bamberg, 9. November 1803, BayHStA, MA, Nr. 4569. Gedrucktes Patent des Generallandeskommissariats in Franken, Bamberg, 7. November 1803, ebd. *Eberlein*, Bayerns Anteil, S. 84. *H. Müller*, Kampf, S. 140. *H. H. Hofmann*, Herrschaft, S. 231.

40 *H. Müller*, Kampf, S. 124 f., 134, 141, 149 ff. *T. Schulz*, Mediatisierung (1988), S. 333 ff.

41 *H. Müller*, Kampf, S. 141 ff. *H. H. Hofmann*, Herrschaft, S. 235 ff. *Stetten-Buchenbach*, Ende, S. 483 ff. *Stetten*, Rechtsstellung, S. 133 ff. *Rauser*, Mediatisierung, S. 8 ff. – Besonderes Aufsehen erregte der Tod eines Feldwebels des Fürsten von Hohenlohe-Schillingfürst, der von einem württembergischen Jäger beim Streit um den Besitz des zur gemmingen-weilerschen Ganerbenschaft Maienfels gehörenden Unterheimbach bei Öhringen erschossen wurde. Nicht weniger spektakulär war das Schicksal der dem Kanton Mittelrhein locker angegliederten Reichsburg Friedberg, die nach fünfwöchiger Blockade von hessen-darmstädtischen Truppen im Handstreich genommen wurde (*Olschewski*, Mediatisierung, S. 15, 33 f. *Stetten-Buchenbach*, ebd., S. 495 ff. *H. Müller*, ebd., S. 148 ff. *H. H. Hofmann*, ebd., S. 236. *Stetten*, ebd., S. 136, 143 ff. *Rack*, Burg, S. 247, 256 ff.). – Da sich der Terminus des sog. Rittersturms für die Ereignisse um die Jahreswende 1803/04 längst in der Forschung fest etabliert hat, ist es problematisch ihn auch

Reichsständen versuchten Kurfürst Karl Friedrich von Baden, der 1803 nach Regensburg translozierte Mainzer Kurfürst und Reichserzkanzler Karl Theodor von Dalberg sowie König Gustav IV. Adolf von Schweden durch Diplomatie und den Aufmarsch von Militär die Reichsritterschaft zu schützen. Hinter der Politik der drei Höfe standen sowohl handfeste territorialpolitische Eigeninteressen als auch der Wunsch, die Reichsverfassung zu bewahren – zwei Motive, die sich gerade bei Schweden und Kurmainz wechselseitig bedingen mussten[42].

Auch Wien kam nach zeitweiligem Zögern den Hilfsgesuchen der Reichsritterschaft nach. Dies hatte jedoch nichts mit einer altruistischen Aufopferung der Hofburg für den Erhalt des Reichsverbandes zu tun, sondern mit ganz konkreten territorialen, militärischen, machtpolitischen und finanziellen Interessen des Kaisertums und der österreichischen Hausmacht[43]. Seit November 1803 ließ Franz II. an der Isar immer eindringlicher auf die Einstellung und Rücknahme der gegen die Reichsritterschaft ergriffenen Maßnahmen Pfalz-Bayerns drängen[44]. Nachdem München – im deutlichen Widerspruch zu dem durch die Historiografie vermittelten Bild vom außenpolitischen Genie Montgelas' – die Hofburg monatelang bei zahllosen Anlässen unnötig provoziert hatte, bot sich dieser nun die willkommene Gelegenheit um mit dem Störenfried jenseits des Inns abzurechnen: Um die Jahreswende 1803/04 zog Wien ein massives Militäraufgebot an der österreichisch-bayerischen Grenze zusammen[45]. Bereits am 30. Januar 1804 hatte die Komitialgesandtschaft Kaiser Franz' II. ein auf den 23. des gleichen Monats datiertes Conservatorium des Reichshofrates bekannt begeben. Mit dessen Vollzug

auf die preußischen Mediatisierungen an den Grenzen Ansbach-Bayreuths unter Hardenberg anzuwenden, wie es jüngst *Rudolf Endres* (Oberschwäbischer Adel, S. 35), *Franz Quarthal* (Mediatisierung, S. 356) und *Georg Schmidt* (Adel, S. 90) getan haben.

42 *Eberlein*, Bayerns Anteil, S. 98 ff., 110. *Moulin Eckart*, München, S. 222 f. *H. Müller*, Kampf, S. 156 f., 168 ff. *H. H. Hofmann*, Herrschaft, S. 236. *Stetten*, Rechtsstellung, S. 151 f. *Montgelas* (Hg.), Denkwürdigkeiten, S. 83. Badische Historische Commission (Hg.), Politische Correspondenz IV, Nr. 622–636, S. 498–507: fortl.

43 Vortrag der Minister Colloredo und Cobenzl über das kaiserliche Interesse an der Erhaltung der Reichsritterschaft, Wien, 29. Oktober 1803, in: *Aretin* (Hg.), Heiliges Römisches Reich II, Nr. 60, S. 318–323, hier: S. 319 ff. *Eberlein*, Bayerns Anteil, S. 80 f., 86, 100 f., 117 f. *H. Müller*, Kampf, S. 161 f. *H. H. Hofmann*, Herrschaft, S. 230 ff. *Härter*, Reichstag, S. 618 ff. *Aretin*, Das Alte Reich III, S. 508.

44 *Eberlein*, Bayerns Anteil, S. 85 ff., 99. *H. Müller*, Kampf, S. 163. *H. H. Hofmann*, Herrschaft, S. 231.

45 *Eberlein*, Bayerns Anteil, S. 85 ff., 110 ff., 210 Anm. 154. *H. Müller*, Kampf, S. 165, 171 ff. *Neri*, Cetto, S. 172 ff. *Moulin Eckart*, München, S. 218 ff. – Zu der prinzipiell weiterhin nicht in Frage stehenden Würdigung von Montgelas' außenpolitischer Leistung siehe beispielsweise: *Weis*, Begründung, S. 20, 44. – Hinsichtlich der Ursachen und der Vorgeschichte des österreichischen Truppenaufmarsches an der pfalz-bayerischen Grenze vertritt der Autor aufgrund seiner Studien im Haus-, Hof- und Staatsarchiv sowie im Kriegsarchiv in Wien eine dezidiert andere Auffassung als die angegebene Literatur. Jedoch gestattet es der Rahmen der vorliegenden Studie nicht, hier quellengestützt ins Detail zu gehen.

wurden das Erzhaus Österreich, die Kurfürsten von Sachsen und Baden sowie der Reichserzkanzler betraut, also Reichsstände, die sich nicht am sog. Rittersturm beteiligt hatten und als Anhänger der Reichsverfassung galten. Aufgabe dieser sog. Konservatoren war es, die Reichsritterschaft aller drei Ritterkreise notfalls mit Waffengewalt in den Status quo ante bei der Ergreifung des zivilen Besitzes der Entschädigungslande am 1. Dezember 1802 zurückzuversetzen und das Corpus equestre vor künftigen eigenmächtigen Übergriffen zu schützen. Zugleich kassierte das vor allem gegen Pfalz-Bayern gerichtete Conservatorium sämtliche seit dem besagten Stichtag von den Reichsständen gegen die Reichsritterschaft verfügten Maßnahmen. Ohne Aussicht auf auswärtige Hilfe und angesichts der drohenden Reichsexekution durch Österreich und damit eines neuen Krieges musste Kurfürst Max IV. Joseph von Pfalz-Bayern am 17. Februar 1804 einlenken und die Restitution der Reichsritterschaft zusagen. Auch die anderen am sog. Rittersturm beteiligten Reichsfürsten beugten sich dem Conservatorium[46].

Doch dieser letzte Sieg der schon todgeglaubten Schutzmechanismen der Reichsverfassung war nur von kurzer Dauer: Die Restitution des früheren Rechtszustandes erfolgte vielerorts nur unvollständig. Hinzu kamen bald neue Eingriffe der pfalz-bayerischen Behörden in die Gerechtsame und den Besitzstand der reichsritterschaftlichen Korporation und ihrer Mitglieder. Alle Bemühungen der zum Teil zögerlich agierenden Konservatorialhöfe sowie der Reichsritterschaft, in den Jahren 1804 und 1805 die vollständige Restitution des Status quo ante zugunsten des Consortium equestre durchzusetzen, scheiterten am Widerstand Frankreichs, der Schutzmacht Pfalz-Bayerns. Umgekehrt verliefen die Initiativen Berlins in jenen Jahren im Sande, auf dem Wege eines Reichstagsbeschlusses das Corpus equestre zu mediatisieren. Auch die Vermittlungsangebote aus Paris und St. Petersburg erbrachten ebenso wenig eine Veränderung wie die zeitweisen Verhandlungen des Wiener Kaiserhofes mit Berlin über die Zukunft der Reichsritterschaft[47].

Auf diese Weise blieb die Angelegenheit der Reichsritterschaft bis zum Herbst 1805 in der Schwebe. Erst die österreichischen Niederlagen im Dritten Koalitionskrieg im November und Dezember 1805 gegen Frankreich besie-

46 Allerhöchst-Kaiserliches Conservatorium vom 25. [sic !] Januar 1804, in: *Stetten*, Rechtsstellung, Anhang, Nr. 3, S. 302–306, hier: S. 302 ff. Note an den Kaiserl. Königl. Herrn Geheimen Rath und Gesandten am Münchner Hofe, Freyherrn von Buol-Schauenstein von dem Kurpfalzbayerischen Geheimen Staats-und Kabinets-Ministerium, d.d. München, den 17ten Februar 1804, in: *Stetten*, ebd., Anhang, Nr. 7, S. 311. *Eberlein*, Bayerns Anteil, S. 98 f., 104 ff. *H. Müller*, Kampf, S. 156, 168 ff. *H. H. Hofmann*, Herrschaft, S. 236 ff. *Stetten*, Rechtsstellung, S. 154 ff.

47 *Eberlein*, Bayerns Anteil, S. 113 ff. *H. Müller*, Kampf, S. 172 ff. *H. H. Hofmann*, Herrschaft, S. 238 ff. *Stetten*, Rechtsstellung, S. 159 ff. *Weicker*, Haltung, S. 58 ff. – Bei einer Unterredung zwischen Vertretern Berlins und Wiens über die Mediatisierung eines großen Teils des Corpus equestre im Frühjahr 1804 hatte die preußische Seite darauf bestanden, dass eine Neuregelung der reichsritterschaftlichen Rechte nicht für die von Ansbach und Bayreuth unterworfenen ehemaligen Rittergenossen gelten dürfe (*Eberlein*, ebd., S. 117 f.).

gelten das Schicksal des Corpus equestre. Die süddeutschen Verbündeten Napoleons – Pfalz-Bayern, Württemberg und Baden – beschlagnahmten nun die Kanzleien und Kassen der ritterschaftlichen Bezirke und Kantone. Vor allem aber okkupierten sie die angrenzenden reichsritterschaftlichen Herrschaften in Franken und Schwaben zusammen mit den Gebieten des Deutschen sowie des Johanniter- bzw. Malteserorden. Dabei wurden sie von französischem Militär unterstützt – eine Maßnahme, die schon deshalb notwendig war, um Handgreiflichkeiten zwischen den Okkupationstruppen der süddeutschen Alliierten Napoleons um die Verteilung der Beute zu unterbinden[48]. Dem Beispiel der drei süddeutschen Mittelstaaten folgten bald weitere Reichsstände wie Löwenstein-Wertheim oder Leiningen und besetzten die in ihrer Nähe gelegenen Rittergüter[49]. Die Mediatisierungen Badens, Bayerns und Württembergs wurden – wenn auch nur indirekt – durch den Art. 14 des Friedens von Preßburg vom 26. Dezember 1805 sanktioniert[50]. Die

48 Ordre du jour für die Große Armee, Schönbrunn, 19. Dezember 1805, in: *Zwehl* (Hg.), Politik, Anlage 1 zu Nr. II/50, S. 249. *Eberlein*, Bayerns Anteil, S. 133 ff., 155. *H. Müller*, Kampf, S. 192 ff. *H. H. Hofmann*, Herrschaft, S. 245 ff. Circular des Direktoriums des schwäbischen Ritterkreises an dessen Mitglieder, Ehingen, 21. Dezember 1805, in: *Roth von Schreckenstein*, Geschichte II, Einige urkundliche Beilagen, Nr. 3, S. 599–600, hier: S. 599. Formular eines Schreibens im Namen der in Kurpfalzbairischen landeshoheitlichen Besitz genommenen Kanton Donauischen Herren Mitglieder an das hochlöbliche Kurpfalz-bairische [sic] General Landes-Commissariat in Ulm, Ehingen, 1. Januar 1806, in: ebd., Nr. 4, S. 601–604, hier: S. 601 ff. *T. Schulz*, Mediatisierung (1988), S. 348 ff. *Ohngemach*, Bedeutung, S. 179. – Bayern und Württemberg legten erst am 3. Juni 1806 vertraglich eine Demarkationslinie für die Aufteilung der schwäbischen Rittergüter untereinander fest, die aber wenige Tage später durch die Rheinbundakte obsolet wurde. Daher war eine neue Grenzziehung für die unterworfenen Rittergüter notwendig, die Stuttgart und München im Vertrag vom 13. Oktober 1806 vornahmen, der infolge der Gebietsveränderungen von 1809/10 durch ein Abkommen vom 2. Oktober 1810 ersetzt werden musste. Der Fürstprimas Dalberg und das Großherzogtum Hessen bereinigten bereits am 26. September 1806 ihre Landesgrenze, wobei es auch zum Austausch ehemals reichsritterschaftlicher Gebiete kam. Baden und Württemberg zogen ihre Grenzen auf den ehemals immediaten Rittergütern mit dem Staatsvertrag vom 13. November 1806, Baden und Hessen mit dem Abkommen vom 5./6. Oktober 1806. Bayern und das neugeschaffene Großherzogtum Würzburg legten ihre Auseinandersetzungen um die an das würzburgische Territorium grenzenden und vormals reichsritterschaftlichen Gebiete mit einem Abkommen vom 12. Juni 1807 bei. Erst am 20. Juni 1808 sollte sich schließlich der Großherzog von Würzburg mit Sachsen-Meiningen und -Gotha vertraglich über die Besitzansprüche auf verschiedene mediatisierte Rittergüter einigen sowie die Aufteilung der Orte des ehemaligen Kantons Odenwald unter sieben Rheinbundfürsten abgeschlossen werden (*H. Müller*, ebd., S. 142. *Stetten*, Rechtsstellung, S. 181 ff. *Mangold*, Reichsritterschaft, S. 8 f. *Eberlein*, ebd., S. 152 ff., 172 f. *Ruch*, Verfassung, S. 81 f. *H. H. Hofmann*, Franken, S. 15 f.).

49 *Eberlein*, Bayerns Anteil, S. 143. *Gläser*, Mediatisierung, S. 65 f. *Weiss*, Reichsritterschaft, S. 308 f. – Murat wurde unterm 4. April 1806 von Napoleon angewiesen, die Berg und Kleve benachbarten Reichsritter zu unterwerfen (*Zwierlein*, Imperium, S. 69 f.).

50 Der Frieden zu Preßburg vom 26. Dezember 1805, in: *Hufeld* (Hg.), Reichsdeputationshauptschluß, Nr. 13, S. 129–133, hier: S. 132. *Haas*, Skizze über die dermalige Lage des deutschen Reichs, S. 133. *Eberlein*, Bayerns Anteil, S. 138. *H. Müller*, Kampf, S. 197. – Die weitgehende Vernichtung der Reichsritterschaft in Schwaben und Franken durch den Preßburger Frieden war einer von vielen Gründen, die in den Augen des kaiserlichen Konkommissars am Reichstag

Intervention des Reichserzkanzlers vermochte genauso wenig das Blatt mehr zu wenden wie alle Vorstellungen der Reichsritterschaft bei Napoleon, dem Reichstag und dem Reichskammergericht[51]. Die Unterwerfung der noch nicht okkupierten Rittergüter verfügte die Rheinbundakte (Art. 25) vom 12. Juni 1806[52]. Die Spezialdirektorien des fränkischen und schwäbischen Ritterkreises hatten bereits in einem Schreiben vom 20. Januar 1806, das am 1. Februar am Regensburger Reichstag zur Diktatur kam, die Vernichtung der Reichsritterschaft angezeigt[53]. Mit seiner Erklärung zur Niederlegung der Kaiserkrone am 6. August 1806 besiegelte Franz II. nicht nur das Ende des Heiligen Römischen Reiches Deutscher Nation, sondern entband auch die unterworfenen Reichsritter nachträglich von dem ihm geleisteten Treueid[54].

Preußen, das 1792/93 den Stein mit ins Rollen gebracht hatte, der keine eineinhalb Jahrzehnte später die reichsritterschaftliche Unmittelbarkeit unter sich begrub, konnte sich an der Arrondierung seiner fränkischen Provinzen nicht lange erfreuen. Noch Mitte Dezember 1806 sah sich Berlins Unterhändler veranlasst, im Schönbrunner Vertrag in die Abtretung des Markgrafentums Ansbach an Frankreich gegen Kurhannover einzuwilligen. Der Pariser Traktat vom 15. Februar des Folgejahres bestätigte die Zession, worauf Napoleon das untergebürgische Fürstentum im Mai 1806 im Rahmen eines Ringtausches an das zum Königreich erhobene Bayern weiterreichte[55]. Bayreuth wurde nach dem Ausbruch des preußisch-französischen Kriegs 1806 von französischen Truppen besetzt und nach der völligen Niederlage Preußens im Frieden von Tilsit vom 9. Juli 1807 an das Kaiserreich Frankreich abgetreten[56]. Dieses überließ im Pariser Vertrag vom 28. Februar 1810 das obergebürgische Fürstentum gegen eine beträchtliche Summe ebenfalls Bayern[57]. Damit wurde München und nicht Berlin zum dauerhaften Nutznießer

Johann Aloys Joseph Freiherr von Hügel für die Niederlegung der Kaiserkrone durch Franz II. sprachen (*K. v. Raumer* (Hg.), Gutachten, S. 392, 399 ff., inbes. 400).

51 *Eberlein*, Bayerns Anteil, S. 144 f., 151 f. *H. Müller*, Kampf, S. 194 ff. *Mader*, Priester, S. 125 f.

52 Rheinbundakte vom 12. Juni 1806, in: *Demel/Puschner* (Hg.), Geschichte VI, Nr. 16, S. 108 – 112, hier: S. 110. *Eberlein*, Bayerns Anteil, S. 155 f. *H. Müller*, Kampf, S. 198. *H. H. Hofmann*, Herrschaft, S. 251 f.

53 *Eberlein*, Bayerns Anteil, S. 145. – Die finanzielle und personelle Abwicklung der einstigen Ritterorte mit ihren Kanzleien sollte noch etliche Jahre in Anspruch nehmen (*Eberlein*, ebd., S. 173 f.).

54 Erklärung des Kaisers Franz II. über die Niederlegung der deutschen Kaiserkrone vom 6. August 1806, in: *Hufeld* (Hg.), Reichsdeputationshauptschluß, Nr. 16, S. 141 – 143, hier: S. 142. *Eberlein*, Bayerns Anteil, S. 143. *H. H. Hofmann*, Herrschaft, S. 251 f. *Neuhaus*, Ende, S. 186 f. *Kraus*, Ende, S. 69 f.

55 *K. H. Lang*, Annalen, S. 43 f. *Stamm-Kuhlmann*, König, S. 202 ff. *Eberlein*, Bayerns Anteil, S. 155. *Walter*, Zusammenbruch, S. 85 f. *J. Meyer*, Beiträge, S. 29 ff. *Rechter/Jakob*, Übergang, S. 261, 270.

56 *Weltrich*, Erinnerungen ... aus den Preussischen Regierungs-Jahren, S. 92 ff. *Ders.*, Erinnerungen ... aus den Jahren der französischen Occupation, S. 6 ff., 40 f. *Rechter/Jakob*, Übergang, S. 270.

57 *Weltrich*, Erinnerungen ... aus den Jahren der französischen Occupation, S. 91 f. *J. Meyer*,

der territorialen Arrondierung der fränkischen Markgrafentümer durch die Mediatisierung der Ansbach-Bayreuth benachbarten Rittergüter unter Hardenberg.

Die rechtliche Stellung der 1805/06 unter die bayerische Herrschaft gefallenen, vormals reichsunmittelbaren Ritter regelte eine königliche Deklaration vom 31. Dezember 1806. Den ehemaligen Reichsrittern verblieben u. a. bestimmte Polizeybefugnisse, das Kirchenpatronat, ihre rein grundherrlichen Einkünfte und Vorrechte, der Bezug von Strafgeldern und einiger steuerartiger Abgaben, ein privilegierter Gerichtsstand sowie unter staatlicher Aufsicht und Reglementierung ihre bisherige Patrimonialgerichtsbarkeit einschließlich der Kriminaljurisdiktion, wo diese hergebracht war. Aber die Zeiten einer eigenen Korporation waren ebenso vorbei wie die besonderen Privilegien und der Glanz eines reichsunmittelbaren Landesherren. Im Ergebnis wurden die einstigen Reichsritter, die kurzfristig sogar für ihre Kammergüter der Steuerpflicht unterworfen werden sollten, weitgehend mit dem altbayerischen Adel gleichgestellt[58]. Die Gesetzgebung der Regierung Montgelas' in den Jahren 1807/09 brachte weitere Einschnitte in die verbliebenen Vorrechte der einst unmittelbaren Ritter und vollendete die rechtliche Unifizierung des bayerischen Adels[59]. Umgekehrt boten sich vor allem den vergleichsweise wenigen, umfangreich begüterten Rittern Chancen, von der 1809/11 eingeleiteten konservativen Wende in der bayerischen Adelspolitik zu profitieren und ihnen zuvor entzogene administrative und judikative Rechte wiederzugewinnen: Obwohl die den sog. Majoratsherrn eingeräumten Vorzüge von Seiten der ehemaligen Rittergenossen bis 1818 in der Praxis nicht wahrgenommen wurden, behaupteten die einstigen Reichsritter im Königreich Bayern weitaus mehr Vorrechte und Freiheiten, als dies in Baden und Württemberg der Fall war[60]. Hier blieb den vormaligen reichsritterschaftlichen Landesherren nicht viel mehr als ein privilegierter Gerichtsstand und das Kirchenpatronat, und selbst diese Vorrechte hob das junge Großherzogtum vorübergehend auf[61]. Die gern zitierte Äußerung des Standesherrn und Erbgrafen von Waldburg-Zeil, dürfte auch die Empfindungen etlicher mediati-

Beiträge, S. 33 f. *H. H. Hofmann*, Neustadt-Windsberg, S. 163. *Rechter/Jakob*, Übergang, S. 271 ff.

58 *Eberlein*, Bayerns Anteil, S. 157, 168 ff., 193. *H. H. Hofmann*, Herrschaft, S. 261 f. *Stetten*, Rechtsstellung, S. 201 ff. *Demel*, Struktur, S. 308 ff. *Ernst*, Adel, S. 12 f., 23 ff.

59 *Eberlein*, Bayerns Anteil, S. 175, 189. *H. H. Hofmann*, Herrschaft, S. 277 ff. *Demel*, Struktur, S. 312 ff., 324. *Weis*, Begründung, S. 57 f. *Stetten*, Rechtsstellung, S. 204 ff. *Möckl*, Staat, S. 104 ff. *M. Puchta*, Adel, S. 273 ff. *Ernst*, Adel, S. 45 ff., 95 ff., 464 f.

60 *H. H. Hofmann*, Herrschaft, S. 294 ff. *Stetten*, Rechtsstellung, S. 204 ff. *Demel*, Struktur, S. 317, 325. *Weis*, Begründung, S. 58 f. *M. Puchta*, Adel, S. 276 ff. *Ernst*, Adel, S. 141, 227 ff., 472, 472 Anm. 1586, 534 f. – Speziell zur wirtschaftlichen Situation der Reichsritter vor ihrer Mediatisierung siehe Kapitel III.2.1.

61 *H. Müller*, Kampf, S. 200. *H. H. Hofmann*, Herrschaft, S. 264 f., 338 ff. *Ruch*, Verfassung, S. 83 ff. *Stetten*, Rechtsstellung, S. 210 ff., 219. *Mangold*, Reichsritterschaft, S. 10 ff. *Arndt*, Patrimonialstaat, S. 229 f., 474 ff.

sierter Ritter wiedergegeben haben: »lieber Sauhirt in der Türkei als Standesherr in Württemberg«[62]. Weitgehende Zugeständnisse erhielten die ehemaligen Mitglieder des Corpus equestre im Großherzogtum Hessen, dem Herzogtum Nassau, vor allem aber im Großherzogtum Würzburg sowie im Primatialstaat bzw. Großherzogtum Frankfurt: Neben einem privilegierten Gerichtsstand und der Patrimonialgerichtsbarkeit genossen hier die einstigen Reichsritter in unterschiedlichem Ausmaß weitere Vergünstigungen, die bis zur Gleichstellung mit den mediatisierten Reichsgrafen und -fürsten, den sog. Standesherren, reichen konnten[63].

Der Zusammenbruch des Grande Empire 1814/15 weckte auch in den Kreisen der einstigen Reichsritterschaft Hoffnungen auf eine mehr oder minder umfassende Restauration ihrer früheren Vorzüge und Freiheiten. Derartige Wünsche erwiesen sich jedoch schnell als illusorisch, da die den Wiener Kongress bestimmenden europäischen Mächte kein Interesse an der Rückkehr zum Zustand vor 1789 mehr haben konnten[64]. Jedoch schufen die an der Donau versammelten Monarchen und Diplomaten für die einstigen Reichsritter wenigstens Rechtssicherheit: Art. 14 der Deutschen Bundesakte vom 8./10. Juni 1815 legte diejenigen Vorrechte fest, die den ehemals reichsunmittelbaren Rittern rechts des Rheins künftig in allen Bundesstaaten zukommen sollten: Dazu gehörten eine weitgehende Freizügigkeit, eine begrenzte Autonomie bei Regelung der familiären Angelegenheiten einschließlich des Rechts, Fideikommisse zu errichten, der privilegierte Gerichtsstand, die Ortspolizey, das Kirchenpatronat, die Patrimonialgerichtsbarkeit sowie bei ausreichendem Grundbesitz eine Vertretung in der Landschaft des jeweiligen deutschen Staates[65]. Der Sturm der Revolution von 1848/49 und die

62 *Endres*, Oberschwäbischer Adel, S. 38 f. (Zitat nach ebd.).

63 *H. H. Hofmann*, Herrschaft, S. 265 f., 341. *Stetten*, Rechtsstellung, S. 193 ff., 209 f.

64 *Eberlein*, Bayerns Anteil, S. 175 ff., 187. *H. Müller*, Kampf, S. 200 f. *H. H. Hofmann*, Herrschaft, S. 331 ff. *Walter*, Zusammenbruch, S. 95 ff. *Ruch*, Verfassung, S. 86. *Stetten*, Rechtsstellung, S. 220 ff. *Roth von Schreckenstein*, Geschichte II, S. 490 ff., 505 ff. Eingabe der reichsritterschaftlichen Deputierten auf dem Wiener Congresse, Wien, 25. September 1814, in: *Roth von Schreckenstein*, Geschichte II, Einige urkundliche Beilagen, Nr. 6, S. 606-607, hier: S. 606. Eingabe Ebenderselben an die genannten Minister, Wien, 15. Dezember 1814, in: ebd., Nr. 7, S. 607-612, hier: S. 608 ff. Allerunterthänigste Vorstellung an Seine Majestät den Kaiser, die der Reichsritterschaft verliehenen Orden betreffend, [1814], in: ebd., Nr. 8, S. 612-613, hier: S. 612 f. Projektierte Eingabe der Bevollmächtigten der Reichsritterschaft an die Minister Fürsten Metternich und Hardenberg, Grafen Münster und Freiherr vom Stein, Wien, [1. Januar 1815], in: ebd., Nr. 9, S. 614-617, hier: S. 614 ff. *Vierhaus*, Eigentumsrecht, S. 249 ff. Vgl. auch: *Hundt*, Staaten, S. 313 ff. – In keiner Weise nachvollziehbar ist die Vermutung von *J. G. Weiss* (Reichsritterschaft, S. 311), dass die Interessensvertreter der ehemaligen Reichsritterschaft auf dem Wiener Kongress in Hardenberg, den sie bereits als Statthalter von Ansbach-Bayreuth kannten, »ihre besten Hoffnungen gesetzt hatten« und den nunmehrigen preußischen Staatskanzler mit ihrem Vertrauen beehrt haben sollen.

65 *Eberlein*, Bayerns Anteil, S. 187. *H. H. Hofmann*, Herrschaft, S. 336. *Ruch*, Verfassung, S. 86 f. *Stetten*, Rechtsstellung, S. 233 ff. – Art. 63 der Wiener Schlussakte vom 15. Mai 1820 bestätigte

ihr folgenden Jahrzehnte beseitigten den Großteil der vielfach schon im Abbau begriffenen Prärogativen des Adels und damit auch der ehemaligen Reichsritter. Diese verloren ihre letzten Vorzüge mit dem Sturz der Monarchien und der Einführung republikanischer Verfassungen in den Jahren 1918/19[66]. Die 1848 verfügten Ablösungszahlungen für die Aufhebung des grundherrschaftlichen Obereigentums wurden in Bayern erst in den 1920er Jahren endgültig eingestellt[67]. Allein das Kirchenpatronat konnten einige wenige, einst reichsritterschaftliche Geschlechter bis heute bewahren[68].

2. Die Mediatisierung der Ansbach-Bayreuth benachbarten Reichsritter – Versuch einer Bilanz

Im Januar 1806 kommentierte der keine zehn Jahre zuvor zum Steigerwalder Ritterhauptmann gewählte Graf von Egloffstein die österreichische Niederlage gegen Napoleon und damit das unabwendbar erscheinende Ende der reichsunmittelbaren Reichsritterschaft mit den Worten: »Das grosse Drama ist zu Ende, und hat ausgespielt, – der Vorhang ist gefallen«[69]. Der erste Akt zu dieser Tragödie, die nicht nur in der Auflösung des Corpus equestre, sondern des gesamten Reichsverbandes endete, war – um im Bilde zu bleiben – nicht erst 1802/03 aufgeführt worden, als die meisten geistlichen Fürstentümer und Reichsstädte mediatisiert sowie die Reichsverfassung in ihrer seit 1648 bestehenden Form radikal umgestaltet wurden. Vielmehr hatte das Präludium zum Untergang der Reichsritterschaft und des Alten Reiches bereits zehn Jahre früher in Franken und den östlichen Ausläufern Schwabens begonnen, wo – mit den Worten von Adolf Eberlein (1922) – »die Grossmacht Preussen [...] wie ein Wolf in eine Lämmerherde einbrach«[70].

Bei der Aufarbeitung der preußischen Mediatisierungen ging die vorliegende Arbeit von der These aus, dass die damaligen Geschehnisse nicht als

nochmals die Rechtsverbindlichkeit der in Art. 14 der Deutschen Bundesakte getroffenen Regelungen für die ehemaligen Reichsritter (*Eberlein*, ebd., S. 194 f.).

66 *H. H. Hofmann*, Herrschaft, S. 341, 444 ff., 488 ff. *Stetten*, Rechtsstellung, S. 259 f. *Svoboda*, Verfassung, S. 282. Deutsche Bundesakte vom 8. Juni 1815, in: *Huber* (Hg.), Dokumente I, Nr. 30, S. 84–90, hier: S. 88 f.

67 Teilweise unzutreffend: *H. H. Hofmann*, Herrschaft, S. 491 f., 500.

68 *H. H. Hofmann*, Herrschaft, S. 497. *Ruch*, Verfassung, S. 96.

69 Schreiben des Steigerwalder Ritterhauptmanns Graf von Egloffstein [an den Ritterhauptmann von Rhön-Werra], Nürnberg, 3. Januar 1806, StA Marburg, 109, Nr. 559. – Speziell zur Wahl des Grafen von Egloffstein zum Steigerwalder Ritterhauptmann im Jahr 1796 siehe: Marburger Liste steigerwaldischer Ritterhauptleute, in: *Mauchenheim*, Ritterschaft II, Anhang, G.II. Steigerwalder Ortsvorsteher 1648–1806, in: *Ders.*, ebd., Anhang, G.V.

70 *Eberlein*, Bayerns Anteil, S. 27.

isolierte, sich selbst erklärende Ereignisse verstanden werden können[71]. Die Berechtigung dieser vom bisherigen Usus der Mediatisierungsforschung abweichenden Annahme bewiesen nicht zuletzt die Äußerungen der Akteure beider Konfliktparteien, die auf das Fortwirken älterer Handlungs- und Argumentationsmuster in ihrer Auseinandersetzung um die Reichsunmittelbarkeit der Ansbach-Bayreuth benachbarten Rittergüter hindeuteten. Zudem konnte die tägliche Beschäftigung der Spitzenbeamten in den Ritter- und Regierungskanzleien mit dem Ius publicum das Denken und Agieren unter Berücksichtigung historischer Bezüge nur fördern[72]. Schließlich war das Ius publicum ein dezidiert historisches Recht bzw. ein Recht dessen, was die jeweils Nachgeborenen für historisch hielten[73]. Daher wurde nicht nur ein kurzer Überblick über die Genese der reichsritterschaftlichen Korporation gegeben, der durch eine Einführung in die Organisation und die Stellung des Corpus equestre im Gefüge von Reichspolitik und Reichsverfassung ergänzt wurde[74]. Es galt auch das unmittelbare reichs- und territorialstaatsrechtliche Umfeld auszuleuchten, in dem sich das Ringen um die reichsritterschaftliche Unmittelbarkeit vollzog. Schließlich lagen die immediaten Rittergüter in den sog. Territoria non clausa, die durch »Vielherrigkeit« und »Vermischungen« in Folge eines »steckengebliebenen« Territorialisierungsprozesses geprägt waren[75]. Der angesprochene historische Charakter des Ius publicum sowie der unverkennbare Rekurs der preußischen und reichsritterschaftlichen Akteure auf ältere Handlungsmuster und Argumentationsstrategien machte ferner einen kurzen Überblick über zentrale ältere Konflikte zwischen Reichsritterschaft und -ständen um die Rechtsstellung des Corpus equestre notwendig. Dabei sind die der Forschung bisher nahezu unbekannten Vorgänge um das sog. Provisorium in der Markgrafschaft Burgau im Jahr 1780 exemplarisch hervorzuheben[76]. Der Grundgedanke, dass die Unterwerfung der an die fränkischen Markgrafentümer grenzenden Reichsritter sich nicht in einem historischen, sozialen, rechtlichen und ökonomischen Vakuum abspielte, sondern eingebettet war in säkulare, aber auch stark zeitgebundene Entwicklungen, machte zudem eine Rückbindung der preußischen Mediatisierungen an die Folgen der Französischen Revolution sowie des Koalitions- und Reichskrieges erforderlich. Hier konnte anhand eines reichen Quellenfundus gezeigt werden, dass die ökonomischen Belastungen durch das Kriegsgeschehen das vielfach schon wankende wirtschaftliche Fundament der reichsritterschaftlichen Unmittelbarkeit in einem Ausmaß erschütterten, dass es für Berlin umso leichter werden musste, die Rittergenossen unter seine

71 Siehe Kapitel III.
72 Siehe Kapitel III.1.
73 Siehe Kapitel II.3.
74 Siehe Kapitel II.1 bis II.2.2.
75 Siehe Kapitel II.3.
76 Siehe Kapitel III.1.

Landeshoheit zu zwingen[77]. Zudem wurde durch die Auswertung bisher nicht benützen Quellenmaterials und der spärlichen Forschungsliteratur aufgezeigt, dass der Einfluss revolutionären Gedankenguts auf die reichsritterschaftlichen Untertanen nicht überbewertet werden sollte, aber sich dennoch ein erhebliches Unruhepotenzial für die rechtsrheinischen Rittergüter fassen lässt. Dieses war als ein die reichsritterschaftliche Unmittelbarkeit von innen heraus bedrohender und den Absichten Berlins in die Hände spielender Faktor im Einzelfall mit ins Kalkül zu ziehen[78]. Dies galt noch weit mehr für die reichsrechtlichen Folgen der permanenten Kriegssituation seit 1792, denen die Forschung bisher kaum ihr Interesse geschenkt hat: Die vorliegende Arbeit konnte zeigen, dass die Versuche zahlreicher Reichsstände, einen Teil der enormen Lasten des Reichskriegs unter Missachtung der reichsritterschaftlichen Privilegien und Freiheiten auf die immediaten Rittergüter abzuwälzen, ein Klima der Rechtlosigkeit erzeugten. Dieses musste der vollständigen Mediatisierung der Ansbach-Bayreuth benachbarten Reichsritter durch Berlin Vorschub leisten[79].

Nachdem auf diese Weise die sozialen, wirtschaftlichen, politischen und reichsrechtlichen Entwicklungen im Allgemeinen aufgehellt werden konnten, die für die preußischen Mediatisierungen konstitutiv werden sollten, wurden in einem nächsten Schritt die unmittelbaren Voraussetzungen für die Expansionspolitik Berlins in Franken und den östlichen Ausläufern Schwabens in den Blick genommen: Neben der Betrachtung des Untersuchungsgebiets in Gestalt der fränkischen Markgrafentümer und ihrer reichsritterschaftlichen Nachbarn galt es der komplexen Mischung aus administrativen, militärischen, machtpolitischen, wirtschaftlichen und ideellen Motiven nachzugehen, die eine Arrondierung Ansbach-Bayreuths auf Kosten der benachbarten immediaten Rittergüter angeraten erscheinen ließ[80]. Zudem konnte anhand der vorausgehenden Politik der Kur- sowie der fränkischen Nebenlinie der Zollern herausgearbeitet werden, dass eine Mediatisierung der Ansbach-Bayreuth benachbarten Reichsritter um 1789/90 – und im Gegensatz zur vorherrschenden Meinung der Forschung – nicht zu erwarten war und daher die Reichsritterschaft umso unvorbereiteter treffen musste[81]. Möglich wurde der Expansionskurs Berlins erst, nachdem mit dem Ansbach-Bayreuther Ministersturz von 1787/90, der Abdankung Markgraf Karl Alexanders 1791/92 sowie der Statthalterschaft Hardenbergs und dem Aufbau der »fränkischen Beamtenschule« die erforderlichen dynastischen und personellen Voraussetzungen geschaffen waren. Eine prosografische Analyse deckte auf, dass nicht nur der Dirigierende Minister, sondern auch zahlreiche seiner engsten Mitarbeiter

77 Siehe Kapitel III.2.1.
78 Siehe Kapitel III.2.1.
79 Siehe Kapitel III.2.2.
80 Siehe Kapitel IV.2 u. IV.3.
81 Siehe Kapitel IV.4.1 u. IV.4.2.

ausgebildete (Reichs)-Juristen waren, von denen ein Teil sogar bei Pütter in Göttingen studiert hatte. Sie nutzten ihr staatsrechtliches Wissen jedoch nicht im pütterschen Sinne für eine strikte Bewahrung der Reichsverfassung und ihrer einzelnen Bausteine, sondern setzten ihre juristischen Fachkenntnisse im Interesse der preußischen Staatsraison gegen die Reichsritterschaft ein und damit gegen einen in den Reichsgrundgesetzen anerkannten Teil des Reichsverbandes[82].

Den Ausbruch des Konflikts zwischen der Reichsritterschaft und dem preußisch gewordenen Ansbach-Bayreuth markierte der Anschlag der Abdankungs- und Besitzergreifungspatente Karl Alexanders bzw. Friedrich Wilhelms II. zu Beginn des Jahres 1792: Neben den reichsrechtlichen Implikationen für die reichsritterschaftliche Landesherrlichkeit und Reichsunmittelbarkeit sowie den dahinter stehenden Motivationen Hardenbergs wurden erstmals auch der konkrete Ablauf der Ereignisse vor dem Hintergrund des Dualismus zwischen dem Dirigierenden Minister in den Markgrafentümern einerseits und dem Berliner Kabinettsministerium andererseits rekonstruiert sowie Fehlinterpretationen berichtigt[83]. Am 24. Februar 1792 verfasste Hardenberg einen ausführlichen Bericht an Berlin, der als das bisher unbekannte Grundsatzprogramm der preußischen Arrondierungspolitik an den Grenzen Ansbach-Bayreuths bezeichnet werden könnte. Darin gab der Dirigierende Minister nicht nur einen Einblick in das seiner Politik gegenüber der Reichsritterschaft zugrunde liegende Rechtsverständnis, das als extreme reichsrechtliche Minderheitenposition charakterisiert werden muss. Hardenberg legte zudem Rechenschaft über seine außenpolitische Konzeption in den fränkischen Markgrafentümern ab, die bis Mitte 1793 sein Handeln gegenüber dem Corpus equestre bestimmen sollte[84]. Allerdings musste er davon erst das Kabinettsministerium in Berlin überzeugen, dessen widersprüchliche Befehle zu den Plänen des Dirigierenden Ministers in Franken im Gegensatz standen[85].

Während die Forschung ganz im Sinne des Diktums vom »freien Gebrauch der Kräfte« davon ausging, der Dirigierende Minister habe von Anfang an eine einseitige Lösung der Landshoheitsstreitigkeiten mit der Reichsritterschaft im Sinne gewaltsamer Mediatisierungen verfolgt, konnte das genaue Gegenteil nachgewiesen werden: Zwischen dem Frühjahr 1792 und dem Sommer 1793 verfolgte Hardenberg in Absprache mit Berlin eine zweigleisige Politik. Dazu gehörte auch der Versuch, auf dem Wege gütlicher Vergleichsverhandlungen die größten territorialen und rechtlichen Reibungspunkte zwischen den fränkischen Markgrafentümern und der Reichsritterschaft aus dem Weg zu räumen. Dass eine vertragliche Einigung am Ende nicht zustande kam, lag

82 Siehe Kapitel IV.1 u. IV.5.1 bis IV.5.2.
83 Siehe Kapitel V.1.
84 Siehe Kapitel V.2.
85 Siehe Kapitel V.3.

nicht allein an der genossenschaftlichen Struktur des Corpus equestre als Personen- und Güterverband, der nicht zu erwartenden Genehmigung Wiens für einen Rezess mit der Reichsritterschaft oder dem vorläufigen Scheitern der parallel betriebenen Vergleichsunterhandlungen Hardenbergs mit verschiedenen Reichsständen. Vor allem stand einer einvernehmlichen Beilegung der Landeshoheitsstreitigkeiten zwischen der Reichsritterschaft und Ansbach-Bayreuth das diametral entgegengesetzte Staats- und Rechtsverständnis beider Parteien entgegen[86].

Parallel zu den Vergleichsverhandlungen mit dem fränkischen Ritterkreis kam es bereits zu mehreren ernsthaften Eingriffen der königlichen Behörden in die Reichsunmittelbarkeit und landesherrlichen Rechte der Rittergenossen, um die preußischen Rechtsansprüche durch faktische Besitzhandlungen zu untermauern, einen Teil der Lasten des Koalitionskrieges auf Kosten der Ansbach-Bayreuth benachbarten Rittergüter abzuwälzen sowie die Reichsritter einer vertraglichen Übereinkunft geneigter zu machen[87].

Zugleich hatte sich Hardenberg mit dem Widerstand einer Reihe Ansbacher Oberbeamter, insbesondere aus dem 1. Regierungssenat, gegen seine Arrondierungspolitik auseinanderzusetzen. Die dabei von der Forschung postulierte marionettenhafte Abhängigkeit der bürgerlichen Räte von ihren adligen Kollegen sowie der weitgehende Personalaustausch der reichsritterschaftlichen Oberbeamten durch einen energisch durchgreifenden Hardenberg konnten in der vorliegenden Arbeit ins Reich der historiografischen Mythen verwiesen werden[88].

Das Scheitern der Vergleichsverhandlungen Hardenbergs mit der fränkischen Reichsritterschaft, das Wiederaufleben des Dualismus der beiden deutschen Großmächte, aber auch die Umsetzung innenpolitischer Reformen, die Zwänge des Koalitions- und Reichskrieges sowie reichsrechtliche Überlegungen führten dazu, dass der Konflikt zwischen dem Corpus equestre und Preußen zwischen dem Winter 1792/93 und dem Frühjahr 1796 eine neue Eskalationsstufe erreichte: Dabei häuften sich die Eingriffe der preußischen Behörden in zentrale obrigkeitliche Gerechtsame der Reichsritterschaft und ihrer Mitglieder derart, dass diese in Teilbereichen ihrer Landesherrlichkeit und Reichsunmittelbarkeit de facto entsetzt wurden und, wie ein königliches Oberamt sich ausdrückte, »mit Haut und Haar, Leib und Leben« unterworfen zu werden drohten. Neben dem komplexen Ablauf der Ereignisse sowie der reichs- und territorialstaatsrechtlichen Dimension der Übergriffe Berlins[89] galt es auch den Widerstand zu rekonstruieren, den die Reichsritter ihrer drohenden Mediatisierung entgegensetzten: In der Tradition des für die Reichsverfassungsgeschichte charakteristischen Einungs- und Bündewesen

86 Siehe Kapitel V.4.1.
87 Siehe Kapitel V.4.2.
88 Siehe Kapitel V.4.3.
89 Siehe Kapitel VI.1.

kam es seit 1792/93 zum Schulterschluss des Corpus equestre mit der Mehrheit der Fränkischen Kreisversammlung und insbesondere den beiden Mainbistümern gegen die gemeinsame Bedrohung durch Preußen. Zudem fand der fränkische Ritterkreis Rückhalt beim Wiener Kaiserhof, der seit dem Frühjahr 1793 diplomatisch, jedoch ohne Erfolg zugunsten der bedrängten Reichsritter intervenierte. Dass auch die Möglichkeiten der obersten Reichsgerichte begrenzt waren, Berlin gegen seinen Willen zur Einstellung seiner Übergriffe auf die Reichsritterschaft zu bewegen, zeigte in aller Deutlichkeit das Spätjahr 1795[90].

Endgültig besiegelt wurde das Schicksal der Ansbach-Bayreuth benachbarten Reichsritter auf einer Reihe von Konferenzen, die die preußischen Kabinettsminister und weitere Spitzenbeamte im März und April 1796 in Berlin abhielten. Auch der ebenfalls hinzugezogene Erlanger Professor Konrad Ludwig Klüber konnte den ins Rollen gebrachten Stein nicht mehr aufhalten. Die am 12. April 1796 von Friedrich Wilhelm II. unterzeichnete »Instruction für das König(liche) Landes-Ministerium der beiden fränkisch(en) Fürstenthümer wegen der Landeshoheits-Streitigkeiten mit Nachbarn und Insassen« umriss die von Hardenbergs Mitarbeiten in den letzten Jahren entwickelten Rechtsgrundlagen der preußischen Landeshoheitsansprüche und ordnete die gewaltsame Mediatisierung der Ansbach-Bayreuth benachbarten Rittergüter an. Seit dem Sommer 1796 unterwarf Preußen die Reichsadligen unnachgiebig der Herrschaft Berlins. Die reichsritterschaftliche Organisation innerhalb der imaginierten Landeshoheitsgrenzen Ansbach-Bayreuths wurde zerschlagen, Widerstand mit militärischer Exekution, gerichtlichen Untersuchungen und der Sequestration von Jurisdiktionsbefugnissen gebrochen. Über die ritterschaftlichen Gerichte und Ämter rollte eine Lawine an Reskripten und Patenten der königlichen Behörden hinweg. Auf diesem Weg gliederte Hardenberg die reichsritterschaftlichen Herrschaften in das Militär-, Justiz- und Steuersystem sowie den Verwaltungsaufbau der preußischen Monarchie ein. Die Reichsritter, ihre Amtleute und Untertanen mussten den Huldigungseid auf den preußischen König leisten. Es konnte herausgearbeitet werden, dass die Gründe für den einzelnen Rittergenossen, sich dem Zepter des preußischen Königs zu unterwerfen, stets individuell waren: Neben dem Druck der königlichen Behörden und dem Schutz der preußischen Neutralität im Angesicht der Verwüstungen durch die französischen Revolutionsheere spielten auch wirtschaftliche Motive eine Rolle sowie gelegentlich auch die ideelle Anziehungskraft des preußischen Staates bzw. desjenigen Bildes, das König Friedrich II. davon geschaffen hatte. Erst im Frühjahr 1798 ordnete Berlin die weitgehende Einstellung aller Maßnahmen zur gewaltsamen Durchsetzung der preußischen Landeshoheitsansprüche an. Die Erbhuldigung ritterschaftlicher Deputierter vor dem neuen König Friedrich Wilhelm III. im Juli 1798 markierte auch symbolisch und staats-

90 Siehe Kapitel VI.2.

rechtlich das endgültige Ende der politischen Existenz für die bisher den fränkischen Markgrafentümern nur benachbarten Reichsritter. Der fränkische Ritterkreis hatte ein Viertel bis ein Drittel seiner Besitzungen eingebüßt, und selbst der schwäbische Kanton Kocher musste den Verlust einiger Ortschaften hinnehmen[91].

Doch nicht nur viele Spitzenvertreter der kantonalen Organisation, sondern auch einzelne Reichsritter waren nicht zur Huldigung und den damit geforderten »Treuetransfer« bereit[92]. Dahinter stand nicht nur die Erfahrung eines über zweihundertjährigen Klientelverhältnisses zum Wiener Kaiserhof, der bisher stets seine schützende Hand über das Corpus equestre gehalten hatte. Hinzu kam die Gefahr, durch den Reichshoffiskal für den Bruch des dem Kaiser geleisteten Treueides zur Verantwortung gezogen zu werden. Ferner hat eine Analyse der Quellen gezeigt, dass von den in adligen Traditionen verwurzelten Denkmustern sowie Befürchtungen vor dem sozialen und wirtschaftlichen Abstieg ein starker Impetus ausging, der den einzelnen Reichsritter zur Unterwerfung oder zum Widerstand veranlasste. Beide Reaktionen waren damit nur zwei Seiten einer Medaille, die es im adligen »Kampf [...] ums Obenbleiben« zu erringen galt[93]. Wenn sich Teile der Reichsritterschaft mit aller Kraft gegen ihre Mediatisierung stemmten, dann fanden sie Unterstützung auf der Fränkischen Kreisversammlung, die sich mehrmals des Corpus equestre annahm. Doch die Hilfegesuche aus Nürnberg blieben in Berlin und Regensburg genauso wirkungslos wie der Versuch, die französische Besatzungsmacht gegen Berlins Okkupationen in Stellung zu bringen. Kein größerer Erfolg war den zahlreichen Mandaten und Conclusa beschieden, die der Reichshofrat gegen die preußischen Übergriffe erkannte. Nicht weil Berlin Landeshoheitsansprüche über die Ansbach-Bayreuth benachbarten Reichsritter erhob, legte die norddeutsche Großmacht die Axt an den Stamm der Reichsverfassung, sondern indem sie ihre Rechtsansprüche einseitig und unter Missachtung der Reichsjustiz durchsetzte. Da Preußen den Verfügungen der obersten Reichsgerichte die Anerkennung verweigerte, trieb es die Paralyse des Alten Reiches als »Schutz- und Rechtsverband« voran und damit die Auflösung des Reichssystems. Nur vorübergehend schien sich das Blatt zugunsten von Reichsritterschaft und Reichsverfassung zu wenden, als Wien versuchte, das Kurkollegium gegen Berlins Mediatisierungspolitik zu mobilisieren – ein Vorgang, der erstmals detailliert rekonstruiert werden konnte. Doch scheiterte auch dieser Vorstoß an dem fehlenden Willen Berlins und manches anderen Kurhofes, weiterhin die Spielregeln der Reichsverfassung anzuerkennen und die damit verbundene Beschränkung seiner Handlungs- und Entwicklungsmöglichkeiten zu akzeptieren. Aus demselben Grund

91 Siehe Kapitel VII.1.

92 Siehe Kapitel VII.2. *Pelzer*, Habsburg, S. 299 (Zitat ebd.).

93 Siehe Kapitel VII.2. *R. Braun*, Bemerkungen, S. 87 (Zitat ebd.).

musste auch die Restitution der reichsritterschaftlichen Unmittelbarkeit im Windschatten des Rastatter Kongresses scheitern[94].

Doch nicht nur auf dem diplomatischen Parkett und vor den höchsten Reichsgerichten, sondern auch vor dem Richterstuhl des viel zitierten Publikums wurde die Auseinandersetzung um die Rechtmäßigkeit sowie die Vor- und Nachteile der preußischen Mediatisierungen geführt. In der vorliegenden Arbeit konnte nicht nur die Vielfalt der preußischen sowie ritterschaftsnahen Deduktionen und Flugschriften vorgestellt sowie auf ihre primär an den fürstlichen Höfen und Reichsinstitutionen zu verortenden Rezipienten eingegangen werden. Auch ihre Verfasser und bei Bedarf die Entstehungsgeschichte der einzelnen Abhandlungen wurde in den Blick genommen[95]. Vor allem aber konnten die Argumentationsstrukturen des publizistischen Diskurses aufgearbeitet und kritisch beleuchtet werden. Neben einem breiten Spektrum von einzelnen Theorien und vermeintlichen Beweisen zugunsten des eigenen Rechtsstandpunktes bot sowohl die ritterschaftsnahe als auch die preußische Publizistik ihren Lesern eine reichsrechtliche »Meistererzählung«, um die Reichsunmittelbarkeit oder das Landsassiat der Reichsritter zu deduzieren. Gemeinsam war beiden Seiten, dass sie die historisch offene Situation des späten Mittelalters und frühen 16. Jahrhunderts einseitig in ihrem Sinne deuteten. Jedoch verließ die Propaganda Berlins den Boden der Reichsverfassung, als sie die eigenmächtige Durchsetzung der preußischen Landeshoheitsansprüche unter Missachtung der obersten Reichsgerichte zu rechtfertigen versuchte[96].

Von gänzlich anderen Motiven geleitet war wiederum die Auseinandersetzung der revolutionären und radikal-aufklärerischen Publizistik mit den preußischen Mediatisierungen. Ihr ging es nicht um die Verteidigung der reichsritterschaftlichen Unmittelbarkeit, sondern um einen willkommenen Anlass, um mit Berlins Politik abrechnen zu können und dabei zugleich die wirtschaftlichen Interessen ihrer Verfasser zu befriedigen[97].

Nach Volker Press »werden in einer Krise Verfassungsstrukturen greller beleuchtet als in einer normalen Ruhesituation«[98]. Das führt zu der Frage, welche Einsichten sich aus einer Untersuchung über die Mediatisierung der Ansbach-Bayreuth benachbarten Reichsritter gewinnen lassen – jenseits des engeren Erkenntnisinteresses, des Wissens, wie es war, im Sinne Rankes. Wo liegt der Wert der vorliegenden Untersuchung für unser Bild vom Reichssystem und seinem Untergang um die Wende vom 18. zum 19. Jahrhundert?

Wenn sich Kretschmann in seinen Memoiren von 1808, also nach dem Untergang des Alten Reiches, größte Mühe gab herauszustellen, dass die

94 Siehe Kapitel VII.2. *Petschel*, Außenpolitik, S. 61 (Zitat ebd.).

95 Siehe Kapitel VIII.2.1 u. VIII.3.1.

96 Siehe Kapitel VIII.2.2 u. VIII.3.2.

97 Siehe Kapitel VIII.4.

98 *Press*, Ritterschaft im Kraichgau, S. 36.

preußischen Mediatisierungen bereits im Jahre 1796 auf eine reformunfähige und dem sicheren Untergang entgegengehende Korporation trafen, dann steckte darin viel mehr als nur ein Körnchen Wahrheit[99]. In der vorliegenden Darstellung wurde wiederholt deutlich, wie schnell das Corpus equestre mit seiner genossenschaftlichen Organisation an Grenzen stieß, wenn es darum ging, der preußischen Bedrohung durch zügige und von allen mitgetragene Entscheidungen zu begegnen. Anstelle uneingeschränkter Solidarität unter den Standesgenossen herrschten zwischen den Ortsvorständen der einzelnen Ritterorte vielfach Misstrauen und Egoismus vor sowie das Bestreben, Unkosten und sonstige Nachteile selbst dann vom eigenen Ritterort abzuwenden, wenn der Schaden der Mitkantone sowie der gesamten reichsritterschaftlichen Korporation umso größer sein musste[100]. In der Krise war Preußen bei allem »Nichtabsolutistischem im Absolutismus« der Reichsritterschaft strukturell überlegen[101].

Hanns Hubert Hofmann, Günther Schuhmann und Rudolf Endres haben für die Mediatisierungspolitik Berlins in Anlehnung an ältere Wertungen den willkürlichen und »zynischen Bruch von Recht und Verfassung« beklagt, während Heinz Duchhardt von einer »Politik skrupelloser Mediatisierung« sprach[102]. Diese Verdikte mögen bei einer oberflächlichen Betrachtung der Ereignisse verständlich sein, aber sie treffen unter dem Blickwinkel des Reichs- und Territorialstaatsrechts nur einen Teil der Wahrheit. Vielmehr konnte in der vorliegenden Arbeit gezeigt werden, dass ein Sich-Einlassen auf zeitgenössische Rechtsmodelle und -vorstellungen, wozu auch die Verbreiterung des usurpationstheoretischen Ansatzes von Walter Demel gehört, zu der Erkenntnis führt, dass die Frage der Rechtmäßigkeit der preußischen Landeshoheitsansprüche mit den vorhandenen Instrumentarien des Ius publicum nicht zu entscheiden und damit de facto unjustiziabel war. Dies verdeutlicht, wie dringend und gewinnbringend die Analyse politischer Konflikte vor der Folie des Reichs- und Territorialstaatsrechts sein kann.

Die kleindeutsch-borussische Historiografie beklagte den Ansehensverlust der preußischen Politik im Alten Reich als Folge der preußischen Okkupationen an den Grenzen Ansbach-Bayreuths oder verstand die damaligen Ereignisse als Teil der Vorgeschichte des Zusammenbruchs des sog. friderizia-

99 *Kretschmann*, Dienstjahre (1808), S. 27 f.

100 Siehe Kapitel V.4.1, VI.2, VII.2 u. VIII.3.1.

101 *Hinrichs*, Abschied vom Absolutismus?, S. 359 ff. *Oestreich*, Strukturprobleme des europäischen Absolutismus, in: *Ders.*, Geist und Gestalt des frühmodernen Staates, Berlin 1969, S. 179–193, hier: S. 183, zit. nach: *Hinrichs*, ebd., S. 361.

102 *H. H. Hofmann*, Herrschaft, S. 187 (Zitat ebd.). *Ders.*, Freibauern, S. 196. *Ders.*, Die preußische Ära (1960/61), S. 239. *Ders.*, preußische Ära (1967), S. 245. *Ders.*, Neustadt-Windsheim, S. 148. *Ders.*, Staat des Deutschmeisters, S. 333. *Schuhmann*, Markgraf Alexander, S. 17. *Duchhardt*, Verfassungsgeschichte, S. 245 f. (Zitat ebd.). *K. A. Menzel*, Zwanzig Jahre, S. 339. *Philippson*, Geschichte II, S. 229. *Endres*, Zum neuen Staat, S. 53 f. *Ders.*, Staat und Gesellschaft, S. 773 ff., 781. *Ders.*, preußische Ära, S. 175 ff. *Ders.*, Ära Hardenberg, S. 182 ff. *Ders.*, Reformmodell, S. 33 ff. *Ders.*, Reformpolitik, S. 292, 298.

nischen Preußens 1806/07[103]. Fritz Hartung hat dagegen die gewaltsame Arrondierung der fränkischen Markgrafentümer als einen »schlechthin revolutonäre[n] Akt«, vergleichbar mit der Beseitigung der Gerechtsame deutscher Reichsglieder im Elsass durch die Beschlüsse der französischen Nationalversammlung, positiv gewürdigt. Schließlich sei auf diesem Wege in Ansbach-Bayreuth die jahrhundertelang verzögerte »Staatsbildung« mit einem Schlag nachgeholt worden: Darunter verstand Hartung die Entwicklung zu einer omnipotenten, entgegen allen Bestimmungen des Ius publicum als souverän verstandenen, von der Person des Monarchen abstrahierenden und auf das allgemeine Wohl abzielenden Staatsgewalt[104]. Diese Gedanken hat sechzig Jahre später Hanns Hubert Hofmann bei seiner Bewertung der preußischen Mediatisierungen aufgegriffen und erneut ins Negative gewendet: Mit diesen seien nicht nur »in erregender Weise historisches Recht und moderne Staatsräson« aufeinandergeprallt. Die Okkupationen Hardenbergs erschienen Hofmann auch als »Unrecht« sowie als »Rebellion gegen Kaiser und Reich«[105]. Demgegenüber hat Georg Seiderer in der Auseinandersetzung Berlins mit der Reichsritterschaft an den Grenzen Ansbach-Bayreuths »eher Modernisierung denn agressiv-expansive Außenpolitik« gesehen[106]. Paul Sörgel erschien an dem Vorgehen Hardenbergs gegenüber den den fränkischen Markgrafentümern benachbarten Rittergütern vor allem bemerkenswert, dass im Gegensatz zu den wenig später erfolgenden pfalz-bayerischen Mediatisierungen »der Preuße mit Vorsicht und Fingerspitzengefühl« [sic] verfahren habe[107]. Walter Demel konstatierte sogar das Scheitern der in der vorliegenden Arbeit untersuchten preußischen Mediatisierungspolitik, wenn er resümierte: »Preußens Versuch, von Ansbach und Bayreuth ausgehend, [...] die Reichsritter auf den Status privilegierter Landsassen hinabzudrücken, war bis Ende 1805 ebenso wenig von durchschlagendem Erfolg gekrönt wie die entsprechenden [...] Versuche Kurpfalzbayerns«[108].

So interessant mancher dieser Ansätze auch ist, so vermag doch keiner dem Stellenwert der Mediatisierungen Berlins zwischen 1792/93 und 1798 für die Verfassungs- und Politikgeschichte des Alten Reiches ganz gerecht werden. In bewusster Antithese zu den eingangs diskutierten Auffassungen Wolfgang Burgdorfs, der von einer grundsätzlichen Überlebens- und Zukunftsfähigkeit des Reichsverbandes bis zum unmittelbaren Vorabend seiner Auflösung ausging[109], ist zu konstatieren, dass die Mediatisierung zahlreicher reichsrit-

103 *H. Müller*, Kampf, S. 55, 70. *J. v. Hartmann*, Friedrich Wilhelm II., S. 698. *B. Rogge*, Buch, S. 200. *Manso*, Geschichte I, S. 371 ff. *K. A. Menzel*, Zwanzig Jahre, S. 339, 363.

104 *Hartung*, Hardenberg, S. 38 ff., 283 ff. (Zitate ebd., S. 38 f.).

105 *H. H. Hofmann*, Herrschaft, S. 4, 172 ff., 187, 208, 254, 526 (Zitate ebd., S. 4, 208). *Ders.*, preußische Ära (1960/61), S. 235 ff. *Ders.*, preußische Ära (1967), S. 245 ff.

106 *Seiderer*, Formen, S. 459.

107 *Sörgel*, Ritterkanton, S. 88.

108 *Demel*, Der bayerische Adel, S. 127 (Zitat ebd.). *Ders.*, Struktur, S. 298 f.

109 Siehe Kapitel I.1.

terschaftlicher Herrschaften durch Berlin die Chancen auf eine mittel- und langfristige Perpetuierung und Stabilisierung des Reichssystems drastisch verschlechterte. Gerade weil die Reichsverfassung bei aller reichs- und territorialstaatsrechtlichen Vielfalt »rechtliche Konfliktlösung, Rechtssicherheit, Rechtseinheit« garantierte[110], markierten die gewaltsamen Arrondierungen Preußen unter offener Verhöhnung der Reichsjustiz einen wichtigen Schritt zur endgültigen Auflösung des Reichsverbandes. Die historisch gewachsene Verfassungsordnung des Alten Reiches konnte zwar selbst extreme reichsrechtliche Minderheitenpositionen aushalten, wie sie Hardenberg und seine führenden Mitarbeiter vertraten, aber nicht deren eigenmächtige und gewaltsame Durchsetzung durch eine der Streitparteien. Indem Berlin sich zum Richter und Exekutor in seinen eigenen Landeshoheitsstreitigkeiten mit der Reichsritterschaft aufschwang, führte es den Charakter des Alten Reichs als konsensbasierten »Friedens- und Rechtswahrungsverband« ad absurdum. Es zerstörte mit der Aushöhlung des Ewigen Landfriedens eine der wichtigsten Errungenschaften der Reichsverfassung, wie sie sich seit 1495 herausgebildet hatte und die auf die Formel gebracht werden konnte: »Frieden durch Recht«[111]. Anders ausgedrückt: Die Mediatisierungen Berlins hatten der Reichsverfassung im Allgemeinen und dem Corpus equestre als »einem integrirenden [sic] Theil des ReichsSystems« im Besonderen einen Verlust zugefügt, der sich nicht in Seelen, Quadratmeilen und Steuersimpla erfassen ließ[112]. Dass politische Versprechen und der Urzweck des Reichsverbandes, die politische Existenz seiner »mindermächtigen« Glieder gegenüber ihren größeren Nachbarn zu schützen, hatte sich als leere Worthülse erwiesen[113]. Zwar war beispielsweise Österreich in der Herrschaft Asch und in der Markgrafschaft Burgau ähnlich verfahren und hatte eigenmächtig seine Landeshoheitsansprüche durchgesetzt. Aber in den eineinhalb Jahrhunderten seit dem Westfälischen Frieden war es nicht mehr zur Unterwerfung derart vieler reichsunmittelbarer Herrschaftsträger unter eine fremde Landeshoheit gekommen. Auch was die mit dem Landfrieden nicht einmal pro forma zu vereinbarende Art und Weise ihrer Durchsetzung anging, stellten die Mediatisierungen Berlins die verfassungsrechtlich nicht minder fragwürdigen Übergriffe Wiens in den Schatten. Indem Berlin den seit 1740 zunehmend brüchigen Damm der Reichsverfassung sprengte, der bisher den Expansionsdrang der armierten Reichsfürsten noch zurückgehalten hatte, schuf es Fakten, hinter die auch nach dem Abschluss seiner Mediatisierungen im Jahr

110 *Härter*, Recht, S. 93 f.

111 Vgl. beispielsweise: *Aretin*, Das Alte Reich III, S. 122, *Stollberg-Rilinger*, Das Heilige Römische Reich, S. 116 f. (Zitat ebd., S. 117) u. *Weitzel*, Rolle, S. 43 ff. (Zitat ebd., S. 48).

112 Promemoria des Ritterhauptmanns von Niederrhein, Freiherr von Kerpen, an die Reichshofkanzlei, Wien, 21. Juni 1798, HStA Stuttgart, B 572 Au, Bü 1147.

113 Das jüngst auf den Siebenjährigen Krieg gemünzte Diktum von *Mazohl-Wallnig* (Zeitenwende, S. 212), wonach »die Reichsverfassung als Rechtsordnung der preußischen Machtpolitik nicht (mehr) standhalten konnte«, trifft ebenso auf die Jahre 1792/93 bis 1798 zu.

1798 kein weltlicher Reichsfürst zurück konnte und wollte. Damit hatte die meist als »Intermezzo«, »kurze[s], aber sehr bedeutende[s] Zwischenspiel« und »Episode« bewertete preußische Herrschaft in Ansbach-Bayreuth weitreichende Folgen – nicht nur für die Geschichte Frankens und Schwabens, sondern insbesondere für die des Alten Reiches an der Wende vom 18. zum 19. Jahrhundert[114].

Wenn Christine Roll und Matthias Schnettger hervorheben, dass »die Fragen nach den Gründen und Ursachen« des Untergangs des Heiligen Römischen Reichs Deutscher Nation im Jahre 1806 noch vielfach unbeantwortet geblieben sind, muss die Mediatisierung zahlreicher reichsritterschaftlicher Herrschaften in den Jahren 1792/93 bis 1798 als einer von vielen endo- und exogenen Faktoren benannt werden, die zum vermeintlichen »Epochenjahr« und der »Zäsur« von 1806 führten[115]. Nicht allein Basel, Campo Formio, Rastatt, Lunéville, Regensburg und Austerlitz konstituieren »die Schwellenzeit um 1800«, die zum »Point of no return« für das Ende des Alten Reichs wurde[116], sondern auch die in dieser Eigenschaft bisher ignorierten Arrondierungen der Markgrafentümer Ansbach und Bayreuth. Nicht die großen, armierten Reichsstände und erst recht nicht die beiden deutschen Großmächte galten als die eigentlichen Träger des »Reichsgedankens«, sondern die kleinen und mittleren Reichsstände, eine Institution wie das Reichskammergericht sowie die Reichsritter des deutschen Südwestens. Sie waren es, die mit ihrer politischen Existenz auch diejenige des Reichsverbandes sicherstellten[117]. Indem eben diese politische Existenz der »mindermächtigen« Reichsglieder seit 1792/93 nicht nur öffentlich diskutabel, sondern für hinreichend starke Reichsfürsten auch de facto disponibel wurde, beschleunigte sich auch der Erosionsprozess der von Ersteren mit Leben erfüllten Reichsverfassung.

Die Unterwerfung der Ansbach-Bayreuth benachbarten Reichsritter löste also ein Beben aus, dessen Schockwellen das bereits bröckelnde Fundament der Reichsverfassung irreparabel beschädigten, indem sie die ideelle, politische und rechtliche Balance innerhalb des mühsam austarierten Reichssystems zugunsten des reichsfürstlichen Machtstaates verschoben[118]. Wenn die

114 Zur angesprochenen Bewertung der preußischen Herrschaft in Ansbach-Bayreuth siehe: *H. H. Hofmann*, Herrschaft, S. V, 18 ff., 163, 207 ff., 253 f. (Zitate ebd., S. 18 f. u. 163); *Ders.*, preußische Ära (1960/61), S. 225, 240 ff.; *Ders.*, preußische Ära (1967), S. 245, 257; *Schreiner*, Geschichte, S. 126; *Endres*, Staat und Gesellschaft, S. 782.

115 *Roll/Schnettger*, Einleitung, S. 1 ff. (Zitate ebd., S. 3). *Zwierlein*, Imperium, S. 63 f., 93 f. *Mazohl-Wallnig*, Zeitenwende, S. 266 f. *Kusber*, Wahrnehmungen, S. 138. *Roll*, Ende, S. 139 ff. *Kraus*, Ende, S. 12 ff. *Mader*, Priester, S. 28 ff. *North/Riemer*, Einleitung, S. 11. *Hahn*, Reich, S. 342. *G. Schmidt*, Deutschland 1806, S. 103 ff. *Langenwiesche*, Überleben, S. 123. *Kreutzmann*, Adel, S. 317.

116 *Roll*, Ende, S. 139 f., 146 f. (Zitate ebd., S. 146 f.). *B. Braun*, Reich, S. 20 ff.

117 *G. Menzel*, Albini, S. 15 f. (Zitat ebd., S. 15). Vgl. auch: *Jahns*, Personalverfassung, S. 60 ff.

118 Brigitte Mazohl-Wallnig hat jüngst die Geschichte des frühneuzeitlichen Reiches im 18. Jahrhundert sowie insbesondere die Entwicklungen, die zu seinem Zusammenbruch führten, als zunehmenden »Triumph der Macht« über die geltende Rechts- und Friedens-

angesprochenen kleindeutsch-borussischen Historiker der ersten Hälfte des 19. Jahrhunderts die Mediatisierungen Berlins in Franken zum Vorspiel für den Zusammenbruch des alten Preußens 1806/07 erklärten, lagen sie damit genauso falsch wie Kretschmann, der in der Einstellung der Arrondierungen im Jahr 1798 bereits ein Anzeichen des Niedergangs der norddeutschen Großmacht sehen wollte[119]: Nicht der Untergang des friderizianischen Preußens, sondern derjenige des Alten Reiches wurde durch die Mediatisierungspolitik Berlins an den Grenzen seiner fränkischen Provinzen angebahnt, wenn auch nicht zwingend präjudiziert. Im Gegensatz zur historischen Forschung der folgenden zweihundert Jahre war dieser Zusammenhang für den Ortsvorstand des Kantons Steigerwald ganz offensichtlich. Angesichts der Übergriffe Berlins auf das Corpus equestre konstatierte er bereits im Dezember 1793 gegenüber dem fränkischen Spezialdirektorium, dass »die Reichsritterschaft mit dem Reiche in so genauem Zusammenhang stehet, daß sie mit demselben einen Körper ausmacht, mithin vom Reiche durch Unterjochung, und Entziehung ihrer mit den Reichsständen gemein habenden Rechte und Freiheiten nicht abgerissen werden darf, noch kann, ohne zugleich die Reichsverfassung zu erschüttern, und auf das Empfindlichste zu verletzen, wenigstens den Weg zu dem – wenn gleich eben noch entfernten Ziele zu bahnen, welches den Reichsständen gleiches Schiksal ankündiget«[120].

ordnung beschrieben (*Mazohl-Wallnig*, Zeitenwende, S. 71, 151 ff., 164 ff., 211 ff., 242 ff. (Zitat ebd., S. 151)). Die von ihr unbeachtet gebliebenen Mediatisierungen in Ansbach-Bayreuth lassen sich in einen derartigen Interpretationsansatz problemlos einfügen.

119 *Kretschmann*, Dienstjahre (1808), S. 59 ff., 66 f., inbes. aber 61. *H. Müller*, Kampf, S. 55.

120 Abschrift des Schreibens des Ortsvorstandes Steigerwald an den Ortsvorstand Gebürg, Erlangen, 27. Dezember 1793, StA Marburg, 109, Nr. 311, Bd. 3, Dok. 151.

Abkürzungen

ADB	Allgemeine Deutsche Biographie
AGB	Archiv für Geschichte des Buchwesens
APuZ	Aus Politik und Zeitgeschichte
EDG	Enzyklopädie Deutscher Geschichte
GWU	Geschichte in Wissenschaft und Unterricht
HRG	Handwörterbuch zur deutschen Rechtsgeschichte
HZ	Historische Zeitschrift
Jb. HV Mfr.	Jahrbuch des Historischen Vereins für Mittelfranken
LThK	Lexikon für Theologie und Kirche
NDB	Neue Deutsche Biographie
OGG	Oldenbourg Grundriß der Geschichte
TRE	Theologische Realenzyklopädie
UTB	Uni-Taschenbücher
VSWG	Vierteljahrschrift für Sozial- und Wirtschaftsgeschichte
WVjh	Württembergische Vierteljahrshefte für Landesgeschichte
ZBLG	Zeitschrift für bayerische Landesgeschichte
ZfG	Zeitschrift für Geschichtswissenschaft
ZGO	Zeitschrift für die Geschichte des Oberrheins
ZHF	Zeitschrift für Historische Forschung
ZWLG	Zeitschrift für Württembergische Landesgeschichte

Quellen und Literatur

1. Quellenverzeichnis

1.1 Ungedruckte Quellen

Bayerisches Hauptstaatsarchiv in München (BayHStA)
Kasten schwarz (K. schw.), Nr. 14476; 14477; 14478; 14507; 14510; 14511
Adelsmatrikel, Nr. Ri L 2
Ministerium des Inneren – Karten und Pläne (MInn KuPl), Nr. 242
Ministerium des Äußeren und des königlichen Hauses (MA), Nr. 4567; 4569; 4573; 39462
Ministerium des Äußeren und des königlichen Hauses (MA), Lehen- und Hoheitssektion, vorl. Nr. A 513; A 562
Ministerium der Finanzen (MF), Generalfiskalat, vorl. Nr. A 651; A 652

Staatsarchiv Nürnberg (StA Nürnberg)
Abgabe der Regierung von Mittelfranken (Mfr) von 1900, Kammer des Innern (KdI), Nr. 3897; 4088
Abgabe der Regierung von Mittelfranken (Mfr) von 1909, Kammer des Innern (KdI), Nr. 3653
Reichsstadt Nürnberg (Nbg.), Kreistagsakten (KTA), Nr. 326

Staatsarchiv Bamberg (StA Bamberg)
Fränkischer Kreis, Kreisdirektorialgesandtschaft, Nr. 113; 332; 333
Hochstift Bamberg, Geheime Kanzlei, Nr. 815; 876
KDK Bayreuth, Regierung, Landesverfassung (C 7/IIa), Nr. 66
Geheimes Hausarchiv Plassenburg (GHAP), Nr. 1874; 1942; 1945; 2187; 2191; 2787; 2791; 2793; 2902; 2904; 2905; 2906
Geheimes Archiv Bayreuth (GAB), Nr. 53/5
Fränkische Reichsritterschaft, Kanton Gebürg (G 11/I), Nr. 73; 74

Bayerische Staatsbibliothek in München (BSB München)
Handschriftenabteilung, Franconica 2#Beibd.17

Österreichisches Staatsarchiv: Haus-, Hof- und Staatsarchiv Wien (HHStA Wien)
Reichshofkanzlei (RK), Diplomatische Akten 1546 – 1806, Berichte aus Berlin, Fasz.-Nr. 16c; 17a

Reichshofkanzlei (RK), Diplomatische Akten 1546–1806, Berichte aus München, Fasz.-Nr. 20b

Reichshofkanzlei (RK), Diplomatische Akten 1546–1806, Weisungen nach Berlin, Fasz.-Nr. 6

Reichshofkanzlei (RK), Diplomatische Akten 1546–1806, Weisungen nach München, Fasz.-Nr. 11

Reichshofkanzlei (RK), Reichskrieg gegen Frankreich, Fasz.-Nr. 68a; 68b

Reichshofkanzlei (RK), Reichsakten in specie, Fasz.-Nr. 39; 41; 49; 50

Reichshofkanzlei (RK), Vorträge, Fasz.-Nr. 8b; 8c

Reichshofrat (RHR), Relationes, Nr. 147; 148; 153

Mainzer Reichserzkanzler-Archiv (MEA), Militaria, Nr. 127

Mainzer Reichserzkanzler-Archiv (MEA), Reichstagsakten, Nr. 719

Staatskanzlei (SK), Vorträge, Nr. 155; 156; 157; 158

Staatskanzlei (SK), Friedensakten, Nr. 92; 93

Staatskanzlei (SK), Notenwechsel mit der Reichshofkanzlei, Noten an die Reichshofkanzlei, Nr. 10

Staatskanzlei (SK), Notenwechsel mit der Reichshofkanzlei, Noten von der Reichshofkanzlei, Nr. 27

Archives du Ministère des Affaires Etrangères (AMAE Paris)

Correspondance politique (CP), Allemagne – Petites Principautés, Nr. 74

Centre Historique des Archives Nationales (CHAN Paris)

Archives personelles et familiales (AP): Nr. 117/1 (Papiers Treilhard)

Fonds publics postérieurs à 1789, Série AF: Archives du Pouvoir Exécutif 1789–1815 : AF III : Directoire exécutif, Nr. 59 ; 76 ; 296

Hessisches Staatsarchiv Marburg (StA Marburg)

Bestand 4 (Politische Akten nach Philipp d. Gr., 1567–1806), Abt. e (Kaiser, Reichs- und Kreissachen), Nr. 1856; 1857; 1870; 2970; 3373

Bestand 109 (Reichsritterschaft Kanton Rhön-Werra), Nr. 61; 62; 78; 79; 139; 157; 164; 200, Bd. 10; Nr. 272; 291; 311, Bd. 1–5; Nr. 311, Bd. 7–10; Nr. 312, Bd. 1–4; Nr. 313; 314; 318; 319; 320; 321; 322; 428; 471; 520; 521; 559; 568; 619; 621; 695; 751; 828; 855, Bd. 3; Nr. 862; 909; 910; 946; 1116; 1232; 1326; 1699; 1789; 5119; 5151

Hessisches Staatsarchiv Darmstadt (StA Darmstadt)

Bestand E (Alte Aktenabteilungen) 12 (Adel und Standesherren), Nr. 255/13; 257/5; 271/10

Bestand F (Archive ehemals selbständiger Institutionen und Standesherrschaften) 1 (Mittelrheinische Reichsritterschaft), Nr. 31/4; 32/1; 32/2; 32/3; 33/1; 35/3; 189/7

Bestand F (Archive ehemals selbständiger Institutionen und Standesherrschaften) 2 (Oberrheinische Reichsritterschaft), Nr. 7/3; 8/1; 13/21; 17/7; 17/11

Bestand O (Familienarchive und Nachlässe) 1 (Familie v. Dalberg) A (Akten), Nr. 9/13; 9/32; 73/15

Landesarchiv Baden-Württemberg, Abt. Hauptstaatsarchiv Stuttgart (HStA Stuttgart)

Bestand A (Altwürttembergisches Archiv) 12 (Kabinett: König Friedrich), Büschel 98

Bestand A (Altwürttembergisches Archiv) 164 (Adel insgemein), Büschel 48

Bestand B (Neuwürttembergische Herrschaften vor 1803 bzw. 1806–1810) 572 (Schwäbischer Ritterkreis) Au (Augsburger Ablieferung), Büschel 822 III; 1143; 1144; 1146; 1147; 1218 III

Bestand B (Neuwürttembergische Herrschaften vor 1803 bzw. 1806–1810) 573 (Donau, Ritterkanton), Büschel 225

Bestand B (Neuwürttembergische Herrschaften vor 1803 bzw. 1806–1810) 574 (Hegau-Allgäu-Bodensee, Ritterkanton), Büschel 74

Bestand B (Neuwürttembergische Herrschaften vor 1803 bzw. 1806–1810) 574 (Hegau-Allgäu-Bodensee, Ritterkanton) Au (Kanzlei Wangen, Augsburger Ablieferung), Büschel 715; 727; 728

Bestand B (Neuwürttembergische Herrschaften vor 1803 bzw. 1806–1810) 579 (Neckar-Schwarzwald, Ritterkanton: Allgemeines), Büschel 24; 141; 226; 227; 514; 515; 1372; 1755; 1756; 1757

Bestand L (Landständisches Archiv mit Landtagsarchiv) 6 (Materienregistratur), Büschel 583

Landesarchiv Baden-Württemberg, Abt. Staatsarchiv Ludwigsburg (StA Ludwigsburg)

Bestand B (Neuwürttembergische Bestände vor 1803 bzw. 1806/10) 91a (Sonstige weltliche Herrschaften – von Gemmingen-Bonfeld, Familienarchiv), Büschel 4; 5; 6; 7; 11

Bestand B (Neuwürttembergische Bestände vor 1803 bzw. 1806/10) 575 (Kocher, Ritterkanton), II (Ortschaften), Büschel 58; 300; 373; 397; 445

Bestand B (Neuwürttembergische Bestände vor 1803 bzw. 1806/10) 575 (Kocher, Ritterkanton), III (Reichsritterschaft), Büschel 233; 705; 901; 902; 903; 904; 905

Bestand B (Neuwürttembergische Bestände vor 1803 bzw. 1806/10) 575 (Kocher, Ritterkanton), IV (Kaiser und Reich), Büschel 127; 314; 351; 352; 353; 354

Landesarchiv Baden-Württemberg, Abt. Generallandesarchiv Karlsruhe (GLA Karlsruhe)

Bestand 123 (Ritterschaftliche Archive: Hegau), Faszikel 146; 334; 335; 1013; 1022; 1033; 1046; 1222

Bestand 125 (Ritterschaftliche Archive: Kraichgau), Faszikel 3545

Bestand 127 (Ritterschaftliche Archive: Ortenau), Faszikel 193

Bestand N (Nachlässe) Klüber (Johann Ludwig Klüber (1762–1837): Professor der Rechte an der Universität Heidelberg), Faszikel 123; 229; 277; 343; 351

Geheimes Staatsarchiv Preußischer Kulturbesitz in Berlin (GStA PK Berlin)

I. Hauptabteilung, Repositur 8 (Beziehungen zum hohen Adel im Reich: Grafen, Freiherren, Äbten und Äbtissinen), Nr. 156a

I. Hauptabteilung, Repositur 44 B (Ansbach-Bayreuth in preußischer Zeit), Nr. 1; 1a

I. Hauptabteilung, Repositur 94 (Kleine Erwerbungen), IV (Deutsche Staaten außer Preußen), Ac (Bayern: Ansbach und Baireuth. Specialia, besonders Verfassung), Nr. 2; 4; 5; 7; 9a

I. Hauptabteilung, Repositur 96 (Geheimes Zivilkabinett, ältere Periode, Bd. 4: Kabinett Friedrich Wilhelms II.), Nr. 254 A, Vol. I

I. Hauptabteilung, Repositur 67 B (Reichskrieg mit Frankreich), Nr. 122; 123; 129

II. Hauptabteilung, Abteilung 36 (Fränkisches Departement), I (Auswärtige Staaten), Nr. 3; 5; 6; 112; 149; 152; 154; 160; 172; 173; 176; 179; 228; 270; 316; 334a; 340; 364; 373; 391

II. Hauptabteilung, Abteilung 36 (Fränkisches Departement), II (Verträge mit Bayern), Nr. 24

II. Hauptabteilung, Abteilung 36 (Fränkisches Departement), III (Finanzsachen), Nr. 23; 80, 114, 115, 117

II. Hauptabteilung, Abteilung 36 (Fränkisches Departement), IV (Militärsachen), Nr. 22; 118, 123

II. Hauptabteilung, Abteilung 36 (Fränkisches Departement), VI (Bestallungssachen), Nr. 4; 105; 191; 193; 219; 220

II. Hauptabteilung, Abteilung 36 (Fränkisches Departement), XI (Generaldepartement), Nr. 1; 7

VI. Hauptabteilung, Nl (Nachlaß): Hardenberg, Karl August von, D (Reichskrieg mit Frankreich u. Rastadter Friedensunterhandlungen), Nr. 2

VI. Hauptabteilung, Nl (Nachlaß): Schlitz v. Goertz, Nr. 25

1.2 Gedruckte Quellen

Abdruck der Verhandlungen des kurfürstlichen Collegiums, die Brandenburgischen Vorschritte und Neuerungen in Franken betreffend, o.O. o. J. [HHStA Wien, MEA, Reichstagsakten, Nr. 719].

Abdruck eines Allerhöchst Kaiserlichen Requisitionsschreibens an den Ritter Canton Odenwald, d. d. Wien den 23sten Oct. 1784. den Durchmarsch einiger nach den Niederlanden bestimmter Regimenter betreffend, o.O. 1784.

Abdruck Kaiserl. Handschreibens an die Herren Kurfürsten. de dato Wien den 7ten September, 1796, o.O. [Regensburg] o. J. [1797].

Abdruck Nachschreibens zum Kaiserlichen Handschreiben an die Herren Kurfürsten. d. d. Wien, den 7ten September, 1797. Die Königlich Preußischen Brandenburgischen Occupations-Vorschritte in Franken betreffend, o.O. 1797, [GStA PK Berlin, II. HA, Abt. 36, I, Nr. 6, fol. 282–285].

Abdruck Postscripts zum Kaiserlichen Handschreiben de dato Wien den 7ten September 1796, o.O. o. J. [1796].

Actenmäsige Geschichts-Erzählung von der ohnmittelbaren Reichs-Ritterschaft in Franken überhaupt – in specie aber von dem Canton an der Altmühl dann dessen Mitgliedern und Unterthanen seit der Königl. Preußischen Besitzergreifung in den beeden Fürstenthümern Anspach und Bayreuth, durch die unerhörteste Eingriffe und Gewaltthaten besonders jene, die sich neuerlich verschiedene Bayreuthische Aemter erlaubt haben, erlittenen Bedrückungen und Drangsale. Mit Beylagen von Num. 1. bis 70. inclus., o.O. 1796.

Actenmäßiger, concentrirter Bericht von der Fehde zwischen KurPfalzBaiern und Nürnberg, in: Schlözer's Stats-Anzeigen 17/66 (1792), S. 164 – 194.

Actenstücke die von der Königl. Preußischen Regierung in Franken bestrittene Unmittelbarkeit der reichslehenbaren Hofmark Heroldsberg mit ihrem Gebiete betreffend. Ein berichtigender Beitrag zum Staatsarchiv der Königl. Preußischen Fürstenthümer Ansbach und Baireuth in Franken, Bd. 1 – 2, Nürnberg 1797.

Aktenmäßige Nachricht von dem neuerlichen thätlichen Verfahren der Königlich Preußischen Regierungen zu Anspach und Bayreuth und einiger denselben untergeordneten Aemter gegen die Reichsstadt Nürnberg, vorzüglich bey Affigirung der Königlich-Preußischen Regierungs-Antritts-Patente im Nürnbergischen Gebiet, mit Bemerkungen über die Beschaffenheit der dabey bezielten Landeshoheitlichen Ansprüche, Nürnberg 1792, [BayHStA, K. schw., Nr. 14477, fol. 144 – 191].

Allerhöchst-Kaiserliches Conservatorium vom 25. [sic !] Januar 1804, in: *Wolfgang von Stetten*, Die Rechtsstellung der unmittelbaren freien Reichsritterschaft, ihre Mediatisierung und ihre Stellung in den neuen Landen. Dargestellt am fränkischen Kanton Odenwald, o.O. [Schwäbisch Hall] 1973, Anhang, Nr. 3, S. 302 – 306 (= Forschungen aus Württembergisch Franken, Bd. 8).

Allerunterthänigste Vorstellung an Seine Majestät den Kaiser, die der Reichsritterschaft verliehenen Orden betreffend, [1814], in: *Karl Heinrich Freiherr Roth von Schreckenstein*, Geschichte der ehemaligen freien Reichsritterschaft in Schwaben, Franken und am Rheinstrome, nach Quellen bearbeitet, Bd. 2: Vom Jahre 1437 bis zur Aufhebung der Reichsritterschaft, Tübingen 1871, ND Neustadt/Aisch 1998, Einige urkundliche Beilagen, Nr. 8, S. 612 – 613.

Allgemeine Instruktion für alle Aemter des untergebürgischen Fürstenthums wegen künftiger Behandlung ihres Ressorts in Hinsicht auf Policey- Finanz- und Militär-Gewalt, o.O. o. J. [1797], [StA Ludwigsburg, B 575 IV, Bü 353].

An meine Geißel, in: Die Geißel 1 (1797), S. 3 – 6, Bd. 1/1797 des ND, ND Nendeln/ Lichtenstein 1972.

Ansbachische Blätter, Nr. 1 – 34 (1792), ND Nendeln/Lichtenstein 1979.

Antwort eines unpartheyischen Franken auf die Gedanken eines Franken über die den sechs vordern Reichs-Kraißen zugemuthete provisorische Verpflegung des Königlich Preußischen Kriegs-Heeres und hierüber bekannt gewordene offizielle Erklärungen, o.O. 1794.

Archivische Nachricht von dem Adel. Gut Rechenberg an der Roth, im Amt Crailsheim gelegen. Zur Beleuchtung des Berlichingischen Aufsatzes, worinn die Unmittelbarkeit des Guts Rechenberg behauptet wird, in: Staatsarchiv der Königl. Preuß. Fürstenthümer in Franken 3 (1797), S. 433 – 472.

Aretin, Karl Otmar Freiherr von (Hg.): Heiliges Römisches Reich 1776 – 1806. Reichsverfassung und Staatssouveränität, Bd. 2: Ausgewählte Aktenstücke – Biographie – Register, Wiesbaden 1967 (= Veröffentlichungen des Instituts für Europäische Geschichte Mainz, Abt. Universalgeschichte, Bd. 38).

Auch Etwas über die Ursachen des immer mehr einreissenden Holzmangels, in: Neueste Staats-Anzeigen 2 (1797), S. 245 – 250.

Augenblicklich erweisliche, und unmöglich standhaft zu widerlegende, Gründe, daß der Marggrafschaft Burgau Insassen von denen urältesten Zeiten her, keine Landsassen – sondern, nebst ihren Gütern, allezeit Reichs-Unmittelbar gewesen – und noch seyen, o.O. 1781.

Ausführlich- und gründlicher Unterricht von denen der Kron Böhmen über die von Zedtwitz zu Neydberg und Asch, auch deren Gericht Asch, und dazu gehörige Ortschaften unstrittig zustehenden Landsherrlichen Gerechtsamen zu offenbarer Blosstellung des von denen von Zedtwitz, dagegen in ihren bisherigen Druckschriften zum Vorschein gebrachten Ungrunds und Bodenlosen Immedietaets-Gesuchs durch offenen Druck dargeleget, o.O. 1767.

Badische Historische Commission (Hg.), Politische Correspondenz Karl Friedrichs von Baden 1783 – 1806, Bd. 1: 1783 – 1792, Bd. 2: 1792 – 1797, Bd. 4: 1801 – 1804, bearb. von *B. Erdmannsdörffer und Karl Obser*, Heidelberg 1888 – 1896.

Barrentrapp, Konrad (Hg.): Briefe von Pufendorf, in: HZ 70 (1893), S. 1 – 51 u. 193 – 232.

Batz: Entwicklung der Brandenburgischen Hausverträge in Hinsicht auf Theilung und Erbfolge, Stuttgart 1793, in: Staatsarchiv der Königl. Preuß. Fürstenthümer in Franken 1/1 (1797), S. 35 – 132.

Ders.: Entwicklung der Brandenburgischen Hausverträge in Hinsicht auf Theilung und Erbfolge, Stuttgart 1793, in: Teutsche Staatskanzley 32 (1794), S. 140 – 258.

Bayreuther Zeitung:
- Nr. 1 (2. Januar 1797), S. 1 – 8, [StA Marburg, 109, Nr. 312, Bd. 2].
- Nr. 87, Beilage (21. Juli 1795), [BayHStA, K. schw., Nr. 14477, fol. 264 – 267].

Beleuchtung der in einer gedruckten k. k. Gesandtschafts-Note an das kurpfalzbaierische Ministerium in München, vom 6. Dezemb. 1803, enthaltenen angeblichen Beschwerden der Reichsritterschaft, o.O. o.J. [1804], [BayHStA, MA, Nr. 4573].

Beleuchtung des in der Gräflich Pücklarischen Debit-Sache von dem Kaiserlichen Reichshofrathe am 15. Dec. 1796, wider die Ansbachische Regierung erlassenen merkwürdigen Mandats, in: Staatsarchiv der Königl. Preuß. Fürstenthümer in Franken 2 (1797), S. 129 – 216.

[*Belli di Pino, J. A. V. von*]: Historische und politische Denkwürdigkeiten des königlich preußischen Staatsministers Johann Eustach Grafen von Görtz, aus dessen hinterlassenen Papieren entworfen, Bd. 1 – 2, Stuttgart-Tübingen 1827 – 1828.

Bericht der Bayreuther Regierung, Bayreuth, 25. Mai 1792, in: *Holle*, Die Streitigkeiten der Markgrafen von Bayreuth mit der Ritterschaft über die Reichsunmit-

telbarkeit, in: Archiv für Geschichte und Alterthumskunde von Oberfranken 8/2 (1861), S. 55–95, hier: Beilagen, Nr. 2, S. 76–80.
Bericht Hardenbergs an den preußischen König, Bayreuth [...] August 1792, in: *Holle*, ebd., hier: Beilagen, Nr. 3, S. 80–95.
Beschreibung der Reise und des Einzuges Sr. Majestät des Königs Friedrich Wilhelm II. von Preußen etc. etc. in der ehemaligen Fürstlichen Residenzstadt Ansbach: der daselbst auf dem Casernen Damme erichteten achtzig Schuhe hohen Ehrenpforte: nebst einer in Kupfer gestochenen Abbildung dieses prächtigen Gebäues, von einem Brandenburger, Nürnberg-Leipzig 1792.
Beylagen zur neuen Vertheidigung der reichsritterschaftlichen Freyheit und Unmittelbarkeit gegen die neuesten Angriffe der Königlichen Regierungen zu Ansbach und Bayreuth. Von Ziffer I.-XXVI., o.O. o.J. [1803].
Bischoff: Ueber die Endigung der Staatsdienste, in: Staats-Archiv 2/8 (1796), S. 385–439.
BittSchrift des Hrn. Geh. Rats Hillmer in Berlin wegen der Censur: und Beleuchtung derselben, in: Schlözer's Stats-Anzeigen 17/66 (1792), S. 137–144.
Brauer, A. von (Hg.): Tagebuchaufzeichnungen eines Reichsritters aus der Zeit des Reichsdeputationshauptschlusses von 1803, in: Deutsche Revue 32/3 (1907), S. 360–386.
Briefe, in: Politisches Journal nebst Anzeige von gelehrten und andern Sachen 2 (1797), S. 722–737.
Broadley, Alexander Meyrick/Melville, Lewis (Hg.): The Beautiful Lady Craven. The Original Memoirs of Elizabeth Baroness Craven afterwards Margravine of Anspach and Bayreuth and Princess Berkeley of the Holy Roman Empire (1750–1828). Edited with Notes and a Biographical and Historical Introduction containing much unpublished matter, Bd. 1–2, London 1914.
Bruchstüke eines Schreibens die neuesten Angelegenheiten der Reichsritterschaft betreffend, o.O. 1804.
Burgermeister, Johann Stephan (Hg.): Codex Diplomaticus Equestris, Cum Continuatione Oder Reichs-Ritterschafftliches Archiv, Mit der Fortsetzung In Zwey Bänden/Mit 2. behörigen Specificationen und Registern versehen, Bd. 1/1, Ulm 1721.
Catalog sämtlicher Mitglieder des Kantonbezirks Högaw vom Jahre 1752, in: *Franz Werner Ruch*, Die Verfassung des Kantons Hegau-Allgäu-Bodensee der unmittelbaren freien Reichsritterschaft, Diss. jur. Mainz 1955, Anhang, Nr. 8, S. 77–82.
Chrismar, Franz Anton Edler von: Nothwendige Beleuchtung und Nachtrag zu der Staatsgeschichte der Marggrafschaft Burgau welche unlängst Herr Joseph edler von Sartori vormaliger fürstlich ellwangischer Hofrath herausgegeben hat, Augsburg 1788.
Circular des Direktoriums des schwäbischen Ritterkreises an dessen Mitglieder, Ehingen, 21. Dezember 1805, in: *Karl Heinrich Freiherr Roth von Schreckenstein*, Geschichte der ehemaligen freien Reichsritterschaft in Schwaben, Franken und am Rheinstrome, nach Quellen bearbeitet, Bd. 2: Vom Jahre 1437 bis zur Aufhebung

der Reichsritterschaft, Tübingen 1871, ND Neustadt/Aisch 1998, Einige urkundliche Beilagen, Nr. 3, S. 599 – 600.

Dankfest und Gebetsanordnung der Ritterschaft Frankens anläßlich der Befreiung Wiens von den Türken, 1683, in: *Manfred Hanisch*, Zwischen Fürbitte und Obrigkeitsvergottung. Politische Gebete von 1500 – 1918, in: Jb. für fränkische Landesforschung 48 (1988), S. 39 – 161, hier: Anhang, Nr. 34, S. 146 – 147.

Darstellung der Verhältnisse des Kurhauses Pfalzbaiern zu dem schwäbischen Ritterkanton an der Donau, wie dieselben bis zu der Civil-Besitznahme von den Entschädigungs-Ländern würklich bestanden haben, seitdem aber dem - unterm 23sten Jänner c. a. erkannten allerhöchstkaiserlichen Conservatorio zuwider gegenwärtig noch fortbestehen. Mit Anlagen Ziffer 1. bis 9., Nürnberg 1804.

Demel, Walter/Puschner, Uwe (Hg.): Deutsche Geschichte in Quellen und Darstellung, Bd. 6: Von der Französischen Revolution bis zum Wiener Kongreß 1789 – 1815, Stuttgart 2003 (= Reclams Universal-Bibliothek, Bd. 17006).

Denkschrift Hardenbergs »über das Finanz- und Rechnungswesen in den fränkischen Fürstentümern«, Berlin, [24.] März 1799, in: *Hans Haussherr*, Hardenberg. Eine politische Biographie, Bd. 1: 1750 – 1800, Köln 1963, Anhang, S. 240 – 255 (= Kölner Historische Abhandlungen, Bd. 8).

Denkschrift Hardenbergs über die Administration der fränkischen Fürstentümer, Berlin, 10. Januar 1792, in: *Hans Haussherr*, ebd., Anhang, S. 225 – 240.

Denzer, Horst (Hg.): Pufendorf, Samuel, Die Verfassung des deutschen Reiches, Stuttgart 1976 (= Reclams Universal-Bibliothek, Bd. 966).

Der Adel in Wirtemberg. Herzenserleichterung eines Patrioten, in: Staats-Archiv 3/12 (1797), S. 413 – 429.

Der Fränkische Merkur oder Unterhaltungen gemeinnützigen Inhalts für die fränkischen Kreislande und ihre Nachbarn:

- »Nachricht« (1794).
- Nr. 1 (31. März 1794), Sp. 1 – 24.
- Nr. 33 ([12. November] 1794), Sp. 593 – 608.
- Nr. 10 (1795), Sp. 167 – 198.
- Nr. 21 (1795), Sp. 375 – 388.
- Nr. 47 (1795), Sp. 805 – 820.
- Nr. 7 (16. Februar 1796), Sp. 97 – 112.
- Nr. 9 (1. März 1796), Sp. 129 – 144.
- Nr. 16 (19. April 1796), Sp. 255 – 278.
- Nr. 24 (14. Juni 1796), Sp. 407 – 422.
- Nr. 26 (28. Juni 1796), Sp. 439 – 454.
- Nr. 33 (16. August 1796), Sp. 568 – 582.
- Nr. 35 (30. August 1796), Sp. 599 – 614.
- Nr. 37 (13. September 1796), Sp. 631 – 646.
- Nr. 38 (20. September 1796), Sp. 647 – 662.
- Nr. 39 (27. September 1796), Sp. 663 – 678.
- »Ankündigung« von *M. J. Kaspar Bundschuh* (1797)
- Nr. 2 (10. Januar 1797), Sp. 17 – 32.

- Nr. 4 (24. Januar 1797), Sp. 49 - 64.
- Nr. 6 (6. Februar 1797), Sp. 81 - 96.
- Nr. 9 (28. Februar 1797), Sp. 129 - 144.
- Nr. 10 (7. März 1797), Sp. 145 - 160.
- Nr. 16 (18. April 1797), Sp. 273 - 288.
- Nr. 17 (25. April 1797), Sp. 289 - 304.
- Nr. 20 (16. Mai 1797), Sp. 337 - 352.
- Nr. 28 (11. Juli 1797), Sp. 481 - 496.
- Nr. 29 (18. Juli 1797), Sp. 497 - 512.
- Nr. 32 (8. August 1797), Sp. 545 - 560.
- Nr. 41 (10. Oktober 1797), Sp. 687 - 702.
- Nr. 1 (2. Januar 1798), Sp. 1 - 32.
- Nr. 11 (13. März 1798), Sp. 321 - 352.
- Nr. 13 (28. März 1798), Sp. 385 - 414.
- Nr. 25 (19. Juni 1798), Sp. 769 - 800.
- Nr. 27 (3. Juli 1798), Sp. 833 - 864.
- Nr. 28 (10. Juli 1798), Sp. 865 - 896.
- Nr. 29 (17. Juli 1798), Sp. 897 - 926.
- Nr. 30 (24. Juli 1798), Sp. 927 - 956.
- Nr. 32 (7. August 1798), Sp. 989 - 1020.
- Nr. 34 (21. August 1798), Sp. 1053 - 1084.
- Nr. 36 (4. September 1798), Sp. 1117 - 1148.
- Nr. 37 (11. September 1798), Sp. 1149 - 1180.
- Nr. 38 (18. September 1798), Sp. 1181 - 1214.
- Nr. 40 (2. Oktober 1798), Sp. 1237 - 1268.
- Nr. 42 (16. Oktober 1798), Sp. 1301 - 1332.
- Nr. 45 (6. November 1798), Sp. 1397 - 1430.

Der Hegauer Vertrag von 1497, in: *Franz Werner Ruch*, Die Verfassung des Kantons Hegau-Allgäu-Bodensee der unmittelbaren freien Reichsritterschaft, Diss. jur. Mainz 1955, Anhang, Nr. IVa, S. 6 - 15.

Der sog. Konstanzer Vertrag von 1584, in: *Franz Werner Ruch*, ebd., Anhang, Nr. IVd, S. 42 - 60.

Der Vertrags Abschiedt von 1569, in: *Franz Werner Ruch*, ebd., Anhang, Nr. IVc, S. 26 - 41.

Detmold, im Decemb. 1793., in: Schlözer's Stats-Anzeigen 18/72 (1793), S. 559 - 560.

Detmold, 3 Sept. 1793. Fortsetzung von oben, Heft 70, S.166, und Heft 71, S. 350 - 356, in: ebd. 18/72 (1793), S. 465 - 475.

Detmold, 21 Jan. 1793. Gegen oben, Heft 70, S. 166 - 173, in: ebd. 18/71 (1793), S. 350 - 356.

Deutsche Reichs- und Staats-Zeitung:
- Nr. 1 (3. Januar 1797), Sp. 5 - 16.
- Nr. 6 (20. Januar 1797), Sp. 81 - 96.
- Nr. 25 (28. März 1797), Sp. 385 - 400.
- Nr. 26 (31. März 1797), Sp. 401 - 416.

- Nr. 27 (4. April 1797), Sp. 417 – 432.
- Nr. 28 (7. April 1797), Sp. 433 – 448.
- Nr. 32 (21. April 1797), Sp. 497 – 512.
- Nr. 33 (25. April 1797), Sp. 513 – 528.
- Nr. 45 (6. Juni 1797), Sp. 705 – 720.
- Nr. 46 (9. Juni 1797), Sp. 721 – 736.
- Nr. 47 (13. Juni 1797), Sp. 737 – 752.
- Nr. 48 (16. Juni 1797), Sp. 753 – 768.
- Nr. 49 (20. Juni 1797), Sp. 769 – 784.
- Nr. 50 (23. Juni 1797), Sp. 785 – 800.
- Nr. 59 (25. Juli 1797), Sp. 929 – 944.
- Nr. 62 (4. August 1797), Sp. 977 – 992.
- Nr. 15 (19. Februar 1799), Sp. 225 – 240.
- Nr. 16 (22. Februar 1799), Sp. 241 – 256.

Deutsche Staats- und Ministerial-Zeitung:
- Nr. 1 (1. Januar 1796), Sp. 1 – 16.
- Nr. 2 (5. Januar 1796), Sp. 17 – 32.
- Nr. 8 (26. Januar 1796), Sp. 113 – 128.
- Nr. 9 (29. Januar 1796), Sp. 129 – 144.
- Nr. 10 (2. Februar 1796), Sp. 145 – 160.
- Nr. 25 (25. März 1796), Sp. 385 – 400.
- Nr. 26 (29. März 1796), Sp. 401 – 416.
- Nr. 31 (15. April 1796), Sp. 481 – 496.
- Nr. 52 (30. Juni 1797), Sp. 817 – 832.
- Nr. 53 (1. Juli 1796), Sp. 833 – 848.
- Nr. 59 (22. Juli 1796), Sp. 929 – 944.
- Nr. 60 (26. Juli 1796), Sp. 945 – 960.
- Nr. 61 (29. Juli 1796), Sp. 961 – 976.
- Nr. 62 (2. August 1796), Sp. 977 – 992.
- Nr. 63 (5. August 1796), Sp. 993 – 1008.
- Nr. 64 (9. August 1796), Sp. 1009 – 1024.
- Nr. 65 (12. August 1796), Sp. 1025 – 1040.
- Nr. 66 (16. August 1796), Sp. 1041 – 1056.
- Nr. 67 (19. August 1796), Sp. 1057 – 1072.
- Nr. 69 (26. August 1796), Sp. 1089 – 1104.
- Nr. 70 (30. August 1796), Sp. 1105 – 1120.
- Nr. 71 (2. September 1796), Sp. 1121 – 1136.
- Nr. 74 (20. September 1796), Sp. 1169 – 1184.
- Nr. 75 (23. September 1796), Sp. 1185 – 1200.
- Nr. 81 (14. Oktober 1796), Sp. 1281 – 1296.
- Nr. 84 (25. Oktober 1796), Sp. 1329 – 1344.
- Nr. 87 (4. November 1796), Sp. 1377 – 1392.

Die Anweisung vom Jahre 1700. Von Hochlöblicher O.Ö. Regierung und HofCammer an daß Oberambt der Landtgraffschafft Nellenburg abgegangen, in: *Franz Werner*

Ruch, Die Verfassung des Kantons Hegau-Allgäu-Bodensee der unmittelbaren freien Reichsritterschaft, Diss. jur. Mainz 1955, Anhang, Nr. IVe, S. 61 – 71.

Die Beleuchtung aus Bayern mit widerlegenden Anmerkungen, aus der Geschichte und den Rechten der Deutschen. Mit 34 Beylagen, o.O. 1804.

Die Declaration des Hegäuischen Vertrags de Anno 1550, in: *Franz Werner Ruch*, Die Verfassung des Kantons Hegau-Allgäu-Bodensee der unmittelbaren freien Reichsritterschaft, Diss. jur. Mainz 1955, Anhang, Nr. IVb, S. 16 – 25.

Die Memoiren des Karl Heinrich von Lang. Faksimile der Ausgabe 1842 mit einem Nachwort von *Heinrich Mosch*, Bd. 1 – 2, Erlangen 1984 (= Bibliotheca Franconia, Bd. 10).

Die Regenten des Thierreichs, Bd. 4, o.O. 1796.

Die Regenten des Thierreichs. Eine Fabel, Bd. 1, o.O. 1790.

Die Reichs-Unmittelbarkeit der Herrschaften Hinsingen, Lenning, Frey Altroff, Mörchingen, Berendorf, Estroff und Kinger in Lothringen aus öffentlichen Akten und Familien-Urkunden für den Reichsfreyherrn Pleikart Maximilian Augustin von Helmstatt, der unmittelbaren Reichsritterschaft in Schwaben, Orts Greichgau, Mitglied, und Besitzer befragter Herrschaften, zur Befolgung der Friedensschlüsse bewiesen. L'Immédiateté de L'Empire des Seigneuries de Hinsange, Lenning, Frey Altroff, Morhange, Baronville, Estroff, & Kinger en Lorraine démontrée par les actes publics & les Titres de Famille pour M. Pleikart Maximilien Augustin de Helmstatt, libre Baron du saint Empire, membre de la Noblesse immédiate du Cercle de Suabe, Canton de Greichgau, Possesseur des Seigneuries en question[.] En Exécution des Traités de paix, o.O. 1792, [HStA Stuttgart, B 579, Bü 141].

Die Ritterschaft in Buchen. Eine nothwendige Beylage zur Geschichte der Reichsritterschaft, o.O. 1805.

Eingabe der reichsritterschaftlichen Deputierten auf dem Wiener Congresse, Wien, 25. September 1814, in: *Karl Heinrich Freiherr Roth von Schreckenstein*, Geschichte der ehemaligen freien Reichsritterschaft in Schwaben, Franken und am Rheinstrome, nach Quellen bearbeitet, Bd. 2: Vom Jahre 1437 bis zur Aufhebung der Reichsritterschaft, Tübingen 1871, ND Neustadt/Aisch 1998, Einige urkundliche Beilagen, Nr. 6, S. 606 – 607.

Eingabe Ebenderselben an die genannten Minister, Wien, 15. Dezember 1814, in: *Karl Heinrich Freiherr Roth von Schreckenstein*, ebd., Einige urkundliche Beilagen, Nr. 7, S. 607 – 612.

Ein Schreiben aus Berlin, vom 18 [sic] November. Tod des Königs von Preußen, Friedrich Wilhelm des Zweyten, in: Politisches Journal nebst Anzeige von gelehrten und andern Sachen 2 (1797), S. 1196 – 1198.

Eine Szene aus einem Reiche hinter dem Ganges. Nebst einem Kommentar und Anhang, in: Die Geißel 8 (1797), S. 1 – 62, Bd. 2/1797 des ND, ND Nendeln/Lichtenstein 1972.

Einige Akten-Stücke von den bei der Besiznahme der beiden Fürstenthümer Baireuth und Anspach vorgefallenen Differenzien, in: *Friedrich Wilhelm von Brandenstein* (Hg.): Reichs Ritterschaft. Almanach aufs Jahr 1793, Wüstenstein 1793, S. 233 – 249.

Einige Bemerkungen über die Verhältnisse der unmittelbaren Reichsritterschaft, veranlaßt durch das unterm 3. Januar 1803. der allgemeinen Reichsversammlung übergebene Gesuch, um Bestätigung ihrer verfassungsmäßigen Rechte und Freyheiten, o.O. 1803.

Einige vorläufige Bemerkungen über das, von dem Pfalzbayerischen Kurhof als Beyspiel seines Verfahrens gegen die Reichsritterschaft, angezogene Benehmen des Hauses Oesterreich gegen die Burgauischen Insaßen, und die Königlich Preußische Occupationen in Franken, Nürnberg 1804.

Entwicklung der Brandenburgischen Landeshoheit über Thurnau, in: Staatsarchiv der Königl. Preuß. Fürstenthümer in Franken 2 (1797), S. 383 - 450.

Entwicklung der Landeshoheit über das Rittergut Rechenberg von dem Herrn von Berlichingen, in: ebd. 3 (1797), S. 381 - 432.

Erbteilungsrezeß zwischen Karl August von Hardenberg und seinen Geschwistern, Hardenberg, 4. Januar 1782, in: *Peter Gerrit Thielen*, Karl August von Hardenberg 1750 - 1822. Eine Biographie, Köln 1967, Neuhardenberger Nachlaß des Staatskanzlers, II. Dokumente aus dem Nachlaß, Nr. 8, S. 438 - 439.

Erlanger Real-Zeitung:
- Nr. 24 (23. März 1792), [GStA PK Berlin, I. HA, Rep. 44 B, Nr. 1a].

Etwas über die Reitzensteinischen Reichsafterlehen im Fürstenthum Bayreuth, in: Staatsarchiv der Königl. Preuß. Fürstenthümer in Franken 3 (1797), S. 28 - 99.

Ferneres Intercessions-Schreiben An Ihro Maj. die Kayserin und Königin zu Ungarn und Böhmen etc. etc. vom Corpore Evangelicorum für die zur Evangelischen Religion sich bekennende Familie von Zedtwitz zu Asch, sub dato 22. Febr. 1769. abgelassen, Dictatum Regensburg den 11. April 1769., Regensburg o. J. [1769].

Ferneres Pro Memoria der Freiherrn von Zedtwitz an das Corpus Evangelicorum, Elster, 3. November 1768, Dictatum Regensburg den 15. Nov. 1768. per Chur-Sachsen, o.O. o. J. [1768].

Fikenscher, Georg Wolfgang Augustin: Gelehrtes Fürstenthum Baireut oder biographische und literarische Nachrichten von allen Schriftstellern, welche in den Fürstenthum Baireut geboren sind und in oder ausser demselben gelebet haben und noch leben in alphabetischer Ordnung, Bd. 10, Nürnberg 1804.

Formular eines Schreibens im Namen der in Kurpfalzbairischen landeshoheitlichen Besitz genommenen Kanton Donauischen Herren Mitglieder an das hochlöbliche Kurpfalz-bairische General Landes-Commissariat in Ulm, Ehingen, 1. Januar 1806, in: *Karl Heinrich Freiherr Roth von Schreckenstein*, Geschichte der ehemaligen freien Reichsritterschaft in Schwaben, Franken und am Rheinstrome, nach Quellen bearbeitet, Bd. 2: Vom Jahre 1437 bis zur Aufhebung der Reichsritterschaft, Tübingen 1871, ND Neustadt/Aisch 1998, Einige urkundliche Beilagen, Nr. 4, S. 601 - 604.

Fortsetzung von der gewaltsamen Ankündigung des Königl. Preußischen Regierungs-Antritts in den Brandenburgischen Fürstenthümern in Franken, in: Teutsche Staatskanzley 30 (1793), S. 231 - 267.

Fürbitte für die jungen Herren Grafen, welche zu Kriegsdiensten sich befinden, Pappenheim, 2. Juli 1792, in: *Manfred Hanisch*, Zwischen Fürbitte und Obrigkeitsvergottung. Politische Gebete von 1500–1918, in: Jb. für fränkische Landesforschung 48 (1988), S. 39–161, hier: Anhang, Nr. 37, S. 148–149.

Für und wider PreßFreiheit im Preußischen, in: Schlözer's Stats-Anzeigen 18/72 (1793), S. 453–464.

[*Ganz, Johann Friedrich Ferdinand*]: Schreiben eines Nürnbergischen Patriciers an einen Freund in Regensburg über die in dem Würtembergischen Städtchen Wailtingen bey Gelegenheit des Anschlagens der Königlich Preußischen Regierungs-Antritts-Patente vorgefallenen Thätlichkeiten, Nürnberg den 16. März 1792, o.O. o.J. [1792].

Gebet für den König von Preußen und sein Heer während des 1. Koalitionskrieges, 1793, ansbachisch, in: *Manfred Hanisch*, Zwischen Fürbitte und Obrigkeitsvergottung. Politische Gebete von 1500–1918, in: Jb. für fränkische Landesforschung 48 (1988), S. 39–161, hier: Anhang, Nr. 38, S. 149.

Gebetsanordnung anläßlich des Friedensschlusses Preußens mit dem revolutionären Frankreich zu Basel im Anschluß an die »Proclamation wegen des Friedens« (1795), in: *Manfred Hanisch*, ebd., hier: Anhang, Nr. 39, S.150.

Gedanken eines Franken über die den sechs Reichskreisen zugemuthete provisorische Verpflegung des königlich-preußischen Kriegsheeres und hierüber bekannt gewordene officiele Erklärungen, o.O. 1794.

Gemeinschaftliche Beschwerden der Kur Kölln des Hoch und Teutschmeisterthums, der Hochstifter Speier und Strasburg, der gefürsteten Probstey Weissenburg, des Fürstl. Ritterstifts Murbach, auch der niederelsassischen Clerisey und Ritterschaft, in: Teutsche Staatskanzley 29 (1792), S. 269–280.

Georg, Friederich Adam: Monument für meinen Vater. Die Lebensbeschreibung Johann Michael Georgs's weil. Königl. Preußischen Regierungs-Directors in Bayreuth eines der vorzüglichsten Geschäftsmänner unserer Zeit, Erlangen 1797.

Geschichte der Brandenburgischen Familien-Fideicommisse, in: Staatsarchiv der Königl. Preuß. Fürstenthümer in Franken 1/1 (1797), S. 191–209.

Geschichte der Entfernung des Herzoglich-Wirtembergischen Ministers v. Wöllwarth von seinem Amt, in: Staats-Archiv 2/8 (1796), S. 481–505.

Geschichtliche und politische Betrachtungen über den jetzigen Zustand der fränkischen Ritterschaft bey ihrer Unmittelbarkeit unter geistlichen und weltlichen Fürsten und bey ihrem allenfalls wieder eintrettenden Landsassiate. Als Gegenstück der so eben erschienenen Schrift Staatsrechtliche Beleuchtung des wahren Verhältnisses der unmittelbaren Reichsritterschaft zum Fürsten in den Entschädigungslanden, Deutschland 1804.

Gesinnung des Adels in der Grafschaft Lippe-Detmold, über den Beitrag zum KreisContingent in dem gegenwärtigen ReichsKrieg: Decemb. 1792, in: Schlözer's Stats-Anzeigen 18/70 (1793), S. 166–173.

Getreue Darstellung und Beurtheilung der Handlungen der Reichsversammlung bey ihrer unlängst gefährdeten Sicherheit. Im September 1796, in: Staats-Archiv 2/6 (1796), S. 129–151.

Gewaltsame Ankündigung des Königl. Preußischen Regierungs-Antritts in den

Brandenburgischen Fürstenthümern in Franken, in: Teutsche Staatskanzley 29 (1792), S. 305 - 321.

[*Gönner, Nicolaus Thaddäus*]: Staatsrechtliche Verhältnisse der adeligen Gutsbesitzer in den churpfalzbaierischen Entschädigungslanden besonders den fränkischen Fürstenthümern Bamberg und Wirzburg, o.O. 1803.

[*Goess, Georg Friedrich Daniel*]: Beleuchtung der Professor Weberischen Schrift über die Einführung der Wild-Steuer, Nürnberg 1795, [BayHStA, K. schw., Nr. 14507, fol. 7 - 12].

Ders.: Statistik des Fürstenthums Ansbach, Ansbach 1805.

Ders.: Über die wissenschaftliche Kultur der beiden Fränkischen Fürstenthümer Ansbach und Baireuth, in: Jahrbücher der preußischen Monarchie unter der Regierung Friedrich Wilhelms des Dritten 1 (1799), S. 207 - 211 u. S. 417 - 424.

Ders.: Was ist seit der Preußischen Regierung für die Geschichte der Fränkischen Fürstenthümer merkwürdiges geschehen?, in: Jahrbücher der preußischen Monarchie unter der Regierung Friedrich Wilhelms des Dritten 3 (1799), S. 200 - 208.

Gutachten der Bayreuther Regierung, Bayreuth, 15. Mai 1792, in: *Holle*, Die Streitigkeiten der Markgrafen von Bayreuth mit der Ritterschaft über die Reichsunmittelbarkeit, in: Archiv für Geschichte und Alterthumskunde von Oberfranken 8/2 (1861), S. 55 - 95, hier: Beilagen, Nr. 1, S. 62 - 76.

Haas, Josef: Skizze über die dermalige Lage des deutschen Reichs, Mai 1806, in: *Gero Walter*, Der Zusammenbruch des Heiligen Römischen Reichs deutscher Nation und die Problematik seiner Restauration in den Jahren 1814/15, Heidelberg 1980, Anhang, S. 132 - 144 (= Studien und Quellen zur Geschichte des deutschen Verfassungsrechts, Reihe A: Studien, Bd. 12).

[*Häberlin, Karl Friedrich*]: Auch der Sachsen-Hildburghausensche Adel weigerte sich des Beytrags zu den Kosten des Reichskriegs, in: Staats-Archiv 3/10 (1797), S. 121 - 159.

[*Ders.*]: Darf der Ausdruck: unveräusserliche Menschenrechte in Satzschriften bey dem Reichskammergerichte nicht gebraucht werden?, in: Staats-Archiv 3/11 (1797), S. 365 - 368.

Ders.: Handbuch des Teutschen Staatsrechts nach dem System des Herrn Geheimen Justizrath Pütter. Zum gemeinnützigen Gebrauch der gebildetern Stände in Teutschland, mit Rücksicht auf die neuesten merkwürdigsten Ereignisse, Bd. 1, Berlin 1794.

[*Ders.*]: Ungrund eines sich verbreitenden gefährlichen Gerüchts, nebst einigen Bemerkungen, in: Staats-Archiv 3/9 (1797), S. 97 - 101.

Haenlein, Conrad Siegmund Karl/Kretschmann, Theodor Konrad: Vorrede zum ersten Bande des Staatsarchivs, in: Staatsarchiv der Königl. Preuß. Fürstenthümer in Franken 1/1 (1797).

Haenlein, Conrad Siegmund Karl/Lang, Karl Heinrich: [Vorrede], in: Neues Staatsarchiv der Königl. Preuß. Fürstenthümer in Franken 1/1 (1800), S. III-IV.

[*Haller, Karl Ludwig von*]: Geheime Geschichte der Rastadter Friedensverhandlungen in Verbindung mit den Staatshändeln dieser Zeit. Nebst den wichtigsten Urkunden, Bd. 1, Germanien 1799.

Hallo Gustaf: Etwas über einige neuerlich von Kurbrandenburg aufgestellte Maximen, o.O. 1797.

Hallo, Gustav: Etwas über einige neuerlich von Kurbrandenburg aufgestellte Maximen, 1797, in: Staatsarchiv der Königl. Preuß. Fürstenthümer in Franken 3 (1797), S. 146 - 167.

Hamberger, Georg Christoph/Meusel, Johann Georg: Das gelehrte Teutschland oder Lexikon der jetzt lebenden teutschen Schriftsteller, Bd. 1 - 4, 6 - 11, 13 - 14, 16 - 18 Lemgo ^{5}1796 - 1821, ND Hildesheim 1965 - 1966.

Handbuch über den Königlich Preussischen Hof und Staat für das Jahr 1805, Berlin o.O. [1805].

Hartmann, J. (Hg.): Aus den letzten Zeiten der Reichsritterschaft am untern Neckar. Mitteilungen aus der Selbstbiographie des Lic. jur. Friedr. Christ. Mayer (1762 - 1841), in: Mannheimer Geschichtsblätter 1/10 (1900), Sp. 202 - 211.

Haussherr, Hans (Hg.): Die Memoiren des Ritters von Lang, 1764 - 1835, Stuttgart 1957.

Heel, Erichson [= *Ganz, Johann Friedrich Ferdinand*]: Beleuchtung der sogenannten Gedanken eines Franken über die den sechs vordern Reichs-Kreisen zugemuthete provisorische Verpflegung des Königlich-Preusischen [sic] Kriegs-Heeres und hierüber bekannt gewordene officielle Erklärungen; von Einem der deutschen Reichsverfassung kundigen Geschäftsmann, o.O. 1794.

Ders.: Unpartheyische Prüfung des Königlich-Preusischen Verpflegungs-Antrags an die sechs vordern Reichskreise nach den Reichs-Gesezen, nach dem Herkommen und nach ältern Beyspielen, Kiel und Greiphswalde 1794.

Historische, aktenmäßige Darstellung und Entwickelung der seit dem Regierungsantritt Sr. Königlich Preußischen Majestät in den fränkischen Fürstenthümern Ansbach und Bayreuth von den Königl. respektive hochpreislich- und löblichen Regierung und Aemtern in Anspruch genommenen Unmittelbarkeit der, der freyherrlich von Geuder-, und respektive von Geuder-Rabensteinerischen, Familie, zuständigen, freyen Reichshofmarkt [sic] Heroldsberg mit ihrem District 1797. Mit Beylagen von Ziffer 1. bis Ziffer 29. anschlüssig, in: Staatsarchiv der Königl. Preuß. Fürstenthümer in Franken 3 (1797), S. 215 - 368.

Historische und Staatsrechtliche Betrachtungen über die Reichs-Ritterschaft in Franken, Schwaben und am Rhein, Regensburg 1804.

Hochfürstlicher Brandenburg-Onolzbach- und Culmbachischer Genealogischer Calender und Adresse-Buch auf das Jahr 1784, Ansbach 1784.

Hochfürstlicher Brandenburg-Onolzbach- und Culmbachischer Genealogischer Calender und Adresse-Buch auf das Jahr 1789, Ansbach 1789.

Huber, Ernst Rudolf (Hg.): Dokumente zur deutschen Verfassungsgeschichte, Bd. 1: Deutsche Verfassungsdokumente 1803 - 1850, Stuttgart ^{3}1978.

Huergelmer: Das neueste graue Ungeheuer - von einem Deutschen Manne, Straßburg o. J. [1796], [Bayer. Staatsbibliothek München, Gall.rev. 421].

Ders.: Der politische Thierkreis oder die Zeichen unserer Zeit, Straßburg o. J. [1796] u. ^{2}1800.

Hufeld, Ulrich (Hg.): Der Reichsdeputationshauptschluß von 1803. Eine Dokumentation zum Untergang des Alten Reiches, Köln 2003 (= UTB, Bd. 2387).

Huldigungseid der Untertanen zu Duchtlingen, (1749), in: *Wilfried Danner*, Die Reichsritterschaft im Ritterkantonsbezirk Hegau in der zweiten Hälfte des 17. und im 18. Jahrhundert, Diss. phil. Konstanz 1969, in: Hegau 27/28 (1970/71), S. 7-105, hier: Anhang, S. 97.

In wie fern sind Se. Majestät an die Verträge gebunden, welche die Regierungs-Vorfahren der Fränkischen Fürstenthümer mit den Nachbaren geschlossen haben?, in: Staatsarchiv der Königl. Preuß. Fürstenthümer in Franken 1/1 (1797), S. 213-224.

Kaiserl. Handschreiben an die Kurfürsten, die Königl. Preußischen Besitznehmungen in dem Fränkischen Kreise betreffend. Gegeben Wien den 7ten September, 1796, in: Staats-Archiv 3/9 (1797), S. 3-44.

Kaiserlich-privilegierte Hamburgische Neue Zeitung:
- Nr. 113 (15. Juli 1796), [StA Marburg, 4e, Nr. 2970].
- Nr. 114 (16. Juli 1796), [StA Marburg, 4e, Nr. 2970].

Kerner, Johann Georg: Allgemeines positives Staats-Genossenschaftsrecht der unmittelbaren freyen Reichsritterschaft in Schwaben, Franken und am Rhein, Lemgo 1788 (= Staatsrecht der unmittelbaren freyen Reichsritterschaft in Schwaben, Franken und am Rhein, Bd. 2).

Ders.: Allgemeines positives Staats-Landrecht der unmittelbaren freyen Reichsritterschaft in Schwaben, Franken und am Rheine, nebst einer Einleitung in das Staatsrecht der unmittelbaren freyen Reichsritterschaft überhaupt, Lemgo 1786 [(= Staatsrecht der unmittelbaren freyen Reichsritterschaft in Schwaben, Franken und am Rhein, Bd. 1)].

Ders.: Allgemeines positives Staats-Reichs-Recht der unmittelbaren freyen Reichsritterschaft in Schwaben, Franken und am Rhein, Lemgo 1789 (= Staatsrecht der unmittelbaren freyen Reichsritterschaft in Schwaben, Franken und am Rhein, Bd. 3).

Klageschrift der Weiterdinger Untertanen An [sic] das wohllöbliche kaiserliche königliche Oberamt in Stockach, Weiterdingen, 27. August 1789, in: *Wilfried Danner*, Die Reichsritterschaft im Ritterkantonsbezirk Hegau in der zweiten Hälfte des 17. und im 18. Jahrhundert, Diss. phil. Konstanz 1969, in: Hegau 27/28 (1970/71), S. 7-105, hier: Anhang, S. 93-96.

Klüber, Johann Ludwig: Einleitung zu einem neuen Lehrbegriff des teutschen Staatsrechtes, Erlangen 1803.

Ders.: Isagoge in elementa ivris pvblici quo vtvtvntur nobiles immediati in Imperio Rom. Germ., Erlangen 1793.

Königlich-Baierisches Regierungsblatt:
- Nr. 24 (27. Mai 1808), Sp. 1033-1048.
- Nr. 1 (6. Januar 1813), Sp. 5-40.

Königliche Declaration an die gesamte Ritterschaft des Fürstenthums Bayreuth.

Gegeben Berlin, den 10ten August 1801., o.O. o.J. [1801], [BayHStA, MA, Nr. 4567].
Königlich Preußische Erklärung über die Landeshoheits-Irrungen in den Fränkischen Fürstenthümern Ansbach und Bayreuth, o.O. 1796.
Königlich Preußische Erklärung über die Landeshoheits-Irrungen in den Fränkischen Fürstenthümern Ansbach und Bayreuth 1796, in: Staatsarchiv der Königl. Preuß. Fürstenthümer in Franken 1/1 (1797), S. 235 – 240.
Königlich Preussisches Patent, wegen Behandlung der Unterthanen in den fränkischen Fürstenthümern, in: Neueste Staats-Anzeigen 1/3 (1797), S. 83 – 85.
Königlich Preussische Verordnung, die Nichtbefolgung der, wegen der Brandenburgischen Besitznehmungen, ergangenen Reichshofraths-Erkenntnisse betreffend, in: Staats-Archiv 3/10 (1797), S. 221 – 223.
Komitial-Begebenheiten des Jahrs 1789., in: Teutsche Staatskanzley 28 (1792), S. 177 – 205.
Komitial-Begebenheiten des Jahrs 1790. bis zu Kaiser Leopolds II. Regierungsantritt, in: Teutsche Staatskanzley 30 (1793), S. 17 – 47.
Krause, Christian Sigismund (Hg.): Sammlung sämmtlicher Verordnungen für die Königl. Preus. Provinzen in Franken seit ihrer Vereinigung mit dem preussischen Staate, Bd. 1: Verordnungen von 1791 und 1792, Bayreuth 1802.
Kretschmann, Theodor Konrad: Einleitung, in: Hof und Staat. Eine Zeitschrift in zwanglosen Heften 1 (1808), S. 1 – 8.
Ders.: Fortsetzung meiner Dienstjahre in Preußen, in: ebd. 2 (1809), S. 1 – 80.
Ders.: Meine Dienstjahre in Coburg, in: ebd. 3 (1810), S. 1 – 118.
Ders.: Meine Dienstjahre in Preußen, in: ebd. 1 (1808), S. 9 – 415.
Ders.: [Rezension], Etwas über den Satz des deutschen Staatsrechts: Fraisch im Mittelalter und jetzige Landeshoheit sind Synonymen. Geschrieben bey Gelegenheit der Königl. Preussischen Besitzergreifung der fränkischen Fürstenthümer Anspach und Bayreuth, 1792, als eine Nachlese dem Publikum übergeben 1794. Frankfurt und Leipzig 8. S. 36, in: Staatswissenschaftliche und juristische Literatur 4 (1794), S. 263 – 271.
Ders.: [Rezension], Freymüthige Gedanken über die allerwichtigste Angelegenheit Deutschlands. Seinem und andern guten Fürsten desselben ehrerbiethig zur Prüfung und Beherzigung vorgelegt von einem Freunde des Vaterlandes. Germanien 1794. 8. S. 326, in: ebd. 1 (1794), S. 450 – 477.
Ders.: [Rezension], Handbuch des deutschen Staatsrechtes nach dem System des Herrn geheimen Justizrath Pütter. Zum gemeinnützigen Gebrauch der gebildeten Stände in Deutschland mit Rücksicht auf die neuesten merkwürdigen Ereignisse bearbeitet von dem Hofrath und Professor Häberlin zu Helmstädt. Suum cuique. Berlin 1794 bey Friedrich Vieweg den ältern. Vorrede VIII. S. 620, in: ebd. 1 (1794), S. 207 – 227.
Ders.: [Rezension], Vertraute Briefe über das Fürstenthum Bayreuth vor und nach dem Preussischen Regierungsantritte an einen Freund in Schlesien. Berlin und Bayreuth, 1794. Vorrede II. Inhalt und Register, 172 S. Oktav, in: ebd. 1 (1794), S. 393 – 412.

Ders.: Versuch eines Lehrbuchs des positiven Rechts der Deutschen, Bd. 1: Das deutsche Staatsrecht. [Zugl. Versuch eines Lehrbuchs des deutschen Staatsrechts], Bayreuth 1793.

Ders.: Vorbericht, in: Hof und Staat. Eine Zeitschrift in zwanglosen Heften 3 (1810).

Ders.: Vorrede, in: ebd. 2 (1809).

Kretschmann, Theodor Konrad/Völderndorff, Karl Friedrich Wilhelm Freiherr von: Anzeige, in: Staatswissenschaftliche und juristische Literatur 3 (1794).

Dies.: [Vorrede], in: ebd. 1 (1794), S. 1 - 12.

Landesvergleich zwischen dem Königlich-Preußischen Fürstenthum Ansbach und dem Fürstlichen Hause Oettingen-Spielberg, in: Staatsarchiv der Königl. Preuß. Fürstenthümer in Franken 2 (1797), S. 117 - 120.

Landesvergleich zwischen dem Königlich Preußischen Fürstenthum Ansbach und der Fürstlich Hohenlohe-Neuensteinischen Line, in: ebd. 1/1 (1797), S. 231 - 234.

Lang, Karl Heinrich: Annalen des Fürstenthums Ansbach unter der Preußischen Regierung von 1792 bis 1806, Frankfurt-Leipzig 1806.

Ders.: Die behauptete Reichs-Unmittelbarkeit des Freyherrlich von Geuderischen Ritterguts Heroldsberg, in: Staatsarchiv der Königl. Preuß. Fürstenthümer in Franken 3 (1797), S. 113 - 145.

Ders.: Historisch diplomatische Nachricht von denen in der Königlich Preußischen Amtshauptmannschaft Kulmbach befindlichen anmaßlich Fränkischen Reichs-Rittergütern, in: ebd. 3 (1797), S. 473 - 506.

Ders.: Historische Nachricht von den Verhältnissen des Rittergutes Aufseß, in: ebd. 3 (1797), S. 180 - 214.

Ders.: Nachtrag zu der diplomatischen Prüfung der behaupteten Unmittelbarkeit des Rittergutes Heroldsberg, worin die von den Freyherren von Geuder neuerdings übergebene Deduction unpartheyisch beleuchtet wird, in: ebd. 3 (1797), S. 369 - 380.

Ders.: Neuere Geschichte des Fürstenthums Baireuth, Bd. 1: Vom Jahr 1486 bis zum Jahr 1527, Bd. 2: Vom Jahr 1527 bis zum Jahr 1557, Bd. 3: Letzter Theil, welcher die Regierungszeit des Markgrafen Georg Friedrich von 1557. bis 1603. begreift, Göttingen u. Nürnberg 1798 - 1811, ND Neustadt/Aisch 1994.

Ders.: Staatsrechtliche Entwicklung des Landsassiats der Rittergüter: Truppach, Mengersdorf, Obernsees und Windischenlaibach, in: Staatsarchiv der Königl. Preuß. Fürstenthümer in Franken 2 (1797), S. 3 - 45.

Mannheimer Zeitung:

- Nr. 37 (26. März 1792), [GStA PK Berlin, II. HA, Abt. 36, I, Nr. 228, fol. 189 - 190].

[*Mehmel, Gottlieb E.*]: Briefe eines Weltbürgers über die Regierungsveränderung in den Fürstenthümern Anspach und Baireuth, Erlangen o. J. [1792], [Bayer. Staatsbibliothek München, Bavar. 1804 fu].

Meiern, Johann Gottfried von: Acta Pacis Westphalicae Publica oder Westphälische Friedens-Handlungen und Geschichte, Bd. 3: Worinnen enthalten, was vom Monath April, biß zu Ende des Jahrs 1646. zwischen Ihro Römisch-Kayserlichen Majestät, dann den Beyden Cronen Franckreich und Schweden, ingleichen des

Heiligen Römischen Reichs ChurFürsten, Fürsten und Ständen, zu Oßnabrück und Münster gehandelt worden; in einem mit richtigen Urkunden bestärckten Historischen Zusammenhang verfasset und beschrieben, o.O. 1735.

Mémoire sur l'origine des droits et de la constitution de la noblesse immédiate, Nürnberg 1804.

Meyer, Christian (Hg.): Das Lehenbuch des Burggrafen Johann III. von Nürnberg, in: Hohenzollerische Forschungen 3 (1894), S. 401 – 448 u. 4 (1896), S. 209 – 240 u. 5 (1897), S. 27 – 160.

Ders. (Hg.): Personen und Zustände in den Ansbach-Bayreuther Landen im Zeitalter des Napoleonismus (Aufzeichnungen des vormal. Kreisdirektors Freih. von Lüttwitz zu Wassertrüdingen), in: Hohenzollerische Forschungen 3 (1894), S. 233 – 252.

[*Meyer, Heinrich Christian*]: Briefe zur Berichtigung der vertrauten Briefe über das Fürstenthum Baireuth vor und nach dem Preussischen Regierungsantritt. An einen Freund in Schlesien, o.O. [Bayreuth] 1794, [Bayer. Staatsbibliothek München, Bavar. 1827 nhi].

Monarchomachus: Des politischen Thierkreises oder der Zeichen unsrer Zeit zweyter Theil/Neuestes graues Ungeheuer, Mainz bzw. Bagdad 1798, ND Nendeln/Lichtenstein 1972.

Montgelas, Ludwig Graf von (Hg.): Denkwürdigkeiten des bayerischen Staatsministers Maximilian Grafen von Montgelas (1799 – 1817.). Im Auszug aus dem französischen Original übers. von *Max Freiherrn von Freyberg-Eisenberg*, Stuttgart 1887.

[*Moser, Johann Jacob* ?]: Die ältere Geschichte des Gerichtes Asch, dessen ursprünglicher Reichs-Unmittelbarkeit, und, ohnbeschadet derselbigen, nachmaligen Lehens-Auftrags an die Cron Böhmen, o.O. 1767.

Moser, Johann Jacob: Neueste Geschichte der unmittelbaren Reichsritterschafft; unter denen Kaysern Matthia, Ferdinand II. Ferdinand III. Leopold, Joseph I. Carl VI. Carl VII. Franz und Joseph II. mit Betrachtungen darüber, Bd. 1 – 2, Frankfurt-Leipzig 1775 – 1776.

Ders.: Rechtliches Gutachten über die zwischen dem Durchlauchtigsten Erzhause Oesterreich und denen Herrn Innsaßen der Markgrafschaft Burgau obwaltende Streitigkeiten, o.O. [Stuttgart] 1781.

[*Ders.*]: Respectuose und gründliche Beantwortung des Königlich-Böhmischen Unterrichts von denen der Cron Böhmen über die von Zedtwiz zu Neydberg und Asch, auch deren Gericht Asch und darzu gehörige Ortschafften, unstrittig zustehenden Landesherrlichen Gerechtsamen; darinn nochmalen auf die überzeugendste Weise dargethan wird, daß die Cron Böhmen Sich nicht in dem Besiz der Landes-Hoheit über die von Zedtwiz und derselben Lehens-Gerichte Asch, wohl aber die von Zedtwiz und besagtes Gericht sich in altem und ruhigem Besiz der Reichs-Unmittelbarkeit, befinden, o.O. 1767.

Ders.: Von denen Teutschen Reichs-Ständen, der Reichs-Ritterschafft, auch denen übrigen unmittelbaren Reichs-Glidern. Nach denen Reichs-Gesezen und dem Reichs-Herkommen, wie auch aus denen Teutschen Staats-Rechts-Lehrern, und eigener Erfahrung; Mit beygefügten Nachrichten von allen dahin einschlagenden offentlichen und wichtigen neuesten Staats-Geschäfften, sodann denen besten, oder doch neuesten, und ihrer Art einigen, Schriften davon, Frankfurt/M. 1767.

Müller, Konrad (Hg.): Instrumenta Pacis Westphalicae. Die Westfälischen Friedensverträge. Vollständiger lateinischer Text mit Übersetzung der wichtigeren Teile und Regesten, Bern [3]1975 (= Quellen zur Neueren Geschichte, Bd. 12/13).

Nachricht die Oekonomie des Instituts betreffend, in: Staatswissenschaftliche und juristische Literatur 1 (1794).

Nachricht. Von den neuesten Verhandlungen und Vorschritten zwischen den Königlich-Preußischen Fürstenthümern in Franken und dem Teutschen Orden. Ansbach den 7ten Jänner 1797, in: Staatsarchiv der Königl. Preuß. Fürstenthümer in Franken 3 (1797), S. 3–27.

Nachschrift zum kaiserlichen Handschreiben, die königlich Preussischen Besitznehmungen betreffend, vom 23sten September 1796, in: Staats-Archiv 3/10 (1797), S. 197–200.

Neff: Die Reichsritterschaft in Schwaben, Franken und am Rhein von ihrem Entstehen, bis zu ihrer Auflösung, in: Der Rheinische Bund. Eine Zeitschrift historisch-politisch-statistisch-geographischen Inhalts 6/17 (1808), S. 161–183.

Neue Vertheidigung der reichsritterschaftlichen Freyheit und Unmittelbarkeit gegen die neuesten Angriffe der Königlichen Regierungen zu Ansbach und Bayreuth; oder Widerlegung der Königlich Preußischen Staatsschrift, welche unter dem Titel: »Oeffentliche Erklärung wegen der Brandenburgischen Insassen in den Fränkischen Fürstenthümern, (Ansbach und Bayreuth) die sich zur Reichsritterschaft halten. Mit einem Urkundenbuche.« im Julius des Jahres 1796. bekannt geworden ist. Entworfen und zum Drucke vollendet im Jahre 1800, Bd. 1–2, Nürnberg 1803.

Note an den Kaiserl. Königl. Herrn Geheimen Rath und Gesandten am Münchner Hofe, Freyherrn von Buol-Schauenstein von dem Kurpfalzbayerischen Geheimen Staats-und Kabinets-Ministerium, d.d. München, den 17ten Februar 1804, in: *Wolfgang von Stetten*, Die Rechtsstellung der unmittelbaren freien Reichsritterschaft, ihre Mediatisierung und ihre Stellung in den neuen Landen. Dargestellt am fränkischen Kanton Odenwald, o.O. [Schwäbisch Hall] 1973, Anhang, Nr. 7, S. 311 (= Forschungen aus Württembergisch Franken, Bd. 8).

Note zu der Tabelle von der Uebersicht der Unterthanen, Besizzungen und jährlichen Einkünfte, welche seit dem Königl. Preußischen Regierungs-Antritt der Fränkischen Fürstenthümer dem Fürstl. Hochstifte Bamberg gewaltsam entzogen wurden, in: Neueste Staats-Anzeigen 5/3 (1798), S. 334–336.

Nürnberg, 21 Sept. 1793. FinanzWesen, und AemterBesetzung, in: Schlözer's Stats-Anzeigen 18/72 (1793), S. 448–453.

Nürnbergs Lage. Ungewöhnliche Vorschläge darüber, in: Neueste Staats-Anzeigen 1/3 (1797), S. 67–83.

Obser, Karl (Hg.): Aufzeichnungen des Staatskanzlers Fürsten von Hardenberg über seinen Aufenthalt am Oberrhein im Jahre 1772, in: ZGO N.F. 22 (1907), S. 145–167.

Oeffentliche Erklärung wegen der Brandenburgischen Insassen in den Fränkischen Fürstenthümern, welche sich zur Reichs-Ritterschaft halten. Mit einem Urkunden-Buche, o.O. 1796.

Oeffentliche Erklärung wegen der Brandenburgischen Insassen in den Fränkischen Fürstenthümern, welche sich zur Reichs-Ritterschaft halten. Mit einem Urkunden-Buche. 1796, in: Staatsarchiv der Königl. Preuß. Fürstenthümer in Franken 1/1 (1797), S. 328–338.

Patriotische Fragen. Zugabe zu den fränkischen Kreisbeschwerden am Reichstage, o.O. 1797, [Bayer. Staatsbibliothek München, Merc. 31 m].

Prescher, Heinrich: Geschichte und Beschreibung der zum fränkischen Kreise gehörigen Reichsgrafschaft Limpurg worinn zugleich die ältere Kochergau-Geschichte überhaupt erläutert wird, Bd. 1–2, Stuttgart 1789–1790, ND Neustadt/Aisch 2005.

Projektierte Eingabe der Bevollmächtigten der Reichsritterschaft an die Minister Fürsten Metternich und Hardenberg, Grafen Münster und Freiherr vom Stein, Wien, [1. Januar 1815], in: *Karl Heinrich Freiherr Roth von Schreckenstein*, Geschichte der ehemaligen freien Reichsritterschaft in Schwaben, Franken und am Rheinstrome, nach Quellen bearbeitet, Bd. 2: Vom Jahre 1437 bis zur Aufhebung der Reichsritterschaft, Tübingen 1871, ND Neustadt/Aisch 1998, Einige urkundliche Beilagen, Nr. 9, S. 614–617.

Promemoria an des Kaiserlichen Herrn Ministers Freyherrn von Lehrbach Excellenz, nomine conventus circuli suevici in der Burgauischen Innsaßensache de Dato Ulm den 3. Junii 1785., Ulm 1785.

Pro Memoria der Freiherrn von Zedtwitz an das Corpus Evangelicorum, Regensburg, 14. September 1768, Dictatum Regensburg den 17. Sept. 1768. per Chur-Sachsen, o.O. o.J. [1768].

Protokoll der ausserordentlichen Reichsdeputation zu Regensburg, Bd. 2: Sechs und zwanzigste bis fünfzigste und letzte Sitzung, Regensburg 1803.

Protokoll über die Huldigung der Untertanen der freiherrlichen Herrschaft von und zu Bodmann, 13. Juli 1763, in: *Wilfried Danner*, Die Reichsritterschaft im Ritterkantonsbezirk Hegau in der zweiten Hälfte des 17. und im 18. Jahrhundert, Diss. phil. Konstanz 1969, in: Hegau 27/28 (1970/71), S. 7–105, hier: Anhang, S. 96–97.

Puchta, Wolfgang Heinrich: Erinnerungen aus dem Leben und Wirken eines alten Beamten, vornehmlich für Anfänger in der juristischen, besonders Aemter-Praxis, Nördlingen 1842.

Ranke, Leopold von (Hg.): Actenstücke zu den Denkwürdigkeiten des Fürsten von Hardenberg, Leipzig 1877 (= Denkwürdigkeiten des Staatskanzlers Fürsten von Hardenberg, Bd. 5).

Ders. (Hg.): Eigenhändige Memoiren des Staatskanzlers Fürsten von Hardenberg, Bd. 1, Leipzig 1877 (= Denkwürdigkeiten des Staatskanzlers Fürsten von Hardenberg, Bd. 2).

Raumer, Kurt von (Hg.): Hügels Gutachten zur Frage der Niederlegung der deutschen Kaiserkrone (17. Mai 1806), in: Land und Volk – Herrschaft und Staat in der

Geschichte und Geschichtsforschung Bayerns. Karl Alexander von Müller zum 80. Geburtstag. Zugl. ZBLG 27 (1964), S. 390 - 408.

Rebmann, Georg Friedrich: Erklärung, in: Die Geißel 12 (1797), [S. 335 - 336], Bd. 3/ 1797 des ND, ND Nendeln/Lichtenstein 1972.

Ders.: Rebmanns Erklärung in Betreff der Geißel, in: ebd. 3 (1799), S. 335 - 336, Bd. 1/ 1799 des ND, ND Nendeln/Lichtenstein 1972.

[*Rebmann, Johann Christian*]: Der wahre Gesichtspunkt aus welchem die Streitigkeiten über die Landeshoheit in vermischten Ländern in Deutschland zu beurtheilen sind, o.O. 1792.

Recension des Etwas über einige neuerlich von Kurbrandenburg aufgestellte Maximen. Von Gustav Hallo. 46 S. 8. (Ohne Druckort und Verl.), in: Staatsarchiv der Königl. Preuß. Fürstenthümer in Franken 3 (1797), S. 168 - 179.

Rechenschaftsbericht Hardenbergs über »Preussens innere Politik in Ansbach und Bayreuth in den Jahren 1792 - 1797«, Berlin, 10. Juni 1797, in: *Christian Meyer*, Preussens innere Politik in Ansbach und Bayreuth in den Jahren 1792 - 1797. Enthaltend eine Denkschrift des Staatsministers Karl August von Hardenberg, Berlin 1904, ND Vaduz 1965, S. 35 - 210 (= Historische Studien, Bd. 49).

Rechenschaftsbericht Hardenbergs [über »Preussens innere Politik in Ansbach und Bayreuth in den Jahren 1792 - 1797«], Berlin, 10. Juni 1797, in: *Christian Meyer*, Hardenberg und seine Verwaltung der Fürstenthümer Ansbach und Bayreuth, S. 25 - 151, in: Hohenzollerische Forschungen 1 (1892), S. 1 - 159.

Rechte des deutschen Adels, gegründet auf dessen Pflichten, in: Schlözer's Stats-Anzeigen 18/72 (1793), S. 531 - 543.

Rehm [*Heinrich Christoph*]: Adress-Buch für die königlich-preussischen Fürstenthümer Ansbach und Bayreuth. Auf das Schaltjahr 1796, Ansbach [1796].

[Rezension], Der fränkische Merkur, herausgegeben von J. C. Bundschu, 1ter, 2ter und 3ter vierteljähriger Abschnitt, 1794, 4to, in: Staatswissenschaftliche und juristische Literatur 4 (1794), S. 71 - 75.

[Rezension], 1) Deutsche Staatskanzley. Von D. Johann August Reuß, herzogl. würtembergischen Regierungsrath und Lehrer des deutschen Staatsrechts an der Karlshohenschule zu Stuttgardt, XXXII. Theil. Ulm 1794, auf Kosten der Stettmischen Handlung, 8. S. 353. (Preis 45 kr.[)]. 2) Rechtfertigung meiner Entwicklung der brandenburgischen Hausverträge gegen deren Kritik im XXXII. Theil der deutschen Staatskanzley. Frankfurt und Leipzig 1794, 8. S. 71, in: ebd. 4 (1794), S. 433 - 443.

[Rezension], Memoiren über die wichtigsten Staatsmaterien unserer Zeit, von Ioseph von Sartori, kaiserl. wirkl. Rath. Erster Band. Germanien, 1795, 1 Alphabet[,] 5 Bog. in gr. 8, in: ebd. 2 (1795), S. 3 - 19.

[Rezension], Statistisch-geographische Beschreibung der Fürstenthümer Anspach und Bayreuth und des Herzogthums Mecklenburg, von M. Joh. Hein. Jakobi. Berlin in der königl. Kunst und akadem. Buchhandlung 1794, S. 71, in: ebd. 3 (1794), S. 541 - 550.

[Rezension], Ueber eigenmächtige Exemtionen reichsritterschaftlicher Mitglieder, von L. Gr. v. E. * * virtus contraria liti, Franken 1794, 8. S. 112. (Pr 30 kr.), in: ebd. 4 (1794), S. 418 – 421.

[*Riem, Andreas*]: Ankündigung, in: Europens Politische Lage und Staats-Interesse 9/1 (1798), [S. 127 – 128].

[*Ders.*]: Aussichten im Januar 1796, in: ebd. 3 (1796), S. 149 – 154.

[*Ders.*]: Congreß zu Rastadt, in: ebd. 10 (1798), S. 71 – 119.

[*Ders.*]: Die Russen auf dem Boden des deutschen Reichs in: ebd. 12 (1799), S. 83 – 136.

[*Ders.*]: Große Veränderung, welche der Friede zwischen Oesterreich und der großen Republik im europäischen politischen Systeme zur Folge haben muß, in: ebd. 7 (1798), S. 53 – 99.

[*Ders.*]: Kurze Uebersicht der Folgen, welche die Coalition gegen Fankreich hatte, in: ebd. 4 (1797), S. 89 – 101.

[*Ders.*]: Kurze Uebersicht der Folgen, welche die große Coalition für Europa hatte, in: ebd. 5 (1797), S. 21 – 84.

[*Ders.*]: Politische Lage und Staats-Interesse der Republik Holland, oder der sieben vereinigten Provinzen, in: ebd. 7 (1798), S. 3 – 52.

[*Ders.*]: Tripple-Allianz zwischen Oesterreich, Rußland, und Preußen, wodurch Sie sich den Besiz Polens gegen alle fremde Angriffe garantiren, in: ebd. 5 (1797), S. 107 – 117.

[*Ders.*]: Ueber Deutschlands gegenwärtige Lage, in: ebd. 6 (1797), S. 78 – 176.

[*Ders.*]: Ueber die politische Lage, und das Staats-Interesse Preußens, in: ebd. 1 (1795), S. 1 – 127.

[*Ders.*]: Ueber die politische Lage und das Staats-Interesse von Europa, in: ebd. 2 (1796), S. 1 – 172.

[*Ders.*]: Ueber Preußens Politik – seine Verfahrungsart im deutschen Reiche, – die neue Demarkationslinie, und die Erwartungen, durch den bevorstehenden Reichsfrieden, in: ebd. 4 (1797), S. 1 – 89.

[*Ders.*]: Was sollten die Regenten thun, um sich gegen Revolutionen zu sichern?, in: ebd. 9/2 (1798), S. 27 – 98.

[*Ders.*]: Welche Folgen hatten die Kriege dieses Jahrhunderts für die Monarchen von Europa, und welche Folgen müssen nothwendig daraus entstehen, wenn sie fortgesetzt werden sollen?, in: ebd. 9/2 (1798), S. 3 – 26.

[*Ders.*]: Wer ist ein antigermanischer Schriftsteller? An Herrn Archenholz, in: ebd. 8 (1798), S. 43 – 66.

[*Rotenhan, Sigmund Freiherr von*]: Freimüthig-patriotische Beobachtungen und Bemerkungen über die gegenwärtigen öffentlichen Angelegenheiten in Teutschland, Leipzig 1818.

[*Ders.*]: Patriotische Wünsche, Bitten und Vorschläge der hohen Ständeversammlung des Königreichs Baiern[,] den teutschen Adel und der teutschen Nation zur Prüfung und Beherzigung ehrerbietigst übergeben, Nürnberg 1819.

Roth, J. R.: Von dem Grundsatze, nach welchem das Verhältniß unmittelbarer reichsadelicher Einwohner reichsständischer Lande gegen reichsständische Landesherrn zu bemessen ist, Mainz 1784.

Sartori, Joseph Edler von: Staats-Geschichte der Markgrafschaft Burgau in Bezug auf die zwischen dem Erzhause Oesterreich und den Burgauischen Innsaßen obwaltenden Streitigkeiten, Nürnberg 1788.

Scheel, Heinrich (Hg.): Jakobinische Flugschriften aus dem deutschen Süden Ende des 18. Jahrhunderts, Berlin/Ost 1965 (= Deutsche Akademie der Wissenschaften. Schriften des Instituts für Geschichte. Reihe I: Allgemeine und Deutsche Geschichte, Bd. 14).

Schluß des fränkischen Reichskreises die von Seiten der beiden königl. Preuß. Brandenb. Fürstenthümer in Franken gegen die benachbarten Kreismitstände und die eingesessene unmittelbare freie Reichsritterschaft unternommenen gewaltsamen Besizentsezzungen betreffend, errichtet Nürnberg, den 27. Febr. 1797, in: Neueste Staats-Anzeigen 2/4 (1797), S. 471 – 490.

Schluß des Fränkischen Reichskreises die von Seiten der beyden königl. Preuß. Fürstenthümer in Franken gegen die benachbarten Kreismitstände und die eingesessene unmittelbare freye Reichsritterschaft unternommenen gewaltsamen Besitzentsetzungen betreffend, errichtet Nürnberg, den 27. Febr. 1797, [Folio-Ausgabe], o.O. o.J.

Schluß des Fränkischen Reichskreises die von Seiten der beyden königl. Preuß. Fürstenthümer in Franken gegen die benachbarten Kreismitstände und die eingesessene unmittelbare freye Reichsritterschaft unternommenen gewaltsamen Besitzentsetzungen betreffend, errichtet Nürnberg, den 27. Febr. 1797, [Oktav-Ausgabe], o.O. o.J.

Schmidt, Friedrich Christian: Beyträge zum Staats- und Völkerrecht der Deutschen, Bd. 1, Regensburg 1796.

Schornbaum (Hg.): Das Protokoll des Ansbacher Landtages 1524, in: 57. Jahresbericht HV Mfr., Ansbach 1910, S. 98 – 107.

Schreiben des französischen Generallieutenants Franz Wimpfen an den Amtmann der degenfeldischen Herrschaft in Altdorf, Landau, 19. November 1792, in: *Franz Xaver Remling*, Die Rheinpfalz in der Revolutionszeit von 1792 bis 1798. Ein urkundlicher Beitrag zur vaterländischen Geschichte, Bd. 2, [Speyer 1865], ND München [1913], Urkundenbuch, Nr. 20, S. 462 (= Pfälzische Bibliothek, Bd. 9).

Schreiben und Antwort über die in dem Württembergischen Marktfleken Weiltingen aus Gelegenheit der Anheftung der Königlich Preußischen RegierungsAntritts-Patente vorgefallene Thätlichkeiten, o.O. 1792, [GStA PK Berlin, I. HA, Rep. 44 B, Nr. 1a].

Schreiben von Prof. C. G. Heyne an C. F. Weiße, [Göttingen], [Frühjahr 1768], in: *Peter Gerrit Thielen*, Karl August von Hardenberg 1750 – 1822. Eine Biographie, Köln 1967, Neuhardenberger Nachlaß des Staatskanzlers, II. Dokumente aus dem Nachlaß, Nr. 2, S. 432 – 433.

Schriften über die gewaltsame Ankündigung der Königl. Preußischen Besitznehmung in den brandenburgischen Fürstenthümern in Franken, in: Teutsche Staatskanzley 31 (1793), S. 1 – 166.

Schritte des Fränkisch-Ritterschaftlichen Direktorii gegen das Brandenburgische Landeshoheits-System in den Fränkischen Fürstenthümern Ansbach und Bayreuth, in: Staatsarchiv der Königl. Preuß. Fürstenthümer in Franken 3 (1797), S. 100 - 112.

Schuhmann, Günther (Hg.): Ausklang der Markgrafenzeit. Die biographischen Aufzeichnungen des ehemaligen ansbach-bayreuthischen Ministers Carl Freiherrn von Gemmingen, in: Jb. HV Mfr. 85 (1969/70), S. 104 - 136.

Schulze, Hermann (Hg.): Die Hausgesetzte der regierenden deutschen Fürstenhäuser, Bd. 3, Jena 1883.

Sellert, Wolfgang (Hg.): Die Ordnungen des Reichshofrates 1550 - 1766, 2. Halbband bis 1766, Köln 1990 (= Quellen und Forschungen zur höchsten Gerichtsbarkeit im Alten Reich, Bd. 8/II).

Soden, Carl Graf von (Hg.): 97 ungedruckte Briefe des Ministers Freiherrn Karl August von Hardenberg an den Reichsgrafen Julius Heinrich v. Soden 1791 - 1794, in: Jahresbericht HV Mfr. 51 (1904), S. 1 - 44.

Soden, (Friedrich) Julius (Heinrich) Reichsgraf von: Die Franzosen in Franken, im Jahr 1796, Nürnberg 1797.

Staatsrechtliche Beleuchtung des wahren Verhältnisses der unmittelbaren Reichsritterschaft zum Fürsten in den Entschädigungslanden, o.O. 1804.

Staats-Subjections- und Exemtions-Vertrag zwischen Sr. Königl. Majestät von Preußen und der Reichsstadt Nürnberg. Mit Beilage 1786. [sic], in: Staats-Archiv 2/6 (1796), S. 178 - 189.

Stamm-Kuhlmann, Thomas (Hg.): Karl August von Hardenberg 1750 - 1822. Tagebücher und autobiographische Aufzeichnungen, München 2000 (= Deutsche Geschichtsquellen des 19. und 20. Jahrhunderts, Bd. 59).

Statistische Tabellen über die Brandenburgschen Ein- und Umgriffe im fränkischen Kreise, Germanien 1801, [StA Ludwigsburg, B 575 IV, Bü 354].

Strengschwerd, Karl Graf von [= *Glave, Georg Gottfried*]: Kommentar und Beurteilung der Erklärung, welche Se. Majestet der König von Preussen den 2[.] October 1795, dem fränkischen Kreise hat machen lassen, Regensburg 1795.

Testament des Feldmarschalls Christian Ludwig von Hardenberg, Hardenberg, 15. Mai 1776, in: *Peter Gerrit Thielen*, Karl August von Hardenberg 1750 - 1822. Eine Biographie, Köln 1967, Neuhardenberger Nachlaß des Staatskanzlers, II. Dokumente aus dem Nachlaß, Nr. 7, S. 436 - 437.

Trauer-Ordnung für den gesambten ohnmittelbaren Freyen Reichs-Adel am Obern Rhein-Strohm wie Solche durch den allgemeinen Ritter-Convents-Schluß vom 21ten August 1766. einhellig beliebet und vestgesetzet worden, Mainz [1766], [StA Darmstadt, O1 A, Nr. 9/13].

Trauerrede auf des Höchstseligen Königs von Preußen Friedrich Wilhelms II. Majestät, in: Die Geißel 5 (1798), S. 143 - 195, Bd. 2/1798 des ND, ND Nendeln/ Lichtenstein 1972.

Ueber das Betragen der Franzosen an der schwäbisch-fränkischen Gränze, in: Neueste Staats-Anzeigen 1/4 (1797), S. 77 - 103.

Ueber den Gang und die Lage der mit den Nachbarn eingeleiteten Vergleichs-Unterhandlungen, in: Neues Staatsarchiv der Königl. Preuß. Fürstenthümer in Franken 1/1 (1800), S. 65 - 89.

Ueber die Beschwerden der in Frankreich begüterten teutschen Reichsstände wider mehrere Schlüsse der französischen Nationalversammlung, in: Teutsche Staatskanzley 34 (1796), S. 272 – 314.

Ueber die Beschwerden des Reichs gegen die französischen Nationalschlüsse und die öffentlichen Verhandlungen in dieser Sache bis auf die französische Kriegs-Erklärung, in: ebd. 35 (1797), S. 1 – 316.

Ueber die Beschwerden des Reichs gegen die französischen Nationalschlüsse und die öffentlichen Verhandlungen in dieser Sache bis auf die französische Kriegserklärung. (Vorerst nur bis auf den Tod Leopolds II.), in: ebd. 36 (1798), S. 1 – 244.

Ueber die Landsässigkeit der Leonrodischen Besitzungen im Amte Dietenhofen, in: Staatsarchiv der Königl. Preuß. Fürstenthümer in Franken 2 (1797), S. 217 – 246.

Uebersicht der Fortschritte des deutschen Staatsrecht im Jahre 1794, in: Staatswissenschaftliche und juristische Literatur 4 (1794), S. LIV-LXIII.

Unter den Bestand-Theilen der Fürstenthümer Ansbach und Bayreuth ist kein Erbgut, in: Staatsarchiv der Königl. Preuß. Fürstenthümer in Franken 1/1 (1797), S. 209 – 213.

Urkunden-Buch (= Staatsarchiv der Königl. Preuß. Fürstenthümer in Franken 1/2 (1797)).

Verhandlungen des Kurfürstl. Collegiums, die Brandenburgischen Vorschritte und Neuerungen in Franken betreffend, in: Staats-Archiv 3/10 (1797), S. 200 – 221.

Vermischte adeliche Besitzungen in dem Amte Bayreuth, in: Staatsarchiv der Königl. Preuß. Fürstenthümer in Franken 2 (1797), S. 46 – 128.

Vertheidigte Freyheit und Ohnmittelbarkeit der Heil. Röm. Reichs Ritterschaft in Franken, Schwaben und am Rhein, auch ihrer wohlhergebrachten Würde und Gerechtsamen, wider die Hochfürstl. Würtembergische sogenannte Vorlegung der angeblich anwachsenden Irrungen, und daher entstehenden Notdurfft eines Reichs-Regulativs, Bd. 1 – 2, o.O. 1750 – 1752.

Vertrag [sic] des Raths zu Nürnberg an die Bürgerschaft daselbst, über die Frage, ob die Stadt sich der Hoheit des Königs von Preußen, als Markgrafen von Brandenburg, unterwerfen solle?, in: Staats-Archiv 2/6 (1796), S. 173 – 178.

Vertrauliche Eröffnung der Erzherzoglich Oesterreichischen Reichstags-Gesandtschaft an die Comitial-Gesandtschaften der geistlichen Reichsstände, Secularisationen betreffend, in: ebd. 2/7 (1796), S. 358 – 362.

Vertraute Briefe über das Fürstenthum Bayreuth vor und nach dem Preussischen Regierungs-Antritt an einen Freund in Schlesien, Berlin-Bayreuth 1794.

Verzeichnis der hauptsächlichsten dem gräfl. v. d. Leyenschen Hause während der französischen Revolution zugefügten Verluste, in: *Ludwig Eid*, Reichsgräfin Marianne von der Leyen geb. von Dalberg. Leben, Staat, Wirken, hg. v. *Wolfgang Krämer*, Saarbrücken 1937, Anhang, Nr. 5, S. 417 – 424.

Vier ActenStücke, Vorfälle bei der preußischen Besitznehmung von den Markgraftümern Ansbach und Baireut, in: Schlözer's Stats-Anzeigen 17/67 (1792), S. 279 – 289.

Vocke, Johann August: Geburts- und Todten-Almanach Ansbachischer Gelehrten, Schriftsteller, und Künstler; oder: Anzeige jeden Jahrs, Monats und Tags, an welchem Jeder derselben gebohren wurde, und starb, nebst ihrer kurz zusammengedrängten Lebens-Geschichte und dem Verzeichnis ihrer Schriften und Kunstwerke, Bd. 1–2, Augsburg 1796–1797.

Völderndorff, Karl Friedrich Wilhelm Freiherr von: [Rezension], Ueber die Einführung der Wildsteuer von D. G. M. Weber, Professor der Rechte zu Bamberg. Nürnberg bey Grattenauer, 1794.8. 84 S. mit Inhaltsanzeige und 2 Beylagen, in: Staatswissenschaftliche und juristische Literatur 2 (1794), S. 291–317.

Von dem Finanzzustand der Reichsstadt Nürnberg, in: Teutsche Staatskanzley 33 (1795), S. 1–47.

Von dem Kaiserlichen Bücher Regal[,] von dem Kaiserlichen Bücher-Commissariat [,] von dessen Nothwendigkeit und Aufsicht in jede Religion oder Staat berührende Bücher oder Schriften, o.O. 1780.

Von den Beschwerden des Adels im obern Elsaß wider die französ. Nationalschlüsse, in: Teutsche Staatskanzley 29 (1792), S. 289–296.

Von den neuesten Irrungen über das Krais-Direktorium in dem Fränkischen Reichskraise, in: ebd. 30 (1793), S. 268–311.

Von den Streitigkeiten welche die Landeshoheit über die in den Brandenburgischen Fürstenthümern in Franken befindlichen, theils benachbarten Reichsständen, theils andern Gutsbesitzern gehörigen Hintersassen betreffen, in: Staatsarchiv der Königl. Preuß. Fürstenthümer in Franken 1/1 (1797), S. 225–230.

Von der Wiedervereinigung der Brandenburgischen Fürstenthümer in Franken mit der Kurlinie, in: ebd. 1/1 (1797), S. 1–34.

Von der Wiedervereinigung der Brandenburgischen Fürstenthümer in Franken mit der Kurlinie, in: Teutsche Staatskanzley 29 (1792), S. 169–208.

Vorbericht, in: Neueste Staats-Anzeigen 1 (1797), S. V-XVI.

Vorlegung der Beschwerden, welche die Reichsritterschaft durch die französische Revolution, und den hieraus entstandenen Krieg erlitten, und der Ansprüche, welche dieselbe bei den zukünftigen Frieden zu machen hat, o.O. [Ehingen] o.J [1795], [HStA Stuttgart, B 572 Au, Bü 1143].

Vorstellung der Fränkischen Kreis-Versammlung an des Kaisers Majestät, die Königlich Preußischen Besitznehmungen in dem Fränkischen Kreise betreffend, d. d. Nürnberg den 20. Jul. 1796, in: Staats-Archiv 2/7 (1797), S. 328–357.

[Vorwort], in: Die Geißel 1 (1797), Bd. 1/1797 des ND, ND Nendeln/Lichtenstein 1972.

Waechter, Eberhard Freiherr von (Hg.): Ein Württemberger beim Ersten Konsul, in: WVjh 37 (1931), S. 336–339.

Wahlkapitulation des römischen Kaisers Franz des Zweiten vom Jahre 1792, ND Greifswald 1912.

Warum wollte die Reichsstadt Nürnberg sich der Königlich Preußischen Landeshoheit unterwerfen?, in: Staats-Archiv 2/7 (1796), S. 281–310.

Was für Maasregeln hat wohl die Reichsritterschaft in Franken und Schwaben itzt zu ergreifen?, o.O. [Würzburg?] 1802.

Was wird aus der unmittelbaren freien Reichs-Ritterschaft in Schwaben, Franken und am rechten RheinUfer werden, da der dem teutschen Reiche vorgelegte Entschädigungs-Plan derselbigen nicht gedenket? Beantwortet von einem teutschen Professor der vaterländischen Geschichte und Statistik, in: Europäische Annalen 3/9 (1802), S. 196–222.

Weber, Georg Michael: Nachtrag zur Abhandlung über die Einführung der Wildsteuer, Nürnberg 1798.

Ders.: Ueber die Einführung der Wildsteuer, Nürnberg 1794.

Weitere Ausführung Des Im Jahr 1767. herausgekommenen ausführlichen und gründlichen Unterrichtes von der, der Kron Böhmen, über die von Zedwitz zu Neuberg, und Asch, auch deren Gericht Asch, und dazu gehörige Ortschaften, unstrittig zustehenden Landeshoheit, worinne besagter Unterricht gegen Die, in der sogenannten respectuosen Zedwitzischen Beantwortung, fälschlich und ohngründlich gemachten Vorwürfe, aus klaren Urkunden gerechtfertiget wird, o.O. 1772.

Weltrich, Johann Apollonius Peter: Erinnerungen für die Einwohner des ehemaligen Fürstenthums Baireuth aus den Jahren der französischen Occupation von 1806 bis 1810. Ein Beitrag zur Geschichte und Statistik dieses Fürstenthums, Kulmbach 1819.

Ders.: Erinnerungen für die Einwohner des Fürstenthums Baireuth aus den Preussischen Regierungs-Jahren von 1792 bis 1807, Bayreuth 1808.

[*Wessenberg, Ignaz Heinrich von*]: Die Folgen der Säkularisationen, Germanien 1801.

Weyl. des Durchleuchtigisten Fürsten und Herrn, Herrn Ferdinand Carl, Ertz-Hertzogen zu Oesterreich, Hertzogen zu Burgund, Steyr, Kärnten, Crain, und Würtenberg, Fürsten zu Schwaben, Marggrafen des Heil. Römischen Reichs zu Burgau, etc. Gefürsteten Grafen zu Habspurg, Tyrol, Pfyrd, zu Kyburg und Görtz, Landgrafen in Elsäß, Herrn auf der Windischen Marck zu Portenau, und Salins, etc. Christmild. Anged. Den sambtlichen Herren Insässen, und Begüterten in dero Marggrafschafft Burgau, über die in Anno 1587. verglichene Interims-Mittel gegebene Declaration und Erläuterung Auch darauf mit würcklicher Cassation, und Aufhebung, beeder derentwegen eodem Anno veranlaßter compromisslichen Processen allerseits auf eine beständige Transaction, und unwiderrufliche Vertrags-Handlung verbündlich acceptirt, und angenommene Perpetuation. De Dato Ynsprugg, den 3. Aprilis. Anno 1653., o.O. 1717.

Widerlegung der Kurpfalzbayerischen Staatsschriften, welche wider die Freyheit und Unmittelbarkeit der deutschen Reichsritterschaft erschienen sind. Erster Theil, Nürnberg 1804.

[*Wipprecht, Georg Friedrich*]: Etwas über den Satz des deutschen Staatsrechts: Fraisch im Mittelalter und jezige Landeshoheit sind Synonimen. Geschrieben bey Gelegenheit der königlich Preussischen Besitzergreifung der fränkischen Fürstenthümer Anspach und Bayreuth, 1792, als eine Nachlese dem Publikum übergeben, Frankfurt und Leipzig 1794, [Universitätsbibliothek Bayreuth, NS 5953].

Ders.: [Rezension], Iuristische Abhandlungen von Nikolaus Thaddäus Gönner, b. R. D. hochfürstl. bamberg. Hof- und Regierungsrath, ordentl. öffentl. Rechtslehrer und der Iuristenfacultät Beysitzer auf der Universität Bamberg. Erster Theil,

Bamberg, im Verlag bey Vincenz Deberich, 1795, 175 S. in 8, in: Staatswissenschaftliche und juristische Literatur 2 (1795), S. 378–386.
Wirtembergica, in: Neueste Staats-Anzeigen 2/2 (1797), S. 163–218.
Zur Geschichte der deutschen PreßFreiheit, in: Schlözer's Stats-Anzeigen 17/65 (1791), S. 70–83.
Zur Geschichte der neuesten Vorfälle zu Ellingen in Franken, in: Neueste Staats-Anzeigen 2/1 (1797), S. 72–90.
Zur Kenntnis der Reichsstadt Schweinfurt in Franken, und zur Berichtigung der Nachrichten von derselben in den Durchflügen des Herrn von Heß, in: ebd. 2 (1797), S. 511–524.
Zur Nachricht, in: Die Geißel 3 (1798), S. 336, Bd. 1/1798 des ND, ND Nendeln/Lichtenstein 1972.
Zwehl, Hans Karl von (Hg.): Die bayerische Politik im Jahre 1805. Urkunden, mit einer Einführung von *Anton Ritthaler*, München 1964 (= Schriftenreihe zur bayerischen Landesgeschichte, Bd. 64).

2. Hilfsmittel

Braning, Hans/Bliß, Winfried/Petermann, Werner: Übersicht über die Bestände des Geheimen Staatsarchivs in Berlin-Dahlem, Bd. 2: Zentralbehören. Andere Institutionen. Sammlungen, Köln 1967.
Dohrmann, Ulf u. a.: Berliner Archive, hg. v. Landesarchiv Berlin und der Arbeitsgemeinschaft Berliner Archivare, Berlin [4]1992.
dtv-Lexikon, Bd. 12, München 1995.
Liebs, Detlef u. a.: Lateinische Rechtsregeln und Rechtssprichwörter, München [7]2007.
Meyer, Christian (Hg.): Karte des Fränkischen Kreises am Ausgange des 18. Jahrh[.], entworfen und gezeichnet von A. Heyer, in: Hohenzollerische Forschungen 1 (1893).
Neugebauer, Manfred: Die Kreise des Heiligen Römischen Reiches Deutscher Nation. Mit geographisch-historischen Anmerkungen, Wolfenbüttel 2008.
Philippi, Hans: Bestand 109. Reichsritterschaft Kanton Rhön-Werra, Marburg 1979 (= Repertorien des Hessischen Staatsarchivs Marburg).
Schmidt, Heiner: Quellenlexikon zur deutschen Literaturgeschichte. Zugl. dritte Auflage des Quellenlexikons der Interpretationen und Textanalysen, Bd. 25, Duisburg 2000.
Spindler, Max/Diepolder, Gertrud (Hg.): Bayerischer Geschichtsatlas, München 1969.
Winter, Otto Friedrich/Santifaller, Leo/Wohlgemuth-Kotasek, Edith (Hg.): Repertorium der diplomatischen Vertreter aller Länder, Bd. 3: 1764–1815, Graz 1965.
Zedler, Johann Heinrich (Hg.): Grosses vollständiges Universal-Lexicon aller Wissenschaften und Künste, welche bishero durch menschlichen Verstand und Witz erfunden und verbessert worden, Bd. 2, 21 u. 48, Halle-Leipzig 1732–1746.

3. Literatur

Adam, Christine: Politische Zeitbezüge in Riems Publizistik, in: *Karl H. L. Welker* (Hg.), Andreas Riem. Ein Europäer aus der Pfalz, Stuttgart 1999, S. 197 - 206 (= Schriften der Siebenpfeiffer-Stiftung, Bd. 6).

Ahlgrimm, Carl: Rückführung der Bestände des Geheimen Staatsarchivs nach Berlin, in: Der Archivar 48 (1995), Sp. 251 - 258.

Alberti, Karl: Beiträge zur Geschichte der Stadt Asch und des Ascher Bezirkes, Bd. 2: Vom Dreißigjährigen Krieg bis ins 18. Jahrhundert, Bd. 3: Vom 18. zum 19. Jahrhundert, Asch 1935 - 1937 (= Aus unserer Ascher Heimat, Bd. 5).

Albrecht, Wolfgang: Blicke hinter die Fassade städtischen Lebens. Rebmanns »Kosmopolitische Wanderungen durch einen Teil Deutschlands«, in: *Elmar Wadle/Gerhard Sauder* (Hg.), Georg Friedrich Rebmann (1764 - 1824) - Autor, Jakobiner, Richter, Sigmaringen 1997, S. 123 - 132 (= Schriften der Siebenpfeiffer-Stiftung, Bd. 4).

Althoff, Gerd: Das Grundvokabular der Rituale. Knien, Küssen, Thronen, Schwören, in: *Barbara Stollberg-Rilinger* u. a. (Hg.), Spektakel der Macht. Rituale im Alten Europa 800 - 1800, Katalog, Darmstadt 2008, S. 149 - 154.

Althoff, Gerd/Stollberg-Rilinger, Barbara: Spektakel der Macht? Einleitung, in: *Barbara Stollberg-Rilinger* u. a. (Hg.), ebd., S. 15 - 19.

Alvermann, Dirk: »Eine schöne Stunde hat dem Vaterlande geschlagen« - 1806 in der Wahrnehmung der Greifswalder Professoren, in: *Michael North/Robert Riemer* (Hg.), Das Ende des Alten Reiches im Ostseeraum. Wahrnehmungen und Transformationen, Köln 2008, S. 206 - 220.

Ammerer, Gerhard: »... dem müssigen Vaganten Leben zugethann« - Betrachtungen zur nichtsesshaften Bevölkerung, in: *Stephan Wendehorst/Siegrid Westphal* (Hg.), Lesebuch Altes Reich, München 2006, S. 168 - 175 (= bibliothek altes Reich, Bd. 1).

Andermann, Kurt: Adlige Landwirtschaft in der frühen Neuzeit - Zur Bedeutung des Eigenbaus beim ritterschaftlichen Adel, in: *Sönke Lorenz/Kurt Andermann* (Hg.), Zwischen Stagnation und Innovation. Landsässiger Adel und Reichsritterschaft im 17. und 18. Jahrhundert. Drittes Symposion »Adel, Ritter, Ritterschaft vom Hochmittelalter bis zum modernen Verfassungsstaat« (20./21. Mai 2004, Schloß Weitenburg), Ostfildern 2005, S. 57 - 71 (= Schriften zur südwestdeutschen Landeskunde, Bd. 56).

Ders.: Reichsritterschaft, in: Lexikon des Mittelalters, Bd. 7, München-Zürich 1995, Sp. 636 - 637.

Ders.: Ritterkantone, in: ebd., Bd. 7, München-Zürich 1995, Sp. 877 - 878.

Ders.: Ritterschaft und Konfession - Beobachtungen zu einem alten Thema, in: *Ders./Sönke Lorenz* (Hg.), Zwischen Stagnation und Innovation. Landsässiger Adel und Reichsritterschaft im 17. und 18. Jahrhundert. Drittes Symposion »Adel, Ritter, Ritterschaft vom Hochmittelalter bis zum modernen Verfassungsstaat« (20./

21. Mai 2004, Schloß Weitenburg), Ostfildern 2005, S. 93 - 104 (= Schriften zur südwestdeutschen Landeskunde, Bd. 56).

Andrian-Werburg, Klaus Freiherr von: Kretschmann, Theodor v., in: NDB, Bd. 13, Berlin 1982, S. 12 - 13.

Ders.: Markgraf Albrecht Achilles von Brandenburg-Ansbach und das Kaiserliche Landgericht Burggraftums Nürnberg, in: Jb. für fränkische Landesforschung 60 (2000), S. 56 - 66.

Ders.: Theodor Konrad v. Kretschmann, in: *Gerhard Pfeiffer/Alfred Wendehorst* (Hg.), Fränkische Lebensbilder. Neue Folge der Lebensläufe aus Franken, Bd. 8, Neustadt/Aisch 1978, S. 192 - 213 (= Veröffentlichungen der Gesellschaft für Fränkische Geschichte, Reihe VII A, Bd. 8).

Aretin, Karl Otmar Freiherr von: Das Alte Reich 1648 - 1806, Bd. 1: Föderalistische oder hierarchische Ordnung (1648 - 1684), Bd. 2: Kaisertradition und österreichische Großmachtpolitik (1684 - 1745), Bd. 3: Das Reich und der österreichisch-preußische Dualismus (1745 - 1806), Stuttgart [1-2]1997.

Ders.: Heiliges Römisches Reich 1776 - 1806. Reichsverfassung und Staatssouveränität, Bd. 1: Darstellung, Wiesbaden 1967 (= Veröffentlichungen des Instituts für Europäische Geschichte Mainz, Abt. Universalgeschichte, Bd. 38).

Ders.: Ompteda, v.: 1) Dietrich Heinrich Ludwig, in: NDB, Bd. 19, Berlin 1999, S. 535.

Arndt, Erwin: Vom markgräflichen Patrimonialstaat zum großherzoglichen Verfassungsstaat Baden. Ein Beitrag zur Verfassungsgeschichte Badens zu Beginn des 19. Jahrhunderts mit Berücksichtigung der Verhältnisse in Bayern und Württemberg, in: ZGO N.F. 62 (1953), S. 157 - 264 u. 436 - 531.

Asch, Ronald G.: Europäischer Adel in der Frühen Neuzeit. Eine Einführung, Köln 2008 (= UTB, Bd. 3086).

Ders.: Ständische Stellung und Selbstverständnis des Adels im 17. und 18. Jahrhundert, in: *Ders.* (Hg.), Der europäische Adel im Ancien Régime. Von der Krise der ständischen Monarchien bis zur Revolution (ca. 1600 - 1789), Köln 2001, S. 3 - 45.

Asche, Marta: Häberlin, Karl Friedrich, in: NDB, Bd. 7, Berlin 1966, S. 420 - 421.

Aufseß, Otto Freiherr von und zu: Geschichte des uradelichen Aufseß'schen Geschlechtes in Franken. Nach den Quellen bearbeitet, Berlin 1888.

Bader, Karl Siegfried: Der deutsche Südwesten in seiner territorialstaatlichen Entwicklung, Stuttgart 1949, ND Sigmaringen 1978.

Ders.: Reichsadel und Reichsstädte in Schwaben am Ende des alten Reiches, in: *Heinrich Büttner/Otto Feger/Bruno Meyer* (Hg.), Aus Verfassungs- und Landesgeschichte, Bd. 1: Zur Allgemeinen und Verfassungsgeschichte. FS zum 70. Geburtstag von Theodor Mayer, dargebracht von seinen Freunden und Schülern, Sigmaringen 1954, ND Sigmaringen 1973, S. 247 - 263.

Ders.: Zur Lage und Haltung des schwäbischen Adels am Ende des alten Reiches, in: *Ders.*, Schriften zur Rechtsgeschichte, hg. v. *Clausdieter Schott*, Sigmaringen 1984, S. 518 - 572 (= Ausgewählte Schriften zur Rechts- und Landesgeschichte, Bd. 1).

Bächle, Hans-Wolfgang: Das Adelsgeschlecht der Woellwarth, Schwäbisch Gmünd 2010.

Bailleu, Paul: Goertz: Johann Eustach, Graf von Schlitz, genannt G., in: ADB, Bd. 9, Leipzig 1879, S. 393–395.

Barclay, David. E.: Friedrich Wilhelm II. (1786–1797), in: *Frank-Lothar Kroll* (Hg.), Preußens Herrscher. Von den ersten Hohenzollern bis Wilhelm II., München 2006, S. 179–196.

Bauer, Franz: Das Schulwesen im Hochstift Bamberg, in: *Renate Baumgärtel-Fleischmann* (Hg.), Franz Ludwig von Erthal. Fürstbischof von Bamberg und Würzburg 1779–1795, Bamberg 1995, S. 205–213.

Bayer, Adolf: Lang, Karl Heinrich, Ritter von, in: *Anton Chroust* (Hg.), Lebensläufe aus Franken, Bd. 3, Würzburg 1927, Nr. 31, S. 329–351.

Ders.: Vorwort, in: Karl Heinrich Ritter von Lang, Geschichte des Fürstentums Ansbach-Bayreuth, neu hg. v. *Adolf Bayer*, Bd. 1: 1486–1557, Ansbach ^{2}1911, S. V-XI.

Becker, Otto H.: Die hohenzollerischen Fürstentümer und die Mediatisierung der freien Reichsritterschaft in Schwaben 1805/06. Beobachtungen zur Rechts- und Verfassunsgeschichte ritterschaftlicher Herrschaften, in: Zeitschrift für Hohenzollerische Geschichte 102 (1979), S. 137–154.

Becker, Katharina: Andreas Riem als Theologe, in: *Karl H. L. Welker* (Hg.), Andreas Riem. Ein Europäer aus der Pfalz, Stuttgart 1999, S. 61–77 (= Schriften der Siebenpfeiffer-Stiftung, Bd. 6).

Berger, Bruno/Crowhurst, Griseldis: Albrecht, Johann Friedrich Ernst (Pseud. J. F. A. Stade), in: Deutsches Literatur-Lexikon, Bd. 1, Bern ^{3}1968, Sp. 60–61.

Berghaus, Heinrich: Deütschland vor hundert Jahren. Geschichte der Gebiets-Eintheilung und der politischen Verfassung des Vaterlandes, Bd. 2, Leipzig 1860.

Bernath, Mathias: Die auswärtige Politik Nassaus 1805–1812. Ein Beitrag zur Geschichte des Rheinbundes und der politischen Ideen am Mittelrhein zur Zeit Napoleons, in: Nassauische Annalen 63 (1952), S. 106–191.

Berner, Herbert: Die Aufhebung des reichsritterschaftlichen Kantons Hegau-Radolfzell, in: *Heinrich Büttner/Otto Feger/Bruno Meyer* (Hg.), Aus Verfassungs- und Landesgeschichte, Bd. 2: Geschichtliche Landesforschung, Wirtschaftsgeschichte, Hilfswissenschaften. FS zum 70. Geburtstag von Theodor Mayer, dargebracht von seinen Freunden und Schülern, Sigmaringen 1955, ND Sigmaringen 1973, S. 203–227.

Bibra, Wilhelm Freiherr von: Beiträge zur Familien-Geschichte der Reichsfreiherrn von Bibra. Auf Grund urkundlicher Nachrichten, Bd. 3/1, München 1888.

Bieberstein, Johannes Rogalla von: Adelsherrschaft und Adelskultur in Deutschland, Frankfurt/M. 1989.

Bigler, Ingrid: Lang, Karl (Heinrich) Ritter von (seit 1808), in: Deutsches Literatur-Lexikon, Bd. 9, Bern ^{3}1984, Sp. 876–877.

Dies.: Riem, Andreas, in: ebd., Bd. 12, Bern ^{3}1990, Sp. 1223–1224.

Bihl: Die fürstliche Herrschaft Hohenlohe-Kirchberg bis zu ihrer Mediatisierung, in: WVjh 7 (1884), S. 71–76, 149–157 u. 289–297.

Biro, Sydney Seymour: The German Policy of Revolutionary France. A Study in

French Diplomacy during the War of the first Coalition 1792 - 1797, Bd. 1 - 2, Cambridge/Massachusetts 1957.

Birtsch, Günter: Freiheit und Eigentum. Zur Erörterung von Verfassungsfragen in der deutschen Publizistik im Zeichen der Französischen Revolution, in: *Rudolf Vierhaus* (Hg.), Eigentum und Verfassung, Göttingen 1972, S. 179 - 192 (= Veröffentlichungen des Max-Planck-Instituts für Geschichte, Bd. 37).

Blanning, Tim C. W.: Das Alte Europa 1660 - 1789. Kultur der Macht und Macht der Kultur, Darmstadt 2006.

Blickle, Peter/Schmauder, Andreas: Vorwort, in: *Dies.* (Hg.), Die Mediatisierung der oberschwäbischen Reichsstädte im europäischen Kontext, Epfendorf 2003, S. 7 - 8 (= Oberschwaben - Geschichte und Kultur, Bd. 11).

Blisch, Bernd: Friedrich Carl Joseph von Erthal (1774 - 1802). Erzbischof - Kurfürst - Erzkanzler. Studien zur Kurmainzer Politik am Ausgang des Alten Reiches, Frankfurt/M. 2005 (= Mainzer Studien zur Neueren Geschichte, Bd. 16).

Blumenreiter, Heike: Vom »Weißen Pferd« zur »Marktstraße 7«. Zur Einführung der Hausnumerierung in der Düsseldorfer Altstadt im 19. Jahrhundert, in: *Clemens von Looz-Corswarem* (Hg.), Die Düsseldorfer Polizeiordnung von 1858. Die alten und neuen Hausnummern. Mit einer Einführung in die Entstehung der Hausnumerierung im ausgehenden 18. und beginnenden 19. Jahrhundert, Düsseldorf 2005, S. 11 - 35 (= Veröffentlichungen aus dem Stadtarchiv Düsseldorf, Bd. 12).

Böning, Holger: Von der »unpartheyischen« Berichterstattung zum Meinungsjournalismus - Der pressegeschichtliche Umbruch nach dem Ende des Alten Reiches, in: *Michael North/Robert Riemer* (Hg.), Das Ende des Alten Reiches im Ostseeraum. Wahrnehmungen und Transformationen, Köln 2008, S. 221 - 237.

Bourrée, Katrin: Rituale und Konflikte in der Vormoderne. Instrumente des »sozialen Friedens« und Bedrohungen der gesellschaftlichen Ordnung, in: *Barbara Stollberg-Rilinger* u. a. (Hg.), Spektakel der Macht. Rituale im Alten Europa 800 - 1800, Katalog, Darmstadt 2008, S. 57 - 61.

Brandt, Otto: Staat und Kultur der fränkischen Markgrafschaften im Zeitalter Friedrichs des Großen, in: ZBLG 4 (1931), S. 417 - 438.

Braubach, Max: Maria Theresias jüngster Sohn. Max Franz. Letzter Kurfürst von Köln und Fürstbischof von Münster, Wien 1961.

Braun, Bettina: Das Reich blieb nicht stumm und kalt. Der Untergang des Alten Reiches in der Sicht der Zeitgenossen, in: *Christine Roll/Matthias Schnettger* (Hg.), Epochenjahr 1806? Das Ende des Alten Reichs in zeitgenössischen Perspektiven und Deutungen, Mainz 2008, S. 7 - 29 (= Veröffentlichungen des Instituts für Europäische Geschichte Mainz, Abt. Universalgeschichte, Beiheft 76).

Braun, Rudolf: Konzeptionelle Bemerkungen zum Obenbleiben: Adel im 19. Jahrhundert, in: *Hans-Ulrich Wehler* (Hg.), Europäischer Adel, Göttingen 1990, S. 87 - 95 (= Geschichte und Gesellschaft, Sonderheft 13).

Bregnsbo, Michael: Die Einverleibung Holsteins im Jahre 1806 und die dänische Reaktion auf die Auflösung des Alten Reiches, in: *Michael North/Robert Riemer* (Hg.), Das Ende des Alten Reiches im Ostseeraum. Wahrnehmungen und Transformationen, Köln 2008, S. 116 - 125.

Brenneke, Adolf: Archivkunde. Ein Beitrag zur Theorie und Geschichte des europäischen Archivwesens, bearbeitet nach Vorlesungsnachschriften und Nachlaßpapieren und ergänzt von *Wolfgang Leesch*, Leipzig 1953, ND München 1988.

Bringmann, Wilhelm: Preußen unter Friedrich Wilhelm II. (1786 – 1997), Frankfurt/M. 2001.

Brümmer, Franz: Rebmann: Johann Andreas Georg Friedrich v. R., in: ADB, Bd. 27, Leipzig 1888, S. 483 – 485.

Brunel-Geuder, Eberhard: Heroldsberg. Geschichte einer Marktgemeinde, hg. v. der Marktgemeinde Heroldsberg, Nürnberg 1990.

Brunssen, Frank: »Jedem das Seine« – zur Aufarbeitung des lexikalischen NS-Erbes, in: APuZ 8 (2010), S. 14 – 20.

Büsch, Otto: Militärsystem und Sozialleben im Alten Preußen 1713 – 1807. Die Anfänge der sozialen Militarisierung der preußisch-deutschen Gesellschaft. Mit einer Einführung von *Hans Herzfeld*, Berlin 1962 (= Veröffentlichungen der Berliner Historischen Kommission beim Friedrich-Meinecke-Institut der Freien Universität Berlin, Bd. 7).

Ders.: Militärsystem und Sozialleben im alten Preußen 1713 – 1807. Die Anfänge der sozialen Militarisierung der preußisch-deutschen Gesellschaft, Frankfurt/M. ^{2}1981 (= Ulstein Materialien, Ulstein Buch, Bd. 35082).

Burgdorf, Wolfgang: Andreas Riems Kritik am Heiligen Römischen Reich Deutscher Nation, in: *Karl H. L. Welker* (Hg.), Andreas Riem. Ein Europäer aus der Pfalz, Stuttgart 1999, S. 171 – 196 (= Schriften der Siebenpfeiffer-Stiftung, Bd. 6).

Ders.: Das Vahlkampfsche Schweigen – Oder wie die Deutschen 1806 das Entgleisen ihrer Geschichte kommentierten, in: *Michael North/Robert Riemer* (Hg.), Das Ende des Alten Reiches im Ostseeraum. Wahrnehmungen und Transformationen, Köln 2008, S. 172 – 205.

Ders.: Der »sang- und klanglose« Untergang des Alten Reiches im August 1806, in: GWU 10 (2006), S. 564 – 573.

Ders.: Die reichsrechtliche Peregrinatio academica im 18. Jahrhundert, in: *Anette Baumann* u. a. (Hg.), Reichspersonal. Funktionsträger für Kaiser und Reich, Köln 2003, S. 21 – 57 (= Quellen und Forschungen zur höchsten Gerichtsbarkeit im Alten Reich, Bd. 46).

Ders.: Ein Weltbild verliert seine Welt. Der Untergang des Alten Reiches und die Generation 1806, München 2006 u. ^{2}2009 (= bibliothek altes Reich, Bd. 2).

Ders.: Finis Imperii – das Alte Reich am Ende. Ergebnis langfristiger Entwicklungen, in: *Stephan Wendehorst/Siegrid Westphal* (Hg.), Lesebuch Altes Reich, München 2006, S. 13 – 20 (= bibliothek altes Reich, Bd. 1).

Ders.: Reichskonstitution und Nation. Verfassungsprojekte für das Heilige Römische Reich Deutscher Nation im politischen Schrifttum von 1648 bis 1806, Mainz 1998 (= Veröffentlichungen des Instituts für Europäische Geschichte Mainz, Abt. Universalgeschichte, Bd. 173. Zugl. Beiträge zur Sozial- und Verfassungsgeschichte des Alten Reiches, Bd. 13).

Ders.: Wendepunkt deutscher Geschichte. Das Reichsende und seine Wahrnehmung durch Zeitgenossen, in: *Heinz Schilling/Werner Heun/Jutta Götzmann* (Hg.),

Heiliges Römisches Reich Deutscher Nation 962 bis 1806. 29. Ausstellung des Europarates in Berlin und Magdeburg, Essays, Dresden 2006, S. 17 - 30.

Burkhardt, Johannes u. a.: Brauchen wir eine neue deutsche Meistererzählung? Perspektiven aus der Frühen Neuzeit, in: *Martin Jehne* u. a. (Hg.), Ungleichheiten. 47. Deutscher Historikertag in Dresden 2008, Berichtband, Göttingen 2009, S. 58 - 66.

Ders.: Das größte Friedenswerk der Neuzeit. Der Westfälische Frieden in neuer Perspektive, in: GWU 10 (1998), S. 592 - 612.

Ders.: Europäischer Nachzügler oder institutioneller Vorreiter? Plädoyer für einen neuen Entwicklungsdiskurs zur konstruktiven Staatlichkeit des frühmodernen Reiches, in: *Matthias Schnettger* (Hg.), Imperium Romanum - Irregulare Corpus - Teutscher Reichs-Staat. Das Alte Reich im Verständnis der Zeitgenossen und der Historiographie, Mainz 2002, S. 297 - 316 (= Veröffentlichungen des Instituts für Europäische Geschichte Mainz, Abt. Universalgeschichte, Beiheft 57).

Ders.: Über das Recht der Frühen Neuzeit, politisch interessant zu sein. Eine Antwort an Martin Tabaczek und Paul Münch, in: GWU 12 (1999), S. 748 - 756.

Ders.: Vorparlamentarische Formen im Heiligen Römischen Reich?, in: *Peter Claus Hartmann/Florian Schuller* (Hg.), Das Heilige Römische Reich und sein Ende 1806. Zäsur in der deutschen und europäischen Geschichte, Regensburg 2006, S. 23 - 37.

Burkhart, Dagmar: Eine Geschichte der Ehre, Darmstadt 2006.

Carl, Horst: Der lange Weg zur Reichsritterschaft - Adelige Einungspolitik am Neckar und Schwarzwald vom 14. bis zum 16. Jahrhundert, in: *Sönke Lorenz/Ders.* (Hg.), Gelungene Anpassung? Adelige Antworten auf gesellschaftliche Wandlungsvorgänge vom 14. bis zum 16. Jahrhundert. Zweites Symposion »Adel, Ritter, Ritterschaft vom Hochmittelalter bis zum modernen Verfassungsstaat« (24./25. Mai 2001, Schloß Weitenburg), Ostfildern 2005, S. 27 - 66 (= Schriften zur südwestdeutschen Landeskunde, Bd. 53).

Ders.: Einungen und Bünde, in: *Stephan Wendehorst/Siegrid Westphal* (Hg.), Lesebuch Altes Reich, München 2006, S. 101 - 106 (= bibliothek altes Reich, Bd. 1).

Ders.: Genossenschaft und Herrschaftsverdichtung. Zur politischen Kultur von Adelseinungen im Alten Reich, in: *Ronald G. Asch/Dagmar Freist* (Hg.), Staatsbildung als kultureller Prozess. Strukturwandel und Legitimation von Herrschaft in der Frühen Neuzeit, Köln 2005, S. 405 - 427.

Ders.: Militärische Okkupation im 18. Jahrhundert - Anmerkungen zu einer spezifischen Situation, in: *Markus Meumann/Jörg Rogge* (Hg.), Die besetzte res publica. Zum Verhältnis von ziviler Obrigkeit und militärischer Herrschaft in besetzten Gebieten vom Spätmittelalter bis zum 18. Jahrhundert, Berlin 2006, S. 351 - 362 (= Herrschaft und soziale Systeme in der Frühen Neuzeit, Bd. 3).

Clark, Christopher: Diener auf dem Thron, in: *Stephan Burgdorff/Norbert F. Pötzl/Klaus Wiegrefe* (Hg.), Preußen. Die unbekannte Großmacht, München 2008, S. 80 - 96.

Ders.: Preußen. Aufstieg und Niedergang 1600 - 1947, o.O. [München] ^{3}2008.

Conrad, Hermann: Deutsche Rechtsgeschichte. Ein Lehrbuch, Bd. 2: Neuzeit bis 1806, Karlsruhe 1966.

Conze, Eckart: Totgesagte leben länger. Adel in Deutschland im 19. und 20. Jahrhundert, in: *Mark Hengerer/Elmar L. Kuhn/Peter Blickle* (Hg.), Adel im Wandel, Oberschwaben von der Frühen Neuzeit bis zur Gegenwart, Bd. 1, Ostfildern 2006, S. 107 - 122.

Crailsheim, Sigmund Freiherr von: Die Reichsfreiherrn von Crailsheim. Familiengeschichte. Nach dem Stande von 1904, Bd. 1: I.-III. Abschnitt, Bd. 2: IV. Abschnitt, Lebensbeschreibungen, München 1905.

Danner, Wilfried: Die Reichsritterschaft im Ritterkantonsbezirk Hegau in der zweiten Hälfte des 17. und im 18. Jahrhundert, Diss. phil. Konstanz 1969, in: Hegau 27/28 (1970/71), S. 7 - 105.

Ders.: Studien zur Sozialgeschichte einer Reichsritterschaft in den Jahren der Mediatisierung. Entwicklung der politischen und wirtschaftlichen Stellung der Reichsfreiherren von und zu Bodmann 1795 - 1825, in: Hegau 29/30 (1972/73), S. 91 - 128.

Demel, Walter: Der bayerische Adel von 1750 - 1871, in: *Hans-Ulrich Wehler* (Hg.), Europäischer Adel, Göttingen 1990, S. 126 - 143 (= Geschichte und Gesellschaft, Sonderheft 13).

Ders.: Der bayerische Staatsabsolutismus 1806/08 - 1817. Staats- und gesellschaftspolitische Motivationen und Hintergründe der Reformära in der ersten Phase des Königreichs Bayern, München 1983 (= Schriftenreihe zur bayerischen Landesgeschichte, Bd. 76).

Ders.: Der europäische Adel vor der Revolution: Sieben Thesen, in: *Ronald G. Asch* (Hg.), Der europäische Adel im Ancien Régime. Von der Krise der ständischen Monarchien bis zur Revolution (ca. 1600 - 1789), Köln 2001, S. 409 - 433.

Ders.: Hardenberg in Franken: Rechtsbrecher oder Reformer?, in: *Thomas Stamm-Kuhlmann* (Hg.), »Freier Gebrauch der Kräfte«. Eine Bestandsaufnahme der Hardenberg-Forschung, München 2001, S. 51 - 60.

Ders.: Reich, Reformen und sozialer Wandel, o.O. O.J. [2005] (= Gebhardt. Handbuch der deutschen Geschichte. Zehnte, völlig neu bearbeitete Auflage, Bd. 12).

Ders.: Struktur und Entwicklung des bayerischen Adels von der Mitte des 18. Jahrhunderts bis zur Reichsgründung, in: ZBLG 61 (1998), S. 295 - 345.

Ders.: Vom aufgeklärten Reformstaat zum bürokratischen Staatsabsolutismus, München 1993 (= EDG, Bd. 23).

Diemer, Kurt: Reichsritterschaft und Reichskirche im 17. und 18. Jahrhundert. Die Freiherren von Hornstein-Göffingen, in: *Mark Hengerer/Elmar L. Kuhn/Peter Blickle* (Hg.), Adel im Wandel, Oberschwaben von der Frühen Neuzeit bis zur Gegenwart, Bd. 2, Ostfildern 2006, S. 515 - 528.

Dipper, Christof: Der rheinische Adel zwischen Revolution und Restauration, in: *Helmuth Feigl/Willibald Rosner* (Hg.), Adel im Wandel. Vorträge und Diskussionen des elften Symposions des Niederösterreichischen Instituts für Landeskunde, Horn, 2.-5. Juli 1990, Wien 1991, S. 91 - 116 (= Studien und Forschungen aus dem Niederösterreichischen Institut für Landeskunde, Bd. 15).

Ders.: Die Reichsritterschaft in napoleonischer Zeit, in: *Eberhard Weis/Elisabeth Müller-Luckner* (Hg.), Reformen im rheinbündischen Deutschland, München 1984, S. 53 – 74 (= Schriften des Historischen Kollegs, Kolloquien, Bd. 4).

Dobmann, Franz: Georg Friedrich Freiherr von Zentner als bayerischer Staatsmann in den Jahren 1799 – 1821, Kallmünz/Opf. 1962 (= Münchener Historische Studien, Abt. Bayerische Geschichte, Bd. 6).

Dohna, Lothar Graf zu: Gatterer, Johann Christoph, in: NDB, Bd. 6, Berlin 1964, S. 89 – 91.

Domarus, Max: Der Reichsadel in den geistlichen Fürstentümern, in: *Hellmuth Rössler* (Hg.), Deutscher Adel 1555 – 1740. Büdinger Vorträge 1964, Darmstadt 1965, S. 147 – 171 (= Schriften zur Problematik der deutschen Führungsschichten in der Neuzeit, Bd. 2).

Dotzauer, Winfried: Die deutschen Reichskreise (1383 – 1806). Geschichte und Aktenedition, Stuttgart 1998.

Ders.: Die deutschen Reichskreise in der Verfassung des Alten Reiches und ihr Eigenleben (1500 – 1806), Darmstadt 1989.

Duchhardt, Heinz: Deutsche Verfassungsgeschichte 1495 – 1806, Stuttgart 1991 (= Urban-Taschenbücher, Bd. 417).

Ders.: Ein System in beschleunigter Bewegung oder vor seinem Kollaps? Europäische Staatenpolitik um 1800, in: *Michael North/Robert Riemer* (Hg.), Das Ende des Alten Reiches im Ostseeraum. Wahrnehmungen und Transformationen, Köln 2008, S. 22 – 32.

Ders.: Reichsritterschaft und Reichskammergericht, in: ZHF 5 (1978), S. 315 – 337.

Ders.: Stein. Eine Biographie, Münster 2007.

Eberbach, Otto: Die deutsche Reichsritterschaft in ihrer staatsrechtlich-politischen Entwicklung von den Anfängen bis zum Jahre 1495, Leipzig 1913 (= Beiträge zur Kulturgeschichte des Mittelalters und der Renaissance, Bd. 11).

Eberlein, Adolf: Bayerns Anteil an der Mediatisierung der Reichsritterschaft, Diss. phil. (masch.) München 1922.

Ebert, Ina: Familienfideikommiss, in: HRG, Bd. 1, Berlin ²2007, Sp. 1503 – 1504.

Eckert, Jörn: Fideikommiss, in: Enzyklopädie der Neuzeit, Bd. 3, Stuttgart 2006, Sp. 987 – 990.

Eid, Ludwig: Reichsgräfin Marianne von der Leyen geb. von Dalberg. Leben, Staat, Wirken, hg. v. *Wolfgang Krämer*, Saarbrücken 1937.

Eisenhart, August Ritter von: Häberlin: Karl Friedrich H., in: ADB, Bd. 10, Leipzig 1879, S. 278 – 279.

Ders.: Klüber: Johann Ludwig K., in: ebd., Bd. 16, Leipzig 1882, S. 235 – 247.

Ders.: Kretschmann: Theodor Konrad v. K., in: ebd., Bd. 17, Leipzig 1883, S. 132 – 140.

Ders.: Zentner: Georg Friedrich Freiherr von Z., in: ebd., Bd. 45, Leipzig 1900, S. 67 – 70.

Enders, Gerhard: Archivverwaltungslehre. Nachdruck der 3. durchgesehenen Auflage, mit einem bio-bibliographischen Vorwort hg. v. *Eckart Henning/Gerald Wiemers*. Mit einem Vorwort von *Liselott Enders*, Leipzig 2004.

Endres, Rudolf: Adel in der frühen Neuzeit, München 1993 (= EDG, Bd. 18).
Ders.: Das Armenproblem im Zeitalter des Absolutismus, in: Jb. für fränkische Landesforschung 34/35 (1975), Zugl. FS Gerhard Pfeiffer, S. 1003 - 1020.
Ders.: Der Fränkische Reichskreis, Augsburg 2003 (= Hefte zur Bayerischen Geschichte und Kultur, Bd. 29).
Ders.: Die »Ära Hardenberg« in Franken, in: *Roderich Schmidt* (Hg.), Bayreuth und die Hohenzollern vom ausgehenden Mittelalter bis zum Ende des Alten Reiches. Jahrestagung des Wissenschaftlichen Arbeitskreises für Mitteldeutschland, 10.-12. Mai 1989 in Bayreuth, Ebsdorfergrund 1992, S. 177 - 200.
Ders.: Die Erbabreden zwischen Preußen und den fränkischen Markgrafen im 18. Jahrhundert, in: Jb. für fränkische Landesforschung 25 (1965), S. 43 - 87.
Ders.: Die Friedensziele der Reichsritterschaft, in: *Heinz Duchhardt* (Hg.), Der Westfälische Friede. Diplomatie - politische Zäsur - kulturelles Umfeld - Rezeptionsgeschichte, München 1998, S. 565 - 578 (= HZ, Beihefte N.F., Bd. 26).
Ders.: Die preußische Ära in Franken, in: *Peter Baumgart* (Hg.), Expansion und Integration. Zur Eingliederung neugewonnener Gebiete in den preußischen Staat, Köln 1984, S. 169 - 194 (= Neue Forschungen zur brandenburg-preußischen Geschichte, Bd. 5).
Ders.: Die voigtländische Ritterschaft, in: *Ders.* (Hg.), Adel in der Frühneuzeit. Ein regionaler Vergleich, Köln 1991, S. 55 - 72 (= Bayreuther Historische Kolloquien, Bd. 5).
Ders.: Die wirtschaftlichen Grundlagen des niederen Adels in der frühen Neuzeit, in: Jb. für fränkische Landesforschung 36 (1976), S. 215 - 237.
Ders.: Ein Verzeichnis der Geleitstraßen der Burggrafen von Nürnberg, in: ebd. 23 (1963), S. 107 - 138.
Ders.: Hardenbergs fränkisches Reformmodell, in: *Thomas Stamm-Kuhlmann* (Hg.), »Freier Gebrauch der Kräfte«. Eine Bestandsaufnahme der Hardenberg-Forschung, München 2001, S. 31 - 49.
Ders.: Markgraftümer, in: *Gerhard Müller/Horst Weigelt/Wolfgang Zorn* (Hg.), Handbuch der Geschichte der evangelischen Kirche in Bayern, Bd. 1: Von den Anfängen des Christentums bis zum Ende des 18. Jahrhunderts, St. Otilien 2002, S. 213 - 231.
Ders.: Oberschwäbischer Adel vom 17. bis zum 20. Jahrhundert. Der Kampf ums »Oben Bleiben«, in: *Mark Hengerer/Elmar L. Kuhn/Peter Blickle* (Hg.), Adel im Wandel, Oberschwaben von der Frühen Neuzeit bis zur Gegenwart, Bd. 1, Ostfildern 2006, S. 31 - 44.
Ders.: Reformpolitik im 18. Jahrhundert. Die Markgrafentümer Ansbach und Bayreuth, in: Jb. für fränkische Landesforschung 58 (1998), S. 279 - 298.
Ders.: Ritterschaftlicher Adel und Reichsgräfliche Geschlechter in Franken, in: *Gerhard Müller/Horst Weigelt/Wolfgang Zorn* (Hg.), Handbuch der Geschichte der evangelischen Kirche in Bayern, Bd. 1: Von den Anfängen des Christentums bis zum Ende des 18. Jahrhunderts, St. Otilien 2002, S. 253 - 257.
Ders.: Staat und Gesellschaft. Zweiter Teil: 1500 - 1800, in: *Andreas Kraus* (Hg.),

Geschichte Frankens bis zum Ausgang des 18. Jahrhunderts, München [3]1997, S. 702 - 782 (= Handbuch der bayerischen Geschichte, Bd. 3/1).

Ders.: Zum neuen Staat - die Reformen der Minister Hardenberg und Montgelas, in: *Johannes Erichsen/Evamaria Brockhoff* (Hg.), Bayern & Preußen & Bayerns Preußen. Schlaglichter auf eine historische Beziehung, Augsburg 1999, S. 53 - 62 (= Veröffentlichungen zur Bayerischen Geschichte und Kultur, Bd. 41/99).

Engels, Friedrich: Die Rolle der Gewalt in der Geschichte, in: *Karl Marx/Ders.*, Werke, Bd. 21, hg. v. Institut für Marxismus-Leninismus beim ZK der SED, Berlin/Ost 1962, S. 405 - 461.

Engelsing, Rolf: Die Perioden der Lesergeschichte in der Neuzeit. Das statistische Ausmaß und die soziokulturelle Bedeutung der Lektüre, in: AGB 10 (1970), Sp. 945 - 1002.

Erkens, F.-R.: Rudolf I. (v. Habsburg), in: Lexikon des Mittelalters, Bd. 7, München 1995, Sp. 1072 - 1075.

Erler, A.: Ministeriale, in: HRG, Bd. 3, Berlin 1984, Sp. 577 - 578.

Ders.: Reichssteuern, in: ebd., Bd. 4, Berlin 1990, Sp. 773 - 776.

Ernst, Marcus D.: Der bayerische Adel und das moderne Bayern. Die Gesetzgebung und Debatte über die persönlichen Privilegien des in Bayern immatrikulierten Adels (1808 - 1818), Diss. phil. Passau [2002], <http://www.opus-bayern.de/uni-passau/volltexte/2007/84/pdf/Ernst_Marcus_D.pdf> (letzter Zugriff am 23.7. 2011).

Ernstberger, Anton: Nürnberg im Widerschein der Französischen Revolution 1789 - 1796, in: ZBLG 21 (1958), S. 409 - 471.

Fehrenbach, Elisabeth: Der Adel in Frankreich und Deutschland im Zeitalter der Französischen Revolution, in: *Dies.*, Politischer Umbruch und gesellschaftliche Bewegung. Ausgewählte Aufsätze zur Geschichte Frankreichs und Deutschlands im 19. Jahrhundert, hg. v. *Hans-Werner Hahn/Jürgen Müller*, München 1997, S. 165 - 193.

Dies.: Soziale Unruhen im Fürstentum Nassau-Saarbrücken 1789 - 1792/93, in: *Helmut Berding* (Hg.), Soziale Unruhen in Deutschland während der Französischen Revolution, Göttingen 1988, S. 28 - 44 (= Geschichte und Gesellschaft, Sonderheft 12).

Dies.: Vom Ancien Régime zum Wiener Kongreß, München [5]2008 (= OGG, Bd. 12).

Fellner, Robert: Die fränkische Ritterschaft von 1495 - 1524. Mit einer Einleitung. Hauptsächlich nach Quellen aus dem Hochstift Würzburg, Berlin 1905, ND Vaduz 1965 (= Historische Studien, Bd. 50).

Fickenscher, Friedrich: Johann Sigmund Strebel, Archivar und Historiker (1700 - 1764). Zu seinem 200. Todestag am 7. Juni 1964, in: Jb. HV Mfr. 82 (1964/65), S. 243 - 245.

Fink, Bertram: Aufsteiger aus dem Niederadel in den Hochadel im 17. und 18. Jarhundert - Das Beispiel der Familie Rechberg, in: *Kurt Andermann/Sönke Lorenz* (Hg.), Zwischen Stagnation und Innovation. Landsässiger Adel und Reichsritterschaft im 17. und 18. Jahrhundert. Drittes Symposion »Adel, Ritter, Ritterschaft vom Hochmittelalter bis zum modernen Verfassungsstaat« (20./21. Mai 2004,

Schloß Weitenburg), Ostfildern 2005, S. 31 – 40 (= Schriften zur südwestdeutschen Landeskunde, Bd. 56).

Fink, Gonthier-Louis: Rebmann und Robespierre, in: *Elmar Wadle/Gerhard Sauder* (Hg.), Georg Friedrich Rebmann (1764 – 1824) – Autor, Jakobiner, Richter, Sigmaringen 1997, S. 65 – 82 (= Schriften der Siebenpfeiffer-Stiftung, Bd. 4).

Fischer, Ernst: Carl Friedrich Haeberlin, ein braunschweigischer Staatsrechtslehrer und Publizist. 1756 – 1808, Diss. phil. Göttingen 1914.

Flachenecker, Helmut: Zwischen Tradition und Reform. Das Volksschulwesen im Hochstift Eichstätt im 18. Jahrhundert, in: Jb. für fränkische Landesforschung 57 (1997), S. 199 – 228.

Fleck, Anton: Die Mediatisierung der Reichsfreiherrn von Gemmingen beim Übergang in die badischen Souveränitätslande, Diss. jur. Mainz 1971.

Fleischer, Dirk: Schlözer, August Ludwig v., in: NDB, Bd. 23, Berlin 2007, S. 98 – 99.

Fouquet, Gerhard: Stadt, Herrschaft und Territorium – Ritterschaftliche Kleinstädte Südwestdeutschlands an der Wende vom Mittelalter zur Neuzeit, in: ZGO N.F. 102 (1933), S. 3 – 108.

Franz, Eckhart G.: Einführung in die Archivkunde, Darmstadt [6]2004.

Freist, Dagmar: Öffentlichkeit und Herrschaftslegitimation in der Frühen Neuzeit. Deutschland und England im Vergleich, in: *Ronald G. Asch/Dies.* (Hg.), Staatsbildung als kultureller Prozess. Strukturwandel und Legitimation von Herrschaft in der Frühen Neuzeit, Köln 2005, S. 321 – 351.

Frensdorff, Ferdinand: Leist: Justus Christoph L., in: ADB, Bd. 18, Leipzig 1883, S. 226 – 228.

Ders.: Schlözer: August Ludwig S., in: ebd., Bd. 31, Leipzig 1890, S. 567 – 600.

Freudenberger, Herman: Kolbielski (Glave-K.), Karl, in: NDB, Bd. 12, Berlin 1980, S. 455 – 456.

Fried, Pankraz: Die Landeshoheits- und Grenzverhältnisse zwischen dem alten Bayern und den schwäbischen Territorien: Landeshoheitsrechte in Gemengelage, in: *Erwin Riedenauer* (Hg.), Landeshoheit. Beiträge zur Entstehung, Ausformung und Typologie eines Verfassungselements des römisch-deutschen Reiches, München 1994, S. 61 – 68 (= Studien zur Bayerischen Verfassungs- und Sozialgeschichte, Bd. 16).

Ders.: Die Markgrafschaft Burgau in der bayerisch-schwäbischen Landesgeschichtsforschung, in: *Hans Maier/Volker Press/Dieter Stievermann* (Hg.), Vorderösterreich in der frühen Neuzeit, Sigmaringen 1989, S. 131 – 136.

Friedrich, Gunther: Zwischen Nürnberg, Preußen und Bayern – die Verwaltung des Nürnberger Landgebiets zwischen 1790 und 1818, in: *Michael Diefenbacher/Gerhard Rechter* (Hg.), Vom Adler zum Löwen. Die Region Nürnberg wird bayerisch 1775 – 1835. Begleitband zu den Ausstellungen des Stadtarchivs und Staatsarchivs Nürnberg, der Stadtbibliothek Nürnberg, des Stadtarchivs Erlangen, des Universitätsarchivs und der Universitätsbibliothek Erlangen-Nürnberg sowie des Stadtarchivs Schwabach, Nürnberg 2006, S. 43 – 59 (= Ausstellungskatalog des Stadtarchivs Nürnberg, Bd. 17).

Friedrich, Manfred: Leist, Justus Christoph, in: NDB, Bd. 14, Berlin 1985, S. 161 – 162.

Fuchs, Ralf-Peter: Erinnerungsgeschichten: Zur Bedeutung der Vergangenheit für den »gemeinen« Mann der Frühen Neuzeit, in: *Ders./Winfried Schulze* (Hg.), Wahrheit, Wissen, Erinnerung. Zeugenverhörprotokolle als Quellen für soziale Wissensstände in der Frühen Neuzeit, Münster 2002, S. 89–154 (= Wirklichkeit und Wahrnehmung in der Frühen Neuzeit, Bd. 1).

Ders.: Kaiser und Reich im Spiegel von Untertanenbefragungen des 16. und 17. Jahrhunderts, in: *Stephan Wendehorst/Siegrid Westphal* (Hg.), Lesebuch Altes Reich, München 2006, S. 48–52 (= bibliothek altes Reich, Bd. 1).

Gaisberg-Schöckingen, Friedrich Freiherr von: Die Reichsritterschaft, in: Herzog Karl Eugen von Württemberg und seine Zeit, hg. v. Württembergischen Geschichts- und Altertumsverein, Bd. 2, Esslingen/N. 1909, S. 451–458.

Gensicke, Hellmuth: Der Adel im Mittelrheingebiet, in: *Hellmuth Rössler* (Hg.), Deutscher Adel 1430–1555. Büdinger Vorträge 1963, Darmstadt 1965, S. 127–152 (= Schriften zur Problematik der deutschen Führungsschichten in der Neuzeit, Bd. 1).

Gerlich, A.: Reichsstände, Reichsstandschaft, in: HRG, Bd. 4, Berlin 1990, Sp. 760–773.

Ders.: Ritterbünde, in: ebd., Bd. 4, Berlin 1990, Sp. 1070–1074.

Gersmann, Gudrun: Adel, in: Enzyklopädie der Neuzeit, Bd. 1, Stuttgart 2005, Sp. 39–54.

Gerteis, Klaus: Vorrevolutionäres Konfliktpotential und Reaktionen auf die Französische Revolution in west- und südwestdeutschen Städten, in: *Helmut Berding* (Hg.), Soziale Unruhen in Deutschland während der Französischen Revolution, Göttingen 1988, S. 67–76 (= Geschichte und Gesellschaft, Sonderheft 12).

Giese, Simone: Adelsstudium, in: Enzyklopädie der Neuzeit, Bd. 1, Stuttgart 2005, Sp. 73–76.

Gläser, Sven Christian: Die Mediatisierung der Grafschaft Wertheim. Der juristische Kampf eines kleinen Reichsstandes gegen den Verlust der Landesherrschaft und seine Folgen, Frankfurt/M. 2006 (= Rechtshistorische Reihe, Bd. 336).

Godsey Jr., William D.: Adel und Geld – Das Vermögen der Reichsritter in Kurmainz am Ende des Alten Reiches, in: *Kurt Andermann/Sönke Lorenz* (Hg.), Zwischen Stagnation und Innovation. Landsässiger Adel und Reichsritterschaft im 17. und 18. Jahrhundert. Drittes Symposion »Adel, Ritter, Ritterschaft vom Hochmittelalter bis zum modernen Verfassungsstaat« (20./21. Mai 2004, Schloß Weitenburg), Ostfildern 2005, S. 23–30 (= Schriften zur südwestdeutschen Landeskunde, Bd. 56).

Ders.: Nobles and Nation in Central Europe. Free Imperial Knights in the Age of Revolution, 1750–1850, Cambridge 2004 (= New studies in european history).

Goedeke, Karl: Albrecht: Joh. Fr. Ernst A., in: ADB, Bd. 1, Leipzig 1875, S. 321–322.

Ders./Goetze, Edmund: Grundrisz zur Geschichte der deutschen Dichtung, Bd. 4/3 u. 5/2, Dresden ^{2}1893-^{3}1912.

Gollwitzer, Heinz: Altenstein, Karl Sigmund Franz Frhr. vom Stein zum A., in: NDB, Bd. 1, Berlin 1953, S. 216–217.

Gotthard, Axel: Das Alte Reich 1495 - 1806, Darmstadt ^{2}2005 (= Geschichte kompakt).

Ders.: Kaiser und Reich, in: *Stephan Wendehorst/Siegrid Westphal* (Hg.), Lesebuch Altes Reich, München 2006, S. 80 - 86 (= bibliothek altes Reich, Bd. 1).

Grab, Walter: Demokratische Strömungen in Hamburg und Schleswig-Holstein zur Zeit der französischen Revolution, Hamburg 1966 (= Veröffentlichungen des Vereins für Hamburgische Geschichte, Bd. 21).

Ders.: Die norddeutschen Jakobiner als politische Erben Lessings, in: *Ders.*, Jakobinismus und Demokratie in Geschichte und Literatur: 14 Abhandlungen mit einer Einführung von *Hans Otto Horch*, hg. v. *Konrad Feilchenfeldt/Lars Lambrecht*, Frankfurt/M. 1998, S. 67 - 90 (= Forschungen zum Junghegelianismus, Bd. 2).

Ders.: Die politischen Konzeptionen und Kämpfe des deutschen Jakobiners Georg Friedrich Rebmann, in: Jb. des Instituts für Deutsche Geschichte 11 (1982), S. 389 - 397.

Ders.: Eroberung oder Befreiung? Deutsche Jakobiner und die Franzosenherrschaft im Rheinland 1792 - 1799, Trier 1971 (= Schriften aus dem Karl-Marx-Haus Trier, Bd. 4).

Ders.: Leben und Werke norddeutscher Jakobiner, Stuttgart 1973 (= Deutsche revolutionäre Demokraten, Bd. 5).

Ders.: Norddeutsche Jakobiner. Demokratische Bestrebungen zur Zeit der Französischen Revolution, Frankfurt/M. 1967 (= Hamburger Studien zur neueren Geschichte, Bd. 8).

Ders.: Radikale Lebensläufe. [Von der bürgerlichen zur proletarischen Emanzipationsbewegung], Berlin 1980.

Graf, Klaus: Adelsehre, in: Enzyklopädie der Neuzeit, Bd. 1, Stuttgart 2005, Sp. 54 - 56.

Graßmann, Antjekathrin: »Vom reichsfreyen Bürger zum vogelfreyen Republikaner« - Traditionen und Chancen der drei Hansestädte 1806, in: *Michael North/Robert Riemer* (Hg.), Das Ende des Alten Reiches im Ostseeraum. Wahrnehmungen und Transformationen, Köln 2008, S. 126 - 142.

Greiling, Werner: »Jakobiner, Religionsspötter und Pasquillant«. Georg Friedrich Rebmann (1768 - 1824), in: *Matthias Steinbach/Michael Ploenus* (Hg.), Ketzer, Käuze, Querulanten. Außenseiter im universitären Milieu, Jena 2008, S. 112 - 124.

Grilli, Antonio: Rebmann als Publizist im Bereich des Strafrechts und der Justiz im linksrheinischen Deutschland, in: *Elmar Wadle/Gerhard Sauder* (Hg.), Georg Friedrich Rebmann (1764 - 1824) - Autor, Jakobiner, Richter, Sigmaringen 1997, S. 163 - 175 (= Schriften der Siebenpfeiffer-Stiftung, Bd. 4).

Grimme, Fr.: Die reichsunmittelbaren Herren im Gebiete des heutigen Lothringen und ihre Schicksale in den Jahren 1789 - 1815, in: Jb. der Gesellschaft für lothringische Geschichte und Altertumskunde 12 (1900), S. 242 - 323.

Grochowina, Nicole: »Mir eigentümlich«, in: *Stephan Wendehorst/Siegrid Westphal* (Hg.), Lesebuch Altes Reich, München 2006, S. 198 - 203 (= bibliothek altes Reich, Bd. 1).

Groß, Gustav: Soden: Julius Graf v. S., in: ADB, Bd. 34, Leipzig 1892, S. 532–537.

Gschließer, Oswald von: Der Reichshofrat. Bedeutung und Verfassung, Schicksal und Besetzung einer obersten Reichsbehörde von 1559 bis 1806, Wien 1942, ND Nendeln 1970 (= Veröffentlichungen der Kommission für Neuere Geschichte des ehemaligen Österreich, Bd. 33).

Guttenberg, Erich Freiherr von/Hofmann, Hanns Hubert: Stadtsteinach, München 1953 (= Historischer Atlas von Bayern, Teil Franken, Reihe I, Heft 3).

Hachtmann, Otto (Wilhelm): Graf Julius Heinrich von Soden als Dramatiker, Göttingen 1902.

Härter, Karl: Das Recht des Alten Reiches: Reichsherkommen, Reichsgesetzgebung und »gute Policey«, in: *Stephan Wendehorst/Siegrid Westphal* (Hg.), Lesebuch Altes Reich, München 2006, S. 87–94 (= bibliothek altes Reich, Bd. 1).

Ders.: Reichstag und Revolution 1789–1806. Die Auseinandersetzung des immerwährenden Reichstags zu Regensburg mit den Auswirkungen der Französischen Revolution auf das alte Reich, Göttingen 1992 (= Schriftenreihe der Historischen Kommission bei der Bayerischen Akademie der Wissenschaften, Bd. 46).

Häusser, Ludwig: Deutsche Geschichte vom Tode Friedrichs des Großen bis zur Gründung des deutschen Bundes, Bd. 2: Bis zu den Schlachen von Jena und Auerstädt, Berlin 1855.

Hahn, Hans-Werner: Vom Alten Reich zum Deutschen Bund – 1806 und die Suche nach einer politischen Neuordnung Deutschlands, in: *Michael North/Robert Riemer* (Hg.), Das Ende des Alten Reiches im Ostseeraum. Wahrnehmungen und Transformationen, Köln 2008, S. 328–346.

Haller, Elfi M.: Karl August Freiherr von Hardenberg. Königl. Preuß. wirklicher Geh. Staats-Kriegs-Cabinets- u. dirigierender Minister über die Fürstentümer Ansbach-Bayreuth u. Chef der Bank in Franken, München 1987 (= Bavaria Antiqua).

Dies.: Markgraf Alexander. Frankens letzter Hohenzollernfürst, München 1980 (= Bavaria Antiqua).

Hambrecht, Rainer: Theodor Konrad von Kretschmann (1762–1820), in: *Michael Henker* u. a. (Hg.), Ein Herzogtum und viele Kronen. Coburg in Bayern und Europa. Katalog zur Landesausstellung 1997 des Hauses der Bayerischen Geschichte und der Kunstsammlungen der Veste Coburg in Zusammenarbeit mit der Stiftung der Herzog von Sachsen-Coburg und Gotha'schen Familie und der Stadt Coburg, Augsburg 1997, Nr. 2–59, S. 145 (= Veröffentlichungen zur Bayerischen Geschichte und Kultur, Bd. 36/97).

Hammerstein, Notker: Das Reich im Verständnis der Zeitgenossen, in: *Stephan Wendehorst/Siegrid Westphal* (Hg.), Lesebuch Altes Reich, München 2006, S. 21–27 (= bibliothek altes Reich, Bd. 1).

Haney, Gerhard: Georg Friedrich Rebmann – Student in Jena 1787–1789, in: *Elmar Wadle/Gerhard Sauder* (Hg.), Georg Friedrich Rebmann (1764–1824) – Autor, Jakobiner, Richter, Sigmaringen 1997, S. 43–64 (= Schriften der Siebenpfeiffer-Stiftung, Bd. 4).

Hanisch, Manfred: Zwischen Fürbitte und Obrigkeitsvergottung. Politische Gebete von 1500–1918, in: Jb. für fränkische Landesforschung 48 (1988), S. 39–161.

Hanke, Peter: Ein Bürger von Adel. Leben und Werk des Julius von Soden 1754 – 1831, Würzburg 1988.

Hanna, Georg-Wilhelm: Ministerialität, Macht und Mediatisierung. Die Ritteradligen von Hutten, ihre soziale Stellung in Kirche und Staat bis zum Ende des Alten Reiches, Hanau 2007 (= Hanauer Geschichtsblätter, Bd. 44).

Hartmann, Peter Claus/Schuller, Florian: Vorwort, in: *Dies.* (Hg.), Das Heilige Römische Reich und sein Ende 1806. Zäsur in der deutschen und europäischen Geschichte, Regensburg 2006, S. 9 – 10.

Hartmann, Peter Claus: Das Heilige Römische Reich deutscher Nation in der Neuzeit 1486 – 1806, Stuttgart 2005 (= Reclams Universal-Bibliothek, Bd. 17045).

Ders.: Das Heilige Römische Reich, ein föderalistisches Staatsgebilde mit politischer, kultureller und religiöser Vielfalt, in: *Ders./Florian Schuller* (Hg.), Das Heilige Römische Reich und sein Ende 1806. Zäsur in der deutschen und europäischen Geschichte, Regensburg 2006, S. 11 – 22.

Ders.: Das Heilige Römische Reich – heute noch aktuell?, in: *Ders./Florian Schuller* (Hg.), ebd., S. 151 – 155.

Ders.: Kulturgeschichte des Heiligen Römischen Reiches 1648 – 1806. Verfassung, Religion und Kultur, Wien 2001.

Hartmann, Julius von: Friedrich Wilhelm II., König von Preußen, in: ADB, Bd. 7, Leipzig 1878, S. 685 – 700.

Ders.: Friedrich Wilhelm III., König von Preußen, in: ebd., Bd. 7, Leipzig 1878, S. 700 – 729.

Hartung, Fritz: Hardenberg und die preußische Verwaltung in Ansbach-Bayreuth von 1792 bis 1806, Tübingen 1906.

Haug-Moritz, Gabriele: Ritterschaftliche Organisation zwischen Westfälischem Frieden (1648) und Ende des Alten Reiches (1806), in: *Kurt Andermann/Sönke Lorenz* (Hg.), Zwischen Stagnation und Innovation. Landsässiger Adel und Reichsritterschaft im 17. und 18. Jahrhundert. Drittes Symposion »Adel, Ritter, Ritterschaft vom Hochmittelalter bis zum modernen Verfassungsstaat« (20./21. Mai 2004, Schloß Weitenburg), Ostfildern 2005, S. 9 – 21 (= Schriften zur südwestdeutschen Landeskunde, Bd. 56).

Haupt, Heinz-Gerhard: Von der Französischen Revolution bis zum Ende der Julimonarchie (1789 – 1848), in: *Ernst Hinrichs* (Hg.), Kleine Geschichte Frankreichs, Stuttgart 1997, S. 255 – 310 (= Reclams Universal-Bibliothek, Bd. 9333).

Haussherr, Hans/Bußmann, Walter: Hardenberg: 2) Carl August Fürst, in: NDB, Bd. 7, Berlin 1966, S. 658 – 663.

Haussherr, Hans: Friedrich Wilhelm II., König von Preußen, in: ebd., Bd. 5, Berlin 1961, S. 558 – 560.

Ders.: Friedrich Wilhelm III., König von Preußen, in: ebd., Bd. 5, Berlin 1961, S. 560 – 563.

Ders.: Hardenberg. Eine politische Biographie, Bd. 1: 1750 – 1800 (= Kölner Historische Abhandlungen, Bd. 8), Bd. 3: Die Stunde Hardenbergs, Köln-Graz 1963-²1965.

Heigel, Karl Theodor: Deutsche Geschichte, Bd. 1: Vom Tode Friedrichs d. Gr. bis zum

Feldzug in der Champagne, Bd. 2: Vom Feldzug in der Champagne bis zur Auflösung des alten Reiches, Stuttgart-Berlin 1899 - 1911 (= Bibliothek Deutscher Geschichte).

Heinemann, Hartmut: Säkularisation und Mediatisierung, in: *Georg Schmidt-von Rhein* (Hg.), Napoleon und Nassau, Ramstein 2006, S. 19 - 30.

Heinrich, Gerd: Geschichte Preußens. Staat und Dynastie, Frankfurt/M. 1981.

Heinrich, Gerda: Riems »Apologie für die unterdrückte Judenschaft in Deutschland« im Kontext der Debatte um »bürgerliche Verbesserung der Juden«, in: *Karl H. L. Welker* (Hg.), Andreas Riem. Ein Europäer aus der Pfalz, Stuttgart 1999, S. 93 - 105 (= Schriften der Siebenpfeiffer-Stiftung, Bd. 6).

Heinritz, Günter/Heller, Hartmut/Wirth, Eugen: Wirtschafts- und sozialgeographische Auswirkungen reichsritterschaftlicher Peuplierungspolitik in Franken, in: Berichte zur Deutschen Landeskunde 41 (1968), S. 45 - 72.

Heller, Hartmut: Die Peuplierungspolitik der Reichsritterschaft als sozialgeographischer Faktor im Steigerwald, Erlangen 1971 (= Erlanger Geographische Arbeiten, Bd. 30. Zugl. Sonderdruck aus den Mitteilungen der Fränkischen Geographischen Gesellschaft 17 (1970)).

Hellmuth, Eckhart: Die »Wiedergeburt« Friedrichs des Großen und der »Tod fürs Vaterland«. Zum patriotischen Selbstverständnis in Preußen in der zweiten Hälfte des 18. Jahrhunderts, in: *Ders./Reinhard Stauber* (Hg.), Nationalismus vor dem Nationalismus?, Hamburg 1998. Zugl. Aufklärung: interdisziplinäre Halbjahresschrift zur Erforschung des 18. Jahrhunderts und seiner Wirkungsgeschichte, S. 23 - 54.

Ders.: Noch einmal: Freiheit und Eigentum. Zum politisch-gesellschaftlichen Bewußtsein der Landrechtsautoren Carl Gottlieb Svarez und Ernst Ferdinand Klein, in: *Günter Birtsch/Dietmar Willoweit* (Hg.), Reformabsolutismus und ständische Gesellschaft. Zweihundert Jahre Preußisches Allgemeines Landrecht, Berlin 1998, S. 63 - 89 (= Forschungen zur brandenburgischen und preußischen Geschichte, N.F., Beiheft 3).

Hellmuth, Eckhart/Ehrenstein, Christoph von: Intellectual History Made in Britain: Die *Cambridge School* und ihre Kritiker, in: Geschichte und Gesellschaft 27 (2001), S. 149 - 172.

Hellstern, Dieter: Der Ritterkanton Neckar-Schwarzwald 1560 - 1805. Untersuchungen über die Korporationsverfassung, die Funktionen des Ritterkantons und die Mitgliedsfamilien, Tübingen 1971 (= Veröffentlichungen des Stadtarchivs Tübingen, Bd. 5).

Hengerer, Mark: Einleitung. Perspektiven auf die Bestattungskultur europäischer Oberschichten, in: *Ders. (Hg.),* Macht und Memoria. Begräbniskultur europäischer Oberschichten in der Frühen Neuzeit, Köln 2005, S. 1 - 16.

Henner, Theodor: Bundschuh: Caspar B., in: ADB, Bd. 3, Leipzig 1876, S. 539 - 540.

Herding, Otto: Die Ansbacher Oberämter und Hochgerichte im 18. Jahrhundert mit Kartenskizze 2, in: Jb. für fränkische Landesforschung 5 (1939), S. 102 - 131.

Ders.: Die politische Landesbeschreibung in der Markgrafschaft Ansbach, in: ebd. 4 (1938), S. 26 - 52.

Hermann, Ingo: Hardenberg. Der Reformkanzler, Berlin 2003.

Herzig, Arno: Der Einfluß der Französischen Revolution auf den Unterschichtenprotest in Deutschland während der 1790er Jahre, in: *Helmut Berding* (Hg.), Soziale Unruhen in Deutschland während der Französischen Revolution, Göttingen 1988, S. 202 - 217 (= Geschichte und Gesellschaft, Sonderheft 12).

Heuvel, Christine van den/Heuvel, Gerd van den: Begrenzte Politisierung während der Französischen Revolution. Der »Gesmolder Bauerntumult« von 1794 im Hochstift Osnabrück, in: *Helmut Berding* (Hg.), ebd., S. 111 - 129.

Hinrichs, Ernst: Abschied vom Absolutismus? Eine Antwort auf Nicholas Henshall, in: *Ronald G. Asch/Heinz Duchhardt* (Hg.), Der Absolutismus - ein Mythos? Strukturwandel monarchischer Herrschaft in West- und Mitteleuropa (ca. 1550 - 1700), Köln 1996, S. 353 - 371.

Hintze, Otto: Die Hohenzollern und ihr Werk. Fünfhundert Jahre vaterländische Geschichte, Berlin 1915.

Hirschmann, Gerhard: Beiträge zur Geschichte des Nürnberger Patriziats am Ende der Reichsstadtzeit, in: Mitteilungen des Vereins für Geschichte der Stadt Nürnberg 52 (1963/64), S. 269 - 286.

Ders.: Das Gartenfest von 1754. Reichsritterschaft und Patriziat feiern gemeinsam in Nürnberg St. Johannis, in: Jb. HV Mfr. 95 (1990/91), S. 229 - 242.

Höbelt, Lothar: Die Wiener Sicht: Der Kaiserhof und Österreich, in: *Christine Roll/Matthias Schnettger* (Hg.), Epochenjahr 1806? Das Ende des Alten Reichs in zeitgenössischen Perspektiven und Deutungen, Mainz 2008, S. 31 - 39 (= Veröffentlichungen des Instituts für Europäische Geschichte Mainz, Abt. Universalgeschichte, Beiheft 76).

Hölzle, Erwin: Das alte Recht und die Revolution. Eine politische Geschichte Württembergs in der Revolutionszeit 1789 - 1805, München 1931.

Ders.: Die letzten Jahre der Reichsritterschaft. Ein Stück Quellenkritik, in: Württembergische Jb. für Statistik und Landeskunde 1934/1935 (1936), S. 293.

Hoensch, Jörg K.: Kaiser Sigismund. Herrscher an der Schwelle zur Neuzeit 1368 - 1437, München 1996.

Hofmann, Hanns Hubert: Adlige Herrschaft und souveräner Staat. Studien über Staat und Gesellschaft in Franken und Bayern im 18. und 19. Jahrhundert, München 1962 (= Studien zur Bayerischen Verfassungs- und Sozialgeschichte, Bd. 2).

Ders.: Der Adel in Franken, in: *Hellmuth Rössler* (Hg.), Deutscher Adel 1430 - 1555. Büdinger Vorträge 1963, Darmstadt 1965, S. 95 - 126 (= Schriften zur Problematik der deutschen Führungsschichten in der Neuzeit, Bd. 1).

Ders.: Der Historische Atlas von Bayern, Teil Franken. Aufbau und Quellen, in: Jb. für fränkische Landesforschung 11/12 (1953), S. 407 - 419.

Ders.: Der Ritter von Lang (1764 - 1835). Gedenken zu seinem 200. Geburtstag, in: Jb. HV Mfr. 82 (1964/65), S. 201 - 223.

Ders.: Der Staat des Deutschmeisters. Studien zu einer Geschichte des Deutschen Ordens im Heiligen Römischen Reich Deutscher Nation, München 1964 (= Studien zur Bayerischen Verfassungs- und Sozialgeschichte, Bd. 3).

Ders.: Die preußische Ära in Franken, in: *Ders.* (Hg.), Die Entstehung des modernen souveränen Staates, Köln 1967, S. 245–258 u. 433–437 (= Neue Wissenschaftliche Bibliothek, Bd. 17).

Ders.: Die preußische Ära in Franken, in: Jb. HV Mfr. 79 (1960/61), S. 224–244.

Ders.: Dispositio Achillea, in: HRG, Bd. 1, Berlin 1971, Sp. 746–747.

Ders.: Franken seit dem Ende des Alten Reiches, München 1955 (= Historischer Atlas von Bayern, Teil Franken, Reihe II, Heft 4).

Ders.: Freibauern, Freidörfer, Schutz und Schirm im Fürstentum Ansbach. Studien zur Genesis der Staatlichkeit in Franken vom 15. bis 18. Jahrhundert (Mit einer Karte), in: ZBLG 23 (1960), S. 195–327.

Ders.: Gunzenhausen-Weißenburg, München 1960 (= Historischer Atlas von Bayern, Teil Franken, Reihe I, Heft 8).

Ders.: Mittel- und Oberfranken am Ende des Alten Reiches (1792), München 1954 (= Historischer Atlas von Bayern, Teil Franken, Reihe II, Heft 1).

Ders.: Neustadt-Windsheim, München 1953 (= Historischer Atlas von Bayern, Teil Franken, Reihe I, Heft 2).

Ders.: Nobiles Norimbergenses. Beobachtungen zur Struktur der reichsstädtischen Oberschicht, in: ZBLG 59 (1965), S. 114–150.

Ders.: Nürnberg-Fürth, München 1954 (= Historischer Atlas von Bayern, Teil Franken, Reihe I, Heft 4).

Ders.: Unterfranken und Aschaffenburg mit den Hennebergischen und Hohenlohischen Landen am Ende des Alten Reiches (1792), München 1956 (= Historischer Atlas von Bayern, Teil Franken, Reihe II, Heft 1a).

Hofmann, Michel: Die Außenbehörden des Hochstifts Bamberg und der Markgrafschaft Bayreuth. Mit Kartenskizzen, in: Jb. für fränkische Landesforschung 3 (1937), S. 52–96 u. 4 (1938), S. 53–103.

Hofmeister-Hunger, Andrea: Der Reformstaatskanzler und die Öffentlichkeit, in: *Thomas Stamm-Kuhlmann* (Hg.), »Freier Gebrauch der Kräfte«. Eine Bestandsaufnahme der Hardenberg-Forschung, München 2001, S. 125–140.

Dies.: Pressepolitik und Staatsreform. Die Institutionalisierung staatlicher Öffentlichkeitsarbeit bei Karl August von Hardenberg (1792–1822), Göttingen 1994 (= Veröffentlichungen des Max-Planck-Instituts für Geschichte, Bd. 107).

Dies.: Preußische Revindikationen und aufgeklärtes Beamtentum in Ansbach-Bayreuth (1792–1806), in: *Hans Erich Bödeker/Ulrich Herrmann* (Hg.), Aufklärung als Politisierung – Politisierung der Aufklärung, Hamburg 1987, S. 253–266 (= Studien zum achtzehnten Jahrhundert, Bd. 8).

Holle: Die Streitigkeiten der Markgrafen von Bayreuth mit der Ritterschaft über die Reichsunmittelbarkeit, in: Archiv für Geschichte und Alterthumskunde von Oberfranken 8/2 (1861), S. 55–95.

Huber, Ernst Rudolf: Deutsche Verfassungsgeschichte seit 1789, Bd. 1: Reform und Restauration 1789 bis 1830, Stuttgart ^{2}1961.

Hüffer, Hermann: Der rastatter Congreß und die zweite Coalition, Teil 1–2, Bonn 1878–1879 (= Diplomatische Verhandlungen aus der Zeit der französischen Reolution, Bd. 2–3).

Hufeld, Ulrich: Mediatisierung, in: Enzyklopädie der Neuzeit, Bd. 8, Stuttgart 2008, Sp. 219 - 221.

Hundt, Michael: Die mindermächtigen deutschen Staaten auf dem Wiener Kongress, Mainz 1996 (= Veröffentlichungen des Instituts für Europäische Geschichte Mainz, Abt. Universalgeschichte, Bd. 164).

Ders.: Hardenbergs deutsche Verfassungspolitik in den Jahren 1780 bis 1815, in: *Thomas Stamm-Kuhlmann* (Hg.), »Freier Gebrauch der Kräfte«. Eine Bestandsaufnahme der Hardenberg-Forschung, München 2001, S. 163 - 190.

Iggers, Georg: Heinrich von Treitschke, in: *Hans-Ulrich Wehler* (Hg.), Deutsche Historiker, Göttingen 1973, S. 174 - 188.

Jahns, Sigrid: Brandenburg-Preußen im System der Reichskammergerichts-Präsentationen 1648 - 1806, in: *Hermann Weber* (Hg.), Politische Ordnungen und soziale Kräfte im Alten Reich, Wiesbaden 1980, S. 169 - 202 (= Veröffentlichungen des Instituts für Europäische Geschichte Mainz, Abt. Universalgeschichte, Beiheft 8. Zugl. Beiträge zur Sozial- und Verfassungsgeschichte des Alten Reiches, Nr. 2).

Dies.: Das Reichskammergericht und seine Richter. Verfassung und Sozialstruktur eines höchsten Gerichts im Alten Reich, Teil I: Darstellung, Teil II/1 - 2: Biographien, Köln 2003 - 2011 (= Quellen und Forschungen zur höchsten Gerichtsbarkeit im Alten Reich, Bd. 26: Teil I. u. II/1 - 2).

Dies.: Die Assessoren des Reichskammergerichts in Wetzlar, Wetzlar 1986 (= Schriftenreihe der Gesellschaft für Reichskammergerichtsforschung, Heft 2).

Dies.: Die Personalverfassung des Reichskammergerichts unter Anpassungsdruck. Lösungen im Spannungsfeld zwischen Modernität und Überalterung, in: *Bernhard Diestelkamp* (Hg.), Das Reichskammergericht in der deutschen Geschichte. Stand der Forschung, Forschungsperspektiven, Köln 1990, S. 59 - 109 (= Quellen und Forschungen zur höchsten Gerichtsbarkeit im Alten Reich, Bd. 21).

Dies.: Juristen im Alten Reich. Das richterliche Personal des Reichskammergerichts 1648 - 1806. Bericht über ein Forschungsvorhaben, in: *Bernhard Diestelkamp* (Hg.), Forschungen aus Akten des Reichskammergerichts, Köln 1984, S. 1 - 40 (= Quellen und Forschungen zur höchsten Gerichtsbarkeit im Alten Reich, Bd. 14).

Jandausch, Kathleen: Mecklenburg 1806 - 1808 - Ein mindermächtiger Staat zwischen außenpolitischer Hilflosigkeit und innenpolitischen Reformversuchen, in: *Michael North/Robert Riemer* (Hg.), Das Ende des Alten Reiches im Ostseeraum. Wahrnehmungen und Transformationen, Köln 2008, S. 86 - 100.

Jaroschka, Walter: Reichsarchivar Franz Joseph Samet (1758 - 1828), in: Mitt. f. d. Archivpflege in Bayern, Sonderheft 8 (1972), S. 1 - 27.

Ders.: Samet (Sameth, Sammet, Sammeth), Franz Xaver Andreas Joseph Ritter v., in: NDB, Bd. 22, Berlin 2005, S. 406 - 407.

Kaisenberg, Georg: Leben und Wirken, in: *Ders./Cläre Henrika Weber-Hohagen* (Hg.), Georg Michael von Weber 1768 - 1845. Ein Lebensbild mit einem Sippenhandbuch, Berlin 1936, S. 15 - 71.

Kalb, Herbert: Patronat, in: LThK, Bd. 7, Freiburg 1998, Sp. 1481 - 1484.

Kampmann, Christoph: Gleichgewicht - Äquilibrium - Bilancia, in: *Stephan Wen-*

dehorst/Siegrid Westphal (Hg.), Lesebuch Altes Reich, München 2006, S. 107–112 (= bibliothek altes Reich, Bd. 1).

Kawa, Rainer: Georg Friedrich Rebmann. Studien zu Leben und Werk eines deutschen Jakobiners, Bonn 1980 (= Abhandlungen zur Kunst-, Musik- und Literaturwissenschaft, Bd. 290).

Keil, Gundolf: morbus feralis – letzte Krankheit und Tod. Anmerkungen zur Pathologie Franz Ludwig von Erthals, in: *Renate Baumgärtel-Fleischmann* (Hg.), Franz Ludwig von Erthal. Fürstbischof von Bamberg und Würzburg 1779–1795, Bamberg 1995, S. 325–335.

Keller, Katrin: Mediatstadt, in: Enzyklopädie der Neuzeit, Bd. 8, Stuttgart 2008, Sp. 221–223.

Keunecke, Hans-Otto: Hardenberg und die Universität Erlangen, in: Jb. für fränkische Landesforschung 64 (2004), S. 145–177.

Ders.: Markgraf Alexander von Ansbach-Bayreuth. Katalog, in: *Bernhard Sinogowitz* (Hg.), Markgraf Alexander von Ansbach-Bayreuth. Eine Ausstellung der Bayerischen Vereinsbank und der Universitätsbibliothek 6.–23. November 1980, Erlangen 1980, S. 39–88 (= Schriften der Universitätsbibliothek Erlangen-Nürnberg, Bd. 13).

Kießling, Rudolf: Reichsritterschaft und Reformation in Schwaben – Auf dem Weg zu einer evangelischen Diaspora, in: *Konrad Ackermann/Alois Schmid* (Hg.), Staat und Verwaltung in Bayern. FS für Wilhelm Volkert zum 75. Geburtstag, München 2003, S. 147–165.

Ders.: Schwaben, in: *Gerhard Müller/Horst Weigelt/Wolfgang Zorn* (Hg.), Handbuch der Geschichte der evangelischen Kirche in Bayern, Bd. 1: Von den Anfängen des Christentums bis zum Ende des 18. Jahrhunderts, St. Otilien 2002, S. 383–398.

Klarmann, J. L.: Zur Einverleibung Frankens in Bayern um 1803. Bayerns Kampf gegen die Reichsritterschaft – zugleich ein Stück Familiengeschichte, in: Bamberger Blätter für fränkische Kunst und Geschichte 5 (1928), S. 31–32, 34–36, 40, 48 u. 55–56.

Klein-Bruckschwaiger, F.: Landeshuldigung, in: HRG, Bd. 2, Berlin 1978, Sp. 1394–1395.

Klippel, Diethelm: Politische Freiheit und Freiheitsrechte im deutschen Naturrecht des 18. Jahrhunderts, Paderborn 1976 (= Rechts- und Staatswissenschaftliche Veröffentlichungen der Görres-Gesellschaft, N.F., Bd. 23).

Klose, Carl Ludwig: Leben Karl August's, Fürsten von Hardenberg, Königlich Preußischen Staatskanzlers, Halle 1851.

Klueting, Harm: Das Konfessionelle Zeitalter 1525–1648, Stuttgart 1989 (= UTB, Bd. 1556).

Knapp, Theodor: Der schwäbische Adel und die Reichsritterschaft, in: WVjh 31 (1922/24), S. 129–175.

Knemeyer, Franz-Ludwig: Regierungs- und Verwaltungsreformen in Deutschland zu Beginn des 19. Jahrhunderts, Köln 1970.

Knoblauch zu Hatzbach, Karl Damian Achaz von: Wekhrlin: Wilhelm Ludwig W., in: ADB, Bd. 41, Leipzig 1896, S. 645–653.

Körner, Hans-Michael/Jahn, Bruno: Große Bayerische Biographische Enzyklopädie, Bd. 2 – 3, München 2005.

Körner, Hans: Der Kanton Rhön und Werra der Fränkischen Reichsritterschaft, in: *Josef-Hans Sauer* (Hg.), Land der offenen Fernen. Die Rhön im Wandel der Zeiten, Fulda 1976, S. 53 – 113.

Kohn, Renate: Zwischen standesgemäßem Repräsentationsbedürfnis und Sorge um das Seelenheil. Die Entwicklung des frühneuzeitlichen Grabdenkmals, in: *Mark Hengerer* (Hg.), Macht und Memoria. Begräbniskultur europäischer Oberschichten in der Frühen Neuzeit, Köln 2005, S. 19 – 46.

Kollmer, Gert: Die schwäbische Reichsritterschaft zwischen Westfälischem Frieden und Reichsdeputationshauptschluß. Untersuchungen zur wirtschaftlichen und sozialen Lage der Reichsritterschaft in den Ritterkantonen Neckar-Schwarzwald und Kocher, Stuttgart 1979 (= Schriften zur südwestdeutschen Landeskunde, Bd. 17).

Ders.: Die wirtschaftliche und soziale Lage der Reichsritterschaft im Ritterkanton Neckar-Schwarzwald 1648 – 1805, in: *Franz Quarthal* (Hg.), Zwischen Schwarzwald und Schwäbischer Alb. Das Land am oberen Neckar, Sigmaringen 1984, S. 285 – 301 (= Veröffentlichungen des Alemannischen Instituts Freiburg i. Br., Bd. 52).

Koselleck, Reinhart: Preußen zwischen Reform und Revolution. Allgemeines Landrecht, Verwaltung und soziale Bewegung 1791 bis 1848, München 1989.

Koser, Reinhold: Die preußische Politik von 1786 bis 1806, in: *Ders.*, Zur preußischen und deutschen Geschichte. Aufsätze und Vorträge, hg. v. *Elisabeth Koser*, Stuttgart 1921, S. 202 – 268.

Kramer, Wolfgang: »In den Schranken der Gebühr zu erhalten«. Zum Verhältnis zwischen Untertanen und Obrigkeiten in ritterschaftlichen Herrschaften des Hegau, in: *Mark Hengerer/Elmar L. Kuhn/Peter Blickle* (Hg.), Adel im Wandel, Oberschwaben von der Frühen Neuzeit bis zur Gegenwart, Bd. 2, Ostfildern 2006, S. 561 – 572.

Kraus, Hans-Christof: Andreas Riems Darstellung und Kritik der Verfasung von England, in: *Karl H. L. Welker* (Hg.), Andreas Riem. Ein Europäer aus der Pfalz, Stuttgart 1999, S. 147 – 170 (= Schriften der Siebenpfeiffer-Stiftung, Bd. 6).

Ders.: Das Ende des alten Deutschland. Krise und Auflösung des Heiligen Römischen Reiches Deutscher Nation 1806, Berlin [2]2007 (= Wissenschaftliche Abhandlungen und Reden zur Philosophie, Politik und Geistesgeschichte, Bd. 37).

Kreutzmann, Marko: Adel, Nation und ständische Identität im Umbruchsjahr 1806, in: *Andreas Klinger/Hans-Werner Hahn/Georg Schmidt* (Hg.), Das Jahr 1806 im europäischen Kontext. Balance, Hegemonie und politische Kulturen, Köln 2008, S. 307 – 327.

Kullen, Siegfried: Der Einfluß der Reichsritterschaft auf die Kulturlandschaft im Mittleren Neckarland, Tübingen 1967 (= Tübinger Geographische Studien, Bd. 24).

Ders.: Reichsritterschaft und Siedlungsbild, in: *Franz Quarthal* (Hg.), Zwischen Schwarzwald und Schwäbischer Alb. Das Land am oberen Neckar, Sigmaringen

1984, S. 221 - 245 (= Veröffentlichungen des Allemannischen Instituts Freiburg i. Br., Bd. 52).

Kundert, Werner: Reichskirche und Adel im Südwesten des Reiches, in: Barock in Baden-Württemberg. Vom Ende des Dreißigjährigen Krieges bis zur Französischen Revolution, Bd. 2: Aufsätze, hg. v. Badischen Landesmuseum Karlsruhe, Karlsruhe 1981, S. 325 - 334.

Ders.: Reichsritterschaft und Reichskirche vornehmlich in Schwaben 1555 - 1803, in: *Franz Quarthal* (Hg.), Zwischen Schwarzwald und Schwäbischer Alb. Das Land am oberen Neckar, Sigmaringen 1984, S. 303 - 327 (= Veröffentlichungen des Alemannischen Instituts Freiburg i. Br., Bd. 52).

Kunisch, Johannes: Friedrich der Große. Der König und seine Zeit, München 2011.

Kunstmann, Hellmut: Die umstrittene Fraischgrenze zwischen Obertrubach und Bronn, in: Jb. für fränkische Landesforschung 34/35 (1975). Zugl. FS Gerhard Pfeiffer, S. 807 - 838.

Kunze, Walter: Albrecht, Johann Friedrich Ernst, in: NDB, Bd. 1, Berlin 1953, S. 181 - 182.

Kusber, Jan: Russland, Europa und der Untergang des Alten Reiches, in: *Michael North/Robert Riemer* (Hg.), Das Ende des Alten Reiches im Ostseeraum. Wahrnehmungen und Transformationen, Köln 2008, S. 55 - 69.

Ders.: Wahrnehmungen und Interessen. Das Ende des Alten Reiches, Russland und Europa, in: *Christine Roll/Matthias Schnettger* (Hg.), Epochenjahr 1806? Das Ende des Alten Reichs in zeitgenössischen Perspektiven und Deutungen, Mainz 2008, S. 123 - 138 (= Veröffentlichungen des Instituts für Europäische Geschichte Mainz, Abt. Universalgeschichte, Beiheft 76).

Landau, Peter: Patronat, in: TRE, Bd. 26, Berlin 1996, S. 106 - 114.

Landsberg, Ernst: Reuß: Johann August v. R., in: ADB, Bd. 28, Leipzig 1889, S. 309 - 310.

Lang, Gisela: ...Ich las mit unendlichen Vergnügen... Karl Heinrich Ritter v. Langs Leseverhalten anhand seiner Memoiren und »Funkenbücher«, dargestellt am Beispiel Erlangens, in: Jb. HV Mfr. 96 (1994/95), S. 307 - 328.

Langenwiesche, Dieter: Zum Überleben des Alten Reiches im 19. Jahrhundert. Die Tradition des zusammengesetzten Staates, in: *Andreas Klinger/Hans-Werner Hahn/Georg Schmidt* (Hg.), Das Jahr 1806 im europäischen Kontext. Balance, Hegemonie und politische Kulturen, Köln 2008, S. 123 - 133.

Laubenberger, L.: Wildbann, in: HRG, Bd. 5, Berlin 1998, Sp. 1418.

Layer, Adolf/Lengger, Werner: Die Reichsritterschaft, in: *Andreas Kraus* (Hg.), Geschichte Schwabens bis zum Ausgang des 18. Jahrhunderts, München ³2001, S. 387 - 417 (= Handbuch der bayerischen Geschichte, Bd. 3/2).

Layer, Adolf/Wüst, Wolfgang: Die habsburgischen Besitzungen: Schwäbisch-Österreich und die Vorlande, in: *Andreas Kraus* (Hg.), ebd., S. 347 - 363.

Leesch, Wolfgang: Die deutschen Archivare 1500 - 1945, Bd. 1: Verzeichnis nach ihren Wirkungsstätten, Bd. 2: Biographisches Lexikon, München 1985 - 1992.

Leithold, Norbert: Graf Goertz. Der große Unbekannte. Eine Entdeckungsreise in die Goethezeit, Berlin 2010.

Leitschuh, Friedrich: Franz Ludwig von Erthal. Fürstbischof von Bamberg und Würzburg, Herzog von Franken. Ein Chrarakerbild, Bamberg 1894.

Leonhard, Jörn: Interesse der Völker und bürgerliche Glückseligkeit? Außenpolitik und Öffentlichkeit in Europa 1792 - 1815, in: *Andreas Klinger/Hans-Werner Hahn/Georg Schmidt* (Hg.), Das Jahr 1806 im europäischen Kontext. Balance, Hegemonie und politische Kulturen, Köln 2008, S. 151 - 167.

Le Rider, Jacques: Napoleons Konzepte für die Neugestaltung des Alten Reichs bis 1806, in: *Peter Claus Hartmann/Florian Schuller* (Hg.), Das Heilige Römische Reich und sein Ende 1806. Zäsur in der deutschen und europäischen Geschichte, Regensburg 2006, S. 66 - 97.

Lesemann, Silke: Prägende Jahre. Hardenbergs Herkunft und Amtstätigkeit in Hannover und Braunschweig (1771 - 1790), in: *Thomas Stamm-Kuhlmann* (Hg.), »Freier Gebrauch der Kräfte«. Eine Bestandsaufnahme der Hardenberg-Forschung, München 2001, S. 11 - 30.

Leser, Emanuel: Friedrich Karl Joseph, Freiherr von Erthal in: ADB, Bd. 7, Leipzig 1878, S. 552 - 557.

Liebmann, Edgar: Die Rezeptionsgeschichte des Alten Reichs im 19. und 20. Jahrhundert, in: *Stephan Wendehorst/Siegrid Westphal* (Hg.), Lesebuch Altes Reich, München 2006, S. 8 - 12 (= bibliothek altes Reich, Bd. 1).

Liedtke, Max: Das Schulwesen in Franken, in: *Werner K. Blessing* u. a. (Hg.), 200 Jahre Franken in Bayern 1806 bis 2006. Aufsätze, Augsburg 2006, S. 43 - 47 (= Veröffentlichungen zur Bayerischen Geschichte und Kultur, Bd. 52/2006).

Liermann, Hans: Achthundertfünfzig Jahre Aufseß, in: Jb. für fränkische Landesforschung 25 (1965), S. 381 - 391.

Ders.: Die rechtsgelehrten Beamten der fränkischen Fürstentümer Ansbach und Bayreuth im 18. Jahrhundert. Ein Beitrag zur Geschichte des deutschen Beamtentums, in: ebd. 8/9 (1943), S. 255 - 292.

Ders.: Rechtsgeschichte in der fränkischen Landschaft, in ebd. 23 (1963), S. 197 - 224.

Link, Thomas Hubertus: Die Reichspolitik des Hochstifts Würzburg und ihr Verhältnis zur Rechtswissenschaft am Ende des Alten Reiches, Frankfurt/M. 1995 (= Europäische Hochschulschriften, Reihe III: Geschichte und Hilfswissenschaften, Bd. 603).

Linnemann, Dorothee: Rituale der Einsetzung. »Äußere Formen«, Funktionen und Bedeutung, in: *Barbara Stollberg-Rilinger* u. a. (Hg.), Spektakel der Macht. Rituale im Alten Europa 800 - 1800, Katalog, Darmstadt 2008, S. 68 - 73.

Loose, Hans-Dieter: Der Verfall der Reichsordnung in der Wahrnehmung der Bürger der Reichsstädte Lübeck, Hamburg und Bremen 1801 - 1806, in: *Michael North/Robert Riemer* (Hg.), Das Ende des Alten Reiches im Ostseeraum. Wahrnehmungen und Transformationen, Köln 2008, S. 144 - 155.

Lorenz, Sönke/Andermann, Kurt: Vorwort, in: *Dies.* (Hg.), Zwischen Stagnation und Innovation. Landsässiger Adel und Reichsritterschaft im 17. und 18. Jahrhundert. Drittes Symposion »Adel, Ritter, Ritterschaft vom Hochmittelalter bis zum modernen Verfassungsstaat« (20./21. Mai 2004, Schloß Weitenburg), Ostfildern 2005, S. 7 - 8 (= Schriften zur südwestdeutschen Landeskunde, Bd. 56).

Lorenz, Sönke/Carl, Horst: Vorwort, in: *Dies. (Hg.),* Gelungene Anpassung? Adelige Antworten auf gesellschaftliche Wandlungsvorgänge vom 14. bis zum 16. Jahrhundert. Zweites Symposion »Adel, Ritter, Ritterschaft vom Hochmittelalter bis zum modernen Verfassungsstaat« (24./25. Mai 2001, Schloß Weitenburg), Ostfildern 2005, S. 7 - 11 (= Schriften zur südwestdeutschen Landeskunde, Bd. 53).

Luig, Klaus: Pufendorf, Samuel (1632 - 1694), in: *Michael Stolleis* (Hg.), Juristen. Ein biographisches Lexikon. Von der Antike bis zum 20. Jahrhundert, München 1995, S. 506 - 507.

Ders.: Pufendorf, 1) Samuel Frhr. v., in: NDB, Bd. 21, Berlin 2003, S. 3 - 5.

Maaser, Michael: Andreas Riems literarisches Werk, in: *Karl H. L. Welker* (Hg.), Andreas Riem. Ein Europäer aus der Pfalz, Stuttgart 1999, S. 37 - 49 (= Schriften der Siebenpfeiffer-Stiftung, Bd. 6).

Mader, Eric-Oliver: Das Vahlkampf'sche Schweigen. Die Auflösung des Alten Reiches als Überforderung des Geistes, in: GWU 10 (2006), S. 574 - 584.

Ders.: Die letzten »Priester der Gerechtigkeit«. Die Auseinandersetzung der letzten Generation von Richtern des Reichskammergerichts mit der Auflösung des Heiligen Römischen Reiches Deutscher Nation, Berlin 2005 (= Colloquia Augustana, Bd. 20).

Mager, Wolfgang: Klüber: 1) Johann Ludwig, in: NDB, Bd. 12, Berlin 1980, S. 133 - 134.

Malettke, Klaus: Les relations entre la France et le Saint-Empire au XVIIe siècle, Paris 2001 (= bibliothèque d'histoire moderne et contemporaine, Bd. 5).

Ders.: Ludwig XIV. von Frankreich. Leben, Politik, Leistung, Göttingen ^{1}1994 (= Persönlichkeit und Geschichte, Bd. 143/145).

Mandrou, Robert: Staatsräson und Vernunft 1649 - 1775, Berlin ^{2}1981, ND Berlin 1999 (= Propyläen Geschichte Europas, Bd. 3).

Mangold, Gustav: Die ehemalige Reichsritterschaft und die Adelsgesetzgebung in Baden vom Wiener Kongreß bis zur Erteilung der Verfassung (1815 - 1818), in: ZGO N.F. 46 (1933), S. 3 - 108.

Manso, J. C. F.: Geschichte des Preussischen Staates vom Frieden von Hubertusburg bis zur zweiten Pariser Abkunft, Bd. 1: 1763 - 1797, Frankfurt/M. ^{2}1835.

May, Hanns Georg: Die vogtländische Ritterschaft. Eine verfassungsgeschichtliche Studie, Diss. jur. (masch.) Erlangen 1951.

Matejak, Mieczyslaw/Niemz, Peter: Das Holz in deutschen Abhandlungen aus dem 17.-19. Jahrhundert. Aus den Sammlungen der Universitätsbibliothek in Warschau, Warschau ^{3}2008.

Mauchenheim gt. Bechtolsheim, Hartmann Freiherr von: Des Heiligen Römischen Reichs unmittelbar - freie Ritterschaft zu Franken Ort Steigerwald im 17. und 18. Jahrhundert. Ein Beitrag zur Verfassungs- und Gesellschaftsgeschichte des reichsunmittelbaren Adels, Bd. 1 - 2, Würzburg 1972 (= Veröffentlichungen der Gesellschaft für Fränkische Geschichte, Reihe IX, Bd. 31/1 - 2).

Mazohl-Wallnig, Brigitte: Zeitenwende 1806. Das Heilige Römische Reich und die Geburt des modernen Europa, Wien 2005.

Meerheimb, Richard von: Hohenlohe: Friedrich Ludwig Fürst von H.-Ingelfingen, in: ADB, Bd. 12, Leipzig 1880, S. 685 - 686.

Meier, Brigitte: Friedrich Wilhelm II. König von Preußen (1744 - 1797). Ein Leben zwischen Rokoko und Revolution, Regensburg 2007.

Meister, Robert: Nassau und die Reichsritterschaft vom Reichsdeputationshauptschluss bis zum Wiener Kongreß (1803 - 1815), Berlin 1923, ND Vaduz 1965 (= Historische Studien, Bd. 153).

Menzel, Gerhard: Franz Josef von Albini 1748 - 1816. Ein Staatsmann des alten Reiches. Zu Wandel und Fortleben der Reichstradition bei der Neugestaltung Deutschlands 1787 - 1815, in: Mainzer Zeitschrift 69 (1974), S. 1 - 126.

Menzel, Karl Adolf: Neuere Geschichte der Deutschen seit der Reformation, Bd. 6: Friedrich II. und Joseph II. und deren Nachfolger. Vom hubertsburger [sic] Frieden bis zur Feststellung der Bundesverfassung, Breslau ^{2}1855.

Ders.: Neuere Geschichte der Deutschen von der Reformation bis zur Bundes-Acte, Bd. 12/2: Leopold II. und Franz II. bis 1815, Breslau 1848.

Ders.: Zwanzig Jahre Preußischer Geschichte. 1786 bis 1806, Berlin 1849.

Meumann, Markus/Rogge, Jörg: Militärische Besetzung vor 1800 - Einführung und Perspektiven, in: *Dies.* (Hg.), Die besetzte res publica. Zum Verhältnis von ziviler Obrigkeit und militärischer Herrschaft in besetzten Gebieten vom Spätmittelalter bis zum 18. Jahrhundert, Berlin 2006, S. 11 - 25 (= Herrschaft und soziale Systeme in der Frühen Neuzeit, Bd. 3).

Meyer, Christian: Am Hofe Friedrich Wilhelm's I., in: Hohenzollerische Forschungen 1 (1892), S. 409 - 434.

Ders.: Der letzte Markgraf von Bayreuth. Nach gleichzeitigen Aufzeichnungen, in: ebd. 2 (1893), S. 456 - 477.

Ders.: Die letzten Zeiten der freien Reichsstadt Nürnberg, in: ebd. 3 (1894), S. 465 - 478.

Ders.: Friedrich Wilhelm I. von Preußen und Friedrich der Große in Franken, in: ebd. 2 (1893), S. 447 - 455.

Ders.: Hardenberg und seine Verwaltung der Fürstenthümer Ansbach und Bayreuth, in: ebd. 1 (1892), S. 1 - 159.

Ders.: Preussens innere Politik in Ansbach und Bayreuth in den Jahren 1792 - 1797. Enthaltend eine Denkschrift des Staatsministers Karl August von Hardenberg, Berlin 1904, ND Vaduz 1965 (= Historische Studien, Bd. 49).

Meyer, Julius: Beiträge zur Geschichte der Ansbacher und Bayreuther Lande, Ansbach 1885.

Ders.: Erinnerungen an die Hohenzollernherrschaft in Franken, Ansbach 1890.

Meyer, Steffen-Werner: Bemühungen um ein Reichsgesetz gegen den Büchernachdruck. Anläßlich der Wahlkapitulation Leopolds II. aus dem Jahre 1790, Frankfurt/M. 2004 (= Rechtshistorische Reihe, Bd. 291).

Möckl, Karl: Der moderne bayerische Staat. Eine Verfassungsgeschichte vom aufgeklärten Absolutismus bis zum Ende der Reformepoche, München 1979 (= Dokumente zur Geschichte von Staat und Gesellschaft in Bayern, Abt. III: Bayern im 19. und 20. Jahrhundert, Bd. 1).

Möller, Horst: Fürstenstaat oder Bürgernation. Deutschland 1763–1815, Gütersloh 1989 (= Die Deutschen und ihre Nation).

Mohnhaupt, Heinz: Privilegien und »gemeines Wohl« im ALR sowie deren Behandlung durch Theorie und Praxis im 19. Jahrhundert, in: *Barbara Dölemeyer/Dies.* (Hg.), 200 Jahre Allgemeines Landrecht für die preußischen Staaten. Wirkungsgeschichte und internationaler Kontext, Frankfurt/M. 1995, S. 105–144 (= Studien zur europäischen Rechtsgeschichte, Bd. 75).

Ders.: Pütter, Johann Stephan (1725–1807), in: *Michael Stolleis* (Hg.), Juristen. Ein biographisches Lexikon. Von der Antike bis zum 20. Jahrhundert, München 1995, S. 504–506.

Mondot, Jean: Wilhelm Ludwig Wekhrlin – Glanz und Elend eines Publizistenlebens am Ende des 18. Jahrhunderts, in: Jb. HV Mfr. 91 (1982/83), S. 115–128.

Ders.: Wilhelm Ludwig Wekhrlin. Un publiciste des lumières, [Bd. 1–2], Lille 1986.

Moraw, Peter/Press, Volker: Probleme der Sozial- und Verfassungsgeschichte des Heiligen Römischen Reiches im späten Mittelalter und in der Frühen Neuzeit (13.–18. Jahrhundert). Zu einem Forschungsschwerpunkt, in: ZHF 2 (1975), S. 95–108.

Mosch, Heinrich von: Karl Heinrich von Lang, geboren zu Balgheim im Ries. Zur Enthüllung der Gedenktafel an seinem Geburtshaus, in: Jb. HV Mfr. 89 (1977/81), S. 119–132.

Moulin Eckart, Richard Graf Du: München und Wien. Eine Studie zur bayerischen Aufklärungspolitik (1800–1805), in: *Karl von Reinhardstöttner* (Hg.), Forschungen zur Kultur- und Literaturgeschichte Bayerns, Bd. 4, Ansbach 1896, S. 153–236.

Mraz, Gottfried: Das Ende des Heiligen Römischen Reichs. Ursachen und Folgen für die österreichische und deutsche Geschichte, in: *Peter Claus Hartmann/Florian Schuller* (Hg.), Das Heilige Römische Reich und sein Ende 1806. Zäsur in der deutschen und europäischen Geschichte, Regensburg 2006, S. 78–86.

Mühlbacher, Engelbert: Deutsche Geschichte unter den Karolingern in 2 Bänden, Bd. 2: Verfall und Teilung des Frankenreichs, ND Essen 1999.

Müller, Gerald: Das bayerische Reichsheroldenamt 1808–1825, in: ZBLG 59 (1996), S. 533–593.

Müller, Gerhard: Das Alte Reich aus der Sicht Johann Wolfgang von Goethes, in: *Peter Claus Hartmann/Florian Schuller* (Hg.), Das Heilige Römische Reich und sein Ende 1806. Zäsur in der deutschen und europäischen Geschichte, Regensburg 2006, S. 51–65.

Müller, Heinrich: Der letzte Kampf der Reichsritterschaft um ihre Selbstständigkeit (1790–1815), Berlin 1910, ND Vaduz 1965 (= Historische Studien, Bd. 77).

Müller, Klaus: Bürgerproteste und Handwerksunruhen im Herzogtum Berg in der Zeit der Französischen Revolution, in: *Helmut Berding* (Hg.), Soziale Unruhen in Deutschland während der Französischen Revolution, Göttingen 1988, S. 92–110 (= Geschichte und Gesellschaft, Sonderheft 12).

Müller, Reinhard: Goess, Georg Friedrich Daniel, in: Deutsches Literatur-Lexikon, Bd. 6, Bern ^{3}1978, Sp. 476.

Ders.: Lange, Karl Julius (eig. Alexander Davidso[h]n, Ps. Dr. Louis), in: ebd., Bd. 9, Bern ^{3}1984, Sp. 908.

Ders.: Soden, (Friedrich) Julius (Heinrich) (von Sassenfart, Sassahnfahrt), in: ebd., Bd. 18, Bern ^{3}1998, Sp. 201 - 203.

Münch, Paul: 1648 - Notwendige Nachfragen, in: ZfG 47 (1999), S. 329 - 333.

Münzing, Harry: Die Mediatisierung der ehemaligen reichsunmittelbaren Standesherren und Reichsritter im Herzogtum Nassau, Diss jur. Mainz 1980.

Muncker, Franz: Lang: Karl Heinrich Ritter von L., in: ADB, Bd. 17, Leipzig 1883, S. 606 - 613.

Munzel-Everling, Dietlinde: Eid, in: HRG, Bd. 1, Berlin ^{2}2007, Sp. 1249 - 1261.

Naumann, Günter: Deutsche Geschichte: Das Alte Reich 962 - 1806, Wiesbaden 2007.

Neri, Daniela: Anton Freiherr von Cetto (1756 - 1847). Ein bayerischer Diplomat der napoleonischen Zeit. Eine politische Biographie, Sigmaringen 1993 (= Beihefte der Francia, Bd. 36).

Neugebauer, Wolfgang: Der Adel in Preußen im 18. Jahrhundert, in: *Ronald G. Asch* (Hg.), Der europäische Adel im Ancien Régime. Von der Krise der ständischen Monarchien bis zur Revolution (ca. 1600 - 1789), Köln 2001, S. 49 - 76.

Ders.: Die Hohenzollern, Bd. 1: Anfänge, Landesstaat und monarchische Autokratie bis 1740, Bd. 2: Dynastie im säkularen Wandel. Von 1740 bis in das 20. Jahrhundert, Stuttgart 1996 - 2003 (= Urban-Taschenbücher, Bd. 573 - 574).

Neuhaus, Helmut: Das Ende des Alten Reiches, in: *Helmut Altrichter/Ders.* (Hg.), Das Ende von Großreichen, Erlangen 1996, S. 185 - 209 (= Erlanger Studien zur Geschichte, Bd. 1).

Ders.: Das Reich in der Frühen Neuzeit, München ^{2}2003 (= EDG, Bd. 42).

Ders.: Konfessionalisierung und Territorialstaat, in: *Gerhard Müller/Horst Weigelt/ Wolfgang Zorn* (Hg.), Handbuch der Geschichte der evangelischen Kirche in Bayern, Bd. 1: Von den Anfängen des Christentums bis zum Ende des 18. Jahrhunderts, St. Otilien 2002, S. 343 - 361.

Neumaier, Helmut: »Daß wir kein anderes Haupt oder von Gott eingesetzte zeitliche Obrigkeit haben«. Ort Odenwald der fränkischen Ritterschaft von den Anfängen bis zum Dreißigjährigen Krieg, Stuttgart 2005 (= Veröffentlichungen der Kommission für geschichtliche Landeskunde in Baden-Württemberg, Reihe B: Forschungen, Bd. 161).

Nicklas, Thomas: Johann Christoph Gatterer (1727 - 1799), in: *Alfred Wendehorst* (Hg.), Fränkische Lebensbilder. Neue Folge der Lebensläufe aus Franken, Bd. 17, Neustadt/Aisch 1998, S. 79 - 98 (= Veröffentlichungen der Gesellschaft für Fränkische Geschichte, Reihe VII A, Bd. 17).

Nipperdey, Thomas: Deutsche Geschichte 1800 - 1866. Bürgerwelt und starker Staat, München 1998.

North, Michael/Riemer, Robert: Einleitung. Das Ende des Alten Reiches im Ostseeraum, in: *Dies.* (Hg.), Das Ende des Alten Reiches im Ostseeraum. Wahrnehmungen und Transformationen, Köln 2008, S. 11 - 20.

Obser, Karl: Seckendorff: Christoph Albrecht Freiherr von S., in: ADB, Bd. 54, Leipzig 1908, S. 292 - 294.

Önnerfors, Andreas: Das Ende des Alten Reiches als Medienereignis in schwedischen und deutschen Zeitschriften und Zeitungen, in: *Michael North/Robert Riemer* (Hg.), Das Ende des Alten Reiches im Ostseeraum. Wahrnehmungen und Transformationen, Köln 2008, S. 238 – 248.

Oer, Rudolfine Freiin von: Preußen, der Reichsdeputationshauptschluß und die Erbfürstentümer Münster und Paderborn, in: *Harm Klueting* (Hg.), 200 Jahre Reichsdeputationshauptschluß. Säkularisation, Mediatisierung und Modernisierung zwischen Altem Reich und neuer Staatlichkeit. Tagung der Historischen Kommission für Westfalen vom 3.–5. April 2003 in Corvey, Münster 2005, S. 159 – 172 (= Schriften der Historischen Kommission für Westfalen, Bd. 19).

Oestreich, Gerhard: Friedrich Wilhelm I. Preußischer Absolutismus, Merkantilismus, Militarismus, Göttingen 1977 (= Persönlichkeit und Geschichte, Bd. 96/97).

Ohff, Heinz: Preußens Könige, München 2001.

Ohngemach, Ludwig: Die Bedeutung der Mediatisierung für oberschwäbische Landstädte. Das Beispiel des vorderösterreichischen Ehingen, in: *Peter Blickle/ Andreas Schmauder* (Hg.), Die Mediatisierung der oberschwäbischen Reichsstädte im europäischen Kontext, Epfendorf 2003, S. 177 – 196 (= Oberschwaben – Geschichte und Kultur, Bd. 11).

Ders.: Ehingen als Sitz des Ritterkantons Donau. Reichsunmittelbare Adelskorporation und österreichische Landstadt, in: *Mark Hengerer/Elmar L. Kuhn/Peter Blickle* (Hg.), Adel im Wandel, Oberschwaben von der Frühen Neuzeit bis zur Gegenwart, Bd. 2, Ostfildern 2006, S. 572 – 590.

Olschewski, Boris: Die Mediatisierung der Burg Friedberg durch Hessen-Darmstadt 1802 – 1806, in: Beiträge zur Geschichte Friedbergs und seiner Stadtteile. Zugl. Wetterauer Gechichtsblätter 52 (2003), S. 2 – 69.

Oster, Uwe A.: Preußen. Geschichte eines Königreichs, München 2011.

Otto, Martin: Pütter, Johann Stephan, in: NDB, Bd. 21, Berlin 2003, S. 1 – 2.

Overmann, Alfred: Die Reichsritterschaft im Unterelsaß bis zum Beginn des dreissigjährigen Krieges, in: ZGO N.F. 11 (1896), S. 570 – 637 u. ebd. 12 (1897), S. 41 – 82.

Papritz, Johannes: Archivwissenschaft, Bd. 1, Marburg ^{2}1983.

Paul, Ina Ulrike: Integration durch Reform – Württembergs Weg aus dem Alten Reich zum modernen Staat, in: *Heinz Schilling/Werner Heun/Jutta Götzmann* (Hg.), Heiliges Römisches Reich Deutscher Nation 962 bis 1806. 29. Ausstellung des Europarates in Berlin und Magdeburg, Essays, Dresden 2006, S. 343 – 355.

Pelzer, Erich: Der elsässische Adel im Spätfeudalismus. Tradition und Wandel einer regionalen Elite zwischen dem Westfälischen Frieden und der Revolution (1648 – 1790), München 1990 (=Ancien Régime, Aufklärung und Revolution, Bd. 21).

Ders.: Zwischen Habsburg und Bourbon. Der elsässisch-breisgauische Adel nach dem Übergang an Frankreich 1648, in: *Martin Wrede/Horst Carl* (Hg.), Zwischen Schande und Ehre. Erinnerungsbrüche und die Kontinuität des Hauses. Legitimationsmuster und Traditionsverständnis des frühneuzeitlichen Adels in Umbruch und Krise, Mainz 2007, S. 299 – 313 (= Veröffentlichungen des Instituts für Europäische Geschichte Mainz, Abt. Universalgeschichte, Beiheft 73).

Petschel, Dorit: Sächsische Außenpolitik unter Friedrich August I. Zwischen Rétablissement, Rheinbund und Restauration, Köln 2000 (= Dresdner Historische Studien, Bd. 4).

Pfeiffer, Gerhard: Studien zur Geschichte der fränkischen Reichsritterschaft, in: Jb. für fränkische Landesforschung 22 (1962), S. 173 – 280.

Philippson, Martin: Geschichte des Preußischen Staatswesens vom Tode Friedrich des Großen bis zu den Freiheitskriegen, Bd. 1 – 2, Leipzig 1880 – 1882.

Piereth, Wolfgang: »Aussichten von der Zeit in die Zukunft«: Ein Beitrag J. A. G. F. Rebmanns für die bayerische Propagandakampagne zwischen Befreiungskriegen und Karlsbader Beschlüssen, in: *Elmar Wadle/Gerhard Sauder* (Hg.), Georg Friedrich Rebmann (1764 – 1824) – Autor, Jakobiner, Richter, Sigmaringen 1997, S. 95 – 121 (= Schriften der Siebenpfeiffer-Stiftung, Bd. 4).

Ders.: Bayerns Pressepolitik und die Neuordnung Deutschlands nach den Befreiungskriegen, München 1999 (= Schriftenreihe zur bayerischen Landesgeschichte, Bd. 119).

Poh, Manfred J.: Die freie unmittelbare Reichsritterschaft – Schwäbischer Ritterkreis – Kanton an der Donau mit Sitz in Ehingen. Zum Tag des Denkmals am 10. September 1995, o.O. [Ulm] o. J. [1995].

Polster, Gabriele: Schule und Universität im Hochstift Würzburg, in: *Renate Baumgärtel-Fleischmann* (Hg.), Franz Ludwig von Erthal. Fürstbischof von Bamberg und Würzburg 1779 – 1795, Bamberg 1995, S. 179 – 190.

Prantl, Carl von: Mehmel: Gottl. Ernst August M., in: ADB, Bd. 21, Leipzig 1885, S. 186.

Press, Volker: Das Ende des Alten Reiches und die deutsche Nation, in: Kleist-Jb. 1993, S. 31 – 55.

Ders.: Das römisch-deutsche Reich – ein politisches System in verfassungs- und sozialgeschichtlicher Fragestellung, in: *Johannes Kunisch* u. a. (Hg.), Das Alte Reich. Ausgewählte Aufsätze von Volker Press, Berlin 1997, S. 18 – 41.

Ders.: Der württembergische Angriff auf die Reichsritterschaft 1749 – 1754 (1770), in: *Franz Quarthal* (Hg.), Zwischen Schwarzwald und Schwäbischer Alb. Das Land am oberen Neckar, Sigmaringen 1984, S. 329 – 348 (= Veröffentlichungen des Alemannischen Instituts Freiburg i. Br., Bd. 52).

Ders.: Der Untergang des Heiligen Römischen Reiches deutscher Nation, in: *Eberhard Müller* (Hg.), »...aus anmuthiger Gelehrsamkeit«. Tübinger Studien zum 18. Jahrhundert. Dietrich Geyer zum 60. Geburtstag, Tübingen 1988, S. 81 – 97.

Ders.: Die Reichsritterschaft im Reich der Frühen Neuzeit, in: *Ders.*, Adel im Alten Reich. Gesammelte Vorträge und Aufsätze, hg. v. *Franz Brendle* u. a., Tübingen 1998, S. 205 – 231 (= Frühneuzeit-Forschungen, Bd. 4).

Ders.: Die Ritterschaft am Neckar und Schwarzwald, in: *Ders.*, ebd., S. 233 – 263.

Ders.: Die Ritterschaft im Kraichgau zwischen Reich und Territorium 1500 – 1623, in: ZGO N.F. 83 (1974), S. 35 – 98.

Ders.: Franken und das Reich in der Frühen Neuzeit, in: Jb. für fränkische Landesforschung 52 (1992), Zugl. FS Alfred Wendehorst zum 65. Geburtstag, gewidmet von Kollegen, Freunden, Schülern, Bd. 1, S. 329 – 347.

Ders.: Kaiser Karl V., König Ferdinand und die Entstehung der Reichsritterschaft, Wiesbaden [2]1980 (= Institut für Europäische Geschichte Mainz, Vorträge, Bd. 60).

Ders.: Kaiser und Reichsritterschaft, in: *Rudolf Endres* (Hg.), Adel in der Frühneuzeit. Ein regionaler Vergleich, Köln 1991, S. 163–194 (= Bayreuther Historische Kolloquien, Bd. 5).

Ders.: »Korporative« oder individuelle Landesherrschaft der Reichsritter?, in: *Erwin Riedenauer* (Hg.), Landeshoheit. Beiträge zur Entstehung, Ausformung und Typologie eines Verfassungselements des Römisch-Deutschen Reiches, München 1994, S. 93–112 (= Studien zur Bayerischen Verfassungs- und Sozialgeschichte, Bd. 16).

Ders.: Kurmainz und die Reichsritterschaft, in: *Ders.*, Adel im Alten Reich. Gesammelte Vorträge und Aufsätze, hg. v. *Franz Brendle* u. a., Tübingen 1998, S. 265–279 (= Frühneuzeit-Forschungen, Bd. 4).

Ders.: Reichsritterschaften, in: *Kurt G. A. Jeserich/Hans Pohl/Georg-Christoph von Unruh* (Hg.), Vom Spätmittelalter bis zum Ende des Reiches, Stuttgart 1983, S. 679–689 (= Deutsche Verwaltungsgeschichte, Bd. 1).

Ders.: Reichsritterschaft, in: *Meinrad Schaab* u. a. (Hg.), Die Territorien im Alten Reich, Stuttgart 1995, S. 771–813 (= Handbuch der baden-württembergischen Geschichte, Bd. 2).

Ders.: Reichsritterschaft, in: HRG, Bd. 4, Berlin 1990, Sp. 743–748.

Prodi, Paolo: Der Eid in der europäischen Verfassungsgeschichte, München 1992 (= Schriften des Historischen Kollegs: Vorträge, Bd. 33).

Puchta, Michael: Der bayerische Adel und die Konstitution von 1808, in: Bayerns Anfänge als Verfassungsstaat. Die Konstitution von 1808. Eine Austellung im Bayerischen Hauptstaatsarchiv, hg. v. der Generaldirektion der Staatlichen Archive Bayerns, München 2008, S. 271–279 (= Ausstellungskataloge der Staatlichen Archive Bayerns, Bd. 49).

Ders.: »Indessen tritt hier der Fall ein, wo Gewalt vor Recht gehet.«. Die Mediatisierung der schwäbischen Reichsritterschaft am Beispiel des Bezirks Allgäu-Bodensee, in: *Mark Hengerer/Elmar L. Kuhn/Peter Blickle* (Hg.), Adel im Wandel, Oberschwaben von der Frühen Neuzeit bis zur Gegenwart, Bd. 2, Ostfildern 2006, S. 591–604.

Quarthal, Franz: Die Mediatisierung des Adels in Oberschwaben, in: *Peter Blickle/Rudolf Schlögl* (Hg.), Die Säkularisation im Prozess der Säkularisierung Europas, Epfendorf 2005, S. 351–372 (= Oberschwaben – Geschichte und Kultur, Bd. 13).

Quirin, Heinz: Markgraf Albrecht Achilles von Brandenburg-Ansbach als Politiker. Ein Beitrag zur Vorgeschichte des Süddeutschen Städtekriegs, in: Jb. für fränkische Landesforschung 31 (1971), S. 261–308.

Rack, Klaus-Dieter: Die Burg Friedberg im Alten Reich. Studien zu ihrer Verfassungs- und Sozialgeschichte zwischen dem 15. und 19. Jahrhundert, Darmstadt 1988 (= Quellen und Forschungen zur hessischen Geschichte, Bd. 72).

Radkau, Joachim/Schäfer, Ingrid: Holz – Wie ein Naturstoff Geschichte schreibt, München 2007 (= Stoffgeschichten, Bd. 3).

Ranft, A.: Ritterbünde, -gesellschaften, in: Lexikon des Mittelalters, Bd. 7, München-Zürich 1995, Sp. 876 – 877.

Ranke, Leopold von: Denkwürdigkeiten des Staatskanzlers Fürsten von Hardenberg bis zum Jahre 1806, Leipzig 1877 (= Denkwürdigkeiten des Staatskanzlers Fürsten von Hardenberg, Bd. 1).

Ders.: Preußische Geschichte, ND Neu-Isenburg 2010.

Raumer, Adalbert von: Der Ritter von Lang und seine Memoiren, hg. v. *Karl Alexander von Müller/Kurt von Raumer*, München 1923.

Rauser, Jürgen: Die Mediatisierung des Baronats Stetten 1803 – 1806, Schloß Stetten 1968. Zugl. Hohenloher Historische Hefte 22 (1968).

Ders.: Die Reichsfreiherrschaft Stetten in der Endphase ihrer Unmittelbarkeit 1794 – 1809. Versuch einer Landesbeschreibung für ein ritterschaftliches Territorium während der letzten Jahre des Alten Reiches, Schloß Stetten 1969. Zugl. Hohenloher Historische Hefte 24 (1969).

Real, Willy: Von Postdam nach Basel. Studien zur Geschichte der Beziehungen Preußens zu den europäischen Mächten vom Regierungsantritt Friedrich Wilhelms II. bis zum Abschluß des Friedens von Basel 1786 – 1795, Basel 1958 (= Basler Beiträge zur Geschichtswissenschaft, Bd. 70).

Rechter, Gerhard/Jakob, Andreas: Der Übergang der Fürstentümer Brandenburg-Ansbach und Brandenburg-Bayreuth an das Königreich Bayern, in: *Michael Diefenbacher/Gerhard Rechter* (Hg.), Vom Adler zum Löwen. Die Region Nürnberg wird bayerisch 1775 – 1835. Begleitband zu den Ausstellungen des Stadtarchivs und Staatsarchivs Nürnberg, der Stadtbibliothek Nürnberg, des Stadtarchivs Erlangen, des Universitätsarchivs und der Universitätsbibliothek Erlangen-Nürnberg sowie des Stadtarchivs Schwabach, Nürnberg 2006, S. 261 – 279 (= Ausstellungskatalog des Stadtarchivs Nürnberg, Bd. 17).

Rechter, Gerhard: Die Seckendorff. Quellen und Studien zur Genealogie und Besitzgeschichte, Bd. 3: Die Linien Aberdar und Hörauf, Teil 1, Neustadt/Aisch 1997 (= Veröffentlichungen der Gesellschaft für Fränkische Geschichte, Reihe IX, Bd. 36).

Ders.: Ein evangelischer fränkischer Reichsritter kommt in den Deutschen Orden. Zur Rezeption des Christoph Sigmund v. Seckendorff-Aberdar (1716 – 1762), in: Jb. für fränkische Landesforschung 53 (1992), S. 217 – 231.

Ders.: Preußens Weg nach Franken. Der Erwerb der zollerschen Fürstentümer und die Rolle der adeligen Berater in Ansbach, in: *Johannes Erichsen/Evamaria Brockhoff* (Hg.), Bayern & Preußen & Bayerns Preußen. Schlaglichter auf eine historische Beziehung, Augsburg 1999, S. 41 – 52 (= Veröffentlichungen zur Bayerischen Geschichte und Kultur, Bd. 41/99).

Reichardt, Rolf: Deutsche Volksbewegungen im Zeichen des Pariser Bastillesturms. Ein Beitrag zum soziokulturellen Transfer der Französischen Revolution, in: *Helmut Berding* (Hg.), Soziale Unruhen in Deutschland während der Französischen Revolution, Göttingen 1988, S. 10 – 27 (= Geschichte und Gesellschaft, Sonderheft 12).

Reinalter, Helmut: Rebmann und der mitteleuropäische Jakobinismus, in: *Elmar*

Wadle/Gerhard Sauder (Hg.), Georg Friedrich Rebmann (1764 - 1824) - Autor, Jakobiner, Richter, Sigmaringen 1997, S. 83 - 93 (= Schriften der Siebenpfeiffer-Stiftung, Bd. 4).

Ders.: Soziale Unruhen in Österreich im Einflußfeld der Französischen Revolution, in: *Helmut Berding* (Hg.), Soziale Unruhen in Deutschland während der Französischen Revolution, Göttingen 1988, S. 189 - 201 (= Geschichte und Gesellschaft, Sonderheft 12).

Remling, Franz Xaver: Die Rheinpfalz in der Revolutionszeit von 1792 bis 1798. Ein urkundlicher Beitrag zur vaterländischen Geschichte, Bd. 1 - 2, Speyer 1865, ND München 1913 (= Pfälzische Bibliothek, Bd. 8 - 9).

Renner, Michael: Franz Ludwig von Erthal, in: Fränkische Lebensbilder. Neue Folge der Lebensläufe aus Franken, Bd. 1, Würzburg 1967, S. 286 - 312 (= Veröffentlichungen der Gesellschaft für Fränkische Geschichte, Reihe VII A, Bd. 1).

Richter, Günter: Hohenlohe, zu: 5) Friedrich Ludwig Fürst zu H.-Ingelfingen, in: NDB, Bd. 9, Berlin 1972, S. 489 - 490.

Riedenauer, Erwin: Der barocke Reichsadel in Franken. Probleme und Perspektiven, in: Jb. für fränkische Landesforschung 32 (1972), S. 171 - 202.

Ders.: Gesandter des Kaisers am Fränkischen Kreis. Aus der Korrespondenz des Grafen Schlick zwischen Fürstenbund und Reichskrieg, in: ZBLG 28 (1965), S. 259 - 367.

Ders.: Kontinuität und Fluktuation im Mitgliederstand der fränkischen Reichsritterschaft. Eine Grundlegung zum Problem der Adelsstruktur in Franken, in: *Richard van Dülmen* (Hg.), Gesellschaft und Herrschaft. Forschungen zu sozial- und landesgeschichtlichen Problemen vornehmlich in Bayern. Eine Festgabe für Karl Bosl zum 60. Geburtstag, München 1969, S. 87 - 152.

Ders.: Reichsverfassung und Revolution. Zur Persönlichkeit und Politik des fränkischen Kreisgesandten Friedrich Adolph v. Zwanziger, in: ZBLG 31 (1968), S. 124 - 196 u. 501 - 574.

Riotte, Torsten: Britische Geschichtsbilder und das Ende des Alten Reiches 1806, in: *Christine Roll/Matthias Schnettger* (Hg.), Epochenjahr 1806? Das Ende des Alten Reichs in zeitgenössischen Perspektiven und Deutungen, Mainz 2008, S. 99 - 121 (= Veröffentlichungen des Instituts für Europäische Geschichte Mainz, Abt. Universalgeschichte, Beiheft 76).

Ders.: George III and Hanover, in: *Brendam Simms/Ders.* (Hg.), The Hanoverian Dimension in British History, 1714 - 1837, Cambridge 2007, S. 58 - 85.

Ders.: Großbritannien und das Ende des Alten Reiches 1806, in: *Michael North/Robert Riemer* (Hg.), Das Ende des Alten Reiches im Ostseeraum. Wahrnehmungen und Transformationen, Köln 2008, S. 33 - 54.

Rölker, Roland: Ansichten von Andreas Riem zur Finanz- und Wirtschaftspolitik der europäischen Staaten, in: *Karl H. L. Welker* (Hg.), Andreas Riem. Ein Europäer aus der Pfalz, Stuttgart 1999, S. 119 - 131 (= Schriften der Siebenpfeiffer-Stiftung, Bd. 6).

Rößler, Hellmuth: Österreichs Kampf um Deutschlands Befreiung. Die deutsche Politik der nationalen Führer Österreichs 1805 - 1815, Bd. 1, Hamburg 1940.

Rogge, Bernhard: Das Buch von den preußischen Königen, Hannover 1891.

Roll, Christine/Schnettger, Matthias: Einleitung, in: *Dies.* (Hg.), Epochenjahr 1806? Das Ende des Alten Reichs in zeitgenössischen Perspektiven und Deutungen, Mainz 2008, S. 1–5 (= Veröffentlichungen des Instituts für Europäische Geschichte Mainz, Abt. Universalgeschichte, Beiheft 76).

Roll, Christine: Das Ende des Alten Reichs in zeitgenössischen Perspektiven und Sichtweisen. Erträge und neue Fragen, in: *Dies./Matthias Schnettger* (Hg.), ebd., S. 139–147.

Roth, Elisabeth: »Teutsche Schulen« in Stadt und Land, in: *Dies.* (Hg.), Oberfranken in der Neuzeit bis zum Ende des Alten Reiches, Bamberg 1984, S. 663–722.

Roth von Schreckenstein, Karl Heinrich Freiherr: Geschichte der ehemaligen freien Reichsritterschaft in Schwaben, Franken und am Rheinstrome, nach Quellen bearbeitet, Bd. 1: Die Entstehung der freien Reichsritterschaft bis zum Jahre 1437, Bd. 2: Vom Jahre 1437 bis zur Aufhebung der Reichsritterschaft, Tübingen 1859–1871, ND Neustadt/Aisch 1998.

Ruch, Franz Werner: Die Verfassung des Kantons Hegau-Allgäu-Bodensee der unmittelbaren freien Reichsritterschaft, Diss. jur. Mainz 1955.

Rumpel, Hubert: Zum Streit um die Landeshoheit über Fürth. Die Prozesse zwischen Bamberg und Brandenburg-Ansbach beim Reichskammergericht und Reichshofrat, in: Jb. für fränkische Landesforschung 11/12 (1953), S. 357–371.

Sagstetter, Maria Rita: Hoch- und Niedergerichtsbarkeit im spätmittelalterlichen Herzogtum Bayern, München 2000 (= Schriftenreihe zur bayerischen Landesgeschichte, Bd. 120).

Sailer, Rita: Untertanenprozesse vor dem Reichskammergericht. Rechtsschutz gegen die Obrigkeit in der zweiten Hälfte des 18. Jahrhunderts, Köln 1999 (= Quellen und Forschungen zur höchsten Gerichtsbarkeit im Alten Reich, Bd. 33).

Sauder, Gerhard: Empfindsame und andere Reisen von G. F. Rebmann, in: *Elmar Wadle/Ders.* (Hg.), Georg Friedrich Rebmann (1764–1824) – Autor, Jakobiner, Richter, Sigmaringen 1997, S. 133–145 (= Schriften der Siebenpfeiffer-Stiftung, Bd. 4).

Sauer, Paul: Der schwäbische Zar. Friedrich, Württembergs erster König, Stuttgart 1984.

Ders.: Die Juden am oberen Neckar, in: *Franz Quarthal* (Hg.), Zwischen Schwarzwald und Schwäbischer Alb. Das Land am oberen Neckar, Sigmaringen 1984, S. 377–391 (= Veröffentlichungen des Allemannischen Instituts Freiburg i. Br., Bd. 52).

Schäfer, Annette: Tropfhaus, Schloss, Kapelle. Das peuplierte Dorf Sassanfahrt, in: *Günter Dippold* (Hg.), Streifzüge durch Franken, Bd. 1, Lichtenfels 2010, S. 93–98.

Schärl, Walter: Die Zusammensetzung der bayerischen Beamtenschaft von 1806 bis 1918, Kallmünz/Opf. 1962 (= Münchener Historische Studien, Abt. Bayerische Geschichte, Bd. 1).

Schaffner, Luitpold: Gönner, Nikolaus Thaddäus Ritter v., in: NDB, Bd. 6, Berlin 1964, S. 518–519.

Schaper, Uwe: Es jauchze hoch auf, wer das Glück hat, in Franken Fridrich Wilhelms Untertan zu heisen – Anmerkungen zur Überlieferung der Herrschaft Neuhardenberg im brandenburgischen Landeshauptarchiv, in: Jb. für fränkische Landesforschung 60 (2000), S. 381 – 391.

Schaupp, Monika: Die Landstände in den zollerischen Fürstentümern Ansbach und Kulmbach im 16. Jahrhundert, München 2004 (= Studien zur Bayerischen Verfassungs- und Sozialgeschichte, Bd. 21).

Scheel, Heinrich: Deutscher Jakobinismus und deutsche Nation. Ein Beitrag zur nationalen Frage im Zeitalter der Großen Französischen Revolution, Berlin/Ost 1966 (= Sitzungsberichte der Deutschen Akademie der Wissenschaften zu Berlin. Klasse für Philosophie, Geschichte, Staat-, Rechts- und Wirtschaftswissenschaften 1966/2).

Ders.: Süddeutsche Jakobiner. Klassenkämpfe und republikanische Bestrebungen im deutschen Süden Ende des 18. Jahrhunderts, Berlin/Ost ^{3}1980 (= Akademie der Wissenschaften der DDR. Schriften des Zentralinstituts für Geschichte, Bd. 13).

Schenk, Hans Konrad: Hohenlohe – vom Reichsfürstentum zur Standesherrschaft. Die Mediatisierung und die staatliche Eingliederung des reichsunmittelbaren Fürstentums in das Königreich Württemberg 1800 – 1847, Künzelsau 2006.

Schieder, Wolfgang/Kube, Alfred: Säkularisation und Mediatisierung. Die Veräußerung der Nationalgüter im Rhein-Mosel-Departement 1803 – 1813, Boppard am Rhein 1987 (= Forschungen zur deutschen Sozialgeschichte, Bd. 4).

Schilling, Heinz: Das Alte Reich – ein teilmodernisiertes System als Ergebnis der partiellen Anpassung an die frühmoderne Staatsbildung in den Territorien und den europäischen Nachbarländern, in: *Matthias Schnettger* (Hg.), Imperium Romanum – Irregulare Corpus – Teutscher Reichs-Staat. Das Alte Reich im Verständnis der Zeitgenossen und der Historiographie, Mainz 2002, S. 247 – 277 (= Veröffentlichungen des Instituts für Europäische Geschichte Mainz, Abt. Universalgeschichte, Beiheft 57).

Ders.: Höfe und Allianzen. Deutschland 1648 – 1763, Berlin 1989 (= Das Reich und die Deutschen).

Ders.: Reichs-Staat und frühneuzeitliche Nation der Deutschen oder teilmodernisiertes Reichssystem. Überlegungen zu Charakter und Aktualität des Alten Reiches, in: HZ 272 (2001), S. 377 – 395.

Ders.: Wider den Mythos vom Sonderweg – die Bedingungen des deutschen Weges in die Neuzeit, in: *Paul-Joachim Heinig* u. a. (Hg.), Reich, Regionen und Europa in Mittelalter und Neuzeit. FS für Peter Moraw, Berlin 2000, S. 699 – 714.

Schindling, Anton: War das Scheitern des Alten Reiches unausweichlich?, in: *Heinz Schilling/Werner Heun/Jutta Götzmann* (Hg.), Heiliges Römisches Reich Deutscher Nation 962 bis 1806. 29. Ausstellung des Europarates in Berlin und Magdeburg, Essays, Dresden 2006, S. 279 – 291.

Ders.: Westfälischer Frieden, in: HRG, Bd. 5, Berlin 1998, Sp. 1302 – 1308.

Schmid, Alois: Johann Sigmund Strebel (1700 – 1764), in: *Alfred Wendehorst* (Hg.), Fränkische Lebensbilder. Neue Folge der Lebensläufe aus Franken, Bd. 16, Neustadt/Aisch 1996, S. 95 – 108 (= Veröffentlichungen der Gesellschaft für Fränkische Geschichte, Reihe VII A, Bd. 16).

Schmid, Hermann: Die Säkularisation und Mediatisation in Baden und Württemberg, in: Baden und Württemberg im Zeitalter Napoleons. Ausstellung des Landes Baden Württemberg unter der Schirmherrschaft des Ministerpräsidenten Dr. h. c. Lothar Späth, Bd. 2: Aufsätze, Stuttgart 1987, S. 135–155.

Schmidt, Alexander: Das Überleben der »Kleinen«. Die Zäsur 1806 und die Politik Sachsen-Weimar-Eisenachs (1796–1813), in: *Andreas Klinger/Hans-Werner Hahn/Georg Schmidt* (Hg.), Das Jahr 1806 im europäischen Kontext. Balance, Hegemonie und politische Kulturen, Köln 2008, S. 349–380.

Schmidt, Georg: Adel und Reich. Publizistische Kritik und Perspektiven, in: *Mark Hengerer/Elmar L. Kuhn/Peter Blickle* (Hg.), Adel im Wandel, Oberschwaben von der Frühen Neuzeit bis zur Gegenwart, Bd. 1, Ostfildern 2006, S. 85–98.

Ders.: Das frühneuzeitliche Reich – komplementärer Staat und föderative Nation, in: HZ 273 (2001), S. 371–399.

Ders.: Das frühneuzeitliche Reich – Sonderweg und Modell für Europa oder Staat der Deutschen Nation, in: *Matthias Schnettger* (Hg.), Imperium Romanum – Irregulare Corpus – Teutscher Reichs-Staat. Das Alte Reich im Verständnis der Zeitgenossen und der Historiographie, Mainz 2002, S. 247–277 (= Veröffentlichungen des Instituts für Europäische Geschichte Mainz, Abt. Universalgeschichte, Beiheft 57).

Ders.: Das Reich und die deutsche Kulturnation, in: *Heinz Schilling/Werner Heun/Jutta Götzmann* (Hg.), Heiliges Römisches Reich Deutscher Nation 962 bis 1806. 29. Ausstellung des Europarates in Berlin und Magdeburg, Essays, Dresden 2006, S. 105–116.

Ders.: Deutsche Freiheit, in: *Stephan Wendehorst/Siegrid Westphal* (Hg.), Lesebuch Altes Reich, München 2006, S. 113–118 (= bibliothek altes Reich, Bd. 1).

Ders.: Deutschland 1806 – staatliche Zäsur und nationale Kontinuität?, in: *Andreas Klinger/Hans-Werner Hahn/Ders.* (Hg.), Das Jahr 1806 im europäischen Kontext. Balance, Hegemonie und politische Kulturen, Köln 2008, S. 101–122.

Ders.: Deutschland um 1800 – Das Umfeld der »Klassiker« und ihre Nationalentwürfe, in: *Michael North/Robert Riemer* (Hg.), Das Ende des Alten Reiches im Ostseeraum. Wahrnehmungen und Transformationen, Köln 2008, S. 156–171.

Ders.: Geschichte des Alten Reiches. Staat und Nation in der Frühen Neuzeit 1495–1806, München 1999.

Schneider, Falko: Aufklärung und Politik. Studien zur Politisierung der deutschen Spätaufklärung am Beispiel A. G. F. Rebmanns, Wiesbaden 1978 (= Athenaion – Literaturwissenschaft, Bd. 8).

Schnepp, Peter: Die Reichsritterschaft, in: Dt. Geschichtsbl. 14 (1913), S. 157–194 u. 215–225.

Schnettger, Matthias: »Abschied von Germania«. Italienische Perspektiven auf das Ende des Alten Reiches, in: *Christine Roll/Ders.* (Hg.), Epochenjahr 1806? Das Ende des Alten Reichs in zeitgenössischen Perspektiven und Deutungen, Mainz 2008, S. 41–59 (= Veröffentlichungen des Instituts für Europäische Geschichte Mainz, Abt. Universalgeschichte, Beiheft 76).

Ders.: Das Ende des Alten Reiches und das Reichskammergericht (Rezension), in:

sehepunkte 7 (2007), Nr. 9 [15.09.2007], <http://www.sehepunkte.de/2007/09/9531.html> (letzter Zugriff am 30.1.2010).

Schoeps, Hans-Joachim: Preußen. Geschichte eines Staates, ND Hamburg 2009.

Schraut, Sylvia: Arbeit am Familiengedächtnis – Marginalisierung und Selbstbehauptung von Frauen in der Erinnerungskultur des stiftsfähigen katholischen Reichsadels, in: *Martin Wrede/Horst Carl* (Hg.), Zwischen Schande und Ehre. Erinnerungsbrüche und die Kontinuität des Hauses. Legitimationsmuster und Traditionsverständnis des frühneuzeitlichen Adels in Umbruch und Krise, Mainz 2007, S. 193–212 (= Veröffentlichungen des Instituts für Europäische Geschichte Mainz, Abt. Universalgeschichte, Beiheft 73).

Dies.: Das Haus Schönborn. Eine Familienbiographie. Katholischer Reichsadel 1640–1840, Paderborn 2005.

Dies.: Die feinen Unterschiede. Die soziale Stellung der schwäbischen Reichsritter im Gefüge des Reichsadels, in: *Mark Hengerer/Elmar L. Kuhn/Peter Blickle* (Hg.), Adel im Wandel, Oberschwaben von der Frühen Neuzeit bis zur Gegenwart, Bd. 2, Ostfildern 2006, S. 545–560.

Dies.: Reichsadelige Selbstbehauptung zwischen standesgemäßer Lebensführung und reichskirchlichen Karrieren, in: *Walter Demel/Ferdinand Kramer/Barbara Kink* (Hg.), Adel und Adelskultur in Bayern, München 2008, S. 251–268 (= ZBLG, Beiheft 32).

Schreiner, Anna: Kleine Geschichte Frankens, Regensburg 2008.

Schröder, Hans-Christoph: Georg III. (1760–1820), in: *Peter Wende* (Hg.), Englische Könige und Königinnen der Neuzeit. Von Heinrich VII. bis Elisabeth II., München 2008, S. 220–241.

Schroeder, Klaus-Peter: »Seine Hauptbeschäftigung war Schwelgen und alle Gelage besuchen« – Georg Friedrich Rebmanns Studienzeit in Erlangen, in: *Elmar Wadle/Gerhard Sauder* (Hg.), Georg Friedrich Rebmann (1764–1824) – Autor, Jakobiner, Richter, Sigmaringen 1997, S. 15–41 (= Schriften der Siebenpfeiffer-Stiftung, Bd. 4).

Schubert, Ernst: Albrecht Achilles, Markgraf und Kurfürst von Brandenburg (1414–1486), in: *Gerhard Pfeiffer* (Hg.), Fränkische Lebensbilder. Neue Folge der Lebensläufe aus Franken, Bd. 4, Würzburg 1971, S. 130–172 (= Veröffentlichungen der Gesellschaft für Fränkische Geschichte, Reihe VII A, Bd. 4).

Schuh, Robert: Das vertraglich geregelte Herrschaftsgemenge. Die territorialstaatsrechtlichen Verhältnisse in Franken im 18. Jahrhundert im Lichte von Verträgen des Fürstentums Brandenburg-Ansbach mit Benachbarten, in: Jb. für fränkische Landesforschung 55 (1995), S. 137–170.

Ders.: Der Zugriff des preußischen Fürstentums Ansbach auf die Gerichtsrechte anderer Reichsstände. Allgemeine Typologie und Beispiele aus dem Bereich des eichstättischen Oberstifts, in: Jb. HV Mfr. 95 (1990/91), S. 299–312.

Schuhmann, Günther: Die Markgrafen von Brandenburg-Ansbach. Eine Bilddokumentation zur Geschichte der Hohenzollern in Franken, Ansbach 1980 (= Jb. HV Mfr. 90 (1980)).

Ders.: Die Markgrafen von Brandenburg-Ansbach in Sayn-Altenkirchen 1741 - 1791, in: Jb. für fränkische Landesforschung 53 (1992), S. 265 - 281.

Ders.: Gemmingen: 1) Carl Friedrich Reinhard Frhr. v G.-Guttenberg, in: NDB, Bd. 6, Berlin 1964, S. 179.

Ders.: Markgraf Alexander von Ansbach-Bayreuth und seine Abdankung im Dezember 1791, Ansbach 1992 (= Sonderdruck des Vereins der Freunde Triesdorf und Umgebung e. V., Bd. 5).

Schühmann, Nicola: Der Fränkische Kreiskonvent im Winter 1790/91. Ein Verfassungsorgan an der Schwelle zur Moderne, in: Jb. für fränkische Landesforschung 62 (2002), S. 231 - 258.

Schütz, Ernst: Die Gesandtschaft Großbritanniens am Immerwährenden Reichstag zu Regensburg und am kur(pfalz-)bayerischen Hof zu München 1683 - 1806, München 2007 (= Schriftenreihe zur bayerischen Landesgeschichte, Bd. 154).

Schulte, von: Sartori: Joseph v. S., in: ADB, Bd. 30, Leipzig 1890, S. 387 u. ADB, Bd. 36, Leipzig 1893, S. 790.

Schulz, K.: Ministerialität, Ministerialen, in: Lexikon des Mittelalters, Bd. 6, München 1993, Sp. 636 - 639.

Schulz, Thomas: Der Kanton Kocher der Schwäbischen Reichsritterschaft 1542 - 1805. Entstehung, Geschichte, Verfassung und Mitgliederstruktur eines korporativen Adelsverbandes im System des alten Reiches, Sigmaringen 1986 (= Esslinger Studien, Bd. 7).

Ders.: Die Mediatisierung des Adels, in: Baden und Württemberg im Zeitalter Napoleons. Ausstellung des Landes Baden Württemberg unter der Schirmherrschaft des Ministerpräsidenten Dr. h. c. Lothar Späth, Bd. 2: Aufsätze, Stuttgart 1987, S. 157 - 174.

Ders.: Die Mediatisierung des Kantons Kocher. Ein Beitrag zur Geschichte der Reichsritterschaft am Ende des alten Reiches, in: ZWLG 47 (1988), S. 323 - 357.

Schulze, Winfried: Editorial, in: GWU 10 (2006), S. 563.

Schumann, Axel: Berliner Presse und Französische Revolution: Das Spektrum der Meinungen unter preußischer Zensur, Diss. phil. Berlin [2001], <http://opus.kobv.de/tuberlin/volltexte/2001/318/ pdf/schumann_axel.pdf> (letzter Zugriff am 26.3.2011).

Schunk, Erich: Forstunruhen im Herzogtum Pfalz-Zweibrücken zu Beginn der Französischen Revolution 1789 - 1792/93, in: *Helmut Berding* (Hg.), Soziale Unruhen in Deutschland während der Französischen Revolution, Göttingen 1988, S. 45 - 66 (= Geschichte und Gesellschaft, Sonderheft 12).

Schunka, Alexander: Schertlin und sein Volk. Bemerkungen zur Wahrnehmung und Erinnerung von Herrschaftsfunktionen bei nordschwäbischen Landbewohnern um die Wende zum 17. Jahrhundert, in: *Ralf-Peter Fuchs/Winfried Schulze* (Hg.), Wahrheit, Wissen, Erinnerung. Zeugenverhörprotokolle als Quellen für soziale Wissensstände in der Frühen Neuzeit, Münster 2002, S. 225 - 255 (= Wirklichkeit und Wahrnehmung in der Frühen Neuzeit, Bd. 1).

Schwemmer, Wilhelm: Das Territorium der Reichsstadt Nürnberg, in: Jb. HV Mfr. 89 (1977/81), S. 91 - 100.

Seiderer, Georg: Aufklärung in Nürnberg, in: *Michael Diefenbacher/Gerhard Rechter* (Hg.), Vom Adler zum Löwen. Die Region Nürnberg wird bayerisch 1775–1835. Begleitband zu den Ausstellungen des Stadtarchivs und Staatsarchivs Nürnberg, der Stadtbibliothek Nürnberg, des Stadtarchivs Erlangen, des Universitätsarchivs und der Universitätsbibliothek Erlangen-Nürnberg sowie des Stadtarchivs Schwabach, Nürnberg 2006, S. 77–89 (= Ausstellungskatalog des Stadtarchivs Nürnberg, Bd. 17).

Ders.: Formen der Aufklärung in fränkischen Städten. Ansbach, Bamberg und Nürnberg im Vergleich, München 1997 (= Schriftenreihe zur bayerischen Landesgeschichte, Bd. 114).

Ders.: Rebmann, Johann Andreas Georg Friedrich v., in: NDB, Bd. 21, Berlin 2003, S. 226–228.

Seis, Hermann: Bürgertreue und die Eroberung Ellingens durch die Preußische Armee am 6. Januar 1797, Ellingen 2003 (= Ellinger Hefte, Bd. 21).

Sellert, Wolfgang: Der Reichshofrat, in: *Bernhard Diestelkamp* (Hg.), Oberste Gerichtsbarkeit und zentrale Gewalt im Europa der Frühen Neuzeit, Köln 1996, S. 15–44 (= Quellen und Forschungen zur höchsten Gerichtsbarkeit im Alten Reich, Bd. 29).

Ders.: Gewalt, Macht oder Recht? Die Reichsjustiz als Garant der Friedensordnung, in: *Peter Claus Hartmann/Florian Schuller* (Hg.), Das Heilige Römische Reich und sein Ende 1806. Zäsur in der deutschen und europäischen Geschichte, Regensburg 2006, S. 38–50.

Ders.: Über die Zuständigkeitsabgrenzung von Reichshofrat und Reichskammergericht, insbesondere in Strafsachen und Angelegenheiten der freiwilligen Gerichtsbarkeit, Aalen 1965 (= Untersuchungen zur deutschen Staats- und Rechtsgeschichte, N.F., Bd. 4).

Seyboth, Reinhard: Die Hohenzollern in Franken und in Brandenburg an der Wende zur Neuzeit, in: *Roderich Schmidt* (Hg.), Bayreuth und die Hohenzollern vom ausgehenden Mittelalter bis zum Ende des Alten Reiches. Jahrestagung des Wissenschaftlichen Arbeitskreises für Mitteldeutschland, 10.–12. Mai 1989 in Bayreuth, Ebsdorfergrund 1992, S. 9–31.

Ders.: Friedrich VI. (I.), Burggraf von Nürnberg, Kurfürst von Brandenburg (1371–1440), in: *Alfred Wendehorst* (Hg.), Fränkische Lebensbilder. Neue Folge der Lebensläufe aus Franken, Bd. 16, Neustadt/Aisch 1996, S. 27–48 (= Veröffentlichungen der Gesellschaft für Fränkische Geschichte, Reihe VII A, Bd. 16).

Sheehan, James J.: Der Ausklang des alten Reiches. Deutschland seit dem Ende des Siebenjährigen Krieges bis zur gescheiterten Revolution, 1763 bis 1850, Berlin 1994 (= Propyläen Geschichte Deutschlands, Bd. 6).

Sicken, Bernhard: Landesherrliche Einnahmen und Territorialstruktur. Die Fürstentümer Ansbach und Kulmbach zu Beginn der Neuzeit, in: Jb. für fränkische Landesforschung 42 (1982), S. 153–248.

Ders.: Lang, Karl Heinrich Ritter v., in: NDB, Bd. 13, Berlin 1982, S. 542–543.

Siebers, Winfried: Geizige Bataver und halbwilde Barbaren. Zum Bild Hollands und Englands in Andreas Riems »Reisen durch Deutschland, Frankreich, England und

Holland«, in: *Karl H. L. Welker* (Hg.), Andreas Riem. Ein Europäer aus der Pfalz, Stuttgart 1999, S. 133 – 145 (= Schriften der Siebenpfeiffer-Stiftung, Bd. 6).

Siemann, Wolfram: Vom Staatenbund zum Nationalstaat. Deutschland 1806 – 1871, München 1995 (= Neue Deutsche Geschichte, Bd. 7).

Sikora, Michael: Der Adel in der Frühen Neuzeit, Darmstadt 2009 (= Geschichte kompakt).

Smend, Rudolf: Das Reichskammergericht. Erster Teil: Geschichte und Verfassung, Weimar 1911 (= Quellen und Studien zur Verfassungsgeschichte des Deutschen Reiches in Mittelalter und Neuzeit, Bd. 4, Heft 3).

Sörgel, Paul: Der Ritterkanton an der Baunach in den Haßbergen, Hofheim i. Ufr. 1992.

Sossenheimer, Maria Anna: Georg Friedrich Rebmann und das Problem der Revolution. Revolutionserfahrungen, Revolutionsinterpretationen und Revolutionspläne eines deutschen Republikaners, Frankfurt/M. 1988 (= Europäische Hochschulschriften, Reihe III: Geschichte und Hilfswissenschaften, Bd. 368).

Speitkamp, Winfried: Soziale Unruhe und ständische Reaktion in Hessen-Kassel zur Zeit der Französischen Revolution, in: *Helmut Berding* (Hg.), Soziale Unruhen in Deutschland während der Französischen Revolution, Göttingen 1988, S. 130 – 148 (= Geschichte und Gesellschaft, Sonderheft 12).

Spies, Hans-Bernd: Friedrich Carl Joseph Freiherr von Erthal 1719 – 1802. Erzbischof von Mainz und Kurfürst des Reiches (1774 – 1802). Kleine kultur- und sozialgeschichtliche Studien zu seiner Zeit, Aschaffenburg 2002 (= Mitteilungen aus dem Stadt- und Stiftsarchiv Aschaffenburg, Beiheft 1).

Sprandel, Rolf: Die Ritterschaft und das Hochstift Würzburg im Spätmittelalter, in: Jb. für fränkische Landesforschung 36 (1976), S. 117 – 143.

Srbik, Heinrich Ritter von: Das Österreichische Kaisertum und das Ende des Heiligen Römischen Reiches 1804 – 1806, Berlin 1927 (= Einzelschriften zur Politik und Geschichte, Bd. 23).

Ders.: Die Schicksalsstunde des alten Reiches. Österreichs Weg 1804 – 1806, Jena 1937.

Stählin, Agnes: Die Universitätsbibliothek Erlangen und Markgraf Alexander im Rahmen seiner Bildungspolitik, in: *Bernhard Sinogowitz* (Hg.), Markgraf Alexander von Ansbach-Bayreuth. Eine Ausstellung der Bayerischen Vereinsbank und der Universitätsbibliothek 6.–23. November 1980, Erlangen 1980, S. 9 – 23 (= Schriften der Universitätsbibliothek Erlangen-Nürnberg, Bd. 13).

Stamm, Edith: J. A. G. F. Rebmann und die Ausbildung des bürgerlichen Geistes im Umbruch vom 18. zum 19. Jahrhundert, Diss. phil. (masch.) Erlangen 1955.

Stamm-Kuhlmann, Thomas: Friedrich Wilhelm III. (1797 – 1840), in: *Frank-Lothar Kroll* (Hg.), Preußens Herrscher. Von den ersten Hohenzollern bis Wilhelm II., München 2006, S. 197 – 218.

Ders.: »Für dessen Constitution ich keine drei Kreuzer mehr gebe« – Hardenberg, Preußen und das Alte Reich, in: *Michael North/Robert Riemer* (Hg.), Das Ende des Alten Reiches im Ostseeraum. Wahrnehmungen und Transformationen, Köln 2008, S. 71 – 85.

Ders.: Hardenberg, Mann des achtzehnten Jahrhunderts und Diplomat. Das Bild seiner Persönlichkeit in den Tagebüchern, in: *Ders.* (Hg.), »Freier Gebrauch der Kräfte«. Eine Bestandsaufnahme der Hardenberg-Forschung, München 2001, S. 231 – 253.

Ders.: König in Preußens großer Zeit. Friedrich Wilhelm III. Der Melanchoniker auf dem Thron, Berlin 1992.

Ders.: »Man vertraue doch der Administration!« – Staatsverständnis und Regierungshandeln des preußischen Staatskanzlers Karl August von Hardenberg, in: HZ 264 (1997), S. 613 – 654.

Stammler, Rudolf: Letzte Zeiten der Reichsritterschaft 1805 – 1806, in: *Ders.*, Deutsches Rechtsleben in alter und neuer Zeit. Lehrreiche Rechtsfälle, Bd. 1: Im Alten Reich, Charlottenburg 1928, S. 461 – 479.

Steiger, Heinhard: »Occupatio bellica« in der Literatur des Völkerrechts der Christenheit (Spätmittelalter bis 18. Jahrhundert), in: *Markus Meumann/Jörg Rogge* (Hg.), Die besetzte res publica. Zum Verhältnis von ziviler Obrigkeit und militärischer Herrschaft in besetzten Gebieten vom Spätmittelalter bis zum 18. Jahrhundert, Berlin 2006, S. 201 – 240 (= Herrschaft und soziale Systeme in der Frühen Neuzeit, Bd. 3).

Stern, Alfred: Stein: Heinrich Friedrich Karl Freiherr vom St., in: ADB, Bd. 35, Leipzig 1893, S. 614 – 641.

Stetten, Wolfgang von: Die Rechtsstellung der unmittelbaren freien Reichsritterschaft, ihre Mediatisierung und ihre Stellung in den neuen Landen. Dargestellt am fränkischen Kanton Odenwald, o.O. [Schwäbisch Hall] 1973 (= Forschungen aus Württembergisch Franken, Bd. 8).

Stetten-Buchenbach, Ludwig Freiherr von: Vom Ende der Reichsritterschaft, in: Preußische Jb. 113 (1903), S. 481 – 549.

Stillfried-Alcantara, Rudolf M. von: Die Hohenzollern und das Deutsche Vaterland, Bd. 2: Vom Tode Friedrichs des Großen bis zur Gegenwart, München 1882.

Stingl, Martin: Gleichberechtigung durch Teilhabe? Die fränksiche Reichsritterschaft im Reichskrieg gegen Ludwig XIV. von Frankreich 1674 – 1679, in: Jb. für fränkische Landesforschung 58 (1998), S. 251 – 262.

Stockmayer, Karl Hayo von: Württembergs Fehde mit Ansbach um die Herrschaft Weiltingen. Kleinstaatliche Zustände im ausgehenden 18. Jahrhundert, Stuttgart 1941.

Störkel, Arno: Christian Friedrich Carl Alexander. Der letzte Markgraf von Ansbach-Bayreuth, Ansbach 1995 (= Bayerische Verwaltung der staatlichen Schlösser, Gärten und Seen. Forschungen zur Kunst- und Kulturgeschichte, Bd. 4).

Stollberg-Rilinger, Barbara: Das Heilige Römische Reich Deutscher Nation. Vom Ende des Mittelalters bis 1806, München ^{3}2007 (= C.H. Beck Wissen).

Dies.: Das Reich als Lehnssystem, in: *Heinz Schilling/Werner Heun/Jutta Götzmann* (Hg.), Heiliges Römisches Reich Deutscher Nation 962 bis 1806. 29. Ausstellung des Europarates in Berlin und Magdeburg, Essays, Dresden 2006, S. 55 – 67.

Dies.: Des Kaisers alte Kleider. Verfassungsgeschichte und Symbolsprache des Alten Reiches, München 2008.

Dies.: Die zeremonielle Inszenierung des Reiches, oder: Was leistet der kulturalistische Ansatz für die Reichsverfassungsgeschichte?, in: *Matthias Schnettger* (Hg.), Imperium Romanum – Irregulare Corpus – Teutscher Reichs-Staat. Das Alte Reich im Verständnis der Zeitgenossen und der Historiographie, Mainz 2002, S. 233–246 (= Veröffentlichungen des Instituts für Europäische Geschichte Mainz, Abt. Universalgeschichte, Beiheft 57).

Dies.: Vom Volk übertragene Rechte? Zur naturrechtlichen Umdeutung ständischer Verfassungsstrukturen im 18. Jahrhundert, in: *Diethelm Klippel/Elisabeth Müller-Luckner* (Hg.), Naturrecht und Staat. Politische Funktionen des europäischen Naturrechts (17.–19. Jahrhundert), München 2006, S. 103–117 (= Schriften des Historischen Kollegs, Kolloquien, Bd. 57).

Stribrny, Wolfgang: Görtz: 2) Johann Eustach Graf, in: NDB, Bd. 6, Berlin 1964, S. 538–539.

Stüssi, Anna: Görtz, Johann Eustach von (gen. Graf von Schlitz), in: Deutsches Literatur-Lexikon, Bd. 6, Bern [3]1978, Sp. 469–470.

Dies.: Rebmann, Andreas Georg Friedrich (von), in: ebd., Bd. 12, Bern [3]1990, Sp. 674–677.

Süssheim, Karl: Preussens Politik in Ansbach-Bayreuth 1791–1806, Berlin 1902, ND Vaduz 1965 (= Historische Studien, Bd. 33).

Süssmann, Johannes: Andreas Riem und die Französische Revolution, in: *Karl H. L. Welker* (Hg.), Andreas Riem. Ein Europäer aus der Pfalz, Stuttgart 1999, S. 107–118 (= Schriften der Siebenpfeiffer-Stiftung, Bd. 6).

Sutter, Berthold: Kaisertreue oder rationale Überlebensstrategie? Die Reichsritterschaft als habsburgische Klientel im Reich, in: *Heinz Duchhardt/Matthias Schnettger* (Hg.), Reichsständische Libertät und habsburgisches Kaisertum, Mainz 1999, S. 257–307 (= Veröffentlichungen des Instituts für Europäische Geschichte Mainz, Abt. Universalgeschichte, Beiheft 48).

Svoboda, Karl J.: Aus der Verfassung des Kantons Kraichgau der unmittelbaren freien Reichsritterschaft in Schwaben unter besonderer Berücksichtigung des territorialen Elements, in: ZGO N.F. 77 (1968), S. 253–289.

Sybel, Heinrich von: Geschichte der Revolutionszeit 1789–1800. Wohlfeile Ausgabe, Bd. 1–3, 7, Stuttgart 1897–1899.

Ders.: Hardenberg: Karl August Fürst v. H., in: ADB, Bd. 10, Leipzig 1879, S. 572–590.

Tabaczek, Martin: Wieviel tragen Superlative zum historischen Erkenntnisfortschritt bei? Anmerkungen zum Beitrag von Johannes Burkhardt »Das größte Friedenswerk der Neuzeit«. Der Westfälische Frieden in neuer Perspektive (GWU 10/98), in: GWU 12 (1999), S. 740–747.

Teichmann, Albert: Grolmann: Heinrich Dietrich v. G., in: ADB, Bd. 9, Leipzig 1879, S. 713.

Teuner, Rüdiger: Die fuldische Ritterschaft 1510–1656, Frankfurt/M. 1982 (= Rechtshistorische Reihe, Bd. 18).

Thamer, Hans-Ulrich: Rituale in der Moderne, in: *Barbara Stollberg-Rilinger* u. a.

(Hg.), Spektakel der Macht. Rituale im Alten Europa 800 - 1800, Katalog, Darmstadt 2008, S. 63 - 67.

Thiel, Michael: Johann Friedrich Ernst Albrecht (1752 - 1814): Arzt, medizinischer Volksschriftsteller, politischer Belletrist. Ein Beitrag zur Trivialliteraturforschung, Diss. med. Berlin 1970.

Thielen, Peter Gerrit: Karl August von Hardenberg 1750 - 1822. Eine Biographie, Köln 1967.

Thierauf, Paul: Ein pathologisch-anatomischer Beitrag zum Ende der Fürstentümer Ansbach-Bayreuth, in: Jb. HV Mfr. 96 (1992/93), S. 253 - 255.

Thudichum, Friedrich: Das vormalige Reichskammergericht und seine Schicksale, in: Zs. für deutsches Recht und deutsche Rechtswissenschaft 20 (1861), S. 148 - 222.

Thürauf, Ulrich: Die öffentliche Meinung im Fürstentum Ansbach-Bayreuth zur Zeit der französischen Revolution und der Freiheitskriege, München 1918.

Tiggesbäumker, Günter: Lady Elizabeth Craven. Ansbachs letzte Markgräfin (1750 - 1828), Ansbach 1994 (= Sonderdruck des Vereins der Freunde Triesdorf und Umgebung e. V., Bd. 6).

Tischer, Anuschka: Tagungsbericht HT 2008: Brauchen wir eine neue deutsche Meistererzählung? Perspektiven aus der Frühen Neuzeit. 30.09.2008 - 03.10.2008, Dresden, in: H-Soz-u-Kult, 24. 10. 2008, <http://hsozkult.geschichte.hu-berlin.de/tagungsberichte/id=2294> (letzter Zugriff am 22. 3. 2010).

Treitschke, Heinrich von: Deutsche Geschichte im Neunzehnten Jahrhundert, Bd. 1: Bis zum zweiten Pariser Frieden, Leipzig ^{6}1897 (= Staatengeschichte der neuesten Zeit, Bd. 24).

Treue, Wilhelm: Deutsche Geschichte von 1713 bis 1806. Von der Schaffung des europäischen Gleichgewichts bis zu Napoleons Herrschaft, Berlin 1957 (= Sammlung Göschen, Bd. 39).

Tröger, Otto-Karl: Die Archive in Brandenburg-Ansbach-Bayreuth. Ihr organisatorischer Aufbau und ihre Einbindung in Verwaltung und Forschung, Diss. phil. Selb-Oberweißenbach 1988.

Tschirch, Otto: Geschichte der öffentlichen Meinung in Preußen vom Baseler Frieden bis zum Zusammenbruch des Staates (1795 - 1806), Bd. 1 - 2, Weimar 1933 - 1934.

Uhlhorn, Friedrich: Die deutschen Territoiren: A. Der Westen, in: *Herbert Grundmann* (Hg.), Von der Reformation bis zum Ende des Absolutismus - 16. bis 18. Jahrhundert, Stuttgart ^{8}1955, S. 442 - 531 (= Bruno Gebhardt. Handbuch der deutschen Geschichte, Bd. 2).

Ullmann, Emanuel: Gönner: Nicolaus Thaddäus von G., in: ADB, Bd. 9, Leipzig 1879, S. 367 - 368.

Ullmann, Sabine: Landesherr und Kaiser im Spiegel eines Zeugenverhörs des Reichshofrats aus den Jahren 1575 - 1579, in: *Ralf-Peter Fuchs/Winfried Schulze* (Hg.), Wahrheit, Wissen, Erinnerung. Zeugenverhörprotokolle als Quellen für soziale Wissensstände in der Frühen Neuzeit, Münster 2002, S. 257 - 290 (= Wirklichkeit und Wahrnehmung in der Frühen Neuzeit, Bd. 1).

Ulrichs, Cord: Vom Lehnhof zur Reichsritterschaft. Strukturen des fränkischen

Niederadels am Übergang vom späten Mittelalter zur frühen Neuzeit, Stuttgart 1997 (= VSWG, Beihefte, Bd. 134).

Vierhaus, Rudolf: Das Allgemeine Landrecht für die preußischen Staaten als Verfassungsersatz?, in: *Barbara Dölemeyer/Heinz Mohnhaupt* (Hg.), 200 Jahre Allgemeines Landrecht für die preußischen Staaten. Wirkungsgeschichte und internationaler Kontext, Frankfurt/M. 1995, S. 1 - 21 (= Studien zur europäischen Rechtsgeschichte, Bd. 75).

Ders.: Eigentumsrecht und Mediatisierung. Der Kampf um die Rechte der Reichsritterschaft 1803 - 1815, in: *Ders.* (Hg.), Eigentum und Verfassung. Zur Eigentumsdiskussion im ausgehenden 18. Jahrhundert, Göttingen 1972, S. 229 - 257 (= Veröffentlichungen des Max-Planck-Instituts für Geschichte, Bd. 37).

Voegt, Hedwig: Die deutsche jakobinische Literatur und Publizistik 1789 - 1800, Berlin/Ost 1955.

Vogel, Barbara: Hardenberg und die Modernisierung der Wirtschaft, in: *Thomas Stamm-Kuhlmann* (Hg.), »Freier Gebrauch der Kräfte«. Eine Bestandsaufnahme der Hardenberg-Forschung, München 2001, S. 107 - 123.

Vogtherr, Christoph Martin: Andreas Riem als Akademiesekretär und Kunstschriftsteller, in: *Karl H. L. Welker* (Hg.), Andreas Riem. Ein Europäer aus der Pfalz, Stuttgart 1999, S. 51 - 60 (= Schriften der Siebenpfeiffer-Stiftung, Bd. 6).

Volkert, Wilhelm: Zum Staatsrecht der Reichsritterschaft. Aus der Geschichte der Herrschaft Bächingen an der Bregenz, in: Jb. des Historischen Vereins Dillingen an der Donau 66 (1964), S. 60 - 68.

Voss, Jürgen: Soziale Unruhen im rechtsrheinischen Teil des Hochstifts Speyer im Zeitalter der Französischen Revolution, in: *Helmut Berding* (Hg.), Soziale Unruhen in Deutschland während der Französischen Revolution, Göttingen 1988, S. 77 - 91 (= Geschichte und Gesellschaft, Sonderheft 12).

Wadle, Elmar: Rebmanns Werk - eine Aufgabe interdisziplinärer Zusammenarbeit, in: *Ders./Gerhard Sauder* (Hg.), Georg Friedrich Rebmann (1764 - 1824) - Autor, Jakobiner, Richter, Sigmaringen 1997, S. 9 - 13 (= Schriften der Siebenpfeiffer-Stiftung, Bd. 4).

Waechter, Eberhard Freiherr von: Carl Eberhardt v. Waechter, ein württembergischer Diplomat, in: WVjh 38 (1932), S. 342 - 359.

Ders.: Die letzten Jahre der deutschen Reichsritterschaft, in: WVjh 40 (1934), S. 243 - 289.

Wagenmann, Julius August: Riem: Andreas R., in: ADB, Bd. 29, Leipzig 1889, S. 756 - 757.

Wagner, Michael: Der sächsische Bauernaufstand und die Französische Revolution in der Perzeption der Zeitgenossen, in: *Helmut Berding* (Hg.), Soziale Unruhen in Deutschland während der Französischen Revolution, Göttingen 1988, S. 149 - 165 (= Geschichte und Gesellschaft, Sonderheft 12).

Wagner, Walter: Das Rhein-Main-Gebiet vor 150 Jahren (1787), Darmstadt 1938, [Bd. 2] (= Arbeiten der Historischen Kommission für den Volksstaat Hessen).

Waldenfels, Wilhelm Freiherr von: Lady Elisa Craven, in: *Anton Chrous*t (Hg.), Lebensläufe aus Franken, Bd. 3, Würzburg 1927, Nr. 7, S. 46 - 53.

Walter, Gero: Der Zusammenbruch des Heiligen Römischen Reichs deutscher Nation und die Problematik seiner Restauration in den Jahren 1814/15, Heidelberg 1980 (= Studien und Quellen zur Geschichte des deutschen Verfassungsrechts, Reihe A: Studien, Bd. 12).

Weber, Andreas Otto: Reichsritterschaftliche Dorfentwicklung in der Frühen Neuzeit am Beispiel von Kunreuth, in: Jb. für fränkische Landesforschung 63 (2003), S. 301 - 323.

Weber, Peter: Andreas Riems Fragmente »Ueber Aufklärung«, in: *Karl H. L. Welker* (Hg.), Andreas Riem. Ein Europäer aus der Pfalz, Stuttgart 1999, S. 79 - 91 (= Schriften der Siebenpfeiffer-Stiftung, Bd. 6).

Wefers, Sabine: Das politische System Kaiser Sigmunds, Stuttgart 1989 (= Veröffentlichungen des Instituts für Europäische Geschichte Mainz, Abt. Universalgeschichte, Bd. 138. Zugl. Beiträge zur Sozial- und Verfassungsgeschichte des Alten Reiches, Bd. 10).

Wegele, Franz Xaver von: Franz Ludwig v. Erthal, in: ADB, Bd. 7, Leipzig 1878, S. 310 - 314.

Weicker, Gotthold: Die Haltung Kursachsens im Streite um die unmittelbare Reichsritterschaft in den Jahren 1803 - 1806, Diss. phil. Leipzig 1906.

Weis, Eberhard: Ansbach 1796 - Der Aufstieg eines Staatsmannes, in: *Michael Henker/Margot Hamm/Evamaria Brockhoff* (Hg.), Bayern entsteht. Montgelas und sein Ansbacher Mémoire von 1796, Augsburg 1997, S. 45 - 51 (= Veröffentlichungen zur Bayerischen Geschichte und Kultur, Bd. 32/96).

Ders.: Der Durchbruch des Bürgertums 1776 - 1847, Berlin ²1981, ND Berlin 1999 (= Propyläen Geschichte Europas, Bd. 4).

Ders.: Die Begründung des modernen bayerischen Staates unter König Max I. (1799 - 1825), in: *Alois Schmid* (Hg.), Das Neue Bayern. Von 1800 bis zur Gegenwart: Staat und Politik, München ²2003, S. 3 - 126 (= Handbuch der bayerischen Geschichte, Bd. 4/1).

Ders.: Hardenberg und Montgelas. Versuch eines Vergleichs ihrer Persönlichkeiten und ihrer Politik, in: ZBLG 61 (1998), S. 191 - 207.

Ders.: Montgelas, Bd. 1: Zwischen Revolution und Reform 1759 - 1799, München ²1988.

Ders.: Montgelas, Maximilian Joseph, in: NDB, Bd. 18, Berlin 1997, S. 55 - 63.

Ders.: Montgelas und die Säkularisation der bayerischen Klöster 1802/03, in: *Alois Schmid* (Hg.), Die Säkularisation in Bayern 1803. Kulturbruch oder Modernisierung?, München 2003, S. 152 - 255 (= ZBLG, Reihe B, Beiheft 23).

Ders.: Révoltes paysannes et citadines dans les États allemands sur la rive gauche du Rhin, de 1789 à 1792, in : Francia 3 (1975), S. 346 - 358.

Weiß, Dieter J.: Die ersten Hohenzollern in der Mark (1415 - 1499), in: *Frank-Lothar Kroll* (Hg.), Preußens Herrscher. Von den ersten Hohenzollern bis Wilhelm II., München 2006, S. 26 - 51.

Weiss, J. G.: Die Reichsritterschaft beim Ende des alten Reichs, in: ZGO N.F. 8 (1893), S. 289 - 311.

Weitzel, Jürgen: Die Rolle des Reichskammergerichts bei der Ausformung der

Rechtsordnung zur allgemeinen Friedensordnung, in: *Ingrid Scheurmann* (Hg.), Frieden durch Recht, Das Reichskammergericht von 1495 bis 1806, Mainz 1994, S. 40 - 48.

Welker, Karl H. L.: Andreas Riem. Daten und Fakten zu seiner Biographie, in: *Ders.* (Hg.), Andreas Riem. Ein Europäer aus der Pfalz, Stuttgart 1999, S. 9 - 23 (= Schriften der Siebenpfeiffer-Stiftung, Bd. 6).

Ders.: Riem, Andreas, in: NDB, Bd. 21, Berlin 2003, S. 590 - 591.

Wellenreuther, Hermann: Georg II. (1727 - 1760), in: *Peter Wende* (Hg.), Englische Könige und Königinnen der Neuzeit. Von Heinrich VII. bis Elisabeth II., München 2008, S. 204 - 219.

Weller, Thomas: Ordnen - Gemeinschaft stiften - Ins Recht setzen. Die Funktion von Ritualen und ihr Wandel, in: *Barbara Stollberg-Rilinger* u. a. (Hg.), Spektakel der Macht. Rituale im Alten Europa 800 - 1800, Katalog, Darmstadt 2008, S. 199 - 203.

Wendehorst, Stephan/Westphal, Siegrid: Das Alte Reich: Monstrum oder Paradies? Eine Einführung, in: *Dies.* (Hg.), Lesebuch Altes Reich, München 2006, S. 1 - 7 (= bibliothek altes Reich, Bd. 1).

Westphal, Siegrid: Stabilisierung durch Recht. Reichsgerichte als Schiedsstelle territorialer Konflikte, in: *Ronald G. Asch/Dagmar Freist* (Hg.), Staatsbildung als kultureller Prozess. Strukturwandel und Legitimation von Herrschaft in der Frühen Neuzeit, Köln 2005, S. 235 - 253.

Willoweit, Dietmar: Das Reich als Rechtssystem, in: *Heinz Schilling/Werner Heun/Jutta Götzmann* (Hg.), Heiliges Römisches Reich Deutscher Nation 962 bis 1806. 29. Ausstellung des Europarates in Berlin und Magdeburg, Essays, Dresden 2006, S. 81 - 91.

Ders.: Mediatisierung, in: HRG, Bd. 3, Berlin 1984, Sp. 412 - 413.

Ders.: Rechtsgrundlagen der Territorialgewalt. Landesobrigkeit, Herrschaftsrechte und Territorium in der Rechtswissenschaft der Neuzeit, Köln 1975 (= Forschungen zur deutschen Rechtsgeschichte, Bd. 11).

Wilson, Peter H.: Social Militarization in Eigtheenth-Century Germany, in: German History 18,1 (2000), S. 1 - 39.

Winkel, Udo: Nürnberg und die Französische Revolution, in: *Michael Diefenbacher/Gerhard Rechter* (Hg.), Vom Adler zum Löwen. Die Region Nürnberg wird bayerisch 1775 - 1835. Begleitband zu den Ausstellungen des Stadtarchivs und Staatsarchivs Nürnberg, der Stadtbibliothek Nürnberg, des Stadtarchivs Erlangen, des Universitätsarchivs und der Universitätsbibliothek Erlangen-Nürnberg sowie des Stadtarchivs Schwabach, Nürnberg 2006, S. 91 - 100 (= Ausstellungskatalog des Stadtarchivs Nürnberg, Bd. 17).

Winkelmann-Holzapfel, Brigitte: Besitzungen und Organisation der Reichsritterschaft im hessischen Raum am Ende des Alten Reiches, in: Hessisches Jb. für Landesgeschichte 11 (1961), S. 136 - 226.

Winkler, Richard: Markgraf contra Reichsritterschaft. Der Prozeß des Albrecht Andreas Freiherr von Tanner auf Nemmersdorf gegen Markgraf Georg Wilhelm von Brandenburg-Bayreuth vor dem Reichshofrat in Wien (1718 - 1723), in: Jb. für fränkische Landesforschung 58 (1998), S. 263 - 278.

Ders.: Markgraf contra Reichsritterschaft. Reichsadelige Herrschaften im Raum Bayreuth, Bayreuth 2000 (= Heimatbeilage zum Oberfränkischen Schulanzeiger, Bd. 267).

Wippermann, Karl: Schuckmann: Kaspar Friedrich v. S., in: ADB, Bd. 32, Leipzig 1891, S. 647–650.

Wirth, Christian: Der Jurist Johann Andreas Georg Friedrich Rebmann zwischen Revolution und Restauration, Frankfurt/M. 1996 (= Rechtshistorische Reihe, Bd. 144).

Wittmann, Reinhard: »Büchermarckt«, in: *Stephan Wendehorst/Siegrid Westphal* (Hg.), Lesebuch Altes Reich, München 2006, S. 34–41 (= bibliothek altes Reich, Bd. 1).

Wolfschmidt, August: Markgraf Alexander. Der Namenspatron des Neustädter Gymnasiums, Neustadt/Aisch 1979.

Wolgast, Eike: Die Sicht des Alten Reiches bei Treitschke und Erdmannsdörffer, in: *Matthias Schnettger* (Hg.), Imperium Romanum – Irregulare Corpus – Teutscher Reichs-Staat. Das Alte Reich im Verständnis der Zeitgenossen und der Historiographie, Mainz 2002, S. 169–188 (= Veröffentlichungen des Instituts für Europäische Geschichte Mainz, Abt. Universalgeschichte, Beiheft 57).

Wrasky, Nadescha von (N. S. Wraskaja): A. G. F. Rebmann. Leben und Werke eines Publizisten zur Zeit der grossen französischen Revolution, Diss. phil. Heidelberg 1907.

Wrede, Martin/Carl, Horst: Einleitung: Adel zwischen Schande und Ehre, Tradition und Traditionsbruch, Erinnerung und Vergessen, in: *Dies.* (Hg.), Zwischen Schande und Ehre. Erinnerungsbrüche und die Kontinuität des Hauses. Legitimationsmuster und Traditionsverständnis des frühneuzeitlichen Adels in Umbruch und Krise, Mainz 2007, S. 1–24 (= Veröffentlichungen des Instituts für Europäische Geschichte Mainz, Abt. Universalgeschichte, Beiheft 73).

Wüst, Wolfgang: Die »partielle Landeshoheit« der Markgrafen von Burgau, in: *Erwin Riedenauer* (Hg.), Landesoheit. Beiträge zur Entstehung, Ausformung und Typologie eines Verfassungselements des römisch-deutschen Reiches, München 1994, S. 69–92 (= Studien zur Bayerischen Verfassungs- und Sozialgeschichte, Bd. 16).

Ders.: Ende statt Anfang? Der 6. August 1806, in: *Eckart Conze/Thomas Nicklas* (Hg.), Tage deutscher Geschichte. Von der Reformation bis zur Wiedervereinigung, München 2004, S. 73–98.

Ders.: »IUS SUPERIORITATIS TERRITORIALIS«: Prinzipien und Zielsetzungen im habsburgisch-insässischen Rechtsstreit um die Markgrafschaft Burgau, in: *Hans Maier/Volker Press/Dieter Stievermann* (Hg.), Vorderösterreich in der frühen Neuzeit, Sigmaringen 1989, S. 209–228.

Wunder, Bernd: Die Entstehung des modernen Staates in Baden und Württemberg, in: Baden und Württemberg im Zeitalter Napoleons. Ausstellung des Landes Baden Württemberg unter der Schirmherrschaft des Ministerpräsidenten Dr. h. c. Lothar Späth, Bd. 2: Aufsätze, Stuttgart 1987, S. 103–120.

Ders.: Die Reform der Beamtenschaft in den Rheinbundstaaten, in: *Eberhard Weis/*

Elisabeth Müller-Luckner (Hg.), Reformen im rheinbündischen Deutschland, München 1984, S. 181 – 193 (= Schriften des Historischen Kollegs, Kolloquien, Bd. 4).

Ders.: Geschichte der Bürokratie in Deutschland, Frankfurt/M. [1]1986 (= edition suhrkamp, N.F., Bd. 281).

Ders.: Privilegierung und Disziplinierung. Die Entstehung des Berufsbeamtentums in Bayern und Württemberg (1780 – 1825), München 1978 (= Studien zur modernen Geschichte, Bd. 21).

Zimmermann, Clemens: Medien, in: Enzyklopädie der Neuzeit, Bd. 8, Stuttgart 2008, Sp. 223 – 243.

Zimmermann, Gerd: Grundlagen und Wandlungen der politischen Landschaft, in: *Elisabeth Roth* (Hg.), Oberfranken im Spätmittelalter und zu Beginn der Neuzeit, Bayreuth 1979, S. 11 – 51.

Ders.: Territoriale Staatlichkeit und politisches Verhalten, in: *Elisabeth Roth* (Hg.), Oberfranken in der Neuzeit bis zum Ende des Alten Reiches, Bamberg 1984, S. 9 – 81.

Zwierlein, Cornel: Das Imperium im blinden Fleck des Empire. Die Zerstörung des Alten Reiches durch Napoleon 1806, in: *Christine Roll/Matthias Schnettger* (Hg.), Epochenjahr 1806? Das Ende des Alten Reichs in zeitgenössischen Perspektiven und Deutungen, Mainz 2008, S. 61 – 98 (= Veröffentlichungen des Instituts für Europäische Geschichte Mainz, Abt. Universalgeschichte, Beiheft 76).

Personenregister